Bürgerliches Gesetzbuch
Studienkommentar

Bürgerliches Gesetzbuch

– Studienkommentar –

von

Dr. Florian Jacoby
Ordentlicher Professor an der Universität Bielefeld

und

Dr. Michael von Hinden
Notar in Hamburg
Lehrbeauftragter an der Bucerius Law School, Hamburg

Bis zur 11. Aufl. bearbeitet
von

Dr. Jan Kropholler
weiland Professor an der Universität Hamburg

13., neubearbeitete Auflage

Verlag C. H. Beck München 2011

Verlag C. H. Beck im Internet:
beck.de

ISBN 978 3 406 62688 3

Wilhelmstraße 9, 80801 München

Satz, Druck und Bindung: Druckerei C. H. Beck Nördlingen
(Adresse wie Verlag)

Gedruckt auf säurefreiem, alterungsbeständigem Papier
(hergestellt aus chlorfrei gebleichtem Zellstoff)

Vorwort

Dieser Studienkommentar vermittelt in komprimierter, aber leicht lesbarer Form das notwendige Wissen zum BGB. Examenswichtiges ist in knappen Anmerkungen zu den zentralen Vorschriften erläutert. Es wird bewusst nicht zu allen Normen etwas gesagt, sondern nur zu den wichtigen. Den Examensanforderungen entsprechend sind die Erläuterungen zu den ersten drei Büchern des BGB ausführlicher gehalten als zum Familien- und Erbrecht.

Anders als andere Kommentare ist dieses Buch nicht primär ein Nachschlagewerk. Es soll durchgearbeitet werden. In den Anmerkungen finden sich die Leitentscheidungen des Bundesgerichtshofs und ausgewählte Hinweise auf größere Lehrbücher und Kommentare, mit deren Hilfe einzelne Fragen vertieft werden können. In der strengen Auswahl der zitierten Fundstellen liegt eine bewusste Beschränkung auf das Wesentliche. Skizzenhafte Übersichten vor einzelnen Abschnitten und Titeln des BGB verdeutlichen die Zusammenhänge der gesetzlichen Bestimmungen.

Der Studienkommentar soll dazu anregen, unmittelbar mit dem Gesetzestext zu arbeiten. Hierin liegt der Unterschied zu einem Lehrbuch. Für den gewünschten Lernerfolg ist daher von entscheidender Bedeutung, dass nicht nur die Erläuterungen, sondern auch die jeweiligen Vorschriften des BGB sorgfältig gelesen werden. Auf eine Nacherzählung des Gesetzestextes wird in den Anmerkungen bewusst verzichtet. Stattdessen führt die Kommentierung direkt zur Sache, d. h. zu einer Erklärung der für das Examen wichtigen Auslegungsfragen.

Die Neuauflage bringt das Buch auf den Gesetzesstand vom 4. August 2011. Die für den Ausbildungserfolg bedeutsamen aktuellen Gerichtsentscheidungen wurden eingearbeitet. An vielen Stellen wurde die Kommentierung überarbeitet, um eine noch bessere Lesbarkeit zu erreichen.

Zur leichteren Orientierung trägt auch bei, dass der Studienkommentar nunmehr in einem größeren Format erscheint. Dieses größere Format hat sich bei anderen Titeln aus der Reihe der Studienkommentare bewährt. Es bietet mehr Platz für Randnotizen und erleichtert das Durcharbeiten. Zugleich verringert sich die Anzahl der Seiten, was es uns und dem Verlag ermöglicht, den Verkaufspreis trotz des gestiegenen Umfangs der Kommentierung konstant zu halten.

Für wertvolle Unterstützung bei der Auswertung der Rechtsprechung und sonstige Mitarbeit an der Neuauflage danken wir herzlich Nina Kuszlik, Michelle Wichmann, Florian Bartels und Manuel Holzmann, alle Mitarbeiter an der Universität Bielefeld, sowie Alexander Sekunde und Alexander Brüggemeier, beide Studierende an der Bucerius Law School in Hamburg.

Die nach dem Tod Jan Kropholllers erstmals von uns bearbeitete Vorauflage hat bei vielen Studierenden, Referendaren und Hochschullehren eine freundliche Aufnahme gefunden. Soweit wir Anregungen erhalten haben, wurden diese im Rahmen der Neuauflage berücksichtigt. Für Hinweise, die dazu beitragen, dieses Buch weiter zu verbessern, sind wir stets dankbar. Wir bitten darum, solche Hinweise zu richten an Florian Jacoby, Universität Bielefeld, Universitätsstr. 25, 33615 Bielefeld, E-Mail: florian.jacoby@uni-bielefeld.de, oder Michael von Hinden, Notariat am Alstertor, Alstertor 14, 20095 Hamburg, E-Mail: vonhinden@alstertor.de.

Bielefeld/Hamburg, im August 2011

Florian Jacoby | Michael von Hinden

Inhaltsverzeichnis

Inhalt

Abkürzungsverzeichnis

aA	anderer Ansicht
aaO	am angegebenen Ort
ABl	Amtsblatt der Europäischen Gemeinschaften
Abs	Absatz
AcP	Archiv für die civilistische Praxis
aE	am Ende
aF	alter Fassung
AG	Ausführungsgesetz
AGB	Allgemeine Geschäftsbedingungen
AGG	Allgemeines Gleichbehandlungsgesetz
AktG	Aktiengesetz
allg	allgemein
allgA	allgemeine Ansicht
allgM	allgemeine Meinung
Alt	Alternative
aM	anderer Meinung
AMG	Arzneimittelgesetz
Anm	Anmerkung
ArbGG	Arbeitsgerichtsgesetz
Arg, arg	Argument, argumentum
Art	Artikel
AT	Allgemeiner Teil
Aufl	Auflage
BAG	Bundesarbeitsgericht
BAGE	Entscheidungen des Bundesarbeitsgerichts
BayObLGZ	Entscheidungen des Bayerischen Obersten Landesgerichts in Zivilsachen
BB	Betriebs-Berater
BeckRS	Beck-Rechtsprechung
BetrVG	Betriebsverfassungsgesetz
BeurkG	Beurkundungsgesetz
BGB	Bürgerliches Gesetzbuch
BGB-InfoV	BGB-Informationspflichten-Verordnung vom 2. 1. 2002 (BGBl 2002 I 342)
BGBl	Bundesgesetzblatt
BGH	Bundesgerichtshof
BGHSt	Entscheidungen des Bundesgerichtshofes in Strafsachen
BGHZ	Entscheidungen des Bundesgerichtshofes in Zivilsachen
BImSchG	Bundesimmissionsschutzgesetz
BRAO	Bundesrechtsanwaltsordnung
Bsp	Beispiel(e)
bspw	beispielsweise
BT-Drucks	Drucksachen des Deutschen Bundestages
BVerfG	Bundesverfassungsgericht
BVerfGE	Entscheidungen des Bundesverfassungsgerichts
bzgl	bezüglich
c. i. c.	culpa in contrahendo (Verschulden beim Vertragsschluss)
CISG	(United Nations) Convention on Contracts for the International Sale of Goods
DB	Der Betrieb
ders	derselbe
dh	das heißt
DIN	Deutsches Institut für Normung

Abkürzungen

EBV	Eigentümer-Besitzer-Verhältnis
EFZG	Entgeltfortzahlungsgesetz
EG	Einführungsgesetz; Europäische Gemeinschaft(en)
EGBGB	Einführungsgesetz zum Bürgerlichen Gesetzbuch
EGMR	Europäischer Gerichtshof für Menschenrechte
EGV	Vertrag zur Gründung der Europäischen Gemeinschaft
EheG	Ehegesetz
Einf	Einführung
Einl	Einleitung
EMRK	Europäische Konvention zum Schutze der Menschenrechte und Grundfreiheiten
EnergieWiG	Energiewirtschaftsgesetz
ErbbauRG	Gesetz über das Erbbaurecht
EuGH	Gerichtshof der Europäischen Gemeinschaften
EV	Eigentumsvorbehalt
EWIV	Europäische Wirtschaftliche Interessenvereinigung
f, ff	folgende
FamRZ	Zeitschrift für das gesamte Familienrecht
FS	Festschrift
G	Gesetz
GBO	Grundbuchordnung
GbR	Gesellschaft bürgerlichen Rechts
gem	gemäß
GG	Grundgesetz
ggf	gegebenenfalls
GmbH	Gesellschaft mit beschränkter Haftung
GmbHG	Gesetz betreffend die Gesellschaften mit beschränkter Haftung
GoA	Geschäftsführung ohne Auftrag
grds	grundsätzlich
GS	Großer Senat
GVBl	Gesetz- und Verordnungsblatt
GVG	Gerichtsverfassungsgesetz
GWB	Gesetz gegen Wettbewerbsbeschränkungen
HGB	Handelsgesetzbuch
hL	herrschende Lehre
hLit	herrschende Literatur
hM	herrschende Meinung
HPflG	Haftpflichtgesetz
HS	Halbsatz
idR	in der Regel
insb	insbesondere
InsO	Insolvenzordnung
iSd	im Sinne des (der)
iVm	in Verbindung mit
JA	Juristische Arbeitsblätter
JR	Juristische Rundschau
JuS	Juristische Schulung
JZ	Juristen-Zeitung
KG	Kommanditgesellschaft
KindRG	Kindschaftsrechtsreformgesetz vom 16. 12. 1997 (BGBl 1997 I 2942)
KSchG	Kündigungsschutzgesetz
LG	Landgericht
Lit	Literatur

lit	litera
LFBG	Lebensmittel- und Futtermittelgesetzbuch
LPartG	Lebenspartnerschaftsgesetz vom 16. 2. 2001 (BGBl 2001 I 266)
LuftVG	Luftverkehrsgesetz
MA	Minderansicht
MDR	Monatsschrift für Deutsches Recht
MitBestG	Mitbestimmungsgesetz
MMR	MultiMedia und Recht
MüKo	Münchener Kommentar zum Bürgerlichen Gesetzbuch
m Nachw	mit Nachweisen
mwN	mit weiteren Nachweisen
maW	mit anderen Worten
nF	neue Fassung
NJW	Neue Juristische Wochenschrift
NJW-RR	NJW-Rechtsprechungs-Report
Nr	Nummer(n)
NZG	Neue Zeitschrift für Gesellschaftsrecht
oä	oder ähnliche(s)
OHG	Offene Handelsgesellschaft
OLG	Oberlandesgericht
PartGG	Partnerschaftsgesellschaftsgesetz
PersBefG	Personenbeförderungsgesetz
PflVersG	Pflichtversicherungsgesetz
ProdHaftG	Gesetz über die Haftung für fehlerhafte Produkte
RA	Bericht des Rechtsausschusses
RegBegr	Begründung zum Regierungsentwurf
RegE	Regierungsentwurf
RG	Reichsgericht
RGBl	Reichsgesetzblatt
RGZ	Entscheidungen des Reichsgerichts in Zivilsachen
RL	Richtlinie der Europäischen Gemeinschaft
Rspr	Rechtsprechung
RStV	Rundfunkstaatsvertrag
RVG	Rechtsanwaltsvergütungsgesetz
RVO	Reichsversicherungsordnung
Rz	Randzahl
S, s	Satz, Seite, siehe
SaR	Sachenrecht
SchR	Schuldrecht
SchRG	Gesetz zur Modernisierung des Schuldrechts vom 26. 11. 2001 (BGBl 2001 I 3138)
SEPA	Single Euro Payment Area
SGB	Sozialgesetzbuch
sog	sogenannt(e/r/s)
StGB	Strafgesetzbuch
str	streitig
st Rspr	ständige Rechtsprechung
StuKo	Studienkommentar
StVG	Straßenverkehrsgesetz
StVO	Straßenverkehrs-Ordnung
StVZO	Straßenverkehrs-Zulassungs-Ordnung
TMG	Telemediengesetz
TVG	Tarifvertragsgesetz

Abkürzungen

ua .... und andere(r)
UrhG .... Gesetz über Urheberrecht und verwandte Schutzrechte (Urheberrechtsgesetz)
UWG .... Gesetz gegen den unlauteren Wettbewerb

VDE .... Verband deutscher Elektrotechniker
VersR .... Versicherungsrecht
vgl .... vergleiche
VSD .... Vertrag mit Schutzwirkung für Dritte
VVG .... Gesetz über den Versicherungsvertrag
VzD .... Vertrag zugunsten Dritter

WE .... Willenserklärung
WEG .... Gesetz über das Wohnungseigentum und das Dauerwohnrecht
WG .... Wechselgesetz
WM .... Wertpapier-Mitteilungen
WoBindG Gesetz zur Sicherung der Zweckbestimmung von Sozialwohnungen (Wohnungsbindungsgesetz)
WoVermG .... Gesetz zur Regelung der Wohnungsvermittlung

ZbR .... Zurückbehaltungsrecht
ZGS .... Zeitschrift für das gesamte Schuldrecht
ZIP .... Zeitschrift für Wirtschaftsrecht
ZJS............................ Zeitschrift für das Juristische Studium
ZPO .... Zivilprozessordnung
ZRP .... Zeitschrift für Rechtspolitik
zT .... zum Teil
ZVG .... Gesetz über die Zwangsversteigerung und die Zwangsverwaltung
zZt .... zur Zeit

Verzeichnis des abgekürzt zitierten Schrifttums

Bamberger/ Roth-Bearbeiter	Kommentar zum Bürgerlichen Gesetzbuch[2] (2007 f)
Baur/Stürner	Lehrbuch des Sachenrechts[18] (2009)
Bork	Allgemeiner Teil des Bürgerlichen Gesetzbuches[3] (2011)
Brox/Walker	Erbrecht[24] (2010)
Bülow/Artz	Kommentar zum Verbraucherkreditrecht[7] (2010)
Dethloff	Familienrecht[29] (2009)
Erman-Bearbeiter	Handkommentar zum BGB[12] (2008)
Gernhuber/ Coester-Waltjen	Lehrbuch des Familienrechts[6] (2010)
Hk-BGB-Bearbeiter	Handkommentar BGB[6] (2009)
Jauernig-Bearbeiter	Bürgerliches Gesetzbuch[13] (2009)
Köhler	BGB Allgemeiner Teil[34] (2010)
Kötz/Wagner	Deliktsrecht[11] (2010)
Lange/Kuchinke	Lehrbuch des Erbrechts[5] (2001)
Larenz SchR	Lehrbuch des Schuldrechts I[14] (1987), II/1[13] (1986)
Larenz/Canaris SchR	Lehrbuch des Schuldrechts II/2[13] (1994)
Larenz/Wolf	Allgemeiner Teil des Bürgerlichen Rechts[9] (2004)
Leipold	Erbrecht[18] (2010)
Looschelders AT	Schuldrecht Allgemeiner Teil[8] (2010)
Medicus/Petersen	Bürgerliches Recht[22] (2009)
Medicus AT	Allgemeiner Teil des BGB[10] (2010)
Medicus/Lorenz SchR I	Schuldrecht I[19] (2010)
Medicus/Lorenz SchR II	Schuldrecht II[15] (2010)
MüKo-Bearbeiter	Münchener Kommentar zum Bürgerlichen Gesetzbuch[5] (2006 ff)
Palandt-Bearbeiter	Bürgerliches Gesetzbuch[70] (2011)
Petersen	Examens-Repetitorium Allgemeines Schuldrecht[5] (2011)
Prütting	Sachenrecht[34] (2010)
PWW-Bearbeiter	Prütting/Wegen/Weinreich, BGB[6] (2011)
Rauscher	Familienrecht[2] (2008)
Schlüter	Erbrecht[16] (2007)
Schwab	Familienrecht[18] (2010)
Soergel-Bearbeiter	Bürgerliches Gesetzbuch[13] (1999 ff)
Staudinger-Bearbeiter	J. v. Staudingers Kommentar zum BGB, jeweils neueste Bearbeitung
Westermann/Bearbeiter	Sachenrecht[7] (1998)

Bürgerliches Gesetzbuch

vom 18. August 1896 (RGBl S 195) in der Fassung der Bekanntmachung vom 2. Januar 2002 (BGBl I S 42), berichtigt am 2. Mai 2003 (BGBl I S 738), zuletzt geändert durch das G vom 27. Juli 2011 (BGBl I S 1600)

Buch 1. Allgemeiner Teil

Abschnitt 1. Personen

Titel 1. Natürliche Personen, Verbraucher, Unternehmer

§ 1. Beginn der Rechtsfähigkeit

Die Rechtsfähigkeit des Menschen beginnt mit der Vollendung der Geburt.

Rechtsfähigkeit ist die Fähigkeit, Träger von Rechten und Pflichten zu sein (vgl 1
§ 14 II).

§ 2. Eintritt der Volljährigkeit

Die Volljährigkeit tritt mit der Vollendung des 18. Lebensjahres ein.

§§ 3–6. *(weggefallen)*

§ 7. Wohnsitz; Begründung und Aufhebung

(1) **Wer sich an einem Orte ständig niederlässt, begründet an diesem Orte seinen Wohnsitz.**

(2) **Der Wohnsitz kann gleichzeitig an mehreren Orten bestehen.**

(3) **Der Wohnsitz wird aufgehoben, wenn die Niederlassung mit dem Willen aufgehoben wird, sie aufzugeben.**

§ 8. Wohnsitz nicht voll Geschäftsfähiger

(1) **Wer geschäftsunfähig oder in der Geschäftsfähigkeit beschränkt ist, kann ohne den Willen seines gesetzlichen Vertreters einen Wohnsitz weder begründen noch aufheben.**

(2) **Ein Minderjähriger, der verheiratet ist oder war, kann selbständig einen Wohnsitz begründen und aufheben.**

§ 9. Wohnsitz eines Soldaten

(1) [1]**Ein Soldat hat seinen Wohnsitz am Standort.** [2]**Als Wohnsitz eines Soldaten, der im Inland keinen Standort hat, gilt der letzte inländische Standort.**

(2) **Diese Vorschriften finden keine Anwendung auf Soldaten, die nur auf Grund der Wehrpflicht Wehrdienst leisten oder die nicht selbständig einen Wohnsitz begründen können.**

§ 10. *(weggefallen)*

§ 11. Wohnsitz des Kindes

[1]Ein minderjähriges Kind teilt den Wohnsitz der Eltern; es teilt nicht den Wohnsitz eines Elternteils, dem das Recht fehlt, für die Person des Kindes zu sorgen. [2]Steht keinem Elternteil das Recht zu, für die Person des Kindes zu sorgen, so teilt das Kind den Wohnsitz desjenigen, dem dieses Recht zusteht. [3]Das Kind behält den Wohnsitz, bis es ihn rechtsgültig aufhebt.

§ 12. Namensrecht

[1]Wird das Recht zum Gebrauch eines Namens dem Berechtigten von einem anderen bestritten oder wird das Interesse des Berechtigten dadurch verletzt, dass ein anderer unbefugt den gleichen Namen gebraucht, so kann der Berechtigte von dem anderen Beseitigung der Beeinträchtigung verlangen. [2]Sind weitere Beeinträchtigungen zu besorgen, so kann er auf Unterlassung klagen.

§ 13. Verbraucher

Verbraucher ist jede natürliche Person, die ein Rechtsgeschäft zu einem Zwecke abschließt, der weder ihrer gewerblichen noch ihrer selbständigen beruflichen Tätigkeit zugerechnet werden kann.

1 **1. Allgemeines.** Die Legaldefinition des Verbrauchers dient in erster Linie dazu, den persönlichen Anwendungsbereich verschiedener verbraucherschützender Vorschriften des BGB zu bestimmen (vgl zB §§ 241a, 310 III, 312ff, 355ff, 474ff, 481ff, 491ff, 506ff, 510, 511, 661a).

2 **2. Verbraucherbegriff. a)** Nur **natürliche** Personen können Verbraucher sein; ferner auch eine GbR, die sich aus natürlichen Personen zusammensetzt (BGHZ 149, 80). Ausgenommen sind juristische Personen, selbst wenn sie keine wirtschaftlichen Zwecke verfolgen (zB Idealvereine).

3 **b)** Der Verbraucherbegriff ist situationsgebunden. Erforderlich ist ein Handeln zu **privaten Zwecken.** Nicht erfasst sind Tätigkeiten, die gewerblichen oder sonstigen selbständigen (!) beruflichen Zwecken dienen (unternehmerische Tätigkeiten; s hierzu § 14). Der allgemeine berufliche Status ist ohne Bedeutung. Bsp: Auch ein selbständiger Autohändler ist Verbraucher, wenn er einen PKW zur privaten Nutzung erwirbt. Da es nicht auf das Vorhandensein geschäftlicher Erfahrung, sondern auf die Ausrichtung des Geschäfts ankommt, liegt bei einem Geschäft zur Aufnahme einer gewerblichen oder selbständigen beruflichen Tätigkeit **(Existenzgründung)** Unternehmer- und nicht Verbraucherhandeln vor (BGHZ 162, 253; s auch die spezielle Regelung in § 512 für Darlehens- und ähnliche Verträge). Ob ein Vertragsschluss privaten oder unternehmerischen Zwecken dient, richtet sich nicht nach dem inneren Willen des Handelnden, sondern nach den objektiven Umständen. In Zweifelsfällen ist zugunsten der Verbrauchereigenschaft zu entscheiden; eine Zurechnung zur gewerblichen Sphäre kommt nur dann in Betracht, wenn die dem Vertragspartner erkennbaren Umstände eindeutig darauf hinweisen, dass die natürliche Person in Ausübung ihrer gewerblichen oder selbständigen beruflichen Tätigkeit handelt (BGH NJW 2009, 3780). Ein Käufer, der dem Verkäufer einen gewerblichen Verwendungszweck der Kaufsache vortäuscht, ist nach Treu und Glauben (venire contra factum proprium; s § 242 Rz 4) gehindert, sich auf seine Verbrauchereigenschaft und damit auf die Vorschriften der §§ 474ff über den Verbrauchsgüterkauf zu berufen (BGH NJW 2005, 1045). Sofern ein Rechtsgeschäft sowohl privaten als auch unternehmerischen Zwecken dient (PKW soll privat und beruflich genutzt werden), ist ein Verbrauchergeschäft lediglich dann anzunehmen, wenn der gewerblich-berufliche Zweck nur eine ganz untergeordnete Rolle spielt (vgl EuGH NJW 2005, 653 „Gruber").

c) Entgegen dem Wortlaut der Vorschrift setzt der Verbraucherbegriff nicht zwingend den **Abschluss eines Rechtsgeschäfts** voraus; vgl nur §§ 241 a, 661 a. 4

§ 14. Unternehmer

(1) **Unternehmer ist eine natürliche oder juristische Person oder eine rechtsfähige Personengesellschaft, die bei Abschluss eines Rechtsgeschäfts in Ausübung ihrer gewerblichen oder selbständigen beruflichen Tätigkeit handelt.**

(2) **Eine rechtsfähige Personengesellschaft ist eine Personengesellschaft, die mit der Fähigkeit ausgestattet ist, Rechte zu erwerben und Verbindlichkeiten einzugehen.**

1. Allgemeines. Die Legaldefinition des Unternehmers bildet das Gegenstück zu 1
der des Verbrauchers in § 13. Die Unternehmereigenschaft iSd Vorschrift ist persönliche Anwendungsvoraussetzung verschiedener Normen aus dem Verbraucherschutzrecht (vgl §§ 241 a, 310 I, III, 312 ff, 355 I, 358 f, 474 ff, 481 ff, 491 ff, 510, 661 a). Unternehmer iSd Werkvertragsrechts (vgl §§ 631 ff) ist dagegen der Hersteller des Werks, unabhängig davon, ob auf ihn die Voraussetzungen dieser Vorschrift zutreffen.

2. Unternehmerbegriff. a) Unternehmer können sowohl **natürliche** als auch **ju-** 2
ristische Personen und **rechtsfähige Personengesellschaften** sein. Zu letzteren zählen gemäß der (tautologischen) Definition in Abs 2 neben OHG und KG (vgl §§ 124 I, 161 II HGB) die Partnerschaft (vgl § 7 II PartGG), die EWIV (§ 1 AGEWIV BGBl 1988 I 514) sowie die GbR (zur Rechtsfähigkeit der GbR s Vor § 705 Rz 5).

b) Vom Unternehmerbegriff erfasst sind nur Handlungen in **Ausführung einer** 3
gewerblichen oder selbständigen beruflichen Tätigkeit. Gewerblich oder selbständig beruflich tätig ist, wer am Markt planmäßig und dauerhaft Leistungen gegen Entgelt anbietet; eine Gewinnerzielungsabsicht ist nicht erforderlich (BGH NJW 2006, 2250). Auch lediglich **nebenberufliche** Tätigkeiten fallen unter die Vorschrift, sofern sie die genannten Anforderungen erfüllen. Zur Einordnung von Handlungen, die sowohl dem unternehmerischen als auch dem privaten Bereich angehören können, sowie zur Existenzgründerproblematik vgl § 13 Rz 3.

c) Der **Abschluss eines Rechtsgeschäfts** ist nicht zwingender Bestandteil des 4
Unternehmerbegriffs (vgl § 13 Rz 4).

§§ 15–20. *(weggefallen)*

Titel 2. Juristische Personen

Vor § 21

1. Begriff. Juristische Personen sind keine Geschöpfe der Natur, sondern der 1
Rechtsordnung (daher ihr Name): Bestimmten Zusammenschlüssen von Personen oder Gegenständen zu einer rechtlich geordneten Organisation verleiht die Rechtsordnung ebenso **Rechtsfähigkeit,** wie sie natürliche Personen besitzen (vgl § 1). Die darin liegende rechtliche Verselbständigung der Organisation gegenüber ihren Mitgliedern – die juristische Person wird selbst Träger von Rechten und Pflichten – beruht auf Zweckmäßigkeitserwägungen: Die Teilnahme am Rechtsverkehr wird erleichtert (bei hoher Mitgliederzahl besonders deutlich), und die Haftung wird auf das Vermögen der juristischen Person begrenzt (*Medicus* AT Rz 1085 ff). Für beides besteht ein eminentes praktisches Bedürfnis.

2. Arten. a) Zu unterscheiden sind juristische Personen des **öffentlichen Rechts** 2
und des **Privatrechts.** Juristische Personen des öffentlichen Rechts sind die Gebietskörperschaften (Bund, Länder, Gemeinden etc) sowie sonstige Körperschaften, Stif-

tungen und Anstalten des öffentlichen Rechts. Das BGB regelt nur die Haftung für ihre Organe (§ 89). Für die Abgrenzung zu den juristischen Personen des Privatrechts ist nach hM (zB *Larenz/Wolf* § 9 Rz 2) der Entstehungstatbestand entscheidend: Juristische Personen des öffentlichen Rechts beruhen meist auf einem Hoheitsakt (Gesetz), juristische Personen des Privatrechts auf einem privatrechtlichen Gründungsakt (Gründungsvertrag, Stiftungsgeschäft). **b)** Von den juristischen Personen des Privatrechts normiert das BGB den rechtsfähigen **Verein** (§§ 21 ff), also einen als rechtfähig anerkannten Zusammenschluss von Personen, und die **Stiftung** (§§ 80 ff), eine mit Rechtsfähigkeit ausgestattete Vermögensmasse. Der rechtsfähige Verein bietet das **„Grundmodell"** (*Soergel-Hadding* Rz 15) für die juristischen Personen (Vereine) des Handelsrechts, wie die Aktiengesellschaft (§ 1 AktG) oder die Gesellschaft mit beschränkter Haftung (§ 13 GmbHG).

3 **3.** Angenähert ist der juristischen Person die **rechtsfähige Personengesellschaft.** Sie ist gemäß ihrer Definition in § 14 II ebenfalls mit der Fähigkeit ausgestattet, Rechte zu erwerben und Verbindlichkeiten einzugehen (s im Einzelnen § 14 Rz 2).

Untertitel 1. Vereine

Kapitel 1. Allgemeine Vorschriften

§ 21. Nicht wirtschaftlicher Verein

Ein Verein, dessen Zweck nicht auf einen wirtschaftlichen Geschäftsbetrieb gerichtet ist, erlangt Rechtsfähigkeit durch Eintragung in das Vereinsregister des zuständigen Amtsgerichts.

1 **1. Begriff.** Ein **Verein** ist „eine auf die Dauer berechnete Verbindung einer größeren Anzahl von Personen zur Erreichung eines gemeinsamen Zweckes, die nach ihrer Satzung körperschaftlich organisiert ist, einen Gesamtnamen führt und auf einen wechselnden Mitgliederbestand angelegt ist" (so die klassische Definition in RGZ 143, 212, 213). Die zuletzt genannten Merkmale sind wesentlich für die Unterscheidung von der **Gesellschaft** (§§ 705 ff), wenngleich die Übergänge infolge der Abdingbarkeit der meisten gesellschaftsrechtlichen Normen fließend sein können.

2 **2. Arten.** Das Gesetz unterscheidet **rechtsfähige** Vereine (§§ 21–53) und **nichtrechtsfähige** Vereine (§ 54). Unter den rechtsfähigen Vereinen steht der in § 21 angesprochene sog **Idealverein** praktisch ganz im Vordergrund. Für ihn gelten außer den §§ 21–53 auch die §§ 55–79.

3 **3.** Ein **wirtschaftlicher Geschäftsbetrieb** liegt vor, wenn es sich um planmäßige, auf Dauer angelegte und nach außen gerichtete, dh über den vereinsinternen Bereich hinausgehende, eigenunternehmerische Tätigkeiten handelt, die auf die Verschaffung vermögenswerter Vorteile zugunsten des Vereins oder seiner Mitglieder abzielen (so BGHZ 85, 84, 92). Da letzteres genügt, bildet zB eine „Taxi-Zentrale", die telefonisch Bestellungen entgegennimmt und die Fahrer per Funk zu den Kunden schickt, keinen Idealverein, sondern einen sog Wirtschaftsverein gem § 22 (BGHZ 45, 395). Dagegen nimmt eine wirtschaftliche Nebentätigkeit einem Idealverein nicht seinen Charakter (sog **Nebentätigkeitsprivileg**). So bleibt ein Sportverein ein Idealverein, auch wenn er eine Kantine betreibt; dagegen wird dies zweifelhaft, wenn er eine Profifußballabteilung unterhält (s etwa *Soergel-Hadding* Rz 37).

4 **4.** Die **Gründung** eines Vereins erfolgt dadurch, dass mehrere Gründer (vgl § 56) sich auf eine Satzung (§ 25) einigen und erklären, den Verein als Mitglieder ins Leben rufen zu wollen. Der Gründungsakt stellt einen Vertrag dar.

5 **a)** Erst mit der **Eintragung** (§§ 55 ff) erlangt der Verein die Rechtsfähigkeit. Die Eintragung wirkt also konstitutiv.

b) Bis zur Eintragung besteht ein nichtrechtsfähiger Verein als sog **Vorverein.** Dies setzt freilich voraus, dass wenigstens die Satzung schon beschlossen ist; sonst bilden die Gründer bei entsprechendem Bindungswillen einstweilen nur eine GbR nach §§ 705ff. Da der Vorverein mit dem späteren rechtsfähigen Verein identisch ist (sog Einheitstheorie), gehen die für den Vorverein begründeten Rechte und Pflichten ipso iure auf den späteren Verein über (vgl BGHZ 17, 385, 387). Damit erlischt zugleich die persönliche Haftung des Handelnden aus § 54 S 2; wenn er nämlich schon für den künftigen rechtsfähigen Verein aufgetreten ist, erlangt der Vertragspartner mit der Haftung des Vereins das, was er erwarten konnte (*Medicus* AT Rz 1113; ebenso BGHZ 80, 182 für die Vor-GmbH). 6

§ 22. Wirtschaftlicher Verein

[1]Ein Verein, dessen Zweck auf einen wirtschaftlichen Geschäftsbetrieb gerichtet ist, erlangt in Ermangelung besonderer bundesgesetzlicher Vorschriften Rechtsfähigkeit durch staatliche Verleihung. [2]Die Verleihung steht dem Land zu, in dessen Gebiete der Verein seinen Sitz hat.

§ 23. *(aufgehoben)*

§ 24. Sitz

Als Sitz eines Vereins gilt, wenn nicht ein anderes bestimmt ist, der Ort, an welchem die Verwaltung geführt wird.

§ 25. Verfassung

Die Verfassung eines rechtsfähigen Vereins wird, soweit sie nicht auf den nachfolgenden Vorschriften beruht, durch die Vereinssatzung bestimmt.

1. Die **Verfassung** des Vereins enthält die Regelung der „das Vereinsleben bestimmenden Grundentscheidungen" (BGHZ 47, 172, 177). Dazu zählen vor allem Bestimmungen über Zweck, Namen, Sitz und Organisation des Vereins sowie über die Mitgliedschaft. Verfassungsquelle sind in erster Linie die zwingenden Normen der §§ 26–39, sodann die Satzung und schließlich die dispositiven Regeln in §§ 26ff, nämlich §§ 40, 26 I 3, II 1, 27 II 2, 37 I und 39 II. Alle für das Vereinsleben bestimmenden Grundentscheidungen sind, soweit sie nicht gesetzlich festgelegt sind, als „Verfassung" des Vereins in die Satzung aufzunehmen (BGHZ 105, 306, 313f). 1

2. Notwendige **Organe** des Vereins sind die **Mitglieder,** die in der Mitgliederversammlung beschließen (§ 32), und der **Vorstand** (§ 26). Durch die Satzung können weitere Organe bestellt werden, zB „besondere Vertreter" (§ 30), Ausschüsse oder Beiräte. 2

§ 26. Vorstand und Vertretung

(1) **[1]Der Verein muss einen Vorstand haben. [2]Der Vorstand vertritt den Verein gerichtlich und außergerichtlich; er hat die Stellung eines gesetzlichen Vertreters. [3]Der Umfang der Vertretungsmacht kann durch die Satzung mit Wirkung gegen Dritte beschränkt werden.**

(2) **[1]Besteht der Vorstand aus mehreren Personen, so wird der Verein durch die Mehrheit der Vorstandsmitglieder vertreten. [2]Ist eine Willenserklärung gegenüber einem Verein abzugeben, so genügt die Abgabe gegenüber einem Mitglied des Vorstands.**

1. Für die **Vertretungsmacht** des Vorstandes gelten die allgemeinen Vorschriften der §§ 164–166. 1

a) Besteht ein **mehrköpfiger Vorstand,** so bestimmt für die Aktivvertretung (für die Passivvertretung s Abs 2 S 2) in erster Linie die Satzung, ob jeder allein, mehrere oder nur alle gemeinsam befugt sind. Fehlt eine Regelung in der Satzung, so gilt nach Abs 2 S 1 nicht der Grundsatz der Gesamtvertretung (wie in § 78 AktG, § 35 GmbHG), sondern das Mehrheitsprinzip.

b) Der **Umfang der Vertretungsmacht** ist grds unbeschränkt (arg e contrario aus Abs 1 S 3). Beschränkungen können zB in der Begründung von Zustimmungserfordernissen oder in der Untersagung bestimmter Geschäfte bestehen. Im Außenverhältnis wirken solche Beschränkungen nur, wenn sie im Vereinsregister eingetragen oder dem Geschäftsgegner bekannt sind (§§ 70, 68).

2 **2.** Für die **Geschäftsführung** des Vorstandes, also für das Innenverhältnis zwischen Verein und Vorstand, verweist § 27 III auf das Auftragsrecht. Zur Geschäftsführung zählen grds alle Handlungen, die der Vorstand zur Erreichung des Vereinszweckes vornimmt. Das Auftragsrecht begründet für den Vorstand zB die Auskunfts- und Rechenschaftspflicht des § 666, die Herausgabepflicht des § 667 und uU Schadensersatzpflichten wegen Pflichtverletzung (§ 280), die von der Mitgliederversammlung geltend zu machen sind (*Palandt-Ellenberger* § 27 Rz 4). In einer „Entlastung" des Vorstands ist ein Verzicht auf alle Ersatzansprüche zu sehen, die bei sorgfältiger Prüfung erkennbar sind (BGHZ 94, 324, 326). Der Mitgliederversammlung steht ein Weisungsrecht zu (s § 665). Der Vorstand kann nach § 670 zwar Aufwendungsersatz, aber ohne eine entsprechende Regelung in der Satzung kein Entgelt für die geleistete Arbeit verlangen.

§ 27. Bestellung und Geschäftsführung des Vorstands

(1) **Die Bestellung des Vorstands erfolgt durch Beschluss der Mitgliederversammlung.**

(2) [1]**Die Bestellung ist jederzeit widerruflich, unbeschadet des Anspruchs auf die vertragsmäßige Vergütung.** [2]**Die Widerruflichkeit kann durch die Satzung auf den Fall beschränkt werden, dass ein wichtiger Grund für den Widerruf vorliegt; ein solcher Grund ist insbesondere grobe Pflichtverletzung oder Unfähigkeit zur ordnungsmäßigen Geschäftsführung.**

(3) **Auf die Geschäftsführung des Vorstands finden die für den Auftrag geltenden Vorschriften der §§ 664 bis 670 entsprechende Anwendung.**

1 Zu der in Abs 3 angesprochenen **Geschäftsführung** s § 26 Rz 2. Abs 3 mit seiner Verweisung auf das Auftragsrecht gilt entsprechend, wenn ein mit der Wahrnehmung bestimmter Vereinsaufgaben betrautes Vereinsmitglied, das nicht zum Vorstand gehört, tätig geworden ist (BGHZ 89, 153, 157).

§ 28. Beschlussfassung des Vorstands

Bei einem Vorstand, der aus mehreren Personen besteht, erfolgt die Beschlussfassung nach den für die Beschlüsse der Mitglieder des Vereins geltenden Vorschriften der §§ 32 und 34.

§ 29. Notbestellung durch Amtsgericht

Soweit die erforderlichen Mitglieder des Vorstands fehlen, sind sie in dringenden Fällen für die Zeit bis zur Behebung des Mangels auf Antrag eines Beteiligten von dem Amtsgericht zu bestellen, das für den Bezirk, in dem der Verein seinen Sitz hat, das Vereinsregister führt.

§ 30. Besondere Vertreter

[1]Durch die Satzung kann bestimmt werden, dass neben dem Vorstand für gewisse Geschäfte besondere Vertreter zu bestellen sind. [2]Die Vertretungsmacht eines solchen Vertreters erstreckt sich im Zweifel auf alle Rechtsgeschäfte, die der ihm zugewiesene Geschäftskreis gewöhnlich mit sich bringt.

§ 31. Haftung des Vereins für Organe

Der Verein ist für den Schaden verantwortlich, den der Vorstand, ein Mitglied des Vorstands oder ein anderer verfassungsmäßig berufener Vertreter durch eine in Ausführung der ihm zustehenden Verrichtungen begangene, zum Schadensersatz verpflichtende Handlung einem Dritten zufügt.

1. Allgemeines. Die Bestimmung rechnet dem Verein das Handeln seiner Organe 1
als eigenes zu (Unterschied zu § 278). Sie verdrängt die §§ 278, 831 als Spezialvorschrift. Da die erfassten Handlungen dem Verein zugute kommen, soll er für die rechtlichen Folgen der Handlungen in der gleichen Weise haften, wie wenn es seine eigenen wären. Dabei begründet § 31 keinen eigenen Schadensersatzanspruch, sondern setzt einen Haftungstatbestand voraus: Es ist keine haftungsbegründende, sondern eine haftungszuweisende Norm (BGHZ 99, 298, 302). Bsp für zum Schadensersatz verpflichtende Handlungen sind Delikte, Vertragsverletzungen und c. i. c. (zu Letzterer s § 311 Rz 1 ff). Hat der Vorstand bspw in Ausführung einer ihm zustehenden Verrichtung eine unerlaubte Handlung begangen, so haftet nicht nur er persönlich aus § 823, sondern über § 31 auch der Verein, und zwar – anders als bei § 831 I 2 – ohne Exkulpationsmöglichkeit.

2. Der **Anwendungsbereich** der Vorschrift erstreckt sich weit über das Vereins- 2
recht hinaus. Sie gilt entsprechend für alle juristischen Personen, auch solche des öffentlichen Rechts (s § 89), ferner nach ganz hM für den nichtrechtsfähigen Verein (s § 54 Rz 3) sowie für die OHG und KG. Eine analoge Anwendung auf die GbR wurde in BGHZ 45, 311, 312 noch abgelehnt, weil diese Gesellschaft zu wenig körperschaftlich organisiert sei, als dass man die für sie handelnden Gesellschafter als ihre Organe bezeichnen könnte. Dieser Argumentation ist mit der Anerkennung der Rechtsfähigkeit der GbR (s Vor § 705 Rz 5) der Boden entzogen. Folgerichtig wird in BGHZ 154, 88 (dazu *K. Schmidt* NJW 2003, 1897) § 31 auch auf die GbR für entsprechend anwendbar erklärt. Für die (rechtsfähige) Stiftung ergibt sich die Anwendbarkeit der Vorschrift bereits aus § 86 S 1.

3. Den Begriff des **verfassungsmäßig berufenen Vertreters** zieht die Rspr weit. 3
Die Tätigkeit des Vertreters braucht nicht in der Satzung vorgesehen zu sein; er braucht auch keine rechtsgeschäftliche Vertretungsmacht iSd §§ 164 ff zu besitzen. Vielmehr genügt es, dass dem Vertreter durch die allgemeine Betriebsregelung und Handhabung bedeutsame, wesensmäßige Funktionen der juristischen Person zur selbständigen, eigenverantwortlichen Erfüllung zugewiesen sind, dass er also die juristische Person auf diese Weise repräsentiert (BGHZ 49, 19, 21). Entscheidend ist der Verkehrsschutz im Außenverhältnis, nicht der „Rang" des Vertreters im Innenverhältnis; Weisungsabhängigkeit im Innenverhältnis schadet also nicht, sofern nur der Aufgabenkreis nach außen sich als für das Unternehmen „repräsentativ" darstellt (BGH NJW 1977, 2259, 2260). Bsp aus der Rspr: Zweigstellenleiter einer Sparkasse; Chefarzt einer organisatorisch nicht selbständigen Klinik in einem Krankenhaus, sofern er im medizinischen Bereich (weisungsfrei) tätig wird.

4. Auch für einen **Organisationsmangel** lässt die Rspr die juristische Person nach 4
§ 31 haften, nämlich wenn für wichtige Aufgaben, die der Vorstand nicht selbst erfüllen kann, kein besonderer Vertreter (§ 30) bestellt wurde. Der stattdessen eingesetzte Verrichtungsgehilfe wird für die Zwecke des § 31 einem verfassungsmäßig berufenen

Vertreter gleichgestellt, um zu verhindern, dass sich die juristische Person durch den Organisationsmangel die Exkulpationsmöglichkeit des § 831 I 2 verschafft. Indes bedarf es dieser Konstruktion angesichts des weit gezogenen Begriffes des verfassungsmäßig berufenen Vertreters (oben Rz 3) kaum mehr (vgl *Medicus* AT Rz 1140; *Larenz/Wolf* § 10 Rz 92).

5 **5. In Ausführung der ihm zustehenden Verrichtungen** hat das Organ gehandelt, wenn „ein enger objektiver Zusammenhang" (BGHZ 49, 19, 23) zwischen der schädigenden Handlung und dem Aufgabenkreis des Organs besteht, und nicht bloß ein zufälliger. Bspw handelt die Organperson nur **bei Gelegenheit** und nicht in Ausführung der ihr zustehenden Verrichtungen, wenn sie anlässlich von Vertragsverhandlungen einen Diebstahl begeht; dagegen kann bei betrügerischem Verhalten ein enger objektiver Zusammenhang bestehen, solange sich die Organperson aus der Sicht des Außenstehenden nicht so weit von ihrem Aufgabenkreis entfernt, dass der generelle Rahmen der ihr übertragenen Obliegenheiten überschritten ist (BGHZ 98, 148, 152). Hat die Organperson ihre Vertretungsmacht überschritten (§ 179), ohne damit zugleich eine unerlaubte Handlung begangen zu haben, so führt § 31 nicht zu einer Erstreckung der aus § 179 folgenden Haftung auf den Verein; die dem Verein in § 26 II 2 eingeräumte Möglichkeit, die Vertretungsmacht mit Wirkung gegen Dritte zu beschränken, darf nämlich nicht durch eine Haftungszuweisung gem § 31 unterlaufen werden (näher *Soergel-Hadding* Rz 24).

6 **6.** Bei **ehrenamtlich** tätigen Mitgliedern eines Vereinsvorstands begrenzt nunmehr § 31a I die Haftung gegenüber dem Verein und seinen Mitgliedern auf Vorsatz und grobe Fahrlässigkeit. Wird ein ehrenamtliches Vorstandsmitglied für leicht fahrlässiges Verhalten (vgl § 276 Rz 4, 6) in Anspruch genommen, besteht nach § 31a II ein gesetzlicher Befreiungsanspruch (vgl § 257 Rz 2) des Vorstandsmitglieds gegen den Verein. Da § 86 S 1 auch auf § 31a verweist, gilt dies bei ehrenamtlich tätigen Stiftungsvorständen entsprechend.

§ 31a. Haftung von Vorstandsmitgliedern

(1) [1]**Ein Vorstand, der unentgeltlich tätig ist oder für seine Tätigkeit eine Vergütung erhält, die 500 Euro jährlich nicht übersteigt, haftet dem Verein für einen in Wahrnehmung seiner Vorstandspflichten verursachten Schaden nur bei Vorliegen von Vorsatz oder grober Fahrlässigkeit.** [2]**Satz 1 gilt auch für die Haftung gegenüber den Mitgliedern des Vereins.**

(2) [1]**Ist ein Vorstand nach Absatz 1 Satz 1 einem anderen zum Ersatz eines in Wahrnehmung seiner Vorstandspflichten verursachten Schadens verpflichtet, so kann er von dem Verein die Befreiung von der Verbindlichkeit verlangen.** [2]**Satz 1 gilt nicht, wenn der Schaden vorsätzlich oder grob fahrlässig verursacht wurde.**

§ 32. Mitgliederversammlung; Beschlussfassung

(1) [1]**Die Angelegenheiten des Vereins werden, soweit sie nicht von dem Vorstand oder einem anderen Vereinsorgan zu besorgen sind, durch Beschlussfassung in einer Versammlung der Mitglieder geordnet.** [2]**Zur Gültigkeit des Beschlusses ist erforderlich, dass der Gegenstand bei der Berufung bezeichnet wird.** [3]**Bei der Beschlussfassung entscheidet die Mehrheit der abgegebenen Stimmen.**

(2) **Auch ohne Versammlung der Mitglieder ist ein Beschluss gültig, wenn alle Mitglieder ihre Zustimmung zu dem Beschluss schriftlich erklären.**

1 **1.** Der **Mehrheitsgrundsatz** (Abs 1 S 3) ist kennzeichnend für das Recht der juristischen Personen (vgl auch etwa § 133 AktG, § 47 I GmbHG). Demgegenüber

herrscht bei den Personalgesellschaften das (freilich dispositive) Einstimmigkeitsprinzip (s § 709 BGB, § 119 I HGB).

2. Für die **Berechnung der Mehrheit** stellt Abs 1 S 3 auf die Zahl der „abgegebenen Stimmen" ab (ebenso zB § 133 I AktG, § 47 I GmbHG). Stimmenthaltungen werden somit bei der Mehrheitsberechnung nicht mitgezählt. Dies ist angemessen, denn wer sich der Stimme enthält, will kein ablehnendes Votum abgeben, sondern seine Unentschiedenheit bekunden. 2

§ 33. Satzungsänderung

(1) [1] **Zu einem Beschluss, der eine Änderung der Satzung enthält, ist eine Mehrheit von drei Vierteln der abgegebenen Stimmen erforderlich.** [2] **Zur Änderung des Zweckes des Vereins ist die Zustimmung aller Mitglieder erforderlich; die Zustimmung der nicht erschienenen Mitglieder muss schriftlich erfolgen.**

(2) **Beruht die Rechtsfähigkeit des Vereins auf Verleihung, so ist zu jeder Änderung der Satzung die Genehmigung der zuständigen Behörde erforderlich.**

§ 34. Ausschluss vom Stimmrecht

Ein Mitglied ist nicht stimmberechtigt, wenn die Beschlussfassung die Vornahme eines Rechtsgeschäfts mit ihm oder die Einleitung oder Erledigung eines Rechtsstreits zwischen ihm und dem Verein betrifft.

§ 35. Sonderrechte

Sonderrechte eines Mitglieds können nicht ohne dessen Zustimmung durch Beschluss der Mitgliederversammlung beeinträchtigt werden.

§ 36. Berufung der Mitgliederversammlung

Die Mitgliederversammlung ist in den durch die Satzung bestimmten Fällen sowie dann zu berufen, wenn das Interesse des Vereins es erfordert.

§ 37. Berufung auf Verlangen einer Minderheit

(1) **Die Mitgliederversammlung ist zu berufen, wenn der durch die Satzung bestimmte Teil oder in Ermangelung einer Bestimmung der zehnte Teil der Mitglieder die Berufung schriftlich unter Angabe des Zweckes und der Gründe verlangt.**

(2) [1] **Wird dem Verlangen nicht entsprochen, so kann das Amtsgericht die Mitglieder, die das Verlangen gestellt haben, zur Berufung der Versammlung ermächtigen; es kann Anordnungen über die Führung des Vorsitzes in der Versammlung treffen.** [2] **Zuständig ist das Amtsgericht, das für den Bezirk, in dem der Verein seinen Sitz hat, das Vereinsregister führt.** [3] **Auf die Ermächtigung muss bei der Berufung der Versammlung Bezug genommen werden.**

§ 38. Mitgliedschaft

[1] **Die Mitgliedschaft ist nicht übertragbar und nicht vererblich.** [2] **Die Ausübung der Mitgliedschaftsrechte kann nicht einem anderen überlassen werden.**

1. Die **Mitgliedschaftsrechte** lassen sich (mit *Soergel-Hadding* Rz 16) einteilen in 1
Mitverwaltungsrechte (wie Recht auf Teilnahme an den Mitgliederversammlungen, Stimmrecht etc) und **Vorteilsrechte,** auch Genussrechte (*Larenz/Wolf* § 10 Rz 100) oder Teilhaberechte genannt. Zu letzteren gehören etwa das Recht auf den Gebrauch der Vereinseinrichtungen oder das Recht auf Vergünstigungen oder Dienste, die der Verein seinen Mitgliedern gewährt. Im Übrigen hat jedes Mitglied gegen den Verein

einen Anspruch auf **Gleichbehandlung,** der gegen eine **willkürliche** Schlechterstellung schützt und nicht ausschließt, dass einzelnen Mitgliedern durch die Satzung Sonderrechte (vgl § 35) eingeräumt werden. Mitgliedschaftsrechtliche **Vermögensrechte,** etwa in Form eines Anteils am Vereinsvermögen, entstehen nicht – anders als bei der Personalgesellschaft (vgl § 738 I 1).

2 **2.** Die **Mitgliedschaftspflichten** unterfallen in Mitverwaltungspflichten, Beitragspflichten und eine allgemeine Treuepflicht (näher *Soergel-Hadding* Rz 21 ff).

§ 39. Austritt aus dem Verein

(1) **Die Mitglieder sind zum Austritt aus dem Verein berechtigt.**

(2) **Durch die Satzung kann bestimmt werden, dass der Austritt nur am Schluss eines Geschäftsjahrs oder erst nach dem Ablauf einer Kündigungsfrist zulässig ist; die Kündigungsfrist kann höchstens zwei Jahre betragen.**

§ 40. Nachgiebige Vorschriften

[1]Die Vorschriften des § 26 Absatz 2 Satz 1, des § 27 Absatz 1 und 3, der §§ 28, 31a Abs. 1 Satz 2 sowie der §§ 32, 33 und 38 finden insoweit keine Anwendung als die Satzung ein anderes bestimmt. [2]Von § 34 kann auch für die Beschlussfassung des Vorstands durch die Satzung nicht abgewichen werden.

§ 41. Auflösung des Vereins

[1]Der Verein kann durch Beschluss der Mitgliederversammlung aufgelöst werden. [2]Zu dem Beschluss ist eine Mehrheit von drei Vierteln der abgegebenen Stimmen erforderlich, wenn nicht die Satzung ein anderes bestimmt.

§ 42. Insolvenz

(1) **[1]Der Verein wird durch die Eröffnung des Insolvenzverfahrens und mit Rechtskraft des Beschlusses, durch den die Eröffnung des Insolvenzverfahrens mangels Masse abgewiesen worden ist, aufgelöst. [2]Wird das Verfahren auf Antrag des Schuldners eingestellt oder nach der Bestätigung eines Insolvenzplans, der den Fortbestand des Vereins vorsieht, aufgehoben, so kann die Mitgliederversammlung die Fortsetzung des Vereins beschließen. [3]Durch die Satzung kann bestimmt werden, dass der Verein im Falle der Eröffnung des Insolvenzverfahrens als nicht rechtsfähiger Verein fortbesteht; auch in diesem Falle kann unter den Voraussetzungen des Satzes 2 die Fortsetzung als rechtsfähiger Verein beschlossen werden.**

(2) **[1]Der Vorstand hat im Falle der Zahlungsunfähigkeit oder der Überschuldung die Eröffnung des Insolvenzverfahrens zu beantragen. [2]Wird die Stellung des Antrags verzögert, so sind die Vorstandsmitglieder, denen ein Verschulden zur Last fällt, den Gläubigern für den daraus entstehenden Schaden verantwortlich; sie haften als Gesamtschuldner.**

§ 43. Entziehung der Rechtsfähigkeit

Einem Verein, dessen Rechtsfähigkeit auf Verleihung beruht, kann die Rechtsfähigkeit entzogen werden, wenn er einen anderen als den in der Satzung bestimmten Zweck verfolgt.

§ 44. Zuständigkeit und Verfahren

Die Zuständigkeit und das Verfahren für die Entziehung der Rechtsfähigkeit nach § 43 bestimmen sich nach dem Recht des Landes, in dem der Verein seinen Sitz hat.

§ 45. Anfall des Vereinsvermögens

(1) Mit der Auflösung des Vereins oder der Entziehung der Rechtsfähigkeit fällt das Vermögen an die in der Satzung bestimmten Personen.

(2) [1]Durch die Satzung kann vorgeschrieben werden, dass die Anfallberechtigten durch Beschluss der Mitgliederversammlung oder eines anderen Vereinsorgans bestimmt werden. [2]Ist der Zweck des Vereins nicht auf einen wirtschaftlichen Geschäftsbetrieb gerichtet, so kann die Mitgliederversammlung auch ohne eine solche Vorschrift das Vermögen einer öffentlichen Stiftung oder Anstalt zuweisen.

(3) Fehlt es an einer Bestimmung der Anfallberechtigten, so fällt das Vermögen, wenn der Verein nach der Satzung ausschließlich den Interessen seiner Mitglieder diente, an die zur Zeit der Auflösung oder der Entziehung der Rechtsfähigkeit vorhandenen Mitglieder zu gleichen Teilen, anderenfalls an den Fiskus des Landes, in dessen Gebiet der Verein seinen Sitz hatte.

§ 46. Anfall an den Fiskus

[1]Fällt das Vereinsvermögen an den Fiskus, so finden die Vorschriften über eine dem Fiskus als gesetzlichem Erben anfallende Erbschaft entsprechende Anwendung. [2]Der Fiskus hat das Vermögen tunlichst in einer den Zwecken des Vereins entsprechenden Weise zu verwenden.

§ 47. Liquidation

Fällt das Vereinsvermögen nicht an den Fiskus, so muss eine Liquidation stattfinden, sofern nicht über das Vermögen des Vereins das Insolvenzverfahren eröffnet ist.

§ 48. Liquidatoren

(1) [1]Die Liquidation erfolgt durch den Vorstand. [2]Zu Liquidatoren können auch andere Personen bestellt werden; für die Bestellung sind die für die Bestellung des Vorstands geltenden Vorschriften maßgebend.

(2) Die Liquidatoren haben die rechtliche Stellung des Vorstands, soweit sich nicht aus dem Zwecke der Liquidation ein anderes ergibt.

(3) Sind mehrere Liquidatoren vorhanden, so sind sie nur gemeinschaftlich zur Vertretung befugt und können Beschlüsse nur einstimmig fassen, sofern nicht ein anderes bestimmt ist.

§ 49. Aufgaben der Liquidatoren

(1) [1]Die Liquidatoren haben die laufenden Geschäfte zu beendigen, die Forderungen einzuziehen, das übrige Vermögen in Geld umzusetzen, die Gläubiger zu befriedigen und den Überschuss den Anfallberechtigten auszuantworten. [2]Zur Beendigung schwebender Geschäfte können die Liquidatoren auch neue Geschäfte eingehen. [3]Die Einziehung der Forderungen sowie die Umsetzung des übrigen Vermögens in Geld darf unterbleiben, soweit diese Maßregeln nicht zur Befriedigung der Gläubiger oder zur Verteilung des Überschusses unter die Anfallberechtigten erforderlich sind.

(2) Der Verein gilt bis zur Beendigung der Liquidation als fortbestehend, soweit der Zweck der Liquidation es erfordert.

§ 50. Bekanntmachung des Vereins in Liquidation

(1) [1]Die Auflösung des Vereins oder die Entziehung der Rechtsfähigkeit ist durch die Liquidatoren öffentlich bekannt zu machen. [2]In der Bekanntmachung

sind die Gläubiger zur Anmeldung ihrer Ansprüche aufzufordern. [3]Die Bekanntmachung erfolgt durch das in der Satzung für Veröffentlichungen bestimmte Blatt. [4]Die Bekanntmachung gilt mit dem Ablauf des zweiten Tages nach der Einrückung oder der ersten Einrückung als bewirkt.

(2) **Bekannte Gläubiger sind durch besondere Mitteilung zur Anmeldung aufzufordern.**

§ 50a. Bekanntmachungsblatt

Hat ein Verein in der Satzung kein Blatt für Bekanntmachungen bestimmt oder hat das bestimmte Bekanntmachungsblatt sein Erscheinen eingestellt, sind Bekanntmachungen des Vereins in dem Blatt zu veröffentlichen, welches für Bekanntmachungen des Amtsgerichts bestimmt ist, in dessen Bezirk der Verein seinen Sitz hat.

§ 51. Sperrjahr

Das Vermögen darf den Anfallberechtigten nicht vor dem Ablauf eines Jahres nach der Bekanntmachung der Auflösung des Vereins oder der Entziehung der Rechtsfähigkeit ausgeantwortet werden.

§ 52. Sicherung für Gläubiger

(1) **Meldet sich ein bekannter Gläubiger nicht, so ist der geschuldete Betrag, wenn die Berechtigung zur Hinterlegung vorhanden ist, für den Gläubiger zu hinterlegen.**

(2) **Ist die Berichtigung einer Verbindlichkeit zur Zeit nicht ausführbar oder ist eine Verbindlichkeit streitig, so darf das Vermögen den Anfallberechtigten nur ausgeantwortet werden, wenn dem Gläubiger Sicherheit geleistet ist.**

§ 53. Schadensersatzpflicht der Liquidatoren

Liquidatoren, welche die ihnen nach dem § 42 Abs. 2 und den §§ 50, 51 und 52 obliegenden Verpflichtungen verletzen oder vor der Befriedigung der Gläubiger Vermögen den Anfallberechtigten ausantworten, sind, wenn ihnen ein Verschulden zur Last fällt, den Gläubigern für den daraus entstehenden Schaden verantwortlich; sie haften als Gesamtschuldner.

§ 54. Nicht rechtsfähige Vereine

[1]Auf Vereine, die nicht rechtsfähig sind, finden die Vorschriften über die Gesellschaft Anwendung. [2]Aus einem Rechtsgeschäft, das im Namen eines solchen Vereins einem Dritten gegenüber vorgenommen wird, haftet der Handelnde persönlich; handeln mehrere, so haften sie als Gesamtschuldner.

1 **1.** Nach der Anerkennung der Rechtsfähigkeit der Außen-GbR (BGHZ 146, 341) hat der BGH auch die **Rechtsfähigkeit des nicht rechtsfähigen Vereins** bejaht (NJW 2008, 69 = JuS 2008, 69 Anm *K. Schmidt*). Damit trägt die Rspr der Abdingbarkeit der §§ 705ff und der körperschaftlichen Struktur des nichtrechtsfähigen Vereins Rechnung, dessen Satzung meist ähnlich wie die eines rechtsfähigen Vereins ausgestaltet ist. Im Übrigen wird auch die Gesellschaft, auf deren Regelung S 1 verweist, heute als rechtsfähig angesehen (s Vor § 705 Rz 5), womit sich die Verweisung für den „nicht rechtsfähigen" Verein jetzt widersprüchlich liest. Die Rechtsentwicklung ist also über die um die Jahrhundertwende geschaffene sachwidrige Regelung des S 1 hinweggegangen, mit welcher der Gesetzgeber (das heute überholte und mit Art 9 GG unvereinbare) Ziel verfolgte, Vereine mit politischer oder sozialpolitischer Zielsetzung

(Gewerkschaften!) zur Eintragung zu veranlassen und sie auf diese Weise staatlicher Kontrolle zu unterwerfen (vgl BGHZ 50, 325, 327 ff).

2. Das **Vereinsvermögen** ist der vom Wechsel der Mitglieder unabhängigen Korporation als solcher zuzuordnen. Rechtsträger sind gem §§ 54 S 1, 718, 719 die Mitglieder als Gesamthand, wobei der GbR grds Rechts- und Parteifähigkeit zuerkannt wird (s Vor § 705 Rz 5). Demgemäß erscheint es konsequent, die Eintragungsfähigkeit des nichtrechtsfähigen Vereins im Grundbuch und seine Parteifähigkeit zu bejahen. Der BGH hat zwar, nachdem das Parteiengesetz den politischen Parteien die Parteifähigkeit gewährt hat, auch die Gewerkschaften in Hinblick auf deren öffentliche Funktionen und ihren verfassungsrechtlichen Schutz in Art 9 III GG für parteifähig erklärt (BGHZ 50, 325), vor seiner Grundsatzentscheidung zur GbR (s Vor § 705 Rz 5) aber nicht alle nichtrechtsfähigen Vereine (vgl BGHZ 109, 15, 17); die passive Parteifähigkeit der nichtrechtsfähigen Vereine besteht seit jeher gem § 50 II ZPO. Bei Auflösung des Vereins ist das Vereinsvermögen in entsprechender Anwendung des § 47 zu liquidieren (BGHZ 50, 325, 329). 2

3. Die **Haftung** der Mitglieder eines Idealvereins beschränkt sich regelmäßig auf das Vereinsvermögen. 3

a) Bei **rechtsgeschäftlichem Handeln** des Vorstands ergibt sich dies nach hM aus der Satzung, sei es dass sie eine entsprechende Vollmachtseinschränkung enthält oder ergänzend in diesem Sinne ausgelegt wird (vgl BGH NJW 1979, 2304, 2306).

b) Für eine **zum Schadensersatz verpflichtende Handlung** des Vorstands, insbesondere ein deliktisches Handeln, ist heute eine entsprechende Anwendung des § 31 weithin anerkannt (s etwa *Medicus/Petersen* Rz 796; *Larenz/Wolf* § 11 Rz 23f). Sie führt zu einer Haftung des Vereins mit dem Vereinsvermögen, während eine persönliche Haftung der Mitglieder aus § 831 ausscheidet. Auch soweit der Verein aus § 831 wegen des Verhaltens eines Verrichtungsgehilfen in Anspruch genommen wird, haftet ausschließlich das Vereinsvermögen (*Palandt-Ellenberger* Rz 12).

4. Die **persönliche Haftung** des rechtsgeschäftlich Handelnden nach S 2 ist eine zusätzliche Haftung, die auch dann entsteht, wenn die Vertretungsmacht für den Verein gegeben war oder das Geschäft nach § 177 I genehmigt wird. Sie tritt dann neben die Haftung des Vereins. 4

Kapitel 2. Eingetragene Vereine

§ 55. Zuständigkeit für die Registereintragung

Die Eintragung eines Vereins der im § 21 bezeichneten Art in das Vereinsregister hat bei dem Amtsgericht zu geschehen, in dessen Bezirk der Verein seinen Sitz hat.

§ 55 a. Elektronisches Vereinsregister

(1) [1]**Die Landesregierungen können durch Rechtsverordnung bestimmen, dass und in welchem Umfang das Vereinsregister in maschineller Form als automatisierte Datei geführt wird.** [2]**Hierbei muss gewährleistet sein, dass**

1. **die Grundsätze einer ordnungsgemäßen Datenverarbeitung eingehalten, insbesondere Vorkehrungen gegen einen Datenverlust getroffen sowie die erforderlichen Kopien der Datenbestände mindestens tagesaktuell gehalten und die originären Datenbestände sowie deren Kopien sicher aufbewahrt werden,**
2. **die vorzunehmenden Eintragungen alsbald in einen Datenspeicher aufgenommen und auf Dauer inhaltlich unverändert in lesbarer Form wiedergegeben werden können,**
3. **die nach der Anlage zu § 126 Abs. 1 Satz 2 Nr. 3 der Grundbuchordnung gebotenen Maßnahmen getroffen werden.**

[3]Die Landesregierungen können durch Rechtsverordnung die Ermächtigung nach Satz 1 auf die Landesjustizverwaltungen übertragen.

(2) [1]Das maschinell geführte Vereinsregister tritt für eine Seite des Registers an die Stelle des bisherigen Registers, sobald die Eintragungen dieser Seite in den für die Vereinsregistereintragungen bestimmten Datenspeicher aufgenommen und als Vereinsregister freigegeben worden sind. [2]Die entsprechenden Seiten des bisherigen Vereinsregisters sind mit einem Schließungsvermerk zu versehen.

(3) [1]Eine Eintragung wird wirksam, sobald sie in den für die Registereintragungen bestimmten Datenspeicher aufgenommen ist und auf Dauer inhaltlich unverändert in lesbarer Form wiedergegeben werden kann. [2]Durch eine Bestätigungsanzeige oder in anderer geeigneter Weise ist zu überprüfen, ob diese Voraussetzungen eingetreten sind. [3]Jede Eintragung soll den Tag angeben, an dem sie wirksam geworden ist.

§ 56. Mindestmitgliederzahl des Vereins

Die Eintragung soll nur erfolgen, wenn die Zahl der Mitglieder mindestens sieben beträgt.

§ 57. Mindesterfordernisse an die Vereinssatzung

(1) Die Satzung muss den Zweck, den Namen und den Sitz des Vereins enthalten und ergeben, dass der Verein eingetragen werden soll.

(2) Der Name soll sich von den Namen der an demselben Orte oder in derselben Gemeinde bestehenden eingetragenen Vereine deutlich unterscheiden.

§ 58. Sollinhalt der Vereinssatzung

Die Satzung soll Bestimmungen enthalten:

1. über den Eintritt und Austritt der Mitglieder,
2. darüber, ob und welche Beiträge von den Mitgliedern zu leisten sind,
3. über die Bildung des Vorstands,
4. über die Voraussetzungen, unter denen die Mitgliederversammlung zu berufen ist, über die Form der Berufung und über die Beurkundung der Beschlüsse.

§ 59. Anmeldung zur Eintragung

(1) Der Vorstand hat den Verein zur Eintragung anzumelden.

(2) Der Anmeldung sind Abschriften der Satzung und der Urkunden über die Bestellung des Vorstands beizufügen.

(3) Die Satzung soll von mindestens sieben Mitgliedern unterzeichnet sein und die Angabe des Tages der Errichtung enthalten.

§ 60. Zurückweisung der Anmeldung

(1) Die Anmeldung ist, wenn den Erfordernissen der §§ 56 bis 59 nicht genügt ist, von dem Amtsgericht unter Angabe der Gründe zurückzuweisen.

(2) *(weggefallen)*

§§ 61–63. *(weggefallen)*

§ 64. Inhalt der Vereinsregistereintragung

Bei der Eintragung sind der Name und der Sitz des Vereins, der Tag der Errichtung der Satzung, die Mitglieder des Vorstands und ihre Vertretungsmacht anzugeben.

§ 65. Namenszusatz

Mit der Eintragung erhält der Name des Vereins den Zusatz „eingetragener Verein“.

§ 66. Bekanntmachung der Eintragung und Aufbewahrung von Dokumenten

(1) Das Amtsgericht hat die Eintragung des Vereins in das Vereinsregister durch Veröffentlichung in dem von der Landesjustizverwaltung bestimmten elektronischen Informations- und Kommunikationssystem bekannt zu machen.

(2) Die mit der Anmeldung eingereichten Dokumente werden vom Amtsgericht aufbewahrt.

§ 67. Änderung des Vorstands

(1) [1]Jede Änderung des Vorstands ist von dem Vorstand zur Eintragung anzumelden. [2]Der Anmeldung ist eine Abschrift der Urkunde über die Änderung beizufügen.

(2) Die Eintragung gerichtlich bestellter Vorstandsmitglieder erfolgt von Amts wegen.

§ 68. Vertrauensschutz durch Vereinsregister

[1]Wird zwischen den bisherigen Mitgliedern des Vorstands und einem Dritten ein Rechtsgeschäft vorgenommen, so kann die Änderung des Vorstands dem Dritten nur entgegengesetzt werden, wenn sie zur Zeit der Vornahme des Rechtsgeschäfts im Vereinsregister eingetragen oder dem Dritten bekannt ist. [2]Ist die Änderung eingetragen, so braucht der Dritte sie nicht gegen sich gelten zu lassen, wenn er sie nicht kennt, seine Unkenntnis auch nicht auf Fahrlässigkeit beruht.

§ 69. Nachweis des Vereinsvorstands

Der Nachweis, dass der Vorstand aus den im Register eingetragenen Personen besteht, wird Behörden gegenüber durch ein Zeugnis des Amtsgerichts über die Eintragung geführt.

§ 70. Vertrauensschutz bei Eintragungen zur Vertretungsmacht

Die Vorschriften des § 68 gelten auch für Bestimmungen, die den Umfang der Vertretungsmacht des Vorstands beschränken oder die Vertretungsmacht des Vorstands abweichend von der Vorschrift des § 26 Absatz 2 Satz 1 regeln.

§ 71. Änderungen der Satzung

(1) [1]Änderungen der Satzung bedürfen zu ihrer Wirksamkeit der Eintragung in das Vereinsregister. [2]Die Änderung ist von dem Vorstand zur Eintragung anzumelden. [3]Der Anmeldung sind eine Abschrift des die Änderung enthaltenden Beschlusses und der Wortlaut der Satzung beizufügen. [4]In dem Wortlaut der Satzung müssen die geänderten Bestimmungen mit dem Beschluss über die Satzungsänderung, die unveränderten Bestimmungen mit dem zuletzt eingereichten vollständigen Wortlaut der Satzung und, wenn die Satzung geändert worden ist, ohne dass ein vollständiger Wortlaut der Satzung eingereicht wurde, auch mit den zuvor eingetragenen Änderungen übereinstimmen.

(2) Die Vorschriften der §§ 60, 64 und des § 66 Abs. 2 finden entsprechende Anwendung.

§ 72. Bescheinigung der Mitgliederzahl

Der Vorstand hat dem Amtsgericht auf dessen Verlangen jederzeit eine schriftliche Bescheinigung über die Zahl der Vereinsmitglieder einzureichen.

§ 73. Unterschreiten der Mindestmitgliederzahl

(1) Sinkt die Zahl der Vereinsmitglieder unter drei herab, so hat das Amtsgericht auf Antrag des Vorstands und, wenn der Antrag nicht binnen drei Monaten gestellt wird, von Amts wegen nach Anhörung des Vorstands dem Verein die Rechtsfähigkeit zu entziehen.

(2) *(weggefallen)*

§ 74. Auflösung

(1) Die Auflösung des Vereins sowie die Entziehung der Rechtsfähigkeit ist in das Vereinsregister einzutragen.

(2) [1]Wird der Verein durch Beschluss der Mitgliederversammlung oder durch den Ablauf der für die Dauer des Vereins bestimmten Zeit aufgelöst, so hat der Vorstand die Auflösung zur Eintragung anzumelden. [2]Der Anmeldung ist im ersteren Falle eine Abschrift des Auflösungsbeschlusses beizufügen.

§ 75. Eintragungen bei Insolvenz

(1) [1]Die Eröffnung des Insolvenzverfahrens und der Beschluss, durch den die Eröffnung des Insolvenzverfahrens mangels Masse rechtskräftig abgewiesen worden ist, sowie die Auflösung des Vereins nach § 42 Absatz 2 Satz 1 sind von Amts wegen einzutragen. [2]Von Amts wegen sind auch einzutragen

1. die Aufhebung des Eröffnungsbeschlusses,
2. die Bestellung eines vorläufigen Insolvenzverwalters, wenn zusätzlich dem Schuldner ein allgemeines Verfügungsverbot auferlegt oder angeordnet wird, dass Verfügungen des Schuldners nur mit Zustimmung des vorläufigen Insolvenzverwalters wirksam sind, und die Aufhebung einer derartigen Sicherungsmaßnahme,
3. die Anordnung der Eigenverwaltung durch den Schuldner und deren Aufhebung sowie die Anordnung der Zustimmungsbedürftigkeit bestimmter Rechtsgeschäfte des Schuldners,
4. die Einstellung und die Aufhebung des Verfahrens und
5. die Überwachung der Erfüllung eines Insolvenzplans und die Aufhebung der Überwachung.

(2) [1]Wird der Verein durch Beschluss der Mitgliederversammlung nach § 42 Absatz 1 Satz 2 fortgesetzt, so hat der Vorstand die Fortsetzung zur Eintragung anzumelden. [2]Der Anmeldung ist eine Abschrift des Beschlusses beizufügen.

§ 76. Eintragung bei Liquidation

(1) [1]Bei der Liquidation des Vereins sind die Liquidatoren und ihre Vertretungsmacht in das Vereinsregister einzutragen. [2]Das Gleiche gilt für die Beendigung des Vereins nach der Liquidation.

(2) [1]Die Anmeldung der Liquidatoren hat durch den Vorstand zu erfolgen. [2]Bei der Anmeldung ist der Umfang der Vertretungsmacht der Liquidatoren anzugeben. [3]Änderungen der Liquidatoren oder ihrer Vertretungsmacht sowie die Beendigung des Vereins sind von den Liquidatoren anzumelden. [4]Der Anmeldung der durch Beschluss der Mitgliederversammlung bestellten Liquidatoren ist eine Abschrift des Bestellungsbeschlusses, der Anmeldung der Vertretungs-

macht, die abweichend von § 48 Absatz 3 bestimmt wurde, ist eine Abschrift der diese Bestimmung enthaltenden Urkunde beizufügen.

(3) **Die Eintragung gerichtlich bestellter Liquidatoren geschieht von Amts wegen.**

§ 77. Anmeldepflichtige und Form der Anmeldungen

[1]Die Anmeldungen zum Vereinsregister sind von Mitgliedern des Vorstands sowie von den Liquidatoren, die insoweit zur Vertretung des Vereins berechtigt sind, mittels öffentlich beglaubigter Erklärung abzugeben. [2]Die Erklärung kann in Urschrift oder in öffentlich beglaubigter Abschrift beim Gericht eingereicht werden.

§ 78. Festsetzung von Zwangsgeld

(1) **Das Amtsgericht kann die Mitglieder des Vorstands zur Befolgung der Vorschriften des § 67 Abs. 1, des § 71 Abs. 1, des § 72, des § 74 Abs. 2, des § 75 Absatz 2 und des § 76 durch Festsetzung von Zwangsgeld anhalten.**

(2) **In gleicher Weise können die Liquidatoren zur Befolgung der Vorschriften des § 76 angehalten werden.**

§ 79. Einsicht in das Vereinsregister

(1) **[1]Die Einsicht des Vereinsregisters sowie der von dem Verein bei dem Amtsgericht eingereichten Dokumente ist jedem gestattet. [2]Von den Eintragungen kann eine Abschrift verlangt werden; die Abschrift ist auf Verlangen zu beglaubigen. [3]Wird das Vereinsregister maschinell geführt, tritt an die Stelle der Abschrift ein Ausdruck, an die der beglaubigten Abschrift ein amtlicher Ausdruck.**

(2) **[1]Die Einrichtung eines automatisierten Verfahrens, das die Übermittlung von Daten aus maschinell geführten Vereinsregistern durch Abruf ermöglicht, ist zulässig, wenn sichergestellt ist, dass**

1. **der Abruf von Daten die zulässige Einsicht nach Absatz 1 nicht überschreitet und**
2. **die Zulässigkeit der Abrufe auf der Grundlage einer Protokollierung kontrolliert werden kann.**

[2]Die Länder können für das Verfahren ein länderübergreifendes elektronisches Informations- und Kommunikationssystem bestimmen.

(3) **[1]Der Nutzer ist darauf hinzuweisen, dass er die übermittelten Daten nur zu Informationszwecken verwenden darf. [2]Die zuständige Stelle hat (z.B. durch Stichproben) zu prüfen, ob sich Anhaltspunkte dafür ergeben, dass die nach Satz 1 zulässige Einsicht überschritten oder übermittelte Daten missbraucht werden.**

(4) **Die zuständige Stelle kann einen Nutzer, der die Funktionsfähigkeit der Abrufeinrichtung gefährdet, die nach Absatz 3 Satz 1 zulässige Einsicht überschreitet oder übermittelte Daten missbraucht, von der Teilnahme am automatisierten Abrufverfahren ausschließen; dasselbe gilt bei drohender Überschreitung oder drohendem Missbrauch.**

(5) **[1]Zuständige Stelle ist die Landesjustizverwaltung. [2]Örtlich zuständig ist die Landesjustizverwaltung, in deren Zuständigkeitsbereich das betreffende Amtsgericht liegt. [3]Die Zuständigkeit kann durch Rechtsverordnung der Landesregierung abweichend geregelt werden. [4]Sie kann diese Ermächtigung durch Rechtsverordnung auf die Landesjustizverwaltung übertragen. [5]Die Länder können**

auch die Übertragung der Zuständigkeit auf die zuständige Stelle eines anderen Landes vereinbaren.

Untertitel 2. Stiftungen

§ 80. Entstehung einer rechtsfähigen Stiftung

(1) **Zur Entstehung einer rechtsfähigen Stiftung sind das Stiftungsgeschäft und die Anerkennung durch die zuständige Behörde des Landes erforderlich, in dem die Stiftung ihren Sitz haben soll.**

(2) **Die Stiftung ist als rechtsfähig anzuerkennen, wenn das Stiftungsgeschäft den Anforderungen des § 81 Abs. 1 genügt, die dauernde und nachhaltige Erfüllung des Stiftungszwecks gesichert erscheint und der Stiftungszweck das Gemeinwohl nicht gefährdet.**

(3) [1]**Vorschriften der Landesgesetze über kirchliche Stiftungen bleiben unberührt.** [2]**Das gilt entsprechend für Stiftungen, die nach den Landesgesetzen kirchlichen Stiftungen gleichgestellt sind.**

1 **1. Begriff.** Eine Stiftung im Sinne der §§ 80ff ist eine mit Rechtsfähigkeit ausgestattete Vermögensmasse. Es handelt sich um eine **juristische Person ohne Mitglieder**. Eine rechtsfähige Stiftung kann durch Rechtsgeschäft unter Lebenden (§ 81) oder durch Verfügung von Todes wegen (§ 83) errichtet werden. Die Errichtung unter Lebenden ist in der Praxis der Regelfall. Zur Entstehung der Stiftung ist neben dem **Stiftungsgeschäft** eine **Anerkennung** durch die zuständige Behörde des Landes erforderlich, in dem die Stiftung ihren Sitz haben soll (Abs 1). Auf diese Anerkennung (Verwaltungsakt) besteht unter den Voraussetzungen des Abs 2 ein Rechtsanspruch. Stiftungen unterliegen auch nach ihrer Errichtung einer laufenden Aufsicht durch die nach Landesrecht zuständige Behörde (reine Rechtsaufsicht).

2 **2. Abgrenzung. a)** Von der rechtsfähigen Stiftung ist die **unselbständige Stiftung** abzugrenzen, die auch Treuhandstiftung genannt wird. Sie hat im BGB keine eigenständige Regelung erfahren. Es handelt sich um die Vermögenszuwendung eines Stifters an eine bereits existierende natürliche oder juristische Person (Stiftungsträger), die mit der Maßgabe erfolgt, die übertragenen Werte dauerhaft zur Verfolgung eines vom Stifter festgelegten Zwecks zu nutzen (*MüKo-Reuter* Vor § 80 Rz 87). Das Stiftungsgeschäft ist bei der unselbständigen Stiftung kein einseitiger Errichtungsakt, sondern ein Vertrag zwischen Stifter und Stiftungsträger. Es kann sich dabei um eine Schenkung unter Auflage oder um ein Treuhandgeschäft in Form eines Auftrages bzw. Geschäftsbesorgungsvertrages handeln. Entscheidend ist, welche Gestaltung die Parteien wählen (BGHZ 180, 144). Unselbständige Stiftungen unterliegen nicht der Stiftungsaufsicht und bedürfen zu ihrer Wirksamkeit auch keiner behördlichen Anerkennung. Eine unselbständige Stiftung kann auch von Todes wegen errichtet werden. Dabei handelt es sich idR um eine Erbeinsetzung oder ein Vermächtnis zugunsten des Stiftungsträgers mit der Auflage (§§ 1940, 2192ff), das gestiftete Vermögen nach Maßgabe der Stiftungssatzung gesondert von dem sonstigen Vermögen des Stiftungsträgers zu verwalten.

3 **b)** Nicht unter §§ 80ff fallen ferner die **Stiftungen des öffentlichen Rechts,** die durch staatlichen Hoheitsakt (idR durch Gesetz oder durch Rechtsverordnung) errichtet werden. Der Staat hat aber auch die Möglichkeit, anstelle einer Stiftung des öffentlichen Rechts eine Stiftung des bürgerlichen Rechts nach §§ 80ff zu errichten.

§ 81. Stiftungsgeschäft

(1) [1]**Das Stiftungsgeschäft unter Lebenden bedarf der schriftlichen Form.** [2]**Es muss die verbindliche Erklärung des Stifters enthalten, ein Vermögen zur Erfül-**

lung eines von ihm vorgegebenen Zweckes zu widmen. [3]Durch das Stiftungsgeschäft muss die Stiftung eine Satzung erhalten mit Regelungen über
1. den Namen der Stiftung,
2. den Sitz der Stiftung,
3. den Zweck der Stiftung,
4. das Vermögen der Stiftung,
5. die Bildung des Vorstands der Stiftung.
[4]Genügt das Stiftungsgeschäft den Erfordernissen des Satzes 3 nicht und ist der Stifter verstorben, findet § 83 Satz 2 bis 4 entsprechende Anwendung.

(2) **[1]Bis zur Anerkennung der Stiftung als rechtsfähig ist der Stifter zum Widerruf des Stiftungsgeschäfts berechtigt. [2]Ist die Anerkennung bei der zuständigen Behörde beantragt, so kann der Widerruf nur dieser gegenüber erklärt werden. [3]Der Erbe des Stifters ist zum Widerruf nicht berechtigt, wenn der Stifter den Antrag bei der zuständigen Behörde gestellt oder im Falle der notariellen Beurkundung des Stiftungsgeschäfts den Notar bei oder nach der Beurkundung mit der Antragstellung betraut hat.**

1. Für das Stiftungsgeschäft unter Lebenden gelten die **allgemeinen Vorschriften** 1 über Rechtsgeschäfte. Es ist nicht höchstpersönlicher Natur; Stellvertretung ist daher zulässig. Das Stiftungsgeschäft kann von einem oder mehreren Stiftern vorgenommen werden.

2. Das **Ausstattungsversprechen** des Stifters nach Abs 1 S 2 ist auf eine freiwillige 2 unentgeltliche Zuwendung an die Stiftung gerichtet. Daher können Pflichtteilsberechtigte nach dem Tod des Stifters gem § 2325 Pflichtteilsergänzung verlangen, wenn eine Stiftung schon unter Lebenden errichtet und aus diesem Anlass mit dem wesentlichen Vermögen des Stifters ausgestattet wird (s § 2325 Rz 3).

3. Nach Abs 1 S 1 bedarf das Stiftungsgeschäft unter Lebenden der **Schriftform.** 3 Ob diese Form für das Ausstattungsversprechen auch dann genügt, wenn zu dem der Stiftung gewidmeten Vermögen Grundstücke gehören (s § 311b), ist umstritten (vgl *MüKo-Kanzleiter* § 311b Rz 24). In jedem Fall bedarf die Übereignung (Auflassung) des Grundstücks der notariellen Beurkundung (§ 925).

§ 82. Übertragungspflicht des Stifters

[1]Wird die Stiftung als rechtsfähig anerkannt, so ist der Stifter verpflichtet, das in dem Stiftungsgeschäft zugesicherte Vermögen auf die Stiftung zu übertragen. [2]Rechte, zu deren Übertragung der Abtretungsvertrag genügt, gehen mit der Anerkennung auf die Stiftung über, sofern nicht aus dem Stiftungsgeschäft sich ein anderer Wille des Stifters ergibt.

§ 83. Stiftung von Todes wegen

[1]Besteht das Stiftungsgeschäft in einer Verfügung von Todes wegen, so hat das Nachlassgericht dies der zuständigen Behörde zur Anerkennung mitzuteilen, sofern sie nicht von dem Erben oder dem Testamentsvollstrecker beantragt wird. [2]Genügt das Stiftungsgeschäft nicht den Erfordernissen des § 81 Abs. 1 Satz 3, wird der Stiftung durch die zuständige Behörde vor der Anerkennung eine Satzung gegeben oder eine unvollständige Satzung ergänzt; dabei soll der Wille des Stifters berücksichtigt werden. [3]Als Sitz der Stiftung gilt, wenn nicht ein anderes bestimmt ist, der Ort, an welchem die Verwaltung geführt wird. [4]Im Zweifel gilt der letzte Wohnsitz des Stifters im Inland als Sitz.

1 **1.** Das Stiftungsgeschäft von Todes wegen kann ein **Testament** oder ein **Erbvertrag** sein. Anders als bei der Stiftung unter Lebenden gelten in formeller und materieller Hinsicht die erbrechtlichen Vorschriften. Bei einem eigenhändigen Testament (§ 2247) muss somit sowohl das Stiftungsgeschäft selbst als auch die Satzung der Stiftung vollständig eigenhändig geschrieben sein.

2 **2.** Auch die Stiftung von Todes wegen erlangt erst durch behördliche Anerkennung Rechtsfähigkeit. Weil sie somit im Zeitpunkt des Erbfalls an sich noch nicht rechtsfähig (erbfähig) ist, ordnet § 84 an, dass sie für Zuwendungen des Stifters als schon vor dessen Tod entstanden gilt; durch diese **Fiktion** wird § 1923 überwunden.

3 **3.** Die Stiftung kann als Erbin, Vor- oder Nacherbin sowie als Vermächtnisnehmerin eingesetzt werden. Ist sie **Miterbin,** so ist die Auseinandersetzung zwischen den Miterben analog § 2043 ausgeschlossen, bis die Stiftung von der zuständigen Behörde anerkannt wurde.

§ 84. Anerkennung nach Tod des Stifters

Wird die Stiftung erst nach dem Tode des Stifters als rechtsfähig anerkannt, so gilt sie für die Zuwendungen des Stifters als schon vor dessen Tod entstanden.

§ 85. Stiftungsverfassung

Die Verfassung einer Stiftung wird, soweit sie nicht auf Bundes- oder Landesgesetz beruht, durch das Stiftungsgeschäft bestimmt.

§ 86. Anwendung des Vereinsrechts

[1]Die Vorschriften der §§ 26 und 27 Absatz 3 und der §§ 28 bis 31a und 42 finden auf Stiftungen entsprechende Anwendung, die Vorschriften des § 26 Absatz 2 Satz 1, des § 27 Absatz 3 und des § 28 jedoch nur insoweit, als sich nicht aus der Verfassung, insbesondere daraus, dass die Verwaltung der Stiftung von einer öffentlichen Behörde geführt wird, ein anderes ergibt. [2]Die Vorschriften des § 26 Absatz 2 Satz 2 und des § 29 finden auf Stiftungen, deren Verwaltung von einer öffentlichen Behörde geführt wird, keine Anwendung.

§ 87. Zweckänderung; Aufhebung

(1) **Ist die Erfüllung des Stiftungszwecks unmöglich geworden oder gefährdet sie das Gemeinwohl, so kann die zuständige Behörde der Stiftung eine andere Zweckbestimmung geben oder sie aufheben.**

(2) **[1]Bei der Umwandlung des Zweckes soll der Wille des Stifters berücksichtigt werden, insbesondere soll dafür gesorgt werden, dass die Erträge des Stiftungsvermögens dem Personenkreis, dem sie zustatten kommen sollten, im Sinne des Stifters erhalten bleiben. [2]Die Behörde kann die Verfassung der Stiftung ändern, soweit die Umwandlung des Zweckes es erfordert.**

(3) **Vor der Umwandlung des Zweckes und der Änderung der Verfassung soll der Vorstand der Stiftung gehört werden.**

§ 88. Vermögensanfall

[1]Mit dem Erlöschen der Stiftung fällt das Vermögen an die in der Verfassung bestimmten Personen. [2]Fehlt es an einer Bestimmung der Anfallberechtigten, so fällt das Vermögen an den Fiskus des Landes, in dem die Stiftung ihren Sitz hatte, oder an einen anderen nach dem Recht dieses Landes bestimmten Anfallberechtigten. [3]Die Vorschriften der §§ 46 bis 53 finden entsprechende Anwendung.

Untertitel 3. Juristische Personen des öffentlichen Rechts

§ 89. Haftung für Organe; Insolvenz

(1) **Die Vorschrift des § 31 findet auf den Fiskus sowie auf die Körperschaften, Stiftungen und Anstalten des öffentlichen Rechts entsprechende Anwendung.**

(2) **Das Gleiche gilt, soweit bei Körperschaften, Stiftungen und Anstalten des öffentlichen Rechts das Insolvenzverfahren zulässig ist, von der Vorschrift des § 42 Abs. 2.**

Abschnitt 2. Sachen und Tiere

§ 90. Begriff der Sache

Sachen im Sinne des Gesetzes sind nur körperliche Gegenstände.

§ 90a. Tiere

[1]Tiere sind keine Sachen. [2]Sie werden durch besondere Gesetze geschützt. [3]Auf sie sind die für Sachen geltenden Vorschriften entsprechend anzuwenden, soweit nicht etwas anderes bestimmt ist.

§ 91. Vertretbare Sachen

Vertretbare Sachen im Sinne des Gesetzes sind bewegliche Sachen, die im Verkehr nach Zahl, Maß oder Gewicht bestimmt zu werden pflegen.

§ 92. Verbrauchbare Sachen

(1) **Verbrauchbare Sachen im Sinne des Gesetzes sind bewegliche Sachen, deren bestimmungsmäßiger Gebrauch in dem Verbrauch oder in der Veräußerung besteht.**

(2) **Als verbrauchbar gelten auch bewegliche Sachen, die zu einem Warenlager oder zu einem sonstigen Sachinbegriffe gehören, dessen bestimmungsmäßiger Gebrauch in der Veräußerung der einzelnen Sachen besteht.**

§ 93. Wesentliche Bestandteile einer Sache

Bestandteile einer Sache, die voneinander nicht getrennt werden können, ohne dass der eine oder der andere zerstört oder in seinem Wesen verändert wird (wesentliche Bestandteile), können nicht Gegenstand besonderer Rechte sein.

1. Der **Sinn** des Kongruenzgebots der §§ 93–96 besteht darin, wirtschaftliche Werte zu erhalten. Daher sollen für die Auslegung dieser Normen, zB für die Frage, wann ein Bestandteil „in seinem Wesen verändert wird", in erster Linie wirtschaftliche Gesichtspunkte entscheidend sein (BGHZ 20, 154, 157). 1

2. Die praktische **Bedeutung** der Vorschriften liegt im Sachenrecht. Die §§ 946ff regeln die Eigentumsfrage, wenn bisher selbständige Sachen zu wesentlichen Bestandteilen werden, § 951 normiert die Entschädigung für einen eingetretenen Rechtsverlust. Dingliche Geschäfte über wesentliche Bestandteile sind nichtig; insbesondere ist die rechtsgeschäftliche Begründung von Sondereigentum an ihnen ausgeschlossen. Dagegen ist die Begründung von obligatorischen Rechten an wesentlichen Bestandteilen möglich, zB ein Kaufvertrag über eine fest mit dem Grundstück verbundene Halle, die erst künftig, durch ihren Abbau als rechtlich selbständige Sache entstehen kann (BGH NJW 2000, 504). 2

3 **3.** Ob ein **Bestandteil** einer einheitlichen, aber zusammengesetzten Sache oder eine selbständige Sache anzunehmen ist, entscheidet die Verkehrsauffassung, hilfsweise die natürliche Betrachtungsweise. Zwischen den Teilen muss eine körperliche Verbindung bestehen; eine feste Verbindung deutet häufig auf die Bestandteilseigenschaft hin, doch kann auch eine leicht lösbare Verbindung genügen (vgl BGHZ 18, 226, 229: Motor eines Kfz).

4 **4. Wesentlich** ist ein Bestandteil, wenn er oder der restliche Hauptbestandteil durch die Trennung zerstört oder – wirtschaftlich gesehen – in seinem Wesen verändert wurde. Letzteres hängt davon ab, ob die verschiedenen Bestandteile nach der Trennung noch in der bisherigen Art wirtschaftlich genutzt werden können, sei es auch erst, nachdem sie zu diesem Zweck wieder mit anderen Sachen verbunden worden sind (BGHZ 20, 159, 162). Daher ist der serienmäßig hergestellte Motor oder Austauschmotor kein wesentlicher Bestandteil eines Kfz (BGHZ 18, 226, 229; 61, 80, 81).

§ 94. Wesentliche Bestandteile eines Grundstücks oder Gebäudes

(1) [1]**Zu den wesentlichen Bestandteilen eines Grundstücks gehören die mit dem Grund und Boden fest verbundenen Sachen, insbesondere Gebäude, sowie die Erzeugnisse des Grundstücks, solange sie mit dem Boden zusammenhängen.** [2]**Samen wird mit dem Aussäen, eine Pflanze wird mit dem Einpflanzen wesentlicher Bestandteil des Grundstücks.**

(2) **Zu den wesentlichen Bestandteilen eines Gebäudes gehören die zur Herstellung des Gebäudes eingefügten Sachen.**

1 **1. Allgemeines.** Die Vorschrift erweitert den § 93 für bestimmte Bestandteile eines Grundstücks oder Gebäudes, während § 95 insoweit eine Einschränkung ausspricht. In der **Prüfungsfolge** geht § 95 den §§ 93, 94 vor; denn wenn kein Bestandteil gegeben ist, kann es sich schon gar nicht um einen wesentlichen Bestandteil handeln.

2 **2.** Eine **feste Verbindung,** die bei einem Grundstück die in § 93 genannten Kriterien ersetzt, liegt insbesondere dann vor, wenn eine Trennung zur Beschädigung der verbundenen Sache führen oder unverhältnismäßige Kosten verursachen würde; dies ist idR zu bejahen für Fertighäuser, Fertiggaragen aus Beton oder für das mit einem Betonkranz umgebene Fertigteilschwimmbecken (*Palandt-Ellenberger* Rz 2).

3 **3.** Zur Herstellung eines Gebäudes **eingefügte Sachen** sind nach Abs 2 wesentliche Bestandteile des Gebäudes, sofern die Einfügung nicht nur zu einem vorübergehenden Zweck erfolgte (§ 95 II); ob sie als wesentliche Bestandteile des Gebäudes auch wesentliche Bestandteile des Grundstücks sind, hängt von der nach Abs 1 für das Gebäude zu treffenden Entscheidung ab. Eine Sache ist „zur Herstellung eines Gebäudes eingefügt", wenn die Einfügung dem Gebäude ein bestimmtes Gepräge gegeben hat (BGHZ 53, 324, 325), und zwar auch, wenn dies erst im Zuge einer Renovierung geschehen ist. Auf eine feste Verbindung der eingefügten Sachen kommt es nicht an. Sie müssen auch nicht für die Herstellung „notwendig" sein (RGZ 150, 22, 26). Beispiele eingefügter Sachen bilden nach der Rspr etwa Heizungsanlagen oder Warmwasserbehälter, uU auch Einbauküchen und Einbaumöbel (s etwa *MüKo-Holch* Rz 26 ff).

§ 95. Nur vorübergehender Zweck

(1) [1]**Zu den Bestandteilen eines Grundstücks gehören solche Sachen nicht, die nur zu einem vorübergehenden Zweck mit dem Grund und Boden verbunden sind.** [2]**Das Gleiche gilt von einem Gebäude oder anderen Werk, das in Ausübung eines Rechts an einem fremden Grundstück von dem Berechtigten mit dem Grundstück verbunden worden ist.**

(2) **Sachen, die nur zu einem vorübergehenden Zwecke in ein Gebäude eingefügt sind, gehören nicht zu den Bestandteilen des Gebäudes.**

1. Allgemeines. Die Vorschrift schränkt die §§ 93, 94 ein (s § 94 Rz 1). **Scheinbestandteile** sind im Rechtssinne bewegliche Sachen, die also nach §§ 929ff übereignet werden. 1

2. Nur **zu einem vorübergehenden Zweck** erfolgt die Verbindung (Abs 1) oder die Einfügung (Abs 2), wenn die spätere Trennung von vornherein gewollt und dieser Wille mit dem äußeren Geschehen vereinbar ist (BGHZ 54, 208, 210; 104, 298, 301); dies ist bei Mietern oder Pächtern zu vermuten (s etwa BGHZ 104, 298, 301). Eine nachträgliche Zweckänderung allein macht die Sache nicht zum wesentlichen Bestandteil; vielmehr muss sich der Eigentümer zusätzlich mit dem Grundstückseigentümer entsprechend § 929 S 2 über den Eigentumsübergang einigen (BGHZ 23, 57, 60). Ebenso erfolgt die sachenrechtliche Umwandlung eines wesentlichen Bestandteils (zB einer Versorgungsleitung) in eine selbständige Sache nach hM durch Übereignung entsprechend § 929 S 2, ohne dass es dazu einer Trennung der Sache vom Grundstück bedarf (BGHZ 165, 184, 188f). 2

3. Rechte an einem Grundstück iSd Abs 1 S 2 sind nur wirklich bestehende dingliche Rechte, wie Erbbaurecht, Nießbrauch oder Grunddienstbarkeit. Die Regel wird analog auf den nach § 912 zu duldenden (BGHZ 27, 197, 199) sowie auf den kraft Zustimmung rechtmäßigen (BGHZ 157, 301, 304) Überbau angewandt; der auf dem Nachbargrundstück stehende Überbau gehört dann also dem Überbauenden. 3

§ 96. Rechte als Bestandteile eines Grundstücks

Rechte, die mit dem Eigentum an einem Grundstück verbunden sind, gelten als Bestandteile des Grundstücks.

§ 97. Zubehör

(1) [1]**Zubehör sind bewegliche Sachen, die, ohne Bestandteile der Hauptsache zu sein, dem wirtschaftlichen Zwecke der Hauptsache zu dienen bestimmt sind und zu ihr in einem dieser Bestimmung entsprechenden räumlichen Verhältnis stehen.** [2]**Eine Sache ist nicht Zubehör, wenn sie im Verkehr nicht als Zubehör angesehen wird.**

(2) [1]**Die vorübergehende Benutzung einer Sache für den wirtschaftlichen Zweck einer anderen begründet nicht die Zubehöreigenschaft.** [2]**Die vorübergehende Trennung eines Zubehörstücks von der Hauptsache hebt die Zubehöreigenschaft nicht auf.**

1. Allgemeines. Zubehör ist – im Unterschied zu den wesentlichen Bestandteilen (§ 93) – grds rechtlich selbständig, kann also ohne die Hauptsache übereignet oder belastet werden. Jedoch bezieht das Gesetz in verschiedenen Auslegungsregeln das Zubehör „im Zweifel" in Rechtsgeschäfte über die Hauptsache ein, um den wirtschaftlichen Wert zu erhalten, der in der Verbindung von Zubehör und Hauptsache liegt; so etwa in § 311c (Verpflichtung zur Veräußerung oder Belastung) und in § 926 I 2 (Grundstücksübereignung); vgl auch § 1120 (Erstreckung der Hypothek) sowie § 865 ZPO (Umfang der Zwangsvollstreckung in unbewegliches Vermögen; Verhältnis zur Mobiliarvollstreckung). Eine gewisse Hilfestellung bei der Ermittlung der Zubehöreigenschaft gibt der (freilich nicht abschließende) § 98. Die Vorschrift bestätigt allerdings nur die wirtschaftlich dienende Funktion der aufgezählten Gegenstände; alle weiteren Voraussetzungen des Zubehörbegriffs sind gesondert zu prüfen. 1

2. Hauptsache kann für Unternehmensinventar das Betriebsgrundstück sein, wenn das Grundstück für eine entsprechende Nutzung dauernd eingerichtet ist (BGHZ 62, 2

49) und wenn der wirtschaftliche Schwerpunkt des Unternehmens auf dem Grundstück liegt (BGHZ 85, 234, 237 unter Hinweis auf § 98 Nr 1).

§ 98. Gewerbliches und landwirtschaftliches Inventar

Dem wirtschaftlichen Zwecke der Hauptsache sind zu dienen bestimmt:

1. **bei einem Gebäude, das für einen gewerblichen Betrieb dauernd eingerichtet ist, insbesondere bei einer Mühle, einer Schmiede, einem Brauhaus, einer Fabrik, die zu dem Betrieb bestimmten Maschinen und sonstigen Gerätschaften,**
2. **bei einem Landgut das zum Wirtschaftsbetrieb bestimmte Gerät und Vieh, die landwirtschaftlichen Erzeugnisse, soweit sie zur Fortführung der Wirtschaft bis zu der Zeit erforderlich sind, zu welcher gleiche oder ähnliche Erzeugnisse voraussichtlich gewonnen werden, sowie der vorhandene, auf dem Gut gewonnene Dünger.**

§ 99. Früchte

(1) **Früchte einer Sache sind die Erzeugnisse der Sache und die sonstige Ausbeute, welche aus der Sache ihrer Bestimmung gemäß gewonnen wird.**

(2) **Früchte eines Rechts sind die Erträge, welche das Recht seiner Bestimmung gemäß gewährt, insbesondere bei einem Recht auf Gewinnung von Bodenbestandteilen die gewonnenen Bestandteile.**

(3) **Früchte sind auch die Erträge, welche eine Sache oder ein Recht vermöge eines Rechtsverhältnisses gewährt.**

§ 100. Nutzungen

Nutzungen sind die Früchte einer Sache oder eines Rechts sowie die Vorteile, welche der Gebrauch der Sache oder des Rechts gewährt.

§ 101. Verteilung der Früchte

Ist jemand berechtigt, die Früchte einer Sache oder eines Rechts bis zu einer bestimmten Zeit oder von einer bestimmten Zeit an zu beziehen, so gebühren ihm, sofern nicht ein anderes bestimmt ist:

1. **die im § 99 Abs. 1 bezeichneten Erzeugnisse und Bestandteile, auch wenn er sie als Früchte eines Rechts zu beziehen hat, insoweit, als sie während der Dauer der Berechtigung von der Sache getrennt werden,**
2. **andere Früchte insoweit, als sie während der Dauer der Berechtigung fällig werden; bestehen jedoch die Früchte in der Vergütung für die Überlassung des Gebrauchs oder des Fruchtgenusses, in Zinsen, Gewinnanteilen oder anderen regelmäßig wiederkehrenden Erträgen, so gebührt dem Berechtigten ein der Dauer seiner Berechtigung entsprechender Teil.**

§ 102. Ersatz der Gewinnungskosten

Wer zur Herausgabe von Früchten verpflichtet ist, kann Ersatz der auf die Gewinnung der Früchte verwendeten Kosten insoweit verlangen, als sie einer ordnungsmäßigen Wirtschaft entsprechen und den Wert der Früchte nicht übersteigen.

§ 103. Verteilung der Lasten

Wer verpflichtet ist, die Lasten einer Sache oder eines Rechts bis zu einer bestimmten Zeit oder von einer bestimmten Zeit an zu tragen, hat, sofern nicht

ein anderes bestimmt ist, die regelmäßig wiederkehrenden Lasten nach dem Verhältnis der Dauer seiner Verpflichtung, andere Lasten insoweit zu tragen, als sie während der Dauer seiner Verpflichtung zu entrichten sind.

Abschnitt 3. Rechtsgeschäfte

Vor § 104

Handlungen von Rechtssubjekten, durch die privatrechtliche Rechtsfolgen ausgelöst werden, lassen sich wie folgt unterscheiden: 1

1. Ein **Rechtsgeschäft** ist eine Handlung oder Handlungsmehrheit, wobei mindestens eine Handlung eine auf die Herbeiführung einer bestimmten Rechtsfolge gerichtete Willenserklärung (Vor § 116 Rz 1–3) darstellt; **einseitiges,** zB Kündigung, Anfechtung, Rücktritt, Bevollmächtigung, Auslobung, Dereliktion, und **mehrseitiges,** zB Vertrag. Die Rechtsfolge tritt auf Grund des Parteiwillens ein. 2

2. Geschäftsähnliche Handlungen sind Erklärungen, deren Rechtsfolgen kraft Gesetzes eintreten, ohne Rücksicht darauf, ob sie gewollt sind. Beispiele: Mahnung, Fristsetzung, Aufforderung nach §§ 108 II, 177 II, Mitteilungen nach §§ 171, 409, 566e, Mängelrüge nach § 377 HGB. Die Vorschriften über die Geschäftsfähigkeit sind grundsätzlich entsprechend anzuwenden. 3

3. Realakte sind Handlungen, die lediglich auf die Herbeiführung eines tatsächlichen Erfolges gerichtet und typischerweise weder auf ein Rechtsverhältnis oder auf Rechtsfolgen bezogen sind, an die das Gesetz aber – unabhängig vom Parteiwillen – bestimmte Rechtsfolgen knüpft. Bsp: Besitzergreifung, -aufgabe, Übergabe einer Sache (ohne Übereignungswillen), Verarbeitung, Vermischung, (Schatz-)Fund. Die Vorschriften über Geschäftsfähigkeit, Willensmängel, Einwilligung und Genehmigung sowie Stellvertretung kommen nicht zur Anwendung, da die an den Realakt geknüpften Rechtsfolgen kraft Gesetzes eintreten. 4

Titel 1. Geschäftsfähigkeit

§ 104. Geschäftsunfähigkeit

Geschäftsunfähig ist:

1. **wer nicht das siebente Lebensjahr vollendet hat,**
2. **wer sich in einem die freie Willensbestimmung ausschließenden Zustand krankhafter Störung der Geistestätigkeit befindet, sofern nicht der Zustand seiner Natur nach ein vorübergehender ist.**

Geschäftsfähigkeit ist die Fähigkeit, durch eigene rechtsgeschäftliche Handlungen Rechte zu erwerben und Pflichten zu übernehmen.

§ 105. Nichtigkeit der Willenserklärung

(1) **Die Willenserklärung eines Geschäftsunfähigen ist nichtig.**

(2) **Nichtig ist auch eine Willenserklärung, die im Zustand der Bewusstlosigkeit oder vorübergehender Störung der Geistestätigkeit abgegeben wird.**

Die **Nichtigkeit** tritt unabhängig davon ein, ob die Willenserklärung dem nach § 104 Geschäftsunfähigen lediglich einen rechtlichen Vorteil bringt (anders für Minderjährige § 107) und ob die Interessen des Geschäftsunfähigen vollständig gewahrt wurden. Die zum Schutz des Geschäftsunfähigen getroffene Regelung dient der Rechtssicherheit. Leistungen, die zur Erfüllung eines nichtigen Geschäfts erbracht 1 wurden, müssen nach Bereicherungsrecht grds rückabgewickelt werden; Ausnahme: § 105a.

§ 105a. Geschäfte des täglichen Lebens

[1]Tätigt ein volljähriger Geschäftsunfähiger ein Geschäft des täglichen Lebens, das mit geringwertigen Mitteln bewirkt werden kann, so gilt der von ihm geschlossene Vertrag in Ansehung von Leistung und, soweit vereinbart, Gegenleistung als wirksam, sobald Leistung und Gegenleistung bewirkt sind. [2]Satz 1 gilt nicht bei einer erheblichen Gefahr für die Person oder das Vermögen des Geschäftsunfähigen.

1 Die Vorschrift, welche die rechtliche Stellung und soziale Integration geistig behinderter Menschen verbessern will, statuiert eine Ausnahme von der **Rückabwicklungspflicht** (s § 105 Rz 1), nicht dagegen von der Nichtigkeit der Willenserklärung.

1. Voraussetzungen. a) Geschäft des täglichen Lebens (Alltagsgeschäfte wie Kauf von Lebensmitteln, Zeitungen, Zahnpasta, Friseurbesuch etc), welches ein volljähriger Geschäftsunfähiger (§ 104 Nr 2) getätigt hat.

b) Bewirken von Leistung und Gegenleistung, wobei es auf die Wirksamkeit des dinglichen Erfüllungsgeschäfts des Geschäftsunfähigen nicht ankommt.

2. Rechtsfolgen. Es wird ein Rechtsgrund für das „Behalten-Dürfen" geschaffen. Folgeansprüche werden nur begründet, soweit sie den Geschäftsunfähigen begünstigen (bspw §§ 437 Nr 2, 323, 346). Es erscheint sinnvoll, die Fiktionswirkung des § 105a auch auf die mit dem Schuldvertrag verbundenen dinglichen Erfüllungsgeschäfte zu erstrecken; insb kann der Geschäftsunfähige nach § 105a seinem Kontrahenten wirksam Eigentum verschaffen (*Casper* NJW 2002, 3425, 3427f; aA *Löhnig/Schärtl* AcP 2004, 25, 37f). Im Falle des S 2, der mit § 1903 korrespondiert, bleibt es bei der Nichtigkeitsfolge des § 105.

§ 106. Beschränkte Geschäftsfähigkeit Minderjähriger

Ein Minderjähriger, der das siebente Lebensjahr vollendet hat, ist nach Maßgabe der §§ 107 bis 113 in der Geschäftsfähigkeit beschränkt.

1 **Prüfungsfolge:**

2 1. Eine **rechtlich lediglich vorteilhafte oder neutrale Willenserklärung** (s § 107 Rz 1ff) ist zustimmungsfrei. Sonst herrscht Zustimmungsbedürftigkeit, sei es durch Einwilligung oder Genehmigung.

3 **2. Einwilligung. a)** Ausdrückliche oder konkludente Einwilligung für die konkrete Willenserklärung; **b)** generelle Einwilligung für einen beschränkten Kreis von Geschäften (s § 107 Rz 8); **c)** durch Überlassen von Mitteln (§ 110, „Taschengeldparagraph"), auch bzgl geringwertiger Surrogate.

4 **3. Genehmigung** (§ 108). Ausgeschlossen bei vorherigem Widerruf des anderen Teils (§ 109); grds unerheblich bei einseitigen Rechtsgeschäften (§ 111).

§ 107. Einwilligung des gesetzlichen Vertreters

Der Minderjährige bedarf zu einer Willenserklärung, durch die er nicht lediglich einen rechtlichen Vorteil erlangt, der Einwilligung seines gesetzlichen Vertreters.

I. Rechtlich lediglich vorteilhaft

1 Entscheidend ist aus Gründen der Rechtssicherheit die **rechtliche,** nicht die wirtschaftliche Wirkung. Verpflichtungs- und Erfüllungsgeschäft sind grds getrennt zu prü-

fen **(Trennungsprinzip).** Verpflichtungsgeschäfte sind rechtlich lediglich vorteilhaft, wenn den beschränkt Geschäftsfähigen keinerlei Verpflichtung trifft, wie beim einseitig nur den Vertragspartner verpflichtenden Vertrag. Verfügungsgeschäfte sind regelmäßig rechtlich lediglich vorteilhaft, wenn zugunsten des beschränkt Geschäftsfähigen ein Recht übertragen oder aufgehoben wird. Sie sind rechtlich nicht lediglich vorteilhaft, wenn er in dessen Folge mit Verpflichtungen belastet wird, für die er nicht nur mit der dinglich erworbenen Sache, sondern auch persönlich mit seinem sonstigen Vermögen haftet (BGH NJW 2005, 415). Maßgebend sind stets die unmittelbaren Wirkungen des Rechtsgeschäfts. Auch wenn sie nicht auf Grund des Parteiwillens, sondern kraft Gesetzes eintreten, sind sie rechtlich nachteilig; so etwa die Haftung des Erben für Nachlassverbindlichkeiten bei der Erbschaftsannahme.

Für den Zugang von Willenserklärungen s die entsprechende Vorschrift § 131 II S 2.

1. Die **Übereignung eines Grundstücks** an den Minderjährigen ist zustimmungsfrei; auch wenn mit dem Eigentum regelmäßig **öffentliche Lasten** (Abgaben, Steuern) verbunden sind. Selbst wenn das Grundstück mit einer **Hypothek** oder Grundschuld belastet ist, ist der Erwerb zustimmungsfrei (arg: kein über § 1147 hinausgehender Nachteil). Der mit dem Erwerb verbundene rechtliche Nachteil bleibt in diesen Fällen ausnahmsweise außer Betracht, weil er nur eine Minderung des Vorteils darstellt und für das sonstige Vermögen des Minderjährigen ungefährlich ist. Dasselbe gilt bei Belastung des Grundstücks mit einem Nießbrauch jedenfalls dann, wenn der Nießbraucher (abweichend von § 1041 S 2) die Kosten außergewöhnlicher Ausbesserungen sowie (abweichend von § 1047) die außerordentlichen Lasten zu tragen hat, so dass der Eigentümer insoweit nicht zum Verwendungsersatz gem § 1049 verpflichtet ist (BGHZ 161, 170, 177). 2

Anders bei einem **vermieteten** oder verpachteten Grundstück wegen der persönlichen Verpflichtung als „Erwerber" (nicht als „Eigentümer") aus § 566 iVm § 578 bzw § 581 II (BGHZ 162, 137) oder bei einem mit einer **Reallast** belasteten Grundstück wegen der persönlichen Leistungsverpflichtung nach § 1108. Anders auch beim Erwerb von **Wohnungseigentum,** weil der beschränkt Geschäftsfähige durch die Erlangung der Mitgliedschaft in der Wohnungseigentümergemeinschaft den gesetzlichen Pflichten aus §§ 10ff WEG (insb § 16 II WEG) unterworfen würde (BGH NJW 2010, 3643). Dies soll unabhängig davon gelten, ob die Gemeinschaftsordnung zu Lasten des Minderjährigen von den dispositiven Regelungen des WEG abweicht, ein Verwaltervertrag besteht oder die Wohnung vermietet ist (BGH aaO). 3

2. Der schuldrechtliche Vertrag über eine **Schenkung** an den Minderjährigen ist grds zustimmungsfrei (BGHZ 15, 170), es sei denn, die Schenkung ist mit einer Auflage verbunden oder steht unter einem Rücktrittsvorbehalt, dessen Ausübung eine persönliche Haftung des Minderjährigen nach § 346 II–IV auslösen könnte. Die dann aus §§ 107, 108 I folgende schwebende Unwirksamkeit des Schenkungsvertrags berührt wegen des Trennungsprinzips (oben Rz 1) aber nicht die Wirksamkeit des rechtlich lediglich vorteilhaften Verfügungsgeschäfts (BGHZ 161, 170, 173ff). Umgekehrt ist es für die Wirksamkeit einer mit keinerlei Einschränkungen verbundenen Schenkung grds unerheblich, ob das Erfüllungsgeschäft ausnahmsweise mit rechtlichen Nachteilen verbunden ist (zB bei dem oben Rz 3 erwähnten Erwerb von Wohnungseigentum). 4

Der Grundsatz der isolierten Betrachtung von Schenkung und Erfüllungsgeschäft galt nach früherer Rspr aber nicht für Schenkungen des **gesetzlichen Vertreters** (beachte für den Fall des Selbstkontrahieren die Anwendung von §§ 1795, 181 über den Verweis aus § 1629 II 1), die als solche für den Minderjährigen lediglich rechtlich vorteilhaft wären. Denn sonst könnte auch das rechtlich nachteilige Erfüllungsgeschäft ohne Zustimmung eines Pflegers geschlossen werden (§ 181 letzter HS: Erfüllung einer Verbindlichkeit aus der wirksamen Schenkung). Das liefe dem Schutzgedanken der 5

§§ 107, 181 zuwider. Bei Schenkungen des gesetzlichen Vertreters müsse daher die Frage, ob die Schenkung nur einen rechtlichen Vorteil bringt, durch eine **„Gesamtbetrachtung"** des schuldrechtlichen und des dinglichen Geschäfts beantwortet werden; ein erst aus dem Vollzug der Schenkung folgender rechtlicher Nachteil ist also bereits bei der Bewertung der Schenkung mitzuberücksichtigen (BGHZ 78, 28, 35; *Gitter/Schmitt* JuS 1982, 253). Überzeugender erscheint dagegen auch hier eine dem Abstraktionsprinzip entsprechende getrennte Bewertung der Wirksamkeit von Verpflichtungs- und Verfügungsgeschäft (so jetzt auch BGH NJW 2010, 3643 Nr 6). Die Wirksamkeit der vorteilhaften Schenkung wird danach nicht durch das nachteilige Verfügungsgeschäft berührt. Jedoch bedarf § 181 letzter HS einer teleologischen Reduktion für den Fall, dass die Erfüllung der Schenkung dem Minderjährigen einen Nachteil bringt (*Bork* AT Rz 1599; *Staudinger-Schilken* § 181 Rz 62).

6 3. Die **Erfüllung eines Anspruchs** des Minderjährigen ist durch Übereignung an ihn nach hM nicht möglich (s zB *Medicus* AT Rz 566; anders jetzt *Larenz/Wolf* § 25 Rz 21). Eigentumserwerb und Erfüllungswirkung sind zu trennen. Die Erfüllung (§ 362 I) ist nicht lediglich rechtlich vorteilhaft, da der Anspruch erlischt. Also bleibt der Schuldner mangels Einwilligung des gesetzlichen Vertreters in die Erfüllung verpflichtet; hinsichtlich des Geleisteten hat er einen Bereicherungsanspruch, dem aber § 818 III entgegenstehen kann. Zwar bedarf es nach hM für die Erfüllung keines Vertrags, so dass § 107 nicht unmittelbar anwendbar ist. Aber dem Minderjährigen fehlt in entsprechender Anwendung des § 107 mangels Einwilligung des gesetzlichen Vertreters die **Empfangszuständigkeit** (s § 362 Rz 2).

7 **4. Neutrale Geschäfte,** die rechtlich weder vorteilhaft noch nachteilig sind, kann der beschränkt Geschäftsfähige selbst wirksam vornehmen. Über den Wortlaut des § 107, der einen rechtlichen Vorteil verlangt, darf man sich nach hM hier hinwegsetzen, da der beschränkt Geschäftsfähige mangels eines Nachteils nicht schutzbedürftig ist (vgl auch § 165). Bsp: Der Minderjährige veräußert eine fremde Sache an einen Gutgläubigen. Dieser erwirbt Eigentum nach § 932. Zwar ist der zugrundeliegende Kaufvertrag des Minderjährigen schwebend unwirksam, und er ist Bereicherungsansprüchen ausgesetzt, aber durch § 818 hinreichend geschützt. Anders *Medicus/Petersen* Rz 542: gutgläubiger Erwerb sei hier ausgeschlossen; denn der Erwerber dürfe durch die Gutglaubensvorschrift nicht besser stehen als bei Richtigkeit seiner Vorstellung, bei der § 107 seinem Erwerb entgegenstünde.

II. Generelle Einwilligung

8 **1. Begriff.** Einwilligung ist die vorherige Zustimmung (§ 183). Sie kann ausdrücklich oder konkludent erfolgen und sich auf ein bestimmtes Geschäft beziehen oder auf einen begrenzten Kreis zunächst noch nicht individualisierter Geschäfte. Bsp: Alle Geschäfte, die mit einem Internatsaufenthalt, einer auswärtigen Ausbildung oder einer Reise üblicherweise zusammenhängen. Man spricht von genereller Einwilligung, Generaleinwilligung oder Generalkonsens. Die Einwilligung kann ggü Dritten oder dem beschränkt Geschäftsfähigen erklärt werden. Bei Erklärung ggü dem Dritten und Widerruf ggü dem beschränkt Geschäftsfähigen finden §§ 170–173 entsprechende Anwendung. Zum Sonderfall der Einwilligung durch Überlassen von Mitteln s § 110.

9 **2. Wirksamkeit, Inhalt.** Bei Vertretung durch die Eltern müssen gem § 1629 I S. 2 Hs. 1 beide Elternteile zustimmen. Bedürfte der gesetzliche Vertreter zu einem Rechtsgeschäft, wenn er es selbst im Namen des Minderjährigen abschließen würde, der Genehmigung durch das Familiengericht (§§ 1643, 1812, 1821 f), so bedarf er ihrer auch für die Einwilligung nach § 107. Die generelle Einwilligung darf nicht unbeschränkt sein, da der Minderjährige nicht entgegen dem Schutzzweck der §§ 107 ff wie ein Volljähriger gestellt werden darf. Wieweit sie im Einzelnen reicht, ist durch ergänzende Auslegung zu ermitteln, wobei der Gedanke des Minderjährigenschutzes

für eine restriktive Auslegung sprechen kann. So insbesondere bei weitreichenden Folgegeschäften: Erlaubnis, einen Führerschein zu erwerben, bedeutet nach der Rspr im Zweifel nicht Einwilligung in die Miete eines Kfz. Dagegen umfasst die Einwilligung in den Kauf eines Kfz im Zweifel auch die zum Abschluss der gesetzlichen Haftpflichtversicherung, da das Fahrzeug sonst nicht benutzt werden darf.

3. Rechtsfolgen. Die Einwilligung bewirkt, dass der Minderjährige aus dem Schuld- 10
verhältnis berechtigt, aber auch verpflichtet wird. Allerdings besteht für ihn ab Eintritt seiner Volljährigkeit die Möglichkeit einer Haftungsbeschränkung nach § 1629a I HS 2. Zu einer Verpflichtung des gesetzlichen Vertreters kommt es nicht, auch nicht im Falle einer Haftungsbeschränkung nach § 1629a (keine entsprechende Anwendung des § 179 I).

§ 108. Vertragsschluss ohne Einwilligung

(1) **Schließt der Minderjährige einen Vertrag ohne die erforderliche Einwilligung des gesetzlichen Vertreters, so hängt die Wirksamkeit des Vertrags von der Genehmigung des Vertreters ab.**

(2) [1]**Fordert der andere Teil den Vertreter zur Erklärung über die Genehmigung auf, so kann die Erklärung nur ihm gegenüber erfolgen; eine vor der Aufforderung dem Minderjährigen gegenüber erklärte Genehmigung oder Verweigerung der Genehmigung wird unwirksam.** [2]**Die Genehmigung kann nur bis zum Ablauf von zwei Wochen nach dem Empfang der Aufforderung erklärt werden; wird sie nicht erklärt, so gilt sie als verweigert.**

(3) **Ist der Minderjährige unbeschränkt geschäftsfähig geworden, so tritt seine Genehmigung an die Stelle der Genehmigung des Vertreters.**

1. Rechtlich nachteilige Verträge des Minderjährigen sind ohne die **Einwilligung** 1
des gesetzlichen Vertreters schwebend unwirksam. Aus dem noch unvollendeten Rechtsgeschäft erwachsen vorerst keine Leistungspflichten, jedoch besteht eine Verpflichtung zur gegenseitigen Rücksichtnahme (andere Fälle zB §§ 177 I, 1366 I sowie 181). Mit der **Genehmigung** wird das Geschäft von Anfang an („ex tunc") wirksam (§ 184 I). Die einmal erteilte Genehmigung oder Verweigerung der Genehmigung ist – wie alle Gestaltungsakte – grds bedingungsfeindlich und unwiderruflich (BGHZ 13, 179, 187); vgl aber Abs 2. Ist der Vertrag infolge Genehmigung wirksam geworden, so ergeben sich dieselben Rechte und Pflichten der Beteiligten (auch hinsichtlich § 1629a) wie in § 107 Rz 10.

2. Wird der gesetzliche Vertreter **zur Genehmigung aufgefordert (Abs 2),** so 2
kann er diese, abweichend von § 182 I, nur noch dem anderen Teile gegenüber erklären; wegen der Publizität dieser externen Erklärung wird eine vorher dem Minderjährigen gegenüber erklärte Genehmigung oder Verweigerung unwirksam.

3. Anders ist es bei der **Einwilligung:** Hier kommt zwischen dem Minderjährigen 3
und dem Dritten ein vollwirksamer Vertrag von Anfang an zustande; § 108 II kann nicht auf die Einwilligung entsprechend angewandt werden. Wird also der gesetzliche Vertreter zur Genehmigung eines Geschäfts, in das er eingewilligt hatte, aufgefordert, bleibt dieses trotz § 108 II 2 ohne weiteres wirksam (hM, zB *MüKo-Schmitt* Rz 23f; anders *Palandt-Ellenberger* Rz 7).

§ 109. Widerrufsrecht des anderen Teils

(1) [1]**Bis zur Genehmigung des Vertrags ist der andere Teil zum Widerruf berechtigt.** [2]**Der Widerruf kann auch dem Minderjährigen gegenüber erklärt werden.**

(2) **Hat der andere Teil die Minderjährigkeit gekannt, so kann er nur widerrufen, wenn der Minderjährige der Wahrheit zuwider die Einwilligung des Vertre-**

ters behauptet hat; er kann auch in diesem Falle nicht widerrufen, wenn ihm das Fehlen der Einwilligung bei dem Abschluss des Vertrags bekannt war.

§ 110. Bewirken der Leistung mit eigenen Mitteln

Ein von dem Minderjährigen ohne Zustimmung des gesetzlichen Vertreters geschlossener Vertrag gilt als von Anfang an wirksam, wenn der Minderjährige die vertragsmäßige Leistung mit Mitteln bewirkt, die ihm zu diesem Zweck oder zu freier Verfügung von dem Vertreter oder mit dessen Zustimmung von einem Dritten überlassen worden sind.

1 **1.** Die Vorschrift regelt einen **besonderen Fall der Einwilligung;** siehe zur generellen Einwilligung § 107 Rz 8. Eine generelle Einwilligung geht vor. Sie darf aber grds nicht in der bloßen Mittelüberlassung gesehen werden, vielmehr müssen weitere besondere Umstände hinzutreten; denn sonst würde § 110 unterlaufen, der die Wirksamkeit eines ohne ausdrückliche Einwilligung geschlossenen Verpflichtungsgeschäfts erst mit der vollständigen Erfüllung (ex tunc) eintreten lässt. Verträge, durch die sich der Minderjährige zu Ratenzahlungen verpflichtet, werden gem § 110 erst mit Zahlung der letzten Rate wirksam. Teilerfüllung durch den Minderjährigen bewirkt nur dann Teilwirksamkeit, wenn auch die ihm erbrachte Leistung teilbar ist. Die Wirksamkeit des Erfüllungsgeschäfts ergibt sich aus einer konkludenten Einwilligung, die darin liegt, dass dem Minderjährigen die Mittel zu diesem Zweck oder zur freien Verfügung überlassen worden sind.

2 **2.** Ob der Minderjährige über Gegenstände, die er mit dem „Taschengeld" erworben hat **(Surrogate),** frei verfügen darf, ist eine Auslegungsfrage. Sie ist bei geringwertigen Gegenständen in der Regel zu bejahen, bei hochwertigen dagegen nicht. RGZ 74, 234: M kauft sich von seinem Taschengeld ein Los, das 4000 Euro gewinnt. Er darf von dem Gewinn kein Auto kaufen.

§ 111. Einseitige Rechtsgeschäfte

[1]Ein einseitiges Rechtsgeschäft, das der Minderjährige ohne die erforderliche Einwilligung des gesetzlichen Vertreters vornimmt, ist unwirksam. [2]Nimmt der Minderjährige mit dieser Einwilligung ein solches Rechtsgeschäft einem anderen gegenüber vor, so ist das Rechtsgeschäft unwirksam, wenn der Minderjährige die Einwilligung nicht in schriftlicher Form vorlegt und der andere das Rechtsgeschäft aus diesem Grunde unverzüglich zurückweist. [3]Die Zurückweisung ist ausgeschlossen, wenn der Vertreter den anderen von der Einwilligung in Kenntnis gesetzt hatte.

1 Einseitige Rechtsgeschäfte (zB Kündigung, Anfechtung), die dem Minderjährigen einen rechtlichen Nachteil bringen (vgl § 107), sind ohne Einwilligung unwirksam. Eine Genehmigung ist in der Regel unerheblich. Bei empfangsbedürftigen WE sind die §§ 108f aber dann entsprechend anwendbar, wenn der Geschäftsgegner in Kenntnis der fehlenden Einwilligung mit der Vornahme des Rechtsgeschäfts einverstanden ist. Bei Wirksamkeit des Rechtsgeschäfts wegen vorgelegter oder mitgeteilter Einwilligung: Möglichkeit der Haftungsbeschränkung nach 1629a I HS 2.

§ 112. Selbständiger Betrieb eines Erwerbsgeschäfts

(1) **[1]Ermächtigt der gesetzliche Vertreter mit Genehmigung des Familiengerichts den Minderjährigen zum selbständigen Betrieb eines Erwerbsgeschäfts, so ist der Minderjährige für solche Rechtsgeschäfte unbeschränkt geschäftsfähig, welche der Geschäftsbetrieb mit sich bringt. [2]Ausgenommen sind Rechtsgeschäfte, zu denen der Vertreter der Genehmigung des Familiengerichts bedarf.**

(2) **Die Ermächtigung kann von dem Vertreter nur mit Genehmigung des Familiengerichts zurückgenommen werden.**

§ 113. Dienst- oder Arbeitsverhältnis

(1) **[1]Ermächtigt der gesetzliche Vertreter den Minderjährigen, in Dienst oder in Arbeit zu treten, so ist der Minderjährige für solche Rechtsgeschäfte unbeschränkt geschäftsfähig, welche die Eingehung oder Aufhebung eines Dienst- oder Arbeitsverhältnisses der gestatteten Art oder die Erfüllung der sich aus einem solchen Verhältnis ergebenden Verpflichtungen betreffen. [2]Ausgenommen sind Verträge, zu denen der Vertreter der Genehmigung des Familiengerichts bedarf.**

(2) **Die Ermächtigung kann von dem Vertreter zurückgenommen oder eingeschränkt werden.**

(3) **[1]Ist der gesetzliche Vertreter ein Vormund, so kann die Ermächtigung, wenn sie von ihm verweigert wird, auf Antrag des Minderjährigen durch das Familiengericht ersetzt werden. [2]Das Familiengericht hat die Ermächtigung zu ersetzen, wenn sie im Interesse des Mündels liegt.**

(4) **Die für einen einzelnen Fall erteilte Ermächtigung gilt im Zweifel als allgemeine Ermächtigung zur Eingehung von Verhältnissen derselben Art.**

Die §§ 112, 113 erweitern die Geschäftsfähigkeit des Minderjährigen. Durch Er- **1**
mächtigung (= empfangsbedürftige WE) seines gesetzlichen Vertreters erlangt er unbeschränkte Geschäftsfähigkeit für die umschriebenen Geschäftskreise. Daher auch keine Möglichkeit einer Haftungsbeschränkung auf das bei Eintritt der Volljährigkeit vorhandene Vermögen: § 1629a II nimmt § 112 aus. Der Kreis der nach Abs 1 S 2 ausgenommenen Geschäfte ergibt sich aus §§ 1643 I, 1821, 1822; dazu gehört insb die Kreditaufnahme (§ 1822 Nr 8). § 113 I 1 erfasst auch solche Geschäfte, die in engem Sachzusammenhang mit der Eingehung des Dienstverhältnisses stehen (zB Anmietung einer Unterkunft am Arbeitsort).

§§ 114, 115. *(weggefallen)*

Titel 2. Willenserklärung

Vor § 116

I. Tatbestand der Willenserklärung

1. Das BGB definiert den **Begriff der WE** nicht, er wird von den §§ 116ff vor- **1**
ausgesetzt. Als Kernstück jedes Rechtsgeschäfts ist die WE ein privater, äußerlich erkennbarer Willensakt, der unmittelbar auf die Herbeiführung eines von der Rechtsordnung gebilligten Rechtserfolges gerichtet ist.

2. Der **innere (subjektive) Tatbestand** der WE beschreibt den Willen des Erklä- **2**
renden zur Äußerung des objektiv Erklärten in verschiedenen rechtlich erheblichen Kategorien: Der **Handlungswille** ist der Wille, überhaupt ein als Erklärung deutbares Verhalten vorzunehmen (fehlt bei Reflexen, Bewegungen im Schlaf). Das **Erklärungsbewusstsein** ist der Wille, irgendeine rechtlich relevante Handlung vorzunehmen. Schulfall („Trierer Weinversteigerung“): E hebt auf einer Versteigerung die Hand, um einen Freund zu begrüßen, und erhält den Zuschlag. Str ist, ob bei fehlendem Erklärungsbewusstsein (wie im Schulfall) bereits tatbestandlich keine WE vorliegt oder ob eine (anfechtbare) WE gegeben ist (s dazu § 119 Rz 6). Der **Geschäftswille**, ist der Wille eine ganz bestimmte rechtserhebliche Erklärung abzugeben. Sein Fehlen

schließt, wie §§ 116–119 zeigen, das Vorliegen einer WE nicht aus. Bsp: Auf einer Vereinssitzung liegen zwei Listen aus, eine für die gemeinsame Ferienreise, eine für das Geburtstagsgeschenk an den Vorsitzenden. E, der dem Vorsitzenden eine Freude machen will, unterschreibt auf der Ferienliste. Trotz fehlenden Geschäftswillens liegt eine WE vor.

3 **3.** Der **äußere (objektive) Tatbestand** der WE ist das Verhalten des Erklärenden, aus dem allgemein oder in bestimmten Geschäftskreisen sein Wille zu dem konkreten Rechtsgeschäft deutlich wird. Der objektive Tatbestand muss sich auf den subjektiven Tatbestand beziehen. Gleichgültig ist, ob die Erklärung ausdrücklich oder konkludent erfolgt.

II. Rechtliche Bedeutung des Schweigens

4 **1. Grds** erzeugt das bloße Schweigen **keine Rechtswirkungen.** Jedoch bestehen mehrere Ausnahmen; dann ergibt sich aus dem Sinn und Zweck, der die Knüpfung von Rechtsfolgen an das Schweigen jeweils rechtfertigt, inwieweit diese Rechtsfolgen durch Anfechtung (§§ 119, 123) wieder beseitigt werden können.

5 **2.** Dem Schweigen kommen in folgenden Fällen **ausnahmsweise Rechtswirkungen** zu:

6 **a) Beredtes Schweigen.** Hier ist zwischen den Parteien vereinbart worden, welche Bedeutung das Schweigen haben soll, oder es hat sich eine feste Gepflogenheit zwischen ihnen entwickelt („Wer dagegen ist, melde sich" auf Abstimmungen; ständige Abnahme eines zugesandten Lotterieloses). Es liegt eine echte WE vor, auf welche die §§ 104ff und 119ff anwendbar sind.

7 **b) Normiertes Schweigen.** Das Gesetz selbst legt dem Schweigen Erklärungswirkung bei. Wird danach **Ablehnung** fingiert (§§ 108 II 2; 177 II 2, 415 II 2), so kann sich der Schweigende weder auf mangelnde Geschäftsfähigkeit noch auf Willensmängel (§§ 119ff) berufen. Der Zweck der Fiktion (Sicherheit für den Erklärungsgegner) überwiegt das Anfechtungsinteresse des Schweigenden (dieser kann neu abschließen!). Bedeutet das Schweigen **Zustimmung** (vgl etwa §§ 416 I 2, 1943 BGB oder § 362 I 1 HGB) bindet es also den Betreffenden, so darf es grds nicht anders als eine echte WE behandelt werden. Aus dem Sinn der Fiktion folgt lediglich, dass ein Irrtum über die Bedeutung des Schweigens („Schlüssigkeitsirrtum") nicht zur Anfechtung berechtigt.

8 **c)** Das **Schweigen auf ein kaufmännisches Bestätigungsschreiben** bildet einen gewohnheitsrechtlich anerkannten Sonderfall des „normierten" Schweigens. Aus der st Rspr ergeben sich folgende **Voraussetzungen: 1.** Absender und Empfänger müssen Kaufmann sein oder einem Kaufmann ähnlich am Geschäftsleben teilnehmen. **2.** Nach mündlichen, telefonischen oä Verhandlungen geht der Absender für den Empfänger erkennbar von der Bestätigung eines bereits geschlossenen Vertrags aus (Abgrenzung zur Auftragsbestätigung, die nur die schriftliche Annahme einer Offerte ist, durch Auslegung; auf die Bezeichnung kommt es nicht an). **3.** Unmittelbarer zeitlicher und inhaltlicher Zusammenhang der Bestätigung mit den Verhandlungen. **4.** Der Absender muss redlich sein, also annehmen, dass der Inhalt seines Schreibens der Vereinbarung entspricht oder nur solche Abweichungen enthält, bei denen der Absender vernünftigerweise mit dem Einverständnis des Empfängers rechnen konnte. **5.** Kein unverzüglicher (§ 121 I 1) Widerspruch des Empfängers. **Wirkung:** Im Interesse der Rechtssicherheit kommt der Vertrag mit dem Inhalt des Bestätigungsschreibens zustande. Ob und mit welchem Inhalt er vorher bereits mündlich geschlossen war, ist unerheblich. Anfechtbarkeit wie gesetzlich fingierte Zustimmung (oben Rz 7).

9 **d) Schweigen trotz Widerrufverpflichtung.** Aus der Verhandlungssituation kann sich nach **Treu und Glauben** eine Pflicht zum Widerruf ergeben, dessen Unterlassung als Zustimmung gilt; Bsp: Schweigen des „freibleibend" Anbietenden auf

ein ihm zugehendes Angebot (s dazu § 145 Rz 2); Schweigen auf ein Angebot, das auf Grund einverständlicher und alle wichtigen Punkte betreffender Vorverhandlungen erfolgt (BGH NJW 1995, 1281); Schweigen des Anbietenden auf verspätete Annahme (§ 150 I), denn hier kann man idR annehmen, dass der Partner am Vertragsschluss noch interessiert ist; dagegen kann man dies bei einer abändernden Annahme (§ 150 II) nicht ohne weiteres unterstellen, so dass Schweigen auf nachträglich modifizierte Vertragsbedingungen grds keine Annahme des neuen Angebots darstellt, es sei denn, dass andere Umstände (zB die widerspruchslose Annahme der Ware) als konkludente Zustimmung zu werten sind (BGH NJW 1995, 1671, 1672).

§ 116. Geheimer Vorbehalt

[1]Eine Willenserklärung ist nicht deshalb nichtig, weil sich der Erklärende insgeheim vorbehält, das Erklärte nicht zu wollen. [2]Die Erklärung ist nichtig, wenn sie einem anderen gegenüber abzugeben ist und dieser den Vorbehalt kennt.

§ 117. Scheingeschäft

(1) **Wird eine Willenserklärung, die einem anderen gegenüber abzugeben ist, mit dessen Einverständnis nur zum Schein abgegeben, so ist sie nichtig.**

(2) **Wird durch ein Scheingeschäft ein anderes Rechtsgeschäft verdeckt, so finden die für das verdeckte Rechtsgeschäft geltenden Vorschriften Anwendung.**

1. Ein **Scheingeschäft (simuliertes Geschäft)** liegt vor, wenn die Beteiligten einverständlich nur den äußeren Schein eines Rechtsgeschäfts hervorrufen, die mit ihm verbundenen Rechtsfolgen aber nicht eintreten lassen wollen (Fehlen des Bindungswillens). Das Einverständnis ist kein Rechtsgeschäft, so dass auch das Simulationsbewusstsein eines nicht alleinvertretungsberechtigten Gesamtvertreters ausreicht; der Vertragspartner kann den Einwand des Scheingeschäfts jedoch nicht geltend machen, wenn die Simulationsabsicht gegenüber dem Vertretenen kollusiv geheimgehalten werden sollte (§ 116 S 1 analog; BGH NJW 1999, 2882). Dagegen liegt kein Scheingeschäft vor, wenn der von den Parteien erstrebte Rechtserfolg gerade die Gültigkeit des (nicht in allen Konsequenzen gewollten) Geschäfts voraussetzt, mag das Geschäft auch die Täuschung Dritter bezwecken, zB bei Handeln eines Strohmannes mit Freistellungsanspruch gegenüber dem Hintermann; evtl Nichtigkeit nach einer anderen Norm, etwa § 134 oder § 138. Dagegen gilt § 117, wenn der Strohmann die mit dem Rechtsgeschäft verbundenen Pflichten nicht nur im Innenverhältnis, sondern auch im Außenverhältnis nicht übernehmen will. 1

2. Das **verdeckte (dissimulierte) Geschäft** (Abs 2), dh das von den Parteien in Wahrheit gewollte, vom Scheingeschäft überlagerte Geschäft, ist wirksam, wenn seine Wirksamkeitsvoraussetzungen (Form, behördliche Genehmigung) vorliegen. Bsp: Grundstückskaufvertrag unter Angabe eines niedrigeren als des vereinbarten Preises; das beurkundete Geschäft ist als Scheingeschäft nichtig, das gewollte nach § 311b I 1 formnichtig, aber nach S 2 durch Auflassung und Eintragung heilbar (dazu BGH NJW 1980, 451). 2

§ 118. Mangel der Ernstlichkeit

Eine nicht ernstlich gemeinte Willenserklärung, die in der Erwartung abgegeben wird, der Mangel der Ernstlichkeit werde nicht verkannt werden, ist nichtig.

Beachte § 122. 1

§ 119. Anfechtbarkeit wegen Irrtums

(1) **Wer bei der Abgabe einer Willenserklärung über deren Inhalt im Irrtum war oder eine Erklärung dieses Inhalts überhaupt nicht abgeben wollte, kann die Erklärung anfechten, wenn anzunehmen ist, dass er sie bei Kenntnis der Sachlage und bei verständiger Würdigung des Falles nicht abgegeben haben würde.**

(2) **Als Irrtum über den Inhalt der Erklärung gilt auch der Irrtum über solche Eigenschaften der Person oder der Sache, die im Verkehr als wesentlich angesehen werden.**

I. Allgemeines und Abgrenzungen

1 **1.** Die Anfechtung regelt den Konflikt zwischen dem Schutz des Rechtsverkehrs und der Privatautonomie. **Auslegung** (§§ 133, 157) geht der Anfechtung vor. Erst wenn die Auslegung ergibt, dass die Willenserklärung nicht dem wirklichen Willen des Erklärenden entspricht, besteht Raum für eine Anfechtung.

2 **2.** Ergibt die Auslegung eines Vertrages, dass die beiderseitigen Erklärungen sich nicht decken, so liegt ein versteckter **Dissens** vor (§ 155). Ein Vertrag ist gar nicht zustande gekommen, und für eine Anfechtung ist kein Raum. Der Irrtum betrifft beim Dissens nicht die eigene Erklärung, sondern die des Gegners (s im Einzelnen § 155).

3 **3.** Die Anfechtung einer WE ist als **Gestaltungsrecht** grds unwiderruflich und bedingungsfeindlich (Ausnahmen: Potestativbedingung und Eventualanfechtung im Prozess). Wie bei allen Gestaltungsrechten ist bei der Anfechtung zu prüfen: **a)** Gestaltungsgrund (Anfechtungsgrund, zB Irrtum, § 119). **b)** Gestaltungserklärung (§ 143; in Abgrenzung zum Rücktritt muss der Anfechtende deutlich machen, dass das Geschäft von Anfang an nicht gelten soll, vgl § 142 I). **c)** Kein Ausschluss des Gestaltungsrechts (etwa durch den Vorrang der Mängelhaftung, unten Rz 18f, Bestätigung des anfechtbaren Rechtsgeschäfts, § 144, oder andere Ausschlussgründe, siehe sogleich Rz 6).

4 **4.** Bei irrtümlicher Falschbezeichnung, die aber von beiden Parteien richtig verstanden wurde, ist Anfechtung wegen der bestehenden Willensübereinstimmung stets ausgeschlossen (**falsa demonstratio non nocet;** s § 133 Rz 3).

5 **5.** Irrtum ist die unbewusste Unkenntnis vom wirklichen Sachverhalt. Daher kein Irrtum, wenn der Erklärende eine Erklärung in dem Bewusstsein abgibt, ihren Inhalt nicht zu kennen. Wer eine Urkunde ohne Vorstellung von ihrem Inhalt **ungelesen unterschreibt,** irrt nicht; wohl aber, wer sich falsche Vorstellungen über den Inhalt macht.

6 **6.** Str ist, ob eine ohne **Erklärungsbewusstsein** (dazu Vor § 116 Rz 2) abgegebene WE nach § 119 angefochten werden kann, oder ob bereits tatbestandlich keine WE vorliegt. Für die Ansicht, die ohne **aktuelles Erklärungsbewusstsein** des Erklärenden keine (anfechtbare) WE annehmen will, spricht § 118: bei der Scherzerklärung weiß der Erklärende, dass er den Anschein einer rechtlich relevanten Erklärung setzt. Beim fehlenden Erklärungsbewusstsein weiß der Erklärende dies nicht, so dass nach der Wertung des § 118 erst recht Nichtigkeit eintreten müsste. Der BGH (BGHZ 91, 324) und die hM lassen demgegenüber **potentielles Erklärungsbewusstsein** ausreichen. Danach liegt eine (anfechtbare) WE vor, wenn der Erklärende hätte erkennen können, dass seine Äußerung nach Treu und Glauben und der Verkehrssitte als Willenserklärung aufgefasst werden durfte, und wenn der Empfänger sie auch tatsächlich so verstanden hat; das gilt auch bei WE in Form schlüssigen Verhaltens (BGHZ 109, 171, 177). Für diese Ansicht spricht vor allem der Schutz des Rechtsverkehrs (Lehre vom objektivierten Empfängerhorizont, vgl § 133 Rz 4). Auch bleibt es auf diese Weise dem Erklärenden überlassen, ob er das objektiv Erklärte anfechten oder gegen sich gelten lassen will. Hier liegt der Unterschied zur Wertung des § 118: Anders als

beim fehlenden Erklärungsbewusstsein weiß der Erklärende dort bereits zZt der Erklärung, dass er das Erklärte nicht will.

7. Auch die Anfechtung einer bereits nichtigen WE ist möglich (arg: so können ungünstige Folgen eines Nichtigkeitsgrundes vermieden werden). Bspw kann eine nach § 119 angefochtene WE nochmals nach § 123 angefochten werden, um der Haftung aus § 122 zu entgehen oder um den guten Glauben gem. §§ 932 II, 142 II zu zerstören, wenn eine dritte Person die Anfechtbarkeit der Willenserklärung, nicht aber die Nichtigkeit des Vertrages kannte (s § 932 Rz 15). 7

II. Irrtumsarten

Das BGB gibt dem Erklärenden bei den von § 119 angeführten drei Irrtumsarten sowie bei dem in § 120 normierten Übermittlungsirrtum die Befugnis, seinen vom Erklärungsinhalt abweichenden Willen geltend zu machen. Jeder andere Irrtum, insbesondere der reine Motivirrtum, ist unbeachtlich. 8

Die Abgrenzung zwischen beachtlichem und unbeachtlichem Irrtum ist individualistisch und in rechtsvergleichender Sicht wenig überzeugend; vgl *Zweigert/Kötz,* Einführung in die Rechtsvergleichung[3] (1996) § 31 II, V. Denn das BGB lässt – im Unterschied zu anderen Rechtsordnungen – die Anfechtbarkeit in keiner Weise davon abhängen, ob der Irrtum dem Vertragsgegner erkennbar war. Diesen Umstand berücksichtigt das Gesetz erst nach erfolgter Anfechtung bei der Bemessung des Schadensersatzes (§ 122 II). 9

Im Einzelnen ist innerhalb des § 119 zu unterscheiden:

1. Erklärungsirrtum (Abs 1 Fall 2): Die Person will eine Erklärung dieses Inhalts überhaupt nicht abgeben. Versprechen, Verschreiben. Ferner: Vertippen bei der Eingabe des Kaufpreises ins Internet oder (arg § 120) unrichtiger Kaufpreis infolge eines Computerfehlers (BGH NJW 2005, 976). Abgrenzung zu Inhaltsirrtum (Abs 1 Fall 1) wegen Gleichheit der Rechtsfolgen unerheblich. – Wird ein Blankett abredewidrig ausgefüllt, liegen die Voraussetzungen von Fall 2 an sich vor; gegenüber einem gutgläubigen Dritten ist die Anfechtung jedoch nach dem Rechtsgedanken des § 172 II (Vertrauensschutz) ausgeschlossen (BGHZ 40, 65). 10

2. Inhaltsirrtum (Abs 1 Fall 1). Hier erklärt der Erklärende, was er erklären will, aber er irrt über die Bedeutung und Tragweite seiner Erklärung. Der Erklärende weiß, was er sagt, aber er weiß nicht, was er damit sagt. Bsp: Identitätsirrtum; der Erklärende irrt über die Identität des Geschäftspartners oder des Geschäftsgegenstandes, zB des gekauften Grundstücks oder Fahrzeugs. 11

3. Der **Eigenschaftsirrtum (Abs 2)** wird vom Gesetz in unscharfen Konturen für beachtlich erklärt. Seine dogmatische Einordnung ist umstritten (s ausführlich *MüKo-Kramer* Rz 105 ff). Eine Ansicht betrachtet den Eigenschaftsirrtum als ausnahmsweise für beachtlich erklärten Motivirrtum. Voraussetzung für die Anfechtung nach Abs 2 ist danach, dass der Irrtum eine verkehrswesentliche Eigenschaft betrifft und sowohl subjektiv als auch objektiv erheblich ist; was im Verkehr als wesentliche Eigenschaft angesehen wird, muss nach dieser Auffassung rein objektiv bestimmt werden (so *Larenz/Wolf* § 36 Rz 43). Eine andere Meinung stellt auf den Inhalt des konkreten Geschäfts ab und begründet die Beachtlichkeit des Eigenschaftsirrtums damit, dass der Gegenstand oder die Person hinsichtlich einer Eigenschaft nicht dem Rechtsgeschäft entspricht (Irrtum über die „Sollbeschaffenheit"). Eine Eigenschaft ist danach nur verkehrswesentlich, wenn sie beim Zustandekommen des Vertrags entweder ausdrücklich erwähnt oder doch nach dem Geschäftstyp erkennbar zugrunde gelegt worden ist. In der Sache wird also die Verkehrswesentlichkeit durch die regelmäßig engere „Vertragswesentlichkeit" ersetzt (so *Medicus* AT Rz 770), so dass nicht ein einseitiger Irrtum notwendig ist, sondern eine der Fehlvorstellung entsprechende Vereinbarung. Bei 12 einer Abweichung von der vereinbarten Beschaffenheit handelt es sich jedoch um eine Frage der Mängelhaftung.

13 Nach der **Rspr** sollen neben den natürlichen Merkmalen einer **Person** auch solche tatsächlichen und rechtlichen Verhältnisse maßgebend sein, die infolge ihrer Beschaffenheit und vorausgesetzten Dauer nach der Anschauung des Verkehrs Einfluss auf die Wertschätzung der Person in allen oder doch in gewissen Rechtsverhältnissen auszuüben pflegen (BGHZ 88, 240, 245). Entsprechend sollen neben den physischen Eigenschaften einer **Sache** auch solche tatsächlichen, wirtschaftlichen, sozialen und rechtlichen Beziehungen der Sache zu ihrer Umwelt Eigenschaften sein, die für die Brauchbarkeit und den Wert bedeutsam sind; diese Beziehungen müssen aber in der Beschaffenheit des Gegenstandes selbst ihren Grund haben, ihm selbst **unmittelbar** innewohnen, von ihm ausgehen (BGHZ 70, 47, 49). So werden bei Grundstücken als Eigenschaften anerkannt die Grenzen, die Lage, die Bebaubarkeit und die gewerbliche Verwendbarkeit, nicht aber das Eigentum (BGHZ 34, 32, 41: weil es kein außerhalb der Sache selbst liegender Umstand ist). Auch der Wert eines Gegenstandes als solcher ist nach feststehender Rspr keine Eigenschaft (BGHZ 16, 54, 57). Eigenschaft nach Abs 2 ist damit jeder der Sache anhaftende und wertprägende Faktor außer der Wert selbst. – Als **verkehrswesentlich** werden vom BGH nur solche Eigenschaften berücksichtigt, die von dem Erklärenden in irgendeiner Weise erkennbar dem Vertrag zugrunde gelegt worden sind, ohne dass er sie geradezu zum Inhalt seiner Erklärung gemacht haben muss (BGHZ 88, 240, 246). Bei den verkehrswesentlichen Eigenschaften der **Person** geht es im Übrigen um jedermann, auf den sich das Geschäft bezieht, also namentlich um den Geschäftsgegner, aber auch um einen einbezogenen Dritten (zB Bürgen). **Sache** ist jeder Gegenstand des Geschäfts, nicht nur ein körperlicher (§ 90), sondern auch Rechte oder eine Erbschaft.

14 **4.** Ein **Motivirrtum** ist grundsätzlich unbeachtlich (Ausnahmen: §§ 119 II, 123, 2078). Für die Abgrenzung des Motivirrtums vom Inhaltsirrtum gilt: Beim Inhaltsirrtum deckt der Wille die Erklärung nicht (Fehler bei der Willensäußerung). Beim Motivirrtum deckt der Wille die Erklärung, aber der Wille wurde auf fehlerhafter Grundlage gebildet (Fehler bei der Willensbildung). Versuche, den Bereich des unbeachtlichen Motivirrtums einzuengen und einen Inhaltsirrtum zu bejahen, gibt es vor allem bei den folgenden beiden Irrtumsgruppen:

15 **a)** Der **Rechtsfolgenirrtum** ist im Grundsatz nur dann Inhaltsirrtum, wenn die Rechtsfolge, über die der Erklärende irrt, Teil des Inhalts seiner Erklärung ist. Dagegen ist der Irrtum über Rechtsfolgen, die der Erklärende nicht in seine Erklärung aufgenommen hat und die das Gesetz an seine Willenserklärung knüpft grds unbeachtlicher Motivirrtum. In Abweichung von diesem Grundsatz nimmt die Rspr seit RGZ 88, 287 einen Inhaltsirrtum schon dann an, wenn das Rechtsgeschäft nicht die erstrebten, sondern davon wesentlich verschiedene Rechtsfolgen erzeugt.

16 **b)** Der **Kalkulationsirrtum,** bei dem der Erklärende in seiner Kalkulation einen Posten übersieht oder sich verrechnet, ist jedenfalls dann unbeachtlicher Motivirrtum, wenn dem Geschäftspartner nur das Ergebnis der Berechnung mitgeteilt, nicht aber die Kalkulation im einzelnen vorgelegt wird. Für den sog offenen Kalkulationsirrtum, bei dem die fehlerhafte Kalkulation dem Geschäftspartner während der Vertragverhandlungen mitgeteilt oder erkennbar geworden ist, wird dagegen von manchen eine entsprechende Anwendung des § 119 I oder II befürwortet, da hier kein berechtigtes Vertrauen des Geschäftspartners auf den Bestand des Rechtsgeschäfts bestehe. Mit der hM lehnt dagegen BGHZ 139, 177 mwN eine Anfechtungsmöglichkeit ab, da ansonsten nach § 121 I zur Berechnung der Anfechtungsfrist auf die Kenntnis des Erklärenden von der Irrtumskenntnis des Erklärungsempfängers abzustellen wäre, eine Häufung subjektiver Momente, die zu Rechtsunsicherheit führte; zudem seien bei der Anfechtung dinglicher Rechtsgeschäfte die Interessen Dritter berührt, was eine analo-

ge Anwendung der §§ 119ff ausschließe. Der Schutz des Erklärenden kann jedoch – je nach Sachlage – über allgemeine Rechtsinstitute erreicht werden, zB Auslegung, Haftung des Geschäftspartners aus §§ 280 I, 311 II (c.i.c.), Störung der Geschäftsgrundlage (§ 313), Einwand unzulässiger Rechtsausübung gegenüber dem Erfüllungs- oder Schadensersatzbegehren des Geschäftspartners.

5. Auf den **gemeinschaftlichen Motivirrtum** sind die Grundsätze über das Fehlen der Geschäftsgrundlage anzuwenden, s § 313 Rz 5. **17**

III. Ausschluss von § 119 durch Mängelhaftung

Der **Käufer** einer Sache kann nicht nach Abs 2 anfechten (wohl aber nach §§ 119 I oder 123), wenn die Mängelhaftung nach § 437 eingreift. Dies gilt nicht nur für Sachmängel, sondern auch für Rechtsmängel, da für beide nach § 437 in gleicher Weise gehaftet wird. Die Mängelregelung geht als die speziellere vor; das Nacherfüllungsrecht des Verkäufers (vgl § 439 Rz 2) würde sonst unterlaufen und der Zweck des § 438 verfehlt, im Interesse des Verkehrs eine glatte Abwicklung der Kaufgeschäfte in kurzer Zeit zu erreichen (vgl § 121 II). Dagegen bleibt die Anfechtung zulässig, wenn der Irrtum eine verkehrswesentliche Eigenschaft betrifft, die kein Mangel ist; so nach BGHZ 78, 216 bei Irrtum über das Alter eines gebrauchten PKW (str). Auch der **Verkäufer** darf nach hM nicht gem § 119 II anfechten, wenn er sich dadurch der Sachmängelhaftung entziehen würde (BGH NJW 1988, 2597, 2598). Der Ausschluss der Anfechtung wird nach der Rspr nicht dadurch berührt, dass die Gewährleistung vertraglich abbedungen oder der Anspruch verjährt ist. **18**

Nicht eindeutig ist der **Zeitpunkt** des Ausschlusses. Weithin wird auf den Gefahrübergang abgestellt (§ 437 Rz 10); denn solange Gewährleistungsansprüche noch nicht entstanden sind, besteht kein Anlass, § 119 II auszuschließen. Demgegenüber halten die Gesetzgebungsmaterialien zum SchRG es „angesichts der Veränderung der Rechtsbehelfe des Käufers" (vgl § 437) für nahe liegend, die Anfechtung wegen Eigenschaftsirrtums schon vom Zeitpunkt des Vertragsabschlusses an als ausgeschlossen anzusehen (RegBegr BT-Drucks 14/6040, 210). Ein Teil der Lit (zB *Medicus* AT Rz 775) vertritt diese Ansicht seit jeher (arg § 442 I 2). **19**

IV. Grundgeschäft und Erfüllungsgeschäft

Im Regelfall erfasst der Irrtum nur das Grundgeschäft. Ausnahmsweise ist auch das Erfüllungsgeschäft anfechtbar, wenn beide Geschäfte in einem einheitlichen Willensakt zusammenfallen und dieser an dem Anfechtungsgrund des Irrtums leidet (RGZ 66, 385). Über gutgläubigen Erwerb bei Anfechtung auch des Erfüllungsgeschäfts s § 142 Rz 1. **20**

V. Rechtsfolgen

Durch Erklärung der Anfechtung (§ 143) innerhalb der von § 121 normierten Frist wird das anfechtbare Rechtsgeschäft **rückwirkend** (ex tunc) nichtig (§ 142 I). Anders jedoch bei in Vollzug gesetzten **Arbeits- und Gesellschaftsverträgen** (s Vor § 611 Rz 7; § 705 Rz 3); wegen des Verkehrsschutzes und der Rückabwicklungsprobleme wirkt die Anfechtung hier grds nur ab dem Zeitpunkt ihrer Erklärung (ex nunc). Der Anfechtende muss dem gutgläubigen Geschäftsgegner den Vertrauensschaden ersetzen (§ 122). **21**

Da eine gegen **Treu und Glauben** verstoßende Anfechtung unzulässig ist, kann der Anfechtungsgegner, der sich unverzüglich bereit erklärt, das Geschäft so gelten zu lassen, wie der Anfechtende es nach seiner eigenen Behauptung gemeint hat, die Nichtigkeitsfolge nach hM abwenden (s etwa *Larenz/Wolf* § 36 Rz 113; *MüKo-Kramer* Rz 142; ebenso ausdrücklich Art 25 II Schweizer OR). Wenn V also mit der Begrün- **22** dung anficht, er habe irrtümlich 200 statt 220 geschrieben, kann K den V an einem Vertrag zu 220 festhalten. Denn der Irrende soll nach § 119 nur von den Folgen seines Irrtums, nicht aber von jeglicher Verpflichtung befreit werden.

§ 120. Anfechtbarkeit wegen falscher Übermittlung

Eine Willenserklärung, welche durch die zur Übermittlung verwendete Person oder Einrichtung unrichtig übermittelt worden ist, kann unter der gleichen Voraussetzung angefochten werden wie nach § 119 eine irrtümlich abgegebene Willenserklärung.

1 **1. Anwendungsbereich:** Bote und Dolmetscher. Für den Stellvertreter gilt § 166.

2 **2. Voraussetzungen:** Der Bote muss unbewusst falsch übermitteln (Erklärungsirrtum). Bewusste Falschübermittlung ist ohne Anfechtung für den Erklärenden unverbindlich; ebenso ein Handeln ohne Botenmacht; §§ 177, 179 gelten entsprechend (str).

3 **3.** Die in § 120 ausgesprochene **Verweisung auf § 119** bezieht sich auf § 119 I aE („wenn anzunehmen ist").

§ 121. Anfechtungsfrist

(1) [1]**Die Anfechtung muss in den Fällen der §§ 119, 120 ohne schuldhaftes Zögern (unverzüglich) erfolgen, nachdem der Anfechtungsberechtigte von dem Anfechtungsgrund Kenntnis erlangt hat.** [2]**Die einem Abwesenden gegenüber erfolgte Anfechtung gilt als rechtzeitig erfolgt, wenn die Anfechtungserklärung unverzüglich abgesendet worden ist.**

(2) **Die Anfechtung ist ausgeschlossen, wenn seit der Abgabe der Willenserklärung zehn Jahre verstrichen sind.**

1 Bei § 121 I 2 handelt es sich um eine Modifikation des § 130 I 1. Zwar handelt es sich bei der Anfechtungserklärung um eine empfangsbedürftige Willenerklärung, aber das Verzögerungsrisiko (nicht aber das Verlustrisiko) wird auf den Erklärungsempfänger verlagert.

§ 122. Schadensersatzpflicht des Anfechtenden

(1) **Ist eine Willenserklärung nach § 118 nichtig oder auf Grund der §§ 119, 120 angefochten, so hat der Erklärende, wenn die Erklärung einem anderen gegenüber abzugeben war, diesem, andernfalls jedem Dritten den Schaden zu ersetzen, den der andere oder der Dritte dadurch erleidet, dass er auf die Gültigkeit der Erklärung vertraut, jedoch nicht über den Betrag des Interesses hinaus, welches der andere oder der Dritte an der Gültigkeit der Erklärung hat.**

(2) **Die Schadensersatzpflicht tritt nicht ein, wenn der Beschädigte den Grund der Nichtigkeit oder der Anfechtbarkeit kannte oder infolge von Fahrlässigkeit nicht kannte (kennen musste).**

1 **1. Art der Haftung:** Veranlassungs-, nicht Verschuldenshaftung.

2 **2. Umfang des Schadensersatzes:** Vertrauensschaden (= Vertrauensinteresse oder negatives Interesse). Der Erklärungsgegner ist so zu stellen, wie er stehen würde, wenn er sich nicht auf das Zustandekommen des Vertrags verlassen hätte; zB er hätte Aufwendungen unterlassen oder das Angebot eines Dritten angenommen.

3 Nicht: **Erfüllungsinteresse** (= positives Interesse). Der Berechtigte kann also nicht verlangen, so gestellt zu werden, wie er bei Gültigkeit der Willenserklärung stehen würde; zB kann er nicht den Gewinn verlangen, den er durch einen Weiterverkauf erzielt hätte. Das Erfüllungsinteresse begrenzt aber den Vertrauensschadensersatzan-

spruch der Höhe nach, zB wenn die Aufwendungen höher waren als der Gewinn, der bei Durchführung des Geschäfts erzielt worden wäre.

3. Haftungsausschluss. Kenntnis oder fahrlässige Unkenntnis des Anfechtungsgegners von der Anfechtbarkeit führt zu vollständigem Haftungsausschluss gemäß Abs 2, der nicht durch § 254 eingeengt werden kann. Dieser Haftungsausschluss ist hauptsächlich für eine Anfechtung wegen Eigenschaftsirrtums gem. § 119 II relevant, da es meist nicht zu einer Anfechtung gem. § 119 I kommt, wenn der Vertragspartner das wirklich Gewollte hätte erkennen müssen. Dann kommt nämlich auf Grund einer Auslegung gem. §§ 133, 157 die Willenserklärung mit diesem Inhalt zur Geltung (s § 119 Rz 1). 4

4. Mitverschulden. § 254 kommt zum Zuge, wenn der Anfechtungsgegner durch schuldloses Handeln den Irrtum herbeigeführt hatte, Abs 2 also nicht eingreift (BGH NJW 1969, 1380). Die Schadensabwägung ist dann berechtigt, weil auch der Anfechtende ohne Verschulden haftet. 5

5. Beachte außerdem die **wichtige Legaldefinition** von „kennen müssen" in Abs 2 (zB relevant bei § 123 II). Der Fahrlässigkeitsbegriff entspricht dem des § 276 II. 6

6. Zur **analogen Anwendung** des § 122 auf Fälle anfänglicher Unmöglichkeit s § 311 a Rz 7. 7

§ 123. Anfechtbarkeit wegen Täuschung oder Drohung

(1) **Wer zur Abgabe einer Willenserklärung durch arglistige Täuschung oder widerrechtlich durch Drohung bestimmt worden ist, kann die Erklärung anfechten.**

(2) [1]**Hat ein Dritter die Täuschung verübt, so ist eine Erklärung, die einem anderen gegenüber abzugeben war, nur dann anfechtbar, wenn dieser die Täuschung kannte oder kennen musste.** [2]**Soweit ein anderer als derjenige, welchem gegenüber die Erklärung abzugeben war, aus der Erklärung unmittelbar ein Recht erworben hat, ist die Erklärung ihm gegenüber anfechtbar, wenn er die Täuschung kannte oder kennen musste.**

1. Allgemeines. Nach § 123 kann sich der Erklärende von seiner WE lossagen, wenn ihm nicht infolge eines eigenen Irrtums (§ 119), sondern wegen missbilligten Verhaltens seines Geschäftsgegners die Freiheit der Willensentschließung fehlte. Oftmals geht es dabei strafrechtlich um Fälle von Betrug (§ 263 StGB) bzw Nötigung (§ 240 StGB), ohne dass die zivil- und strafrechtlichen Tatbestände einander genau entsprechen müssen. 1

2. Voraussetzungen einer **Anfechtung wegen arglistiger Täuschung** nach Abs 1 Fall 1 sind folgende: 2

a) Der Geschäftsgegner muss den Erklärenden getäuscht haben. Eine Täuschung ist jede Erregung oder Aufrechterhaltung eines **Irrtums**. 3

b) Die Täuschung muss sich auf **Tatsachen** beziehen, zB Alter eines Teppichs oder Kilometerstand eines PKW. Bloße Werturteile oder reklamehafte Anpreisungen genügen nicht. 4

c) Die Täuschung muss auch **widerrechtlich** sein. Die Widerrechtlichkeit bezieht sich dem Wortlaut nach nur auf die Drohung, da der Gesetzgeber davon ausging, dass jede Täuschung widerrechtlich ist. Indes kann es auch Fälle einer rechtmäßigen Täuschung geben (so zB wenn eine Schwangere im Vorstellungsgespräch im Hinblick auf ihre Schwangerschaft täuscht, vgl BAG NZA 2003, 848). 5

d) Täuschung **durch Unterlassen (Verschweigen)** ist zu bejahen, wenn eine Pflicht zur Aufklärung bestand. Das hängt von den Umständen des Einzelfalles ab. Es besteht keine allg Aufklärungspflicht über Umstände, die den Entschluss des anderen 6

Teils beeinflussen können. Eine Pflicht zur Aufklärung besteht jedoch, wenn die Mitteilung einer Tatsache nach Treu und Glauben und den im Verkehr herrschenden Anschauungen geboten ist, weil die Tatsache für die WE des anderen Teils offensichtlich von ausschlaggebender Bedeutung ist (§ 242). Verschweigen eines Unfalls beim Verkauf eines PKW ist nach der Rspr idR Täuschung, jedenfalls bei schwerem Unfall oder bei ausdrücklicher Frage des Käufers. Eine Tatsache von ausschlaggebender Bedeutung kann auch dann vorliegen, wenn sie geeignet ist, dem Vertragspartner erheblichen wirtschaftlichen Schaden zuzufügen (BGH NJW 2010, 3362).

7 **e)** Die Täuschung muss zu einem Irrtum des Getäuschten führen und dieser muss für die Abgabe der WE **kausal** sein. Ob es sich um einen Inhalts- oder Motivirrtum handelt, ist im Unterschied zu § 119 unerheblich. Der Irrtum kann sich auf jeden Umstand beziehen, der für den Entschluss, das Geschäft vorzunehmen, ursächlich gewesen ist. Bei einer Täuschung durch Verschweigen genügt hypothetische Kausalität, dh dass die unterlassene Aufklärung, wenn sie erfolgt wäre, den Getäuschten von dem Geschäft abgehalten hätte.

8 **f) Arglist** erfordert einen Täuschungswillen, aber im Gegensatz zum Betrug keinen Schädigungsvorsatz. Bedingter Vorsatz genügt; es reicht also, wenn der Täuschende wusste, dass der andere ohne die Täuschung die WE möglicherweise nicht abgegeben hätte (BGH NJW 1971, 1795, 1800). Auch „Angaben ins Blaue hinein" sind ausreichend, wenn der Täuschende die Unrichtigkeit billigend in Kauf nimmt.

9 **g)** Der Begriff **„Dritter"** in Abs 2 wird von der Rspr zunehmend eingeengt mit der Folge einer Erweiterung der Anfechtungsmöglichkeit (s etwa *Medicus* AT Rz 801 ff). Nach der Lagertheorie ist kein Dritter, wer im Lager des Anfechtungsgegners steht. Kein „Dritter" ist somit nicht nur der Vertreter, sondern auch jeder andere, der am Vertragsschluss als **Vertrauensperson** des Erklärungsgegners mitgewirkt hat, so zB der Verhandlungsgehilfe ohne Abschlussvollmacht oder der Vertreter ohne Vertretungsmacht nach Genehmigung. Im Zweifel ist der Täuschende als im Lager des Anfechtungsgegners stehend zu bewerten (*Palandt-Ellenberger* Rz 13 f). Ist beim finanzierten Abzahlungskauf der Verkäufer wie eine Vertrauensperson des Darlehensgebers aufgetreten, so ist der Verkäufer im Verhältnis zum Darlehensgeber regelmäßig kein Dritter, so dass der Käufer den Darlehensvertrag anfechten kann, auch wenn der Darlehensgeber keinerlei Kenntnis von der Täuschung des Verkäufers hatte oder haben musste. Dritter ist dagegen der Schuldner, der durch Täuschung über seine Vermögensverhältnisse den Bürgen zum Abschluss eines Bürgschaftsvertrags mit dem Gläubiger veranlasst; der Bürge kann also nur anfechten, wenn der Gläubiger die Täuschung durch den Schuldner kannte oder kennen musste. Denn der Schuldner ist regelmäßig nicht die Vertrauensperson des Gläubigers.

10 Ficht bei unmittelbarer Stellvertretung der Geschäftsherr die **Bevollmächtigung** wegen einer arglistigen Täuschung des Vertreters an, könnte er dies bei einer Außenvollmacht nach § 123 II 1 nur bei Kenntnis oder Kennenmüssen des Geschäftsgegners tun, während er eine Innenvollmacht (vgl § 167 Rz 1) unabhängig davon beseitigen könnte (hier ist der Vertreter Erklärungsempfänger). Da der Geschäftsherr jedoch mit der Anfechtung der Bevollmächtigung stets auch das Vertretergeschäft von sich weist (vgl § 177) und dem Geschäftsgegner aus dem Innenverhältnis zwischen Vertreter und Geschäftsherrn unabhängig von Innen- oder Außenvollmacht ohne Kenntnis keine Nachteile erwachsen sollen, ist die Innenvollmacht ebenso wie die Außenvollmacht zu behandeln: Entsprechend § 123 II 1 ist auch hier Kenntnis oder Kennenmüssen des Geschäftsgegners zu fordern.

11 **h)** Der Anfechtungsgrund bezieht sich regelmäßig nicht nur auf das Grundgeschäft, sondern auch auf das **Erfüllungsgeschäft.** Wenn K den V arglistig über seine Zahlungsfähigkeit getäuscht hat, kann V nicht nur den Kaufvertrag, sondern auch die Übereignung anfechten (RGZ 70, 55). Denn V würde nicht liefern, wenn er nicht noch unter dem Einfluss der Täuschung über die Zahlungsfähigkeit stünde.

3. Eine **Anfechtung wegen widerrechtlicher Drohung** nach Abs 1 Fall 1 hat folgende Voraussetzungen: 12

a) Drohung ist das Inaussichtstellen eines künftigen Übels (= Nachteils), wobei der Drohende behauptet, dieses herbeiführen zu können und zu wollen für den Fall, dass der Bedrohte nicht die gewünschte WE abgibt (BGH NJW 1988, 2599). Drohender kann auch ein **Dritter** sein, denn II gilt hier nicht. Der Bedrohte kann sich auf § 123 berufen, wenn aus seiner Sicht die Drohung ernstzunehmen war und er dies auch getan hat (BGH NJW 1982, 2301, 2302). 13

b) Widerrechtlich ist die Drohung, wenn der angedrohte Nachteil (zB Körperverletzung) oder der angestrebte Zweck schon an sich rechtlich missbilligt ist; hierzu genügt aber nicht, dass dem Drohenden ein Rechtsanspruch auf die WE fehlt (BGHZ 25, 217, 219f). Widerrechtlichkeit liegt ferner bei **Inadäquanz von Mittel und Zweck** vor: Beide sind zwar für sich erlaubt, jedoch fehlt ihnen ein innerer Zusammenhang, so dass die Drohung gerade zu diesem Zweck als unangemessen empfunden wird (Bsp: K hat seit langem Kaufpreisschulden bei V; da V zufällig beobachtet hat, wie K einen Diebstahl begangen hat, droht er dem K mit Strafanzeige, damit dieser seine Schulden bezahle). Ist die Drohung dagegen angemessenes Mittel zur Erreichung berechtigter Interessen, so gibt sie kein Anfechtungsrecht (zB Drohung mit Klage, wenn ein Schädiger den angerichteten Schaden nicht freiwillig ersetzen will). 14

c) Durch Drohung **bestimmt** worden ist der Erklärende, wenn die Drohung für die Abgabe der WE kausal war (vgl oben Rz 8). Subjektive Voraussetzung ist dementsprechend der **Wille** des Drohenden, den Bedrohten gerade zu der dann auch tatsächlich abgegebenen WE zu veranlassen (*Larenz/Wolf* § 37 Rz 30 mwN). 15

4. Verschiedene Anfechtungsrechte können **nebeneinander** bestehen. So schließen eine Anfechtung wegen Täuschung und wegen Drohung einander nicht aus (BGH NJW-RR 1996, 1281, 1282). Ferner kann zugleich ein Anfechtungsrecht wegen Irrtums bestehen, wenn die Täuschung sich auf eine verkehrswesentliche Eigenschaft bezieht. Dieses Anfechtungsrecht kann günstiger sein, weil der Anfechtende keine Täuschung beweisen muss. Ob eine Anfechtung wegen Täuschung die wegen Irrtums mitumfasst, ist eine Frage der Auslegung (BGHZ 78, 216, 221). 16

5. Rechtsfolgen wie § 119 Rz 21. 17

6. Konkurrenzen. a) Zwischen **Mängelhaftung** und Anfechtung kann der Getäuschte wählen. Da bei arglistiger Täuschung idR auch das Erfüllungsgeschäft anfechtbar ist, kann Anfechtung günstiger sein als ein Rücktritt gem § 437 Nr 2 mit seinen nur schuldrechtlichen Wirkungen. **b)** Von den konkurrierenden **Schadensersatzansprüchen** (§ 823 II iVm §§ 240, 263 StGB, § 826 sowie §§ 280 I, 311 II, also c.i.c.) ist vor allem der aus c.i.c. problematisch, weil er sich – wie die Anfechtung – auf Aufhebung des Vertrags richtet und gem § 195 der gewöhnlichen Verjährung unterliegt (vgl demgegenüber § 124). Nach hM (BGH NJW 1998, 302, 303f; *Mertens* AcP 2003, 818, 844ff) besteht jedoch keine Spezialität zwischen § 123 und dem Anspruch auf Befreiung von der Verbindlichkeit aus §§ 280 I, 311 II (c.i.c.). Arg: § 123 schütze die Willensfreiheit, c.i.c. primär das Vermögen. Ferner seien weitergehende Schadensersatzansprüche wegen der unterschiedlichen Rechtsfolge sicher nicht durch § 123 ausgeschlossen – dann müsse der Vertragsgegner aber erst recht die mildere Sanktion der Befreiung von der Verbindlichkeit gegen sich gelten lassen. Dagegen will die Gegenmeinung den Anspruch aus c.i.c. auf Rückgängigmachung des Vertrags ausschließen, weil sonst das Erfordernis der Arglist in § 123 abgeschwächt würde (bei der c.i.c. genügt Fahrlässigkeit) und die Regelung des § 124 ausgehöhlt würde (vgl OLG Hamm NJW-RR 1995, 205 mwN). Wieder andere wollen den Befreiungsanspruch aus c.i.c. nur bei einer gesteigerten Auskunftspflicht zulassen (*Medicus/Petersen* Rz 150). 18

§ 124. Anfechtungsfrist

(1) **Die Anfechtung einer nach § 123 anfechtbaren Willenserklärung kann nur binnen Jahresfrist erfolgen.**

(2) [1]**Die Frist beginnt im Falle der arglistigen Täuschung mit dem Zeitpunkt, in welchem der Anfechtungsberechtigte die Täuschung entdeckt, im Falle der Drohung mit dem Zeitpunkt, in welchem die Zwangslage aufhört.** [2]**Auf den Lauf der Frist finden die für die Verjährung geltenden Vorschriften der §§ 206, 210 und 211 entsprechende Anwendung.**

(3) **Die Anfechtung ist ausgeschlossen, wenn seit der Abgabe der Willenserklärung zehn Jahre verstrichen sind.**

§ 125. Nichtigkeit wegen Formmangels

[1]**Ein Rechtsgeschäft, welches der durch Gesetz vorgeschriebenen Form ermangelt, ist nichtig.** [2]**Der Mangel der durch Rechtsgeschäft bestimmten Form hat im Zweifel gleichfalls Nichtigkeit zur Folge.**

1 1. **Funktion** einer Formvorschrift kann es sein, dem Erklärenden den Inhalt seiner Erklärung hinreichend zu verdeutlichen *(Warnfunktion),* die Erklärung nachweisbar zu machen (*Beweisfunktion;* s hierzu zB auch §§ 415ff ZPO) oder auch die Information des Erklärenden über die rechtliche Bedeutung seiner Erklärung sicherzustellen (*Beratungsfunktion,* zB durch die zwingende Einschaltung eines Notars, s hierzu §§ 17ff BeurkG).

2 2. **Umfang der Formbedürftigkeit:** Auch Nebenabreden und nachträgliche Änderungen unterliegen dem Formerfordernis, es sei denn, die Hauptvereinbarung wäre auch ohne die Nebenabrede zustande gekommen oder die nachträgliche Änderung betrifft nicht den Inhalt der Leistungspflichten, sondern räumt nur unerwartete Abwicklungsschwierigkeiten aus. Ferner unterliegen solche an sich nicht formgebundenen Verträge der Formpflicht, die eine Verpflichtung (Vorvertrag) zu ihrem Abschluss oder mittelbar den Abschluss des formbedürftigen Geschäfts bewirken (Bsp: Vereinbarung einer hohen Vertragsstrafe für den Fall des Nichtabschlusses des formbedürftigen Geschäfts, unwiderrufliche oder dem Geschäftsgegner unter Befreiung von § 181 erteilte Vollmacht).

3 Eine **Aufhebung** formbedürftiger Geschäfte ist nur dann nicht formfrei möglich, wenn der Erwerber bereits ein Anwartschaftsrecht erlangt hatte (BGHZ 83, 395, 399). Arg: die Formfunktionen entfalten erst zum Schutz einer erlangten Rechtsposition ihre Wirkung.

4 Nach hM ist eine beidseitige irrtümliche Falschbezeichnung (**„falsa demonstratio non nocet“,** vgl § 133 Rz 3) auch bei formbedürftigen Rechtsgeschäften unschädlich; das zwar formwidrige, aber tatsächlich Gewollte gilt (BGHZ 87, 150, 153ff). Nach aA ist zur Wahrung der Formzwecke zumindest eine Andeutung des tatsächlich Gewollten in der formgerechten Erklärung zu fordern.

5 3. **Rechtsfolge** der Nichteinhaltung einer gesetzlichen Formvorschrift ist grds **Nichtigkeit.** Anders aber zB § 550 S 1 (insofern wichtige Schutzvorschrift für den Mieter). In einigen Fällen lässt das Gesetz **Heilung** des Mangels durch Erfüllung eintreten (§§ 311b I 2, 518 II, 766 S 3, 2301 II); denn die Warn- und Beweisfunktion erscheint nach der Erfüllung entbehrlich. Ein allgemeiner Grundsatz, dass formungültige Geschäfte stets durch Erfüllung geheilt werden, lässt sich aus den angeführten Vorschriften nach der Rspr aber nicht herleiten.

6 4. Unschädlichkeit des Formmangels gemäß **Treu und Glauben** (§ 242) kommt nur in seltenen Ausnahmefällen in Betracht, weil sonst die Formvorschriften ausgehöhlt und die Erfordernisse der Rechtssicherheit missachtet würden. Bei Verfügungsgeschäften und im Erbrecht, wo Interessen Dritter berührt werden, kann § 242 die

Nichtigkeitsfolge des § 125 grds nicht beseitigen (str). Bei **schuldrechtlichen Verträgen,** die im Allgemeinen nur die Interessen der Vertragspartner berühren, lässt die Rspr dagegen in extremen Fällen eine Korrektur der Nichtigkeitsfolge zu, wenn diese nach den gesamten Umständen mit Treu und Glauben unvereinbar wäre (vgl *Armbrüster* NJW 2007, 3317). Freilich muss die Nichtigkeit für die betroffene Partei nicht nur hart, sondern „untragbar" sein. Hervorzuheben sind folgende Fallgruppen:

a) Hat eine Partei die andere über die Formbedürftigkeit **arglistig getäuscht,** so **7** kann sie, wenn die andere Partei Erfüllung verlangt, diesem Verlangen nach Treu und Glauben nicht unter Hinweis auf die Formnichtigkeit entgegentreten.

b) Hat eine Partei die Nichteinhaltung der Form **fahrlässig verschuldet** oder **unverschuldet verursacht,** so bleibt der Vertrag grds nichtig (str). Bei Fahrlässigkeit **8** kommt jedoch ein Anspruch auf Schadensersatz aus §§ 280 I, 311 II, 241 II (c.i.c.) in Betracht (vgl § 311 Rz 3, 7).

c) Haben **beide Parteien den Formmangel gekannt,** so fehlt es für § 242 in **9** der Regel an dem Erfordernis, dass eine Partei in schutzwürdiger Weise auf die Formgültigkeit vertraut hat. Der Vertrag ist nichtig. Dabei bleibt es grds auch dann, wenn der Geschäftsgegner die Einhaltung des formungültigen Vertrags unter Hinweis auf seine soziale oder berufliche Stellung besonders zugesichert hatte. RGZ 117, 121 („Edelmannfall"): Wer nicht auf der Einhaltung der Form des § 311b I 1 besteht, sondern sich mit dem Wort eines Adligen begnügt, erhält auch nicht den Schutz des Gesetzes. Anders BGHZ 48, 396 im Fall des „königlichen Kaufmanns": Hier hatte der Grundstückseigentümer, der für sich den Ruf eines „königlichen Kaufmanns" in Anspruch nahm, unter Hinweis auf seine kaufmännische Ehrbarkeit die Einhaltung der Form des § 311b I 1 – wie im Edelmannfall – verhindert, aber es war dem Geschäftsgegner nach den besonderen Umständen des Falles, namentlich durch eine krasse wirtschaftliche Unterlegenheit, nahezu unmöglich, auf der Einhaltung der gesetzlichen Form zu bestehen, so dass er ausnahmsweise trotz Kenntnis der Formbedürftigkeit schutzbedürftig erschien (str, kritisch *Reinicke* NJW 1968, 39).

5. Ob Nichteinhaltung einer rechtsgeschäftlich **vereinbarten Form** Nichtigkeit **10** zur Folge hat, ist in erster Linie durch **Auslegung** zu ermitteln. Soll die Form nicht Wirksamkeitsvoraussetzung sein, sondern lediglich der Klarstellung oder Beweissicherung dienen, so ist die formwidrige Erklärung gültig. Bsp: Wenn eine Kündigung, für die Einschreiben vorgesehen ist, durch einfachen Brief erfolgt, ist die Kündigung wirksam; die Schriftform mag konstitutive Bedeutung haben, die Übermittlungsform (Einschreiben) dient nur Beweiszwecken. Nur wenn die gewollte Rechtsfolge des Formmangels trotz Auslegung unklar bleibt, ist gemäß **S 2** im Zweifel Nichtigkeit anzunehmen.

Die Parteien können den vereinbarten Formzwang jederzeit **formlos aufheben.** Ist **11** in einem Mietvertrag vereinbart, dass Änderungen der Schriftform bedürfen, so sind mündliche Änderungen nach der Rspr dennoch wirksam, wenn nur die Parteien die Maßgeblichkeit der mündlichen Vereinbarung übereinstimmend und zweifelsfrei gewollt haben. Das gilt sogar dann, wenn sie an den Formzwang nicht gedacht haben (stillschweigende Aufhebung der Formabrede). Ausnahmsweise ist eine formfreie Aufhebungsvereinbarung ausgeschlossen, wenn speziell für die Aufhebung Schriftform vereinbart war (BGHZ 66, 378 für Individualvertrag unter Kaufleuten).

Gegenüber **Schriftformklauseln in AGB** haben nachträgliche mündliche Indivi- **12** dualvereinbarungen wegen § 305b Vorrang. Dies gilt auch dann, wenn die Parteien bei ihrer mündlichen Absprache nicht an die entgegenstehende Klausel gedacht haben (BGHZ 164, 133, 137f); ein bewusstes Abweichen hat der BGH lediglich bei einer sog qualifizierten Schriftformklausel (bei der auch die Aufhebung des Schriftformerfordernisses der Schriftform bedarf) gefordert, die im entschiedenen Fall individuell vereinbart worden war (vgl BGHZ 66, 378, 381f).

§ 126. Schriftform

(1) **Ist durch Gesetz schriftliche Form vorgeschrieben, so muss die Urkunde von dem Aussteller eigenhändig durch Namensunterschrift oder mittels notariell beglaubigten Handzeichens unterzeichnet werden.**

(2) [1]**Bei einem Vertrag muss die Unterzeichnung der Parteien auf derselben Urkunde erfolgen.** [2]**Werden über den Vertrag mehrere gleichlautende Urkunden aufgenommen, so genügt es, wenn jede Partei die für die andere Partei bestimmte Urkunde unterzeichnet.**

(3) **Die schriftliche Form kann durch die elektronische Form ersetzt werden, wenn sich nicht aus dem Gesetz ein anderes ergibt.**

(4) **Die schriftliche Form wird durch die notarielle Beurkundung ersetzt.**

1 **1. Urkunde** iSv § 126 meint eine verkörperte Gedankenerklärung, wobei die Urkunde handschriftlich, aber auch maschinenschriftlich errichtet sein kann (anders zB § 2247 I). Nur die Namensunterschrift muss „eigenhändig" geleistet werden. Grds ist zumindest mit dem Familiennamen zu zeichnen; bloße Initialen oder sonstige Abkürzungen (sog Paraphen) oder die Zeichnung allein mit einem Titel oder einer Amtsbezeichnung genügen nicht. Die Unterschrift muss den Urkundentext räumlich abschließen; unter ihr stehende Nachträge sind gesondert zu unterzeichnen (BGHZ 113, 48, 54). Die Unterschrift muss aber nicht notwendig zeitlich nach Niederschrift der Erklärung erfolgen, so dass grds auch eine Blankounterschrift ausreicht, wobei die Erklärung aber erst mit abredegemäßer Ausfüllung des Blanketts entsteht; soweit Streit besteht, ob das Blankett missbraucht worden ist, greift § 440 II ZPO ein (hierzu BGH NJW 1986, 3086).

2 **2. Einheitlichkeit** der Urkunde ist ein weiteres, ungeschriebenes Merkmal. Dabei ist nach BGHZ 136, 357 zu differenzieren: Bei einer mehrere Blätter umfassenden Urkunde ist dem Schriftformerfordernis bereits genügt, wenn sich die Einheit der Urkunde aus eindeutigen Merkmalen ergibt, zu denen insbesondere fortlaufende Paginierung, fortlaufende Nummerierung der einzelnen Textabschnitte sowie fortlaufender Text zählen. Eine feste körperliche Verbindung ist für die Ursprungsurkunde nicht zwingend erforderlich; wohl aber müssen anders gestaltete ergänzende Zusätze und Nachträge, auf die in der Ursprungsurkunde Bezug genommen wird, mit dieser körperlich fest verbunden sein, um mit ihr eine Einheit bilden zu können. Dies hat in der Praxis bei Mietverträgen über Gewerbeflächen eine erhebliche Bedeutung.

3 **3.** Im Falle von **Personenmehrheiten** haben grundsätzlich alle Personen die Urkunde eigenhändig zu unterzeichnen, es sei denn, dass durch einen Vertretungszusatz oder aus sonstigen Umständen zu erkennen ist, dass ein einzelner Unterzeichner zugleich für die anderen Personen unterzeichnet (vgl BGHZ 176, 301). Diese Grundsätze gelten auch für **juristische Personen**, die durch eine Personenmehrheit vertreten werden (BGHZ 183, 67).

4 **4.** Gemäß **Abs 3** kann die herkömmliche Schriftform („Papierform") durch die **elektronische Form** ersetzt werden, wenn die jeweilige Formvorschrift nicht ausdrücklich die elektronische Form ausschließt (s § 126a Rz 1). Die elektronische Form ist damit als ein Unterfall der Schriftform konzipiert. Voraussetzung für den Gebrauch der elektronischen Form ist das Einverständnis des Erklärungsempfängers, das auch konkludent zum Ausdruck kommen kann. Es wird idR anzunehmen sein, wenn jemand eine E-Mail-Adresse als Korrespondenz- oder Kontaktadresse verwendet. Bei Geschäftspartnern reicht es aus, wenn die elektronische Form nach ihren bisherigen Geschäftsgepflogenheiten gebilligt wird und sie deshalb mit dem Zugang einer elektronischen Willenserklärung rechnen müssen. Für den Zugang, den Widerruf und die Anfechtung elektronischer Willenserklärungen gelten grds die allgemeinen Regeln der §§ 116ff.

§ 126a. Elektronische Form

(1) **Soll die gesetzlich vorgeschriebene schriftliche Form durch die elektronische Form ersetzt werden, so muss der Aussteller der Erklärung dieser seinen Namen hinzufügen und das elektronische Dokument mit einer qualifizierten elektronischen Signatur nach dem Signaturgesetz versehen.**

(2) **Bei einem Vertrag müssen die Parteien jeweils ein gleichlautendes Dokument in der in Absatz 1 bezeichneten Weise elektronisch signieren.**

1. Allgemeines. Die Vorschrift regelt die näheren Voraussetzungen der durch § 126 III als Unterfall der Schriftform zugelassenen elektronischen Form. Schreibt das Gesetz Schriftform vor, so kann, wenn hierüber zwischen den Beteiligten Einverständnis besteht (s § 126 Rz 4) auch die Form des § 126a gewählt werden. Allerdings ist die elektronische Form ausgeschlossen für eine Reihe von Rechtshandlungen, bei denen der Schutz des Erklärenden vor Übereilung (sog Warnfunktion der Schriftform, s § 125 Rz 1) im Vordergrund steht (§§ 623, 761, 766, 780, 781) oder bei denen aus anderen Gründen ein Festhalten an der Schriftlichkeit geboten ist: So stellt bspw § 484 I 2 sicher, dass die von der RL 94/47/EG geforderte Schriftlichkeit von Verträgen über Teilzeitwohnrechte eingehalten wird; § 630 schließt die Erteilung eines Arbeitszeugnisses in elektronischer Form aus. 1

2. Voraussetzungen. a) Name. Der in einem elektronischen Dokument enthaltenen Erklärung muss der Name des Ausstellers hinzugefügt sein. Da der Name keine „Unterschrift" ist, muss er nicht am Ende des Dokuments stehen. Es kann auch ein Pseudonym verwandt werden, sofern dem Empfänger die wahre Identität des Absenders erkennbar ist. 2

b) Elektronische Signatur. Der Aussteller muss seine Erklärung ferner mit einer qualifizierten elektronischen Signatur nach § 2 Nrn 2, 3 SignaturG (BGBl 2001 I 876) versehen. Diese entspricht der eigenhändigen Unterschrift bei einer herkömmlichen Urkunde und gewährleistet daher die Zuordnung des Erklärungsinhalts zu einem bestimmten Aussteller (sog Identitätsfunktion).

c) Bei **Verträgen** müssen beide Parteien jeweils ein den gesamten Vertragstext enthaltendes gleichlautendes Dokument mit ihrer elektronischen Signatur versehen (Abs 2); es genügt nicht, dass jede Partei nur ihre eigene Angebots- bzw Annahmeerklärung signiert.

3. Gewillkürte Schriftform. § 126a gilt im Zweifel auch dann, wenn die elektronische Form rechtsgeschäftlich vereinbart wird, § 127 I. Allerdings sind die Voraussetzungen gem § 127 III etwas gelockert: Neben der qualifizierten ist auch eine sog fortgeschrittene oder auch eine einfache elektronische Signatur gem § 2 Nrn 1, 2 SignaturG ausreichend; bei Verträgen genügt der Austausch einer jeweils elektronisch signierten Angebots- bzw Annahmeerklärung. 3

§ 126b. Textform

Ist durch Gesetz Textform vorgeschrieben, so muss die Erklärung in einer Urkunde oder auf andere zur dauerhaften Wiedergabe in Schriftzeichen geeignete Weise abgegeben, die Person des Erklärenden genannt und der Abschluss der Erklärung durch Nachbildung der Namensunterschrift oder anders erkennbar gemacht werden.

1. Allgemeines. Die Textform ist überall dort hinreichend – aber auch erforderlich –, wo die mit Formvorschriften üblicherweise verfolgte Warnfunktion sowie die Beweisfunktion (vgl § 125 Rz 1) lediglich eine untergeordnete Rolle spielen. Notwendig ist die unterhalb der strengen Schriftform des § 126 stehende Textform in Fällen, da die Erklärung keine erheblichen oder nur leicht wieder rückgängig zu machende Rechtsfolgen nach sich zieht, ihre Fixierung aber zu Informations- und 1

Dokumentationszwecken gleichwohl geboten ist. In diesen Fällen ist insbesondere das Erfordernis einer eigenhändigen Unterschrift bzw einer qualifizierten elektronischen Signatur eine unangemessene Behinderung des Rechtsverkehrs. Durch die Einhaltung der strengen Form des § 126 ist auch die Form des § 126b gewahrt; in entsprechender Anwendung des § 126 IV kann die Textform durch eine notarielle Beurkundung ersetzt werden (*Palandt-Ellenberger* Rz 2); die öffentliche Beglaubigung ist ebenfalls ausreichend. Die Textform kann auch rechtsgeschäftlich vereinbart werden (§ 127 I).

2 **2. Voraussetzungen. a) Dauerhafte Wiedergabe.** Der Inhalt der Erklärung muss, um dem Normzweck der Informations- und Dokumentationsfunktion gerecht zu werden, mittels Schriftzeichen (Buchstaben und Zahlen) in einer Weise fixiert werden, die zur dauerhaften Wiedergabe geeignet ist. Neben der Urkunde (§ 126 Rz 1) kommt jedes andere Medium in Betracht, das dem Empfänger eine Speicherung und Reproduktion der Erklärung erlaubt. Erfasst sind daher gleichermaßen herkömmliche Papierdokumente und elektronisch erstellte Dokumente, wie etwa Tele- oder Computerfax, E-Mails, auf Datenträgern gespeicherte Dateien sowie eine Website im Internet, da auch diese regelmäßig speicherbar ist. Zu beachten ist, dass, wenn es dem Adressaten der Erklärung an den technischen Möglichkeiten zum Empfang fehlt, kein Formverstoß vorliegt, sondern es bereits am Zugang mangelt (§ 130 I). Ähnlich wie bei der Schriftform (§ 126 Rz 4) muss allerdings derjenige, der im Rechtsverkehr unter Angabe etwa einer E-Mail-Adresse oder einer Faxnummer auftritt, eine über das entsprechende Medium abgegebene Erklärung gegen sich gelten lassen.

3 **b) Person des Erklärenden.** Um es dem Empfänger zu ermöglichen, die Erklärung eindeutig zuzuordnen, muss diese die Person des Erklärenden nennen. Da eine Unterschrift gerade nicht erforderlich ist, kann dies auch mittels eines Briefkopfes, einer Titelzeile oä erfolgen.

4 **c) Abschluss der Erklärung.** Um dem Empfänger (und dem Aussteller) die Ernstlichkeit der Erklärung zu verdeutlichen und sie von bloßen Entwürfen oder unverbindlichen Vorschlägen abzugrenzen, muss sie einen erkennbaren Abschluss enthalten, zB durch eine gestempelte oder eingescannte Unterschrift, das Datum oä.

§ 127. Vereinbarte Form

(1) **Die Vorschriften des § 126, des § 126a oder des § 126b gelten im Zweifel auch für die durch Rechtsgeschäft bestimmte Form.**

(2) [1]**Zur Wahrung der durch Rechtsgeschäft bestimmten schriftlichen Form genügt, soweit nicht ein anderer Wille anzunehmen ist, die telekommunikative Übermittlung und bei einem Vertrag der Briefwechsel.** [2]**Wird eine solche Form gewählt, so kann nachträglich eine dem § 126 entsprechende Beurkundung verlangt werden.**

(3) [1]**Zur Wahrung der durch Rechtsgeschäft bestimmten elektronischen Form genügt, soweit nicht ein anderer Wille anzunehmen ist, auch eine andere als in § 126a bestimmte elektronische Signatur und bei einem Vertrag der Austausch von Angebots- und Annahmeerklärung, die jeweils mit einer elektronischen Signatur versehen sind.** [2]**Wird eine solche Form gewählt, so kann nachträglich eine dem § 126a entsprechende elektronische Signierung oder, wenn diese einer der Parteien nicht möglich ist, eine dem § 126 entsprechende Beurkundung verlangt werden.**

§ 127a. Gerichtlicher Vergleich

Die notarielle Beurkundung wird bei einem gerichtlichen Vergleich durch die Aufnahme der Erklärungen in ein nach den Vorschriften der Zivilprozessordnung errichtetes Protokoll ersetzt.

§ 128. Notarielle Beurkundung

Ist durch Gesetz notarielle Beurkundung eines Vertrags vorgeschrieben, so genügt es, wenn zunächst der Antrag und sodann die Annahme des Antrags von einem Notar beurkundet wird.

Die Einzelheiten des Beurkundungsverfahrens sind im BeurkG geregelt. Vor dem 1
zuständigen Notar geben die Parteien die zu beurkundenden Erklärungen ab. Die Beurkundung erbringt nach § 415 ZPO **Beweis für die Abgabe der Erklärungen,** nicht aber für deren inhaltliche Richtigkeit (insoweit gilt § 286 ZPO). Sukzessive Beurkundung von Angebot und Annahme (auch vor verschiedenen Notaren) ist nach § 128 zulässig, sofern nicht gleichzeitige Anwesenheit vorgeschrieben ist (zB § 925 I 1).

§ 129. Öffentliche Beglaubigung

(1) [1]**Ist durch Gesetz für eine Erklärung öffentliche Beglaubigung vorgeschrieben, so muss die Erklärung schriftlich abgefasst und die Unterschrift des Erklärenden von einem Notar beglaubigt werden.** [2]**Wird die Erklärung von dem Aussteller mittels Handzeichens unterzeichnet, so ist die im § 126 Abs. 1 vorgeschriebene Beglaubigung des Handzeichens erforderlich und genügend.**

(2) **Die öffentliche Beglaubigung wird durch die notarielle Beurkundung der Erklärung ersetzt.**

Die öffentliche Beglaubigung ist in §§ 39, 40 BeurkG näher geregelt. Mit ihr bestä- 1
tigt der Notar, dass eine Unterschrift oder ein Handzeichen in seiner Gegenwart vollzogen oder anerkannt worden ist und dass es sich bei dem Erklärenden um die im Beglaubigungsvermerk genannte Person handelt. Der Beglaubigungsvermerk erbringt nach § 415 ZPO **Beweis nur für die Echtheit der Unterschrift;** er bezieht sich nicht auf den Erklärungsinhalt, so dass die Niederschrift der Erklärungen im Übrigen eine Privaturkunde bleibt. Die öffentliche Beglaubigung wird vom Gesetzgeber insbesondere für solche Erklärungen gefordert, auf deren Grundlage Eintragungen in öffentliche Register (Grundbuch, Handelsregister etc) erfolgen sollen, vgl etwa § 29 GBO sowie § 12 HGB (weitere Bsp bei *Palandt-Ellenberger* Rz 1). Auf diese Weise wird verhindert, dass unbefugte Personen (falsche) Eintragungen vornehmen lassen, die öffentlichen Glauben genießen.

§ 130. Wirksamwerden der Willenserklärung gegenüber Abwesenden

(1) [1]**Eine Willenserklärung, die einem anderen gegenüber abzugeben ist, wird, wenn sie in dessen Abwesenheit abgegeben wird, in dem Zeitpunkt wirksam, in welchem sie ihm zugeht.** [2]**Sie wird nicht wirksam, wenn dem anderen vorher oder gleichzeitig ein Widerruf zugeht.**

(2) **Auf die Wirksamkeit der Willenserklärung ist es ohne Einfluss, wenn der Erklärende nach der Abgabe stirbt oder geschäftsunfähig wird.**

(3) **Diese Vorschriften finden auch dann Anwendung, wenn die Willenserklärung einer Behörde gegenüber abzugeben ist.**

1. Wirksamkeit von Willenserklärungen. Nicht empfangsbedürftige WE (zB 1
eigenhändiges Testament nach § 2247, Vertragsannahme im Fall des § 151 S 1) sind wirksam, wenn sie tatbestandlich vorliegen (dazu Vor § 116 Rz 2f) und im Rechtsverkehr abgegeben wurden. Für empfangsbedürftige WE ist außerdem Zugang erforderlich (in den §§ 130–132 teilweise geregelt). Bei WE gegenüber nicht voll Geschäftsfähigen beachte § 131.

2. Abgabe (nicht gesetzlich geregelt) ist die willentliche Entäußerung einer WE in 2
den Rechtsverkehr, bei empfangsbedürftigen WE in Richtung auf den Erklärungs-

empfänger. Daran fehlt es zB, wenn der Erklärungsempfänger die einem anderen gegenüber abgegebene WE nur zufällig mithört (keine Abgabe in Richtung auf den Erklärungsempfänger). Die Problematik der sog **„abhandengekommenen Willenserklärung"** liegt zB vor, wenn die Hausangestellte des Erklärenden das erst konzipierte Kündigungsschreiben zur Post bringt. Die Erklärung ist in einem solchen Fall mangels willentlicher Entäußerung nicht abgegeben (*Köhler* § 6 Rz 12). Ist der Empfängers der Erklärung aber gutgläubig und damit schutzbedürftig, haftet der vermeintlich Erklärende ihm gem §§ 311 II, 241 II, 280 I nach den Grundsätzen der cic, falls ihm ein Sorgfaltsverstoß zur Last fällt (str, aA *Medicus* AT Rz 266: Gleichbehandlung mit der Fallgruppe der Erklärung ohne Erklärungsbewusstsein, Anfechtbarkeit analog § 119). Ohne Abgabe ist die WE nichtig, eine Anfechtung ist unnötig.

3 **3. Zugang. a)** Bei **verkörperter (schriftlicher) WE** liegt nach st Rspr Zugang vor, wenn die Erklärung so in den Machtbereich des Empfängers gelangt ist, dass er unter normalen Verhältnissen die Möglichkeit hat, von ihr Kenntnis zu nehmen. Briefe sind zugegangen, sobald nach der Verkehrsanschauung mit der Leerung des Briefkastens zu rechnen ist (str; s im einzelnen *Larenz/Wolf* § 26 Rz 19ff; *Medicus* AT Rz 268ff). Wird bei Sendung per Einschreiben dem abwesenden Empfänger ein Benachrichtigungszettel hinterlassen, so liegt nicht bereits hierin, sondern erst in der tatsächlichen Aushändigung des Einschreibens dessen Zugang (BGHZ 137, 205, 208 mwN).

4 Bei Übergabe an eine **Mittelsperson** (s zum Folgenden *Palandt-Ellenberger* Rz 8f mwN) ist zu unterscheiden, ob diese Person Empfangsvertreter, Empfangsbote oder Erklärungsbote ist. **(1)** Beim **Empfangsvertreter** (§ 164 III) müssen die Voraussetzungen des Zugehens beim Vertreter erfüllt sein, ohne dass es auf die Übermittlung oder die Übermittlungsmöglichkeiten ankäme. Eine Vollmacht zur Vornahme eines Rechtsgeschäfts umfasst idR auch die Vollmacht zum Empfang von Erklärungen. **(2) Empfangsbote** ist, wer vom Empfänger zur Entgegennahme von Erklärungen bestellt worden ist oder nach der Verkehrsanschauung als bestellt und geeignet anzusehen ist (bei Geschäftsleuten: kaufmännische Angestellte; bei Privatleuten: der Ehegatte oder andere geeignete Familienmitglieder). Die Erklärung ist dem Empfänger zugegangen, sobald die Übermittlung unter normalen Verhältnissen zu erwarten war. Das Risiko einer unrichtigen oder verspäteten Übermittlung trägt der Empfänger. **(3)** Wird die Erklärung gegenüber einer weder bestellten noch nach der Verkehrsanschauung als bestellt und geeignet anzusehenden Person (kleines Kind, Handwerker) abgegeben, so ist diese **Erklärungsbote.** Die Erklärung geht nur bei richtiger Übermittlung an den Empfänger zu.

5 **b)** Eine **nicht verkörperte WE** (mündliche, fernmündliche, § 147 I 2, oder konkludente Erklärung) ist zugegangen, wenn sie der Empfänger wahrgenommen, also akustisch richtig verstanden hat. Schwerhörigkeit und Sprachunkenntnis gehen zu Lasten des Erklärenden. Diese sog **Vernehmungstheorie** bedarf aber – entsprechend der in § 130 I für WE unter Abwesenden enthaltenen Wertung – zugunsten des Verkehrsschutzes einer Einschränkung, wenn der Erklärende nach den erkennbaren Umständen keinen Zweifel daran haben kann, dass der Empfänger die Erklärung verstanden hat. Die nicht oder falsch verstandene Erklärung ist dann wirksam geworden (*Larenz/Wolf* § 26 Rz 36 mwN).

6 **4. Zugangsstörungen im Bereich des Empfängers.** Erreicht eine WE den Empfänger nicht, weil in seinem eigenen Bereich ein Hindernis entgegensteht, so entscheidet über das Wirksamwerden der WE (mangels gesetzlicher Regelung) eine Interessenabwägung.

7 **a) Ungenügende Vorkehrungen.** Grds hat derjenige, der auf Grund von Geschäfts- oder sonstigen Rechtsbeziehungen mit dem Zugang rechtserheblicher Erklärungen rechnen muss, Vorkehrungen dafür zu treffen, dass ihn die Erklärungen auch

erreichen. Wird infolge ungenügender Vorkehrungen der (rechtzeitige) Zugang verhindert (zB kein Nachsendeantrag und kein Empfangsbevollmächtigter trotz Abwesenheit), so wäre es eine unzulässige Rechtsausübung (§ 242!), wenn sich der Empfänger gleichwohl auf fehlenden oder verspäteten Zugang beriefe. Die Rspr fingiert hier den (rechtzeitigen) Zugang, allerdings nur dann, wenn der Erklärende seinerseits alles ihm Zumutbare unternommen hat, um den tatsächlichen Zugang doch noch zu bewirken, wozu in der Regel ein erneuter Zustellversuch gehört, notfalls nach § 132 (zB BGHZ 137, 205, 209: auch nach Nichtabholung einer niedergelegten Einschreibesendung). Versäumt der Erklärende dies (oder verzichtet er bewusst darauf), so wird seine Erklärung nicht wirksam.

b) Verweigert der Empfänger die Annahme, so ist seine spätere Berufung auf 8
fehlenden (bzw verspäteten) Zugang in jedem Fall rechtsmissbräuchlich; hier wird (rechtzeitiger) Zugang fingiert, ohne dass es eines weiteren Zustellungsversuchs bedürfte, der ja sinnlos wäre (BGH NJW 1983, 929). Anders aber, wenn der Empfänger ein berechtigtes Interesse hatte, die Annahme abzulehnen (etwa wegen unzureichender Frankierung): kein Zugang.

5. Gemäß **Abs 2** wird die Willenserklärung trotz **Tod** wirksam; vgl ergänzend 9
§ 153. Zur Einschränkung des Abs 2 im Falle des einseitigen Widerrufs einer wechselbezüglichen Verfügung von Todes wegen s § 2271 Rz 2.

§ 131. Wirksamwerden gegenüber nicht voll Geschäftsfähigen

(1) **Wird die Willenserklärung einem Geschäftsunfähigen gegenüber abgegeben, so wird sie nicht wirksam, bevor sie dem gesetzlichen Vertreter zugeht.**

(2) [1]**Das Gleiche gilt, wenn die Willenserklärung einer in der Geschäftsfähigkeit beschränkten Person gegenüber abgegeben wird.** [2]**Bringt die Erklärung jedoch der in der Geschäftsfähigkeit beschränkten Person lediglich einen rechtlichen Vorteil oder hat der gesetzliche Vertreter seine Einwilligung erteilt, so wird die Erklärung in dem Zeitpunkte wirksam, in welchem sie ihr zugeht.**

§ 132. Ersatz des Zugehens durch Zustellung

(1) [1]**Eine Willenserklärung gilt auch dann als zugegangen, wenn sie durch Vermittelung eines Gerichtsvollziehers zugestellt worden ist.** [2]**Die Zustellung erfolgt nach den Vorschriften der Zivilprozessordnung.**

(2) [1]**Befindet sich der Erklärende über die Person desjenigen, welchem gegenüber die Erklärung abzugeben ist, in einer nicht auf Fahrlässigkeit beruhenden Unkenntnis oder ist der Aufenthalt dieser Person unbekannt, so kann die Zustellung nach den für die öffentliche Zustellung einer Ladung geltenden Vorschriften der Zivilprozessordnung erfolgen.** [2]**Zuständig für die Bewilligung ist im ersteren Falle das Amtsgericht, in dessen Bezirk der Erklärende seinen Wohnsitz oder in Ermangelung eines inländischen Wohnsitzes seinen Aufenthalt hat, im letzteren Falle das Amtsgericht, in dessen Bezirke die Person, welcher zuzustellen ist, den letzten Wohnsitz oder in Ermangelung eines inländischen Wohnsitzes den letzten Aufenthalt hatte.**

§ 133. Auslegung einer Willenserklärung

Bei der Auslegung einer Willenserklärung ist der wirkliche Wille zu erforschen und nicht an dem buchstäblichen Sinne des Ausdrucks zu haften.

1. Der „wirkliche Wille" des Erklärenden ist bei einer **nicht empfangsbedürftigen Willenserklärung,** zB Testament, maßgeblich. Siehe zur Auslegung von Testamenten § 2084. 1

2 **2.** Für **empfangsbedürftige WE** ist entgegen dem Wortlaut des § 133 grds nicht der wirkliche Wille maßgebend. Arg: sonst liefen die §§ 119ff leer.

3 **a)** Der **wirkliche Wille** ist jedoch auch bei empfangsbedürftigen WE ausnahmsweise maßgeblich, wenn der Erklärungsempfänger erkennt, was der Erklärende gewollt hat. Eine falsche Bezeichnung schadet nicht, wenn beide Parteien die Erklärung nicht im gemeinverständlichen, sondern in einem anderen Sinn verstehen **(falsa demonstratio non nocet).** Stimmt der innere Wille der Parteien überein, so entscheidet er auch dann, wenn er im Inhalt der Erklärung keinen oder nur einen unvollkommenen Ausdruck gefunden hat. RGZ 99, 147: K kauft von V „Haakjöringsköd" (Norwegisch: Haifischfleisch). Beide Parteien meinen Walfischfleisch. Verkauft ist Walfischfleisch.

4 **b)** Ansonsten sind empfangsbedürftige WE im Interesse des Verkehrsschutzes so auszulegen, wie sie der Erklärungsempfänger nach Treu und Glauben unter Berücksichtigung der Verkehrssitte verstehen musste (sog normative Auslegung; vgl § 157); Lehre vom **objektivierten Empfängerhorizont.** Maßgebend ist also nicht das subjektive Verständnis, das der Erklärungsempfänger dem Geäußerten beilegt, sondern die Sicht eines objektiven Verkehrsteilnehmers in der Situation des Erklärungsempfängers. Nach hM ist die Lehre vom objektivierten Empfängerhorizont auch für die Frage heranzuziehen, ob mangels Erklärungsbewusstseins überhaupt eine WE vorliegt (dazu § 119 Rz 6).

5 **3.** Bei **formbedürftigen Erklärungen** können außerhalb der Urkunde liegende Mittel nach st Rspr mitberücksichtigt werden, ebenso wie auch sonst außerhalb des Erklärungsaktes liegende Begleitumstände in die Auslegung einbezogen werden können (s etwa *Palandt-Ellenberger* Rz 15, 19). Für die über ein Rechtsgeschäft aufgenommenen Urkunden besteht nach st Rspr die Vermutung der Vollständigkeit und Richtigkeit. Diese Vermutung ist begründet, wenn der Urkundstext nach Wortlaut und innerem Zusammenhang unter Berücksichtigung der Verkehrssitte einen bestimmten Geschäftsinhalt zum Ausdruck bringt und nicht völlig unklar bleibt; zur Widerlegung der Vermutung (nicht zu ihrer Begründung) kann auf außerhalb der Urkunde liegende Mittel der Auslegung (Begleitumstände des Geschäfts, Äußerungen der Parteien außerhalb der Urkunde oä) zurückgegriffen werden (BGH NJW 2002, 3164). Erst nach der Auslegung ist die Wahrung der Form zu prüfen (so für ein Testament BGHZ 86, 41, 47). Hier folgt die Rspr der **Andeutungstheorie,** wonach der aus Umständen außerhalb der Urkunde ermittelte Wille in der Urkunde einen – wenn auch unvollkommenen – Ausdruck gefunden haben muss. Diese Theorie bedarf aber jedenfalls insoweit der Einschränkung, als eine unabsichtliche Falschbezeichnung (falsa demonstratio, oben Rz 3) auch bei formbedürftigen Erklärungen unschädlich ist (s § 125 Rz 4).

§ 134. Gesetzliches Verbot

Ein Rechtsgeschäft, das gegen ein gesetzliches Verbot verstößt, ist nichtig, wenn sich nicht aus dem Gesetz ein anderes ergibt.

1 **1.** Die **Prüfung** der Nichtigkeit eines Geschäfts nach § 134 erfolgt in drei Schritten: Es muss gegen ein Gesetz verstoßen worden sein, dieses Gesetz muss ein Verbotsgesetz iSd § 134 darstellen und schließlich ist zu ermitteln, ob daraus nach § 134 Nichtigkeit folgt, oder ob „sich nicht aus dem Gesetz ein anderes ergibt".

2 **2. Verbotsgesetze** können alle Gesetze im materiellen Sinn sein (Art 2 EGBGB, also auch Satzungen, Verordnungen usw), die ein an sich zulässiges Rechtsgeschäft wegen seines Inhalts oder der Umstände seines Zustandekommens untersagen (Einschränkung des rechtlichen „Dürfens"). Ist dagegen ein bestimmtes Rechtsgeschäft von vornherein nicht möglich (Einschränkung des rechtlichen „Könnens"), so liegt kein Verbotsgesetz vor; zB bei allen Vorschriften, bei denen sich eine von der Nichtigkeit abweichende Sanktion aus dem Gesetz ergibt (schwebende Unwirksamkeit nach §§ 108, 177 und – entgegen dem Wortlaut – auch § 181). Für einen **Verstoß** gegen

ein Verbotsgesetz genügt regelmäßig, dass sein objektiver Tatbestand erfüllt ist (zB BGHZ 116, 268, 276); bei Straftaten wird gelegentlich auch Erfüllung des subjektiven Tatbestands verlangt (BGHZ 132, 313, 318).

3. Nichtigkeitsfolge. Für die Nichtigkeit muss zu dem Verstoß gegen das Verbots- 3
gesetz hinzutreten, dass sich nicht aus dem Gesetz „ein anderes", also eine andere Rechtsfolge, ergibt. Fehlt eine verbotseigene Rechtsfolgenregelung, werden folgende **Indizien** herangezogen: Nichtigkeit ist regelmäßig anzunehmen, wenn sich das Verbot gegen beide Geschäftspartner oder gerade gegen den Inhalt des Rechtsgeschäfts richtet, dagegen bleibt das Geschäft gültig, wenn nur ein einseitiger Verstoß vorliegt (insbesondere wenn das Verbot zudem abdingbar ist, BGHZ 143, 283) oder wenn es nur die Art und Weise des Abschlusses betrifft. Entscheidend ist letztlich eine **teleologische Interpretation** der Verbotsnorm: Kann dem Sinn und Zweck des Verbotsgesetzes allein durch Nichtigkeit des Rechtsgeschäfts entsprochen werden, so ist trotz nur einseitigen Verstoßes ausnahmsweise Nichtigkeit zu bejahen. Aus teleologischen Erwägungen kann auch lediglich **Teilnichtigkeit** anzunehmen sein, so beim Verstoß gegen preisrechtliche Verbotsgesetze hinsichtlich des überhöhten Entgelts (zB Mietwucher), wenn Gesamtnichtigkeit den geschützten Personenkreis vollends benachteiligen würde (zB Nichtigkeit des Mietvertrags, vgl BGH NJW 1984, 722).

§ 135. Gesetzliches Veräußerungsverbot

(1) [1]**Verstößt die Verfügung über einen Gegenstand gegen ein gesetzliches Veräußerungsverbot, das nur den Schutz bestimmter Personen bezweckt, so ist sie nur diesen Personen gegenüber unwirksam.** [2]**Der rechtsgeschäftlichen Verfügung steht eine Verfügung gleich, die im Wege der Zwangsvollstreckung oder der Arrestvollziehung erfolgt.**

(2) **Die Vorschriften zugunsten derjenigen, welche Rechte von einem Nichtberechtigten herleiten, finden entsprechende Anwendung.**

1. §§ 135, 136 betreffen **relative Veräußerungsverbote,** dh solche, die die Veräu- 1
ßerung eines Gegenstandes nur gegenüber bestimmten Personen unwirksam sein lassen. Gesetzliche relative Veräußerungsverbote gibt es im BGB nicht; die Bedeutung der §§ 135, 136 liegt in den Veräußerungsverboten, die aus der Beschlagnahme in der Zwangsvollstreckung resultieren (§§ 829 I 2, 846, 857 I ZPO, 23 I 1 ZVG). Die jedem gegenüber wirkenden **absoluten** Veräußerungsverbote und die ihnen gleichstehenden Verfügungsbeschränkungen (zB: §§ 1365 I, 1369 im Ehegüterrecht, §§ 1643, 1821 im Kindschaftsrecht, §§ 2113, 2211 im Erbrecht, §§ 81 und 91 InsO) unterfallen nicht den §§ 135, 136.

2. Beim **gutgläubigen Erwerb** von Gegenständen, die mit einem relativen Veräu- 2
ßerungsverbot belastet sind (§ 135 II), muss sich der nach §§ 932 II, 892 erforderliche gute Glaube auf das Nichtvorliegen eines Veräußerungsverbots beziehen. Besteht ein absolutes Veräußerungsverbot, so ist ein gutgläubiger Erwerb nur dort möglich, wo dies ausdrücklich bestimmt ist (zB in § 2113 III; Gegenbeispiel: § 1365).

§ 136. Behördliches Veräußerungsverbot

Ein Veräußerungsverbot, das von einem Gericht oder von einer anderen Behörde innerhalb ihrer Zuständigkeit erlassen wird, steht einem gesetzlichen Veräußerungsverbot der im § 135 bezeichneten Art gleich.

§ 137. Rechtsgeschäftliches Verfügungsverbot

[1]**Die Befugnis zur Verfügung über ein veräußerliches Recht kann nicht durch Rechtsgeschäft ausgeschlossen oder beschränkt werden.** [2]**Die Wirksamkeit einer Verpflichtung, über ein solches Recht nicht zu verfügen, wird durch diese Vorschrift nicht berührt.**

1 Nach § 137 haben Verträge, die ein Veräußerungsverbot enthalten, keine dingliche Wirkung; der durch ein solches Veräußerungsverbot Belastete kann also ohne Einschränkung verfügen, er macht sich allenfalls schadensersatzpflichtig (vgl S 2). Einzige Ausnahme: Bei der Verfügung über Forderungen kann nach § 399 letzter HS die Verfügungsmöglichkeit mit dinglicher Wirkung ausgeschlossen werden (ebenso bei den § 413 unterfallenden Rechten).

§ 138. Sittenwidriges Rechtsgeschäft; Wucher

(1) **Ein Rechtsgeschäft, das gegen die guten Sitten verstößt, ist nichtig.**

(2) **Nichtig ist insbesondere ein Rechtsgeschäft, durch das jemand unter Ausbeutung der Zwangslage, der Unerfahrenheit, des Mangels an Urteilsvermögen oder der erheblichen Willensschwäche eines anderen sich oder einem Dritten für eine Leistung Vermögensvorteile versprechen oder gewähren lässt, die in einem auffälligen Missverhältnis zu der Leistung stehen.**

1 **1.** Nach der Rspr verstößt ein Rechtsgeschäft gegen die **guten Sitten,** wenn es gegen „das Anstandsgefühl aller billig und gerecht Denkenden" verstößt. Diese Formel ist weiter ausfüllungsbedürftig. Teilweise sind die zu ermittelnden Wertmaßstäbe als rechtsethische Prinzipien in der Rechtsordnung selbst angelegt, insbesondere im Wertsystem des Grundgesetzes, das über § 138 in das Privatrecht einwirkt („mittelbare Drittwirkung von Grundrechten"). Hilfsweise soll es auf sozialethische Prinzipien (vgl *Larenz/Wolf* § 41 Rz 12ff) ankommen, wobei „das Durchschnittsmaß" von Redlichkeit und Anstand zugrunde zu legen ist (BGHZ 10, 228, 232). In einer pluralistischen Gesellschaft wird dies allerdings schwer feststellbar sein. Zurückhaltung ist geboten, insbesondere im sexuellen Bereich (*Jauernig* Rz 7).

2 **2.** Ein **lediglich objektiver Verstoß** gegen die guten Sitten ist möglich, wenn er bereits aus dem **Inhalt** des Rechtsgeschäfts folgt (zB Vertrag über die Verübung eines Verbrechens). Meist ergibt sich die Sittenwidrigkeit indes nur aus dem **Gesamtcharakter** des Rechtsgeschäfts. Dabei sind Motiv und Zweck des Vertrags zu berücksichtigen (sittenwidrig ist zB das sog „Domain-Grabbing", also der Erwerb von mit berühmten Namen und Marken identischen Internet-Adressen, um die Betroffenen später dazu zu veranlassen, eine Übertragungsgebühr für „ihre" Adresse zu zahlen, hierzu LG Frankfurt NJW-RR 1998, 999 mwN). Ebenso können Nebenabreden den sittenwidrigen Gesamtcharakter begründen, und zwar auch dann, wenn sie auf Grund anderer gesetzlicher Bestimmungen (zB §§ 307ff) ohnehin unwirksam sind (BGH NJW 1997, 3372, 3374).

3 **3. Subjektiv** ist idR (vgl oben Rz 2) Kenntnis oder Kennenmüssen der die Sittenwidrigkeit begründenden Umstände erforderlich. Auch wenn das Geschäft objektiv noch nicht anstößig ist (zB der Verkauf von Gift), kann das Motiv oder der Zweck des Geschäfts (Verwendung gegen Menschen geplant) zur Nichtigkeit nach § 138 führen. Das subjektive Element muss bei beiden Parteien vorliegen, wenn sich der Sittenverstoß gegen die Allgemeinheit oder Dritte richtet; richtet er sich gegen den Geschäftsgegner, reicht ein einseitiger Sittenverstoß. Von der Kenntnis der anstößigen Umstände ist das **Bewusstsein der Sittenwidrigkeit** zu unterscheiden, das in keinem Fall erforderlich ist (BGH NJW 1980, 2407, 2408).

4 **4. Maßgebender Zeitpunkt** für die Beurteilung der Sittenwidrigkeit ist nach der Rspr grds die Vornahme des Rechtsgeschäfts. Anerkannte Ausnahme: Aus einem noch nicht abgewickelten Rechtsgeschäft, das erst während seiner Laufzeit sittenwidrig wird, können keine Rechte mehr hergeleitet werden (unzulässige Rechtsausübung, BGH NJW 1983, 2692). Bei Testamenten sollte man grds auf den Zeitpunkt des Erbfalls abstellen (str); denn bei ihnen vergeht häufig längere Zeit zwischen Errichtung und Erbfall, und § 138 will nicht die Gesinnung bestrafen, sondern einen zu missbilligenden Rechtserfolg verhindern.

5. Nichtig ist wegen des Abstraktionsprinzips grds nur das **Verpflichtungsgeschäft,** nicht das Erfüllungsgeschäft. Letzteres ist idR wertneutral. **Ausnahme:** Der Sittenverstoß liegt gerade im Vollzug der Leistung; so können die **Sicherungsabtretung** oder **Sicherungsübereignung** wegen Knebelung oder Kredittäuschung nichtig sein (näher Vor § 398 Rz 18, dort auch zum Problem des Freigabeanspruchs bei Globalzession und Sicherungsübereignung eines Warenlagers). Eine weitere Ausnahme besteht nach **Abs 2:** Das Erfüllungsgeschäft des Bewucherten („gewähren", etwa der Zinsen) ist nichtig, das des Wucherers nach hM dagegen nicht; vielmehr ist es sinnvoll, ihn auf einen Bereicherungsanspruch zu beschränken (näher § 817 Rz 5). 5

6. Fallgruppen im Vertragsrecht. a) Allgemeines. Knebelungsverträge oder Konkurrenzverbote, welche die geschäftliche Handlungsfreiheit übermäßig beschränken (zum Bierlieferungsvertrag über 20 Jahre hinaus s § 139 Rz 3); Ausnutzung wirtschaftlicher Macht, insbesondere einer Monopolstellung; Gläubigerbenachteiligung, die für andere Gläubiger kaum Haftungsobjekte übrig lässt; Kauf eines **Radarwarngeräts** zur Begehung eines nach § 23 I b StVO ordnungswidrigen Verhaltens (BGH NJW 2005, 1490: keine Rückforderung des Kaufpreises wegen § 817 S 2); wucherähnliches Rechtsgeschäft (s unten Rz 9). Ein Vertrag, in dem eine **Wahrsagerin** verspricht, in die Zukunft zu blicken oder die Liebe einer bestimmten Person zu ihrem Kunden zu entfachen, soll ausweislich der Gesetzesbegründung (BT-Drucks 14/6040, S 164) „häufig" nichtig sein, wenn die Wahrsagerin die emotionale **Zwangslage** ihres Kunden ausnutzt, um ein besonders hohes Entgelt zu erzielen (BGH NJW 2011, 756 Nr 21). Ein bereits gezahltes Entgelt kann grds aus § 812 I 1, Fall 1 herausverlangt werden. § 814 steht dem Anspruch nicht entgegen, wenn der Kunde sich verpflichtet fühlte, die Leistung zu entgelten (*Bartels* ZJS 2011, 106, 110). 6

b) Insbesondere Bürgschaften. Die grundrechtliche Gewährleistung der Privatautonomie zwingt bei extremen und typisierbaren Störungen der Vertragsparität zu verfassungsrechtlich gebotenen Korrekturen der Verträge (BVerfGE 89, 214, 232f). Daher nimmt die Rspr bei Bürgschaftsverträgen (oä Mitverpflichtungen) **vermögensloser Familienangehöriger** Sittenwidrigkeit an, wenn sich der Bürge in einem Umfang verpflichtet, der seine gegenwärtigen und künftigen Einkommens- und Vermögensverhältnisse übersteigt, er also auch innerhalb eines längeren Zeitraums ab Fälligkeit der Bürgschaftsforderung voraussichtlich nicht einmal einen Teil der Hauptsumme oder die laufenden Zinsen der Hauptschuld wird aufbringen können (näher hierzu etwa BGHZ 132, 328; zur verzweigten Kasuistik *Schimansky* WM 2002, 2437; *Tonner* JuS 2003, 325). Auf die Bestellung einer **Sicherungsgrundschuld** sind die zur Sittenwidrigkeit einer Bürgschaft entwickelten Grundsätze nicht übertragbar, auch wenn das Grundstück das einzige Vermögensgut des Sicherungsgebers ist. Der Anspruch gegen ihn beschränkt sich auf die Verwertung seines Grundstücks; anders als beim Bürgen kann sich ein grobes Missverhältnis zwischen der übernommenen Zahlungsverpflichtung und der wirtschaftlichen Leistungsfähigkeit daher grds nicht ergeben (BGHZ 152, 147). 7

7. Erb- und Familienrecht. a) Im **Erbrecht** wurde über die Sittenwidrigkeit des sog **Geliebtentestaments** eines verheirateten Erblassers in früheren Jahrzehnten heftig gestritten. Heute gilt es (ebenso wie unentgeltliche Zuwendungen unter Lebenden) allenfalls als sittenwidrig, wenn die Zuwendung ausschließlich der Belohnung oder Förderung der geschlechtlichen Hingabe dient (so im Jahre 1970 BGHZ 53, 369, 376). Wer sich auf die Sittenwidrigkeit der Zuwendung beruft, ist dafür beweispflichtig (BGHZ 53, 369, 379ff); dieser Beweis aber dürfte kaum einmal gelingen. Zuwendungen in einer **nichtehelichen Lebensgemeinschaft,** die auf Dauer angelegt und von innerer Bindung getragen ist, verstoßen regelmäßig nicht gegen die guten Sitten (s Vor § 1353 Rz 3). Nicht sittenwidrig sind auch die sog **Behindertentestamente,** in denen Eltern eines behinderten Kindes durch bestimmte erbrechtliche Instrumente (ua Vor- und Nacherbschaft sowie langfristige Dauertestamentsvollstreckung) ihr Vermögen so weiterleiten, 8 dass Sozialleistungen zugunsten des Kindes nicht geschmälert werden und die Sozialbehörden wegen ihrer Leistungen keine Rückgriffsansprüche erlangen. In Fällen dieser Art wird das im Interesse der Allgemeinheit liegende sozialrechtliche Nachrangprinzip (Subsidiarität der Sozialhilfe) zwar unterlaufen, es wäre aber – so der BGH – zu viel verlangt, von den Eltern zu erwarten, dass sie ihre elterliche Verantwortung, für das Kindeswohl bestmöglich zu sorgen, hinter das Interesse der öffentlichen Hand an einer teilweisen Deckung ihrer Kosten zurücktreten lassen (BGHZ 111, 36, 42; 123, 368, 373f).

9 **b)** Im **Familienrecht** hat Abs 1 im Rahmen der Inhaltskontrolle von Eheverträgen eine erhebliche Bedeutung (s § 1408 Rz 2f). Bei Unterhaltsvereinbarungen wird eine Sittenwidrigkeit auch dann für möglich gehalten, wenn die Ehegatten auf der Ehe beruhende Familienlasten zum Nachteil des Sozialleistungsträgers regeln. Das kann der Fall sein, wenn durch die Unterhaltsabrede bewirkt wird, dass der über den gesetzlichen Unterhalt hinaus zahlungspflichtige Ehegatte finanziell nicht mehr in der Lage ist, seine eigene Existenz zu sichern und deshalb ergänzender Sozialleistungen bedarf (BGHZ 178, 322).

10 **8. Wucher (Abs 2).** Wucher ist nach § 291 StGB, der sich mit § 138 II tatbestandlich deckt, strafbar, so dass ein wucherisches Geschäft bereits nach § 134 nichtig ist. Der Wucher setzt ein **auffälliges Missverhältnis** von Leistung und Gegenleistung voraus. Wann diese Schwelle überschritten ist, folgt aus einer umfassenden Würdigung des Einzelfalls, gemessen an der Marktüblichkeit und den Risiken des Geschäfts. Faustregel für Darlehenszinsen: beim Zweifachen des marktüblichen Zinses greift § 138 II ein. Werden mehrere Geschäfte zu einer wirtschaftlichen Einheit verbunden, so sind die einzelnen Nachteile für die eine Partei zu addieren (Bsp: BGH NJW 1980, 1155: finanzierter Abzahlungskauf mit überhöhtem Kaufpreis und ebensolchen Zinsen). Zusätzlich muss beim Bewucherten eine Zwangslage, Unerfahrenheit oder eines der anderen in Abs 2 genannten Kriterien vorliegen; beim Wucherer ist Vorsatz erforderlich, also Kenntnis des auffälligen Missverhältnisses und bewusstes Ausnutzen der schwierigen Situation des Bewucherten (arg: „unter Ausbeutung"). Fehlt letzteres – wie meist – bleibt Sittenwidrigkeit nach Abs 1 möglich (s sogleich).

11 **9.** Nach st Rspr ist ein **wucherähnliches Geschäft** nach **Abs 1** nichtig, wenn objektiv ein auffälliges Missverhältnis besteht (wie nach Abs 2) und subjektiv der Begünstigte aus verwerflicher Gesinnung gehandelt hat, für die bei einem besonders groben Missverhältnis zwischen Leistung und Gegenleistung eine tatsächliche Vermutung angenommen wird (Erleichterung gegenüber Abs 2). Diese Vermutung kommt nur dann nicht zur Anwendung, wenn sie im Einzelfall durch besondere Umstände erschüttert ist (BGHZ 146, 298, 304f). Bsp: Konsumentenkreditvertrag, bei dem zwischen Vertrags- und Marktzins eine Differenz von mehr als 12% besteht und den der Kreditgeber zwar ohne Vorsatz hinsichtlich der Benachteiligung (Zwangslage usw) des Kreditnehmers abgeschlossen hat, bei dem er aber nicht beweisen kann, dass er sich der Situation des Kreditnehmers nicht leichtfertig verschlossen hat (BGHZ 104, 102, 107). Bei einem Grundstückskauf weit unter dem Wert der Immobilie ist die Vermutung für eine verwerfliche Gesinnung des Käufers erschüttert, wenn sich die Vertragsparteien in sachgerechter Weise um die Ermittlung eines angemessenen Preises bemüht haben, etwa durch ein Verkehrswertgutachten, das sich später als fehlerhaft erweist (BGH NJW 2002, 3165). Die **Rechtsfolgen** des wucherähnlichen Geschäfts richten sich nach Abs 1: Nichtig ist daher grds allein das Verpflichtungsgeschäft, das dingliche Erfüllungsgeschäft dagegen nur dann, wenn der Sittenverstoß gerade im Vollzug der Leistung liegt (BGH NJW 1985, 3006, 3007).

§ 139. Teilnichtigkeit

Ist ein Teil eines Rechtsgeschäfts nichtig, so ist das ganze Rechtsgeschäft nichtig, wenn nicht anzunehmen ist, dass es auch ohne den nichtigen Teil vorgenommen sein würde.

1. Es muss ein **einheitliches Rechtsgeschäft** vorliegen. Entscheidend ist nach der Rspr der nach § 157 zu ermittelnde Einheitlichkeitswille der Parteien zZt der Vornahme des Rechtsgeschäfts. Die Parteien müssen gewollt haben, dass die Rechtsgeschäfte, die möglicherweise äußerlich getrennt sind und verschiedenen Typen angehören (zB Mietvertrag über die Räume und Kauf der Einrichtung), miteinander „stehen und fallen" sollen. 1

Auch **Grund- und Vollzugsgeschäft** können nach der Rspr durch den Parteiwillen zu einer Einheit im Sinne des § 139 zusammengefasst werden. Es müssen dafür aber konkrete Anhaltspunkte vorliegen. Wenn nicht besondere Umstände gegeben sind, die für eine Zusammenfassung sprechen, bleibt es bei der vom Gesetz vorgesehenen Trennung (Abstraktionsprinzip). Enger vielfach das Schrifttum: Das Abstraktionsprinzip ziehe für die Privatautonomie hier idR unüberwindbare Schranken. Zulässig sei nur, dass die Parteien die Gültigkeit des Grundgeschäfts, an der sie zweifeln, zur Bedingung der Wirksamkeit des Erfüllungsgeschäfts machen, sofern dieses nicht – wie die Auflassung (§ 925 II) – überhaupt bedingungsfeindlich ist (zB *Larenz/Wolf* § 45 Rz 9ff; *Baur/Stürner* § 5 Rz 53). 2

2. Das Rechtsgeschäft muss **teilbar** sein, dh der nach Ausschaltung des nichtigen Teils verbleibende Teil muss als selbständiges Rechtsgeschäft bestehen können, so zB bei Nichtigkeit nur von Einzelbestimmungen, bei Teilbarkeit der von beiden Parteien zu erbringenden Leistungen oder bei Beteiligung mehrerer Personen, wenn nur gegenüber einer Person ein Nichtigkeitsgrund vorliegt. Dagegen können **Wuchergeschäfte** grds nicht mit richterlich festgesetzter angemessener Gegenleistung aufrechterhalten werden; denn sonst verlöre § 138 seinen Abschreckungscharakter für den Wucherer, der durch die Korrektur immer wenigstens das bekäme, was gerade noch sittengemäß ist (BGHZ 68, 204); anders aber, soweit das Entgelt normativ zu ermitteln ist, wie beim Mietwucher durch ortsüblichen Mietzins. Bei Sittenwidrigkeit wegen **überlanger Vertragsdauer** greift § 139 nach der Rspr ein; so kann ein Bierbezugsvertrag auf höchstens 20 Jahre begrenzt werden (BGHZ 74, 293, 298), da sich die zeitliche Verkürzung des Vertrags ohne Veränderung seines sonstigen Inhalts ohne weiteres durchführen lässt. 3

3. Rechtsfolge ist nach § 139 idR **Gesamtnichtigkeit,** während viele ausländische Rechte gerade umgekehrt von der Restgültigkeit ausgehen (zB Art 20 II Schweizer OR). Die Norm wird aber von der Rspr und hM im Anschluss an die Motive nur als **Beweislastregel** im Rahmen der bei § 139 stets erforderlichen Prüfung gesehen, ob die Parteien das teilnichtige Geschäft als Ganzes verworfen hätten oder den Rest hätten gelten lassen (BGH NJW 2003, 347). Danach ist grds, dh wenn der wirkliche oder hypothetische Parteiwille nichts anderes ergibt, von der Gesamtnichtigkeit auszugehen, so dass derjenige, der die Teilgültigkeit behauptet, dafür darlegungs- und beweispflichtig ist. Enthält der Vertrag eine **salvatorische Klausel,** nach der er auch ohne einzelne nichtige Bestimmungen wirksam sein soll, so wird dadurch nur die Beweislast umgekehrt: Sie trifft dann denjenigen, der entgegen der Klausel den Vertrag als Ganzen für unwirksam hält. Es kommt somit auch bei Vereinbarung einer salvatorischen Klausel darauf an, welche Bedeutung die nichtige Bestimmung für den Vertrag hat, ob dieser also auch ohne die Bestimmung noch eine sinnvolle und ausgewogene Regelung der beiderseitigen Interessen enthält, so dass anzunehmen ist, er solle nach dem übereinstimmenden Willen beider Beteiligter trotzdem wirksam sein (BGH NJW 2003, 347f). Von einer Gültigkeit des gesamten Vertrags ist ferner auszugehen, wenn der Vertrag ohne den nichtigen Teil dem **hypothetischen Willen** (s § 157 Rz 5) beider Parteien entspricht. Der hypothetische Wille wird durch Abwägung der Interessen ermittelt. So kann in typischer Bewertung der Interessenlage angenommen werden, dass Nichtigkeit der Gerichtsstands- oder Schiedsklausel die Gültigkeit des Hauptvertrags unberührt lässt und umgekehrt die Nichtigkeit des Hauptvertrags doch die Gerichtsstandsabrede bestehen lässt. 4

5 Ferner können **Sinn und Zweck der Nichtigkeitsanordnung** die Aufrechterhaltung des Restgeschäfts gebieten, so bei Verstoß gegen Vorschriften, die den Schutz eines Vertragsteils vor bestimmten Vertragsklauseln bezwecken, ihm das Geschäft im Übrigen aber erhalten wollen (zB § 276 III). In § 306 I wird die Regelung des § 139 ausdrücklich ausgeschaltet; im Erbrecht kehrt § 2085 die Beweislage des § 139 um. Auch nach Treu und Glauben (§ 242) kann die Rechtsfolge des § 139 entfallen; so zB, wenn sich der Werkunternehmer bei einem Werkvertrag mit einer nach § 134 nichtigen „Ohne-Rechnung-Abrede" unter Berufung auf die Nichtigkeit der Abrede auch der Mängelhaftung entziehen will (BGHZ 176, 198). Zur Teilnichtigkeit bei Arbeitsverträgen s Vor § 611 Rz 3.

§ 140. Umdeutung

Entspricht ein nichtiges Rechtsgeschäft den Erfordernissen eines anderen Rechtsgeschäfts, so gilt das letztere, wenn anzunehmen ist, dass dessen Geltung bei Kenntnis der Nichtigkeit gewollt sein würde.

1 Durch Umdeutung (Konversion) in ein **wirksames Ersatzgeschäft** können die erstrebten wirtschaftlichen Folgen eines **nichtigen** Rechtsgeschäfts herbeigeführt werden. Die Vorschrift gilt auch für Rechtsgeschäfte, die zunächst schwebend unwirksam waren und dann (zB gem § 1366 IV) endgültig unwirksam geworden sind (BGHZ 40, 219, 222). Voraussetzungen: Das nichtige Rechtsgeschäft muss die Wirksamkeitserfordernisse des Ersatzgeschäfts erfüllen. Das Ersatzgeschäft darf in seinen rechtlichen Wirkungen nicht weiterreichen als das unwirksame Geschäft. Es muss dem mutmaßlichen Willen der Parteien zum Zeitpunkt der Vornahme des nichtigen Geschäfts entsprechen. Entscheidend hierfür ist, ob die Parteien bei Kenntnis der Nichtigkeit das Ersatzgeschäft im Hinblick auf die von ihnen verfolgten wirtschaftlichen Ziele vernünftigerweise vorgenommen hätten.

§ 141. Bestätigung des nichtigen Rechtsgeschäfts

(1) **Wird ein nichtiges Rechtsgeschäft von demjenigen, welcher es vorgenommen hat, bestätigt, so ist die Bestätigung als erneute Vornahme zu beurteilen.**

(2) **Wird ein nichtiger Vertrag von den Parteien bestätigt, so sind diese im Zweifel verpflichtet, einander zu gewähren, was sie haben würden, wenn der Vertrag von Anfang an gültig gewesen wäre.**

§ 142. Wirkung der Anfechtung

(1) **Wird ein anfechtbares Rechtsgeschäft angefochten, so ist es als von Anfang an nichtig anzusehen.**

(2) **Wer die Anfechtbarkeit kannte oder kennen musste, wird, wenn die Anfechtung erfolgt, so behandelt, wie wenn er die Nichtigkeit des Rechtsgeschäfts gekannt hätte oder hätte kennen müssen.**

1 Ist nur das **Verpflichtungsgeschäft** nichtig, so richtet sich die Rückgewähr nach Bereicherungsrecht; im Falle des Abs 2 gelten §§ 819, 818 IV. Ist auch das **Erfüllungsgeschäft** nichtig, weil es ebenfalls angefochten wurde (vgl § 119 Rz 20, § 123 Rz 9) oder weil es mit dem Verpflichtungsgeschäft nach dem Willen der Parteien eine Einheit bildete, ist die Herausgabeklage nach § 985 gegeben. Hat der Erwerber inzwischen an einen Dritten veräußert, so ist dies die Verfügung eines Nichtberechtigten. Es gelten die Vorschriften über **gutgläubigen Erwerb,** wie § 892 oder § 932. Gegenstand der Bösgläubigkeit ist gemäß Abs 2 die Anfechtbarkeit; bei § 892 schadet nur ihre Kenntnis, bei § 932 auch ihre grob fahrlässige Unkenntnis.

2 Neben den Rückgewähransprüchen können **Schadensersatzansprüche** aus § 122, §§ 280, 311 II (c. i. c.) oder aus § 826 bestehen.

Weiterhin kann § 142 II relevant werden im Fall der angemaßten Geschäftsführung (s § 687 Rz 3). 3

§ 143. Anfechtungserklärung

(1) **Die Anfechtung erfolgt durch Erklärung gegenüber dem Anfechtungsgegner.**

(2) **Anfechtungsgegner ist bei einem Vertrag der andere Teil, im Falle des § 123 Abs. 2 Satz 2 derjenige, welcher aus dem Vertrag unmittelbar ein Recht erworben hat.**

(3) [1]**Bei einem einseitigen Rechtsgeschäft, das einem anderen gegenüber vorzunehmen war, ist der andere der Anfechtungsgegner.** [2]**Das Gleiche gilt bei einem Rechtsgeschäft, das einem anderen oder einer Behörde gegenüber vorzunehmen war, auch dann, wenn das Rechtsgeschäft der Behörde gegenüber vorgenommen worden ist.**

(4) [1]**Bei einem einseitigen Rechtsgeschäft anderer Art ist Anfechtungsgegner jeder, der auf Grund des Rechtsgeschäfts unmittelbar einen rechtlichen Vorteil erlangt hat.** [2]**Die Anfechtung kann jedoch, wenn die Willenserklärung einer Behörde gegenüber abzugeben war, durch Erklärung gegenüber der Behörde erfolgen; die Behörde soll die Anfechtung demjenigen mitteilen, welcher durch das Rechtsgeschäft unmittelbar betroffen worden ist.**

Die Erklärung muss gem §§ 133, 157 erkennen lassen, dass der Anfechtungsberechtigte das Geschäft wegen eines Willensmangels (Abgrenzung zu schlüssiger Rücktrittserklärung) nicht gelten lassen will (BGHZ 88, 240, 245). Das Wort „Anfechtung" muss nicht fallen. Die Rückforderung des Geleisteten oder das Bestreiten der Verpflichtung kann genügen. Es muss aber deutlich werden, auf welche tatsächlichen Gründe die Anfechtung gestützt wird. 1

§ 144. Bestätigung des anfechtbaren Rechtsgeschäfts

(1) **Die Anfechtung ist ausgeschlossen, wenn das anfechtbare Rechtsgeschäft von dem Anfechtungsberechtigten bestätigt wird.**

(2) **Die Bestätigung bedarf nicht der für das Rechtsgeschäft bestimmten Form.**

Die Bestätigung ist ein Verzicht auf das Anfechtungsrecht, der durch WE erfolgt, die in Kenntnis oder im Bewusstsein der Anfechtungsmöglichkeit abgegeben wird. Die WE ist nicht empfangsbedürftig, dh sie braucht nicht gegenüber dem Anfechtungsgegner erklärt zu sein (str; anders zB *Larenz/Wolf* § 44 Rz 28). Die Bestätigung kann auch durch schlüssiges Verhalten erfolgen, jedoch stellt die Rspr insofern wegen der weitreichenden Verzichtswirkung strenge Anforderungen: Das Verhalten muss eindeutiger Ausdruck des Bestätigungswillens sein, und jede andere Deutungsmöglichkeit muss ausscheiden (BGHZ 110, 220, 222). So können die Entgegennahme der Leistung (etwa der Gebrauch einer Mietsache) und die Erbringung der Gegenleistung Bestätigungen sein, aber nicht, wenn sie allein aus wirtschaftlicher Notwendigkeit oder zur Abwendung größerer Nachteile erfolgen (zB nur bis zur Beschaffung einer Ersatzsache, vgl BGH NJW-RR 1992, 779). 1

Titel 3. Vertrag

Vor § 145

1. Verträge kommen durch **Angebot** und **Annahme** zustande. Die Willenserklärungen müssen sich decken. Ob dies der Fall ist, muss ggf durch Auslegung ermittelt 1 werden. Dabei kommt es auf den **objektivierten Empfängerhorizont** an (§ 133 Rz 4). Fehlt die Deckung, so liegt Dissens vor (§§ 154, 155). Ein Vertrag kommt nicht zustande, bevor sich die Parteien nicht über die Hauptpunkte des Geschäfts („essentialia negotii", zB Ware und Preis) geeinigt haben.

2 **2.** Nach der Lehre vom **sozialtypischen Verhalten** soll im modernen Massenverkehr (Straßenbahn- oder Parkplatzbenutzung) und bei der Daseinsvorsorge (Wasser, Gas, Elektrizität) allein die tatsächliche Inanspruchnahme der Leistung als Annahme gelten und ein Vertragsverhältnis entstehen lassen („faktischer Vertrag"). Der BGH hat diese Lehre im „Hamburger Parkplatzfall" übernommen und erklärt, das Benutzen einer jedem offen stehenden gebührenpflichtigen Parkfläche lasse ein Vertragsverhältnis entstehen, nicht weil diese rechtliche Folge des tatsächlichen Handelns gewollt oder gar erklärt sei, sondern weil sie nach allgemeiner Verkehrsauffassung unzweifelhaft damit verbunden sei (BGHZ 21, 319; s jüngst BGH NJW-RR 2011, 409 zum Versorgungsvertrag). Im Schrifttum wird diese Rspr überwiegend abgelehnt (*Medicus/Petersen* Rz 190f; jetzt auch *Larenz/Wolf* § 30 Rz 25). In der Tat braucht man die Lehre vom sozialtypischen Verhalten nicht, da in der Inanspruchnahme der Leistung in der Regel eine konkludente, nicht empfangsbedürftige WE (vgl § 151) erblickt werden kann. Der volljährige Parkplatzbenutzer muss die verkehrsmäßige Bedeutung seines Verhaltens gegen sich gelten lassen, selbst wenn er erklärt, er wolle nicht zahlen **(protestatio facto contraria).** Einen Minderjährigen durch sein bloßes Verhalten vertraglich zu binden, verstößt gegen den Minderjährigenschutz des BGB; gegen ihn kommt ein Bereicherungsanspruch (§ 812) und ggf ein Schadensersatzanspruch in Betracht (§§ 823, 828 III, 829), wenn keine (konkludent mögliche) Einwilligung oder Generaleinwilligung des gesetzlichen Vertreters anzunehmen ist (vgl *Winkler von Mohrenfels* JuS 1987, 692).

3 **3.** Es besteht grds **keine Verpflichtung** zur Annahme eines Angebots (Abschlussfreiheit als Teil der Vertragsfreiheit). Ein sog **Kontrahierungszwang** (Abschlusszwang) ist allerdings in einigen Spezialgesetzen vorgesehen (zB § 20 EnergieWiG, § 22 PersBefG, § 5 PflVersG, §§ 48, 49 BRAO). Inwieweit darüber hinaus aus allgemeinen Rechtsgrundsätzen ausnahmsweise eine Verpflichtung zum Vertragsschluss hergeleitet werden kann, ist im Einzelnen umstritten (vgl *MüKo-Kramer* Rz 13ff). Ausschlaggebend dürfte sein, ob die nachgefragten Güter oder Dienstleistungen von **lebenswichtiger Bedeutung** sind (worunter auch kulturelle Angebote fallen können) und für den Kunden keine zumutbare Ausweichmöglichkeit besteht. Letzteres ist vor allem bei einer **Monopolstellung** des in Anspruch genommenen Unternehmens der Fall.

§ 145. Bindung an den Antrag

Wer einem anderen die Schließung eines Vertrags anträgt, ist an den Antrag gebunden, es sei denn, dass er die Gebundenheit ausgeschlossen hat.

1 **1. Begriff.** Der Antrag muss inhaltlich so **bestimmt** oder so bestimmbar (§§ 133, 157, 315ff) sein, dass die Annahme durch ein einfaches Ja erfolgen kann (*Palandt-Ellenberger* Rz 1). Außerdem ist grds der **Wille zu einer rechtlichen Bindung** erforderlich. Dadurch unterscheidet sich der Antrag von der **Aufforderung zur Abgabe von Angeboten** (invitatio ad offerendum). Die Abgrenzung im Einzelnen ist eine Frage der Auslegung, die sich nach dem Empfängerhorizont richtet (§ 133 Rz 4). Bei einer Internet-Auktion ist in der Freischaltung der Angebotsseite, in welcher der Verkäufer erklärt, er nehme bereits jetzt das höchste, wirksam abgegebene Kaufangebot an, eine wirksame Willenserklärung und nicht nur eine invitatio ad offerendum zu sehen (BGHZ 149, 129, 134f). Verlautbarungen an die Allgemeinheit – Kataloge, Zeitungsanzeigen, Preislisten, Plakate, Schaufensterauslagen – sind idR keine Angebote, da der „Anbieter" sonst durch eine Überzahl von Verträgen in Schwierigkeiten kom-

men könnte. Dagegen wird das Aufstellen von Automaten meist als echtes Angebot (an jedermann – ad incertas personas) betrachtet, das durch den Geldeinwurf angenommen wird (anders mit guten Gründen *Medicus* AT Rz 362).

2. Die **Bindung,** von der § 145 spricht, tritt erst mit Zugang des Angebots ein (§ 130 I 2). Die Bindungswirkung kann gemäß HS 2 ausgeschlossen werden. Werden **Freiklauseln** verwendet – wie „freibleibend", „ohne Obligo", „unverbindlich" – so bedeuten sie (Auslegung, § 133) nach der Rspr idR nicht Ausschluss der Bindungswirkung gem § 145; denn die Bindung könnte nur über den Zugang hinaus (§ 130 I 2) bis zur Annahme ausgeschlossen werden, und der Antragende wäre gebunden, wenn der Partner besonders schnell die Annahme erklärt. Vielmehr liegt meist nur eine invitatio ad offerendum vor. Der „Antragende" muss also seinerseits noch die Annahme erklären, jedoch gilt sein Schweigen hier nach Treu und Glauben ausnahmsweise als Zustimmung (s Vor § 116 Rz 9). Insbesondere beschränkte Freiklauseln, wie „Preise freibleibend", „Lieferungsmöglichkeit vorbehalten" können auch so aufzufassen sein, dass ein Vertrag fest angeboten, die Klausel aber Vertragsinhalt werden soll, so dass der Verkäufer – je nach Auslegung im Einzelfall – den Preis anpassen oder vom Vertrag zurücktreten und ein neues Angebot zu höherem Preis unterbreiten kann. 2

§ 146. Erlöschen des Antrags

Der Antrag erlischt, wenn er dem Antragenden gegenüber abgelehnt oder wenn er nicht diesem gegenüber nach den §§ 147 bis 149 rechtzeitig angenommen wird.

§ 147. Annahmefrist

(1) [1]**Der einem Anwesenden gemachte Antrag kann nur sofort angenommen werden.** [2]**Dies gilt auch von einem mittels Fernsprechers oder einer sonstigen technischen Einrichtung von Person zu Person gemachten Antrag.**

(2) **Der einem Abwesenden gemachte Antrag kann nur bis zu dem Zeitpunkt angenommen werden, in welchem der Antragende den Eingang der Antwort unter regelmäßigen Umständen erwarten darf.**

1. Annahme ist einseitige, empfangsbedürftige WE. Der Vertrag kommt grds mit ihrem Zugang zustande. Empfangsbedürftigkeit entfällt gem §§ 151, 152. **Inhalt:** Vorbehaltlose Bejahung des Antrags; andernfalls § 150 II. Die Annahme kann auch durch **schlüssiges Verhalten** geschehen, soweit sie nicht formbedürftig ist, also etwa durch Entgegennahme der angebotenen oder Bewirken der eigenen Leistung (vgl § 151). Bloßes **Schweigen** gilt nur ausnahmsweise als Annahme (s Vor § 116 Rz 4 ff). 1

2. Die Annahme muss **rechtzeitig** erfolgen, dh mangels Fristsetzung (§ 148) unter Anwesenden sofort (Abs 1), unter Abwesenden bis zu dem Zeitpunkt, in dem der Antragende den Eingang der Antwort unter regelmäßigen Umständen erwarten darf (Abs 2). Der Annehmende muss idR das **gleiche Erklärungsmittel** verwenden wie der Antragende; auf einen Eilbrief gehört ein Eilbrief etc (Grundsatz der Korrespondenz der Erklärungsmittel). Auch bei finanzierten und beurkundungsbedürftigen Verträgen (zB Grundstückskauf) kann der Zugang der Annahmeerklärung regelmäßig innerhalb eines Zeitraums von vier Wochen erwartet werden; eine längere Bindungsfrist in AGB verstößt gegen § 308 Nr 1 (BGH NJW 2010, 2873). **Verspätete Annahme:** §§ 149, 150 I. 2

§ 148. Bestimmung einer Annahmefrist

Hat der Antragende für die Annahme des Antrags eine Frist bestimmt, so kann die Annahme nur innerhalb der Frist erfolgen.

§ 149. Verspätet zugegangene Annahmeerklärung

[1]Ist eine dem Antragenden verspätet zugegangene Annahmeerklärung dergestalt abgesendet worden, dass sie bei regelmäßiger Beförderung ihm rechtzeitig zugegangen sein würde, und musste der Antragende dies erkennen, so hat er die Verspätung dem Annehmenden unverzüglich nach dem Empfang der Erklärung anzuzeigen, sofern es nicht schon vorher geschehen ist. [2]Verzögert er die Absendung der Anzeige, so gilt die Annahme als nicht verspätet.

§ 150. Verspätete und abändernde Annahme

(1) **Die verspätete Annahme eines Antrags gilt als neuer Antrag.**

(2) **Eine Annahme unter Erweiterungen, Einschränkungen oder sonstigen Änderungen gilt als Ablehnung verbunden mit einem neuen Antrag.**

1 **1.** Die **verspätete Annahme nach Abs. 1** lässt keinen Vertrag zustande kommen; schweigt jedoch der ursprünglich Antragende auf die als neues Angebot geltende verspätete Annahme, muss er sich sein **Schweigen** nach Treu und Glauben als Annahme zurechnen lassen, wenn die Voraussetzungen des § 149 S 1 vorliegen (s Vor § 116 Rz 9).

2 **2. a) Verhältnis des Abs 2 zu §§ 154, 155.** Abs 2 behandelt die Fälle, in denen ein offener oder versteckter Einigungsmangel (Dissens) dazu führt, dass der Vertrag nach den Auslegungsregeln der §§ 154, 155 ganz oder teilweise nicht zustande kommt. Es ist also zuerst zu prüfen, ob die Zweifelsregelung zu Lasten eines Vertragsschlusses beim offenen Dissens (§ 154) nicht widerlegt ist oder ob beim versteckten Dissens nach § 155 ein Vertragsschluss vorliegt. Nur für die Verhandlungspunkte, über die nach Anwendung der §§ 154, 155 keine Einigung feststellbar ist, bestimmt § 150 II, dass sie als neues Angebot gelten. Bei einem partiellen Dissens können § 150 II und §§ 154, 155 also nebeneinander zur Anwendung kommen. Bsp: V will 10 Stück verkaufen, K erklärt den Kauf von 15 Stück. Nach §§ 154, 155 kommt ein Vertrag über 10 Stück zustande, wenn deutlich wird, dass K auch für eine geringere Menge Verwendung hat. Hinsichtlich der restlichen 5 Stück gilt § 150 II.

3 **b)** Problematisch ist, ob § 150 II auch im Fall **kollidierender AGB** gilt. Wollen beide Parteien nur zu den eigenen AGB abschließen, so würde eine Anwendung des Abs 2 bewirken, dass der Vertrag nach den zuletzt in Bezug genommenen AGB durch vorbehaltlose Leistungsannahme der anderen Seite zustande kommt **(„Theorie des letzten Wortes“).** Indessen kann in der vorbehaltlosen Leistungsannahme, insbesondere wenn sie von einer „Abwehrklausel“ des Annehmenden begleitet wird (Bsp: „Fremde AGB bedürfen schriftlicher Anerkennung“), keine Zustimmung zur Geltung der AGB des Lieferanten gesehen werden. Die regelmäßig erfolgte Vertragsdurchführung zeigt aber, dass die Parteien trotz des Einigungsmangels hinsichtlich der AGB am Vertrag festhalten wollen. Also liegt nur **partieller Dissens** vor, der „Zweifel“ iSd § 154 ist ausgeräumt, der Vertrag kommt zu keiner der widerstreitenden AGB, sondern nach dispositivem Recht zustande (so die hM; im Ergebnis auch BGHZ 61, 282). Zu erwägen ist aber, ob die AGB nicht insoweit Vertragsinhalt werden sollen, als sie sich nicht widersprechen, der Gegenseite günstig sind oder sich nicht auf den Schuldvertrag beziehen (wie zB der dinglich einseitig erklärbare Eigentumsvorbehalt; vgl *Medicus/Petersen* Rz 75).

§ 151. Annahme ohne Erklärung gegenüber dem Antragenden

[1]Der Vertrag kommt durch die Annahme des Antrags zustande, ohne dass die Annahme dem Antragenden gegenüber erklärt zu werden braucht, wenn eine solche Erklärung nach der Verkehrssitte nicht zu erwarten ist oder der Antragende auf sie verzichtet hat. [2]Der Zeitpunkt, in welchem der Antrag erlischt,

bestimmt sich nach dem aus dem Antrag oder den Umständen zu entnehmenden Willen des Antragenden.

Die Bestimmung entbindet vom Erfordernis einer Annahmeerklärung **gegenüber dem Anbietenden,** namentlich vom Zugangserfordernis, jedoch nicht von der Annahmeerklärung selbst (hM; anders *Schwarze* AcP 2002, 607). Im Übrigen sind die Vorschriften über WE anzuwenden, insbesondere ist Anfechtung bei Willensmängeln zulässig. 1

Wenn **nach der Verkehrssitte** nicht mehr zu erwarten ist, lässt § 151 eine nach außen unzweideutig in Erscheinung tretende Willensäußerung genügen, zB Absenden der bestellten Ware. Dadurch kommt der Vertrag zustande. Ein Versandhauskauf ist also nicht erst mit Zugang der Ware geschlossen, sondern schon mit ihrer Absendung; allerdings ist § 447, wonach Transportschäden zu Lasten des Käufers gehen, auf einen Verbrauchsgüterkauf gem § 474 II nicht anzuwenden. Einschränkungen des § 151 gelten bei der einem Verbraucher unbestellt zugesandten Ware (s § 241 a Rz 4). 2

Ein **Verzicht** des Anbietenden auf das Erfordernis einer Annahmeerklärung liegt insbesondere in den Fällen vor, in denen der Schuldner einer Forderung seinem Gläubiger einen Verrechnungsscheck über einen Teilbetrag der Forderung zukommen lässt verbunden mit der Erklärung, dass der Gläubiger mit der Einreichung des Schecks dem Schuldner die Forderung in restlicher Höhe erlässt. Löst der Gläubiger den Scheck ein, ohne der Erklärung des Schuldners zu widersprechen, so liegt darin aber dann keine Annahme des Angebots zum Abschluss eines Erlassvertrags, wenn sonstige Umstände auf das Fehlen eines Annahmewillens schließen lassen (BGHZ 111, 97, 102). Letzteres ist nahe liegend, wenn die geschuldete Summe den vom Schuldner angebotenen Betrag erheblich überschreitet **(„Erlassfalle“).** 3

§ 152. Annahme bei notarieller Beurkundung

[1]Wird ein Vertrag notariell beurkundet, ohne dass beide Teile gleichzeitig anwesend sind, so kommt der Vertrag mit der nach § 128 erfolgten Beurkundung der Annahme zustande, wenn nicht ein anderes bestimmt ist. [2]Die Vorschrift des § 151 Satz 2 findet Anwendung.

§ 153. Tod oder Geschäftsunfähigkeit des Antragenden

Das Zustandekommen des Vertrags wird nicht dadurch gehindert, dass der Antragende vor der Annahme stirbt oder geschäftsunfähig wird, es sei denn, dass ein anderer Wille des Antragenden anzunehmen ist.

Die Vorschrift ergänzt den § 130 II (Zugangsfähigkeit) durch eine Regelung über die **Annahmefähigkeit** eines Vertragsangebots. Ein anderer Wille des Antragenden ist idR bei Bestellungen zum persönlichen Bedarf anzunehmen. Dem Antragsempfänger ist dann das negative Interesse zu ersetzen (§ 122 analog). 1

§ 154. Offener Einigungsmangel; fehlende Beurkundung

(1) **[1]Solange nicht die Parteien sich über alle Punkte eines Vertrags geeinigt haben, über die nach der Erklärung auch nur einer Partei eine Vereinbarung getroffen werden soll, ist im Zweifel der Vertrag nicht geschlossen. [2]Die Verständigung über einzelne Punkte ist auch dann nicht bindend, wenn eine Aufzeichnung stattgefunden hat.**

(2) **Ist eine Beurkundung des beabsichtigten Vertrags verabredet worden, so ist im Zweifel der Vertrag nicht geschlossen, bis die Beurkundung erfolgt ist.**

Beurkundung im Sinne von Abs 2 ist auch die Errichtung einer privatschriftlichen Urkunde. Haben die Parteien also ausdrücklich oder konkludent Schriftform verein- 1 bart, so kommt der Vertrag im Zweifel erst durch Unterzeichnung gem §§ 126, 127 zustande.

§ 155. Versteckter Einigungsmangel

Haben sich die Parteien bei einem Vertrag, den sie als geschlossen ansehen, über einen Punkt, über den eine Vereinbarung getroffen werden sollte, in Wirklichkeit nicht geeinigt, so gilt das Vereinbarte, sofern anzunehmen ist, dass der Vertrag auch ohne eine Bestimmung über diesen Punkt geschlossen sein würde.

1 **1.** In **Abgrenzung zum Irrtum,** bei dem sich Wille und Erklärung nicht decken, stimmen beim **Dissens** die Erklärungen der Parteien nicht überein. Die Abgrenzung ist schwierig, weil nur die Auslegung (§§ 133, 157) unter Würdigung aller Umstände darüber entscheiden kann, ob die Erklärungen sich decken (dann Anfechtung nach § 119) oder ob sie sich nicht decken (dann versteckter Dissens). Bsp: Einigen sich ein Amerikaner und ein Kanadier in Hamburg auf einen Kaufpreis in Dollar und meint jeder die Währung seines Landes, so kann mangels weiterer Anhaltspunkte Dissens anzunehmen sein; anders wenn die Umstände (zB Vertragsschluss in Toronto, Höhe des Kaufpreises) auf kanadische Dollar hindeuten; dann kann der Amerikaner anfechten.

2 **2.** Eine Aufrechterhaltung des Vertrags nach § 155 ist nicht möglich, wenn sich der Dissens auf Hauptpunkte **(essentialia negotii)** des Vertrags bezieht; hier kann nach allgemeinen Grundsätzen (s Vor § 145 Rz 1) kein Vertrag zustande kommen. Sofern nach § 155 der Vertrag ganz oder teilweise nicht zustande kommt, greift § 150 II ein (s dort Rz 2).

3 **3.** Hat eine Partei den Dissens **verschuldet** (zB durch eine mehrdeutige Formulierung), so haftet sie nach hM auf Ersatz des **Vertrauensschadens.** Während das RG im „Weinsteinsäurefall" (RGZ 104, 265, 267) die Ersatzpflicht noch mit einer analogen Anwendung des § 122 begründete, nimmt man heute eine (ggf nach § 254 zu mindernde) Haftung aus c.i.c. an (vgl §§ 280, 311 II), nämlich einen schuldhaften Verstoß gegen die Pflicht, durch klare Ausdrucksweise eine Irreführung des Vertragspartners zu vermeiden (so *Medicus* AT Rz 439). Ein Teil der Lit lehnt demgegenüber im Bereich des Dissenses eine Prüfung des Verschuldens und eine Schadensersatzpflicht ganz ab (zB *MüKo-Kramer* Rz 16 mwN).

§ 156. Vertragsschluss bei Versteigerung

[1]Bei einer Versteigerung kommt der Vertrag erst durch den Zuschlag zustande. [2]Ein Gebot erlischt, wenn ein Übergebot abgegeben oder die Versteigerung ohne Erteilung des Zuschlags geschlossen wird.

§ 157. Auslegung von Verträgen

Verträge sind so auszulegen, wie Treu und Glauben mit Rücksicht auf die Verkehrssitte es erfordern.

1 **1.** Die Vorschrift gilt entgegen ihrem Wortlaut nicht nur für Verträge, sondern auch für einzelne empfangsbedürftige Willenserklärungen (s § 133 Rz 4).

2 **2. Ergänzende Vertragsauslegung** setzt eine Lücke im Vertrag voraus.

3 **a)** Eine **Lücke** beruht idR darauf, dass die Parteien an einen Punkt nicht gedacht haben; sie kann aber auch darauf zurückzuführen sein, dass sie einen Punkt nicht für regelungsbedürftig hielten. Keine Lücke besteht dagegen, wenn die Regelung nach dem Willen der Parteien bewusst abschließend sein sollte oder wenn die einfache Auslegung (§ 133) das Gewollte ergibt; die Grenze zur ergänzenden Vertragsauslegung ist freilich fließend.

4 **b) Dispositives Gesetzesrecht** geht der ergänzenden Vertragsauslegung idR vor; denn sonst könnte es seine Funktion nicht erfüllen, die Masse der Fälle gleichmäßig zu

regeln und dadurch die Rechtssicherheit zu erhöhen. Dagegen ist insbesondere bei atypischen Verträgen, bei denen das dispositive Recht der Interessenlage nicht entspricht, weil sie Besonderheiten aufweisen, Raum für eine ergänzende Vertragsauslegung.

c) Für die **Lückenfüllung** gilt § 157. Maßgebend ist, was die Parteien dann, wenn ihnen die Vertragslücke bewusst gewesen wäre, unter Berücksichtigung von Treu und Glauben damals vereinbart hätten. Das erfordert eine umfassende Prüfung des im Vertrag und in den Begleitumständen zutagegetretenen Parteiwillens. Man spricht vom „hypothetischen Parteiwillen", der aber nicht als rein subjektives Kriterium verstanden werden darf. Entscheidend ist nämlich nicht, was jede Partei nur unter Berücksichtigung ihres eigenen Interesses für einen solchen Fall vermutlich gewollt hätte, sondern was beide Parteien bei redlicher Denkweise als einen gerechten Interessenausgleich akzeptiert hätten. Insbesondere kann die ergänzende Vertragsauslegung nicht den Vertragsgegenstand erweitern und so einer Partei etwas verschaffen, was sie hat erreichen wollen, aber nicht erzielt oder vergessen hat (vgl BGHZ 77, 304). Die ergänzende Auslegung muss sich innerhalb des tatsächlich gegebenen Rahmens der getroffenen Vereinbarung halten. Sie scheidet daher aus, wenn sie eine über den Vertragsinhalt hinausgehende Bindung begründen würde (BGHZ 16, 77). Sie kommt ferner nicht in Betracht, wenn die Lücke in verschiedener Weise geschlossen werden kann und keine Anhaltspunkte dafür bestehen, für welche Alternative sich die Parteien entschieden hätten (BGHZ 90, 80). **5**

Titel 4. Bedingung und Zeitbestimmung

Vor §§ 158–163

1. Durch das Einfügen einer Bedingung werden die Rechtswirkungen des Rechtsgeschäfts von einem zukünftigen **ungewissen** Ereignis abhängig gemacht; bei der Befristung (§ 163) ist dagegen ein zukünftiges gewisses Ereignis für den Beginn oder das Ende der Rechtswirkungen maßgebend. Aufschiebende Bedingungen (Suspensivbedingungen, **§ 158 I**) knüpfen den Eintritt, auflösende Bedingungen (Resolutivbedingungen, **§ 158 II**) den Fortbestand der Rechtswirkungen an das zukünftige Ereignis an. Zu beachten ist die **Bedingungsfeindlichkeit** mancher Rechtsgeschäfte (zB Auflassung, § 925 II; Eheschließung, § 1311 S 2; einseitige Gestaltungsgeschäfte wie Anfechtung, Rücktritt). Zulässig sind allerdings auch in einigen dieser Fälle die sog Potestativbedingungen, bei denen der Eintritt der Bedingung auf den Willen eines der Beteiligten zurückgeht (s § 119 Rz 3, § 2065 Rz 1). **1**

2. Die **§§ 160–162** dienen dem Schutz des durch die Bedingung Begünstigten. Zwischenverfügungen des Rechtsinhabers werden mit Bedingungseintritt unwirksam, soweit sie die Rechte des Erwerbers beeinträchtigen (§ 161 I, II); dies gilt nicht, wenn der Zwischenerwerber hinsichtlich der Verfügungsmacht des Rechtsinhabers gutgläubig war (§ 161 III). Näher *Medicus/Petersen* Rz 462. Nach § 161 I 2 schützt die aufschiebend bedingte Übertragung auch gegen Maßnahmen der Zwangsvollstreckung. **2**

§ 158. Aufschiebende und auflösende Bedingung

(1) **Wird ein Rechtsgeschäft unter einer aufschiebenden Bedingung vorgenommen, so tritt die von der Bedingung abhängig gemachte Wirkung mit dem Eintritt der Bedingung ein.**

(2) **Wird ein Rechtsgeschäft unter einer auflösenden Bedingung vorgenommen, so endigt mit dem Eintritt der Bedingung die Wirkung des Rechtsgeschäfts; mit diesem Zeitpunkt tritt der frühere Rechtszustand wieder ein.**

§ 159. Rückbeziehung

Sollen nach dem Inhalt des Rechtsgeschäfts die an den Eintritt der Bedingung geknüpften Folgen auf einen früheren Zeitpunkt zurückbezogen werden, so sind im Falle des Eintritts der Bedingung die Beteiligten verpflichtet, einander zu gewähren, was sie haben würden, wenn die Folgen in dem früheren Zeitpunkt eingetreten wären.

§ 160. Haftung während der Schwebezeit

(1) Wer unter einer aufschiebenden Bedingung berechtigt ist, kann im Falle des Eintritts der Bedingung Schadensersatz von dem anderen Teil verlangen, wenn dieser während der Schwebezeit das von der Bedingung abhängige Recht durch sein Verschulden vereitelt oder beeinträchtigt.

(2) Den gleichen Anspruch hat unter denselben Voraussetzungen bei einem unter einer auflösenden Bedingung vorgenommenen Rechtsgeschäft derjenige, zu dessen Gunsten der frühere Rechtszustand wieder eintritt.

§ 161. Unwirksamkeit von Verfügungen während der Schwebezeit

(1) [1]Hat jemand unter einer aufschiebenden Bedingung über einen Gegenstand verfügt, so ist jede weitere Verfügung, die er während der Schwebezeit über den Gegenstand trifft, im Falle des Eintritts der Bedingung insoweit unwirksam, als sie die von der Bedingung abhängige Wirkung vereiteln oder beeinträchtigen würde. [2]Einer solchen Verfügung steht eine Verfügung gleich, die während der Schwebezeit im Wege der Zwangsvollstreckung oder der Arrestvollziehung oder durch den Insolvenzverwalter erfolgt.

(2) Dasselbe gilt bei einer auflösenden Bedingung von den Verfügungen desjenigen, dessen Recht mit dem Eintritt der Bedingung endigt.

(3) Die Vorschriften zugunsten derjenigen, welche Rechte von einem Nichtberechtigten herleiten, finden entsprechende Anwendung.

§ 162. Verhinderung oder Herbeiführung des Bedingungseintritts

(1) Wird der Eintritt der Bedingung von der Partei, zu deren Nachteil er gereichen würde, wider Treu und Glauben verhindert, so gilt die Bedingung als eingetreten.

(2) Wird der Eintritt der Bedingung von der Partei, zu deren Vorteil er gereicht, wider Treu und Glauben herbeigeführt, so gilt der Eintritt als nicht erfolgt.

§ 163. Zeitbestimmung

Ist für die Wirkung eines Rechtsgeschäfts bei dessen Vornahme ein Anfangs- oder ein Endtermin bestimmt worden, so finden im ersteren Falle die für die aufschiebende, im letzteren Falle die für die auflösende Bedingung geltenden Vorschriften der §§ 158, 160, 161 entsprechende Anwendung.

Titel 5. Vertretung und Vollmacht

§ 164. Wirkung der Erklärung des Vertreters

(1) [1]Eine Willenserklärung, die jemand innerhalb der ihm zustehenden Vertretungsmacht im Namen des Vertretenen abgibt, wirkt unmittelbar für und gegen den Vertretenen. [2]Es macht keinen Unterschied, ob die Erklärung ausdrücklich im Namen des Vertretenen erfolgt oder ob die Umstände ergeben, dass sie in dessen Namen erfolgen soll.

(2) **Tritt der Wille, in fremdem Namen zu handeln, nicht erkennbar hervor, so kommt der Mangel des Willens, im eigenen Namen zu handeln, nicht in Betracht.**

(3) **Die Vorschriften des Absatzes 1 finden entsprechende Anwendung, wenn eine gegenüber einem anderen abzugebende Willenserklärung dessen Vertreter gegenüber erfolgt.**

I. Voraussetzungen der Stellvertretung

1. Abgabe einer **eigenen WE des Vertreters** bzw Empfang einer fremden WE durch ihn (Abgrenzung zum Boten, vgl unten Rz 2); 1

2. im fremden Namen (unten Rz 9);

3. mit **Vertretungsmacht.**

a) Sie kann durch Rechtsgeschäft erteilt werden (Vollmacht, vgl § 167), sich aus dem Gesetz ergeben (Bsp: Eltern § 1629; vgl auch die „Schlüsselgewalt", § 1357), aus der Verfassung juristischer Personen (organschaftliche Vertretung) oder aus einer gerichtlichen Bestellung (Vormund, Pfleger).

b) Beschränkungen der Vertretungsmacht folgen aus § 181 (Insichgeschäft), §§ 1629 II, 1795 (Beschränkung der gesetzlichen Vertretung bei Geschäften mit Verwandten) und §§ 1643 I, 1821, 1822 (familiengerichtliche Genehmigung bei bestimmten Geschäften mit vermuteter Interessenkollision).

4. Zulässigkeit der Stellvertretung. Gesetzliche Vertretungsverbote zB Eheschließung § 1311 S 1, Anfechtung der Vaterschaft § 1600a I, letztwillige Verfügungen §§ 2064, 2274.

II. Abgrenzungen

1. a) Aktive Stellvertretung (Abs 1). Der **Bote** gibt keine eigene WE ab, sondern übermittelt nur eine fremde. Ob jemand aktiver Stellvertreter oder Bote ist, entscheidet nicht das Innenverhältnis, sondern das erkennbare Auftreten gegenüber dem Dritten (BGHZ 12, 327, 334). Spielt sich ein Bote als Vertreter auf, gelten § 164 I bzw §§ 177ff. Tritt ein Vertreter nur als Bote auf, so ist seine Erklärung dem Auftraggeber zuzurechnen, wenn sie vom Auftrag gedeckt ist; sonst gilt § 179 entsprechend. **b) Passive Stellvertretung (Abs 3).** Bei der passiven Stellvertretung kommt es für die Abgrenzung eines Stellvertreters vom Boten darauf an, ob der Stellvertreter selbst Adressat der Erklärung ist. Ist die Erklärung an den Hintermann gerichtet, ist der Mittelsmann Bote. 2

Anders als der Stellvertreter (vgl § 165) kann der Bote auch geschäftsunfähig gem § 104 sein; für die Kenntnis oder das Kennenmüssen bestimmter Umstände kommt es auf den Geschäftsherrn an (anders § 166). 3

2. Der **mittelbare Stellvertreter** handelt nicht im fremden, sondern im eigenen Namen, aber ebenfalls im Interesse eines anderen. Die mittelbare Stellvertretung ist im BGB nicht geregelt. Das HGB regelt die Sonderformen des Kommissions- und Speditionsgeschäfts (§§ 383ff, 453ff HGB). Der mittelbare Vertreter wird allein berechtigt und verpflichtet. Der Ausgleich erfolgt über das Innenverhältnis, zB § 670 BGB. **Strohmänner** sind mittelbare Stellvertreter, die im Interesse eines Hintermannes tätig werden, der das Geschäft aus rechtlichen oder tatsächlichen Gründen selbst nicht vornehmen kann (zB mangels Bereitschaft des Dritten, das Geschäft mit dem Hintermann abzuschließen) oder will. 4

3. Beim **Handeln unter fremdem Namen** tritt der Handelnde nicht im Namen eines anderen, sondern als ein anderer auf. Aus objektivierter Sicht des Geschäftsgegners (Auslegung; vgl § 133 Rz 4) ist zwischen Namens- und Identitätstäuschung zu unterscheiden: 5

6 **a)** Bei der **Identitätstäuschung** verbindet der Geschäftsgegner mit dem vom Handelnden verwandten Namen bestimmte Vorstellungen, die für den Abschluss des konkreten Geschäfts von Bedeutung sind. Bsp: Müller bestellt im überfüllten Hotel des H ein Zimmer unter dem Namen des berühmten Schauspielers S; H lässt daraufhin ein weiteres Zimmer herrichten. Rechtsfolge: die §§ 164ff, 177, 179 finden zumindest entsprechende Anwendung. Genehmigt S nicht (und bezieht das Zimmer selbst), so haftet Müller dem H aus § 179. Weiteres Bsp ist die Nutzung eines fremden eBay-Mitgliedskontos (BGH ZIP 2011, 1108); zur Rechtsscheinsvollmacht in dieser Konstellation s § 167 Rz 9.

7 **b)** Bei einer bloßen **Namenstäuschung** ist dem Geschäftsgegner gleichgültig, mit wem er abschließt (Bsp: Müller bucht das Hotelzimmer als Schulze); es entsteht ein Eigengeschäft des Handelnden; §§ 164ff kommen nicht in Betracht.

8 **4.** Bei der **Treuhand** erhält der Treuhänder vom Treugeber eine (dingliche) Rechtsposition, die er nach Maßgabe des Treuhandvertrags zu verwalten hat. Bsp: Sicherungsübereignung und -zession, Sicherungsgrundschuld, Inkassozession.

III. Offenheitsgrundsatz

9 **1.** Grds entscheidet der Empfängerhorizont des Dritten, ob wirksame Stellvertretung vorliegt. Der Vertreter muss **gemäß Abs 2 erkennbar im Namen des Vertretenen** handeln; sonst wird er selbst verpflichtet und kann gem § 164 II auch nicht anfechten, wenn er über diese Konsequenz im Irrtum war. Tritt der Handelnde nach außen im fremden Namen auf, will er aber in Wahrheit für sich selbst abschließen, so wird allein der Vertretene berechtigt und verpflichtet (BGHZ 36, 30, 33). Denn der geheime Vorbehalt, die nach außen erkennbar gewordene Stellvertretung nicht zu wollen, ist unbeachtlich (vgl § 116 S 1). Str ist aber, ob der Stellvertreter die im fremden Namen abgegebene Willenserklärung anfechten kann, etwa um einer Haftung aus § 179 zu entgehen. Der BGH (BGHZ 36, 30, 33f) hält die Anfechtung für unzulässig und wendet zur Begründung § 164 II umgekehrt an. Indessen ist § 164 II eine Ausnahmevorschrift und verfehlt bei umgekehrter Anwendung ihren Zweck, Verwirrungen zwischen unmittelbarer und mittelbarer Stellvertretung zu vermeiden (*MüKo-Schramm* Rz 65).

10 Aus den Umständen **(Abs 1 S 2)** ergibt sich Stellvertretung regelmäßig bei **unternehmensbezogenen** Geschäften. Bei diesen gilt eine Auslegungsregel, wonach Willenserklärungen im Zweifel im Namen des Unternehmensträgers abgegeben worden sind bzw diesem gegenüber wirksam werden. Unrichtige Vorstellungen des Dritten darüber, wer Unternehmensträger ist, sind unschädlich. Unter bestimmten Umständen kommt eine gesamtschuldnerische Rechtsscheinshaftung des Handelnden neben dem Unternehmensträger in Betracht (zum Ganzen ausführlich BGH NJW 1990, 2678 mwN).

11 **2. Ausnahme: Geschäft für den, den es angeht.** Bei Bargeschäften des täglichen Lebens, bei denen dem Dritten die Person des Vertragspartners gleichgültig ist, kommt das Geschäft, ohne dass die Vertretung dem Vertragspartner gegenüber offengelegt wurde, mit dem zustande, den es angeht. Denn der Dritte, den der Offenheitsgrundsatz schützen soll, ist hier nicht schutzbedürftig. Insbesondere wird der Hintermann, sofern er auch Besitz erhält (etwa durch ein Besitzmittlungsverhältnis mit dem Handelnden), sofort Eigentümer – ohne Durchgangseigentum des Handelnden (vgl *Medicus/Petersen* Rz 90). Für die Frage, wer Geschäftsherr ist, wird teilweise auf den inneren Willen des Handelnden abgestellt, zunehmend jedoch objektive Bestimmbarkeit gefordert (s zB *Larenz/Wolf* § 46 Rz 44; *MüKo-Schramm* Rz 55).

§ 165. Beschränkt geschäftsfähiger Vertreter

Die Wirksamkeit einer von oder gegenüber einem Vertreter abgegebenen Willenserklärung wird nicht dadurch beeinträchtigt, dass der Vertreter in der Geschäftsfähigkeit beschränkt ist.

§ 166. Willensmängel; Wissenszurechnung

(1) **Soweit die rechtlichen Folgen einer Willenserklärung durch Willensmängel oder durch die Kenntnis oder das Kennenmüssen gewisser Umstände beeinflusst werden, kommt nicht die Person des Vertretenen, sondern die des Vertreters in Betracht.**

(2) [1]**Hat im Falle einer durch Rechtsgeschäft erteilten Vertretungsmacht (Vollmacht) der Vertreter nach bestimmten Weisungen des Vollmachtgebers gehandelt, so kann sich dieser in Ansehung solcher Umstände, die er selbst kannte, nicht auf die Unkenntnis des Vertreters berufen.** [2]**Dasselbe gilt von Umständen, die der Vollmachtgeber kennen musste, sofern das Kennenmüssen der Kenntnis gleichsteht.**

1. Persönlicher Anwendungsbereich: rechtsgeschäftlich bestellte und gesetzliche **Vertreter,** Organe einer juristischen Person; vollmachtloser Vertreter bei Genehmigung des Geschäfts nach § 177 I. Soweit Abs 1 die Zurechnung von Kenntnissen betrifft, gilt er auch für **Verhandlungsgehilfen,** die nicht nur intern beraten haben, sondern extern bei der Vorbereitung eines Geschäfts tätig geworden sind, es mangels Vollmacht aber nicht selbst abgeschlossen haben, zB Vermittlungsagenten des Handelsrechts oder als Vermittler auftretende Reisebüros (BGHZ 82, 219, 221 f). 1

2. Auch der **sachliche Anwendungsbereich** erfährt Erweiterungen. Die Vorschrift enthält den allgemeinen Rechtsgedanken, dass derjenige, der einen andern mit der Erledigung bestimmter Angelegenheiten in eigener Verantwortung betraut, sich das in diesem Rahmen erlangte Wissen des andern zurechnen lassen muss, auch wenn die Voraussetzungen einer rechtsgeschäftlichen Stellvertretung – wie beim Verhandlungsgehilfen (oben Rz 1) – nicht vorliegen (BGHZ 83, 293, 296). So kann nach hM dem Besitzer bei § 990 die Bösgläubigkeit des Besitzdieners beim Besitz fremder Gegenstände (und nicht bei „den rechtlichen Folgen einer WE", § 166 I) unter Umständen zugerechnet werden (s § 990 Rz 2). 2

3. Beispiele, in denen es gemäß **Abs 1** für die **Kenntnis oder das Kennenmüssen** (vgl zum Begriff § 122 II) auf die Person des Vertreters ankommt, bilden nach der Rspr etwa die subjektiven Voraussetzungen des § 138, der gutgläubige Erwerb in §§ 892, 932 oder die Kenntnis von Sachmängeln in § 442 I 1 (*Palandt-Ellenberger* Rz 4). 3

4. Willensmängel werden nur in Abs 1 angesprochen. Danach soll auf die Person des Vertreters (nicht des Vertretenen) abgestellt werden, weil die Willensentscheidung zum Vertragsschluss regelmäßig vom Vertreter ausgeht. Handelt der Vertreter jedoch weisungsgebunden, so beruht der Entschluss zu dem Geschäft ausnahmsweise auf einer Willensentscheidung des Vertretenen; die ratio des Abs 1 trifft nicht zu, sondern die des Abs 2 (der Willensmängel freilich nicht erwähnt). Abs 2 ist deshalb analog anzuwenden. So gestattet der BGH in Analogie zu Abs 2 dem Vertretenen, der vom Geschäftsgegner arglistig getäuscht wurde und daraufhin dem nichtsahnenden Vertreter die Weisung zum Abschluss des Geschäfts erteilt, eine Anfechtung dieses Geschäfts nach § 123 (BGHZ 51, 141, 144 ff). Die Lit stimmt dem mit Recht überwiegend zu (zB *Larenz/Wolf* § 46 Rz 112; *Medicus* AT Rz 902), obwohl Abs 2 eigentlich nicht den Schutz des Vertretenen, sondern den des Geschäftsgegners bezweckt (der hier aber nicht schutzwürdig ist). 4

§ 167. Erteilung der Vollmacht

(1) **Die Erteilung der Vollmacht erfolgt durch Erklärung gegenüber dem zu Bevollmächtigenden oder dem Dritten, dem gegenüber die Vertretung stattfinden soll.**

(2) **Die Erklärung bedarf nicht der Form, welche für das Rechtsgeschäft bestimmt ist, auf das sich die Vollmacht bezieht.**

I. Rechtsgeschäftliche Vertretungsmacht (Vollmacht)

1 **1.** Man unterscheidet nach der Art und Weise ihrer **Erteilung** zwischen Innenvollmacht (Abs 1 Fall 1; Beendigung: §§ 168, 169) und Aussenvollmacht (Abs 1 Fall 2; Beendigung: § 170). Nach dem **Umfang** der Vollmacht sind zu unterscheiden: Spezialvollmacht für ein bestimmtes Rechtsgeschäft, Gattungsvollmacht für eine bestimmte Art von Rechtsgeschäften und Generalvollmacht für alle Rechtsgeschäfte, bei denen eine Vertretung zulässig ist. Bei einigen Vollmachten des Handelsrechts ist der Umfang gesetzlich festgelegt (so bei Prokura und Handlungsvollmacht, §§ 49, 54 HGB).

2 **2. Anfechtung** von Innen- und Außenvollmacht, die beide WE sind, ist grds möglich (Wirkung §§ 177, 179). Vor Gebrauch der Vollmacht ist dies unstreitig, jedoch wegen der jederzeitigen Widerrufsmöglichkeit bedeutungslos (§ 168 S 2). Nach Gebrauch der Vollmacht wird die Anfechtung teilweise aus Gründen des Verkehrsschutzes für unzulässig gehalten. Indes werden die Interessen des Vertragspartners durch § 122 ausreichend geschützt; allerdings muss die Anfechtung einer schon betätigten Innenvollmacht in Abweichung von § 143 II 1 durch Erklärung jedenfalls auch gegenüber dem Geschäftsgegner (und nicht nur gegenüber dem Bevollmächtigten) erfolgen, weil mit der Anfechtung in der Sache das Vertretergeschäft angegriffen wird (*Medicus* AT Rz 945; aA *Larenz/Wolf* § 47 Rz 35 mwN).

3 **3. Form der Vollmacht.** Die Vollmacht bedarf nach Abs 2 nicht der für das Rechtsgeschäft bestimmten Form. Daher kann der Käufer oder Verkäufer eines Grundstücks trotz § 311b I eine Vollmacht privatschriftlich oder sogar mündlich erteilen. Eine Ausnahme bildet die unwiderrufliche Vollmacht; ihre Erteilung bedarf der notariellen Beurkundung, da sie bereits eine bindende Verpflichtung zur Veräußerung oder zum Erwerb des Grundstücks begründet (s § 311b Rz 2). Von der materiellen Wirksamkeit zu unterscheiden ist die Frage, ob die privatschriftliche oder mündlich erteilte Vollmacht für die grundbuchliche Abwicklung – dh in formeller Hinsicht – ausreicht. Das formelle Grundbuchrecht verlangt nach § 29 GBO öffentlich beglaubigte (§ 129) Bewilligungen als Eintragungsgrundlage. Daher muss die mündliche oder privatschriftliche Erteilung einer Vollmacht zum Erwerb eines Grundstücks im Nachgang zur Beurkundung nochmals in notariell beglaubigter (nicht: beurkundeter) Form bestätigt werden. In einigen Ausnahmefällen sieht das Gesetz für die Vollmachtserteilung selbst materielle Formvorschriften vor, so etwa die Schriftform (vgl zB §§ 492 IV, 1904 V, 1906 V) oder notarielle Beglaubigung (so zB § 1945 III 1 oder im Gesellschaftsrecht § 2 II GmbHG und § 23 I 2 AktG).

4 **4. Vollmacht und Grundverhältnis.** Die Vollmacht betrifft das Außenverhältnis zwischen Vollmachtgeber und Drittem, das Grundverhältnis das Innenverhältnis zwischen Vollmachtgeber und Bevollmächtigtem. Das deutsche Recht „abstrahiert“ die Bevollmächtigung als einseitiges Rechtsgeschäft von dem Vertragsverhältnis, das den Bevollmächtigten verpflichtet, für den Vollmachtgeber tätig zu werden **(Abstraktionsprinzip).** Folge: Ein Mangel im Innenverhältnis schlägt nicht ohne weiteres auf die Vollmacht durch; Handeln im Rahmen der Vertretungsmacht wirkt gegenüber dem Vertretenen, auch wenn der Vertreter gegen Pflichten aus dem Innenverhältnis verstoßen hat. Nur vereinzelt verknüpft das Gesetz Vollmacht und Grundverhältnis, so in § 168 S 1. Macht der Vollmachtgeber dem Bevollmächtigten bestimmte Vorgaben für die Ausübung der Vollmacht, ist somit stets zu prüfen, ob es sich um eine Beschränkung der Reichweite im Außenverhältnis oder nur um eine Anweisung im Innenverhältnis handelt.

5. Missbrauch der Vertretungsmacht. In Ausnahmefällen ist die durch das Abstraktionsprinzip bewirkte Begünstigung des Dritten, der sich um Verletzungen des Grundverhältnisses durch den Vertreter grds nicht zu kümmern braucht, nicht gerechtfertigt. Voraussetzung dafür ist zunächst ein Auseinanderfallen der Befugnisse des Vertreters im Innen- und im Außenverhältnis. Sodann sind zwei Fallgruppen zu unterscheiden: Wirken Vertreter und Dritter bei der Überschreitung der Pflichten aus dem Innenverhältnis bewusst zum Nachteil des Vertretenen zusammen **(Kollusion),** wird dieser nicht gebunden. Auch unterhalb der Schwelle eines kollusiven Zusammenwirkens kann der Vertretene schon dann den Einwand unzulässiger Rechtsausübung erheben, wenn der Vertreter von seiner Vertretungsmacht in ersichtlich verdächtiger Weise Gebrauch gemacht hat, so dass beim Dritten begründete Zweifel entstehen mussten, ob nicht ein Treueverstoß des Vertreters vorliege (**objektive Evidenz des Missbrauchs,** BGH NJW 1999, 2883). Nach neuerer Rspr ist auch bei der gesetzlich festgelegten Vertretungsmacht des Handels- und Gesellschaftsrechts (zB GmbH-Geschäftsführer, Prokurist) nicht zwingend erforderlich, dass der Vertreter bewusst zum Nachteil des Vertretenen gehandelt hat (BGH NJW 2006, 2776, insoweit klarstellend zu BGHZ 50, 112, 114, str). Hat der Vertretene eine zumutbare Kontrolle des Vertreters unterlassen, so soll eine Verteilung der entstandenen Nachteile entsprechend § 254 erfolgen (BGHZ 50, 112, 115; krit *Medicus/Petersen* Rz 118). Auf den Missbrauch der Vertretungsmacht hält die hM die §§ 177ff für entsprechend anwendbar (s etwa *MüKo-Schramm* § 164 Rz 111). 5

II. Vertretungsmacht kraft Rechtsschein

1. Grundstruktur. In einigen Fällen kann der Vertretene an Erklärungen eines Vertreters ohne Vertretungsmacht gebunden sein, wenn die Vorraussetzungen einer Rechtsscheinshaftung vorliegen (Vertrauensschutz). Für **jede Rechtsscheinshaftung** (vgl zB §§ 932, 892) gilt dabei die folgende Grundstruktur: 6

a) Tatsächlicher **Rechtsschein**.
b) **Zurechenbarkeit** des Rechtsscheins..
c) **Kausalität** für die Dispositionen des Dritten.
d) **Gutgläubigkeit**.

2. Gesetzliche Rechtsscheinstatbestände finden sich in §§ 170–172. **Kundgemachte Innenvollmacht** (§§ 171 I, 172 I); Beendigung: §§ 171 II, 172 II. Die Kundmachung ist keine Willens-, sondern Wissenserklärung, die durch ihre Rechtsscheinswirkung (§§ 171 II, 172 II) funktionell einer Außenvollmacht gleichsteht. Ebenso wie jene ist die kundgemachte Innenvollmacht anfechtbar, da ihr Rechtsschein nicht stärker wirken kann als eine wirkliche Außenvollmacht (hM; *Medicus* AT Rz 947; *MüKo-Schramm* § 171 Rz 8). Eine **Vollmachtsurkunde** ist nur dann iSv § 172 I „ausgehändigt", wenn das Original (bei notariellen Urkunden: die Ausfertigung, § 47 BeurkG) vorgelegt wird; die Vorlage einer Kopie oder auch einer beglaubigten Abschrift genügt nicht. Grund: Der Vollmachtgeber muss die Möglichkeit haben, durch Rückforderung des Originals die Rechtsscheinswirkung nach § 172 II zu zerstören; ob der Bevollmächtigte sich seinerseits Kopien oder beglaubigte Abschriften des Originals hat erstellen lassen, kann der Vollmachtgeber nicht kontrollieren. Einer **„abhandengekommenen Vollmachtsurkunde"** kommt die Rechtsscheinswirkung des § 172 I nicht zu, da es an einer willentlichen Aushändigung fehlt. Ist der Dritte schutzbedürftig und trifft den Geschäftsherrn ein Schuldvorwurf oder muss er sich das Verschulden des Vertreters zurechnen lassen, kommt ein Schadensersatzanspruch nach §§ 311 II, 241 II, 280 I in Betracht (*MüKo-Schramm* § 172 Rz 5). 7

3. Duldungsvollmacht. a) Voraussetzungen. aa) Rechtsschein: Auftreten von gewisser Dauer und Häufigkeit im Namen des Geschäftsherrn. bb) Zurechenbarkeit: Geschäftsherr ist geschäftsfähig, kennt und duldet dieses Verhalten. cc) Kausalität: Dis- 8 position im Vertrauen auf den Rechtsschein. dd) Gutgläubigkeit: keine Bösgläubigkeit beim Geschäftsgegner (entsprechend § 173). **b) Rechtsnatur:** nach hM Rechtsscheinsvollmacht (s *Larenz/Wolf* § 48 Rz 23), nach aA konkludent erklärte rechtsgeschäftliche Vollmacht (zB *Medicus/Petersen* Rz 98ff; eingehend *Merkt* AcP 2004, 638). Die dogmatische Streitfrage hat freilich nur geringe praktische Bedeutung, wenn man auch bei Annahme einer Rechtsscheinshaftung eine Anfechtung (wegen „Irrtums über die Konkludenz des Handelns") grds zulässt (s dazu Rz 10).

9 **4. Anscheinsvollmacht. a) Voraussetzungen.** Wie Duldungsvollmacht, jedoch weiß der Geschäftsherr nichts von der unbefugten Vertretung, hätte sie aber erkennen und verhindern können (Zurechnungstatbestand ist weiter; ansonsten wie Rz 8). Dieser Zurechnungstatbestand wird nicht schon dadurch erfüllt, dass der Inhaber eines eBay-Mitgliedskontos seine Zugangsdaten nicht hinreichend vor dem Zugriff Dritter schützt (BGH ZIP 2011, 1108). **b) Rechtsfolge:** Die Einordnung als Rechtsscheinstatbestand ist unstreitig. Problematisch ist aber die Rechtsfolge: nach hM wird der Geschäftsherr primär verpflichtet, und zwar auf Erfüllung, ggf auf das Erfüllungsinteresse (*Palandt-Ellenberger* § 172 Rz 11, 17); der Anscheinsvertreter haftet nicht aus § 179 (BGHZ 86, 273). Nach der Gegenansicht begründet das schuldhafte Setzen eines Rechtsscheins keine Primärverpflichtungen, sondern nur Schadensersatzansprüche aus c.i.c. (§§ 280, 311 II) gegen den Geschäftsherrn auf Ersatz des Vertrauensinteresses und (wahlweise) aus § 179 gegen den Vertreter (*Medicus/Petersen* Rz 100f), da es wertungsmäßig widersprüchlich sei, den unbewusst vollmachtlos handelnden Vertreter nur auf das negative Interesse haften zu lassen (vgl § 179 Rz 4), den Vertretenen ohne Kenntnis von seinem Vertreter jedoch auf Erfüllung.

10 **5. Anfechtbarkeit.** Die Vertretungsmacht kraft Rechtsschein kann nicht aus dem Grund angefochten werden, dass der Vertretene keinen Rechtsschein setzen wollte und nicht wusste, dass durch den Rechtsschein Vertretungsmacht begründet wird. Allerdings kann sie angefochten werden, wenn eine entsprechende Vollmacht nach §§ 119, 123 anfechtbar wäre, da eine Rechtsscheinvollmacht den Vertretenen nicht stärker binden soll als eine tatsächliche Vollmacht.

§ 168. Erlöschen der Vollmacht

[1]Das Erlöschen der Vollmacht bestimmt sich nach dem ihrer Erteilung zugrunde liegenden Rechtsverhältnis. [2]Die Vollmacht ist auch bei dem Fortbestehen des Rechtsverhältnisses widerruflich, sofern sich nicht aus diesem ein anderes ergibt. [3]Auf die Erklärung des Widerrufs findet die Vorschrift des § 167 Abs. 1 entsprechende Anwendung.

1 **1.** Das Erlöschen der Vollmacht richtet sich maßgeblich nach dem Inhalt der Vollmacht selbst. Weitere Gründe für ein Erlöschen: **a) Grundverhältnis** (§ 168 S 1). **b) Befristung** (§§ 158 II, 163). **c) Auflösende Bedingung** (§ 158 II).

2 **2.** Aus S 2 ergibt sich die Möglichkeit der Erteilung einer unwiderruflichen Vollmacht. Ausgeschlossen wird dadurch allerdings nur der freie Widerruf; der Widerruf aus wichtigem Grund bleibt weiterhin möglich. Str sind die Anforderungen an den Ausschluss des Widerrufs. Die hM fordert einen Vertrag (BGH NJW 88, 2603; *Palandt-Ellenberger* § 168 Rz 6), wohingegen von einem Teil der Literatur vorgebracht wird, dass dieses Erfordernis zum Schutz des Vollmachtgebers ungeeignet sei und sich aus § 168 nicht ablesen lasse (*MüKo-Schramm* § 168 Rz 20). Allerdings existieren Grenzen der Unwiderruflichkeit, da der Vollmachtgeber sich ansonsten völlig der Fremdbestimmung unterwerfen würde (*MüKo-Schramm* § 168 Rz 21), so dass ein rechtfertigender Grund für den Ausschluss vorliegen muss. Ein solcher liegt nicht vor, wenn die Vollmacht ausschließlich dem Interesse des Vollmachtgebers dient.

§ 169. Vollmacht des Beauftragten und des geschäftsführenden Gesellschafters

Soweit nach den §§ 674, 729 die erloschene Vollmacht eines Beauftragten oder eines geschäftsführenden Gesellschafters als fortbestehend gilt, wirkt sie nicht zugunsten eines Dritten, der bei der Vornahme eines Rechtsgeschäfts das Erlöschen kennt oder kennen muss.

§ 170. Wirkungsdauer der Vollmacht

Wird die Vollmacht durch Erklärung gegenüber einem Dritten erteilt, so bleibt sie diesem gegenüber in Kraft, bis ihm das Erlöschen von dem Vollmachtgeber angezeigt wird.

§ 171. Wirkungsdauer bei Kundgebung

(1) Hat jemand durch besondere Mitteilung an einen Dritten oder durch öffentliche Bekanntmachung kundgegeben, dass er einen anderen bevollmächtigt habe, so ist dieser auf Grund der Kundgebung im ersteren Falle dem Dritten gegenüber, im letzteren Falle jedem Dritten gegenüber zur Vertretung befugt.

(2) Die Vertretungsmacht bleibt bestehen, bis die Kundgebung in derselben Weise, wie sie erfolgt ist, widerrufen wird.

§ 172. Vollmachtsurkunde

(1) Der besonderen Mitteilung einer Bevollmächtigung durch den Vollmachtgeber steht es gleich, wenn dieser dem Vertreter eine Vollmachtsurkunde ausgehändigt hat und der Vertreter sie dem Dritten vorlegt.

(2) Die Vertretungsmacht bleibt bestehen, bis die Vollmachtsurkunde dem Vollmachtgeber zurückgegeben oder für kraftlos erklärt wird.

§ 173. Wirkungsdauer bei Kenntnis und fahrlässiger Unkenntnis

Die Vorschriften des § 170, des § 171 Abs. 2 und des § 172 Abs. 2 finden keine Anwendung, wenn der Dritte das Erlöschen der Vertretungsmacht bei der Vornahme des Rechtsgeschäfts kennt oder kennen muss.

§ 174. Einseitiges Rechtsgeschäft eines Bevollmächtigten

[1] Ein einseitiges Rechtsgeschäft, das ein Bevollmächtigter einem anderen gegenüber vornimmt, ist unwirksam, wenn der Bevollmächtigte eine Vollmachtsurkunde nicht vorlegt und der andere das Rechtsgeschäft aus diesem Grunde unverzüglich zurückweist. [2] Die Zurückweisung ist ausgeschlossen, wenn der Vollmachtgeber den anderen von der Bevollmächtigung in Kenntnis gesetzt hatte.

§ 175. Rückgabe der Vollmachtsurkunde

Nach dem Erlöschen der Vollmacht hat der Bevollmächtigte die Vollmachtsurkunde dem Vollmachtgeber zurückzugeben; ein Zurückbehaltungsrecht steht ihm nicht zu.

§ 176. Kraftloserklärung der Vollmachtsurkunde

(1) [1] Der Vollmachtgeber kann die Vollmachtsurkunde durch eine öffentliche Bekanntmachung für kraftlos erklären; die Kraftloserklärung muss nach den für die öffentliche Zustellung einer Ladung geltenden Vorschriften der Zivilprozessordnung veröffentlicht werden. [2] Mit dem Ablauf eines Monats nach der letzten Einrückung in die öffentlichen Blätter wird die Kraftloserklärung wirksam.

(2) **Zuständig für die Bewilligung der Veröffentlichung ist sowohl das Amtsgericht, in dessen Bezirk der Vollmachtgeber seinen allgemeinen Gerichtsstand hat, als das Amtsgericht, welches für die Klage auf Rückgabe der Urkunde, abgesehen von dem Wert des Streitgegenstands, zuständig sein würde.**

(3) **Die Kraftloserklärung ist unwirksam, wenn der Vollmachtgeber die Vollmacht nicht widerrufen kann.**

§ 177. Vertragsschluss durch Vertreter ohne Vertretungsmacht

(1) **Schließt jemand ohne Vertretungsmacht im Namen eines anderen einen Vertrag, so hängt die Wirksamkeit des Vertrags für und gegen den Vertretenen von dessen Genehmigung ab.**

(2) [1]**Fordert der andere Teil den Vertretenen zur Erklärung über die Genehmigung auf, so kann die Erklärung nur ihm gegenüber erfolgen; eine vor der Aufforderung dem Vertreter gegenüber erklärte Genehmigung oder Verweigerung der Genehmigung wird unwirksam.** [2]**Die Genehmigung kann nur bis zum Ablaufe von zwei Wochen nach dem Empfang der Aufforderung erklärt werden; wird sie nicht erklärt, so gilt sie als verweigert.**

1 **1. Anwendungsbereich der §§ 177 ff:** Vertretungsmacht war nicht oder nicht wirksam erteilt oder durch Anfechtung oder Widerruf erloschen; die Vertretungsmacht wurde überschritten oder missbraucht (s § 167 Rz 5). Entsprechende Anwendung, wenn ein Bote ohne Auftrag handelt oder bewusst eine andere als die aufgetragene Erklärung abgibt (s § 120 Rz 2), ferner bei Handeln für eine noch nicht bestehende juristische Person oder Handelsgesellschaft (BGHZ 91, 148, 152). Nach der Rspr keine Anwendung, wenn Duldungs- oder Anscheinsvollmacht vorliegt (s § 167 Rz 8 f); ferner auch nicht bei Haftungsbeschränkung nach § 1629 a.

2 **2. Unterscheide** Vertretung ohne Vertretungsmacht **(Außenverhältnis)** von GoA **(Innenverhältnis).** Bei berechtigter GoA hat der Geschäftsführer gem §§ 683, 670 Anspruch auf Aufwendungsersatz, nicht aber auf Genehmigung des Geschäfts. Dem Geschäftsführer nach §§ 679, 680 steht in deren Rahmen gesetzliche Vertretungsmacht zu (str; s *Palandt-Ellenberger* Rz 4).

3 **3.** Zur **Genehmigung** s §§ 182 ff. Sie kann auch durch schlüssiges Handeln erfolgen. Voraussetzung ist nach st Rspr, dass sich der Genehmigende der schwebenden Unwirksamkeit des Vertrags bewusst ist oder mit ihr rechnet.

§ 178. Widerrufsrecht des anderen Teils

[1]**Bis zur Genehmigung des Vertrags ist der andere Teil zum Widerruf berechtigt, es sei denn, dass er den Mangel der Vertretungsmacht bei dem Abschluss des Vertrags gekannt hat.** [2]**Der Widerruf kann auch dem Vertreter gegenüber erklärt werden.**

§ 179. Haftung des Vertreters ohne Vertretungsmacht

(1) **Wer als Vertreter einen Vertrag geschlossen hat, ist, sofern er nicht seine Vertretungsmacht nachweist, dem anderen Teil nach dessen Wahl zur Erfüllung oder zum Schadensersatz verpflichtet, wenn der Vertretene die Genehmigung des Vertrags verweigert.**

(2) **Hat der Vertreter den Mangel der Vertretungsmacht nicht gekannt, so ist er nur zum Ersatz desjenigen Schadens verpflichtet, welchen der andere Teil dadurch erleidet, dass er auf die Vertretungsmacht vertraut, jedoch nicht über den Betrag des Interesses hinaus, welches der andere Teil an der Wirksamkeit des Vertrags hat.**

(3) [1]**Der Vertreter haftet nicht, wenn der andere Teil den Mangel der Vertretungsmacht kannte oder kennen musste.** [2]**Der Vertreter haftet auch dann nicht, wenn er in der Geschäftsfähigkeit beschränkt war, es sei denn, dass er mit Zustimmung seines gesetzlichen Vertreters gehandelt hat.**

1. Grundgedanke: Gesetzliche Haftung des „falsus procurator" für veranlasstes und enttäuschtes Vertrauen (BGHZ 73, 266, 269). 1

2. Anwendungsbereich s § 177 Rz 1. Ein Untervertreter haftet für Mängel der Untervollmacht. Mängel der Hauptvollmacht werden ihm nicht zugerechnet, sofern er klargestellt hat, dass er seine Vollmacht von einem Hauptvertreter ableitet (BGHZ 68, 391, 394). 2

3. Wahlrecht s § 263. **a)** Wählt der Vertragspartner **Erfüllung,** so hat der vollmachtlose Vertreter ihm das zu gewähren, was er bei Wirksamkeit des Vertrags von dem Vertretenen hätte fordern können. Das Erfüllungsverlangen macht den Vertreter nicht zur Vertragspartei, gibt ihm insbesondere keinen Erfüllungsanspruch, wohl aber die Rechte aus §§ 320ff. Der Vertreter haftet wie eine Vertragspartei nach § 280. **b)** Der **Schadensersatzanspruch** umfasst das **Erfüllungsinteresse** und richtet sich auf Geldersatz. Der Vertragspartner ist so zu stellen, wie er stünde, wenn das Rechtsgeschäft für den Vertretenen wirksam geworden und erfüllt worden wäre. 3

4. Kannte der Vertreter den Mangel der Vertretungsmacht nicht, haftet er nach Abs 2 zwar nicht auf das Erfüllungsinteresse, wohl aber auf das **negative Interesse** (s § 122 Rz 2). Hingegen ist nach Abs 3 S 1 jede Haftung des vollmachtlosen Vertreters ausgeschlossen, wenn der **Vertragspartner** die fehlende Vertretungsmacht **kannte oder kennen musste.** Dafür reicht es aus, dass der Vertragspartner vom Fehlen der Vertretungsmacht weiß; ein Irrtum hinsichtlich der hierfür maßgeblichen Gründe ist unbeachtlich. Auch wenn ein vollmachtloser Vertreter im Namen eines nicht existierenden Rechtsträgers handelt, ist seine Haftung bereits dann ausgeschlossen, wenn der Vertragspartner Kenntnis von der vollmachtlosen Vertretung hat; nicht erforderlich ist, dass der Vertragspartner darüber hinaus auch von dem Nichtbestehen des Rechtsträgers weiß (BGHZ 178, 307). 4

5. Haftung des Vertretenen aus c.i.c. (§§ 280 I, 311 II) möglich: aus eigenem Verschulden (zB mangelhafte Überwachung des Vertreters) oder Verschulden des Vertreters, sofern der Vertretene ihn zum Verhandlungsgehilfen bestellt hatte (§ 278). 5

6. Zur **Haftung aus c.i.c. des Vertreters mit Vertretungsmacht,** der in besonderem Maße persönliches Vertrauen des Geschäftsgegners in Anspruch nimmt, s § 311 III. 6

§ 180. Einseitiges Rechtsgeschäft

[1]**Bei einem einseitigen Rechtsgeschäft ist Vertretung ohne Vertretungsmacht unzulässig.** [2]**Hat jedoch derjenige, welchem gegenüber ein solches Rechtsgeschäft vorzunehmen war, die von dem Vertreter behauptete Vertretungsmacht bei der Vornahme des Rechtsgeschäfts nicht beanstandet oder ist er damit einverstanden gewesen, dass der Vertreter ohne Vertretungsmacht handele, so finden die Vorschriften über Verträge entsprechende Anwendung.** [3]**Das Gleiche gilt, wenn ein einseitiges Rechtsgeschäft gegenüber einem Vertreter ohne Vertretungsmacht mit dessen Einverständnis vorgenommen wird.**

§ 181. Insichgeschäft

Ein Vertreter kann, soweit nicht ein anderes ihm gestattet ist, im Namen des Vertretenen mit sich im eigenen Namen oder als Vertreter eines Dritten ein Rechtsgeschäft nicht vornehmen, es sei denn, dass das Rechtsgeschäft ausschließlich in der Erfüllung einer Verbindlichkeit besteht.

1 **1. Grundgedanke:** Wenn ein Vertreter (gewillkürter oder gesetzlicher, auch: Testamentsvollstrecker) ein Rechtsgeschäft mit sich selbst (Selbstkontrahieren) oder mit einem von ihm vertretenen Dritten (Mehrvertretung) abschließt, besteht die Gefahr einer Interessenkollision. Für die Anwendbarkeit des § 181 ist ein Interessenwiderstreit aber nicht ausreichend. Vielmehr stellt die Vorschrift im Interesse der Klarheit und Sicherheit des Rechtsverkehrs auf das formale Kriterium der Personenidentität ab. Deshalb kommt es für die Anwendung des § 181 nach st Rspr grds auf die äußere Art der Vornahme des Rechtsgeschäfts an (BGHZ 77, 7, 9). Das schließt freilich nicht aus, für die tatbestandliche Abgrenzung in bestimmten Fällen das gesetzgeberische Motiv – die Abwehr einer Interessenkollision – zu berücksichtigen. Zwei Fallgruppen sind zu unterscheiden (näher *Jauernig* Rz 6ff):

2 **a) Personenidentität ohne Interessenkollision.** § 181 ist unanwendbar, sofern für einen bestimmten Bereich (und nicht nur im Einzelfall) ein Interessenwiderstreit undenkbar ist. Das ist der Fall, wenn ein Geschäft dem Vertretenen lediglich rechtlichen Vorteil bringt – entsprechend der Wertung in § 107 (BGHZ 59, 236, 240) wird die Vorschrift insoweit nach ihrem Normzweck teleologisch reduziert. Ferner greift § 181 bereits dem Wortlaut nach nicht ein, wenn die Vertretenen dem Vertreter das Selbstkontrahieren oder die Mehrvertretung gestatten oder das Rechtsgeschäft ausschließlich in der Erfüllung einer Verbindlichkeit besteht (s § 107 Rz 5). § 181 ist auch dann unanwendbar, wenn der Vertreter keine gegenläufigen, sondern parallele Willenserklärungen abgibt (Bsp: V vertritt im Rahmen eines Kaufvertrages beide Verkäufer).

3 **b) Interessenkollision ohne Personenidentität.** Grds ist § 181 unanwendbar, wenn sich mehrere Personen gegenüberstehen, zB wenn Vertreter in fremdem Namen einen Bürgschaftsvertrag für eine eigene Schuld schließt (RGZ 71, 219). Dagegen sollte § 181 angewandt werden, wenn die Personenmehrheit künstlich hergestellt wird; zB Vertreter bestellt einen Untervertreter und kontrahiert mit ihm im eigenen Namen (str; anders noch RGZ 108, 405).

4 **2. Rechtsfolge:** Trotz des Wortlauts („kann nicht“) keine Nichtigkeit, sondern schwebende Unwirksamkeit (wie in den sonstigen Fällen des Handelns ohne Vertretungsmacht). §§ 177ff sind anwendbar.

Titel 6. Einwilligung und Genehmigung

§ 182. Zustimmung

(1) **Hängt die Wirksamkeit eines Vertrags oder eines einseitigen Rechtsgeschäfts, das einem anderen gegenüber vorzunehmen ist, von der Zustimmung eines Dritten ab, so kann die Erteilung sowie die Verweigerung der Zustimmung sowohl dem einen als dem anderen Teil gegenüber erklärt werden.**

(2) **Die Zustimmung bedarf nicht der für das Rechtsgeschäft bestimmten Form.**

(3) **Wird ein einseitiges Rechtsgeschäft, dessen Wirksamkeit von der Zustimmung eines Dritten abhängt, mit Einwilligung des Dritten vorgenommen, so finden die Vorschriften des § 111 Satz 2, 3 entsprechende Anwendung.**

§ 183. Widerruflichkeit der Einwilligung

[1]**Die vorherige Zustimmung (Einwilligung) ist bis zur Vornahme des Rechtsgeschäfts widerruflich, soweit nicht aus dem ihrer Erteilung zugrunde liegenden Rechtsverhältnis sich ein anderes ergibt.** [2]**Der Widerruf kann sowohl dem einen als dem anderen Teile gegenüber erklärt werden.**

§ 184. Rückwirkung der Genehmigung

(1) **Die nachträgliche Zustimmung (Genehmigung) wirkt auf den Zeitpunkt der Vornahme des Rechtsgeschäfts zurück, soweit nicht ein anderes bestimmt ist.**

(2) **Durch die Rückwirkung werden Verfügungen nicht unwirksam, die vor der Genehmigung über den Gegenstand des Rechtsgeschäfts von dem Genehmigenden getroffen worden oder im Wege der Zwangsvollstreckung oder der Arrestvollziehung oder durch den Insolvenzverwalter erfolgt sind.**

1. Die **Voraussetzungen** der Genehmigung müssen im **Zeitpunkt der Genehmigung** vorliegen. Bei der Genehmigung von Verfügungen muss die Verfügungsmacht des Genehmigenden also zu diesem Zeitpunkt noch bestehen. Der Gegenstand der Verfügung kann aber bereits untergegangen sein; so kann der Eigentümer einer gestohlenen Sache deren Veräußerung auch nach Untergang der Sache noch genehmigen und so den Anspruch aus § 816 I erlangen (BGHZ 56, 131). 1

2. Kein Widerruf von Erteilung oder Verweigerung der Genehmigung. Als empfangsbedürftige einseitige Willenserklärungen wirken sie rechtsgestaltend auf das schwebend unwirksame Geschäft in der Weise ein, dass es endgültig wirksam bzw unwirksam wird. Mit den Erfordernissen der Sicherheit des Rechtsverkehrs und mit den Interessen der Beteiligten wäre es nicht vereinbar, diese Wirkung durch einen einseitigen Widerruf des Zustimmungsberechtigten wieder zu beseitigen (BGHZ 13, 179, 187). 2

§ 185. Verfügung eines Nichtberechtigten

(1) **Eine Verfügung, die ein Nichtberechtigter über einen Gegenstand trifft, ist wirksam, wenn sie mit Einwilligung des Berechtigten erfolgt.**

(2) [1]**Die Verfügung wird wirksam, wenn der Berechtigte sie genehmigt oder wenn der Verfügende den Gegenstand erwirbt oder wenn er von dem Berechtigten beerbt wird und dieser für die Nachlassverbindlichkeiten unbeschränkt haftet.** [2]**In den beiden letzteren Fällen wird, wenn über den Gegenstand mehrere miteinander nicht in Einklang stehende Verfügungen getroffen worden sind, nur die frühere Verfügung wirksam.**

1. Eine Verfügung ist jedes Rechtsgeschäft, das die dingliche Rechtslage unmittelbar ändert, sei es durch Übertragung, Belastung, Aufhebung oder inhaltliche Änderung eines bestehenden Rechts (s nur BGHZ 101, 24, 26). Die Vorschrift betrifft nur Verfügungen **im eigenen Namen.** Sie gilt **analog** für die Verfügung des **Berechtigten ohne Verfügungsbefugnis,** zB für die gem § 2211 unwirksame Verfügung des Erben, die der Testamentsvollstrecker gemäß Abs 2 Fall 1 genehmigen kann. Für Verfügungen **in fremdem Namen** kommen ausschließlich die §§ 164ff zur Anwendung; sie können daher nicht nach Abs 2 S 1 Fall 2 und 3 wirksam werden. 1

2. Zur **Einziehungsermächtigung** s Vor § 398 Rz 25. Eine **Verpflichtungsermächtigung** wird im deutschen Recht ganz überwiegend als unzulässig angesehen; eine schuldrechtliche Verpflichtung Dritter lässt das Gesetz nur im Wege der Vertretung zu (Offenheitsgrundsatz; s § 164 Rz 9). 2

3. Wer die Verfügung eines Nichtberechtigten gemäß Abs 2 genehmigen will, muss **im Zeitpunkt der Genehmigung** die Verfügungsmacht hierfür haben; denn andernfalls würde er in das Recht eines anderen, nämlich des wahren Eigentümers, eingreifen (BGHZ 107, 340). Der ursprüngliche Eigentümer kann die Verfügung des Nichtberechtigten also nicht mehr genehmigen, wenn inzwischen bereits ein Dritter, bspw durch Ersteigerung in der Zwangsvollstreckung, Eigentum erworben hat. 3

Abschnitt 4. Fristen, Termine

§ 186. Geltungsbereich

Für die in Gesetzen, gerichtlichen Verfügungen und Rechtsgeschäften enthaltenen Frist- und Terminsbestimmungen gelten die Auslegungsvorschriften der §§ 187 bis 193.

§ 187. Fristbeginn

(1) Ist für den Anfang einer Frist ein Ereignis oder ein in den Lauf eines Tages fallender Zeitpunkt maßgebend, so wird bei der Berechnung der Frist der Tag nicht mitgerechnet, in welchen das Ereignis oder der Zeitpunkt fällt.

(2) [1]Ist der Beginn eines Tages der für den Anfang einer Frist maßgebende Zeitpunkt, so wird dieser Tag bei der Berechnung der Frist mitgerechnet. [2]Das Gleiche gilt von dem Tage der Geburt bei der Berechnung des Lebensalters.

§ 188. Fristende

(1) Eine nach Tagen bestimmte Frist endigt mit dem Ablauf des letzten Tages der Frist.

(2) Eine Frist, die nach Wochen, nach Monaten oder nach einem mehrere Monate umfassenden Zeitraum – Jahr, halbes Jahr, Vierteljahr – bestimmt ist, endigt im Falle des § 187 Abs. 1 mit dem Ablauf desjenigen Tages der letzten Woche oder des letzten Monats, welcher durch seine Benennung oder seine Zahl dem Tage entspricht, in den das Ereignis oder der Zeitpunkt fällt, im Falle des § 187 Abs. 2 mit dem Ablauf desjenigen Tages der letzten Woche oder des letzten Monats, welcher dem Tage vorhergeht, der durch seine Benennung oder seine Zahl dem Anfangstag der Frist entspricht.

(3) Fehlt bei einer nach Monaten bestimmten Frist in dem letzten Monat der für ihren Ablauf maßgebende Tag, so endigt die Frist mit dem Ablauf des letzten Tages dieses Monats.

§ 189. Berechnung einzelner Fristen

(1) Unter einem halben Jahr wird eine Frist von sechs Monaten, unter einem Vierteljahr eine Frist von drei Monaten, unter einem halben Monat eine Frist von 15 Tagen verstanden.

(2) Ist eine Frist auf einen oder mehrere ganze Monate und einen halben Monat gestellt, so sind die 15 Tage zuletzt zu zählen.

§ 190. Fristverlängerung

Im Falle der Verlängerung einer Frist wird die neue Frist von dem Ablauf der vorigen Frist an berechnet.

§ 191. Berechnung von Zeiträumen

Ist ein Zeitraum nach Monaten oder nach Jahren in dem Sinne bestimmt, dass er nicht zusammenhängend zu verlaufen braucht, so wird der Monat zu 30, das Jahr zu 365 Tagen gerechnet.

§ 192. Anfang, Mitte, Ende des Monats

Unter Anfang des Monats wird der erste, unter Mitte des Monats der 15., unter Ende des Monats der letzte Tag des Monats verstanden.

§ 193. Sonn- und Feiertag; Sonnabend

Ist an einem bestimmten Tage oder innerhalb einer Frist eine Willenserklärung abzugeben oder eine Leistung zu bewirken und fällt der bestimmte Tag oder der letzte Tag der Frist auf einen Sonntag, einen am Erklärungs- oder Leistungsort staatlich anerkannten allgemeinen Feiertag oder einen Sonnabend, so tritt an die Stelle eines solchen Tages der nächste Werktag.

Abschnitt 5. Verjährung

Titel 1. Gegenstand und Dauer der Verjährung

§ 194. Gegenstand der Verjährung

(1) **Das Recht, von einem anderen ein Tun oder Unterlassen zu verlangen (Anspruch), unterliegt der Verjährung.**

(2) **Ansprüche aus einem familienrechtlichen Verhältnis unterliegen der Verjährung nicht, soweit sie auf die Herstellung des dem Verhältnis entsprechenden Zustands für die Zukunft oder auf die Einwilligung in eine genetische Untersuchung zur Klärung der leiblichen Abstammung gerichtet sind.**

1. Die Verjährung bezweckt in erster Linie **Schuldnerschutz.** Der Schuldner wird 1
nicht nur vor Beweisschwierigkeiten bei der Abwehr nicht bestehender Ansprüche geschützt, sondern auch in seinem Vertrauen darauf, dass berechtigte Ansprüche nicht gegen ihn geltend gemacht werden. Nach Ablauf der Verjährungsfrist braucht der Schuldner sich um Regress oder sonstige Risikovorsorge nicht mehr zu kümmern. Dass die Verjährung nicht im öffentlichen Interesse angeordnet ist, erkennt man daran, dass sie – anders als etwa die (prozessuale) Rechtskraftwirkung – nicht von Amts wegen zu berücksichtigen ist (Rz 4).

2. Gegenstand der Verjährung sind nur **Ansprüche** (§ 194 I). Entsprechend ord- 2
nen §§ 218, 438 IV–V, 634 IV–V nicht die Verjährung, sondern die Unwirksamkeit bestimmter Gestaltungsrechte an, die auf Pflichtverletzungen des anderen Vertragsteils beruhen. Diese Unwirksamkeit knüpft im Tatbestand allerdings daran an, dass der aus der Pflichtverletzung folgende Nacherfüllungsanspruch verjährt ist. Soweit einzelne Ansprüche ausnahmsweise unverjährbar sind, ergibt sich dies aus dem Gesetz (vgl zB §§ 194 II, 898, 902, 924).

3. Die Verjährung tritt mit Ablauf der **Verjährungsfrist** ein; zum Beginn der Ver- 3
jährung s § 195 Rz 2f. Die Verjährungsfrist kann durch Vereinbarung zwischen den Parteien grds sowohl verkürzt als auch verlängert werden; Höchstgrenze sind allerdings 30 Jahre (§ 202 II).

4. Rechtsfolgen. Die Verjährung führt nicht zum Erlöschen des Anspruchs, son- 4
dern gibt dem Schuldner lediglich ein dauerndes Leistungsverweigerungsrecht (§ 214 I). Sie ist daher von der sog Ausschlussfrist zu unterscheiden, mit deren Ablauf das jeweilige Recht erlischt (vgl zB §§ 121, 124, 864). Als Einrede wird die Verjährung nur beachtet, wenn sie vom Schuldner geltend gemacht wird. Erfüllt der Schuldner einen verjährten Anspruch, kann er das Geleistete nicht zurückfordern (§ 214 II).

§ 195. Regelmäßige Verjährungsfrist

Die regelmäßige Verjährungsfrist beträgt drei Jahre.

1. Die Vorschrift legt die **regelmäßige Verjährung** auf **drei Jahre** fest. Diese Frist 1
gilt für alle Ansprüche, für die keine abweichende – längere oder kürzere – Frist bestimmt ist (s etwa §§ 196, 197), unabhängig von der jeweiligen Anspruchsgrundlage. § 195 erfasst daher neben vertraglichen Ansprüchen auch solche aus Delikt, GoA und

§§ 812ff. Insbesondere für die **kauf- und werkvertraglichen Mängelrechte** sind aber die Sonderregelungen in § 438 bzw § 634a zu beachten.

2 **2.** Der **Beginn** der regelmäßigen Verjährung ist in § 199 I geregelt; für andere Ansprüche s §§ 200f. Neben der Fälligkeit des Anspruchs (s § 271) ist gem § 199 I erforderlich, dass der Gläubiger die anspruchsbegründenden Umstände kannte oder infolge grober Fahrlässigkeit (s § 276 Rz 6) nicht kannte. Im letztgenannten Fall ist auf den Zeitpunkt abzustellen, zu dem der Gläubiger erstmals ohne Umstände hätte Kenntnis erlangen können. Das subjektive Moment kann dazu führen, dass die Verjährung erst wesentlich später eintritt als drei Jahre nach der Entstehung des Anspruchs. Der taggenaue Nachweis des Verjährungsbeginns wird den Parteien durch die Festlegung des Verjährungsbeginns auf den Jahresschluss erspart (sog Ultimoverjährung).

3 **3.** Damit das subjektive Kriterium der Kenntnis (bzw grob fahrlässigen Unkenntnis) des Gläubigers nicht zu einer faktischen Unverjährbarkeit von Schadensersatzansprüchen führt, legen die Abs 2–4 des § 199 eine objektive **Verjährungshöchstfrist** von 30 (Abs 2, Abs 3 Nr 2) bzw zehn Jahren (Abs 3 Nr 1, Abs 4) fest.

§ 196. Verjährungsfrist bei Rechten an einem Grundstück

Ansprüche auf Übertragung des Eigentums an einem Grundstück sowie auf Begründung, Übertragung oder Aufhebung eines Rechts an einem Grundstück oder auf Änderung des Inhalts eines solchen Rechts sowie die Ansprüche auf die Gegenleistung verjähren in zehn Jahren.

§ 197. Dreißigjährige Verjährungsfrist

(1) **In 30 Jahren verjähren, soweit nicht ein anderes bestimmt ist,**

1. **Herausgabeansprüche aus Eigentum, anderen dinglichen Rechten, den §§ 2018, 2130 und 2362 sowie die Ansprüche, die der Geltendmachung der Herausgabeansprüche dienen,**
2. *(aufgehoben)*
3. **rechtskräftig festgestellte Ansprüche,**
4. **Ansprüche aus vollstreckbaren Vergleichen oder vollstreckbaren Urkunden,**
5. **Ansprüche, die durch die im Insolvenzverfahren erfolgte Feststellung vollstreckbar geworden sind, und**
6. **Ansprüche auf Erstattung der Kosten der Zwangsvollstreckung.**

(2) **Soweit Ansprüche nach Absatz 1 Nr. 3 bis 5 künftig fällig werdende regelmäßig wiederkehrende Leistungen zum Inhalt haben, tritt an die Stelle der Verjährungsfrist von 30 Jahren die regelmäßige Verjährungsfrist.**

§ 198. Verjährung bei Rechtsnachfolge

Gelangt eine Sache, hinsichtlich derer ein dinglicher Anspruch besteht, durch Rechtsnachfolge in den Besitz eines Dritten, so kommt die während des Besitzes des Rechtsvorgängers verstrichene Verjährungszeit dem Rechtsnachfolger zugute.

§ 199. Beginn der regelmäßigen Verjährungsfrist und Verjährungshöchstfristen

(1) **Die regelmäßige Verjährungsfrist beginnt, soweit nicht ein anderer Verjährungsbeginn bestimmt ist, mit dem Schluss des Jahres, in dem**

1. **der Anspruch entstanden ist und**
2. **der Gläubiger von den den Anspruch begründenden Umständen und der Person des Schuldners Kenntnis erlangt oder ohne grobe Fahrlässigkeit erlangen müsste.**

(2) Schadensersatzansprüche, die auf der Verletzung des Lebens, des Körpers, der Gesundheit oder der Freiheit beruhen, verjähren ohne Rücksicht auf ihre Entstehung und die Kenntnis oder grob fahrlässige Unkenntnis in 30 Jahren von der Begehung der Handlung, der Pflichtverletzung oder dem sonstigen, den Schaden auslösenden Ereignis an.

(3) [1] Sonstige Schadensersatzansprüche verjähren

1. ohne Rücksicht auf die Kenntnis oder grob fahrlässige Unkenntnis in zehn Jahren von ihrer Entstehung an und

2. ohne Rücksicht auf ihre Entstehung und die Kenntnis oder grob fahrlässige Unkenntnis in 30 Jahren von der Begehung der Handlung, der Pflichtverletzung oder dem sonstigen, den Schaden auslösenden Ereignis an.

[2] Maßgeblich ist die früher endende Frist.

(3a) Ansprüche, die auf einem Erbfall beruhen oder deren Geltendmachung die Kenntnis einer Verfügung von Todes wegen voraussetzt, verjähren ohne Rücksicht auf die Kenntnis oder grob fahrlässige Unkenntnis in 30 Jahren von der Entstehung des Anspruchs an.

(4) Andere Ansprüche als die nach den Absätzen 2 bis 3a verjähren ohne Rücksicht auf die Kenntnis oder grob fahrlässige Unkenntnis in zehn Jahren von ihrer Entstehung an.

(5) Geht der Anspruch auf ein Unterlassen, so tritt an die Stelle der Entstehung die Zuwiderhandlung.

§ 200. Beginn anderer Verjährungsfristen

[1] Die Verjährungsfrist von Ansprüchen, die nicht der regelmäßigen Verjährungsfrist unterliegen, beginnt mit der Entstehung des Anspruchs, soweit nicht ein anderer Verjährungsbeginn bestimmt ist. [2] § 199 Abs. 5 findet entsprechende Anwendung.

§ 201. Beginn der Verjährungsfrist von festgestellten Ansprüchen

[1] Die Verjährung von Ansprüchen der in § 197 Abs. 1 Nr. 3 bis 6 bezeichneten Art beginnt mit der Rechtskraft der Entscheidung, der Errichtung des vollstreckbaren Titels oder der Feststellung im Insolvenzverfahren, nicht jedoch vor der Entstehung des Anspruchs. [2] § 199 Abs. 5 findet entsprechende Anwendung.

§ 202. Unzulässigkeit von Vereinbarungen über die Verjährung

(1) Die Verjährung kann bei Haftung wegen Vorsatzes nicht im Voraus durch Rechtsgeschäft erleichtert werden.

(2) Die Verjährung kann durch Rechtsgeschäft nicht über eine Verjährungsfrist von 30 Jahren ab dem gesetzlichen Verjährungsbeginn hinaus erschwert werden.

Die Vorschrift lässt in **Abs 1** Vereinbarungen, die die Verjährung beschleunigen, **1** und in **Abs 2** solche, die die Verjährung hinausschieben, grds zu. Entsprechende Vereinbarungen können anfänglich, also bei Vertragsschluss, aber auch nachträglich anlässlich einer Auseinandersetzung über die der Verjährung unterliegenden Ansprüche geschlossen werden. Bei nachträglichen Abreden ist zusätzlich die Verjährungshemmung aus § 203 zu berücksichtigen.

Verasen. Insoweit bedeutet eine Verjährungsverkürzung einen Haftungsausschluss, **2** der sich in AGB vereinbart an §§ 307, 309 Nr 7a, b messen lassen muss (BGH NJW 2007, 674 Nr 18ff). Soll umgekehrt dem Inhaber der Mängelrechte, also insbesondere dem Käufer oder Werkbesteller, die Geltendmachung seiner Rechte erleichtert werden, ist zu unterscheiden: Es kann sich um eine Verjährungserschwerung handeln, die nach Abs 2 auf maximal 30 Jahre ausgedehnt werden darf. Möglich ist aber auch eine selbständige Garantie, insbesondere Beschaffenheits- oder Haltbarkeitsgarantie nach § 443, die als selbstständiges Dauerschuldverhältnis auch noch über die zeitliche Grenze des Abs 2 hinausgehen kann (BGH NJW 2008, 2995: Haltbarkeitsgarantie von 40 Jahren).

Titel 2. Hemmung, Ablaufhemmung und Neubeginn der Verjährung

Vor § 203

1 **1.** Bei einer **Hemmung** der Verjährung wird der Zeitraum, in dem die Hemmung besteht, für die Verjährung nicht mitgerechnet (§ 209). Gehemmt wird die Verjährung insbesondere durch Verhandlungen zwischen den Parteien über den Anspruch oder die zugrunde liegenden Umstände (§ 203) sowie durch Rechtsverfolgung (§ 204), wie Klageerhebung (Nr 1 iVm §§ 253 I, 167 ZPO) oder Zustellung eines Mahnbescheids (Nr 3 iVm § 693 I ZPO) bzw dessen Beantragung (§§ 167, 691 II ZPO). Weitere Hemmungsgründe nennen §§ 205–208.

2 **2.** Die in §§ 210, 211 vorgesehene **Ablaufhemmung** schützt den nicht voll Geschäftsfähigen ohne gesetzlichen Vertreter und den Erben bzw Nachlassgläubiger vor einem Rechtsverlust, indem eine laufende Verjährungsfrist grds erst sechs Monate nach Eintritt der Volljährigkeit bzw Annahme der Erbschaft endet.

3 **3.** Zu einem **Neubeginn** der Verjährung führen nach § 212 I das Anerkenntnis des Schuldners und die Vornahme oder Beantragung einer Vollstreckungshandlung.

§ 203. Hemmung der Verjährung bei Verhandlungen

[1]Schweben zwischen dem Schuldner und dem Gläubiger Verhandlungen über den Anspruch oder die den Anspruch begründenden Umstände, so ist die Verjährung gehemmt, bis der eine oder der andere Teil die Fortsetzung der Verhandlungen verweigert. [2]Die Verjährung tritt frühestens drei Monate nach dem Ende der Hemmung ein.

§ 204. Hemmung der Verjährung durch Rechtsverfolgung

(1) **Die Verjährung wird gehemmt durch**

1. **die Erhebung der Klage auf Leistung oder auf Feststellung des Anspruchs, auf Erteilung der Vollstreckungsklausel oder auf Erlass des Vollstreckungsurteils,**
2. **die Zustellung des Antrags im vereinfachten Verfahren über den Unterhalt Minderjähriger,**
3. **die Zustellung des Mahnbescheids im Mahnverfahren oder des Europäischen Zahlungsbefehls im Europäischen Mahnverfahren nach der Verordnung (EG) Nr. 1896/2006 des Europäischen Parlaments und des Rates vom 12. Dezember 2006 zur Einführung eines Europäischen Mahnverfahrens (ABl. EU Nr. L 399 S. 1),**
4. **die Veranlassung der Bekanntgabe des Güteantrags, der bei einer durch die Landesjustizverwaltung eingerichteten oder anerkannten Gütestelle oder, wenn die Parteien den Einigungsversuch einvernehmlich unternehmen, bei einer sonstigen Gütestelle, die Streitbeilegungen betreibt, eingereicht ist; wird die Bekanntgabe demnächst nach der Einreichung des Antrags veranlasst, so tritt die Hemmung der Verjährung bereits mit der Einreichung ein,**

5. die Geltendmachung der Aufrechnung des Anspruchs im Prozess,
6. die Zustellung der Streitverkündung,
7. die Zustellung des Antrags auf Durchführung eines selbständigen Beweisverfahrens,
8. den Beginn eines vereinbarten Begutachtungsverfahrens,
9. die Zustellung des Antrags auf Erlass eines Arrests, einer einstweiligen Verfügung oder einer einstweiligen Anordnung, oder, wenn der Antrag nicht zugestellt wird, dessen Einreichung, wenn der Arrestbefehl, die einstweilige Verfügung oder die einstweilige Anordnung innerhalb eines Monats seit Verkündung oder Zustellung an den Gläubiger dem Schuldner zugestellt wird,
10. die Anmeldung des Anspruchs im Insolvenzverfahren oder im Schifffahrtsrechtlichen Verteilungsverfahren,
11. den Beginn des schiedsrichterlichen Verfahrens,
12. die Einreichung des Antrags bei einer Behörde, wenn die Zulässigkeit der Klage von der Vorentscheidung dieser Behörde abhängt und innerhalb von drei Monaten nach Erledigung des Gesuchs die Klage erhoben wird; dies gilt entsprechend für bei einem Gericht oder bei einer in Nummer 4 bezeichneten Gütestelle zu stellende Anträge, deren Zulässigkeit von der Vorentscheidung einer Behörde abhängt,
13. die Einreichung des Antrags bei dem höheren Gericht, wenn dieses das zuständige Gericht zu bestimmen hat und innerhalb von drei Monaten nach Erledigung des Gesuchs die Klage erhoben oder der Antrag, für den die Gerichtsstandsbestimmung zu erfolgen hat, gestellt wird, und
14. die Veranlassung der Bekanntgabe des erstmaligen Antrags auf Gewährung von Prozesskostenhilfe oder Verfahrenskostenhilfe; wird die Bekanntgabe demnächst nach der Einreichung des Antrags veranlasst, so tritt die Hemmung der Verjährung bereits mit der Einreichung ein.

(2) [1]Die Hemmung nach Absatz 1 endet sechs Monate nach der rechtskräftigen Entscheidung oder anderweitigen Beendigung des eingeleiteten Verfahrens. [2]Gerät das Verfahren dadurch in Stillstand, dass die Parteien es nicht betreiben, so tritt an die Stelle der Beendigung des Verfahrens die letzte Verfahrenshandlung der Parteien, des Gerichts oder der sonst mit dem Verfahren befassten Stelle. [3]Die Hemmung beginnt erneut, wenn eine der Parteien das Verfahren weiter betreibt.

(3) Auf die Frist nach Absatz 1 Nr. 9, 12 und 13 finden die §§ 206, 210 und 211 entsprechende Anwendung.

§ 205. Hemmung der Verjährung bei Leistungsverweigerungsrecht

Die Verjährung ist gehemmt, solange der Schuldner auf Grund einer Vereinbarung mit dem Gläubiger vorübergehend zur Verweigerung der Leistung berechtigt ist.

§ 206. Hemmung der Verjährung bei höherer Gewalt

Die Verjährung ist gehemmt, solange der Gläubiger innerhalb der letzten sechs Monate der Verjährungsfrist durch höhere Gewalt an der Rechtsverfolgung gehindert ist.

§ 207. Hemmung der Verjährung aus familiären und ähnlichen Gründen

(1) [1]Die Verjährung von Ansprüchen zwischen Ehegatten ist gehemmt, solange die Ehe besteht. [2]Das Gleiche gilt für Ansprüche zwischen

1. Lebenspartnern, solange die Lebenspartnerschaft besteht,
2. dem Kind und
   a) seinen Eltern oder
   b) dem Ehegatten oder Lebenspartner eines Elternteils
   bis zur Vollendung des 21. Lebensjahres des Kindes,
3. dem Vormund und dem Mündel während der Dauer des Vormundschaftsverhältnisses,
4. dem Betreuten und dem Betreuer während der Dauer des Betreuungsverhältnisses und
5. dem Pflegling und dem Pfleger während der Dauer der Pflegschaft.

[3]Die Verjährung von Ansprüchen des Kindes gegen den Beistand ist während der Dauer der Beistandschaft gehemmt.

(2) § 208 bleibt unberührt.

§ 208. Hemmung der Verjährung bei Ansprüchen wegen Verletzung der sexuellen Selbstbestimmung

[1]Die Verjährung von Ansprüchen wegen Verletzung der sexuellen Selbstbestimmung ist bis zur Vollendung des 21. Lebensjahrs des Gläubigers gehemmt. [2]Lebt der Gläubiger von Ansprüchen wegen Verletzung der sexuellen Selbstbestimmung bei Beginn der Verjährung mit dem Schuldner in häuslicher Gemeinschaft, so ist die Verjährung auch bis zur Beendigung der häuslichen Gemeinschaft gehemmt.

§ 209. Wirkung der Hemmung

Der Zeitraum, während dessen die Verjährung gehemmt ist, wird in die Verjährungsfrist nicht eingerechnet.

§ 210. Ablaufhemmung bei nicht voll Geschäftsfähigen

(1) [1]Ist eine geschäftsunfähige oder in der Geschäftsfähigkeit beschränkte Person ohne gesetzlichen Vertreter, so tritt eine für oder gegen sie laufende Verjährung nicht vor dem Ablauf von sechs Monaten nach dem Zeitpunkt ein, in dem die Person unbeschränkt geschäftsfähig oder der Mangel der Vertretung behoben wird. [2]Ist die Verjährungsfrist kürzer als sechs Monate, so tritt der für die Verjährung bestimmte Zeitraum an die Stelle der sechs Monate.

(2) Absatz 1 findet keine Anwendung, soweit eine in der Geschäftsfähigkeit beschränkte Person prozessfähig ist.

§ 211. Ablaufhemmung in Nachlassfällen

[1]Die Verjährung eines Anspruchs, der zu einem Nachlass gehört oder sich gegen einen Nachlass richtet, tritt nicht vor dem Ablauf von sechs Monaten nach dem Zeitpunkt ein, in dem die Erbschaft von dem Erben angenommen oder das Insolvenzverfahren über den Nachlass eröffnet wird oder von dem an der Anspruch von einem oder gegen einen Vertreter geltend gemacht werden kann. [2]Ist die Verjährungsfrist kürzer als sechs Monate, so tritt der für die Verjährung bestimmte Zeitraum an die Stelle der sechs Monate.

§ 212. Neubeginn der Verjährung

(1) Die Verjährung beginnt erneut, wenn
1. der Schuldner dem Gläubiger gegenüber den Anspruch durch Abschlagszahlung, Zinszahlung, Sicherheitsleistung oder in anderer Weise anerkennt oder

2. eine gerichtliche oder behördliche Vollstreckungshandlung vorgenommen oder beantragt wird.

(2) **Der erneute Beginn der Verjährung infolge einer Vollstreckungshandlung gilt als nicht eingetreten, wenn die Vollstreckungshandlung auf Antrag des Gläubigers oder wegen Mangels der gesetzlichen Voraussetzungen aufgehoben wird.**

(3) **Der erneute Beginn der Verjährung durch den Antrag auf Vornahme einer Vollstreckungshandlung gilt als nicht eingetreten, wenn dem Antrag nicht stattgegeben oder der Antrag vor der Vollstreckungshandlung zurückgenommen oder die erwirkte Vollstreckungshandlung nach Absatz 2 aufgehoben wird.**

§ 213. Hemmung, Ablaufhemmung und erneuter Beginn der Verjährung bei anderen Ansprüchen

Die Hemmung, die Ablaufhemmung und der erneute Beginn der Verjährung gelten auch für Ansprüche, die aus demselben Grunde wahlweise neben dem Anspruch oder an seiner Stelle gegeben sind.

Titel 3. Rechtsfolgen der Verjährung

§ 214. Wirkung der Verjährung

(1) **Nach Eintritt der Verjährung ist der Schuldner berechtigt, die Leistung zu verweigern.**

(2) [1]**Das zur Befriedigung eines verjährten Anspruchs Geleistete kann nicht zurückgefordert werden, auch wenn in Unkenntnis der Verjährung geleistet worden ist.** [2]**Das Gleiche gilt von einem vertragsmäßigen Anerkenntnis sowie einer Sicherheitsleistung des Schuldners.**

§ 215. Aufrechnung und Zurückbehaltungsrecht nach Eintritt der Verjährung

Die Verjährung schließt die Aufrechnung und die Geltendmachung eines Zurückbehaltungsrechts nicht aus, wenn der Anspruch in dem Zeitpunkt noch nicht verjährt war, in dem erstmals aufgerechnet oder die Leistung verweigert werden konnte.

§ 216. Wirkung der Verjährung bei gesicherten Ansprüchen

(1) **Die Verjährung eines Anspruchs, für den eine Hypothek, eine Schiffshypothek oder ein Pfandrecht besteht, hindert den Gläubiger nicht, seine Befriedigung aus dem belasteten Gegenstand zu suchen.**

(2) [1]**Ist zur Sicherung eines Anspruchs ein Recht verschafft worden, so kann die Rückübertragung nicht auf Grund der Verjährung des Anspruchs gefordert werden.** [2]**Ist das Eigentum vorbehalten, so kann der Rücktritt vom Vertrag auch erfolgen, wenn der gesicherte Anspruch verjährt ist.**

(3) **Die Absätze 1 und 2 finden keine Anwendung auf die Verjährung von Ansprüchen auf Zinsen und andere wiederkehrende Leistungen.**

1. Die Vorschrift **bewirkt,** dass der Inhaber eines akzessorischen dinglichen **Sicherungsrechts** trotz Verjährung der gesicherten Forderung aus dem Sicherungsrecht vorgehen kann (Abs 1). Aus dem Grundsatz der Akzessorietät würde ohne diese Sonderregelung folgen, dass die Einrede der Verjährung (s § 214 I) auch der Vollstreckung aus dem Sicherungsrecht entgegengehalten werden kann (vgl §§ 1137, 1211). 1

2. Abs 2 schützt den Sicherungsnehmer in gleicher Weise bei der Sicherungsübereignung, der Sicherungsabtretung von Forderungen sowie dem Eigentumsvorbehalt. Ebenso wie bei den in Abs 1 genannten Pfandrechten soll der Inhaber einer dinglich 2 wirkenden Sicherheit insoweit von der – oft recht kurzfristigen – Verjährung seines schuldrechtlichen Zahlungsanspruchs unabhängig sein. Für den **Eigentumsvorbehalt** war wegen der §§ 449 II, 218 I 1 eine ausdrückliche Regelung erforderlich (s § 449 Rz 11).

§ 217. Verjährung von Nebenleistungen

Mit dem Hauptanspruch verjährt der Anspruch auf die von ihm abhängenden Nebenleistungen, auch wenn die für diesen Anspruch geltende besondere Verjährung noch nicht eingetreten ist.

§ 218. Unwirksamkeit des Rücktritts

(1) [1]**Der Rücktritt wegen nicht oder nicht vertragsgemäß erbrachter Leistung ist unwirksam, wenn der Anspruch auf die Leistung oder der Nacherfüllungsanspruch verjährt ist und der Schuldner sich hierauf beruft.** [2]**Dies gilt auch, wenn der Schuldner nach § 275 Abs. 1 bis 3, § 439 Abs. 3 oder § 635 Abs. 3 nicht zu leisten braucht und der Anspruch auf die Leistung oder der Nacherfüllungsanspruch verjährt wäre.** [3]**§ 216 Abs. 2 Satz 2 bleibt unberührt.**

(2) **§ 214 Abs. 2 findet entsprechende Anwendung.**

1 **1.** Der **Rücktritt** (§ 323) ist kein Anspruch, sondern ein Gestaltungsrecht und unterliegt daher nicht der Verjährung (s § 194 I). § 218 I 1 erklärt gleichwohl den Rücktritt wegen nicht oder nicht ordnungsgemäß erbrachter Leistung für unwirksam, wenn der (Nach-)Erfüllungsanspruch verjährt ist und sich der Schuldner darauf beruft. Auch der Rücktritt wird damit praktisch den Verjährungsregeln unterstellt (s § 323 Rz 6). Die Vorschrift gilt auf Grund der Verweisungen in § 438 V und § 634a V auch für das kauf- bzw werkvertragliche Minderungsrecht, das als Gestaltungsrecht ebenfalls keiner Verjährung unterliegt. Eine Ausnahme von der durch § 218 I angeordneten Unwirksamkeit des Rücktritts besteht hingegen gemäß Abs 1 S 3 iVm § 216 II 2 für den Eigentumsvorbehalt.

2 **2.** Die in **Abs 2** ausgesprochene Verweisung auf § 214 II bewirkt, dass das trotz Unwirksamkeit des Rücktritts bzw der Minderung – und damit ohne Rechtsgrund iSd § 812 I – Geleistete nicht zurückgefordert werden kann. Die gem § 346 I rückabgewickelten Leistungen und herausgegebenen Nutzungen können also ebenso wenig zurückverlangt werden wie im Fall der Minderung der gem §§ 441 IV, 638 IV erstattete Mehrbetrag.

§§ 219 bis 225. *(weggefallen)*

Abschnitt 6. Ausübung der Rechte, Selbstverteidigung, Selbsthilfe

§ 226. Schikaneverbot

Die Ausübung eines Rechts ist unzulässig, wenn sie nur den Zweck haben kann, einem anderen Schaden zuzufügen.

§ 227. Notwehr

(1) **Eine durch Notwehr gebotene Handlung ist nicht widerrechtlich.**

(2) **Notwehr ist diejenige Verteidigung, welche erforderlich ist, um einen gegenwärtigen rechtswidrigen Angriff von sich oder einem anderen abzuwenden.**

§ 228. Notstand

[1]**Wer eine fremde Sache beschädigt oder zerstört, um eine durch sie drohende Gefahr von sich oder einem anderen abzuwenden, handelt nicht widerrecht-**

lich, wenn die Beschädigung oder die Zerstörung zur Abwendung der Gefahr erforderlich ist und der Schaden nicht außer Verhältnis zu der Gefahr steht. [2]Hat der Handelnde die Gefahr verschuldet, so ist er zum Schadensersatz verpflichtet.

§ 229. Selbsthilfe

Wer zum Zwecke der Selbsthilfe eine Sache wegnimmt, zerstört oder beschädigt oder wer zum Zwecke der Selbsthilfe einen Verpflichteten, welcher der Flucht verdächtig ist, festnimmt oder den Widerstand des Verpflichteten gegen eine Handlung, die dieser zu dulden verpflichtet ist, beseitigt, handelt nicht widerrechtlich, wenn obrigkeitliche Hilfe nicht rechtzeitig zu erlangen ist und ohne sofortiges Eingreifen die Gefahr besteht, dass die Verwirklichung des Anspruchs vereitelt oder wesentlich erschwert werde.

§ 230. Grenzen der Selbsthilfe

(1) **Die Selbsthilfe darf nicht weiter gehen, als zur Abwendung der Gefahr erforderlich ist.**

(2) **Im Falle der Wegnahme von Sachen ist, sofern nicht Zwangsvollstreckung erwirkt wird, der dingliche Arrest zu beantragen.**

(3) **Im Falle der Festnahme des Verpflichteten ist, sofern er nicht wieder in Freiheit gesetzt wird, der persönliche Sicherheitsarrest bei dem Amtsgericht zu beantragen, in dessen Bezirk die Festnahme erfolgt ist; der Verpflichtete ist unverzüglich dem Gericht vorzuführen.**

(4) **Wird der Arrestantrag verzögert oder abgelehnt, so hat die Rückgabe der weggenommenen Sachen und die Freilassung des Festgenommenen unverzüglich zu erfolgen.**

§ 231. Irrtümliche Selbsthilfe

Wer eine der im § 229 bezeichneten Handlungen in der irrigen Annahme vornimmt, dass die für den Ausschluss der Widerrechtlichkeit erforderlichen Voraussetzungen vorhanden seien, ist dem anderen Teil zum Schadensersatz verpflichtet, auch wenn der Irrtum nicht auf Fahrlässigkeit beruht.

Abschnitt 7. Sicherheitsleistung

§ 232. Arten

(1) **Wer Sicherheit zu leisten hat, kann dies bewirken**
durch Hinterlegung von Geld oder Wertpapieren,
durch Verpfändung von Forderungen, die in das Bundesschuldbuch oder in das Landesschuldbuch eines Landes eingetragen sind,
durch Verpfändung beweglicher Sachen,
durch Bestellung von Schiffshypotheken an Schiffen oder Schiffsbauwerken, die in einem deutschen Schiffsregister oder Schiffsbauregister eingetragen sind,
durch Bestellung von Hypotheken an inländischen Grundstücken,
durch Verpfändung von Forderungen, für die eine Hypothek an einem inländischen Grundstück besteht, oder
durch Verpfändung von Grundschulden oder Rentenschulden an inländischen Grundstücken.

(2) **Kann die Sicherheit nicht in dieser Weise geleistet werden, so ist die Stellung eines tauglichen Bürgen zulässig.**

§ 233. Wirkung der Hinterlegung

Mit der Hinterlegung erwirbt der Berechtigte ein Pfandrecht an dem hinterlegten Geld oder an den hinterlegten Wertpapieren und, wenn das Geld oder die Wertpapiere in das Eigentum des Fiskus oder der als Hinterlegungsstelle bestimmten Anstalt übergehen, ein Pfandrecht an der Forderung auf Rückerstattung.

§ 234. Geeignete Wertpapiere

(1) [1]Wertpapiere sind zur Sicherheitsleistung nur geeignet, wenn sie auf den Inhaber lauten, einen Kurswert haben und einer Gattung angehören, in der Mündelgeld angelegt werden darf. [2]Den Inhaberpapieren stehen Orderpapiere gleich, die mit Blankoindossament versehen sind.

(2) Mit den Wertpapieren sind die Zins-, Renten-, Gewinnanteil- und Erneuerungsscheine zu hinterlegen.

(3) Mit Wertpapieren kann Sicherheit nur in Höhe von drei Vierteln des Kurswerts geleistet werden.

§ 235. Umtauschrecht

Wer durch Hinterlegung von Geld oder von Wertpapieren Sicherheit geleistet hat, ist berechtigt, das hinterlegte Geld gegen geeignete Wertpapiere, die hinterlegten Wertpapiere gegen andere geeignete Wertpapiere oder gegen Geld umzutauschen.

§ 236. Buchforderungen

Mit einer Schuldbuchforderung gegen den Bund oder ein Land kann Sicherheit nur in Höhe von drei Vierteln des Kurswerts der Wertpapiere geleistet werden, deren Aushändigung der Gläubiger gegen Löschung seiner Forderung verlangen kann.

§ 237. Bewegliche Sachen

[1]Mit einer beweglichen Sache kann Sicherheit nur in Höhe von zwei Dritteln des Schätzungswerts geleistet werden. [2]Sachen, deren Verderb zu besorgen oder deren Aufbewahrung mit besonderen Schwierigkeiten verbunden ist, können zurückgewiesen werden.

§ 238. Hypotheken, Grund- und Rentenschulden

(1) Eine Hypothekenforderung, eine Grundschuld oder eine Rentenschuld ist zur Sicherheitsleistung nur geeignet, wenn sie den Voraussetzungen entspricht, unter denen am Orte der Sicherheitsleistung Mündelgeld in Hypothekenforderungen, Grundschulden oder Rentenschulden angelegt werden darf.

(2) Eine Forderung, für die eine Sicherungshypothek besteht, ist zur Sicherheitsleistung nicht geeignet.

§ 239. Bürge

(1) Ein Bürge ist tauglich, wenn er ein der Höhe der zu leistenden Sicherheit angemessenes Vermögen besitzt und seinen allgemeinen Gerichtsstand im Inland hat.

(2) Die Bürgschaftserklärung muss den Verzicht auf die Einrede der Vorausklage enthalten.

§ 240. Ergänzungspflicht

Wird die geleistete Sicherheit ohne Verschulden des Berechtigten unzureichend, so ist sie zu ergänzen oder anderweitige Sicherheit zu leisten.

Buch 2. Recht der Schuldverhältnisse

Abschnitt 1. Inhalt der Schuldverhältnisse

Titel 1. Verpflichtung zur Leistung

Vor § 241

1. Allgemeines. Kernstück jedes Schuldverhältnisses ist das Recht des Gläubigers auf die Leistung (obligatorischer Anspruch = Forderung), dem die Pflicht des Schuldners zur Erbringung der Leistung entspricht. Rechte und Pflichten entstehen grds nur zwischen Gläubiger und Schuldner **(Relativität der Schuldverhältnisse).** Dritte können jedoch auf das Schuldverhältnis einwirken (Erfüllung, §§ 267, 362), können auf der Gläubiger- (§§ 398ff) oder Schuldnerseite (§§ 414ff) Partei des Schuldverhältnisses werden oder aus einem fremden Schuldverhältnis ein eigenes Forderungsrecht erwerben (Vertrag zugunsten Dritter, §§ 328ff). 1

Man unterscheidet **rechtsgeschäftliche** und **gesetzliche** Schuldverhältnisse. Erstere entstehen durch Vertrag (s § 311 I) oder durch einseitiges Rechtsgeschäft (zB Auslobung, § 657), letztere kraft Gesetzes (Bsp: §§ 677ff, 812ff, 823ff).

2. Die **Abgrenzung** der **Gefälligkeitsverträge** (zB Schenkung, § 516, Leihe, § 598, Auftrag, § 662, unentgeltliche Verwahrung, § 690) von den bloßen **Gefälligkeitszusagen,** die aus Freundschaft, Ehre oder Anstand erfolgen und keine Leistungspflicht nach sich ziehen, erfolgt nach dem Rechtsbindungswillen. Entscheidend ist, wie ein objektiver Beobachter das Verhalten des Zusagenden unter Würdigung aller Umstände im Einzelfall werten musste (BGHZ 21, 102, 107). Auf eine bloße Gefälligkeit können deuten ihre Art, ihr Grund und Zweck, ihre wirtschaftliche und rechtliche Bedeutung sowie die Interessenlage der Beteiligten. Eigenes wirtschaftliches Interesse des Gefälligen spricht für Bindung, unverhältnismäßiges Haftungsrisiko dagegen. Rechtsbindungswille wurde bejaht: bei „Ausleihen“ eines Fahrers von einem Transportunternehmen an ein anderes (BGHZ 21, 102), verneint für denjenigen, der für eine Tippgemeinschaft die Lottoscheine ausfüllt und einreicht (BGH NJW 1974, 1705). Bei Beaufsichtigung von Nachbarskindern idR zu verneinen (BGH NJW 1968, 1874), ebenso bei Gefälligkeitsfahrt (anders aber zB bei Beteiligung an den Unkosten). Die Bedeutung der Unterscheidung zeigt sich in der Haftung. Bei Annahme eines Rechtsgeschäfts Haftung nach § 278 (und nicht nur § 831) und Pflicht zum Ersatz bloßer Vermögensschäden (so bei der Annahme eines stillschweigenden Auskunftsvertrags, siehe § 675 Rz 4f). Bei einem bloßen Gefälligkeitsverhältnis haftet der Gefällige grds nur nach §§ 823ff. Es kann aber auch eine Schadensersatzpflicht analog den Grundsätzen über die c.i.c. bestehen (s namentlich § 311 II Nr 3), wenn und soweit das Gefälligkeitsverhältnis einen vertragsähnlichen Vertrauenstatbestand begründet hat (BGHZ 21, 107). Haftungsmaßstab bei Gefälligkeitsverträgen idR beschränkt: siehe §§ 521, 599, 690 (vgl aber § 662 Rz 4). Bei bloßem Gefälligkeitsverhältnis ist entgegen der Rspr analoge Anwendung zu empfehlen (*Medicus/Petersen* Rz 369). Bejaht man diese Analogien, ist die oft schwierige Abgrenzung zwischen Vertrag und Gefälligkeitszusage zumindest teilweise entschärft. 2

3. Pflichten aus dem Schuldverhältnis. **a)** Die **Hauptleistungspflichten** sind die für den Vertrag charakteristischen Leistungspflichten (zB Übereignung, Besitzverschaffung, Lieferung einer mangelfreien Sache und Zahlung beim Kauf). **b)** Die **Nebenleistungspflichten** dienen nur der Vorbereitung und Durchführung der Hauptleistung. Die Nebenleistungen werden zB in der Verjährungsvorschrift des § 217 geson- 3 dert angesprochen. **c)** Nicht leistungsbezogen sind die Verhaltens- oder **Schutzpflichten,** kraft derer die Vertragsparteien zur Rücksichtnahme auf die Rechte, Rechtsgüter und Interessen der Gegenseite verpflichtet sind (s § 241 II). Anders ist es, wenn eine Verhaltenspflicht zugleich auf die Erbringung der Leistung gerichtet ist (s auch § 282 Rz 1). **d) Primärpflichten** entstehen direkt aus dem Schuldverhältnis (alle Haupt-, Nebenleistungs- und Schutzpflichten), **Sekundärpflichten** werden erst durch Verletzung einer Primärpflicht begründet (zB Schadensersatz, §§ 280ff).

4 **4. Dauerschuldverhältnisse. a) Abgrenzungen.** Bei den Dauerschuldverhältnissen ist die geschuldete Leistung über einen längeren Zeitraum zu erbringen, sei es, weil sich dies aus dem Charakter der Leistung ergibt (sog „eigentliche Dauerschuldverhältnisse", zB Miete, Dienstvertrag), sei es, weil auf einmaligen Austausch gerichtete Leistungshandlungen über einen längeren Zeitraum wiederkehrend geschuldet werden (**Sukzessivlieferungsvertrag,** zB Bierbezugsvertrag, bei dem die insgesamt abzunehmende Menge nicht von vornherein feststeht; sonst liegt ein Ratenlieferungsvertrag vor, der als einheitlicher Kauf-, oder Werkvertrag kein Dauerschuldverhältnis darstellt).

5 **b) Rechtliche Behandlung.** Bei Dauerschuldverhältnissen, bei denen ständig neue Leistungs- und Schutzpflichten entstehen, sind die Regeln des allgemeinen Schuldrechts, die auf einmaligen Leistungsaustausch ausgerichtet sind, zu modifizieren. Dauerschuldverhältnisse begründen weitergehende Schutz- und Treuepflichten. Sie können, wenn besondere vertragliche oder gesetzliche Regelungen (zB §§ 626, 723 I 2) fehlen, gem § 314 aus wichtigem Grund gekündigt werden.

§ 241. Pflichten aus dem Schuldverhältnis

(1) [1]**Kraft des Schuldverhältnisses ist der Gläubiger berechtigt, von dem Schuldner eine Leistung zu fordern.** [2]**Die Leistung kann auch in einem Unterlassen bestehen.**

(2) **Das Schuldverhältnis kann nach seinem Inhalt jeden Teil zur Rücksicht auf die Rechte, Rechtsgüter und Interessen des anderen Teils verpflichten.**

1 **1.** Zu den Pflichten aus einem (vertraglichen oder gesetzlichen) Schuldverhältnis gehören neben den Leistungspflichten (Abs 1) auch **Neben- und Schutzpflichten** (Abs 2). Sie entstehen regelmäßig aus bestehenden Verträgen, aber etwa auch aus dem vorvertraglichen Schuldverhältnis der Vertragsanbahnung (vgl § 311 Rz 3) und reichen über den deliktischen Rechtsgüterschutz hinaus (auch § 278 gilt). Weiter als in § 823 werden nicht nur Rechte und Rechtsgüter geschützt, sondern auch Interessen jeder Art, insbesondere Vermögensinteressen oder die Entscheidungsfreiheit (RegBegr BT-Drucks 14/6040, 126). Im Einzelnen ergeben sich die Schutzpflichten (Rücksichtnahme, Fürsorge, Aufklärung etc) aus dem „Inhalt" des Schuldverhältnisses, ohne dass sie besonders vereinbart werden müssten.

2 **2.** Als **verletzte Nebenpflichten** aus bestehenden Verträgen kommen in Betracht: **a) Schutzpflichten sonstiger Rechte und Güter** des Gläubigers. Sie sind zB als verletzt angesehen worden bei diffamierender Kritik am Vertragspartner (OLG Hamburg BB 1973, 1409) und Brandschäden bei der Durchführung von Arbeiten (BGH VersR 1976, 166); zur Sicherungspflicht für die zu reparierende Sache BGH NJW 1983, 113. **b) Aufklärungs- oder Auskunftspflichten.** ZB: Girokunde muss Bank über Verlust von Pass und Scheckkarte informieren (BGH NJW 1968, 37); Verkäufer, der in laufender Geschäftsbeziehung über längere Zeit Ware bestimmter Beschaffenheit geliefert hat und nun eines der Beschaffenheitsmerkmale ändert, muss den Käufer hierauf hinweisen (BGHZ 132, 175). Eine Hinweispflicht des Verkäufers besteht ferner, wenn die Montageanleitung des Herstellers für die Montage Fachkenntnisse entsprechend einer abgeschlossenen Berufsausbildung für erforderlich erklärt, auch wenn

der Verkäufer diese Fachkenntnisse nicht für erforderlich hält (BGH NJW 2007, 3057 Nr 37). **c) Nachwirkende Fürsorgepflichten.** Die Nebenpflichten können auch nach Abwicklung des Vertrags weiterwirken. Bsp: Vermieter der ehemaligen Praxisräume eines Arztes beseitigt vorzeitig das Hinweisschild auf die neue Adresse.

d) Unberechtigte Geltendmachung von Ansprüchen. Eine Vertragspartei verletzt ihre Pflicht zur Rücksichtnahme nach § 241 II **innerhalb eines bestehenden Schuldverhältnisses,** wenn sie von der anderen Vertragspartei etwas verlangt, das ihr nach dem Vertrag nicht geschuldet ist oder ein Gestaltungsrecht ausübt, welches nicht besteht (BGH NJW 2009, 1262 Nr 17). So können zB das (fahrlässig) unberechtigte Mängelbeseitigungsverlangen (BGH NJW 2008, 1147 Nr 12) und der Ausspruch einer unberechtigten Kündigung wegen vorgetäuschten Eigenbedarfs (BGH NJW 2009, 2059 Nr 11) eine solche Nebenpflichtverletzung darstellen. Ein möglicher Schaden des Inanspruchgenommenen kann insbesondere in der Beauftragung eines Rechtsanwalts oder in Fahrt- und Arbeitsaufwand liegen. Diese Pflichtverletzung hat der unberechtigte Anspruchssteller allerdings nach § 280 I 2 iVm § 276 nicht zu vertreten, wenn er prüft, ob die Vertragsstörung auf eine Ursache in seinem eigenen Verantwortungsbereich zurückzuführen ist und der eigene Rechtsstandpunkt plausibel ist (Plausibilitätskontrolle). Fällt die vorzunehmende Plausibilitätskontrolle positiv aus, trifft ihn später kein Verschuldensvorwurf, selbst dann nicht, wenn sich sein Verlangen im Nachhinein als unberechtigt herausstellt (BGH aaO Nr 20). Besteht zwischen den Betroffenen **kein Schuldverhältnis,** ergibt sich kein Anspruch auf Ersatz des infolge einer unberechtigten Inanspruchnahme entstandenen Schadens. Ein sog genereller materieller Kostenerstattungsanspruch besteht nicht, da es nach BGH zum allgemeinen Lebensrisiko gehört, mit unberechtigten Ansprüchen konfrontiert zu werden (BGH NJW 2007, 1458 Nr 14). Auch entstehe durch die unberechtigte Geltendmachung eines Anspruchs keine Sonderverbindung, aus der sich Schutzpflichten ergeben könnten (BGH aaO Nr 13). Zu einer anderen Beurteilung gelangt man bei **prozessualer Geltendmachung** von tatsächlich nicht bestehenden Ansprüchen: in der Erhebung einer Klage zur Durchsetzung vermeintlicher Rechte liegt keine vertragliche Pflichtverletzung. Für die Folgen einer fahrlässigen Fehleinschätzung der Rechtslage haftet der unberechtigte Anspruchsteller allein nach den im Verfahrensrecht Schutz bietenden §§ 91 ff ZPO. Andernfalls werde der freie Zugang zu den staatlichen Gerichten eingeschränkt (BGH NJW 2009, 1262 Nr 12). 3

§ 241a. Unbestellte Leistungen

(1) **Durch die Lieferung unbestellter Sachen oder durch die Erbringung unbestellter sonstiger Leistungen durch einen Unternehmer an einen Verbraucher wird ein Anspruch gegen diesen nicht begründet.**

(2) **Gesetzliche Ansprüche sind nicht ausgeschlossen, wenn die Leistung nicht für den Empfänger bestimmt war oder in der irrigen Vorstellung einer Bestellung erfolgte und der Empfänger dies erkannt hat oder bei Anwendung der im Verkehr erforderlichen Sorgfalt hätte erkennen können.**

(3) **Eine unbestellte Leistung liegt nicht vor, wenn dem Verbraucher statt der bestellten eine nach Qualität und Preis gleichwertige Leistung angeboten und er darauf hingewiesen wird, dass er zur Annahme nicht verpflichtet ist und die Kosten der Rücksendung nicht zu tragen hat.**

1. Überblick. Die Vorschrift schützt Verbraucher (§ 13) vor den rechtlichen Folgen, die sich aus der (ohnehin gem § 3 UWG wettbewerbswidrigen) Lieferung unbestellter Waren oder Erbringung unbestellter sonstiger Leistungen ergeben können. Der umfassende Ausschluss von Ansprüchen des Leistungserbringers gegen den Verbraucher nach Abs 1 geht über die in diesem Bereich bestehenden europarechtlichen Vor- 1 gaben aus Art 9 der **Fernabsatz-RL** vom 20. 5. 1997 (ABl 1997 Nr L 144, 19) noch hinaus und verleiht der Norm **Sanktionscharakter** für den Wettbewerbsverstoß (vgl RegBegr BT-Drucks 14/2658, 46). In ihrer Wirkung ist die Vorschrift mit § 817 S 2 vergleichbar.

2 **2. Anwendungsbereich. a) Sachlich** setzt die Vorschrift die Lieferung unbestellter Sachen (§ 90) oder die Erbringung unbestellter sonstiger Leistungen voraus (Abs 1). „Bestellung" ist die tatsächliche Aufforderung zur Zusendung der Ware oder der Erbringung der Leistung; rechtsgeschäftliche Wirksamkeitshindernisse (Geschäftsunfähigkeit des Bestellers, Lieferung oder Leistung auf Grund eines angefochtenen oder aus sonstigen Gründen nichtigen Vertrags) bleiben unberücksichtigt. Die Vorschrift gilt nicht nur für Lieferungen zum Zweck der Vertragsanbahnung, sondern auch, wenn der Unternehmer nach Vertragsschluss bewusst ein **aliud** liefert, während bei irrtümlicher Falschlieferung § 434 III eingreift (im einzelnen str; vgl *Palandt-Heinrichs* Rz 4). Eine unbestellte Leistung liegt nach **Abs 3** nicht vor, wenn der Verbraucher statt der bestellten eine andere gleichwertige Leistung erhält und der Unternehmer die in diesem Absatz genannten Hinweispflichten erfüllt. **b)** In **persönlicher** Hinsicht ist der Anwendungsbereich der Vorschrift auf das Verhältnis zwischen Unternehmer (§ 14) als Leistungserbringer und Verbraucher (§ 13) als Leistungsempfänger beschränkt. In allen anderen Konstellationen finden die allgemeinen Vorschriften Anwendung.

3 **3. Rechtsfolgen nach Abs 1.** Abs 1 sieht als grundsätzliche Rechtsfolge der unverlangten Lieferung oder Leistungserbringung einen generellen Ausschluss jedweder vertraglicher oder gesetzlicher Ansprüche des Unternehmers gegen den Verbraucher vor.

4 **a)** Hinsichtlich des grundsätzlichen Ausschlusses **vertraglicher** Zahlungs- und Schadensersatzansprüche hat die Vorschrift in weiten Teilen lediglich deklaratorische Bedeutung. Bloßes Schweigen auf die Lieferung unbestellter Ware oder auf die Erbringung unbestellter Dienstleistungen gilt schon nach den Vorschriften des AT grds nicht als konkludente Annahme des stillschweigend erklärten Vertragsangebots (vgl § 147 Rz 1). Durch Abs 1 unberührt bleibt die Möglichkeit eines Vertragsschlusses nach § 151. Da die gesetzliche Regelung des Abs 1 aber im Ergebnis bereits auf eine „Schenkung" hinausläuft (RegBegr BT-Drucks 14/2658, 46), sind an die von § 151 geforderte erkennbare Betätigung des Annahmewillens hier jedoch hohe Anforderungen zu stellen. Ingebrauchnahme oder Veräußerung der unbestellt gelieferten Sache stellen abweichend von den allgemeinen Grundsätzen des § 151 (vgl § 151 Rz 2) noch keine stillschweigende Annahmeerklärung dar (hM; vgl *Palandt-Heinrichs* Rz 6).

5 **b)** Auch mögliche **gesetzliche** Ansprüche des Unternehmers gegen den Verbraucher (zB Herausgabeanspruch aus § 985, Schadensersatzanspruch aus §§ 823ff, Rückgabe- oder Nutzungsherausgabeansprüche aus §§ 812ff oder aus §§ 987ff) werden durch **Abs 1** (Ausnahmen: Abs 2) ausgeschlossen (vgl RegBegr BT-Drucks 14/2658, 46; *Palandt-Heinrichs* Rz 7). Eine MA hält dies für Ansprüche aus §§ 985 und 812 nach dem Normzweck des § 241 a für zu weitgehend und will diese Ansprüche gewähren, soweit der Verbraucher die Sache ohne Beeinträchtigung seiner schutzwürdigen Belange herausgeben kann und der Unternehmer sie auf eigene Kosten abholt (*Hk-Schulze* Rz 7). Den Verbraucher treffen aber jedenfalls weder Aufbewahrungs- noch Erhaltungspflichten.

6 **c)** Ein **Eigentumsübergang** der gelieferten Sache auf den Verbraucher nach § 929 S 1 scheitert in der Regel am fehlenden Übereignungswillen des Unternehmers. Auch ein Eigentumserwerb durch Ersitzung (§ 937) kommt mangels gutgläubigen Eigenbesitzes zumeist nicht in Betracht. Bei einer Übereignung der gelieferten Sache an einen Dritten ist der Verbraucher Nichtberechtigter. Der Unternehmer kann nach § 816 den Erlös herausverlangen (str, aA *MüKo-Kramer* Rz 15); alternativ steht ihm gegenüber dem Erwerber § 985 zu, wenn dieser bösgläubig ist (*Staudinger-Olzen* [2009] Rz 43, 47f; str).

4. Irrtümliche Leistung (Abs 2). Abs 2 enthält eine Einschränkung der Rechtsfolgen des Abs 1 für den Fall der irrtümlichen Leistungserbringung. 7

a) Anwendungsvoraussetzung des Abs 2 ist aufseiten des Unternehmers die versehentliche Leistungserbringung an den falschen Empfänger (zB auf Grund von Adress- oder Namensverwechselung) oder die irrtümliche Annahme einer Bestellung (zB Doppellieferung). Selbst grobe Fahrlässigkeit des Unternehmers schadet hier nicht (*Palandt-Heinrichs* Rz 8). Allerdings muss der Irrtum des Unternehmers für den Verbraucher mit der im Verkehr erforderlichen Sorgfalt (§ 276 II) zumindest erkennbar gewesen sein. 8

b) Rechtsfolge. Die in Abs 1 ausgeschlossenen gesetzlichen Ansprüche bleiben dem Unternehmer bei irrtümlicher Leistungserbringung erhalten. Vertragliche Ansprüche entstehen nicht. Den Empfänger treffen Aufbewahrungs-, aber keine Rücksendungspflichten. Bei Rücksendung besteht ein Aufwendungsersatzanspruch gem § 683. 9

§ 242. Leistung nach Treu und Glauben

Der Schuldner ist verpflichtet, die Leistung so zu bewirken, wie Treu und Glauben mit Rücksicht auf die Verkehrssitte es erfordern.

I. Allgemeines

Über den Wortlaut des § 242 hinaus bindet der Grundsatz von Treu und Glauben sowohl den Schuldner als auch den Gläubiger. Er gilt für alle Sonderbeziehungen des gesamten privaten und öffentlichen Rechts einschließlich des Verfahrensrechts. Inhalt: die Parteien einer Sonderbeziehung haben sich vor, während und nach der Abwicklung an die Gebote der Verlässlichkeit, Rücksichtnahme und Loyalität zu halten, die durch die folgenden einzelnen **Funktionen** konkretisiert werden. **Ergänzungsfunktion:** Bestehende Vertragspflichten sind nach Treu und Glauben zu konkretisieren, neue Nebenpflichten zur Sicherung der Durchführung des Vertrags oder zum Schutz des Vertragspartners werden nach Treu und Glauben begründet. **Schrankenfunktion:** Treu und Glauben bilden eine immanente Schranke für die Ausübung bestehender Rechte. **Korrekturfunktion:** Rechtsverhältnisse können nach Treu und Glauben an die veränderten Umstände angepasst werden (Geschäftsgrundlagenstörung, § 313). 1

II. Beschränkung von Rechten

In seiner **Schrankenfunktion** führt der Grundsatz von Treu und Glauben dazu, dass ein „an sich" bestehendes Recht nicht (vollständig) ausgeübt werden darf. Der Schranke für den Gläubiger entspricht jeweils eine **Einwendung** für den Schuldner, gegen den die Leistungsverpflichtung im Rahmen der Schranke nicht durchgesetzt werden kann. 2

1. Rechtsmissbräuchliches Verhalten. Fallgruppen: **a) Pflicht zur alsbaldigen Rückgewähr** (dolo agit, qui petit, quod statim redditurus est). Rechtsmissbräuchlich ist die Einforderung von Gegenständen, die der Gläubiger aus einem anderen Rechtsgrund (zB Schadensersatz oder ungerechtfertigte Bereicherung) sofort wieder zurückgewähren müsste. Bsp: Erhebung der Drittwiderspruchsklage, wenn Kläger mithaftet, vgl ferner §§ 273, 387. **b) Fehlendes schutzwürdiges Eigeninteresse** des Berechtigten. Bsp: Auskunftsklage, um die Informationen zu Wettbewerbszwecken zu gebrauchen. **c) Unredliches Verhalten** des Berechtigten beim Erwerb der Rechtsposition (Bsp: Schadensersatzgläubiger hat den Vertragsbruch selbst provoziert) oder Vereitelung von Gegenrechten der anderen Partei. **d) Unverhältnismäßigkeit.** Geringfügige Pflichtverletzungen dürfen nicht zum Anlass für weitreichende Rechtsfolgen gemacht werden. Bsp: Rücktritt wegen geringfügiger Fristüberschreitung. 3

4 **2. Widersprüchliches Verhalten** (venire contra factum proprium) gibt dem Verpflichteten dann ein Leistungsverweigerungsrecht, wenn die Ausübung des Rechtes zu dem bisherigen Verhalten des Berechtigten in unlösbarem Widerspruch steht und durch den Wechsel das schutzwürdige Vertrauen des Verpflichteten enttäuscht würde. Auf ein Verschulden kommt es nicht an. Bsp: Wechsel der Rechtsansicht ist idR zulässig; anders, wenn der Berechtigte eine zweifelhafte Vertragsbestimmung längere Zeit in einer bestimmten Weise ausgelegt und der andere Teil sich darauf eingerichtet hat.

5 Unterfall des widersprüchlichen Verhaltens ist die **Verwirkung.** Voraussetzungen: **a)** Berechtigter macht längere Zeit einen Anspruch nicht geltend oder übt ein Gestaltungsrecht nicht aus (Zeitmoment); **b)** Hinzutreten besonderer Umstände, die die Verspätung als treuwidrig erscheinen lassen (Umstandsmoment; idR steht es jedem Berechtigten frei, Verjährungs- bzw Ausschlussfristen voll auszuschöpfen). Bsp: Verwirkung, wenn Anspruch erstmals 20 Jahre nach Erbfall geltend gemacht wird, obwohl über einen zusammenhängenden Anspruch ein Vergleich geschlossen wurde.

§ 243. Gattungsschuld

(1) **Wer eine nur der Gattung nach bestimmte Sache schuldet, hat eine Sache von mittlerer Art und Güte zu leisten.**

(2) **Hat der Schuldner das zur Leistung einer solchen Sache seinerseits Erforderliche getan, so beschränkt sich das Schuldverhältnis auf diese Sache.**

I. Gattungsschuld

1 **1. Begriff.** Bei einer Gattungsschuld legen die Vertragsparteien den Leistungsgegenstand nicht – wie bei der Stückschuld – individuell fest, sondern bestimmen ihn nur nach seinen Gattungsmerkmalen, wie zB Typ, Eigenschaften usw. Für die Festlegung der Gattung, aus der der Leistungsgegenstand stammen muss, kommt es auf das **subjektive Verständnis** der Parteien an; daher muss der Leistungsgegenstand keine vertretbare Sache (§ 91; objektiver Maßstab) sein, obwohl dies meist der Fall ist. Bsp: Wird ein Grundstück in A-Dorf mit Seeblick geschuldet, so liegt eine Gattungsschuld, jedoch keine vertretbare Sache vor. Dagegen keine Gattungsschuld, aber vertretbare Sache, wenn ein bestimmter einzelner Neuwagen verkauft ist. Weder Gattungsschuld noch vertretbare Sache, wenn es um einen konkreten Gebrauchtwagen geht: Dieser ist auch nach (objektiver) Verkehrsanschauung nicht ohne weiteres austauschbar. Bei einer beschränkten Gattungsschuld **(Vorratsschuld)** hat der Schuldner die Leistung aus einem bestimmten Vorrat zu erbringen.

2 **2. Bedeutung.** Da mehrere erfüllungsgeeignete Stücke vorhanden sind und der Schuldner nach Abs 1 nur zur Leistung irgendeines Stückes mittlerer Art und Güte verpflichtet ist (Leistungserleichterungen bei der Gattungsschuld), trifft ihn bei Unvermögen eine **Beschaffungspflicht;** er trägt das Beschaffungsrisiko (vgl § 276 Rz 9). Im Unterschied zur Stückschuld befreit der Untergang einer Gattungssache den Schuldner also nicht von der Leistung (vgl § 275 Rz 3). Er bleibt solange verpflichtet, wie noch Gegenstände aus der Gattung vorhanden sind; Freiwerden erst bei Untergang der gesamten Gattung, bei der Vorratsschuld des gesamten Vorrats. Bei Schlecht- oder aliud-Lieferung kann der Gläubiger die Sache zurückweisen und die Einrede des nichterfüllten Vertrags erheben (§ 320). Er kann aber auch Mängelansprüche geltend machen (§§ 434 I, III, 437, 439).

II. Konkretisierung (Abs 2)

3 Durch die Konkretisierung wird die Gattungsschuld zur Stückschuld.

4 **1. Voraussetzungen.** Wann der Schuldner das „seinerseits Erforderliche getan" (dh die Leistungshandlung erbracht) hat, hängt von der Art der Schuld ab. Mindestvorausset-

zung ist stets das Auswählen und Aussondern einer vertragsgemäßen Sache (arg: „Leistung einer solchen Sache“, also einer „Sache von mittlerer Art und Güte“). Bei einer **Bringschuld** muss die Sache dem Gläubiger zudem an seinem Wohnsitz in einer Annahmeverzug begründenden Weise iSd § 294 tatsächlich angeboten werden. Bei einer **Schickschuld** genügt Auslieferung der Sache an die Transportperson. Bei einer **Holschuld** tritt Konkretisierung mit dem Aussondern und dem wörtlichen Angebot iSd § 295 an den Gläubiger ein. Ist die Sache mangelhaft, so tritt keine Konkretisierung nach Abs 2 ein; doch kann der Käufer nach § 439 als Nacherfüllung die Beseitigung des Mangels verlangen und damit die Konkretisierung herbeiführen (dazu *Medicus/Petersen* Rz 260).

2. Rechtsfolgen. a) Durch den Übergang der Gattungsschuld in eine Stückschuld wird der Schuldner bei zufälligem Untergang des Leistungsgegenstandes von seiner Verpflichtung zur Leistung frei (§ 275 I). Vor Konkretisierung kann die Leistungsgefahr, also das Risiko des zufälligen Untergangs der Sache, nur nach § 300 II auf den Gläubiger übergehen, wenn er in Annahmeverzug kommt. 5

b) Bindung des Schuldners. Nach hM ist der Schuldner an eine einmal vorgenommene Konkretisierung grds gebunden. Arg: der Gläubiger soll schon vor vollständiger Erfüllung über die Ware disponieren können (vgl *MüKo-Emmerich* Rz 33 ff). Nach aA dient § 243 II nur dem Schutz des Schuldners (Übergang der Leistungsgefahr). Vor Erfüllung kann er auf diesen Schutz verzichten und die Konkretisierung rückgängig machen mit der Folge, dass die Leistungsgefahr an ihn zurückfällt (*Medicus* JuS 1966, 297; *Larenz* SchR I § 11 I). 6

§ 244. Fremdwährungsschuld

(1) **Ist eine in einer anderen Währung als Euro ausgedrückte Geldschuld im Inland zu zahlen, so kann die Zahlung in Euro erfolgen, es sei denn, dass Zahlung in der anderen Währung ausdrücklich vereinbart ist.**

(2) **Die Umrechnung erfolgt nach dem Kurswert, der zur Zeit der Zahlung für den Zahlungsort maßgebend ist.**

§ 245. Geldsortenschuld

Ist eine Geldschuld in einer bestimmten Münzsorte zu zahlen, die sich zur Zeit der Zahlung nicht mehr im Umlauf befindet, so ist die Zahlung so zu leisten, wie wenn die Münzsorte nicht bestimmt wäre.

§ 246. Gesetzlicher Zinssatz

Ist eine Schuld nach Gesetz oder Rechtsgeschäft zu verzinsen, so sind vier vom Hundert für das Jahr zu entrichten, sofern nicht ein anderes bestimmt ist.

§ 247. Basiszinssatz

(1) [1]**Der Basiszinssatz beträgt 3,62 Prozent.** [2]**Er verändert sich zum 1. Januar und 1. Juli eines jeden Jahres um die Prozentpunkte, um welche die Bezugsgröße seit der letzten Veränderung des Basiszinssatzes gestiegen oder gefallen ist.** [3]**Bezugsgröße ist der Zinssatz für die jüngste Hauptrefinanzierungsoperation der Europäischen Zentralbank vor dem ersten Kalendertag des betreffenden Halbjahrs.**

(2) **Die Deutsche Bundesbank gibt den geltenden Basiszinssatz unverzüglich nach den in Absatz 1 Satz 2 genannten Zeitpunkten im Bundesanzeiger bekannt.**

§ 248. Zinseszinsen

(1) **Eine im Voraus getroffene Vereinbarung, dass fällige Zinsen wieder Zinsen tragen sollen, ist nichtig.**

(2) [1]**Sparkassen, Kreditanstalten und Inhaber von Bankgeschäften können im Voraus vereinbaren, dass nicht erhobene Zinsen von Einlagen als neue verzinsliche Einlagen gelten sollen.** [2]**Kreditanstalten, die berechtigt sind, für den Betrag der von ihnen gewährten Darlehen verzinsliche Schuldverschreibungen auf den Inhaber auszugeben, können sich bei solchen Darlehen die Verzinsung rückständiger Zinsen im Voraus versprechen lassen.**

Vor §§ 249–253

Übersicht

I. Allgemeines

1 **1. Begriff und Inhalt des Schadensrechts.** Die §§ 249–253 regeln, ob und in welcher Höhe jemandem ein ersatzfähiger Schaden entstanden ist und auf welche Weise er Regulierung verlangen kann. Die Probleme der Schadensermittlung (näher unten Rz 3ff, 21ff) und die von Rspr und Lit entwickelten Grundsätze der Zurechnung des Schadens zu einer Rechts- bzw Pflichtverletzung des Schuldners (unten Rz 12ff) bilden den sog **haftungsausfüllenden Tatbestand** (sog „Schadensrecht"). Dagegen folgt aus den §§ 249ff keine Verpflichtung zum Schadensersatz dem Grunde nach; diese ergibt sich aus den (vertraglichen oder gesetzlichen) Anspruchsgrundlagen des Haftungsrechts (zB §§ 280–283, 678, 823, 989; sog **haftungsbegründender Tatbestand,** vgl Vor § 823 Rz 1).

2 **2. Grundsätze des Schadensrechts.** Das Schadensrecht ist geprägt von den Grundsätzen der **Totalreparation** („Alles-oder-nichts-Prinzip": auch bei leichtester Fahrlässigkeit muss der gesamte Schaden ersetzt werden; vgl aber § 254) und der **Naturalrestitution** (zu diesem § 249 Rz 1); letzterer wird ergänzt durch das **Kompensationsprinzip** (§ 251). Schließlich ist hervorzuheben, dass grds nur für Vermögensschäden eine Entschädigung in Geld gefordert werden kann (arg § 253; näher dazu sogleich).

II. Ermittlung des ersatzfähigen Schadens

1. Schadensbegriff. a) Grundsätze. Als „natürlichen Schaden“ bezeichnet man jede Einbuße, die jemand an seinen Lebensgütern (wie Ehre, Eigentum, Vermögen) erleidet. Darunter fallen materielle (Vermögens-)Schäden wie auch immaterielle (Nichtvermögens-)Schäden. Die Haftung für beide Schadensarten ist unterschiedlich ausgestaltet. Ein **Vermögensschaden** liegt nach der sog **„Differenzhypothese“** immer vor, wenn der Wert des Vermögens einer Person durch das schadensstiftende Ereignis geringer ist als der Wert, den es ohne dieses Ereignis hätte. Der Geschädigte kann zunächst Wiederherstellung des früheren Zustandes (Naturalrestitution, § 249) verlangen und, wenn diese nicht möglich oder nicht ausreichend ist, eine Entschädigung fordern (Kompensation, § 251). Die Ergebnisse der Differenzhypothese werden allerdings durch die Lehre vom normativen Schaden korrigiert (BGHZ 98, 212, 217; hierzu unten Rz 5). Ein **Nichtvermögensschaden** liegt vor, wenn eine Gegenüberstellung der Vermögenssituationen nach der Differenzhypothese nicht möglich ist (zB bei Ehrverletzung oder entgangener Urlaubsfreude). Wegen § 253 kann bei einem immateriellen Schaden grds nur Naturalrestitution verlangt werden (zB Widerruf der Ehrverletzung), die aber in der Praxis häufig nicht möglich oder ungenügend ist; nur in den gesetzlich vorgesehenen Fällen steht dem immateriell Geschädigten eine Entschädigung in Geld zu, so namentlich gem § 253 II; zur Verletzung des allgemeinen Persönlichkeitsrechts s § 823 Rz 17. 3

b) Kind als Schaden. aa) Verfassungsrechtliche Problematik. Schließt eine Patientin einen Beratungs- oder Behandlungsvertrag mit einem Arzt, um die Geburt eines Kindes ganz (zB durch Empfängnisverhütung) oder unter bestimmten Umständen (zB bei Schwerstbehinderung des Kindes) zu verhindern, und kommt es infolge eines Kunstfehlers des Arztes gleichwohl zu einer (so nicht gewollten) Geburt, so besteht Einigkeit, dass niemals das **Kind als Schaden** angesehen werden kann, denn dies widerspräche dem Schutz der Menschenwürde in Art 1 I GG. Dagegen behandelt der BGH in st Rspr die **Unterhaltspflicht** der Eltern für das Kind als einen Vermögensschaden, der zu ersetzen ist. Dabei ist nicht nur der eheliche, sondern grds auch der jeweilige nichteheliche Partner in den Beratungsvertrag einbezogen (BGH NJW 2007, 989). Dies hält der 2. Senat des BVerfG für mit Art 1 I GG unvereinbar (Urteil zum Schwangerschaftsabbruch, BVerfGE 88, 203, 295f), woran sich der BGH jedoch nicht gebunden sieht (BGHZ 124, 128; ferner NJW 1997, 1638, auch zur Ablehnung von Ersatz wegen Verdienstausfalls der Eltern). Allerdings soll bei einem unterbliebenen oder gescheiterten Schwangerschaftsabbruch ein Schadensersatzanspruch von vornherein ausscheiden, wenn sich der Schwangerschaftsabbruch nach den Kriterien des BVerfG als nicht rechtmäßig (sondern allenfalls straffrei) darstellt, vgl § 218a StGB (BGHZ 129, 178, 185; 149, 236). Diese Rspr ist vom 1. Senat des BVerfG als verfassungsgemäß bestätigt worden (BVerfGE 96, 375), ohne das Plenum anzurufen, wie es der 2. Senat des Gerichts für erforderlich gehalten hatte (BVerfGE 96, 409). Zum ganzen lesenswert *Stürner* JZ 1998, 317. **bb)** Vom **Schutzzweck** eines Arztvertrags zum Schwangerschaftsabbruch wird der Unterhaltsaufwand nur dann erfasst, wenn sich in seiner Entstehung durch den Behandlungsfehler eine Gefahr verwirklicht hat, der mit dem Schwangerschaftsabbruch begegnet werden sollte (näher zum Schutzzweckzusammenhang als Voraussetzung für den Schadensersatzanspruch unten Rz 15 sowie § 823 Rz 20, 34). Dies ist grds zu bejahen, wenn die Schwangere durch die Abtreibung vor einer unzumutbaren sozialen Notlage bewahrt werden sollte (sog soziale Indikation); anderes gilt, wenn die Notlage nachträglich entfallen ist (BGHZ 95, 199, 209f). Bei einer Abtreibung zum Schutz der Mutter vor gesundheitlichen Gefahren (sog medizinische Indikation) ist der vertragliche Schutzzweck dagegen nur berührt, wenn derartige Gefahren gerade erst für die Zeit nach der Geburt durch die psychi- 4 sche Belastung mit dem Unterhaltsaufwand für ein behindertes Kind drohen (BGH NJW 2002, 2636, 2639; dazu eingehend *G. Müller* NJW 2003, 697 ff).

5 **2. Lehre vom normativen Schaden. a) Allgemeines.** Nach der bloßen Differenzrechnung wären verschiedene Schäden nicht ersatzfähig, die rein rechnerisch keine Vermögenseinbuße bringen, obwohl sie bei wertender (normativer) Betrachtung nicht ohne Ausgleich bleiben können. So erleidet zB der verletzte Arbeitnehmer keinen Schaden aus seiner Arbeitsunfähigkeit, weil er Ausgleich durch den Lohnfortzahlungsanspruch und die Sozialversicherung erhält. Hier setzt die Lehre vom normativen Schaden an: Nach dem Normzweck der verletzten Haftungsnorm muss die Schadensregulierung auch den Gedanken der Sanktion und der Prävention Rechnung tragen. Daher muss der Schädiger im Beispielsfall für die Einbußen aus der Arbeitsunfähigkeit Ersatz leisten.

6 **b) Kommerzialisierung.** Die Rspr berücksichtigt den Gedanken der Kommerzialisierung. Danach kann in dem bloßen zeitweiligen Gebrauchsentzug von Gegenständen des Geschädigten ein Vermögensschaden liegen, obwohl der Entzug bei nichtgewerblicher Verwendung des Gegenstands in einer Vermögensbilanz unbeachtlich wäre und daher nicht zu einer bleibenden Vermögenseinbuße nach der Differenzmethode führt. Dennoch liegt ein Vermögensschaden vor, wenn die Nutzungsmöglichkeit des betreffenden Gegenstandes einen bestimmten objektiven **Marktwert** hat, so dass bei wertender Betrachtung allein die ständige Verfügbarkeit der Sache bereits einen (entziehbaren) Vermögenswert darstellt (kritisch zB *Larenz* SchR I § 29 II c). So hat der BGH entschieden, dass für die notwendige Reparaturzeit beschädigter **Kraftfahrzeuge** auch dann Entschädigung verlangt werden kann, wenn der Geschädigte sich kein Ersatzfahrzeug mietet (Nutzungsausfallentschädigung; BGHZ 40, 345; kritisch zB *Medicus/Petersen* Rz 824 ff). Später hat die Rspr das Kriterium der Kommerzialisierung **eingeschränkt:** Um der Gefahr einer Überdehnung in den Bereich des immateriellen Schadens zu entgehen, bedeute der Nutzungsentzug nur solcher Güter einen Vermögensschaden, die „von allgemeiner zentraler Bedeutung für die Lebenshaltung“, also objektivierbare Vermögensgüter, seien (BGHZ 98, 212, 223: bejaht für Nutzungsentziehung eines Wohnhauses; BGHZ 117, 260: verneint für eine nicht eigengenutzte Einliegerwohnung). Dementsprechend wurde eine Nutzungsausfallentschädigung für einen Pelzmantel (BGHZ 63, 393: „Luxus“) und für ein Sportboot (BGHZ 89, 60: Mittel zur Freizeitgestaltung) abgelehnt.

7 **c) Fallgruppen.** Neben den Fällen der Verletzung eines Arbeitnehmers (oben Rz 5) und dem Ersatz von Gebrauchsvorteilen (oben Rz 6) sind die folgenden Problemkreise hervorzuheben: **aa) Fehlgeschlagene Aufwendungen.** Keinen Vermögensschaden stellen nach Rspr und hM (zB *Larenz* SchR I § 29 II c aE) Aufwendungen dar, durch die der Geschädigte bereits vor dem Schadensfall Gebrauchsvorteile erworben hat, die er nach dem schädigenden Ereignis (zB einer Verletzung seiner Person) nicht mehr nutzen kann. Bsp: Kosten für Theaterkarte nach Autounfall auf dem Weg zum Theater; fehlgeschlagene Aufwendungen für PKW nach rechtswidriger Entziehung der Fahrerlaubnis. In diesen Fällen wird nicht die Sache selbst (vorübergehend) unbrauchbar, sondern lediglich die Person des Berechtigten daran gehindert, den in Aussicht genommenen Gebrauch zu machen. Für die allgemeinen Handlungsmöglichkeiten einer Person kann aber keine Entschädigung geleistet werden; denn andernfalls würde der Geschädigte selbst darüber bestimmen, was einen Vermögensschaden darstellt (*Medicus/Petersen* Rz 826). Für den Bereich des Vertragsrechts beachte jedoch § 284. **bb) Vertaner Urlaub.** Nachdem § 651 f II für nutzlos aufgewendete Urlaubszeit eine „angemessene Entschädigung in Geld“ zuspricht, ist deutlich, dass der vertane Urlaub nur als ausnahmsweise ersatzfähiger immaterieller Schaden (vgl § 253), nicht aber als Vermögensschaden eingestuft werden kann. Soweit also nutzlos aufgewendeter Urlaub im Einzelfall nicht in den Anwendungsbereich der §§ 651 a ff fällt

(wie zB bei einer Yachtcharter außerhalb einer Reiseveranstaltung), kommt ein normativer (Vermögens-)Schaden nicht in Betracht und auch nicht eine entsprechende Anwendung des § 651 f II (BGHZ 130, 128). **cc) Vorsorgekosten.** Problematisch ist die Ersatzfähigkeit von Vorsorgeaufwendungen, die der Geschädigte vorausschauend zur Schadensminimierung gemacht hat. Die (uneinheitliche) Rspr hat die Ersatzfähigkeit teils bejaht (BGHZ 32, 284: Kosten für die Haltung von Reservefahrzeugen eines Nahverkehrsunternehmens sind bis zur Höhe des sonst entstandenen Schadens zu ersetzen), teils abgelehnt (so für Sicherungs- und Überwachungsmaßnahmen wie Hausdetektive usw; andererseits sollen Fangprämien, die in einem angemessenen Verhältnis zum Warenwert stehen, ersatzfähig sein, BGHZ 75, 238). In der Lit wird der Ersatz von Vorsorgekosten schon deswegen abgelehnt, weil man einem einzelnen Schadensfall keinen konkreten Anteil der Gesamtkosten zuordnen könne. Im Übrigen müsse dem Schädiger ein auf Grund der Vorsorgemaßnahmen geringer Schaden ebenso zugutekommen, wie er für einen ungewöhnlich hohen Schaden einzustehen habe (*Larenz* SchR I § 29 II f).

3. Erfüllungs- und Vertrauensinteresse. Die Unterscheidung ist nur für be- 8
stimmte Anspruchsgrundlagen von Bedeutung: **a)** Haftet jemand wegen Nicht- oder Schlechterfüllung seiner vertraglichen Leistungspflichten auf Schadensersatz, so muss er den Vertragspartner so stellen, wie dieser stehen würde, wenn der Vertrag ordnungsgemäß erfüllt worden wäre (Schadensersatz statt der Leistung; Haftung auf das **Erfüllungsinteresse** oder positive Interesse, zB in §§ 280–283, 437 Nr 3, 536 a I, 634 Nr 4). Insbesondere muss er dem Geschädigten den (entgangenen) Gewinn ersetzen, den dieser bei ordnungsgemäßer Erfüllung (etwa durch einen Weiterverkauf des Vertragsgegenstands) gemacht hätte. **b)** Haftet jemand wegen Nichtzustandekommens eines wirksamen Rechtsgeschäfts für das enttäuschte **Vertrauen** des Verhandlungspartners (zB aus §§ 122, 179 II, aus c.i.c. gem §§ 311 II, 280 oder in Ausnahmefällen aus §§ 823 ff), so muss er diesen so stellen, als ob er auf die Wirksamkeit des Rechtsgeschäfts nicht vertraut hätte (Vertrauensschaden; Haftung auf das negative Interesse). Hier muss der Schädiger etwa für die Aufwendungen einstehen, die der Geschädigte im Vertrauen auf die Wirksamkeit des Rechtsgeschäfts gemacht hat; dagegen braucht er ihm nicht den Gewinn zu ersetzen, der ihm bei Durchführung des Geschäfts entstanden wäre. Das negative Interesse ist meist (aber nicht immer) geringer als das positive. In den gesetzlich geregelten Fällen ist die Haftung auf die Höhe des positiven Interesses beschränkt; diese Begrenzung wird für eine Haftung aus c.i.c. nicht angenommen. **c)** Für alle **anderen Anspruchsgrundlagen,** insbesondere für die Haftung wegen Verletzung fremder absoluter Rechte und Rechtsgüter und die Haftung für vertragliche Obhuts- und Sorgfaltspflichtverletzungen, tritt die Ersatzpflicht für entgangenen Gewinn unabhängig von obiger Differenzierung ein (§ 252).

4. Schadensberechnung. a) Grds ist der Schaden **konkret** zu berechnen; es sind 9
also die in jedem Einzelfall entstehenden wirtschaftlichen Nachteile nachzuweisen und zu ersetzen. Streiten die Parteien im Prozess über die konkrete Schadenshöhe und lässt sich diese nicht exakt ermitteln, so kann § 287 I ZPO zu einer Erleichterung der Darlegungslast zugunsten des Schadensersatzklägers führen. **b)** Die **abstrakte** Schadensberechnung (§ 252 S 2) erlaubt dem Geschädigten, seinen Schadensumfang nach dem gewöhnlichen Verlauf der Dinge zu bestimmen; dabei handelt es sich um eine Beweiserleichterung (Gegenbeweis möglich). Die abstrakte Schadensberechnung kommt vor allem für Kaufleute in Betracht (vgl BGH NJW 1980, 1742, 1743), denn bei ihnen ist davon auszugehen, dass sie ein entgangenes Geschäft jederzeit zu Marktpreisen hätten tätigen können. **c)** Dagegen fingiert die **abstrakt-normative** Schadensberechnung für einzelne Schadenssituationen einen bestimmten (typisierten) Schaden, ohne dass ein Gegenbeweis möglich wäre. Gesetzliche Bsp §§ 288 I 1, 849. **d)** Eine **dreifache Art der Schadensberechnung** ist im gewerblichen Rechtsschutz und Urheberrecht

anerkannt: Der Gläubiger kann wählen, ob er (1) den Ersatz seines tatsächlichen Schadens verlangt (konkrete Schadensberechnung) oder (2) die Zahlung einer Lizenzgebühr, wie sie im Falle rechtmäßiger Verwertung des Schutzrechts angemessen gewesen wäre (abstrakt-normative Schadensberechnung) oder (3) die Herausgabe des vom Verletzer erzielten Gewinns ohne die Einschränkung des § 818 III (vgl zB § 97 I 2 UrhG).

10 **5. Vorteilsausgleichung. a) Grundsätze.** Das Problem der Vorteilsausgleichung stellt sich, wenn dem Geschädigten im Zusammenhang mit dem schädigenden Ereignis auch gewisse Vermögensvorteile entstehen (Bsp: Passanten sammeln Geld für das Unfallopfer). Einigkeit besteht darüber, dass nicht alle durch den Schadensfall verursachten Vorteile im Sinne einer bloßen Differenzrechnung von dem Schaden abzuziehen sind, sondern dass es einer wertenden Betrachtung im Einzelfall bedarf. Die Rspr verlangt zunächst, dass der Vorteil in einem **adäquaten** Ursachenzusammenhang (s unten Rz 14) zu dem Schadensereignis steht (dagegen die Lit, die den Begriff der Adäquanz für zu unbestimmt hält). Darüber hinaus muss die Anrechnung des Vorteils dem **Zweck** der Schadensersatzpflicht entsprechen; sie darf den Geschädigten nicht unzumutbar belasten und den Schädiger nicht unbillig begünstigen. Dabei geht es nicht um eine pauschale Betrachtung sämtlicher Aktiv- und Passivposten; maßgebend ist vielmehr, ob der einzelne Vorteil mit dem jeweils geltend gemachten Schadensposten in einem qualifizierten Zusammenhang steht, der beide zu einer Art „Rechnungseinheit" verbindet. Es ist daher zu prüfen, ob und ggf welche einzelnen Vorteile sich bei wertender Betrachtung bestimmten Schadenspositionen zuordnen lassen (näher zu dieser Prüfung BGHZ 136, 52).

11 **b) Fallgruppen. aa)** Ob Vorteile auf Grund **eigener Handlungen des Geschädigten** anzurechnen sind, bemisst sich nach § 254 II: soweit die Handlungen durch die Schadensminderungspflicht erforderlich waren, sind die Vorteile anzurechnen; soweit sich der Geschädigte mehr als pflichtgemäß bemüht hat, kommt das ausschließlich ihm selbst zugute. **bb) Leistungen Dritter** anlässlich des Schadensfalls sollen regelmäßig dem Geschädigten zugutekommen und sind daher nicht anzurechnen. Das gilt für freigebige Leistungen (Sammlungen, Spenden usw) ebenso wie für vertraglich geschuldete, insbesondere für **Versicherungsleistungen.** Hier folgt die Nichtanrechnung schon daraus, dass der Versicherer in den meisten Fällen mit einer Legalzession Rückgriff beim Schädiger nehmen kann (so nach § 86 VVG für die Schadensversicherung und nach § 116 SGB X für die Sozialversicherung); dabei zeigt die Anordnung der cessio legis, dass der Versicherer neben dem Schädiger nur sekundär haften soll und also der Ersatzanspruch des Geschädigten zu Regresszwecken (ungekürzt) bestehen bleiben muss. **cc)** Die vielfältigen **anderen Vorteile,** wie zB Steuerersparnis, ersparte Aufwendungen (Verpflegungskosten während Krankenhausaufenthalt) oder der Zugewinn durch Erneuerung gebrauchter Sachen (Abzug neu für alt) sind regelmäßig anzurechnen. **dd)** Bei der Anrechnung von **Nutzungsvorteilen** (§ 100) im Rahmen der Rückabwicklung von Kaufverträgen ist allerdings zu beachten, dass nur solche Vorteile als anrechenbar in Betracht kommen, die gerade mit dem geltend gemachten Nachteil in einem qualifizierten Zusammenhang stehen. Verlangt etwa der Käufer einer Immobilie im Wege des großen Schadensersatzes (vgl § 281 Rz 5) neben der Rückzahlung des Kaufpreises auch Ersatz seiner Finanzierungskosten oder der Kosten für die Unterhaltung des Grundstücks, so muss er sich hierauf den nach dem üblichen Miet- oder Pachtzins zu berechnenden Wert der Eigennutzung anrechnen lassen. Beschränkt sich der Käufer hingegen darauf, den Leistungsaustausch rückgängig zu machen und Ersatz der Vertragskosten zu verlangen, ist als Nutzungsvorteil nur die abnutzungsbedingte Wertminderung der Immobilie „zeitanteilig linear" anzurechnen. Denn in diesem Fall macht der Käufer seine Investitionsentscheidung nicht rückgängig; einen Vorteil hat er nur insoweit erlangt, als eine abnutzungsbedingte Wertminde-

rung während der Dauer seiner Nutzung nicht mehr zu seinen Lasten, sondern zu Lasten des Verkäufers geht (BGHZ 167, 108).

III. Haftungsausfüllende Kausalität

1. Haftungsbegründende und haftungsausfüllende Kausalität. Der Schädiger muss nur für solche Schäden haften, die seinem pflichtverletzenden Verhalten zurechenbar sind. Als **„haftungsbegründende Kausalität"** bezeichnet man den ersten Teil dieses Zurechnungszusammenhangs, nämlich die Zurechnung einer Norm- oder Rechtsgutsverletzung zu einem bestimmten Verhalten des Schädigers (vgl § 823 Rz 19). Insoweit gehört die Zurechnung systematisch zum Haftungsrecht (vgl Vor § 823 Rz 1). Wenn die jeweilige Haftungsnorm – wie meistens – Verschulden voraussetzt, muss dieses sich auch auf die haftungsbegründende Kausalität beziehen. Dagegen ist die Zurechnung eines bestimmten Schadens zu dem begangenen Normverstoß oder der Rechtsgutsverletzung von einem Verschulden des Schädigers unabhängig. Dieser Teil der Zurechnungskette wird als **„haftungsausfüllende Kausalität"** bezeichnet und innerhalb des Schadensrechts geprüft. Abgesehen von der Verschuldensfrage folgen haftungsbegründender und haftungsausfüllender Tatbestand denselben Grundsätzen. Für den Ursächlichkeitsnachweis im Prozess findet für die haftungsbegründende Kausalität § 286 ZPO, für die haftungsausfüllende Kausalität dagegen § 287 I ZPO Anwendung (BGH NJW 1993, 3073, 3076). 12

2. Grundsätze der Zurechnung. a) Äquivalente Kausalität. Ausgangspunkt der Zurechnung ist eine naturwissenschaftliche Kausalität: die Norm- bzw Rechtsgutsverletzung muss notwendige Bedingung (conditio sine qua non) für den eingetretenen Schaden sein. Das ist der Fall, wenn die Verletzung nicht hinweggedacht werden kann, ohne dass gleichzeitig auch der Schaden entfiele. Da nach dieser Formel alle Bedingungen für den Schadenseintritt gleichwertig (äquivalent) sind, können auch ganz entfernt liegende Schäden zugerechnet werden (Bsp: Der LKW des S versperrt 10 Minuten lang rechtswidrig eine Autobahn. Dadurch gerät Autofahrer G 100 km weiter in einen Auffahrunfall; ohne die Sperrung hätte er die Unfallstelle zu diesem Zeitpunkt bereits passiert gehabt). Die äquivalente Kausalität bedarf daher der Einschränkung durch weitere Zurechnungskriterien. 13

b) Adäquanz. Die Rspr scheidet zunächst gänzlich unwahrscheinliche Kausalverläufe durch das Erfordernis der Adäquanz aus. Danach führen solche Schadensursachen nicht zu einer Zurechnung, die den Schaden nur unter Mitwirkung ganz außergewöhnlicher Umstände mit herbeigeführt haben; keine Zurechnung solcher Ursachen, bei denen nach allgemeiner Lebensauffassung ein Schaden der eingetretenen Art vernünftigerweise nicht in Betracht gezogen werden muss. Die Adäquanz von Schadensfolgen ist von der Rspr sehr weitgehend bejaht worden. So hat BGHZ 18, 286 einen Impfschaden zugerechnet, obwohl die Wahrscheinlichkeit des Schadenseintritts geringer als 0,01% war. Ebenso werden regelmäßig schwerste Gesundheitsschäden zugerechnet, die wegen einer geschwächten Konstitution des Opfers aus geringfügigen körperlichen Beeinträchtigungen entstehen. In der Lit wird das Kriterium der Adäquanz (im Sinne einer naturwissenschaftlichen Wahrscheinlichkeit) für zu unbestimmt und im Übrigen für nicht ausreichend gehalten. Erforderlich sei vielmehr eine wertende (normative) Beurteilung der Zurechnungsfrage. 14

c) Schutzzweck der Norm. Nach der Lehre vom Schutzzweck der Norm sind nur solche Schadensfolgen zurechenbar, vor denen die verletzte Haftungsnorm dem Geschädigten Schutz gewähren will. Diese Lehre ist seit jeher anerkannt für den Haftungsumfang bei § 823 II (s § 823 Rz 34), gilt heute aber im gesamten Deliktsrecht – für die Haftung aus § 823 I ebenso (vgl § 823 Rz 20) wie etwa für die Gefährdungshaftung nach § 7 StVG (dazu *Medicus/Petersen* Rz 635). Die Rspr hat die Schutzzwecklehre später auch auf die vertragliche Haftung angewandt (vgl etwa BGHZ 50, 15

200). Schließlich hat der BGH die Ersatzpflicht aus c.i.c. (§§ 280 I, 311 II) bei Verletzung von vorvertraglichen Beratungspflichten ebenfalls durch den Schutzzweck der verletzten Pflicht begrenzt (BGHZ 116, 209). Die Schutzzwecklehre hat aber auch Kritik erfahren (arg: den meisten Haftungsnormen lasse sich kein Anhaltspunkt für ihren „Schutzbereich" entnehmen, *Larenz* SchR I § 27 III b 2). Daher wird sie überwiegend **neben** dem Erfordernis der Adäquanz zur Haftungsbegrenzung herangezogen (*Jauernig-Teichmann* Rz 34).

16 **3.** Eine **besondere Schadensanfälligkeit** des Opfers lässt die Haftung des Schädigers regelmäßig auch für ungewöhnliche Schadensfolgen nicht entfallen. Wer einen gesundheitlich schon geschwächten Menschen verletzt, kann nicht verlangen, so gestellt zu werden, als wenn der Betroffene gesund gewesen wäre (BGHZ 132, 341, 345, st Rspr). Daher muss grds auch für Schäden gehaftet werden, die auf ein besonderes Leiden (Bluter) zurückzuführen sind. Dagegen keine Zurechnung bei ganz ungewöhnlichen Folgen; Bsp: Tritt auf den Fuß führt wegen Arterienschwäche zur Beinamputation (OLG Karlsruhe VersR 1966, 741); geringfügige Beleidigung führt zu Gehirnblutung (BGH NJW 1976, 1143). Auch für **psychische Folgeschäden,** die aus einer besonderen seelischen Labilität des Betroffenen erwachsen, hat der Schädiger grds einzustehen; es genügt die hinreichende Gewissheit, dass die psychisch bedingten Ausfälle ohne den Unfall nicht aufgetreten wären. Bsp: Wesensveränderung; Depressionen; Selbstverstümmelung. Einen Ausschluss der Zurechnung bejaht die Rspr in zwei Fallgruppen (BGHZ 132, 341; 137, 142). Zum einen für **Bagatellschäden:** Der Schädiger haftet für einen psychischen Folgeschaden nicht, wenn die Primärverletzung nur ganz geringfügig war (strenge Anforderungen!) und zudem nicht gerade speziell auf die Schadensanlage des Verletzten traf. Zum anderen für die sog **Renten- oder Begehrensneurose.** Hier nimmt der Geschädigte den Unfall lediglich zum Anlass, um den Schwierigkeiten des Erwerbslebens auszuweichen; in Wahrheit steht sein neurotisches Streben nach Sicherheit und Versorgung im Vordergrund. Im Übrigen kann die psychische Ausgangssituation des Geschädigten im Einzelfall bei der Bemessung der Höhe des Ersatzanspruchs berücksichtigt werden (BGHZ 137, 142, 151 ff verweist auf § 287 ZPO; andere nennen § 254).

17 **4. Hypothetische Kausalität. a) Problemstellung.** Das Problem der hypothetischen Kausalität (auch: „überholende Kausalität") stellt sich, wenn ein bestimmter Schaden kurze Zeit später ebenso durch eine andere Ursache (sog **„Reserveursache"**) eingetreten wäre; Bsp: Eine eingeworfene Fensterscheibe wäre wenige Stunden später durch die Druckwelle einer nahen Explosion zerstört worden. Hier ist zu fragen, ob der Schaden dennoch dem für die Erstursache Verantwortlichen (zur Gänze) zugerechnet werden kann.

18 **b) Fallgruppen.** Die heute hM hält Reserveursachen grds für beachtlich, da der Schädiger nach der Differenzhypothese (oben Rz 3) den Geschädigten nur für die Folgen der von ihm selbst gesetzten Schadensursachen entschädigen muss (*Jauernig-Teichmann* Rz 42 ff; aA etwa *Larenz* SchR I § 30 I: Berücksichtigung nur hinsichtlich des Folgeschadens möglich). Der Ansatz der hM wird innerhalb der folgenden Fallgruppen nach Billigkeitsgesichtspunkten konkretisiert: **aa) Schadensanlage.** Das Vorhandensein einer Reserveursache führt zu einer Minderung des (zurechenbaren) Schadens, wenn das Schadensobjekt bereits zZt der tatsächlich eingetretenen Schädigung eine Schadensanlage in sich trug, die wenig später unausweichlich denselben Schaden herbeigeführt hätte (Bsp: Verletzung einer Person, die infolge schwerer Krankheit ohnehin in Kürze erwerbsunfähig geworden wäre; weitere Bsp bei *Palandt-Heinrichs* Rz 99). Hier muss der Schädiger nur für den durch die Erstursache entstandenen Mehrschaden haften. **bb) Hypothetische Ersatzpflicht Dritter.** Nicht in Betracht kommt die Berücksichtigung einer Reserveursache, die zu der hypothetischen Ersatzpflicht eines Dritten führen würde. Denn der Dritte haftet nicht, weil er

den Schaden nicht tatsächlich verursacht hat (im Bsp oben Rz 17 keine Haftung des für die Explosion Verantwortlichen für die vorher schon zerbrochene Scheibe); und eine Anspruchsminderung zulasten des Geschädigten wäre unbillig. **cc) Vermögensfolgeschäden.** Für Schäden, die sich erst im Laufe der Zeit entwickeln (zB Nutzungsausfall, Verdienstausfall), ist die Berücksichtigung der Reserveursache allgemein anerkannt. Wie in den Fällen oben Anm aa) haftet der Erstverursacher nur bis zu dem Zeitpunkt, in dem der Schaden auch auf Grund der Reserveursache eingetreten wäre.

5. Rechtmäßiges Alternativverhalten. a) Problemstellung. Der Schädiger kann sich auch auf einen besonderen hypothetischen Kausalverlauf berufen, nämlich darauf, dass bei einem rechtmäßigen Verhalten derselbe (oder ein ähnlicher) Schaden eingetreten wäre. Bsp (nach BGHSt 11, 1): Ein LKW-Fahrer, der einen betrunkenen Radfahrer mit zu geringem Abstand überholt und verletzt, beruft sich darauf, dass der Radler auch bei ausreichendem Sicherheitsabstand gestürzt und überrollt worden wäre. 19

b) Grundsätze. Die Frage, ob der Einwand eines rechtmäßigen Alternativverhaltens beachtlich ist (Folge: Schadensausschluss oder -minderung), hängt vom **Schutzzweck** der verletzten Norm ab (hM; BGHZ 96, 173; *Jauernig-Teichmann* Rz 48): Regelmäßig führt der Einwand zur Minderung der Ersatzpflicht, weil die Haftungsnormen meist nur die Herbeiführung eines bestimmten rechtswidrigen Erfolges verhindern wollen. So braucht zB der vor seinem Arbeitsantritt wieder kündigende Arbeitnehmer nicht die Inseratkosten für die Suche nach seinem Nachfolger zu bezahlen; denn die (verletzte) Pflicht zum Arbeitsantritt soll nicht verhindern, dass durch eine (fristgemäße oder vertragswidrige) Kündigung neue Inseratkosten entstehen (BAG NJW 1984, 2846; vgl auch *Medicus/Petersen* Rz 852f). Anders ist es, wenn die verletzte Haftungsnorm nicht nur die Schadensfolge verhindern, sondern darüber hinaus bestimmte Verfahren garantieren will; in diesem Fall wird der Schädiger mit dem Einwand rechtmäßigen Alternativverhaltens nicht gehört. So hat BAGE 6, 376 der wegen Bruchs der Friedenspflicht verklagten Metallarbeiter-Gewerkschaft den Einwand versagt, den Arbeitgebern wäre derselbe Schaden auch bei späterer (rechtmäßiger) Ausrufung des Streiks entstanden. Arg: das (verletzte) Prinzip der Vertragstreue sei ein oberster Grundsatz unserer Rechtsordnung; zudem würde sonst das Prinzip der zivilrechtlichen Prävention unterlaufen. Eine andere Begründung gibt *Medicus/Petersen* Rz 853: Die verletzte Friedenspflicht sollte den Streik nicht nur hinauszögern, sondern ganz verhindern. 20

IV. Kreis der Ersatzberechtigten

1. Grundsätze. Bei Vertragsverletzungen beschränkt sich die Ersatzpflicht grds auf die dem Vertragspartner entstandenen Schäden (Grundsatz der **Relativität,** s Vor § 241 Rz 1; gesetzliche Ausnahme beim Vertrag zugunsten Dritter, § 328). Bei gesetzlichen, insbesondere deliktischen Ersatzansprüchen ist nur derjenige ersatzberechtigt, in dessen Rechte oder Rechtsgüter eingegriffen wurde (**Tatbestandsprinzip;** gesetzliche Ausnahmen §§ 844, 845, beachte auch § 618 III). Rspr und Lehre haben mit den Instituten des „Vertrags mit Schutzwirkung für Dritte" und der „Drittschadensliquidation" Ausnahmen von diesen Grundsätzen entwickelt (zu diesen sogleich). Eine Ausweitung der Schadensersatzpflicht auf Dritte bringt auch die Rspr zur Zurechnung mittelbarer Verletzungen (Bsp: Schockschaden bei Nachricht vom Unfall eines nahen Angehörigen, § 823 Rz 20). Bei weiteren Ausnahmen von der Subjektbezogenheit des Schadens ist Zurückhaltung geboten, um das Haftungsrisiko in Grenzen zu halten. Systematisch gehört der hier behandelte Fragenkomplex zum Haftungsrecht (vgl oben Rz 1). 21

2. Vertrag mit Schutzwirkung für Dritte (VSD). a) Allgemeines. aa) Funktion. Der VSD bewirkt eine Ausweitung der vertraglichen Haftung zugunsten Dritter durch Auferlegung vertraglicher Sorgfaltspflichten (§ 241 II; nicht: Hauptleistungs- 22 pflichten, vgl Vor § 241 Rz 3) gegenüber bestimmten Nichtvertragspartnern. Er bildet damit eine Ausnahme vom Grundsatz der Relativität (oben Rz 21). Zur Begründung wird darauf verwiesen, dass die Deliktshaftung (insbesondere wegen § 831) in manchen Bereichen nicht ausreichend sei. **bb) Rechtsgrundlage.** Die Rspr hat den VSD als Analogie zum (echten) Vertrag zugunsten Dritter (§§ 328ff) entwickelt und ihn später mit dem Gedanken der ergänzenden Vertragsauslegung (§§ 133, 157, 328 II) gerechtfertigt (zB BGHZ 56, 273). Nach dem Wortlaut scheint nunmehr § 311 III 1 zu passen, auf den sich manche berufen. Doch begründet diese Vorschrift nur eine Haftung des Dritten und nicht dessen Berechtigung; außerdem betrifft sie nur die c.i.c. (RegBegr BT-Drucks 14/6040, 161; *Petersen* Rz 464). Insgesamt bleibt wegen der Unabhängigkeit von einem bestehenden Vertragsverhältnis und mangels einer deutlichen gesetzlichen Grundlage am ehesten die Einordnung: richterliche Rechtsfortbildung des dispositiven Gesetzesrechts nach dem Grundsatz von Treu und Glauben (§ 242; *Larenz* SchR I § 17 II; *Jauernig-Stadler* § 328 Rz 21 mwN).

23 **b) Voraussetzungen. aa) Sonderbeziehung.** Zwischen dem Schädiger und dem Gläubiger (Hauptparteien) muss ein (beliebiger) schuldrechtlicher Vertrag oder ein vertragsähnliches Verhältnis (zB vorvertragliches Vertrauensverhältnis, § 311 II) bestehen. **bb) Leistungsnähe des Dritten.** Der Dritte muss bestimmungsgemäß in den Bereich der Vertragsausführung geraten, so dass ihn eine Schlechtleistung ebenso trifft wie den Gläubiger (Drittbezogenheit der Leistung). Dabei wird gefordert, dass der Dritte mit einer schlecht erfüllten Hauptleistung (und nicht nur einer Nebenleistung) des Schädigers in Berührung kommt (BGHZ 133, 168 „Nitrierofen“). Dies kann jedoch – mangels einer Hauptleistung – nicht für die c.i.c. gelten, auf welche die Grundsätze des VSD ebenfalls anwendbar sind (vgl RegBegr BT-Drucks 14/6040, 163). Unter anderem deswegen wird in der Lit zT vorgeschlagen, das Kriterium der Leistungsnähe generell auf die Rücksichtspflichten des § 241 II zu beziehen (*M. Schwab* JuS 2002, 872, 873ff). **cc) Schutzwürdiges Interesse des Gläubigers an der Einbeziehung des Dritten.** Ursprünglich hat die Rspr einen VSD nur angenommen, wenn der Gläubiger im Rahmen eines Fürsorgeverhältnisses mit personenrechtlichem Einschlag für das **„Wohl und Wehe“** des Dritten verantwortlich war (zB Einbeziehung von Familienangehörigen in einen Mietvertrag; Einbeziehung von Arbeitnehmern oder Mitgesellschaftern). In jüngerer Zeit stellt sie darauf ab, ob der Gläubiger ein schutzwürdiges Interesse an der Einbeziehung des Dritten in den Schutzbereich hat, ob also die Vertragsauslegung im Einzelfall eine Einbeziehung in den vertraglichen Schutzbereich rechtfertigt (BGH NJW 1984, 355: Sachverständiger haftet nicht nur seinem für eine Gruppe handelnden Auftraggeber, sondern auch einem anderen Gruppenmitglied für fehlerhafte Begutachtung). Es soll auch schon genügen, dass den Gläubiger eine **Obhutspflicht** für eingebrachte Sachen Dritter trifft (BGHZ 49, 350: Vermieter haftet für die bei seinem Mieter untergestellten Sachen eines Dritten, die bei einem Brand infolge eines anfänglichen Mangels der Mietsache – § 536a I Alt 1 – zerstört werden). Die Einbeziehung des Dritten soll nicht einmal dadurch ausgeschlossen sein, dass der Gläubiger und der Dritte **gegenläufige Interessen** verfolgen (BGH NJW 2009, 217 Nr 17; aA *Canaris* JZ 1995, 441, 443f, der eine Haftung aus c.i.c. annimmt; vgl auch § 311 Rz 8). Der (nicht bloß „private“) Sachverständige, der ein Immobilien-Wertgutachten für den Verkäufer erstellt, haftet daher auch dem Käufer für Gutachtenfehler (BGH aaO). Bei fehlerhafter Abschlussprüfung nach §§ 316ff HGB kommt eine Haftung des Prüfers gegenüber dem späteren Erwerber des Unternehmens in Betracht, wenn die Prüfung erkennbar auch in dessen Interesse durchgeführt wurde (BGHZ 138, 257). In der Lit wird kritisiert, dass die Aufgabe des Merkmals der Personenbezogenheit zu einer unübersehbaren Ausweitung des VSD und damit zu einer unbilligen Haftungsverschärfung führe. Die Fälle bloßer Obhutspflicht zwischen Gläubiger und Drittem seien besser mit dem Instrument der Drittschadensliquidation (unten Rz 25ff) zu lösen (typische Schadensverlagerung;

Medicus/Petersen Rz 842). Durch die Einbeziehung von Fällen gegenläufiger Interessen verliert der VSD weiter an Konturen. **dd) Erkennbarkeit.** Der Schädiger muss, damit die Ausweitung seiner Haftung in Grenzen und zumutbar (kalkulierbar) bleibt, erkennen können, dass Dritte in den Schutzbereich des Vertrags nach Anm bb) und cc) einbezogen waren. Die Person des zu schützenden Dritten braucht ihm aber nicht bekannt zu sein. So hat der Ersteller eines Wertgutachtens über ein zu beleihendes Grundstück regelmäßig damit zu rechnen, dass neben dem auf das Gutachten vertrauenden Kreditgeber auch ein mit diesem zusammenarbeitender Bürge einbezogen ist (BGH NJW 1998, 1059). Einbezogene Dritte können bei einem solchen Gutachten auch mehrere, namentlich nicht bekannte private Kreditgeber sein, wenn der Gutachter nach dem Inhalt des ihm erteilten Auftrags wusste oder damit rechnen musste, dass das Gutachten zur Erlangung von Krediten dienen werde; denn sein Haftungsrisiko bleibt auch bei einer Vielzahl von Kreditgebern auf den von ihm festgestellten Wert des Grundstücks begrenzt (BGHZ 159, 1). **ee) Schutzbedürftigkeit des Dritten.** Ansprüche aus einem VSD scheiden aus, wenn ein Schutzbedürfnis des Dritten nicht besteht; das ist im allgemeinen dann der Fall, wenn ihm eigene vertragliche Ansprüche gegen den Gläubiger zustehen, die zumindest einen gleichwertigen Inhalt haben wie diejenigen, die ihm aus dem VSD zukämen (BGHZ 133, 168, 176 „Nitrierofen"; ferner BGHZ 70, 330: Kein Anspruch aus einem VSD des Untermieters U gegen den Vermieter aus § 536a, weil U gegen den Mieter aus § 536a vorgehen kann).

c) Rechtsfolgen. Der Dritte hat einen eigenen vertraglichen Schadensersatzanspruch gegen den Schädiger (§§ 280 I, 241 II). Er kann aber grds aus dem drittschützenden Vertrag keine weitergehenden Rechte geltend machen als der Gläubiger selbst. Daher muss er einen vertraglichen Haftungsausschluss der Hauptparteien ebenso wie andere Einwendungen aus dem Vertrag gegen sich gelten lassen (Rechtsgedanke des § 334); bei gegenläufigen Interessen des Gläubigers und des Dritten passt dieser Rechtsgedanke jedoch nicht; nach BGHZ 127, 378, 385 soll er „aus der Natur des Vertrags" (stillschweigend) von Schuldner und Gläubiger abbedungen sein (kritisch zu dieser Konstruktion *Medicus* JZ 1995, 309). Aus demselben Grund muss sich der Dritte bei einem Anspruch aus VSD ein **Mitverschulden** des Gläubigers auch dann zurechnen lassen, wenn die Voraussetzungen der §§ 254 II 2, 278 nicht vorliegen: Der Schädiger soll gegenüber dem Dritten nicht weiter haften, als er gegenüber seinem unmittelbaren Gläubiger haften würde. 24

3. Drittschadensliquidation. a) Allgemeines. Tritt ein Schaden aufgrund besonderer Umstände nicht beim Anspruchsinhaber, sondern bei einem (mit diesem in rechtlicher Verbindung stehenden) Dritten ein, so kann der Anspruchsinhaber den Schaden des Dritten bei dem Schädiger liquidieren (hM; BGHZ 40, 100; vgl *Larenz* SchR I § 27 IV). Der Grundsatz der Subjektbezogenheit des Schadens (oben Rz 21) steht nicht entgegen, da er nur personelle Anspruchshäufungen verhindern will, die aber bei einer **Schadensverlagerung** nicht auftreten. Es herrscht vielmehr Einigkeit, dass der Schädiger nicht infolge der Schadensverlagerung frei ausgehen darf. 25

b) Fallgruppen. Eine typische Schadensverlagerung wird in folgenden Fallgruppen bejaht: **aa) Obligatorische Gefahrentlastung.** In manchen Fällen bewirkt das Gesetz durch die Gefahrtragungsregeln oder auf andere Weise, dass jemand trotz der Zerstörung oder Beschädigung seiner Sachen rein rechnerisch keinen Vermögensschaden erleidet. So hat der Erbe keinen Schaden, wenn der noch bei ihm befindliche **Vermächtnisgegenstand** durch einen Dritten zerstört wird (von seiner Verpflichtung aus § 2174 wird der Erbe nach § 275 frei); dagegen hat der Vermächtnisnehmer mangels Eigentums keinen Anspruch. Beim **Werkvertrag** tritt wegen § 644 dieselbe Situation ein, wenn das noch nicht abgenommene Werk beim Besteller durch einen Dritten vernichtet wird. Das beim **Versendungskauf** gleichgelagerte Problem (wegen § 447 kein Schaden beim Verkäufer, der den Anspruch auf den Kaufpreis behält; kein An- 26 spruch beim Käufer, da dieser weder Eigentümer der Kaufsache noch Partei des verletzten Transportvertrags ist) wurde für die praktisch wichtigsten Fälle der Einschaltung eines gewerblichen Transporteurs durch das Transportrechtsreformgesetz von 1998 entschärft: Laut § 421 I 2 HGB kann der Empfänger nunmehr die Ansprüche aus dem Transportvertrag im eigenen Namen gegen den Frachtführer geltend machen. Ungeregelt bleiben aber die Fälle der Einschaltung einer nicht gewerblich handelnden oder einer schuldnereigenen Transportperson (zur Frage, ob bei letzterer § 447 überhaupt anwendbar ist, s § 447 Rz 7ff). – In der Lit wird vertreten, dass die Fälle der obligatorischen Gefahrentlastung nicht mit der Drittschadensliquidation, sondern durch Annahme eines **normativen Schadens** beim Anspruchsinhaber zu lösen sind (*Larenz* SchR I § 27 IV b 1). Der wirtschaftlich geschädigte Dritte kann dann nach § 285 Abtretung des Anspruchs verlangen. Vorteil: Der zu ersetzende Schaden berechnet sich allein aus der Person des Anspruchsinhabers und nicht aus der Person des Dritten, mit dem der Schädiger nichts zu tun gehabt hat. **bb) Obhutsfälle.** Wer als berechtigter Besitzer einer Sache (etwa eines geliehenen Autos) dieselbe in die Obhut eines anderen gibt (etwa eines Verwahrers, Reparaturunternehmers), hat, wenn dieser die Sache schädigt, selbst nur den Nutzungsausfallschaden. Den Substanzschaden erleidet der Dritte (Eigentümer), der allenfalls deliktische Ansprüche gegen den Schädiger hat. Hier kann der Besitzer mit seinem vertraglichen Anspruch den Schaden des Eigentümers geltend machen (wichtig wegen der Haftungsunterschiede, zB § 278/ § 831!). **cc) Mittelbare Stellvertretung.** Ähnlich wie in den Obhutsfällen ist es, wenn jemand im eigenen Namen, aber für fremde Rechnung Verträge schließt (mittelbarer Stellvertreter, zB Kommissionäre, Treuhänder). Auch hier hat der Hintermann bei Pflichtverletzungen des Vertragspartners den Schaden, jedoch höchstens einen deliktischen Anspruch.

27 **c) Rechtsfolgen.** Der Anspruchsinhaber kann den Schaden des Dritten bei dem Schädiger liquidieren (der Schaden wird zum Anspruch „gezogen"). Der Dritte kann Abtretung des so entstandenen Schadensersatzanspruchs aus § 285 oder gem § 242 verlangen. Der Umfang des Schadens bemisst sich aus der Person des Dritten. Dieser muss sich ein Mitverschulden des Anspruchsinhabers anrechnen lassen (BGH NJW 1972, 289).

§ 249. Art und Umfang des Schadensersatzes

(1) **Wer zum Schadensersatz verpflichtet ist, hat den Zustand herzustellen, der bestehen würde, wenn der zum Ersatz verpflichtende Umstand nicht eingetreten wäre.**

(2) [1]**Ist wegen Verletzung einer Person oder wegen Beschädigung einer Sache Schadensersatz zu leisten, so kann der Gläubiger statt der Herstellung den dazu erforderlichen Geldbetrag verlangen.** [2]**Bei der Beschädigung einer Sache schließt der nach Satz 1 erforderliche Geldbetrag die Umsatzsteuer nur mit ein, wenn und soweit sie tatsächlich angefallen ist.**

1 **1.** Die Vorschrift drückt den das Schadensrecht tragenden Grundsatz der **Naturalrestitution** aus: Der Geschädigte kann gemäß Abs 1 in erster Linie Wiederherstellung verlangen, und zwar unabhängig davon, ob er in seinen materiellen oder immateriellen Gütern verletzt ist (Bsp: Heilungskosten für Verletzung einerseits, Widerruf einer ehrverletzenden Behauptung andererseits; vgl näher zu diesem Unterschied Vor §§ 249ff Rz 3). Der Geschädigte wird also grds in seinem **Integritätsinteresse** (Erhaltungsinteresse) und nicht bloß in seinem Wert- oder Summeninteresse (näher zu dieser Differenzierung § 251 Rz 1) geschützt (Ausnahme: § 251 II).

2 Anstelle der Wiederherstellung kann der Geschädigte **Schadensersatz in Geld** verlangen, wenn eine Personenverletzung oder Sachbeschädigung vorliegt (Abs 2 S 1),

wenn eine zur Herstellung gesetzte Frist verstrichen (§ 250) oder die Wiederherstellung nicht möglich oder nicht ausreichend ist (§ 251 I; Ausdruck des Kompensationsprinzips). Der Geldersatz ist praktisch die Regel, nicht die Ausnahme.

2. Naturalrestitution durch Geldersatz. Abs 2 S 1 gibt dem Gläubiger eine Ersetzungsbefugnis: Bei Personenverletzungen und Sachschäden soll er sich nicht ausgerechnet in die Hände des Schädigers begeben müssen, sondern die Wiederherstellung auf dessen Kosten selbst bewirken können. Da auch Abs 2 S 1 eine Art der Naturalrestitution darstellt, setzt der Anspruch voraus, dass die Herstellung noch möglich ist; ansonsten wird gem § 251 I nur Kompensation geschuldet (zu den Unterschieden im Haftungsumfang § 251 Rz 1). Die Veräußerung einer beschädigten (unreparierten) Sache macht die Naturalrestitution nicht unmöglich (str; vgl *Palandt-Heinrichs* Rz 7). Bei Sachschäden ist der Geschädigte grds frei, ob er den geschuldeten Betrag zur Wiederherstellung verwendet oder nicht; anders bei Personenschäden (BGHZ 97, 14: kein Anspruch aus Abs 2 S 1, wenn der Geschädigte eine geschuldete Narbenkorrektur nicht durchführen lässt; arg: sonst Umgehung des § 253 I). 3

Bei einem **Kfz-Schaden** kann der Geschädigte auf zweierlei Weise Naturalrestitution erreichen: Er kann die Kosten für die Reparatur (Integritätsinteresse) oder die für die Anschaffung eines gleichwertigen Ersatzfahrzeugs (Wertinteresse) verlangen. Auch die letztere Art der Schadensbeseitigung ist nach der Rspr eine Form der Naturalrestitution und unterfällt also dem § 249 und nicht dem § 251 (BGHZ 162, 161, 164; abweichend *Medicus/Petersen* Rz 818). In den Grenzen des Wirtschaftlichkeitsgebots und des Verbots einer Bereicherung durch Schadensersatz ist der Geschädigte in seiner Wahl der Schadensbehebung grds frei. Diese Wahl erfolgt regelmäßig auf Grundlage eines Gutachtens, das Wiederbeschaffungswert (Wert des Fahrzeugs vor Schädigung), Restwert und eine Prognose über die Reparaturkosten ausweist. **a) Kosten einer durchgeführten Reparatur** kann der Geschädigte grds ohne weitere Voraussetzungen bis zur Höhe des Wiederbeschaffungswertes, also ohne dass der Restwert berücksichtigt wird, erstattet verlangen (BGH NJW 2007, 588 Nr 9). BGHZ 162, 161 lässt einen Reparaturaufwand bis zu 30% über dem Wiederbeschaffungswert des Kfz zu (Integritätszuschlag), allerdings nur, wenn die Reparatur fachgerecht und in einem Umfang durchgeführt wird, wie ihn der Sachverständige zur Grundlage seiner Kostenschätzung gemacht hat. Zusätzlich muss der Geschädigte das Fahrzeug nach dem Unfall sechs Monate weiterbenutzen, um sein Integritätsinteresse zum Ausdruck zu bringen (BGH NJW 2008, 437 Nr 9; 2183 Nr 6). Kostet eine solche, nachweislich durchgeführte Reparatur des dem Geschädigten vertrauten Wagens also bspw 13 000 Euro, während sich der Wiederbeschaffungswert des Wagens nur auf 10 000 Euro beläuft, so können nach § 249 II 1 die 13 000 Euro verlangt werden. **b)** Lässt der Geschädigte sein Fahrzeug nicht reparieren, sondern realisiert er dessen Restwert durch Veräußerung und **erwirbt ein entsprechendes Neufahrzeug,** so ist sein ersatzfähiger Schaden durch den Wiederbeschaffungsaufwand (Wiederbeschaffungswert minus Restwert) begrenzt (BGHZ 163, 180). Bei dieser Berechnung ist der tatsächlich realisierte Restwert zugrunde zu legen, wenn der Geschädigte die Veräußerung des Unfallwagens zu dem Restwert vornimmt, den ein (von ihm eingeschalteter) Sachverständiger als Wert auf dem allgemeinen regionalen Markt ermittelt hat (BGHZ 143, 189, 193f) und der Schädiger keinen höheren Restwert nachweist (BGHZ 163, 362). **c)** Der Geschädigte braucht wegen seiner Dispositionsfreiheit allerdings weder zu reparieren noch ein anderes Fahrzeug zu erwerben, sondern kann seinen Schaden **fiktiv berechnen.** Allerdings darf er dabei die Reparaturkosten bis zum Wiederbeschaffungswert nur dann ansetzen, wenn er das Fahrzeug mindestens sechs Monate weiterbenutzt und zu diesem Zweck verkehrssicher (teil-)reparieren lässt (BGH NJW 2008, 1941 Nr 9). Sonst ist er auf den Wiederbeschaffungsaufwand beschränkt, hat sich also 4 den Restwert anrechnen zu lassen. An diese Art der Abrechnung ist der Geschädigte allerdings nicht ohne weiteres gebunden, sondern kann, sofern er nicht Abweichendes (etwa in einem Vergleich) vereinbart, auch die höheren Kosten einer nunmehr tatsächlich durchgeführten Reparatur verlangen (BGHZ 169, 263).

5 **3. Umfang der Erstattung. Erforderlich** sind die Herstellungskosten, die ein verständig und wirtschaftlich denkender Mensch in der Lage des Geschädigten für zweckmäßig halten durfte (BGHZ 54, 85). Bei **Sachschäden** trägt der Schuldner in diesen Grenzen das sog „Werkstattrisiko" (überhöhte Herstellungskosten, zB durch mangelhafte oder verzögerte Reparatur); bei Selbstreparatur oder Verzicht auf die Wiederherstellung kann aus Abs 2 S 1 Ersatz der üblichen Werkstattkosten gefordert werden, gemäß Abs 2 S 2 jedoch keine Umsatzsteuer, womit eine fiktive Abrechnung und Überkompensation insoweit ausgeschlossen ist (näher RegBegr BT-Drucks 14/7752, 22ff; BGHZ 158, 388: Totalschaden an Kfz). Aufwendungen für einen Mietwagen sind während der Nichtbenutzbarkeit eines beschädigten Kfz ebenfalls als Herstellungskosten zu ersetzen; wird kein Ersatzfahrzeug angemietet, so kommt eine Nutzungsausfallentschädigung in Betracht (s Vor §§ 249ff Rz 6). Mietwagenunternehmen bieten häufig neben Normaltarifen zwei oder drei Mal so hohe **Unfallersatztarife** an. Diese sind grds nur bis zur Höhe des Normaltarifs erforderlich und daher ersatzfähig (BGH NJW 2005, 51, 52f; 2007, 1122). – Bei **Personenschäden** gehören auch die Fahrtkosten der Angehörigen für Krankenhausbesuche zu den ersatzfähigen Heilungskosten (BGHZ 106, 28, 30).

§ 250. Schadensersatz in Geld nach Fristsetzung

[1]Der Gläubiger kann dem Ersatzpflichtigen zur Herstellung eine angemessene Frist mit der Erklärung bestimmen, dass er die Herstellung nach dem Ablauf der Frist ablehne. [2]Nach dem Ablauf der Frist kann der Gläubiger den Ersatz in Geld verlangen, wenn nicht die Herstellung rechtzeitig erfolgt; der Anspruch auf die Herstellung ist ausgeschlossen.

§ 251. Schadensersatz in Geld ohne Fristsetzung

(1) **Soweit die Herstellung nicht möglich oder zur Entschädigung des Gläubigers nicht genügend ist, hat der Ersatzpflichtige den Gläubiger in Geld zu entschädigen.**

(2) **[1]Der Ersatzpflichtige kann den Gläubiger in Geld entschädigen, wenn die Herstellung nur mit unverhältnismäßigen Aufwendungen möglich ist. [2]Die aus der Heilbehandlung eines verletzten Tieres entstandenen Aufwendungen sind nicht bereits dann unverhältnismäßig, wenn sie dessen Wert erheblich übersteigen.**

1 **1. Allgemeines. a) Funktion.** Die Vorschrift gibt dem Gläubiger unter bestimmten Voraussetzungen einen Entschädigungsanspruch in Geld für erlittene Vermögensschäden (**Kompensation;** nicht für immaterielle Schäden, vgl § 253). Dieser Anspruch wirkt sich zugunsten des Geschädigten aus, wenn die – grds weiter reichende – Naturalrestitution (§ 249) ausnahmsweise unmöglich oder ungenügend ist (Abs 1); insofern wirkt die Kompensation als Ergänzung des Prinzips der Naturalrestitution. Dagegen führt sie in den Fällen des Abs 2 S 1 zu einer Begrenzung des Wiederherstellungsanspruchs zugunsten des Schädigers: ist die Restitution nur mit unverhältnismäßigen Mitteln möglich, kann der Schädiger den Anspruchsinhaber auf die Kompensation verweisen (Ersetzungsbefugnis des Schuldners). **b) Haftungsumfang.** Der Kompensationsanspruch geht auf das sog **Wert- oder Summeninteresse;** das ist der durch den Schadensfall geschaffene rechnerische Minderwert des Vermögens (vgl Vor §§ 249ff Rz 3). Das Wertinteresse ist häufig niedriger als das nach § 249 grds geschuldete **Integritätsinteresse,** das auf die Erhaltung des Vermögens in seinem konkreten

Bestand gerichtet ist, und zwar unabhängig davon, ob die Wiederherstellung vermögensmäßig lohnt.

2. Kompensation (Abs 1). a) Die **Unmöglichkeit** der Naturalrestitution kann – wie bei § 275 – aus rechtlichen und tatsächlichen Gründen eintreten (bei Unvermögen bleibt es bei § 249 II 1). **Tatsächliche** Unmöglichkeit liegt etwa bei Zerstörung einer unvertretbaren Sache (zB eines Originalgemäldes) vor, **rechtliche** Unmöglichkeit zB bei einer Amtspflichtverletzung (§ 839 BGB: hier würde die Verpflichtung zur Restitution einen Eingriff in den Tätigkeitsbereich der Verwaltung bedeuten). **b) Ungenügend** ist die Naturalrestitution etwa bei einer unzumutbar langen Reparaturzeit oder wenn die beschädigte Sache trotz sachgerechter Reparatur vom Markt als minderwertig angesehen wird, so zB beim „technischen Minderwert" (die Sache lässt sich nicht völlig wiederherstellen) oder beim „merkantilen Minderwert" („Makel" der Beschädigung); so stellt bei einem Unfallwagen die nach der Reparatur verbleibende Minderung des Verkaufswerts einen unmittelbaren Schaden dar, der auszugleichen ist (BGHZ 161, 151). Die Kompensation tritt je nach Lage des Falles neben oder an die Stelle der Restitution. 2

3. Ersetzungsbefugnis des Schuldners (Abs 2). Die Wiederherstellung eines beschädigten Kraftfahrzeugs ist nach einer Faustregel der Rspr **unverhältnismäßig,** wenn die Reparaturkosten um mehr als 30% über dem Wiederbeschaffungswert liegen. Allerdings trägt der Schädiger das Prognoserisiko: Stellt sich erst im Verlauf der Reparatur heraus, dass die Wiederherstellung unverhältnismäßige Mittel erfordert, so kann der Schädiger den Ersatz der vollen Reparaturkosten nicht unter Hinweis auf Abs 2 ablehnen (BGH NJW 1972, 1800; vgl dazu *Medicus/Petersen* Rz 820). In die Abwägung der Verhältnismäßigkeit sind auch der Grad des Verschuldens sowie immaterielle Interessen mit einzubeziehen. Letzteres zeigt Abs 2 S 2. 3

§ 252. Entgangener Gewinn

[1]Der zu ersetzende Schaden umfasst auch den entgangenen Gewinn. [2]Als entgangen gilt der Gewinn, welcher nach dem gewöhnlichen Lauf der Dinge oder nach den besonderen Umständen, insbesondere nach den getroffenen Anstalten und Vorkehrungen, mit Wahrscheinlichkeit erwartet werden konnte.

§ 253. Immaterieller Schaden

(1) **Wegen eines Schadens, der nicht Vermögensschaden ist, kann Entschädigung in Geld nur in den durch das Gesetz bestimmten Fällen gefordert werden.**

(2) **Ist wegen einer Verletzung des Körpers, der Gesundheit, der Freiheit oder der sexuellen Selbstbestimmung Schadensersatz zu leisten, kann auch wegen des Schadens, der nicht Vermögensschaden ist, eine billige Entschädigung in Geld gefordert werden.**

1. Die Vorschrift bezieht sich nur auf eine zu leistende Geldentschädigung (**Kompensation,** § 251), nicht auf die Naturalrestitution (§ 249): diese ist stets auch für immaterielle Schäden zu leisten (vgl Vor §§ 249 ff Rz 3). 1

2. Während Abs 1 den **Grundsatz** ausspricht, nennt Abs 2 die wichtigsten **Ausnahmefälle,** in denen Kompensation für immaterielle Schäden verlangt werden kann (s außerdem etwa § 651 f II). Abs 2 gewährt bei Verletzung der genannten Güter (also zB nicht bei einer Eigentumsverletzung) einen Schmerzensgeldanspruch auch in Fällen der Gefährdungs- und Vertragshaftung (näher RegBegr BT-Drucks 14/7752, 14 ff, 24 f). Eine eigenständige Anspruchsgrundlage bildet Abs 2 nicht, sondern setzt eine Norm voraus, die den Schuldner zum Schadensersatz verpflichtet, wie § 823 oder § 280 I. Bei geringfügigen Verletzungen sieht die Rspr davon ab, ein Schmerzensgeld auszuwerfen (Bagatellgrenze). Zur Verletzung des Persönlichkeitsrechts s § 823 Rz 17. 2

3 **3.** Das Schmerzensgeld hat in erster Linie die **Funktion,** dem Verletzten einen **Ausgleich** für die erlittenen immateriellen Schäden zu verschaffen. Außerdem soll ihm bei einer Verschuldenshaftung auch **Genugtuung** für das ihm zugefügte Leid gewährt werden (BGHZ 120, 1, 6 mwN); bei einer verschuldensunabhängigen Haftung tritt die Genugtuungsfunktion deutlich in den Hintergrund (allgemein krit zu dieser Funktion zB *G. Wagner* Das neue Schadensersatzrecht [2002] 36ff). Es handelt sich in jedem Fall um einen einheitlichen Anspruch, der nicht nach dem Gewicht dieser Funktionen betragsmäßig aufgespalten werden kann, sondern in ganzheitlicher Betrachtung zu bemessen ist (BGHZ 128, 117, 121f). Bei der Bemessung sind maßgeblich zu berücksichtigen: die Schwere der Verletzungen, das hierdurch bewirkte Leiden, dessen Dauer und Wahrnehmung durch den Verletzten sowie der Grad des Verschuldens des Schädigers (BGHZ 138, 388, 391). In Fällen schwerster Schädigung kann eine ausgleichspflichtige immaterielle Beeinträchtigung in der weitgehenden Zerstörung der Persönlichkeit bestehen, gerade auch wenn sie mit einem Verlust der Wahrnehmungs- und Empfindungsfähigkeit verbunden ist (BGHZ 120, 1: schwere Hirnschädigung durch Fehler des Geburtshelfers).

§ 254. Mitverschulden

(1) **Hat bei der Entstehung des Schadens ein Verschulden des Beschädigten mitgewirkt, so hängt die Verpflichtung zum Ersatz sowie der Umfang des zu leistenden Ersatzes von den Umständen, insbesondere davon ab, inwieweit der Schaden vorwiegend von dem einen oder dem anderen Teil verursacht worden ist.**

(2) [1]**Dies gilt auch dann, wenn sich das Verschulden des Beschädigten darauf beschränkt, dass er unterlassen hat, den Schuldner auf die Gefahr eines ungewöhnlich hohen Schadens aufmerksam zu machen, die der Schuldner weder kannte noch kennen musste, oder dass er unterlassen hat, den Schaden abzuwenden oder zu mindern.** [2]**Die Vorschrift des § 278 findet entsprechende Anwendung.**

1 **1. Allgemeines.** Die Norm schränkt das Prinzip der Totalreparation (vgl Vor §§ 249ff Rz 2) ein, indem sie eine Aufteilung des Schadens auf die an dem Schadensfall Beteiligten ermöglicht. Weit überwiegendes Verschulden des Geschädigten schließt den Schadensersatzanspruch sogar ganz aus. „Mitverschulden" ist untechnisch im Sinne einer **Obliegenheitsverletzung** (Verstoß gegen die wohlverstandenen eigenen Interessen) zu verstehen, da die Rechtsordnung kein Verbot der Selbstschädigung kennt und daher keine (schuldhaft verletzbaren) Sorgfaltspflichten gegenüber einem anderen oder der Allgemeinheit bestehen; die Vorschrift ist damit eine Ausprägung des Verbots des „venire contra factum proprium" (§ 242 Rz 4). Der Geschädigte muss sich darüber hinaus – ohne jegliches „Verschulden" – die **Sach- oder Betriebsgefahr** der aus seiner Sphäre stammenden Gegenstände über § 254 anrechnen lassen (es sei denn, er kann den Entlastungsbeweis – etwa nach § 7 II StVG – führen). Ein Leasinggeber, der Eigentümer, aber nicht Halter des Leasingfahrzeugs ist, muss sich im Rahmen der Geltendmachung eines Schadensersatzanspruchs nach § 823 wegen Verletzung seines Eigentums am Leasingfahrzeug weder ein Mitverschulden des Leasingnehmers oder des Fahrers des Leasingfahrzeugs noch dessen Betriebsgefahr anspruchsmindernd zurechnen lassen (BGH NJW 2007, 3120 Nr 16). Der Anwendungsbereich der Vorschrift ist sehr **weit auszulegen:** sie gilt nicht nur gegenüber allen Schadensersatzansprüchen, sondern – ihrem Rechtsgedanken nach – auch in allen sonstigen Fällen, in denen ein beiderseitiges Verschulden gegeneinander abzuwägen ist (so zB beim Gesamtschuldnerausgleich nach § 426 zwischen mehreren Schädigern).

2 **2. Einzeltatbestände. a)** Das Mitverschulden des Geschädigten kann an der **Entstehung des Schadens (Abs 1)** mitgewirkt haben. Bsp: Nichtanlegen des Gurtes

durch geschädigten Autofahrer; unsorgfältige Verwahrung von Scheckformularen; unvorsichtige Benutzung eines eisglatten Weges. **b)** Nach Eintritt der Rechts- bzw Pflichtverletzung kann das Mitverschulden in dem **Unterlassen einer gebotenen Warnung (Abs 2 S 1 Alt 1)** vor einem ungewöhnlich hohen Schaden liegen. Der drohende Schaden und seine Höhe müssen für den Geschädigten wesentlich besser erkennbar als für den Schädiger sein. **c)** Ebenfalls nach Eintritt der Rechtsverletzung greift die **Schadensminderungspflicht** ein. Der Geschädigte muss alle zumutbaren Maßnahmen treffen, um das Ausmaß des entstehenden Schadens (Bereich des haftungsausfüllenden Tatbestands) so gering wie möglich zu halten. Er ist zB zur Duldung einer Operation verpflichtet, sofern sie Erfolg versprechend und nicht mit übermäßigen Schmerzen verbunden ist und der Schädiger für die Kosten einsteht; er kann zu einem Berufswechsel oder – bei hinreichenden Erfolgsaussichten – zum Gebrauch von Rechtsbehelfen verpflichtet sein.

3. Ermittlung des Mitverschuldens. Das Ausmaß des von dem Geschädigten zu 3
tragenden Schadensanteils hängt von folgenden Faktoren ab: **a)** Zunächst ist auf den Anteil des Geschädigten an der **Verursachung** (Abs 1) des eingetretenen Schadens abzustellen. Es kommt darauf an, in welchem Maße das Verhalten des Geschädigten (im Vergleich zu dem des Schädigers) den Schaden wahrscheinlicher gemacht hat. **b)** Erst in zweiter Linie ist auf den Grad des beiderseitigen **Verschuldens** abzustellen. **c)** Voraussetzung für die Zurechnung des Mitverschuldens ist die **Verschuldensfähigkeit** des Geschädigten nach §§ 827, 828. Fehlt sie, so kann es nur in entsprechender Anwendung des § 829 unter den dort genannten Voraussetzungen zu einer Anspruchsreduzierung aus Billigkeitsgründen kommen (BGHZ 37, 102, 106).

4. Zurechenbarkeit des Mitverschuldens Dritter (Abs 2 S 2). Dass der Ge- 4
schädigte für das Mitverschulden seiner Erfüllungsgehilfen (§ 278) nicht nur im Bereich der Schadensminderung (Abs 2), sondern auch bei der **Schadensentstehung** (Abs 1) einzustehen hat, ist heute allg anerkannt. Abs 2 S 2 wird also wie ein Abs 3 der Vorschrift gelesen. Im übrigen ist str, ob die Vorschrift als Rechtsgrund- oder als Rechtsfolgenverweisung auf § 278 anzusehen ist.

a) Nach der Rspr und einem Teil der Lit liegt eine Rechtsgrundverweisung vor mit der 5
Folge, dass der Geschädigte nur dann für das Mitverschulden seines Erfüllungsgehilfen oder gesetzlichen Vertreters einzustehen hat, wenn zwischen ihm und dem Schädiger eine **Sonderverbindung** (Vertrag oder vertragsähnliches Verhältnis) bestand (§ 278 Rz 5). Eine solche nimmt die Rspr im Bereich der Schadensminderung (Abs 2) stets an, da Abs 2 das Vorliegen eines schädigenden Ereignisses voraussetzt, durch das eine (gesetzliche) Sonderverbindung dann bereits entstanden ist. Bei der Schadensentstehung (Abs 1) dagegen muss sich der Geschädigte ein Mitverschulden seines Gehilfen ohne bestehende Sonderverbindung nur unter den Voraussetzungen des entsprechend angewendeten § 831 zurechnen lassen (*Palandt-Heinrichs* Rz 49f); arg: auch der Schädiger haftet nach § 278 nur im Rahmen eines bereits bestehenden Schuldverhältnisses.

b) Dagegen meint eine Literaturansicht, Abs 2 S 2 sei als Rechtsfolgenverweisung 6
zu verstehen. Der Geschädigte müsse sich das Mitverschulden seines Gehilfen daher (auch bei der Schadensentstehung) **unabhängig von einer** bestehenden **Sonderverbindung** (zB lediglich deliktischer Anspruch) zurechnen lassen (*Larenz* SchR I § 31 Id). Arg: Da es sich bei dem Mitverschulden um eine Obliegenheits-, nicht um eine Pflichtverletzung handelt, könne es nicht auf das Handeln des Gehilfen in einem bestimmten Pflichtenkreis (Sonderverbindung) ankommen, sondern nur darauf, ob der Geschädigte den Gehilfen zur Beaufsichtigung seiner Güter (als „Bewahrungsgehilfen") eingesetzt habe. Die Einstandspflicht für Gehilfen auch ohne ein Schuldverhältnis, gelte jedoch nicht für die (auch von § 278 erfassten) gesetzlichen Vertreter, weil diese nicht vom Geschädigten zur Beaufsichtigung seiner Güter eingesetzt werden, sondern ihre Obhut kraft Gesetzes ausüben.

§ 255. Abtretung der Ersatzansprüche

Wer für den Verlust einer Sache oder eines Rechts Schadensersatz zu leisten hat, ist zum Ersatz nur gegen Abtretung der Ansprüche verpflichtet, die dem Ersatzberechtigten auf Grund des Eigentums an der Sache oder auf Grund des Rechts gegen Dritte zustehen.

§ 256. Verzinsung von Aufwendungen

[1]Wer zum Ersatz von Aufwendungen verpflichtet ist, hat den aufgewendeten Betrag oder, wenn andere Gegenstände als Geld aufgewendet worden sind, den als Ersatz ihres Wertes zu zahlenden Betrag von der Zeit der Aufwendung an zu verzinsen. [2]Sind Aufwendungen auf einen Gegenstand gemacht worden, der dem Ersatzpflichtigen herauszugeben ist, so sind Zinsen für die Zeit, für welche dem Ersatzberechtigten die Nutzungen oder die Früchte des Gegenstands ohne Vergütung verbleiben, nicht zu entrichten.

§ 257. Befreiungsanspruch

[1]Wer berechtigt ist, Ersatz für Aufwendungen zu verlangen, die er für einen bestimmten Zweck macht, kann, wenn er für diesen Zweck eine Verbindlichkeit eingeht, Befreiung von der Verbindlichkeit verlangen. [2]Ist die Verbindlichkeit noch nicht fällig, so kann ihm der Ersatzpflichtige, statt ihn zu befreien, Sicherheit leisten.

1 **1. Allgemeines.** Befreiungsansprüche können aus verschiedenen Rechtsgründen entstehen. § 257 ist keine eigene Anspruchsgrundlage, sondern regelt den **Inhalt** von Aufwendungsersatzansprüchen (zB nach §§ 536a II, 634 Nr 2, 670, 683), sofern der Ersatzberechtigte Aufwendungen dadurch gemacht hat, dass er eine Verbindlichkeit eingegangen ist. **Außerhalb** von § 257 können sich Befreiungsansprüche zB ergeben als synallagmatische Vertragspflicht (zB des Haftpflichtversicherers, hM, BGHZ 15, 154, 157ff), aus einem Gesamtschuldverhältnis nach § 426 I 1 (s § 426 Rz 4), als Anspruch des Gesellschafters (§ 738 I 2 HS 2) und des Bürgen (§ 775), als vertragliche oder gesetzliche Schadensersatzpflicht oder auch als Bereicherungsanspruch (vgl § 812 Rz 43). Die folgenden Grundsätze (Rz 2, 3) können in allen diesen Fällen Anwendung finden, sofern nicht spezielle Regelungen (zB §§ 100ff VVG) eingreifen.

2 **2. Anspruchsinhalt.** Der Befreiungsschuldner ist verpflichtet, den Befreiungsgläubiger von dem Risiko seiner Inanspruchnahme durch den Drittgläubiger freizustellen. Auf welche Weise diese Befreiung erfolgt, steht im **Wahlrecht des Befreiungsschuldners** (BGHZ 91, 73, 77); er kann zB als Dritter auf die Schuld des Ersatzberechtigten zahlen (§§ 267, 362 I), eine privative Schuldübernahme vereinbaren (§§ 414, 415), den Gläubiger zu einem Verzicht bewegen (§ 397) oder ihm gegenüber mit einer eigenen Forderung aufrechnen (§ 387). Er kann auch nach S 2 Sicherheit leisten, solange die Drittschuld noch nicht fällig ist (vgl auch §§ 738 I 3, 775 II). Durch Zahlung an den Befreiungsgläubiger wird er dagegen nur frei, wenn dieser einverstanden ist; denn infolge des dann möglichen Zugriffs anderer Gläubiger könnte die erstrebte Befreiung gefährdet werden (BGHZ 15, 145, 159). **Fällig** wird ein *gesetzlicher* Befreiungsanspruch bei Entstehung der Drittschuld (nicht erst bei deren Fälligkeit); bei *vertraglichen* Befreiungsansprüchen entscheiden vorrangig die Vertragsauslegung und die Umstände des Einzelfalls (BGHZ 91, 73, 78f). Befriedigt der Befreiungsgläubiger seinen Gläubiger durch Zahlung, wandelt sich der Befreiungsanspruch in einen Zahlungsanspruch um.

3 **3. Abtretbarkeit.** Eine Abtretung des Anspruchs an einen Unbeteiligten ist nach § 399 grds ausgeschlossen, da sie zu einer Inhaltsänderung führen würde (BGHZ 12,

136, 141). Ausnahme: der Zessionar tritt auch gegenüber dem Drittgläubiger an die Stelle des Zedenten (zB nach § 414). Eine Abtretung **an den Drittgläubiger** ist dagegen möglich; der Befreiungsanspruch verwandelt sich dann in einen Anspruch auf die geschuldete Leistung (BGHZ 12, 136, 141), meist also in einen Zahlungsanspruch.

§ 258. Wegnahmerecht

[1] **Wer berechtigt ist, von einer Sache, die er einem anderen herauszugeben hat, eine Einrichtung wegzunehmen, hat im Falle der Wegnahme die Sache auf seine Kosten in den vorigen Stand zu setzen.** [2] **Erlangt der andere den Besitz der Sache, so ist er verpflichtet, die Wegnahme der Einrichtung zu gestatten; er kann die Gestattung verweigern, bis ihm für den mit der Wegnahme verbundenen Schaden Sicherheit geleistet wird.**

§ 259. Umfang der Rechenschaftspflicht

(1) **Wer verpflichtet ist, über eine mit Einnahmen oder Ausgaben verbundene Verwaltung Rechenschaft abzulegen, hat dem Berechtigten eine die geordnete Zusammenstellung der Einnahmen oder der Ausgaben enthaltende Rechnung mitzuteilen und, soweit Belege erteilt zu werden pflegen, Belege vorzulegen.**

(2) **Besteht Grund zu der Annahme, dass die in der Rechnung enthaltenen Angaben über die Einnahmen nicht mit der erforderlichen Sorgfalt gemacht worden sind, so hat der Verpflichtete auf Verlangen zu Protokoll an Eides statt zu versichern, dass er nach bestem Wissen die Einnahmen so vollständig angegeben habe, als er dazu imstande sei.**

(3) **In Angelegenheiten von geringer Bedeutung besteht eine Verpflichtung zur Abgabe der eidesstattlichen Versicherung nicht.**

§ 260. Pflichten bei Herausgabe oder Auskunft über Inbegriff von Gegenständen

(1) **Wer verpflichtet ist, einen Inbegriff von Gegenständen herauszugeben oder über den Bestand eines solchen Inbegriffs Auskunft zu erteilen, hat dem Berechtigten ein Verzeichnis des Bestands vorzulegen.**

(2) **Besteht Grund zu der Annahme, dass das Verzeichnis nicht mit der erforderlichen Sorgfalt aufgestellt worden ist, so hat der Verpflichtete auf Verlangen zu Protokoll an Eides statt zu versichern, dass er nach bestem Wissen den Bestand so vollständig angegeben habe, als er dazu imstande sei.**

(3) **Die Vorschrift des § 259 Abs. 3 findet Anwendung.**

§ 261. Änderung der eidesstattlichen Versicherung; Kosten

(1) **Das Gericht kann eine den Umständen entsprechende Änderung der eidesstattlichen Versicherung beschließen.**

(2) **Die Kosten der Abnahme der eidesstattlichen Versicherung hat derjenige zu tragen, welcher die Abgabe der Versicherung verlangt.**

§ 262. Wahlschuld; Wahlrecht

Werden mehrere Leistungen in der Weise geschuldet, dass nur die eine oder die andere zu bewirken ist, so steht das Wahlrecht im Zweifel dem Schuldner zu.

§ 263. Ausübung des Wahlrechts; Wirkung

(1) **Die Wahl erfolgt durch Erklärung gegenüber dem anderen Teil.**

(2) **Die gewählte Leistung gilt als die von Anfang an allein geschuldete.**

§ 264. Verzug des Wahlberechtigten

(1) **Nimmt der wahlberechtigte Schuldner die Wahl nicht vor dem Beginn der Zwangsvollstreckung vor, so kann der Gläubiger die Zwangsvollstreckung nach seiner Wahl auf die eine oder auf die andere Leistung richten; der Schuldner kann sich jedoch, solange nicht der Gläubiger die gewählte Leistung ganz oder zum Teil empfangen hat, durch eine der übrigen Leistungen von seiner Verbindlichkeit befreien.**

(2) [1]**Ist der wahlberechtigte Gläubiger im Verzug, so kann der Schuldner ihn unter Bestimmung einer angemessenen Frist zur Vornahme der Wahl auffordern.** [2]**Mit dem Ablauf der Frist geht das Wahlrecht auf den Schuldner über, wenn nicht der Gläubiger rechtzeitig die Wahl vornimmt.**

§ 265. Unmöglichkeit bei Wahlschuld

[1]**Ist eine der Leistungen von Anfang an unmöglich oder wird sie später unmöglich, so beschränkt sich das Schuldverhältnis auf die übrigen Leistungen.** [2]**Die Beschränkung tritt nicht ein, wenn die Leistung infolge eines Umstands unmöglich wird, den der nicht wahlberechtigte Teil zu vertreten hat.**

§ 266. Teilleistungen

Der Schuldner ist zu Teilleistungen nicht berechtigt.

§ 267. Leistung durch Dritte

(1) [1]**Hat der Schuldner nicht in Person zu leisten, so kann auch ein Dritter die Leistung bewirken.** [2]**Die Einwilligung des Schuldners ist nicht erforderlich.**

(2) **Der Gläubiger kann die Leistung ablehnen, wenn der Schuldner widerspricht.**

1 **1. Allgemeines.** § 267 geht davon aus, dass dem Gläubiger idR gleichgültig ist, wer die Leistung erbringt; anders, wenn die Auslegung ergibt, dass der Schuldner in Person zu leisten hat, so im Zweifel der Dienstverpflichtete (§ 613), der Beauftragte (§ 664), der Verwahrer (§ 691) und der geschäftsführende Gesellschafter (§ 713). Dritter ist nicht, wer als Vertreter oder Erfüllungsgehilfe (§ 278) leistet oder wer eine eigene Verbindlichkeit erfüllt (zB Bürge oder Gesamtschuldner).

2 **2. Voraussetzungen.** Der Dritte muss den gegen den Gläubiger gerichteten Anspruch **erfüllen** (§ 362), zu Erfüllungssurrogaten (Aufrechnung, Hinterlegung) ist er nicht berechtigt. Ferner muss er mit dem **Willen** handeln, auf eine fremde Schuld zu leisten. Entscheidend ist nicht der innere Wille, sondern der objektive Erklärungswert seines Verhaltens. Leistet jemand auf eine fremde Schuld in der Annahme, eine eigene Verbindlichkeit zu erfüllen, so tritt daher zunächst keine Erfüllung ein. Der Dritte ist hier idR darauf angewiesen, das Geleistete vom Gläubiger zurückzufordern (§ 812 I 1 Fall 1). In den Grenzen des § 242 ist aber eine **nachträgliche Fremdbestimmung** der Leistung möglich (BGH NJW 1964, 1898; 1983, 814), indem der Dritte auf seinen Bereicherungsanspruch gegen den Gläubiger verzichtet und erklärt, die Leistung solle für den Schuldner erbracht sein. In diesem Fall kann der Rückgriff des Dritten gem § 812 I 1 Fall 2 direkt gegen den von der Verbindlichkeit befreiten Schuldner stattfinden, soweit zwischen dem Dritten und dem Schuldner kein Rechtsverhältnis bestand (s § 812 Rz 44).

§ 268. Ablösungsrecht des Dritten

(1) [1]**Betreibt der Gläubiger die Zwangsvollstreckung in einen dem Schuldner gehörenden Gegenstand, so ist jeder, der Gefahr läuft, durch die Zwangsvoll-**

streckung ein Recht an dem Gegenstand zu verlieren, berechtigt, den Gläubiger zu befriedigen. [2]Das gleiche Recht steht dem Besitzer einer Sache zu, wenn er Gefahr läuft, durch die Zwangsvollstreckung den Besitz zu verlieren.

(2) **Die Befriedigung kann auch durch Hinterlegung oder durch Aufrechnung erfolgen.**

(3) [1]**Soweit der Dritte den Gläubiger befriedigt, geht die Forderung auf ihn über.** [2]**Der Übergang kann nicht zum Nachteil des Gläubigers geltend gemacht werden.**

§ 269. Leistungsort

(1) **Ist ein Ort für die Leistung weder bestimmt noch aus den Umständen, insbesondere aus der Natur des Schuldverhältnisses, zu entnehmen, so hat die Leistung an dem Orte zu erfolgen, an welchem der Schuldner zur Zeit der Entstehung des Schuldverhältnisses seinen Wohnsitz hatte.**

(2) **Ist die Verbindlichkeit im Gewerbebetrieb des Schuldners entstanden, so tritt, wenn der Schuldner seine gewerbliche Niederlassung an einem anderen Orte hatte, der Ort der Niederlassung an die Stelle des Wohnsitzes.**

(3) **Aus dem Umstand allein, dass der Schuldner die Kosten der Versendung übernommen hat, ist nicht zu entnehmen, dass der Ort, nach welchem die Versendung zu erfolgen hat, der Leistungsort sein soll.**

1. Allgemeines. a) Am **Leistungsort** (in §§ 447, 644 II, § 29 ZPO, missverständlich auch „Erfüllungsort" genannt) ist die Leistungshandlung (vgl dazu § 243 Rz 4) vorzunehmen. Vom Leistungsort ist der **Erfolgsort** zu unterscheiden, an dem der Leistungserfolg eintritt (Erfüllung, § 362, zB beim Kauf Erlangung des Eigentums und idR des unmittelbaren Besitzes durch den Käufer, 433 I). Leistungs- und Erfolgsort können, müssen aber nicht zusammenfallen: Bei der **Bringschuld** liegen Leistungs- und Erfolgsort am Wohnsitz des Gläubigers, bei der **Holschuld** fallen sie am Wohnsitz des Schuldners zusammen. Bei der **Schickschuld** dagegen nimmt der Schuldner das „seinerseits Erforderliche" (Leistungshandlung, vgl § 243 II) an seinem Wohnsitz vor, während der Leistungserfolg am Wohnsitz des Gläubigers eintritt. **b) Bedeutung.** Der Leistungsort begründet den Vertragsgerichtsstand nach § 29 ZPO. Er ist mitentscheidend für die Frage, ob Hol-, Bring- oder Schickschuld vorliegt (dazu § 243 Rz 4). Nur wenn der Schuldner am Leistungsort handelt, tritt Konkretisierung (§ 243 II) ein, kann er den Gläubiger in Annahmeverzug (§§ 293ff) setzen und selbst dem Schuldnerverzug entgehen. Er kann jedoch mehr leisten, also etwa bei einer Holschuld die Ware bringen. 1

2. Bestimmung des Leistungsortes. a) Sie obliegt in erster Linie den **Parteien.** Eine einseitige Erklärung genügt nicht; allerdings kann die Vereinbarung nach den Grundsätzen des kaufmännischen Bestätigungsschreibens (dazu Vor § 116 Rz 8) erfolgen. Abreden, die den Schuldner verpflichten, für die **Versendung** zu sorgen oder deren Kosten zu tragen (Abs 3), machen zwar aus der Holschuld eine Schickschuld, lassen aber den Leistungsort unberührt (vgl oben Rz 1). **b)** Ist der Leistungsort gemäß Abs 1 S 1 aus den Umständen, insbesondere aus der **Natur des Schuldverhältnisses,** zu entnehmen, so entscheidet die Verkehrssitte (§ 157) und bei Handelsgeschäften der Handelsbrauch (§ 346 HGB). Bsp: Bei Ladengeschäften des täglichen Lebens ist der Laden einheitlicher Leistungsort für beide Vertragsparteien. Verpflichtet sich der Verkäufer, zB Getränke, Heizöl oder Möbel innerhalb des Wohn- und Geschäftsortes selbst anzuliefern **(„Platzgeschäft"),** so ist nach der Verkehrssitte eine Bringschuld anzunehmen. Anders bei einem Geschäft im Versandhandel mit Hilfe eines Paketdienstes (BGH NJW 2003, 3341; krit *Borges* DB 2004, 1815) und bei Warensendungen im Handelsverkehr: Hier liegt idR Schickschuld vor (Näheres § 447 Rz 6ff). Bei 2 einem Bauwerksvertrag kann ein **gemeinsamer Leistungsort** angenommen werden, dagegen – mangels entsprechender besonderer Umstände – nicht beim Anwaltsvertrag, so dass die Honorarforderung des Rechtsanwalts nicht am Kanzleiort, sondern gemäß Abs 1 am Wohnsitz des Mandanten zu erfüllen ist (BGHZ 157, 20). Eine vorzunehmende Nachbesserung ist bei Fehlen anderweitiger Absprachen der Parteien im Zweifel an dem Ort zu erbringen, wo sich das nachzubessernde Werk bzw die Sache vertragsgemäß befindet (BGH NJW-RR 2008, 724 Nr 13). **c)** Wenn weder eine Parteibestimmung erfolgt ist noch sich der Leistungsort aus besonderen Umständen ergibt, ist nach der **gesetzlichen Regelung** der Wohnsitz (Abs 1) bzw die gewerbliche Niederlassung des Schuldners (Abs 2) maßgeblich.

§ 270. Zahlungsort

(1) **Geld hat der Schuldner im Zweifel auf seine Gefahr und seine Kosten dem Gläubiger an dessen Wohnsitz zu übermitteln.**

(2) **Ist die Forderung im Gewerbebetrieb des Gläubigers entstanden, so tritt, wenn der Gläubiger seine gewerbliche Niederlassung an einem anderen Orte hat, der Ort der Niederlassung an die Stelle des Wohnsitzes.**

(3) **Erhöhen sich infolge einer nach der Entstehung des Schuldverhältnisses eintretenden Änderung des Wohnsitzes oder der gewerblichen Niederlassung des Gläubigers die Kosten oder die Gefahr der Übermittlung, so hat der Gläubiger im ersteren Falle die Mehrkosten, im letzteren Falle die Gefahr zu tragen.**

(4) **Die Vorschriften über den Leistungsort bleiben unberührt.**

1 **1. Allgemeines.** Trotz der **Auslegungsregel** des Abs 1 ist der Leistungsort für Geldschulden im Zweifel nicht der Wohnsitz des Gläubigers, sondern wegen § 270 IV iVm § 269 I der des Schuldners. Die Geldschuld ist also Schickschuld, bei der der Schuldner jedoch nach Abs 1 die Gefahr der Übermittlung trägt (sog **„qualifizierte Schickschuld"**). § 270 gilt für alle Geldschulden, nicht jedoch für auf Geld gerichtete Herausgabeansprüche (zB gegen den Beauftragten, § 667 oder den Bereicherungsschuldner, § 812).

2 **2. Gefahrtragung.** Nach Abs 1 trägt der Geldschuldner die Gefahr des zufälligen (dh weder vom Gläubiger noch vom Schuldner nach §§ 276–278 verschuldeten) **Untergangs** während der Übermittlung. Diese Gefahrtragung entspricht der bei der Bringschuld; von jener unterscheidet sich die qualifizierte Schickschuld jedoch durch alle anderen Rechtsfolgen der Tatsache, dass der Leistungsort am Wohnsitz des Schuldners liegt (vgl § 269 Rz 1). Namentlich die **Verzögerungsgefahr** trägt danach der Gläubiger der Geldschuld. Der Schuldner ist nach herkömmlicher Auffassung zur rechtzeitigen Absendung des Geldes verpflichtet. Bsp: Absenden eines Schecks; Eingang eines Überweisungsauftrages bei der ausführenden Bank. Jedoch ist nach dem EuGH (NJW 2008, 1935 Nr 32) Art. 3 I lit c Ziff ii der RL 2000/35/EG zur Bekämpfung von Zahlungsverzug im Geschäftsverkehr so auszulegen, dass bei einer **Zahlung durch Banküberweisung** (vgl Vor § 675f Rz 2) der geschuldete Betrag dem Konto des Gläubigers rechtzeitig gutgeschrieben sein muss, wenn das Entstehen von Verzugszinsen vermieden und beendet werden soll. Nicht vorhersehbare Fehlleistungen der beteiligten Banken muss der Schuldner sich nicht zurechnen lassen (EuGH aaO Nr 28, 30). Zwar besitzt die RL nur einen engen Anwendungsbereich, weil nur Entgeltforderungen im Geschäftsverkehr zwischen Unternehmern erfasst sind und die Rechtzeitigkeit der Leistung nur für die Berechnung von Zinsen bei Zahlungsverzug gilt. Zum Teil wird aber eine einheitliche Auslegung des § 270 hinsichtlich der Verzögerungsgefahr aus Gründen einer stimmigen Systematik des BGB befürwortet. Nicht nur im Verhältnis zwischen Unternehmern, sondern bei allen **Geldschulden** habe der Schuldner die Verzögerungsgefahr zu tragen (*Palandt-Heinrichs* Rz 6). Die Rechtzeitig-

keit der Leistung müsse bei allen Verzugsfolgen nach den gleichen Kriterien beurteilt werden, wodurch die Einordnung der Geldschuld als qualifizierte Schickschuld im deutschen Recht aufgegeben würde (*Herresthal* ZGS 2008, 259, 265 f).

§ 271. Leistungszeit

(1) **Ist eine Zeit für die Leistung weder bestimmt noch aus den Umständen zu entnehmen, so kann der Gläubiger die Leistung sofort verlangen, der Schuldner sie sofort bewirken.**

(2) **Ist eine Zeit bestimmt, so ist im Zweifel anzunehmen, dass der Gläubiger die Leistung nicht vor dieser Zeit verlangen, der Schuldner aber sie vorher bewirken kann.**

1. Allgemeines. Die **Fälligkeit** eines Anspruchs ist der Zeitpunkt, von dem ab der 1
Gläubiger die Leistung fordern kann (entscheidend für den Schuldnerverzug, § 286), die **Erfüllbarkeit** der Zeitpunkt, von dem ab der Schuldner sie bewirken darf (Voraussetzung des Gläubigerverzugs, s Vor § 293 Rz 2). Fälligkeit und Erfüllbarkeit fallen nach Abs 1 im Zweifel (Vereinbarungen gehen hier – ebenso wie bei § 269 – vor) zusammen. Ausnahmen können sich aus der Natur des Schuldverhältnisses ergeben, Bsp: Anspruch auf Rückgabe aus Verwahrung, §§ 695, 696 S 2.

2. Stundung ist die vertragliche Hinausschiebung der Fälligkeit unter Beibehaltung 2
der Erfüllbarkeit eines Anspruchs. Die Stundung muss als aufschiebende (dilatorische) Einrede vom Schuldner geltend gemacht werden.

3. Bei den **Fixgeschäften** kommt der Leistungszeit nach dem Inhalt des Schuld- 3
verhältnisses besondere Bedeutung zu. Nur wenn der Vertrag mit der Einhaltung der Leistungszeit „stehen und fallen" soll, liegt ein Fixgeschäft vor; Abgrenzung: bloße kalendermäßige Bestimmung gem § 286 II Nr 1. Beim **absoluten** (uneigentlichen) Fixgeschäft wird die Erreichung des Leistungszwecks nach dem festgelegten Zeitpunkt unmöglich (Taxi zur Erreichung eines bestimmten Fluges). Es gelten §§ 275, 280, 283, 326. Beim **relativen** (eigentlichen) Fixgeschäft ist der Gläubiger lediglich berechtigt, nach § 323 II Nr 2 vom Vertrag zurückzutreten. Ob ein absolutes oder ein relatives Fixgeschäft vorliegt, ist Auslegungsfrage.

§ 272. Zwischenzinsen

Bezahlt der Schuldner eine unverzinsliche Schuld vor der Fälligkeit, so ist er zu einem Abzug wegen der Zwischenzinsen nicht berechtigt.

§ 273. Zurückbehaltungsrecht

(1) **Hat der Schuldner aus demselben rechtlichen Verhältnis, auf dem seine Verpflichtung beruht, einen fälligen Anspruch gegen den Gläubiger, so kann er, sofern nicht aus dem Schuldverhältnis sich ein anderes ergibt, die geschuldete Leistung verweigern, bis die ihm gebührende Leistung bewirkt wird (Zurückbehaltungsrecht).**

(2) **Wer zur Herausgabe eines Gegenstands verpflichtet ist, hat das gleiche Recht, wenn ihm ein fälliger Anspruch wegen Verwendungen auf den Gegenstand oder wegen eines ihm durch diesen verursachten Schadens zusteht, es sei denn, dass er den Gegenstand durch eine vorsätzlich begangene unerlaubte Handlung erlangt hat.**

(3) [1]**Der Gläubiger kann die Ausübung des Zurückbehaltungsrechts durch Sicherheitsleistung abwenden.** [2]**Die Sicherheitsleistung durch Bürgen ist ausgeschlossen.**

1 **1. Allgemeines.** Das Zurückbehaltungsrecht gibt dem Schuldner eine aufschiebende (dilatorische) Einrede, die er als **Gestaltungsrecht** ausüben muss; der Anspruch des Gläubigers geht dann nur noch auf Leistung Zug um Zug gegen Erfüllung des Gegenanspruchs (§ 274). **Prüfungsfolge** (wie bei allen Gestaltungsrechten): Gestaltungsgrund (Voraussetzungen des ZbR, unten Rz 2ff), Gestaltungserklärung, kein Ausschluss des Gestaltungsrechts (unten Rz 5).

2 **2. Voraussetzungen** (Merkformel: Gegenanspruch – fällig – konnex). **a) Gegenanspruch.** Der das ZbR ausübende Schuldner muss gleichzeitig Gläubiger eines Gegenanspruchs sein, der gegen den Gläubiger des Anspruchs gerichtet ist. Anders als bei der Aufrechnung ist Gleichartigkeit von Anspruch und Gegenanspruch nicht erforderlich. Bsp: Anspruch auf Herausgabe einer Sache, Gegenanspruch auf Geldzahlung.

3 **b) Fälligkeit.** Weiter ist erforderlich, dass der Gegenanspruch des zurückhaltenden Schuldners vollwirksam, also fällig (vgl § 271) und einredefrei (§ 390) ist. Ausnahme: Bereits **verjährte** Gegenansprüche begründen dann ein ZbR, wenn sie zZt der Entstehung des Anspruchs, gegen den das ZbR geltend gemacht wird, noch nicht verjährt waren (§ 215).

4 **c) Konnexität.** Anspruch und Gegenanspruch müssen auf „demselben rechtlichen Verhältnis" beruhen; es genügt, wenn sie einem **einheitlichen Lebensverhältnis** entstammen, so dass es gegen Treu und Glauben verstieße, wenn der eine Anspruch ohne Rücksicht auf den anderen durchgesetzt werden könnte. Bsp für Konnexität: Ansprüche aus Wechsel oder Scheck und Anspruch aus dem Grundgeschäft; beiderseitige vermögensrechtliche Ansprüche aus der ehelichen Lebensgemeinschaft. Ein synallagmatisches Verhältnis zwischen beiden Ansprüchen (Gegenseitigkeit iSv „um zu") ist nicht erforderlich; liegt ein solches vor, so findet § 320 Anwendung (dort Rz 2).

5 **3. Ausschluss des ZbR. a)** Das ZbR kann **gesetzlich** ausgeschlossen sein. Bsp: Kein ZbR gegenüber Anspruch auf Herausgabe der Vollmachtsurkunde (§ 175) oder gegenüber Anspruch auf Rückgabe der Mietsache (§ 570). **b)** Auch ein **vertraglicher** Ausschluss ist möglich, jedoch nicht durch AGB (§ 309 Nr 2b). **c)** Von den **Aufrechnungsverboten** verhindert § 393 (keine Aufrechnung gegen Forderung aus vorsätzlicher unerlaubter Handlung) stets auch die Geltendmachung eines ZbR. Die anderen Aufrechnungsverbote haben diese Wirkung nur, wenn das ZbR einer Aufrechnung gleichkommen würde. **d)** Ein Ausschluss kann sich ferner aus der **Natur des Schuldverhältnisses** ergeben. Bsp: Kein ZbR gegenüber dem Anspruch auf Herausgabe von Schuldscheinen oder Wechseln, wenn die Schuld nie bestand oder getilgt ist; kein ZbR gegenüber Unterhaltsansprüchen. **e)** Schließlich kann die Geltendmachung eines ZbR gegen **Treu und Glauben** verstoßen, so zB wenn der Schuldner für seinen Gegenanspruch ausreichend gesichert oder dieser im Verhältnis zum Anspruch unverhältnismäßig gering ist.

§ 274. Wirkungen des Zurückbehaltungsrechts

(1) **Gegenüber der Klage des Gläubigers hat die Geltendmachung des Zurückbehaltungsrechts nur die Wirkung, dass der Schuldner zur Leistung gegen Empfang der ihm gebührenden Leistung (Erfüllung Zug um Zug) zu verurteilen ist.**

(2) **Auf Grund einer solchen Verurteilung kann der Gläubiger seinen Anspruch ohne Bewirkung der ihm obliegenden Leistung im Wege der Zwangsvollstreckung verfolgen, wenn der Schuldner im Verzug der Annahme ist.**

1 **1. Wirkungen im Erkenntnisverfahren.** Macht der Schuldner ein ZbR geltend (und beweist es ggf), so wird die Klage nicht abgewiesen, sondern der Schuldner zur „Leistung Zug um Zug" verurteilt. Die prozessuale Ausübung des ZbR führt selbst dann zur Zug-um-Zug-Verurteilung, wenn sich der Schuldner gem §§ 293ff im Annahmeverzug befindet (BGHZ 90, 354, 358). Hinsichtlich der mit dem ZbR geltend

gemachten Gegenforderung entfaltet das Urteil keine Rechtskraft (keine Anwendung des § 322 Abs 2 ZPO).

2. Wirkungen in der Zwangsvollstreckung. Für die Vollstreckung nach Abs 2 erhält der Gläubiger eine vollstreckbare Urteilsausfertigung, ohne die Befriedigung oder den Annahmeverzug des Schuldners nachweisen zu müssen, § 726 Abs 2 ZPO; dieser Nachweis muss erst bei Beginn der jeweiligen Vollstreckungsmaßnahme erbracht werden, §§ 756, 765 ZPO. 2

Vor § 275

I. Leistungsstörungen

Als Leistungsstörungen **bezeichnet** man die Hindernisse, die einer ordnungsgemäßen Abwicklung des (vertraglichen oder gesetzlichen) Schuldverhältnisses entgegenstehen; sie können sich auf Primär- und Sekundärpflichten beziehen und vor Beginn des Schuldverhältnisses, während seiner Durchführung und nach seiner Beendigung eintreten. 1

Zentraler Begriff des Leistungsstörungsrechts ist die **Pflichtverletzung**. Sie begründet den Haftungstatbestand in der Grundnorm des § 280 und bildet den Oberbegriff für die typischen Erscheinungsformen der Leistungsstörung, nämlich Unmöglichkeit, Schlechtleistung und Verzug. § 275 normiert als Randerscheinung des Leistungsstörungsrechts die Befreiung von der Primärleistung im Falle der Unmöglichkeit. 2

II. Arten der Unmöglichkeit

Zum Verständnis der geltenden Regeln der Unmöglichkeit sind die folgenden Begriffe und Unterscheidungen unerlässlich. 3

1. Objektive Unmöglichkeit liegt vor, wenn die geschuldete Leistung nach den Naturgesetzen oder dem Stand von Wissenschaft und Technik nicht erbracht werden kann (etwa Herstellung eines Perpetuum mobile oder die Vorhersage der Zukunft durch Blick in eine Glaskugel, s § 138 Rz 6, § 326 Rz 5). **Subjektive** Unmöglichkeit (Unvermögen) ist gegeben, wenn lediglich der Schuldner die Leistung nicht erbringen kann, wohl aber irgendein Dritter. Bsp: Die geschuldete Sache gehört einem Dritten, der zu ihrer Veräußerung nicht bereit ist. 4

2. Die Unmöglichkeit kann auf tatsächlichen oder rechtlichen Gründen beruhen. **Tatsächliche** Unmöglichkeit liegt etwa vor, wenn der zu übereignende Gegenstand oder das zu übertragende Recht nicht existieren; auch durch Zeitablauf kann tatsächliche Unmöglichkeit begründet werden (beim „absoluten" Fixgeschäft, vgl § 271 Rz 3). **Rechtliche** Unmöglichkeit ist zB bei einem Arbeitsverbot gegeben (BAG NJW 1995, 1774, 1775) oder, wenn ein nicht verkehrsfähiges Recht verkauft oder eine Sache übereignet werden soll, die der Gläubiger inzwischen von einem anderen erworben hat. 5

3. Die Unmöglichkeit kann **anfänglich** oder **nachträglich** sein, also schon bei Vertragsschluss vorliegen oder erst später eingetreten sein. Zur anfänglichen Unmöglichkeit siehe § 311 a. 6

4. Die Unmöglichkeit kann **zu vertreten** oder **nicht zu vertreten** sein. Zu den Folgen einer vom Schuldner bzw vom Gläubiger zu vertretenden Unmöglichkeit siehe §§ 280 I, 283 bzw § 326 II. Zu einer von beiden Seiten zu vertretenden Unmöglichkeit s § 280 Rz 9, § 326 Rz 4. 7

5. Die Leistung kann **absolut unmöglich** (echte Unmöglichkeit) oder nur unzumutbar stark erschwert sein (unechte Unmöglichkeit), insbesondere **praktisch unmöglich** sein (sog faktische Unmöglichkeit). Diese Unterscheidung liegt dem § 275 in Abs 1 einerseits und Abs 2 andererseits zugrunde. 8

§ 275. Ausschluss der Leistungspflicht

(1) **Der Anspruch auf Leistung ist ausgeschlossen, soweit diese für den Schuldner oder für jedermann unmöglich ist.**

(2) [1]**Der Schuldner kann die Leistung verweigern, soweit diese einen Aufwand erfordert, der unter Beachtung des Inhalts des Schuldverhältnisses und der Gebote von Treu und Glauben in einem groben Missverhältnis zu dem Leistungsinteresse des Gläubigers steht.** [2]**Bei der Bestimmung der dem Schuldner zuzumutenden Anstrengungen ist auch zu berücksichtigen, ob der Schuldner das Leistungshindernis zu vertreten hat.**

(3) **Der Schuldner kann die Leistung ferner verweigern, wenn er die Leistung persönlich zu erbringen hat und sie ihm unter Abwägung des seiner Leistung entgegenstehenden Hindernisses mit dem Leistungsinteresse des Gläubigers nicht zugemutet werden kann.**

(4) **Die Rechte des Gläubigers bestimmen sich nach den §§ 280, 283 bis 285, 311 a und 326.**

1 **1. Allgemeines.** Die Vorschrift befreit den Schuldner im Falle der Unmöglichkeit von der primären Leistungspflicht. Die teilweise Unmöglichkeit ist mitgeregelt („soweit"). Dagegen unterfällt die vorübergehende Unmöglichkeit den Vorschriften über den Verzögerungsschaden (§§ 280 II, 286) sowie – nach Setzung einer angemessenen Nachfrist durch den Gläubiger – über den Schadensersatz statt der Leistung (§§ 280 III, 281) und über den Rücktritt bei Pflichtverletzung (§ 323 I). Die Anwendung dieser Vorschriften setzt freilich eine Fälligkeit des Anspruchs voraus (krit deshalb *Medicus* FS Heldrich [2005] 347). Dieses Problem entfällt, wenn die vorübergehende Unmöglichkeit einer dauernden gleichgestellt werden kann (unten Rz 3). – In Abs 4 wird auf die Rechte des Gläubigers hingewiesen (s unten Rz 7). Sekundärpflichten (Begriff Vor § 241 Rz 3) bleiben von § 275 unberührt.

2 **2.** Die meisten **Unterscheidungen der Unmöglichkeit** (vgl Vor § 275 Rz 3ff) spielen im Rahmen des § 275 keine Rolle. Die Vorschrift gilt gleichermaßen für die subjektive („für den Schuldner") und die objektive („für jedermann"), für die anfängliche und die nachträgliche sowie für die zu vertretende und die nicht zu vertretende Unmöglichkeit. Auch wenn der Schuldner die Unmöglichkeit zu vertreten hat – zB weil er die verkaufte Sache vor der Übereignung fahrlässig zerstört hat –, erscheint es sinnlos, dem Gläubiger einen Anspruch auf die Leistung zu geben, den der Schuldner nicht erfüllen kann und der sich demgemäß nicht einmal theoretisch im Wege der Zwangsvollstreckung durchsetzen ließe (RegBegr BT-Drucks 14/6040, 128).

3 **3. Unmöglichkeit in Abs 1** meint – wie sich aus einem Vergleich mit Abs 2 und 3 ergibt – nur die echte (objektive oder subjektive) Unmöglichkeit, nicht dagegen die faktische Unmöglichkeit. Die Unmöglichkeit kann auf tatsächlichen oder rechtlichen Umständen beruhen (Vor § 275 Rz 5). Vorausgesetzt ist eine dauernde Unmöglichkeit, der eine vorübergehende allerdings dann gleichsteht, wenn sie die Erreichung des Geschäftszwecks in Frage stellt und dem anderen Teil das Festhalten am Vertrag bis zum Wegfall des Leistungshindernisses nicht zuzumuten ist (*Palandt-Heinrichs* Rz 10f). Subjektive Unmöglichkeit (Unvermögen) setzt voraus, dass der Schuldner seine mangelnde Leistungsfähigkeit auch durch Beschaffung oder Wiederbeschaffung nicht herstellen kann (vgl BGH NJW 1988, 699, 700). Bei Gattungsschulden trifft ihn eine Beschaffungspflicht (vgl § 243 Rz 2). Finanzielles Unvermögen führt nach allgemeiner Ansicht nicht zur Befreiung (sonst wäre die InsO überflüssig). „Geld hat man zu haben", dh niemand wird wegen Geldmangels nach § 275 von einer Zahlungspflicht frei.

4 **4. Abs 2** bezieht sich auf die **faktische (praktische) Unmöglichkeit.** Mit diesem Begriff bezeichnet man die Fälle, in denen eine Behebung des Leistungshindernisses

zwar theoretisch möglich wäre, jedoch von keinem Gläubiger ernsthaft erwartet werden kann; Bsp: der Ring auf dem Meeresboden, die Münzsammlung im Fundament des Hochhauses. **a)** Mit **Aufwand** sind sowohl Aufwendungen in Geld als auch persönliche Anstrengungen gemeint. **b)** Maßgeblicher Bezugspunkt ist das **Leistungsinteresse des Gläubigers,** nicht das Schuldnerinteresse. Hierbei sind in die Abwägung von Aufwand und Leistungsinteresse auch mögliche Ansprüche Dritter gegen den Gläubiger einzubeziehen. Ist etwa der Anspruchsteller einem anderen gegenüber ersatzpflichtig, so kann dies bei Bestimmung des Leistungsinteresses nicht außer Betracht bleiben (BGH NJW 2010, 2341).

c) Eine Verhältnismäßigkeitsprüfung muss ein **grobes Missverhältnis** zu dem Gläubigerinteresse ergeben; die Interessen des Schuldners, also etwa das Verhältnis seines Aufwandes zum Vertragspreis, sind nicht entscheidend. Für den Fall eines nicht zu vertretenden Leistungshindernisses beim Stückkauf ist dem Verkäufer auch außerhalb des Anwendungsbereichs der Sonderregelung des § 439 zumindest der dem § 439 III entsprechende Aufwand bis zum Wert der geschuldeten Sache zuzumuten (*Palandt-Heinrichs* Rz 28; *Canaris* JZ 2004, 214, 218ff). **d)** Wenn der Schuldner das Leistungshindernis **zu vertreten hat** (vgl § 276 I), sind von ihm gemäß **S 2** erhöhte Anstrengungen zu dessen Überwindung zu verlangen. Bsp: Hat der Schuldner auf Grund eines schuldhaften Irrtums oder gar in Kenntnis der Rechtslage den Vertragsgegenstand an einen Dritten veräußert, so muss er diesem für den Rückerwerb in aller Regel wesentlich mehr als den Marktpreis bieten, um in den Genuss der Befreiung von seiner primären Leistungspflicht zu gelangen (RegBegr BT-Drucks 14/6040, 131). Den Umkehrschluss, dass der Schuldner überhaupt keine Anstrengungen zur Überwindung des Leistungshindernisses zu unternehmen braucht, wenn er dieses nicht zu vertreten hat, erlaubt S 2 nicht. Vielmehr ist die Frage „unter Beachtung des Inhalts des Schuldverhältnisses" zu beantworten. So muss der Schuldner sich in dem erwähnten Bsp auch dann, wenn ihn kein Verschulden trifft, immerhin bemühen, den Vertragsgegenstand von dem Dritten zurückzuerwerben, und diesem zumindest den Marktpreis oder etwas mehr bieten; denn auch wenn ihn kein Verschulden trifft, hat er doch objektiv seine Pflicht aus dem Schuldverhältnis nicht erfüllt, so dass das Leistungshindernis auf einem in seiner Sphäre liegenden Mangel beruht (RegBegr aaO).

5. Abs 3 trifft eine Sonderregelung für eine **persönlich zu erbringende Leistung.** Sie betrifft vor allem Arbeits- und Dienstverträge, uU auch Werkverträge oder Geschäftsbesorgungsverträge. Hier sollen, weil die Leistung selbst auf die Person des Schuldners ausgerichtet ist, anders als in Abs 2, auch auf die Leistung bezogene persönliche Umstände des Schuldners berücksichtigt und mit dem Leistungsinteresse des Gläubigers in Bezug gesetzt werden. Erscheint die Leistung bei dieser Abwägung für den Schuldner nicht zumutbar, so liegt gemäß Abs 3 ein Fall der Unmöglichkeit vor (etwa eine „psychische Unmöglichkeit"). Schulbeispiel ist der Fall der Sängerin, die sich weigert aufzutreten, weil ihr Kind lebensgefährlich erkrankt ist. Weitere Bsp (nach RegBegr BT-Drucks 14/6040, 130): während der Arbeitszeit erforderliche Arztbesuche, notwendige Versorgung schwer erkrankter Angehöriger, Ladung zu Behörden und Gerichtsterminen. Für den Anspruch auf die Gegenleistung begründet § 616 in diesen Fällen eine Ausnahme von § 326 I. 5

6. Die unechte Unmöglichkeit nach Abs 2 und 3 ist von der **Geschäftsgrundlagenstörung** (§ 313) abzugrenzen. Insbesondere kann die sog **wirtschaftliche Unmöglichkeit** nur im Rahmen des § 313 berücksichtigt werden (näher § 313 Rz 3). 6

7. Rechtsfolgen. a) Abs 1 begründet eine von Amts wegen zu beachtende rechtsvernichtende Einwendung des Schuldners: Er ist kraft Gesetzes von der Leistungspflicht befreit. **b)** Die Abs 2 und 3 geben dem Schuldner demgegenüber nur das Recht, die Leistung zu verweigern: Er muss also eine entsprechende Einrede erheben. Dies kann auch konkludent geschehen, indem er auf das Leistungshindernis verweist. **c)** In Abs 4 7 wird auf die Vorschriften hingewiesen, welche die aus der Unmöglichkeit folgenden Rechte des Gläubigers regeln. Eine eigene Anspruchsgrundlage enthält Abs 4 nicht. Der Gläubiger kann, wenn der Schuldner die Unmöglichkeit zu vertreten hat, nach §§ 280 I, 283 (bei anfänglicher Unmöglichkeit nach § 311 a) Schadensersatz verlangen; bei einem gegenseitigen Vertrag wird er grds von seiner Pflicht zur Erbringung der Gegenleistung frei (§ 326 I) und kann gem § 326 V vom Vertrag zurücktreten.

§ 276. Verantwortlichkeit des Schuldners

(1) [1]**Der Schuldner hat Vorsatz und Fahrlässigkeit zu vertreten, wenn eine strengere oder mildere Haftung weder bestimmt noch aus dem sonstigen Inhalt des Schuldverhältnisses, insbesondere aus der Übernahme einer Garantie oder eines Beschaffungsrisikos, zu entnehmen ist.** [2]**Die Vorschriften der §§ 827 und 828 finden entsprechende Anwendung.**

(2) **Fahrlässig handelt, wer die im Verkehr erforderliche Sorgfalt außer Acht lässt.**

(3) **Die Haftung wegen Vorsatzes kann dem Schuldner nicht im Voraus erlassen werden.**

I. Allgemeines

1 **1.** Während das angloamerikanische Recht und ihm folgend das UN-Kaufrecht von einer Garantiehaftung mit Entlastungsmöglichkeit ausgehen (vgl Art 79 CISG), folgt das deutsche Recht traditionell grds dem **Verschuldensprinzip.** Rechts- und pflichtwidriges Verhalten kann dem Schuldner im BGB meist nur bei Vertretenmüssen zugerechnet werden (zB §§ 280 I 2, 286 IV; Ausnahme zB § 536a I Alt 1: Haftung für anfängliche Mängel der Mietsache). Abs 1 S 1 bestimmt, dass Vertretenmüssen regelmäßig Verschulden (Vorsatz und Fahrlässigkeit) bedeutet. Praktisch ist der Unterschied zu den Rechten, die eine Garantiehaftung mit Entlastungsmöglichkeit vorsehen, indes nicht so bedeutend, weil das Verschulden im deutschen Recht regelmäßig vermutet wird und die Beweislast beim Schuldner liegt (vgl §§ 280 I 2, 286 IV). Im Übrigen lässt Abs 1 S 1 auch für eine Garantiehaftung Raum, und diese besteht vor allem für Gattungsschulden (vgl unten Rz 9).

2 **2. Voraussetzung** des Verschuldens als subjektive Vorwerfbarkeit ist zunächst objektive Rechts- oder Pflichtwidrigkeit (dazu *Medicus/Lorenz* SchR I Rz 359). Weitere Voraussetzung: Verschuldensfähigkeit (Abs 1 S 2 iVm §§ 827, 828).

II. Vorsatz und Fahrlässigkeit

3 **1. Vorsatz** ist Wissen und Wollen der Rechts- oder Pflichtwidrigkeit. Bedingter Vorsatz ist stets ausreichend. Der Vorsatz muss neben den die Rechts- oder Pflichtwidrigkeit begründenden Umständen auch diese selbst umfassen. Fehlt dem Schuldner also das Bewusstsein, etwas Rechts- oder Pflichtwidriges zu tun, so handelt er nach hM im Zivilrecht ohne Vorsatz (sog „Vorsatztheorie"; anders § 17 StGB „Schuldtheorie").

4 **2. Fahrlässigkeit** definiert **Abs 2** mit Wirkung für das gesamte Privatrecht. Die im Verkehr erforderliche Sorgfalt unterliegt einem **objektiven Maßstab:** Es kommt nicht darauf an, was der einzelne Schuldner zu leisten vermag, sondern auf die durchschnittlich von einer Person seines Verkehrskreises und seiner Altersgruppe zu fordernde Sorgfalt (zB Sorgfalt eines ordentlichen Kraftfahrers, behandelnden Arztes oder Kaufmanns, § 347 I HGB). Dieser strenge Maßstab ist wegen der im Zivilrecht vorrangigen Leichtigkeit und Sicherheit des Verkehrs gerechtfertigt.

5 **3.** Insbesondere wegen Abs 3 (aber auch im Deliktsrecht, § 826) ist die Abgrenzung zwischen **Vorsatz** und **Fahrlässigkeit** wichtig; oft wird die Haftung für Fahrlässigkeit

vertraglich ausgeschlossen (beachte für AGB aber die Einschränkungen in § 309 Nr 7). Die Abgrenzung zwischen bedingtem Vorsatz und bewusster Fahrlässigkeit ist schwierig, weil der Schuldner in beiden Fällen die Möglichkeit der Tatbestandserfüllung erkennt; nach BGHZ 7, 313 soll es hier (wie stets) auf seine Einstellung zur Rechts- oder Pflichtwidrigkeit ankommen: bedingter Vorsatz, wenn der Täter die Tatbestandserfüllung „billigend in Kauf" nimmt.

III. Abweichender Haftungsmaßstab

1. Eine strengere oder mildere Haftung kann durch Rechtsgeschäft oder Gesetz **bestimmt** sein. In manchen Fällen ist der Schuldner kraft Gesetzes von der Haftung für leichte Fahrlässigkeit befreit. ZB haften der Schenker (§ 521), der Verleiher (§ 599), der Notgeschäftsführer (§ 680), der Finder (§ 968) sowie nach § 300 I jeder Schuldner bei Gläubigerverzug (beachte auch § 277) nur für **grobe Fahrlässigkeit.** Diese liegt vor, wenn die erforderliche Sorgfalt in besonders schwerem Maße verletzt wurde. Nach einer Formel der Rspr ist dies der Fall, wenn einfachste Überlegungen nicht angestellt wurden und nicht beachtet wurde, was im gegebenen Fall jedem einleuchten musste. Bsp: Überschreiten der zulässigen Höchstgeschwindigkeit um mehr als 100%, Überholen bei dichtem Nebel. 6

2. Ein abweichender Haftungsmaßstab kann sich auch aus dem **Inhalt des Schuldverhältnisses** ergeben. Abs 1 S 1 nennt für eine Haftung ohne Verschulden beispielhaft („insbesondere") als wichtigste Fallgruppen die Übernahme einer Garantie oder eines Beschaffungsrisikos. 7

a) Die **Übernahme einer Garantie** meint vor allem Eigenschaftszusicherungen bei Kauf, Miete, Werkvertrag und ähnlichen sich auf eine Sache beziehenden Verträgen (RegBegr BT-Drucks 14/6040, 132). Das Gesetz verwendet den Ausdruck Garantie auch in den kaufrechtlichen §§ 442 I 2, 443, 444, ohne den Begriff zu definieren. Er ist jeweils eigenständig in Hinblick auf den Regelungsgehalt der einzelnen Vorschrift zu bestimmen (*Bamberger/Roth-Faust* § 443 Rz 5). Jedenfalls den §§ 276 I 1, 442 I 2 und 444 dürfte ein einheitlicher Begriff zugrunde liegen, da der Gesetzgeber hier jeweils die Zusicherung bestimmter Eigenschaften vor Augen hatte (RegBegr BT-Drucks 14/6040, 132, 236, 240), während der weitere Anwendungsbereich des § 443 zusätzliche Überlegungen zum Garantiebegriff erfordert (s § 443 Rz 1). Die Garantie kann nicht nur für bestimmte Eigenschaften eines körperlichen Gegenstandes, sondern – etwa beim Forderungskauf – auch für den Bestand und die Einredefreiheit eines Rechts übernommen werden (RA BT-Drucks 14/7052, 184). Eine Garantieübernahme kann auch konkludent erfolgen (vgl § 442 Rz 5). Sie bedeutet im Unterschied zu einer bloßen **Beschaffenheitsangabe,** mit der ein Schuldner nur sein Wissen hinsichtlich der Ware kundtut (zB im Auktionskatalog), dass der Verkäufer in vertragsmäßig bindender Weise die Gewähr für das Vorhandensein der vereinbarten Beschaffenheit übernimmt und damit seine Bereitschaft zu erkennen gibt, für alle Folgen des Fehlens dieser Beschaffenheit einzustehen und Schadensersatz selbst dann zu leisten, wenn ihn hinsichtlich des Fehlens der garantierten Beschaffenheit kein Verschulden trifft (§ 276 I 1) oder dem Käufer der Mangel infolge grober Fahrlässigkeit unbekannt geblieben ist (§ 442 I 2). Übernimmt der Schuldner eine Garantie, so besagt das freilich nicht zwingend, dass er auch uneingeschränkt verschärft haftet. Er kann diese Haftung vertraglich einschränken; es kommt – wie das Gesetz sagt – auf den Inhalt des Schuldverhältnisses (hier des Vertrags) an. Sind in einem Kaufvertrag zugleich eine bestimmte Beschaffenheit der Kaufsache und ein pauschaler Ausschluss der Sachmängelhaftung vereinbart, so ist dies regelmäßig dahin auszulegen, dass der Haftungsausschluss nicht für das Fehlen der vereinbarten Beschaffenheit (§ 434 I 1), sondern nur für Mängel iSd § 434 I Nrn 1 und 2 gelten soll (BGHZ 170, 86). 8

9 **b)** Ein **Beschaffungsrisiko** trägt der Schuldner nach dem Inhalt des Schuldverhältnisses regelmäßig bei **Gattungsschulden** (vgl § 243 Rz 2) und stets bei **Geldschulden** (vgl § 275 Rz 3). Auch für Stückschulden kann der Schuldner das Beschaffungsrisiko vertraglich übernehmen (Bsp: Schuldner verpflichtet sich zur Beschaffung eines bestimmten Gemäldes von Picasso; auch wenn er dazu schuldlos außerstande ist, haftet er). Das Vertretenmüssen bei Übernahme eines Beschaffungsrisikos erfasst auch Verzögerungen bei der Beschaffung (RegBegr BT-Drucks 14/6040, 132).

§ 277. Sorgfalt in eigenen Angelegenheiten

Wer nur für diejenige Sorgfalt einzustehen hat, welche er in eigenen Angelegenheiten anzuwenden pflegt, ist von der Haftung wegen grober Fahrlässigkeit nicht befreit.

1 **1.** Die Verantwortlichkeit für eigenübliche Sorgfalt („diligentia quam in suis") bedeutet eine **Haftungserleichterung** gegenüber dem objektiven Sorgfaltsmaßstab des § 276 II (vgl § 276 Rz 4). Wer in eigenen Angelegenheiten gewohnheitsmäßig nachlässig ist, wird bis zur Grenze der groben Fahrlässigkeit von der Haftung befreit. Der **Anwendungsbereich** der Vorschrift wird durch gesetzliche Anordnung eröffnet (vgl §§ 346 III 1 Nr 3, 347 I 2, 690, 708, 1359, 1664 I, 2131). Grund für die Haftungserleichterung ist, dass die Beteiligten in ihrer engen Zusammengehörigkeit, die sich aus einer familiären Beziehung oder dem Innenverhältnis einer Personengesellschaft ergeben kann, sich so zu nehmen haben, wie sie sind (*Bartels/Kuszlik* ZJS 2010, 460f).

2 **2. a)** Nach der **Rspr** ist im **Straßenverkehr** für eigenübliche Sorgfalt kein Raum (BGHZ 46, 313, 317 zu § 708 BGB; BGHZ 63, 51, 57 zu § 1359 BGB). Wegen seiner besonderen Gefährlichkeit würde eine Beschränkung des Vertretenmüssens dem ständigen gesetzgeberischen Bestreben zuwiderlaufen, „den Gefahren des Straßenverkehrs nicht zuletzt durch strenge Haftungsbestimmungen entgegenzuwirken" (BGH aaO). Bei Schaffung des BGB seien solche Gefahren nicht bedacht worden und die heutige Regelungsdichte erlaube im Straßenverkehr „seiner Natur nach keinen Spielraum für individuelle Sorglosigkeit". Hingegen gestattet der BGH in einer Entscheidung (JZ 1972, 88), in der Gesellschaftszweck einer GbR die Unterhaltung und Benutzung eines Segelflugzeugs war, den Gesellschaftern bei einem Segelflug die Berufung auf die eigenübliche Sorgfalt, weil der Luftverkehr nicht ähnlich dem Straßenverkehr reglementiert sei (vgl aber BGH NJW 2009, 1875: keine Anwendung des § 1359 bei Wasserskiunfall).

3 **b)** Hinter dieser formellen Argumentation dürfte eine **Billigkeitsentscheidung** der Rspr stehen. Im Straßenverkehr besteht gem § 1 PflVG eine Versicherungspflicht. Der Geschädigte kann sich aus dem Direktanspruch des § 115 VVG an die leistungsstarke Pflichtversicherung wenden. Würde wegen § 1359 ein schädigender Ehemann im Straßenverkehr seiner Ehefrau wegen Einhaltung der eigenüblichen Sorgfalt nicht auf Schadensersatz haften, hätte diese auch keinen Anspruch gegen dessen Pflichtversicherer. Deshalb wäre der Haftpflichtversicherer unbilligerweise der einzige Begünstigte (*Deutsch* JuS 1967, 496, 497). Der schädigende Ehemann hingegen müsste ggf Unterhalt leisten und das Haftungsprivileg würde sich in sein Gegenteil verkehren. Für die Anwendbarkeit des Haftungsprivilegs ist daher nicht mit der Rspr darauf abzustellen, ob der Haftungsmaßstab der eigenüblichen Sorgfalt überhaupt in einem besonders normierten Bereich wie dem Straßenverkehr Anwendung finden kann, sondern darauf, ob im Einzelfall das Haftungsprivileg dem Schädiger zugute kommt und nicht einem Pflichtversicherer (*Medicus* FS Deutsch [2002] 883, 889).

4 **3.** Wenn von **mehreren Schädigern** nur einer durch den milderen Sorgfaltsmaßstab des § 277 privilegiert wird, ist das Problem des gestörten Gesamtschuldnerausgleichs zu beachten (dazu § 426 Rz 6ff).

§ 278. Verantwortlichkeit des Schuldners für Dritte

[1]Der Schuldner hat ein Verschulden seines gesetzlichen Vertreters und der Personen, deren er sich zur Erfüllung seiner Verbindlichkeit bedient, in gleichem Umfang zu vertreten wie eigenes Verschulden. [2]Die Vorschrift des § 276 Abs. 3 findet keine Anwendung.

1. Allgemeines. Die Vorschrift trägt der Arbeitsteilung bei der Erfüllung von Verträgen und bei anderen Sonderverbindungen Rechnung, indem sie das Verhalten des Erfüllungsgehilfen so behandelt, als sei der Schuldner selbst tätig geworden. Da den Gehilfen als Nichtschuldner keine (vertraglichen) Pflichten treffen, kommt es für deren Bestimmung ebenso wie für den anzuwendenden Sorgfaltsmaßstab auf die Person des Schuldners an. Nur für das Fehlverhalten selbst ist die Person des Gehilfen maßgeblich **(Haftung für fremdes Verhalten).** 1

a) In **Abgrenzung** dazu liegt beim Einstehen für **Verrichtungshilfen** (§ 831) eine Haftung für vermutetes eigenes Fehlverhalten (nämlich die fehlerhafte Auswahl des Gehilfen) vor; arg: § 831 I 2, sog „Exkulpationsmöglichkeit“. Weiterer Unterschied: Bei § 831 verletzt der Gehilfe eine ihn selbst treffende Pflicht, er begeht selbst ein Delikt. Allerdings kann derselbe Gehilfe die Haftung des Schuldners (Geschäftsherrn) gleichzeitig nach §§ 278 und 831 begründen. Bsp (nach *Medicus/Lorenz* SchR I Rz 380): Verschuldet der angestellte Taxifahrer einen Unfall, so haftet der Taxiunternehmer gegenüber Passanten aus § 831 und gegenüber dem Fahrgast auch aus (§ 280 I iVm) § 278. Bei der **Organhaftung** (§§ 31, 86, 89) ist nach dem Wortlaut des § 31 ebenfalls ein eigenes Delikt des Organwalters erforderlich. Nach hM sind jedoch auch Vertragspflichtverletzungen nach § 31 zuzurechnen, obwohl das Organ selbst die Vertragspflichten nicht treffen; eine MA (etwa *Medicus/Lorenz* SchR I Rz 383) vertritt daher insoweit eine entsprechende Anwendung des § 278. Ebenso verletzt der **Amtsträger** bei der Haftung nach § 839 BGB, Art 34 GG – anders als hier – ihn selbst treffende Pflichten; übergeleitet wird von Art 34 GG nur die „Verantwortlichkeit“, dh die Ersatzpflicht. 2

b) Keine Anwendung auf **Substituten,** also Personen, denen die Ausführung des gesamten Vertrags übertragen wird (vgl §§ 664 I 2, 691 S 2). Hier haftet der Schuldner nur für seine sorgfältige Auswahl nach § 276. 3

c) Voraussetzungen. Sonderverbindung (unten Rz 5); Erfüllungsgehilfe oder gesetzlicher Vertreter (unten Rz 6 ff); Tätigwerden zur Erfüllung einer Verbindlichkeit (unten Rz 11). 4

2. Sonderverbindung. Es wird zunächst eine bestehende Sonderverbindung vorausgesetzt. Ausreichend sind: Verträge, einschließlich nachwirkender Treuepflichten, Verträge mit Schutzwirkung für Dritte (dazu Vor §§ 249 ff Rz 22 ff), das vorvertragliche Vertrauensverhältnis (§ 311 II) sowie gesetzliche Schuldverhältnisse, zB das Eigentümer-Besitzer-Verhältnis, §§ 987 ff. Im Rahmen von § 823 ist § 278 dagegen nicht anwendbar, da die Sonderverbindung erst durch die unerlaubte Handlung begründet wird; es gilt § 831. 5

3. Erfüllungsgehilfe ist, wer mit dem Willen des Schuldners in dessen Pflichtenkreis als Hilfsperson tätig wird. Auf die soziale Abhängigkeit oder Weisungsgebundenheit des Gehilfen kommt es (anders als bei § 831) nicht an. Unmaßgeblich ist auch, ob der Schuldner auf die Durchführung der Hilfstätigkeit (in Form einer Kontrolle oder Überwachung) Einfluss nehmen kann. 6

a) Daher können auch **öffentliche Amtsträger** (zB Notare) Erfüllungsgehilfen sein (BGHZ 62, 124), jedenfalls dann, wenn der Schuldner seine Verpflichtung auch auf andere Weise erfüllen kann (zB nur beratende Tätigkeit des Notars). Bleibt dem Schuldner dagegen keine andere Wahl als die Einschaltung des Amtsträgers, so fehlt es an der Willentlichkeit der Einschaltung. 7

8 **b)** Auch **Bahn, Post und öffentliche Versorgungsunternehmen** können Erfüllungsgehilfen sein (str). Obwohl der Schuldner keinen Einfluss auf sie nehmen kann, hat er doch meist die Wahl, ob er sie einschalten oder die entsprechende Leistung anders erbringen will. Der Schuldner ist am Risiko ihres Versagens auch „näher daran" (*Larenz* SchR I § 20 VIII): Etwaige Ersatzansprüche stünden ihm zu. Allerdings sind die genannten Unternehmen nur insoweit Erfüllungsgehilfen, wie die vertragliche Verpflichtung des Schuldners reicht: Bei einer Hol- und Schickschuld (dazu §§ 243 Rz 4, 269 Rz 1) kommt eine Zurechnung ebensowenig wie in den Fällen in Betracht, bei denen die Auslegung des Vertrags ergibt, dass der Schuldner nicht die Garantie des § 276 für die fragliche Leistung abgegeben hat. Bsp (nach *Medicus/Petersen* Rz 804): S, der die galvanische Verzinkung von Blechen schuldet, haftet nicht für den Verzögerungsschaden (§§ 280, 286, 278), wenn auf Grund eines Fehlers des Elektrizitätswerkes drei Tage lang der Strom ausbleibt.

9 **c)** Nach hM ist der **Hersteller** nicht Erfüllungsgehilfe des Verkäufers oder des Unternehmers bei Lieferungsverträgen iSd § 651. Arg: Hier wird nur Übereignung des fertigen Vertragsgegenstandes geschuldet, nicht aber die zeitlich vorangehende Herstellung; der Hersteller wird also nicht „im Pflichtenkreis" des Schuldners tätig.

10 **4. Gesetzliche Vertreter** iSd S 1 sind alle Personen, die mit Wirkung für andere handeln können, zB Eltern (§ 1629 I), Vormund (§ 1793), Testamentsvollstrecker (§ 2205), Nachlassverwalter (§ 1985), Ehegatten (§ 1357), ferner Insolvenzverwalter (§ 80 I InsO) und Treuhänder. Die Zurechnung nach S 1 beschränkt sich nicht auf rechtsgeschäftliches Handeln – auch bloße Tathandlungen der gesetzlichen Vertreter sind erfasst.

11 **5. Bei Erfüllung einer Verbindlichkeit** des Schuldners und nicht nur „gelegentlich" der Erfüllungshandlung muss das Fehlverhalten des Gehilfen stattgefunden haben. Str ist, wie dieses Kriterium verstanden werden muss: Die einen (etwa *Larenz* SchR I § 20 VIII) fordern einen „inneren Zusammenhang" der Pflichtverletzung mit dem Schuldverhältnis; nur die Verletzung „vertragsspezifischer Pflichten" (Pflichten, die ausschließlich aus Verträgen erwachsen, im Gegensatz zu allgemeinen Schutzpflichten) löse die Zurechnung nach S 1 aus. Die vordringende Gegenansicht (zB *Medicus/Lorenz* SchR I Rz 391; *Looschelders* AT Rz 546) verweist darauf, dass auch allgemeine Schutzpflichten vertragliche Pflichten sind, und bejaht infolgedessen eine Zurechnung immer dann, wenn die Erfüllung der Vertragspflichten dem Gehilfen seine Verletzungshandlung wesentlich erleichtert hat. Bsp: (1) Der Malergeselle M zerstört beim Hantieren mit einer Leiter eine Fensterscheibe. (2) M, der im Wohnzimmer tapeziert, stiehlt eine dort stehende Silberschale. Im Bsp (1) handelt M unproblematisch bei Erfüllung einer Verbindlichkeit, im Bsp (2) nur nach dem Kriterium der MA.

12 **6.** Nach **S 2** kann der Schuldner durch (Individual-)Vertrag einen **Haftungsausschluss** auch für Vorsatz des Erfüllungsgehilfen vereinbaren (das ist billig: für eigenen Vorsatz haftet er stets, § 276 III). Ein Haftungsausschluss in AGB für grobe Fahrlässigkeit und Vorsatz des Gehilfen scheitert indes an § 309 Nr 7 lit b. Für Organe juristischer Personen und für gesetzliche Vertreter wird man § 276 III aber anwenden: Sonst käme es zu der völligen Unverbindlichkeit des Schuldverhältnisses, die § 276 III verhindern will (*Medicus/Lorenz* SchR I Rz 394). War der Schuldner bei Entstehen der Verpflichtung minderjährig, kann er ab Volljährigkeit seine Haftung nach § 1629a beschränken.

§ 279. *(weggefallen)*

§ 280. Schadensersatz wegen Pflichtverletzung

(1) [1]**Verletzt der Schuldner eine Pflicht aus dem Schuldverhältnis, so kann der Gläubiger Ersatz des hierdurch entstehenden Schadens verlangen.** [2]**Dies gilt nicht, wenn der Schuldner die Pflichtverletzung nicht zu vertreten hat.**

(2) **Schadensersatz wegen Verzögerung der Leistung kann der Gläubiger nur unter der zusätzlichen Voraussetzung des § 286 verlangen.**

(3) **Schadensersatz statt der Leistung kann der Gläubiger nur unter den zusätzlichen Voraussetzungen des § 281, des § 282 oder des § 283 verlangen.**

I. Zentrale Haftungsnorm

1 **1.** Die zentrale Haftungsnorm des Abs 1 bildet die **Anspruchsgrundlage** für sämtliche Ansprüche aus Leistungsstörungen. Sie ist bei Verträgen ohne besondere Mängelhaftung direkt anwendbar, ebenso im Kauf- und Werkvertragsrecht vor Gefahrübergang, danach kraft Verweisung in §§ 437 Nr 3, 634 Nr 4 (s § 437 Rz 10). Einzige Ausnahme vom umfassenden Anwendungsbereich des Abs 1: Für Schadensersatzansprüche wegen anfänglicher Unmöglichkeit gilt nicht § 280 I, sondern § 311a II. Einige Schadensersatzansprüche folgen allein aus Abs 1; für die in Abs 2 und 3 genannten Ansprüche auf Ersatz des Verzögerungsschadens und auf Schadensersatz statt der Leistung sind noch zusätzliche Voraussetzungen erforderlich (näher unten Rz 7ff). Der bei einem gegenseitigen Vertrag gem §§ 323, 324 mögliche **Rücktritt** schließt das Recht, Schadensersatz zu verlangen, nicht aus (§ 325, s dort).

2 **2.** Die **Pflichtverletzung** bildet den Kernbegriff des einheitlichen, alle Leistungsstörungen umfassenden Haftungstatbestands. In ihm sind alle Fälle von Leistungsstörungen zusammengefasst, ohne dass insoweit zwischen einzelnen Arten, wie Verzug, Schlechterfüllung oder Unmöglichkeit differenziert würde. Das BGB folgt mit dem neuen Ansatz einem international verbreiteten Muster, das sich vor allem auch im (in Deutschland geltenden) UN-Kaufrecht findet, wo für alle Leistungsstörungen der einheitliche Ausdruck „Vertragsverletzung" gebraucht wird.

3 **a)** Der **Begriff** Pflichtverletzung in Abs 1 meint nur ein objektiv nicht dem Schuldverhältnis entsprechendes Verhalten des Schuldners (*Medicus/Lorenz* SchR I Rz 338; *Petersen* Rz 25), nicht die Frage, ob der Schuldner dieses Verhalten auch zu vertreten hat; letzteres wird erst im Rahmen von S 2 bedeutsam. Für die Pflichtverletzung genügt es also, dass der Schuldner objektiv hinter dem Pflichtenprogramm des Schuldverhältnisses zurückgeblieben ist. Die verletzte Pflicht kann eine Haupt- oder Nebenleistungspflicht (vgl Vor § 241 Rz 3) oder auch eine Schutzpflicht (§ 241 II) sein.

4 **b)** Aus einem **Schuldverhältnis** muss die Pflicht gemäß Abs 1 S 1 stammen. Praktisch im Vordergrund stehen rechtsgeschäftliche und rechtsgeschäftsähnliche Schuldverhältnisse, also Verträge aller Art und c.i.c. (vgl § 311). Aber auch einseitige Schuldverhältnisse sind erfasst, wie der Anspruch aus einem Vermächtnis (vgl § 2174). Ferner gehören gesetzliche Schuldverhältnisse zum Anwendungsbereich des § 280. Bsp: Hat S dem G aus § 823 I eine Schaufensterscheibe zu ersetzen und beschädigt der von S beauftragte Glaser die Schaufensterauslage, so haftet S aus § 280 I (iVm § 278) auch für diesen Schaden.

5 **c)** Die wichtigsten **Arten der Pflichtverletzung** nennt das Gesetz nur im Zusammenhang mit den zusätzlichen Voraussetzungen, die neben denen des § 280 I für bestimmte Schadensersatzansprüche erfüllt sein müssen, nämlich für den Verzögerungsschaden den Verzug (§§ 280 II, 286) und für den Schadensersatz statt der Leistung die Leistungsverzögerung oder Schlechtleistung (§§ 280 III, 281), die Verletzung einer Schutzpflicht nach § 241 II (§§ 280 III, 282) oder die nachträgliche Unmöglichkeit (§§ 280 III, 283). **Bsp:** Führt ein Maler die von ihm übernommenen Malerarbeiten schlecht aus, kann Schadensersatz statt der Leistung gem §§ 280 I, III 281 verlangt werden; beschädigt er außerdem durch seine Unachtsamkeit Einrichtungsgegenstände, besteht ein Schadensersatzanspruch wegen dieser Schutzpflichtverletzung allein aus § 280 I. Malt er ordentlich, beschädigt aber wiederholt Einrichtungsgegenstände, kommen §§ 280 I, III, 282 sowie (für den Rücktritt) § 324 in Betracht (näher § 282 Rz 2).

6 **3.** Der Schadensersatzanspruch setzt nach Abs 1 S 2 voraus, dass der Schuldner die Pflichtverletzung zu **vertreten** hat. **a)** Für die **Verantwortlichkeit des Schuldners** gilt § 276 (und ggf die Haftungserleichterung des § 277); für Dritte ist der Schuldner nach Maßgabe des § 278 verantwortlich. Der Schuldner trägt, wie sich aus der negativen Formulierung des Abs 1 S 2 ergibt, die **Beweislast** (und nach allgM auch die Behauptungslast), dass ein Verschulden fehlt (Ausnahme: § 619a); denn den Grund für die in der Sphäre des Schuldners liegende Pflichtverletzung kann der Gläubiger regelmäßig nicht kennen. Nur die Pflichtverletzung selbst ist vom Gläubiger zu beweisen. **b)** Ein **Mitverschulden des Gläubigers** ist nach § 254 zu berücksichtigen. Es führt zu einer Kürzung des Schadensersatzanspruchs; bei weit überwiegender Verantwortlichkeit des Gläubigers kann der Anspruch sogar ganz ausgeschlossen sein (vgl die Parallele für das Rücktrittsrecht in § 323 VI). Zu einer von beiden Seiten zu vertretenden Leistungsstörung bei gegenseitigen Verträgen s § 326 Rz 4.

II. Unterschiedliche Schadensarten

7 Für bestimmte Schadensersatzansprüche müssen gemäß Abs 2 und 3 zusätzliche Voraussetzungen zu denen des Abs 1 erfüllt sein. Anspruchsgrundlage ist (ggf iVm § 437 Nr 3 oder § 634 Nr 4) für den Ersatz des Schadens neben der Leistung allein § 280 I, für den Ersatz des Verzögerungsschadens § 280 I, II iVm § 286 und für den Ersatz des Schadens statt der Leistung § 280 I, III iVm §§ 281–283. Diese Schadensarten sind folgendermaßen abzugrenzen:

8 **1. Schadensersatz statt der Leistung** ist Äquivalent für die Leistung in Geld. **a)** Er kann nach Abs 3 nur unter **zusätzlichen Voraussetzungen** verlangt werden, die für die typischen Leistungsstörungen unterschiedlich gestaltet sind. **aa)** Bei einer Leistungsverzögerung oder Schlechtleistung muss dem Schuldner nach § 281 grds eine angemessene Nachfrist gesetzt werden, um ihm vor Geltendmachung eines den Leistungsanspruch ersetzenden Schadensersatzanspruchs eine weitere Gelegenheit zur Erfüllung zu geben. **bb)** Bei Unmöglichkeit (§ 283) macht eine Nachfristsetzung keinen Sinn, weil die Leistung nicht nachholbar ist, jedoch werden andere Regeln des § 281 für entsprechend anwendbar erklärt. Bei anfänglicher Unmöglichkeit greift § 311a II statt § 280 (s Rz 1). **cc)** Bei Verletzung einer Schutzpflicht kann nach § 280 iVm § 282 Schadensersatz statt der Leistung nur verlangt werden, wenn dem Gläubiger die Leistung durch den Schuldner nicht mehr zuzumuten ist.

9 **b)** Der **Schadensart** nach handelt es sich beim Schadensersatz statt der Leistung um den Schaden, der aus dem endgültigen Ausbleiben der Leistung resultiert. Davon umfasst sind diejenigen Schadenspositionen, die entfielen, wenn die Leistung vom Schuldner zum spätest möglichen Zeitpunkt noch erbracht würde. Str ist die genaue Bestimmung dieses Zeitpunkts. Teilweise wird auf die Fälligkeit der Leistung abgestellt, teilweise auf den Ablauf der Nachfrist. Gegen den Fälligkeitsansatz spricht aber schon § 280 II – die bloße Verzögerung führt also nur unter den Voraussetzungen eines Verzugs gem § 286 zur Schadensersatzpflicht. Vielmehr ist maßgeblich, wann der Primäranspruch erlischt und daher der Schadensersatzanspruch an seine Stelle tritt (*Medicus/Petersen* Rz 237; *Lorenz* JuS 2008, 203). Diese Rechtsfolgen treten grds noch nicht bei Ablauf der Nachfrist, sondern erst mit dem Schadensersatzverlangen, § 281 IV, Rücktritt, § 346, oder Unmöglichkeit, § 275, ein. Alle Schäden, die durch eine unterstellte vertragsmäßige Leistung bis zu diesem Zeitpunkt noch entfielen, sind dann über den Schadensersatz statt der Leistung zu ersetzen. Als Rechtsfolge ist der Gläubiger beim Schadensersatz statt der Leistung so zu stellen, wie er stünde, wenn der Schuldner bei Untergang des Primäranspruchs noch geleistet hätte.

10 **2.** Der **Schadensersatz neben der Leistung** bildet die andere Schadensart. Er umfasst diejenigen Schadensposten, die auch bei einer Leistungserbringung zum spätest möglichen Zeitpunkt nicht mehr entfielen. Es handelt sich also in Abgrenzung zur

vorigen Rz um die Schäden, die bei Untergang des Primäranspruch schon endgültig eingetreten sind (sog Begleitschäden, vgl *Medicus/Petersen* Rz 238) und typischerweise das Integritätsinteresse des Gläubigers betreffen. Diese Schäden sind allein unter den Voraussetzungen von Abs 1 zu ersetzen, sofern der Schaden nicht einen Verzögerungsschaden darstellt (dazu nächste Rz).

3. Einen speziell geregelten Fall des Schadens neben der Leistung stellt der **Verzögerungsschaden** dar. Er kann nach Abs 2 nur verlangt werden, wenn auch die Voraussetzungen des § 286 über den Schuldnerverzug vorliegen. Diese Schadensart ist dadurch gekennzeichnet, dass der Schuldner in zeitlicher Hinsicht hinter seiner Leistungspflicht zurückbleibt. Verzögerungsschaden ist der Schaden, der allein dadurch entsteht, dass der Schuldner seine Pflicht zur Leistung bei Fälligkeit nicht erfüllt. Der Gläubiger kann verlangen, so gestellt zu werden, als hätte der Schuldner rechtzeitig geleistet (§ 249 I). **11**

Den Verzögerungsschaden kann der Gläubiger *neben* der Erfüllung verlangen. Daher kann der Gläubiger auch Kosten der Rechtsverfolgung geltend machen, sofern diese durch den Verzug veranlasst sind (also nicht für die den Verzug begründende Erstmahnung, BGH NJW 1985, 320, 324) und sich die Rechtsverfolgungsmaßnahme als „zweckentsprechend", also angemessen darstellt (das ist idR auch die Hinzuziehung eines Rechtsanwalts). Erforderlich ist ein adäquater Kausalzusammenhang zwischen Verzögerung und Schaden. Dieser kann den Wert der Erfüllung um ein Vielfaches übersteigen (*Medicus/Lorenz* SchR I Rz 468). Bsp: Durch die Verzögerung steht die Produktion beim Gläubiger still oder wandern Kunden zur Konkurrenz ab. Bei Rechtsverfolgungskosten wird die Ersatzpflicht durch die Sätze des RVG begrenzt (arg „Schadensminderungspflicht" nach § 254 II 1). **12**

4. Eine bestimmte konkrete Schadensposition kann infolge dieser **Abgrenzung** nur entweder als Schadensersatz neben der Leistung oder als Schadensersatz statt der Leistung zu ersetzen sein. Hingegen kann abstrakt die gleiche Schadensart je nach Zeitpunkt der Schadensentstehung sowohl von § 280 I als auch von §§ 280 I, III, 281 erfasst sein. So ist der entgangene Gewinn, der durch die (schuldhafte) Nichtleistung trotz Mahnung entsteht, als Schadensersatz neben der Leistung (Verzögerungsschaden) gem §§ 280 I, II, 286 zu ersetzen, bis der Gläubiger nach erfolglosem Ablauf der Nachfrist gem § 281 IV Schadensersatz statt der Leistung verlangt. Der nach diesem Zeitpunkt entgangene Gewinn fällt unter §§ 280 I, III, 281. **13**

Str ist die Abgrenzung von Verzögerungsschaden und Schadensersatz neben der Leistung, wenn der Schaden die Folge einer Pflichtverletzung ist, die sich nicht im Unterbleiben der Leistung bei Fälligkeit erschöpft, sondern darüber hinausgeht oder von anderer Art ist, also namentlich wenn eine Schlechtleistung vorliegt. Dann ist nicht Abs 2, sondern nur Abs 1 einschlägig (BGH NJW 2009, 2674 Nr 12 zum **mangelbedingten Nutzungsausfall**; str, anders zB *Grigoleit/Riehm* JuS 2004, 745). Mit dem BGH lässt sich das Ergebnis für die Schlechtleistung schon darauf stützen, dass § 437 nicht auf § 286 verweist. Bsp: Der Geschäftsausfall der Pizzeria ist nach Abs 1 und also ohne Mahnung zu ersetzen, wenn der gekaufte neue Pizzaofen mangelhaft und daher nicht einsatzfähig ist (§ 437 Nr 3), dagegen nach Abs 2, wenn er nicht termingerecht geliefert wurde. **14**

§ 281. Schadensersatz statt der Leistung wegen nicht oder nicht wie geschuldet erbrachter Leistung

(1) [1] **Soweit der Schuldner die fällige Leistung nicht oder nicht wie geschuldet erbringt, kann der Gläubiger unter den Voraussetzungen des § 280 Abs. 1 Schadensersatz statt der Leistung verlangen, wenn er dem Schuldner erfolglos eine angemessene Frist zur Leistung oder Nacherfüllung bestimmt hat.** [2] **Hat der Schuldner eine Teilleistung bewirkt, so kann der Gläubiger Schadensersatz statt**

der ganzen Leistung nur verlangen, wenn er an der Teilleistung kein Interesse hat. [3]Hat der Schuldner die Leistung nicht wie geschuldet bewirkt, so kann der Gläubiger Schadensersatz statt der ganzen Leistung nicht verlangen, wenn die Pflichtverletzung unerheblich ist.

(2) **Die Fristsetzung ist entbehrlich, wenn der Schuldner die Leistung ernsthaft und endgültig verweigert oder wenn besondere Umstände vorliegen, die unter Abwägung der beiderseitigen Interessen die sofortige Geltendmachung des Schadensersatzanspruchs rechtfertigen.**

(3) **Kommt nach der Art der Pflichtverletzung eine Fristsetzung nicht in Betracht, so tritt an deren Stelle eine Abmahnung.**

(4) **Der Anspruch auf die Leistung ist ausgeschlossen, sobald der Gläubiger statt der Leistung Schadensersatz verlangt hat.**

(5) **Verlangt der Gläubiger Schadensersatz statt der ganzen Leistung, so ist der Schuldner zur Rückforderung des Geleisteten nach den §§ 346 bis 348 berechtigt.**

I. Allgemeines

1 **1. Regelungsgehalt und Abgrenzungen.** Abs 1 S 1 fordert für einen Schadensersatzanspruch statt der Leistung (unten Rz 5) bei **Nichtleistung** bzw **Leistungsverzögerung** („soweit der Schuldner die fällige Leistung nicht erbringt") oder bei **Schlechtleistung** („nicht wie geschuldet erbringt") als zusätzliche Voraussetzung neben § 280 I eine erfolglose Fristsetzung. Dem Schuldner soll eine zweite Chance zu pflichtgemäßem Verhalten gegeben werden, bevor er Schadensersatz statt der Leistung zahlen muss. Die „fällige Leistung" (vgl § 271) wird regelmäßig (muss aber nicht) die Hauptleistung sein. Die Regelung gilt für alle Schuldverhältnisse, namentlich auch für Kauf- und Werkverträge; bei Mängeln verweisen § 437 Nr 3 und § 634 Nr 4 für den Schadensersatz auf §§ 280 und 281 (sowie auf §§ 283, 311 a). Bei einer Anwendung auf gesetzliche Schuldverhältnisse, wie Bereicherung oder Eigentümer-Besitzer-Verhältnis, schränken die Sonderregeln der §§ 818 IV, 819, 292 I, 989 bzw §§ 989, 990 den Anspruch ein.

2 **a)** Die Vorschrift **betrifft nicht** den Verzögerungsschaden; er ist in § 280 II angesprochen und hat den Verzug des Schuldners (§ 286) zur Voraussetzung; in § 281 I 1 wird ein Schuldnerverzug zunächst nicht vorausgesetzt (näher unten Rz 9). Die Vorschrift betrifft auch nicht den Schadensersatz bei Verletzung einer Schutzpflicht (s zu ihm § 282) und bei Unmöglichkeit (insoweit gilt § 283).

3 **b)** Die eigentliche **Anspruchsgrundlage** bildet § 280 I („unter den Voraussetzungen des § 280 Abs. 1"). Der Schuldner muss es also zu vertreten haben, dass er die Leistung nicht zu der verabredeten Zeit oder schlecht erbracht hat und dass er auch die Fristsetzung nicht zur Nacherfüllung genutzt hat (RegBegr BT-Drucks 14/6040, 139). Ein Mitverschulden des Gläubigers ist nach § 254 zu berücksichtigen (vgl § 280 Rz 9).

4 **c)** Die Voraussetzungen für einen **Rücktritt,** der gem § 325 neben dem Schadensersatzverlangen möglich, für dieses aber nicht erforderlich ist, sind in § 323 parallel geregelt; nur setzt der Rücktritt kein Verschulden voraus, und er kann gem § 323 VI aus Gründen, die in der Person des Gläubigers liegen, ausgeschlossen sein. Für die Rückabwicklung verweist § 281 V auf die Wirkungen des Rücktritts (§§ 346–348), so dass auch insoweit Gleichklang besteht.

5 **2.** Der **Schadensersatz statt der Leistung** (Begriff § 280 Rz 12) ist auf das positive Interesse gerichtet. Der Gläubiger ist so zu stellen, wie er stünde, wenn der Schuldner ordnungsgemäß erfüllt hätte. Er kann in zwei Formen gewährt werden: **a)** Der Gläubiger kann im Falle einer mangelhaften Leistung den sog **kleinen Scha-**

densersatz verlangen. In diesem Fall gibt er sich mit der erhaltenen Leistung zufrieden (oder er muss dies gemäß Abs 1 S 2 und 3 tun) und beschränkt den Schadensersatzanspruch auf das Defizit. Bsp: Der Käufer behält die fehlerhafte Sache und beschränkt den Schadensersatz auf den Betrag, den er für die Beseitigung des Mangels benötigt. Hier berührt sich der Schadensersatz mit der Minderung (vgl RegBegr BT-Drucks 14/6040, 226), die in der Praxis oft zu einem ähnlichen Ergebnis führt (vgl § 441 Rz 3f). **b)** Der Gläubiger kann grds auch den sog **großen Schadensersatz** (insb bei Nichterfüllung einer Leistungspflicht), also vollen Wertersatz, verlangen. Das Gesetz spricht in diesem Fall von Schadensersatz statt der *ganzen* Leistung (Abs 1 S 2, 3, Abs 5). Der Anspruch richtet sich auf die Herstellung des gleichen wirtschaftlichen Erfolgs, wie er ohne die Leistungsstörung eingetreten wäre; der Schuldner ist dann aber zur Rückforderung des von ihm Geleisteten berechtigt (Abs 5). Bsp: Der Käufer, der den großen Schadensersatz verlangt, ist verpflichtet, die fehlerhafte Sache zurückzugeben. Für Teilleistungen und Schlechtleistungen wird der Anspruch auf den großen Schadensersatz durch zusätzliche Voraussetzungen in Abs 1 S 2 und 3 eingeschränkt (näher unten Rz 12 f). **c)** Die **Ermittlung** des zu ersetzenden Schadens erfolgt bei gegenseitigen Verträgen wahlweise nach der **Differenz-** oder der **Surrogationstheorie** (s § 325 Rz 2 ff). Bei der Differenzberechnung kommen die allgemeinen Grundsätze der Schadenszurechnung und der Vorteilsausgleichung zur Anwendung (s Vor §§ 249 ff Rz 11 aE). Bei gegenseitigen Verträgen konnte im Wege der **Rentabilitätsvermutung** über das positive Interesse hinaus bei materieller Zwecksetzung des Vertrags für die für den Vertrag gemachten und infolge der Leistungsstörung nutzlosen Aufwendungen Ersatz verlangt werden (BGHZ 123, 96, 99). Es wurde vermutet, dass sich die Aufwendungen bei ordnungsgemäßer Erfüllung rentiert hätten. Der Schaden lag nicht in der Aufwendung als solcher, sondern in dem Verlust der Kompensationsmöglichkeit (BGH NJW 2000, 2342, 2343). Diese Vermutung wird heute durch die spezielle Regelung des Aufwendungsersatzes in § 284 verdrängt (str, s § 284 Rz 3).

3. Der **Anspruch auf die Leistung** ist mit dem Verlangen nach Schadensersatz – 6
und nicht bereits mit dem Fristablauf – ausgeschlossen (Abs 4). Der Schuldner soll sich ab diesem Zeitpunkt darauf einrichten können, dass er nicht mehr leisten muss. Ähnlich ist es beim Rücktritt, wo ab der Rücktrittserklärung (§ 349) ein Rückabwicklungsverhältnis entsteht (vgl § 346 Rz 3), so dass der Leistungsanspruch entfällt. Eine zwischen fruchtlosem Fristablauf und Schadensersatzverlangen vom Schuldner erbrachte oder angebotene Leistung kann der Gläubiger grds zurückweisen (str; näher *Finn* ZGS 2004, 32); der Schuldner, der seine zweite, innerhalb der gesetzten Frist gegebene Chance zur Vertragserfüllung nicht genutzt hat, verdient keine dritte Chance zu Lasten der Dispositionsfreiheit des Gläubigers; dieser kann wählen, ob er die verspätete Leistung akzeptiert oder Schadensersatz statt der Leistung verlangt.

Das **Verlangen nach Schadensersatz** liegt mit Sicherheit in einer Klage. Eine 7
vorprozessuale Erklärung des Gläubigers muss den eindeutigen Willen erkennen lassen, sich auf das Schadensersatzbegehren beschränken zu wollen; eine allgemeine Ankündigung – zB weitere Rechte „bis hin zum Schadensersatz" geltend machen zu wollen – reicht dafür nicht aus (RegBegr BT-Drucks 14/6040, 141). Die Grenze zwischen der bloßen Androhung, Schadensersatz zu verlangen, und dem wirklichen Verlangen ist freilich fließend und auch durch Auslegung nicht immer klar zu ziehen. Dadurch kann Unsicherheit in der Anwendung des Abs 4 entstehen.

II. Fristsetzung

1. Eine **angemessene Frist zur Leistung oder Nacherfüllung** muss erfolglos 8
abgelaufen sein, bevor der Gläubiger gem §§ 280 I, III, 281 I 1 Schadensersatz statt der Leistung verlangen kann. **a)** Die Frist ist **angemessen,** wenn sie so lang ist, dass

der Schuldner die Leistung tatsächlich auch erbringen kann. Allerdings muss sie dem Schuldner, der noch gar nichts unternommen hat, nicht ermöglichen, die Leistung erst anzufangen und zu erbringen (RegBegr BT-Drucks 14/6040, 138). Da der Schuldner seiner ursprünglichen Leistungspflicht nicht hinreichend entsprochen hat, kann von ihm jetzt schnelleres Handeln erwartet werden. Eine zu **kurz bemessene Nachfrist** ist nicht völlig unwirksam, sondern setzt in der Regel eine angemessene Frist in Lauf. **b)** Für die Fristsetzung ist es ausreichend, wenn der Gläubiger den Schuldner auffordert, „umgehend" zu leisten oder durch vergleichbare Formulierungen deutlich macht, dass dem Schuldner für die Erfüllung nur ein begrenzter und bestimmbarer Zeitraum zur Erbringung der Leistung zur Verfügung steht (BGH NJW 2009, 3153). Weder dem Wortlaut noch dem Zweck der Fristsetzung ist es mit dem BGH aaO zu entnehmen, dass die maßgebliche Zeitspanne nach dem Kalender bestimmt sein muss oder in konkreten Zeiteinheiten anzugeben ist. Die Dauer der Frist kann demnach auch durch einen unbestimmten Rechtsbegriff bezeichnet werden. Dem Schuldner soll durch die Fristsetzung vor Augen geführt werden, dass er die Leistung nicht zu einem beliebigen Zeitpunkt bewirken kann, sondern dass ihm hierfür nur eine zeitliche Grenze gesetzt ist (BGH aaO Nr 10f). **c)** Abs 1 S 1 nennt neben der Leistung auch die **Nacherfüllung** als Gegenstand der mit der Fristsetzung verbundenen Aufforderung. Eine Nacherfüllung kommt in Betracht, wenn der Schuldner bislang nur teilweise oder mangelhaft geleistet hat; vgl im Kaufrecht §§ 437 Nr 1, 439, im Werkvertragsrecht §§ 634 Nr 1, 635.

9 2. **Verzug** des Schuldners wird in Abs 1 S 1 nicht förmlich vorausgesetzt. Von einer Bezugnahme auf die Voraussetzungen des Schuldnerverzugs (§ 286) wurde bewusst abgesehen; dem Gläubiger sollte, indem allein auf die Fristsetzung abgestellt wird, ein möglichst einfaches Mittel an die Hand gegeben werden, um Klarheit über den Fortbestand seines Leistungsanspruchs bzw über dessen Substituierung durch einen Schadensersatzanspruch zu erhalten (RegBegr BT-Drucks 14/6040, 138). In der mit der Fristsetzung verbundenen Leistungsaufforderung ist aber stets zugleich eine Mahnung iSd § 286 I 1 zu sehen, so dass der nach §§ 280 I, III, 281 I 1 schadensersatzpflichtige Schuldner sich jeweils auch im Verzug befindet. Er haftet dann verschärft nach § 287.

10 3. Die **Entbehrlichkeit der Fristsetzung** ist gemäß Abs 2 in zwei Fallgruppen gegeben. **a)** Bei ernsthafter und endgültiger **Erfüllungsverweigerung** des Schuldners; hier wäre eine Fristsetzung sinnlos. **b)** Bei **besonderen Umständen,** die unter Abwägung der beiderseitigen Interessen eine sofortige Geltendmachung des Schadensersatzanspruchs rechtfertigen. Hier wird den Gerichten ein Bewertungsspielraum eingeräumt. Gedacht ist namentlich an sog „Just-in-time-Verträge", bei denen zu einem bestimmten Zeitpunkt geliefert werden muss, damit die Produktion des Gläubigers ordnungsgemäß weiterlaufen kann. Bleibt die Leistung ganz oder teilweise aus, muss der Gläubiger die Möglichkeit haben, sofort Ersatzbeschaffung anzuordnen, weil sein Schaden sonst viel größer würde (RegBegr BT-Drucks 14/6040, 140). Doch ist die Fristsetzung nicht bei jedem einfachen Fixgeschäft (vgl § 271 Rz 3) entbehrlich; eine dem § 323 II Nr 2 entsprechende Regelung fehlt in § 281 II und kann schwerlich durch eine extensive Auslegung des Abs 2 kompensiert werden (anders *Jaensch* NJW 2003, 3613). Beim Kauf eines Tieres können besondere Umstände, die nach Abs 2 ausnahmsweise die sofortige Geltendmachung des Anspruchs auf Schadensersatz rechtfertigen, dann vorliegen, wenn der Zustand des Tieres eine unverzügliche tierärztliche Behandlung als Notmaßnahme erforderlich erscheinen lässt, die vom Verkäufer nicht rechtzeitig veranlasst werden könnte (BGH NJW 2005, 3211).

11 **c)** Ein die sofortige Rückabwicklung rechtfertigendes Interesse des Käufers bzw ein entsprechendes Interesse, ohne vorherige Fristsetzung Schadensersatz statt der Leistung verlangen zu können, ist auch anzunehmen, wenn der Verkäufer dem Käufer einen ihm bekannten Mangel bei Abschluss des Kaufvertrags **arglistig verschwiegen** hat; in

solchen Fällen hat der Käufer ein berechtigtes Interesse daran, von einer weiteren Zusammenarbeit mit dem Verkäufer Abstand zu nehmen, um sich vor eventuellen neuerlichen Täuschungsversuchen zu schützen (BGH NJW 2007, 835 unter Nr 12f). Die Vertrauensgrundlage ist selbst dann als zerstört anzusehen, wenn die Mängelbeseitigung durch einen vom Verkäufer auszuwählenden Dritten vorzunehmen ist (BGH NJW 2008, 1371 Nr 20). Wenn aber der Käufer dem Verkäufer nach Entdeckung des verschwiegenen Mangels eine Frist zur Behebung setzt und der Verkäufer diesem Verlangen nachkommt, müssen Sekundärrechte ausgeschlossen sein, da die Kaufsache nunmehr vertragsgerecht ist (zum Rücktrittsrecht: BGH NJW 2010, 1805 Nr 9). **d)** Bei **antizipiertem Vertragsbruch** ist nicht nur ein Rücktritt vor Fälligkeit und also ohne Fristsetzung möglich (§ 323 IV), sondern in Analogie zu dieser Vorschrift auch das Verlangen nach Schadensersatz; die Analogie fördert den vom Gesetzgeber gewollten (vgl § 325) Gleichlauf von Rücktritt und Schadensersatz (*Jaensch* aaO).

4. Eine **Abmahnung** tritt gemäß Abs 3 bei **Unterlassungspflichten,** die Gegen- **12** stand der Leistungspflicht sind, an die Stelle der Fristsetzung, weil bei diesen Pflichten „nach der Art der Pflichtverletzung" eine Fristsetzung nicht in Betracht kommt (RA BT-Drucks 14/7052, 185).

III. Teilleistung und unerhebliche Schlechtleistung

1. Bei einer **Teilleistung** kann der Gläubiger gem Abs 1 S 2 Schadensersatz wegen **13** der *ganzen* Leistung nur verlangen, wenn er an der Teilleistung kein Interesse hat. Ansonsten bleibt er auf den sog kleinen Schadensersatz (oben Rz 5), also auf einen Schadensersatzanspruch für den ausgebliebenen Teil der Leistung, beschränkt. Im Kauf- und Werkvertragsrecht ist die Lieferung einer zu geringen Menge gem § 434 III bzw § 633 II 3 einem Sachmangel gleichgestellt; wollte man dies auch im Rahmen des § 281 beachten (vgl § 434 Rz 11), so wäre nicht Abs 1 S 2, sondern Abs 1 S 3 anzuwenden.

2. Bei einer **Schlechtleistung** kann der Gläubiger gemäß Abs 1 S 3 großen Scha- **14** densersatz (oben Rz 5) nicht verlangen, wenn die Pflichtverletzung unerheblich ist (sog Bagatellgrenze). Sinn dieser Vorschrift ist eine Harmonisierung mit dem Rücktrittsrecht (vgl § 323 V 2): Steht dem Gläubiger auf Grund der Geringfügigkeit der Pflichtverletzung kein Rücktrittsrecht zu, so soll er auch nicht dadurch, dass er Schadensersatz statt der ganzen Leistung verlangt, die Rückabwicklung des gesamten Vertrags erreichen können. Der Gläubiger kann dann nur den kleinen Schadensersatz fordern. Auch wenn die Pflichtverletzung erheblich ist, muss der Gläubiger nicht den großen Schadensersatz begehren, sondern es steht ihm frei, die nicht wie geschuldet erbrachte Leistung zu akzeptieren und sich mit dem kleinen Schadensersatz zu begnügen.

§ 282. Schadensersatz statt der Leistung wegen Verletzung einer Pflicht nach § 241 Abs. 2

Verletzt der Schuldner eine Pflicht nach § 241 Abs. 2, kann der Gläubiger unter den Voraussetzungen des § 280 Abs. 1 Schadensersatz statt der Leistung verlangen, wenn ihm die Leistung durch den Schuldner nicht mehr zuzumuten ist.

1. Die Vorschrift betrifft die **Verletzung einer Nebenpflicht** und regelt dafür den **1** Schadensersatz **statt der Leistung.** Regelmäßig zieht die Verletzung einer Pflicht nach § 241 II, da sie nicht leistungsbezogen ist und also nicht die Verletzung einer Leistungspflicht betrifft, keinen derartigen Schadensersatzanspruch nach sich, sondern nur einen einfachen Schadensersatzanspruch aus § 280 I. Ein auf § 280 I, III gestützter Anspruch auf Schadensersatz statt der Leistung entsteht aber ausnahmsweise unter der in § 282 genannten Voraussetzung, dass dem Gläubiger die Leistung durch den

Schuldner nicht mehr zuzumuten ist. Unter derselben Voraussetzung gewährt § 324 ein Rücktrittsrecht. Zu denken ist an eine wesentliche Verletzung der Schutzpflicht aus einem bestehenden Vertrag (positive Vertragsverletzung; siehe § 241 Rz 2). Liegt in einer Schutzpflicht ausnahmsweise zugleich eine Verhaltenspflicht in Bezug auf die Erbringung der Leistung, sind, soweit durch die Pflichtverletzung die geschuldete Hauptleistung beeinträchtigt wird, die §§ 280 I, 281 I, 323 I einschlägig (*Hk-Schulze* § 241 Rz 8). Im Regelfall, in dem die Schutzpflichtverletzung nur die sonstigen Rechte und Güter der anderen Partei berührt, kann Schadensersatz statt der Leistung aber nur über §§ 280 I, III, 282 verlangt werden. Eine Schutzpflichtverletzung aus c.i.c. (§ 311 II, III) kann diesen Anspruch nicht begründen, da im Vorstadium des Vertrags noch kein Leistungsanspruch besteht, für den Ersatz verlangt werden könnte.

2 **2.** Die **Zumutbarkeit,** auf die § 282 abstellt, ist eine Wertungsfrage, bei der die Interessen des Gläubigers und des Schuldners zu berücksichtigen sind. Wesentliche Gesichtspunkte sind, ob der Schuldner abgemahnt worden ist und ob die Schutzpflichtverletzung erheblich ist. So wird im Bsp des unachtsamen Malers (§ 280 Rz 8) ein sofortiges Verlangen von Schadensersatz statt der Leistung ohne vorherige Abmahnung jedenfalls dann nicht gerechtfertigt sein, wenn die Beschädigungen durch den Maler (zunächst) kein besonderes Gewicht haben (RegBegr BT-Drucks 14/6040, 142). Die Pflichtverletzungen können auch trotz Abmahnung als so geringfügig erscheinen, dass dem Gläubiger ein Festhalten am Vertrag zuzumuten ist. Ein Bsp wäre der Maler, der seine Malerleistung einwandfrei erbringt, aber als Gewohnheitsraucher in den Räumen des Bestellers trotz Abmahnung weiterhin raucht. Hier wäre es unverhältnismäßig, wenn der Besteller beim ersten Verstoß gegen die Abmahnung einen anderen Maler mit der Beendigung der Arbeiten beauftragen und den ersten Maler mit den Mehrkosten belasten könnte (RA BT-Drucks 14/7052, 186).

§ 283. Schadensersatz statt der Leistung bei Ausschluss der Leistungspflicht

[1]Braucht der Schuldner nach § 275 Abs. 1 bis 3 nicht zu leisten, kann der Gläubiger unter den Voraussetzungen des § 280 Abs. 1 Schadensersatz statt der Leistung verlangen. [2]§ 281 Abs. 1 Satz 2 und 3 und Abs. 5 findet entsprechende Anwendung.

1 **1. Anwendungsbereich.** § 280 I, III iVm § 283 bildet die Anspruchsgrundlage für Schadensersatz statt der Leistung im Fall der **nachträglichen zu vertretenden Unmöglichkeit,** sei sie objektiv oder subjektiv; in den Fällen von § 275 II und III, die lediglich eine Einrede begründen, muss der Schuldner die Einrede erhoben haben. Die Beschränkung auf die nachträgliche Unmöglichkeit lässt § 283 nicht ohne weiteres erkennen, da § 275 auch für die anfängliche (objektive oder subjektive) Unmöglichkeit gilt. Sie ergibt sich aber schon daraus, dass die anfängliche Unmöglichkeit in § 311a II gesondert geregelt ist (freilich in einem anderen Gesetzesabschnitt und daher nicht leicht zu finden). Außerdem lässt sich anführen, dass bei anfänglicher Unmöglichkeit gar keine nach § 280 zum Schadensersatz berechtigende Verletzung der Leistungspflicht aus dem Schuldverhältnis vorliegt, da diese Pflicht gem § 275 von vorneherein gar nicht besteht. Während § 283 und § 311a II auf der Tatbestandsseite unterschiedliche Anforderungen stellen, stimmen sie auf der Rechtsfolgenseite überein.

2 **2.** Der Anspruch entsteht ohne die in § 281 I 1 geforderte Fristsetzung, die bei Unmöglichkeit sinnlos wäre. Für die nachträgliche Unmöglichkeit eines **Teils der Leistung** oder der **Nacherfüllung** bei einer Schlechtleistung verweist S 2 auf § 281 I 2 und 3 (s dazu § 281 Rz 13f).

3 **3.** Verlangt der Gläubiger Schadensersatz statt der ganzen Leistung, so ist er dem Schuldner zur **Rückgewähr** der empfangenen Leistungen gem § 281 V verpflichtet, auf den S 2 ebenfalls verweist.

§ 284. Ersatz vergeblicher Aufwendungen

Anstelle des Schadensersatzes statt der Leistung kann der Gläubiger Ersatz der Aufwendungen verlangen, die er im Vertrauen auf den Erhalt der Leistung gemacht hat und billigerweise machen durfte, es sei denn, deren Zweck wäre auch ohne die Pflichtverletzung des Schuldners nicht erreicht worden.

1. Allgemeines. § 284 räumt den Gläubiger das Wahlrecht ein, anstelle Schadens- 1
ersatzes statt der Leistung vom Schuldner den Ersatz vergeblicher Aufwendungen zu verlangen. Statt des positiven Interesses (Äquivalent für die Leistung) erhält der Gläubiger dann sein negatives Interesse ersetzt (*Hk-Schulze* Rz 1). **a) Vergebliche Aufwendungen** sind freiwillige Vermögensopfer, die der Gläubiger im Vertrauen auf den Erhalt der Leistung erbracht hat, die sich aber wegen der Nichtleistung oder der nicht vertragsgerechten Leistung des Schuldners als nutzlos erweisen. Aufwendungen des Käufers auf eine gekaufte Sache, die sich später als mangelhaft herausstellt, sind demnach idR vergeblich, wenn der Käufer die Kaufsache wegen ihrer Mangelhaftigkeit zurückgibt oder sie jedenfalls nicht bestimmungsgemäß nutzen kann (BGHZ 163, 381). Bsp: Kosten, die dem Käufer eines untauglichen Kfz für dessen Überführung und Zulassung oder durch den Einbau eines Navigationssystems entstehen. Wird der Kauf wegen der Mangelhaftigkeit des Fahrzeugs rückabgewickelt, nachdem der Käufer das Fahrzeug zeitweise genutzt hat, so mindert sich der Anspruch auf den Ersatz der Aufwendungen entsprechend der Nutzungsdauer oder der Laufleistung des Fahrzeugs, weil die Aufwendungen insoweit ihren Zweck erfüllt haben, nicht vergeblich waren (BGH aaO). Die hM lehnt ferner eine Erstattung des Kaufpreises (Gegenleistung) als Aufwendung iSd § 284 ab (*Palandt-Grüneberg* Rz 5). Für eine Ersatzfähigkeit der Gegenleistung spricht jedoch, dass diese bereits vor dem SchRG stets über die Rentabilitätsvermutung ersetzt wurde. Da der Anspruch auf Erstattung der Aufwendungen auch noch nach dem Rücktritt geltend gemacht werden kann, § 325, und für diesen Anspruch im Vergleich zum Rücktritt mit dem Verschuldenserfordernis schärfere Voraussetzungen gelten, gibt es keinen Grund, den Käufer auf Ansprüche aus § 346 zu beschränken. **b)** Der Anspruch kann **alternativ** „anstelle" des Schadensersatzes statt der Leistung geltend gemacht werden. Die für einen solchen Schadensersatzanspruch in §§ 280–283 angeführten Voraussetzungen müssen also vorliegen, insbesondere muss der Schuldner die Pflichtverletzung gem § 280 I 2 zu vertreten haben. Wird nicht Schadensersatz statt der Leistung, sondern nur Schadensersatz aus § 280 I verlangt, gewährt die Rspr den Aufwendungsersatz **kumulativ** (BGHZ 163, 381, 386f); dies erscheint berechtigt, da dann nicht zu besorgen ist, dass der Geschädigte wegen ein und desselben Vermögensnachteils doppelte Kompensation, nämlich sowohl Schadensersatz als auch Aufwendungsersatz, erlangt. Die Alternativität von Aufwendungsersatz und Schadensersatz statt der Leistung führt dazu, dass die Rentabilitätsvermutung zur Berechnung des Schadensersatzes (s § 281 Rz 5) aufzugeben ist (str, anders *Palandt-Grüneberg* § 281 Rz 23). Diese Auffassung lässt sich auch durch die Gesetzesbegründung zum SchRG absichern, dass es nach Schaffung von § 284 nicht mehr auf die Rspr zur Rentabilitätsvermutung ankomme (BT-Drucks 14/6040, 144).

2. Anwendungsbereich. Die Vorschrift gilt – wie alle Vorschriften in diesem Ab- 2
schnitt des Gesetzes – zwar vorwiegend für **Verträge,** aber auch für **andere Schuldverhältnisse.** Bsp: Hat G im Vertrauen auf den Erhalt eines Gemäldes einen Rahmen anfertigen lassen und kann S infolge eines von ihm zu vertretenden Umstandes das Bild nicht liefern, so kann G Ersatz seiner nutzlos gewordenen Aufwendung verlangen, gleichgültig, ob er Käufer des Bildes oder Vermächtnisnehmer ist. Ferner macht es keinen Unterschied, ob durch den Ausfall der Leistung ein wirtschaftlicher oder ein **ideeller Zweck** nicht erreicht wurde (BGHZ 163, 381). Bsp: G kann seine vergeblichen Aufwendungen (etwa Werbungskosten) im Zusammenhang mit der Anmietung

eines schuldhaft nicht zur Verfügung gestellten Saales verlangen, auch wenn er dort keine Verkaufsveranstaltung, sondern eine Parteiversammlung abhalten wollte; im letzteren Fall kann man in § 284 eine gesetzliche Durchbrechung des § 253 sehen (vgl zur früheren Rechtslage BGHZ 99, 182, 195 ff).

3 **3. Einschränkungen.** Der Wortlaut des § 284 enthält für das Entstehen des Anspruchs auf Aufwendungsersatz zwei Einschränkungen. **a)** Der Anspruch entsteht nur, wenn der Gläubiger die Aufwendungen im Vertrauen auf den Erhalt der Leistung **billigerweise machen durfte.** Der Gläubiger darf also vor allem nicht voreilig Aufwendungen tätigen, wenn bereits Anzeichen für ein Scheitern des Vertrags vorliegen; dagegen ist es ihm unbenommen, objektiv nicht erforderliche oder hoch erscheinende Aufwendungen zu machen (vgl *Canaris* JZ 2001, 517); es darf freilich kein krasses Missverhältnis zu der nicht erbrachten Leistung bestehen (*Palandt-Grüneberg* Rz 6). So kann im Bsp des Gemäldekaufs (vorige Rz) der Anspruch auf Ersatz der Aufwendung für den Rahmen zwar entfallen, weil der Rahmen nach den Umständen des Falles übereilt bestellt wurde oder weil sein Preis den Wert des Bildes um ein Vielfaches übersteigt, nicht aber, weil der alte Rahmen noch gut genug oder der neue im Verhältnis zum Wert des Bildes etwas teuer erscheint. **b)** Der Anspruch auf Ersatz vergeblicher Aufwendungen ist ferner ausgeschlossen, wenn deren **Zweck auch ohne die Pflichtverletzung des Schuldners** nicht erreicht worden wäre. Mit dieser Einschränkung wird verhindert, dass die vom Schuldner zu vertretende Leistungsstörung sozusagen zum „Glücksfall" für einen Gläubiger wird, der seine Aufwendungen auch bei ordnungsgemäßer Vertragsdurchführung nicht wieder „hereingeholt" oder seinen ideellen Zweck nicht erreicht hätte. So kann im Bsp der Saalmiete (vorige Rz) Ersatz der nutzlosen Aufwendungen nicht verlangt werden, wenn die Verkaufsgegenstände absolut unverkäuflich waren oder die Parteiversammlung wegen eines Verbots ohnehin nicht hätte stattfinden können.

§ 285. Herausgabe des Ersatzes

(1) **Erlangt der Schuldner infolge des Umstands, auf Grund dessen er die Leistung nach § 275 Abs. 1 bis 3 nicht zu erbringen braucht, für den geschuldeten Gegenstand einen Ersatz oder einen Ersatzanspruch, so kann der Gläubiger Herausgabe des als Ersatz Empfangenen oder Abtretung des Ersatzanspruchs verlangen.**

(2) **Kann der Gläubiger statt der Leistung Schadensersatz verlangen, so mindert sich dieser, wenn er von dem in Absatz 1 bestimmten Recht Gebrauch macht, um den Wert des erlangten Ersatzes oder Ersatzanspruchs.**

1 **1. Allgemeines. a)** § 285 korrigiert eine als unbillig empfundene Zuordnung von Vermögensgütern im Wege der **schuldrechtlichen Surrogation** (weitere Fälle: §§ 667, 816). Im Gegensatz zur dinglichen Surrogation (zB § 1247 S 2) tritt das als Ersatz Erlangte (Surrogat), das sog **stellvertretende commodum,** nicht ipso jure an die Stelle des (ursprünglich geschuldeten) Gegenstandes; es besteht lediglich ein Herausgabeanspruch. In § 285 setzt sich der durch Unmöglichkeit untergegangene Primäranspruch fort. Sicherheiten für diesen (Bürgen und Pfänder) bleiben daher verhaftet. **b) Anwendungsbereich:** alle schuldrechtlichen Ansprüche, gleichgültig ob aus Vertrag oder Gesetz (zB Rücktritt, GoA, Delikt, EBV). Ausnahmen: für Kondiktionsansprüche gilt § 285 nur bei verschärfter Haftung (Verweis in §§ 818 IV, 819 I auf die „allgemeinen Vorschriften"), ansonsten ist die Vorschrift durch die Sonderregeln des § 818 II, III verdrängt. Ferner idR keine Anwendung auf den Eigentumsherausgabeanspruch aus § 985 (Näheres dort Rz 7).

2 **2. Voraussetzungen. a)** Eintritt eines **nach § 275 beachtlichen Hindernisses** zur Leistung eines Gegenstandes (Sachen oder sonstige Objekte von Rechten). Ob es sich

um nachträgliche oder anfängliche, zu vertretende oder nicht zu vertretende Unmöglichkeit handelt, ist unerheblich (s § 275 Rz 2). In den Fällen des § 275 II und III ist erforderlich, dass der Schuldner die ihm zustehende Einrede auch tatsächlich erhoben hat (*Bamberger/Roth-Unberath* Rz 7); denn die Entscheidung, ob er leisten oder sich auf sein Leistungsverweigerungsrecht berufen möchte, soll nach § 275 bei ihm liegen. **b)** Der Schuldner muss für den Gegenstand der unmöglichen Leistung einen **Ersatz oder Ersatzanspruch** erlangt haben. Ersatzerlangung und ursprünglich geschuldeter Gegenstand müssen in einem adäquaten Kausalzusammenhang stehen. Bsp: Wird der Leistungsgegenstand durch einen Brand vernichtet, so sind die Versicherungssumme oder der von dem Brandstifter erlangte Schadensersatz herauszugeben. Auch der durch Rechtsgeschäft erlangte Ersatz **(„commodum ex negotiatione")** ist herauszugeben; Bsp: Herausgabe des von dem Zweitkäufer erlangten Veräußerungserlöses an den Erstkäufer. Obwohl hier Ersatzerlangung und Unmöglichwerden der Leistung auf verschiedenen Rechtsgeschäften beruhen (Verkauf und Veräußerung an den Zweitkäufer), besteht doch ein hinreichend enger wirtschaftlicher Zusammenhang. **c) Identität** des Geschuldeten mit dem Gegenstand, für den der Ersatz erlangt wurde. Erlangt der Eigentümer eine Enteignungsentschädigung, so kann diese der Mieter, der die Mietsache räumen muss, nicht nach § 285 herausverlangen; ihm ist nur Besitzüberlassung geschuldet. Anders, wenn der Eigentümer gerade für eine Gebrauchsbeeinträchtigung entschädigt wird.

3. Rechtsfolgen. a) Verpflichtung zur **Herausgabe des Erlangten,** bei Ansprü- 3
chen zur Abtretung. Dies gilt auch, wenn das Erlangte mehr wert ist als das ursprünglich Geschuldete (Ersetzungsgedanke). In den Fällen des § 275 II und III kann der Schuldner diese Konsequenz vermeiden, indem er die Einrede der Unmöglichkeit nicht erhebt. Der Gläubiger kann auch neben dem Surrogat Schadensersatz fordern, der sich dann um den Wert des Surrogats mindert **(Abs 2). b)** Fordert der Gläubiger bei **gegenseitigen Verträgen** das stellvertretende commodum, so bleibt er in dem Verhältnis zur Gegenleistung verpflichtet, in dem der Wert des Ersatzes zu dem der ursprünglich geschuldeten Leistung steht (§ 326 III).

§ 286. Verzug des Schuldners

(1) [1]**Leistet der Schuldner auf eine Mahnung des Gläubigers nicht, die nach dem Eintritt der Fälligkeit erfolgt, so kommt er durch die Mahnung in Verzug.** [2]**Der Mahnung stehen die Erhebung der Klage auf die Leistung sowie die Zustellung eines Mahnbescheids im Mahnverfahren gleich.**

(2) **Der Mahnung bedarf es nicht, wenn**

1. **für die Leistung eine Zeit nach dem Kalender bestimmt ist,**
2. **der Leistung ein Ereignis vorauszugehen hat und eine angemessene Zeit für die Leistung in der Weise bestimmt ist, dass sie sich von dem Ereignis an nach dem Kalender berechnen lässt,**
3. **der Schuldner die Leistung ernsthaft und endgültig verweigert,**
4. **aus besonderen Gründen unter Abwägung der beiderseitigen Interessen der sofortige Eintritt des Verzugs gerechtfertigt ist.**

(3) [1]**Der Schuldner einer Entgeltforderung kommt spätestens in Verzug, wenn er nicht innerhalb von 30 Tagen nach Fälligkeit und Zugang einer Rechnung oder gleichwertigen Zahlungsaufstellung leistet; dies gilt gegenüber einem Schuldner, der Verbraucher ist, nur, wenn auf diese Folgen in der Rechnung oder Zahlungsaufstellung besonders hingewiesen worden ist.** [2]**Wenn der Zeitpunkt des Zugangs der Rechnung oder Zahlungsaufstellung unsicher ist, kommt der Schuldner, der nicht Verbraucher ist, spätestens 30 Tage nach Fälligkeit und Empfang der Gegenleistung in Verzug.**

(4) **Der Schuldner kommt nicht in Verzug, solange die Leistung infolge eines Umstands unterbleibt, den er nicht zu vertreten hat.**

I. Voraussetzungen des Schuldnerverzugs

1 **1. Nichtleistung trotz Möglichkeit.** Wesen des Schuldnerverzugs ist die zu vertretende Leistungsverspätung. Das Gesetz unterscheidet nicht, ob es sich um eine Hauptleistungspflicht oder eine sonstige Pflicht handelt. **a)** Eine solche Verspätung liegt nicht (mehr) vor, wenn die Leistung bereits vor Fälligkeit des Anspruchs unmöglich ist oder während des Verzugs unmöglich wird; **Unmöglichkeit** geht dem Verzug also stets vor und ist vor diesem zu prüfen. Tritt während des Verzuges Unmöglichkeit ein, so sind die Verzugsfolgen von diesem Moment an (ex nunc) beendet; vorher entstandene Verzugsfolgen wirken fort. Bsp: S schuldet dem G Lieferung eines Teppichs zum 1. 6., den er aber schuldhaft erst am 15. 6. absendet. Auf dem Transport wird der Teppich gestohlen. (1) Unmöglichkeit: G kann von S Schadensersatz statt der Leistung gem §§ 280 I, III, 283 fordern; S hat die Unmöglichkeit zwar nicht verschuldet, befand sich aber zZt des Eintritts der Unmöglichkeit im Verzug (Mahnung wegen Abs 2 Nr 1 entbehrlich) und muss daher nach § 287 S 2 auch für Zufall haften. (2) Verzug: Zusätzlich kann G den (durch die zweiwöchige Verspätung bedingten) Verzögerungsschaden nach § 280 II liquidieren. **b)** Ferner kommt Verzug nur bei **nicht rechtzeitiger Erbringung der Leistung** in Betracht (und wird bei verspäteter Erbringung mit Wirkung ex nunc beendet). Maßgeblich ist der Zeitpunkt, an dem der Schuldner seine Leistungshandlung erbracht hat und nicht der Eintritt des Leistungserfolges. Hätte im obigen Beispiel S den Teppich am 1. 6. abgesendet und wäre er durch ein Verschulden der Transportperson bis zum Diebstahl am 15. 6. nicht angeliefert worden, läge kein Verzug vor: S schuldet im Zweifel (Schickschuld, vgl § 269 I, III) nur die Übergabe an die Transportperson, die Leistungshandlung war also rechtzeitig.

2 **2. Durchsetzbarer Anspruch.** Der Schuldner kommt nur in Verzug, wenn er auf einen durchsetzbaren Anspruch nicht rechtzeitig leistet. Erforderlich ist **Fälligkeit** des Anspruchs (dazu § 271). An der Durchsetzbarkeit fehlt es ferner, wenn dem Anspruch **Einreden** entgegenstehen. Problematisch ist jedoch, ob die Einreden den Schuldnerverzug bereits durch ihre bloße Existenz ausschließen oder nur dann, wenn sie zZt des (fraglichen) Verzugseintritts tatsächlich geltend gemacht werden. **a) Regelmäßig** reicht bereits das reine **Vorhandensein** der Einrede (zB §§ 214, 438 IV 2, 821, 853), um den Verzugseintritt auszuschließen. Arg: wenn der Schuldner durch seine Einrede den Anspruch hemmen kann, darf er seine Erfüllung auch zunächst einmal unterlassen (str; *Larenz* SchR I § 23 I c). Allerdings tritt diese Wirkung der Einrede nur ein, wenn sich der Schuldner im späteren Prozess auf sie beruft (sonst entstünde die paradoxe Situation, dass die Klage hinsichtlich der Leistung Erfolg hätte, hinsichtlich des – von derselben Einrede abhängigen – Verzuges aber abzuweisen wäre). **b) Ausnahme.** Das **Zurückbehaltungsrecht** aus §§ 273, 1000 muss bereits zZt des fraglichen Verzugseintritts geltend gemacht werden, damit der Gläubiger von seinem Ablösungsrecht aus § 273 III Gebrauch machen kann. **c)** Bei der **Einrede des nicht erfüllten Vertrags** (§ 320) entsteht nur Verzug, wenn der Gläubiger Zug um Zug seine Gegenleistung anbietet. Solange er das nicht tut, kann er eine (Vor-)Leistung des Schuldners nicht erwarten (Näheres *Larenz* SchR I § 23 I c).

3 **3. Mahnung** ist jede eindeutige und bestimmte Aufforderung, mit der der Gläubiger unzweideutig zum Ausdruck bringt, dass er die geschuldete Leistung verlangt; sie kann auch in höflicher Form abgefasst sein (BGH NJW 1998, 2132). Rechtsnatur: geschäftsähnliche Handlung, die Regeln über die WE finden entsprechende Anwendung. Nach Abs 1 S 1 muss die Mahnung nach Fälligkeit erfolgen, es genügt jedoch, wenn gleichzeitig mit der die Fälligkeit begründenden Handlung (zB Abruf) gemahnt

wird (BGH WM 1970, 1141). Auch in der Fristsetzung nach § 281 I 1 ist regelmäßig eine Mahnung zu sehen (vgl § 281 Rz 9).

Die Mahnung ist entbehrlich zunächst in den Fällen des **Abs 2:** Ist ein Datum 4
für die Leistung festgesetzt, so bedarf es gemäß Nr 1 keiner weiteren Aufforderung („dies interpellat pro homine" – der Tag mahnt für den Menschen). Die Bestimmung darf jedoch nicht einseitig durch eine Partei erfolgen; erforderlich sind ein Vertrag, Gesetz oder Urteil (BGH NJW 2008, 50, 53 Anm *Gsell* unter Nr 7). Ebenso gemäß Nr 2, wenn die Fälligkeit auf einen kalendermäßig bestimmten Zeitpunkt nach einem vorausgehenden Ereignis, wie Kündigung, Lieferung oder Rechnungslegung, festgelegt ist (Bsp: „Fällig drei Monate nach Kündigung"); die Frist muss eine angemessene Länge haben und darf nicht auf Null schrumpfen, wie in einer Klausel „Zahlung sofort nach Lieferung". Gemäß Nr 3 ist die Mahnung – ebenso wie die Fristsetzung in §§ 281 II, 323 II – bei ernsthafter und endgültiger Erfüllungsverweigerung entbehrlich, weil sie sinnlos wäre. In Nr 4 ist nach den Motiven zum einen an ein die Mahnung verhinderndes Verhalten des Schuldners zu denken, so wenn dieser sich einer Mahnung entzieht (Tanken ohne zu zahlen, s BGH, Urt v 4. 5. 2011 – VIII ZR 171/10) oder wenn er die Leistung zu einem bestimmten Termin selbst angekündigt hat und damit einer Mahnung zuvorgekommen ist (sog Selbstmahnung). Zum anderen geht es um Pflichten, deren Erfüllung offensichtlich besonders eilig ist (Reparatur des Wasserrohrbruchs) oder die nach ihrer Natur spontan zu erfüllen sind, wie Aufklärungs- und Wartungspflichten (RegBegr BT-Drucks 14/6040, 146).

4. Der **Zugang einer Rechnung** oder einer gleichwertigen Zahlungsaufforderung 5
setzt den Schuldner einer Entgeltforderung gemäß **Abs 3** in Verzug, wenn er nicht innerhalb von 30 Tagen nach Fälligkeit und Zugang leistet. Diese Regelung geht auf die RL vom 29. 6. 2000 zur Bekämpfung von Zahlungsverzug im Geschäftsverkehr (ABl 2000 Nr L 200, 35) zurück. Eine Mahnung erscheint in den von Abs 3 erfassten Fällen in aller Regel überflüssig, weil der Schuldner schon aus der Rechnung entnehmen kann, wieviel er wofür zahlen soll; die Frist von 30 Tagen gibt ihm hinreichend Zeit, die Rechnung zu überprüfen und zu bezahlen. Vor dem Empfang der Leistung beginnt die Frist nicht zu laufen, weil die Einrede des § 320 den Eintritt des Verzugs ausschließt (oben Rz 2; RegBegr BT-Drucks 14/6040, 147). Die 30-Tage-Regelung schließt eine Mahnung nicht aus, sondern sie tritt ergänzend neben das Mahnungssystem (RegBegr BT-Drucks 14/6040, 146). Verzug kann also auch bei Geldforderungen auf eine Mahnung zurückzuführen sein; er tritt aber spätestens 30 Tage nach Fälligkeit und Erhalt einer Rechnung ein. **a)** Gegenüber einem **Verbraucher** (§ 13) gilt dies gemäß Abs 3 S 1 HS 2 nur, wenn er auf die Verzugsfolgen in der Rechnung besonders hingewiesen worden ist; denn von ihm kann nicht ohne weiteres erwartet werden, dass er die 30-Tage-Regel kennt. **b)** Besteht **Unsicherheit** über den **Zeitpunkt des Zugangs,** so kommt der Schuldner, der nicht Verbraucher ist, gemäß Abs 3 S 2 spätestens 30 Tage nach Empfang der Gegenleistung in Verzug. Diese Regelung soll auch den Fall erfassen, dass unklar bleibt, ob überhaupt eine Rechnung zugegangen ist; denn auch dann kann von einem unsicheren Zeitpunkt des Zugangs gesprochen werden (RA BT-Drucks 14/7052, 187). Dagegen kommt Abs 3 S 2 nicht zur Anwendung, wenn die Parteien über zwei bestimmte Daten des Zugangs der Rechnung streiten und der Eingang der Ware außerhalb dieses Zeitraums liegt. Bsp: Es besteht Streit, ob die Rechnung am 1. Juni oder am 5. Juni zugegangen ist, während die Waren schon am 1. April geliefert wurden. Hier darf der Streit um den genauen, unstreitig späteren Zeitpunkt des Zugangs nicht dazu führen, dass der Schuldner sich rückwirkend ab Anfang Mai in Verzug befindet (RegBegr BT-Drucks 14/6040, 147).

5. Nach Abs 4 verlangt der Verzug **Vertretenmüssen.** Dieses richtet sich nach 6
§§ 276–278, erfordert also grds Verschulden. Die Vorschrift formuliert, dass Nichtver-

tretenmüssen den Verzug ausschließt. Die Behauptungs- und Beweislast des Nichtvertretenmüssens trifft also den Schuldner.

II. Rechtsfolgen

7 Im Gegensatz zur Unmöglichkeit besteht beim Verzug der Leistungsanspruch grds fort. Nach § 280 I, II kann der Gläubiger daneben den Verzögerungsschaden liquidieren. Er kann aber auch Schadensersatz statt der Leistung gem §§ 280 I, III, 281 fordern, wozu es gem § 281 I 1 grds einer vorherigen Fristsetzung bedarf, durch die zugleich der Schuldnerverzug herbeigeführt wird (vgl § 281 Rz 9). Unter diesen Voraussetzungen ist der Gläubiger aus einem gegenseitigen Vertrag gem § 323 zugleich zum Rücktritt berechtigt. Ferner löst der Verzug eine Haftungserweiterung (§ 287) und eine Verzinsungspflicht (§§ 288, 290) für den Schuldner aus.

§ 287. Verantwortlichkeit während des Verzugs

[1]Der Schuldner hat während des Verzugs jede Fahrlässigkeit zu vertreten. [2]Er haftet wegen der Leistung auch für Zufall, es sei denn, dass der Schaden auch bei rechtzeitiger Leistung eingetreten sein würde.

1 Die Norm erweitert die Haftung des Schuldners während des Verzugs. Satz 1 schneidet dem Schuldner die Berufung auf die **eigenübliche Sorgfalt** (§§ 277, 346 III 1 Nr 3, 347 I 2, 690, 708, 1359, 1664 I, 2131) ab und erweitert den Fahrlässigkeitsmaßstab der §§ 300 I, 521, 599, 680, 698. Satz 2 lässt den Schuldner auch in dem Fall haften, wenn **kein adäquater Kausalzusammenhang** zwischen Verzug und Leistungshindernis besteht, nicht aber für Zufallshaftung (2. HS; s *MüKo-Ernst* § 287 Rz 3f).

2 Die Haftung für Zufall tritt nur **wegen der Leistung** ein, also nur hinsichtlich der eigentlichen Leistungspflichten, nicht hinsichtlich der Schutzpflichten (§ 241 II); zB gibt es auch im Schuldnerverzug keine verschuldensunabhängige Haftung für Beeinträchtigungen der Integrität des Gläubigers (RegBegr BT-Drucks 14/6040, 148). Die Zufallshaftung gilt nicht nur für den Eintritt der Unmöglichkeit der Leistung, sondern auch für Beschädigungen des Leistungsgegenstandes.

§ 288. Verzugszinsen

(1) **[1]Eine Geldschuld ist während des Verzugs zu verzinsen. [2]Der Verzugszinssatz beträgt für das Jahr fünf Prozentpunkte über dem Basiszinssatz.**

(2) **Bei Rechtsgeschäften, an denen ein Verbraucher nicht beteiligt ist, beträgt der Zinssatz für Entgeltforderungen acht Prozentpunkte über dem Basiszinssatz.**

(3) **Der Gläubiger kann aus einem anderen Rechtsgrund höhere Zinsen verlangen.**

(4) **Die Geltendmachung eines weiteren Schadens ist nicht ausgeschlossen.**

1 Zum **Basiszinssatz** s § 247.

§ 289. Zinseszinsverbot

[1]Von Zinsen sind Verzugszinsen nicht zu entrichten. [2]Das Recht des Gläubigers auf Ersatz des durch den Verzug entstehenden Schadens bleibt unberührt.

§ 290. Verzinsung des Wertersatzes

[1]Ist der Schuldner zum Ersatz des Wertes eines Gegenstands verpflichtet, der während des Verzugs untergegangen ist oder aus einem während des Verzugs eingetretenen Grund nicht herausgegeben werden kann, so kann der Gläubiger Zinsen des zu ersetzenden Betrags von dem Zeitpunkt an verlangen, welcher der Bestimmung des Wertes zugrunde gelegt wird. [2]Das Gleiche gilt, wenn der Schuldner zum Ersatz der Minderung des Wertes eines während des Verzugs verschlechterten Gegenstands verpflichtet ist.

§ 291. Prozesszinsen

[1]Eine Geldschuld hat der Schuldner von dem Eintritte der Rechtshängigkeit an zu verzinsen, auch wenn er nicht im Verzug ist; wird die Schuld erst später fällig, so ist sie von der Fälligkeit an zu verzinsen. [2]Die Vorschriften des § 288 Abs. 1 Satz 2, Abs. 2, Abs. 3 und des § 289 Satz 1 finden entsprechende Anwendung.

§ 292. Haftung bei Herausgabepflicht

(1) **Hat der Schuldner einen bestimmten Gegenstand herauszugeben, so bestimmt sich von dem Eintritt der Rechtshängigkeit an der Anspruch des Gläubigers auf Schadensersatz wegen Verschlechterung, Untergangs oder einer aus einem anderen Grunde eintretenden Unmöglichkeit der Herausgabe nach den Vorschriften, welche für das Verhältnis zwischen dem Eigentümer und dem Besitzer von dem Eintritt der Rechtshängigkeit des Eigentumsanspruchs an gelten, soweit nicht aus dem Schuldverhältnis oder dem Verzug des Schuldners sich zugunsten des Gläubigers ein anderes ergibt.**

(2) **Das Gleiche gilt von dem Anspruch des Gläubigers auf Herausgabe oder Vergütung von Nutzungen und von dem Anspruch des Schuldners auf Ersatz von Verwendungen.**

Titel 2. Verzug des Gläubigers

Vor § 293

1 **1. Allgemeines.** Unterlässt der Gläubiger eine für die Leistung des Schuldners notwendige Mitwirkungshandlung, so gerät er in Annahmeverzug, wenn der Schuldner das seinerseits Erforderliche (dazu §§ 294–296) getan hat. Bsp für Mitwirkungshandlungen: Abgabe der dinglichen Einigungserklärung und Inbesitznahme beim Kauf; Abholen bei Holschulden. Als **Obliegenheitsverletzung** (Verstoß gegen die wohlverstandenen eigenen Interessen) ist die Mitwirkung grds verschuldensunabhängig und nicht einklagbar. Eine Ausnahme besteht dann, wenn die Mitwirkung den Gläubiger auch als vertragliche Nebenpflicht trifft (Bsp: Abnahme beim Kauf, § 433 II). In diesem Fall kann er gleichzeitig als Gläubiger der Sachleistung im Annahmeverzug und als Schuldner der Nebenpflicht im Schuldnerverzug sein.

2 **2. Voraussetzungen** des Gläubigerverzugs. **a) Erfüllbarkeit des Anspruchs.** Der Schuldner darf grds sofort, also schon vor Fälligkeit des Anspruchs leisten (§ 271 II). Eine Einschränkung dieser weitgehenden Freiheit enthält § 299; der Gläubiger soll in den dort genannten Fällen nicht andauernd zur Entgegennahme der Leistung bereit sein müssen.

3 **b) Angebot der Leistung.** Der Gläubiger kommt nur in Annahmeverzug, wenn der Schuldner das seinerseits zur Erbringung der Leistung Erforderliche getan hat. Was das ist, bestimmen die §§ 294–296 in Abhängigkeit von der Art der Schuld (Bring-, Schick- oder Holschuld, dazu § 243 Rz 4) und dem Verhalten des Gläubigers.

4 **c) Möglichkeit der Leistung.** Unmöglichkeit oder Unvermögen des Schuldners zur Leistung schließen gem § 297 den Annahmeverzug aus.

5 **d) Nichtannahme der Leistung** bzw Nichtbewirken der Mitwirkungshandlung (§ 293). Gleichgestellt ist nach § 298 der Fall, dass der Gläubiger die Leistung wohl annehmen (oder die Mitwirkungshandlung erbringen) will, aber die Zug um Zug geschuldete Gegenleistung zurückhält: Auch die nicht vertragsgemäße Annahme ist Nichtannahme. Grds unerheblich ist, ob die Nichtannahme verschuldet ist.

6 **3.** Die **Rechtsfolgen** des Gläubigerverzuges regeln die §§ 300–304. Am wichtigsten sind die Haftungsmilderung und der Gefahrübergang (s im Einzelnen § 300). Ferner führt der Gläubigerverzug zum Ausschluss des Rücktrittsrechts (§ 323 VI).

§ 293. Annahmeverzug

Der Gläubiger kommt in Verzug, wenn er die ihm angebotene Leistung nicht annimmt.

§ 294. Tatsächliches Angebot

Die Leistung muss dem Gläubiger so, wie sie zu bewirken ist, tatsächlich angeboten werden.

1 Bei Bring- und Schickschulden und neutralem Verhalten des Gläubigers ist ein **tatsächliches Angebot** erforderlich. Die Leistung muss so angeboten werden, dass „der Gläubiger nichts weiter zu tun braucht, als zuzugreifen und die angebotene Leistung anzunehmen" (RGZ 85, 416). Das Angebot muss nicht nur bei Bringschulden, sondern auch bei Schickschulden am Wohn- oder Geschäftssitz des Gläubigers erfolgen: Erst dort kann der Gläubiger über die Annahme entscheiden.

§ 295. Wörtliches Angebot

[1]Ein wörtliches Angebot des Schuldners genügt, wenn der Gläubiger ihm erklärt hat, dass er die Leistung nicht annehmen werde, oder wenn zur Bewirkung der Leistung eine Handlung des Gläubigers erforderlich ist, insbesondere wenn der Gläubiger die geschuldete Sache abzuholen hat. [2]Dem Angebot der Leistung steht die Aufforderung an den Gläubiger gleich, die erforderliche Handlung vorzunehmen.

1 Ein **wörtliches Angebot** (die Aufforderung zur Mitwirkung) genügt nach § 295 zum einen, wenn der Gläubiger schon zuvor erklärt hat, er werde die Leistung nicht annehmen; hier erschiene das tatsächliche Angebot, etwa das Bereitstellen der Ware, sinnlos; eine nur eingeschränkte Annahmebereitschaft gilt als Annahmeverweigerung, so zB die Erklärung des Gläubigers, er werde die Leistung zwar annehmen, seine Zug um Zug zu erbringende Gegenleistung aber nicht erfüllen (BGH NJW 1997, 581); bei kategorischer Annahmeverweigerung kann selbst das wörtliche Angebot nach Treu und Glauben entbehrlich sein (vgl *Looschelders* AT Rz 751). Zum anderen genügt ein wörtliches Angebot, wenn ein tatsächliches Angebot nicht möglich ist, weil der Gläubiger eine hierfür erforderliche Mitwirkungshandlung nicht vornimmt, zB das Abholen bei der Holschuld, Festsetzung des Rechnungsbetrages, Abnahme beim Werkvertrag nach § 640.

§ 296. Entbehrlichkeit des Angebots

[1]Ist für die von dem Gläubiger vorzunehmende Handlung eine Zeit nach dem Kalender bestimmt, so bedarf es des Angebots nur, wenn der Gläubiger die Handlung rechtzeitig vornimmt. [2]Das Gleiche gilt, wenn der Handlung ein Ereignis vorauszugehen hat und eine angemessene Zeit für die Handlung in der Weise bestimmt ist, dass sie sich von dem Ereignis an nach dem Kalender berechnen lässt.

§ 297. Unvermögen des Schuldners

Der Gläubiger kommt nicht in Verzug, wenn der Schuldner zur Zeit des Angebots oder im Falle des § 296 zu der für die Handlung des Gläubigers bestimmten Zeit außerstande ist, die Leistung zu bewirken.

Unmöglichkeit oder Unvermögen des Schuldners zur Leistung schließen den Annahmeverzug aus. Das ist selbstverständlich: Unmögliches kann (redlich) nicht angeboten werden und ohne Angebot keine Annahmeverzögerung. Die eigenständige Bedeutung des § 297 liegt darin, dass auch bei **vorübergehender Unmöglichkeit** der Annahmeverzug ausgeschlossen wird. Die Ausschlusswirkung der Unmöglichkeit tritt unabhängig davon ein, aus wessen Sphäre der sie begründende Umstand stammt. 1

§ 298. Zug-um-Zug-Leistungen

Ist der Schuldner nur gegen eine Leistung des Gläubigers zu leisten verpflichtet, so kommt der Gläubiger in Verzug, wenn er zwar die angebotene Leistung anzunehmen bereit ist, die verlangte Gegenleistung aber nicht anbietet.

§ 299. Vorübergehende Annahmeverhinderung

Ist die Leistungszeit nicht bestimmt oder ist der Schuldner berechtigt, vor der bestimmten Zeit zu leisten, so kommt der Gläubiger nicht dadurch in Verzug, dass er vorübergehend an der Annahme der angebotenen Leistung verhindert ist, es sei denn, dass der Schuldner ihm die Leistung eine angemessene Zeit vorher angekündigt hat.

§ 300. Wirkungen des Gläubigerverzugs

(1) **Der Schuldner hat während des Verzugs des Gläubigers nur Vorsatz und grobe Fahrlässigkeit zu vertreten.**

(2) **Wird eine nur der Gattung nach bestimmte Sache geschuldet, so geht die Gefahr mit dem Zeitpunkt auf den Gläubiger über, in welchem er dadurch in Verzug kommt, dass er die angebotene Sache nicht annimmt.**

1. Abs 1 bringt eine Haftungsmilderung. Der Schuldner haftet während des Gläubigerverzuges hinsichtlich des Leistungsgegenstandes nicht für leichte Fahrlässigkeit. Bsp unten Rz 3. Die Haftungsmilderung erstreckt sich auch auf konkurrierende Ansprüche aus unerlaubter Handlung. 1

2. Gefahrübergang. a) Abs 2 meint die **Leistungsgefahr,** also die Gefahr, bei zufälligem Untergang des Leistungsgegenstandes noch einmal (mit einer gleichwertigen Gattungssache) leisten zu müssen. Den Anwendungsbereich des Abs 2 schränkt jedoch § 243 II erheblich ein. Nach dieser Vorschrift geht die Leistungsgefahr bereits mit Konkretisierung (§ 243 II) auf den Gläubiger über und regelmäßig tritt ohne Konkretisierung kein Annahmeverzug ein: Beides setzt voraus, dass der Schuldner das (nach Art der Schuld) „seinerseits Erforderliche" (vgl Vor § 293 Rz 3) getan hat. Unterschiede ergeben sich, weil die §§ 294 ff je nach Verhalten des Gläubigers Ausnahmen zulassen. So genügt bei der Bring- oder Schickschuld nach § 295 Fall 1 (Gläubiger erklärt Nichtannahme) ein wörtliches Angebot. Hier geht die Leistungsgefahr nach Abs 2 über, da für § 243 II noch Bringen oder Abschicken erforderlich wäre. Zur (entsprechenden) Anwendung des Abs 2 auf die Geldschuld *Larenz* SchR I § 25 II b aE. 2

b) Die **Preisgefahr,** also das Risiko, trotz zufälligen Unterganges des Leistungsgegenstandes zur Gegenleistung verpflichtet zu bleiben, trägt nach § 326 II im Annahmeverzug der Gläubiger. Diese Risikoabwälzung auf ihn wird dadurch gerechtfertigt, dass er durch die Nichtannahme die Erfüllung des Vertrags hinauszögert. Bsp: S soll dem G am 1. 7. um 17 Uhr ein Radio liefern. G ist nicht zu Hause. Auf dem Rückweg wird S von einem Passanten angerempelt, das Radio wird zerstört. S hat Anspruch auf den Kaufpreis, § 433 II iVm § 326 II, und zwar auch dann, wenn ihn bei der Rempelei leichte Fahrlässigkeit trifft: § 300 I. Auch ein neues Radio braucht S nicht liefern: § 243 II iVm § 275. 3

§ 301. Wegfall der Verzinsung

Von einer verzinslichen Geldschuld hat der Schuldner während des Verzugs des Gläubigers Zinsen nicht zu entrichten.

§ 302. Nutzungen

Hat der Schuldner die Nutzungen eines Gegenstands herauszugeben oder zu ersetzen, so beschränkt sich seine Verpflichtung während des Verzugs des Gläubigers auf die Nutzungen, welche er zieht.

§ 303. Recht zur Besitzaufgabe

[1]Ist der Schuldner zur Herausgabe eines Grundstücks oder eines eingetragenen Schiffs oder Schiffsbauwerks verpflichtet, so kann er nach dem Eintritt des Verzugs des Gläubigers den Besitz aufgeben. [2]Das Aufgeben muss dem Gläubiger vorher angedroht werden, es sei denn, dass die Androhung untunlich ist.

§ 304. Ersatz von Mehraufwendungen

Der Schuldner kann im Falle des Verzugs des Gläubigers Ersatz der Mehraufwendungen verlangen, die er für das erfolglose Angebot sowie für die Aufbewahrung und Erhaltung des geschuldeten Gegenstands machen musste.

Abschnitt 2. Gestaltung rechtsgeschäftlicher Schuldverhältnisse durch Allgemeine Geschäftsbedingungen

Vor § 305

1 **1. Zielsetzung.** Um bei gleichartigen Einzelverträgen nicht jedes Mal von Neuem umfangreiche und komplizierte Regelungen aushandeln zu müssen, werden im heutigen Wirtschaftsverkehr in großem Umfang Allgemeine Geschäftsbedingungen (AGB) verwendet. Solche vorformulierten Vertragsbedingungen werden einseitig von einer Vertragspartei (Verwender) dem Vertragspartner gestellt. Damit erwächst die Gefahr, dass die Verwender ihre Rechtsstellung zu Lasten des Vertragspartners unangemessen stärken. Der 2. Abschnitt begrenzt daher bei Formularverträgen die Privatautonomie, um ein Mindestmaß an Vertragsgerechtigkeit zu gewährleisten **(Schutz vor Missbrauch einseitiger Vertragsgestaltung).** Neben diesen Schutzzweck tritt der **Verbraucherschutz.**

2 **2. Anwendungsbereich.** Für den Anwendungsbereich des 2. Abschnitts und damit die Schutzintensität der §§ 305ff enthält § 310 wesentliche Differenzierungen. Zu unterscheiden ist namentlich, ob die AGB gegenüber einem Unternehmer (§ 14) verwendet werden (dann gelten nach § 310 I Einschränkungen) oder ob ein Vertrag zwischen einem Unternehmer und einem Verbraucher (§ 13) vorliegt (dann greifen nach § 310 III Verschärfungen ein). Keine Anwendung findet der Abschnitt gem § 310 IV 1 im Erb-, Familien- und Gesellschaftsrecht. Bei der Anwendung der §§ 305ff auf Arbeitsverträge sind die in § 310 IV 2 genannten Besonderheiten zu beachten.

3 **3. Richtlinienkonforme Auslegung.** Insbesondere durch § 310 III setzen die Vorschriften des 2. Abschnitts die RL vom 5. 4. 1993 über missbräuchliche Klauseln in Verbraucherverträgen (ABl 1993 Nr L 95, 29) um. Im Anwendungsbereich der RL sind die §§ 305ff daher richtlinienkonform auszulegen.

4 **4. Prüfungsschritte.** Es sind – unter Beachtung der Abweichungen, die sich aus § 310 insbesondere für Verbraucherverträge ergeben – folgende vier Prüfungsschritte

zu unternehmen: (1) Liegen AGB im Sinne des Abschnitts vor? Dazu § 305 Rz 1f. (2) Sind die AGB Vertragsbestandteil geworden (Einbeziehungskontrolle)? Dazu § 305 Rz 3. (3) Halten die AGB einer Inhaltskontrolle stand? Dazu § 307 Rz 1ff. (4) Welches sind die Rechtsfolgen bei Nichteinbeziehung und Unwirksamkeit? Dazu § 306 Rz 1f. Dabei ist jede Klausel **einzeln** daraufhin zu untersuchen, ob sie eine AGB ist.

§ 305. Einbeziehung Allgemeiner Geschäftsbedingungen in den Vertrag

(1) [1]**Allgemeine Geschäftsbedingungen sind alle für eine Vielzahl von Verträgen vorformulierten Vertragsbedingungen, die eine Vertragspartei (Verwender) der anderen Vertragspartei bei Abschluss eines Vertrags stellt.** [2]**Gleichgültig ist, ob die Bestimmungen einen äußerlich gesonderten Bestandteil des Vertrags bilden oder in die Vertragsurkunde selbst aufgenommen werden, welchen Umfang sie haben, in welcher Schriftart sie verfasst sind und welche Form der Vertrag hat.** [3]**Allgemeine Geschäftsbedingungen liegen nicht vor, soweit die Vertragsbedingungen zwischen den Vertragsparteien im Einzelnen ausgehandelt sind.**

(2) **Allgemeine Geschäftsbedingungen werden nur dann Bestandteil eines Vertrags, wenn der Verwender bei Vertragsschluss**

1. **die andere Vertragspartei ausdrücklich oder, wenn ein ausdrücklicher Hinweis wegen der Art des Vertragsschlusses nur unter unverhältnismäßigen Schwierigkeiten möglich ist, durch deutlich sichtbaren Aushang am Orte des Vertragsschlusses auf sie hinweist und**
2. **der anderen Vertragspartei die Möglichkeit verschafft, in zumutbarer Weise, die auch eine für den Verwender erkennbare körperliche Behinderung der anderen Vertragspartei angemessen berücksichtigt, von ihrem Inhalt Kenntnis zu nehmen,**

und wenn die andere Vertragspartei mit ihrer Geltung einverstanden ist.

(3) **Die Vertragsparteien können für eine bestimmte Art von Rechtsgeschäften die Geltung bestimmter Allgemeiner Geschäftsbedingungen unter Beachtung der in Absatz 2 bezeichneten Erfordernisse im Voraus vereinbaren.**

1. Der **Begriff** Allgemeine Geschäftsbedingungen wird in Abs 1 umschrieben. 1
a) Vertragsbedingungen sind von unverbindlichen Hinweisen, Bitten oder Empfehlungen zu unterscheiden: Es muss sich um Regelungen handeln, die nach dem objektiven Empfängerhorizont den Vertragsinhalt festlegen wollen (bejahend für einen Hinweis auf die Durchführung von Taschenkontrollen im Supermarkt BGHZ 133, 184) oder die zumindest im Zusammenhang mit der vertraglichen Beziehung stehen (BGH NJW 1999, 1864: entsprechende Anwendung der §§ 305ff auf Einverständnis mit Telefonwerbung in Kontoeröffnungsformular). **b) Vorformuliert** sind die Regelungen bei jeder Art von schriftlicher oder sonstiger Fixierung (zB in EDV-Anlage); auch ein „Speichern" im Gedächtnis des Verwenders reicht aus, so dass die mit Wiederholungsabsicht jeweils handschriftlich in ein Formular eingefügte Klausel eine AGB ist (BGH NJW 1999, 2180, 2181). **c)** Die Regelungen sind für eine **Vielzahl von Verträgen** aufgestellt, wenn sie in mindestens drei Fällen benutzt werden **sollen** (ausreichend ist also die Mehrfachverwendungsabsicht, BGH NJW 2000, 2988, 2989), gelten dann aber schon ab der ersten Verwendung als AGB.

d) Der Verwender muss die AGB **stellen,** dh einseitig ihre Einbeziehung in den Vertrag verlangen. Stellen ist das Nichtgewähren des Aushandelns nach Abs 1 S 3, wofür mehr als bloßes Verhandeln gefordert wird, nämlich dass der Partner die inhaltliche Ausgestaltung wirklich beeinflussen kann (BGHZ 104, 232, 236). Aushandeln vollzieht sich, wenn der vermeintliche Verwender sowohl während der Vertragsanbahnung als auch der -verhandlung seine Bereitschaft deutlich macht, den Vertrag nach den Ideen des Vertragspartners ändern zu wollen und diese ggf auch vollzieht (s Kaufhold 2

ZIP 2010, 631ff). Voraussetzung für ein „Aushandeln" ist nach dem BGH (NJW 2005, 2543, 2493 Anm *Gottschalk*) jedenfalls bei einem nicht ganz leicht verständlichen Text außerdem, dass der Verwender die andere Vertragspartei über den Inhalt und die Tragweite der Klausel belehrt hat oder sonst wie erkennbar geworden ist, dass der andere deren Sinn wirklich erfasst hat. – Die Ausnahme des Abs 1 S 3 betrifft nur die einzelnen tatsächlich ausgehandelten Klauseln, nicht die gesamten AGB. **e)** Grds stellt derjenige AGB, der die Einbeziehung von **Bedingungen Dritter** anregt. Unter Verbrauchern fehlt es aber an einer einseitigen Ausnutzung der Vertragsgestaltungsfreiheit und damit an einem Stellen, wenn die Einbeziehung der Bedingungen das Ergebnis der freien Willensentscheidung der anderen Vertragspartei darstellt. Dies ist der Fall, wenn die Auswahl der Vertragstexte frei ist und die Gelegenheit besteht, eigene Textvorschläge einzubringen (BGH NJW 2010, 1131). Dann liegt ein Aushandeln vor, so dass §§ 305ff keine Anwendung finden, gleich ob einzelne Klauseln eine Vertragspartei begünstigen (BGH aaO Nr 14). **f)** Bei **Verbraucherverträgen** ist die Erweiterung auf Drittbedingungen (Verwendung von AGB zB auf Vorschlag eines Maklers oder Notars) und Einzelvertragsklauseln zu beachten (§ 310 III Nrn 1, 2).

3 **2.** Damit die AGB Vertragsbestandteil werden, bedarf es einer dem Abs 2 entsprechenden Einbeziehungsvereinbarung, deren Vorliegen mit der sog **Einbeziehungskontrolle** überprüft wird. Auch eine Rahmenvereinbarung für zukünftige Rechtsgeschäfte ist zulässig (Abs 3). **a)** Die besonderen **Voraussetzungen des Abs 2** (Hinweis, Möglichkeit der Kenntnisnahme, Einverständnis) müssen bereits im Augenblick des Vertragsschlusses vorliegen. Hinweise auf AGB in Rechnungen, Lieferscheinen und ähnlichen der Vertrags**abwicklung** dienenden Dokumenten sind unbeachtlich, da der Vertrag grds bereits vor der Aushändigung dieser Dokumente zustande kommt (*Palandt-Grüneberg* Rz 28). Die andere Partei muss mit der Einbeziehung der AGB des Verwenders in den Vertrag einverstanden sein. Das Schweigen auf erstmals in einer Auftragsbestätigung mitgeteilte AGB drückt ebenso wie die bloße Entgegennahme der Leistung noch kein Einverständnis aus (BGHZ 61, 282, 287; *Palandt-Grüneberg* Rz 41; zum Eigentumsvorbehalt s § 449 Rz 3f). Beachte aber, dass die Anforderungen des Abs 2 nicht für eine Verwendung gegenüber Unternehmern gelten (§ 310 I 1), so dass auf §§ 145ff zurückzugreifen ist. Insbesondere unter Kaufleuten kann sich das Problem ergeben, dass beide Vertragsparteien auf ihre einander widersprechenden AGB verweisen (**Kollision von AGB,** s dazu § 150 Rz 3). **b)** Weiterhin sind § 305b und § 305c zu beachten. **Individualabreden** haben nach § 305b Vorrang; ihnen widersprechende AGB sind unwirksam. Gem § 305c I werden **überraschende Klauseln** nicht Vertragsbestandteil. Hinsichtlich des „Überrumpelungseffektes" der AGB ist auf den Durchschnittskunden abzustellen. Nach der sog **Unklarheitenregel** des § 305c II gehen Auslegungszweifel zu Lasten des Verwenders. Im Übrigen kann eine Unklarheit auch zur Unwirksamkeit gem § 307 I 2, III 2 führen.

§ 305a. Einbeziehung in besonderen Fällen

Auch ohne Einhaltung der in § 305 Abs. 2 Nr. 1 und 2 bezeichneten Erfordernisse werden einbezogen, wenn die andere Vertragpartei mit ihrer Geltung einverstanden ist,

1. **die mit Genehmigung der zuständigen Verkehrsbehörde oder auf Grund von internationalen Übereinkommen erlassenen Tarife und Ausführungsbestimmungen der Eisenbahnen und die nach Maßgabe des Personenbeförderungsgesetzes genehmigten Beförderungsbedingungen der Straßenbahnen, Obusse und Kraftfahrzeuge im Linienverkehr in den Beförderungsvertrag,**
2. **die im Amtsblatt der Bundesnetzagentur für Elektrizität, Gas, Telekommunikation, Post und Eisenbahnen veröffentlichten und in den Geschäftsstellen des Verwenders bereitgehaltenen Allgemeinen Geschäftsbedingungen**

a) in Beförderungsverträge, die außerhalb von Geschäftsräumen durch den Einwurf von Postsendungen in Briefkästen abgeschlossen werden,

b) in Verträge über Telekommunikations-, Informations- und andere Dienstleistungen, die unmittelbar durch Einsatz von Fernkommunikationsmitteln und während der Erbringung einer Telekommunikationsdienstleistung in einem Mal erbracht werden, wenn die Allgemeinen Geschäftsbedingungen der anderen Vertragspartei nur unter unverhältnismäßigen Schwierigkeiten vor dem Vertragsschluss zugänglich gemacht werden können.

§ 305 b. Vorrang der Individualabrede

Individuelle Vertragsabreden haben Vorrang vor Allgemeinen Geschäftsbedingungen.

§ 305 c. Überraschende und mehrdeutige Klauseln

(1) **Bestimmungen in Allgemeinen Geschäftsbedingungen, die nach den Umständen, insbesondere nach dem äußeren Erscheinungsbild des Vertrags, so ungewöhnlich sind, dass der Vertragspartner des Verwenders mit ihnen nicht zu rechnen braucht, werden nicht Vertragsbestandteil.**

(2) **Zweifel bei der Auslegung Allgemeiner Geschäftsbedingungen gehen zu Lasten des Verwenders.**

§ 306. Rechtsfolgen bei Nichteinbeziehung und Unwirksamkeit

(1) **Sind Allgemeine Geschäftsbedingungen ganz oder teilweise nicht Vertragsbestandteil geworden oder unwirksam, so bleibt der Vertrag im Übrigen wirksam.**

(2) **Soweit die Bestimmungen nicht Vertragsbestandteil geworden oder unwirksam sind, richtet sich der Inhalt des Vertrags nach den gesetzlichen Vorschriften.**

(3) **Der Vertrag ist unwirksam, wenn das Festhalten an ihm auch unter Berücksichtigung der nach Absatz 2 vorgesehenen Änderung eine unzumutbare Härte für eine Vertragspartei darstellen würde.**

1. Die **Wirksamkeit des Vertrags** wird durch die Nichteinbeziehung oder Un- **1**
wirksamkeit der AGB – in Abweichung von der allgemeinen Regel des § 139 – nicht berührt (Abs 1), es sei denn, dies führt zu einer unzumutbaren Härte für die Vertragsparteien (Abs 3); Interessen Dritter bleiben insofern unberücksichtigt (BGHZ 133, 25, 34).

2. Gemäß Abs 2 gilt das **dispositive Gesetzesrecht** anstelle der nicht anwendbaren **2**
AGB. Wenn eine konkrete gesetzliche Regelung fehlt (zB bei atypischen Verträgen) und die ersatzlose Streichung der unwirksamen Klausel den Interessen beider Parteien widerstreiten würde, ist zur Schließung der Lücke eine **vertragsergänzende Auslegung** nach den Grundsätzen der §§ 133, 157 (s § 157 Rz 5) möglich, die auf einen beiderseitigen angemessenen Interessenausgleich zielt. S zB BGHZ 90, 69 „Tagespreisklausel“: An die Stelle des unwirksamen formularmäßigen Preisänderungsvorbehalts, dass bei späterer Lieferung der an diesem Tage gültige Listenpreis gilt, tritt die Regelung, dass der Käufer zwar verpflichtet ist, den bei der Lieferung geltenden Tagespreis zu zahlen, ihm aber ein Rücktrittsrecht zusteht, wenn die Preiserhöhung den Anstieg der allgemeinen Lebenshaltungskosten erheblich übersteigt.

§ 306 a. Umgehungsverbot

Die Vorschriften dieses Abschnitts finden auch Anwendung, wenn sie durch anderweitige Gestaltungen umgangen werden.

§ 307. Inhaltskontrolle

(1) [1]**Bestimmungen in Allgemeinen Geschäftsbedingungen sind unwirksam, wenn sie den Vertragspartner des Verwenders entgegen den Geboten von Treu und Glauben unangemessen benachteiligen.** [2]**Eine unangemessene Benachteiligung kann sich auch daraus ergeben, dass die Bestimmung nicht klar und verständlich ist.**

(2) **Eine unangemessene Benachteiligung ist im Zweifel anzunehmen, wenn eine Bestimmung**

1. **mit wesentlichen Grundgedanken der gesetzlichen Regelung, von der abgewichen wird, nicht zu vereinbaren ist oder**
2. **wesentliche Rechte oder Pflichten, die sich aus der Natur des Vertrags ergeben, so einschränkt, dass die Erreichung des Vertragszwecks gefährdet ist.**

(3) [1]**Die Absätze 1 und 2 sowie die §§ 308 und 309 gelten nur für Bestimmungen in Allgemeinen Geschäftsbedingungen, durch die von Rechtsvorschriften abweichende oder diese ergänzende Regelungen vereinbart werden.** [2]**Andere Bestimmungen können nach Absatz 1 Satz 2 in Verbindung mit Absatz 1 Satz 1 unwirksam sein.**

1 **1. Reichweite der Inhaltskontrolle.** AGB unterliegen gemäß Abs 3 S 1 der Inhaltskontrolle nach den §§ 307–309, soweit sie vom dispositiven Gesetzesrecht abweichen oder dieses ergänzen. Für Bestimmungen in AGB, die diese Voraussetzung nicht erfüllen, greift lediglich die Inhaltskontrolle nach Abs 3 S 2 iVm Abs 1 ein. Im Verhältnis zu Unternehmern ist allein § 307 maßgebend und auf die Handelsbräuche angemessen Rücksicht zu nehmen (§ 310 I 1 iVm S 2). Für Verbraucherverträge enthält § 310 III Verschärfungen.

2 **2.** Folgende **Prüfungsfolge** der §§ 307–309 ist zu empfehlen: **a) Klauselverbote ohne Wertungsmöglichkeit (§ 309).** Als gegenüber § 307 speziellere und gegenüber § 308 striktere Norm ist im Rahmen der Inhaltskontrolle zunächst der Klauselkatalog des § 309 zu prüfen. Bedeutsam ist etwa die Nr 8 über die Möglichkeit der Vertragsauflösung bei Pflichtverletzungen (lit a) sowie die Zulässigkeit von Gewährleistungsklauseln bei Verträgen über neu hergestellte Sachen und über Werkleistungen (lit b). **b) Klauselverbote mit Wertungsmöglichkeit (§ 308).** Anders als die Verbote des § 309 verwenden die des § 308 unbestimmte Rechtsbegriffe (zB „angemessen", „zumutbar"), die eine Wertung im Einzelfall erfordern. **c) Generalklausel (§ 307).** Erst als Auffangtatbestand ist § 307 zu prüfen. Dabei enthält Abs 2 gesetzliche Regelbeispiele einer unangemessenen Benachteiligung iSd Abs 1: In Abs 2 Nr 1 wird auf die Leitbildfunktion des dispositiven Rechts abgestellt, während Nr 2 die sog Kardinalpflichten (wesentliche Vertragspflichten) betrifft; dabei sind als wesentliche Vertragspflichten jedenfalls die im Gegenseitigkeitsverhältnis stehenden Hauptpflichten des Vertrags anzusehen (BGHZ 149, 89, 96f). Bei der Prüfung von Abs 1 ist zwischen dem Vorliegen einer Benachteiligung (die nicht bloß geringfügig sein darf) und der Frage der Unangemessenheit zu unterscheiden. Unangemessen ist die Benachteiligung dann, wenn der Verwender mit der Klausel einseitig seine eigenen Interessen verfolgt und keine hinreichende Rücksicht auf diejenigen seines Vertragspartners nimmt. Ob dies der Fall ist, ergibt sich aus einer umfassenden Würdigung, in die neben den Interessen beider Parteien auch die Anschauungen der beteiligten Verkehrskreise einzubeziehen sind. Bei Verbraucherverträgen sind gem § 310 III Nr 3 auch die den Vertragsschluss begleitenden Umstände zu berücksichtigen. Nach Abs 1 S 2, Abs 3 S 2 kann sich eine unangemessene Benachteiligung auch aus der unverständlichen Fassung einer Bestimmung ergeben **(Transparenzgebot).**

3 **3. Rechtsfolge** eines Verstoßes gegen ein Klauselverbot der §§ 307–309 ist die Unwirksamkeit der betreffenden Klausel. **a)** Verstößt nur ein **Teil der Klausel** gegen

die §§ 307–309, so ist sie dennoch zur Gänze unwirksam, es sei denn, dass der nichtige Teil inhaltlich abgetrennt werden kann und der verbliebene zulässige Klauselteil eine aus sich heraus verständliche und im Vertragsgefüge sinnvolle Regelung darstellt. Bsp für letzteres BGHZ 107, 185, 190f: Die trennbaren Fragen der Aufrechnung und des Zurückbehaltungsrechts waren sprachlich zusammengefasst in einer Klausel geregelt. **b)** Die **geltungserhaltende Reduktion** einer (untrennbaren) Klausel auf einen zulässigen Umfang (zB Einschränkung einer nach § 308 Nr 1 unangemessen langen Frist auf die gerade noch zulässige Dauer) lehnt die hM ab (BGHZ 84, 109, 114; 92, 312, 315; *Erman-Roloff* § 306 Rz 8 mwN). Zur Begründung wird angeführt, dass es dem Schutzzweck der §§ 305ff widerspreche, wenn der Verwender risikolos gesetzwidrige Klauseln in seine AGB aufnehmen könne, weil er nicht mehr befürchten müsse, als dass äußerstenfalls das Gericht die Benachteiligung des Kunden auf ein gerade noch zulässiges Maß zurückführen werde. **c)** Die Auswirkungen der Klauselunwirksamkeit auf den **ganzen Vertrag,** insbesondere das ergänzende Eingreifen dispositiven Gesetzesrechts, regelt § 306. **d)** Durch die Verwendung unwirksamer Klauseln verletzt der Verwender seine vorvertragliche **Pflicht zur Rücksichtnahme** gegenüber seinem Vertragspartner. Bei Verschulden macht er sich diesem gegenüber aus §§ 280 I, 241 II, 311 II schadensersatzpflichtig, wenn der Vertragspartner in Unkenntnis der Unwirksamkeit der Klausel Aufwendungen tätigt (BGH NJW 2009, 2590 Nr 10).

§ 308. Klauselverbote mit Wertungsmöglichkeit

In Allgemeinen Geschäftsbedingungen ist insbesondere unwirksam

1. (Annahme- und Leistungsfrist)
eine Bestimmung, durch die sich der Verwender unangemessen lange oder nicht hinreichend bestimmte Fristen für die Annahme oder Ablehnung eines Angebots oder die Erbringung einer Leistung vorbehält; ausgenommen hiervon ist der Vorbehalt, erst nach Ablauf der Widerrufs- oder Rückgabefrist nach § 355 Abs. 1 bis 3 und § 356 zu leisten;

2. (Nachfrist)
eine Bestimmung, durch die sich der Verwender für die von ihm zu bewirkende Leistung abweichend von Rechtsvorschriften eine unangemessen lange oder nicht hinreichend bestimmte Nachfrist vorbehält;

3. (Rücktrittsvorbehalt)
die Vereinbarung eines Rechts des Verwenders, sich ohne sachlich gerechtfertigten und im Vertrag angegebenen Grund von seiner Leistungspflicht zu lösen; dies gilt nicht für Dauerschuldverhältnisse;

4. (Änderungsvorbehalt)
die Vereinbarung eines Rechts des Verwenders, die versprochene Leistung zu ändern oder von ihr abzuweichen, wenn nicht die Vereinbarung der Änderung oder Abweichung unter Berücksichtigung der Interessen des Verwenders für den anderen Vertragsteil zumutbar ist;

5. (Fingierte Erklärungen)
eine Bestimmung, wonach eine Erklärung des Vertragspartners des Verwenders bei Vornahme oder Unterlassung einer bestimmten Handlung als von ihm abgegeben oder nicht abgegeben gilt, es sei denn, dass
a) dem Vertragspartner eine angemessene Frist zur Abgabe einer ausdrücklichen Erklärung eingeräumt ist und
b) der Verwender sich verpflichtet, den Vertragspartner bei Beginn der Frist auf die vorgesehene Bedeutung seines Verhaltens besonders hinzuweisen;

6. (Fiktion des Zugangs)
eine Bestimmung, die vorsieht, dass eine Erklärung des Verwenders von besonderer Bedeutung dem anderen Vertragsteil als zugegangen gilt;

7. (Abwicklung von Verträgen)
eine Bestimmung, nach der der Verwender für den Fall, dass eine Vertragspartei vom Vertrag zurücktritt oder den Vertrag kündigt,
a) eine unangemessen hohe Vergütung für die Nutzung oder den Gebrauch einer Sache oder eines Rechts oder für erbrachte Leistungen oder
b) einen unangemessen hohen Ersatz von Aufwendungen verlangen kann;
8. (Nichtverfügbarkeit der Leistung)
die nach Nummer 3 zulässige Vereinbarung eines Vorbehalts des Verwenders, sich von der Verpflichtung zur Erfüllung des Vertrags bei Nichtverfügbarkeit der Leistung zu lösen, wenn sich der Verwender nicht verpflichtet,
a) den Vertragspartner unverzüglich über die Nichtverfügbarkeit zu informieren und
b) Gegenleistungen des Vertragspartners unverzüglich zu erstatten.

§ 309. Klauselverbote ohne Wertungsmöglichkeit

Auch soweit eine Abweichung von den gesetzlichen Vorschriften zulässig ist, ist in Allgemeinen Geschäftsbedingungen unwirksam
1. (Kurzfristige Preiserhöhungen)
eine Bestimmung, welche die Erhöhung des Entgelts für Waren oder Leistungen vorsieht, die innerhalb von vier Monaten nach Vertragsschluss geliefert oder erbracht werden sollen; dies gilt nicht bei Waren oder Leistungen, die im Rahmen von Dauerschuldverhältnissen geliefert oder erbracht werden;
2. (Leistungsverweigerungsrechte)
eine Bestimmung, durch die
a) das Leistungsverweigerungsrecht, das dem Vertragspartner des Verwenders nach § 320 zusteht, ausgeschlossen oder eingeschränkt wird oder
b) ein dem Vertragspartner des Verwenders zustehendes Zurückbehaltungsrecht, soweit es auf demselben Vertragsverhältnis beruht, ausgeschlossen oder eingeschränkt, insbesondere von der Anerkennung von Mängeln durch den Verwender abhängig gemacht wird;
3. (Aufrechnungsverbot)
eine Bestimmung, durch die dem Vertragspartner des Verwenders die Befugnis genommen wird, mit einer unbestrittenen oder rechtskräftig festgestellten Forderung aufzurechnen;
4. (Mahnung, Fristsetzung)
eine Bestimmung, durch die der Verwender von der gesetzlichen Obliegenheit freigestellt wird, den anderen Vertragsteil zu mahnen oder ihm eine Frist für die Leistung oder Nacherfüllung zu setzen;
5. (Pauschalierung von Schadensersatzansprüchen)
die Vereinbarung eines pauschalierten Anspruchs des Verwenders auf Schadensersatz oder Ersatz einer Wertminderung, wenn
a) die Pauschale den in den geregelten Fällen nach dem gewöhnlichen Lauf der Dinge zu erwartenden Schaden oder die gewöhnlich eintretende Wertminderung übersteigt oder
b) dem anderen Vertragsteil nicht ausdrücklich der Nachweis gestattet wird, ein Schaden oder eine Wertminderung sei überhaupt nicht entstanden oder wesentlich niedriger als die Pauschale;
6. (Vertragsstrafe)
eine Bestimmung, durch die dem Verwender für den Fall der Nichtabnahme oder verspäteten Abnahme der Leistung, des Zahlungsverzugs oder für den Fall, dass der andere Vertragsteil sich vom Vertrag löst, Zahlung einer Vertragsstrafe versprochen wird;

7. (Haftungsausschluss bei Verletzung von Leben, Körper, Gesundheit und bei grobem Verschulden)
   a) (Verletzung von Leben, Körper, Gesundheit)
      ein Ausschluss oder eine Begrenzung der Haftung für Schäden aus der Verletzung des Lebens, des Körpers oder der Gesundheit, die auf einer fahrlässigen Pflichtverletzung des Verwenders oder einer vorsätzlichen oder fahrlässigen Pflichtverletzung eines gesetzlichen Vertreters oder Erfüllungsgehilfen des Verwenders beruhen;
   b) (Grobes Verschulden)
      ein Ausschluss oder eine Begrenzung der Haftung für sonstige Schäden, die auf einer grob fahrlässigen Pflichtverletzung des Verwenders oder auf einer vorsätzlichen oder grob fahrlässigen Pflichtverletzung eines gesetzlichen Vertreters oder Erfüllungsgehilfen des Verwenders beruhen;

   die Buchstaben a und b gelten nicht für Haftungsbeschränkungen in den nach Maßgabe des Personenbeförderungsgesetzes genehmigten Beförderungsbedingungen und Tarifvorschriften der Straßenbahnen, Obusse und Kraftfahrzeuge im Linienverkehr, soweit sie nicht zum Nachteil des Fahrgasts von der Verordnung über die Allgemeinen Beförderungsbedingungen für den Straßenbahn- und Obusverkehr sowie den Linienverkehr mit Kraftfahrzeugen vom 27. Februar 1970 abweichen; Buchstabe b gilt nicht für Haftungsbeschränkungen für staatlich genehmigte Lotterie- oder Ausspielverträge;
8. (Sonstige Haftungsausschlüsse bei Pflichtverletzung)
   a) (Ausschluss des Rechts, sich vom Vertrag zu lösen)
      eine Bestimmung, die bei einer vom Verwender zu vertretenden, nicht in einem Mangel der Kaufsache oder des Werkes bestehenden Pflichtverletzung das Recht des anderen Vertragsteils, sich vom Vertrag zu lösen, ausschließt oder einschränkt; dies gilt nicht für die in der Nummer 7 bezeichneten Beförderungsbedingungen und Tarifvorschriften unter den dort genannten Voraussetzungen;
   b) (Mängel)
      eine Bestimmung, durch die bei Verträgen über Lieferungen neu hergestellter Sachen und über Werkleistungen
      aa) (Ausschluss und Verweisung auf Dritte)
          die Ansprüche gegen den Verwender wegen eines Mangels insgesamt oder bezüglich einzelner Teile ausgeschlossen, auf die Einräumung von Ansprüchen gegen Dritte beschränkt oder von der vorherigen gerichtlichen Inanspruchnahme Dritter abhängig gemacht werden;
      bb) (Beschränkung auf Nacherfüllung)
          die Ansprüche gegen den Verwender insgesamt oder bezüglich einzelner Teile auf ein Recht auf Nacherfüllung beschränkt werden, sofern dem anderen Vertragsteil nicht ausdrücklich das Recht vorbehalten wird, bei Fehlschlagen der Nacherfüllung zu mindern oder, wenn nicht eine Bauleistung Gegenstand der Mängelhaftung ist, nach seiner Wahl vom Vertrag zurückzutreten;
      cc) (Aufwendungen bei Nacherfüllung)
          die Verpflichtung des Verwenders ausgeschlossen oder beschränkt wird, die zum Zwecke der Nacherfüllung erforderlichen Aufwendungen, insbesondere Transport-, Wege-, Arbeits- und Materialkosten, zu tragen;
      dd) (Vorenthalten der Nacherfüllung)
          der Verwender die Nacherfüllung von der vorherigen Zahlung des vollständigen Entgelts oder eines unter Berücksichtigung des Mangels unverhältnismäßig hohen Teils des Entgelts abhängig macht;

ee) (Ausschlussfrist für Mängelanzeige)
der Verwender dem anderen Vertragsteil für die Anzeige nicht offensichtlicher Mängel eine Ausschlussfrist setzt, die kürzer ist als die nach dem Doppelbuchstaben ff zulässige Frist;

ff) (Erleichterung der Verjährung)
die Verjährung von Ansprüchen gegen den Verwender wegen eines Mangels in den Fällen des § 438 Abs. 1 Nr. 2 und des § 634a Abs. 1 Nr. 2 erleichtert oder in den sonstigen Fällen eine weniger als ein Jahr betragende Verjährungsfrist ab dem gesetzlichen Verjährungsbeginn erreicht wird;

9. (Laufzeit bei Dauerschuldverhältnissen)
bei einem Vertragsverhältnis, das die regelmäßige Lieferung von Waren oder die regelmäßige Erbringung von Dienst- oder Werkleistungen durch den Verwender zum Gegenstand hat,
a) eine den anderen Vertragsteil länger als zwei Jahre bindende Laufzeit des Vertrags,
b) eine den anderen Vertragsteil bindende stillschweigende Verlängerung des Vertragsverhältnisses um jeweils mehr als ein Jahr oder
c) zu Lasten des anderen Vertragsteils eine längere Kündigungsfrist als drei Monate vor Ablauf der zunächst vorgesehenen oder stillschweigend verlängerten Vertragsdauer;
dies gilt nicht für Verträge über die Lieferung als zusammengehörig verkaufter Sachen, für Versicherungsverträge sowie für Verträge zwischen den Inhabern urheberrechtlicher Rechte und Ansprüche und Verwertungsgesellschaften im Sinne des Gesetzes über die Wahrnehmung von Urheberrechten und verwandten Schutzrechten;

10. (Wechsel des Vertragspartners)
eine Bestimmung, wonach bei Kauf-, Darlehens-, Dienst- oder Werkverträgen ein Dritter anstelle des Verwenders in die sich aus dem Vertrag ergebenden Rechte und Pflichten eintritt oder eintreten kann, es sei denn, in der Bestimmung wird
a) der Dritte namentlich bezeichnet oder
b) dem anderen Vertragsteil das Recht eingeräumt, sich vom Vertrag zu lösen;

11. (Haftung des Abschlussvertreters)
eine Bestimmung, durch die der Verwender einem Vertreter, der den Vertrag für den anderen Vertragsteil abschließt,
a) ohne hierauf gerichtete ausdrückliche und gesonderte Erklärung eine eigene Haftung oder Einstandspflicht oder
b) im Falle vollmachtsloser Vertretung eine über § 179 hinausgehende Haftung auferlegt;

12. (Beweislast)
eine Bestimmung, durch die der Verwender die Beweislast zum Nachteil des anderen Vertragsteils ändert, insbesondere indem er
a) diesem die Beweislast für Umstände auferlegt, die im Verantwortungsbereich des Verwenders liegen, oder
b) den anderen Vertragsteil bestimmte Tatsachen bestätigen lässt;
Buchstabe b gilt nicht für Empfangsbekenntnisse, die gesondert unterschrieben oder mit einer gesonderten qualifizierten elektronischen Signatur versehen sind;

13. (Form von Anzeigen und Erklärungen)
eine Bestimmung, durch die Anzeigen oder Erklärungen, die dem Verwender oder einem Dritten gegenüber abzugeben sind, an eine strengere Form als die Schriftform oder an besondere Zugangserfordernisse gebunden werden.

§ 310. Anwendungsbereich

(1) [1]§ 305 Abs. 2 und 3 und die §§ 308 und 309 finden keine Anwendung auf Allgemeine Geschäftsbedingungen, die gegenüber einem Unternehmer, einer juristischen Person des öffentlichen Rechts oder einem öffentlich-rechtlichen Sondervermögen verwendet werden. [2]§ 307 Abs. 1 und 2 findet in den Fällen des Satzes 1 auch insoweit Anwendung, als dies zur Unwirksamkeit von in den §§ 308 und 309 genannten Vertragsbestimmungen führt; auf die im Handelsverkehr geltenden Gewohnheiten und Gebräuche ist angemessen Rücksicht zu nehmen. [3]In den Fällen des Satzes 1 findet § 307 Abs. 1 und 2 auf Verträge, in die die Vergabe- und Vertragsordnung für Bauleistungen Teil B (VOB/B) in der jeweils zum Zeitpunkt des Vertragsschlusses geltenden Fassung ohne inhaltliche Abweichungen insgesamt einbezogen ist, in Bezug auf eine Inhaltskontrolle einzelner Bestimmungen keine Anwendung.

(2) [1]Die §§ 308 und 309 finden keine Anwendung auf Verträge der Elektrizitäts-, Gas-, Fernwärme- und Wasserversorgungsunternehmen über die Versorgung von Sonderabnehmern mit elektrischer Energie, Gas, Fernwärme und Wasser aus dem Versorgungsnetz, soweit die Versorgungsbedingungen nicht zum Nachteil der Abnehmer von Verordnungen über Allgemeine Bedingungen für die Versorgung von Tarifkunden mit elektrischer Energie, Gas, Fernwärme und Wasser abweichen. [2]Satz 1 gilt entsprechend für Verträge über die Entsorgung von Abwasser.

(3) Bei Verträgen zwischen einem Unternehmer und einem Verbraucher (Verbraucherverträge) finden die Vorschriften dieses Abschnitts mit folgenden Maßgaben Anwendung:

1. Allgemeine Geschäftsbedingungen gelten als vom Unternehmer gestellt, es sei denn, dass sie durch den Verbraucher in den Vertrag eingeführt wurden;
2. § 305c Abs. 2 und die §§ 306 und 307 bis 309 dieses Gesetzes sowie Artikel 46b des Einführungsgesetzes zum Bürgerlichen Gesetzbuche finden auf vorformulierte Vertragsbedingungen auch dann Anwendung, wenn diese nur zur einmaligen Verwendung bestimmt sind und soweit der Verbraucher auf Grund der Vorformulierung auf ihren Inhalt keinen Einfluss nehmen konnte;
3. bei der Beurteilung der unangemessenen Benachteiligung nach § 307 Abs. 1 und 2 sind auch die den Vertragsschluss begleitenden Umstände zu berücksichtigen.

(4) [1]Dieser Abschnitt findet keine Anwendung bei Verträgen auf dem Gebiet des Erb-, Familien- und Gesellschaftsrechts sowie auf Tarifverträge, Betriebs- und Dienstvereinbarungen. [2]Bei der Anwendung auf Arbeitsverträge sind die im Arbeitsrecht geltenden Besonderheiten angemessen zu berücksichtigen; § 305 Abs. 2 und 3 ist nicht anzuwenden. [3]Tarifverträge, Betriebs- und Dienstvereinbarungen stehen Rechtsvorschriften im Sinne von § 307 Abs. 3 gleich.

Abschnitt 3. Schuldverhältnisse aus Verträgen

Titel 1. Begründung, Inhalt und Beendigung

Untertitel 1. Begründung

§ 311. Rechtsgeschäftliche und rechtsgeschäftsähnliche Schuldverhältnisse § 311

(1) Zur Begründung eines Schuldverhältnisses durch Rechtsgeschäft sowie zur Änderung des Inhalts eines Schuldverhältnisses ist ein Vertrag zwischen den Beteiligten erforderlich, soweit nicht das Gesetz ein anderes vorschreibt.

(2) **Ein Schuldverhältnis mit Pflichten nach § 241 Abs. 2 entsteht auch durch**

1. **die Aufnahme von Vertragsverhandlungen,**
2. **die Anbahnung eines Vertrags, bei welcher der eine Teil im Hinblick auf eine etwaige rechtsgeschäftliche Beziehung dem anderen Teil die Möglichkeit zur Einwirkung auf seine Rechte, Rechtsgüter und Interessen gewährt oder ihm diese anvertraut, oder**
3. **ähnliche geschäftliche Kontakte.**

(3) [1]**Ein Schuldverhältnis mit Pflichten nach § 241 Abs. 2 kann auch zu Personen entstehen, die nicht selbst Vertragspartei werden sollen.** [2]**Ein solches Schuldverhältnis entsteht insbesondere, wenn der Dritte in besonderem Maße Vertrauen für sich in Anspruch nimmt und dadurch die Vertragsverhandlungen oder den Vertragsschluss erheblich beeinflusst.**

1 **1. Allgemeines.** Die Vorschrift nennt in Abs 1 das Erfordernis eines Vertrags zur Begründung rechtsgeschäftlicher Schuldverhältnisse als Ausfluss der **Privatautonomie.** In ihren Abs 2 und 3 normiert sie die tatbestandlichen Voraussetzungen eines wichtigen rechtsgeschäftsähnlichen Schuldverhältnisses, nämlich der **culpa in contrahendo.** Dieses vorvertragliche gesetzliche Schuldverhältnis der Vertragsanbahnung, das ein vertragsähnliches Vertrauensverhältnis voraussetzt, entsteht unabhängig davon, ob später ein Vertrag zustande kommt. Für die möglichen Inhalte der Pflichten verweisen Abs 2 und 3 auf § 241 II. Werden diese Pflichten verletzt, folgt die Haftung aus § 280 I, der also die Anspruchsgrundlage für einen Anspruch aus c.i.c. bildet. Nicht speziell normiert sind Art und Umfang des Schadensersatzanspruchs (dazu unten Rz 5ff). Wichtige Fallgruppen, bei denen an einen Anspruch aus §§ 280 I, 311 II zu denken ist, bilden Körper- und Eigentumsschäden im Vorfeld des Vertrags, der Abbruch der Vertragsverhandlungen als Vertrauensbruch sowie die Unwirksamkeit oder die nachteilige Gestaltung des Vertrags als Folge der Verletzung von Aufklärungspflichten.

2 **2.** Zu einem **vertragsähnlichen Vertrauensverhältnis,** das eine Haftung aus § 280 I begründen kann, führen nach **Abs 2** drei Konstellationen: **a)** Die **Aufnahme von Vertragsverhandlungen** (Nr 1). Das gesetzliche Schuldverhältnis entsteht durch den Beginn der Verhandlungen, und es endet mit deren Beendigung. Der **Abbruch** von Vertragsverhandlungen stellt nur dann die Verletzung einer vorvertraglichen (Treue-)Pflicht dar, wenn der Abbrechende bei seinem Partner das begründete Vertrauen geweckt hat, es werde zum Vertragsschluss kommen; dies ist grds unabhängig davon zu beurteilen, ob der Partner bereits Aufwendungen im Vertrauen auf den Abschluss getätigt hat. **b)** Die **Anbahnung eines Vertrags** (Nr 2). In diesen Fällen laufen keine Verhandlungen, aber im Hinblick auf eine etwaige rechtsgeschäftliche Beziehung (und nicht nur auf einen sozialen Kontakt) entsteht die Möglichkeit zur Einwirkung auf Rechte, Rechtsgüter oder „Interessen" (s zu diesem Begriff § 241 Rz 1) des anderen Teils. Standardbeispiel: Betreten eines Kaufhauses zum Einkaufen (und nicht nur zum Schutz vor der Witterung) und Verletzung durch eine umstürzende Linoleumrolle. **c) Ähnliche geschäftliche Kontakte** (Nr 3). Hier handelt es sich um einen Auffangtatbestand. Zu denken ist zB an Kontakte, bei denen noch kein Vertrag angebahnt, ein solcher aber vorbereitet werden soll (RegBegr BT-Drucks 14/6040, 163).

3 Die **Art der Pflichten** wird in Abs 2 (und Abs 3) nicht festgelegt, sondern es wird lediglich auf § 241 II verwiesen. Es handelt sich nicht um primäre Leistungspflichten, sondern um Schutzpflichten gegenüber den Rechten, Rechtsgütern und Interessen des anderen Teils. Häufig stehen **Aufklärungspflichten** in Rede. **a)** Ihre Verletzung kann zu einer Haftung aus § 280 I führen, wenn dadurch der **Vertrag nicht zustande kommt.** Verschweigt ein Kontrahent etwa ein Form- oder Genehmigungserfordernis, so haftet er, wenn ihn hinsichtlich des Unwirksamkeitsgrundes eine Aufklä-

rungspflicht traf. Dies ist zB dann der Fall, wenn der Unwirksamkeitsgrund aus seiner Sphäre stammt oder er vertraglich (etwa durch einen Betreuungsvertrag) zur Aufklärung verpflichtet war (*Medicus/Lorenz* SchR I Rz 108). **b)** Andererseits kann die Verletzung von Aufklärungspflichten auch **bei wirksamem Vertrag** zu einer Haftung aus § 280 I führen, wenn der Geschäftspartner bei gehöriger Aufklärung den Vertrag nicht oder nicht so abgeschlossen hätte. Ob in derartigen Fällen eine vorvertragliche Aufklärungspflicht besteht, beurteilt sich nach den Umständen des Einzelfalls. Grds ist dies zu bejahen, wenn gewichtige Umstände in Rede stehen, die für die Entscheidung zum Vertragsschluss wesentlich sind und die der Vertragspartner nicht ohne weiteres selbst feststellen kann (s hierzu näher *MüKo-Roth* § 241 Rz 130ff; vgl auch § 123 Rz 6). Bsp: Täuscht der Verkäufer über einen schweren Unfall des zu verkaufenden Kfz, so kann der Käufer aus c.i.c. Rückgängigmachung des Vertrags fordern (zum Verhältnis zu § 123 dort Rz 16); der Versicherungsagent weist nicht darauf hin, dass die Versicherung nur für Schäden innerhalb Europas eintritt, obwohl er weiß, dass der Versicherungsnehmer mit dem versicherten Kfz in die Türkei reisen will (BGH NJW 1973, 542); der Autovermieter weist den Unfallgeschädigten, der ein Ersatzfahrzeug anmietet, nicht darauf hin, dass die (gegnerische) Haftpflichtversicherung den angebotenen Tarif möglicherweise nicht in vollem Umfang erstattet (BGHZ 168, 168).

4. Pflichtverletzung. Der Schadensersatzanspruch aus § 280 I ist an die Voraussetzung geknüpft, dass der Verpflichtete eine ihm gegenüber dem Berechtigten obliegende vorvertragliche Schutzpflicht verletzt. **a)** Eine Verpflichtung aus c.i.c. erfordert **Geschäftsfähigkeit,** nicht dagegen eine Berechtigung (BGH NJW 1973, 1791). **b) Verschulden** hinsichtlich der Pflichtverletzung richtet sich grds nach §§ 276–278. **4**

5. Rechtsfolgen. a) Schadensersatzanspruch nach §§ 280, 249. Zur Haftungsbegrenzung durch den Schutzzweck der verletzten Pflicht vgl Vor §§ 249ff Rz 15. Bei **Mitverschulden** gilt § 254, die Sonderregelungen der §§ 122 II, 179 III sind nicht anzuwenden. **Verjährung** nach § 195, soweit nicht kürzere Fristen des angebahnten Vertrags eingreifen (BGHZ 58, 123). **5**

b) Grds umfasst der Anspruch nur das **Verletzungs- und Vertrauensinteresse** (vgl Vor §§ 249ff Rz 8), er wird allerdings der Höhe nach nicht durch das Erfüllungsinteresse begrenzt (st Rspr; anders in §§ 122 I, 179 II). Bei Rechtsgüterverletzungen (zB Beschädigung eines Kfz bei einer Probefahrt durch Kaufinteressenten) ist das Erhaltungsinteresse zu ersetzen (zB Reparaturkosten). Bei verschuldetem Scheitern des Vertrags kann der Getäuschte Ersatz der im Vertrauen auf das Zustandekommen des Vertrags erbrachten Aufwendungen verlangen. Bei pflichtwidriger Verleitung zum Vertragsschluss kann er Befreiung vom Vertrag und Aufwendungsersatz fordern (s aber auch die folgende Rz), und zwar unabhängig davon, ob er nach §§ 123, 124 anfechten könnte (BGH NJW 1998, 302; vgl § 123 Rz 18). Hat er auf einen Vertrag mit einem Dritten verzichtet, so kann er verlangen, so gestellt zu werden, als ob er diesen anderen Vertrag geschlossen hätte (vgl *Staudinger-Löwisch* [2009] Rz 145). **6**

c) Ausnahmsweise Erfüllungsinteresse. Wäre in den Fällen des gescheiterten Vertrags ohne die c.i.c. ein wirksamer Vertrag zwischen denselben Parteien zustande gekommen, so gewähren Rspr und hL Ersatz des Interesses an der Erfüllung des gescheiterten Vertrags, aber nicht Erfüllung als solche (Naturalrestitution). Ist zB ein Grundstückskaufvertrag aus Verschulden des Verkäufers formnichtig, so kann der Käufer diejenigen Kosten verlangen, die er für den Erwerb eines vergleichbaren Grundstücks über den vereinbarten Kaufpreis hinaus aufwenden muss, nicht dagegen Vertragsschluss und Übereignung des Grundstücks (BGH NJW 1965, 812). – Bei Verleitung zum Vertragsschluss kann der Getäuschte anstelle der Rückabwicklung (vorige Rz) auch an dem Vertrag festhalten und das Erfüllungsinteresse fordern, wenn im Einzelfall feststeht, dass ohne die c.i.c. zwischen denselben Parteien ein günstigerer Vertragsinhalt vereinbart worden wäre (BGH NJW 1998, 2900); dies hat der Geschä- **7**

digte darzulegen und zu beweisen (BGH NJW 2006, 3139). Die Rspr gewährt ausnahmsweise Vertragsanpassung in der Form, dass der Täuschende verpflichtet wird, den Vertrag so zu erfüllen, als wäre er mit dem vom Vertrauenden erwarteten Inhalt zustande gekommen, zB Erweiterung der Versicherungsleistungen auf den Umfang, den der Versicherungsagent vorgetäuscht hat (BGHZ 108, 200, 206 mwN).

8 **6.** Das gesetzliche Schuldverhältnis der c.i.c. kann nach **Abs 3** auch zu **Dritten** entstehen, also zu Personen, die nicht selbst Vertragspartei werden sollen. **a) Ansprüche** aus c.i.c. können Dritte nach den Grundsätzen des Vertrags mit Schutzwirkung für Dritte herleiten (dazu Vor §§ 249ff Rz 22ff). Bsp: Beim Einkaufen mit seiner Mutter rutscht der Minderjährige im Supermarkt auf einem Salatblatt aus, bevor es zum Kaufabschluss kommt (BGHZ 66, 57). **b)** Eine **Haftung** Dritter entsteht gemäß Abs 3 S 2 insbesondere dann, wenn der Dritte „in besonderem Maße" (!) **Vertrauen** für sich selbst in Anspruch nimmt und dadurch die Vertragsverhandlungen oder den Vertragsschluss „erheblich" (!) beeinflusst. Der Dritte (Vertreter, Verhandlungsgehilfe, Makler oder dergl) muss das Vertrauen für sich und nicht für den von ihm „vertretenen" Vertragspartner in Anspruch nehmen und dadurch eine zusätzliche, gerade von ihm ausgehende Gewähr für das Gelingen des in Aussicht genommenen Geschäfts übernehmen (BGHZ 74, 103, 108). Es genügt nicht, wenn jemand auf eigene Sachkunde verweist oder der Wortführer ist; ausreichen kann aber zB die Erklärung, man verbürge sich für den Vertragspartner oder Ähnliches (so RegBegr BT-Drucks 14/6040, 163). Der Dritte kann sogar für Schutzpflichtverletzungen *nach* Vertragsabschluss haften, wenn er bei den Vertragsverhandlungen das Vertrauen erweckt hat, entscheidenden Einfluss auf die ordnungsgemäße Durchführung des Vertrags zu haben (BGHZ 70, 337, 342ff). Dabei muss er sich auch ein Verschulden seines Erfüllungsgehilfen nach § 278 zurechnen lassen (BGH NJW 1997, 1233). – Auch die sog **Sachwalterhaftung** lässt sich unter Abs 3 S 2 subsumieren. Bei ihr geht es um die Haftung des Sachverständigen oder einer sonstigen „Auskunftsperson" gegenüber dem Geschäftspartner seines Auftraggebers, wenn der Sachwalter erheblich zum Vertragsschluss beigetragen hat, weil sich der Geschäftspartner auf seine Objektivität und Neutralität verlassen hat. Die Vorschrift soll der Rspr aufzeigen, dass sich diese Fälle nicht nur mit der Konstruktion eines Auskunftsvertrags mit Schutzwirkung für Dritte lösen lassen (vgl § 675 Rz 8) sondern auch mit der c.i.c. (RegBegr aaO; *Jens Koch* AcP 2004, 59). – Abs 3 S 2 lässt bewusst Raum für weitere Fallgruppen („insbesondere"), die sich in Wissenschaft und Praxis herausbilden können. Bspw ist an die Fälle zu denken, in denen Dritte, die auf die Vertragsverhandlungen oder den Vertragsschluss maßgeblich einwirken, an dem Vertragsschluss ein überragendes **eigenes wirtschaftliches Interesse** haben, so dass sie – wirtschaftlich betrachtet – in eigener Sache tätig werden. BGHZ 126, 181, 182 stellt insoweit allerdings äußerst strenge Anforderungen: Der Geschäftsführer und Alleingesellschafter einer GmbH hat auch dann kein unmittelbares wirtschaftliches Eigeninteresse an einem für die GmbH geschlossenen Vertrag, wenn er zugunsten der Gesellschaft aus seinem Vermögen Sicherheiten bestellt hat, so dass er seine wirtschaftliche Existenz weitgehend mit dem Erfolg der GmbH verknüpft hat.

§ 311 a. Leistungshindernis bei Vertragsschluss

(1) **Der Wirksamkeit eines Vertrags steht es nicht entgegen, dass der Schuldner nach § 275 Abs. 1 bis 3 nicht zu leisten braucht und das Leistungshindernis schon bei Vertragsschluss vorliegt.**

(2) [1]**Der Gläubiger kann nach seiner Wahl Schadensersatz statt der Leistung oder Ersatz seiner Aufwendungen in dem in § 284 bestimmten Umfang verlangen.** [2]**Dies gilt nicht, wenn der Schuldner das Leistungshindernis bei Vertragsschluss nicht kannte und seine Unkenntnis auch nicht zu vertreten hat.** [3]**§ 281 Abs. 1 Satz 2 und 3 und Abs.5 findet entsprechende Anwendung.**

1. Anwendungsbereich. Die Vorschrift betrifft die **anfängliche objektive und subjektive Unmöglichkeit.** 1

2. Abs 1 stellt klar, dass der Vertrag auch bei anfänglicher objektiver Unmöglichkeit **wirksam** ist und nicht etwa nichtig. Da die primäre Leistungspflicht nach § 275 ausgeschlossen ist, handelt es sich um einen Vertrag ohne primäre Leistungspflicht – eine anerkannte dogmatische Kategorie. Der Vertrag bildet die Grundlage für die Ersatzansprüche nach Abs 2 und für einen etwaigen Surrogationsanspruch nach § 285. 2

3. Abs 2 enthält eine **eigenständige Anspruchsgrundlage** für die dort genannten Sekundäransprüche. Es handelt sich also – anders als in § 283 über die nachträgliche Unmöglichkeit – nicht um einen Unterfall des allgemeinen Pflichtverletzungstatbestandes des § 280 I, auf den in § 311a (anders als in §§ 281–283) auch nicht Bezug genommen wird. Dogmatisch folgt der Anspruch aus der Nichterfüllung des (nach Abs 1 wirksamen) Leistungsversprechens und nicht etwa aus der Verletzung der – nach § 275 ausgeschlossenen – Leistungspflicht (RegBegr BT-Drucks 14/6040, 165; *Canaris* FS Heldrich [2005] 11, 28; *Medicus/Lorenz* SchR I Rz 342). 3

a) Folgerichtig gewährt Abs 2 S 1 einen Anspruch auf das **positive Interesse** (Schadensersatz statt der Leistung) und nicht nur auf das negative (wie gem §§ 280 I, 311 II bei Verletzung einer vorvertraglichen Informationspflicht). Im Ergebnis ist es also bedeutungslos, ob das Leistungshindernis vor oder nach dem Vertragsschluss entstanden ist. 4

b) Alternativ kann der Gläubiger **Aufwendungsersatz** nach Maßgabe des § 284 verlangen. 5

c) Beide in Abs 2 S 1 genannten Ansprüche sind grds **verschuldensabhängig.** Sie entstehen nicht (Beweislastumkehr), wenn der Schuldner das Leistungshindernis bei Vertragsschluss nicht kannte und seine Unkenntnis auch nicht zu vertreten hat (vgl § 276 I 1, der grds Fahrlässigkeit verlangt, die Übernahme einer Garantie aber nicht ausschließt). Das Zurechnungskriterium liegt in der Kenntnis oder fahrlässigen Unkenntnis des Leistungshindernisses und nicht – wie in §§ 280, 283 – in der schuldhaften Verletzung einer aus dem Schuldverhältnis entspringenden Leistungspflicht. Die Reichweite der Pflicht, sich nach der Möglichkeit der Leistung zu erkundigen, ist nach den Umständen des Einzelfalls zu bestimmen (*Medicus/Lorenz* SchR I Rz 342). Hat der Schuldner in die Vertragsvorbereitung einen Gehilfen eingeschaltet, so muss er sich dessen Kenntnis oder fahrlässige Unkenntnis gem § 278 zurechnen lassen. 6

d) Nicht geregelt ist, welche Rechtsfolge eintritt, wenn der Schuldner seine **Unkenntnis** von der Unmöglichkeit **nicht zu vertreten** hat. In der Lit wird von manchen eine entsprechende Anwendung von § 122 befürwortet, weil der Schuldner auch in den vergleichbaren Irrtumsfällen des § 119 II von seiner Leistungspflicht nicht ersatzlos frei wird, sondern nur um den Preis einer verschuldensunabhängigen Haftung auf das negative Interesse (*Canaris* JZ 2001, 507f). Die RegBegr (BT-Drucks 14/6040, 166) hält die Analogie zu § 122 für einen gangbaren Lösungsansatz, der aber gesetzlich nicht festgeschrieben werden solle. Demzufolge sind die Meinungen geteilt (ablehnend zB *Looschelders* AT Rz 665). 7

4. Die Rechtsfolgen der anfänglichen Unmöglichkeit eines **Teils der Leistung** oder der **Nacherfüllung** bei Schlechtleistung sind in Abs 2 S 3 ebenso geregelt wie für eine entsprechende nachträgliche Unmöglichkeit in § 283 S 2. 8

§ 311b. Verträge über Grundstücke, das Vermögen und den Nachlass

(1) [1]**Ein Vertrag, durch den sich der eine Teil verpflichtet, das Eigentum an einem Grundstück zu übertragen oder zu erwerben, bedarf der notariellen Beurkundung.** [2]**Ein ohne Beachtung dieser Form geschlossener Vertrag wird seinem ganzen Inhalt nach gültig, wenn die Auflassung und die Eintragung in das Grundbuch erfolgen.**

(2) **Ein Vertrag, durch den sich der eine Teil verpflichtet, sein künftiges Vermögen oder einen Bruchteil seines künftigen Vermögens zu übertragen oder mit einem Nießbrauch zu belasten, ist nichtig.**

(3) **Ein Vertrag, durch den sich der eine Teil verpflichtet, sein gegenwärtiges Vermögen oder einen Bruchteil seines gegenwärtigen Vermögens zu übertragen oder mit einem Nießbrauch zu belasten, bedarf der notariellen Beurkundung.**

(4) [1]**Ein Vertrag über den Nachlass eines noch lebenden Dritten ist nichtig.** [2]**Das Gleiche gilt von einem Vertrag über den Pflichtteil oder ein Vermächtnis aus dem Nachlass eines noch lebenden Dritten.**

(5) [1]**Absatz 4 gilt nicht für einen Vertrag, der unter künftigen gesetzlichen Erben über den gesetzlichen Erbteil oder den Pflichtteil eines von ihnen geschlossen wird.** [2]**Ein solcher Vertrag bedarf der notariellen Beurkundung.**

1 **1. Allgemeines.** Praktisch bedeutsam ist Abs 1 über die **Form von Grundstücksverträgen:**

2 **2. Anwendungsbereich von Abs 1. a)** Die Vorschrift bezieht sich auf den **schuldrechtlichen Vertrag** („verpflichtet"), der auf die Übertragung eines Grundstücks abzielt. Auf den Vertragstyp (zB Kauf-, Tausch-, Schenkungs-, Gesellschaftsvertrag) kommt es nicht an. Einseitige Rechtsgeschäfte, wie zB Veräußerungs- oder Erwerbsvollmacht, fallen grds nicht unter den Formzwang, es sei denn, sie begründeten für den Vollmachtgeber eine dem Vertrag entsprechende Bindung (etwa bei unwiderruflicher Vollmacht). **b)** Der Vertrag muss auf die **Veräußerung** oder den **Erwerb** eines Grundstücks gerichtet sein. Somit ist auch die einseitige Erwerbsverpflichtung (zB sog „Kaufanwärterverträge") formgebunden. Dagegen ist die **Abtretung eines Auflassungsanspruchs** nicht erfasst: die Abtretung selbst ist Verfügungsgeschäft, die schuldrechtliche Abtretungsverpflichtung bezieht sich auf den Auflassungsanspruch, nicht auf das Grundstück. Anders aber, wenn der Inhaber des Auflassungsanspruchs bereits ein Anwartschaftsrecht erlangt hat: die Sicherungs- und Warnfunktion des Abs 1 ist hier wie bei der Vollrechtsübertragung angemessen. Ausreichend ist ferner ein Vertrag, der sich nur mittelbar auf die Veräußerung oder den Erwerb eines Grundstücks bezieht, zB die Vereinbarung eines empfindlichen Nachteils (etwa eine hohe Vertragsstrafe) für den Fall des Nichtabschlusses eines Grundstückskaufvertrags oder ein bindender Vorvertrag. **c) Gegenstand** des formbedürftigen Vertrags muss grds die Verpflichtung zur **Eigentumsübertragung** sein; gleichgestellt sind Bestellung und Erwerb eines Erbbaurechts (§ 11 II ErbbauRG) und des Wohnungseigentums (§ 4 III WEG). Die bloße Belastung dieser Rechte unterfällt Abs 1 nicht.

3 **3. Umfang der Formbedürftigkeit.** Das Formerfordernis des Abs 1 bezieht sich auf den gesamten Vertrag und nicht nur auf die Veräußerungs- oder Erwerbspflicht an sich (vgl ferner § 125 Rz 2). Bei bewusst unrichtiger Beurkundung (zB wenn beim sog „Schwarzkauf" zur Steuerersparnis ein niedrigerer Kaufpreis beurkundet wird) ist das beurkundete Geschäft nach § 117 nichtig, das gewollte nach § 125. Eine im Vertrag enthaltene Auflassungsvollmacht bleibt jedoch gültig: § 117 greift nicht ein, weil sie tatsächlich gewollt war; Abs 1 ist gewahrt.

4 **4. Heilung** (Abs 1 S 2) erfolgt erst mit der Eintragung des Erwerbers ins Grundbuch, so dass der Veräußerer Auflassung und Eintragungsbewilligung bis zu diesem Zeitpunkt kondizieren kann (beachte aber §§ 814, 815; dazu BGH NJW 1980, 451). Der Eintragung steht das unwirksame Kausalgeschäft nicht entgegen; der Veräußerer kann nur durch einstweilige Verfügung ein Erwerbsverbot erwirken. Ratio der angeordneten Heilung ist der Gedanke der Erfüllung. Die Heilungswirkung setzt also voraus, dass Auflassung und Eintragung die Erfüllung des formunwirksam abgeschlossenen Verpflichtungsvertrags darstellen. Verpflichtet sich der Verkäufer, an einen Dritten zu

übereignen, kann deshalb nur die Auflassung an den Dritten und seine Eintragung die Wirkungen des Abs 1 S 2 auslösen (BGHZ 160, 368, 376).

Die Heilung hat keine Rückwirkung („wird"). Abs 1 S 2 ist Ausnahmevorschrift 5
(vgl § 141 I: nichtige Rechtsgeschäfte werden nur durch Neuvornahme wirksam), daher grds keine analoge Anwendung auf andere Nichtigkeitsgründe. Heilung nach S 2 jedoch für die Rechtsgeschäfte, die entsprechend S 1 nichtig sind, zB Heilung eines unwirksamen Vorvertrags durch (formrichtigen) Abschluss des Hauptvertrags.

§ 311 c. Erstreckung auf Zubehör

Verpflichtet sich jemand zur Veräußerung oder Belastung einer Sache, so erstreckt sich diese Verpflichtung im Zweifel auch auf das Zubehör der Sache.

Untertitel 2. Besondere Vertriebsformen

Vor § 312

Die §§ 312–312i setzen verschiedene RL zum Haustürwiderruf, Fernabsatz und E- 1
Commerce um. Regelungen für Haustürgeschäfte finden sich in §§ 312, 312a, für Fernabsatzverträge in §§ 312b–312f und für den elektronischen Geschäftsverkehr in § 312h. Diese Vorschriften enthalten die Definitionen der verschiedenen Vertriebsformen, die jeweiligen Ausnahmen des Anwendungsbereichs sowie Rechte und Pflichten, durch die der Verbraucher (§ 13) vor besonderen Gefahren geschützt wird, die ihm beim Vertragsschluss im Rahmen dieser Vertriebsformen drohen. § 312h enthält eine Sonderregelung für die Konstellation, dass der Verbrauchervertrag als Dauerschuldverhältnis ausgestaltet ist und ein anderes zu kündigendes Dauerschuldverhältnis ersetzen soll. Nach § 312i dürfen die Vorschriften dieses Untertitels nicht zum Nachteil des Verbrauchers abbedungen werden; außerdem gilt ein Umgehungsverbot.

§ 312. Widerrufsrecht bei Haustürgeschäften

(1) [1]**Bei einem Vertrag zwischen einem Unternehmer und einem Verbraucher, der eine entgeltliche Leistung zum Gegenstand hat und zu dessen Abschluss der Verbraucher**

1. **durch mündliche Verhandlungen an seinem Arbeitsplatz oder im Bereich einer Privatwohnung,**
2. **anlässlich einer vom Unternehmer oder von einem Dritten zumindest auch im Interesse des Unternehmers durchgeführten Freizeitveranstaltung oder**
3. **im Anschluss an ein überraschendes Ansprechen in Verkehrsmitteln oder im Bereich öffentlich zugänglicher Verkehrsflächen**

bestimmt worden ist (Haustürgeschäft), steht dem Verbraucher ein Widerrufsrecht gemäß § 355 zu. [2]**Dem Verbraucher kann anstelle des Widerrufsrechts ein Rückgaberecht nach § 356 eingeräumt werden, wenn zwischen dem Verbraucher und dem Unternehmer im Zusammenhang mit diesem oder einem späteren Geschäft auch eine ständige Verbindung aufrechterhalten werden soll.**

(2) [1]**Der Unternehmer ist verpflichtet, den Verbraucher gemäß § 360 über sein Widerrufs- oder Rückgaberecht zu belehren.** [2]**Die Belehrung muss auf die Rechtsfolgen des § 357 Abs. 1 und 3 hinweisen.** [3]**Der Hinweis ist nicht erforderlich, soweit diese Rechtsfolgen tatsächlich nicht eintreten können.**

(3) **Das Widerrufs- oder Rückgaberecht besteht unbeschadet anderer Vorschriften nicht bei Versicherungsverträgen oder wenn**

1. **im Falle von Absatz 1 Nr. 1 die mündlichen Verhandlungen, auf denen der Abschluss des Vertrags beruht, auf vorhergehende Bestellung des Verbrauchers geführt worden sind oder**

2. die Leistung bei Abschluss der Verhandlungen sofort erbracht und bezahlt wird und das Entgelt 40 Euro nicht übersteigt oder

3. die Willenserklärung des Verbrauchers von einem Notar beurkundet worden ist.

1 **1. Normzweck und richtlinienkonforme Auslegung. a)** Das in Abs 1 verankerte **Widerrufs- und Rückgaberecht** soll den Verbraucher davor schützen, im Rahmen des sog Direktvertriebes – Hausbesuche und Freizeitveranstaltungen – zu übereilten Geschäftsentschlüssen gedrängt zu werden. **b)** Die Regelung dient der Umsetzung der **Verbraucherschutz-RL** (ABl 1985 Nr L 372, 31). § 312 ist deshalb nach Möglichkeit so auszulegen, dass den Vorgaben der RL entsprochen wird (vgl BGH NJW 1994, 2759, 2760). Auslegungsfragen, die sich auch für die RL stellen, sind nach Maßgabe des Art 267 AEUV dem EuGH zur Vorabentscheidung vorzulegen.

2 **2. Anwendungsbereich. a) Persönlich:** Der Anwendungsbereich ist auf Verbraucherverträge beschränkt (Abs 1 S 1). Geschützt werden soll der Verbraucher (§ 13) in seiner privaten Sphäre; auf ein Handeln in Ausübung einer selbständigen Erwerbstätigkeit ist die Vorschrift nicht anwendbar. Ebenso fehlt es an der Anwendbarkeit, wenn der Verkäufer nicht als Unternehmer (§ 14) handelt, Bsp: Verkauf eines gebrauchten Kfz unter Privatleuten. Für **Bürgschaften** (s auch unter b) soll die europäische RL Anwendung finden, wenn der Hauptschuldner ein Verbraucher ist, seine Verbindlichkeit auf einem Haustürgeschäft beruht und der Bürge keine eigenen gewerblichen Zwecke verfolgt (EuGH NJW 1998, 1295 „Bayerische Hypotheken- und Wechselbank" unter Nr 21 und 22; kritisch zB *Reinicke/Tiedtke* ZIP 1998, 893); die Bürgschaft selbst braucht danach offenbar nicht aus einer „Haustürsituation" zu stammen. Abs 1 S 1 ist nach der Rspr des BGH aber auch anwendbar, wenn nur der Bürge in einer Haustürsituation als Verbraucher handelt (BGHZ 165, 363, 367 f).

3 **b) Vertragsarten:** Nach Abs 1 S 1 besteht ein Widerrufsrecht nur bei Verträgen, die eine „entgeltliche Leistung" zum Gegenstand haben (etwa Kauf-, Dienst-, Werkvertrag). Für eine Bürgschaft für Forderungen aus einem Waren- oder Dienstleistungsvertrag ist diese Voraussetzung wegen ihres engen Zusammenhangs mit diesem Vertrag erfüllt (EuGH NJW 1998, 1295 „Bayerische Hypotheken- und Wechselbank" unter Nr 19 und 20; BGH NJW 1998, 2356). Zu beachten ist der Ausschluss des Widerrufsrechts bei Versicherungsverträgen (Abs 3).

4 **c) Sonstige Voraussetzungen:** Abs 1 S 1 Nr 1–3 nennt die erfassten Vertriebsarten (Verhandlungen am Arbeitsplatz des Kunden oder in einer Privatwohnung; Freizeitveranstaltungen, bei denen – im Unterschied zu Verkaufsausstellungen mit Unterhaltungsprogramm – der Erlebniswert im Vordergrund steht, wie bei den sog „Kaffeefahrten"; überraschendes Ansprechen im öffentlichen Raum). Dabei genügt es, dass der Anstoß zum Vertragsschluss unter einem der genannten Umstände erfolgte, wenn der spätere Vertrag ohne die besonderen Umstände der Kontaktaufnahme nicht oder nicht so zustande gekommen wäre (BGHZ 131, 385, 391 f). Ein Vertragspartner, der nicht selbst die Verhandlungen führt, muss sich die in der Person des **Verhandlungsführers** (zB eines Anlagevermittlers) objektiv bestehende Haustürsituation ohne weiteres zurechnen lassen (BGH NJW 2006, 1340 im Anschluss an EuGH NJW 2005, 3555 „Crailsheimer Volksbank"). Auf die Frage, ob der Vertragspartner die in der Person des Verhandlungsführers bestehende Haustürsituation kannte oder kennen musste, kommt es nicht an. Das Widerrufsrecht besteht nicht, wenn die Vertragsverhandlungen auf Bestellung des Kunden geführt wurden (Abs 3 Nr 1); eine durch vorherige Kontaktaufnahme sog provozierte Bestellung schließt das Widerrufsrecht nicht aus (näher *Palandt-Grüneberg* Rz 25). Der typischen Überrumpelungsgefahr sieht sich der Verbraucher auch bei einem nicht unerheblichen Abweichen des Unternehmerangebots vom Gegenstand der Bestellung ausgesetzt. Dann bleibt der Verbraucher schutzwürdig, so dass Abs 3 Nr 1 nicht greift (BGH NJW 2010, 2868). Das Widerrufsrecht

ist ferner ausgeschlossen, wenn der Verbraucher nicht schutzbedürftig ist, weil der Geschäftswert die in Abs 3 Nr 2 genannte Bagatellgrenze nicht überschreitet oder notarielle Belehrung sichergestellt ist (Abs 3 Nr 3).

d) Durch den zum 11. 6. 2010 geänderten Abs 2 ist der Unternehmer verpflichtet, 5
den Verbraucher gemäß dem neu eingefügten § 360 über das **Widerrufsrecht zu belehren.** Demnach handelt es sich bei der Belehrung nicht nur um eine Obliegenheit des Unternehmers, sondern um eine Verpflichtung, die bei unterlassener oder nicht ordnungsgemäßer Belehrung einen **Schadensersatzanspruch** nach §§ 280 I 1, 311, 241 auslösen kann (BT-Drucks 16/11643, 69). Der neu angefügte Satz 3 stellt klar, dass die vorzunehmende Belehrung nicht auf die Rechtsfolgen des § 357 I und III hinweisen muss, soweit diese tatsächlich nicht eintreten können. Dies ist insb der Fall, wenn die beiderseitigen Leistungen erst nach Ablauf der Widerrufsfrist erbracht werden. Der Verbraucher hat dann kein Interesse daran, über die entsprechenden Rechtsfolgen belehrt zu werden, da sie nicht eintreten können (BT-Drucks aaO).

e) Weitere **Einschränkungen des Anwendungsbereichs** ergeben sich aus dem in 6
§ 312a geregelten Ausschluss durch andere verbraucherschützende Lösungsrechte. Entscheidend ist danach, ob dem Verbraucher nach anderen Vorschriften bereits ein Widerrufs- oder Rückgaberecht „zusteht“. Der Ausschluss trifft etwa einen Verbraucher, der die Widerrufsfrist nach §§ 495, 355 II für ein Darlehen versäumt hat. Ihm „steht“ ein Widerrufsrecht iSd § 312a zu, weil er widerrufen konnte, auch wenn er von diesem Recht nicht rechtzeitig Gebrauch gemacht hat (RA BT-Drucks 14/9266, 44). Indessen bestimmt § 491 II Nr 1, dass Kleindarlehen bis zu 200 Euro keinen Verbraucherkreditvertrag darstellen, so dass ein Widerrufsrecht über §§ 495, 355 nicht besteht; der Kleindarlehensvertrag ist daher unter den Voraussetzungen des § 312 widerruflich.

3. Zu **Ausübungsmodalitäten** und **Rechtsfolgen des Widerrufs- und Rück-** 7
gaberechts siehe §§ 355ff. Siehe insbesondere auch § 355 II–IV zu den Rechtsfolgen bei fehlender Belehrung über das Widerrufsrecht.

§ 312a. Verhältnis zu anderen Vorschriften

Steht dem Verbraucher zugleich nach Maßgabe anderer Vorschriften ein Widerrufs- oder Rückgaberecht nach § 355 oder § 356 dieses Gesetzes, nach § 126 des Investmentgesetzes zu, ist das Widerrufs- oder Rückgaberecht nach § 312 ausgeschlossen.

Gesetzestext gem Art 7 Investmentmodernisierungsgesetz (BGBl 2003 I 2676, 1
2732). Lies: *oder* nach § 126 des Investmentgesetzes.

§ 312b. Fernabsatzverträge

(1) [1] **Fernabsatzverträge sind Verträge über die Lieferung von Waren oder über die Erbringung von Dienstleistungen, einschließlich Finanzdienstleistungen, die zwischen einem Unternehmer und einem Verbraucher unter ausschließlicher Verwendung von Fernkommunikationsmitteln abgeschlossen werden, es sei denn, dass der Vertragsschluss nicht im Rahmen eines für den Fernabsatz organisierten Vertriebs- oder Dienstleistungssystems erfolgt.** [2] **Finanzdienstleistungen im Sinne des Satzes 1 sind Bankdienstleistungen sowie Dienstleistungen im Zusammenhang mit einer Kreditgewährung, Versicherung, Altersversorgung von Einzelpersonen, Geldanlage oder Zahlung.**

(2) **Fernkommunikationsmittel sind Kommunikationsmittel, die zur Anbahnung oder zum Abschluss eines Vertrags zwischen einem Verbraucher und einem Unternehmer ohne gleichzeitige körperliche Anwesenheit der Vertragsparteien eingesetzt werden können, insbesondere Briefe, Kataloge, Telefonanrufe, Telekopien, E-Mails sowie Rundfunk, Tele- und Mediendienste.**

(3) **Die Vorschriften über Fernabsatzverträge finden keine Anwendung auf Verträge**

1. über Fernunterricht (§ 1 des Fernunterrichtsschutzgesetzes),
2. über die Teilzeitnutzung von Wohngebäuden, langfristige Urlaubsprodukte sowie auf Vermittlungsverträge oder Tauschsystemverträge (§§ 481 bis 481 b),
3. über Versicherungen sowie deren Vermittlung,
4. über die Veräußerung von Grundstücken und grundstücksgleichen Rechten, die Begründung, Veräußerung und Aufhebung von dinglichen Rechten an Grundstücken und grundstücksgleichen Rechten sowie über die Errichtung von Bauwerken,
5. über die Lieferung von Lebensmitteln, Getränken oder sonstigen Haushaltsgegenständen des täglichen Bedarfs, die am Wohnsitz, am Aufenthaltsort oder am Arbeitsplatz eines Verbrauchers von Unternehmern im Rahmen häufiger und regelmäßiger Fahrten geliefert werden,
6. über die Erbringung von Dienstleistungen in den Bereichen Unterbringung, Beförderung, Lieferung von Speisen und Getränken sowie Freizeitgestaltung, wenn sich der Unternehmer bei Vertragsschluss verpflichtet, die Dienstleistungen zu einem bestimmten Zeitpunkt oder innerhalb eines genau angegebenen Zeitraums zu erbringen,
7. die geschlossen werden
   a) unter Verwendung von Warenautomaten oder automatisierten Geschäftsräumen oder
   b) mit Betreibern von Telekommunikationsmitteln auf Grund der Benutzung von öffentlichen Fernsprechern, soweit sie deren Benutzung zum Gegenstand haben.

(4) [1]**Bei Vertragsverhältnissen, die eine erstmalige Vereinbarung mit daran anschließenden aufeinander folgenden Vorgängen oder eine daran anschließende Reihe getrennter, in einem zeitlichen Zusammenhang stehender Vorgänge der gleichen Art umfassen, finden die Vorschriften über Fernabsatzverträge nur Anwendung auf die erste Vereinbarung.** [2]**Wenn derartige Vorgänge ohne eine solche Vereinbarung aufeinander folgen, gelten die Vorschriften über Informationspflichten des Unternehmers nur für den ersten Vorgang.** [3]**Findet jedoch länger als ein Jahr kein Vorgang der gleichen Art mehr statt, so gilt der nächste Vorgang als der erste Vorgang einer neuen Reihe im Sinne von Satz 2.**

(5) **Weitergehende Vorschriften zum Schutz des Verbrauchers bleiben unberührt.**

1 **1. Europarechtlicher Hintergrund.** Die Vorschriften über Fernabsatzverträge (§§ 312b–312f) gehen auf die RL vom 20. 5. 1997 über den Verbraucherschutz bei Vertragsschlüssen im Fernabsatz (ABl 1997 Nr L 144, 19) und vom 23. 9. 2002 über den Fernabsatz von Finanzdienstleistungen an Verbraucher (ABl 2002 Nr L 271, 16) zurück. Sie sind daher richtlinienkonform auszulegen.

2 **2. Anwendungsbereich der Vorschriften über Fernabsatzverträge. a) Persönlich** ist der Anwendungsbereich der §§ 312bff auf Verträge zwischen Unternehmer (§ 14) und Verbraucher (§ 13) beschränkt (Abs 1). Wird der Vertrag durch einen Stellvertreter geschlossen, kommt es auf die Verbrauchereigenschaft des Vertretenen an (*MüKo-Wendehorst* Rz 45). **b) Sachlich.** Abs 1 S 1 enthält eine Definition des Fernabsatzvertrags, auf den sich der Anwendungsbereich in sachlicher Hinsicht beschränkt; einbezogen sind Fernabsatzverträge über die in S 2 definierten Finanzdienstleistungen. Der für den Fernabsatzvertrag bedeutsame Begriff des Fernkommunikationsmittels wird in Abs 2 näher erläutert. Ausnahmen vom sachlichen Anwendungsbereich der

Vorschriften über Fernabsatzverträge sind in Abs 3 enthalten. Bei den in Abs 4 geregelten Verträgen (zB über Girokonten oder Depots) sind die Fernabsatzvorschriften grds nur auf die Erstvereinbarung anwendbar, während die anschließenden Einzelvorgänge (wie Überweisungsverträge oder Depotanschaffungen) nicht erfasst werden; etwaige Zusatzvereinbarungen, welche die erste Vereinbarung um neue Komponenten erweitern, sind dagegen nicht ausgenommen (RegBegr BT-Drucks 15/2946, 19).

3. Weitergehende Schutzvorschriften, die nach dem Günstigkeitsprinzip des 3
Abs 5 ergänzend zur Anwendung gelangen können, sind insbesondere die §§ 491ff über Verbraucherdarlehensverträge.

§ 312c. Unterrichtung des Verbrauchers bei Fernabsatzverträgen

(1) **Der Unternehmer hat den Verbraucher bei Fernabsatzverträgen nach Maßgabe des Artikels 246 §§ 1 und 2 des Einführungsgesetzes zum Bürgerlichen Gesetzbuche zu unterrichten.**

(2) **Der Unternehmer hat bei von ihm veranlassten Telefongesprächen seine Identität und den geschäftlichen Zweck des Kontakts bereits zu Beginn eines jeden Gesprächs ausdrücklich offenzulegen.**

(3) **Bei Finanzdienstleistungen kann der Verbraucher während der Laufzeit des Vertrags jederzeit vom Unternehmer verlangen, dass ihm dieser die Vertragsbestimmungen einschließlich der Allgemeinen Geschäftsbedingungen in einer Urkunde zur Verfügung stellt.**

(4) **Weitergehende Einschränkungen bei der Verwendung von Fernkommunikationsmitteln und weitergehende Informationspflichten auf Grund anderer Vorschriften bleiben unberührt.**

1. Normzweck. Die Vorschrift legt dem im Fernabsatz tätigen Unternehmer be- 1
stimmte Informationspflichten auf, die den Verbraucher vor übereilten Vertragsschlüssen bewahren und ihn in die Lage versetzen sollen, eine sinnvolle Entscheidung für oder gegen die Ausübung des in § 312d verankerten Widerrufs- und Rückgaberechts zu fällen.

2. Inhalt der Informationspflichten. Der Inhalt der Informationspflichten, insb 2
in welcher Art und Weise und unter welchen Umständen der Verbraucher zu unterrichten ist, ist in Art 246 §§ 1 und 2 EGBGB geregelt. Für Fernabsatzverträge über Finanzdienstleistungen (Begriff: § 312b I 2) enthält Abs 3 eine Sonderregel.

3. Zu den **Rechtsfolgen der Verletzung von Informationspflichten** s § 312d 3
Rz 2.

4. Weitergehende Einschränkungen oder Informationspflichten nach Abs 4 4
können sich insbesondere aus § 312g ergeben.

§ 312d. Widerrufs- und Rückgaberecht bei Fernabsatzverträgen

(1) [1]**Dem Verbraucher steht bei einem Fernabsatzvertrag ein Widerrufsrecht nach § 355 zu.** [2]**Anstelle des Widerrufsrechts kann dem Verbraucher bei Verträgen über die Lieferung von Waren ein Rückgaberecht nach § 356 eingeräumt werden.**

(2) **Die Widerrufsfrist beginnt abweichend von § 355 Abs. 3 Satz 1 nicht vor Erfüllung der Informationspflichten gemäß Artikel 246 § 2 in Verbindung mit § 1 Abs. 1 und 2 des Einführungsgesetzes zum Bürgerlichen Gesetzbuche, bei der Lieferung von Waren nicht vor deren Eingang beim Empfänger, bei der wiederkehrenden Lieferung gleichartiger Waren nicht vor Eingang der ersten Teillieferung und bei Dienstleistungen nicht vor Vertragsschluss.**

(3) **Das Widerrufsrecht erlischt bei einer Dienstleistung auch dann, wenn der Vertrag von beiden Seiten auf ausdrücklichen Wunsch des Verbrauchers vollständig erfüllt ist, bevor der Verbraucher sein Widerrufsrecht ausgeübt hat.**

(4) **Das Widerrufsrecht besteht, soweit nicht ein anderes bestimmt ist, nicht bei Fernabsatzverträgen**

1. **zur Lieferung von Waren, die nach Kundenspezifikation angefertigt werden oder eindeutig auf die persönlichen Bedürfnisse zugeschnitten sind oder die auf Grund ihrer Beschaffenheit nicht für eine Rücksendung geeignet sind oder schnell verderben können oder deren Verfalldatum überschritten würde,**
2. **zur Lieferung von Audio- oder Videoaufzeichnungen oder von Software, sofern die gelieferten Datenträger vom Verbraucher entsiegelt worden sind,**
3. **zur Lieferung von Zeitungen, Zeitschriften und Illustrierten, es sei denn, dass der Verbraucher seine Vertragserklärung telefonisch abgegeben hat,**
4. **zur Erbringung von Wett- und Lotterie-Dienstleistungen, es sei denn, dass der Verbraucher seine Vertragserklärung telefonisch abgegeben hat,**
5. **die in der Form von Versteigerungen (§ 156) geschlossen werden,**
6. **die die Lieferung von Waren oder die Erbringung von Finanzdienstleistungen zum Gegenstand haben, deren Preis auf dem Finanzmarkt Schwankungen unterliegt, auf die der Unternehmer keinen Einfluss hat und die innerhalb der Widerrufsfrist auftreten können, insbesondere Dienstleistungen im Zusammenhang mit Aktien, Anteilsscheinen, die von einer Kapitalanlagegesellschaft oder einer ausländischen Investmentgesellschaft ausgegeben werden, und anderen handelbaren Wertpapieren, Devisen, Derivaten oder Geldmarktinstrumenten, oder**
7. **zur Erbringung telekommunikationsgestützter Dienste, die auf Veranlassung des Verbrauchers unmittelbar per Telefon oder Telefax in einem Mal erbracht werden, sofern es sich nicht um Finanzdienstleistungen handelt.**

(5) [1]**Das Widerrufsrecht besteht ferner nicht bei Fernabsatzverträgen, bei denen dem Verbraucher bereits auf Grund der §§ 495, 506 bis 512 ein Widerrufs- oder Rückgaberecht nach § 355 oder § 356 zusteht.** [2]**Bei Ratenlieferungsverträgen gilt Absatz 2 entsprechend.**

(6) **Bei Fernabsatzverträgen über Dienstleistungen hat der Verbraucher abweichend von § 357 Abs. 1 Wertersatz für die erbrachte Dienstleistung nach den Vorschriften über den gesetzlichen Rücktritt nur zu leisten, wenn er vor Abgabe seiner Vertragserklärung auf diese Rechtsfolge hingewiesen worden ist und wenn er ausdrücklich zugestimmt hat, dass der Unternehmer vor Ende der Widerrufsfrist mit der Ausführung der Dienstleistung beginnt.**

1 **1. Normzweck.** Das in Abs 1 normierte Widerrufs- und Rückgaberecht schützt den Verbraucher bei der Bestellung von Waren auch im Hinblick darauf, dass er im Fernabsatz keine Möglichkeit hat, die erstandene Ware vor Vertragsschluss in natura zu sehen und zu prüfen. Bei Verträgen über Dienstleistungen dient das Widerrufsrecht dagegen vor allem dem Schutz vor übereilten Geschäftsentschlüssen (vgl *MüKo-Wendehorst* Rz 1 f).

2 **2.** Zu beachten ist die spezielle Regelung über den **Beginn der Widerrufsfrist** in Abs 2, die den Besonderheiten des Fernabsatzes Rechnung trägt und eine Verletzung der Informationspflichten aus Art 246 § 2 iVm § 1 und 2 EGBGB sanktioniert. Eine Verletzung der Informationspflichten bewirkt somit nicht per se die Unwirksamkeit des geschlossenen Vertrags, sondern verhindert lediglich, dass die Widerrufsfrist des § 355 I zu laufen beginnt.

3 **3. Einschränkungen des Widerrufsrechts** ergeben sich aus den Abs 3 bis 5. In Abs 5 wird – parallel zu der für Haustürgeschäfte in § 312a getroffenen Regelung (s

dazu § 312 Rz 5) – das Verhältnis zu einem nach anderen Vorschriften (hier §§ 495, 506–512) bestehenden Widerrufs- oder Rückgaberecht klargestellt. Das spezielle Widerrufs- oder Rückgaberecht bei Fernabsatzverträgen tritt danach hinter dem entsprechenden Recht zurück, das aus der Verweisung in § 495 I auf § 355 und in § 506 auf §§ 495 I, 355 bzw in § 508 I auf § 356 folgt. In diesen Fällen richtet sich nach der Neufassung von Abs 5 S 2 zum 11. 6. 2010, die die Vorgaben von Art 14 I 2 Verbraucherkredit-RL umsetzt (BT-Drucks 16/11 643, 69), auch der Beginn der Frist zur Ausübung dieser vorrangigen Rechte nach dem Verbraucherkreditrecht, nicht (mehr) nach der dem Verbraucher günstigen Regelung des Abs 2. Die Spezialität des Abs 2 bestimmt Abs 5 S 2 nur noch für Ratenlieferungsverträge gem § 510 BGB, die von der RL nicht erfasst sind. Dies gilt über § 512 BGB auch für Ratenlieferungsverträge mit Existenzgründern.

4. Zu **Ausübungsmodalitäten** und **Rechtsfolgen** des Widerrufs- und Rückgaberechts s §§ 355ff. Eine Abweichung enthält Abs 6: War eine Dienstleistung zu erbringen, so ist, da ihre Rückgewähr oder Herausgabe naturgemäß ausgeschlossen ist, grds gem §§ 357 I, 346 II Nr 1 Wertersatz zu leisten; diese Rechtsfolge schränkt Abs 6 bei Fernabsatzverträgen über Finanzdienstleistungen ein und setzt damit Art 7 III der RL von 2002 um (s § 312b Rz 1). 4

§ 312 e. Wertersatz bei Fernabsatzverträgen

(1) **Bei Fernabsatzverträgen über die Lieferung von Waren hat der Verbraucher abweichend von § 357 Absatz 1 Wertersatz für Nutzungen nach den Vorschriften über den gesetzlichen Rücktritt zu leisten,**

1. **soweit er die Ware in einer Art und Weise genutzt hat, die über die Prüfung der Eigenschaft und der Funktionsweise hinausgeht, und**
2. **wenn er zuvor vom Unternehmer auf diese Rechtsfolge hingewiesen und entsprechend § 360 Absatz 1 oder 2 über sein Widerrufs- oder Rückgaberecht belehrt worden ist oder von beidem anderweitig Kenntnis erlangt hat.**

§ 347 Absatz 1 Satz 1 ist nicht anzuwenden.

(2) **Bei Fernabsatzverträgen über Dienstleistungen hat der Verbraucher abweichend von § 357 Absatz 1 Wertersatz für die erbrachte Dienstleistung nach den Vorschriften über den gesetzlichen Rücktritt nur zu leisten,**

1. **wenn er vor der Abgabe seiner Vertragserklärung auf diese Rechtsfolge hingewiesen worden ist und**
2. **wenn er ausdrücklich zugestimmt hat, dass der Unternehmer vor Ende der Widerrufsfrist mit der Ausführung der Dienstleistung beginnt.**

1. Mit dieser 2011 neu eingefügten Vorschrift setzt der Gesetzgeber Vorgaben des EuGH (NJW 2009, 3015 – Pia Messner) um (BT-Drucks 17/5097, 14). Nach Ansicht des EuGH steht Art 6 I 2, II Fernabsatz-RL einer nationalen Regelung entgegen, nach der der Verkäufer vom Verbraucher *generell* Wertersatz für die Nutzung der Ware verlangen kann, weil eine solche Regelung die Effektivität des Widerrufsrechts beeinträchtigt. Eine nationale Regelung dürfe eine Wertersatzpflicht allerdings dann anordnen, wenn der Verbraucher die Sache in einer Weise nutze, die mit den Grundsätzen des bürgerlichen Rechts – wie etwa Treu und Glauben oder ungerechtfertigter Bereicherung – unvereinbar ist (EuGH aaO). Damit schließe die Richtlinie insbesondere einen Wertersatz für eine solche Nutzung aus, die sich auf die bloße Prüfung oder das Ausprobieren der Sache beschränkt (EuGH aaO Nr 24). 1

2. Für widerrufene Fernabsatzverträgen sah bislang § 357 I 1 mit seinem uneingeschränkten Verweis auf die Rechtsfolgen des Rücktritts (§§ 346 I, II Nr 1, 347 I 1) einen generellen Nutzungsersatz vor. **Abs 1** beschränkt diese Ersatzpflicht. Zum einen 2 schließt **S 2** die Ersatzpflicht für nicht gezogene Nutzungen nach § 347 aus. Zum anderen beschränkt **S 1** die Ersatzpflicht für gezogene Nutzungen (vgl für die Wertersatzpflicht nunmehr entsprechend § 357 III 1, s dort Rz 3). Neben der Eingrenzung in subjektiver Hinsicht durch Nr 2 fällt die objektive Begrenzung durch Nr 1 angesichts der Vorgaben des EuGH (s Rz 1) eng aus. Es werden keinesfalls nur Extremfälle wie die Rückgabe des getragenen Ballkleides oder der verwendeten Skiausrüstung dem Nutzungsersatz unterworfen, sondern jede Nutzung, die über eine Prüfung hinausgeht, wie sie der im Ladengeschäft vergleichbar ist (BT-Drucks 17/5097, 15).

§ 312 f. Zu Fernabsatzverträgen über Finanzdienstleistungen hinzugefügte Verträge

Hat der Verbraucher seine Willenserklärung, die auf den Abschluss eines Fernabsatzvertrags über eine Finanzdienstleistung gerichtet ist, wirksam widerrufen, so ist er auch nicht mehr an seine Willenserklärung hinsichtlich eines hinzugefügten Fernabsatzvertrags gebunden, der eine weitere Dienstleistung des Unternehmers oder eines Dritten zum Gegenstand hat. § 357 gilt für den hinzugefügten Vertrag entsprechend; § 312 e gilt entsprechend, wenn für den hinzugefügten Vertrag ein Widerrufsrecht gemäß § 312 d besteht oder bestand.

§ 312 g. Pflichten im elektronischen Geschäftsverkehr

(1) [1]**Bedient sich ein Unternehmer zum Zwecke des Abschlusses eines Vertrags über die Lieferung von Waren oder über die Erbringung von Dienstleistungen eines Tele- oder Mediendienstes (Vertrag itn elektronischen Geschäftsverkehr), hat er dem Kunden**

1. **angemessene, wirksame und zugängliche technische Mittel zur Verfügung zu stellen, mit deren Hilfe der Kunde Eingabefehler vor Abgabe seiner Bestellung erkennen und berichtigen kann,**
2. **die in Artikel 246 § 3 des Einführungsgesetzes zum Bürgerlichen Gesetzbuche bestimmten Informationen rechtzeitig vor Abgabe von dessen Bestellung klar und verständlich mitzuteilen,**
3. **den Zugang von dessen Bestellung unverzüglich auf elektronischem Wege zu bestätigen und**
4. **die Möglichkeit zu verschaffen, die Vertragsbestimmungen einschließlich der Allgemeinen Geschäftsbedingungen bei Vertragsschluss abzurufen und in wiedergabefähiger Form zu speichern.**

[2]**Bestellung und Empfangsbestätigung im Sinne von Satz 1 Nr. 3 gelten als zugegangen, wenn die Parteien, für die sie bestimmt sind, sie unter gewöhnlichen Umständen abrufen können.**

(2) [1]**Absatz 1 Satz 1 Nr. 1 bis 3 findet keine Anwendung, wenn der Vertrag ausschließlich durch individuelle Kommunikation geschlossen wird.** [2]**Absatz 1 Satz 1 Nr. 1 bis 3 und Satz 2 findet keine Anwendung, wenn zwischen Vertragsparteien, die nicht Verbraucher sind, etwas anderes vereinbart wird.**

(3) [1]**Weitergehende Informationspflichten auf Grund anderer Vorschriften bleiben unberührt.** [2]**Steht dem Kunden ein Widerrufsrecht gemäß § 355 zu, beginnt die Widerrufsfrist abweichend von § 355 Abs. 3 Satz 1 nicht vor Erfüllung der in Absatz 1 Satz 1 geregelten Pflichten.**

1 **1. Überblick und Normzweck.** Die Vorschrift enthält in Abs 1 S 1 einen Pflichtenkatalog für Unternehmer, die sich beim Vertragsschluss eines Tele- oder Mediendienstes, insbesondere also des Internets, bedienen. Durch diesen Pflichtenkatalog werden Vorgaben aus der E-Commerce-RL der EG vom 8. 6. 2000 (ABl 2000 Nr L 178, 1) umgesetzt.

2. Anwendungsbereich. a) Persönlich: Da die Vorschrift den Begriff des „Kunden" verwendet, ist ihr persönlicher Anwendungsbereich nicht auf Verträge mit Verbrauchern iSd § 13 beschränkt. Vielmehr erfasst sie auch Verträge zwischen Unternehmern. Unterschiede bestehen allerdings hinsichtlich der Disponibilität der Vorschrift. Im Rahmen von Verbraucherverträgen sind die in Abs 1 S 1 aufgeführten Pflichten sowie die in S 2 normierte Zugangsfiktion insgesamt unabdingbar (§ 312i S 1). Gegenüber Kunden, die nicht Verbraucher sind, gilt dies nur für die in Abs 1 S 1 Nr 4 genannte Pflicht, die Vertragsbestimmungen in speicherbarer Form zur Verfügung zu stellen (Abs 2 S 2). **b) Sachlich:** Der sachliche Anwendungsbereich der Vorschrift setzt voraus, dass sich ein Unternehmer (§ 14) vom Kunden individuell abrufbaren Telemedien (§ 1 TMG) oder eines Mediendienstes (§ 2 I 3 RStV) bedient. Der Telefonverkehr erfüllt diese Voraussetzungen ebenso wenig wie die Medien Fernsehen und Hörfunk, über die lediglich Angebote an eine unbestimmte Anzahl von Empfängern geschickt werden können. Eine teilweise Einschränkung des Anwendungsbereichs enthält Abs 2 S 1 für Verträge, die durch den Austausch individueller Kommunikation (zB E-Mail) geschlossen werden. 2

3. Der **Pflichtenkatalog** des Abs 1 S 1 ist zeitlich geordnet. Der genaue Inhalt der in Abs 1 S 1 Nr 2 aufgeführten vorvertraglichen Informationspflichten ergibt sich aus Art 246 § 3 EGBGB. 3

4. Rechtsfolgen von Pflichtverletzungen. a) Die Frist zur Ausübung eines etwaigen Widerrufsrechts des Kunden aus § 355 beginnt nach Abs 3 S 2 erst mit der Erfüllung der in Abs 1 S 1 geregelten Pflichten. Da Abs 3 S 2 lediglich auf § 355 III 1 verweist, bleibt die Behelfsfrist des § 355 IV von einer Verletzung der Pflichten aus Abs 1 S 1 unberührt. **b)** Neben den Auswirkungen auf den Fristbeginn für die Ausübung des Widerrufsrechts kann die Pflichtverletzung weitere, die Wirksamkeit des Vertrags selbst betreffende Rechtsfolgen auslösen (s hierzu auch *Hassemer* MMR 2001, 639). Da es sich bei der Pflicht zur Verfügungstellung technischer Hilfsmittel zur Verhütung von Eingabefehlern (Abs 1 S 1 Nr 1) sowie den vorvertraglichen Informationspflichten (Abs 1 S 1 Nr 2) um vorvertragliche Nebenpflichten handelt, kann ihre Verletzung einen Schadensersatzanspruch aus §§ 280 I, 311 II (c.i.c.) nach sich ziehen. Sofern die Pflichtverletzung kausal für den Vertragsschluss war, kann Befreiung vom Vertrag verlangt werden (s hierzu auch § 311 Rz 6). Eingabefehler des Kunden können dagegen auch dann zu einem Anfechtungsrecht aus § 119 I Fall 2 (Erklärungsirrtum; hierzu näher § 119 Rz 10) führen, wenn sie nicht auf einer Pflichtverletzung des Unternehmers beruhen. 4

5. Die in Abs 1 S 2 normierte **Zugangsfiktion** für die Bestellung des Kunden und die Empfangsbestätigung des Unternehmers nach Abs 1 S 1 Nr 3 entspricht der allgemeinen Zugangsregelung des § 130 I 1 (vgl RegBegr BT-Drucks 14/6040, 172). 5

6. Weitergehende Informationspflichten nach Abs 3 S 1 können sich insbesondere aus § 312c iVm Art 246 §§ 1 und 2 EGBGB ergeben, sofern die Voraussetzungen des § 312b I vorliegen. 6

§ 312h. Kündigung und Vollmacht zur Kündigung

Wird zwischen einem Unternehmer und einem Verbraucher nach diesem Untertitel ein Dauerschuldverhältnis begründet, das ein zwischen dem Verbraucher und einem anderen Unternehmer bestehendes Dauerschuldverhältnis ersetzen soll, und wird anlässlich der Begründung des Dauerschuldverhältnisses von dem Verbraucher

1. die Kündigung des bestehenden Dauerschuldverhältnisses erklärt und der Unternehmer oder ein von ihm beauftragter Dritter zur Übermittlung der Kündigung an den bisherigen Vertragspartner des Verbrauchers beauftragt oder

2. **der Unternehmer oder ein von ihm beauftragter Dritter zur Erklärung der Kündigung gegenüber dem bisherigen Vertragspartner des Verbrauchers bevollmächtigt,**

bedarf die Kündigung des Verbrauchers oder die Vollmacht zur Kündigung der Textform.

§ 312i. Abweichende Vereinbarungen

[1]**Von den Vorschriften dieses Untertitels darf, soweit nicht ein anderes bestimmt ist, nicht zum Nachteil des Verbrauchers oder Kunden abgewichen werden.** [2]**Die Vorschriften dieses Untertitels finden, soweit nicht ein anderes bestimmt ist, auch Anwendung, wenn sie durch anderweitige Gestaltungen umgangen werden.**

Untertitel 3. Anpassung und Beendigung von Verträgen

§ 313. Störung der Geschäftsgrundlage

(1) **Haben sich Umstände, die zur Grundlage des Vertrags geworden sind, nach Vertragsschluss schwerwiegend verändert und hätten die Parteien den Vertrag nicht oder mit anderem Inhalt geschlossen, wenn sie diese Veränderung vorausgesehen hätten, so kann Anpassung des Vertrags verlangt werden, soweit einem Teil unter Berücksichtigung aller Umstände des Einzelfalls, insbesondere der vertraglichen oder gesetzlichen Risikoverteilung, das Festhalten am unveränderten Vertrag nicht zugemutet werden kann.**

(2) **Einer Veränderung der Umstände steht es gleich, wenn wesentliche Vorstellungen, die zur Grundlage des Vertrags geworden sind, sich als falsch herausstellen.**

(3) [1]**Ist eine Anpassung des Vertrags nicht möglich oder einem Teil nicht zumutbar, so kann der benachteiligte Teil vom Vertrag zurücktreten.** [2]**An die Stelle des Rücktrittsrechts tritt für Dauerschuldverhältnisse das Recht zur Kündigung.**

1 **1. Allgemeines.** Abs 1 betrifft die sog objektive, Abs 2 die subjektive Geschäftsgrundlage (s *Rösler* JuS 2004, 1058; 2005, 27, 120). Rechtsfolge der Störung ist nach Abs 1 regelmäßig ein Anspruch auf Anpassung des Vertrags (und nicht mehr eine kraft Gesetzes eintretende Anpassung) und nach Abs 3 ausnahmsweise ein Rücktrittsrecht – mit Rückabwicklung nach §§ 346ff (und nicht nach Bereicherungsrecht). Die Vorschrift enthält strenge Anforderungen und sollte ihrem Charakter als Billigkeitskorrektiv (und damit Spezialfall zu § 242) entsprechend nur als „ultima ratio" angewendet werden. Sie ist gegenüber der Auslegung und der Unmöglichkeitsregelung **subsidiär** und also erst an letzter Stelle zu prüfen. Eine typische Fallgruppe, bei der nur mit § 313 geholfen werden kann, bilden die **Äquivalenzstörungen,** bei denen die Gleichwertigkeit von Leistung und Gegenleistung durch unvorhergesehene Umstände – zB den Geldwertverfall infolge des Ersten Weltkrieges (RGZ 100, 129) – aus dem Lot gerät.

2 **2.** Im Einzelnen müssen nach Abs 1 folgende vier **Voraussetzungen** kumulativ vorliegen, damit eine Störung der Geschäftsgrundlage angenommen werden kann: **a)** Es müssen sich nach Vertragsschluss Umstände schwerwiegend verändert haben. **b)** Die Umstände müssen zur Grundlage des Vertrags (dagegen nicht zum Vertragsinhalt) geworden sein; war der Umstand Vertragsinhalt (Bedingung, Rechtsgrund), so ist der Vertrag nicht wirksam. **c)** Die Parteien müssten, wenn sie die Änderung vorausge-

sehen hätten, den Vertrag nicht oder mit anderem Inhalt geschlossen haben. **d)** Das Festhalten am unveränderten Vertrag muss für den einen Teil unter Berücksichtigung aller Umstände des Einzelfalles, insbesondere der vertraglichen oder gesetzlichen Risikoverteilung, unzumutbar sein. **aa)** Übernimmt eine Partei das Risiko für bestimmte zukünftige Entwicklungen, so kann sie sich nicht auf den Wegfall der Geschäftsgrundlage berufen, wenn eine andere Entwicklung eintritt. Bsp: Verpflichtet U sich zur Erstellung eines Hauses zum Festpreis, so kann er sich idR auch bei unvorhergesehenem Anstieg der Baukosten nicht auf § 313 berufen. Anders nur, wenn sich die Kosten über das von ihm vertraglich übernommene Risiko hinaus krass erhöhen. Bsp: Die Baukosten verdoppeln sich, weil sich herausstellt, dass der Baugrund sandig ist. **bb)** An der Unzumutbarkeit wird es regelmäßig fehlen, wenn die schwerwiegenden Veränderungen voraussehbar waren, aber keine entsprechenden Vorkehrungen getroffen wurden. Bsp: Bei einem Erbbaurechtsvertrag über 99 Jahre ohne Anpassungsklausel muss jeder mit einem sinkenden Wert der Geldleistung rechnen (BGHZ 86, 167, 169).

3. Eine Abgrenzung zur **Unmöglichkeit** ist vorrangig, weil sich die Frage einer Anpassung des Vertrags nach § 313 nur stellen kann, wenn der Schuldner nicht schon nach § 275 frei geworden ist. **a)** Gravierende **Leistungserschwernisse** bedeuten faktische Unmöglichkeit gem § 275 II, wenn die Leistungshandlung zwar technisch noch durchführbar, aber nach der allgemeinen Lebensauffassung sinnlos ist (der Ring auf dem Meeresboden). Dagegen kann die sog **wirtschaftliche Unmöglichkeit,** bei der die erforderliche Leistungshandlung für den Schuldner wirtschaftlich nicht mehr zumutbar ist („überobligationsmäßige Schwierigkeit"; Überschreitung der „Opfergrenze"), allein unter § 313 I fallen, nicht dagegen unter § 275 II (*Medicus/Lorenz* SchR I Rz 424); denn § 275 II nimmt nur die Gläubigerinteressen in den Blick, nicht aber die Schuldnerinteressen, um die es in diesen Fällen typischerweise geht (vgl § 275 Rz 4). 3

b) Abgrenzungsschwierigkeiten treten auch in den Fällen der **Zweckstörung** auf. Kann die geschuldete Leistung nicht mehr erbracht werden, weil der Leistungserfolg bereits anderswie eingetreten ist (**Zweckerreichung;** Bsp: Das freizuschleppende Schiff wird mit der Flut von selber frei) oder gar nicht mehr zu erreichen ist (**Zweckfortfall;** Bsp: Das Schiff sinkt vor Ankunft des Schleppers), so ist Unmöglichkeit anzunehmen. Eine **Zweckstörung** ist gegeben, wenn der Schuldner die Leistung zwar noch erbringen, der Gläubiger sie aber nicht mehr dem im Vertrag vorausgesetzten Zweck entsprechend verwenden kann. Bsp („Krönungszugfall"): U vermietet einen Fensterplatz für einen Krönungszug, der jedoch ausfällt. Obwohl U nicht die Veranstaltung des Zuges schuldet, soll nach einer Ansicht Unmöglichkeit vorliegen (*Medicus/Petersen* Rz 160). Wenn der Leistungsgegenstand (Fensterplatz) nur durch den fortgefallenen Zweck Verkehrswert erlange, sei der Schuldner verpflichtet, seine Leistung zweckerreichungsgeeignet zu erbringen; also trete bei Unerreichbarkeit des Zweckes Unmöglichkeit ein. Indes überfrachten solche Erwägungen den Unmöglichkeitsbegriff mit Wertungsgesichtspunkten. Der Schuldner übernimmt keine Garantie für die Zweckerreichung, die daher auch nicht Leistungsinhalt wird (vgl bereits *Larenz* SchR I § 21 II 1). § 313 I lässt sich hier zwanglos anwenden; der Gläubiger kann nach § 313 III 1 vom Vertrag zurücktreten und wird von seiner Zahlungspflicht frei. Freilich kann der Gläubiger einer zweckgestörten Leistung von seiner Verpflichtung zur Gegenleistung wegen der zu berücksichtigenden Risikoverteilung immer nur dann frei werden, wenn die Zweckstörung nicht aus seiner eigenen Sphäre stammt. Kauft K ein Hochzeitsgeschenk bei V und fällt die Hochzeit aus, bleiben K und V aus dem Kaufvertrag verpflichtet. Der Gläubiger der Sachleistung hat also idR das Risiko zu tragen, dass er die Leistung zu dem von ihm vorausgesetzten Zweck verwenden kann. 4

4. In **Abs 2** wird das ursprüngliche Fehlen der **subjektiven Geschäftsgrundlage** dem Fehlen der objektiven Geschäftsgrundlage gleichgestellt. Dabei geht es um die 5

Fälle des gemeinschaftlichen Motivirrtums sowie solche Fälle, in denen sich nur eine Partei falsche Vorstellungen macht, die andere Partei diesen Irrtum aber ohne eigene Vorstellungen hingenommen hat (RegBegr BT-Drucks 14/6040, 176). § 119 gelangt hier nicht zur Anwendung.

6 **5. Rechtsfolge** der Geschäftsgrundlagenstörung ist regelmäßig ein Anspruch auf Anpassung des Vertrags an die geänderten Umstände (näher *Heinrichs* FS Heldrich [2005] 183). Der Anspruch steht jeder Partei zu, nicht nur der benachteiligten. Die Parteien können eine Anpassungsvereinbarung treffen, eine Verhandlungspflicht besteht nach hM aber nicht. Kommt es zu einer gerichtlichen Entscheidung, sind ausgehend vom Grundsatz der Vertragstreue die Interessen der Parteien umfassend abzuwägen. Möglichkeiten: Herabsetzung der Schuld, Stundung, Teilzahlung, Teilung des Risikos. Zwar erfordert § 313 I eine richterliche Gestaltung, doch kann jede Partei direkt auf die ihr nach Anpassung zustehende Leistung klagen. Eine Aufhebung des Vertrags kommt gemäß Abs 3 nur in Betracht, wenn eine Anpassung nicht möglich oder einem Teil nicht zumutbar ist. Notwendig für die Auflösung ist eine Rücktrittserklärung (§ 349), bei Dauerschuldverhältnissen eine Kündigung (§ 314). Die Rückabwicklung erfolgt grds nach §§ 346ff.

§ 314. Kündigung von Dauerschuldverhältnissen aus wichtigem Grund

(1) [1]**Dauerschuldverhältnisse kann jeder Vertragsteil aus wichtigem Grund ohne Einhaltung einer Kündigungsfrist kündigen.** [2]**Ein wichtiger Grund liegt vor, wenn dem kündigenden Teil unter Berücksichtigung aller Umstände des Einzelfalls und unter Abwägung der beiderseitigen Interessen die Fortsetzung des Vertragsverhältnisses bis zur vereinbarten Beendigung oder bis zum Ablauf einer Kündigungsfrist nicht zugemutet werden kann.**

(2) [1]**Besteht der wichtige Grund in der Verletzung einer Pflicht aus dem Vertrag, ist die Kündigung erst nach erfolglosem Ablauf einer zur Abhilfe bestimmten Frist oder nach erfolgloser Abmahnung zulässig.** [2]**§ 323 Abs. 2 findet entsprechende Anwendung.**

(3) **Der Berechtigte kann nur innerhalb einer angemessenen Frist kündigen, nachdem er vom Kündigungsgrund Kenntnis erlangt hat.**

(4) **Die Berechtigung, Schadensersatz zu verlangen, wird durch die Kündigung nicht ausgeschlossen.**

1 **1. Allgemeines und Konkurrenzen.** Die Vorschrift kodifiziert einen allgemein anerkannten Grundsatz, dem Sonderregeln (zB §§ 489f für das Darlehen, § 543 für die Miete, § 626 für den Dienstvertrag und § 723 für die Gesellschaft) als leges speciales vorgehen (*MüKo-Gaier* Rz 3). Bei einer Geschäftsgrundlagenstörung ergibt sich aus § 313 III, dass die Anpassung des Vertrags Vorrang vor der Kündigung aus wichtigem Grund hat (str; anders zB *Hk-Schulze* Rz 2). Dagegen verdrängt § 314 in seinem Anwendungsbereich als Spezialregelung grds den § 323 (Rücktritt wegen nicht oder nicht vertragsgemäß erbrachter Leistung); das steht damit in Einklang, dass die Parteien eines Dauerschuldverhältnisses idR kein Interesse daran haben, wegen einer nachträglich eingetretenen Störung die bereits erbrachten Leistungsteile rückgängig zu machen. Ist aber ausnahmsweise ein derartiges Interesse gegeben und anzuerkennen, lässt der BGH neben dem Kündigungsrecht ein Rücktrittsrecht zu, sofern – etwa bei Störungen bereits der ersten Lieferungen – eine vollständige Rückabwicklung des Vertrags noch unschwer möglich ist (NJW 2002, 1870).

2 **2.** Für den **Begriff des Dauerschuldverhältnisses** gibt es keine Legaldefinition. Es ist dadurch gekennzeichnet, dass aus ihm während der Laufzeit ständig neue Leistungs- und Schutzpflichten entstehen und dem Zeitelement eine wesentliche Be-

deutung zukommt (vgl Vor § 241 Rz 4f). Bsp: Miet-, Dienst-, Gesellschafts-, Pacht-, Leih-, Verwahrungs-, Versicherungs-, Leasing- und Bezugsverträge.

3. Der **wichtige Grund** wird in Abs 1 S 2 lediglich allgemein umschrieben, wobei zu beachten ist, dass eine Abwägung der Interessen beider Parteien notwendig ist, bevor die Unzumutbarkeit für den Kündigenden festgestellt werden kann. Regelmäßig (aber nicht immer) liegt der Kündigungsgrund in der Verletzung von Vertragspflichten (auch Schutzpflichten); dann ist Abs 2 zu beachten. Ein Verschulden des anderen Teils ist nicht erforderlich; Störungen aus dem eigenen Risikobereich sollen aber grds kein Kündigungsrecht begründen (RegBegr BT-Drucks 14/6040, 178). Wer also einen längerfristigen Vertrag über die Erbringung von (Dienst-)Leistungen abschließt, trägt grundsätzlich das Risiko, diese aufgrund seiner persönlichen Verhältnisse nicht mehr nutzen zu können (BGH ZGS 2011, 83 zur vorzeitigen Kündigung von DSL-Verträgen). Daher stellt zB ein Umzug keinen wichtigen Grund im Sinne von § 314 I 2 oder § 626 I dar, der zur außerordentlichen Kündigung berechtigen würde. **3**

4. Abs 4 enthält – wie § 325 für den Rücktritt – die Klarstellung, dass die Kündigung das Recht, Schadensersatz (statt der Leistung) zu verlangen (§§ 280, 281), unberührt lässt. **4**

Untertitel 4. Einseitige Leistungsbestimmungsrechte

§ 315. Bestimmung der Leistung durch eine Partei

(1) **Soll die Leistung durch einen der Vertragschließenden bestimmt werden, so ist im Zweifel anzunehmen, dass die Bestimmung nach billigem Ermessen zu treffen ist.**

(2) **Die Bestimmung erfolgt durch Erklärung gegenüber dem anderen Teil.**

(3) [1]**Soll die Bestimmung nach billigem Ermessen erfolgen, so ist die getroffene Bestimmung für den anderen Teil nur verbindlich, wenn sie der Billigkeit entspricht.** [2]**Entspricht sie nicht der Billigkeit, so wird die Bestimmung durch Urteil getroffen; das Gleiche gilt, wenn die Bestimmung verzögert wird.**

§ 316. Bestimmung der Gegenleistung

Ist der Umfang der für eine Leistung versprochenen Gegenleistung nicht bestimmt, so steht die Bestimmung im Zweifel demjenigen Teil zu, welcher die Gegenleistung zu fordern hat.

§ 317. Bestimmung der Leistung durch einen Dritten

(1) **Ist die Bestimmung der Leistung einem Dritten überlassen, so ist im Zweifel anzunehmen, dass sie nach billigem Ermessen zu treffen ist.**

(2) **Soll die Bestimmung durch mehrere Dritte erfolgen, so ist im Zweifel Übereinstimmung aller erforderlich; soll eine Summe bestimmt werden, so ist, wenn verschiedene Summen bestimmt werden, im Zweifel die Durchschnittssumme maßgebend.**

§ 318. Anfechtung der Bestimmung

(1) **Die einem Dritten überlassene Bestimmung der Leistung erfolgt durch Erklärung gegenüber einem der Vertragschließenden.**

(2) [1]**Die Anfechtung der getroffenen Bestimmung wegen Irrtums, Drohung oder arglistiger Täuschung steht nur den Vertragschließenden zu; Anfechtungsgegner ist der andere Teil.** [2]**Die Anfechtung muss unverzüglich erfolgen, nach-**

dem der Anfechtungsberechtigte von dem Anfechtungsgrund Kenntnis erlangt hat. [3]Sie ist ausgeschlossen, wenn 30 Jahre verstrichen sind, nachdem die Bestimmung getroffen worden ist.

§ 319. Unwirksamkeit der Bestimmung; Ersetzung

(1) [1]**Soll der Dritte die Leistung nach billigem Ermessen bestimmen, so ist die getroffene Bestimmung für die Vertragschließenden nicht verbindlich, wenn sie offenbar unbillig ist. [2]Die Bestimmung erfolgt in diesem Falle durch Urteil; das Gleiche gilt, wenn der Dritte die Bestimmung nicht treffen kann oder will oder wenn er sie verzögert.**

(2) **Soll der Dritte die Bestimmung nach freiem Belieben treffen, so ist der Vertrag unwirksam, wenn der Dritte die Bestimmung nicht treffen kann oder will oder wenn er sie verzögert.**

Titel 2. Gegenseitiger Vertrag

Vor § 320

1 Die §§ 320–326 enthalten **Sonderregeln** für die Pflichten aus gegenseitigen Verträgen. Sie gelten grds nicht für die Pflichten aus anderen Arten von Verträgen (s sogleich Rz 2ff) und gesetzlichen Schuldverhältnissen (vgl zB § 348 S 2 für das Rückgewährschuldverhältnis).

2 **1. Arten von Verträgen.** Das BGB kennt einseitig und zweiseitig verpflichtende Verträge; bei den ersteren werden nur für eine Vertragspartei Leistungspflichten begründet (zB Schenkungsversprechen, § 518; Bürgschaft, § 765).

3 **a)** Werden aus einem Vertrag beide Parteien zu Leistungen verpflichtet, so handelt es sich dann um einen **vollkommen zweiseitig verpflichtenden Vertrag** (= gegenseitiger, synallagmatischer Vertrag), wenn Leistung und Gegenleistung in einem Abhängigkeitsverhältnis zueinander stehen: Die Leistung wird nur erbracht, um dafür die Gegenleistung zu erhalten („do ut des"). Bsp: Kauf, Tausch, Miete, Werk- und Dienstvertrag. Indessen können auch mehr als zwei Personen an einem gegenseitigen Vertrag beteiligt sein (zB bei einem „ringförmigen" Leistungsaustausch, dazu *Larenz* SchR I § 15 II; zur Gesellschaft vgl § 705 Rz 8). Jedoch ist bei solchen Mehrpersonenverhältnissen die (entsprechende) Anwendung der auf Zweipersonenverhältnisse zugeschnittenen §§ 320ff von Fall zu Fall zu überprüfen.

4 **b)** Von den gegenseitigen Verträgen sind die **unvollkommen zweiseitig verpflichtenden Verträge** abzugrenzen. Hier treffen zwar beide Vertragsparteien Leistungspflichten, aber die Leistung wird nicht gerade zur Erlangung der Gegenleistung versprochen. Bsp: Der Beauftragte (§§ 662ff) verpflichtet sich nicht deshalb zu der Geschäftsbesorgung, um Aufwendungsersatz (zu dem der Auftraggeber jedoch verpflichtet ist, § 670) zu erlangen. Weitere Bsp: unverzinsliches Darlehen (§ 488), Leihe (§ 598) unentgeltliche Verwahrung (§ 690). Die Sonderregeln der §§ 320ff greifen nicht ein.

5 **2. Gegenseitige Leistungspflichten** hängen in ihrem rechtlichen Schicksal voneinander ab. Das zeigt sich vor allem in Bezug auf ihre Durchsetzung (vgl §§ 320–322) und die Auswirkung von Leistungsstörungen, sog **„funktionelles Synallagma":** So kann die eine Leistung bis zur Erbringung der Gegenleistung verweigert werden (§ 320) und führt die Befreiung von der Leistungspflicht wegen Unmöglichkeit (§ 275) auch zur Befreiung des anderen Teils hinsichtlich der Gegenleistung (§ 326 I 1). Die §§ 323ff betreffen aber nicht nur die im Gegenseitigkeitsverhältnis stehenden Hauptleistungspflichten (vgl zB § 324).

§ 320. Einrede des nichterfüllten Vertrags

(1) [1]**Wer aus einem gegenseitigen Vertrag verpflichtet ist, kann die ihm obliegende Leistung bis zur Bewirkung der Gegenleistung verweigern, es sei denn, dass er vorzuleisten verpflichtet ist.** [2]**Hat die Leistung an mehrere zu erfolgen, so kann dem einzelnen der ihm gebührende Teil bis zur Bewirkung der ganzen Gegenleistung verweigert werden.** [3]**Die Vorschrift des § 273 Abs. 3 findet keine Anwendung.**

(2) **Ist von der einen Seite teilweise geleistet worden, so kann die Gegenleistung insoweit nicht verweigert werden, als die Verweigerung nach den Umständen, insbesondere wegen verhältnismäßiger Geringfügigkeit des rückständigen Teils, gegen Treu und Glauben verstoßen würde.**

1. Anwendungsbereich. Die Vorschrift gilt grds für alle gegenseitigen Verträge, 1
sowie nach § 348 für das Rückgewährschuldverhältnis nach Rücktritt. Besonderheiten bestehen für den Gesellschaftsvertrag (vgl § 705 Rz 8).

2. Voraussetzungen. a) Die Forderung, auf die das Leistungsverweigerungsrecht 2
gestützt wird, muss in einem **Gegenseitigkeitsverhältnis** zu der Hauptforderung stehen, gegen die es geltend gemacht wird; es muss sich also gerade um die (synallagmatische) Gegenforderung handeln, zB Hauptforderung: Übereignung und Übergabe des mangelfreien Kaufgegenstandes, Gegenforderung: Kaufpreiszahlung. Bei allen anderen Ansprüchen aus dem Vertragsverhältnis kann sich ein ZbR allein aus § 273 ergeben. Ferner findet § 273 Anwendung auf Rückgewähransprüche bei der Rückabwicklung von nichtigen oder angefochtenen Verträgen. **b)** Die **Gegenforderung** muss **durchsetzbar,** also fällig und einredefrei sein. Bei Verjährung gilt eine Ausnahme gem § 215. **c)** Der Schuldner der Hauptforderung muss selbst **vertragstreu** sein. Insbesondere muss er am Vertrag festhalten (will er sich vom Vertrag – etwa durch Rücktritt – lösen, ist die nur aufschiebende Einrede des § 320 sinnlos) und darf sich mit seiner eigenen Leistungspflicht nicht im Verzug befinden. Nach hM (vgl *Palandt-Grüneberg* Rz 6) schließt indessen ein Annahmeverzug des Schuldners das Leistungsverweigerungsrecht nicht aus. Eine Verurteilung zur Leistung Zug um Zug (§ 322) erscheint hier sinnvoll, der Gläubiger kann die Erfüllung durch Hinterlegung (§§ 372, 378) oder Selbsthilfeverkauf (§ 383) bewirken. **d) Nichterfüllung der Gegenforderung** durch den Gläubiger der Hauptforderung; auch eine teilweise Nichterfüllung ist grds ausreichend (vgl aber Abs 2). **e) Kein Ausschluss** der Einrede, namentlich durch Vorleistungspflicht des Schuldners (zB §§ 579, 614, 641 I), die aber entfällt, wenn der Gläubiger die Erfüllung seiner Gegenleistungspflicht ernsthaft und endgültig verweigert (BGH NJW 1997, 938); kein Ausschluss ferner bei verhältnismäßiger Geringfügigkeit der Gegenforderung (Abs 2; Fallfrage).

3. Rechtsfolgen. § 320 gewährt eine aufschiebende (dilatorische) Einrede, die grds 3
vom Schuldner geltend gemacht werden muss. Ihr bloßes Bestehen schließt indessen den Eintritt des Schuldnerverzuges aus (näher § 286 Rz 2). Im Prozess führt die Einrede des § 320 nicht zur Klagabweisung, sondern zur Verurteilung Zug um Zug (§ 322). Das Leistungsverweigerungsrecht kann, anders als das allgemeine ZbR (§ 273), nicht durch Sicherheitsleistung abgewendet werden (Abs 1 S 3); damit dient die Einrede auch als Druckmittel zur Durchsetzung des dem Schuldner zustehenden Gegenanspruchs.

§ 321. Unsicherheitseinrede

(1) [1]**Wer aus einem gegenseitigen Vertrag vorzuleisten verpflichtet ist, kann die ihm obliegende Leistung verweigern, wenn nach Abschluss des Vertrags erkennbar wird, dass sein Anspruch auf die Gegenleistung durch mangelnde Leistungsfähigkeit des anderen Teils gefährdet wird.** [2]**Das Leistungsverweigerungsrecht entfällt, wenn die Gegenleistung bewirkt oder Sicherheit für sie geleistet wird.**

(2) [1]**Der Vorleistungspflichtige kann eine angemessene Frist bestimmen, in welcher der andere Teil Zug um Zug gegen die Leistung nach seiner Wahl die Gegenleistung zu bewirken oder Sicherheit zu leisten hat.** [2]**Nach erfolglosem Ablauf der Frist kann der Vorleistungspflichtige vom Vertrag zurücktreten.** [3]**§ 323 findet entsprechende Anwendung.**

§ 322. Verurteilung zur Leistung Zug-um-Zug

(1) **Erhebt aus einem gegenseitigen Vertrag der eine Teil Klage auf die ihm geschuldete Leistung, so hat die Geltendmachung des dem anderen Teil zustehenden Rechts, die Leistung bis zur Bewirkung der Gegenleistung zu verweigern, nur die Wirkung, dass der andere Teil zur Erfüllung Zug um Zug zu verurteilen ist.**

(2) **Hat der klagende Teil vorzuleisten, so kann er, wenn der andere Teil im Verzug der Annahme ist, auf Leistung nach Empfang der Gegenleistung klagen.**

(3) **Auf die Zwangsvollstreckung findet die Vorschrift des § 274 Abs. 2 Anwendung.**

Vor §§ 323–326

1 **1. Anwendungsbereich.** Die §§ 323–326 behandeln die Auflösung gegenseitiger Verträge (Begriff Vor § 320 Rz 3) bei Leistungsstörungen, insbesondere den Rücktritt. Es werden dieselben Tatbestände unterschieden wie für den Schadensersatz statt der Leistung in §§ 281 ff: § 323 regelt (parallel zu § 281) den Rücktritt bei Nichtleistung bzw. Leistungsverzögerung und Schlechtleistung; § 324 betrifft (parallel zu § 282) den Rücktritt bei Verletzung einer Schutzpflicht nach § 241 II; § 326 bezieht sich (wie § 283) auf den Ausschluss der Leistungspflicht nach § 275, also auf die Unmöglichkeit, und befreit den Gläubiger kraft Gesetzes von der Pflicht zur Gegenleistung.

2 **2.** Ob der Schuldner die Leistungsstörung **zu vertreten** hat, ist für die Anwendbarkeit der §§ 323 ff – anders als gem § 280 I 2 für das Entstehen eines Schadensersatzanspruchs – **nicht** erheblich. Die Parallelität zu §§ 281 ff ist in diesem wesentlichen Punkt durchbrochen. Während das Verschuldenserfordernis für den Schadensersatzanspruch sachgerecht ist, wäre es für die Rücktrittsmöglichkeit sachfremd; denn wer – verschuldet oder unverschuldet – seine Pflichten aus einem gegenseitigen Vertrag nicht erfüllen kann, darf nicht erwarten, den Vertragspartner an seinen Pflichten festhalten zu können. Der Gläubiger muss die Möglichkeit haben, sich die Leistung anderswo zu beschaffen.

3 **3.** Zwischen **Schadensersatz und Rücktritt** lässt § 325 eine Kumulierung zu. Der Gläubiger kann also vom Rücktritt zum Schadensersatz übergehen und nicht nur vom Schadensersatz zum Rücktritt.

4 **4.** Die **Wirkungen** des Rücktritts regeln §§ 346 ff.

§ 323. Rücktritt wegen nicht oder nicht vertragsgemäß erbrachter Leistung

(1) **Erbringt bei einem gegenseitigen Vertrag der Schuldner eine fällige Leistung nicht oder nicht vertragsgemäß, so kann der Gläubiger, wenn er dem Schuldner erfolglos eine angemessene Frist zur Leistung oder Nacherfüllung bestimmt hat, vom Vertrag zurücktreten.**

(2) **Die Fristsetzung ist entbehrlich, wenn**

1. **der Schuldner die Leistung ernsthaft und endgültig verweigert,**
2. **der Schuldner die Leistung zu einem im Vertrag bestimmten Termin oder innerhalb einer bestimmten Frist nicht bewirkt und der Gläubiger im Vertrag**

den Fortbestand seines Leistungsinteresses an die Rechtzeitigkeit der Leistung gebunden hat oder

3. besondere Umstände vorliegen, die unter Abwägung der beiderseitigen Interessen den sofortigen Rücktritt rechtfertigen.

(3) **Kommt nach der Art der Pflichtverletzung eine Fristsetzung nicht in Betracht, so tritt an deren Stelle eine Abmahnung.**

(4) **Der Gläubiger kann bereits vor dem Eintritt der Fälligkeit der Leistung zurücktreten, wenn offensichtlich ist, dass die Voraussetzungen des Rücktritts eintreten werden.**

(5) [1]**Hat der Schuldner eine Teilleistung bewirkt, so kann der Gläubiger vom ganzen Vertrag nur zurücktreten, wenn er an der Teilleistung kein Interesse hat.** [2]**Hat der Schuldner die Leistung nicht vertragsgemäß bewirkt, so kann der Gläubiger vom Vertrag nicht zurücktreten, wenn die Pflichtverletzung unerheblich ist.**

(6) **Der Rücktritt ist ausgeschlossen, wenn der Gläubiger für den Umstand, der ihn zum Rücktritt berechtigen würde, allein oder weit überwiegend verantwortlich ist oder wenn der vom Schuldner nicht zu vertretende Umstand zu einer Zeit eintritt, zu welcher der Gläubiger im Verzug der Annahme ist.**

1. Die **Voraussetzungen** für einen Rücktritt (§ 349), die Abs 1–4 nennt, sind weitgehend identisch mit denen für einen Schadensersatzanspruch aus §§ 280 I, III, 281. Nur ein Vertretenmüssen wird nicht gefordert (vgl Vor §§ 323ff Rz 2). Im einzelnen sind folgende Punkte zu prüfen: **(1)** Gegenseitiger Vertrag (Vor § 320 Rz 3), wobei die verletzte Pflicht nicht im Synallagma stehen muss (*Bamberger/Roth-Grothe* Rz 4; aA *MüKo-Ernst* Rz 13); **(2)** fällige Leistung (vgl § 271), Ausnahme: Abs 4, sog antizipierter Vertragsbruch; **(3)** Leistungsverzögerung oder Schlechtleistung (vgl § 281 Rz 1); für Unmöglichkeit gilt die spezielle Norm des § 326; **(4)** Fristsetzung gemäß Abs 1 (vgl § 281 Rz 8) oder Entbehrlichkeit der Fristsetzung gemäß Abs 2 (vgl § 281 Rz 10), wobei Nr 2 das relative Fixgeschäft betrifft (vgl § 271 Rz 3); statt der Fristsetzung Abmahnung gemäß Abs 3 (vgl § 281 Rz 11). **(5)** Kein Ausschluss des Rücktrittsrechts gemäß Abs 5 S 2 oder Abs 6 (vgl unten Rz 4f). Ein einmal begründetes Rücktrittsrecht nach Abs 1 geht nicht dadurch unter, dass der Gläubiger zunächst weiterhin erfolglos Erfüllung verlangt (BGH NJW 2006, 1198). 1

2. Das **Fristsetzungserfordernis** steht **beim Verbrauchsgüterkauf** in Konflikt zu Art 3 V der Verbrauchsgüterkauf-RL (vgl hierzu unten § 474 Rn 1), der dem Verbraucher das Recht gibt, sich nach Ablauf einer angemessen Frist vom Vertrag zu lösen, ohne dass es auf eine Frist*setzung* ankommt. Daher ist § 323 II Nr 3 richtlinienkonform dahin auszulegen, dass eine Fristsetzung im Falle einesVerbrauchsgüterkaufs entbehrlich ist (*Faust* JZ 2010, 202; weitergehend *Medicus/Petersen* Rz 311 „richtlinienkonforme Reduktion"). 2

3. Nach einem **erfolglosen Ablauf der Frist** kann der Gläubiger weiterhin **Erfüllung** verlangen (*Medicus/Petersen* Rz 282; *Lorenz* NJW 2007, 1, 3). Erst mit der Rücktrittserklärung (§ 349), die den Vertrag in ein Rückgewährschuldverhältnis umwandelt, erlischt der Anspruch auf die Leistung. 3

4. Bei **Teilleistung** oder **unerheblicher Schlechtleistung** bestehen gemäß Abs 5 für den Rücktritt dieselben zusätzlichen Schranken wie gem § 281 I 2 und 3 für den Anspruch auf Schadensersatz statt der ganzen Leistung (vgl § 281 Rz 12f). Bei einer Teilleistung ist – wie Abs 5 S 1 zeigt – regelmäßig ein Teilrücktritt möglich; ein Rücktritt vom „ganzen" Vertrag ist „nur" gestattet, wenn der Gläubiger an der Teilleistung kein Interesse hat. Bei der Schlechtleistung ist dagegen kein Teilrücktritt vorgesehen; der Gläubiger kann nur vom ganzen Vertrag zurücktreten, es sei denn die Pflichtver- 4 letzung des Schuldners ist unerheblich; dann ist gemäß Abs 5 S 2 der Rücktritt völlig ausgeschlossen (sog Bagatellgrenze).

5 Bei der **Abgrenzung von Teil- und Schlechtleistung** ist zu beachten, dass im Gewährleistungsrecht die Lieferung einer zu geringen Menge gem § 434 III bzw § 633 II 3 einem Sachmangel gleichgestellt ist; überträgt man diese Lösung auf § 323 V (so RegBegr 14/6040, 187), ist nicht Abs 5 S 1 anwendbar, sondern die Rücktrittsmöglichkeit des Käufers richtet sich nach § 437 Nr 2 iVm § 323 V 2 (s dazu § 434 Rz 11).

6 Maßgeblicher **Zeitpunkt** für die Feststellung der Unerheblichkeit ist die Rücktrittserklärung. Ein Ausschluss des Rücktritts kann jedoch noch nachträglich gem § 242 aufgrund treuwidrigen Verhaltens erfolgen, wenn nach der Erklärung mit Einverständnis des Käufers eine Reparatur vorgenommen wird, die den Mangel erfolgreich behebt (BGH NJW 2009, 508 Nr 19, 23). Bei arglistiger Täuschung ist die Pflichtverletzung des Schuldners regelmäßig erheblich (BGH NJW 2006, 1960).

7 **5.** Zu einem **Ausschluss des Rücktrittsrechts** führen die beiden in Abs 6 aufgeführten Konstellationen: **a)** Die **Verantwortlichkeit** für den Rücktrittsgrund liegt allein oder weit überwiegend beim Gläubiger. In diesen Fällen wäre es offenbar ungerecht, dem Schuldner den Vertrag zu entziehen (*Medicus/Lorenz* SchR I Rz 444). Mit „weit überwiegend“ soll ein Grad der Mitverantwortung umschrieben werden, der über § 254 auch einen Schadensersatzanspruch ausschließen würde (RegBegr BT-Drucks 14/6040, 187; *Bamberger/Roth-Grothe* Rz 33). Damit werden auch insoweit der Anspruch auf Schadensersatz statt der Leistung (vgl § 281 Rz 3) und das Rücktrittsrecht gleich behandelt. **b)** Der Rücktrittsgrund, den der Schuldner nicht zu vertreten hat, tritt **während des Annahmeverzugs** des Gläubigers ein (vgl Vor § 293 Rz 2ff). In diesem Fall erscheint es gerechtfertigt, dem säumigen Gläubiger das Risiko der ausbleibenden Leistung zuzuweisen, weil der Schuldner ohne den Gläubigerverzug bereits erfüllt hätte.

8 **6.** Zur **Unwirksamkeit des Rücktritts** führt gem § 218 I 1 die **Verjährung** des Anspruchs auf die Leistung bzw auf Nacherfüllung, wenn der Schuldner sich auf die Verjährung beruft. Zwar unterliegt das Rücktrittsrecht als Gestaltungsrecht nicht der Verjährung (vgl § 194 I: nur Ansprüche verjähren); aber wenn der (Nach-)Erfüllungsanspruch wegen Eintritts der Verjährung nicht mehr durchgesetzt werden kann, erscheint die Auswirkung auf das Rücktrittsrecht folgerichtig (*Bamberger/Roth-Henrich* § 218 Rz 1).

9 **7.** Zu den **Rechtsfolgen** des Rücktritts s § 346 Rz 3ff.

§ 324. Rücktritt wegen Verletzung einer Pflicht nach § 241 Abs. 2

Verletzt der Schuldner bei einem gegenseitigen Vertrag eine Pflicht nach § 241 Abs. 2, so kann der Gläubiger zurücktreten, wenn ihm ein Festhalten am Vertrag nicht mehr zuzumuten ist.

1 **1.** Im **Anwendungsbereich** der Vorschrift, die das genaue Pendant zu § 282 über den Schadensersatz darstellt (vgl die Erläuterungen dort) liegt nur die Verletzung einer Schutzpflicht nach § 241 II. Die Verletzung einer Neben*leistungs*pflicht soll dagegen als Schlechtleistung dem § 323 unterfallen (*Bamberger/Roth-Grothe* Rz 3).

2 **2.** Ein dem § 323 VI entsprechender **Ausschlussgrund** ist nicht vorgesehen. Dass der Gläubiger sich im Annahmeverzug befand, ist für die Folgen einer Verletzung nicht leistungsbezogener Nebenpflichten regelmäßig ohne Bedeutung; ein Mitverschulden des Gläubigers an der Schutzpflichtverletzung kann bei der Prüfung der „Zumutbarkeit“ berücksichtigt werden (RA BT-Drucks 14/7052, 193).

§ 325. Schadensersatz und Rücktritt

Das Recht, bei einem gegenseitigen Vertrag Schadensersatz zu verlangen, wird durch den Rücktritt nicht ausgeschlossen.

1. Die Vorschrift stellt klar, dass eine **Kumulierung von Rücktritt und Schadensersatz** möglich ist. Damit wird vermieden, dass sich die Rechtsstellung des Gläubigers durch den Rücktritt schadensersatzrechtlich verschlechtert. Der Gläubiger kann also nicht nur vom Rücktritt (trotz dessen Gestaltungswirkung; vgl § 346 Rz 3) zu einem Schadensersatzverlangen übergehen, sondern er kann auch beides nebeneinander geltend machen. So hat der Käufer auch nach dem Rücktritt einen Anspruch auf Ersatz des Nutzungsausfallschadens, der bei Lieferung einer mangelhaften Sache typischerweise vom Erfüllungsinteresse umfasst ist. Eine Kombination beider Anspruchssysteme ist auch im Hinblick darauf, dass der Käufer einerseits Wertersatz für gezogene und mögliche Nutzungen gem. §§ 346, 347 BGB zu leisten hat, andererseits aber einen Anspruch auf Nutzungsausfallentschädigung geltend machen kann, nicht widersprüchlich, denn Rücktritt einerseits und Schadensersatz andererseits sind an verschiedene Voraussetzungen geknüpft (so ist der Schadensersatz verschuldensabhängig) und verfolgen unterschiedliche Zielsetzungen (BGH NJW 2010, 2426 Nr 23; dazu krit Anm *Faust*, JuS 2010, 724 ff). 1

2. Die **Ermittlung des zu ersetzenden Schadens** muss bei gegenseitigen Verträgen in Rechnung stellen, ob der Gläubiger seine eigene Leistung behalten darf oder nicht. Dagegen geht es bei der Entscheidung zwischen kleinem und großem Schadensersatz (§ 281 Rz 5) um die Frage, ob der Gläubiger die (unvollständige oder mangelhafte) Leistung des Schuldners behalten muss. 2

a) Der Gläubiger kann Schadensersatz nach der sog **Differenztheorie** verlangen. Dann bildet seine eigene Leistung, die er behalten darf, nur noch einen Rechnungsposten bei der Schadensberechnung: Differenz zwischen dem Wert der eigenen Leistung, die der Gläubiger erspart, und der nicht oder nicht wie geschuldet erbrachten Leistung des Schuldners (zuzüglich etwaiger Folgeschäden und entgangener Gewinn). Hat der Gläubiger seine eigene Leistung bereits erbracht, so wird man ihm ebenfalls eine Schadensberechnung nach der Differenzmethode gestatten müssen, wenn er zurücktritt und seine Leistung zurückfordert. 3

b) Der Gläubiger hat außerdem wahlweise (*Palandt-Grüneberg* § 281 Rz 20 f) das vertragliche Recht, seine Gegenleistung trotz der Leistungsstörung zu erbringen und Schadensersatz nach der sog **Surrogationstheorie** zu fordern. In diesem Fall bildet der Schadensbetrag den Ersatz (das Surrogat) für die nicht oder nicht wie geschuldet erbrachte Leistung, der Schuldner muss also für den Wert seiner vereinbarten Leistung sowie für Folgeschäden und den entgangenen Gewinn voll aufkommen. Selbstverständlich ist diese Art der Schadensermittlung nur möglich, wenn der Gläubiger nicht zurücktritt; fordert er dagegen seine eigene Leistung nach Rücktrittsrecht zurück, darf er nicht zugleich nach der Surrogationstheorie das volle Äquivalent für die Gegenleistung des Schuldners verlangen (*Canaris* JZ 2001, 514). 4

§ 326. Befreiung von der Gegenleistung und Rücktritt beim Ausschluss der Leistungspflicht

(1) [1]**Braucht der Schuldner nach § 275 Abs. 1 bis 3 nicht zu leisten, entfällt der Anspruch auf die Gegenleistung; bei einer Teilleistung findet § 441 Abs. 3 entsprechende Anwendung.** [2]**Satz 1 gilt nicht, wenn der Schuldner im Falle der nicht vertragsgemäßen Leistung die Nacherfüllung nach § 275 Abs. 1 bis 3 nicht zu erbringen braucht.**

(2) [1]**Ist der Gläubiger für den Umstand, auf Grund dessen der Schuldner nach § 275 Abs. 1 bis 3 nicht zu leisten braucht, allein oder weit überwiegend verant-**

wortlich oder tritt dieser vom Schuldner nicht zu vertretende Umstand zu einer Zeit ein, zu welcher der Gläubiger im Verzug der Annahme ist, so behält der Schuldner den Anspruch auf die Gegenleistung. [2]Er muss sich jedoch dasjenige anrechnen lassen, was er infolge der Befreiung von der Leistung erspart oder durch anderweitige Verwendung seiner Arbeitskraft erwirbt oder zu erwerben böswillig unterlässt.

(3) [1]**Verlangt der Gläubiger nach § 285 Herausgabe des für den geschuldeten Gegenstand erlangten Ersatzes oder Abtretung des Ersatzanspruchs, so bleibt er zur Gegenleistung verpflichtet. [2]Diese mindert sich jedoch nach Maßgabe des § 441 Abs. 3 insoweit, als der Wert des Ersatzes oder des Ersatzanspruchs hinter dem Wert der geschuldeten Leistung zurückbleibt.**

(4) **Soweit die nach dieser Vorschrift nicht geschuldete Gegenleistung bewirkt ist, kann das Geleistete nach den §§ 346 bis 348 zurückgefordert werden.**

(5) **Braucht der Schuldner nach § 275 Abs. 1 bis 3 nicht zu leisten, kann der Gläubiger zurücktreten; auf den Rücktritt findet § 323 mit der Maßgabe entsprechende Anwendung, dass die Fristsetzung entbehrlich ist.**

1 **1.** Die Vorschrift betrifft die Folgen der nach § 275 eintretenden **Unmöglichkeit** für den gegenseitigen Vertrag. Sie gilt also – wie § 275 – unabhängig davon, ob es sich um eine anfängliche oder nachträgliche, um eine zu vertretende oder nicht zu vertretende Unmöglichkeit handelt.

2 **2.** Im **Grundsatz** ist der Gläubiger **kraft Gesetzes** von der Pflicht zur Gegenleistung befreit (Abs 1 S 1 HS 1). Wenn dem Anspruch des Gläubigers nur eine Einrede aus § 275 II oder III entgegensteht, muss der Schuldner die Einrede erhoben haben; denn nur dann „braucht" er nicht zu leisten (RegBegr BT-Drucks 14/6040, 188). Für eine bereits erbrachte Gegenleistung verweist Abs 4 auf die Rücktrittsvorschriften der §§ 346–348. Gemäß Abs 5 hat der Gläubiger das Recht, ohne Fristsetzung (die bei Unmöglichkeit sinnlos wäre) vom Vertrag zurückzutreten. Die zusätzlichen Voraussetzungen des § 323 V und die Ausschlussgründe des § 323 VI sind zu beachten. Die Befreiung von der Gegenleistung tritt regelmäßig nicht durch den Rücktritt, sondern schon kraft Gesetzes ein (Ausnahme Abs 1 S 2). **a)** Bei **teilweiser Unmöglichkeit** wird der Gläubiger teilweise von der Gegenleistung frei; diese mindert sich gemäß Abs 1 S 1 HS 2 in entsprechender Anwendung des § 441 III. **b)** Betrifft die Unmöglichkeit den Anspruch auf **Nacherfüllung** nach einer Schlechtleistung (vgl §§ 439, 635), so tritt gemäß Abs 1 S 2 die Befreiung von der Pflicht zur Gegenleistung nicht gemäß S 1 kraft Gesetzes ein, um dem Käufer das in § 437 Nr 2 niedergelegte Wahlrecht zu erhalten. Der Gläubiger kann aber, um die Befreiung zu erreichen, in diesem Fall nach § 437 Nr 2 (bzw § 634 Nr 3) iVm § 326 V zurücktreten, sofern die Erheblichkeitsschwelle des § 323 V 2 nicht entgegensteht.

3 **3. Ausnahmen** von der Befreiung von der Gegenleistung enthalten Abs 2 und 3. **a) Abs 2** nennt dieselben Voraussetzungen, unter denen bei einer Leistungsverzögerung oder Schlechtleistung gem § 323 VI der Rücktritt ausgeschlossen ist (näher § 323 Rz 5). Der wegen § 275 selbst nicht leistungspflichtige Schuldner behält unter den Voraussetzungen des Abs 2 S 1 den Anspruch auf die Gegenleistung. Das bedeutet eine Sonderregel für die Preisgefahr (s § 300 Rz 3). Er muss sich jedoch das durch sein Freiwerden Ersparte anrechnen lassen (Abs 2 S 2). Weitere Ausnahmen enthalten §§ 446, 447, 615 und 644. **b)** Gemäß **Abs 3** bleibt der Gläubiger ferner zur Gegenleistung verpflichtet, wenn er nach § 285 Herausgabe des Ersatzes verlangt. Ist der Ersatz weniger wert als die geschuldete Leistung, mindert sich die Pflicht zur Gegenleistung nach Maßgabe des § 441 III (Abs 3 S 2).

4 **4.** Die **von beiden Seiten zu vertretende Unmöglichkeit** ist nicht durch § 326 II 1 geregelt. Denn unter „weit überwiegend" ist ein Grad an Mitverantwor-

tung zu verstehen, der über § 254 auch einen Schadensersatzanspruch ausschließen würde (RegBegr BT-Drucks 14/6040, 187). Die Lösung ist also der Rspr und Lit überlassen. Im Einzelnen ist vieles str. Auszugehen ist von der Rechtsstellung des Gläubigers der unmöglichen Leistung. Diesem steht nach §§ 280 III, 283 bzw § 311 a II ein Schadensersatzanspruch statt der Leistung zu, der gem § 254 um seinen Mitverantwortungsteil zu kürzen ist. Der Anspruch des Schuldners auf die Gegenleistung fällt nach § 326 I 1 weg. Der Verlust dieses Anspruchs ist aber ein Schaden, den der Gläubiger durch Verletzung seiner Schutzpflicht (§ 241 II), das Vermögen des anderen Teils nicht zu schädigen, mitverursacht hat; der Schuldner hat daher einen Schadensersatzanspruch aus § 280 I, der gem § 254 wiederum um seinen Mitverantwortungsteil zu kürzen ist (*Canaris* FS E Lorenz [2004] 147, 158 ff). Andere bevorzugen die Lösung, den Gegenanspruch des Schuldners entsprechend § 326 II 1 in nach § 254 gekürzter Form bestehen zu lassen. Über das Ergebnis – Kürzung der beiderseitigen Ansprüche um die Mitverschuldensquote – besteht trotz der unterschiedlichen Ansätze weitgehend Einigkeit (*Palandt-Grüneberg* Rz 15 m Nachw). Die Höhe des Schadensersatzanspruchs ergibt sich bei gewinnneutralen Verträgen ohne weiteres aus § 254. Bsp (*Canaris* aaO 163 f): Hat der Käufer K eine Sache im Wert von 10 für 10 gekauft und ist sie durch hälftiges Mitverschulden von K und Verkäufer V untergegangen, so haben K und V den Schaden von 10 jeweils in Höhe von 5 zu tragen. Im Einzelnen: Der Anspruch des K gegen V aus § 283 beläuft sich im wirtschaftlichen Ergebnis, also unabhängig von Differenz- oder Surrogationstheorie (vgl § 325 Rz 3 f), auf 0, weil dem Verlust der Sache die Ersparung des Kaufpreises gegenübersteht, während der Anspruch des V aus §§ 280 I, 254 auf die Hälfte des nach § 326 I verlorenen Kaufpreises gerichtet ist. Da K somit per Saldo 5 an V zu zahlen hat, trifft beide ein Verlust von je 5. – Bei Verträgen, die dem Gläubiger oder dem Schuldner einen Gewinn bringen, ist die Ermittlung des Schadens schwieriger. Sie kann hier entweder nach der Differenz- oder der Surrogationstheorie erfolgen (str), bei einem Vertragsgewinn des Schuldners bedarf die Surrogationsmethode jedoch einer wertenden Korrektur, damit der Gesamtschaden von den Parteien tatsächlich im Verhältnis ihrer Mitverantwortungsteile getragen wird (näher *Canaris* aaO 169 ff).

5. Der BGH erlaubt den Vertragsparteien im Fall einer beiden Parteien **bewussten** 5
objektiven Unmöglichkeit, die Anwendung von § 326 I 1 abzubedingen: Wenn es die Parteien wollten, müsse der Kunde einer Wahrsagerin diese entgegen §§ 275 I, 326 I 1 für ihre sinnlose Leistung bezahlen, sofern der Vertrag nicht nach § 138 (dort Rz 6) sittenwidrig ist (BGH NJW 2011, 756). Den Parteien sei es grds möglich, vertraglich zu vereinbaren, dass der Gläubiger (und nicht der Schuldner) die Gefahr für den Eintritt eines bei Vertragsschluss befürchteten Leistungshindernisses übernehmen soll. Dieser Vergleich trifft aber nicht zu, weil jene vertragliche Risikoverteilung nur dann vereinbart wird, wenn beide Parteien zum Zeitpunkt des Vertragsschlusses sich nicht sicher sind, ob die Leistung überhaupt erbracht werden kann. Der Blick in die Zukunft ist aber, wie beide Parteien sicher wissen, verschlossen (*Bartels* ZJS 2011, 106, 107). Deshalb ist in gesetzestreuer Anwendung von §§ 275 I, 326 I 1 kein Entgelt zu erbringen (etwa für „parapsychologische Beeinflussung" Dritter). Bereits erbrachte Leistungen kann der Kunde der Hellseherin aus §§ 346 I, 326 IV herausverlangen. Nicht objektiv unmöglich ist es, wenn nur zur Vergnügung geweissagt wird (bspw auf Jahrmärkten).

§ 327. *(weggefallen)*

Titel 3. Versprechen der Leistung an einen Dritten

Vor § 328

I. Allgemeines

1 **1. Gegenstand.** Durch den in §§ 328ff geregelten **Vertrag zugunsten Dritter (VzD)** werden die rechtlichen Befugnisse des Gläubigers eines beliebigen Vertrags auf zwei Personen aufgeteilt. Gläubiger und Schuldner wenden durch den VzD das Forderungsrecht des Gläubigers einem Dritten zu; der Gläubiger kann nur noch Leistung an den Dritten fordern (vgl § 335). Dessen Mitwirkung ist entbehrlich, da das hinzugewonnene Forderungsrecht für ihn lediglich einen Vermögenszuwachs bedeutet. Er kann das Recht jedoch zurückweisen (§ 333). Der VzD ist also kein Vertragstyp wie etwa Kauf, Miete oder Schenkung, sondern setzt einen solchen Vertrag voraus (Grundvertrag).

2 **2. Zweck.** Durch einen VzD wird häufig die Versorgung des Dritten bezweckt, zB durch Zuwendung des Anspruchs auf die Lebensversicherungssumme des Gläubigers gegenüber dem Versicherer (vgl § 330 S 1). Ferner dient der VzD zur Abkürzung der Leistungswege: Schuldet der Gläubiger einem Dritten eine Leistung, die er von seinem Schuldner zu fordern berechtigt ist, so kann er dem Dritten erfüllungshalber den Anspruch abtreten (§ 398) oder ihm lediglich nach § 328 I das Forderungsrecht zuwenden.

3 **3. Dreipersonenverhältnis.** Zwischen Gläubiger, Schuldner und Drittem bestehen verschiedene Rechtsbeziehungen, die von dem VzD überlagert werden:

4 **a)** Als **Deckungsverhältnis** bezeichnet man das Rechtsverhältnis zwischen Gläubiger und Schuldner des Grundvertrags (zB Kauf oder Miete). Auf den Grundvertrag bezieht sich der VzD: Der Schuldner verspricht dem Gläubiger, die aus dem Grundvertrag geschuldete Leistung einem Dritten zu erbringen. Daher heißt der Schuldner **Versprechender,** der Gläubiger **Versprechensempfänger.** Die Bezeichnung als Deckungsverhältnis erklärt sich daraus, dass der Versprechende aus dieser Rechtsbeziehung den Gegenwert (die Deckung) für seine Leistung an den Dritten bezieht.

5 **b)** Das **Valutaverhältnis** ist die Rechtsbeziehung zwischen Versprechensempfänger und Drittem. Aus diesem Verhältnis ergibt sich, warum der Versprechensempfänger dem Dritten das Forderungsrecht zuwendet und ob dieser das Empfangene behalten darf (s unten Rz 13ff). Häufig wird im Valutaverhältnis eine Schenkung vorliegen; es kann aber auch um die Erfüllung einer gesetzlichen Pflicht (zB Versorgung, Unterhalt, Herausgabepflicht des Versprechensempfängers aus GoA gem § 667) oder um die verkürzte Abwicklung jedes anderen Vertrags gehen (vgl oben Rz 2).

6 **c)** Im **Vollzugs- oder Drittverhältnis** zwischen Drittem und Versprechendem besteht idR keine Vertragsbeziehung, sondern nur das aufgrund des VzD zwischen Versprechendem und Versprechensempfänger dem Dritten zugewendete Forderungsrecht. Es entsteht jedoch ein (haftungsbegründendes) vertragsähnliches Vertrauensverhältnis mit Pflichten nach § 241 II.

7 **4. Anwendungsbereich.** Wegen seiner systematischen Einordnung in das allgemeine Schuldrecht und der Formulierung der §§ 328ff (vgl § 328 „zu fordern“) kann ein VzD nur über **schuldrechtliche Verpflichtungsverträge** als Grundvertrag (vgl oben Rz 1, 4) abgeschlossen werden (hM; vgl *Palandt-Grüneberg* Rz 8ff). Dass ein **Vertrag zu Lasten Dritter** ohne Mitwirkung des Dritten unzulässig ist, folgt aus dem Grundsatz der Privatautonomie (vgl auch oben Rz 1). Könnte der Dritte einen der Vertragschließenden ermächtigen, für ihn eine Verpflichtung zu begründen (sog **Verpflichtungsermächtigung,** parallel zu der Verfügungsermächtigung des § 185 I), so würde § 164 II unterlaufen. Im Übrigen besteht für eine Verpflichtungsermächtigung

durch die Möglichkeit der offenen Stellvertretung kaum ein Bedürfnis (vgl *Larenz* SchR I § 17 IV).

II. Abgrenzungen

1. Die §§ 328 ff beziehen sich nur auf den **echten** VzD, bei dem der Dritte ein eigenes Forderungsrecht gegen den Versprechenden erwirbt. Das ist beim **unechten** VzD nicht der Fall; hier ist der Versprechende nur dem Versprechensempfänger gegenüber verpflichtet, die Leistung aus dem Grundvertrag an den Dritten zu erbringen. Ob ein echter oder unechter VzD vorliegt, ist durch Auslegung unter Berücksichtigung des Vertragszwecks (§ 328 II) zu ermitteln. Typischer Fall des unechten VzD ist die **Erfüllungsübernahme** (§ 329): Der Übernehmer verpflichtet sich zur Erfüllung einer Verbindlichkeit des Gläubigers. Wichtigstes Bsp: nicht genehmigte Schuldübernahme, § 415 III (Näheres dort Rz 3). Umgekehrt sind Lebensversicherungs- und Leibrentenverträge, die zugunsten eines Dritten abgeschlossen werden, im Zweifel echte VzD (§ 330): nur durch ein eigenes Forderungsrecht des Dritten ist dessen Versorgung sichergestellt. **8**

2. Bei dem von der Rspr entwickelten **Vertrag mit Schutzwirkung für Dritte** (VSD) steht der Anspruch auf die Hauptleistung allein dem Gläubiger zu. Dritte sind jedoch in der Weise mit in den Schutzbereich des Vertrags einbezogen, dass ihnen bei Verletzung vertraglicher Sorgfalts- und Obhutspflichten ein eigener Schadensersatzanspruch aus dem fremden Vertrag zusteht. Der VSD bewirkt also lediglich eine **Haftungserweiterung.** Näheres Vor §§ 249 ff Rz 22 ff. **9**

III. Voraussetzungen für den Anspruch des Dritten

1. Ein **wirksamer Grundvertrag** im **Deckungsverhältnis** (vgl oben Rz 1, 4) ist erforderlich, weil der VzD nur das Forderungsrecht des Gläubigers aus diesem Vertrag auf den Dritten überträgt. Daher kann der Versprechende alle Einwendungen aus dem Grundvertrag auch dem Dritten entgegenhalten (§ 334, näher unten Rz 14). Dagegen ist die Wirksamkeit des Valutaverhältnisses für das Forderungsrecht des Dritten ohne Belang (vgl oben Rz 5). **10**

2. Es muss ein **echter** VzD vorliegen (vgl oben Rz 8). **11**

3. Der Dritte darf von seinem **Zurückweisungsrecht** (§ 333) keinen Gebrauch gemacht haben. **12**

IV. Leistungsstörungen

Durch die Aufteilung der Gläubigerstellung des Grundvertrags auf den Versprechensempfänger und den Dritten ist problematisch, gegen wen sich die Leistungsstörungsrechte des Versprechenden richten und wer die einzelnen Gläubigerrechte geltend machen kann. **13**

1. Rechtsstellung des Versprechenden. Da das Forderungsrecht des Dritten aus dem Deckungsverhältnis abgeleitet ist, kann der Versprechende alle **Einwendungen** aus dem Grundvertrag auch diesem gegenüber geltend machen. § 334 spricht daher Selbstverständliches aus. **14**

a) Sekundäransprüche hat der Versprechende grds nur aus dem Deckungsverhältnis gegenüber dem Versprechensempfänger, zB Schadensersatzansprüche aus §§ 280 ff. Die Ausübung von Gestaltungsrechten und die Abgabe von Erklärungen erfolgen diesem gegenüber. Den Dritten treffen keine vertraglichen Pflichten, also auch grds keine Sekundärverpflichtungen. Ausnahmen: der Dritte kann in Annahmeverzug kommen (beachte aber § 333) und aus § 304 selbst haften (str). Ferner kann der Dritte bei der Annahme der Leistung wegen der Verletzung von Schutz- und Sorgfaltspflichten haf- **15**

ten, die ihm aus dem Drittverhältnis als vertragsähnlicher Beziehung dem Versprechenden gegenüber obliegen.

16 **b) Anspruch auf Rückgewähr.** Liegt im Deckungsverhältnis ein Rücktritt vor, ist streitig, ob der Versprechende seine Leistung nach § 346 von dem Dritten zurückfordern kann. Einerseits ist das Geleistete tatsächlich in das Vermögen des Dritten geflossen. Andererseits treffen ihn als bloßen Forderungsinhaber grds keine Leistungspflichten. Die Interessenlage ist identisch mit der Rückabwicklung nach Bereicherungsrecht bei nichtigem Deckungsverhältnis. Daher sollten bei beiden Abwicklungsmodalitäten dieselben Grundsätze Anwendung finden (*MüKo-Gottwald* § 334 Rz 11). Näheres § 812 Rz 31.

17 **2. Aufteilung der Gläubigerrechte. a)** Dem **Dritten** stehen grds alle Rechte aus Leistungsstörungen zu, die auf dem bloßen Innehaben des Forderungsrechts basieren. So kann er den Versprechenden in Schuldnerverzug setzen (§ 286), Schadensersatz nach §§ 280 I, II, 286 oder das stellvertretende commodum (§ 285) oder auch Nacherfüllung (§§ 437 Nr 1, 439) verlangen.

18 **b)** Nach hM bleiben dagegen dem **Versprechensempfänger** alle Rechte, die auf die Gläubigerstellung insgesamt Einfluss nehmen, wie Rücktritt (§§ 323, 326 V, 437 Nr 2) oder die Geltendmachung von Schadensersatz statt der Leistung (zB §§ 280–283, 437 Nr 3); die Ausübung dieser Rechte ist jedoch an die Zustimmung des Dritten gebunden, dem sonst sein Forderungsrecht entzogen werden könnte; andere wollen den Dritten als Inhaber des eigentlichen Leistungsanspruchs die genannten Rechte selbst ausüben lassen (näher *MüKo-Gottwald* § 335 Rz 10).

§ 328. Vertrag zugunsten Dritter

(1) **Durch Vertrag kann eine Leistung an einen Dritten mit der Wirkung bedungen werden, dass der Dritte unmittelbar das Recht erwirbt, die Leistung zu fordern.**

(2) **In Ermangelung einer besonderen Bestimmung ist aus den Umständen, insbesondere aus dem Zwecke des Vertrags, zu entnehmen, ob der Dritte das Recht erwerben, ob das Recht des Dritten sofort oder nur unter gewissen Voraussetzungen entstehen und ob den Vertragschließenden die Befugnis vorbehalten sein soll, das Recht des Dritten ohne dessen Zustimmung aufzuheben oder zu ändern.**

§ 329. Auslegungsregel bei Erfüllungsübernahme

Verpflichtet sich in einem Vertrag der eine Teil zur Befriedigung eines Gläubigers des anderen Teils, ohne die Schuld zu übernehmen, so ist im Zweifel nicht anzunehmen, dass der Gläubiger unmittelbar das Recht erwerben soll, die Befriedigung von ihm zu fordern.

§ 330. Auslegungsregel bei Leibrentenvertrag

[1]**Wird in einem Leibrentenvertrag die Zahlung der Leibrente an einen Dritten vereinbart, ist im Zweifel anzunehmen, dass der Dritte unmittelbar das Recht erwerben soll, die Leistung zu fordern.** [2]**Das Gleiche gilt, wenn bei einer unentgeltlichen Zuwendung dem Bedachten eine Leistung an einen Dritten auferlegt oder bei einer Vermögens- oder Gutsübernahme von dem Übernehmer eine Leistung an einen Dritten zum Zwecke der Abfindung versprochen wird.**

§ 331. Leistung nach Todesfall

(1) **Soll die Leistung an den Dritten nach dem Tode desjenigen erfolgen, welchem sie versprochen wird, so erwirbt der Dritte das Recht auf die Leistung im Zweifel mit dem Tode des Versprechensempfängers.**

(2) **Stirbt der Versprechensempfänger vor der Geburt des Dritten, so kann das Versprechen, an den Dritten zu leisten, nur dann noch aufgehoben oder geändert werden, wenn die Befugnis dazu vorbehalten worden ist.**

Beim VzD auf den Todesfall vereinbaren der Versprechende und der Versprechensempfänger (s Vor § 328 Rz 4), dass der Dritte mit dem Tod des Versprechensempfängers einen eigenen Anspruch gegen den Versprechenden erhält (§ 328 I). Typische Beispiele sind Lebensversicherungs- und Sparverträge zugunsten eines Dritten auf den Todesfall (wobei die Versicherung bzw die Sparkasse der „Versprechende" ist). Abs 1 gibt eine Auslegungsregel für den Zeitpunkt des Rechtserwerbs durch den Dritten. 1

1. Bis zu seinem Tod steht dem Versprechensempfänger das Forderungsrecht zu; er kann es durch Vereinbarung mit dem Versprechenden oder bei einer entsprechenden Abrede im Deckungsverhältnis (vgl § 332) auch durch einseitige Bestimmung einem anderen Dritten zuwenden (beachte aber § 331 II). So kann der Versicherungsnehmer bei der Kapitallebensversicherung nach § 150 VVG ohne Zustimmung des Versicherers einen anderen Bezugsberechtigten bestimmen. 2

2. Nach dem Tod des Versprechensempfängers erwirbt der Dritte das Recht auf die Leistung. Probleme ergeben sich im **Valutaverhältnis,** also hinsichtlich der Frage, ob der Dritte das Empfangene im Verhältnis zu den Erben des Versprechensempfängers behalten darf. Oft liegt im Valutaverhältnis eine Schenkung vor. Hatte der Schenker (Versprechensempfänger) diese noch zu Lebzeiten dem Dritten versprochen, wird ein etwaiger Beurkundungsmangel (vgl § 518 I 1) durch die Leistung des Versprechenden geheilt (Vollzug, § 518 II). Wusste der Dritte nichts von der Schenkung, geht ihm das Schenkungsangebot über die Drittbegünstigungserklärung des Versprechenden zu, die Annahme erfolgt nach §§ 130 II, 151, 153. So beinhaltet die Erklärung eines Versicherungsnehmers (VN) gegenüber seinem Lebensversicherer, dass ein Dritter im Todesfall bezugsberechtigt sei, bezogen auf das Valutaverhältnis regelmäßig den konkludenten Auftrag, dem Dritten nach Eintritt des Versicherungsfalls das Zuwendungsangebot des VN zu überbringen. Der insoweit mit Botendiensten beauftragte Versicherer erfüllt diesen Auftrag idR durch Auszahlung der Versicherungssumme an den Begünstigten. Durch die Auszahlung kommt konkludent das Schenkungsangebot des VN zum Ausdruck; dieses Angebot kann der Begünstigte durch Entgegennahme des Geldes konkludent annehmen (BGH NJW 2008, 2702 Nr 21 f). Die Erben können das Angebot jedoch bis zum Zugang widerrufen (§ 130 I 2; str, vgl *Palandt-Grüneberg* Rz 5). 3

3. Im Valutaverhältnis wurzelt auch die Frage, ob durch den VzD auf Leistung nach dem Tod des Versprechensempfängers eine **Aushöhlung der erbrechtlichen Formen** (vgl § 2301) stattfindet; denn mit dem Tod des Versprechensempfängers erhält der Dritte Vermögensgegenstände in einer dem erbrechtlichen Erwerb gleichwertigen Weise. Die Rspr (zB BGHZ 66, 8, 11 ff; BGH NJW 1984, 480) und hM argumentiert hier wie folgt: Sowohl der im Deckungsverhältnis abgeschlossene VzD als auch die im Valutaverhältnis vorliegende Schenkung (s oben) seien Rechtsgeschäfte unter Lebenden, auf die § 2301 keine Anwendung finde. Mit dem Tod des Versprechensempfängers erwerbe der Dritte von diesem den Anspruch auf die Leistung und erlange also nichts aus dem Nachlass. Folgerichtig unterliegt eine Anfechtung des Valutaverhältnisses den Regeln für Rechtsgeschäfte unter Lebenden (§ 119) und nicht den weniger strengen des § 2078 für letztwillige Verfügungen (BGHZ 157, 79). Diese Sicht wird von Teilen der Lit für gekünstelt gehalten. Zumindest im Valutaverhältnis liege bei unentgeltlichem Erwerb ein erbrechtliches Rechtsgeschäft vor, für das § 2301 gelte. Daher könne der Dritte die Leistung im Drittverhältnis wegen des wirksamen VzD zwar zunächst fordern, aber im Verhältnis zu den Erben nur behalten, wenn den erbrechtlichen Formen nach § 2301 I 1 genügt oder die Schenkung noch zu Lebzeiten des Versprechensempfängers vollzogen worden sei (§ 2301 II). Andernfalls sei eine Aus- 4 höhlung der erbrechtlichen Formen und eine Benachteiligung der Nachlassgläubiger zu besorgen (so zB *Medicus/Petersen* Rz 396f; vgl auch *Brox/Walker* Rz 764ff). Zu den gleichgelagerten Problemen bei der postmortalen Vollmacht *Medicus/Petersen* Rz 399.

§ 332. Änderung durch Verfügung von Todes wegen bei Vorbehalt

Hat sich der Versprechensempfänger die Befugnis vorbehalten, ohne Zustimmung des Versprechenden an die Stelle des in dem Vertrag bezeichneten Dritten einen anderen zu setzen, so kann dies im Zweifel auch in einer Verfügung von Todes wegen geschehen.

§ 333. Zurückweisung des Rechts durch den Dritten

Weist der Dritte das aus dem Vertrag erworbene Recht dem Versprechenden gegenüber zurück, so gilt das Recht als nicht erworben.

§ 334. Einwendungen des Schuldners gegenüber dem Dritten

Einwendungen aus dem Vertrag stehen dem Versprechenden auch gegenüber dem Dritten zu.

§ 335. Forderungsrecht des Versprechensempfängers

Der Versprechensempfänger kann, sofern nicht ein anderer Wille der Vertragschließenden anzunehmen ist, die Leistung an den Dritten auch dann fordern, wenn diesem das Recht auf die Leistung zusteht.

Titel 4. Draufgabe, Vertragsstrafe

§ 336. Auslegung der Draufgabe

(1) **Wird bei der Eingehung eines Vertrags etwas als Draufgabe gegeben, so gilt dies als Zeichen des Abschlusses des Vertrags.**

(2) **Die Draufgabe gilt im Zweifel nicht als Reugeld.**

§ 337. Anrechnung oder Rückgabe der Draufgabe

(1) **Die Draufgabe ist im Zweifel auf die von dem Geber geschuldete Leistung anzurechnen oder, wenn dies nicht geschehen kann, bei der Erfüllung des Vertrags zurückzugeben.**

(2) **Wird der Vertrag wieder aufgehoben, so ist die Draufgabe zurückzugeben.**

§ 338. Draufgabe bei zu vertretender Unmöglichkeit der Leistung

[1]**Wird die von dem Geber geschuldete Leistung infolge eines Umstands, den er zu vertreten hat, unmöglich oder verschuldet der Geber die Wiederaufhebung des Vertrags, so ist der Empfänger berechtigt, die Draufgabe zu behalten.** [2]**Verlangt der Empfänger Schadensersatz wegen Nichterfüllung, so ist die Draufgabe im Zweifel anzurechnen oder, wenn dies nicht geschehen kann, bei der Leistung des Schadensersatzes zurückzugeben.**

§ 339. Verwirkung der Vertragsstrafe

[1]**Verspricht der Schuldner dem Gläubiger für den Fall, dass er seine Verbindlichkeit nicht oder nicht in gehöriger Weise erfüllt, die Zahlung einer Geldsumme als Strafe, so ist die Strafe verwirkt, wenn er in Verzug kommt.** [2]**Besteht die geschuldete Leistung in einem Unterlassen, so tritt die Verwirkung mit der Zuwiderhandlung ein.**

§ 340. Strafversprechen für Nichterfüllung

(1) [1]Hat der Schuldner die Strafe für den Fall versprochen, dass er seine Verbindlichkeit nicht erfüllt, so kann der Gläubiger die verwirkte Strafe statt der Erfüllung verlangen. [2]Erklärt der Gläubiger dem Schuldner, dass er die Strafe verlange, so ist der Anspruch auf Erfüllung ausgeschlossen.

(2) [1]Steht dem Gläubiger ein Anspruch auf Schadensersatz wegen Nichterfüllung zu, so kann er die verwirkte Strafe als Mindestbetrag des Schadens verlangen. [2]Die Geltendmachung eines weiteren Schadens ist nicht ausgeschlossen.

§ 341. Strafversprechen für nicht gehörige Erfüllung

(1) Hat der Schuldner die Strafe für den Fall versprochen, dass er seine Verbindlichkeit nicht in gehöriger Weise, insbesondere nicht zu der bestimmten Zeit, erfüllt, so kann der Gläubiger die verwirkte Strafe neben der Erfüllung verlangen.

(2) Steht dem Gläubiger ein Anspruch auf Schadensersatz wegen der nicht gehörigen Erfüllung zu, so findet die Vorschrift des § 340 Abs. 2 Anwendung.

(3) Nimmt der Gläubiger die Erfüllung an, so kann er die Strafe nur verlangen, wenn er sich das Recht dazu bei der Annahme vorbehält.

§ 342. Andere als Geldstrafe

Wird als Strafe eine andere Leistung als die Zahlung einer Geldsumme versprochen, so finden die Vorschriften der §§ 339 bis 341 Anwendung; der Anspruch auf Schadensersatz ist ausgeschlossen, wenn der Gläubiger die Strafe verlangt.

§ 343. Herabsetzung der Strafe

(1) [1]Ist eine verwirkte Strafe unverhältnismäßig hoch, so kann sie auf Antrag des Schuldners durch Urteil auf den angemessenen Betrag herabgesetzt werden. [2]Bei der Beurteilung der Angemessenheit ist jedes berechtigte Interesse des Gläubigers, nicht bloß das Vermögensinteresse, in Betracht zu ziehen. [3]Nach der Entrichtung der Strafe ist die Herabsetzung ausgeschlossen.

(2) Das Gleiche gilt auch außer in den Fällen der §§ 339, 342, wenn jemand eine Strafe für den Fall verspricht, dass er eine Handlung vornimmt oder unterlässt.

§ 344. Unwirksames Strafversprechen

Erklärt das Gesetz das Versprechen einer Leistung für unwirksam, so ist auch die für den Fall der Nichterfüllung des Versprechens getroffene Vereinbarung einer Strafe unwirksam, selbst wenn die Parteien die Unwirksamkeit des Versprechens gekannt haben.

§ 345. Beweislast

Bestreitet der Schuldner die Verwirkung der Strafe, weil er seine Verbindlichkeit erfüllt habe, so hat er die Erfüllung zu beweisen, sofern nicht die geschuldete Leistung in einem Unterlassen besteht.

Titel 5. Rücktritt; Widerrufs- und Rückgaberecht bei Verbraucherverträgen

Untertitel 1. Rücktritt

§ 346. Wirkungen des Rücktritts

(1) **Hat sich eine Vertragspartei vertraglich den Rücktritt vorbehalten oder steht ihr ein gesetzliches Rücktrittsrecht zu, so sind im Falle des Rücktritts die empfangenen Leistungen zurückzugewähren und die gezogenen Nutzungen herauszugeben.**

(2) [1] **Statt der Rückgewähr oder Herausgabe hat der Schuldner Wertersatz zu leisten, soweit**
1. **die Rückgewähr oder die Herausgabe nach der Natur des Erlangten ausgeschlossen ist,**
2. **er den empfangenen Gegenstand verbraucht, veräußert, belastet, verarbeitet oder umgestaltet hat,**
3. **der empfangene Gegenstand sich verschlechtert hat oder untergegangen ist; jedoch bleibt die durch die bestimmungsgemäße Ingebrauchnahme entstandene Verschlechterung außer Betracht.**

[2] **Ist im Vertrag eine Gegenleistung bestimmt, ist sie bei der Berechnung des Wertersatzes zugrunde zu legen; ist Wertersatz für den Gebrauchsvorteil eines Darlehens zu leisten, kann nachgewiesen werden, dass der Wert des Gebrauchsvorteils niedriger war.**

(3) [1] **Die Pflicht zum Wertersatz entfällt,**
1. **wenn sich der zum Rücktritt berechtigende Mangel erst während der Verarbeitung oder Umgestaltung des Gegenstandes gezeigt hat,**
2. **soweit der Gläubiger die Verschlechterung oder den Untergang zu vertreten hat oder der Schaden bei ihm gleichfalls eingetreten wäre,**
3. **wenn im Falle eines gesetzlichen Rücktrittsrechts die Verschlechterung oder der Untergang beim Berechtigten eingetreten ist, obwohl dieser diejenige Sorgfalt beobachtet hat, die er in eigenen Angelegenheiten anzuwenden pflegt.**

[2] **Eine verbleibende Bereicherung ist herauszugeben.**

(4) **Der Gläubiger kann wegen Verletzung einer Pflicht aus Absatz 1 nach Maßgabe der §§ 280 bis 283 Schadensersatz verlangen.**

I. Grundsätze

1 **1. Begriff und Anwendungsbereich.** Rücktritt ist das Rückgängigmachen eines Schuldverhältnisses durch einseitige empfangsbedürftige WE (vgl § 349). Die §§ 346ff gelten gem Abs 1 zum einen für das **vertraglich vereinbarte** Rücktrittsrecht; wichtigster Fall: Zahlungsverzug des Eigentumsvorbehaltskäufers (vgl §§ 449 II, 323). Zum anderen gelten sie für das **gesetzliche** Rücktrittsrecht, das sich aus einer Pflichtverletzung der Parteien ergibt (vgl §§ 323, 324, 326 V). Die §§ 346ff regeln also einheitlich beide Arten des Rücktrittsrechts, sofern nicht ausdrücklich etwas anderes bestimmt ist; so ist in §§ 346 III 1 Nr 3, 347 I 2 nur das gesetzliche, in § 350 nur das vertragliche Rücktrittsrecht angesprochen. Entsprechende Anwendung finden die Vorschriften über den gesetzlichen Rücktritt gem § 357 I 1 auf das Widerrufs- und Rückgaberecht bei Verbraucherverträgen.

2 **2. Prüfungsschema.** Bei den Voraussetzungen des Rücktritts ist neben dem Rücktrittsgrund (vorige Rz) zu prüfen, ob für den Rücktritt ein **Ausschlussgrund**

vorliegt. **a)** Der Rücktritt ist **ausgeschlossen** bei weit überwiegender Verantwortlichkeit des Gläubigers oder Annahmeverzug (§ 323 VI), und er ist gem § 218 unwirksam bei Verjährung des Leistungsanspruchs. **b)** Der Rücktritt ist **nicht ausgeschlossen,** wenn dem Berechtigten die Rückgewähr des empfangenen Gegenstandes (zB wegen dessen Unterganges) unmöglich ist. Das Rücktrittsrecht besteht selbst dann fort, wenn der Berechtigte die Unmöglichkeit der Rückgewähr zu vertreten hat. Der Rücktrittsberechtigte hat aber Wert- oder Schadensersatz nach Maßgabe von Abs 2 und 4 zu leisten – „Rückabwicklung dem Werte nach" (RegBegr BT-Drucks 14/6040, 194). Soweit das Rücktrittsrecht auf einer vertraglichen Vereinbarung beruht, bleibt es den Parteien freilich unbenommen, einen Ausschluss des Rücktrittsrechts vorzusehen, wenn der Berechtigte die empfangene Sache nicht zurückgewähren kann.

3. Rechtsfolge des Rücktritts ist zum einen die in Abs 1 nicht ausdrücklich ange- 3
sprochene **Befreiungswirkung:** Noch nicht erfüllte Primäransprüche erlöschen ex nunc; bereits durchgeführte dingliche Vollzugsgeschäfte bleiben unberührt. Zum anderen sind gemäß Abs 1 die empfangenen Leistungen zurückzugewähren und die gezogenen Nutzungen herauszugeben. An die Stelle des ursprünglichen Schuldverhältnisses tritt also ex nunc ein **Abwicklungsverhältnis** mit vertraglicher Grundlage nach den Regeln der §§ 346ff, das die §§ 812ff verdrängt. Ist die Rückgewähr ausgeschlossen, muss gemäß Abs 2 **Wertersatz** geleistet werden. Ausnahme: Abs 3; dann Herausgabe der Bereicherung gemäß Abs 3 S 2. Wertersatz kann ferner für nicht gezogene Nutzungen gem § 347 I verlangt werden, **Verwendungsersatz** nach § 347 II 1 und **Aufwendungsersatz** nach §§ 347 II 2, 812ff.

II. Nutzungen

1. Zu den gemäß Abs 1 herauszugebenden Nutzungen gehören gem § 100 auch 4
die **Gebrauchsvorteile.** Bsp (nach RegBegr 14/6040, 193): Der Autokäufer, der nach einem Jahr wegen eines Mangels vom Kaufvertrag gem §§ 437 Nr 2, 323 zurücktritt, hat dem Verkäufer die Vorteile herauszugeben, die er durch die Benutzung des Wagens gezogen hat. Dasselbe gilt für den Käufer, der als Nacherfüllung gem § 439 I einen neuen Wagen erhält und den mangelhaften nach § 439 IV, 346 zurückzugeben hat.

2. Für die **Ermittlung des Wertes** von Nutzungen ist die zeitanteilige lineare 5
Wertminderung im Vergleich zwischen tatsächlicher Gebrauchsdauer und voraussichtlicher Gesamtnutzungsdauer, der sog **Wertverzehr,** entscheidend (BGHZ 115, 47, 54f; vgl RA BT-Drucks 14/7052, 193 iVm 14/6857, 21f).

3. Die **Wertminderung** wird im Rahmen herauszugebender Nutzungen nur inso- 6
weit ersetzt, als der Schuldner Gebrauchsvorteile erlangt hat. Im Beispielsfall des Autokaufs (oben Rz 4) bleibt deshalb eine Wertminderung unberücksichtigt, die unabhängig von einer Nutzung des Wagens allein dadurch eintritt, dass der Wagen zum Straßenverkehr zugelassen wird und deshalb nicht mehr als „neu" angesehen werden kann; dasselbe gilt für einen Wertverlust infolge eines Preisverfalls auf dem Markt (RegBegr BT-Drucks 14/6040, 193). Derartige Wertminderungen können nur mit einem Schadensersatzanspruch geltend gemacht werden, für den Abs 4 auf die §§ 280ff verweist.

4. Wegen **nicht gezogener Nutzungen** kann ein Wertersatzanspruch gem § 347 I 7
bestehen (vgl § 347 Rz 1).

III. Wertersatz

1. Ist die Rückgewähr der empfangenen Leistung aus einem der in **Abs 2 genann-** 8
ten Gründe unmöglich, hat der Schuldner grds **Wertersatz** zu leisten. Der Wertersatzanspruch „füllt" die Differenz zwischen dem Wert der Sache bei Gefahrübergang

und dem Wert zum Zeitpunkt des Zugangs der Rücktrittserklärung bei dem Rücktrittsgegner auf. Ausnahmen legt Abs 3 fest. Abs 2 S 1 **Nr 1** betrifft zB geleistete Dienste oder die Überlassung der Benutzung einer Sache. In **Nr 2** fallen unter „Veräußerung" oder „Belastung" außer den dinglichen Geschäften auch bloß schuldrechtliche (zB Vermietung), wenn schon sie die Rückgewähr verhindern; **Nr 2** greift aber nicht ein, sondern die Pflicht zur Rückgewähr geht als Primärleistungspflicht vor („statt der Rückgewähr"), wenn keine Unmöglichkeit vorliegt, etwa weil der Schuldner den Gegenstand wiederbeschaffen, zB aus dem Mietvertrag herauslösen kann (*Jauernig-Stadler* Rz 5) oder er die Belastung beseitigen kann (so zur Beseitigung einer Grundschuld BGH NJW 2009, 63 Nr 18ff). In **Nr 3** meint die „Verschlechterung" nicht die Abnutzung durch den bestimmungsgemäßen Gebrauch, sondern nur weitergehende Beeinträchtigungen, insbesondere Substanzverletzungen oder Abnutzungen infolge eines übermäßigen Gebrauchs (*MüKo-Gaier* Rz 41; *Bamberger/Roth-Grothe* Rz 44).

9 2. Die **Berechnung des Wertersatzes** ist gemäß Abs 2 S 2 an der **Gegenleistung** auszurichten. Teilweise tritt die Gegenleistung einfach an die Stelle des Wertersatzes (so im Falle der Nr 1, wenn die Rückgewähr wegen der Natur des Erlangten ausgeschlossen ist); teilweise ist sie aber auch nur Ausgangspunkt der Berechnung (so im Falle der Nr 3, wenn der empfangene Gegenstand sich verschlechtert hat). War die Leistung mangelhaft, so ist die Wertersatzpflicht – wie bei der Minderung (s § 441 Rz 3) – entsprechend herabzusetzen. Die in der Gegenleistung zum Ausdruck gebrachte Bewertung der Parteien kann auch bei **deutlichen Wertunterschieden** maßgebend bleiben, weil die aufgetretene Störung allein die Rückabwicklung, nicht aber die privatautonom ausgehandelte Entgeltabrede betrifft (vgl auch BGH NJW 2009, 1068 Nr 13ff). Soweit die Entgeltabrede selbst beeinträchtigt ist, etwa weil die Voraussetzungen der §§ 119 II, 123 vorliegen, hat der Gläubiger die Möglichkeit, den Vertrag anzufechten und den Anspruch aus §§ 812ff geltend zu machen. Nicht anwendbar ist Abs 2 S 2 hingegen zulasten des widerrufsberechtigten Verbrauchers (BGH NJW 2010, 2868 Nr 24ff, vgl § 357 Rz 1). Wenn im Vertrag keine Gegenleistung bestimmt ist, entscheiden – wie in § 818 II – die objektiven Wertverhältnisse (RegBegr BT-Drucks 14/6040, 196). – **Verwendungen** können nur nach Maßgabe des § 347 II in Abzug gebracht werden; der Verwendungsersatz ist dort abschließend geregelt.

10 3. **a)** Unter den Tatbeständen, die zu einer **Befreiung von der Wertersatzpflicht gemäß Abs 3** führen, ist S 1 **Nr 3** rechtspolitisch am problematischsten. Das **Dilemma**, einem von zwei an der Verschlechterung oder am Untergang schuldlosen Beteiligten den Verlust auferlegen zu müssen, löst das Gesetz in Nr 3 zugunsten des Rücktrittsberechtigten. Dabei sind die Sorgfaltsanforderungen an den Rücktrittberechtigten auf die Sorgfalt in eigenen Angelegenheiten, mithin nach § 277 regelmäßig auf grobe Fahrlässigkeit beschränkt. So kann etwa der Käufer einer (zunächst unentdeckt) mangelhaften Sache zurücktreten, ohne Wertersatz leisten zu müssen, wenn er nach eigener Schädigung der gekauften Sache mit einfacher Fahrlässigkeit die Sache untersucht und ihre Mangelhaftigkeit feststellt. Zwar erfasst der Wortlaut von Nr 3 nur die Verschlechterung oder den Untergang des Leistungsgegenstands, der Befreiungstatbestand ist aber entsprechend anzuwenden, wenn die **Rückgewähr aus einem anderen Grund** (zB Verbrauch, Veräußerung, Diebstahl) **unmöglich** wird (*Looschelders* AT Rz 851). Verschulden Dritter ist dem Rücktrittsberechtigten nicht zuzurechnen (str, s Rz 17).

11 **b)** Der **Anwendungsbereich der Nr 3** ist auf den Fall des gesetzlichen Rücktrittsrechts beschränkt. Da dieses gesetzliche Rücktrittsrecht nur entsteht, wenn der Verkäufer (Werkunternehmer) seine vertraglichen Pflichten verletzt hat (vgl § 323; für § 313 III passt die Nr 3 nicht), darf er nicht darauf vertrauen, dass der Gefahrübergang

auf den Käufer (Besteller) endgültig ist (RegBegr BT-Drucks 14/6040, 196). Besteht dagegen nur ein vertragliches Rücktrittsrecht oder liegt das gesetzliche Rücktrittsrecht beim Verkäufer (Werkunternehmer), der bereits geliefert hat, ist Nr 3 nicht einschlägig. Der Käufer (Besteller) ist nicht schutzwürdig, da er mit dem vertraglich vorbehaltenen Rücktritt rechnen musste bzw seine vertraglichen Pflichten verletzt hat. **c)** Angesichts dieser Unterscheidung wird vertreten, dass die Privilegierung des gesetzlich zum Rücktritt Berechtigten schon entfallen müsse, wenn er von dem Rücktrittsgrund Kenntnis erlangt. Ab dann müsse er nämlich damit rechnen, den Leistungsgegenstand zurückgeben zu müssen (*Soergel-Lobinger* § 346 Rz 129; *M Schwab* JuS 2002, 630, 635 f). Diese Einschränkung des Befreiungstatbestands überzeugt nicht (*Palandt-Grüneberg* Rz 13b). Dagegen spricht neben dem Wortlaut der Nr 3 auch ein Umkehrschluss zu § 357 III 3, wo gerade in Modifizierung des § 346 auf die Kenntnis des Widerrufsberechtigten abgestellt wird. Schließlich führt auch die Kenntnis vom Rücktrittsgrund nicht dazu, dass der Rücktrittsberechtigte nicht mehr schutzwürdig ist. Wer ein Rücktrittsrecht vereinbart, nimmt die Schwebelage, ob der Vertrag rückabgewickelt wird, selbst in Kauf. Bei einem gesetzlichen Rücktrittsrecht tritt diese Schwebelage hingegen unabhängig vom Verhalten des Rücktrittsberechtigten ein. Vielfach wird dieser darauf angewiesen sein, den Gegenstand auch während der Schwebelage weiterzubenutzen.

d) Besondere Probleme ergeben sich, wenn die Verschlechterung der zurückzuge- **12**
währenden Sache auf einer **Schädigung im Straßenverkehr** beruht. Die Rspr hat den Grundsatz entwickelt, dass der Straßenverkehr keinen Platz für eigenübliche Sorgfalt lässt (s § 277 Rz 2). Die Anwendung dieses Grundsatzes auf den Haftungsausschluss in Nr 3 würde dazu führen, dass den Rücktrittsberechtigten eine Wertersatzpflicht schon dann trifft, wenn er den zurückzugewährenden Gegenstand (Auto) mit einfacher Fahrlässigkeit verschlechtert (*Gsell* NJW 2008, 913 zu BGH NJW 2008, 911). Der Grundsatz der Rspr überzeugt in seiner Formelhaftigkeit aber nicht (s § 277 Rz 3). Vielmehr ist unter Berücksichtigung des Zwecks der Haftungsbeschränkung darauf abzustellen, wem das Haftungsprivileg letztlich zugute kommen soll. Der gesetzgeberische Zweck der Nr 3 liegt darin, dem späteren Rückgewährschuldner den Umgang mit der Sache als ihr Eigentümer zu ermöglichen und ihn von der Haftung für Zufallsgefahr freizustellen. Die Einschränkung des Privilegs würde nur zugunsten des Verkäufers führen und wäre daher normzweckwidrig (*Bartels/Kuszlik* ZJS 2010, 460, 465).

4. Entfällt nach Abs 3 S 1 die Wertersatzpflicht, so schuldet der Zurücktretende **13**
nach S 2 die Herausgabe einer möglichen Bereicherung. Diese Verweisung auf das Bereicherungsrecht ist als **Rechtsfolgenverweisung** zu verstehen (RegBegr BT-Drucks 14/6040, 196). Es gilt § 818 mit der Grenze des § 818 III.

In den Fällen des S 1 Nr 3 kann sich eine solche Bereicherung insbesondere da- **14**
raus ergeben, dass ein **Dritter die Verschlechterung** des Gegenstandes schuldhaft **herbeigeführt hat**. Dann hat der Rückgewährschuldner als Eigentümer des verschlechterten Gegenstands regelmäßig zumindest einen deliktischen Anspruch auf Schadensersatz gegen den Dritten (§ 823 I; ggf §§ 7, 18 StVG). Dieser Anspruch ist eine Bereicherung des Rückgewährschuldners, die er durch die Verschlechterung erlangt hat. Für Sachlagen, in denen der Rücktrittsschuldner selbst dem Dritten die Einwirkung auf den Gegenstand erlaubt, wird allerdings vertreten, das Verschulden dieses **einbezogenen Dritten** dem Rücktrittsschuldner **analog § 278** im Rahmen der Nr 3 als eigenes Verschulden zuzurechnen, so dass die Ersatzpflicht nicht entfällt (vgl *Faust* JZ 2008, 471). Dafür fehlt es aber an der für § 278 erforderlichen Pflicht, die Sache sorgfältig zu behandeln (s Rz 16). Auch insoweit kommt also nur ein Anspruch aus Abs 3 S 2 auf Abtretung des Anspruchs gegen den Dritten in Betracht.

IV. Schadensersatz

15 **1. Abs 4** stellt klar, dass Pflichtverletzungen nach § 280 auch im Rahmen des Rückabwicklungsschuldverhältnisses einen **Schadensersatzanspruch** begründen können. So kann der Gläubiger unter den Voraussetzungen der §§ 280 I, III, 281 oder 283 Schadensersatz statt der Leistung verlangen oder unter den Voraussetzungen des Verzuges (§§ 280 I, II, 286) den Ersatz seines Verzögerungsschadens fordern (RegBegr BT-Drucks 14/6040, 195).

16 **2.** § 285 über die Herausgabe des **stellvertretenden commodum** ist auf die Ansprüche aus dem Abwicklungsverhältnis anwendbar (RegBegr BT-Drucks 14/6040, 194). Daher hat der Rückgewährschuldner Ansprüche abzutreten, die ihm gegen einen Dritten zustehen, wenn dieser Dritte den zurückzugewährenden Gegenstand verschlechtert.

17 **3.** Streit besteht, ab welchem Zeitpunkt der Rückgewährschuldner eine zum Schadensersatz verpflichende Pflichtverletzung begehen kann. Da die Rücktrittserklärung als Gestaltungserklärung die Rückgewährpflicht begründet, ist der der Rücktrittsberechtigte und Rückgewährschuldner jedenfalls ab Wirksamwerden dieser Erklärung zur sorgsamen Behandlung des empfangenen Gegenstandes verpflichtet, so dass diese Pflicht iSv § 280 verletzt werden kann. Eine entsprechende Pflichtverletzung soll nach teilweise vertretener Auffassung allerdings bereits dann begangen werden können, wenn der Rücktrittsberechtigte **weiß oder wissen muss,** dass er **zum Rücktritt berechtigt** ist (*MüKo-Gaier* § 346 Rz 61; *Soergel-Lobinger* § 346 Rz 168; *Staudinger-Kaiser* [2004] § 346 Rz 205). Es entstehe mit Kenntniserlangung eine „vorgreifende Rücksichtnahmepflicht" (*Soergel-Lobinger* § 346 Rz 168; *Staudinger-Kaiser* [2004] § 346 Rz 195) aus dem erst mit Rücktrittserklärung entstehenden Rückgewährschuldverhältnis. Das vermag nicht zu überzeugen, weil die bloße Kenntnis von einem Rücktrittsrecht keine Pflichten des Eigentümers auslösen kann, die Kaufsache nicht zu schädigen (vgl § 903 S 1). Vielmehr ist erst der Rücktritt zu erklären, um eine Pflicht gegenüber dem Rücktrittsgegner auszulösen. Sonst würde die Abgrenzung von Wertersatzanspruch für Verschlechterungen bis zum Rücktritt nach Abs 2 (s Rz 8) einerseits und Schadensersatz für Verschlechterungen danach über Abs 4 andererseits verwischen. Das führte auch dazu, Privilegierungen von Abs 3 Nr 3 zu unterlaufen.

§ 347. Nutzungen und Verwendungen nach Rücktritt

(1) [1] **Zieht der Schuldner Nutzungen entgegen den Regeln einer ordnungsmäßigen Wirtschaft nicht, obwohl ihm das möglich gewesen wäre, so ist er dem Gläubiger zum Wertersatz verpflichtet.** [2] **Im Falle eines gesetzlichen Rücktrittsrechts hat der Berechtigte hinsichtlich der Nutzungen nur für diejenige Sorgfalt einzustehen, die er in eigenen Angelegenheiten anzuwenden pflegt.**

(2) [1] **Gibt der Schuldner den Gegenstand zurück, leistet er Wertersatz oder ist seine Wertersatzpflicht gemäß § 346 Abs. 3 Nr. 1 oder 2 ausgeschlossen, so sind ihm notwendige Verwendungen zu ersetzen.** [2] **Andere Aufwendungen sind zu ersetzen, soweit der Gläubiger durch diese bereichert wird.**

1 **1. Nutzungen,** die der Rückgewährschuldner gezogen hat, muss er nach § 346 I herausgeben. Für nicht gezogene Nutzungen schuldet er nach Maßgabe von Abs 1 S 1 Wertersatz. Das gilt auch für nicht erwirtschaftete Zinsen. Der auf Grund eines gesetzlichen Rücktrittsrechts Berechtigte ist gemäß Abs 1 S 2 zum Nutzungsersatz nicht nach dem Maßstab einer ordnungsgemäßen Wirtschaft verpflichtet, sondern – entsprechend der in § 346 III 1 Nr 3 enthaltenen Wertung – nur bei Außerachtlassung der in eigenen Angelegenheiten angewandten Sorgfalt (vgl dazu § 277).

2 **2. Notwendige Verwendungen** (Begriff § 994 Rz 5) sind dem Schuldner in den Fällen des Abs 2 S 1 zu ersetzen. Der Anspruch erstreckt sich auch auf die gewöhnli-

chen Erhaltungskosten; der Rechtsgedanke des § 994 I 2 trifft hier nicht zu, da der Rückgewährschuldner die Nutzungen herausgeben oder vergüten muss (*Bamberger/Roth-Grothe* Rz 5).

3. Andere **Aufwendungen,** also sog **nützliche Verwendungen,** sind gemäß Abs 2 S 2 nur zu ersetzen, wenn der Gläubiger durch sie bereichert ist. Diese Einschränkung gilt freilich nur für den Aufwendungsersatz als Folge des Rücktritts; besteht daneben (§ 325) ein Anspruch auf Ersatz vergeblicher Aufwendungen aus § 284, so gelten für diesen die Schranken des § 347 II nicht, da § 325 verhindern will, dass sich durch den Rücktritt die Rechtsstellung des Gläubigers hinsichtlich Schadensersatz und Aufwendungsersatz verschlechtert (BGHZ 163, 381, 385). **3**

§ 348 Erfüllung Zug-um-Zug

[1]Die sich aus dem Rücktritt ergebenden Verpflichtungen der Parteien sind Zug um Zug zu erfüllen. [2]Die Vorschriften der §§ 320, 322 finden entsprechende Anwendung.

Aus § 348 ist zu entnehmen, dass das Abwicklungsverhältnis **kein gegenseitiges Vertragsverhältnis** ist. Nur §§ 320, 322 sind entsprechend anwendbar. Beachte zur Zug-um-Zug-Verurteilung und zur nachfolgenden Zwangsvollstreckung die Verweisungskette der §§ 348 S 2, 322 III, 274 II. **1**

§ 349. Erklärung des Rücktritts

Der Rücktritt erfolgt durch Erklärung gegenüber dem anderen Teil.

Der Rücktritt aus Vertrag oder Gesetz ist als **Gestaltungsrecht** (vgl § 119 Rz 1) durch einseitige empfangsbedürftige WE auszuüben. Nach § 351 ist das Rücktrittsrecht unteilbar. Zu den Wirkungen der Erklärung s § 346 Rz 3. **1**

§ 350. Erlöschen des Rücktrittsrechts nach Fristsetzung

[1]Ist für die Ausübung des vertraglichen Rücktrittsrechts eine Frist nicht vereinbart, so kann dem Berechtigten von dem anderen Teil für die Ausübung eine angemessene Frist bestimmt werden. [2]Das Rücktrittsrecht erlischt, wenn nicht der Rücktritt vor dem Ablauf der Frist erklärt wird.

§ 351. Unteilbarkeit des Rücktrittsrechts

[1]Sind bei einem Vertrag auf der einen oder der anderen Seite mehrere beteiligt, so kann das Rücktrittsrecht nur von allen und gegen alle ausgeübt werden. [2]Erlischt das Rücktrittsrecht für einen der Berechtigten, so erlischt es auch für die übrigen.

§ 352. Aufrechnung nach Nichterfüllung

Der Rücktritt wegen Nichterfüllung einer Verbindlichkeit wird unwirksam, wenn der Schuldner sich von der Verbindlichkeit durch Aufrechnung befreien konnte und unverzüglich nach dem Rücktritt die Aufrechnung erklärt.

§ 353. Rücktritt gegen Reugeld

[1]Ist der Rücktritt gegen Zahlung eines Reugelds vorbehalten, so ist der Rücktritt unwirksam, wenn das Reugeld nicht vor oder bei der Erklärung entrichtet wird und der andere Teil aus diesem Grunde die Erklärung unverzüglich zurückweist. [2]Die Erklärung ist jedoch wirksam, wenn das Reugeld unverzüglich nach der Zurückweisung entrichtet wird.

§ 354. Verwirkungsklausel

Ist ein Vertrag mit dem Vorbehalt geschlossen, dass der Schuldner seiner Rechte aus dem Vertrag verlustig sein soll, wenn er seine Verbindlichkeit nicht erfüllt, so ist der Gläubiger bei dem Eintritt dieses Falles zum Rücktritt von dem Vertrag berechtigt.

Untertitel 2. Widerrufs- und Rückgaberecht bei Verbraucherverträgen

Vor § 355

1 **1. Europarechtskonforme Auslegung.** In weiten Teilen beruhen die Vorschriften über Modalitäten und Rechtsfolgen von **Widerrufs- und Rückgaberechten** bei **Verbraucherverträgen** in den §§ 355–360 auf europarechtlichen Vorgaben aus der Fernabsatz-RL vom 20. 5. 1997 (ABl 1997 Nr L 144, 19) und vom 23. 9. 2002 (ABl 2002 Nr L 271, 16), der RL über missbräuchliche Klauseln in Verbraucherverträgen vom 5. 4. 1993 (ABl 1993 Nr L 95, 29) und der RL über den Verbraucherschutz vom 20. 12. 1985 (ABl 1985 Nr L 372, 31). Durch das Gesetz zur Umsetzung der Verbraucherkredit-RL, des zivilrechtlichen Teils der Zahlungsdienste-RL sowie zur Neuordnung der Vorschriften über das Widerrufs- und Rückgaberecht vom 29. 7. 2009 (BGBl I S 2355) wurden mit Wirkung zum 11. 6. 2010 §§ 355–359 novelliert und um §§ 359a, 360 ergänzt. Die Vorschriften dieses Untertitels sind daher richtlinienkonform auszulegen.

2 **2. Anwendungsvoraussetzung** der §§ 355–360 ist ein **bereits bestehendes** Widerrufs- oder Rückgaberecht eines Verbrauchers (§ 13) aus den §§ 312, 312d, 485, 495, 508 oder 510. Diese Rechte bestehen grds auch bei nichtigen Verträgen, sog Doppelwirkungen im Recht (BGH ZIP 2010, 136 Nr 18). Der Sinn des Widerrufsrechts besteht darin, dem Verbraucher ein an keine materiellen Voraussetzungen gebundenes, einfach auszuübendes Recht zur einseitigen Loslösung vom Vertrag an die Hand zu geben, das neben und unabhängig von den allgemeinen Rechten besteht, die jedem zustehen, der einen Vertrag abschließt. Ein Ausschluss kommt nur bei einer besonderen Schutzbedürftigkeit des Unternehmers nach § 242 BGB in Betracht. Bedeutung hat das wegen der für den Verbraucher gegenüber §§ 812ff günstigeren Rechtsfolgen. So greift etwa bei sittenwidrigen Verträgen nicht § 817 S 2 (BGH aaO).

§ 355. Widerrufsrecht bei Verbraucherverträgen

(1) [1]**Wird einem Verbraucher durch Gesetz ein Widerrufsrecht nach dieser Vorschrift eingeräumt, so ist er an seine auf den Abschluss des Vertrags gerichtete Willenserklärung nicht mehr gebunden, wenn er sie fristgerecht widerrufen hat.** [2]**Der Widerruf muss keine Begründung enthalten und ist in Textform oder durch Rücksendung der Sache innerhalb der Widerrufsfrist gegenüber dem Unternehmer zu erklären; zur Fristwahrung genügt die rechtzeitige Absendung.**

(2) [1]**Die Widerrufsfrist beträgt 14 Tage, wenn dem Verbraucher spätestens bei Vertragsschluss eine den Anforderungen des § 360 Abs. 1 entsprechende Widerrufsbelehrung in Textform mitgeteilt wird.** [2]**Bei Fernabsatzverträgen steht eine unverzüglich nach Vertragsschluss in Textform mitgeteilte Widerrufsbelehrung einer solchen bei Vertragsschluss gleich, wenn der Unternehmer den Verbraucher gemäß Artikel 246 § 1 Abs. 1 Nr. 10 des Einführungsgesetzes zum Bürgerlichen Gesetzbuche unterrichtet hat.** [3]**Wird die Widerrufsbelehrung dem Verbraucher nach dem gemäß Satz 1 oder Satz 2 maßgeblichen Zeitpunkt mitgeteilt, beträgt die Widerrufsfrist einen Monat.** [4]**Dies gilt auch dann, wenn der Unternehmer den Verbraucher über das Widerrufsrecht gemäß Artikel 246 § 2 Abs. 1 Satz 1**

Nr. 2 des Einführungsgesetzes zum Bürgerlichen Gesetzbuche zu einem späteren als dem in Satz 1 oder Satz 2 genannten Zeitpunkt unterrichten darf.

(3) [1]**Die Widerrufsfrist beginnt, wenn dem Verbraucher eine den Anforderungen des § 360 Abs. 1 entsprechende Belehrung über sein Widerrufsrecht in Textform mitgeteilt worden ist.** [2]**Ist der Vertrag schriftlich abzuschließen, so beginnt die Frist nicht, bevor dem Verbraucher auch eine Vertragsurkunde, der schriftliche Antrag des Verbrauchers oder eine Abschrift der Vertragsurkunde oder des Antrags zur Verfügung gestellt wird.** [3]**Ist der Fristbeginn streitig, so trifft die Beweislast den Unternehmer.**

(4) [1]**Das Widerrufsrecht erlischt spätestens sechs Monate nach Vertragsschluss.** [2]**Diese Frist beginnt bei der Lieferung von Waren nicht vor deren Eingang beim Empfänger.** [3]**Abweichend von Satz 1 erlischt das Widerrufsrecht nicht, wenn der Verbraucher nicht entsprechend den Anforderungen des § 360 Abs. 1 über sein Widerrufsrecht in Textform belehrt worden ist, bei Fernabsatzverträgen über Finanzdienstleistungen ferner nicht, wenn der Unternehmer seine Mitteilungspflichten gemäß Artikel 246 § 2 Abs. 1 Satz 1 Nr. 1 und Satz 2 Nr. 1 bis 3 des Einführungsgesetzes zum Bürgerlichen Gesetzbuche nicht ordnungsgemäß erfüllt hat.**

1. Rechtsnatur. Das Widerrufsrecht des Verbrauchers ist ein besonders ausgestaltetes gesetzliches Rücktrittsrecht. Mit seiner Ausübung tritt an die Stelle des zunächst wirksamen Vertrags ex nunc ein Abwicklungsverhältnis (*Palandt-Grüneberg* § 357 Rz 2). § 355 ist mit Wirkung zum 11. 6. 2010 übersichtlicher geworden: Abs 1 regelt das Widerrufsrecht und seine Ausübung, Abs 2 die Länge der Widerrufsfrist, Abs 3 den Beginn der Widerrufsfrist und Abs 4 das Erlöschen des Widerrufsrechts. 1

2. Abweichend von der allgemeinen Regel des § 130 I 1 genügt zur Wahrung der **14-tägigen Widerrufsfrist** die rechtzeitige Absendung des Widerrufs (Abs 1 S 2). Nach Abs 2 S 2 steht bei Fernabsatzverträgen eine unverzüglich (§ 121 I 1) nach Vertragsschluss in Textform mitgeteilte Widerrufsbelehrung einer solchen bei Vertragsschluss gleich, wenn eine Unterrichtung nach Art 246 § 1 Nr 10 EGBGB durch den Unternehmer erfolgt ist. Die Regelung trägt den Umständen bei Internetauktionen Rechnung, bei denen vor Vertragsschluss, zu dem es mit Ablauf der für die jeweilige Versteigerung bestimmten Zeit kommt, eine individuelle Belehrung des (bis zu diesem Zeitpunkt) unbekannten Vertragspartners ausscheidet (RegBegr BT-Drucks 16/11643, 70). Der Unternehmer belehrt unverzüglich nur dann, wenn er die erste ihm zumutbare Möglichkeit ergreift, um dem Verbraucher die Widerrufsbelehrung in Textform mitzuteilen. Soweit er nicht spätestens am Tag nach dem Vertragsschluss die Widerrufsbelehrung auf den Weg bringt, erfolgt die Unterrichtung nicht mehr unverzüglich (*MüKo-Wendehorst,* § 312c Rz 128). **b)** Erfolgt die Belehrung nach den in Abs 2 S 1 und 2 genannten Zeitpunkten, beträgt die Widerrufsfrist einen Monat (Abs 2 S 3). Dies gilt auch dann, wenn Art 246 § 2 I 1 Nr 1 u 2 EGBGB die Unterrichtung zu einem späteren Zeitpunkt zulässt, Abs 2 S 4. Der Fristbeginn setzt nach Abs 3 eine Belehrung des Verbrauchers gem § 360 I voraus. Eine Widerrufsbelehrung, die dem Verbraucher vor Abgabe seiner Willenserklärung erteilt wird, ist unwirksam, da sich die Belehrung auf eine konkrete Erklärung des Verbrauchers beziehen muss, um ihm seine Rechte zu verdeutlichen (BGH NJW 2002, 3396, 3398). Wie sich aus der besonderen Anordnung des § 312d II ergibt, ist der **Vertragsschluss** hingegen keine Voraussetzung für den Fristbeginn (BGH NJW 2010, 3503). Im Falle eines (widerruflichen) Schuldbeitritts beginnt die Widerrufsfrist für den Beitretenden (frühestens) bei Abgabe seiner Beitrittserklärung (vgl BGHZ 133, 220). 2

3. Die **Sechs-Monats-Frist** des Abs 4 S 1 führt nur selten zum **Erlöschen** des Widerrufsrechts. Denn gemäß Abs 4 S 3 ist das Widerrufsrecht in Abweichung von 3

S 1 unbefristet, wenn der Unternehmer den Verbraucher nicht oder nicht den Anforderungen des § 360 I entsprechend über sein Widerrufsrecht belehrt hat. Abs 4 S 3 statuiert für Fernabsatzverträge speziell über Finanzdienstleistungen eine weitere Ausnahme von Abs 4 S 1. Einen besonderen Erlöschensgrund enthält für Fernabsatzverträge über Dienstleistungen aller Art § 312d III.

§ 356. Rückgaberecht bei Verbraucherverträgen

(1) [1]**Das Widerrufsrecht nach § 355 kann, soweit dies ausdrücklich durch Gesetz zugelassen ist, beim Vertragsschluss auf Grund eines Verkaufsprospekts im Vertrag durch ein uneingeschränktes Rückgaberecht ersetzt werden.** [2]**Voraussetzung ist, dass**

1. **im Verkaufsprospekt eine den Anforderungen des § 360 Abs. 2 entsprechende Belehrung über das Rückgaberecht enthalten ist und**
2. **der Verbraucher den Verkaufsprospekt in Abwesenheit des Unternehmers eingehend zur Kenntnis nehmen konnte.**

(2) [1]**Das Rückgaberecht kann innerhalb der Widerrufsfrist, die jedoch nicht vor Erhalt der Sache beginnt, und nur durch Rücksendung der Sache oder, wenn die Sache nicht als Paket versandt werden kann, durch Rücknahmeverlangen ausgeübt werden.** [2]**Im Übrigen sind die Vorschriften über das Widerrufsrecht entsprechend anzuwenden.** [3]**An die Stelle von § 360 Abs. 1 tritt § 360 Abs. 2.**

1 **1.** Unter den Voraussetzungen des Abs 1 kann das Widerrufsrecht im Verbrauchervertrag durch ein (im Versandhandel übliches) **Rückgaberecht** ersetzt werden. Eine ausdrückliche gesetzliche Zulassung der Ersetzung findet sich in §§ 312 I 2, 312d I 2, 508 I. Verkaufsprospekte sind Kataloge (auch im Internet), Postwurfsendungen, Disketten und auch Inserate, soweit sie alle erforderlichen Angaben enthalten (*Palandt-Grüneberg* Rz 4).

2 **2.** Die **Rechtsnatur** des Rückgaberechts entspricht derjenigen des Widerrufsrechts (vgl § 355 Rz 1). Aufgrund des umfassenden Verweises in Abs 2 S 2 auf das Widerrufsrecht beginnt die Rückgabefrist nicht, bevor der Verbraucher eine den Anforderungen des § 360 II entsprechende Belehrung über sein Rückgaberecht in Textform erhalten hat (§ 355 III 1), jedoch nicht vor Erhalt der Sache, Abs 2 S 1. Das Rückgaberecht kann gemäß Abs 2 S 1 grds nur durch **Rücksendung der Ware,** hilfsweise durch Rücknahmeverlangen ausgeübt werden. Ist die Rückgabe unmöglich, so lebt das Widerrufsrecht des § 355 wieder auf (*Otte/Kapitza* ZGS 2004, 54).

§ 357. Rechtsfolgen des Widerrufs und der Rückgabe

(1) [1]**Auf das Widerrufs- und das Rückgaberecht finden, soweit nicht ein anderes bestimmt ist, die Vorschriften über den gesetzlichen Rücktritt entsprechende Anwendung.** [2]**§ 286 Abs. 3 gilt für die Verpflichtung zur Erstattung von Zahlungen nach dieser Vorschrift entsprechend; die dort bestimmte Frist beginnt mit der Widerrufs- oder Rückgabeerklärung des Verbrauchers.** [3]**Dabei beginnt die Frist im Hinblick auf eine Erstattungsverpflichtung des Verbrauchers mit Abgabe dieser Erklärung, im Hinblick auf eine Erstattungsverpflichtung des Unternehmers mit deren Zugang.**

(2) [1]**Der Verbraucher ist bei Ausübung des Widerrufsrechts zur Rücksendung verpflichtet, wenn die Sache durch Paket versandt werden kann.** [2]**Kosten und Gefahr der Rücksendung trägt bei Widerruf und Rückgabe der Unternehmer.** [3]**Wenn ein Widerrufsrecht nach § 312d Abs. 1 Satz 1 besteht, dürfen dem Verbraucher die regelmäßigen Kosten der Rücksendung vertraglich auferlegt werden, wenn der Preis der zurückzusendenden Sache einen Betrag von 40 Euro nicht übersteigt oder wenn bei einem höheren Preis der Sache der Verbraucher**

die Gegenleistung oder eine Teilzahlung zum Zeitpunkt des Widerrufs noch nicht erbracht hat, es sei denn, dass die gelieferte Ware nicht der bestellten entspricht.

(3) **Der Verbraucher hat abweichend von § 346 Absatz 2 Satz 1 Nummer 3 Wertersatz für eine Verschlechterung der Sache zu leisten**

1. soweit die Verschlechterung auf einen Umgang mit der Sache zurückzuführen ist, der über die Prüfung der Eigenschaften und der Funktionsweise hinausgeht, und

2. wenn er spätestens bei Vertragsschluss in Textform auf diese Rechtslage hingewiesen worden ist.

[2]**Bei Fernabsatzverträgen steht ein unverzüglich nach Vertragsschluss in Textform mitgeteilter Hinweis einem solchen bei Vertragsschluss gleich, wenn der Unternehmer den Verbraucher rechtzeitig vor Abgabe von dessen Vertragserklärung in einer dem eingesetzten Fernkommunikationsmittel entsprechenden Weise über die Wertersatzpflicht und eine Möglichkeit zu ihrer Vermeidung unterrichtet hat. § 346 Absatz3 Satz 1 Nummer 3 ist nicht anzuwenden, wenn der Verbraucher über sein Widerrufsrecht ordnungsgemäß belehrt worden ist oder hiervon anderweitig Kenntnis erlangt hat.**

(4) **Weitergehende Ansprüche bestehen nicht.**

1. Die **Rechtsfolgen** des Widerrufs und der Rückgabe richten sich gemäß Abs 1 S 1 grds nach den §§ 346ff und nicht nach §§ 812ff. Der zunächst wirksame Vertrag wandelt sich mit Wirkung ex nunc in ein Rückabwicklungsverhältnis um (vgl § 346 Rz 3). Empfangene Leistungen müssen gem § 346 I zurückgewährt und die gezogenen Nutzungen herausgegeben werden. Dabei soll aber § 346 II 2 HS 1 BGB nicht zu Lasten des widerrufsberechtigten Verbrauchers Anwendung finden. Maßgeblich für die Bemessung des Wertersatzes ist nicht das vertraglich vereinbarte Entgelt, sondern der objektive Wert der Unternehmerleistung, soweit dieser das vereinbarte Entgelt nicht übersteigt. Diese Auslegung gebietet das Erfordernis eines effektiven Widerrufsrechts (BGH NJW 2010, 2868 Nr 24ff). Zahlungen sind gemäß der in Abs 1 S 2 ausgesprochenen Verweisung auf § 286 III innerhalb von 30 Tagen zu erstatten, und zwar sowohl vom Verbraucher (zB erhaltene Finanzdienstleistungen) als auch vom Unternehmer (Entgelte aus dem Verbrauchervertrag), wobei der Fristbeginn für beide gemäß Abs 1 S 3 differiert. Bei Fernabsatzverträgen über Finanzdienstleistungen hat der Verbraucher – abweichend von Abs 1 – Wertersatz für die erbrachte Dienstleistung nur unter den Voraussetzungen des § 312d VI zu leisten. 1

2. In **Abs 2** wird die Verpflichtung zur **Rücksendung** detailliert geregelt. Die Kosten trägt nach Abs 2 S 2 grds der Unternehmer. Bei Fernabsatzverträgen dürfen sie dem Verbraucher unter den Voraussetzungen des Abs 2 S 3 vertraglich auferlegt werden. Bezüglich der Hinsendekosten entschied der BGH nach Vorlage an den EuGH gem Art 267 AEUV, dass § 312d I iVm § 357 I 1 und § 346 I richtlinienkonform dahingehend auszulegen sind, dass vom Verbraucher an den Verkäufer gezahlte Hinsendekosten nach dem Widerruf eines Fernabsatzgeschäftes zurückgewährt werden müssen. Dies ergebe sich zwar nicht unmittelbar aus dem deutschen Recht, da die Hinsendekosten nicht unter die im Rahmen der Rückgewährpflicht des § 346 I auszugleichenden Vertragskosten fallen. Eine nationale Regelung, die dem Verbraucher die Kosten des Widerrufs auferlegt, liefe jedoch nach Ansicht des EuGH dem Ziel der Fernabsatz-RL, den Verbraucher nicht von seinem Widerrufsrecht abzuhalten, zuwider (BGH NJW 2010, 2651 Nr 9ff im Anschluss an EuGH NJW 2010, 1941). 2

3. Die **Haftungserschwerung** gegenüber einem Rücktrittsschuldner in **Abs 3 S 1 und 3** (Abweichungen von § 346 II 1 Nr 3 und III 1 Nr 3; s § 346 Rz 11) dient als Ausgleich dafür, dass der Verbraucher sein Widerrufs- oder Rückgaberecht unabhän- 3 gig von einer Vertragsverletzung des Unternehmers, wie sie bei einer Rücktrittserklärung vorausgesetzt wäre, geltend machen kann (vgl RegBegr BT-Drucks 14/6040, 199f). Der 2011 in Übereinstimmung mit § 312e (zum Wertersatz für Nutzungen, s dort) neu formulierte Abs 3 S 1 Nr 1 entlastet den Verbraucher – neben dem Belehrungserfordernis in S 1 Nr 2 – vom Wertersatz, soweit **Verschlechterungen** darauf beruhen, dass der Verbraucher die gekaufte Ware lediglich untersucht und ausprobiert hat (BGH NJW 2011, 56 Nr 21). Die Prüfung umfasst bei Möbeln bspw das Auspacken und Aufbauen, bei einem Wasserbett das Befüllen mit Wasser (BGH aaO). Abs 3 S 2 stellt für Fernabsatzgeschäfte über eine Internetauktionsplattform sicher, dass der Verkäufer dem Käufer gegenüber seine Hinweispflichten erfüllen kann, obwohl er ihn bis zum Vertragsschluss bei Beendigung der Auktion nicht kennt (vgl § 355 Rz 2).

4 **4. Abs 4** schließt weitergehende Ansprüche gegen den Verbraucher aus, namentlich Schadensersatzansprüche aus §§ 280 und 823 oder Bereicherungsansprüche aus § 812. Da Abs 4 nur den Verbraucher schützen will, bleiben dessen eigene Schadensersatzansprüche aus Vertrag, c. i. c. und Delikt unberührt, die sich unabhängig vom Widerrufsrecht aus dem Verhalten des Unternehmers beim Vertragsschluss ergeben (*Palandt-Grüneberg* Rz 16).

§ 358. Verbundene Verträge

(1) **Hat der Verbraucher seine auf den Abschluss eines Vertrags über die Lieferung einer Ware oder die Erbringung einer anderen Leistung durch einen Unternehmer gerichtete Willenserklärung wirksam widerrufen, so ist er auch an seine auf den Abschluss eines mit diesem Vertrag verbundenen Darlehensvertrags gerichtete Willenserklärung nicht mehr gebunden.**

(2) Hat der Verbraucher seine auf den Abschluss eines Verbraucherdarlehensvertrags gerichtete Willenserklärung auf Grund des § 495 Absatz 1 wirksam widerrufen, so ist er auch an seine auf den Abschluss eines mit diesem Verbraucherdarlehensvertrag verbundenen Vertrags über die Lieferung einer Ware oder die Erbringung einer anderen Leistung gerichtete Willenserklärung nicht mehr gebunden.

(3) [1]**Ein Vertrag über die Lieferung einer Ware oder die Erbringung einer anderen Leistung und ein Darlehensvertrag gemäß Absatz 1 oder 2 sind verbunden, wenn das Darlehen ganz oder teilweise der Finanzierung des anderen Vertrags dient und beide Verträge eine wirtschaftliche Einheit bilden.** [2]**Eine wirtschaftliche Einheit ist insbesondere anzunehmen, wenn der Unternehmer selbst die Gegenleistung des Verbrauchers finanziert, oder im Falle der Finanzierung durch einen Dritten, wenn sich der Darlehensgeber bei der Vorbereitung oder dem Abschluss des Darlehensvertrags der Mitwirkung des Unternehmers bedient.** [3]**Bei einem finanzierten Erwerb eines Grundstücks oder eines grundstücksgleichen Rechts ist eine wirtschaftliche Einheit nur anzunehmen, wenn der Darlehensgeber selbst das Grundstück oder das grundstücksgleiche Recht verschafft oder wenn er über die Zurverfügungstellung von Darlehen hinaus den Erwerb des Grundstücks oder grundstücksgleichen Rechts durch Zusammenwirken mit dem Unternehmer fördert, indem er sich dessen Veräußerungsinteressen ganz oder teilweise zu Eigen macht, bei der Planung, Werbung oder Durchführung des Projekts Funktionen des Veräußerers übernimmt oder den Veräußerer einseitig begünstigt.**

(4) [1]**§ 357 gilt für den verbundenen Vertrag entsprechend; § 312e gilt entsprechend, wenn für den verbundenen Vertrag ein Widerrufsrecht gemäß § 312d besteht oder bestand.** [2]**Im Falle des Absatzes 1 sind jedoch Ansprüche auf Zah-**

lung von Zinsen und Kosten aus der Rückabwicklung des Darlehensvertrags gegen den Verbraucher ausgeschlossen. [3]Der Darlehensgeber tritt im Verhältnis zum Verbraucher hinsichtlich der Rechtsfolgen des Widerrufs oder der Rückgabe in die Rechte und Pflichten des Unternehmers aus dem verbundenen Vertrag ein, wenn das Darlehen dem Unternehmer bei Wirksamwerden des Widerrufs oder der Rückgabe bereits zugeflossen ist.

(5) **Die erforderliche Belehrung über das Widerrufs- oder Rückgaberecht muss auf die Rechtsfolgen nach den Absätzen 1 und 2 hinweisen.**

1. Allgemeines. Die §§ 358, 359 sollen den Verbraucher vor den besonderen Gefahren schützen, die sich aus der Aufspaltung eines wirtschaftlich einheitlichen Geschäfts in einen Erwerbsvertrag und einen Darlehensvertrag ergeben. Deshalb erstrecken Abs 1 u 2 den Widerruf des einen Vertrags auf den anderen Vertrag **(Widerrufsdurchgriff),** während § 359 es dem Verbraucher ermöglicht, Einwendungen aus dem Liefervertrag auch dem Darlehensgeber entgegen zu halten **(Einwendungsdurchgriff).** 1

2. Voraussetzungen. a) Gemeinsame Anwendungsvoraussetzung der §§ 358, 359 ist das Vorliegen von **verbundenen Verträgen** iSd Abs 3. Eine solche Verbindung liegt vor, wenn der Vertrag über die Lieferung einer Ware oder die Erbringung einer anderen Leistung gemeinsam mit einem anderen Vertrag zur Finanzierung dieses Geschäftes eine wirtschaftliche Einheit bildet. Als wichtigste Anwendungsfälle nennt Abs 3 S 2 die, dass der Unternehmer selbst die Finanzierung übernimmt oder dem Verbraucher ein Darlehen vermittelt. Ein verbundenes Geschäft liegt auch dann vor, wenn der Unternehmer sich eines vom Verkäufer eingeschalteten Vermittlers bedient und er von dessen Zusammenwirken mit dem Verkäufer positive Kenntnis hat. Der positiven Kenntnis ist das treuwidrige Verschließen vor dieser Kenntnis gleichzustellen (BGH NJW 2007, 3200 Nr 19). Der Anwendungsbereichs wird durch § 359 a I, II erweitert. 2

b) Abs 1 einerseits und Abs 2 andereseits beziehen sich auf unterschiedliche **Arten von Darlehen**. Abs 2 verlangt mit der Bezugnahme auf das Widerrufsrecht des § 495 ein Verbraucherdarlehen iSv § 491. Für Abs 1 genügt jegliches Darlehen, wodurch auch solche Darlehen eines Verbrauchers erfasst werden, die nach § 491 II vom Anwendungsbereich des Verbraucherdarlehens ausgenommen sind, insbesondere Bagatelldarlehen unter 200 Euro (s § 491 Rz 2). Beachte ferner § 359 a III, IV. 3

3. Der **Widerrufsdurchgriff** (s Rz 1) führt nach **Abs 4** dazu, dass schon infolge des Widerrufs eines Geschäftes beide verbundenen Geschäfte nach § 357 (s dort) rückabzuwickeln sind (Rückabwicklungsgleichlauf). **a)** Ist der verbundene Vertrag ein **Fernabsatzvertrag**, so stellt **Abs 4 S 1 HS 2** klar, dass der Nutzungsersatz durch § 312 e begrenzt wird. **b) Abs 4 S 2** geht auf die Fernabsatz-RL (ABl 1997 Nr L 144, 19) zurück und betrifft ausschließlich verbundene Verträge im Anwendungsbereich des Abs 1 (RegBegr BT-Drucks 14/6040, 201). Für alle anderen Darlehensverträge gelten die allgemeinen Regelungen des § 357. **c) Abs 4 S 3** ermöglicht die einheitliche Rückabwicklung beider Verträge mit dem Darlehensgeber. Der Verbraucher soll nicht zunächst den Darlehensbetrag dem Darlehensgeber erstatten und sich seinerseits an den anderen Vertragspartner wegen der Rückzahlung des Leistungsentgelts halten müssen (RegBegr BT-Drucks 14/6040, 201). 4

4. Abs. 5 erweitert den Gegenstand der **Belehrungspflicht** darauf, auf den Umfang der Widerrufswirkungen hinzuweisen. Im übrigen gilt § 360, s dort. 5

5. Die **Rückabwicklung zwischen Darlehensgeber** und dem **anderen Vertragspartner** wird von der Vorschrift nicht geregelt, sondern richtet sich vorrangig nach etwaigen Vereinbarungen zwischen diesen Parteien. Fehlen derartige Vereinbarungen, können Rückgriffsansprüche im Wege einer Direktkondiktion auf § 812 I 1 gestützt werden (hM; vgl BGHZ 133, 254, 263 f; *Erman-Saenger* Rz 29). 6

§ 359. Einwendungen bei verbundenen Verträgen

[1]Der Verbraucher kann die Rückzahlung des Darlehens verweigern, soweit Einwendungen aus dem verbundenen Vertrag ihn gegenüber dem Unternehmer, mit dem er den verbundenen Vertrag geschlossen hat, zur Verweigerung seiner Leistung berechtigen würden. [2]Dies gilt nicht bei Einwendungen, die auf einer zwischen diesem Unternehmer und dem Verbraucher nach Abschluss des Verbraucherdarlehensvertrags vereinbarten Vertragsänderung beruhen. [3]Kann der Verbraucher Nacherfüllung verlangen, so kann er die Rückzahlung des Darlehens erst verweigern, wenn die Nacherfüllung fehlgeschlagen ist.

1 **1.** Zu **Zweck und Anwendungsvoraussetzungen** der Vorschrift s § 358 Rz 1.

2 **2.** Der **Einwendungsdurchgriff** gemäß S 1 schützt den Verbraucher davor, die Darlehenssumme zurückzahlen zu müssen, obwohl ihm im Rahmen des verbundenen Vertrags Leistungsverweigerungsrechte zustehen. Anders als der Widerrufsdurchgriff (§ 358) ist der Einwendungsdurchgriff nur vom mängelbehafteten Erwerbsgeschäft zum Finanzierungsgeschäft eröffnet, nicht aber umgekehrt.

3 **3.** Insbesondere bei Insolvenz des anderen Vertragspartners stellt sich die nicht ausdrücklich geregelte Frage, ob Störungen im verbundenen Vertragsverhältnis den Verbraucher auch dazu berechtigen, bereits bezahlte Darlehensraten vom Darlehensgeber zurückzufordern (sog **Rückforderungsdurchgriff;** dazu im Einzelnen *Fuchs* AcP 1999, 323ff). Es ist zu differenzieren: **a)** Sofern der verbundene Vertrag von Anfang an nichtig war, hat der Verbraucher gegen den Darlehensgeber einen Rückzahlungsanspruch aus § 813 I 1 (BGH NJW 2008, 845). **b)** Bei erst nachträglich entstandenen Einwendungen im Rahmen des verbundenen Vertrags (bspw Rücktritt wegen Mangelhaftigkeit der Kaufsache) greift § 813 I 1 nach überwiegender Auffassung nicht ein, da § 813 das Bestehen einer dauerhaften Einrede bereits im Zeitpunkt der Leistung voraussetzt (vgl *MüKo-Habersack* Rz 75; *Staudinger-St Lorenz* [2007] § 813 Rz 6ff). Ansprüche des Verbrauchers gegen den Darlehensgeber aus § 812 scheiden aus, da Störungen im verbundenen Vertragsverhältnis keine Nichtigkeit des Darlehensvertrags verursachen und dieser als Rechtsgrund für die Zahlung der Darlehensraten erhalten bleibt (keine Störung der Geschäftsgrundlage gem § 313; arg aus S 1). Auch ist ein Anspruch in Analogie zu § 358 IV 3 zu verneinen (BGH ZIP 2009, 2430 Nr 50ff; *MüKo-Habersack* Rz 75). So spricht gegen den Rückforderungsdurchgriff in dieser Konstellation, dass dem Verbraucher im Rahmen von verbundenen Verträgen anders als beim einfachen finanzierten Geschäft ein zweiter Rückgewährschuldner zur Verfügung gestellt würde. Eine solche Besserstellung entspricht nicht dem Normzweck der §§ 358ff: § 358 IV 3 schützt den Verbraucher nur davor, den Kredit zurückzahlen zu müssen, wenn er dem Erbringer der Leistung zugeflossen ist und dieser dem Verbraucher keine vertragsgemäße Gegenleistung erbracht hat (BGH aaO Nr 56; aA BGH NJW 2003, 2821, 2823f; *Bartels* ZGS 2009, 544, 547f).

§ 359a. Anwendungsbereich

(1) **Liegen die Voraussetzungen für ein verbundenes Geschäft nicht vor, ist § 358 Abs. 1 und 4 entsprechend anzuwenden, wenn die Ware oder die Leistung des Unternehmers aus dem widerrufenen Vertrag in einem Verbraucherdarlehensvertrag genau angegeben ist.**

(2) **Liegen die Voraussetzungen für ein verbundenes Geschäft nicht vor, ist § 358 Absatz 2 und 4 entsprechend auf Verträge über Zusatzleistungen anzuwenden, die der Verbraucher in unmittelbarem Zusammenhang mit dem Verbraucherdarlehensvertrag geschlossen hat.**

(3) **§ 358 Abs. 2, 4 und 5 sowie § 359 sind nicht anzuwenden auf Darlehensverträge, die der Finanzierung des Erwerbs von Finanzinstrumenten dienen.**

(4) **§ 359 ist nicht anzuwenden, wenn das finanzierte Entgelt weniger als 200 Euro beträgt.**

1. Die zum 11. 6. 2010 in Kraft getretende Vorschrift enthält in Abs 1 u 2 Erweiterungen und in Abs 3 u 4 Einschränkungen des Anwendungsbereichs von §§ 358, 359, die allesamt der Umsetzung der Verbraucherkredit-RL vom 23. 4. 2008 (ABl 2008 Nr L 133, 66) dienen. 1

2. Abs 1 bezieht sich auf **zweckbezogene Darlehen,** bei denen der Darlehensvertrag vorgibt, welche Waren oder Leistungen eines Unternehmers der Verbraucher mit dem Darlehen finanziert, auch wenn sich der Verbraucher die Person des Vertragspartners noch aussuchen darf. Dann liegt zwar kein verbundenes Geschäft nach § 358 III vor. Es ist aber § 358 I, IV anzuwenden, so dass der Widerruf des finanzierten Geschäfts auf das Darlehen durchgreift und die Rückabwicklung der Verträge § 358 IV folgt. Ein Einwendungsdurchgriff gem § 359 findet indessen nicht statt, wie auch der Widerruf des Darlehensvertrags den finanzierten Vertrag mangels Verweis auf § 358 II unberührt lässt. 2

3. Abs 2 betrifft **Zusatzverträge,** die zwar mit dem Darlehensvertrag keine wirtschaftliche Einheit bilden, aber eine direkte Verknüpfung mit diesem aufweisen. Beispiel ist ein Versicherungsvertrag zur Absicherung der finanzierten Summe. Dann greift infolge des Verweises auf § 358 II der Widerruf des Darlehensvertrags auf den Zusatzvertrag durch. Die Rückabwicklung folgt § 358 IV. 3

4. Ausnahmen. Finanzinstrumente (§ 1 XI KWG) unterliegen Preisschwankungen. Das daher mit ihrem Erwerb einhergehende Kursrisiko soll der Verbraucher nicht über den Widerruf des Darlehensvertrags abwälzen können. Entsprechend schließt Abs 3 die Anwendbarkeit von §§ 358f aus. Abs 4 schließt die Anwendung von § 359 auf Kleindarlehen (vgl § 491 I Nr 1) aus. 4

§ 360. Widerrufs- und Rückgabebelehrung

(1) [1]**Die Widerrufsbelehrung muss deutlich gestaltet sein und dem Verbraucher entsprechend den Erfordernissen des eingesetzten Kommunikationsmittels seine wesentlichen Rechte deutlich machen.** [2]**Sie muss Folgendes enthalten:**

1. **einen Hinweis auf das Recht zum Widerruf,**
2. **einen Hinweis darauf, dass der Widerruf keiner Begründung bedarf und in Textform oder durch Rücksendung der Sache innerhalb der Widerrufsfrist erklärt werden kann,**
3. **den Namen und die ladungsfähige Anschrift desjenigen, gegenüber dem der Widerruf zu erklären ist, und**
4. **einen Hinweis auf Dauer und Beginn der Widerrufsfrist sowie darauf, dass zur Fristwahrung die rechtzeitige Absendung der Widerrufserklärung oder der Sache genügt.**

(2) [1]**Auf die Rückgabebelehrung ist Absatz 1 Satz 1 entsprechend anzuwenden.** [2]**Sie muss Folgendes enthalten:**

1. **einen Hinweis auf das Recht zur Rückgabe,**
2. **einen Hinweis darauf, dass die Ausübung des Rückgaberechts keiner Begründung bedarf,**
3. **einen Hinweis darauf, dass das Rückgaberecht nur durch Rücksendung der Sache oder, wenn die Sache nicht als Paket versandt werden kann, durch Rücknahmeverlangen in Textform innerhalb der Rückgabefrist ausgeübt werden kann,**

4. den Namen und die ladungsfähige Anschrift desjenigen, an den die Rückgabe zu erfolgen hat oder gegenüber dem das Rücknahmeverlangen zu erklären ist, und

5. einen Hinweis auf Dauer und Beginn der Rückgabefrist sowie darauf, dass zur Fristwahrung die rechtzeitige Absendung der Sache oder des Rücknahmeverlangens genügt.

(3) [1]**Die dem Verbraucher gemäß § 355 Abs. 3 Satz 1 mitzuteilende Widerrufsbelehrung genügt den Anforderungen des Absatzes 1 und den diesen ergänzenden Vorschriften dieses Gesetzes, wenn das Muster der Anlage 1 zum Einführungsgesetz zum Bürgerlichen Gesetzbuche in Textform verwendet wird.** [2]**Die dem Verbraucher gemäß § 356 Abs. 2 Satz 2 in Verbindung mit § 355 Abs. 3 Satz 1 mitzuteilende Rückgabebelehrung genügt den Anforderungen des Absatzes 2 und den diesen ergänzenden Vorschriften dieses Gesetzes, wenn das Muster der Anlage 2 zum Einführungsgesetz zum Bürgerlichen Gesetzbuche in Textform verwendet wird.** [3]**Der Unternehmer darf unter Beachtung von Absatz 1 Satz 1 in Format und Schriftgröße von den Mustern abweichen und Zusätze wie die Firma oder ein Kennzeichen des Unternehmers anbringen.**

1 Die zum 11. 6. 2010 in Kraft getretende Vorschrift des § 360 fasst die Anforderungen an eine ordnungsgemäße Widerrufs- und Rückgabebelehrung zur besseren Übersichtlichkeit zusammen. Abs 3 übernimmt wörtlich § 14 Abs 1–3 BGB-InfoV und erhebt ihn und die Musterbelehrungen als Anhang zum EGBGB in den Rang eines formellen Gesetzes. Damit ist es den Gerichten zukünftig verwehrt, die Muster als unwirksam zu verwerfen und zugunsten des Verbrauchers von einer nicht ordnungsgemäßen Belehrung auszugehen. Es wird damit ein Schutz der Verwender bezweckt, die sich nunmehr auf die Richtigkeit der vom Gesetzgeber verfassten Muster verlassen können.

§ 361. *(weggefallen)*

Abschnitt 4. Erlöschen der Schuldverhältnisse

Vor § 362

1 Der 4. Abschnitt regelt Fälle des Erlöschens von Schuldverhältnissen durch Befriedigung des Gläubigers. **Andere Fälle des Erlöschens** sind zB Unmöglichkeit (§ 275), Zeitablauf (§ 163), Bedingungseintritt (§ 158 II), Verwirkung (§ 242 Rz 5). Das Erlöschen kann nach § 311 I auch **vertraglich vereinbart** werden, zB durch einen Aufhebungsvertrag oder durch Schuldersetzung (sog Novation), bei der die Parteien das alte durch ein neues Schuldverhältnis ersetzen (zu beidem näher *Palandt/Grüneberg* § 311 Rz 7 ff). Da Gläubiger und Schuldner verschiedene Personen sein müssen, erlischt das Schuldverhältnis auch, wenn sich Forderung und Schuld in einer Person vereinigen (sog **Konfusion;** zu Ausnahmen *Palandt/Grüneberg* Vor § 362 Rz 4; vgl zur sog Konsolidation § 889 Rz 1).

Titel 1. Erfüllung

§ 362. Erlöschen durch Leistung

(1) **Das Schuldverhältnis erlischt, wenn die geschuldete Leistung an den Gläubiger bewirkt wird.**

(2) **Wird an einen Dritten zum Zwecke der Erfüllung geleistet, so findet die Vorschrift des § 185 Anwendung.**

I. Voraussetzungen der Erfüllung

1. Bewirken der Leistung bedeutet Herbeiführen des **Leistungserfolges,** nicht 1
Vornahme der Leistungshandlung (zu dieser § 243 Rz 4). Letztere ist nur für die Rechtzeitigkeit der Leistung (Schuldnerverzug, § 286) und die Gefahrtragung (Konkretisierung, § 243 II) entscheidend, während der Anspruch mit Erfolgseintritt erlischt. Welcher Leistungserfolg geschuldet ist, ergibt sich aus dem Inhalt des Schuldverhältnisses, idR also aus dem Vertragstyp. Bsp: Erlöschen des Käuferanspruchs, wenn der Käufer Eigentum und Besitz an der mangelfreien Kaufsache erlangt hat (§ 433 I). Das Bewirken eines anderen als des geschuldeten Erfolges lässt den Anspruch nicht nach § 362 erlöschen, möglicherweise aber nach § 364 I (s dort). Bei **Geldschulden** bewirkt die Übereignung der entsprechenden Münzen und Scheine Erfüllung, aber auch die Überweisung von **Giralgeld** (vgl vor § 675c Rz 1ff), soweit der Gläubiger sich durch Aufdruck seines Kontos auf Briefen oder durch vorherige widerspruchslose Entgegennahme damit einverstanden erklärt hat (str, nach aA Leistung an Erfüllungs statt, § 364 I).

2. Die Leistung muss regelmäßig **an den Gläubiger** erfolgen, jedoch genügt ge- 2
mäß Abs 2 Leistung **an Dritte** in den Fällen des § 185, wobei insbesondere § 185 II wegen § 816 II bedeutsam ist. Ferner muss der Gläubiger die Leistung annehmen dürfen, sog **Empfangszuständigkeit.** Daran fehlt es, wenn der Gläubiger in der Verfügungsmacht beschränkt ist (arg §§ 362 II iVm 185; 1812) – wie zB der Erbe bei Testamentsvollstreckung (§ 2211) oder der Schuldner in der Insolvenz (§ 80 InsO) –, sowie bei Geschäftsunfähigkeit oder nur beschränkter Geschäftsfähigkeit des Gläubigers. Die Zahlung an einen **Minderjährigen** ohne Einwilligung des gesetzlichen Vertreters befreit also nicht von der Verbindlichkeit (vgl § 107 Rz 6).

3. § 362 sagt nicht, **wer** die Leistung **erbringen** muss; nach Maßgabe des § 267 3
können auch Dritte die Erfüllung herbeiführen.

4. In verschiedenen **Erfüllungstheorien** wird darum gestritten, ob die Erfüllung 4
weitere Tatbestandsmerkmale voraussetzt. **a)** Nach der insbesondere früher vertretenen **Vertragstheorie** bedarf es einer zusätzlichen Einigung der Parteien, dass die Schuld erlöschen solle (Verfügungsvertrag); die **modifizierte** Vertragstheorie fordert dies nur dann, wenn auch zur Herbeiführung des Leistungserfolges ein Vertrag (etwa Übereignung, § 433 I) erforderlich ist. **b)** Herrschend ist die sog **Theorie der realen Leistungsbewirkung** (BGH NJW 1991, 1294, 1295; *Larenz* SchR I § 18 I 4), die neben dem realen Tilgungsakt (Herbeiführung des Leistungserfolges) keine weiteren Anforderungen an die Erfüllung stellt. **c)** Auch die **Theorie der finalen Leistungsbewirkung** fordert keinen zusätzlichen Erfüllungsvertrag. Jedoch hält sie eine einseitige Zweckbestimmung des Schuldners für erforderlich, um die Leistung auf eine bestimmte Schuld zu beziehen (arg §§ 366 I, 367 II). **d) Stellungnahme.** Gegen die Vertragstheorien sprechen neben dem Wortlaut des § 362, der keinen Erfüllungsvertrag vorsieht, die §§ 366 I, 367 II, die von einer einseitigen Leistungsbestimmung ausgehen. Die unbeschränkte Vertragstheorie widerspricht ferner der natürlichen Anschauung, da sie auch bei einem bloßen Unterlassen als Leistungserfolg oder bei Leistung in Abwesenheit des Gläubigers einen Vertrag konstruieren muss. Auch aus §§ 362 II iVm 185, 1812 lässt sich nicht entnehmen, dass die Erfüllung eine (vertragliche) Verfügung über die Forderung ist, sondern nur, dass die Befugnis zur Entgegennahme des Leistungserfolges (Empfangszuständigkeit, oben Rz 2) der Verfügungsbefugnis folgt (*Larenz* SchR I § 18 I 4). Demgegenüber führt die Theorie der realen Leistungsbewirkung meist zu angemessenen Ergebnissen. Nur in den seltenen Fällen, in denen nicht schon aus den Fallumständen deutlich wird, auf welche von mehreren gleichartigen Schulden geleistet wird, erscheint es sinnvoll, zusätzlich eine Leistungsbestimmung zu fordern. Dass demgegenüber im Bereicherungsrecht zur Bestimmung des Rechtsgrundes einer

Leistung generell auf deren – anhand des Willens des Leistenden zu ermittelnden – Zweck abgestellt wird (vgl § 812 Rz 12f), bedeutet für die hM wegen des anderen Zusammenhangs, in dem das Zweckelement dort steht, keinen Widerspruch. Bei der Fallbearbeitung ist eine Stellungnahme zu dem Theorienstreit meist entbehrlich, da alle Theorien, wenn auch mit unterschiedlicher Begründung, regelmäßig zu demselben Ergebnis kommen (*Looschelders* AT Rz 402 mit Bsp).

II. Rechtsfolgen

5 **1.** Durch die Erfüllung **erlischt** das Schuldverhältnis im engeren Sinne, also nur der einzelne Anspruch (zB Ansprüche auf Kaufpreiszahlung, Eigentums- oder Besitzübertragung beim Kauf). Das Schuldverhältnis im weiteren Sinne mit seinen nachwirkenden Schutz- und Treuepflichten (zB Pflicht, auf nachträglich erkannte gefährliche Eigenschaften der Kaufsache hinzuweisen) und anderen Primär- oder Sekundärleistungspflichten (Begriff: Vor § 241 Rz 3) bleibt bis zu deren vollständiger Erfüllung bestehen. Als **rechtsvernichtende Einwendung** ist die Erfüllung im Prozess von Amts wegen zu beachten.

6 **2.** Mit Erfüllung erwirbt der Schuldner die Ansprüche auf Erteilung einer **Quittung** (§ 368) sowie auf **Rückgabe eines** etwa ausgestellten **Schuldscheines** (§ 371).

§ 363. Beweislast bei Annahme als Erfüllung

Hat der Gläubiger eine ihm als Erfüllung angebotene Leistung als Erfüllung angenommen, so trifft ihn die Beweislast, wenn er die Leistung deshalb nicht als Erfüllung gelten lassen will, weil sie eine andere als die geschuldete Leistung oder weil sie unvollständig gewesen sei.

§ 364. Annahme an Erfüllungs statt

(1) **Das Schuldverhältnis erlischt, wenn der Gläubiger eine andere als die geschuldete Leistung an Erfüllungs statt annimmt.**

(2) **Übernimmt der Schuldner zum Zwecke der Befriedigung des Gläubigers diesem gegenüber eine neue Verbindlichkeit, so ist im Zweifel nicht anzunehmen, dass er die Verbindlichkeit an Erfüllungs statt übernimmt.**

I. Allgemeines

1 Nimmt der Gläubiger eine **andere als die geschuldete Leistung** entgegen, so muss ermittelt werden, ob die Annahme an Erfüllungs statt oder nur erfüllungshalber erfolgte. Im ersten Fall erlischt die Forderung (Abs 1), durch die Annahme an Erfüllungs statt gibt der Gläubiger also eine Rechtsposition zugunsten einer neuen auf. Das ist nur anzunehmen, wenn er dies ausdrücklich erklärt oder wenn sich dieser Wille des Gläubigers aus den Umständen eindeutig ergibt. Nach der Auslegungsregel des Abs 2 liegt im Zweifel nur eine Leistung erfüllungshalber vor: Die ursprüngliche Forderung bleibt bestehen, es wird lediglich vereinbart, dass der Gläubiger zunächst versuchen soll, aus dem erfüllungshalber Geleisteten (etwa einem Scheck oder Wechsel) Befriedigung zu erlangen. Gelingt dies nicht (die bezogene Bank verweigert die Erfüllung des Schecks), so kann der Gläubiger wieder aus der ursprünglichen Forderung vorgehen.

II. Leistung an Erfüllungs statt (Abs 1)

2 **1.** Über den Wortlaut des Abs 1 hinaus kann die Befugnis des Schuldners zur Erbringung einer anderen Leistung an Erfüllungs statt auch bereits vor Bewirkung der Leistung vereinbart werden. Der Schuldner erhält in diesem Fall eine **Ersetzungsbefugnis.** Anders als bei der Leistung erfüllungshalber wird der Gläubiger unbeschränkter Vollrechtsinhaber des an Erfüllungs statt geleisteten Gegenstandes. Was er damit

anfängt, insbesondere ob er ihn zur Befriedigung seines ursprünglichen Leistungsinteresses verwertet oder ob er ihn etwa verderben lässt, steht also in seinem Belieben (*Medicus/Lorenz* SchR I Rz 288).

Bei der **Inzahlungnahme eines gebrauchten Pkw** durch den Verkäufer im Rahmen eines Neuwagenverkaufs liegt nach der Rspr ein einheitlicher Kaufvertrag mit Ersetzungsbefugnis des Käufers gem §§ 364, 365 vor (BGHZ 89, 126). Bei Mängeln am Neuwagen stehen dem Käufer die allgemeinen Rechte zu. Soweit er vom Vertrag gem §§ 437 Nr 2, 323 I zurücktritt, erhält er zum einen den bar gezahlten Kaufpreis zurück und zum anderen den in Zahlung gegebenen Altwagen. Allerdings kann der Käufer unter den Voraussetzungen des (großen) Schadensersatzes (§§ 437 Nr 3, 281 oder 283) statt der Herausgabe des Gebrauchtwagens den Verrechnungspreis verlangen. Bei Mangelhaftigkeit des Gebrauchtwagens steht es dem Verkäufer gem § 365 iVm §§ 437 Nr 2, 323 frei, den Rücktritt beschränkt auf die Erfüllungsverweigerung zu erklären (*Hk-Schulze* Rz 6). Regelmäßig wird die Abrede über die Inzahlunggabe allerdings konkludent einen Ausschluss der Mängelrechte enthalten. 3

2. Ist der an Erfüllungs statt hingegebene **Gegenstand mangelhaft** oder mit Rechten Dritter belastet, so verweist § 365 auf die Gewährleistung beim Kauf. Kann der Gläubiger danach Schadensersatz fordern (§ 365 iVm § 437 Nr 3), so ist der Schuldner wegen § 249 I zur Neubegründung der erloschenen ursprünglichen Forderung verpflichtet. Dasselbe ergibt sich aus der Pflicht zur Rückgewähr des Empfangenen (§ 346), wenn der Gläubiger zurücktritt (§ 365 iVm § 437 Nr 2). Bei Minderung (§ 365 iVm § 437 Nr 2) kann der Gläubiger nur in Höhe des Minderwertes Neubegründung verlangen (*Medicus/Lorenz* SchR I Rz 289). 4

III. Leistung erfüllungshalber

Vgl zunächst oben Rz 1. Da der ursprüngliche Anspruch bei der Leistung erfüllungshalber fortbesteht, bedarf es hier keiner dem § 365 entsprechenden Regelung: Schlägt der Erfüllungsversuch wegen Mangelhaftigkeit der Ersatzleistung fehl, so kann der Gläubiger wieder die geschuldete Leistung fordern. Bis dahin ist der Hauptanspruch nach hM gestundet; nach aA liegt nur ein Verzicht auf die Klagbarkeit vor (arg: ein etwa eingetretener Verzug soll nicht durch den Erfüllungsversuch unterbrochen werden). Rechtsstellung des Gläubigers an den ihm erfüllungshalber überlassenen Gegenständen: treuhänderische Vollrechtsübertragung (hM; *Palandt-Grüneberg* Rz 7). Bei bloßer Bevollmächtigung könnten andere Gläubiger des Schuldners in die Rechtsposition eingreifen. Zwischen Gläubiger und Schuldner besteht ein auftragsähnliches Rechtsverhältnis, kraft dessen der Gläubiger verpflichtet ist, mit verkehrsüblicher Sorgfalt zunächst Befriedigung aus der Ersatzleistung zu suchen. Bei übertragenen Forderungen ist er jedoch zu deren Einklagung nicht verpflichtet. 5

§ 365. Gewährleistung bei Hingabe an Erfüllungs statt

Wird eine Sache, eine Forderung gegen einen Dritten oder ein anderes Recht an Erfüllungs statt gegeben, so hat der Schuldner wegen eines Mangels im Recht oder wegen eines Mangels der Sache in gleicher Weise wie ein Verkäufer Gewähr zu leisten.

§ 366. Anrechnung der Leistung auf mehrere Forderungen

(1) **Ist der Schuldner dem Gläubiger aus mehreren Schuldverhältnissen zu gleichartigen Leistungen verpflichtet und reicht das von ihm Geleistete nicht zur Tilgung sämtlicher Schulden aus, so wird diejenige Schuld getilgt, welche er bei der Leistung bestimmt.**

(2) **Trifft der Schuldner keine Bestimmung, so wird zunächst die fällige Schuld, unter mehreren fälligen Schulden diejenige, welche dem Gläubiger geringere Sicherheit bietet, unter mehreren gleich sicheren die dem Schuldner lästigere, unter mehreren gleich lästigen die ältere Schuld und bei gleichem Alter jede Schuld verhältnismäßig getilgt.**

§ 367. Anrechnung auf Zinsen und Kosten

(1) **Hat der Schuldner außer der Hauptleistung Zinsen und Kosten zu entrichten, so wird eine zur Tilgung der ganzen Schuld nicht ausreichende Leistung zunächst auf die Kosten, dann auf die Zinsen und zuletzt auf die Hauptleistung angerechnet.**

(2) **Bestimmt der Schuldner eine andere Anrechnung, so kann der Gläubiger die Annahme der Leistung ablehnen.**

§ 368. Quittung

[1]**Der Gläubiger hat gegen Empfang der Leistung auf Verlangen ein schriftliches Empfangsbekenntnis (Quittung) zu erteilen.** [2]**Hat der Schuldner ein rechtliches Interesse, dass die Quittung in anderer Form erteilt wird, so kann er die Erteilung in dieser Form verlangen.**

§ 369. Kosten der Quittung

(1) **Die Kosten der Quittung hat der Schuldner zu tragen und vorzuschießen, sofern nicht aus dem zwischen ihm und dem Gläubiger bestehenden Rechtsverhältnis sich ein anderes ergibt.**

(2) **Treten infolge einer Übertragung der Forderung oder im Wege der Erbfolge an die Stelle des ursprünglichen Gläubigers mehrere Gläubiger, so fallen die Mehrkosten den Gläubigern zur Last.**

§ 370. Leistung an den Überbringer der Quittung

Der Überbringer einer Quittung gilt als ermächtigt, die Leistung zu empfangen, sofern nicht die dem Leistenden bekannten Umstände der Annahme einer solchen Ermächtigung entgegenstehen.

§ 371. Rückgabe des Schuldscheins

[1]**Ist über die Forderung ein Schuldschein ausgestellt worden, so kann der Schuldner neben der Quittung Rückgabe des Schuldscheins verlangen.** [2]**Behauptet der Gläubiger, zur Rückgabe außerstande zu sein, so kann der Schuldner das öffentlich beglaubigte Anerkenntnis verlangen, dass die Schuld erloschen sei.**

Titel 2. Hinterlegung

Vor § 372

I. Allgemeines

1 Die Hinterlegung ist ein **Erfüllungssurrogat**: Der Schuldner soll sich durch sie von seiner Schuld befreien können, wenn einer Leistungsbewirkung Hindernisse außerhalb seines Einflusses entgegenstehen (näher unten Rz 5). Die **privatrechtlichen Wirkungen** bestimmen §§ 372ff (unten Rz 6). Durch die Hinterlegung entsteht aber auch eine öffentlichrechtliche Verwahrung, das sog **Hinterlegungsverhältnis** (sogleich Rz 2), das durch die Hinterlegungsordnung (HinterlO, Schönfelder Nr 121) geregelt wird.

II. Das öffentlichrechtliche Hinterlegungsverhältnis

1. Begründung und Beteiligte. Der Schuldner stellt bei der Hinterlegungsstelle (Amtsgericht, § 1 II HinterlO) einen Antrag. Ausgehend von seinen Tatsachenangaben wird seine Berechtigung zur Hinterlegung (§ 372) geprüft. Wird sie bejaht, verfügt die Hinterlegungsstelle die Annahme (Verwaltungsakt, § 6 S 1 HinterlO) und nimmt die zu hinterlegende Sache in Gewahrsam. Dadurch wird das öffentlichrechtliche Hinterlegungsverhältnis begründet, dessen **Beteiligte** der Hinterleger (es sei denn, er verzichtet nach § 376 II Nr 1 auf die Rücknahme) sowie alle Personen sind, die nach dem Hinterlegungsantrag als *mögliche* Empfangsberechtigte in Frage kommen. 2

2. Stellung des Gläubigers. Dem *tatsächlichen* Gläubiger steht aus dem Hinterlegungsverhältnis ein **öffentlichrechtlicher Herausgabeanspruch** gegen die Hinterlegungsstelle zu. Allerdings kann dem Gläubiger sein Anspruch durch den Hinterleger entzogen werden, indem dieser die hinterlegte Sache zurücknimmt (§ 376 I) und dadurch das Hinterlegungsverhältnis rückwirkend vernichtet (§ 379 III). 3

3. Herausgabe an den Gläubiger. Die Herausgabeverfügung (§ 12 HinterlO) und Aushändigung der Sache an den Gläubiger erfolgen nur, wenn er seine Empfangsberechtigung nachweist (§ 13 HinterlO). Eine **Freigabeerklärung des Hinterlegers** (vgl § 13 HinterlO, § 380) ist erforderlich, wenn Zweifel an der Berechtigung des Gläubigers bestehen; ist nur ein einziger Empfangsberechtigter benannt worden, so liegt darin die Freigabebewilligung. Die Erklärung ist auch entbehrlich, wenn der Hinterleger auf die Rücknahme und damit auf seine Beteiligtenstellung verzichtet hat (§ 376 II Nr 1). Zur Abgabe einer erforderlichen Erklärung ist der Hinterleger nach § 380 verpflichtet; der Gläubiger kann notfalls auf Abgabe der Erklärung klagen. Die **Freigabeerklärung eines anderen Forderungsprätendenten** ist erforderlich, sofern er Beteiligter am Hinterlegungsverhältnis ist, dh vom Hinterleger als weiterer möglicher Empfangsberechtigter benannt worden ist (vgl oben Rz 2). Der Gläubiger kann auch ihn auf Abgabe der Erklärung verklagen; Anspruchsgrundlage ist § 812 I 1 Fall 2 (Eingriffskondiktion; vgl BGHZ 35, 165, 170). 4

III. Hinterlegungsgründe nach § 372

Nach § 372 berechtigen zur Hinterlegung: (1) der **Annahmeverzug** des Gläubigers (§§ 293ff); (2) ein **Grund in der Person des Gläubigers** (zB unbekannter Aufenthalt; Geschäftsunfähigkeit oder beschränkte Geschäftsfähigkeit, solange noch ein gesetzlicher Vertreter fehlt); (3) eine **Ungewissheit über die Person des Gläubigers,** zB wenn die Forderung mehrfach abgetreten worden ist (vgl Vor § 398 Rz 9) oder die Übereignung der Mietsache und damit der Übergang des Mietverhältnisses (vgl § 566 I) möglicherweise unwirksam sind. Nicht „mit Sicherheit erfüllen" kann der Schuldner, wenn objektiv verständliche Zweifel bestehen, aus denen sich ergibt, dass es dem Schuldner nicht zugemutet werden kann, „auf eigene Gefahr" möglicherweise an den falschen Gläubiger zu zahlen (BGHZ 7, 302, 307). 5

IV. Privatrechtliche Wirkungen

1. Schuldrechtliche Wirkungen. a) Bei rechtmäßiger Hinterlegung, also wenn im Zeitpunkt der Hinterlegung der Schuldner zur Leistung berechtigt war, ein Hinterlegungsgrund (§ 372) tatsächlich vorlag und das Hinterlegungsverhältnis wirksam begründet worden ist: **aa) Übergang der Preisgefahr** nach § 379 II, dh bei Untergang oder Verschlechterung behält der Schuldner den Anspruch auf die Gegenleistung; ferner Befreiung von Nutzungsentschädigung und Verzinsung. **bb) Leistungsverweigerungsrecht** nach § 379 I: der hinterlegende Schuldner kann verlangen, dass der Gläubiger Befriedigung dadurch sucht, dass er seinen Herausgabeanspruch gegen 6 die Hinterlegungsstelle geltend macht. **cc) Erlöschen der Forderung** unter den Voraussetzungen der §§ 378, 376 II; dh im Verhältnis Gläubiger-Schuldner tritt rückwirkend auf den Zeitpunkt der Hinterlegung (vgl § 378 aE) Erfüllung ein.

7 **b) Bei unrechtmäßiger Hinterlegung:** Kein Übergang der Preisgefahr nach § 379 II. Kein Leistungsverweigerungsrecht nach § 379 I; übt der Schuldner ein solches gleichwohl aus und lässt sich der Gläubiger die von der Hinterlegungsstelle angenommene Sache aushändigen, so tritt Erfüllung ein (*Larenz* SchR I § 18 V c). Erfüllung nach § 378, wenn der Gläubiger die Hinterlegung nach § 376 II Nr 2 annimmt; ob die schuldbefreiende Wirkung auch hier rückwirkend eintritt, ist str (s *MüKo-Wenzel* § 378 Rz 4).

8 **2. Dingliche Wirkungen.** Sie ergeben sich nicht aus §§ 372ff, aber teilweise aus §§ 7, 9 HinterlO (zum folgenden *MüKo-Wenzel* § 372 Rz 17f mwN): **Geld** wird bei Übergabe an die Hinterlegungsstelle unmittelbarer Besitz des Landes und bei Herausgabe unmittelbarer Besitz des Gläubigers. Es wird mit der jeweiligen Übergabe nach § 929 S 1 übereignet. Für **andere Sachen** ist die Hinterlegungsstelle Besitzmittler. Der mittelbare Besitz bleibt zunächst beim Hinterleger und geht auf den tatsächlichen Gläubiger über, sobald dieser die Annahme der Hinterlegung erklärt (§ 376 II Nr 2). Übereignung nach § 929 S 2 (str), wobei der Schuldner mit der Hinterlegung ein Übereignungsangebot erklärt (ggf an den, den es angeht, vgl § 164 Rz 11), das der Gläubiger mit seinem Herausgabeantrag (§ 13 HinterlO) oder mit seiner Annahmeerklärung (§ 376 II Nr 2) annimmt.

§ 372. Voraussetzungen

[1] Geld, Wertpapiere und sonstige Urkunden sowie Kostbarkeiten kann der Schuldner bei einer dazu bestimmten öffentlichen Stelle für den Gläubiger hinterlegen, wenn der Gläubiger im Verzug der Annahme ist. [2] Das Gleiche gilt, wenn der Schuldner aus einem anderen in der Person des Gläubigers liegenden Grund oder infolge einer nicht auf Fahrlässigkeit beruhenden Ungewissheit über die Person des Gläubigers seine Verbindlichkeit nicht oder nicht mit Sicherheit erfüllen kann.

§ 373. Zug-um-Zug-Leistung

Ist der Schuldner nur gegen eine Leistung des Gläubigers zu leisten verpflichtet, so kann er das Recht des Gläubigers zum Empfang der hinterlegten Sache von der Bewirkung der Gegenleistung abhängig machen.

§ 374. Hinterlegungsort; Anzeigepflicht

(1) **Die Hinterlegung hat bei der Hinterlegungsstelle des Leistungsorts zu erfolgen; hinterlegt der Schuldner bei einer anderen Stelle, so hat er dem Gläubiger den daraus entstehenden Schaden zu ersetzen.**

(2) **[1] Der Schuldner hat dem Gläubiger die Hinterlegung unverzüglich anzuzeigen; im Falle der Unterlassung ist er zum Schadensersatz verpflichtet. [2] Die Anzeige darf unterbleiben, wenn sie untunlich ist.**

§ 375. Rückwirkung bei Postübersendung

Ist die hinterlegte Sache der Hinterlegungsstelle durch die Post übersendet worden, so wirkt die Hinterlegung auf die Zeit der Aufgabe der Sache zur Post zurück.

§ 376. Rücknahmerecht

(1) **Der Schuldner hat das Recht, die hinterlegte Sache zurückzunehmen.**

(2) **Die Rücknahme ist ausgeschlossen:**

1. wenn der Schuldner der Hinterlegungsstelle erklärt, dass er auf das Recht zur Rücknahme verzichte,
2. wenn der Gläubiger der Hinterlegungsstelle die Annahme erklärt,
3. wenn der Hinterlegungsstelle ein zwischen dem Gläubiger und dem Schuldner ergangenes rechtskräftiges Urteil vorgelegt wird, das die Hinterlegung für rechtmäßig erklärt.

§ 377. Unpfändbarkeit des Rücknahmerechts

(1) Das Recht zur Rücknahme ist der Pfändung nicht unterworfen.

(2) Wird über das Vermögen des Schuldners das Insolvenzverfahren eröffnet, so kann während des Insolvenzverfahrens das Recht zur Rücknahme auch nicht von dem Schuldner ausgeübt werden.

§ 378. Wirkung der Hinterlegung bei ausgeschlossener Rücknahme

Ist die Rücknahme der hinterlegten Sache ausgeschlossen, so wird der Schuldner durch die Hinterlegung von seiner Verbindlichkeit in gleicher Weise befreit, wie wenn er zur Zeit der Hinterlegung an den Gläubiger geleistet hätte.

§ 379. Wirkung der Hinterlegung bei nicht ausgeschlossener Rücknahme

(1) Ist die Rücknahme der hinterlegten Sache nicht ausgeschlossen, so kann der Schuldner den Gläubiger auf die hinterlegte Sache verweisen.

(2) Solange die Sache hinterlegt ist, trägt der Gläubiger die Gefahr und ist der Schuldner nicht verpflichtet, Zinsen zu zahlen oder Ersatz für nicht gezogene Nutzungen zu leisten.

(3) Nimmt der Schuldner die hinterlegte Sache zurück, so gilt die Hinterlegung als nicht erfolgt.

§ 380. Nachweis der Empfangsberechtigung

Soweit nach den für die Hinterlegungsstelle geltenden Bestimmungen zum Nachweis der Empfangsberechtigung des Gläubigers eine diese Berechtigung anerkennende Erklärung des Schuldners erforderlich oder genügend ist, kann der Gläubiger von dem Schuldner die Abgabe der Erklärung unter denselben Voraussetzungen verlangen, unter denen er die Leistung zu fordern berechtigt sein würde, wenn die Hinterlegung nicht erfolgt wäre.

§ 381. Kosten der Hinterlegung

Die Kosten der Hinterlegung fallen dem Gläubiger zur Last, sofern nicht der Schuldner die hinterlegte Sache zurücknimmt.

§ 382. Erlöschen des Gläubigerrechts

Das Recht des Gläubigers auf den hinterlegten Betrag erlischt mit dem Ablauf von 30 Jahren nach dem Empfang der Anzeige von der Hinterlegung, wenn nicht der Gläubiger sich vorher bei der Hinterlegungsstelle meldet; der Schuldner ist zur Rücknahme berechtigt, auch wenn er auf das Recht zur Rücknahme verzichtet hat.

§ 383. Versteigerung hinterlegungsunfähiger Sachen

(1) [1]Ist die geschuldete bewegliche Sache zur Hinterlegung nicht geeignet, so kann der Schuldner sie im Falle des Verzugs des Gläubigers am Leistungsort versteigern lassen und den Erlös hinterlegen. [2]Das Gleiche gilt in den Fällen des

§ 372 Satz 2, wenn der Verderb der Sache zu besorgen oder die Aufbewahrung mit unverhältnismäßigen Kosten verbunden ist.

(2) **Ist von der Versteigerung am Leistungsort ein angemessener Erfolg nicht zu erwarten, so ist die Sache an einem geeigneten anderen Orte zu versteigern.**

(3) [1]**Die Versteigerung hat durch einen für den Versteigerungsort bestellten Gerichtsvollzieher oder zu Versteigerungen befugten anderen Beamten oder öffentlich angestellten Versteigerer öffentlich zu erfolgen (öffentliche Versteigerung).** [2]**Zeit und Ort der Versteigerung sind unter allgemeiner Bezeichnung der Sache öffentlich bekannt zu machen.**

(4) **Die Vorschriften der Absätze 1 bis 3 gelten nicht für eingetragene Schiffe und Schiffsbauwerke.**

§ 384. Androhung der Versteigerung

(1) **Die Versteigerung ist erst zulässig, nachdem sie dem Gläubiger angedroht worden ist; die Androhung darf unterbleiben, wenn die Sache dem Verderb ausgesetzt und mit dem Aufschub der Versteigerung Gefahr verbunden ist.**

(2) **Der Schuldner hat den Gläubiger von der Versteigerung unverzüglich zu benachrichtigen; im Falle der Unterlassung ist er zum Schadensersatz verpflichtet.**

(3) **Die Androhung und die Benachrichtigung dürfen unterbleiben, wenn sie untunlich sind.**

§ 385. Freihändiger Verkauf

Hat die Sache einen Börsen- oder Marktpreis, so kann der Schuldner den Verkauf aus freier Hand durch einen zu solchen Verkäufen öffentlich ermächtigten Handelsmäkler oder durch eine zur öffentlichen Versteigerung befugte Person zum laufenden Preis bewirken.

§ 386. Kosten der Versteigerung

Die Kosten der Versteigerung oder des nach § 385 erfolgten Verkaufs fallen dem Gläubiger zur Last, sofern nicht der Schuldner den hinterlegten Erlös zurücknimmt.

Titel 3. Aufrechnung

Vor § 387

I. Allgemeines

1 **1. Funktionen.** Die Aufrechnung hat zwei Funktionen: Zum einen bewirkt sie als Erfüllungssurrogat das Erlöschen der Forderung, gegen die aufgerechnet wird (Hauptforderung): **Tilgungsfunktion.** Zum anderen erlangt der Aufrechnende ohne Klage und Zwangsvollstreckung unmittelbar Befriedigung für die Forderung, mit der er aufrechnet (Gegenforderung): **Vollstreckungsfunktion.** Diese ist insbesondere bedeutsam, wenn der Gläubiger der Hauptforderung zahlungsunfähig ist; trotz der Zahlungsunfähigkeit erlangt der Aufrechnende hier volle Befriedigung für seine Gegenforderung. Das gilt auch in der Insolvenz des Aufrechnungsgegners; jedenfalls dann, wenn die Aufrechnungslage bereits bei Eröffnung des Insolvenzverfahrens bestand (§§ 94ff InsO). Daher ist die Möglichkeit zur Aufrechnung eine vermögenswerte Rechtsposition, die nicht ohne weiteres entzogen werden darf, vgl §§ 390 S 2, 392, 406 (*Medicus/Lorenz* SchR I Rz 304).

2. Voraussetzungen. Als Gestaltungsrecht muss die Aufrechnung von einer der Parteien ausgeübt werden. **Prüfungsfolge** (wie bei allen Gestaltungsrechten): **a) Gestaltungsgrund:** Vorliegen einer Aufrechnungslage (unten Rz 3 ff). **b) Gestaltungserklärung:** Die Aufrechnungserklärung ist wie jede Rechtsgestaltung unwiderruflich und bedingungsfeindlich (§ 388 S 2). Zulässig ist aber die Erklärung der Aufrechnung im Prozess für den Fall, dass das Gericht die Hauptforderung für begründet halten sollte (sog Eventualaufrechnung); diese bloße Rechtsbedingung ist keine Bedingung iSd § 158. **c) Kein Ausschluss** des Gestaltungsrechts: zum Ausschluss der Aufrechnung unten Rz 8 ff. 2

II. Aufrechnungslage

Als Aufrechnungslage bezeichnet man das Gegenübertreten zweier gegenseitiger gleichartiger Ansprüche, wobei der Gegenanspruch durchsetzbar und der Hauptanspruch erfüllbar sein muss. 3

1. Gegenseitigkeit. Der Schuldner der Hauptforderung muss der Gläubiger der Gegenforderung und der Gläubiger des Hauptanspruchs der Schuldner des Gegenanspruchs sein (s § 387: „einander"). **Dritte** dürfen nicht gegen sie gerichtete Forderungen zwar grds erfüllen (§ 267); der vermögenswerte Vorteil der Aufrechnungslage (oben Rz 3) steht ihnen jedoch idR nicht zu. Indessen dürfen auch Dritte ausnahmsweise aufrechnen, wenn ihnen das Gesetz zum Schutz vor dem drohenden Verlust eines Rechts oder einer Rechtsposition ein Ablösungsrecht einräumt (zB §§ 268 II, 1142 II, 1150, 1249): Hier stehen sie dem Schuldner der Hauptforderung wertungsmäßig gleich. Eine Aufrechnung **gegen Dritte,** also gegen solche, die nicht Gläubiger der Hauptforderung sind, wird von einigen Vorschriften dann zugelassen, wenn der gute Glaube des Aufrechnenden hinsichtlich seiner Aufrechnungsmöglichkeit schutzwürdig ist: §§ 406, 409, 566 d. 4

2. Gleichartigkeit des Leistungsgegenstandes (s § 387). Haupt- und Gegenforderung müssen grds den gleichen Leistungsinhalt haben. Das ist bei Gattungsschulden denkbar, kommt aber idR nur bei Geldschulden vor. Auf die **unterschiedliche Höhe** der Forderungsbeträge kommt es nicht an (s § 389: „soweit"): Schuldet A dem B 100 Euro und B dem A 200 Euro, so können beide aufrechnen mit der Folge, dass nur noch B dem A 100 Euro leisten muss. Auch **unterschiedliche Leistungsorte** (§ 270) stehen nach § 391 I 1 einer Aufrechnung nicht im Wege. Anders als bei § 273 ist nicht erforderlich, dass die Forderungen aus demselben rechtlichen Verhältnis stammen. 5

3. Die **Gegenforderung** muss **durchsetzbar,** also fällig und einredefrei, sein (§ 390). Zum Ausschluss der Aufrechnung genügt wie bei § 273 das Bestehen einer Einrede; Geltendmachung ist nicht erforderlich. Steht beiden Parteien die Einrede aus § 320 zu, so können sie dennoch aufrechnen: Aufrechnung wirkt wie Leistung Zug um Zug. Auch eine zZt der Aufrechnungserklärung eingetretene Verjährung schließt die Aufrechnung nicht aus, wenn nur die Aufrechnungslage vorher einmal bestand (§ 215). 6

4. Erfüllbarkeit der Hauptforderung. IdR darf der aufrechnende Schuldner die Hauptforderung sofort, also auch vor Fälligkeit, erfüllen (§ 271 II, vgl dort Rz 1). 7

III. Ausschluss der Aufrechnung

1. Die Aufrechnung kann **durch Gesetz** ausgeschlossen sein. Hervorzuheben sind folgende Fälle: 8

a) Ist eine **Forderung von einem Dritten gepfändet,** so verbietet das Vollstreckungsgericht dem Gläubiger jede weitere Verfügung über sie (einschließlich der Einziehung), § 829 I 2 ZPO, und dem Schuldner die Zahlung an den Gläubiger, § 829 I 1 ZPO. Nach § 392 kann der Schuldner gegen die gepfändete Hauptforderung grds auch 9 nicht aufrechnen. Eine Ausnahme macht die Vorschrift für den Fall, dass die Aufrechnungslage bereits vor der Pfändung bestand: Dem Schuldner soll die Möglichkeit zur Aufrechnung nicht durch die Pfändung wieder genommen werden.

10 **b)** Stammt die **Hauptforderung aus einer unerlaubten Handlung,** so kann ihr Schuldner sich nach § 393 nicht durch Aufrechnung befreien. Wer aus Delikt Schadensersatz fordern kann, soll ohne langwierige Erörterung etwaiger Gegenansprüche zu seinem Recht kommen. Auf der anderen Seite kann der durch ein Delikt Geschädigte sich durch Aufrechnung befriedigen: Stammt der Gegenanspruch aus einer unerlaubten Handlung, so greift das Aufrechnungsverbot des § 393 nach Sinn und Wortlaut („Gegen …") nicht ein. Auch wenn der Hauptanspruch nur aus einer vorsätzlichen Vertragsverletzung resultiert, ist § 393 nicht einschlägig. Das Aufrechnungsverbot des § 393 gilt jedoch, wenn sich zwei Forderungen aus vorsätzlicher unerlaubter Handlung gegenüberstehen, die aus einem **einheitlichen Lebensverhältnis** (zB Prügelei) resultieren (BGH NJW 2009, 3508). Teilweise wird die Norm in der Lit wegen ihres Zwecks, Privatrache vorzubeugen, in solchen Fällen nicht angewandt (*Jauernig-Stürner* § 393 Rz 1) Dagegen spricht aber der klare Wortlaut und das Ziel, Rechtsunsicherheit zu verhindern (BGH aaO).

11 **c)** Ist eine (Haupt-)**Forderung unpfändbar,** um ihrem Gläubiger das Existenznotwendige zu belassen (vgl §§ 850 ff ZPO), so soll sie ihm auch nicht durch Aufrechnung entzogen werden können, § 394. Ausnahmen ergeben sich aus Treu und Glauben, zB wenn die Gegenforderung einer vorsätzlichen unerlaubten Handlung aus demselben Lebensverhältnis entstammt.

12 **2.** Ferner kann die Aufrechnung **vertraglich** ausgeschlossen sein; es genügt eine stillschweigende Vereinbarung. So enthalten manche Handelsklauseln Aufrechnungsverbote, zB „netto Kasse gegen Rechnung und Verladepapiere". Ein stillschweigender Aufrechnungsausschluss folgt in einigen Fällen aus der Natur des Schuldverhältnisses: Gibt eine Bank eine Garantie „auf erstes Anfordern" oder soll ein Grundstückskäufer den Kaufpreis beim Notar hinterlegen, so kann darin – je nach Lage des Falles – ein Aufrechnungsverbot liegen. Vertragliche Aufrechnungsverbote können jedoch nicht unbeschränkt vereinbart werden: Mit einer unbestrittenen oder rechtskräftig festgestellten Gegenforderung kann trotz entgegenstehender AGB (§ 309 Nr 3) oder Individualvereinbarung (BGH WM 1985, 684) aufgerechnet werden.

IV. Rechtsfolgen

13 Haupt- und Gegenforderung erlöschen nach § 389 rückwirkend auf den Eintritt der Aufrechnungslage. Verzugsfolgen (Schadensersatzpflicht, Gefahrtragung, Verzinsung) entfallen von diesem Zeitpunkt an.

V. Aufrechnungsvertrag

14 Statt durch einseitige Erklärung kann das Erlöschen der beiderseitigen Forderungen auch durch Vertrag bewirkt werden (im Bankrechtsverkehr alltäglich). Die Zulässigkeit des Aufrechnungsvertrags wird überwiegend auf den Grundsatz der **Vertragsfreiheit** (§ 311 I) gestützt; daher müssen die Voraussetzungen der einseitigen Aufrechnung nicht unbedingt vorliegen. Entbehrlich ist etwa die Fälligkeit der Forderungen sowie die Gegenseitigkeit, sofern nur jede Partei über die von ihr zur Aufrechnung gestellte Forderung verfügen kann. Str ist, ob auch ungleichartige Forderungen durch Vertrag aufgerechnet werden können (Näheres s *Staudinger-Gursky* [2006] Rz 68 ff).

§ 387. Voraussetzungen

Schulden zwei Personen einander Leistungen, die ihrem Gegenstand nach gleichartig sind, so kann jeder Teil seine Forderung gegen die Forderung des

anderen Teiles aufrechnen, sobald er die ihm gebührende Leistung fordern und die ihm obliegende Leistung bewirken kann.

§ 388. Erklärung der Aufrechnung

[1]Die Aufrechnung erfolgt durch Erklärung gegenüber dem anderen Teil. [2]Die Erklärung ist unwirksam, wenn sie unter einer Bedingung oder einer Zeitbestimmung abgegeben wird.

§ 389. Wirkung der Aufrechnung

Die Aufrechnung bewirkt, dass die Forderungen, soweit sie sich decken, als in dem Zeitpunkt erloschen gelten, in welchem sie zur Aufrechnung geeignet einander gegenübergetreten sind.

§ 390. Keine Aufrechnung mit einredebehafteter Forderung

Eine Forderung, der eine Einrede entgegensteht, kann nicht aufgerechnet werden.

§ 391. Aufrechnung bei Verschiedenheit der Leistungsorte

(1) **[1]Die Aufrechnung wird nicht dadurch ausgeschlossen, dass für die Forderungen verschiedene Leistungs- oder Ablieferungsorte bestehen. [2]Der aufrechnende Teil hat jedoch den Schaden zu ersetzen, den der andere Teil dadurch erleidet, dass er infolge der Aufrechnung die Leistung nicht an dem bestimmten Orte erhält oder bewirken kann.**

(2) **Ist vereinbart, dass die Leistung zu einer bestimmten Zeit an einem bestimmten Orte erfolgen soll, so ist im Zweifel anzunehmen, dass die Aufrechnung einer Forderung, für die ein anderer Leistungsort besteht, ausgeschlossen sein soll.**

§ 392. Aufrechnung gegen beschlagnahmte Forderung

Durch die Beschlagnahme einer Forderung wird die Aufrechnung einer dem Schuldner gegen den Gläubiger zustehenden Forderung nur dann ausgeschlossen, wenn der Schuldner seine Forderung nach der Beschlagnahme erworben hat oder wenn seine Forderung erst nach der Beschlagnahme und später als die in Beschlag genommene Forderung fällig geworden ist.

§ 393. Keine Aufrechnung gegen Forderung aus unerlaubter Handlung

Gegen eine Forderung aus einer vorsätzlich begangenen unerlaubten Handlung ist die Aufrechnung nicht zulässig.

§ 394. Keine Aufrechnung gegen unpfändbare Forderung

[1]Soweit eine Forderung der Pfändung nicht unterworfen ist, findet die Aufrechnung gegen die Forderung nicht statt. [2]Gegen die aus Kranken-, Hilfs- oder Sterbekassen, insbesondere aus Knappschaftskassen und Kassen der Knappschaftsvereine, zu beziehenden Hebungen können jedoch geschuldete Beiträge aufgerechnet werden.

§ 395. Aufrechnung gegen Forderungen öffentlich-rechtlicher Körperschaften

Gegen eine Forderung des Bundes oder eines Landes sowie gegen eine Forderung einer Gemeinde oder eines anderen Kommunalverbands ist die Aufrechnung nur zulässig, wenn die Leistung an dieselbe Kasse zu erfolgen hat, aus der die Forderung des Aufrechnenden zu berichtigen ist.

§ 396. Mehrheit von Forderungen

(1) [1]**Hat der eine oder der andere Teil mehrere zur Aufrechnung geeignete Forderungen, so kann der aufrechnende Teil die Forderungen bestimmen, die gegeneinander aufgerechnet werden sollen.** [2]**Wird die Aufrechnung ohne eine solche Bestimmung erklärt oder widerspricht der andere Teil unverzüglich, so findet die Vorschrift des § 366 Abs. 2 entsprechende Anwendung.**

(2) **Schuldet der aufrechnende Teil dem anderen Teil außer der Hauptleistung Zinsen und Kosten, so findet die Vorschrift des § 367 entsprechende Anwendung.**

Titel 4. Erlass

§ 397. Erlassvertrag, negatives Schuldanerkenntnis

(1) **Das Schuldverhältnis erlischt, wenn der Gläubiger dem Schuldner durch Vertrag die Schuld erlässt.**

(2) **Das Gleiche gilt, wenn der Gläubiger durch Vertrag mit dem Schuldner anerkennt, dass das Schuldverhältnis nicht bestehe.**

Abschnitt 5. Übertragung einer Forderung

Vor § 398

I. Allgemeines

1 **1. Bedeutung.** Abtretung ist die Übertragung einer Forderung von einem Gläubiger (Altgläubiger; **Zedent**) auf einen anderen (Neugläubiger; **Zessionar**) durch Vertrag (§ 398 S 1). Auch durch Gesetz („cessio legis“, zB §§ 268 III, 426 II, 774, 1143 I, 1225, 1249 BGB; § 86 I VVG; § 116 SGB X) oder durch Hoheitsakt (zB § 835 II ZPO) kann ein Wechsel auf der Gläubigerseite einer Forderung stattfinden; die Vorschriften über die Abtretung gelten entsprechend (§ 412). Die Mitwirkung oder auch nur die Benachrichtigung des Schuldners ist nicht erforderlich – die dadurch notwendigen Schuldnerschutzvorschriften enthalten die §§ 404ff (vgl Anm Vor § 404).

2 **2. Rechtsnatur.** Die Abtretung ist ein **abstrakter Verfügungsvertrag** (Begriff: *Palandt-Ellenberger* Vor § 104 Rz 16, 21) über die Forderung; daher ist die systematische Einordnung in das allgemeine Schuldrecht nicht überzeugend. Nach dem **Abstraktionsprinzip** ist das kausale Grundgeschäft (etwa Kauf, Schenkung, Auftrag oder eine Sicherungsabrede) grds von der Abtretung unabhängig; Mängel des Grundgeschäfts lassen die Wirksamkeit der Abtretung also unberührt. Jedoch können die Parteien die Abtretung durch das wirksame Zustandekommen des Grundgeschäfts bedingen; nach BGH NJW 1982, 275 soll die Abtretung bei der Sicherungszession sogar stillschweigend durch den Bestand der zu sichernden Forderung bedingt sein (dazu unten Rz 14).

II. Voraussetzungen (Prüfungsfolge)

3 **1. Einigung.** Zedent und Zessionar müssen über den Übergang der Forderung einig sein. Die Einigung muss sich auf eine hinreichend bestimmte Forderung beziehen, die zZt der Abtretung allerdings noch nicht zu bestehen braucht. Die Probleme der Bestimmtheit bei der Abtretung künftiger Forderungen treten nahezu ausschließlich im Zusammenhang mit der **Sicherungszession** auf; näher dazu unten Rz 14.

Die Einigung ist grds **formfrei.** Wichtige Ausnahmen bestehen für die Abtretung einer hypothekengesicherten Forderung (§ 1154), die Abtretung von GmbH-Anteilen (§ 15 III GmbHG) sowie im Wertpapierrecht. **4**

2. Abtretbarkeit der Forderung (zu künftigen Forderungen s unten Rz 16ff). **5**
a) Forderungen, die besonders **eng mit der Person des Gläubigers verknüpft** sind, bezeichnet das Gesetz bisweilen ausdrücklich als nicht übertragbar, so zB in §§ 473, 717.

b) Wenn die Leistung an einen anderen den **Leistungsinhalt verändern** würde, sind Forderungen gem § 399 Alt 1 nicht abtretbar. Das ist der Fall bei Abtretung höchstpersönlicher Rechte (zB Urlaubsanspruch, siehe auch oben Rz 5), bei anderen personengebundenen Rechten (zB Anspruch aus Vorvertrag auf Abschluss des Hauptvertrags) sowie bei akzessorischen Nebenrechten oder unselbständigen Hilfsrechten (zB Hypothek, Pfandrecht, Bürgschaft, Anspruch auf Rechnungslegung). **6**

c) Praktisch wichtiger Fall der Unabtretbarkeit einer Forderung ist gem § 399 Alt 2 der **vertragliche Abtretungsausschluss** („pactum de non cedendo"). Entgegen § 137 können die Parteien danach die Verfügung über eine Forderung mit **dinglicher Wirkung** ausschließen (anders aber, wenn die Forderung aus einem Handelsgeschäft stammt, § 354a HGB). Str ist, ob der Schuldner einen gleichwohl vorgenommenen Abtretungsversuch entsprechend § 185 I mit rückwirkender Kraft genehmigen kann (so die überwiegende Lit und BGHZ 40, 156) oder ob der Abtretungsausschluss nur durch einen ex-nunc wirkenden Aufhebungsvertrag rückgängig zu machen ist (so zB BGHZ 70, 299). Indessen führen die beiden Auffassungen oft zu gleichen Ergebnissen, weil nach der hM auch § 184 II entsprechend heranzuziehen ist: Danach bleiben zwischenzeitliche Verfügungen des Genehmigenden (Schuldners) wirksam; genehmigt der Schuldner bei doppelter Abtretung zunächst die zweite und dann die erste Zession, so bleibt die zuerst genehmigte (zweite) Abtretung trotz der Rückwirkung der zweiten Genehmigung wegen § 184 II wirksam (BGHZ 40, 156; vgl aber BGHZ 70, 299). **7**

d) Schließlich ist die Abtretbarkeit für **unpfändbare Forderungen** ausgeschlossen, § 400; beachte dazu die Pfändungsverbote der §§ 850ff ZPO. Was nicht gepfändet werden darf, soll eine Person auch nicht freiwillig durch Zession aufgeben dürfen. Ausnahme nach Sinn und Zweck des Verbots: Die Abtretung ist zulässig, wenn der Zedent wirtschaftlich Gleichwertiges als Gegenleistung erhält (Bsp: Abtretung von Lohnforderung an Streikunterstützung zahlende Gewerkschaft). **8**

3. Berechtigung des Zedenten. a) Der **Zedent** muss **Inhaber** der Forderung sein oder, bei der Vorausabtretung künftiger Forderungen (dazu unten Rz 16), ihr Inhaber werden. Dies ist namentlich problematisch bei der mehrfachen, vorweggenommenen (antizipierten) Sicherungsabtretung derselben künftigen Forderung; hier wird nach hM grds die frühere Verfügung wirksam **(Prioritätsprinzip);** Näheres unten Rz 18f, 22. **9**

b) Anders als bei der Verfügung über körperliche Gegenstände (nach §§ 932ff, 892f) können Forderungen grds nicht vom **Nichtberechtigten** erworben werden. Dies hat seinen Grund darin, dass bei Forderungen grds keine nach außen sichtbaren Anzeichen für Bestehen und Inhaberschaft („Rechtsscheinträger") vorhanden sind. Demgemäß gibt es **Ausnahmen** von dem nicht möglichen redlichen Erwerb vom Nichtberechtigten, wo solche Rechtsscheinträger vorliegen: so bei Abtretung unter Vorlage einer vom Schuldner nur zum Schein ausgestellten Schuldurkunde (§ 405) und nach § 2366 bei der Abtretung einer zum Nachlass gehörenden Forderung durch den Nicht-Erben, der im Besitz eines Erbscheins ist (sog „Erbscheinserbe"). Weitere Ausnahmen im Wertpapierrecht (vgl *Medicus/Lorenz* SchR II Rz 1054). **10**

III. Rechtsfolgen

11 **1.** Der neue Gläubiger tritt mit allen Rechten und Pflichten an die Stelle des alten (§ 398 S 2). Er erwirbt also vor allem das **Forderungsrecht.** Andererseits muss er sich alle Einwendungen entgegenhalten lassen, die dem Schuldner gegen den Altgläubiger zustanden (näher Anm Vor § 404).

12 **2.** Der Zessionar erwirbt mit der Abtretung automatisch alle von der Forderung abhängigen **(akzessorischen) Nebenrechte,** § 401. In § 401 I werden ausdrücklich nur genannt: Hypotheken, Schiffshypotheken, Pfandrechte, Bürgschaften. Es gehen aber auch andere akzessorische Rechte, insbesondere die aus einer **Vormerkung** (§§ 883 ff), automatisch mit der Forderung über (arg § 401 I analog). Etwas anderes gilt jedoch für die (nicht akzessorischen) **treuhänderischen Sicherungsrechte:** Sicherungsgrundschuld, Sicherungseigentum und Sicherungszession räumen dem Treuhänder eine Rechtsposition ein, die nur durch den Sicherungsvertrag mit der gesicherten Forderung verbunden ist (dazu unten Rz 14). Daher geht das Sicherungsrecht nicht automatisch mit der abgetretenen Forderung über. Aus dem der Abtretung zugrundeliegenden Grundgeschäft (etwa einem Forderungskauf) kann sich jedoch eine Verpflichtung des Zedenten zur Übertragung auch des Sicherungsrechts ergeben. Dann ist aus dem Sicherungsvertrag – meist durch Auslegung – zu entnehmen, ob der Zedent und Sicherungsnehmer gegenüber dem Sicherungsgeber zur Übertragung berechtigt ist (*Medicus/Lorenz* SchR I Rz 765). Neben den akzessorischen Sicherungsrechten gehen auch unselbständige **Hilfsrechte** mit der Abtretung über, zB ein Anspruch auf Auskunft und Rechnungslegung oder das Recht zur Fälligkeitskündigung (näher *Palandt-Grüneberg* § 401 Rz 4).

13 Haben der abtretende Gläubiger und der Zessionar die **isolierte** Abtretung der gesicherten Forderung vereinbart (§ 401 ist abdingbar), so ist hinsichtlich der akzessorischen Sicherungsrechte zu unterscheiden: Das Pfandrecht erlischt (§ 1250 II); das gilt nach § 1250 II analog auch für die Bürgschaft (BGHZ 115, 177; anders zB *Bydlinsky* ZIP 1989, 953, 957 ff). Eine Übertragung der gesicherten Forderung ohne die Hypothek ist dagegen nicht möglich (§ 1153 II ist zwingendes Recht).

IV. Sonderformen und Abgrenzung

14 **1.** Die **Sicherungsabtretung** erfolgt, um den Zessionar (Sicherungsnehmer) für einen dem Zedenten (Sicherungsgeber) gewährten Geld- oder Warenkredit zu sichern: Der Kreditschuldner überträgt dem Kreditgeber bereits bestehende oder künftige Forderungen gegen Dritte, aus denen sich der Kreditgeber (= Sicherungsnehmer) regelmäßig dann befriedigen darf, wenn der Kreditschuldner (= Sicherungsgeber) mit seinen Leistungen in Verzug gerät. Wann der Sicherungsnehmer aus den ihm übertragenen Forderungen vorgehen darf bzw wann er sie auf den Sicherungsgeber zurückzuübertragen hat, ergibt sich aus dem ausdrücklich oder stillschweigend geschlossenen **Sicherungsvertrag,** der damit gleichzeitig das Grundgeschäft für die Abtretung darstellt. Bis zum Eintritt des im Sicherungsvertrag festgelegten Sicherungsfalls ist im Zweifel der Zedent weiterhin zur Geltendmachung der Forderung und der vertraglichen Gestaltungsrechte (zB Mahnung, Fristsetzung) befugt (BGH NJW 2002, 1568). Nach der Rspr (etwa BGH NJW 1982, 275; NJW 1986, 977) soll der Sicherungsvertrag ferner im Zweifel so auszulegen sein, dass die Abtretung durch die Entstehung der gesicherten Forderung (etwa einer Darlehensforderung) aufschiebend und durch ihr Erlöschen auflösend bedingt ist. Damit wird zwar nicht die Abstraktion von Abtretung und Grundgeschäft (Sicherungsvertrag) aufgegeben, aber doch die Abtretung vom Bestand der gesicherten Forderung abhängig gemacht. In der Lit (etwa *Jauernig* NJW 1982, 268; vgl auch *Medicus/Lorenz* SchR I Rz 754) wird zT bezweifelt, dass der Sicherungsabrede eine solche stillschweigende Bedingung der Abtretung zu entnehmen

sei; bei Erfüllung oder Nichtentstehung der zu sichernden Forderung steht dem Sicherungsgeber nach diesen Autoren nur ein Anspruch auf Rückübertragung aus dem Sicherungsvertrag oder aus § 812 zu.

In der **Insolvenz** des Sicherungsgebers begründet die Sicherungsabtretung wegen ihres treuhänderischen Charakters nur ein Recht auf abgesonderte Befriedigung (§ 51 Nr 1 InsO); umgekehrt kann der Sicherungsgeber in der Insolvenz des Sicherungsnehmers aussondern (§ 47 InsO). In der **Einzelzwangsvollstreckung** hat die formale Rechtszuordnung nach hM größeres Gewicht: Bei einer Pfändung der sicherungshalber abgetretenen Forderung durch Gläubiger des Sicherungsgebers soll der Sicherungsnehmer gem § 771 ZPO widersprechen können (anders *MüKo-Roth* § 398 Rz 117). **15**

Hauptfälle der Sicherungsabtretung sind die **Globalzession,** bei der dem Sicherungsnehmer alle künftigen Geschäftsforderungen des Sicherungsgebers im Voraus abgetreten werden, und der **verlängerte Eigentumsvorbehalt** (dazu § 449 Rz 5ff). **a)** Nach ganz hM ist die sowohl beim verlängerten Eigentumsvorbehalt als auch bei der Globalzession stattfindende **Abtretung künftiger Forderungen** zulässig, soweit die künftige Forderung zurzeit der Abtretung nur hinreichend genau bestimmt wird (unten Rz 17). Arg: Wenn nach § 185 II 1 die Verfügung einer bestehenden Forderung durch einen Nichtberechtigten wirksam wird, wenn dieser sie erwirbt, so muss auch die Zession einer noch nicht bestehenden Forderung wirksam werden, wenn sie in der Person des verfügenden Zedenten entsteht (BGHZ 88, 205). Str ist, ob der Zedent die Forderung mit ihrem Entstehen für eine logische Sekunde erwirbt **(Durchgangserwerb)** oder ob sie in der Person des Zessionars entsteht **(Direkterwerb);** Näheres *Larenz* SchR I § 34 III. Der Streit wird indes nur bei Insolvenz des Zedenten bedeutsam, weil die §§ 399ff beim Direkterwerb entsprechend gelten. Ein Direkterwerb findet jedenfalls dann statt, wenn der Zedent bereits ein Anwartschaftsrecht (s § 929 Rz 10ff) hatte, das er auf den Zessionar übertragen konnte (§ 413; *Medicus/Lorenz* SchR I Rz 756). **16**

b) Wie für alle Verfügungen gilt auch für die Abtretung der (sachenrechtliche) **Bestimmtheitsgrundsatz:** Die abgetretene Forderung muss hinreichend bestimmt sein. Probleme resultieren daraus nur für die antizipierte (vorweggenommene) Sicherungsabtretung; die einzelnen abgetretenen Forderungen müssen **bestimmbar,** dh spätestens zZt ihrer Entstehung nach Höhe, Schuldner und Gegenstand zu individualisieren sein. Hinreichend bestimmt ist daher etwa die Abtretung aller Ansprüche des Zedenten gegen einen bestimmten Kundenkreis; zu unbestimmt dagegen die Abtretung „aller Ansprüche bis zu einem Wert von 50 000 Euro", wenn Schuldner und Gegenstand der Forderungen nicht näher erkennbar sind. **17**

c) Bei der **Globalzession,** also der Abtretung aller künftigen Ansprüche des Sicherungsgebers, treten zwar keine Schwierigkeiten mit der Bestimmtheit der abgetretenen Forderungen auf. Jedoch können Probleme durch Übersicherung entstehen (eine parallele Problematik stellt sich bei Sicherungsübereignungen von Warenlagern mit wechselndem Bestand; vgl § 930 Rz 8). **aa) Ursprüngliche Übersicherung** liegt vor, wenn bereits bei Vertragsschluss gewiss ist, dass im Verwertungsfall ein auffälliges Missverhältnis zwischen dem realisierbaren Wert der Sicherheit und der gesicherten Forderung bestehen wird. Der realisierbare Wert ist anhand der Marktverhältnisse im Falle der Insolvenz zu schätzen. Die anfängliche Übersicherung führt nach § 138 zur Nichtigkeit der Globalzession (Sicherungsübereignung), wenn deren Gesamtcharakter als sittenwidrig erscheint (BGH NJW 1998, 2047). **Fallgruppen: Knebelung:** Der Sicherungsgeber wird in seiner wirtschaftlichen Handlungsfreiheit faktisch derartig beschränkt, dass er nur noch als Werkzeug des Sicherungsnehmers handelt. **Kredittäuschung** (Gläubigergefährdung): Der Sicherungsnehmer muss auf Grund seiner Kenntnisse von der Vermögenslage des Sicherungsgebers damit rechnen, dass andere Gläubiger des Sicherungsgebers über dessen Kreditwürdigkeit getäuscht werden. **Verleitung zum Ver-** **18**

tragsbruch: Der Sicherungsnehmer lässt sich auch solche künftigen Forderungen abtreten, die üblicherweise vom Sicherungsgeber anderen Kreditgebern abgetreten werden müssen (etwa Forderungen aus dem Weiterverkauf von unter verlängertem Eigentumsvorbehalt gelieferten Waren). Der Nichtigkeit nach § 138 entgehen die mit Globalzessionen arbeitenden Geldkreditgeber (Banken) nur dann, wenn sie von vornherein die von verlängerten Eigentumsvorbehalten erfassten künftigen Forderungen aus der Globalzession ausnehmen, sog „dingliche Teilverzichtsklausel" (näher *MüKo-Roth* § 398 Rz 151 f; vgl auch *Medicus/Petersen* Rz 526). **bb) Nachträgliche Übersicherung** kann bei der Globalzession (bzw Sicherungsübereignung eines Warenlagers) dadurch eintreten, dass der Sicherungsgeber SG seine Schuld ratenweise tilgt oder von ihm neu erworbene Forderungen (Waren) kraft Globalsicherung sogleich auf Sicherungsnehmer SN übergehen. Zu den daraus entstehenden, lange Zeit heftig umstrittenen Problemen gilt nach einer Entscheidung des Großen Senats in Zivilsachen (BGHZ 137, 212 mwN) Folgendes: Bei nicht nur vorübergehender Übersicherung kann SG Rückabtretung (-übereignung) der zur Sicherung nicht mehr benötigten Forderungen (Waren) verlangen, sog Freigabeanspruch. Dieser Anspruch besteht wegen der Natur des Sicherungsvertrags auch dann, wenn der Sicherungsvertrag eine ausdrückliche Freigaberegelung nicht enthält. Formularmäßige Beschränkungen (zB „Freigabe nach Ermessen des SN") sind nichtig, § 307 I, jedoch bleibt die Globalsicherung im Übrigen wirksam, so dass nach § 306 II der ermessensunabhängige Freigabeanspruch wieder aufleben soll (nach BGH ist das keine geltungserhaltende Reduktion, vgl zu ihr § 307 Rz 3). Für die Frage, wann **Übersicherung** eintritt, ist zu bedenken, dass bei Verwertung der Sicherheiten der Erlös oftmals niedriger ausfällt als der Nennwert der Forderung (bzw Warenwert). Es besteht die widerlegliche Vermutung, dass den Interessen des SN ausreichend Rechnung getragen ist, wenn als **Sicherungswert** zwei Drittel vom Nominalwert der Forderungen (Schätzwert der Ware) angesetzt werden (vgl § 237 S 1). Anders gesagt: Übersicherung liegt vor, wenn der tatsächliche Wert der abgetretenen Forderungen (sicherungsübereigneten Ware) 150% der gesicherten Forderung übersteigt. Dabei sind etwaige Verwertungs- und Rechtsverfolgungskosten des SN bereits berücksichtigt. Ist allerdings kein Verwertungsrisiko zu erwarten und daher der volle Nominalwert (Warenwert) als Sicherungswert anzusetzen, so ist wegen der voraussichtlichen Verwertungs- und Rechtsverfolgungskosten des SN eine sog **Deckungsgrenze** festzulegen: Freigabe kann erst verlangt werden, wenn der (realisierbare) Wert der Sicherungsgegenstände 110% der gesicherten Forderung übersteigt. Die Bewertung der Sicherungsgegenstände sowie die Deckungsgrenze können auch vertraglich vereinbart werden (Grenze: § 307 und § 138). Fehlen vertragliche Festlegungen oder sind diese unwirksam, so ist die Globalsicherung im Übrigen gleichwohl wirksam und die genannten allgemeinen Grundsätze leben auf.

19 **d)** Problematisch ist die antizipierte Sicherungsabtretung im **Konflikt** zwischen der **Globalzession** der Geldkreditgeber und dem **verlängerten Eigentumsvorbehalt** der Warenkreditgeber. Hier steht nach hM grds dem Sicherungsnehmer die Forderung zu, dem sie zuerst abgetreten wurde **(Prioritätsprinzip).** Die daraus meist resultierende Bevorzugung der Geldkreditgeber korrigiert die hM durch die sehr weitgehende Annahme einer Sittenwidrigkeit der Globalzession (oben Rz 18). Ein Teil der Lit hält dieses Korrektiv für untauglich und will im Konfliktsfall die zur Sicherheit übertragenen Forderungen nicht nach dem Prioritätsprinzip, sondern nach Quoten anteilig auf die verschiedenen Sicherungsgeber verteilen (Näheres *MüKo-Roth* § 398 Rz 159 ff).

20 **2.** Bei der **Inkassozession** wird dem Zessionar eine Forderung treuhänderisch übertragen, damit er sie einzieht und den Erlös dem Zedenten zurückerstattet, der auf diese Weise bei der Eintreibung der Schuld nicht in Erscheinung tritt und also nicht als „unerbittlicher Gläubiger" (*Larenz* SchR I § 34 V b) dasteht. Grundgeschäft ist meist ein Auftrag (§ 662) oder Geschäftsbesorgungsvertrag (§ 675). Die Inkassozession ist zu

unterscheiden von der bloßen Einziehungsermächtigung (unten Rz 25), bei der die Forderung nicht übertragen wird. Da die Forderung bei der Inkassozession wirtschaftlich noch zum Vermögen des Zedenten gerechnet wird (sog „uneigennützige Verwaltungstreuhand"), kann der Schuldner über die §§ 404ff hinaus auch die nach der Abtretung dem Zedenten gegenüber erworbenen Einwendungen gegen den Zessionar geltend machen. Aus demselben Grunde kann der Zedent gegenüber Zwangsvollstreckungsgläubigern des Zessionars Interventionsklage erheben (§ 771 ZPO) und in dessen Insolvenzverfahren die Forderung aussondern (§ 47 InsO).

3. Auch beim **Factoring** (ausf *Blaurock* JA 1989, 273) erhält der Zessionar (Factor) die Forderung zur Einziehung übertragen – nur wird der Factor im Gegensatz zum Inkassozessionar hauptsächlich im eigenen Interesse tätig. Der Factor (meist eine Bank) schreibt dem Zedenten als Gegenleistung für die übertragene Forderung eine bestimmte Geldsumme gut (Finanzierungsfunktion, um sofortige Liquidität zu erhalten), die sich nach dem Wert der Forderung abzüglich (oft großzügiger) Abschläge für die Leistungen (der Factor muss selbst durchsetzen: Dienstleistungsfunktion) und Risiken des Factors bemisst. Beim **echten** Factoring trägt der Factor das Risiko der Erfüllung der Forderung, also der Leistungsfähigkeit des Schuldners (sog „Delkredererisiko"); damit erscheint diese Art des Factoring als ein Forderungskauf. Beim **unechten** Factoring bleibt der Zedent mit dem Delkredererisiko belastet; bei Uneintreibbarkeit überträgt der Factor ihm die Forderung zurück und belastet ihn wieder mit der ursprünglich gutgeschriebenen Geldsumme. Das unechte Factoring trägt damit die Züge eines Kreditgeschäfts (*MüKo-Roth* § 398 Rz 164). 21

Schwierigkeiten treten im **Konflikt** von **(echtem) Factoring** und **verlängertem Eigentumsvorbehalt** auf, wenn die vorausabgetretene Forderung aus dem Weiterverkauf der Vorbehaltsware zum Gegenstand des Factoringgeschäfts gemacht wird. War die Eigentumsvorbehalts-Abtretung zeitlich vorrangig, so scheint das Prioritätsprinzip eine Abtretung derselben Forderung an den Factor auszuschließen. Zu beachten ist jedoch, dass dem Vorbehaltskäufer beim verlängerten Eigentumsvorbehalt regelmäßig eine **Einziehungsermächtigung** (§ 185 I) erteilt wird. Diese Einziehungsermächtigung berechtigt den Vorbehaltskäufer nach der Rspr (BGHZ 72, 15) grds auch zu einer (nochmaligen) Abtretung der Forderung aus dem Weiterverkauf im Rahmen eines echten Factoring, weil der Vorbehaltsverkäufer durch die Leistung des Factors wirtschaftlich so gestellt wird, wie wenn der Zweitkäufer selbst an den einzugsberechtigten Vorbehaltskäufer gezahlt hätte. Das Risiko, dass der Vorbehaltskäufer den vom Factor gezahlten Betrag nicht zur Tilgung der gesicherten Forderung verwendet, trifft auf Grund der Einziehungsermächtigung den Vorbehaltsverkäufer. 22

Eine solche Auslegung der Einziehungsermächtigung kommt allerdings nur in Betracht, solange die Gewinnspanne des Factors das **Sicherungsinteresse** des Vorbehaltsverkäufers nicht beeinträchtigt. Bleibt etwa der Auszahlungsbetrag aus dem Factoring-Geschäft hinter dem Wert der gesicherten Forderung zurück, so ist die (spätere) Factoring-Abtretung unwirksam. Weitergehend BGHZ 75, 391 für den Konflikt der vorrangigen Globalzession eines Geldkreditgebers mit nachfolgendem echten Factoring: Obwohl der Kredit des Globalzessionars mit einer Sicherheitsmarge von 30% übersichert war, decke die Einziehungsermächtigung kein (echtes) Factoring mit Abschlägen von 10–20% auf den Nennbetrag der Forderungen. 23

Anders als das echte ist das **unechte** Factoring im Konflikt mit vorrangigen anderen Sicherungszessionen niemals von der erteilten Einziehungsermächtigung gedeckt. Näher zum Ganzen *MüKo-Roth* § 398 Rz 168ff. 24

4. Keine Forderungsabtretung bewirkt die der Inkassozession ähnliche **Einziehungsermächtigung.** Dabei ermächtigt der Forderungsinhaber einen anderen, die Forderung im eigenen Namen geltend zu machen, bleibt aber selbst Gläubiger der Forderung. Die Zulässigkeit der Einziehungsermächtigung und der aus ihr resultieren- 25 den Spaltung der Gläubigerstellung folgert die hM aus §§ 185 I iVm 362 II. Häufigster Anwendungsfall ist die dem Eigentumsvorbehaltskäufer regelmäßig eingeräumte Befugnis, die durch verlängerten Eigentumsvorbehalt vorausabgetretene Forderung aus dem Weiterverkauf der Ware im eigenen Namen einzuziehen. Um die fremde Forderung gerichtlich geltend zu machen **(„gewillkürte Prozessstandschaft“)**, benötigt der Einziehungsermächtigte allerdings ein schutzwürdiges Interesse an der Verfolgung des fremden Rechts (st Rspr, etwa BGHZ 96, 153).

§ 398. Abtretung

[1]Eine Forderung kann von dem Gläubiger durch Vertrag mit einem anderen auf diesen übertragen werden (Abtretung). [2]Mit dem Abschluss des Vertrags tritt der neue Gläubiger an die Stelle des bisherigen Gläubigers.

§ 399. Ausschluss der Abtretung bei Inhaltsänderung oder Vereinbarung

Eine Forderung kann nicht abgetreten werden, wenn die Leistung an einen anderen als den ursprünglichen Gläubiger nicht ohne Veränderung ihres Inhalts erfolgen kann oder wenn die Abtretung durch Vereinbarung mit dem Schuldner ausgeschlossen ist.

1 S zu dieser Vorschrift Vor § 398 Rz 6f.

§ 400. Ausschluss bei unpfändbaren Forderungen

Eine Forderung kann nicht abgetreten werden, soweit sie der Pfändung nicht unterworfen ist.

§ 401. Übergang der Neben- und Vorzugsrechte

(1) **Mit der abgetretenen Forderung gehen die Hypotheken, Schiffshypotheken oder Pfandrechte, die für sie bestehen, sowie die Rechte aus einer für sie bestellten Bürgschaft auf den neuen Gläubiger über.**

(2) **Ein mit der Forderung für den Fall der Zwangsvollstreckung oder des Insolvenzverfahrens verbundenes Vorzugsrecht kann auch der neue Gläubiger geltend machen.**

1 S zu dieser Vorschrift Vor § 398 Rz 12f.

§ 402. Auskunftspflicht; Urkundenauslieferung

Der bisherige Gläubiger ist verpflichtet, dem neuen Gläubiger die zur Geltendmachung der Forderung nötige Auskunft zu erteilen und ihm die zum Beweis der Forderung dienenden Urkunden, soweit sie sich in seinem Besitz befinden, auszuliefern.

§ 403. Pflicht zur Beurkundung

[1]Der bisherige Gläubiger hat dem neuen Gläubiger auf Verlangen eine öffentlich beglaubigte Urkunde über die Abtretung auszustellen. [2]Die Kosten hat der neue Gläubiger zu tragen und vorzuschießen.

Vor §§ 404–411

1 **Allgemeines zum Schuldnerschutz.** Da der Gläubigerwechsel ohne Mitwirkung des Schuldners erfolgt und nicht einmal dessen Benachrichtigung notwendig ist, muss sichergestellt sein, dass der Schuldner durch den Forderungsübergang keine Einwendungen verliert oder sonst Nachteile erleidet. Diesen Schuldnerschutz gewährleisten die §§ 404–411 (neben dem Abtretungsausschluss des § 399 Alt 1).

Es ist zu unterscheiden zwischen Einwendungen, die zurzeit der Abtretung begründet waren (von ihnen handelt die Grundnorm des Schuldnerschutzes § 404), und Einwendungen aus Umständen nach der Abtretung, mit denen sich das Gesetz in §§ 407–409 beschäftigt. Eine nicht leicht zu verstehende Sondervorschrift über die Aufrechnung enthält § 406. 2

§ 404. Einwendungen des Schuldners

Der Schuldner kann dem neuen Gläubiger die Einwendungen entgegensetzen, die zur Zeit der Abtretung der Forderung gegen den bisherigen Gläubiger begründet waren.

1. Die Vorschrift ist die **Grundnorm des Schuldnerschutzes;** dass die dem Schuldner bei der Abtretung gegen den Zedenten zustehenden „Einwendungen" (in einem weiten Sinne, der ebenfalls Einreden umfasst) auch gegenüber dem Zessionar erhalten bleiben, folgt schon aus § 398 S 2. § 404 fordert jedoch nicht, dass die Einwendungen bei der Abtretung bereits fertig vorlagen. Sie müssen lediglich zur Zeit der Abtretung bereits **„begründet"** gewesen sein, also ihren Rechtsgrund in dem Schuldverhältnis zwischen dem Zedenten und dem Schuldner haben, dem auch die abgetretene Forderung entstammt („Wurzeltheorie"). Ausreichend ist es daher, wenn eine auflösende Bedingung erst nach der Abtretung eintritt, wenn die Verjährung erst nach dem Übergang vollendet wird oder wenn Leistungsstörungen, die etwa zu Rücktritt, Kündigung oder Schadensersatz berechtigen, erst nach der Abtretung eintreten. Praktisch fallen allein die Einwendungen des Schuldners nicht unter § 404, die ohne eine Verfügung des Gläubigers nicht entstehen, zB Stundung, Erlass (*MüKo-Roth* Rz 10). Dafür kommt § 407 in Betracht. 1

2. Wann der Schuldner **Kenntnis** von der Abtretung erlangt, ist für den Einwendungsdurchgriff nach § 404 ohne Bedeutung. Ferner kann der Schuldner auf seine Einwände (zB gegenüber dem Zessionar) **verzichten:** Die Vorschrift ist kein zwingendes Recht. Zweifelhaft ist jedoch, inwieweit in der „Annahme" einer dem Schuldner oft formularmäßig zugesandten Abtretungsanzeige, in der die Bestätigung des einredefreien Bestandes der Forderung erbeten wird, ein Einwendungsverzicht liegt (näher *MüKo-Roth* Rz 20 ff). Bei nicht eindeutigem Wortlaut sind solche Erklärungen eng auszulegen: „bestätigendes Schuldanerkenntnis", kein Verzicht auf unbekannte Einwendungen (BGH WM 1973, 840). 2

§ 405. Abtretung unter Urkundenvorlegung

Hat der Schuldner eine Urkunde über die Schuld ausgestellt, so kann er sich, wenn die Forderung unter Vorlegung der Urkunde abgetreten wird, dem neuen Gläubiger gegenüber nicht darauf berufen, dass die Eingehung oder Anerkennung des Schuldverhältnisses nur zum Schein erfolgt oder dass die Abtretung durch Vereinbarung mit dem ursprünglichen Gläubiger ausgeschlossen sei, es sei denn, dass der neue Gläubiger bei der Abtretung den Sachverhalt kannte oder kennen musste.

§ 406. Aufrechnung gegenüber dem neuen Gläubiger

Der Schuldner kann eine ihm gegen den bisherigen Gläubiger zustehende Forderung auch dem neuen Gläubiger gegenüber aufrechnen, es sei denn, dass er bei dem Erwerb der Forderung von der Abtretung Kenntnis hatte oder dass die Forderung erst nach der Erlangung der Kenntnis und später als die abgetretene Forderung fällig geworden ist.

1. Allgemeines und Abgrenzungen. Die Vorschrift erweitert den Schuldnerschutz hinsichtlich der Aufrechnung über den Schutzbereich der §§ 404, 407 hinaus: 1

2 **a)** Erklärt der Schuldner die Aufrechung **vor der Abtretung,** so kann er sie nach § 404 dem Zessionar entgegenhalten.

3 **b)** Erfolgt die Aufrechnungserklärung **zwischen Abtretung und Kenntniserlangung,** so wirkt die dem Zedenten gegenüber erklärte Aufrechnung nach § 407 I auch gegen den Zessionar.

4 **c) Nach Kenntnis** des Schuldners von der Abtretung erlaubt ihm § 406, die Aufrechnung seiner gegen den Zedenten gerichteten Gegenforderung auch dem Zessionar gegenüber geltend zu machen – die Vorschrift dispensiert also von dem Erfordernis der Gegenseitigkeit von Haupt- und Gegenforderung. **Verhältnis zu § 404:** Soweit die Aufrechnungslage (Begriff: Vor § 387 Rz 3ff) bereits zurzeit der Abtretung der Forderung bestand, der Schuldner also lediglich noch die Aufrechnungserklärung abzugeben brauchte, ließe sich die Geltendmachung der Aufrechnung gegenüber dem Neugläubiger bereits aus § 404 herleiten (der Aufrechnungseinwand war hier bereits „begründet"). § 406 bringt hier als lex specialis zwei Modifikationen: Zum einen macht § 406 den Zessionar zum Empfänger der Aufrechnungserklärung, während andere Gestaltungsrechte nach § 404 dem Zedenten gegenüber auszuüben sind. Zum anderen erweitert § 406 den Schutz des § 404, da er nicht nur den bei der Abtretung bereits „begründeten" Aufrechnungseinwand erhält, sondern auch das erst nach der Abtretung durch Erwerb einer Gegenforderung entstehende Vertrauen des Schuldners schützt, sich durch Aufrechnung von seiner Schuld befreien zu können (zum Ganzen *MüKo-Roth* Rz 1ff).

5 **2. Voraussetzungen.** Nach dem (schwer verständlichen) „es-sei-denn"-Satz ist das Vertrauen in die Aufrechnungsmöglichkeit unter folgenden Voraussetzungen schutzwürdig:

6 **a)** Der Schuldner darf bei dem Erwerb seiner Gegenforderung von der Abtretung der Hauptforderung **keine Kenntnis** gehabt haben. Arg: Wusste der Schuldner von der Abtretung der gegen ihn gerichteten Forderung, so konnte er nicht mehr hoffen, durch Erwerb einer gegen seinen früheren Gläubiger (den Zedenten) gerichteten Gegenforderung aufrechnen zu können. Für den **Erwerb** der Gegenforderung genügt dabei ihre Entstehung dem Rechtsgrunde nach; Gleichartigkeit ist nicht erforderlich. Daher ist es bei der Aufrechnung mit einem Schadensersatzanspruch ausreichend, dass der Vertrag vor Kenntniserlangung geschlossen wurde, mag auch die Vertragsverletzung und der Übergang zum Sekundäranspruch erst nach Kenntnis erfolgt sein.

7 **b) Fälligkeit.** Die Gegenforderung muss spätestens mit der Hauptforderung fällig sein oder darf, bei späterer Fälligkeit, jedenfalls nicht nach Kenntnis von der Abtretung fällig werden (so die „positive" Aussage der Alt 2 des „es-sei-denn"-Satzes). **aa) Grds** ist das Vertrauen in die Aufrechnungsmöglichkeit nicht gerechtfertigt, wenn die Gegenforderung später als die Hauptforderung fällig wird: Dann musste der Schuldner auch gegenüber dem Zedenten damit rechnen, nach Fälligkeit der Hauptforderung zur Leistung herangezogen zu werden, ohne sich durch Aufrechnung befreien zu können. **bb)** Von dieser Überlegung macht § 406 eine **Ausnahme,** indem er es auch genügen lässt, wenn die Gegenforderung zwar nach der Hauptforderung, aber vor Kenntnis von der Abtretung fällig wird. Den – zweifelhaften (*Medicus/Lorenz* SchR I Rz 784; *MüKo-Roth* Rz 10) – Sinn dieser Ausnahme erläutert das folgende Bsp: Wird der Schuldner einer fälligen Forderung gleichwohl nicht in Anspruch genommen, so kann er auch nach Fälligkeit der Hauptforderung darauf hoffen, mit dem Erwerb einer (etwa sofort fälligen) Gegenforderung seine Schuld gegenüber dem Zedenten durch Aufrechnung tilgen zu können. In dieser Hoffnung schützt ihn § 406, indem er die Aufrechnung gegenüber dem Zessionar nur ausschließt, wenn der Schuldner vor Fälligkeit seiner Gegenforderung von der Abtretung erfährt; denn der Schuldner kann nicht hoffen, dass der Zessionar mit der Einziehung seiner Forderung ebenso zögert wie der Zedent.

§ 407. Rechtshandlungen gegenüber dem bisherigen Gläubiger

(1) **Der neue Gläubiger muss eine Leistung, die der Schuldner nach der Abtretung an den bisherigen Gläubiger bewirkt, sowie jedes Rechtsgeschäft, das nach der Abtretung zwischen dem Schuldner und dem bisherigen Gläubiger in Ansehung der Forderung vorgenommen wird, gegen sich gelten lassen, es sei denn, dass der Schuldner die Abtretung bei der Leistung oder der Vornahme des Rechtsgeschäfts kennt.**

(2) **Ist in einem nach der Abtretung zwischen dem Schuldner und dem bisherigen Gläubiger anhängig gewordenen Rechtsstreit ein rechtskräftiges Urteil über die Forderung ergangen, so muss der neue Gläubiger das Urteil gegen sich gelten lassen, es sei denn, dass der Schuldner die Abtretung bei dem Eintritt der Rechtshängigkeit gekannt hat.**

1. Die Abtretung braucht dem Schuldner nicht mitgeteilt zu werden; daher müssen ihm auch solche **Einwendungen** gegenüber dem Zessionar erhalten bleiben, die er nach der Abtretung durch Rechtsgeschäft mit oder gegenüber dem Zedenten erwirbt, wenn er diesen für den Inhaber der Forderung halten durfte. Dies ist nach **Abs 1** bis zur Erlangung der positiven Kenntnis von der Abtretung der Fall. Als von § 407 I erfasste Einwendungen kommen neben dem ausdrücklich genannten Erfüllungseinwand (§ 362) etwa Stundung, Erlass, Vergleich oder Aufrechnung in Betracht. **1**

2. Abs 2 setzt diesen Schutz für ein **rechtskräftiges Urteil** zwischen Schuldner und Altgläubiger fort, das einen nach der Abtretung anhängig gewordenen Rechtsstreit beendet. Damit wird der Schutz des § 325 I ZPO erweitert, der nur bei Rechtshängigkeit vor der Abtretung eingreift. **2**

3. Aus der Formulierung, dass der Neugläubiger Rechtsgeschäfte bzw Urteile **„gegen sich gelten lassen muss"**, wird zweierlei geschlossen: **a)** Die Vorschrift wirkt **nur zugunsten des Schuldners.** Ein zusprechendes Urteil oder eine Mahnung oder Fristsetzung des Zedenten gegenüber dem Schuldner nach Abtretung wirkt nicht zugunsten des Zessionars (BGHZ 52, 150). **b)** Der Schuldner hat ein **Wahlrecht,** ob er die gegenüber dem Zedenten begründeten Einwände nach § 407 dem Zessionar entgegenhalten will. So kann es für ihn günstiger sein, das an den Altgläubiger Geleistete als nicht geschuldet (§ 812 I 1 Fall 1) zurückzufordern, um in der Insolvenz des Zessionars mit einer gegen diesen gerichteten Gegenforderung zum Nennwert aufzurechnen (vgl § 94 InsO). **3**

4. Zum **Bereicherungsanspruch** des Zessionars gegenüber dem Altgläubiger s § 816 Rz 6. **4**

§ 408. Mehrfache Abtretung

(1) **Wird eine abgetretene Forderung von dem bisherigen Gläubiger nochmals an einen Dritten abgetreten, so findet, wenn der Schuldner an den Dritten leistet oder wenn zwischen dem Schuldner und dem Dritten ein Rechtsgeschäft vorgenommen oder ein Rechtsstreit anhängig wird, zugunsten des Schuldners die Vorschrift des § 407 dem früheren Erwerber gegenüber entsprechende Anwendung.**

(2) **Das Gleiche gilt, wenn die bereits abgetretene Forderung durch gerichtlichen Beschluss einem Dritten überwiesen wird oder wenn der bisherige Gläubiger dem Dritten gegenüber anerkennt, dass die bereits abgetretene Forderung kraft Gesetzes auf den Dritten übergegangen sei.**

Die Vorschrift dehnt den **Schuldnerschutz** des § 407 auf die Situation **bei mehrfacher Abtretung** aus. Erfährt der Schuldner hier nur von der zweiten (nach dem **1**

Prioritätsprinzip unwirksamen, vgl Vor § 398 Rz 9) Abtretung, so kann er sich gegenüber dem Neugläubiger (Zessionar der ersten Abtretung) auf die gegenüber dem zweiten (Schein-)Zessionar begründeten Einwendungen berufen. Bei der entsprechenden Anwendung des § 407 steht also der Scheinzessionar dem Altgläubiger (Zedenten) gleich.

§ 409. Abtretungsanzeige

(1) [1]**Zeigt der Gläubiger dem Schuldner an, dass er die Forderung abgetreten habe, so muss er dem Schuldner gegenüber die angezeigte Abtretung gegen sich gelten lassen, auch wenn sie nicht erfolgt oder nicht wirksam ist.** [2]**Der Anzeige steht es gleich, wenn der Gläubiger eine Urkunde über die Abtretung dem in der Urkunde bezeichneten neuen Gläubiger ausgestellt hat und dieser sie dem Schuldner vorlegt.**

(2) **Die Anzeige kann nur mit Zustimmung desjenigen zurückgenommen werden, welcher als der neue Gläubiger bezeichnet worden ist.**

1 **1.** Der Schuldner soll auf eine Abtretungsanzeige des Altgläubigers (oder nach Abs 1 S 2 auf eine ihm vom Zessionar vorgelegte Abtretungsurkunde des Zedenten) selbst dann **vertrauen** dürfen, wenn die Abtretung tatsächlich nicht erfolgt oder unwirksam ist. Das gilt regelmäßig sogar, wenn der Schuldner die Unwirksamkeit kannte; deren oft schwieriger Beweis soll dem Schuldner nicht aufgebürdet werden (*Medicus/Lorenz* SchR I Rz 782). Er kann sich aber nicht auf § 409 berufen, wenn die Unwirksamkeit offen zutage liegt, so etwa, wenn die Abtretung gegen ein gesetzliches Verbot verstößt (BGHZ 56, 345).

2 **2.** Ferner kann der Schuldner dem Zessionar selbstverständlich entgegenhalten, er sei **mangels wirksamer Abtretung** gar nicht Gläubiger geworden. Der Einwand muss sich jedoch auf die Wirksamkeit der Abtretung (und nicht auf das Kausalgeschäft) zwischen Alt- und Neugläubiger beziehen: Abstraktionsprinzip (s Vor § 398 Rz 2).

§ 410. Aushändigung der Abtretungsurkunde

(1) [1]**Der Schuldner ist dem neuen Gläubiger gegenüber zur Leistung nur gegen Aushändigung einer von dem bisherigen Gläubiger über die Abtretung ausgestellten Urkunde verpflichtet.** [2]**Eine Kündigung oder eine Mahnung des neuen Gläubigers ist unwirksam, wenn sie ohne Vorlegung einer solchen Urkunde erfolgt und der Schuldner sie aus diesem Grunde unverzüglich zurückweist.**

(2) **Diese Vorschriften finden keine Anwendung, wenn der bisherige Gläubiger dem Schuldner die Abtretung schriftlich angezeigt hat.**

§ 411. Gehaltsabtretung

[1]**Tritt eine Militärperson, ein Beamter, ein Geistlicher oder ein Lehrer an einer öffentlichen Unterrichtsanstalt den übertragbaren Teil des Diensteinkommens, des Wartegelds oder des Ruhegehalts ab, so ist die auszahlende Kasse durch Aushändigung einer von dem bisherigen Gläubiger ausgestellten, öffentlich oder amtlich beglaubigten Urkunde von der Abtretung zu benachrichtigen.** [2]**Bis zur Benachrichtigung gilt die Abtretung als der Kasse nicht bekannt.**

§ 412. Gesetzlicher Forderungsübergang

Auf die Übertragung einer Forderung kraft Gesetzes finden die Vorschriften der §§ 399 bis 404, 406 bis 410 entsprechende Anwendung.

1 Bsp für gesetzlichen Forderungsübergang s Vor § 398 Rz 1.

§ 413. Übertragung anderer Rechte

Die Vorschriften über die Übertragung von Forderungen finden auf die Übertragung anderer Rechte entsprechende Anwendung, soweit nicht das Gesetz ein anderes vorschreibt.

Abschnitt 6. Schuldübernahme

Vor § 414

I. Allgemeines

Die befreiende (privative) Schuldübernahme (§§ 414–418) führt zu einer Auswechslung des Schuldners (§ 414). Damit bildet sie das Gegenstück zur Abtretung (§§ 398ff), die einen Wechsel auf der Gläubigerseite bewirkt. Ebenso wie jene ist auch die Schuldübernahme ein **abstrakter Verfügungsvertrag** und daher bezüglich ihres Zustandekommens und ihrer Wirkungen unabhängig von dem ihm zugrundeliegenden Kausalgeschäft (vgl aber unten Rz 5); dieses besteht meist zwischen Altschuldner und Übernehmer, etwa ein kaufähnlicher Vertrag, bei dem der Käufer anstelle der Kaufpreiszahlung die fremde Schuld übernimmt. 1

Wegen der Neuverpflichtung des Übernehmers gegenüber dem Gläubiger ist die Schuldübernahme gleichzeitig **Verpflichtungsgeschäft** (Doppelcharakter). Anders als bei der Abtretung kann der Wechsel auf der Schuldnerseite nicht ohne **Mitwirkung** der anderen Vertragspartei (des Gläubigers) ablaufen: Für den Gläubiger ist die Person des Schuldners von entscheidender Bedeutung (Solvenz!). Demgegenüber ist eine Mitwirkung des Altschuldners entbehrlich, dem die Befreiung von der Verbindlichkeit regelmäßig nur Vorteile bringt (str aber, ob ihm ein Zurückweisungsrecht entsprechend § 333 zusteht, vgl *MüKo-Möschel* § 414 Rz 6; *Larenz* SchR I § 35 Ia). 2

II. Zustandekommen der Schuldübernahme

Der Abschluss des Schuldübernahmevertrags ist grds **formlos** möglich, es sei denn, dass für die Begründung der zu übernehmenden Schuld eine besondere Form vorgeschrieben ist (zB §§ 311b I 1, 505 II 1, 518 I; näher *MüKo-Möschel* § 414 Rz 4; str). Das Gesetz sieht **zwei Möglichkeiten** für das Zustandekommen vor: 3

1. Gesetzliche Grundform ist die Schuldübernahme durch Vertrag zwischen **Gläubiger und Übernehmer** (§ 414). 4

2. In der Praxis ist indessen die Übernahme durch Vertrag zwischen **Schuldner und Übernehmer** (§ 415) der Regelfall: Aus diesem Verhältnis stammt meist auch der Rechtsgrund (die Vereinbarung über die Gegenleistung) für die Übernahme der fremden Schuld, so dass die Schuldübernahme selbst häufig gleich mit vereinbart wird. Wegen der vorrangigen Gläubigerinteressen fordert § 415 I 1 in diesem Fall eine Genehmigung des Gläubigers. 5

III. Rechtsfolgen

Der Übernehmer tritt an die Stelle des bisherigen Schuldners (§ 414); dieser wird von seiner Leistungspflicht frei. Der Übernehmer hat die **Einwendungen** des bisherigen Schuldners aus der übernommenen Schuld, kann jedoch seine Einwände aus dem Kausalverhältnis nicht geltend machen; Näheres bei § 417. 6

IV. Abgrenzungen

1. Die privative Schuldübernahme ist zu unterscheiden von dem gesetzlich nicht geregelten **Schuldbeitritt** (dazu unten Rz 8ff) und der ebenfalls nicht gesetzlich ge- 7 regelten **Vertragsübernahme.** Bei dieser geht die Rechtsstellung eines Vertragspartners mit allen Ansprüchen, Hilfs-, Gestaltungs- und Gegenrechten einerseits und allen Verbindlichkeiten andererseits auf einen anderen über (häufig bei Mietverträgen). Das BGB ordnet ähnliche Rechtsfolgen in den §§ 566 I, 613a I an. Einigkeit besteht darüber, dass die Vertragsübernahme unter Mitwirkung aller drei beteiligten Parteien (etwa entsprechend § 415) zu geschehen hat; näher – auch zur umstrittenen Anfechtungsproblematik – BGHZ 137, 255. Zur sog **Erfüllungsübernahme** s § 415 III.

8 **2.** Beim **vertraglichen Schuldbeitritt** (auch: kumulative Schuldübernahme, Schuldmitübernahme) verpflichtet sich der Übernehmer, neben dem bisherigen Schuldner für dessen Schuld als eigene einzustehen; der bisherige Schuldner wird nicht befreit (reines Verpflichtungsgeschäft). Der vertragliche Schuldbeitritt ist gesetzlich nicht geregelt. Doch gibt es **gesetzlich** angeordnete Fälle, in denen die Wirkungen einer Schuldmitübernahme eintreten (so etwa bei der Firmenfortführung, § 25 HGB).

9 **a)** Der (vertragliche) Schuldbeitritt wird häufig als **Sicherungsmittel** für die Forderung des Gläubigers gegen den bisherigen Schuldner eingesetzt. In der Praxis ist daher die Abgrenzung zu anderen Sicherungsmitteln bedeutsam. Entscheidend ist – wie immer – nicht der Wortlaut der Vereinbarung, sondern der durch **Auslegung** zu ermittelnde wirkliche Wille der Beteiligten.

10 Problematisch ist vor allem die Abgrenzung zur **Bürgschaft** (§ 765), bisweilen auch zum Garantievertrag. Anders als der Beitretende, für den eine eigene (wenn auch identische) Schuld begründet wird, haftet der Bürge für die fremde Schuld des Hauptschuldners (Näheres zu den Unterschieden etwa bei *Medicus/Lorenz* SchR I Rz 860; *MüKo-Möschel* Rz 21). Die Abgrenzung ist insbesondere deswegen wichtig, weil durch Annahme eines (formlos möglichen) Schuldbeitritts nicht das Schriftformerfordernis des § 766 (Übereilungsschutz) umgangen werden darf. Daher wird allgemein gefordert, dass der Beitretende ein **eigenes unmittelbares Interesse** an dem ursprünglichen Schuldverhältnis haben müsse (s etwa *Looschelders* AT Rz 1176). Folglich liegt zB Schuldbeitritt vor, wenn der Geschäftsführer und Mitgesellschafter einer GmbH vor dem Insolvenzgericht äußert, er werde eine Schuld „persönlich bezahlen", weil er um seinen eigenen geschäftlichen Ruf fürchtet. Dagegen allenfalls Bürgschaft, wenn das Einstehen zugunsten eines Verwandten versprochen wurde, dem sonst Unterhalt zu leisten wäre (nur mittelbares Interesse).

11 **b) Zustandekommen** kann der vertragliche Schuldbeitritt – wie die privative Schuldübernahme – durch Vertrag des Übernehmers (Beitretenden) mit dem Gläubiger oder dem Schuldner. Wird der Vertrag zwischen Schuldner und Übernehmer geschlossen, so erfordert er – im Unterschied zu § 415 I 1 – keine Genehmigung des Gläubigers, der durch die Vereinbarung ja lediglich einen zusätzlichen Schuldner gewinnt; daher beinhaltet der zwischen Schuldner und Übernehmer vereinbarte Schuldbeitritt einen echten Vertrag zugunsten Dritter (§ 328; Besonderheiten: *Larenz* SchR I § 35 II). Der vertragliche Schuldbeitritt ist grds formfrei (Ausnahmen vgl oben Rz 3).

12 **c)** Die **Rechtsfolgen** eines Schuldbeitritts ergeben sich aus §§ 421ff. Gegen den Beitretenden wird eine zusätzliche Schuld begründet, die identisch ist mit dem Inhalt der Hauptschuld zur Zeit des Beitritts. Schuldner und Beitretender haften dem Gläubiger deshalb als Gesamtschuldner, § 421.

13 Der Beitretende hat alle **Einwendungen** des Schuldners, die bei seinem Beitritt bereits begründet waren. **Nach dem Beitritt** entwickeln sich die beiden Schuldverhältnisse grds **unabhängig** voneinander (§ 425), lediglich Erfüllung und Erfüllungssurrogate sowie der Gläubigerverzug wirken stets zugunsten beider Schuldner (sog „gesamtwirkende Tatsachen", §§ 422–424).

§ 414. Vertrag zwischen Gläubiger und Übernehmer

Eine Schuld kann von einem Dritten durch Vertrag mit dem Gläubiger in der Weise übernommen werden, dass der Dritte an die Stelle des bisherigen Schuldners tritt.

§ 415. Vertrag zwischen Schuldner und Übernehmer

(1) [1]**Wird die Schuldübernahme von dem Dritten mit dem Schuldner vereinbart, so hängt ihre Wirksamkeit von der Genehmigung des Gläubigers ab.** [2]**Die Genehmigung kann erst erfolgen, wenn der Schuldner oder der Dritte dem Gläubiger die Schuldübernahme mitgeteilt hat.** [3]**Bis zur Genehmigung können die Parteien den Vertrag ändern oder aufheben.**

(2) [1]**Wird die Genehmigung verweigert, so gilt die Schuldübernahme als nicht erfolgt.** [2]**Fordert der Schuldner oder der Dritte den Gläubiger unter Bestimmung einer Frist zur Erklärung über die Genehmigung auf, so kann die Genehmigung nur bis zum Ablauf der Frist erklärt werden; wird sie nicht erklärt, so gilt sie als verweigert.**

(3) [1]**Solange nicht der Gläubiger die Genehmigung erteilt hat, ist im Zweifel der Übernehmer dem Schuldner gegenüber verpflichtet, den Gläubiger rechtzeitig zu befriedigen.** [2]**Das Gleiche gilt, wenn der Gläubiger die Genehmigung verweigert.**

1. Die **dogmatische Konstruktion** der in § 415 geregelten Übernahme ist str. 1
a) Nach der **Angebotstheorie** kommt – wie im Falle des § 414 – die Schuldübernahme durch Vertrag zwischen Gläubiger und Übernehmer zustande: Die Abrede zwischen Schuldner und Übernehmer stellt nur das Grundgeschäft dar (s Vor § 414 Rz 5); in der Mitteilung an den Gläubiger liegt ein Angebot zum Abschluss des Schuldübernahmevertrags, das dieser durch seine Genehmigung annimmt. **b)** Die hM folgt der sog **Verfügungstheorie:** Schuldner und Übernehmer verfügen als Nichtberechtigte über die Forderung des Gläubigers, durch dessen Genehmigung (§ 185 I) die Verfügung wirksam wird.

2. Bedeutung. Wichtig ist der unterschiedliche Ausgangspunkt der beiden Theorien für den **Einwendungsdurchgriff** von Einwänden des Übernehmers aus dem Grundgeschäft mit dem Altschuldner (allgemein dazu unten bei § 417). Hat der Schuldner den Übernehmer bei dem Grundgeschäft (etwa einem Kauf) arglistig getäuscht, so ist die Täuschung häufig auch für die Schuldübernahme ursächlich gewesen („Fehleridentität“, *Palandt-Ellenberger* Vor § 104 Rz 23). Nach der **Angebotstheorie** greift in diesem Fall eine Anfechtung der Übernahme gegenüber dem Gläubiger nur durch, wenn dieser die Täuschung des Schuldners kannte oder kennen musste (der Schuldner ist „Dritter“ iSd § 123 II 1). Nach der **Verfügungstheorie** dagegen ist die Anfechtung gegenüber dem Schuldner als Vertragspartei der Übernahme stets möglich. Damit wird der Gläubiger entgegen § 417 II im Ergebnis mit den Problemen des Kausalverhältnisses zwischen Schuldner und Übernehmer belastet. Dies ist nach der Rspr (etwa BGHZ 31, 321) hinzunehmen. Dagegen steht dem Übernehmer nach hM auch unter Zugrundelegung der Verfügungstheorie ein Anfechtungsrecht nur dann zu, wenn der Gläubiger die Täuschung des Schuldners kannte oder fahrlässig nicht kannte; zur Begründung wird § 123 II 2 entsprechend angewandt oder § 123 I teleologisch reduziert (näher *MüKo-Möschel* § 417 Rz 15). Die hM kommt damit zu gleichen Ergebnissen wie die Angebotstheorie und wie bei einer Übernahme nach § 414. Sie vermeidet willkürliche Ergebnisse, da die Frage, ob eine Schuldübernahme nach § 414 oder § 415 vorliegt, oft schwer zu entscheiden ist. 2

3. Die aus **Abs 3** folgende Verpflichtung des verhinderten Übernehmers nennt man **Erfüllungsübernahme.** Die für eine vereinbarte Erfüllungsübernahme in § 329 3 statuierte Auslegungsregel ist im Rahmen des § 415 III ebenfalls berechtigt; denn wenn der Gläubiger auf einen Anspruch gegen den Übernehmer Wert legt, mag er genehmigen.

§ 416. Übernahme einer Hypothekenschuld

(1) [1]**Übernimmt der Erwerber eines Grundstücks durch Vertrag mit dem Veräußerer eine Schuld des Veräußerers, für die eine Hypothek an dem Grundstück besteht, so kann der Gläubiger die Schuldübernahme nur genehmigen, wenn der Veräußerer sie ihm mitteilt.** [2]**Sind seit dem Empfang der Mitteilung sechs Monate verstrichen, so gilt die Genehmigung als erteilt, wenn nicht der Gläubiger sie dem Veräußerer gegenüber vorher verweigert hat; die Vorschrift des § 415 Abs. 2 Satz 2 findet keine Anwendung.**

(2) [1]**Die Mitteilung des Veräußerers kann erst erfolgen, wenn der Erwerber als Eigentümer im Grundbuch eingetragen ist.** [2]**Sie muss schriftlich geschehen und den Hinweis enthalten, dass der Übernehmer an die Stelle des bisherigen Schuldners tritt, wenn nicht der Gläubiger die Verweigerung innerhalb der sechs Monate erklärt.**

(3) [1]**Der Veräußerer hat auf Verlangen des Erwerbers dem Gläubiger die Schuldübernahme mitzuteilen.** [2]**Sobald die Erteilung oder Verweigerung der Genehmigung feststeht, hat der Veräußerer den Erwerber zu benachrichtigen.**

1 Beim Grundstückskauf übernimmt der Käufer in vielen Fällen hypothekarisch gesicherte Darlehen des Verkäufers in Anrechnung auf den Kaufpreis. Der Darlehensgeber hat gegen die Schuldübernahme hier oft deswegen nichts einzuwenden, weil ihm nach wie vor das Grundstück als Haftungsgrundlage zur Verfügung steht. Daher **fingiert** Abs 1 S 2 seine **Genehmigung,** wenn seit der Mitteilung des Veräußerers nach Abs 2 sechs Monate verstrichen sind.

2 Wegen der identischen Interessenlage ist § 416 entsprechend auf Forderungen anzuwenden, die durch eine **Grundschuld** gesichert sind (*MüKo-Möschel* Rz 4).

§ 417. Einwendungen des Übernehmers

(1) [1]**Der Übernehmer kann dem Gläubiger die Einwendungen entgegensetzen, welche sich aus dem Rechtsverhältnis zwischen dem Gläubiger und dem bisherigen Schuldner ergeben.** [2]**Eine dem bisherigen Schuldner zustehende Forderung kann er nicht aufrechnen.**

(2) **Aus dem der Schuldübernahme zugrunde liegenden Rechtsverhältnis zwischen dem Übernehmer und dem bisherigen Schuldner kann der Übernehmer dem Gläubiger gegenüber Einwendungen nicht herleiten.**

1 **1.** Nach Abs 1 S 1 kann der Übernehmer **Einwendungen aus der übernommenen Schuld** geltend machen (Parallele zu § 404). Das gilt nach S 2 nicht für die **Aufrechnung:** Dieser Einwand ist an die Person des alten Schuldners, nicht an die Schuld gebunden und geht daher nicht mit über.

2 **2. Einwendungen aus dem Kausalvertrag** kann der Übernehmer nach Abs 2 grds nicht entgegenhalten: Übernahme und Grundvertrag sind voneinander unabhängig **(Abstraktionsprinzip).** Die beiden Verträge können jedoch nach der Rspr (BGHZ 31, 321) von den Parteien zu einer **Einheit** iSd § 139 verbunden werden (str; dagegen ein Teil der Lit, zB *MüKo-Möschel* Rz 12; arg: Widerspruch zur Abstraktion und zu § 417 II; vgl auch § 139 Rz 2).

Als Folge des Streits um die dogmatische Konstruktion der Schuldübernahme nach § 415 (s dort) ist str, unter welchen Voraussetzungen die **Fehlerhaftigkeit des Kausalgeschäfts** auf die Übernahme durchschlägt.

3. Der Übernehmer kann einwenden, dass die **Übernahme selbst** unwirksam gewesen sei. 3

4. Selbstverständlich kann der Übernehmer auch alle **eigenen Einwendungen** gegen den Gläubiger geltend machen, so etwa mit einer ihm selbst gegen den Gläubiger zustehenden Forderung aufrechnen. 4

§ 418. Erlöschen von Sicherungs- und Vorzugsrechten

(1) [1]**Infolge der Schuldübernahme erlöschen die für die Forderung bestellten Bürgschaften und Pfandrechte.** [2]**Besteht für die Forderung eine Hypothek oder eine Schiffshypothek, so tritt das Gleiche ein, wie wenn der Gläubiger auf die Hypothek oder die Schiffshypothek verzichtet.** [3]**Diese Vorschriften finden keine Anwendung, wenn der Bürge oder derjenige, welchem der verhaftete Gegenstand zur Zeit der Schuldübernahme gehört, in diese einwilligt.**

(2) **Ein mit der Forderung für den Fall des Insolvenzverfahrens verbundenes Vorzugsrecht kann nicht im Insolvenzverfahren über das Vermögen des Übernehmers geltend gemacht werden.**

1. Die Vorschrift regelt das Schicksal **akzessorischer Sicherungsrechte.** Bürgschaften und Pfandrechte erlöschen, Hypotheken werden zu Eigentümerhypotheken (§ 1168 I). Grund: Anders als beim Gläubigerwechsel durch Abtretung (dort bleiben akzessorische Sicherungsrechte bestehen und gehen mit über, § 401 I) ist der Wechsel des Schuldners für den Sicherungsgeber (Bürge, Verpfänder, Hypothekenbesteller) von entscheidender Bedeutung: Der neue Schuldner mag weniger solvent sein als der alte. § 418 gilt analog für die (akzessorische!) **Vormerkung.** 1

2. Trotz mangelnder Akzessorität ist § 418 wegen der identischen Interessenlage **entsprechend** auf fiduziarische Sicherungsrechte **(Sicherungseigentum, Sicherungsgrundschuld)** anzuwenden, allerdings nur mit der Wirkung, dass ein Rückübertragungsanspruch entsteht. Str ist die Ausdehnung auf gesetzliche Sicherheiten (arg: „bestellte" Sicherheiten; vgl *Medicus/Lorenz* SchR I Rz 794). 2

3. Gemäß Abs 1 S 3 erlöschen die Sicherungsrechte nicht bei **Einwilligung** (vorherige Zustimmung, § 183 S 1) des Sicherungsgebers; diese kann ohne weiteres angenommen werden, wenn der Alt- oder Neuschuldner selbst der Sicherungsgeber ist und den Übernahmevertrag selbst abgeschlossen hat. 3

§ 419. *(weggefallen)*

Abschnitt 7. Mehrheit von Schuldnern und Gläubigern

Vor § 420

I. Gläubigermehrheiten

Die Beteiligung mehrerer Gläubiger an einer Forderung kann in den folgenden **drei Rechtsformen** geschehen. 1

1. Als **Teilgläubiger** (§ 420) kann jeder der mehreren Gläubiger nur einen (realen) Bruchteil der Leistung von dem Schuldner fordern. Nachteil für den Schuldner: Er muss die Leistungshandlung (über einen Teil der Leistung) so oft erbringen, wie Teilgläubiger vorhanden sind, und er muss wissen, welcher Gläubiger zu welchem Bruchteil berechtigt ist (vgl *Medicus/Lorenz* SchR I Rz 830). **a) Folgen:** Die Schuldverhältnisse zwischen dem jeweiligen Gläubiger und dem Schuldner sind weitgehend unabhängig voneinander, jeder Gläubiger kann für seinen Teil die Schuld erlassen, stunden oder die Forderung abtreten; beachte aber § 351 (Rücktritt nur für und gegen 2 alle) und § 320 I 2 (Leistungsverweigerungsrecht des Schuldners bis zur Bewirkung der vollständigen Gegenleistung). **b) Anwendungsbereich:** Nach § 420 ist die Teilgläubigerschaft bei **teilbaren Leistungen** der Regelfall. Dabei sind die meisten Leistungen im **natürlichen Sinne** teilbar, weil dafür ausreicht, dass sich eine Leistung zerlegen lässt, ohne dass die Summe der Teilleistungen in ihrem Wert hinter der Gesamtleistung zurückbleibt. Tatsächlich bildet die Teilgläubigerschaft jedoch die **Ausnahme,** da man auch solche Leistungen als im **rechtlichen Sinne** unteilbar ansieht, die zwar einen teilbaren Leistungsgegenstand (zB Geld) haben, aber von mehreren Gläubigern nach dem zwischen ihnen bestehenden Rechtsverhältnis zunächst ungeteilt zu einem bestimmten Zweck verwendet werden müssen, so zB bei Schulden gegenüber einer Gesamthandsgemeinschaft (GbR, § 705; eheliche Gütergemeinschaft, § 1415; Erbengemeinschaft, § 2032) oder gegenüber einer Bruchteilsgemeinschaft (§ 741), wenn die Forderung der gemeinschaftlichen Verwaltung (§ 744 I) der Teilhaber unterliegt. Bsp (BGH NJW 1958, 1723): Die Leistung des Mietzinses an die Miteigentümer des Hauses (Bruchteilsgemeinschaft, §§ 1008, 741 ff) ist unteilbar, weil der Anteil des Einzelnen erst nach Verrechnung der Lasten bestimmt werden kann (s auch unten Rz 5).

3 **2.** Anders als der Teilgläubiger kann der **Gesamtgläubiger** (§§ 428, 430) die gesamte Leistung an sich fordern, der Schuldner kann nach seinem Belieben an jeden der Gesamtgläubiger mit befreiender Wirkung leisten, und zwar auch dann, wenn er von einem der Gläubiger zur Leistung verklagt worden ist (§ 428 S 2). Grds wirken alle für die Rechtsstellung der Parteien relevanten Umstände (zB Stundung, Verschulden) nur im Verhältnis des Schuldners zu dem jeweiligen Gläubiger (§§ 429 III iVm 425); Ausnahmen gelten etwa für jede Art der Erfüllung (§§ 429 III 1 iVm 422 I) sowie für den Gläubigerverzug (§ 429 I); vgl dazu die Erläuterungen zur Gesamtschuld (§ 421), auf deren Regelung der gesamtwirkenden und einzelwirkenden Tatsachen bei der Gesamtgläubigerschaft weitgehend Bezug genommen wird. Ebenso wie Gesamtschuldner, § 426, sind auch die Gesamtgläubiger im **Innenverhältnis** ausgleichspflichtig, § 430. Die Gesamtgläubigerschaft hat **geringe Bedeutung** (Bsp: gemeinschaftliches Konto mehrerer Inhaber, sog „Oder-Konto"; gesetzlich angeordneter Fall: § 2151 III; vgl auch *Medicus/Lorenz* SchR I Rz 831 f).

4 **3.** Praktisch bedeutsamer, aber in § 432 nur unvollkommen geregelt, ist die **Mitgläubigerschaft,** auch Gläubigergemeinschaft genannt. Beispiele bieten vor allem die Gesamthandsgemeinschaften und die Bruchteilsgemeinschaft (zur subsidiären Anwendbarkeit des § 432 auf diese Gemeinschaften unten Rz 6). Bei der Gläubigergemeinschaft steht die Forderung den Gläubigern gemeinschaftlich zu: Sie können die Forderung also nur zusammen stunden, erlassen oder abtreten; außer bei den Gesamthandsgemeinschaften können die Gläubiger jedoch ihren Anteil an der Forderung getrennt auf Dritte übertragen (näher *Larenz* SchR I § 36 I b). Der Schuldner muss seine Leistung an alle Gläubiger gemeinsam erbringen. Das bedeutet jedoch noch nicht, dass die Gläubiger ihre Forderung auch nur gemeinsam geltend machen können; oft (zB nach §§ 432, 2039) kann ein Gläubiger Leistung an alle fordern. **Fallgruppen:**

a) Bei den **Gesamthandsgemeinschaften** (s Vor § 705 Rz 2) folgt die gemeinsame Empfangszuständigkeit der Gläubiger aus der Tatsache, dass die Forderung zu einem gesamthänderisch gebundenen Vermögen gehört (etwa eine Gesellschaftsforderung oder eine zur Erbschaft gehörende Forderung). Hier ist die Bindung der Forderung an die Gemeinschaft der Gläubiger am stärksten: Verfügungen (zB Erlass, Abtretung) über den jeweiligen Anteil an der Forderung sind selbst dann nicht möglich, wenn die Forderung auf eine teilbare Leistung gerichtet ist (§§ 719, 2033 II).

5 **b)** Bei der **Bruchteilsgemeinschaft** (§§ 741 ff) steht mehreren ein bestimmter Vermögensgegenstand zu ideellen Bruchteilen nebeneinander zu (etwa Miteigentümer eines Grundstücks). Hier entsteht eine gemeinsame Forderungsberechtigung auch bei

einer an sich teilbaren Leistung, wenn die Forderung sich auf den gemeinschaftlichen Vermögensgegenstand bezieht. Denn dann gehört jede Verfügung über die Forderung (zB Einziehung, Erlass, Stundung) zur Verwaltung des gemeinschaftlichen Gegenstandes, die den Teilhabern nach § 744 I gemeinsam zusteht (Bsp: Mietzinsforderung der Miteigentümer und gemeinschaftlichen Vermieter, s oben Rz 2 aE). Jeder Gläubiger kann seinen Anteil an der Forderung abtreten, indem er über seinen Anteil an dem Vermögensgegenstand verfügt.

c) Schließlich steht nach der **generellen Norm des § 432** eine Forderung mehre- 6
ren gemeinschaftlich zu, wenn sie auf eine unteilbare Leistung gerichtet ist (dazu oben Rz 2) und keine Gesamtgläubigerschaft (oben Rz 3; selten!) vorliegt. Unstreitig werden damit die Fälle erfasst, in denen die Leistung unteilbar ist, ohne dass bereits eine Gesamthands- oder Bruchteilsgemeinschaft vorliegt (Bsp nach *Larenz* SchR I § 36 I b: Mehrere bestellen gemeinsam ein Taxi). Nach hM (vgl *MüKo-Bydlinski* § 432 Rz 4) geht die Bedeutung des § 432 jedoch etwas weiter. Der § 432 beschreibt danach den **allgemeinsten Fall der Mitgläubigerschaft,** mit der Folge, dass die Vorschrift auch bei den oben Rz 4f dargestellten Gemeinschaften **subsidiär** eingreift, und zwar auch bei an sich teilbaren Leistungen (oben Rz 2; aA etwa *Larenz* aaO). Da aber besondere Regelungen über die Verwaltungsbefugnis innerhalb der einzelnen Gemeinschaften jedenfalls vorgehen, wird der Streit um die Reichweite des § 432 nur bei der Bruchteilsgemeinschaft relevant, wo einschlägige Regelungen fehlen: Hier kann der einzelne Teilhaber nur nach hM gem § 432 Leistung an alle fordern, nach aA müssen die Gläubiger gemeinsam handeln.

II. Schuldnermehrheiten

Die Regelung der Schuldnermehrheiten bildet das Gegenstück zu den Rechtsfor- 7
men der Gläubigermehrheit.

1. Ebenso wie die Teilgläubigerschaft ist auch die **Teilschuld,** § 420 (jeder Schuld- 8
ner muss nur einen reellen Bruchteil des Ganzen leisten), bei teilbaren Leistungen zwar der gesetzliche Regelfall, doch praktisch die Ausnahme: Nach § 427 ist die vertragliche Verpflichtung mehrerer im Zweifel Gesamtschuld; nach § 840 gilt das Gleiche für gemeinschaftliche Delikte. Forderungen, die auf eine unteilbare Leistung (Begriff: oben Rz 2) gerichtet sind, führen nach § 431 ohnehin zur Gesamtschuld. Folge der Teilschuld ist die weitgehende Selbständigkeit der Beziehungen zwischen den einzelnen Schuldnern und dem Gläubiger (beachte aber die Ausnahmen in §§ 320 I 2, 351, 441 II).

2. Häufigster Fall der Schuldnermehrheit ist die in den §§ 421–427 auch am aus- 9
führlichsten geregelte **Gesamtschuld:** Der Gläubiger kann von jedem Schuldner die ganze Leistung fordern, ist aber nur einmal zur Forderung der Leistung berechtigt; leistet einer der Schuldner, werden auch die anderen von ihrer Schuld frei (§ 422 I). Näheres s §§ 421–427.

3. Bei der **gemeinschaftlichen Schuld** sind die Schuldner in ihrer Verbundenheit 10
zur Erbringung der Leistung verpflichtet, jeder Einzelne schuldet also nur seine Mitwirkung an der Erbringung der (einheitlichen) Leistungshandlung. Anders als bei dem Gegenstück der Mitgläubigerschaft (dazu § 432, vgl oben Rz 6) fehlt jede gesetzliche Regelung. **Fallgruppen:**

a) Als **Gesamthandsschuld** besteht die gemeinschaftliche Schuld, wenn sich die Forderung gegen ein gesamthänderisch gebundenes **Sondervermögen** (oben Rz 4) richtet. So haften etwa Miterben für die Verbindlichkeiten der Erbengemeinschaft zunächst gemeinschaftlich mit dem ungeteilten Nachlass. Der Gläubiger muss alle Verfügungen (etwa Stundung, Erlass, Kündigung) gegenüber allen Gesamthändern vornehmen, seine Klage gegen jeden einzelnen richten und zur Zwangsvollstreckung einen (nicht notwendig einheitlichen) Titel gegen alle Gesamthandsschuldner haben

(§§ 740 II, 747 ZPO). Neben der Haftung mit ihrem Anteil an dem Sondervermögen müssen die Gesamthänder regelmäßig auch **persönlich** für die Schulden der Gesamthandsgemeinschaft einstehen, und zwar im Verhältnis zur Gesamthandsschuld als **Gesamtschuldner;** dies folgt aus § 1437 für die Gütergemeinschaft und aus § 2058 für die Erbengemeinschaft. Zur GbR s § 714 Rz 3f.

11 **b)** Eine **gemeinschaftliche Schuld ieS** kann vorliegen, wenn mehrere sich zu einer Leistung verpflichten, die sie aus tatsächlichen oder rechtlichen Gründen nur gemeinsam erbringen können, zB Verpflichtung zur Aufführung eines Streichquartetts. Andererseits kann in diesen Fällen auch Gesamtschuld gegeben sein (Auslegungsfrage!) – so zB bei der gemeinschaftlichen Verpflichtung von Miteigentümern zur Eigentumsübertragung. Zwar müssen hier alle Miteigentümer an der Verfügung mitwirken (§ 747 S 2), doch kann die Auslegung ergeben, dass jeder der Schuldner für das Verhalten des anderen miteinzustehen verspricht; dass der einzelne Schuldner nicht allein leisten kann, schließt eine Gesamtschuld nicht aus, wie § 431 zeigt.

§ 420. Teilbare Leistung

Schulden mehrere eine teilbare Leistung oder haben mehrere eine teilbare Leistung zu fordern, so ist im Zweifel jeder Schuldner nur zu einem gleichen Anteil verpflichtet, jeder Gläubiger nur zu einem gleichen Anteil berechtigt.

1 Zu Teilgläubigerschaft und Teilschuld s Vor § 420 Rz 2 u 8.

§ 421. Gesamtschuldner

[1]Schulden mehrere eine Leistung in der Weise, dass jeder die ganze Leistung zu bewirken verpflichtet, der Gläubiger aber die Leistung nur einmal zu fordern berechtigt ist (Gesamtschuldner), so kann der Gläubiger die Leistung nach seinem Belieben von jedem der Schuldner ganz oder zu einem Teil fordern. [2]Bis zur Bewirkung der ganzen Leistung bleiben sämtliche Schuldner verpflichtet.

I. Allgemeines

1 Die **Gesamtschuld** (§§ 421–427) ist die für den Gläubiger vorteilhafteste Form der Schuldnermehrheit: Er kann sich den zahlungskräftigsten Schuldner aussuchen und von diesem die gesamte Leistung fordern, auch wenn dieser im Verhältnis zu den übrigen Schuldnern (Innenverhältnis; vgl § 426) nur zu einem (geringen) Teil oder gar nicht verpflichtet ist. Andererseits steht es ihm frei, die einzelnen Schuldner jeweils nur auf einen Teil der Gesamtleistung in Anspruch zu nehmen.

II. Gesetzliche Anordnung der Gesamtschuld

2 Das Gesetz ordnet oft die gesamtschuldnerische Haftung mehrerer Schuldner ausdrücklich an:

3 **1.** Stets bei gemeinsamer **vertraglicher** Verpflichtung (§ 427), in einigen Fällen auch bei aufeinanderfolgender Haftungsbegründung für dieselbe Schuld: so zB bei **Mitbürgen** (§ 769), bei verschiedenen **Wechselbeteiligten** (Art 47 I WG).

4 **2.** Nach § 840 bei gemeinschaftlicher Verantwortung für ein **Delikt,** sowie in vielen Fällen **außerdeliktischer Pflichtverletzung** (zB §§ 42 II 2, 53, 1664 II, 1833 II 1, 2219 II).

5 **3.** Als Folge bestimmter Rechtsgeschäfte (zB **Firmenfortführung,** § 25 I HGB).

6 **4.** Zulasten der Mitglieder von **Gesamthandsgemeinschaften** (näher Vor § 420 Rz 4).

7 **5.** Bei Verpflichtung mehrerer zu einer **unteilbaren Leistung** (§ 431).

III. Gesamtschuld ohne ausdrückliche gesetzliche Anordnung

1. Bedeutung. Einigkeit besteht darüber, dass über die obigen gesetzlichen Gesamtschuldanordnungen hinaus zwei Schuldner desselben Gläubigers als Gesamtschuldner nebeneinanderstehen können. In der Praxis geht es dabei darum, zwischen den Beteiligten eine der Rechtsfolgen der Gesamtschuld herbeizuführen, etwa die wechselseitige Tilgungswirkung (§ 422) oder den Gesamtschuldnerregress (§ 426); zur Erläuterung diene das folgende viel diskutierte Bsp (BGHZ 52, 39): D stiehlt dem E Geräte und verkauft sie dem (nichtsahnenden) K, der sie seinerseits in seinem Geschäft weiterveräußert. E verlangt nun von K den Erlös aus diesem Geschäft aus § 816 I nach Genehmigung der Weiterveräußerung (§ 185 II). Noch bevor K zahlt, leistet D vollen Schadensersatz für den Diebstahl. Das später von K Gezahlte fordert dieser aus eigenem und von D abgetretenen Recht klageweise zurück. Hier hat der BGH angenommen, D und K seien Gesamtschuldner, weil sie für dasselbe Leistungsinteresse des E (Verlust der Geräte) hafteten. Daher befreite die Leistung des D auch den K von seiner Verpflichtung aus § 816 I (wechselseitige Tilgungswirkung, § 422 I), und die Klage des K war aus § 812 I 1 Fall 1 begründet (Lösung sehr str, vgl *Medicus/Petersen* Rz 927; *Reeb* JuS 1970, 214, 216; *Dilcher* JZ 1973, 199, 201). 8

2. Umstritten sind die **Voraussetzungen** für die Annahme einer Gesamtschuld ohne ausdrückliche gesetzliche Anordnung (vgl *Medicus/Petersen* Rz 916 ff; *Larenz* SchR I § 37 I): 9

a) Unstreitig müssen **selbständige Verpflichtungen** mehrerer Schuldner gegenüber demselben Gläubiger **auf das Ganze** vorliegen, der die Leistung aber nur einmal erhalten soll (so schon § 421). 10

b) Ferner müssen die mehreren Verpflichtungen zur Befriedigung **desselben Leistungsinteresses** des Gläubigers dienen; eine völlige Identität der Leistungen ist ebenso wenig erforderlich wie ein identischer Rechtsgrund. Vgl das Bsp oben Rz 8: Schadensersatz (§ 823) und Herausgabe des Surrogats (§ 816 I) befriedigen gleichermaßen das Interesse auf Entschädigung für den Verlust der Geräte. Ebenso erfüllen dasselbe Leistungsinteresse etwa der Schadensersatz des Architekten und die Nachbesserung des Bauunternehmers gegenüber dem Bauherrn. Das Gleiche gilt für zwei Unternehmer, die jeweils in vollem Umfang für die von ihnen mitverursachten Mängel eines Bauwerks einstehen müssen, sofern diese nur einheitlich beseitigt werden können (BGHZ 155, 265). 11

c) Die Rspr erblickt das entscheidende weitere (über § 421 hinausgehende) Merkmal der Gesamtschuld in einer (subjektiv von den Schuldnern) angestrebten oder doch objektiv bestehenden **Zweckgemeinschaft.** Dieses Kriterium wird von der hL als inhaltsleer abgelehnt (s etwa *Larenz* SchR I § 37 I: Zweckgemeinschaft bedeute nichts weiter als Befriedigung desselben Leistungsinteresses, oben Rz 11; kritisch auch BGHZ 59, 99). Nach hL ist stattdessen **Gleichstufigkeit** der verschiedenen Verbindlichkeiten zu fordern: Die verschiedenen Schuldner müssen so nebeneinanderstehen, dass wenigstens grds jeder von ihnen (im Innenverhältnis) einen Teil der Leistung zu erbringen hat. Dagegen keine Gleichstufigkeit und also keine Gesamtschuld, wenn letztlich einer der Schuldner typischerweise die ganze Leistung erbringen soll und die andere Schuld nur zur Absicherung des Gläubigers besteht. Anzeichen für die Nachrangigkeit einer Schuld ist die zwingende Anordnung einer cessio legis für den Regress des leistenden Schuldners gegen den nichtleistenden: Hier zeigt das Gesetz, dass den zunächst leistenden Schuldner die Belastung im Endeffekt nicht treffen soll. Daher sind zB Hauptschuldner und Bürge ebenso wenig Gesamtschuldner (cessio legis: § 774 I) wie Schädiger und Schadensversicherer (vgl § 86 VVG). Diese Indizwirkung kommt der Legalzession des § 426 II nicht zu, da sie davon abhängt, ob und inwieweit im Innenverhältnis ein Regressanspruch besteht (Verweis auf § 426 I). 12

§ 422. Wirkung der Erfüllung

(1) [1]**Die Erfüllung durch einen Gesamtschuldner wirkt auch für die übrigen Schuldner.** [2]**Das Gleiche gilt von der Leistung an Erfüllungs statt, der Hinterlegung und der Aufrechnung.**

(2) **Eine Forderung, die einem Gesamtschuldner zusteht, kann nicht von den übrigen Schuldnern aufgerechnet werden.**

1 **1. Allgemeines.** Die Vorschriften der §§ 422–425 regeln die Wirkungen der Gesamtschuld im **Außenverhältnis** (Beziehungen der einzelnen Schuldner zum Gläubiger; zum Innenverhältnis § 426). Wegen der inneren Verbindung der Einzelverpflichtungen zu einer Gesamtschuld wirken manche auf die Einzelschuld einwirkende Umstände auch im Verhältnis zu den anderen Gesamtschuldnern, sog gesamtwirkende Tatsachen. Dagegen sind einzelwirkende Tatsachen in ihrer Wirkung auf das Verhältnis zwischen dem Gläubiger und dem jeweiligen Schuldner begrenzt.

2 **2.** Die **gesamtwirkenden Tatsachen** sind weitgehend in den §§ 422–424 aufgezählt. **a)** Dass **Erfüllung** und Erfüllungssurrogate eines Schuldners auch für alle anderen wirken (§ 422 I), ergibt sich schon aus der Definition der Gesamtschuld: Der Gläubiger darf die Leistung nur einmal fordern (§ 421 S 1). Der nach dem Angebot eines Schuldners entstandene **Gläubigerverzug** (§ 293) wirkt für alle (§ 424), weil auch die durch die Nichtannahme der Leistung verhinderte Erfüllung alle befreit hätte. **b)** Ob ein zwischen dem Gläubiger und einem der Gesamtschuldner vereinbarter **Erlass** Einzel- oder Gesamtwirkung hat, ist durch Auslegung (§§ 133, 157) zu ermitteln (§ 423). Sollte nur ein Schuldner entlastet werden, so ist weiter fraglich, ob der Gläubiger lediglich versprochen hat, den entsprechenden Schuldner seinerseits nicht in Anspruch zu nehmen (Ausgleichspflicht im Innenverhältnis besteht fort, § 426), oder ob er ihn von jeder Leistungspflicht befreien wollte. Im letzteren Fall muss sich der Gläubiger ein Erlöschen seiner Forderungen gegen die anderen Gesamtschuldner um den Anteil gefallen lassen, zu dem der Erlassbegünstigte im Innenverhältnis verpflichtet war (vgl *Palandt-Grüneberg* § 423 Rz 4: beschränkte Gesamtwirkung). **c)** Über §§ 422–424 hinaus haben zB Gesamtwirkung (nach § 425 I möglich, arg: „soweit"): der **Rücktritt** nach § 351 und die Leistungsbefreiung durch **Unmöglichkeit,** § 275 I (nicht jedoch bei Unvermögen, § 425 II).

3 **3.** Im Zweifel **Einzelwirkung** haben nach § 425 alle übrigen Tatsachen, vgl die (beispielhafte) Aufzählung in § 425 II. Ausnahmen sind nach Inhalt oder Zweck des Schuldverhältnisses möglich (§ 425 I: „soweit"). Bsp für ausnahmsweise mögliche Gesamtwirkung: Das Verschulden des Partners einer Anwaltssozietät wirkt auch gegen die anderen Partner (BGH NJW 1985, 2251).

§ 423. Wirkung des Erlasses

Ein zwischen dem Gläubiger und einem Gesamtschuldner vereinbarter Erlass wirkt auch für die übrigen Schuldner, wenn die Vertragschließenden das ganze Schuldverhältnis aufheben wollten.

§ 424. Wirkung des Gläubigerverzugs

Der Verzug des Gläubigers gegenüber einem Gesamtschuldner wirkt auch für die übrigen Schuldner.

§ 425. Wirkung anderer Tatsachen

(1) **Andere als die in den §§ 422 bis 424 bezeichneten Tatsachen wirken, soweit sich nicht aus dem Schuldverhältnis ein anderes ergibt, nur für und gegen den Gesamtschuldner, in dessen Person sie eintreten.**

(2) **Dies gilt insbesondere von der Kündigung, dem Verzug, dem Verschulden, von der Unmöglichkeit der Leistung in der Person eines Gesamtschuldners, von der Verjährung, deren Neubeginn, Hemmung und Ablaufhemmung, von der Vereinigung der Forderung mit der Schuld und von dem rechtskräftigen Urteil.**

§ 426. Ausgleichungspflicht, Forderungsübergang

(1) [1]**Die Gesamtschuldner sind im Verhältnis zueinander zu gleichen Anteilen verpflichtet, soweit nicht ein anderes bestimmt ist.** [2]**Kann von einem Gesamtschuldner der auf ihn entfallende Beitrag nicht erlangt werden, so ist der Ausfall von den übrigen zur Ausgleichung verpflichteten Schuldnern zu tragen.**

(2) [1]**Soweit ein Gesamtschuldner den Gläubiger befriedigt und von den übrigen Schuldnern Ausgleichung verlangen kann, geht die Forderung des Gläubigers gegen die übrigen Schuldner auf ihn über.** [2]**Der Übergang kann nicht zum Nachteil des Gläubigers geltend gemacht werden.**

1. Allgemeines. Während die §§ 422–425 das Außenverhältnis (Beziehungen der einzelnen Schuldner zum Gläubiger) regeln, erfasst § 426 das **Innenverhältnis** zwischen den einzelnen Gesamtschuldnern. Hier geht es darum, ob der vom Gläubiger in Anspruch genommene Schuldner endgültig mit der Leistungspflicht belastet sein soll. Zur analogen Anwendung dieses Regressweges auf Sicherungsgeber s § 774 Rz 8. 1

2. Der Ausgleichsanspruch (Abs 1). S 1 gewährt dem zahlenden Gesamtschuldner zunächst einen Ausgleichsanspruch gegen die übrigen Schuldner in Höhe des (im Innenverhältnis) nicht auf ihn entfallenden Anteils. Der Anspruch tritt neben etwaige andere Rückgriffsansprüche, die zB aus einer vertraglichen Verbindung untereinander (Auftrag, Geschäftsbesorgungsvertrag) resultieren können. 2

Die **Höhe** der Einzelverpflichtung (und damit die des Regressanspruchs) kann sich aus besonderen gesetzlichen Bestimmungen ergeben (zB § 840 II, III; bei Schadensersatzansprüchen ist in entsprechender Anwendung des § 254 der jeweilige Verschuldensanteil entscheidend). Ferner sind ausdrückliche Absprachen zu beachten, bevor gem § 426 I 1 die Leistungspflicht nach Kopfteilen zu bestimmen ist; auch aus dem Sinn und Zweck eines zwischen den Gesamtschuldnern bestehenden Rechtsverhältnisses oder aus den tatsächlichen Umständen des Einzelfalles kann sich eine anderweitige Bestimmung iSd Abs 1 S 1 ergeben. Der zahlende Gesamtschuldner kann von den übrigen Schuldnern seinerseits nicht die volle Regresssumme, sondern nur den jeweiligen Anteil einfordern **(pro-rata-Haftung).** 3

Die nicht in Anspruch genommenen Gesamtschuldner sind nach Abs 1 S 1 nicht nur zum Ausgleich, sondern auch von vornherein zur (anteiligen) **Mitwirkung an der Erfüllung** verpflichtet; der leistende Gesamtschuldner hat insoweit einen Befreiungsanspruch, der die Fälligkeit der Gesamtschuld voraussetzt (zB BGH NJW 1986, 3131, 3132 mwN; Näheres bei § 257). 4

3. Übergang der Gläubigerforderung (Abs 2). Abs 2 verstärkt den Rückgriff des leistenden Schuldners durch eine cessio legis, die indessen nur insoweit stattfindet, als er nach Abs 1 Ausgleich verlangen kann. Vorteil für den Regressgläubiger und Legalzessionar: Mit der Forderung des Gläubigers gehen die für diese bestellten akzessorischen **Sicherungsrechte** (zB Bürgschaft, Pfandrecht, Hypothek) mit über (§§ 412, 401) und dienen somit letztlich der Sicherung seines Rückgriffsanspruchs. 5

4. Gestörter Gesamtschuldnerausgleich. Bei einem **vertraglichen** oder **gesetzlichen Haftungsausschluss** zugunsten eines von mehreren Mitschädigern (Erstschädiger) müsste der nichtprivilegierte Mitschädiger (Zweitschädiger) bei unveränderter Gesetzesanwendung trotz bloßer Teilverursachung (auch im Endergebnis) auf das Ganze 6 haften: Durch den Haftungsausschluss kommt es zu keiner Ersatzverpflichtung des privilegierten Erstschädigers gegenüber dem Gläubiger und somit auch zu keiner Gesamtschuld und zu keinem Gesamtschuldnerausgleich (§ 426), obwohl im (Innen-)Verhältnis der Mitschädiger untereinander der privilegierte Schädiger in Höhe seines Verschuldensanteils (entsprechend § 254) verpflichtet sein müsste. Soll der Zweitschädiger bei (angenommen) gleichen Verschuldensanteilen wegen des Haftungsausschlusses beim Erstschädiger den ganzen Schaden tragen müssen? Nach ganz hM ist eine solche **Drittwirkung des Haftungsausschlusses** (*Medicus/Lorenz* SchR I Rz 807) regelmäßig zu vermeiden. Zur Korrektur sind verschiedene Wege denkbar, wobei die Rspr zwischen einzelnen Arten der Haftungsprivilegierung unterscheidet:

7 **a)** Die **vertragliche Vereinbarung** eines Haftungsausschlusses wirkt nach dem BGH (etwa BGHZ 12, 213; 58, 216, 220) nur im Verhältnis zwischen Gläubiger und privilegiertem Schädiger. Also kann der in Anspruch genommene Mitschädiger trotz der im Außenverhältnis nicht vorliegenden Gesamtschuld Regress aus § 426 nehmen **(Fiktion der Gesamtschuld im Innenverhältnis).** Bsp: S nimmt G in seinem Pkw mit und vereinbart einen Haftungsausschluss. Durch einen von S und einem Dritten D (Zweitschädiger) gleichermaßen verschuldeten Unfall erleidet G einen Schaden von 2000 Euro. Zahlt sie der in Anspruch genommene D, kann er von S aus § 426 I einen Ausgleich in Höhe von 1000 Euro verlangen. Nachteile dieser Lösung: Der privilegierte Schädiger S muss im Ergebnis trotz der Haftungsfreistellung einen Teil des Schadens tragen; damit steht er bei gemeinsamer Verursachung schlechter, als wenn er für den Schadensfall allein verantwortlich wäre. Um dieses merkwürdige Ergebnis zu verhindern, muss dem privilegierten Schädiger seinerseits der Rückgriff beim Gläubiger ermöglicht werden; es kommt zu einem **„Regresskreisel"** (vgl *MüKo-Bydlinski* Rz 57). In der Lit (etwa *Larenz* SchR I § 37 III; *Medicus* JZ 1967, 398) wird daher überwiegend vorgeschlagen, den Anspruch des Gläubigers gegen den nichtprivilegierten Schädiger D von vornherein um den Verantwortungsteil des privilegierten Schädigers S zu kürzen; dass der Gläubiger damit einen Teil seines Schadens selbst tragen muss, rechtfertigt sich aus der von ihm vereinbarten Haftungsfreistellung.

8 **b)** Bei einem **gesetzlichen Haftungsausschluss** folgt auch der BGH der zuletzt genannten Lösung; so namentlich, wenn ein **Arbeitsunfall** durch einen nach §§ 104ff SGB VII privilegierten Arbeitgeber oder Arbeitskollegen mitverursacht worden ist. Die Haftung des Zweitschädigers beschränkt sich dann auf seinen Verantwortungsteil. Diese Beschränkung beruht auf dem Gedanken, dass einerseits die haftungsrechtliche Privilegierung des Erstschädigers nicht durch dessen Heranziehung im Gesamtschuldnerausgleich unterlaufen werden soll, es andererseits bei Mitberücksichtigung des Grundes der Haftungsprivilegierung, nämlich der anderweitigen Absicherung des Geschädigten, nicht gerechtfertigt wäre, den Zweitschädiger den Schaden allein tragen zu lassen (BGHZ 61, 51, 53ff; 155, 205, 213). In der Tat ist die Lösung zu Lasten des Gläubigers hier schon dadurch gerechtfertigt, dass der Ausfall durch sozialversicherungsrechtliche Ansprüche ausgeglichen wird.

9 **c)** Bei den **gesetzlichen Haftungsbeschränkungen des BGB** auf die eigenübliche Sorgfalt (§§ 708, 1359, 1664), die freilich für den Straßenverkehr nicht gelten, lässt der BGH in einem Urteil zu § 1664 den Zweitschädiger für den gesamten Schaden haften und lehnt auch einen Regressanspruch gegen den privilegierten Erstschädiger ab (BGHZ 103, 338). In diesem **Spielplatzfall,** in dem sich das Kind aus Verschulden der Stadt und der Eltern auf einer Rutsche verletzte, bürdet der BGH der Stadt endgültig den ganzen Schaden auf, da die Haftung der Eltern gegenüber dem Kind gem § 1664 I ausgeschlossen sei. Zur Begründung dieser Abweichung von den in Rz 8 genannten Fällen müsste man § 1664 I auch als Schutznorm für die Familie gegenüber außenstehenden Schädigern verstehen (vgl *Medicus/Petersen* Rz 932).

§ 427. Gemeinschaftliche vertragliche Verpflichtung

Verpflichten sich mehrere durch Vertrag gemeinschaftlich zu einer teilbaren Leistung, so haften sie im Zweifel als Gesamtschuldner.

§ 428. Gesamtgläubiger

[1] Sind mehrere eine Leistung in der Weise zu fordern berechtigt, dass jeder die ganze Leistung fordern kann, der Schuldner aber die Leistung nur einmal zu bewirken verpflichtet ist (Gesamtgläubiger), so kann der Schuldner nach seinem Belieben an jeden der Gläubiger leisten. [2] Dies gilt auch dann, wenn einer der Gläubiger bereits Klage auf die Leistung erhoben hat.

§ 429. Wirkung von Veränderungen

(1) **Der Verzug eines Gesamtgläubigers wirkt auch gegen die übrigen Gläubiger.**

(2) **Vereinigen sich Forderung und Schuld in der Person eines Gesamtgläubigers, so erlöschen die Rechte der übrigen Gläubiger gegen den Schuldner.**

(3) **[1] Im Übrigen finden die Vorschriften der §§ 422, 423, 425 entsprechende Anwendung. [2] Insbesondere bleiben, wenn ein Gesamtgläubiger seine Forderung auf einen anderen überträgt, die Rechte der übrigen Gläubiger unberührt.**

§ 430. Ausgleichungspflicht der Gesamtgläubiger

Die Gesamtgläubiger sind im Verhältnis zueinander zu gleichen Anteilen berechtigt, soweit nicht ein anderes bestimmt ist.

§ 431. Mehrere Schuldner einer unteilbaren Leistung

Schulden mehrere eine unteilbare Leistung, so haften sie als Gesamtschuldner.

§ 432. Mehrere Gläubiger einer unteilbaren Leistung

(1) **[1] Haben mehrere eine unteilbare Leistung zu fordern, so kann, sofern sie nicht Gesamtgläubiger sind, der Schuldner nur an alle gemeinschaftlich leisten und jeder Gläubiger nur die Leistung an alle fordern. [2] Jeder Gläubiger kann verlangen, dass der Schuldner die geschuldete Sache für alle Gläubiger hinterlegt oder, wenn sie sich nicht zur Hinterlegung eignet, an einen gerichtlich zu bestellenden Verwahrer abliefert.**

(2) **Im Übrigen wirkt eine Tatsache, die nur in der Person eines der Gläubiger eintritt, nicht für und gegen die übrigen Gläubiger.**

S Vor § 420 Rz 6. 1

Abschnitt 8. Einzelne Schuldverhältnisse

Titel 1. Kauf, Tausch

Untertitel 1. Allgemeine Vorschriften

Vor § 433

Im Zuge des **SchRG** wurden die **allgemeinen kaufrechtlichen Vorschriften** der §§ 433 ff grundlegend umgestaltet und dabei die Verbrauchsgüterkauf-RL der EG vom 25. 5. 1999 (ABl 1999 Nr L 171, 12) umgesetzt, ohne in diesem Untertitel zwischen Verbrauchsgüterkauf und sonstigem Kauf zu differenzieren. Allerdings wurden in Untertitel 3 (§§ 474 ff) besondere Regeln über den **Verbrauchsgüterkauf** geschaffen. 1

§ 433. Vertragstypische Pflichten beim Kaufvertrag

(1) [1]**Durch den Kaufvertrag wird der Verkäufer einer Sache verpflichtet, dem Käufer die Sache zu übergeben und das Eigentum an der Sache zu verschaffen.** [2]**Der Verkäufer hat dem Käufer die Sache frei von Sach- und Rechtsmängeln zu verschaffen.**

(2) **Der Käufer ist verpflichtet, dem Verkäufer den vereinbarten Kaufpreis zu zahlen und die gekaufte Sache abzunehmen.**

I. Kaufgegenstand

1 Das Gesetz unterscheidet zwischen **Sach- und Rechtskauf** (vgl § 453), die jedoch grds gleich behandelt werden.

2 **1. Sachen** sind alle körperlichen Gegenstände (§ 90), der Aggregatzustand (fest, flüssig, gasförmig) spielt nach hM keine Rolle. Kauft ein Verbraucher (§ 13) von einem Unternehmer (§ 14) eine bewegliche Sache, spricht man von einem **Verbrauchsgüterkauf,** für den die §§ 474ff zu beachten sind.

3 **2.** Alle übertragbaren (vgl Vor § 398 Rz 5ff) **Rechte** im weitesten Sinne können Kaufgegenstand sein, zB Forderungen (Forderungskauf etwa beim echten Factoring, Vor § 398 Rz 21), Gesellschaftsanteile, dingliche Rechte (wie Anwartschafts- und Grundpfandrechte), gewerbliche Schutzrechte sowie einzelne subjektive öffentliche Rechte (etwa Konzessionen). Näher zum Rechtskauf § 453 Rz 2.

4 **3.** Der Kauf kann sich auch auf **Sach- und Rechtsgesamtheiten** beziehen („sonstige Gegenstände" iSd § 453 I), zB das Vermögen einer Person, eine freiberufliche Praxis oder ein **Unternehmen;** dann sind im Zweifel alle vermögenswerten Bestandteile mitverkauft, wie Maschinen, Kundschaft, know how, good will, Warenzeichen, Firma.

II. Pflichten des Verkäufers (Abs 1)

5 **1. Hauptpflichten** (= synallagmatische Pflichten). **a) Übergabe** der Kaufsache bedeutet grds Verschaffung des unmittelbaren Besitzes, § 854; jedoch kann die Einräumung mittelbaren Besitzes (§ 868) insbesondere dann ausreichen, wenn ein Dritter unmittelbarer Besitzer ist und eine entsprechende Vereinbarung getroffen wird (näher *Medicus/Lorenz* SchR II Rz 26). Wichtige Rechtsfolgen der Übergabe: Übergang der Preisgefahr, § 446 S 1; maßgeblicher Zeitpunkt für das Vorliegen von Sachmängeln, § 434 I 1. **b)** Die **Eigentumsübertragung** beim Sachkauf bzw die **Rechtsverschaffung** beim Rechtskauf (dingliche Erfüllungsgeschäfte) richten sich nach §§ 929ff, 873, 925 bzw nach § 398. **c) Frei von Sach- und Rechtsmängeln** hat der Verkäufer nach S 2 dem Käufer die Sache zu verschaffen. Dadurch, dass die Mängelfreiheit der Kaufsache zum Inhalt der Leistungspflichten des Verkäufers erklärt wird, ist bei einer Verletzung dieser Pflicht der Weg in das allgemeine Leistungsstörungsrecht frei, also etwa für einen Rücktritt gem § 323 I oder für Schadensersatz gem §§ 280f (vgl § 437 Nrn 2 und 3). Die grundsätzliche Gleichstellung von Sach- und Rechtsmängeln, die sich in § 437 fortsetzt, macht eine mitunter schwierige Unterscheidung meist überflüssig. **d)** Die Verpflichtung des Verkäufers beschränkt sich auf die mangelfreie Verschaffung der Sache und umfasst nicht ihre **Herstellung.** Der Warenhersteller ist deshalb **nicht Erfüllungsgehilfe** des Verkäufers, so dass dem Verkäufer ein Verschulden des Herstellers schadensersatzrechtlich nicht über § 278 zugerechnet werden kann (RegBegr BT-Drucks 14/6040, 210). Den Zwischenhändler trifft nach der Rspr grds auch **keine Untersuchungspflicht** (*Palandt-Grüneberg* § 280 Rz 19).

6 **2. Nebenpflichten** (vgl Vor § 241 Rz 3) werden für den Verkäufer je nach Art und Umfang des Geschäfts begründet; sie dienen der Durchführung des Vertrages, zB

Verpackung der Kaufsache, Informationen (Gebrauchsanleitung, Warnung vor besonderen Gefahren). Eine **Beratungspflicht** des Verkäufers bejaht die Rspr nicht nur als Nebenpflicht, sondern uU auch als selbständige Hauptpflicht aus einem konkludent geschlossenen Beratungsvertrag (vgl § 675 Rz 5). Die unselbständige Beratungspflicht des Verkäufers beschränkt sich auch im Fachhandel auf die für den Verwendungszweck bedeutsamen Eigenschaften des Kaufgegenstands, die er kennt oder kennen muss; der Käufer kann deshalb grds keine Aufklärung über ganz entfernt liegende Risiken erwarten, die allenfalls dem Hersteller bekannt sind (BGH NJW 2004, 2301).

III. Pflichten des Käufers (Abs 2)

1. Zahlung des Kaufpreises ist (synallagmatische) **Hauptleistungspflicht.** Grds schuldet der Käufer Barzahlung; bei Aufdruck von Konten auf Briefköpfen und dgl reicht Überweisung. 7

2. Abnahme der Kaufsache ist grds **Nebenpflicht.** Anders aber, wenn dem Verkäufer ersichtlich an der Abgabe der Sache gelegen ist, Bsp: Räumungsverkauf. 8

3. Weitere Nebenpflichten: zB Tragung der Versendungskosten nach § 448 I, Tragung der Beurkundungskosten nach § 448 II. 9

§ 434. Sachmangel

(1) [1]**Die Sache ist frei von Sachmängeln, wenn sie bei Gefahrübergang die vereinbarte Beschaffenheit hat.** [2]**Soweit die Beschaffenheit nicht vereinbart ist, ist die Sache frei von Sachmängeln,**

1. **wenn sie sich für die nach dem Vertrag vorausgesetzte Verwendung eignet, sonst**
2. **wenn sie sich für die gewöhnliche Verwendung eignet und eine Beschaffenheit aufweist, die bei Sachen der gleichen Art üblich ist und die der Käufer nach der Art der Sache erwarten kann.**

[3]**Zu der Beschaffenheit nach Satz 2 Nr. 2 gehören auch Eigenschaften, die der Käufer nach den öffentlichen Äußerungen des Verkäufers, des Herstellers (§ 4 Abs. 1 und 2 des Produkthaftungsgesetzes) oder seines Gehilfen insbesondere in der Werbung oder bei der Kennzeichnung über bestimmte Eigenschaften der Sache erwarten kann, es sei denn, dass der Verkäufer die Äußerung nicht kannte und auch nicht kennen musste, dass sie im Zeitpunkt des Vertragsschlusses in gleichwertiger Weise berichtigt war oder dass sie die Kaufentscheidung nicht beeinflussen konnte.**

(2) [1]**Ein Sachmangel ist auch dann gegeben, wenn die vereinbarte Montage durch den Verkäufer oder dessen Erfüllungsgehilfen unsachgemäß durchgeführt worden ist.** [2]**Ein Sachmangel liegt bei einer zur Montage bestimmten Sache ferner vor, wenn die Montageanleitung mangelhaft ist, es sei denn, die Sache ist fehlerfrei montiert worden.**

(3) **Einem Sachmangel steht es gleich, wenn der Verkäufer eine andere Sache oder eine zu geringe Menge liefert.**

I. Allgemeines

1. Die ausführliche **Definition** der Sachmängel geht in wesentlichen Teilen auf die **Verbrauchsgüterkauf-RL** zurück (vgl Vor § 433 Rz 1). Die Vorschrift unterscheidet aber nicht zwischen Verbrauchsgüterkauf und sonstigem Kauf, sondern definiert die Sachmängel für alle Kaufverträge gleich. 1

2. Über die **Beweislast** für Sachmängel sagt § 434 nichts. Sie ist – ggf auch bei Nachbesserungsversuchen des Verkäufers (BGH NJW 2009, 1341 Nr 15) – nach 2

§ 363 zu beurteilen. Zwar nennt diese Vorschrift nur die falsche und die unvollständige Leistung, aber ihre Erstreckung auf die mangelhafte Leistung ist anerkannt und sachgerecht (BGH NJW 2011, 1664). Daher muss der Käufer beweisen, dass der Mangel bei Gefahrübergang vorhanden war und nicht erst später durch den (übermäßigen) Gebrauch der Sache entstanden ist. Ist die Mangelursache umstritten, muss der Käufer Entsprechendes für das gerügte Mangelsymptom beweisen (BGH NJW 2011, 1664). Für den **Verbrauchsgüterkauf** sieht freilich § 476 eine Beweiserleichterung für den Verbraucher vor, deren Umfang allerdings str ist (dort Rz 3f).

II. Sachmangel (Abs 1)

3 **1. Begriffe. a)** Ein **Sachmangel** ist die ungünstige Abweichung der tatsächlichen Beschaffenheit der Kaufsache (Istbeschaffenheit) von ihrer Sollbeschaffenheit. Dies wird in § 434 im Einzelnen aufgeschlüsselt. **b)** Die **Beschaffenheit** ist im Gesetz nicht definiert. Man unterscheidet Qualitätsmängel und Umstandsmängel. **Qualitätsmängel** beruhen auf der physischen Beschaffenheit der Kaufsache selbst, zB Fäulnis eines Apfels, Standunsicherheit eines Hauses, mangelnder Goldgehalt eines als „golden“ verkauften Ringes. **Umstandsmängel** ergeben sich aus den Beziehungen des Kaufgegenstandes zur Umwelt, jedoch müssen diese Beziehungen in der Beschaffenheit des Kaufgegenstandes selbst ihren Grund haben, ihm selbst unmittelbar innewohnen oder von ihm ausgehen. Ein Mangel liegt nicht vor, wenn keinerlei Bezug zum physischen Zustand der Sache gegeben ist (*Bamberger/Roth-Faust* Rz 23; weitergehend *Chr. Berger* JZ 2004, 276). Es kommen allerdings alle tatsächlichen, rechtlichen, wirtschaftlichen und sozialen Umstände in Frage, die nach der Verkehrsauffassung Wert und Brauchbarkeit der Sache unmittelbar beeinflussen (im Einzelnen ist vieles str). Bsp: Lage eines Grundstücks an einem See, Unbebaubarkeit wegen einer langfristigen Bausperre. Str für Ertragsfähigkeit eines verkauften Gegenstandes (zB eines Unternehmens, vgl § 453 Rz 3).

4 **2.** Das Gesetz geht von einem **subjektiven Mangelbegriff** aus, indem es in erster Linie darauf abstellt, ob die Sache die **vereinbarte Beschaffenheit** hat (Abs 1 S 1). Eine Beschaffenheitsvereinbarung ist insbesondere dann anzunehmen, wenn der Verkäufer bei Vertragsschluss die Eigenschaften der verkauften Sache in einer bestimmten Weise umschrieben oder zu ihrer Veranschaulichung ein Muster oder eine Probe vorgelegt hat und der Käufer vor diesem Hintergrund seine Kaufentscheidung getroffen hat. Diese Fälle nennt Art 2 II lit a der Verbrauchsgüterkauf-RL. Die Vereinbarung kann auch stillschweigend oder konkludent geschlossen werden, indem der Käufer dem Verkäufer bestimmte Anforderungen an den Kaufgegenstand zur Kenntnis bringt und dieser zustimmt. Jedoch reicht eine einseitig gebliebene Vorstellung des Käufers nicht aus; selbst dann nicht, wenn sie dem Verkäufer bekannt ist (BGH NJW 2009, 2807 Nr 9). – Im **Verkauf eines Neuwagens** durch einen Kraftfahrzeughändler liegt grds die stillschweigende Zusicherung, dass das verkaufte Fahrzeug die Eigenschaft hat, „fabrikneu“ zu sein. Fabrikneuheit kann nur dann angenommen werden, wenn und solange das unbenutzte Kfz unverändert weitergebaut wird, wenn es keine durch längere Standzeit bedingten Mängel aufweist und wenn zwischen der Herstellung des Fahrzeugs und dem Abschluss des Kaufvertrages nicht mehr als zwölf Monate liegen (BGH NJW 2006, 2694 Nr 10). Der **Käufer eines Jahreswagens** handelt anlässlich eines solchen Kaufs bei einem gewerblichen Händler in der Erwartung, einen „jungen“ Gebrauchtwagen aus erster Hand zu erwerben, der sich von einem Neuwagen nur hinsichtlich des Alters durch die einjährige Nutzung im Straßenverkehr seit der Erstzulassung unterscheidet. Ein als Jahreswagen verkauftes Fahrzeug entspricht deshalb idR nicht der vereinbarten Beschaffenheit, wenn zwischen der Herstellung und der Erstzulassung mehr als zwölf Monate liegen (BGH NJW 2006, 2694 Nr 11). Für den Verkauf eines **Vorführwagens** gilt dagegen, dass allein eine längere Standzeit ohne das

Hinzutreten besonderer Umstände grds nicht die Mangelhaftigkeit des Kaufgegenstandes begründet. Denn der Käufer muss damit rechnen, dass das Kfz längere Zeit als Ausstellungsobjekt diente (BGH NJW 2010, 3710). Beim **Kauf eines Gebrauchtwagens** stellt die Angabe „Unfallschäden laut Vorbesitzer: nein“ keine Beschaffenheitsvereinbarung dar. Es handelt sich lediglich um eine Wissenserklärung oder Wissensmitteilung, mit der der Verkäufer die Angaben des Vorbesitzers wiedergibt und zum Ausdruck bringt, dass es sich dabei nicht um eigenes Wissen handelt (BGH NJW 2008, 1517 Nr 12f). Wird ein Gebrauchtwagen als **„Unfallfahrzeug“** verkauft, begründen dem Käufer verborgen gebliebene Unfallschäden keinen Sachmangel. Die Lieferung eines Pkw in einer anderen als der bestellten Farbe stellt regelmäßig einen erheblichen Sachmangel und damit gleichfalls eine erhebliche Pflichtverletzung des Verkäufers dar (vgl §§ 281 I 3, 323 V 2). Dies gilt auch dann, wenn der Käufer zunächst eine andere Fahrzeugfarbe in Betracht gezogen hat (BGH NJW-RR 2010, 1289).

3. Maßgebender Zeitpunkt, in dem die Mangelfreiheit gegeben sein muss, ist nach Abs 1 S 1 der **Gefahrübergang** (vgl §§ 446, 447, 474 II). 5

4. Liegt keine Vereinbarung über die Beschaffenheit vor, entscheidet nach Abs 1 S 2 Nr 1 die **nach dem Vertrag vorausgesetzte Verwendung,** also ein weiteres subjektives Kriterium. Eine konkludente Übereinstimmung der Parteien ist dafür ausreichend (RegBegr BT-Drucks 14/6040, 213). 6

5. Erst in letzter Linie kommt es nach Abs 1 S 2 Nr 2 auf das objektive Kriterium der **gewöhnlichen Verwendung** an. Die Beschaffenheit muss bei Sachen der gleichen Art, also zB bei gebrauchten Sachen, üblich sein. Welche Beschaffenheit der Käufer nach der Art der Sache erwarten kann, bestimmt sich nach dem Erwartungshorizont eines Durchschnittskäufers (*Palandt-Weidenkaff* Rz 30). In diesem Zusammenhang sind gemäß Abs 1 S 3 auch Werbeaussagen oder andere öffentliche Äußerungen des Verkäufers und des Herstellers über bestimmte Eigenschaften des Produkts zu berücksichtigen, es sei denn, der Verkäufer weist nach, dass er die Werbeaussage weder kannte noch „kennen musste“ (vgl § 122 II) oder dass ein anderer in S 3 genannter Ausnahmetatbestand vorliegt. Beim **Kauf eines Fahrzeuges** eignet sich dieses für die gewöhnliche Verwendung iSv § 434 I 1 Nr 2, wenn es keine technischen Mängel aufweist, die eine Zulassung zum Straßenverkehr hindern oder die Gebrauchsfähigkeit aufheben oder beeinträchtigen (*Palandt-Weidenkaff* Rz 70). Soweit Mängel beim Kauf offen gelegt werden oder das Bestehen solcher von den Parteien vorausgesetzt werden, gilt dies allerdings nicht. Der normale alters- und gebrauchsbedingte Verschleiß bei einem **Gebrauchtwagen** ist üblich und hinzunehmen, soweit keine besonderen Umstände gegeben sind (*Palandt-Weidenkaff* Rz 74). Der Käufer eines gebrauchten Kfz darf jedoch grds erwarten, dass dieses keinen Unfall erlitten hat, bei dem es zu mehr als einem **Bagatellschaden** gekommen ist (BGH NJW 2008, 53 Nr 20); den Verkäufer trifft insoweit eine Offenbarungspflicht. 7

III. Montage (Abs 2)

1. Abs 2 stellt **Montagefehler** einem Sachmangel gleich. Dem Käufer kommen die Rechte aus dem Kaufvertrag zu, ohne dass es insoweit auf eine genaue dogmatische Abgrenzung zwischen Kauf- und Werkvertrag ankäme. 8

2. Die **unsachgemäße Durchführung** der vereinbarten Montage durch den Verkäufer führt gemäß Abs 2 S 1 zu einem Sachmangel, wenn entweder eine zunächst mangelfrei gelieferte Sache durch unsachgemäße Montage beschädigt wird oder wenn nur die Montage fehlerhaft ist, ohne dass dies zu einer Beschädigung der verkauften Sache führt. Bsp (RegBegr BT-Drucks 14/6040, 215): S 1 erfasst bei einer vom Verkäufer einzubauenden Küche auch den Fall, dass einzelne Schränke schief angebracht werden, selbst wenn die Schränke als solche genutzt werden können und die Montage 9 nicht zu Qualitätsmängeln wie Rissen oder Kratzern geführt hat. Wurde die Montage nicht vom Verkäufer selbst durchgeführt, sondern von einem „unter dessen Verantwortung“ stehenden Dritten (so die Terminologie in Art 2 V der Verbrauchsgüterkauf-RL), spricht das BGB von einem **Erfüllungsgehilfen.** Es geht bei seiner Erwähnung in S 1 aber nicht (wie in § 278) um die Zurechnung seines Verschuldens (das im Rahmen des § 434 keine Rolle spielt), sondern einfach um die Zurechnung seines Verhaltens, also seiner fehlerhaften Montage.

10 **3.** Nach Abs 2 S 2 bildet bei einer zur Montage bestimmten Sache auch eine **mangelhafte Montageanleitung** einen Sachmangel. Diese sog **Ikea-Klausel** ist durch die zunehmenden Kaufverträge, insbesondere über Möbel, veranlasst, die den Zusammenbau der Kaufsache durch den Letztkäufer vorsehen. Sie gilt aber – wie der ganze § 434 – auch außerhalb eines Verbrauchsgüterkaufs und ist zudem für den Rückgriff des Letztverkäufers gegen seinen Lieferanten bedeutsam; denn auch in deren Verhältnis stellt die mangelhafte Montageanleitung einen Mangel der Kaufsache dar, der Mängelrechte der Letztverkäufers begründet. Eine vom Verkäufer zu beweisende Ausnahme besteht, wenn die Sache trotz mangelhafter Montageanleitung vom Käufer oder einem Dritten (zB aufgrund eigener Sachkenntnis) fehlerfrei montiert worden ist. Ein inhaltlicher Fehler in der von § 434 nicht erwähnten **Gebrauchsanweisung** begründet hingegen stets einen Sachmangel (*Medicus/Petersen* Rz 287).

IV. Falsch- und Zuweniglieferung (Abs 3)

11 In Abs 3 werden die Falsch- und die Zuweniglieferung einem **Sachmangel gleichgestellt.** Infolge der Gleichstellung hat der Käufer die Rechte aus § 437, in erster Linie also einen Anspruch auf Nacherfüllung gem §§ 437 Nr 1, 439. Die Nacherfüllung kommt hier aber regelmäßig nur in der Form der Lieferung einer mangelfreien Sache und nicht in der Form einer Nachbesserung in Betracht. Wurde beim Stückkauf ein sog Identitätsaliud geliefert, also ein anderer Kaufgegenstand als der vereinbarte, so ist nach einer Ansicht Abs 3 gar nicht anzuwenden (*G. Schulze* NJW 2003, 1022; *Thier* AcP 2003, 403 ff); es gibt keinen Nacherfüllungsanspruch, sondern der primäre Erfüllungsanspruch bleibt bestehen (Verjährung: §§ 195, 199); die irrtümlich gelieferte Sache ist nach § 812 I 1 Fall 1 zurückzugeben. Nach der Gegenansicht gilt Abs 3 auch hier, so dass der Erfüllungsanspruch durch einen Nacherfüllungsanspruch (auf Neulieferung der Sache) abgelöst wird, der nach § 438 verjährt (näher *St. Lorenz* JuS 2003, 36, 38 f; *Musielak* NJW 2003, 89); Rückgabe der irrtümlich gelieferten Sache dann nach § 439 IV; macht der Käufer den Nacherfüllungsanspruch nicht geltend (etwa bei einem höherwertigen aliud, das er gern behalten würde), ist er nach § 812 I 1 Fall 1 zur Rückgabe verpflichtet, freilich gem § 273 I nur Zug um Zug gegen Belieferung mit der gekauften Sache (näher *St. Lorenz* aaO 39 f). Bei einer **Zuviellieferung** ist Abs 3 dann analog anzuwenden, wenn die geschuldete Menge nicht oder nur schwer ausgesondert werden kann. Eine ohne weiteres auszusondernde Übermenge kann der Verkäufer nach § 812 I 1 Fall 1 kondizieren; der Käufer ist zur Bezahlung der gekauften Menge, nicht aber der Übermenge verpflichtet, es sei denn, in der Annahme einer erkennbaren Übermenge wäre eine Vertragsänderung zu sehen.

V. Unerhebliche Mängel

12 Unerhebliche Mängel sind von der Gewährleistung nicht ausgenommen. Die Haftung für Sachmängel soll nicht geringer angesetzt werden, als das allgemein für Leistungspflichten vorgesehen ist. Entsprechend ist nach den in § 437 genannten Rechten zu differenzieren: Der Anspruch auf Nacherfüllung und das Minderungsrecht werden auch durch unerhebliche Mängel ausgelöst. Dagegen ist der Rücktritt, der die Interessen des Verkäufers stärker berührt, gem §§ 437 Nr 2, 323 V 2 bei unerheblicher Pflichtverletzung des Verkäufers ausgeschlossen. Auch Schadensersatz statt der ganzen

Leistung kann bei einer unerheblichen Pflichtverletzung nicht verlangt werden (§§ 437 Nr 3, 281 I 3), und jeder Schadensersatzanspruch setzt gem §§ 280 I 2, 276 I 1 zusätzlich ein Verschulden voraus, wenn der Verkäufer nicht eine Garantie übernommen hat.

§ 435. Rechtsmangel

[1]Die Sache ist frei von Rechtsmängeln, wenn Dritte in Bezug auf die Sache keine oder nur die im Kaufvertrag übernommenen Rechte gegen den Käufer geltend machen können. [2]Einem Rechtsmangel steht es gleich, wenn im Grundbuch ein Recht eingetragen ist, das nicht besteht.

1. Rechte Dritter stellen auch dann einen Rechtsmangel dar, wenn sie den Käufer 1 bei der von ihm konkret vorgesehenen Verwendung der Sache nicht beeinträchtigen können. Der Begriff des Rechtsmangels wird also – anders als der des Sachmangels – ausschließlich objektiv verstanden (s aber auch unten Rz 3). Der Käufer soll nach dem Willen des Gesetzgebers darauf bauen können, dass Rechte Dritter auch dann nicht entgegenstehen, wenn er die Sache später in anderer Weise verwenden will, als es bei Abschluss des Kaufvertrages vorgesehen und erkennbar war (RegBegr BT-Drucks 14/6040, 218). Rechte Dritter iS der Vorschrift sind: **a)** Alle **dinglichen Rechte** (etwa Pfandrecht, Grundpfandrechte, Nießbrauch, auch: Anwartschaftsrecht) außer dem Eigentum; wegen § 433 I 1 liegt hier Nichterfüllung vor (BGH NJW 2007, 3777 Nr 27f). Bei Grundstücken genügen gemäß S 2 auch sog Buchrechte, da wegen § 892 die Gefahr eines gutgläubigen Erwerbs besteht. **b) Obligatorische Rechte,** soweit sie auch dem Käufer entgegengehalten werden können und ihn in der Nutzung des Kaufgegenstandes (im weitesten Sinne) beeinträchtigen können, zB Miete, Pacht wegen §§ 566 I, 581 II. **c) Öffentliche Lasten** (zB Abgaben) sind nicht erfasst; für öffentliche Lasten von Grundstücken trifft § 436 eine Sonderregelung außerhalb der Rechtsmängelhaftung. Dagegen können öffentlich-rechtliche **Gebrauchsbeschränkungen** sowohl einen Rechts- als auch einen Sachmangel darstellen. Ein Sachmangel kommt in Betracht, wenn die Beschränkung auf der physischen Beschaffenheit einer zur Weiterveräußerung verkauften Sache beruht; Bsp: Beschlagnahme des verkauften Fleisches wegen des Verdachts auf Salmonellen (BGH NJW 1972, 1462). Wird hingegen eine technisch voll verwendbare Sache zum Verbrauch verkauft, so begründet die auf ihrer Beschaffenheit beruhende Gefahr der Beschlagnahme einen Rechtsmangel (so BGHZ 113, 106, 112 für mit Heizöl vermischten Dieselkraftstoff). Ferner kann ein Rechtsmangel vorliegen, wenn die Beschränkung aus den rechtlichen Verhältnissen der Sache resultiert, zB die Erforderlichkeit eines Wohnberechtigungsscheins nach §§ 4 II, 5 WoBindG für die Bewohnung einer gekauften Eigentumswohnung (BGHZ 67, 134).

2. Unerhebliche Beeinträchtigungen sind aus der Rechtsmängelhaftung wie aus 2 der Sachmängelhaftung nicht generell ausgeklammert (vgl § 434 Rz 12). Sie begründen aber kein Rücktrittsrecht (§§ 437 Nr 2, 323 V 2).

3. Hat der Käufer die Rechte Dritter **im Vertrag übernommen,** so liegt kein 3 Rechtsmangel vor. Dies sagt das Gesetz ausdrücklich; es ergibt sich aber auch bereits aus dem primär subjektiv zu bestimmenden Mangelbegriff (s § 434 Rz 4): Wenn der Käufer die Rechte Dritter vertraglich akzeptiert hat, können sie keinen Mangel darstellen.

§ 436. Öffentliche Lasten von Grundstücken

(1) **Soweit nicht anders vereinbart, ist der Verkäufer eines Grundstücks verpflichtet, Erschließungsbeiträge und sonstige Anliegerbeiträge für die Maßnahmen zu tragen, die bis zum Tage des Vertragsschlusses bautechnisch begonnen sind, unabhängig vom Zeitpunkt des Entstehens der Beitragsschuld.**

(2) **Der Verkäufer eines Grundstücks haftet nicht für die Freiheit des Grundstücks von anderen öffentlichen Abgaben und von anderen öffentlichen Lasten, die zur Eintragung in das Grundbuch nicht geeignet sind.**

§ 437. Rechte des Käufers bei Mängeln

Ist die Sache mangelhaft, kann der Käufer, wenn die Voraussetzungen der folgenden Vorschriften vorliegen und soweit nicht ein anderes bestimmt ist,

1. nach § 439 Nacherfüllung verlangen,

2. nach den §§ 440, 323 und 326 Abs. 5 von dem Vertrag zurücktreten oder nach § 441 den Kaufpreis mindern und

3. nach den §§ 440, 280, 281, 283 und 311a Schadensersatz oder nach § 284 Ersatz vergeblicher Aufwendungen verlangen.

I. Allgemeines

1 **1.** Die Vorschrift bildet die **zentrale Norm,** in der sämtliche Ansprüche und Rechte aufgezählt werden, die dem Käufer einer Sache bei Sach- oder Rechtsmängeln ab Gefahrübergang (s § 434 Rz 5) zustehen. Es besteht kein besonderes Gewährleistungsrecht. Vielmehr ergeben sich die Ansprüche und Rechte des Käufers, da in der Lieferung einer mangelhaften Sache gem § 433 I 2 die Verletzung einer Verkäuferpflicht zu sehen ist (vgl § 433 Rz 5), aus dem allgemeinen Leistungsstörungsrecht, auf dessen Normen in § 437 verwiesen wird (Rechtsgrundverweisung) und das durch die §§ 439–441 in Hinblick auf die Besonderheiten des Kaufrechts lediglich in einzelnen Beziehungen modifiziert wird.

2 **2. Überblick.** Dem Käufer sind **fünf Möglichkeiten** eröffnet: **a)** Gemäß Nr 1 hat er einen Anspruch auf **Nacherfüllung,** wobei er gem § 439 I zwischen Mangelbeseitigung und Nachlieferung einer mangelfreien Sache wählen kann. Der Anspruch auf Nacherfüllung ist grds vorrangig, da er sofort geltend gemacht werden kann, während die anderen Rechte des Käufers regelmäßig eine vorherige Fristsetzung verlangen. **b)** Gemäß Nr 2 stehen dem Käufer unter den Voraussetzungen der dort genannten Bestimmungen die Gestaltungsrechte **Rücktritt** oder **Minderung** zu. **c)** Gemäß Nr 3 kann der Käufer außerdem („und"), also neben Rücktritt oder Minderung, **Schadensersatz** nach den §§ 440, 280, 281, 283 und 311a verlangen oder **Aufwendungsersatz** nach § 284. Die in Nr 3 zum Ausdruck kommende Alternativität zwischen Schadensersatz und Aufwendungsersatz („oder") besteht nur, wenn Schadensersatz statt der Leistung, nicht aber, wenn sonstiger Schadensersatz verlangt wird (s § 284 Rz 1 unter b).

II. Einzelheiten

3 **1.** Die **Nacherfüllung** (Nr 1) ist in § 439 näher ausgestaltet und dort erläutert. Eine **Selbstvornahme** ist im Kaufrecht im Unterschied zum Miet- und Werkvertragsrecht (§ 536a II bzw §§ 634 Nr 2, 637) nicht geregelt. Angesichts dieser bewussten Entscheidung des Gesetzgebers lehnt die hM einen Aufwendungsersatz in Analogie zu § 637 I auch nach einer Fristsetzung und Fristablauf ab (anders *Jauernig-Berger* § 439 Rz 16; *Peters* JR 2004, 353). Die Aufwendungen können dem Käufer allerdings über einen Anspruch auf Schadensersatz statt der Leistung zu erstatten sein (u Rz 7), der freilich Verschulden voraussetzt (BGH NJW 2006, 988 Nr 16). Schadensersatz und die anderen in Nrn 1–3 vorgesehenen Rechtsbehelfe scheiden aus, wenn der Käufer den Mangel selbst beseitigt, ohne dass er zuvor eine Nachfrist gesetzt hat, wenn die Nachfrist auch nicht nach §§ 440, 323 II, 281 II entbehrlich war. Daher steht dem Käufer im Falle einer solchen **eigenmächtigen Selbstvornahme** kein Anspruch zu (BGH NJW 2005, 1348, str). Zur Begründung verweist der BGH auf den abschlie-

ßenden Charakter des in § 437 vorgesehenen Katalogs, der den gesetzlichen Vorrang der Nacherfüllung und das Recht des Verkäufers zur „zweiten Andienung“ (s § 439 Rz 2) festschreibe. Insbesondere gesetzliche Aufwendungsersatzansprüche aus GoA oder § 812 sind daher ausgeschlossen. In der Lit wird hingegen § 326 II 2 herangezogen (so zuerst *St. Lorenz* NJW 2003, 1417). Wenn diese Bestimmung im Erfüllungsstadium Rechtsfolgen für die vom Käufer zu vertretende Unmöglichkeit anordne, müssten diese auch hinsichtlich der Nacherfüllung gelten. Der Verkäufer müsse sich daher auf seinen Kaufpreisanspruch das anrechnen lassen, was er dadurch erspare, dass er nach der eigenmächtigen Selbstvornahme des Käufers nicht mehr nacherfüllen müsse. In diesem Umfang mindere sich die Verpflichtung des Käufers zur Kaufpreiszahlung. Wenn der Käufer bereits gezahlt hat, soll ihm ein Anspruch aus §§ 346, 326 IV auf Rückzahlung des überzahlten Kaufpreises zustehen. Die Lösung des BGH, auch diesen Anspruch abzulehnen, hat indessen den entscheidenden Vorzug, Streit über das Bestehen eines Mangels und über den Reparaturaufwand vor einer Mangelbeseitigung im Wege der Selbstvornahme zu kanalisieren.

2. Der **Rücktritt** (Nr 2 Alt 1) setzt grds eine erfolglose Fristsetzung zur Nacherfüllung voraus (§ 323 I), die freilich in den Fällen der §§ 323 II, 326 V, 440 entbehrlich ist; dann ist der Rücktritt sofort möglich. Bei Unmöglichkeit der Nacherfüllung ist § 326 V einschlägig, sonst § 323. Bei unerheblicher Pflichtverletzung ist der Rücktritt gem § 323 V 2 ausgeschlossen (näher § 323 Rz 4); ferner in den Fällen des § 323 VI. Der Käufer ist an den erklärten Rücktritt gebunden. Er kann ihn nicht zurücknehmen und statt dessen mindern; aber er kann neben dem Rücktritt Schadensersatz verlangen (§ 325). Die Modalitäten des Rücktritts regeln die §§ 346ff. Nach § 346 II 1 Nr 3 schließt eine Verschlechterung der Sache, die durch ihre bestimmungsgemäße Ingebrauchnahme entstanden ist, die Rückgewähr nicht aus. Die Sache geht dann also nicht nur als mangelhafte, sondern auch als gebrauchte an den Verkäufer zurück, so dass er sie regelmäßig kaum mehr absetzen kann (*Medicus/Petersen* Rz 292). Ihm steht nur ein Anspruch auf Nutzungsherausgabe nach § 346 I zu. 4

3. Die als Gestaltungsrecht ausgestaltete **Minderung** (Nr 2 Alt 2) ist in § 441 im Einzelnen geregelt und dort erläutert. Die Minderung steht alternativ neben dem Rücktrittsrecht („oder“ in Nr 2; „statt zurückzutreten“ in § 441 I 1) und ist also ebenfalls grds von einer vorherigen erfolglosen Fristsetzung zur Nacherfüllung abhängig (vorige Rz). 5

4. Schadensersatz (Nr 3 Alt 1) kann der Käufer *neben* Rücktritt oder Minderung verlangen (s oben Rz 4 aE). Ein Schadensersatzanspruch setzt allerdings – anders als Rücktritt oder Minderung – ein Vertretenmüssen voraus (§ 280 I 2). Hat der Verkäufer eine Garantie übernommen, also eine Eigenschaft zugesichert, so ist ein Verschulden grds nicht erforderlich (s § 276 Rz 7f). Die von § 280 I 1 verlangte Pflichtverletzung liegt, da sie objektiv zu bestimmen ist (s § 280 Rz 3) wegen § 433 I 2 bereits in dem Mangel. Über den Verweis aus Nr 3 richtet sich die Abgrenzung zwischen den verschiedenen Schadensarten nach dem allgemeinen Schuldrecht (s § 280 Rz 7ff): 6

a) Schadenspositionen, die aus dem endgültigen Ausbleiben der Leistung resultieren, fallen unter den Schadensersatz statt der Leistung. Der Ersatz dieses Schadens kann nicht allein auf der Grundlage des § 280 I verlangt werden, sondern gem § 280 III nur unter den dort genannten zusätzlichen Voraussetzungen (s § 280 Rz 8). Im Einzelnen ist zu unterscheiden: **aa)** Bei einer **behebbar mangelhaften** oder mangelfrei nachlieferbaren Kaufsache ist für einen Anspruch auf Schadensersatz statt der Leistung die Nr 3 iVm §§ 280 I, III, 281, 440 zu prüfen. Schadensersatz kann also nur verlangt werden, nachdem eine Frist zur Nacherfüllung (§ 439) ergebnislos verstrichen ist (§ 281 I 1), es sei denn, die Fristsetzung wäre gem § 281 II oder § 440 ausnahmsweise entbehrlich. **bb)** Bei einer **unbehebbar mangelhaften** Kaufsache, die 7 auch nicht mangelfrei nachgeliefert werden kann, verweist die Nr 3 auf § 311a II, sofern die Nacherfüllung (§ 439) von Anfang an unmöglich war, und auf § 280 I, III iVm § 283, sofern sie nachträglich unmöglich geworden ist. In beiden Fällen kann Schadensersatz statt der Leistung sofort verlangt werden; eine vorherige Fristsetzung ist bei Unmöglichkeit sinnlos und wird vom Gesetz deshalb auch nicht gefordert (s auch § 440 Rz 2). **cc)** Der Käufer kann grds wählen, ob er den sog **kleinen** oder den sog **großen Schadensersatz** verlangt (vgl dazu § 281 Rz 5). Nur wenn die Pflichtverletzung unerheblich, der Mangel also geringfügig war, kann der Käufer keinen großen Schadensersatz (Schadensersatz statt der *ganzen* Leistung) verlangen, sondern bleibt auf den kleinen Schadensersatz beschränkt (so ausdrücklich § 281 I 3, auf den auch in § 283 S 2 und § 311a II 3 verwiesen wird).

8 **b)** Für den Ersatz eines **Verzögerungsschadens** (vgl zu ihm § 280 Rz 3, 11) verweist Nr 3 auf § 280 II, wonach zusätzlich ein Verzug des Verkäufers gem § 286 erforderlich ist. In Betracht kommt dieser Anspruch bei einer Verzögerung der Nacherfüllung (§ 439), wobei in der Aufforderung zur Nacherfüllung, erst recht in Verbindung mit einer Fristsetzung, regelmäßig bereits eine Mahnung zu sehen sein wird. Dagegen liegt kein Verzögerungsschaden, sondern ein Schaden neben der Leistung vor, wenn der Verkäufer entgegen seiner vertraglichen Verpflichtung aus § 433 I 2 eine mangelhafte Maschine liefert, so dass sich deren Inbetriebnahme verzögert; für diesen Betriebsausfallschaden bildet § 280 I und nicht § 280 II die Anspruchsgrundlage; auf einen Verzug kommt es insoweit nicht an (BGH NJW 2009, 2674 Nr 12; str, s § 280 Rz 14).

9 **c)** Ein sonstiger Schaden kann als **Schadensersatz neben der Leistung** ohne zusätzliche Voraussetzungen allein aus § 280 I ersetzt verlangt werden (s § 280 Rz 10). Dies sind insbesondere solche Schäden, die durch die Mangelhaftigkeit der Kaufsache an anderen Rechtsgütern des Käufers eintreten. Denn hier geht es nicht um „Schadensersatz statt der Leistung", da der Schaden unabhängig vom Erfolg einer etwaigen Mängelbeseitigung fortbesteht (vgl bereits BGHZ 92, 308, 310). Eine den Vorrang der Nacherfüllung sichernde erfolglose Fristsetzung (§ 281 I 1) ist daher sinnlos und kann somit auch nicht verlangt werden.

III. Konkurrenzen

10 **1. Allgemeines.** Für die Rechte des Käufers bei Mängeln enthält § 437 eine **vorrangige Sonderregelung.** Sie ist ab Gefahrübergang einschlägig (§ 434 I 1), also beim Sachkauf grds ab Übergabe (s § 434 Rz 5), beim Rechtskauf ab Übertragung des Rechts (vgl § 453 I). Das **allgemeine Leistungsstörungsrecht** ist in diese Sonderregelung einbezogen (oben Rz 1). Vor Gefahrübergang ist es unmittelbar anwendbar; für diesen Zeitraum ist also nicht auf § 437 zurückzugreifen, sondern direkt auf die Vorschriften über Unmöglichkeit (§§ 275, 283, 285, 311a), Verzug (§ 286), Schadensersatz (§§ 280–284) und gegenseitige Verträge (§§ 320–326). Letzteres gilt selbst dann, wenn es nur wegen eines Mangels der Sache nicht zu einem Gefahrübergang gekommen ist, weil der Käufer die Annahme der mangelhaften Sache verweigert hat (*Palandt-Weidenkaff* Rz 49).

11 **2.** Die **Einrede des nicht erfüllten Vertrags** (§ 320) ist dem Käufer auch nach Gefahrübergang solange zuzugestehen, als er noch Nacherfüllung verlangen kann (s *Jauernig-Berger* Rz 29). Daraus, dass § 437 keine Verweisung auf § 320 enthält, ist nicht auf die völlige Unanwendbarkeit der Vorschrift zu schließen (anders *Hk-Saenger* Rz 23).

12 **3.** Als **Schadensersatz** wegen **schuldhafter Pflichtverletzung** kann neben dem Ersatz des Mangelschadens aus §§ 437 Nr 3, 280 I, III Ersatz des Mangelfolgeschadens aus §§ 437 Nr 3, 280 I verlangt werden (oben Rz 9). Soweit dagegen die Pflichtverletzung vom Mangel unabhängig ist, greift das allgemeine Leistungsstörungsrecht.

4. Ein Anspruch aus **Verschulden beim Vertragsschluss (c. i. c.)** gem §§ 280 I, 311 II wegen fahrlässiger Falsch- oder Nichtangaben über die „Beschaffenheit" der Kaufsache (vgl § 434 Rz 3) ist nach Gefahrübergang durch die spezielle Ausgestaltung der Mängelrechte zum Schutze des Verkäufers grds ausgeschlossen (*Hk-Schulze* § 311 Rz 14); insbesondere ist durch Nachfrist dem Verkäufer Gelegenheit zur Nacherfüllung zu geben, § 439; ferner verkürzt § 438 die Verjährung ggü §§ 195, 199 erheblich und unter den Voraussetzungen von §§ 442 I, 444 sind Rechte des Käufers von vornherein ausgeschlossen. Diese Bestimmungen dürfen nicht durch einen Anspruch des Käufers auf Aufhebung des Vertrags unterlaufen werden (*Jauernig-Berger* Rz 34). Hat der Verkäufer den Käufer allerdings arglistig getäuscht, ist er nicht schutzbedürftig. Die Voraussetzungen für die beschriebenen Sonderregelungen liegen nicht vor (vgl BGH NJW 2008, 137 zum Nachfristerfordernis; ferner §§ 438 III 1, 442 I 2, 444). Damit entfällt auch der Vorrang des Kaufrechts (BGH NJW 2009, 2120 Nr 23). 13

Ein konkurrierender unmittelbarer Anspruch aus §§ 280 I, 311 II besteht auch, wenn der Verkäufer im vorvertraglichen Stadium eine sonstige Aufklärungs- oder Beratungspflicht, zB über die sachgerechte Bedienung der später mangelfrei gelieferten Kaufsache, verletzt hat. Auch ein Anspruch aus §§ 280 I, 311 III gegen Dritte bleibt unberührt, da der Käufer gegen sie keine Mängelrechte aus § 437 herleiten kann.

5. Das **Anfechtungsrecht** wegen eines Eigenschaftsirrtums nach § 119 II wird durch die Mängelhaftung als vorrangige Spezialregelung grds verdrängt (s § 119 Rz 18f). Die Anfechtung auf Grund eines Erklärungs- oder Inhaltsirrtums (§ 119 I) ist bei Vorliegen eines Sachmangels dagegen ebenso möglich wie die auf Grund arglistiger Täuschung (s § 123 Rz 18). 14

6. Die Annahme einer **Störung der Geschäftsgrundlage** (§ 313) kann nicht auf Sach- oder Rechtsmängel gestützt werden. Die Mängelhaftung geht als Sonderregelung vor; das gilt auch bei einem wirksamen Haftungsausschluss (vgl §§ 444, 475 I). 15

7. Ansprüche aus **unerlaubter Handlung** (§§ 823ff) werden durch das Gewährleistungsrecht nicht ausgeschlossen; trotz § 438 bleibt es bei der Regelverjährung gem §§ 195, 199. Es ist jedoch zu beachten, dass zB Eigentumsverletzungen (§ 823 I) nur hinsichtlich der durch die Kaufsache am schon bestehenden Eigentum des Käufers verursachten Schäden angenommen werden können. Wurde also eine bereits mangelhafte Sache übereignet, so kann der mangelbedingte Minderwert nicht nach § 823 I liquidiert werden, wohl aber uU eine davon ausgehende weitere Zerstörung der Kaufsache („Weiterfresserschaden") oder Schäden an anderen Rechtsgütern des Käufers (näher § 823 Rz 6f). 16

IV. Prüfungsschema

Bei der Prüfung eines kaufrechtlichen Mängelanspruchs stellen sich die folgenden Fragen: **1.** Besteht ein wirksamer Kaufvertrag (§ 433) bzw ein gem § 651 gleich zu behandelnder Vertrag über die Lieferung herzustellender oder zu erzeugender beweglicher Sachen? **2.** Handelt es sich um einen Verbrauchsgüterkauf iSd § 474 I 1, so dass ergänzend die §§ 474ff zu beachten sind? **3.** Liegt ein Sachmangel iSd § 434 bzw Rechtsmangel iSd § 435 vor? **4.** Sind die Rechte des Käufers wegen eines Mangels durch Gesetz (§ 442) oder durch eine wirksame Vereinbarung (vgl §§ 444, 475) ausgeschlossen? **5.** Sind die Voraussetzungen der in § 437 Nrn 1–3 in Bezug genommenen Vorschriften erfüllt, so dass dem Käufer die dort genannten Rechte zustehen? **6.** Kann der Käufer Rechte aus einer Beschaffenheits- oder Haltbarkeitsgarantie (§ 443) geltend machen? **7.** Sind die Mängelansprüche gem § 438 verjährt? 17

§ 438. Verjährung der Mängelansprüche

(1) **Die in § 437 Nr. 1 und 3 bezeichneten Ansprüche verjähren**

1. in 30 Jahren, wenn der Mangel

a) in einem dinglichen Recht eines Dritten, auf Grund dessen Herausgabe der Kaufsache verlangt werden kann, oder

b) in einem sonstigen Recht, das im Grundbuch eingetragen ist,

besteht,

2. in fünf Jahren

a) bei einem Bauwerk und

b) bei einer Sache, die entsprechend ihrer üblichen Verwendungsweise für ein Bauwerk verwendet worden ist und dessen Mangelhaftigkeit verursacht hat, und

3. im Übrigen in zwei Jahren.

(2) **Die Verjährung beginnt bei Grundstücken mit der Übergabe, im Übrigen mit der Ablieferung der Sache.**

(3) [1]**Abweichend von Absatz 1 Nr. 2 und 3 und Absatz 2 verjähren die Ansprüche in der regelmäßigen Verjährungsfrist, wenn der Verkäufer den Mangel arglistig verschwiegen hat.** [2]**Im Falle des Absatzes 1 Nr. 2 tritt die Verjährung jedoch nicht vor Ablauf der dort bestimmten Frist ein.**

(4) [1]**Für das in § 437 bezeichnete Rücktrittsrecht gilt § 218.** [2]**Der Käufer kann trotz einer Unwirksamkeit des Rücktritts nach § 218 Abs. 1 die Zahlung des Kaufpreises insoweit verweigern, als er auf Grund des Rücktritts dazu berechtigt sein würde.** [3]**Macht er von diesem Recht Gebrauch, kann der Verkäufer vom Vertrag zurücktreten.**

(5) **Auf das in § 437 bezeichnete Minderungsrecht finden § 218 und Absatz 4 Satz 2 entsprechende Anwendung.**

1 **1. Allgemeines.** Die Vorschrift bestimmt für die Mängelansprüche des Käufers Abweichungen von der Regelverjährung (§§ 195, 199) in Bezug auf Beginn und Frist. Mit ihr wird die Verbrauchsgüterkauf-RL (s Vor § 433 Rz 1) umgesetzt, die in Art 5 I für Ansprüche von Verbrauchern eine Gewährleistungsfrist von mindestens zwei Jahren vorsieht. Abs 1 Nr 3 übernimmt die vorgegebene Mindestfrist von zwei Jahren, ohne sich auf den Verbrauchsgüterkauf des § 474 I zu beschränken; Abs 1 Nrn 1 und 2 sehen für einige Sonderfälle zudem deutlich längere Fristen vor. Die Vorschrift erleichtert so im Vergleich zur alten Verjährungsfrist von 6 Monaten dem Käufer, seine Ansprüche geltend zu machen (vgl *Bamberger/Roth-Faust* Rz 2). Der objektive Beginn der Frist ermöglicht aber auch dem Verkäufer die Kalkulation, wie lange er selbst für unerkannte Mängel höchstens haften muss.

2 **2. Anwendungsbereich. a)** Die Vorschrift bezieht sich nach ihren Eingangsworten auf die **in § 437 Nrn 1 und 3** genannten Ansprüche, also auf den Anspruch auf Nacherfüllung sowie auf den Schadensersatz- und Aufwendungsersatzanspruch. Ob Schadensersatz wegen eines Mangelschadens oder wegen eines Mangelfolgeschadens verlangt wird (vgl § 437 Rz 7, 9), macht für die Verjährung des vertraglichen Anspruchs keinen Unterschied, da beide Ansprüche unter § 437 Nr 3 fallen. Nach aA sollen hingegen bei Mangelfolgeschäden §§ 195, 199 eingreifen, soweit Ersatz des Integritätsinteresses verlangt wird (vgl § 437 Rz 9) und damit eine Konkurrenz zu den so verjährenden deliktischen Ansprüchen besteht (*G. Wagner* JZ 2002, 475, 1092; dagegen *Gsell* JZ 2002, 1089). **b) Rücktritt und Minderung** (§ 437 Nr 2). Die Rechte des Käufers, gem § 437 Nr 2 vom Kaufvertrag zurückzutreten oder den Kaufpreis zu mindern, sind keine Ansprüche, sondern Gestaltungsrechte und unterliegen daher eigentlich nicht der Verjährung (s § 194 I). Jedoch sollen die Mängelrechte des Käufers einheitlich zeitlich

begrenzt sein. Daher erklären die §§ 218 I 1, 438 IV 1, V den Rücktritt bzw die Minderungserklärung (§ 438 V) für unwirksam, wenn der Anspruch des Käufers auf Leistung oder auf Nacherfüllung verjährt ist und sich der Verkäufer hierauf beruft. § 438 IV 2 schützt den Käufer davor, nach Fristablauf trotz des Mangels den Kaufpreis zahlen zu müssen; allerdings steht dem Verkäufer dann nach § 438 IV 3 ein Rücktrittsrecht zu. **c) Infolge Rücktritt oder Minderung** erwachsen dem Käufer Ansprüche aus §§ 346, 441 IV, die vom Wortlaut des § 438 nicht erfasst werden. Daher wendet der BGH NJW 2007, 674 Nr 35 insoweit die Regelverjährung (§§ 195, 199) an. So droht jedoch ein Auseinanderfallen der Verjährung von Schadensersatzansprüchen aus §§ 280f, 437 Nr 3 einerseits und Ansprüchen aus Rücktritt oder Minderung andererseits, was sich wertungsmäßig nicht legitimieren lässt. Daher ist eine analoge Anwendung von § 438 vorzuziehen (*G. Wagner* ZIP 2002, 791; *Jacoby* Verjährungsrecht in Europa (2011), 353, 367). **d)** Konkurrierende **deliktische Ansprüche** unterliegen nicht § 438, sondern § 195. Speziell zum „Weiterfresserschaden" s § 823 Rz 7.

3. Verjährungsfristen. a) Dreißig Jahre, Abs 1 Nr 1. Durch die dreißigjährige 3
Verjährungsfrist bei Vorliegen der in Abs 1 Nr 1 bezeichneten Rechtsmängel wird ein Gleichlauf mit den dinglichen Herausgabeansprüchen des Dritten erreicht, die gem § 197 I Nr 1 ebenfalls in 30 Jahren verjähren. Würden die Gewährleistungsansprüche des Käufers hier etwa nach zwei Jahren verjähren, wäre er für weitere 28 Jahre den Ansprüchen des dinglich Berechtigten ausgesetzt, ohne selbst vom Verkäufer Ersatz verlangen zu können (vgl RegBegr BT-Drucks 14/6040, 227). **b) Fünf Jahre, Abs 1 Nr 2.** Bei Bauwerken sowie bei Sachen, durch deren bestimmungsgemäßen Einbau in ein Bauwerk dessen Mangelhaftigkeit verursacht wurde, beträgt die Verjährungsfrist fünf Jahre. Hierdurch soll ein Gleichlauf mit den gegen Bauhandwerker gerichteten Ansprüchen erreicht werden, die der Bauherr ebenfalls fünf Jahre lang geltend machen kann, § 634a I Nr 2 (jedoch mit anderem Fristbeginn!). Allerdings ist die Vorschrift dahingehend teleologisch zu reduzieren, dass die Frist der Nr 2 lit b nur greift, wenn die Baumaterialien innerhalb von zwei Jahren eingebaut werden, da ansonsten bereits nach Nr 3 verjährte Ansprüche durch den Einbau wieder aufleben würden (*Mansel* NJW 2002, 94). **c) Zwei Jahre, Abs 1 Nr 3.** In allen übrigen Fällen und damit in der Regel beträgt die Verjährungsfrist zwei Jahre; s bereits oben Rz 1. **d)** Hat der Verkäufer den Mangel **arglistig verschwiegen,** so gilt gemäß Abs 3 S 1 statt der fünf- bzw zweijährigen Frist des Abs 1 Nrn 2 und 3 die regelmäßige Verjährungsfrist des § 195 und damit auch das subjektive Kriterium des § 199 I Nr 2 für den Verjährungsbeginn. Abs 3 S 2 stellt sicher, dass in den Fällen des Abs 1 Nr 2 die dort vorgesehene Frist von fünf Jahren durch die regelmäßige Verjährung nicht unterschritten wird.

4. Beginn der Verjährung. Abweichend von der regelmäßigen Verjährung nach 4
§ 195, für die § 199 I Nr 2 auf die Kenntnis des Gläubigers von den anspruchsbegründenden Umständen abstellt, wird der Beginn der Verjährung der Mängelgewährleistungsansprüche rein objektiv bestimmt. Der Anspruch kann also schon verjährt sein, bevor der Käufer den Mangel erkannt hat. Maßgeblich ist gemäß **Abs 2** bei Grundstücken die **Übergabe,** im Übrigen die **Ablieferung** der Sache. Beide Merkmale sind grds nur bei Verschaffung des unmittelbaren Besitzes erfüllt (BGH NJW 1996, 586), weil es auf die tatsächliche Untersuchungsmöglichkeit durch den Käufer ankommen soll. Daher beginnt die Verjährung beim Versendungskauf noch nicht mit der Ablieferung an die Transportperson, wohl aber dadurch, dass die Ware dem Käufer am Bestimmungsort zur Verfügung gestellt wird; bei der Holschuld beginnt die Verjährung, wenn der Käufer sich die Ware bei einem Dritten (zB Lagerhalter) abholen kann, dagegen erst mit der tatsächlichen Übergabe im Falle der Abholung beim Verkäufer (zu allem BGH NJW 1995, 3381). Beim Kauf von Software beginnt die Verjährung grds ebenfalls mit der Ablieferung der Ware beim Käufer, und nicht später (etwa nach Durchführung eines Probelaufs), es sei denn, die Vertragsparteien haben zusätzlich zur

Lieferung der Kaufsache die Installation der Software auf die EDV-Anlage des Käufers oä vereinbart (BGHZ 143, 307). Auch bei **Rechtsmängeln,** die vor allem beim Grundstückskauf auftreten können, kommt es allein auf die Ablieferung bzw Übergabe an und nicht etwa auf den Zeitpunkt der Umschreibung im Grundbuch (RegBegr BT-Drucks 14/6040, 229).

5 **5. Vereinbarungen über die Verjährung. a) Verbrauchsgüterkauf.** Gem § 475 II kann beim Verbrauchsgüterkauf (§ 474 I) die Verjährung bei neuen Sachen nicht auf unter zwei, bei gebrauchten Sachen nicht auf unter ein Jahr verkürzt oder anderweitig (durch Vorverlegung des Verjährungsbeginns oä) erleichtert werden. Da die Verbrauchsgüterkauf-RL, auf deren Art 7 I die Vorschrift zurückgeht, den Anspruch des Käufers auf Schadensersatz nicht regelt, ist dieser gem § 475 III von der Regelung ausgenommen; jedoch ist die Wirksamkeit einer Verkürzung oder Erschwerung der Verjährung von Schadensersatzansprüchen des Käufers anhand der §§ 307–309 (AGB-Kontrolle) zu überprüfen. **b) Sonstige Kaufverträge.** Ist der Käufer kein Verbraucher iSd § 13, ist grds auch eine Verkürzung der Verjährungsfristen möglich; sofern diese formularvertraglich vereinbart wurde, sind allerdings insbesondere die Grenzen des § 309 Nr 7 lit a und b, sowie – bei neu hergestellten Sachen – des § 309 Nr 8 lit b ff zu beachten.

§ 439. Nacherfüllung

(1) **Der Käufer kann als Nacherfüllung nach seiner Wahl die Beseitigung des Mangels oder die Lieferung einer mangelfreien Sache verlangen.**

(2) **Der Verkäufer hat die zum Zwecke der Nacherfüllung erforderlichen Aufwendungen, insbesondere Transport-, Wege-, Arbeits- und Materialkosten zu tragen.**

(3) [1]**Der Verkäufer kann die vom Käufer gewählte Art der Nacherfüllung unbeschadet des § 275 Abs. 2 und 3 verweigern, wenn sie nur mit unverhältnismäßigen Kosten möglich ist.** [2]**Dabei sind insbesondere der Wert der Sache in mangelfreiem Zustand, die Bedeutung des Mangels und die Frage zu berücksichtigen, ob auf die andere Art der Nacherfüllung ohne erhebliche Nachteile für den Käufer zurückgegriffen werden könnte.** [3]**Der Anspruch des Käufers beschränkt sich in diesem Fall auf die andere Art der Nacherfüllung; das Recht des Verkäufers, auch diese unter den Voraussetzungen des Satzes 1 zu verweigern, bleibt unberührt.**

(4) **Liefert der Verkäufer zum Zwecke der Nacherfüllung eine mangelfreie Sache, so kann er vom Käufer Rückgewähr der mangelhaften Sache nach Maßgabe der §§ 346 bis 348 verlangen.**

1 **1.** Der **Anspruch auf Nacherfüllung,** den § 437 Nr 1 dem Käufer bei Mängeln gewährt und den § 439 im Einzelnen ausgestaltet, ist die logische Konsequenz der in § 433 I 2 enthaltenen Verpflichtung des Verkäufers, die Sache mangelfrei zu liefern. Gegenüber einem Rücktritts-, Minderungs- oder Schadensersatzbegehren des Käufers (§ 437 Nrn 2, 3) ist der Anspruch grds vorrangig, da er ohne vorherige Fristsetzung besteht, die diese Mängelrechte in §§ 281 I, 323 I voraussetzen; umgekehrt bezieht sich die für die anderen Mängelrechte erforderliche Fristsetzung gerade auf den Nacherfüllungsanspruch.

2 **a)** Als Kehrseite des Nacherfüllungsanspruchs des Käufers lässt sich von einem Recht des Verkäufers zur **„zweiten Andienung“** sprechen (so RegBegr BT-Drucks 14/6040, 86, 89, 220); denn da dem Käufer die über die Nacherfüllung hinausgehenden Rechte in der Regel erst nach einer Fristsetzung zustehen, ist dem Verkäufer in dieser Zeit die Möglichkeit einer zweiten Andienung eröffnet. Er kann damit insbe-

sondere den unbeliebten Rücktritt vermeiden (vgl § 437 Rz 4 aE). Die **Obliegenheit** des Käufers, dem Verkäufer die Nacherfüllung zu ermöglichen, umfasst es auch, dem Verkäufer die Kaufsache zwecks Überprüfung der erhobenen Mängelrügen zur Verfügung zu stellen. Der Verkäufer ist daher nicht verpflichtet, der gewählten Nacherfüllungsart zuzustimmen, bevor ihm die Gelegenheit zur Untersuchung der Sache und Feststellung der Mangelhaftigkeit gegeben wurde (BGH NJW 2010, 1448 Nr 13).

b) Unerheblich ist für das Bestehen eines Nacherfüllungsanspruchs, ob ein Sach- 3
oder ein Rechtsmangel vorliegt. Grds macht es nach hM auch keinen Unterschied, ob es sich um einen Stück- oder Gattungskauf handelt. So wie beim Gattungskauf eine Ersatzsache mittlerer Art und Güte (§ 243 I) aus derselben Gattung nachzuliefern ist, kommt es auch beim Stückkauf auf die Ersetzbarkeit der Kaufsache an, die grds zu bejahen ist, wenn es eine der gekauften Sache in ihrer Sollbeschaffenheit gleichwertige und gleichartige Ersatzsache gibt (BGHZ 168, 64; *Canaris* JZ 2003, 831). Ob eine Ersatzlieferung in Betracht kommt, ist nach dem durch Auslegung zu ermittelnden Willen der Vertragsparteien bei Vertragsschluss zu beurteilen. Beim Kauf eines Gebrauchtwagens liegt es wegen der vielfältigen Unterschiede im Abnutzungsgrad gebrauchter Sachen in der Regel nahe, die Gleichwertigkeit nach der Vorstellung der Parteien zu verneinen; dies gilt jedenfalls dann, wenn dem Kaufentschluss eine persönliche Besichtigung des Fahrzeugs vorangegangen ist (BGH aaO). Eine vom BGH abgelehnte Minderansicht nimmt in diesen Fällen bereits einen Gattungskauf an und verengt den Begriff des Stückkaufs auf die Fälle, in denen die Lieferung einer anderen Sache als der konkret vereinbarten vertragswidrig wäre, so dass bei einem so definierten Stückkauf kein Nacherfüllungsanspruch entstehen kann (*Tiedtke/Schmitt* JuS 2005, 583; dagegen *Gsell* JuS 2007, 97); siehe zum Stückkauf auch unten Rz 10. Unerheblich ist, ob der Verkäufer den Mangel zu vertreten hat oder nicht. Hat er ihn nicht zu vertreten, ist der Nacherfüllungsanspruch praktisch besonders bedeutsam, weil dann wegen § 280 I 2 kein Schadensersatzanspruch besteht, der es dem Käufer ermöglicht, sich die günstig erworbene Sache anderweitig ohne finanziellen Verlust zu beschaffen.

2. Gemäß Abs 1 gibt es **zwei Formen der Nacherfüllung:** die Beseitigung des 4
Mangels, also namentlich die Reparatur, oder die ersatzweise Lieferung einer anderen, mangelfreien Sache. Zwischen diesen beiden Formen hat der Käufer (und nicht etwa der Verkäufer) die Wahl. Es soll – über den Anwendungsbereich von Art 3 III 1 der Verbrauchsgüterkauf-RL hinausgehend – bei allen Kaufverträgen seiner Beurteilung überlassen bleiben, inwieweit er sich auf Nachbesserungsversuche eines inzwischen möglicherweise als unzuverlässig erkannten Verkäufers noch einlassen möchte (RegBegr BT-Drucks 14/6040, 231). Gegen eine missbräuchliche Ausübung des Wahlrechts durch den Käufer ist der Verkäufer durch Abs 3 geschützt. Verlangt der Käufer beispielsweise Nachlieferung, obwohl ein vorhandener kleiner Mangel mit einfachsten Mitteln einwandfrei zu beheben ist, so kann der Verkäufer die gewählte Art der Nacherfüllung ablehnen.

3. Keine eigenständige Regelung hat der **Erfüllungsort der Nacherfüllung** im 5
Kaufrecht erfahren. Vielfach wird daher zumeist auf den aktuellen Belegenheitsort der Sache abgestellt (*MüKo-Westermann* Rz 6; *Bamberger/Roth-Faust* Rz 13). Die Gegenansicht hält den ursprünglichen Erfüllungsort für maßgebend (OLG München, NJW 2007, 3214). Der BGH wendet § 269 I unter Berücksichtigung von Art 3 III Verbrauchsgüterkauf-RL an (BGH ZIP 2011, 1317). Vorrangig und zulässig ist daher eine vertragliche Regelung.- Fehlt eine solche, sind maßgebende Umstände iSd § 269 I ua die Ortsgebundenheit, die Art der vorzunehmenden Leistung und die Verkehrssitte. Es kommt daher etwa darauf an, ob die Kaufsache auf- oder eingebaut wurde, so dass sie kaum zu transportieren ist (BGH aaO Nr 34), und darauf, ob die Reparatur Werkstatttechnik erfordert, so dass sie nur in der Werkstatt des Verkäufers erfolgen kann

(BGH aaO Nr 55). Lässt sich aber auch so der Erfüllungsort nicht bestimmen, so liegt er am Wohnort des Verkäufers bzw am Ort seiner gewerblichen Niederlassung zum Zeitpunkt des Vertragsschlusses.

6 Diese Auslegung des deutschen Rechts hält der BGH für so eindeutig mit Art 3 III Verbrauchsgüterkauf-RL vereinbar, dass es keiner Vorlage an den EuGH bedarf. Die Unentgeltlichkeit der Nacherfüllung werde durch Abs 2 sichergestellt, der dem Käufer einen Anspruch auf Erstattung etwaiger Transportkosten gewähre (BGH aaO Nr 37, s unten Rz 13). Dass die Nacherfüllung für den Verbraucher ohne „erhebliche Unannehmlichkeiten" erfolge, könne im Rahmen der Auslegung des § 269 Berücksichtigung finden (BGH aaO Nr 38 ff).

7 **4.** Der **Umfang der Nacherfüllungspflicht** wird insbesondere in den Fällen problematisch, in denen der Käufer die Kaufsache – bspw Fliesen oder Parkett – einbaut, bevor sich deren Mangelhaftigkeit zeigt. **a)** In der Lit wird die Reichweite der Nacherfüllungspflicht unterschiedlich beurteilt. Die am weitesten gehende Ansicht will den Verkäufer zum Ausbau der mangelhaften Kaufsache und Einbau der nachzuliefernden verpflichten. Denn der Verkäufer habe im Wege der Nacherfüllung den Zustand herzustellen, den die Kaufsache im Augenblick der Neulieferung gehabt hätte, wenn die Kaufsache von Anfang an mangelfrei geliefert worden wäre (*Bamberger/ Roth-Faust* § 439 BGB Rz 18). Nach der Gegenauffassung ist die Nachlieferungspflicht dagegen auf die Verschaffung einer mangelfreien Kaufsache beschränkt. Die Nacherfüllung erfordert damit lediglich die vollständige Wiederholung der Leistung, zu der ein Verkäufer nach § 433 I verpflichtet ist (*St. Lorenz* NJW 2009, 1633 ff). Auf dieser Grundlage scheidet ein **Anspruch auf Einbau** der nachzuliefernden Sache und **Ausbau** des mangelhaften Kaufgegenstands aus.

8 **b)** Auch die Rechtsprechung der Instanzgerichte ist bisher zu unterschiedlichen Ergebnissen gekommen (für einen Anspruch auf Ersatz der Ein- und Ausbaukosten OLG Karlsruhe ZGS 2004, 432, 433; aA OLG Köln ZGS 2006, 77). Nach Ansicht des BGH erfaßt die Nacherfüllungspflicht weder den Einbau der nachzuliefernden Sache (BGH NJW 2008, 2837) noch den Ausbau der mangelhaften Kaufsache (BGH NJW 2009, 1660). Insb der Anspruch auf Ausbau der mangelhaften Sache könne anders als im sog „Dachziegelfall" (BGHZ 87, 104) nicht aus einer mit der Nacherfüllung verbundenen Rücknahmepflicht hergeleitet werden, wenn die Kaufsache wie im Falle von Fliesen oder Parkettstäben durch Einbau ihre Sacheigenschaft verliert, weil sie wesentlicher Bestandteil einer Hauptsache wird, §§ 946, 947, 93 (BGH NJW 2009, 1660 Nr 21 f). Ob diese Ablehnung eines Ausbauanspruchs mit der Verbrauchsgüterkauf-RL vereinbar ist, hatte der BGH dem EuGH gem Art. 267 AEUV vorgelegt (BGH NJW 2009, 1660 Nr 19 ff). Der EuGH hat diese Frage verneint (EuGH NJW 2011, 2269). Entstünden dem Verbraucher, der die mangelhafte Kaufsache ihrem Verwendungszweck entsprechend eingebaut hat, infolge der Nacherfüllung zusätzliche Ein- und Ausbaukosten, wäre die Nacherfüllung entgegen Art 3 III Verbrauchsgüterkauf-RL nicht unentgeltlich. Denn Zweck der unentgeltlichen Nacherfüllungspflicht sei es, den Käufer vor zusätzlichen finanziellen Belastungen zu schützen, die ihn davon abhalten könnten, seine Mängelrechte geltend zu machen (aaO Rz 46 ff).

9 **c)** Das Urteil des EuGH macht eine richtlinienkonforme Auslegung des § 439 erforderlich. Daher umfasst die Nacherfüllungspflicht nach **Abs 1** in den hier behandelten Fällen auch den Einbau der nachgelieferten und den Ausbau der mangelhaften Sache (*St Lorenz* NJW 2011, 2241, 2243). Im Falle einer Selbstvornahme kann der Käufer die Kosten für Ein- und Ausbau nur unter den Voraussetzungen der §§ 281 I, 437 Nr 3 (Nachfrist) verlangen, nicht im Falle einer sog eigenmächtigen Selbstvornahme (dazu § 437 Rz 3). Der Anspruch auf Kostenerstattung wird nicht von Abs 2 (s Rz 13) erfasst. Die richtlinienkonforme Auslegung ist auf den Anwendungsbereich der RL und damit auf den Verbrauchsgüterkauf zu beschränken (sog gespaltene Ausle-

gung, s BGH NJW 2009, 427 Nr 28 „Quelle“, dazu § 474 Rz 3). Fehlt es an einem Verbrauchgüterkauf, ist die Nacherfüllungspflicht also auf die Lieferung einer mangelfreien Kaufsache beschränkt.

5. Grenzen der Nacherfüllungspflicht des Verkäufers ergeben sich zum einen aus dem allgemeinen Unmöglichkeitstatbestand des § 275 I, zum anderen bei unverhältnismäßigen Kosten aus der speziellen Regelung des § 439 III. **a)** Der **Unmöglichkeitstatbestand** des § 275 I gilt allgemein, ohne dass er im Rahmen des § 439 nochmals hätte erwähnt werden müssen. Im Falle der Unmöglichkeit ist der Verkäufer kraft Gesetzes von seiner Nacherfüllungspflicht frei (vgl § 275 Rz 7); dem Käufer bleiben die in § 437 Nrn 2, 3 genannten Rechte. Wenn sich der Käufer selbst einen Ersatzgegenstand besorgt, wird die Nacherfüllung nicht unmöglich; denn dadurch wird dem Verkäufer weder die Möglichkeit der Nachbesserung durch Reparatur noch die Möglichkeit einer Ersatzlieferung genommen (BVerfG JuS 2007, 181). Ein Eingreifen des § 275 I ist bei Stückkäufen möglich, wenn es für die gekaufte Sache keinen gleichwertigen Ersatz gibt. Beispielsweise kann ein gefälschtes Gemälde, das als echt verkauft wurde, weder durch ein echtes Bild ersetzt noch nachgebessert werden (RegBegr BT-Drucks 14/6040, 209). Bezieht sich die Unmöglichkeit nur auf eine Art der Nacherfüllung, so ist auch nur insoweit ein Ausschluss des Nacherfüllungsanspruchs gem § 275 I („soweit“) anzunehmen (*Bamberger/Roth-Faust* Rz 37). So scheidet beim Kauf einer bestimmten gebrauchten Sache eine Ersatzlieferung regelmäßig aus, und der Mangel ist durch Nachbesserung zu beseitigen, wenn der Verkäufer diese nicht ausnahmsweise nach § 439 III verweigern kann. 10

b) Unverhältnismäßige Kosten der Nacherfüllung, die der Verkäufer zu tragen hätte (vgl Abs 2, s Rz 13), berechtigen ihn gemäß **Abs 3** zur Verweigerung der Nacherfüllung. Die Schwelle für die Begründung der Einrede ist hier niedriger angesetzt als in § 275 II (vgl § 275 Rz 4); diese Vorschrift bleibt nach § 439 III 1 zwar „unbeschadet“, kommt wegen ihrer strengeren Anforderungen in der Kostenfrage praktisch aber nicht in Betracht, sondern nur für sonstigen unzumutbaren Aufwand (s zB BGHZ 163, 234, 245 ff). Der ebenfalls „unbeschadet“ bleibende § 275 III scheidet schon deshalb aus, weil Kaufverträge nicht zu einer persönlich zu erbringenden Leistung verpflichten. Einige („insbesondere“) Kriterien für die Unverhältnismäßigkeit nennt Abs 3 S 2. In die Wertungsüberlegungen zur Unverhältnismäßigkeit ist die jeweils andere Form der Nacherfüllung mit einzubeziehen. Jedoch ist der Vergleich zur anderen Form der Nacherfüllung **(relative Unverhältnismäßigkeit)** nicht allein maßgebend; auch aus sich heraus kann die gewählte Form unverhältnismäßig sein **(absolute Unverhältnismäßigkeit).** Letzteres hat der EuGH auf Vorlage des BGH (BGH NJW 2009, 1660 Nr 17 f) für mit Art 3 III Verbrauchsgüterkauf-RL unvereinbar erklärt. Diese Bestimmung lasse für den Ausschluss der Nacherfüllung neben der Unmöglichkeit nur die Berufung auf relative Unverhältnismäßigkeit zu (EuGH NJW 2011, 2269). In Fällen des Verbrauchsgüterkaufs bleibt unter den Voraussetzungen des Abs 3 S 3 folglich kein Raum mehr für das Kriterium der Unverhältnismäßigkeit. Dagegen ist nach Ansicht des EuGH die Beschränkung der Nacherfüllungskosten auf einen Betrag möglich, der unter Berücksichtigung des Werts der Kaufsache in vertragsgemäßem Zustand und der Bedeutung der Vertragswidrigkeit angemessenen ist (aaO Nr 74). *St. Lorenz* schlägt vor, dies richtlinienkonform durch eine Nacherfüllungsverweigerung nach Abs 3 und eine anteilige Kostentragunsgpflicht nach Abs 2 in das deutsche Recht umsetzen. Die Möglichkeit der „Totalverweigerung“ nach Abs 3 S 3 müsse dagegen durch für Fälle des Verbrauchsgüterkaufs durch den Gesetzgeber ausgeschlossen werden (*St. Lorenz* NJW 2011, 2241, 2244). 11

Abs 3 S 3 stellt klar, dass sich die Verhältnismäßigkeitsprüfung allein auf die vom Käufer gewählte Art der Nacherfüllung bezieht. Nur wenn der Verkäufer beide Arten der Nacherfüllung gemäß Abs 3 verweigert, kann der Käufer ohne Fristsetzung zurücktreten oder mindern und Schadensersatz begehren (§ 440 S 1). Da Abs 3 dem Verkäufer nur eine Einrede gegenüber der vom Käufer beanspruchten Art der Nacherfüllung gewährt, deren Ausübung im Belieben des Verkäufers steht, kann der Käufer sich aber nicht seinerseits mit dem Ziel einer sofortigen Minderung (ohne vorherige Fristsetzung zur Nacherfüllung) auf die unverhältnismäßigen Kosten einer Nacherfüllung berufen (BGH NJW 2006, 1195).

12 **6. Rückgewähr der mangelhaften Sache** kann der Verkäufer, der mangelfreien Ersatz geliefert hat, gemäß **Abs 4** nach §§ 346ff verlangen. Die daraus folgende Wertersatzpflicht würde für den Verbrauchsgüterkauf allerdings einen Verstoß gegen die Verbrauchsgüterkauf-RL darstellen, da der Verbraucher nicht durch eine so umfassende Verpflichtung an der Geltendmachung seines Rechts auf Ersatzlieferung gehindert werden soll (EuGH „Quelle" NJW 2008, 1433 Nr 34, 43). Entsprechend beschränkt nunmehr § 474 II 1 die Herausgabepflicht eines Verbrauchers auf den erlangten Gegenstand. Für Verträge unter Unternehmern und sonstige Verträge, die nicht unter §§ 474ff fallen, folgt im Umkehrschluss zu dieser neuen Bestimmung indessen, dass §§ 346ff vollen Umfangs anzuwenden sind (BGH NJW 2009, 427 Nr 28).

13 **7.** Die **Kostentragungsregel des Abs 2** setzt Art 3 III Verbrauchsgüterkauf-RL um, dass die Nacherfüllung für den Verbraucher unentgeltlich ausgestaltet sein muss. Einerseits schließt Abs 2 Erstattungsansprüche des Verkäufers gegen den Käufer aus. Andererseits gewährt Abs 2 angesichts seines Zwecks dem Käufer eine **Anspruchsgrundlage**, vom Verkäufer Erstattung solcher Kosten zu verlangen, die wie insbesondere Transportkosten im Zuge der Nacherfüllung bei ihm anfallen (BGH, Urt v 13. 4. 2011 – VIII ZR 220/10 Nr 37; aA *MüKo-Westermann* Rz 15f). Wie bei §§ 637 III, 669 kann der Käufer auch Vorschuss verlangen.

§ 440. Besondere Bestimmungen für Rücktritt und Schadensersatz

[1]Außer in den Fällen des § 281 Abs. 2 und des § 323 Abs. 2 bedarf es der Fristsetzung auch dann nicht, wenn der Verkäufer beide Arten der Nacherfüllung gemäß § 439 Abs. 3 verweigert oder wenn die dem Käufer zustehende Art der Nacherfüllung fehlgeschlagen oder ihm unzumutbar ist. [2]Eine Nachbesserung gilt nach dem erfolglosen zweiten Versuch als fehlgeschlagen, wenn sich nicht insbesondere aus der Art der Sache oder des Mangels oder den sonstigen Umständen etwas anderes ergibt.

1 **1. Allgemeines.** Der Käufer kann grds nur zurücktreten oder statt dessen gem § 441 mindern sowie Schadensersatz statt der Leistung verlangen, wenn eine dem Verkäufer gesetzte Frist zur Nacherfüllung erfolglos abgelaufen ist. Der Katalog von Fällen, in denen eine Fristsetzung nach den allgemeinen Vorschriften (namentlich §§ 281 II, 323 II) ausnahmsweise entbehrlich ist (vgl im Übrigen § 437 Rz 4, 7), wird durch § 440 für das Kaufrecht erweitert.

2 **2.** Die Vorschrift nennt **drei Fallgruppen,** in denen es der Fristsetzung nicht bedarf. **a)** Der Verkäufer **verweigert** gem § 439 III beide Arten der Nacherfüllung. Er muss die Einrede geltend gemacht haben; dass nur deren Voraussetzungen vorliegen, genügt nicht; denn der Verkäufer kann ein Interesse daran haben nachzuerfüllen, auch wenn ihm dies nur mit Anstrengungen möglich ist, die eine Verweigerung rechtfertigen würden (RegBegr BT-Drucks 14/6040, 234). Besteht die Einrede, auf die sich der Verkäufer beruft, nur hinsichtlich der einen Art der Nacherfüllung, so ist die Fristsetzung noch nicht entbehrlich; vielmehr muss der Käufer zur Erfüllung der anderen Art eine Frist setzen, bevor er zurücktreten oder Schadensersatz verlangen kann. Letzteres gilt auch, wenn nur eine Art der Nacherfüllung gem § 275 I **unmöglich** ist (s dazu § 439 Rz 5); nur wenn die Erfüllung beider Arten der Nacherfüllung unmöglich ist,

kann der Käufer gem § 326 V ohne Fristsetzung zurücktreten oder gem § 283 bzw § 311 a II ohne Fristsetzung Schadensersatz verlangen.

b) Die dem Käufer „zustehende Art“ der Nacherfüllung ist **fehlgeschlagen.** Dem Käufer steht die Art der Nacherfüllung zu, die er gem § 439 I gewählt und die der Verkäufer nicht gem § 439 III zu Recht verweigert hat. Es soll dem Käufer nicht zugemutet werden, nach vergeblichen Nachbesserungsversuchen des Verkäufers erst noch weitere, in ihrem Erfolg wieder ungewisse Nachlieferungsversuche des Verkäufers abzuwarten, bevor er Sekundäransprüche geltend machen kann (RegBegr BT-Drucks 14/6040, 233). Eine der Erscheinungsformen des Fehlschlagens ist die ungebührliche Verzögerung. S 2 bestimmt als „Richtschnur“, dass ein Fehlschlagen nach zwei erfolglosen Nachbesserungsversuchen anzunehmen ist, wobei die Umstände, insbesondere die Art der Sache oder des Mangels, jedoch zu einer niedrigeren oder höheren Zahl von Versuchen führen können. 3

c) Die dem Käufer zustehende Art der Nacherfüllung ist ihm **unzumutbar.** Dies kann zB der Fall sein, wenn eine Abhilfe mit erheblichen Unannehmlichkeiten für den Käufer verbunden ist (RegBegr BT-Drucks 14/6040, 233). Auch nach einer arglistigen Täuschung des Verkäufers, an die das Kaufrecht auch sonst strenge Folgen knüpft (vgl §§ 438 III 1, 442 I 2, 444), ist dem Käufer eine Nacherfüllung regelmäßig nicht zumutbar (vgl BGH NJW 2007, 835 Nr 12; § 281 Rz 10). 4

§ 441. Minderung

(1) [1]**Statt zurückzutreten, kann der Käufer den Kaufpreis durch Erklärung gegenüber dem Verkäufer mindern.** [2]**Der Ausschlussgrund des § 323 Abs. 5 Satz 2 findet keine Anwendung.**

(2) **Sind auf der Seite des Käufers oder auf der Seite des Verkäufers mehrere beteiligt, so kann die Minderung nur von allen oder gegen alle erklärt werden.**

(3) [1]**Bei der Minderung ist der Kaufpreis in dem Verhältnis herabzusetzen, in welchem zur Zeit des Vertragsschlusses der Wert der Sache in mangelfreiem Zustand zu dem wirklichen Wert gestanden haben würde.** [2]**Die Minderung ist, soweit erforderlich, durch Schätzung zu ermitteln.**

(4) [1]**Hat der Käufer mehr als den geminderten Kaufpreis gezahlt, so ist der Mehrbetrag vom Verkäufer zu erstatten.** [2]**§ 346 Abs. 1 und § 347 Abs. 1 finden entsprechende Anwendung.**

1. Allgemeines. Die Vorschrift eröffnet dem Käufer, der ein Interesse daran hat, die mangelhafte Sache zu behalten, die Möglichkeit, den Kaufpreis zu mindern (vgl auch § 437 Nr 2 Alt 2). Die Minderung erfolgt gemäß Abs 1 S 1 durch Erklärung gegenüber dem Verkäufer und ist also – wie der Rücktritt (vgl § 349) – ein Gestaltungsrecht. Die Rechtsfolgen der Minderung treten mit dem Zugang der Erklärung beim Verkäufer ein. Wie alle Rechte des Käufers bei Mängeln (§ 437) besteht auch das Recht der Minderung nicht nur bei Sach-, sondern ebenso bei Rechtsmängeln; Bsp: Der Verkäufer eines Grundstücks kann das Eigentum nicht frei von einer lästigen Dienstbarkeit (Wege- oder Leitungsrecht) verschaffen. 1

2. Die Minderung ist unter den **Voraussetzungen** des Rücktritts zulässig („statt zurückzutreten“); der Käufer kann zwischen Rücktritt und Minderung wählen (§ 437 Nr 2). Ein Verschulden des Verkäufers wird hier wie dort nicht vorausgesetzt. Wie beim Rücktritt gilt der Vorrang der Nacherfüllung (vgl § 439 Rz 1), die der Käufer also zunächst verlangen muss, bevor er mindern kann. Ferner ist auch für die Minderung das Erfordernis einer erfolglos gesetzten Frist zur Nacherfüllung zu beachten; entbehrlich ist diese Fristsetzung wie beim Rücktritt in den Fällen des § 323 II und § 440. Anders als der Rücktritt ist die Minderung bei unerheblichen Mängeln gemäß 2

Abs 1 S 2 nicht ausgeschlossen (§ 323 V 2 findet keine Anwendung), weil die Minderung für den Verkäufer nicht zu einer dem Rücktritt vergleichbaren Belastung führt. Die Ausschlussgründe des § 323 VI gelten dagegen auch für die Minderung.

3 **3.** Für die **Berechnung** der Minderung enthält **Abs 3** die nötigen Vorgaben. Daraus ergibt sich die Formel Wert der mangelfreien Kaufsache : Wert der mangelhaften Kaufsache = Kaufpreis : X (Bsp: „gesollter" Wert 100, tatsächlicher Wert nur 60, Herabsetzung des Preises im Verhältnis 5:3, also eines Preises von 90 auf 54, eines solchen von 120 auf 72 usw). In der Praxis kann zur Vereinfachung der (uU nicht leicht zu ermittelnde) Wert der mangelfreien Sache mit dem vereinbarten Preis gleichgesetzt und als Minderungsbetrag derjenige Betrag angenommen werden, der zur Behebung des Mangels erforderlich ist (vgl zB BGHZ 58, 181, 183 zum Werkvertragsrecht). Das ist aber nur angängig, solange die Vermutung der Gleichwertigkeit von Leistung und Gegenleistung nicht widerlegt und also nicht davon auszugehen ist, dass der Käufer ein besonders gutes oder schlechtes Geschäft gemacht hat (vgl *Canaris* ZRP 2001, 335). Eine Auslegung ist erforderlich, wenn der Käufer die Minderung zu einem überhöhten Betrag erklärt: Ist der genannte Betrag gleichsam Bedingung seiner Erklärung, so ist diese unwirksam. Wollte er hingegen in jedem Falle mindern und schätzt nur den angemessenen Teil unrichtig ein, so ist seine Erklärung wirksam, und die Minderung erfolgt zu einem angemessenen Betrag (*Medicus/Petersen* Rz 293).

4 **4.** Als **Rechtsfolge** der Minderung erlischt der Zahlungsanspruch in Höhe der Herabsetzung des Kaufpreises. Hat der Käufer bereits mehr als den geminderten Kaufpreis gezahlt, bietet **Abs 4 S 1** eine Anspruchsgrundlage für die Erstattung des Mehrbetrages. Ergänzend finden gemäß **Abs 4 S 2** die Rücktrittsvorschriften der §§ 346 I und 347 I entsprechende Anwendung, so dass der Verkäufer auch die aus dem Mehrbetrag gezogenen oder schuldhaft nicht gezogenen Nutzungen (Zinsen!) herausgeben muss.

5 **5. Schadensersatz** für Schäden, die dem Käufer infolge des Mangels entstanden sind, kann er neben der Minderung verlangen (vgl § 437 Rz 6ff).

§ 442. Kenntnis des Käufers

(1) [1]**Die Rechte des Käufers wegen eines Mangels sind ausgeschlossen, wenn er bei Vertragsschluss den Mangel kennt.** [2]**Ist dem Käufer ein Mangel infolge grober Fahrlässigkeit unbekannt geblieben, kann der Käufer Rechte wegen dieses Mangels nur geltend machen, wenn der Verkäufer den Mangel arglistig verschwiegen oder eine Garantie für die Beschaffenheit der Sache übernommen hat.**

(2) **Ein im Grundbuch eingetragenes Recht hat der Verkäufer zu beseitigen, auch wenn es der Käufer kennt.**

1 **1.** Die Vorschrift betrifft den **Ausschluss der Gewährleistungsrechte** des Käufers (vgl § 437). Wie § 437 gilt auch § 442 gleichermaßen für Sach- und Rechtsmängel.

2 **2. Kenntnis** des Mangels beim Vertragsschluss schließt gemäß Abs 1 S 1 die Käuferrechte aus. Eine Ausnahme gilt gemäß Abs 2 für alle im Grundbuch eingetragenen Rechte; zu ihnen ist – hier wie sonst (vgl etwa § 894 Rz 4) – auch die Vormerkung zu zählen (RegBegr BT-Drucks 14/6040, 237; *MüKo-Westermann* Rz 17). Weil es gemäß Abs 1 auf den Zeitpunkt des Vertragsschlusses ankommt, schließt spätere Kenntnis des Mangels auch bei vorbehaltloser Annahme der Ware die Rechte des Käufers grds nicht aus. In der vorbehaltlosen Entgegennahme kann aber eine (konkludente) Vertragsänderung bezüglich der Beschaffenheit (s § 434 Rz 4 aE) oder ein Verzicht auf die Rechte wegen des Mangels liegen (*Jauernig-Berger* Rz 4).

3 **3. Grobe Fahrlässigkeit** des Käufers führt gemäß Abs 1 S 2 grds ebenfalls zum Ausschluss seiner Rechte. Grob fahrlässig handelt der Käufer, wenn er die erforderliche

Sorgfalt in ungewöhnlich hohem Maße verletzt und einen Mangel übersieht, der für ihn beim Vertragsschluss ohne weiteres erkennbar war (vgl auch § 932 Rz 6). Dagegen bleiben dem Käufer trotz grober Fahrlässigkeit seine Rechte ausnahmsweise erhalten, wenn der Verkäufer den Mangel arglistig verschwiegen oder eine Beschaffenheitsgarantie übernommen hat.

a) Arglistig handelt der Verkäufer, wenn er von dem Mangel weiß oder ihn wenigstens für möglich hält und damit rechnet, dass der Kaufinteressent bei Kenntnis des Mangels von dem Geschäft absehen würde (BGH NJW 2001, 2326, 2327). Angaben ohne sachliche Grundlage (sog Angaben **„ins Blaue hinein"**) begründen ebenfalls den Arglistvorwurf (BGH aaO). Ein **Verschweigen** liegt vor, wenn der Verkäufer auf eine Nachfrage des Käufers oder trotz einer ihn treffenden Aufklärungspflicht (vgl § 241 Rz 2) still bleibt. Bsp: Verkäufer eines Gebrauchtwagens ist zum Hinweis auf einen vorangegangenen Unfall des Wagens verpflichtet, sofern nicht nur ein Bagatellschaden vorliegt (BGH NJW 1982, 1386). Das arglistige Vorspiegeln einer nicht vorhandenen Eigenschaft ist dem Verschweigen gleichzustellen. Es macht keinen Unterschied, ob der arglistige Verkäufer eine vorhandene schlechte Eigenschaft verschweigt oder eine nicht vorhandene gute hinzuerfindet; Bsp: Verstellen des Tachometerstandes eines Gebrauchtwagens. 4

b) Eine **Beschaffenheitsgarantie** iSd Abs 1 S 2 liegt in der vertragsmäßig bindenden Zusicherung des Verkäufers, dass die Kaufsache eine bestimmte Eigenschaft hat, verbunden mit der Erklärung, verschuldensunabhängig für alle Folgen ihres Fehlens einstehen zu wollen (vgl § 276 Rz 7 f). Eine ausdrückliche Garantieerklärung ist nicht erforderlich; es genügt, wenn der Käufer das Verhalten des Verkäufers vom objektiven Empfängerhorizont aus als Zusicherung verstehen darf. 5

§ 443. Beschaffenheits- und Haltbarkeitsgarantie

(1) **Übernimmt der Verkäufer oder ein Dritter eine Garantie für die Beschaffenheit der Sache oder dafür, dass die Sache für eine bestimmte Dauer eine bestimmte Beschaffenheit behält (Haltbarkeitsgarantie), so stehen dem Käufer im Garantiefall unbeschadet der gesetzlichen Ansprüche die Rechte aus der Garantie zu den in der Garantieerklärung und der einschlägigen Werbung angegebenen Bedingungen gegenüber demjenigen zu, der die Garantie eingeräumt hat.**

(2) **Soweit eine Haltbarkeitsgarantie übernommen worden ist, wird vermutet, dass ein während ihrer Geltungsdauer auftretender Sachmangel die Rechte aus der Garantie begründet.**

1. Allgemeines. Die Vorschrift betrifft Garantieansprüche, die dem Käufer vom Verkäufer oder einem Dritten (Hersteller, Importeur) über die gesetzlichen Mängelansprüche hinaus („unbeschadet der gesetzlichen Ansprüche") freiwillig eingeräumt werden. Die gesetzlichen Mängelansprüche bleiben erhalten, sofern nicht ausnahmsweise etwas anderes vereinbart ist. Lag der Mangel bereits bei Gefahrübergang vor, so bestehen die Ansprüche aus der Garantiezusage und aus dem gesetzlichen Gewährleistungsrecht nebeneinander; hat ein Dritter die Garantie eingeräumt, so haftet er in diesem Fall zusammen mit dem Verkäufer als Gesamtschuldner (§§ 421 ff). In Zweifelsfällen entscheidet die Auslegung der Vereinbarung über den Inhalt der Garantie; gesetzlich definiert ist sie nicht (vgl § 276 Rz 8). Eine in der Lit anzutreffende Unterscheidung zwischen selbständiger und unselbständiger Garantie wird überwiegend so verstanden, dass erstere ein eigenes Haftungsregime außerhalb des Gewährleistungsrechts, letztere eine Erweiterung der Gewährleistungsrechte des Käufers enthält (*PWW-D. Schmidt* Rz 10 ff). Indes ist der Sprachgebrauch nicht einheitlich und der Erkenntniswert der Unterscheidung gering, so dass auf sie verzichtet werden sollte (*Bamberger/Roth-Faust* Rz 12). 1

2 **2.** Die **Beschaffenheitsgarantie,** in der eine bestimmte Beschaffenheit der Sache im Zeitpunkt des Gefahrübergangs garantiert wird, hat praktische Bedeutung vor allem, wenn sie von einem Dritten (Hersteller etc) abgegeben wird. Denn gegenüber dem Verkäufer hat der Käufer insoweit bereits die ganze Palette gesetzlicher Mängelansprüche aus § 437 iVm § 434 I. Auch der Verkäufer kann freilich eine solche Garantie übernehmen, wenn er die Käuferrechte des § 437 noch erweitern will. So kann beispielsweise der Verkäufer einer Maschine versprechen, sie gegen ein anderes Modell auszutauschen, wenn sie nicht eine bestimmte, vom Käufer gewünschte Aufgabe bewältigt (RegBegr BT-Drucks 14/6857, 61).

3 **3.** Die **Haltbarkeitsgarantie,** mit der vom Verkäufer oder einem Dritten garantiert wird, dass die Sache für eine bestimmte Dauer eine bestimmte Beschaffenheit behält (so die Legaldefinition in Abs 1), und die den Käufer also unabhängig davon schützt, ob der Mangel schon im Zeitpunkt des Gefahrübergangs (§ 434 I 1) vorhanden war, steht praktisch im Vordergrund. Für sie stellt **Abs 2** die widerlegliche **Vermutung** auf, dass ein während der Garantiezeit auftretender Sachmangel die Garantie begründet. Der Käufer muss also nur beweisen, dass der Mangel in den sachlichen Anwendungsbereich der Garantie fällt und dass er während der Garantiefrist aufgetreten ist, nicht aber, dass der Mangel eine Folge des anfänglichen Zustandes der Sache ist. Der Garantiegeber kann die Vermutung nicht durch den Beweis technisch einwandfreier Herstellung entkräften, wohl aber dadurch, dass er eine unsachgemäße Behandlung oder eine Beschädigung der Sache durch den Käufer oder einen Dritten nachweist (RegBegr BT-Drucks 14/6040, 239).

4 **4.** Der **Inhalt** der Garantie unterliegt der privatautonomen Bestimmung des Garantiegebers. Das gilt beispielsweise für den Gegenstand der Garantie, die sich auf alle oder nur bestimmte Teile oder Eigenschaften der Kaufsache beziehen kann, für ihre Dauer oder die dem Käufer eingeräumten Rechte. In § 443 I wird insoweit auf die „in der Garantieerklärung und in der einschlägigen Werbung" angegebenen Bedingungen verwiesen, an die der Garantiegeber gebunden ist.

5 **5.** Bei einem **Verbrauchsgüterkauf** ist ergänzend § 477 zu beachten, der bestimmte formale Anforderungen an die Garantie stellt, sowie § 475 I, der § 443 für unabdingbar erklärt.

§ 444. Haftungsausschluss

Auf eine Vereinbarung, durch welche die Rechte des Käufers wegen eines Mangels ausgeschlossen oder beschränkt werden, kann sich der Verkäufer nicht berufen, soweit er den Mangel arglistig verschwiegen oder eine Garantie für die Beschaffenheit der Sache übernommen hat.

1 **1.** Auf eine **Vereinbarung** über einen **Haftungsausschluss** oder eine **Haftungsbeschränkung** wegen eines Mangels kann sich der Verkäufer nicht berufen, **soweit** er den Mangel arglistig verschwiegen (dazu § 442 Rz 4) oder eine Garantie für die Beschaffenheit der Sache übernommen hat. Durch das Wort „soweit" soll zweierlei klargestellt werden: zum einen, dass transparente inhaltliche Begrenzungen einer Garantie gestattet sind (zB hinsichtlich der Summe oder des zeitlichen Rahmens der Haftung), zum anderen, dass eine Berufung auf den Haftungsausschluss oder die Haftungsbegrenzung nur in dem Umfang verwehrt ist, in dem die Garantie (uU also nach Art und Höhe begrenzt) übernommen wurde (RA BT-Drucks 15/3483, 23). Die Vorschrift steht also der namentlich beim Unternehmenskauf gängigen Praxis nicht entgegen, statt des gesetzlichen Gewährleistungssystems Garantien zu vereinbaren und diese summenmäßig, zeitlich oder hinsichtlich der Rechtsfolgen zu begrenzen. Sinn und Zweck des § 444 in seiner zweiten Alternative ist es vielmehr nur, ein widersprüchliches Verhalten zu verhindern, das darin läge, eine zunächst übernommene Garantie

nachträglich in intransparenter oder überraschender Weise zu beschränken (RA BT-Drucks 15/3483, 23f).

2. Der Umfang eines vereinbarten Haftungsausschlusses bestimmt sich nicht nur nach dem Wortlaut, sondern nach dem gesamten Vertragstext. Stehen Beschaffenheitsvereinbarung (zB Angabe der Laufleistung eines Fahrzeugs) und Haftungsausschluss nebeneinander, ergibt eine interessengerechte Auslegung dieser Kombination, dass der Haftungsausschluss sich nicht auf die Haftung für das Fehlen der vereinbarten Beschaffenheit (§ 434 I 1 BGB) bezieht (BGH NJW 2007, 1346 Nr 30, 31). 2

3. Auf Rechtsfolgenseite soll die Formulierung „kann sich nicht berufen" verdeutlichen, dass die Unwirksamkeit einer Vereinbarung über den Gewährleistungsausschluss in Abweichung von der Regel des § 139 nicht zur Unwirksamkeit des ganzen Kaufvertrages führt (*Hk-BGB-Saenger* Rz 8). 3

4. Für den **Verbrauchsgüterkauf** hat die Vorschrift wegen der Spezialregelung in § 475, die den Käufer unabhängig von einer Arglist des Verkäufers oder einer Beschaffenheitsgarantie schützt, regelmäßig keine Bedeutung (beachte aber § 475 III). 4

§ 445. Haftungsbegrenzung bei öffentlichen Versteigerungen

Wird eine Sache auf Grund eines Pfandrechts in einer öffentlichen Versteigerung unter der Bezeichnung als Pfand verkauft, so stehen dem Käufer Rechte wegen eines Mangels nur zu, wenn der Verkäufer den Mangel arglistig verschwiegen oder eine Garantie für die Beschaffenheit der Sache übernommen hat.

§ 446. Gefahr- und Lastenübergang

[1] Mit der Übergabe der verkauften Sache geht die Gefahr des zufälligen Untergangs und der zufälligen Verschlechterung auf den Käufer über. [2] Von der Übergabe an gebühren dem Käufer die Nutzungen und trägt er die Lasten der Sache. [3] Der Übergabe steht es gleich, wenn der Käufer im Verzug der Annahme ist.

1. Allgemeines. Die Vorschrift bringt eine Sonderregelung der **Preisgefahr,** also für die Frage, ob trotz des zufälligen Untergangs oder der zufälligen Verschlechterung der Kaufsache eine Verpflichtung des Käufers zur (vollständigen) Erbringung der Gegenleistung (des „Preises") besteht. Nach der Grundregel des § 326 I 1 hätte der Verkäufer diese Gefahr bis zur vollständigen Erfüllung seiner Pflichten aus § 433 I, also bis zum Eigentumsübergang, zu tragen. Die Vorschrift verlegt im Interesse des Verkäufers den Zeitpunkt des Übergangs der Preisgefahr auf die bloße Übergabe der Kaufsache vor. Für die Leistungsgefahr bleibt es bei der allgemeinen Regel des § 275 I. Sie wird bei der Stückschuld und der konkretisierten Gattungsschuld (vgl § 243 Rz 5) vom Gläubiger (Käufer) getragen: Bei zufälligem Untergang der Kaufsache wird der Verkäufer von seiner Leistungspflicht frei. 1

2. Nach S 1 trägt der Käufer die Preisgefahr von der **Übergabe** der Kaufsache an, weil die Sache sich von diesem Zeitpunkt an im Machtbereich (in der „Sphäre") des Käufers befindet und es unbillig wäre, wenn zufällige Ereignisse aus der Sphäre des Käufers zu Lasten des Verkäufers gingen. Daher meint „Übergabe" – mangels einer entgegenstehenden Vereinbarung – die **Erlangung des unmittelbaren Besitzes** (§ 854) durch den Käufer (ebenso wie in § 433 I, s dort Rz 5). Soll die Übergabe ausnahmsweise durch Abtretung des Herausgabeanspruchs gegen einen Dritten (etwa einen Verwahrer) bewirkt werden, so wird meist gleichzeitig ein Eigentumsübergang nach den §§ 929, 931 anzunehmen sein. Dann hat der Verkäufer bereits vollständig erfüllt, die Frage nach der Preisgefahr stellt sich nicht mehr (vgl oben Rz 1). Wichtigs- 2 ter Anwendungsfall des § 446 ist der Verkauf unter Eigentumsvorbehalt (§ 449); hier liegen oft Jahre zwischen Übergabe und Erfüllung (durch Eigentumserlangung des Käufers mit Zahlung der letzten Kaufpreisrate).

3 **3.** Nach S 3 steht der **Annahmeverzug** des Käufers (vgl Vor § 293 Rz 2ff) der Übergabe gleich. In diesem Fall erscheint es gerechtfertigt, dem säumigen Gläubiger das Risiko der ausbleibenden Leistung aufzubürden. Das steht mit der Wertung des § 326 II 1 in Einklang.

§ 447. Gefahrübergang beim Versendungskauf

(1) **Versendet der Verkäufer auf Verlangen des Käufers die verkaufte Sache nach einem anderen Ort als dem Erfüllungsort, so geht die Gefahr auf den Käufer über, sobald der Verkäufer die Sache dem Spediteur, dem Frachtführer oder der sonst zur Ausführung der Versendung bestimmten Person oder Anstalt ausgeliefert hat.**

(2) **Hat der Käufer eine besondere Anweisung über die Art der Versendung erteilt und weicht der Verkäufer ohne dringenden Grund von der Anweisung ab, so ist der Verkäufer dem Käufer für den daraus entstehenden Schaden verantwortlich.**

1 **1.** Die Vorschrift verlegt den Zeitpunkt des Übergangs der **Preisgefahr** auf den Käufer noch weiter vor als § 446 (s dort Rz 1): Der Verkäufer braucht weder zu erfüllen (Übergang der Preisgefahr nach § 326 I 1) noch die Kaufsache zu übergeben (§ 446 S 1), sondern sie nur an die Transportperson auszuliefern. Für den **Verbrauchsgüterkauf** gilt die Vorschrift gem § 474 II jedoch nicht, weil sie den Verbraucher unangemessen belasten würde (näher RegBegr BT-Drucks 14/6040, 243f). Für diese Kaufverträge bleibt es also trotz Versendung der Ware bei der Regelung des § 446 (Übergang der Preisgefahr mit Übergabe bzw Annahmeverzug); für die Leistungsgefahr gilt – hier wie sonst (vgl § 446 Rz 1) – § 275 I (vgl BGH NJW 2003, 3341).

2 **2.** Ein **Versendungskauf setzt** nach Abs 1 **voraus: a)** Bei dem Kauf muss es sich um eine **Schickschuld** (Begriff § 243 Rz 4, § 269 Rz 1f) handeln; denn nur bei einer Schickschuld versendet der Schuldner (Verkäufer) die „Sache nach einem anderen Orte als dem Erfüllungsorte" (= Leistungsort, § 269). Bei der Bringschuld dagegen liegt der Leistungsort beim Gläubiger (s § 269 Rz 1), zu einer Versendung iSd Abs 1 kommt es nicht, der Gefahrübergang richtet sich nach § 446. Ein Versendungskauf kann auch beim sog **Platzgeschäft** vorliegen, bei dem die Ware innerhalb desselben (geographischen) Ortes versandt wird; nach hM gilt § 447 entsprechend. Beachte jedoch unten Rz 7ff.

3 **b)** Die Versendung der Ware muss **auf Verlangen des Käufers** geschehen; jedoch ist es ausreichend, wenn sich das Verlangen nur aus den Umständen ergibt.

4 **c)** Die Versendung muss **vom Erfüllungsort** (= Leistungsort) **aus** erfolgen; wird der Transport von einem anderen Ort aus vorgenommen (etwa von einem ausländischen Herstellungsort), so greift die Vorschrift nur ein, wenn der Käufer mit einer solchen Versendung einverstanden war (hM, vgl BGHZ 113, 106, 110; aA *Wertenbruch* JuS 2003, 625, 627f).

5 **d) Auslieferung an die Transportperson** bedeutet tatsächliche Übergabe an eine geeignete Person oder Anstalt mit allen notwendigen Vorkehrungen, damit die Ware den Käufer erreicht (zB Adressierung); der bloße Auftrag an die Transportperson genügt nicht.

6 **3. Einzelheiten. a)** Bedient sich der Verkäufer einer sog **schuldnerfremden Transportperson** (also etwa Post, Bahn, Spedition), so wird diese beim Versendungs-

kauf **nicht** als sein **Erfüllungsgehilfe** (§ 278) tätig (hM, s etwa *Larenz* SchR II/1 § 42 II c): Da der Verkäufer den Transport nicht schuldet (Schickschuld), handelt die Transportperson nicht „zur Erfüllung seiner Verbindlichkeit“ (§ 278). Verschuldet die Transportperson einen Schaden oder den Untergang der Kaufsache, so kann der Verkäufer also wegen § 447 I trotzdem den Kaufpreis verlangen. Der Käufer kann gegen einen gewerblichen Transporteur gem § 421 I 2 HGB die Ansprüche aus dem Frachtvertrag im eigenen Namen geltend machen; im Übrigen ist er darauf angewiesen, seinen Schaden vom Verkäufer bei der Transportperson liquidieren zu lassen (Drittschadensliquidation, näher Vor §§ 249 ff Rz 25 ff).

b) Führt eine **schuldnereigene Transportperson** (also etwa ein Angestellter des 7 Verkäufers) den Transport durch, so ist insbesondere bei Platzgeschäften (oben Rz 2) zunächst durch Auslegung zu ermitteln, ob nicht eine **Bringschuld** und damit kein Versendungskauf vorliegt (*Larenz* SchR II/1 § 42 II c aE). Meist ist jedoch auch bei schuldnereigener Transportperson **Schickschuld** anzunehmen (beachte § 269 III). Dann ist str, ob § 447 eingreift:

aa) Nach **einer Ansicht** in der Lit (etwa *Medicus/Petersen* Rz 275; *Medicus/Lorenz* 8 SchR II Rz 57) passt die Vorschrift nur bei Einsatz von schuldnerfremden Transportpersonen, weil der Verkäufer auf diese keinen direkten Einfluss hat; daher verbleibe es bei der Gefahrtragung nach § 446, wenn eigene Leute des Verkäufers den Transport durchführen.

bb) Nach **hM** (zB *Larenz* SchR II/1 § 42 II c aE) gilt die Vorschrift auch hier, so 9 dass der Verkäufer den vollen Kaufpreis verlangen kann, wenn die Kaufsache auf dem durch eigene Leute durchgeführten Transport **zufällig** untergeht. Dasselbe Ergebnis scheint sich anzubieten, wenn der Untergang von den Leuten des Verkäufers verschuldet wird; denn deren Verschulden geht insofern nicht nach § 278 zu Lasten des Verkäufers, als dieser den Transport nur aus reiner Gefälligkeit durchführt (s oben Rz 6, Schickschuld!). Dennoch soll nach hM § 278 hier eingreifen, weil auch bei derartigen Gefälligkeiten sorgfältige Ausführung geschuldet sei (allg dazu Vor § 241 Rz 2). Daher gelte § 447 nicht, der nur den zufälligen Untergang regelt.

§ 448. Kosten der Übergabe und vergleichbare Kosten

(1) **Der Verkäufer trägt die Kosten der Übergabe der Sache, der Käufer die Kosten der Abnahme und der Versendung der Sache nach einem anderen Ort als dem Erfüllungsort.**

(2) **Der Käufer eines Grundstücks trägt die Kosten der Beurkundung des Kaufvertrags und der Auflassung, der Eintragung ins Grundbuch und der zu der Eintragung erforderlichen Erklärungen.**

§ 449. Eigentumsvorbehalt

(1) **Hat sich der Verkäufer einer beweglichen Sache das Eigentum bis zur Zahlung des Kaufpreises vorbehalten, so ist im Zweifel anzunehmen, dass das Eigentum unter der aufschiebenden Bedingung vollständiger Zahlung des Kaufpreises übertragen wird (Eigentumsvorbehalt).**

(2) **Auf Grund des Eigentumsvorbehalts kann der Verkäufer die Sache nur herausverlangen, wenn er vom Vertrag zurückgetreten ist.**

(3) **Die Vereinbarung eines Eigentumsvorbehalts ist nichtig, soweit der Eigentumsübergang davon abhängig gemacht wird, dass der Käufer Forderungen eines Dritten, insbesondere eines mit dem Verkäufer verbundenen Unternehmens, erfüllt.**

I. Bedeutung

1 Der Eigentumsvorbehalt (EV) ist das wichtigste Kreditsicherungsmittel im Warenverkehr (näher zum EV *Habersack/Schürnbrand* JuS 2002, 833). Der Verkäufer, der trotz § 320 vor vollständiger Bezahlung die Kaufsache dem Käufer übergibt, behält bis zur Zahlung der letzten Kaufpreisrate als Eigentümer den Zugriff auf die Ware (§ 985; § 47 InsO; näher unten Rz 9ff).

II. Voraussetzungen

2 Der EV-Kauf hat eine schuldrechtliche und eine dingliche Seite – beide sind sowohl bei den Voraussetzungen als auch bei den Wirkungen stets zu trennen:

3 **1. Einfacher EV. a) Schuldrechtliche Vereinbarung.** Käufer und Verkäufer müssen (bei Kaufabschluss oder später durch Änderungsvertrag) vereinbaren, dass die Kaufsache vor vollständiger Bezahlung übergeben wird, jedoch das Eigentum an der Ware erst mit Zahlung der letzten Rate übergehen soll. Die Vereinbarung erfolgt meist formularmäßig in AGB des Verkäufers. Sie ist nach **Abs 3** nichtig, wenn der Eigentumsvorbehalt auf Forderungen Dritter erstreckt wird; so insbesondere beim sog Konzernvorbehalt.

4 **b)** Der **dingliche Übereignungsvertrag** über die Kaufsache steht beim EV-Kauf nach der Auslegungsregel des Abs 1 unter der aufschiebenden Bedingung (§ 158 I) der vollständigen Kaufpreiszahlung; daher geht das Eigentum mit Zahlung der letzten Rate automatisch auf den Käufer über. Anders als bei der schuldrechtlichen Vorbehaltsvereinbarung kommt es auch dann zu einer nur aufschiebend bedingten Übereignung, wenn der Verkäufer den Vorbehalt lediglich **einseitig erklärt** und der Käufer dies hinnimmt. Voraussetzung ist allerdings, dass der Vorbehalt spätestens bei der Besitzübergabe der verkauften Sache dem Empfänger gegenüber deutlich erklärt wird (zB auf dem Lieferschein). Str ist, ob ein konkludent vereinbarter Eigentumsvorbehalt allgemein schon dann anzunehmen ist, wenn der Käufer bei Übergabe des Kaufgegenstandes den Kaufpreis nicht zahlt (vgl *MüKo-Westermann* Rz 15f). Jedenfalls beim Autokauf kann der Käufer, der den Kaufpreis noch nicht gezahlt hat, die Einbehaltung des Fahrzeugbriefs bei der Übergabe des Fahrzeugs regelmäßig nur dahin verstehen, dass der Verkäufer ihm das Eigentum am Fahrzeug zur Sicherung seiner Kaufpreisforderung nur unter der aufschiebenden Bedingung vollständiger Zahlung des Kaufpreises übertragen will (BGH NJW 2006, 3488).

5 **2. Verlängerter EV.** Wichtigste Sonderform ist der verlängerte EV (zum Kontokorrentvorbehalt s *Palandt-Weidenkaff* Rz 19). Dieser bringt eine weitergehende Sicherung des Verkäufers, dessen Käufer die Kaufsache typischerweise weiterverarbeiten oder weiterveräußern. Zusätzlich zu den oben Rz 3f genannten Voraussetzungen ist erforderlich:

6 **a)** Gegenüber weiterverarbeitenden Käufern eine sog **„Verarbeitungsklausel"**, durch die verhindert wird, dass der Vorbehaltsverkäufer nach § 950 sein Eigentum und damit die Sicherung für seinen Warenkredit verliert (Näheres § 950 Rz 4).

7 **b)** Gegenüber Käufern, die ihrerseits aus dem **Weiterverkauf** der Ware erst die Mittel zur Bezahlung des Kaufpreises aus dem Erstkauf erzielen, muss der Erstverkäufer wohl oder übel auf die durch das Eigentum an der Kaufsache vermittelte Sicherung verzichten; denn der Erstkäufer und Weiterverkäufer muss in der Lage sein, dem Zweitkäufer Eigentum an der Sache zu verschaffen (beachte aber den „weitergeleiteten" Eigentumsvorbehalt, *Palandt-Weidenkaff* Rz 16).

8 Der EV wird hier regelmäßig durch die folgenden **drei Gestaltungen** ergänzt: **aa) Verfügungsermächtigung.** Der Vorbehaltsverkäufer ermächtigt den Vorbehaltskäufer (§ 185 I) zur Veräußerung der fremden Vorbehaltsware an die Zweitkäufer. **bb) Vorausabtretung.** Im Gegenzug tritt der Vorbehaltskäufer seine Forderung aus

dem Weiterverkauf der Ware bereits bei Abschluss des Erstkaufs zur weiteren Sicherung der ursprünglichen Kaufpreisforderung an den Vorbehaltsverkäufer ab (zur Zulässigkeit derartiger antizipierter Sicherungsabtretungen Vor § 398 Rz 16). **cc) Einziehungsermächtigung** (Begriff: Vor § 398 Rz 25). Solange der Erstkäufer ordnungsgemäß seine Kaufpreisraten entrichtet, braucht der Zweitkäufer nicht zu wissen, dass die gegen ihn gerichtete Forderung zur Sicherung abgetreten ist. Deshalb wird der Weiterverkäufer von dem Erstverkäufer ermächtigt, die vorausabgetretene Forderung aus dem Weiterkauf im eigenen Namen einzuziehen. Zahlt der Erstkäufer nicht mehr ordnungsgemäß, so widerruft der Vorbehaltsverkäufer die Einziehungsermächtigung und weist den Zweitkäufer an, nur noch an ihn zu zahlen; dieser wird dann durch eine Leistung an den Erstkäufer nicht mehr befreit, § 407 I aE.

III. Wirkungen

1. Schuldrechtliche Seite. a) Ein **Rücktrittsrecht des Verkäufers** entsteht im Zweifel nicht schon mit dem bloßen Zahlungsverzug des Käufers, sondern es unterliegt der allgemeinen Regelung des § 323. Erforderlich ist deshalb grds (Ausnahme § 323 II), dass der Verkäufer vorher gem § 323 I eine angemessene Zahlungsfrist gesetzt hat, die fruchtlos verstrichen ist. Besonderheiten gelten nach §§ 508 II 1, 498 I, wenn der EV im Rahmen eines Ratenkaufvertrags mit einem Verbraucher vereinbart wurde. **9**

b) Recht zum Besitz des Käufers. Der Käufer kann bereits aus dem Kaufvertrag (bzw aus der Sicherungsabrede, dazu Vor § 398 Rz 14) ein **obligatorisches Recht** zum Besitz an der Kaufsache geltend machen. Es steht einem Herausgabeverlangen des Verkäufers als Eigentümer (§ 985) entgegen, § 986 I 1 (BGHZ 98, 168). Zur Möglichkeit und Bedeutung eines aus dem Anwartschaftsrecht fließenden **dinglichen Besitzrechts** s § 929 Rz 15. **10**

c) Nach Abs 2 **entfällt das Besitzrecht** nicht bereits bei bloßem Zahlungsverzug des Vorbehaltskäufers, sondern erst bei Rücktritt des Verkäufers vom Vertrag. Sonst könnte der Verkäufer bei Zahlungsverzug die Ware herausverlangen (§ 985), während der Käufer zu weiteren Kaufpreiszahlungen verpflichtet bliebe, die er nach dem wirtschaftlichen Sinn des EV-Kaufs gerade unter Einsatz der Vorbehaltsware erwirtschaften sollte. Ist der Kaufpreisanspruch bereits verjährt und beruft sich der Käufer darauf, kann der die Rücknahme der Sache ermöglichende Rücktritt – in Abweichung von der Grundregel des § 218 I – nach der Sondervorschrift des § 216 II 2 dennoch erfolgen (vgl § 218 I 3). Der Eigentumsvorbehalt wird insoweit ebenso behandelt wie die anderen von § 216 II erfassten Sicherungsrechte. **11**

2. Sachenrechtliche Seite. a) Da der **Verkäufer** zunächst **Eigentümer** der Kaufsache bleibt, behält er den Herausgabeanspruch aus § 985 gegen den Käufer (Durchsetzung abhängig vom Besitzrecht des Käufers, § 986, oben Rz 10f). Vollstrecken Dritte in das Vermögen des Vorbehaltskäufers, so kann er **Drittwiderspruchsklage** (§ 771 ZPO) erheben, in der Insolvenz des Käufers kann er **aussondern** (§ 47 InsO), wenn nicht der Insolvenzverwalter die noch ausstehenden Kaufpreisraten zahlt (vgl § 103 InsO) und dadurch für die Masse Eigentum erwirbt. **12**

b) Der **Vorbehaltskäufer** erwirbt ein (übertragbares) dingliches **Anwartschaftsrecht** an der Kaufsache, das mit Zahlung der letzten Rate zum Vollrecht (Eigentum) erstarkt; näher dazu § 929 Rz 10ff. In der Insolvenz des Verkäufers ist das gem § 103 InsO grds bestehende Wahlrecht des Insolvenzverwalters durch § 107 I InsO ausgeschlossen; der Käufer kann die Erfüllung des Kaufvertrages verlangen. **13**

c) Beim **verlängerten EV** wird als weitere dingliche Folge des EV-Kaufs mit der Entstehung der Forderung aus dem Weiterverkauf deren Abtretung an den Erstverkäufer wirksam. Zur Lösung einer Kollision zwischen verlängertem EV und Sicherungs- **14**

globalzession s Vor § 398 Rz 19, zwischen verlängertem EV und Factoring s Vor § 398 Rz 22.

§ 450. Ausgeschlossene Käufer bei bestimmten Verkäufen

(1) **Bei einem Verkauf im Wege der Zwangsvollstreckung dürfen der mit der Vornahme oder Leitung des Verkaufs Beauftragte und die von ihm zugezogenen Gehilfen einschließlich des Protokollführers den zu verkaufenden Gegenstand weder für sich persönlich oder durch einen anderen noch als Vertreter eines anderen kaufen.**

(2) **Absatz 1 gilt auch bei einem Verkauf außerhalb der Zwangsvollstreckung, wenn der Auftrag zu dem Verkauf auf Grund einer gesetzlichen Vorschrift erteilt worden ist, die den Auftraggeber ermächtigt, den Gegenstand für Rechnung eines anderen verkaufen zu lassen, insbesondere in den Fällen des Pfandverkaufs und des in den §§ 383 und 385 zugelassenen Verkaufs, sowie bei einem Verkauf aus einer Insolvenzmasse.**

§ 451. Kauf durch ausgeschlossenen Käufer

(1) [1]**Die Wirksamkeit eines dem § 450 zuwider erfolgten Kaufs und der Übertragung des gekauften Gegenstandes hängt von der Zustimmung der bei dem Verkauf als Schuldner, Eigentümer oder Gläubiger Beteiligten ab.** [2]**Fordert der Käufer einen Beteiligten zur Erklärung über die Genehmigung auf, so findet § 177 Abs. 2 entsprechende Anwendung.**

(2) **Wird infolge der Verweigerung der Genehmigung ein neuer Verkauf vorgenommen, so hat der frühere Käufer für die Kosten des neuen Verkaufs sowie für einen Mindererlös aufzukommen.**

§ 452. Schiffskauf

Die Vorschriften dieses Untertitels über den Kauf von Grundstücken finden auf den Kauf von eingetragenen Schiffen und Schiffsbauwerken entsprechende Anwendung.

§ 453. Rechtskauf

(1) **Die Vorschriften über den Kauf von Sachen finden auf den Kauf von Rechten und sonstigen Gegenständen entsprechende Anwendung.**

(2) **Der Verkäufer trägt die Kosten der Begründung und Übertragung des Rechts.**

(3) **Ist ein Recht verkauft, das zum Besitz einer Sache berechtigt, so ist der Verkäufer verpflichtet, dem Käufer die Sache frei von Sach- und Rechtsmängeln zu übergeben.**

1 **1. Allgemeines.** Von der in Abs 1 erklärten pauschalen Verweisung auf die §§ 433ff für den Kauf von Rechten und Sach- und Rechtsgesamtheiten (vgl § 433 Rz 3f) sind diejenigen Bestimmungen auszunehmen, die auf den Kauf von körperlichen Gegenständen besonders zugeschnitten sind (zB § 447). Aus der Anordnung einer *entsprechenden* Anwendung folgt ferner, dass die Besonderheiten des jeweiligen Vertragstyps zu beachten sind.

2 **2. Rechtskauf. a)** Der Verkäufer eines Rechts (Begriff: § 433 Rz 3) ist nach **Abs 1** iVm § 433 I 1 verpflichtet, dem Käufer das Recht zu verschaffen, dh ihn zum Inhaber des verkauften Rechts zu machen; bei Forderungen geschieht dies durch Abtretung, §§ 398ff. Auf Grund der entsprechenden Anwendung des § 433 I 2 hat der Verkäufer dem Käufer das Recht frei von (Rechts)mängeln zu verschaffen, also insbe-

sondere frei von Rechten Dritter (s § 435). Auch § 434 gilt grds entsprechend. Für die Zahlungsfähigkeit des Schuldners einer verkauften Forderung wird – außer bei abweichender Vereinbarung, namentlich Übernahme einer entsprechenden Garantie, s § 276 Rz 8 – nicht gehaftet, da die Bonität nicht zur üblichen Beschaffenheit eines Rechts iSd § 434 I 2 Nr 2 zählen dürfte. Existiert das verkaufte Recht hingegen überhaupt nicht oder kann es nicht übertragen werden, liegt kein Mangel, sondern ein Fall der Unmöglichkeit vor, so dass sich die Rechtsfolgen unmittelbar aus den §§ 275, 280 ff, 311 a, 326 ergeben. **b)** Die Regelung in **Abs 3** zeigt, dass der Verkäufer für die Mangelfreiheit einer Sache, auf die sich das verkaufte Recht bezieht, grds nicht haftet. Gemäß Abs 3 unmittelbar anwendbar sind die §§ 433 I 2, 437 ff dagegen in den eher seltenen Fällen des Verkaufs eines Rechts, das zum Besitz einer Sache berechtigt, wie etwa das Anwartschaftsrecht des Vorbehaltskäufers (s § 929 Rz 19).

3. Unternehmenskauf. Der in Abs 1 genannte Kauf von **sonstigen Gegenständen** betrifft vor allem Unternehmen. Beim Unternehmenskauf erwirbt der Käufer entweder die Gesamtheit der Sachen, Rechte und sonstigen Vermögenswerte eines Unternehmens (sog **asset deal**) oder die gesellschaftsrechtlichen Anteile (sog **share deal**). Die Haftung des Verkäufers wird in der Praxis idR umfangreichen vertraglichen Regelungen unterworfen, welche die gesetzlichen Gewährleistungsvorschriften weitgehend ersetzen (zur Vereinbarkeit solcher Regelungen, die häufig Beschaffenheitsgarantien mit Haftungshöchstgrenzen kombinieren, mit § 444 vgl dort Rz 1). Ansonsten ist zu differenzieren: **a)** Sind beim **asset deal** nur einzelne Sachen des verkauften Unternehmens mangelhaft (eine Maschine, ein Fahrzeug etc), ergeben sich Gewährleistungsansprüche des Käufers direkt aus den §§ 437 ff. Sind Mängel einzelner Vermögensbestandteile des Unternehmens so gravierend, dass sie auf die vertraglich vorausgesetzte Tauglichkeit des Unternehmens insgesamt durchschlagen (Bsp: das entwickelte Produkt erweist sich als unverkäuflich), sind gemäß Abs 1 die §§ 437 ff in Bezug auf das gesamte Unternehmen anwendbar. Zweifelhaft ist die Behandlung von fehlerhaften Angaben des Verkäufers über in der Praxis besonders wichtige wirtschaftliche Messdaten des verkauften Unternehmens (etwa Umsätze, Erträge). Vor dem SchRG griff die Rspr insoweit in großem Maße auf die Grundsätze der c. i. c. zurück (vgl RegBegr BT-Drucks 14/6040, 242), um insb die kurze kaufrechtliche Verjährungsfrist zu umgehen. Daran wird teilweise weiter festgehalten (etwa *Grigoleit/Herresthal* JZ 2003, 118, 125 f); nach aA unterfallen auch fehlerhafte Angaben über Unternehmensdaten grds dem Beschaffenheitsbegriff des § 434, so dass sich die Rechte des Käufers vorrangig aus den §§ 437 ff und nicht aus §§ 311 II, 241 II ergeben (Nachw bei *Barnert* WM 2003, 416, 418 f). **b)** Der Erwerb sämtlicher oder nahezu aller Gesellschaftsanteile im Wege des **share deal** ist dem Kauf der Gesamtheit des Vermögens einer Gesellschaft gleichzustellen, dh der Verkäufer haftet auch hier für Mängel des Gesellschaftsvermögens nach den §§ 434, 437 ff bzw nach §§ 311 II, 241 II. Erlangt der Käufer durch den Anteilskauf dagegen keine das Unternehmen beherrschende Stellung, liegt ein reiner Rechtskauf vor. Der Verkäufer haftet dann nicht für Sach- und Rechtsmängel der Vermögensgegenstände des Unternehmens, da der Anteilsinhaber nicht iSd Abs 3 „zum Besitz einer Sache berechtigt" ist. 3

Untertitel 2. Besondere Arten des Kaufs

Kapitel 1. Kauf auf Probe

§ 454. Zustandekommen des Kaufvertrags

(1) [1]**Bei einem Kauf auf Probe oder auf Besichtigung steht die Billigung des gekauften Gegenstandes im Belieben des Käufers.** [2]**Der Kauf ist im Zweifel unter der aufschiebenden Bedingung der Billigung geschlossen.**

(2) Der Verkäufer ist verpflichtet, dem Käufer die Untersuchung des Gegenstandes zu gestatten.

§ 455. Billigungsfrist

[1]Die Billigung eines auf Probe oder auf Besichtigung gekauften Gegenstandes kann nur innerhalb der vereinbarten Frist und in Ermangelung einer solchen nur bis zum Ablauf einer dem Käufer von dem Verkäufer bestimmten angemessenen Frist erklärt werden. [2]War die Sache dem Käufer zum Zwecke der Probe oder der Besichtigung übergeben, so gilt sein Schweigen als Billigung.

Kapitel 2. Wiederkauf

§ 456. Zustandekommen des Wiederkaufs

(1) [1]Hat sich der Verkäufer in dem Kaufvertrag das Recht des Wiederkaufs vorbehalten, so kommt der Wiederkauf mit der Erklärung des Verkäufers gegenüber dem Käufer, dass er das Wiederkaufsrecht ausübe, zustande. [2]Die Erklärung bedarf nicht der für den Kaufvertrag bestimmten Form.

(2) Der Preis, zu welchem verkauft worden ist, gilt im Zweifel auch für den Wiederkauf.

§ 457. Haftung des Wiederverkäufers

(1) Der Wiederverkäufer ist verpflichtet, dem Wiederkäufer den gekauften Gegenstand nebst Zubehör herauszugeben.

(2) [1]Hat der Wiederverkäufer vor der Ausübung des Wiederkaufsrechts eine Verschlechterung, den Untergang oder eine aus einem anderen Grund eingetretene Unmöglichkeit der Herausgabe des gekauften Gegenstandes verschuldet oder den Gegenstand wesentlich verändert, so ist er für den daraus entstehenden Schaden verantwortlich. [2]Ist der Gegenstand ohne Verschulden des Wiederverkäufers verschlechtert oder ist er nur unwesentlich verändert, so kann der Wiederkäufer Minderung des Kaufpreises nicht verlangen.

§ 458. Beseitigung von Rechten Dritter

[1]Hat der Wiederverkäufer vor der Ausübung des Wiederkaufsrechts über den gekauften Gegenstand verfügt, so ist er verpflichtet, die dadurch begründeten Rechte Dritter zu beseitigen. [2]Einer Verfügung des Wiederverkäufers steht eine Verfügung gleich, die im Wege der Zwangsvollstreckung oder der Arrestvollziehung oder durch den Insolvenzverwalter erfolgt.

§ 459. Ersatz von Verwendungen

[1]Der Wiederverkäufer kann für Verwendungen, die er auf den gekauften Gegenstand vor dem Wiederkauf gemacht hat, insoweit Ersatz verlangen, als der Wert des Gegenstandes durch die Verwendungen erhöht ist. [2]Eine Einrichtung, mit der er die herauszugebende Sache versehen hat, kann er wegnehmen.

§ 460. Wiederkauf zum Schätzungswert

Ist als Wiederkaufpreis der Schätzungswert vereinbart, den der gekaufte Gegenstand zur Zeit des Wiederkaufs hat, so ist der Wiederverkäufer für eine Verschlechterung, den Untergang oder die aus einem anderen Grund eingetretene Unmöglichkeit der Herausgabe des Gegenstandes nicht verantwortlich, der Wiederkäufer zum Ersatz von Verwendungen nicht verpflichtet.

§ 461. Mehrere Wiederkaufsberechtigte

[1]Steht das Wiederkaufsrecht mehreren gemeinschaftlich zu, so kann es nur im Ganzen ausgeübt werden. [2]Ist es für einen der Berechtigten erloschen oder übt einer von ihnen sein Recht nicht aus, so sind die übrigen berechtigt, das Wiederkaufsrecht im Ganzen auszuüben.

§ 462. Ausschlussfrist

[1]Das Wiederkaufsrecht kann bei Grundstücken nur bis zum Ablauf von 30, bei anderen Gegenständen nur bis zum Ablauf von drei Jahren nach der Vereinbarung des Vorbehalts ausgeübt werden. [2]Ist für die Ausübung eine Frist bestimmt, so tritt diese an die Stelle der gesetzlichen Frist.

Kapitel 3. Vorkauf

§ 463. Voraussetzungen der Ausübung

Wer in Ansehung eines Gegenstandes zum Vorkauf berechtigt ist, kann das Vorkaufsrecht ausüben, sobald der Verpflichtete mit einem Dritten einen Kaufvertrag über den Gegenstand geschlossen hat.

§ 464. Ausübung des Vorkaufsrechts

(1) [1]Die Ausübung des Vorkaufsrechts erfolgt durch Erklärung gegenüber dem Verpflichteten. [2]Die Erklärung bedarf nicht der für den Kaufvertrag bestimmten Form.

(2) Mit der Ausübung des Vorkaufsrechts kommt der Kauf zwischen dem Berechtigten und dem Verpflichteten unter den Bestimmungen zustande, welche der Verpflichtete mit dem Dritten vereinbart hat.

§ 465. Unwirksame Vereinbarungen

Eine Vereinbarung des Verpflichteten mit dem Dritten, durch welche der Kauf von der Nichtausübung des Vorkaufsrechts abhängig gemacht oder dem Verpflichteten für den Fall der Ausübung des Vorkaufsrechts der Rücktritt vorbehalten wird, ist dem Vorkaufsberechtigten gegenüber unwirksam.

§ 466. Nebenleistungen

[1]Hat sich der Dritte in dem Vertrag zu einer Nebenleistung verpflichtet, die der Vorkaufsberechtigte zu bewirken außerstande ist, so hat der Vorkaufsberechtigte statt der Nebenleistung ihren Wert zu entrichten. [2]Lässt sich die Nebenleistung nicht in Geld schätzen, so ist die Ausübung des Vorkaufsrechts ausgeschlossen; die Vereinbarung der Nebenleistung kommt jedoch nicht in Betracht, wenn der Vertrag mit dem Dritten auch ohne sie geschlossen sein würde.

§ 467. Gesamtpreis

[1]Hat der Dritte den Gegenstand, auf den sich das Vorkaufsrecht bezieht, mit anderen Gegenständen zu einem Gesamtpreis gekauft, so hat der Vorkaufsberechtigte einen verhältnismäßigen Teil des Gesamtpreises zu entrichten. [2]Der Verpflichtete kann verlangen, dass der Vorkauf auf alle Sachen erstreckt wird, die nicht ohne Nachteil für ihn getrennt werden können.

§ 468. Stundung des Kaufpreises

(1) Ist dem Dritten in dem Vertrag der Kaufpreis gestundet worden, so kann der Vorkaufsberechtigte die Stundung nur in Anspruch nehmen, wenn er für den gestundeten Betrag Sicherheit leistet.

(2) [1]Ist ein Grundstück Gegenstand des Vorkaufs, so bedarf es der Sicherheitsleistung insoweit nicht, als für den gestundeten Kaufpreis die Bestellung einer Hypothek an dem Grundstück vereinbart oder in Anrechnung auf den Kaufpreis eine Schuld, für die eine Hypothek an dem Grundstück besteht, übernommen worden ist. [2]Entsprechendes gilt, wenn ein eingetragenes Schiff oder Schiffsbauwerk Gegenstand des Vorkaufs ist.

§ 469. Mitteilungspflicht, Ausübungsfrist

(1) [1]Der Verpflichtete hat dem Vorkaufsberechtigten den Inhalt des mit dem Dritten geschlossenen Vertrags unverzüglich mitzuteilen. [2]Die Mitteilung des Verpflichteten wird durch die Mitteilung des Dritten ersetzt.

(2) [1]Das Vorkaufsrecht kann bei Grundstücken nur bis zum Ablauf von zwei Monaten, bei anderen Gegenständen nur bis zum Ablauf einer Woche nach dem Empfang der Mitteilung ausgeübt werden. [2]Ist für die Ausübung eine Frist bestimmt, so tritt diese an die Stelle der gesetzlichen Frist.

§ 470. Verkauf an gesetzlichen Erben

Das Vorkaufsrecht erstreckt sich im Zweifel nicht auf einen Verkauf, der mit Rücksicht auf ein künftiges Erbrecht an einen gesetzlichen Erben erfolgt.

§ 471. Verkauf bei Zwangsvollstreckung oder Insolvenz

Das Vorkaufsrecht ist ausgeschlossen, wenn der Verkauf im Wege der Zwangsvollstreckung oder aus einer Insolvenzmasse erfolgt.

§ 472. Mehrere Vorkaufsberechtigte

[1]Steht das Vorkaufsrecht mehreren gemeinschaftlich zu, so kann es nur im Ganzen ausgeübt werden. [2]Ist es für einen der Berechtigten erloschen oder übt einer von ihnen sein Recht nicht aus, so sind die übrigen berechtigt, das Vorkaufsrecht im Ganzen auszuüben.

§ 473. Unübertragbarkeit

[1]Das Vorkaufsrecht ist nicht übertragbar und geht nicht auf die Erben des Berechtigten über, sofern nicht ein anderes bestimmt ist. [2]Ist das Recht auf eine bestimmte Zeit beschränkt, so ist es im Zweifel vererblich.

Untertitel 3. Verbrauchsgüterkauf

§ 474. Begriff des Verbrauchsgüterkaufs

(1) [1]Kauft ein Verbraucher von einem Unternehmer eine bewegliche Sache (Verbrauchsgüterkauf), gelten ergänzend die folgenden Vorschriften. [2]Dies gilt nicht für gebrauchte Sachen, die in einer öffentlichen Versteigerung verkauft werden, an der der Verbraucher persönlich teilnehmen kann.

(2) [1]Auf die in diesem Untertitel geregelten Kaufverträge ist § 439 Abs. 4 mit der Maßgabe anzuwenden, dass Nutzungen nicht herauszugeben oder durch ihren Wert zu ersetzen sind. [2]Die §§ 445 und 447 sind nicht anzuwenden.

1 **1. Allgemeines.** Der Untertitel 3 über den Verbrauchsgüterkauf geht auf die RL vom 25. 5. 1999 zum Verbrauchsgüterkauf zurück (ABl 1999 Nr L 171, 12). Er enthält nur eine begrenzte Zahl von Sonderregeln, da der Gesetzgeber zur Vermeidung eines gespaltenen Kaufrechts zahlreiche Vorgaben der RL bereits in den allgemeinen kaufrechtlichen Vorschriften berücksichtigt hat (vgl Vor § 433 Rz 1). Für den Verbrauchsgüterkauf gelten die §§ 433ff also ebenfalls (Ausnahmen nennt § 474 II); die

§§ 474ff bilden hierzu eine Ergänzung (Abs 1 S 1: „gelten ergänzend"). Von ihnen darf zum Nachteil des Verbrauchers nicht abgewichen werden (§ 475 I 1).

2. Begriffe. a) Die in der Definition des Verbrauchsgüterkaufs in Abs 1 S 1 ver- 2
wendeten Begriffe **Verbraucher** und **Unternehmer** sind in §§ 13, 14 I definiert. Verträge zwischen Unternehmern oder Verbrauchern sowie solche, bei denen der Verbraucher als Verkäufer auftritt, fallen nicht unter §§ 474ff. In §§ 478f ist jedoch eine spezielle verbrauchsgüterkaufrechtliche Regelung über den Rückgriff zwischen Unternehmern enthalten. **b)** Kaufgegenstand sind nach Abs 1 S 1 nur **bewegliche Sachen** (vgl § 90), also nicht Rechte (vgl § 433 Rz 3) und nicht Grundstücke und deren feste Bestandteile (vgl demgegenüber § 95). Auch gebrauchte Sachen können grds Gegenstand eines Verbrauchsgüterkaufs sein (arg: Abs 1 S 2). **c)** Für den in Abs 1 S 2 verwendeten Begriff der **öffentlichen Versteigerung** gilt die Legaldefinition des § 383 III. Dies hat der BGH (NJW 2006, 613) gegen eine Minderansicht im Schrifttum entschieden, die unabhängig von der Person des Versteigerers jede für den Verbraucher allgemein zugängliche Versteigerung ausreichen lassen will (vgl *Wertenbruch* NJW 2004, 1977, 1981). Internet-Auktionen fallen ebenfalls nicht unter S 2, da es an der zusätzlich geforderten Möglichkeit der persönlichen Teilnahme fehlt.

3. Nach Klarstellung des Umfangs der Verbrauchsgüterkauf-RL durch den EuGH 3
(NJW 2008, 1433 Nr 34, 43, „Quelle") wurde in Abs 2 S 1 die Rückgewährpflicht des Käufers bei der Nacherfüllung nach §§ 346, 439 IV auf die Herausgabe der erlangten Sache beschränkt (s § 439 Rz 12); gemäß Abs 2 S 2 findet die besondere Regelung über den **Gefahrübergang beim Versendungskauf (§ 447)** auf einen Verbrauchsgüterkauf keine Anwendung (s § 447 Rz 1).

§ 475. Abweichende Vereinbarungen

(1) [1] **Auf eine vor Mitteilung eines Mangels an den Unternehmer getroffene Vereinbarung, die zum Nachteil des Verbrauchers von den §§ 433 bis 435, 437, 439 bis 443 sowie von den Vorschriften dieses Untertitels abweicht, kann der Unternehmer sich nicht berufen.** [2] **Die in Satz 1 bezeichneten Vorschriften finden auch Anwendung, wenn sie durch anderweitige Gestaltungen umgangen werden.**

(2) **Die Verjährung der in § 437 bezeichneten Ansprüche kann vor Mitteilung eines Mangels an den Unternehmer nicht durch Rechtsgeschäft erleichtert werden, wenn die Vereinbarung zu einer Verjährungsfrist ab dem gesetzlichen Verjährungsbeginn von weniger als zwei Jahren, bei gebrauchten Sachen von weniger als einem Jahr führt.**

(3) **Die Absätze 1 und 2 gelten unbeschadet der §§ 307 bis 309 nicht für den Ausschluss oder die Beschränkung des Anspruchs auf Schadensersatz.**

Während sich der Verkäufer im allgemeinen Kaufrecht gem § 444 nur bei Arglist 1
oder Übernahme einer Beschaffenheitsgarantie nicht auf einen **Haftungsausschluss** berufen kann, geht die Einschränkung der Privatautonomie beim Verbrauchsgüterkauf gemäß Abs 1 S 1 wesentlich weiter. Der Unternehmer kann sich auf keine Vereinbarung „berufen" (vgl zu dieser Terminologie § 444 Rz 1), die zum Nachteil des Verbrauchers von den in Abs 1 S 1 genannten allgemeinen kaufrechtlichen Vorschriften oder von den Sonderregeln über den Verbrauchsgüterkauf abweicht. Eine Ausnahme gilt gemäß Abs 3 nur für den besonders belastenden Anspruch auf Schadensersatz (§ 437 Nr 3); für diesen Anspruch hat es bei der AGB-Kontrolle nach §§ 307–309 sein Bewenden. Abs 1 S 1 bezieht sich nur auf „eine vor Mitteilung eines Mangels an den Unternehmer" (also zB beim Kaufabschluss) getroffene Vereinbarung; eine später, beispielsweise in einem Vergleich erzielte Übereinkunft ist nicht

erfasst. Zu den in Abs 2 angesprochenen **Vereinbarungen über die Verjährung** s § 438 Rz 5.

§ 476. Beweislastumkehr

Zeigt sich innerhalb von sechs Monaten seit Gefahrübergang ein Sachmangel, so wird vermutet, dass die Sache bereits bei Gefahrübergang mangelhaft war, es sei denn, diese Vermutung ist mit der Art der Sache oder des Mangels unvereinbar.

1 **1.** Die Vorschrift enthält eine **Vermutung** dafür, dass die Sache bereits bei Gefahrübergang mangelhaft war, wenn sich innerhalb von sechs Monaten seit Gefahrübergang ein Sachmangel zeigt. Sie weicht mit dieser **Beweislastumkehr** angesichts erwarteter Beweisschwierigkeiten des Verbrauchers von der sonst geltenden Verteilung der Beweislast für Sachmängel ab (vgl § 434 Rz 2). Nach dem Willen des Gesetzgebers ist damit eine Verbesserung des Verbraucherschutzes beabsichtigt.

2 **2.** Der **Anwendungsbereich** der Beweislastumkehr erstreckt sich auf alle Ansprüche zwischen einem Verbraucher und einem Unternehmer, bei denen es im Zusammenhang mit der Durchsetzung von Sachmängelrechten des Verbrauchers darauf ankommt, ob die verkaufte Sache bei Gefahrübergang mangelhaft war. Ebenso gilt sie, wenn das Bestehen eines Mangels bei Gefahrübergang Vorfrage für andere Ansprüche, zB § 812, ist (BGH NJW 2009, 580 Nr 15). Jedoch soll die Beweislastumkehr keine Anwendung finden, wenn der Verbraucher den Beweis der Mangelfreiheit fahrlässig vereitelt (BGH NJW 2006, 434 Nr 22).

3 **3.** Zeigt sich bei einer gekauften Sache innerhalb der ersten sechs Monate seit Gefahrübergang (§ 446; s § 474 Rz 3) ein Sachmangel, so muss der Verbraucher darlegen und beweisen, dass die Sache mangelhaft ist. § 476 enthält laut Rspr nur die **in zeitlicher Hinsicht wirkende Vermutung**, dass der Sachmangel bereits im Zeitpunkt des Gefahrübergangs vorlag. Die Vermutung gilt nicht für die Frage, ob überhaupt ein Mangel vorliegt; sie setzt den Nachweis eines solchen also voraus (BGH NJW 2004, 2299, 2300). Ein erst nach Gefahrübergang auftretender Mangel kann Folge eines bereits bei Gefahrübergang vorliegenden **Grundmangels** sein. In diesen Fällen obliegt es nach Ansicht des BGH dem Käufer zu beweisen, dass zur Zeit des Gefahrübergangs ein solcher Grundmangel bestand (BGH NJW 2006, 2250 Nr 35). Enthält zB ein verkaufter Fernseher bei Übergabe ein schlecht verarbeitetes Einzelteil (Grundmangel), was dazu führt, dass dieser nach drei Monaten nicht mehr einwandfrei funktioniert (anschließender Mangel), so muss der Käufer die Ursache des Nichtfunktionierens, also dass der Fernseher ein schlecht verarbeitetes Einzelteil enthält, beweisen. Dieser Beweis wird dem Verbraucher häufig nicht gelingen.

4 In der Literatur wird die Vermutung des § 476 deshalb auch auf das Vorliegen eines Sachmangels erstreckt. Die Vorschrift vermutet danach auch, dass ein erst innerhalb der ersten sechs Monate auftretender Mangel Folge eines bereits bei Gefahrübergang bestehenden Grundmangels war (*Bamberger/Roth-Faust* Rz 9 ff). Der Zweck der Regelung – die Verbesserung des Verbraucherschutzes aufgrund der schlechten Beweismöglichkeiten des Verbrauchers und den ungleich besseren Erkenntnismöglichkeiten des Unternehmers (RegE, BT-Drucks 14/6040, S 245) – spreche für diese Sichtweise. Es würde dem Verbraucher im Vergleich zum allgemeinen Kaufrecht wenig nützen, wenn er den jeweils auftretenden Grundmangel nachweisen müsste (*Lorenz* NJW 2004, 3020, 3021). Auch der Wortlaut sei in seiner Fassung allgemein zu verstehen: es werde nicht vermutet, dass genau der Mangel, der sich zeigt, schon bei Gefahrübergang vorlag, sondern, dass die Sache bei Gefahrübergang mangelhaft war (*Bamberger/Roth-Faust* Rz 10).

4. Die **Ausnahme** von der Vermutung nach der **„Art der Sache"** greift nicht schon deshalb ein, weil es sich um eine gebrauchte Sache, zB einen Gebrauchtwagen oder um einen Tierkauf (BGH NJW 2007, 2619 Nr 9) handelt. Dagegen betrifft die Ausnahme zB leicht verderbliche Waren. Mit der **„Art des Mangels"** ist die Vermutung – entgegen einigen Stimmen in der Lit – nicht schon dann unvereinbar, wenn der Mangel (wie ein Karosserieschaden) jederzeit auftreten kann und deshalb keinen sicheren Schluss darauf zulässt, dass er schon bei Gefahrübergang vorhanden war; denn sonst liefe die Vermutungsregelung gerade in den Fällen leer, in denen der Entstehungszeitpunkt des Mangels nicht zuverlässig festgestellt werden kann, und der intendierte Verbraucherschutz wäre weitgehend ausgehöhlt (BGH NJW 2005, 3490, 3492). Dagegen ist die Vermutung – so der BGH – dann mit der Art des Mangels unvereinbar, wenn es sich um äußerliche Beschädigungen handelt, die auch dem fachlich nicht versierten Käufer auffallen müssen; denn wenn der Käufer die Sache in einem solchen Fall ohne Beanstandung entgegennimmt, spricht dies gegen die Vermutung, der Mangel sei schon bei Gefahrübergang vorhanden gewesen. 5

§ 477. Sonderbestimmungen für Garantien

(1) [1]**Eine Garantieerklärung (§ 443) muss einfach und verständlich abgefasst sein.** [2]**Sie muss enthalten**

1. **den Hinweis auf die gesetzlichen Rechte des Verbrauchers sowie darauf, dass sie durch die Garantie nicht eingeschränkt werden, und**
2. **den Inhalt der Garantie und alle wesentlichen Angaben, die für die Geltendmachung der Garantie erforderlich sind, insbesondere die Dauer und den räumlichen Geltungsbereich des Garantieschutzes sowie Namen und Anschrift des Garantiegebers.**

(2) **Der Verbraucher kann verlangen, dass ihm die Garantieerklärung in Textform mitgeteilt wird.**

(3) **Die Wirksamkeit der Garantieverpflichtung wird nicht dadurch berührt, dass eine der vorstehenden Anforderungen nicht erfüllt wird.**

Die Vorschrift ergänzt den § 443, der gem § 475 I 1 nicht zum Nachteil des Verbrauchers abbedungen werden kann. Ist eine **Garantieerklärung** entgegen dem Gebot des Abs 1 S 1 unklar, so geht dies zu Lasten des Unternehmers; s für standardisierte Garantieerklärungen § 305 c II. Abs 1 S 2 Nr 1 will verhindern, dass der Verbraucher durch eine unklare Fassung der Garantieerklärung davon abgehalten wird, seine gesetzlichen Mängelansprüche geltend zu machen, die ihm nach dem unabdingbaren § 443 neben der Garantie in jedem Fall zustehen. Der Inhalt der Garantie kann vom Garantiegeber eigenständig festgelegt werden (s § 443 Rz 4); aber er muss nach Abs 1 S 2 Nr 2 für den Verbraucher deutlich sein. Die Nichteinhaltung einer der in § 477 aufgestellten Anforderungen hat nach Abs 3 nicht zur Folge, dass die Garantieverpflichtung insgesamt unwirksam wäre; denn dies liefe auf eine von § 477 nicht beabsichtigte Verschlechterung der Rechtsstellung des Verbrauchers hinaus. 1

§ 478. Rückgriff des Unternehmers

(1) **Wenn der Unternehmer die verkaufte neu hergestellte Sache als Folge ihrer Mangelhaftigkeit zurücknehmen musste oder der Verbraucher den Kaufpreis gemindert hat, bedarf es für die in § 437 bezeichneten Rechte des Unternehmers gegen den Unternehmer, der ihm die Sache verkauft hatte (Lieferant), wegen des vom Verbraucher geltend gemachten Mangels einer sonst erforderlichen Fristsetzung nicht.**

(2) **Der Unternehmer kann beim Verkauf einer neu hergestellten Sache von seinem Lieferanten Ersatz der Aufwendungen verlangen, die der Unternehmer im Verhältnis zum Verbraucher nach § 439 Abs. 2 zu tragen hatte, wenn der vom Verbraucher geltend gemachte Mangel bereits beim Übergang der Gefahr auf den Unternehmer vorhanden war.**

(3) **In den Fällen der Absätze 1 und 2 findet § 476 mit der Maßgabe Anwendung, dass die Frist mit dem Übergang der Gefahr auf den Verbraucher beginnt.**

(4) [1]**Auf eine vor Mitteilung eines Mangels an den Lieferanten getroffene Vereinbarung, die zum Nachteil des Unternehmers von den §§ 433 bis 435, 437, 439 bis 443 sowie von den Absätzen 1 bis 3 und von § 479 abweicht, kann sich der Lieferant nicht berufen, wenn dem Rückgriffsgläubiger kein gleichwertiger Ausgleich eingeräumt wird.** [2]**Satz 1 gilt unbeschadet des § 307 nicht für den Ausschluss oder die Beschränkung des Anspruchs auf Schadensersatz.** [3]**Die in Satz 1 bezeichneten Vorschriften finden auch Anwendung, wenn sie durch anderweitige Gestaltungen umgangen werden.**

(5) **Die Absätze 1 bis 4 finden auf die Ansprüche des Lieferanten und der übrigen Käufer in der Lieferkette gegen die jeweiligen Verkäufer entsprechende Anwendung, wenn die Schuldner Unternehmer sind.**

(6) **§ 377 des Handelsgesetzbuchs bleibt unberührt.**

1 **1. Allgemeines.** Die Vorschrift will verhindern, dass der Einzelhändler die Nachteile des verbesserten Käuferschutzes beim Verbrauchsgüterkauf auch dann zu tragen hat, wenn der Grund für seine Haftung, nämlich der Mangel der Sache, nicht in seinem Bereich entstanden ist, sondern etwa auf einen Fehler im Herstellungsprozess zurückzuführen ist (*Hk-BGB-Saenger* Rz 1). Sie erleichtert dem vom Verbraucher in Anspruch genommenen Letztverkäufer daher den Rückgriff gegen seinen „Lieferanten" (definiert in Abs 1), also etwa gegen den Großhändler oder Hersteller. Der Rückgriff soll innerhalb der jeweiligen Vertragsbeziehungen vorgenommen werden. Der Letztverkäufer hat also keinen Rückgriffsanspruch gegen den Hersteller, wenn er die Sache nicht von diesem, sondern von einem Großhändler bezogen hat. Die Rückgriffserleichterungen des Einzelhändlers gegenüber dem Großhändler gelten aber auch im Verhältnis des Großhändlers zum Hersteller, von dem er gekauft hat (Abs 5; **Lieferkette**).

2 **2. Abs 1** gibt dem Unternehmer (§ 14 I) keine neuen Ansprüche oder Rechte gegenüber seinem Lieferanten. Vielmehr wird dem Unternehmer die Durchsetzung der Ansprüche erleichtert, die ihm (wie jedem Käufer) aus § 437 zustehen **(Regresserleichterung).** „Einer sonst erforderlichen Fristsetzung" bedarf es für ihn nicht, insbesondere wenn er nach §§ 437 Nr 2, 323 zurücktreten will. Der Unternehmer (Letztverkäufer) soll die mangelhafte Sache möglichst problemlos an seinen Lieferanten „durchreichen" können (RegBegr BT-Drucks 14/6040, 247).

3 **3.** Mehrere **Voraussetzungen** müssen erfüllt sein, damit die Rechtsfolge des Abs 1 eingreift. **a)** Es muss sich um eine **neu hergestellte Sache** handeln. Bei einer gebrauchten Sache liegt regelmäßig keine geschlossene Vertriebskette vor, die Erleichterungen beim Rückgriff rechtfertigen könnte. **b)** Es muss im Verhältnis zwischen Unternehmer und Lieferant **derselbe Sachmangel** vorliegen wie im Verhältnis zwischen Unternehmer und Verbraucher. Das wird im allgemeinen der Fall sein, weil auch für den Verbrauchsgüterkauf der Mangelbegriff des § 434 maßgebend ist. Anders ist es aber, wenn nur für den einen Kaufvertrag über die in Rede stehende Beschaffenheit eine Vereinbarung gem § 434 I 1 getroffen wurde. Bsp (RegBegr BT-Drucks 14/6040, 248): Eine Waschmaschine, die einen Kratzer aufweist, wird vom Großhändler unter

Hinweis auf diesen Defekt mit einem Preisnachlass an den Einzelhändler verkauft, der den Defekt gegenüber dem Verbraucher aber verschweigt. Dann liegt im Verhältnis zwischen Großhändler und Einzelhändler wegen der Beschaffenheitsvereinbarung kein Mangel vor, wohl aber im Verhältnis zwischen Einzelhändler und Verbraucher. Die Nachteile daraus kann der Einzelhändler nicht an den Großhändler weitergeben. **c)** Der Mangel muss – wie aus § 434 I 1 folgt – bereits **bei Gefahrübergang** auf den Letztverkäufer vorgelegen haben. In diesem Zusammenhang ist die Beweislastumkehr gemäß Abs 3 iVm § 476 zu beachten; s unten Rz 5. Ist der Mangel beispielsweise erst durch eine unachtsame Lagerung beim Letztverkäufer entstanden, scheidet ein Rückgriff aus. **d)** Der Letztverkäufer **musste** die Sache als Folge ihrer Mangelhaftigkeit zurücknehmen oder eine Minderung des Kaufpreises hinnehmen. Diese Voraussetzung ist erfüllt, wenn der Letztverkäufer die Sache im Rahmen einer Nachlieferung gem § 439 IV, nach einem Rücktritt des Verbrauchers oder nach Geltendmachung des großen Schadensersatzes (vgl § 281 Rz 5) zurückgenommen hat; dagegen nicht, wenn der Vertrag aus anderen Gründen als wegen der Mangelhaftigkeit rückabgewickelt wurde (zB wegen eines vertraglich vereinbarten Rücktrittsrechts oder wegen der Ausübung eines Widerrufsrechts des Verbrauchers) oder wenn der Letztverkäufer die Sache nur aus Kulanz zurückgenommen hat, sie also nicht zurücknehmen „musste" (RegBegr BT-Drucks 14/6040, 247 f). **e)** Eine Beschränkung auf das **„reine Regressinteresse"** kommt nicht in Betracht (*MüKo-Lorenz* Rz 22). Die Fristsetzung ist demnach auch dann entbehrlich, wenn der Unternehmer ggü seinem Lieferanten nicht denselben Rechtsbehelf wie der Verbraucher geltend macht.

4. Abs 2 gibt dem Unternehmer (Letztverkäufer) gegenüber seinem (in Abs 1 definierten) Lieferanten einen von § 437 unabhängigen, zusätzlichen Anspruch auf **Ersatz der Aufwendungen,** die er aus Anlass der Nacherfüllung gem § 439 II „zu tragen hatte" (also nicht solche, die er aus Kulanz freiwillig übernommen hat). Der Anspruch setzt kein Verschulden des Lieferanten voraus, wohl aber eine Identität des Sachmangels (s oben Rz 3 unter b) und dessen Vorliegen beim Gefahrübergang auf den Unternehmer (oben Rz 3 unter c). Es erscheint billig, diese Aufwendungen, wenn ihre Ursache beim Hersteller liegt, letztlich diesem aufzubürden, ggf über einen weiteren Rückgriff innerhalb der Lieferkette (vgl Abs 5). Die Kosten einer Fremdbeschaffung fallen grds nicht unter Abs 2; vielmehr hat der Letztverkäufer, wenn er zur Nacherfüllung nicht selbst in der Lage ist, zunächst zu versuchen, den Lieferanten in die Nacherfüllung einzubeziehen (*Böhle* NJW 2003, 3680, 3681). **4**

5. Abs 3 lässt die **Vermutung des § 476,** die den Verbraucher begünstigt, wenn sich der genaue Zeitpunkt der Mangelhaftigkeit nicht mehr nachweisen lässt, auch dem Letztverkäufer zugute kommen. Dem Letztverkäufer, der nicht beweisen kann, dass der Mangel schon bei Lieferung an ihn vorlag, hilft gegenüber seinem Lieferanten die Vermutung, wenn der Mangel innerhalb von sechs Monaten seit der Lieferung an den Verbraucher aufgetreten ist. **5**

6. Abs 4 erstreckt das Verbot des **Haftungsausschlusses,** das gem § 475 I, III im Verhältnis zwischen Letztverkäufer und Verbraucher besteht, auf das Verhältnis zwischen dem Letztverkäufer und seinem Lieferanten. Der Schutz des Verbrauchers vor Freizeichnungen des Verkäufers durch § 475 soll nicht zu Lasten des Letztverkäufers gehen, der seinerseits schutzwürdig ist, da die Mangelhaftigkeit der Sache regelmäßig aus dem Herstellungsprozess herrührt. **6**

7. Die handelsrechtliche **Untersuchungs- und Rügepflicht** des § 377 HGB bleibt gemäß Abs 6 unberührt. Es besteht kein Anlass, den Letztverkäufer von dieser Pflicht gegenüber seinem Lieferanten zu entbinden, nur weil er die Ware mit einer gewissen Wahrscheinlichkeit an einen Verbraucher weiterverkaufen wird. Ein Rückgriff des Letztverkäufers nach § 478 kommt also regelmäßig **nur bei verdeckten** **7**

Mängeln in Betracht. Einen erkennbaren Mangel muss der Letztverkäufer seinem Lieferanten, wenn der Kauf für beide Teile ein Handelsgeschäft ist, unverzüglich anzeigen; sonst gilt die Ware gem § 377 II HGB als genehmigt.

§ 479. Verjährung von Rückgriffsansprüchen

(1) **Die in § 478 Abs. 2 bestimmten Aufwendungsersatzansprüche verjähren in zwei Jahren ab Ablieferung der Sache.**

(2) [1]**Die Verjährung der in den §§ 437 und 478 Abs. 2 bestimmten Ansprüche des Unternehmers gegen seinen Lieferanten wegen des Mangels einer an einen Verbraucher verkauften neu hergestellten Sache tritt frühestens zwei Monate nach dem Zeitpunkt ein, in dem der Unternehmer die Ansprüche des Verbrauchers erfüllt hat.** [2]**Diese Ablaufhemmung endet spätestens fünf Jahre nach dem Zeitpunkt, in dem der Lieferant die Sache dem Unternehmer abgeliefert hat.**

(3) **Die vorstehenden Absätze finden auf die Ansprüche des Lieferanten und der übrigen Käufer in der Lieferkette gegen die jeweiligen Verkäufer entsprechende Anwendung, wenn die Schuldner Unternehmer sind.**

1 Die Vorschrift hat den Zweck, die Rückgriffsansprüche des Unternehmers nach § 478 effektiv gegen eine frühzeitige **Verjährung** zu sichern. Hält der Unternehmer die Sache zunächst einige Zeit auf Lager, bevor er sie an den Käufer übergibt, wären seine eigenen Gewährleistungsansprüche gegen den Lieferanten in vielen Fällen bereits verjährt, wenn der Verbraucher seinerseits aus der Mangelhaftigkeit der Kaufsache resultierende Ansprüche geltend macht. Abs 1 bestimmt zunächst für den besonderen Aufwendungsersatzanspruch des § 478 II eine Verjährungsfrist von zwei Jahren, die, ebenso wie die Ansprüche wegen Mangelhaftigkeit der Sache nach § 437, mit der Ablieferung der Sache zu laufen beginnt (vgl § 438 II). Gemeint ist die Ablieferung durch den Lieferanten an den Unternehmer bzw im Falle des § 478 V an den sonstigen Käufer innerhalb der Lieferkette (RegBegr BT-Drucks 14/6040, 250); auf die Ablieferung durch den Unternehmer an den Letztkäufer kommt es nicht an. Sodann sieht Abs 2 S 1 bei neu hergestellten Sachen eine Ablaufhemmung der Ansprüche des Unternehmers von zwei Monaten ab dem Zeitpunkt vor, in dem er selbst die – unverjährten – Gewährleistungsansprüche des Verbrauchers erfüllt hat. Dem Unternehmer bleibt somit eine Frist von mindestens zwei Monaten, um sich bei dem für den Mangel verantwortlichen Lieferanten schadlos zu halten. Um für letzteren das Risiko einer Mängelhaftung kalkulierbar zu machen, setzt Abs 2 S 2 für die in S 1 bestimmte Ablaufhemmung eine absolute Obergrenze von fünf Jahren ab Lieferung an den Unternehmer fest. Entsprechend der Regelung in § 478 V erstreckt Abs 3 die vorstehenden Grundsätze auf die anderen Vertragsverhältnisse in der Lieferkette, sofern die jeweiligen Schuldner Unternehmer sind.

Untertitel 4. Tausch

§ 480. Tausch

Auf den Tausch finden die Vorschriften über den Kauf entsprechende Anwendung.

Titel 2. Teilzeit-Wohnrechteverträge

§ 481. Teilzeit-Wohnrechtevertrag

(1) [1]**Ein Teilzeit-Wohnrechtevertrag ist ein Vertrag, durch den ein Unternehmer einem Verbraucher gegen Zahlung eines Gesamtpreises das Recht verschafft**

oder zu verschaffen verspricht, für die Dauer von mehr als einem Jahr ein Wohngebäude mehrfach für einen bestimmten oder zu bestimmenden Zeitraum zu Übernachtungszwecken zu nutzen. [2]Bei der Berechnung der Vertragsdauer sind sämtliche im Vertrag vorgesehenen Verlängerungsmöglichkeiten zu berücksichtigen.

(2) Das Recht kann ein dingliches oder anderes Recht sein und insbesondere auch durch eine Mitgliedschaft in einem Verein oder einen Anteil an einer Gesellschaft eingeräumt werden. Das Recht kann auch darin bestehen, aus einem Bestand von Wohngebäuden ein Wohngebäude zur Nutzung zu wählen.

(3) Einem Wohngebäude steht ein Teil eines Wohngebäudes gleich, ebenso eine bewegliche, als Übernachtungsunterkunft gedachte Sache oder ein Teil derselben.

§ 481 a. Vertrag über ein langfristiges Urlaubsprodukt

[1]Ein Vertrag über ein langfristiges Urlaubsprodukt ist ein Vertrag für die Dauer von mehr als einem Jahr, durch den ein Unternehmer einem Verbraucher gegen Zahlung eines Gesamtpreises das Recht verschafft oder zu verschaffen verspricht, Preisnachlässe oder sonstige Vergünstigungen in Bezug auf eine Unterkunft zu erwerben. [2]§ 481 Absatz 1 Satz 2 gilt entsprechend.

§ 481 b. Vermittlungsvertrag, Tauschsystemvertrag

(1) Ein Vermittlungsvertrag ist ein Vertrag, durch den sich ein Unternehmer von einem Verbraucher ein Entgelt versprechen lässt für den Nachweis der Gelegenheit zum Abschluss eines Vertrags oder für die Vermittlung eines Vertrags, durch den die Rechte des Verbrauchers aus einem Teilzeit-Wohnrechtevertrag oder einem Vertrag über ein langfristiges Urlaubsprodukt erworben oder veräußert werden sollen.

(2) Ein Tauschsystemvertrag ist ein Vertrag, durch den sich ein Unternehmer von einem Verbraucher ein Entgelt versprechen lässt für den Nachweis der Gelegenheit zum Abschluss eines Vertrags oder für die Vermittlung eines Vertrags, durch den einzelne Rechte des Verbrauchers aus einem Teilzeit-Wohnrechtevertrag oder einem Vertrag über ein langfristiges Urlaubsprodukt getauscht oder auf andere Weise erworben oder veräußert werden sollen.

§ 482. Vorvertragliche Informationen, Werbung und Verbot des Verkaufs als Geldanlage

(1) [1]Der Unternehmer hat dem Verbraucher rechtzeitig vor Abgabe von dessen Vertragserklärung zum Abschluss eines Teilzeit-Wohnrechtevertrags, eines Vertrags über ein langfristiges Urlaubsprodukt, eines Vermittlungsvertrags oder eines Tauschsystemvertrags vorvertragliche Informationen nach Artikel 242 § 1 des Einführungsgesetzes zum Bürgerlichen Gesetzbuche in Textform zur Verfügung zu stellen. [2]Diese müssen klar und verständlich sein.

(2) [1]In jeder Werbung für solche Verträge ist anzugeben, dass vorvertragliche Informationen erhältlich sind und wo diese angefordert werden können. [2]Der Unternehmer hat bei der Einladung zu Werbe- oder Verkaufsveranstaltungen deutlich auf den gewerblichen Charakter der Veranstaltung hinzuweisen. [3]Dem Verbraucher sind auf solchen Veranstaltungen die vorvertraglichen Informationen jederzeit zugänglich zu machen.

(3) Ein Teilzeit-Wohnrecht oder ein Recht aus einem Vertrag über ein langfristiges Urlaubsprodukt darf nicht als Geldanlage beworben oder verkauft werden.

§ 482 a. Widerrufsbelehrung

[1]Der Unternehmer muss den Verbraucher vor Vertragsschluss in Textform auf das Widerrufsrecht einschließlich der Widerrufsfrist sowie auf das Anzahlungsverbot nach § 486 hinweisen. [2]Der Erhalt der entsprechenden Vertragsbestimmungen ist vom Verbraucher schriftlich zu bestätigen. [3]Die Einzelheiten sind in Artikel 242 § 2 des Einführungsgesetzes zum Bürgerlichen Gesetzbuche geregelt.

§ 483. Sprache des Vertrags und der vorvertraglichen Informationen

(1) [1]Der Teilzeit-Wohnrechtevertrag, der Vertrag über ein langfristiges Urlaubsprodukt, der Vermittlungsvertrag oder der Tauschsystemvertrag ist in der Amtssprache oder, wenn es dort mehrere Amtssprachen gibt, in der vom Verbraucher gewählten Amtssprache des Mitgliedstaats der Europäischen Union oder des Vertragsstaats des Abkommens über den Europäischen Wirtschaftsraum abzufassen, in dem der Verbraucher seinen Wohnsitz hat. [2]Ist der Verbraucher Angehöriger eines anderen Mitgliedstaats, so kann er statt der Sprache seines Wohnsitzstaats auch die oder eine der Amtssprachen des Staats, dem er angehört, wählen. [3]Die Sätze 1 und 2 gelten auch für die vorvertraglichen Informationen und für die Widerrufsbelehrung.

(2) Ist der Vertrag von einem deutschen Notar zu beurkunden, so gelten die §§ 5 und 16 des Beurkundungsgesetzes mit der Maßgabe, dass dem Verbraucher eine beglaubigte Übersetzung des Vertrags in der von ihm nach Absatz 1 gewählten Sprache auszuhändigen ist.

(3) Verträge, die Absatz 1 Satz 1 und 2 oder Absatz 2 nicht entsprechen, sind nichtig.

§ 484. Form und Inhalt des Vertrags

(1) Der Teilzeit-Wohnrechtevertrag, der Vertrag über ein langfristiges Urlaubsprodukt, der Vermittlungsvertrag oder der Tauschsystemvertrag bedarf der schriftlichen Form, soweit nicht in anderen Vorschriften eine strengere Form vorgeschrieben ist.

(2) [1]Die dem Verbraucher nach § 482 Absatz 1 zur Verfügung gestellten vorvertraglichen Informationen werden Inhalt des Vertrags, soweit sie nicht einvernehmlich oder einseitig durch den Unternehmer geändert wurden. [2]Der Unternehmer darf die vorvertraglichen Informationen nur einseitig ändern, um sie an Veränderungen anzupassen, die durch höhere Gewalt verursacht wurden. [3]Die Änderungen nach Satz 1 müssen dem Verbraucher vor Abschluss des Vertrags in Textform mitgeteilt werden. [4]Sie werden nur wirksam, wenn sie in die Vertragsdokumente mit dem Hinweis aufgenommen werden, dass sie von den nach § 482 Absatz 1 zur Verfügung gestellten vorvertraglichen Informationen abweichen. [5]In die Vertragsdokumente sind aufzunehmen:

1. die vorvertraglichen Informationen nach § 482 Absatz 1 unbeschadet ihrer Geltung nach Satz 1,
2. die Namen und ladungsfähigen Anschriften beider Parteien sowie
3. Datum und Ort der Abgabe der darin enthaltenen Vertragserklärungen.

(3) [1]Der Unternehmer hat dem Verbraucher die Vertragsurkunde oder eine Abschrift des Vertrags zu überlassen. [2]Bei einem Teilzeit-Wohnrechtevertrag hat er, wenn die Vertragssprache und die Amtssprache des Mitgliedstaats der Europäischen Union oder des Vertragsstaats des Abkommens über den Europäischen

Wirtschaftsraum, in dem sich das Wohngebäude befindet, verschieden sind, eine beglaubigte Übersetzung des Vertrags in einer Amtssprache des Staats beizufügen, in dem sich das Wohngebäude befindet. [3]Die Pflicht zur Beifügung einer beglaubigten Übersetzung entfällt, wenn sich der Teilzeit-Wohnrechtevertrag auf einen Bestand von Wohngebäuden bezieht, die sich in verschiedenen Staaten befinden.

§ 485. Widerrufsrecht

(1) **Dem Verbraucher steht bei einem Teilzeit- Wohnrechtevertrag, einem Vertrag über ein langfristiges Urlaubsprodukt, einem Vermittlungsvertrag oder einem Tauschsystemvertrag ein Widerrufsrecht nach § 355 zu.**

(2) **[1]Der Verbraucher hat im Falle des Widerrufs keine Kosten zu tragen. [2]Die Kosten des Vertrags, seiner Durchführung und seiner Rückabwicklung hat der Unternehmer dem Verbraucher zu erstatten. [3]Eine Vergütung für geleistete Dienste sowie für die Überlassung von Wohngebäuden zur Nutzung ist abweichend von § 357 Absatz 1 und 3 ausgeschlossen.**

(3) **[1]Hat der Verbraucher einen Teilzeit-Wohnrechtevertrag oder einen Vertrag über ein langfristiges Urlaubsprodukt wirksam widerrufen, ist er an seine Willenserklärung zum Abschluss eines Tauschsystemvertrags, der sich auf diesen Vertrag bezieht, nicht mehr gebunden. [2]Satz 1 gilt entsprechend für Willenserklärungen des Verbrauchers zum Abschluss von Verträgen, welche Leistungen an den Verbraucher im Zusammenhang mit einem Teilzeit- Wohnrechtevertrag oder einem Vertrag über ein langfristiges Urlaubsprodukt zum Gegenstand haben, die von dem Unternehmer oder auf Grund eines Vertrags des Unternehmers mit einem Dritten erbracht werden. [3]§ 357 gilt entsprechend. [4]Der Verbraucher hat jedoch keine Kosten auf Grund der fehlenden Bindung an seine Willenserklärung zu tragen.**

§ 485 a. Widerrufsfrist

(1) **[1]Abweichend von § 355 Absatz 3 beginnt die Widerrufsfrist mit dem Zeitpunkt des Vertragsschlusses oder des Abschlusses eines Vorvertrags. [2]Erhält der Verbraucher die Vertragsurkunde oder die Abschrift des Vertrags erst nach Vertragsschluss, beginnt die Widerrufsfrist mit dem Zeitpunkt des Erhalts.**

(2) **[1]Sind dem Verbraucher die in § 482 Absatz 1 bezeichneten vorvertraglichen Informationen oder das in Artikel 242 § 1 Absatz 2 des Einführungsgesetzes zum Bürgerlichen Gesetzbuche bezeichnete Formblatt vor Vertragsschluss nicht, nicht vollständig oder nicht in der in § 483 Absatz 1 vorgeschriebenen Sprache überlassen worden, so beginnt die Widerrufsfrist abweichend von Absatz 1 erst mit dem vollständigen Erhalt der vorvertraglichen Informationen und des Formblatts in der vorgeschriebenen Sprache. [2]Das Widerrufsrecht erlischt abweichend von § 355 Absatz 4 spätestens drei Monate und zwei Wochen nach dem in Absatz 1 genannten Zeitpunkt.**

(3) **[1]Ist dem Verbraucher die in § 482 a bezeichnete Widerrufsbelehrung vor Vertragsschluss nicht, nicht vollständig oder nicht in der in § 483 Absatz 1 vorgeschriebenen Sprache überlassen worden, so beginnt die Widerrufsfrist abweichend von Absatz 1 erst mit dem vollständigen Erhalt der Widerrufsbelehrung in der vorgeschriebenen Sprache. [2]Das Widerrufsrecht erlischt abweichend von § 355 Absatz 4 sowie gegebenenfalls abweichend von Absatz 2 Satz 2 spätestens ein Jahr und zwei Wochen nach dem in Absatz 1 genannten Zeitpunkt.**

(4) [1]Hat der Verbraucher einen Teilzeit-Wohnrechtevertrag und einen Tauschsystemvertrag abgeschlossen und sind ihm diese zum gleichen Zeitpunkt angeboten worden, so beginnt die Widerrufsfrist für beide Verträge mit dem nach Absatz 1 für den Teilzeit-Wohnrechtevertrag geltenden Zeitpunkt. [2]Die Absätze 2 und 3 gelten entsprechend.

§ 486. Anzahlungsverbot

(1) Der Unternehmer darf Zahlungen des Verbrauchers vor Ablauf der Widerrufsfrist nicht fordern oder annehmen.

(2) Es dürfen keine Zahlungen des Verbrauchers im Zusammenhang mit einem Vermittlungsvertrag gefordert oder angenommen werden, bis der Unternehmer seine Pflichten aus dem Vermittlungsvertrag erfüllt hat oder diese Vertragsbeziehung beendet ist.

§ 486 a. Besondere Vorschriften für Verträge über langfristige Urlaubsprodukte

(1) [1]Bei einem Vertrag über ein langfristiges Urlaubsprodukt enthält das in Artikel 242 § 1 Absatz 2 des Einführungsgesetzes zum Bürgerlichen Gesetzbuche bezeichnete Formblatt einen Ratenzahlungsplan. [2]Der Unternehmer darf von den dort genannten Zahlungsmodalitäten nicht abweichen. [3]Er darf den laut Formblatt fälligen jährlichen Teilbetrag vom Verbraucher nur fordern oder annehmen, wenn er den Verbraucher zuvor in Textform zur Zahlung dieses Teilbetrags aufgefordert hat. [4]Die Zahlungsaufforderung muss dem Verbraucher mindestens zwei Wochen vor Fälligkeit des jährlichen Teilbetrags zugehen.

(2) Ab dem Zeitpunkt, der nach Absatz 1 für die Zahlung des zweiten Teilbetrags vorgesehen ist, kann der Verbraucher den Vertrag innerhalb von zwei Wochen ab Zugang der Zahlungsaufforderung zum Fälligkeitstermin gemäß Absatz 1 kündigen.

§ 487. Abweichende Vereinbarungen

[1]Von den Vorschriften dieses Titels darf nicht zum Nachteil des Verbrauchers abgewichen werden. [2]Die Vorschriften dieses Titels finden, soweit nicht ein anderes bestimmt ist, auch Anwendung, wenn sie durch anderweitige Gestaltungen umgangen werden.

Titel 3. Darlehensvertrag; Finanzierungshilfen und Ratenlieferungsverträge zwischen einem Unternehmer und einem Verbraucher

Untertitel 1. Darlehensvertrag

Kapitel 1. Allgemeine Vorschriften

§ 488. Vertragstypische Pflichten beim Darlehensvertrag

(1) [1]Durch den Darlehensvertrag wird der Darlehensgeber verpflichtet, dem Darlehensnehmer einen Geldbetrag in der vereinbarten Höhe zur Verfügung zu stellen. [2]Der Darlehensnehmer ist verpflichtet, einen geschuldeten Zins zu zahlen und bei Fälligkeit das zur Verfügung gestellte Darlehen zurückzuzahlen.

(2) Die vereinbarten Zinsen sind, soweit nicht ein anderes bestimmt ist, nach dem Ablauf je eines Jahres und, wenn das Darlehen vor dem Ablauf eines Jahres zurückzuzahlen ist, bei der Rückzahlung zu entrichten.

(3) [1]Ist für die Rückzahlung des Darlehens eine Zeit nicht bestimmt, so hängt die Fälligkeit davon ab, dass der Darlehensgeber oder der Darlehensnehmer kündigt. [2]Die Kündigungsfrist beträgt drei Monate. [3]Sind Zinsen nicht geschuldet, so ist der Darlehensnehmer auch ohne Kündigung zur Rückzahlung berechtigt.

1. Das BGB unterscheidet zwischen **Geld**darlehensvertrag (§§ 488–505) und **Sach-** 1
darlehensvertrag (§§ 607–609). Ersterer wird als die typische Erscheinungsform des Darlehens im Gesetz einfach als Darlehensvertrag bezeichnet. § 488 ist die zentrale Norm des Gelddarlehensrechts. Wesensmerkmal dieses Darlehensvertrags ist die Überlassung von Geld auf Zeit.

2. Der Darlehensvertrag ist ein **Konsensualvertrag,** auf den die allgemeinen Vor- 2
schriften über den Vertragsschluss und die Leistungsstörungen Anwendung finden. Er ist grds formfrei (vgl aber für Verbraucherdarlehensverträge § 492 I 1). Durch den Gesetzeswortlaut ist die Ansicht überholt, die den Vertragsschluss an die Auszahlung der Valuta knüpfen wollte **(Realvertrag).**

3. Rechte und Pflichten der Vertragsparteien. a) Hauptpflicht des Darlehens- 3
gebers ist die Auszahlung der Darlehensvaluta **(Valutierung).** Der Darlehensgeber ist verpflichtet, dem Darlehensnehmer nicht nur den Besitz, sondern das **Eigentum** an dem überlassenen Geld zu übertragen. Der Darlehensnehmer soll das überlassene Geld ausgeben können. Daher muss er nicht die ihm überlassenen Münzen und Scheine, sondern nur einen Geldbetrag in derselben Höhe zurückerstatten. Regelmäßig ist nach dem Willen der Vertragsparteien aber die Gutschrift auf einem Darlehenskonto Erfüllung der Auszahlungspflicht (s Vor § 675c 1ff). Denn der Darlehensgeber ist nur verpflichtet, den Geldbetrag dem Darlehensnehmer wertmäßig zu verschaffen (BT-Drs 14/6040, 253). **b)** Bei **unwirksamen Darlehensverträgen** bleibt der Empfänger des Darlehensbetrages zur Rückerstattung jedenfalls des erhaltenen Geldes verpflichtet (zum Wucherdarlehen s § 817 Rz 5). Insoweit ist analog § 819 I auch die Berufung auf den Wegfall der Bereicherung nach § 818 III ausgeschlossen, denn der Empfänger kennt von Anfang an die (intendierte) vertragliche Rückzahlungspflicht (BGH NJW 1999, 1636). **c)** Zur **Fälligkeit** des Rückzahlungsanspruchs s **Abs 3.** Die Kündigungsfrist in S 2 gilt nur für zeitlich unbefristete Darlehensverträge und ist dispositiv (RegBegr BT-Drucks 14/6040, 253; vgl zum Kündigungsrecht auch §§ 489f). **d)** Eine Verpflichtung des Darlehensnehmers zur Zahlung von **Zinsen** kann sich sowohl aus einer vertraglichen Vereinbarung als auch aus dem Gesetz ergeben (zB aus §§ 286, 288 bei Verzug des Darlehensnehmers mit der Rückzahlungsverpflichtung). Auch wenn Abs 1 S 2 und Abs 2 die Vereinbarung von Zinszahlungen als Regelfall ansehen, setzt ein **vertraglicher** Zinsanspruch eine entsprechende Vereinbarung der Parteien voraus. Die Beweislast für das Nichtvorliegen einer Zinsvereinbarung trifft den Darlehensnehmer (*Palandt-Weidenkaff* Rz 28; str). Die Beweislast für den Inhalt der Zinsvereinbarung („der Höhe nach") liegt beim Darlehensgeber; sonst gilt § 246. Abs 2 regelt lediglich die Fälligkeit vertraglicher Zinsen. Gesetzliche Zinsen sind nach der allgemeinen Vorschrift des § 271 I sofort fällig. Daneben trifft den Darlehensnehmer eine Abnahmepflicht bei verzinslichen Darlehen. Eine Nichtabnahme begründet einen Schadensersatzanspruch des Darlehensgebers aus § 280 I **(Nichtabnahmeentschädigung). e)** Synallagmatische **Hauptleistungspflicht** des Darlehensgebers ist damit die Valutierung des Darlehens. Die Hauptleistungspflichten des Darlehensnehmers sind die Abnahme des Darlehens sowie, wenn vereinbart, die Bestellung von Sicherheiten und Zahlung von Zinsen. Nicht im Ge-

genseitigkeitsverhältnis steht die Rückerstattung der Darlehenssumme durch den Darlehensnehmer.

4 **4. Kreditsicherung.** Nach der Art der Sicherung des Anspruchs auf Darlehensrückzahlung ist zu unterscheiden: **a)** Ein **Personalkredit** wird allein durch die Person des Darlehensnehmers, eines Mitschuldners oder eines Bürgen gesichert. **b)** Sicherheiten bei einem **Realkredit** sind insbesondere Hypothek und Grundschuld (Immobiliarkredit), aber auch Sicherungsübereignung (§§ 929, 930) oder Sicherungszession (Mobiliarkredit).

§ 489. Ordentliches Kündigungsrecht des Darlehensnehmers

(1) **Der Darlehensnehmer kann einen Darlehensvertrag mit gebundenem Sollzinssatz ganz oder teilweise kündigen,**

1. **wenn die Sollzinsbindung vor der für die Rückzahlung bestimmten Zeit endet und keine neue Vereinbarung über den Sollzinssatz getroffen ist, unter Einhaltung einer Kündigungsfrist von einem Monat frühestens für den Ablauf des Tages, an dem die Sollzinsbindung endet; ist eine Anpassung des Sollzinssatzes in bestimmten Zeiträumen bis zu einem Jahr vereinbart, so kann der Darlehensnehmer jeweils nur für den Ablauf des Tages, an dem die Sollzinsbindung endet, kündigen;**
2. **in jedem Fall nach Ablauf von zehn Jahren nach dem vollständigen Empfang unter Einhaltung einer Kündigungsfrist von sechs Monaten; wird nach dem Empfang des Darlehens eine neue Vereinbarung über die Zeit der Rückzahlung oder den Sollzinssatz getroffen, so tritt der Zeitpunkt dieser Vereinbarung an die Stelle des Zeitpunkts des Empfangs.**

(2) **Der Darlehensnehmer kann einen Darlehensvertrag mit veränderlichem Zinssatz jederzeit unter Einhaltung einer Kündigungsfrist von drei Monaten kündigen.**

(3) **Eine Kündigung des Darlehensnehmers gilt als nicht erfolgt, wenn er den geschuldeten Betrag nicht binnen zwei Wochen nach Wirksamwerden der Kündigung zurückzahlt.**

(4) [1] **Das Kündigungsrecht des Darlehensnehmers nach den Absätzen 1 und 2 kann nicht durch Vertrag ausgeschlossen oder erschwert werden.** [2] **Dies gilt nicht bei Darlehen an den Bund, ein Sondervermögen des Bundes, ein Land, eine Gemeinde, einen Gemeindeverband, die Europäischen Gemeinschaften oder ausländische Gebietskörperschaften.**

(5) [1] **Sollzinssatz ist der gebundene oder veränderliche periodische Prozentsatz, der pro Jahr auf das in Anspruch genommene Darlehen angewendet wird.** [2] **Der Sollzinssatz ist gebunden, wenn für die gesamte Vertragslaufzeit ein Sollzinssatz oder mehrere Sollzinssätze vereinbart sind, die als feststehende Prozentzahl ausgedrückt werden.** [3] **Ist für die gesamte Vertragslaufzeit keine Sollzinsbindung vereinbart, gilt der Sollzinssatz nur für diejenigen Zeiträume als gebunden, für die er durch eine feste Prozentzahl bestimmt ist.**

1 Indem § 489 dem Darlehensnehmer ein nicht abdingbares (Abs 4) **ordentliches Kündigungsrecht** zuspricht, erlangt dieser bei Verhandlungen über die Anpassung des vereinbarten Darlehenszinses an einen niedrigeren Marktzins ein Druckmittel. Damit dient die Vorschrift dem Schutz des Darlehensnehmers. Ein Verbraucher als Darlehensnehmer wird ergänzend über § 500 geschützt.

§ 490. Außerordentliches Kündigungsrecht

(1) **Wenn in den Vermögensverhältnissen des Darlehensnehmers oder in der Werthaltigkeit einer für das Darlehen gestellten Sicherheit eine wesentliche Verschlechterung eintritt oder einzutreten droht, durch die die Rückzahlung des Darlehens, auch unter Verwertung der Sicherheit, gefährdet wird, kann der Darlehensgeber den Darlehensvertrag vor Auszahlung des Darlehens im Zweifel stets, nach Auszahlung nur in der Regel fristlos kündigen.**

(2) [1] **Der Darlehensnehmer kann einen Darlehensvertrag, bei dem der Sollzinssatz gebunden und das Darlehen durch ein Grund- oder Schiffspfandrecht gesichert ist, unter Einhaltung der Fristen des § 488 Abs. 3 Satz 2 vorzeitig kündigen, wenn seine berechtigten Interessen dies gebieten und seit dem vollständigen Empfang des Darlehens sechs Monate abgelaufen sind.** [2] **Ein solches Interesse liegt insbesondere vor, wenn der Darlehensnehmer ein Bedürfnis nach einer anderweitigen Verwertung der zur Sicherung des Darlehens beliehenen Sache hat.** [3] **Der Darlehensnehmer hat dem Darlehensgeber denjenigen Schaden zu ersetzen, der diesem aus der vorzeitigen Kündigung entsteht (Vorfälligkeitsentschädigung).**

(3) **Die Vorschriften der §§ 313 und 314 bleiben unberührt.**

1. Überblick. Im Gegensatz zu § 489 erfasst die Vorschrift nur außerordentliche 1
Kündigungsrechte. Während Abs 1 das Kündigungsrecht des Darlehensgebers regelt, enthält Abs 2 ein Kündigungsrecht des Darlehensnehmers. Abs 3 verdeutlicht, dass die Regelungen in den Abs 1 und 2 nicht abschließend sind.

2. Kündigungsrecht des Darlehensgebers. a) Ein außerordentliches Kündi- 2
gungsrecht des Darlehensgebers nach **Abs 1** ist nicht immer schon dann gegeben, wenn in den Vermögensverhältnissen des Darlehensnehmers oder in der Werthaltigkeit einer für das Darlehen gestellten Sicherheit eine **wesentliche Verschlechterung** eintritt. Voraussetzung ist vielmehr, dass hierdurch die **Rückzahlung** des Darlehens **gefährdet** wird. Bei hinreichend gesicherten Darlehen ist die alleinige Verschlechterung der Vermögenslage des Darlehensnehmers somit kein Kündigungsgrund. Gleiches gilt, wenn zwar eine wesentliche Verschlechterung in der Werthaltigkeit einer Sicherheit eintritt, der Darlehensnehmer aber weiterhin solvent ist. Im erstgenannten Fall ist die Rückerstattung des Darlehens durch die Verwertung der Sicherheiten garantiert, im letztgenannten durch die fortbestehende Zahlungsfähigkeit des Darlehensnehmers. Allerdings braucht eine wesentliche Verschlechterung der Vermögensverhältnisse des Darlehensnehmers oder der Werthaltigkeit von Sicherheiten noch nicht tatsächlich eingetreten zu sein. Ausreichend ist nach dem Gesetzeswortlaut bereits eine **drohende** Verschlechterung, die sich aber sichtbar abzeichnen muss (vgl RegBegr BT-Drucks 14/6040, 254). In der Praxis bestehen oft weitergehende Kündigungsrechte der Banken, die durch AGB in den Darlehensvertrag aufgenommen werden. **b)** Auch bei Vorliegen der genannten Voraussetzungen besteht ein Kündigungsrecht des Darlehensgebers ohne weiteres nur dann, wenn das Darlehen noch **nicht ausgezahlt** wurde. Andernfalls hat der Darlehensgeber nur „in der Regel" das Recht zur Kündigung. Bei bereits valutierten Darlehen ist daher eine **Gesamtwürdigung** der jeweiligen Kündigungssituation unter Berücksichtigung auch der Belange des Schuldners vorzunehmen, die im Einzelfall dazu führen kann, dass der Darlehensbetrag beim Darlehensnehmer zu belassen ist (vgl RegBegr BT-Drucks 14/6040, 254).

3. Das außerordentliche **Kündigungsrecht** des **Darlehensnehmers** nach **Abs 2** be- 3
steht nur bei **grund-** oder schiffs**pfandrechtlich** gesicherten Krediten, bei denen für einen bestimmten Zeitraum ein fester Zinssatz vereinbart wurde. Die Zahlung der

Vorfälligkeitsentschädigung nach S 3 ist keine Wirksamkeitsvoraussetzung für die Kündigung (vgl RA BT-Drucks 14/7052, 200). Vgl die Sonderregelung für Verbraucherdarlehen in § 502.

Kapitel 2. Besondere Vorschriften für Verbraucherdarlehensverträge

Untertitel 1. Verbraucherdarlehensvertrag

Vor § 491

1 **1. Überblick.** Mit der Umsetzung der RL 2008/48/EG vom 23. 4. 2008 über Verbraucherkreditverträge **(Verbraucherkredit-RL)** wurde das Verbraucherdarlehensrecht stärker untergliedert. Die §§ 491 ff gelten allein für Verträge zwischen einem Unternehmer (§ 14 I) und einem Verbraucher (§ 13) bzw Existenzgründer (§ 512). Während die Vorschriften über Finanzierungshilfen und Ratenlieferungsverträge insgesamt nur auf Verbraucherverträge anwendbar sind, ist beim Darlehensvertrag zwischen dem „normalen" Darlehensvertrag iSd § 488 und dem Verbraucherdarlehensvertrag zu unterscheiden.

2 **2. Richtlinienkonformität.** Da die §§ 491–512 die **Verbraucherkredit-RL** umsetzen, ist auf ihre richtlinienkonforme Auslegung zu achten. Ziel dieser Vorschriften ist es, den gegenüber seinem Vertragspartner häufig sozial schwächeren und rechtlich unerfahrenen Verbraucher vor den mit Kreditgeschäften typischerweise verbundenen Risiken zu schützen, insbesondere vor einer Überschätzung der eigenen wirtschaftlichen Leistungsfähigkeit, übereilten Geschäftsentschlüssen und den Gefahren, die sich aus einer Aufspaltung eines Lebenssachverhalts (Abzahlungskauf) in verschiedene Verträge (Kaufvertrag einerseits, Darlehen andererseits) ergeben (vgl näher *Medicus/Lorenz* SchR II Rz 297 ff, 591 ff).

3 **3. Instrumente des Verbraucherschutzes.** Zum Schutz des Verbrauchers bestehen unabdingbare (§ 511) Form- und Informationsvorschriften (§§ 491 a, 492, 493, 494), Widerrufsrechte (§ 495), eine Unwirksamkeit von vereinbarten Einwendungsverzichten des Verbrauchers sowie Wechsel- und Scheckverbot (§ 496), eine günstigere Zinsberechnung bei Zahlungsverzug (§ 497) und besondere Kündigungsvorschriften (§§ 498, 499, 500) sowie ein Recht zur vorzeitigen Tilgung bei Teilzahlungsgeschäften (§§ 500, 501). Bei Fernabsatzverträgen über Finanzdienstleistungen wird der Verbraucher auch durch die §§ 312 b ff geschützt (vgl § 312 b Rz 3). Ergänzt wird der Verbraucherschutz durch Bestimmungen über verbundene Geschäfte in §§ 358 ff sowie den Ausschluss des Mahnverfahrens in § 688 II ZPO.

§ 491. Verbraucherdarlehensvertrag

(1) **Die Vorschriften dieses Kapitels gelten für entgeltliche Darlehensverträge zwischen einem Unternehmer als Darlehensgeber und einem Verbraucher als Darlehensnehmer (Verbraucherdarlehensvertrag), soweit in den Absätzen 2 oder 3 oder in den §§ 503 bis 505 nichts anderes bestimmt ist.**

(2) **Keine Verbraucherdarlehensverträge sind Verträge,**

1. **bei denen der Nettodarlehensbetrag (Artikel 247 § 3 Abs. 2 des Einführungsgesetzes zum Bürgerlichen Gesetzbuche) weniger als 200 Euro beträgt,**
2. **bei denen sich die Haftung des Darlehensnehmers auf eine dem Darlehensgeber zum Pfand übergebene Sache beschränkt,**

3. bei denen der Darlehensnehmer das Darlehen binnen drei Monaten zurückzuzahlen hat und nur geringe Kosten vereinbart sind,

4. die von Arbeitgebern mit ihren Arbeitnehmern als Nebenleistung zum Arbeitsvertrag zu einem niedrigeren als dem marktüblichen effektiven Jahreszins (§ 6 der Preisangabenverordnung) abgeschlossen werden und anderen Personen nicht angeboten werden,

5. die nur mit einem begrenzten Personenkreis auf Grund von Rechtsvorschriften in öffentlichem Interesse abgeschlossen werden, wenn im Vertrag für den Darlehensnehmer günstigere als marktübliche Bedingungen und höchstens der marktübliche Sollzinssatz vereinbart sind.

(3) **§ 358 Abs. 2, 4 und 5 sowie die §§ 491a bis 495 sind nicht auf Darlehensverträge anzuwenden, die in ein nach den Vorschriften der Zivilprozessordnung errichtetes gerichtliches Protokoll aufgenommen oder durch einen gerichtlichen Beschluss über das Zustandekommen und den Inhalt eines zwischen den Parteien geschlossenen Vergleichs festgestellt sind, wenn in das Protokoll oder den Beschluss der Sollzinssatz, die bei Abschluss des Vertrags in Rechnung gestellten Kosten des Darlehens sowie die Voraussetzungen aufgenommen worden sind, unter denen der Sollzinssatz oder die Kosten angepasst werden können.**

1. Allgemeines. § 491 I enthält die Legaldefinition des Verbraucherdarlehensvertrags und legt damit den sachlichen und persönlichen Anwendungsbereich der in §§ 492–505 geregelten Sondervorschriften fest. Der sachliche **Anwendungsbereich** ist eröffnet bei einem entgeltlichen Darlehensvertrag. Entgeltlichkeit ist jedwede Art von Gegenleistung, insbesondere Zinsen, Gebühren oder eine einmalige Vergütung, gleich welcher Höhe. Zum persönlichen Anwendungsbereich s Vor § 491 Rz 1. 1

2. Die **Abs 2 und 3** enthalten **Einschränkungen** des Anwendungsbereichs der Verbraucherdarlehensverträge. **a)** Abs 2 normiert einen **vollständigen Anwendungsausschluss** der §§ 492ff. Hervorzuheben sind der **Bagatellvorbehalt** bei Kleindarlehen bis 200 Euro Nettodarlehensbetrag (Nr 1), Darlehen von **Leih- und Pfandhäusern** (Nr 2) und zinsfreie oder besonders **kostengünstige Verbraucherdarlehensverträge mit kurzer Laufzeit** (Nr 3). Hauptanwendungsfall der Nr 3 sind Kreditkarten, die zwar zinslos sind, für die aber eine Gebühr erhoben wird (BT-Drs 16/11643, 76). **b)** Abs 3 schließt die Anwendung insbesondere einiger Vorschriften bzgl Informationspflichten auf gerichtlich protokollierte Vergleiche aus. 2

3. Eine **entsprechende Anwendbarkeit** der §§ 491ff wird von der Rspr für manche Vertragstypen bejaht, für andere verneint. **a)** Sofern ein Verbraucher einen Darlehensvertrag übernimmt, sind die Vorschriften auf die **Übernahme** entsprechend anwendbar. Dies gilt jedenfalls dann, wenn die Übernahme im Wege einer dreiseitigen Vereinbarung zwischen ausscheidendem und übernehmendem Verbraucher und dem Darlehensgeber zustande kommt; denn das Schutzbedürfnis des Übernehmers ist nicht geringer als das eines Verbrauchers, der durch den Abschluss eines Darlehensvertrages belastet wird (BGHZ 142, 23). **b)** Bejaht wird die entsprechende Anwendung ebenfalls auf den **Schuldbeitritt** zu einem Darlehensvertrag, wobei dies auch dann gilt, wenn nur der Beitretende, nicht aber der bisherige Schuldner Verbraucher ist; denn weil der Beitretende die volle vertragliche Mitverpflichtung eingeht, erscheint er ebenso schutzwürdig wie der Darlehensnehmer (BGHZ 133, 71). **c)** Umstritten ist die analoge Anwendbarkeit der §§ 491ff auf **Bürgschaften,** die zur Sicherung von Forderungen aus Darlehensverträgen eingegangen sind; der BGH schließt eine Anwendung jedenfalls für den Fall aus, dass der gesicherte Darlehensvertrag selbst nicht unter den Anwendungsbereich der §§ 491ff fällt (BGHZ 138, 321). Nach Auffassung des EuGH sind Bürgschaften vom Geltungsbereich der den §§ 491ff zugrunde liegenden 3

RL nicht erfasst, da sie keine Kreditverträge iSd RL darstellen und die RL vor allem den Hauptschuldner eines Kreditvertrages und nicht den Sicherungsgeber schützen soll (EuGH NJW 2000, 1323 „Berliner Kindl Brauerei"). **d)** Auf die Bestellung von **Grundpfandrechten** (etwa einer Grundschuld) sind die §§ 491 ff nicht entsprechend anwendbar (BGH NJW 1997, 1442).

§ 491 a. Vorvertragliche Informationspflichten bei Verbraucherdarlehensverträgen

(1) **Der Darlehensgeber hat den Darlehensnehmer bei einem Verbraucherdarlehensvertrag über die sich aus Artikel 247 des Einführungsgesetzes zum Bürgerlichen Gesetzbuche ergebenden Einzelheiten in der dort vorgesehenen Form zu unterrichten.**

(2) [1]**Der Darlehensnehmer kann vom Darlehensgeber einen Entwurf des Verbraucherdarlehensvertrags verlangen.** [2]**Dies gilt nicht, solange der Darlehensgeber zum Vertragsabschluss nicht bereit ist.**

(3) [1]**Der Darlehensgeber ist verpflichtet, dem Darlehensnehmer vor Abschluss eines Verbraucherdarlehensvertrags angemessene Erläuterungen zu geben, damit der Darlehensnehmer in die Lage versetzt wird, zu beurteilen, ob der Vertrag dem von ihm verfolgten Zweck und seinen Vermögensverhältnissen gerecht wird.** [2]**Hierzu sind gegebenenfalls die vorvertraglichen Informationen gemäß Absatz 1, die Hauptmerkmale der vom Darlehensgeber angebotenen Verträge sowie ihre vertragstypischen Auswirkungen auf den Darlehensnehmer, einschließlich der Folgen bei Zahlungsverzug, zu erläutern.**

1 Die Vorschrift begründet umfangreiche vorvertragliche **Informationspflichten**, die in Art 247 EGBGB ausgestaltet sind. Mit der Auskunft soll der Verbraucher in die Lage versetzt werden, Angebote verschiedener Banken miteinander zu vergleichen (BT-Drucks 16/11643, 78). Diese vorvertragliche Informationspflicht setzt ein Schuldverhältnis iSv § 311 II voraus, zB nach Abschluss der Bonitätsprüfung durch den Darlehensgeber (*Hk-Ebert* Rz 3). **Abs 3** verpflichtet den Darlehensgeber, den Vertrag und die Vertragsbedingungen dem Verbraucher **verständlich** zu machen. Hier ist auf die Komplexität des Vertrags und das Verständnis des Darlehensnehmers im Einzelfall abzustellen.

§ 492. Schriftform, Vertragsinhalt

(1) [1]**Verbraucherdarlehensverträge sind, soweit nicht eine strengere Form vorgeschrieben ist, schriftlich abzuschließen.** [2]**Der Schriftform ist genügt, wenn Antrag und Annahme durch die Vertragsparteien jeweils getrennt schriftlich erklärt werden.** [3]**Die Erklärung des Darlehensgebers bedarf keiner Unterzeichnung, wenn sie mit Hilfe einer automatischen Einrichtung erstellt wird.**

(2) **Der Vertrag muss die für den Verbraucherdarlehensvertrag vorgeschriebenen Angaben nach Artikel 247 §§ 6 bis 13 des Einführungsgesetzes zum Bürgerlichen Gesetzbuche enthalten.**

(3) [1]**Nach Vertragsschluss stellt der Darlehensgeber dem Darlehensnehmer eine Abschrift des Vertrags zur Verfügung.** [2]**Ist ein Zeitpunkt für die Rückzahlung des Darlehens bestimmt, kann der Darlehensnehmer vom Darlehensgeber jederzeit einen Tilgungsplan nach Artikel 247 § 14 des Einführungsgesetzes zum Bürgerlichen Gesetzbuche verlangen.**

(4) [1]**Die Absätze 1 und 2 gelten auch für die Vollmacht, die ein Darlehensnehmer zum Abschluss eines Verbraucherdarlehensvertrags erteilt.** [2]**Satz 1 gilt nicht für die Prozessvollmacht und eine Vollmacht, die notariell beurkundet ist.**

(5) **Erklärungen des Darlehensgebers, die dem Darlehensnehmer gegenüber nach Vertragsabschluss abzugeben sind, bedürfen der Textform.**

(6) [1]**Enthält der Vertrag die Angaben nach Absatz 2 nicht oder nicht vollständig, können sie nach wirksamem Vertragsschluss oder in den Fällen des § 494 Absatz 2 Satz 1 nach Gültigwerden des Vertrags in Textform nachgeholt werden.** [2]**Hat das Fehlen von Angaben nach Absatz 2 zu Änderungen der Vertragsbedingungen gemäß § 494 Absatz 2 Satz 2 bis Absatz 6 geführt, kann die Nachholung der Angaben nur dadurch erfolgen, dass der Darlehensnehmer die nach § 494 Absatz 7 erforderliche Abschrift des Vertrags erhält.** [3]**In den sonstigen Fällen muss der Darlehensnehmer spätestens im Zeitpunkt der Nachholung der Angaben eine der in § 355 Absatz 3 Satz 2 genannten Unterlagen erhalten.** [4]**Werden Angaben nach diesem Absatz nachgeholt, beträgt die Widerrufsfrist abweichend von § 495 einen Monat.** [5]**Mit der Nachholung der Angaben nach Absatz 2 ist der Darlehensnehmer in Textform darauf hinzuweisen, dass die Widerrufsfrist von einem Monat nach Erhalt der nachgeholten Angaben beginnt.**

1. Die **Formerfordernisse** beim Abschluss eines Verbraucherdarlehensvertrages dienen der Aufklärung über die geschäftstypischen Risiken. Nach Abs 1 S 1 bedarf der Vertrag der Schriftform. Eine Blankounterschrift ist nicht ausreichend (BGH NJW-RR 2005, 1141). Gegenüber § 126 II 1 bringt Abs 1 S 3 eine bedeutende Erleichterung. Statt mit Unterschrift kann ein Verbraucherdarlehensvertrag auch mit einer qualifizierten elektronischen Signatur nach § 126a III und § 126 abgeschlossen werden. Textform ist nicht ausreichend (BT-Drucks 16/11643, 79). Die Formvorschrift ist eingehalten, wenn der Vertrag die erforderlichen Mindestangaben enthält. Die bisherige hM stützte sich auf den Wortlaut des aufgehobenen § 492 I 5 aF und sah es als ausreichend an, wenn allein „die vom Verbraucher zu unterzeichnende Erklärung" die erforderlichen Mindestangaben enthielt. Sie ist abzulehnen. Denn Abs 2 und Art 247 §§ 6–13 EGBGB sprechen fortan von „Vertrag". Die Formerfordernisse der Abs 1 und 2 gelten nach Abs 4 S 1 grds (Ausnahmen Abs 4 S 2) auch für die **Vollmacht,** die ein Darlehensnehmer zum Abschluss eines Verbraucherdarlehens erteilt. Diese Abweichung von der Grundregel des § 167 II will verhindern, dass der mit § 494 intendierte Verbraucherschutz in Vertretungsfällen unterlaufen werden kann (RA BT-Drucks 14/052, 202). Zu beachten ist, dass die Vorschrift nach §§ 504, 505 nicht für **Überziehungskredite** gilt. 1

2. Zu den **Rechtsfolgen von Formmängeln** vgl § 494. 2

§ 492 a *(aufgehoben)*

§ 493. Informationen während des Vertragsverhältnisses

(1) [1]**Ist in einem Verbraucherdarlehensvertrag der Sollzinssatz gebunden und endet die Sollzinsbindung vor der für die Rückzahlung bestimmten Zeit, unterrichtet der Darlehensgeber den Darlehensnehmer spätestens drei Monate vor Ende der Sollzinsbindung darüber, ob er zu einer neuen Sollzinsbindungsabrede bereit ist.** [2]**Erklärt sich der Darlehensgeber hierzu bereit, muss die Unterrichtung den zum Zeitpunkt der Unterrichtung vom Darlehensgeber angebotenen Sollzinssatz enthalten.**

(2) [1]Der Darlehensgeber unterrichtet den Darlehensnehmer spätestens drei Monate vor Beendigung eines Verbraucherdarlehensvertrags darüber, ob er zur Fortführung des Darlehensverhältnisses bereit ist. [2]Erklärt sich der Darlehensgeber zur Fortführung bereit, muss die Unterrichtung die zum Zeitpunkt der Unterrichtung gültigen Pflichtangaben gemäß § 491a Abs. 1 enthalten.

(3) [1]Die Anpassung des Sollzinssatzes eines Verbraucherdarlehensvertrags mit veränderlichem Sollzinssatz wird erst wirksam, nachdem der Darlehensgeber den Darlehensnehmer über die Einzelheiten unterrichtet hat, die sich aus Artikel 247 § 15 des Einführungsgesetzes zum Bürgerlichen Gesetzbuche ergeben. [2]Abweichende Vereinbarungen über die Wirksamkeit sind im Rahmen des Artikels 247 § 15 Abs. 2 des Einführungsgesetzes zum Bürgerlichen Gesetzbuche zulässig.

(4) Wurden Forderungen aus dem Darlehensvertrag abgetreten, treffen die Pflichten aus den Absätzen 1 bis 3 auch den neuen Gläubiger, wenn nicht der bisherige Darlehensgeber mit dem neuen Gläubiger vereinbart hat, dass im Verhältnis zum Darlehensnehmer weiterhin allein der bisherige Darlehensgeber auftritt.

§ 494. Rechtsfolgen von Formmängeln

(1) Der Verbraucherdarlehensvertrag und die auf Abschluss eines solchen Vertrags vom Verbraucher erteilte Vollmacht sind nichtig, wenn die Schriftform insgesamt nicht eingehalten ist oder wenn eine der in Artikel 247 §§ 6 und 9 bis 13 des Einführungsgesetzes zum Bürgerlichen Gesetzbuche für den Verbraucherdarlehensvertrag vorgeschriebenen Angaben fehlt.

(2) [1]Ungeachtet eines Mangels nach Absatz 1 wird der Verbraucherdarlehensvertrag gültig, soweit der Darlehensnehmer das Darlehen empfängt oder in Anspruch nimmt. [2]Jedoch ermäßigt sich der dem Verbraucherdarlehensvertrag zugrunde gelegte Sollzinssatz auf den gesetzlichen Zinssatz, wenn die Angabe des Sollzinssatzes, des effektiven Jahreszinses oder des Gesamtbetrags fehlt.

(3) Ist der effektive Jahreszins zu niedrig angegeben, so vermindert sich der dem Verbraucherdarlehensvertrag zugrunde gelegte Sollzinssatz um den Prozentsatz, um den der effektive Jahreszins zu niedrig angegeben ist.

(4) [1]Nicht angegebene Kosten werden vom Darlehensnehmer nicht geschuldet. [2]Ist im Vertrag nicht angegeben, unter welchen Voraussetzungen Kosten oder Zinsen angepasst werden können, so entfällt die Möglichkeit, diese zum Nachteil des Darlehensnehmers anzupassen.

(5) Wurden Teilzahlungen vereinbart, ist deren Höhe vom Darlehensgeber unter Berücksichtigung der verminderten Zinsen oder Kosten neu zu berechnen.

(6) [1]Fehlen im Vertrag Angaben zur Laufzeit oder zum Kündigungsrecht, ist der Darlehensnehmer jederzeit zur Kündigung berechtigt. [2]Fehlen Angaben zu Sicherheiten, können sie nicht gefordert werden. [3]Satz 2 gilt nicht, wenn der Nettodarlehensbetrag 75 000 Euro übersteigt.

(7) [1]Der Darlehensgeber stellt dem Darlehensnehmer eine Abschrift des Vertrags zur Verfügung, in der die Vertragsänderungen berücksichtigt sind, die sich aus den Absätzen 2 bis 6 ergeben. [2]Abweichend von § 495 beginnt die Widerrufsfrist in diesem Fall, wenn der Darlehensnehmer diese Abschrift des Vertrags erhalten hat.

1. Nur die in Abs 1 genannten Formmängel führen zur **Nichtigkeit** des Darlehensvertrages. Fehlen zusätzliche Angaben zu Ansprüchen des Darlehensgebers wie Sicherheitsleistungen gem Art 247 § 7 Nr 2 EGBGB, eine Vorfälligkeitsentschädigung gem Art 247 § 7 Nr 3 EGBGB oder sonstige Zusatzleistungen gem Art 247 § 8 EGBGB, führt dies nicht zur Nichtigkeit des Darlehensvertrags. Vielmehr kann die Zusatzleistung von dem Darlehensgeber nicht verlangt werden. 1

2. Abs 2–5 eröffnen verschiedene **Heilungsmöglichkeiten.** Ohne diese würde der Vertrag nach § 125 nichtig sein und wäre nach Bereicherungsrecht rückabzuwickeln. Dies entspricht nicht dem Interesse der Vertragsparteien. Die Auszahlung des Darlehens an den Darlehensnehmer führt allerdings nach Sinn und Zweck des Abs 2 S 1 nicht zur Heilung eines formnichtigen Schuldbeitritts (BGHZ 134, 94, 98; zur Anwendbarkeit der §§ 491 ff auf den Schuldbeitritt s § 491 Rz 3). 2

3. Abs 6 S 1 begründet ein uneingeschränktes **Kündigungsrecht** des Darlehensnehmers bei fehlenden Angaben zu Laufzeit oder seinem Kündigungsrecht. Nach S 2 können Sicherheiten nicht verlangt werden, wenn Angaben zu ihnen fehlen. Abs 7 gibt dem Darlehensnehmer das Recht, eine **Abschrift des angepassten Vertrags** zu verlangen. Mit der Aushändigung beginnt zugleich der Lauf der **einmonatigen Widerrufsfrist** (§§ 494 VII 2, 492 VI 4) 3

§ 495. Widerrufsrecht

(1) **Dem Darlehensnehmer steht bei einem Verbraucherdarlehensvertrag ein Widerrufsrecht nach § 355 zu.**

(2) [1]**Die §§ 355 bis 359 a gelten mit der Maßgabe, dass**

1. **an die Stelle der Widerrufsbelehrung die Pflichtangaben nach Artikel 247 § 6 Absatz 2 des Einführungsgesetzes zum Bürgerlichen Gesetzbuche treten,**
2. **die Widerrufsfrist auch nicht beginnt**
   a) **vor Vertragsabschluss und**
   b) **bevor der Darlehensnehmer die Pflichtangaben nach § 492 Absatz 2 erhält, und**
3. **der Darlehensnehmer abweichend von § 346 Absatz 1 dem Darlehensgeber auch die Aufwendungen zu ersetzen hat, die der Darlehensgeber an öffentliche Stellen erbracht hat und nicht zurückverlangen kann; § 346 Absatz 2 Satz 2 zweiter Halbsatz ist nur anzuwenden, wenn das Darlehen durch ein Grundpfandrecht gesichert ist.**

[2]**§ 355 Absatz 2 Satz 3 und Absatz 4 ist nicht anzuwenden.**

(3) **Ein Widerrufsrecht besteht nicht bei Darlehensverträgen,**

1. **die einen Darlehensvertrag, zu dessen Kündigung der Darlehensgeber wegen Zahlungsverzugs des Darlehensnehmers berechtigt ist, durch Rückzahlungsvereinbarungen ergänzen oder ersetzen, wenn dadurch ein gerichtliches Verfahren vermieden wird und wenn der Gesamtbetrag (Artikel 247 § 3 des Einführungsgesetzes zum Bürgerlichen Gesetzbuche) geringer ist als die Restschuld des ursprünglichen Vertrags,**
2. **die notariell zu beurkunden sind, wenn der Notar bestätigt, dass die Rechte des Darlehensnehmers aus den §§ 491 a und 492 gewahrt sind, oder**
3. **die § 504 Abs. 2 oder § 505 entsprechen.**

1. Abs 1 verweist auf die **allgemeine** Regelung des Widerrufsrechts bei Verbraucherverträgen in § 355 (s dort). Bildet der Verbraucherdarlehensvertrag zusammen mit einem Vertrag über die Erbringung einer anderen Leistung (zB einem Kaufvertrag) 1 einen **verbundenen Vertrag** iSd § 358 III, so erstreckt sich der Widerruf des einen Vertrags nach § 358 I, II auch auf den anderen Vertrag (s § 358 Rz 4).

2 **2.** Abs 2 regelt **Abweichungen** von den allgemeinen Vorschriften des Widerrufsrechts. **Nr 1** verweist auf die **Pflichtangaben** nach Art 247 § 6 II EGBGB, die anstelle der Widerrufsbelehrung zu machen sind; **Nr 2 ergänzt § 355** im Hinblick auf den Fristbeginn dahingehend, dass die Widerrufsfrist erst ab Vertragsschluss und Mitteilung des Vertragsinhalts an den Darlehensnehmer zu laufen beginnt. Dabei muss der Verbraucher die Pflichtangaben nach § 492 II – insbesondere durch Überlassung der Vertragsurkunde – erhalten haben (*Bülow/Artz* § 495 Rz 88a). **Nr 3** stellt klar, dass dem Darlehensgeber zusätzlich zu den Rechten aus §§ 346, 357 I auch ein Anspruch auf **Ersatz seiner Aufwendungen** an öffentliche Stellen zusteht (zB Notarkosten; BT-Drucks 16/11643, 83), wenn es sich um einen Immobiliarkredit (§ 488 Rz 4) handelt. Nach S 2 ist § 355 II 3 nicht anzuwenden, sodass es nicht zu einer Fristverlängerung auf einen Monat kommt.

3 **3.** Bei einem **Überziehungskredit** besteht unter den Voraussetzungen des Abs 3 Nr 3 kein Widerrufsrecht.

§ 496. Einwendungsverzicht, Wechsel- und Scheckverbot

(1) **Eine Vereinbarung, durch die der Darlehensnehmer auf das Recht verzichtet, Einwendungen, die ihm gegenüber dem Darlehensgeber zustehen, gemäß § 404 einem Abtretungsgläubiger entgegenzusetzen oder eine ihm gegen den Darlehensgeber zustehende Forderung gemäß § 406 auch dem Abtretungsgläubiger gegenüber aufzurechnen, ist unwirksam.**

(2) [1]**Wird eine Forderung des Darlehensgebers aus einem Darlehensvertrag an einen Dritten abgetreten oder findet in der Person des Darlehensgebers ein Wechsel statt, ist der Darlehensnehmer unverzüglich darüber sowie über die Kontaktdaten des neuen Gläubigers nach Artikel 246 § 1 Abs. 1 Nr. 1 bis 3 des Einführungsgesetzes zum Bürgerlichen Gesetzbuche zu unterrichten.** [2]**Die Unterrichtung ist bei Abtretungen entbehrlich, wenn der bisherige Darlehensgeber mit dem neuen Gläubiger vereinbart hat, dass im Verhältnis zum Darlehensnehmer weiterhin allein der bisherige Darlehensgeber auftritt.** [3]**Fallen die Voraussetzungen des Satzes 2 fort, ist die Unterrichtung unverzüglich nachzuholen.**

(3) [1]**Der Darlehensnehmer darf nicht verpflichtet werden, für die Ansprüche des Darlehensgebers aus dem Verbaucherdarlehensvertrag eine Wechselverbindlichkeit einzugehen.** [2]**Der Darlehensgeber darf vom Darlehensnehmer zur Sicherung seiner Ansprüche aus dem Verbaucherdarlehensvertrag einen Scheck nicht entgegennehmen.** [3]**Der Darlehensnehmer kann vom Darlehensgeber jederzeit die Herausgabe eines Wechsels oder Schecks, der entgegen Satz 1 oder 2 begeben worden ist, verlangen.** [4]**Der Darlehensgeber haftet für jeden Schaden, der dem Darlehensnehmer aus einer solchen Wechsel- oder Scheckbegebung entsteht.**

1 **1. Allgemeines.** Die Vorschrift schützt den Darlehensnehmer vor Verlust seiner Einwendungen bei Abtretung einer Forderung aus dem Darlehensvertrag durch den Darlehensgeber sowie vor den Risiken einer Wechsel- oder Scheckbegebung.

2 **2. Unabdingbarkeit der §§ 404, 407.** Abs 1 bewahrt den Darlehensnehmer durch die Unabdingbarkeit der §§ 404, 407 davor, trotz nicht vertragsgemäßer Erfüllung des Darlehensvertrags seitens des Darlehensgebers (Zedenten) seiner Pflicht zur Darlehensrückzahlung ggü dem Zessionar nachkommen zu müssen. Der Darlehensnehmer kann weiterhin dem Zessionar alle bei Abtretung begründeten **Einwendun-**

gen und Einreden entgegen halten (§ 404) sowie ihm gegenüber **aufrechnen** (§ 406). Abs 1 schließt § 407 mit ein (*Jauernig-Mansel* Rz 2). Zu beachten ist, dass die Schutzvorschriften nicht bei positiver Kenntnis der Abtretung eingreifen (s dort). Nicht von der Vorschrift umfasst ist ein Einwendungsverzicht des Darlehensgebers. **Abs 2** statuiert die Pflicht des Darlehensgebers, die Zession dem Schuldner unverzüglich (§ 121 I 1) **anzuzeigen**. Dies ist wegen § 1156, der dem Eigentümer bei Leistung auf eine Grundschuld an den Zedenten die Berufung auf § 407 versagt, notwendig. Eine Verletzung der Informationspflicht stellt eine Pflichtverletzung nach § 280 I dar.

3. Wechsel- und Scheckverbot. Abs 3 verhindert die Verpflichtung des Darle- 3
hensnehmers, eine Wechselverbindlichkeit einzugehen oder einen Scheck zur Sicherung der Ansprüche des Darlehensgebers zu begeben, nicht aber, fällige Zahlungsverpflichtungen mit einem Scheck zu erfüllen (*MüKo-Schürnbrand* Rz 23). Rechtsfolgen sind ein Anspruch auf Herausgabe von Scheck und Wechsel (S 3, zum Begriff Vor § 793 Rz 4) und ein verschuldensunabhängiger **Schadensersatzanspruch** (S 4). Die Vorschrift findet analoge Anwendung auf Abgabe eines abstrakten Schuldanerkenntnisses nach § 780.

§ 497. Verzug des Darlehensnehmers

(1) [1]**Soweit der Darlehensnehmer mit Zahlungen, die er auf Grund des Verbraucherdarlehensvertrags schuldet, in Verzug kommt, hat er den geschuldeten Betrag nach § 288 Abs. 1 zu verzinsen.** [2]**Im Einzelfall kann der Darlehensgeber einen höheren oder der Darlehensnehmer einen niedrigeren Schaden nachweisen.**

(2) [1]**Die nach Eintritt des Verzugs anfallenden Zinsen sind auf einem gesonderten Konto zu verbuchen und dürfen nicht in ein Kontokorrent mit dem geschuldeten Betrag oder anderen Forderungen des Darlehensgebers eingestellt werden.** [2]**Hinsichtlich dieser Zinsen gilt § 289 Satz 2 mit der Maßgabe, dass der Darlehensgeber Schadensersatz nur bis zur Höhe des gesetzlichen Zinssatzes (§ 246) verlangen kann.**

(3) [1]**Zahlungen des Darlehensnehmers, die zur Tilgung der gesamten fälligen Schuld nicht ausreichen, werden abweichend von § 367 Abs. 1 zunächst auf die Kosten der Rechtsverfolgung, dann auf den übrigen geschuldeten Betrag (Absatz 1) und zuletzt auf die Zinsen (Absatz 2) angerechnet.** [2]**Der Darlehensgeber darf Teilzahlungen nicht zurückweisen.** [3]**Die Verjährung der Ansprüche auf Darlehensrückzahlung und Zinsen ist vom Eintritt des Verzugs nach Absatz 1 an bis zu ihrer Feststellung in einer in § 197 Abs. 1 Nr. 3 bis 5 bezeichneten Art gehemmt, jedoch nicht länger als zehn Jahre von ihrer Entstehung an.** [4]**Auf die Ansprüche auf Zinsen findet § 197 Abs. 2 keine Anwendung.** [5]**Die Sätze 1 bis 4 finden keine Anwendung, soweit Zahlungen auf Vollstreckungstitel geleistet werden, deren Hauptforderung auf Zinsen lautet.**

Die Vorschrift schützt den Verbraucher bei **Zahlungsschwierigkeiten**, indem sie 1
Abweichungen von allg Vorschriften vorsieht. Die Schuldenspirale anlaufender Verzugszinsen soll durch die Möglichkeit der **vorrangigen Tilgung** der Rechtsverfolgungskosten und der Hauptforderung durchbrochen werden, Abs 3 S 1, vgl § 367 I. Die **Verzugsschadenpauschalierung** nach Abs 1 und § 288 I dient der Wahrung der Interessen des Darlehensgebers auf den Ausgleich seines Verzugsschadens und ermöglicht seine erleichterte Feststellung. Damit wird eine Entlastung der Gerichte erzielt (BT-Drucks 14/6040, 256). Die Vorschrift ist **analog** auf Bereicherungsansprüche des Darlehensgebers gegen den Verbraucher anwendbar, zB wegen Nichtigkeit nach § 138 I (vgl *MüKo-Habersack* § 497 Rz 7).

§ 498. Gesamtfälligstellung bei Teilzahlungsdarlehen

[1]Wegen Zahlungsverzugs des Darlehensnehmers kann der Darlehensgeber den Verbraucherdarlehensvertrag bei einem Darlehen, das in Teilzahlungen zu tilgen ist, nur kündigen, wenn

1. der Darlehensnehmer mit mindestens zwei aufeinander folgenden Teilzahlungen ganz oder teilweise und mit mindestens 10 Prozent, bei einer Laufzeit des Verbraucherdarlehensvertrags von mehr als drei Jahren mit mindestens 5 Prozent des Nennbetrags des Darlehens in Verzug ist und

2. der Darlehensgeber dem Darlehensnehmer erfolglos eine zweiwöchige Frist zur Zahlung des rückständigen Betrags mit der Erklärung gesetzt hat, dass er bei Nichtzahlung innerhalb der Frist die gesamte Restschuld verlange.

[2]Der Darlehensgeber soll dem Darlehensnehmer spätestens mit der Fristsetzung ein Gespräch über die Möglichkeiten einer einverständlichen Regelung anbieten.

1 **1.** Die Vorschrift betrifft das **Teilzahlungsdarlehen,** also ein Darlehen, das in Teilzahlungen zu tilgen ist und nicht mit dem in §§ 507, 508 geregelten **Teilzahlungsgeschäft** verwechselt werden darf (s zum Teilzahlungsgeschäft auch unten Rz 3). Ist die Darlehensvaluta noch nicht ausgezahlt, kann der Darlehensgeber nach § 490 I Fall 1 kündigen.

2 **2.** Bei **Zahlungsverzug** des Verbrauchers hat der Darlehensgeber eines Teilzahlungsdarlehens ein Kündigungsrecht nur unter den erschwerten Voraussetzungen des Abs 1 S 1, die kumulativ erfüllt sein müssen. Der Verbraucher muss sich mit mindestens zwei aufeinander folgenden Teilzahlungen in Verzug befinden. Zahlt er mit einer entsprechenden Tilgungsbestimmung (§ 366 I) nur jede **zweite Rate** an den Darlehensgeber, ist die Tilgungsbestimmung nach § 242 unwirksam (*Jauernig-Mansel* Rz 4). Die Kündigung des Darlehensgebers ist unwirksam, wenn dieser einen höheren als den tatsächlich geschuldeten Betrag einfordert (BGH NJW-RR 2005, 1410).

3 **3. Konkurrenzen.** Für Kündigungsgründe, die sich nicht aus einem Zahlungsverzug des Darlehensnehmers ableiten lassen, bleiben dem Darlehensgeber die allgemeinen Kündigungsmöglichkeiten (zB aus § 314 I) erhalten. Dies gilt auch für das außerordentliche Kündigungsrecht aus § 490 I wegen einer wesentlichen Verschlechterung der Vermögenslage des Darlehensnehmers oder der Werthaltigkeit von Sicherheiten. Würde sich die **Sperrwirkung des § 498** auch auf diese Vorschrift erstrecken, wäre der Darlehensgeber in unzumutbarer Weise gezwungen, selbst einem offensichtlichen Vermögensverfall seines Schuldners zunächst tatenlos zuzusehen (vgl *Staudinger-Kessal-Wulf* [2004] Rz 6; aA *MüKo-Schürnbrand* Rz 22).

4 **4.** Soweit für den **Zahlungsaufschub** (§ 506 I) oder das **Teilzahlungsgeschäft** (§ 507) auf diese Vorschrift verwiesen wird, betrifft die Kündigung nur den vereinbarten Zahlungsaufschub oder die Teilzahlungsabrede, nicht aber den Vertrag als solchen (vgl *Staudinger-Kessal-Wulf* [2004] Rz 25).

§ 499. Kündigungsrecht des Darlehensgebers; Leistungsverweigerung

(1) **In einem Verbraucherdarlehensvertrag ist eine Vereinbarung über ein Kündigungsrecht des Darlehensgebers unwirksam, wenn eine bestimmte Vertragslaufzeit vereinbart wurde oder die Kündigungsfrist zwei Monate unterschreitet.**

(2) **[1]Der Darlehensgeber ist bei entsprechender Vereinbarung berechtigt, die Auszahlung eines Darlehens, bei dem eine Zeit für die Rückzahlung nicht bestimmt ist, aus einem sachlichen Grund zu verweigern. [2]Beabsichtigt der Darlehensgeber dieses Recht auszuüben, hat er dies dem Darlehensnehmer unverzüglich mitzuteilen und ihn über die Gründe möglichst vor, spätestens jedoch unverzüglich nach der Rechtsausübung zu unterrichten. [3]Die Unterrichtung**

über die Gründe unterbleibt, soweit hierdurch die öffentliche Sicherheit oder Ordnung gefährdet würde.

1. Allgemeines. Die Vorschrift regelt die Möglichkeiten des Darlehensgebers, den Verbraucherdarlehensvertrag ordentlich zu kündigen (I) und ermöglicht ihm die Vereinbarung vertraglicher Leistungsverweigerungsrechte (II). 1

2. Kündigungsrecht. Ein Kündigungsrecht des Darlehensgebers kann nur für nicht befristete Verbraucherdarlehensverträge vertraglich vereinbart werden. Die Kündigungsfrist des Unternehmers muss mindestens zwei Monate betragen. Ist sie kürzer, ist sie insgesamt unwirksam. Die Kündigung bedarf nach § 492 V der Schriftform. 2

3. Vertragliches Leistungsverweigerungsrecht. Haben Darlehensgeber und Darlehensnehmer bei einem Darlehensvertrag ohne fest vereinbarte Laufzeit ein Leistungsverweigerungsrecht des Darlehensgebers vereinbart, kann er dieses nur ausüben, wenn ein sachlicher Grund hierfür vorliegt. Ein sachlicher Grund ist insbesondere gegeben, wenn sich die **Vermögensverhältnisse** des Darlehensnehmers zwischen Vertragsabschluss und vollständiger Auszahlung des Darlehens verschlechtern (§ 321). Gleiches gilt, wenn der Verbraucher das Darlehen **abredewidrig verwendet**, wobei eine Interessenabwägung vorzunehmen ist (BT-Drucks 16/11 643, 85). **Gesetzliche Leistungsverweigerungsrechte** können unabhängig von § 499 II ausgeübt werden. 3

§ 500. Kündigungsrecht des Darlehensnehmers; vorzeitige Rückzahlung

(1) [1]**Der Darlehensnehmer kann einen Verbraucherdarlehensvertrag, bei dem eine Zeit für die Rückzahlung nicht bestimmt ist, ganz oder teilweise kündigen, ohne eine Frist einzuhalten.** [2]**Eine Vereinbarung über eine Kündigungsfrist von mehr als einem Monat ist unwirksam.**

(2) **Der Darlehensnehmer kann seine Verbindlichkeiten aus einem Verbraucherdarlehensvertrag jederzeit ganz oder teilweise vorzeitig erfüllen.**

Abweichend von § 488 III besteht nach Abs 1 S 1 bei unbefristeten Verbraucherdarlehensverträgen **keine Kündigungsfrist** für den Darlehensnehmer. Satz 2 ermöglicht es aber, eine Kündigungsfrist von bis zu einem Monat zu vereinbaren. Abs 2 gibt dem Darlehensnehmer das Recht, seine Verbindlichkeiten aus dem Darlehensvertrag jederzeit ganz oder teilweise **vorzeitig** zu erfüllen. Die **Rechtsfolgen** der Kündigung oder der vorzeitigen Erfüllung sind in § 501 (Recht des Darlehensnehmers auf Ermäßigung der Kosten für den Darlehensnehmer) und § 502 (Recht des Darlehensgebers auf Vorfälligkeitsentschädigung) geregelt. 1

§ 501. Kostenermäßigung

Soweit der Darlehensnehmer seine Verbindlichkeiten vorzeitig erfüllt oder die Restschuld vor der vereinbarten Zeit durch Kündigung fällig wird, vermindern sich die Gesamtkosten (§ 6 Abs. 3 der Preisangabenverordnung) um die Zinsen und sonstigen laufzeitabhängigen Kosten, die bei gestaffelter Berechnung auf die Zeit nach der Fälligkeit oder Erfüllung entfallen.

§ 502. Vorfälligkeitsentschädigung

(1) [1]**Der Darlehensgeber kann im Fall der vorzeitigen Rückzahlung eine angemessene Vorfälligkeitsentschädigung für den unmittelbar mit der vorzeitigen Rückzahlung zusammenhängenden Schaden verlangen, wenn der Darlehensnehmer zum Zeitpunkt der Rückzahlung Zinsen zu einem bei Vertragsabschluss vereinbarten, gebundenen Sollzinssatz schuldet.** [2]**Die Vorfälligkeitsentschädigung darf folgende Beträge jeweils nicht überschreiten:**

1. 1 Prozent beziehungsweise, wenn der Zeitraum zwischen der vorzeitigen und der vereinbarten Rückzahlung ein Jahr nicht übersteigt, 0,5 Prozent des vorzeitig zurückgezahlten Betrags,
2. den Betrag der Sollzinsen, den der Darlehensnehmer in dem Zeitraum zwischen der vorzeitigen und der vereinbarten Rückzahlung entrichtet hätte.

(2) **Der Anspruch auf Vorfälligkeitsentschädigung ist ausgeschlossen, wenn**

1. die Rückzahlung aus den Mitteln einer Versicherung bewirkt wird, die auf Grund einer entsprechenden Verpflichtung im Darlehensvertrag abgeschlossen wurde, um die Rückzahlung zu sichern, oder
2. im Vertrag die Angaben über die Laufzeit des Vertrags, das Kündigungsrecht des Darlehensnehmers oder die Berechnung der Vorfälligkeitsentschädigung unzureichend sind.

§ 503. Immobiliardarlehensverträge

(1) **§ 497 Abs. 2 und 3 Satz 1, 2, 4 und 5 sowie die §§ 499, 500 und 502 sind nicht anzuwenden auf Verträge, bei denen die Zurverfügungstellung des Darlehens von der Sicherung durch ein Grundpfandrecht abhängig gemacht wird und zu Bedingungen erfolgt, die für grundpfandrechtlich abgesicherte Verträge und deren Zwischenfinanzierung üblich sind; der Sicherung durch ein Grundpfandrecht steht es gleich, wenn von einer solchen Sicherung nach § 7 Abs. 3 bis 5 des Gesetzes über Bausparkassen abgesehen wird.**

(2) **Der Verzugszinssatz beträgt abweichend von § 497 Abs. 1 für das Jahr 2,5 Prozentpunkte über dem Basiszinssatz.**

(3) **§ 498 Satz 1 Nr. 1 gilt mit der Maßgabe, dass der Darlehensnehmer mit mindestens zwei aufeinander folgenden Teilzahlungen ganz oder teilweise und mit mindestens 2,5 Prozent des Nennbetrags des Darlehens in Verzug sein muss.**

1 In der Vorschrift werden die bislang auf mehrere Vorschriften verteilten **Sonderregelungen** für grundpfandrechtlich abgesicherte Verbraucherdarlehen (Immobiliarkredit, s § 488 Rz 4) zusammengefasst. Wegen der hohen Darlehensvaluta und den damit regelmäßig einhergehenden Risiken sowie der langen Laufzeiten werden Immobiliardarlehensverträge eines Verbrauchers grds in den Schutzbereich der §§ 491ff einbezogen (BT-Drucks 16/11643, 88). Abs 1 beinhaltet eine **Legaldefinition** des Begriffs und legt fest, welche Vorschriften auf das Immobiliardarlehen nicht anwendbar sind. Abs 2 enthält eine Sondervorschrift zur Bestimmung des **Verzugszinssatzes.** Der bereits durch das RisikobegrenzungsG v 12. 8. 2008 (BGBl I S 1666) eingeführte Abs 3 verbessert den Kündigungsschutz des Verbrauchers und schützt ihn vor Risiken, die ihm wegen der Abtretung der Darlehensforderungen durch den Darlehensgeber entstehen **(Kredithandel).**

§ 504. Eingeräumte Überziehungsmöglichkeit

(1) **[1]Ist ein Verbraucherdarlehen in der Weise gewährt, dass der Darlehensgeber in einem Vertragsverhältnis über ein laufendes Konto dem Darlehensnehmer das Recht einräumt, sein Konto in bestimmter Höhe zu überziehen (Überziehungsmöglichkeit), hat der Darlehensgeber den Darlehensnehmer in regelmäßigen Zeitabständen über die Angaben zu unterrichten, die sich aus Artikel 247 § 16 des Einführungsgesetzes zum Bürgerlichen Gesetzbuche ergeben. [2]Ein Anspruch auf Vorfälligkeitsentschädigung aus § 502 ist ausgeschlossen. [3]§ 493 Abs. 3 ist nur bei einer Erhöhung des Sollzinssatzes anzuwenden und gilt entsprechend bei einer Erhöhung der vereinbarten sonstigen Kosten. [4]§ 499 Abs. 1 ist nicht anzuwenden.**

(2) [1]Ist in einer Überziehungsmöglichkeit vereinbart, dass nach der Auszahlung die Laufzeit höchstens drei Monate beträgt oder der Darlehensgeber kündigen kann, ohne eine Frist einzuhalten, sind § 491a Abs. 3, die §§ 495, 499 Abs. 2 und § 500 Abs. 1 Satz 2 nicht anzuwenden. [2]§ 492 Abs. 1 ist nicht anzuwenden, wenn außer den Sollzinsen keine weiteren laufenden Kosten vereinbart sind, die Sollzinsen nicht in kürzeren Zeiträumen als drei Monaten fällig werden und der Darlehensgeber dem Darlehensnehmer den Vertragsinhalt spätestens unverzüglich nach Vertragsabschluss in Textform mitteilt.

Die Vorschrift enthält Sonderregelungen für Dispositionskredite. Ein Dispositions- 1
kredit zeichnet sich dadurch aus, dass zunächst die Bank ihrem Kunden nur die in Abs 1 S 1 legaldefinierte Überziehungsmöglichkeit einräumt. Der Darlehensvertrag kommt erst zustande, wenn der Kunde diesen Kredit durch ein Auszahlungsbegehren oder Erteilung eines Überweisungsauftrags abruft. Abzugrenzen ist diese vereinbarte Überziehung von der **geduldeten Kontoüberziehung** in § 505. Dort lässt die Bank Verfügungen des Kunden zu, ohne dass diese noch von dem dem Kunden eingeräumten Kreditrahmen gedeckt sind.

§ 505. Geduldete Überziehung

(1) [1]Vereinbart ein Unternehmer in einem Vertrag mit einem Verbraucher über ein laufendes Konto ohne eingeräumte Überziehungsmöglichkeit ein Entgelt für den Fall, dass er eine Überziehung des Kontos duldet, müssen in diesem Vertrag die Angaben nach Artikel 247 § 17 Abs. 1 des Einführungsgesetzes zum Bürgerlichen Gesetzbuche in Textform enthalten sein und dem Verbraucher in regelmäßigen Zeitabständen in Textform mitgeteilt werden. [2]Satz 1 gilt entsprechend, wenn ein Darlehensgeber mit einem Darlehensnehmer in einem Vertrag über ein laufendes Konto mit eingeräumter Überziehungsmöglichkeit ein Entgelt für den Fall vereinbart, dass er eine Überziehung des Kontos über die vertraglich bestimmte Höhe hinaus duldet.

(2) Kommt es im Fall des Absatzes 1 zu einer erheblichen Überziehung von mehr als einem Monat, unterrichtet der Darlehensgeber den Darlehensnehmer unverzüglich in Textform über die sich aus Artikel 247 § 17 Abs. 2 des Einführungsgesetzes zum Bürgerlichen Gesetzbuche ergebenden Einzelheiten.

(3) Verstößt der Unternehmer gegen Absatz 1 oder Absatz 2, kann der Darlehensgeber über die Rückzahlung des Darlehens hinaus Kosten und Zinsen nicht verlangen.

(4) Die §§ 491a bis 496 und 499 bis 502 sind auf Verbraucherdarlehensverträge, die unter den in Absatz 1 genannten Voraussetzungen zustande kommen, nicht anzuwenden.

Untertitel 2. Finanzierungshilfen zwischen einem Unternehmer und einem Verbraucher

§ 506. Zahlungsaufschub, sonstige Finanzierungshilfe

(1) Die Vorschriften der §§ 358 bis 359a und 491a bis 502 sind mit Ausnahme des § 492 Abs. 4 und vorbehaltlich der Absätze 3 und 4 auf Verträge entsprechend anzuwenden, durch die ein Unternehmer einem Verbraucher einen entgeltlichen Zahlungsaufschub oder eine sonstige entgeltliche Finanzierungshilfe gewährt.

(2) [1]Verträge zwischen einem Unternehmer und einem Verbraucher über die entgeltliche Nutzung eines Gegenstandes gelten als entgeltliche Finanzierungshilfe, wenn vereinbart ist, dass

1. der Verbraucher zum Erwerb des Gegenstandes verpflichtet ist,
2. der Unternehmer vom Verbraucher den Erwerb des Gegenstandes verlangen kann oder
3. der Verbraucher bei Beendigung des Vertrags für einen bestimmten Wert des Gegenstandes einzustehen hat.

[2]Auf Verträge gemäß Satz 1 Nr. 3 sind § 500 Abs. 2 und § 502 nicht anzuwenden.

(3) **Für Verträge, die die Lieferung einer bestimmten Sache oder die Erbringung einer bestimmten anderen Leistung gegen Teilzahlungen zum Gegenstand haben (Teilzahlungsgeschäfte), gelten vorbehaltlich des Absatzes 4 zusätzlich die in den §§ 507 und 508 geregelten Besonderheiten.**

(4) **[1]Die Vorschriften dieses Untertitels sind in dem in § 491 Abs. 2 und 3 bestimmten Umfang nicht anzuwenden. [2]Soweit nach der Vertragsart ein Nettodarlehensbetrag (§ 491 Abs. 2 Nr. 1) nicht vorhanden ist, tritt an seine Stelle der Barzahlungspreis oder, wenn der Unternehmer den Gegenstand für den Verbraucher erworben hat, der Anschaffungspreis.**

1 **1. Allgemeines.** Die Vorschrift regelt im Zusammenspiel mit den §§ 507–509, welche Vorschriften auf entgeltliche Zahlungsaufschübe von mehr als drei Monaten und auf sonstige entgeltliche Finanzierungshilfen für Verbraucher Anwendung finden. Ratenlieferungsverträge nach § 510 sind damit keine Finanzierungshilfen (*MüKo-Schürnbrand* § 505 Rz 1).

2 **2.** Ein **Zahlungsaufschub** iSd **Abs 1** liegt vor, wenn die vereinbarte Leistungszeit *zugunsten* des Verbrauchers vom dispositiven Recht abweicht. Bsp: Wenn der Verbraucher bei einem auf zwölf Monate abgeschlossenen Repetitor-Vertrag zwischen der günstigeren jährlichen Zahlung im Voraus und monatlicher Ratenzahlung wählen kann, liegt kein Zahlungsaufschub vor. Die monatliche Ratenzahlung stellt hier nach § 614 nämlich den gesetzlichen Regelfall dar. Dies gilt selbst dann, wenn der Verbraucher bei Vorauszahlung ein geringeres Entgelt leisten müsste (*Jauernig-Mansel* § 499 Rz 5). Wichtigster Fall des Zahlungsaufschubs ist die **Stundung. Entgeltlichkeit** ist gegeben, wenn der Teilzahlungspreis den Barzahlungspreis übersteigt. Der Teilzahlungspreis ist der Gesamtbetrag von Anzahlung und allen Teilzahlungen samt Zinsen und sonstiger Kosten.

3 **3. Finanzierungsleasing. a) Abs 2** bestimmt, dass ein Verbrauchervertrag über die entgeltliche Nutzung eines Gegenstands als entgeltliche Finanzierungshilfe gilt, wenn eine **Erwerbsverpflichtung** des Verbrauchers besteht **(Nr 1),** der Unternehmer den **Erwerb** von dem Verbraucher verlangen kann **(Nr 2)** oder der Verbraucher einen vereinbarten **Restwert** bei Vertragsende garantieren muss **(Nr 3).** Gegenstand meint dabei bewegliche und unbewegliche Sachen sowie Forderungen und sonstige Vermögensrechte (BT-Drucks 16/11 643, 92). Die Vorschrift dient der Abgrenzung der Finanzierungshilfen zu bloßen Mietverträgen, die nicht von der Verbraucherkredit-RL (2008/48/EG) umfasst sind. Namentlich das **Andienungsrecht** der Finanzierungsleasingverträge fällt unter Nr 2 (BT-Drucks 16/11 643, 92). **b)** Die Vorschriften der §§ 358, 359 über **verbundene Verträge** gelten für das Finanzierungsleasing (s Vor § 535 Rz 3, 6 ff) entsprechend. Zwar erfüllt die **Abtretungskonstruktion** des Finanzierungsleasings die Voraussetzungen eines verbundenen Geschäfts nicht mangels Vorliegens zweier Vertragsschlüsse. Trotzdem ist wegen des entsprechenden Verweises aus Verbraucherschutzgesichtspunkten die Anwendbarkeit zu bejahen (vgl Vor § 535 Rn 11). Der Mangel der **Schriftform** (§ 492 I 1) hat nach § 125 S 1 die Nichtigkeit des Finanzierungsleasingvertrags zur Folge (vgl *MüKo-Schürnbrand* § 500 Rz 6).

4 **4. Teilzahlungsgeschäfte** sind Unterfälle der sonstigen Finanzierungshilfe. Abs 3 enthält eine Legaldefinition des Teilzahlungsgeschäfts, dessen praktisch wichtigste

Form der Abzahlungskauf ist. Das Herstellerleasing ist Teilzahlungsgeschäft (zum Begriff Vor § 535 Rz 5). Denn der Hersteller tritt selbst als Leasinggeber auf.

§ 507. Teilzahlungsgeschäfte

(1) [1]**§ 494 Abs. 1 bis 3 und 6 Satz 3 ist auf Teilzahlungsgeschäfte nicht anzuwenden.** [2]**Gibt der Verbraucher sein Angebot zum Vertragsabschluss im Fernabsatz auf Grund eines Verkaufsprospekts oder eines vergleichbaren elektronischen Mediums ab, aus dem der Barzahlungspreis, der Sollzinssatz, der effektive Jahreszins, ein Tilgungsplan anhand beispielhafter Gesamtbeträge sowie die zu stellenden Sicherheiten und Versicherungen ersichtlich sind, ist auch § 492 Abs. 1 nicht anzuwenden, wenn der Unternehmer dem Verbraucher den Vertragsinhalt spätestens unverzüglich nach Vertragsabschluss in Textform mitteilt.**

(2) [1]**Das Teilzahlungsgeschäft ist nichtig, wenn die vorgeschriebene Schriftform des § 492 Abs. 1 nicht eingehalten ist oder im Vertrag eine der in Artikel 247 §§ 6, 12 und 13 des Einführungsgesetzes zum Bürgerlichen Gesetzbuche vorgeschriebenen Angaben fehlt.** [2]**Ungeachtet eines Mangels nach Satz 1 wird das Teilzahlungsgeschäft gültig, wenn dem Verbraucher die Sache übergeben oder die Leistung erbracht wird.** [3]**Jedoch ist der Barzahlungspreis höchstens mit dem gesetzlichen Zinssatz zu verzinsen, wenn die Angabe des Gesamtbetrags oder des effektiven Jahreszinses fehlt.** [4]**Ist ein Barzahlungspreis nicht genannt, so gilt im Zweifel der Marktpreis als Barzahlungspreis.** [5]**Ist der effektive Jahreszins zu niedrig angegeben, so vermindert sich der Gesamtbetrag um den Prozentsatz, um den der effektive Jahreszins zu niedrig angegeben ist.**

(3) [1]**Abweichend von den §§ 491a und 492 Abs. 2 dieses Gesetzes und von Artikel 247 §§ 3, 6 und 12 des Einführungsgesetzes zum Bürgerlichen Gesetzbuche müssen in der vorvertraglichen Information und im Vertrag der Barzahlungspreis und der effektive Jahreszins nicht angegeben werden, wenn der Unternehmer nur gegen Teilzahlungen Sachen liefert oder Leistungen erbringt.** [2]**Im Fall des § 501 ist der Berechnung der Kostenermäßigung der gesetzliche Zinssatz (§ 246) zugrunde zu legen.** [3]**Ein Anspruch auf Vorfälligkeitsentschädigung ist ausgeschlossen.**

Auf die **Form von Teilzahlungsgeschäften** iSd § 506 III finden § 494 I–III, VI 3 keine Anwendung. Stattdessen enthält § 507 spezielle Regelungen über erforderliche Angaben und Rechtsfolgen von **Formmängeln** bei Teilzahlungsgeschäften. Bei Verstoß gegen das Schriftformerfordernis des § 492 I 2 oder bei **Fehlen von Angaben** nach Art 247 §§ 6–8 und 12–13 EGBGB tritt Nichtigkeit gemäß Abs 2 S 1 ein. Abs 1 S 1 verweist teilweise auf die Heilungsvorschriften des § 494. S 2 regelt die engen Voraussetzungen für Vertragsschlüsse im **Fernabsatzhandel** (vgl § 312b), unter denen auf die Schriftform verzichtet werden kann. Voraussetzung hierfür ist, dass die Initiative für den Vertragsschluss von dem Verbraucher ausgeht, diese letztlich aber auf einem Verkaufsprospekt des Unternehmers beruht. §§ 507 und 508 sind für das Teilzahlungsgeschäft **abschließend** (*Hk-Ebert* Rz 1). 1

§ 508. Rückgaberecht, Rücktritt bei Teilzahlungsgeschäften

(1) [1]**Anstelle des dem Verbraucher gemäß § 495 Abs. 1 zustehenden Widerrufsrechts kann dem Verbraucher bei Verträgen über die Lieferung einer bestimmten Sache ein Rückgaberecht nach § 356 eingeräumt werden.** [2]**§ 495 Abs. 2 gilt für das Rückgaberecht entsprechend.**

(2) [1]**Der Unternehmer kann von einem Teilzahlungsgeschäft wegen Zahlungsverzugs des Verbrauchers nur unter den in § 498 Satz 1 bezeichneten Voraussetzungen zurücktreten.** [2]**Dem Nennbetrag entspricht der Gesamtbetrag.** [3]**Der**

Verbraucher hat dem Unternehmer auch die infolge des Vertrags gemachten Aufwendungen zu ersetzen. [4]Bei der Bemessung der Vergütung von Nutzungen einer zurückzugewährenden Sache ist auf die inzwischen eingetretene Wertminderung Rücksicht zu nehmen. [5]Nimmt der Unternehmer die auf Grund des Teilzahlungsgeschäfts gelieferte Sache wieder an sich, gilt dies als Ausübung des Rücktrittsrechts, es sei denn, der Unternehmer einigt sich mit dem Verbraucher, diesem den gewöhnlichen Verkaufswert der Sache im Zeitpunkt der Wegnahme zu vergüten. [6]Satz 5 gilt entsprechend, wenn ein Vertrag über die Lieferung einer Sache mit einem Verbraucherdarlehensvertrag verbunden ist (§ 358 Absatz 3) und wenn der Darlehensgeber die Sache an sich nimmt; im Falle des Rücktritts bestimmt sich das Rechtsverhältnis zwischen dem Darlehensgeber und dem Verbraucher nach den Sätzen 3 und 4.

1 Für den Rücktritt des Unternehmers wegen **Zahlungsverzugs** des Verbrauchers enthält **Abs 2 S 1** eine Sonderregelung, die § 323 I verdrängt. Erforderlich sind ein Rücktrittsrecht gem § 498 I und eine wirksame Rücktrittserklärung (§ 349). Die Erklärung (nicht der Rücktrittsgrund! *Bülow/Artz* Rz 299; aA *MüKo-Schürnbrand* § 503 Rz 47) wird fingiert **(Rücktrittsfiktion),** wenn der Unternehmer die Sache wieder an sich nimmt (Abs 2 S 5). Denn der Käufer soll nach Verlust der Kaufsache nicht noch zur Kaufpreiszahlung verpflichtet bleiben. Str ist, wann ein Ansichnehmen bei einer Zwangsvollstreckung im Auftrag des Unternehmers anzunehmen ist (vgl hierzu näher *Medicus/Lorenz* SchR II Rz 308). Die Rechtsfolgen des Rücktritts bestimmen sich nach §§ 346ff. Darüber hinaus gibt Abs 2 S 3 einen Geldanspruch auf Aufwendungsersatz.

§ 509. Prüfung der Kreditwürdigkeit

[1]Vor dem Abschluss eines Vertrags über eine entgeltliche Finanzierungshilfe hat der Unternehmer die Kreditwürdigkeit des Verbrauchers zu bewerten. [2]Grundlage für die Bewertung können Auskünfte des Verbrauchers und erforderlichenfalls Auskünfte von Stellen sein, die geschäftsmäßig personenbezogene Daten, die zur Bewertung der Kreditwürdigkeit von Verbrauchern genutzt werden dürfen, zum Zweck der Übermittlung erheben, speichern oder verändern. [3]Die Bestimmungen zum Schutz personenbezogener Daten bleiben unberührt.

Untertitel 3. Ratenlieferungsverträge zwischen einem Unternehmer und einem Verbraucher

§ 510. Ratenlieferungsverträge

(1) **[1]Dem Verbraucher steht vorbehaltlich des Satzes 2 bei Verträgen mit einem Unternehmer, in denen die Willenserklärung des Verbrauchers auf den Abschluss eines Vertrags gerichtet ist, der**

1. die Lieferung mehrerer als zusammengehörend verkaufter Sachen in Teilleistungen zum Gegenstand hat und bei dem das Entgelt für die Gesamtheit der Sachen in Teilzahlungen zu entrichten ist oder
2. die regelmäßige Lieferung von Sachen gleicher Art zum Gegenstand hat oder
3. die Verpflichtung zum wiederkehrenden Erwerb oder Bezug von Sachen zum Gegenstand hat,

ein Widerrufsrecht gemäß § 355 zu. [2]Dies gilt nicht in dem in § 491 Abs. 2 und 3 bestimmten Umfang. [3]Dem in § 491 Abs. 2 Nr. 1 genannten Nettodarlehensbetrag entspricht die Summe aller vom Verbraucher bis zum frühestmöglichen Kündigungszeitpunkt zu entrichtenden Teilzahlungen.

(2) [1]**Der Ratenlieferungsvertrag nach Absatz 1 bedarf der schriftlichen Form.** [2]**Satz 1 gilt nicht, wenn dem Verbraucher die Möglichkeit verschafft wird, die Vertragsbestimmungen einschließlich der Allgemeinen Geschäftsbedingungen bei Vertragsschluss abzurufen und in wiedergabefähiger Form zu speichern.** [3]**Der Unternehmer hat dem Verbraucher den Vertragsinhalt in Textform mitzuteilen.**

1. Zweck der Vorschrift. Aus der Bezugsbindung bei einem Ratenlieferungsvertrag erwachsen dem Verbraucher langfristige finanzielle Belastungen, die denen eines Darlehensnehmers vergleichbar sind. Widerrufsrecht (Abs 1) und Schriftformerfordernis (Abs 2) sollen daher vor übereilten Entscheidungen beim Vertragsschluss schützen. 1

2. Anwendungsbereich. a) Ein Ratenlieferungsvertrag ist nach **Nr 1** ein Vertrag über Teilleistungen zusammengehörend verkaufter Sachen gegen Teilzahlungen oder die sukzessive Lieferung einer Sachgesamtheit (zB mehrbändige Lexikonreihen, mehrteilige Sprachkurs-CDs: BGH NJW-RR 90, 1011). **b) Nr 2** umfasst die Lieferung gleichartiger Sachen (zB Zeitungsabonnement: BGH NJW 1987, 124; Wasser-, Stromlieferungen). **c) Nr 3** regelt die (auch sporadische) Lieferung wiederkehrender, auch unterschiedlicher Waren (zB Buchclub). **d) Nicht** umfasst von der Vorschrift sind **Werkverträge,** beispielsweise ein Pay-TV-Abonnement. Auch eine analoge Anwendung von § 510 scheidet in diesen Fällen aus (BGH NJW 2003, 1932). 2

3. Die in **Abs 2 S 2** enthaltene **Ausnahme** vom **Schriftformerfordernis** des S 1 ist für Ratenlieferungsverträge im Rahmen des elektronischen Fernabsatzes relevant (BT-Drucks 14/6040, 258). Der Unternehmer muss dem Verbraucher den Inhalt des Vertrags in Textform mitteilen (S 2). 3

Untertitel 4. Unabdingbarkeit, Anwendung auf Existenzgründer

§ 511. Abweichende Vereinbarungen

[1]**Von den Vorschriften der §§ 491 bis 510 darf, soweit nicht ein anderes bestimmt ist, nicht zum Nachteil des Verbrauchers abgewichen werden.** [2]**Diese Vorschriften finden auch Anwendung, wenn sie durch anderweitige Gestaltungen umgangen werden.**

§ 512. Anwendung auf Existenzgründer

Die §§ 491 bis 511 gelten auch für natürliche Personen, die sich ein Darlehen, einen Zahlungsaufschub oder eine sonstige Finanzierungshilfe für die Aufnahme einer gewerblichen oder selbständigen beruflichen Tätigkeit gewähren lassen oder zu diesem Zweck einen Ratenlieferungsvertrag schließen, es sei denn, der Nettodarlehensbetrag oder Barzahlungspreis übersteigt 75 000 Euro.

§ 512 stellt eine **Schutzvorschrift** zugunsten von Existenzgründern dar. Zugleich findet sich in ihr die Legaldefinition dieses Begriffs (*Hk-Ebert* Rz 2). Aufgrund der **Summenbeschränkung** handelt es sich um kleinere Darlehen für den Aufbau eines einfachen Gewerbes, in dem das persönliche Engagement einer Person ohne kaufmännische Erfahrung im Vordergrund steht (BT-Drucks 16/11 642, 96). Auch von der Norm umfasst ist die Gründung eines von einem bestehenden Unternehmen unabhängigen Gewerbes (BGH NJW 1998, 540). Das **Ende** dieser **Existenzgründungsphase** wird idR mit Auftreten im Geschäftsverkehr erreicht (Ladeneröffnung, Produktionsbeginn, *Erman-Saenger* § 507 Rz 4). 1

§§ 513 bis 515. *(weggefallen)*

Titel 4. Schenkung

§ 516. Begriff der Schenkung

(1) **Eine Zuwendung, durch die jemand aus seinem Vermögen einen anderen bereichert, ist Schenkung, wenn beide Teile darüber einig sind, dass die Zuwendung unentgeltlich erfolgt.**

(2) [1]**Ist die Zuwendung ohne den Willen des anderen erfolgt, so kann ihn der Zuwendende unter Bestimmung einer angemessenen Frist zur Erklärung über die Annahme auffordern.** [2]**Nach dem Ablauf der Frist gilt die Schenkung als angenommen, wenn nicht der andere sie vorher abgelehnt hat.** [3]**Im Falle der Ablehnung kann die Herausgabe des Zugewendeten nach den Vorschriften über die Herausgabe einer ungerechtfertigten Bereicherung gefordert werden.**

1 **1. Allgemeines.** Das Gesetz **unterscheidet** zwischen zwei Arten von Schenkungsverträgen. Bei der formfrei gültigen **Handschenkung** (§ 516 I) führt die Einigung der Parteien über die Unentgeltlichkeit der bereits vollzogenen oder zur gleichen Zeit bewirkten Zuwendung zur Kondiktionsfestigkeit des Erwerbs (Abrede über den Rechtsgrund, *Larenz* SchR II/1 § 47 I). Das **Schenkungsversprechen** (§ 518 I) hingegen stellt einen einseitig verpflichtenden Vertrag dar, der zum Schutz des Schenkers vor übereilten Entschlüssen notarieller Beurkundung bedarf.

2 **2.** Die **Zuwendung** muss „aus dem Vermögen" des Schenkers, dh aus der Vermögenssubstanz erfolgen. Für die **Abgrenzung** gegenüber anderen unentgeltlichen Verträgen gilt: Die §§ 662ff und nicht §§ 516ff finden Anwendung, wenn einem anderen unentgeltlich Dienste geleistet werden. Die unentgeltliche Gebrauchsüberlassung – auch einer Wohnung auf Lebenszeit – ist Leihe (BGHZ 82, 354, 356ff; *MüKo-Koch* Rz 6ff mwN). Schenkungsrecht gilt ferner nicht für unverzinsliche Darlehen, unentgeltliche Verwahrung und Bürgschaft.

3 **3.** Die **Entreicherung** des Schenkers erfordert nicht, dass der vom Schenker geleistete Gegenstand mit dem vom Beschenkten empfangenen identisch sein muss; möglich ist auch eine **mittelbare Schenkung** (Bsp: Kaufvertrag zugunsten eines Dritten, bei dem im Valutaverhältnis § 516 vorliegt).

4 **4.** Die **Bereicherung** des Beschenkten ist rein objektiv festzustellen. An der Bereicherung fehlt es bei treuhänderischen Rechtsgeschäften (näher *Erman-Herrmann* Rz 6).

5 **5. Unentgeltlichkeit der Zuwendung** bedeutet, dass der Zuwendung keine irgendwie geartete Gegenleistung des Beschenkten entspricht. **a)** Zulässig ist indes die **Schenkung unter Auflage** (§§ 525ff). Sie ist anzunehmen, wenn die Gegenleistung aus dem Wert des Geschenkes erbracht werden soll (vgl § 526). Von der Schenkung unter Auflage ist die **Zweckschenkung** abzugrenzen. Eine solche liegt vor, wenn ein über die Zuwendung des Geschenkes hinausgehender Zweck die Geschäftsgrundlage der Schenkung bildet. Wird der Zweck nicht erreicht, kann der Schenker vom Beschenkten die Herausgabe des Geschenkes gem § 812 I S 2 Fall 2 verlangen (BGH NJW 1984, 233). Einer Schenkung steht ferner nicht entgegen, dass der Schenker sich durch die Zuwendung bei dem Beschenkten bedanken will (**remuneratorische Schenkung,** Bsp: Geschenk an den Lebensretter). Der letztgenannte Fall ist zu unterscheiden von der großzügigen Entlohnung erbrachter Leistungen (Gratifikation, näher *Larenz* SchR II/1 § 47 I).

6 **b)** Zuwendungen unter Ehegatten erfolgen häufig nicht als Schenkung, sondern als sog **ehebezogene Zuwendung** (auch unbenannte Zuwendung genannt). Dabei handelt es sich um eine Zuwendungsform sui generis. Eine ehebezogene Zuwendung liegt vor, wenn ein Ehegatte dem anderen einen Vermögenswert um der Ehe willen und als Beitrag zur Verwirklichung und Ausgestaltung, Erhaltung oder Sicherung der

ehelichen Lebensgemeinschaft zukommen lässt, wobei er die Erwartung hegt, dass die eheliche Lebensgemeinschaft Bestand haben und er innerhalb dieser Gemeinschaft weiterhin an dem Vermögenswert teilhaben werde (BGH NJW 2006, 2330). Darin liegt die Geschäftsgrundlage der Zuwendung (vgl § 1378 Rz 7).

c) Anderes gilt für **Zuwendungen der Schwiegereltern** an ihr Schwiegerkind, 7 auf die die alte Rspr ebenfalls die Grundsätze der unbenannten Zuwendung anwandte (BGHZ 129, 259, 263f). Nach neuer Rspr kann jedoch bei schwiegerelterlichen Zuwendungen eine Schenkung vorliegen (BGH NJW 2010, 2202; 2884). In solchen Fällen fehle es nämlich nicht an einer Einigung über die Unentgeltlichkeit der Zuwendung. Denn diese setze weder voraus, dass der Empfänger frei über den zugewandten Gegenstand verfügen kann, noch dass der Empfänger einseitig begünstigt wird (arg ex § 525 BGB). Auch liege der Zuwendung die Vorstellung zu Grunde, zukünftig an dem Gegenstand nicht mehr selbst zu partizipieren (Unterschied zu Zuwendungen unter Eheleuten). Ein Ausgleich ist dabei über die Grundsätze des Wegfalls der Geschäftsgrundlage sowie – bei Vorliegen einer Zweckabrede – über § 812 I 2 Alt 2 (vgl § 812 Rz 15) denkbar (BGH aaO).

6. Gemischte Schenkung ist ein einheitlicher Vertrag, bei dem ein objektives 8 Missverhältnis von Leistung und Gegenleistung besteht und die Parteien übereinstimmend wollen, dass der Mehrwert unentgeltlich zugewendet wird. Im Unterschied zur Schenkung unter Auflage (s oben Rz 5) und zum sog „Kauf zum Freundschaftspreis" (reiner Kauf) liegt ein Typenverschmelzungsvertrag vor. Die Vorschriften des Schenkungsrechts finden dabei grds nur auf den unentgeltlichen Teil Anwendung (str, näher *MüKo-Koch* Rz 34ff).

§ 517. Unterlassen eines Vermögenserwerbs

Eine Schenkung liegt nicht vor, wenn jemand zum Vorteil eines anderen einen Vermögenserwerb unterlässt oder auf ein angefallenes, noch nicht endgültig erworbenes Recht verzichtet oder eine Erbschaft oder ein Vermächtnis ausschlägt.

§ 518. Form des Schenkungsversprechens

(1) [1]**Zur Gültigkeit eines Vertrags, durch den eine Leistung schenkweise versprochen wird, ist die notarielle Beurkundung des Versprechens erforderlich.** [2]**Das Gleiche gilt, wenn ein Schuldversprechen oder ein Schuldanerkenntnis der in den §§ 780, 781 bezeichneten Art schenkweise erteilt wird, von dem Versprechen oder der Anerkennungserklärung.**

(2) **Der Mangel der Form wird durch die Bewirkung der versprochenen Leistung geheilt.**

Vollzug der Schenkung und damit Heilung des Formmangels gem Abs 2 wird 1 von der hM bejaht, wenn der Schenker alles getan hat, was zur Herbeiführung des Leistungserfolgs von seiner Seite erforderlich ist; der Eintritt des Leistungserfolgs ist nicht notwendig (*Palandt-Weidenkaff* Rz 9; *Jauernig-Mansel* Rz 6; aA *Erman-Herrmann* Rz 5). Begründet wird diese heilungsfreundliche Auslegung damit, dass bereits mit Vornahme der Leistungshandlung dem Schenker die Folgen seines Tuns vor Augen geführt werden, so dass der Schutzzweck des § 518 gewahrt ist. Zur Heilung eines formnichtigen Schenkungsversprechens unter Lebenden reicht es sogar aus, dass der Versprechensempfänger die Leistung nach dem Tod des Versprechenden von dessen Erben oder über eine postmortale Vollmacht erhält (BGHZ 99, 97, 100). Dagegen kann bei einer Schenkung auf den Todesfall eine Leistung nach dem Tod keine Heilung bewirken, weil § 2301 II dann nicht eingreift und das Schenkungsversprechen allein den erbrechtlichen Vorschriften untersteht; s § 2301 Rz 4.

§ 519. Einrede des Notbedarfs

(1) **Der Schenker ist berechtigt, die Erfüllung eines schenkweise erteilten Versprechens zu verweigern, soweit er bei Berücksichtigung seiner sonstigen Verpflichtungen außerstande ist, das Versprechen zu erfüllen, ohne dass sein angemessener Unterhalt oder die Erfüllung der ihm kraft Gesetzes obliegenden Unterhaltspflichten gefährdet wird.**

(2) **Treffen die Ansprüche mehrerer *Beschenkten* zusammen, so geht der früher entstandene Anspruch vor.**

§ 520. Erlöschen eines Rentenversprechens

Verspricht der Schenker eine in wiederkehrenden Leistungen bestehende Unterstützung, so erlischt die Verbindlichkeit mit seinem Tode, sofern nicht aus dem Versprechen sich ein anderes ergibt.

§ 521. Haftung des Schenkers

Der Schenker hat nur Vorsatz und grobe Fahrlässigkeit zu vertreten.

1 **1. Normzweck.** Die Haftungsmilderung soll den altruistisch handelnden Schenker privilegieren.

2 **2. Anwendungsbereich.** § 521 erfasst unmittelbar das Verschulden bei der Nichterfüllung der Leistungspflicht; für Rechts- und Sachmängel gelten §§ 523, 524. Problematisch ist die Erstreckung der Haftungsmilderung auf Ansprüche auf Grund von **Schutzpflichtverletzungen** (§§ 280 I, 241 II) sowie auf konkurrierende deliktische Ansprüche. Der BGH bejaht im Kartoffelpülpe-Fall (BGHZ 93, 23; dazu *Medicus/Petersen* Rz 209 a) die Anwendbarkeit des § 521 jedenfalls dann, wenn die verletzte Schutzpflicht „im Zusammenhang mit dem Vertragsgegenstand steht". Diese Rspr wird in der Lit zT abgelehnt, soweit der Beschenkte in seinem Integritätsinteresse verletzt wird (*Jauernig-Mansel* Rz 1; *Erman-Herrmann* Rz 3). Zur analogen Anwendung des § 521 auf **Gefälligkeitsverhältnisse** s Vor § 241 Rz 2.

§ 522. Keine Verzugszinsen

Zur Entrichtung von Verzugszinsen ist der Schenker nicht verpflichtet.

§ 523. Haftung für Rechtsmängel

(1) **Verschweigt der Schenker arglistig einen Mangel im Recht, so ist er verpflichtet, dem Beschenkten den daraus entstehenden Schaden zu ersetzen.**

(2) [1]**Hatte der Schenker die Leistung eines Gegenstandes versprochen, den er erst erwerben sollte, so kann der Beschenkte wegen eines Mangels im Recht Schadensersatz wegen Nichterfüllung verlangen, wenn der Mangel dem Schenker bei dem Erwerb der Sache bekannt gewesen oder infolge grober Fahrlässigkeit unbekannt geblieben ist.** [2]**Die für die Haftung des Verkäufers für Rechtsmängel geltenden Vorschriften des § 433 Abs. 1 und der §§ 435, 436, 444, 452, 453 finden entsprechende Anwendung.**

§ 524. Haftung für Sachmängel

(1) **Verschweigt der Schenker arglistig einen Fehler der verschenkten Sache, so ist er verpflichtet, dem Beschenkten den daraus entstehenden Schaden zu ersetzen.**

(2) [1]**Hatte der Schenker die Leistung einer nur der Gattung nach bestimmten Sache versprochen, die er erst erwerben sollte, so kann der Beschenkte, wenn**

die geleistete Sache fehlerhaft und der Mangel dem Schenker bei dem Erwerb der Sache bekannt gewesen oder infolge grober Fahrlässigkeit unbekannt geblieben ist, verlangen, dass ihm anstelle der fehlerhaften Sache eine fehlerfreie geliefert wird. [2]Hat der Schenker den Fehler arglistig verschwiegen, so kann der Beschenkte statt der Lieferung einer fehlerfreien Sache Schadensersatz wegen Nichterfüllung verlangen. [3]Auf diese Ansprüche finden die für die Gewährleistung wegen Fehler einer verkauften Sache geltenden Vorschriften entsprechende Anwendung.

§ 525. Schenkung unter Auflage

(1) **Wer eine Schenkung unter einer Auflage macht, kann die Vollziehung der Auflage verlangen, wenn er seinerseits geleistet hat.**

(2) **Liegt die Vollziehung der Auflage im öffentlichen Interesse, so kann nach dem Tod des Schenkers auch die zuständige Behörde die Vollziehung verlangen.**

§ 526. Verweigerung der Vollziehung der Auflage

[1]Soweit infolge eines Mangels im Recht oder eines Mangels der verschenkten Sache der Wert der Zuwendung die Höhe der zur Vollziehung der Auflage erforderlichen Aufwendungen nicht erreicht, ist der Beschenkte berechtigt, die Vollziehung der Auflage zu verweigern, bis der durch den Mangel entstandene Fehlbetrag ausgeglichen wird. [2]Vollzieht der Beschenkte die Auflage ohne Kenntnis des Mangels, so kann er von dem Schenker Ersatz der durch die Vollziehung verursachten Aufwendungen insoweit verlangen, als sie infolge des Mangels den Wert der Zuwendung übersteigen.

§ 527. Nichtvollziehung der Auflage

(1) **Unterbleibt die Vollziehung der Auflage, so kann der Schenker die Herausgabe des Geschenkes unter den für das Rücktrittsrecht bei gegenseitigen Verträgen bestimmten Voraussetzungen nach den Vorschriften über die Herausgabe einer ungerechtfertigten Bereicherung insoweit fordern, als das Geschenk zur Vollziehung der Auflage hätte verwendet werden müssen.**

(2) **Der Anspruch ist ausgeschlossen, wenn ein Dritter berechtigt ist, die Vollziehung der Auflage zu verlangen.**

Bei Nichtvollziehung der Auflage gewährt Abs 1 dem Schenker gegenüber dem Be- **1**
schenkten insoweit einen Anspruch auf Herausgabe des Geschenkes, als es zur Vollziehung der Auflage hätte verwendet werden müssen. Allerdings müssen, obwohl die Auflagenschenkung kein gegenseitiger Vertrag ist, die „für das Rücktrittsrecht bei gegenseitigen Verträgen bestimmten Voraussetzungen" erfüllt sein. Die Verweisung führt auf § 323. Für den Umfang der Herausgabepflicht enthält Abs 1 eine Rechtsfolgenverweisung auf das Bereicherungsrecht, also namentlich auf § 818; die verschärfte Haftung nach § 819 greift ein, sobald der Beschenkte von dem Rückforderungsbegehren erfahren hat.

§ 528. Rückforderung wegen Verarmung des Schenkers

(1) **[1]Soweit der Schenker nach der Vollziehung der Schenkung außerstande ist, seinen angemessenen Unterhalt zu bestreiten und die ihm seinen Verwandten, seinem Ehegatten, seinem Lebenspartner oder seinem früheren Ehegatten oder Lebenspartner gegenüber gesetzlich obliegende Unterhaltspflicht zu erfüllen, kann er von dem Beschenkten die Herausgabe des Geschenkes nach den Vorschriften über die Herausgabe einer ungerechtfertigten Bereicherung fordern. [2]Der Beschenkte kann die Herausgabe durch Zahlung des für den Unterhalt er-**

forderlichen Betrags abwenden. [3]Auf die Verpflichtung des Beschenkten findet die Vorschrift des § 760 sowie die für die Unterhaltspflicht der Verwandten geltende Vorschrift des § 1613 und im Falle des Todes des Schenkers auch die Vorschrift des § 1615 entsprechende Anwendung.

(2) Unter mehreren Beschenkten haftet der früher Beschenkte nur insoweit, als der später Beschenkte nicht verpflichtet ist.

§ 529. Ausschluss des Rückforderungsanspruchs

(1) Der Anspruch auf Herausgabe des Geschenkes ist ausgeschlossen, wenn der Schenker seine Bedürftigkeit vorsätzlich oder durch grobe Fahrlässigkeit herbeigeführt hat oder wenn zur Zeit des Eintritts seiner Bedürftigkeit seit der Leistung des geschenkten Gegenstandes zehn Jahre verstrichen sind.

(2) Das Gleiche gilt, soweit der Beschenkte bei Berücksichtigung seiner sonstigen Verpflichtungen außerstande ist, das Geschenk herauszugeben, ohne dass sein standesmäßiger Unterhalt oder die Erfüllung der ihm kraft Gesetzes obliegenden Unterhaltspflichten gefährdet wird.

§ 530. Widerruf der Schenkung

(1) Eine Schenkung kann widerrufen werden, wenn sich der Beschenkte durch eine schwere Verfehlung gegen den Schenker oder einen nahen Angehörigen des Schenkers groben Undanks schuldig macht.

(2) Dem Erben des Schenkers steht das Recht des Widerrufs nur zu, wenn der Beschenkte vorsätzlich und widerrechtlich den Schenker getötet oder am Widerruf gehindert hat.

§ 531. Widerrufserklärung

(1) Der Widerruf erfolgt durch Erklärung gegenüber dem Beschenkten.

(2) Ist die Schenkung widerrufen, so kann die Herausgabe des Geschenks nach den Vorschriften über die Herausgabe einer ungerechtfertigten Bereicherung gefordert werden.

§ 532. Ausschluss des Widerrufs

[1]Der Widerruf ist ausgeschlossen, wenn der Schenker dem Beschenkten verziehen hat oder wenn seit dem Zeitpunkt, in welchem der Widerrufsberechtigte von dem Eintritt der Voraussetzungen seines Rechts Kenntnis erlangt hat, ein Jahr verstrichen ist. [2]Nach dem Tode des Beschenkten ist der Widerruf nicht mehr zulässig.

§ 533. Verzicht auf Widerrufsrecht

Auf das Widerrufsrecht kann erst verzichtet werden, wenn der Undank dem Widerrufsberechtigten bekannt geworden ist.

§ 534. Pflicht- und Anstandsschenkungen

Schenkungen, durch die einer sittlichen Pflicht oder einer auf den Anstand zu nehmenden Rücksicht entsprochen wird, unterliegen nicht der Rückforderung und dem Widerruf.

Titel 5. Mietvertrag, Pachtvertrag

Untertitel 1. Allgemeine Vorschriften für Mietverhältnisse

Vor § 535

Das **Leasing,** ein gesetzlich nicht geregelter, für zahlreiche Wirtschaftsgüter gebräuchlicher Vertragstyp, steht der Miete nahe (näher unten Rz 6). 1

1. Der **Begriff** Leasing umfasst unterschiedliche **Vertragsarten** (näher etwa *Medicus/Lorenz* SchR II Rz 1089ff; *Emmerich* JuS 1990, 1). 2

a) Bei dem praktisch im Vordergrund stehenden **Finanzierungsleasing,** auf das sich die folgenden Erläuterungen (unten Rz 6ff) beziehen, erwirbt der Leasinggeber (LG) das Leasinggut beim Lieferanten (L), um es anschließend dem Leasingnehmer (LN) zum Gebrauch zu überlassen. Der LN zahlt Leasingraten an den LG, die zu einer vollen oder teilweisen Amortisation der vom LG für die Anschaffung des Leasingguts gemachten Aufwendungen und Kosten führen (Vollamortisations- oder Teilamortisationsleasing). Der wirtschaftliche Zweck des Leasings besteht darin, dem LN die Nutzung moderner Investitionsgüter zu ermöglichen, ohne ihn zu einem massiven Einsatz von Eigenkapital zu zwingen. Dieser Funktion trägt der Name Finanzierungsleasing Rechnung. Sonderformen des Finanzierungsleasings sind das „sale-and-lease-back"-Verfahren und das Null-Leasing. **aa)** Beim **„sale-and-lease-back"** veräußert der (spätere) LN eine ihm bereits gehörende Sache an den LG, der sie dem LN anschließend auf Grund eines Leasingvertrages zur Nutzung überlässt. Dieser Vertragstyp dient dazu, dem LN Liquidität zu verschaffen und durch die Offenlegung stiller Reserven die Bilanz zu verbessern. An dem für das Leasing im engeren Sinn typischen Dreipersonenverhältnis L–LG–LN fehlt es hier. **bb)** Das **Null-Leasing** ist dadurch gekennzeichnet, dass für die Gebrauchsüberlassung des Leasingguts kein Zins verlangt wird; nach Ablauf der Leasingdauer kann der Kunde die geleaste Sache gegen Zahlung des Restwerts käuflich erwerben (gebräuchlich etwa im Kfz-Handel). 3

b) Mit **Operatingleasing** bezeichnet man Gebrauchsüberlassungsverträge, die für eine festgelegte, meist kurze Laufzeit oder auf unbestimmte Dauer geschlossen werden und bei denen der LN jederzeit ordentlich kündigen kann. Anders als beim Finanzierungsleasing trifft hier den LG das Risiko der Erhaltung des Leasinggutes; letztlich handelt es sich um normale Mietverträge (*Emmerich* JuS 1990, 1, 3), für die auf die Kommentierung der §§ 535ff verwiesen werden kann. 4

c) Auch das **Herstellerleasing,** bei dem der LG entweder eine Tochtergesellschaft des L oder mit diesem identisch ist und das sich besonders im Kfz-Handel findet, muss vom Finanzierungsleasing unterschieden werden, weil hier das Absatzinteresse des LG überwiegt und das typische Dreipersonenverhältnis fehlt. Meist handelt es sich um einen Teilzahlungskauf oder Mietkauf, also Miete mit dem Recht des Mieters, die Sache innerhalb einer bestimmten Frist unter Anrechnung des Mietzinses zu einem vorher bestimmten Preis zu erwerben (näher *Medicus/Lorenz* SchR II Rz 1091). 5

2. Die **Rechtsnatur** des Finanzierungsleasings ist umstritten. Seine besondere Prägung gewinnt der Leasingvertrag durch die Abbedingung der mietvertraglichen Gewährleistungsvorschriften; sie werden durch die vom LG an den LN abgetretenen Rechte aus dem mit L geschlossenen Kaufvertrag ersetzt. Nach hM (BGHZ 109, 364, 372f; *Palandt-Weidenkaff* Rz 38) handelt es sich um einen atypischen Mietvertrag, weil der dominierende Vertragszweck die entgeltliche Gebrauchsüberlassung ist. In der Lit werden verschiedene Qualifikationen vertreten, namentlich als gemischttypischer Vertrag mit kredit- und geschäftsbesorgungsrechtlichen Elementen, als atypischer Kaufvertrag oder als Vertrag sui generis (vgl *Larenz/Canaris* SchR II/2 § 66 II 2, 3). Praktische Bedeutung hat die Bestimmung der Rechtsnatur des Finanzierungsleasings bei der In- 6 haltskontrolle gem § 307 II Nr 1 sowie bei der Ausfüllung von Vertragslücken. Gegen die Einordnung als Kaufvertrag spricht, dass der LN entgegen dem gesetzlichen Leitbild des § 433 I 1 gerade nicht Eigentümer der Sache werden soll. Die Annahme eines Vertrages sui generis entbindet nicht von der Notwendigkeit, etwa bei der Anwendung des § 307 II Nr 1 ein gesetzliches Leitbild zu benennen, an dem die AGB des LG gemessen werden sollen. Gegen die Einstufung als Geschäftsbesorgungsvertrag ist einzuwenden, dass der Leasingvertrag seine Prägung nicht in erster Linie durch die vom LG übernommene Verschaffung des Leasingguts, sondern durch dessen Überlassung an den LN erhält. Zudem handelt der LG bei dem Erwerb des Leasingguts auf eigene Rechnung und gibt dem LN gerade nicht das Erlangte (Eigentum am Leasinggut), sondern nur die Nutzungsmöglichkeit heraus. Im übrigen hat die Praxis sich bei der Formulierung ihrer AGB längst auf die am Leitbild des Mietvertrages orientierte Rspr eingestellt, so dass es naheliegt, die Parteien beim Wort zu nehmen und den Leasingvertrag als einen durch AGB modifizierten, **atypischen Mietvertrag** zu behandeln.

7 **3.** Zu den Besonderheiten bei einem Finanzierungsleasingvertrag zwischen einem **Verbraucher** (§ 13) und einem Unternehmer (§ 14 I) s § 506 u. Rz 11.

8 **4.** Für **Nichtlieferung oder verzögerte Lieferung** der Sache durch den L haftet nach hM der LG (*Palandt-Weidenkaff* Rz 55). Die Verschaffungspflicht des LG ist eine logische Konsequenz der Qualifikation des Finanzierungsleasings als atypischer Mietvertrag (oben Rz 6; aA daher *Larenz/Canaris* SchR II/2 § 66 IV 5a, die den Finanzierungsaspekt betonen).

9 **5.** Die Haftung des LG für **Sachmängel** des Leasingguts wird beim Finanzierungsleasing üblicherweise ausgeschlossen, allerdings tritt der LG seine Mängelrechte gegen L dem LN ab. Dieser Ausschluss der Mängelrechte in AGB muss sich an §§ 307 ff messen lassen. Ein Verstoß gegen § 307 II Nr 2 aufgrund unangemessener Benachteiligung ist gegeben, wenn dem LN durch Abtretung der Mängelrechte kein gleichwertiger Ersatz für die mietrechtliche Mängelhaftung gegeben wird. Als gleichwertiger Ersatz wird nur die uneingeschränkte, unbedingte und vorbehaltlose Abtretung der kaufrechtlichen Mängelansprüche des LG gegen den L erachtet (*Palandt-Weidenkaff* Rz 50). Sind Mängelrechte aus dem Kaufvertrag zwischen L und LG ausgeschlossen, geht die Abtretung dieser Ansprüche von LG an LN ins Leere, so dass der Mängelrechteausschluss zwischen LG und LN unwirksam ist. Das gilt auch für das Verbraucherleasing (BGH NJW 2006, 1066 Nr 14). Es hat sich insoweit nicht die Ansicht durchsetzen können, den kaufvertraglichen Mängelrechteausschluss als Umgehungsgeschäft nach § 475 für unwirksam zu erklären, so dass die nicht wirksam ausgeschlossenen Mängelrechte auf den LN hätten übergehen können (dafür *von Westphalen* ZIP 2006, 1653, 1654 f).

10 Macht der LN die Mängelansprüche gegen L geltend und kommt es zum Rücktritt (§ 437 Nr 2), so führt dies nach st Rspr hinsichtlich des Leasingvertrages zum Wegfall der Geschäftsgrundlage (§ 313) mit ex-tunc-Wirkung (BGHZ 81, 298, 306 ff; 114, 57, 61; krit *Larenz/Canaris* SchR II/2 § 66 IV 2d). Daher könnte angenommen werden, dass der LN bereits nach erklärtem Rücktritt auch ggü dem LG die weite Ratenzahlung verweigern kann (so *von Westphalen* ZIP 2001, 2258, 2261; str). Jedoch wird dies der Interessenlage der am Finanzierungsleasing Beteiligten nicht gerecht. Ob die Rücktrittserklärung tatsächlich zur Umwandlung in ein Rückgewährschuldverhältnis mit der Folge des Wegfalls der Geschäftsgrundlage des Leasingvertrages führt, muss gerichtlich geklärt werden, wenn L den Rücktritt nicht akzeptiert (BGH NJW 2010, 2798). Fehlt es für den Rücktritt an seinen Voraussetzungen, kann LN bei Nichtzahlung der Raten in Verzug geraten und zudem aus §§ 280 I, 241 II (§ 241 Rz 3) haften. Ist der Rücktritt aber wirksam, so kann der LN auch die gezahlten Raten nach §§ 313 III 2, 346 ff vom LG zurückverlangen (*Palandt-Grüneberg* § 313 Rz 42).

Ist der LN **Verbraucher,** so verweist § 506 auf die Vorschriften über verbundene Verträge (§§ 358–359a). Vielfach wird ein Redaktionsversehen angenommen (*Habersack*, BKR 2001, 72, 76). Ein verbundenes Geschäft sei nur dann anzunehmen, wenn der LG tatsächlich zwei Verträge, dh den Leasing- und den Liefervertrag abschließt, wozu es vor allem beim sog Eintrittsmodell (LN schließt Liefervertrag zunächst im eigenen Namen ab; erst dann kommt es zum Abschluss des Leasingvertrages, in dem sich der LG zum Eintritt in den Liefervertrag verpflichtet) komme (*MüKo-Koch,* Finanzierungsleasing, Rz 59). Jedoch wird diese eingeschränkte Sichtweise der gesetzlich angeordneten Verweisung nicht gerecht. Beim Verbraucherleasing können vielmehr Mängel des Leasingguts dem LG (als Unternehmer) vom LN direkt im Wege des Einwendungsdurchgriffs (§ 359) entgegengehalten werden; des Hilfsmittels des § 313 bedarf es dann nicht (*Bartels* ZGS 2009, 544). 11

§ 535. Inhalt und Hauptpflichten des Mietvertrags

(1) [1]**Durch den Mietvertrag wird der Vermieter verpflichtet, dem Mieter den Gebrauch der Mietsache während der Mietzeit zu gewähren.** [2]**Der Vermieter hat die Mietsache dem Mieter in einem zum vertragsgemäßen Gebrauch geeigneten Zustand zu überlassen und sie während der Mietzeit in diesem Zustand zu erhalten.** [3]**Er hat die auf der Mietsache ruhenden Lasten zu tragen.**

(2) **Der Mieter ist verpflichtet, dem Vermieter die vereinbarte Miete zu entrichten.**

I. Allgemeines

Der Titel 5 über den Miet- und Pachtvertrag ist in vier Untertitel gegliedert, die zunächst allgemeine Vorschriften für alle Mietverhältnisse enthalten (Untertitel 1), sodann die besonderen Vorschriften für die praktisch im Vordergrund stehenden Mietverhältnisse über Wohnraum (Untertitel 2); im Anschluss daran finden sich die Vorschriften für Mietverhältnisse über andere Sachen (Untertitel 3) und schließlich diejenigen über den Pachtvertrag (Untertitel 4). 1

II. Pflichten des Vermieters

1. Folgende **Hauptpflichten** stehen im Gegenseitigkeitsverhältnis und können bei ihrer Verletzung die Rechte aus den §§ 320ff für den Mieter begründen: **a) Gewährung des vertragsgemäßen Gebrauchs (Abs 1 S 1 und 2).** Die Sache muss dem Mieter so überlassen werden, dass dieser von ihr den üblichen oder vertraglich vorausgesetzten Gebrauch machen kann. Dies verpflichtet den Vermieter nicht bloß zur Duldung, sondern ggf auch zum Handeln: Abwendung von Störungen durch andere Mieter, Heizen von Wohnräumen. Was zum vertragsgemäßen Gebrauch gehört, ist mangels vertraglicher Abrede einer Interessenabwägung zu entnehmen (Bsp: Haustierhaltung, dauernde Beherbergung fremder Personen, Einbau von Haushaltsgeräten). **b) Erhaltung der Mietsache** in einem zu dem vertragsgemäßen Gebrauch geeigneten Zustand (Abs 1 S 2). Dieser Anspruch des Mieters gegen den Vermieter ist während der Mietzeit unverjährbar. Denn hierbei handelt es sich nach Ansicht des BGH um eine Dauerverpflichtung, die begrifflich schon nicht verjähren kann, da sie ständig neu entsteht. Überdies ist der Vermieter nach Ansicht der höchstrichterlichen Rspr nicht schützwürdig, da das Bestehen des Mangels aktuell nachweisbar ist und damit keinen Zustand in der Vergangenheit betrifft (BGH NJW 2010, 1292 Nr 17). Der Vermieter ist also insbesondere zur Reparatur auch solcher Bestandteile der Mietsache verpflichtet, die nach Beginn des Mietverhältnisses defekt werden, ferner nach dem gesetzlichen Leitbild auch zur Durchführung von Schönheitsreparaturen (bei der Wohnraummiete etwa Streichen, Tapezieren). In der Praxis üblich ist jedoch die Ab- 2 wälzung solcher Reparaturen auf den Mieter in AGB. Die vom Mieter übernommene Verpflichtung zur Durchführung der Schönheitsreparaturen wird dann als Teil seiner Gegenleistung (des Entgelts) für die Überlassung der Räume angesehen (BGH NJW 2004, 2087). Daher steht § 307 einer formularmäßigen Übertragung nicht grds entgegen (*Palandt-Weidenkaff* Rz 42).

3 **aa) Unwirksame Klauseln.** Schönheitsreparaturklauseln halten aber dann der Inhaltskontrolle nicht stand, wenn sie intransparent iSv § 307 I 2 sind (BGH NJW 2007, 3632 Nr 24ff) oder wenn der Mieter zu Schönheitsreparaturen verpflichtet wird, die der Vermieter gemessen am Erhaltungszustand nach Abs 1 S 2 nicht schuldete, da die Klausel dann den Mieter unangemessen iSv § 307 I 1 benachteiligt. Unwirksam sind daher sog starre Fristenpläne, die die Renovierungsverpflichtung allein nach Zeitablauf ohne Rücksicht auf den tatsächlichen Renovierungsbedarf bestimmen (BGH NJW 2004, 2586, 2587). Die Unwirksamkeit beschränkt sich nicht auf den Fristenplan, sondern erstreckt sich auf die ganze Klausel. Denn der Fristenplan bildet mit dem übrigen Klauselinhalt eine Einheit; die Streichung nur des Fristenplans würde zu einer unzulässigen geltungserhaltenden Reduktion führen (BGH aaO). Dies gilt auch, wenn Fristenplan und Renovierungspflicht in zwei verschiedenen Klauseln stehen, weil insoweit ein innerer Zusammenhang besteht (BGH NJW 2004, 3775, 3776). Ebenso unwirksam ist eine **Endrenovierungsklausel**, durch die der Mieter verpflichtet wird, die Mieträume nach Beendigung des Mietverhältnisses unabhängig vom tatsächlichen Erhaltungszustand der Wohnung renoviert zu übergeben. Dies gilt selbst dann, wenn der Mieter während der Dauer des Mietverhältnisses nicht zu laufenden Schönheitsreparaturen verpflichtet ist (BGH NJW 2007, 3776 Nr 13, 15). Ferner sind **Fachhandwerkerklauseln,** die dem Mieter die Möglichkeit der Erbringung von Schönheitsreparaturen in Eigenleistung nehmen, unangemessen benachteiligend (BGH NJW 2010, 2877 zu einer Klausel, die den Mieter verpflichtet, Schönheitsreparaturen „ausführen zu lassen"). Liegen zwei oder mehr jeweils für sich unbedenkliche, inhaltlich aber zusammengehörige Klauseln vor, kann die Unwirksamkeit beider Klauseln aus dem sog **Summierungseffekt** ergeben, weil sie in ihrer Gesamtwirkung zu einer übermäßigen Belastung und damit zu einer unangemessenen Benachteiligung führen (BGH NJW 2006, 2116 Nr 16), so zB wenn eine an sich wirksame Schönheitsklausel mit einer unwirksamen Endrenovierungsklausel zusammentrifft.

4 **bb) Folgen unwirksamer Klauseln.** Der **Mieter** hat einen Anspruch auf Ausführung der Schönheitsreparaturen durch den Vermieter nach Abs 1 S 2. Soweit der Mieter die Reparaturen ohne Verpflichtung durchgeführt hat, kann ihm ein Schadensersatzanspruch aus §§ 280 I, 241 II wegen Verwendung unwirksamer AGB zustehen, der allerdings Verschulden des Vermieters voraussetzt (BGH NJW 2009, 2590 Nr 10). Vor allem besteht aber ein Wertersatzanspruch aus § 812, der allerdings auf den Wert einer typischerweise nicht professionell, sondern in Eigenarbeit erledigten Schönheitsreparatur beschränkt sein soll, also etwa auf Ersatz von Kosten für das notwendige Material sowie der Vergütung für die Arbeitsleistung von Helfern aus dem Verwandten- und Bekanntenkreis (BGH NJW 2009, 2590 Nr 24; aA *St. Lorenz* NJW 2009, 2576, 2577). Ein Anspruch aus § 539 I iVm GoA besteht nicht, da der Mieter kein Geschäft des Vermieters vornimmt. Er will vielmehr eine Leistung erbringen, die rechtlich und wirtschaftlich als Teil des von ihm für die Gebrauchsüberlassung geschuldeten Entgelts anzusehen ist, so dass er nur im eigenen Rechts- und Interessenkreis tätig wird (BGH NJW 2009, 2590 Nr 20, str). Den Ersatzanspruch des Mieters, gleich auf welchem Rechtsgrund er beruht, unterwirft der BGH der Verjährung nach § 548 II (BGH NJW 2011, 1866; aA *Jacoby* ZMR 2010, 335, 337f). Der **Vermieter** erhält keinerlei Kompensation aufgrund der unwirksamen Klausel: Das Risiko der Unwirksamkeit legt § 306 dem Vermieter als Klauselverwender auf. Insbesondere scheidet eine Mieterhöhung nach § 558 I 1 aus (BGH NJW 2008, 2840). Diese Bestimmung erlaubt nur Er-

höhungen bis zur ortsüblichen Vergleichsmiete, zu deren Bestimmung aber nicht danach unterschieden wird, wer die Schönheitsreparaturen zu tragen hat.

2. Gesetzlich festgelegte **Nebenpflichten** sind etwa die Pflicht zur Lastentragung (Abs 1 S 3; wird bei der Wohnraummiete oft auf den Mieter umgelegt) und die Pflicht zur Duldung der Wegnahme von Einrichtungen, mit denen der Mieter die Mietsache versehen hat (§ 539 II). Ferner schuldet der Vermieter dem Mieter eine gewisse Fürsorge (§ 241 II), etwa die Warnung vor bestimmten Gefahren (näher *Palandt-Weidenkaff* Rz 59). 5

III. Pflichten des Mieters

1. Hauptpflicht des Mieters ist die Pflicht zur **Entrichtung der Miete (Abs 2).** Sie besteht auch dann, wenn der Mieter aus persönlichen Gründen keinen Gebrauch von der Mietsache machen kann (§ 537 I 1; Bsp: Mieter eines Tennisplatzes bricht sich zuvor ein Bein, vgl aber § 537 I 2, II). Die Miete für Wohnraum ist jeweils zu Beginn des vereinbarten Mietzeitabschnittes zu entrichten (§ 556b I), Gleiches gilt für Mietverhältnisse über Räume (§ 579 II). Dies entspricht einer bereits nach alter Rechtslage üblichen und zulässigen Vertragspraxis. Dagegen ist bei Mietverhältnissen über andere Sachen, also insbesondere Grundstücke und bewegliche Sachen, die Miete nach Ablauf der Mietzeit bzw eines Mietzeitabschnittes zu entrichten (§ 579 I). 6

2. Nebenpflichten: a) Einhaltung des **vertragsgemäßen Gebrauchs** (vgl oben Rz 2); bei Überschreitung durch den Mieter kann der Vermieter auf Unterlassung klagen (§ 541), fristlos kündigen (§ 543 II 1 Nr 2) oder Schadensersatz nach § 280 I iVm § 241 II verlangen. Bei unberechtigter Untervermietung (vgl § 540) besteht kein gesetzlicher Anspruch auf Herausgabe des Erlöses, und zwar weder aus GoA noch aus §§ 987ff oder aus ungerechtfertiger Bereicherung (BGHZ 131, 297, 305ff; str). **b) Rückgabe der Mietsache** nach Beendigung der Mietzeit (§ 546, konkurriert meist mit der Verpflichtung des Mieters aus § 985). **c) Duldung von Erhaltungs- und Modernisierungsmaßnahmen** an der Mietsache, § 554. **d) Pflicht zur Mängelanzeige** (§ 536c): Der Mieter steht regelmäßig in engerem Kontakt zur Mietsache als der Vermieter und kann daher die Notwendigkeit von Schutz- und Erhaltungsmaßnahmen besser beurteilen. Bei Verletzung der Anzeigepflicht muss der Mieter Schadensersatz leisten und verliert seine Mängelgewährleistungsrechte gegen den Vermieter (§ 536c II). 7

IV. Entstehung und Beendigung des Mietvertrages

1. Zustandekommen durch grds formlos gültigen Vertrag; auch bei der Miete von Wohnraum, Grundstücken und anderen Räumen für längere Zeit als ein Jahr ist die Schriftform nicht mehr zwingend vorgeschrieben. Die Nichtbeachtung der Schriftform führt in diesen Fällen zur Entstehung eines unbefristeten Mietverhältnisses (§ 550 S 1 bzw § 578 I); eine Kündigung ist dann, wie § 550 S 2 klarstellt, frühestens zum Ablauf eines Jahres nach dem vertraglich vorgesehenen Zeitpunkt der Überlassung der Mietsache möglich. Die Schriftform dient einerseits dem Interesse eines späteren Erwerbers des Grundstücks, der wegen § 566 I in den bestehenden Mietvertrag eintritt, von den Bedingungen des Mietvertrags Kenntnis zu erlangen. Andererseits bezweckt sie die Sicherstellung der Beweisbarkeit langfristiger Abreden zwischen den ursprünglichen Vertragsparteien; diese sollen vor der unbedachten Eingehung langfristiger Bindung geschützt werden (BGH NJW 2008, 2178 Nr 13, 17). 8

2. Beendigung des Mietverhältnisses durch Fristablauf, wenn die Mietdauer von vornherein auf einen bestimmten Zeitraum begrenzt war und es nicht in zulässiger Weise außerordentlich gekündigt oder vertraglich verlängert worden ist (§ 542 II), ferner durch Aufhebungsvertrag (§ 311 I) oder durch (vertraglich eingeräumten) Rücktritt 9

(§ 346). Die gesetzlichen Rücktrittsregeln der §§ 323, 324 werden nach Überlassung der Mietsache durch das Recht zur (ordentlichen oder außerordentlichen) Kündigung verdrängt (näher s § 542). Jedenfalls für die Geschäftsraummiete ist aber eine Anfechtung wegen arglistiger Täuschung gem § 123 auch nach Überlassung des Mietgegenstands trotz des Charakters als Dauerschuldverhältnis mit ex tunc-Wirkung möglich, da weder übermäßig komplexe Vorgänge noch Gründe des Verkehrsschutzes eine Aufhebung nur für die Zukunft verlangen (BGH NJW 2009, 1266 Nr 34ff).

§ 536. Mietminderung bei Sach- und Rechtsmängeln

(1) [1]**Hat die Mietsache zur Zeit der Überlassung an den Mieter einen Mangel, der ihre Tauglichkeit zum vertragsgemäßen Gebrauch aufhebt, oder entsteht während der Mietzeit ein solcher Mangel, so ist der Mieter für die Zeit, in der die Tauglichkeit aufgehoben ist, von der Entrichtung der Miete befreit.** [2]**Für die Zeit, während der die Tauglichkeit gemindert ist, hat er nur eine angemessen herabgesetzte Miete zu entrichten.** [3]**Eine unerhebliche Minderung der Tauglichkeit bleibt außer Betracht.**

(2) **Absatz 1 Satz 1 und 2 gilt auch, wenn eine zugesicherte Eigenschaft fehlt oder später wegfällt.**

(3) **Wird dem Mieter der vertragsgemäße Gebrauch der Mietsache durch das Recht eines Dritten ganz oder zum Teil entzogen, so gelten die Absätze 1 und 2 entsprechend.**

(4) **Bei einem Mietverhältnis über Wohnraum ist eine zum Nachteil des Mieters abweichende Vereinbarung unwirksam.**

I. Überblick über die Mängelgewährleistung

1 **1. Allgemeines. a) Struktur.** Da der Vermieter zur Überlassung und Erhaltung der Mietsache in vertragsgemäßem, dh mangelfreiem Zustand verpflichtet ist (§ 535 I 2), liegt bei einem Sach- oder Rechtsmangel gleichermaßen Pflichtverletzung vor. Die Haftung für Sach- und Rechtsmängel folgt daher – wie auch im Kaufrecht (vgl §§ 433 I 2, 437) – grds denselben Regeln. **b) Konkurrenzen.** Grds gilt, dass die speziellen Mängelgewährleistungsregeln innerhalb ihres Anwendungsbereichs konkurrierende Rechtsinstitute des allgemeinen Leistungsstörungsrechts verdrängen (s für den Schadens- und Aufwendungsersatz auch § 536a Rz 1). Allerdings greift die Gewährleistung erst ab **Überlassung** der Mietsache (vgl § 536 I 1). Nach diesem Zeitpunkt sind – parallel zum Kaufrecht – Ansprüche aus Verschulden beim Vertragsschluss (c.i.c.) gem §§ 280 I, 311 II, ferner die Anfechtung wegen eines Eigenschaftsirrtums nach § 119 II (str) sowie die Annahme einer Störung der Geschäftsgrundlage (§ 313) in Bezug auf Umstände, die einen Mangel darstellen, ausgeschlossen (s § 437 Rz 13ff). Die Einrede des nicht erfüllten Vertrags (§ 320 iVm § 535 I 2 Alt 2) kann der Mieter bei einem behebbaren Mangel aber auch nach der Überlassung geltend machen (BGHZ 84, 42); Folge: der Mieter kann die geminderte Miete zurückhalten und gem § 322 nur zur Zahlung Zug um Zug gegen Mängelbeseitigung verurteilt werden. Wird der Mangel nicht behoben, kann der Mieter nach Maßgabe der Sondervorschrift des § 543 (nicht gem § 323) vom Vertrag Abstand nehmen. Da die §§ 536ff keine Regelung über vom Mieter zu vertretende Umstände enthalten, kann § 326 II angewendet werden, wenn ein Mangel vom Mieter zu verantworten oder nur infolge seines Annahmeverzugs eingetreten ist; vgl ferner die Schranke des § 536b.

2 **2. Voraussetzungen.** Die verschiedenen Gewährleistungsrechte des Mieters haben – neben dem Bestehen eines wirksamen Mietvertrags – die folgenden allgemeinen Voraussetzungen:

a) Vorliegen eines Sach- oder Rechtsmangels. aa) Ein **Sachmangel** liegt gem Abs 1 S 1 vor, wenn die Mietsache zu dem vertraglich vorausgesetzten Gebrauch eine mindere Tauglichkeit aufweist (subjektiver Mangelbegriff), bzw – bei Fehlen einer (auslegungsfähigen) Abrede – zu dem gewöhnlichen Gebrauch. Die Abweichung darf nicht ganz unerheblich sein, Abs 1 S 3. Im Falle der **Wohnflächenunterschreitung** liegt ein zur Minderung berechtigender Sachmangel vor, wenn die tatsächliche Fläche mehr als 10% unter der vereinbarten Quadratmeterzahl bleibt, wobei ein „circa"-Zusatz keine zusätzliche Toleranzspanne begründen kann (BGH NJW 2010, 1745). Der Mangel kann auf der physischen Beschaffenheit der Mietsache oder auf ihren tatsächlichen oder rechtlichen Verhältnissen zur Umwelt beruhen, sofern sie den Gebrauchswert der Sache unmittelbar beeinträchtigen; Bsp: Hochwassergefährdung des vermieteten Grundstücks, jedoch nicht bei unvorhersehbaren Naturkatastrophen (BGH NJW 1971, 424). **bb)** Auch das **Fehlen einer zugesicherten Eigenschaft** (oder deren späterer Wegfall; Abs 2) begründet einen Sachmangel, und zwar selbst dann, wenn die Tauglichkeit der Mietsache nur unerheblich gemindert wird (Abs 1 S 3 bezieht sich nicht auf Abs 2). Während im Kaufrecht das Fehlen einer zugesicherten Eigenschaft in dem Begriff des Sachmangels iSd § 434 aufgegangen ist, besteht es im Mietrecht als eigenständige Kategorie fort (krit *Hau* JuS 2003, 130, 133). **Eigenschaft** wird allg definiert als jedes der Sache auf gewisse Dauer anhaftende Merkmal, das für ihren Wert, den vertraglich vorausgesetzten Gebrauch oder aus sonstigen Gründen bedeutsam ist. Eine **Zusicherung** ist nur anzunehmen, wenn der Vermieter in vertragsmäßig bindender Weise die Gewähr für das Vorhandensein einer Eigenschaft übernimmt und damit seine Bereitschaft zu erkennen gibt, für alle Folgen des Fehlens dieser Eigenschaft einzustehen. Eine ausdrückliche Erklärung ist nicht erforderlich; es genügt, wenn der Mieter das Verhalten des Vermieters vom *objektiven Empfängerhorizont* aus als Zusicherung verstehen darf **(stillschweigende Zusicherung).** Bei der Auslegung kommt es maßgeblich auf die besonderen Verhältnisse des jeweiligen Geschäftstyps an. **cc) Rechtsmängel** stehen den Sachmängeln gleich, § 536 III. In Frage kommen sowohl dingliche Rechte (etwa Nießbrauch) als auch obligatorische (die Mietsache wurde bereits an einen anderen vermietet), stets ist jedoch erforderlich, dass der Dritte sein Recht auch tatsächlich geltend macht (sonst keine Gebrauchsbeeinträchtigung). 3

b) Kein Ausschluss der Gewährleistung. aa) Vertraglich kann der Vermieter seine Gewährleistungspflicht weitgehend ausschließen (Grenze: Arglist, § 536d). Das gilt jedoch nicht für den Vermieter von Wohnraum: Zugunsten des Wohnraummieters sind die Gewährleistungsrechte überwiegend unabdingbar, §§ 536 IV; 543 IV; 569 V. **bb) Gesetzlich** ist die Gewährleistung (ähnlich wie im Kaufrecht, § 442 I) zunächst dann eingeschränkt, wenn der Mieter bei Vertragsschluss den Mangel kannte (§ 536b S 1) oder grob fahrlässig nicht kannte (§ 536b S 2); ebenso, wenn der Mieter den Mangel bei Annahme (Übergabe) der Mietsache kennt und sich seine Rechte nicht vorbehält (§ 536b S 3). Erkennt der Mieter einen Mangel später und setzt dennoch den Gebrauch der Mietsache sowie die Zahlung der Miete vorbehaltlos fort, sanktioniert § 536c II das Unterlassen der Mängelanzeige abschließend. Ein weitergehender Ausschluss der Mängelrechte scheidet aus (BGH NJW 2003, 2601). So verbleibt dem Mieter insbesondere der fortbestehende Erfüllungsanspruch, also das Recht, Beseitigung der Mängel zu verlangen (§ 535 I 2), sowie bei Gesundheitsgefährdung das außerordentliche Kündigungsrecht des § 569. 4

3. Rechte des Mieters. a) Mängelbeseitigung kann der Mieter aus seinem Erfüllungsanspruch fordern, da der Vermieter zur Überlassung und Erhaltung der Sache in vertragsgemäßem Zustand verpflichtet ist (§ 535 I 2); **b) Minderung,** § 536 I 2; **c) Schadensersatz,** § 536a I; **d) Aufwendungsersatz** für die Beseitigung des Mangels durch den Mieter, § 536a II (andere Verwendungen muss der Vermieter ebenso erset- 5 zen wie der Geschäftsherr bei der GoA, § 539 I; §§ 683, 684). **e)** Das **Recht zur fristlosen Kündigung** aus wichtigem Grund ist in § 543 zusammenfassend für beide Vertragsparteien geregelt. Dem Mieter steht es vor allem bei nicht unerheblichen Sach- oder Rechtsmängeln nach fruchtlosem Abhilfeverlangen zu (§ 543 II 1 Nr 1, III, vgl auch § 569). **f)** Die Rechte bestehen grds **nebeneinander;** nur zwischen Erfüllung und Kündigung muss der Mieter wählen. **g)** Die in § 536 c II 2 genannten Rechte des Mieters sind ausgeschlossen, soweit der Vermieter wegen **fehlender Mängelanzeige des Mieters** nicht Abhilfe schaffen konnte.

II. Minderung

6 Liegen die allgemeinen Voraussetzungen der Sach- oder Rechtsmängelgewährleistung vor (s oben Rz 2 ff), so schuldet der Mieter nur eine umso viel geringere Miete, als es der verminderten Gebrauchstauglichkeit der Mietsache entspricht (§ 536 I 2). Was unter „Miete" zu verstehen ist, sagt das Gesetz nicht. Der BGH nimmt die Bruttomiete (Mietzins einschließlich aller Nebenkosten) zur Bemessungsgrundlage für die Minderung; denn der Mieter zahle ein nicht auseinander zu dividierendes Gesamtentgelt für eine vom Vermieter geschuldete Gesamtleistung (BGHZ 163, 1). Die offene Formulierung in § 536 I 2, wonach die Miete „angemessen herabzusetzen" ist, trägt der gängigen Praxis Rechnung, den Minderungsbetrag in geschätzten Prozenten anzugeben (vgl RegBegr BT-Drucks 14/4553, 40). Anders als beim Kauf ist die Minderung kein Gestaltungsrecht, das erst durch Erklärung gegenüber dem Verkäufer zu einer Herabsetzung des Entgeltes führt (§ 441 I 1); vielmehr treten die Wirkungen der Minderung ohne weiteres (kraft Gesetzes) ein. Zuviel gezahlte Miete kann nach §§ 812 ff zurückgefordert werden. Beachte aber den Ausschluss der Minderung gem § 536 c II 2 Nr 1 bei fehlender Mängelanzeige des Mieters.

§ 536 a. Schadens- und Aufwendungsersatzanspruch des Mieters wegen eines Mangels

(1) **Ist ein Mangel im Sinne des § 536 bei Vertragsschluss vorhanden oder entsteht ein solcher Mangel später wegen eines Umstands, den der Vermieter zu vertreten hat, oder kommt der Vermieter mit der Beseitigung eines Mangels in Verzug, so kann der Mieter unbeschadet der Rechte aus § 536 Schadensersatz verlangen.**

(2) **Der Mieter kann den Mangel selbst beseitigen und Ersatz der erforderlichen Aufwendungen verlangen, wenn**

1. **der Vermieter mit der Beseitigung des Mangels in Verzug ist oder**
2. **die umgehende Beseitigung des Mangels zur Erhaltung oder Wiederherstellung des Bestands der Mietsache notwendig ist.**

I. Allgemeines

1 Die Vorschrift fasst den Schadensersatzanspruch und die unterschiedlichen Aufwendungsersatzansprüche des Mieters wegen eines Mangels der Mietsache zusammen. Die Ansprüche auf Schadensersatz und Aufwendungsersatz bei Sach- und Rechtsmängeln der Mietsache treten neben die Minderung der Miete nach § 536 (Abs 1 letzter HS). Für das Verhältnis zum **allgemeinen Leistungsstörungsrecht** gilt Folgendes: Ab Übergabe verdrängt die Vorschrift innerhalb ihres Anwendungsbereichs als Spezialregelung die §§ 280 ff, 241 II. Dies gilt insbesondere für die Haftung aus § 280 iVm § 241 II wegen fahrlässig unrichtiger Angaben über die Beschaffenheit der Mietsache (vgl BGHZ 136, 102, 106) und wegen Mangelhaftigkeit der Mietsache. Unberührt bleibt von § 536 a die Möglichkeit, Schadensersatz aus §§ 280, 241 II wegen sonstiger Nebenpflichtverletzungen zu verlangen.

II. Schadensersatz

1. Voraussetzungen. Die Vorschrift unterscheidet drei Tatbestände, deren Erfüllung zum Schadensersatz berechtigt. Gemeinsame Voraussetzungen sind das Vorliegen eines Sach- oder Rechtsmangels sowie die Abwesenheit eines vertraglichen oder gesetzlichen Gewährleistungsausschlusses, näher § 536 Rz 2ff. **a) Garantiehaftung bei anfänglichem Mangel** (Abs 1 Alt 1). Sie setzt lediglich voraus, dass der Mangel schon bei Vertragsschluss bestanden hat, ein Verschulden des Vermieters ist nicht erforderlich. Ein anfänglicher Mangel kann im Falle eines erst später eintretenden Schadens dann angenommen werden, wenn sich die Schadensursache in die Zeit vor Vertragsschluss zurückverfolgen lässt, also bereits bei Vertragsschluss die Gefahrenquelle für den späteren Schadenseintritt vorlag (BGH NJW 2010, 3152). Grund für diese strenge Haftung: Der Mieter soll sich bei Übernahme auf die Mängelfreiheit verlassen können (*Larenz* SchR II/1 § 48 III b 3). Dies steht freilich in Widerspruch zu der allgemeinen Regelung des Leistungsstörungsrechts in § 311 a II 2, wonach für anfängliches Unvermögen gerade nicht unverschuldet gehaftet wird (krit deshalb *Medicus* JuS 2003, 521, 525 f). **b) Nachträglich entstehende Mängel.** Hier ist als zusätzliche Voraussetzung Verschulden (§§ 276, 278) des Vermieters erforderlich (Abs 1 Alt 2); der Grund für die Garantiehaftung ist fortgefallen. Am Verschulden kann es insbesondere fehlen, weil der Vermieter nicht verpflichtet ist, ohne besonderen Anlass eine regelmäßige Generalinspektion der Elektroleitungen in den Wohnungen seiner Mieter vorzunehmen (BGH NJW 2009, 143). **c)** Der **Verzug des Vermieters** mit der Mängelbeseitigung (Abs 1 Alt 3) ist Schuldnerverzug (§ 286) und erfordert daher grds eine Aufforderung des Mieters zur Mängelbeseitigung (Mahnung). Die bloße Anzeige nach § 536 c genügt nicht; Anzeige und Mahnung können aber miteinander verbunden werden. 2

2. Rechtsfolge: Schadensersatz nach §§ 249 ff (Verjährung gem §§ 195, 199). Grds ist auch der sog **Mangelfolgeschaden** umfasst, also der Schaden, den der Mieter über die Verletzung seines unmittelbaren Erfüllungsinteresses hinaus an seinen sonstigen Rechten oder Rechtsgütern erleidet (etwa Gesundheitsschäden). Nach hM (vgl *Larenz* SchR II/1 § 48 III b 3) gilt dies auch für die Garantiehaftung wegen anfänglicher Mängel nach Abs 1 Alt 1. Der Grund für die Garantiehaftung (oben Rz 2) rechtfertige auch ein verschuldensunabhängiges Einstehen für Mangelfolgeschäden. Manche wollen jedoch solche Mängel ausscheiden, die auch bei überdurchschnittlicher Sorgfalt für niemanden erkennbar waren (etwa *Larenz* aaO). Bsp: keine Garantiehaftung, wenn das bazillentragende Buch aus einer Mietbücherei den Benutzer infiziert. 3

III. Aufwendungsersatz (Abs 2)

1. Voraussetzungen. Abs 2 fasst zwei verschiedene Aufwendungsersatzansprüche des Mieters in einer Vorschrift zusammen. Gemeinsame Voraussetzung ist zunächst das Vorliegen eines Mangels iSd § 536. Ferner muss sich der Vermieter mit der Mängelbeseitigung in Verzug (§ 286; s oben Rz 2) befinden **(Nr 1)** oder die umgehende Beseitigung des Mangels muss zur Erhaltung oder Wiederherstellung des Bestands der Mietsache notwendig sein **(Nr 2).** Die Nr 2 betrifft im Unterschied zu Nr 1 bestimmte Notmaßnahmen des Mieters, die keinen Aufschub dulden und daher auch ohne vorherige Mahnung einen Aufwendungsersatzanspruch auslösen sollen (vgl RegBegr BT-Drucks 14/4553, 41). Es darf schließlich keine Verjährung vorliegen, s § 548 II. 4

2. Rechtsfolgen. Berechtigung des Mieters zu allen Maßnahmen, die zur Herstellung des vertragsgemäßen Zustands (Nr 1) bzw zur Erhaltung oder Wiederherstellung des Bestands der Mietsache (Nr 2) erforderlich sind, und Anspruch auf entsprechenden Aufwendungsersatz. Darüber hinausgehende Aufwendungen sind gem § 539 I nur nach GoA (nach hM Rechtsgrundverweis) zu ersetzen. Liegen die Voraussetzungen des § 536 a II nicht vor und beseitigt der Mieter den Mangel selbst **(unberechtigte Selbst-** 5

vornahme), kann er die Aufwendungen nicht über § 539 I ersetzt verlangen (BGH NJW 2008, 1216 Nr 18). Der Anwendbarkeit des § 539 I steht der Zweck des § 536 a II Nr 1 entgegen, wonach dem Vermieter der Vorrang bei der Beseitigung eines Mangels zukommen soll, um die Minderung der Miete oder Schadensersatzansprüche des Mieters abwenden zu können. Er soll die Möglichkeit zur Überprüfung der Mietsache auf das Bestehen eines Mangels und ggf zur Beweissicherung haben. Diese Möglichkeit verlöre der Vermieter bei einem Aufwendungsersatzanspruchs des Mieters bei unberechtigter Selbstvornahme über § 539 I.

§ 536 b. Kenntnis des Mieters vom Mangel bei Vertragsschluss oder Annahme

[1]Kennt der Mieter bei Vertragsschluss den Mangel der Mietsache, so stehen ihm die Rechte aus den §§ 536 und 536a nicht zu. [2]Ist ihm der Mangel infolge grober Fahrlässigkeit unbekannt geblieben, so stehen ihm diese Rechte nur zu, wenn der Vermieter den Mangel arglistig verschwiegen hat. [3]Nimmt der Mieter eine mangelhafte Sache an, obwohl er den Mangel kennt, so kann er die Rechte aus den §§ 536 und 536a nur geltend machen, wenn er sich seine Rechte bei der Annahme vorbehält.

§ 536 c. Während der Mietzeit auftretende Mängel; Mängelanzeige durch den Mieter

(1) **[1]Zeigt sich im Laufe der Mietzeit ein Mangel der Mietsache oder wird eine Maßnahme zum Schutz der Mietsache gegen eine nicht vorhergesehene Gefahr erforderlich, so hat der Mieter dies dem Vermieter unverzüglich anzuzeigen. [2]Das Gleiche gilt, wenn ein Dritter sich ein Recht an der Sache anmaßt.**

(2) **[1]Unterlässt der Mieter die Anzeige, so ist er dem Vermieter zum Ersatz des daraus entstehenden Schadens verpflichtet. [2]Soweit der Vermieter infolge der Unterlassung der Anzeige nicht Abhilfe schaffen konnte, ist der Mieter nicht berechtigt,**

1. die in § 536 bestimmten Rechte geltend zu machen,
2. nach § 536 a Abs. 1 Schadensersatz zu verlangen oder
3. ohne Bestimmung einer angemessenen Frist zur Abhilfe nach § 543 Abs. 3 Satz 1 zu kündigen.

§ 536 d. Vertraglicher Ausschluss von Rechten des Mieters wegen eines Mangels

Auf eine Vereinbarung, durch die die Rechte des Mieters wegen eines Mangels der Mietsache ausgeschlossen oder beschränkt werden, kann sich der Vermieter nicht berufen, wenn er den Mangel arglistig verschwiegen hat.

§ 537. Entrichtung der Miete bei persönlicher Verhinderung des Mieters

(1) **[1]Der Mieter wird von der Entrichtung der Miete nicht dadurch befreit, dass er durch einen in seiner Person liegenden Grund an der Ausübung seines Gebrauchsrechts gehindert wird. [2]Der Vermieter muss sich jedoch den Wert der ersparten Aufwendungen sowie derjenigen Vorteile anrechnen lassen, die er aus einer anderweitigen Verwertung des Gebrauchs erlangt.**

(2) **Solange der Vermieter infolge der Überlassung des Gebrauchs an einen Dritten außerstande ist, dem Mieter den Gebrauch zu gewähren, ist der Mieter zur Entrichtung der Miete nicht verpflichtet.**

§ 538. Abnutzung der Mietsache durch vertragsgemäßen Gebrauch

Veränderungen oder Verschlechterungen der Mietsache, die durch den vertragsgemäßen Gebrauch herbeigeführt werden, hat der Mieter nicht zu vertreten.

§ 539. Ersatz sonstiger Aufwendungen und Wegnahmerecht des Mieters

(1) **Der Mieter kann vom Vermieter Aufwendungen auf die Mietsache, die der Vermieter ihm nicht nach § 536a Abs. 2 zu ersetzen hat, nach den Vorschriften über die Geschäftsführung ohne Auftrag ersetzt verlangen.**

(2) **Der Mieter ist berechtigt, eine Einrichtung wegzunehmen, mit der er die Mietsache versehen hat.**

§ 540. Gebrauchsüberlassung an Dritte

(1) [1]**Der Mieter ist ohne die Erlaubnis des Vermieters nicht berechtigt, den Gebrauch der Mietsache einem Dritten zu überlassen, insbesondere sie weiter zu vermieten.** [2]**Verweigert der Vermieter die Erlaubnis, so kann der Mieter das Mietverhältnis außerordentlich mit der gesetzlichen Frist kündigen, sofern nicht in der Person des Dritten ein wichtiger Grund vorliegt.**

(2) **Überlässt der Mieter den Gebrauch einem Dritten, so hat er ein dem Dritten bei dem Gebrauch zur Last fallendes Verschulden zu vertreten, auch wenn der Vermieter die Erlaubnis zur Überlassung erteilt hat.**

S für die Miete von Wohnraum ergänzend § 553, für die Leihe die Parallelvorschrift **1**
des § 603. Dritter iSd §§ 540, 553 ist nicht der Ehegatte, ein naher Familienangehöriger oder der eingetragene Lebenspartner, wohl aber der Lebensgefährte (vgl Vor § 1353 Rz 2, 17).

§ 541. Unterlassungsklage bei vertragswidrigem Gebrauch

Setzt der Mieter einen vertragswidrigen Gebrauch der Mietsache trotz einer Abmahnung des Vermieters fort, so kann dieser auf Unterlassung klagen.

§ 542. Ende des Mietverhältnisses

(1) **Ist die Mietzeit nicht bestimmt, so kann jede Vertragspartei das Mietverhältnis nach den gesetzlichen Vorschriften kündigen.**

(2) **Ein Mietverhältnis, das auf bestimmte Zeit eingegangen ist, endet mit dem Ablauf dieser Zeit, sofern es nicht**

1. in den gesetzlich zugelassenen Fällen außerordentlich gekündigt oder
2. verlängert wird.

1. Allgemeines. Die Vorschrift regelt die Beendigung von Mietverhältnissen, die – **1**
wie in der Praxis der Regelfall – auf unbestimmte Zeit (Abs 1) oder nur auf eine bestimmte Zeit (Abs 2, sog Zeitmietvertrag) geschlossen wurden. Die ordentliche Beendigung von Mietverhältnissen erfolgt regelmäßig durch ordentliche Kündigung oder durch Fristablauf (weitere Gründe für die ordentliche Beendigung s § 535 Rz 7). Davon zu unterscheiden ist die außerordentliche Kündigung, für die im Unterschied zur ordentlichen ein besonderer Grund vorliegen muss.

2. Ordentliche Beendigung. a) Ordentliche Kündigung. Da die ordentliche **2**
Kündigung keiner Begründung bedarf, ist sie zum Ausgleich regelmäßig fristgebunden: Die andere Seite soll sich auf das Ende des Mietverhältnisses einstellen können (das bedeutet jedoch nicht, dass die außerordentliche Kündigung stets fristlos, also mit sofortiger Wirkung möglich wäre; vgl unten Rz 5). Durch den Verweis auf die „gesetzlichen Vorschriften" in Abs 1 soll klargestellt werden, dass neben den jeweiligen Kündigungsfristen (s §§ 573c, 580a) je nach Art des Mietverhältnisses ggf auch noch weitere Voraussetzungen zu beachten sind, etwa im Falle der Kündigung eines Wohnraummietverhältnisses durch den Vermieter dessen berechtigtes Interesse, s § 573 I 1, II (RegBegr BT-Drucks 14/4553, 43).

3 **b) Fristablauf.** Mietverhältnisse, die von vornherein nur für eine bestimmte Zeit eingegangen waren, enden ohne weiteres mit Ablauf der Frist. Dies betrifft vor allem den sog **Zeitmietvertrag für Wohnraum** gem § 575, der allerdings nur bei Vorliegen eines der drei in § 575 I genannten Befristungsgründe zulässig ist. Die Einigung über den Abschluss eines Zeitmietvertrages kann grds auch schlüssig erfolgen; der Vermieter muss dem Mieter den Grund der Befristung aber schriftlich mitteilen, § 575 I 1 aE. Eine ordentliche Kündigung ist nicht zulässig (vgl § 542 I, II Nr 1), weil sich die Parteien auf die festgelegte Mietzeit sollen einrichten können; eine vorherige Beendigung bedarf daher besonderer Begründung (außerordentliche Kündigung). Bei der Wohnraummiete ist allerdings zu beachten, dass sich ein auf bestimmte Zeit geschlossenes Mietverhältnis auf Verlangen des Mieters unter den Voraussetzungen des § 575 II 2, III 1, 2 verlängern kann.

4 **3. Außerordentliche Kündigung.** Zu unterscheiden sind die außerordentliche fristlose und die außerordentliche fristgebundene Kündigung. Die einzelnen Kündigungsgründe sind in §§ 543, 569 zusammengefasst, daneben bestehen einige weitere spezielle Kündigungsgründe in anderen Gesetzen (zB § 109 I InsO). **Überblick: a)** Das Recht zur **außerordentlichen fristlosen Kündigung** (§ 543 I 1) steht bei der Raummiete **beiden Parteien** zu, wenn die andere Seite den Hausfrieden nachhaltig stört, so dass dem Kündigenden die Fortsetzung des Mietverhältnisses nicht zugemutet werden kann (§ 569 II, zur Berücksichtigung eines Verschuldens des Störers s § 543 Rz 1). Der **Mieter** kann fristlos kündigen, wenn ihm der vertragsgemäße Gebrauch der Mietsache nicht gewährt wird (§ 543 II 1 Nr 1) oder wenn der gemietete Wohnraum oder andere Räume, die zum Aufenthalt von Menschen bestimmt sind, so beschaffen sind, dass ihre Benutzung mit einer erheblichen Gefährdung der Gesundheit verbunden ist (§§ 569 I 1, 578 II 2). Es ist jeweils eine vorherige erfolglose Abmahnung erforderlich, die im Einzelfall nach § 543 III 2 Nr 1 oder Nr 2 entbehrlich sein kann. Der **Vermieter** hat das Recht zur fristlosen außerordentlichen Kündigung bei Fortsetzung eines vertragswidrigen Gebrauchs trotz Abmahnung (§ 543 II 1 Nr 2) und bei erheblichem Zahlungsverzug des Mieters (§ 543 II 1 Nr 3; zur näheren Bestimmung der sog Schonfrist s § 569 III).

5 **b)** Die **außerordentliche fristgebundene Kündigung** können beim Tod des Mieters der Vermieter oder die Erben des Mieters erklären (§ 580); beachte jedoch für die Wohnraummiete die Besonderheiten gem §§ 563, 563a, 564. Für den Mieter finden sich weitere außerordentliche fristgebundene Kündigungsrechte in den §§ 540 I 2, 561, 563a II. Die jeweils einzuhaltende **besondere Kündigungsfrist** ist entweder in der den Kündigungsgrund vorsehenden Vorschrift selbst enthalten (so etwa bei § 561) oder in einem eigenen Tatbestand (s §§ 573d, 575a, 580a IV), auf den in der den Kündigungsgrund enthaltenden Vorschrift verwiesen wird (zB §§ 540 I 2, 563a II, 580; vgl RegBegr BT-Drucks 14/4553, 43).

§ 543. Außerordentliche fristlose Kündigung aus wichtigem Grund

(1) **[1]Jede Vertragspartei kann das Mietverhältnis aus wichtigem Grund außerordentlich fristlos kündigen. [2]Ein wichtiger Grund liegt vor, wenn dem Kündigenden unter Berücksichtigung aller Umstände des Einzelfalls, insbesondere eines Verschuldens der Vertragsparteien, und unter Abwägung der beiderseitigen Interessen die Fortsetzung des Mietverhältnisses bis zum Ablauf der Kündigungsfrist oder bis zur sonstigen Beendigung des Mietverhältnisses nicht zugemutet werden kann.**

(2) **[1]Ein wichtiger Grund liegt insbesondere vor, wenn**

1. **dem Mieter der vertragsgemäße Gebrauch der Mietsache ganz oder zum Teil nicht rechtzeitig gewährt oder wieder entzogen wird,**

2. der Mieter die Rechte des Vermieters dadurch in erheblichem Maße verletzt, dass er die Mietsache durch Vernachlässigung der ihm obliegenden Sorgfalt erheblich gefährdet oder sie unbefugt einem Dritten überlässt oder
3. der Mieter
a) für zwei aufeinander folgende Termine mit der Entrichtung der Miete oder eines nicht unerheblichen Teils der Miete in Verzug ist oder
b) in einem Zeitraum, der sich über mehr als zwei Termine erstreckt, mit der Entrichtung der Miete in Höhe eines Betrages in Verzug ist, der die Miete für zwei Monate erreicht.

[2]Im Falle des Satzes 1 Nr. 3 ist die Kündigung ausgeschlossen, wenn der Vermieter vorher befriedigt wird. [3]Sie wird unwirksam, wenn sich der Mieter von seiner Schuld durch Aufrechnung befreien konnte und unverzüglich nach der Kündigung die Aufrechnung erklärt.

(3) **[1]Besteht der wichtige Grund in der Verletzung einer Pflicht aus dem Mietvertrag, so ist die Kündigung erst nach erfolglosem Ablauf einer zur Abhilfe bestimmten angemessenen Frist oder nach erfolgloser Abmahnung zulässig. [2]Dies gilt nicht, wenn**

1. eine Frist oder Abmahnung offensichtlich keinen Erfolg verspricht,
2. die sofortige Kündigung aus besonderen Gründen unter Abwägung der beiderseitigen Interessen gerechtfertigt ist oder
3. der Mieter mit der Entrichtung der Miete im Sinne des Absatzes 2 Nr. 3 in Verzug ist.

(4) **[1]Auf das dem Mieter nach Absatz 2 Nr. 1 zustehende Kündigungsrecht sind die §§ 536b und 536d entsprechend anzuwenden. [2]Ist streitig, ob der Vermieter den Gebrauch der Mietsache rechtzeitig gewährt oder die Abhilfe vor Ablauf der hierzu bestimmten Frist bewirkt hat, so trifft ihn die Beweislast.**

Die Vorschrift geht, wie die entsprechende Regelung in § 626 für den Dienstvertrag, § 314 als lex specialis vor. Sie fasst das Recht des Mieters und des Vermieters zur **fristlosen Kündigung aus wichtigem Grund** in einer Vorschrift zusammen. Abs 1 S 1 enthält das allgemeine Recht zur fristlosen Kündigung, Abs 2 eine nicht abschließende („insbesondere") Aufzählung von Kündigungsgründen; weitere finden sich für die Wohnraummiete in § 569 I und II (zur Geltung des § 569 für andere Räume und Grundstücke s § 578 II). Ein Verschulden des Kündigungsgegners ist grds nicht erforderlich, Abs 1 S 2 stellt lediglich klar, dass in die umfassende Berücksichtigung der Umstände des Einzelfalls auch ein etwaiges Verschulden einzubeziehen ist. Die Anforderungen an die Unzumutbarkeit der Fortsetzung des Mietverhältnisses dürften bei einem nicht schuldhaften Verhalten freilich höher sein als bei einer schuldhaften Störung (RA BT-Drucks 14/5663, 76). Die fristlose Kündigung nach § 543 II 1 Nrn 1–3 erfordert nicht, dass der Mieter darlegt, warum ihm die Fortsetzung des Mietverhältnisses nicht zumutbar ist. Für die Wirksamkeit genügt es, wenn einer der in § 543 II 1 Nrn 1–3 genannten Tatbestände vorliegt (BGH NJW 2009, 2297 Nr 15). 1

§ 544. Vertrag über mehr als 30 Jahre

[1]Wird ein Mietvertrag für eine längere Zeit als 30 Jahre geschlossen, so kann jede Vertragspartei nach Ablauf von 30 Jahren nach Überlassung der Mietsache das Mietverhältnis außerordentlich mit der gesetzlichen Frist kündigen. [2]Die Kündigung ist unzulässig, wenn der Vertrag für die Lebenszeit des Vermieters oder des Mieters geschlossen worden ist.

§ 545. Stillschweigende Verlängerung des Mietverhältnisses

[1] Setzt der Mieter nach Ablauf der Mietzeit den Gebrauch der Mietsache fort, so verlängert sich das Mietverhältnis auf unbestimmte Zeit, sofern nicht eine Vertragspartei ihren entgegenstehenden Willen innerhalb von zwei Wochen dem anderen Teil erklärt. [2] Die Frist beginnt

1. für den Mieter mit der Fortsetzung des Gebrauchs,

2. für den Vermieter mit dem Zeitpunkt, in dem er von der Fortsetzung Kenntnis erhält.

§ 546. Rückgabepflicht des Mieters

(1) **Der Mieter ist verpflichtet, die Mietsache nach Beendigung des Mietverhältnisses zurückzugeben.**

(2) **Hat der Mieter den Gebrauch der Mietsache einem Dritten überlassen, so kann der Vermieter die Sache nach Beendigung des Mietverhältnisses auch von dem Dritten zurückfordern.**

§ 546 a. Entschädigung des Vermieters bei verspäteter Rückgabe

(1) **Gibt der Mieter die Mietsache nach Beendigung des Mietverhältnisses nicht zurück, so kann der Vermieter für die Dauer der Vorenthaltung als Entschädigung die vereinbarte Miete oder die Miete verlangen, die für vergleichbare Sachen ortsüblich ist.**

(2) **Die Geltendmachung eines weiteren Schadens ist nicht ausgeschlossen.**

§ 547. Erstattung von im Voraus entrichteter Miete

(1) **[1] Ist die Miete für die Zeit nach Beendigung des Mietverhältnisses im Voraus entrichtet worden, so hat der Vermieter sie zurückzuerstatten und ab Empfang zu verzinsen. [2] Hat der Vermieter die Beendigung des Mietverhältnisses nicht zu vertreten, so hat er das Erlangte nach den Vorschriften über die Herausgabe einer ungerechtfertigten Bereicherung zurückzuerstatten.**

(2) **Bei einem Mietverhältnis über Wohnraum ist eine zum Nachteil des Mieters abweichende Vereinbarung unwirksam.**

§ 548. Verjährung der Ersatzansprüche und des Wegnahmerechts

(1) **[1] Die Ersatzansprüche des Vermieters wegen Veränderungen oder Verschlechterungen der Mietsache verjähren in sechs Monaten. [2] Die Verjährung beginnt mit dem Zeitpunkt, in dem er die Mietsache zurückerhält. [3] Mit der Verjährung des Anspruchs des Vermieters auf Rückgabe der Mietsache verjähren auch seine Ersatzansprüche.**

(2) **Ansprüche des Mieters auf Ersatz von Aufwendungen oder auf Gestattung der Wegnahme einer Einrichtung verjähren in sechs Monaten nach der Beendigung des Mietverhältnisses.**

1 **1. Normzweck** ist die schnelle Klärung der Rechtslage bei Rückgabe der Mietsache; der Anwendungsbereich der Vorschrift ist daher weit auszulegen (*Erman-Jendrek* Rz 2). Freilich ist Abs 1 S 2 nur bei Verschaffung des unmittelbaren Besitzes erfüllt (s BGH NJW 1996, 586 und § 438 Rz 4). Die Kürze der Verjährungsfrist wird dadurch gemildert, dass die Verjährung gem § 203 gehemmt ist, solange Mieter und Vermieter über die Ersatzansprüche verhandeln.

2 **2. Konkurrierende Ansprüche** (etwa aus Delikt, § 280 oder Eigentum) werden gleichfalls der kurzen Verjährung unterworfen, da andernfalls der Sinn des § 548 vereitelt

würde. Selbst Ansprüche Dritter können aus diesem Grund in den Anwendungsbereich des § 548 einbezogen sein; so kann sich der Mieter gegenüber Ansprüchen des Eigentümers aus § 1004 auf die kurze Verjährung des § 548 berufen, wenn zwischen Eigentümer und Vermieter ein auf das Mietverhältnis zwischen Vermieter und Mieter abgestimmtes Gestattungsverhältnis besteht (BGHZ 135, 152 mwN). Für Schadensersatzansprüche des Mieters gem § 536a I gilt § 548 II nicht; Folge: §§ 195, 199.

Untertitel 2. Mietverhältnisse über Wohnraum

Kapitel 1. Allgemeine Vorschriften

§ 549. Auf Wohnraummietverhältnisse anwendbare Vorschriften

(1) **Für Mietverhältnisse über Wohnraum gelten die §§ 535 bis 548, soweit sich nicht aus den §§ 549 bis 577a etwas anderes ergibt.**

(2) **Die Vorschriften über die Mieterhöhung (§§ 557 bis 561) und über den Mieterschutz bei Beendigung des Mietverhältnisses sowie bei der Begründung von Wohnungseigentum (§ 568 Abs. 2, §§ 573, 573a, 573d Abs. 1, §§ 574 bis 575, 575a Abs. 1 und §§ 577, 577a) gelten nicht für Mietverhältnisse über**

1. **Wohnraum, der nur zum vorübergehenden Gebrauch vermietet ist,**
2. **Wohnraum, der Teil der vom Vermieter selbst bewohnten Wohnung ist und den der Vermieter überwiegend mit Einrichtungsgegenständen auszustatten hat, sofern der Wohnraum dem Mieter nicht zum dauernden Gebrauch mit seiner Familie oder mit Personen überlassen ist, mit denen er einen auf Dauer angelegten gemeinsamen Haushalt führt,**
3. **Wohnraum, den eine juristische Person des öffentlichen Rechts oder ein anerkannter privater Träger der Wohlfahrtspflege angemietet hat, um ihn Personen mit dringendem Wohnungsbedarf zu überlassen, wenn sie den Mieter bei Vertragsschluss auf die Zweckbestimmung des Wohnraums und die Ausnahme von den genannten Vorschriften hingewiesen hat.**

(3) **Für Wohnraum in einem Studenten- oder Jugendwohnheim gelten die §§ 557 bis 561 sowie die §§ 573, 573a, 573d Abs. 1 und §§ 575, 575a Abs. 1, §§ 577, 577a nicht.**

§ 550. Form des Mietvertrags

[1]Wird der Mietvertrag für längere Zeit als ein Jahr nicht in schriftlicher Form geschlossen, so gilt er für unbestimmte Zeit. [2]Die Kündigung ist jedoch frühestens zum Ablauf eines Jahres nach Überlassung des Wohnraums zulässig.

§ 551. Begrenzung und Anlage von Mietsicherheiten

(1) **Hat der Mieter dem Vermieter für die Erfüllung seiner Pflichten Sicherheit zu leisten, so darf diese vorbehaltlich des Absatzes 3 Satz 4 höchstens das Dreifache der auf einen Monat entfallenden Miete ohne die als Pauschale oder als Vorauszahlung ausgewiesenen Betriebskosten betragen.**

(2) **[1]Ist als Sicherheit eine Geldsumme bereitzustellen, so ist der Mieter zu drei gleichen monatlichen Teilzahlungen berechtigt. [2]Die erste Teilzahlung ist zu Beginn des Mietverhältnisses fällig.**

(3) **[1]Der Vermieter hat eine ihm als Sicherheit überlassene Geldsumme bei einem Kreditinstitut zu dem für Spareinlagen mit dreimonatiger Kündigungsfrist üblichen Zinssatz anzulegen. [2]Die Vertragsparteien können eine andere Anlageform vereinbaren. [3]In beiden Fällen muss die Anlage vom Vermögen des Vermieters getrennt erfolgen und stehen die Erträge dem Mieter zu. [4]Sie erhöhen**

die Sicherheit. [5]Bei Wohnraum in einem Studenten- oder Jugendwohnheim besteht für den Vermieter keine Pflicht, die Sicherheitsleistung zu verzinsen.

(4) **Eine zum Nachteil des Mieters abweichende Vereinbarung ist unwirksam.**

§ 552. Abwendung des Wegnahmerechts des Mieters

(1) **Der Vermieter kann die Ausübung des Wegnahmerechts (§ 539 Abs. 2) durch Zahlung einer angemessenen Entschädigung abwenden, wenn nicht der Mieter ein berechtigtes Interesse an der Wegnahme hat.**

(2) **Eine Vereinbarung, durch die das Wegnahmerecht ausgeschlossen wird, ist nur wirksam, wenn ein angemessener Ausgleich vorgesehen ist.**

§ 553. Gestattung der Gebrauchsüberlassung an Dritte

(1) **[1]Entsteht für den Mieter nach Abschluss des Mietvertrags ein berechtigtes Interesse, einen Teil des Wohnraums einem Dritten zum Gebrauch zu überlassen, so kann er von dem Vermieter die Erlaubnis hierzu verlangen. [2]Dies gilt nicht, wenn in der Person des Dritten ein wichtiger Grund vorliegt, der Wohnraum übermäßig belegt würde oder dem Vermieter die Überlassung aus sonstigen Gründen nicht zugemutet werden kann.**

(2) **Ist dem Vermieter die Überlassung nur bei einer angemessenen Erhöhung der Miete zuzumuten, so kann er die Erlaubnis davon abhängig machen, dass der Mieter sich mit einer solchen Erhöhung einverstanden erklärt.**

(3) **Eine zum Nachteil des Mieters abweichende Vereinbarung ist unwirksam.**

§ 554. Duldung von Erhaltungs- und Modernisierungsmaßnahmen

(1) **Der Mieter hat Maßnahmen zu dulden, die zur Erhaltung der Mietsache erforderlich sind.**

(2) **[1]Maßnahmen zur Verbesserung der Mietsache, zur Einsparung von Energie oder Wasser oder zur Schaffung neuen Wohnraums hat der Mieter zu dulden. [2]Dies gilt nicht, wenn die Maßnahme für ihn, seine Familie oder einen anderen Angehörigen seines Haushalts eine Härte bedeuten würde, die auch unter Würdigung der berechtigten Interessen des Vermieters und anderer Mieter in dem Gebäude nicht zu rechtfertigen ist. [3]Dabei sind insbesondere die vorzunehmenden Arbeiten, die baulichen Folgen, vorausgegangene Aufwendungen des Mieters und die zu erwartende Mieterhöhung zu berücksichtigen. [4]Die zu erwartende Mieterhöhung ist nicht als Härte anzusehen, wenn die Mietsache lediglich in einen Zustand versetzt wird, wie er allgemein üblich ist.**

(3) **[1]Bei Maßnahmen nach Absatz 2 Satz 1 hat der Vermieter dem Mieter spätestens drei Monate vor Beginn der Maßnahme deren Art sowie voraussichtlichen Umfang und Beginn, voraussichtliche Dauer und die zu erwartende Mieterhöhung in Textform mitzuteilen. [2]Der Mieter ist berechtigt, bis zum Ablauf des Monats, der auf den Zugang der Mitteilung folgt, außerordentlich zum Ablauf des nächsten Monats zu kündigen. [3]Diese Vorschriften gelten nicht bei Maßnahmen, die nur mit einer unerheblichen Einwirkung auf die vermieteten Räume verbunden sind und nur zu einer unerheblichen Mieterhöhung führen.**

(4) **[1]Aufwendungen, die der Mieter infolge einer Maßnahme nach Absatz 1 oder 2 Satz 1 machen musste, hat der Vermieter in angemessenem Umfang zu ersetzen. [2]Auf Verlangen hat er Vorschuss zu leisten.**

(5) **Eine zum Nachteil des Mieters von den Absätzen 2 bis 4 abweichende Vereinbarung ist unwirksam.**

§ 554 a. Barrierefreiheit

(1) [1]Der Mieter kann vom Vermieter die Zustimmung zu baulichen Veränderungen oder sonstigen Einrichtungen verlangen, die für eine behindertengerechte Nutzung der Mietsache oder den Zugang zu ihr erforderlich sind, wenn er ein berechtigtes Interesse daran hat. [2]Der Vermieter kann seine Zustimmung verweigern, wenn sein Interesse an der unveränderten Erhaltung der Mietsache oder des Gebäudes das Interesse des Mieters an einer behindertengerechten Nutzung der Mietsache überwiegt. [3]Dabei sind auch die berechtigten Interessen anderer Mieter in dem Gebäude zu berücksichtigen.

(2) [1]Der Vermieter kann seine Zustimmung von der Leistung einer angemessenen zusätzlichen Sicherheit für die Wiederherstellung des ursprünglichen Zustandes abhängig machen. [2]§ 551 Abs. 3 und 4 gilt entsprechend.

(3) Eine zum Nachteil des Mieters von Absatz 1 abweichende Vereinbarung ist unwirksam.

§ 555. Unwirksamkeit einer Vertragsstrafe

Eine Vereinbarung, durch die sich der Vermieter eine Vertragsstrafe vom Mieter versprechen lässt, ist unwirksam.

Kapitel 2. Die Miete

Unterkapitel 1. Vereinbarungen über die Miete

§ 556. Vereinbarungen über Betriebskosten

(1) [1]Die Vertragsparteien können vereinbaren, dass der Mieter Betriebskosten trägt. [2]Betriebskosten sind die Kosten, die dem Eigentümer oder Erbbauberechtigten durch das Eigentum oder das Erbbaurecht am Grundstück oder durch den bestimmungsmäßigen Gebrauch des Gebäudes, der Nebengebäude, Anlagen, Einrichtungen und des Grundstücks laufend entstehen. [3]Für die Aufstellung der Betriebskosten gilt die Betriebskostenverordnung vom 25. November 2003 (BGBl. I S. 2346, 2347) fort. [4]Die Bundesregierung wird ermächtigt, durch Rechtsverordnung ohne Zustimmung des Bundesrates Vorschriften über die Aufstellung der Betriebskosten zu erlassen.

(2) [1]Die Vertragsparteien können vorbehaltlich anderweitiger Vorschriften vereinbaren, dass Betriebskosten als Pauschale oder als Vorauszahlung ausgewiesen werden. [2]Vorauszahlungen für Betriebskosten dürfen nur in angemessener Höhe vereinbart werden.

(3) [1]Über die Vorauszahlungen für Betriebskosten ist jährlich abzurechnen; dabei ist der Grundsatz der Wirtschaftlichkeit zu beachten. [2]Die Abrechnung ist dem Mieter spätestens bis zum Ablauf des zwölften Monats nach Ende des Abrechnungszeitraums mitzuteilen. [3]Nach Ablauf dieser Frist ist die Geltendmachung einer Nachforderung durch den Vermieter ausgeschlossen, es sei denn, der Vermieter hat die verspätete Geltendmachung nicht zu vertreten. [4]Der Vermieter ist zu Teilabrechnungen nicht verpflichtet. [5]Einwendungen gegen die Abrechnung hat der Mieter dem Vermieter spätestens bis zum Ablauf des zwölften Monats nach Zugang der Abrechnung mitzuteilen. [6]Nach Ablauf dieser Frist kann der Mieter Einwendungen nicht mehr geltend machen, es sei denn, der Mieter hat die verspätete Geltendmachung nicht zu vertreten.

(4) Eine zum Nachteil des Mieters von Absatz 1, Absatz 2 Satz 2 oder Absatz 3 abweichende Vereinbarung ist unwirksam.

§ 556a. Abrechnungsmaßstab für Betriebskosten

(1) [1]Haben die Vertragsparteien nichts anderes vereinbart, sind die Betriebskosten vorbehaltlich anderweitiger Vorschriften nach dem Anteil der Wohnfläche umzulegen. [2]Betriebskosten, die von einem erfassten Verbrauch oder einer erfassten Verursachung durch die Mieter abhängen, sind nach einem Maßstab umzulegen, der dem unterschiedlichen Verbrauch oder der unterschiedlichen Verursachung Rechnung trägt.

(2) [1]Haben die Vertragsparteien etwas anderes vereinbart, kann der Vermieter durch Erklärung in Textform bestimmen, dass die Betriebskosten zukünftig abweichend von der getroffenen Vereinbarung ganz oder teilweise nach einem Maßstab umgelegt werden dürfen, der dem erfassten unterschiedlichen Verbrauch oder der erfassten unterschiedlichen Verursachung Rechnung trägt. [2]Die Erklärung ist nur vor Beginn eines Abrechnungszeitraums zulässig. [3]Sind die Kosten bislang in der Miete enthalten, so ist diese entsprechend herabzusetzen.

(3) Eine zum Nachteil des Mieters von Absatz 2 abweichende Vereinbarung ist unwirksam.

§ 556b. Fälligkeit der Miete, Aufrechnungs- und Zurückbehaltungsrecht

(1) Die Miete ist zu Beginn, spätestens bis zum dritten Werktag der einzelnen Zeitabschnitte zu entrichten, nach denen sie bemessen ist.

(2) [1]Der Mieter kann entgegen einer vertraglichen Bestimmung gegen eine Mietforderung mit einer Forderung auf Grund der §§ 536a, 539 oder aus ungerechtfertigter Bereicherung wegen zu viel gezahlter Miete aufrechnen oder wegen einer solchen Forderung ein Zurückbehaltungsrecht ausüben, wenn er seine Absicht dem Vermieter mindestens einen Monat vor der Fälligkeit der Miete in Textform angezeigt hat. [2]Eine zum Nachteil des Mieters abweichende Vereinbarung ist unwirksam.

Unterkapitel 2. Regelungen über die Miethöhe

§ 557. Mieterhöhungen nach Vereinbarung oder Gesetz

(1) Während des Mietverhältnisses können die Parteien eine Erhöhung der Miete vereinbaren.

(2) Künftige Änderungen der Miethöhe können die Vertragsparteien als Staffelmiete nach § 557a oder als Indexmiete nach § 557b vereinbaren.

(3) Im Übrigen kann der Vermieter Mieterhöhungen nur nach Maßgabe der §§ 558 bis 560 verlangen, soweit nicht eine Erhöhung durch Vereinbarung ausgeschlossen ist oder sich der Ausschluss aus den Umständen ergibt.

(4) Eine zum Nachteil des Mieters abweichende Vereinbarung ist unwirksam.

§ 557a. Staffelmiete

(1) Die Miete kann für bestimmte Zeiträume in unterschiedlicher Höhe schriftlich vereinbart werden; in der Vereinbarung ist die jeweilige Miete oder die jeweilige Erhöhung in einem Geldbetrag auszuweisen (Staffelmiete).

(2) [1]Die Miete muss jeweils mindestens ein Jahr unverändert bleiben. [2]Während der Laufzeit einer Staffelmiete ist eine Erhöhung nach den §§ 558 bis 559b ausgeschlossen.

(3) [1]Das Kündigungsrecht des Mieters kann für höchstens vier Jahre seit Abschluss der Staffelmietvereinbarung ausgeschlossen werden. [2]Die Kündigung ist frühestens zum Ablauf dieses Zeitraums zulässig.

(4) Eine zum Nachteil des Mieters abweichende Vereinbarung ist unwirksam.

§ 557 b. Indexmiete

(1) **Die Vertragsparteien können schriftlich vereinbaren, dass die Miete durch den vom Statistischen Bundesamt ermittelten Preisindex für die Lebenshaltung aller privaten Haushalte in Deutschland bestimmt wird (Indexmiete).**

(2) [1]**Während der Geltung einer Indexmiete muss die Miete, von Erhöhungen nach den §§ 559 bis 560 abgesehen, jeweils mindestens ein Jahr unverändert bleiben.** [2]**Eine Erhöhung nach § 559 kann nur verlangt werden, soweit der Vermieter bauliche Maßnahmen auf Grund von Umständen durchgeführt hat, die er nicht zu vertreten hat. 3Eine Erhöhung nach § 558 ist ausgeschlossen.**

(3) [1]**Eine Änderung der Miete nach Absatz 1 muss durch Erklärung in Textform geltend gemacht werden.** [2]**Dabei sind die eingetretene Änderung des Preisindexes sowie die jeweilige Miete oder die Erhöhung in einem Geldbetrag anzugeben.** [3]**Die geänderte Miete ist mit Beginn des übernächsten Monats nach dem Zugang der Erklärung zu entrichten.**

(4) **Eine zum Nachteil des Mieters abweichende Vereinbarung ist unwirksam.**

§ 558. Mieterhöhung bis zur ortsüblichen Vergleichsmiete

(1) [1]**Der Vermieter kann die Zustimmung zu einer Erhöhung der Miete bis zur ortsüblichen Vergleichsmiete verlangen, wenn die Miete in dem Zeitpunkt, zu dem die Erhöhung eintreten soll, seit 15 Monaten unverändert ist.** [2]**Das Mieterhöhungsverlangen kann frühestens ein Jahr nach der letzten Mieterhöhung geltend gemacht werden.** [3]**Erhöhungen nach den §§ 559 bis 560 werden nicht berücksichtigt.**

(2) [1]**Die ortsübliche Vergleichsmiete wird gebildet aus den üblichen Entgelten, die in der Gemeinde oder einer vergleichbaren Gemeinde für Wohnraum vergleichbarer Art, Größe, Ausstattung, Beschaffenheit und Lage in den letzten vier Jahren vereinbart oder, von Erhöhungen nach § 560 abgesehen, geändert worden sind.** [2]**Ausgenommen ist Wohnraum, bei dem die Miethöhe durch Gesetz oder im Zusammenhang mit einer Förderzusage festgelegt worden ist.**

(3) **Bei Erhöhungen nach Absatz 1 darf sich die Miete innerhalb von drei Jahren, von Erhöhungen nach den §§ 559 bis 560 abgesehen, nicht um mehr als 20 vom Hundert erhöhen (Kappungsgrenze).**

(4) [1]**Die Kappungsgrenze gilt nicht,**

1. **wenn eine Verpflichtung des Mieters zur Ausgleichszahlung nach den Vorschriften über den Abbau der Fehlsubventionierung im Wohnungswesen wegen des Wegfalls der öffentlichen Bindung erloschen ist und**
2. **soweit die Erhöhung den Betrag der zuletzt zu entrichtenden Ausgleichszahlung nicht übersteigt.**

[2]**Der Vermieter kann vom Mieter frühestens vier Monate vor dem Wegfall der öffentlichen Bindung verlangen, ihm innerhalb eines Monats über die Verpflichtung zur Ausgleichszahlung und über deren Höhe Auskunft zu erteilen.** [3]**Satz 1 gilt entsprechend, wenn die Verpflichtung des Mieters zur Leistung einer Ausgleichszahlung nach den §§ 34 bis 37 des Wohnraumförderungsgesetzes und den hierzu ergangenen landesrechtlichen Vorschriften wegen Wegfalls der Mietbindung erloschen ist.**

(5) **Von dem Jahresbetrag, der sich bei einer Erhöhung auf die ortsübliche Vergleichsmiete ergäbe, sind Drittmittel im Sinne des § 559 a abzuziehen, im Falle des § 559 a Abs. 1 mit 11 vom Hundert des Zuschusses.**

(6) **Eine zum Nachteil des Mieters abweichende Vereinbarung ist unwirksam.**

§ 558 a. Form und Begründung der Mieterhöhung

(1) Das Mieterhöhungsverlangen nach § 558 ist dem Mieter in Textform zu erklären und zu begründen.

(2) Zur Begründung kann insbesondere Bezug genommen werden auf
1. einen Mietspiegel (§§ 558 c, 558 d),
2. eine Auskunft aus einer Mietdatenbank (§ 558 e),
3. ein mit Gründen versehenes Gutachten eines öffentlich bestellten und vereidigten Sachverständigen,
4. entsprechende Entgelte für einzelne vergleichbare Wohnungen; hierbei genügt die Benennung von drei Wohnungen.

(3) Enthält ein qualifizierter Mietspiegel (§ 558 d Abs. 1), bei dem die Vorschrift des § 558 d Abs. 2 eingehalten ist, Angaben für die Wohnung, so hat der Vermieter in seinem Mieterhöhungsverlangen diese Angaben auch dann mitzuteilen, wenn er die Mieterhöhung auf ein anderes Begründungsmittel nach Absatz 2 stützt.

(4) [1]Bei der Bezugnahme auf einen Mietspiegel, der Spannen enthält, reicht es aus, wenn die verlangte Miete innerhalb der Spanne liegt. [2]Ist in dem Zeitpunkt, in dem der Vermieter seine Erklärung abgibt, kein Mietspiegel vorhanden, bei dem § 558 c Abs. 3 oder § 558 d Abs. 2 eingehalten ist, so kann auch ein anderer, insbesondere ein veralteter Mietspiegel oder ein Mietspiegel einer vergleichbaren Gemeinde verwendet werden.

(5) Eine zum Nachteil des Mieters abweichende Vereinbarung ist unwirksam.

§ 558 b. Zustimmung zur Mieterhöhung

(1) Soweit der Mieter der Mieterhöhung zustimmt, schuldet er die erhöhte Miete mit Beginn des dritten Kalendermonats nach dem Zugang des Erhöhungsverlangens.

(2) [1]Soweit der Mieter der Mieterhöhung nicht bis zum Ablauf des zweiten Kalendermonats nach dem Zugang des Verlangens zustimmt, kann der Vermieter auf Erteilung der Zustimmung klagen. [2]Die Klage muss innerhalb von drei weiteren Monaten erhoben werden.

(3) [1]Ist der Klage ein Erhöhungsverlangen vorausgegangen, das den Anforderungen des § 558 a nicht entspricht, so kann es der Vermieter im Rechtsstreit nachholen oder die Mängel des Erhöhungsverlangens beheben. [2]Dem Mieter steht auch in diesem Fall die Zustimmungsfrist nach Absatz 2 Satz 1 zu.

(4) Eine zum Nachteil des Mieters abweichende Vereinbarung ist unwirksam.

§ 558 c. Mietspiegel

(1) Ein Mietspiegel ist eine Übersicht über die ortsübliche Vergleichsmiete, soweit die Übersicht von der Gemeinde oder von Interessenvertretern der Vermieter und der Mieter gemeinsam erstellt oder anerkannt worden ist.

(2) Mietspiegel können für das Gebiet einer Gemeinde oder mehrerer Gemeinden oder für Teile von Gemeinden erstellt werden.

(3) Mietspiegel sollen im Abstand von zwei Jahren der Marktentwicklung angepasst werden.

(4) [1]Gemeinden sollen Mietspiegel erstellen, wenn hierfür ein Bedürfnis besteht und dies mit einem vertretbaren Aufwand möglich ist. [2]Die Mietspiegel und ihre Änderungen sollen veröffentlicht werden.

(5) Die Bundesregierung wird ermächtigt, durch Rechtsverordnung mit Zustimmung des Bundesrates Vorschriften über den näheren Inhalt und das Verfahren zur Aufstellung und Anpassung von Mietspiegeln zu erlassen.

§ 558 d. Qualifizierter Mietspiegel

(1) Ein qualifizierter Mietspiegel ist ein Mietspiegel, der nach anerkannten wissenschaftlichen Grundsätzen erstellt und von der Gemeinde oder von Interessenvertretern der Vermieter und der Mieter anerkannt worden ist.

(2) [1]Der qualifizierte Mietspiegel ist im Abstand von zwei Jahren der Marktentwicklung anzupassen. [2]Dabei kann eine Stichprobe oder die Entwicklung des vom Statistischen Bundesamt ermittelten Preisindexes für die Lebenshaltung aller privaten Haushalte in Deutschland zugrunde gelegt werden. [3]Nach vier Jahren ist der qualifizierte Mietspiegel neu zu erstellen.

(3) Ist die Vorschrift des Absatzes 2 eingehalten, so wird vermutet, dass die im qualifizierten Mietspiegel bezeichneten Entgelte die ortsübliche Vergleichsmiete wiedergeben.

§ 558 e. Mietdatenbank

Eine Mietdatenbank ist eine zur Ermittlung der ortsüblichen Vergleichsmiete fortlaufend geführte Sammlung von Mieten, die von der Gemeinde oder von Interessenvertretern der Vermieter und der Mieter gemeinsam geführt oder anerkannt wird und aus der Auskünfte gegeben werden, die für einzelne Wohnungen einen Schluss auf die ortsübliche Vergleichsmiete zulassen.

§ 559. Mieterhöhung bei Modernisierung

(1) Hat der Vermieter bauliche Maßnahmen durchgeführt, die den Gebrauchswert der Mietsache nachhaltig erhöhen, die allgemeinen Wohnverhältnisse auf Dauer verbessern oder nachhaltig Einsparungen von Energie oder Wasser bewirken (Modernisierung), oder hat er andere bauliche Maßnahmen auf Grund von Umständen durchgeführt, die er nicht zu vertreten hat, so kann er die jährliche Miete um 11 vom Hundert der für die Wohnung aufgewendeten Kosten erhöhen.

(2) Sind die baulichen Maßnahmen für mehrere Wohnungen durchgeführt worden, so sind die Kosten angemessen auf die einzelnen Wohnungen aufzuteilen.

(3) Eine zum Nachteil des Mieters abweichende Vereinbarung ist unwirksam.

§ 559 a. Anrechnung von Drittmitteln

(1) Kosten, die vom Mieter oder für diesen von einem Dritten übernommen oder die mit Zuschüssen aus öffentlichen Haushalten gedeckt werden, gehören nicht zu den aufgewendeten Kosten im Sinne des § 559.

(2) [1]Werden die Kosten für die baulichen Maßnahmen ganz oder teilweise durch zinsverbilligte oder zinslose Darlehen aus öffentlichen Haushalten gedeckt, so verringert sich der Erhöhungsbetrag nach § 559 um den Jahresbetrag der Zinsermäßigung. [2]Dieser wird errechnet aus dem Unterschied zwischen dem ermäßigten Zinssatz und dem marktüblichen Zinssatz für den Ursprungsbetrag des Darlehens. [3]Maßgebend ist der marktübliche Zinssatz für erstrangige Hypotheken zum Zeitpunkt der Beendigung der Maßnahmen. [4]Werden Zuschüsse oder Darlehen zur Deckung von laufenden Aufwendungen gewährt, so verringert sich der Erhöhungsbetrag um den Jahresbetrag des Zuschusses oder Darlehens.

(3) [1]Ein Mieterdarlehen, eine Mietvorauszahlung oder eine von einem Dritten für den Mieter erbrachte Leistung für die baulichen Maßnahmen stehen einem Darlehen aus öffentlichen Haushalten gleich. [2]Mittel der Finanzierungsinstitute des Bundes oder eines Landes gelten als Mittel aus öffentlichen Haushalten.

(4) Kann nicht festgestellt werden, in welcher Höhe Zuschüsse oder Darlehen für die einzelnen Wohnungen gewährt worden sind, so sind sie nach dem Verhältnis der für die einzelnen Wohnungen aufgewendeten Kosten aufzuteilen.

(5) Eine zum Nachteil des Mieters abweichende Vereinbarung ist unwirksam.

§ 559b. Geltendmachung der Erhöhung, Wirkung der Erhöhungserklärung

(1) [1]Die Mieterhöhung nach § 559 ist dem Mieter in Textform zu erklären. [2]Die Erklärung ist nur wirksam, wenn in ihr die Erhöhung auf Grund der entstandenen Kosten berechnet und entsprechend den Voraussetzungen der §§ 559 und 559a erläutert wird.

(2) [1]Der Mieter schuldet die erhöhte Miete mit Beginn des dritten Monats nach dem Zugang der Erklärung. [2]Die Frist verlängert sich um sechs Monate, wenn der Vermieter dem Mieter die zu erwartende Erhöhung der Miete nicht nach § 554 Abs. 3 Satz 1 mitgeteilt hat oder wenn die tatsächliche Mieterhöhung mehr als 10 vom Hundert höher ist als die mitgeteilte.

(3) Eine zum Nachteil des Mieters abweichende Vereinbarung ist unwirksam.

§ 560. Veränderungen von Betriebskosten

(1) [1]Bei einer Betriebskostenpauschale ist der Vermieter berechtigt, Erhöhungen der Betriebskosten durch Erklärung in Textform anteilig auf den Mieter umzulegen, soweit dies im Mietvertrag vereinbart ist. [2]Die Erklärung ist nur wirksam, wenn in ihr der Grund für die Umlage bezeichnet und erläutert wird.

(2) [1]Der Mieter schuldet den auf ihn entfallenden Teil der Umlage mit Beginn des auf die Erklärung folgenden übernächsten Monats. [2]Soweit die Erklärung darauf beruht, dass sich die Betriebskosten rückwirkend erhöht haben, wirkt sie auf den Zeitpunkt der Erhöhung der Betriebskosten, höchstens jedoch auf den Beginn des der Erklärung vorausgehenden Kalenderjahres zurück, sofern der Vermieter die Erklärung innerhalb von drei Monaten nach Kenntnis von der Erhöhung abgibt.

(3) [1]Ermäßigen sich die Betriebskosten, so ist eine Betriebskostenpauschale vom Zeitpunkt der Ermäßigung an entsprechend herabzusetzen. [2]Die Ermäßigung ist dem Mieter unverzüglich mitzuteilen.

(4) Sind Betriebskostenvorauszahlungen vereinbart worden, so kann jede Vertragspartei nach einer Abrechnung durch Erklärung in Textform eine Anpassung auf eine angemessene Höhe vornehmen.

(5) Bei Veränderungen von Betriebskosten ist der Grundsatz der Wirtschaftlichkeit zu beachten.

(6) Eine zum Nachteil des Mieters abweichende Vereinbarung ist unwirksam.

§ 561. Sonderkündigungsrecht des Mieters nach Mieterhöhung

(1) [1]Macht der Vermieter eine Mieterhöhung nach § 558 oder § 559 geltend, so kann der Mieter bis zum Ablauf des zweiten Monats nach dem Zugang der Erklärung des Vermieters das Mietverhältnis außerordentlich zum Ablauf des übernächsten Monats kündigen. [2]Kündigt der Mieter, so tritt die Mieterhöhung nicht ein.

(2) Eine zum Nachteil des Mieters abweichende Vereinbarung ist unwirksam.

Kapitel 3. Pfandrecht des Vermieters

§ 562. Umfang des Vermieterpfandrechts

(1) [1]**Der Vermieter hat für seine Forderungen aus dem Mietverhältnis ein Pfandrecht an den eingebrachten Sachen des Mieters.** [2]**Es erstreckt sich nicht auf die Sachen, die der Pfändung nicht unterliegen.**

(2) **Für künftige Entschädigungsforderungen und für die Miete für eine spätere Zeit als das laufende und das folgende Mietjahr kann das Pfandrecht nicht geltend gemacht werden.**

1. Allgemeines. a) Inhalt und Zweck. Die Vorschrift gibt dem Vermieter von Wohnraum sowie von Grundstücken und anderen Räumen (§ 578 I, II 1) ein besitzloses gesetzliches Pfandrecht zur Sicherung seiner mietrechtlichen Forderungen. Nach § 1257 gelten die allgemeinen Bestimmungen über das rechtsgeschäftlich bestellte Pfandrecht entsprechend; das Vermieterpfandrecht ist „sonstiges Recht" iSd § 823 I und wird ferner durch § 289 StGB geschützt. **b) Bedeutung:** Hauptsächlich Sicherung des Vorrangs vor anderen gesetzlichen (§ 647), rechtsgeschäftlichen oder Pfändungspfandrechten (näher *Medicus/Lorenz* SchR II Rz 489). Bei der Wohnungsmiete wird die schwache Sicherungswirkung des § 562 (Hausrat ist meist unpfändbar oder wertlos) heute zumeist durch die Hinterlegung einer Kaution unterstützt, vgl § 551. 1

2. Die **Entstehung** des Vermieterpfandrechts setzt voraus: **a) Forderungen aus dem Mietverhältnis** des Vermieters: Mietforderungen, auch künftige für das laufende und das folgende Mietjahr (Abs 2 Alt 2); beachte für vergangene Mietforderungen die Einschränkung gegenüber anderen Pfändungspfandgläubigern aus § 562 d; Schadensersatzansprüche aus § 536 c II oder § 280; **nicht:** künftige Entschädigungsansprüche, insbesondere der Anspruch wegen Vorenthaltung nach § 546 a (Abs 2 Alt 1). **b)** Nur an **Sachen des Mieters** entsteht das Pfandrecht. Ein gutgläubiger Erwerb an nicht im Eigentum des Mieters stehenden Sachen scheidet mangels eines Besitzerwerbs des Vermieters (vgl oben Rz 1) unstreitig aus (anders bei § 647). Hat der Mieter Sachen unter Eigentumsvorbehalt erworben, so entsteht das Pfandrecht zunächst an dem dinglichen Anwartschaftsrecht des Mieters (vgl § 449 Rz 13), mit dem Bedingungseintritt (Kaufpreiszahlung) dann an der Sache selbst (BGHZ 35, 85); es erlischt jedoch mit dem Anwartschaftsrecht, wenn der Mieter seine Kaufpreisraten nicht zahlt und der Verkäufer vom Vertrag zurücktritt. Eine spätere Sicherungsübereignung (vgl § 930 Rz 7) der vom Mieter bereits eingebrachten und von ihm zu Eigentum erworbenen Sachen vermag dagegen am bereits entstandenen Vermieterpfandrecht nichts zu ändern (kein gutgläubig lastenfreier Erwerb des Sicherungseigentümers mangels Übergabe: § 936 I 3). Im Falle eines Sicherungsübereignungsvertrages über das (gegenwärtige und künftige) Eigentum an einer in den Mietraum verbrachten Sachgesamtheit (Warenlager, vgl § 930 Rz 4) erstreckt sich der Vorrang eines bestehenden Vermieterpfandrechts auch auf solche Einzelteile des Warenlagers, die dem Warenbestand erst nach der Sicherungsübereignung zugeführt werden (BGHZ 117, 200, 207); denn eine Differenzierung widerspräche dem Bestimmtheitsgrundsatz (vgl § 930 Rz 5). **c) Einbringen** der Sachen. Dies ist der Fall, wenn sie mit Willen des Mieters nicht nur vorübergehend in die Mieträume geschafft worden sind. Einbringen ist Realakt (hM), daher Geschäftsfähigkeit nicht erforderlich, Willensmängel unbeachtlich. Einbringen trotz nur vorübergehendem Verbleib, wenn die Sachen häufiger wiederkehrend in die Mieträume verbracht werden (Bsp: Einstellen von Kfz in Garage). **d) Pfändbarkeit** (Abs 1 S 2) der eingebrachten Sachen des Mieters (§§ 811, 812 ZPO). 2

3. Überblick über die Wirkungen des Pfandrechts. Der Vermieter hat die folgenden Rechte: **a) Verwertung der eingebrachten Sachen** durch Pfandverkauf 3 nach §§ 1257, 1228, 1233ff. Erforderlich ist Fälligkeit des Anspruchs aus dem Mietverhältnis (oben Rz 2; § 1228 II). Da der Verkauf Besitz des Pfandgläubigers voraussetzt, kann der Vermieter die Herausgabe der zu seiner Befriedigung notwendigen Gegenstände verlangen (vgl § 1231; *Larenz* SchR II/1 § 48 V). **b) Vorzugsweise Befriedigung** (§ 805 ZPO, nicht § 771 ZPO) bei Pfändung durch andere (nachrangige) Gläubiger des Mieters, abgesonderte Befriedigung bei Insolvenz des Mieters (§ 50 InsO). **c) Selbsthilfe** bei unberechtigter Entfernung der eingebrachten Sachen, § 562b I; es gelten §§ 229ff. **d) Zurückschaffung** unberechtigt entfernter Sachen bzw deren **Herausgabe** an den Vermieter, wenn der Mieter ausgezogen ist, § 562b II.

§ 562a. Erlöschen des Vermieterpfandrechts

[1]Das Pfandrecht des Vermieters erlischt mit der Entfernung der Sachen von dem Grundstück, außer wenn diese ohne Wissen oder unter Widerspruch des Vermieters erfolgt. [2]Der Vermieter kann nicht widersprechen, wenn sie den gewöhnlichen Lebensverhältnissen entspricht oder wenn die zurückbleibenden Sachen zur Sicherung des Vermieters offenbar ausreichen.

I. Erlöschen durch Entfernen

1 **1. Entfernen** ist das tatsächliche Wegschaffen der Sache aus dem gemieteten Raum bzw von dem gemieteten Grundstück. Str ist, ob das bloß **vorübergehende Wegschaffen** zum Erlöschen und die Wiedereinbringung zur Neuentstehung des Pfandrechts führt. Der Streit gewinnt Bedeutung für den Rang des Vermieterpfandrechts, wenn zwischenzeitlich andere Pfandrechte an der Sache begründet werden, so etwa, wenn das Kfz des Mieters aus der (mit)gemieteten Garage zur Reparatur gebracht wird. Bejaht man das zwischenzeitliche Erlöschen des Vermieterpfandrechts (so zB *Palandt-Weidenkaff* Rz 4), so erwirbt der Werkunternehmer ein erstrangiges Pfandrecht (§ 647), nach der Gegenansicht (zB *Jauernig-Teichmann* Rz 2 mwN) geht das Vermieterpfandrecht vor.

2 **2. Weitere Voraussetzungen** für das Erlöschen des Pfandrechts neben dem Entfernen (alternativ):

3 **a)** Der **Vermieter weiß** von der Entfernung **und widerspricht** ihr **nicht** (S 1). Erforderlich ist positive Kenntnis. Die negative Gesetzesfassung begründet die Beweispflicht des Vermieters.

4 **b)** Ein erfolgter **Widerspruch** des Vermieters ist **unbeachtlich.** Der Widerspruch (rechtsgeschäftliche Handlung) ist nur beachtlich, wenn er bei oder kurz vor dem Wegschaffen ausdrücklich oder stillschweigend erklärt wird. Unbeachtlich ist der Widerspruch in zwei Fällen (S 2): **aa)** Die Entfernung entspricht den **gewöhnlichen Lebensverhältnissen** (S 2 Alt 1; Bsp: Mitnahme auf Reise, Leihe aus Gefälligkeit). Bei der gewerblichen Miete von Räumen, auf welche die Vorschrift gem § 578 II 1 Anwendung findet, ist insoweit darauf abzustellen, ob die Entfernung der Sache im regelmäßigen Geschäftsbetrieb des Mieters erfolgte (vgl RegBegr BT-Drucks 14/4553, 60), womit der normale Warenverkehr gemeint ist, nicht aber etwa ein Totalausverkauf. **bb) Offenbar ausreichende Sicherheit** durch verbleibende Sachen (S 2 Alt 2); liegt vor, wenn dem Vermieter Befriedigungsmöglichkeit für alle erfassten (§ 562 Rz 2) Forderungen ohne weiteres erkennbar ist.

5 **c)** Der **Vermieter weiß nichts** von der Entfernung, aber ein **Widerspruch wäre** nach S 2 **unbeachtlich** (teleologische Interpretation; hM, etwa *Larenz* SchR II/1 § 48 V: Auf die Kenntnis des Vermieters darf es nicht ankommen, wenn selbst ein erfolgter Widerspruch wirkungslos bliebe).

6 **d) Verspätete gerichtliche Geltendmachung.** Greift keine der Voraussetzungen zu a–c ein, so kann das Pfandrecht dennoch durch Entfernen erlöschen, wenn der

Vermieter seinen Anspruch auf Zurückschaffung (§ 562b II 1) nicht rechtzeitig gerichtlich geltend macht (§ 562b II 2).

II. Weitere Erlöschensgründe

1. Die **allgemeinen Erlöschensgründe** für das rechtsgeschäftlich bestellte Pfandrecht gelten auch für das Vermieterpfandrecht (§§ 1257, 1242 II; 1252ff). **7**

2. Das Vermieterpfandrecht kann durch **gutgläubig lastenfreien Erwerb** (§ 936) der eingebrachten Sache durch einen Dritten untergehen (näher *Medicus/Lorenz* SchR II Rz 495). **8**

§ 562 b. Selbsthilferecht, Herausgabeanspruch

(1) [1]**Der Vermieter darf die Entfernung der Sachen, die seinem Pfandrecht unterliegen, auch ohne Anrufen des Gerichts verhindern, soweit er berechtigt ist, der Entfernung zu widersprechen.** [2]**Wenn der Mieter auszieht, darf der Vermieter diese Sachen in seinen Besitz nehmen.**

(2) [1]**Sind die Sachen ohne Wissen oder unter Widerspruch des Vermieters entfernt worden, so kann er die Herausgabe zum Zwecke der Zurückschaffung auf das Grundstück und, wenn der Mieter ausgezogen ist, die Überlassung des Besitzes verlangen.** [2]**Das Pfandrecht erlischt mit dem Ablauf eines Monats, nachdem der Vermieter von der Entfernung der Sachen Kenntnis erlangt hat, wenn er diesen Anspruch nicht vorher gerichtlich geltend gemacht hat.**

§ 562 c. Abwendung des Pfandrechts durch Sicherheitsleistung

[1]**Der Mieter kann die Geltendmachung des Pfandrechts des Vermieters durch Sicherheitsleistung abwenden.** [2]**Er kann jede einzelne Sache dadurch von dem Pfandrecht befreien, dass er in Höhe ihres Wertes Sicherheit leistet.**

§ 562 d. Pfändung durch Dritte

Wird eine Sache, die dem Pfandrecht des Vermieters unterliegt, für einen anderen Gläubiger gepfändet, so kann diesem gegenüber das Pfandrecht nicht wegen der Miete für eine frühere Zeit als das letzte Jahr vor der Pfändung geltend gemacht werden.

Kapitel 4. Wechsel der Vertragsparteien

§ 563. Eintrittsrecht bei Tod des Mieters

(1) [1]**Der Ehegatte, der mit dem Mieter einen gemeinsamen Haushalt führt, tritt mit dem Tod des Mieters in das Mietverhältnis ein.** [2]**Dasselbe gilt für den Lebenspartner.**

(2) [1]**Leben in dem gemeinsamen Haushalt Kinder des Mieters, treten diese mit dem Tod des Mieters in das Mietverhältnis ein, wenn nicht der Ehegatte eintritt.** [2]**Der Eintritt des Lebenspartners bleibt vom Eintritt der Kinder des Mieters unberührt.** [3]**Andere Familienangehörige, die mit dem Mieter einen gemeinsamen Haushalt führen, treten mit dem Tod des Mieters in das Mietverhältnis ein, wenn nicht der Ehegatte oder der Lebenspartner eintritt.** [4]**Dasselbe gilt für Personen, die mit dem Mieter einen auf Dauer angelegten gemeinsamen Haushalt führen.**

(3) [1]**Erklären eingetretene Personen im Sinne des Absatzes 1 oder 2 innerhalb eines Monats, nachdem sie vom Tod des Mieters Kenntnis erlangt haben, dem Vermieter, dass sie das Mietverhältnis nicht fortsetzen wollen, gilt der Eintritt als nicht erfolgt.** [2]**Für geschäftsunfähige oder in der Geschäftsfähigkeit beschränkte**

Personen gilt § 210 entsprechend. [3]Sind mehrere Personen in das Mietverhältnis eingetreten, so kann jeder die Erklärung für sich abgeben.

(4) **Der Vermieter kann das Mietverhältnis innerhalb eines Monats, nachdem er von dem endgültigen Eintritt in das Mietverhältnis Kenntnis erlangt hat, außerordentlich mit der gesetzlichen Frist kündigen, wenn in der Person des Eingetretenen ein wichtiger Grund vorliegt.**

(5) **Eine abweichende Vereinbarung zum Nachteil des Mieters oder solcher Personen, die nach Absatz 1 oder 2 eintrittsberechtigt sind, ist unwirksam.**

§ 563 a. Fortsetzung mit überlebenden Mietern

(1) **Sind mehrere Personen im Sinne des § 563 gemeinsam Mieter, so wird das Mietverhältnis beim Tod eines Mieters mit den überlebenden Mietern fortgesetzt.**

(2) **Die überlebenden Mieter können das Mietverhältnis innerhalb eines Monats, nachdem sie vom Tod des Mieters Kenntnis erlangt haben, außerordentlich mit der gesetzlichen Frist kündigen.**

(3) **Eine abweichende Vereinbarung zum Nachteil der Mieter ist unwirksam.**

§ 563 b. Haftung bei Eintritt oder Fortsetzung

(1) **[1]Die Personen, die nach § 563 in das Mietverhältnis eingetreten sind oder mit denen es nach § 563 a fortgesetzt wird, haften neben dem Erben für die bis zum Tod des Mieters entstandenen Verbindlichkeiten als Gesamtschuldner. [2]Im Verhältnis zu diesen Personen haftet der Erbe allein, soweit nichts anderes bestimmt ist.**

(2) **Hat der Mieter die Miete für einen nach seinem Tod liegenden Zeitraum im Voraus entrichtet, sind die Personen, die nach § 563 in das Mietverhältnis eingetreten sind oder mit denen es nach § 563 a fortgesetzt wird, verpflichtet, dem Erben dasjenige herauszugeben, was sie infolge der Vorausentrichtung der Miete ersparen oder erlangen.**

(3) **Der Vermieter kann, falls der verstorbene Mieter keine Sicherheit geleistet hat, von den Personen, die nach § 563 in das Mietverhältnis eingetreten sind oder mit denen es nach § 563 a fortgesetzt wird, nach Maßgabe des § 551 eine Sicherheitsleistung verlangen.**

§ 564. Fortsetzung des Mietverhältnisses mit dem Erben, außerordentliche Kündigung

[1]Treten beim Tod des Mieters keine Personen im Sinne des § 563 in das Mietverhältnis ein oder wird es nicht mit ihnen nach § 563 a fortgesetzt, so wird es mit dem Erben fortgesetzt. [2]In diesem Fall ist sowohl der Erbe als auch der Vermieter berechtigt, das Mietverhältnis innerhalb eines Monats außerordentlich mit der gesetzlichen Frist zu kündigen, nachdem sie vom Tod des Mieters und davon Kenntnis erlangt haben, dass ein Eintritt in das Mietverhältnis oder dessen Fortsetzung nicht erfolgt sind.

§ 565. Gewerbliche Weitervermietung

(1) **[1]Soll der Mieter nach dem Mietvertrag den gemieteten Wohnraum gewerblich einem Dritten zu Wohnzwecken weitervermieten, so tritt der Vermieter bei der Beendigung des Mietverhältnisses in die Rechte und Pflichten aus dem Mietverhältnis zwischen dem Mieter und dem Dritten ein. [2]Schließt der Vermieter erneut einen Mietvertrag zur gewerblichen Weitervermietung ab, so**

tritt der Mieter anstelle der bisherigen Vertragspartei in die Rechte und Pflichten aus dem Mietverhältnis mit dem Dritten ein.

(2) **Die §§ 566 a bis 566 e gelten entsprechend.**

(3) **Eine zum Nachteil des Dritten abweichende Vereinbarung ist unwirksam.**

§ 566. Kauf bricht nicht Miete

(1) **Wird der vermietete Wohnraum nach der Überlassung an den Mieter von dem Vermieter an einen Dritten veräußert, so tritt der Erwerber anstelle des Vermieters in die sich während der Dauer seines Eigentums aus dem Mietverhältnis ergebenden Rechte und Pflichten ein.**

(2) [1]**Erfüllt der Erwerber die Pflichten nicht, so haftet der Vermieter für den von dem Erwerber zu ersetzenden Schaden wie ein Bürge, der auf die Einrede der Vorausklage verzichtet hat.** [2]**Erlangt der Mieter von dem Übergang des Eigentums durch Mitteilung des Vermieters Kenntnis, so wird der Vermieter von der Haftung befreit, wenn nicht der Mieter das Mietverhältnis zum ersten Termin kündigt, zu dem die Kündigung zulässig ist.**

1. Allgemeines. a) Zweck und Bedeutung. Die Regelung bezweckt den Schutz des Mieters bei Veräußerung der Mietsache durch den Vermieter. Da der Erwerber in alle Rechte und Pflichten aus dem Mietvertrag eintritt, stellt sie einen gesetzlichen Fall des Vertragsübergangs (vgl Vor § 414 Rz 7) dar; die Rechtsstellung des Mieters wird, da sie auch gegen bestimmte Dritte wirkt, „verdinglicht". **b) Anwendungsbereich.** Miete und Pacht (§ 581 II) von Wohnraum sowie von anderen Räumen und Grundstücken (§ 578); die Vereinbarung eines schuldrechtlichen Rechts zum Besitz ist der Miete nicht gleichzustellen (BGH NJW 2001, 2885). Entsprechende Anwendung bei Vermietung durch Nießbraucher (§ 1065), Vorerben (§ 2135) und Erbbauberechtigten (§ 30 ErbbauVO). Endet deren Recht vor Ablauf der Mietzeit, so geht der Mietvertrag auf den neuen Berechtigten (Grundstückseigentümer) über. 1

2. Voraussetzungen. a) Wirksamer Mietvertrag zwischen Veräußerer und Mieter. **b) Veräußerung** des Grundstücks durch den Vermieter. Erforderlich ist rechtsgeschäftliche Veräußerung, das zugrundeliegende Kausalgeschäft (Kauf, Tausch, Schenkung usw) ist gleichgültig; ungenau daher die amtliche Überschrift. § 566 findet analoge Anwendung auf originären Erwerb und Erwerb kraft Gesetzes (BGH NJW 2008, 2773 Nr 10). **c)** Der Erwerb muss **nach Überlassung** des (Wohn-)Raumes oder Grundstücks an den Mieter geschehen. Sinn dieser Einschränkung: Der Erwerber soll wenigstens durch den Besitz des Mieters vor der ihn treffenden Verpflichtung nach § 566 gewarnt werden, wenn die Vermietung schon dem Grundbuch nicht zu entnehmen ist (*Medicus/Lorenz* SchR II Rz 497). Für den Erwerb vor Überlassung gilt § 567 a. 2

3. Rechtsfolgen. a) Stellung des Erwerbers. Der Erwerber tritt in alle Rechte und Pflichten des Veräußerers aus dem Mietverhältnis ein. **aa)** Das gilt nach hM (BGHZ 13, 1; BGH NJW 1989, 451) auch dann, wenn für den Erwerber vor Überlassung der Mietsache an den Mieter eine **Auflassungsvormerkung** eingetragen war: § 883 III sichert nur den Rang des Auflassungsanspruchs, fingiert aber nicht einen Eigentumsübergang vor der Überlassung; die Vermietung nach Eintragung der Vormerkung ist auch keine beeinträchtigende Verfügung iSd § 883 II 1. Für die von einer starken MA (zB *Hk-Eckert* § 883 Rz 46f) befürwortete analoge Anwendung des § 883 II 1 spricht zwar, dass auch das Mietverhältnis den Anspruch des Vormerkungsberechtigten beeinträchtigt und ihn in seinem Besitzrecht hindert, doch verbietet der vorrangige Schutz des Mieters, der im Unterschied zu einem dinglichen Erwerber keinen Anlass zur Grundbucheinsicht hat, die Analogie. **bb)** Die **Garantiehaftung** des § 536 a I Alt 1 trifft den Erwerber nach hM nur dann, wenn der Mangel bereits bei 3

Vertragsschluss durch den Veräußerer vorhanden war und der Schaden erst nach Eigentumsübergang auf den Erwerber eingetreten ist (BGHZ 49, 350; *Staudinger-Emmerich* [2006] Rz 54); arg: der Mieter darf seinen Garantieanspruch gegen den Vermieter nicht durch den Vermieterwechsel verlieren. Andererseits soll er keinen Garantieanspruch hinzugewinnen, so dass für die Anfänglichkeit des Mangels (§ 536 a I Alt 1) nicht auf den Eintritt des Erwerbers abgestellt werden darf. Schließlich: Ist der Schaden schon vor dem Vermieterwechsel eingetreten, hat der Erwerber mit dem Anspruch nichts zu tun.

4 **b) Stellung des Veräußerers. aa) Befreiung.** Der bisherige Vermieter (Veräußerer) scheidet mit dem Erwerb aus dem Vertrag aus. **bb) Haftung.** Unabhängig von Abs 2 haftet er weiter für alle Ansprüche des Mieters, die bereits vor seinem Ausscheiden gegen ihn entstanden waren. Nach Abs 2 haftet er nur zur Sicherheit des Mieters, wenn der nach Abs 1 eingetretene neue Vermieter seine nach dem Übergang entstandenen Pflichten nicht erfüllt. Diese Sicherheit bildet den Ausgleich dafür, dass das Gesetz dem Mieter ohne dessen Zustimmung einen neuen Schuldner beschert. Die Haftungsbefristung des bisherigen Vermieters nach Abs 2 S 2 beruht auf einer Zustimmungsfiktion.

§ 566 a. Mietsicherheit

[1]**Hat der Mieter des veräußerten Wohnraums dem Vermieter für die Erfüllung seiner Pflichten Sicherheit geleistet, so tritt der Erwerber in die dadurch begründeten Rechte und Pflichten ein.** [2]**Kann bei Beendigung des Mietverhältnisses der Mieter die Sicherheit von dem Erwerber nicht erlangen, so ist der Vermieter weiterhin zur Rückgewähr verpflichtet.**

§ 566 b. Vorausverfügung über die Miete

(1) [1]**Hat der Vermieter vor dem Übergang des Eigentums über die Miete verfügt, die auf die Zeit der Berechtigung des Erwerbers entfällt, so ist die Verfügung wirksam, soweit sie sich auf die Miete für den zur Zeit des Eigentumsübergangs laufenden Kalendermonat bezieht.** [2]**Geht das Eigentum nach dem 15. Tag des Monats über, so ist die Verfügung auch wirksam, soweit sie sich auf die Miete für den folgenden Kalendermonat bezieht.**

(2) **Eine Verfügung über die Miete für eine spätere Zeit muss der Erwerber gegen sich gelten lassen, wenn er sie zur Zeit des Übergangs des Eigentums kennt.**

§ 566 c. Vereinbarung zwischen Mieter und Vermieter über die Miete

[1]**Ein Rechtsgeschäft, das zwischen dem Mieter und dem Vermieter über die Mietforderung vorgenommen wird, insbesondere die Entrichtung der Miete, ist dem Erwerber gegenüber wirksam, soweit es sich nicht auf die Miete für eine spätere Zeit als den Kalendermonat bezieht, in welchem der Mieter von dem Übergang des Eigentums Kenntnis erlangt.** [2]**Erlangt der Mieter die Kenntnis nach dem 15. Tag des Monats, so ist das Rechtsgeschäft auch wirksam, soweit es sich auf die Miete für den folgenden Kalendermonat bezieht.** [3]**Ein Rechtsgeschäft, das nach dem Übergang des Eigentums vorgenommen wird, ist jedoch unwirksam, wenn der Mieter bei der Vornahme des Rechtsgeschäfts von dem Übergang des Eigentums Kenntnis hat.**

§ 566 d. Aufrechnung durch den Mieter

[1]**Soweit die Entrichtung der Miete an den Vermieter nach § 566 c dem Erwerber gegenüber wirksam ist, kann der Mieter gegen die Mietforderung des Erwerbers eine ihm gegen den Vermieter zustehende Forderung aufrechnen.** [2]**Die**

Aufrechnung ist ausgeschlossen, wenn der Mieter die Gegenforderung erworben hat, nachdem er von dem Übergang des Eigentums Kenntnis erlangt hat, oder wenn die Gegenforderung erst nach der Erlangung der Kenntnis und später als die Miete fällig geworden ist.

§ 566 e. Mitteilung des Eigentumsübergangs durch den Vermieter

(1) **Teilt der Vermieter dem Mieter mit, dass er das Eigentum an dem vermieteten Wohnraum auf einen Dritten übertragen hat, so muss er in Ansehung der Mietforderung dem Mieter gegenüber die mitgeteilte Übertragung gegen sich gelten lassen, auch wenn sie nicht erfolgt oder nicht wirksam ist.**

(2) **Die Mitteilung kann nur mit Zustimmung desjenigen zurückgenommen werden, der als der neue Eigentümer bezeichnet worden ist.**

§ 567. Belastung des Wohnraums durch den Vermieter

[1]**Wird der vermietete Wohnraum nach der Überlassung an den Mieter von dem Vermieter mit dem Recht eines Dritten belastet, so sind die §§ 566 bis 566e entsprechend anzuwenden, wenn durch die Ausübung des Rechts dem Mieter der vertragsgemäße Gebrauch entzogen wird.** [2]**Wird der Mieter durch die Ausübung des Rechts in dem vertragsgemäßen Gebrauch beschränkt, so ist der Dritte dem Mieter gegenüber verpflichtet, die Ausübung zu unterlassen, soweit sie den vertragsgemäßen Gebrauch beeinträchtigen würde.**

§ 567 a. Veräußerung oder Belastung vor der Überlassung des Wohnraums

Hat vor der Überlassung des vermieteten Wohnraums an den Mieter der Vermieter den Wohnraum an einen Dritten veräußert oder mit einem Recht belastet, durch dessen Ausübung der vertragsgemäße Gebrauch dem Mieter entzogen oder beschränkt wird, so gilt das Gleiche wie in den Fällen des § 566 Abs. 1 und des § 567, wenn der Erwerber dem Vermieter gegenüber die Erfüllung der sich aus dem Mietverhältnis ergebenden Pflichten übernommen hat.

§ 567 b. Weiterveräußerung oder Belastung durch Erwerber

[1]**Wird der vermietete Wohnraum von dem Erwerber weiterveräußert oder belastet, so sind § 566 Abs. 1 und die §§ 566a bis 567a entsprechend anzuwenden.** [2]**Erfüllt der neue Erwerber die sich aus dem Mietverhältnis ergebenden Pflichten nicht, so haftet der Vermieter dem Mieter nach § 566 Abs. 2.**

Kapitel 5. Beendigung des Mietverhältnisses

Unterkapitel 1. Allgemeine Vorschriften

§ 568. Form und Inhalt der Kündigung

(1) **Die Kündigung des Mietverhältnisses bedarf der schriftlichen Form.**

(2) **Der Vermieter soll den Mieter auf die Möglichkeit, die Form und die Frist des Widerspruchs nach den §§ 574 bis 574b rechtzeitig hinweisen.**

§ 569. Außerordentliche fristlose Kündigung aus wichtigem Grund

(1) [1]**Ein wichtiger Grund im Sinne des § 543 Abs. 1 liegt für den Mieter auch vor, wenn der gemietete Wohnraum so beschaffen ist, dass seine Benutzung mit einer erheblichen Gefährdung der Gesundheit verbunden ist.** [2]**Dies gilt auch, wenn der Mieter die Gefahr bringende Beschaffenheit bei Vertragsschluss gekannt oder darauf verzichtet hat, die ihm wegen dieser Beschaffenheit zustehenden Rechte geltend zu machen.**

(2) **Ein wichtiger Grund im Sinne des § 543 Abs. 1 liegt ferner vor, wenn eine Vertragspartei den Hausfrieden nachhaltig stört, so dass dem Kündigenden unter Berücksichtigung aller Umstände des Einzelfalls, insbesondere eines Verschuldens der Vertragsparteien, und unter Abwägung der beiderseitigen Interessen die Fortsetzung des Mietverhältnisses bis zum Ablauf der Kündigungsfrist oder bis zur sonstigen Beendigung des Mietverhältnisses nicht zugemutet werden kann.**

(3) **Ergänzend zu § 543 Abs. 2 Satz 1 Nr. 3 gilt:**

1. **Im Falle des § 543 Abs. 2 Satz 1 Nr. 3 Buchstabe a ist der rückständige Teil der Miete nur dann als nicht unerheblich anzusehen, wenn er die Miete für einen Monat übersteigt. Dies gilt nicht, wenn der Wohnraum nur zum vorübergehenden Gebrauch vermietet ist.**
2. **Die Kündigung wird auch dann unwirksam, wenn der Vermieter spätestens bis zum Ablauf von zwei Monaten nach Eintritt der Rechtshängigkeit des Räumungsanspruchs hinsichtlich der fälligen Miete und der fälligen Entschädigung nach § 546a Abs. 1 befriedigt wird oder sich eine öffentliche Stelle zur Befriedigung verpflichtet. Dies gilt nicht, wenn der Kündigung vor nicht länger als zwei Jahren bereits eine nach Satz 1 unwirksam gewordene Kündigung vorausgegangen ist.**
3. **Ist der Mieter rechtskräftig zur Zahlung einer erhöhten Miete nach den §§ 558 bis 560 verurteilt worden, so kann der Vermieter das Mietverhältnis wegen Zahlungsverzugs des Mieters nicht vor Ablauf von zwei Monaten nach rechtskräftiger Verurteilung kündigen, wenn nicht die Voraussetzungen der außerordentlichen fristlosen Kündigung schon wegen der bisher geschuldeten Miete erfüllt sind.**

(4) **Der zur Kündigung führende wichtige Grund ist in dem Kündigungsschreiben anzugeben.**

(5) [1]**Eine Vereinbarung, die zum Nachteil des Mieters von den Absätzen 1 bis 3 dieser Vorschrift oder von § 543 abweicht, ist unwirksam.** [2]**Ferner ist eine Vereinbarung unwirksam, nach der der Vermieter berechtigt sein soll, aus anderen als den im Gesetz zugelassenen Gründen außerordentlich fristlos zu kündigen.**

§ 570. Ausschluss des Zurückbehaltungsrechts

Dem Mieter steht kein Zurückbehaltungsrecht gegen den Rückgabeanspruch des Vermieters zu.

§ 571. Weiterer Schadensersatz bei verspäteter Rückgabe von Wohnraum

(1) [1]**Gibt der Mieter den gemieteten Wohnraum nach Beendigung des Mietverhältnisses nicht zurück, so kann der Vermieter einen weiteren Schaden im Sinne des § 546a Abs. 2 nur geltend machen, wenn die Rückgabe infolge von Umständen unterblieben ist, die der Mieter zu vertreten hat.** [2]**Der Schaden ist nur insoweit zu ersetzen, als die Billigkeit eine Schadloshaltung erfordert.** [3]**Dies gilt nicht, wenn der Mieter gekündigt hat.**

(2) **Wird dem Mieter nach § 721 oder § 794a der Zivilprozessordnung eine Räumungsfrist gewährt, so ist er für die Zeit von der Beendigung des Mietverhältnisses bis zum Ablauf der Räumungsfrist zum Ersatz eines weiteren Schadens nicht verpflichtet.**

(3) **Eine zum Nachteil des Mieters abweichende Vereinbarung ist unwirksam.**

§ 572. Vereinbartes Rücktrittsrecht; Mietverhältnis unter auflösender Bedingung

(1) Auf eine Vereinbarung, nach der der Vermieter berechtigt sein soll, nach Überlassung des Wohnraums an den Mieter vom Vertrag zurückzutreten, kann der Vermieter sich nicht berufen.

(2) Ferner kann der Vermieter sich nicht auf eine Vereinbarung berufen, nach der das Mietverhältnis zum Nachteil des Mieters auflösend bedingt ist.

Unterkapitel 2. Mietverhältnisse auf unbestimmte Zeit

§ 573. Ordentliche Kündigung des Vermieters

(1) [1]Der Vermieter kann nur kündigen, wenn er ein berechtigtes Interesse an der Beendigung des Mietverhältnisses hat. [2]Die Kündigung zum Zwecke der Mieterhöhung ist ausgeschlossen.

(2) Ein berechtigtes Interesse des Vermieters an der Beendigung des Mietverhältnisses liegt insbesondere vor, wenn

1. der Mieter seine vertraglichen Pflichten schuldhaft nicht unerheblich verletzt hat,
2. der Vermieter die Räume als Wohnung für sich, seine Familienangehörigen oder Angehörige seines Haushalts benötigt oder
3. der Vermieter durch die Fortsetzung des Mietverhältnisses an einer angemessenen wirtschaftlichen Verwertung des Grundstücks gehindert und dadurch erhebliche Nachteile erleiden würde; die Möglichkeit, durch eine anderweitige Vermietung als Wohnraum eine höhere Miete zu erzielen, bleibt außer Betracht; der Vermieter kann sich auch nicht darauf berufen, dass er die Mieträume im Zusammenhang mit einer beabsichtigten oder nach Überlassung an den Mieter erfolgten Begründung von Wohnungseigentum veräußern will.

(3) [1]Die Gründe für ein berechtigtes Interesse des Vermieters sind in dem Kündigungsschreiben anzugeben. [2]Andere Gründe werden nur berücksichtigt, soweit sie nachträglich entstanden sind.

(4) Eine zum Nachteil des Mieters abweichende Vereinbarung ist unwirksam.

§ 573a. Erleichterte Kündigung des Vermieters

(1) [1]Ein Mietverhältnis über eine Wohnung in einem vom Vermieter selbst bewohnten Gebäude mit nicht mehr als zwei Wohnungen kann der Vermieter auch kündigen, ohne dass es eines berechtigten Interesses im Sinne des § 573 bedarf. [2]Die Kündigungsfrist verlängert sich in diesem Fall um drei Monate.

(2) Absatz 1 gilt entsprechend für Wohnraum innerhalb der vom Vermieter selbst bewohnten Wohnung, sofern der Wohnraum nicht nach § 549 Abs. 2 Nr. 2 vom Mieterschutz ausgenommen ist.

(3) In dem Kündigungsschreiben ist anzugeben, dass die Kündigung auf die Voraussetzungen des Absatzes 1 oder 2 gestützt wird.

(4) Eine zum Nachteil des Mieters abweichende Vereinbarung ist unwirksam.

§ 573b. Teilkündigung des Vermieters

(1) Der Vermieter kann nicht zum Wohnen bestimmte Nebenräume oder Teile eines Grundstücks ohne ein berechtigtes Interesse im Sinne des § 573 kündigen, wenn er die Kündigung auf diese Räume oder Grundstücksteile beschränkt und sie dazu verwenden will,

1. Wohnraum zum Zwecke der Vermietung zu schaffen oder
2. den neu zu schaffenden und den vorhandenen Wohnraum mit Nebenräumen oder Grundstücksteilen auszustatten.

(2) Die Kündigung ist spätestens am dritten Werktag eines Kalendermonats zum Ablauf des übernächsten Monats zulässig.

(3) Verzögert sich der Beginn der Bauarbeiten, so kann der Mieter eine Verlängerung des Mietverhältnisses um einen entsprechenden Zeitraum verlangen.

(4) Der Mieter kann eine angemessene Senkung der Miete verlangen.

(5) Eine zum Nachteil des Mieters abweichende Vereinbarung ist unwirksam.

§ 573 c. Fristen der ordentlichen Kündigung

(1) [1]Die Kündigung ist spätestens am dritten Werktag eines Kalendermonats zum Ablauf des übernächsten Monats zulässig. [2]Die Kündigungsfrist für den Vermieter verlängert sich nach fünf und acht Jahren seit der Überlassung des Wohnraums um jeweils drei Monate.

(2) Bei Wohnraum, der nur zum vorübergehenden Gebrauch vermietet worden ist, kann eine kürzere Kündigungsfrist vereinbart werden.

(3) Bei Wohnraum nach § 549 Abs. 2 Nr. 2 ist die Kündigung spätestens am 15. eines Monats zum Ablauf dieses Monats zulässig.

(4) Eine zum Nachteil des Mieters von Absatz 1 oder 3 abweichende Vereinbarung ist unwirksam.

§ 573 d. Außerordentliche Kündigung mit gesetzlicher Frist

(1) Kann ein Mietverhältnis außerordentlich mit der gesetzlichen Frist gekündigt werden, so gelten mit Ausnahme der Kündigung gegenüber Erben des Mieters nach § 564 die §§ 573 und 573 a entsprechend.

(2) [1]Die Kündigung ist spätestens am dritten Werktag eines Kalendermonats zum Ablauf des übernächsten Monats zulässig, bei Wohnraum nach § 549 Abs. 2 Nr. 2 spätestens am 15. eines Monats zum Ablauf dieses Monats (gesetzliche Frist). [2]§ 573 a Abs. 1 Satz 2 findet keine Anwendung.

(3) Eine zum Nachteil des Mieters abweichende Vereinbarung ist unwirksam.

§ 574. Widerspruch des Mieters gegen die Kündigung

(1) [1]Der Mieter kann der Kündigung des Vermieters widersprechen und von ihm die Fortsetzung des Mietverhältnisses verlangen, wenn die Beendigung des Mietverhältnisses für den Mieter, seine Familie oder einen anderen Angehörigen seines Haushalts eine Härte bedeuten würde, die auch unter Würdigung der berechtigten Interessen des Vermieters nicht zu rechtfertigen ist. [2]Dies gilt nicht, wenn ein Grund vorliegt, der den Vermieter zur außerordentlichen fristlosen Kündigung berechtigt.

(2) Eine Härte liegt auch vor, wenn angemessener Ersatzwohnraum zu zumutbaren Bedingungen nicht beschafft werden kann.

(3) Bei der Würdigung der berechtigten Interessen des Vermieters werden nur die in dem Kündigungsschreiben nach § 573 Abs. 3 angegebenen Gründe berücksichtigt, außer wenn die Gründe nachträglich entstanden sind.

(4) Eine zum Nachteil des Mieters abweichende Vereinbarung ist unwirksam.

§ 574 a. Fortsetzung des Mietverhältnisses nach Widerspruch

(1) [1]Im Falle des § 574 kann der Mieter verlangen, dass das Mietverhältnis so lange fortgesetzt wird, wie dies unter Berücksichtigung aller Umstände angemessen ist. [2]Ist dem Vermieter nicht zuzumuten, das Mietverhältnis zu den bisherigen Vertragsbedingungen fortzusetzen, so kann der Mieter nur verlangen, dass es unter einer angemessenen Änderung der Bedingungen fortgesetzt wird.

(2) [1]**Kommt keine Einigung zustande, so werden die Fortsetzung des Mietverhältnisses, deren Dauer sowie die Bedingungen, zu denen es fortgesetzt wird, durch Urteil bestimmt. [2]Ist ungewiss, wann voraussichtlich die Umstände wegfallen, auf Grund derer die Beendigung des Mietverhältnisses eine Härte bedeutet, so kann bestimmt werden, dass das Mietverhältnis auf unbestimmte Zeit fortgesetzt wird.**

(3) **Eine zum Nachteil des Mieters abweichende Vereinbarung ist unwirksam.**

§ 574b. Form und Frist des Widerspruchs

(1) [1]**Der Widerspruch des Mieters gegen die Kündigung ist schriftlich zu erklären. [2]Auf Verlangen des Vermieters soll der Mieter über die Gründe des Widerspruchs unverzüglich Auskunft erteilen.**

(2) [1]**Der Vermieter kann die Fortsetzung des Mietverhältnisses ablehnen, wenn der Mieter ihm den Widerspruch nicht spätestens zwei Monate vor der Beendigung des Mietverhältnisses erklärt hat. [2]Hat der Vermieter nicht rechtzeitig vor Ablauf der Widerspruchsfrist auf die Möglichkeit des Widerspruchs sowie auf dessen Form und Frist hingewiesen, so kann der Mieter den Widerspruch noch im ersten Termin des Räumungsrechtsstreits erklären.**

(3) **Eine zum Nachteil des Mieters abweichende Vereinbarung ist unwirksam.**

§ 574c. Weitere Fortsetzung des Mietverhältnisses bei unvorhergesehenen Umständen

(1) **Ist auf Grund der §§ 574 bis 574b durch Einigung oder Urteil bestimmt worden, dass das Mietverhältnis auf bestimmte Zeit fortgesetzt wird, so kann der Mieter dessen weitere Fortsetzung nur verlangen, wenn dies durch eine wesentliche Änderung der Umstände gerechtfertigt ist oder wenn Umstände nicht eingetreten sind, deren vorgesehener Eintritt für die Zeitdauer der Fortsetzung bestimmend gewesen war.**

(2) [1]**Kündigt der Vermieter ein Mietverhältnis, dessen Fortsetzung auf unbestimmte Zeit durch Urteil bestimmt worden ist, so kann der Mieter der Kündigung widersprechen und vom Vermieter verlangen, das Mietverhältnis auf unbestimmte Zeit fortzusetzen. [2]Haben sich die Umstände verändert, die für die Fortsetzung bestimmend gewesen waren, so kann der Mieter eine Fortsetzung des Mietverhältnisses nur nach § 574 verlangen; unerhebliche Veränderungen bleiben außer Betracht.**

(3) **Eine zum Nachteil des Mieters abweichende Vereinbarung ist unwirksam.**

Unterkapitel 3. Mietverhältnisse auf bestimmte Zeit

§ 575. Zeitmietvertrag

(1) [1]**Ein Mietverhältnis kann auf bestimmte Zeit eingegangen werden, wenn der Vermieter nach Ablauf der Mietzeit**

1. **die Räume als Wohnung für sich, seine Familienangehörigen oder Angehörige seines Haushalts nutzen will,**
2. **in zulässiger Weise die Räume beseitigen oder so wesentlich verändern oder instand setzen will, dass die Maßnahmen durch eine Fortsetzung des Mietverhältnisses erheblich erschwert würden, oder**
3. **die Räume an einen zur Dienstleistung Verpflichteten vermieten will**

und er dem Mieter den Grund der Befristung bei Vertragsschluss schriftlich mitteilt. [2]Anderenfalls gilt das Mietverhältnis als auf unbestimmte Zeit abgeschlossen.

(2) [1]Der Mieter kann vom Vermieter frühestens vier Monate vor Ablauf der Befristung verlangen, dass dieser ihm binnen eines Monats mitteilt, ob der Befristungsgrund noch besteht. [2]Erfolgt die Mitteilung später, so kann der Mieter eine Verlängerung des Mietverhältnisses um den Zeitraum der Verspätung verlangen.

(3) [1]Tritt der Grund der Befristung erst später ein, so kann der Mieter eine Verlängerung des Mietverhältnisses um einen entsprechenden Zeitraum verlangen. [2]Entfällt der Grund, so kann der Mieter eine Verlängerung auf unbestimmte Zeit verlangen. [3]Die Beweislast für den Eintritt des Befristungsgrundes und die Dauer der Verzögerung trifft den Vermieter.

(4) Eine zum Nachteil des Mieters abweichende Vereinbarung ist unwirksam.

§ 575 a. Außerordentliche Kündigung mit gesetzlicher Frist

(1) Kann ein Mietverhältnis, das auf bestimmte Zeit eingegangen ist, außerordentlich mit der gesetzlichen Frist gekündigt werden, so gelten mit Ausnahme der Kündigung gegenüber Erben des Mieters nach § 564 die §§ 573 und 573 a entsprechend.

(2) Die §§ 574 bis 574 c gelten entsprechend mit der Maßgabe, dass die Fortsetzung des Mietverhältnisses höchstens bis zum vertraglich bestimmten Zeitpunkt der Beendigung verlangt werden kann.

(3) [1]Die Kündigung ist spätestens am dritten Werktag eines Kalendermonats zum Ablauf des übernächsten Monats zulässig, bei Wohnraum nach § 549 Abs. 2 Nr. 2 spätestens am 15. eines Monats zum Ablauf dieses Monats (gesetzliche Frist). [2]§ 573 a Abs. 1 Satz 2 findet keine Anwendung.

(4) Eine zum Nachteil des Mieters abweichende Vereinbarung ist unwirksam.

Unterkapitel 4. Werkwohnungen

§ 576. Fristen der ordentlichen Kündigung bei Werkmietwohnungen

(1) Ist Wohnraum mit Rücksicht auf das Bestehen eines Dienstverhältnisses vermietet, so kann der Vermieter nach Beendigung des Dienstverhältnisses abweichend von § 573 c Abs. 1 Satz 2 mit folgenden Fristen kündigen:

1. bei Wohnraum, der dem Mieter weniger als zehn Jahre überlassen war, spätestens am dritten Werktag eines Kalendermonats zum Ablauf des übernächsten Monats, wenn der Wohnraum für einen anderen zur Dienstleistung Verpflichteten benötigt wird;
2. spätestens am dritten Werktag eines Kalendermonats zum Ablauf dieses Monats, wenn das Dienstverhältnis seiner Art nach die Überlassung von Wohnraum erfordert hat, der in unmittelbarer Beziehung oder Nähe zur Arbeitsstätte steht, und der Wohnraum aus dem gleichen Grund für einen anderen zur Dienstleistung Verpflichteten benötigt wird.

(2) Eine zum Nachteil des Mieters abweichende Vereinbarung ist unwirksam.

§ 576 a. Besonderheiten des Widerspruchsrechts bei Werkmietwohnungen

(1) Bei der Anwendung der §§ 574 bis 574 c auf Werkmietwohnungen sind auch die Belange des Dienstberechtigten zu berücksichtigen.

(2) Die §§ 574 bis 574 c gelten nicht, wenn

1. der Vermieter nach § 576 Abs. 1 Nr. 2 gekündigt hat;
2. der Mieter das Dienstverhältnis gelöst hat, ohne dass ihm von dem Dienstberechtigten gesetzlich begründeter Anlass dazu gegeben war, oder der Mieter

durch sein Verhalten dem Dienstberechtigten gesetzlich begründeten Anlass zur Auflösung des Dienstverhältnisses gegeben hat.

(3) Eine zum Nachteil des Mieters abweichende Vereinbarung ist unwirksam.

§ 576 b. Entsprechende Geltung des Mietrechts bei Werkdienstwohnungen

(1) Ist Wohnraum im Rahmen eines Dienstverhältnisses überlassen, so gelten für die Beendigung des Rechtsverhältnisses hinsichtlich des Wohnraums die Vorschriften über Mietverhältnisse entsprechend, wenn der zur Dienstleistung Verpflichtete den Wohnraum überwiegend mit Einrichtungsgegenständen ausgestattet hat oder in dem Wohnraum mit seiner Familie oder Personen lebt, mit denen er einen auf Dauer angelegten gemeinsamen Haushalt führt.

(2) Eine zum Nachteil des Mieters abweichende Vereinbarung ist unwirksam.

Kapitel 6. Besonderheiten bei der Bildung von Wohnungseigentum an vermieteten Wohnungen

§ 577. Vorkaufsrecht des Mieters

(1) [1]Werden vermietete Wohnräume, an denen nach der Überlassung an den Mieter Wohnungseigentum begründet worden ist oder begründet werden soll, an einen Dritten verkauft, so ist der Mieter zum Vorkauf berechtigt. [2]Dies gilt nicht, wenn der Vermieter die Wohnräume an einen Familienangehörigen oder an einen Angehörigen seines Haushalts verkauft. [3]Soweit sich nicht aus den nachfolgenden Absätzen etwas anderes ergibt, finden auf das Vorkaufsrecht die Vorschriften über den Vorkauf Anwendung.

(2) Die Mitteilung des Verkäufers oder des Dritten über den Inhalt des Kaufvertrags ist mit einer Unterrichtung des Mieters über sein Vorkaufsrecht zu verbinden.

(3) Die Ausübung des Vorkaufsrechts erfolgt durch schriftliche Erklärung des Mieters gegenüber dem Verkäufer.

(4) Stirbt der Mieter, so geht das Vorkaufsrecht auf diejenigen über, die in das Mietverhältnis nach § 563 Abs. 1 oder 2 eintreten.

(5) Eine zum Nachteil des Mieters abweichende Vereinbarung ist unwirksam.

§ 577 a. Kündigungsbeschränkung bei Wohnungsumwandlung

(1) Ist an vermieteten Wohnräumen nach der Überlassung an den Mieter Wohnungseigentum begründet und das Wohnungseigentum veräußert worden, so kann sich ein Erwerber auf berechtigte Interessen im Sinne des § 573 Abs. 2 Nr. 2 oder 3 erst nach Ablauf von drei Jahren seit der Veräußerung berufen.

(2) [1]Die Frist nach Absatz 1 beträgt bis zu zehn Jahre, wenn die ausreichende Versorgung der Bevölkerung mit Mietwohnungen zu angemessenen Bedingungen in einer Gemeinde oder einem Teil einer Gemeinde besonders gefährdet ist und diese Gebiete nach Satz 2 bestimmt sind. [2]Die Landesregierungen werden ermächtigt, diese Gebiete und die Frist nach Satz 1 durch Rechtsverordnung für die Dauer von jeweils höchstens zehn Jahren zu bestimmen.

(3) Eine zum Nachteil des Mieters abweichende Vereinbarung ist unwirksam.

Untertitel 3. Mietverhältnisse über andere Sachen

§ 578. Mietverhältnisse über Grundstücke und Räume

(1) Auf Mietverhältnisse über Grundstücke sind die Vorschriften der §§ 550, 562 bis 562 d, 566 bis 567 b sowie 570 entsprechend anzuwenden.

(2) [1]Auf Mietverhältnisse über Räume, die keine Wohnräume sind, sind die in Absatz 1 genannten Vorschriften sowie § 552 Abs. 1, § 554 Abs. 1 bis 4 und § 569 Abs. 2 entsprechend anzuwenden. [2]Sind die Räume zum Aufenthalt von Menschen bestimmt, so gilt außerdem § 569 Abs. 1 entsprechend.

§ 578a. Mietverhältnisse über eingetragene Schiffe

(1) Die Vorschriften der §§ 566, 566a, 566e bis 567b gelten im Falle der Veräußerung oder Belastung eines im Schiffsregister eingetragenen Schiffs entsprechend.

(2) [1]Eine Verfügung, die der Vermieter vor dem Übergang des Eigentums über die Miete getroffen hat, die auf die Zeit der Berechtigung des Erwerbers entfällt, ist dem Erwerber gegenüber wirksam. [2]Das Gleiche gilt für ein Rechtsgeschäft, das zwischen dem Mieter und dem Vermieter über die Mietforderung vorgenommen wird, insbesondere die Entrichtung der Miete; ein Rechtsgeschäft, das nach dem Übergang des Eigentums vorgenommen wird, ist jedoch unwirksam, wenn der Mieter bei der Vornahme des Rechtsgeschäfts von dem Übergang des Eigentums Kenntnis hat. [3]§ 566d gilt entsprechend.

§ 579. Fälligkeit der Miete

(1) [1]Die Miete für ein Grundstück, ein im Schiffsregister eingetragenes Schiff und für bewegliche Sachen ist am Ende der Mietzeit zu entrichten. [2]Ist die Miete nach Zeitabschnitten bemessen, so ist sie nach Ablauf der einzelnen Zeitabschnitte zu entrichten. [3]Die Miete für ein Grundstück ist, sofern sie nicht nach kürzeren Zeitabschnitten bemessen ist, jeweils nach Ablauf eines Kalendervierteljahrs am ersten Werktag des folgenden Monats zu entrichten.

(2) Für Mietverhältnisse über Räume gilt § 556b Abs. 1 entsprechend.

§ 580. Außerordentliche Kündigung bei Tod des Mieters

Stirbt der Mieter, so ist sowohl der Erbe als auch der Vermieter berechtigt, das Mietverhältnis innerhalb eines Monats, nachdem sie vom Tod des Mieters Kenntnis erlangt haben, außerordentlich mit der gesetzlichen Frist zu kündigen.

§ 580a. Kündigungsfristen

(1) Bei einem Mietverhältnis über Grundstücke, über Räume, die keine Geschäftsräume sind, oder über im Schiffsregister eingetragene Schiffe ist die ordentliche Kündigung zulässig,

1. wenn die Miete nach Tagen bemessen ist, an jedem Tag zum Ablauf des folgenden Tages;
2. wenn die Miete nach Wochen bemessen ist, spätestens am ersten Werktag einer Woche zum Ablauf des folgenden Sonnabends;
3. wenn die Miete nach Monaten oder längeren Zeitabschnitten bemessen ist, spätestens am dritten Werktag eines Kalendermonats zum Ablauf des übernächsten Monats, bei einem Mietverhältnis über gewerblich genutzte unbebaute Grundstücke oder im Schiffsregister eingetragene Schiffe jedoch nur zum Ablauf eines Kalendervierteljahrs.

(2) Bei einem Mietverhältnis über Geschäftsräume ist die ordentliche Kündigung spätestens am dritten Werktag eines Kalendervierteljahrs zum Ablauf des nächsten Kalendervierteljahres zulässig.

(3) Bei einem Mietverhältnis über bewegliche Sachen ist die ordentliche Kündigung zulässig,

1. wenn die Miete nach Tagen bemessen ist, an jedem Tag zum Ablauf des folgenden Tages;
2. wenn die Miete nach längeren Zeitabschnitten bemessen ist, spätestens am dritten Tag vor dem Tag, mit dessen Ablauf das Mietverhältnis enden soll.

(4) Absatz 1 Nr. 3, Absatz 2 und 3 Nr. 2 sind auch anzuwenden, wenn ein Mietverhältnis außerordentlich mit der gesetzlichen Frist gekündigt werden kann.

Untertitel 4. Pachtvertrag

§ 581. Vertragstypische Pflichten beim Pachtvertrag

(1) [1]Durch den Pachtvertrag wird der Verpächter verpflichtet, dem Pächter den Gebrauch des verpachteten Gegenstands und den Genuss der Früchte, soweit sie nach den Regeln einer ordnungsmäßigen Wirtschaft als Ertrag anzusehen sind, während der Pachtzeit zu gewähren. [2]Der Pächter ist verpflichtet, dem Verpächter die vereinbarte Pacht zu entrichten.

(2) Auf den Pachtvertrag mit Ausnahme des Landpachtvertrags sind, soweit sich nicht aus den §§ 582 bis 584 b etwas anderes ergibt, die Vorschriften über den Mietvertrag entsprechend anzuwenden.

§ 582. Erhaltung des Inventars

(1) Wird ein Grundstück mit Inventar verpachtet, so obliegt dem Pächter die Erhaltung der einzelnen Inventarstücke.

(2) [1]Der Verpächter ist verpflichtet, Inventarstücke zu ersetzen, die infolge eines vom Pächter nicht zu vertretenden Umstands in Abgang kommen. [2]Der Pächter hat jedoch den gewöhnlichen Abgang der zum Inventar gehörenden Tiere insoweit zu ersetzen, als dies einer ordnungsmäßigen Wirtschaft entspricht.

§ 582 a. Inventarübernahme zum Schätzwert

(1) [1]Übernimmt der Pächter eines Grundstücks das Inventar zum Schätzwert mit der Verpflichtung, es bei Beendigung des Pachtverhältnisses zum Schätzwert zurückzugewähren, so trägt er die Gefahr des zufälligen Untergangs und der zufälligen Verschlechterung des Inventars. [2]Innerhalb der Grenzen einer ordnungsmäßigen Wirtschaft kann er über die einzelnen Inventarstücke verfügen.

(2) [1]Der Pächter hat das Inventar in dem Zustand zu erhalten und in dem Umfang laufend zu ersetzen, der den Regeln einer ordnungsmäßigen Wirtschaft entspricht. [2]Die von ihm angeschafften Stücke werden mit der Einverleibung in das Inventar Eigentum des Verpächters.

(3) [1]Bei Beendigung des Pachtverhältnisses hat der Pächter das vorhandene Inventar dem Verpächter zurückzugewähren. [2]Der Verpächter kann die Übernahme derjenigen von dem Pächter angeschafften Inventarstücke ablehnen, welche nach den Regeln einer ordnungsmäßigen Wirtschaft für das Grundstück überflüssig oder zu wertvoll sind; mit der Ablehnung geht das Eigentum an den abgelehnten Stücken auf den Pächter über. [3]Besteht zwischen dem Gesamtschätzwert des übernommenen und dem des zurückzugewährenden Inventars ein Unterschied, so ist dieser in Geld auszugleichen. [4]Den Schätzwerten sind die Preise im Zeitpunkt der Beendigung des Pachtverhältnisses zugrunde zu legen.

§ 583. Pächterpfandrecht am Inventar

(1) Dem Pächter eines Grundstücks steht für die Forderungen gegen den Verpächter, die sich auf das mitgepachtete Inventar beziehen, ein Pfandrecht an den in seinen Besitz gelangten Inventarstücken zu.

(2) [1]Der Verpächter kann die Geltendmachung des Pfandrechts des Pächters durch Sicherheitsleistung abwenden. [2]Er kann jedes einzelne Inventarstück dadurch von dem Pfandrecht befreien, dass er in Höhe des Wertes Sicherheit leistet.

§ 583 a. Verfügungsbeschränkungen bei Inventar

Vertragsbestimmungen, die den Pächter eines Betriebs verpflichten, nicht oder nicht ohne Einwilligung des Verpächters über Inventarstücke zu verfügen oder Inventar an den Verpächter zu veräußern, sind nur wirksam, wenn sich der Verpächter verpflichtet, das Inventar bei der Beendigung des Pachtverhältnisses zum Schätzwert zu erwerben.

§ 584. Kündigungsfrist

(1) Ist bei dem Pachtverhältnis über ein Grundstück oder ein Recht die Pachtzeit nicht bestimmt, so ist die Kündigung nur für den Schluss eines Pachtjahrs zulässig; sie hat spätestens am dritten Werktag des halben Jahres zu erfolgen, mit dessen Ablauf die Pacht enden soll.

(2) Dies gilt auch, wenn das Pachtverhältnis außerordentlich mit der gesetzlichen Frist gekündigt werden kann.

§ 584 a. Ausschluss bestimmter mietrechtlicher Kündigungsrechte

(1) Dem Pächter steht das in § 540 Abs. 1 bestimmte Kündigungsrecht nicht zu.

(2) Der Verpächter ist nicht berechtigt, das Pachtverhältnis nach § 580 zu kündigen.

§ 584 b. Verspätete Rückgabe

[1]Gibt der Pächter den gepachteten Gegenstand nach der Beendigung des Pachtverhältnisses nicht zurück, so kann der Verpächter für die Dauer der Vorenthaltung als Entschädigung die vereinbarte Pacht nach dem Verhältnis verlangen, in dem die Nutzungen, die der Pächter während dieser Zeit gezogen hat oder hätte ziehen können, zu den Nutzungen des ganzen Pachtjahrs stehen. [2]Die Geltendmachung eines weiteren Schadens ist nicht ausgeschlossen.

Untertitel 5. Landpachtvertrag

§ 585. Begriff des Landpachtvertrags

(1) [1]Durch den Landpachtvertrag wird ein Grundstück mit den seiner Bewirtschaftung dienenden Wohn- oder Wirtschaftsgebäuden (Betrieb) oder ein Grundstück ohne solche Gebäude überwiegend zur Landwirtschaft verpachtet. [2]Landwirtschaft sind die Bodenbewirtschaftung und die mit der Bodennutzung verbundene Tierhaltung, um pflanzliche oder tierische Erzeugnisse zu gewinnen, sowie die gartenbauliche Erzeugung.

(2) Für Landpachtverträge gelten § 581 Abs. 1 und die §§ 582 bis 583 a sowie die nachfolgenden besonderen Vorschriften.

(3) Die Vorschriften über Landpachtverträge gelten auch für Pachtverhältnisse über forstwirtschaftliche Grundstücke, wenn die Grundstücke zur Nutzung in einem überwiegend landwirtschaftlichen Betrieb verpachtet werden.

§ 585 a. Form des Landpachtvertrags

Wird der Landpachtvertrag für längere Zeit als zwei Jahre nicht in schriftlicher Form geschlossen, so gilt er für unbestimmte Zeit.

§ 585 b. Beschreibung der Pachtsache

(1) [1]Der Verpächter und der Pächter sollen bei Beginn des Pachtverhältnisses gemeinsam eine Beschreibung der Pachtsache anfertigen, in der ihr Umfang sowie der Zustand, in dem sie sich bei der Überlassung befindet, festgestellt werden. [2]Dies gilt für die Beendigung des Pachtverhältnisses entsprechend. [3]Die Beschreibung soll mit der Angabe des Tages der Anfertigung versehen werden und ist von beiden Teilen zu unterschreiben.

(2) [1]Weigert sich ein Vertragsteil, bei der Anfertigung einer Beschreibung mitzuwirken, oder ergeben sich bei der Anfertigung Meinungsverschiedenheiten tatsächlicher Art, so kann jeder Vertragsteil verlangen, dass eine Beschreibung durch einen Sachverständigen angefertigt wird, es sei denn, dass seit der Überlassung der Pachtsache mehr als neun Monate oder seit der Beendigung des Pachtverhältnisses mehr als drei Monate verstrichen sind; der Sachverständige wird auf Antrag durch das Landwirtschaftsgericht ernannt. [2]Die insoweit entstehenden Kosten trägt jeder Vertragsteil zur Hälfte.

(3) Ist eine Beschreibung der genannten Art angefertigt, so wird im Verhältnis der Vertragsteile zueinander vermutet, dass sie richtig ist.

§ 586. Vertragstypische Pflichten beim Landpachtvertrag

(1) [1]Der Verpächter hat die Pachtsache dem Pächter in einem zu der vertragsmäßigen Nutzung geeigneten Zustand zu überlassen und sie während der Pachtzeit in diesem Zustand zu erhalten. [2]Der Pächter hat jedoch die gewöhnlichen Ausbesserungen der Pachtsache, insbesondere die der Wohn- und Wirtschaftsgebäude, der Wege, Gräben, Dränungen und Einfriedigungen, auf seine Kosten durchzuführen. [3]Er ist zur ordnungsmäßigen Bewirtschaftung der Pachtsache verpflichtet.

(2) Für die Haftung des Verpächters für Sach- und Rechtsmängel der Pachtsache sowie für die Rechte und Pflichten des Pächters wegen solcher Mängel gelten die Vorschriften des § 536 Abs. 1 bis 3 und der §§ 536 a bis 536 d entsprechend.

§ 586 a. Lasten der Pachtsache

Der Verpächter hat die auf der Pachtsache ruhenden Lasten zu tragen.

§ 587. Fälligkeit der Pacht; Entrichtung der Pacht bei persönlicher Verhinderung des Pächters

(1) [1]Die Pacht ist am Ende der Pachtzeit zu entrichten. [2]Ist die Pacht nach Zeitabschnitten bemessen, so ist sie am ersten Werktag nach dem Ablauf der einzelnen Zeitabschnitte zu entrichten.

(2) [1]Der Pächter wird von der Entrichtung der Pacht nicht dadurch befreit, dass er durch einen in seiner Person liegenden Grund an der Ausübung des ihm zustehenden Nutzungsrechts verhindert ist. [2]§ 537 Abs. 1 Satz 2 und Abs. 2 gilt entsprechend.

§ 588. Maßnahmen zur Erhaltung oder Verbesserung

(1) Der Pächter hat Einwirkungen auf die Pachtsache zu dulden, die zu ihrer Erhaltung erforderlich sind.

(2) [1]Maßnahmen zur Verbesserung der Pachtsache hat der Pächter zu dulden, es sei denn, dass die Maßnahme für ihn eine Härte bedeuten würde, die auch unter Würdigung der berechtigten Interessen des Verpächters nicht zu rechtfertigen ist. [2]Der Verpächter hat die dem Pächter durch die Maßnahme entstandenen Aufwendungen und entgangenen Erträge in einem den Umständen nach angemessenen Umfang zu ersetzen. [3]Auf Verlangen hat der Verpächter Vorschuss zu leisten.

(3) Soweit der Pächter infolge von Maßnahmen nach Absatz 2 Satz 1 höhere Erträge erzielt oder bei ordnungsmäßiger Bewirtschaftung erzielen könnte, kann der Verpächter verlangen, dass der Pächter in eine angemessene Erhöhung der Pacht einwilligt, es sei denn, dass dem Pächter eine Erhöhung der Pacht nach den Verhältnissen des Betriebs nicht zugemutet werden kann.

(4) [1]Über Streitigkeiten nach den Absätzen 1 und 2 entscheidet auf Antrag das Landwirtschaftsgericht. [2]Verweigert der Pächter in den Fällen des Absatzes 3 seine Einwilligung, so kann sie das Landwirtschaftsgericht auf Antrag des Verpächters ersetzen.

§ 589. Nutzungsüberlassung an Dritte

(1) Der Pächter ist ohne Erlaubnis des Verpächters nicht berechtigt,

1. die Nutzung der Pachtsache einem Dritten zu überlassen, insbesondere die Sache weiter zu verpachten,
2. die Pachtsache ganz oder teilweise einem landwirtschaftlichen Zusammenschluss zum Zwecke der gemeinsamen Nutzung zu überlassen.

(2) Überlässt der Pächter die Nutzung der Pachtsache einem Dritten, so hat er ein Verschulden, das dem Dritten bei der Nutzung zur Last fällt, zu vertreten, auch wenn der Verpächter die Erlaubnis zur Überlassung erteilt hat.

§ 590. Änderung der landwirtschaftlichen Bestimmung oder der bisherigen Nutzung

(1) Der Pächter darf die landwirtschaftliche Bestimmung der Pachtsache nur mit vorheriger Erlaubnis des Verpächters ändern.

(2) [1]Zur Änderung der bisherigen Nutzung der Pachtsache ist die vorherige Erlaubnis des Verpächters nur dann erforderlich, wenn durch die Änderung die Art der Nutzung über die Pachtzeit hinaus beeinflusst wird. [2]Der Pächter darf Gebäude nur mit vorheriger Erlaubnis des Verpächters errichten. [3]Verweigert der Verpächter die Erlaubnis, so kann sie auf Antrag des Pächters durch das Landwirtschaftsgericht ersetzt werden, soweit die Änderung zur Erhaltung oder nachhaltigen Verbesserung der Rentabilität des Betriebs geeignet erscheint und dem Verpächter bei Berücksichtigung seiner berechtigten Interessen zugemutet werden kann. [4]Dies gilt nicht, wenn der Pachtvertrag gekündigt ist oder das Pachtverhältnis in weniger als drei Jahren endet. [5]Das Landwirtschaftsgericht kann die Erlaubnis unter Bedingungen und Auflagen ersetzen, insbesondere eine Sicherheitsleistung anordnen sowie Art und Umfang der Sicherheit bestimmen. [6]Ist die Veranlassung für die Sicherheitsleistung weggefallen, so entscheidet auf Antrag das Landwirtschaftsgericht über die Rückgabe der Sicherheit; § 109 der Zivilprozessordnung gilt entsprechend.

(3) Hat der Pächter das nach § 582a zum Schätzwert übernommene Inventar im Zusammenhang mit einer Änderung der Nutzung der Pachtsache wesentlich vermindert, so kann der Verpächter schon während der Pachtzeit einen Geldausgleich in entsprechender Anwendung des § 582a Abs. 3 verlangen, es sei denn, dass der Erlös der veräußerten Inventarstücke zu einer zur Höhe des Erlö-

ses in angemessenem Verhältnis stehenden Verbesserung der Pachtsache nach § 591 verwendet worden ist.

§ 590 a. Vertragswidriger Gebrauch

Macht der Pächter von der Pachtsache einen vertragswidrigen Gebrauch und setzt er den Gebrauch ungeachtet einer Abmahnung des Verpächters fort, so kann der Verpächter auf Unterlassung klagen.

§ 590 b. Notwendige Verwendungen

Der Verpächter ist verpflichtet, dem Pächter die notwendigen Verwendungen auf die Pachtsache zu ersetzen.

§ 591. Wertverbessernde Verwendungen

(1) Andere als notwendige Verwendungen, denen der Verpächter zugestimmt hat, hat er dem Pächter bei Beendigung des Pachtverhältnisses zu ersetzen, soweit die Verwendungen den Wert der Pachtsache über die Pachtzeit hinaus erhöhen (Mehrwert).

(2) [1]Weigert sich der Verpächter, den Verwendungen zuzustimmen, so kann die Zustimmung auf Antrag des Pächters durch das Landwirtschaftsgericht ersetzt werden, soweit die Verwendungen zur Erhaltung oder nachhaltigen Verbesserung der Rentabilität des Betriebs geeignet sind und dem Verpächter bei Berücksichtigung seiner berechtigten Interessen zugemutet werden können. [2]Dies gilt nicht, wenn der Pachtvertrag gekündigt ist oder das Pachtverhältnis in weniger als drei Jahren endet. [3]Das Landwirtschaftsgericht kann die Zustimmung unter Bedingungen und Auflagen ersetzen.

(3) [1]Das Landwirtschaftsgericht kann auf Antrag auch über den Mehrwert Bestimmungen treffen und ihn festsetzen. [2]Es kann bestimmen, dass der Verpächter den Mehrwert nur in Teilbeträgen zu ersetzen hat, und kann Bedingungen für die Bewilligung solcher Teilzahlungen festsetzen. [3]Ist dem Verpächter ein Ersatz des Mehrwerts bei Beendigung des Pachtverhältnisses auch in Teilbeträgen nicht zuzumuten, so kann der Pächter nur verlangen, dass das Pachtverhältnis zu den bisherigen Bedingungen so lange fortgesetzt wird, bis der Mehrwert der Pachtsache abgegolten ist. [4]Kommt keine Einigung zustande, so entscheidet auf Antrag das Landwirtschaftsgericht über eine Fortsetzung des Pachtverhältnisses.

§ 591 a. Wegnahme von Einrichtungen

[1]Der Pächter ist berechtigt, eine Einrichtung, mit der er die Sache versehen hat, wegzunehmen. [2]Der Verpächter kann die Ausübung des Wegnahmerechts durch Zahlung einer angemessenen Entschädigung abwenden, es sei denn, dass der Pächter ein berechtigtes Interesse an der Wegnahme hat. [3]Eine Vereinbarung, durch die das Wegnahmerecht des Pächters ausgeschlossen wird, ist nur wirksam, wenn ein angemessener Ausgleich vorgesehen ist.

§ 591 b. Verjährung von Ersatzansprüchen

(1) Die Ersatzansprüche des Verpächters wegen Veränderung oder Verschlechterung der verpachteten Sache sowie die Ansprüche des Pächters auf Ersatz von Verwendungen oder auf Gestattung der Wegnahme einer Einrichtung verjähren in sechs Monaten.

(2) [1]Die Verjährung der Ersatzansprüche des Verpächters beginnt mit dem Zeitpunkt, in welchem er die Sache zurückerhält. [2]Die Verjährung der Ansprüche des Pächters beginnt mit der Beendigung des Pachtverhältnisses.

(3) **Mit der Verjährung des Anspruchs des Verpächters auf Rückgabe der Sache verjähren auch die Ersatzansprüche des Verpächters.**

§ 592. Verpächterpfandrecht

[1]Der Verpächter hat für seine Forderungen aus dem Pachtverhältnis ein Pfandrecht an den eingebrachten Sachen des Pächters sowie an den Früchten der Pachtsache. [2]Für künftige Entschädigungsforderungen kann das Pfandrecht nicht geltend gemacht werden. [3]Mit Ausnahme der in § 811 Abs. 1 Nr. 4 der Zivilprozessordnung genannten Sachen erstreckt sich das Pfandrecht nicht auf Sachen, die der Pfändung nicht unterworfen sind. [4]Die Vorschriften der §§ 562 a bis 562 c gelten entsprechend.

§ 593. Änderung von Landpachtverträgen

(1) **[1]Haben sich nach Abschluss des Pachtvertrags die Verhältnisse, die für die Festsetzung der Vertragsleistungen maßgebend waren, nachhaltig so geändert, dass die gegenseitigen Verpflichtungen in ein grobes Missverhältnis zueinander geraten sind, so kann jeder Vertragsteil eine Änderung des Vertrags mit Ausnahme der Pachtdauer verlangen. [2]Verbessert oder verschlechtert sich infolge der Bewirtschaftung der Pachtsache durch den Pächter deren Ertrag, so kann, soweit nichts anderes vereinbart ist, eine Änderung der Pacht nicht verlangt werden.**

(2) **[1]Eine Änderung kann frühestens zwei Jahre nach Beginn des Pachtverhältnisses oder nach dem Wirksamwerden der letzten Änderung der Vertragsleistungen verlangt werden. [2]Dies gilt nicht, wenn verwüstende Naturereignisse, gegen die ein Versicherungsschutz nicht üblich ist, das Verhältnis der Vertragsleistungen grundlegend und nachhaltig verändert haben.**

(3) **Die Änderung kann nicht für eine frühere Zeit als für das Pachtjahr verlangt werden, in dem das Änderungsverlangen erklärt wird.**

(4) **Weigert sich ein Vertragsteil, in eine Änderung des Vertrags einzuwilligen, so kann der andere Teil die Entscheidung des Landwirtschaftsgerichts beantragen.**

(5) **[1]Auf das Recht, eine Änderung des Vertrags nach den Absätzen 1 bis 4 zu verlangen, kann nicht verzichtet werden. [2]Eine Vereinbarung, dass einem Vertragsteil besondere Nachteile oder Vorteile erwachsen sollen, wenn er die Rechte nach den Absätzen 1 bis 4 ausübt oder nicht ausübt, ist unwirksam.**

§ 593 a. Betriebsübergabe

[1]Wird bei der Übergabe eines Betriebs im Wege der vorweggenommenen Erbfolge ein zugepachtetes Grundstück, das der Landwirtschaft dient, mit übergeben, so tritt der Übernehmer anstelle des Pächters in den Pachtvertrag ein. [2]Der Verpächter ist von der Betriebsübergabe jedoch unverzüglich zu benachrichtigen. [3]Ist die ordnungsmäßige Bewirtschaftung der Pachtsache durch den Übernehmer nicht gewährleistet, so ist der Verpächter berechtigt, das Pachtverhältnis außerordentlich mit der gesetzlichen Frist zu kündigen.

§ 593 b. Veräußerung oder Belastung des verpachteten Grundstücks

Wird das verpachtete Grundstück veräußert oder mit dem Recht eines Dritten belastet, so gelten die §§ 566 bis 567 b entsprechend.

§ 594. Ende und Verlängerung des Pachtverhältnisses

[1]Das Pachtverhältnis endet mit dem Ablauf der Zeit, für die es eingegangen ist. [2]Es verlängert sich bei Pachtverträgen, die auf mindestens drei Jahre ge-

schlossen worden sind, auf unbestimmte Zeit, wenn auf die Anfrage eines Vertragsteils, ob der andere Teil zur Fortsetzung des Pachtverhältnisses bereit ist, dieser nicht binnen einer Frist von drei Monaten die Fortsetzung ablehnt. [3]Die Anfrage und die Ablehnung bedürfen der schriftlichen Form. [4]Die Anfrage ist ohne Wirkung, wenn in ihr nicht auf die Folge der Nichtbeachtung ausdrücklich hingewiesen wird und wenn sie nicht innerhalb des drittletzten Pachtjahrs gestellt wird.

§ 594 a. Kündigungsfristen

(1) [1]Ist die Pachtzeit nicht bestimmt, so kann jeder Vertragsteil das Pachtverhältnis spätestens am dritten Werktag eines Pachtjahrs für den Schluss des nächsten Pachtjahrs kündigen. [2]Im Zweifel gilt das Kalenderjahr als Pachtjahr. 3Die Vereinbarung einer kürzeren Frist bedarf der Schriftform.

(2) Für die Fälle, in denen das Pachtverhältnis außerordentlich mit der gesetzlichen Frist vorzeitig gekündigt werden kann, ist die Kündigung nur für den Schluss eines Pachtjahrs zulässig; sie hat spätestens am dritten Werktag des halben Jahres zu erfolgen, mit dessen Ablauf die Pacht enden soll.

§ 594 b. Vertrag über mehr als 30 Jahre

[1]Wird ein Pachtvertrag für eine längere Zeit als 30 Jahre geschlossen, so kann nach 30 Jahren jeder Vertragsteil das Pachtverhältnis spätestens am dritten Werktag eines Pachtjahrs für den Schluss des nächsten Pachtjahrs kündigen. [2]Die Kündigung ist nicht zulässig, wenn der Vertrag für die Lebenszeit des Verpächters oder des Pächters geschlossen ist.

§ 594 c. Kündigung bei Berufsunfähigkeit des Pächters

[1]Ist der Pächter berufsunfähig im Sinne der Vorschriften der gesetzlichen Rentenversicherung geworden, so kann er das Pachtverhältnis außerordentlich mit der gesetzlichen Frist kündigen, wenn der Verpächter der Überlassung der Pachtsache zur Nutzung an einen Dritten, der eine ordnungsmäßige Bewirtschaftung gewährleistet, widerspricht. [2]Eine abweichende Vereinbarung ist unwirksam.

§ 594 d. Tod des Pächters

(1) Stirbt der Pächter, so sind sowohl seine Erben als auch der Verpächter innerhalb eines Monats, nachdem sie vom Tod des Pächters Kenntnis erlangt haben, berechtigt, das Pachtverhältnis mit einer Frist von sechs Monaten zum Ende eines Kalendervierteljahrs zu kündigen.

(2) [1]Die Erben können der Kündigung des Verpächters widersprechen und die Fortsetzung des Pachtverhältnisses verlangen, wenn die ordnungsmäßige Bewirtschaftung der Pachtsache durch sie oder durch einen von ihnen beauftragten Miterben oder Dritten gewährleistet erscheint. [2]Der Verpächter kann die Fortsetzung des Pachtverhältnisses ablehnen, wenn die Erben den Widerspruch nicht spätestens drei Monate vor Ablauf des Pachtverhältnisses erklärt und die Umstände mitgeteilt haben, nach denen die weitere ordnungsmäßige Bewirtschaftung der Pachtsache gewährleistet erscheint. [3]Die Widerspruchserklärung und die Mitteilung bedürfen der schriftlichen Form. [4]Kommt keine Einigung zustande, so entscheidet auf Antrag das Landwirtschaftsgericht.

(3) Gegenüber einer Kündigung des Verpächters nach Absatz 1 ist ein Fortsetzungsverlangen des Erben nach § 595 ausgeschlossen.

§ 594e. Außerordentliche fristlose Kündigung aus wichtigem Grund

(1) Die außerordentliche fristlose Kündigung des Pachtverhältnisses ist in entsprechender Anwendung der §§ 543, 569 Abs. 1 und 2 zulässig.

(2) [1] Abweichend von § 543 Abs. 2 Nr. 3 Buchstaben a und b liegt ein wichtiger Grund insbesondere vor, wenn der Pächter mit der Entrichtung der Pacht oder eines nicht unerheblichen Teils der Pacht länger als drei Monate in Verzug ist. [2] Ist die Pacht nach Zeitabschnitten von weniger als einem Jahr bemessen, so ist die Kündigung erst zulässig, wenn der Pächter für zwei aufeinander folgende Termine mit der Entrichtung der Pacht oder eines nicht unerheblichen Teils der Pacht in Verzug ist.

§ 594f. Schriftform der Kündigung

Die Kündigung bedarf der schriftlichen Form.

§ 595. Fortsetzung des Pachtverhältnisses

(1) [1] Der Pächter kann vom Verpächter die Fortsetzung des Pachtverhältnisses verlangen, wenn

1. bei einem Betriebspachtverhältnis der Betrieb seine wirtschaftliche Lebensgrundlage bildet,
2. bei dem Pachtverhältnis über ein Grundstück der Pächter auf dieses Grundstück zur Aufrechterhaltung seines Betriebs, der seine wirtschaftliche Lebensgrundlage bildet, angewiesen ist

und die vertragsmäßige Beendigung des Pachtverhältnisses für den Pächter oder seine Familie eine Härte bedeuten würde, die auch unter Würdigung der berechtigten Interessen des Verpächters nicht zu rechtfertigen ist. [2] Die Fortsetzung kann unter diesen Voraussetzungen wiederholt verlangt werden.

(2) [1] Im Falle des Absatzes 1 kann der Pächter verlangen, dass das Pachtverhältnis so lange fortgesetzt wird, wie dies unter Berücksichtigung aller Umstände angemessen ist. [2] Ist dem Verpächter nicht zuzumuten, das Pachtverhältnis nach den bisher geltenden Vertragsbedingungen fortzusetzen, so kann der Pächter nur verlangen, dass es unter einer angemessenen Änderung der Bedingungen fortgesetzt wird.

(3) Der Pächter kann die Fortsetzung des Pachtverhältnisses nicht verlangen, wenn

1. er das Pachtverhältnis gekündigt hat,
2. der Verpächter zur außerordentlichen fristlosen Kündigung oder im Falle des § 593a zur außerordentlichen Kündigung mit der gesetzlichen Frist berechtigt ist,
3. die Laufzeit des Vertrags bei einem Pachtverhältnis über einen Betrieb, der Zupachtung von Grundstücken, durch die ein Betrieb entsteht, oder bei einem Pachtverhältnis über Moor- und Ödland, das vom Pächter kultiviert worden ist, auf mindestens 18 Jahre, bei der Pacht anderer Grundstücke auf mindestens zwölf Jahre vereinbart ist,
4. der Verpächter die nur vorübergehend verpachtete Sache in eigene Nutzung nehmen oder zur Erfüllung gesetzlicher oder sonstiger öffentlicher Aufgaben verwenden will.

(4) [1] Die Erklärung des Pächters, mit der er die Fortsetzung des Pachtverhältnisses verlangt, bedarf der schriftlichen Form. [2] Auf Verlangen des Verpächters soll der Pächter über die Gründe des Fortsetzungsverlangens unverzüglich Auskunft erteilen.

(5) [1]Der Verpächter kann die Fortsetzung des Pachtverhältnisses ablehnen, wenn der Pächter die Fortsetzung nicht mindestens ein Jahr vor Beendigung des Pachtverhältnisses vom Verpächter verlangt oder auf eine Anfrage des Verpächters nach § 594 die Fortsetzung abgelehnt hat. [2]Ist eine zwölfmonatige oder kürzere Kündigungsfrist vereinbart, so genügt es, wenn das Verlangen innerhalb eines Monats nach Zugang der Kündigung erklärt wird.

(6) [1]Kommt keine Einigung zustande, so entscheidet auf Antrag das Landwirtschaftsgericht über eine Fortsetzung und über die Dauer des Pachtverhältnisses sowie über die Bedingungen, zu denen es fortgesetzt wird. [2]Das Gericht kann die Fortsetzung des Pachtverhältnisses jedoch nur bis zu einem Zeitpunkt anordnen, der die in Absatz 3 Nr. 3 genannten Fristen, ausgehend vom Beginn des laufenden Pachtverhältnisses, nicht übersteigt. [3]Die Fortsetzung kann auch auf einen Teil der Pachtsache beschränkt werden.

(7) [1]Der Pächter hat den Antrag auf gerichtliche Entscheidung spätestens neun Monate vor Beendigung des Pachtverhältnisses und im Falle einer zwölfmonatigen oder kürzeren Kündigungsfrist zwei Monate nach Zugang der Kündigung bei dem Landwirtschaftsgericht zu stellen. [2]Das Gericht kann den Antrag nachträglich zulassen, wenn es zur Vermeidung einer unbilligen Härte geboten erscheint und der Pachtvertrag noch nicht abgelaufen ist.

(8) [1]Auf das Recht, die Verlängerung eines Pachtverhältnisses nach den Absätzen 1 bis 7 zu verlangen, kann nur verzichtet werden, wenn der Verzicht zur Beilegung eines Pachtstreits vor Gericht oder vor einer berufsständischen Pachtschlichtungsstelle erklärt wird. [2]Eine Vereinbarung, dass einem Vertragsteil besondere Nachteile oder besondere Vorteile erwachsen sollen, wenn er die Rechte nach den Absätzen 1 bis 7 ausübt oder nicht ausübt, ist unwirksam.

§ 595 a. Vorzeitige Kündigung von Landpachtverträgen

(1) Soweit die Vertragsteile zur außerordentlichen Kündigung eines Landpachtverhältnisses mit der gesetzlichen Frist berechtigt sind, steht ihnen dieses Recht auch nach Verlängerung des Landpachtverhältnisses oder Änderung des Landpachtvertrags zu.

(2) [1]Auf Antrag eines Vertragsteils kann das Landwirtschaftsgericht Anordnungen über die Abwicklung eines vorzeitig beendeten oder eines teilweise beendeten Landpachtvertrags treffen. [2]Wird die Verlängerung eines Landpachtvertrags auf einen Teil der Pachtsache beschränkt, kann das Landwirtschaftsgericht die Pacht für diesen Teil festsetzen.

(3) [1]Der Inhalt von Anordnungen des Landwirtschaftsgerichts gilt unter den Vertragsteilen als Vertragsinhalt. [2]Über Streitigkeiten, die diesen Vertragsinhalt betreffen, entscheidet auf Antrag das Landwirtschaftsgericht.

§ 596. Rückgabe der Pachtsache

(1) Der Pächter ist verpflichtet, die Pachtsache nach Beendigung des Pachtverhältnisses in dem Zustand zurückzugeben, der einer bis zur Rückgabe fortgesetzten ordnungsmäßigen Bewirtschaftung entspricht.

(2) Dem Pächter steht wegen seiner Ansprüche gegen den Verpächter ein Zurückbehaltungsrecht am Grundstück nicht zu.

(3) Hat der Pächter die Nutzung der Pachtsache einem Dritten überlassen, so kann der Verpächter die Sache nach Beendigung des Pachtverhältnisses auch von dem Dritten zurückfordern.

§ 596 a. Ersatzpflicht bei vorzeitigem Pachtende

(1) [1]Endet das Pachtverhältnis im Laufe eines Pachtjahrs, so hat der Verpächter dem Pächter den Wert der noch nicht getrennten, jedoch nach den Regeln einer ordnungsmäßigen Bewirtschaftung vor dem Ende des Pachtjahrs zu trennenden Früchte zu ersetzen. [2]Dabei ist das Ernterisiko angemessen zu berücksichtigen.

(2) Lässt sich der in Absatz 1 bezeichnete Wert aus jahreszeitlich bedingten Gründen nicht feststellen, so hat der Verpächter dem Pächter die Aufwendungen auf diese Früchte insoweit zu ersetzen, als sie einer ordnungsmäßigen Bewirtschaftung entsprechen.

(3) [1]Absatz 1 gilt auch für das zum Einschlag vorgesehene, aber noch nicht eingeschlagene Holz. [2]Hat der Pächter mehr Holz eingeschlagen, als bei ordnungsmäßiger Nutzung zulässig war, so hat er dem Verpächter den Wert der die normale Nutzung übersteigenden Holzmenge zu ersetzen. [3]Die Geltendmachung eines weiteren Schadens ist nicht ausgeschlossen.

§ 596 b. Rücklassungspflicht

(1) Der Pächter eines Betriebs hat von den bei Beendigung des Pachtverhältnisses vorhandenen landwirtschaftlichen Erzeugnissen so viel zurückzulassen, wie zur Fortführung der Wirtschaft bis zur nächsten Ernte nötig ist, auch wenn er bei Beginn des Pachtverhältnisses solche Erzeugnisse nicht übernommen hat.

(2) Soweit der Pächter nach Absatz 1 Erzeugnisse in größerer Menge oder besserer Beschaffenheit zurückzulassen verpflichtet ist, als er bei Beginn des Pachtverhältnisses übernommen hat, kann er vom Verpächter Ersatz des Wertes verlangen.

§ 597. Verspätete Rückgabe

[1]Gibt der Pächter die Pachtsache nach Beendigung des Pachtverhältnisses nicht zurück, so kann der Verpächter für die Dauer der Vorenthaltung als Entschädigung die vereinbarte Pacht verlangen. [2]Die Geltendmachung eines weiteren Schadens ist nicht ausgeschlossen.

Titel 6. Leihe

§ 598. Vertragstypische Pflichten bei der Leihe

Durch den Leihvertrag wird der Verleiher einer Sache verpflichtet, dem Entleiher den Gebrauch der Sache unentgeltlich zu gestatten.

§ 599. Haftung des Verleihers

Der Verleiher hat nur Vorsatz und grobe Fahrlässigkeit zu vertreten.

§ 600. Mängelhaftung

Verschweigt der Verleiher arglistig einen Mangel im Recht oder einen Fehler der verliehenen Sache, so ist er verpflichtet, dem Entleiher den daraus entstehenden Schaden zu ersetzen.

§ 601. Verwendungsersatz

(1) Der Entleiher hat die gewöhnlichen Kosten der Erhaltung der geliehenen Sache, bei der Leihe eines Tieres insbesondere die Fütterungskosten, zu tragen.

(2) [1]**Die Verpflichtung des Verleihers zum Ersatz anderer Verwendungen bestimmt sich nach den Vorschriften über die Geschäftsführung ohne Auftrag. [2]Der Entleiher ist berechtigt, eine Einrichtung, mit der er die Sache versehen hat, wegzunehmen.**

§ 602. Abnutzung der Sache

Veränderungen oder Verschlechterungen der geliehenen Sache, die durch den vertragsmäßigen Gebrauch herbeigeführt werden, hat der Entleiher nicht zu vertreten.

§ 603. Vertragsmäßiger Gebrauch

[1]**Der Entleiher darf von der geliehenen Sache keinen anderen als den vertragsmäßigen Gebrauch machen. [2]Er ist ohne die Erlaubnis des Verleihers nicht berechtigt, den Gebrauch der Sache einem Dritten zu überlassen.**

§ 604. Rückgabepflicht

(1) **Der Entleiher ist verpflichtet, die geliehene Sache nach dem Ablauf der für die Leihe bestimmten Zeit zurückzugeben.**

(2) [1]**Ist eine Zeit nicht bestimmt, so ist die Sache zurückzugeben, nachdem der Entleiher den sich aus dem Zweck der Leihe ergebenden Gebrauch gemacht hat. [2]Der Verleiher kann die Sache schon vorher zurückfordern, wenn so viel Zeit verstrichen ist, dass der Entleiher den Gebrauch hätte machen können.**

(3) **Ist die Dauer der Leihe weder bestimmt noch aus dem Zweck zu entnehmen, so kann der Verleiher die Sache jederzeit zurückfordern.**

(4) **Überlässt der Entleiher den Gebrauch der Sache einem Dritten, so kann der Verleiher sie nach der Beendigung der Leihe auch von dem Dritten zurückfordern.**

(5) **Die Verjährung des Anspruchs auf Rückgabe der Sache beginnt mit der Beendigung der Leihe.**

§ 605. Kündigungsrecht

Der Verleiher kann die Leihe kündigen:

1. **wenn er infolge eines nicht vorhergesehenen Umstandes der verliehenen Sache bedarf,**
2. **wenn der Entleiher einen vertragswidrigen Gebrauch von der Sache macht, insbesondere unbefugt den Gebrauch einem Dritten überlässt, oder die Sache durch Vernachlässigung der ihm obliegenden Sorgfalt erheblich gefährdet,**
3. **wenn der Entleiher stirbt.**

§ 606. Kurze Verjährung

[1]**Die Ersatzansprüche des Verleihers wegen Veränderungen oder Verschlechterungen der verliehenen Sache sowie die Ansprüche des Entleihers auf Ersatz von Verwendungen oder auf Gestattung der Wegnahme einer Einrichtung verjähren in sechs Monaten. [2]Die Vorschriften des § 548 Abs. 1 Satz 2 und 3, Abs. 2 finden entsprechende Anwendung.**

Titel 7. Sachdarlehensvertrag

§ 607. Vertragstypische Pflichten beim Sachdarlehensvertrag

(1) [1]**Durch den Sachdarlehensvertrag wird der Darlehensgeber verpflichtet, dem Darlehensnehmer eine vereinbarte vertretbare Sache zu überlassen. [2]Der**

Darlehensnehmer ist zur Zahlung eines Darlehensentgelts und bei Fälligkeit zur Rückerstattung von Sachen gleicher Art, Güte und Menge verpflichtet.

(2) **Die Vorschriften dieses Titels finden keine Anwendung auf die Überlassung von Geld.**

1 **1.** Ebenso wie das Gelddarlehen (§ 488) ist das **Sachdarlehen** als beidseitig verpflichtender Konsensualvertrag konzipiert. Praktisch wichtige Fälle des Sachdarlehens sind die Wertpapierleihe und die Überlassung von Mehrweg-Verpackungen.

2 **2.** Der Sachdarlehensgeber ist nach Abs 1 S 1 verpflichtet, dem Darlehensnehmer **Besitz und Eigentum** an der vereinbarten Sache einzuräumen. Der Sachdarlehensnehmer ist nach S 2 bei Fälligkeit zur **Rückerstattung** verpflichtet. Er muss Sachen gleicher Art und Güte zurückübereignen und nicht – wie bei der Miete oder Leihe – dieselbe Sache zurückgeben. Der in S 2 sowie in § 609 vorausgesetzte Entgeltanspruch bedarf einer entsprechenden vertraglichen Vereinbarung.

§ 608. Kündigung

(1) **Ist für die Rückerstattung der überlassenen Sache eine Zeit nicht bestimmt, hängt die Fälligkeit davon ab, dass der Darlehensgeber oder der Darlehensnehmer kündigt.**

(2) **Ein auf unbestimmte Zeit abgeschlossener Sachdarlehensvertrag kann, soweit nicht ein anderes vereinbart ist, jederzeit vom Darlehensgeber oder Darlehensnehmer ganz oder teilweise gekündigt werden.**

§ 609. Entgelt

Ein Entgelt hat der Darlehensnehmer spätestens bei Rückerstattung der überlassenen Sache zu bezahlen.

§ 610. *(weggefallen)*

Titel 8. Dienstvertrag

Vor § 611

1 **1. Dienstvertrag** ist ein gegenseitiger Vertrag, durch den sich der eine Teil (Dienstverpflichteter) zur Leistung der versprochenen Dienste und der andere Teil (Dienstberechtigter) zur Zahlung der vereinbarten Vergütung verpflichtet (Abs 1). Anders als beim Werkvertrag (vgl § 631 Rz 1) wird nicht ein bestimmtes Ergebnis geschuldet, sondern die Tätigkeit als solche. Gegenstand des Dienstvertrages können Dienste aller Art sein (Abs 2); es ist also gleichgültig, ob es sich um eine einmalige oder eine auf Dauer angelegte Tätigkeit handelt. Aus dem Dienstvertragsrecht hat sich als weitgehend selbständiges Rechtsgebiet das Arbeitsrecht als Sonderrecht der Arbeitnehmer entwickelt.

2 **2. Arbeitsvertrag** ist ein Dienstvertrag, bei dem der Verpflichtete (Arbeitnehmer) eine fremdbestimmte, unselbständige und sozial abhängige Tätigkeit ausübt. Für die Abgrenzung zur Dienstverpflichtung des Selbständigen ist entscheidend, ob der Verpflichtete hinsichtlich Zeit, Ort und Inhalt seiner Tätigkeit einem Weisungsrecht des Arbeitgebers unterliegt, dh in eine fremde Betriebsorganisation eingegliedert ist. Für Arbeitsverhältnisse gilt zunächst das Dienstvertragsrecht des BGB, dessen Regelungen jedoch durch arbeitsrechtliche Spezialgesetze modifiziert und überlagert werden (zB KSchG, BetrVG, TVG, MitBestG, AGG). Besondere arbeitsrechtliche Rechtsquellen sind die Kollektivvereinbarungen (Tarifvertrag, Betriebsvereinbarung), in denen für bestimmte Gruppen von Einzelarbeitsverhältnissen Rechtsnormen vereinbart werden

können (vgl §§ 1 TVG, 77 IV 1 BetrVG). Für Streitigkeiten aus Arbeitsverhältnissen sind nach § 2 ArbGG ausschließlich die Arbeitsgerichte zuständig. Ziel des Arbeitsrechts ist vor allem der Schutz des typischerweise sozial schwächeren Arbeitnehmers.

3. Zustandekommen und Wirksamkeit. Es gelten grds die Vorschriften des Allgemeinen Teils. Besonderheiten bestehen bei fehlerhaften **Arbeitsverhältnissen,** die bereits **in Vollzug** gesetzt wurden: Da eine Anwendung der §§ 812ff aus Sicht des Arbeitnehmers unangemessen wäre (vgl § 818 II, III), wird das fehlerhafte Arbeitsverhältnis nach hM für die Zeit bis zur Entdeckung des Nichtigkeitsgrundes als wirksam behandelt (**„faktisches Arbeitsverhältnis“;** zu der auf ähnlichen Erwägungen beruhenden faktischen Gesellschaft vgl § 705 Rz 3). Der Arbeitnehmer hat daher einen Anspruch auf den vereinbarten Lohn (BAG NJW 1986, 2133). Das faktische Arbeitsverhältnis endet ohne Kündigung ex nunc mit der Berufung auf die Nichtigkeit des Arbeitsvertrages. Eine Ausnahme vom Bestehen eines faktischen Arbeitsverhältnisses und damit Nichtigkeit ex tunc ist zuzulassen, wenn die Arbeitsleistung selbst sittenwidrig ist (BAG NJW 1976, 1958; Vertrag über eine „Universal-Show“ mit Geschlechtsverkehr in Nachtbars) oder vorrangige Interessen Minderjähriger bedroht sind. – Bei Nichtigkeit einzelner Abreden des Arbeitsvertrags wird entgegen § 139 lediglich **Teilnichtigkeit** angenommen; für den unwirksamen Teil gilt dispositives Recht. Bsp: Bei sittenwidriger Lohnvereinbarung bleibt der Arbeitsvertrag im Übrigen wirksam; hinsichtlich der Vergütung gilt § 612 II. 3

4. Leistungsstörungen. a) Grds gelten die **allgemeinen Vorschriften** (§§ 275ff, 320ff). Zu beachten ist aber der „Fixschuldcharakter der Arbeit“: Dienstleistungen, insbesondere unselbständige Arbeiten, sind zeitgebunden und können zumeist nicht ohne weiteres nachgeholt werden. Nach hM tritt daher regelmäßig Unmöglichkeit ein, wenn der Dienstverpflichtete seine Leistung nicht erbringt (*Jauernig-Mansel* § 615 Rz 6). Hat der Dienstverpflichtete die Unmöglichkeit zu vertreten (Bsp: Arbeitnehmer macht blau), so kann der Berechtigte nach §§ 280, 283 Schadensersatz statt der Leistung verlangen. Ein Rücktritt ist dagegen ausgeschlossen; an seine Stelle treten bei in Vollzug gesetzten Dienstverträgen die Vorschriften über die Kündigung (s unten Rz 7). Falls umgekehrt der Dienstberechtigte die Unmöglichkeit der Dienstleistung zu vertreten hat, behält der Verpflichtete nach § 326 II 1 seinen Vergütungsanspruch. **b) Annahmeverzug.** Annahmeverzug bewirkt nach allgemeinen Grundsätzen zwar eine Haftungserleichterung (§ 300 I), aber keine Leistungsbefreiung, solange nicht Unmöglichkeit eintritt (§ 275). Bei Dienstverträgen führt Annahmeverzug dagegen gem § 615 S 1 aE zur Befreiung von der Pflicht zur Nachleistung (Leistungsgefahr). Nach § 615 S 1 behält der Dienstverpflichtete zugleich seinen Vergütungsanspruch (Gegenleistungsgefahr). Hierin liegt eine Erweiterung gegenüber § 326 II 1 Alt 2, wonach die Leistung während des Annahmeverzugs unmöglich geworden sein muss. Zu den Voraussetzungen des Annahmeverzugs (§§ 293ff) bei Dienst- und Arbeitsverhältnissen *Palandt-Weidenkaff* § 615 Rz 7ff. **c) Beiderseits nicht zu vertretende Unmöglichkeit** führt nach § 326 I grds zum Verlust des Anspruchs auf die Gegenleistung. **aa)** Abweichend davon erhält **§ 616** dem Dienstverpflichteten den Vergütungsanspruch, wenn er ohne sein Verschulden aus persönlichen Gründen vorübergehend dienstverhindert ist. Verschulden bedeutet hier nach hM ein Verschulden gegen sich selbst. Als unverschuldet gelten daher in der Regel kurzfristige krankheitsbedingte Dienstverhinderungen sowie wichtige Familienereignisse (zB Eheschließung). Beachte: Bei Krankheit eines Arbeitnehmers sind die besonderen Vorschriften des EFZG anwendbar. **bb)** Zu „Lohn ohne Arbeit“ führt auch die vom BAG entwickelte **Betriebsrisikolehre.** Danach behält der Arbeitnehmer seinen Vergütungsanspruch, wenn die beiderseits unverschuldete Unmöglichkeit auf einer Betriebsstörung beruht, die zum Betriebsrisiko des Arbeitgebers gehört (zB Strom- oder Maschinenausfall). Vom Betriebsrisiko zu unterscheiden sind das Arbeitskampfrisiko (dazu *Palandt-Weidenkaff* § 615 Rz 22) und das vom Arbeit- 4 nehmer zu tragende Wegerisiko. Kommt zB ein Arbeitnehmer wegen eines nicht vorhersehbaren Staus zu spät zur Arbeit, so entfällt sein Vergütungsanspruch für die versäumte Arbeitszeit (§ 326 I).

5 **5. Haftung des Arbeitnehmers.** Der Dienstverpflichtete haftet dem Dienstberechtigten im Schadensfall nach allgemeinen Grundsätzen für Vorsatz und jede Fahrlässigkeit (§ 276). Bei Arbeitsverhältnissen bestehen jedoch wichtige Besonderheiten. **a) Schädigung des Arbeitgebers.** Bei einer Schädigung des Arbeitgebers durch den Arbeitnehmer kommen Ansprüche aus Vertragsverletzung (§ 280) sowie aus §§ 823 ff in Betracht. Soweit die Schädigung im Rahmen einer **betrieblich veranlassten Tätigkeit** erfolgt, muss berücksichtigt werden, dass die vom Arbeitgeber bestimmte Betriebsorganisation das Haftungsrisiko des Arbeitnehmers wesentlich beeinflusst. Zum Schutze des Arbeitnehmers (vgl Art 12 I, 2 I GG) ist es deshalb geboten, das aus dieser Organisationsbefugnis folgende Betriebsrisiko entsprechend § 254 auf Ersatzansprüche des Arbeitgebers anzurechnen (BAG GS NJW 1995, 210). Bei betrieblich veranlasster Tätigkeit (die nicht notwendig gefahrgeneigt sein muss, BAG aaO) ist das Schadensrisiko daher im Rahmen einer Abwägung der Gesamtumstände zwischen Arbeitnehmer und Arbeitgeber aufzuteilen. Grds gilt nach st Rspr des BAG folgendes: Bei leichtester Fahrlässigkeit entfällt der Ersatzanspruch des Arbeitgebers; bei mittlerer Fahrlässigkeit ist der Schaden nach den Umständen des Einzelfalls quotal zu verteilen; bei grober Fahrlässigkeit hat der Arbeitnehmer den Schaden im Regelfall allein zu tragen, sofern nicht ausnahmsweise ein grobes Missverhältnis von Verdienst und Schadensrisiko besteht. Um diese Risikoverteilung nicht durch eine für den Arbeitnehmer ungünstige Beweislastverteilung zu unterlaufen, bleibt es für die Feststellung des Verschuldens bei den allgemeinen Grundsätzen; § 280 I 2 findet deshalb gem § 619a für den Anspruch aus Vertragsverletzung keine Anwendung (vgl BAG NJW 1999, 1049, 1051 f). **b) Schädigung Dritter.** Gegenüber Dritten bleibt der Arbeitnehmer in vollem Umfang haftbar (zu Arbeitskollegen s unten Rz 6). Dem Arbeitnehmer steht jedoch unter den gleichen Voraussetzungen, die bei Schädigung des Arbeitgebers zu einer Haftungsentlastung führen würden, ein **Freistellungsanspruch** gegen den Arbeitgeber zu. Bsp: Bei leichtester Fahrlässigkeit kann der Arbeitnehmer verlangen, dass der Arbeitgeber ihn in voller Höhe von dem Risiko seiner Inanspruchnahme durch den Dritten freistellt (näher zum Anspruchsinhalt § 257 Rz 2).

6 **6. Haftung des Arbeitgebers. a) Personenschäden.** Bei sog Arbeitsunfällen sind Ansprüche des Arbeitnehmers, seiner Angehörigen und Hinterbliebenen gegen den Arbeitgeber nach § 104 SGB VII grds ausgeschlossen (Ausnahme bei Vorsatz oder Teilnahme am allgemeinen Verkehr). Gleiches gilt gem § 105 SGB VII für Ansprüche gegen Arbeitskollegen. An die Stelle der zivilrechtlichen Haftung treten sozialrechtliche Ansprüche gegen die zuständige Berufsgenossenschaft als Träger der gesetzlichen Unfallversicherung („Haftungsersetzung durch Versicherungsschutz"; näher *Kötz/Wagner* Rz 572 ff, 600). Beachte: Der Ausschluss der zivilrechtlichen Haftung umfasst auch den Anspruch auf Schmerzensgeld (§ 253 II), obwohl der Arbeitnehmer von der Berufsgenossenschaft kein Schmerzensgeld erhält. **b) Sachschäden.** Hier haftet der Arbeitgeber nach den allgemeinen Vorschriften (§§ 280, 823 ff); Ansprüche aus der gesetzlichen Unfallversicherung bestehen nicht. Beachte: Auch ohne Verschulden des Arbeitgebers kann der Arbeitnehmer nach § 670 Ersatz seines Sachschadens verlangen, wenn das Schadensrisiko nicht bereits durch die Vergütung abgegolten war (*Palandt-Weidenkaff* § 611 Rz 125 ff). Ein Mitverschulden des Arbeitnehmers ist nur entsprechend den Grundsätzen zur betrieblich veranlassten Tätigkeit (s oben Rz 5) zu berücksichtigen. Bsp (nach BAG NJW 1981, 702): Bei einer Dienstfahrt wird der PKW des Arbeitnehmers von einem Dritten schuldhaft beschädigt. Auch bei geringfügigem Mitverschulden kann der Arbeitnehmer vom Arbeitgeber nach § 670 in voller Höhe Ersatz seines Schadens verlangen.

7. Beendigung des Dienstverhältnisses. Neben dem Zeitablauf (§ 620 I) und der Zweckerreichung (§ 620 II) sind hervorzuheben: **a) Ordentliche Kündigung.** Bei unbefristeten Dienstverträgen können die Parteien grds ohne Angabe von Gründen nach Maßgabe der gesetzlichen Fristen (§§ 620 II, 621, 622) kündigen. Die Kündigung von Arbeitsverhältnissen muss schriftlich erfolgen (§ 623). Bei Arbeitsverhältnissen, die länger als sechs Monate bestehen, schränkt das KSchG das Kündigungsrecht des Arbeitgebers erheblich ein. Eine ordentliche Kündigung ist danach nur wirksam, wenn sie sozial gerechtfertigt ist (näher § 1 II, III KSchG). Der Arbeitnehmer muss die Unwirksamkeit einer Kündigung aber innerhalb von drei Wochen (§ 4 KSchG) durch Erhebung einer Kündigungsschutzklage beim Arbeitsgericht geltend machen (sonst Heilung gem § 7 KSchG). **b) Außerordentliche Kündigung.** Eine fristlose Kündigung kann gem § 626 erfolgen, wenn die Fortsetzung des Vertrages bis zum Ablauf der ordentlichen Kündigungsfrist unzumutbar ist. Nach § 626 II gilt hierfür eine Erklärungsfrist von zwei Wochen ab Kenntnis der maßgebenden Tatsachen. Fehlt ein wichtiger Grund für die außerordentliche Kündigung, so kommt eine Umdeutung (§ 140) in eine ordentliche Kündigung in Betracht (näher *Palandt-Weidenkaff* § 626 Rz 34 ff). Erleichterte Voraussetzungen für eine außerordentliche Kündigung bestehen gem § 627 bei Diensten „höherer Art“ (zB Rechtsanwalt, Steuerberater). Beachte: Obwohl das KSchG das Recht zur außerordentlichen Kündigung unberührt lässt, muss bei Arbeitsverhältnissen auch ihre Unwirksamkeit durch fristgerechte Erhebung einer Kündigungsschutzklage geltend gemacht werden (§ 13 I 2 KSchG). **c) Anfechtung.** Der Schutz vor Willensmängeln (§§ 119 ff) wird durch das Recht zur Kündigung aus wichtigem Grund nicht verdrängt. Bei Arbeitsverhältnissen tritt rückwirkende Nichtigkeit (§ 142 I) aber grds nur bis zur Arbeitsaufnahme ein. Danach wirkt die Anfechtung in der Regel lediglich ex nunc (vgl oben Rz 3). Anderes kann gelten, wenn eine arglistige Täuschung vorliegt und Rückabwicklungsschwierigkeiten im Einzelfall nicht zu befürchten sind, weil das Arbeitsverhältnis ab einem bestimmten Zeitpunkt (zB wegen Erkrankung) außer Funktion gesetzt war; dann wirkt die Anfechtung auf diesen Zeitpunkt zurück (BAG, ZIP 1999, 458). Bei der Anfechtung von Arbeitsverträgen gem § 119 II konkretisiert § 626 II die Unverzüglichkeit iSd § 121 I (BAG NJW 1980, 1302). **d) Aufhebungsvertrag.** Einverständliche Vertragsbeendigung ist nach allgemeinen Regeln jederzeit möglich. Kündigungsbeschränkungen finden insoweit keine Anwendung. Bei Arbeitsverhältnissen bedarf der Auflösungsvertrag der Schriftform (§ 623). 7

§ 611. Vertragstypische Pflichten beim Dienstvertrag

(1) **Durch den Dienstvertrag wird derjenige, welcher Dienste zusagt, zur Leistung der versprochenen Dienste, der andere Teil zur Gewährung der vereinbarten Vergütung verpflichtet.**

(2) **Gegenstand des Dienstvertrags können Dienste jeder Art sein.**

§§ 611 a, 611 b. *(aufgehoben)*

§ 612. Vergütung

(1) **Eine Vergütung gilt als stillschweigend vereinbart, wenn die Dienstleistung den Umständen nach nur gegen eine Vergütung zu erwarten ist.**

(2) **Ist die Höhe der Vergütung nicht bestimmt, so ist bei dem Bestehen einer Taxe die taxmäßige Vergütung, in Ermangelung einer Taxe die übliche Vergütung als vereinbart anzusehen.**

§ 612 a. Maßregelungsverbot

Der Arbeitgeber darf einen Arbeitnehmer bei einer Vereinbarung oder einer Maßnahme nicht benachteiligen, weil der Arbeitnehmer in zulässiger Weise seine Rechte ausübt.

§ 613. Unübertragbarkeit

[1] Der zur Dienstleistung Verpflichtete hat die Dienste im Zweifel in Person zu leisten. [2] Der Anspruch auf die Dienste ist im Zweifel nicht übertragbar.

§ 613 a. Rechte und Pflichten bei Betriebsübergang

(1) [1] Geht ein Betrieb oder Betriebsteil durch Rechtsgeschäft auf einen anderen Inhaber über, so tritt dieser in die Rechte und Pflichten aus den im Zeitpunkt des Übergangs bestehenden Arbeitsverhältnissen ein. [2] Sind diese Rechte und Pflichten durch Rechtsnormen eines Tarifvertrags oder durch eine Betriebsvereinbarung geregelt, so werden sie Inhalt des Arbeitsverhältnisses zwischen dem neuen Inhaber und dem Arbeitnehmer und dürfen nicht vor Ablauf eines Jahres nach dem Zeitpunkt des Übergangs zum Nachteil des Arbeitnehmers geändert werden. [3] Satz 2 gilt nicht, wenn die Rechte und Pflichten bei dem neuen Inhaber durch Rechtsnormen eines anderen Tarifvertrags oder durch eine andere Betriebsvereinbarung geregelt werden. [4] Vor Ablauf der Frist nach Satz 2 können die Rechte und Pflichten geändert werden, wenn der Tarifvertrag oder die Betriebsvereinbarung nicht mehr gilt oder bei fehlender beiderseitiger Tarifgebundenheit im Geltungsbereich eines anderen Tarifvertrags dessen Anwendung zwischen dem neuen Inhaber und dem Arbeitnehmer vereinbart wird.

(2) [1] Der bisherige Arbeitgeber haftet neben dem neuen Inhaber für Verpflichtungen nach Absatz 1, soweit sie vor dem Zeitpunkt des Übergangs entstanden sind und vor Ablauf von einem Jahr nach diesem Zeitpunkt fällig werden, als Gesamtschuldner. [2] Werden solche Verpflichtungen nach dem Zeitpunkt des Übergangs fällig, so haftet der bisherige Arbeitgeber für sie jedoch nur in dem Umfang, der dem im Zeitpunkt des Übergangs abgelaufenen Teil ihres Bemessungszeitraums entspricht.

(3) Absatz 2 gilt nicht, wenn eine juristische Person oder eine Personenhandelsgesellschaft durch Umwandlung erlischt.

(4) [1] Die Kündigung des Arbeitsverhältnisses eines Arbeitnehmers durch den bisherigen Arbeitgeber oder durch den neuen Inhaber wegen des Übergangs eines Betriebs oder eines Betriebsteils ist unwirksam. [2] Das Recht zur Kündigung des Arbeitsverhältnisses aus anderen Gründen bleibt unberührt.

(5) Der bisherige Arbeitgeber oder der neue Inhaber hat die von einem Übergang betroffenen Arbeitnehmer vor dem Übergang in Textform zu unterrichten über:

1. den Zeitpunkt oder den geplanten Zeitpunkt des Übergangs,
2. den Grund für den Übergang,
3. die rechtlichen, wirtschaftlichen und sozialen Folgen des Übergangs für die Arbeitnehmer und
4. die hinsichtlich der Arbeitnehmer in Aussicht genommenen Maßnahmen.

(6) [1] Der Arbeitnehmer kann dem Übergang des Arbeitsverhältnisses innerhalb eines Monats nach Zugang der Unterrichtung nach Absatz 5 schriftlich widersprechen. [2] Der Widerspruch kann gegenüber dem bisherigen Arbeitgeber oder dem neuen Inhaber erklärt werden.

§ 614. Fälligkeit der Vergütung

[1]Die Vergütung ist nach der Leistung der Dienste zu entrichten. [2]Ist die Vergütung nach Zeitabschnitten bemessen, so ist sie nach dem Ablauf der einzelnen Zeitabschnitte zu entrichten.

§ 615. Vergütung bei Annahmeverzug und bei Betriebsrisiko

[1]Kommt der Dienstberechtigte mit der Annahme der Dienste in Verzug, so kann der Verpflichtete für die infolge des Verzugs nicht geleisteten Dienste die vereinbarte Vergütung verlangen, ohne zur Nachleistung verpflichtet zu sein. [2]Er muss sich jedoch den Wert desjenigen anrechnen lassen, was er infolge des Unterbleibens der Dienstleistung erspart oder durch anderweitige Verwendung seiner Dienste erwirbt oder zu erwerben böswillig unterlässt. [3]Die Sätze 1 und 2 gelten entsprechend in den Fällen, in denen der Arbeitgeber das Risiko des Arbeitsausfalls trägt.

§ 616. Vorübergehende Verhinderung

[1]Der zur Dienstleistung Verpflichtete wird des Anspruchs auf die Vergütung nicht dadurch verlustig, dass er für eine verhältnismäßig nicht erhebliche Zeit durch einen in seiner Person liegenden Grund ohne sein Verschulden an der Dienstleistung verhindert wird. [2]Er muss sich jedoch den Betrag anrechnen lassen, welcher ihm für die Zeit der Verhinderung aus einer auf Grund gesetzlicher Verpflichtung bestehenden Kranken- oder Unfallversicherung zukommt.

§ 617. Pflicht zur Krankenfürsorge

(1) [1]Ist bei einem dauernden Dienstverhältnis, welches die Erwerbstätigkeit des Verpflichteten vollständig oder hauptsächlich in Anspruch nimmt, der Verpflichtete in die häusliche Gemeinschaft aufgenommen, so hat der Dienstberechtigte ihm im Falle der Erkrankung die erforderliche Verpflegung und ärztliche Behandlung bis zur Dauer von sechs Wochen, jedoch nicht über die Beendigung des Dienstverhältnisses hinaus, zu gewähren, sofern nicht die Erkrankung von dem Verpflichteten vorsätzlich oder durch grobe Fahrlässigkeit herbeigeführt worden ist. [2]Die Verpflegung und ärztliche Behandlung kann durch Aufnahme des Verpflichteten in eine Krankenanstalt gewährt werden. [3]Die Kosten können auf die für die Zeit der Erkrankung geschuldete Vergütung angerechnet werden. [4]Wird das Dienstverhältnis wegen der Erkrankung von dem Dienstberechtigten nach § 626 gekündigt, so bleibt die dadurch herbeigeführte Beendigung des Dienstverhältnisses außer Betracht.

(2) Die Verpflichtung des Dienstberechtigten tritt nicht ein, wenn für die Verpflegung und ärztliche Behandlung durch eine Versicherung oder durch eine Einrichtung der öffentlichen Krankenpflege Vorsorge getroffen ist.

§ 618. Pflicht zu Schutzmaßnahmen

(1) Der Dienstberechtigte hat Räume, Vorrichtungen oder Gerätschaften, die er zur Verrichtung der Dienste zu beschaffen hat, so einzurichten und zu unterhalten und Dienstleistungen, die unter seiner Anordnung oder seiner Leitung vorzunehmen sind, so zu regeln, dass der Verpflichtete gegen Gefahr für Leben und Gesundheit soweit geschützt ist, als die Natur der Dienstleistung es gestattet.

(2) Ist der Verpflichtete in die häusliche Gemeinschaft aufgenommen, so hat der Dienstberechtigte in Ansehung des Wohn- und Schlafraums, der Verpfle-

gung sowie der Arbeits- und Erholungszeit diejenigen Einrichtungen und Anordnungen zu treffen, welche mit Rücksicht auf die Gesundheit, die Sittlichkeit und die Religion des Verpflichteten erforderlich sind.

(3) Erfüllt der Dienstberechtigte die ihm in Ansehung des Lebens und der Gesundheit des Verpflichteten obliegenden Verpflichtungen nicht, so finden auf seine Verpflichtung zum Schadensersatz die für unerlaubte Handlungen geltenden Vorschriften der §§ 842 bis 846 entsprechende Anwendung.

§ 619. Unabdingbarkeit der Fürsorgepflichten

Die dem Dienstberechtigten nach den §§ 617, 618 obliegenden Verpflichtungen können nicht im Voraus durch Vertrag aufgehoben oder beschränkt werden.

§ 619a. Beweislast bei Haftung des Arbeitnehmers

Abweichend von § 280 Abs. 1 hat der Arbeitnehmer dem Arbeitgeber Ersatz für den aus der Verletzung einer Pflicht aus dem Arbeitsverhältnis entstehenden Schaden nur zu leisten, wenn er die Pflichtverletzung zu vertreten hat.

§ 620. Beendigung des Dienstverhältnisses

(1) Das Dienstverhältnis endigt mit dem Ablauf der Zeit, für die es eingegangen ist.

(2) Ist die Dauer des Dienstverhältnisses weder bestimmt noch aus der Beschaffenheit oder dem Zwecke der Dienste zu entnehmen, so kann jeder Teil das Dienstverhältnis nach Maßgabe der §§ 621 bis 623 kündigen.

(3) Für Arbeitsverträge, die auf bestimmte Zeit abgeschlossen werden, gilt das Teilzeit- und Befristungsgesetz.

§ 621. Kündigungsfristen bei Dienstverhältnissen

Bei einem Dienstverhältnis, das kein Arbeitsverhältnis im Sinne des § 622 ist, ist die Kündigung zulässig,

1. wenn die Vergütung nach Tagen bemessen ist, an jedem Tag für den Ablauf des folgenden Tages;
2. wenn die Vergütung nach Wochen bemessen ist, spätestens am ersten Werktag einer Woche für den Ablauf des folgenden Sonnabends;
3. wenn die Vergütung nach Monaten bemessen ist, spätestens am 15. eines Monats für den Schluss des Kalendermonats;
4. wenn die Vergütung nach Vierteljahren oder längeren Zeitabschnitten bemessen ist, unter Einhaltung einer Kündigungsfrist von sechs Wochen für den Schluss eines Kalendervierteljahrs;
5. wenn die Vergütung nicht nach Zeitabschnitten bemessen ist, jederzeit; bei einem die Erwerbstätigkeit des Verpflichteten vollständig oder hauptsächlich in Anspruch nehmenden Dienstverhältnis ist jedoch eine Kündigungsfrist von zwei Wochen einzuhalten.

§ 622. Kündigungsfristen bei Arbeitsverhältnissen

(1) Das Arbeitsverhältnis eines Arbeiters oder eines Angestellten (Arbeitnehmers) kann mit einer Frist von vier Wochen zum Fünfzehnten oder zum Ende eines Kalendermonats gekündigt werden.

(2) [1]Für eine Kündigung durch den Arbeitgeber beträgt die Kündigungsfrist, wenn das Arbeitsverhältnis in dem Betrieb oder Unternehmen

1. zwei Jahre bestanden hat, einen Monat zum Ende eines Kalendermonats,
2. fünf Jahre bestanden hat, zwei Monate zum Ende eines Kalendermonats,
3. acht Jahre bestanden hat, drei Monate zum Ende eines Kalendermonats,
4. zehn Jahre bestanden hat, vier Monate zum Ende eines Kalendermonats,
5. zwölf Jahre bestanden hat, fünf Monate zum Ende eines Kalendermonats,
6. 15 Jahre bestanden hat, sechs Monate zum Ende eines Kalendermonats,
7. 20 Jahre bestanden hat, sieben Monate zum Ende eines Kalendermonats.

[2]Bei der Berechnung der Beschäftigungsdauer werden Zeiten, die vor der Vollendung des 25. Lebensjahrs des Arbeitnehmers liegen, nicht berücksichtigt.

(3) Während einer vereinbarten Probezeit, längstens für die Dauer von sechs Monaten, kann das Arbeitsverhältnis mit einer Frist von zwei Wochen gekündigt werden.

(4) [1]Von den Absätzen 1 bis 3 abweichende Regelungen können durch Tarifvertrag vereinbart werden. [2]Im Geltungsbereich eines solchen Tarifvertrags gelten die abweichenden tarifvertraglichen Bestimmungen zwischen nicht tarifgebundenen Arbeitgebern und Arbeitnehmern, wenn ihre Anwendung zwischen ihnen vereinbart ist.

(5) [1]Einzelvertraglich kann eine kürzere als die in Absatz 1 genannte Kündigungsfrist nur vereinbart werden,

1. wenn ein Arbeitnehmer zur vorübergehenden Aushilfe eingestellt ist; dies gilt nicht, wenn das Arbeitsverhältnis über die Zeit von drei Monaten hinaus fortgesetzt wird;
2. wenn der Arbeitgeber in der Regel nicht mehr als 20 Arbeitnehmer ausschließlich der zu ihrer Berufsbildung Beschäftigten beschäftigt und die Kündigungsfrist vier Wochen nicht unterschreitet.

[2]Bei der Feststellung der Zahl der beschäftigten Arbeitnehmer sind teilzeitbeschäftigte Arbeitnehmer mit einer regelmäßigen wöchentlichen Arbeitszeit von nicht mehr als 20 Stunden mit 0,5 und nicht mehr als 30 Stunden mit 0,75 zu berücksichtigen. [3]Die einzelvertragliche Vereinbarung längerer als der in den Absätzen 1 bis 3 genannten Kündigungsfristen bleibt hiervon unberührt.

(6) Für die Kündigung des Arbeitsverhältnisses durch den Arbeitnehmer darf keine längere Frist vereinbart werden als für die Kündigung durch den Arbeitgeber.

§ 623. Schriftform der Kündigung

Die Beendigung von Arbeitsverhältnissen durch Kündigung oder Auflösungsvertrag bedürfen zu ihrer Wirksamkeit der Schriftform; die elektronische Form ist ausgeschlossen.

§ 624. Kündigungsfrist bei Verträgen über mehr als fünf Jahre

[1]Ist das Dienstverhältnis für die Lebenszeit einer Person oder für längere Zeit als fünf Jahre eingegangen, so kann es von dem Verpflichteten nach dem Ablauf von fünf Jahren gekündigt werden. [2]Die Kündigungsfrist beträgt sechs Monate.

§ 625. Stillschweigende Verlängerung

Wird das Dienstverhältnis nach dem Ablauf der Dienstzeit von dem Verpflichteten mit Wissen des anderen Teiles fortgesetzt, so gilt es als auf unbestimmte Zeit verlängert, sofern nicht der andere Teil unverzüglich widerspricht.

§ 626. Fristlose Kündigung aus wichtigem Grund

(1) Das Dienstverhältnis kann von jedem Vertragsteil aus wichtigem Grund ohne Einhaltung einer Kündigungsfrist gekündigt werden, wenn Tatsachen vorliegen, auf Grund derer dem Kündigenden unter Berücksichtigung aller Umstände des Einzelfalles und unter Abwägung der Interessen beider Vertragsteile die Fortsetzung des Dienstverhältnisses bis zum Ablauf der Kündigungsfrist oder bis zu der vereinbarten Beendigung des Dienstverhältnisses nicht zugemutet werden kann.

(2) [1] Die Kündigung kann nur innerhalb von zwei Wochen erfolgen. [2] Die Frist beginnt mit dem Zeitpunkt, in dem der Kündigungsberechtigte von den für die Kündigung maßgebenden Tatsachen Kenntnis erlangt. [3] Der Kündigende muss dem anderen Teil auf Verlangen den Kündigungsgrund unverzüglich schriftlich mitteilen.

§ 627. Fristlose Kündigung bei Vertrauensstellung

(1) Bei einem Dienstverhältnis, das kein Arbeitsverhältnis im Sinne des § 622 ist, ist die Kündigung auch ohne die in § 626 bezeichnete Voraussetzung zulässig, wenn der zur Dienstleistung Verpflichtete, ohne in einem dauernden Dienstverhältnis mit festen Bezügen zu stehen, Dienste höherer Art zu leisten hat, die auf Grund besonderen Vertrauens übertragen zu werden pflegen.

(2) [1] Der Verpflichtete darf nur in der Art kündigen, dass sich der Dienstberechtigte die Dienste anderweit beschaffen kann, es sei denn, dass ein wichtiger Grund für die unzeitige Kündigung vorliegt. [2] Kündigt er ohne solchen Grund zur Unzeit, so hat er dem Dienstberechtigten den daraus entstehenden Schaden zu ersetzen.

§ 628. Teilvergütung und Schadensersatz bei fristloser Kündigung

(1) [1] Wird nach dem Beginn der Dienstleistung das Dienstverhältnis auf Grund des § 626 oder des § 627 gekündigt, so kann der Verpflichtete einen seinen bisherigen Leistungen entsprechenden Teil der Vergütung verlangen. [2] Kündigt er, ohne durch vertragswidriges Verhalten des anderen Teiles dazu veranlasst zu sein, oder veranlasst er durch sein vertragswidriges Verhalten die Kündigung des anderen Teiles, so steht ihm ein Anspruch auf die Vergütung insoweit nicht zu, als seine bisherigen Leistungen infolge der Kündigung für den anderen Teil kein Interesse haben. [3] Ist die Vergütung für eine spätere Zeit im Voraus entrichtet, so hat der Verpflichtete sie nach Maßgabe des § 346 oder, wenn die Kündigung wegen eines Umstands erfolgt, den er nicht zu vertreten hat, nach den Vorschriften über die Herausgabe einer ungerechtfertigten Bereicherung zurückzuerstatten.

(2) Wird die Kündigung durch vertragswidriges Verhalten des anderen Teiles veranlasst, so ist dieser zum Ersatz des durch die Aufhebung des Dienstverhältnisses entstehenden Schadens verpflichtet.

§ 629. Freizeit zur Stellungssuche

Nach der Kündigung eines dauernden Dienstverhältnisses hat der Dienstberechtigte dem Verpflichteten auf Verlangen angemessene Zeit zum Aufsuchen eines anderen Dienstverhältnisses zu gewähren.

§ 630. Pflicht zur Zeugniserteilung

[1] Bei der Beendigung eines dauernden Dienstverhältnisses kann der Verpflichtete von dem anderen Teil ein schriftliches Zeugnis über das Dienstverhältnis

und dessen Dauer fordern. [2]Das Zeugnis ist auf Verlangen auf die Leistungen und die Führung im Dienst zu erstrecken. [3]Die Erteilung des Zeugnisses in elektronischer Form ist ausgeschlossen. [4]Wenn der Verpflichtete ein Arbeitnehmer ist, findet § 109 der Gewerbeordnung Anwendung.

Titel 9. Werkvertrag und ähnliche Verträge

Untertitel 1. Werkvertrag

§ 631. Vertragstypische Pflichten beim Werkvertrag

(1) **Durch den Werkvertrag wird der Unternehmer zur Herstellung des versprochenen Werkes, der Besteller zur Entrichtung der vereinbarten Vergütung verpflichtet.**

(2) **Gegenstand des Werkvertrags kann sowohl die Herstellung oder Veränderung einer Sache als auch ein anderer durch Arbeit oder Dienstleistung herbeizuführender Erfolg sein.**

1. Kennzeichen des Werkvertrags. Der Werkvertrag ist durch die Pflicht des „Unternehmers" (s zu diesem Begriff § 14 Rz 1) zur Herstellung des versprochenen Werkes charakterisiert (Abs 1). Der Werkvertrag ist also erfolgsbestimmt (Bsp: Schuhreparatur, Architektenvertrag, Beförderungsvertrag), während der **Dienstvertrag** (§ 611) tätigkeitsbezogen ist (Bsp: Behandlungsvertrag, weil der Arzt regelmäßig nur die sachgemäße Behandlung verspricht, nicht aber den Erfolg der Heilung). In Zweifelsfällen ist für die Abgrenzung der im Vertrag zum Ausdruck kommende Wille der Parteien maßgebend. Bspw können Forschungs- und Entwicklungsleistungen Gegenstand eines Dienstvertrags wie auch eines Werkvertrags sein; entscheidend ist, ob nach dem Vertrag eine Dienstleistung als solche, also ein den Regeln der Wissenschaft und Technik entsprechendes Vorgehen, geschuldet wird oder die Herbeiführung eines Erfolgs, also etwa ein bestimmtes Arbeitsergebnis oder die Anfertigung von Berichten (näher BGHZ 151, 330; zum Vertragsrecht der Dienstleistungen de lege ferenda *Wendehorst* AcP 2006, 205, 279 ff). Wird die Lieferung einer herzustellenden beweglichen Sache geschuldet, gilt gem § 651 grds **Kaufvertragsrecht,** ggf einschließlich der Sonderregeln über den Verbrauchsgüterkauf (s im Einzelnen § 651 Rz 1 ff), so dass das Anwendungsfeld des Werkvertragsrechts stark eingeschränkt ist (s § 651 Rz 4). Das herzustellende Werk kann, wie Abs 2 klarstellt, sowohl eine körperliche Sache als auch eine geistige, wissenschaftliche oder künstlerische Leistung sein. 1

2. Pflichten des Unternehmers. a) Abs 1 nennt als **Hauptpflicht** des Unternehmers die Herstellung des bestellten Werks. Hinzu kommt gem § 633 I die Pflicht des Unternehmers, dem Besteller das Werk frei von Sach- und Rechtsmängeln zu verschaffen. Ebenso wie beim Kauf (s § 433 Rz 5) und bei der Miete wird der Unternehmer von seiner Hauptleistungspflicht also nur frei, wenn er mangelfrei liefert; bei Mängeln stehen dem Besteller die Rechte aus § 634 zu. Der Unternehmer ist vorleistungspflichtig, § 641 I. **b) Nebenpflichten** ergeben sich nach § 241 II aus Inhalt und Zweck des Vertrages, etwa Pflichten zur Information des Bestellers, zur Warnung vor Gefahren, zum Schutz von Eigentum des Bestellers in der Obhut des Unternehmers (Bsp: Verschließen von Kfz im Hof der Reparaturwerkstatt) oder zum Schutz der Person des Bestellers. 2

3. Pflichten des Bestellers. a) Hauptpflichten. Leistung der Vergütung und Abnahme des vertragsgemäßen Werkes (§ 640). Die Zahlungsverpflichtung entsteht mit Vertragsschluss, sie wird jedoch erst bei der Abnahme fällig (§ 641 I). Ist keine Vergütung vereinbart, so gilt § 632. Ein Kostenvoranschlag ist nicht gleichbedeutend mit der (festen) Vereinbarung einer Vergütung (es gilt § 650); die veranschlagte Vergütung kann aber Vertragsinhalt geworden sein. **b) Nebenpflichten** folgen auch für den 3

Besteller aus § 241 II. Insbesondere obliegt es ihm, notwendige Mitwirkungshandlungen bei der Erstellung des Werkes (etwa die Anprobe des Maßanzugs, Porträtsitzen usw) rechtzeitig zu erbringen; bei Verzug des Bestellers kann der Unternehmer angemessene Entschädigung verlangen und nach Fristsetzung kündigen (§§ 642, 643). Auch im Übrigen hat der Besteller die Fertigstellung des Werkes zu fördern und entstehende Gefahren soweit möglich und zumutbar von dem Unternehmer abzuwenden.

§ 632. Vergütung

(1) **Eine Vergütung gilt als stillschweigend vereinbart, wenn die Herstellung des Werkes den Umständen nach nur gegen eine Vergütung zu erwarten ist.**

(2) **Ist die Höhe der Vergütung nicht bestimmt, so ist bei dem Bestehen einer Taxe die taxmäßige Vergütung, in Ermangelung einer Taxe die übliche Vergütung als vereinbart anzusehen.**

(3) **Ein Kostenanschlag ist im Zweifel nicht zu vergüten.**

§ 632 a. Abschlagszahlungen

(1) **[1]Der Unternehmer kann von dem Besteller für eine vertragsgemäß erbrachte Leistung eine Abschlagszahlung in der Höhe verlangen, in der der Besteller durch die Leistung einen Wertzuwachs erlangt hat. [2]Wegen unwesentlicher Mängel kann die Abschlagszahlung nicht verweigert werden. [3]§ 641 Abs. 3 gilt entsprechend. [4]Die Leistungen sind durch eine Aufstellung nachzuweisen, die eine rasche und sichere Beurteilung der Leistungen ermöglichen muss. [5]Die Sätze 1 bis 4 gelten auch für erforderliche Stoffe oder Bauteile, die angeliefert oder eigens angefertigt und bereitgestellt sind, wenn dem Besteller nach seiner Wahl Eigentum an den Stoffen oder Bauteilen übertragen oder entsprechende Sicherheit hierfür geleistet wird.**

(2) **Wenn der Vertrag die Errichtung oder den Umbau eines Hauses oder eines vergleichbaren Bauwerks zum Gegenstand hat und zugleich die Verpflichtung des Unternehmers enthält, dem Besteller das Eigentum an dem Grundstück zu übertragen oder ein Erbbaurecht zu bestellen oder zu übertragen, können Abschlagszahlungen nur verlangt werden, soweit sie gemäß einer Verordnung auf Grund von Artikel 244 des Einführungsgesetzes zum Bürgerlichen Gesetzbuche vereinbart sind.**

(3) **[1]Ist der Besteller ein Verbraucher und hat der Vertrag die Errichtung oder den Umbau eines Hauses oder eines vergleichbaren Bauwerks zum Gegenstand, ist dem Besteller bei der ersten Abschlagszahlung eine Sicherheit für die rechtzeitige Herstellung des Werkes ohne wesentliche Mängel in Höhe von 5 vom Hundert des Vergütungsanspruchs zu leisten. [2]Erhöht sich der Vergütungsanspruch infolge von Änderungen oder Ergänzungen des Vertrages um mehr als 10 vom Hundert, ist dem Besteller bei der nächsten Abschlagszahlung eine weitere Sicherheit in Höhe von 5 vom Hundert des zusätzlichen Vergütungsanspruchs zu leisten. [3]Auf Verlangen des Unternehmers ist die Sicherheitsleistung durch Einbehalt dergestalt zu erbringen, dass der Besteller die Abschlagszahlungen bis zu dem Gesamtbetrag der geschuldeten Sicherheit zurückhält.**

(4) **Sicherheiten nach dieser Vorschrift können auch durch eine Garantie oder ein sonstiges Zahlungsversprechen eines im Geltungsbereich dieses Gesetzes zum Geschäftsbetrieb befugten Kreditinstituts oder Kreditversicherers geleistet werden.**

§ 633. Sach- und Rechtsmangel

(1) **Der Unternehmer hat dem Besteller das Werk frei von Sach- und Rechtsmängeln zu verschaffen.**

(2) [1]**Das Werk ist frei von Sachmängeln, wenn es die vereinbarte Beschaffenheit hat.** [2]**Soweit die Beschaffenheit nicht vereinbart ist, ist das Werk frei von Sachmängeln,**

1. **wenn es sich für die nach dem Vertrag vorausgesetzte, sonst**
2. **für die gewöhnliche Verwendung eignet und eine Beschaffenheit aufweist, die bei Werken der gleichen Art üblich ist und die der Besteller nach der Art des Werkes erwarten kann.**

[3]**Einem Sachmangel steht es gleich, wenn der Unternehmer ein anderes als das bestellte Werk oder das Werk in zu geringer Menge herstellt.**

(3) **Das Werk ist frei von Rechtsmängeln, wenn Dritte in Bezug auf das Werk keine oder nur die im Vertrag übernommenen Rechte gegen den Besteller geltend machen können.**

1. Die **Mängelhaftung** ist in §§ 633 ff weithin **parallel zum Kaufrecht** normiert. Sie folgt denselben Grundsätzen, und die einschlägigen Vorschriften stimmen großenteils wörtlich überein. Für Einzelheiten sei deshalb auf die Erläuterungen der entsprechenden kaufrechtlichen Normen verwiesen. 1

2. Abs 1 erklärt es zum Inhalt der Leistungspflicht des Unternehmers, dem Besteller das Werk **frei von Sach- und Rechtsmängeln** zu verschaffen. Dem entspricht im Kaufrecht § 433 I 2. Hier wie dort macht die Einbeziehung der Mängelfreiheit in die Hauptleistungspflicht ein besonderes Gewährleistungsrecht überflüssig und öffnet den Weg in das allgemeine Leistungsstörungsrecht (s § 634). Hier wie dort sind Sach- und Rechtsmängel gleichgestellt. 2

3. Sachmängel sind in **Abs 2** ebenso umschrieben wie in § 434 I. Es entscheiden also primär die subjektiven Kriterien der vereinbarten Beschaffenheit (Abs 2 S 1) bzw der nach dem Vertrag vorausgesetzten Verwendung (Abs 2 S 2 Nr 1) und erst in letzter Linie kommt es gem Abs 2 S 2 Nr 2 auf das objektive Kriterium der gewöhnlichen Verwendung an (s im Einzelnen § 434 Rz 3 ff). Maßgebender Zeitpunkt für den vertragsmäßigen Zustand des Werks ist die Abnahme (§ 640). 3

Allerdings bestimmt sich der vertraglich geschuldete Erfolg nicht allein nach der zu seiner Erreichung vereinbarten Leistung oder Ausführungsart, sondern auch danach, welche Funktion das Werk nach dem Willen der Parteien erfüllen soll. Ein Mangel kann daher nach st Rspr insbesondere darauf beruhen, dass der Unternehmer zwar die vereinbarte Ausführungsart eingehalten hat, dem so hergestellten Werk aber die **Funktionstauglichkeit** fehlt (BGH NJW 2008, 511 Nr 15 ff). Beispiele sind, dass eine errichtete Heizungsanlage das Haus nicht erwärmt, weil sie von einem Blockheizkraftwerk nicht mit hinreichend Energie versorgt wird, oder dass die durchschnittliche Abdichtung eines Hauses nicht genügt, weil das Haus auf besonders feuchtem Grund errichtet wurde. Die Mangelbeseitigung führt dann regelmäßig zu einem besonderen Mehraufwand des Unternehmers gegenüber seiner ursprünglichen Kalkulation, weil er eine aufwendigere Ausführungsart (überdurchschnittliche statt durchschnittliche Isolierung) wählen muss. Diesen Mehraufwand kann der Unternehmer vom Besteller (ggf Zug um Zug gegen Mängelbeseitigung) als sog **Sowieso-Kosten** erstattet verlangen (BGH NJW 1998, 3707). Allerdings sind nur jene Mehrkosten erstattungsfähig, die angefallen wären, wenn der Unternehmer sogleich ordentlich geleistet hätte. 4

4. Falsch- und Zuweniglieferung sind gem **Abs 2 S 3** in Anlehnung an die kaufrechtliche Normierung in § 434 III einem Sachmangel gleichgestellt (vgl § 434 Rz 11). Die praktische Bedeutung ist im Werkvertragsrecht gering, da auf einen Vertrag über die Lieferung herzustellender vertretbarer Sachen gem § 651 S 1 Kaufrecht und damit § 434 III Anwendung findet. 5

6 **5. Rechtsmängel** definiert **Abs 3** in Übereinstimmung mit § 435 (s § 435 Rz 1 ff). Sie spielen bei Werkverträgen eine geringere Rolle als bei Kaufverträgen und den gem § 651 dem Kaufvertragsrecht unterstellten Verträgen. Denkbar sind Rechte Dritter vor allem aus dem Bereich des Urheberrechts und des gewerblichen Rechtsschutzes. Bspw stellt es einen Rechtsmangel dar, wenn ein Dritter, dessen Urheberrecht durch das Werk verletzt ist, dessen Verwendung untersagen kann.

§ 634. Rechte des Bestellers bei Mängeln

Ist das Werk mangelhaft, kann der Besteller, wenn die Voraussetzungen der folgenden Vorschriften vorliegen und soweit nicht ein anderes bestimmt ist,

1. nach § 635 Nacherfüllung verlangen,

2. nach § 637 den Mangel selbst beseitigen und Ersatz der erforderlichen Aufwendungen verlangen,

3. nach den §§ 636, 323 und 326 Abs. 5 von dem Vertrag zurücktreten oder nach § 638 die Vergütung mindern und

4. nach den §§ 636, 280, 281, 283 und 311a Schadensersatz oder nach § 284 Ersatz vergeblicher Aufwendungen verlangen.

1 **1.** Die Vorschrift bildet – parallel zu § 437 im Kaufrecht – die **zentrale Norm,** in der sämtliche Rechte des Bestellers bei Sach- oder Rechtsmängeln ab Gefahrübergang (s § 640 Rz 4) aufgeführt werden. Es besteht (wie im Kaufrecht) kein vom allgemeinen Leistungsstörungsrecht losgelöstes Gewährleistungsrecht, sondern die Nrn 3 und 4 verweisen auf die Voraussetzungen der allgemeinen Bestimmungen über Rücktritt und Schadensersatz, die lediglich durch die Sondervorschrift des § 636 ergänzt werden. Die Rechte des Bestellers sind identisch mit denen des Käufers (s § 437 Rz 2); hinzu kommt das in Nr 2 genannte Recht der Selbstvornahme, das im Kaufrecht kein Gegenstück findet.

2 **2. Im Einzelnen** hat der Besteller die folgenden Rechte: **a)** Er kann gem Nr 1 **Nacherfüllung** verlangen. Dieser Anspruch ist – wie im Kaufrecht – vorrangig, da er sofort geltend gemacht werden kann, während die anderen Rechte regelmäßig den erfolglosen Ablauf einer Frist zur Nacherfüllung voraussetzen. Die Nacherfüllung ist in § 635 geregelt (s dort). **b)** Er kann gem Nr 2 zur **Selbstvornahme** schreiten. Dieses Recht gewährt § 637, wenn eine Frist zur Nacherfüllung erfolglos verstrichen ist. Es ist bei § 637 näher erläutert. **c)** Er kann gem Nr 3 vom Vertrag **zurücktreten** oder die Vergütung nach § 638 **mindern.** Beides ist grds von einer erfolglosen Fristsetzung zur Nacherfüllung abhängig (§ 323 I), die freilich in den Fällen der §§ 323 II, 326 V, 636 entbehrlich ist. Dies entspricht der Rechtslage beim Kauf gem § 437 Nr 2 (s näher § 437 Rz 4f). **d)** Er kann gem Nr 4 **Schadensersatz** in seinen verschiedenen Formen auf Grund der dort genannten Normen verlangen oder **Aufwendungsersatz** nach § 284. Diese Ansprüche, die im Allgemeinen gem § 280 I 2 ein Verschulden des Unternehmers voraussetzen, entsprechen denen, die einem Käufer in § 437 Nr 3 gewährt werden (näher § 437 Rz 6 ff). Sie können auch neben einem Rücktritt oder einer Minderung geltend gemacht werden (vgl § 325 sowie die Verbindung der Nrn 3 und 4 durch das Wort „und“).

3 **3. Konkurrenzen.** Für die Rechte des Bestellers bei Mängeln enthält § 634 eine vorrangige Sonderregelung, die ab Gefahrübergang eingreift, also grds ab der Abnahme des Werks (s § 640 Rz 1, 3f). Das allgemeine Leistungsstörungsrecht ist in diese Sonderregelung einbezogen – wie beim Kauf in § 437 (s § 437 Rz 10). Die Frage nach der Konkurrenz zu sonstigen Rechten ist grds ebenso zu beantworten wie im Kaufrecht (s § 437 Rz 11 ff; detailliert *Palandt-Sprau* Vor § 633 Rz 6 ff). An Stelle des § 320 gilt im Werkvertragsrecht die Sondervorschrift des § 641 III.

§ 634a. Verjährung der Mängelansprüche

(1) **Die in § 634 Nr. 1, 2 und 4 bezeichneten Ansprüche verjähren**

1. vorbehaltlich der Nummer 2 in zwei Jahren bei einem Werk, dessen Erfolg in der Herstellung, Wartung oder Veränderung einer Sache oder in der Erbringung von Planungs- oder Überwachungsleistungen hierfür besteht,

2. in fünf Jahren bei einem Bauwerk und einem Werk, dessen Erfolg in der Erbringung von Planungs- oder Überwachungsleistungen hierfür besteht, und

3. im Übrigen in der regelmäßigen Verjährungsfrist.

(2) **Die Verjährung beginnt in den Fällen des Absatzes 1 Nr. 1 und 2 mit der Abnahme.**

(3) [1]**Abweichend von Absatz 1 Nr. 1 und 2 und Absatz 2 verjähren die Ansprüche in der regelmäßigen Verjährungsfrist, wenn der Unternehmer den Mangel arglistig verschwiegen hat.** [2]**Im Falle des Absatzes 1 Nr. 2 tritt die Verjährung jedoch nicht vor Ablauf der dort bestimmten Frist ein.**

(4) [1]**Für das in § 634 bezeichnete Rücktrittsrecht gilt § 218.** [2]**Der Besteller kann trotz einer Unwirksamkeit des Rücktritts nach § 218 Abs. 1 die Zahlung der Vergütung insoweit verweigern, als er auf Grund des Rücktritts dazu berechtigt sein würde.** [3]**Macht er von diesem Recht Gebrauch, kann der Unternehmer vom Vertrag zurücktreten.**

(5) **Auf das in § 634 bezeichnete Minderungsrecht finden § 218 und Absatz 4 Satz 2 entsprechende Anwendung.**

1. Allgemeines. Ebenso wie das Kaufrecht in § 438 sieht § 634a für das Werkver- 1
tragsrecht eine eigenständige Regelung der Verjährung der Mängelgewährleistungsansprüche vor. Beide Vorschriften verlaufen weitgehend parallel (vgl im Einzelnen § 438 Rz 2); insbesondere sind auch beim Werkvertrag die Gestaltungsrechte des Rücktritts und der Minderung über §§ 634a IV, V, 218 I in die Verjährung mit einbezogen. Je nach Art der geschuldeten Werkleistung ergeben sich verschiedene Verjährungsfristen.

2. Zweijährige Verjährungsfrist, Abs 1 Nr 1. Besteht der Erfolg des geschulde- 2
ten Werks in der Herstellung, Wartung oder Veränderung einer Sache – die kein Bauwerk sein darf, dann gilt Nr 2 – oder in der Erbringung von Planungs- oder Überwachungsleistungen hierfür, verjähren die Ansprüche des Bestellers in zwei Jahren. Auch wenn Planungs- und Ausführungsarbeiten von verschiedenen Unternehmern erbracht werden, soll so eine einheitliche Verjährung erreicht werden; allerdings ist zu beachten, dass der Beginn der jeweiligen Verjährungsfrist auseinanderfallen kann (s unten Rz 5).

3. Fünfjährige Verjährungsfrist, Abs 1 Nr 2. Handelt es sich um ein Bauwerk 3
oder erfolgsbezogene Planungs- oder Überwachungsleistungen hierfür, verjähren die Ansprüche des Bestellers erst nach fünf Jahren und damit parallel zu etwaigen Gewährleistungsansprüchen des Bauunternehmers gegen seine Lieferanten (s § 438 Rz 3).

4. Regelmäßige Verjährungsfrist, Abs 1 Nr 3. Bei allen übrigen Werken gilt 4
die regelmäßige Verjährungsfrist der §§ 195, 199. Die Nr 3 betrifft die Herstellung sog nicht-körperlicher Werke, wie Beratungen, Gutachten uä. Die Abgrenzung zwischen sachbezogenen und nicht-körperlichen Werkleistungen kann im Einzelnen schwierig sein; vgl etwa den BGHZ 115, 32 zugrundeliegenden Sachverhalt: Einem Juweliergeschäft entsteht dadurch ein Schaden, dass es einem Dieb gelingt, die durch eine Spezialfirma entwickelte und installierte Alarmanlage zu überwinden. Wird die geschuldete Werkleistung hier vorrangig in der Herstellung und Planung der Sache „Alarmanlage" gesehen, sind die Ansprüche des Juweliers bereits zwei Jahre nach Abnahme (Abs 2) verjährt, Abs 1 Nr 1. War Gegenstand des Vertrages hauptsächlich die besondere Expertise des Herstellers, so gilt dagegen die regelmäßige Verjährungsfrist des § 195, de-

ren Lauf erst mit Eintritt des Schadens in Gang gesetzt wird. Ähnliche Abgrenzungsprobleme dürften sich insbesondere bei der Entwicklung von spezieller Computer-Software ergeben.

5 **5.** Die Verjährung **beginnt** gem Abs 2 in den Fällen des Abs 1 Nrn 1 und 2 mit der Abnahme (§ 640); bei nicht-körperlichen Werken (Abs 1 Nr 3) unter den Voraussetzungen des § 199 I. Zu beachten ist, dass bei selbständiger und zeitlich auseinanderliegender Abnahme von Planungs- und Ausführungsleistungen die Verjährung der jeweiligen Gewährleistungsansprüche trotz der einheitlichen Fristen in Abs 1 Nrn 1 und 2 auseinanderfallen kann.

6 **6.** Hat der Unternehmer den Mangel des Werks **arglistig** verschwiegen, so gilt gem Abs 3 S 1 auch in den Fällen des Abs 1 Nrn 1 und 2 die regelmäßige Verjährungsfrist der §§ 195, 199 (vgl § 438 Rz 3). Nach der Rspr können grobe Organisationsmängel des Unternehmers, die es verhindern, etwaige Mängel des Werkes bei der Ablieferung zu erkennen, einer arglistigen Täuschung gleichzustellen sein (BGHZ 117, 318).

§ 635. Nacherfüllung

(1) **Verlangt der Besteller Nacherfüllung, so kann der Unternehmer nach seiner Wahl den Mangel beseitigen oder ein neues Werk herstellen.**

(2) **Der Unternehmer hat die zum Zwecke der Nacherfüllung erforderlichen Aufwendungen, insbesondere Transport-, Wege-, Arbeits- und Materialkosten zu tragen.**

(3) **Der Unternehmer kann die Nacherfüllung unbeschadet des § 275 Abs. 2 und 3 verweigern, wenn sie nur mit unverhältnismäßigen Kosten möglich ist.**

(4) **Stellt der Unternehmer ein neues Werk her, so kann er vom Besteller Rückgewähr des mangelhaften Werkes nach Maßgabe der §§ 346 bis 348 verlangen.**

1 **1.** Der **Nacherfüllungsanspruch,** der ohne Fristsetzung geltend gemacht werden kann und daher Vorrang vor den in § 634 Nrn 2–4 genannten Rechten des Bestellers genießt, findet sich nahezu gleichlautend im Kaufrecht in § 439 (s zunächst dort Rz 1–3).

2 **2.** Die einzige gravierende Abweichung gegenüber § 439 besteht darin, dass gem Abs 1 dem **Unternehmer das Wahlrecht** zwischen den beiden Formen der Nacherfüllung (Beseitigung des Mangels oder Herstellung eines neuen Werks) zusteht, während es in § 439 I dem Käufer eingeräumt ist (s dazu § 439 Rz 4). Der Grund hierfür liegt in der unterschiedlichen Interessenlage beim Werkvertrag, bei dem nicht bereits bestehende Leistungsgegenstände ausgetauscht werden, sondern das Werk erst noch hergestellt werden muss. Der Werkunternehmer, der selbst mit dem Produktionsprozess verbunden ist, kann auf Grund seiner Sachkunde am besten entscheiden, ob der Mangel durch Nachbesserung oder einfacher bzw kostengünstiger durch Herstellung eines neuen Werks beseitigt werden kann, während die Art der Nacherfüllung für den Besteller grds ohne Bedeutung ist, solange er im Ergebnis das ihm zustehende mangelfreie Werk erhält (RegBegr BT-Drucks 14/6040, 265). Der Nacherfüllungsanspruch des Bestellers bezieht sich somit auf die Nacherfüllung insgesamt.

3 **3.** Die in **Abs 3** festgelegten **Grenzen der Nacherfüllung** entsprechen denen in § 439 III 1 (s § 439 Rz 10f) mit dem Unterschied, dass sich die Einreden hier auf den Nacherfüllungsanspruch als solchen (vgl vorige Rz) und nicht auf die einzelnen Arten der Nacherfüllung beziehen (vgl § 439 III 1: „die vom Käufer gewählte Art“).

4 **4.** Für die **Rückgewähr des mangelhaften Werks** nach einer Neuherstellung trifft **Abs 4** eine mit § 439 IV identische Regelung (s § 439 Rz 12).

§ 636. Besondere Bestimmungen für Rücktritt und Schadensersatz

Außer in den Fällen der §§ 281 Abs. 2 und 323 Abs. 2 bedarf es der Fristsetzung auch dann nicht, wenn der Unternehmer die Nacherfüllung gemäß § 635 Abs. 3 verweigert oder wenn die Nacherfüllung fehlgeschlagen oder dem Besteller unzumutbar ist.

Die Vorschrift regelt die **Entbehrlichkeit der Fristsetzung** vor einem Rücktritt (bzw einer Minderung) und einem Schadensersatzverlangen. Sie entspricht inhaltlich dem § 440 S 1 im Kaufrecht, auf dessen Erläuterung verwiesen sei. Im Unterschied zu § 440 wird nicht auf einzelne Arten der Nacherfüllung, sondern auf „die Nacherfüllung" abgestellt, weil dem Besteller im Werkvertragsrecht nur ein Anspruch auf Nacherfüllung insgesamt zusteht (s § 635 Rz 2). 1

§ 637. Selbstvornahme

(1) **Der Besteller kann wegen eines Mangels des Werkes nach erfolglosem Ablauf einer von ihm zur Nacherfüllung bestimmten angemessenen Frist den Mangel selbst beseitigen und Ersatz der erforderlichen Aufwendungen verlangen, wenn nicht der Unternehmer die Nacherfüllung zu Recht verweigert.**

(2) [1]**§ 323 Abs. 2 findet entsprechende Anwendung.** [2]**Der Bestimmung einer Frist bedarf es auch dann nicht, wenn die Nacherfüllung fehlgeschlagen oder dem Besteller unzumutbar ist.**

(3) **Der Besteller kann von dem Unternehmer für die zur Beseitigung des Mangels erforderlichen Aufwendungen Vorschuss verlangen.**

1. Die sog **Selbstvornahme** umfasst das Recht des Bestellers, den Mangel selbst zu beseitigen und Ersatz seiner erforderlichen (!) Aufwendungen (einschließlich eines Vorschusses gem Abs 3) zu verlangen. Das Recht zur Selbstvornahme (§ 634 Nr 2) steht alternativ neben der Möglichkeit, zurückzutreten oder zu mindern (§ 634 Nr 3), und es ist an dieselben Voraussetzungen geknüpft. 1

2. Voraussetzung ist grds der erfolglose Ablauf einer zur Nacherfüllung gesetzten angemessenen **Frist.** Ob der Unternehmer die Nichtvornahme der Nacherfüllung zu vertreten hat, ist unerheblich, da kein Verzug vorliegen muss (s beim Verzug § 286 IV). Die Fristsetzung ist gem Abs 2 in denselben Fällen entbehrlich wie gem § 636 beim Rücktritt, nämlich zum einen in den Fällen des § 323 II, zum anderen bei Fehlschlagen oder Unzumutbarkeit der Nacherfüllung. Die Unzumutbarkeit für den Besteller bezieht sich auf die Nacherfüllung gerade durch den Werkunternehmer und nicht auf die Nacherfüllung als solche, da der Besteller deren Erfolg, nämlich das mangelfreie Werk, wünscht und durch die Selbstvornahme herbeiführen will (RegBegr BT-Drucks 14/6040, 266). 2

3. Die Selbstvornahme ist ausgeschlossen, wenn der Unternehmer die **Nacherfüllung verweigern** darf. Wann der Unternehmer die Nacherfüllung zu Recht verweigert, legt § 635 III in Übereinstimmung mit § 439 III 1 fest (s § 439 Rz 5f). Damit ist insbesondere sichergestellt, dass ein Unternehmer, der die Nacherfüllung wegen unverhältnismäßiger Kosten verweigern darf, mit diesen Kosten nicht als Aufwendungsersatz für die Selbstvornahme belastet werden kann. 3

§ 638. Minderung

(1) [1]**Statt zurückzutreten, kann der Besteller die Vergütung durch Erklärung gegenüber dem Unternehmer mindern.** [2]**Der Ausschlussgrund des § 323 Abs. 5 Satz 2 findet keine Anwendung.**

(2) **Sind auf der Seite des Bestellers oder auf der Seite des Unternehmers mehrere beteiligt, so kann die Minderung nur von allen oder gegen alle erklärt werden.**

(3) [1]**Bei der Minderung ist die Vergütung in dem Verhältnis herabzusetzen, in welchem zur Zeit des Vertragsschlusses der Wert des Werkes in mangelfreiem Zustand zu dem wirklichen Wert gestanden haben würde.** [2]**Die Minderung ist, soweit erforderlich, durch Schätzung zu ermitteln.**

(4) [1]**Hat der Besteller mehr als die geminderte Vergütung gezahlt, so ist der Mehrbetrag vom Unternehmer zu erstatten.** [2]**§ 346 Abs. 1 und § 347 Abs. 1 finden entsprechende Anwendung.**

1 Die Regelung der **Minderung** beim Werkvertrag entspricht wörtlich derjenigen beim Kaufvertrag und ist so wie jene zu verstehen. Auf die Erläuterungen zu § 441 sei deshalb verwiesen.

§ 639. Haftungsausschluss

Auf eine Vereinbarung, durch welche die Rechte des Bestellers wegen eines Mangels ausgeschlossen oder beschränkt werden, kann sich der Unternehmer nicht berufen, soweit er den Mangel arglistig verschwiegen oder eine Garantie für die Beschaffenheit des Werkes übernommen hat.

1 Die Berufung auf einen **vereinbarten Haftungsausschluss** ist dem Unternehmer unter denselben Voraussetzungen versagt wie dem Verkäufer gem § 444 (s dort).

§ 640. Abnahme

(1) [1]**Der Besteller ist verpflichtet, das vertragsmäßig hergestellte Werk abzunehmen, sofern nicht nach der Beschaffenheit des Werkes die Abnahme ausgeschlossen ist.** [2]**Wegen unwesentlicher Mängel kann die Abnahme nicht verweigert werden.** [3]**Der Abnahme steht es gleich, wenn der Besteller das Werk nicht innerhalb einer ihm vom Unternehmer bestimmten angemessenen Frist abnimmt, obwohl er dazu verpflichtet ist.**

(2) **Nimmt der Besteller ein mangelhaftes Werk gemäß Absatz 1 Satz 1 ab, obschon er den Mangel kennt, so stehen ihm die in § 634 Nr. 1 bis 3 bezeichneten Rechte nur zu, wenn er sich seine Rechte wegen des Mangels bei der Abnahme vorbehält.**

1 **1.** Die **Abnahme** des Werks ist in Hinblick auf ihre weitreichenden Wirkungen (unten Rz 4) ein zentraler Begriff des Werkvertragsrechts. Er wird mit Blick auf seine Wirkungen definiert als körperliche Entgegennahme des Werks im Wege der Besitzübernahme verbunden mit der Erklärung des Bestellers, dass er das Werk als in der Hauptsache vertragsgemäß anerkenne. Ist die körperliche Entgegennahme im Einzelfall faktisch ausgeschlossen (zB Arbeiten auf dem Grundstück des Bestellers), so reicht die Billigungserklärung. Diese kann auch schlüssig erfolgen, zB durch die Ingebrauchnahme eines im Wesentlichen funktionstüchtigen Werks; die Billigung muss jedoch dem Unternehmer gegenüber zum Ausdruck kommen. In Fällen, in denen auch die Billigung wegen der Beschaffenheit des Werks ausgeschlossen ist (zB Theateraufführung), reicht dessen Vollendung (§ 646).

2 **2.** Die **Abnahmepflicht** ist eine Hauptpflicht des Bestellers. Sie setzt nach Abs 1 S 1 ein vertragsmäßig hergestelltes (also mangelfreies) Werk voraus. Andernfalls kann die Abnahme verweigert werden, allerdings nicht wegen unwesentlicher Mängel (Abs 1 S 2). Ob ein Mangel unwesentlich ist, ob es dem Besteller also zuzumuten ist, das Werk abzunehmen und sich mit den Mängelansprüchen zu begnügen, ist unter Abwägung der Interessen beider Vertragsparteien zu beurteilen. Ist die Ge-

brauchstauglichkeit des Werks für den Besteller beeinträchtigt, liegt regelmäßig ein wesentlicher Mangel vor.

3. Der sog rechtsgeschäftlichen Abnahme gem Abs 1 S 1 stellt Abs 1 S 3 eine **fingierte Abnahme** gleich, wenn der Besteller das Werk trotz angemessener Fristsetzung und Abnahmepflicht (vorige Rz) nicht abnimmt. 3

4. Wirkungen. a) Verlust von Rechten des Bestellers. Der Besteller verliert seinen ursprünglichen Erfüllungsanspruch und ist bei Mängeln auf die in § 634 genannten Rechte beschränkt. Gem Abs 2 verliert der Besteller auch seine Rechte aus § 634 Nrn 1–3, wenn er ein mangelhaftes Werk ohne Vorbehalt annimmt, obschon er den Mangel kennt (Kennenmüssen reicht nicht); denn in diesem Fall darf der Unternehmer auf die Erledigung des Geschäfts vertrauen. Einen Schadensersatz- oder Aufwendungsersatzanspruch nach § 634 Nr 4, der gem § 280 I 2 ein Verschulden voraussetzt, behält der Besteller jedoch auch ohne einen Vorbehalt bei der Abnahme; in Abs 2 ist § 634 Nr 4 bewusst nicht genannt (RegBegr BT-Drucks 14/6040, 267). **b) Wechsel der Gefahrtragung** gem §§ 644, 645. **c) Fälligkeit** des Vergütungsanspruchs des Unternehmers, § 641 I 1. **d) Verjährungsbeginn** der Mängelansprüche des Bestellers, § 634a II. **e) Änderung der Beweislast:** Vor Abnahme muss grds der Unternehmer Fehlerfreiheit beweisen; nach einer rechtsgeschäftlichen Abnahme gem Abs 1 S 1 ist es gem § 363 umgekehrt (vgl *Palandt-Sprau* § 634 Rz 12). 4

§ 641. Fälligkeit der Vergütung

(1) [1]**Die Vergütung ist bei der Abnahme des Werkes zu entrichten.** [2]**Ist das Werk in Teilen abzunehmen und die Vergütung für die einzelnen Teile bestimmt, so ist die Vergütung für jeden Teil bei dessen Abnahme zu entrichten.**

(2) [1]**Die Vergütung des Unternehmers für ein Werk, dessen Herstellung der Besteller einem Dritten versprochen hat, wird spätestens fällig,**

1. **soweit der Besteller von dem Dritten für das versprochene Werk wegen dessen Herstellung seine Vergütung oder Teile davon erhalten hat,**
2. **soweit das Werk des Bestellers von dem Dritten abgenommen worden ist oder als abgenommen gilt oder**
3. **wenn der Unternehmer dem Besteller erfolglos eine angemessene Frist zur Auskunft über die in den Nummern 1 und 2 bezeichneten Umstände bestimmt hat.**

[2]**Hat der Besteller dem Dritten wegen möglicher Mängel des Werks Sicherheit geleistet, gilt Satz 1 nur, wenn der Unternehmer dem Besteller entsprechende Sicherheit leistet.**

(3) **Kann der Besteller die Beseitigung eines Mangels verlangen, so kann er nach der Fälligkeit die Zahlung eines angemessenen Teils der Vergütung verweigern; angemessen ist in der Regel das Doppelte der für die Beseitigung des Mangels erforderlichen Kosten.**

(4) **Eine in Geld festgesetzte Vergütung hat der Besteller von der Abnahme des Werkes an zu verzinsen, sofern nicht die Vergütung gestundet ist.**

1. Allgemeines. Da die Vergütung nach Abs 1 S 1 erst bei der Abnahme des Werks zu entrichten ist, ist der Unternehmer, sofern nicht eine abweichende Vereinbarung getroffen wurde, **vorleistungspflichtig.** Allerdings kann der Unternehmer unabhängig von einer Abnahme unter den Voraussetzungen des § 632a Abschlagszahlungen verlangen. 1

2. Die **Fälligkeit der Vergütung** tritt gem Abs 1 S 1 mit der Abnahme ein. Sie wird also ausgelöst durch rechtsgeschäftliche Abnahme gem § 640 I 1 bzw Vollendung des Werks gem § 646 (s § 640 Rz 1). Nimmt der Besteller das Werk nicht ab, obwohl 2 er dazu verpflichtet ist (s § 640 Rz 2), kann der Unternehmer die Fälligkeit seines Vergütungsanspruchs durch eine angemessene Fristsetzung gem § 640 I 3 herbeiführen. Die Fristsetzung ist – wie in § 323 II Nr 1 – entbehrlich, wenn der Besteller die Abnahme ernsthaft und endgültig verweigert (BGH NJW 2008, 511 Nr 29). Die Rspr bejaht die Fälligkeit des Vergütungsanspruchs außerdem bei grundloser und endgültiger Verweigerung der erforderlichen Mitwirkung des Bestellers an der Herstellung des Werks oder an der Mängelbeseitigung (str; s *Palandt-Sprau* Rz 5).

3 **3.** Abs 2 sieht eine sog **Durchgriffsfälligkeit** für den Vergütungsanspruch eines Subunternehmers vor. Gedacht ist vor allem an Bauträger- und Generalübernehmerverträge (Entwurfsbegründung BT-Drucks 14/1246, 7); bei ihnen ist der Bauträger gegenüber dem (Sub-)Unternehmer, der das Werk letztlich herstellt, Besteller, gegenüber dem Dritten (Erwerber), dem er es versprochen hat, aber (Haupt-)Unternehmer. Die Regelung in Abs 2 will verhindern, dass der Bauträger/Generalübernehmer nach Herstellung einzelner Bauteile die Raten vom Erwerber einfordert und auch erhält, sie aber – unter Berufung auf Mängel des Werks – nicht an die Subunternehmer (Handwerker) weiterleitet. Ein solches Verhalten wäre widersprüchlich, weil der Bauträger die Mängel, die er seinen Handwerkern entgegenhält, auch gegen sich selbst gelten lassen müsste und von dem Erwerber keine Raten einfordern dürfte. Deshalb bestimmt Abs 2 Nr 1, dass mit dem Eingang der Raten beim (Haupt-)Unternehmer („Besteller" gegenüber dem Subunternehmer) auch die Vergütung des (Sub-)Unternehmers fällig wird, der die Werkleistung eigentlich erbracht hat. Nrn 2 und 3, die erst mit dem Forderungssicherungsgesetz (FoSiG) zum 1. 1. 2009 eingeführt wurden, erweitern diese Regelung auf den Fall, dass der Hauptunternehmer das Werk insoweit abgenommen hat.

4 **4.** Abs 3 normiert den sog **Druckzuschlag.** Bereits aus § 320 I 1 folgt, dass dem Besteller, der die Beseitigung eines Mangels verlangen kann, trotz Fälligkeit der Vergütung, die durch eine Abnahme des Werks eingetreten ist, ein Leistungsverweigerungsrecht zusteht. Um auf den Unternehmer Druck auszuüben, den Mangel zu beseitigen, gestattet es Abs 3 dem Besteller, mindestens das Doppelte der Nachbesserungskosten einzubehalten.

§ 641 a. *(aufgehoben)*

§ 642. Mitwirkung des Bestellers

(1) **Ist bei der Herstellung des Werkes eine Handlung des Bestellers erforderlich, so kann der Unternehmer, wenn der Besteller durch das Unterlassen der Handlung in Verzug der Annahme kommt, eine angemessene Entschädigung verlangen.**

(2) **Die Höhe der Entschädigung bestimmt sich einerseits nach der Dauer des Verzugs und der Höhe der vereinbarten Vergütung, andererseits nach demjenigen, was der Unternehmer infolge des Verzugs an Aufwendungen erspart oder durch anderweitige Verwendung seiner Arbeitskraft erwerben kann.**

§ 643. Kündigung bei unterlassener Mitwirkung

[1]Der Unternehmer ist im Falle des § 642 berechtigt, dem Besteller zur Nachholung der Handlung eine angemessene Frist mit der Erklärung zu bestimmen, dass er den Vertrag kündige, wenn die Handlung nicht bis zum Ablauf der Frist vorgenommen werde. [2]Der Vertrag gilt als aufgehoben, wenn nicht die Nachholung bis zum Ablauf der Frist erfolgt.

§ 644. Gefahrtragung

(1) **[1]Der Unternehmer trägt die Gefahr bis zur Abnahme des Werkes. [2]Kommt der Besteller in Verzug der Annahme, so geht die Gefahr auf ihn über. [3]Für den**

zufälligen Untergang und eine zufällige Verschlechterung des von dem Besteller gelieferten Stoffes ist der Unternehmer nicht verantwortlich.

(2) **Versendet der Unternehmer das Werk auf Verlangen des Bestellers nach einem anderen Ort als dem Erfüllungsort, so findet die für den Kauf geltende Vorschrift des § 447 entsprechende Anwendung.**

1. Allgemeines. Die Vorschriften der §§ 644, 645 regeln – wie § 446 S 1 im Kaufrecht – nur die **Vergütungsgefahr,** und zwar bei zufälligem Untergang oder zufälliger Verschlechterung. Trifft eine der Parteien ein Verschulden, gelten die allgemeinen Regeln, also § 326 und §§ 280ff (so auch § 645 II). Bei der Vergütungsgefahr geht es um die Frage, ob der Besteller trotz des zufälligen Untergangs oder der zufälligen Verschlechterung des Werks zur Zahlung der vollen Vergütung für das verschlechterte oder untergegangene Werk verpflichtet bleibt. Gegenstück zur Vergütungsgefahr ist die **Leistungsgefahr,** also die Frage, ob der Unternehmer bei zufälligem Untergang oder zufälliger Verschlechterung des Werks zur Neuherstellung oder Ausbesserung verpflichtet ist, und zwar unabhängig davon, ob er für das untergegangene oder verschlechterte Werk eine Vergütung verlangen kann. Die Leistungsgefahr wird von §§ 644, 645 nicht geregelt (s aber sogleich). 1

2. Leistungsgefahr. a) Sie unterliegt der allgemeinen Regelung des § 275, soweit diese reicht: Wird die **Werkherstellung** also (objektiv oder subjektiv) **unmöglich,** so befreit dies den Unternehmer von seiner Leistungspflicht. Die Leistungsgefahr trägt insoweit also der Besteller. **b) Bleibt die Leistung möglich,** so muss der Unternehmer das Werk ausbessern oder ggf neu herstellen. Das ergibt sich aus § 634 Nr 1 und der Erfolgsbezogenheit des Werkvertrags. Aus § 644 I 2, II ist zu folgern, dass der Unternehmer bei Eintritt des Zufalls im Annahmeverzug des Bestellers (§§ 293ff) oder während der Versendung des Werks (vgl § 447) keinen neuen Leistungsversuch zu erbringen braucht. Schließlich stellt Abs 1 S 3 klar, dass den Unternehmer zu keiner Zeit – auch soweit er die Leistungsgefahr zu tragen hat – die Verpflichtung trifft, für den durch Zufall beschädigten oder untergegangenen Stoff des Bestellers Schadensersatz zu leisten oder Ersatz zu beschaffen (Sachgefahr; s *Erman-Schwenker* Rz 5). 2

3. Vergütungsgefahr. a) Grundsatz. Nach der allgemeinen Regel des § 326 I 1 müsste der Unternehmer die Vergütungsgefahr bis zur vollständigen Erfüllung (mangelfreie Herstellung des Werks) tragen. Abs 1 S 1 verlegt den Gefahrübergang im Interesse des Unternehmers geringfügig vor auf den **Zeitpunkt der Abnahme** (§ 640, oder der Vollendung, § 646), weil sich das Werk jedenfalls von der Abnahme an im Machtbereich des Bestellers befindet. **b) Ausnahmen.** Schon vor der Abnahme geht die Vergütungsgefahr auf den Besteller über, wenn dieser sich im **Annahmeverzug** (§§ 293ff) befindet, Abs 1 S 2. Parallel zum Kaufrecht trägt der Besteller (unabhängig von der Abnahme) ebenfalls die Vergütungsgefahr, wenn der Unternehmer das Werk auf sein Verlangen **versendet** (Abs 2; näher vgl § 447). 3

§ 645. Verantwortlichkeit des Bestellers

(1) [1] **Ist das Werk vor der Abnahme infolge eines Mangels des von dem Besteller gelieferten Stoffes oder infolge einer von dem Besteller für die Ausführung erteilten Anweisung untergegangen, verschlechtert oder unausführbar geworden, ohne dass ein Umstand mitgewirkt hat, den der Unternehmer zu vertreten hat, so kann der Unternehmer einen der geleisteten Arbeit entsprechenden Teil der Vergütung und Ersatz der in der Vergütung nicht inbegriffenen Auslagen verlangen.** [2] **Das Gleiche gilt, wenn der Vertrag in Gemäßheit des § 643 aufgehoben wird.**

(2) **Eine weitergehende Haftung des Bestellers wegen Verschuldens bleibt unberührt.**

1 **1. Allgemeines.** Die Vorschrift enthält – neben § 644 – eine weitere Einschränkung der Pflicht des Unternehmers zur Tragung der Vergütungsgefahr bis zur Abnahme des Werks (vgl § 644 Rz 1, 3). Von der in § 644 enthaltenen Einschränkung unterscheidet sie sich dadurch, dass sie durch die Zusprechung lediglich einer Teilvergütung die Vergütungsgefahr auf Besteller und Unternehmer aufteilt. Grundlage dafür ist die Einschätzung, dass der Besteller auch vor der Abnahme bestimmten Gefahrenquellen (Mangel des gelieferten Stoffes, gefahrbringende Anweisungen) näher steht als der Unternehmer. Zwar kommt es auf ein Verschulden des Bestellers nicht an (insoweit haftet er nach den allgemeinen Vorschriften, Abs 2), aber § 645 I differenziert doch nach der Nähe zur Gefahrenquelle („Sphäre"), während die anderen Gefahrtragungsregeln bloß Zufall voraussetzen, ohne die Gefahrenquelle dem Schuldner oder dem Gläubiger zuzuordnen.

2 **2. Einzelheiten.** Der Begriff **„Stoff"** ist weit auszulegen. Es sind alle Gegenstände erfasst, an denen oder mit denen der Unternehmer das Werk herstellen soll. Eine **Anweisung** liegt nur vor, wenn der Besteller eine bestimmte Herstellungsart auf eigenes Risiko vorschreibt und nicht lediglich eine Beschreibung der Sollbeschaffenheit des Werks gibt (vgl *MüKo-Busche* Rz 9).

3 **3. Erweiternde Anwendung. a)** Str ist, ob Abs 1 S 1 der **allgemeine Rechtsgedanke** entnommen werden kann, dass der Besteller vor Abnahme für alle aus seiner Sphäre (vgl oben Rz 1) stammenden Gefahrenquellen mit der Rechtsfolge einer Teilvergütungspflicht einzustehen habe **(Sphärentheorie).** Dagegen sprechen die allgemeine Risikoverteilung beim Werkvertrag, wonach der Unternehmer die Herstellung eines Werks auf eigenes Risiko verspricht (*Palandt-Sprau* Rz 9), und eine historische Interpretation der §§ 644, 645 (s *Erman-Schwenker* Rz 11). **b)** Weitgehende Einigkeit besteht jedoch darüber, dass Abs 1 S 1 bei Interessengleichheit mit den dort ausdrücklich genannten Fällen **analog** angewendet werden kann (s *MüKo-Busche* Rz 14ff). So hat BGHZ 40, 71 den Besteller einer noch nicht abgenommenen Scheune nach Abs 1 S 1 haften lassen, weil er Heu in die Scheune eingebracht hatte, das sich entzündete und so zum Abbrennen der Scheune führte. Ebenso hat BGHZ 60, 14 den Kunden einer Pauschalreise zur Leistung einer Teilvergütung verurteilt, der die Reise nicht antreten konnte, weil im Reiseland eine für den Besteller nicht durchführbare Pockenschutzimpfung gefordert wurde; heute dürfte § 651i entsprechend anzuwenden sein (s *Medicus/Petersen* Rz 269). Schließlich wird von der ganz hM (s *Erman-Schwenker* Rz 10 mwN) eine analoge Anwendung des Abs 1 S 1 auf die Fälle der Zweckerreichung gebilligt (Bsp: das freizuschleppende Schiff kommt durch einen Sturm von selbst frei; vgl § 313 Rz 4; *Medicus/Petersen* Rz 159).

§ 646. Vollendung statt Abnahme

Ist nach der Beschaffenheit des Werkes die Abnahme ausgeschlossen, so tritt in den Fällen des § 634a Abs. 2 und der §§ 641, 644 und 645 an die Stelle der Abnahme die Vollendung des Werkes.

§ 647. Unternehmerpfandrecht

Der Unternehmer hat für seine Forderungen aus dem Vertrag ein Pfandrecht an den von ihm hergestellten oder ausgebesserten beweglichen Sachen des Bestellers, wenn sie bei der Herstellung oder zum Zwecke der Ausbesserung in seinen Besitz gelangt sind.

1 **1. Allgemeines.** Die Vorschrift sichert den vorleistungspflichtigen (§ 641 I) Unternehmer durch ein gesetzliches Besitzpfandrecht an den beweglichen Sachen des Bestellers (ebenso für unbewegliche Sachen und Schiffe § 648). Es gelten ergänzend die Regeln über das rechtsgeschäftlich entstandene Pfandrecht (§ 1257).

2. Voraussetzungen. a) Forderungen aus dem Vertrag sind die Werklohnforderung gem §§ 631 I, 649 S 2, die Entschädigungs-, Teilvergütungs- und Aufwendungsersatzansprüche aus §§ 642, 645 sowie etwaige Schadensersatzansprüche wegen Pflichtverletzung gem § 280 I. **2**

b) Bewegliche Sachen des Bestellers. Die Sachen müssen zur Ausführung des Werks in den Besitz des Unternehmers gelangt sein und im Eigentum des Bestellers stehen. Str ist, ob das Pfandrecht des § 647 an Sachen, die nicht dem Besteller gehören, **gutgläubig erworben** werden kann. Die Frage wird insbesondere dann bedeutsam, wenn Gegenstände, die der Besteller unter Eigentumsvorbehalt erworben hat, beim Unternehmer zur Reparatur gegeben werden und der Vorbehaltsverkäufer später vom Kaufvertrag mit dem Besteller zurücktritt, § 449 II. Hier stellt sich die Frage, wie der Unternehmer gesichert ist, wenn der Vorbehaltsverkäufer die inzwischen reparierte Sache aus § 985 herausverlangt (vgl BGHZ 34, 122, „Kleinbusfall"; dazu *Medicus/Petersen* Rz 587 ff). Lässt man einen gutgläubigen Erwerb des Werkunternehmerpfandrechts zu (entgegen § 1257, nach dessen Wortlaut – „entstandenes" – § 1207 nicht auf gesetzliche Pfandrechte anwendbar ist), so kann der Unternehmer dem Vorbehaltsverkäufer § 647 als Recht zum Besitz iSd § 986 entgegenhalten und sich aus dem Pfand befriedigen. **3**

aa) Der **BGH** (aaO und NJW 1983, 2140) und die hL (etwa *Palandt-Sprau* Rz 3) halten den gutgläubigen Erwerb des Werkunternehmerpfandrechts für ausgeschlossen und schützen den Unternehmer auf verschiedenen anderen Wegen. BGHZ 34, 122 billigt dem Unternehmer selbst dann einen Verwendungsersatzanspruch gegen den Eigentümer (Vorbehaltsverkäufer) aus §§ 994 ff und das daraus folgende Zurückbehaltungsrecht (§ 1000) zu, wenn er zZt der Verwendungen noch berechtigter Besitzer war, weil der Eigentümer den Rücktritt (§ 449 II) noch nicht erklärt hatte (Problem: §§ 994 ff, 1000 gelten nur für den unberechtigten Besitzer; dazu näher Vor § 987 Rz 5). **4**

bb) In der **Lit** (etwa *Medicus/Petersen* Rz 594) wird dagegen dem Unternehmer dadurch geholfen, dass in der Hingabe der Sache zur Reparatur ein der rechtsgeschäftlichen Verpfändung (§ 1205) ähnlicher Vorgang gesehen wird, auf den §§ 183, 185 I anwendbar seien. Indem der Vorbehaltsverkäufer den Besteller vertraglich zur Instandhaltung der Kaufsache verpflichte, müsse er auch das mit der Reparatur einhergehende Pfandrecht gegen sich gelten lassen. Fraglich ist indessen, ob dem Verhalten des Vorbehaltsverkäufers eine solche Verfügungsermächtigung entnommen werden kann. **5**

cc) Die **Praxis** behilft sich oft damit, dass Werkunternehmer in ihren AGB neben § 647 ein paralleles vertragliches Pfandrecht (§§ 1204 ff) vereinbaren; dessen gutgläubiger Erwerb ist nach § 1207 möglich (s aber *Medicus/Petersen* Rz 592). **6**

3. Für die **Verwertung** des Pfandes und das **Erlöschen** des Pfandrechts gelten die allgemeinen Vorschriften, §§ 1257, 1228 ff, 1252 ff. **7**

§ 648. Sicherungshypothek des Bauunternehmers

(1) [1]**Der Unternehmer eines Bauwerks oder eines einzelnen Teiles eines Bauwerks kann für seine Forderungen aus dem Vertrag die Einräumung einer Sicherungshypothek an dem Baugrundstück des Bestellers verlangen.** [2]**Ist das Werk noch nicht vollendet, so kann er die Einräumung der Sicherungshypothek für einen der geleisteten Arbeit entsprechenden Teil der Vergütung und für die in der Vergütung nicht inbegriffenen Auslagen verlangen.**

(2) [1]**Der Inhaber einer Schiffswerft kann für seine Forderungen aus dem Bau oder der Ausbesserung eines Schiffes die Einräumung einer Schiffshypothek an dem Schiffsbauwerk oder dem Schiff des Bestellers verlangen; Absatz 1 Satz 2 gilt sinngemäß.** [2]**§ 647 findet keine Anwendung.**

§ 648 a. Bauhandwerkersicherung

(1) [1]**Der Unternehmer eines Bauwerks, einer Außenanlage oder eines Teils davon kann vom Besteller Sicherheit für die auch in Zusatzaufträgen vereinbarte und noch nicht gezahlte Vergütung einschließlich dazugehöriger Nebenforderungen, die mit 10 vom Hundert des zu sichernden Vergütungsanspruchs anzusetzen sind, verlangen. [2]Satz 1 gilt in demselben Umfang auch für Ansprüche, die an die Stelle der Vergütung treten. [3]Der Anspruch des Unternehmers auf Sicherheit wird nicht dadurch ausgeschlossen, dass der Besteller Erfüllung verlangen kann oder das Werk abgenommen hat. [4]Ansprüche, mit denen der Besteller gegen den Anspruch des Unternehmers auf Vergütung aufrechnen kann, bleiben bei der Berechnung der Vergütung unberücksichtigt, es sei denn, sie sind unstreitig oder rechtskräftig festgestellt. [5]Die Sicherheit ist auch dann als ausreichend anzusehen, wenn sich der Sicherungsgeber das Recht vorbehält, sein Versprechen im Falle einer wesentlichen Verschlechterung der Vermögensverhältnisse des Bestellers mit Wirkung für Vergütungsansprüche aus Bauleistungen zu widerrufen, die der Unternehmer bei Zugang der Widerrufserklärung noch nicht erbracht hat.**

(2) [1]**Die Sicherheit kann auch durch eine Garantie oder ein sonstiges Zahlungsversprechen eines im Geltungsbereich dieses Gesetzes zum Geschäftsbetrieb befugten Kreditinstituts oder Kreditversicherers geleistet werden. [2]Das Kreditinstitut oder der Kreditversicherer darf Zahlungen an den Unternehmer nur leisten, soweit der Besteller den Vergütungsanspruch des Unternehmers anerkennt oder durch vorläufig vollstreckbares Urteil zur Zahlung der Vergütung verurteilt worden ist und die Voraussetzungen vorliegen, unter denen die Zwangsvollstreckung begonnen werden darf.**

(3) [1]**Der Unternehmer hat dem Besteller die üblichen Kosten der Sicherheitsleistung bis zu einem Höchstsatz von 2 vom Hundert für das Jahr zu erstatten. [2]Dies gilt nicht, soweit eine Sicherheit wegen Einwendungen des Bestellers gegen den Vergütungsanspruch des Unternehmers aufrechterhalten werden muss und die Einwendungen sich als unbegründet erweisen.**

(4) **Soweit der Unternehmer für seinen Vergütungsanspruch eine Sicherheit nach den Absätzen 1 oder 2 erlangt hat, ist der Anspruch auf Einräumung einer Sicherungshypothek nach § 648 Abs. 1 ausgeschlossen.**

(5) [1]**Hat der Unternehmer dem Besteller erfolglos eine angemessene Frist zur Leistung der Sicherheit nach Absatz 1 bestimmt, so kann der Unternehmer die Leistung verweigern oder den Vertrag kündigen. [2]Kündigt er den Vertrag, ist der Unternehmer berechtigt, die vereinbarte Vergütung zu verlangen; er muss sich jedoch dasjenige anrechnen lassen, was er infolge der Aufhebung des Vertrages an Aufwendungen erspart oder durch anderweitige Verwendung seiner Arbeitskraft erwirbt oder böswillig zu erwerben unterlässt. [3]Es wird vermutet, dass danach dem Unternehmer 5 vom Hundert der auf den noch nicht erbrachten Teil der Werkleistung entfallenden vereinbarten Vergütung zustehen.**

(6) [1]**Die Vorschriften der Absätze 1 bis 5 finden keine Anwendung, wenn der Besteller**

1. **eine juristische Person des öffentlichen Rechts oder ein öffentlich-rechtliches Sondervermögen ist, über deren Vermögen ein Insolvenzverfahren unzulässig ist, oder**
2. **eine natürliche Person ist und die Bauarbeiten zur Herstellung oder Instandsetzung eines Einfamilienhauses mit oder ohne Einliegerwohnung ausführen lässt.**

[2]Satz 1 Nr. 2 gilt nicht bei Betreuung des Bauvorhabens durch einen zur Verfügung über die Finanzierungsmittel des Bestellers ermächtigten Baubetreuer.

(7) **Eine von den Vorschriften der Absätze 1 bis 5 abweichende Vereinbarung ist unwirksam.**

§ 649. Kündigungsrecht des Bestellers

[1]Der Besteller kann bis zur Vollendung des Werkes jederzeit den Vertrag kündigen. [2]Kündigt der Besteller, so ist der Unternehmer berechtigt, die vereinbarte Vergütung zu verlangen; er muss sich jedoch dasjenige anrechnen lassen, was er infolge der Aufhebung des Vertrags an Aufwendungen erspart oder durch anderweitige Verwendung seiner Arbeitskraft erwirbt oder zu erwerben böswillig unterlässt. [3]Es wird vermutet, dass danach dem Unternehmer 5 vom Hundert der auf den noch nicht erbrachten Teil der Werkleistung entfallenden vereinbarten Vergütung zustehen.

1. S 1 räumt dem Besteller ein **freies Kündigungsrecht** ein. Nach Kündigung, die 1
den Vertrag nur für die Zukunft beendet, ist der bereits erfüllte Teil des Vertrags und der von der Kündigung erfasste Teil zu unterscheiden. Ist beispielweise die Errichtung eines Hauses vereinbart, mag zum Zeitpunkt der Kündigung der Unternehmer den Abriss des alten Hauses, Fundament und Rohbau erledigt haben, der Ausbau des Hauses sowie die Außenanlagen aber noch ausstehen. Für den erfüllten Teil sollen dann die allgemeinen Regelungen gelten, so dass der Werklohn erst nach Abnahme fällig wird (§ 641), der Werkunternehmer entsprechend §§ 634ff für Mängel einzustehen hat (BGH NJW 2006, 1475 Nr 23). Für den gekündigten Teil stellt S 2 durch eine § 326 II 2 entsprechende Regelung sicher, dass der Unternehmer jedenfalls seinen Gewinn erhält. Für diesen Gewinn vermutet S 3 eine Höhe von 5% der vereinbarten Vergütung.

2. Im Gesetz nicht ausdrücklich geregelt, aber anerkannt, ist die **Kündigung aus** 2
wichtigem Grund (BGHZ 45, 372, 375). § 314 passt nicht, weil der Werkvertrag kein Dauerschuldverhältnis darstellt. Auch diese Kündigung führt zu der dargestellten Aufteilung des Vertrags. Der kündigende Besteller schuldet also Werklohn für den bereits erfüllten Teil des Vertrags. Ein Anspruch des Unternehmers aus S 2 besteht freilich nicht.

§ 650. Kostenanschlag

(1) **Ist dem Vertrag ein Kostenanschlag zugrunde gelegt worden, ohne dass der Unternehmer die Gewähr für die Richtigkeit des Anschlags übernommen hat, und ergibt sich, dass das Werk nicht ohne eine wesentliche Überschreitung des Anschlags ausführbar ist, so steht dem Unternehmer, wenn der Besteller den Vertrag aus diesem Grund kündigt, nur der im § 645 Abs. 1 bestimmte Anspruch zu.**

(2) **Ist eine solche Überschreitung des Anschlags zu erwarten, so hat der Unternehmer dem Besteller unverzüglich Anzeige zu machen.**

§ 651. Anwendung des Kaufrechts

[1]Auf einen Vertrag, der die Lieferung herzustellender oder zu erzeugender beweglicher Sachen zum Gegenstand hat, finden die Vorschriften über den Kauf Anwendung. [2]§ 442 Abs. 1 Satz 1 findet bei diesen Verträgen auch Anwendung, wenn der Mangel auf den vom Besteller gelieferten Stoff zurückzuführen ist. [3]Soweit es sich bei den herzustellenden oder zu erzeugenden beweglichen Sachen um nicht vertretbare Sachen handelt, sind auch die §§ 642, 643, 645, 649 und 650 mit der Maßgabe anzuwenden, dass an die Stelle der Abnahme der nach den §§ 446 und 447 maßgebliche Zeitpunkt tritt.

1 **1.** Die Vorschrift erklärt auf sämtliche Verträge mit einer Verpflichtung zur Lieferung herzustellender oder zu erzeugender beweglicher Sachen das **Kaufrecht** für anwendbar. Handelt es sich dabei um vertretbare Sachen, spricht man von einem Lieferungskauf. Sofern man den Unternehmer nach § 950 I 1 das Eigentum an der aus dem Stoff des Bestellers hergestellten Sache erwerben lässt (s § 950 Rz 3, 5), muss er es gem § 433 I 1 auf den Besteller übertragen. Die Verweisung auf das Kaufrecht umfasst auch die Sondervorschriften über den **Verbrauchsgüterkauf** (§§ 474ff), wenn es sich um einen Vertrag zwischen einem Verbraucher (§ 13) und einem Unternehmer (§ 14 I) handelt.

2 **2.** Ob die **Lieferung des Stoffes,** aus dem die Sache herzustellen ist, durch den Unternehmer oder den Besteller erfolgt, macht für die Anwendbarkeit des Kaufrechts keinen Unterschied. Allerdings erweitert **S 2** den Anwendungsbereich des § 442 I 1: Die Rechte des Bestellers (Käufers) wegen eines Mangels sind ausgeschlossen, wenn der Mangel der Sache auf einen vom Besteller gelieferten Stoff zurückzuführen ist.

3 **3.** Wenn eine **nicht vertretbare Sache** (vgl § 91) herzustellen ist, schafft **S 3** zwar eine Gemengelage von kauf- und werkvertragsrechtlichen Vorschriften, aber der Schwerpunkt liegt auf den kaufrechtlichen Normen. Es geht um Sachen, die einen besonderen individuellen Charakter haben und daher auf die Person des Bestellers zugeschnitten und für den Unternehmer nicht anderwärtig absetzbar sind; Bsp: Schneidern eines Maßanzugs, Malen eines Portraits, Anfertigung von Reiseprospekten (BGH NJW 1966, 2307). Die Mängelhaftung richtet sich nach den kaufrechtlichen Normen des §§ 434ff, bei einem Verbrauchsgüterkauf außerdem nach §§ 474ff. Diese kaufvertraglichen Regelungen werden nach Maßgabe von S 3 um die dort genannten werkvertraglichen Vorschriften ergänzt, zB über die in §§ 642, 643 geregelten Folgen einer unterlassenen Mitwirkung des Bestellers oder über die in § 650 II enthaltene Verpflichtung des Unternehmers, dem Besteller Anzeige zu erstatten, wenn er einen Kostenvoranschlag überschreitet. Dass gem S 3 an die Stelle der Abnahme der Zeitpunkt des Gefahrübergangs nach §§ 446 und 447 treten soll, ist etwa im Rahmen des § 645 von Bedeutung.

4 **4.** Infolge der weitreichenden Maßgeblichkeit des Kaufrechts bleiben für den **Anwendungsbereich des Werkvertragsrechts** im wesentlichen die Herstellung unbeweglicher Sachen (vgl § 94), namentlich die Verpflichtung zum Hausbau auf einem Grundstück des Bestellers, reine Reparaturarbeiten sowie die Herstellung unkörperlicher Werke, wie zB die Planungsleistung eines Architekten oder die Erstellung von Gutachten (RegBegr BT-Drucks 14/6040, 268). Maßgeblich für die Anwendung des § 651 ist, ob die Sache zum Zeitpunkt der Lieferung beweglich ist. Ob sie später durch einen Dritten eingebaut werden soll, ist hingegen unbeachtlich (BGH NJW 2009, 2877 Nr 13).

Untertitel 2. Reisevertrag

Vor § 651 a

I. Rechtsnatur und Regelungszweck

1 **1. Rechtsnatur.** Der Reisevertrag ist nach st Rspr des BGH eine besondere Art des **Werkvertrags** (BGHZ 92, 177, 181; 100, 157, 163); wie sich aus der Überschrift des Titels 9 ergibt, handelt es sich zumindest um einen dem Werkvertrag „ähnlichen" Vertrag.

2 **2. Regelungszweck.** Die §§ 651 a ff dienen dem Zweck, die rechtliche Stellung der **Verbraucher** gegenüber Reiseveranstaltern zu verbessern (vgl Pauschalreisen-RL;

ABl 1990 Nr L 158, 59). Die in §§ 651aff geregelte **Pauschalreise** ist dadurch gekennzeichnet, dass der Reiseveranstalter einzelne Verträge mit den jeweiligen Leistungsträgern (Fluggesellschaften, Hoteliers, Autovermietern) schließt und die so zusammengestellte Gesamtheit von Reiseleistungen zu einem einheitlichen Angebot an den Reisenden bündelt. Dem Reisenden soll bei einer gestörten Reiseleistung ein klar identifizierbarer Schuldner gegenüberstehen, der sich dem nach außen erweckten Eindruck, für die ordnungsgemäße Abwicklung des Vertrages in eigener Verantwortung einstehen zu wollen, nicht durch die Erklärung, nur als Vermittler zu fungieren, entziehen darf (so im Ergebnis bereits BGHZ 61, 275; hierzu unten II). Eine Sonderregelung des Reisevertragsrechts wurde vor allem deshalb als notwendig angesehen, um im Rahmen der AGB-Kontrolle nach § 307 ein klares gesetzliches Leitbild zu schaffen; diese Aufgabe ist um so dringlicher, als der Pauschalreisemarkt durch eine überragende Stellung weniger großer Anbieter geprägt wird. Eine von §§ 651aff zum Nachteil des Verbrauchers abweichende AGB-Klausel wird in § 651m für nichtig erklärt. Ein weiteres Regelungsziel bildet der Schutz des Reisenden vor einer Insolvenz des Reiseveranstalters: Aufgrund der branchenüblichen Vorauszahlungspraxis gerieten in der Vergangenheit Touristen im Ausland oft in missliche Lagen, wenn die dortigen Leistungsträger wegen fehlender Zahlungseingänge ihre Dienste (Unterbringung, Beförderung) verweigerten oder einstellten (hierzu unten IV). Ergänzt wird das Reisevertragsrecht des BGB durch §§ 4ff BGB-InfoV über die Informationspflichten von Reiseveranstaltern.

II. Anwendungsbereich

Reisevertrag im Sinne des § 651a I ist nur der Reise**veranstaltungs**vertrag, nicht hingegen der bloße Reise**vermittlungs**vertrag. Bei letzterem handelt es sich um einen Geschäftsbesorgungsvertrag, auf den die §§ 651aff grds (vgl aber § 651k III 4, IV) nicht anwendbar sind (hierzu ausführlich *Neuner* AcP 1993, 1). Reiseunternehmer können einerseits als Vermittler, andererseits als Erbringer von Reiseleistungen in eigener Verantwortung tätig werden. Nach dieser Unterscheidung richtet sich die Einstandspflicht für etwaige Mängel (BGH NJW 2011, 371 Nr 11). Entscheidend ist, wie sich das Angebot des Vertragspartners aus der Sicht eines verständigen Reisenden objektiv darstellt (§§ 133, 157); entgegenstehende Vermittlerklauseln bleiben dabei außer Betracht (§ 651a II). Anhaltspunkte für einen Reisevertrag sind die Bündelung mehrerer gleichwertiger Leistungen zu einem Pauschalangebot und das Auftreten des Vertragspartners als Veranstalter, der für die ordnungsgemäße Erfüllung einstehen will (Werbung, Prospekte, AGB). Ist bspw ein Rail & Fly Ticket als Teil des Gesamtpreises ausgewiesen, so kann dies als Indiz dafür gewertet werden, dass das Reiseunternehmen den Bahntransfer als eigene Leistung und nicht bloß als Vermittler anbietet (BGH aaO Nr 15ff). **Reisebüros** sind in der Regel nur als Reisevermittler anzusehen. Sie sind Bote, uU Stellvertreter des Veranstalters. Gewährleistungsansprüche wegen Mängeln der Reise (unten Rz 6) bestehen gegen das Reisebüro nicht, ggf aber Schadensersatzansprüche gem § 280 wegen Verletzung einer Pflicht aus dem Geschäftsbesorgungsvertrag, zB wegen fehlerhafter Beratung (*Palandt-Sprau* Rz 6). Fehler des Reisebüros bei der Weiterleitung an den Veranstalter sind letzterem zuzurechnen (BGHZ 82, 219, 222). 3

Wird entgegen dem Wortlaut des § 651a I nur eine **Einzelleistung** erbracht (zB Ferienhausvermietung), geriert sich der Vertragspartner aber als Veranstalter, indem er für die erfolgreiche Gestaltung der Reise in Hinblick auf die vereinbarte Teilleistung die Verantwortung übernimmt, sollen nach der Rspr die §§ 651aff **entsprechend** gelten (BGHZ 119, 152, 163: „planwidrige Unvollständigkeit des Gesetzes"). Diese Ausdehnung des Reisevertragsrechts mag rechtspolitisch billigenswert sein, führt aber zu schwierigen Abgrenzungsproblemen (vgl BGHZ 130, 128: keine Anwendung der §§ 651aff auf die Charter einer Hochseeyacht). Ist die erfolgreiche Gestaltung der 4

Reise nicht Vertragsinhalt, so ist die Vereinbarung der Leistung anderen Vertragstypen zuzuordnen, so etwa die Bereitstellung von Ferienunterkünften oder Hochseeyachten dem Mietvertragsrecht.

III. Bindung an den Vertrag und Leistungsstörungen

5 **1.** Verträge über Pauschalreisen werden oft lange vor dem Antrittstermin abgeschlossen. Um eine unbillige langfristige **Bindung** des Reisenden zu verhindern, wird diesem das Recht eingeräumt, vor Reisebeginn statt seiner einen Dritten in den Vertrag eintreten zu lassen (§ 651 b) oder ohne Angabe von Gründen vom Vertrag zurückzutreten (§ 651 i).

6 **2.** Ist die Reise mit einem **Mangel** behaftet, sehen die §§ 651 c–f ein differenziertes System von Rechtsbehelfen vor. Diese Vorschriften stellen, sofern die Störung nach Vertragsschluss auftritt und nicht allein in der Person des Reisenden begründet ist, **leges speciales** gegenüber den allgemeinen Regeln über Unmöglichkeit und Schlechtleistung dar und schließen deren Anwendbarkeit aus (BGHZ 97, 255; str, s Belege dort). Dies gilt auch dann, wenn bereits die erste Reiseleistung ausfällt und damit die gesamte Reise vereitelt wird (BGHZ aaO: Überbuchung des Zubringerfluges). **Überblick: a)** Der Reisende kann **Abhilfe** verlangen (§ 651 c II) und nach fruchtlosem Ablauf einer angemessenen Frist zur Selbsthilfe schreiten (§ 651 c III). **b)** Ansonsten tritt für die Dauer des Mangels kraft Gesetzes eine **Minderung** des Reisepreises ein (§ 651 d I); dies gilt aber nicht, wenn der Reisende es schuldhaft unterlässt, den Mangel anzuzeigen (§ 651 d II). Über seine Obliegenheiten hinsichtlich der Fristsetzung und der Mängelanzeige ist der Reisende nach § 6 II Nr 7 BGB-InfoV zu belehren (s oben Rz 2). Hilfreiche Anhaltspunkte für die Berechnung der Minderung bietet die sog Frankfurter Tabelle, die freilich nicht schematisch angewendet werden darf (NJW 1985, 113; 1994, 1639). **c)** Ein **Kündigungsrecht** hat der Reisende bei schweren Mängeln unter den Voraussetzungen des § 651 e. Beachte, dass das spezielle Kündigungsrecht für Fälle höherer Gewalt (§ 651 j: „allein") einen Rückgriff auf § 651 e ausschließt (näher *Medicus/Lorenz* SchR II Rz 832). **d)** Nach § 651 f schließlich kann der Reisende **Schadensersatz** fordern: Abs 1 betrifft den Ersatz des materiellen Schadens einschließlich etwaiger Mangelfolgeschäden; Abs 2 gewährt Ersatz des immateriellen Schadens wegen vertanen Urlaubs. Den Anspruch nach Abs 1 und 2 kann nicht nur ein Mangel der Reise begründen, sondern auch ihre „Vereitelung" (Abs 2), zB durch Überbuchung. Allerdings verlangt § 651 f – im Unterschied zu den anderen Rechtsbehelfen der §§ 651 c ff –, dass der Veranstalter den Mangel zu „vertreten" hat, dass ihn also gem § 276 I Vorsatz oder Fahrlässigkeit trifft (Verschuldensvermutung mit Entlastungsmöglichkeit; vgl BGHZ 161, 79, 81 f). Für die Höhe der Entschädigung wegen nutzlos aufgewendeter Urlaubszeit (Abs 2) kann der Reisepreis zum Maßstab genommen werden; bei einer vereitelten Reise schmälern Weiterarbeit, Ersatzurlaub oder der Erholungswert eines häuslichen Urlaubs den Entschädigungsanspruch nicht (BGHZ 161, 389). Bei Mängeln der Reise setzt § 651 f – wie § 651 d II – eine Mängelanzeige voraus; das Wort „unbeschadet" in Abs 1 betrifft nur den Haftungsumfang, nicht die Haftungsvoraussetzungen (BGHZ 92, 177; str). **e)** Die Ansprüche nach den §§ 651 c–f unterliegen der **Präklusion** gem § 651 g I und der **Verjährung** gem § 651 g II.

7 **3.** Die **deliktische Haftung** des Reiseveranstalters bleibt von den §§ 651 a ff unberührt (BGHZ 103, 298); Folge: Verjährung nach §§ 195, 199. Im Rahmen des § 823 trifft ihn insbesondere die Verkehrssicherungspflicht, die Sicherheit seiner Vertragshotels regelmäßig zu überprüfen. Dies ist bedeutsam, weil der Leistungsträger (zB ein Hotelier) nicht Verrichtungsgehilfe (§ 831) des Reiseveranstalters ist (näher *Medicus/Lorenz* SchR II Rz 842).

IV. Zahlung und Insolvenzsicherung

In der Reisebranche ist die **Vorauszahlung** des Reisepreises allgemein üblich. Diese Praxis ist angesichts der subsidiären Leitbildfunktion des Werkvertragsrechts – Fälligkeit nach Abnahme – bedenklich (§§ 641, 646), aber mangels praktikabler Alternative grds hinzunehmen (vgl BGHZ 100, 157, 164f). Der BGH hatte die Zulässigkeit einer Vorauszahlung daran geknüpft, dass dem Reisenden für sein Geld Reisepapiere ausgehändigt werden, welche ihm eigene Ansprüche gegen die Leistungsträger (§ 328) verbriefen, zB ein Flugticket (BGHZ 100, 157, 171). Bei **Insolvenz** des Reiseveranstalters erwiesen sich indes auch vermeintlich „qualifizierte" Reisepapiere (zB Hotelgutscheine) gegenüber den ausländischen Leistungsträgern oft als wertlos. Abhilfe schafft § 651k, der eine Vorauszahlung auf den Reisepreis nur gegen Aushändigung eines Sicherungsscheins zulässt (§ 651k IV). Mit dem Sicherungsschein wird dem Reisenden bestätigt, dass er im Falle der Insolvenz des Reiseveranstalters einen unmittelbaren Anspruch gegen eine Versicherung oder ein Kreditinstitut hat, die für die Verpflichtungen des Veranstalters einstehen (§ 651k III). 8

§ 651a. Vertragstypische Pflichten beim Reisevertrag

(1) [1]**Durch den Reisevertrag wird der Reiseveranstalter verpflichtet, dem Reisenden eine Gesamtheit von Reiseleistungen (Reise) zu erbringen.** [2]**Der Reisende ist verpflichtet, dem Reiseveranstalter den vereinbarten Reisepreis zu zahlen.**

(2) **Die Erklärung, nur Verträge mit den Personen zu vermitteln, welche die einzelnen Reiseleistungen ausführen sollen (Leistungsträger), bleibt unberücksichtigt, wenn nach den sonstigen Umständen der Anschein begründet wird, dass der Erklärende vertraglich vorgesehene Reiseleistungen in eigener Verantwortung erbringt.**

(3) [1]**Der Reiseveranstalter hat dem Reisenden bei oder unverzüglich nach Vertragsschluss eine Urkunde über den Reisevertrag (Reisebestätigung) zur Verfügung zu stellen.** [2]**Die Reisebestätigung und ein Prospekt, den der Reiseveranstalter zur Verfügung stellt, müssen die in der Rechtsverordnung nach Artikel 238 des Einführungsgesetzes zum Bürgerlichen Gesetzbuche bestimmten Angaben enthalten.**

(4) [1]**Der Reiseveranstalter kann den Reisepreis nur erhöhen, wenn dies mit genauen Angaben zur Berechnung des neuen Preises im Vertrag vorgesehen ist und damit einer Erhöhung der Beförderungskosten, der Abgaben für bestimmte Leistungen, wie Hafen- oder Flughafengebühren, oder einer Änderung der für die betreffende Reise geltenden Wechselkurse Rechnung getragen wird.** [2]**Eine Preiserhöhung, die ab dem 20. Tage vor dem vereinbarten Abreisetermin verlangt wird, ist unwirksam.** [3]**§ 309 Nr. 1 bleibt unberührt.**

(5) [1]**Der Reiseveranstalter hat eine Änderung des Reisepreises nach Absatz 4, eine zulässige Änderung einer wesentlichen Reiseleistung oder eine zulässige Absage der Reise dem Reisenden unverzüglich nach Kenntnis von dem Änderungs- oder Absagegrund zu erklären.** [2]**Im Falle einer Erhöhung des Reisepreises um mehr als fünf vom Hundert oder einer erheblichen Änderung einer wesentlichen Reiseleistung kann der Reisende vom Vertrag zurücktreten.** [3]**Er kann stattdessen, ebenso wie bei einer Absage der Reise durch den Reiseveranstalter, die Teilnahme an einer mindestens gleichwertigen anderen Reise verlangen, wenn der Reiseveranstalter in der Lage ist, eine solche Reise ohne Mehrpreis für den Reisenden aus seinem Angebot anzubieten.** [4]**Der Reisende hat diese Rechte unverzüglich nach der Erklärung durch den Reiseveranstalter diesem gegenüber geltend zu machen.**

§ 651 b. Vertragsübertragung

(1) [1]Bis zum Reisebeginn kann der Reisende verlangen, dass statt seiner ein Dritter in die Rechte und Pflichten aus dem Reisevertrag eintritt. [2]Der Reiseveranstalter kann dem Eintritt des Dritten widersprechen, wenn dieser den besonderen Reiseerfordernissen nicht genügt oder seiner Teilnahme gesetzliche Vorschriften oder behördliche Anordnungen entgegenstehen.

(2) Tritt ein Dritter in den Vertrag ein, so haften er und der Reisende dem Reiseveranstalter als Gesamtschuldner für den Reisepreis und die durch den Eintritt des Dritten entstehenden Mehrkosten.

§ 651 c. Abhilfe

(1) Der Reiseveranstalter ist verpflichtet, die Reise so zu erbringen, dass sie die zugesicherten Eigenschaften hat und nicht mit Fehlern behaftet ist, die den Wert oder die Tauglichkeit zu dem gewöhnlichen oder nach dem Vertrag vorausgesetzten Nutzen aufheben oder mindern.

(2) [1]Ist die Reise nicht von dieser Beschaffenheit, so kann der Reisende Abhilfe verlangen. [2]Der Reiseveranstalter kann die Abhilfe verweigern, wenn sie einen unverhältnismäßigen Aufwand erfordert.

(3) [1]Leistet der Reiseveranstalter nicht innerhalb einer vom Reisenden bestimmten angemessenen Frist Abhilfe, so kann der Reisende selbst Abhilfe schaffen und Ersatz der erforderlichen Aufwendungen verlangen. [2]Der Bestimmung einer Frist bedarf es nicht, wenn die Abhilfe von dem Reiseveranstalter verweigert wird oder wenn die sofortige Abhilfe durch ein besonderes Interesse des Reisenden geboten wird.

§ 651 d. Minderung

(1) [1]Ist die Reise im Sinne des § 651 c Abs. 1 mangelhaft, so mindert sich für die Dauer des Mangels der Reisepreis nach Maßgabe des § 638 Abs. 3. [2]§ 638 Abs. 4 findet entsprechende Anwendung.

(2) Die Minderung tritt nicht ein, soweit es der Reisende schuldhaft unterlässt, den Mangel anzuzeigen.

§ 651 e. Kündigung wegen Mangels

(1) [1]Wird die Reise infolge eines Mangels der in § 651 c bezeichneten Art erheblich beeinträchtigt, so kann der Reisende den Vertrag kündigen. [2]Dasselbe gilt, wenn ihm die Reise infolge eines solchen Mangels aus wichtigem, dem Reiseveranstalter erkennbaren Grund nicht zuzumuten ist.

(2) [1]Die Kündigung ist erst zulässig, wenn der Reiseveranstalter eine ihm vom Reisenden bestimmte angemessene Frist hat verstreichen lassen, ohne Abhilfe zu leisten. [2]Der Bestimmung einer Frist bedarf es nicht, wenn die Abhilfe unmöglich ist oder vom Reiseveranstalter verweigert wird oder wenn die sofortige Kündigung des Vertrags durch ein besonderes Interesse des Reisenden gerechtfertigt wird.

(3) [1]Wird der Vertrag gekündigt, so verliert der Reiseveranstalter den Anspruch auf den vereinbarten Reisepreis. [2]Er kann jedoch für die bereits erbrachten oder zur Beendigung der Reise noch zu erbringenden Reiseleistungen eine nach § 638 Abs. 3 zu bemessende Entschädigung verlangen. [3]Dies gilt nicht, soweit diese Leistungen infolge der Aufhebung des Vertrags für den Reisenden kein Interesse haben.

(4) [1]Der Reiseveranstalter ist verpflichtet, die infolge der Aufhebung des Vertrags notwendigen Maßnahmen zu treffen, insbesondere, falls der Vertrag die Rückbeförderung umfasste, den Reisenden zurückzubefördern. [2]Die Mehrkosten fallen dem Reiseveranstalter zur Last.

§ 651f. Schadensersatz

(1) Der Reisende kann unbeschadet der Minderung oder der Kündigung Schadensersatz wegen Nichterfüllung verlangen, es sei denn, der Mangel der Reise beruht auf einem Umstand, den der Reiseveranstalter nicht zu vertreten hat.

(2) Wird die Reise vereitelt oder erheblich beeinträchtigt, so kann der Reisende auch wegen nutzlos aufgewendeter Urlaubszeit eine angemessene Entschädigung in Geld verlangen.

§ 651g. Ausschlussfrist, Verjährung

(1) [1]Ansprüche nach den §§ 651c bis 651f hat der Reisende innerhalb eines Monats nach der vertraglich vorgesehenen Beendigung der Reise gegenüber dem Reiseveranstalter geltend zu machen. [2]§ 174 ist nicht anzuwenden. [3]Nach Ablauf der Frist kann der Reisende Ansprüche nur geltend machen, wenn er ohne Verschulden an der Einhaltung der Frist verhindert worden ist.

(2) [1]Ansprüche des Reisenden nach den §§ 651c bis 651f verjähren in zwei Jahren. [2]Die Verjährung beginnt mit dem Tage, an dem die Reise dem Vertrag nach enden sollte.

§ 651h. Zulässige Haftungsbeschränkung

(1) Der Reiseveranstalter kann durch Vereinbarung mit dem Reisenden seine Haftung für Schäden, die nicht Körperschäden sind, auf den dreifachen Reisepreis beschränken,

1. soweit ein Schaden des Reisenden weder vorsätzlich noch grob fahrlässig herbeigeführt wird oder
2. soweit der Reiseveranstalter für einen dem Reisenden entstehenden Schaden allein wegen eines Verschuldens eines Leistungsträgers verantwortlich ist.

(2) Gelten für eine von einem Leistungsträger zu erbringende Reiseleistung internationale Übereinkommen oder auf solchen beruhende gesetzliche Vorschriften, nach denen ein Anspruch auf Schadensersatz nur unter bestimmten Voraussetzungen oder Beschränkungen entsteht oder geltend gemacht werden kann oder unter bestimmten Voraussetzungen ausgeschlossen ist, so kann sich auch der Reiseveranstalter gegenüber dem Reisenden hierauf berufen.

§ 651i. Rücktritt vor Reisebeginn

(1) Vor Reisebeginn kann der Reisende jederzeit vom Vertrag zurücktreten.

(2) [1]Tritt der Reisende vom Vertrag zurück, so verliert der Reiseveranstalter den Anspruch auf den vereinbarten Reisepreis. [2]Er kann jedoch eine angemessene Entschädigung verlangen. [3]Die Höhe der Entschädigung bestimmt sich nach dem Reisepreis unter Abzug des Wertes der vom Reiseveranstalter ersparten Aufwendungen sowie dessen, was er durch anderweitige Verwendung der Reiseleistungen erwerben kann.

(3) Im Vertrag kann für jede Reiseart unter Berücksichtigung der gewöhnlich ersparten Aufwendungen und des durch anderweitige Verwendung der Reiseleistungen gewöhnlich möglichen Erwerbs ein Vomhundertsatz des Reisepreises als Entschädigung festgesetzt werden.

§ 651j. Kündigung wegen höherer Gewalt

(1) Wird die Reise infolge bei Vertragsabschluss nicht voraussehbarer höherer Gewalt erheblich erschwert, gefährdet oder beeinträchtigt, so können sowohl der Reiseveranstalter als auch der Reisende den Vertrag allein nach Maßgabe dieser Vorschrift kündigen.

(2) [1]Wird der Vertrag nach Absatz 1 gekündigt, so findet die Vorschrift des § 651e Abs. 3 Satz 1 und 2, Abs. 4 Satz 1 Anwendung. [2]Die Mehrkosten für die Rückbeförderung sind von den Parteien je zur Hälfte zu tragen. [3]Im Übrigen fallen die Mehrkosten dem Reisenden zur Last.

§ 651k. Sicherstellung, Zahlung

(1) [1]Der Reiseveranstalter hat sicherzustellen, dass dem Reisenden erstattet werden

1. der gezahlte Reisepreis, soweit Reiseleistungen infolge Zahlungsunfähigkeit oder Eröffnung des Insolvenzverfahrens über das Vermögen des Reiseveranstalters ausfallen, und
2. notwendige Aufwendungen, die dem Reisenden infolge Zahlungsunfähigkeit oder Eröffnung des Insolvenzverfahrens über das Vermögen des Reiseveranstalters für die Rückreise entstehen.

[2]Die Verpflichtungen nach Satz 1 kann der Reiseveranstalter nur erfüllen

1. durch eine Versicherung bei einem im Geltungsbereich dieses Gesetzes zum Geschäftsbetrieb befugten Versicherungsunternehmen oder
2. durch ein Zahlungsversprechen eines im Geltungsbereich dieses Gesetzes zum Geschäftsbetrieb befugten Kreditinstituts.

(2) [1]Der Versicherer oder das Kreditinstitut (Kundengeldabsicherer) kann seine Haftung für die von ihm in einem Jahre insgesamt nach diesem Gesetz zu erstattenden Beträge auf 110 Millionen Euro begrenzen. [2]Übersteigen die in einem Jahr von einem Kundengeldabsicherer insgesamt nach diesem Gesetz zu erstattenden Beträge die in Satz 1 genannten Höchstbeträge, so verringern sich die einzelnen Erstattungsansprüche in dem Verhältnis, in dem ihr Gesamtbetrag zum Höchstbetrag steht.

(3) [1]Zur Erfüllung seiner Verpflichtung nach Absatz 1 hat der Reiseveranstalter dem Reisenden einen unmittelbaren Anspruch gegen den Kundengeldabsicherer zu verschaffen und durch Übergabe einer von diesem oder auf dessen Veranlassung ausgestellten Bestätigung (Sicherungsschein) nachzuweisen. [2]Der Kundengeldabsicherer kann sich gegenüber einem Reisenden, dem ein Sicherungsschein ausgehändigt worden ist, weder auf Einwendungen aus dem Kundengeldabsicherungsvertrag noch darauf berufen, dass der Sicherungsschein erst nach Beendigung des Kundengeldabsicherungsvertrags ausgestellt worden ist. [3]In den Fällen des Satzes 2 geht der Anspruch des Reisenden gegen den Reiseveranstalter auf den Kundengeldabsicherer über, soweit dieser den Reisenden befriedigt. [4]Ein Reisevermittler ist dem Reisenden gegenüber verpflichtet, den Sicherungsschein auf seine Gültigkeit hin zu überprüfen, wenn er ihn dem Reisenden aushändigt.

(4) [1]Reiseveranstalter und Reisevermittler dürfen Zahlungen des Reisenden auf den Reisepreis vor Beendigung der Reise nur fordern oder annehmen, wenn dem Reisenden ein Sicherungsschein übergeben wurde. [2]Ein Reisevermittler gilt als vom Reiseveranstalter zur Annahme von Zahlungen auf den Reisepreis ermächtigt, wenn er einen Sicherungsschein übergibt oder sonstige dem Reiseveranstalter zuzurechnende Umstände ergeben, dass er von diesem damit betraut

ist, Reiseverträge für ihn zu vermitteln. [3]Dies gilt nicht, wenn die Annahme von Zahlungen durch den Reisevermittler in hervorgehobener Form gegenüber dem Reisenden ausgeschlossen ist.

(5) **[1]Hat im Zeitpunkt des Vertragsschlusses der Reiseveranstalter seine Hauptniederlassung in einem anderen Mitgliedstaat der Europäischen Gemeinschaften oder in einem anderen Vertragsstaat des Abkommens über den Europäischen Wirtschaftsraum, so genügt der Reiseveranstalter seiner Verpflichtung nach Absatz 1 auch dann, wenn er dem Reisenden Sicherheit in Übereinstimmung mit den Vorschriften des anderen Staates leistet und diese den Anforderungen nach Absatz 1 Satz 1 entspricht. [2]Absatz 4 gilt mit der Maßgabe, dass dem Reisenden die Sicherheitsleistung nachgewiesen werden muss.**

(6) **Die Absätze 1 bis 5 gelten nicht, wenn**

1. **der Reiseveranstalter nur gelegentlich und außerhalb seiner gewerblichen Tätigkeit Reisen veranstaltet,**
2. **die Reise nicht länger als 24 Stunden dauert, keine Übernachtung einschließt und der Reisepreis 75 Euro nicht übersteigt,**
3. **der Reiseveranstalter eine juristische Person des öffentlichen Rechts ist, über deren Vermögen ein Insolvenzverfahren unzulässig ist.**

§ 651l. Gastschulaufenthalte

(1) **[1]Für einen Reisevertrag, der einen mindestens drei Monate andauernden und mit dem geregelten Besuch einer Schule verbundenen Aufenthalt des Gastschülers bei einer Gastfamilie in einem anderen Staat (Aufnahmeland) zum Gegenstand hat, gelten die nachfolgenden Vorschriften. [2]Für einen Reisevertrag, der einen kürzeren Gastschulaufenthalt (Satz 1) oder einen mit der geregelten Durchführung eines Praktikums verbundenen Aufenthalt bei einer Gastfamilie im Aufnahmeland zum Gegenstand hat, gelten sie nur, wenn dies vereinbart ist.**

(2) **Der Reiseveranstalter ist verpflichtet,**

1. **für eine bei Mitwirkung des Gastschülers und nach den Verhältnissen des Aufnahmelands angemessene Unterbringung, Beaufsichtigung und Betreuung des Gastschülers in einer Gastfamilie zu sorgen und**
2. **die Voraussetzungen für einen geregelten Schulbesuch des Gastschülers im Aufnahmeland zu schaffen.**

(3) **Tritt der Reisende vor Reisebeginn zurück, findet § 651i Abs. 2 Satz 2 und 3 und Abs. 3 keine Anwendung, wenn der Reiseveranstalter ihn nicht spätestens zwei Wochen vor Antritt der Reise jedenfalls über**

1. **Namen und Anschrift der für den Gastschüler nach Ankunft bestimmten Gastfamilie und**
2. **Namen und Erreichbarkeit eines Ansprechpartners im Aufnahmeland, bei dem auch Abhilfe verlangt werden kann,**

informiert und auf den Aufenthalt angemessen vorbereitet hat.

(4) **[1]Der Reisende kann den Vertrag bis zur Beendigung der Reise jederzeit kündigen. [2]Kündigt der Reisende, so ist der Reiseveranstalter berechtigt, den vereinbarten Reisepreis abzüglich der ersparten Aufwendungen zu verlangen. [3]Er ist verpflichtet, die infolge der Kündigung notwendigen Maßnahmen zu treffen, insbesondere, falls der Vertrag die Rückbeförderung umfasste, den Gastschüler zurückzubefördern. [4]Die Mehrkosten fallen dem Reisenden zur Last. [5]Die vorstehenden Sätze gelten nicht, wenn der Reisende nach § 651e oder § 651j kündigen kann.**

§ 651m. Abweichende Vereinbarungen

[1]Von den Vorschriften der §§ 651a bis 651l kann vorbehaltlich des Satzes 2 nicht zum Nachteil des Reisenden abgewichen werden. [2]Die in § 651g Abs. 2 bestimmte Verjährung kann erleichtert werden, vor Mitteilung eines Mangels an den Reiseveranstalter jedoch nicht, wenn die Vereinbarung zu einer Verjährungsfrist ab dem in § 651g Abs. 2 Satz 2 bestimmten Verjährungsbeginn von weniger als einem Jahr führt.

Titel 10. Mäklervertrag

Untertitel 1. Allgemeine Vorschriften

Vor § 652

1 **1. Begriff.** Der Maklervertrag ist ein nur einseitig verpflichtender Vertrag (lies § 652 I 1). Allein der Auftraggeber schuldet etwas, und zwar den Maklerlohn, und auch diesen nur unter bestimmten Voraussetzungen (unten Rz 5). Der Makler verpflichtet sich dagegen weder zum Tätigwerden noch zu einem bestimmten Vermittlungs- oder gar Abschlusserfolg. Dafür steht es dem Auftraggeber frei, den Maklervertrag jederzeit zu widerrufen oder ein ihm vom Makler nachgewiesenes bzw vermitteltes Angebot auszuschlagen (BGH NJW 1967, 1225f); ferner kann er neben dem Makler selbst Angebote einholen und auch weitere Makler beschäftigen (zu einer Ausnahme s unten Rz 3).

2 **2. Abgrenzungen. a)** Beim **Maklerdienst- und Maklerwerkvertrag** verpflichtet sich der Makler zum Tätigwerden und schuldet Bemühung bzw Erfolg. Die Vergütung erfolgt auch hier regelmäßig allein bei Zustandekommen des Hauptvertrags und nur auf Grund besonderer Vereinbarung bereits für die Tätigkeit als solche. **b)** Der **Auftrag** ist unentgeltlich, gibt aber Anspruch auf Aufwendungsersatz, wohingegen der Maklervertrag entgeltlich ist und grds keinen Aufwendungsersatzanspruch gewährt (§ 652 II).

3 **3. Sonderformen und -regelungen.** Das Maklerrecht des BGB ist dispositiv. Deshalb kann die Verpflichtung zur Zahlung einer Provision auch unabhängig von dem Vorliegen einer Maklerleistung (unten Rz 4) begründet werden (BGHZ 112, 240, 242). Das BGB enthält jedoch die gesetzliche Leitvorstellung (wichtig bei Kontrolle von Makler-AGB). Die wichtigsten Sonderformen und -regelungen sind folgende: **a)** Der sog **Alleinauftrag** ist eine im Gesetz nicht geregelte Sonderform des Maklervertrags: Der Auftraggeber verpflichtet sich, während einer gewissen Zeit in derselben Angelegenheit keinen weiteren Makler zu beauftragen. Der Makler ist zum Tätigwerden verpflichtet, erhält aber – sofern nicht anders vereinbart – nur eine Erfolgsprovision, wobei auch hier für den Auftraggeber Entschließungs- und Abschlussfreiheit besteht (BGH NJW 1967, 1225f). **b)** Der **Handelsmaklervertrag** ist in §§ 93ff HGB geregelt. Handelsmakler ist, wer gewerbsmäßig die in § 93 I HGB genannten Handelsgeschäfte vermittelt, zu denen freilich nach § 93 II HGB insbesondere keine Grundstücks- und Wohnungsgeschäfte gehören. **c)** Die **Wohnungsvermittlung** unterliegt den überwiegend zwingend ausgestalteten Regelungen des WoVermG. **d)** Für die **Darlehensvermittlung** bestehen Sonderregelungen in §§ 655aff.

4 **4. Maklerleistung.** Das Tätigwerden ist Voraussetzung des Vergütungsanspruchs und damit für den Makler eine Obliegenheit. Ob Nachweis- oder Vermittlungstätigkeit vereinbart ist, muss ggf durch Auslegung ermittelt werden (Überblick über die Rspr *D. Fischer* NJW 2007, 183). **a)** Ein **Nachweismakler** erhält sein Entgelt bereits für den Nachweis der Gelegenheit zum Vertragsabschluss, dh er muss Gegenstand und Vertragspartner des angestrebten Geschäfts dem Auftraggeber so benennen, dass dieser anschließend selbst die Vertragsverhandlungen aufnehmen kann (BGH NJW 1987,

1628). **b)** Dem **Vermittlungsmakler** obliegt es dagegen, Kontakt zu dem künftigen Vertragspartner aufzunehmen, auf diesen einzuwirken und seine Abschlussbereitschaft herbeizuführen oder zumindest zu fördern (BGH NJW 1976, 1844); Mitwirkung beim Vertragsschluss ist nicht erforderlich und allein auch nicht ausreichend.

5. Maklerlohn. Voraussetzungen für einen Vergütungsanspruch aus § 652 I 1: **a)** Wirksamer **Maklervertrag. b) Maklerleistung** (oben Rz 4). **c) Zustandekommen des Hauptvertrags.** Der Makler erhält nur eine Erfolgsprovision („Maklers Müh ist oft umsonst“). Der Hauptvertrag muss zunächst wirksam sein; anfängliche Vertragsmängel schließen den Vergütungsanspruch aus, auch eine Anfechtung (arg § 142). Umstände, die den Vertrag erst nachträglich wieder beseitigen (Rücktritt, Kündigung), bleiben dagegen grds ohne Einfluss auf den Maklerlohn. Zu einem Vertrag unter aufschiebender Bedingung s § 652 I 2. Partner des Hauptvertrags muss grds derjenige sein, auf den der Vermittlungsmakler eingewirkt hat (BGH NJW 1976, 1844). Auch der Inhalt des Hauptvertrags muss dem vom Makler nach seinem Auftrag beabsichtigten Vertrag entsprechen (Ausnahme: rechtlich und wirtschaftlich unbedeutende Abweichungen). **d)** Vertragspartner muss ein **Dritter** und darf nicht der Makler selbst sein. Schon eine sehr enge wirtschaftliche Verflechtung des Maklers mit dem Dritten schließt den Vergütungsanspruch aus, da hier für den Makler eine Interessenkollision besteht, zB wenn er an der vertragsschließenden Gesellschaft beteiligt ist oder wenn das Zustandekommen des Hauptvertrags (auch) von seiner Zustimmung abhängt (BGHZ 112, 240). Gleiches kann sogar bei einer „nur“ persönlichen Beziehung des Maklers zum Dritten gelten, zB bei einer Ehe (BVerfGE 78, 128, 130). **e) Kausalität** der Maklerleistung für das Zustandekommen des Hauptvertrags; Mitursächlichkeit genügt (BGH NJW 1983, 1849). **f) Kenntnis** oder Kennenmüssen des Auftraggebers von der Maklertätigkeit im Zeitpunkt des Abschlusses des Hauptvertrags (hM, aber str). 5

6. Weitere Rechte und Pflichten. Der Maklervertrag begründet für beide Seiten ein besonderes Treueverhältnis mit Nebenpflichten, bei deren Verletzung sich der Verletzer schadensersatzpflichtig macht. **a)** Der **Makler** schuldet Mitteilung, Aufklärung und Beratung über alle ihm bekannten und für den Auftraggeber mit Blick auf das angestrebte Geschäft erkennbar bedeutsamen Umstände; weiterreichende Erkundigungs- und Nachforschungspflichten müssen dagegen besonders vereinbart werden. Der Makler ist seinem Auftraggeber ferner zur Interessenwahrung und Verschwiegenheit verpflichtet; er darf nicht gleichzeitig auch für den zukünftigen Vertragspartner tätig sein (sonst Sanktion des § 654; Ausnahme ist der unparteiliche sog Doppelmakler). **b)** Der **Auftraggeber** schuldet Verschwiegenheit über die ihm vom Makler zugeleiteten Informationen und ist diesem zur Auskunft und Rechnungslegung über alle den Provisionsanspruch begründenden Umstände verpflichtet. **c)** Im **Verhältnis zum Dritten** bestehen für den Makler keine Pflichten; eine Vereinbarung zwischen dem Auftraggeber und dem Dritten, letzterer solle die Maklerprovision tragen (sog Maklerklausel), kann ein VzD zugunsten des Maklers sein, § 328. Nach BGHZ 138, 170 erwächst aus dem VzD aber regelmäßig nur dann ein Provisionsanspruch, wenn tatsächlich eine Maklerleistung erbracht wurde; es gilt also insbesondere das Verbot einer Verflechtung des Maklers mit dem Dritten (s oben Rz 5). 6

§ 652. Entstehung des Lohnanspruchs

(1) [1] **Wer für den Nachweis der Gelegenheit zum Abschluss eines Vertrags oder für die Vermittlung eines Vertrags einen Mäklerlohn verspricht, ist zur Entrichtung des Lohnes nur verpflichtet, wenn der Vertrag infolge des Nachweises oder infolge der Vermittelung des Mäklers zustande kommt.** [2] **Wird der Vertrag unter einer aufschiebenden Bedingung geschlossen, so kann der Mäklerlohn erst verlangt werden, wenn die Bedingung eintritt.**

(2) [1]**Aufwendungen sind dem Mäkler nur zu ersetzen, wenn es vereinbart ist. [2]Dies gilt auch dann, wenn ein Vertrag nicht zustande kommt.**

§ 653. Mäklerlohn

(1) **Ein Mäklerlohn gilt als stillschweigend vereinbart, wenn die dem Mäkler übertragene Leistung den Umständen nach nur gegen eine Vergütung zu erwarten ist.**

(2) **Ist die Höhe der Vergütung nicht bestimmt, so ist bei dem Bestehen einer Taxe der taxmäßige Lohn, in Ermangelung einer Taxe der übliche Lohn als vereinbart anzusehen.**

§ 654. Verwirkung des Lohnanspruchs

Der Anspruch auf den Mäklerlohn und den Ersatz von Aufwendungen ist ausgeschlossen, wenn der Mäkler dem Inhalt des Vertrags zuwider auch für den anderen Teil tätig gewesen ist.

§ 655. Herabsetzung des Mäklerlohns

[1]**Ist für den Nachweis der Gelegenheit zum Abschluss eines Dienstvertrags oder für die Vermittlung eines solchen Vertrags ein unverhältnismäßig hoher Mäklerlohn vereinbart worden, so kann er auf Antrag des Schuldners durch Urteil auf den angemessenen Betrag herabgesetzt werden. [2]Nach der Entrichtung des Lohnes ist die Herabsetzung ausgeschlossen.**

Untertitel 2. Vermittlung von Verbraucherdarlehensverträgen

§ 655 a. Darlehensvermittlungsvertrag

(1) [1]**Für einen Vertrag, nach dem es ein Unternehmer unternimmt, einem Verbraucher gegen ein vom Verbraucher oder einem Dritten zu leistendes Entgelt einen Verbraucherdarlehensvertrag oder eine entgeltliche Finanzierungshilfe zu vermitteln oder ihm die Gelegenheit zum Abschluss eines solchen Vertrags nachzuweisen, gelten vorbehaltlich des Satzes 2 die folgenden Vorschriften. [2]Dies gilt nicht in dem in § 491 Abs. 2 bestimmten Umfang.**

(2) [1]**Der Darlehensvermittler hat den Verbraucher über die sich aus Artikel 247 § 13 Absatz 2 des Einführungsgesetzes zum Bürgerlichen Gesetzbuche ergebenden Einzelheiten in der dort vorgesehenen Form zu unterrichten. [2]Der Darlehensvermittler ist gegenüber dem Verbraucher zusätzlich wie ein Darlehensgeber gemäß § 491 a verpflichtet. [3]Satz 2 gilt nicht für Warenlieferanten oder Dienstleistungserbringer, die in lediglich untergeordneter Funktion als Darlehensvermittler tätig werden, etwa indem sie als Nebenleistung den Abschluss eines verbundenen Verbraucherdarlehensvertrags vermitteln.**

§ 655 b. Schriftform bei einem Vertrag mit einem Verbraucher

(1) [1]**Der Darlehensvermittlungsvertrag mit einem Verbraucher bedarf der schriftlichen Form. [2]Der Vertrag darf nicht mit dem Antrag auf Hingabe des Darlehens verbunden werden. [3]Der Darlehensvermittler hat dem Verbraucher den Vertragsinhalt in Textform mitzuteilen.**

(2) **Ein Darlehensvermittlungsvertrag mit einem Verbraucher, der den Anforderungen des Absatzes 1 Satz 1 und 2 nicht genügt oder vor dessen Abschluss die Pflichten aus Artikel 247 § 13 Abs. 2 des Einführungsgesetzes zum Bürgerlichen Gesetzbuche nicht erfüllt worden sind, ist nichtig.**

§ 655 c. Vergütung

[1]Der Verbraucher ist zur Zahlung der Vergütung nur verpflichtet, wenn infolge der Vermittlung oder des Nachweises des Darlehensvermittlers das Darlehen an den Verbraucher geleistet wird und ein Widerruf des Verbrauchers nach § 355 nicht mehr möglich ist. [2]Soweit der Verbraucherdarlehensvertrag mit Wissen des Darlehensvermittlers der vorzeitigen Ablösung eines anderen Darlehens (Umschuldung) dient, entsteht ein Anspruch auf die Vergütung nur, wenn sich der effektive Jahreszins nicht erhöht; bei der Berechnung des effektiven Jahreszinses für das abzulösende Darlehen bleiben etwaige Vermittlungskosten außer Betracht.

§ 655 d. Nebenentgelte

[1]Der Darlehensvermittler darf für Leistungen, die mit der Vermittlung des Verbraucherdarlehensvertrags oder dem Nachweis der Gelegenheit zum Abschluss eines Verbraucherdarlehensvertrags zusammenhängen, außer der Vergütung nach § 655 c Satz 1 ein Entgelt nicht vereinbaren. [2]Jedoch kann vereinbart werden, dass dem Darlehensvermittler entstandene, erforderliche Auslagen zu erstatten sind. [3]Dieser Anspruch darf die Höhe oder die Höchstbeträge, die der Darlehensvermittler dem Verbraucher gemäß Artikel 247 § 13 Absatz 2 Satz 1 Nummer 4 des Einführungsgesetzes zum Bürgerlichen Gesetzbuche mitgeteilt hat, nicht übersteigen.

§ 655 e. Abweichende Vereinbarungen, Anwendung auf Existenzgründer

(1) **[1]Von den Vorschriften dieses Untertitels darf nicht zum Nachteil des Verbrauchers abgewichen werden. [2]Die Vorschriften dieses Untertitels finden auch Anwendung, wenn sie durch anderweitige Gestaltungen umgangen werden.**

(2) **Existenzgründer im Sinne des § 512 stehen Verbrauchern in diesem Untertitel gleich.**

Untertitel 3. Ehevermittlung

§ 656. Heiratsvermittlung

(1) **[1]Durch das Versprechen eines Lohnes für den Nachweis der Gelegenheit zur Eingehung einer Ehe oder für die Vermittlung des Zustandekommens einer Ehe wird eine Verbindlichkeit nicht begründet. [2]Das auf Grund des Versprechens Geleistete kann nicht deshalb zurückgefordert werden, weil eine Verbindlichkeit nicht bestanden hat.**

(2) **Diese Vorschriften gelten auch für eine Vereinbarung, durch die der andere Teil zum Zwecke der Erfüllung des Versprechens dem Mäkler gegenüber eine Verbindlichkeit eingeht, insbesondere für ein Schuldanerkenntnis.**

1. Normzweck und Anwendbarkeit. Nach BVerfGE 20, 31 soll die Vorschrift zum Schutz der Intimsphäre der Ehegatten Ehemaklerprozesse verhindern (str). Der **Ehemaklervertrag** ist ein auf die Eheschließung gerichteter Maklervertrag. Dagegen verpflichtet sich der Unternehmer beim sog **Eheanbahnungsdienstvertrag** zu Dienstleistungen, die eine Eheschließung fördern sollen. Neuerdings werden vor allem sog **Partnervermittlungsverträge** geschlossen, bei denen der Unternehmer sich verpflichtet, ein „Partnerpersönlichkeitsprofil“ zu erarbeiten und Partnervorschläge zur Verfügung zu stellen; ob hier ein Dienst- oder Werkvertrag vorliegt, ergibt sich allein aus dem Inhalt der Unternehmerverpflichtung (nur Dienstvertrag nach BGHZ 106, 341, 344f; str). Eine **entsprechende Anwendung des § 656** bejaht der BGH sowohl für Ehean- 1 bahnungsverträge (BGHZ 87, 309) als auch für Partnervermittlungsverträge (BGHZ 112, 122; sehr str, Nachweise bei *Peters* NJW 1986, 2676 und 1989, 2793).

2 **2. Rechtsfolgen. a) Vergütungsanspruch.** Die Vergütungsvereinbarung schafft nach Abs 1 S 1 eine zwar erfüllbare, aber nicht einklagbare sog Naturalobligation; Abs 1 S 2 schließt die Rückforderung nach §§ 812 ff nur insoweit aus, als sich der Kunde auf Abs 1 S 2 oder Abs 2 beruft, also nicht für andere Nichtigkeitsgründe (BGHZ 87, 309, 316). **b) Selbständige Verbindlichkeiten** aus Anerkenntnis, Darlehen, Wechsel oä, mit denen das Provisionsversprechen erfüllt werden soll, fallen unter Abs 2 und sind daher ebenfalls bloße Naturalobligationen. **c) Tätigkeitspflichten des Unternehmers** (bei Dienstverträgen) sind ebenfalls nicht durchsetzbar, es sei denn, der Unternehmer hat sein Honorar bereits erhalten, dh ihm steht bis zur Zahlung ein ZbR zu (*Staudinger-Reuter* [2010] Rz 9; str).

3 **3. Finanzierungsverträge,** die vom Ehemakler (oder Partnervermittler) angebahnt werden, fallen als verbundene Verträge unter § 358. Auf diese Verträge ist Abs 2 entsprechend anwendbar, so dass auch die daraus entstehenden Verbindlichkeiten (zB eine Darlehensschuld) bloße Naturalobligationen iSv Rz 2 sind (str).

Titel 11. Auslobung

§ 657. Bindendes Versprechen

Wer durch öffentliche Bekanntmachung eine Belohnung für die Vornahme einer Handlung, insbesondere für die Herbeiführung eines Erfolges, aussetzt, ist verpflichtet, die Belohnung demjenigen zu entrichten, welcher die Handlung vorgenommen hat, auch wenn dieser nicht mit Rücksicht auf die Auslobung gehandelt hat.

§ 658. Widerruf

(1) [1]**Die Auslobung kann bis zur Vornahme der Handlung widerrufen werden.** [2]**Der Widerruf ist nur wirksam, wenn er in derselben Weise wie die Auslobung bekannt gemacht wird oder wenn er durch besondere Mitteilung erfolgt.**

(2) **Auf die Widerruflichkeit kann in der Auslobung verzichtet werden; ein Verzicht liegt im Zweifel in der Bestimmung einer Frist für die Vornahme der Handlung.**

§ 659. Mehrfache Vornahme

(1) **Ist die Handlung, für welche die Belohnung ausgesetzt ist, mehrmals vorgenommen worden, so gebührt die Belohnung demjenigen, welcher die Handlung zuerst vorgenommen hat.**

(2) [1]**Ist die Handlung von mehreren gleichzeitig vorgenommen worden, so gebührt jedem ein gleicher Teil der Belohnung.** [2]**Lässt sich die Belohnung wegen ihrer Beschaffenheit nicht teilen oder soll nach dem Inhalt der Auslobung nur einer die Belohnung erhalten, so entscheidet das Los.**

§ 660. Mitwirkung mehrerer

(1) [1]**Haben mehrere zu dem Erfolg mitgewirkt, für den die Belohnung ausgesetzt ist, so hat der Auslobende die Belohnung unter Berücksichtigung des Anteils eines jeden an dem Erfolg nach billigem Ermessen unter sie zu verteilen.** [2]**Die Verteilung ist nicht verbindlich, wenn sie offenbar unbillig ist; sie erfolgt in einem solchen Fall durch Urteil.**

(2) **Wird die Verteilung des Auslobenden von einem der Beteiligten nicht als verbindlich anerkannt, so ist der Auslobende berechtigt, die Erfüllung zu verweigern, bis die Beteiligten den Streit über ihre Berechtigung unter sich ausgetragen haben; jeder von ihnen kann verlangen, dass die Belohnung für alle hinterlegt wird.**

(3) **Die Vorschrift des § 659 Abs. 2 Satz 2 findet Anwendung.**

§ 661. Preisausschreiben

(1) **Eine Auslobung, die eine Preisbewerbung zum Gegenstand hat, ist nur gültig, wenn in der Bekanntmachung eine Frist für die Bewerbung bestimmt wird.**

(2) [1]**Die Entscheidung darüber, ob eine innerhalb der Frist erfolgte Bewerbung der Auslobung entspricht oder welche von mehreren Bewerbungen den Vorzug verdient, ist durch die in der Auslobung bezeichnete Person, in Ermangelung einer solchen durch den Auslobenden zu treffen.** [2]**Die Entscheidung ist für die Beteiligten verbindlich.**

(3) **Bei Bewerbungen von gleicher Würdigkeit findet auf die Zuerteilung des Preises die Vorschrift des § 659 Abs. 2 Anwendung.**

(4) **Die Übertragung des Eigentums an dem Werk kann der Auslobende nur verlangen, wenn er in der Auslobung bestimmt hat, dass die Übertragung erfolgen soll.**

§ 661 a. Gewinnzusagen

Ein Unternehmer, der Gewinnzusagen oder vergleichbare Mitteilungen an Verbraucher sendet und durch die Gestaltung dieser Zusendungen den Eindruck erweckt, dass der Verbraucher einen Preis gewonnen hat, hat dem Verbraucher diesen Preis zu leisten.

Titel 12. Auftrag und Geschäftsbesorgungsvertrag

Untertitel 1. Auftrag

§ 662. Vertragstypische Pflichten beim Auftrag

Durch die Annahme eines Auftrags verpflichtet sich der Beauftragte, ein ihm von dem Auftraggeber übertragenes Geschäft für diesen unentgeltlich zu besorgen.

1. Allgemeines. Gegenstand des **Auftrags** können alle fremdnützigen Tätigkeiten sein, auch solche nicht rechtsgeschäftlicher Natur (Bsp: Auftrag zum Blumengießen während der Abwesenheit des Auftraggebers). Der Begriff der Geschäftsbesorgung ist hier also weiter als bei § 675 (s dort). Regelmäßig hat der Auftraggeber besonderes Vertrauen zur Person des Beauftragten; dieser muss daher im Zweifel persönlich tätig werden (näher § 664, vgl auch § 673 S 1). Der Auftrag ist kein synallagmatischer Vertrag (Begriff Vor § 320 Rz 3). Die Bedeutung der §§ 662 ff wird durch ihre im BGB oft angeordnete entsprechende Anwendung (zB §§ 27 III, 675; Regeln der GoA) beträchtlich erhöht. 1

2. Zustandekommen. a) Auftragsvertrag. Im Gegensatz zu den reinen Gefälligkeitsverhältnissen setzt der Auftrag einen rechtsgeschäftlichen Bindungswillen der Parteien voraus (zu der im Einzelfall schwierigen Abgrenzung Vor § 241 Rz 2). Bedeutung der Unterscheidung: Der Auftragnehmer haftet für jede schuldhafte Schlechterfüllung des Auftrags aus § 280, der bloß Gefällige ist regelmäßig nur nach Maßgabe der §§ 823 ff verantwortlich (näher *Larenz* SchR II/1 § 56 I). **b) Unentgeltlichkeit.** 2

Die vertragliche Einigung muss sich auch darauf beziehen, dass der Beauftragte kein Entgelt für seine Leistungen verlangen kann (sonst: §§ 611, 631, 675). Trotzdem kann er oft Geld von dem Auftraggeber fordern: Aufwendungsersatz (§ 670).

3 **3. Beendigung** des Auftragsverhältnisses ist zunächst durch die allgemeinen Beendigungsgründe möglich: Erledigung, Zeitablauf, Aufhebungsvertrag, Kündigung (durch beide Parteien jederzeit möglich nach Maßgabe des § 671). Ferner erlischt der Auftrag im Zweifel durch den Tod des Beauftragten (§ 673, beachte aber § 674), nicht jedoch durch den des Auftraggebers (§ 672).

4 **4. Pflichten des Beauftragten:** Weisungsgemäße (näher: § 665) Ausführung des Auftrages; Herausgabe des aus der Auftragsausführung Erlangten (§ 667); Pflicht zur Auskunft und Rechnungslegung (§ 666); in manchen Fällen: vorvertragliche Anzeigepflicht bei Ablehnung des Auftrages (§ 663; Rechtsfolge bei Verletzung: Schadensersatz, nicht Vertragsschluss). Neben diesen gesetzlich normierten Pflichten hat der Beauftragte wegen des ihm entgegengebrachten Vertrauens je nach Art und Inhalt des Auftrags den Auftraggeber zu warnen oder zu belehren. Bsp: Steuerberater (§ 675!) schuldet auch ungefragt Hinweis auf Möglichkeit zur Steuerersparnis. Im Gegensatz zu anderen Gefälligkeitsverträgen (vgl §§ 521, 599, 690) sieht das Gesetz für den Beauftragten keine Haftungserleichterung vor; er haftet grds für Vorsatz und jede Fahrlässigkeit (§ 276). Im Einzelfall kann aber aus der beiderseitigen Interessenlage ein konkludenter Haftungsverzicht für einfache Fahrlässigkeit zu folgern sein (OLG Frankfurt NJW 1998, 1232).

5 **5. Pflichten des Auftraggebers** müssen nicht bei jedem Auftragsverhältnis entstehen (unvollkommen zweiseitig verpflichtender Vertrag). Nach § 670 muss der Auftraggeber die erforderlichen Aufwendungen ersetzen, auf Verlangen auch Vorschuss leisten (§ 669). Im Übrigen ist er zur Fürsorge für Leben und Gesundheit des Beauftragten verpflichtet; §§ 618, 619 sind bei unentgeltlichen Dienstleistungen anwendbar.

§ 663. Anzeigepflicht bei Ablehnung

[1] **Wer zur Besorgung gewisser Geschäfte öffentlich bestellt ist oder sich öffentlich erboten hat, ist, wenn er einen auf solche Geschäfte gerichteten Auftrag nicht annimmt, verpflichtet, die Ablehnung dem Auftraggeber unverzüglich anzuzeigen.** [2] **Das Gleiche gilt, wenn sich jemand dem Auftraggeber gegenüber zur Besorgung gewisser Geschäfte erboten hat.**

§ 664. Unübertragbarkeit; Haftung für Gehilfen

(1) [1] **Der Beauftragte darf im Zweifel die Ausführung des Auftrags nicht einem Dritten übertragen.** [2] **Ist die Übertragung gestattet, so hat er nur ein ihm bei der Übertragung zur Last fallendes Verschulden zu vertreten.** [3] **Für das Verschulden eines Gehilfen ist er nach § 278 verantwortlich.**

(2) **Der Anspruch auf Ausführung des Auftrags ist im Zweifel nicht übertragbar.**

§ 665. Abweichung von Weisungen

[1] **Der Beauftragte ist berechtigt, von den Weisungen des Auftraggebers abzuweichen, wenn er den Umständen nach annehmen darf, dass der Auftraggeber bei Kenntnis der Sachlage die Abweichung billigen würde.** [2] **Der Beauftragte hat vor der Abweichung dem Auftraggeber Anzeige zu machen und dessen Entschließung abzuwarten, wenn nicht mit dem Aufschub Gefahr verbunden ist.**

§ 666. Auskunfts- und Rechenschaftspflicht

Der Beauftragte ist verpflichtet, dem Auftraggeber die erforderlichen Nachrichten zu geben, auf Verlangen über den Stand des Geschäfts Auskunft zu erteilen und nach der Ausführung des Auftrags Rechenschaft abzulegen.

§ 667. Herausgabepflicht

Der Beauftragte ist verpflichtet, dem Auftraggeber alles, was er zur Ausführung des Auftrags erhält und was er aus der Geschäftsbesorgung erlangt, herauszugeben.

1. Allgemeines. Der **Herausgabeanspruch** des Auftraggebers gegen den Beauftragten erklärt sich aus der Fremdnützigkeit des Auftrags. Voraussetzung ist ein wirksames Auftragsverhältnis (sonst kommt Herausgabe nach §§ 812ff in Betracht). Wichtige Fälle entsprechender Anwendung: entgeltliche Geschäftsbesorgung (§ 675), GoA (§§ 681 S 2; 687 II), Vereinsvorstand (§ 27 III) und Testamentsvollstrecker (§ 2218). 1

2. Art und Umfang der Herausgabe. Die Art der von dem Beauftragten geschuldeten Herausgabehandlung richtet sich nach dem Erlangten: erlangtes Eigentum (etwa durch auftragsbedingten Erwerb im eigenen Namen) muss er übertragen (§§ 929ff, 873, 925), in seinen Besitz gelangte Sachen übergeben, Forderungen oder sonstige Rechte abtreten (§§ 398ff). Der Beauftragte muss grds alles Erlangte herausgeben, jedoch nicht die zur ordnungsgemäßen Auftragsausführung aufgewandten Gegenstände. Im Übrigen ist gleichgültig, ob das Herauszugebende beim Beauftragten noch vorhanden ist; ggf greifen §§ 275ff ein. 2

3. Gegenstand der Herausgabepflicht. a) Das **zur Ausführung des Auftrags Erhaltene** (etwa Geräte, Geld, Urkunden). Gleichgültig ist, ob die Gegenstände vom Auftraggeber oder auf dessen Veranlassung von Dritten überlassen wurden. Die Gefahr des zufälligen Unterganges trägt der Auftraggeber (BGH WM 1969, 26). **b)** Das **aus der Geschäftsbesorgung Erlangte:** Alle Gegenstände, die der Beauftragte im inneren Zusammenhang mit (und nicht nur anlässlich) der Geschäftsbesorgung tatsächlich erlangt. Dazu gehören nach hM (*Palandt-Sprau* Rz 3 m Nachw) auch Sondervorteile, Schmiergelder etc, jedenfalls soweit ihre Annahme eine Willensbeeinflussung zum Nachteil des Auftraggebers befürchten lässt (BGH NJW 2001, 2476, 2477). Unerheblich ist, ob die Vorteile nur dem Beauftragten und nicht dem Auftraggeber zugewendet werden sollten. Nach aA (etwa *MüKo-Seiler* Rz 17) sind Sondervorteile nicht herauszugeben, da sie nur anlässlich der Geschäftsbesorgung erlangt seien. Bei treuwidriger Amtsführung des Beauftragten sei dieser aber zu Schadensersatz verpflichtet. 3

§ 668. Verzinsung des verwendeten Geldes

Verwendet der Beauftragte Geld für sich, das er dem Auftraggeber herauszugeben oder für ihn zu verwenden hat, so ist er verpflichtet, es von der Zeit der Verwendung an zu verzinsen.

§ 669. Vorschusspflicht

Für die zur Ausführung des Auftrags erforderlichen Aufwendungen hat der Auftraggeber dem Beauftragten auf Verlangen Vorschuss zu leisten.

§ 670. Ersatz von Aufwendungen

Macht der Beauftragte zum Zwecke der Ausführung des Auftrags Aufwendungen, die er den Umständen nach für erforderlich halten darf, so ist der Auftraggeber zum Ersatz verpflichtet.

1. Allgemeines. a) Inhalt. Anspruch des Beauftragten auf Aufwendungsersatz, nicht Schadensersatz (näher unten Rz 3); Recht auf Vorschuss § 669. **b) Zweck.** Der Beauftragte, der schon unentgeltlich für den Auftraggeber Geschäfte besorgt, soll wenigstens nicht mit weiteren Vermögensopfern belastet werden. **c) Reichweite:** anwendbar bei jeder unentgeltlichen (und oft bei entgeltlicher) Wahrnehmung fremder 1

Interessen, insbesondere Verwaltung fremden Vermögens (entsprechende Anwendung zB nach §§ 675, 683 S 1, 994 II, 2218 I). Ein besonderer Anwendungsfall ist der Anspruch des Arbeitssuchenden gegen den Unternehmer auf Ersatz seiner Vorstellungskosten (zB Fahrtkosten), der unabhängig vom späteren Zustandekommen eines Arbeitsvertrags besteht. Auch bei der Besorgung einzelner Geschäfte im Rahmen eines Arbeitsverhältnisses wird die Vorschrift angewendet (s Vor § 611 Rz 6).

2 **2. Aufwendungsersatz. a) Aufwendungen** sind alle freiwilligen (oder auf Weisung des Geschäftsherrn erbrachten) Vermögensopfer des Beauftragten (Geschäftsführers) zur Ausführung der Geschäftsbesorgung. In Betracht kommen insbesondere Gebühren und andere Auslagen, Kosten, Steuern, Porto oder die Eingehung einer Verbindlichkeit. **b) Eigene Arbeitsleistungen** des Geschäftsführers sind beim Auftrag wegen der vereinbarten Unentgeltlichkeit regelmäßig nicht ersatzfähig (anders bei der GoA, s § 683 Rz 7). Etwas anderes gilt nur, wenn die fraglichen Arbeitsleistungen zum Beruf oder Gewerbe des Auftragnehmers gehören und ihr Notwendigwerden bei Abschluss des Auftrages nicht abzusehen war (vgl den Rechtsgedanken des § 1835 III). **c) Kein Ersatz** für Aufwendungen zu verbotenen (§ 134) oder sittenwidrigen (§ 138) Zwecken, zB für aufgewandte Schmiergelder. Kein Ersatz ferner, wenn die Aufwendung zum überwiegenden Teil ein eigenes Geschäft des Auftragnehmers gefördert hat. Schließlich können bei Geschäftsbesorgungsverträgen (§ 675) bestimmte Aufwendungen schon durch das vereinbarte Entgelt mit abgegolten sein (Auslegungsfrage). **d) Erforderlichkeit.** Dem Gesetz ist ein **subjektiv-objektiver** Maßstab zu entnehmen. Entscheidend ist, ob der Auftragnehmer die Aufwendung zZt der Entscheidung über sie (subjektives Moment) nach allen zu dieser Zeit erkennbaren Umständen (objektives Moment) für erforderlich halten durfte. Ersetzt werden also nicht alle vom Beauftragten für nötig befundenen Aufwendungen, aber auch nicht nur die, die den Auftragszweck tatsächlich gefördert haben. Im Zweifel hat der Beauftragte (soweit möglich) die Weisung des Auftraggebers einzuholen, vgl § 665 S 2.

3 **3. Ersatz von Schäden.** Problematisch ist die Ersatzpflicht des Auftraggebers für die ohne sein Verschulden bei der Auftragsdurchführung erlittenen Schäden des Beauftragten (für die verschuldeten Schäden gelten die allgemeinen Vorschriften). Denn Schäden sind als unfreiwillig erlittene Vermögenseinbußen keine Aufwendungen iSd § 670. Dennoch besteht allgemein Einigkeit darüber, dass der Auftraggeber dem Beauftragten auch die sog **risikotypischen Begleitschäden** ersetzen muss. Dabei handelt es sich um Schäden, deren Eintrittswahrscheinlichkeit typischerweise durch die Erledigung eines bestimmten Auftrages erhöht wird (Bsp: Gefahr von Brandverletzungen bei Auftrag zum Feuerlöschen; zur Abgrenzung BGH NJW 1993, 2234, 2235). Str ist jedoch, ob diese Vermögenseinbußen nach § 670 oder aus einem anderen Rechtsgrund zu ersetzen sind: **a)** Nach **hM** greift § 670 **entsprechend** ein. Arg: das freiwillige Aufsichnehmen eines bestimmten Schadensrisikos stehe dem freiwilligen Vermögensopfer (Aufwendung) gleich (BGHZ 38, 270, 277). **b)** Nach vordringender Ansicht in der **Lit** (etwa *Larenz* SchR II/1 § 56 III) beruht der Schadensersatzanspruch auf **Richterrecht** (Grundsatz der Risikozurechnung bei schadensgeneigter Tätigkeit). Die Argumentation der hM versage, wenn der Beauftragte gerade auf den Nichteintritt des Schadens vertraue oder sich die Gefahr vorher nicht deutlich gemacht habe. Im Übrigen sei nur bei Annahme eines Schadensersatzanspruches, nicht dagegen bei einem Aufwendungsersatzanspruch, die Anwendung des § 254 (und der §§ 844–846, 253 II) dogmatisch sauber zu begründen, dessen Heranziehung bei Mitverantwortlichkeit des Beauftragten für den Schaden erforderlich ist.

§ 671. Widerruf; Kündigung

(1) **Der Auftrag kann von dem Auftraggeber jederzeit widerrufen, von dem Beauftragten jederzeit gekündigt werden.**

(2) [1]**Der Beauftragte darf nur in der Art kündigen, dass der Auftraggeber für die Besorgung des Geschäfts anderweit Fürsorge treffen kann, es sei denn, dass ein wichtiger Grund für die unzeitige Kündigung vorliegt.** [2]**Kündigt er ohne solchen Grund zur Unzeit, so hat er dem Auftraggeber den daraus entstehenden Schaden zu ersetzen.**

(3) **Liegt ein wichtiger Grund vor, so ist der Beauftragte zur Kündigung auch dann berechtigt, wenn er auf das Kündigungsrecht verzichtet hat.**

§ 672. Tod oder Geschäftsunfähigkeit des Auftraggebers

[1]**Der Auftrag erlischt im Zweifel nicht durch den Tod oder den Eintritt der Geschäftsunfähigkeit des Auftraggebers.** [2]**Erlischt der Auftrag, so hat der Beauftragte, wenn mit dem Aufschub Gefahr verbunden ist, die Besorgung des übertragenen Geschäfts fortzusetzen, bis der Erbe oder der gesetzliche Vertreter des Auftraggebers anderweit Fürsorge treffen kann; der Auftrag gilt insoweit als fortbestehend.**

§ 673. Tod des Beauftragten

[1]**Der Auftrag erlischt im Zweifel durch den Tod des Beauftragten.** [2]**Erlischt der Auftrag, so hat der Erbe des Beauftragten den Tod dem Auftraggeber unverzüglich anzuzeigen und, wenn mit dem Aufschub Gefahr verbunden ist, die Besorgung des übertragenen Geschäfts fortzusetzen, bis der Auftraggeber anderweit Fürsorge treffen kann; der Auftrag gilt insoweit als fortbestehend.**

§ 674. Fiktion des Fortbestehens

Erlischt der Auftrag in anderer Weise als durch Widerruf, so gilt er zugunsten des Beauftragten gleichwohl als fortbestehend, bis der Beauftragte von dem Erlöschen Kenntnis erlangt oder das Erlöschen kennen muss.

Untertitel 2. Geschäftsbesorgungsvertrag

Kapitel 1. Allgemeines

§ 675. Entgeltliche Geschäftsbesorgung

(1) **Auf einen Dienstvertrag oder einen Werkvertrag, der eine Geschäftsbesorgung zum Gegenstand hat, finden, soweit in diesem Untertitel nichts Abweichendes bestimmt wird, die Vorschriften der §§ 663, 665 bis 670, 672 bis 674 und, wenn dem Verpflichteten das Recht zusteht, ohne Einhaltung einer Kündigungsfrist zu kündigen, auch die Vorschrift des § 671 Abs. 2 entsprechende Anwendung.**

(2) **Wer einem anderen einen Rat oder eine Empfehlung erteilt, ist, unbeschadet der sich aus einem Vertragsverhältnis, einer unerlaubten Handlung oder einer sonstigen gesetzlichen Bestimmung ergebenden Verantwortlichkeit, zum Ersatz des aus der Befolgung des Rates oder der Empfehlung entstehenden Schadens nicht verpflichtet.**

I. Geschäftsbesorgung (Abs 1)

1. Allgemeines. Abs 1 trägt der Tatsache Rechnung, dass viele der auftragsrechtlichen Regeln auch für die entgeltliche Geschäftsbesorgung passen, die auf einem Dienst- oder Werkvertrag beruht (sog **Geschäftsbesorgungsvertrag**). Vom Auftrag unterscheidet den Vertrag nach Abs 1 in seinen Voraussetzungen zweierlei: zum einen 1 ist die Geschäftsbesorgung hier entgeltlich (vgl §§ 612, 632); zum anderen ist der Kreis der erfassten Tätigkeiten enger als in § 662.

2 **2. Anwendungsbereich.** Eine **Geschäftsbesorgung** nach Abs 1 ist nach hM „eine selbstständige Tätigkeit wirtschaftlicher Art, für die ursprünglich der Geschäftsherr selbst zu sorgen hatte, die ihm aber durch einen anderen (den Geschäftsführer) abgenommen wird" (BGHZ 45, 223, 229; ähnlich etwa *Larenz* SchR II/1 § 56 V; *Palandt-Sprau* Rz 2 ff). Die Definition der hM versucht, die Interessenlage näher zu beschreiben: **a)** Nur **wirtschaftliche** Tätigkeiten (also nicht Verträge mit Ärzten, Künstlern usw) können Geschäftsbesorgung sein, weil sonst die auf wirtschaftliche Belange zugeschnittenen Auftragsregeln nicht passen (*Medicus/Lorenz* SchR II Rz 883). **b)** Die Tätigkeit muss **selbstständig** sein (zB nicht bei Hausmädchen, Fabrikarbeitern); andernfalls reichen die §§ 611 ff, 631 ff. Trotz der Weisungsgebundenheit (§ 665) zeichnen sich Geschäftsbesorgungen durch ein besonderes Vertrauensverhältnis der Parteien aus. Oft schuldet der Geschäftsführer auch Diskretion (zB Bankgeheimnis), auf die es bei ganz untergeordneten Tätigkeiten meist nicht ankommt. **c)** Nur Leistungen, für die der Geschäftsherr selbst zu sorgen hätte, also **Leistungen für den Geschäftsherrn an Dritte,** nicht Leistungen an ihn, können Geschäftsbesorgung sein (sonst §§ 611 ff, 631 ff ausreichend). Bsp: Architektenvertrag ist idR Werkvertrag; jedoch greift § 675 ein, wenn Verhandlungen mit Dritten zu führen sind. **d) Bsp:** Anwaltsvertrag, jede Vermögensverwaltung (Bankvertrag, Steuerberatungsvertrag), Baubetreuungsvertrag, Treuhandverträge.

3 **3. Rechtsfolgen.** Die Vorschrift erklärt die wichtigsten Regeln des Auftragsrechts neben den fortgeltenden §§ 611 ff oder §§ 631 ff für anwendbar. § 663 erhält erst im Rahmen des § 675 I seine Bedeutung: Niemand erbietet sich öffentlich zur unentgeltlichen Besorgung von Geschäften. § 670 ist bei Geschäftsbesorgungsverträgen bisweilen anders zu verstehen als bei bloßen Aufträgen: Hier kann die Vertragsauslegung ergeben, dass Auslagen durch die vereinbarte Vergütung mit abgedeckt sind. Auch die Anwendung weiterer, von Abs 1 nicht genannter Auftragsregeln ist zu erwägen; so kann etwa § 664 ebenfalls Anwendung finden, wenn im konkreten Fall ein besonderes Vertrauensverhältnis gegeben ist (*Larenz* SchR II/1 § 56 V aE).

II. Keine Haftung für Rat oder Empfehlung (Abs 2)

4 **1.** Abs 2 stellt klar, dass die **Erteilung von Rat oder Auskünften** keine Haftung erzeugt, also eine Gefälligkeit ohne Rechtsbindung darstellt. Indes ist diese gesetzliche Regel für weite Bereiche des Wirtschaftsverkehrs und für Auskünfte, die Personen mit besonderer Sachkunde im Rahmen ihres Berufs abgeben, durchbrochen (s dazu sogleich). Haftung dann – mangels Freizeichnung – für jedes Verschulden. Haftung für Dritte gem §§ 30, 31, 278.

5 **2.** Einen zum Kaufvertrag hinzutretenden selbstständigen **Beratungsvertrag** mit Haftung bei Fahrlässigkeit bejaht der BGH, wenn der Verkäufer den Käufer im Zuge eingehender Vertragsverhandlungen mit Hilfe eines „persönlichen Berechnungsbeispiels" oder dgl zum Vertragsschluss, etwa zum Kauf einer Immobilie, bewegt (BGHZ 140, 111, 115; 156, 371). Den konkludenten Abschluss eines speziellen **Auskunftsvertrags** nimmt die Rspr an, wenn die Auskunft für den Empfänger erkennbar von erheblicher Bedeutung ist und er sie zur Grundlage wesentlicher Entschlüsse machen will, insbesondere wenn der Auskunftgeber über besondere Sachkunde verfügt oder mit der Auskunftserteilung eigene wirtschaftliche Interessen verfolgt. Unentgeltlichkeit der Auskunft schließt die Annahme eines stillschweigenden Vertrags nicht aus. Das zur Abgrenzung von bloßer Gefälligkeit sonst geltende Kriterium des Rechtsbindungswillens (s Vor § 241 Rz 2) wird hier nicht aufgestellt. Die Annahme konkludenter Willenserklärungen ist häufig bloße Fiktion. Im Grunde handelt es sich um berufsspezifische Vertrauenshaftung (s auch unten Rz 7). Bsp: Kreditauskunft von Bank an

Nichtkunden (BGH NJW 1972, 1200) oder von Anwalt an Gläubiger über Solvenz seines Mandanten.

3. Die Beratungs- oder Auskunftspflicht kann ferner **Nebenpflicht aus einem anderen Vertrag** sein, zB Beratung über den richtigen Gebrauch der Sache durch den Verkäufer, Anlageberatung von Kunden durch die Bank, Beratung des Mandanten durch seinen Anwalt. 6

4. Auch ohne Vertragsverhältnis nimmt die Rspr **bei dauernder Geschäftsverbindung,** aus der sich ein Vertrauensverhältnis ergibt, eine Verpflichtung an, eine gegebene Auskunft gewissenhaft zu erteilen. 7

5. Dritte können Rechte aus einem Auskunftsvertrag herleiten, wenn der um Auskunft Ersuchende nach der äußeren Erscheinungsform seiner Erklärung den Vertrag nicht im eigenen Namen, sondern als **Stellvertreter** geschlossen hat, wobei der Geschäftsherr nicht namentlich bezeichnet sein muss. Bei Auskunft für einen abgrenzbaren Personenkreis kommt uU auch ein Vertrag mit dem, „den es angeht" zustande. Ausnahmsweise ist auch ein **Auskunftsvertrag mit Schutzwirkung für Dritte** möglich. Die stillschweigende Vereinbarung einer Schutzpflicht für Dritte wird vom BGH nicht nur dann zugelassen, wenn das „Wohl und Wehe" des Dritten dem Vertragspartner des Schutzpflichtigen anvertraut war, sondern auch in weiteren Fällen (vgl hierzu Vor §§ 249ff Rz 23f). Wenn eine vertragliche Verpflichtung gegenüber dem Dritten nicht zu bejahen ist, kommt eine Haftung aus c.i.c. in Betracht (vgl § 311 Rz 8). 8

6. Deliktische Haftung: §§ 823ff, insbesondere § 826 bei wissentlich falscher Auskunft oder grober Fahrlässigkeit mit dem Bewusstsein möglicher Schädigung. 9

§ 675 a. Informationspflichten

Wer zur Besorgung von Geschäften öffentlich bestellt ist oder sich dazu öffentlich erboten hat, stellt für regelmäßig anfallende standardisierte Geschäftsvorgänge (Standardgeschäfte) schriftlich, in geeigneten Fällen auch elektronisch, unentgeltlich Informationen über Entgelte und Auslagen der Geschäftsbesorgung zur Verfügung, soweit nicht eine Preisfestsetzung nach § 315 erfolgt oder die Entgelte und Auslagen gesetzlich verbindlich geregelt sind.

§ 675 b. Aufträge zur Übertragung von Wertpapieren in Systemen

Der Teilnehmer an Wertpapierlieferungs- und Abrechnungssystemen kann einen Auftrag, der die Übertragung von Wertpapieren oder Ansprüchen auf Herausgabe von Wertpapieren im Wege der Verbuchung oder auf sonstige Weise zum Gegenstand hat, von dem in den Regeln des Systems bestimmten Zeitpunkt an nicht mehr widerrufen.

Untertitel 3. Zahlungsdienste

Kapitel 1. Allgemeine Vorschriften

Vor § 675 c

1. Überblick über §§ 675 c–676 c. Die Regelungen der Zahlungsdienste in den §§ 675c–676c wurden durch das Zahlungsdienstegesetz vom 29. 7. 2009 (BGBl I 2355) in das BGB eingeführt (*Grundmann* WM 2009, 1109ff, 1157ff). Sie umfassen alle wichtigen Zahlungsinstrumente (Überweisung, Lastschrift, Kartenzahlung). Kein Zahlungsdienst ist die Barzahlung oder Begebung eines Wechsels oder Schecks. Das Zahlungsdienstegesetz beruht auf der RL 2007/64/EG vom 13. 11. 2007 (ABl L 319, 1)über Zahlungsdienste im Binnenmarkt und soll in erster Linie die Rechte des Kunden stärken sowie einen einheitlichen europäischen Zahlungsverkehr schaffen (**S**ingle 1

Euro **P**ayments **A**rea). Insbesondere ist der Zahlungsverkehr durch die AGB der Banken und Sparkassen sowie die Verkehrsanschauung geprägt (BGH NJW 1985, 2699). Da nahezu das gesamte Recht des Zahlungsverkehrs auf EG-rechtlichen Vorgaben beruht, ist für einen Großteil der Auslegungsfragen der EuGH nach Art 267 AEUV zur Vorabentscheidung anzurufen.

2 **2. Girovertrag.** Zwischen der Bank und ihrem Kunden besteht ein Bündel von Verträgen. Grundlage ist der Girovertrag als typischer Fall des **Zahlungsdiensterahmenvertrags,** § 675f II. Aus § 675c I ergibt sich, dass der Rahmenvertrag ein Unterfall eines Geschäftsbesorgungsvertrags ist. Informations- und Schutzvorschriften zugunsten des Kontoinhabers sind in § 675g f geregelt.

3 **3. Laufende Rechnung.** Die Bank führt für ihren Kunden zur Vereinfachung der Abwicklung einer Vielzahl wechselseitiger Einzelansprüche ergänzend zum Girovertrag das Konto als Periodenkontokorrent, § 355 HGB (*Pfeiffer* JA 2006, 105ff). Die Bank stellt Gutschriften und Belastungsbuchungen in das Kontokorrent ein. Die Forderungen beider Seiten werden „gelähmt", dh sie sind nicht selbständig durchsetzbar (keine Aufrechnung) und es kann nicht über sie verfügt werden (keine Abtretung), noch können sie ge- oder verpfändet werden. Am Ende der Rechnungsperiode werden die gegenseitigen Forderungen verrechnet und der überschießende **Periodensaldo** anerkannt, § 780, was gem § 782 formfrei möglich ist. Die entstehende Saldoforderung ersetzt die einzelnen Buchungsposten (Novation, str). Der Kontoinhaber kann die **abstrakte Saldoforderung** gegenüber der Bank selbständig geltend machen und über sie verfügen. Ist die abstrakte Saldoforderung fehlerhaft, kann der fälschlicherweise anerkannte Betrag kondiziert werden. Die abstrakte Saldoforderung bildet die Grundlage der nächsten Rechnungsperiode. Die einzelnen Kontoauszüge weisen den **Tagessaldo** aus. Die Auszüge sind rein deklaratorisch und dienen der Information (Auskunfts- und Rechenschaftspflicht der Bank nach § 666).

4 **4. Deckung.** Grds wird ein Bankkonto nur auf Guthabenbasis (kreditorisch) geführt. Die Bank kann ihrem Kunden einen **Überziehungskredit** einräumen (Debet, s § 504). Aus dem Girovertrag ist die Bank verpflichtet, in Höhe der Deckung Zahlungsdienste für den Kontoinhaber vorzunehmen, § 675o. Führt die Bank einen Zahlungsauftrag ohne Deckung (dh ohne Guthaben oder vereinbarte Überziehungsmöglichkeit), liegt eine geduldete Überziehung vor, § 505.

5 **5. Verzinsung.** An jedem Tagesende wird ein **Zwischensaldo** gezogen. Dieser ist vom Periodensaldo (Rz 3) und vom Tagessaldo (Rz 4) streng zu trennen. Der Zwischensaldo dient der Berechnung von Zinsen aller an dem jeweiligen Tag vorgenommenen Buchungen (**Wertstellungsdatum** nach § 675t).

§ 675c. Zahlungsdienste und elektronisches Geld

(1) **Auf einen Geschäftsbesorgungsvertrag, der die Erbringung von Zahlungsdiensten zum Gegenstand hat, sind die §§ 663, 665 bis 670 und 672 bis 674 entsprechend anzuwenden, soweit in diesem Untertitel nichts Abweichendes bestimmt ist.**

(2) **Die Vorschriften dieses Untertitels sind auch auf einen Vertrag über die Ausgabe und Nutzung von elektronischem Geld anzuwenden.**

(3) **Die Begriffsbestimmungen des Kreditwesengesetzes und des Zahlungsdiensteaufsichtsgesetzes sind anzuwenden.**

§ 675d. Unterrichtung bei Zahlungsdiensten

(1) [1] **Zahlungsdienstleister haben Zahlungsdienstnutzer bei der Erbringung von Zahlungsdiensten über die in Artikel 248 §§ 1 bis 16 des Einführungsgesetzes**

zum Bürgerlichen Gesetzbuche bestimmten Umstände in der dort vorgesehenen Form zu unterrichten. [2]Dies gilt nicht für die Erbringung von Zahlungsdiensten in der Währung eines Staates außerhalb des Europäischen Wirtschaftsraums oder die Erbringung von Zahlungsdiensten, bei denen der Zahlungsdienstleister des Zahlers oder des Zahlungsempfängers außerhalb des Europäischen Wirtschaftsraums belegen ist.

(2) **Ist die ordnungsgemäße Unterrichtung streitig, so trifft die Beweislast den Zahlungsdienstleister.**

(3) **[1]Für die Unterrichtung darf der Zahlungsdienstleister mit dem Zahlungsdienstnutzer nur dann ein Entgelt vereinbaren, wenn die Information auf Verlangen des Zahlungsdienstnutzers erbracht wird und der Zahlungsdienstleister**

1. **diese Information häufiger erbringt, als in Artikel 248 §§ 1 bis 16 des Einführungsgesetzes zum Bürgerlichen Gesetzbuche vorgesehen,**
2. **eine Information erbringt, die über die in Artikel 248 §§ 1 bis 16 des Einführungsgesetzes zum Bürgerlichen Gesetzbuche vorgeschriebenen hinausgeht, oder**
3. **diese Information mithilfe anderer als der im Zahlungsdiensterahmenvertrag vereinbarten Kommunikationsmittel erbringt.**

[2]Das Entgelt muss angemessen und an den tatsächlichen Kosten des Zahlungsdienstleisters ausgerichtet sein.

(4) **Zahlungsempfänger und Dritte unterrichten über die in Artikel 248 §§ 17 und 18 des Einführungsgesetzes zum Bürgerlichen Gesetzbuche bestimmten Umstände.**

§ 675 e. Abweichende Vereinbarungen

(1) **Soweit nichts anderes bestimmt ist, darf von den Vorschriften dieses Untertitels nicht zum Nachteil des Zahlungsdienstnutzers abgewichen werden.**

(2) **[1]Für Zahlungsdienste im Sinne des § 675 d Abs. 1 Satz 2 sind § 675 q Abs. 1 und 3, § 675 s Abs. 1, § 675 t Abs. 2, § 675 x Abs. 1 und § 675 y Abs. 1 und 2 sowie § 675 z Satz 3 nicht anzuwenden; soweit solche Zahlungsdienste in der Währung eines Staates außerhalb des Europäischen Wirtschaftsraums erbracht werden, ist auch § 675 t Abs. 1 nicht anzuwenden. [2]Im Übrigen darf für Zahlungsdienste im Sinne des § 675 d Abs. 1 Satz 2 zum Nachteil des Zahlungsdienstnutzers von den Vorschriften dieses Untertitels abgewichen werden; soweit solche Zahlungsdienste jedoch in Euro oder in der Währung eines Mitgliedstaats der Europäischen Union oder eines anderen Vertragsstaats des Abkommens über den Europäischen Wirtschaftsraum erbracht werden, gilt dies nicht für § 675t Abs. 1 Satz 1 und 2 sowie Abs. 3.**

(3) **Für Zahlungsvorgänge, die nicht in Euro erfolgen, können der Zahlungsdienstnutzer und sein Zahlungsdienstleister vereinbaren, dass § 675 t Abs. 1 Satz 3 und Abs. 2 ganz oder teilweise nicht anzuwenden ist.**

(4) **Handelt es sich bei dem Zahlungsdienstnutzer nicht um einen Verbraucher, so können die Parteien vereinbaren, dass § 675 d Abs. 1 Satz 1, Abs. 2 bis 4, § 675 f Abs. 4 Satz 2, die §§ 675 g, 675 h, 675 j Abs. 2 und § 675 p sowie die §§ 675 v bis 676 ganz oder teilweise nicht anzuwenden sind; sie können auch eine andere als die in § 676 b vorgesehene Frist vereinbaren.**

Kapitel 2. Zahlungsdienstevertrag

Vor § 675 f

1 **1. Allgemeines.** Bei Zahlungsdiensten handelt es sich um **Anweisungen im weiteren Sinne.** Zur Terminologie und der bereicherungsrechtlichen Rückabwicklung in Mehrpersonenverhältnissen s § 812 Rz 27 ff. Die Vorschriften sind abstrakt gehalten, um alle Zahlungsdienste zu umfassen. Für **Push- und Pullzahlungen** bestehen jeweils Sondervorschriften. Pushzahlungen werden vom Zahler (Überweisung), Pullzahlungen vom Zahlungsempfänger (Lastschrift, Kartenzahlung) ausgelöst.

2 **2. Überweisung. a)** Geschäftsbesorgungstypisch wird die Überweisung durch einseitige Weisung (**Zahlungsauftrag,** § 675 n) des Kunden ausgelöst (§ 665). Die Bank belastet nach Zugang der Weisung das Konto mit einem **Vorschussanspruch** (§ 669), um eine mehrfache Weisung des Kunden über den verminderten Betrag zu verhindern. Mit der Belastungsbuchung erlangt sie Deckung. Sodann schreibt die Bank des Überweisenden der Bank des Empfängers den abgebuchten Betrag gut. **b)** Mit der Gutschrift erlangt die Bank des Zahlungsempfängers **Deckung.** Sie ist verpflichtet, den Gutschriftsbetrag dem Konto des Überweisungsempfängers gutzuschreiben (§ 667, s Vor § 675 n Rz 2). Hat die Empfängerbank Deckung erlangt, hat die überweisende Bank ihre Pflicht zur Ausführung der Überweisung aus dem Girovertrag erfüllt. In diesem Zeitpunkt wandelt sich ihr Vorschussanspruch in einen **Aufwendungsersatzanspruch** (§ 670). **c)** Auch hat in diesem Zeitpunkt der **Zahler** seine Zahlungsverpflichtung gegenüber dem Zahlungsempfänger **erfüllt,** § 362 (str, zur grundsätzlichen Zulässigkeit der Überweisung s dort Rz 1). Wenn seine Bank Deckung erlangt, entsteht dem Überweisungsempfänger gegen sie ein Anspruch *auf* Gutschrift (§§ 667, 675 t I 1). **d)** Die Empfängerbank gibt zur Erfüllung des Anspruchs auf Gutschrift gegenüber dem Überweisungsempfänger ein **abstraktes Schuldanerkenntnis** (§§ 780 ff) ab, dessen Betrag auf dem Konto gutgeschrieben wird. Damit erlangt der Überweisungsempfänger gegen seine Bank einen Anspruch *aus* Gutschrift.

3 **3. Lastschrift.** Bei der Lastschrift geht die Zahlung nicht von dem Schuldner, sondern von dessen Gläubiger aus. Der Gläubiger erteilt seiner Bank eine Weisung im Sinne von § 665, dass diese den Betrag bei dem Schuldner einziehen soll. Zunächst schreibt die Bank dem Gläubiger den Betrag gut und weist die Bank des Schuldners an, für sie dessen Konto zu belasten. Die Rechtmäßigkeit dieser Belastungsbuchung richtet sich nach der Zustimmung durch den Kontoinhaber, § 675j. **a)** Im **Abbuchungsauftragsverfahren** muss der Schuldner zuvor gegenüber seiner Bank in die Zahlungsvorgänge eingewilligt haben (Generalweisung). **b)** Bei dem im täglichen Zahlungsverkehr vorherrschenden **Einzugsermächtigungsverfahren** erteilt hingegen der Schuldner seinem Gläubiger die Ermächtigung, den geschuldeten Betrag abbuchen zu lassen, und genehmigt die Lastschrift nach dem Zahlungsvorgang ggü seiner Bank. **c)** Bei dem neuen **SEPA-Lastschriftverfahren** ermächtigt der Schuldner den Zahlungsempfänger, den fälligen Betrag vom Konto des Zahlungspflichtigen einzuziehen. Zusätzlich wird die Bank des Zahlungspflichtigen zur Einlösung der Lastschrift angewiesen. Demnach wird eine doppelte Zustimmung erteilt.

4 **4. Point-of-Sale-Verfahren.** Dem Gläubiger wird bei Einsatz der ec-Karte durch den Kartenaussteller als Dritten ein Zahlungsversprechen in Höhe des autorisierten Zahlungsbetrages elektronisch übermittelt. Der Betrag wird später dem Konto des Gläubigers gutgeschrieben. Der Dritte belastet über die Bank des Schuldners dessen Konto und lässt sich den Betrag gutschreiben. Es handelt sich um einen VzD (zu den Begrifflichkeiten § 328).

5 **5. Geldkarte.** Die ec-Karte wird mit einem Guthabenbetrag „aufgeladen" (Vorschuss nach § 669) – **elektronisches Geld** iSv § 675 c II. Das Guthaben wird bei

Zahlung auf eine sogenannte Händlerkarte übertragen. Die kartenausstellende Bank gibt für den Zahlungsbetrag eine Zahlungsgarantie zugunsten des Händlers ab. Sonderregelungen finden sich in § 675i.

§ 675f. Zahlungsdienstevertrag

(1) **Durch einen Einzelzahlungsvertrag wird der Zahlungsdienstleister verpflichtet, für die Person, die einen Zahlungsdienst als Zahler, Zahlungsempfänger oder in beiden Eigenschaften in Anspruch nimmt (Zahlungsdienstnutzer), einen Zahlungsvorgang auszuführen.**

(2) [1] **Durch einen Zahlungsdiensterahmenvertrag wird der Zahlungsdienstleister verpflichtet, für den Zahlungsdienstnutzer einzelne und aufeinander folgende Zahlungsvorgänge auszuführen sowie gegebenenfalls für den Zahlungsdienstnutzer ein auf dessen Namen oder die Namen mehrerer Zahlungsdienstnutzer lautendes Zahlungskonto zu führen.** [2] **Ein Zahlungsdiensterahmenvertrag kann auch Bestandteil eines sonstigen Vertrags sein oder mit einem anderen Vertrag zusammenhängen.**

(3) [1] **Zahlungsvorgang ist jede Bereitstellung, Übermittlung oder Abhebung eines Geldbetrags, unabhängig von der zugrunde liegenden Rechtsbeziehung zwischen Zahler und Zahlungsempfänger.** [2] **Zahlungsauftrag ist jeder Auftrag, den ein Zahler seinem Zahlungsdienstleister zur Ausführung eines Zahlungsvorgangs entweder unmittelbar oder mittelbar über den Zahlungsempfänger erteilt.**

(4) [1] **Der Zahlungsdienstnutzer ist verpflichtet, dem Zahlungsdienstleister das für die Erbringung eines Zahlungsdienstes vereinbarte Entgelt zu entrichten.** [2] **Für die Erfüllung von Nebenpflichten nach diesem Untertitel hat der Zahlungsdienstleister nur dann einen Anspruch auf ein Entgelt, sofern dies zugelassen und zwischen dem Zahlungsdienstnutzer und dem Zahlungsdienstleister vereinbart worden ist; dieses Entgelt muss angemessen und an den tatsächlichen Kosten des Zahlungsdienstleisters ausgerichtet sein.**

(5) **In einem Zahlungsdiensterahmenvertrag zwischen dem Zahlungsempfänger und seinem Zahlungsdienstleister darf das Recht des Zahlungsempfängers, dem Zahler für die Nutzung eines bestimmten Zahlungsauthentifizierungsinstruments eine Ermäßigung anzubieten, nicht ausgeschlossen werden.**

§ 675g. Änderung des Zahlungsdiensterahmenvertrags

(1) **Eine Änderung des Zahlungsdiensterahmenvertrags auf Veranlassung des Zahlungsdienstleisters setzt voraus, dass dieser die beabsichtigte Änderung spätestens zwei Monate vor dem vorgeschlagenen Zeitpunkt ihres Wirksamwerdens dem Zahlungsdienstnutzer in der in Artikel 248 §§ 2 und 3 des Einführungsgesetzes zum Bürgerlichen Gesetzbuche vorgesehenen Form anbietet.**

(2) [1] **Der Zahlungsdienstleister und der Zahlungsdienstnutzer können vereinbaren, dass die Zustimmung des Zahlungsdienstnutzers zu einer Änderung nach Absatz 1 als erteilt gilt, wenn dieser dem Zahlungsdienstleister seine Ablehnung nicht vor dem vorgeschlagenen Zeitpunkt des Wirksamwerdens der Änderung angezeigt hat.** [2] **Im Fall einer solchen Vereinbarung ist der Zahlungsdienstnutzer auch berechtigt, den Zahlungsdiensterahmenvertrag vor dem vorgeschlagenen Zeitpunkt des Wirksamwerdens der Änderung fristlos zu kündigen.** [3] **Der Zahlungsdienstleister ist verpflichtet, den Zahlungsdienstnutzer mit dem Angebot zur Vertragsänderung auf die Folgen seines Schweigens sowie auf das Recht zur kostenfreien und fristlosen Kündigung hinzuweisen.**

(3) [1]Änderungen von Zinssätzen oder Wechselkursen werden unmittelbar und ohne vorherige Benachrichtigung wirksam, soweit dies im Zahlungsdiensterahmenvertrag vereinbart wurde und die Änderungen auf den dort vereinbarten Referenzzinssätzen oder Referenzwechselkursen beruhen. [2]Referenzzinssatz ist der Zinssatz, der bei der Zinsberechnung zugrunde gelegt wird und aus einer öffentlich zugänglichen und für beide Parteien eines Zahlungsdienstevertrags überprüfbaren Quelle stammt. [3]Referenzwechselkurs ist der Wechselkurs, der bei jedem Währungsumtausch zugrunde gelegt und vom Zahlungsdienstleister zugänglich gemacht wird oder aus einer öffentlich zugänglichen Quelle stammt.

(4) Der Zahlungsdienstnutzer darf durch Vereinbarungen zur Berechnung nach Absatz 3 nicht benachteiligt werden.

§ 675 h. Ordentliche Kündigung eines Zahlungsdiensterahmenvertrags

(1) [1]Der Zahlungsdienstnutzer kann den Zahlungsdiensterahmenvertrag, auch wenn dieser für einen bestimmten Zeitraum geschlossen ist, jederzeit ohne Einhaltung einer Kündigungsfrist kündigen, sofern nicht eine Kündigungsfrist vereinbart wurde. [2]Die Vereinbarung einer Kündigungsfrist von mehr als einem Monat ist unwirksam.

(2) [1]Der Zahlungsdienstleister kann den Zahlungsdiensterahmenvertrag nur kündigen, wenn der Vertrag auf unbestimmte Zeit geschlossen wurde und das Kündigungsrecht vereinbart wurde. [2]Die Kündigungsfrist darf zwei Monate nicht unterschreiten. [3]Die Kündigung ist in der in Artikel 248 §§ 2 und 3 des Einführungsgesetzes zum Bürgerlichen Gesetzbuche vorgesehenen Form zu erklären.

(3) [1]Im Fall der Kündigung sind regelmäßig erhobene Entgelte nur anteilig bis zum Zeitpunkt der Beendigung des Vertrags zu entrichten. [2]Im Voraus gezahlte Entgelte, die auf die Zeit nach Beendigung des Vertrags fallen, sind anteilig zu erstatten.

§ 675 i. Ausnahmen für Kleinbetragsinstrumente und elektronisches Geld

(1) [1]Ein Zahlungsdienstevertrag kann die Überlassung eines Kleinbetragsinstruments an den Zahlungsdienstnutzer vorsehen. [2]Ein Kleinbetragsinstrument ist ein Mittel,

1. mit dem nur einzelne Zahlungsvorgänge bis höchstens 30 Euro ausgelöst werden können,
2. das eine Ausgabenobergrenze von 150 Euro hat oder
3. das Geldbeträge speichert, die zu keiner Zeit 150 Euro übersteigen.

[3]In den Fällen der Nummern 2 und 3 erhöht sich die Betragsgrenze auf 200 Euro, wenn das Kleinbetragsinstrument nur für inländische Zahlungsvorgänge genutzt werden kann.

(2) Im Fall des Absatzes 1 können die Parteien vereinbaren, dass

1. der Zahlungsdienstleister Änderungen der Vertragsbedingungen nicht in der in § 675 g Abs. 1 vorgesehenen Form anbieten muss,
2. § 675l Satz 2, § 675 m Abs. 1 Satz 1 Nr. 3, 4, Satz 2 und § 675 v Abs. 3 nicht anzuwenden sind, wenn das Kleinbetragsinstrument nicht gesperrt oder eine weitere Nutzung nicht verhindert werden kann,
3. die §§ 675 u, 675 v Abs. 1 und 2, die §§ 675 w und 676 nicht anzuwenden sind, wenn die Nutzung des Kleinbetragsinstruments keinem Zahlungsdienstnutzer zugeordnet werden kann oder der Zahlungsdienstleister aus anderen Gründen, die in dem Kleinbetragsinstrument selbst angelegt sind, nicht nachweisen kann, dass ein Zahlungsvorgang autorisiert war,

4. der Zahlungsdienstleister abweichend von § 675o Abs. 1 nicht verpflichtet ist, den Zahlungsdienstnutzer von einer Ablehnung des Zahlungsauftrags zu unterrichten, wenn die Nichtausführung aus dem Zusammenhang hervorgeht,
5. der Zahler abweichend von § 675p den Zahlungsauftrag nach dessen Übermittlung oder nachdem er dem Zahlungsempfänger seine Zustimmung zum Zahlungsauftrag erteilt hat, nicht widerrufen kann, oder
6. andere als die in § 675s bestimmten Ausführungsfristen gelten.

(3) [1]**Die §§ 675u und 675v sind für elektronisches Geld nicht anzuwenden, wenn der Zahlungsdienstleister des Zahlers nicht die Möglichkeit hat, das Zahlungskonto oder das Kleinbetragsinstrument zu sperren.** [2]**Satz 1 gilt nur für Zahlungskonten oder Kleinbetragsinstrumente mit einem Wert von höchstens 200 Euro.**

Kapitel 3. Erbringung und Nutzung von Zahlungsdiensten

Unterkapitel 1. Autorisierung von Zahlungsvorgängen; Zahlungsauthentifizierungsinstrumente

Vor § 675j

Autorisierung von Zahlungsvorgängen. Ein Zahlungsvorgang ist dem Zahler nur zurechenbar, wenn er ihn autorisiert hat (vgl § 675u). Während bei der Überweisung die Initiative vom Schuldner ausgeht, werden Push-Zahlungen vom Gläubiger eingeleitet (Vor § 675f Rz 1). Die Zustimmung in die Zahlungsvorgänge (Autorisierung) regelt § 675j, um die Sicherheit des Zahlungsverkehrs zu erhöhen. Im Abbuchungsauftragsverfahren erteilt der Bankkunde vor der Ausführung seine Einwilligung, im Einzugsermächtigungsverfahren nachträglich seine Genehmigung (vgl auch §§ 182ff). Bei der neuen SEPA-Lastschrift erteilt der Schuldner gleichzeitig dem Zahlungsempfänger eine Einzugsermächtigung und der Bank einen Zahlungsauftrag (Doppelweisung). Auch kann der Zahlungsvorgang zur Beschleunigung des Rechtsverkehrs mit einem Zahlungsauthentifizierungsinstrument (PIN, TAN) autorisiert werden. 1

§ 675j. Zustimmung und Widerruf der Zustimmung

(1) [1]**Ein Zahlungsvorgang ist gegenüber dem Zahler nur wirksam, wenn er diesem zugestimmt hat (Autorisierung).** [2]**Die Zustimmung kann entweder als Einwilligung oder, sofern zwischen dem Zahler und seinem Zahlungsdienstleister zuvor vereinbart, als Genehmigung erteilt werden.** [3]**Art und Weise der Zustimmung sind zwischen dem Zahler und seinem Zahlungsdienstleister zu vereinbaren.** [4]**Insbesondere kann vereinbart werden, dass die Zustimmung mittels eines bestimmten Zahlungsauthentifizierungsinstruments erteilt werden kann.**

(2) [1]**Die Zustimmung kann vom Zahler durch Erklärung gegenüber dem Zahlungsdienstleister so lange widerrufen werden, wie der Zahlungsauftrag widerruflich ist (§ 675p).** [2]**Auch die Zustimmung zur Ausführung mehrerer Zahlungsvorgänge kann mit der Folge widerrufen werden, dass jeder nachfolgende Zahlungsvorgang nicht mehr autorisiert ist.**

§ 675k. Nutzungsbegrenzung

(1) **In Fällen, in denen die Zustimmung mittels eines Zahlungsauthentifizierungsinstruments erteilt wird, können der Zahler und der Zahlungsdienstleister Betragsobergrenzen für die Nutzung dieses Zahlungsauthentifizierungsinstruments vereinbaren.**

(2) [1]Zahler und Zahlungsdienstleister können vereinbaren, dass der Zahlungsdienstleister das Recht hat, ein Zahlungsauthentifizierungsinstrument zu sperren, wenn

1. sachliche Gründe im Zusammenhang mit der Sicherheit des Zahlungsauthentifizierungsinstruments dies rechtfertigen,
2. der Verdacht einer nicht autorisierten oder einer betrügerischen Verwendung des Zahlungsauthentifizierungsinstruments besteht oder
3. bei einem Zahlungsauthentifizierungsinstrument mit Kreditgewährung ein wesentlich erhöhtes Risiko besteht, dass der Zahler seiner Zahlungspflicht nicht nachkommen kann.

[2]In diesem Fall ist der Zahlungsdienstleister verpflichtet, den Zahler über die Sperrung des Zahlungsauthentifizierungsinstruments möglichst vor, spätestens jedoch unverzüglich nach der Sperrung zu unterrichten. [3]In der Unterrichtung sind die Gründe für die Sperrung anzugeben. [4]Die Angabe von Gründen darf unterbleiben, soweit der Zahlungsdienstleister hierdurch gegen gesetzliche Verpflichtungen verstoßen würde. [5]Der Zahlungsdienstleister ist verpflichtet, das Zahlungsauthentifizierungsinstrument zu entsperren oder dieses durch ein neues Zahlungsauthentifizierungsinstrument zu ersetzen, wenn die Gründe für die Sperrung nicht mehr gegeben sind. [6]Der Zahlungsdienstnutzer ist über eine Entsperrung unverzüglich zu unterrichten.

§ 675l. Pflichten des Zahlers in Bezug auf Zahlungsauthentifizierungsinstrumente

[1]Der Zahler ist verpflichtet, unmittelbar nach Erhalt eines Zahlungsauthentifizierungsinstruments alle zumutbaren Vorkehrungen zu treffen, um die personalisierten Sicherheitsmerkmale vor unbefugtem Zugriff zu schützen. [2]Er hat dem Zahlungsdienstleister oder einer von diesem benannten Stelle den Verlust, den Diebstahl, die missbräuchliche Verwendung oder die sonstige nicht autorisierte Nutzung eines Zahlungsauthentifizierungsinstruments unverzüglich anzuzeigen, nachdem er hiervon Kenntnis erlangt hat.

§ 675m. Pflichten des Zahlungsdienstleisters in Bezug auf Zahlungsauthentifizierungsinstrumente; Risiko der Versendung

(1) [1]Der Zahlungsdienstleister, der ein Zahlungsauthentifizierungsinstrument ausgibt, ist verpflichtet,

1. unbeschadet der Pflichten des Zahlungsdienstnutzers gemäß § 675l sicherzustellen, dass die personalisierten Sicherheitsmerkmale des Zahlungsauthentifizierungsinstruments nur der zur Nutzung berechtigten Person zugänglich sind,
2. die unaufgeforderte Zusendung von Zahlungsauthentifizierungsinstrumenten an den Zahlungsdienstnutzer zu unterlassen, es sei denn, ein bereits an den Zahlungsdienstnutzer ausgegebenes Zahlungsauthentifizierungsinstrument muss ersetzt werden,
3. sicherzustellen, dass der Zahlungsdienstnutzer durch geeignete Mittel jederzeit die Möglichkeit hat, eine Anzeige gemäß § 675l Satz 2 vorzunehmen oder die Aufhebung der Sperrung gemäß § 675k Abs. 2 Satz 5 zu verlangen, und
4. jede Nutzung des Zahlungsauthentifizierungsinstruments zu verhindern, sobald eine Anzeige gemäß § 675l Satz 2 erfolgt ist.

[2]Hat der Zahlungsdienstnutzer den Verlust, den Diebstahl, die missbräuchliche Verwendung oder die sonstige nicht autorisierte Nutzung eines Zahlungsauthen-

tifizierungsinstruments angezeigt, stellt sein Zahlungsdienstleister ihm auf Anfrage bis mindestens 18 Monate nach dieser Anzeige die Mittel zur Verfügung, mit denen der Zahlungsdienstnutzer beweisen kann, dass eine Anzeige erfolgt ist.

(2) **Die Gefahr der Versendung eines Zahlungsauthentifizierungsinstruments und der Versendung personalisierter Sicherheitsmerkmale des Zahlungsauthentifizierungsinstruments an den Zahler trägt der Zahlungsdienstleister.**

Unterkapitel 2. Ausführung von Zahlungsvorgängen

Vor § 675 n

1. Bindungswirkung. Der Zahlungsauftrag bindet den Kontoinhaber ab Zugang bei seiner Bank, § 675 n (s § 130 Rz 1 ff). Der Kontoinhaber kann grds den Zahlungsauftrag nicht widerrufen, § 675 p. Weist das Konto keine Deckung auf (Vor § 675 c Rz 4), kann die Bank den Zahlungsauftrag ablehnen (§ 675 o II), muss ihren Kontoinhaber aber unverzüglich davon in Kenntnis setzen (§ 675 o I). Es besteht somit aus dem Girovertrag eine grundsätzliche Ausführungspflicht der Bank. 1

2. Fristen. Die Bank des Zahlers muss nach § 675 s sicherstellen, dass der Zahlungsbetrag spätestens bis zum Ende des nächsten Tages bei der Bank des Zahlungsempfängers eingeht. § 675 t III hindert sie zudem daran, den Vorschuss bis zur Gutschrift auf dem Empfängerkonto zu verzinsen (Vor § 675 c Rz 5), um ihr ungerechtfertigte Zinsgewinne abzuschneiden. § 675 t I regelt, dass die Empfängerbank unverzüglich (§ 121 I 1) den erlangten Betrag dem Konto des Empfängers gutzuschreiben hat. 2

§ 675 n. Zugang von Zahlungsaufträgen

(1) [1]**Ein Zahlungsauftrag wird wirksam, wenn er dem Zahlungsdienstleister des Zahlers zugeht.** [2]**Fällt der Zeitpunkt des Zugangs nicht auf einen Geschäftstag des Zahlungsdienstleisters des Zahlers, gilt der Zahlungsauftrag als am darauf folgenden Geschäftstag zugegangen.** [3]**Der Zahlungsdienstleister kann festlegen, dass Zahlungsaufträge, die nach einem bestimmten Zeitpunkt nahe am Ende eines Geschäftstags zugehen, für die Zwecke des § 675 s Abs. 1 als am darauf folgenden Geschäftstag zugegangen gelten.** [4]**Geschäftstag ist jeder Tag, an dem der an der Ausführung eines Zahlungsvorgangs beteiligte Zahlungsdienstleister den für die Ausführung von Zahlungsvorgängen erforderlichen Geschäftsbetrieb unterhält.**

(2) [1]**Vereinbaren der Zahlungsdienstnutzer, der einen Zahlungsvorgang auslöst oder über den ein Zahlungsvorgang ausgelöst wird, und sein Zahlungsdienstleister, dass die Ausführung des Zahlungsauftrags an einem bestimmten Tag oder am Ende eines bestimmten Zeitraums oder an dem Tag, an dem der Zahler dem Zahlungsdienstleister den zur Ausführung erforderlichen Geldbetrag zur Verfügung gestellt hat, beginnen soll, so gilt der vereinbarte Termin für die Zwecke des § 675 s Abs. 1 als Zeitpunkt des Zugangs.** [2]**Fällt der vereinbarte Termin nicht auf einen Geschäftstag des Zahlungsdienstleisters des Zahlers, so gilt für die Zwecke des § 675 s Abs. 1 der darauf folgende Geschäftstag als Zeitpunkt des Zugangs.**

§ 675 o. Ablehnung von Zahlungsaufträgen

(1) [1]**Lehnt der Zahlungsdienstleister die Ausführung eines Zahlungsauftrags ab, ist er verpflichtet, den Zahlungsdienstnutzer hierüber unverzüglich, auf jeden Fall aber innerhalb der Fristen gemäß § 675 s Abs. 1 zu unterrichten.** [2]**In der Unterrichtung sind, soweit möglich, die Gründe für die Ablehnung sowie die**

Möglichkeiten anzugeben, wie Fehler, die zur Ablehnung geführt haben, berichtigt werden können. [3]Die Angabe von Gründen darf unterbleiben, soweit sie gegen sonstige Rechtsvorschriften verstoßen würde. [4]Der Zahlungsdienstleister darf mit dem Zahlungsdienstnutzer im Zahlungsdiensterahmenvertrag für die Unterrichtung über eine berechtigte Ablehnung ein Entgelt vereinbaren.

(2) Der Zahlungsdienstleister des Zahlers ist nicht berechtigt, die Ausführung eines autorisierten Zahlungsauftrags abzulehnen, wenn die im Zahlungsdiensterahmenvertrag festgelegten Ausführungsbedingungen erfüllt sind und die Ausführung nicht gegen sonstige Rechtsvorschriften verstößt.

(3) Für die Zwecke der §§ 675 s, 675 y und 675 z gilt ein Zahlungsauftrag, dessen Ausführung berechtigterweise abgelehnt wurde, als nicht zugegangen.

§ 675 p. Unwiderruflichkeit eines Zahlungsauftrags

(1) Der Zahlungsdienstnutzer kann einen Zahlungsauftrag vorbehaltlich der Absätze 2 bis 4 nach dessen Zugang beim Zahlungsdienstleister des Zahlers nicht mehr widerrufen.

(2) [1]Wurde der Zahlungsvorgang vom Zahlungsempfänger oder über diesen ausgelöst, so kann der Zahler den Zahlungsauftrag nicht mehr widerrufen, nachdem er den Zahlungsauftrag oder seine Zustimmung zur Ausführung des Zahlungsvorgangs an den Zahlungsempfänger übermittelt hat. [2]Im Fall einer Lastschrift kann der Zahler den Zahlungsauftrag jedoch unbeschadet seiner Rechte gemäß § 675 x bis zum Ende des Geschäftstags vor dem vereinbarten Fälligkeitstag widerrufen.

(3) Ist zwischen dem Zahlungsdienstnutzer und seinem Zahlungsdienstleister ein bestimmter Termin für die Ausführung eines Zahlungsauftrags (§ 675 n Abs. 2) vereinbart worden, kann der Zahlungsdienstnutzer den Zahlungsauftrag bis zum Ende des Geschäftstags vor dem vereinbarten Tag widerrufen.

(4) [1]Nach den in den Absätzen 1 bis 3 genannten Zeitpunkten kann der Zahlungsauftrag nur widerrufen werden, wenn der Zahlungsdienstnutzer und sein Zahlungsdienstleister dies vereinbart haben. [2]In den Fällen des Absatzes 2 ist zudem die Zustimmung des Zahlungsempfängers zum Widerruf erforderlich. [3]Der Zahlungsdienstleister darf mit dem Zahlungsdienstnutzer im Zahlungsdiensterahmenvertrag für die Bearbeitung eines solchen Widerrufs ein Entgelt vereinbaren.

(5) Der Teilnehmer an Zahlungsverkehrssystemen kann einen Auftrag zugunsten eines anderen Teilnehmers von dem in den Regeln des Systems bestimmten Zeitpunkt an nicht mehr widerrufen.

§ 675 q. Entgelte bei Zahlungsvorgängen

(1) Der Zahlungsdienstleister des Zahlers sowie sämtliche an dem Zahlungsvorgang beteiligte zwischengeschaltete Stellen sind verpflichtet, den Betrag, der Gegenstand des Zahlungsvorgangs ist (Zahlungsbetrag), ungekürzt an den Zahlungsdienstleister des Zahlungsempfängers zu übermitteln.

(2) [1]Der Zahlungsdienstleister des Zahlungsempfängers darf ihm zustehende Entgelte vor Erteilung der Gutschrift nur dann von dem übermittelten Betrag abziehen, wenn dies mit dem Zahlungsempfänger vereinbart wurde. [2]In diesem Fall sind der vollständige Betrag des Zahlungsvorgangs und die Entgelte in den Informationen gemäß Artikel 248 §§ 8 und 15 des Einführungsgesetzes zum Bürgerlichen Gesetzbuche für den Zahlungsempfänger getrennt auszuweisen.

(3) **Bei einem Zahlungsvorgang, der mit keiner Währungsumrechnung verbunden ist, tragen Zahlungsempfänger und Zahler jeweils die von ihrem Zahlungsdienstleister erhobenen Entgelte.**

§ 675 r. Ausführung eines Zahlungsvorgangs anhand von Kundenkennungen

(1) [1]**Die beteiligten Zahlungsdienstleister sind berechtigt, einen Zahlungsvorgang ausschließlich anhand der von dem Zahlungsdienstnutzer angegebenen Kundenkennung auszuführen.** [2]**Wird ein Zahlungsauftrag in Übereinstimmung mit dieser Kundenkennung ausgeführt, so gilt er im Hinblick auf den durch die Kundenkennung bezeichneten Zahlungsempfänger als ordnungsgemäß ausgeführt.**

(2) **Eine Kundenkennung ist eine Abfolge aus Buchstaben, Zahlen oder Symbolen, die dem Zahlungsdienstnutzer vom Zahlungsdienstleister mitgeteilt wird und die der Zahlungsdienstnutzer angeben muss, damit der andere am Zahlungsvorgang beteiligte Zahlungsdienstnutzer oder dessen Zahlungskonto zweifelsfrei ermittelt werden kann.**

(3) **Ist eine vom Zahler angegebene Kundenkennung für den Zahlungsdienstleister des Zahlers erkennbar keinem Zahlungsempfänger oder keinem Zahlungskonto zuzuordnen, ist dieser verpflichtet, den Zahler unverzüglich hierüber zu unterrichten und ihm gegebenenfalls den Zahlungsbetrag wieder herauszugeben.**

§ 675 s. Ausführungsfrist für Zahlungsvorgänge

(1) [1]**Der Zahlungsdienstleister des Zahlers ist verpflichtet sicherzustellen, dass der Zahlungsbetrag spätestens am Ende des auf den Zugangszeitpunkt des Zahlungsauftrags folgenden Geschäftstags beim Zahlungsdienstleister des Zahlungsempfängers eingeht; bis zum 1. Januar 2012 können ein Zahler und sein Zahlungsdienstleister eine Frist von bis zu drei Geschäftstagen vereinbaren.** [2]**Für Zahlungsvorgänge innerhalb des Europäischen Wirtschaftsraums, die nicht in Euro erfolgen, können ein Zahler und sein Zahlungsdienstleister eine Frist von maximal vier Geschäftstagen vereinbaren.** [3]**Für in Papierform ausgelöste Zahlungsvorgänge können die Fristen nach Satz 1 um einen weiteren Geschäftstag verlängert werden.**

(2) [1]**Bei einem vom oder über den Zahlungsempfänger ausgelösten Zahlungsvorgang ist der Zahlungsdienstleister des Zahlungsempfängers verpflichtet, den Zahlungsauftrag dem Zahlungsdienstleister des Zahlers innerhalb der zwischen dem Zahlungsempfänger und seinem Zahlungsdienstleister vereinbarten Fristen zu übermitteln.** [2]**Im Fall einer Lastschrift ist der Zahlungsauftrag so rechtzeitig zu übermitteln, dass die Verrechnung an dem vom Zahlungsempfänger mitgeteilten Fälligkeitstag ermöglicht wird.**

§ 675 t. Wertstellungsdatum und Verfügbarkeit von Geldbeträgen

(1) [1]**Der Zahlungsdienstleister des Zahlungsempfängers ist verpflichtet, dem Zahlungsempfänger den Zahlungsbetrag unverzüglich verfügbar zu machen, nachdem er auf dem Konto des Zahlungsdienstleisters eingegangen ist.** [2]**Sofern der Zahlungsbetrag auf einem Zahlungskonto des Zahlungsempfängers gutgeschrieben werden soll, ist die Gutschrift, auch wenn sie nachträglich erfolgt, so vorzunehmen, dass der Zeitpunkt, den der Zahlungsdienstleister für die Berechnung der Zinsen bei Gutschrift** *oer* **Belastung eines Betrags auf einem Zahlungskonto zugrunde legt (Wertstellungsdatum), spätestens der Geschäftstag ist, an dem der Zahlungsbetrag auf dem Konto des Zahlungsdienstleisters des Zah-**

lungsempfängers eingegangen ist. [3]Satz 1 gilt auch dann, wenn der Zahlungsempfänger kein Zahlungskonto unterhält.

(2) **[1]Zahlt ein Verbraucher Bargeld auf ein Zahlungskonto bei einem Zahlungsdienstleister in der Währung des betreffenden Zahlungskontos ein, so stellt dieser Zahlungsdienstleister sicher, dass der Betrag dem Zahlungsempfänger unverzüglich nach dem Zeitpunkt der Entgegennahme verfügbar gemacht und wertgestellt wird. [2]Ist der Zahlungsdienstnutzer kein Verbraucher, so muss dem Zahlungsempfänger der Geldbetrag spätestens an dem auf die Entgegennahme folgenden Geschäftstag verfügbar gemacht und wertgestellt werden.**

(3) **Eine Belastung auf dem Zahlungskonto des Zahlers ist so vorzunehmen, dass das Wertstellungsdatum frühestens der Zeitpunkt ist, an dem dieses Zahlungskonto mit dem Zahlungsbetrag belastet wird.**

Unterkapitel 3. Haftung

Vor § 675 u

1 **1. Haftung.** Die §§ 675 u ff regeln die Haftung der am Zahlungsvorgang beteiligten Banken in Fällen nicht autorisierter und mangelhafter (nicht oder fehlerhaft) ausgeführter Zahlungsvorgänge. Grds trägt das Risiko fehlgehender Zahlungsvorgänge die Bank des Schuldners. Sie kann Erstattung von dem Dritten, nicht aber von ihrem Kunden verlangen. § 676 normiert eine Beweislastumkehr zugunsten des Bankkunden. Den Bankkunden trifft hingegen die Pflicht, gem § 676 b seine Bank bei fehlerhaften Zahlungsvorgängen unverzüglich (vgl § 121 I 1) zu informieren. Zu beachten ist, dass die Normen grds kein Verschulden voraussetzen. Deshalb normiert § 676 c die Voraussetzungen eines Haftungsausschlusses für zB unvorhergesehene Ereignisse. Die §§ 675 u und 675 y sind abschließend – auch gegenüber verschuldensabhängigen Ansprüchen oder einer Kondiktion, § 675 z S 1. Führt die Bank einen Zahlungsvorgang anhand einer vom Zahler falsch mitgeteilten Kundenkennung aus, gilt der Zahlungsvorgang als ordnungsgemäß ausgeführt (§ 675 r I).

2 **2. Nicht autorisierte Zahlungsdienste.** Ist ein Zahlungsdienst nicht vom Zahler autorisiert (§ 675 j Rz 1), kann die Bank keinen Aufwendungsersatz für erbrachte Zahlungsdienste verlangen, § 675 u. Die Bank ist auf einen Bereicherungsausgleich gegen den Zahlungsempfänger angewiesen (s § 812 Rz 27 ff). § 675 z S 1 schließt eine Kondiktion des Überweisungsbetrags vom Kontoinhaber aus (BT-Drucks 16/11643, S 113). Ausnahmsweise haftet der Kontoinhaber für nicht autorisierte Zahlungsvorgänge bei von ihm mitverschuldeten **Missbräuchen** durch Dritte, § 675 v. Die Beweislast trägt die Bank (§ 675 w).

§ 675 u. Haftung des Zahlungsdienstleisters für nicht autorisierte Zahlungsvorgänge

[1]Im Fall eines nicht autorisierten Zahlungsvorgangs hat der Zahlungsdienstleister des Zahlers gegen diesen keinen Anspruch auf Erstattung seiner Aufwendungen. [2]Er ist verpflichtet, dem Zahler den Zahlungsbetrag unverzüglich zu erstatten und, sofern der Betrag einem Zahlungskonto belastet worden ist, dieses Zahlungskonto wieder auf den Stand zu bringen, auf dem es sich ohne die Belastung durch den nicht autorisierten Zahlungsvorgang befunden hätte.

§ 675 v. Haftung des Zahlers bei missbräuchlicher Nutzung eines Zahlungsauthentifizierungsinstruments

(1) **[1]Beruhen nicht autorisierte Zahlungsvorgänge auf der Nutzung eines verlorengegangenen, gestohlenen oder sonst abhanden gekommenen Zahlungs-**

authentifizierungsinstruments, so kann der Zahlungsdienstleister des Zahlers von diesem den Ersatz des hierdurch entstandenen Schadens bis zu einem Betrag von 150 Euro verlangen. [2]Dies gilt auch, wenn der Schaden infolge einer sonstigen missbräuchlichen Verwendung eines Zahlungsauthentifizierungsinstruments entstanden ist und der Zahler die personalisierten Sicherheitsmerkmale nicht sicher aufbewahrt hat.

(2) **Der Zahler ist seinem Zahlungsdienstleister zum Ersatz des gesamten Schadens verpflichtet, der infolge eines nicht autorisierten Zahlungsvorgangs entstanden ist, wenn er ihn in betrügerischer Absicht ermöglicht hat oder durch vorsätzliche oder grob fahrlässige Verletzung**

1. **einer oder mehrerer Pflichten gemäß § 675l oder**
2. **einer oder mehrerer vereinbarter Bedingungen für die Ausgabe und Nutzung des Zahlungsauthentifizierungsinstruments**

herbeigeführt hat.

(3) **[1]Abweichend von den Absätzen 1 und 2 ist der Zahler nicht zum Ersatz von Schäden verpflichtet, die aus der Nutzung eines nach der Anzeige gemäß § 675l Satz 2 verwendeten Zahlungsauthentifizierungsinstruments entstanden sind. [2]Der Zahler ist auch nicht zum Ersatz von Schäden im Sinne des Absatzes 1 verpflichtet, wenn der Zahlungsdienstleister seiner Pflicht gemäß § 675m Abs. 1 Nr. 3 nicht nachgekommen ist. [3]Die Sätze 1 und 2 sind nicht anzuwenden, wenn der Zahler in betrügerischer Absicht gehandelt hat.**

§ 675w. Nachweis der Authentifizierung

[1]Ist die Autorisierung eines ausgeführten Zahlungsvorgangs streitig, hat der Zahlungsdienstleister nachzuweisen, dass eine Authentifizierung erfolgt ist und der Zahlungsvorgang ordnungsgemäß aufgezeichnet, verbucht sowie nicht durch eine Störung beeinträchtigt wurde. [2]Eine Authentifizierung ist erfolgt, wenn der Zahlungsdienstleister die Nutzung eines bestimmten Zahlungsauthentifizierungsinstruments, einschließlich seiner personalisierten Sicherheitsmerkmale, mit Hilfe eines Verfahrens überprüft hat. [3]Wurde der Zahlungsvorgang mittels eines Zahlungsauthentifizierungsinstruments ausgelöst, reicht die Aufzeichnung der Nutzung des Zahlungsauthentifizierungsinstruments einschließlich der Authentifizierung durch den Zahlungsdienstleister allein nicht notwendigerweise aus, um nachzuweisen, dass der Zahler

1. **den Zahlungsvorgang autorisiert,**
2. **in betrügerischer Absicht gehandelt,**
3. **eine oder mehrere Pflichten gemäß § 675l verletzt oder**
4. **vorsätzlich oder grob fahrlässig gegen eine oder mehrere Bedingungen für die Ausgabe und Nutzung des Zahlungsauthentifizierungsinstruments verstoßen**

hat.

§ 675x. Erstattungsanspruch bei einem vom oder über den Zahlungsempfänger ausgelösten autorisierten Zahlungsvorgang

(1) **[1]Der Zahler hat gegen seinen Zahlungsdienstleister einen Anspruch auf Erstattung eines belasteten Zahlungsbetrags, der auf einem autorisierten, vom oder über den Zahlungsempfänger ausgelösten Zahlungsvorgang beruht, wenn**

1. **bei der Autorisierung der genaue Betrag nicht angegeben wurde und**
2. **der Zahlungsbetrag den Betrag übersteigt, den der Zahler entsprechend seinem bisherigen Ausgabeverhalten, den Bedingungen des Zahlungsdiensterahmenvertrags und den jeweiligen Umständen des Einzelfalls hätte erwarten**

können; mit einem etwaigen Währungsumtausch zusammenhängende Gründe bleiben außer Betracht, wenn der zwischen den Parteien vereinbarte Referenzwechselkurs zugrunde gelegt wurde.

[2]Der Zahler ist auf Verlangen seines Zahlungsdienstleisters verpflichtet, die Sachumstände darzulegen, aus denen er sein Erstattungsverlangen herleitet.

(2) Im Fall von Lastschriften können der Zahler und sein Zahlungsdienstleister vereinbaren, dass der Zahler auch dann einen Anspruch auf Erstattung gegen seinen Zahlungsdienstleister hat, wenn die Voraussetzungen für eine Erstattung nach Absatz 1 nicht erfüllt sind.

(3) Der Zahler kann mit seinem Zahlungsdienstleister vereinbaren, dass er keinen Anspruch auf Erstattung hat, wenn er seine Zustimmung zur Durchführung des Zahlungsvorgangs unmittelbar seinem Zahlungsdienstleister erteilt hat und er, sofern vereinbart, über den anstehenden Zahlungsvorgang mindestens vier Wochen vor dem Fälligkeitstermin vom Zahlungsdienstleister oder vom Zahlungsempfänger unterrichtet wurde.

(4) Ein Anspruch des Zahlers auf Erstattung ist ausgeschlossen, wenn er ihn nicht innerhalb von acht Wochen ab dem Zeitpunkt der Belastung des betreffenden Zahlungsbetrags gegenüber seinem Zahlungsdienstleister geltend macht.

(5) [1]Der Zahlungsdienstleister ist verpflichtet, innerhalb von zehn Geschäftstagen nach Zugang eines Erstattungsverlangens entweder den vollständigen Betrag des Zahlungsvorgangs zu erstatten oder dem Zahler die Gründe für die Ablehnung der Erstattung mitzuteilen. [2]Im Fall der Ablehnung hat der Zahlungsdienstleister auf die Beschwerdemöglichkeit gemäß § 28 des Zahlungsdiensteaufsichtsgesetzes und auf die Möglichkeit, eine Schlichtungsstelle gemäß § 14 des Unterlassungsklagengesetzes anzurufen, hinzuweisen. [3]Das Recht des Zahlungsdienstleisters, eine innerhalb der Frist nach Absatz 4 geltend gemachte Erstattung abzulehnen, erstreckt sich nicht auf den Fall nach Absatz 2.

(6) Absatz 1 ist nicht anzuwenden auf Lastschriften, sobald diese durch eine Genehmigung des Zahlers unmittelbar gegenüber seinem Zahlungsdienstleister autorisiert worden sind.

§ 675y. Haftung der Zahlungsdienstleister bei nicht erfolgter oder fehlerhafter Ausführung eines Zahlungsauftrags; Nachforschungspflicht

(1) [1]Wird ein Zahlungsvorgang vom Zahler ausgelöst, kann dieser von seinem Zahlungsdienstleister im Fall einer nicht erfolgten oder fehlerhaften Ausführung des Zahlungsauftrags die unverzügliche und ungekürzte Erstattung des Zahlungsbetrags verlangen. [2]Wurde der Betrag einem Zahlungskonto des Zahlers belastet, ist dieses Zahlungskonto wieder auf den Stand zu bringen, auf dem es sich ohne den fehlerhaft ausgeführten Zahlungsvorgang befunden hätte. [3]Soweit vom Zahlungsbetrag entgegen § 675q Abs. 1 Entgelte abgezogen wurden, hat der Zahlungsdienstleister des Zahlers den abgezogenen Betrag dem Zahlungsempfänger unverzüglich zu übermitteln. [4]Weist der Zahlungsdienstleister des Zahlers nach, dass der Zahlungsbetrag rechtzeitig und ungekürzt beim Zahlungsdienstleister des Zahlungsempfängers eingegangen ist, entfällt die Haftung nach diesem Absatz.

(2) [1]Wird ein Zahlungsvorgang vom oder über den Zahlungsempfänger ausgelöst, kann dieser im Fall einer nicht erfolgten oder fehlerhaften Ausführung des Zahlungsauftrags verlangen, dass sein Zahlungsdienstleister diesen Zahlungsauftrag unverzüglich, gegebenenfalls erneut, an den Zahlungsdienstleister des

Zahlers übermittelt. [2]Weist der Zahlungsdienstleister des Zahlungsempfängers nach, dass er die ihm bei der Ausführung des Zahlungsvorgangs obliegenden Pflichten erfüllt hat, hat der Zahlungsdienstleister des Zahlers dem Zahler gegebenenfalls unverzüglich den ungekürzten Zahlungsbetrag entsprechend Absatz 1 Satz 1 und 2 zu erstatten. [3]Soweit vom Zahlungsbetrag entgegen § 675q Abs. 1 und 2 Entgelte abgezogen wurden, hat der Zahlungsdienstleister des Zahlungsempfängers den abgezogenen Betrag dem Zahlungsempfänger unverzüglich verfügbar zu machen.

(3) **[1]Ansprüche des Zahlungsdienstnutzers gegen seinen Zahlungsdienstleister nach Absatz 1 Satz 1 und 2 sowie Absatz 2 Satz 2 bestehen nicht, soweit der Zahlungsauftrag in Übereinstimmung mit der vom Zahlungsdienstnutzer angegebenen fehlerhaften Kundenkennung ausgeführt wurde. [2]In diesem Fall kann der Zahler von seinem Zahlungsdienstleister jedoch verlangen, dass dieser sich im Rahmen seiner Möglichkeiten darum bemüht, den Zahlungsbetrag wiederzuerlangen. [3]Der Zahlungsdienstleister darf mit dem Zahlungsdienstnutzer im Zahlungsdiensterahmenvertrag für diese Wiederbeschaffung ein Entgelt vereinbaren.**

(4) **Ein Zahlungsdienstnutzer kann von seinem Zahlungsdienstleister über die Ansprüche nach den Absätzen 1 und 2 hinaus die Erstattung der Entgelte und Zinsen verlangen, die der Zahlungsdienstleister ihm im Zusammenhang mit der nicht erfolgten oder fehlerhaften Ausführung des Zahlungsvorgangs in Rechnung gestellt oder mit denen er dessen Zahlungskonto belastet hat.**

(5) **Wurde ein Zahlungsauftrag nicht oder fehlerhaft ausgeführt, hat der Zahlungsdienstleister desjenigen Zahlungsdienstnutzers, der einen Zahlungsvorgang ausgelöst hat oder über den ein Zahlungsvorgang ausgelöst wurde, auf Verlangen seines Zahlungsdienstnutzers den Zahlungsvorgang nachzuvollziehen und seinen Zahlungsdienstnutzer über das Ergebnis zu unterrichten.**

§ 675z. Sonstige Ansprüche bei nicht erfolgter oder fehlerhafter Ausführung eines Zahlungsauftrags oder bei einem nicht autorisierten Zahlungsvorgang

[1]Die §§ 675u und 675y sind hinsichtlich der dort geregelten Ansprüche eines Zahlungsdienstnutzers abschließend. [2]Die Haftung eines Zahlungsdienstleisters gegenüber seinem Zahlungsdienstnutzer für einen wegen nicht erfolgter oder fehlerhafter Ausführung eines Zahlungsauftrags entstandenen Schaden, der nicht bereits von § 675y erfasst ist, kann auf 12 500 Euro begrenzt werden; dies gilt nicht für Vorsatz und grobe Fahrlässigkeit, den Zinsschaden und für Gefahren, die der Zahlungsdienstleister besonders übernommen hat. [3]Zahlungsdienstleister haben hierbei ein Verschulden, das einer zwischengeschalteten Stelle zur Last fällt, wie eigenes Verschulden zu vertreten, es sei denn, dass die wesentliche Ursache bei einer zwischengeschalteten Stelle liegt, die der Zahlungsdienstnutzer vorgegeben hat. [4]In den Fällen von Satz 3 zweiter Halbsatz haftet die von dem Zahlungsdienstnutzer vorgegebene zwischengeschaltete Stelle anstelle des Zahlungsdienstleisters des Zahlungsdienstnutzers. [5]§ 675y Abs. 3 Satz 1 ist auf die Haftung eines Zahlungsdienstleisters nach den Sätzen 2 bis 4 entsprechend anzuwenden.

§ 676. Nachweis der Ausführung von Zahlungsvorgängen

Ist zwischen dem Zahlungsdienstnutzer und seinem Zahlungsdienstleister streitig, ob der Zahlungsvorgang ordnungsgemäß ausgeführt wurde, muss der Zahlungsdienstleister nachweisen, dass der Zahlungsvorgang ordnungsgemäß

aufgezeichnet und verbucht sowie nicht durch eine Störung beeinträchtigt wurde.

§ 676 a. Ausgleichsanspruch

Liegt die Ursache für die Haftung eines Zahlungsdienstleisters gemäß den §§ 675 y und 675 z im Verantwortungsbereich eines anderen Zahlungsdienstleisters oder einer zwischengeschaltete[2] Stelle, so kann er vom anderen Zahlungsdienstleister oder der zwischengeschalteten Stelle den Ersatz des Schadens verlangen, der ihm aus der Erfüllung der Ansprüche eines Zahlungsdienstnutzers gemäß den §§ 675 y und 675 z entsteht.

§ 676 b. Anzeige nicht autorisierter oder fehlerhaft ausgeführter Zahlungsvorgänge

(1) Der Zahlungsdienstnutzer hat seinen Zahlungsdienstleister unverzüglich nach Feststellung eines nicht autorisierten oder fehlerhaft ausgeführten Zahlungsvorgangs zu unterrichten.

(2) [1]Ansprüche und Einwendungen des Zahlungsdienstnutzers gegen den Zahlungsdienstleister nach diesem Unterkapitel sind ausgeschlossen, wenn dieser seinen Zahlungsdienstleister nicht spätestens 13 Monate nach dem Tag der Belastung mit einem nicht autorisierten oder fehlerhaft ausgeführten Zahlungsvorgang hiervon unterrichtet hat. [2]Der Lauf der Frist beginnt nur, wenn der Zahlungsdienstleister den Zahlungsdienstnutzer über die den Zahlungsvorgang betreffenden Angaben gemäß Artikel 248 §§ 7, 10 oder § 14 des Einführungsgesetzes zum Bürgerlichen Gesetzbuche unterrichtet hat; anderenfalls ist für den Fristbeginn der Tag der Unterrichtung maßgeblich.

(3) Für andere als die in § 675 z Satz 1 genannten Ansprüche des Zahlungsdienstnutzers gegen seinen Zahlungsdienstleister wegen eines nicht autorisierten oder fehlerhaft ausgeführten Zahlungsvorgangs gilt Absatz 2 mit der Maßgabe, dass der Zahlungsdienstnutzer diese Ansprüche auch nach Ablauf der Frist geltend machen kann, wenn er ohne Verschulden an der Einhaltung der Frist verhindert war.

§ 676 c. Haftungsausschluss

Ansprüche nach diesem Kapitel sind ausgeschlossen, wenn die einen Anspruch begründenden Umstände

1. auf einem ungewöhnlichen und unvorhersehbaren Ereignis beruhen, auf das diejenige Partei, die sich auf dieses Ereignis beruft, keinen Einfluss hat, und dessen Folgen trotz Anwendung der gebotenen Sorgfalt nicht hätten vermieden werden können, oder
2. vom Zahlungsdienstleister auf Grund einer gesetzlichen Verpflichtung herbeigeführt wurden.

§§ 676 d–676 h. *(aufgehoben)*

Titel 13. Geschäftsführung ohne Auftrag

Vor § 677

I. Allgemeines

1. Begriff. Geschäftsführung ohne Auftrag (GoA) liegt vor, wenn jemand (Geschäftsführer) ein Geschäft für einen anderen (Geschäftsherrn) besorgt, ohne diesem gegenüber vertraglich oder sonst wie dazu berechtigt zu sein (vgl § 677). **2. Bedeutung.** Die GoA begründet ein gesetzliches Schuldverhältnis; ihre systematische Stellung nach dem Auftrag ist aber dadurch gerechtfertigt, dass sie mit jenem den Begriff der Geschäftsbesorgung gemein hat. **3. Zweck.** Einerseits Unterstützung des fremdnützig Handelnden durch Verstärkung der Rechtsstellung des rechtmäßigen Fremdgeschäftsführers (s unten Rz 3) gegenüber einem bloßen Bereicherungsgläubiger; andererseits Abwehr von aufgedrängter Einmischung in die Angelegenheiten des Geschäftsherrn durch Haftungsverschärfungen zulasten des unberechtigten Fremdgeschäftsführers (§§ 678, 687 II). Den unterschiedlichen Zielrichtungen wird durch die verschiedenen Arten der GoA (unten Rz 3ff) Rechnung getragen. 1

II. Arten

1. Es ist zwischen echter und unechter GoA zu unterscheiden. **a)** Die **echte GoA** setzt voraus: **1. Geschäftsbesorgung** (§ 677 Rz 4). **2. Fremdheit** des Geschäfts (§ 677 Rz 5). **3. Ohne Auftrag oder sonstige Berechtigung** (§ 677 Rz 6). **4. Fremdgeschäftsführungswille** (§ 687 I, näher dort Rz 1). Entspricht die Übernahme der Geschäftsbesorgung dem Interesse und dem Willen des Geschäftsherrn (§ 683), liegt eine **berechtigte GoA** vor. Sind diese Voraussetzungen nicht gegeben, spricht man von **unberechtigter GoA**. Unerheblich für das Zustandekommen der GoA mit dem wirklichen Geschäftsherrn ist, ob der Geschäftsführer dessen Person kennt oder über sie im Irrtum ist (§ 686). 2

2. Eine **unechte GoA** liegt im Falle fehlenden Fremdgeschäftsführungswillens vor. Wird das Geschäft wider besseres Wissen als eigenes geführt, handelt es sich um eine **angemaßte Eigengeschäftsführung** (§ 687 II). Bei der irrigen Annahme, ein eigenes Geschäft zu führen (§ 687 I) sind die Vorschriften der GoA dagegen nicht anwendbar.

III. Rechtsfolgen (Übersicht)

1. Berechtigte GoA liegt vor bei der Erfüllung der Voraussetzungen von § 683 S 1 sowie in den Fällen der §§ 683 S 2, 679 und des § 684 S 2. Der Geschäftsführer wird einem Beauftragten gleichgestellt. Insbesondere treffen ihn folgende Rechte und Pflichten: **a)** Pflicht zur **ordnungsgemäßen Geschäftsführung,** § 677. Bei Verletzung Schadensersatzpflicht nach § 280. **b)** Pflicht zur **alsbaldigen Anzeige** der Geschäftsaufnahme, **Herausgabe des Erlangten** usw, §§ 681 S 1, 681 S 2 iVm 666–668. **c)** Recht auf **Aufwendungsersatz,** §§ 683 S 1 iVm 670; beachte aber § 685. 3

2. Entspricht die Geschäftsführung nicht dem Interesse und dem Willen des Geschäftsherrn ist eine **unberechtigte GoA** gegeben. **a)** Hier ist str, ob den Geschäftsführer die Pflicht aus § 677 zur **ordnungsgemäßen Geschäftsführung** trifft (näher § 677 Rz 2). Jedenfalls ist er der verschärften Haftung des § 678 ausgesetzt. **b) Anspruch** des Geschäftsführers gegen den Geschäftsherrn **auf Herausgabe** von durch die Geschäftsführung erlangten Vorteilen nach Bereicherungsrecht, §§ 684 S 1 iVm 4

812ff. **c)** Str ist, ob der Geschäftsführer seinerseits das durch die Geschäftsführung Erlangte nach §§ 681 S 2, 667 **herausgeben muss** oder ob eine solche Verpflichtung dem bereicherungsrechtlichen Herausgabeanspruch des Geschäftsführers zuwiderlaufen würde (näher § 681 Rz 2f).

5 **3.** Typische Fälle der **angemaßten Eigengeschäftsführung** sind etwa: Eingriff in fremde absolute Rechte, etwa durch unautorisierten Verkauf eines fremden (zB gestohlenen) Schmuckstückes an Dritte; Entgegennahme von Leistungen, die nur dem Geschäftsherrn zustehen. Bei der angemaßten GoA entstehen nur dann Rechte und Pflichten, wenn der Geschäftsherr seine Ansprüche aus § 687 II 1 geltend macht. In diesem Fall hat der sich anmaßende Eigengeschäftsführer die Stellung eines unberechtigten Fremdgeschäftsführers (oben Rz 4; jedoch ist das Eingreifen der §§ 677, 681 durch die Verweisung in § 687 II 1 hier unzweifelhaft).

IV. Abgrenzung zu anderen gesetzlichen Schuldverhältnissen

6 **1. Eigentümer-Besitzer-Verhältnis** (§§ 987ff). **a)** Neben der **berechtigten GoA** greifen die §§ 987ff unstreitig nicht ein, da die Geschäftsführung ein Recht zum Besitz iSd § 986 gewährt. **b)** Dagegen werden die Regeln der **unberechtigten GoA** nach hM von den EBV-Vorschriften als Sonderregeln verdrängt (aA *MüKo-Seiler* Rz 18). **c)** Umstritten ist auch das Verhältnis zur **angemaßten GoA:** Nach hM besteht Anspruchskonkurrenz zu den §§ 987ff, nach aA (*MüKo-Seiler* aaO) gehen die GoA-Vorschriften als Sonderregeln vor.

7 **2. Deliktische Ansprüche** scheiden bei berechtigter GoA mangels Rechtswidrigkeit aus; im Übrigen besteht Anspruchskonkurrenz.

8 **3. Bereicherungsansprüche** (§§ 812ff) scheiden neben **berechtigter GoA** grds aus, da diese einen Rechtsgrund iSd § 812 I 1 bildet. Nach hL (etwa *MüKo-Seiler* § 677 Rz 47f) ist von diesem Grundsatz jedoch eine **Ausnahme** zu machen, wenn die Geschäftsbesorgung auf Grund eines beendeten oder nichtigen Vertragsverhältnisses erfolgte; in diesem Falle müsse das Bereicherungsrecht als Sonderregelung vorgehen, eine Anwendung der GoA-Vorschriften führe zur Umgehung der §§ 814, 817 S 2, 818f. Dagegen wickelt die Rspr (BGH NJW 1993, 3196 mwN) auch in diesen Fällen regelmäßig nach §§ 677ff ab: die vermeintliche vertragliche Verpflichtung des Geschäftsführers schließe seinen Fremdgeschäftsführungswillen im Rahmen eines „auch-fremden" Geschäfts nicht aus (anders aber für die Durchführung nicht geschuldeter Schönheitsreparaturen, BGH NJW 2009, 2590, s § 535 Rz 4). Bestanden die Aufwendungen des Geschäftsführers allerdings aus einer vom Gesetz verbotenen Tätigkeit (zB Schwarzarbeit), so durfte er sie nicht „den Umständen nach für erforderlich halten", so dass ein Anspruch gem §§ 683, 670 entfällt und auf das Bereicherungsrecht zurückgegriffen werden muss (BGHZ 111, 308, 311). – Für die **unberechtigte GoA** verweist § 684 S 1 auf die §§ 812ff; Näheres bei § 684 Rz 1ff. Zum Verhältnis zur Eigengeschäftsführung s § 687 Rz 1, 4.

§ 677. Pflichten des Geschäftsführers

Wer ein Geschäft für einen anderen besorgt, ohne von ihm beauftragt oder ihm gegenüber sonst dazu berechtigt zu sein, hat das Geschäft so zu führen, wie das Interesse des Geschäftsherrn mit Rücksicht auf dessen wirklichen oder mutmaßlichen Willen es erfordert.

I. Allgemeines

1 **1. Bedeutung.** Die Vorschrift bestimmt (zusammen mit § 687 I) die Voraussetzungen für die GoA; ferner umschreibt sie die Hauptpflicht des Geschäftsführers und bildet die Anspruchsgrundlage bei fehlerhafter Geschäftsführung.

2. Anwendungsbereich. Str ist, ob die Pflicht zur ordnungsgemäßen Geschäftsführung nur den berechtigten Geschäftsführer oder auch den unberechtigten (zu der Unterscheidung Vor § 677 Rz 3f) trifft. Nach überwiegender Ansicht gilt § 677 nicht für den unberechtigten Geschäftsführer. Dieser sei nicht zur ordnungsgemäßen Geschäftsführung, sondern zu ihrer Unterlassung verpflichtet (*Jauernig-Mansel* Rz 1). Dagegen ist die Vorschrift nach vordringender Ansicht (*Palandt-Sprau* Vor § 677 Rz 5; *MüKo-Seiler* Rz 50) bei jeder GoA anwendbar: die Beschränkung der hM finde im Wortlaut des § 677 keine Stütze. Der unberechtigte Geschäftsführer dürfe nicht besser als der berechtigte stehen; wenn er die Geschäftsführung einmal übernommen habe, müsse er auch zur ordnungsgemäßen Ausführung verpflichtet sein. 2

II. Voraussetzungen der GoA

Vgl die Übersicht Vor § 677 Rz 2. Zusätzlich zu den folgenden Voraussetzungen ist der sog **Fremdgeschäftsführungswille** erforderlich, der in subjektiver Hinsicht das Bewusstsein des Handelnden voraussetzt, für einen anderen tätig zu werden, § 687 I. 3

1. Der Begriff der **Geschäftsbesorgung** ist wie beim Auftrag sehr weit zu verstehen; er umfasst jede fremdnützige Tätigkeit, rechtsgeschäftlich oder nicht, auch wenn sie nur von kürzester Dauer ist (Bsp: Herumreißen eines Lenkrades, um auf die Straße springendes Kind nicht zu verletzen, BGHZ 38, 270, 275). 4

2. Für einen anderen. Diese Voraussetzung ist gegeben, wenn der Geschäftsführer das Geschäft nicht (nur) als eigenes, sondern (auch) als fremdes führt. Hierbei unterscheidet der BGH zwischen objektiv und subjektiv fremden sowie „auch-fremden" Geschäften (vgl BGH NJW 2000, 72 „Erbensucher"), wobei die Linie der Rspr insgesamt nicht eindeutig erscheint (vgl *Falk* JuS 2003, 833): **a) Objektiv fremde Geschäfte** sind Tätigkeiten, die bereits ihrer Natur oder ihrem äußeren Erscheinungsbild nach in einen anderen Rechts- und Interessenkreis fallen, zB Hilfeleistungen, Gefahrabwendung, Zahlung fremder Schulden. Nach ständiger Rspr wird bei objektiv fremden Geschäften der Fremdgeschäftsführungswille (§ 687 I) vermutet. **b) Objektiv eigene oder neutrale Geschäfte** werden nur durch eine nach außen erkennbare Fremdbestimmung des Handelnden zu einem fremden Geschäft **(subjektiv fremde Geschäfte).** Für einen Willen zur Fremdgeschäftsführung besteht hier keine Vermutung. **c)** Bei sog **„auch-fremden" Geschäften,** die ihrer äußeren Erscheinung nach nicht nur dem Besorger, sondern auch einem Dritten zugute kommen, wird wiederum der Wille, ein fremdes Geschäft *mit* zu besorgen, vermutet. So wird zB von der Rspr (1) die Brandbekämpfung durch eine gemeindliche Feuerwehr als GoA für den Brandverursacher angesehen (BGHZ 40, 28), und (2) das Abschleppen eines verkehrswidrig geparkten Kfz durch von der Polizei beauftragte private Unternehmer könnte als GoA für den Kfz-Halter gelten. **d) Kritik.** In der Lit werden solche Ausweitungen des GoA-Begriffs unter verschiedenen Gesichtspunkten bekämpft (näher *MüKo-Seiler* Rz 13ff). Werden Verwaltungsstellen zur Erfüllung öffentlichrechtlicher Pflichten tätig (Bsp 1), so lässt sich aus dem Grundsatz der Gesetzmäßigkeit der Verwaltung (Art 20 III GG) das Gebot entnehmen, nicht aus privatrechtlichen Normen Zahlungspflichten für den Bürger herzuleiten (vgl §§ 679, 683, 670). Erfüllt der Geschäftsführer gleichzeitig eine Verpflichtung gegenüber einem Dritten (Bsp 2), so bestehen ebenfalls Zweifel an seinem Fremdgeschäftsführungswillen (vgl § 687 I), wenn dieser – wie im Normalfall – nicht nach außen kenntlich gemacht wird. Ferner sollte in derartigen Dreipersonenverhältnissen die Abwicklung besser innerhalb der Leistungsbeziehungen erfolgen (*Medicus/Petersen* Rz 414). 5

3. Ohne Auftrag oder sonstige Berechtigung. Eine anderweitige gesetzliche Berechtigung zur Vornahme der Geschäftsbesorgung geht den Regeln über die GoA 6 vor. Die Berechtigung kann sich aus jedem Rechtsgeschäft ergeben (die Bezeichnung „ohne Auftrag“ ist also zu eng), aus familienrechtlichen Beziehungen (zB §§ 1626ff) sowie aus einer Amts- oder Organstellung. Die allgemeine Hilfeleistungspflicht (§ 323c StGB) stellt keine Berechtigung in diesem Sinne dar; die GoA-Regeln intendieren vielmehr gerade die Erfassung derartiger Situationen. Zur Rechtslage bei beendeten oder nichtigen Verträgen Vor § 677 Rz 8.

III. Pflicht zur ordnungsgemäßen Geschäftsführung

7 **1.** Bei einer **Kollision** zwischen (objektivem) **Interesse** und (subjektivem) **Willen** des Geschäftsherrn gibt die hM (etwa *MüKo-Seiler* Rz 52) – anders als bei § 683 – dem objektiven Interesse den Vorzug; arg: Wortlaut („mit Rücksicht“).

8 **2.** Bei **schuldhafter Verletzung** der Pflicht zur interessegemäßen Geschäftsführung haftet der Geschäftsführer aus § 280; jedoch gilt die Haftungsmilderung des § 680 auch hier. Im Übrigen kann der Geschäftsherr die Geschäftsführung auch insoweit genehmigen (vgl § 684 S 2).

§ 678. Geschäftsführung gegen den Willen des Geschäftsherrn

Steht die Übernahme der Geschäftsführung mit dem wirklichen oder dem mutmaßlichen Willen des Geschäftsherrn in Widerspruch und musste der Geschäftsführer dies erkennen, so ist er dem Geschäftsherrn zum Ersatz des aus der Geschäftsführung entstehenden Schadens auch dann verpflichtet, wenn ihm ein sonstiges Verschulden nicht zur Last fällt.

1 **1. Bedeutung.** Schadensersatzanspruch des Geschäftsherrn bei unberechtigter GoA (vgl Vor § 677 Rz 4) sowie bei angemaßter Eigengeschäftsführung, § 687 II 1 (vgl Vor § 677 Rz 5). Die Vorschrift schützt den Geschäftsherrn vor unerbetenen Einmischungen in seinen Geschäftskreis durch Haftungsverschärfung für den Geschäftsführer. Sie bildet neben §§ 287 S 2, 848 einen dritten Fall des vorverlagerten Verschuldens („versari in re illicita“, vgl *Medicus/Petersen* Rz 432; oft verkürzt als Zufallshaftung bezeichnet, vgl *MüKo-Seiler* Rz 2).

2 **2. Voraussetzungen. a) Vorliegen** einer **unberechtigten** oder **angemaßten GoA** (vgl Vor § 677 Rz 4f). **b) Übernahmeverschulden.** Haftungsbegründende Pflichtverletzung ist die Übernahme der Geschäftsbesorgung gegen den erkennbaren Willen des Geschäftsherrn (im Konfliktsfall irrelevant ist dessen – objektives – Interesse); nur auf diese muss sich das Verschulden des Geschäftsführers beziehen (Übernahmeverschulden). Es gilt § 276, beachte aber die Haftungsmilderung des § 680. Bei angemaßter Eigengeschäftsführung ist das Übernahmeverschulden regelmäßig durch die Voraussetzungen des § 687 II 1 indiziert (*Medicus/Petersen* Rz 417). Nicht erforderlich ist fehler- und schuldhafte Ausführung der Geschäftsbesorgung (Ausführungsverschulden). Liegt nur letzteres, aber kein Übernahmeverschulden vor, so ist str, ob der (unberechtigte) Geschäftsführer auch nach § 677 haftet (s dazu § 677 Rz 2, 8). **c) Schaden.** Der Geschäftsherr muss einen durch die Übernahme der Geschäftsführung adäquat verursachten Schaden erleiden.

3 **3. Rechtsfolgen.** Schadensersatz, § 249. Der Geschäftsherr ist so zu stellen, wie er bei nicht erfolgter Übernahme der Geschäftsbesorgung stehen würde.

§ 679. Unbeachtlichkeit des entgegenstehenden Willens des Geschäftsherrn

Ein der Geschäftsführung entgegenstehender Wille des Geschäftsherrn kommt nicht in Betracht, wenn ohne die Geschäftsführung eine Pflicht des Geschäfts-

herrn, deren Erfüllung im öffentlichen Interesse liegt, oder eine gesetzliche Unterhaltspflicht des Geschäftsherrn nicht rechtzeitig erfüllt werden würde.

§ 680. Geschäftsführung zur Gefahrenabwehr

Bezweckt die Geschäftsführung die Abwendung einer dem Geschäftsherrn drohenden dringenden Gefahr, so hat der Geschäftsführer nur Vorsatz und grobe Fahrlässigkeit zu vertreten.

§ 681. Nebenpflichten des Geschäftsführers

[1]Der Geschäftsführer hat die Übernahme der Geschäftsführung, sobald es tunlich ist, dem Geschäftsherrn anzuzeigen und, wenn nicht mit dem Aufschub Gefahr verbunden ist, dessen Entschließung abzuwarten. [2]Im Übrigen finden auf die Verpflichtungen des Geschäftsführers die für einen Beauftragten geltenden Vorschriften der §§ 666 bis 668 entsprechende Anwendung.

1. Anwendungsbereich. Die Nebenpflichten (unten Rz 4) treffen unstreitig den **berechtigten Geschäftsführer** (zu diesem Vor § 677 Rz 3) sowie den anmaßenden Eigengeschäftsführer (§ 687 II 1; s auch Vor § 677 Rz 5) auf Verlangen des Geschäftsherrn. Str ist dagegen, ob auch der **unberechtigte Geschäftsführer** (also der nicht interesse- und willensgemäß iSd § 683 S 1 Handelnde, s auch Vor § 677 Rz 4) aus § 681 verpflichtet ist. 1

a) Nach **früher hM** (etwa *Larenz* SchR II/1 § 57 IIa) gilt die Vorschrift für den unberechtigten Geschäftsführer nicht. Arg: Habe letzterer die Geschäftsführung ganz zu unterlassen (vgl § 677 Rz 2), so sollten dem Geschäftsherrn auch nicht über S 2 iVm § 667 die Vorteile der Geschäftsbesorgung zugute kommen; der Ausgleich zwischen unberechtigtem Geschäftsführer und Geschäftsherrn erfolge nur über die Vorschriften des Bereicherungsrechts (§ 684 S 1; allerdings soll über diese Vorschrift hinaus auch der Geschäftsführer verpflichtet sein, eine auf Kosten des Geschäftsherrn erlangte Bereicherung nach §§ 812ff herauszugeben). Wolle der Geschäftsherr das aus der Geschäftsbesorgung Erlangte vom unberechtigten Geschäftsführer nach S 2 iVm § 667 beanspruchen, so müsse er die Geschäftsführung nach § 684 S 2 genehmigen. Diese Genehmigungsmöglichkeit werde ihres Sinnes beraubt, wenn schon der unberechtigte Geschäftsführer aus S 2 iVm § 667 hafte. Im Übrigen stehe dem Anspruch des Geschäftsherrn auf das aus der Geschäftsbesorgung Erlangte aus S 2 iVm § 667 gegen den unberechtigten Geschäftsführer § 242 (dolo agit …, s § 242 Rz 3) entgegen, da dieser das Erlangte seinerseits nach §§ 684 S 1, 812ff vom Geschäftsherrn herausverlangen könne. 2

b) Nach vordringender **Gegenansicht** ist die Vorschrift dagegen auch auf den unberechtigten Geschäftsführer anzuwenden (*Palandt-Sprau* Vor § 677 Rz 5; *MüKo-Seiler* Rz 2f). Die Differenzierung der hM finde ebensowenig wie bei der Diskussion zum Anwendungsbereich des § 677 (s dort Rz 2) in Wortlaut und Entstehungsgeschichte der hier kommentierten Vorschrift eine Stütze. Wenn § 681 durch die Verweisung in § 687 II 1 schon für den anmaßenden Eigengeschäftsführer gelte, der vom Leitbild des redlichen Geschäftsführers noch weiter entfernt sei als der unberechtigte Geschäftsführer, so müsse § 681 erst recht für letzteren eingreifen. §§ 681 S 2 iVm 667 sei auch mit dem Gegenanspruch des Geschäftsführers aus §§ 684 S 1, 812ff nicht unvereinbar: die Kollision der wechselseitigen Ansprüche, die sich scheinbar gegenseitig aufheben, sei ebenso wie bei der angemaßten Eigengeschäftsführung zu lösen, für die § 687 II auch auf beide Ansprüche gleichzeitig verweist (s dazu § 687 Rz 4). Im Übrigen entstehe für die unberechtigte GoA ohne § 681 eine Regelungslücke (nämlich hinsichtlich der Auskunfts- und Rechnungslegungspflicht des Geschäftsführers, S 2 iVm § 666), welche die hM nur durch die umständliche Berufung auf „allgemeine Rechtsgrundsätze“ ausfüllen könne. 3

4 **2. Pflichten des Geschäftsführers. a) Anzeige der Geschäftsübernahme** S 1 HS 1. Wann diese „tunlich" ist, richtet sich nach der Erreichbarkeit des Geschäftsherrn und nach der Bedeutung des Geschäfts. **b)** Ohne praktische Bedeutung ist die Pflicht, die **Entscheidung** des Geschäftsherrn **abzuwarten,** S 1 HS 2; denn meist erschöpfen sich Geschäftsbesorgungen in Einzelmaßnahmen, und nach Entscheidung des Geschäftsherrn ist ein Auftrag anzunehmen (*MüKo-Seiler* Rz 5). **c)** Von den durch S 2 mit Verweisung geregelten Pflichten **(Auskunft, Rechnungslegung, Verzinsung)** ist die **Pflicht zur Herausgabe des Erlangten** (S 2 iVm § 667) am wichtigsten. Der Herausgabeanspruch erlangt seine größte Bedeutung bei der angemaßten Eigengeschäftsführung (§ 687 II 1), weil er dem Geschäftsherrn die Möglichkeit gibt, ggf über Schadensersatzansprüche und über § 816 I 1 hinaus den vom Geschäftsführer erzielten Gewinn auch insoweit abzuschöpfen, als er ihn selbst nicht erzielt hätte.

§ 682. Fehlende Geschäftsfähigkeit des Geschäftsführers

Ist der Geschäftsführer geschäftsunfähig oder in der Geschäftsfähigkeit beschränkt, so ist er nur nach den Vorschriften über den Schadensersatz wegen unerlaubter Handlungen und über die Herausgabe einer ungerechtfertigten Bereicherung verantwortlich.

§ 683. Ersatz von Aufwendungen

[1]Entspricht die Übernahme der Geschäftsführung dem Interesse und dem wirklichen oder dem mutmaßlichen Willen des Geschäftsherrn, so kann der Geschäftsführer wie ein Beauftragter Ersatz seiner Aufwendungen verlangen. [2]In den Fällen des § 679 steht dieser Anspruch dem Geschäftsführer zu, auch wenn die Übernahme der Geschäftsführung mit dem Willen des Geschäftsherrn in Widerspruch steht.

I. Allgemeines

1 Die Vorschrift gibt dem berechtigten Geschäftsführer den Aufwendungsersatzanspruch eines Beauftragten aus § 670. Gleichzeitig folgt aus § 683, dass **berechtigte GoA** (s Vor § 677 Rz 3) einerseits bei einer dem Interesse und dem Willen des Geschäftsherrn entsprechenden Geschäftsübernahme (S 1) und andererseits in den Fällen der Notgeschäftsführung (S 2 iVm § 679) vorliegt. Die Rechtsfolgen der berechtigten GoA kann der Geschäftsherr ferner durch Genehmigung der unberechtigten Geschäftsführung herbeiführen, § 684 S 2.

II. Voraussetzungen des Aufwendungsersatzanspruchs

2 Es müssen zunächst alle Voraussetzungen einer **Fremdgeschäftsführung** vorliegen, s Vor § 677 Rz 2. Hinzutreten muss entweder das Vorliegen eines **Notgeschäfts** (S 2 iVm § 679) oder die **Genehmigung des Geschäftsherrn** (§ 684 S 2) oder nach S 1 die Tatsache, dass die Geschäftsübernahme dem Interesse und dem wirklichen oder dem mutmaßlichen Willen des Geschäftsherrn entspricht.

3 **1. Interesse.** Interessegemäß ist die Geschäftsübernahme, wenn sie dem Geschäftsherrn in seiner konkreten Situation objektiv nützlich ist, also etwa Schaden von ihm abwendet oder den Wert ihm zugeordneter Sachen und Rechte erhöht.

4 **2. Wille.** Der Wille des Geschäftsherrn ist insbesondere für solche Geschäfte bedeutsam, bei denen sich ein rein objektives Interesse weder bejahen noch verneinen lässt; so kann etwa bei der Entscheidung, ob ein bestimmter Gegenstand angekauft (oder ein anderer verkauft) werden soll, mangels objektiver Anhaltspunkte (zB Samm-

lereigenschaft des Geschäftsherrn, günstiger Preis usw) nur die Intention des Geschäftsherrn Aufschluss geben. In erster Linie ist der **wirkliche** Wille zu beachten, der freilich – ausdrücklich oder konkludent – geäußert worden sein muss, wenn auch nicht notwendig gegenüber dem Geschäftsführer. Gleichgültig ist auch, ob der Geschäftsführer den wirklichen Willen kannte. Hat der Geschäftsherr seinen wirklichen Willen nicht geäußert, so entscheidet der **mutmaßliche** Wille. Ausschlaggebend ist, was der Geschäftsherr nach seinen sonstigen Gewohnheiten gewollt haben würde. Oft wird der mutmaßliche Wille durch das (objektive) Interesse des Geschäftsherrn indiziert, doch sind seine Gewohnheiten auch dann zu beachten, wenn sie interessenwidrig sind. Bsp (nach *Medicus/Lorenz* SchR II Rz 1115f): Lässt der Geschäftsherr seinen Garten verkommen, so darf in seiner Abwesenheit der Geschäftsführer nicht das Unkraut jäten, selbst wenn die Gartenpflege den Wert des Grundstücks erhöhen würde.

3. Verhältnis von Interesse und Wille. a) Nach dem **Gesetzeswortlaut** muss die Geschäftsübernahme sowohl interesse- als auch willensgemäß sein. Die damit verbundene Einschränkung des Anwendungsbereichs der berechtigten GoA (und das einhergehende Risiko für den Geschäftsführer, seine Aufwendungen nicht nach § 670 erstattet zu erhalten) sind nach dem Wortlaut offenbar beabsichtigt (so zB *Larenz* SchR II/1 § 57 I a). **b)** Dagegen will die wohl **hM** (etwa *Medicus/Lorenz* SchR II Rz 1116) es ausreichen lassen, wenn die Geschäftsübernahme zwar interessewidrig ist, aber dem wirklichen Willen des Geschäftsherrn entspricht. Arg: nur eine vorrangige Berücksichtigung des Willens entspreche dem Grundsatz der Privatautonomie. Nach dieser Ansicht ist das Interesse nur ein Mittel zur Ermittlung des mutmaßlichen Willens. 5

4. Erkennbarkeit. Gleichgültig ist, ob der Geschäftsführer Interesse und Willen des Geschäftsherrn erkannt hat oder auch nur erkennen konnte. Selbst bei schuldloser Fehlbeurteilung bleibt ihm der Anspruch aus § 683 versagt. 6

III. Rechtsfolgen

S allgemein zu den Rechtsfolgen bei berechtigter GoA Vor § 677 Rz 3. Der berechtigte Geschäftsführer kann **Aufwendungsersatz** nach § 670 beanspruchen. Daher trägt bei berechtigter GoA der Geschäftsherr das Erfolgsrisiko der Aufwendungen (vgl § 670 Rz 2). Da bei der GoA keine Unentgeltlichkeit vereinbart ist, kann der Geschäftsführer in weiterem Maße als der Beauftragte Ersatz für eigene Arbeitsleistung verlangen, nämlich immer dann, wenn sie objektiv einen Vermögenswert darstellt (BGHZ 131, 220, 224, 227; vgl auch § 994 Rz 2). Nach ganz hM kann der Geschäftsführer nach § 670 auch **Schadensersatz** fordern, wenn auch nur für sog „risikotypische Begleitschäden" (näher § 670 Rz 3). Einen Anwendungsfall im Bereich der GoA bildet die sog „Selbstaufopferung im Straßenverkehr" (näher *MüKo-Seiler* Rz 23; Bsp: Autofahrer fährt beim Ausweichen vor einem auf die Straße springenden Kind gegen eine Mauer). 7

§ 684. Herausgabe der Bereicherung

[1]Liegen die Voraussetzungen des § 683 nicht vor, so ist der Geschäftsherr verpflichtet, dem Geschäftsführer alles, was er durch die Geschäftsführung erlangt, nach den Vorschriften über die Herausgabe einer ungerechtfertigten Bereicherung herauszugeben. [2]Genehmigt der Geschäftsherr die Geschäftsführung, so steht dem Geschäftsführer der in § 683 bestimmte Anspruch zu.

I. Herausgabeanspruch des unberechtigten Geschäftsführers

1. Bedeutung. Der unberechtigte Geschäftsführer (näher Vor § 677 Rz 4) kann Ersatzansprüche gegen den Geschäftsherrn gemäß S 1 nur nach Bereicherungsrecht 1 geltend machen (näher dazu unten Rz 3 und § 812 Rz 43; zu den Ansprüchen des berechtigten Geschäftsführers § 683). Gleiches gilt für den anmaßenden Eigengeschäftsführer nach § 687 II 2, wenn der Geschäftsherr das Geschäft durch Geltendmachung der Ansprüche aus § 687 II 1 an sich zieht.

2 **2. Str** ist, ob man dem Geschäftsherrn den Gegenanspruch auf Herausgabe des aus der Geschäftsführung Erlangten gem §§ 681 S 2, 667 auch gegen den unberechtigten Geschäftsführer gibt (dazu § 681 Rz 1 ff). Dies wäre dann der Fall, wenn § 681 auch für die unberechtigte GoA Anwendung fände. Die **hM** lehnt dies ab. Der Geschäftsherr könne wie der Geschäftsführer nur Ansprüche allein nach §§ 812 ff geltend machen. Die **Gegenansicht** weist den Geschäftsführungserfolg auch bei unberechtigter GoA dem Geschäftsherrn zu, der das Erlangte nach §§ 681 S 2, 667 vom Geschäftsführer fordern kann (zu den Argumenten vgl § 681 Rz 1 ff).

3 **3.** Nach hM (*Palandt-Sprau* Rz 1) ist die Verweisung auf das Bereicherungsrecht in S 1 als **Rechtsfolgenverweisung** zu verstehen; die Haftungsvoraussetzungen seien bereits in S 1 beschrieben. Nach der Gegenansicht (etwa *MüKo-Seiler* Rz 4) liegt dagegen eine **Rechtsgrundverweisung** vor. Zwar seien die Anspruchsvoraussetzungen des § 812 bei Vorliegen einer unberechtigten GoA regelmäßig gegeben; doch würden durch die Annahme einer Rechtsfolgenverweisung dem Geschäftsherrn die Einwände aus §§ 814, 815, 817 S 2 abgeschnitten, was nicht gerechtfertigt werden könne.

II. Genehmigung

4 Durch die Genehmigung (S 2) des Geschäftsführers wird nicht nur der Anspruch aus § 683 ausgelöst, sondern es wird die gesamte Geschäftsführung zur berechtigten GoA. Weitere Folgen: S 1 und § 678 sind nicht mehr anwendbar; vgl weiter die Rechtsfolgenübersicht Vor § 677 Rz 3 f.

§ 685. Schenkungsabsicht

(1) **Dem Geschäftsführer steht ein Anspruch nicht zu, wenn er nicht die Absicht hatte, von dem Geschäftsherrn Ersatz zu verlangen.**

(2) **Gewähren Eltern oder Voreltern ihren Abkömmlingen oder diese jenen Unterhalt, so ist im Zweifel anzunehmen, dass die Absicht fehlt, von dem Empfänger Ersatz zu verlangen.**

§ 686. Irrtum über die Person des Geschäftsherrn

Ist der Geschäftsführer über die Person des Geschäftsherrn im Irrtum, so wird der wirkliche Geschäftsherr aus der Geschäftsführung berechtigt und verpflichtet.

§ 687. Unechte Geschäftsführung

(1) **Die Vorschriften der §§ 677 bis 686 finden keine Anwendung, wenn jemand ein fremdes Geschäft in der Meinung besorgt, dass es sein eigenes sei.**

(2) [1]**Behandelt jemand ein fremdes Geschäft als sein eigenes, obwohl er weiß, dass er nicht dazu berechtigt ist, so kann der Geschäftsherr die sich aus den §§ 677, 678, 681, 682 ergebenden Ansprüche geltend machen.** [2]**Macht er sie geltend, so ist er dem Geschäftsführer nach § 684 Satz 1 verpflichtet.**

I. Fremdgeschäftsführungswille (Abs 1)

1 Abs 1 stellt klar, dass das Entstehen des gesetzlichen Schuldverhältnisses nach §§ 677–686 subjektiv das Bewusstsein voraussetzt, für einen anderen tätig zu werden

(Fremdgeschäftsführungswille). Fehlt dieses Bewusstsein, so liegt eine **irrtümliche Eigengeschäftsführung** vor; die §§ 677–686 sind nicht, auch nicht nach Genehmigung (§ 684 S 2) anwendbar. Die Abwicklung erfolgt nach den allgemeinen Regeln (§§ 812ff).

II. Angemaßte Eigengeschäftsführung (Abs 2)

1. Allgemeines. Bei der angemaßten Eigengeschäftsführung (auch Geschäftsanmaßung oder unechte GoA genannt) weiß der Geschäftsführer zwar, dass er ein fremdes Geschäft führt (kognitives Element), aber er will es nicht für den Geschäftsherrn führen (finales Element), sondern die Vorteile des Geschäfts für sich selbst behalten. Typische Fälle sind Eingriffe in fremde absolute Rechte, wie zB die Nutzung oder Veräußerung fremder Sachen. Anspruchskonkurrenz besteht meist zu deliktischen Ansprüchen (namentlich § 826) und zu § 816. 2

2. Voraussetzungen. a) Es muss sich um ein **objektiv fremdes Geschäft** (§ 677 Rz 5) handeln. Objektiv neutrale Geschäfte sind nicht erfasst, weil diese erst durch den Fremdgeschäftsführungswillen, der bei der Geschäftsanmaßung gerade fehlt, zum fremden Geschäft werden. **b) Nichtberechtigung** des Geschäftsführers (§ 677 Rz 6). **c)** Positive **Kenntnis der Nichtberechtigung** ist erforderlich, bei bloßer Fahrlässigkeit greift Abs 1 ein. Ausreichend ist jedoch nach § 142 II die Kenntnis, dass das Geschäft durch Anfechtung (rückwirkend) fremd werden kann. Bsp (RGZ 138, 45): Gf erwirbt ein Gemälde von Gh zum Preis von 1500 Euro durch arglistige Täuschung. Nachdem Gf das Gemälde für 110000 Euro weiterverkauft hat, ficht Gh das Erstgeschäft nach § 123 an. Wegen § 142 II und der ex-tunc-Wirkung der Anfechtung war Gf beim Weiterverkauf bösgläubig. 3

3. Rechtsfolgen. Neben der Haftung des Geschäftsführers nach den allgemeinen Regeln (§§ 823, 812ff) ergeben sich bei der angemaßten Eigengeschäftsführung Ansprüche aus §§ 677–686 nur nach Wahl des Geschäftsherrn: Zieht er das Geschäft (ausdrücklich oder konkludent durch Erhebung entsprechender Ansprüche) an sich, so ist er dem Geschäftsführer nur nach Bereicherungsrecht (Abs 2 S 2 iVm §§ 684 S 1, 812ff) verpflichtet. Der scheinbare Widerspruch zwischen dieser Verweisung (derzufolge der Geschäftsherr dem Geschäftsführer Herausgabe des Erlangten schuldet) und der Verweisung in Abs 2 S 1 auf die Vorschriften der §§ 681 S 2, 667, nach denen umgekehrt der Geschäftsführer dem Geschäftsherrn das Erlangte herauszugeben hat, ist nach heute allgemeiner Ansicht so zu lösen, dass der Geschäftsherr nach §§ 684 S 1, 812ff lediglich Aufwendungsersatz nach Bereicherungsrecht schuldet, während der Geschäftsführer die im Zusammenhang mit der Geschäftsführung erlangten Vorteile nach §§ 681 S 2, 667 herausgeben muss (zu letzterem s § 667 Rz 2f). Gegenüber dem häufig konkurrierenden Anspruch aus § 816 I 1 hat der Herausgabeanspruch bei unechter GoA den Vorteil, dass er sich unstreitig auch auf die Gewinne des Geschäftsführers erstreckt, die der Geschäftsherr nicht erzielt hätte. 4

Titel 14. Verwahrung

§ 688. Vertragstypische Pflichten bei der Verwahrung

Durch den Verwahrungsvertrag wird der Verwahrer verpflichtet, eine ihm von dem Hinterleger übergebene bewegliche Sache aufzubewahren.

§ 689. Vergütung

Eine Vergütung für die Aufbewahrung gilt als stillschweigend vereinbart, wenn die Aufbewahrung den Umständen nach nur gegen eine Vergütung zu erwarten ist.

§ 690. Haftung bei unentgeltlicher Verwahrung

Wird die Aufbewahrung unentgeltlich übernommen, so hat der Verwahrer nur für diejenige Sorgfalt einzustehen, welche er in eigenen Angelegenheiten anzuwenden pflegt.

§ 691. Hinterlegung bei Dritten

[1]Der Verwahrer ist im Zweifel nicht berechtigt, die hinterlegte Sache bei einem Dritten zu hinterlegen. [2]Ist die Hinterlegung bei einem Dritten gestattet, so hat der Verwahrer nur ein ihm bei dieser Hinterlegung zur Last fallendes Verschulden zu vertreten. [3]Für das Verschulden eines Gehilfen ist er nach § 278 verantwortlich.

§ 692. Änderung der Aufbewahrung

[1]Der Verwahrer ist berechtigt, die vereinbarte Art der Aufbewahrung zu ändern, wenn er den Umständen nach annehmen darf, dass der Hinterleger bei Kenntnis der Sachlage die Änderung billigen würde. [2]Der Verwahrer hat vor der Änderung dem Hinterleger Anzeige zu machen und dessen Entschließung abzuwarten, wenn nicht mit dem Aufschub Gefahr verbunden ist.

§ 693. Ersatz von Aufwendungen

Macht der Verwahrer zum Zwecke der Aufbewahrung Aufwendungen, die er den Umständen nach für erforderlich halten darf, so ist der Hinterleger zum Ersatz verpflichtet.

§ 694. Schadensersatzpflicht des Hinterlegers

Der Hinterleger hat den durch die Beschaffenheit der hinterlegten Sache dem Verwahrer entstehenden Schaden zu ersetzen, es sei denn, dass er die Gefahr drohende Beschaffenheit der Sache bei der Hinterlegung weder kennt noch kennen muss oder dass er sie dem Verwahrer angezeigt oder dieser sie ohne Anzeige gekannt hat.

§ 695. Rückforderungsrecht des Hinterlegers

[1]Der Hinterleger kann die hinterlegte Sache jederzeit zurückfordern, auch wenn für die Aufbewahrung eine Zeit bestimmt ist. [2]Die Verjährung des Anspruchs auf Rückgabe der Sache beginnt mit der Rückforderung.

§ 696. Rücknahmeanspruch des Verwahrers

[1]Der Verwahrer kann, wenn eine Zeit für die Aufbewahrung nicht bestimmt ist, jederzeit die Rücknahme der hinterlegten Sache verlangen. [2]Ist eine Zeit bestimmt, so kann er die vorzeitige Rücknahme nur verlangen, wenn ein wichtiger Grund vorliegt. [3]Die Verjährung des Anspruchs beginnt mit dem Verlangen auf Rücknahme.

§ 697. Rückgabeort

Die Rückgabe der hinterlegten Sache hat an dem Ort zu erfolgen, an welchem die Sache aufzubewahren war; der Verwahrer ist nicht verpflichtet, die Sache dem Hinterleger zu bringen.

§ 698. Verzinsung des verwendeten Geldes

Verwendet der Verwahrer hinterlegtes Geld für sich, so ist er verpflichtet, es von der Zeit der Verwendung an zu verzinsen.

§ 699. Fälligkeit der Vergütung

(1) [1]Der Hinterleger hat die vereinbarte Vergütung bei der Beendigung der Aufbewahrung zu entrichten. [2]Ist die Vergütung nach Zeitabschnitten bemessen, so ist sie nach dem Ablauf der einzelnen Zeitabschnitte zu entrichten.

(2) Endigt die Aufbewahrung vor dem Ablauf der für sie bestimmten Zeit, so kann der Verwahrer einen seinen bisherigen Leistungen entsprechenden Teil der Vergütung verlangen, sofern nicht aus der Vereinbarung über die Vergütung sich ein anderes ergibt.

§ 700. Unregelmäßiger Verwahrungsvertrag

(1) [1]Werden vertretbare Sachen in der Art hinterlegt, dass das Eigentum auf den Verwahrer übergehen und dieser verpflichtet sein soll, Sachen von gleicher Art, Güte und Menge zurückzugewähren, so finden bei Geld die Vorschriften über den Darlehensvertrag, bei anderen Sachen die Vorschriften über den Sachdarlehensvertrag Anwendung. [2]Gestattet der Hinterleger dem Verwahrer, hinterlegte vertretbare Sachen zu verbrauchen, so finden bei Geld die Vorschriften über den Darlehensvertrag, bei anderen Sachen die Vorschriften über den Sachdarlehensvertrag von dem Zeitpunkt an Anwendung, in welchem der Verwahrer sich die Sachen aneignet. [3]In beiden Fällen bestimmen sich jedoch Zeit und Ort der Rückgabe im Zweifel nach den Vorschriften über den Verwahrungsvertrag.

(2) Bei der Hinterlegung von Wertpapieren ist eine Vereinbarung der im Absatz 1 bezeichneten Art nur gültig, wenn sie ausdrücklich getroffen wird.

Titel 15. Einbringung von Sachen bei Gastwirten

§ 701. Haftung des Gastwirts

(1) Ein Gastwirt, der gewerbsmäßig Fremde zur Beherbergung aufnimmt, hat den Schaden zu ersetzen, der durch den Verlust, die Zerstörung oder die Beschädigung von Sachen entsteht, die ein im Betrieb dieses Gewerbes aufgenommener Gast eingebracht hat.

(2) [1]Als eingebracht gelten

1. Sachen, welche in der Zeit, in der der Gast zur Beherbergung aufgenommen ist, in die Gastwirtschaft oder an einen von dem Gastwirt oder dessen Leuten angewiesenen oder von dem Gastwirt allgemein hierzu bestimmten Ort außerhalb der Gastwirtschaft gebracht oder sonst außerhalb der Gastwirtschaft von dem Gastwirt oder dessen Leuten in Obhut genommen sind,
2. Sachen, welche innerhalb einer angemessenen Frist vor oder nach der Zeit, in der der Gast zur Beherbergung aufgenommen war, von dem Gastwirt oder seinen Leuten in Obhut genommen sind.

[2]Im Falle einer Anweisung oder einer Übernahme der Obhut durch Leute des Gastwirts gilt dies jedoch nur, wenn sie dazu bestellt oder nach den Umständen als dazu bestellt anzusehen waren.

(3) Die Ersatzpflicht tritt nicht ein, wenn der Verlust, die Zerstörung oder die Beschädigung von dem Gast, einem Begleiter des Gastes oder einer Person, die der Gast bei sich aufgenommen hat, oder durch die Beschaffenheit der Sachen oder durch höhere Gewalt verursacht wird.

(4) Die Ersatzpflicht erstreckt sich nicht auf Fahrzeuge, auf Sachen, die in einem Fahrzeug belassen worden sind, und auf lebende Tiere.

§ 702. Beschränkung der Haftung; Wertsachen

(1) Der Gastwirt haftet auf Grund des § 701 nur bis zu einem Betrag, der dem Hundertfachen des Beherbergungspreises für einen Tag entspricht, jedoch mindestens bis zu dem Betrag von 600 Euro und höchstens bis zu dem Betrag von 3 500 Euro; für Geld, Wertpapiere und Kostbarkeiten tritt an die Stelle von 3 500 Euro der Betrag von 800 Euro.

(2) Die Haftung des Gastwirts ist unbeschränkt,

1. wenn der Verlust, die Zerstörung oder die Beschädigung von ihm oder seinen Leuten verschuldet ist,

2. wenn es sich um eingebrachte Sachen handelt, die er zur Aufbewahrung übernommen oder deren Übernahme zur Aufbewahrung er entgegen der Vorschrift des Absatzes 3 abgelehnt hat.

(3) [1]Der Gastwirt ist verpflichtet, Geld, Wertpapiere, Kostbarkeiten und andere Wertsachen zur Aufbewahrung zu übernehmen, es sei denn, dass sie im Hinblick auf die Größe oder den Rang der Gastwirtschaft von übermäßigem Wert oder Umfang oder dass sie gefährlich sind. [2]Er kann verlangen, dass sie in einem verschlossenen oder versiegelten Behältnis übergeben werden.

§ 702 a. Erlass der Haftung

(1) [1]Die Haftung des Gastwirts kann im Voraus nur erlassen werden, soweit sie den nach § 702 Abs. 1 maßgeblichen Höchstbetrag übersteigt. [2]Auch insoweit kann sie nicht erlassen werden für den Fall, dass der Verlust, die Zerstörung oder die Beschädigung von dem Gastwirt oder von Leuten des Gastwirts vorsätzlich oder grob fahrlässig verursacht wird oder dass es sich um Sachen handelt, deren Übernahme zur Aufbewahrung der Gastwirt entgegen der Vorschrift des § 702 Abs. 3 abgelehnt hat.

(2) Der Erlass ist nur wirksam, wenn die Erklärung des Gastes schriftlich erteilt ist und wenn sie keine anderen Bestimmungen enthält.

§ 703. Erlöschen des Schadensersatzanspruchs

[1]Der dem Gast auf Grund der §§ 701, 702 zustehende Anspruch erlischt, wenn nicht der Gast unverzüglich, nachdem er von dem Verlust, der Zerstörung oder der Beschädigung Kenntnis erlangt hat, dem Gastwirt Anzeige macht. [2]Dies gilt nicht, wenn die Sachen von dem Gastwirt zur Aufbewahrung übernommen waren oder wenn der Verlust, die Zerstörung oder die Beschädigung von ihm oder seinen Leuten verschuldet ist.

§ 704. Pfandrecht des Gastwirts

[1]Der Gastwirt hat für seine Forderungen für Wohnung und andere dem Gast zur Befriedigung seiner Bedürfnisse gewährte Leistungen, mit Einschluss der Auslagen, ein Pfandrecht an den eingebrachten Sachen des Gastes. [2]Die für das Pfandrecht des Vermieters geltenden Vorschriften des § 562 Abs. 1 Satz 2 und der §§ 562 a bis 562 d finden entsprechende Anwendung.

Titel 16. Gesellschaft

Vor § 705

1 **1.** So wie der Verein das **Grundmodell** für die juristischen Personen des Handelsrechts darstellt (s Vor § 21 Rz 2), bildet die Gesellschaft bürgerlichen Rechts (GbR) das Grundmodell für die nicht körperschaftlich organisierten Gesellschaften des Handelsrechts, die sog **Personengesellschaften:** Für die OHG verweist § 105 III HGB

ergänzend auf die §§ 705ff, für die KG § 161 II iVm § 105 III HGB. Die Bedeutung der §§ 705ff erschöpft sich jedoch nicht in ihrer Modellfunktion; die GbR besitzt in der Praxis auch ihr eigenes Anwendungsfeld (s § 705 Rz 9).

2. Die GbR ist **Gesamthandsgemeinschaft.** Diese schwierige Rechtsfigur (Näheres bei § 719) begegnet uns im BGB außerdem bei der Gütergemeinschaft (s § 1419) und bei der Erbengemeinschaft (s § 2032 Rz 1). Von diesen Gesamthandsgemeinschaften unterscheidet sich die (Außen-)GbR allerdings durch ihre Rechtsfähigkeit (unten Rz 5). 2

Die GbR ist – wie die Personengesellschaften des Handelsrechts – **nicht juristische Person** (s zu diesen vor § 21 Rz 1), sondern rechtsfähige Personengesellschaft iSd § 14. Ihre Organisation ist nicht körperschaftlich; ihr Bestand ist insoweit von ihren Mitgliedern abhängig, als mindestens zwei Gesellschafter vorhanden sein müssen (keine Einmann-GbR, hM, anders zB bei GmbH oder AG als juristischer Person). 3

Die GbR ist regelmäßig **Außengesellschaft,** dh sie nimmt durch ihre Vertreter am Rechtsverkehr teil (vgl §§ 714f). Dagegen fehlt bei einer **Innengesellschaft,** die auch vereinbart werden kann, nach außen die Vertretungsmacht, und es tritt im Rechtsverkehr nur ein Gesellschafter im eigenen Namen auf. Bsp: A, B und C wollen eine Wandertour in den Alpen unternehmen; C bucht Flug, Mietwagen und Unterkunft für alle im eigenen Namen, aber für gemeinsame Rechnung. Ein weiteres Bsp einer Innengesellschaft bildet die Tippgemeinschaft, wenn – wie üblich – nach außen nur ein Spieler auftritt. Die Abgrenzung ist im Einzelfall schwierig; so kann zB eine Bauherrengemeinschaft als Innen- oder als Außengesellschaft organisiert sein. 4

Die (Außen-)GbR ist nach einem Grundlagenurteil des BGH (BGHZ 146, 341 = NJW 2001, 1056, 993 Aufsatz *K. Schmidt*) **rechtsfähig** (und parteifähig), soweit sie durch Teilnahme am Rechtsverkehr eigene Rechte und Pflichten begründet (vgl § 14 II). Nach dieser neueren Rspr kann sie im Rechtsverkehr grds jede Rechtsposition einnehmen, es sei denn, es stünden spezifische Rechtsvorschriften entgegen. Danach ist die GbR zB für die Eingehung einer Wechsel- oder Scheckverpflichtung als Gesamthandsgemeinschaft – wie OHG und KG – rechtsfähig. Ihr steht das Eigentum an einer zum Gesellschaftsvermögen gehörenden Liegenschaft zu (BGH NJW 2006, 3716). Die GbR ist auch grundbuchfähig, dh als solche als Eigentümerin im Grundbuch einzutragen (BGH NJW 2009, 594ff; s nunmehr § 899a, dort Rz 1). 5

Die Annahme einer nach außen bestehenden Rechtssubjektivität der GbR erklärt zwanglos, dass ein Wechsel im Mitgliederbestand keinen Einfluss auf den Fortbestand der mit der GbR bestehenden Rechtsverhältnisse hat, dass ein neu eintretender Gesellschafter auch mit seinem Privatvermögen entsprechend § 130 HGB für die Altschulden haftet (BGHZ 154, 370) und dass eine identitätswahrende Umwandlung der GbR in andere Rechtsformen möglich ist (zB kraft Gesetzes in eine OHG, sobald ein von einer GbR betriebenes Gewerbe zu einem Handelsgewerbe iSd § 1 II HGB wird; s auch § 705 Rz 10).

3. Wichtige **Normengruppen** innerhalb der §§ 705ff betreffen **a)** die **Geschäftsführung,** also das **Innenverhältnis** zwischen den Gesellschaftern, §§ 709–713; **b)** die **Vertretung,** also das **Außenverhältnis** zwischen der Gesamthand und Dritten, §§ 714, 715; in diesen Zusammenhang gehört auch die **Haftung** aus Rechtsgeschäften mit Dritten (s § 714 Rz 2ff); **c)** das der Gesamthand zugeordnete **Gesellschaftsvermögen** (§§ 718–720); **d)** die besonders eingehend geregelte **Auflösung** der Gesellschaft einschließlich des Ausscheidens eines Gesellschafters (§§ 723–740). 6

§ 705. Inhalt des Gesellschaftsvertrags

Durch den Gesellschaftsvertrag verpflichten sich die Gesellschafter gegenseitig, die Erreichung eines gemeinsamen Zweckes in der durch den Vertrag bestimmten Weise zu fördern, insbesondere die vereinbarten Beiträge zu leisten.

1 **1.** Der **Gesellschaftsvertrag,** der zur Gründung einer Gesellschaft erforderlich ist, bedarf grds keiner **Form.** Ausnahmen können sich aus seinem besonderen Inhalt ergeben, etwa aus der Verpflichtung, ein Grundstück einzubringen (§ 311 b I 1).

2 Für seine **Wirksamkeit** gelten die Vorschriften des Allgemeinen Teils über Geschäftsfähigkeit, Irrtum, Sittenwidrigkeit, Stellvertretung usw. Eine Eintragung der GbR in das Handelsregister ist weder notwendig noch möglich. Den Gesellschaftern steht es frei, ihre Gesellschaft als OHG in das Handelsregister eintragen zu lassen (s unten Rz 10).

3 **2.** Ist die Gesellschaft fehlerhaft errichtet, der Gesellschaftsvertrag fehlerhaft geändert oder ein Gesellschafter aufgrund eines fehlerhaften Beitritts nicht Gesellschafter geworden, die Gesellschaft aber tatsächlich bereits in Vollzug gesetzt (zB durch Rechtsgeschäfte mit Dritten oder die Erfüllung von Einlagepflichten), so greift die allgemein (ausf *K Schmidt* AcP 186, 421) anerkannte **Lehre von der fehlerhaften Gesellschaft** ein. Zum Schutze des Rechtsverkehrs und zum Zwecke einer geordneten Rückabwicklung ist die Gesellschaft danach nicht etwa von Anfang an nichtig, sondern sie wird nach innen und außen als **voll wirksame Gesellschaft** anerkannt, und ihre Unwirksamkeit kann nur für die Zukunft geltend gemacht werden (s etwa BGHZ 55, 5, 8ff); die Fehlerhaftigkeit (zB ein Anfechtungsrecht) bildet einen wichtigen Grund zur Kündigung analog § 723 (vgl BGHZ 63, 338, 344ff), die zur Auflösung und Auseinandersetzung der Gesellschaft nach §§ 730ff bzw zum Ausscheiden des kündigenden Gesellschafters nach § 736 führt.

4 **a) Anwendungsfälle** der fehlerhaften Gesellschaft sind die **widerrechtliche Drohung** und **arglistige Täuschung** (§ 123) von Gesellschaftern. Den bedrohten oder getäuschten Gesellschaftern wird ihr Anfechtungsrecht genommen. Sie werden auf die Auflösung der Gesellschaft verwiesen. Das führt – insbesondere wenn die Täuschung mehrere Gesellschafter betrifft – zu einer gleichmäßigen Verteilung etwaiger Verluste (BGH NJW 1958, 668, 669f). Der Bedrohte oder Getäuschte hat darüber hinaus freilich Schadensersatzansprüche gegen die Beteiligten (*MüKo-Ulmer* § 705 Rz 340).

5 Die Lehre von der fehlerhaften Gesellschaft ist auch mit der Haustürwiderruf-RL vereinbar und daher anwendbar, wenn ein Verbraucher zu Anlagezwecken einer GbR in einer „Haustürsituation" beitritt (BGH NJW 2010, 3096 nach Vorabentscheidung des EuGH, NJW 2010, 1511). Folge kann daher sein, dass der Widerrufende nicht nur seine Einlage nicht oder nicht vollständig zurückerhält, sondern auch zur Verlustdeckung nach § 739 BGB verpflichtet ist (BGH aaO).

6 **b)** Eine fehlerhafte Gesellschaft entsteht trotz ihrer Invollzugsetzung nicht, wenn ihrer Entstehung **schutzwürdige Interessen entgegenstehen**. So darf sich die Rechtsordnung nicht in Widerspruch zu sich selbst setzen und muss der Gesellschaft ihre Wirksamkeit daher versagen, wenn der Gesellschaftszweck gegen ein **Verbotsgesetz** (§ 134, zB Zweck der Steuerhinterziehung) verstößt oder **sittenwidrig** (§ 138) ist. Die erbrachten Einlagen und erfüllten Verträge sind nach Bereicherungsrecht abzuwickeln, wobei § 817 zu beachten ist. Der Schutz **nicht voll Geschäftsfähiger** erfordert, dass diese keine Pflichten treffen dürfen, wenn sie nicht wirksam vertreten werden. Neben der Erklärung des gesetzlichen Vertreters bedarf es dafür der Zustimmung des Familiengerichts (§§ 1643 I, 1822 Nr 3). Es kommt daher jedenfalls keine faktische Gesellschaft unter Einschluss des nicht voll Geschäftsfähigen zustande (BGHZ 17, 160, 167f). Seine Einlageleistung kann er aus §§ 985, 812 herausverlangen.

7 **c)** Von der fehlerhaften Gesellschaft ist die sog. **Scheingesellschaft** abzugrenzen. Bei ihr fehlt es bereits an einem (fehlerhaften) Vertragsschluss der Gesellschafter. Handelt ein (scheinbar alleinvertretungsberechtigter) Gesellschafter im Namen der Gesellschaft, ist er nach allgemeinen Rechtsscheinsgrundsätzen (§ 242) an seinem Handeln festzuhalten, wenn der Vertragspartner in den wirksamen Bestand der Gesellschaft vertraut hat. Der Handelnde haftet so, als wäre er tatsächlich Gesellschafter und kann für

die Verbindlichkeit der vermeintlichen Gesellschaft persönlich in Anspruch genommen werden. Zur Scheingesellschaft BGH NJW 2011, 66; dazu *Bartels* WuB I C Kontoführung 1.10.

3. Die Gesellschafter verpflichten sich gem § 705 zwar **gegenseitig,** aber der Gesellschaftsvertrag ist kein **gegenseitiger Vertrag** iSd §§ 320ff (*Larenz* SchR II § 60 Ib). So kann bei einer mehrgliedrigen Gesellschaft nicht etwa ein Gesellschafter gem § 320 seine Leistung wegen Säumnis eines anderen Gesellschafters verweigern, während andere schon geleistet haben; anders mag es bei schuldrechtlichen Innengesellschaften (Vor § 705 Rz 4) sein (näher *Medicus/Petersen* Rz 215). Auch finden sich in §§ 705ff vielfach Sonderregeln, zB über die Unmöglichkeit in §§ 723 I 2, 726. Die §§ 320ff passen daher allenfalls ausnahmsweise und mit Modifikationen (näher etwa *MüKo-Ulmer* Rz 163ff). 8

4. Der **gemeinsame Zweck,** zu dessen Förderung sich die Gesellschafter verpflichten müssen, kann ideeller oder materieller Art sein. Typische Beispiele bieten Anwaltssozietäten und ärztliche Gemeinschaftspraxen. Bei der nichtehelichen Lebensgemeinschaft kann, wenn ein besonderer gemeinsamer Wert geschaffen werden soll, eine sog Innengesellschaft vorliegen (s Vor § 705 Rz 4, Vor § 1353 Rz 6). 9

a) Liegt der gemeinsame Zweck im Betrieb eines **Handelsgewerbes** (§ 1 II HGB), so ist keine GbR möglich, sondern nur eine OHG oder KG (§§ 105 I, 161 I HGB). Auch wenn ein Gewerbebetrieb (Abgrenzung zu den freien Berufen s § 1 II PartGG) nach Art oder Umfang einen in kaufmännischer Weise eingerichteten Geschäftsbetrieb nicht erfordert (vgl § 1 II HGB), entsteht durch Eintragung der Firma in das Handelsregister eine OHG bzw KG (§§ 2, 105 II HGB). 10

b) Beim **partiarischen Vertrag** (zB Darlehen oder Pachtvertrag gegen Gewinnbeteiligung) fehlt es an der für die Gesellschaft typischen Förderung eines gemeinsamen Zweckes. Jedoch sind die Grenzen je nach Ausgestaltung des Vertrags fließend, und eine entsprechende Anwendung einzelner Vorschriften der §§ 705ff kommt in Betracht. 11

5. Folgende **Ansprüche im Gesellschaftsverhältnis** – über Ansprüche **Dritter** gegen die Gesamthand s § 714 Rz 2ff – sind zu unterscheiden (s im Einzelnen etwa *Palandt-Sprau* Rz 29ff). 12

a) Sog **Sozialansprüche,** dh Ansprüche der Gesellschaft gegen einen Gesellschafter, zB auf Beitragszahlung (§§ 705–707). Diese Ansprüche, die von den geschäftsführungs- und vertretungsberechtigten Gesellschaftern (§§ 709, 714) geltend zu machen sind, kann auch jeder einzelne Gesellschafter erheben (sog actio pro socio), jedoch kann er immer nur Leistung an die Gesellschaft verlangen. 13

b) Sog **Sozialverpflichtungen,** dh Ansprüche des Gesellschafters gegen die Gesellschaft, zB auf Gewinnauszahlung gem § 721 oder Aufwendungsersatz gem §§ 713, 670. Zur Haftung der Mitgesellschafter für solche Sozialverpflichtungen s § 714 Rz 6. 14

c) Ansprüche eines Gesellschafters gegen einen Mitgesellschafter, zB auf Ersatz eines nur ihm (und nicht der Gesellschaft) entstandenen Schadens. 15

§ 706. Beiträge der Gesellschafter

(1) **Die Gesellschafter haben in Ermangelung einer anderen Vereinbarung gleiche Beiträge zu leisten.**

(2) [1]**Sind vertretbare oder verbrauchbare Sachen beizutragen, so ist im Zweifel anzunehmen, dass sie gemeinschaftliches Eigentum der Gesellschafter werden sollen.** [2]**Das Gleiche gilt von nicht vertretbaren und nicht verbrauchbaren Sachen, wenn sie nach einer Schätzung beizutragen sind, die nicht bloß für die Gewinnverteilung bestimmt ist.**

(3) **Der Beitrag eines Gesellschafters kann auch in der Leistung von Diensten bestehen.**

§ 707. Erhöhung des vereinbarten Beitrags

Zur Erhöhung des vereinbarten Beitrags oder zur Ergänzung der durch Verlust verminderten Einlage ist ein Gesellschafter nicht verpflichtet.

§ 708. Haftung der Gesellschafter

Ein Gesellschafter hat bei der Erfüllung der ihm obliegenden Verpflichtungen nur für diejenige Sorgfalt einzustehen, welche er in eigenen Angelegenheiten anzuwenden pflegt.

1 Der mildere Haftungsmaßstab gilt nicht nur für die Haftung aus dem Gesellschaftsvertrag, sondern grds auch für die aus Delikt. Ob die Norm im **Straßenverkehr** Anwendung findet, wenn also zu den Pflichten des Gesellschafters das Lenken eines Kfz gehört, ist str (dagegen BGHZ 46, 313; s auch §§ 277 Rz 2f; 1359 Rz 2).

§ 709. Gemeinschaftliche Geschäftsführung

(1) **Die Führung der Geschäfte der Gesellschaft steht den Gesellschaftern gemeinschaftlich zu; für jedes Geschäft ist die Zustimmung aller Gesellschafter erforderlich.**

(2) **Hat nach dem Gesellschaftsvertrag die Mehrheit der Stimmen zu entscheiden, so ist die Mehrheit im Zweifel nach der Zahl der Gesellschafter zu berechnen.**

§ 710. Übertragung der Geschäftsführung

[1]Ist in dem Gesellschaftsvertrag die Führung der Geschäfte einem Gesellschafter oder mehreren Gesellschaftern übertragen, so sind die übrigen Gesellschafter von der Geschäftsführung ausgeschlossen. [2]Ist die Geschäftsführung mehreren Gesellschaftern übertragen, so findet die Vorschrift des § 709 entsprechende Anwendung.

§ 711. Widerspruchsrecht

[1]Steht nach dem Gesellschaftsvertrag die Führung der Geschäfte allen oder mehreren Gesellschaftern in der Art zu, dass jeder allein zu handeln berechtigt ist, so kann jeder der Vornahme eines Geschäfts durch den anderen widersprechen. [2]Im Falle des Widerspruchs muss das Geschäft unterbleiben.

§ 712. Entziehung und Kündigung der Geschäftsführung

(1) **Die einem Gesellschafter durch den Gesellschaftsvertrag übertragene Befugnis zur Geschäftsführung kann ihm durch einstimmigen Beschluss oder, falls nach dem Gesellschaftsvertrag die Mehrheit der Stimmen entscheidet, durch Mehrheitsbeschluss der übrigen Gesellschafter entzogen werden, wenn ein wichtiger Grund vorliegt; ein solcher Grund ist insbesondere grobe Pflichtverletzung oder Unfähigkeit zur ordnungsmäßigen Geschäftsführung.**

(2) **Der Gesellschafter kann auch seinerseits die Geschäftsführung kündigen, wenn ein wichtiger Grund vorliegt; die für den Auftrag geltende Vorschrift des § 671 Abs. 2, 3 findet entsprechende Anwendung.**

§ 713. Rechte und Pflichten der geschäftsführenden Gesellschafter

Die Rechte und Verpflichtungen der geschäftsführenden Gesellschafter bestimmen sich nach den für den Auftrag geltenden Vorschriften der §§ 664 bis 670, soweit sich nicht aus dem Gesellschaftsverhältnis ein anderes ergibt.

§ 714. Vertretungsmacht

Soweit einem Gesellschafter nach dem Gesellschaftsvertrag die Befugnis zur Geschäftsführung zusteht, ist er im Zweifel auch ermächtigt, die anderen Gesellschafter Dritten gegenüber zu vertreten.

1. Die Vorschrift statuiert einen **Gleichlauf** von **Geschäftsführungsbefugnis** (Innenverhältnis, §§ 709–713) und **Vertretungsmacht** (Außenverhältnis). Trotzdem soll nach BGHZ 16, 394, 398 der Widerspruch gegen die Vornahme eines Geschäfts (gem § 711) die Vertretungsmacht jedenfalls dann unberührt lassen, wenn er dem Geschäftspartner nicht bekanntgegeben war. – Der Gleichlauf bedeutet wegen § 709 I im Allgemeinen Gesamtvertretungsmacht. Demgegenüber sind bei OHG und KG Vertretungsmacht und Geschäftsführung unabhängig voneinander, und es besteht grds Einzelvertretungsmacht (§§ 125 I, 161 II HGB). 1

2. Für die **Haftung gegenüber Dritten aus Verträgen,** die ein vertretungsberechtigter Gesellschafter eingegangen ist, bestehen zwei Grundlagen: 2

a) Gesamthandsschuld. Die Gesellschaft haftet mit dem gem § 718 gesamthänderisch gebundenen **Gesellschaftsvermögen.** Zur Vollstreckung in dieses Vermögen ist ein „gegen alle Gesellschafter" ergangenes Urteil erforderlich (§ 736 ZPO). Dies kann ein gegen die Gesamtheit der gesamthänderisch verbundenen Gesellschafter als Partei (vgl Vor § 705 Rz 5) ergangenes Urteil sein; die Vorschrift verlangt weder nach ihrem Wortlaut noch nach ihrem Zweck ein Urteil gegen jeden einzelnen Gesellschafter (BGHZ 146, 341, 353 ff). 3

b) Individualschuld. Die Gesellschafter haften daneben akzessorisch mit ihrem **Privatvermögen** (Akzessorietätstheorie). Dies ergibt sich als Konsequenz der Anerkennung der beschränkten Rechtsfähigkeit der GbR (Vor § 705 Rz 5) aus einer Analogie zu der für die OHG in §§ 128 f HGB getroffenen Regelung (BGHZ 146, 341, 358). Der gekünstelten sog Theorie der Doppelverpflichtung, wonach der Geschäftsführer bei Handlungen für die Gesellschaft im Zweifel nicht nur eine Verpflichtung der Gesamthand begründet, sondern daneben (kraft seiner Vertretungsmacht) grds auch eine solche der Gesellschafter persönlich, bedarf es also nicht (näher zu beiden Theorien *MüKo-Ulmer/Schäfer* Rz 2 ff, 31 ff). Soweit der Gesellschafter für die Verbindlichkeiten der Gesellschaft auch persönlich haftet, ist der jeweilige Bestand der Gesellschaftsschuld demnach auch für die persönliche Haftung maßgebend. – Als Konsequenz der akzessorischen Haftung ist grds auch § 130 HGB entsprechend anzuwenden, so dass der in eine GbR eintretende Gesellschafter für deren Altschulden persönlich haftet (BGHZ 154, 370). Ob § 28 HGB (iVm § 128 HGB) ebenfalls analog gilt, wenn eine GbR durch den Beitritt erst entsteht, ist str (s *K. Schmidt* JuS 2004, 444 f). Der BGH verneint dies für den Zusammenschluss von bisher einzeln tätigen Freiberuflern (Einzelanwälten), weil bei persönlichen und eigenverantwortlichen Dienstleistungen der bei Kaufleuten maßgebende Gesichtspunkt der Unternehmens- und Haftungskontinuität nicht passe und ein Freiberufler seine Haftung auch nicht durch Eintragung ins Handelsregister ausschließen könne (BGHZ 157, 361, 367). – Für die im Namen einer GbR begründeten Verbindlichkeiten ist ein wirksamer Ausschluss der persönlichen Haftung nicht durch einen bloßen Namenszusatz, wie „GbR mbH", sondern grds nur durch eine individualvertragliche Vereinbarung möglich (BGHZ 142, 315). Streben die Gesellschafter einer GbR den generellen Ausschluss ihrer Individualhaftung an, so steht ihnen die Möglichkeit offen, statt einer GbR die Rechtsform einer KG zu wählen (s § 705 Rz 10) und so ihre unbeschränkte Haftung zu vermeiden (s *Ulmer* ZIP 1999, 554 ff). – Im **Verhältnis** zueinander haften die Gesellschafter als Gesamtschuldner. Im Verhältnis zur Haftung der Gesellschaft besteht keine echte Gesamtschuld. Jedoch können die §§ 420 ff im Einzelfall entsprechend anwendbar sein. Für die Gesellschaft als originär Verpflichtete ist dies grds angebracht; sie haftet „wie ein Gesamtschuldner" (BGHZ 146, 341, 358 f). 4

5 **3.** Für **Schädigungen Dritter** haftet der handelnde Gesellschafter persönlich. Daneben haftet die Gesamthand analog § 31 (s dort Rz 2). Eine persönliche Haftung der Mitgesellschafter folgt aus der Akzessorietätstheorie (oben Rz 4).

6 **4. Sozialverpflichtungen** (s § 705 Rz 14) treffen grds nur die Gesellschaft und nicht die einzelnen Mitgesellschafter; denn eine persönliche Haftung der Gesellschafter für diese aus dem Gesellschaftsvertrag folgenden Schulden liefe auf eine durch § 707 ausgeschlossene Nachschusspflicht hinaus.

7 Eine **Ausnahme** von diesem Grundsatz erkennt die hM für den Fall an, dass ein Gesellschafter einen Dritten wegen einer rechtsgeschäftlichen Schuld der Gesellschaft aus seinem Privatvermögen befriedigt hat. Der Erstattungsanspruch des Gesellschafters aus § 670 richtet sich zwar primär auch nur gegen die Gesellschaft; reicht deren Vermögen aber nicht aus, so wird dem Gesellschafter ein subsidiärer Ausgleichsanspruch gegen jeden Mitgesellschafter in Höhe des auf diesen entfallenden Anteils gewährt (so BGHZ 37, 299 für eine KG). Dem steht § 707 nicht entgegen; denn der Ausgleichsanspruch stammt nicht aus dem Gesellschaftsvertrag, sondern aus § 426 I (*Larenz* SchR II § 60 IV c; *Medicus/Lorenz* SchR II Rz 983).

§ 715. Entziehung der Vertretungsmacht

Ist im Gesellschaftsvertrag ein Gesellschafter ermächtigt, die anderen Gesellschafter Dritten gegenüber zu vertreten, so kann die Vertretungsmacht nur nach Maßgabe des § 712 Abs. 1 und, wenn sie in Verbindung mit der Befugnis zur Geschäftsführung erteilt worden ist, nur mit dieser entzogen werden.

§ 716. Kontrollrecht der Gesellschafter

(1) **Ein Gesellschafter kann, auch wenn er von der Geschäftsführung ausgeschlossen ist, sich von den Angelegenheiten der Gesellschaft persönlich unterrichten, die Geschäftsbücher und die Papiere der Gesellschaft einsehen und sich aus ihnen eine Übersicht über den Stand des Gesellschaftsvermögens anfertigen.**

(2) **Eine dieses Recht ausschließende oder beschränkende Vereinbarung steht der Geltendmachung des Rechts nicht entgegen, wenn Grund zu der Annahme unredlicher Geschäftsführung besteht.**

§ 717. Nichtübertragbarkeit der Gesellschafterrechte

[1]**Die Ansprüche, die den Gesellschaftern aus dem Gesellschaftsverhältnis gegeneinander zustehen, sind nicht übertragbar.** [2]**Ausgenommen sind die einem Gesellschafter aus seiner Geschäftsführung zustehenden Ansprüche, soweit deren Befriedigung vor der Auseinandersetzung verlangt werden kann, sowie die Ansprüche auf einen Gewinnanteil oder auf dasjenige, was dem Gesellschafter bei der Auseinandersetzung zukommt.**

§ 718. Gesellschaftsvermögen

(1) **Die Beiträge der Gesellschafter und die durch die Geschäftsführung für die Gesellschaft erworbenen Gegenstände werden gemeinschaftliches Vermögen der Gesellschafter (Gesellschaftsvermögen).**

(2) **Zu dem Gesellschaftsvermögen gehört auch, was auf Grund eines zu dem Gesellschaftsvermögen gehörenden Rechts oder als Ersatz für die Zerstörung, Beschädigung oder Entziehung eines zu dem Gesellschaftsvermögen gehörenden Gegenstands erworben wird.**

1 Das **Gesellschaftsvermögen** bildet ein vom Privatvermögen der Gesellschafter getrenntes Sondervermögen, für das eine gesamthänderische Bindung besteht (Näheres bei § 719). Die Vorschrift regelt die einzelnen Erwerbstatbestände.

Die Bildung eines Gesellschaftsvermögens entspricht der Regel; sie ist jedoch nicht notwendige Voraussetzung einer GbR und unterbleibt zB bei einer Innengesellschaft (s Vor § 705 Rz 4). Soweit die (Außen-)GbR rechtsfähig ist (s Vor § 705 Rz 5), steht das Gesellschaftsvermögen – entgegen dem Wortlaut von § 718 Abs 1 – nach nunmehr hM nicht den Gesellschaftern gemeinschaftlich, sondern der **GbR selbst** zu. Wenn zB eine GbR bestehend aus A, B und C ein Grundstück erwirbt, wird die GbR als solche Eigentümerin. Zum gutgläubigen Erwerb eines Grundstücks von einer GbR s § 899a. 2

§ 719. Gesamthänderische Bindung

(1) **Ein Gesellschafter kann nicht über seinen Anteil an dem Gesellschaftsvermögen und an den einzelnen dazu gehörenden Gegenständen verfügen; er ist nicht berechtigt, Teilung zu verlangen.**

(2) **Gegen eine Forderung, die zum Gesellschaftsvermögen gehört, kann der Schuldner nicht eine ihm gegen einen einzelnen Gesellschafter zustehende Forderung aufrechnen.**

1. Die Vorschrift ist Ausdruck der **gesamthänderischen Bindung**. Demgegenüber besteht bei der Bruchteilsgemeinschaft (§§ 741 ff) ein quotenmäßig bestimmter Anteil an den einzelnen Vermögensgegenständen, über den jeder Miteigentümer ohne Zustimmung der anderen verfügen kann (vgl. § 747 S 1). 1

2. Über seinen **Anteil am Gesellschaftsvermögen** kann ein Gesellschafter gemäß Abs 1 Alt 1 nicht verfügen. Denn dieser Anteil ist untrennbarer Bestandteil der Mitgliedschaft, die wegen der Bedeutung des persönlichen Vertrauensverhältnisses zwischen den Gesellschaftern grds ebenfalls nicht übertragbar ist (vgl § 717 S 1). Anders ist es bei der Erbengemeinschaft gem § 2033 I 1, die zwar ebenfalls Gesamthand, aber eine reine Vermögensgemeinschaft darstellt, die auf baldige Auflösung angelegt ist. 2

Dagegen ist die Abtretung des **gesamten Gesellschaftsanteils** (einschließlich des Anteils am Gesellschaftsvermögen) mit Einwilligung der anderen Gesellschafter möglich. Nach BGHZ 13, 179 begründen die §§ 717, 719 I kein Verbot iSd § 134, da sie nicht den Schutz der Allgemeinheit bezwecken; auch § 135 mit der Folge einer nur relativen Unwirksamkeit passt nicht, da mit der Abtretung zugleich ein Eingriff in eine fremde Rechtssphäre verbunden ist, der nach allgemeinen Grundsätzen der Zustimmung der dadurch Betroffenen bedarf. Bis zur Genehmigung der übrigen Gesellschafter ist die Abtretung des Gesellschaftsanteils also schwebend unwirksam; wird die Genehmigung auch nur durch einen Gesellschafter verweigert, so ist die Abtretung endgültig unwirksam (vgl §§ 182 ff). 3

3. Über seinen **Anteil an einzelnen Gegenständen des Gesellschaftsvermögens** kann ein Gesellschafter gemäß Abs 1 Alt 2 nicht verfügen. Dieses Verfügungsverbot ist zwingend. Verbotswidrige Verfügungen sind nach § 134 nichtig, da sie dem Gesamthandsprinzip widersprechen. Verfügt ein Gesellschafter nicht über seinen Anteil, sondern über einen ganzen Einzelgegenstand, so können die §§ 932 ff oder § 185 II 1 (Genehmigung der Mitgesellschafter) zur Wirksamkeit der Verfügung führen. 4

§ 720. Schutz des gutgläubigen Schuldners

Die Zugehörigkeit einer nach § 718 Abs. 1 erworbenen Forderung zum Gesellschaftsvermögen hat der Schuldner erst dann gegen sich gelten zu lassen, wenn er von der Zugehörigkeit Kenntnis erlangt; die Vorschriften der §§ 406 bis 408 finden entsprechende Anwendung.

§ 721. Gewinn- und Verlustverteilung

(1) **Ein Gesellschafter kann den Rechnungsabschluss und die Verteilung des Gewinns und Verlusts erst nach der Auflösung der Gesellschaft verlangen.**

(2) **Ist die Gesellschaft von längerer Dauer, so hat der Rechnungsabschluss und die Gewinnverteilung im Zweifel am Schluss jedes Geschäftsjahrs zu erfolgen.**

§ 722. Anteile am Gewinn und Verlust

(1) **Sind die Anteile der Gesellschafter am Gewinn und Verlust nicht bestimmt, so hat jeder Gesellschafter ohne Rücksicht auf die Art und die Größe seines Beitrags einen gleichen Anteil am Gewinn und Verlust.**

(2) **Ist nur der Anteil am Gewinn oder am Verlust bestimmt, so gilt die Bestimmung im Zweifel für Gewinn und Verlust.**

§ 723. Kündigung durch Gesellschafter

(1) [1]**Ist die Gesellschaft nicht für eine bestimmte Zeit eingegangen, so kann jeder Gesellschafter sie jederzeit kündigen.** [2]**Ist eine Zeitdauer bestimmt, so ist die Kündigung vor dem Ablauf der Zeit zulässig, wenn ein wichtiger Grund vorliegt.** [3]**Ein wichtiger Grund liegt insbesondere vor,**

1. **wenn ein anderer Gesellschafter eine ihm nach dem Gesellschaftsvertrag obliegende wesentliche Verpflichtung vorsätzlich oder aus grober Fahrlässigkeit verletzt hat oder wenn die Erfüllung einer solchen Verpflichtung unmöglich wird,**
2. **wenn der Gesellschafter das 18. Lebensjahr vollendet hat.**

[4]**Der volljährig Gewordene kann die Kündigung nach Nummer 2 nur binnen drei Monaten von dem Zeitpunkt an erklären, in welchem er von seiner Gesellschafterstellung Kenntnis hatte oder haben musste.** [5]**Das Kündigungsrecht besteht nicht, wenn der Gesellschafter bezüglich des Gegenstands der Gesellschaft zum selbständigen Betrieb eines Erwerbsgeschäfts gemäß § 112 ermächtigt war oder der Zweck der Gesellschaft allein der Befriedigung seiner persönlichen Bedürfnisse diente.** [6]**Unter den gleichen Voraussetzungen ist, wenn eine Kündigungsfrist bestimmt ist, die Kündigung ohne Einhaltung der Frist zulässig.**

(2) [1]**Die Kündigung darf nicht zur Unzeit geschehen, es sei denn, dass ein wichtiger Grund für die unzeitige Kündigung vorliegt.** [2]**Kündigt ein Gesellschafter ohne solchen Grund zur Unzeit, so hat er den übrigen Gesellschaftern den daraus entstehenden Schaden zu ersetzen.**

(3) **Eine Vereinbarung, durch welche das Kündigungsrecht ausgeschlossen oder diesen Vorschriften zuwider beschränkt wird, ist nichtig.**

1 **1.** Die Möglichkeit einer **Kündigung aus wichtigem Grund (Abs 1 S 2)** entspricht dem allgemeinen Grundsatz, dass Dauerschuldverhältnisse im Wege der außerordentlichen Kündigung vorzeitig aus wichtigem Grund beendet werden können (vgl § 314).

2 **2.** Durch das **„Lösungsrecht bei Volljährigkeit" (Abs 1 S 3 Nr 2)** soll der volljährig Gewordene nicht nur über § 1629 a die Haftung wegen bereits früher in seinem Namen begründeter Verpflichtungen beschränken, sondern auch zukünftige Haftungsrisiken vermeiden können, die sich aus einer während seiner Minderjährigkeit auf bestimmte Zeit begründeten Gesellschafterstellung ergeben könnten (dagegen bei unbefristeter Gesellschaft Kündigungsmöglichkeit schon nach S 1). Die Ausschlussfrist des S 4 schafft im Interesse der Mitgesellschafter Klarheit über den Fortbestand der Gesellschaft. Nach S 5 soll ein Lösungsrecht fehlen, wenn auch eine Haftungsbeschränkung ausscheidet (s § 113 Rz 1).

§ 724. Kündigung bei Gesellschaft auf Lebenszeit oder fortgesetzter Gesellschaft

[1]**Ist eine Gesellschaft für die Lebenszeit eines Gesellschafters eingegangen, so kann sie in gleicher Weise gekündigt werden wie eine für unbestimmte Zeit ein-**

gegangene Gesellschaft. [2]Dasselbe gilt, wenn eine Gesellschaft nach dem Ablauf der bestimmten Zeit stillschweigend fortgesetzt wird.

§ 725. Kündigung durch Pfändungspfandgläubiger

(1) **Hat ein Gläubiger eines Gesellschafters die Pfändung des Anteils des Gesellschafters an dem Gesellschaftsvermögen erwirkt, so kann er die Gesellschaft ohne Einhaltung einer Kündigungsfrist kündigen, sofern der Schuldtitel nicht bloß vorläufig vollstreckbar ist.**

(2) **Solange die Gesellschaft besteht, kann der Gläubiger die sich aus dem Gesellschaftsverhältnis ergebenden Rechte des Gesellschafters, mit Ausnahme des Anspruchs auf einen Gewinnanteil, nicht geltend machen.**

§ 726. Auflösung wegen Erreichens oder Unmöglichwerdens des Zweckes

Die Gesellschaft endigt, wenn der vereinbarte Zweck erreicht oder dessen Erreichung unmöglich geworden ist.

§ 727. Auflösung durch Tod eines Gesellschafters

(1) **Die Gesellschaft wird durch den Tod eines der Gesellschafter aufgelöst, sofern nicht aus dem Gesellschaftsvertrag sich ein anderes ergibt.**

(2) **[1]Im Falle der Auflösung hat der Erbe des verstorbenen Gesellschafters den übrigen Gesellschaftern den Tod unverzüglich anzuzeigen und, wenn mit dem Aufschub Gefahr verbunden ist, die seinem Erblasser durch den Gesellschaftsvertrag übertragenen Geschäfte fortzuführen, bis die übrigen Gesellschafter in Gemeinschaft mit ihm anderweit Fürsorge treffen können. [2]Die übrigen Gesellschafter sind in gleicher Weise zur einstweiligen Fortführung der ihnen übertragenen Geschäfte verpflichtet. [3]Die Gesellschaft gilt insoweit als fortbestehend.**

§ 728. Auflösung durch Insolvenz der Gesellschaft oder eines Gesellschafters

(1) **[1]Die Gesellschaft wird durch die Eröffnung des Insolvenzverfahrens über das Vermögen der Gesellschaft aufgelöst. [2]Wird das Verfahren auf Antrag des Schuldners eingestellt oder nach der Bestätigung eines Insolvenzplans, der den Fortbestand der Gesellschaft vorsieht, aufgehoben, so können die Gesellschafter die Fortsetzung der Gesellschaft beschließen.**

(2) **[1]Die Gesellschaft wird durch die Eröffnung des Insolvenzverfahrens über das Vermögen eines Gesellschafters aufgelöst. [2]Die Vorschrift des § 727 Abs. 2 Satz 2, 3 findet Anwendung.**

§ 729. Fortdauer der Geschäftsführungsbefugnis

[1]Wird die Gesellschaft aufgelöst, so gilt die Befugnis eines Gesellschafters zur Geschäftsführung zu seinen Gunsten gleichwohl als fortbestehend, bis er von der Auflösung Kenntnis erlangt oder die Auflösung kennen muss. [2]Das Gleiche gilt bei Fortbestand der Gesellschaft für die Befugnis zur Geschäftsführung eines aus der Gesellschaft ausscheidenden Gesellschafters oder für ihren Verlust in sonstiger Weise.

§ 730. Auseinandersetzung; Geschäftsführung

(1) **Nach der Auflösung der Gesellschaft findet in Ansehung des Gesellschaftsvermögens die Auseinandersetzung unter den Gesellschaftern statt, sofern nicht über das Vermögen der Gesellschaft das Insolvenzverfahren eröffnet ist.**

(2) [1]Für die Beendigung der schwebenden Geschäfte, für die dazu erforderliche Eingehung neuer Geschäfte sowie für die Erhaltung und Verwaltung des Gesellschaftsvermögens gilt die Gesellschaft als fortbestehend, soweit der Zweck der Auseinandersetzung es erfordert. [2]Die einem Gesellschafter nach dem Gesellschaftsvertrag zustehende Befugnis zur Geschäftsführung erlischt jedoch, wenn nicht aus dem Vertrag sich ein anderes ergibt, mit der Auflösung der Gesellschaft; die Geschäftsführung steht von der Auflösung an allen Gesellschaftern gemeinschaftlich zu.

§ 731. Verfahren bei Auseinandersetzung

[1]Die Auseinandersetzung erfolgt in Ermangelung einer anderen Vereinbarung in Gemäßheit der §§ 732 bis 735. [2]Im Übrigen gelten für die Teilung die Vorschriften über die Gemeinschaft.

§ 732. Rückgabe von Gegenständen

[1]Gegenstände, die ein Gesellschafter der Gesellschaft zur Benutzung überlassen hat, sind ihm zurückzugeben. [2]Für einen durch Zufall in Abgang gekommenen oder verschlechterten Gegenstand kann er nicht Ersatz verlangen.

§ 733. Berichtigung der Gesellschaftsschulden; Erstattung der Einlagen

(1) [1]Aus dem Gesellschaftsvermögen sind zunächst die gemeinschaftlichen Schulden mit Einschluss derjenigen zu berichtigen, welche den Gläubigern gegenüber unter den Gesellschaftern geteilt sind oder für welche einem Gesellschafter die übrigen Gesellschafter als Schuldner haften. [2]Ist eine Schuld noch nicht fällig oder ist sie streitig, so ist das zur Berichtigung Erforderliche zurückzubehalten.

(2) [1]Aus dem nach der Berichtigung der Schulden übrig bleibenden Gesellschaftsvermögen sind die Einlagen zurückzuerstatten. [2]Für Einlagen, die nicht in Geld bestanden haben, ist der Wert zu ersetzen, den sie zur Zeit der Einbringung gehabt haben. [3]Für Einlagen, die in der Leistung von Diensten oder in der Überlassung der Benutzung eines Gegenstands bestanden haben, kann nicht Ersatz verlangt werden.

(3) Zur Berichtigung der Schulden und zur Rückerstattung der Einlagen ist das Gesellschaftsvermögen, soweit erforderlich, in Geld umzusetzen.

§ 734. Verteilung des Überschusses

Verbleibt nach der Berichtigung der gemeinschaftlichen Schulden und der Rückerstattung der Einlagen ein Überschuss, so gebührt er den Gesellschaftern nach dem Verhältnis ihrer Anteile am Gewinn.

§ 735. Nachschusspflicht bei Verlust

[1]Reicht das Gesellschaftsvermögen zur Berichtigung der gemeinschaftlichen Schulden und zur Rückerstattung der Einlagen nicht aus, so haben die Gesellschafter für den Fehlbetrag nach dem Verhältnis aufzukommen, nach welchem sie den Verlust zu tragen haben. [2]Kann von einem Gesellschafter der auf ihn entfallende Beitrag nicht erlangt werden, so haben die übrigen Gesellschafter den Ausfall nach dem gleichen Verhältnis zu tragen.

§ 736. Ausscheiden eines Gesellschafters, Nachhaftung

(1) Ist im Gesellschaftsvertrag bestimmt, dass, wenn ein Gesellschafter kündigt oder stirbt oder wenn das Insolvenzverfahren über sein Vermögen eröffnet wird,

die Gesellschaft unter den übrigen Gesellschaftern fortbestehen soll, so scheidet bei dem Eintritt eines solchen Ereignisses der Gesellschafter, in dessen Person es eintritt, aus der Gesellschaft aus.

(2) **Die für Personenhandelsgesellschaften geltenden Regelungen über die Begrenzung der Nachhaftung gelten sinngemäß.**

§ 737. Ausschluss eines Gesellschafters

[1] **Ist im Gesellschaftsvertrag bestimmt, dass, wenn ein Gesellschafter kündigt, die Gesellschaft unter den übrigen Gesellschaftern fortbestehen soll, so kann ein Gesellschafter, in dessen Person ein die übrigen Gesellschafter nach § 723 Abs. 1 Satz 2 zur Kündigung berechtigender Umstand eintritt, aus der Gesellschaft ausgeschlossen werden.** [2] **Das Ausschließungsrecht steht den übrigen Gesellschaftern gemeinschaftlich zu.** [3] **Die Ausschließung erfolgt durch Erklärung gegenüber dem auszuschließenden Gesellschafter.**

§ 738. Auseinandersetzung beim Ausscheiden

(1) [1] **Scheidet ein Gesellschafter aus der Gesellschaft aus, so wächst sein Anteil am Gesellschaftsvermögen den übrigen Gesellschaftern zu.** [2] **Diese sind verpflichtet, dem Ausscheidenden die Gegenstände, die er der Gesellschaft zur Benutzung überlassen hat, nach Maßgabe des § 732 zurückzugeben, ihn von den gemeinschaftlichen Schulden zu befreien und ihm dasjenige zu zahlen, was er bei der Auseinandersetzung erhalten würde, wenn die Gesellschaft zur Zeit seines Ausscheidens aufgelöst worden wäre.** [3] **Sind gemeinschaftliche Schulden noch nicht fällig, so können die übrigen Gesellschafter dem Ausscheidenden, statt ihn zu befreien, Sicherheit leisten.**

(2) **Der Wert des Gesellschaftsvermögens ist, soweit erforderlich, im Wege der Schätzung zu ermitteln.**

§ 739. Haftung für Fehlbetrag

Reicht der Wert des Gesellschaftsvermögens zur Deckung der gemeinschaftlichen Schulden und der Einlagen nicht aus, so hat der Ausscheidende den übrigen Gesellschaftern für den Fehlbetrag nach dem Verhältnis seines Anteils am Verlust aufzukommen.

§ 740. Beteiligung am Ergebnis schwebender Geschäfte

(1) [1] **Der Ausgeschiedene nimmt an dem Gewinn und dem Verlust teil, welcher sich aus den zur Zeit seines Ausscheidens schwebenden Geschäften ergibt.** [2] **Die übrigen Gesellschafter sind berechtigt, diese Geschäfte so zu beendigen, wie es ihnen am vorteilhaftesten erscheint.**

(2) **Der Ausgeschiedene kann am Schluss jedes Geschäftsjahrs Rechenschaft über die inzwischen beendigten Geschäfte, Auszahlung des ihm gebührenden Betrags und Auskunft über den Stand der noch schwebenden Geschäfte verlangen.**

Titel 17. Gemeinschaft

§ 741. Gemeinschaft nach Bruchteilen

Steht ein Recht mehreren gemeinschaftlich zu, so finden, sofern sich nicht aus dem Gesetz ein anderes ergibt, die Vorschriften der §§ 742 bis 758 Anwendung (Gemeinschaft nach Bruchteilen).

§ 742. Gleiche Anteile

Im Zweifel ist anzunehmen, dass den Teilhabern gleiche Anteile zustehen.

§ 743. Früchteanteil; Gebrauchsbefugnis

(1) Jedem Teilhaber gebührt ein seinem Anteil entsprechender Bruchteil der Früchte.

(2) Jeder Teilhaber ist zum Gebrauch des gemeinschaftlichen Gegenstands insoweit befugt, als nicht der Mitgebrauch der übrigen Teilhaber beeinträchtigt wird.

§ 744. Gemeinschaftliche Verwaltung

(1) Die Verwaltung des gemeinschaftlichen Gegenstands steht den Teilhabern gemeinschaftlich zu.

(2) Jeder Teilhaber ist berechtigt, die zur Erhaltung des Gegenstands notwendigen Maßregeln ohne Zustimmung der anderen Teilhaber zu treffen; er kann verlangen, dass diese ihre Einwilligung zu einer solchen Maßregel im Voraus erteilen.

§ 745. Verwaltung und Benutzung durch Beschluss

(1) [1]Durch Stimmenmehrheit kann eine der Beschaffenheit des gemeinschaftlichen Gegenstands entsprechende ordnungsmäßige Verwaltung und Benutzung beschlossen werden. [2]Die Stimmenmehrheit ist nach der Größe der Anteile zu berechnen.

(2) Jeder Teilhaber kann, sofern nicht die Verwaltung und Benutzung durch Vereinbarung oder durch Mehrheitsbeschluss geregelt ist, eine dem Interesse aller Teilhaber nach billigem Ermessen entsprechende Verwaltung und Benutzung verlangen.

(3) [1]Eine wesentliche Veränderung des Gegenstands kann nicht beschlossen oder verlangt werden. [2]Das Recht des einzelnen Teilhabers auf einen seinem Anteil entsprechenden Bruchteil der Nutzungen kann nicht ohne seine Zustimmung beeinträchtigt werden.

§ 746. Wirkung gegen Sondernachfolger

Haben die Teilhaber die Verwaltung und Benutzung des gemeinschaftlichen Gegenstands geregelt, so wirkt die getroffene Bestimmung auch für und gegen die Sondernachfolger.

§ 747. Verfügung über Anteil und gemeinschaftliche Gegenstände

[1]Jeder Teilhaber kann über seinen Anteil verfügen. [2]Über den gemeinschaftlichen Gegenstand im Ganzen können die Teilhaber nur gemeinschaftlich verfügen.

§ 748. Lasten- und Kostentragung

Jeder Teilhaber ist den anderen Teilhabern gegenüber verpflichtet, die Lasten des gemeinschaftlichen Gegenstands sowie die Kosten der Erhaltung, der Verwaltung und einer gemeinschaftlichen Benutzung nach dem Verhältnis seines Anteils zu tragen.

§ 749. Aufhebungsanspruch

(1) Jeder Teilhaber kann jederzeit die Aufhebung der Gemeinschaft verlangen.

(2) [1]Wird das Recht, die Aufhebung zu verlangen, durch Vereinbarung für immer oder auf Zeit ausgeschlossen, so kann die Aufhebung gleichwohl verlangt werden, wenn ein wichtiger Grund vorliegt. [2]Unter der gleichen Voraussetzung kann, wenn eine Kündigungsfrist bestimmt wird, die Aufhebung ohne Einhaltung der Frist verlangt werden.

(3) Eine Vereinbarung, durch welche das Recht, die Aufhebung zu verlangen, diesen Vorschriften zuwider ausgeschlossen oder beschränkt wird, ist nichtig.

§ 750. Ausschluss der Aufhebung im Todesfall

Haben die Teilhaber das Recht, die Aufhebung der Gemeinschaft zu verlangen, auf Zeit ausgeschlossen, so tritt die Vereinbarung im Zweifel mit dem Tode eines Teilhabers außer Kraft.

§ 751. Ausschluss der Aufhebung und Sondernachfolger

[1]Haben die Teilhaber das Recht, die Aufhebung der Gemeinschaft zu verlangen, für immer oder auf Zeit ausgeschlossen oder eine Kündigungsfrist bestimmt, so wirkt die Vereinbarung auch für und gegen die Sondernachfolger. [2]Hat ein Gläubiger die Pfändung des Anteils eines Teilhabers erwirkt, so kann er ohne Rücksicht auf die Vereinbarung die Aufhebung der Gemeinschaft verlangen, sofern der Schuldtitel nicht bloß vorläufig vollstreckbar ist.

§ 752. Teilung in Natur

[1]Die Aufhebung der Gemeinschaft erfolgt durch Teilung in Natur, wenn der gemeinschaftliche Gegenstand oder, falls mehrere Gegenstände gemeinschaftlich sind, diese sich ohne Verminderung des Wertes in gleichartige, den Anteilen der Teilhaber entsprechende Teile zerlegen lassen. [2]Die Verteilung gleicher Teile unter die Teilhaber geschieht durch das Los.

§ 753. Teilung durch Verkauf

(1) [1]Ist die Teilung in Natur ausgeschlossen, so erfolgt die Aufhebung der Gemeinschaft durch Verkauf des gemeinschaftlichen Gegenstands nach den Vorschriften über den Pfandverkauf, bei Grundstücken durch Zwangsversteigerung und durch Teilung des Erlöses. [2]Ist die Veräußerung an einen Dritten unstatthaft, so ist der Gegenstand unter den Teilhabern zu versteigern.

(2) Hat der Versuch, den Gegenstand zu verkaufen, keinen Erfolg, so kann jeder Teilhaber die Wiederholung verlangen; er hat jedoch die Kosten zu tragen, wenn der wiederholte Versuch misslingt.

§ 754. Verkauf gemeinschaftlicher Forderungen

[1]Der Verkauf einer gemeinschaftlichen Forderung ist nur zulässig, wenn sie noch nicht eingezogen werden kann. [2]Ist die Einziehung möglich, so kann jeder Teilhaber gemeinschaftliche Einziehung verlangen.

§ 755. Berichtigung einer Gesamtschuld

(1) Haften die Teilhaber als Gesamtschuldner für eine Verbindlichkeit, die sie in Gemäßheit des § 748 nach dem Verhältnis ihrer Anteile zu erfüllen haben oder die sie zum Zwecke der Erfüllung einer solchen Verbindlichkeit eingegangen sind, so kann jeder Teilhaber bei der Aufhebung der Gemeinschaft verlangen, dass die Schuld aus dem gemeinschaftlichen Gegenstand berichtigt wird.

(2) Der Anspruch kann auch gegen die Sondernachfolger geltend gemacht werden.

(3) Soweit zur Berichtigung der Schuld der Verkauf des gemeinschaftlichen Gegenstands erforderlich ist, hat der Verkauf nach § 753 zu erfolgen.

§ 756 Berichtigung einer Teilhaberschuld

[1]Hat ein Teilhaber gegen einen anderen Teilhaber eine Forderung, die sich auf die Gemeinschaft gründet, so kann er bei der Aufhebung der Gemeinschaft die Berichtigung seiner Forderung aus dem auf den Schuldner entfallenden Teil des gemeinschaftlichen Gegenstands verlangen. [2]Die Vorschrift des § 755 Abs. 2, 3 findet Anwendung.

§ 757. Gewährleistung bei Zuteilung an einen Teilhaber

Wird bei der Aufhebung der Gemeinschaft ein gemeinschaftlicher Gegenstand einem der Teilhaber zugeteilt, so hat wegen eines Mangels im Recht oder wegen eines Mangels der Sache jeder der übrigen Teilhaber zu seinem Anteil in gleicher Weise wie ein Verkäufer Gewähr zu leisten.

§ 758. Unverjährbarkeit des Aufhebungsanspruchs

Der Anspruch auf Aufhebung der Gemeinschaft unterliegt nicht der Verjährung.

Titel 18. Leibrente

§ 759. Dauer und Betrag der Rente

(1) Wer zur Gewährung einer Leibrente verpflichtet ist, hat die Rente im Zweifel für die Lebensdauer des Gläubigers zu entrichten.

(2) Der für die Rente bestimmte Betrag ist im Zweifel der Jahresbetrag der Rente.

§ 760. Vorauszahlung

(1) Die Leibrente ist im Voraus zu entrichten.

(2) Eine Geldrente ist für drei Monate vorauszuzahlen; bei einer anderen Rente bestimmt sich der Zeitabschnitt, für den sie im Voraus zu entrichten ist, nach der Beschaffenheit und dem Zwecke der Rente.

(3) Hat der Gläubiger den Beginn des Zeitabschnitts erlebt, für den die Rente im Voraus zu entrichten ist, so gebührt ihm der volle auf den Zeitabschnitt entfallende Betrag.

§ 761. Form des Leibrentenversprechens

[1]Zur Gültigkeit eines Vertrags, durch den eine Leibrente versprochen wird, ist, soweit nicht eine andere Form vorgeschrieben ist, schriftliche Erteilung des Versprechens erforderlich. [2]Die Erteilung des Leibrentenversprechens in elektronischer Form ist ausgeschlossen, soweit das Versprechen der Gewährung familienrechtlichen Unterhalts dient.

Titel 19. Unvollkommene Verbindlichkeiten

§ 762. Spiel, Wette

(1) [1]Durch Spiel oder durch Wette wird eine Verbindlichkeit nicht begründet. [2]Das auf Grund des Spieles oder der Wette Geleistete kann nicht deshalb zurückgefordert werden, weil eine Verbindlichkeit nicht bestanden hat.

(2) **Diese Vorschriften gelten auch für eine Vereinbarung, durch die der verlierende Teil zum Zwecke der Erfüllung einer Spiel- oder einer Wettschuld dem gewinnenden Teil gegenüber eine Verbindlichkeit eingeht, insbesondere für ein Schuldanerkenntnis.**

§ 763. Lotterie- und Ausspielvertrag

[1]Ein Lotterievertrag oder ein Ausspielvertrag ist verbindlich, wenn die Lotterie oder die Ausspielung staatlich genehmigt ist. [2]Anderenfalls findet die Vorschrift des § 762 Anwendung.

§ 764. *(aufgehoben)*

Titel 20. Bürgschaft

§ 765. Vertragstypische Pflichten bei der Bürgschaft

(1) **Durch den Bürgschaftsvertrag verpflichtet sich der Bürge gegenüber dem Gläubiger eines Dritten, für die Erfüllung der Verbindlichkeit des Dritten einzustehen.**

(2) **Die Bürgschaft kann auch für eine künftige oder eine bedingte Verbindlichkeit übernommen werden.**

1 **1. Allgemeines. a)** Die Bürgschaft ist das typische Mittel der **persönlichen** Kreditsicherung (im Unterschied zur sachlichen Kreditsicherung etwa durch Hypothek, Pfandrecht, Sicherungsübereignung). Der Bürge verpflichtet sich zum Einstehen für die (gesicherte) fremde Schuld. **b)** Im Einzelnen bestehen folgende **Rechtsverhältnisse: aa)** Als **Hauptschuld** bezeichnet man das Verhältnis zwischen dem Gläubiger und dem Schuldner der gesicherten Forderung (Hauptschuldner), **bb)** Die **Bürgschaft** selbst ist der Vertrag zwischen Gläubiger und Bürge; die Bürgenschuld ist in ihrem gesamten rechtlichen Schicksal (Entstehung; Bestand usw) streng von der Hauptschuld abhängig (§ 767; **Akzessorietät**). Ferner ist die Verpflichtung des Bürgen gegenüber der des Hauptschuldners grds nachrangig (§ 771, **Subsidiarität**). **cc)** Dagegen ist die Bürgschaft unabhängig **(abstrakt)** von dem rechtlichen Grund (causa) für die Verbürgung, der im **Innenverhältnis** zwischen Bürge und Hauptschuldner besteht und bei dem es sich meist um Auftrag, Geschäftsbesorgungsvertrag oder GoA handelt.

2 **2. Voraussetzungen** für die Haftung des Bürgen. **a)** Wirksamer **Bürgschaftsvertrag** (Schriftform, § 766); **b)** Bestehen der (zumindest bestimmbaren) **Hauptforderung** (Akzessorietät; näher bei § 767); **c)** Eintritt des sog **Bürgschaftsfalles:** Nichtleistung des Hauptschuldners trotz Fälligkeit; **d) keine Einwände** des Bürgen (dazu sogleich).

3 **3. Verteidigung des Bürgen.** Der Bürge hat die folgenden Einwände gegen eine Inanspruchnahme durch den Gläubiger (Besonderheiten erklären sich aus dem Wesen der Bürgschaft als akzessorisches und subsidiäres Sicherungsmittel): **a)** Allgemeine Einwendungen und Einreden **aus dem Bürgschaftsvertrag,** zB Nichtigkeit wegen Formmangels, Erlass, Verjährung; zur Nichtigkeit wegen Sittenwidrigkeit und zur Störung der Geschäftsgrundlage s § 138 Rz 7; **b) Einrede der Gestaltbarkeit,** § 770 (Akzessorietät!): der Bürge braucht nicht zu leisten, solange der Hauptschuldner die gesicherte Forderung durch Ausübung eines Gestaltungsrechts verändern kann; **c) Einrede der Vorausklage,** §§ 771–773 (Subsidiarität!): der Bürge braucht regelmäßig erst nach einem erfolglosen Vollstreckungsversuch beim Hauptschuldner zu leisten; anders aber bei der sog **selbstschuldnerischen Bürgschaft,** § 773 Nr 1; **d)** (von Amts wegen zu beachtende) **Einwendungen** aus § 776 (Preisgabe mithaftender Sicherheiten) und aus § 777 (Zeitablauf); **e)** alle Einwendungen und Einreden des

Hauptschuldners gegen den Gläubiger (Akzessorietät!), § 768. **f)** Einwände aus dem **Innenverhältnis** (Begriff § 774 Rz 2) zum Hauptschuldner kann der Bürge dem Gläubiger nicht entgegenhalten (Abstraktionsprinzip).

4 **4.** Bei der **Bürgschaft auf erstes Anfordern,** die namentlich für Kreditinstitute Bedeutung erlangt hat, ist der Bürge in seinen Verteidigungsmöglichkeiten, soweit sie sich nicht aus den Vertragsurkunden selbst ergeben, stark eingeschränkt (s zB BGHZ 143, 381). Insbesondere kann er keine Einwendungen gegen die Hauptschuld erheben, sondern ist bereits zur Leistung verpflichtet, wenn der Gläubiger die Hauptforderung und ihre Fälligkeit behauptet. Zweck dieser Abrede ist die schnelle Befriedigung des Gläubigers sowie die Verlagerung des Prozessrisikos auf den Bürgen: Die oft streitige Frage, ob die Hauptforderung tatsächlich bestand, kann der Bürge erst in einem Rückforderungsprozess gegen den (insoweit freilich beweispflichtigen) Gläubiger klären. Hat der Gläubiger die Leistung nach materiellem Bürgschaftsrecht zu Unrecht erhalten, so steht nicht nur dem Bürgen, sondern auch dem Hauptschuldner auf Grund der mit dem Gläubiger getroffenen Sicherungsabrede ein eigener Rückforderungsanspruch zu, der zunächst auf Zahlung an den Bürgen gerichtet ist. Wurden dem Bürgen im Wege des Rückgriffs (dazu sogleich Rz 5) seine Aufwendungen vom Hauptschuldner bereits erstattet, so kann der Hauptschuldner in Höhe der vertragswidrig angeforderten Bürgenleistung Zahlung an sich verlangen (BGHZ 139, 325, 328). Im Prozess zwischen Hauptschuldner und Gläubiger müssen – wie in einem Rückforderungsprozess des Bürgen gegen den Gläubiger – alle materiellen Voraussetzungen des Bürgschaftsfalles geprüft werden, deren Vorliegen auch hier vom Gläubiger zu beweisen ist (BGHZ 152, 246).

5 **5.** Im Verhältnis zwischen Bürge und Hauptschuldner geht es um den **Rückgriff** des Bürgen, den das Gesetz durch einen gesetzlichen Forderungsübergang ermöglicht, § 774 (s dort).

6 **6. Abgrenzungen.** Die Abgrenzung der Bürgschaft zu anderen Mitteln persönlicher Forderungssicherung ist insbesondere deswegen bedeutsam, weil das Schriftformerfordernis des § 766 nicht umgangen werden darf. Entscheidend ist nicht die gewählte Bezeichnung, sondern der durch Auslegung (§§ 133, 157) zu ermittelnde wirtschaftliche Zweck der Sicherung (vgl *Palandt-Sprau* Vor § 765 Rz 17).

7 **a)** Der (formlos gültige) **Schuldbeitritt** begründet eine selbständige Verpflichtung des Beitretenden (anders die Bürgschaft: akzessorisches Einstehen für fremde Schuld!); zum Ausgleich für das fehlende Formerfordernis setzt der Schuldbeitritt nach allg Ansicht ein **eigenes unmittelbares Interesse** des Beitretenden voraus; näher oben Vor § 414 Rz 10.

8 **b)** Bei dem im Rahmen der Vertragsfreiheit (§ 311) zulässigen **Garantievertrag** verspricht der Garantierende das Eintreten eines bestimmten Erfolges, der auch in der (rechtzeitigen) Leistung durch den Hauptschuldner bestehen kann. Wie beim Schuldbeitritt wird eine neue Schuld begründet, doch ist der Garantievertrag weiter, weil das Eintreten des Garantierenden auch für den Fall versprochen werden kann, dass die Hauptschuld nicht zur Entstehung gelangt ist (*MüKo-Möschel* Vor § 414 Rz 23). Daher wird für die Annahme eines Garantievertrags ein besonders **nachhaltiges eigenes wirtschaftliches Interesse** des Garantierenden an dem Erfolg vorausgesetzt. Bsp: Verpflichtung des Kreditkartenunternehmens gegenüber den Gläubigern des Karteninhabers.

§ 766. Schriftform der Bürgschaftserklärung

[1]Zur Gültigkeit des Bürgschaftsvertrags ist schriftliche Erteilung der Bürgschaftserklärung erforderlich. [2]Die Erteilung der Bürgschaftserklärung in elektronischer Form ist ausgeschlossen. [3]Soweit der Bürge die Hauptverbindlichkeit erfüllt, wird der Mangel der Form geheilt.

1. Das **Formerfordernis** dient der **Warnung** des Bürgen vor der Gefährlichkeit der Bürgschaft; daher gilt es nur für die vom **Bürgen** abzugebende Vertragserklärung (Bürgschaftserklärung), nicht für die Annahme durch den Gläubiger – diese kann sogar stillschweigend erfolgen (BGH WM 1978, 266). Aus der Warnfunktion folgt auch der **Umfang** der Formbedürftigkeit: Die schriftliche Erklärung muss den wesentlichen Inhalt des Vertrags enthalten, so die Person des Gläubigers und des Schuldners sowie Art und Umfang der zu sichernden Forderung. Um dem vom Gesetz gewollten Schutz des Bürgen gerecht zu werden, wird für die **„Erteilung"** iSd Abs 1 verlangt, dass die schriftliche Erklärung dem Gläubiger wenigstens vorübergehend zur Verfügung gestellt wird; daran fehlt es bei einer Verbürgung durch ein Telefax (BGHZ 121, 224). Eine **Blanko-Bürgschaft** genügt dem Formerfordernis nur, wenn der Bürge die Ermächtigung zur Ergänzung des Blanketts unter Angabe des wesentlichen Vertragsinhalts schriftlich erteilt hat (BGHZ 132, 119). Der Schutzzweck des § 766 würde ausgehöhlt, wenn man die schlichte Unterzeichnung des Blanketts verbunden mit einer formlosen Ermächtigung ausreichen ließe. Trotz formnichtiger Ermächtigung haftet der Unterzeichner des Blanketts aber unter Rechtsscheinsgesichtspunkten, wenn der Gläubiger eine vollständige Urkunde erhält und ihr nicht ansehen kann, dass sie durch einen anderen ergänzt wurde (BGH aaO). Zur Unanwendbarkeit der §§ 491 ff auf die Bürgschaft s § 491 Rz 3. 1

2. Keine Schriftform ist erforderlich, wenn die Bürgschaft von einem Kaufmann als **Handelsgeschäft** erklärt wird, § 350 HGB: Hier erscheint ein Übereilungsschutz unnötig. Zudem ist die Bürgschaft häufig im Innenverhältnis entgeltlich, und die dafür notwendige Berechnung des Bürgschaftsrisikos ersetzt die Warnfunktion (*Medicus/Lorenz* SchR II Rz 1009). **Heilung** des Formmangels **durch Erfüllung, S 3;** Erfüllungssurrogate (zB Aufrechnung, Hinterlegung unter Aufgabe des Rücknahmeanspruchs) sind ausreichend. 2

§ 767. Umfang der Bürgschaftsschuld

(1) [1]**Für die Verpflichtung des Bürgen ist der jeweilige Bestand der Hauptverbindlichkeit maßgebend.** [2]**Dies gilt insbesondere auch, wenn die Hauptverbindlichkeit durch Verschulden oder Verzug des Hauptschuldners geändert wird.** [3]**Durch ein Rechtsgeschäft, das der Hauptschuldner nach der Übernahme der Bürgschaft vornimmt, wird die Verpflichtung des Bürgen nicht erweitert.**

(2) **Der Bürge haftet für die dem Gläubiger von dem Hauptschuldner zu ersetzenden Kosten der Kündigung und der Rechtsverfolgung.**

1. Akzessorietät. Die Vorschrift zeigt die dauernde Abhängigkeit der Bürgenschuld von der gesicherten Hauptverbindlichkeit: kein **Entstehen** der Bürgschaft ohne wirksame Hauptschuld; Gläubigeridentität für Haupt- und Bürgschaftsanspruch; laufende **Veränderung** ihres Umfangs nach dem jeweiligen Bestand der Hauptschuld (gemäß Abs 1 S 2 auch **Erweiterung** des Haftungsumfanges, etwa durch Verzugszinsen oder durch vom Hauptschuldner zu leistenden Schadensersatz; ferner gemäß Abs 2 durch etwaige Kosten der Rechtsverfolgung); **Erlöschen** der Bürgschaft mit Untergang der Hauptschuld (Ausnahmen ergeben sich aus dem Sicherungszweck der Bürgschaft; s unten Rz 2 aE). Ob sich die zur Sicherung eines Darlehens gegebene Bürgschaft bei Unwirksamkeit des Darlehensvertrags auch auf den bereicherungsrechtlichen Rückforderungsanspruch des Gläubigers gegen den Hauptschuldner erstreckt, hängt von der Auslegung der jeweiligen Bürgschaftsvereinbarung ab (BGH NJW 1987, 2076, 2077). Die Akzessorietät zeigt sich weiter daran, dass der Bürge die Einreden des Hauptschuldners geltend machen kann, § 768, ferner an dem **gesetzlichen Übergang** des Bürgschaftsanspruchs auf den Zessionar der Hauptforderung, § 401 I (vgl Vor § 398 Rz 12f), sowie an der Unabtretbarkeit der Bürgschaftsforderung ohne die Hauptschuld (vgl Vor § 398 Rz 6). 1

2 **2. Grenzen** der Abhängigkeit von der Hauptschuld ergeben sich zunächst aus **Abs 1 S 3:** Eine nachträgliche **rechtsgeschäftliche Erweiterung** (etwa die Erweiterung eines bürgschaftsgesicherten Kredits) wirkt nicht gegen den Bürgen, der sonst im Ergebnis für eine ihm unbekannte fremde Verbindlichkeit einzustehen hätte (Verbot der Fremddisposition); dagegen kommen dem Bürgen rechtsgeschäftliche Haftungsverkürzungen ohne weiteres zugute (vgl Abs 1 S 1). Eine formularmäßige Ausdehnung der Bürgschaft auf alle bestehenden und künftigen Forderungen aus der Geschäftsverbindung ist im Hinblick auf die künftigen Forderungen mit der gesetzlichen Leitentscheidung des Abs 1 S 3 unvereinbar und verstößt daher gegen § 307 II Nr 1; im Hinblick auf die gegenwärtigen Forderungen bedeutet die formularmäßige Ausdehnung der Bürgschaft eine unangemessene Benachteiligung des Bürgen iSd § 307 I (BGHZ 143, 95, 98). An die Stelle der unwirksamen Klausel tritt im Wege ergänzender Vertragsauslegung (s § 306 Rz 2) eine Haftung in Höhe der Schuld, die Anlass zur Eingehung der Bürgschaft war (BGHZ 137, 153 mwN). Die Akzessorietät der Bürgschaft wird ferner durch ihren **Sicherungszweck** begrenzt. Deshalb bleibt eine Bürgschaftsforderung als selbständige Forderung bestehen, wenn die Hauptschuld wegen Vermögensverfall des Hauptschuldners eingeschränkt oder entfallen ist (BGHZ 82, 323, 326f); Bsp: beschränkte Haftung des Erben (§§ 768 I 2, 1975ff), Löschung einer juristischen Person wegen Vermögenslosigkeit. Zu den Einreden des Bürgen in diesen Fällen s § 768 Rz 2.

§ 768. Einreden des Bürgen

(1) [1]**Der Bürge kann die dem Hauptschuldner zustehenden Einreden geltend machen.** [2]**Stirbt der Hauptschuldner, so kann sich der Bürge nicht darauf berufen, dass der Erbe für die Verbindlichkeit nur beschränkt haftet.**

(2) **Der Bürge verliert eine Einrede nicht dadurch, dass der Hauptschuldner auf sie verzichtet.**

1 **1. Allgemeines.** Die Übertragung von Einreden nach Abs 1 S 1 ist Ausfluss der **Akzessorietät** der Bürgschaft. Der Bürge ist indes nicht auf die vom Hauptschuldner abgeleiteten Einreden beschränkt, sondern kann selbstverständlich auch eigene allgemeine Gegenrechte (zB die Aufrechnung mit einer eigenen Forderung gegen den Gläubiger) und besondere Einwände aus dem Bürgschaftsverhältnis (Überblick § 765 Rz 3) geltend machen.

2 **2. a)** Der Bürge kann alle **Einreden** des Hauptschuldners geltend machen (**Abs 1 S 1,** zB Verjährung, Stundung, Einrede des nichterfüllten Vertrags), freilich wegen des Sicherungszwecks der Bürgschaft nicht diejenigen, die ihren Grund in der Vermögenssituation des Hauptschuldners haben. Auf die Verjährung der Hauptschuld kann sich der Bürge aber auch dann berufen, wenn der Hauptschuldner als Rechtsperson wegen Vermögenslosigkeit untergegangen ist; denn die Verjährung ist von dem Vermögensverfall unabhängig (BGHZ 153, 337; krit *Peters* NJW 2004, 1430). Eine Einrede geht dem Bürgen nicht dadurch verloren, dass der Hauptschuldner auf sie verzichtet hat **(Abs 2).** Grund für diese dem § 767 I 3 entsprechende Ausnahme von der Akzessorietät: Der Bürge soll nicht der Willkür des Hauptschuldners ausgeliefert sein. **b)** Abs 1 und 2 erfassen nur Einreden, jedoch **keine** (von Amts wegen zu beachtende) **Einwendungen** des Hauptschuldners (etwa Formnichtigkeit, § 125; Erfüllungseinwand aus erklärter Aufrechnung, § 389); diese wirken ohne weiteres auf den Bestand der Forderung ein und kommen dem Bürgen daher schon nach § 767 I 1 zugute.

3 **3.** Dem Hauptschuldner allein steht die Ausübung von **Gestaltungsrechten** (etwa Anfechtung, Rücktritt, Aufrechnung) aus dem Hauptschuldverhältnis zu; der Bürge hat insoweit lediglich die aufschiebende Einrede des § 770. **Nach** ihrer **Ausübung** entstehen aus den Gestaltungsrechten jedoch Einwendungen, die nach § 767 I auch

auf die Bürgenschuld durchschlagen. Bsp: Vor Erklärung einer dem Hauptschuldner möglichen Aufrechnung kann der Bürge entsprechend § 770 II die Leistung verweigern; mit der Erklärung erlischt die Hauptschuld (§ 389) und damit die Bürgschaft (§ 767 I 1).

4. Der dem **Erben** des Hauptschuldners zustehende Einwand der Haftungsbeschränkung auf das ererbte Vermögen (§§ 1975 ff) wird dem Bürgen versagt **(Abs 1 S 2),** weil eine Übertragung dieses Einwandes dem Sinn und Zweck der Bürgschaft widersprechen würde. Diese soll den Gläubiger ja gerade für den Fall absichern, dass das Vermögen des Hauptschuldners zur Befriedigung der gesicherten Forderung nicht ausreicht (*Medicus/Lorenz* SchR II Rz 1015). Eine parallele Regelung trifft § 1629 a III für eine vom **volljährig gewordenen Hauptschuldner** erklärte Haftungsbeschränkung; der Gläubiger eines Minderjährigen soll sich auf die Haftung des Bürgen verlassen können. 4

§ 769. Mitbürgschaft

Verbürgen sich mehrere für dieselbe Verbindlichkeit, so haften sie als Gesamtschuldner, auch wenn sie die Bürgschaft nicht gemeinschaftlich übernehmen.

§ 770. Einreden der Anfechtbarkeit und der Aufrechenbarkeit

(1) **Der Bürge kann die Befriedigung des Gläubigers verweigern, solange dem Hauptschuldner das Recht zusteht, das seiner Verbindlichkeit zugrunde liegende Rechtsgeschäft anzufechten.**

(2) **Die gleiche Befugnis hat der Bürge, solange sich der Gläubiger durch Aufrechnung gegen eine fällige Forderung des Hauptschuldners befriedigen kann.**

1. Allgemeines. Da einerseits die Befugnis zur Ausübung von Gestaltungsrechten unteilbar ist (und diese daher nicht wie andere Gegenrechte des Hauptschuldners vom Bürgen „geltend gemacht“ werden können, vgl § 768 I 1), andererseits aber sich die Hauptschuld während der noch möglichen Ausübung von Gestaltungsrechten in einem Schwebezustand befindet, der eine Inanspruchnahme des Bürgen ungerechtfertigt erscheinen lässt, gibt die Vorschrift dem Bürgen während der Dauer des Schwebezustandes das Recht, die Leistung zu verweigern; **aufschiebende** (dilatorische) **Einrede.** 1

2. Entstehung des Leistungsverweigerungsrechts mit der Möglichkeit des Hauptschuldners (bzw des Gläubigers, Abs 2) zur Ausübung des Gestaltungsrechtes. **Entsprechende Anwendung des Abs 1** auf andere Gestaltungsrechte (zB Rücktritt; hM, etwa *Larenz/Canaris* SchR II/2 § 60 III 1 a). 2

3. Untergang der Einrede mit **Ausübung** des Gestaltungsrechts (Folgen: § 768 Rz 3) sowie mit dem sonstigen Wegfall der Gestaltungsmöglichkeit durch den Hauptschuldner, auch durch **Verzicht** (anders als § 768 II). Der Bürge muss sich der Entscheidung des Schuldners als Inhaber des Gestaltungsrechts beugen. 3

4. Str ist, ob über den Wortlaut von **Abs 2** hinaus der Bürge auch dann die Leistung verweigern kann, wenn **nur der Hauptschuldner,** nicht aber der Gläubiger (wegen §§ 393, 394) die Aufrechnung erklären kann. Manche (etwa *Hk-Staudinger* Rz 5) wollen auch hier ein Leistungsverweigerungsrecht annehmen, weil nach Abs 1 die Gestaltungsrechte des Hauptschuldners ebenfalls zugunsten des Bürgen wirken (Akzessorietät). Die Gegenmeinung (zB *Staudinger-Horn* [1997] Rz 9; *Larenz/Canaris* SchR II/2 § 60 III 3 a) hält die Abweichung vom Gesetzeswortlaut nicht für gerechtfertigt: die Aufrechnungsmöglichkeit sei mit anderen (fristgebundenen) Gestaltungsrechten nicht zu vergleichen. 4

§ 771. Einrede der Vorausklage

[1]Der Bürge kann die Befriedigung des Gläubigers verweigern, solange nicht der Gläubiger eine Zwangsvollstreckung gegen den Hauptschuldner ohne Erfolg versucht hat (Einrede der Vorausklage). [2]Erhebt der Bürge die Einrede der Vorausklage, ist die Verjährung des Anspruchs des Gläubigers gegen den Bürgen gehemmt, bis der Gläubiger eine Zwangsvollstreckung gegen den Hauptschuldner ohne Erfolg versucht hat.

1 Die **Einrede der Vorausklage** zeigt die **Subsidiarität** der Bürgenhaftung im Verhältnis zur Hauptschuld: Der Gläubiger darf den Bürgen nicht in Anspruch nehmen, bevor er beim Hauptschuldner einen erfolglosen Vollstreckungsversuch unternommen hat. Die Bezeichnung des Leistungsverweigerungsrechts ist irreführend, da eine gegen den Hauptschuldner gerichtete Klage weder notwendig (andere Vollstreckungstitel, § 794 ZPO) noch ausreichend ist. Es genügt der einmalige **Vollstreckungsversuch,** auch wenn der Hauptschuldner später wieder zu Geld kommt. Wenn – wie im Regelfall – die Bürgschaft für eine Geldforderung eingegangen ist, sind die Besonderheiten des § 772 zu beachten.

§ 772. Vollstreckungs- und Verwertungspflicht des Gläubigers

(1) **Besteht die Bürgschaft für eine Geldforderung, so muss die Zwangsvollstreckung in die beweglichen Sachen des Hauptschuldners an seinem Wohnsitz und, wenn der Hauptschuldner an einem anderen Orte eine gewerbliche Niederlassung hat, auch an diesem Orte, in Ermangelung eines Wohnsitzes und einer gewerblichen Niederlassung an seinem Aufenthaltsort versucht werden.**

(2) **[1]Steht dem Gläubiger ein Pfandrecht oder ein Zurückbehaltungsrecht an einer beweglichen Sache des Hauptschuldners zu, so muss er auch aus dieser Sache Befriedigung suchen. [2]Steht dem Gläubiger ein solches Recht an der Sache auch für eine andere Forderung zu, so gilt dies nur, wenn beide Forderungen durch den Wert der Sache gedeckt werden.**

§ 773. Ausschluss der Einrede der Vorausklage

(1) **Die Einrede der Vorausklage ist ausgeschlossen:**

1. **wenn der Bürge auf die Einrede verzichtet, insbesondere wenn er sich als Selbstschuldner verbürgt hat,**
2. **wenn die Rechtsverfolgung gegen den Hauptschuldner infolge einer nach der Übernahme der Bürgschaft eingetretenen Änderung des Wohnsitzes, der gewerblichen Niederlassung oder des Aufenthaltsorts des Hauptschuldners wesentlich erschwert ist,**
3. **wenn über das Vermögen des Hauptschuldners das Insolvenzverfahren eröffnet ist,**
4. **wenn anzunehmen ist, dass die Zwangsvollstreckung in das Vermögen des Hauptschuldners nicht zur Befriedigung des Gläubigers führen wird.**

(2) **In den Fällen der Nummern 3, 4 ist die Einrede insoweit zulässig, als sich der Gläubiger aus einer beweglichen Sache des Hauptschuldners befriedigen kann, an der er ein Pfandrecht oder ein Zurückbehaltungsrecht hat; die Vorschrift des § 772 Abs. 2 Satz 2 findet Anwendung.**

1 Die Einrede der Vorausklage ist **ausgeschlossen,** wenn der Bürge nicht schutzwürdig ist, so bei Verzicht auf die Einrede, selbstschuldnerischer Bürgschaft gemäß Nr 1 (in der Bankenpraxis der Regelfall, bedarf der Form des § 766!) oder wenn die Bürgschaft von einem Kaufmann als Handelsgeschäft eingegangen ist (§ 349 HGB, vgl auch § 766 Rz 2); ferner wenn dem Gläubiger die Rechtsverfolgung nicht zugemutet wird,

weil sie entweder wesentlich erschwert (Nr 2) oder gar zwecklos ist (Nr 3, 4; beachte aber Abs 2).

§ 774. Gesetzlicher Forderungsübergang

(1) [1] **Soweit der Bürge den Gläubiger befriedigt, geht die Forderung des Gläubigers gegen den Hauptschuldner auf ihn über.** [2] **Der Übergang kann nicht zum Nachteil des Gläubigers geltend gemacht werden.** [3] **Einwendungen des Hauptschuldners aus einem zwischen ihm und dem Bürgen bestehenden Rechtsverhältnis bleiben unberührt.**

(2) **Mitbürgen haften einander nur nach § 426.**

1. Rückgriff des Bürgen. Befriedigt der Bürge den Gläubiger, so hat er regelmä- 1
ßig zwei Möglichkeiten, beim Hauptschuldner Regress zu nehmen:

a) Aus dem sog **Innenverhältnis,** das den rechtlichen Grund für die Übernahme der 2
Bürgschaftsverpflichtung darstellt, meist Auftrag, Geschäftsbesorgungsvertrag oder GoA. Der Rückgriff erfolgt hier durch den Aufwendungsersatzanspruch nach § 670 bzw §§ 675, 670 oder §§ 683, 670.

b) Gesetzlicher Forderungsübergang: Unabhängig vom Innenverhältnis geht 3
das Gesetz **(Abs 1 S 1)** davon aus, dass der Bürge nicht endgültig mit dem Leistungsopfer belastet bleiben soll; es lässt daher die Hauptforderung für den Regress beim Schuldner auf den Bürgen übergehen; weitere für die Hauptforderung bestellte **akzessorische Sicherungsrechte** (etwa Pfandrechte, Hypotheken; für weitere Bürgschaften gilt die Sonderregel des Abs 2, s unten Rz 5f, 8) gehen nach §§ 412, 401 mit über und sichern dann den Rückgriff des Bürgen. Zur Sicherung seines Rückgriffsanspruchs hat der Bürge nach §§ 412, 401 analog auch einen schuldrechtlichen Anspruch gegen den Gläubiger auf Übertragung **nicht akzessorischer Sicherungsrechte,** etwa Sicherungsgrundschuld oder Sicherungseigentum (BGHZ 110, 41, 43; *Staudinger-Horn,* § 744 Rz 21, s unten Rz 7 f). Nach **Abs 1 S 3** kann der Hauptschuldner die Einwendungen aus dem Innenverhältnis auch gegen die auf den Bürgen übergegangene Hauptforderung geltend machen.

c) Str ist das **Verhältnis der** beiden **Regresswege** gegenüber dem Hauptschuldner 4
zueinander. Während die hM (etwa *Palandt-Sprau* Rz 4) in ihnen zwei selbständige Ansprüche erblickt, hält eine MA einen einzigen (mehrfach begründeten) Anspruch für gegeben, arg: Abs 1 S 3. Bedeutung des Streits: Nur nach der MA kann der Schuldner bei Inanspruchnahme aus dem Innenverhältnis (§ 670) die gegen die Hauptforderung begründeten Einwendungen geltend machen. Näher *MüKo-Habersack* Rz 15f, 21 mwN.

2. Haften mehrere Bürgen gleichstufig nebeneinander **(Mitbürgen),** so stellt **Abs 2** 5
klar, dass nicht der den Gläubiger befriedigende Bürge in vollem Umfang bei seinen Mitbürgen Regress nehmen kann; denn andernfalls erhielte er durch die cessio legis des Abs 1 S 1 neben der Hauptforderung über §§ 412, 401 auch die Ansprüche gegen seine Mitbürgen übertragen. Die Verweisung auf § 426 bedeutet hier, dass der leistende Bürge sich nicht in Höhe des Gesamtbetrages, sondern nur insoweit bei seinen Mitbürgen schadlos halten kann, als diese ihm gegenüber im Innenverhältnis verpflichtet sind („pro-rata"-Haftung, im Zweifel nach Kopfteilen, § 426 I). Haben sich die Mitbürgen mit unterschiedlichen Höchstbeträgen verbürgt, deren Summe die gesicherte Forderung übersteigt, so richtet sich der Innenausgleich mangels abweichender Vereinbarung nach dem im Außenverhältnis gegenüber dem Gläubiger übernommenen Haftungsrisiko (BGHZ 137, 292; BGH NJW 2009, 437 Nr 10).

3. Eine dem Abs 2 entsprechende Vorschrift fehlt bei einer **Konkurrenz von** 6
Bürgschaft und dinglichen Sicherheiten. a) Ist eine Forderung des G einerseits durch ein Pfandrecht oder eine Hypothek zu Lasten des D und andererseits durch eine

Bürgschaft des B gesichert, so scheint das Ergebnis zu lauten, dass immer derjenige Sicherungsgeber bei seinem Mitsicherungsgeber vollen Regress nehmen kann, der den Gläubiger zuerst befriedigt: Leistet D an G, so geht die Forderung mit der Bürgschaft des B nach §§ 1225 bzw 1143 jeweils iVm §§ 412, 401 auf D über; leistet B, so erwirbt er nach §§ 774 I 1, 412, 401 auch Hypothek oder Pfandrecht (s Rz 3). Da somit – bei angenommener Vermögenslosigkeit des Hauptschuldners – am Ende immer der den Gläubiger nicht befriedigende Sicherungsgeber voll belastet bliebe, käme es zu einem **Wettlauf der Sicherungsgeber** um die Befriedigung des Gläubigers (dazu Rz 8).

7 **b)** Für die nichtakzessorische und daher nicht von § 401 erfasste Grundschuld fehlt es an einer gesetzlichen Regressregelung, sodass zunächst festgestellt werden muss, **ob** eine Regressmöglichkeit besteht. Zahlt der (vom Darlehensschuldner personenverschiedene) Eigentümer auf die Grundschuld, erfolgt kein Übergang der Forderung und somit auch der Bürgschaft (§ 1143 ist als Ausdruck der Akzessorietät der Hypothek auf die Grundschuld nicht anwendbar). Der Eigentümer kann allerdings nach Zahlung aus dem Sicherungsvertrag vom Gläubiger Abtretung der Forderung zu Regresszwecken verlangen, wodurch die Bürgschaft nach § 401 ebenfalls übergeht (vgl § 1191 Rz 19). Umgekehrt kann der zahlende Bürge regelmäßig vom Gläubiger die Abtretung der nichtakzessorischen Sicherungsrechte verlangen (s Rz 3). Auch hier scheint die Regressmöglichkeit daher vom Zufall abzuhängen, da ebenfalls derjenige Sicherungsgeber vollen Regress zu nehmen droht, der zuerst zahlt und infolgedessen eine Regressmöglichkeit erwirbt.

8 **c) Wie** und in welchem **Umfang** die Sicherungsgeber im Innenverhältnis haften, ist mithin nicht ausdrücklich geregelt. Im älteren Schrifttum wurde teilweise angenommen, dass der Bürge gegenüber den dinglichen Sicherungsgebern zu bevorzugen sei. Denn das Gesetz privilegiere den Bürgen als Personalsicherer in § 776 sowie § 216. Danach stehe nur dem Bürgen der Regress zu. Nach heute ganz **hM** stellen Bürgschaft und dingliche Sicherheiten von Gesetzes wegen **gleichstufige Sicherungsmittel** dar. Auf das Verhältnis der Sicherungsgeber untereinander ist daher § 426 entsprechend anzuwenden (BGHZ 108, 179; BGH NJW 2009, 437 Nr 13; *Larenz/Canaris* SchR II/2 § 60 IV 3). Auf den den Gläubiger befriedigenden Sicherungsgeber gehen die akzessorischen Sicherheiten nach §§ 412, 401/§ 426 II **in dem Umfang** über, wie er entsprechend § 426 I Rückgriff nehmen kann. Nicht akzessorische Sicherheiten sind ihm in diesem Umfange abzutreten. Im Rahmen des Ausgleichs über § 426 I analog sind die dinglichen Sicherungsgeber nicht zur Zahlung verpflichtet, sondern entsprechend der von ihnen gestellten Sicherheit nur zur Duldung der **Verwertung** dieser Sicherheit. Entsprechend § 426 richtet sich die Höhe des Ausgleichs grds nach Kopfteilen, bei unterschiedlichem Haftungsumfang im Außenverhältnis – wie bei Höchstbetragsbürgen (Rz 5) – nach dem übernommenen Haftungsrisiko (BGH NJW 2009, 437 Nr 15).

§ 775. Anspruch des Bürgen auf Befreiung

(1) **Hat sich der Bürge im Auftrag des Hauptschuldners verbürgt oder stehen ihm nach den Vorschriften über die Geschäftsführung ohne Auftrag wegen der Übernahme der Bürgschaft die Rechte eines Beauftragten gegen den Hauptschuldner zu, so kann er von diesem Befreiung von der Bürgschaft verlangen:**

1. **wenn sich die Vermögensverhältnisse des Hauptschuldners wesentlich verschlechtert haben,**
2. **wenn die Rechtsverfolgung gegen den Hauptschuldner infolge einer nach der Übernahme der Bürgschaft eingetretenen Änderung des Wohnsitzes, der gewerblichen Niederlassung oder des Aufenthaltsorts des Hauptschuldners wesentlich erschwert ist,**

3. wenn der Hauptschuldner mit der Erfüllung seiner Verbindlichkeit im Verzug ist,
4. wenn der Gläubiger gegen den Bürgen ein vollstreckbares Urteil auf Erfüllung erwirkt hat.

(2) Ist die Hauptverbindlichkeit noch nicht fällig, so kann der Hauptschuldner dem Bürgen, statt ihn zu befreien, Sicherheit leisten.

§ 776. Aufgabe einer Sicherheit

[1]Gibt der Gläubiger ein mit der Forderung verbundenes Vorzugsrecht, eine für sie bestehende Hypothek oder Schiffshypothek, ein für sie bestehendes Pfandrecht oder das Recht gegen einen Mitbürgen auf, so wird der Bürge insoweit frei, als er aus dem aufgegebenen Recht nach § 774 hätte Ersatz erlangen können. [2]Dies gilt auch dann, wenn das aufgegebene Recht erst nach der Übernahme der Bürgschaft entstanden ist.

§ 777. Bürgschaft auf Zeit

(1) **[1]Hat sich der Bürge für eine bestehende Verbindlichkeit auf bestimmte Zeit verbürgt, so wird er nach dem Ablauf der bestimmten Zeit frei, wenn nicht der Gläubiger die Einziehung der Forderung unverzüglich nach Maßgabe des § 772 betreibt, das Verfahren ohne wesentliche Verzögerung fortsetzt und unverzüglich nach der Beendigung des Verfahrens dem Bürgen anzeigt, dass er ihn in Anspruch nehme. [2]Steht dem Bürgen die Einrede der Vorausklage nicht zu, so wird er nach dem Ablauf der bestimmten Zeit frei, wenn nicht der Gläubiger ihm unverzüglich diese Anzeige macht.**

(2) **Erfolgt die Anzeige rechtzeitig, so beschränkt sich die Haftung des Bürgen im Falle des Absatzes 1 Satz 1 auf den Umfang, den die Hauptverbindlichkeit zur Zeit der Beendigung des Verfahrens hat, im Falle des Absatzes 1 Satz 2 auf den Umfang, den die Hauptverbindlichkeit bei dem Ablauf der bestimmten Zeit hat.**

§ 778. Kreditauftrag

Wer einen anderen beauftragt, im eigenen Namen und auf eigene Rechnung einem Dritten ein Darlehen oder eine Finanzierungshilfe zu gewähren, haftet dem Beauftragten für die aus dem Darlehen oder der Finanzierungshilfe entstehende Verbindlichkeit des Dritten als Bürge.

Titel 21. Vergleich

§ 779. Begriff des Vergleichs, Irrtum über die Vergleichsgrundlage

(1) **Ein Vertrag, durch den der Streit oder die Ungewissheit der Parteien über ein Rechtsverhältnis im Wege gegenseitigen Nachgebens beseitigt wird (Vergleich), ist unwirksam, wenn der nach dem Inhalt des Vertrags als feststehend zugrunde gelegte Sachverhalt der Wirklichkeit nicht entspricht und der Streit oder die Ungewissheit bei Kenntnis der Sachlage nicht entstanden sein würde.**

(2) **Der Ungewissheit über ein Rechtsverhältnis steht es gleich, wenn die Verwirklichung eines Anspruchs unsicher ist.**

1. Zweck und Voraussetzungen. Der Vergleich ist ein Feststellungsvertrag, mit 1
dem die Parteien zwischen sich Rechtsfrieden und -sicherheit schaffen, indem sie ihre gegenseitigen Rechte und Pflichten aus einem bestehenden oder als bestehend behaupteten Rechtsverhältnis festlegen. Ob zwischen ihnen Streit oder Ungewissheit besteht, ist aus der subjektiven Sicht der Parteien zu beurteilen. Ein gegenseitiges

Nachgeben ist erforderlich, und sei es auch nur geringfügig oder subjektiv; wichtig zur Abgrenzung zB von der formbedürftigen abstrakten Anerkenntniserklärung (s § 780 Rz 3), denn der Vergleich kann formfrei geschlossen werden, sofern er nicht formbedürftige Verpflichtungen oder Verfügungen enthält.

2 **2. Inhalt und Wirkung.** Das streitige Rechtsverhältnis bleibt grds als solches bestehen und wird nur in dem vereinbarten Status festgestellt. Ein neues Schuldverhältnis entsteht nur dann (durch sog Umschaffung oder Novation), wenn die Parteien dies gewollt haben (Auslegung!), so zB idR bei Vergleichsschluss nach Verjährung der Ansprüche aus dem ursprünglichen Schuldverhältnis (BGH NJW-RR 1987, 1426). Darüber hinaus können in dem Vergleich auch neue Verpflichtungen vereinbart und auch unmittelbar Verfügungen getroffen werden.

3 **3. Unwirksamkeit und Fehlerhaftigkeit** des Vergleichs richten sich zunächst nach den allgemeinen Regeln. Die Nichtigkeit der Vergleichseinigung führt nicht automatisch zur Nichtigkeit von mit aufgenommenen Verfügungen (Abstraktionsprinzip!). Abs 1 betrifft den gemeinsamen Irrtum über die Vergleichsbasis, also einen Sonderfall des Fehlens der subjektiven Geschäftsgrundlage. Die Vorschrift setzt voraus, dass sich die Parteien über tatsächliche Gegebenheiten geirrt haben, die sich außerhalb des Streits oder der Ungewissheit befanden; ein Irrtum über Umstände, die der Vergleich gerade beheben soll, die mithin Gegenstand des Vergleichs sein sollen, führt nicht zur Anwendung des Abs 1 und ist unbeachtlich (BGH NJW 2007, 838 unter Nr 12). Das Wort „Sachverhalt" ist nicht wörtlich zu verstehen, so dass nicht nur ein reiner Tatsachenirrtum zur Unwirksamkeit des Vergleichs führt, sondern auch ein Rechtsirrtum, sofern er Tatsachen mit umschließt, die auf das Zustandekommen des Vergleichs erheblichen Einfluss gehabt haben (BGH NJW 1961, 1460; schwierige Abgrenzung zum unerheblichen „reinen" Rechtsirrtum, kritisch zB LG Tübingen NJW-RR 1997, 472 mwN). Der Vergleich ist nur dann nach Abs 1 HS 2 unwirksam, wenn gerade diejenige Unsicherheit oder Streitigkeit, die durch den Vergleich beseitigt werden sollte, bei Kenntnis der wahren Verhältnisse vermieden worden wäre.

4 **4.** Der **Prozessvergleich** besitzt eine Doppelnatur (hM), dh er ist gleichzeitig materieller Vertrag (iSd § 779) und Prozesshandlung der Parteien, die dadurch den Prozess beenden, soweit der Streitgegenstand erfasst wird. Die Parteien können auch weitere Streitigkeiten einbeziehen. Vorteile: der Prozessvergleich genügt allen Formerfordernissen (vgl § 127a) und ist Vollstreckungstitel (§ 794 I Nr 1 ZPO). Ein Widerrufsvorbehalt ist idR kein vertragliches Rücktrittsrecht iSd §§ 346ff, sondern aufschiebende Bedingung iSv § 158 I (BGHZ 88, 364, 366). Die **materiellrechtliche Wirksamkeit** des Vergleichs entfällt nur bei materiellen Mängeln (vgl oben Rz 3). Die den **Prozess beendende Wirkung** entfällt dagegen nicht nur dann, wenn dem Vergleich als Prozesshandlung nicht behebbare Mängel anhaften, sondern auch dann, wenn der Vergleich sachlichrechtlich von vornherein nichtig war oder durch Anfechtung ex tunc nichtig wird (BGHZ 28, 171); doch bleibt der Prozess bei nur nachträglicher Beseitigung des Vergleichs abgeschlossen, etwa bei Rücktritt gem § 323 (BGHZ 16, 388) oder Änderungs- oder Aufhebungsvertrag (BGHZ 41, 310; aA für das Arbeitsrecht BAG NJW 1983, 2212).

Titel 22. Schuldversprechen, Schuldanerkenntnis

Vor § 780

1 **1. Schuldversprechen und Schuldanerkenntnis** werden danach unterschieden, ob eine Verpflichtung selbständig begründet (§ 780) oder ein bereits bestehendes Schuldverhältnis anerkannt werden soll (§ 781). Die Übergänge zwischen beiden Formen sind allerdings in der Praxis fließend.

2. Wichtiger ist die Unterscheidung danach, in welcher **Beziehung zum kausalen Schuldverhältnis** das jeweilige Anerkenntnis bzw Versprechen steht (*Ehmann*, WM 2007, 329ff). 2

a) Abstrakt (selbständig, konstitutiv) ist das Leistungsversprechen nur, wenn es unabhängig von dem zugrundeliegenden Schuldverhältnis vereinbart werden soll. Der Gläubiger soll dann eine neue, selbstständige Forderung erwerben, selbst wenn ihm keine durchsetzbaren Rechte aus dem Grundverhältnis zustehen sollten (näher § 780 Rz 1–6, § 781 Rz 1).

b) Kausal (bestätigend, deklaratorisch) wirkt das Leistungsversprechen dagegen, wenn die Parteien durch einen dem Vergleich (§ 779) ähnlichen Feststellungs- oder Änderungsvertrag den Inhalt eines (umstrittenen) Schuldverhältnisses zwischen sich verbindlich festlegen wollen, ohne dass dadurch der Gläubiger eine zusätzliche neue Anspruchsgrundlage erhalten soll (näher § 780 Rz 7, § 781 Rz 2–7). 3

3. Abzugrenzen sind beide Formen vom sog **einfachen Anerkenntnis,** dh der schlichten Erklärung nur des Schuldners, er werde auf seine Schuld leisten. Eine solche bloße Absichts- oder Wissenserklärung ist für den Schuldner materiellrechtlich nicht bindend; sie schafft keinen sachlichrechtlichen Anspruch (BGHZ 151, 127, 132). Ihr Zweck liegt vielmehr darin, den Gläubiger von Beweissicherungsmaßnahmen abzuhalten, denn das einfache Anerkenntnis verbessert die Beweislage des Erklärungsempfängers. Zwar führt es nicht zu einer Umkehr der Beweislast, es äußert aber als „Zeugnis gegen sich selbst" Indizwirkung (BGH NJW 1984, 799). Ferner sorgt bereits das einfache Anerkenntnis für einen Neubeginn der Verjährung, § 212 I Nr 1, und kann uU auch eine Haftung aus Rechtsschein oder c.i.c. (§§ 280 I, 311 II) auslösen (*Larenz/Canaris* SchR II/2 § 61 II 2b). **Beispiele:** Eine Erklärung nach einem Verkehrsunfall ist meist nur ein einfaches Anerkenntnis (s aber § 781 Rz 7); ebenso eine Erklärung nach § 840 ZPO (BGHZ 151, 127, 132; 69, 328, 330ff). 4

4. Zum **negativen** Schuldanerkenntnis s § 397 II. Zum **prozessualen** Anerkenntnis (reine Prozesshandlung, hM) s § 307 ZPO. Zum Anerkenntnis im **Zahlungsverkehr** s § 675c Rz 3, § 675f Rz 2) 5

§ 780. Schuldversprechen

[1]Zur Gültigkeit eines Vertrags, durch den eine Leistung in der Weise versprochen wird, dass das Versprechen die Verpflichtung selbständig begründen soll (Schuldversprechen), ist, soweit nicht eine andere Form vorgeschrieben ist, schriftliche Erteilung des Versprechens erforderlich. [2]Die Erteilung des Versprechens in elektronischer Form ist ausgeschlossen.

1. Die Vorschrift regelt das **abstrakte Schuldversprechen** (s Vor § 780 Rz 2). Es handelt sich um einen einseitig verpflichtenden Vertrag. **Zweck** der Vereinbarung ist es meist, dem Gläubiger durch die schriftliche Erteilung des Versprechens die Rechtsverfolgung zu erleichtern (vgl §§ 253 II Nr 2, 592ff, 794 I Nr 5 ZPO). Der Kläger braucht nur den Abschluss des abstrakten Vertrags nachzuweisen; im Ergebnis trägt dann der Schuldner über die Bereicherungseinrede (unten Rz 6) die Beweislast dafür, dass die kausale Schuld nicht besteht. Möglich ist ferner, dass die Parteien die Forderung aus einem Grundverhältnis zusätzlich sichern wollen. 1

a) Die **Einigung der Parteien** muss auf eine abstrakte Verpflichtung des Schuldners gerichtet sein. Nur die Erklärung des Schuldners ist empfangsbedürftig, § 130. Die Erklärung ist auch konkludent möglich, zB durch Unterwerfung unter die sofortige Zwangsvollstreckung in einer Grundschuldbestellungsurkunde; ihre Annahme kann auch durch schlüssiges Handeln erfolgen (BGH WM 1976, 254, 255). 2

b) Die **Schriftform** (§ 126) ist nur für die Erklärung des Versprechenden zu wahren; sie dient der Rechtssicherheit, schützt aber auch den Schuldner vor übereilten 3

Versprechen (str). Ausnahmen: § 782; § 350 HGB. Strengere Formen bestehen wegen des Gegenstands (§ 311 b I, III) oder der Art des Versprechens (zB schenkweise, § 518 I 2).

4 **c) Wirkungen.** Der Gläubiger erhält einen neuen selbständigen Anspruch. Soweit lediglich Schuldverstärkung beabsichtigt ist, wird dieser Anspruch nur erfüllungshalber gewährt (§ 364 II), und neben ihm bleibt das kausale Schuldverhältnis bestehen. Die Verjährung des kausalen Anspruchs beginnt neu, § 212 I Nr 1.

5 **d)** Für **Einwendungen und Einreden** gegen das *Schuldversprechen selbst* gelten die allgemeinen Regeln. Einwendungen und Einreden aus dem *Grundgeschäft* berühren die Wirksamkeit des abstrakten Leistungsversprechens grds nicht. Ausnahmen: zB Fehleridentität (vgl § 138 Rz 5), §§ 656 II, 762 II.

6 **e)** Eine **Rückabwicklung über das Bereicherungsrecht** kommt in Betracht, wenn das Schuldversprechen ohne Rechtsgrund erteilt worden ist, weil dem kausalen Anspruch rechtshindernde oder rechtsvernichtende Einwendungen entgegenstanden oder der Zweck des Anerkenntnisses verfehlt wurde. Der Schuldner kann dann dem Gläubiger die Bereicherungseinrede (§ 821) entgegenhalten oder selbst das Anerkenntnis gem § 812 II kondizieren (BGH NJW 1991, 2140 betr das abstrakte Schuldanerkenntnis einer Gutschrift der Bank auf dem Konto des Kunden). Ausnahmen: vertraglicher Ausschluss der Bereicherungseinrede, ferner §§ 214 II 2, 813 II, 814, 817 S 2. Die Bereicherungseinrede kann auch nicht darauf gestützt werden, dass der kausale Anspruch verjährt ist. BGH NJW 2010, 1144 Nr 22ff stützt dieses Ergebnis auf eine Analogie zu § 216 II, es greift aber der Ausschluss aus §§ 214 II 2, 813 I 2 (*Jacoby*, JZ 2010, 464f).

7 **2.** Ein **kausales Schuldversprechen** ist eine von § 780 nicht erfasste, aber nach § 311 I zulässige vertragliche Zusage, eine Leistung nicht schlechthin, sondern nur auf Grund eines bestimmten Kausalgeschäfts zu erbringen. Sinnvoll ist eine solche Verpflichtung zB dann, wenn sie gegenüber einem anderen als dem Gläubiger der Kausalforderung erfolgt (*Larenz/Canaris* II/2 SchR § 61 III).

§ 781. Schuldanerkenntnis

[1] Zur Gültigkeit eines Vertrags, durch den das Bestehen eines Schuldverhältnisses anerkannt wird (Schuldanerkenntnis), ist schriftliche Erteilung der Anerkennungserklärung erforderlich. [2] Die Erteilung der Anerkennungserklärung in elektronischer Form ist ausgeschlossen. [3] Ist für die Begründung des Schuldverhältnisses, dessen Bestehen anerkannt wird, eine andere Form vorgeschrieben, so bedarf der Anerkennungsvertrag dieser Form.

1 **1.** Ein **abstraktes Schuldanerkenntnis** ist das selbständige Versprechen des Schuldners gegenüber dem Gläubiger, den zugrundeliegenden Anspruch zu erfüllen. **Zweck:** erleichterte Rechtsverfolgung (§ 780 Rz 1). Es kann aber auch beabsichtigt sein, die kausale Forderung festzulegen; dann Abgrenzung zum kausalen Anerkenntnis (unten Rz 2ff) und zur Novation (s zu ihr Vor § 362 Rz 1). Zu **Voraussetzungen, Wirkungen und Einwendungen** s § 780 Rz 2–6.

2 **2.** Ein **kausales Schuldanerkenntnis** (meist „deklaratorisches" Anerkenntnis genannt) ist eine von § 781 nicht geregelte, aber nach § 311 I zulässige vertragliche Vereinbarung zwischen Gläubiger und Schuldner über dessen Leistungspflicht. Ihr **Zweck** besteht darin, das Schuldverhältnis insgesamt oder zumindest in bestimmter Beziehung dem Streit oder der Ungewissheit der Parteien zu entziehen und es insoweit endgültig festzulegen (BGHZ 66, 250, 254).

3 **a)** Die **Einigung der Parteien** richtet sich nur auf Bestätigung oder Abänderung des alten und nicht auf Begründung eines neuen Schuldverhältnisses; Abgrenzung zum abstrakten (oben Rz 1) und zum einfachen Anerkenntnis (Vor § 780 Rz 3) sowie zur Bestätigung, § 141.

b) Das kausale Schuldanerkenntnis kann nach hM **formlos** geschlossen werden – daher die besondere Gefährlichkeit mündlicher Anerkenntniserklärungen für den Schuldner. 4

c) Wirkung. Das kausale Schuldverhältnis wird auf den von den Parteien vereinbarten Status festgelegt. Entspricht dieser nicht der wahren Rechtslage, so hat es eine den Anspruch modifizierende oder sogar eine potentiell konstitutive Wirkung (BGHZ 66, 250, 254). Das kausale Anerkenntnis schließt idR alle Einwendungen aus, die der Schuldner bei der Erklärung kannte oder mit denen er zumindest rechnete; ein Verzicht auch auf unbekannte Einwendungen ist nur anzunehmen, wenn er unmissverständlich zum Ausdruck kommt (BGH, NJW 1971, 2220; OLG Hamm, NJW-RR 1987, 1330, 1332). Neubeginn der Verjährung des Anspruchs aus dem Grundgeschäft nach § 212 I Nr 1. 5

d) Für **Einwendungen und Einreden** gegen das *Anerkenntnis selbst* gelten die allgemeinen Regeln. Dagegen bleibt die Wirksamkeit des Anerkenntnisses von Einwendungen aus dem *Grundverhältnis* grds unberührt (auf sie will der Schuldner ja gerade verzichten). Daher ist auch (anders als bei § 780 Rz 6) **kein Bereicherungsausgleich** möglich (BGHZ 66, 250, 254). Das anzuerkennende Schuldverhältnis braucht also nicht tatsächlich, muss aber doch zumindest „möglicherweise" bestehen (BGHZ 66, 250, 254). Allerdings können die Parteien das streitige Schuldverhältnis nur insoweit festlegen, als es ihrer Dispositionsbefugnis unterliegt. Daher ist ein kausales Anerkenntnis nichtig, wenn es sich auf ein Schuldverhältnis bezieht, das seinerseits infolge **zwingender Regeln** (zB §§ 134, 138) nichtig ist (BGHZ 104, 18, 24). 6

e) Beispiele: Schulderklärungen nach einem Verkehrsunfall sind nur dann kausales Anerkenntnis, wenn eine rechtsgeschäftliche Bindung des Schuldners gewollt ist; dafür ist nach der Rspr ua erforderlich, dass zwischen den Parteien tatsächlich Streit oder Unsicherheit über die Haftungsfragen besteht (BGH NJW 1984, 799; aA *Larenz/Canaris* SchR II/2 § 61 II 2a: es genüge bereits der Parteiwille, die Beweislage zu sichern und die Herbeiziehung der Polizei zu vermeiden). **Bestätigungserklärungen des Schuldners gegenüber dem Zessionar** (zB gegenüber einer Bank auf deren Anfrage nach Bestand und Abtretbarkeit der Forderung) sind nach der Rspr regelmäßig als kausale Anerkenntnisse zu werten (BGH NJW 1971, 2220, vgl auch BGHZ 69, 328, 331; einschränkend *Larenz/Canaris* SchR II/2 § 61 II 2b). Das ist jedenfalls dann unzweifelhaft, wenn ein eigenes Interesse des Schuldners besteht (zB daran, dass der Zedent von der Bank Kredit erhält). 7

§ 782. Formfreiheit bei Vergleich

Wird ein Schuldversprechen oder ein Schuldanerkenntnis auf Grund einer Abrechnung oder im Wege des Vergleichs erteilt, so ist die Beobachtung der in den §§ 780, 781 vorgeschriebenen schriftlichen Form nicht erforderlich.

Titel 23. Anweisung

§ 783. Rechte aus der Anweisung

Händigt jemand eine Urkunde, in der er einen anderen anweist, Geld, Wertpapiere oder andere vertretbare Sachen an einen Dritten zu leisten, dem Dritten aus, so ist dieser ermächtigt, die Leistung bei dem Angewiesenen im eigenen Namen zu erheben; der Angewiesene ist ermächtigt, für Rechnung des Anweisenden an den Anweisungsempfänger zu leisten.

§ 784. Annahme der Anweisung

(1) **Nimmt der Angewiesene die Anweisung an, so ist er dem Anweisungsempfänger gegenüber zur Leistung verpflichtet; er kann ihm nur solche Ein-**

wendungen entgegensetzen, welche die Gültigkeit der Annahme betreffen oder sich aus dem Inhalt der Anweisung oder dem Inhalt der Annahme ergeben oder dem Angewiesenen unmittelbar gegen den Anweisungsempfänger zustehen.

(2) [1]Die Annahme erfolgt durch einen schriftlichen Vermerk auf der Anweisung. [2]Ist der Vermerk auf die Anweisung vor der Aushändigung an den Anweisungsempfänger gesetzt worden, so wird die Annahme diesem gegenüber erst mit der Aushändigung wirksam.

§ 785. Aushändigung der Anweisung

Der Angewiesene ist nur gegen Aushändigung der Anweisung zur Leistung verpflichtet.

§ 786. *(weggefallen)*

§ 787. Anweisung auf Schuld

(1) Im Falle einer Anweisung auf Schuld wird der Angewiesene durch die Leistung in deren Höhe von der Schuld befreit.

(2) Zur Annahme der Anweisung oder zur Leistung an den Anweisungsempfänger ist der Angewiesene dem Anweisenden gegenüber nicht schon deshalb verpflichtet, weil er Schuldner des Anweisenden ist.

§ 788. Valutaverhältnis

Erteilt der Anweisende die Anweisung zu dem Zwecke, um seinerseits eine Leistung an den Anweisungsempfänger zu bewirken, so wird die Leistung, auch wenn der Angewiesene die Anweisung annimmt, erst mit der Leistung des Angewiesenen an den Anweisungsempfänger bewirkt.

§ 789. Anzeigepflicht des Anweisungsempfängers

[1]Verweigert der Angewiesene vor dem Eintritt der Leistungszeit die Annahme der Anweisung oder verweigert er die Leistung, so hat der Anweisungsempfänger dem Anweisenden unverzüglich Anzeige zu machen. [2]Das Gleiche gilt, wenn der Anweisungsempfänger die Anweisung nicht geltend machen kann oder will.

§ 790. Widerruf der Anweisung

[1]Der Anweisende kann die Anweisung dem Angewiesenen gegenüber widerrufen, solange nicht der Angewiesene sie dem Anweisungsempfänger gegenüber angenommen oder die Leistung bewirkt hat. [2]Dies gilt auch dann, wenn der Anweisende durch den Widerruf einer ihm gegen den Anweisungsempfänger obliegenden Verpflichtung zuwiderhandelt.

§ 791. Tod oder Geschäftsunfähigkeit eines Beteiligten

Die Anweisung erlischt nicht durch den Tod oder den Eintritt der Geschäftsunfähigkeit eines der Beteiligten.

§ 792. Übertragung der Anweisung

(1) [1]Der Anweisungsempfänger kann die Anweisung durch Vertrag mit einem Dritten auf diesen übertragen, auch wenn sie noch nicht angenommen worden ist. [2]Die Übertragungserklärung bedarf der schriftlichen Form. [3]Zur Übertragung ist die Aushändigung der Anweisung an den Dritten erforderlich.

(2) [1]**Der Anweisende kann die Übertragung ausschließen.** [2]**Die Ausschließung ist dem Angewiesenen gegenüber nur wirksam, wenn sie aus der Anweisung zu entnehmen ist oder wenn sie von dem Anweisenden dem Angewiesenen mitgeteilt wird, bevor dieser die Anweisung annimmt oder die Leistung bewirkt.**

(3) [1]**Nimmt der Angewiesene die Anweisung dem Erwerber gegenüber an, so kann er aus einem zwischen ihm und dem Anweisungsempfänger bestehenden Rechtsverhältnis Einwendungen nicht herleiten.** [2]**Im Übrigen finden auf die Übertragung der Anweisung die für die Abtretung einer Forderung geltenden Vorschriften entsprechende Anwendung.**

Titel 24. Schuldverschreibung auf den Inhaber

Vor § 793

1. Wertpapier. Ein Wertpapier ist eine Urkunde, die ein subjektives Recht derart verbrieft, dass es nur mit Vorlage der Urkunde geltend gemacht werden kann. **a)** Nach der **Art des verbrieften Rechts** sind zu unterscheiden Mitgliedschaftspapiere (zB Aktien), forderungsrechtliche (zB Inhaberschuldverschreibung, § 793) und sachenrechtliche Wertpapiere (zB Grundschuldbrief). **b)** Nach der **Art,** den aus dem Papier **Berechtigten zu bestimmen**, wird zwischen Inhaberpapieren, Namenspapieren, Orderpapieren und Legitimationspapieren unterschieden. 1

2. Inhaberpapier. Bei einem Inhaberpapier steht das in der Urkunde verbriefte Recht ihrem Besitzer zu, der nicht namentlich bezeichnet zu werden braucht. Ohne den Besitz der Urkunde kann das Recht nicht geltend gemacht werden. Die Übertragung des verbrieften Rechts findet mit der **Übertragung des Papiers** nach §§ 929 ff statt: Das Recht aus dem Papier folgt dem Recht am Papier. Bsp sind Inhaberschuldverschreibung (§ 793), Inhaberscheck oder kleines Inhaberpapier. **Kleine Inhaberpapiere** sind namentlich die in § 807 geregelten Inhaberkarten und -marken wie Eintrittskarten, Einzelfahrscheine oder Geschenkgutscheine. 2

3. Namenspapier. Bei einem Namens- oder Rektapapier steht das verbriefte Recht nur der namentlich genannten Person zu. Die Übertragung des Wertpapiers findet nach § 952 durch **Abtretung** des in der Urkunde verbrieften Rechts statt (§§ 398 ff). Das Recht an dem Papier folgt dem Recht aus dem Papier. Bsp sind Hypothekenbrief oder qualifizierte Legitimationspapiere (s § 808). 3

4. Orderpapier. Bei einem Orderpapier wird die zu erbringende Leistung an den namentlich genannten Berechtigten versprochen. Um die Forderung an eine andere Person abzutreten (Order), muss neben der Übergabe des Papiers die Einigung über den Rechtsübergang gem §§ 929 ff auf dem Papier aufgezeichnet werden **(Indossament).** Zu unterscheiden sind **geborene** Orderpapiere wie Wechsel oder Scheck und **gekorene,** kaufmännische Orderpapiere nach den §§ 363 ff HGB. 4

5. Legitimationspapiere. a) Qualifizierte Legitimationspapiere sind ebenfalls Wertpapiere. Es handelt sich um Urkunden, die ihren Aussteller (den Schuldner) berechtigen, an jeden Inhaber der Urkunde mit befreiender Wirkung zu leisten. Bsp ist das Sparbuch, s § 808. **b)** Keine Wertpapiere sind **einfache** Legitimationspapiere. Denn sie verbriefen kein Recht, sondern dienen der Beweiserleichterung. Eine Vorlage dieser Legitimationszeichen ist zur Geltendmachung nicht notwendig. Bsp sind Garderobenmarken oder Gepäckscheine. 5

§ 793. Rechte aus der Schuldverschreibung auf den Inhaber

(1) [1]**Hat jemand eine Urkunde ausgestellt, in der er dem Inhaber der Urkunde eine Leistung verspricht (Schuldverschreibung auf den Inhaber), so kann der Inhaber von ihm die Leistung nach Maßgabe des Versprechens verlangen, es sei**

denn, dass er zur Verfügung über die Urkunde nicht berechtigt ist. [2]Der Aussteller wird jedoch auch durch die Leistung an einen nicht zur Verfügung berechtigten Inhaber befreit.

(2) **[1]Die Gültigkeit der Unterzeichnung kann durch eine in die Urkunde aufgenommene Bestimmung von der Beobachtung einer besonderen Form abhängig gemacht werden. [2]Zur Unterzeichnung genügt eine im Wege der mechanischen Vervielfältigung hergestellte Namensunterschrift.**

1 **1. Begriff.** Es handelt sich bei der Schuldverschreibung auf den Inhaber um eine Urkunde, in der sich ihr Aussteller dazu verpflichtet, eine Leistung an den Inhaber der Urkunde zu erbringen. Die Errichtung der Urkunde und ein Begebungsvertrag sind für das Entstehen des verbrieften Rechts erforderlich, dieses kann außerhalb der Urkunde nicht entstehen. Zu Begriff und Formerfordernis einer Urkunde § 126 Rz 1.

2 **2. Legitimationswirkung.** Es besteht eine Legitimationswirkung in doppelter Hinsicht. Zum einen wird zugunsten des Inhabers der Urkunde widerleglich vermutet, dass er der aus der Urkunde Berechtigte ist (Abs 1 S 1). Das bedeutet, dass zur Einforderung des Rechts nur die Vorlage der Urkunde notwendig ist. Will der Aussteller geltend machen, der Inhaber sei nicht der materiell Berechtigte, trifft ihn die Darlegungs- und Beweislast. Zum anderen hat die Legitimationswirkung für den Aussteller zur Folge, dass er mit befreiender Wirkung an den Inhaber der Urkunde leisten kann (Abs 1 S 2). Dies gilt nicht, wenn der Aussteller wusste oder hätte wissen müssen, wer der tatsächlich materiell Berechtigte war.

3 **3. Verkehrsfähigkeit.** Um die Verkehrsfähigkeit der Inhaberschuldverschreibung zu erhöhen, sind Einwendungen des Ausstellers nach § 796 nur begrenzt zulässig. Der Aussteller kann ggü dem Berechtigten einwenden, die **Ausstellung sei nichtig** (1. Fall), zB der Aussteller war bei der Ausstellung geschäftsunfähig. Er kann Einwendungen **unmittelbar aus der Urkunde** dem Berechtigten entgegen halten, zB eine in der Urkunde genannte Befristung (2. Fall). Und er kann alle Einwendungen geltend machen, die aus einem Rechtsverhältnis zwischen ihm und dem Inhaber bestehen (3. Fall), zB Erlass der in dem Wertpapier verbrieften Forderung.

§ 794. Haftung des Ausstellers

(1) **Der Aussteller wird aus einer Schuldverschreibung auf den Inhaber auch dann verpflichtet, wenn sie ihm gestohlen worden oder verloren gegangen oder wenn sie sonst ohne seinen Willen in den Verkehr gelangt ist.**

(2) **Auf die Wirksamkeit einer Schuldverschreibung auf den Inhaber ist es ohne Einfluss, wenn die Urkunde ausgegeben wird, nachdem der Aussteller gestorben oder geschäftsunfähig geworden ist.**

§ 795. *(weggefallen)*

§ 796. Einwendungen des Ausstellers

Der Aussteller kann dem Inhaber der Schuldverschreibung nur solche Einwendungen entgegensetzen, welche die Gültigkeit der Ausstellung betreffen oder sich aus der Urkunde ergeben oder dem Aussteller unmittelbar gegen den Inhaber zustehen.

§ 797. Leistungspflicht nur gegen Aushändigung

[1]Der Aussteller ist nur gegen Aushändigung der Schuldverschreibung zur Leistung verpflichtet. [2]Mit der Aushändigung erwirbt er das Eigentum an der Urkunde, auch wenn der Inhaber zur Verfügung über sie nicht berechtigt ist.

§ 798. Ersatzurkunde

[1]Ist eine Schuldverschreibung auf den Inhaber infolge einer Beschädigung oder einer Verunstaltung zum Umlauf nicht mehr geeignet, so kann der Inhaber, sofern ihr wesentlicher Inhalt und ihre Unterscheidungsmerkmale noch mit Sicherheit erkennbar sind, von dem Aussteller die Erteilung einer neuen Schuldverschreibung auf den Inhaber gegen Aushändigung der beschädigten oder verunstalteten verlangen. [2]Die Kosten hat er zu tragen und vorzuschießen.

§ 799. Kraftloserklärung

(1) **[1]Eine abhanden gekommene oder vernichtete Schuldverschreibung auf den Inhaber kann, wenn nicht in der Urkunde das Gegenteil bestimmt ist, im Wege des Aufgebotsverfahrens für kraftlos erklärt werden. [2]Ausgenommen sind Zins-, Renten- und Gewinnanteilscheine sowie die auf Sicht zahlbaren unverzinslichen Schuldverschreibungen.**

(2) **[1]Der Aussteller ist verpflichtet, dem bisherigen Inhaber auf Verlangen die zur Erwirkung des Aufgebots oder der Zahlungssperre erforderliche Auskunft zu erteilen und die erforderlichen Zeugnisse auszustellen. [2]Die Kosten der Zeugnisse hat der bisherige Inhaber zu tragen und vorzuschießen.**

§ 800. Wirkung der Kraftloserklärung

[1]Ist eine Schuldverschreibung auf den Inhaber für kraftlos erklärt, so kann derjenige, welcher den Ausschließungsbeschluss erwirkt hat, von dem Aussteller, unbeschadet der Befugnis, den Anspruch aus der Urkunde geltend zu machen, die Erteilung einer neuen Schuldverschreibung auf den Inhaber anstelle der für kraftlos erklärten verlangen. [2]Die Kosten hat er zu tragen und vorzuschießen.

§ 801. Erlöschen; Verjährung

(1) **[1]Der Anspruch aus einer Schuldverschreibung auf den Inhaber erlischt mit dem Ablauf von 30 Jahren nach dem Eintritt der für die Leistung bestimmten Zeit, wenn nicht die Urkunde vor dem Ablauf der 30 Jahre dem Aussteller zur Einlösung vorgelegt wird. [2]Erfolgt die Vorlegung, so verjährt der Anspruch in zwei Jahren von dem Ende der Vorlegungsfrist an. [3]Der Vorlegung steht die gerichtliche Geltendmachung des Anspruchs aus der Urkunde gleich.**

(2) **[1]Bei Zins-, Renten- und Gewinnanteilscheinen beträgt die Vorlegungsfrist vier Jahre. [2]Die Frist beginnt mit dem Schluss des Jahres, in welchem die für die Leistung bestimmte Zeit eintritt.**

(3) **Die Dauer und der Beginn der Vorlegungsfrist können von dem Aussteller in der Urkunde anders bestimmt werden.**

§ 802. Zahlungssperre

[1]Der Beginn und der Lauf der Vorlegungsfrist sowie der Verjährung werden durch die Zahlungssperre zugunsten des Antragstellers gehemmt. [2]Die Hemmung beginnt mit der Stellung des Antrags auf Zahlungssperre; sie endigt mit der Erledigung des Aufgebotsverfahrens und, falls die Zahlungssperre vor der Einleitung des Verfahrens verfügt worden ist, auch dann, wenn seit der Beseitigung des der Einleitung entgegenstehenden Hindernisses sechs Monate verstrichen sind und nicht vorher die Einleitung beantragt worden ist. [3]Auf diese Frist finden die Vorschriften der §§ 206, 210, 211 entsprechende Anwendung.

§ 803. Zinsscheine

(1) Werden für eine Schuldverschreibung auf den Inhaber Zinsscheine ausgegeben, so bleiben die Scheine, sofern sie nicht eine gegenteilige Bestimmung enthalten, in Kraft, auch wenn die Hauptforderung erlischt oder die Verpflichtung zur Verzinsung aufgehoben oder geändert wird.

(2) Werden solche Zinsscheine bei der Einlösung der Hauptschuldverschreibung nicht zurückgegeben, so ist der Aussteller berechtigt, den Betrag zurückzubehalten, den er nach Absatz 1 für die Scheine zu zahlen verpflichtet ist.

§ 804. Verlust von Zins- oder ähnlichen Scheinen

(1) [1]Ist ein Zins-, Renten- oder Gewinnanteilschein abhanden gekommen oder vernichtet und hat der bisherige Inhaber den Verlust dem Aussteller vor dem Ablauf der Vorlegungsfrist angezeigt, so kann der bisherige Inhaber nach dem Ablauf der Frist die Leistung von dem Aussteller verlangen. [2]Der Anspruch ist ausgeschlossen, wenn der abhanden gekommene Schein dem Aussteller zur Einlösung vorgelegt oder der Anspruch aus dem Schein gerichtlich geltend gemacht worden ist, es sei denn, dass die Vorlegung oder die gerichtliche Geltendmachung nach dem Ablauf der Frist erfolgt ist. [3]Der Anspruch verjährt in vier Jahren.

(2) In dem Zins-, Renten- oder Gewinnanteilschein kann der im Absatz 1 bestimmte Anspruch ausgeschlossen werden.

§ 805. Neue Zins- und Rentenscheine

[1]Neue Zins- oder Rentenscheine für eine Schuldverschreibung auf den Inhaber dürfen an den Inhaber der zum Empfang der Scheine ermächtigenden Urkunde (Erneuerungsschein) nicht ausgegeben werden, wenn der Inhaber der Schuldverschreibung der Ausgabe widersprochen hat. [2]Die Scheine sind in diesem Falle dem Inhaber der Schuldverschreibung auszuhändigen, wenn er die Schuldverschreibung vorlegt.

§ 806. Umschreibung auf den Namen

[1]Die Umschreibung einer auf den Inhaber lautenden Schuldverschreibung auf den Namen eines bestimmten Berechtigten kann nur durch den Aussteller erfolgen. [2]Der Aussteller ist zur Umschreibung nicht verpflichtet.

§ 807. Inhaberkarten und -marken

Werden Karten, Marken oder ähnliche Urkunden, in denen ein Gläubiger nicht bezeichnet ist, von dem Aussteller unter Umständen ausgegeben, aus welchen sich ergibt, dass er dem Inhaber zu einer Leistung verpflichtet sein will, so finden die Vorschriften des § 793 Abs. 1 und der §§ 794, 796, 797 entsprechende Anwendung.

§ 808. Namenspapiere mit Inhaberklausel

(1) [1]Wird eine Urkunde, in welcher der Gläubiger benannt ist, mit der Bestimmung ausgegeben, dass die in der Urkunde versprochene Leistung an jeden Inhaber bewirkt werden kann, so wird der Schuldner durch die Leistung an den Inhaber der Urkunde befreit. [2]Der Inhaber ist nicht berechtigt, die Leistung zu verlangen.

(2) [1]Der Schuldner ist nur gegen Aushändigung der Urkunde zur Leistung verpflichtet. [2]Ist die Urkunde abhanden gekommen oder vernichtet, so kann sie,

wenn nicht ein anderes bestimmt ist, im Wege des Aufgebotsverfahrens für kraftlos erklärt werden. [3]Die im § 802 für die Verjährung gegebenen Vorschriften finden Anwendung.

1. Hauptanwendungsfall. Das Sparbuch als Hauptanwendungsfall von § 808 ist ein **Legitimationspapier** (Vor § 793 Rz 5), das dem Sparer (Einleger) ausgehändigt wird und bei einer Verfügung über die Einlage dem Einlageschuldner (Bank) vorgelegt werden muss. 1

2. Sparvertrag. Grundlage ist der Sparvertrag, dessen **Rechtsnatur** umstritten ist. 2
Nach hM ist er **Darlehen** nach § 488, laut aA: unregelmäßiger Verwahrungsvertrag nach § 700. Die Folgen des Streits sind gering. Denn § 700 verweist auf die Darlehensvorschriften. Aus dem Sparvertrag – nicht aus dem Sparbuch – ergibt sich, wer Gläubiger der Sparforderung ist (BGH NJW 1994, 931).

3. Forderungsübertragung. Die Eigentumsverhältnisse an dem Sparbuch richten 3
sich nach der Inhaberschaft der verbrieften Forderung. Die Forderung wird durch formlose **Abtretung** nach § 398 übertragen. Das Recht an dem Papier folgt dem Recht aus dem Papier nach § 952 (vgl Vor 793 Rz 5). Mit der Übergabe des Sparbuchs kann konkludent eine Zession erklärt werden.

4. Legitimationswirkung. a) Das Sparbuch hat eine **einseitige Legitimations-** 4
wirkung. Der Aussteller des Sparbuchs ist berechtigt, an jeden Inhaber der Urkunde mit befreiender Wirkung zu leisten. Der Inhaber der Urkunde ist nicht legitimiert, die verbriefte Leistung zu fordern (eingeschränkte Inhaberklausel). Ohne Vorlage des Sparbuchs braucht der Schuldner nicht an den Gläubiger zu leisten. **b)** Die Legitimationswirkung zugunsten der Bank ist aber in verschiedener Hinsicht **eingeschränkt**. Für **Bösgläubigkeit** des Schuldners gilt das zu den Schuldverschreibungen Gesagte (§ 793 Rz 2). Zudem wird der Schuldner nur frei, sofern er gemäß den gesetzlichen und vertraglichen Bestimmungen leistet. Denn die Legitimationswirkung bezieht sich auf die in der Urkunde versprochene Leistung (BGH NJW 1975, 1507). Deshalb tritt keine Legitimationswirkung ein bei **Missachtung der Kündigungsfrist.** Zahlt die Bank über den vereinbarten **Monatshöchstbetrag** hinaus aus, wird sie in gesamter Höhe der Zahlung frei, da der Höchstbetrag nur zu ihren Gunsten vereinbart wird (str). § 808 befreit die nicht bösgläubige Bank auch bei mangelnder oder beschränkter **Geschäftsfähigkeit** des Inhabers (str). Bei einem in das Sparbuch eingetragenen **Sperrvermerk,** nach dem ein Minderjähriger Auszahlung mit Eintritt der Volljährigkeit verlangen kann, tritt Befreiungswirkung weder ggü dem Minderjährigen noch dem gesetzlichen Vertreter ein (BGH NJW 1976, 2211).

Titel 25. Vorlegung von Sachen

§ 809. Besichtigung einer Sache

Wer gegen den Besitzer einer Sache einen Anspruch in Ansehung der Sache hat oder sich Gewissheit verschaffen will, ob ihm ein solcher Anspruch zusteht, kann, wenn die Besichtigung der Sache aus diesem Grunde für ihn von Interesse ist, verlangen, dass der Besitzer ihm die Sache zur Besichtigung vorlegt oder die Besichtigung gestattet.

§ 810. Einsicht in Urkunden

Wer ein rechtliches Interesse daran hat, eine in fremdem Besitz befindliche Urkunde einzusehen, kann von dem Besitzer die Gestattung der Einsicht verlangen, wenn die Urkunde in seinem Interesse errichtet oder in der Urkunde ein zwischen ihm und einem anderen bestehendes Rechtsverhältnis beurkundet ist oder wenn die Urkunde Verhandlungen über ein Rechtsgeschäft enthält, die

zwischen ihm und einem anderen oder zwischen einem von beiden und einem gemeinschaftlichen Vermittler gepflogen worden sind.

§ 811. Vorlegungsort, Gefahr und Kosten

(1) [1]**Die Vorlegung hat in den Fällen der §§ 809, 810 an dem Orte zu erfolgen, an welchem sich die vorzulegende Sache befindet.** [2]**Jeder Teil kann die Vorlegung an einem anderen Orte verlangen, wenn ein wichtiger Grund vorliegt.**

(2) [1]**Die Gefahr und die Kosten hat derjenige zu tragen, welcher die Vorlegung verlangt.** [2]**Der Besitzer kann die Vorlegung verweigern, bis ihm der andere Teil die Kosten vorschießt und wegen der Gefahr Sicherheit leistet.**

Titel 26. Ungerechtfertigte Bereicherung

§ 812. Herausgabeanspruch

(1) [1]**Wer durch die Leistung eines anderen oder in sonstiger Weise auf dessen Kosten etwas ohne rechtlichen Grund erlangt, ist ihm zur Herausgabe verpflichtet.** [2]**Diese Verpflichtung besteht auch dann, wenn der rechtliche Grund später wegfällt oder der mit einer Leistung nach dem Inhalt des Rechtsgeschäfts bezweckte Erfolg nicht eintritt.**

(2) **Als Leistung gilt auch die durch Vertrag erfolgte Anerkennung des Bestehens oder des Nichtbestehens eines Schuldverhältnisses.**

Übersicht

A. Allgemeines

1. Grundgedanke. Die vielfältigen in den §§ 812ff zusammengefassten Bereicherungstatbestände verfolgen den gemeinsamen Zweck, dem Bereicherungsgläubiger dort einen Anspruch auf **Abschöpfung** des bei einem anderen vorhandenen Vermögensüberschusses zu gewähren, wo die ursprünglich – etwa aus Gründen der rechtlichen Logik (vgl zB §§ 946–950) oder der Rechtssicherheit (zB durch das Abstraktionsprinzip) – bewirkte Güterzuordnung nach dem Gesamturteil der Rechtsordnung nicht bestehen bleiben kann. 1

2. Struktur. Nach heute hM (s etwa *Larenz/Canaris* SchR II/2 § 67 I 2; *Medicus/Petersen* Rz 664f) umschreiben die §§ 812ff keinen einheitlichen Bereicherungstatbestand; vielmehr wird eine Vielzahl von Bereicherungstypen unterschieden, die man in zwei Gruppen einteilt: **Leistungskondiktionen** (Grundtyp: condictio indebiti, § 812 I 1 Fall 1, näher unten Rz 9ff) und **Nichtleistungskondiktionen** (Hauptfall: Eingriffskondiktion; zB § 812 I 1 Fall 2, näher unten Rz 34ff). 2

3. Prüfungsfolge, Konkurrenzen. a) Für alle Ansprüche aus ungerechtfertigter Bereicherung ergeben sich drei **Prüfungsschritte:** (1) Es müssen die *Voraussetzungen* für den Bereicherungsanspruch vorliegen (unterschiedlich je nach Kondiktionsart, näher unten Rz 4ff, 10ff, 37ff sowie Anm zu § 817); (2) es darf *kein Ausschluss* des Anspruchs vorliegen (§§ 814, 815, 817 S 2); (3) Berechnung des *Umfangs* der Herausgabepflicht nach §§ 818–820. **b) Konkurrenzen.** Die Ansprüche aus ungerechtfertigter Bereicherung sind grds weder subsidiär noch schließen sie andere Ansprüche aus (*Palandt-Sprau* Vor § 812 Rz 5). Für das Verhältnis zum *Rücktritt* s § 346 Rz 3, zum *Widerruf* s § 357 Rz 1, zur *GoA* s Vor § 677 Rz 8 und zum *EBV* s Vor § 987 Rz 9ff. 3

B. Bereicherungsgegenstand („etwas erlangt")

I. Grundsatz

4 Gemeinsame Voraussetzung aller Bereicherungsansprüche ist, dass der Bereicherungsschuldner einen **Vermögensvorteil** im weitesten Sinne erlangt hat. Der Vorteil muss tatsächlich in das Vermögen des Schuldners übergegangen sein; daher keine Bereicherung eines Darlehensnehmers um die Valuta, die im Rahmen eines nichtigen Kreditvertrags zur Finanzierung eines anderen Geschäfts zwischen dem Darlehensnehmer und einem Dritten direkt an letzteren ausgezahlt worden ist (BGH NJW 1978, 1970).

II. Einzelheiten

5 **1. Rechte** jeder Art können Bereicherungsgegenstand sein, gleichgültig ob dingliche Rechte (zB Eigentum, Pfandrecht, Hypothek, Nießbrauch oder Anwartschaftsrechte) oder obligatorische (zB Anspruch aus einer Gutschrift auf einem Girokonto gegen die Bank, sobald stornierungsfest; Versicherungsschutz; Forderungen aller Art).

6 **2. Vorteilhafte Rechtsstellungen** können ebenso kondiziert werden, zB der **Besitz** (jedoch regelmäßig nur mit der Leistungskondiktion, denn der Eingriffskondiktion gehen meist die §§ 861, 1007 als Spezialregelung vor, vgl *Palandt-Bassenge* § 861 Rz 2). **Weitere Bsp:** Buchpositionen (unrichtige Bekundungen des Grundbuchs oder anderer öffentlicher Bücher) haben wegen des von ihnen ausgehenden Rechtsscheins (§ 892) Vermögenswert und können kondiziert werden, ebenso fehlerhafte Erbscheine (vgl § 2365f) und Testamentsvollstreckerzeugnisse; bloße Auflassung (die ohne Stellung der Eintragungsanträge noch kein Anwartschaftsrecht begründet); zu Unrecht erteilte Eintragungsbewilligungen (§ 19 GBO). Die Sperrposition des unberechtigten Forderungsprätendenten bei der Hinterlegung (§ 372) gibt dem wahren Gläubiger einen Anspruch auf Freigabeerklärung.

7 **3. Befreiung von Verbindlichkeiten** etwa durch negatives Schuldanerkenntnis (**Abs 2;** Erlass, § 397) oder durch irrtümliche Zahlung auf eine fremde Schuld, die den wahren Schuldner nach § 267 befreit.

8 **4.** Unberechtigt erlangte **Nutzungen** von Gegenständen (Sachen oder Rechte) oder Dienstleistungen; Bsp: Flugreise als „blinder Passagier" (BGHZ 55, 128), Strommehrverbrauch durch Vertauschen der Zuleitungen zweier Zähler. Str ist, ob in diesen Fällen der Bereicherungsgegenstand (das „erlangte Etwas") in der **Ersparnis von Aufwendungen** (so die ältere Rspr, BGH aaO; BGHZ 94, 160, 165) oder in dem **Gebrauchsvorteil** selbst (heute hM, BGHZ 99, 244; *Larenz/Canaris* SchR II/2 § 71 I 2a) zu sehen ist. Nach letzterer Ansicht ist die Frage der Aufwendungsersparnis erst im Rahmen des Umfangs der Bereicherung (§ 818 III, s dort) zu berücksichtigen. Die Ersparnis von Aufwendungen setze logisch einen Vermögensvorteil voraus, für den sie eintreten könne; dieser sei in der Nutzung selbst zu sehen, für die – da körperliche Herausgabe unmöglich sei – Wertersatz nach § 818 II geleistet werden müsse. Die ältere Rspr gerate zudem in Schwierigkeiten, dem bösgläubigen (§ 819 I) Bereicherungsschuldner den Einwand abzuschneiden, er habe gar nichts erlangt, weil er den Gegenstand oder die Dienstleistung ohne den Bereicherungsvorgang nie in Anspruch genommen hätte. Zur Haftungsbegründung müsse die ältere Rspr hier eine systemwidrige Analogie zu § 819 I ziehen: wenn ein bösgläubiger Bereicherungsschuldner sich nicht auf den späteren Wegfall seiner Bereicherung berufen könne (Haftung aus §§ 819 I, 818 IV, 292, 987ff), so könne er erst recht nicht mit dem Einwand gehört werden, dass die Bereicherung gar nicht eingetreten sei. Dagegen liegen die Voraussetzungen des Bereicherungsanspruchs nach der neueren Auffassung in diesen Fällen unproblematisch vor; und hinsichtlich des Haftungsumfangs greift § 819 I direkt ein.

C. Leistungskondiktion

I. Allgemeines

9 Mit den verschiedenen Leistungskondiktionen (§§ 812 I 1 Fall 1; 812 I 2 Fall 1 und 2; 817 S 1) wird die Rückabwicklung gezielter, aber fehlgeschlagener Vermögensverschiebungen bewirkt. Die Leistungskondiktion erfüllt daher eine ähnliche Funktion wie die Rücktrittsregeln (§§ 346 ff), von denen sie sich hauptsächlich durch ihren milderen Haftungsmaßstab (vgl namentlich § 818 III) unterscheidet. Da die Personen von Bereicherungsgläubiger und -schuldner bereits dadurch feststehen, dass die Vermögensverschiebung gezielt zwischen ihnen erfolgte, bedarf es nach hM (vgl oben Rz 2) bei der Leistungskondiktion nicht des Merkmals „auf dessen Kosten"; dies wird daher nur auf Bereicherungen „in sonstiger Weise" bezogen (sehr str, vgl *Larenz/Canaris* SchR II/2 § 67 II 1 b).

II. Voraussetzungen

10 **1. Etwas erlangt.** Der Bereicherungsgegenstand muss in das Vermögen des Kondiktionsschuldners übergegangen sein, näher oben Rz 4 ff.

11 **2. Durch Leistung** des Kondiktionsgläubigers muss der Bereicherte den Vermögensvorteil erlangt haben. Leistung definiert die ganz hM (BGHZ 40, 272, 277; *Larenz/Canaris* SchR II/2 § 67 II 1 d) als „bewusste, zweckgerichtete Mehrung fremden Vermögens". **a)** Die **Funktion des Leistungsbegriffes** liegt einmal in der Abgrenzung der Leistungskondiktion von den Ansprüchen auf Grund Bereicherung in sonstiger Weise (dazu unten Rz 45 ff); zum anderen soll (durch die Zweckrichtung der Leistung) die in Dreipersonenverhältnissen häufig problematische Frage beantwortet werden, zwischen welchen Beteiligten das Leistungsverhältnis und der daraus folgende Bereicherungsanspruch besteht (näher unten Rz 19 ff). Da der Leistungsbegriff für die letztere Funktion wenig Aussagekraft besitzt, ergänzt ihn die hM insoweit durch bestimmte bereicherungsrechtliche Wertungen (s unten Rz 22). **b)** Für das **Leistungsbewusstsein** ist ein rechtsgeschäftlicher Wille nicht erforderlich, natürliche Einsichtsfähigkeit reicht aus. **c)** Die **Zweckrichtung** der Leistung dient – neben der Bestimmung des Bereicherungsverhältnisses bei Beteiligung mehrerer – der Unterscheidung verschiedener Typen der Leistungskondiktion. Meist wird die Befreiung von einer Verbindlichkeit bezweckt; dem entspricht die condictio indebiti, näher unten Rz 13. Auch das Verständnis des Merkmals „ohne Rechtsgrund" hängt von dem mit der Leistung verfolgten Zweck ab. Die Zweckbestimmung ist nach heute hM ein einseitiges Rechtsgeschäft bzw zumindest rechtsgeschäftsähnlich. Folge: Sie kann angefochten werden (BGHZ 106, 163); einem Geschäftsunfähigen kann sie grds nicht zugerechnet werden (BGHZ 111, 382; vgl im einzelnen *Larenz/Canaris* SchR II/2 § 67 II 1 e).

12 **3. Ohne Rechtsgrund. a) Allgemeines.** Das Merkmal „ohne Rechtsgrund" entscheidet über das Behaltendürfen einer Bereicherung. Weil verschiedene Wertungen der Rechtsordnung auf diese Frage Einfluss haben, gibt es kein einheitliches Verständnis des Merkmals. Bei der **Leistungskondiktion** (s zur Rechtsgrundlosigkeit bei der Nichtleistungskondiktion unten Rz 39) liegt – dem Leistungsbegriff entsprechend – nach vordringender Meinung dann kein Rechtsgrund vor, wenn der mit der (bewussten!) Vermögensmehrung verfolgte **Zweck verfehlt** worden ist („subjektiver Rechtsgrundbegriff"; vgl näher *Erman-Westermann/Buck-Heeb* Rz 44; aA – „objektiver Rechtsgrundbegriff" – *MüKo-Schwab* Rz 336 f; *Larenz/Canaris* SchR II/2 § 67 III 1). Da auf den verfolgten Zweck abgestellt wird, ist die Frage der Rechtsgrundlosigkeit abhängig von den (ebenfalls zweckgebundenen) **Typen der Leistungskondiktion.** Es sind zu unterscheiden (neben der Kondiktion nach § 817 S 1, s dort):

13 **b) Condictio indebiti** (Abs 1 S 1 Fall 1); Hauptfall der Leistungskondiktion. Der Bereicherungsgläubiger leistet, um Befreiung von einer (vermeintlichen) Verbindlichkeit zu erlangen (solvendi causa); so übereignet etwa der Verkäufer den Kaufgegenstand, um seine Verpflichtung aus § 433 I zu erfüllen. Die Leistung ist rechtsgrundlos erfolgt, wenn dieser Zweck fehlschlägt. Bsp: Die Verbindlichkeit besteht entweder überhaupt nicht oder trifft in Wahrheit nicht den Leistenden, sondern einen Dritten, oder ist von Anfang an nicht wirksam (zB wegen Formnichtigkeit oder Anfechtung des Verpflichtungsvertrags; dazu sogleich Rz 14). Den Leistungen auf eine Nichtschuld gleichgestellt sind nach § 813 die Leistungen, die trotz Vorliegens einer **dauernden Einrede** auf eine bestehende Schuld gemacht werden, zB die Leistung auf eine Forderung, die durch eine unrechtmäßige Handlung erlangt wurde, § 853 (nicht dagegen die Leistung auf eine verjährte Forderung, § 813 I 2 iVm § 214 II). Ausgeschlossen ist die condictio indebiti in den Fällen des § 814, namentlich bei Kenntnis des Leistenden von der Nichtschuld.

14 **c) Condictio ob causam finitam,** Abs 1 S 2 Fall 1. Rechtsgrundlos ist eine Leistung auch dann, wenn die causa zwar zZt der Vermögensverschiebung bestand, aber später (ohne Rückwirkung) weggefallen ist. Bsp: Eintritt einer **auflösenden Bedingung** (§ 158 II), wenn nicht die ergänzende Vertragsauslegung eine vertragliche Rückgewährpflicht ergibt (*Medicus/Lorenz* SchR II Rz 1139), Beendigung des Grundverhältnisses durch Aufhebungsvertrag oder Eintritt eines Endtermins (§§ 163, 158 II). Str ist, ob die **Anfechtung** wegen ihrer ex-tunc-Wirkung (§ 142 I) dem Abs 1 S 2 Fall 1 oder der condictio indebiti (Abs 1 S 1 Fall 1) unterfällt. Der Streit führt jedoch nicht zu unterschiedlichen Rechtsfolgen: Zwar gilt die Einrede des § 814 grds nur für die condictio indebiti; doch greift die Einrede schon deshalb nicht, weil der Leistende trotz Kenntnis der Anfechtbarkeit (§ 142 II!) bis zur Anfechtung zur Leistung verpflichtet ist. Steht das Anfechtungsrecht dem Leistenden selbst zu, liegt infolge der Leistung regelmäßig eine Bestätigung iSd § 144 vor. Problematisch ist, ob mit der condictio ob causam finitam Zuwendungen eines Ehegatten an den anderen nach der **Scheidung** zurückverlangt werden können. Bei gesetzlichem Güterstand verhindern dies die Regeln über den Zugewinnausgleich als leges speciales (vgl § 1378 Rz 5f). Entsprechendes gilt für die Lebenspartnerschaft, wenn die Partner die Ausgleichsgemeinschaft vereinbart haben (vgl Vor § 1353 Rz 19).

15 **d) Condictio ob rem** (condictio causa data, causa non secuta, Abs 1 S 2 Fall 2). Sie ist dadurch charakterisiert, dass der Bereicherungsgläubiger mit seiner Leistung einen Zweck verfolgt, der über die bloße Erfüllung einer Verbindlichkeit hinausgeht (Unterschied zu den Kondiktionen oben Rz 13f); wird der Zweck verfehlt, so ist die Leistung rechtsgrundlos und kann zurückgefordert werden (Ausnahmen nennt § 815). Voraussetzung ist eine **gemeinsame Zweckvereinbarung,** also nicht bloß eine einseitige Erwartung des Leistenden (hier greift allenfalls § 313); eine konkludente Einigung in diesem Sinn ist nach der Rspr anzunehmen, wenn der eine Teil mit seiner Leistung einen bestimmten Erfolg bezweckt und der andere Teil dies erkennt und die Leistung annimmt, ohne zu widersprechen (BGHZ 115, 261, 263). Andererseits darf die Zweckvereinbarung auch nicht in vertraglich bindender Form (etwa durch eine auflösende Bedingung) geschehen, weil dann bereits eine condictio indebiti oder ob causam finitam vorläge. Str ist der **Anwendungsbereich** der condictio ob rem:

16 **aa)** Nach **einer Ansicht** (etwa *Larenz/Canaris* SchR II/2 § 68 I 3d) sind nur die Fälle erfasst, in denen überhaupt nicht (also auch nicht teilweise) auf eine Verbindlichkeit geleistet, sondern ausschließlich ein anderer Zweck verfolgt wurde. Hier sind etwa die Fälle zu nennen, wo auf einen nichtigen (§ 311b I 1) Grundstückskaufvertrag in der Hoffnung geleistet wird, dieser werde durch Erfüllung wirksam (§ 311b I 2; Leistungen zur Begründung eines Rechtsverhältnisses). Ferner können Zwecke angestrebt werden, zu denen der Bereicherungsschuldner sich rechtlich nicht verpflichten kann

oder will, zB wenn der Neffe seine Großtante aufopfernd pflegt, in der Hoffnung, er werde sie beerben (vgl § 2302).

bb) Nach **anderer Ansicht** (s *Palandt-Sprau* Rz 34) erfasst die condictio ob rem zusätzlich die Fälle, in denen zwar die Befreiung von einer Verbindlichkeit bezweckt und auch erreicht wurde, aber ein darüber hinausgehender Zweck, auf den sich die Parteien geeinigt haben, verfehlt worden ist. Beispiele: (1) G gibt dem S ein Darlehen, damit dieser eine Forschungsreise unternehme; S fährt in den Urlaub. (2) M arbeitet jahrelang unterbezahlt in einem Unternehmen, weil er die Tochter des Chefs zu heiraten hofft. Hier soll G die Darlehenssumme (Bsp 1) und M die Differenz zum tatsächlichen Wert seiner Arbeit (§ 818 II; Bsp 2) kondizieren können. Dagegen wendet sich die Ansicht oben Rz 16 mit dem Argument, bei voll ausgebildeten gegenseitigen Verträgen sei der Leistende auf die Rechtsbehelfe des Vertragsrechts zu verweisen, zumal er es in der Hand gehabt habe, seine Erwartungen in vertraglich zwingender Form niederzulegen; allenfalls könne ihm mit dem Institut der Störung der Geschäftsgrundlage (§ 313) geholfen werden (*MüKo-Schwab* Rz 377 ff; *Medicus/Lorenz* SchR II Rz 1143). In den Fällen der **enttäuschten Vergütungserwartung** (oben Bsp 2) ist die Rspr noch einen dritten Weg gegangen, indem sie dem Leistenden zB über § 612 einen vertraglichen Vergütungsanspruch zugesprochen hat (dazu *Medicus/Petersen* Rz 692). 17

III. Mehrpersonenverhältnisse

1. Allgemeines. a) Problemstellung. An einer bereicherungsrechtlich rückabzuwickelnden Vermögensverschiebung können mehr als zwei Personen beteiligt sein. Bspw kauft B von A eine bewegliche Sache und bekommt sie von A übergeben und übereignet. Sodann verkauft B sie an C weiter, übergibt und übereignet sie ihm **(„Leistungskette“)**. Freilich ist es oftmals unwirtschaftlich, dass A die Sache B übergibt und übereignet und sodann B die Sache C übergibt und übereignet. B wird vielmehr A bitten, die Sache direkt an C zu übergeben und zu übereignen (sog **„Anweisungsfall“**, näher unten Rz 27 ff). Die vertragliche Beziehung zwischen A und B wird als **Deckungs-**, die zwischen B und C als **Valuta-** und die zwischen A und C als **Zuwendungsverhältnis** bezeichnet. Ist eines der zugrundeliegenden Kausalverhältnisse nichtig (Kaufvertrag zwischen A und B oder der Kaufvertrag zwischen B und C oder gar beide, sog „Doppelmangel“), stellt sich die Frage, zwischen welchen Personen die bereicherungsrechtliche Rückabwicklung zu erfolgen hat, wer also Gläubiger und Schuldner des Kondiktionsanspruchs (bzw beider Ansprüche) ist (vgl schon oben Rz 11). Häufigster Anwendungsfall ist der **bargeldlose Zahlungsverkehr**, in dem der Zahler B seinen Zahlungsdienstleister A anweist, eine bestimmte Summe Giralgeld an Zahlungsempfänger C zu überweisen (zu den Zahlungsdiensten §§ 675 c ff). Mehrpersonenverhältnisse sind nicht nur durch Verbindung mehrerer Leistungsverhältnisse denkbar, sondern auch beim Zusammentreffen einer Leistungsbeziehung mit einer Bereicherung in sonstiger Weise (hierzu Rz 45 ff). 18

b) Der Leistungsbegriff als Faustformel. aa) Grundsatz. Die hM (s etwa *Medicus/Petersen* Rz 686) bestimmt Bereicherungsgläubiger und -schuldner ausgehend vom Leistungsbegriff (s Rz 11). In Mehrpersonenverhältnissen können zur Erfüllung mehrerer schuldrechtlicher Ansprüche (Anspruch B gegen A und Anspruch C gegen B) einer **einzigen** (sachenrechtlichen) **Vermögensverschiebung** (A an C) **mehrere Leistungsverhältnisse** (A an B und B an C) zugrunde liegen, die auch zu mehreren Kondiktionsansprüchen führen. Weil zeitgleich beide Ansprüche getilgt werden, wird von einer **„Simultanleistung“** gesprochen. Daher ist anhand der von den Beteiligten verfolgten Leistungszwecke (oben Rz 11) zu ermitteln, zwischen welchen Personen Leistungsverhältnisse und entsprechend Kondiktionsansprüche bestehen. A will nicht das Vermögen des C mehren, zu dem er regelmäßig nicht in vertraglichen Beziehun- 19 gen steht, sondern zur Erfüllung eines Anspruchs das Vermögen des B. Ebenso will B das Vermögen des C mehren, indem er A anweist, seine (Bs) Verbindlichkeit gegenüber C zu erfüllen. Die Rückabwicklung findet danach grds nur im jeweiligen **Leistungsverhältnis,** also zwischen den Parteien des jeweils fehlerhaften Kausalverhältnisses statt (BGHZ 61, 291; 87, 395). An C soll sich A nicht wenden können, weil er mit dem nicht in vertraglicher Verbindung steht. Ist im **Anweisungsfall** (Rz 18) der Kaufvertrag zwischen B und C unwirksam, kann B die Sache von C kondizieren, obwohl er sie niemals in Händen gehalten hat, sofern der Kaufvertrag zwischen A und B wirksam ist. Ist umgekehrt der Kaufvertrag zwischen A und B unwirksam, der zwischen B und C aber wirksam, braucht C die Sache nicht herauszugeben. Vielmehr kann A allein von B Wertersatz gem § 818 II verlangen. Sind **beide Verträge** unwirksam, soll A nach hM den Kondiktionsanspruch, den B gegen C erlangt hat (also den auf Herausgabe der Sache), kondizieren („Kondiktion der Kondiktion") und deshalb selbst von C die Sache herausverlangen können.

20 **bb)** Eine gesetzliche **Ausnahme** von diesem Grundsatz normiert **§ 822**. Leistet A dem B eine Sache, die dieser unentgeltlich (etwa auf Grund einer Schenkung) dem C weiter übereignet, kann A bei Nichtigkeit des Kausalverhältnisses zwischen A und B die Sache direkt bei C kondizieren (sog **Direkt- oder Versionsanspruch**). Ratio der Ausnahme: Wegen des unentgeltlichen Erwerbs erscheint C weniger schutzwürdig als A, der ohne den Direktanspruch leer ausginge; sein Vertragspartner B ist durch die unentgeltliche Weitergabe entreichert (§ 818 III). Ist die Verpflichtung des B zur Herausgabe des Erlangten deshalb ausgeschlossen, weil er damit eine Sache erworben und diese seinerseits unentgeltlich dem C zugewendet hat, haftet C nicht auf Herausgabe der ihm zugewendeten Sache, sondern auf Wertersatz, weil auch B nach § 818 II nur noch Wertersatz schuldete; C kann sich jedoch durch Herausgabe der Sache befreien, weil er nach § 822 nicht über dasjenige hinaus verpflichtet sein soll, was ihm tatsächlich zugeflossen ist (BGHZ 158, 63).

21 **cc) Zweifel über das Leistungsverhältnis.** Der Bereicherungsschuldner steht meist fest, weil sich bei ihm der mit der Kondiktion erstrebte Vermögensvorteil (das Erlangte) befindet. Dagegen ist die Person des Bereicherungsgläubigers, ja sogar das Vorliegen eines Leistungsverhältnisses überhaupt, oft zweifelhaft, nämlich wenn zwischen den Beteiligten über Parteien und Gegenstand des Leistungsverhältnisses keine Übereinstimmung besteht. In solchen Fällen kommt es nach der Rspr auf die Sicht des Bereicherten (Empfängerhorizont, §§ 133, 157) an (BGHZ 36, 30; 40, 272, 278; 122, 46, 50; *Larenz/Canaris* SchR II/2 § 70 III 3; *Palandt-Sprau* Rz 14). Das Leistungsverhältnis besteht zwischen ihm und demjenigen, als dessen Leistung der Empfänger das ihm Zugewandte bei verständiger Würdigung auffassen musste. Damit soll der Empfänger vor unerwarteten Rückforderungen geschützt werden, während der Leistende weniger schutzwürdig scheint. Denn der Zuwendende kann ja deutlich machen, welchen Zweck er mit seiner Leistung verfolgt. Dieser insbesondere in den Anweisungsfällen (unten Rz 27ff) bedeutsame Grundsatz wird in der Lit für den Fall des Irrtums über den Leistenden bekämpft (A will selbst leisten, während Leistungsempfänger C die Zuwendung des A für eine Leistung des B hält): maßgeblich sei die Sicht des Leistenden (näher *Medicus/Petersen* Rz 687f). Für Zahlungsdienste (§§ 675c ff) ist die Sicht des objektiven Empfängers nicht maßgeblich, weil das Gesetz allein an objektive Merkmale, nämlich die Autorisierung des Zahlungsvorgangs anknüpft. Ist ein Zahlungsvorgang nicht autorisiert, kann daraus kein Vertrauen des Zahlungsempfängers erwachsen. Die Risikoverteilung in den §§ 675j ff schützt den Empfänger hinreichend (ausf *Bartels* WM 2010, 1828).

22 **c) Wertende Ergänzung des Leistungsbegriffs.** Der Leistungsbegriff versagt, wenn A nicht nur das Vermögen des B, sondern auch das des C bewusst und zweckgerichtet vermehren möchte, also an B **und** C leistet (vgl § 784 I u Rz 31). Deshalb wird der Leistungsbegriff im Anschluss an *Canaris* (FS Larenz I [1973] 799ff) durch eine wertende Betrachtung modifiziert (grundlegend *Larenz/Canaris* SchR II/2 § 70). So berücksichtigt die Rspr zur Festlegung der Parteien eines Kondiktionsanspruchs Gesichtspunkte des Vertrauensschutzes und der Risikoverteilung und betont, dass sich für den Bereicherungsausgleich bei Beteiligung mehrerer jede schematische Lösung verbiete (s etwa BGHZ 61, 291; 87, 395; 122, 46; hierzu *Omlor/Spies* JR 2011, 139). Die Faustformel des Leistungsbegriffs wird um die folgenden Wertungen ergänzt (s etwa *Larenz/Canaris* SchR II/2 § 70 VI 1; *Medicus/Petersen* Rz 667): **(1)** Jeder Partei eines fehlerhaften Kausalverhältnisses sollen die Einwendungen gegen ihren Vertragspartner erhalten bleiben. **(2)** Umgekehrt ist jede Partei vor Einwendungen aus einem Drittverhältnis zu schützen. **(3)** Jede Partei soll nur das Insolvenzrisiko ihres Vertragspartners tragen.

2. Fallgruppen. Von den zahlreichen durch die Praxis herausgebildeten Fallgruppen können hier nur einzelne dargestellt werden (näher *Medicus/Petersen* Rz 669 ff). 23

a) Durchlieferung. A verkauft eine bewegliche Sache an B, dieser verkauft sie weiter an C. Vom Grundfall der sog **Leistungskette** (oben Rz 18) unterscheidet sich die Durchlieferung dadurch, dass B den A zur Abkürzung der Leistungswege anweist, die Sache direkt an C zu liefern. Beide Fallgruppen sind nach ganz hM gleich zu behandeln: Die Rückabwicklung findet immer nur innerhalb des fehlerhaften Kausalverhältnisses (A–B bzw B–C) statt (Ausnahme: § 822; vgl oben Rz 19 f). Sind beide Grundverhältnisse nichtig **(Doppelmangel),** kann A von B grds nur Abtretung der Kondiktionsansprüche verlangen, die dieser gegen C hat (sog **„Kondiktion der Kondiktion"**). 24

Doch hält eine Literaturmeinung diese Folge zumindest bei der Durchlieferung für unbillig (vgl *Medicus/Petersen* Rz 673). Denn A muss nunmehr mit C abwickeln, den er sich als Vertragspartner nicht ausgesucht hat. Er trägt somit das Insolvenzrisiko nicht nur für B, sondern auch für C und muss sich (wegen § 404) auch die Einwendungen des C aus dem für ihn fremden Vertragsverhältnis B–C entgegenhalten lassen (Verstoß gegen zwei der Wertungen aus Rz 22); um dieser **Kumulation der Risiken** abzuhelfen, wird vorgeschlagen, den A bei B nicht dessen Bereicherungsanspruch gegen C, sondern den **Wert des Bereicherungsgegenstandes** (§ 818 II) kondizieren zu lassen. Arg: Durch die Anweisung des B an A, die Sache direkt an C zu liefern, disponiere B über den Vermögenswert des Bereicherungsgegenstandes; B müsse sich daher so behandeln lassen, als habe sich dieser Sachwert für eine logische Sekunde in seinem Vermögen befunden. Auf einen Wegfall der Bereicherung (§ 818 III) aufgrund der Tatsache, dass der Kondiktionsanspruch B–C wegen etwaiger Einwendungen oder einer Insolvenz des C wertlos sei, könne B sich im Verhältnis zu A nicht berufen. Denn mit der Weisung an A habe B dieses Risiko auf sich genommen (*Larenz/Canaris* SchR II/2 § 70 II 2). 25

In den Durchlieferungsfällen lässt sich auch sachenrechtlich ein Durchgangserwerb des B begründen. Durch die (äußerlich sichtbare) Übergabe der Sachen von A an C finden zwei Übereignungen statt **(doppelter Geheißerwerb):** A übereignet an B, für den bei der Übergabe der C als Geheißperson auftritt. Gleichzeitig übereignet B an C, wobei A bei dieser Übergabe als Geheißperson für B handelt (s dazu § 929 Rz 7). Auf die Frage nach den für die Rückabwicklung relevanten Bereicherungsverhältnissen hat die sachenrechtliche Konstruktion jedoch nach hM keinen Einfluss (vgl oben Rz 19). 26

b) Anweisungsfälle. Der **Begriff** der Anweisung wird im bereicherungsrechtlichen Sprachgebrauch weiter als in § 783 verstanden. Gemeint sind alle Fälle, in denen ein Anweisender (A) einen Angewiesenen (B) ermächtigt, einem Dritten (C, Anweisungsempfänger) etwas auf seine Rechnung zuzuwenden, vgl Rz 18. Dabei ist es unerheblich, ob die Anweisung schriftlich oder mündlich erfolgt; schriftlich kann sie sowohl gegenüber dem Anweisungsempfänger (etwa in Form eines Schecks) als auch gegenüber dem Angewiesenen (zB durch Überweisung) erfolgen. In Anlehnung an die 27

Terminologie beim VzD (vgl Vor § 328 Rz 3ff) bezeichnet man das Rechtsverhältnis zwischen Anweisendem (A) und Angewiesenem (B) als **Deckungsverhältnis,** die Beziehung zwischen Anweisendem (A) und Anweisungsempfänger (C) als **Valutaverhältnis** und das Verhältnis zwischen Angewiesenem (B) und Anweisungsempfänger (C) als **Zuwendungsverhältnis** (irreführend dagegen die Bezeichnung als Leistungsverhältnis, weil zwischen B und C eine Leistung im bereicherungsrechtlichen Sinne meist gerade nicht vorliegt).

28 **aa)** Der **Grundsatz** der **Rückabwicklung im jeweiligen** (fehlerhaften) **Kausalverhältnis** führt in den Anweisungsfällen regelmäßig (Ausnahme § 822; vgl oben Rz 20) nur zu Bereicherungsansprüchen im Deckungsverhältnis (A–B) und im Valutaverhältnis (A–C). Dagegen scheidet ein Anspruch im Zuwendungsverhältnis (B–C, „Direktanspruch") meist aus: Hier besteht idR kein Kausalverhältnis und daher keine Leistung. Bsp: Beauftragt A die Bank B, an den C einen Geldbetrag zu überweisen, und führt die Bank die Überweisung aus, so will die Bank durch die Zuwendung an C ihrer Verpflichtung aus dem Geschäftsbesorgungsvertrag mit A (im Deckungsverhältnis; §§ 675fff) nachkommen; sie leistet also an A. Gleichzeitig will A, der die Zuwendung veranlasst hat, im Valutaverhältnis eine Verpflichtung gegenüber C (etwa aus einem Kaufvertrag, § 433 II) erfüllen: somit leistet A an C (sog **Simultanleistung**). Gleichgültig, ob das Deckungsverhältnis (A–B) oder das Valutaverhältnis (A–C) nichtig ist oder ob ein Doppelmangel vorliegt: Die Rückabwicklung findet grds nur im fehlerhaften Leistungsverhältnis statt. Beim Doppelmangel gelten die bei der Durchlieferung (oben Rz 24ff; auch ein Fall der Anweisung) dargelegten Grundsätze (Kondiktion der Kondiktion; Kondiktion des Sachwerts).

29 **bb) Ausnahmsweise** lässt die hM eine **Direktkondiktion** B–C in den Fällen der **fehlerhaften Anweisung** (Deckungsverhältnis) dann zu, wenn der Anweisungsempfänger (C) den Mangel der Anweisung kannte oder kennen musste (näher *Larenz/Canaris* SchR II/2 § 70 IV 3b). Denn in diesen Fällen kann C die Vermögenszuwendung des B nicht als Leistung des A verstehen; und da es für die Bestimmung des Bereicherungsverhältnisses nach hM auf die Sicht des Leistungsempfängers ankommt (s oben Rz 21), liegt ein den Direktanspruch (B–C) ausschließendes Leistungsverhältnis A–C nicht vor. Dieser Direktanspruch ist eine Nichtleistungskondiktion, weil A nicht an C leisten wollte, sondern an B (*Medicus/Petersen* Rz 676; *Larenz/Canaris* SchR II/2 § 70 IV 3e). Bsp: C löst einen von A ausgestellten, dann jedoch gesperrten Scheck bei der Bank B ein, obwohl er den Widerruf kannte (BGHZ 87, 393). Zahlreicher sind die Gegenbsp, in denen C die Fehlerhaftigkeit der Anweisung nicht kannte und daher auf eine Leistung des A vertrauen durfte: A widerruft seinen Überweisungs-Dauerauftrag gegenüber der Bank B, die jedoch irrtümlich weiter an C zahlt, der von dem Widerruf nicht wusste (BGH NJW 1984, 1348; weitere Bsp bei *Palandt-Sprau* Rz 107). Auch bei fehlender Kenntnis des C von Mängeln im Deckungsverhältnis ist eine Direktkondiktion (B–C) allerdings möglich, wenn es für die Leistung im Deckungsverhältnis (A–B) keinen Rechtsgrund gibt, C die Leistung im Valutaverhältnis (A–C) unentgeltlich erhalten hat und in der Person des Anweisenden (A) die Voraussetzungen der §§ 818 IV, 819 nicht vorliegen (BGHZ 88, 232, 237ff; 147, 269, 274f). Die Zulässigkeit der Direktkondiktion ist in diesen Fällen interessengerecht, da C nach dem Rechtsgedanken der §§ 816 I 2, 822 nicht schutzwürdig ist und ein Bereicherungsanspruch des B gegen den entreicherten A nach § 818 III ins Leere läuft (vgl dazu oben Rz 20).

30 **cc)** Bei von vornherein **fehlender Anweisung** (Bsp: C löst einen gefälschten oder nicht unterschriebenen Scheck des A bei B ein, vgl BGHZ 66, 362; B weist C mehr als von A beauftragt an) ist eine Kondiktion der Bank gegen den Zahlungsempfänger **stets** gegeben, ohne dass es auf die Kenntnis des Anweisungsempfängers ankommt: Der Schutz des vermeintlich Anweisenden, dem die Zahlung nicht zugerechnet werden kann, hat Vorrang gegenüber dem Vertrauensschutz des Empfängers (BGH NJW

2008, 2331 Nr 10ff). Es handelt sich um eine Nichtleistungskondiktion (zB BGHZ 147, 145, 149f; NJW 2008, 2331 Nr 10). Die **irrtümliche doppelte Ausführung** einer Überweisung ist dem Fall der von Anfang an fehlenden Überweisung gleichzustellen, sodass es auf die Gut- oder Bösgläubigkeit des Zuwendungsempfängers nicht ankommt, da die doppelte Ausführung dem Kontoinhaber nicht zurechenbar ist (BGH ZIP 2010, 1283 Nr 36) Diese bereicherungsrechtlichen Grundsätze gelten auch für die Zahlung mittels **Lastschrift** (s Vor 675f Rz 3). Hier ist nach der Rspr die Einzugsermächtigung nicht als Ermächtigung iSd § 185 I oder als Vollmacht zu werten. Vielmehr fehlt es an einer zurechenbaren Anweisung, wenn der Schuldner der Belastungsbuchung widerspricht; die Schuldnerbank kann im Wege der Nichtleistungskondiktion beim Gläubiger Rückgriff nehmen (BGHZ 167, 171; dazu *Würdinger* JuS 2007, 418ff).

c) Vertrag zugunsten Dritter. Beim echten Vertrag zugunsten Dritter (VzD, 31
§ 328; für den unechten VzD, vgl Vor § 328 Rz 8, gilt das oben Rz 24ff, 27ff Gesagte) hat die auf den Leistungsbegriff abstellende hM Probleme bei der Bestimmung des Bereicherungsverhältnisses. Denn der die Vermögensverschiebung vornehmende B (Versprechender) ist zwei Ansprüchen ausgesetzt, auf die er leisten könnte: Im Deckungsverhältnis schuldet er dem Versprechensempfänger (A), auf dessen Rechnung dem Dritten (C) etwas zuzuwenden, und im Zuwendungsverhältnis (das beim VzD oft Drittverhältnis genannt wird) kann der Dritte (C) nach § 328 I die Leistung direkt von B beanspruchen. Hat der Versprechende (B) bei einem **Mangel im Deckungsverhältnis** (A–B) trotzdem eine Zuwendung an den Dritten (C) erbracht, so stellt sich hier – ebenso wie in den Anweisungsfällen – die Frage, ob er das Zugewandte direkt bei C kondizieren kann (Direktanspruch) oder ob er sich an seinen Vertragspartner A halten muss. **aa)** Regelmäßig dient die Einräumung einer eigenen Forderung des C gegen B durch den VzD nur der **Abkürzung der Leistungswege:** C soll das, was A ihm im Valutaverhältnis schuldet, und was A seinerseits im Deckungsverhältnis bei B beanspruchen kann, direkt von B fordern können. In diesen Fällen will B sich durch die Zuwendung an C hauptsächlich von seiner Verbindlichkeit gegenüber A befreien; schlägt die Leistung fehl, so muss auch die Rückabwicklung im **Deckungsverhältnis** (A–B) erfolgen. Gewährte man demgegenüber dem B einen Direktanspruch gegen C, stünde C, dessen Stellung durch die Einräumung eines eigenen Anspruchs im Vergleich zum unechten VzD gerade gestärkt werden sollte, bereicherungsrechtlich schlechter als dort – ein widersinniges Ergebnis. **bb)** Dagegen kommt in den sog **Versorgungsfällen** (A schließt bei B eine Lebensversicherung zugunsten des C ab) bei mangelhaftem Deckungsverhältnis (A täuscht den B über eine unheilbare Krankheit; B ficht nach § 123 an) ein **Direktanspruch** B–C nach dem Rechtsgedanken des § 822 in Betracht (str, Übersicht bei *MüKo-Schwab* Rz 195f), denn A wird den Anspruch aus der Lebensversicherung dem C meist unentgeltlich zugewendet haben (vgl dazu oben Rz 20). S weiter zum Direktanspruch den vielbesprochenen Fall BGHZ 58, 184; dazu *MüKo-Schwab* Rz 199ff und *Medicus/Petersen* Rz 683.

d) Zessionsfälle. Sehr str ist, ob im Falle der Abtretung einer tatsächlich nicht be- 32
stehenden Forderung der Bereicherungsgläubiger die an den Zessionar erbrachte Leistung bei diesem direkt kondizieren darf oder ob er sich an den Zedenten halten muss. Bsp: Eine Versicherung (B) zahlt in Unkenntnis eines leistungsbefreienden Tatbestandes direkt an den Sicherungszessionar C des Versicherungsnehmers A. Der BGH löst diese Fallgruppe parallel zu den Anweisungsfällen (s Rz 27): Die Zuwendung B–C sei eine Leistung der B an ihren Versicherungsnehmer A; grds müsse sich die B daher an den Zedenten A halten (BGHZ 105, 365; 122, 46; aA etwa *Medicus/Petersen* Rz 685a mwN). Dagegen kann nach der Rspr der Schuldner einer bestehenden Forderung, der sich in der Person des Gläubigers irrt und irrtümlich annimmt, dieser habe die Forderung an einen Dritten abgetreten, das was er an den Dritten als den vermeintlich neuen Gläubiger geleistet hat, unmittelbar von diesem kondizieren (BGH NJW 2006, 1731).

33 **e) Leistung auf fremde Schuld.** Zahlt ein Dritter (B) gem § 267 an den Gläubiger C, um eine Schuld des A zu erfüllen, ohne von A hierzu angewiesen zu sein, so kann B, wenn diese Schuld nicht (mehr) bestand, direkt bei C kondizieren: Mangels Weisung durch A stellt die Zuwendung an C eine Eigenleistung des B dar (BGHZ 113, 62; BGH NJW 2000, 1718; *Medicus/Petersen* Rz 684f mwN auch zur Gegenansicht). Zur Frage, wann von einer Anweisung gesprochen werden kann, s *Larenz/Canaris* SchR II/2 § 70 V 3.

D. Nichtleistungskondiktion

I. Allgemeines

34 **1. Grundsatz.** Die Fälle, in denen die Bereicherung nicht durch Leistung, sondern gemäß **Abs 1 S 1 Fall 2 „in sonstiger Weise"** (Spezialregelung § 816) eingetreten ist, haben nur gemeinsam, dass durch den Bereicherungsvorgang eine Lage geschaffen werden kann, die mit der **rechtlichen Güterzuordnung** nicht im Einklang steht (s schon oben Rz 1). Dazu kann es durch Handlungen des Bereicherten, des Kondiktionsgläubigers, eines Dritten oder ohne menschliche Einwirkung kommen (Bsp: Vieh des Bauern A durchbricht einen Zaun und weidet die Wiese des B ab). Die rechtliche Güterzuordnung entscheidet über die Frage der **Rechtsgrundlosigkeit** und in Mehrpersonenverhältnissen darüber, **auf wessen Kosten** die Bereicherung erlangt wurde, also über die Person des Bereicherungsgläubigers (vgl *Staudinger-St Lorenz* [2007] Rz 1f, 23ff, 77). Anders als bei der Leistungskondiktion, wo das Fehlen eines rechtfertigenden Grundes meist problemlos festgestellt werden kann, ist die Ermittlung der im Einzelfall erheblichen rechtlichen Güterzuordnung bei der Nichtleistungskondiktion oft problematisch (näher unten Rz 39f).

35 **2. Arten.** Folgende Arten der Nichtleistungskondiktion sind von Bedeutung: Eingriffskondiktion, Verwendungskondiktion, Rückgriffskondiktion. Die Kondiktionsarten beschreiben fallgruppenartig den **Bereicherungsvorgang,** der von § 812 nicht näher umschrieben wird (anders als in § 816, der eine bestimmte Modalität der Bereicherung voraussetzt). Die Einteilung ist zum Verständnis der typischerweise auftretenden Probleme hilfreich (zB hinsichtlich der Anspruchskonkurrenzen oder der Auslegung einzelner Tatbestandsvoraussetzungen).

II. Eingriffskondiktion

36 **1. Funktion und Bedeutung.** Die Eingriffskondiktion ist die wichtigste Nichtleistungskondiktion (Spezialfall § 816). Sie ist möglich, wenn jemand durch Eingriff in ein Recht oder eine Rechtsstellung einen Vermögensvorteil erlangt, der ihm von Rechts wegen nicht gebührt (Eingriff in den „Zuweisungsgehalt" eines Rechts, näher unten Rz 39), etwa bei unbefugtem Gebrauch oder Verbrauch einer fremden Sache. Die Eingriffskondiktion bildet daher einen **Rechtsfortwirkungsanspruch** mit ähnlicher Schutzfunktion wie §§ 823 I, 985 oder 1004.

37 **2. Voraussetzungen. a) Etwas erlangt.** Wie bei allen Bereicherungsansprüchen muss der Kondiktionsschuldner zunächst einen Vermögensvorteil erlangt haben (näher oben Rz 4ff).

38 **b) In sonstiger Weise.** Die Bereicherung muss „in sonstiger Weise" – also nicht durch Leistung des Gläubigers (zum Verhältnis zwischen Leistungs- und Nichtleistungskondiktion unten Rz 45ff) – und zwar hier durch einen Eingriff entstanden sein. Welche Anforderungen an einen solchen Eingriff zu stellen sind, ist sehr str. Während man früher auf die Rechtswidrigkeit des Eingriffs abstellte (vgl *Medicus/Petersen* Rz 704), können nach heute hM auch rechtmäßige Eingriffe den Bereicherungstatbestand erfüllen. Entsprechend dem Sinn und Zweck des Bereicherungsrechts

(vgl oben Rz 1) ist die Art und Weise der Bereicherungshandlung unerheblich. Entscheidend ist vielmehr, wie im Zusammenspiel mit dem Merkmal „auf dessen Kosten" deutlich wird, dass ein Eingriff in den **„Zuweisungsgehalt"** einer fremden Rechtsposition vorliegt, deren wirtschaftliche Verwertung nach der Rechtsordnung allein ihrem Inhaber zugewiesen ist (*Larenz/Canaris* SchR II/2 § 69 I 1; *Jauernig-Stadler* Rz 51). Diese bisweilen als „Leerformel" kritisierte Definition bedarf von Fall zu Fall der **Konkretisierung** anhand gesetzlicher Wertungen. Hierbei kann man sich am deliktischen Güterschutz orientieren sowie auf die Vorschriften über das Eigentum (§§ 903 ff) als Modellregelung zurückgreifen. Einen Zuweisungsgehalt können nicht nur absolute Rechte, sondern auch Forderungen haben, soweit es um die Befugnis zu ihrer Einziehung (Forderungszuständigkeit) geht (vgl § 816 II; *Larenz/Canaris* SchR II/2 § 69 I 2 d).

Einzelheiten: So sind etwa dem **Eigentümer** (E) Sachnutzung und -verbrauch zugewiesen (§ 903). E hat also die Eingriffskondiktion gegen den Hühnerdieb, der das gestohlene Tier schlachtet und verzehrt. Allerdings sind bei bloßer Sachnutzung die Regeln des Eigentümer-Besitzer-Verhältnisses (§§ 987 ff) in ihrem Anwendungsbereich vorrangig, § 993 I (s Vor § 987 Rz 10 f). Nicht dem Eigentümer (Vermieter) zugewiesen ist dagegen die Untervermietung. Eine Eingriffskondiktion gegen den Mieter wegen unberechtigter Untervermietung scheidet daher aus (BGHZ 131, 297, 306). Ein wichtiger Anwendungsfall der Eingriffskondiktion ist die **Verwertung schuldnerfremder Sachen in der Zwangsvollstreckung:** Lässt Gläubiger G eine Sache pfänden und versteigern, die nicht seinem Schuldner, sondern dem E gehört, so verliert E zwar das Sacheigentum an den Ersteher. Da E jedoch kraft dinglicher Surrogation Eigentümer des Erlöses geworden ist (vgl § 1247 Rz 3), greift G in den Zuweisungsgehalt dieser Eigentumsposition ein, wenn er sich den Erlös vom Gerichtsvollzieher (hoheitlich) übereignen lässt. Auch das **allgemeine Persönlichkeitsrecht** (s § 823 Rz 14) kann einen bereicherungsrechtlich geschützten Zuweisungsgehalt haben, nämlich wenn es sich – wie zB das Bild prominenter Personen – zur kommerziellen Verwertung eignet (BGH NJW 1992, 2084, 2085 mwN; st Rspr). Das Fotografieren eines Hauses von einer allgemein zugänglichen Stelle aus greift hingegen nicht in den Zuweisungsgehalt des Eigentums ein (BGH NJW 1989, 2251). **Keinen** geschützten **Zuweisungsgehalt** hat ferner nach hM (vgl *Jauernig-Stadler* Rz 56) das Recht am eingerichteten und ausgeübten **Gewerbebetrieb;** denn dieses Rechtsinstitut weist dem Inhaber keine festen Erwerbsmöglichkeiten mit ausschließlicher Wirkung zu.

c) Auf dessen Kosten. Das Merkmal „auf dessen Kosten" – das nach hM nicht für die Leistungskondiktion gilt (s oben Rz 9) – dient zur Bestimmung der Person des Bereicherungsgläubigers. Nach heute hM ist keine **Vermögensverschiebung** in dem Sinne zu fordern, dass der Bereicherung des Schuldners eine Vermögensminderung des Gläubigers entsprechen müsste. Denn im Bereicherungsrecht geht es – anders als im Schadensersatzrecht – nicht darum, eine Vermögensminderung auszugleichen, sondern eine Bereicherung rückgängig zu machen, die dem Bereicherten nicht gebührt (s oben Rz 1). Für die Ermittlung des Bereicherungsgläubigers ist vielmehr entscheidend, wem der beim Bereicherten vorhandene Vermögenswert nach dem Gesamturteil der Rechtsordnung **„zugewiesen"** war (vgl dazu die vorige Rz). Bei der Bestimmung des Bereicherungsschuldners ist das **Erfordernis der Unmittelbarkeit** zu beachten, wonach bei Zwischenerwerb eines Dritten eine Kondiktion gegen den Enderwerber ausgeschlossen ist (*Jauernig-Stadler* Rz 59; differenzierend *Larenz/Canaris* SchR II/2 § 67 II 2 b). 39

d) Ohne Rechtsgrund. Eine Bereicherung ohne Rechtsgrund liegt vor, wenn der erlangte Vorteil nach der Rechtsordnung einem anderen gebührt. Eine Eingriffskondiktion scheidet daher aus, wenn der Rechtsinhaber die Nutzung oder den Verbrauch vertraglich gestattet hat. Rechtsgrund eines Eingriffserwerbs kann auch eine gesetzli- 40 che Regelung sein. So erfolgen kraft Gesetzes geschehende Zuordnungsänderungen mit Rechtsgrund, sofern sie im Verkehrsinteresse den Rechtserwerb als endgültigen ermöglichen sollen (*Jauernig-Stadler* Rz 60f). Bsp: Gutgläubiger Erwerb nach §§ 932ff. Soweit sie dagegen nur sachenrechtliche Reaktionen auf faktische Veränderungen wie Verbindung, Vermischung oder Verarbeitung (§§ 946–950) sind, lässt § 951 eine Eingriffskondiktion zu, die freilich auf Wertersatz (§ 818 II) beschränkt ist.

III. Verwendungskondiktion

41 **1. Allgemeines.** Verwendet jemand eigene Mittel (wie seine Arbeitskraft) auf eine fremde Sache, ohne dazu gesetzlich oder vertraglich verpflichtet zu sein, so kommt eine Kondiktion des Wertes der Verwendungen (Begriff: § 994 Rz 2) in Betracht. Doch ist die Verwendungskondiktion in mehrfacher Hinsicht **subsidiär:** zunächst gegenüber der **Leistungskondiktion,** die Vorrang hat, wenn die Verwendungen zur Erfüllung einer vermeintlich bestehenden Rechtspflicht gemacht werden (näher *Medicus/Petersen* Rz 892ff); dann gegenüber dem Aufwendungsersatzanspruch bei **berechtigter GoA** (§§ 683 S 1, 670). Schließlich hat die **Spezialregelung der §§ 994ff** nach hM Vorrang: Macht ein unberechtigter Besitzer Verwendungen auf fremde Sachen, so kann er Verwendungen nur unter den Voraussetzungen der §§ 994ff ersetzt verlangen; diese gesetzliche Wertung würde missachtet, wenn man eine weitergehende Verwendungskondiktion zuließe (*Staudinger-Gursky* [2006] Vor §§ 994ff Rz 43f). Nach der Rspr soll dies sogar auch für Aufwendungen gelten, welche nicht unter den von ihr vertretenen engen Verwendungsbegriff fallen (sog Theorie der absoluten Sperrwirkung, BGHZ 41, 157; BGH NJW 1996, 52; s dazu § 994 Rz 3). Dagegen will eine MA (etwa *Medicus/Petersen* Rz 897) insbesondere bei Verwendungen, die zu einem nach § 951 auszugleichenden Rechtsverlust des Verwendenden geführt haben, eine Verwendungskondiktion neben §§ 994ff zulassen. Arg: Der Verwender, der eine Sache besitzt, dürfe nicht schlechter stehen als der Nichtbesitzer; der Anspruch sei dabei nach den Grundsätzen der aufgedrängten Bereicherung (unten Rz 42) zu korrigieren. Nach hM kommt die Verwendungskondiktion also nur außerhalb des EBV in Betracht, zB wenn jemand Verwendungen auf nicht in seinem Besitz stehende Sachen macht, von denen er irrig annimmt, dass sie ihm gehören (selten) oder dass er sie erben werde (vgl OLG Koblenz NJW 1990, 126). Die Merkmale „ohne Rechtsgrund“ und „auf dessen Kosten“ sind bei der Verwendungskondiktion wie bei der Leistungskondiktion zu verstehen, da hier wie dort ein freiwilliger Vermögensverlust eintritt.

42 **2. Aufgedrängte Bereicherung.** Das Problem der aufgedrängten Bereicherung stellt sich dann, wenn jemand auf Grund einer Verwendungskondiktion Wertersatz leisten muss, wobei die Verwendungen zwar objektiv werterhöhend, aber für ihn persönlich (subjektiv) nutzlos sind. Bsp: G streicht neben seinen eigenen Fensterrahmen versehentlich auch die des S. S wollte jedoch neue Fenster einbauen (weitere Bsp bei *Larenz/Canaris* SchR II/2 § 72 IV). Schon an diesem Bsp wird deutlich, dass sich das Problem nur stellt, wenn eine körperliche Wegnahme der Bereicherung (auf die der Schuldner den Gläubiger etwa entsprechend § 1001 S 2 verweisen könnte, BGHZ 23, 61ff) tatsächlich oder rechtlich ausgeschlossen ist. Nach hM ist dem Schuldner der Verwendungskondiktion in diesen Fällen so zu helfen, dass man den Umfang der Bereicherung ausnahmsweise nicht nach der objektiven Werterhöhung des Schuldnervermögens bemisst (s § 818 Rz 6), sondern nach dem subjektiven Nutzen, die der Schuldner nach seiner Vermögensplanung aus den Verwendungen ziehen kann. Dabei gilt es gleich, ob man dieses Ergebnis mit einer entsprechenden Anwendung des § 818 III begründet (so etwa *Medicus/Lorenz* SchR II Rz 1173; *MüKo-Schwab* § 818 Rz 202) oder mit einer Subjektivierung des Wertbegriffs innerhalb § 818 II (vgl *Erman-Westermann/Buck-Heeb* § 814 Rz 6) oder stark differenzierende Lösungen entwi-

ckelt (vgl ausführlich *Larenz/Canaris* SchR II/2 § 72 IV). Nach einem anderen Ansatz (vgl *Medicus/Petersen* Rz 899) kann der Schuldner dem gegen ihn gerichteten Bereicherungsanspruch einen etwa aus §§ 823 I, 989, 990 jeweils iVm § 249 oder § 1004 gegebenen Beseitigungsanspruch einredeweise entgegenhalten. Doch wird man viele Verwendungen kaum als Schaden oder Eigentumsbeeinträchtigung ansehen können (*Medicus/Petersen* aaO).

IV. Rückgriffskondiktion

1. Allgemeines: Eine Rückgriffskondiktion kommt in Betracht, wenn jemand (B) die Schuld eines anderen (A) bei einem Dritten (C) begleicht (§§ 267, 362 I) und sich nun bei dem Schuldner (A) schadlos halten will. Allerdings darf für den Regress keine der **weitreichenden Spezialregelungen** eingreifen: Häufig ist in dem beschriebenen Fall bereits eine **Leistungskondiktion** möglich, so wenn A den B zu der Zahlung angewiesen hatte und die Anweisung unwirksam war (s oben Rz 27ff) oder wenn B auf eine vermeintlich eigene Schuld gezahlt hatte (Bsp: Scheinerbe B zahlt auf eine Erblasserschuld an C; keine Rückgriffskondiktion gegen den wahren Erben A nach Aufklärung des Irrtums – A hat ja auch nichts erlangt, insbesondere keine Schuldbefreiung gegenüber C – sondern condictio indebiti B–C); näher unten Rz 44 und *Medicus/Petersen* Rz 948. Die spezielle Regressregelung nach § 670 greift ein, wenn B im **Auftrag** des A an C leistete oder wenn er im Rahmen einer **berechtigten GoA** für A tätig wurde (§§ 677, 683 S 1). Schließlich ist der Rückgriff oft durch eine **cessio legis** oder durch andere Spezialnormen geregelt, so zB bei Bestehen eines Ablösungsrechts (§ 268 III), unter Gesamtschuldnern (§ 426) oder beim Bürgenregress (§ 774 I 1). Für die Rückgriffskondiktion bleiben hauptsächlich die Fälle der unberechtigten (und der angemaßten) GoA, für die **§ 684 S 1** (iVm § 687 II 2) auf das Bereicherungsrecht verweist. Bsp: B bezahlt für A in dessen Abwesenheit das Zeitungsabonnement bei C, obwohl er weiß, dass A dies nicht wünscht. Doch meint eine starke MA (etwa *Palandt-Sprau* Rz 63), der Rückgriff B–A erfolge auch in diesen Fällen mit einer Leistungskondiktion. Arg: B zahle an C, um im Verhältnis zu A einen Rückgriffsanspruch aus berechtigter GoA zu erwerben (Leistung gem § 812 I 2 Fall 2); dagegen zu Recht *Medicus/Petersen* Rz 949. Ein weiteres Problem ist, dass A beim Regress des B nicht seine Einreden gegen C verliert (die gelieferten Zeitungen waren zB vom Austragen zerrissen). Daher sollte er der Rückgriffskondiktion des B die gegen C begründeten Einwände analog §§ 404ff entgegenhalten können (*Medicus/Petersen* Rz 952). 43

2. Nachträgliche Fremdbestimmung der Leistung. Hat jemand (B) auf eine vermeintlich eigene Schuld gezahlt, so wird der wahre Schuldner (A) mangels eindeutiger Fremdbestimmung der Leistung zZt ihrer Erbringung (§ 267) nicht befreit (s schon oben Rz 43); daher kommt ein Rückgriff B–A insoweit nicht in Betracht. Nach hM wird dem Leistenden (B) jedoch das Recht eingeräumt, die Tilgungsbestimmung nachträglich zu ändern, so dass der wahre Schuldner (A) gegenüber dem Gläubiger C befreit (§§ 267, 362 I) und eine Rückgriffskondiktion gegen A möglich wird (BGH NJW 1986, 2700; *Jauernig-Stadler* Rz 76). Dagegen wird im Schrifttum eingewendet, dass B durch diese Wahlmöglichkeit unbillig bevorzugt werde (insbesondere bei Insolvenz des C, wenn A sich von seiner Schuld durch Aufrechnung hätte befreien können, vgl §§ 94ff InsO; *Medicus/Petersen* Rz 951). 44

E. Verhältnis von Leistungs- und Nichtleistungskondiktion

1. In **Zweipersonenverhältnissen** gilt der Grundsatz der **Alternativität der Kondiktionen:** Ein Bereicherungsgegenstand kann hier schon begrifflich nur entweder durch Leistung oder „in sonstiger Weise“ erlangt sein. Dabei geht die Spezialrege- 45

lung der Leistungskondiktion dem allgemeinen Rechtsbehelf der Eingriffskondiktion vor (vgl *Jauernig-Stadler* Rz 84); dieser Vorrang ist im Zweipersonenverhältnis von geringer Bedeutung (vgl zB aber §§ 814, 815, die nur für die Leistungskondiktion gelten).

46 **2.** In **Mehrpersonenverhältnissen** kann das Erlangen des Bereicherungsgegenstandes sich im Verhältnis zu einer Person als Leistung darstellen, während es gleichzeitig einen Eingriff gegenüber einem Dritten (Rechtsverlierer) bedeutet. **a)** Hier gilt nach hM der **Grundsatz vom Vorrang der Leistungskondiktion** oder – anders gewendet – von der Subsidiarität der Nichtleistungskondiktion (BGHZ 40, 272, 278; *Medicus/Petersen* Rz 727). Danach kommt eine Nichtleistungskondiktion nur in Betracht, wenn der konkrete Bereicherungsgegenstand dem Bereicherten überhaupt nicht, also von niemandem, geleistet worden ist. Der Leistungsempfänger braucht grds nur mit dem Leistenden abzurechnen, wobei es nach überwiegender Ansicht auf seine Sicht dafür ankommt, wer als Leistender anzusehen ist (s oben Rz 22). Bsp (BGHZ 40, 272): Bauherr C bestellt bei B die Installation einer elektrischen Anlage. B kauft die Elektrogeräte bei A, der sie ohne weiteres an die Baustelle liefert, wo sie sogleich eingebaut werden. Hier kann A von C, der durch den Einbau nach § 946 Eigentümer der Elektrogeräte geworden war, trotz § 951 keinen Bereicherungsausgleich (Eingriffskondiktion) verlangen. Denn aus der Sicht des C waren die Geräte diesem auf Grund einer Leistung seines Vertragspartners B geliefert worden. Der Grundsatz vom Vorrang der Leistungskondiktion wird jedoch auch von der hM nur als Faustregel verstanden (s unten Rz 47). Dagegen wollen Teile der Lit den Grundsatz nur in **abgeschwächter Form** anwenden: wenn jemand etwas durch Leistung aus der Hand gebe, so könne er es nur vom Leistungsempfänger, nicht jedoch von einem Dritten auf Grund einer Eingriffskondiktion zurückverlangen (in dieser Richtung auch BGHZ 56, 228, 240). Andere wollen den Grundsatz vom Vorrang der Leistungskondiktion vollständig aufgeben (*Larenz/Canaris* SchR II/2 § 67 IV 3).

47 **b)** Die hM will den Grundsatz vom Vorrang der Leistungskondiktion nur im Einzelfall bei Vorliegen entgegenstehender **gesetzlicher Wertungen** durchbrechen. So zeigt **§ 935,** dass der Eigentümer abhanden gekommener Sachen nach deren Verarbeitung auch dann ihren Wert (§ 818 II) kondizieren kann (§ 951), wenn dem Verarbeitenden die Sachen geleistet worden waren (BGHZ 55, 176 „Jungbullenfall“). Denn vor der Verarbeitung wäre auch ein gutgläubiger Besitzer dem Herausgabeanspruch aus § 985 ausgesetzt gewesen, ohne seine eigenen Aufwendungen für den Erwerb der Sachen entgegenhalten zu können; der Schutz des Bereicherten soll nach dem Gesetz hier hinter dem des (ehemaligen) Eigentümers zurücktreten (s im Übrigen § 951 Rz 3). Str ist die Geltung des Vorrangprinzips in den sog Einbaufällen (BGHZ 56, 228; BGH NJW-RR 1991, 343): B hat von A Baumaterial unter Eigentumsvorbehalt gekauft, das er abredewidrig bei C einbaut, der gem § 946 Eigentum erwirbt. Nach hL (*Larenz/Canaris* SchR II/2 § 70 III 2; *Medicus/Petersen* Rz 729) soll C dann der Eingriffskondiktion durch A ausgesetzt sein, wenn er wegen Bösgläubigkeit (vgl **§ 932**) auf rechtsgeschäftlichem Wege kein Eigentum an den Baustoffen hätte erwerben können. Der BGH aaO wendet hingegen den Grundsatz vom Vorrang der Leistungskondiktion strikt an. Ein weiteres Bsp für eine gesetzlich geregelte Durchbrechung des Vorrangprinzips bildet **§ 816 I 2:** Bei unentgeltlichem Erwerb schützt den Bereicherten auch die Tatsache nicht, dass er den Bereicherungsgegenstand durch Leistung erworben hat. Denn da er für seinen Erwerb nichts aufwenden musste, ist er weniger schutzwürdig als der durch die Verfügung des Nichtberechtigten Beeinträchtigte. Andererseits zeigt die Vorschrift, dass der gutgläubige entgeltliche Erwerber einer Sache (§§ 932ff) auch keinen Bereicherungsausgleich leisten muss; nach § 816 I 1 ist nämlich nur der Veräußerer zur Herausgabe des durch die Verfügung Erlangten verpflichtet. S zu den Wertungsmodellen näher *Medicus/Petersen* Rz 728ff.

§ 813. Erfüllung trotz Einrede

(1) [1]**Das zum Zwecke der Erfüllung einer Verbindlichkeit Geleistete kann auch dann zurückgefordert werden, wenn dem Anspruch eine Einrede entgegenstand, durch welche die Geltendmachung des Anspruchs dauernd ausgeschlossen wurde.** [2]**Die Vorschrift des § 214 Abs. 2 bleibt unberührt.**

(2) **Wird eine betagte Verbindlichkeit vorzeitig erfüllt, so ist die Rückforderung ausgeschlossen; die Erstattung von Zwischenzinsen kann nicht verlangt werden.**

S § 812 Rz 13. **1**

§ 814. Kenntnis der Nichtschuld

Das zum Zwecke der Erfüllung einer Verbindlichkeit Geleistete kann nicht zurückgefordert werden, wenn der Leistende gewusst hat, dass er zur Leistung nicht verpflichtet war, oder wenn die Leistung einer sittlichen Pflicht oder einer auf den Anstand zu nehmenden Rücksicht entsprach.

Die Vorschrift gilt nur für die condictio indebiti (§ 812 Rz 13), greift aber nicht bei **1** Leistung unter Vorbehalt.

§ 815. Nichteintritt des Erfolgs

Die Rückforderung wegen Nichteintritts des mit einer Leistung bezweckten Erfolgs ist ausgeschlossen, wenn der Eintritt des Erfolgs von Anfang an unmöglich war und der Leistende dies gewusst hat oder wenn der Leistende den Eintritt des Erfolgs wider Treu und Glauben verhindert hat.

Die Vorschrift betrifft nur die condictio ob rem (§ 812 Rz 15ff). **1**

§ 816. Verfügung eines Nichtberechtigten

(1) [1]**Trifft ein Nichtberechtigter über einen Gegenstand eine Verfügung, die dem Berechtigten gegenüber wirksam ist, so ist er dem Berechtigten zur Herausgabe des durch die Verfügung Erlangten verpflichtet.** [2]**Erfolgt die Verfügung unentgeltlich, so trifft die gleiche Verpflichtung denjenigen, welcher auf Grund der Verfügung unmittelbar einen rechtlichen Vorteil erlangt.**

(2) **Wird an einen Nichtberechtigten eine Leistung bewirkt, die dem Berechtigten gegenüber wirksam ist, so ist der Nichtberechtigte dem Berechtigten zur Herausgabe des Geleisteten verpflichtet.**

I. Allgemeines

Die Vorschrift regelt **Spezialfälle der Eingriffskondiktion** (zu dieser § 812 **1** Rz 36ff), str, s *Medicus/Lorenz* SchR II Rz 1190; *Larenz/Canaris* SchR II/2 § 69 II 1a. Sie zeigt zunächst, dass der entgeltliche gutgläubige Erwerber dem Altberechtigten ebenso wenig bereicherungsrechtlichen Ausgleich schuldet, wie er einem dinglichen Herausgabeanspruch ausgesetzt ist (Abs 1 S 1). Abs 1 S 2 bringt eine Durchbrechung des Grundsatzes vom Vorrang der Leistungskondiktion (hM; näher § 812 Rz 47). Abs 1 S 1 gewährt einen Anspruch auf **Herausgabe des Surrogats;** weitere Ansprüche mit dieser Rechtsfolge (oft parallel zu prüfen): §§ 687 II 1, 681 S 2, 667 (angemaßte GoA); § 285 (stellvertretendes commodum bei Leistungsstörungen); §§ 812 I iVm 818 I Fall 2.

II. Verfügung eines Nichtberechtigten

2 **1. Anspruch auf Herausgabe des Surrogats gegen den Veräußerer (Abs 1 S 1). a) Voraussetzungen. aa) Verfügung** ist jedes Rechtsgeschäft, das die dingliche Rechtslage unmittelbar ändert, sei es durch Übertragung, Belastung, Aufhebung oder inhaltliche Änderung eines bestehenden Rechts (vgl für Rechte an Grundstücken §§ 873, 875, 877). Sie liegt also bei rein schuldrechtlichen Geschäften (zB unberechtigte Vermietung) nicht vor (hier kommt aber uU die allgemeine Eingriffskondiktion, § 812 I 1 Fall 2, in Betracht). **bb) Nichtberechtigter** ist jeder, der nicht entweder Rechtsinhaber oder zu der Verfügung ermächtigt (§ 185 I) ist. **cc) Wirksamkeit** der Verfügung trotz Nichtberechtigung tritt namentlich durch die Vorschriften über den gutgläubigen Erwerb ein (§§ 932ff, 892f, 1207f, 2366; § 366 HGB). Aber auch wenn die Verfügung des Nichtberechtigten zunächst (zB wegen § 935 I) unwirksam geblieben ist, kann der Rechtsinhaber die Rechtsfolgen des Abs 1 durch Genehmigung (§ 185 II 1) herbeiführen; sie macht den Verfügenden nicht zum Berechtigten. In der Klage auf Erlösherausgabe liegt regelmäßig eine Genehmigung. Bei einer Kette unwirksamer Verfügungen kann der Berechtigte sich (etwa nach der Liquidität des Bereicherungsschuldners nach Abs 1 S 1) aussuchen, welche er genehmigt (näher *Medicus/Lorenz* SchR II Rz 1193).

3 **b) Rechtsfolge** ist der Anspruch des Altberechtigten gegen den Verfügenden auf **Herausgabe des Surrogats.** Str ist, was als das Erlangte iSd Abs 1 S 1 anzusehen ist. Nach hM (BGHZ 29, 157; *Larenz/Canaris* SchR II/2 § 72 I 2) muss der Verfügende grds auch einen – etwa auf sein Verhandlungsgeschick zurückzuführenden – **Gewinn** herausgeben. Zur Begründung beruft man sich auf den Wortlaut der Vorschrift (keine Begrenzung auf den objektiven Wert des Verfügungsgegenstandes) sowie darauf, dass die Gewinnerzielungsmöglichkeit allein dem Rechtsinhaber zugewiesen sei. Dagegen will eine starke Literaturansicht dem Altberechtigten nur einen Herausgabeanspruch bis zur Höhe des **objektiven Werts** des Verfügungsgegenstandes zugestehen (*Medicus/Lorenz* SchR II Rz 1197). Arg: Nach der Grundregel des § 818 II sei anerkannt, dass bei Unmöglichkeit der Herausgabe nur der objektive Wert zu ersetzen sei. Die Gewinnherausgabepflicht bedeute eine unbillige Benachteiligung des gutgläubigen Verfügenden; denn dieser müsse besser stehen als der bösgläubige, der allein nach §§ 687 II 1, 681 S 2, 667 zur Gewinnherausgabe verpflichtet sei. Auch der Wortlaut des Abs 1 S 1 spreche nicht für die hM: Ein etwa erzielter Gewinn sei gerade nicht aus der Verfügung erlangt, sondern aus dem zugrundeliegenden schuldrechtlichen Geschäft. Einigkeit besteht jedoch darüber, dass der Verfügende vom Erlangten nicht das absetzen darf, was er selbst für den Verfügungsgegenstand aufgewendet hat; denn diese Aufwendungen hätte er (vor der Verfügung) auch einem Herausgabeverlangen aus § 985 nicht entgegenhalten können (vgl §§ 994ff, 1000).

4 **2. Herausgabeanspruch gegen den unentgeltlichen Erwerber (Abs 1 S 2). a)** Über die oben Rz 2 genannten **Voraussetzungen** hinaus erfordert ein Anspruch gegen den Erwerber **Unentgeltlichkeit** des Erwerbs. Bei gemischten Schenkungen entscheidet die Rspr danach, ob der entgeltliche oder der unentgeltliche Teil des Geschäfts überwiegt (BGH WM 1964, 614; dagegen *MüKo-Schwab* Rz 67). Str ist (wie auch zu § 988), ob der **rechtsgrundlose** Erwerber den Verfügungsgegenstand ebenso wie der unentgeltliche herausgeben muss. Die Rspr hat die Frage bisher nicht grds entschieden (BGHZ 37, 363; 47, 393; dazu *Palandt-Sprau* Rz 16). Nach der (herrschenden) Lehre von der **Doppelkondiktion** muss der rechtsgrundlose Erwerber den Gegenstand zwar herausgeben, aber nur an seinen Vertragspartner (den unberechtigt Verfügenden). Denn anders als bei unentgeltlichem Erwerb wären ihm bei einer Herausgabepflicht gegenüber dem Altberechtigten seine Einwendungen im Verhältnis zum Verfügenden (zB die auf Rückerstattung der erbrachten Gegenleistung aus der Saldo-

theorie) abgeschnitten. Dagegen kann der Altberechtigte nach der Lehre von der **Einheitskondiktion** auch vom rechtsgrundlosen Erwerber entsprechend Abs 1 S 2 Herausgabe fordern. Arg: Was schon für den unentgeltlichen Erwerb mit Rechtsgrund gelte, müsse erst recht für den Erwerb ohne Rechtsgrund angenommen werden (vgl eingehend *Staudinger-St Lorenz* [2007] Rz 18ff).

b) Rechtsfolge ist die Pflicht zur Herausgabe des Verfügungsgegenstandes. Es gelten die §§ 818, 819. **5**

III. Wirksame Leistung an einen Nichtberechtigten (Abs 2)

Auch in der Annahme einer Leistung kann ein **Eingriff** liegen, nämlich wenn der Annehmende nicht passivlegitimiert ist und der Schuldner dennoch befreit wird (Entzug der Forderung). **Voraussetzungen** des Herausgabeanspruchs gegen den Annehmenden: Er muss **Nichtberechtigter** gewesen sein, also weder Gläubiger der Forderung noch zu ihrer Einziehung ermächtigt (dazu Vor § 398 Rz 25). Ferner muss die Leistung **dem Berechtigten gegenüber wirksam** gewesen sein. Erforderlich ist also eine Leistungsbefreiung des Schuldners trotz Zahlung an den „falschen" Gläubiger (als Ausnahme zu § 362 I). Häufigster Fall ist die Leistung an den Altgläubiger nach verdeckter Abtretung oder an einen Scheingläubiger bei einer mehrfachen oder einer angezeigten, aber unwirksamen Zession (§§ 407ff). Weiteres Bsp: Leistung der Miete an den Alt-Vermieter nach Veräußerung des vermieteten Grundstücks und Übergang der Vermieterrechte auf den Erwerber (§§ 566, 566c). **6**

§ 817. Verstoß gegen Gesetz oder gute Sitten

[1]War der Zweck einer Leistung in der Art bestimmt, dass der Empfänger durch die Annahme gegen ein gesetzliches Verbot oder gegen die guten Sitten verstoßen hat, so ist der Empfänger zur Herausgabe verpflichtet. [2]Die Rückforderung ist ausgeschlossen, wenn dem Leistenden gleichfalls ein solcher Verstoß zur Last fällt, es sei denn, dass die Leistung in der Eingehung einer Verbindlichkeit bestand; das zur Erfüllung einer solchen Verbindlichkeit Geleistete kann nicht zurückgefordert werden.

1. Allgemeines. S 1 normiert einen Sonderfall der **Leistungskondiktion** (condictio ob turpem vel iniustam causam). Im Gegensatz zu den anderen Fällen der Leistungskondiktion (§ 812 Rz 13–15), in denen ein Geschäft wegen Nichterreichung des verfolgten Zweckes rückabzuwickeln ist, wird der Erfolg bei der Kondiktion nach S 1 zwar erreicht, aber von der Rechtsordnung missbilligt. S 2 bringt einen **Ausschlussgrund** für alle Leistungskondiktionen (näher unten Rz 3). **1**

2. Condictio ob turpem vel iniustam causam (S 1). Neben den allgemeinen Voraussetzungen der Leistungskondiktion, dass der Empfänger durch Leistung „etwas erlangt" haben muss (dazu § 812 Rz 4ff, 11), ist erforderlich: **a) Gesetzes- oder Sittenverstoß des Leistungsempfängers.** Da die meisten dieser Verstöße bereits zur Nichtigkeit des Verpflichtungsgeschäfts (§§ 134, 138) und damit zur condictio indebiti (§ 812 Rz 13) führen, ist die Bedeutung des S 1 recht beschränkt: **aa)** Ist bei einseitigem Gesetzes- oder Sittenverstoß des Leistungsempfängers die **Gültigkeit des Grundgeschäfts** nicht berührt, soll der Leistende dennoch kondizieren dürfen. Bsp: Erpresste Leistungen (§ 253 StGB). **bb)** Bei **nichtigem Grundgeschäft** kann die Kondiktion nach S 1 dann durchgreifen, wenn § 812 I 1 Fall 1 an § 814 bzw § 812 I 2 Fall 2 an § 815 scheitert. Ratio: Der einseitige Sittenverstoß des Empfängers wiegt schwerer als die Billigkeitsregelung der §§ 814, 815 zulasten des Leistenden. **b)** Str sind die **subjektiven Voraussetzungen** für den Kondiktionsanspruch nach S 1: Während eine Ansicht Kenntnis oder Kennenmüssen des Leistungsempfängers hinsichtlich des Gesetzes- oder Sittenverstoßes verlangt (*Erman-Westermann/Buck-Heeb* Rz 8; *Jauernig-Stad-* **2**

ler Rz 6), lässt die hLit zutreffend auch einen rein objektiven Verstoß ausreichen; denn S 1 hat keinen Strafcharakter, sondern stellt nur die (objektiv) richtige Güterzuordnung wieder her.

3 **3. Ausschluss der Leistungskondiktionen (S 2).** Der in S 2 normierte Ausschluss der Leistungskondiktionen beruht auf dem römischrechtlichen Satz „in pari turpitudinem melior est causa possidentis". **a) Anwendungsbereich. aa)** Nach allgemeiner Ansicht greift der Kondiktionsausschluss nicht nur – wie es die sprachliche Fassung nahelegt – gegenüber der condictio ob turpem ein, sondern gegenüber **allen Leistungskondiktionen.** Denn da die meisten sittenwidrigen Geschäfte mit der condictio indebiti rückabgewickelt werden (s oben Rz 2), wäre S 2 sonst nahezu bedeutungslos. **bb)** Str ist, inwieweit S 2 nicht nur die Leistungskondiktionen, sondern auch **andere Ansprüche** (etwa aus §§ 823ff, 985 oder aus GoA) ausschließt. Während die Rspr eine Ausdehnung des Anwendungsbereichs unter Hinweis auf den Ausnahmecharakter der Vorschrift ablehnt (BGHZ 39, 87, 91 für GoA; BGHZ 63, 365, 368f für §§ 987ff; BGH NJW 1992, 310, 311 für § 826), wird die Erweiterung in der Lit teilweise befürwortet, um Wertungswidersprüche zu vermeiden: Sonst könnte der Leistende bei einem besonders schwerwiegenden Sittenverstoß, der auch zur Nichtigkeit des Erfüllungsgeschäfts führt (vgl § 138 II), seine Leistung vindizieren (§ 985), während er bei einem leichteren Fehlverhalten, das die Gültigkeit des Erfüllungsgeschäfts unberührt lässt, wegen S 2 nicht einmal aus §§ 812ff vorgehen könnte (zum Ganzen *Larenz/Canaris* SchR II/2 § 68 III 3e; *Medicus/Petersen* Rz 697).

4 **b) Voraussetzungen. aa) Sittenverstoß des Leistenden.** Nach dem Wortlaut der Vorschrift greift der Kondiktionsausschluss nur bei beiderseitigem Gesetzes- oder Sittenverstoß ein („gleichfalls"). Nach allgemeiner Ansicht genügt aber ein einseitiges Fehlverhalten des Leistenden (wie zB beim Wucher). Denn es ist nicht einzusehen, warum der Leistende (der Wucherer) besser stehen (nämlich keinen Kondiktionsausschluss erleiden) soll, weil die andere Partei (der Bewucherte) sich korrekt verhält. **bb) Kenntnis oder Kennenmüssen** der Gesetzes- oder Sittenwidrigkeit des Tuns wird beim Kondiktionsausschluss nach S 2 allgemein gefordert, weil die Folge der Rechtsschutzversagung sonst nicht angemessen wäre (*Larenz/Canaris* SchR II/2 § 68 III 3b). Dabei wird leichtfertiges Handeln dem vorsätzlichen gleichgestellt (BGH NJW 1983, 1420, 1423; NJW 1989, 3217, 3218; näher *MüKo-Schwab* Rz 69f). **cc)** Die verbotswidrige Leistung darf nicht in der **Eingehung einer Verbindlichkeit** bestehen (S 2 HS 1 aE); ist zB ein abstraktes Schuldversprechen geleistet worden, so kann es zurückgefordert werden. Dies verlangt der Gedanke der Rechtsschutzversagung: Sonst könnte der Leistungsempfänger aus dem sittenwidrig geleisteten Schuldversprechen vorgehen. Aus demselben Grund kann das auf ein solches Schuldversprechen einmal Geleistete nicht zurückgefordert werden (S 2 HS 2).

5 **c) Rechtsfolge** ist der Ausschluss der Rückforderung des Geleisteten. Schwierigkeiten ergeben sich bei der Behandlung von verbots- oder sittenwidrigen Verträgen zur **zeitweisen Überlassung** von Gegenständen. Hier ist die Rückforderung des überlassenen Gegenstandes nicht endgültig ausgeschlossen: Da nur die vorübergehende Nutzungsmöglichkeit geleistet war, kann der Ausschluss nach S 2 nur die vorzeitige Rückforderung ausschließen. Bsp: Bei einem Wucherdarlehen (**einseitiger Verstoß** des Leistenden) schließt S 2 nur aus, dass der Wucherer die Valuta wegen der Nichtigkeit des Vertrags (§ 138 II) vor der vertraglichen Fälligkeit herausverlangen kann; die Vorschrift bewirkt jedoch nicht, dass der Bewucherte das Geld auf immer behalten darf (str ist, ob dem Wucherer ein angemessenes Nutzungsentgelt zusteht, vgl *Medicus/Petersen* Rz 700). Dagegen kommt bei einem **beidseitigen Verstoß** auch eine vorzeitige Rückforderung und damit im Ergebnis eine Ausschaltung von S 2 in Betracht. Denn sonst würde der verbots- oder sittenwidrige Zustand unnötig verlängert (BGHZ 41, 341, 343f: Bordellpacht). So kommt es unter Teilnehmern eines Schenk-

kreises zum Ausschluss von § 817 S 2, um weiteres sittenwidriges Handeln zu verhindern (BGH NJW 2008, 1942 Nr 10).

d) Einschränkung des § 817 S 2. Zu beachten ist, dass nach Treu und Glauben (§ 242) eine einschränkende Auslegung des § 817 S 2 geboten ist, wenn der Zweck der zur Nichtigkeit führenden Verbotsnorm auch ohne Verweigerung des Kondiktionsanspruchs erreicht wird (etwa durch Versagung von Gewährleistungsansprüchen, Bußgelder); so für Bereicherungsansprüche des Schwarzarbeiters BGHZ 111, 308, 312f; kritisch *Larenz/Canaris* SchR II/2 § 68 III 3g. 6

§ 818. Umfang des Bereicherungsanspruchs

(1) **Die Verpflichtung zur Herausgabe erstreckt sich auf die gezogenen Nutzungen sowie auf dasjenige, was der Empfänger auf Grund eines erlangten Rechts oder als Ersatz für die Zerstörung, Beschädigung oder Entziehung des erlangten Gegenstands erwirbt.**

(2) **Ist die Herausgabe wegen der Beschaffenheit des Erlangten nicht möglich oder ist der Empfänger aus einem anderen Grunde zur Herausgabe außerstande, so hat er den Wert zu ersetzen.**

(3) **Die Verpflichtung zur Herausgabe oder zum Ersatz des Wertes ist ausgeschlossen, soweit der Empfänger nicht mehr bereichert ist.**

(4) **Von dem Eintritt der Rechtshängigkeit an haftet der Empfänger nach den allgemeinen Vorschriften.**

I. Allgemeines

Die Vorschrift regelt die Rechtsfolgen des Bereicherungsanspruchs (Umfang der Herausgabepflicht). Sie basiert auf dem Grundsatz, dass nur die im Schuldnervermögen noch vorhandene Bereicherung abgeschöpft werden soll (Abs 3) und bewirkt damit eine **Besserstellung des Schuldners** gegenüber anderen Herausgabeansprüchen (§§ 346ff, 985; vgl § 812 Rz 9) und gegenüber Schadensersatzansprüchen. Diese Privilegierung entfällt beim Eingreifen der sog **„verschärften Haftung"** nach Abs 4, die zu einer Verantwortlichkeit des Schuldners nach den EBV-Vorschriften (§§ 987ff) und damit ua zu einer Schadensersatzpflicht führt (näher unten Rz 13ff). Die Prüfung des Haftungsumfangs hat in der Reihenfolge der Absätze 1–3 zu geschehen. Bei verschärfter Haftung greifen die unten Rz 15 genannten Ansprüche zusätzlich ein. 1

II. Grundsatz (Abs 1)

1. In erster Linie kann der Kondiktionsgläubiger **Herausgabe des Bereicherungsgegenstandes selbst** verlangen, soweit dessen Herausgabe nicht durch seine Beschaffenheit oder aus sonstigen Gründen ausgeschlossen ist (dann greift Abs 2 ein). Dies folgt bereits unmittelbar aus § 812 I bzw § 816 I. Die Art der Rückgewähr richtet sich nach dem jeweiligen Bereicherungsgegenstand (Überblick: § 812 Rz 4ff): So ist etwa Eigentum durch Rückübertragung herauszugeben oder eine erlangte Buchposition durch Zustimmung zu ihrer Löschung. 2

2. Ferner sind die **Nutzungen** (§ 100) des erlangten Gegenstandes herauszugeben. Anders als bei verschärfter Haftung (vgl § 987 II) schuldet der Bereicherte nach Abs 1 nur die **tatsächlich gezogenen** Nutzungen. Ist ein Geldbetrag Gegenstand des Bereicherungsanspruchs, so sind die tatsächlich erlangten Zinsen aus einer kapitalvermehrenden Anlage zu erstatten; hat der Bereicherte das Geld zur Tilgung von Schulden verwandt, so hat er die dadurch ersparten Zinszahlungen entsprechend Abs 1 und 2 als Vorteile aus dem Gebrauch des Geldes herauszugeben (BGHZ 138, 160). 3

3. Schließlich erstreckt sich der Herausgabeanspruch auch auf **bestimmte Surrogate.** Das „auf Grund eines erlangten Rechts" Erworbene ist etwa die Geldsumme, 4 die der Kondiktionsschuldner durch Einziehung einer erlangten Forderung erhält; einen „Ersatz für die Zerstörung des erlangten Gegenstands" bilden Versicherungs- oder Schadensersatzleistungen. Nach hM ist das durch **Rechtsgeschäft** erlangte Surrogat („commodum ex negotiatione"; zB Erlös einer Weiterveräußerung) nicht nach Abs 1, sondern nur im Wege des Wertersatzes nach Abs 2 herauszugeben (*Larenz/Canaris* SchR II/2 § 72 I 1 c). Unterschied: Nach Abs 2 kann der Schuldner einen etwa erzielten Gewinn behalten (str, s unten Rz 6).

III. Wertersatz (Abs 2)

5 **1. Voraussetzung** des Wertersatzanspruchs ist entweder die **objektive** Unmöglichkeit der Herausgabe des Bereicherungsgegenstandes selbst wegen seiner Beschaffenheit (so zB bei erlangten Dienstleistungen – Flugreise – oder bei Verbrauch des Bereicherungsgegenstandes) oder das **subjektive** Unvermögen des Kondiktionsschuldners zur Herausgabe (etwa bei der Weiterveräußerung des Erlangten). Auf ein Verschulden des Bereicherten kommt es nicht an; jedoch kann sich der Schuldner bei unverschuldetem Untergang nach Abs 3 auf eine Entreicherung berufen.

6 **2.** Str ist die **Berechnung des Wertersatzes. a)** Die hM (BGHZ 132, 198, 207; *Larenz/Canaris* SchR II/2 § 72 III 2 d; *Medicus/Lorenz* SchR II Rz 1170) will den Bereicherungsschuldner unter Berufung auf die Entstehungsgeschichte der Vorschrift auf den **objektiven Wert** (Verkehrswert) haften lassen. Einen darüber hinausgehenden **Veräußerungsgewinn** soll der Schuldner nach Abs 2 behalten dürfen, da er regelmäßig ihm persönlich zu verdanken ist (anders die hM zu § 816 I 1, s dort Rz 3); bei Veräußerung unter dem objektiven Wert gestattet man dem Bereicherten, sich auf eine Entreicherung nach Abs 3 zu berufen. Eine Ausnahme (Haftung auf den subjektiven, dh persönlich realisierbaren bzw realisierten Wert) lässt die hM nur in den Fällen der sog aufgedrängten Bereicherung zu (dazu § 812 Rz 42). **b)** Demgegenüber will eine **MA** (grundlegend *Koppensteiner* NJW 1971, 1769) stets auf den **subjektiven Wert** abstellen: Der Schuldner soll insoweit Ersatz leisten, als der Bereicherungsgegenstand für ihn persönlich von Nutzen ist; insbesondere soll auch ein erzielter Veräußerungsgewinn herauszugeben sein (andere erreichen dasselbe Ziel, indem sie das rechtsgeschäftliche Surrogat als von Abs 1 erfasst betrachten). Arg: Ebenso wie der Bereicherungsgläubiger das Risiko trage, dass der Schuldner die Sache unter Wert veräußere (dann greift Abs 3 ein), müsse er auch am Gewinn beteiligt sein.

IV. Wegfall der Bereicherung (Abs 3)

7 **1. Grundsatz.** Das Gesetz will vermeiden, dass der Bereicherungsanspruch im Ergebnis zu einer Verschlechterung der Vermögenslage des Kondiktionsschuldners führt. Daher entfällt seine Haftung, wenn sich bei Geltendmachung des Anspruchs weder der Bereicherungsgegenstand selbst noch dessen Gegenwert (Abs 2) in irgendeiner Form (zB als Surrogat, Abs 1) in seinem Vermögen befindet. So wird der Schuldner etwa bei ersatzlosem Wegfall (zB Zerstörung, Diebstahl) des Bereicherungsgegenstandes oder bei dessen Verbrauch frei, es sei denn, er hat auf diese Weise Aufwendungen erspart, die er auch sonst gehabt hätte. Bsp: **Haftung,** wenn mit rechtsgrundlos erlangtem Geld notwendiger Lebensunterhalt bestritten wird oder eigene Schulden getilgt werden. **Keine Haftung** dagegen bei Nachweis des Schuldners, dass er die Schulden ohne den überzahlten Geldbetrag unter Einschränkung seines Lebensstandards ebenso getilgt hätte (BGHZ 118, 385), bei Luxusausgaben, die der Schuldner sonst nicht gemacht hätte (BGHZ 55, 128: Kind erschleicht Flugreise), bei Vermögenslosigkeit des Schuldners (Kind verbraucht Unterhalt des Scheinvaters) oder bei Wegschenken des Bereicherungsgegenstands (in diesem Fall haftet aber der Beschenkte aus § 822!). Da es für die Haftungsbefreiung grds ohne Belang ist, ob sie auf mangelnde Sorgfalt des Kondiktionsschuldners oder auf „neutrale" Ereignisse zurückzuführen

ist, trägt der Gläubiger nach Abs 3 die Gefahr „unvorteilhafter" Verwendung des Bereicherungsgegenstandes.

2. Aufwendungen, Schäden. Da der Schuldner nur die noch vorhandene Berei- 8
cherung herausgeben soll, kann er von dem herauszugebenden Gegenstand (gleich, ob der Anspruch auf Herausgabe „in Natur" – Abs 1 – oder auf Wertersatz – Abs 2 – gerichtet ist), solche Vermögenseinbußen absetzen, die er im Zusammenhang mit dem Bereicherungsvorgang erlitten hat. Nach Ansicht der Lit (zB *Larenz/Canaris* SchR II/2 § 73 I 1b) sind allerdings nur solche Posten abzugsfähig, die der Kondiktionsschuldner im **Vertrauen auf die Rechtsbeständigkeit seines Erwerbs** veranlasst hat; dazu gehören etwa sämtliche Verwendungen sowie die Kosten, die durch den Erwerbs- und Rückgabevorgang entstehen (zB Fracht, Steuern). Einigkeit besteht ferner darüber, dass bei den Nichtleistungskondiktionen der **Erwerbspreis** nicht abzugsfähig ist (vgl § 816 Rz 3 aE). Bei der Leistungskondiktion entscheidet die Anwendbarkeit der Saldotheorie über die Berücksichtigung der Gegenleistung (s unten Rz 10ff). Nach der Rspr sind auch **Schäden,** die der Bereicherungsgegenstand adäquat verursacht hat, zu ersetzen (Bsp: der erlangte Hund zerbeißt den Teppich des Bereicherten). Dagegen wendet sich die Lit: Auch der gutgläubige Kondiktionsschuldner verdiene hier keinen Schutz, da Abs 3 ihn nur vor solchen Einbußen bewahren wolle, die durch das Vertrauen auf das Behaltendürfen des Erlangten veranlasst wurden; demgegenüber sei ein eingetretener Schaden als zufällig anzusehen.

3. Rückabwicklung gegenseitiger Verträge. a) Problemstellung. Bei der 9
Rückabwicklung nichtiger gegenseitiger Verträge stehen Gläubiger und Schuldner des Vertrags gegenseitig Bereicherungsansprüche auf die jeweils erbrachte Leistung zu. Hat A dem B auf Grund eines nichtigen Kaufvertrags einen PKW gegen Zahlung von 2000 Euro übereignet, so kann A den PKW und B die 2000 Euro zurückfordern. Das vertragliche Gegenseitigkeitsverhältnis der Leistungen (§§ 320ff) wird nach der sog **Zweikondiktionenlehre** für die Rückabwicklung nur durch §§ 273, 274 sichergestellt, nach denen jede Partei den in ihrem Vermögen befindlichen Bereicherungsgegenstand zurückhalten darf, bis die andere Partei ihrerseits das erlangte Etwas herausgibt. Die so erreichte gegenseitige Abhängigkeit der Rückabwicklungsansprüche wird jedoch durch Abs 3 gestört: Derjenige, dessen Leistung im Vermögen des anderen ersatzlos weggefallen ist, verliert seinen Herausgabeanspruch; er hat also nichts mehr, was er der gegen ihn gerichteten Kondiktion des Entreicherten im Rahmen des § 273 entgegenhalten könnte, und würde somit haften, ohne seinerseits einen Ausgleich zu erhalten. Wird also im obigen Bsp dem Käufer B der geleistete PKW gestohlen, so könnte er den Kaufpreis von 2000 Euro zurückfordern, während Verkäufer A leer ausginge. A müsste damit – entgegen den normalen Gefahrtragungsregeln (vgl zB § 446) – die Sachgefahr tragen, obwohl sich der Leistungsgegenstand im Herrschaftsbereich des B befindet.

b) Saldotheorie. aa) Grundsatz. Die aus dem zuvor erwähnten Bsp folgende Stö- 10
rung des Gegenseitigkeitsverhältnisses behebt die Saldotheorie, indem sie den Kondiktionsanspruch des Entreicherten um den Wert des bei ihm weggefallenen (Abs 3) Bereicherungsgegenstandes kürzt. B kann also in dem Beispielsfall nur den Teil des von ihm gezahlten Kaufpreises zurückfordern, der den Wert des ihm gestohlenen Wagens übersteigt (Beschränkung auf den „Saldo"). Damit bewirkt die Entreicherung der einen Partei nicht nur den Untergang des gegen sie gerichteten Bereicherungsanspruchs, sondern bringt in gleicher Höhe den Gegenanspruch dieser Partei zum Erlöschen. Aus der Sicht des Entreicherten ist die Saldotheorie also eine **Einschränkung des Abs 3,** weil sie ihm den wirtschaftlichen Vorteil nimmt, den ihm die Entreicherung ansonsten eintrüge. Hinsichtlich der Gefahrtragung wird Abs 3 durch die Saldotheorie dahin korrigiert, dass derjenige mit der Sachgefahr belastet ist, in dessen Sphäre sich der Bereicherungsgegenstand befindet (vgl § 446). Aus der Sicht der anderen Partei (deren Leistungsgegenstand

beim Entreicherten weggefallen ist) bedeutet die Saldotheorie eine – von Amts wegen zu beachtende – **Einwendung** gegen den Kondiktionsanspruch des Entreicherten. Diese Einwendung unterscheidet sich von der Einrede des Zurückbehaltungsrechts (§ 273), auf die der Schuldner nach der Zweikondiktionenlehre angewiesen ist (vgl oben Rz 9), vor allem dadurch, dass sie keinen Gegenanspruch voraussetzt (der ist ja – wegen Abs 3 – gerade untergegangen), sondern lediglich die Erbringung der beim Entreicherten weggefallenen Gegenleistung. Die Saldotheorie beruht auf **richterlicher Rechtsfortbildung,** die dem von den Parteien gewollten Gegenseitigkeitsverhältnis der Leistungen auch bei der Rückabwicklung synallagmatischer Verträge Rechnung trägt. Dies führt dazu, dass bei der Entscheidung darüber, welcher Partei das jeweilige Entreicherungsrisiko zugewiesen wird, die für den gewollten, aber fehlgeschlagenen Vertrag maßgeblichen gesetzlichen Wertungen oder die von den Vertragschließenden vereinbarte Risikoverteilung zu beachten sind (BGHZ 116, 251, 256): So kann etwa der Käufer eines Grundstücks im Falle der Formnichtigkeit des Kaufvertrags die Kosten der Eintragung einer Auflassungsvormerkung und der Kaufpreisfinanzierung bei der Saldierung nicht in Abzug bringen, weil diese Aufwendungen allein in seiner Interessen- und Risikosphäre wurzeln (BGH aaO; im Ergebnis ebenso unter Bezug auf sachenrechtliche Wertungen – § 1004 – *Medicus/Petersen* Rz 230 mwN); dagegen kann der zur Rückzahlung verpflichtete Verkäufer vom Kaufpreis die Summe der Mieteinnahmen abziehen, die der Käufer zwischenzeitlich erwirtschaftet hat und nach §§ 988, 818 I herauszugeben verpflichtet ist (BGH NJW 1995, 454; vgl § 988 Rz 3).

11 **bb) Einzelheiten.** Im Einzelnen enthält die Saldotheorie zwei Aussagen. Die Erste betrifft die Art und Weise der Rückabwicklung, soweit beide Leistungsgegenstände noch vorhanden sind: Gleichartige Bereicherungsansprüche werden ohne Aufrechnungserklärung ipso iure saldiert (daher „Saldo"-Theorie); bei ungleichartigen Leistungen kommt es wie bei der Zweikondiktionenlehre zu einer Beschränkung der beiderseitigen Herausgabeansprüche auf Leistung Zug um Zug. Bedeutungsvoller ist die zweite Aussage: Ist einer der Bereicherungsgegenstände (und damit einer der Kondiktionsansprüche, Abs 3) weggefallen, so wird der Gegenanspruch des Entreicherten um den Wert der bei ihm weggefallenen Leistung gekürzt. Der Wert der Entreicherung wird also zum Abzugsposten des eigenen Anspruchs. Das geschieht bei gleichartigen Leistungsgegenständen (etwa weil für die Sachleistung Wertersatz nach Abs 2 zu leisten war) wiederum durch bloße Saldierung, bei ungleichartigen Leistungsgegenständen durch Verpflichtung zur Zug-um-Zug-Leistung. Nach der Saldotheorie hat der **Entreicherte** immer nur dann einen Anspruch, wenn er beim ursprünglichen Leistungsaustausch mehr gegeben als empfangen hatte. War der beim Käufer B gestohlene PKW in dem Bsp oben Rz 9 die gezahlten 2000 Euro (oder mehr) wert, so hat der entreicherte B keine Ansprüche gegen den Verkäufer A. Hatte der Wagen dagegen nur einen Wert von 1500 Euro, so kann B den Saldo zu seinen Gunsten von 500 Euro fordern. Der **anderen Partei** (deren Leistung beim Entreicherten fortgefallen ist und die deshalb ihren Kondiktionsanspruch verloren hat) bringt die Saldotheorie stets nur eine **Einwendung** (oben Rz 10), nie einen Anspruch, selbst wenn ein Saldo zu ihren Gunsten besteht. War der bei B gestohlene Wagen im obigen Bsp 2500 Euro wert, so kann Verkäufer A dennoch nicht den positiven Saldo von 500 Euro liquidieren (sonst stünde er besser als bei wirksamem Kaufvertrag, nach dem er nur 2000 Euro fordern konnte!). Der bloße Einwendungscharakter der Saldotheorie wird besonders deutlich bei **Vorleistungen** einer Partei: Hat Verkäufer A den PKW an B übergeben und ihm den Kaufpreis gestundet, so erhält er bei nichtigem Kaufvertrag gar nichts, wenn dem B der Wagen ersatzlos gestohlen wird. Die Saldotheorie rechtfertigt dieses Ergebnis mit der Erwägung, dass es im Falle einer Vorleistung an einem „faktischen Synallagma" fehle; manche Stimmen in der Lit sehen hier den Hauptansatzpunkt für ihre Forderung nach Aufgabe der Saldotheorie (etwa *MüKo-Schwab* Rz 230, 248 ff, der stattdessen eine analoge Anwendung der §§ 346 ff vorschlägt).

cc) Ausnahmen. Die Saldotheorie, die nur der Berücksichtigung des Gegenseitigkeitsverhältnisses bei der Rückabwicklung synallagmatischer Verträge dient, ist nicht anzuwenden, wenn höherrangige gesetzliche Wertungen entgegenstehen. Folgende Ausnahmen von der Saldotheorie sind anerkannt (Folge: Vorgehen nach der Zweikondiktionenlehre, oben Rz 9): **(1)** Keine Anwendung **zu Lasten Minderjähriger** oder anderer nicht (voll) Geschäftsfähiger: Sind solche Personen entreichert, so würde die Anwendung der Saldotheorie entgegen dem Schutzzweck der §§ 104ff im Ergebnis eine Vertragsdurchführung bedeuten, weil der Vertragspartner das einmal Geleistete behalten dürfte (BGHZ 126, 105; BGH NJW 2000, 3562). **(2)** Mangels Schutzwürdigkeit des Entreicherten kommt eine Anwendung **zugunsten des verschärft Haftenden** (§§ 818 IV, 819, 820) nicht in Betracht (BGHZ 72, 252; str, vgl *Larenz/Canaris* SchR II/2 § 73 III 7b). **(3)** Des Weiteren findet die Saldotheorie **zu Lasten des durch ein sittenwidriges Geschäft Benachteiligten** (§ 138 I) keine Anwendung (BGHZ 146, 298, 307ff). **(4)** Nicht anzuwenden ist die Saldotheorie ferner **zu Lasten des arglistig Getäuschten** (§ 123), da der arglistig Täuschende das Billigkeitskorrektiv der Saldotheorie nicht verdient (BGHZ 53, 144, 147f); er darf nicht besser stehen, als er beim Rücktritt stünde, wo der Berechtigte auch nur die tatsächlich verbleibende Bereicherung herausgeben muss (§ 346 III 2) und keinen Wertersatz schuldet, wenn die Sache bei ihm ohne sein Verschulden untergegangen ist (§ 346 III 1 Nr 3). Der Kondiktionsanspruch des Getäuschten ist jedoch, wenn die Sache bei ihm vor der Anfechtung durch sein Verschulden zerstört worden ist, nach § 242 unter Berücksichtigung der Schwere der jeweiligen Verstöße zu mindern (BGHZ 57, 137, 152); auch dies steht in Einklang mit der Wertung des § 346 III 1 Nr 3. 12

V. Verschärfte Haftung (Abs 4)

1. Allgemeines. Nur der gutgläubige Bereicherungsschuldner (also der, der weder verklagt ist noch sonst etwas von seiner Herausgabepflicht weiß, Abs 4, §§ 819, 820) kommt in den Genuss der durch die Absätze 1 und 3 bewirkten Haftungserleichterungen. 13

2. Voraussetzungen. a) Nach Abs 4 tritt die verschärfte Haftung ab **Rechtshängigkeit** des Herausgabeverlangens ein. Notwendig ist Klagerhebung, die durch Zustellung der Klagschrift bewirkt wird (§§ 261 I, 253 I ZPO). **b) Weitere Tatbestände,** die zum Eintritt der verschärften Haftung führen: §§ 819, 820. 14

3. Rechtsfolgen. Vom Eintritt der Rechtshängigkeit an haftet der Bereicherungsschuldner nach den „allgemeinen Vorschriften“: **a)** Er kann sich nicht mehr auf eine **Entreicherung** nach Abs 3 berufen. **b)** Geldschulden sind nach § 291 zu **verzinsen. c)** Haftung auf **Schadensersatz** nach §§ 292, 989 wegen verschuldeter Verschlechterung oder verschuldeten Untergangs der herauszugebenden Sache. Bei zufälligem Untergang Haftung nur bei Verzug (§§ 292, 990 II, 287 S 2); im Übrigen wird auch der verschärft haftende Bereicherungsschuldner frei („Restbereich“ des § 818 III, näher *MüKo-Schwab* Rz 285). Ist der Anspruch auf Grund des Abs 2 auf Geld gerichtet, gilt eine verschuldensunabhängige Einstandspflicht (vgl § 276 Rz 9; ferner BGHZ 83, 293, 299f). **d) Surrogate** sind nach § 285 herauszugeben (BGHZ 75, 203); anders als bei der Haftung nach Abs 1 und 2 erstreckt sich die Herausgabepflicht danach auch auf den Veräußerungsgewinn („commodum ex negotiatione“). **e) Nutzungen** kann der Bereicherungsgläubiger nach §§ 292 II, 987 herausverlangen. Über den Anspruch nach Abs 1 hinaus kann er auch Ersatz für schuldhaft nicht gezogene Nutzungen fordern, § 987 II. **f)** Anders als nach Abs 3 (s oben Rz 8) kann der Bereicherungsschuldner nur **notwendige Verwendungen** in Abzug bringen (§§ 292, 994 II). 15

§ 819. Verschärfte Haftung bei Kenntnis und bei Gesetzes- oder Sittenverstoß

(1) **Kennt der Empfänger den Mangel des rechtlichen Grundes bei dem Empfang oder erfährt er ihn später, so ist er von dem Empfang oder der Erlangung der Kenntnis an zur Herausgabe verpflichtet, wie wenn der Anspruch auf Herausgabe zu dieser Zeit rechtshängig geworden wäre.**

(2) **Verstößt der Empfänger durch die Annahme der Leistung gegen ein gesetzliches Verbot oder gegen die guten Sitten, so ist er von dem Empfang der Leistung an in der gleichen Weise verpflichtet.**

1 **1. Voraussetzung** der Haftungsverschärfung nach Abs 1 ist positive **Kenntnis** des Kondiktionsschuldners vom Mangel des rechtlichen Grundes. Erforderlich ist dafür zunächst Kenntnis der den Mangel begründenden Tatsachen. Darüber hinaus muss der Kondiktionsschuldner die durch die Tatsachen ausgelöste Rechtsfolge kennen (str, Übersicht bei *Martinek* JZ 1996, 1099), wobei der BGH deren Kenntnis bereits dann bejaht, wenn sich der Kondiktionsschuldner bewusst der Einsicht in die Nichtigkeit des Verpflichtungsgeschäfts verschließt (BGHZ 133, 246); vgl § 990 Rz 1. Kennenmüssen reicht dagegen nicht; beachte aber § 142 II. Str ist, unter welchen Voraussetzungen ein **Minderjähriger** nach § 819 I verschärft haftet. Würde man ohne weiteres auf die Kenntnis des Minderjährigen abstellen, so widerspräche dies dem durch die §§ 104ff iVm § 818 III gewährleisteten Minderjährigenschutz (Haftung nur mit der noch vorhandenen Bereicherung). In der Lit wird überwiegend zwischen Leistungs- und Eingriffskondiktion differenziert (s etwa *Palandt-Sprau* Rz 4): Bei der Leistungskondiktion, wo es um die Rückabwicklung nichtiger Rechtsgeschäfte geht, muss es wegen des Schutzgedankens der §§ 104ff auf die Kenntnis des gesetzlichen Vertreters (analog § 166 I) ankommen; dagegen ist bei der Eingriffskondiktion, die dem Deliktsrecht näher steht, auf die Kenntnis des Minderjährigen abzustellen, wenn er nach §§ 827, 828 deliktsfähig war. Letzteres kann nach BGHZ 55, 128 („Flugreisefall") ausnahmsweise auch dann gelten, wenn zwar eine Leistung vorliegt, diese aber durch eine vorsätzliche unerlaubte Handlung des Minderjährigen veranlasst wird. Indessen wird in der Lit auch vertreten, es sei stets auf die Kenntnis des gesetzlichen Vertreters (s etwa *Larenz/Canaris* SchR II/2 § 73 II 2a) bzw stets auf die Deliktsfähigkeit des Minderjährigen abzustellen.

2 **2.** Zu den **Rechtsfolgen** s § 818 Rz 15.

§ 820. Verschärfte Haftung bei ungewissem Erfolgseintritt

(1) [1]**War mit der Leistung ein Erfolg bezweckt, dessen Eintritt nach dem Inhalt des Rechtsgeschäfts als ungewiss angesehen wurde, so ist der Empfänger, falls der Erfolg nicht eintritt, zur Herausgabe so verpflichtet, wie wenn der Anspruch auf Herausgabe zur Zeit des Empfangs rechtshängig geworden wäre.** [2]**Das Gleiche gilt, wenn die Leistung aus einem Rechtsgrund, dessen Wegfall nach dem Inhalt des Rechtsgeschäfts als möglich angesehen wurde, erfolgt ist und der Rechtsgrund wegfällt.**

(2) **Zinsen hat der Empfänger erst von dem Zeitpunkt an zu entrichten, in welchem er erfährt, dass der Erfolg nicht eingetreten oder dass der Rechtsgrund weggefallen ist; zur Herausgabe von Nutzungen ist er insoweit nicht verpflichtet, als er zu dieser Zeit nicht mehr bereichert ist.**

§ 821. Einrede der Bereicherung

Wer ohne rechtlichen Grund eine Verbindlichkeit eingeht, kann die Erfüllung auch dann verweigern, wenn der Anspruch auf Befreiung von der Verbindlichkeit verjährt ist.

§ 822. Herausgabepflicht Dritter

Wendet der Empfänger das Erlangte unentgeltlich einem Dritten zu, so ist, soweit infolgedessen die Verpflichtung des Empfängers zur Herausgabe der Bereicherung ausgeschlossen ist, der Dritte zur Herausgabe verpflichtet, wie wenn er die Zuwendung von dem Gläubiger ohne rechtlichen Grund erhalten hätte.

S zu dieser Vorschrift § 812 Rz 20. 1

Titel 27. Unerlaubte Handlungen

Vor § 823

1. Begriff der unerlaubten Handlung. Die Ansprüche wegen unerlaubter Handlung sanktionieren **rechtswidrige Eingriffe** in bestimmte Rechte und Rechtsgüter. Es handelt sich um Rechtsbehelfe, die außerhalb von (vertraglichen oder vertragsähnlichen) Sonderbeziehungen gegenüber jedem beliebigen Eingreifenden bestehen. Anders als die Rechtswidrigkeit ist das **Verschulden** zwar eine regelmäßige, doch keine notwendige Voraussetzung für Ansprüche aus unerlaubter Handlung. Bsp für deliktische Haftung ohne Verschulden: Gefährdungshaftung (etwa § 7 I StVG), Billigkeitshaftung (§ 829), „Zufallshaftung" bei vorangehendem Verschulden (§ 848). Die deliktischen Ansprüche gehen vorrangig auf Schadensersatz (§ 249), jedoch auch auf Unterlassung und Beseitigung (unten Rz 3); sie sind nur zum Teil in den §§ 823–853 geregelt (vgl unten Rz 2). Die Rechtsbehelfe wegen unerlaubter Handlung sind Teil des **Haftungsrechts;** dieses gewährt Ansprüche, welche die Haftung des Ersatzpflichtigen dem Grunde nach festlegen (haftungsbegründender Tatbestand). Es wird ergänzt durch das Schadensersatzrecht, das die Höhe der Ersatzpflicht bestimmt (§§ 249 ff). 1

2. Einteilung. Die Haftungstatbestände lassen sich in vier Gruppen einteilen (vgl *Medicus/Petersen* Rz 604): **a)** Die Haftung aus **verschuldetem Unrecht** (zB §§ 823 I, II, 826) bildet den Grundtyp deliktischer Ansprüche. **b)** Demgegenüber ist die Haftung aus **vermutetem Verschulden** insofern schärfer, als das Gesetz von der Verantwortlichkeit des jeweils näher umschriebenen Ersatzpflichtigen (etwa des Nutztierhalters, § 833 S 2 iVm S 1, oder des Fahrzeugführers, § 18 I StVG) ausgeht und diesem nur einen Gegenbeweis („Exkulpation") ermöglicht (weiteres wichtiges Bsp: Haftung für Verrichtungsgehilfen, § 831). **c)** Die **Gefährdungshaftung** tritt – noch weitergehend – ohne jedes Verschulden ein. Sie ist typisch für den Betrieb oder das Inverkehrbringen gefährlicher Gegenstände und beschränkt sich auf die gesetzlich angeordneten Fälle (**Enumerationsprinzip;** str, in der Lit wird teilweise auch die analoge Anwendung von Gefährdungshaftungstatbeständen zugelassen und de lege ferenda bisweilen die Einführung einer Generalklausel empfohlen; vgl *Kötz* AcP 1970, 1). Die Haftung ist oft durch Höchstbeträge begrenzt. Bsp: Produkthaftung nach dem ProdHaftG (näher § 823 Rz 50 ff); Haftung des Kfz-Halters (§ 7 I StVG; beachte den Haftungsausschluss für höhere Gewalt in § 7 II StVG, die Mitverschuldensvorschriften der §§ 9 und 17 II StVG und die Haftungshöchstbeträge in § 12 StVG), des Luftfahrzeughalters (§ 33 LuftVG), des Bahnbetriebsunternehmers (§ 1 HPflG) oder des Halters von Luxustieren (§ 833 S 1). Zum Anspruch auf Schmerzensgeld s § 253 Rz 2. **d)** Haftung für **fremdes verschuldetes Unrecht.** Bsp: § 3 HPflG, Art 34 GG (iVm § 839). 2

3. Unterlassungs- und Beseitigungsansprüche. a) Allgemeines. Neben den von den §§ 823 ff ausdrücklich gewährten Schadensersatzansprüchen besteht ein Bedürfnis, auch die Unterlassung (bevorstehender) rechtswidriger Eingriffe und die Beseitigung andauernder Störungen fordern zu können. Das Gesetz kennt solche Unterlassungs- und Beseitigungsansprüche nur bei Beeinträchtigung von Eigentum (§ 1004, sog **„actio negatoria"**), ebenso bei Störung eigentumsähnlicher Rechte (zB §§ 1027, 3

1065, 1190 II); ferner bei Beeinträchtigung von Besitz und Name (§§ 862 I 2, 12; **„actio quasinegatoria"**). Die Rspr hat diesen Schutz auf die anderen deliktisch geschützten Rechte und Rechtsgüter ausgedehnt **(deliktischer Unterlassungsanspruch). b) Voraussetzungen. aa) Widerrechtlicher Eingriff** in eine von den §§ 823 ff geschützte Rechtsposition. Anders als die Schadensersatzansprüche, die wegen des Prinzips der Naturalrestitution (§ 249) ebenfalls auf Beseitigung und Unterlassung gehen können, setzt der negatorische Anspruch **kein Verschulden** voraus. Deshalb sind zur Abgrenzung zu den Schadensersatzansprüchen die folgenden Kriterien bedeutsam: **bb) Wiederholungsgefahr** (Unterlassungsanspruch) bzw **Andauern der Beeinträchtigung** (Beseitigungsanspruch). Beim vorbeugenden Unterlassungsanspruch wird die konkrete Bedrohung mit der Störung bereits dem widerrechtlichen Eingriff gleichgesetzt; daher braucht nicht erst die erste Verletzung abgewartet zu werden.

§ 823. Schadensersatzpflicht

(1) **Wer vorsätzlich oder fahrlässig das Leben, den Körper, die Gesundheit, die Freiheit, das Eigentum oder ein sonstiges Recht eines anderen widerrechtlich verletzt, ist dem anderen zum Ersatz des daraus entstehenden Schadens verpflichtet.**

(2) [1] **Die gleiche Verpflichtung trifft denjenigen, welcher gegen ein den Schutz eines anderen bezweckendes Gesetz verstößt.** [2] **Ist nach dem Inhalt des Gesetzes ein Verstoß gegen dieses auch ohne Verschulden möglich, so tritt die Ersatzpflicht nur im Falle des Verschuldens ein.**

Übersicht

A. Allgemeines

Die Vorschrift bildet die Grundnorm des deliktischen Haftungsrechts (vgl Vor § 823 1
Rz 1). Der Gesetzgeber hat sich in **Abs 1** gegen eine deliktische Generalklausel (wie etwa Art 1382 des französischen Code civil) entschieden und stattdessen die geschützten Rechte und Rechtsgüter einzeln aufgezählt (näher *Larenz/Canaris* SchR II/2 § 75 I 3a). Ein umfassender Vermögensschutz wird also nicht gewährleistet; die entstehende Lücke füllen jedoch weitgehend andere Haftungstatbestände, wie zB **Abs 2,** der auch bei Gesetzen, die bloßen Vermögensschutz bezwecken – etwa §§ 263, 266 StGB – eingreift, oder § 826. Im Übrigen ist der Schutzbereich des Abs 1 durch die Entwicklung der sog „Rahmenrechte" (unten Rz 9ff) erweitert worden. Abs 1 und Abs 2 sind eigenständige (und getrennt zu prüfende!) Tatbestände. Rechtsfolge ist die Verpflichtung zum Schadensersatz (§§ 249ff, ergänzt durch die deliktischen Spezialregeln der §§ 842ff); zum Unterlassungs- und Beseitigungsanspruch Vor § 823 Rz 3. Die Prüfung der Anspruchsvoraussetzungen folgt herkömmlicherweise der im Folgenden gegebenen Darstellung (Prüfung des **„haftungsbegründenden Tatbestandes",** vgl Vor § 823 Rz 1). Grds können vertragliche und deliktische Ansprüche unabhängig voneinander gegeben sein. Dabei schlagen in der Regel vertragliche Verjährungsfristen nicht auf deliktsrechtliche Verjährungsfristen durch (anderes gilt aber für die spezielle kurze Verjährungsfrist des § 548). Zur Beeinflussung des Deliktsrechts durch vertragliche Haftungsprivilegien Rz 30.

B. Absatz 1

I. Tatbestandsmäßigkeit

Der Tatbestand des Abs 1 setzt eine **objektiv zurechenbare Rechtsgutsverlet-** 2
zung voraus. Eine Rechtsgutsverletzung ist jeder Eingriff in eines der von Abs 1 ausdrücklich genannten Rechte oder Rechtsgüter, einschließlich der „sonstigen Rechte", sowie die Beeinträchtigung in einem „Rahmenrecht" (unten Rz 9ff). Im Rahmen der

objektiven Zurechnung (Rz 19ff) ist zu prüfen, ob die Rechtsgutsverletzung einem Verhalten des Schädigers angelastet werden kann.

3 **1. Geschützte Rechtsgüter.** Erste Voraussetzung für einen deliktischen Schadensersatzanspruch aus Abs 1 ist die Verletzung eines geschützten Rechtsguts. **a) Leben** ist verletzt bei Tötung eines Menschen. Die Ersatzansprüche stehen Dritten zu (vgl §§ 844, 845). **b)** Die **Körperverletzung** ist nach hM rein äußerlich, während die **Gesundheit** bei Störung der inneren Funktionen verletzt ist. Die Verletzung kann physisch (schlagen, vergiften) oder psychisch (Schockschaden) erfolgen. Erforderlich ist entweder eine unmittelbare Unfallbeteiligung oder eine Nähebeziehung zu einem Beteiligten (BGH NJW 2007, 2764 Nr 14, 17). Die Herbeiführung einer Schwangerschaft gegen den Willen der Frau ist eine Körperverletzung, obwohl es sich um einen normalen physiologischen Vorgang handelt (BGH NJW 1995, 2407). Gesundheitsverletzungen kann auch erleiden, wer zZt der Verletzungshandlung noch nicht geboren **(nasciturus)** oder noch nicht einmal erzeugt **(nondum conceptus)** war und dann geschädigt geboren wird. Beispiele: Bei einem Autounfall der Mutter erleidet die Leibesfrucht einen Gehirnschaden (BGHZ 58, 48); Embryo entsteht missgebildet, weil die Mutter vor der Empfängnis mit einer Blutkrankheit infiziert wurde („Lues-Fall", BGHZ 8, 243). Dagegen keine Ansprüche des Kindes, das nach einer Rötelninfektion der Mutter missgebildet geboren wird, wenn die Eltern eine mögliche Abtreibung auf Anraten des in Regress genommenen Arztes unterlassen haben; bei richtiger Beratung wäre das Kind nicht geboren worden (möglich sind deshalb Ansprüche der Eltern gegen den Arzt, BGHZ 86, 240; vgl unten Rz 31). **c) Freiheit.** Abs 1 schützt nur die körperliche Bewegungsfreiheit (gegen Einsperren; allgemeiner freier Zutritt wird nicht gewährleistet).

4 **d) Eigentum. aa)** Beachte zunächst die **Subsidiarität** des deliktischen Eigentumsschutzes gegenüber den Schadensersatzansprüchen im EBV (§§ 989, 990): Abs 1 ist bei Eigentumsverletzungen durch den unrechtmäßigen Besitzer verdrängt, es sei denn, § 992 oder eine andere Ausnahme von der Ausschlussfunktion des EBV griffe ein; näher Vor § 987 Rz 8. **bb) Angriffsarten.** Von Abs 1 sanktionierte Eigentumsverletzungen können erfolgen durch: **(1) Wirksame Verfügungen eines Nichtberechtigten** über das Eigentum, zB durch Veräußerung einer fremden Sache oder Pfändung eines dem Schuldner nicht gehörenden Gegenstandes. Bei der Veräußerung durch Nichtberechtigte ist jedoch zu bedenken, dass Ansprüche aus Abs 1 häufig wegen des Vorrangs der §§ 987ff ausgeschlossen sein werden. Der Eigentümer kann in diesen Fällen jedoch stets aus § 816 I 1, II vorgehen. **(2) Beeinträchtigungen der Sachsubstanz,** zB durch Beschädigung oder Zerstörung, sind stets Eigentumsverletzungen iSd Abs 1. **(3) Beeinträchtigungen des Sachgebrauchs** (der dem Eigentümer nach § 903 zugewiesen ist) können ebenfalls Ersatzansprüche nach Abs 1 auslösen (näher dazu sogleich).

5 **e) Abgrenzung Eigentumsverletzung – bloßer Vermögensschaden.** Diese Abgrenzung bereitet Schwierigkeiten, wenn nicht in die Sachsubstanz eingegriffen, sondern lediglich der Sachgebrauch des Eigentums beeinträchtigt wird. Die Rspr stellt teilweise darauf ab, ob in der Funktionsbeeinträchtigung eine **Einwirkung auf die Sache selbst** gesehen werden kann (s etwa BGH NJW 1977, 2264, 2265); auch wird eine „nicht unerhebliche" Beeinträchtigung der bestimmungsgemäßen Verwendung gefordert (BGH NJW 1994, 517). Soweit eine Eigentumsverletzung verneint wird, prüft die Rspr in den einschlägigen Fällen meist subsidiär, ob ein Eingriff in den eingerichteten und ausgeübten Gewerbebetrieb vorliegt (dazu unten Rz 10ff). Bsp: **Tanklager** (BGH NJW 1977, 2264); infolge eines Brandes in einem Tanklager des T wird der auf dem Nachbargrundstück befindliche Betrieb des A (1) für zwei Stunden evakuiert und (2) für weitere drei Stunden durch Feuerwehrfahrzeuge blockiert. Hier hat der BGH für die Zeit der Evakuierung eine Eigentumsverletzung durch T ange-

nommen (Einwirkung auf die Sache durch Verhinderung ihrer Benutzung), jedoch durch die Blockade (Variante 2) das Eigentum nicht verletzt gesehen; ein Eingriff in das Recht am Gewerbebetrieb scheide mangels Betriebsbezogenheit aus. **Fleetfall** (BGHZ 55, 153; hierzu *Larenz/Canaris* SchR II/2 § 76 II 3c): Durch Verschulden des Unterhaltungspflichtigen stürzt die Ufermauer eines Fleetes ein, so dass (1) ein Schiff in dem abgetrennten Fleetende eingesperrt und (2) anderen Schiffen das Anlanden an einer hinter der Abtrennung gelegenen Verladestelle verwehrt wird. Der BGH bejahte eine Eigentumsverletzung nur in der Variante (1), da das eingesperrte Schiff seinem bestimmungsgemäßen Gebrauch als Transportmittel vollständig entzogen sei; dagegen liege in der Variante (2) weder eine Eigentumsverletzung (die Schiffe konnten an anderer Stelle weiter gebraucht werden) noch ein Eingriff in den Gewerbebetrieb (keine Betriebsbezogenheit) vor (vgl in diesem Zusammenhang ferner BGHZ 86, 152 „Elbe-Seitenkanal").

f) Abgrenzung Eigentumsverletzung – Mängelansprüche. aa) Grundsätze. 6
Die Lieferung oder Herstellung einer von vornherein mangelhaften Sache, die dem Anspruchsteller übereignet worden ist, stellt grds keine Eigentumsverletzung dar, da der Abnehmer hier zu keinem Zeitpunkt mangelfreies Eigentum besessen hat, in dem er verletzt sein könnte. Er ist zwar in seinem **Äquivalenzinteresse** auf ordnungsgemäße Vertragserfüllung verletzt, insoweit jedoch auf Mängelansprüche beschränkt. Anders ist es bei einer Verletzung des **Integritätsinteresses,** dh des allgemeinen Interesses auf Schutz zugewiesener Rechtspositionen: Eine Eigentumsverletzung liegt hier vor, wenn die mangelhafte Sache Schäden an *anderen Gegenständen* verursacht, seien es solche des Abnehmers oder gar Dritter. Bsp „Hebebühnen-Fall" (BGH NJW 1983, 812, 814): K hat eine mangelhafte Hebebühne an Werkstattinhaber W geliefert; wegen des Mangels fällt der Wagen des D von der Bühne. Das Äquivalenzinteresse des W ist auf Lieferung einer mangelfreien Hebebühne gerichtet; W kann also zB wegen des Ausfalls der Hebebühne Schadensersatz als Mangelanspruch geltend machen (aber nicht aus Delikt, weil die Bühne von Anfang an unbrauchbar war). Verletzt ist aber auch das Integritätsinteresse des D: Er kann von K deliktischen Schadensersatz wegen Beschädigung des Wagens verlangen; hätte der Wagen im Eigentum des W gestanden, so hätte dieser insofern Mängelansprüche und Deliktsansprüche nebeneinander geltend machen können (vgl § 437 Rz 9, 16).

bb) Rspr zum „Weiterfresserschaden". Nach gefestigter Rspr liegt eine Verlet- 7
zung des Integritätsinteresses und damit eine Eigentumsverletzung aber auch schon dann vor, wenn der Mangel der gelieferten Sache zu einer Beschädigung eines *anderen, mangelfreien Teils des Vertragsgegenstands selbst* führt. Wann aber kann man von einem solch „teilweise noch mangelfreien Eigentum" sprechen? Der BGH stellte zunächst im „Schwimmschalter-Fall" darauf ab, ob sich der schon bei der Übereignung vorhandene Mangel lediglich auf einen „funktionell begrenzten", im Verhältnis zum Wert der Gesamtsache unbedeutenden Teil des Vertragsgegenstandes bezog (BGHZ 67, 359, 364: mangelhafter Schwimmschalter bewirkt Brand und Zerstörung der gesamten Reinigungsanlage, zu der er gehört). Seit dem „Gaszug-Fall" fordert der BGH für einen deliktischen Anspruch, der erst später eingetretene Schaden dürfe bei natürlicher bzw wirtschaftlicher Betrachtungsweise **nicht „stoffgleich" mit dem Mangelunwert** sein, der bereits bei der Eigentumsübertragung vorhanden war; Stoffgleichheit fehle zB, wenn der von Anfang an vorhandene Mangel in wirtschaftlich vertretbarer Weise hätte behoben werden können (BGHZ 86, 256, 262: defekter Gaszug des gelieferten PKW verursacht Auffahrunfall). In Fortführung dieser Rspr bejahte der BGH eine Eigentumsverletzung nicht nur für eine einwandfreie Sache, die durch nachträglichen Einbau eines mangelhaften Einzelteils beschädigt wird (so schon BGHZ 55, 392, 394f „Achsaggregat"), sondern auch für mangelfreie Einzelteile, die unbrauchbar werden, weil sie mit anderen, mangelhaften Einzelteilen verbunden werden und nicht mehr von ihnen getrennt werden können (BGHZ 138, 230, 236ff „Transistoren") und

sogar für mangelfreie Einzelteile des Bestellers, die durch den Werkunternehmer unsachgemäß zusammengesetzt werden, so dass der Werkgegenstand infolge des Konstruktionsfehlers unbrauchbar ist oder beschädigt wird (BGH NJW 1998, 2282 „Tieflader"), und zwar unabhängig von sachenrechtlichen Zuordnungen (etwa nach § 950). Es bleibt abzuwarten, ob die Rspr zum Weiterfresserschaden, die in der Lit wegen der Unbestimmtheit der verwandten Kriterien und wegen der Aufweichung der Grenze zu den Mängelansprüchen auf Kritik gestoßen ist, nach der Reform des Sachmängelrechts durch das SchRG ihre Bedeutung behält (etwa wegen der etwas längeren Verjährungsfrist für einen deliktischen Anspruch) und fortgeführt wird.

8 **g) Sonstige Rechte** iSd Abs 1 können grds nur solche sein, die ähnlich wie die konkret aufgezählten Rechtsgüter dem Inhaber eine ausschließliche, von jedermann zu beachtende Position einräumen (Ausschluss- und Nutzungsbefugnis). **aa) Absolute Rechtspositionen** zählen unstreitig zu diesen „sonstigen Rechten". Zu ihnen gehören beschränkt dingliche Rechte (etwa Pfandrecht, Nießbrauch, Hypothek), das Namensrecht (§ 12) oder das Recht am eigenen Bild (§§ 22ff KunstUrhG, näher unten Rz 14ff). Ebenso sind eigentumsähnliche Rechte erfasst, so gewerbliche Schutzrechte (zB Urheber-, Patent- oder Markenrechte). Auch das dingliche Anwartschaftsrecht wird als sonstiges Recht anerkannt (die Ersatzleistung erfolgt hier allerdings an den Anwartschafts- und den Vollrechtsinhaber gemeinsam, § 1281 analog). **bb) Rechtmäßiger Besitz** stellt nach Rspr und hL ein sonstiges Recht dar. Zwar ist der Besitz gerade kein Recht (sondern nur rechtlich geschützte tatsächliche Position); aber dem berechtigten Besitzer sind (aus seinem Besitzrecht und §§ 861f) eigentumsähnliche Nutzungs- und Abwehrbefugnisse gegenüber Dritten zugewiesen. Das gilt nach *Medicus/Petersen* Rz 607 auch für den entgeltlich erlangten unrechtmäßigen Besitz, wenn der Besitzer redlich und unverklagt ist; denn in diesem Fall darf der Besitzer die gezogenen Nutzungen sogar im Verhältnis zum Eigentümer behalten (§§ 987, 990 I, 993 I, zweifelnd BGHZ 79, 238). **cc) Forderungszuständigkeit.** Forderungen als (relative) Rechte gegen eine bestimmte Person werden durch Abs 1 **nicht** geschützt. Anders ist es nach einer Literaturansicht (*Larenz/Canaris* SchR II/2 § 76 II 4g) mit der Rechtsposition, die in der Zugehörigkeit der Forderung zum Vermögen des Gläubigers liegt (Forderungszuständigkeit): Diese sei dem Gläubiger absolut, also unter Ausschluss jedes Dritten, zugewiesen; sie wird verletzt, wenn ein Dritter durch (den Schuldner befreiende) Entgegennahme der Leistung dem Gläubiger die Forderung entzieht. Nach aA (etwa *Medicus/Petersen* Rz 610) lassen sich Forderung und Forderungszuständigkeit nicht trennen; könne letztere nach Abs 1 bereits leicht fahrlässig verletzt werden (Folge: Verpflichtung zur Zahlung an den richtigen Gläubiger, § 249), so verwässere dies den Schuldnerschutz nach § 407. Auch bedürfe der Gläubiger des Schutzes nach Abs 1 nicht, da er regelmäßig nach § 816 II gegen den „falschen" Leistungsempfänger vorgehen könne.

9 **2. Rahmenrechte (Gewerbebetrieb und Persönlichkeitsrecht). a) Allgemeines.** Das Recht am eingerichteten und ausgeübten Gewerbebetrieb und das allgemeine Persönlichkeitsrecht wurden von der Rspr als „sonstige Rechte" iSd Abs 1 entwickelt. Sie passen jedoch nicht zu den dort ausdrücklich genannten Rechten und Rechtsgütern, weil sie keine fest umrissenen vertypten Schutzgüter mit eigenem Zuweisungsgehalt sind, sondern nur einen Rahmen von generalklauselartiger Weite bilden. Zur Feststellung der Tatbestandsmäßigkeit genügt hier also nicht bereits die bloße Beeinträchtigung des Schutzbereichs dieser Rechte (und letztere indiziert bei den Rahmenrechten auch nicht die Rechtswidrigkeit); erforderlich ist vielmehr eine umfassende Interessen- und Güterabwägung in jedem Einzelfall (näher *Medicus/Lorenz* SchR II Rz 1308; abweichend *Larenz/Canaris* SchR II/2 § 80 III 2).

10 **b) Recht am eingerichteten und ausgeübten Gewerbebetrieb. aa) Allgemeines.** Das Unternehmen wird durch andere Deliktstatbestände vielfältig (wenn

auch lückenhaft) geschützt, zB von Abs 1 gegen Verletzung seines Eigentums, von § 824 gegen unwahre kreditschädigende Tatsachenbehauptungen, von § 826 gegen vorsätzliche sittenwidrige Schädigungen und von Abs 2 iVm den entsprechenden Schutzgesetzen gegen eine Reihe anderer Eingriffe. Durch die Anerkennung des Rechts am Gewerbebetrieb als „sonstiges Recht" hat die Rspr die bestehenden Lücken gefüllt: Das Unternehmen ist nunmehr „in seinem Bestande und in seinen Ausstrahlungen" (BGHZ 29, 65, 70) schutzfähig. Dieser weite Schutzbereich (im Ergebnis kommt es zu einem – von Abs 1 eigentlich nicht intendierten – partiellen Schutz des Vermögens als solchem) bedarf jedoch in mehrfacher Hinsicht der Einschränkung, weil Beeinträchtigungen unternehmerischer Tätigkeit im freien Wettbewerb (und auf Grund anderer Interessen) legitim sind und sanktionslos bleiben müssen. Eine erste Beschränkung folgt bereits aus der **Subsidiarität** des Rechts am Gewerbebetrieb: Wegen seiner Funktion als Auffangtatbestand kann es nur in den Bereichen eingreifen, die nicht von einem das Unternehmen schützenden speziellen Deliktstatbestand (vgl obige Bsp) abschließend geregelt werden (s etwa BGH NJW 1971, 886, 887 f). In der Lit wird darüber hinaus die Ansicht vertreten, das Recht am Gewerbebetrieb sei vollständig entbehrlich, weil man den notwendigen Schutz über die Anerkennung von Schutzgesetzen (Abs 2) und notfalls über § 826 besser gezielt verwirklichen sollte (ausführlich *Larenz/Canaris* SchR II/2 § 81 IV; vgl auch *Medicus/Petersen* Rz 614).

bb) Schutzbereich. Nach der älteren Rspr war nur der bereits bestehende, selbständig geführte Gewerbebetrieb geschützt (also kein Schutz vor Geschäftsaufnahme, für abhängig Beschäftigte und Freiberufler; krit *Larenz/Canaris* SchR II/2 § 81 IV 1 b; *Jauernig-Teichmann* Rz 97). Heute geht die Tendenz zu einer Erweiterung des Schutzbereichs und jedenfalls Freiberufler werden überwiegend einbezogen. Das Recht am Gewerbebetrieb erlangt Bedeutung namentlich in vier Fallgruppen: **(1) Physische Beeinträchtigung** des Betriebs, etwa durch rechtswidrige Streiks, Blockaden etc; **(2) schädigende Werturteile** (keine Tatsachenbehauptungen, § 824!), die noch nicht die Schwelle der Beleidigung (§ 823 Abs 2 iVm § 185 StGB) oder Sittenwidrigkeit (§ 826) überschreiten; Bsp: nicht sachkundige Warentests; **(3) unangemessene Verbreitung wahrer Tatsachen,** zB Verbreitung (wahrer) kreditgefährdender Tatsachen in der Öffentlichkeit (BGHZ 166, 108 ff Rz 92 ff, 114 ff Rz 123 ff „Kirch"); **(4) ungerechtfertigte Abmahnung** von nur behaupteten gewerblichen Schutzrechtsverstößen (st Rspr, s namentlich BGHZ 164, 1 = NJW 2005, 3141, 3470 krit Anm *G. Wagner/Thole*). 11

cc) Betriebsbezogenheit. Durch das Merkmal der Betriebsbezogenheit des Eingriffs wird der weite Schutzbereich des Rechts am Gewerbebetrieb wesentlich eingeschränkt. Nach der Rspr sind nur solche Eingriffe erfasst, „die irgendwie gegen den Betrieb als solchen gerichtet ... sind und nicht vom Gewerbebetrieb ohne weiteres ablösbare Rechte oder Rechtsgüter betreffen"; BGHZ 29, 65, 74: kein betriebsbezogener Eingriff, wenn bei unsachgemäßen Baggerarbeiten ein Stromkabel beschädigt wird, so dass im Betrieb des A die Produktion für einen Tag stillsteht; dagegen wurde ein deliktischer Anspruch von BGHZ 41, 123 bei einem ähnlichen Sachverhalt unter dem Gesichtspunkt der Eigentumsverletzung bejaht, als in der Brüterei des B durch den Stromausfall Bruteier verdarben; krit zu dieser Differenzierung *Medicus/Petersen* Rz 612, 613 aE. Ferner wurde ein betriebsbezogener Eingriff verneint bei bloßer Verletzung eines Betriebsmitarbeiters (BGHZ 7, 36), bei der Verletzung eines Partners eines professionellen Eiskunstlaufpaares durch einen Verkehrsunfall (BGH NJW 2003, 1040) sowie im Tanklager-Fall (BGH NJW 1977, 2264) und im Fleetfall (BGHZ 55, 153); zu beiden letztgenannten Fällen oben Rz 5. 12

dd) Güter- und Interessenabwägung. Der Eingriff ist schließlich nur dann tatbestandsmäßig und rechtswidrig, wenn er nach einer umfassenden Güter- und Interessenabwägung zwischen dem Inhaber des Gewerbebetriebs einerseits und dem Verletzer andererseits als nicht hinnehmbar erscheint. Dabei kann auf Seiten des Verletzten etwa 13 die besondere Schwere des Eingriffs oder ein gravierender Schaden zu berücksichtigen sein und auf Seiten des Eingreifenden ein billigenswerter Zweck der Beeinträchtigung, zB Handeln in Ausübung der Meinungs- und Pressefreiheit (Art 5 GG; Grenze: unsachliche Schmähkritik, vgl BGHZ 3, 270; 45, 296), Warnung vor Gesundheitsgefahren (BGH NJW 1984, 1956 „Mordoro-Poker", satirische Darstellung des Preisausschreibens einer Zigarettenmarke). Wird ein billigenswerter Zweck verfolgt, so ist in jedem Einzelfall abzuwägen, ob die Beeinträchtigung im Rahmen der Verhältnismäßigkeit bleibt.

14 **c) Allgemeines Persönlichkeitsrecht. aa) Allgemeines.** Das BGB hat die Persönlichkeit als solche nicht vor rechtswidrigen Beeinträchtigungen geschützt; es sanktioniert nur einen speziellen Eingriff in die Privatsphäre, nämlich die Verletzung des Namensrechts (§ 12; durch andere Gesetze sind das Recht am eigenen Bild – §§ 22ff KunstUrhG – und die persönliche Ehre – §§ 185ff StGB – geschützt). Die Anerkennung eines allgemeinen Persönlichkeitsrechts, das die Persönlichkeit in allen ihren Ausstrahlungen (s im Einzelnen unten Rz 16) schützt, hat noch das RG wegen seiner generalklauselartigen Weite abgelehnt. Erst von BGHZ 13, 334 („Leserbrief") wurde das allgemeine Persönlichkeitsrecht entsprechend der Bedeutung von Menschenwürde und freier Entfaltung der Persönlichkeit im GG (Art 1 I, 2 I) als „sonstiges Recht" iSd Abs 1 anerkannt (zur Kritik an dieser Einordnung oben Rz 9). Die vermögensrechtlichen Bestandteile des allgemeinen Persönlichkeitsrechts und des Namensrechts sind jedoch nur einfachrechtlich geschützt und können daher im Rahmen einer Interessenabwägung (s Rz 15) hinter dem verfassungsrechtlich geschützten Grundrecht aus Art 5 I GG zurücktreten (BGH NJW 2008, 3782 Nr 13). Auch **nach dem Tod** wird aus Art 1 I GG ein fortwirkender Schutz der Persönlichkeit abgeleitet, der den dem Menschen als solchen zustehenden allgemeinen Achtungsanspruch umfasst sowie den sittlichen, personalen und sozialen Geltungswert, den die Person durch ihre eigene Lebensleistung erworben hat (BGH NJW 2009, 751 Nr 16). Im Einzelnen ist (nach BGHZ 143, 214 „Marlene Dietrich") zwischen ideellen und vermögenswerten Bestandteilen des allgemeinen Persönlichkeitsrechts zu unterscheiden (zu den Folgen dieser Unterscheidung unten Rz 17 aE).

15 **bb) Güter- und Interessenabwägung.** Ein tatbestandsmäßiger (und rechtswidriger) Eingriff in das Persönlichkeitsrecht kann wegen des Nebeneinanders vieler Persönlichkeitssphären und wegen vorrangiger Interessen der Allgemeinheit nicht schon dann vorliegen, wenn der Individualbereich einer Person irgendwie betroffen ist, vielmehr kann die Reichweite des Persönlichkeitsrechts und seine Verletzung nur in jedem Einzelfall auf Grund der beteiligten Interessen und Gegeninteressen festgestellt werden. Abzuwägen sind etwa folgende Gesichtspunkte: **(1) Auf Seiten des Verletzten** schlägt die Art und Schwere der Beeinträchtigung seiner ideellen Interessen zu Buche. Gebräuchlich ist folgende Differenzierung nach der jeweils betroffenen **Sphäre** (näher *Palandt-Sprau* Rz 87, 95ff): Verletzungen der Intimsphäre (innere Gefühls- und Gedankenwelt und ihre Äußerungen) sind in aller Regel tatbestandsmäßig; Eingriffe in die Privatsphäre (die nicht nur den häuslichen Bereich umfasst) können nur ausnahmsweise gerechtfertigt sein (Beispiele für die Abwägung unten Rz 16); Beeinträchtigungen der Individualsphäre (Ausstrahlungen der Persönlichkeit im beruflichen und sonstigen öffentlichen Leben) sind bei Verfolgung berechtigter Gegeninteressen zulässig. In die Interessenabwägung ist auch das eigene Verhalten des Verletzten einzubeziehen. **(2) Auf Seiten des Verletzers** müssen der von ihm verfolgte Zweck und das verwandte Mittel in Betracht gezogen werden; entscheidende Bedeutung kommt ferner den ihm zur Seite stehenden **Grundrechten** und speziellen Rechtfertigungsgründen zu (zB §§ 193, 34 StGB; so kann etwa die heimliche Tonbandaufnahme eines Erpressungsversuchs durch Notstand gerechtfertigt sein). So ist die Kunstfreiheit des Verletzers (Art. 5 III 1 GG) unter **kunstspezifischen Gesichtspunkten** gegen das Persönlichkeitsrecht des Verletzten abzuwägen (BVerfGE 30, 173 – „Mephisto"). Ein

schwerer Eingriff in den schutzwürdigen Persönlichkeitsbereich kann nur dann bejaht werden, wenn der Künstler ein „Porträt des Urbildes" gezeichnet hat oder gar zeichnen wollte und der Umfang und die Bedeutung der „Verfälschung" für den Ruf des Betroffenen oder für sein Andenken negative Auswirkungen zeitigen. Wegen der Kunstfreiheit wird grds vermutet, dass ein Roman auch dann als Fiktion ohne Faktizitätsanspruch anzusehen ist, wenn hinter den Romanfiguren reale Personen als Urbilder erkennbar sind. Je mehr allerdings die künstlerische Darstellung in das Persönlichkeitsrecht der dargestellten Personen eingreift, desto stärker muss die Fiktionalität und künstlerische Verfremdung der Romanfiguren sein (BVerfGE 119, 1 „Esra" – vgl BGH NJW 2010, 763). Bei verletzenden **Presseberichten** ist insbesondere der „schlechthin konstituierenden Bedeutung" der Presse für den demokratischen Rechtsstaat (Art 5 I 2 GG) Rechnung zu tragen; andererseits ist nur eine sachliche und wahrheitsgemäße Kritik (bei strengem Maßstab an die Prüfungspflicht der Redakteure) gerechtfertigt, jedoch keine Polemik oder Formalbeleidigung. Auch bei Sachberichten ist die Privatsphäre des Betroffenen zu beachten: So entschied BVerfGE 35, 202 („Lebach"), dass ein Dokumentarspiel des ZDF über den Überfall auf ein Munitionsdepot, bei dem vier Soldaten getötet wurden, nicht gesendet werden durfte, weil die Ausstrahlung die Resozialisierung eines eben entlassenen Tatgehilfen gefährdet hätte. Bei der Veröffentlichung von **Fotoaufnahmen** aus dem Privatleben („Paparazzi-Fotos") gewichtet der EGMR (NJW 2004, 2647, 2643 Anm *Heldrich*) die Pressefreiheit weniger hoch als zuvor die deutschen Gerichte (BGHZ 131, 332; BVerfGE 101, 361) und stellt bei der Abwägung zwischen der Freiheit der Meinungsäußerung (Art 10 EMRK) und dem Schutz des Privatlebens (Art 8 EMRK) darauf ab, ob Fotos und Text zu einer Debatte von allgemeinem Interesse beitragen und Personen des politischen Lebens betreffen; beides hat das BVerfG bei Fotos aus dem Alltagsleben von Caroline von Hannover verneint (BVerfG NJW 2008, 1793). Es hat allerdings eine pauschale Bewertung abgelehnt (BVerfG aaO Nr 102ff) und den Zusammenhang zwischen Wort- und Bildberichterstattung im Einzelfall betont. Nach Ansicht des BGH reicht der Schutz des allgemeinen Persönlichkeitsrechts gegen eine Presseberichtserstattung hinsichtlich der Veröffentlichung von Bildern einerseits und der Wortberichtserstattung andererseits unterschiedlich weit. Dies ergebe sich daraus, dass in der Regel die Lichtbildaufnahme einer Person einen ungleich stärkeren Eingriff in die persönliche Sphäre des Betroffenen darstellt (BGH NJW 2011, 744 Nr 12).

cc) Fallgruppen. Die vielfältigen Möglichkeiten zur Verletzung des Persönlichkeitsrechts (Kasuistik etwa bei *Larenz/Canaris* SchR II/2 § 80 II) lassen sich in 3 Fallgruppen einteilen: **(1) Eindringen in einen fremden Privatbereich.** Bsp: Wiedergabe des heimlich aufgenommenen Wortes oder Bildes (über §§ 201 StGB, 22f KunstUrhG hinaus) oder sonstige unbefugte Veröffentlichung; Mitteilung von Intimitäten (zB über den Gesundheitszustand, das Sexualleben); Veröffentlichung privater Aufzeichnungen, auch über den Tod hinaus (BGHZ 15, 259 „Wagner-Briefe"; vgl auch BGHZ 50, 133 „Mephisto"). **(2) Ehrverletzungen,** auch soweit strafrechtlich nicht erheblich (§§ 185ff StGB), verletzen häufig das Persönlichkeitsrecht des Betroffenen, zB bei herabsetzender Berichterstattung in der Presse (BGHZ 39, 124: Bezeichnung einer Fernsehansagerin als „ausgemolkene Ziege"). Es genügt die Beeinträchtigung des Bildes einer Person in der Öffentlichkeit, zB durch ein entstellendes Zitat (s Fall „Böll/Walden", BGH NJW 1978, 1797; 1982, 635; BVerfGE 54, 208). **(3) Kommerzialisierung** einer Person ohne ihre Zustimmung. Bsp: BGHZ 26, 349 „Herrenreiter" – Abbildung eines Turnierreiters auf Werbeplakat für Potenzmittel; BGHZ 30, 7 – Werbung für Zahnprothesen-Haftmittel durch (beiläufige) Erwähnung der Sängerin Caterina Valente; BGHZ 143, 214 „Marlene Dietrich" – Inszenierung eines Musicals mit dem Titel „Marlene". 16

dd) Rechtsfolgen. Guter Überblick über die verschiedenen Anspruchsgrundlagen bei BVerfGE 97, 125ff (auch zum Verhältnis zu Art. 5 II GG). **(1) Gegendar-** 17

stellungsrechte finden sich insbesondere in den Pressegesetzen der Länder: Bei Tatsachenbehauptungen (nicht Meinungsäußerungen!), die das Persönlichkeitsrecht berühren, aber nicht notwendig ehrverletzend sein müssen, kann der „Betroffene" verlangen, dass sein eigener Standpunkt in einer der Erstmitteilung entsprechenden Form (uU also auch auf der Titelseite) veröffentlicht wird. Er kann dieses Recht idR zeitnah verwirklichen, da Nachweis (bzw Glaubhaftmachung) der Unwahrheit nicht erforderlich ist. **(2) Unterlassung** kann der Betroffene verlangen, wenn eine Tatsachenbehauptung oder Meinungsäußerung den Grad einer ehrverletzenden Persönlichkeitsverletzung erreicht (quasinegatorischer Anspruch nach allgemeinen Regeln, vgl Vor § 823 Rz 3). **(3) Beseitigungsansprüche** bestehen nur bei Tatsachenbehauptungen: Weist der Betroffene deren Unwahrheit nach, so kann er verlangen, dass der Verletzer von seiner Darstellung abrückt und seinerseits eine Ergänzung, eine Richtigstellung oder einen Widerruf veröffentlicht. **(4) Schadensersatzansprüche** nach § 823 (Verschulden erforderlich!) richten sich auf Naturalrestitution (§ 249), also zB auf Widerruf, Abdruck einer Gegendarstellung, Zerstörung einer widerrechtlich aufgenommenen Fotografie, aber auch auf Ersatz von Vermögensschäden (zB Verdienstausfall wegen Rufschädigung). **(5) Entschädigung in Geld** für die Verletzung **ideeller** Interessen steht dem Betroffenen entgegen § 253 I zu, wenn sein Persönlichkeitsrecht in besonders erheblicher Weise beeinträchtigt worden ist oder den Verletzer ein schweres Verschulden trifft (st Rspr seit BGHZ 26, 349 „Herrenreiter", s oben Rz 16). Das folgt zwar nicht aus § 253 II, der die Verletzung des Persönlichkeitsrechts nicht erwähnt, jedoch bliebe ohne diese (weitgehende, aber nicht strafrechtlich einzuordnende) Sanktion der verfassungsrechtlich gebotene Persönlichkeitsschutz lückenhaft (gebilligt von BVerfGE 34, 269; s auch RegBegr BT-Drucks 14/7752, 24f). Nach diesem Sinngehalt ist der Geldentschädigungsanspruch allerdings subsidiär, dh er besteht nicht, wenn die Verletzung auf andere Weise hinreichend ausgeglichen worden ist oder hätte ausgeglichen werden können (zB durch Widerruf, BGH NJW 1970, 1077; Einzelfallabwägung). Ist eine Geldentschädigung wegen der Schwere des Eingriffs erforderlich, muss sie der Höhe nach, insb unter dem Gesichtspunkt der Prävention, „fühlbar" sein; so ist bei einem rücksichtslosen Einbruch in das Persönlichkeitsrecht als Mittel zur Auflagensteigerung zwar keine Gewinnabschöpfung vorzunehmen, die Gewinnerzielung aber als Bemessungsfaktor einzubeziehen (BGHZ 128, 1, 15f „Caroline von Monaco" sowie BGHZ 160, 298). Anders zu behandeln ist die Verletzung **kommerzieller** Interessen der Persönlichkeit: Wer die vermögenswerten Bestandteile des Persönlichkeitsrechts schuldhaft verletzt, haftet ebenso wie bei der Verletzung anderer vermögenswerter Ausschließlichkeitsrechte, ohne dass es darauf ankommt, wie schwerwiegend der Eingriff war (BGHZ 143, 214, 228 „Marlene Dietrich"). Der Verletzte kann dabei den entstandenen (materiellen!) Schaden entweder konkret oder nach der sog Lizenzanalogie berechnen oder den Verletzergewinn herausverlangen (BGH aaO 232). **(6)** Speziell im **postmortalen Persönlichkeitsschutz** ist zu differenzieren (BGHZ 143, 214, 220ff „Marlene Dietrich"): Bei Verletzung der vermögenswerten Bestandteile des allgemeinen Persönlichkeitsrechts, die übertragbar und vererblich sind, kann der Erbe – im Rahmen des erklärten oder mutmaßlichen Erblasserwillens – aus eigenem Recht auf Unterlassung, Beseitigung und Ersatz des materiellen Schadens klagen. Die ideellen Bestandteile sind dagegen unauflöslich mit der Person des Erblassers verbunden. Ohne selbst Träger des verletzten Rechts zu werden, sind jedoch zu Lebzeiten Beauftragte und/oder nahe Angehörige zur Wahrnehmung berechtigt (BGHZ 50, 133, 139f „Mephisto"). Es bestehen allerdings nur Unterlassungs- und Beseitigungsansprüche; einen Anspruch auf Ersatz des immateriellen Schadens gibt es nicht, da insbesondere die Genugtuungsfunktion der immateriellen Geldentschädigung bei einem Verstorbenen nicht erfüllt werden kann (BGHZ 165, 203). Eine Geldentschädigung kommt daher nur in Betracht, wenn mit der Verletzung des Persönlichkeitsrechts des Verstorbenen zugleich das Persönlichkeitsrecht des Angehörigen berührt wird; dann kann dieser aus eigenem Recht Ersatz seines immateriellen Schadens verlangen; eine nur reflexhafte Betroffenheit auf Grund enger familiärer Beziehungen reicht nicht aus (BGH aaO).

d) Zum **Schutz des räumlich-gegenständlichen Bereichs der Ehe** s § 1353 Rz 6. **18**

3. Objektive Zurechnung. Nach Feststellung der Rechtsgutsverletzung ist im Rahmen der sog **„haftungsbegründenden Kausalität"** zu prüfen, ob sie einer Handlung des Schädigers, also einem bewusst gesteuerten oder zumindest steuerbaren Verhalten (Tun oder Unterlassen) zugerechnet werden kann. **19**

a) Kausalität und Schutzzweck der Norm. aa) Ausgangspunkt der Zurechnung ist, dass das fragliche Verhalten eine notwendige Bedingung für die eingetretene Rechtsgutsverletzung darstellen muss (**äquivalente Kausalität** im Sinne der „conditio-sine-qua-non"-Formel, näher Vor §§ 249ff Rz 13). Da nach dieser Formel auch ganz entfernt liegende Schadensursachen zurechenbar wären (zB Erfindung des Verbrennungsmotors für spätere Straßenverkehrsunfälle), grenzt die Rspr die zurechenbaren Schadensursachen zunächst durch das Erfordernis der **Adäquanz** ein: Danach bleiben solche Bedingungen für den Schadenseintritt außer Betracht, die nur auf Grund eines außerhalb jeder Lebenserfahrung liegenden Kausalverlaufs zu der Rechtsgutsverletzung geführt haben (näher Vor §§ 249ff Rz 14). In der Lit und zunehmend auch in der Rspr wird dagegen die Begrenzung der weiten äquivalenten Kausalität durch die (wertende) Betrachtung vorgenommen, ob Abs 1 den Schutz des Geschädigten vor der konkreten Verletzungshandlung bezweckt (Lehre vom **Schutzzweck der Norm,** Vor §§ 249ff Rz 15). **bb) Fallgruppen. (1) Schockschaden:** Erleidet jemand einen als Gesundheitsverletzung zu qualifizierenden Schock (oben Rz 3), so ist dies grds sein allgemeines Lebensrisiko. Nur ausnahmsweise kann der Schockschaden dem Verhalten eines Schädigers zugerechnet werden. Der Schock muss hierzu im Hinblick auf das ihn auslösende Ereignis verständlich sein, zB bei Bedrohung des eigenen Lebens, aber auch, wenn jemand die Tötung eines nahen Angehörigen miterlebt (zB OLG Nürnberg NJW 1998, 2293) oder von dessen schwerer Verletzung benachrichtigt wird (zB BGHZ 93, 351), dagegen nicht bei entfernter stehenden Personen oder unbedeutenden Sachschäden (zur Tötung eines Hundes vgl KreisG Cottbus NJW-RR 1994, 804). **(2) Herausforderungsfälle:** Beruht die Rechtsgutsverletzung auf einem **selbständigen Willensentschluss** des Verletzten oder eines **Dritten,** so ist darauf abzustellen, ob sich der Geschädigte oder Dritte durch das fragliche Verhalten zu dem (die Rechtsgutsverletzung herbeiführenden) Entschluss herausgefordert fühlen durfte (sog „psychische Kausalität") und ob sein Schaden die spezifische Folge einer Gefahrsteigerung ist, in die er durch die Herausforderung geraten ist (BGH NJW 1993, 2234). Für die Haftung des Schädigers genügt es, wenn er durch ein vorwerfbares Tun beim Geschädigten eine mindestens im Ansatz billigenswerte Motivation zu dem selbstgefährdenden Verhalten gesetzt hat, die etwa auf Pflichterfüllung (Polizist), Nothilfe oder Abwehr eines rechtswidrigen Angriffs beruhen kann (BGH NJW 2002, 2232, 2233). Dies wird namentlich in den **Verfolgungsfällen** (Polizist oder ähnlicher Funktionsträger verletzt sich bei der Verfolgung des nach einem Delikt flüchtenden Täters) bejaht, wenn sich bei dem Verletzten ein typisches Verfolgungsrisiko realisiert hat und zwischen dem eingegangenen Risiko und der Schwere des Delikts ein angemessenes Verhältnis bestand (BGHZ 132, 164 mwN, auch zu § 254 in diesen Fällen). Es wurde ferner in einem Fall bejaht, in dem der Geschädigte sich durch das gewaltbereite Verhalten des Schädigers angegriffen fühlen musste und zum Schutz vor den befürchteten Gewalttätigkeiten aus dem Fenster sprang, wobei er sich verletzte (BGH NJW 2002, 2232). Dagegen lehnte BGHZ 58, 162 im „Gehwegfall" eine Zurechnung ab: Hier waren nach einem Unfall nachfolgende Verkehrsteilnehmer über einen Gehweg ausgewichen und hatten diesen nicht unerheblich beschädigt. Der wegeunterhaltspflichtigen Stadt wurde **20**

gegen den Unfallverantwortlichen kein Ersatzanspruch gewährt, weil das Überfahren des Gehwegs auf einem eigenverantwortlichen, dem Unfallverursacher nicht zurechenbaren Entschluss der anderen Fahrzeugführer beruhte (vgl zum ganzen *Medicus/Petersen* Rz 653 ff und *Medicus* JuS 2005, 289 ff).

21 **b) Zurechnung des Unterlassens.** Hätte eine Rechtsgutsverletzung durch eine (unterbliebene) Handlung verhindert werden können, so haftet derjenige als Schädiger wegen Unterlassens, den eine **Rechtspflicht zur Abwendung** der Beeinträchtigung traf. Solche Pflichten können sich ergeben aus Gesetz (zB § 1631), Vertrag (zB private Kindergärten), Familien- oder ähnlichen Nähebeziehungen, aus gefahrbringendem vorangegangenem Tun oder in Großbetrieben (auch: Krankenhäusern) aus (mangelnder) Beaufsichtigung der Verantwortungsträger (Verletzung der sog **Organisationspflicht:** Pflicht der verfassungsmäßigen Organe, für die der Betrieb nach § 31 haftet, zur Kontrolle der Angestellten, BGH NJW 1963, 902f; Funktion: Haftungsüberleitung auf den Betrieb; entspricht § 831 ohne Exkulpationsmöglichkeit; vgl § 31 Rz 4; auch *Medicus/Petersen* Rz 657; *Jauernig-Teichmann* Rz 32). Viele dieser Pflichten lassen sich auch als Verkehrspflichten begreifen (zu diesen sogleich).

22 **c) Verkehrspflichten** („Verkehrssicherungspflichten"). **aa) Allgemeines.** Wer eine Gefahrenquelle schafft oder unterhält, muss die notwendigen Vorkehrungen zum Schutz Dritter treffen. Der Name dieser Verhaltenspflichten erklärt sich daraus, dass Verkehrspflichten ursprünglich gerade bei Eröffnung eines Verkehrs (zB einer Straße oder eines Warenhauses) angenommen wurden. Ihre **Funktion** wurde früher ausschließlich in der Gleichstellung des Unterlassens mit dem positiven Tun gesehen (Begründung von Handlungspflichten, vgl oben Rz 21); heute ist zudem anerkannt, dass die Verletzung einer Verkehrspflicht die Zurechnung bei mittelbaren Schadensursachen ermöglicht bzw die Rechtswidrigkeit in diesen Fällen indiziert (*Larenz/Canaris* SchR II/2 § 76 III 1 c; *Medicus/Petersen* Rz 641 ff, 647). Durch diese Doppelfunktion kann in vielen Fällen die oft problematische Abgrenzung zwischen Tun und Unterlassen dahinstehen (Bsp nach *Medicus/Petersen* Rz 644: Tun oder Unterlassen, wenn S scharfkantiges Blech ungesichert auf seinem Grundstück ablädt und sich spielende Kinder daran verletzen?); entscheidend ist allein, ob eine Verkehrspflicht verletzt wurde. **bb) Voraussetzungen** für die Annahme einer Verkehrspflicht sind die Möglichkeit, die Gefahr zu beherrschen, und die Zurechnung der Gefährdung durch Schaffung oder Unterhaltung der Gefahrenquelle. **cc) Inhalt und Umfang** der Verhaltenspflicht lassen sich nicht generell bestimmen, sondern hängen von den Umständen des Einzelfalls ab. Kriterien: Zumutbarkeit der Schutzmaßnahmen für den Sicherungspflichtigen; Stand der Technik; berechtigte Sicherheitserwartungen der Verkehrsteilnehmer usw (näher *Larenz/Canaris* SchR II/2 § 76 III 4). **dd) Fallgruppen. (1)** Absicherung von **Verkehrsgefahren** im weitesten Sinne, also zB Schutz der Benutzer einer Straße oder Wasserstraße, eines öffentlich zugänglichen Gebäudes, einer Baustelle; Streupflicht bei Glatteis; **(2)** Schutz vor **Sachgefahren,** insbesondere Pflichten des Konstrukteurs, Herstellers und Vertreibers gefährlicher Produkte (Produzentenhaftung, unten Rz 37 ff); **(3)** Absicherung von **Tätigkeitsgefahren** bei gefahrbringendem Tun, zB Sorgfaltspflichten bei Teilnahme am Straßenverkehr. **(4) Berufsspezifische** Verkehrssicherungspflichten, etwa für Ärzte, Bademeister, Bauingenieure. **ee) Sonstiges.** Die Verkehrssicherungspflicht besteht idR nicht gegenüber **unbefugten Verkehrsteilnehmern** (also keine Haftung gegenüber dem Einbrecher, der im Garten seines Opfers in eine ungesicherte Grube fällt); anders kann es bei Kindern und Personen sein, die aus verständlichen Gründen in den abzusichernden Gefahrenbereich geraten (*Larenz/Canaris* aaO). Eine **Übertragung** der Verkehrssicherungspflicht auf einen Dritten bewirkt im Außenverhältnis nur, dass der Pflichtige anschließend lediglich für die Beaufsichtigung des Übernehmers verantwortlich ist (näher *Medicus/Petersen* Rz 656). Bestehen keine konkreten Anzeichen dafür, dass der Übernehmer seiner Verkehrssicherungspflicht nicht ordnungsgemäß nachkommt, kann sich der Pflichtige auf eine Überprüfung der we-

sentlichen Punkte der Verkehrssicherungspflicht beschränken und muss nicht alle Einzelheiten der Erfüllung der Sicherungspflicht überwachen (BGHZ 142, 227, 233).

II. Rechtswidrigkeit

1. Bedeutung. Ansprüche aus § 823 setzen stets Rechtswidrigkeit voraus. Str ist 23
jedoch, **worauf sich das Unrechtsurteil bezieht:** auf den eingetretenen Erfolg (Rechtsgutsverletzung) oder auf die ursächliche Handlung des Schädigers.

a) Lehre vom Erfolgsunrecht. Aufgrund der Aufzählung einzelner deliktisch ge- 24
schützter absoluter Rechte und Rechtsgüter in Abs 1 geht das Gesetz davon aus, dass eine Verletzung dieser Güter regelmäßig rechtswidrig ist. Die (lange unangefochtene) Lehre vom Erfolgsunrecht (s etwa *Palandt-Sprau* Rz 24) entnimmt daraus, dass bei Beeinträchtigung eines Schutzgutes des Abs 1 die Rechtswidrigkeit keiner besonderen Prüfung mehr bedarf; man sagt, die Rechtswidrigkeit sei durch den (tatbestandsmäßigen) Erfolg indiziert. Das Merkmal „widerrechtlich" deutet danach nur darauf hin, dass sich der Verletzer (ausnahmsweise) durch Beweis eines Rechtfertigungsgrundes der Haftung entziehen kann. Nur bei Verletzung von Rahmenrechten ist stets eine gesonderte Prüfung der Rechtswidrigkeit erforderlich (s oben Rz 9).

b) Lehre vom Handlungsunrecht. Nach der Gegenansicht (zuerst *Nipperdey* 25
NJW 1957, 1777) ist das Unrechtsurteil auf die Verletzungshandlung zu beziehen; es bedarf bei jeder Rechtsgutsverletzung einer Feststellung der Rechtswidrigkeit. Soweit die schädigende Handlung nicht gegen eine spezielle gesetzliche Verhaltensregel verstößt, liegt Rechtswidrigkeit nur bei einer Verletzung des allgemeinen Sorgfaltsgebots (Fahrlässigkeit) vor. Damit werden letztlich Elemente des Verschuldens auf die Ebene der Rechtswidrigkeit vorverlagert. Eine Ausnahme wird für vorsätzliche Rechtsgutsverletzungen gemacht: Hier ist auch nach der Lehre vom Handlungsunrecht die Rechtswidrigkeit indiziert.

c) Unterschiede zwischen den beiden Ansichten ergeben sich dort, wo eine 26
Rechtsgutsverletzung auf einem sozialadäquaten (= verkehrsgerechten, nicht fahrlässigen) Verhalten beruht; Bsp: Krankenschwester gibt dem Patienten eine tödliche Spritze in dem – bei hinlänglicher Sorgfalt gerechtfertigten – Glauben, es handele sich um ein heilendes Serum. Ein solches Verhalten ist nach der Lehre vom Handlungsunrecht rechtmäßig; nach der klassischen Ansicht (oben Rz 24) ist es rechtswidrig, aber nicht schuldhaft. Im Einzelnen: Für das Rechtswidrigkeitsurteil besteht eine unterschiedliche **Darlegungs- und Beweislast.** Nach der Lehre vom Erfolgsunrecht ist die Rechtswidrigkeit indiziert, der Verletzer kann allenfalls das Vorliegen eines speziellen Rechtfertigungsgrundes beweisen (s unten Rz 29). Dagegen ist nach der Lehre vom Handlungsunrecht der Anspruchssteller hinsichtlich der die Rechtswidrigkeit begründenden Tatsachen beweispflichtig. Dennoch bringt die hM für den Anspruchssteller regelmäßig keine Vorteile, weil er nach dieser Ansicht zwar nicht im Rahmen der Rechtswidrigkeit, aber im Rahmen der Schuld den Sorgfaltsverstoß des Verletzers beweisen muss. Daher ergeben sich praktisch bedeutsame Konsequenzen nur dort, wo es auf ein Verschulden nicht ankommt: So sind zB nur nach Ansicht a) **Notwehr** (§ 227) und Nothilfe gegen sozialadäquate Rechtsgutsverletzungen möglich (im obigen Beispiel darf zB ein den Inhalt der Spritze kennender Dritter der Krankenschwester das Instrument aus der Hand schlagen und sie dabei verletzen); ebenso sind in diesen Fällen nur nach Ansicht a) **Unterlassungs- und Beseitigungsansprüche,** die kein Verschulden voraussetzen (Vor § 823 Rz 3), gegeben.

d) Nach einer im Vordringen begriffenen **vermittelnden Ansicht** (s etwa *Larenz/* 27
Canaris SchR II/2 § 75 II 3b; *Medicus/Lorenz* SchR II Rz 1241 ff) ist die Rechtswidrigkeit iSd Lehre vom Erfolgsunrecht nur bei unmittelbaren Verletzungsursachen indiziert (also bei solchen Ursachen, die ohne Dazwischentreten selbständiger Momente direkt die Rechtsgutsverletzung herbeiführen). Dagegen ist bei Unterlassen und bei

weiter entfernten Schadensursachen die Rechtswidrigkeit des Verhaltens eigens zu begründen (dazu dienen nach diesen Autoren die Verkehrspflichten, oben Rz 22).

28 **e)** Die **Rspr** hat zu dem Streit bisher nicht eindeutig Stellung bezogen. Der BGH hat in einer Entscheidung des Großen Senats (BGHZ 24, 21, 26) zwar den Satz aufgestellt, dass „bei verkehrsrichtigem (ordnungsgemäßem) Verhalten eines Teilnehmers am Straßen- oder Eisenbahnverkehr eine rechtswidrige Schädigung nicht vorliegt" (insoweit Annäherung an die Lehre vom Handlungsunrecht); andererseits wurde das verkehrsrichtige Verhalten als Rechtfertigungsgrund eingestuft, für den der Beklagte beweispflichtig sei (Parallele zur Lehre vom Erfolgsunrecht). Tendenziell neigt der BGH mit Einschränkungen dem Konzept erfolgsindizierter Rechtswidrigkeit zu (BGH NJW 1996, 3205, 3207).

29 **2. Rechtfertigungsgründe.** Bei indizierter oder festgestellter Rechtswidrigkeit (oben Rz 23 ff) kann das Eingreifen eines Rechtfertigungsgrundes das Unrechtsurteil widerlegen. Hervorzuheben sind: Notwehr (§ 227); Notstand (defensiver, § 228; aggressiver § 904); Selbsthilfe (§ 229); berechtigte GoA (§ 683); Einwilligung des Verletzten (näher *Medicus/Lorenz* SchR II Rz 1258 ff), Handeln auf eigene Gefahr (zB Teilnahme an gefährlichen Sportarten; dies gilt jedoch grds nicht, wenn der eingetretene Schaden versichert ist, BGH NJW 2008, 1591 Nr 10 ff). Die Ausübung von Grundrechten kann einen Eingriff in Rechte Dritter nur dann rechtfertigen, wenn entweder die Rechtsbeeinträchtigung eine unbeabsichtigte, aber nicht vermeidbare Nebenfolge der Grundrechtsausübung ist oder wenn Rechtsgüter Dritter zwar gezielt, aber nur kurzfristig und in geringem, nicht wirklich relevantem Maße beeinträchtigt werden (so BGHZ 137, 89, 99 f zu Art 8 GG bei Besitzstörungen durch Demonstranten).

III. Verschulden

30 Der Schadensersatzanspruch aus Abs 1 setzt **Vorsatz oder Fahrlässigkeit** (§ 276 II) voraus (nicht so der Unterlassungs- und Beseitigungsanspruch, Vor § 823 Rz 3). Das Verschulden als Urteil über die persönliche Vorwerfbarkeit von Handlung und Erfolg muss sich nur auf den haftungsbegründenden Tatbestand (s Rz 1) beziehen, nicht dagegen auf den haftungsausfüllenden (zu diesem Vor §§ 249 ff Rz 1). Die Voraussetzung der Verschuldensfähigkeit beurteilt sich nach §§ 827, 828. § 278 ist nicht anwendbar (s § 278 Rz 5). – Stellt die unerlaubte Handlung gleichzeitig eine Verletzung von Pflichten aus einem vertraglichen oder gesetzlichen Schuldverhältnis dar und sind Ersatzansprüche im Rahmen dieses Schuldverhältnisses wegen eines **gesetzlichen Haftungsprivilegs** (zB §§ 521, 599, 690, 708) ausgeschlossen, so kommt dieses Privileg dem Schädiger auch bei der deliktischen Haftung zugute, da es sonst nur von sehr geringer praktischer Bedeutung wäre (BGHZ 46, 140, 142; 93, 23, 29; *Larenz/Canaris* SchR II/2 § 83 VI 2 a). Bei vertraglich **vereinbarter Haftungsbeschränkung** (Freizeichnung) kommt es darauf an, ob die Parteien sie auch auf die deliktische Haftung erstrecken wollten.

IV. Schaden

31 Es besteht kein Anspruch aus Abs 1 ohne einen ersatzfähigen Schaden, wobei sich die Ersatzfähigkeit nach den §§ 249 ff richtet (vgl hierzu Vor §§ 249 ff Rz 3 ff). Auch für die Höhe des Schadensersatzes gelten grds diese allgemeinen Regeln, jedoch finden sich einige deliktische Spezialbestimmungen in den §§ 842 ff.

C. Absatz 2

32 **1. Allgemeines.** Anders als Abs 1, der die Verursachung bestimmter rechtswidriger Erfolge mit der Verpflichtung zum Schadensersatz ausgleicht, sanktioniert Abs 2 ein (durch das jeweilige Schutzgesetz beschriebenes) rechtswidriges **Verhalten.** Der

Schutzbereich des Abs 2 ist in zweifacher Hinsicht weiter als der von Abs 1: Erstens ist Abs 2 nicht auf die Verletzung bestimmter Rechtspositionen beschränkt, sondern er schützt jedes Interesse, das von einem Schutzgesetz erfasst wird (zB Schutz des Vermögens durch Abs 2 iVm §§ 263, 266 StGB). Zweitens muss sich das Verschulden nur auf den Gesetzesverstoß, nicht dagegen auf die Verletzung des geschützten Interesses beziehen (hM, s etwa *Larenz/Canaris* SchR II/2 § 77 IV 1).

2. Schutzgesetze. Schutzgesetze können alle Normen sein, die ein bestimmtes Verhalten ge- oder verbieten, und die sich direkt an den Einzelnen wenden (daran fehlt es, wenn die Norm erst noch durch Erlass eines Verwaltungsaktes konkretisiert werden muss; nach Erlass des Verwaltungsaktes kommen aber auch solche Normen als Schutzgesetze in Betracht). **Rechtsnatur:** Alle Rechtsnormen im materiellen Sinne kommen in Frage (Art 2 EGBGB), also auch Verordnungen und Gemeindesatzungen, nicht dagegen (interne) Verwaltungsvorschriften oder Vereinssatzungen. Voraussetzung für die Annahme eines Schutzgesetzes ist, dass die Norm (neben der möglichen Verfolgung öffentlicher Interessen) zumindest auch den **Schutz des Einzelnen** bezweckt (st Rspr, zB BGHZ 41, 17, 23). Bsp (Aufzählung bei *Palandt-Sprau* Rz 61 ff): Vorschriften aus StGB, StVO oder Polizeiverordnungen der Länder (etwa Lärmschutzverordnungen in Kurorten); s auch unten Rz 49. 33

3. Schutzzweck. Eine als Schutzgesetz in Betracht kommende Norm führt nur dann zu Schadensersatzansprüchen nach Abs 2, wenn im konkreten Fall ihr Schutzbereich betroffen ist: **a)** Der Geschädigte muss zu dem geschützten **Personenkreis** gehören. So schützt § 248 b StGB den Eigentümer des Fahrzeugs, nicht dagegen Dritte, die durch den unbefugten Gebrauch zu Schaden kommen. **b)** Das verletzte **Interesse** des Geschädigten muss vom Schutzzweck der Norm erfasst sein. So schützt etwa die StVO vor verkehrsbedingten Körperschäden, nicht jedoch davor, dass anlässlich der Unfallbehandlung eine Dienstunfähigkeit mit der Folge vorzeitiger Pensionierung festgestellt wird (BGH NJW 1968, 2287). 34

4. Rechtswidrigkeit. Sie ist bei tatbestandsmäßiger Verletzung des Schutzgesetzes stets indiziert. 35

5. Verschulden. Regelmäßig ist das von dem Schutzgesetz vorausgesetzte Verschulden erforderlich und ausreichend. Das Verschulden muss sich also nicht unbedingt auf die Interessenverletzung beim Geschädigten beziehen (so zB bei abstrakten Gefährdungsdelikten). Lediglich wenn das Schutzgesetz gar kein Verschulden voraussetzt, ist nach Abs 2 S 2 wenigstens Fahrlässigkeit für die Sanktion der Schadensersatzpflicht erforderlich. 36

D. Produzentenhaftung

I. Allgemeines

Erleidet jemand aus der bestimmungsgemäßen Verwendung eines Industrieerzeugnisses einen Schaden, der auf der gefahrbringenden Beschaffenheit des Produkts beruht, so kann er nach dem **herkömmlichen Anspruchssystem des BGB** nur unzureichenden Ersatz erlangen: Gegen den Produzenten des Produkts (dem Urheber der Gefahr) bestehen wegen der heute üblichen „Lieferungskette“ keine vertraglichen Beziehungen. Deliktische Ansprüche gegen den Hersteller scheitern regelmäßig daran, dass der Geschädigte nicht in der Lage ist, dem Produzenten eine schuldhafte Pflichtverletzung zu beweisen, bzw dass letzterer sich exkulpieren kann (§ 831 I 2). 37

Indes hat die Rspr den Weg für eine **Produzentenhaftung aus § 823 I** frei gemacht, indem sie spezifische Verkehrspflichten für den Hersteller entwickelt und die Beweislastregeln zum Vorteil des Geschädigten abgeändert hat (unten Rz 39 ff). Neben der Produzentenhaftung aus § 823 I können sich weitere Ansprüche aus einer 38

Schutzgesetzverletzung nach § 823 II (dazu unten Rz 49) sowie aus dem speziellen Gefährdungshaftungstatbestand des § 84 AMG für fehlerhafte Arzneimittel ergeben. Dagegen sind die Versuche, dem Geschädigten im Wege der Drittschadensliquidation des Händlers, durch Annahme eines Vertrags mit Schutzwirkung zugunsten Dritter oder durch quasivertragliche Ansprüche (beruhend auf „Warenvertrauen") zu einem Anspruch gegen den Hersteller zu verhelfen, von der Rspr schon früh als unpassend abgelehnt worden (BGHZ 51, 91, 93ff). Eine weitere Anspruchsgrundlage bietet das auf eine RL zurückgehende **Produkthaftungsgesetz** (näher dazu unten Rz 50ff). Da das ProdHaftG nur einen EG-einheitlichen Mindeststandard der Haftung garantieren will, lässt es gemäß seinem Art 15 II alle weitergehenden Produkthaftungsansprüche unberührt. Der Geschädigte kann seine Ansprüche also auf dieses Gesetz oder, sofern dies für ihn günstiger ist, auf § 823 stützen. Letzteres kommt namentlich in den Fällen in Betracht, in denen das ProdHaftG keine Ansprüche gewährt (s dazu unten Rz 51, zB für Schäden an gewerblich genutzten Sachen, Schäden oberhalb der Höchstgrenze des § 10 ProdHaftG oder unterhalb der Selbstbeteiligung nach § 11 ProdHaftG).

II. Haftung aus Absatz 1

39 Die von der Rspr entwickelte Produzentenhaftung beruht im wesentlichen auf § 823 I. Sie ist an die folgenden **Voraussetzungen** geknüpft.

40 **1. Rechtsgutsverletzung.** Der Geschädigte muss in einem von Abs 1 geschützten Rechtsgut verletzt sein (dazu oben Rz 2ff). Obwohl die Produzentenhaftung darauf abzielt, den Verbraucher vor den durch das gefahrbringende Produkt verursachten Folgeschäden (Schäden an sonstigen geschützten Rechtsgütern wie zB Körper, Gesundheit) zu schützen, hat die Rspr die Haftung auch auf **Schäden an dem fehlerhaften Produkt selbst** ausgedehnt, wenn dies zZt der Lieferung noch in seinen wesentlichen Teilen mangelfrei war (s dazu oben Rz 6f).

41 **2. Objektive Zurechnung. a) Allgemeines.** Die besondere Problematik der Produzentenhaftung liegt im Bereich der Zurechnung der Rechtsgutsverletzung zu einem Verhalten des Herstellers. Hier haben Rspr und Lit spezifische **Verkehrspflichten** (allgemein zu diesen oben Rz 22) entwickelt, die den Hersteller von gefahrbringenden Produkten treffen. Die Pflichten werden in jedem Stadium von Konstruktion, Herstellung und Lieferung unterschiedlich definiert (Fallgruppen sogleich). Ihre objektiv sorgfaltswidrige Verletzung begründet einen **„Produktfehler"** (tatbestandsmäßig gefahrbringende Beschaffenheit einer Sache).

42 **b)** Gemeinsamer **Maßstab** für alle produktbezogenen Verkehrspflichten ist der zZt der gebotenen Gefahrabwendung objektiv ermittelbare Stand von Wissenschaft und Technik einerseits (BGHZ 80, 186) und der bestimmungsgemäße Gebrauch des Produkts durch den Benutzer andererseits (BGHZ 51, 91). In jedem Stadium des Produktions- und Auslieferungsvorgangs hat der Hersteller seinen Betrieb so zu **organisieren,** dass das Entstehen von Produktfehlern soweit wie möglich ausgeschlossen ist oder durch Kontrollen entdeckt wird.

43 **c)** Im **Konstruktionsbereich** muss der Hersteller die Betriebssicherheit des Produkts gewährleisten (zB Überprüfungen anhand VDE-Bestimmungen, DIN-Normen; Durchführung von Testverfahren). Ein Konstruktionsfehler haftet immer einer ganzen Serie von Produkten an, zB fehlerhafte Bremsanlage bei Kfz.

44 **d)** Im **Produktionsbereich** obliegt dem Hersteller vor allem eine ständige Qualitätskontrolle seriengefertigter Produkte (Ausschluss von Material- oder Montagefehlern usw). Ein Fabrikationsfehler liegt etwa bei der Verunreinigung von Impfstoff während des Abfüllvorgangs vor (BGHZ 51, 91 „Hühnerpest"), dagegen kein Herstellungsfehler, wenn sich trotz aller (zumutbaren) Kontrollmaßnahmen unvorhersehbare Fertigungsfehler einschleichen (sog **Ausreißer**).

e) Bei **Auslieferung** des Produkts und später während der Benutzung treffen den Hersteller vor allem **Informationspflichten** hinsichtlich der Gefahren, die aus der Verwendung des Produkts entstehen können, soweit die Verwendung noch im Rahmen der allgemeinen Zweckbestimmung des Produkts liegt (BGHZ 105, 346, 351 „Fischfutter"); unter Umständen muss auch vor einem nahe liegenden Missbrauch des Produkts gewarnt werden (BGHZ 106, 273, 283). Instruktionsfehler liegen etwa bei fehlerhaften oder unvollständigen Gebrauchsanweisungen vor. Der Umfang dieser Pflichten richtet sich nach den Umständen des Einzelfalles, insbesondere nach der Gefährlichkeit des Produkts, der Erkennbarkeit dieser Gefährlichkeit nach außen hin (BGH NJW 1999, 2815) und dem Abnehmerkreis, mit dem der Hersteller rechnen kann. In der Regel hat er sich dabei nach der am wenigsten informierten und damit am meisten gefährdeten Benutzergruppe auszurichten (BGH NJW 1994, 932 „Milupa II"). Auch deutliche Warnhinweise können erforderlich sein (vgl etwa BGHZ 116, 60 „Milupa I": fehlende Warnung vor den durch „Dauernuckeln" ausgelösten Gefahren für das Gebiss von Kleinkindern). Aufgrund der Beschaffenheit des Produkts kann es geboten sein, nicht nur den gefährdeten Verbraucher zu warnen, sondern auch den Endverkäufer auf die Gefahren einer Abgabe des Produkts an einen bestimmten Personenkreis (zB Minderjährige) hinzuweisen (BGHZ 139, 79 „Feuer-Wirbel"). Die Anforderungen gehen bisweilen sehr weit. Allerdings besteht dann keine Warnpflicht, wenn die Gefahrenkenntnis zum allgemeinen Erfahrungswissen der Produktbenutzer gehört. Auch sind die Instruktionspflichten eines Herstellers von nur durch Fachpersonal zu bedienenden Geräten deutlich herabgesetzt (BGH NJW 1992, 2016 „Silokipper"). Ferner besteht eine **Produktbeobachtungspflicht** sowohl für eigene Produkte als auch – im Hinblick auf typische Kombinationen – für Produkte von anderen Herstellern (BGH NJW 1990, 906), damit auch vor solchen Produktgefahren gewarnt werden kann, die zZt der Auslieferung noch (objektiv) unbekannt waren (BGHZ 80, 186, 191). Bei Gefährdung hochrangiger Rechtsgüter (insb Leib und Leben) kann den Hersteller auch eine **Rückruf- oder Nachbesserungspflicht** treffen, sofern den Gefahren, die vom Produkt ausgehen, anders nicht begegnet werden kann, insb wenn zu befürchten ist, dass die Benutzer eine Warnung des Herstellers ignorieren und dadurch Dritte gefährden (BGH NJW 2009, 1080 Nr 11). 45

f) Nur den **Hersteller,** nicht dagegen den **Importeur, Vertriebshändler** oder **Lieferanten** treffen grds die produktbezogenen Verkehrspflichten. Allerdings macht die Rspr von diesem Grundsatz einige Ausnahmen. So soll ein Alleinvertreiber in derselben Weise wie der Hersteller auf die Produktgefahren hinweisen müssen (BGH NJW 1995, 1286, 1289 „Milupa III"); ähnliches gilt, wenn die Umstände des Falles dem Vertriebshändler eine Überprüfung der Ware nahelegen; vgl auch BGH NJW 1994, 517: Pflicht des Importeurs zur passiven Produktbeobachtung. Verwendet der Hersteller Zulieferprodukte, so haftet der Zulieferer dem Endabnehmer dafür, dass das Zulieferprodukt im Rahmen seines bestimmungsgemäßen Gebrauchs (also nach Art der Bewerbung und Beschreibung) in der Weiterverarbeitung durch den Hersteller fehlerfrei und gefahrlos eingesetzt werden kann (BGH NJW 1996, 2224). Nach der Rspr kann für Fabrikationsfehler auch der verantwortliche Produktionsleiter haften (BGH NJW 1975, 1827; kritisch *Larenz* SchR II/1 § 41 a). 46

3. Rechtswidrigkeit und Verschulden. Die **Rechtswidrigkeit** ist bei Verletzung einer produktbezogenen Verkehrssicherungspflicht stets indiziert (vgl oben Rz 22). Auch das **Verschulden** wird nach der von der Rspr entwickelten Beweislastumkehr (unten Rz 48) vermutet; die Vermutung kann wegen der dem Produzenten auferlegten Organisationspflicht (oben Rz 42) kaum entkräftet werden (vgl *Kötz/Wagner* Rz 616). 47

4. Beweislast. Durch eine weitgehende Umkehrung der Beweislast ist die Produzentenhaftung nach Abs 1 einer Gefährdungshaftung stark angenähert. Der Grundgedanke, der zu dieser Beweislastumkehr Anlass gegeben hat, ist die schwere Durch- 48 schaubarkeit der Produktionsvorgänge und der Organisationssphäre im Betrieb des Produzenten für den Verbraucher (Beweisnot; BGHZ 51, 91). Dies gilt nicht nur für industrielle Großbetriebe, sondern auch für handwerklich ausgerichtete Kleinbetriebe (Bsp: Gastwirtschaft, BGHZ 116, 104). Der Geschädigte muss zunächst die **Rechtsgutsverletzung** und im Bereich der **objektiven Zurechnung** beweisen, dass die Rechtsgutsverletzung auf einem „Produktfehler" (verkehrswidriger Zustand der Sache, oben Rz 41) beruht; nur ausnahmsweise, bei Produkten, die in der Herstellung geradezu angelegte besondere Risiken in sich tragen und für die deshalb eine besondere „Befundsicherungspflicht" des Herstellers anzunehmen ist, kommt bei Verletzung dieser Pflicht eine Beweislastumkehr hinsichtlich der objektiven Zurechnung in Betracht (BGH NJW 1993, 528 „Mineralwasser"). Dagegen muss der Hersteller bei Konstruktions- und Fabrikationsfehlern stets den Entlastungsbeweis dafür erbringen, dass der Fehler nicht auf einem objektiv sorgfaltswidrigen Verhalten aus seiner Sphäre beruht (BGHZ 80, 186, 196f) und ihn kein **Verschulden** trifft. Ähnliches gilt für die Beweislast hinsichtlich der bei Inverkehrbringen des Produkts begangenen Instruktionsfehler: Hier hat der Geschädigte zu beweisen, dass eine Instruktion objektiv erforderlich war und diese die Verletzung verhindert hätte, wobei für letzteres eine Vermutung spricht; den Hersteller trifft dann die Beweislast für fehlendes Verschulden, dh dass die Gefahr für ihn nicht erkennbar war (BGHZ 116, 60, 73). Ist die Instruktionspflicht erst nach Inverkehrbringen auf Grund neuer Erkenntnisse entstanden, kann sich der Hersteller durch den Nachweis der sog inneren Sorgfalt entlasten, nämlich dass er keine entsprechende Erkenntnismöglichkeit hatte oder sich verschaffen musste (BGHZ 80, 186, 199).

III. Schutzgesetzverletzung (§ 823 II)

49 Als Schutzgesetze kommen alle technischen Rechtsnormen in Betracht, die das Inverkehrbringen gefährlicher Industrieerzeugnisse (zB Kraftfahrzeuge, Arbeits- und Arzneimittel) von der Erfüllung anerkannter Sicherheitsstandards abhängig machen (StVZO, GerätesicherheitsG, AMG usw). Allerdings bezwecken diese Normen häufig nur den Schutz der Produktbenutzer vor Schäden an Leben, Körper und Gesundheit (kein Eigentums- und Vermögensschutz). Auch bei einer Schutzgesetzverletzung wird das Verschulden vermutet, wenn das jeweilige Schutzgesetz konkret und bestimmt formulierte Verhaltensanweisungen enthält, so dass bei ihrer Missachtung der Schluss auf einen subjektiven Schuldvorwurf naheliegt (BGHZ 51, 91, 103f). Anders ist es bei lediglich abstrakten Ge- oder Verboten (zB § 5 LFBG: Verbot der Herstellung und des Inverkehrbringens gesundheitsschädlicher Lebensmittel); dann muss der Geschädigte – wie auch sonst – das Verschulden nachweisen (BGHZ 116, 104, 115).

IV. Produkthaftungsgesetz

50 **1. Allgemeines.** Das ProdHaftG vom 15. 12. 1989 (abgedruckt im *Schönfelder* unter 27) beruht auf einer RL vom 25. 7. 1985 (ABl 1985 Nr L 210, 29). Obwohl durch das Gesetz erstmals eine generelle (verschuldensunabhängige!) **Gefährdungshaftung** für fehlerhafte Produkte eingeführt wird, bringt es wegen der richterrechtlich anerkannten weitgehenden Beweislastumkehr bei der verschuldensabhängigen Produzentenhaftung aus § 823 I, auf die sich der Geschädigte gem § 15 II ProdHaftG weiterhin stützen kann (s oben Rz 38), nur in Ausnahmefällen eine Haftungsverschärfung (s unten Rz 52). Das ProdHaftG erweitert aber den Kreis der haftpflichtigen Personen, indem auch der Quasi-Hersteller gem § 4 I 2 oder der Importeur gem § 4 II wie ein Hersteller haftet (näher *Kötz/Wagner* Rz 646ff).

51 **2.** Der **sachliche Anwendungsbereich** erstreckt sich auf den Ersatz von Personen- und Sachschäden. **Sachschäden** werden nur insoweit erfasst, als „eine **andere Sache** als das fehlerhafte Produkt" (§ 1 I 2 ProdHaftG) beschädigt wird. Zweifelhaft

ist, ob durch diese Formulierung die Ersatzpflicht des Herstellers ausgeschlossen wird, wenn der Fehler einem „funktionell begrenzten Teil" eines Produktes anhaftet und das Gesamtprodukt Schaden nimmt (vgl die Rspr zum „weiterfressenden Mangel" bei der Produzentenhaftung aus § 823 I, oben Rz 6f). Da nach § 2 ProdHaftG auch jeder Teil einer beweglichen Sache ein Produkt iSd ProdHaftG ist, lässt sich das Gesamtprodukt durchaus als „andere Sache" einstufen (vgl *Sack* VersR 1988, 439, 444ff mwN). Indes soll die Formulierung des § 1 I 2 ProdHaftG nach der RegBegr (BT-Drucks 11/2447 13) und der überwiegenden Lit (s etwa *Larenz/Canaris* SchR II/2 § 84 VI 1c) die Ersatzpflicht für weiterfressende Mängel nach dem ProdHaftG generell ausschließen (der Rückgriff auf die verschuldensabhängige Produzentenhaftung aus § 823 I bleibt dem Geschädigten in jedem Fall, s oben Rz 38, 6f). Ferner werden nur Schäden an solchen Sachen ersetzt, die zum **Privatgebrauch** (objektiv) bestimmt sind und die vom Geschädigten (subjektiv) hauptsächlich auch privat genutzt werden (§ 1 I 2 ProdHaftG); geschützt ist also nur der Endverbraucher.

3. Haftungstatbestand. Voraussetzung der Ersatzpflicht ist das Inverkehrbringen 52
(vgl § 1 II Nr 1 ProdHaftG) eines fehlerhaften Produktes (§§ 2, 3 ProdHaftG) durch den Hersteller (§ 4 ProdHaftG). Zur Beweislast s § 1 IV ProdHaftG. Anders als bei der verschuldensabhängigen Produzentenhaftung aus § 823 I, die an die Verletzung von Verhaltenspflichten anknüpft (s dazu oben Rz 41), ist das zentrale Tatbestandsmerkmal der Gefährdungshaftung das Vorliegen eines **Produktfehlers** (§ 3 ProdHaftG), also der Zustand einer Sache. Dennoch werden im allgemeinen gleiche Ergebnisse erzielt, da das Vorliegen eines Produktfehlers an weitgehend denselben Beurteilungsmaßstäben gemessen wird wie die Verletzung der für § 823 I entscheidenden Verkehrspflicht: erreichbare Sicherheit nach dem Stand von Wissenschaft und Technik (§ 1 II Nr 5 ProdHaftG) einerseits und bestimmungsgemäßer Gebrauch (§ 3 I lit b ProdHaftG) durch den Geschädigten andererseits. Ein sog Ausreißer bei der Fertigung lässt jedoch, anders als bei § 823 (vgl oben Rz 44), die Haftung nach dem ProdHaftG nicht entfallen, da § 1 II Nr 5 nur die Haftung für Entwicklungsrisiken ausschließen will (BGHZ 129, 353, 358ff). In der Lit wird teils eine im Übrigen weitreichende Übereinstimmung mit den Ergebnissen der Rspr zu § 823 I gesehen (so *Kötz/Wagner* Rz 615f), teils werden weitere mögliche Unterschiede betont (so *Larenz/Canaris* SchR II/2 § 84 VI 1b).

4. Haftungsumfang. Auch Schmerzensgeld kann gem § 8 S 2 ProdHaftG gefor- 53
dert werden. Zu beachten ist die Haftungsbegrenzung für Personenschäden auf 85 Mio Euro (§ 10 ProdHaftG). Die Selbstbeteiligung für Sachschäden in Höhe von 500 Euro (§ 11 ProdHaftG) pro Person (nicht für jede einzelne geschädigte Sache) soll der Entlastung der Gerichte dienen. Die gesamtschuldnerische Ersatzpflicht mehrerer Hersteller nach § 5 ProdHaftG entspricht der Rechtslage nach § 840.

§ 824. Kreditgefährdung

(1) **Wer der Wahrheit zuwider eine Tatsache behauptet oder verbreitet, die geeignet ist, den Kredit eines anderen zu gefährden oder sonstige Nachteile für dessen Erwerb oder Fortkommen herbeizuführen, hat dem anderen den daraus entstehenden Schaden auch dann zu ersetzen, wenn er die Unwahrheit zwar nicht kennt, aber kennen muss.**

(2) **Durch eine Mitteilung, deren Unwahrheit dem Mitteilenden unbekannt ist, wird dieser nicht zum Schadensersatz verpflichtet, wenn er oder der Empfänger der Mitteilung an ihr ein berechtigtes Interesse hat.**

§ 825. Bestimmung zu sexuellen Handlungen

Wer einen anderen durch Hinterlist, Drohung oder Missbrauch eines Abhängigkeitsverhältnisses zur Vornahme oder Duldung sexueller Handlungen bestimmt, ist ihm zum Ersatz des daraus entstehenden Schadens verpflichtet.

§ 826. Sittenwidrige vorsätzliche Schädigung

Wer in einer gegen die guten Sitten verstoßenden Weise einem anderen vorsätzlich Schaden zufügt, ist dem anderen zum Ersatz des Schadens verpflichtet.

1 **1. Allgemeines.** Die Vorschrift stellt einen **Auffangtatbestand** („kleine Generalklausel") für die nur einzelne Rechte und Rechtsgüter schützende Grundnorm des § 823 I dar. Ähnlich wie § 823 II setzt sie nicht die Verletzung eines bestimmten Rechtsguts voraus (ausreichend ist also zB die bloße Vermögensschädigung), sondern baut auf einem spezifischen (nämlich sittenwidrigen und vorsätzlichen) Angriffsverhalten auf. Dabei muss sich der Vorsatz nicht nur auf die Eingriffshandlung, sondern – anders als bei § 823 – gerade auf die Schädigung selbst beziehen. Ein tatbestandsmäßiger (sittenwidriger!) Eingriff ist stets rechtswidrig.

2 **2. Voraussetzungen. a) Sittenverstoß. aa)** Es muss **objektiv** ein gegen die guten Sitten verstoßendes Verhalten vorliegen. Der Begriff des Sittenverstoßes ist ebenso wie in § 138 zu verstehen (s dort). Eine Schadenszufügung kann wegen ihres anstößigen Mittels (Verhaltens), wegen des tadelnswerten Zwecks oder wegen der Unverhältnismäßigkeit von Mittel und Zweck sittenwidrig sein. Allgemeiner Maßstab ist nicht die Vorstellung besonders streng denkender Kreise, sondern das, was von den meisten „billig und gerecht Denkenden" als verwerflich empfunden wird. **bb) Subjektiv** ist Kenntnis der den Sittenverstoß begründenden Tatsachen erforderlich, nicht dagegen das Bewusstsein der Sittenwidrigkeit selbst.

3 **b) Vorsatz.** Der Vorsatz muss die Schadenszufügung (und nicht bloß das schädigende Verhalten) umfassen. Es genügt, wenn der Schädiger die Möglichkeit des Schadenseintritts erkennt und dennoch handelt (dolus eventualis). Doch muss er den Kausalverlauf im Wesentlichen richtig vorhersehen (also etwa hinsichtlich der Art des Schadens und der als Geschädigte in Frage kommenden Personen).

4 **3. Fallgruppen.** Von den zahlreichen durch die Rspr herausgebildeten Fallgruppen können hier nur Beispiele genannt werden (näher *Palandt-Sprau* Rz 19ff): **a) Eingriffe in die persönliche Rechtsstellung,** zB durch Abgabe eines bewusst falschen Gutachtens über den Geisteszustand einer Person. **b) Arglistige Täuschung** (ebenso: Bedrohung) des Vertragspartners oder eines Dritten, um einen dem Täuschenden günstigen Abschluss zu erreichen (vgl § 123). **c) Verleitung eines Dritten zum Vertragsbruch.** Erforderlich ist aktive Mitwirkung (zB durch Freistellung des Dritten von Regressansprüchen); dagegen reicht das bloße Ausnutzen fremden vertragswidrigen Verhaltens nicht aus. **d) Durchführung eines Rechtsstreits,** wenn die (klagende oder beklagte) Partei die materielle Unrichtigkeit ihres Vorbringens kennt, sie der Gegenseite zumindest mit bedingtem Vorsatz Schaden zufügen will und außerdem besondere Umstände der Art und Weise der Prozessführung hinzutreten, die das Vorgehen als sittenwidrig erscheinen lassen, etwa indem das Verfahren – wie im Falle des Prozessbetrugs oder des Erschleichens gerichtlicher Handlungen – mit unlauteren Mitteln betrieben wird (BGHZ 154, 269; BGH NJW 2004, 446). **e) Missbräuchliche Ausnutzung einer formalen Rechtsposition.** Hier ist insb der **Urteilsmissbrauch** bedeutsam: Nach der Rspr (etwa BGHZ 13, 71) kann der Schuldner gegen ein sachlich falsches, aber rechtskräftiges Urteil aus § 826 auf Unterlassung der Zwangsvollstreckung und Herausgabe des Titels klagen. Voraussetzung ist, dass der Gläubiger die Unrichtigkeit des Urteils kennt und dass besondere Umstände die Zwangsvollstreckung trotz der Rechtskraft als sittenwidrig erscheinen lassen (zB Erschleichen des Titels durch unwahre Aussagen). In der Lit wird diese Rspr wegen ihrer die Rechtskraft aushöhlenden Wirkung kritisiert (vgl dazu *Rosenberg/Schwab/Gottwald,* Zivilprozessrecht [2004] § 161 III).

§ 827. Ausschluss und Minderung der Verantwortlichkeit

[1]Wer im Zustand der Bewusstlosigkeit oder in einem die freie Willensbestimmung ausschließenden Zustand krankhafter Störung der Geistestätigkeit einem anderen Schaden zufügt, ist für den Schaden nicht verantwortlich. [2]Hat er sich durch geistige Getränke oder ähnliche Mittel in einen vorübergehenden Zustand dieser Art versetzt, so ist er für einen Schaden, den er in diesem Zustand widerrechtlich verursacht, in gleicher Weise verantwortlich, wie wenn ihm Fahrlässigkeit zur Last fiele; die Verantwortlichkeit tritt nicht ein, wenn er ohne Verschulden in den Zustand geraten ist.

§ 828. Minderjährige

(1) **Wer nicht das siebente Lebensjahr vollendet hat, ist für einen Schaden, den er einem anderen zufügt, nicht verantwortlich.**

(2) **[1]Wer das siebente, aber nicht das zehnte Lebensjahr vollendet hat, ist für den Schaden, den er bei einem Unfall mit einem Kraftfahrzeug, einer Schienenbahn oder einer Schwebebahn einem anderen zufügt, nicht verantwortlich. [2]Dies gilt nicht, wenn er die Verletzung vorsätzlich herbeigeführt hat.**

(3) **Wer das 18. Lebensjahr noch nicht vollendet hat, ist, sofern seine Verantwortlichkeit nicht nach Absatz 1 oder 2 ausgeschlossen ist, für den Schaden, den er einem anderen zufügt, nicht verantwortlich, wenn er bei der Begehung der schädigenden Handlung nicht die zur Erkenntnis der Verantwortlichkeit erforderliche Einsicht hat.**

§ 829. Ersatzpflicht aus Billigkeitsgründen

Wer in einem der in den §§ 823 bis 826 bezeichneten Fälle für einen von ihm verursachten Schaden auf Grund der §§ 827, 828 nicht verantwortlich ist, hat gleichwohl, sofern der Ersatz des Schadens nicht von einem aufsichtspflichtigen Dritten erlangt werden kann, den Schaden insoweit zu ersetzen, als die Billigkeit nach den Umständen, insbesondere nach den Verhältnissen der Beteiligten, eine Schadloshaltung erfordert und ihm nicht die Mittel entzogen werden, deren er zum angemessenen Unterhalt sowie zur Erfüllung seiner gesetzlichen Unterhaltspflichten bedarf.

§ 830. Mittäter und Beteiligte

(1) **[1]Haben mehrere durch eine gemeinschaftlich begangene unerlaubte Handlung einen Schaden verursacht, so ist jeder für den Schaden verantwortlich. [2]Das Gleiche gilt, wenn sich nicht ermitteln lässt, wer von mehreren Beteiligten den Schaden durch seine Handlung verursacht hat.**

(2) **Anstifter und Gehilfen stehen Mittätern gleich.**

1. Allgemeines. Mittäter (Abs 1 S 1), Beteiligte (Abs 1 S 2) und Teilnehmer **1** (Abs 2) an einer unerlaubten Handlung (einschließlich der Gefährdungshaftung, *Medicus/Petersen* Rz 790) haften über die Verweisungskette §§ 830, 840 I, 421 gesamtschuldnerisch (vgl § 421 Rz 1ff). § 830 stellt nach hM eine selbständige Anspruchsgrundlage dar (*Jauernig-Teichmann* Rz 1; aA für § 830 I 2 *Larenz/Canaris* SchR II/2 § 82 II 1d) und ist in der Fallbearbeitung entsprechend anzuführen.

2. Die **Haftung nach Abs 1 S 1 bzw Abs 2.** Ob jemand als Mittäter, Anstifter **2** oder Gehilfe anzusehen ist, bestimmt die hM nach den für das Strafrecht entwickelten Grundsätzen (einschränkend *von Hein* AcP 2004, 761). Freilich sind im Einzelnen die **Voraussetzungen str** (Überblick bei *Staudinger-Eberl-Borges* [2008] Rz 10ff). Auf der subjektiven Seite ist nachzuweisen, dass der Mittäter oder Gehilfe Kenntnis der Tatumstände (zumindest in ihren groben Zügen) sowie den Willen gehabt hat, die Tat gemeinschaftlich mit anderen auszuführen oder sie als fremde Tat zu fördern. Für Exzesse anderer Beteiligter wird daher nicht gehaftet (BGHZ 63, 124, 128; vgl im Einzelnen *Jauernig-Teichmann* Rz 5; kritisch *Larenz/Canaris* II/2 § 82 I 2). In welcher Weise der Mittäter oder Gehilfe die Rechtsgutsverletzung mitverursacht hat, war nach früherer Rspr unerheblich (BGHZ 17, 327, 333: schon der gemeinschaftliche Wille erzeuge die Verursachung). Nunmehr fordert der BGH, es müsse objektiv eine Beteiligung an der Ausführung der Tat hinzukommen, die in irgendeiner Form deren Begehung fördere und für diese relevant sei, also den rechtswidrigen Eingriff in das fremde Rechtsgut unterstütze (BGHZ 137, 89, 102ff).

3 **3.** Die **Haftung nach Abs 1 S 2** besteht in Fällen, in denen mehrere Beteiligte die allgemeinen Haftungsvoraussetzungen (Rechtswidrigkeit, Verschulden) erfüllen, der Geschädigte jedoch nicht nachweisen kann, wessen Tatbeitrag in welchem Umfang letztlich die Rechtsgutsverletzung verursacht hat. Vor dieser Beweisschwierigkeit soll der Geschädigte geschützt werden. Zwei Fallgruppen kommen in Betracht (vgl BGH NJW 1994, 932, 934): **a) Urheberzweifel.** Fest steht, dass zumindest einer von mehreren Beteiligten den Schaden verursacht haben muss. Es ist aber nicht aufzuklären, wer es war. Keiner lässt sich als Schädiger ausschließen. **b) Anteilszweifel.** Fest steht, dass alle Beteiligten gemeinsam die Schadensursache(n) gesetzt haben. Zweifelhaft ist, ob jeder den gesamten Schaden oder nur einen Teil verursacht hat. **c) Einzelheiten.** Während die frühere Rspr für die Haftung aus § 830 I 2 einen räumlichen und zeitlichen Zusammenhang zwischen den einzelnen Taten forderte, lässt sie es nunmehr ausreichen, dass wegen des Zusammentreffens mehrerer gleichartiger Gefährdungshandlungen ihre Ursächlichkeit für einen Schaden nicht mehr festgestellt werden kann (BGHZ 55, 86, 95; vgl auch BGHZ 101, 106, 112). Die Kriterien bleiben indes problematisch und str (vgl etwa *Larenz/Canaris* SchR II/2 § 82 II 2b). Steht fest, dass der Ersttäter für den gesamten Schaden haftet, weil ihm die Schädigung durch den Zweitbeteiligten als adäquat kausale Folge seiner Tat zuzurechnen ist, so fehlt es an den von § 830 I 2 vorausgesetzten Beweisschwierigkeiten hinsichtlich der Kausalität; die Vorschrift ist also nicht anwendbar (BGHZ 67, 14, 19ff; ebenso *Medicus/Petersen* Rz 792a; aA etwa *Larenz/Canaris* SchR II/2 § 82 II 2f). Bsp: Ein Radfahrer wird von Autofahrer A angefahren und bleibt hilflos liegen, so dass ihn auch B noch überfährt; bald darauf stirbt er. Der Tod ist A zuzurechnen (§ 823 I); B haftet nur (aus § 823 I), wenn die tödliche Verletzung nachweislich erst von ihm stammt; § 830 I 2 kommt nicht zum Zuge.

§ 831. Haftung für den Verrichtungsgehilfen

(1) [1]**Wer einen anderen zu einer Verrichtung bestellt, ist zum Ersatz des Schadens verpflichtet, den der andere in Ausführung der Verrichtung einem Dritten widerrechtlich zufügt.** [2]**Die Ersatzpflicht tritt nicht ein, wenn der Geschäftsherr bei der Auswahl der bestellten Person und, sofern er Vorrichtungen oder Gerätschaften zu beschaffen oder die Ausführung der Verrichtung zu leiten hat, bei der Beschaffung oder der Leitung die im Verkehr erforderliche Sorgfalt beobachtet oder wenn der Schaden auch bei Anwendung dieser Sorgfalt entstanden sein würde.**

(2) **Die gleiche Verantwortlichkeit trifft denjenigen, welcher für den Geschäftsherrn die Besorgung eines der im Absatz 1 Satz 2 bezeichneten Geschäfte durch Vertrag übernimmt.**

1 **1. Allgemeines. a) Bedeutung.** Anders als § 278 (Haftung für Erfüllungsgehilfen) begründet die Haftung für Verrichtungsgehilfen keine Verantwortlichkeit des Geschäftsherrn für fremdes Verschulden. Die Vorschrift sanktioniert vielmehr eine **eigene**

verschuldete Pflichtwidrigkeit des Geschäftsherrn, nämlich die unsorgfältige Auswahl oder mangelhafte Beaufsichtigung der Verrichtungsgehilfen. Die Besonderheit der Haftung liegt darin, dass das **Auswahlverschulden** des Geschäftsherrn und seine Kausalität für den Schadenseintritt **vermutet** werden (vgl Vor § 823 Rz 2). **b) Konkurrenzen.** Da die Vorschrift eine eigene Anspruchsgrundlage gegen den Geschäftsherrn bringt und eine rechtswidrige Tat des Gehilfen voraussetzt, besteht meist (bei schuldhaftem Handeln des Gehilfen) Anspruchskonkurrenz zu dem deliktischen Anspruch des Geschädigten gegen jenen. Weitere Ansprüche gegen den Geschäftsherrn können sich aus § 823 ergeben („Organisationsverschulden", s unten Rz 3) und bei Bestehen einer Sonderbeziehung zwischen dem Geschäftsherrn und dem Geschädigten aus dem entsprechenden vertraglichen Haftungstatbestand (§§ 280ff iVm § 278).

2. Haftungsvoraussetzungen (Abs 1 S 1). a) Verrichtungsgehilfe ist, wer **weisungsgebunden** eine Tätigkeit ausüben muss, so dass der Geschäftsherr ständig über Art, Inhalt und Umfang der Tätigkeit zu bestimmen hat. Nicht dazu zählen selbständige Unternehmer, die – wenn auch nach (präzisen) Vorgaben des Auftraggebers – eigenverantwortlich ihren Arbeitsablauf bestimmen. **b) Widerrechtliche Schadenszufügung.** Der Verrichtungsgehilfe muss eine rechtswidrige Tat iSd §§ 823ff begangen haben. Wegen des vermuteten Verschuldens des Geschäftsherrn (s oben Rz 1) kommt es auf ein **Verschulden** des Gehilfen grds nicht an; ein solches ist daher regelmäßig nicht zu prüfen. Die Rspr scheidet aber unter Berufung auf den Schutzzweck der Norm diejenigen Fälle aus, in denen der Gehilfe sich so verhalten hat, wie jede sorgfältig ausgesuchte und überwachte Person sich verhalten hätte; denn bei objektiv fehlerfreiem Verhalten bestünde gegen den Geschäftsherrn auch im Falle eigenen Handelns kein Anspruch (BGH NJW 1996, 3205, 3207 mwN). Ein Teil der Lit will hingegen den Wortlaut von Abs 1 S 1 teleologisch korrigieren und für die Haftung des Geschäftsherrn auf Verschuldenselemente in der Person des Gehilfen nur dann verzichten, wenn ein innerer Zusammenhang zwischen dem Einsatz des Gehilfen und dem Fehlen eines Schuldvorwurfs gegen ihn besteht, so wenn ein gem §§ 827f verschuldensunfähiger Gehilfe eingesetzt wurde (näher *Larenz/Canaris* SchR II/2 § 79 III 2c; s auch *Medicus/Petersen* Rz 782). Abgesehen von Fragen der Beweislastverteilung (hierzu *Larenz/Canaris* aaO) dürften beide Ansichten aber in der Regel zu gleichen Ergebnissen gelangen. **c) In Ausführung der Verrichtung** und nicht nur „gelegentlich" dieser Tätigkeit muss die Schädigung erfolgt sein. Nach der Rspr muss ein „innerer Zusammenhang" zwischen Verrichtung und Schadenszufügung bestehen; dies ist immer dann der Fall, wenn durch die Verrichtung die Gefahr eines Schadens der eingetretenen Art nicht unwesentlich erhöht wurde; im einzelnen ist die Abgrenzung schwierig (vgl *Larenz/Canaris* SchR II/2 § 79 III 2d). 2

3. Entlastungsbeweis (Abs 1 S 2). Die sog Exkulpation ist auf zwei Wegen möglich: **a)** Zunächst kann der Nachweis geführt werden, dass **keine Pflichtwidrigkeit** durch den Geschäftsherrn begangen wurde; dies kann etwa durch die Darlegung sorgfältiger Auswahl und Überwachung des Verrichtungsgehilfen geschehen. **b)** Ferner kann der Geschäftsherr die Vermutung der **haftungsbegründenden Kausalität widerlegen,** indem er zeigt, dass der Schaden auch bei sorgfältiger Auswahl usw eingetreten wäre (zB durch den Nachweis, dass sich auch ein sorgfältig ausgewählter Gehilfe so verhalten hätte). **c) Dezentralisierter Entlastungsbeweis.** Da die Auswahl und Überwachung aller Verrichtungsgehilfen durch den Geschäftsherrn selbst nur in Kleinbetrieben möglich ist, hat die Rspr (BGHZ 4, 1) die Möglichkeit bejaht, die Sorgfaltspflichten auf untergeordnete Funktionsträger zu delegieren, so dass sich die Geschäftsleitung nur für die nächst niedrigere Führungsebene exkulpieren muss usw (kritisch etwa *Larenz/Canaris* SchR II/2 § 79 III 3b). Das Betriebsvermögen haftet dem Geschädigten in diesen Fällen zwar nicht aus § 831 iVm § 31, aber doch meistens aus dem Gesichtspunkt des „Organisationsverschuldens" (s dazu § 823 Rz 21). 3

d) Freistellungsanspruch des Arbeitnehmers. Selbst wenn dem Geschäftsherrn (Arbeitgeber) der Entlastungsbeweis gelingt und eine Haftung nach § 831 damit ausscheidet, bleibt dies für ihn wirtschaftlich wertlos, wenn er den Arbeitnehmer nach arbeitsrechtlichen Grundsätzen (s Vor § 611 Rz 5) von dessen Schadensersatzpflicht gegenüber dem Geschädigten freizustellen hat.

§ 832. Haftung des Aufsichtspflichtigen

(1) [1]**Wer kraft Gesetzes zur Führung der Aufsicht über eine Person verpflichtet ist, die wegen Minderjährigkeit oder wegen ihres geistigen oder körperlichen Zustands der Beaufsichtigung bedarf, ist zum Ersatz des Schadens verpflichtet, den diese Person einem Dritten widerrechtlich zufügt.** [2]**Die Ersatzpflicht tritt nicht ein, wenn er seiner Aufsichtspflicht genügt oder wenn der Schaden auch bei gehöriger Aufsichtsführung entstanden sein würde.**

(2) **Die gleiche Verantwortlichkeit trifft denjenigen, welcher die Führung der Aufsicht durch Vertrag übernimmt.**

1 Die Vorschrift enthält eine **Haftung für (widerleglich) vermutetes Aufsichtsverschulden:** Der Geschädigte muss nach Abs 1 S 1 nur die Schadensverursachung durch den zu Beaufsichtigenden und das Bestehen einer Aufsichtspflicht behaupten (und ggf beweisen), dh sowohl die Verletzung der Aufsichtspflicht als auch deren Ursächlichkeit für den Schaden werden vermutet. Beide Vermutungen kann der Aufsichtspflichtige nach Abs 1 S 2 widerlegen. Die Aufsichtspflicht kann eine gesetzliche (zB §§ 1626f, 1631) oder eine vertraglich übernommene (Abs 2) sein. Ihr Umfang bestimmt sich nach den Umständen des Einzelfalls, wobei die Rspr für den Entlastungsbeweis grds einen strengen Maßstab anlegt.

§ 833. Haftung des Tierhalters

[1]**Wird durch ein Tier ein Mensch getötet oder der Körper oder die Gesundheit eines Menschen verletzt oder eine Sache beschädigt, so ist derjenige, welcher das Tier hält, verpflichtet, dem Verletzten den daraus entstehenden Schaden zu ersetzen.** [2]**Die Ersatzpflicht tritt nicht ein, wenn der Schaden durch ein Haustier verursacht wird, das dem Beruf, der Erwerbstätigkeit oder dem Unterhalt des Tierhalters zu dienen bestimmt ist, und entweder der Tierhalter bei der Beaufsichtigung des Tieres die im Verkehr erforderliche Sorgfalt beobachtet oder der Schaden auch bei Anwendung dieser Sorgfalt entstanden sein würde.**

1 Die Vorschrift umfasst zwei unterschiedliche Tatbestände: S 1 enthält eine reine **Gefährdungshaftung** des Halters für alle Tiere, die nicht unter S 2 fallen. Unter den in S 2 beschriebenen Voraussetzungen wird die Haftung dagegen zu einer **Verschuldenshaftung** mit Beweislastumkehr abgeschwächt.

2 **1.** Die Verletzung „durch ein Tier" setzt voraus, dass sie auf einer Verwirklichung der **spezifischen Tiergefahr** beruht (zur Lehre vom Schutzzweck der Norm vgl Vor §§ 249ff Rz 15; näher *Medicus/Lorenz* SchR II Rz 1367; *Larenz/Canaris* SchR II/2 § 84 II 1 c).

3 **2.** Eine „berühmte Streitfrage" (*Larenz/Canaris* SchR II/2 § 84 II 1 e) ist die Einschränkung der Haftung aus § 833 S 1 bei einer **freiwilligen Selbstgefährdung** des Geschädigten; Bsp: Überlassung eines Reitpferdes aus Gefälligkeit. Die Rspr hält § 833 S 1 in einem solchen Fall für anwendbar (BGH NJW 1992, 2474f mwN), ein Teil der Lit verneint dies aus dem Rechtsgedanken der §§ 8, 8a StVG (so *Larenz/Canaris* aaO).

§ 834. Haftung des Tieraufsehers

[1]Wer für denjenigen, welcher ein Tier hält, die Führung der Aufsicht über das Tier durch Vertrag übernimmt, ist für den Schaden verantwortlich, den das Tier einem Dritten in der im § 833 bezeichneten Weise zufügt. [2]Die Verantwortlichkeit tritt nicht ein, wenn er bei der Führung der Aufsicht die im Verkehr erforderliche Sorgfalt beobachtet oder wenn der Schaden auch bei Anwendung dieser Sorgfalt entstanden sein würde.

§ 835. *(weggefallen)*

§ 836. Haftung des Grundstücksbesitzers

(1) [1]Wird durch den Einsturz eines Gebäudes oder eines anderen mit einem Grundstück verbundenen Werkes oder durch die Ablösung von Teilen des Gebäudes oder des Werkes ein Mensch getötet, der Körper oder die Gesundheit eines Menschen verletzt oder eine Sache beschädigt, so ist der Besitzer des Grundstücks, sofern der Einsturz oder die Ablösung die Folge fehlerhafter Errichtung oder mangelhafter Unterhaltung ist, verpflichtet, dem Verletzten den daraus entstehenden Schaden zu ersetzen. [2]Die Ersatzpflicht tritt nicht ein, wenn der Besitzer zum Zwecke der Abwendung der Gefahr die im Verkehr erforderliche Sorgfalt beobachtet hat.

(2) Ein früherer Besitzer des Grundstücks ist für den Schaden verantwortlich, wenn der Einsturz oder die Ablösung innerhalb eines Jahres nach der Beendigung seines Besitzes eintritt, es sei denn, dass er während seines Besitzes die im Verkehr erforderliche Sorgfalt beobachtet hat oder ein späterer Besitzer durch Beobachtung dieser Sorgfalt die Gefahr hätte abwenden können.

(3) Besitzer im Sinne dieser Vorschriften ist der Eigenbesitzer.

§ 837. Haftung des Gebäudebesitzers

Besitzt jemand auf einem fremden Grundstück in Ausübung eines Rechts ein Gebäude oder ein anderes Werk, so trifft ihn anstelle des Besitzers des Grundstücks die im § 836 bestimmte Verantwortlichkeit.

§ 838. Haftung des Gebäudeunterhaltungspflichtigen

Wer die Unterhaltung eines Gebäudes oder eines mit einem Grundstück verbundenen Werkes für den Besitzer übernimmt oder das Gebäude oder das Werk vermöge eines ihm zustehenden Nutzungsrechts zu unterhalten hat, ist für den durch den Einsturz oder die Ablösung von Teilen verursachten Schaden in gleicher Weise verantwortlich wie der Besitzer.

§ 839. Haftung bei Amtspflichtverletzung

(1) [1]Verletzt ein Beamter vorsätzlich oder fahrlässig die ihm einem Dritten gegenüber obliegende Amtspflicht, so hat er dem Dritten den daraus entstehenden Schaden zu ersetzen. [2]Fällt dem Beamten nur Fahrlässigkeit zur Last, so kann er nur dann in Anspruch genommen werden, wenn der Verletzte nicht auf andere Weise Ersatz zu erlangen vermag.

(2) [1]Verletzt ein Beamter bei dem Urteil in einer Rechtssache seine Amtspflicht, so ist er für den daraus entstehenden Schaden nur dann verantwortlich, wenn die Pflichtverletzung in einer Straftat besteht. [2]Auf eine pflichtwidrige Verweigerung oder Verzögerung der Ausübung des Amts findet diese Vorschrift keine Anwendung.

(3) Die Ersatzpflicht tritt nicht ein, wenn der Verletzte vorsätzlich oder fahrlässig unterlassen hat, den Schaden durch Gebrauch eines Rechtsmittels abzuwenden.

§ 839a. Haftung des gerichtlichen Sachverständigen

(1) Erstattet ein vom Gericht ernannter Sachverständiger vorsätzlich oder grob fahrlässig ein unrichtiges Gutachten, so ist er zum Ersatz des Schadens verpflichtet, der einem Verfahrensbeteiligten durch eine gerichtliche Entscheidung entsteht, die auf diesem Gutachten beruht.

(2) § 839 Abs. 3 ist entsprechend anzuwenden.

§ 840. Haftung mehrerer

(1) Sind für den aus einer unerlaubten Handlung entstehenden Schaden mehrere nebeneinander verantwortlich, so haften sie als Gesamtschuldner.

(2) Ist neben demjenigen, welcher nach den §§ 831, 832 zum Ersatz des von einem anderen verursachten Schadens verpflichtet ist, auch der andere für den Schaden verantwortlich, so ist in ihrem Verhältnis zueinander der andere allein, im Falle des § 829 der Aufsichtspflichtige allein verpflichtet.

(3) Ist neben demjenigen, welcher nach den §§ 833 bis 838 zum Ersatz des Schadens verpflichtet ist, ein Dritter für den Schaden verantwortlich, so ist in ihrem Verhältnis zueinander der Dritte allein verpflichtet.

§ 841. Ausgleichung bei Beamtenhaftung

Ist ein Beamter, der vermöge seiner Amtspflicht einen anderen zur Geschäftsführung für einen Dritten zu bestellen oder eine solche Geschäftsführung zu beaufsichtigen oder durch Genehmigung von Rechtsgeschäften bei ihr mitzuwirken hat, wegen Verletzung dieser Pflichten neben dem anderen für den von diesem verursachten Schaden verantwortlich, so ist in ihrem Verhältnis zueinander der andere allein verpflichtet.

§ 842. Umfang der Ersatzpflicht bei Verletzung einer Person

Die Verpflichtung zum Schadensersatz wegen einer gegen die Person gerichteten unerlaubten Handlung erstreckt sich auf die Nachteile, welche die Handlung für den Erwerb oder das Fortkommen des Verletzten herbeiführt.

§ 843. Geldrente oder Kapitalabfindung

(1) Wird infolge einer Verletzung des Körpers oder der Gesundheit die Erwerbsfähigkeit des Verletzten aufgehoben oder gemindert oder tritt eine Vermehrung seiner Bedürfnisse ein, so ist dem Verletzten durch Entrichtung einer Geldrente Schadensersatz zu leisten.

(2) [1] Auf die Rente findet die Vorschrift des § 760 Anwendung. [2] Ob, in welcher Art und für welchen Betrag der Ersatzpflichtige Sicherheit zu leisten hat, bestimmt sich nach den Umständen.

(3) Statt der Rente kann der Verletzte eine Abfindung in Kapital verlangen, wenn ein wichtiger Grund vorliegt.

(4) Der Anspruch wird nicht dadurch ausgeschlossen, dass ein anderer dem Verletzten Unterhalt zu gewähren hat.

§ 844. Ersatzansprüche Dritter bei Tötung

(1) **Im Falle der Tötung hat der Ersatzpflichtige die Kosten der Beerdigung demjenigen zu ersetzen, welchem die Verpflichtung obliegt, diese Kosten zu tragen.**

(2) [1]**Stand der Getötete zur Zeit der Verletzung zu einem Dritten in einem Verhältnis, vermöge dessen er diesem gegenüber kraft Gesetzes unterhaltspflichtig war oder unterhaltspflichtig werden konnte, und ist dem Dritten infolge der Tötung das Recht auf den Unterhalt entzogen, so hat der Ersatzpflichtige dem Dritten durch Entrichtung einer Geldrente insoweit Schadensersatz zu leisten, als der Getötete während der mutmaßlichen Dauer seines Lebens zur Gewährung des Unterhalts verpflichtet gewesen sein würde; die Vorschrift des § 843 Abs. 2 bis 4 findet entsprechende Anwendung.** [2]**Die Ersatzpflicht tritt auch dann ein, wenn der Dritte zur Zeit der Verletzung gezeugt, aber noch nicht geboren war.**

§ 845. Ersatzansprüche wegen entgangener Dienste

[1]**Im Falle der Tötung, der Verletzung des Körpers oder der Gesundheit sowie im Falle der Freiheitsentziehung hat der Ersatzpflichtige, wenn der Verletzte kraft Gesetzes einem Dritten zur Leistung von Diensten in dessen Hauswesen oder Gewerbe verpflichtet war, dem Dritten für die entgehenden Dienste durch Entrichtung einer Geldrente Ersatz zu leisten.** [2]**Die Vorschrift des § 843 Abs. 2 bis 4 findet entsprechende Anwendung.**

§ 846. Mitverschulden des Verletzten

Hat in den Fällen der §§ 844, 845 bei der Entstehung des Schadens, den der Dritte erleidet, ein Verschulden des Verletzten mitgewirkt, so findet auf den Anspruch des Dritten die Vorschrift des § 254 Anwendung.

§ 847. *(aufgehoben)*

§ 848. Haftung für Zufall bei Entziehung einer Sache

Wer zur Rückgabe einer Sache verpflichtet ist, die er einem anderen durch eine unerlaubte Handlung entzogen hat, ist auch für den zufälligen Untergang, eine aus einem anderen Grunde eintretende zufällige Unmöglichkeit der Herausgabe oder eine zufällige Verschlechterung der Sache verantwortlich, es sei denn, dass der Untergang, die anderweitige Unmöglichkeit der Herausgabe oder die Verschlechterung auch ohne die Entziehung eingetreten sein würde.

§ 849. Verzinsung der Ersatzsumme

Ist wegen der Entziehung einer Sache der Wert oder wegen der Beschädigung einer Sache die Wertminderung zu ersetzen, so kann der Verletzte Zinsen des zu ersetzenden Betrags von dem Zeitpunkt an verlangen, welcher der Bestimmung des Wertes zugrunde gelegt wird.

§ 850. Ersatz von Verwendungen

Macht der zur Herausgabe einer entzogenen Sache Verpflichtete Verwendungen auf die Sache, so stehen ihm dem Verletzten gegenüber die Rechte zu, die der Besitzer dem Eigentümer gegenüber wegen Verwendungen hat.

§ 851. Ersatzleistung an Nichtberechtigten

Leistet der wegen der Entziehung oder Beschädigung einer beweglichen Sache zum Schadensersatz Verpflichtete den Ersatz an denjenigen, in dessen Besitz

sich die Sache zur Zeit der Entziehung oder der Beschädigung befunden hat, so wird er durch die Leistung auch dann befreit, wenn ein Dritter Eigentümer der Sache war oder ein sonstiges Recht an der Sache hatte, es sei denn, dass ihm das Recht des Dritten bekannt oder infolge grober Fahrlässigkeit unbekannt ist.

§ 852. Herausgabeanspruch nach Eintritt der Verjährung

[1] Hat der Ersatzpflichtige durch eine unerlaubte Handlung auf Kosten des Verletzten etwas erlangt, so ist er auch nach Eintritt der Verjährung des Anspruchs auf Ersatz des aus einer unerlaubten Handlung entstandenen Schadens zur Herausgabe nach den Vorschriften über die Herausgabe einer ungerechtfertigten Bereicherung verpflichtet. [2] Dieser Anspruch verjährt in zehn Jahren von seiner Entstehung an, ohne Rücksicht auf die Entstehung in 30 Jahren von der Begehung der Verletzungshandlung oder dem sonstigen, den Schaden auslösenden Ereignis an.

1 **1.** Für die **Verjährung** deliktischer Ansprüche gilt die regelmäßige Verjährungsfrist des § 195, deren Beginn sich nach § 199 richtet (s § 195 Rz 1ff). Der Anspruch verjährt also drei Jahre nach dem Schluss des Jahres, in dem er entstanden ist und der Verletzte von dem Schaden und der Person des Ersatzpflichtigen Kenntnis erlangt oder ohne grobe Fahrlässigkeit erlangen müsste.

2 **2.** In § 852 wird ein **Abschöpfungsanspruch** gegen den Ersatzpflichtigen geschaffen. Die Vorschrift verhindert, dass ein deliktisch Handelnder (etwa ein Dieb oder Betrüger) die Vorteile aus seinem Handeln nach einer Verjährung des deliktischen Ersatzanspruchs behalten darf. Es handelt sich um einen eigenständigen Schadensersatzanspruch, der auf Herausgabe des durch die unerlaubte Handlung auf Kosten des Geschädigten Erlangten geht und in seinem Umfang durch die Vorschriften über die Herausgabe einer ungerechtfertigten Bereicherung (namentlich § 818) begrenzt ist (vgl RegBegr BT-Drucks 14/6040, 270; BGHZ 71, 86, 98f). Anspruchsgrundlage für diesen sog „deliktischen Bereicherungsanspruch" ist S 1, die Tatbestandsvoraussetzungen der §§ 812ff sind nicht zu prüfen (Rechtsfolgenverweisung).

§ 853. Arglisteinrede

Erlangt jemand durch eine von ihm begangene unerlaubte Handlung eine Forderung gegen den Verletzten, so kann der Verletzte die Erfüllung auch dann verweigern, wenn der Anspruch auf Aufhebung der Forderung verjährt ist.

Buch 3. Sachenrecht

Vor § 854

1. Gegenstand des Sachenrechts ist die unmittelbare **Zuordnung von Gütern** zu einer Person. 1

2. Das Verständnis der sachenrechtlichen Regelungen wird erleichtert, wenn man bestimmte **Strukturprinzipien** beachtet (vgl *Baur/Stürner* § 4): **a) Absolutheitsprinzip.** Das Sachenrecht begründet sog dingliche Rechte, die – anders als die relativen Rechte des Schuldrechts – gegenüber jedermann wirken. **b) Typenzwang.** Dingliche Rechte können nur in den gesetzlich vorgesehenen Formen begründet, übertragen und aufgehoben werden. Anders als im Schuldrecht (vgl § 311 I) besteht im Interesse der Rechtssicherheit also keine inhaltliche Gestaltungsfreiheit. **c) Spezialitätsprinzip.** Dingliche Rechte können – ebenfalls aus Gründen der Rechtssicherheit – nur an hinreichend bestimmten Einzelgegenständen bestehen. **d) Publizitätsprinzip.** Entsprechend ihrer gegenüber jedermann bestehenden Wirkung müssen dingliche Rechte auch für jedermann erkennbar sein. Als Anhaltspunkte dienen bei beweglichen Sachen der Besitz, bei Grundstücken die Eintragung im Grundbuch. **e) Abstraktionsprinzip.** Die Wirksamkeit des dinglichen Verfügungsgeschäfts ist von Bestand und Wirksamkeit des schuldrechtlichen Verpflichtungsgeschäfts unabhängig. 2

Abschnitt 1. Besitz

§ 854. Erwerb des Besitzes

(1) **Der Besitz einer Sache wird durch die Erlangung der tatsächlichen Gewalt über die Sache erworben.**

(2) **Die Einigung des bisherigen Besitzers und des Erwerbers genügt zum Erwerb, wenn der Erwerber in der Lage ist, die Gewalt über die Sache auszuüben.**

I. Allgemeines

1. Begriff. Besitz ist die **tatsächliche** Herrschaft über eine Sache; es kommt nicht darauf an, ob ein **Recht** zur Ausübung des Besitzes besteht. 1

2. Die wichtigsten **Arten** des Besitzes sind: **a) Unmittelbarer und mittelbarer Besitz.** Unmittelbarer Besitzer ist jeder, der die tatsächliche Gewalt über die Sache ausübt (§ 854 I) oder durch einen Besitzdiener ausüben lässt (§ 855); den mittelbaren Besitz definiert § 868. 2

b) Eigenbesitz und Fremdbesitz. Maßgebend für diese Unterscheidung ist die Willensrichtung des Besitzers. Den Eigenbesitz definiert § 872; Fremdbesitzer ist demgegenüber derjenige, der die Sache für einen anderen besitzt, zB der Besitzmittler für den mittelbaren Eigenbesitzer (relevant für §§ 900, 937, 955, 958, 990, 1006). 3

c) Alleinbesitz und Mitbesitz. Der Alleinbesitzer (zB der Mieter eines Hauses) ist durch niemanden in seiner Besitzerstellung beschränkt; auch der Teilbesitzer (zB der Mieter einer Wohnung) ist Alleinbesitzer (vgl § 865). Demgegenüber ist der Mitbesitz gemeinschaftlicher Besitz (s § 866). Im Einzelnen wird unterschieden zwischen **schlichtem** Mitbesitz, bei dem jeder Mitbesitzer die Sachherrschaft allein ausüben kann (zB gemeinsamer Garten der Mieter), und **qualifiziertem** Mitbesitz, bei dem mehrere den Besitz nur gemeinschaftlich ausüben können (zB Mitverschluss bei kumulativ erforderlichen Schlüsseln). Qualifizierten Mitbesitz haben wegen der gesamthänderischen Bindung auch die Miterben, und zwar unmittelbar mit dem Erbfall 4 (vgl § 857). Juristische Personen und rechtsfähige Personengesellschaften (vgl zu ihnen § 14 Rz 2) sind als solche Besitzer; die von ihren Organen ausgeübte Sachherrschaft wird ihnen als eigene zugerechnet (Organbesitz). Das muss grds auch für die GbR gelten (anders noch BGHZ 86, 340), die nach der neueren Rspr als rechtsfähig anerkannt wird (vgl Vor § 705 Rz 5).

II. Erwerb des unmittelbaren Besitzes

5 **1.** Ob die **tatsächliche Gewalt** erlangt wurde, entscheidet die Verkehrsanschauung. Ungeschriebene Voraussetzung für die Erlangung des unmittelbaren Besitzes ist nach hM ein **Besitzbegründungswille.** Der natürliche Wille, den auch ein Geschäftsunfähiger haben kann, reicht aus. Der Besitzwille braucht nicht auf eine spezielle Sache bezogen zu sein, sondern es reicht ein nach außen erkennbarer genereller Wille (s BGHZ 101, 186, 189f), wie er zB durch Aufstellen eines Briefkastens für alle eingeworfene Post zum Ausdruck kommt.

6 **2.** Nach Abs 2 genügt anstelle der Erlangung der tatsächlichen Sachherrschaft die **rechtsgeschäftliche Einigung** (hM: Geschäftsfähigkeit erforderlich und Stellvertretung zulässig; anders *MüKo-Joost* Rz 32), wenn der Erwerber die **Möglichkeit** der Gewaltausübung hat; Bsp: Der Besitz an einem Holzstoß im Wald kann im Wirtshaus übertragen werden. Es gibt aber auch nach Abs 2 keinen gutgläubigen Besitzerwerb von einem Nichtbesitzer.

7 **3.** Zur Erlangung der tatsächlichen Gewalt (Abs 1) wie zur bloßen Möglichkeit der Gewaltausübung (Abs 2) ist es notwendig, dass der bisherige unmittelbare Besitzer seinen **unmittelbaren Besitz aufgibt** (BGHZ 27, 360). Ein Handwerker, der Heizkörper auf die Baustelle gebracht und sie dort zum Teil schon probeweise eingebaut hat, bringt damit idR seinen Besitzaufgabewillen zum Ausdruck (BGHZ 58, 309, 314).

§ 855. Besitzdiener

Übt jemand die tatsächliche Gewalt über eine Sache für einen anderen in dessen Haushalt oder Erwerbsgeschäft oder in einem ähnlichen Verhältnis aus, vermöge dessen er den sich auf die Sache beziehenden Weisungen des anderen Folge zu leisten hat, so ist nur der andere Besitzer.

1 Da die Regeln über die Stellvertretung im Rahmen der Besitzübertragung grds keine Anwendung finden (Ausnahme § 854 II), ermöglicht § 855 die Einschaltung Dritter als Hilfspersonen. Besitzdiener ist, wer in einem äußerlich erkennbaren (str; anders *Baur/Stürner* § 7 Rz 67) **sozialen Abhängigkeitsverhältnis** zum Besitzer steht und dessen Weisungen unterworfen ist. Der Besitzdiener hat selbst keinen Besitz, dieser wird dem Besitzherrn auf Grund von dessen Weisungsbefugnis zugerechnet. Bloße wirtschaftliche Abhängigkeit genügt nicht (BGHZ 27, 360, 363). Arbeiter, Angestellte und Beamte sind idR Besitzdiener. Der Besitzdiener muss die tatsächliche Gewalt im Rahmen des Abhängigkeitsverhältnisses ausüben. Ein entgegenstehender innerer Wille des Besitzdieners ist unbeachtlich (BGHZ 8, 130, 134). Bringt der Besitzdiener jedoch erkennbar zum Ausdruck, nicht mehr für den Besitzherrn besitzen zu wollen, so verliert dieser seinen Besitz. Zum Abhandenkommen bei Besitzdienerschaft vgl § 935 Rz 3.

§ 856. Beendigung des Besitzes

(1) **Der Besitz wird dadurch beendigt, dass der Besitzer die tatsächliche Gewalt über die Sache aufgibt oder in anderer Weise verliert.**

(2) **Durch eine ihrer Natur nach vorübergehende Verhinderung in der Ausübung der Gewalt wird der Besitz nicht beendigt.**

§ 857. Vererblichkeit

Der Besitz geht auf den Erben über.

Erbenbesitz ist Besitz ohne tatsächliche Sachherrschaft (vgl § 854 I). Die Art des Erbenbesitzes entspricht dem Besitz des Erblassers. Besitzwillen ist nicht erforderlich, ja nicht einmal Kenntnis vom Erbfall (näher *Baur/Stürner* § 8 Rz 2f). Der Erbenbesitz endet, sobald der Erbe die Sache tatsächlich ergreift. Im Falle der Ausschlagung der Erbschaft entfällt der Erbenbesitz rückwirkend mit der Erbenstellung. 1

Zweck des Erbenbesitzes ist der **Schutz des Erben.** Zum einen ermöglicht er die Geltendmachung von besitzrechtlichen Ansprüchen (§§ 858ff, 1007). Zum anderen führt § 857 dazu, dass ein Nachlassgegenstand gegenüber dem Erben als abhandengekommen iSd § 935 gilt, wenn er von einem nichtberechtigten Scheinerben veräußert wird. Anderes gilt nur, wenn der Scheinerbe bei der Veräußerung durch einen Erbschein legitimiert ist (vgl § 2366). 2

§ 858. Verbotene Eigenmacht

(1) **Wer dem Besitzer ohne dessen Willen den Besitz entzieht oder ihn im Besitz stört, handelt, sofern nicht das Gesetz die Entziehung oder die Störung gestattet, widerrechtlich (verbotene Eigenmacht).**

(2) [1]**Der durch verbotene Eigenmacht erlangte Besitz ist fehlerhaft.** [2]**Die Fehlerhaftigkeit muss der Nachfolger im Besitz gegen sich gelten lassen, wenn er Erbe des Besitzers ist oder die Fehlerhaftigkeit des Besitzes seines Vorgängers bei dem Erwerb kennt.**

1. Verbotene Eigenmacht ist der Grundbegriff des Besitzschutzes nach §§ 858–862. Die verbotene Eigenmacht richtet sich immer gegen den **unmittelbaren** Besitz. Es handelt sich um einen objektiven Tatbestand, der ein Bewusstsein der Rechtswidrigkeit oder ein Verschulden nicht voraussetzt. 1

2. § 858 ist ein Schutzgesetz iSd § 823 II (BGHZ 20, 169, 171). Als verbotene Eigenmacht ist auch das **unberechtigte Parken** auf einem Privatgrundstück anzusehen. Der Besitzer kann daher nach § 823 II iVm § 858 von dem Störer Ersatz der Kosten des von ihm beauftragten privaten Abschleppdienstes verlangen (BGH NJW 2009, 2530). 2

3. Verbotene Eigenmacht setzt voraus, dass der Besitzer in seiner **tatsächlichen Sachherrschaft** beeinträchtigt wird. Dies ist zB nicht der Fall, wenn ein Vermieter nach Mietende die Versorgung der Mieträume mit Heizenergie oder anderen Versorgungsleistungen einstellt, weil dadurch der Zugriff des Besitzers auf die Mieträume als solche nicht beeinträchtigt wird (BGH NJW 2009, 1947). 3

§ 859. Selbsthilfe des Besitzers

(1) **Der Besitzer darf sich verbotener Eigenmacht mit Gewalt erwehren.**

(2) **Wird eine bewegliche Sache dem Besitzer mittels verbotener Eigenmacht weggenommen, so darf er sie dem auf frischer Tat betroffenen oder verfolgten Täter mit Gewalt wieder abnehmen.**

(3) **Wird dem Besitzer eines Grundstücks der Besitz durch verbotene Eigenmacht entzogen, so darf er sofort nach der Entziehung sich des Besitzes durch Entsetzung des Täters wieder bemächtigen.**

(4) **Die gleichen Rechte stehen dem Besitzer gegen denjenigen zu, welcher nach § 858 Abs. 2 die Fehlerhaftigkeit des Besitzes gegen sich gelten lassen muss.**

Besitzwehr (Abs 1) und Besitzkehr (Abs 2 und 3) sind **Selbsthilferechte** des unmittelbaren Besitzers (zum Besitzdiener s § 860). Nach hM stehen sie aber auch 1 dem mittelbaren Besitzer analog § 869 zu, wenn gegen den Besitzmittler verbotene Eigenmacht verübt wird (*Staudinger-Bund* [2007] § 869 Rz 2; aA *MüKo-Joost* § 869 Rz 7).

§ 860. Selbsthilfe des Besitzdieners

Zur Ausübung der dem Besitzer nach § 859 zustehenden Rechte ist auch derjenige befugt, welcher die tatsächliche Gewalt nach § 855 für den Besitzer ausübt.

§ 861. Anspruch wegen Besitzentziehung

(1) **Wird der Besitz durch verbotene Eigenmacht dem Besitzer entzogen, so kann dieser die Wiedereinräumung des Besitzes von demjenigen verlangen, welcher ihm gegenüber fehlerhaft besitzt.**

(2) **Der Anspruch ist ausgeschlossen, wenn der entzogene Besitz dem gegenwärtigen Besitzer oder dessen Rechtsvorgänger gegenüber fehlerhaft war und in dem letzten Jahre vor der Entziehung erlangt worden ist.**

1 **1. Voraussetzung** des Besitzschutzanspruchs ist verbotene Eigenmacht (§ 858 I) gegenüber einem unmittelbaren Besitzer; den mittelbaren Besitzer schützt § 869. Der Anspruch kann nach § 861 II ausgeschlossen oder nach § 864 erloschen sein. Die Fehlerhaftigkeit des Besitzes, von der § 861 II spricht, ist in § 858 II 1 definiert.

2 **2.** Es handelt sich um einen sog **possessorischen Anspruch** – im Unterschied zu den unten Rz 3 genannten petitorischen Ansprüchen. Damit ist gemeint, dass der Anspruch aus dem Besitz selbst erwächst und dass kein Recht zum Besitz bestehen muss; auch der Anspruchsgegner kann sich gem § 863 grds nicht auf ein Recht zum Besitz berufen, also etwa darauf, er sei Eigentümer oder habe einen Anspruch auf Übereignung. Ziel des Anspruchs ist es, dem Besitzer – neben dem Selbsthilferecht des § 859 – die Möglichkeit einer raschen Wiederherstellung des früheren Zustands im Klagewege zu eröffnen.

3 **3. Anspruchskonkurrenz** mit den sog **petitorischen Ansprüchen,** die aus einem Recht fließen und daher die Rechtslage (im Unterschied zum possessorischen Anspruch) endgültig klären, ist möglich. Zu nennen sind namentlich §§ 985 und 1007.

§ 862. Anspruch wegen Besitzstörung

(1) [1] **Wird der Besitzer durch verbotene Eigenmacht im Besitz gestört, so kann er von dem Störer die Beseitigung der Störung verlangen.** [2] **Sind weitere Störungen zu besorgen, so kann der Besitzer auf Unterlassung klagen.**

(2) **Der Anspruch ist ausgeschlossen, wenn der Besitzer dem Störer oder dessen Rechtsvorgänger gegenüber fehlerhaft besitzt und der Besitz in dem letzten Jahre vor der Störung erlangt worden ist.**

1 Die Vorschrift enthält einen weiteren possessorischen Besitzschutzanspruch, dessen allg Voraussetzungen denen des § 861 entsprechen. Der Anspruch wird durch die Duldungspflichten analog § 906 begrenzt, da die Beseitigungsansprüche eines Besitzers nicht weitergehen können als die eines Eigentümers (BGHZ 90, 255).

§ 863. Einwendungen des Entziehers oder Störers

Gegenüber den in den §§ 861, 862 bestimmten Ansprüchen kann ein Recht zum Besitz oder zur Vornahme der störenden Handlung nur zur Begründung der Behauptung geltend gemacht werden, dass die Entziehung oder die Störung des Besitzes nicht verbotene Eigenmacht sei.

1. Die Vorschrift ist so zu lesen, dass die verbotene Eigenmacht bestritten, ein **Recht zum Besitz** aber nicht geltend gemacht werden kann; denn ein Recht zum Besitz ändert an der verbotenen Eigenmacht (§ 858) nichts (*MüKo-Joost* Rz 6). Der Ausschluss petitorischer Einwendungen gegen die possessorischen Ansprüche hat den **Sinn,** den gerichtlichen Besitzschutz zu beschleunigen. **1**

2. Eine **Widerklage** (§ 33 ZPO) aus einem Recht zum Besitz (petitorische Widerklage) lässt die Rspr und hM trotz § 863 unbeschränkt zu (BGHZ 53, 166, 169f). Dem ist grds zuzustimmen, weil eine mit § 863 unverträgliche Verzögerung der Besitzschutzklage aus §§ 861f bei richtiger Verfahrensweise nicht eintritt. Über eine entscheidungsreife Besitzschutzklage kann nämlich durch Teilurteil (§ 301 ZPO) sofort entschieden werden, und es ist nicht etwa erst über die Widerklage Beweis zu erheben. Insofern kann nicht davon gesprochen werden, dass die Zulassung der petitorischen Widerklage einen unerwünschten Anreiz zu illegaler Selbsthilfe biete (so aber zB *Westermann/Gursky* § 24 II 4). Nicht unbedenklich ist es allerdings, wenn BGHZ 73, 355 bei gleichzeitiger Entscheidungsreife beider Klagen die „an sich" begründete Besitzschutzklage schon vor Rechtskraft des Urteils zur Widerklage abweisen will; denn nach § 864 II erlischt der Besitzschutzanspruch nur bei **rechtskräftiger** Feststellung der Berechtigung des Störers, und diese Wertung des Gesetzes sollte nicht ohne Not von der Rspr korrigiert werden (näher *MüKo-Joost* Rz 10f). **2**

§ 864. Erlöschen der Besitzansprüche

(1) **Ein nach den §§ 861, 862 begründeter Anspruch erlischt mit dem Ablauf eines Jahres nach der Verübung der verbotenen Eigenmacht, wenn nicht vorher der Anspruch im Wege der Klage geltend gemacht wird.**

(2) **Das Erlöschen tritt auch dann ein, wenn nach der Verübung der verbotenen Eigenmacht durch rechtskräftiges Urteil festgestellt wird, dass dem Täter ein Recht an der Sache zusteht, vermöge dessen er die Herstellung eines seiner Handlungsweise entsprechenden Besitzstands verlangen kann.**

Es handelt sich um eine sog **Ausschlussfrist,** da der Fristablauf zum Erlöschen des Anspruchs führt. Sie ist von Amts wegen zu beachten. **1**

§ 865. Teilbesitz

Die Vorschriften der §§ 858 bis 864 gelten auch zugunsten desjenigen, welcher nur einen Teil einer Sache, insbesondere abgesonderte Wohnräume oder andere Räume, besitzt.

§ 866. Mitbesitz

Besitzen mehrere eine Sache gemeinschaftlich, so findet in ihrem Verhältnis zueinander ein Besitzschutz insoweit nicht statt, als es sich um die Grenzen des den einzelnen zustehenden Gebrauchs handelt.

Die Vorschrift beschränkt den possessorischen Besitzschutz unter Mitbesitzern (vgl § 854 Rz 4) auf Fälle der vollständigen Besitzentziehung. Für bloße Besitzstörungen lässt die Rspr trotz § 866 **deliktischen** Besitzschutz aus § 823 I zu (BGHZ 62, 243). **1**

§ 867. Verfolgungsrecht des Besitzers

[1]Ist eine Sache aus der Gewalt des Besitzers auf ein im Besitz eines anderen befindliches Grundstück gelangt, so hat ihm der Besitzer des Grundstücks die Aufsuchung und die Wegschaffung zu gestatten, sofern nicht die Sache inzwischen in Besitz genommen worden ist. [2]Der Besitzer des Grundstücks kann Er-

satz des durch die Aufsuchung und die Wegschaffung entstehenden Schadens verlangen. [3]Er kann, wenn die Entstehung eines Schadens zu besorgen ist, die Gestattung verweigern, bis ihm Sicherheit geleistet wird; die Verweigerung ist unzulässig, wenn mit dem Aufschub Gefahr verbunden ist.

§ 868. Mittelbarer Besitz

Besitzt jemand eine Sache als Nießbraucher, Pfandgläubiger, Pächter, Mieter, Verwahrer oder in einem ähnlichen Verhältnis, vermöge dessen er einem anderen gegenüber auf Zeit zum Besitz berechtigt oder verpflichtet ist, so ist auch der andere Besitzer (mittelbarer Besitz).

1 **1.** Aus der Vorschrift ergeben sich **zwei Voraussetzungen** für den mittelbaren Besitz:

2 **a) Unmittelbarer Fremdbesitz** des Besitzmittlers. Dieser muss also den Willen haben, die Sache als Fremdbesitzer (Nießbraucher etc) zu besitzen. Eine nach außen manifestierte Änderung dieses Willens beendet den mittelbaren Besitz oder hindert dessen Entstehung unabhängig davon, ob sie dem bisherigen bzw angehenden mittelbaren Besitzer gegenüber zum Ausdruck gebracht wird (BGHZ 161, 90, 113: Entfernung der Identifikationsnummern an den Geräten).

3 **b)** Ein **Besitzmittlungsverhältnis,** also idR ein Rechtsgeschäft, das aber nicht rechtsgültig sein muss, sofern nur ein Herausgabeanspruch gegen den Besitzmittler (zB aus § 812) besteht. Aus den Worten „auf Zeit" in § 868 folgt, dass ein Besitzmittlungsverhältnis stets einen wirksamen Herausgabeanspruch des mittelbaren Besitzers voraussetzt (vgl auch § 870). Der – meist aus dem Vertrag fließende – Herausgabeanspruch bildet somit das entscheidende Moment des Besitzmittlungsverhältnisses.

4 **2.** Str ist, ob sog mittelbarer **Nebenbesitz** entstehen kann, wenn der unmittelbare Besitzer zwei getrennte Besitzmittlungsverhältnisse zu verschiedenen Personen anerkennt. Die Frage wird sowohl bei der Übergabe im Rahmen des § 929 S 1, als auch im Zusammenhang mit § 934 bedeutsam (s dort).

§ 869. Ansprüche des mittelbaren Besitzers

[1]Wird gegen den Besitzer verbotene Eigenmacht verübt, so stehen die in den §§ 861, 862 bestimmten Ansprüche auch dem mittelbaren Besitzer zu. [2]Im Falle der Entziehung des Besitzes ist der mittelbare Besitzer berechtigt, die Wiedereinräumung des Besitzes an den bisherigen Besitzer zu verlangen; kann oder will dieser den Besitz nicht wieder übernehmen, so kann der mittelbare Besitzer verlangen, dass ihm selbst der Besitz eingeräumt wird. [3]Unter der gleichen Voraussetzung kann er im Falle des § 867 verlangen, dass ihm die Aufsuchung und Wegschaffung der Sache gestattet wird.

1 S 1 gilt nach hM über seinen Wortlaut hinaus auch für die in § 859 bestimmten Ansprüche (s dort Rz 1).

§ 870. Übertragung des mittelbaren Besitzes

Der mittelbare Besitz kann dadurch auf einen anderen übertragen werden, dass diesem der Anspruch auf Herausgabe der Sache abgetreten wird.

§ 871. Mehrstufiger mittelbarer Besitz

Steht der mittelbare Besitzer zu einem Dritten in einem Verhältnis der in § 868 bezeichneten Art, so ist auch der Dritte mittelbarer Besitzer.

§ 872. Eigenbesitz

Wer eine Sache als ihm gehörend besitzt, ist Eigenbesitzer.

Eigenbesitz ist bedeutsam als Voraussetzung des Eigentumserwerbs (nach §§ 929ff, 937, 955, 958) und der Eigentumsvermutung nach § 1006 (arg 1006 I 1 mit III). 1

Abschnitt 2. Allgemeine Vorschriften über Rechte an Grundstücken

§ 873. Erwerb durch Einigung und Eintragung

(1) **Zur Übertragung des Eigentums an einem Grundstück, zur Belastung eines Grundstücks mit einem Recht sowie zur Übertragung oder Belastung eines solchen Rechts ist die Einigung des Berechtigten und des anderen Teils über den Eintritt der Rechtsänderung und die Eintragung der Rechtsänderung in das Grundbuch erforderlich, soweit nicht das Gesetz ein anderes vorschreibt.**

(2) **Vor der Eintragung sind die Beteiligten an die Einigung nur gebunden, wenn die Erklärungen notariell beurkundet oder vor dem Grundbuchamt abgegeben oder bei diesem eingereicht sind oder wenn der Berechtigte dem anderen Teil eine den Vorschriften der Grundbuchordnung entsprechende Eintragungsbewilligung ausgehändigt hat.**

I. Voraussetzungen des Erwerbs von Rechten an Grundstücken

Vier aus § 873 folgende Voraussetzungen des Rechtserwerbs sind regelmäßig zu prüfen. 1

1. Einigung. Dinglicher Vertrag, auf den die allg Vorschriften über Rechtsgeschäfte (§§ 104–185) grds Anwendung finden. Die Einigung ist idR formlos (vgl aber § 925 I). 2

2. Eintragung. Nur Einigung und Eintragung zusammen führen die dingliche Rechtsänderung herbei; sog gestreckter Erwerbstatbestand. Bei inhaltlicher Divergenz zwischen Einigung und Eintragung ist im Allgemeinen weder das vereinbarte Recht (mangels Eintragung) noch das eingetragene Recht (mangels Einigung) entstanden (s näher *Baur/Stürner* § 19 Rz 30f). Zu den formalrechtlichen Eintragungsvoraussetzungen der GBO s unten II. 3

3. Einigsein im Zeitpunkt der Eintragung. Aus Abs 2 folgt, dass die Einigung trotz ihres rechtsgeschäftlichen Charakters vor der Eintragung grds nicht bindend ist und einseitig widerrufen werden kann. Eine **Bindung** und damit eine Vorverlegung des maßgebenden Zeitpunkts tritt nur bei Vorliegen der in Abs 2 genannten formellen Voraussetzungen ein, so bei der regelmäßig notariell beurkundeten Auflassung (vgl § 925). Eine nach Abs 2 eingetretene Bindung bewirkt nach allgA aber keine Verfügungsbeschränkung gegenüber Dritten (vgl BGHZ 49, 197, 200); der Verfügende bleibt vielmehr bis zur Vollendung des Erwerbsvorganges „berechtigt" und kann das Grundstück also weiterhin anderweitig wirksam veräußern oder belasten. Unter welchen Voraussetzungen nach Eintritt der Bindung ein **Anwartschaftsrecht** entsteht, wird am praktisch wichtigsten Beispiel der Auflassungsanwartschaft bei § 925 erörtert. 4

4. Berechtigung. „Berechtigt" iSd Abs 1 ist, wer hinsichtlich des Rechts verfügungsbefugt ist, also idR der Rechtsinhaber oder der mit seiner Einwilligung Handelnde (§ 185). Mangelnde Inhaberschaft des Rechts kann durch §§ 892, 893 überwunden werden. **Maßgebender Zeitpunkt** für das Vorliegen der Berechtigung ist die Vollendung des Rechtserwerbs (also die Eintragung, wenn sie der Einigung nachfolgt); Ausnahmen gelten für Verfügungsbeschränkungen nach Maßgabe des § 878. 5

6 **5. Sonderregelungen** gegenüber dem Erfordernis von Einigung und Eintragung lässt Abs 1 aE zu. So bedarf es zur Bestellung bestimmter Hypotheken und Grundschulden keiner Einigung, sondern nur einer einseitigen Erklärung (zB in §§ 1188, 1195), die Bestellung von Briefrechten erfordert neben Einigung und Eintragung zusätzlich die Briefübergabe (§ 1117), und die Übertragung der Briefhypothek oder Briefgrundschuld erfolgt ohne Eintragung (§§ 1154, 1192).

II. Die Eintragungsvoraussetzungen der GBO

7 Sie differieren von den **materiellen** Voraussetzungen, die das BGB in § 873 für den Rechtserwerb aufstellt, und haben nur Bedeutung für das **Verfahren** des Grundbuchamts (formelles Recht). Ihre Verletzung berührt die Wirksamkeit der Eintragung daher nicht und macht das Grundbuch nicht unrichtig. Im Einzelnen fordert die GBO für eine Eintragung grds Folgendes:

8 **1. Antrag** (§ 13 GBO). Bei mehreren Anträgen bestimmt der Zeitpunkt ihres Eingangs die Reihenfolge der Eintragungen (§§ 17, 45 GBO), und nach dieser Reihenfolge richtet sich der Rang des Rechts (vgl § 879).

9 **2. Bewilligung** (§ 19 GBO; Form: § 29 GBO). Grds genügt nach § 19 GBO die einseitige Bewilligung durch den Berechtigten (sog **formelles Konsensprinzip**), auch wenn § 873 materiellrechtlich eine Einigung voraussetzt. Grundbuchrechtlich wird der Nachweis der Einigung gem § 20 GBO nur ausnahmsweise verlangt, und zwar vor allem für die Auflassung eines Grundstücks; man spricht insoweit vom **materiellen Konsensprinzip.**

10 **3. Voreintragung des Berechtigten** (§ 39 GBO). Ist der Inhaber des durch die Verfügung betroffenen Rechts nicht eingetragen, so muss das Grundbuch zunächst berichtigt werden, da § 39 GBO erreichen will, dass der Rechtsstand im Grundbuch in allen Entwicklungsstufen und nicht nur in der Endstufe klar und verständlich wiedergegeben wird (BGHZ 18, 293). Ausnahmen vom Grundsatz der Voreintragung enthält § 40 GBO.

III. Das Grundbuch

11 Das Grundbuch ist ein amtliches Verzeichnis, das von den Amtsgerichten als Grundbuchämtern für alle in ihren Gerichtsbezirken belegenen Grundstücke geführt wird (§ 1 GBO). Es verwirklicht das materielle Publizitätsprinzip und entspricht insoweit funktional dem Besitz bei beweglichen Sachen. Die Übertragungs- (§§ 873, 925), Vermutungs- (§ 891) und Gutglaubenswirkung (§§ 892, 893) knüpfen daran an. Damit Eintragungen im Grundbuch nur auf verlässlicher Grundlage erfolgen, bedürfen Eintragungsbewilligungen nach § 29 GBO der öffentlichen Beglaubigung (vgl § 129 Rz 1).

Jedes Grundbuchblatt (für ein Grundstück, Erbbaurecht oder Wohnungseigentum) folgt folgender Struktur:

1. Das **Bestandsverzeichnis** enthält tatsächliche Angaben (zB Bezeichnung der Gemarkung, Wirtschaftsart und Lage, Größe des Grundstücks). Es entfaltet insoweit keine Publizitätswirkung Im Bestandsverzeichnis eines Grundbuchs können mehrere laufende Nummern eingetragen sein. In diesem Fall bildet jede laufende Nummer ein eigenes Grundstück im Rechtssinne. Sind dagegen mehrere Flurstücke (gesondert vermessene Flächen) unter einer einheitlichen Nummer im Bestandsverzeichnis eingetragen, so bilden diese gemeinsam ein Grundstück im Rechtssinne.
2. Die **erste Abteilung** gibt den Eigentümer sowie sämtliche Rechtsvorgänger und den Erwerbsgrund wieder.
3. Die **zweite Abteilung** enthält Widersprüche, Vormerkungen und beschränkte dingliche Rechte (zB Dienstbarkeiten und Reallasten).
4. Die **dritte Abteilung** enthält die eingetragenen Grundpfandrechte (Grundschulden, Hypotheken und – selten – Rentenschulden).

§ 874. Bezugnahme auf die Eintragungsbewilligung

Bei der Eintragung eines Rechts, mit dem ein Grundstück belastet wird, kann zur näheren Bezeichnung des Inhalts des Rechts auf die Eintragungsbewilligung Bezug genommen werden, soweit nicht das Gesetz ein anderes vorschreibt.

§ 875. Aufhebung eines Rechts

(1) [1]**Zur Aufhebung eines Rechts an einem Grundstück ist, soweit nicht das Gesetz ein anderes vorschreibt, die Erklärung des Berechtigten, dass er das Recht aufgebe, und die Löschung des Rechts im Grundbuch erforderlich.** [2]**Die Erklärung ist dem Grundbuchamt oder demjenigen gegenüber abzugeben, zu dessen Gunsten sie erfolgt.**

(2) **Vor der Löschung ist der Berechtigte an seine Erklärung nur gebunden, wenn er sie dem Grundbuchamt gegenüber abgegeben oder demjenigen, zu dessen Gunsten sie erfolgt, eine den Vorschriften der Grundbuchordnung entsprechende Löschungsbewilligung ausgehändigt hat.**

§ 876. Aufhebung eines belasteten Rechts

[1]**Ist ein Recht an einem Grundstück mit dem Recht eines Dritten belastet, so ist zur Aufhebung des belasteten Rechts die Zustimmung des Dritten erforderlich.** [2]**Steht das aufzuhebende Recht dem jeweiligen Eigentümer eines anderen Grundstücks zu, so ist, wenn dieses Grundstück mit dem Recht eines Dritten belastet ist, die Zustimmung des Dritten erforderlich, es sei denn, dass dessen Recht durch die Aufhebung nicht berührt wird.** [3]**Die Zustimmung ist dem Grundbuchamt oder demjenigen gegenüber zu erklären, zu dessen Gunsten sie erfolgt; sie ist unwiderruflich.**

§ 877. Rechtsänderungen

Die Vorschriften der §§ 873, 874, 876 finden auch auf Änderungen des Inhalts eines Rechts an einem Grundstück Anwendung.

§ 878. Nachträgliche Verfügungsbeschränkungen

Eine von dem Berechtigten in Gemäßheit der §§ 873, 875, 877 abgegebene Erklärung wird nicht dadurch unwirksam, dass der Berechtigte in der Verfügung beschränkt wird, nachdem die Erklärung für ihn bindend geworden und der Antrag auf Eintragung bei dem Grundbuchamt gestellt worden ist.

1. Sinn. Die Vorschrift bildet eine Ausnahme von der Regel, dass die Berechtigung 1
im Zeitpunkt der Eintragung gegeben sein muss (s § 873 Rz 5); denn es wäre unbillig, den Parteien den nachträglichen Wegfall der Verfügungsmacht des Berechtigten noch in einem Zeitpunkt zuzurechnen, in dem sie alle ihnen obliegenden Rechtshandlungen vorgenommen haben und die Dauer des Eintragungsverfahrens nur noch vom Grundbuchamt abhängt.

2. Reichweite. Unmittelbar erfasst sind nur die gem §§ 873, 875, 877 abgegebe- 2
nen rechtsgeschäftlichen Erklärungen. Entsprechend anzuwenden ist die Vorschrift auf andere rechtsgeschäftliche Erklärungen des Berechtigten, die eine Verfügung enthalten, insbesondere die Bestellung einer Vormerkung (BGHZ 28, 182); ferner nach hM auf rechtsgeschäftliche Erklärungen eines Nichtberechtigten, die mit Einwilligung oder Genehmigung des Berechtigten (§ 185) erfolgen, unabhängig davon, ob der zustimmende Berechtigte oder der Ermächtigte nachträglich in der Verfügungsbefugnis beschränkt wird (*MüKo-Kohler* Rz 14). Nach seinem Wortlaut gilt § 878 nur für

rechtsgeschäftliche Verfügungen, nicht dagegen für eintragungsbedürftige Verfügungen im Wege der Zwangsvollstreckung, und dabei lässt es die hM bewenden, obwohl der Antragsteller auch hier keinen Einfluss auf die Dauer des Eintragungsverfahrens hat (s für die hM zB BGHZ 9, 250; *Baur/Stürner* § 19 Rz 37; anders etwa *Prütting* Rz 153).

3 **3. Voraussetzungen. a) Bindend** wird die Erklärung nach § 873 II bzw § 875 II. Bei der Bestellung einer Vormerkung, die nach § 885 durch einseitige Willenserklärung erfolgen kann, ergibt sich die Bindung aus einer Analogie zu § 875 II; liegt eine beiderseitige Einigung vor, zB weil die Vormerkung in der notariellen Auflassungserklärung bewilligt ist, so greift § 873 II ein. **b)** Einer der Beteiligten muss einen **Antrag** nach § 13 GBO gestellt haben. Der Antrag darf nicht rechtmäßig zurückgewiesen worden sein (etwa wegen Unvollständigkeit), denn § 878 schützt den Antragsteller nicht vor selbst verursachten Verzögerungen (BGHZ 136, 87). **c)** Bis auf die Eintragung müssen alle **sonstigen Erwerbsvoraussetzungen** erfüllt sein, da § 878 den Erwerber nur vom spezifischen Risiko des gestreckten Erwerbstatbestandes befreien will. Die Vorschrift greift zB nicht ein, wenn bei der Bestellung eines Briefrechts auch noch die Briefübergabe aussteht.

4 **4. Verfügungsbeschränkungen** aller Art sind von § 878 erfasst, zB gerichtliche Veräußerungsverbote in einstweiligen Verfügungen (vgl § 938 II ZPO), gesetzliche Veräußerungsverbote, etwa infolge Eröffnung des Insolvenzverfahrens (§ 80 InsO) oder auf Grund des gesetzlichen Güterstandes (§ 1365). Dagegen ist der Verlust der Rechtsinhaberschaft keine Verfügungsbeschränkung; insoweit ist nicht § 878, sondern § 892 anwendbar.

§ 879. Rangverhältnis mehrerer Rechte

(1) [1]**Das Rangverhältnis unter mehreren Rechten, mit denen ein Grundstück belastet ist, bestimmt sich, wenn die Rechte in derselben Abteilung des Grundbuchs eingetragen sind, nach der Reihenfolge der Eintragungen.** [2]**Sind die Rechte in verschiedenen Abteilungen eingetragen, so hat das unter Angabe eines früheren Tages eingetragene Recht den Vorrang; Rechte, die unter Angabe desselben Tages eingetragen sind, haben gleichen Rang.**

(2) **Die Eintragung ist für das Rangverhältnis auch dann maßgebend, wenn die nach § 873 zum Erwerb des Rechts erforderliche Einigung erst nach der Eintragung zustande gekommen ist.**

(3) **Eine abweichende Bestimmung des Rangverhältnisses bedarf der Eintragung in das Grundbuch.**

1 **1. Bedeutung des Ranges.** Der Rang bestimmt den wirtschaftlichen Wert eines Nutzungs- oder Verwertungsrechts. So kann der Inhaber einer nachrangigen Hypothek sein Recht nicht durchsetzen, wenn das aus den vorrangigen Belastungen zu errechnende „geringste Gebot" (§ 44 I ZVG) in der Zwangsversteigerung nicht erreicht wird. Betreibt umgekehrt einer der vorrangigen Gläubiger die Zwangsvollstreckung, so erlischt die nachrangige Hypothek unabhängig davon, ob sie aus dem Erlös befriedigt wird oder nicht (§ 52 I 2 ZVG).

2 **2.** Wenn das Grundbuchamt **entgegen §§ 17, 45 GBO** das später beantragte Recht zuerst einträgt, kann der Benachteiligte von dem Begünstigten nicht gem § 894 Grundbuchberichtigung verlangen. Da der Rang nach § 879 I erst mit der Eintragung entsteht, weist das Grundbuch die materielle Rechtslage zutreffend aus. Auch ein Anspruch aus Eingriffskondiktion scheidet aus, weil § 879 den Rangerwerb endgültig regelt und damit einen Rechtsgrund bildet (BGHZ 21, 98; aA zB *Erman-A Lorenz* Rz 22). Dem Geschädigten bleibt nur die Staatshaftung gem Art 34 GG, § 839 wegen der Amtspflichtverletzung des Grundbuchbeamten.

§ 880. Rangänderung

(1) Das Rangverhältnis kann nachträglich geändert werden.

(2) [1]Zu der Rangänderung ist die Einigung des zurücktretenden und des vortretenden Berechtigten und die Eintragung der Änderung in das Grundbuch erforderlich; die Vorschriften des § 873 Abs. 2 und des § 878 finden Anwendung. [2]Soll eine Hypothek, eine Grundschuld oder eine Rentenschuld zurücktreten, so ist außerdem die Zustimmung des Eigentümers erforderlich. [3]Die Zustimmung ist dem Grundbuchamt oder einem der Beteiligten gegenüber zu erklären; sie ist unwiderruflich.

(3) Ist das zurücktretende Recht mit dem Recht eines Dritten belastet, so findet die Vorschrift des § 876 entsprechende Anwendung.

(4) Der dem vortretenden Recht eingeräumte Rang geht nicht dadurch verloren, dass das zurücktretende Recht durch Rechtsgeschäft aufgehoben wird.

(5) Rechte, die den Rang zwischen dem zurücktretenden und dem vortretenden Recht haben, werden durch die Rangänderung nicht berührt.

§ 881. Rangvorbehalt

(1) Der Eigentümer kann sich bei der Belastung des Grundstücks mit einem Recht die Befugnis vorbehalten, ein anderes, dem Umfang nach bestimmtes Recht mit dem Rang vor jenem Recht eintragen zu lassen.

(2) Der Vorbehalt bedarf der Eintragung in das Grundbuch; die Eintragung muss bei dem Recht erfolgen, das zurücktreten soll.

(3) Wird das Grundstück veräußert, so geht die vorbehaltene Befugnis auf den Erwerber über.

(4) Ist das Grundstück vor der Eintragung des Rechts, dem der Vorrang beigelegt ist, mit einem Recht ohne einen entsprechenden Vorbehalt belastet worden, so hat der Vorrang insoweit keine Wirkung, als das mit dem Vorbehalt eingetragene Recht infolge der inzwischen eingetretenen Belastung eine über den Vorbehalt hinausgehende Beeinträchtigung erleiden würde.

§ 882. Höchstbetrag des Wertersatzes

[1]Wird ein Grundstück mit einem Recht belastet, für welches nach den für die Zwangsversteigerung geltenden Vorschriften dem Berechtigten im Falle des Erlöschens durch den Zuschlag der Wert aus dem Erlös zu ersetzen ist, so kann der Höchstbetrag des Ersatzes bestimmt werden. [2]Die Bestimmung bedarf der Eintragung in das Grundbuch.

§ 883. Voraussetzungen und Wirkung der Vormerkung

(1) [1]Zur Sicherung des Anspruchs auf Einräumung oder Aufhebung eines Rechts an einem Grundstück oder an einem das Grundstück belastenden Recht oder auf Änderung des Inhalts oder des Ranges eines solchen Rechts kann eine Vormerkung in das Grundbuch eingetragen werden. [2]Die Eintragung einer Vormerkung ist auch zur Sicherung eines künftigen oder eines bedingten Anspruchs zulässig.

(2) [1]Eine Verfügung, die nach der Eintragung der Vormerkung über das Grundstück oder das Recht getroffen wird, ist insoweit unwirksam, als sie den Anspruch vereiteln oder beeinträchtigen würde. [2]Dies gilt auch, wenn die Verfügung im Wege der Zwangsvollstreckung oder der Arrestvollziehung oder durch den Insolvenzverwalter erfolgt.

(3) Der Rang des Rechts, auf dessen Einräumung der Anspruch gerichtet ist, bestimmt sich nach der Eintragung der Vormerkung.

1 **1. Zweck und Rechtsnatur.** Gem Abs 1 S 1 dient die Vormerkung der Sicherung eines **schuldrechtlichen** Anspruchs auf Einräumung, Aufhebung oder Änderung eines Grundstücksrechts. Insbesondere der Anspruch auf Übertragung des Grundstückseigentums aus dem Kaufvertrag kann durch eine Vormerkung gesichert werden, sog Auflassungsvormerkung. Der Vormerkungsberechtigte hat zwei Ansprüche: Er kann von seinem Vertragspartner weiterhin Erfüllung verlangen, weil Abs 2 verhindert, dass durch beeinträchtigende Verfügungen zugunsten eines Dritten Unmöglichkeit (§ 275 I) eintritt. Außerdem hat er gegen den Dritten einen (Hilfs-)Anspruch auf Zustimmung zur grundbuchlichen Durchsetzung seines Rechts (§ 888 I). Dem Vormerkungsberechtigten steht es frei, in welcher Reihenfolge er diese beiden Ansprüche geltend macht.

2 Die Vormerkung ist nach ganz hM kein dingliches Recht, einem solchen aber angenähert: Als **besonders geartetes Sicherungsmittel** verleiht sie dem durch sie geschützten schuldrechtlichen Anspruch in beträchtlichem Umfang dingliche Wirkungen im Sinne einer dinglichen Gebundenheit des Grundstücks (BGHZ 60, 46, 49). Die Vormerkung ist ein **akzessorisches Recht,** dh sie ist von der Rechtswirksamkeit des zu sichernden Anspruchs abhängig. Eine eingetragene Vormerkung ist deshalb unwirksam, wenn der durch sie gesicherte Anspruch nicht besteht (BGHZ 57, 341, 344); sie wird kraft Gesetzes unwirksam, wenn der obligatorische Anspruch durch Erfüllung erlischt und etwaige Zwischenrechte beseitigt sind (näher etwa *MüKo-Kohler* § 886 Rz 9). Jedoch kann eine mangels Anspruchs von Anfang an unwirksame Vormerkung durch einen neu begründeten Anspruch zur Entstehung gebracht werden oder eine erloschene Vormerkung durch einen neu begründeten Anspruch wieder **„aufgeladen"** werden, ohne dass es einer erneuten Bewilligung bedürfte, sofern der neue Anspruch auf dieselbe Leistung gerichtet ist wie der alte; dies gilt a maiore ad minus, wenn der gesicherte Anspruch beschränkt wird (BGH NJW 2008, 578 Nr 13 und 18). Gleiches gilt für die Schaffung weiterer Entstehungsgründe für einen künftigen oder bedingten Anspruch (BGH aaO). Bei nicht (mehr) bestehendem Anspruch ist die Vormerkung im Wege der Grundbuchberichtigung zu löschen (s § 894 Rz 4).

3 **2. Entstehung und Übertragung. a)** Für den **Ersterwerb** (die Entstehung) der Vormerkung müssen **vier Voraussetzungen** vorliegen: **(1)** Ein vormerkungsfähiger **Anspruch** auf dingliche Rechtsänderung (s Rz 2). Ein künftiger Anspruch, der gem Abs 1 S 2 ebenfalls ausreicht, liegt nur dann vor, wenn der Rechtsboden für seine Entstehung durch ein rechtsverbindliches Angebot oder Abkommen schon so weit vorbereitet ist, dass die Entstehung des Anspruchs nur noch vom Willen des künftigen Berechtigten abhängt (BGHZ 12, 115, 118), wie bei einem unwiderruflichen notariellen Kaufangebot. Dagegen ist der Anspruch aus einem nichtigen Kaufvertrag (zB wegen zum Schein beurkundeten niedrigeren Kaufpreises, § 117 I) auch dann kein „künftiger" Anspruch, wenn der Vertrag später nach § 311b I 2 geheilt wird; denn der künftig Berechtigte kann die Heilung nicht einseitig herbeiführen, und außerdem kommt eine Rückwirkung der Heilung im Verhältnis zu Dritten nicht in Betracht (BGHZ 54, 56, 64; dazu *Medicus/Petersen* Rz 555). **(2) Bewilligung** oder **einstweilige Verfügung** gem § 885. Die Bewilligung ist einseitige, empfangsbedürftige Willenserklärung des Betroffenen, die gegenüber dem Grundbuchamt oder dem Inhaber des zu sichernden Anspruchs abzugeben ist (also keine Einigung erforderlich). Das materielle Recht verlangt keine Form, wohl aber das formelle Grundbuchrecht (§ 29 GBO). **(3) Eintragung** der Vormerkung in das Grundbuch. **(4) Verfügungsberechtigung** des Bewilligenden (vgl § 873 Rz 4).

4 **b)** Der **Zweiterwerb** (die Übertragung) der Vormerkung erfolgt gem § 398 durch formlose Einigung über die Abtretung der Forderung, womit – in entsprechender Anwendung des § 401 – auch die Vormerkung übergeht. Die Übertragung bedarf zu ihrer Wirksamkeit keiner Grundbucheintragung (wohl aber ist eine Grundbuchberich-

tigung nach § 894 möglich). Eine selbständige Übertragung der Vormerkung (ohne den Anspruch) ist infolge ihrer Akzessorietät nicht möglich. Besteht ein vormerkungsfähiger Anspruch nicht, so ist ein Zweiterwerb der Vormerkung ausgeschlossen; die §§ 892, 893 greifen dann nicht.

c) Zum **gutgläubigen Erst- und Zweiterwerb** einer Vormerkung s im Übrigen § 893 Rz 2 und 4. **5**

3. Die wichtigste **Wirkung** der Vormerkung umschreibt Abs 2. Danach sind spätere beeinträchtigende Verfügungen (trotz § 566 aber nicht bloße Mietverträge, str, vgl § 566 Rz 3) relativ unwirksam. Diese sog **Sicherungswirkung,** die durch die sog **Rangwirkung** des Abs 3 ergänzt wird, beginnt mit der Eintragung, und zwar auch wenn die Vormerkung gem Abs 1 S 2 einen künftigen oder bedingten Anspruch sichert. Die Vormerkung muss spätestens in dem Zeitpunkt eingetragen sein, in dem der gestreckte Erwerbstatbestand der vormerkungswidrigen Verfügung vollendet ist (s § 873 Rz 3). § 878 wirkt nicht zugunsten der vormerkungswidrigen Verfügung, da die Vormerkung nach hM keine Verfügungsbeschränkung iSd § 878 darstellt. **6**

a) Eine **objektive Begrenzung** der Sicherungswirkung liegt darin, dass Abs 2 die Verfügung nur insoweit unwirksam sein lässt, als sie den Anspruch vereiteln oder beeinträchtigen würde. Bsp (nach *Prütting* Rz 187): Eine Hypothekenbestellung entgegen einer Vormerkung auf Hypothekenbestellung ist nicht unwirksam, sondern die vorgemerkte Hypothek hat nach Abs 3 ohne weiteres den Vorrang. Besteht dagegen eine Auflassungsvormerkung, so ist nicht nur eine spätere Veräußerung des Grundstücks an einen Dritten unwirksam, weil sie den Anspruch vereiteln würde, sondern auch eine spätere Belastung des Grundstücks mit einer Hypothek, weil sie den Anspruch beeinträchtigen würde. **7**

b) Eine **subjektive Begrenzung** der Sicherungswirkung besteht insoweit, als die Verfügung nur gegenüber dem Vormerkungsberechtigten unwirksam, gegenüber allen anderen dagegen wirksam ist. Da nur eine relative Unwirksamkeit eintritt, bewirkt die Vormerkung keine Grundbuchsperre. Die vormerkungswidrige Verfügung ist also zunächst im Grundbuch einzutragen. Zu ihrer Löschung kommt es nur, wenn der Vormerkungsgläubiger diese gem § 888 I geltend macht (Näheres s dort). **8**

§ 884. Wirkung gegenüber Erben

Soweit der Anspruch durch die Vormerkung gesichert ist, kann sich der Erbe des Verpflichteten nicht auf die Beschränkung seiner Haftung berufen.

§ 885. Voraussetzung für die Eintragung der Vormerkung

(1) [1] **Die Eintragung einer Vormerkung erfolgt auf Grund einer einstweiligen Verfügung oder auf Grund der Bewilligung desjenigen, dessen Grundstück oder dessen Recht von der Vormerkung betroffen wird.** [2] **Zur Erlassung der einstweiligen Verfügung ist nicht erforderlich, dass eine Gefährdung des zu sichernden Anspruchs glaubhaft gemacht wird.**

(2) **Bei der Eintragung kann zur näheren Bezeichnung des zu sichernden Anspruchs auf die einstweilige Verfügung oder die Eintragungsbewilligung Bezug genommen werden.**

§ 886. Beseitigungsanspruch

Steht demjenigen, dessen Grundstück oder dessen Recht von der Vormerkung betroffen wird, eine Einrede zu, durch welche die Geltendmachung des durch die Vormerkung gesicherten Anspruchs dauernd ausgeschlossen wird, so kann er von dem Gläubiger die Beseitigung der Vormerkung verlangen.

§ 887. Aufgebot des Vormerkungsgläubigers

[1]Ist der Gläubiger, dessen Anspruch durch die Vormerkung gesichert ist, unbekannt, so kann er im Wege des Aufgebotsverfahrens mit seinem Recht ausgeschlossen werden, wenn die im § 1170 für die Ausschließung eines Hypothekengläubigers bestimmten Voraussetzungen vorliegen. [2]Mit der Rechtskraft des Ausschließungsbeschlusses erlischt die Wirkung der Vormerkung.

§ 888. Anspruch des Vormerkungsberechtigten auf Zustimmung

(1) **Soweit der Erwerb eines eingetragenen Rechts oder eines Rechts an einem solchen Recht gegenüber demjenigen, zu dessen Gunsten die Vormerkung besteht, unwirksam ist, kann dieser von dem Erwerber die Zustimmung zu der Eintragung oder der Löschung verlangen, die zur Verwirklichung des durch die Vormerkung gesicherten Anspruchs erforderlich ist.**

(2) **Das Gleiche gilt, wenn der Anspruch durch ein Veräußerungsverbot gesichert ist.**

1 **1.** Der durch diese Vorschrift eingeräumte **Zustimmungsanspruch** ist zur Durchsetzung der Vormerkung notwendig, weil die Vormerkung keine Grundbuchsperre bewirkt, sondern nur die relative Unwirksamkeit einer späteren entgegenstehenden Verfügung (s § 883 Rz 8). Zwar gilt nach § 883 II 1 der ursprünglich Berechtigte für den Vormerkungsgläubiger weiterhin als berechtigt und kann ihm gegenüber die geschuldeten Erklärungen noch abgeben (zB die Auflassung erklären); aber der Vormerkungsgläubiger kann im Grundbuch wegen §§ 19, 39 GBO nur bei Vorliegen der in § 888 genannten Zustimmung eingetragen werden. Bsp: V verkauft sein Grundstück an K und bestellt ihm eine Auflassungsvormerkung. Danach übereignet er das Grundstück an D. K kann von V aus § 433 I 1 weiterhin Auflassung verlangen (keine Unmöglichkeit iSd § 275 wegen § 883 II 1); gegen D hat er den in Abs 1 Fall 1 gewährten Anspruch auf Zustimmung zur Eintragung.

2 Je nach Art des gesicherten Anspruchs kann gem § 888 entweder Zustimmung zur Eintragung oder zur Löschung verlangt werden. Bsp: Wurde trotz einer Auflassungsvormerkung das Grundstück an einen Dritten veräußert und dieser eingetragen, so muss der Dritte der Eintragung des Berechtigten als Eigentümer zustimmen; wurde trotz der Auflassungsvormerkung zugunsten des Dritten eine Hypothek eingetragen, so muss er deren Löschung zustimmen. Auch im letztgenannten Fall kann der Vormerkungsberechtigte schon vor seiner Eintragung als Eigentümer von dem Dritten die Zustimmung zur Löschung der Hypothek im Grundbuch verlangen; grundbuchlich vollzogen wird die Löschung zum Schutz des Dritterwerbers (Hypothekengläubigers) allerdings erst im Zusammenhang mit der (durch die Vormerkung gesicherten) Eigentumsumschreibung auf den Vormerkungsberechtigten (BGH NJW 2010, 3367).

3 **2.** Einen Anspruch auf **Herausgabe der Nutzungen** an dem Grundstück hat der Vormerkungsberechtigte gegenüber dem Dritten in entsprechender Anwendung der §§ 987ff, wenn dem Vormerkungsberechtigten im Verhältnis zum Eigentümer bereits vor Eigentumsübergang die Nutzungen an dem Grundstück zustehen. Zwar ist der Vormerkungsberechtigte zu diesem Zeitpunkt noch nicht Eigentümer des Grundstücks, so dass eine direkte Anwendung der Vorschriften des EBV auf das Verhältnis von Vormerkungsberechtigtem und Drittem ausgeschlossen ist. Jedoch weist die Zuordnung der Nutzungen im Verhältnis zum Eigentümer den Vormerkungsberechtigten sowohl gegenüber dem Eigentümer als auch gegenüber dem Dritten als den besser Berechtigten aus und vermittelt ihm damit eine Rechtsposition, die der einer dinglichen Rechtsstellung gleicht und eine entsprechende Anwendung der §§ 987ff angemessen erscheinen lässt (BGHZ 144, 323). Grds stehen die Nutzungen im Verhältnis zwischen Eigentümer und Vormerkungsberechtigtem gem § 446 S 2 vor der Überga-

be dem Eigentümer zu. Etwas anderes gilt gem § 292 II ab Rechtshängigkeit des Übereignungsanspruchs.

3. Im Gegenzug kann der Dritte vom Vormerkungsberechtigten **Ersatz der Verwendungen** auf das Grundstück in entsprechender Anwendung der §§ 994 ff verlangen, da die Rechtsposition, die der Dritte vom Eigentümer erlangt hat, gegenüber dem Vormerkungsberechtigten gem § 883 II 1 unwirksam ist und damit der Stellung eines Bucheigentümers ähnelt, für den die Anwendbarkeit der §§ 994 ff anerkannt ist (s § 894 Rz 7; BGHZ 75, 288, 291; 144, 323). 4

§ 889. Ausschluss der Konsolidation bei dinglichen Rechten

Ein Recht an einem fremden Grundstück erlischt nicht dadurch, dass der Eigentümer des Grundstücks das Recht oder der Berechtigte das Eigentum an dem Grundstück erwirbt.

Konsolidation ist das Erlöschen eines dinglichen Rechts bei Zusammenfall von Eigentum und Rechtsinhaberschaft in einer Person (vgl zur sog Konfusion Vor § 362 Rz 1). Anders als bei beweglichen Sachen (zB § 1063 Abs 1) wird sie durch § 889 **für Rechte am eigenen Grundstück ausgeschlossen** (Ausnahme zB § 1178 I), um dem Eigentümer den Rang dieser Rechte zu erhalten und ein Nachrücken der übrigen dinglich gesicherten Gläubiger zu verhindern (vgl § 1163 Rz 1). Folge: Umwandlung des Fremdrechts in ein Eigentümerrecht (zB Eigentümergrundschuld nach § 1177 Abs 1). 1

§ 890. Vereinigung von Grundstücken; Zuschreibung

(1) **Mehrere Grundstücke können dadurch zu einem Grundstück vereinigt werden, dass der Eigentümer sie als ein Grundstück in das Grundbuch eintragen lässt.**

(2) **Ein Grundstück kann dadurch zum Bestandteil eines anderen Grundstücks gemacht werden, dass der Eigentümer es diesem im Grundbuch zuschreiben lässt.**

§ 891. Gesetzliche Vermutung

(1) **Ist im Grundbuch für jemand ein Recht eingetragen, so wird vermutet, dass ihm das Recht zustehe.**

(2) **Ist im Grundbuch ein eingetragenes Recht gelöscht, so wird vermutet, dass das Recht nicht bestehe.**

§ 892. Öffentlicher Glaube des Grundbuchs

(1) [1]**Zugunsten desjenigen, welcher ein Recht an einem Grundstück oder ein Recht an einem solchen Recht durch Rechtsgeschäft erwirbt, gilt der Inhalt des Grundbuchs als richtig, es sei denn, dass ein Widerspruch gegen die Richtigkeit eingetragen oder die Unrichtigkeit dem Erwerber bekannt ist.** [2]**Ist der Berechtigte in der Verfügung über ein im Grundbuch eingetragenes Recht zugunsten einer bestimmten Person beschränkt, so ist die Beschränkung dem Erwerber gegenüber nur wirksam, wenn sie aus dem Grundbuch ersichtlich oder dem Erwerber bekannt ist.**

(2) **Ist zu dem Erwerb des Rechts die Eintragung erforderlich, so ist für die Kenntnis des Erwerbers die Zeit der Stellung des Antrags auf Eintragung oder, wenn die nach § 873 erforderliche Einigung erst später zustande kommt, die Zeit der Einigung maßgebend.**

1. Das folgende **Prüfungsschema** für den gutgläubigen Erwerb vom Nichtberechtigten erleichtert den Durchblick. Voraussetzungen sind: 1

a) Einigung, Eintragung und Einigsein im Zeitpunkt der Eintragung (wie beim Erwerb vom Berechtigten; s § 873 Rz 1 ff)
b) Nichtberechtigung, aber Legitimation durch ein unrichtiges Grundbuch
c) Rechtsgeschäft iS eines Verkehrsgeschäfts
d) kein eingetragener Widerspruch im Grundbuch (§ 892 I 1 Fall 1)
e) keine positive Kenntnis von der Unrichtigkeit (§ 892 I 1 Fall 2); maßgebender Zeitpunkt: § 892 II (s unten Rz 13).

2 **2. Gegenstand des öffentlichen Glaubens. a)** Zu Unrecht eingetragene **dingliche Rechte;** sie gelten als bestehend, so dass Redliche im Vertrauen darauf erwerben können (sog **positive Publizität**). Bsp: Der zu Unrecht eingetragene Bucheigentümer B kann dem redlichen Dritten D das Eigentum übertragen oder eine Hypothek bestellen. **b)** Zu Unrecht nicht eingetragene (oder gelöschte) dingliche Rechte (zB Buchhypothek oder Grundschuld); sie gelten als nicht bestehend, so dass Redliche frei von diesen Belastungen erwerben können (sog **negative Publizität**). **c)** Zu Unrecht nicht eingetragene (oder gelöschte) **Verfügungsbeschränkungen;** sie gelten gem Abs 1 S 2 ebenfalls als nicht bestehend, so dass Redliche trotz der Verfügungsbeschränkung (zB Veräußerungsverbot, Insolvenz, Testamentsvollstreckung) erwerben können. Dagegen wird das Bestehen zu Unrecht eingetragener Verfügungsbeschränkungen nicht fingiert, so dass Redliche bspw trotz eingetragenen Insolvenzvermerks vom Insolvenzverwalter nicht erwerben können, wenn das Insolvenzverfahren bereits aufgehoben ist. **d)** Durch § 899 a wird der öffentliche Glaube des Grundbuchs bei einer **GbR** auch auf deren eingetragene Gesellschafter erstreckt (s § 899 a).

3 Der öffentliche Glaube erstreckt sich **nicht:** auf solche Rechte, die nicht eintragungsfähig sind, wie das Bestehen von Miet- oder Pachtverträgen; auf tatsächliche Angaben, wie Größe und Wirtschaftsart des Grundstücks; auf die persönlichen Verhältnisse des Eingetragenen, wie Geschäftsfähigkeit oder Familien- und Güterstand. Zum gutgläubigen Erwerb einer **Vormerkung** s § 893 Rz 2 und 4, einer **Briefhypothek** s § 1155.

4 **3.** Nur der Erwerb **„durch Rechtsgeschäft"** ist geschützt. Also grds nicht der Erwerb kraft Gesetzes (zB Erbfolge) oder kraft Staatsakts (zB Zwangsvollstreckung); ein gesetzlicher Erwerb auf Grund eines Rechtsgeschäfts kann aber ausreichend sein (s zB für die Hypothek § 1153 Rz 2). Ferner nicht erfasst ist der Erwerb obligatorischer Rechte; § 892 gilt also nicht für den Abschluss eines Miet- oder Pachtvertrags mit dem zu Unrecht Eingetragenen.

5 Während die genannten Einschränkungen sich schon aus dem Wortlaut des Gesetzes ergeben, folgt eine weitere – ohne Anhalt im Gesetzeswortlaut – aus dem Rechtsscheingedanken: Es muss sich um ein **Verkehrsgeschäft** handeln, bei dem auf Veräußerer- und Erwerberseite faktisch (und nicht nur formal) verschiedene Personen beteiligt sind. Deshalb gilt § 892 nach allgA nicht für die Veräußerung einer GmbH an ihren einzigen Gesellschafter oder für die Übertragung von Gesamthandsvermögen (zB einer Erbengemeinschaft nach § 2032 oder einer Gütergemeinschaft unter Ehegatten nach § 1419) auf einen oder mehrere Gesamthänder, da das Alleineigentum des Erwerbers nur durch eine gemeinschaftliche Verfügung begründet werden kann und somit der Erwerber auch auf Seiten des Veräußerers an der Verfügung beteiligt ist. Anders ist es bei einer Verfügung über Miteigentumsanteile unter Miteigentümern einer Sache, da hier die Verfügung gem § 747 S 1 ohne Mitwirkung der anderen Miteigentümer erfolgen kann und sich die Miteigentümer folglich als Dritte gegenüberstehen (BGH NJW 2007, 3204 Nr 24). Ferner kann etwa die Bestellung einer Eigentümergrundschuld durch den eingetragenen Nichteigentümer wegen der personellen Identität nicht nach § 892 zum Erfolg führen.

6 Gleichgültig ist, ob der Erwerb **entgeltlich oder unentgeltlich** erfolgte. Verschieden ist insofern nur der bereicherungsrechtliche Ausgleich (*Baur/Stürner* § 23 Rz 28):

Bei entgeltlichem Erwerb besteht ein Geldzahlungsanspruch gegen den Veräußerer (§ 816 I 1), bei unentgeltlichem Erwerb ein Anspruch auf Rückübertragung gegen den Erwerber (§ 816 I 2).

4. Ausgeschlossen ist der Erwerb in zwei Fällen: bei einem eingetragenen **Widerspruch** oder bei **Kenntnis** der Unrichtigkeit. 7

a) Ein eingetragener **Widerspruch** vernichtet, auch wenn der Erwerber ihn nicht kennt, den öffentlichen Glauben. Der Widerspruch muss nach allgA aber gerade für den Berechtigten eingetragen sein, sonst bleibt gutgläubiger Erwerb möglich. Bsp (nach *Medicus/Petersen* Rz 550): Veräußert der Bucheigentümer B an den gutgläubigen Z, so erwirbt Z, wenn der Widerspruch gegen das Eigentum des B zugunsten des Dritten D und nicht zugunsten des wahren Eigentümers E lautet. 8

Maßgebender Zeitpunkt, bis zu dem die Eintragung eines Widerspruchs einen gutgläubigen Erwerb ausschließt, ist die Vollendung des Rechtserwerbs, also regelmäßig die Eintragung; fehlt im Zeitpunkt der Eintragung noch ein Entstehungserfordernis, so entscheidet dessen Eintritt (s statt aller *Westermann/Eickmann* § 84 II 5). Die Vorverlegung des maßgebenden Zeitpunkts gem § 892 II gilt hier nicht, und auch § 878 ist nicht anwendbar, da der Widerspruch keine Verfügungsbeschränkung ist (*Baur/Stürner* § 23 Rz 37). 9

Bei einer **Veräußerungskette** schließt der erst nach Abschluss des ersten Veräußerungsgeschäfts eingetragene Widerspruch den gutgläubigen Erwerb eines späteren Erwerbers insoweit nicht aus, als der spätere Erwerber annehmen darf, der Ersterwerber habe – mangels eines seinerzeit eingetragenen Widerspruchs – bereits gutgläubig erworben und könne sein Recht nun weitergeben (näher *Medicus/Petersen* Rz 551; anders noch RGZ 129, 124). 10

b) Nur **Kenntnis der Unrichtigkeit** bedeutet Bösgläubigkeit, nicht dagegen grob fahrlässige Unkenntnis; die Abweichung von § 932 II erklärt sich aus dem stärkeren Rechtsschein des Grundbuchs gegenüber dem Besitz. Maßgebend ist die Kenntnis der Rechtslage; Kenntnis der Tatsachen, aus denen sich die Unrichtigkeit ergibt, genügt nach allgA nicht; zB muss aus der Kenntnis fehlender Valutierung einer Hypothek der rechtliche Schluss gezogen worden sein, dass die Hypothek nicht entstanden ist. 11

Die Gutgläubigkeit setzt nicht voraus, dass der Erwerber das Grundbuch kennt. Es genügt, dass die Eintragung für seinen Erwerb spricht. 12

5. Maßgeblicher Zeitpunkt für das Vorliegen der Voraussetzungen eines gutgläubigen Erwerbs ist – wie bei Erwerb nach § 873 – grds die Vollendung des Rechtserwerbs. Indes wird durch **Abs 2** der maßgebliche Zeitpunkt für die den gutgläubigen Erwerb ausschließende **Kenntnis** von der Unrichtigkeit des Grundbuchs vorverlegt, weil dem Erwerber die mehr oder weniger lange Dauer des Eintragungsverfahrens nicht zugerechnet werden soll (vgl zu der parallelen Wertung in § 878 dort Rz 1). Im Rahmen des Abs 2 kommt es auf die Stellung des Antrages nach § 13 GBO an, sofern die Einigung der Antragstellung vorausgegangen ist (Fall 1); folgt sie der Antragstellung nach, so entscheidet der Zeitpunkt der Einigung (Fall 2). Maßgebend ist nach dem Regelungsmuster des Abs 2 also immer die **letzte** Erwerbsvoraussetzung vor der Eintragung. Ist bspw die Einigung über eine Hypothekenbestellung erfolgt und der Antrag auf ihre Eintragung gestellt, fehlt zu ihrer Entstehung aber außer der Eintragung noch die Valutierung und die Übergabe des Hypothekenbriefs, so bestimmt nach heute hM die Erfüllung der letzten dieser beiden Voraussetzungen den maßgeblichen Zeitpunkt: Erfolgt vor der Eintragung zunächst die Valutierung, danach die Briefübergabe, so ist letztere maßgebend und dem Erwerber schadet positive Kenntnis nach der Briefübergabe nicht mehr. Wird das Grundbuch erst nach der Antragstellung unrichtig, so ist Abs 2 nicht anwendbar (BGH NJW 1980, 2413, 2414); entscheidender Zeitpunkt ist nach hM dann die Entstehung der Unrichtigkeit. 13

§ 893. Rechtsgeschäft mit dem Eingetragenen

Die Vorschrift des § 892 findet entsprechende Anwendung, wenn an denjenigen, für welchen ein Recht im Grundbuch eingetragen ist, auf Grund dieses Rechts eine Leistung bewirkt oder wenn zwischen ihm und einem anderen in Ansehung dieses Rechts ein nicht unter die Vorschrift des § 892 fallendes Rechtsgeschäft vorgenommen wird, das eine Verfügung über das Recht enthält.

1 **1. Ziel** der Vorschrift ist es, den Anwendungsbereich des § 892, der auf den Rechtserwerb beschränkt ist, auf zwei weitere Fallgruppen zu erstrecken: **(1)** Die **Leistung** auf ein dingliches (nicht obligatorisches) Recht, zB Zahlungen auf ein Grundpfandrecht; eine befreiende Leistung auf ein Briefgrundpfandrecht setzt nach allgA neben der in § 893 genannten Eintragung freilich voraus, dass der Buchberechtigte auch den Brief besitzt (vgl § 1160); denn der Brief gilt als das verlängerte Grundbuch. **(2) Sonstige Verfügungsgeschäfte,** wie die Änderung des Rechtsinhalts (§ 877) oder des Ranges (§ 880), die Aufhebung eines Rechts oder die Kündigung eines Grundpfandrechts. Dagegen sind Verpflichtungsgeschäfte, wie Vermietung und Verpachtung, nicht erfasst.

2 **2.** Die Einräumung einer **Vormerkung** ist nach hM ein sonstiges Verfügungsgeschäft oder einem solchen wenigstens gleichzustellen, weil sie dem obligatorischen Anspruch in beträchtlichem Umfang dingliche Wirkungen verleiht (vgl § 883 Rz 2). Voraussetzung für einen gutgläubigen Erwerb der Vormerkung ist allerdings, dass der obligatorische Anspruch besteht (BGHZ 25, 16, 24f); denn eine Vormerkung ohne Anspruch hätte keine Funktion. Maßgebender Zeitpunkt für den guten Glauben des Vormerkungsberechtigten ist gem § 892 II der Antrag auf Eintragung der Vormerkung, auch wenn die Vormerkung einen künftigen Anspruch sichert (BGH NJW 1981, 446, 447). Spätere Bösgläubigkeit hindert den Erwerb nicht mehr, ebenso wenig die nachträgliche Eintragung eines Widerspruchs oder des wahren Eigentümers; der wahre Eigentümer muss vielmehr analog § 888 I die Eintragung des Vormerkungsberechtigten bewilligen.

3 Die Eintragung auf Grund einer **einstweiligen Verfügung** gegen den Nichtberechtigten (vgl § 885) führt nach hM nicht zum gutgläubigen Erwerb einer Vormerkung, da es an dem in § 893 genannten Erfordernis eines „Rechtsgeschäfts" fehlt.

4 Sehr str ist der **gutgläubige Zweiterwerb** einer Vormerkung, die (zB wegen Bösgläubigkeit des Ersterwerbers) nicht entstanden ist. In der Lit wird die Möglichkeit eines gutgläubigen Zweiterwerbs vielfach mit dem rechtskonstruktiven Argument abgelehnt, dass kein Erwerb durch **„Rechtsgeschäft"** vorliege, weil die Vormerkung mit Abtretung des gesicherten Anspruchs **kraft Gesetzes** übergehe (§ 401); außerdem wird das Bedürfnis für den redlichen Erwerb einer Vormerkung durch den Zessionar teilweise verneint (s *Medicus/Petersen* Rz 557). Dagegen hat der BGH den redlichen Erwerb zugelassen (BGHZ 25, 16, 23f) und ein Teil der Lit folgt dem, weil trotz rechtstechnischer Trennung von rechtsgeschäftlicher Abtretung und ex lege eintretendem Vormerkungserwerb ein Schutzbedürfnis des Erwerbers, der auf das Grundbuch vertraut, nicht zu leugnen sei (s zB *Westermann/Eickmann* § 84 IV 1).

§ 894. Berichtigung des Grundbuchs

Steht der Inhalt des Grundbuchs in Ansehung eines Rechts an dem Grundstück, eines Rechts an einem solchen Recht oder einer Verfügungsbeschränkung der in § 892 Abs. 1 bezeichneten Art mit der wirklichen Rechtslage nicht im Einklang, so kann derjenige, dessen Recht nicht oder nicht richtig eingetragen oder durch die Eintragung einer nicht bestehenden Belastung oder Beschränkung beeinträchtigt ist, die Zustimmung zu der Berichtigung des Grundbuchs von demjenigen verlangen, dessen Recht durch die Berichtigung betroffen wird.

1. Allgemeines. Die Unrichtigkeit des Grundbuchs gefährdet und behindert den Berechtigten: Die Vermutung des § 891 spricht für die unrichtige Eintragung, der Berechtigte kann sein Recht nach § 892 verlieren, und § 39 GBO hindert ihn an der Verfügung über sein Recht. Deshalb gewährt ihm § 894 einen Berichtigungsanspruch. Der Anspruch richtet sich auf Abgabe der nach § 19 GBO erforderlichen Bewilligung; die Bewilligung kann gem § 894 ZPO durch ein rechtskräftiges Urteil ersetzt werden. 1

2. Voraussetzungen des Anspruchs sind **a)** Unrichtigkeit des Grundbuchs, **b)** Materielle Berechtigung des Anspruchstellers und **c)** Formelle Berechtigung des Anspruchsgegners. 2

a) Unrichtigkeit begegnet uns in vier Formen (nach *Prütting* Rz 237): **(1)** in der Eintragung eines nicht bestehenden Rechts, zB Eigentum des K, während es noch E gebührt; **(2)** in der unrichtigen Eintragung eines bestehenden Rechts, zB unrichtiger Inhalt oder Rang; **(3)** in der Eintragung einer nicht bestehenden Belastung; **(4)** in der Nichteintragung oder Löschung eines bestehenden Rechts. 3

Der Unrichtigkeit in Ansehung eines dinglichen Rechts stellt § 894 die hinsichtlich einer eintragungsfähigen **Verfügungsbeschränkung** (zB Nacherbenrecht) ausdrücklich gleich. Außerdem ist § 894 nach allgA entsprechend anwendbar, wenn eine **Vormerkung** (die zwar kein dingliches Recht, einem solchen aber stark angenähert ist; s § 883 Rz 2) zu Unrecht eingetragen oder gelöscht wurde. 4

b) Berechtigt ist derjenige, „dessen Recht … beeinträchtigt ist“, also der materielle Rechtsinhaber. Ist bspw eine Grundschuld für A statt für B eingetragen, so hat nur B einen Berichtigungsanspruch, nicht aber der Grundstückseigentümer, da sein Recht durch die unrichtige Eintragung nicht beeinträchtigt wird (BGH NJW 2000, 2021). 5

c) Anspruchsgegner ist derjenige, „dessen Recht durch die Berichtigung betroffen wird“. Das ist meist der „Buchberechtigte“ („Scheinberechtigte“), also der zu Unrecht Eingetragene, es kann aber auch der wirklich Berechtigte sein, so bei Wiedereintragung einer versehentlich gelöschten Hypothek oder Grundschuld. Entscheidend ist, wessen Mitwirkung zur Berichtigung nach den grundbuchrechtlichen Vorschriften erforderlich ist (BGHZ 41, 30, 32). 6

3. Einwände des Anspruchsgegners: Unzulässige Rechtsausübung (dolo agit …) bzw § 986 analog, wenn ihm ein **schuldrechtlicher Anspruch** auf Herstellung des jetzigen Grundbuchstandes zusteht (zB BGH NJW 1974, 1651: Eintragung einer Grunddienstbarkeit unwirksam, aber es besteht Anspruch auf ihre Bestellung); **Zurückbehaltungsrecht** gegenüber dem Eigentumsberichtigungsanspruch wegen Verwendungen auf das Grundstück nach § 273 II oder richtiger (s *MüKo-Baldus* Vor § 987 Rz 26) nach § 1000 iVm §§ 994ff, die für die Rechtsbeziehung zwischen dem Bucheigentümer und dem wahren Eigentümer entsprechend gelten; näher zur entsprechenden Anwendung der §§ 987ff *Medicus/Petersen* Rz 454. 7

4. Ein sog **schuldrechtlicher Berichtigungsanspruch,** der von dem dinglichen Berichtigungsanspruch des § 894 zu unterscheiden ist, wird von der Rspr aus § 812 gewährt (vgl BGH NJW 1973, 613; *Baur/Stürner* § 18 Rz 32): Lässt der geschäftsunfähige V, der zu Unrecht als Eigentümer eingetragen ist, das Grundstück an K auf, so kann er von K aus § 812 die Herausgabe seiner „Buchrechtsposition“ verlangen (wichtig wegen §§ 891, 900). 8

§ 895. Voreintragung des Verpflichteten

Kann die Berichtigung des Grundbuchs erst erfolgen, nachdem das Recht des nach § 894 Verpflichteten eingetragen worden ist, so hat dieser auf Verlangen sein Recht eintragen zu lassen.

§ 896. Vorlegung des Briefes

Ist zur Berichtigung des Grundbuchs die Vorlegung eines Hypotheken-, Grundschuld- oder Rentenschuldbriefs erforderlich, so kann derjenige, zu dessen Gunsten die Berichtigung erfolgen soll, von dem Besitzer des Briefes verlangen, dass der Brief dem Grundbuchamt vorgelegt wird.

§ 897. Kosten der Berichtigung

Die Kosten der Berichtigung des Grundbuchs und der dazu erforderlichen Erklärungen hat derjenige zu tragen, welcher die Berichtigung verlangt, sofern nicht aus einem zwischen ihm und dem Verpflichteten bestehenden Rechtsverhältnis sich ein anderes ergibt.

§ 898. Unverjährbarkeit der Berichtigungsansprüche

Die in den §§ 894 bis 896 bestimmten Ansprüche unterliegen nicht der Verjährung.

§ 899. Eintragung eines Widerspruchs

(1) **In den Fällen des § 894 kann ein Widerspruch gegen die Richtigkeit des Grundbuchs eingetragen werden.**

(2) [1] **Die Eintragung erfolgt auf Grund einer einstweiligen Verfügung oder auf Grund einer Bewilligung desjenigen, dessen Recht durch die Berichtigung des Grundbuchs betroffen wird.** [2] **Zur Erlassung der einstweiligen Verfügung ist nicht erforderlich, dass eine Gefährdung des Rechts des Widersprechenden glaubhaft gemacht wird.**

§ 899 a. Maßgaben für die Gesellschaft bürgerlichen Rechts

[1] **Ist eine Gesellschaft bürgerlichen Rechts im Grundbuch eingetragen, so wird in Ansehung des eingetragenen Rechts auch vermutet, dass diejenigen Personen Gesellschafter sind, die nach § 47 Absatz 2 Satz 1 der Grundbuchordnung im Grundbuch eingetragen sind, und dass darüber hinaus keine weiteren Gesellschafter vorhanden sind.** [2] **Die §§ 892 bis 899 gelten bezüglich der Eintragung der Gesellschafter entsprechend.**

1 **1. Zweck.** Die Vorschrift soll Schwierigkeiten begegnen, zu denen die Rspr über die **Rechtsfähigkeit der GbR** (s Vor § 705 Rz 5) im Grundstücksverkehr geführt hat. Schließen sich A und B zu einer GbR zusammen, um mit der GbR ein Grundstück zu erwerben, so wird die GbR (bestehend aus den Gesellschaftern A und B) Eigentümer des Grundstücks, nicht etwa A und B in ihrer gesamthänderischen Verbundenheit. Auch im Grundbuch ist daher die GbR als Eigentümer einzutragen (Grundbuchfähigkeit). Probleme ergeben sich daraus, dass es – anders als bei den im Handelsregister eingetragenen Personenhandelsgesellschaften – für die GbR kein öffentliches Register gibt, aus dem sich die Gesellschafter und die Vertretungsverhältnisse ergeben. Veränderungen im Gesellschafterbestand einer grundstücksbesitzenden GbR können durch privatschriftliche Vereinbarung erfolgen (Abtretung des Anteils oder Ein-/Austritt von Gesellschaftern), ohne dass die Berichtigung des Grundbuchs für deren Wirksamkeit konstitutiv wäre. **a)** Für den **Erwerb** einer Immobilie durch eine **bestehende GbR** hat die Rspr im Hinblick auf den erforderlichen Nachweis von Existenz der GbR und Vertretungsberechtigung ihrer Gesellschafter verfahrensrechtliche Erleichterungen geschaffen. Als Nachweis in grundbuchtauglicher Form (§ 29 GBO) reicht es aus, wenn die Gesellschafter der erwerbenden GbR in der notariellen Kaufvertragsurkunde bestätigen, dass sie die GbR gegründet haben und sich deren

Gesellschafterbestand seither nicht verändert hat (BGH ZIP 2011, 1003). **b)** § 899a bezieht sich auf **Verfügungen der GbR** über Grundstückrechte: Wird C in die zuvor aus A und B bestehende GbR aufgenommen und veräußern A und B im Namen der GbR ohne Mitwirkung des C das der GbR gehörende Grundstück an K, so stellt sich insbesondere die Frage, ob K im Hinblick auf die **fehlende Vertretungsmacht** von A und B (vgl §§ 709, 714) gutgläubig erwerben kann.

2. Inhalt. a) Nach § 47 II 1 GBO sind bei der Eintragung einer GbR im Grundbuch stets auch deren Gesellschafter einzutragen. Durch S 1 der Vorschrift wird in Anlehnung an § 891 **vermutet**, dass die im Grundbuch eingetragenen Gesellschafter tatsächlich Gesellschafter der GbR sind (positive Vermutung) und dass es weitere Gesellschafter nicht gibt (negative Vermutung). Das Grundbuch verlautbart somit nicht nur den Berechtigten selbst (die GbR), sondern auch dessen Gesellschafter und damit deren Vertretungsbefugnis nach §§ 709, 714. **b)** Nach der Gesetzesbegründung wird auch die **Existenz der GbR** vermutet, denn ohne eine existente GbR könne es keine Gesellschafter im Sinne der Vorschrift geben (BT-Drs 16/13437, 31; str, anders zB *Krüger* NZG 2010, 801, 805). **c)** S 2 verweist auf § 892 und ermöglicht dadurch einen **gutgläubigen Erwerb**, wenn die im Grundbuch eingetragenen Gesellschafter für die GbR gehandelt haben. Damit wird ausnahmsweise der gute Glaube an die Vertretungsmacht geschützt. **d)** Wer zu Unrecht nicht als Gesellschafter der GbR im Grundbuch vermerkt ist, kann **Berichtigung** des insoweit unrichtigen Grundbuchs verlangen, da die Vorschrift auch auf § 894 verweist. **e)** Darüber hinaus wird (weiterhin) nach **§ 891 I** vermutet, dass die GbR Berechtigte des eingetragenen Rechts ist. 2

3. Reichweite. a) Die Vorschrift gilt „in Ansehung des eingetragenen Rechts", dh für im Grundbuch eingetragene **Rechte an unbeweglichen Sachen** (zB bei der Auflassung eines Grundstücks durch eine GbR oder bei der Bestellung einer Grundschuld an einem Grundstück einer GbR). Das Grundbuch soll hinsichtlich anderer Rechtsverhältnisse nicht zum Ersatzregister für die GbR werden. Daher hilft die Regelung nicht, wenn es um den Erwerb beweglicher Sachen geht, selbst wenn diese im Rahmen eines einheitlichen Geschäfts gemeinsam mit einer Immobilie veräußert wurden (zB Inventar eines Hauses). Sie ermöglicht auch nicht den gutgläubigen Erwerb eines GbR-Anteils von einem eingetragenen, in Wirklichkeit aber nicht berechtigten GbR-Gesellschafter. **b)** Str ist, ob die Vorschrift auch das der Verfügung zugrunde liegende **schuldrechtliche Geschäft** erfasst bzw – falls dies nicht der Fall sein sollte – ob sich aus allg Erwägungen ein Rechtsgrund dafür herleiten lässt, dass der Erwerber das gutgläubig erworbene Eigentum auch behalten darf. Im Beispielsfall (Rz 1) wird der gute Glaube an die Vertretungsmacht von A und B als im Grundbuch eingetragenen Gesellschaftern der GbR für den Eigentumserwerb des K geschützt. Auch beim Abschluss des Kaufvertrags stellt sich jedoch die Frage, ob die fehlende Vertretungsmacht durch den guten Glauben an die Grundbucheintragung überwunden werden kann. Andernfalls wäre das von K erworbene Eigentum mangels Rechtsgrundes nach § 812 I 1 kondizierbar. Die systematische Stellung der Vorschrift sowie die einschränkende Formulierung sprechen gegen ihre Anwendbarkeit auf das schuldrechtliche Geschäft. Der Gesetzgeber wollte jedoch den Grundstücksverkehr mit einer GbR umfassend schützen, was eine weite Auslegung gebieten könnte. Überzeugender als eine mit Wortlaut und Systematik in Konflikt tretende Auslegung ist wohl der Gedanke der Rechtsscheinshaftung: Wenn die wahren Gesellschafter es entgegen §§ 47 II, 82 GBO unterlassen, das Grundbuch entsprechend dem geänderten Gesellschafterbestand berichtigen zu lassen, so sind ihnen die aus der falschen Verlautbarung im Grundbuch folgenden Rechtsnachteile zuzurechnen (*Reymann* FS Dieter Reuter [2010] 271). Teilweise wird zur Herleitung eines Rechtsgrunds folgende Auslegung des Vertrages vertreten: Wenn A und B angeben, für die im Grundbuch einge- 3 tragene GbR zu handeln, gründen sie bei Vertragsschluss konkludent eine neue GbR (bestehend nur aus ihnen beiden), die von A und B wirksam verpflichtet werden kann. **c)** Nach der **Übergangsvorschrift** in Art 229 § 21 EGBGB gilt die Norm auch, wenn die Eintragung der GbR im Grundbuch vor ihrem Inkrafttreten erfolgt ist.

§ 900. Buchersitzung

(1) [1] **Wer als Eigentümer eines Grundstücks im Grundbuch eingetragen ist, ohne dass er das Eigentum erlangt hat, erwirbt das Eigentum, wenn die Eintragung 30 Jahre bestanden und er während dieser Zeit das Grundstück im Eigenbesitz gehabt hat.** [2] **Die dreißigjährige Frist wird in derselben Weise berechnet wie die Frist für die Ersitzung einer beweglichen Sache.** [3] **Der Lauf der Frist ist gehemmt, solange ein Widerspruch gegen die Richtigkeit der Eintragung im Grundbuch eingetragen ist.**

(2) [1] **Diese Vorschriften finden entsprechende Anwendung, wenn für jemand ein ihm nicht zustehendes anderes Recht im Grundbuch eingetragen ist, das zum Besitz des Grundstücks berechtigt oder dessen Ausübung nach den für den Besitz geltenden Vorschriften geschützt ist.** [2] **Für den Rang des Rechts ist die Eintragung maßgebend.**

§ 901. Erlöschen nicht eingetragener Rechte

[1] **Ist ein Recht an einem fremden Grundstück im Grundbuch mit Unrecht gelöscht, so erlischt es, wenn der Anspruch des Berechtigten gegen den Eigentümer verjährt ist.** [2] **Das Gleiche gilt, wenn ein kraft Gesetzes entstandenes Recht an einem fremden Grundstück nicht in das Grundbuch eingetragen worden ist.**

§ 902. Unverjährbarkeit eingetragener Rechte

(1) [1] **Die Ansprüche aus eingetragenen Rechten unterliegen nicht der Verjährung.** [2] **Dies gilt nicht für Ansprüche, die auf Rückstände wiederkehrender Leistungen oder auf Schadensersatz gerichtet sind.**

(2) **Ein Recht, wegen dessen ein Widerspruch gegen die Richtigkeit des Grundbuchs eingetragen ist, steht einem eingetragenen Recht gleich.**

Abschnitt 3. Eigentum

Vor § 903

1 **1. Begriff.** Eigentum bezeichnet die umfassende **rechtliche** Herrschaft über eine Sache. Andere dingliche Rechte gewähren lediglich eine begrenzte Rechtsmacht (sog „beschränkte dingliche Rechte": zB §§ 1018 ff, 1030 ff, 1090 ff, 1113 ff, 1191 ff, 1204 ff). Eigentum an Grundstücken und Eigentum an beweglichen Sachen werden oft unterschiedlich behandelt (vgl §§ 873, 925 und §§ 929 ff).

2 **2.** Die wichtigsten **Arten** des Eigentums sind: **a) Alleineigentum.** Rechtsinhaber ist nur eine (natürliche oder juristische) Person. **b) Miteigentum.** Jedem Miteigentümer steht ein ideeller Bruchteil zu (dazu § 1008 Rz 3). **c) Gesamthandseigentum.** S § 1008 Rz 4. **d) Wohnungseigentum** iSd WEG (*Schönfelder* Nr 37). Es setzt sich zusammen aus dem Sondereigentum an einer Wohnung (oder einem nicht zu Wohnzwecken dienenden Raum, sog Teileigentum) und dem Miteigentumsanteil am gemeinschaftlichen Eigentum (zB Grundstück), zu dem es gehört (§ 1 II WEG).

Titel 1. Inhalt des Eigentums

§ 903. Befugnisse des Eigentümers

[1]Der Eigentümer einer Sache kann, soweit nicht das Gesetz oder Rechte Dritter entgegenstehen, mit der Sache nach Belieben verfahren und andere von jeder Einwirkung ausschließen. [2]Der Eigentümer eines Tieres hat bei der Ausübung seiner Befugnisse die besonderen Vorschriften zum Schutz der Tiere zu beachten.

§ 904. Notstand

[1]Der Eigentümer einer Sache ist nicht berechtigt, die Einwirkung eines anderen auf die Sache zu verbieten, wenn die Einwirkung zur Abwendung einer gegenwärtigen Gefahr notwendig und der drohende Schaden gegenüber dem aus der Einwirkung dem Eigentümer entstehenden Schaden unverhältnismäßig groß ist. [2]Der Eigentümer kann Ersatz des ihm entstehenden Schadens verlangen.

§ 905. Begrenzung des Eigentums

[1]Das Recht des Eigentümers eines Grundstücks erstreckt sich auf den Raum über der Oberfläche und auf den Erdkörper unter der Oberfläche. [2]Der Eigentümer kann jedoch Einwirkungen nicht verbieten, die in solcher Höhe oder Tiefe vorgenommen werden, dass er an der Ausschließung kein Interesse hat.

§ 906. Zuführung unwägbarer Stoffe

(1) **[1]Der Eigentümer eines Grundstücks kann die Zuführung von Gasen, Dämpfen, Gerüchen, Rauch, Ruß, Wärme, Geräusch, Erschütterungen und ähnliche von einem anderen Grundstück ausgehende Einwirkungen insoweit nicht verbieten, als die Einwirkung die Benutzung seines Grundstücks nicht oder nur unwesentlich beeinträchtigt. [2]Eine unwesentliche Beeinträchtigung liegt in der Regel vor, wenn die in Gesetzen oder Rechtsverordnungen festgelegten Grenz- oder Richtwerte von den nach diesen Vorschriften ermittelten und bewerteten Einwirkungen nicht überschritten werden. [3]Gleiches gilt für Werte in allgemeinen Verwaltungsvorschriften, die nach § 48 des Bundes-Immissionsschutzgesetzes erlassen worden sind und den Stand der Technik wiedergeben.**

(2) **[1]Das Gleiche gilt insoweit, als eine wesentliche Beeinträchtigung durch eine ortsübliche Benutzung des anderen Grundstücks herbeigeführt wird und nicht durch Maßnahmen verhindert werden kann, die Benutzern dieser Art wirtschaftlich zumutbar sind. [2]Hat der Eigentümer hiernach eine Einwirkung zu dulden, so kann er von dem Benutzer des anderen Grundstücks einen angemessenen Ausgleich in Geld verlangen, wenn die Einwirkung eine ortsübliche Benutzung seines Grundstücks oder dessen Ertrag über das zumutbare Maß hinaus beeinträchtigt.**

(3) **Die Zuführung durch eine besondere Leitung ist unzulässig.**

1. Allgemeines. Obwohl § 903 dem Eigentümer grds sowohl ein umfassendes Verfügungs- und Nutzungsrecht als auch ein Ausschließungsrecht gewährt, liegt es auf der Hand, dass insbesondere im Verhältnis zwischen den Eigentümern benachbarter Grundstücke jeder Rücksicht auf den anderen nehmen muss. Störende Nutzungen können einerseits uU abgewehrt werden (zB nach § 1004). Andererseits sind gewisse Störungen – ggfs gegen Geldausgleich – von dem Betroffenen hinzunehmen. Inhalt und Ausmaß dieser Einschränkung des Grundeigentums regelt das sog Nachbarrecht. Es bestimmt den Umfang des **Immissionsschutzes** durch öffentlichrechtliche und 1 privatrechtliche Normen, namentlich durch § 906. Diese Norm wird durch eine schwer zu überblickende Flut von Entscheidungen teilweise erheblich ausgeweitet.

2 **2. Anwendungsbereich.** Die Vorschrift erfasst gem Abs 1 S 1 nur einen Teil aller denkbaren Einwirkungen, nämlich solche durch die unwägbaren Stoffe, die beispielhaft (also nicht abschließend) aufgezählt werden, dagegen nicht grobkörperliche Immissionen, die den Bereich der in § 906 genannten Stoffe überschreiten, zB Steinschlag, Wasser oder das Eindringen größerer Tiere (vgl zu Abs 2 S 2 aber unten Rz 6). Die Rspr verneint eine Anwendung des § 906 auf ideelle Immissionen (sittliche/ästhetische Einwirkungen), da diese den in § 906 genannten Einwirkungen nicht „ähnlich" seien (vgl § 1004 Rz 2), und auf negative Immissionen, dh die Entziehung von Licht, Luft, Aussicht oä (zB durch ein benachbartes Hochhaus), da keine „Zuführung" vorliege; statt dessen bevorzugt die Rspr eine Begründung des Abwehranspruchs aus § 242 und dem „nachbarlichen Gemeinschaftsverhältnis" (für eine analoge Anwendung des § 906: *Prütting* Rz 331).

3 **3.** Abs 1 und Abs 2 S 1 wirken als **Anspruchsausschluss gegenüber Abwehransprüchen** des Gestörten aus §§ 862, 907 und 1004; die Einwirkung ist dann auch nicht rechtswidrig iSd §§ 823ff (BGHZ 90, 255, 258).

4 **a)** Zulässig und somit vom Betroffenen stets zu dulden sind nach **Abs 1 unwesentliche Beeinträchtigungen.** Beeinträchtigung ist jede Störung des gesundheitlichen Wohlbefindens der auf dem betroffenen Grundstück lebenden Personen bzw jede Schädigung der dort befindlichen Sachen (BGHZ 51, 396, 397). Unwesentlich ist sie „in der Regel" – dh eine Abweichung im Einzelfall ist möglich (s zB BGH NJW 1999, 1029, 1030) –, wenn die nach S 2 und 3 zu ermittelnden Grenzwerte eingehalten sind (näher *Staudinger-Roth* [2002] Rz 177ff). Gesetze und Rechtsverordnungen sind nur Parlamentsgesetze und förmliche Verordnungen (zB gem § 4 I 3 BImSchG). Private Umweltstandards, zB DIN-Normen, begründen keine Regelfälle, ihre Einhaltung allerdings eine Indizwirkung für die Unwesentlichkeit der Beeinträchtigung.

5 **b)** Gleichgestellt sind nach **Abs 2 S 1** bestimmte **wesentliche Beeinträchtigungen.** Bei der Ermittlung einer wesentlichen Beeinträchtigung ist der in Abs 1 umschriebene Maßstab anzulegen und auf den verständigen Durchschnittsbenutzer des betroffenen Grundstücks, nicht etwa auf das subjektive Empfinden des Gestörten abzustellen. Ortsüblichkeit ist gegeben, wenn die Immissionen sich nach Intensität und Wirkungsdauer im Rahmen der von den anderen Grundstücken eines räumlichen Vergleichsbezirks ausgehenden Einwirkungen halten. Das anzulegende Maß ist demgemäß in Städten anders als auf dem Land, in Gewerbegebieten anders als in Wohnvierteln usw. Für die Frage, ob Maßnahmen zur Verhinderung der Einwirkungen zumutbar sind, ist ebenfalls auf den (objektiven) Maßstab eines normalen Benutzers abzustellen.

6 **4.** Der **Ausgleichsanspruch des Abs 2 S 2** ist verschuldensunabhängig. Von einem Schadensersatzanspruch unterscheidet sich der Ausgleichsanspruch darin, dass die Entschädigung die durch die zu duldende Einwirkung eingetretene Vermögenseinbuße beseitigen soll, während der Schadensersatz der Wiederherstellung des Zustands dient, der bestünde, wenn die Einwirkung nicht zu der unzumutbaren Beeinträchtigung geführt hätte. Auszugleichen sind somit vermögenswerte Nachteile, die ihre Ursache in der Eigentums- oder Besitzstörung haben (BGH NJW 2010, 3160). Der Ausgleichsanspruch besteht nach der in der Lit teilweise angegriffenen Rspr (vgl etwa BGHZ 157, 188, 190) über den Wortlaut der Vorschrift hinausgehend für jede Art von Beeinträchtigungen, etwa auch für Grobimmissionen (zB durch Wasserleitungsbruch), wenn die Beeinträchtigung ihre Ursache in der Benutzung des nachbarlichen Grundstücks hat. Ausgleichsberechtigt ist nicht nur der Eigentümer, sondern auch der Besitzer, und ausgleichspflichtig ist derjenige, der die Nutzungsart des beeinträchtigenden Grundstücks bestimmt (Benutzer). Der Anspruch kann also von einem Mieter als

Grundstücksbesitzer geltend gemacht werden (BGHZ 30, 273, 280), aber nicht von einem Mieter innerhalb desselben Hauses gegen den anderen, da es insoweit nicht um Einwirkungen von einem Grundstück auf ein anderes, also nicht um ein nachbarrechtliches Verhältnis geht (BGHZ 157, 188). Nach st Rspr soll mit dem Geldanspruch nur der unzumutbare Teil der Beeinträchtigung nach Enteignungsgrundsätzen ausgeglichen werden; dabei kann uU auch voller Schadensausgleich angemessen sein (BGH NJW 1990, 3195, 3197), so insbesondere bei Substanzschädigungen (BGHZ 142, 66, 70f). Andere meinen, es sei stets voller Schadensausgleich zu leisten, da nur so die im Interesse des Immittenten auferlegte Duldungspflicht ausreichend abgegolten werde (so *Jauernig* Rz 8). Jedenfalls kann nach Abs 2 S 2 kein Schmerzensgeld verlangt werden (auch nicht in Verbindung mit § 253 II), weil § 253 II nur auf Schadensersatzansprüche, nicht hingegen auf Ausgleichsansprüche anzuwenden ist (BGH NJW 2010, 3160).

5. Einen verschuldensunabhängigen nachbarrechtlichen **Ausgleichsanspruch in Analogie zu Abs 2 S 2** – auch bürgerlichrechtlicher Aufopferungsanspruch genannt (zur str dogmatischen Einordnung *Goebel* JR 2002, 485) – gewährt die Rspr, wenn von einem Grundstück im Rahmen seiner privatwirtschaftlichen Benutzung Einwirkungen auf ein anderes Grundstück ausgehen, die das zumutbare Maß einer entschädigungslos hinzunehmenden Beeinträchtigung übersteigen, und **Abwehransprüche versagen;** so wenn trotz Wesentlichkeit und fehlender Ortsüblichkeit ein Abwehranspruch wegen Gemeinwichtigkeit des emittierenden, privatrechtlich organisierten Betriebes nicht durchgesetzt werden kann (vgl *MüKo-Säcker* Rz 126) oder wenn der Betroffene aus tatsächlichen Gründen gehindert ist, einen ihm an sich zustehenden Abwehranspruch rechtzeitig geltend zu machen (BGH NJW 1999, 1029, 1030). Ferner wird ein solcher Ausgleichsanspruch auch für außerhalb von § 906 liegende wesentliche Beeinträchtigungen ausnahmsweise gewährt, wenn ein Abwehranspruch aus § 1004 nach Treu und Glauben im nachbarlichen Gemeinschaftsverhältnis auszuschließen ist (BGHZ 68, 350, 353f mwN) oder wenn – wie beim störenden Betrieb eines Drogenhilfezentrums auf dem Nachbargrundstück – eine Duldungspflicht wegen des Allgemeininteresses besteht (BGHZ 144, 200). 7

6. Für nach BImSchG **genehmigungsbedürftige Anlagen** stellt die (privatrechtliche!) Norm des **§ 14 BImSchG** eine einschränkende Sonderregelung dar, nach der bestehende Genehmigungen privatrechtliche Abwehransprüche ausschließen; es wird lediglich ein Anspruch auf Schutzvorkehrungen, hilfsweise auf Schadensersatz gewährt. Zweck der Regelung ist der Schutz des Anlagebetreibers in seinem Vertrauen auf die eingeholte Genehmigung. Sind Abwehransprüche bereits nach § 906 ausgeschlossen, bleibt es dabei und bei § 906 II 2 (*Palandt-Bassenge* Rz 30 unter Berufung auf BGH NJW 77, 1917). 8

§ 907. Gefahr drohende Anlagen

(1) [1]**Der Eigentümer eines Grundstücks kann verlangen, dass auf den Nachbargrundstücken nicht Anlagen hergestellt oder gehalten werden, von denen mit Sicherheit vorauszusehen ist, dass ihr Bestand oder ihre Benutzung eine unzulässige Einwirkung auf sein Grundstück zur Folge hat.** [2]**Genügt eine Anlage den landesgesetzlichen Vorschriften, die einen bestimmten Abstand von der Grenze oder sonstige Schutzmaßregeln vorschreiben, so kann die Beseitigung der Anlage erst verlangt werden, wenn die unzulässige Einwirkung tatsächlich hervortritt.**

(2) **Bäume und Sträucher gehören nicht zu den Anlagen im Sinne dieser Vorschriften.**

§ 908. Drohender Gebäudeeinsturz

Droht einem Grundstück die Gefahr, dass es durch den Einsturz eines Gebäudes oder eines anderen Werkes, das mit einem Nachbargrundstück verbunden

ist, oder durch die Ablösung von Teilen des Gebäudes oder des Werkes beschädigt wird, so kann der Eigentümer von demjenigen, welcher nach dem § 836 Abs. 1 oder den §§ 837, 838 für den eintretenden Schaden verantwortlich sein würde, verlangen, dass er die zur Abwendung der Gefahr erforderliche Vorkehrung trifft.

§ 909. Vertiefung

Ein Grundstück darf nicht in der Weise vertieft werden, dass der Boden des Nachbargrundstücks die erforderliche Stütze verliert, es sei denn, dass für eine genügende anderweitige Befestigung gesorgt ist.

§ 910. Überhang

(1) **[1]Der Eigentümer eines Grundstücks kann Wurzeln eines Baumes oder eines Strauches, die von einem Nachbargrundstück eingedrungen sind, abschneiden und behalten. [2]Das Gleiche gilt von herüberragenden Zweigen, wenn der Eigentümer dem Besitzer des Nachbargrundstücks eine angemessene Frist zur Beseitigung bestimmt hat und die Beseitigung nicht innerhalb der Frist erfolgt.**

(2) **Dem Eigentümer steht dieses Recht nicht zu, wenn die Wurzeln oder die Zweige die Benutzung des Grundstücks nicht beeinträchtigen.**

§ 911. Überfall

[1]Früchte, die von einem Baume oder einem Strauche auf ein Nachbargrundstück hinüberfallen, gelten als Früchte dieses Grundstücks. [2]Diese Vorschrift findet keine Anwendung, wenn das Nachbargrundstück dem öffentlichen Gebrauch dient.

§ 912. Überbau; Duldungspflicht

(1) **Hat der Eigentümer eines Grundstücks bei der Errichtung eines Gebäudes über die Grenze gebaut, ohne dass ihm Vorsatz oder grobe Fahrlässigkeit zur Last fällt, so hat der Nachbar den Überbau zu dulden, es sei denn, dass er vor oder sofort nach der Grenzüberschreitung Widerspruch erhoben hat.**

(2) **[1]Der Nachbar ist durch eine Geldrente zu entschädigen. [2]Für die Höhe der Rente ist die Zeit der Grenzüberschreitung maßgebend.**

1 Ein nach § 912 zu duldender sowie ein rechtmäßiger Überbau stehen, um Wertvernichtungen zu vermeiden, im Eigentum des Überbauenden (s § 95 Rz 3); dagegen ist bei unentschuldigtem Überbau das Eigentum an der Grundstücksgrenze geteilt (vgl etwa BGHZ 27, 204; *Baur/Stürner* § 25 Rz 11). Der Eigentümer des überbauten Grundstücks hat bei rechtswidrigem, nicht entschuldigtem Überbau sowohl einen Anspruch auf Beseitigung des Überbaus aus § 1004 I als auch einen Anspruch auf Herausgabe der überbauten Fläche aus § 985, welcher gem § 902 nicht der Verjährung unterliegt. Der Anspruch aus § 985 hängt nicht von der Durchsetzbarkeit des Anspruchs aus § 1004 I ab (BGH NJW 2011, 1069 ff).

§ 913. Zahlung der Überbaurente

(1) **Die Rente für den Überbau ist dem jeweiligen Eigentümer des Nachbargrundstücks von dem jeweiligen Eigentümer des anderen Grundstücks zu entrichten.**

(2) **Die Rente ist jährlich im Voraus zu entrichten.**

§ 914. Rang, Eintragung und Erlöschen der Rente

(1) [1]Das Recht auf die Rente geht allen Rechten an dem belasteten Grundstück, auch den älteren, vor. [2]Es erlischt mit der Beseitigung des Überbaus.

(2) [1]Das Recht wird nicht in das Grundbuch eingetragen. [2]Zum Verzicht auf das Recht sowie zur Feststellung der Höhe der Rente durch Vertrag ist die Eintragung erforderlich.

(3) Im Übrigen finden die Vorschriften Anwendung, die für eine zugunsten des jeweiligen Eigentümers eines Grundstücks bestehende Reallast gelten.

§ 915. Abkauf

(1) [1]Der Rentenberechtigte kann jederzeit verlangen, dass der Rentenpflichtige ihm gegen Übertragung des Eigentums an dem überbauten Teil des Grundstücks den Wert ersetzt, den dieser Teil zur Zeit der Grenzüberschreitung gehabt hat. [2]Macht er von dieser Befugnis Gebrauch, so bestimmen sich die Rechte und Verpflichtungen beider Teile nach den Vorschriften über den Kauf.

(2) Für die Zeit bis zur Übertragung des Eigentums ist die Rente fortzuentrichten.

§ 916. Beeinträchtigung von Erbbaurecht oder Dienstbarkeit

Wird durch den Überbau ein Erbbaurecht oder eine Dienstbarkeit an dem Nachbargrundstück beeinträchtigt, so finden zugunsten des Berechtigten die Vorschriften der §§ 912 bis 914 entsprechende Anwendung.

§ 917. Notweg

(1) [1]Fehlt einem Grundstück die zur ordnungsmäßigen Benutzung notwendige Verbindung mit einem öffentlichen Wege, so kann der Eigentümer von den Nachbarn verlangen, dass sie bis zur Hebung des Mangels die Benutzung ihrer Grundstücke zur Herstellung der erforderlichen Verbindung dulden. [2]Die Richtung des Notwegs und der Umfang des Benutzungsrechts werden erforderlichenfalls durch Urteil bestimmt.

(2) [1]Die Nachbarn, über deren Grundstücke der Notweg führt, sind durch eine Geldrente zu entschädigen. [2]Die Vorschriften des § 912 Abs. 2 Satz 2 und der §§ 913, 914, 916 finden entsprechende Anwendung.

§ 918. Ausschluss des Notwegrechts

(1) Die Verpflichtung zur Duldung des Notwegs tritt nicht ein, wenn die bisherige Verbindung des Grundstücks mit dem öffentlichen Wege durch eine willkürliche Handlung des Eigentümers aufgehoben wird.

(2) [1]Wird infolge der Veräußerung eines Teils des Grundstücks der veräußerte oder der zurückbehaltene Teil von der Verbindung mit dem öffentlichen Wege abgeschnitten, so hat der Eigentümer desjenigen Teils, über welchen die Verbindung bisher stattgefunden hat, den Notweg zu dulden. [2]Der Veräußerung eines Teils steht die Veräußerung eines von mehreren demselben Eigentümer gehörenden Grundstücken gleich.

§ 919. Grenzabmarkung

(1) Der Eigentümer eines Grundstücks kann von dem Eigentümer eines Nachbargrundstücks verlangen, dass dieser zur Errichtung fester Grenzzeichen und, wenn ein Grenzzeichen verrückt oder unkenntlich geworden ist, zur Wiederherstellung mitwirkt.

(2) Die Art der Abmarkung und das Verfahren bestimmen sich nach den Landesgesetzen; enthalten diese keine Vorschriften, so entscheidet die Ortsüblichkeit.

(3) Die Kosten der Abmarkung sind von den Beteiligten zu gleichen Teilen zu tragen, sofern nicht aus einem zwischen ihnen bestehenden Rechtsverhältnis sich ein anderes ergibt.

§ 920. Grenzverwirrung

(1) [1]Lässt sich im Falle einer Grenzverwirrung die richtige Grenze nicht ermitteln, so ist für die Abgrenzung der Besitzstand maßgebend. [2]Kann der Besitzstand nicht festgestellt werden, so ist jedem der Grundstücke ein gleich großes Stück der streitigen Fläche zuzuteilen.

(2) Soweit eine diesen Vorschriften entsprechende Bestimmung der Grenze zu einem Ergebnis führt, das mit den ermittelten Umständen, insbesondere mit der feststehenden Größe der Grundstücke, nicht übereinstimmt, ist die Grenze so zu ziehen, wie es unter Berücksichtigung dieser Umstände der Billigkeit entspricht.

§ 921. Gemeinschaftliche Benutzung von Grenzanlagen

Werden zwei Grundstücke durch einen Zwischenraum, Rain, Winkel, einen Graben, eine Mauer, Hecke, Planke oder eine andere Einrichtung, die zum Vorteile beider Grundstücke dient, voneinander geschieden, so wird vermutet, dass die Eigentümer der Grundstücke zur Benutzung der Einrichtung gemeinschaftlich berechtigt seien, sofern nicht äußere Merkmale darauf hinweisen, dass die Einrichtung einem der Nachbarn allein gehört.

§ 922. Art der Benutzung und Unterhaltung

[1]Sind die Nachbarn zur Benutzung einer der im § 921 bezeichneten Einrichtungen gemeinschaftlich berechtigt, so kann jeder sie zu dem Zwecke, der sich aus ihrer Beschaffenheit ergibt, insoweit benutzen, als nicht die Mitbenutzung des anderen beeinträchtigt wird. [2]Die Unterhaltungskosten sind von den Nachbarn zu gleichen Teilen zu tragen. [3]Solange einer der Nachbarn an dem Fortbestand der Einrichtung ein Interesse hat, darf sie nicht ohne seine Zustimmung beseitigt oder geändert werden. [4]Im Übrigen bestimmt sich das Rechtsverhältnis zwischen den Nachbarn nach den Vorschriften über die Gemeinschaft.

§ 923. Grenzbaum

(1) Steht auf der Grenze ein Baum, so gebühren die Früchte und, wenn der Baum gefällt wird, auch der Baum den Nachbarn zu gleichen Teilen.

(2) [1]Jeder der Nachbarn kann die Beseitigung des Baumes verlangen. [2]Die Kosten der Beseitigung fallen den Nachbarn zu gleichen Teilen zur Last. [3]Der Nachbar, der die Beseitigung verlangt, hat jedoch die Kosten allein zu tragen, wenn der andere auf sein Recht an dem Baume verzichtet; er erwirbt in diesem Falle mit der Trennung das Alleineigentum. [4]Der Anspruch auf die Beseitigung ist ausgeschlossen, wenn der Baum als Grenzzeichen dient und den Umständen nach nicht durch ein anderes zweckmäßiges Grenzzeichen ersetzt werden kann.

(3) Diese Vorschriften gelten auch für einen auf der Grenze stehenden Strauch.

§ 924. Unverjährbarkeit nachbarrechtlicher Ansprüche

Die Ansprüche, die sich aus den §§ 907 bis 909, 915, dem § 917 Abs. 1, dem § 918 Abs. 2, den §§ 919, 920 und dem § 923 Abs. 2 ergeben, unterliegen nicht der Verjährung.

Titel 2. Erwerb und Verlust des Eigentums an Grundstücken

§ 925. Auflassung

(1) [1]**Die zur Übertragung des Eigentums an einem Grundstück nach § 873 erforderliche Einigung des Veräußerers und des Erwerbers (Auflassung) muss bei gleichzeitiger Anwesenheit beider Teile vor einer zuständigen Stelle erklärt werden.** [2]**Zur Entgegennahme der Auflassung ist, unbeschadet der Zuständigkeit weiterer Stellen, jeder Notar zuständig.** [3]**Eine Auflassung kann auch in einem gerichtlichen Vergleich oder in einem rechtskräftig bestätigten Insolvenzplan erklärt werden.**

(2) **Eine Auflassung, die unter einer Bedingung oder einer Zeitbestimmung erfolgt, ist unwirksam.**

I. Auflassung

1 Der Erwerb von Grundstückseigentum vollzieht sich – wie der Erwerb von anderen Grundstücksrechten – nach § 873 (s im Einzelnen dort). Die erforderliche Einigung nennt man Auflassung. Ihre **Form** ist in Abs 1 geregelt: Die mündliche Erklärung vor einem Notar genügt; eine Beurkundung ist nach Abs 1 S 1 nicht nötig (BGH NJW 1983, 2933), erfolgt aber regelmäßig gem §§ 8ff BeurkG. Stellvertretung ist möglich. Bereits das zu Grunde liegende Verpflichtungsgeschäft bedarf gem § 311b I der notariellen Beurkundung.

II. Anwartschaftsrecht

2 **1.** Die **Entstehung** eines Anwartschaftsrechts setzt voraus, dass von dem mehraktigen Entstehungstatbestand eines Rechts (vgl zu Grundstücksrechten § 873 Rz 3) schon so viele Erfordernisse erfüllt sind, dass von einer gesicherten Rechtsposition des Erwerbers gesprochen werden kann, die der andere an der Entstehung des Rechts Beteiligte nicht mehr einseitig zu zerstören vermag (BGHZ 45, 186, 188f; 49, 197, 201). Ein Anwartschaftsrecht des Auflassungsempfängers ist danach anzunehmen, wenn die Auflassung formgültig erklärt und also bindend geworden ist (vgl § 873 II) und wenn außerdem entweder der Eintragungsantrag nach § 13 GBO durch den Auflassungsempfänger (nicht durch den Veräußerer, da dieser ihn jederzeit zurücknehmen kann) gestellt worden ist oder zugunsten des Auflassungsempfängers eine Vormerkung im Grundbuch eingetragen ist, die nach §§ 883 II, 888 Schutz vor einer anderweitigen Verfügung des Veräußerers gewährt (s zB BGHZ 45, 186, 190f; 83, 395, 399). Dagegen wird in der Lit die Existenz eines Anwartschaftsrechts teilweise verneint, weil die nach Stellung des Eintragungsantrags erworbene Rechtsposition zu unsicher sei (der Schutz vor widersprechenden Verfügungen hängt von der Beachtung der Verfahrensvorschrift des § 17 GBO durch das Grundbuchamt ab) und als Kreditunterlage und Vollstreckungsobjekt der durch Vormerkung sicherbare schuldrechtliche Anspruch auf Übertragung ausreiche (so zB *Westermann/Eickmann* § 75 I 6 mwN). Indes sieht die ständige Praxis diese Einwände nicht als durchschlagend an.

3 **2.** Eine **Übertragung, Verpfändung oder Pfändung** des Anwartschaftsrechts ist nach hM möglich. **a)** Die **Übertragung** erfolgt wegen der Wesensähnlichkeit mit dem Volleigentum durch Auflassung (und nicht etwa durch Abtretung nach §§ 398, 413), aber ohne Eintragung. Mit der Eintragung des Zweiterwerbers, die ohne Zwischeneintragung des Ersterwerbers erfolgt, erhält der Zweiterwerber das Vollrecht (BGHZ 49, 197, 205). Auch die **Verpflichtung** zur Übertragung des Anwartschaftsrechts ist – wie beim Vollrecht – gem § 311b I 1 formbedürftig (BGHZ 83, 395, 400). **b)** Die **Verpfändung** geschieht gem § 1274 ebenfalls durch Auflassung ohne Eintragung, und die **Pfändung** richtet sich nach § 857 ZPO. Das Pfandrecht am Anwart-

schaftsrecht wandelt sich (entsprechend § 1287 S 2 BGB bzw § 848 II 2 ZPO) in eine Sicherungshypothek (§ 1184), wenn der Inhaber des Anwartschaftsrechts das Volleigentum erlangt (BGHZ 49, 197, 205f).

4 **3.** Ein **Schutz** des Anwartschaftsrechts, das durch Auflassung und Eintragungsantrag (§ 13 GBO) entstanden ist, kommt gem § 823 I („sonstiges Recht") in Betracht, ist aber umstritten. Hat zB der Eigentümer E das Grundstück trotz des Anwartschaftsrechts des A an den Dritten D aufgelassen und wird D unter Verstoß gegen § 17 GBO vor A eingetragen, so kann A von D nach §§ 823 I, 249 die Aufgabe seines Eigentumsrechts verlangen – freilich nur, wenn D das Anwartschaftsrecht des A kannte (arg § 892 I 2; so *Palandt-Bassenge* Rz 28). Andere verneinen jedes sachliche Bedürfnis für einen deliktischen Schutz aus § 823 I, da der Erwerber A seinen Anspruch durch eine Vormerkung sichern lassen könne, womit ausreichender Schutz gem §§ 883 II, 888 bestehe (so zB *MüKo-Kohler* § 873 Rz 85 f). Der BGH hat einen Anspruch aus § 823 I für den Fall verneint, dass nur die Auflassung an A erklärt war, der Eintragungsantrag aber zurückgewiesen worden war (BGHZ 45, 186, 193) – sicher zu Recht; denn in diesem Fall liegt noch kein schutzfähiges Anwartschaftsrecht vor.

§ 925 a. Urkunde über Grundgeschäft

Die Erklärung einer Auflassung soll nur entgegengenommen werden, wenn die nach § 311b Abs. 1 Satz 1 erforderliche Urkunde über den Vertrag vorgelegt oder gleichzeitig errichtet wird.

Bei § 925a handelt es sich um eine reine Ordnungsvorschrift, deren Zweck in der Durchsetzung der Formvorschrift des § 311b liegt. Ein Verstoß führt nicht zur Unwirksamkeit der Auflassung.

§ 926. Zubehör des Grundstücks

(1) [1]**Sind der Veräußerer und der Erwerber darüber einig, dass sich die Veräußerung auf das Zubehör des Grundstücks erstrecken soll, so erlangt der Erwerber mit dem Eigentum an dem Grundstück auch das Eigentum an den zur Zeit des Erwerbs vorhandenen Zubehörstücken, soweit sie dem Veräußerer gehören.** [2]**Im Zweifel ist anzunehmen, dass sich die Veräußerung auf das Zubehör erstrecken soll.**

(2) **Erlangt der Erwerber auf Grund der Veräußerung den Besitz von Zubehörstücken, die dem Veräußerer nicht gehören oder mit Rechten Dritter belastet sind, so finden die Vorschriften der §§ 932 bis 936 Anwendung; für den guten Glauben des Erwerbers ist die Zeit der Erlangung des Besitzes maßgebend.**

§ 927. Aufgebotsverfahren

(1) [1]**Der Eigentümer eines Grundstücks kann, wenn das Grundstück seit 30 Jahren im Eigenbesitz eines anderen ist, im Wege des Aufgebotsverfahrens mit seinem Recht ausgeschlossen werden.** [2]**Die Besitzzeit wird in gleicher Weise berechnet wie die Frist für die Ersitzung einer beweglichen Sache.** [3]**Ist der Eigentümer im Grundbuch eingetragen, so ist das Aufgebotsverfahren nur zulässig, wenn er gestorben oder verschollen ist und eine Eintragung in das Grundbuch, die der Zustimmung des Eigentümers bedurfte, seit 30 Jahren nicht erfolgt ist.**

(2) **Derjenige, welcher den Ausschließungsbeschluss erwirkt hat, erlangt das Eigentum dadurch, dass er sich als Eigentümer in das Grundbuch eintragen lässt.**

(3) **Ist vor dem Erlass des Ausschließungsbeschlusses ein Dritter als Eigentümer oder wegen des Eigentums eines Dritten ein Widerspruch gegen die Rich-**

tigkeit des Grundbuchs eingetragen worden, so wirkt der Ausschließungsbeschluss nicht gegen den Dritten.

§ 928. Aufgabe des Eigentums, Aneignung des Fiskus

(1) **Das Eigentum an einem Grundstück kann dadurch aufgegeben werden, dass der Eigentümer den Verzicht dem Grundbuchamt gegenüber erklärt und der Verzicht in das Grundbuch eingetragen wird.**

(2) [1]**Das Recht zur Aneignung des aufgegebenen Grundstücks steht dem Fiskus des Landes zu, in dem das Grundstück liegt.** [2]**Der Fiskus erwirbt das Eigentum dadurch, dass er sich als Eigentümer in das Grundbuch eintragen lässt.**

Abs 1 gilt nicht für den Verzicht auf den Miteigentumsanteil an einem Grundstück; **1**
alle Miteigentümer gemeinsam können aber nach Abs 1 das Eigentum aufgeben (BGHZ 172, 209 Nr 20).

Titel 3. Erwerb und Verlust des Eigentums an beweglichen Sachen

Untertitel 1. Übertragung

Vor § 929

Das folgende **Prüfungsschema** für den Eigentumserwerb an beweglichen Sachen kann den Überblick erleichtern:

1. Eigentumserwerb vom Berechtigten (§§ 929–931)
a) Einigung (§ 929 S 1)
b) Übergabe (§ 929 S 1) oder Übergabeersatz (§§ 929 S 2, 930, 931)
c) Einigsein zurzeit der Übergabe
d) Berechtigung

2. Wenn keine Berechtigung vorliegt, wird der Eigentumserwerb vom Nichtberechtigten (§§ 932–935) weitergeprüft
e) Rechtsgeschäft iS eines Verkehrsgeschäfts
f) Rechtsscheintatbestand gem §§ 932–934
g) Gutgläubigkeit (§ 932 II)
h) kein Abhandenkommen (§ 935 I).

§ 929. Einigung und Übergabe

[1]**Zur Übertragung des Eigentums an einer beweglichen Sache ist erforderlich, dass der Eigentümer die Sache dem Erwerber übergibt und beide darüber einig sind, dass das Eigentum übergehen soll.** [2]**Ist der Erwerber im Besitz der Sache, so genügt die Einigung über den Übergang des Eigentums.**

I. Grundtatbestand (§ 929 S. 1)

1. Die **Einigung** ist ein **dinglicher Vertrag,** für den die Vorschriften des Allge- **1**
meinen Teils über Rechtsgeschäfte (§§ 104- 185) gelten. Die Annahme kann auch konkludent erfolgen, zB durch den Gebrauch unbestellter Ware (vgl § 151). Stellvertretung ist möglich und wird insbesondere bei der **Übereignung an den, den es angeht,** bedeutsam (s § 164 Rz 11). Möglich ist außerdem ein gestreckter Eigentumserwerb mittels einer antizipierten Einigung.

a) Trennungs- und Abstraktionsprinzip. Die Einigung als dinglicher Vertrag ist **2**
rechtlich von dem zugrundeliegenden Verpflichtungsgeschäft (zB Kauf) getrennt zu sehen, auch wenn beide Verträge äußerlich zusammenfallen. Das dingliche Geschäft ist

abstrakt, dh es bedarf keiner kausalen Zweckbestimmung und bleibt von der Wirksamkeit des Verpflichtungsgeschäfts unabhängig. Abweichende Gestaltungen – zB die Herstellung eines Bedingungszusammenhanges zwischen beiden Geschäften (§ 158) oder einer Einheit iSd § 139 – sind möglich, aber nur in Ausnahmefällen zu bejahen (s § 139 Rz 2).

3 **b) Spezialitäts- oder Bestimmtheitsprinzip.** Die Einigung muss sich auf bestimmte Sachen beziehen, bloße Bestimmbarkeit soll nicht ausreichen. Bei der Übereignung von 3500 Sack Mehl aus einem Warenlager müssen die gemeinten Säcke ausgesondert oder so genau bezeichnet werden, dass sie sich jederzeit aussondern lassen (vgl RGZ 113, 57, 59). Die Bestimmtheit muss grds im Zeitpunkt der Einigung gegeben sein, und zwar so, dass jeder, der die Abrede kennt, genau feststellen kann, welche Gegenstände übereignet sind. Diesem Erfordernis ist Genüge getan, wenn der Ehemann seiner Frau sämtliche im Haus befindlichen Hausratsgegenstände schenkt; spätere Ereignisse, die außerhalb des Vertrags liegen, etwa dass später weitere Gegenstände hinzugekommen sind, können die Beweislage erschweren, der Einigung aber nicht nachträglich die Bestimmtheit nehmen (BGHZ 73, 253, 255 f).

4 **c)** Eine **Bindung an die Einigung** wird bis zum Zeitpunkt der Übergabe von der Rspr (RGZ 109, 201, 203; BGHZ 7, 111, 115) und hM (zB *Baur/Stürner* § 5 Rz 36) verneint. Mit anderen Worten: Maßgebender Zeitpunkt für das Einigsein ist die Übergabe. Für eine Widerrufsmöglichkeit bis zu diesem Zeitpunkt spricht der – freilich keineswegs zwingende – Umkehrschluss aus § 873 II und der Umstand, dass die §§ 932 ff für das Erfordernis des guten Glaubens ebenfalls regelmäßig auf den Zeitpunkt der Übergabe abstellen (letzteres betont *Medicus/Petersen* Rz 36). Eine MA (zB *Westermann* § 38, 4) sieht hierin keine ausreichenden Gründe dafür, bei der Einigung von der allgemeinen Regel abzugehen, dass ein Vertrag mit seinem Abschluss bindet. Der Unterschied in den Ausgangspunkten beider Ansichten ist dadurch gemildert, dass die hM den Fortbestand der Einigung vermutet und den Zugang der Widerrufserklärung beim Erwerbswilligen verlangt (vgl BGH NJW 1978, 696, 697: der Widerruf muss dem Erwerber „erkennbar sein“).

5 **d)** Problematisch ist die Wirksamkeit der dinglichen Einigung bei Nichtigkeit des Verpflichtungsgeschäfts auf Grund von **Sittenwidrigkeit** gem § 138. Beim Wucher gem § 138 II wird das dingliche Rechtsgeschäft bereits vom Wortlaut miterfasst („gewähren lässt“). In den Fällen des § 138 I ist trotz grundsätzlicher Neutralität des Verfügungsgeschäfts Nichtigkeit anzunehmen, wenn „gerade mit dem dinglichen Rechtsvorgang unsittliche Zwecke verfolgt werden oder in ihm die Unsittlichkeit begründet liegt“ (BGHZ 7, 111, 114). S auch § 138 Rz 5.

6 **2. Übergabe. a) Begriff.** Nach dem Gesetzeswortlaut ist neben der Einigung erforderlich, „dass der Eigentümer die Sache dem Erwerber übergibt“ (Traditionsprinzip). Das Gesetz spricht mit dieser Formulierung den Normalfall der Übergabe durch den Eigentümer an den Erwerber an, will andere Formen der Übergabe, insbesondere die Einschaltung von Besitzmittlern, Besitzdienern oder Geheißpersonen, aber nicht ausschließen. Der Begriff der Übergabe ist also weit zu verstehen. Nach dem Grundgedanken des § 929 S 1 kommt es entscheidend auf folgende Voraussetzungen an (siehe *Baur/Stürner* § 51 Rz 12): (1) Besitzerlangung des Erwerbers; (2) Aufgabe jeglicher Besitzposition des Veräußerers; (3) der Besitzerwerb muss auf Veranlassung des Eigentümers erfolgen. Im Einzelnen:

7 **aa)** Die **Erlangung des Besitzes** kann darin liegen, dass der Erwerber (ggf unter Einschaltung eines Besitzdieners) unmittelbaren oder mittelbaren Besitz erhält, sowie darin, dass der Besitzdiener oder Besitzmittler des bisherigen Eigentümers diese Position künftig für den Erwerber einnimmt. Ferner wird ein **Geheißerwerb** von der Rspr nicht nur auf der Veräußererseite, sondern auch auf der Erwerberseite anerkannt (BGH NJW 1973, 141). Dies bedeutet bei einem doppelten Geheißerwerb, dass we-

der der bisherige Eigentümer den Besitz gehabt noch der Erwerber ihn erlangt haben muss. Bsp: Auf Geheiß des Erwerbers veranlasst der bisherige Eigentümer einen dritten unmittelbaren Besitzer, der nicht sein Besitzmittler ist, die Sache einem Vierten, der nicht Besitzmittler des Erwerbers ist, zu übergeben. Bei dem sog **Strecken- oder Kettengeschäft** (der Verkäufer V versendet die Ware auf Anweisung des Erstkäufers K direkt an den Zweitkäufer D) ergibt die Auslegung idR, dass kein unmittelbarer Eigentumsübergang auf den Zweitkäufer, sondern ein Durchgangserwerb des Erstkäufers stattgefunden hat (BGH NJW 1986, 1166). In der Lieferung des V an D wird eine doppelte Übergabe gesehen, nämlich von V an K (auf Geheiß des K als Erwerber) sowie von K an D (auf Geheiß des K als Veräußerer); s etwa *Palandt-Bassenge* Rz 20; *Jauernig* Rz 16.

bb) Eine **Aufgabe des Besitzes** liegt ua auch dann vor, wenn der **Besitzdiener** des bisherigen Eigentümers auf dessen Wunsch künftig den Weisungen des Erwerbers folgt oder wenn der **Besitzmittler** des bisherigen Eigentümers auf dessen Veranlassung ein Besitzmittlungsverhältnis mit dem Erwerber vereinbart (RGZ 103, 151; BGHZ 92, 280, 288). Bsp (von *Baur/Stürner* § 51 Rz 14 nach RGZ 103, 151): Veräußert V die bei L eingelagerten Dosen Sardinen an K und veranlasst er L, mit K einen neuen Lagervertrag abzuschließen, so ist die Übergabe vollzogen (kein Fall des § 931, da V nicht seinen Herausgabeanspruch gegen L abgetreten hat). Für eine Übergabe genügt es sogar, wenn eine Mittelsperson („Geheißperson") des bisherigen Eigentümers, der selbst keinen (auch keinen mittelbaren) Besitz innehatte, auf dessen Geheiß dem Erwerber die Sache übergibt oder ihm künftig den Besitz vermittelt, sog **Geheißerwerb** (BGHZ 36, 56, 60f; *Baur/Stürner* § 51 Rz 15). 8

cc) Die Erlangung des Besitzes muss **auf Veranlassung** des bisherigen Eigentümers erfolgt sein. Dabei muss sich der Übergabewille auf die Übereignung beziehen; er ist – ebenso wie der Besitzerwerbswille – grds (Ausnahme: § 854 II) tatsächlicher und nicht rechtsgeschäftlicher Natur (*Baur/Stürner* § 51 Rz 18). 9

b) Entbehrlich ist die Übergabe gemäß S 2, wenn der Erwerber bereits im Besitz der Sache ist (sog **Übergabe kurzer Hand** – brevi manu traditio). Mittelbarer Besitz des Erwerbers genügt nur, wenn der Veräußerer keinerlei Besitzbeziehung zur Sache mehr hat, insbesondere nicht Besitzmittler des Erwerbers wird (BGH NJW 1987, 1266). An den **Besitzdiener** kann nicht ohne weiteres nach S 2 übereignet werden, da er nach § 855 keinen Besitz hat; vielmehr muss zur Einigung die Aufhebung des in § 855 vorausgesetzten Abhängigkeitsverhältnisses hinzutreten (s zB *Baur/Stürner* § 51 Rz 14). Indes wird diese Aufhebung in einer Einigung nach § 929 regelmäßig inbegriffen sein; daneben noch eine Einigung nach § 854 II zu fordern, erscheint formalistisch (str; wie hier *Westermann* § 40 III 2; *MüKo-Quack* Rz 158). 10

3. Einig sein. Auf Grund der Möglichkeit eines gestreckten Eigentumserwerbstatbestandes und der nicht bindenden Wirkung der Einigung (Rz 4) müssen auch noch bei Vollendung des Rechtserwerbs wirksame Einigungserklärungen vorliegen. 11

4. Berechtigung. Grds verfügungsbefugt ist der Eigentümer als Inhaber des dinglichen Rechts und der mit Zustimmung des Rechtsinhabers Handelnde (§§ 182–185). Außerdem können Dritte qua Gesetz verfügungsbefugt sein (zB der Insolvenzverwalter gem § 80 I InsO). Ist der Verfügende nicht berechtigt, muss ein Erwerb vom Nichtberechtigten geprüft werden (Vor § 929 und §§ 932–934) 12

II. Eigentumsvorbehalt und Anwartschaftsrecht

Beim in der Praxis häufigen Kreditsicherungsmittel des Eigentumsvorbehalts liegen Einigung und Übergabe vor, die Einigung steht jedoch unter der aufschiebenden Bedingung (§ 158 I) der vollständigen Kaufpreiszahlung (vgl § 449). Der Vorbehaltskäufer erwirbt ein dingliches Anwartschaftsrecht an der gekauften Sache, das mit Zahlung der letzten Rate zum Vollrecht (Eigentum) erstarkt. Im Einzelnen gilt Folgendes. 13

14 **1. Begriff.** Die Entstehung eines Anwartschaftsrechts setzt voraus, dass von einem mehraktigen Entstehungstatbestand eines Rechts schon so viele Erfordernisse erfüllt sind, dass von einer gesicherten Rechtsposition des Erwerbers gesprochen werden kann, die der andere an der Entstehung des Rechts Beteiligte nicht mehr einseitig zu zerstören vermag (BGHZ 45, 186, 188f; 49, 197, 201).

15 **2. Schutz des Anwartschaftsberechtigten. a)** Es bestehen die **Besitzschutzansprüche** aus §§ 858ff, 1007 I, II. Ein **Recht zum Besitz** kann für den Inhaber des Anwartschaftsrechts aus zwei verschiedenen Quellen fließen.

aa) Ein **obligatorisches** Recht zum Besitz gewährt der Kaufvertrag (s § 449 Rz 10). Es wirkt gegenüber dem Eigentumsherausgabeanspruch des Verkäufers gem § 986 I 1 und außerdem nach § 986 II gegenüber einem Dritten, dem der Verkäufer die Sache nach §§ 930, 931 übereignet hat.

bb) Ob ein **dingliches,** also ein gegen jedermann wirkendes Recht zum Besitz aus dem Anwartschaftsrecht folgt, ist str. Während im Allgemeinen das (oben Rz 18 genannte) obligatorische Besitzrecht ausreicht, wird die Frage nach der Existenz eines entsprechenden dinglichen Rechts vor allem beim gutgläubigen Erwerb eines Anwartschaftsrechts vom Nichteigentümer (unten Rz 17) bedeutsam. Der BGH hat dem Anwartschaftsberechtigten gegenüber der Herausgabeklage des Eigentümers aus § 985 die Arglisteinrede (dolo agit ...; s § 242 Rz 3) zugestanden, wenn der Bedingungseintritt unmittelbar bevorsteht (BGHZ 10, 69, 75); denn der Eigentümer müsste die Sache alsbald (nach Zahlung der letzten Rate) wieder herausgeben. Die Lit wählt demgegenüber überwiegend einen anderen Lösungsweg und bejaht ein dingliches Besitzrecht, da sonst das Anwartschaftsrecht keine Nutzungsberechtigung gewähren würde (s etwa *Baur/Stürner* § 59 Rz 47; *Jauernig* Rz 60). Teilweise wird ein dingliches Besitzrecht aber auch abgelehnt, da keine Notwendigkeit zu sehen sei, das bestehende Eigentum gegenüber dem (noch keineswegs sicheren) Eigentum des Anwärters zurücktreten zu lassen (so zB *Medicus/Petersen* Rz 465).

b) Schutz vor Zwischenverfügungen. Der Inhaber eines Anwartschaftsrechts ist durch § 161 I vor weiteren Verfügungen des Vorbehaltsverkäufers geschützt. Zwar ist gem § 161 III auch ein gutgläubiger Wegerwerb des Anwartschaftsrechts möglich, dieser scheitert aber zumeist an der analogen Anwendung des § 136 III auf die Veräußerung nach § 934 I Fall 1, solange der Anwartschaftsberechtigte den unmittelbaren Besitz nicht an den gutgläubigen Erwerber überträgt, ohne auf sein Besitzrecht hinzuweisen.

c) Dinglicher Schutz. Dem Anwartschaftsberechtigten hat nach hM Ansprüche analog §§ 985, 987ff und analog § 1004 I.

d) Deliktischer Schutz. Ferner ist das Anwartschaftsrecht selbst ein geschütztes sonstiges Recht iSd § 823 I (BGHZ 55, 20, 25f; vgl § 823 Rz 8), und es kann nach allgA Gegenstand eines Bereicherungsanspruchs nach §§ 812ff sein.

16 **3.** Das Anwartschaftsrecht ist **abhängig vom Bestehen der Kaufpreisforderung** (Akzessorietät des Anwartschaftsrechts). Der Bedingungseintritt und damit das Erstarken zum Vollrecht muss noch möglich sein, weil sonst das Anwartschaftsrecht seines Inhalts vollständig entleert wäre. Ist der schuldrechtliche Vertrag also von Anfang an nichtig, so entsteht das Anwartschaftsrecht nicht oder es entfällt – wie bei der Anfechtung (s § 142 I) – rückwirkend; ein gutgläubiger Erwerb des Anwartschaftsrechts ist dann ausgeschlossen. Ferner erlischt das Anwartschaftsrecht (auch bei einem Zweiterwerber), wenn der Verkäufer vom Vertrag zurücktritt (s zum Ganzen BGHZ 75, 221, 225).

17 **4.** Ein **gutgläubiger Erwerb** (Ersterwerb) des Anwartschaftsrechts ist analog §§ 932ff nach allgA möglich, wenn der Erwerber den Veräußerer gutgläubig für den Eigentümer hält; maßgebender Zeitpunkt für den guten Glauben ist die bedingte Einigung und die Übergabe; es schadet also nicht, wenn der Käufer nach der Übergabe von der Nichtberechtigung des Veräußerers erfährt (BGHZ 10, 69, 73f).

5. Übertragung. Eine **Übertragung** (Zweiterwerb) des Anwartschaftsrechts ist möglich. Sie erfolgt nach allgA wie eine Übertragung des Vollrechts nach §§ 929 ff und nicht etwa nach §§ 413, 398. Einer Zustimmung des Vorbehaltseigentümers bedarf es nicht (s etwa *Baur/Stürner* § 59 Rz 34). Versucht der Vorbehaltskäufer das Eigentum (und nicht das Anwartschaftsrecht) zur Sicherheit zu übereignen, so handelt er als Nichtberechtigter, und ein gutgläubiger Eigentumserwerb scheitert idR an § 933; in diesen Fällen ist nach dem Willen der Parteien wenigstens das Anwartschaftsrecht (als ein Weniger gegenüber dem Eigentum) sicherungsweise (vom Berechtigten) übertragen (s etwa BGHZ 50, 45, 48 f; *Jauernig* Rz 51). **18**

Die **Abhängigkeit von der Kaufpreisforderung** bleibt auch für den **Zweiterwerber** bestehen. Macht der Vorbehaltskäufer bspw von einem ihm zustehenden Anfechtungs- oder Rücktrittsrecht Gebrauch, so erlischt mit der Kaufpreisforderung auch das Anwartschaftsrecht (s oben Rz 16). Wenn die Kaufpreisforderung erfüllt wird, erstarkt das Anwartschaftsrecht in der Hand des Zweiterwerbers zum Volleigentum, und zwar ohne Durchgangserwerb des Vorbehaltskäufers (grundlegend BGHZ 20, 88, 97 ff). Der Zweiterwerber hat also gegenüber einer Pfändung beim Vorbehaltskäufer das Widerspruchsrecht aus § 771 ZPO, bei Insolvenz des Vorbehaltskäufers das Aussonderungsrecht aus § 47 InsO.

6. Ein **gutgläubiger Zweiterwerb** des Anwartschaftsrechts ist jedenfalls dann ausgeschlossen, wenn das Anwartschaftsrecht gar nicht, also auch nicht für einen anderen Inhaber, existiert; denn da die Bedingung für den Erwerb des Vollrechts – im Unterschied zur Lage beim gutgläubigen Ersterwerb (s oben Rz 17) – niemals eintreten kann, wäre das Anwartschaftsrecht sinnentfremdet. Den gutgläubigen Zweiterwerb eines nicht dem Veräußerer, sondern einem anderen zustehenden Anwartschaftsrechts analog §§ 932 ff hält ein Teil der Lit dagegen für möglich (so zB *Baur/Stürner* § 59 Rz 39). Indes ist mit einer im Vordringen befindlichen Gegenmeinung (zB *Westermann/Gursky* § 45 III 1 d; *Medicus/Petersen* Rz 475) die Möglichkeit eines gutgläubigen Zweiterwerbs auch hier zu verneinen; denn der Zweiterwerber weiß, dass der Veräußernde nicht der Eigentümer ist und damit ist die in §§ 932 ff an den Besitz geknüpfte Rechtsscheinsposition nicht gegeben. **19**

§ 929 a. Einigung bei nicht eingetragenem Seeschiff

(1) **Zur Übertragung des Eigentums an einem Seeschiff, das nicht im Schiffsregister eingetragen ist, oder an einem Anteil an einem solchen Schiff ist die Übergabe nicht erforderlich, wenn der Eigentümer und der Erwerber darüber einig sind, dass das Eigentum sofort übergehen soll.**

(2) **Jeder Teil kann verlangen, dass ihm auf seine Kosten eine öffentlich beglaubigte Urkunde über die Veräußerung erteilt wird.**

§ 930. Besitzkonstitut

Ist der Eigentümer im Besitz der Sache, so kann die Übergabe dadurch ersetzt werden, dass zwischen ihm und dem Erwerber ein Rechtsverhältnis vereinbart wird, vermöge dessen der Erwerber den mittelbaren Besitz erlangt.

I. Allgemeines

1. Von den Voraussetzungen des Eigentumserwerbs (s § 929) kann die **Übergabe** (nicht die Einigung) durch ein Besitzmittlungsverhältnis (Besitzkonstitut) iSd § 868 **ersetzt werden,** damit der Veräußerer zumindest vorläufig noch im Besitz der Sache bleiben kann. Auch ein nur **mittelbar besitzender** Eigentümer kann in dieser Form veräußern: Er wird mittelbarer Fremdbesitzer, der Erwerber mittelbarer Eigenbesitzer; es entsteht also mehrstufiger mittelbarer Besitz (§ 871); der unmittelbare Fremdbesitzer **1**

braucht die Übereignung nicht zu kennen. Ein **Mitbesitzer** mit Dritten oder dem Erwerber kann sich ebenfalls des § 930 bedienen; zB kann ein Ehegatte dem anderen den im Mitbesitz stehenden Hausrat nach §§ 929 S 1, 930 übereignen (s sogleich Rz 2).

2 **2.** Es muss ein **konkretes Besitzmittlungsverhältnis** iSd § 868 vereinbart sein. Seine Gültigkeit ist nicht vorausgesetzt, solange nur ein Herausgabeanspruch besteht (vgl § 868 Rz 3). Ein **gesetzliches Rechtsverhältnis** zwischen Veräußerer und Erwerber (zB § 1353: eheliche Lebensgemeinschaft; § 1626: Eltern-Kind-Verhältnis) genügt dem Erfordernis des „vereinbarten" Besitzkonstituts, wenn der Veräußerer nach dem (zumindest konkludent geäußerten) Parteiwillen auf Grund dieses Rechtsverhältnisses Besitzmittler sein will (BGHZ 73, 253, 258; BGH NJW 1989, 2542, 2543f); denn es wäre unpraktisch und wirklichkeitsfremd, hier die Vereinbarung eines die gesetzliche Regelung ausschließenden vertraglichen Besitzmittlungsverhältnisses (zB Verwahrung) zu verlangen.

3 Bei der **Sicherungsübereignung** bildet der Sicherungsvertrag (zu ihm unten Rz 8) ein genügend individualisiertes Besitzmittlungsverhältnis, wenn sich aus ihm (zumindest im Wege der Auslegung) ergibt, dass der Sicherungsgeber solange im Besitz des Sicherungsguts bleiben und mit ihm arbeiten darf, bis der Sicherungsnehmer die Sache zur Befriedigung seiner Forderung herausverlangt (BGH NJW 1979, 2308 sowie NJW-RR 2005, 280).

4 **3.** Ein **antizipiertes Besitzkonstitut** (von anticipare: vorwegnehmen) ist zulässig. Ein Schuldner kann also auch Sachen, die er erst später erwirbt (idR zur Sicherheit), an einen Dritten übereignen und die Übergabe durch ein vorweggenommenes Besitzkonstitut ersetzen (BGHZ 21, 52, 56). Hauptbeispiel: Warenlager mit wechselndem Bestand; auch neu hinzukommende Waren sollen übereignet sein; dingliche Einigung und Besitzmittlungsverhältnis werden antizipiert. Das Eigentum geht auf den Dritten über, wenn Einigung und Besitzmittlungswille des Veräußerers in dem Zeitpunkt, in dem er den Besitz erlangt, noch vorhanden sind; das Fortbestehen dieses Willens wird nach der Rspr vermutet (*Palandt-Bassenge* Rz 11). Der Veräußerer erlangt für eine „logische Sekunde" das Eigentum, bevor es auf den Dritten (Sicherungsnehmer) übergeht (Durchgangserwerb des Veräußerers), so dass in dieser Sekunde ein gesetzliches Pfandrecht – etwa des Vermieters – an der Sache entstehen kann.

5 Der **Bestimmtheitsgrundsatz** (s § 929 Rz 3) kann beim antizipierten Besitzkonstitut naturgemäß nicht so aufgefasst werden, dass die Vorstellung der Parteien sich bei Abgabe der Einigungserklärung bereits auf konkrete, individuell bestimmte Sachen richten müsste; denn es ist zB denkbar, dass die künftig ins Warenlager kommenden Sachen noch gar nicht existieren und erst noch hergestellt werden müssen. Die Abrede muss nur Angaben enthalten, auf Grund derer im Zeitpunkt des Eigentumsübergangs klar erkennbar ist, welche Gegenstände übereignet sind (BGH WM 1966, 94). Bspw können alle in einem Warenlager oder in einem deutlich abgegrenzten Teil dieses Lagers aufbewahrten Sachen oder alle Waren einer bestimmten Gattung übereignet sein, dagegen genügen bloße Mengen- oder Wertangaben zur Aussonderung aus einem größeren Bestand nicht. Befinden sich in dem Lager Waren, an denen der Veräußerer (Sicherungsgeber) Eigentum besitzt, und solche, die unter Eigentumsvorbehalt geliefert wurden und an denen ihm also nur ein Anwartschaftsrecht zusteht, so fehlt es an der notwendigen Bestimmtheit, wenn nur die dem Sicherungsgeber gehörenden Waren übereignet werden sollen (BGH WM 1989, 1904, 1906f); dagegen ist dem Bestimmtheitserfordernis genügt, wenn das Anwartschaftsrecht und das Volleigentum übertragen werden sollen; denn dann sind alle Sachen in gleicher Weise erfasst (Anwartschaftsrecht und Volleigentum werden beide nach §§ 929ff übertragen), und es bedarf keiner Aussonderung eines Teils der eingelagerten Ware anhand der nicht sichtbaren Kriterien Anwartschaftsrecht-Volleigentum (BGHZ 28, 16).

Eine nach außen erkennbare Ausführungshandlung zur Kenntlichmachung des Eigentumsübergangs, wie sie namentlich das RG gefordert hatte (RGZ 140, 223, 231), wird neben dem Erkennbarmachen durch den Bestimmtheitsgrundsatz von der hM mit Recht nicht mehr verlangt (vgl etwa *Baur/Stürner* § 51 Rz 31; *Westermann* § 41 III 2). Während die Bestimmtheitsanforderungen schon zurzeit des Vertragsschlusses erfüllt sein müssen, wird in § 930 auf eine Offenlegung (Publizität) zurzeit des Eigentumserwerbs und damit auf eine erkennbare Ausführungshandlung gerade verzichtet. 6

II. Sicherungsübereignung

1. Sein **wichtigstes Anwendungsfeld** erhält § 930 durch die Sicherungsübereignung. Sollen einem Gläubiger – bspw einer Bank, die einen Kredit gewährt hat – Sachen des Schuldners als Sicherheit dienen, so greift die Praxis idR auf eine Übereignung gem §§ 929 S 1, 930 zurück. Diese Form der Sicherungsübereignung hat gegenüber der **Bestellung eines Pfandrechts** den Vorteil, dass der Schuldner den Besitz der Sachen behält (vgl demgegenüber § 1205). Er kann sie also wirtschaftlich weiter nutzen, und die Übereignungen (und damit das Ausmaß seiner Verschuldung) bleiben mangels äußerer Erkennbarkeit geheim. Bedenken wegen der Umgehung der Publizitätserfordernisse des Pfandrechts haben den Siegeszug der Sicherungsübereignung nicht aufhalten können. Ihre Zulässigkeit ist seit langem gewohnheitsrechtlich anerkannt. Zur **Sittenwidrigkeit** der Sicherungsübereignung wegen Knebelung oder Kredittäuschung s § 138 Rz 5 und wegen Übersicherung (bei Warenlager) Vor § 398 Rz 18. 7

2. Der **Sicherungsvertrag** bildet die schuldrechtliche Grundlage der Sicherungsübereignung. Er regelt typischerweise die Rechte und Pflichten von Sicherungsgeber und Sicherungsnehmer sowie die Voraussetzungen und die Art der Verwertung des Sicherungsgutes. Im Allgemeinen kann der Sicherungsnehmer die Sache zum Zwecke der Verwertung herausverlangen, wenn die gesicherte Forderung bei Fälligkeit nicht erfüllt wird; bis dahin angefallene Nutzungen gebühren ihm nur, wenn dies besonders vereinbart wurde (BGH NJW 1980, 226). Umgekehrt kann der Sicherungsgeber Rückübertragung verlangen (sog Freigabeanspruch), wenn und soweit eine endgültige Übersicherung eingetreten ist, insbesondere bei Bestandswechseln in einem als Ganzes übereigneten Warenlager; zur Deckungsgrenze und zu Freigabeklauseln in AGB s näher Vor § 398 Rz 18 aE. 8

Bei **Unwirksamkeit** des Sicherungsvertrags fehlt einer gleichwohl wirksamen Sicherungsübereignung der rechtliche Grund, und der Sicherungsgeber hat einen Rückübereignungsanspruch nach § 812 I 1 Fall 1. Ist dagegen das für die Übereignung gem § 930 erforderliche Besitzkonstitut im Sicherungsvertrag mitenthalten (s oben Rz 3), so soll nach manchen die Nichtigkeit des Sicherungsvertrags auch die Sicherungsübereignung erfassen, so dass der Sicherungsgeber Eigentümer bliebe (*Jauernig* Rz 39). Systematisch richtiger erscheint es, soweit trotz Ungültigkeit der Sicherungsabrede Übereignungs- und Fremdbesitzwillen vorhanden sind, auch hier dem Abstraktionsprinzip zu folgen und das Eigentum (bei gleichzeitiger Gewährung eines Bereicherungsanspruchs) übergehen zu lassen (*Staudinger-Wiegand* [2004] Anh §§ 929ff Rz 90; jetzt auch *Baur/Stürner* § 57 Rz 15). 9

3. Die gesicherte **Forderung** und das Sicherungseigentum bestehen grds unabhängig voneinander. 10

a) Ist die gesicherte Forderung **nicht entstanden oder erloschen,** so berührt dies die Wirksamkeit der Sicherungsübereignung nur, wenn das Entstehen bzw das Erlöschen der Forderung ausnahmsweise zur aufschiebenden bzw auflösenden Bedingung der Sicherungsübereignung erklärt wurde; dann wird die Sicherungsübereignung bei Nichtentstehen der Forderung (zB wegen ausbleibender Valutierung des Darlehens) nicht wirksam (§ 158 I), und bei Erlöschen der Forderung (zB wegen Rückzahlung 11 des Darlehens) geht das Eigentum kraft Gesetzes auf den Sicherungsgeber über (§ 158 II). Die stillschweigende Vereinbarung einer solchen Verknüpfung gem § 158 kann indes nicht ohne weiteres unterstellt werden, so dass dem Sicherungsgeber meist nur ein schuldrechtlicher Anspruch auf Rückübereignung aus dem Sicherungsvertrag oder aus § 812 zukommt (vgl näher Vor § 398 Rz 14 zur entsprechenden Rechtslage bei der Sicherungsabtretung).

12 **b)** Wird die gesicherte **Forderung abgetreten** (§ 398), so geht das Sicherungseigentum nicht kraft Gesetzes auf den Zessionar über, da es kein akzessorisches Recht ist und deshalb nicht gem § 401 übergeht; näher Vor § 398 Rz 12.

13 **4.** Eine **Übertragung des Sicherungseigentums** auf einen Dritten ist gem §§ 929, 931 möglich. Zwar verstößt der Sicherungsnehmer damit regelmäßig gegen seine treuhänderischen Pflichten aus dem Sicherungsvertrag; aber gem § 137 wirkt dieser Vertrag gegenüber Dritten grds nicht. Die Übereignung ist deshalb wirksam (näher BGH NJW 1968, 1471; *Medicus/Petersen* Rz 502).

14 **5.** Bei einer **Zwangsvollstreckung** in das übereignete Gut durch Gläubiger des Sicherungsgebers hat der Sicherungsnehmer als Eigentümer die Drittwiderspruchsklage (§ 771 ZPO). Wenn Gläubiger des Sicherungsnehmers in die Sache vollstrecken wollen, gewährt die Rspr bis zur Verwertungsreife auch dem Sicherungsgeber das Widerspruchsrecht aus § 771 ZPO, weil die Sache ihm bis zu diesem Zeitpunkt im Verhältnis zum Sicherungsnehmer wirtschaftlich zustehen soll (BGHZ 72, 141).

15 Im **Insolvenzverfahren** wird der Sicherungsnehmer wie ein Pfandgläubiger behandelt, so dass er nur absondern (§ 51 Nr 1 InsO), aber nicht als Eigentümer aussondern kann. Wird der Sicherungsnehmer insolvent, so kann der Sicherungsgeber nach hM aussondern (§ 47 InsO), wenn er die gesicherte Forderung erfüllt hat.

§ 931. Abtretung des Herausgabeanspruchs

Ist ein Dritter im Besitz der Sache, so kann die Übergabe dadurch ersetzt werden, dass der Eigentümer dem Erwerber den Anspruch auf Herausgabe der Sache abtritt.

1 **1.** Der abzutretende **Herausgabeanspruch** ist der **schuldrechtliche** Anspruch aus dem Besitzmittlungsverhältnis (zB aus §§ 546, 604, 695), falls ein solches besteht (BGH NJW 1959, 1536). Mit der Abtretung überträgt der Veräußerer den mittelbaren Besitz auf den Erwerber (§ 870). Ist der Veräußerer nicht mittelbarer Besitzer, stehen ihm aber schuldrechtliche Herausgabeansprüche aus dem Gesetz zu (zB §§ 812, 823), so sind diese abzutreten. Hat der Veräußerer nur den Eigentumsherausgabeanspruch nach § 985, so genügt zur Übertragung des Eigentums nach hM die bloße dingliche Einigung; denn der Anspruch aus § 985 fließt aus dem Eigentum, und neben der Einigung über den Eigentumsübergang macht eine gesonderte Abtretung des Anspruchs aus § 985 keinen Sinn.

2 **2.** Für die **Abtretung** gelten §§ 398ff. Sie ist formlos und bedarf keiner Mitteilung an den unmittelbaren Besitzer. Häufig wird sie, obgleich selbständiges Geschäft, mit der Einigung über den Eigentumsübergang zusammenfallen. Antizipierte Einigung und Abtretung sind möglich, wenn der Veräußerer erst künftig Eigentum und mittelbaren Besitz erlangt; jedoch ist der Bestimmtheitsgrundsatz zu beachten (vgl § 930 Rz 5).

3 **3.** Für den **Schutz des unmittelbaren Besitzers** sorgen neben §§ 404ff die §§ 986 II, 936 III. Die dinglichen und obligatorischen Rechte des unmittelbaren Besitzers bleiben also trotz der Abtretung erhalten.

§ 932. Gutgläubiger Erwerb vom Nichtberechtigten

(1) [1]**Durch eine nach § 929 erfolgte Veräußerung wird der Erwerber auch dann Eigentümer, wenn die Sache nicht dem Veräußerer gehört, es sei denn,**

dass er zu der Zeit, zu der er nach diesen Vorschriften das Eigentum erwerben würde, nicht in gutem Glauben ist. [2]In dem Falle des § 929 Satz 2 gilt dies jedoch nur dann, wenn der Erwerber den Besitz von dem Veräußerer erlangt hatte.

(2) **Der Erwerber ist nicht in gutem Glauben, wenn ihm bekannt oder infolge grober Fahrlässigkeit unbekannt ist, dass die Sache nicht dem Veräußerer gehört.**

I. Allgemeines

Die Vorschriften der §§ 932ff ermöglichen den gutgläubigen Erwerb vom Nichteigentümer. Sie liegen im **Verkehrsinteresse** (s etwa *Baur/Stürner* § 52 Rz 8ff). Zu den **Grundvoraussetzungen** s vor § 929 und § 929 Rz 1–12. Erforderlich ist immer ein auf dem Besitz beruhender **Rechtsschein,** auf den der Erwerber sich verlassen durfte (BGHZ 56, 123, 128f). Den Besitz muss der Veräußerer vollständig zu Gunsten des Erwerbers verlieren (arg §§ 933, 934 Fall 2). Die Regeln der §§ 929–931 werden durch die §§ 932–934 modifiziert. 1

II. Voraussetzungen

1. Es muss sich um ein Rechtsgeschäft im Sinne eines Verkehrgeschäftes handeln. Ein Rechtsgeschäft liegt vor, wenn der Eigentumserwerb auf Vereinbarung der Parteien und nicht auf Gesetz beruht oder in der Zwangsvollstreckung erfolgt. Ein Verkehrsgeschäft liegt vor, wenn auf Erwerberseite mindestens eine Person steht, die auch bei wirtschaftlicher Betrachtung nicht zugleich als Veräußerer angesehen werden kann. Dies ergibt sich daraus, dass der Verkehrsschutzzweck der §§ 932ff sonst nicht erfüllt sein kann (vgl auch § 892 Rz 4f). 2

Str ist, ob der sog **Rückerwerb des Nichtberechtigten** mangels Verkehrsinteresses in bestimmten Fällen (etwa bei bloßer Rückabwicklung des ursprünglichen Verfügungsgeschäftes) ausgeschlossen sein und das Eigentum stattdessen wieder an den früheren Eigentümer fallen soll (dafür zB *Baur/Stürner* § 52 Rz 34). Die Frage dürfte zu verneinen sein, da kein Rechtssatz ersichtlich ist, der den Erwerb des an der Einigung gar nicht beteiligten früheren Eigentümers ermöglicht, und da für die gesetzesfremde dingliche Lösung angesichts der schuldrechtlichen Übereignungsansprüche des früheren Berechtigten (zumindest aus §§ 816 I 1, 818 I; oft auch aus § 280 oder §§ 823 I, 249 I) auch kein dringendes Bedürfnis besteht (näher etwa *Staudinger-Wiegand* [2004] Rz 120ff mwN). Der Nichteigentümer N, der die Sache an K veräußert hat und sie nun von ihm – zB nach Rücktritt vom Kaufvertrag – zurückübereignet erhält, erwirbt also das Eigentum nach § 929, wenn K gutgläubig erworben hatte, bzw nach § 932, wenn K bösgläubig, N dagegen bis zur Rückübereignung gutgläubig war; der frühere Eigentümer E ist nach der hier vertretenen Ansicht auf seine schuldrechtlichen Ansprüche gegen N angewiesen. 3

2. Bei sämtlichen Gutglaubensvorschriften muss ein **objektiver Rechtsscheinstatbestand** vorliegen. **a)** Dieser liegt bei § 932 I S 1 im **Besitz** des Veräußerers und der Übergabe an den Erwerber. Den gutgläubigen Erwerb kurzer Hand erschwert Abs 1 S 2 dadurch, dass der Erwerber den Besitz gerade vom Veräußerer (oder von dessen Geheißperson) erlangt haben muss; denn sonst fehlt der durch den Besitz begründete Rechtsschein. Der Veräußerer muss seinen Besitz vollständig aufgegeben haben. **b)** Auch ein **gutgläubiger Geheißerwerb** ist im Rahmen des Abs 1 S 1 nach allgA möglich. Die Übergabe durch oder an die Geheißperson genügt hier ebenso wie im Rahmen von § 929 S 1 (s § 929 Rz 6f). **c)** Str ist, ob sich die Geheißperson tatsächlich dem Geheiß des Veräußerers unterordnen muss oder ob es genügt, wenn für den Käufer auf Grund des Verhaltens der Geheißperson der Anschein einer solchen Unterordnung besteht (sog Scheingeheißperson). Letzteres bejaht der BGH im **Hemdenfall** 4

(BGH NJW 1974, 1132): V verkauft in eigenem Namen Hemden des E an K, dem E die Hemden aushändigt, weil er annimmt, V habe den Kaufvertrag in seinem – des E – Namen geschlossen. Ein Eigentumsübergang zwischen E und K nach § 929 ist nicht erfolgt, weil E aus der Sicht des K die Hemden nur für V übergeben, sie aber nicht selbst übereignet hat; dagegen bejaht der BGH einen gutgläubigen Geheißerwerb des K von V nach § 932 I 1, weil für K objektiv betrachtet nicht erkennbar war, dass E sich dem Geheiß des V nicht wirklich unterworfen hatte (sog Besitzverschaffungsmachttheorie). Damit wird für den Verkehrsschutz mE zutreffend auf den Empfängerhorizont abgestellt (zustimmend ua auch *Westermann/Gursky* § 47 I 1 a). Außerdem kann auf Grund der Verweisung des § 932 I auf § 929 vorliegend nichts anderes gelten. Ablehnend dagegen ein großer Teil der Lit (zB *Medicus/Petersen* Rz 564; *Palandt-Bassenge* Rz 4): § 932 schütze nicht den guten Glauben an eine ordnungsgemäße Weisung (Unterwerfungstheorie). **d)** Außerdem kann ein objektiver Rechtsschein durch einen Erbschein hervorgerufen werden, vgl § 2366.

5 **3.** Weitere Voraussetzung aller Erwerbstatbestände der §§ 932–934 ist der **gute Glaube** an das Eigentum. **a)** Der gute Glaube ist **definiert in § 932 II.** Grobe Fahrlässigkeit wird idR angenommen, wenn man sich beim Erwerb eines gebrauchten Kraftfahrzeugs den Kraftfahrzeugbrief nicht vorlegen lässt oder wenn man beim Erwerb von einem zahlungsschwachen Verkäufer keine Nachforschungen über einen möglichen Eigentumsvorbehalt anstellt (näher etwa *Palandt-Bassenge* Rz 12ff). Erkundigungen darüber, ob der Veräußerer vor der Veräußerung etwa schon eine Sicherungsübereignung an einen Dritten vorgenommen hat, werden nur bei besonderen Verdachtsgründen verlangt. **b) Maßgebender Zeitpunkt** ist gemäß Abs 1 S 1 der der Vollendung des Rechtserwerbs. Geht der gute Glaube vor der Übergabe verloren, so ist der Erwerb also regelmäßig ausgeschlossen; beim Erwerb kurzer Hand (Abs 1 S 2) entscheidet der Zeitpunkt der Einigung. **c)** Beim Erwerb durch **Stellvertreter** ist § 166 zu beachten. **d)** Der gute Glaube des Erwerbers kann außerdem gem **§ 142 II** zerstört werden, wenn er die Anfechtbarkeit des Rechtsgeschäfts zwischen seinem Veräußerer und dem Dritten, von dem sein Veräußerer den Besitz erlangt hat, kannte, und der Dritte tatsächlich anficht (s § 119 Rz 7). **e)** Nicht geschützt wird dagegen grds der gute Glaube an die Verfügungsbefugnis, die Geschäftsfähigkeit oder die Vertretungsmacht. Im Einzelnen ist (mit *Jauernig* Rz 8–11) zu unterscheiden: **aa)** Auf die **fehlende Verfügungsbefugnis des Eigentümers** sind die §§ 932ff nicht unmittelbar anwendbar. Kein Gutglaubensschutz des Erwerbers besteht deshalb bei den **absoluten** Veräußerungsverboten, zB nach §§ 1365 (vgl dort Rz 5), 1369; § 81 InsO. Der Erwerber wird nicht geschützt. Dagegen werden bei einzelnen **relativen** Veräußerungsverboten im Verkehrsinteresse die Gutglaubensvorschriften für entsprechend anwendbar erklärt, so in §§ 135 II, 136 (gerichtliches oder behördliches Veräußerungsverbot), § 161 III (Bedingung), §§ 2113 III, 2129 II (Vorerbschaft), § 2211 II (Testamentsvollstreckung). In diesen (gesetzlich geregelten) Fällen wird ausnahmsweise der gute Glaube des Erwerbers daran geschützt, dass die genannten Verfügungsbeschränkungen nicht bestehen. **bb)** Die fehlende Verfügungsbefugnis des Nichteigentümers kann im Allgemeinen nicht nach §§ 932ff überwunden werden. Eine wichtige Ausnahme bildet **§ 366 HGB:** Veräußert ein Kaufmann im Betrieb seines Handelsgewerbes eine fremde bewegliche Sache, so finden die §§ 932ff auch auf den guten Glauben des Erwerbers an die Verfügungsbefugnis Anwendung. Beim Erwerb von einem Händler können § 932 BGB und § 366 HGB nebeneinander zur Anwendung kommen (BGHZ 77, 274, 276). Weiß der Erwerber, dass der Händler Nichteigentümer ist, so kann er zwar nicht unmittelbar nach § 932, bei gutem Glauben an die Verfügungsmacht des Händlers aber gem § 366 HGB Eigentum erwerben.

6 **4.** Außerdem darf die Sache dem Eigentümer nicht abhanden gekommen sein. S § 935.

§ 932 a. Gutgläubiger Erwerb nicht eingetragener Seeschiffe

Gehört ein nach § 929 a veräußertes Schiff nicht dem Veräußerer, so wird der Erwerber Eigentümer, wenn ihm das Schiff vom Veräußerer übergeben wird, es sei denn, dass er zu dieser Zeit nicht in gutem Glauben ist; ist ein Anteil an einem Schiff Gegenstand der Veräußerung, so tritt an die Stelle der Übergabe die Einräumung des Mitbesitzes an dem Schiff.

§ 933. Gutgläubiger Erwerb bei Besitzkonstitut

Gehört eine nach § 930 veräußerte Sache nicht dem Veräußerer, so wird der Erwerber Eigentümer, wenn ihm die Sache von dem Veräußerer übergeben wird, es sei denn, dass er zu dieser Zeit nicht in gutem Glauben ist.

Eine **Übergabe** iSd § 929 (s § 929 Rz 6) muss zu den Erfordernissen des § 930 1
hinzutreten, weil die Begründung nur des mittelbaren Besitzes durch den Veräußerer nicht als ausreichende Rechtsscheinbasis für einen gutgläubigen Erwerb angesehen wird (*Staudinger-Wiegand* [2004] Rz 21). Der Veräußerer muss jeden Besitz verlieren, und der Erwerber muss ihn auf Grund des Veräußerungsgeschäfts mit Willen des Veräußerers erhalten. Die einseitige Wegnahme durch den Erwerber soll auch dann nicht genügen, wenn der Veräußerer bereits bei der Veräußerung den Erwerber zur Wegnahme ermächtigt hat (so BGHZ 67, 207, 209f). Mit dieser Rspr versucht der BGH der Unsitte einer „Selbstbedienung" des Sicherungsnehmers bei Vermögensverfall des Sicherungsgebers entgegenzuwirken; freilich ist das Ergebnis nur dann überzeugend zu begründen, wenn die Wegnahme gegen den aktuellen Besitzwillen des Veräußerers geschieht (s *Damrau* JuS 1978, 519; *Westermann/Gursky* § 48 I 2; *MüKo-Oechsler* Rz 5). Die nachträgliche Genehmigung des Veräußerers macht eine eigenmächtige Wegnahme nach hM nicht zu einer „Übergabe".

§ 934. Gutgläubiger Erwerb bei Abtretung des Herausgabeanspruchs

Gehört eine nach § 931 veräußerte Sache nicht dem Veräußerer, so wird der Erwerber, wenn der Veräußerer mittelbarer Besitzer der Sache ist, mit der Abtretung des Anspruchs, anderenfalls dann Eigentümer, wenn er den Besitz der Sache von dem Dritten erlangt, es sei denn, dass er zur Zeit der Abtretung oder des Besitzerwerbs nicht in gutem Glauben ist.

Die Vorschrift unterscheidet zwei Fälle: 1

1. Ist der Veräußerer **mittelbarer Besitzer** (Fall 1), wobei mittelbarer Fremdbesitz genügt, so wird der gutgläubige Erwerber mit der Abtretung des Anspruchs aus dem Besitzmittlungsverhältnis Eigentümer. Voraussetzung ist, dass der unmittelbare Besitzer im Zeitpunkt der Vollendung des Erwerbstatbestands (noch) den Willen hat, für den mittelbaren Besitzer in Anerkennung des Herausgabeanspruchs zu besitzen (vgl § 868 Rz 2). Durch die Abtretung verliert der mittelbare Besitzer jeden Besitz, während der Erwerber ihn erlangt (s § 870).

Str ist, ob ein gutgläubiger Eigentumserwerb auch bei folgender Konstellation eintritt: Der Vorbehaltskäufer K veräußert die Sache trotz noch bestehendem Eigentumsvorbehalt des V gem §§ 929, 930 zur Sicherung an den gutgläubigen Dritten C, der sie seinerseits gem §§ 929, 931 an den Vierten D sicherheitshalber veräußert. Der BGH hat im **Fräsmaschinenfall** (BGHZ 50, 45) einen gutgläubigen Erwerb des D gem § 934 Fall 1 (und damit einen Eigentumsverlust des V) bejaht: Zwar konnte C mangels Übergabe von K kein Eigentum erwerben (§ 933), aber immerhin das dem K wirklich zustehende Anwartschaftsrecht; da das Anwartschaftsrecht übertragen wurde, besteht kein Grund, (etwa wegen § 139) an der Wirksamkeit des Besitzmittlungsverhältnisses zwischen K und C zu zweifeln, und C konnte seinen Herausgabeanspruch aus diesem Besitzmittlungsverhältnis an D abtreten, der das Eigentum damit gutgläubig erwarb. Das Ergebnis befremdet insofern, als der zweite Sicherungsnehmer D, dem § 934 zugute kommt, der Vorbehaltssache ferner stand als der erste Sicherungsnehmer C, der gem § 933 kein Eigentum erwerben konnte. Aber der BGH akzeptiert dieses durch das Gesetz vorgegebene Ergebnis, weil sich für die Unterscheidung zwischen § 933 und § 934 ein vertretbarer gesetzgeberischer Grund anführen lässt. Das Gesetz geht nämlich von der Gleichstellung des mittelbaren mit dem unmittelbaren Besitz aus und lässt es für den gutgläubigen Erwerb genügen, wenn sich der Veräußerer seines Besitzes vollständig entledigt; diese Voraussetzung ist nur bei § 934 erfüllt, aber – mangels Übergabe – nicht bei § 933. Zwar möchte ein Teil der Lit das Ergebnis korrigieren, indem D nur als mittelbarer „Nebenbesitzer" neben V gesehen wird, so dass ein gutgläubiger Erwerb mangels einer entsprechenden besitzrechtlichen Position des D ausschiede (so etwa *Medicus/Petersen* Rz 561). Dagegen spricht jedoch, dass der mittelbare Besitz des V zerstört wurde, als K bei der Sicherungsübereignung an C unbefugt als Eigentümer auftrat. K hat dadurch objektiv zu erkennen gegeben, dass er nicht mehr für V besitzen wollte. Die Figur des Nebenbesitzes ist insgesamt abzulehnen, da sie die etwa von § 1006 vorausgesetzte Ausschließlichkeit des Besitzes missachtet und (anders als der Mitbesitz des § 866 und der mehrstufige mittelbare Besitz des § 871) im Gesetz auch nicht vorgesehen ist (s etwa *MüKo-Joost* § 868 Rz 20).

2 **2.** Ist der Veräußerer **nicht mittelbarer Besitzer** (Fall 2), so wird der gutgläubige Erwerber Eigentümer, wenn der Dritte ihm in Anerkennung der Veräußerung den Besitz verschafft und zB ein neues Besitzmittlungsverhältnis mit ihm eingeht. Das gilt nach der Rspr auch, wenn der Dritte ein „Doppelspiel" treibt und nicht nur dem Erwerber den Besitz vermitteln will, sondern auch seine besitzrechtliche Beziehung zum ursprünglichen Eigentümer aufrechtzuerhalten sucht (RGZ 135, 75; 138 265). Bsp: V hat an K unter Eigentumsvorbehalt Waren veräußert und aus Vorsicht für sich bei Lagerhalter L eingelagert. K spielt sich schon vor vollständiger Kaufpreiszahlung als Eigentümer auf und veräußert die Waren unter Abtretung seiner angeblichen Herausgabeansprüche gegen L an den gutgläubigen D. L schließt mit D einen eigenen Lagervertrag ab, nimmt dann aber für V weiterhin Auslieferungen vor. Die hM bejaht einen Eigentumserwerb des D nach § 934 Fall 2, da D durch den Abschluss des Lagervertrags mit L alleiniger mittelbarer Besitzer geworden sei. Die Gegenansicht nimmt demgegenüber nur mittelbaren Nebenbesitz von V und D an, weil L immer noch den Weisungen des V folge; dies reiche aber für § 934 Fall 2 nicht aus, da V der Sache besitzrechtlich ebenso nahe stehe wie D und deshalb schutzwürdig bleibe (so etwa *Baur/Stürner* § 52 Rz 24). Die Lehre vom Nebenbesitz ist jedoch abzulehnen (s oben Rz 1). Die nachfolgende Beachtung von Weisungen des V durch L ändert nichts daran, dass D zunächst alleinigen mittelbaren Besitz erlangt hat und damit nach § 934 Fall 2 endgültig Eigentümer der Waren geworden ist (vgl *Westermann/Gursky* § 48 II 3).

§ 935. Kein gutgläubiger Erwerb von abhanden gekommenen Sachen

(1) [1]**Der Erwerb des Eigentums auf Grund der §§ 932 bis 934 tritt nicht ein, wenn die Sache dem Eigentümer gestohlen worden, verlorengegangen oder sonst abhanden gekommen war.** [2]**Das Gleiche gilt, falls der Eigentümer nur mittelbarer Besitzer war, dann, wenn die Sache dem Besitzer abhanden gekommen war.**

(2) **Diese Vorschriften finden keine Anwendung auf Geld oder Inhaberpapiere sowie auf Sachen, die im Wege öffentlicher Versteigerung oder in einer Versteigerung nach § 979 Absatz 1a veräußert werden.**

1 An abhanden gekommenen Sachen ist kein gutgläubiger Erwerb möglich (s § 932 Rz 6), und zwar auch nicht durch einen Zweit- oder Dritterwerber.

2 **1.** Eine Sache ist **abhanden gekommen,** wenn der **unmittelbare Besitzer** – sei es der Eigentümer (Abs 1 S 1) oder der Besitzmittler (Abs 1 S 2) – den Besitz ohne

seinen Willen, also **unfreiwillig,** verloren hat (RGZ 101, 225). Ist die Sache einem unmittelbaren Besitzer abhanden gekommen, der nicht Besitzmittler des Eigentümers ist, so ist nach hM Abs 1 S 2 nicht analog anzuwenden; denn der Eigentümer soll durch § 935 vor unfreiwilligem Verlust seiner Besitzposition geschützt werden, und eine solche besteht hier bereits nicht mehr (s etwa *Staudinger-Wiegand* [2004] Rz 6; aA *Baur/Stürner* § 52 Rz 38).

Die Veruntreuung durch einen **Besitzdiener** wird von der hM als Abhandenkommen betrachtet, weil es gem § 855 allein auf den Willen des Besitzherrn ankommt (s etwa RGZ 106, 4, 6). Das gilt auch, wenn die Besitzdienerschaft als solche dem Erwerber nicht erkennbar ist; denn dem Gesetz ist nicht zu entnehmen, dass die Unterscheidung zwischen Besitzmittler und Besitzdiener durch den Rechtsschein des Besitzes aufgehoben werden könnte (str; s ausführlich *Westermann/Gursky* § 49 I 6 mwN). Kein Abhandenkommen dagegen, wenn der Besitzdiener im Rahmen des § 56 HGB handelt oder sonst vertretungsberechtigt ist; vielmehr liegt dann regelmäßig eine Übereignung nach § 929 vor, wobei der fehlende Besitzübertragungswille des Geschäftsherrn durch den des Vertreters ersetzt wird. 3

2. Freiwillige Besitzaufgabe ist grds eine tatsächliche und keine rechtsgeschäftliche Handlung. Über die Anwendbarkeit der §§ 104 ff sollte jedoch nicht allein diese begriffliche Differenzierung, sondern eine Wertung anhand der Interessenlage entscheiden. Der Schutz eines **Geschäftsunfähigen** wird von der hM generell über den Verkehrsschutz der §§ 932 ff gestellt und ein Abhandenkommen also bejaht, während man für einen **beschränkt Geschäftsfähigen,** der eine Sache weggegeben hat, überwiegend anders wertet und auf die Urteilsfähigkeit und den erzeugten Rechtsschein im Einzelfall abstellt (vgl etwa *Palandt-Bassenge* Rz 5; *Baur/Stürner* § 52 Rz 42; *Westermann/Gursky* § 49 I 3). **Irrtum** und **Täuschung** ändern nichts an der Freiwilligkeit der Besitzaufgabe, die als tatsächlicher Akt auch nicht anfechtbar ist. Dagegen ist dem Besitzer bei einer **Drohung** die Unfreiwilligkeit der Besitzaufgabe bewusst und daher Abhandenkommen anzunehmen (so die überwiegende Lit, zB *Staudinger-Wiegand* [2004] Rz 11; *Baur/Stürner* § 52 Rz 43); zu eng BGHZ 4, 10, 39: Abhandenkommen nur bei unwiderstehlichem physischen oder psychischen Zwang. 4

3. Die Ausnahme des **Abs 2** lässt einen Erwerb trotz Abhandenkommens zu; Gutgläubigkeit (s § 932 Rz 5) ist aber erforderlich. Die Ausnahme rechtfertigt sich für Geld und Inhaberpapiere aus dem Verkehrsschutz, für die **öffentliche Versteigerung** aus dem Gedanken, das Vertrauen in die unter öffentlicher Autorität vorgenommene Veräußerung zu schützen. Die öffentliche Versteigerung ist in § 383 III gesetzlich definiert. „Öffentlich angestellte Versteigerer" sind die von den Landesbehörden bestellten Versteigerer, namentlich die in jeder Stadt zu findenden Versteigerungshäuser. Auch ein Erwerb bei freiwilliger öffentlicher Versteigerung fällt also unter Abs 2 (BGH NJW 1990, 899). Nicht erfasst sind demgegenüber öffentliche Versteigerungen auf Grund von ZPO und ZVG; denn bei ihnen erfolgt der Eigentumserwerb des Erstehers ohne Rücksicht auf guten Glauben und Abhandenkommen kraft hoheitlicher Gewalt mit der Ablieferung der Sache (RGZ 156, 395). 5

§ 936. Erlöschen von Rechten Dritter

(1) [1]**Ist eine veräußerte Sache mit dem Recht eines Dritten belastet, so erlischt das Recht mit dem Erwerb des Eigentums.** [2]**In dem Falle des § 929 Satz 2 gilt dies jedoch nur dann, wenn der Erwerber den Besitz von dem Veräußerer erlangt hatte.** [3]**Erfolgt die Veräußerung nach § 929 a oder § 930 oder war die nach § 931 veräußerte Sache nicht im mittelbaren Besitz des Veräußerers, so erlischt das Recht des Dritten erst dann, wenn der Erwerber auf Grund der Veräußerung den Besitz der Sache erlangt.**

(2) **Das Recht des Dritten erlischt nicht, wenn der Erwerber zu der nach Absatz 1 maßgebenden Zeit in Ansehung des Rechts nicht in gutem Glauben ist.**

(3) **Steht im Falle des § 931 das Recht dem dritten Besitzer zu, so erlischt es auch dem gutgläubigen Erwerber gegenüber nicht.**

1 **1.** Die Vorschrift ermöglicht einen **gutgläubigen lastenfreien Erwerb.** Voraussetzung ist, dass der Erwerber Eigentümer wird, gleichgültig ob durch Erwerb vom Berechtigten (§§ 929ff) oder vom Nichtberechtigten (§§ 932ff). Erforderlich ist guter Glaube hinsichtlich der Lastenfreiheit (Abs 2) und Besitzerlangung nach Maßgabe des Abs 1 S 2, 3 (vgl insoweit die Parallelvorschriften §§ 932 I 2, 933, 934 Fall 2).

2 **2. Belastungen,** die durch den gutgläubigen Erwerb erlöschen, sind Nießbrauch, vertragliches oder gesetzliches Pfandrecht, Pfändungspfandrecht und nach hM auch das Anwartschaftsrecht des Vorbehaltskäufers oder des Sicherungsgebers (bei auflösend bedingter Übereignung; vgl § 161 III); Letztere verlieren ihr Anwartschaftsrecht allerdings nicht, wenn – wie häufig – Abs 3 eingreift (s *Medicus/Petersen* Rz 462).

3 **3. § 935** I 2 hindert jeglichen gutgläubigen Eigentumserwerb und damit auch den lastenfreien (s Rz 1), wenn die Sache einem Dritten als Inhaber des belastenden Rechts abhanden kommt und der Dritte den Besitz dem Eigentümer mittelt (s § 935 Rz 2). In Ausnahmefällen ist ein Eigentumserwerb aber möglich, obwohl dem Dritten die Sache abhanden kommt. So kann zum einen der Eigentümer dem Dritten die Sache entwenden, um erneut über diese zu verfügen, was er in Bezug auf das Eigentum als Berechtigter, nur hinsichtlich der Lastenfreiheit als Nichtberechtigter tut. Zum anderen kann der Dritte sein Recht vom Nichtberechtigten selbst gutgläubig (etwa § 1207) erworben haben, so dass er nicht dem wahren Eigentümer, sondern dem Nichtberechtigten den Besitz mittelt. Nach hM hindert dann § 935 I analog den lastenfreien Erwerb, weil der Rechtsscheinstatbestand dem Dritten nicht zurechenbar, ihm daher ein Verlust seines Rechts nicht zumutbar ist (*MüKo-Oechsler* Rz 13; aA *Bartels/Nissing* Jura 2011, 252, 256 unter Hinweis auch auf die Materialien).

Untertitel 2. Ersitzung

§ 937. Voraussetzungen, Ausschluss bei Kenntnis

(1) **Wer eine bewegliche Sache zehn Jahre im Eigenbesitz hat, erwirbt das Eigentum (Ersitzung).**

(2) **Die Ersitzung ist ausgeschlossen, wenn der Erwerber bei dem Erwerb des Eigenbesitzes nicht in gutem Glauben ist oder wenn er später erfährt, dass ihm das Eigentum nicht zusteht.**

§ 938. Vermutung des Eigenbesitzes

Hat jemand eine Sache am Anfang und am Ende eines Zeitraums im Eigenbesitz gehabt, so wird vermutet, dass sein Eigenbesitz auch in der Zwischenzeit bestanden habe.

§ 939. Hemmung der Ersitzung

(1) [1]**Die Ersitzung ist gehemmt, wenn der Herausgabeanspruch gegen den Eigenbesitzer oder im Falle eines mittelbaren Eigenbesitzes gegen den Besitzer, der sein Recht zum Besitz von dem Eigenbesitzer ableitet, in einer nach den §§ 203 und 204 zur Hemmung der Verjährung geeigneten Weise geltend gemacht wird.** [2]**Die Hemmung tritt jedoch nur zugunsten desjenigen ein, welcher sie herbeiführt.**

(2) **Die Ersitzung ist ferner gehemmt, solange die Verjährung des Herausgabeanspruchs nach den §§ 205 bis 207 oder ihr Ablauf nach den §§ 210 und 211 gehemmt ist.**

§ 940. Unterbrechung durch Besitzverlust

(1) **Die Ersitzung wird durch den Verlust des Eigenbesitzes unterbrochen.**

(2) **Die Unterbrechung gilt als nicht erfolgt, wenn der Eigenbesitzer den Eigenbesitz ohne seinen Willen verloren und ihn binnen Jahresfrist oder mittels einer innerhalb dieser Frist erhobenen Klage wiedererlangt hat.**

§ 941. Unterbrechung durch Vollstreckungshandlung

[1] **Die Ersitzung wird durch Vornahme oder Beantragung einer gerichtlichen oder behördlichen Vollstreckungshandlung unterbrochen.** [2] **§ 212 Abs. 2 und 3 gilt entsprechend.**

§ 942. Wirkung der Unterbrechung

Wird die Ersitzung unterbrochen, so kommt die bis zur Unterbrechung verstrichene Zeit nicht in Betracht; eine neue Ersitzung kann erst nach der Beendigung der Unterbrechung beginnen.

§ 943. Ersitzung bei Rechtsnachfolge

Gelangt die Sache durch Rechtsnachfolge in den Eigenbesitz eines Dritten, so kommt die während des Besitzes des Rechtsvorgängers verstrichene Ersitzungszeit dem Dritten zugute.

§ 944. Erbschaftsbesitzer

Die Ersitzungszeit, die zugunsten eines Erbschaftsbesitzers verstrichen ist, kommt dem Erben zustatten.

§ 945. Erlöschen von Rechten Dritter

[1] **Mit dem Erwerb des Eigentums durch Ersitzung erlöschen die an der Sache vor dem Erwerb des Eigenbesitzes begründeten Rechte Dritter, es sei denn, dass der Eigenbesitzer bei dem Erwerb des Eigenbesitzes in Ansehung dieser Rechte nicht in gutem Glauben ist oder ihr Bestehen später erfährt.** [2] **Die Ersitzungsfrist muss auch in Ansehung des Rechts des Dritten verstrichen sein; die Vorschriften der §§ 939 bis 944 finden entsprechende Anwendung.**

Untertitel 3. Verbindung, Vermischung, Verarbeitung

§ 946. Verbindung mit einem Grundstück

Wird eine bewegliche Sache mit einem Grundstück dergestalt verbunden, dass sie wesentlicher Bestandteil des Grundstücks wird, so erstreckt sich das Eigentum an dem Grundstück auf diese Sache.

1. Wann eine Sache **wesentlicher Bestandteil** des Grundstücks wird, bestimmen die §§ 93–95. 1

2. Die Verbindung ist ein **Realakt** und kein Rechtsgeschäft. Auf Geschäftsfähigkeit, Gut- oder Bösgläubigkeit kommt es ebenso wenig an wie darauf, ob die Sache abhanden gekommen ist. 2

3. Die Vorschrift ist **nicht abdingbar,** auch nicht durch Vereinbarung eines Eigentumsvorbehalts an den einzubauenden Sachen (RGZ 152, 91, 100). 3

§ 947. Verbindung mit beweglichen Sachen

(1) **Werden bewegliche Sachen miteinander dergestalt verbunden, dass sie wesentliche Bestandteile einer einheitlichen Sache werden, so werden die bisherigen Eigentümer Miteigentümer dieser Sache; die Anteile bestimmen sich nach dem Verhältnis des Wertes, den die Sachen zur Zeit der Verbindung haben.**

(2) **Ist eine der Sachen als die Hauptsache anzusehen, so erwirbt ihr Eigentümer das Alleineigentum.**

1 **1. Voraussetzung** ist, dass die beweglichen Sachen **wesentliche Bestandteile** einer einheitlichen Sache werden (s dazu §§ 93–95).

2 **2.** Die **Wirkung** ist im Fall des **Abs 1** das Entstehen von Miteigentum (§§ 741 ff, 1008 ff). Im Fall des **Abs 2** erstreckt sich das fortbestehende Alleineigentum an der Hauptsache auf die Nebensache. Was **Hauptsache** ist, bestimmt die Verkehrsanschauung, wobei weder das Wertverhältnis noch das Verhältnis des räumlichen Umfangs für sich allein entscheidend ist; vielmehr kommt es darauf an, ob die übrigen Bestandteile fehlen könnten, ohne dass das Wesen der Sache dadurch beeinträchtigt würde (BGHZ 20, 159, 162 f: Das Gehäuse, das ein Hochfrequenzgerät umgibt, ist somit dann nicht Nebensache, wenn das Gerät ohne das Gehäuse zwar in Tätigkeit gesetzt werden kann, praktisch aber nicht benutzbar ist).

3 **3.** Die Vorschrift ist **nicht abdingbar** (s auch § 946 Rz 3).

4 **4.** Im **Verhältnis zu § 950** (Verbindung durch Verarbeitung) geht § 950 vor. Im Fall des § 947 II kommt § 950 allerdings regelmäßig nicht in Betracht, da idR keine „neue Sache“ entsteht.

§ 948. Vermischung

(1) **Werden bewegliche Sachen miteinander untrennbar vermischt oder vermengt, so findet die Vorschrift des § 947 entsprechende Anwendung.**

(2) **Der Untrennbarkeit steht es gleich, wenn die Trennung der vermischten oder vermengten Sachen mit unverhältnismäßigen Kosten verbunden sein würde.**

§ 949. Erlöschen von Rechten Dritter

[1]**Erlischt nach den §§ 946 bis 948 das Eigentum an einer Sache, so erlöschen auch die sonstigen an der Sache bestehenden Rechte.** [2]**Erwirbt der Eigentümer der belasteten Sache Miteigentum, so bestehen die Rechte an dem Anteil fort, der an die Stelle der Sache tritt.** [3]**Wird der Eigentümer der belasteten Sache Alleineigentümer, so erstrecken sich die Rechte auf die hinzutretende Sache.**

§ 950. Verarbeitung

(1) [1]**Wer durch Verarbeitung oder Umbildung eines oder mehrerer Stoffe eine neue bewegliche Sache herstellt, erwirbt das Eigentum an der neuen Sache, sofern nicht der Wert der Verarbeitung oder der Umbildung erheblich geringer ist als der Wert des Stoffes.** [2]**Als Verarbeitung gilt auch das Schreiben, Zeichnen, Malen, Drucken, Gravieren oder eine ähnliche Bearbeitung der Oberfläche.**

(2) **Mit dem Erwerb des Eigentums an der neuen Sache erlöschen die an dem Stoffe bestehenden Rechte.**

1 **1. Allgemeines.** Die Vorschrift löst den wirtschaftlichen Interessenkonflikt zwischen dem Rohstofflieferanten und dem Hersteller (und dessen Gläubigern) zugunsten des Herstellers (vgl BGHZ 56, 88, 90).

2. Ob eine **neue Sache** durch die Verarbeitung entstanden ist, entscheidet die Verkehrsanschauung. Ein wichtiges Indiz ist ein neuer Name für die verarbeitete Sache; daher ist Neuheit bei bloßer Reparatur zu verneinen. 2

3. Hersteller ist nach der Verkehrsanschauung der Unternehmer, nicht der angestellte Verarbeiter (BGHZ 103, 101, 108). Ferner wurde der Besteller, der einen von ihm gelieferten Stoff zu einer neuen Sache (zB Anzug) verarbeiten lässt, vor der Neufassung des § 651 mit seiner Verweisung auf das Kaufrecht allgemein als Hersteller betrachtet (und nicht der Werkunternehmer, zB der Schneider), während man dies heute auch anders sehen kann (s *Röthel* NJW 2005, 625). 3

Sehr str ist, ob eine Vereinbarung über die Person des Herstellers trotz des sonst zwingenden Charakters der §§ 946ff zulässig ist. Das Problem stellt sich bei der sog **Verarbeitungsklausel,** die meist zugunsten des unter Eigentumsvorbehalt liefernden Rohstofflieferanten vereinbart wird. Die Rspr lässt solche Klauseln zu: Werden Rohstoffe unter Eigentumsvorbehalt mit der Vereinbarung geliefert, dass die Verarbeitung für die Lieferfirma zu erfolgen hat, und erfolgt die Verarbeitung in der vereinbarten Weise, dann ist regelmäßig die Lieferfirma ohne Rücksicht auf einen etwa entgegenstehenden Willen des verarbeitenden Unternehmens als Hersteller anzusehen (BGHZ 20, 159, 163f); auch die Vereinbarung eines bestimmten Miteigentumsanteils zugunsten des Lieferanten ist rechtlich möglich (vgl im einzelnen BGHZ 46, 117). Ein Teil der Lit stimmt diesen Ergebnissen zu und erklärt § 950 für dispositiv (so zB *Baur/Stürner* § 53 Rz 15). Vielfach werden in der Lit (unter Führung von *Westermann;* vgl dazu *Westermann/Gursky* § 53 III 2d) indessen objektive Kriterien für die Bestimmung des „Herstellers" verlangt (Publizitätsgedanke): Nur wenn ein Betrieb **typischerweise fremdbestimmt** und nicht für sich verarbeite, sei ein anderer Hersteller (s etwa *Medicus/Petersen* Rz 516ff); ansonsten könne der Vorbehaltsverkäufer nur im Wege eines antizipierten Besitzkonstituts (vgl § 930 Rz 4), also nach Durchgangserwerb des Verarbeitenden, Eigentümer werden. Doch haben sich diese Auffassungen in der Praxis bislang nicht durchsetzen können. 4

4. Ausnahmsweise treten die Wirkungen des § 950 nicht ein, nämlich wenn der Wert der Verarbeitung erheblich geringer ist als der Wert des Stoffes. Der Wert der Verarbeitung ergibt sich, wenn vom Wert der neuen Sache der Wert aller Stoffe (auch soweit sie dem Verarbeitenden gehört haben) abgezogen wird (BGHZ 56, 88, 90ff). Verhalten sich Stoff- und Verarbeitungswert wie 100 : 60, so schließt dies den § 950 aus und §§ 947, 948 sind zu prüfen (BGH JZ 1972, 165, 166). 5

§ 951. Entschädigung für Rechtsverlust

(1) [1]**Wer infolge der Vorschriften der §§ 946 bis 950 einen Rechtsverlust erleidet, kann von demjenigen, zu dessen Gunsten die Rechtsänderung eintritt, Vergütung in Geld nach den Vorschriften über die Herausgabe einer ungerechtfertigten Bereicherung fordern.** [2]**Die Wiederherstellung des früheren Zustands kann nicht verlangt werden.**

(2) [1]**Die Vorschriften über die Verpflichtung zum Schadensersatz wegen unerlaubter Handlungen sowie die Vorschriften über den Ersatz von Verwendungen und über das Recht zur Wegnahme einer Einrichtung bleiben unberührt.** [2]**In den Fällen der §§ 946, 947 ist die Wegnahme nach den für das Wegnahmerecht des Besitzers gegenüber dem Eigentümer geltenden Vorschriften auch dann zulässig, wenn die Verbindung nicht von dem Besitzer der Hauptsache bewirkt worden ist.**

1. Die Verweisung auf das Bereicherungsrecht in Abs 1 S 1 ist nach hM und feststehender Rspr **Rechtsgrundverweisung,** nicht bloße Rechtsfolgenverweisung (s zB BGHZ 55, 176, 177). Es wird also nicht nur für den Umfang des Anspruchs auf die 1

§§ 818ff verwiesen (wobei § 818 I freilich von § 951 I verdrängt wird, BGH NJW 1961, 452), sondern es müssen auch die tatbestandlichen Voraussetzungen des § 812 gegeben sein. Insbesondere muss der Rechtsverlust gem § 812 I 1 ohne „rechtlichen Grund“ erfolgt sein. Durch § 951 I 1 wird deutlich, dass die von §§ 946–950 geregelten Veränderungen zwar grds erhalten bleiben sollen, dass sie aber keinen „rechtlichen Grund“ für den Rechtsverlust bilden (dazu § 812 Rz 40).

2 **2.** Zur sog **aufgedrängten Bereicherung** s allgemein § 812 Rz 42. Ein bekanntes Bsp bildet BGHZ 23, 61: Ist gegen den Willen des Eigentümers auf dessen Grundstück ein Bauwerk errichtet worden, das als wesentlicher Bestandteil des Grundstücks anzusehen ist, so kann der Eigentümer den auf Abs 1 S 1 gestützten Anspruch des Erstellers dadurch abwehren, dass er dem Ersteller das Bauwerk zum Abbruch zur Verfügung stellt (analog § 1001 S 2, str).

3 **3.** Nach hLit wird von Abs 1 S 1 nur die **Eingriffskondiktion** (vgl § 812 Rz 36ff) erfasst (aA BGHZ 40, 272). Der Rechtsverlust auf Grund einer vertraglichen Verpflichtung erfolgt nicht rechtsgrundlos; ist der Vertrag oder ein Glied in einer Vertragskette zwischen Rechtsverlierer und -gewinner unwirksam, so löst das regelmäßig eine **Leistungskondiktion** unmittelbar nach § 812 I 1 Fall 1 aus (s etwa *Jauernig* Rz 9; näher zur Leistungskondiktion im Mehrpersonenverhältnis § 812 Rz 18ff). Gegenüber der Leistungskondiktion tritt die Eingriffskondiktion grds zurück (näher § 812 Rz 46). Nur eine scheinbare Ausnahme von diesem Satz bildet die Entscheidung im „Jungbullenfall“ (BGHZ 55, 176): Wer eine gestohlene Sache (die Jungbullen) gutgläubig kauft und sie so verarbeitet, dass er gem § 950 Eigentümer der neuen Sache (Fleischwaren) wird, schuldet dem Eigentümer der gestohlenen Sache eine Vergütung in Geld gem § 951 I 1 aus Eingriffskondiktion; denn durch die „Leistung“ des Veräußerers der Jungbullen hat der Fleischwarenproduzent wegen § 935 nur den Besitz erlangt, während er das Eigentum an den Fleischwaren durch seinen „Eingriff“ gem § 950 erwarb (s *Medicus/Petersen* Rz 727); den an den Dieb gezahlten Kaufpreis darf er – wie auch sonst im Rahmen des § 818 III (s § 818 Rz 8) – nicht anrechnen.

4 **4. Weitergehende Rechte** bleiben gemäß Abs 2 S 1 unberührt. Dazu zählen: **a)** Ansprüche aus **unerlaubter Handlung** gem §§ 823ff. **b) Verwendungsersatz,** zB gem §§ 536a II, 539 I, 581 II, 1049 I. Der Verwendungsersatz gem §§ 994ff freilich kann nicht neben einem bereicherungsrechtlichen Ausgleich und also auch nicht neben § 951 I verlangt werden; vielmehr gehen die §§ 994ff nach hM als Sonderregelung vor (s § 812 Rz 41). **c) Wegnahmerecht,** zB gem §§ 539 II, 581 II, 997, 1049 II. Während § 951 I 2 eine Wiederherstellung (auf Kosten des Erwerbers) ausschließt, kann es über das Wegnahmerecht doch zu einer Wiederherstellung des früheren Zustandes kommen – allerdings auf Kosten des Wegnahmeberechtigten (§ 258).

5 **5.** Das **Wegnahmerecht** des Abs 2 S 2 ist nach der **Rspr** nicht für jeden gegeben, der durch Verbindung ein dingliches Recht verloren hat, sondern die Vorschrift erweitert nur das Wegnahmerecht, das dem **Besitzer** einer herauszugebenden Sache gem § 997 zusteht; der unrechtmäßige Besitzer einer fremden Hauptsache soll ein Wegnahmerecht also auch dann haben, wenn seine Sache nicht von ihm, sondern von einem Dritten mit der fremden Hauptsache verbunden wurde (BGHZ 40, 272: „Elektrogerätefall“).

6 Dagegen sieht die hM in der **Lit** in Abs 2 S 2 die Einräumung eines **selbständigen** Wegnahmerechts, das jedem zukommen soll, der durch die Verbindung gem §§ 946, 947 einen Rechtsverlust erleidet, also auch dem **Nichtbesitzer** (s etwa *Baur/Stürner* § 53 Rz 36; *Palandt-Bassenge* Rz 24; mit einer Einschränkung auch *Medicus/Petersen* Rz 904). Für diese Ansicht, die in Abs 2 S 2 eine Fortwirkung des Anspruchs aus Abs 1 S 1 sieht (*Baur/Stürner:* „Rechtsfortwirkungsrecht“), spricht die systematische Stellung der Regelung (in § 951 und nicht in § 997). Auch trifft der Einwand des BGH nicht zu, dass bei dieser Auffassung der Ausschluss des Wiederherstellungsan-

spruchs in Abs 1 S 2 ausgehöhlt würde; denn der Eigentümer kann die Wegnahme immer nach § 997 II durch eine Geldentschädigung abwenden, und außerdem ist die Ausübung des Wegnahmerechts mit der Kostenfolge des § 258 verbunden.

6. Ist nach einem **Rücktritt vom Vertrag** die Rückgewähr des empfangenen Gegenstandes wegen seiner Verarbeitung oder Umgestaltung ausgeschlossen, hat der Rücktrittsschuldner gem § 346 II 1 Nr 2 **Wertersatz** zu leisten, sofern nicht der Ausnahmetatbestand des § 346 III 1 Nr 1 vorliegt. 7

§ 952. Eigentum an Schuldurkunden

(1) [1]**Das Eigentum an dem über eine Forderung ausgestellten Schuldschein steht dem Gläubiger zu.** [2]**Das Recht eines Dritten an der Forderung erstreckt sich auf den Schuldschein.**

(2) **Das Gleiche gilt für Urkunden über andere Rechte, kraft deren eine Leistung gefordert werden kann, insbesondere für Hypotheken-, Grundschuld- und Rentenschuldbriefe.**

Untertitel 4. Erwerb von Erzeugnissen und sonstigen Bestandteilen einer Sache

§ 953. Eigentum an getrennten Erzeugnissen und Bestandteilen

Erzeugnisse und sonstige Bestandteile einer Sache gehören auch nach der Trennung dem Eigentümer der Sache, soweit sich nicht aus den §§ 954 bis 957 ein anderes ergibt.

§ 954. Erwerb durch dinglich Berechtigten

Wer vermöge eines Rechts an einer fremden Sache befugt ist, sich Erzeugnisse oder sonstige Bestandteile der Sache anzueignen, erwirbt das Eigentum an ihnen, unbeschadet der Vorschriften der §§ 955 bis 957, mit der Trennung.

§ 955. Erwerb durch gutgläubigen Eigenbesitzer

(1) [1]**Wer eine Sache im Eigenbesitz hat, erwirbt das Eigentum an den Erzeugnissen und sonstigen zu den Früchten der Sache gehörenden Bestandteilen, unbeschadet der Vorschriften der §§ 956, 957, mit der Trennung.** [2]**Der Erwerb ist ausgeschlossen, wenn der Eigenbesitzer nicht zum Eigenbesitz oder ein anderer vermöge eines Rechts an der Sache zum Fruchtbezug berechtigt ist und der Eigenbesitzer bei dem Erwerb des Eigenbesitzes nicht in gutem Glauben ist oder vor der Trennung den Rechtsmangel erfährt.**

(2) **Dem Eigenbesitzer steht derjenige gleich, welcher die Sache zum Zwecke der Ausübung eines Nutzungsrechts an ihr besitzt.**

(3) **Auf den Eigenbesitz und den ihm gleichgestellten Besitz findet die Vorschrift des § 940 Abs. 2 entsprechende Anwendung.**

Die Vorschrift betrifft nur die sachenrechtliche Seite. Ob schuldrechtliche Herausgabeansprüche bestehen, regeln die §§ 987 ff. Zu einer schuldrechtlichen Korrektur des sachenrechtlichen Ergebnisses führen § 987 ab Rechtshängigkeit einer Vindikationsklage (s § 987 Rz 1) und § 988 bei unentgeltlich erlangtem Besitz. 1

§ 956. Erwerb durch persönlich Berechtigten

(1) [1]**Gestattet der Eigentümer einem anderen, sich Erzeugnisse oder sonstige Bestandteile der Sache anzueignen, so erwirbt dieser das Eigentum an ihnen, wenn der Besitz der Sache ihm überlassen ist, mit der Trennung, anderenfalls**

mit der Besitzergreifung. [2]Ist der Eigentümer zu der Gestattung verpflichtet, so kann er sie nicht widerrufen, solange sich der andere in dem ihm überlassenen Besitz der Sache befindet.

(2) **Das Gleiche gilt, wenn die Gestattung nicht von dem Eigentümer, sondern von einem anderen ausgeht, dem Erzeugnisse oder sonstige Bestandteile einer Sache nach der Trennung gehören.**

1 **1. Praktische Bedeutung** erlangt die Vorschrift vor allem für den Fruchterwerb des Pächters und bei Verkauf von „Holz auf dem Stamm" oder „Getreide auf dem Halm".

2 **2. Erzeugnisse** sind alle natürlichen Tier- und Bodenprodukte, wie Eier, Kälber, Bäume oder Pflanzen (vgl § 99 I). **Bestandteile** sind die Teile einer einheitlichen Sache (s § 93 Rz 3), wie die Türen eines Schrankes oder das Abbruchgebäude auf einem Grundstück (vgl § 94).

3 **3.** Die **Aneignungsgestattung** ist von dem schuldrechtlichen Vertrag, auf dem sie beruht, zu trennen. So ist beim Pachtvertrag das in § 581 I 1 angesprochene „Gewähren" des Fruchtgenusses die Aneignungsgestattung. Sie ist nach allgA empfangsbedürftige Willenserklärung (§ 130 ist anwendbar) und Verfügung über das Fruchterwerbsrecht. Str ist, ob die Aneignungsgestattung einen besonderen Fall der Übereignung künftiger Sachen gem §§ 929ff darstellt (Übertragungstheorie) oder eine einseitige Verfügung, die ein Erwerbsrecht des Gestattungsempfängers begründet (Aneignungstheorie). Unabhängig von diesem Theorienstreit (s zu ihm etwa *Baur/Stürner* § 53 Rz 57) hat der BGH entschieden, dass die Gestattungsbefugnis grds noch zu dem **Zeitpunkt** gegeben sein muss, in dem das Eigentum übergehen soll; s BGHZ 27, 360, 368 zu S 1 Fall 2: maßgebend ist der Zeitpunkt der Besitzergreifung, weil die Gestattung bis dahin widerrufen werden kann.

4 **4. Eigentumserwerb mit der Trennung** nach S 1 Fall 1 setzt eine Überlassung des Besitzes gem § 854 voraus. Der Gestattende muss den Besitz aufgeben; mittelbarer Besitz an der Muttersache genügt für Fall 1 also nicht, wenn der Gestattende unmittelbarer Besitzer bleibt (BGHZ 27, 360, 363f).

§ 957. Gestattung durch den Nichtberechtigten

Die Vorschrift des § 956 findet auch dann Anwendung, wenn derjenige, welcher die Aneignung einem anderen gestattet, hierzu nicht berechtigt ist, es sei denn, dass der andere, falls ihm der Besitz der Sache überlassen wird, bei der Überlassung, anderenfalls bei der Ergreifung des Besitzes der Erzeugnisse oder der sonstigen Bestandteile nicht in gutem Glauben ist oder vor der Trennung den Rechtsmangel erfährt.

Untertitel 5. Aneignung

§ 958. Eigentumserwerb an beweglichen herrenlosen Sachen

(1) **Wer eine herrenlose bewegliche Sache in Eigenbesitz nimmt, erwirbt das Eigentum an der Sache.**

(2) **Das Eigentum wird nicht erworben, wenn die Aneignung gesetzlich verboten ist oder wenn durch die Besitzergreifung das Aneignungsrecht eines anderen verletzt wird.**

§ 959. Aufgabe des Eigentums

Eine bewegliche Sache wird herrenlos, wenn der Eigentümer in der Absicht, auf das Eigentum zu verzichten, den Besitz der Sache aufgibt.

§ 960. Wilde Tiere

(1) [1]Wilde Tiere sind herrenlos, solange sie sich in der Freiheit befinden. [2]Wilde Tiere in Tiergärten und Fische in Teichen oder anderen geschlossenen Privatgewässern sind nicht herrenlos.

(2) Erlangt ein gefangenes wildes Tier die Freiheit wieder, so wird es herrenlos, wenn nicht der Eigentümer das Tier unverzüglich verfolgt oder wenn er die Verfolgung aufgibt.

(3) Ein gezähmtes Tier wird herrenlos, wenn es die Gewohnheit ablegt, an den ihm bestimmten Ort zurückzukehren.

§ 961. Eigentumsverlust bei Bienenschwärmen

Zieht ein Bienenschwarm aus, so wird er herrenlos, wenn nicht der Eigentümer ihn unverzüglich verfolgt oder wenn der Eigentümer die Verfolgung aufgibt.

§ 962. Verfolgungsrecht des Eigentümers

[1]Der Eigentümer des Bienenschwarms darf bei der Verfolgung fremde Grundstücke betreten. [2]Ist der Schwarm in eine fremde nicht besetzte Bienenwohnung eingezogen, so darf der Eigentümer des Schwarmes zum Zwecke des Einfangens die Wohnung öffnen und die Waben herausnehmen oder herausbrechen. [3]Er hat den entstehenden Schaden zu ersetzen.

§ 963. Vereinigung von Bienenschwärmen

Vereinigen sich ausgezogene Bienenschwärme mehrerer Eigentümer, so werden die Eigentümer, welche ihre Schwärme verfolgt haben, Miteigentümer des eingefangenen Gesamtschwarms; die Anteile bestimmen sich nach der Zahl der verfolgten Schwärme.

§ 964. Vermischung von Bienenschwärmen

[1]Ist ein Bienenschwarm in eine fremde besetzte Bienenwohnung eingezogen, so erstrecken sich das Eigentum und die sonstigen Rechte an den Bienen, mit denen die Wohnung besetzt war, auf den eingezogenen Schwarm. [2]Das Eigentum und die sonstigen Rechte an dem eingezogenen Schwarme erlöschen.

Untertitel 6. Fund

§ 965. Anzeigepflicht des Finders

(1) Wer eine verlorene Sache findet und an sich nimmt, hat dem Verlierer oder dem Eigentümer oder einem sonstigen Empfangsberechtigten unverzüglich Anzeige zu machen.

(2) [1]Kennt der Finder die Empfangsberechtigten nicht oder ist ihm ihr Aufenthalt unbekannt, so hat er den Fund und die Umstände, welche für die Ermittlung der Empfangsberechtigten erheblich sein können, unverzüglich der zuständigen Behörde anzuzeigen. [2]Ist die Sache nicht mehr als zehn Euro wert, so bedarf es der Anzeige nicht.

§ 966. Verwahrungspflicht

(1) Der Finder ist zur Verwahrung der Sache verpflichtet.

(2) [1]Ist der Verderb der Sache zu besorgen oder ist die Aufbewahrung mit unverhältnismäßigen Kosten verbunden, so hat der Finder die Sache öffentlich ver-

steigern zu lassen. [2]Vor der Versteigerung ist der zuständigen Behörde Anzeige zu machen. [3]Der Erlös tritt an die Stelle der Sache.

§ 967. Ablieferungspflicht

Der Finder ist berechtigt und auf Anordnung der zuständigen Behörde verpflichtet, die Sache oder den Versteigerungserlös an die zuständige Behörde abzuliefern.

§ 968. Umfang der Haftung

Der Finder hat nur Vorsatz und grobe Fahrlässigkeit zu vertreten.

§ 969. Herausgabe an den Verlierer

Der Finder wird durch die Herausgabe der Sache an den Verlierer auch den sonstigen Empfangsberechtigten gegenüber befreit.

§ 970. Ersatz von Aufwendungen

Macht der Finder zum Zwecke der Verwahrung oder Erhaltung der Sache oder zum Zwecke der Ermittlung eines Empfangsberechtigten Aufwendungen, die er den Umständen nach für erforderlich halten darf, so kann er von dem Empfangsberechtigten Ersatz verlangen.

§ 971. Finderlohn

(1) [1]Der Finder kann von dem Empfangsberechtigten einen Finderlohn verlangen. [2]Der Finderlohn beträgt von dem Werte der Sache bis zu 500 Euro fünf vom Hundert, von dem Mehrwert drei vom Hundert, bei Tieren drei vom Hundert. [3]Hat die Sache nur für den Empfangsberechtigten einen Wert, so ist der Finderlohn nach billigem Ermessen zu bestimmen.

(2) Der Anspruch ist ausgeschlossen, wenn der Finder die Anzeigepflicht verletzt oder den Fund auf Nachfrage verheimlicht.

§ 972. Zurückbehaltungsrecht des Finders

Auf die in den §§ 970, 971 bestimmten Ansprüche finden die für die Ansprüche des Besitzers gegen den Eigentümer wegen Verwendungen geltenden Vorschriften der §§ 1000 bis 1002 entsprechende Anwendung.

§ 973. Eigentumserwerb des Finders

(1) [1]Mit dem Ablauf von sechs Monaten nach der Anzeige des Fundes bei der zuständigen Behörde erwirbt der Finder das Eigentum an der Sache, es sei denn, dass vorher ein Empfangsberechtigter dem Finder bekannt geworden ist oder sein Recht bei der zuständigen Behörde angemeldet hat. [2]Mit dem Erwerb des Eigentums erlöschen die sonstigen Rechte an der Sache.

(2) [1]Ist die Sache nicht mehr als zehn Euro wert, so beginnt die sechsmonatige Frist mit dem Fund. [2]Der Finder erwirbt das Eigentum nicht, wenn er den Fund auf Nachfrage verheimlicht. [3]Die Anmeldung eines Rechts bei der zuständigen Behörde steht dem Erwerb des Eigentums nicht entgegen.

§ 974. Eigentumserwerb nach Verschweigung

[1]Sind vor dem Ablauf der sechsmonatigen Frist Empfangsberechtigte dem Finder bekannt geworden oder haben sie bei einer Sache, die mehr als zehn Euro wert ist, ihre Rechte bei der zuständigen Behörde rechtzeitig angemeldet,

so kann der Finder die Empfangsberechtigten nach der Vorschrift des § 1003 zur Erklärung über die ihm nach den §§ 970 bis 972 zustehenden Ansprüche auffordern. [2]Mit dem Ablauf der für die Erklärung bestimmten Frist erwirbt der Finder das Eigentum und erlöschen die sonstigen Rechte an der Sache, wenn nicht die Empfangsberechtigten sich rechtzeitig zu der Befriedigung der Ansprüche bereit erklären.

§ 975. Rechte des Finders nach Ablieferung

[1]Durch die Ablieferung der Sache oder des Versteigerungserlöses an die zuständige Behörde werden die Rechte des Finders nicht berührt. [2]Lässt die zuständige Behörde die Sache versteigern, so tritt der Erlös an die Stelle der Sache. [3]Die zuständige Behörde darf die Sache oder den Erlös nur mit Zustimmung des Finders einem Empfangsberechtigten herausgeben.

§ 976. Eigentumserwerb der Gemeinde

(1) Verzichtet der Finder der zuständigen Behörde gegenüber auf das Recht zum Erwerb des Eigentums an der Sache, so geht sein Recht auf die Gemeinde des Fundorts über.

(2) Hat der Finder nach der Ablieferung der Sache oder des Versteigerungserlöses an die zuständige Behörde auf Grund der Vorschriften der §§ 973, 974 das Eigentum erworben, so geht es auf die Gemeinde des Fundorts über, wenn nicht der Finder vor dem Ablauf einer ihm von der zuständigen Behörde bestimmten Frist die Herausgabe verlangt.

§ 977. Bereicherungsanspruch

[1]Wer infolge der Vorschriften der §§ 973, 974, 976 einen Rechtsverlust erleidet, kann in den Fällen der §§ 973, 974 von dem Finder, in den Fällen des § 976 von der Gemeinde des Fundorts die Herausgabe des durch die Rechtsänderung Erlangten nach den Vorschriften über die Herausgabe einer ungerechtfertigten Bereicherung fordern. [2]Der Anspruch erlischt mit dem Ablauf von drei Jahren nach dem Übergang des Eigentums auf den Finder oder die Gemeinde, wenn nicht die gerichtliche Geltendmachung vorher erfolgt.

§ 978. Fund in öffentlicher Behörde oder Verkehrsanstalt

(1) [1]Wer eine Sache in den Geschäftsräumen oder den Beförderungsmitteln einer öffentlichen Behörde oder einer dem öffentlichen Verkehr dienenden Verkehrsanstalt findet und an sich nimmt, hat die Sache unverzüglich an die Behörde oder die Verkehrsanstalt oder an einen ihrer Angestellten abzuliefern. [2]Die Vorschriften der §§ 965 bis 967 und 969 bis 977 finden keine Anwendung.

(2) [1]Ist die Sache nicht weniger als 50 Euro wert, so kann der Finder von dem Empfangsberechtigten einen Finderlohn verlangen. [2]Der Finderlohn besteht in der Hälfte des Betrags, der sich bei Anwendung des § 971 Abs. 1 Satz 2, 3 ergeben würde. [3]Der Anspruch ist ausgeschlossen, wenn der Finder Bediensteter der Behörde oder der Verkehrsanstalt ist oder der Finder die Ablieferungspflicht verletzt. [4]Die für die Ansprüche des Besitzers gegen den Eigentümer wegen Verwendungen geltende Vorschrift des § 1001 findet auf den Finderlohnanspruch entsprechende Anwendung. [5]Besteht ein Anspruch auf Finderlohn, so hat die Behörde oder die Verkehrsanstalt dem Finder die Herausgabe der Sache an einen Empfangsberechtigten anzuzeigen.

(3) [1]Fällt der Versteigerungserlös oder gefundenes Geld an den nach § 981 Abs. 1 Berechtigten, so besteht ein Anspruch auf Finderlohn nach Absatz 2

Satz 1 bis 3 gegen diesen. 2Der Anspruch erlischt mit dem Ablauf von drei Jahren nach seiner Entstehung gegen den in Satz 1 bezeichneten Berechtigten.

§ 979. Verwertung; Verordnungsermächtigung

(1) **1Die Behörde oder die Verkehrsanstalt kann die an sie abgelieferte Sache öffentlich versteigern lassen. 2Die öffentlichen Behörden und die Verkehrsanstalten des Reichs, der Bundesstaaten und der Gemeinden können die Versteigerung durch einen ihrer Beamten vornehmen lassen.**

(1a) **Die Versteigerung kann nach Maßgabe der nachfolgenden Vorschriften auch als allgemein zugängliche Versteigerung im Internet erfolgen.**

(1b) **1Die Bundesregierung wird ermächtigt, durch Rechtsverordnung ohne Zustimmung des Bundesrates für ihren Bereich Versteigerungsplattformen zur Versteigerung von Fundsachen zu bestimmen; sie kann diese Ermächtigung durch Rechtsverordnung auf die fachlich zuständigen obersten Bundesbehörden übertragen. 2Die Landesregierungen werden ermächtigt, durch Rechtsverordnung für ihren Bereich entsprechende Regelungen zu treffen; sie können die Ermächtigung auf die fachlich zuständigen obersten Landesbehörden übertragen. 3Die Länder können Versteigerungsplattformen bestimmen, die sie länderübergreifend nutzen. 4Sie können eine Übertragung von Abwicklungsaufgaben auf die zuständige Stelle eines anderen Landes vereinbaren.**

(2) **Der Erlös tritt an die Stelle der Sache.**

§ 980. Öffentliche Bekanntmachung des Fundes

(1) **Die Versteigerung ist erst zulässig, nachdem die Empfangsberechtigten in einer öffentlichen Bekanntmachung des Fundes zur Anmeldung ihrer Rechte unter Bestimmung einer Frist aufgefordert worden sind und die Frist verstrichen ist; sie ist unzulässig, wenn eine Anmeldung rechtzeitig erfolgt ist.**

(2) **Die Bekanntmachung ist nicht erforderlich, wenn der Verderb der Sache zu besorgen oder die Aufbewahrung mit unverhältnismäßigen Kosten verbunden ist.**

§ 981. Empfang des Versteigerungserlöses

(1) **Sind seit dem Ablauf der in der öffentlichen Bekanntmachung bestimmten Frist drei Jahre verstrichen, so fällt der Versteigerungserlös, wenn nicht ein Empfangsberechtigter sein Recht angemeldet hat, bei *Reichs*behörden und *Reichs*anstalten an den *Reichs*fiskus, bei Landesbehörden und Landesanstalten an den Fiskus des *Bundesstaats,* bei Gemeindebehörden und Gemeindeanstalten an die Gemeinde, bei Verkehrsanstalten, die von einer Privatperson betrieben werden, an diese.**

(2) **1Ist die Versteigerung ohne die öffentliche Bekanntmachung erfolgt, so beginnt die dreijährige Frist erst, nachdem die Empfangsberechtigten in einer öffentlichen Bekanntmachung des Fundes zur Anmeldung ihrer Rechte aufgefordert worden sind. 2Das Gleiche gilt, wenn gefundenes Geld abgeliefert worden ist.**

(3) **Die Kosten werden von dem herauszugebenden Betrag abgezogen.**

§ 982. Ausführungsvorschriften

Die in den §§ 980, 981 vorgeschriebene Bekanntmachung erfolgt bei *Reichsbehörden* und *Reichs*anstalten nach den von dem *Bundesrat,* in den übrigen Fällen nach den von der Zentralbehörde des *Bundesstaats* erlassenen Vorschriften.

§ 983. Unanbringbare Sachen bei Behörden

Ist eine öffentliche Behörde im Besitz einer Sache, zu deren Herausgabe sie verpflichtet ist, ohne dass die Verpflichtung auf Vertrag beruht, so finden, wenn der Behörde der Empfangsberechtigte oder dessen Aufenthalt unbekannt ist, die Vorschriften der §§ 979 bis 982 entsprechende Anwendung.

§ 984. Schatzfund

Wird eine Sache, die so lange verborgen gelegen hat, dass der Eigentümer nicht mehr zu ermitteln ist (Schatz), entdeckt und infolge der Entdeckung in Besitz genommen, so wird das Eigentum zur Hälfte von dem Entdecker, zur Hälfte von dem Eigentümer der Sache erworben, in welcher der Schatz verborgen war.

Titel 4. Ansprüche aus dem Eigentum

Vor § 985

1 Der 4. Titel mit den §§ 985–1007 regelt im Wesentlichen die im Folgenden aufgeführten fünf Komplexe des Eigentumsschutzes. Dabei ist der Durchblick bei den §§ 987–1003, dem sog Eigentümer-Besitzer-Verhältnis (EBV), am schwierigsten (näher Vor §§ 987 ff).

1. **Herausgabeanspruch** gegen den Besitzer (§§ 985, 986)
2. **Nutzungsherausgabeansprüche** gegen den unrechtmäßigen Besitzer (§§ 987 ff)
   a) bei Rechtshängigkeit oder Bösgläubigkeit (§§ 987, 990)
   b) bei unentgeltlichem Besitz (§ 988)
   c) bei deliktischem Besitz (§§ 992, 823 ff)
   d) bei redlichem Besitz (§ 993)
3. **Schadensersatzansprüche** gegen den unrechtmäßigen Besitzer (§§ 989 ff)
   a) bei Rechtshängigkeit oder Bösgläubigkeit (§§ 989, 990)
   b) bei Fremdbesitz (§ 991 II)
   c) bei deliktischem Besitz (§§ 992, 823 ff)
4. **Verwendungsersatzansprüche** gegen den Eigentümer (§§ 994 ff)
   a) bei notwendigen Verwendungen des gutgläubigen Besitzers (§ 994 I)
   b) bei notwendigen Verwendungen des verklagten oder bösgläubigen Besitzers (§ 994 II)
   c) bei nützlichen Verwendungen des gutgläubigen Besitzers (§ 996)
5. **Beseitigungs- und Unterlassungsansprüche** gegen den Störer (§ 1004 I).

§ 985. Herausgabeanspruch

Der Eigentümer kann von dem Besitzer die Herausgabe der Sache verlangen.

1 **1. Rechtsnatur.** Der Herausgabeanspruch (rei vindicatio) ist **dinglicher** Natur. Er ist **nicht abtretbar** (vgl § 931 Rz 1), da er das Eigentum verwirklichen soll und mit diesem also untrennbar verknüpft ist; indes ist die **Ermächtigung** eines Dritten zulässig, den Anspruch im eigenen Namen geltend zu machen (vgl § 185 Rz 2), wobei für einen Prozess die Voraussetzungen der gewillkürten Prozessstandschaft vorliegen müssen.

2 **2. Anspruchsgegner** ist nur der **unberechtigte Besitzer** (vgl § 986 I 1); § 986 I 1, der nur scheinbar als Einrede ausgestaltet ist, in Wahrheit aber eine Anspruchsvoraussetzung darstellt, ist also mit § 985 zusammen zu lesen. Im Übrigen kann jeder Besitzer Anspruchsgegner sein, der unmittelbare oder mittelbare Besitzer, der Eigen-

oder Fremdbesitzer, der Allein- oder Mitbesitzer (s zu den Besitzarten § 854 Rz 2ff). Dagegen kommt der Besitzdiener nicht in Betracht; denn er ist nicht Besitzer (§ 855).

3 **a)** Vom **unmittelbaren** Besitzer kann der Eigentümer regelmäßig Herausgabe der Sache an sich verlangen (Ausnahme: § 986 I 2).

4 **b)** Vom **mittelbaren** Besitzer kann nicht nur die Übertragung des mittelbaren Besitzes nach § 870 gefordert werden (so aber *Baur/Stürner* § 11 Rz 41f), sondern wahlweise auch die Herausgabe der Sache selbst, obgleich der mittelbare Besitzer sie gar nicht hat (hM; s BGHZ 53, 29). Die hM hat den Vorzug, dass nach ihr die Vollstreckung in jedem Fall gesichert ist, und zwar entweder nach § 886 ZPO oder aber, wenn der Besitzmittler die Sache inzwischen zurückgegeben hat, nach § 883 ZPO; dagegen stößt die Mindermeinung, die nur einen auf Abtretung lautenden Titel zulässt, im zuletzt genannten Fall auf Schwierigkeiten (*MüKo-Oechsler* Rz 10).

5 **3.** Die **Leistungsstörungsvorschriften** der §§ 275ff sind auf den dinglichen Herausgabeanspruch idR nicht anzuwenden. Im Einzelnen gilt folgendes:

6 **a)** Die **§§ 275, 280** sind jedenfalls insoweit ausgeschlossen, als die Unmöglichkeit auf fehlendem Besitz beruht. Denn die Herausgabepflicht aus § 985 scheitert dann bereits am Mangel der Anspruchsvoraussetzung „Besitz", und für die Schadensersatzpflicht enthalten §§ 989f gegenüber § 280 eine vorrangige Spezialregelung. Der **§ 281** ist nach hM in den von §§ 989f gezogenen Grenzen anwendbar, so dass der Eigentümer unter den Voraussetzungen dieser Bestimmungen vom Besitzer auch Schadensersatz statt der Herausgabe verlangen kann (aA *Katzenstein* AcP 2006, 96).

7 **b)** Der **§ 285** ist ebenfalls unanwendbar. Insbesondere kann der Eigentümer nach dieser Vorschrift nicht den Veräußerungserlös herausverlangen. Ist die Veräußerung unwirksam, so hat der Eigentümer einen Herausgabeanspruch gegen den neuen Besitzer und kann deshalb nicht auch noch zusätzlich den Erlös beanspruchen (näher *Medicus/Petersen* Rz 599). Ist die Veräußerung dagegen wirksam, etwa durch eine Genehmigung des Eigentümers (§ 185 II), so bietet § 816 I eine sachgerechte abschließende Regelung.

8 **4.** Die **schuldrechtlichen Verzugsvorschriften** gelten nach § 990 II für den bösgläubigen Besitzer, dagegen nicht für den gutgläubigen (arg § 993 I aE). Die Regeln über den Gläubigerverzug (§§ 293ff) sind generell anwendbar; sie können nicht in Widerspruch zu §§ 987ff geraten, da sie dem Besitzer nur Vorteile bringen (so *MüKo-Baldus* Rz 62).

9 **5.** Eine **Konkurrenz** mit anderen Herausgabeansprüchen ist möglich, zB §§ 823ff iVm § 249; § 861; § 1007. Insbesondere ist nach ganz hM eine Konkurrenz mit vertraglichen Herausgabeansprüchen nach Beendigung des Vertrags gegeben, so dass zB nach Ablauf der Mietzeit die Ansprüche aus § 546 und § 985 nebeneinander stehen (vgl BGHZ 85, 11, 13); der Anspruch aus § 985 ist gem § 986 I 1 nämlich nur während des Bestehens des Mietverhältnisses, nicht jedoch darüber hinaus ausgeschlossen. Zur Anspruchskonkurrenz bei den Vindikationsfolgen der §§ 987ff s Vor §§ 987ff Rz 7ff.

§ 986. Einwendungen des Besitzers

(1) [1]**Der Besitzer kann die Herausgabe der Sache verweigern, wenn er oder der mittelbare Besitzer, von dem er sein Recht zum Besitz ableitet, dem Eigentümer gegenüber zum Besitz berechtigt ist.** [2]**Ist der mittelbare Besitzer dem Eigentümer gegenüber zur Überlassung des Besitzes an den Besitzer nicht befugt, so kann der Eigentümer von dem Besitzer die Herausgabe der Sache an den mittelbaren Besitzer oder, wenn dieser den Besitz nicht wieder übernehmen kann oder will, an sich selbst verlangen.**

(2) **Der Besitzer einer Sache, die nach § 931 durch Abtretung des Anspruchs auf Herausgabe veräußert worden ist, kann dem neuen Eigentümer die Einwendungen entgegensetzen, welche ihm gegen den abgetretenen Anspruch zustehen.**

1. Rechtsnatur. Trotz des missverständlichen Wortlauts („kann ... verweigern") enthält § 986 nach heute nahezu einhelliger Meinung keine Einrede, sondern – wie der funktionsgleiche, besser formulierte § 1004 II – eine von Amts wegen zu beachtende Einwendung (BGHZ 82, 13, 18). 1

2. Ein **eigenes Besitzrecht** (I 1 Fall 1) hat namentlich der dinglich Berechtigte (Pfandgläubiger, Nießbraucher) und der dem Eigentümer gegenüber schuldvertraglich Berechtigte (Mieter, Pächter). Zum Besitzrecht des Anwartschaftsberechtigten s § 929 Rz 15 ff. Str ist die Einordnung eines **Zurückbehaltungsrechts** nach §§ 273, 1000. Im Ergebnis ist man einig, dass ein Zurückbehaltungsrecht nur eine Einrede und keine Einwendung begründet und nur zur Verurteilung zur Leistung Zug um Zug führt (§ 274), nicht aber zur Klagabweisung. Wegen dieser Unterschiede zu § 986 sollte man im Zurückbehaltungsrecht kein Besitzrecht sehen (so mit Recht die überwiegende Lit, zB *MüKo-Baldus* Rz 19 mwN; **anders** aber der BGH, zB BGHZ 64, 122, welcher dennoch zur Anwendbarkeit des EBV gelangt, da § 273 keine Regelungen zum Nutzungs- und Verwendungsersatz vorsieht). Die vom BGH gebilligte Anwendung des § 986 II auf das Zurückbehaltungsrecht erscheint im Ergebnis zutreffend, lässt sich aber auch mit einer analogen Anwendung dieser Vorschrift rechtfertigen. 2

3. Der Besitzer kann sich außerdem auf ein von einem Dritten **abgeleitetes Besitzrecht** berufen, wenn der Dritte ggü dem Eigentümer besitzberechtigt ist (§ 986 I 1 Fall 2) und dieser zur Weitergabe des Besitzes befugt ist (§ 986 I 2). Bsp: Untermieter U, dem der Mieter B die Sache erlaubterweise überlassen hat. Der Dritte muss dafür nicht mittelbarer Besitzer sein. So ist I 1 Fall 2 seinem Sinn nach analog anzuwenden, wenn die Sache zunächst von E an K, dann von K an B verkauft und (ohne Übereignung) übergeben wurde (vgl BGH NJW 1989, 895, 897), sog „lückenlose Besitzrechtskette". 3

4. Die in **Abs 2** angeordnete Erstreckung von Einwendungen **gegenüber dem Rechtsnachfolger,** die eine Verschlechterung der Position des Besitzers durch die Eigentumsübertragung verhindern soll, gilt nach allgA (s BGHZ 111, 142) nicht nur im Falle des § 931, sondern wegen der identischen Interessenlage auch dann, wenn ein mittelbar besitzender Eigentümer nach § 930 veräußert hat (s § 930 Rz 1). 4

Vor § 987

I. Das Eigentümer-Besitzer-Verhältnis

1. Die in §§ 987–993 geregelten Ansprüche des Eigentümers auf Herausgabe der Nutzungen und auf Schadensersatz sowie die Gegenansprüche des Besitzers auf Verwendungsersatz (§§ 994–1003) sind – im Unterschied zu § 985 – keine dinglichen Ansprüche, sondern schuldrechtliche aus einem **gesetzlichen Schuldverhältnis,** das man Eigentümer-Besitzer-Verhältnis (EBV) nennt. Die Ansprüche gehen deshalb bei einem Eigentumswechsel nicht kraft Gesetzes auf den Erwerber über, und sie erlöschen nicht durch einen Besitzverlust. Vielmehr sind sie selbständig abtretbar, verpfändbar und pfändbar (näher *Staudinger-Gursky* [2006] Rz 36 f). 1

2. Der **Regelungszweck** der §§ 987 ff besteht primär in der **Privilegierung des redlichen und unverklagten unrechtmäßigen Besitzers** (vgl *Staudinger-Gursky* [2006] Rz 4 f). Dieser soll vor Schadensersatzansprüchen des Eigentümers wegen Beschädigung oder Untergangs der Sache geschützt werden, weil er ohne grobe Fahrlässigkeit annehmen konnte, eine eigene Sache vernachlässigt zu haben. Zugleich darf er die Nutzungen der fremden Sache behalten, wenn der Besitzerwerb entgeltlich erfolgte. Durch diese Regelungen trägt das Gesetz dem sachenrechtlichen Verkehrs- und Vertrauensschutz Rechnung; es mildert insbesondere die Härten des § 935, der einen Gutglaubenserwerb bei abhandengekommenen Sachen kategorisch ausschließt. Die 2

Privilegierungsfunktion des EBV hat erhebliche Bedeutung für das Verständnis der Konkurrenzen (s unten Rz 7 ff).

II. Die Vindikationslage als Anwendungsvoraussetzung

3 **1.** Als **Grundsatz** ist anerkannt, dass die §§ 987–1003 ein fehlendes Besitzrecht (s § 986 Rz 2), eine sog **Vindikationslage,** voraussetzen. Der Eigentümer muss zur Zeit des Umstandes, aus dem die Rechtsfolgen hergeleitet werden (zB Erzielung von Nutzungen, Schadenszufügung), also einen durch kein Besitzrecht gehinderten Eigentumsherausgabeanspruch gehabt haben (*MüKo-Baldus* Rz 8). Dies spricht das Gesetz zwar nicht ausdrücklich aus, aber es zeigt sich an der systematischen Stellung der §§ 987 ff hinter §§ 985 f und an der Unterscheidung zwischen redlichem und unredlichem Besitzer in §§ 990 ff, die nur für einen unrechtmäßigen Besitzer passt.

4 **2.** Als **Ausnahmen** von diesem Grundsatz werden vor allem zwei Fallgruppen erörtert, und zwar unter den Schlagworten des „nicht mehr berechtigten" Besitzers und des „nicht so berechtigten" Besitzers.

5 **a)** Der Streit um den **nicht mehr berechtigten Besitzer** bezieht sich insbesondere auf den „Kleinbusfall", in dem der BGH dem Werkunternehmer gegenüber dem vindizierenden Eigentümer und Vorbehaltsverkäufer einen Verwendungsersatzanspruch nach § 994 zubilligte, obwohl die Verwendungen zu einer Zeit erfolgten, als der Werkunternehmer aufgrund seines Vertrags mit dem Vorbehaltskäufer noch zum Besitz berechtigt war; das Besitzrecht entfiel erst später durch Rücktritt des Eigentümers vom Kaufvertrag (BGHZ 34, 122; dazu näher oben § 647 Rz 3 ff). Nach dieser Entscheidung soll es genügen, dass die Vindikationslage bei Geltendmachung der Rechtsfolge (aus §§ 994, 1000) bestanden hat, weil ein zurzeit der Verwendungen zum Besitz berechtigter Fremdbesitzer nach dem Wegfall seines Besitzrechts nicht schlechter gestellt werden dürfe als ein gutgläubiger unberechtigter Fremdbesitzer. Voraussetzung sei allerdings, dass das besitzbegründende Rechtsverhältnis selbst keine abweichende Sonderregelung enthalte, sondern eine ausfüllungsbedürftige Regelungslücke aufweise (BGHZ 131, 220, 223; bestätigend BGHZ 148, 322 hinsichtlich notwendiger Verwendungen; s § 994 Rz 5). Indes vermag diese richterrechtliche Durchbrechung der Grenzen der §§ 987 ff nicht restlos zu überzeugen, da der berechtigte Fremdbesitzer – sieht man seine Rechtsposition insgesamt – auch ohne die Anwendung der §§ 987 ff nicht besser oder schlechter steht als der nichtberechtigte, sondern anders (so *Medicus/Petersen* Rz 591; s auch *Baur/Stürner* § 11 Rz 28 ff).

6 **b)** Der **nicht so berechtigte Besitzer,** also der Besitzer, der sein Besitzrecht (zB aus Vertrag) überschreitet, ist damit noch kein unberechtigter Besitzer. Für eine analoge Anwendung der §§ 987 ff besteht nach hM kein Bedürfnis, da die Vorschriften über die Vertragsverletzung und die hier unmittelbar anwendbaren §§ 823 ff dem Eigentümer ausreichenden Schutz gewähren (BGH NJW 2002, 60, 61; *Baur/Stürner* § 11 Rz 27; *Staudinger-Gursky* [2006] Rz 16). Auch bei **Umwandlung** von rechtmäßigem Fremdbesitz in unrechtmäßigen Eigenbesitz gilt nach hM nichts anderes (anders BGHZ 31, 129: „Feldlokomotivenfall"; diese Entscheidung blieb allerdings vereinzelt und Hintergrund war die Verjährung der deliktischen Ansprüche).

III. Konkurrenzen

7 Die §§ 987 ff enthalten grds eine abschließende Sonderregelung der Ansprüche des Eigentümers gegen den unberechtigten Besitzer auf Herausgabe der Nutzungen und auf Schadensersatz sowie für die Gegenansprüche des Besitzers auf Verwendungsersatz. Insbesondere lässt das Gesetz erkennen, dass die Besserstellung des redlichen Besitzers nicht angetastet werden soll (s § 993 I HS 2: „im Übrigen …"; für den Verwendungsersatz § 996: „nur insoweit"). Die §§ 823 ff und die §§ 812 ff sind im EBV idR ausgeschlossen, Ansprüche aus unechter Geschäftsführung ohne Auftrag (§ 687 II) aber zugelassen.

1. Das **Deliktsrecht** der §§ 823ff kommt grds nur für den deliktischen Besitzer nach § 992 zur Anwendung (arg § 993 I). Die §§ 823ff gelten außerdem für den sog **Fremdbesitzerexzess** (*Medicus/Lorenz* SchR II Rz 1281f); das folgt für den berechtigten Fremdbesitzer schon aus dem Fehlen der Vindikationslage, die zur Unanwendbarkeit der §§ 987ff führt (s oben Rz 3 und 6); für den unberechtigten Fremdbesitzer, der sein vermeintliches Besitzrecht überschreitet, lässt der in § 991 II zum Ausdruck gekommene Rechtsgedanke die Anwendung der §§ 823ff gerechtfertigt erscheinen (s § 991 Rz 4). In allen anderen Fällen sind die §§ 823ff (nicht aber § 826!) verdrängt. 8

2. Für das Verhältnis zum **Bereicherungsrecht** der §§ 812ff ist zu unterscheiden: 9

a) Soweit die §§ 987ff keine Regelungen enthalten, bleibt das Bereicherungsrecht nach allgA grds anwendbar. Dies gilt, wenn der Besitzer die fremde Sache verbraucht (§§ 812 I 1 Fall 2, 818 II), da das keine Nutzung mehr darstellt; arg: Erst-recht-Schluss aus § 993 I. Ferner bei Verarbeitung (§§ 951, 812 I 1 Fall 2) oder wirksamer Veräußerung (§ 816 I). Daneben kann der Eigentümer einen den Erlös übersteigenden Schaden nach § 990 verlangen, es sei denn, seine Genehmigung der Veräußerung (§ 185 II 1) wäre zugleich als Verzicht auf Schadensersatz auszulegen. 10

b) Hinsichtlich der **normalen Nutzungen** ist das Bereicherungsrecht durch §§ 987ff grds ausgeschlossen (arg § 993 I verweist nur für die Übermaßfrüchte auf das Bereicherungsrecht). Eine Ausnahme besteht gem § 988 bei unentgeltlichem und nach hM bei rechtsgrundlos erlangtem Besitz (s § 988 Rz 3). 11

c) Für den **Gegenanspruch des Besitzers auf Verwendungsersatz** stellen die §§ 994ff nach hM eine abschließende Spezialregelung dar, die eine Verwendungskondiktion, namentlich aus § 951, ausschließt (s näher § 812 Rz 41). Für Aufwendungen, die nicht unter den Begriff der Verwendungen iSd § 994 fallen, erscheint eine Anwendung der §§ 951, 812 indes vertretbar (s § 994 Rz 3). 12

§ 987. Nutzungen nach Rechtshängigkeit

(1) **Der Besitzer hat dem Eigentümer die Nutzungen herauszugeben, die er nach dem Eintritt der Rechtshängigkeit zieht.**

(2) **Zieht der Besitzer nach dem Eintritt der Rechtshängigkeit Nutzungen nicht, die er nach den Regeln einer ordnungsmäßigen Wirtschaft ziehen könnte, so ist er dem Eigentümer zum Ersatz verpflichtet, soweit ihm ein Verschulden zur Last fällt.**

1. Allgemeines. Die Vorschrift betrifft die Nutzungsherausgabepflicht des verklagten, entgeltlichen, redlichen Besitzers (s den Überblick Vor § 985). Die Haftungsverschärfung gegenüber dem unverklagten redlichen Besitzer (welcher nur Übermaßfrüchte herauszugeben hat; s zu ihm § 993) rechtfertigt sich daraus, dass der Besitzer ab Rechtshängigkeit (§§ 261 I, 253 I ZPO) der Herausgabe- bzw. Grundbuchberichtigungsklage mit einem Prozessverlust rechnen muss. Der Anspruch aus § 987 I korrigiert auf schuldrechtlicher Ebene den gem § 955 trotz Rechtshängigkeit möglichen Eigentumserwerb des redlichen Besitzers. 1

2. Nutzungen definiert § 100. Gemeint sind, da § 987 einen Nebenanspruch zur Vindikation darstellt, nur die **Sachnutzungen,** also die unmittelbaren (§ 99 I) und mittelbaren (§ 99 III) Sachfrüchte sowie die Vorteile aus dem Sachgebrauch (§ 100); dagegen nicht die Rechtsfrüchte (§ 99 II und III). Ob der Besitzer die Nutzungen tatsächlich gezogen hat, ist irrelevant. Die abstrakte Möglichkeit ist insoweit ausschlaggebend. 2

3. Die **Herausgabe** als Rechtsfolge des Abs 1 bedeutet Übereignung der noch unterscheidbar vorhandenen Früchte. Im Übrigen ist Wertersatz zu leisten, wobei Gebrauchsvorteile mit ihrem objektiven Wert anzusetzen sind (BGHZ 39, 186, 187). 3

§ 988. Nutzungen des unentgeltlichen Besitzers

Hat ein Besitzer, der die Sache als ihm gehörig oder zum Zwecke der Ausübung eines ihm in Wirklichkeit nicht zustehenden Nutzungsrechts an der Sache besitzt, den Besitz unentgeltlich erlangt, so ist er dem Eigentümer gegenüber zur Herausgabe der Nutzungen, die er vor dem Eintritt der Rechtshängigkeit zieht, nach den Vorschriften über die Herausgabe einer ungerechtfertigten Bereicherung verpflichtet.

1 **1. Sinn.** Wer den unrechtmäßigen Besitz unentgeltlich erlangt hat, erscheint weniger schutzwürdig. Dieser Rechtsgedanke findet sich bereits in § 816 I 2. Der gutgläubige unentgeltliche Besitzer erwirbt zwar gem § 955 das Eigentum an den Früchten, muss sie aber gem § 988 wieder herausgeben.

2 **2. Voraussetzungen: a) Eigenbesitz** oder **Fremdbesitz** auf Grund eines vermeintlichen dinglichen oder schuldrechtlichen Nutzungsrechts. Die Formulierung des § 988 bezieht sich nur auf das dingliche Nutzungsrecht („an der Sache"), jedoch ist dies ein Redaktionsversehen, und die Einbeziehung des vermeintlichen schuldrechtlichen Nutzungsrechts (zB des Entleihers vom Nichtberechtigten) ist allgemein anerkannt (BGHZ 71, 216, 225). **b) Unentgeltlich** erlangter Besitz, zB auf Grund einer Schenkung oder Leihe. § 988 wird außerdem analog angewendet, wenn der Besitzer den Besitz entgeltlich erlangt hat, das Besitzrecht jedoch später wegfällt, und der Besitzer den Besitz weiterhin gutgläubig und unentgeltlich fortführt (BGH NJW 2008, 221). **c) Gutgläubige** Nutzungsziehung vor Rechtshängigkeit. Bei Rechtshängigkeit gilt § 987 direkt, bei Bösgläubigkeit über § 990 I.

3 **3. Rechtsgrundlos erlangter Besitz** wird von der Rspr dem unentgeltlich erlangten gleichgestellt (BGHZ 32, 76). Für die entsprechende Anwendung des § 988 spricht folgender Fall-Vergleich: Ist bei einer Veräußerung nur das obligatorische Geschäft nichtig, die dingliche Übereignung dagegen wirksam, so liegt kein EBV vor, und der Erwerber ist in direkter Anwendung der §§ 812, 818 I zur Herausgabe der Sache und der Nutzungen verpflichtet. Es wäre widersinnig, diese Herausgabepflicht nicht ebenfalls zu bejahen, wenn neben dem obligatorischen auch das dingliche Geschäft nichtig ist. Freilich besteht dann ein EBV und wegen dessen Vorrang (vgl Vor §§ 987 Rz 7 und 9ff) öffnet sich der Weg zu §§ 812, 818 nach Ansicht der Rspr nur über eine analoge Anwendung des § 988. Demgegenüber will die hM in der Lit die Ausschlusswirkung der §§ 987ff für die hier in Betracht kommende Leistungskondiktion (im Unterschied zu einer Eingriffskondiktion) nicht gelten lassen und §§ 812, 818 neben den §§ 987ff anwenden (s zB *Palandt-Bassenge* Rz 8).

4 Die Streitfrage hat praktische Bedeutung, wenn der redliche Besitzer B die Sache des E von einem **Dritten** D gekauft hat, wobei Kaufvertrag und Übereignung (zB wegen § 935) unwirksam sind. Die Rspr gibt E einen Anspruch gegen B aus § 988. Die Lit lehnt § 988 und (mangels Leistung) auch § 812 für E ab; nur D kann kondizieren, so dass B die Möglichkeit hat, ihm seinen Anspruch auf Kaufpreisrückzahlung entgegenzuhalten; E erhält die Nutzungen auf dem Umweg über D zurück (näher *Medicus/Petersen* Rz 600).

5 **4. Rechtsfolgen.** Die Vorschrift enthält eine **Rechtsfolgenverweisung** auf das Bereicherungsrecht: Alle vor Rechtshängigkeit gezogenen Nutzungen (s § 987 Rz 2) sind herauszugeben (§ 818 I); ggf ist Wertersatz zu leisten (§ 818 II). Die Zahlungspflicht des Besitzers ist aber nach § 818 III auf noch vorhandene Vermögensvorteile beschränkt. Aufwendungen des Besitzers auf die Sache sind daher abzugsfähig. Dabei kommt es nicht darauf an, ob die geltend gemachten Aufwendungen als Verwendungen iSd §§ 994ff anzusehen sind; unerheblich ist insbesondere, ob der Anspruch des Besitzers nach § 1001 fällig ist (BGHZ 137, 314; aA *Staudinger-Gursky* [2006] Rz 14).

§ 989. Schadensersatz nach Rechtshängigkeit

Der Besitzer ist von dem Eintritt der Rechtshängigkeit an dem Eigentümer für den Schaden verantwortlich, der dadurch entsteht, dass infolge seines Verschuldens die Sache verschlechtert wird, untergeht oder aus einem anderen Grunde von ihm nicht herausgegeben werden kann.

1. Allgemeines. Die verschärfte Haftung nach Rechtshängigkeit (§§ 261 I, 253 I 1
ZPO) beruht auf den gleichen Erwägungen wie in § 987 für die Nutzungen (s dort).

2. Eine **Verschlechterung** der Sache ist auch ihr Verschleiß durch normale Benut- 2
zung oder unterbliebene Reparatur.

3. Verschulden. Im Rahmen des gesetzlichen Schuldverhältnisses (s Vor § 987 3
Rz 1) gelten die §§ 276, 278 und 280 I 2 (Verschuldensvermutung). Ein schuldhaftes Handeln kann bereits im bewussten Weitergebrauch einer Sache liegen. Eine Zufallshaftung besteht nur für den in Verzug befindlichen bösgläubigen Besitzer (§§ 990 II, 287 S 2) und den Deliktsbesitzer (§§ 992, 848).

4. Rechtsfolgen. a) Schadensersatz nach **§ 249 I. b) Vorenthaltungsschäden** werden nicht kompensiert, da sie auch ohne Verschlechterung entstanden wären. Solche Schäden sind nur beim deliktischen und beim bösgläubigen Besitzer ersatzfähig. **c)** Genauso wie beim Rücktritt muss sich der Eigentümer entscheiden, ob er Abnutzungen als Schadensersatz oder im Wege des Nutzungsersatzes geltend machen will **(keine Doppelkompensation).**

§ 990. Haftung des Besitzers bei Kenntnis

(1) [1]**War der Besitzer bei dem Erwerb des Besitzes nicht in gutem Glauben, so haftet er dem Eigentümer von der Zeit des Erwerbs an nach den §§ 987, 989.** [2]**Erfährt der Besitzer später, dass er zum Besitz nicht berechtigt ist, so haftet er in gleicher Weise von der Erlangung der Kenntnis an.**

(2) **Eine weitergehende Haftung des Besitzers wegen Verzugs bleibt unberührt.**

1. Bösgläubigkeit bei dem Erwerb des Besitzes (Abs 1 S 1) bedeutet Vorsatz oder 1
grobe Fahrlässigkeit (vgl § 932 II) bezüglich des eigenen Besitzrechts; später (Abs 1 S 2) schadet nur noch positive Kenntnis. Kenntnis liegt bereits dann vor, wenn der Besitzer über den Mangel seines Rechts in einer Weise aufgeklärt worden ist, dass ein redlich Denkender sich der Überzeugung seiner Nichtberechtigung nicht verschließen würde (so BGHZ 26, 256, 258 und 133, 246, 250f mwN); vgl § 819 Rz 1.

a) Bei Einschaltung eines **Besitzdieners** (§ 855) nützt dessen Redlichkeit einem 2
unredlichen Besitzherrn nach allgA nicht, da § 990 auf den Besitzer selbst abstellt; maßgebend für die Frage der Bösgläubigkeit ist der Zeitpunkt, in dem der Besitzherr von seiner Besitzerlangung erfährt (BGHZ 16, 259, 264). – Ist umgekehrt nur der Besitzdiener unredlich, so ist str, in welchem Umfang dies dem Besitzer zuzurechnen ist. Die hM wendet § 166 I analog an (zB *Westermann/Gursky* § 14 3); eine direkte Anwendung kommt nicht in Betracht, weil der Besitzdiener keine Willenserklärung abgibt, sondern nur die tatsächliche Sachgewalt für den Besitzer ausübt; jedoch ist eine der Stellvertretung rechtsähnliche Situation zumindest dann gegeben, wenn der Besitzer den Besitzdiener im Rechtsverkehr vollkommen selbständig für sich hat handeln lassen und der Besitzdiener im Rahmen der ihm zur freien Entscheidung zugewiesenen Tätigkeit den Besitz für den Besitzherrn erworben hat (BGHZ 32, 53). Eine aA (*Baur/Stürner* § 5 Rz 15; *Medicus/Petersen* Rz 581) möchte dagegen statt § 166 I den § 831 entsprechend anwenden, da § 990 einen deliktsähnlichen Charakter habe. Der Besitzer hafte nur, wenn er sich für seinen Besitzdiener nicht exkulpieren kann. Gegen diese Ansicht ist vor allem einzuwenden, dass die Bösgläubigkeit beim Besitzerwerb einem deliktischen Handeln schwerlich gleichgestellt werden kann (näher *Westermann/*

Gursky § 14 3). Außerdem handelt es sich bei § 831 nicht um eine Zurechnungsnorm, sondern um eine selbstständige Haftungsnorm für eigenes Verschulden des Geschäftsherrn.

3 **b)** Bei **Minderjährigen** kommt es für die Bösgläubigkeit auf den gesetzlichen Vertreter an, wenn dieser den Besitz für den Minderjährigen erwirbt. Wenn dagegen der Minderjährige selbst den Besitz erwirbt, ist str, ob auch hier auf die Person des gesetzlichen Vertreters abzustellen ist, um den Minderjährigen analog §§ 107ff zu schützen, oder ob §§ 827ff entsprechend gelten sollen. Es erscheint nahe liegend, hier ebenso zu differenzieren, wie im Rahmen des § 819 (s § 819 Rz 1): Wo das EBV der Rückabwicklung eines nach §§ 107ff unwirksamen Vertrags dient, muss sich der Minderjährigenschutz auch im Rahmen des § 990 fortsetzen, so dass allein Bösgläubigkeit des gesetzlichen Vertreters zu der Haftungsverschärfung führt; in den übrigen Fällen ist die deliktische Verschuldensfähigkeit des Minderjährigen selbst entscheidend (*Staudinger-Gursky* [2006] Rz 40).

4 **2.** Die Regeln über den **Schuldnerverzug** sind gemäß **Abs 2** (nur) für den bösgläubigen Besitzer iSd Abs 1 anwendbar (BGHZ 156, 170). Verzug ist gegeben, wenn der unrechtmäßige Besitzer die Sache trotz Mahnung oder Rechtshängigkeit (§ 286 I) schuldhaft (§ 286 IV) nicht herausgibt. Er haftet dann für den Vorenthaltungsschaden nach § 280 II, insbesondere also für Nutzungen, die nur der Eigentümer hätte ziehen können, und er hat einen zufälligen Sachuntergang während des Verzugs zu vertreten (§ 287 S 2).

§ 991. Haftung des Besitzmittlers

(1) **Leitet der Besitzer das Recht zum Besitz von einem mittelbaren Besitzer ab, so findet die Vorschrift des § 990 in Ansehung der Nutzungen nur Anwendung, wenn die Voraussetzungen des § 990 auch bei dem mittelbaren Besitzer vorliegen oder diesem gegenüber die Rechtshängigkeit eingetreten ist.**

(2) **War der Besitzer bei dem Erwerb des Besitzes in gutem Glauben, so hat er gleichwohl von dem Erwerb an den im § 989 bezeichneten Schaden dem Eigentümer gegenüber insoweit zu vertreten, als er dem mittelbaren Besitzer verantwortlich ist.**

1 Die §§ 987ff gelten – wie § 985 (vgl dort Rz 2) – für jeden unberechtigten Besitzer, sei er unmittelbarer oder mittelbarer Besitzer. Die Haftungsvoraussetzungen sind grds für jeden von beiden gesondert festzustellen. Von dieser Regel statuiert § 991 die beiden folgenden Ausnahmen.

2 **1.** Nach **Abs 1** wird die **Nutzungsherausgabepflicht des bösgläubigen Besitzmittlers** aus §§ 990 I, 987 (nicht die Schadensersatzpflicht aus §§ 990 I, 989) ausgeschlossen, wenn der mittelbare Besitzer redlich und unverklagt ist. Damit soll letzterer vor einem Regress des Besitzmittlers geschützt werden. Angesichts dieses Sinnes ist Abs 1 einerseits zu weit gefasst (eine telelogische Reduktion auf den Fall, dass wirklich Regressansprüche bestehen, wird mitunter befürwortet; s *MüKo-Baldus* Rz 7), andererseits zu eng, weil die Nutzungsherausgabepflicht eines verklagten Besitzmittlers (§ 987 direkt) trotz identischer Interessenlage nicht ausgeschlossen ist.

3 **2.** Nach **Abs 2** wird eine **Schadensersatzpflicht des gutgläubigen Besitzmittlers** gegenüber dem Eigentümer insoweit begründet, als er dem mittelbaren Besitzer verantwortlich ist. Die Gleichstellung dieses Besitzmittlers mit dem Prozessbesitzer iSd § 989 ist deshalb gerechtfertigt, weil dem unverklagten gutgläubigen Besitzmittler immerhin bewusst ist, dass er als Fremdbesitzer nur im Rahmen seines Besitzmittlungsverhältnisses auf die Sache einwirken darf und sie später wieder herausgeben muss (*Staudinger-Gursky* [2006] Rz 10). Soweit er im Rahmen des Besitzmittlungsverhältnisses mit einer Haftung rechnen muss, ist er auch dem Eigentümer gegenüber nicht

schutzwürdig. Der Haftungsmaßstab ist dabei grds dem Besitzmittlungsverhältnis zu entnehmen; das gilt sowohl für eine Haftungsmilderung, als auch für eine Haftungsverschärfung. Der Anspruch besteht – anders als bei Abs 1 – unabhängig von einer Haftung des mittelbaren Besitzers.

Seinem Wortlaut nach betrifft Abs 2 nur die Haftung eines redlichen unberechtigten **Fremdbesitzers im Exzess,** der einem Dritten aus einem Besitzmittlungsverhältnis haftet. Die in Abs 2 angeordnete Haftung erscheint aber darüber hinaus auch in allen Fällen berechtigt, in denen ein Fremdbesitzer ein ihm nur vermeintlich zustehendes Besitzrecht nicht einhält. Wer also auf Grund eines ungültigen Vertrags mit dem Eigentümer oder einem Dritten besitzt und sein vermeintliches Besitzrecht schuldhaft überschreitet, haftet ebenfalls nach §§ 991 II, 823 (s etwa *Baur/Stürner* § 11 Rz 32; *Medicus/Petersen* Rz 586). 4

§ 992. Haftung des deliktischen Besitzers

Hat sich der Besitzer durch verbotene Eigenmacht oder durch eine Straftat den Besitz verschafft, so haftet er dem Eigentümer nach den Vorschriften über den Schadensersatz wegen unerlaubter Handlungen.

1. Bedeutung. Der im EBV sonst verschlossene Weg zum Deliktsrecht (s Vor § 987 Rz 8) wird durch § 992 gegen den sog deliktischen Besitzer ausnahmsweise eröffnet. Die §§ 823ff sind nicht nur hinsichtlich der Rechtsfolgen, sondern auch mit ihren Voraussetzungen anwendbar **(Rechtsgrundverweisung).** Die Maßgeblichkeit des Deliktsrechts bewirkt eine Haftungsverschärfung, zum einen durch die **Zufallshaftung** nach § 848, zum anderen durch die – sonst nur in § 990 II vorgesehene – Haftung auf den **Vorenthaltungsschaden.** Nach nahezu allgA sind auch solche **Nutzungen** herauszugeben, die der Besitzer gezogen hat, die der Eigentümer aber nicht gezogen hätte; ein Schaden iSd §§ 249ff ist hier zwar nicht ersichtlich, aber bei dem pönalen Besitzerwerb des § 992 werden fast immer zugleich die Voraussetzungen des § 988 oder des § 990 erfüllt sein (*Staudinger-Gursky* [2006] Rz 26). Jedenfalls soll der Deliktsbesitzer nicht besser stehen als der gutgläubige unentgeltliche Besitzer nach § 988 (so BGH WM 1960, 1148, 1150). 1

2. Die **verbotene Eigenmacht** (§ 858) muss nach einer verbreiteten Meinung – entgegen dem Gesetzeswortlaut – eine **schuldhafte** Eigentumsverletzung enthalten; dies wird damit begründet, dass die alternativ genannte **Straftat** regelmäßig sogar Vorsatz verlangt und sonst ein schwer zu rechtfertigendes Ungleichgewicht zwischen den beiden vom Gesetz genannten Voraussetzungen „verbotene Eigenmacht" und „Straftat" entstünde (s etwa *Staudinger-Gursky* [2006] Rz 10). Andere lassen – dem Gesetzeswortlaut entsprechend – eine verbotene Eigenmacht auch ohne Verschulden genügen; jedoch muss dann, weil § 992 eine Rechtsgrundverweisung auf § 823 enthält, zumindest die spätere Eigentumsverletzung schuldhaft begangen sein (so etwa *MüKo-Baldus* Rz 5 mwN). 2

3. Eine **Straftat** iSd § 992 muss den Schutz des Eigentümers bezwecken. 3

4. Eine **Konkurrenz** zu §§ 989, 990 ist möglich. Diese Vorschriften sind nicht durch § 992 ausgeschlossen. 4

§ 993. Haftung des redlichen Besitzers

(1) **Liegen die in den §§ 987 bis 992 bezeichneten Voraussetzungen nicht vor, so hat der Besitzer die gezogenen Früchte, soweit sie nach den Regeln einer ordnungsmäßigen Wirtschaft nicht als Ertrag der Sache anzusehen sind, nach den Vorschriften über die Herausgabe einer ungerechtfertigten Bereicherung herauszugeben; im Übrigen ist er weder zur Herausgabe von Nutzungen noch zum Schadensersatz verpflichtet.**

(2) **Für die Zeit, für welche dem Besitzer die Nutzungen verbleiben, findet auf ihn die Vorschrift des § 101 Anwendung.**

1 Die Bestimmung betrifft den unverklagten, entgeltlichen, gutgläubigen Besitzer, der auch nicht unter § 992 fällt. Dieser redliche Besitzer hat nur die sog **Übermaßfrüchte** (Fruchtziehung, die die weitere Nutzung der Sache insbesondere durch Eingriffe in die Sachsubstanz beeinträchtigt; vgl § 99 I, III; nicht dagegen Gebrauchsvorteile, § 100) nach Bereicherungsrecht herauszugeben. **Rechtsfolgenverweisung;** es gilt § 818 mit der Grenze des § 818 III. In Abs 1 HS 2 kommt der Grundsatz zum Ausdruck, dass im EBV Herausgabe von Nutzungen und Schadensersatz nur gem §§ 987ff verlangt werden können (Näheres Vor § 987 Rz 7). Der redliche Besitzer ist also bspw nicht zum Schadensersatz verpflichtet, wenn er die in seinem Besitz befindliche Sache fahrlässig zerstört.

§ 994. Notwendige Verwendungen

(1) [1]**Der Besitzer kann für die auf die Sache gemachten notwendigen Verwendungen von dem Eigentümer Ersatz verlangen.** [2]**Die gewöhnlichen Erhaltungskosten sind ihm jedoch für die Zeit, für welche ihm die Nutzungen verbleiben, nicht zu ersetzen.**

(2) **Macht der Besitzer nach dem Eintritt der Rechtshängigkeit oder nach dem Beginn der im § 990 bestimmten Haftung notwendige Verwendungen, so bestimmt sich die Ersatzpflicht des Eigentümers nach den Vorschriften über die Geschäftsführung ohne Auftrag.**

1 **1. Allgemeines.** Für die in §§ 994–1003 geregelten Gegenansprüche des Besitzers auf Verwendungsersatz gelten die Vor § 987 geschilderten Grundsätze: Es handelt sich um schuldrechtliche Ansprüche (s Vor § 987 Rz 1), sie setzen das Bestehen einer Vindikationslage voraus (s Vor §§ 987ff Rz 3), und sie regeln den Verwendungsersatz grds abschließend (s Vor § 987 Rz 12). Zu beachten ist, dass der Anspruch auf Verwendungsersatz erst mit Eintritt der in § 1001 S 1 genannten Voraussetzungen fällig wird; vorher besteht nur ein Zurückbehaltungsrecht (§ 1000).

2 **2. Verwendungen** sind Vermögensaufwendungen, die einer Sache zugute kommen sollen. Hierzu zählt auch die zur Erhaltung, Wiederherstellung oder Verbesserung der Sache aufgewendete eigene Arbeitskraft, sofern sie objektiv einen Vermögenswert darstellt, unabhängig davon, ob der Besitzer ein entsprechendes Gewerbe betreibt oder einen entgangenen Verdienst nachweisen kann (BGHZ 131, 220, 224). Keine Verwendungen sind dagegen die Aufwendungen für den Erwerb, wie der Kaufpreis (*MüKo-Baldus* Rz 14) oder Transportkosten, soweit sie nicht der Erhaltung der Sache dienen (BGHZ 87, 104, 106f).

3 Str ist, ob auch **sachändernde Aufwendungen** Verwendungen sind. Der BGH und ein Teil der Lit verneinen dies und legen somit einen **engen Verwendungsbegriff** zugrunde. Verwendungen sind danach nur solche Maßnahmen, die darauf abzielen, den Bestand der Sache als solcher zu erhalten, wiederherzustellen oder zu verbessern, ohne die Sache grundlegend zu verändern; deshalb ist die Bebauung eines bisher unbebauten Grundstücks grds keine Verwendung (Ausnahme zB die Errichtung eines Deiches bei hochwassergefährdetem Grundstück; BGHZ 41, 157, 160f). Der enge Verwendungsbegriff rechtfertigt sich aus der Überlegung, dass dem Eigentümer das Recht zur Zweckbestimmung über die Sache (§ 903) vom unberechtigten Besitzer nicht genommen werden soll. Auf der anderen Seite sind die Interessen des Besitzers schlecht geschützt, wenn man ihn nur auf sein Wegnahmerecht aus § 997 (zB Abbruch des gebauten Hauses und Wegnahme des Materials) verweist (dafür grds BGHZ 41, 157, 163ff, wo letztlich aber mit § 242 geholfen wurde). Deshalb befürwortet die Lit, soweit sie dem engen Verwendungsbegriff zustimmt, meist die zusätzliche Gewäh-

rung eines Anspruchs aus § 951, wobei dieser Anspruch wiederum nach den Grundsätzen für die aufgedrängte Bereicherung korrigiert werden kann (s § 812 Rz 41f). Nach der hLit wird dadurch § 996 unterlaufen; sie möchte die Problematik in der Weise auflösen, dass ein **weiter Verwendungsbegriff** zugrunde gelegt wird, der auch die sachändernden Verwendungen erfasst (s zB *Baur/Stürner* § 11 Rz 55; *Medicus/Petersen* Rz 877; *Staudinger-Gursky* [2006] Vor §§ 994–1003 Rz 8ff mwN).

3. Zwei **Arten der Verwendungen** werden vom Gesetz unterschieden. **4**

a) Notwendige Verwendungen sind solche, die zur Erhaltung oder ordnungsge- **5**
mäßen Bewirtschaftung der Sache objektiv erforderlich sind und dem Eigentümer daher eigene Aufwendungen ersparen (zB Reparaturen und Aufbewahrungskosten). Dies ist ex ante zu beurteilen; ein fortdauernder Nutzen oder Erfolg der Maßnahme ist daher nicht erforderlich (BGHZ 131, 220, 223). Die Verwendungen dürfen nicht nur einem vom Besitzer verfolgten Sonderzweck dienen; deshalb sind Ausbesserungen an einem Gebäude, das der Eigentümer hätte abreißen lassen, nach BGHZ 64, 333, 339 keine notwendigen Verwendungen (aA zB *Staudinger-Gursky* [2006] Rz 10; differenzierend *Medicus/Petersen* Rz 879).

b) Andere als notwendige Verwendungen werden nur nach Maßgabe des § 996 **6**
ersetzt. Man nennt sie dann meist **nützliche** Verwendungen.

4. Nach der **Art des Besitzes** ist für den Ersatz notwendiger Verwendungen gem **7**
§ 994 folgendermaßen zu differenzieren.

a) Dem **unverklagten gutgläubigen Besitzer** sind die notwendigen Verwendun- **8**
gen gemäß **Abs 1** zu ersetzen. Die gewöhnlichen Erhaltungskosten, also die regelmäßig wiederkehrenden laufenden Ausgaben, kann er bei **entgeltlichem** Besitz gemäß Abs 1 S 2 nicht verlangen, da ihm die Nutzungen verbleiben; dagegen kann er bei **unentgeltlichem** Besitz auch die gewöhnlichen Erhaltungskosten zurückverlangen, weil er nach § 988 die Nutzungen herausgeben muss. Ob der Besitzer tatsächlich Nutzungen gezogen hat und wie sich deren Wert zu den Erhaltungskosten verhält, ist gleichgültig.

b) Dem **verklagten oder bösgläubigen Besitzer** werden gemäß **Abs 2** die not- **9**
wendigen Verwendungen nur nach den Vorschriften über die GoA ersetzt. Es handelt sich um eine partielle Rechtsgrundverweisung, bei der § 687 nicht zu beachten ist: Ein Fremdgeschäftsführungswille, der bei Eigenbesitzern schon begrifflich ausgeschlossen ist, darf nicht gefordert werden. Im übrigen ist nach hM zu unterscheiden (s etwa *MüKo-Baldus* Rz 20): Die notwendigen Verwendungen, die dem Interesse und Willen des Eigentümers entsprechen, durch § 679 gedeckt oder vom Eigentümer genehmigt sind (§ 684 S 2), sind nach §§ 683, 670 voll zu ersetzen; andere notwendige Verwendungen werden nur gem §§ 684 S 1, 818 ersetzt.

§ 995. Lasten

[1] Zu den notwendigen Verwendungen im Sinne des § 994 gehören auch die Aufwendungen, die der Besitzer zur Bestreitung von Lasten der Sache macht. [2] Für die Zeit, für welche dem Besitzer die Nutzungen verbleiben, sind ihm nur die Aufwendungen für solche außerordentliche Lasten zu ersetzen, die als auf den Stammwert der Sache gelegt anzusehen sind.

§ 996. Nützliche Verwendungen

Für andere als notwendige Verwendungen kann der Besitzer Ersatz nur insoweit verlangen, als sie vor dem Eintritt der Rechtshängigkeit und vor dem Beginn der in § 990 bestimmten Haftung gemacht werden und der Wert der Sache durch sie noch zu der Zeit erhöht ist, zu welcher der Eigentümer die Sache wiedererlangt.

§ 997. Wegnahmerecht

(1) [1]**Hat der Besitzer mit der Sache eine andere Sache als wesentlichen Bestandteil verbunden, so kann er sie abtrennen und sich aneignen.** [2]**Die Vorschrift des § 258 findet Anwendung.**

(2) **Das Recht zur Abtrennung ist ausgeschlossen, wenn der Besitzer nach § 994 Abs. 1 Satz 2 für die Verwendung Ersatz nicht verlangen kann oder die Abtrennung für ihn keinen Nutzen hat oder ihm mindestens der Wert ersetzt wird, den der Bestandteil nach der Abtrennung für ihn haben würde.**

1 **1. Wesentliche Bestandteile** (§§ 93–95), an denen der Eigentümer der herauszugebenden Hauptsache (s zum Erfordernis der Vindikationslage Vor § 987 Rz 3) nach §§ 946, 947 II Alleineigentum (und nicht bloßes Miteigentum gem § 947 I) erworben hat, kann der Besitzer abtrennen und sich aneignen. Unwesentliche Bestandteile kann der Besitzer ohnehin wegnehmen, da er sein Eigentum an ihnen durch die Verbindung nicht verloren hat.

2 **2. Besitzer** ist auch der verklagte oder unredliche Besitzer. Gerade wenn ein solcher Besitzer keinen Verwendungsersatzanspruch hat, ist er auf das Wegnahmerecht angewiesen. Es entspricht dem Wortlaut des § 997 und der Praktikabilität, grds nicht zu prüfen, ob der Besitzer im Zeitpunkt der Verbindung Eigentümer der hinzugefügten Sache gewesen ist; sie darf nur nicht dem Eigentümer der Hauptsache gehört haben (hM; s *MüKo-Baldus* Rz 5).

3 **3. Konkurrierend** kann dem Besitzer neben dem Wegnahmerecht ein Anspruch auf Verwendungsersatz (§§ 994 ff) zustehen; uU ein Bereicherungsanspruch nach §§ 812, 951 I (s insoweit § 994 Rz 3). Der Besitzer kann dann zwischen diesen Ansprüchen wählen.

§ 998. Bestellungskosten bei landwirtschaftlichem Grundstück

Ist ein landwirtschaftliches Grundstück herauszugeben, so hat der Eigentümer die Kosten, die der Besitzer auf die noch nicht getrennten, jedoch nach den Regeln einer ordnungsmäßigen Wirtschaft vor dem Ende des Wirtschaftsjahrs zu trennenden Früchte verwendet hat, insoweit zu ersetzen, als sie einer ordnungsmäßigen Wirtschaft entsprechen und den Wert dieser Früchte nicht übersteigen.

§ 999. Ersatz von Verwendungen des Rechtsvorgängers

(1) **Der Besitzer kann für die Verwendungen eines Vorbesitzers, dessen Rechtsnachfolger er geworden ist, in demselben Umfang Ersatz verlangen, in welchem ihn der Vorbesitzer fordern könnte, wenn er die Sache herauszugeben hätte.**

(2) **Die Verpflichtung des Eigentümers zum Ersatz von Verwendungen erstreckt sich auch auf die Verwendungen, die gemacht worden sind, bevor er das Eigentum erworben hat.**

§ 1000. Zurückbehaltungsrecht des Besitzers

[1]**Der Besitzer kann die Herausgabe der Sache verweigern, bis er wegen der ihm zu ersetzenden Verwendungen befriedigt wird.** [2]**Das Zurückbehaltungsrecht steht ihm nicht zu, wenn er die Sache durch eine vorsätzlich begangene unerlaubte Handlung erlangt hat.**

1 Die Vorschrift ergänzt § 273 II, der nicht eingreift, weil der Anspruch auf Verwendungsersatz wegen der in § 1001 S 1 aufgestellten Voraussetzungen nicht fällig ist. Im Übrigen entspricht das Zurückbehaltungsrecht dem des § 273, wobei §§ 273 III, 274 nach allgA entsprechend angewendet werden können. Das Zurückbehaltungsrecht

erlischt nach § 1002 durch Herausgabe der Sache an den Eigentümer; erhält der Besitzer die Sache später von dem Eigentümer zurück, so lebt das Zurückbehaltungsrecht nach hM nicht wieder auf (BGHZ 51, 250, 252).

§ 1001. Klage auf Verwendungsersatz

[1]Der Besitzer kann den Anspruch auf den Ersatz der Verwendungen nur geltend machen, wenn der Eigentümer die Sache wiedererlangt oder die Verwendungen genehmigt. [2]Bis zur Genehmigung der Verwendungen kann sich der Eigentümer von dem Anspruch dadurch befreien, dass er die wiedererlangte Sache zurückgibt. [3]Die Genehmigung gilt als erteilt, wenn der Eigentümer die ihm von dem Besitzer unter Vorbehalt des Anspruchs angebotene Sache annimmt.

Der Anspruch auf Verwendungsersatz ist vor Wiedererlangung oder Genehmigung **1**
durch den Eigentümer nicht fällig (andere sprechen von aufschiebender Bedingung oder Ausschluss der Klagbarkeit; vgl *MüKo-Baldus* Rz 18); denn vorher nützen dem Eigentümer die Verwendungen regelmäßig nichts. Die Erlangung des mittelbaren Besitzes durch Herausgabe an einen Besitzmittler genügt (BGHZ 87, 274, 278).

§ 1002. Erlöschen des Verwendungsanspruchs

(1) **Gibt der Besitzer die Sache dem Eigentümer heraus, so erlischt der Anspruch auf den Ersatz der Verwendungen mit dem Ablauf eines Monats, bei einem Grundstück mit dem Ablauf von sechs Monaten nach der Herausgabe, wenn nicht vorher die gerichtliche Geltendmachung erfolgt oder der Eigentümer die Verwendungen genehmigt.**

(2) **Auf diese Fristen finden die für die Verjährung geltenden Vorschriften der §§ 206, 210, 211 entsprechende Anwendung.**

§ 1003. Befriedigungsrecht des Besitzers

(1) **[1]Der Besitzer kann den Eigentümer unter Angabe des als Ersatz verlangten Betrags auffordern, sich innerhalb einer von ihm bestimmten angemessenen Frist darüber zu erklären, ob er die Verwendungen genehmige. [2]Nach dem Ablauf der Frist ist der Besitzer berechtigt, Befriedigung aus der Sache nach den Vorschriften über den Pfandverkauf, bei einem Grundstück nach den Vorschriften über die Zwangsvollstreckung in das unbewegliche Vermögen zu suchen, wenn nicht die Genehmigung rechtzeitig erfolgt.**

(2) **Bestreitet der Eigentümer den Anspruch vor dem Ablauf der Frist, so kann sich der Besitzer aus der Sache erst dann befriedigen, wenn er nach rechtskräftiger Feststellung des Betrags der Verwendungen den Eigentümer unter Bestimmung einer angemessenen Frist zur Erklärung aufgefordert hat und die Frist verstrichen ist; das Recht auf Befriedigung aus der Sache ist ausgeschlossen, wenn die Genehmigung rechtzeitig erfolgt.**

§ 1004. Beseitigungs- und Unterlassungsanspruch

(1) **[1]Wird das Eigentum in anderer Weise als durch Entziehung oder Vorenthaltung des Besitzes beeinträchtigt, so kann der Eigentümer von dem Störer die Beseitigung der Beeinträchtigung verlangen. [2]Sind weitere Beeinträchtigungen zu besorgen, so kann der Eigentümer auf Unterlassung klagen.**

(2) **Der Anspruch ist ausgeschlossen, wenn der Eigentümer zur Duldung verpflichtet ist.**

1. Allgemeines. Während das Eigentum an beweglichen und unbeweglichen Sa- **1**
chen vor einer Entziehung oder Vorenthaltung des Besitzes durch § 985 geschützt

wird, gewährt § 1004 Abwehransprüche gegen alle anderen Beeinträchtigungen (sog **actio negatoria**). Im Einzelnen ist der **Beseitigungsanspruch** aus Abs 1 S 1 und der **Unterlassungsanspruch** aus Abs 1 S 2 zu unterscheiden. Zur Ausdehnung der negatorischen Ansprüche über den in § 1004 angesprochenen Bereich des Eigentums hinaus s Vor § 823 Rz 3.

2 **2. Beeinträchtigungen** sind etwa unbefugtes Betreten von Grundstücken oder übermäßige Immissionen. Die Rspr orientiert sich am Einwirkungsbegriff des § 906. Demzufolge stellt die Zuführung unwägbarer Stoffe iSd § 906 eine Beeinträchtigung dar. Für sog Grobimmissionen wie Steinschlag muss dies erst recht gelten. **Ideelle Störungen** reichen hingegen regelmäßig nicht aus; denn sittliche oder ästhetische Immissionen sind den in § 906 I genannten Einwirkungen nicht „ähnlich". Keinen Anspruch aus § 1004 hat also der Eigentümer eines Wohngrundstücks gegen einen benachbarten Lagerplatz für Baumaterialien und Baugeräte (BGHZ 51, 396) oder der Eigentümer eines Hotels gegen einen benachbarten Abstellplatz für Gebrauchtwagen und Schrottfahrzeuge (BGHZ 54, 56); auch gegen den (nach außen nicht wahrnehmbaren) Betrieb eines Bordells im benachbarten Reihenhaus wurde kein Unterlassungsanspruch gewährt (BGHZ 95, 307). Diese Rspr erscheint einem Teil der Lit als zu eng, zumal auch beim allgemeinen Persönlichkeitsrecht immaterielle Werte geschützt werden (s § 823 Rz 17); indes ist diese Parallele nicht zwingend (s BGHZ 54, 56, 60f; ferner *Medicus/Petersen* Rz 442).

3 Die Beeinträchtigung muss **nicht verschuldet,** nach hM aber **rechtswidrig** sein (vgl Abs 2).

4 **3. Störer** ist derjenige, dem die Beeinträchtigung aus Sachgründen zugerechnet werden kann. Eine Zurechnung ist zum einen möglich, wenn jemand die Beeinträchtigung durch eine Handlung oder Unterlassung unmittelbar adäquat herbeigeführt hat (sog **Handlungsstörer**); zum anderen, wenn ein das Eigentum beeinträchtigender Zustand, der nach dem gewöhnlichen Verlauf der Dinge zu erwarten (also adäquat) ist, mittelbar auf den Willen des Störers zurückzuführen bzw ihm wertend zuzurechnen ist (näher *Wenzel* NJW 2005, 241ff) und er den Zustand beseitigen kann (sog **mittelbarer Handlungsstörer** und **Zustandsstörer**). Mittelbarer Störer ist regelmäßig auch der Vermieter oder Verpächter; so ist der Verpächter eines Tanzcafés idR neben dem Pächter Störer hinsichtlich der von diesem Betrieb ausgehenden Geräuschbelästigungen (BGH NJW 1959, 2013). Nur das Fehlen einer Abhilfemöglichkeit lässt – dem Rechtsgedanken des § 275 entsprechend – eine Haftung entfallen. Hat der Verpächter den störenden Gebrauch gestattet, sich also vertraglich gebunden, so muss er ggf sogar den Vertrag kündigen oder den Pächter durch Geldleistungen zum Verzicht auf die Rechte aus der Gestattung zu bewegen suchen (vgl BGH JZ 1968, 384; *Medicus/Petersen* Rz 447).

5 Bei **Naturkatastrophen** ist regelmäßig niemand Störer. Bspw entsteht kein Anspruch aus § 1004, wenn bei einem Gewitter Geröll vom Grundstück des E auf das Nachbargrundstück gespült wird; denn das Eigentum des E allein löst nach hM noch keinen Anspruch aus (BGH NJW 1985, 1773, 1774); dagegen wäre E Störer, wenn er beim Hausbau sein Grundstück abgeschrägt hätte. Eine Störerhaftung kommt nach der Rspr hier nur in Betracht, wenn E durch eigene Handlungen objektiv eine konkrete Gefahrenlage geschaffen hat, die sich später verwirklicht (BGHZ 160, 232, 239: Windbruch nach Teilrodung), und wenn er eine sich aus dem nachbarlichen Gemeinschaftsverhältnis ergebende „Sicherungspflicht", also eine Pflicht zur Verhinderung möglicher Beeinträchtigungen, verletzt hat.

6 **4.** Der **Beseitigungsanspruch** nach Abs 1 S 1 ist vom **Schadensersatzanspruch** gem §§ 823ff zu trennen. Denn der Beseitigungsanspruch setzt nur eine fortbestehende Beeinträchtigung des Eigentums voraus, der Schadensersatzanspruch, der ebenfalls auf Beseitigung gerichtet sein kann (§ 249), dagegen ein Verschulden. Freilich ist die

Abgrenzung zum Schadensersatzanspruch im Einzelnen schwierig und umstritten (s etwa *MüKo-Baldus* Rz 103ff). Nach der auf eine wertende Abgrenzung zielenden „Wiederbenutzbarkeitstheorie" des BGH umfasst der Beseitigungsanspruch nicht nur die Beseitigung der Störungsquelle, sondern auch die Wiederherstellung des in seiner Benutzbarkeit beeinträchtigten Grundstückszustands (BGH NJW 2005, 1366; *Wenzel* NJW 2005, 243). Einen schwierigen Grenzfall bildet die Bodenverseuchung durch unzulässige Immissionen: Kann der beeinträchtigte Eigentümer aus Abs 1 S 1 den vollständigen Austausch des Bodens verlangen, wenn die isolierte Entfernung der Schadstoffe technisch unmöglich ist? Der BGH (NJW 1996, 845) bejaht dies, weil sich die enge Verbindung zwischen den eingedrungenen Stoffen und dem Boden nicht zu Lasten des beeinträchtigten Eigentümers auswirken dürfe. Die extensive Handhabung des Beseitigungsanspruchs durch den BGH ist in der Literatur auf teils erhebliche Kritik gestoßen. Insbesondere die Vertreter der sog Usurpationstheorie wollen Abs 1 S 1 vor dem Hintergrund der engen Verwandtschaft mit § 985 wesentlich restriktiver auslegen und sehen von der Beseitigungspflicht nur die Beendigung der tatsächlichen Beeinträchtigung fremden Eigentums erfasst (*Staudinger/Gursky* Rz 4ff, vgl auch *Lettl* JuS 2005, 871, 872).

Führt der Anspruchsberechtigte die Beseitigungsmaßnahme selbst durch, kann er den Störer nach hM unter den Voraussetzungen der GoA oder über die Rückgriffskondiktion nach § 812 I 1 Fall 2 in Regress nehmen (vgl *Larenz/Canaris* II/2 § 86 VI 2). 7

5. Der **Unterlassungsanspruch** nach Abs 1 S 2 setzt Wiederholungsgefahr voraus. Nach ganz hM genügt – entgegen dem Wortlaut des S 2 („weitere") – eine erstmals drohende Beeinträchtigung (vorbeugender Unterlassungsanspruch). 8

6. Die **Duldungspflicht** gemäß Abs 2 kann auf dem Gesetz beruhen (zB §§ 227–229, 904 S 1, 905 S 2, 906ff) oder auf einem Rechtsgeschäft, sei es dinglicher Natur (zB eine Grunddienstbarkeit), sei es schuldrechtlicher Art (wie Miete oder Pacht). Auch öffentlichrechtliche Vorschriften oder ein Allgemeininteresse (zB am Betrieb eines Drogenhilfezentrums, BGHZ 144, 200) können eine Duldungspflicht ergeben. Dem Eigentümer, der sich aus rechtlichen oder tatsächlichen Gründen daran gehindert sieht, den Abwehranspruch durchzusetzen, kann aber ein Anspruch auf Ausgleich in Geld zustehen (vgl § 906 Rz 7). 9

7. Eine **Mitverantwortung** des beeinträchtigten Eigentümers ist entsprechend § 254 zu berücksichtigen. In einem solchen Fall wird die Verurteilung des Störers zur Beseitigung durch die Feststellung beschränkt, dass sich der Eigentümer in Höhe seiner Haftungsquote an den Beseitigungskosten zu beteiligen hat (BGHZ 135, 235). 10

8. Der Anspruch **verjährt** nach der regelmäßigen Frist des § 195. § 902 ist nicht anwendbar, da eine Beeinträchtigung iSd § 1004 I die Rechtsmacht des Grundstückseigentümers unberührt lässt (BGH NJW 2011, 1068). Allerdings entsteht nach Verjährung nicht etwa ein Recht des Störers, eine störende Einrichtung (zB Leitung) auf dem Grundstück zu behalten; denn der von dem Störer geschaffene Zustand bleibt auch nach der Verjährung des Anspruchs aus § 1004 rechtswidrig. Die Verjährung des Anspruchs hat lediglich zur Folge, dass der gestörte Grundstückseigentümer die Störung auf **eigene Kosten** (anders als oben Rz 7) beseitigen muss (BGH aaO). 11

§ 1005. Verfolgungsrecht

Befindet sich eine Sache auf einem Grundstück, das ein anderer als der Eigentümer der Sache besitzt, so steht diesem gegen den Besitzer des Grundstücks der im § 867 bestimmte Anspruch zu.

§ 1006. Eigentumsvermutung für Besitzer

(1) [1] **Zugunsten des Besitzers einer beweglichen Sache wird vermutet, dass er Eigentümer der Sache sei.** [2] **Dies gilt jedoch nicht einem früheren Besitzer gegen-**

über, dem die Sache gestohlen worden, verloren gegangen oder sonst abhanden gekommen ist, es sei denn, dass es sich um Geld oder Inhaberpapiere handelt.

(2) **Zugunsten eines früheren Besitzers wird vermutet, dass er während der Dauer seines Besitzes Eigentümer der Sache gewesen sei.**

(3) **Im Falle eines mittelbaren Besitzes gilt die Vermutung für den mittelbaren Besitzer.**

§ 1007. Ansprüche des früheren Besitzers, Ausschluss bei Kenntnis

(1) **Wer eine bewegliche Sache im Besitz gehabt hat, kann von dem Besitzer die Herausgabe der Sache verlangen, wenn dieser bei dem Erwerb des Besitzes nicht in gutem Glauben war.**

(2) [1]**Ist die Sache dem früheren Besitzer gestohlen worden, verloren gegangen oder sonst abhanden gekommen, so kann er die Herausgabe auch von einem gutgläubigen Besitzer verlangen, es sei denn, dass dieser Eigentümer der Sache ist oder die Sache ihm vor der Besitzzeit des früheren Besitzers abhanden gekommen war.** [2]**Auf Geld und Inhaberpapiere findet diese Vorschrift keine Anwendung.**

(3) [1]**Der Anspruch ist ausgeschlossen, wenn der frühere Besitzer bei dem Erwerb des Besitzes nicht in gutem Glauben war oder wenn er den Besitz aufgegeben hat.** [2]**Im Übrigen finden die Vorschriften der §§ 986 bis 1003 entsprechende Anwendung.**

1 **1.** Die **praktische Bedeutung** der Vorschrift ist gering, da meist schon ein Anspruch aus § 985 oder § 861 besteht. Der konkurrierende Anspruch aus § 1007 ist dann erst an letzter Stelle zu prüfen. Allein auf § 1007 ist bspw abzustellen, wenn der Eigentümer sein Eigentum nicht beweisen kann und § 861 mangels verbotener Eigenmacht ausscheidet (*Jauernig* Rz 1).

2 **2. Jede Art von Besitz** kann den Anspruch auslösen, auch der mittelbare Besitz oder der Fremdbesitz; s zu den Besitzarten § 854 Rz 2ff.

3 **3.** Die Bestimmung wird dem **petitorischen Besitzschutz** zugerechnet (vgl § 861 Rz 2, 3). Zwar fordert § 1007 keinen berechtigten Besitz des Gläubigers, aber gemäß Abs 3 S 1 doch wenigstens guten Glauben (der nur bei Nichtberechtigung in Frage kommt); der Gläubiger muss also ohne grobe Fahrlässigkeit (vgl § 932 II) von einem Besitzrecht gegenüber dem derzeitigen Besitzer ausgegangen sein. Auch darf der derzeitige Besitzer dem Gläubiger gegenüber kein Recht zum Besitz haben (Abs 3 S 2 mit § 986). Im Unterschied zu der possessorischen Besitzklage aus § 861 führt die Klage aus § 1007 gegen den schlechter Berechtigten zu einer endgültigen Entscheidung (BGHZ 7, 208, 215).

4 **4.** Die Vorschrift enthält in Abs 1 und 2 **zwei getrennt zu prüfende Ansprüche,** die beide gemäß Abs 3 ausgeschlossen sein können.

5 **a) Abs 1** richtet sich gegen den **bösgläubigen Besitzer,** der beim Besitzerwerb gewusst oder infolge grober Fahrlässigkeit nicht gewusst hat, dass er dem früheren Besitzer gegenüber nicht zum Besitz berechtigt ist (vgl § 932 II).

6 **b) Abs 2** verlangt, dass die Sache dem früheren Besitzer **abhanden gekommen** ist (vgl zu diesem Begriff § 935 Rz 2).

Titel 5. Miteigentum

§ 1008. Miteigentum nach Bruchteilen

Steht das Eigentum an einer Sache mehreren nach Bruchteilen zu, so gelten die Vorschriften der §§ 1009 bis 1011.

1. Entstehung: kraft Gesetzes (zB §§ 947, 948, 984) oder auch durch Rechtsgeschäft, wenn mehrere erwerben, die keine Gesamthandsgemeinschaft (s unten Rz 4) bilden. 1

2. Es **gelten** die §§ 741 ff, ergänzt durch die Spezialnormen der §§ 1009–1011. 2

3. Bedeutung: Mitberechtigung zu ideellen Bruchteilen. Der Bruchteil ist selbst Eigentum im Rechtssinne (BGHZ 36, 365, 368). Er kann nach den Vorschriften über das Vollrecht übertragen oder belastet werden. Über die ganze Sache können die Miteigentümer nur gemeinsam verfügen (§ 747 S 2). 3

4. Für **Gesamthandseigentum** gelten §§ 1008 ff nicht. Es entsteht für die Mitglieder solcher Gemeinschaften, die das Gesetz als Gesamthandsgemeinschaft ausgestaltet hat, wie die Erbengemeinschaft (vgl § 2032 Rz 1). Gesamthänder haben kein ideelles Bruchteilsrecht an den einzelnen Gegenständen, über das verfügt werden könnte. Vielmehr steht das Eigentum der Gesamthand ungeteilt zu, und es kann grds nur gemeinsam darüber verfügt werden (vgl § 719 Rz 1 ff). 4

§ 1009. Belastung zugunsten eines Miteigentümers

(1) **Die gemeinschaftliche Sache kann auch zugunsten eines Miteigentümers belastet werden.**

(2) **Die Belastung eines gemeinschaftlichen Grundstücks zugunsten des jeweiligen Eigentümers eines anderen Grundstücks sowie die Belastung eines anderen Grundstücks zugunsten der jeweiligen Eigentümer des gemeinschaftlichen Grundstücks wird nicht dadurch ausgeschlossen, dass das andere Grundstück einem Miteigentümer des gemeinschaftlichen Grundstücks gehört.**

§ 1010. Sondernachfolger eines Miteigentümers

(1) **Haben die Miteigentümer eines Grundstücks die Verwaltung und Benutzung geregelt oder das Recht, die Aufhebung der Gemeinschaft zu verlangen, für immer oder auf Zeit ausgeschlossen oder eine Kündigungsfrist bestimmt, so wirkt die getroffene Bestimmung gegen den Sondernachfolger eines Miteigentümers nur, wenn sie als Belastung des Anteils im Grundbuch eingetragen ist.**

(2) **Die in den §§ 755, 756 bestimmten Ansprüche können gegen den Sondernachfolger eines Miteigentümers nur geltend gemacht werden, wenn sie im Grundbuch eingetragen sind.**

§ 1011. Ansprüche aus dem Miteigentum

Jeder Miteigentümer kann die Ansprüche aus dem Eigentum Dritten gegenüber in Ansehung der ganzen Sache geltend machen, den Anspruch auf Herausgabe jedoch nur in Gemäßheit des § 432.

§§ 1012–1017. *(weggefallen)*

Abschnitt 4. Dienstbarkeiten

Vor § 1018

Dienstbarkeiten sind dingliche Nutzungsrechte. Das BGB kennt folgende Arten: 1
1. Die **Grunddienstbarkeit** (§§ 1018 ff) berechtigt den jeweiligen Eigentümer eines („herrschenden“) Grundstücks, ein anderes („dienendes“) Grundstück in bestimmter Weise zu nutzen. Je nach dem Inhalt der Belastung (s § 1018) muss der Eigentümer des belasteten Grundstücks einzelne Benutzungen des Grundstücks (zB Wege- oder Weiderechte) dulden, darf bestimmte Handlungen (zB das Errichten von Gebäuden)

auf seinem Grundstück nicht vornehmen oder Abwehrrechte, die sich sonst aus seinem Eigentum ergeben würden (Bsp: § 906), nicht ausüben. **2.** Der **Nießbrauch** (§§ 1030ff) gewährt im Gegensatz zur Grunddienstbarkeit das Recht, grds alle Nutzungen (§ 100) aus dem Belastungsgegenstand zu ziehen. Er kann an Sachen (Grundstücken oder beweglichen Sachen) sowie an Rechten (§§ 1068ff) oder an einem Vermögen (§§ 1085ff) bestehen. Berechtigt kann jeweils nur eine bestimmte Person sein. **3.** Die **beschränkte persönliche Dienstbarkeit** (§§ 1090ff) gleicht der Grunddienstbarkeit, denn sie gewährt lediglich bestimmte Nutzungsrechte an einem Grundstück. Sie unterscheidet sich von ihr dadurch, dass sie nur zugunsten einer bestimmten Person besteht, also nicht mit der Eigentümerstellung an einem („herrschenden") Grundstück verknüpft ist.

Titel 1. Grunddienstbarkeiten

§ 1018. Gesetzlicher Inhalt der Grunddienstbarkeit

Ein Grundstück kann zugunsten des jeweiligen Eigentümers eines anderen Grundstücks in der Weise belastet werden, dass dieser das Grundstück in einzelnen Beziehungen benutzen darf oder dass auf dem Grundstück gewisse Handlungen nicht vorgenommen werden dürfen oder dass die Ausübung eines Rechts ausgeschlossen ist, das sich aus dem Eigentum an dem belasteten Grundstück dem anderen Grundstück gegenüber ergibt (Grunddienstbarkeit).

§ 1019. Vorteil des herrschenden Grundstücks

[1]**Eine Grunddienstbarkeit kann nur in einer Belastung bestehen, die für die Benutzung des Grundstücks des Berechtigten Vorteil bietet.** [2]**Über das sich hieraus ergebende Maß hinaus kann der Inhalt der Dienstbarkeit nicht erstreckt werden.**

§ 1020. Schonende Ausübung

[1]**Bei der Ausübung einer Grunddienstbarkeit hat der Berechtigte das Interesse des Eigentümers des belasteten Grundstücks tunlichst zu schonen.** [2]**Hält er zur Ausübung der Dienstbarkeit auf dem belasteten Grundstück eine Anlage, so hat er sie in ordnungsmäßigem Zustand zu erhalten, soweit das Interesse des Eigentümers es erfordert.**

§ 1021. Vereinbarte Unterhaltungspflicht

(1) [1]**Gehört zur Ausübung einer Grunddienstbarkeit eine Anlage auf dem belasteten Grundstück, so kann bestimmt werden, dass der Eigentümer dieses Grundstücks die Anlage zu unterhalten hat, soweit das Interesse des Berechtigten es erfordert.** [2]**Steht dem Eigentümer das Recht zur Mitbenutzung der Anlage zu, so kann bestimmt werden, dass der Berechtigte die Anlage zu unterhalten hat, soweit es für das Benutzungsrecht des Eigentümers erforderlich ist.**

(2) **Auf eine solche Unterhaltungspflicht finden die Vorschriften über die Reallasten entsprechende Anwendung.**

§ 1022. Anlagen auf baulichen Anlagen

[1]**Besteht die Grunddienstbarkeit in dem Recht, auf einer baulichen Anlage des belasteten Grundstücks eine bauliche Anlage zu halten, so hat, wenn nicht ein anderes bestimmt ist, der Eigentümer des belasteten Grundstücks seine Anlage zu unterhalten, soweit das Interesse des Berechtigten es erfordert.** [2]**Die Vorschrift des § 1021 Abs. 2 gilt auch für diese Unterhaltungspflicht.**

§ 1023. Verlegung der Ausübung

(1) [1]Beschränkt sich die jeweilige Ausübung einer Grunddienstbarkeit auf einen Teil des belasteten Grundstücks, so kann der Eigentümer die Verlegung der Ausübung auf eine andere, für den Berechtigten ebenso geeignete Stelle verlangen, wenn die Ausübung an der bisherigen Stelle für ihn besonders beschwerlich ist; die Kosten der Verlegung hat er zu tragen und vorzuschießen. [2]Dies gilt auch dann, wenn der Teil des Grundstücks, auf den sich die Ausübung beschränkt, durch Rechtsgeschäft bestimmt ist.

(2) Das Recht auf die Verlegung kann nicht durch Rechtsgeschäft ausgeschlossen oder beschränkt werden.

§ 1024. Zusammentreffen mehrerer Nutzungsrechte

Trifft eine Grunddienstbarkeit mit einer anderen Grunddienstbarkeit oder einem sonstigen Nutzungsrecht an dem Grundstück dergestalt zusammen, dass die Rechte nebeneinander nicht oder nicht vollständig ausgeübt werden können, und haben die Rechte gleichen Rang, so kann jeder Berechtigte eine den Interessen aller Berechtigten nach billigem Ermessen entsprechende Regelung der Ausübung verlangen.

§ 1025. Teilung des herrschenden Grundstücks

[1]Wird das Grundstück des Berechtigten geteilt, so besteht die Grunddienstbarkeit für die einzelnen Teile fort; die Ausübung ist jedoch im Zweifel nur in der Weise zulässig, dass sie für den Eigentümer des belasteten Grundstücks nicht beschwerlicher wird. [2]Gereicht die Dienstbarkeit nur einem der Teile zum Vorteil, so erlischt sie für die übrigen Teile.

§ 1026. Teilung des dienenden Grundstücks

Wird das belastete Grundstück geteilt, so werden, wenn die Ausübung der Grunddienstbarkeit auf einen bestimmten Teil des belasteten Grundstücks beschränkt ist, die Teile, welche außerhalb des Bereichs der Ausübung liegen, von der Dienstbarkeit frei.

§ 1027. Beeinträchtigung der Grunddienstbarkeit

Wird eine Grunddienstbarkeit beeinträchtigt, so stehen dem Berechtigten die in § 1004 bestimmten Rechte zu.

§ 1028. Verjährung

(1) [1]Ist auf dem belasteten Grundstück eine Anlage, durch welche die Grunddienstbarkeit beeinträchtigt wird, errichtet worden, so unterliegt der Anspruch des Berechtigten auf Beseitigung der Beeinträchtigung der Verjährung, auch wenn die Dienstbarkeit im Grundbuch eingetragen ist. [2]Mit der Verjährung des Anspruchs erlischt die Dienstbarkeit, soweit der Bestand der Anlage mit ihr in Widerspruch steht.

(2) Die Vorschrift des § 892 findet keine Anwendung.

§ 1029. Besitzschutz des Rechtsbesitzers

Wird der Besitzer eines Grundstücks in der Ausübung einer für den Eigentümer im Grundbuch eingetragenen Grunddienstbarkeit gestört, so finden die für den Besitzschutz geltenden Vorschriften entsprechende Anwendung, soweit die Dienstbarkeit innerhalb eines Jahres vor der Störung, sei es auch nur einmal, ausgeübt worden ist.

Titel 2. Nießbrauch

Untertitel 1. Nießbrauch an Sachen

§ 1030. Gesetzlicher Inhalt des Nießbrauchs an Sachen

(1) **Eine Sache kann in der Weise belastet werden, dass derjenige, zu dessen Gunsten die Belastung erfolgt, berechtigt ist, die Nutzungen der Sache zu ziehen (Nießbrauch).**

(2) **Der Nießbrauch kann durch den Ausschluss einzelner Nutzungen beschränkt werden.**

§ 1031. Erstreckung auf Zubehör

Mit dem Nießbrauch an einem Grundstück erlangt der Nießbraucher den Nießbrauch an dem Zubehör nach der für den Erwerb des Eigentums geltenden Vorschrift des § 926.

§ 1032. Bestellung an beweglichen Sachen

[1]**Zur Bestellung des Nießbrauchs an einer beweglichen Sache ist erforderlich, dass der Eigentümer die Sache dem Erwerber übergibt und beide darüber einig sind, dass diesem der Nießbrauch zustehen soll.** [2]**Die Vorschriften des § 929 Satz 2, der §§ 930 bis 932 und der §§ 933 bis 936 finden entsprechende Anwendung; in den Fällen des § 936 tritt nur die Wirkung ein, dass der Nießbrauch dem Recht des Dritten vorgeht.**

§ 1033. Erwerb durch Ersitzung

[1]**Der Nießbrauch an einer beweglichen Sache kann durch Ersitzung erworben werden.** [2]**Die für den Erwerb des Eigentums durch Ersitzung geltenden Vorschriften finden entsprechende Anwendung.**

§ 1034. Feststellung des Zustands

[1]**Der Nießbraucher kann den Zustand der Sache auf seine Kosten durch Sachverständige feststellen lassen.** [2]**Das gleiche Recht steht dem Eigentümer zu.**

§ 1035. Nießbrauch an Inbegriff von Sachen; Verzeichnis

[1]**Bei dem Nießbrauch an einem Inbegriff von Sachen sind der Nießbraucher und der Eigentümer einander verpflichtet, zur Aufnahme eines Verzeichnisses der Sachen mitzuwirken.** [2]**Das Verzeichnis ist mit der Angabe des Tages der Aufnahme zu versehen und von beiden Teilen zu unterzeichnen; jeder Teil kann verlangen, dass die Unterzeichnung öffentlich beglaubigt wird.** [3]**Jeder Teil kann auch verlangen, dass das Verzeichnis durch die zuständige Behörde oder durch einen zuständigen Beamten oder Notar aufgenommen wird.** [4]**Die Kosten hat derjenige zu tragen und vorzuschießen, welcher die Aufnahme oder die Beglaubigung verlangt.**

§ 1036. Besitzrecht; Ausübung des Nießbrauchs

(1) **Der Nießbraucher ist zum Besitz der Sache berechtigt.**

(2) **Er hat bei der Ausübung des Nutzungsrechts die bisherige wirtschaftliche Bestimmung der Sache aufrechtzuerhalten und nach den Regeln einer ordnungsmäßigen Wirtschaft zu verfahren.**

§ 1037. Umgestaltung

(1) Der Nießbraucher ist nicht berechtigt, die Sache umzugestalten oder wesentlich zu verändern.

(2) Der Nießbraucher eines Grundstücks darf neue Anlagen zur Gewinnung von Steinen, Kies, Sand, Lehm, Ton, Mergel, Torf und sonstigen Bodenbestandteilen errichten, sofern nicht die wirtschaftliche Bestimmung des Grundstücks dadurch wesentlich verändert wird.

§ 1038. Wirtschaftsplan für Wald und Bergwerk

(1) [1]Ist ein Wald Gegenstand des Nießbrauchs, so kann sowohl der Eigentümer als der Nießbraucher verlangen, dass das Maß der Nutzung und die Art der wirtschaftlichen Behandlung durch einen Wirtschaftsplan festgestellt werden. [2]Tritt eine erhebliche Änderung der Umstände ein, so kann jeder Teil eine entsprechende Änderung des Wirtschaftsplans verlangen. [3]Die Kosten hat jeder Teil zur Hälfte zu tragen.

(2) Das Gleiche gilt, wenn ein Bergwerk oder eine andere auf Gewinnung von Bodenbestandteilen gerichtete Anlage Gegenstand des Nießbrauchs ist.

§ 1039. Übermäßige Fruchtziehung

(1) [1]Der Nießbraucher erwirbt das Eigentum auch an solchen Früchten, die er den Regeln einer ordnungsmäßigen Wirtschaft zuwider oder die er deshalb im Übermaß zieht, weil dies infolge eines besonderen Ereignisses notwendig geworden ist. [2]Er ist jedoch, unbeschadet seiner Verantwortlichkeit für ein Verschulden, verpflichtet, den Wert der Früchte dem Eigentümer bei der Beendigung des Nießbrauchs zu ersetzen und für die Erfüllung dieser Verpflichtung Sicherheit zu leisten. [3]Sowohl der Eigentümer als der Nießbraucher kann verlangen, dass der zu ersetzende Betrag zur Wiederherstellung der Sache insoweit verwendet wird, als es einer ordnungsmäßigen Wirtschaft entspricht.

(2) Wird die Verwendung zur Wiederherstellung der Sache nicht verlangt, so fällt die Ersatzpflicht weg, soweit durch den ordnungswidrigen oder den übermäßigen Fruchtbezug die dem Nießbraucher gebührenden Nutzungen beeinträchtigt werden.

§ 1040. Schatz

Das Recht des Nießbrauchers erstreckt sich nicht auf den Anteil des Eigentümers an einem Schatze, der in der Sache gefunden wird.

§ 1041. Erhaltung der Sache

[1]Der Nießbraucher hat für die Erhaltung der Sache in ihrem wirtschaftlichen Bestand zu sorgen. [2]Ausbesserungen und Erneuerungen liegen ihm nur insoweit ob, als sie zu der gewöhnlichen Unterhaltung der Sache gehören.

§ 1042. Anzeigepflicht des Nießbrauchers

[1]Wird die Sache zerstört oder beschädigt oder wird eine außergewöhnliche Ausbesserung oder Erneuerung der Sache oder eine Vorkehrung zum Schutze der Sache gegen eine nicht vorhergesehene Gefahr erforderlich, so hat der Nießbraucher dem Eigentümer unverzüglich Anzeige zu machen. [2]Das Gleiche gilt, wenn sich ein Dritter ein Recht an der Sache anmaßt.

§ 1043. Ausbesserung oder Erneuerung

Nimmt der Nießbraucher eines Grundstücks eine erforderlich gewordene außergewöhnliche Ausbesserung oder Erneuerung selbst vor, so darf er zu diesem Zwecke innerhalb der Grenzen einer ordnungsmäßigen Wirtschaft auch Bestandteile des Grundstücks verwenden, die nicht zu den ihm gebührenden Früchten gehören.

§ 1044. Duldung von Ausbesserungen

Nimmt der Nießbraucher eine erforderlich gewordene Ausbesserung oder Erneuerung der Sache nicht selbst vor, so hat er dem Eigentümer die Vornahme und, wenn ein Grundstück Gegenstand des Nießbrauchs ist, die Verwendung der im § 1043 bezeichneten Bestandteile des Grundstücks zu gestatten.

§ 1045. Versicherungspflicht des Nießbrauchers

(1) [1] **Der Nießbraucher hat die Sache für die Dauer des Nießbrauchs gegen Brandschaden und sonstige Unfälle auf seine Kosten unter Versicherung zu bringen, wenn die Versicherung einer ordnungsmäßigen Wirtschaft entspricht.** [2] **Die Versicherung ist so zu nehmen, dass die Forderung gegen den Versicherer dem Eigentümer zusteht.**

(2) **Ist die Sache bereits versichert, so fallen die für die Versicherung zu leistenden Zahlungen dem Nießbraucher für die Dauer des Nießbrauchs zur Last, soweit er zur Versicherung verpflichtet sein würde.**

§ 1046. Nießbrauch an der Versicherungsforderung

(1) **An der Forderung gegen den Versicherer steht dem Nießbraucher der Nießbrauch nach den Vorschriften zu, die für den Nießbrauch an einer auf Zinsen ausstehenden Forderung gelten.**

(2) [1] **Tritt ein unter die Versicherung fallender Schaden ein, so kann sowohl der Eigentümer als der Nießbraucher verlangen, dass die Versicherungssumme zur Wiederherstellung der Sache oder zur Beschaffung eines Ersatzes insoweit verwendet wird, als es einer ordnungsmäßigen Wirtschaft entspricht.** [2] **Der Eigentümer kann die Verwendung selbst besorgen oder dem Nießbraucher überlassen.**

§ 1047. Lastentragung

Der Nießbraucher ist dem Eigentümer gegenüber verpflichtet, für die Dauer des Nießbrauchs die auf der Sache ruhenden öffentlichen Lasten mit Ausschluss der außerordentlichen Lasten, die als auf den Stammwert der Sache gelegt anzusehen sind, sowie diejenigen privatrechtlichen Lasten zu tragen, welche schon zur Zeit der Bestellung des Nießbrauchs auf der Sache ruhten, insbesondere die Zinsen der Hypothekenforderungen und Grundschulden sowie die auf Grund einer Rentenschuld zu entrichtenden Leistungen.

§ 1048. Nießbrauch an Grundstück mit Inventar

(1) [1] **Ist ein Grundstück samt Inventar Gegenstand des Nießbrauchs, so kann der Nießbraucher über die einzelnen Stücke des Inventars innerhalb der Grenzen einer ordnungsmäßigen Wirtschaft verfügen.** [2] **Er hat für den gewöhnlichen Abgang sowie für die nach den Regeln einer ordnungsmäßigen Wirtschaft ausscheidenden Stücke Ersatz zu beschaffen; die von ihm angeschafften Stücke werden mit der Einverleibung in das Inventar Eigentum desjenigen, welchem das Inventar gehört.**

(2) Übernimmt der Nießbraucher das Inventar zum Schätzwert mit der Verpflichtung, es bei der Beendigung des Nießbrauchs zum Schätzwert zurückzugewähren, so findet die Vorschrift des § 582a entsprechende Anwendung.

§ 1049. Ersatz von Verwendungen

(1) Macht der Nießbraucher Verwendungen auf die Sache, zu denen er nicht verpflichtet ist, so bestimmt sich die Ersatzpflicht des Eigentümers nach den Vorschriften über die Geschäftsführung ohne Auftrag.

(2) Der Nießbraucher ist berechtigt, eine Einrichtung, mit der er die Sache versehen hat, wegzunehmen.

§ 1050. Abnutzung

Veränderungen oder Verschlechterungen der Sache, welche durch die ordnungsmäßige Ausübung des Nießbrauchs herbeigeführt werden, hat der Nießbraucher nicht zu vertreten.

§ 1051. Sicherheitsleistung

Wird durch das Verhalten des Nießbrauchers die Besorgnis einer erheblichen Verletzung der Rechte des Eigentümers begründet, so kann der Eigentümer Sicherheitsleistung verlangen.

§ 1052. Gerichtliche Verwaltung mangels Sicherheitsleistung

(1) [1]Ist der Nießbraucher zur Sicherheitsleistung rechtskräftig verurteilt, so kann der Eigentümer statt der Sicherheitsleistung verlangen, dass die Ausübung des Nießbrauchs für Rechnung des Nießbrauchers einem von dem Gericht zu bestellenden Verwalter übertragen wird. [2]Die Anordnung der Verwaltung ist nur zulässig, wenn dem Nießbraucher auf Antrag des Eigentümers von dem Gericht eine Frist zur Sicherheitsleistung bestimmt worden und die Frist verstrichen ist; sie ist unzulässig, wenn die Sicherheit vor dem Ablauf der Frist geleistet wird.

(2) [1]Der Verwalter steht unter der Aufsicht des Gerichts wie ein für die Zwangsverwaltung eines Grundstücks bestellter Verwalter. [2]Verwalter kann auch der Eigentümer sein.

(3) Die Verwaltung ist aufzuheben, wenn die Sicherheit nachträglich geleistet wird.

§ 1053. Unterlassungsklage bei unbefugtem Gebrauch

Macht der Nießbraucher einen Gebrauch von der Sache, zu dem er nicht befugt ist, und setzt er den Gebrauch ungeachtet einer Abmahnung des Eigentümers fort, so kann der Eigentümer auf Unterlassung klagen.

§ 1054. Gerichtliche Verwaltung wegen Pflichtverletzung

Verletzt der Nießbraucher die Rechte des Eigentümers in erheblichem Maße und setzt er das verletzende Verhalten ungeachtet einer Abmahnung des Eigentümers fort, so kann der Eigentümer die Anordnung einer Verwaltung nach § 1052 verlangen.

§ 1055. Rückgabepflicht des Nießbrauchers

(1) Der Nießbraucher ist verpflichtet, die Sache nach der Beendigung des Nießbrauchs dem Eigentümer zurückzugeben.

(2) Bei dem Nießbrauch an einem landwirtschaftlichen Grundstück finden die Vorschriften des § 596 Abs. 1 und des § 596a, bei dem Nießbrauch an einem Landgut finden die Vorschriften des § 596 Abs. 1 und der §§ 596a, 596b entsprechende Anwendung.

§ 1056. Miet- und Pachtverhältnisse bei Beendigung des Nießbrauchs

(1) Hat der Nießbraucher ein Grundstück über die Dauer des Nießbrauchs hinaus vermietet oder verpachtet, so finden nach der Beendigung des Nießbrauchs die für den Fall der Veräußerung von vermietetem Wohnraum geltenden Vorschriften der §§ 566, 566a, 566b Abs. 1 und der §§ 566c bis 566e, 567b entsprechende Anwendung.

(2) [1]Der Eigentümer ist berechtigt, das Miet- oder Pachtverhältnis unter Einhaltung der gesetzlichen Kündigungsfrist zu kündigen. [2]Verzichtet der Nießbraucher auf den Nießbrauch, so ist die Kündigung erst von der Zeit an zulässig, zu welcher der Nießbrauch ohne den Verzicht erlöschen würde.

(3) [1]Der Mieter oder der Pächter ist berechtigt, den Eigentümer unter Bestimmung einer angemessenen Frist zur Erklärung darüber aufzufordern, ob er von dem Kündigungsrecht Gebrauch mache. [2]Die Kündigung kann nur bis zum Ablauf der Frist erfolgen.

§ 1057. Verjährung der Ersatzansprüche

[1]Die Ersatzansprüche des Eigentümers wegen Veränderungen oder Verschlechterungen der Sache sowie die Ansprüche des Nießbrauchers auf Ersatz von Verwendungen oder auf Gestattung der Wegnahme einer Einrichtung verjähren in sechs Monaten. [2]Die Vorschrift des § 548 Abs. 1 Satz 2 und 3, Abs. 2 findet entsprechende Anwendung.

§ 1058. Besteller als Eigentümer

Im Verhältnis zwischen dem Nießbraucher und dem Eigentümer gilt zugunsten des Nießbrauchers der Besteller als Eigentümer, es sei denn, dass der Nießbraucher weiß, dass der Besteller nicht Eigentümer ist.

§ 1059. Unübertragbarkeit; Überlassung der Ausübung

[1]Der Nießbrauch ist nicht übertragbar. [2]Die Ausübung des Nießbrauchs kann einem anderen überlassen werden.

§ 1059a. Übertragbarkeit bei juristischer Person oder rechtsfähiger Personengesellschaft

(1) Steht ein Nießbrauch einer juristischen Person zu, so ist er nach Maßgabe der folgenden Vorschriften übertragbar:

1. Geht das Vermögen der juristischen Person auf dem Wege der Gesamtrechtsnachfolge auf einen anderen über, so geht auch der Nießbrauch auf den Rechtsnachfolger über, es sei denn, dass der Übergang ausdrücklich ausgeschlossen ist.
2. [1]Wird sonst ein von einer juristischen Person betriebenes Unternehmen oder ein Teil eines solchen Unternehmens auf einen anderen übertragen, so kann auf den Erwerber auch ein Nießbrauch übertragen werden, sofern er den Zwecken des Unternehmens oder des Teils des Unternehmens zu dienen geeignet ist. [2]Ob diese Voraussetzungen gegeben sind, wird durch eine Erklärung der zuständigen Landesbehörde festgestellt. [3]Die Erklärung bindet die Gerichte und die Verwaltungsbehörden. [4]Die Landesregierungen bestimmen

durch Rechtsverordnung die zuständige Landesbehörde. [5]Die Landesregierungen können die Ermächtigung durch Rechtsverordnung auf die Landesjustizverwaltungen übertragen.

(2) Einer juristischen Person steht eine rechtsfähige Personengesellschaft gleich.

§ 1059 b. Unpfändbarkeit

Ein Nießbrauch kann auf Grund der Vorschrift des § 1059 a weder gepfändet noch verpfändet noch mit einem Nießbrauch belastet werden.

§ 1059 c. Übergang oder Übertragung des Nießbrauchs

(1) [1]Im Falle des Übergangs oder der Übertragung des Nießbrauchs tritt der Erwerber anstelle des bisherigen Berechtigten in die mit dem Nießbrauch verbundenen Rechte und Verpflichtungen gegenüber dem Eigentümer ein. [2]Sind in Ansehung dieser Rechte und Verpflichtungen Vereinbarungen zwischen dem Eigentümer und dem Berechtigten getroffen worden, so wirken sie auch für und gegen den Erwerber.

(2) Durch den Übergang oder die Übertragung des Nießbrauchs wird ein Anspruch auf Entschädigung weder für den Eigentümer noch für sonstige dinglich Berechtigte begründet.

§ 1059 d. Miet- und Pachtverhältnisse bei Übertragung des Nießbrauchs

Hat der bisherige Berechtigte das mit dem Nießbrauch belastete Grundstück über die Dauer des Nießbrauchs hinaus vermietet oder verpachtet, so sind nach der Übertragung des Nießbrauchs die für den Fall der Veräußerung von vermietetem Wohnraum geltenden Vorschriften der §§ 566 bis 566 e, 567 a und 567 b entsprechend anzuwenden.

§ 1059 e. Anspruch auf Einräumung des Nießbrauchs

Steht ein Anspruch auf Einräumung eines Nießbrauchs einer juristischen Person oder einer rechtsfähigen Personengesellschaft zu, so gelten die Vorschriften der §§ 1059 a bis 1059 d entsprechend.

§ 1060. Zusammentreffen mehrerer Nutzungsrechte

Trifft ein Nießbrauch mit einem anderen Nießbrauch oder mit einem sonstigen Nutzungsrecht an der Sache dergestalt zusammen, dass die Rechte nebeneinander nicht oder nicht vollständig ausgeübt werden können, und haben die Rechte gleichen Rang, so findet die Vorschrift des § 1024 Anwendung.

§ 1061. Tod des Nießbrauchers

[1]Der Nießbrauch erlischt mit dem Tode des Nießbrauchers. [2]Steht der Nießbrauch einer juristischen Person oder einer rechtsfähigen Personengesellschaft zu, so erlischt er mit dieser.

§ 1062. Erstreckung der Aufhebung auf das Zubehör

Wird der Nießbrauch an einem Grundstück durch Rechtsgeschäft aufgehoben, so erstreckt sich die Aufhebung im Zweifel auf den Nießbrauch an dem Zubehör.

§ 1063. Zusammentreffen mit dem Eigentum

(1) Der Nießbrauch an einer beweglichen Sache erlischt, wenn er mit dem Eigentum in derselben Person zusammentrifft.

(2) Der Nießbrauch gilt als nicht erloschen, soweit der Eigentümer ein rechtliches Interesse an dem Fortbestehen des Nießbrauchs hat.

§ 1064. Aufhebung des Nießbrauchs an beweglichen Sachen

Zur Aufhebung des Nießbrauchs an einer beweglichen Sache durch Rechtsgeschäft genügt die Erklärung des Nießbrauchers gegenüber dem Eigentümer oder dem Besteller, dass er den Nießbrauch aufgebe.

§ 1065. Beeinträchtigung des Nießbrauchsrechts

Wird das Recht des Nießbrauchers beeinträchtigt, so finden auf die Ansprüche des Nießbrauchers die für die Ansprüche aus dem Eigentum geltenden Vorschriften entsprechende Anwendung.

§ 1066. Nießbrauch am Anteil eines Miteigentümers

(1) Besteht ein Nießbrauch an dem Anteil eines Miteigentümers, so übt der Nießbraucher die Rechte aus, die sich aus der Gemeinschaft der Miteigentümer in Ansehung der Verwaltung der Sache und der Art ihrer Benutzung ergeben.

(2) Die Aufhebung der Gemeinschaft kann nur von dem Miteigentümer und dem Nießbraucher gemeinschaftlich verlangt werden.

(3) Wird die Gemeinschaft aufgehoben, so gebührt dem Nießbraucher der Nießbrauch an den Gegenständen, welche an die Stelle des Anteils treten.

§ 1067. Nießbrauch an verbrauchbaren Sachen

(1) [1] Sind verbrauchbare Sachen Gegenstand des Nießbrauchs, so wird der Nießbraucher Eigentümer der Sachen; nach der Beendigung des Nießbrauchs hat er dem Besteller den Wert zu ersetzen, den die Sachen zur Zeit der Bestellung hatten. [2] Sowohl der Besteller als der Nießbraucher kann den Wert auf seine Kosten durch Sachverständige feststellen lassen.

(2) Der Besteller kann Sicherheitsleistung verlangen, wenn der Anspruch auf Ersatz des Wertes gefährdet ist.

Untertitel 2. Nießbrauch an Rechten

§ 1068. Gesetzlicher Inhalt des Nießbrauchs an Rechten

(1) Gegenstand des Nießbrauchs kann auch ein Recht sein.

(2) Auf den Nießbrauch an Rechten finden die Vorschriften über den Nießbrauch an Sachen entsprechende Anwendung, soweit sich nicht aus den §§ 1069 bis 1084 ein anderes ergibt.

§ 1069. Bestellung

(1) Die Bestellung des Nießbrauchs an einem Recht erfolgt nach den für die Übertragung des Rechts geltenden Vorschriften.

(2) An einem Recht, das nicht übertragbar ist, kann ein Nießbrauch nicht bestellt werden.

§ 1070. Nießbrauch an Recht auf Leistung

(1) Ist ein Recht, kraft dessen eine Leistung gefordert werden kann, Gegenstand des Nießbrauchs, so finden auf das Rechtsverhältnis zwischen dem Nießbraucher und dem Verpflichteten die Vorschriften entsprechende Anwendung,

welche im Falle der Übertragung des Rechts für das Rechtsverhältnis zwischen dem Erwerber und dem Verpflichteten gelten.

(2) [1]Wird die Ausübung des Nießbrauchs nach § 1052 einem Verwalter übertragen, so ist die Übertragung dem Verpflichteten gegenüber erst wirksam, wenn er von der getroffenen Anordnung Kenntnis erlangt oder wenn ihm eine Mitteilung von der Anordnung zugestellt wird. [2]Das Gleiche gilt von der Aufhebung der Verwaltung.

§ 1071. Aufhebung oder Änderung des belasteten Rechts

(1) [1]Ein dem Nießbrauch unterliegendes Recht kann durch Rechtsgeschäft nur mit Zustimmung des Nießbrauchers aufgehoben werden. [2]Die Zustimmung ist demjenigen gegenüber zu erklären, zu dessen Gunsten sie erfolgt; sie ist unwiderruflich. [3]Die Vorschrift des § 876 Satz 3 bleibt unberührt.

(2) Das Gleiche gilt im Falle einer Änderung des Rechts, sofern sie den Nießbrauch beeinträchtigt.

§ 1072. Beendigung des Nießbrauchs

Die Beendigung des Nießbrauchs tritt nach den Vorschriften der §§ 1063, 1064 auch dann ein, wenn das dem Nießbrauch unterliegende Recht nicht ein Recht an einer beweglichen Sache ist.

§ 1073. Nießbrauch an einer Leibrente

Dem Nießbraucher einer Leibrente, eines Auszugs oder eines ähnlichen Rechts gebühren die einzelnen Leistungen, die auf Grund des Rechts gefordert werden können.

§ 1074. Nießbrauch an einer Forderung; Kündigung und Einziehung

[1]Der Nießbraucher einer Forderung ist zur Einziehung der Forderung und, wenn die Fälligkeit von einer Kündigung des Gläubigers abhängt, zur Kündigung berechtigt. [2]Er hat für die ordnungsmäßige Einziehung zu sorgen. [3]Zu anderen Verfügungen über die Forderung ist er nicht berechtigt.

§ 1075. Wirkung der Leistung

(1) Mit der Leistung des Schuldners an den Nießbraucher erwirbt der Gläubiger den geleisteten Gegenstand und der Nießbraucher den Nießbrauch an dem Gegenstand.

(2) Werden verbrauchbare Sachen geleistet, so erwirbt der Nießbraucher das Eigentum; die Vorschrift des § 1067 findet entsprechende Anwendung.

§ 1076. Nießbrauch an verzinslicher Forderung

Ist eine auf Zinsen ausstehende Forderung Gegenstand des Nießbrauchs, so gelten die Vorschriften der §§ 1077 bis 1079.

§ 1077. Kündigung und Zahlung

(1) [1]Der Schuldner kann das Kapital nur an den Nießbraucher und den Gläubiger gemeinschaftlich zahlen. [2]Jeder von beiden kann verlangen, dass an sie gemeinschaftlich gezahlt wird; jeder kann statt der Zahlung die Hinterlegung für beide fordern.

(2) [1]Der Nießbraucher und der Gläubiger können nur gemeinschaftlich kündigen. [2]Die Kündigung des Schuldners ist nur wirksam, wenn sie dem Nießbraucher und dem Gläubiger erklärt wird.

§ 1078. Mitwirkung zur Einziehung

[1]Ist die Forderung fällig, so sind der Nießbraucher und der Gläubiger einander verpflichtet, zur Einziehung mitzuwirken. [2]Hängt die Fälligkeit von einer Kündigung ab, so kann jeder Teil die Mitwirkung des anderen zur Kündigung verlangen, wenn die Einziehung der Forderung wegen Gefährdung ihrer Sicherheit nach den Regeln einer ordnungsmäßigen Vermögensverwaltung geboten ist.

§ 1079. Anlegung des Kapitals

[1]Der Nießbraucher und der Gläubiger sind einander verpflichtet, dazu mitzuwirken, dass das eingezogene Kapital nach den für die Anlegung von Mündelgeld geltenden Vorschriften verzinslich angelegt und gleichzeitig dem Nießbraucher der Nießbrauch bestellt wird. [2]Die Art der Anlegung bestimmt der Nießbraucher.

§ 1080. Nießbrauch an Grund- oder Rentenschuld

Die Vorschriften über den Nießbrauch an einer Forderung gelten auch für den Nießbrauch an einer Grundschuld und an einer Rentenschuld.

§ 1081. Nießbrauch an Inhaber- oder Orderpapieren

(1) [1]Ist ein Inhaberpapier oder ein Orderpapier, das mit Blankoindossament versehen ist, Gegenstand des Nießbrauchs, so steht der Besitz des Papiers und des zu dem Papiere gehörenden Erneuerungsscheins dem Nießbraucher und dem Eigentümer gemeinschaftlich zu. [2]Der Besitz der zu dem Papier gehörenden Zins-, Renten- oder Gewinnanteilscheine steht dem Nießbraucher zu.

(2) Zur Bestellung des Nießbrauchs genügt anstelle der Übergabe des Papiers die Einräumung des Mitbesitzes.

§ 1082. Hinterlegung

[1]Das Papier ist nebst dem Erneuerungsschein auf Verlangen des Nießbrauchers oder des Eigentümers bei einer Hinterlegungsstelle mit der Bestimmung zu hinterlegen, dass die Herausgabe nur von dem Nießbraucher und dem Eigentümer gemeinschaftlich verlangt werden kann.

§ 1083. Mitwirkung zur Einziehung

(1) Der Nießbraucher und der Eigentümer des Papiers sind einander verpflichtet, zur Einziehung des fälligen Kapitals, zur Beschaffung neuer Zins-, Renten- oder Gewinnanteilscheine sowie zu sonstigen Maßnahmen mitzuwirken, die zur ordnungsmäßigen Vermögensverwaltung erforderlich sind.

(2) [1]Im Falle der Einlösung des Papiers findet die Vorschrift des § 1079 Anwendung. [2]Eine bei der Einlösung gezahlte Prämie gilt als Teil des Kapitals.

§ 1084. Verbrauchbare Sachen

Gehört ein Inhaberpapier oder ein Orderpapier, das mit Blankoindossament versehen ist, nach § 92 zu den verbrauchbaren Sachen, so bewendet es bei der Vorschrift des § 1067.

Untertitel 3. Nießbrauch an einem Vermögen

§ 1085. Bestellung des Nießbrauchs an einem Vermögen

[1]Der Nießbrauch an dem Vermögen einer Person kann nur in der Weise bestellt werden, dass der Nießbraucher den Nießbrauch an den einzelnen zu dem

Vermögen gehörenden Gegenständen erlangt. [2]Soweit der Nießbrauch bestellt ist, gelten die Vorschriften der §§ 1086 bis 1088.

§ 1086. Rechte der Gläubiger des Bestellers

[1]Die Gläubiger des Bestellers können, soweit ihre Forderungen vor der Bestellung entstanden sind, ohne Rücksicht auf den Nießbrauch Befriedigung aus den dem Nießbrauch unterliegenden Gegenständen verlangen. [2]Hat der Nießbraucher das Eigentum an verbrauchbaren Sachen erlangt, so tritt an die Stelle der Sachen der Anspruch des Bestellers auf Ersatz des Wertes; der Nießbraucher ist den Gläubigern gegenüber zum sofortigen Ersatz verpflichtet.

§ 1087. Verhältnis zwischen Nießbraucher und Besteller

(1) **[1]Der Besteller kann, wenn eine vor der Bestellung entstandene Forderung fällig ist, von dem Nießbraucher Rückgabe der zur Befriedigung des Gläubigers erforderlichen Gegenstände verlangen. [2]Die Auswahl steht ihm zu; er kann jedoch nur die vorzugsweise geeigneten Gegenstände auswählen. [3]Soweit die zurückgegebenen Gegenstände ausreichen, ist der Besteller dem Nießbraucher gegenüber zur Befriedigung des Gläubigers verpflichtet.**

(2) **[1]Der Nießbraucher kann die Verbindlichkeit durch Leistung des geschuldeten Gegenstands erfüllen. [2]Gehört der geschuldete Gegenstand nicht zu dem Vermögen, das dem Nießbrauch unterliegt, so ist der Nießbraucher berechtigt, zum Zwecke der Befriedigung des Gläubigers einen zu dem Vermögen gehörenden Gegenstand zu veräußern, wenn die Befriedigung durch den Besteller nicht ohne Gefahr abgewartet werden kann. [3]Er hat einen vorzugsweise geeigneten Gegenstand auszuwählen. [4]Soweit er zum Ersatz des Wertes verbrauchbarer Sachen verpflichtet ist, darf er eine Veräußerung nicht vornehmen.**

§ 1088. Haftung des Nießbrauchers

(1) **[1]Die Gläubiger des Bestellers, deren Forderungen schon zur Zeit der Bestellung verzinslich waren, können die Zinsen für die Dauer des Nießbrauchs auch von dem Nießbraucher verlangen. [2]Das Gleiche gilt von anderen wiederkehrenden Leistungen, die bei ordnungsmäßiger Verwaltung aus den Einkünften des Vermögens bestritten werden, wenn die Forderung vor der Bestellung des Nießbrauchs entstanden ist.**

(2) **Die Haftung des Nießbrauchers kann nicht durch Vereinbarung zwischen ihm und dem Besteller ausgeschlossen oder beschränkt werden.**

(3) **[1]Der Nießbraucher ist dem Besteller gegenüber zur Befriedigung der Gläubiger wegen der im Absatz 1 bezeichneten Ansprüche verpflichtet. [2]Die Rückgabe von Gegenständen zum Zwecke der Befriedigung kann der Besteller nur verlangen, wenn der Nießbraucher mit der Erfüllung dieser Verbindlichkeit in Verzug kommt.**

§ 1089. Nießbrauch an einer Erbschaft

Die Vorschriften der §§ 1085 bis 1088 finden auf den Nießbrauch an einer Erbschaft entsprechende Anwendung.

Titel 3. Beschränkte persönliche Dienstbarkeiten

§ 1090. Gesetzlicher Inhalt der beschränkten persönlichen Dienstbarkeit

(1) **Ein Grundstück kann in der Weise belastet werden, dass derjenige, zu dessen Gunsten die Belastung erfolgt, berechtigt ist, das Grundstück in einzelnen**

Beziehungen zu benutzen, oder dass ihm eine sonstige Befugnis zusteht, die den Inhalt einer Grunddienstbarkeit bilden kann (beschränkte persönliche Dienstbarkeit).

(2) Die Vorschriften der §§ 1020 bis 1024, 1026 bis 1029, 1061 finden entsprechende Anwendung.

§ 1091. Umfang

Der Umfang einer beschränkten persönlichen Dienstbarkeit bestimmt sich im Zweifel nach dem persönlichen Bedürfnis des Berechtigten.

§ 1092. Unübertragbarkeit; Überlassung der Ausübung

(1) [1]Eine beschränkte persönliche Dienstbarkeit ist nicht übertragbar. [2]Die Ausübung der Dienstbarkeit kann einem anderen nur überlassen werden, wenn die Überlassung gestattet ist.

(2) Steht eine beschränkte persönliche Dienstbarkeit oder der Anspruch auf Einräumung einer beschränkten persönlichen Dienstbarkeit einer juristischen Person oder einer rechtsfähigen Personengesellschaft zu, so gelten die Vorschriften der §§ 1059a bis 1059d entsprechend.

(3) [1]Steht einer juristischen Person oder einer rechtsfähigen Personengesellschaft eine beschränkte persönliche Dienstbarkeit zu, die dazu berechtigt, ein Grundstück für Anlagen zur Fortleitung von Elektrizität, Gas, Fernwärme, Wasser, Abwasser, Öl oder Rohstoffen einschließlich aller dazugehörigen Anlagen, die der Fortleitung unmittelbar dienen, für Telekommunikationsanlagen, für Anlagen zum Transport von Produkten zwischen Betriebsstätten eines oder mehrerer privater oder öffentlicher Unternehmen oder für Straßenbahn- oder Eisenbahnanlagen zu benutzen, so ist die Dienstbarkeit übertragbar. [2]Die Übertragbarkeit umfasst nicht das Recht, die Dienstbarkeit nach ihren Befugnissen zu teilen. [3]Steht ein Anspruch auf Einräumung einer solchen beschränkten persönlichen Dienstbarkeit einer der in Satz 1 genannten Personen zu, so ist der Anspruch übertragbar. [4]Die Vorschriften der §§ 1059b bis 1059d gelten entsprechend.

§ 1093. Wohnungsrecht

(1) [1]Als beschränkte persönliche Dienstbarkeit kann auch das Recht bestellt werden, ein Gebäude oder einen Teil eines Gebäudes unter Ausschluss des Eigentümers als Wohnung zu benutzen. [2]Auf dieses Recht finden die für den Nießbrauch geltenden Vorschriften der §§ 1031, 1034, 1036, des § 1037 Abs. 1 und der §§ 1041, 1042, 1044, 1049, 1050, 1057, 1062 entsprechende Anwendung.

(2) Der Berechtigte ist befugt, seine Familie sowie die zur standesmäßigen Bedienung und zur Pflege erforderlichen Personen in die Wohnung aufzunehmen.

(3) Ist das Recht auf einen Teil des Gebäudes beschränkt, so kann der Berechtigte die zum gemeinschaftlichen Gebrauch der Bewohner bestimmten Anlagen und Einrichtungen mitbenutzen.

Abschnitt 5. Vorkaufsrecht

§ 1094. Gesetzlicher Inhalt des dinglichen Vorkaufsrechts

(1) Ein Grundstück kann in der Weise belastet werden, dass derjenige, zu dessen Gunsten die Belastung erfolgt, dem Eigentümer gegenüber zum Vorkauf berechtigt ist.

(2) **Das Vorkaufsrecht kann auch zugunsten des jeweiligen Eigentümers eines anderen Grundstücks bestellt werden.**

§ 1095. Belastung eines Bruchteils

Ein Bruchteil eines Grundstücks kann mit dem Vorkaufsrecht nur belastet werden, wenn er in dem Anteil eines Miteigentümers besteht.

§ 1096. Erstreckung auf Zubehör

[1]**Das Vorkaufsrecht kann auf das Zubehör erstreckt werden, das mit dem Grundstück verkauft wird.** [2]**Im Zweifel ist anzunehmen, dass sich das Vorkaufsrecht auf dieses Zubehör erstrecken soll.**

§ 1097. Bestellung für einen oder mehrere Verkaufsfälle

Das Vorkaufsrecht beschränkt sich auf den Fall des Verkaufs durch den Eigentümer, welchem das Grundstück zur Zeit der Bestellung gehört, oder durch dessen Erben; es kann jedoch auch für mehrere oder für alle Verkaufsfälle bestellt werden.

§ 1098. Wirkung des Vorkaufsrechts

(1) [1]**Das Rechtsverhältnis zwischen dem Berechtigten und dem Verpflichteten bestimmt sich nach den Vorschriften der §§ 463 bis 473.** [2]**Das Vorkaufsrecht kann auch dann ausgeübt werden, wenn das Grundstück von dem Insolvenzverwalter aus freier Hand verkauft wird.**

(2) **Dritten gegenüber hat das Vorkaufsrecht die Wirkung einer Vormerkung zur Sicherung des durch die Ausübung des Rechts entstehenden Anspruchs auf Übertragung des Eigentums.**

(3) **Steht ein nach § 1094 Abs. 1 begründetes Vorkaufsrecht einer juristischen Person oder einer rechtsfähigen Personengesellschaft zu, so gelten, wenn seine Übertragbarkeit nicht vereinbart ist, für die Übertragung des Rechts die Vorschriften der §§ 1059a bis 1059d entsprechend.**

§ 1099. Mitteilungen

(1) **Gelangt das Grundstück in das Eigentum eines Dritten, so kann dieser in gleicher Weise wie der Verpflichtete dem Berechtigten den Inhalt des Kaufvertrags mit der im § 469 Abs. 2 bestimmten Wirkung mitteilen.**

(2) **Der Verpflichtete hat den neuen Eigentümer zu benachrichtigen, sobald die Ausübung des Vorkaufsrechts erfolgt oder ausgeschlossen ist.**

§ 1100. Rechte des Käufers

[1]**Der neue Eigentümer kann, wenn er der Käufer oder ein Rechtsnachfolger des Käufers ist, die Zustimmung zur Eintragung des Berechtigten als Eigentümer und die Herausgabe des Grundstücks verweigern, bis ihm der zwischen dem Verpflichteten und dem Käufer vereinbarte Kaufpreis, soweit er berichtigt ist, erstattet wird.** [2]**Erlangt der Berechtigte die Eintragung als Eigentümer, so kann der bisherige Eigentümer von ihm die Erstattung des berichtigten Kaufpreises gegen Herausgabe des Grundstücks fordern.**

§ 1101. Befreiung des Berechtigten

Soweit der Berechtigte nach § 1100 dem Käufer oder dessen Rechtsnachfolger den Kaufpreis zu erstatten hat, wird er von der Verpflichtung zur Zahlung des aus dem Vorkauf geschuldeten Kaufpreises frei.

§ 1102. Befreiung des Käufers

Verliert der Käufer oder sein Rechtsnachfolger infolge der Geltendmachung des Vorkaufsrechts das Eigentum, so wird der Käufer, soweit der von ihm geschuldete Kaufpreis noch nicht berichtigt ist, von seiner Verpflichtung frei; den berichtigten Kaufpreis kann er nicht zurückfordern.

§ 1103. Subjektiv-dingliches und subjektiv-persönliches Vorkaufsrecht

(1) Ein zugunsten des jeweiligen Eigentümers eines Grundstücks bestehendes Vorkaufsrecht kann nicht von dem Eigentum an diesem Grundstück getrennt werden.

(2) Ein zugunsten einer bestimmten Person bestehendes Vorkaufsrecht kann nicht mit dem Eigentum an einem Grundstück verbunden werden.

§ 1104. Ausschluss unbekannter Berechtigter

(1) [1]Ist der Berechtigte unbekannt, so kann er im Wege des Aufgebotsverfahrens mit seinem Recht ausgeschlossen werden, wenn die in § 1170 für die Ausschließung eines Hypothekengläubigers bestimmten Voraussetzungen vorliegen. [2]Mit der Rechtskraft des Ausschließungsbeschlusses erlischt das Vorkaufsrecht.

(2) Auf ein Vorkaufsrecht, das zugunsten des jeweiligen Eigentümers eines Grundstücks besteht, finden diese Vorschriften keine Anwendung.

Abschnitt 6. Reallasten

§ 1105. Gesetzlicher Inhalt der Reallast

(1) [1]Ein Grundstück kann in der Weise belastet werden, dass an denjenigen, zu dessen Gunsten die Belastung erfolgt, wiederkehrende Leistungen aus dem Grundstück zu entrichten sind (Reallast). [2]Als Inhalt der Reallast kann auch vereinbart werden, dass die zu entrichtenden Leistungen sich ohne weiteres an veränderte Verhältnisse anpassen, wenn anhand der in der Vereinbarung festgelegten Voraussetzungen Art und Umfang der Belastung des Grundstücks bestimmt werden können.

(2) Die Reallast kann auch zugunsten des jeweiligen Eigentümers eines anderen Grundstücks bestellt werden.

§ 1106. Belastung eines Bruchteils

Ein Bruchteil eines Grundstücks kann mit einer Reallast nur belastet werden, wenn er in dem Anteil eines Miteigentümers besteht.

§ 1107. Einzelleistungen

Auf die einzelnen Leistungen finden die für die Zinsen einer Hypothekenforderung geltenden Vorschriften entsprechende Anwendung.

§ 1108. Persönliche Haftung des Eigentümers

(1) Der Eigentümer haftet für die während der Dauer seines Eigentums fällig werdenden Leistungen auch persönlich, soweit nicht ein anderes bestimmt ist.

(2) Wird das Grundstück geteilt, so haften die Eigentümer der einzelnen Teile als Gesamtschuldner.

§ 1109. Teilung des herrschenden Grundstücks

(1) [1]Wird das Grundstück des Berechtigten geteilt, so besteht die Reallast für die einzelnen Teile fort. [2]Ist die Leistung teilbar, so bestimmen sich die Anteile

der Eigentümer nach dem Verhältnis der Größe der Teile; ist sie nicht teilbar, so findet die Vorschrift des § 432 Anwendung. [3]Die Ausübung des Rechts ist im Zweifel nur in der Weise zulässig, dass sie für den Eigentümer des belasteten Grundstücks nicht beschwerlicher wird.

(2) **[1]Der Berechtigte kann bestimmen, dass das Recht nur mit einem der Teile verbunden sein soll. [2]Die Bestimmung hat dem Grundbuchamt gegenüber zu erfolgen und bedarf der Eintragung in das Grundbuch; die Vorschriften der §§ 876, 878 finden entsprechende Anwendung. [3]Veräußert der Berechtigte einen Teil des Grundstücks, ohne eine solche Bestimmung zu treffen, so bleibt das Recht mit dem Teil verbunden, den er behält.**

(3) **Gereicht die Reallast nur einem der Teile zum Vorteil, so bleibt sie mit diesem Teil allein verbunden.**

§ 1110. Subjektiv-dingliche Reallast

Eine zugunsten des jeweiligen Eigentümers eines Grundstücks bestehende Reallast kann nicht von dem Eigentum an diesem Grundstück getrennt werden.

§ 1111. Subjektiv-persönliche Reallast

(1) **Eine zugunsten einer bestimmten Person bestehende Reallast kann nicht mit dem Eigentum an einem Grundstück verbunden werden.**

(2) **Ist der Anspruch auf die einzelne Leistung nicht übertragbar, so kann das Recht nicht veräußert oder belastet werden.**

§ 1112. Ausschluss unbekannter Berechtigter

Ist der Berechtigte unbekannt, so findet auf die Ausschließung seines Rechts die Vorschrift des § 1104 entsprechende Anwendung.

Abschnitt 7. Hypothek, Grundschuld, Rentenschuld

Vor § 1113

Die im siebten Abschnitt des Sachenrechts geregelten **Grundpfandrechte** sind **dingliche Verwertungsrechte** (hM). Als solche begründen sie zwar keine Zahlungspflicht des Grundeigentümers, ermöglichen ihrem Inhaber aber in der Zwangsvollstreckung einen privilegierten Zugriff auf das Grundstück (vgl § 10 I Nr 4 ZVG sowie § 49 InsO). Hieraus erklärt sich ihre (mit Ausnahme der Rentenschuld) erhebliche Bedeutung als Kreditsicherungsmittel. Für den wirtschaftlichen Wert des einzelnen Grundpfandrechts ist der grundbuchmäßige Rang von entscheidender Bedeutung (s § 879 Rz 1). 1

Titel 1. Hypothek

§ 1113. Gesetzlicher Inhalt der Hypothek

(1) **Ein Grundstück kann in der Weise belastet werden, dass an denjenigen, zu dessen Gunsten die Belastung erfolgt, eine bestimmte Geldsumme zur Befriedigung wegen einer ihm zustehenden Forderung aus dem Grundstück zu zahlen ist (Hypothek).**

(2) **Die Hypothek kann auch für eine künftige oder eine bedingte Forderung bestellt werden.**

1. Zweck. Die in § 1113 definierte Hypothek dient der dinglichen Sicherung einer Geldforderung (zB aus Darlehen, § 488 I 2). Für diese Forderung kann der Gläu- 1 biger (Hypothekar) Befriedigung aus dem Grundstück verlangen, die gem § 1147 im Wege der Zwangsvollstreckung erfolgt.

2 **2. Rechtsnatur.** Die Hypothek ist ein **akzessorisches** dingliches Verwertungsrecht, dh sie ist in Entstehung, Bestand und Durchsetzbarkeit grds von der gesicherten Forderung abhängig. Dadurch unterscheidet sie sich von der im praktischen Rechtsleben vorherrschenden Grundschuld, die das Gesetz nicht zwingend mit einer Forderung verbindet: In dem sonst wörtlich gleichlautenden § 1191 I fehlen die Worte „zur Befriedigung wegen einer ihm zustehenden Forderung".

3 **3. Arten. a)** Zu unterscheiden sind (die im Gesetz nicht so genannte) **Verkehrshypothek** und die in § 1184 I definierte **Sicherungshypothek.** Die Sicherungshypothek bildet die Ausnahme (arg § 1184 II); sie ist streng akzessorisch, indem § 1185 II alle die Akzessorietät lockernden Vorschriften ausschließt, und daher vor allem zur Sicherung kurzfristiger Kredite geeignet. **b)** Zu unterscheiden sind ferner gem § 1116 **Brief- und Buchhypothek** als die beiden Formen, in denen eine Verkehrshypothek (zur Sicherungshypothek s § 1185 I) bestellt werden kann. Im Zweifel entsteht eine Briefhypothek (arg § 1116 II 1). Sie hat den Vorzug der erhöhten Umlauffähigkeit, da es zu ihrer Übertragung keiner Eintragung im Grundbuch bedarf (s §§ 1153, 1154).

4 **4. Ersterwerb. a)** Die Hypothek entsteht regelmäßig durch **rechtsgeschäftliche Bestellung.** Dazu müssen zunächst die Voraussetzungen des § 873 vorliegen: **aa) Einigung** mit dem Inhalt des § 1113 I. **bb) Eintragung** iSd § 1115. **cc) Einigsein** im Zeitpunkt der Eintragung. **dd)** Außerdem setzt die Briefhypothek gem § 1117 I die **Übergabe des Hypothekenbriefs** voraus, wobei die §§ 929ff entsprechende Anwendung finden (wegen § 952 II handelt sich allerdings nur um eine Übergabe, nicht um eine Übereignung). Für die Buchhypothek ist der Briefausschluss im Grundbuch zu vermerken (§ 1116 II 3). **ee)** Aufgrund der Akzessorietät muss, wie beim Pfandrecht und bei der Bürgschaft - dem Hypothekengläubiger ferner die zu sichernde **(Geld-)Forderung** zustehen, wobei der Schuldner nicht mit dem Grundstückseigentümer identisch sein muss (§ 1113 I spricht nur von einer „ihm zustehenden Forderung"). Eine künftige oder bedingte Forderung kann gem § 1113 II durch eine Hypothek besichert werden, wenn der Rechtsgrund für ihre Entstehung bereits gesichert ist. Beachte: Ist die Forderung (noch) nicht entstanden bzw wieder erloschen oder ist die Übergabe des Hypothekenbriefs (noch) nicht erfolgt, so entsteht gem § 1163 I, II iVm § 1177 I 1 eine Eigentümergrundschuld (näheres bei § 1163). **ff)** Berechtigung des Bestellers. Bei mangelnder Berechtigung überwindet § 892 nur den Mangel der Berechtigung, nicht jedoch den Mangel einer Forderung (s für den gutgläubigen Zweiterwerb allerdings § 1138). **b)** Eine Hypothek kann ferner **kraft Gesetzes** (§ 1287 S 2, § 848 II 2 ZPO: Surrogationshypothek), im Wege der **Zwangsvollstreckung** (§§ 866, 867 ZPO: Zwangshypothek; § 932 ZPO: Arresthypothek) oder durch gerichtliche **Zwangsanordnung** (§ 128 ZVG) entstehen. **c)** Eine etwaige **Nichtberechtigung** des (rechtsgeschäftlichen) Bestellers kann durch §§ 185, 878, 892 überwunden werden.

5 **5.** Zum **Zweiterwerb** der Hypothek durch Abtretung der gesicherten Forderung s §§ 1153, 1154.

§ 1114. Belastung eines Bruchteils

Ein Bruchteil eines Grundstücks kann außer in den in § 3 Abs. 6 der Grundbuchordnung bezeichneten Fällen mit einer Hypothek nur belastet werden, wenn er in dem Anteil eines Miteigentümers besteht.

§ 1115. Eintragung der Hypothek

(1) **Bei der Eintragung der Hypothek müssen der Gläubiger, der Geldbetrag der Forderung und, wenn die Forderung verzinslich ist, der Zinssatz, wenn an-**

dere Nebenleistungen zu entrichten sind, ihr Geldbetrag im Grundbuch angegeben werden; im Übrigen kann zur Bezeichnung der Forderung auf die Eintragungsbewilligung Bezug genommen werden.

(2) **Bei der Eintragung der Hypothek für ein Darlehen einer Kreditanstalt, deren Satzung von der zuständigen Behörde öffentlich bekannt gemacht worden ist, genügt zur Bezeichnung der außer den Zinsen satzungsgemäß zu entrichtenden Nebenleistungen die Bezugnahme auf die Satzung.**

§ 1116. Brief- und Buchhypothek

(1) **Über die Hypothek wird ein Hypothekenbrief erteilt.**

(2) [1]**Die Erteilung des Briefes kann ausgeschlossen werden.** [2]**Die Ausschließung kann auch nachträglich erfolgen.** [3]**Zu der Ausschließung ist die Einigung des Gläubigers und des Eigentümers sowie die Eintragung in das Grundbuch erforderlich; die Vorschriften des § 873 Abs. 2 und der §§ 876, 878 finden entsprechende Anwendung.**

(3) **Die Ausschließung der Erteilung des Briefes kann aufgehoben werden; die Aufhebung erfolgt in gleicher Weise wie die Ausschließung.**

§ 1117. Erwerb der Briefhypothek

(1) [1]**Der Gläubiger erwirbt, sofern nicht die Erteilung des Hypothekenbriefs ausgeschlossen ist, die Hypothek erst, wenn ihm der Brief von dem Eigentümer des Grundstücks übergeben wird.** [2]**Auf die Übergabe finden die Vorschriften des § 929 Satz 2 und der §§ 930, 931 Anwendung.**

(2) **Die Übergabe des Briefes kann durch die Vereinbarung ersetzt werden, dass der Gläubiger berechtigt sein soll, sich den Brief von dem Grundbuchamt aushändigen zu lassen.**

(3) **Ist der Gläubiger im Besitz des Briefes, so wird vermutet, dass die Übergabe erfolgt sei.**

Ein in der Praxis häufiges Übergabesurrogat bildet die **Aushändigungsabrede** 1
nach Abs 2. Liegt eine derartige Vereinbarung (und nicht lediglich eine einseitige Anweisung des Eigentümers an das Grundbuchamt) vor, so erwirbt der Gläubiger die Hypothek bei bestehender Forderung schon mit der Eintragung im Grundbuch; auf die Fertigstellung des Briefs oder dessen Aushändigung durch das Grundbuchamt kommt es nicht an (Näheres s *Baur/Stürner* § 37 Rz 33ff).

§ 1118. Haftung für Nebenforderungen

Kraft der Hypothek haftet das Grundstück auch für die gesetzlichen Zinsen der Forderung sowie für die Kosten der Kündigung und der die Befriedigung aus dem Grundstück bezweckenden Rechtsverfolgung.

§ 1119. Erweiterung der Haftung für Zinsen

(1) **Ist die Forderung unverzinslich oder ist der Zinssatz niedriger als fünf vom Hundert, so kann die Hypothek ohne Zustimmung der im Range gleich- oder nachstehenden Berechtigten dahin erweitert werden, dass das Grundstück für Zinsen bis zu fünf vom Hundert haftet.**

(2) **Zu einer Änderung der Zahlungszeit und des Zahlungsorts ist die Zustimmung dieser Berechtigten gleichfalls nicht erforderlich.**

§ 1120. Erstreckung auf Erzeugnisse, Bestandteile und Zubehör

Die Hypothek erstreckt sich auf die von dem Grundstück getrennten Erzeugnisse und sonstigen Bestandteile, soweit sie nicht mit der Trennung nach den

§§ 954 bis 957 in das Eigentum eines anderen als des Eigentümers oder des Eigenbesitzers des Grundstücks gelangt sind, sowie auf das Zubehör des Grundstücks mit Ausnahme der Zubehörstücke, welche nicht in das Eigentum des Eigentümers des Grundstücks gelangt sind.

1 **1.** Bei der Bestimmung des sog **Haftungsverbandes der Hypothek** sind zwei Fragen zu unterscheiden: **a)** Welche Gegenstände gehören kraft gesetzlicher Anordnung zum Haftungsverband? **b)** Sind diese Gegenstände durch sog Enthaftung aus dem Haftungsverband wieder ausgeschieden (s dazu bei § 1121)?

2 **2.** Der Haftungsverband der Hypothek **umfasst** nicht nur das Grundstück mit seinen wesentlichen Bestandteilen (§§ 93, 94), sondern alle Gegenstände und Rechte, die mit dem Grundstück eine wirtschaftliche Einheit bilden (vgl §§ 1120, 1123 ff). Hierzu zählt zB das dem Grundeigentümer gehörende Zubehör (§ 97), also etwa Maschinen und Geräte bei gewerblich genutzten Grundstücken. Beachte: Auch das Anwartschaftsrecht des Grundeigentümers an fremdem Zubehör wird von der hypothekarischen Haftung erfasst (st Rspr seit BGHZ 35, 85).

3 **3.** Die Zugehörigkeit zum Haftungsverband der Hypothek hat wichtige **Konsequenzen:** In der Zwangsversteigerung erwirbt der **Ersteigerer** durch Hoheitsakt Eigentum an allen mithaftenden Gegenständen (beachte die Kette der §§ 90 I, II, 55 I, 20 II ZVG iVm §§ 1120 ff). Um die wirtschaftliche Einheit des Haftungsobjekts zu erhalten, können **Dritte** nicht uneingeschränkt in die zum Haftungsverband gehörenden Gegenstände vollstrecken; für Zubehör ist eine Pfändung gem § 865 II 1 ZPO vollständig ausgeschlossen.

§ 1121. Enthaftung durch Veräußerung und Entfernung

(1) **Erzeugnisse und sonstige Bestandteile des Grundstücks sowie Zubehörstücke werden von der Haftung frei, wenn sie veräußert und von dem Grundstück entfernt werden, bevor sie zugunsten des Gläubigers in Beschlag genommen worden sind.**

(2) [1]**Erfolgt die Veräußerung vor der Entfernung, so kann sich der Erwerber dem Gläubiger gegenüber nicht darauf berufen, dass er in Ansehung der Hypothek in gutem Glauben gewesen sei.** [2]**Entfernt der Erwerber die Sache von dem Grundstück, so ist eine vor der Entfernung erfolgte Beschlagnahme ihm gegenüber nur wirksam, wenn er bei der Entfernung in Ansehung der Beschlagnahme nicht in gutem Glauben ist.**

1 Für die Möglichkeit einer **Enthaftung** ist der Zeitpunkt der Beschlagnahme (§ 20 I ZVG) entscheidend. Für die Zeit vor der Beschlagnahme nennen §§ 1121 I, 1122 die Voraussetzungen; nach der Beschlagnahme ist insoweit guter Glaube erforderlich. Im Einzelnen gilt: **a) Vor der Beschlagnahme** bewirken gem § 1121 I Veräußerung und Entfernung (oder Entfernung und Veräußerung) die Enthaftung. Sie ist unabhängig von einer etwaigen Kenntnis des Erwerbers von der Hypothek. Eine Veräußerung gem § 930 reicht mangels Entfernung nicht aus; die Sache bleibt mit der Hypothek belastet, auch wenn sie nun dem Erwerber gehört. In den Fällen des § 1122 tritt die Enthaftung auch ohne Veräußerung ein. **b) Nach der Beschlagnahme** ist zu unterscheiden: **(1)** Erfolgt die **Entfernung** zuletzt, also nach Beschlagnahme und Veräußerung (oder Veräußerung und Beschlagnahme), so greift § 1121 II ein. Nach S 1 hilft dem Erwerber Gutgläubigkeit hinsichtlich der Hypothek nichts. Nur wenn er im Zeitpunkt der Entfernung hinsichtlich der Beschlagnahme gutgläubig war (beachte insoweit § 23 II 2 ZVG), kommt es gemäß S 2 zur Enthaftung. **(2)** Erfolgt die **Veräußerung** zuletzt, also nach Beschlagnahme und Entfernung (oder Entfernung und Beschlagnahme), so gelten, da § 1121 II nicht eingreift, die allgemeinen Regeln des gutgläubigen Erwerbs bei relativen Veräußerungsverboten (§ 23 I 1 ZVG iVm §§ 135 II,

136, 932ff). Die Enthaftung tritt ein, wenn der Erwerber hinsichtlich der Beschlagnahme gutgläubig ist; anders als bei § 1121 II kommt es jedoch auf den Zeitpunkt der Veräußerung an.

§ 1122. Enthaftung ohne Veräußerung

(1) **Sind die Erzeugnisse oder Bestandteile innerhalb der Grenzen einer ordnungsmäßigen Wirtschaft von dem Grundstück getrennt worden, so erlischt ihre Haftung auch ohne Veräußerung, wenn sie vor der Beschlagnahme von dem Grundstück entfernt werden, es sei denn, dass die Entfernung zu einem vorübergehenden Zwecke erfolgt.**

(2) **Zubehörstücke werden ohne Veräußerung von der Haftung frei, wenn die Zubehöreigenschaft innerhalb der Grenzen einer ordnungsmäßigen Wirtschaft vor der Beschlagnahme aufgehoben wird.**

§ 1123. Erstreckung auf Miet- oder Pachtforderung

(1) **Ist das Grundstück vermietet oder verpachtet, so erstreckt sich die Hypothek auf die Miet- oder Pachtforderung.**

(2) [1]**Soweit die Forderung fällig ist, wird sie mit dem Ablauf eines Jahres nach dem Eintritt der Fälligkeit von der Haftung frei, wenn nicht vorher die Beschlagnahme zugunsten des Hypothekengläubigers erfolgt.** [2]**Ist die Miete oder Pacht im Voraus zu entrichten, so erstreckt sich die Befreiung nicht auf die Miete oder Pacht für eine spätere Zeit als den zur Zeit der Beschlagnahme laufenden Kalendermonat; erfolgt die Beschlagnahme nach dem 15. Tage des Monats, so erstreckt sich die Befreiung auch auf den Miet- oder Pachtzins für den folgenden Kalendermonat.**

§ 1124. Vorausverfügung über Miete oder Pacht

(1) [1]**Wird die Miete oder Pacht eingezogen, bevor sie zugunsten des Hypothekengläubigers in Beschlag genommen worden ist, oder wird vor der Beschlagnahme in anderer Weise über sie verfügt, so ist die Verfügung dem Hypothekengläubiger gegenüber wirksam.** [2]**Besteht die Verfügung in der Übertragung der Forderung auf einen Dritten, so erlischt die Haftung der Forderung; erlangt ein Dritter ein Recht an der Forderung, so geht es der Hypothek im Range vor.**

(2) **Die Verfügung ist dem Hypothekengläubiger gegenüber unwirksam, soweit sie sich auf die Miete oder Pacht für eine spätere Zeit als den zur Zeit der Beschlagnahme laufenden Kalendermonat bezieht; erfolgt die Beschlagnahme nach dem fünfzehnten Tage des Monats, so ist die Verfügung jedoch insoweit wirksam, als sie sich auf die Miete oder Pacht für den folgenden Kalendermonat bezieht.**

(3) **Der Übertragung der Forderung auf einen Dritten steht es gleich, wenn das Grundstück ohne die Forderung veräußert wird.**

§ 1125. Aufrechnung gegen Miete oder Pacht

Soweit die Einziehung der Miete oder Pacht dem Hypothekengläubiger gegenüber unwirksam ist, kann der Mieter oder der Pächter nicht eine ihm gegen den Vermieter oder den Verpächter zustehende Forderung gegen den Hypothekengläubiger aufrechnen.

§ 1126. Erstreckung auf wiederkehrende Leistungen

[1]**Ist mit dem Eigentum an dem Grundstück ein Recht auf wiederkehrende Leistungen verbunden, so erstreckt sich die Hypothek auf die Ansprüche auf**

diese Leistungen. [2]Die Vorschriften des § 1123 Abs. 2 Satz 1, des § 1124 Abs. 1, 3 und des § 1125 finden entsprechende Anwendung. [3]Eine vor der Beschlagnahme erfolgte Verfügung über den Anspruch auf eine Leistung, die erst drei Monate nach der Beschlagnahme fällig wird, ist dem Hypothekengläubiger gegenüber unwirksam.

§ 1127. Erstreckung auf die Versicherungsforderung

(1) Sind Gegenstände, die der Hypothek unterliegen, für den Eigentümer oder den Eigenbesitzer des Grundstücks unter Versicherung gebracht, so erstreckt sich die Hypothek auf die Forderung gegen den Versicherer.

(2) Die Haftung der Forderung gegen den Versicherer erlischt, wenn der versicherte Gegenstand wiederhergestellt oder Ersatz für ihn beschafft ist.

§ 1128. Gebäudeversicherung

(1) [1]Ist ein Gebäude versichert, so kann der Versicherer die Versicherungssumme mit Wirkung gegen den Hypothekengläubiger an den Versicherten erst zahlen, wenn er oder der Versicherte den Eintritt des Schadens dem Hypothekengläubiger angezeigt hat und seit dem Empfang der Anzeige ein Monat verstrichen ist. [2]Der Hypothekengläubiger kann bis zum Ablauf der Frist dem Versicherer gegenüber der Zahlung widersprechen. [3]Die Anzeige darf unterbleiben, wenn sie untunlich ist; in diesem Falle wird der Monat von dem Zeitpunkt an berechnet, in welchem die Versicherungssumme fällig wird.

(2) Hat der Hypothekengläubiger seine Hypothek dem Versicherer angemeldet, so kann der Versicherer mit Wirkung gegen den Hypothekengläubiger an den Versicherten nur zahlen, wenn der Hypothekengläubiger der Zahlung schriftlich zugestimmt hat.

(3) Im Übrigen finden die für eine verpfändete Forderung geltenden Vorschriften Anwendung; der Versicherer kann sich jedoch nicht darauf berufen, dass er eine aus dem Grundbuch ersichtliche Hypothek nicht gekannt habe.

§ 1129. Sonstige Schadensversicherung

Ist ein anderer Gegenstand als ein Gebäude versichert, so bestimmt sich die Haftung der Forderung gegen den Versicherer nach den Vorschriften des § 1123 Abs. 2 Satz 1 und des § 1124 Abs. 1, 3.

§ 1130. Wiederherstellungsklausel

Ist der Versicherer nach den Versicherungsbestimmungen nur verpflichtet, die Versicherungssumme zur Wiederherstellung des versicherten Gegenstands zu zahlen, so ist eine diesen Bestimmungen entsprechende Zahlung an den Versicherten dem Hypothekengläubiger gegenüber wirksam.

§ 1131. Zuschreibung eines Grundstücks

[1]Wird ein Grundstück nach § 890 Abs. 2 einem anderen Grundstück im Grundbuch zugeschrieben, so erstrecken sich die an diesem Grundstück bestehenden Hypotheken auf das zugeschriebene Grundstück. [2]Rechte, mit denen das zugeschriebene Grundstück belastet ist, gehen diesen Hypotheken im Range vor.

§ 1132. Gesamthypothek

(1) [1]Besteht für die Forderung eine Hypothek an mehreren Grundstücken (Gesamthypothek), so haftet jedes Grundstück für die ganze Forderung. [2]Der

Gläubiger kann die Befriedigung nach seinem Belieben aus jedem der Grundstücke ganz oder zu einem Teil suchen.

(2) [1]**Der Gläubiger ist berechtigt, den Betrag der Forderung auf die einzelnen Grundstücke in der Weise zu verteilen, dass jedes Grundstück nur für den zugeteilten Betrag haftet.** [2]**Auf die Verteilung finden die Vorschriften der §§ 875, 876, 878 entsprechende Anwendung.**

1. Die Gesamthypothek verschafft dem **Gläubiger** eine **besonders günstige Position:** Da jedes belastete Grundstück für die ganze Forderung haftet, kann er je nach Wertentwicklung auf die Grundstücke seiner Wahl zugreifen. Dies wäre nicht der Fall, wenn die Forderung aufgeteilt und für jeden Teil eine selbständige Hypothek bestellt würde. In der Praxis kommt die Gesamthypothek vor allem bei stark zersplittertem Grundbesitz vor (etwa in der Landwirtschaft). 1

2. Die mit der Gesamthypothek belasteten Grundstücke können auch **verschiedenen Eigentümern** gehören. Für die **Tilgung** sind dann die Sondervorschriften der §§ 1173, 1174 zu beachten. Gehören die Grundstücke demselben Eigentümer, so bleibt es bei den Grundregeln der §§ 1163 I 2, 1164. 2

§ 1133. Gefährdung der Sicherheit der Hypothek

[1]**Ist infolge einer Verschlechterung des Grundstücks die Sicherheit der Hypothek gefährdet, so kann der Gläubiger dem Eigentümer eine angemessene Frist zur Beseitigung der Gefährdung bestimmen.** [2]**Nach dem Ablauf der Frist ist der Gläubiger berechtigt, sofort Befriedigung aus dem Grundstück zu suchen, wenn nicht die Gefährdung durch Verbesserung des Grundstücks oder durch anderweitige Hypothekenbestellung beseitigt worden ist.** [3]**Ist die Forderung unverzinslich und noch nicht fällig, so gebührt dem Gläubiger nur die Summe, welche mit Hinzurechnung der gesetzlichen Zinsen für die Zeit von der Zahlung bis zur Fälligkeit dem Betrag der Forderung gleichkommt.**

§ 1134. Unterlassungsklage

(1) **Wirkt der Eigentümer oder ein Dritter auf das Grundstück in solcher Weise ein, dass eine die Sicherheit der Hypothek gefährdende Verschlechterung des Grundstücks zu besorgen ist, so kann der Gläubiger auf Unterlassung klagen.**

(2) [1]**Geht die Einwirkung von dem Eigentümer aus, so hat das Gericht auf Antrag des Gläubigers die zur Abwendung der Gefährdung erforderlichen Maßregeln anzuordnen.** [2]**Das Gleiche gilt, wenn die Verschlechterung deshalb zu besorgen ist, weil der Eigentümer die erforderlichen Vorkehrungen gegen Einwirkungen Dritter oder gegen andere Beschädigungen unterlässt.**

§ 1135. Verschlechterung des Zubehörs

Einer Verschlechterung des Grundstücks im Sinne der §§ 1133, 1134 steht es gleich, wenn Zubehörstücke, auf die sich die Hypothek erstreckt, verschlechtert oder den Regeln einer ordnungsmäßigen Wirtschaft zuwider von dem Grundstück entfernt werden.

§ 1136. Rechtsgeschäftliche Verfügungsbeschränkung

Eine Vereinbarung, durch die sich der Eigentümer dem Gläubiger gegenüber verpflichtet, das Grundstück nicht zu veräußern oder nicht weiter zu belasten, ist nichtig.

§ 1137. Einreden des Eigentümers

(1) [1]**Der Eigentümer kann gegen die Hypothek die dem persönlichen Schuldner gegen die Forderung sowie die nach § 770 einem Bürgen zustehenden Einreden geltend machen.** [2]**Stirbt der persönliche Schuldner, so kann sich der Eigentümer nicht darauf berufen, dass der Erbe für die Schuld nur beschränkt haftet.**

(2) **Ist der Eigentümer nicht der persönliche Schuldner, so verliert er eine Einrede nicht dadurch, dass dieser auf sie verzichtet.**

1 Die Vorschrift behandelt einen Teil der **Einreden,** die der Eigentümer gegenüber dem dinglichen Anspruch aus der Hypothek geltend machen kann. Dem Grundsatz der **Akzessorietät** folgend (vgl § 1113 Rz 2) werden dem Eigentümer durch § 1137 die dem persönlichen Schuldner gegen die Forderung zustehenden Einreden gewährt sowie die einem Bürgen nach § 770 zustehenden Einreden aus Gestaltungsrechten des Schuldners. Nach einer Abtretung von Forderung und Hypothek müssen die Sondervorschriften der §§ 1156, 1157 beachtet werden.

2 Insgesamt sind (nach *Baur/Stürner* § 38 Rz 64ff) **vier Arten** von Einwendungen und Einreden zu unterscheiden, die der Eigentümer gegenüber dem dinglichen Anspruch geltend machen kann.

3 **1.** Die in § 1137 genannten **schuldnerbezogenen Einreden,** zB die Einreden der Stundung, des Zurückbehaltungsrechts oder des nichterfüllten Vertrags; Ausnahme gem § 216 I die Verjährung. **a)** Die schuldnerbezogenen Einreden aus dem Schuldverhältnis zum Ersterwerber können gemäß Abs 1 S 1 auch dem **Zweiterwerber** der Hypothek entgegengehalten werden; gegenüber einem gutgläubigen Zweiterwerber erlöschen freilich gem §§ 1138, 892 die nicht aus dem Grundbuch (oder Hypothekenbrief, vgl § 1155 Rz 4) ersichtlichen Einreden. Die Schuldnerschutzvorschriften der §§ 406ff werden durch § 1156 gegenüber dem Zweiterwerber ausgeschlossen. **b) Einwendungen** gegen die Forderung, mit denen geltend gemacht wird, dass die Forderung nicht entstanden oder erloschen ist, sind in § 1137 nicht geregelt; für diese Fälle bestimmt § 1163, dass die Hypothek auf den Eigentümer übergeht.

4 **2.** Die in § 1137 ebenfalls genannten **Einreden aus Gestaltungsrechten des Schuldners** (§ 770 BGB). Die Einreden wirken dilatorisch, solange dem Schuldner das Gestaltungsrecht zusteht und er nicht darauf verzichtet hat. Bei einem Verzicht kommt nach allgA nicht § 1137 II zur Anwendung; denn es handelt sich für den Schuldner um ein Gestaltungsrecht und nicht um eine „Einrede"; der Verzicht hierauf ist also auch dem Eigentümer gegenüber wirksam.

5 **3. Bestandsvernichtende oder -verändernde Einwendungen.** Die gegen den Bestand der Hypothek oder gegen die Gläubigerstellung des Hypothekars gerichteten Einwendungen sind in § 1137 nicht genannt, weil sie sich unmittelbar auf das dingliche Recht (und nicht auf die Forderung) beziehen. Sie sind aber selbstverständlich zu berücksichtigen. Bspw kann der Eigentümer geltend machen, die Hypothekenbestellung sei unwirksam oder die Hypothek sei auf einen anderen übergegangen.

6 **4. Eigentümerbezogene Einreden,** also Einreden aus dem persönlichen Verhältnis zwischen dem Hypothekengläubiger und dem vom Schuldner verschiedenen Eigentümer. Auch diese in § 1137 nicht erwähnten Einreden sind möglich; bspw kann sich der Eigentümer darauf berufen, dass der Gläubiger sich ihm gegenüber verpflichtet hat, die Hypothek während einer bestimmten Zeit nicht geltend zu machen. Eine solche Einrede kann nach § 1157 S 1 auch dem neuen Gläubiger entgegengesetzt werden, es sei denn, er habe gutgläubig einredefrei erworben (§§ 1157 S 2, 892), zB weil die dem neuen Gläubiger unbekannte Einrede im Grundbuch oder im Hypothekenbrief (vgl § 1155) nicht eingetragen war. Auf Einreden, die gegen den alten Hypothekengläubiger nach Abtretung der Hypothek an einen neuen Gläubiger entstanden sind, kann sich der Eigentümer nicht stützen (vgl § 1156).

§ 1138. Öffentlicher Glaube des Grundbuchs

Die Vorschriften der §§ 891 bis 899 gelten für die Hypothek auch in Ansehung der Forderung und der dem Eigentümer nach § 1137 zustehenden Einreden.

Die Vorschrift erstreckt den öffentlichen Glauben des Grundbuchs (§§ 891–899) auf die Hypothek als akzessorisches dingliches Recht. Damit werden die Hindernisse beseitigt, die einem **gutgläubigen Zweiterwerb der Verkehrshypothek** wegen ihrer Akzessorietät sonst entgegenstünden. Für die Forderung allein bleibt es bei den schuldrechtlichen Vorschriften, die einen gutgläubigen Erwerb grds nicht vorsehen (vgl aber § 405). Vier Fälle des gutgläubigen Zweiterwerbs einer Hypothek sind zu unterscheiden: 1

1. Es besteht keine Forderung (und damit auch keine Hypothek, sondern gem § 1163 I 1 eine Eigentümergrundschuld). In diesem Fall greift § 1138 ein. Das Bestehen der Forderung wird „für die Hypothek" (nicht „für die Forderung" selbst) fingiert; dh die Hypothek (nicht die Forderung) kann unter den Voraussetzungen des § 892 trotz Nichtbestehens der Forderung gutgläubig erworben werden. Der Erwerber erhält eine sog „forderungsentkleidete Hypothek" (s etwa *MüKo-Eickmann* Rz 16). 2

2. Es besteht keine Hypothek, wohl aber eine Forderung (zB wegen Nichtigkeit der Einigung über die Hypothekenbestellung). In diesem Fall ist § 1138 nicht einschlägig, sondern § 892 greift unmittelbar ein. Mit der Übertragung der Forderung geht unter den Voraussetzungen des § 892 die Hypothek auf den gutgläubigen Erwerber über (§ 1153). Bei der Briefhypothek ist weiterhin ein gutgläubiger Erwerb gem § 1155 möglich. 3

3. Es besteht keine Hypothek und keine Forderung (Nichtigkeit der Einigung über die Hypothekenbestellung und Fehlen einer Forderung). In diesem Fall ist der gutgläubige Erwerber gem §§ 892, 1155 geschützt (hinsichtlich der nichtigen Hypothekenbestellung) und außerdem gem §§ 1138, 892 (hinsichtlich des Fehlens der Forderung). 4

4. Forderung und Hypothek stehen einem Dritten zu. Tritt ein durch das Grundbuch legitimierter Nichtberechtigter die Forderung ab, so erwirbt der Zessionar nach §§ 1138, 1153 die Hypothek. Da es für die Forderung selbst grds keinen gutgläubigen Erwerb gibt, scheint die Forderung bei dem berechtigten Dritten zu verbleiben. Damit würde indes die Akzessorietät beseitigt und der Eigentümer-Schuldner entgegen dem Rechtsgedanken des § 1153 der Gefahr einer doppelten Inanspruchnahme ausgesetzt. Deshalb lässt die hM hier ausnahmsweise auch die Forderung auf den gutgläubigen Erwerber übergehen (zB *Baur/Stürner* § 38 Rz 28; anders jetzt *Westermann/Eickmann* § 105 III 4). 5

§ 1139. Widerspruch bei Darlehensbuchhypothek

[1]Ist bei der Bestellung einer Hypothek für ein Darlehen die Erteilung des Hypothekenbriefs ausgeschlossen worden, so genügt zur Eintragung eines Widerspruchs, der sich darauf gründet, dass die Hingabe des Darlehens unterblieben sei, der von dem Eigentümer an das Grundbuchamt gerichtete Antrag, sofern er vor dem Ablauf eines Monats nach der Eintragung der Hypothek gestellt wird. [2]Wird der Widerspruch innerhalb des Monats eingetragen, so hat die Eintragung die gleiche Wirkung, wie wenn der Widerspruch zugleich mit der Hypothek eingetragen worden wäre.

§ 1140. Hypothekenbrief und Unrichtigkeit des Grundbuchs

[1]Soweit die Unrichtigkeit des Grundbuchs aus dem Hypothekenbrief oder einem Vermerk auf dem Brief hervorgeht, ist die Berufung auf die Vorschriften der §§ 892, 893 ausgeschlossen. [2]Ein Widerspruch gegen die Richtigkeit des

Grundbuchs, der aus dem Briefe oder einem Vermerk auf dem Briefe hervorgeht, steht einem im Grundbuch eingetragenen Widerspruch gleich.

§ 1141. Kündigung der Hypothek

(1) [1]**Hängt die Fälligkeit der Forderung von einer Kündigung ab, so ist die Kündigung für die Hypothek nur wirksam, wenn sie von dem Gläubiger dem Eigentümer oder von dem Eigentümer dem Gläubiger erklärt wird.** [2]**Zugunsten des Gläubigers gilt derjenige, welcher im Grundbuch als Eigentümer eingetragen ist, als der Eigentümer.**

(2) **Hat der Eigentümer keinen Wohnsitz im Inland oder liegen die Voraussetzungen des § 132 Abs. 2 vor, so hat auf Antrag des Gläubigers das Amtsgericht, in dessen Bezirk das Grundstück liegt, dem Eigentümer einen Vertreter zu bestellen, dem gegenüber die Kündigung des Gläubigers erfolgen kann.**

§ 1142. Befriedigungsrecht des Eigentümers

(1) **Der Eigentümer ist berechtigt, den Gläubiger zu befriedigen, wenn die Forderung ihm gegenüber fällig geworden oder wenn der persönliche Schuldner zur Leistung berechtigt ist.**

(2) **Die Befriedigung kann auch durch Hinterlegung oder durch Aufrechnung erfolgen.**

1 Die Vorschrift will dem Eigentümer, der nicht zugleich persönlicher Schuldner ist, die Möglichkeit eröffnen, die zur Befriedigung des Hypothekengläubigers vorgesehene Zwangsvollstreckung in das Grundstück (vgl § 1147) zu verhindern. Einen Anspruch des Gläubigers auf Zahlung begründet § 1142 indes nicht (BGHZ 7, 123, 126); der Gläubiger hat vielmehr nur einen Anspruch auf Duldung der Zwangsvollstreckung gem § 1147. Zur Wirkung der Befriedigung s § 1143 Rz 1.

2 Durch die Aufrechnung mit einer Gegenforderung (s Abs 2) kann eine Grundschuld nur abgelöst werden, wenn der Duldungsanspruch durch die Aufrechnung vollständig abgelöst wird oder der fehlende Betrag zusammen mit der Aufrechnung im Wege der Zahlung erbracht wird, vgl § 266 (BGH NJW 2011, 451).

§ 1143. Übergang der Forderung

(1) [1]**Ist der Eigentümer nicht der persönliche Schuldner, so geht, soweit er den Gläubiger befriedigt, die Forderung auf ihn über.** [2]**Die für einen Bürgen geltende Vorschrift des § 774 Abs. 1 findet entsprechende Anwendung.**

(2) **Besteht für die Forderung eine Gesamthypothek, so gilt für diese die Vorschrift des § 1173.**

1 **1.** Zahlt der **Nur-Eigentümer** (der nicht zugleich der persönliche Schuldner ist), so geht gemäß Abs 1 S 1 die Forderung auf ihn über. Mit der Forderung geht gem § 1153 I auch die Hypothek auf den Eigentümer über. Die so entstandene Eigentümerhypothek wird nach § 1177 II wie eine Eigentümergrundschuld behandelt.

2 **2.** Zahlt der **Eigentümer-Schuldner,** so erlischt die Forderung nach § 362 und der Eigentümer-Schuldner erwirbt nach § 1163 I 2 die Hypothek, die sich gem § 1177 I 1 in eine Eigentümergrundschuld verwandelt.

3 **3.** Zahlt der **Nur-Schuldner** (der nicht zugleich Eigentümer ist), so treten **im Regelfall** ebenfalls die in Rz 2 geschilderten Rechtsfolgen ein: Die Forderung erlischt (§ 362), und der Eigentümer erhält eine Eigentümergrundschuld (§§ 1163 I 2, 1177 I 1); die wirtschaftliche Bedeutung ist aber in den meisten Fällen gering wegen des gesetzlichen Löschungsanspruchs nach §§ 1179a, b. **Ausnahmsweise,** nämlich wenn der Schuldner vom Eigentümer für seine Zahlung Ersatz verlangen kann (zB aus § 415

III 1), geht die Hypothek gem § 1164 kraft Gesetzes auf ihn über, um seinen Ersatzanspruch zu sichern (gesetzliche Forderungsauswechslung).

§ 1144. Aushändigung der Urkunden

Der Eigentümer kann gegen Befriedigung des Gläubigers die Aushändigung des Hypothekenbriefs und der sonstigen Urkunden verlangen, die zur Berichtigung des Grundbuchs oder zur Löschung der Hypothek erforderlich sind.

§ 1145. Teilweise Befriedigung

(1) [1]**Befriedigt der Eigentümer den Gläubiger nur teilweise, so kann er die Aushändigung des Hypothekenbriefs nicht verlangen.** [2]**Der Gläubiger ist verpflichtet, die teilweise Befriedigung auf dem Briefe zu vermerken und den Brief zum Zwecke der Berichtigung des Grundbuchs oder der Löschung dem Grundbuchamt oder zum Zwecke der Herstellung eines Teilhypothekenbriefs für den Eigentümer der zuständigen Behörde oder einem zuständigen Notar vorzulegen.**

(2) [1]**Die Vorschrift des Absatzes 1 Satz 2 gilt für Zinsen und andere Nebenleistungen nur, wenn sie später als in dem Kalendervierteljahr, in welchem der Gläubiger befriedigt wird, oder dem folgenden Vierteljahr fällig werden.** [2]**Auf Kosten, für die das Grundstück nach § 1118 haftet, findet die Vorschrift keine Anwendung.**

§ 1146. Verzugszinsen

Liegen dem Eigentümer gegenüber die Voraussetzungen vor, unter denen ein Schuldner in Verzug kommt, so gebühren dem Gläubiger Verzugszinsen aus dem Grundstück.

§ 1147. Befriedigung durch Zwangsvollstreckung

Die Befriedigung des Gläubigers aus dem Grundstück und den Gegenständen, auf die sich die Hypothek erstreckt, erfolgt im Wege der Zwangsvollstreckung.

1 **1.** Zur Verwertung der Hypothek muss sich der Gläubiger gegen den Eigentümer einen **dinglichen Titel** auf Duldung der Zwangsvollstreckung in das Grundstück verschaffen. In der Praxis ist dies häufig eine (bereits bei der Bestellung unterzeichnete) vollstreckbare Urkunde gem §§ 794 I Nr 5, 800 ZPO; ansonsten muss der Gläubiger den Klageweg beschreiten, um ein entsprechendes Urteil zu erwirken (näheres bei *Baur/Stürner* § 40 Rz 24ff). Die Vollstreckung aus dem Titel erfolgt im Wege der Zwangsversteigerung (Verwertung der Substanz) oder Zwangsverwaltung (Verwertung der Nutzungen) nach dem ZVG.

2 **2.** In der **Fallbearbeitung** ist § 1147 als **Anspruchsgrundlage** für den Duldungsanspruch des Gläubigers zu zitieren. Hiervon zu trennen ist der schuldrechtliche **Zahlungsanspruch** (meist § 488 I 2). Er muss fällig sein (§§ 271, 488 III), und er darf keinen rechtsvernichtenden Einwendungen (zB Erfüllung, s § 362 Rz 5) oder Einreden (zB aus § 273 oder § 320) ausgesetzt sein. Das gilt auch gegenüber einem Zweiterwerber der Hypothek (s § 404). Für die Prüfungsreihenfolge empfiehlt es sich auf Grund der Akzessorietät der Hypothek grds, den schuldrechtlichen Zahlungsanspruch vor § 1147 zu erörtern. Eine Umkehrung dieser Reihenfolge kann angezeigt sein, wenn das Problem des „Nachziehens“ der Forderung anzusprechen ist (s dazu § 1138 Rz 5).

3 **3. Prüfungsschema** für die Durchsetzbarkeit des Duldungsanspruchs aus § 1147. Gegen den Anspruch sind folgende vier Arten von Einwendungen und Einreden möglich (vgl § 1137 Rz 2ff):

a) Einwendungen gegen den Bestand der Hypothek,
b) schuldnerbezogene Einreden,
c) Einreden aus Gestaltungsrechten des Schuldners,
d) eigentümerbezogene Einreden.

§ 1148. Eigentumsfiktion

[1]Bei der Verfolgung des Rechts aus der Hypothek gilt zugunsten des Gläubigers derjenige, welcher im Grundbuch als Eigentümer eingetragen ist, als der Eigentümer. [2]Das Recht des nicht eingetragenen Eigentümers, die ihm gegen die Hypothek zustehenden Einwendungen geltend zu machen, bleibt unberührt.

§ 1149. Unzulässige Befriedigungsabreden

Der Eigentümer kann, solange nicht die Forderung ihm gegenüber fällig geworden ist, dem Gläubiger nicht das Recht einräumen, zum Zwecke der Befriedigung die Übertragung des Eigentums an dem Grundstück zu verlangen oder die Veräußerung des Grundstücks auf andere Weise als im Wege der Zwangsvollstreckung zu bewirken.

§ 1150. Ablösungsrecht Dritter

Verlangt der Gläubiger Befriedigung aus dem Grundstück, so finden die Vorschriften der §§ 268, 1144, 1145 entsprechende Anwendung.

§ 1151. Rangänderung bei Teilhypotheken

Wird die Forderung geteilt, so ist zur Änderung des Rangverhältnisses der Teilhypotheken untereinander die Zustimmung des Eigentümers nicht erforderlich.

§ 1152. Teilhypothekenbrief

[1]Im Falle einer Teilung der Forderung kann, sofern nicht die Erteilung des Hypothekenbriefs ausgeschlossen ist, für jeden Teil ein Teilhypothekenbrief hergestellt werden; die Zustimmung des Eigentümers des Grundstücks ist nicht erforderlich. [2]Der Teilhypothekenbrief tritt für den Teil, auf den er sich bezieht, an die Stelle des bisherigen Briefes.

§ 1153. Übertragung von Hypothek und Forderung

(1) **Mit der Übertragung der Forderung geht die Hypothek auf den neuen Gläubiger über.**

(2) **Die Forderung kann nicht ohne die Hypothek, die Hypothek kann nicht ohne die Forderung übertragen werden.**

1 **1.** Die **Übertragung der Hypothek** ist in Durchführung des **Akzessorietätsgrundsatzes** (s § 1113 Rz 2) nicht als selbständiges Rechtsgeschäft ausgestaltet. Obwohl die Hypothek wirtschaftlich als Hauptrecht angesehen werden muss, lässt Abs 1 sie als bloßen Annex der Forderung mit dem Vertrag über die Abtretung der Forderung (§ 398 S 1) kraft Gesetzes auf den Erwerber übergehen, wobei die Abtretungserklärung gem § 1154 in sachenrechtlicher Form erfolgen muss. Dieses „Mitlaufgebot“ *(Heck)* ist zwingend (anders § 401 I; s Vor § 398 Rz 13). Die Akzessorietät hat den Sinn, ein Auseinanderfallen von Forderungs- und Hypothekengläubiger und damit eine doppelte Inanspruchnahme von Schuldner und Eigentümer zu vermeiden. Zu den Rechtsfolgen der Übertragung s auch § 1156.

2. Einen **gutgläubigen Erwerb** der Hypothek ermöglicht § 1138, wenn die Forderung nicht existiert oder einem Dritten zusteht. Besteht die Hypothek aus anderen Gründen als wegen Fehlens der Forderung nicht, so kann sie gem § 892 gutgläubig erworben werden. Näheres zum Gutglaubensschutz bei § 1138 bzw – bei öffentlich beglaubigten Abtretungserklärungen – bei § 1155. 2

3. Ist für die Forderung die **Übertragbarkeit ausgeschlossen** (§ 399), so ist gemäß Abs 2 auch die Hypothek unübertragbar (*Prütting* Rz 682). Gegen Dritte wirkt das Abtretungsverbot aber nur, wenn es im Grundbuch eingetragen ist. 3

§ 1154. Abtretung der Forderung

(1) [1]**Zur Abtretung der Forderung ist Erteilung der Abtretungserklärung in schriftlicher Form und Übergabe des Hypothekenbriefs erforderlich; die Vorschrift des § 1117 findet Anwendung.** [2]**Der bisherige Gläubiger hat auf Verlangen des neuen Gläubigers die Abtretungserklärung auf seine Kosten öffentlich beglaubigen zu lassen.**

(2) **Die schriftliche Form der Abtretungserklärung kann dadurch ersetzt werden, dass die Abtretung in das Grundbuch eingetragen wird.**

(3) **Ist die Erteilung des Hypothekenbriefs ausgeschlossen, so finden auf die Abtretung der Forderung die Vorschriften der §§ 873, 878 entsprechende Anwendung.**

Die Vorschrift regelt die **Form** der Abtretung für die Briefhypothek in Abs 1 und 2, für die Buchhypothek in Abs 3. Bei der **Briefhypothek** bedarf die Abtretungserklärung des Zedenten (nicht die Annahmeerklärung des anderen Vertragsteils) der Schriftform (ersatzweise Eintragung der Abtretung im Grundbuch gemäß Abs 2); außerdem ist die Briefübergabe iSd § 1117 erforderlich. Für die **Buchhypothek** bleibt es gemäß Abs 3 bei dem Erfordernis der Grundbucheintragung: Einigung (formlose Abtretung) und Eintragung lassen die Hypothek in entsprechender Anwendung des § 873 auf den Erwerber übergehen. 1

§ 1155. Öffentlicher Glaube beglaubigter Abtretungserklärungen

[1]**Ergibt sich das Gläubigerrecht des Besitzers des Hypothekenbriefs aus einer zusammenhängenden, auf einen eingetragenen Gläubiger zurückführenden Reihe von öffentlich beglaubigten Abtretungserklärungen, so finden die Vorschriften der §§ 891 bis 899 in gleicher Weise Anwendung, wie wenn der Besitzer des Briefes als Gläubiger im Grundbuch eingetragen wäre.** [2]**Einer öffentlich beglaubigten Abtretungserklärung steht gleich ein gerichtlicher Überweisungsbeschluss und das öffentlich beglaubigte Anerkenntnis einer kraft Gesetzes erfolgten Übertragung der Forderung.**

1. Der **Zweck** der Norm besteht darin, im Interesse des redlichen Geschäftsverkehrs den öffentlichen Glauben des Grundbuchs (§§ 891 bis 899) unter bestimmten Voraussetzungen auf den Erwerb von Briefhypotheken zu erstrecken, der sich gem § 1154 I 1 außerhalb des Grundbuchs vollzieht. Ohne die Regelung des § 1155 wäre die leichtere Form der Hypothekenübertragung außerhalb des Grundbuchs mit erheblichen Risiken belastet und damit für den Rechtsverkehr unattraktiv; denn da dem Erwerber die Fehlerhaftigkeit irgendeiner der vorangehenden Übertragungen entgegengehalten werden könnte, wäre die Sicherheit seines Erwerbs umso geringer, je mehr Übertragungen stattgefunden haben (*Prütting* Rz 686). 1

2. Vorausgesetzt ist eine ununterbrochene Kette öffentlich beglaubigter Abtretungserklärungen, die vom Briefbesitzer auf den im Grundbuch zuletzt eingetragenen Gläubiger zurückführen muss. Auch die äußerlich nicht erkennbare Fälschung einer 2

Abtretungserklärung schadet nach hM dem Gutgläubigen nicht, da die Umlauffähigkeit sonst zu stark beeinträchtigt würde (RGZ 85, 58; *MüKo-Eickmann* Rz 12; anders zB *Baur/Stürner* § 38 Rz 34 mit der Behauptung, § 1155 setze echte Abtretungserklärungen voraus).

3 Bei einer Unterbrechung der Kette, etwa durch eine privatschriftliche Abtretungserklärung oder durch Erbfall, gilt § 1155 jedenfalls für die Abtretungserklärungen bis zur Unterbrechung. Für danach liegende öffentlich beglaubigte Abtretungserklärungen gilt nach hM § 1155 ebenfalls, sofern der privatschriftlich Zedierende bzw Erbe wirksam erworben und somit als Berechtigter weiter zediert hat. Sind zB die Abtretungen von A an B und von C an D beglaubigt, die von B an C aber nicht (oder ist C Erbe des B geworden), dann tritt bei einem wirksamen Erwerb des C der öffentliche Glaube zugunsten des D wieder ein (*Prütting* Rz 689; differenzierend *MüKo-Eickmann* Rz 8f: nach einer privatschriftlichen Abtretung ende der Gutglaubensschutz, nach einem Erbfall dagegen nicht).

4 **3. Wirkungen.** Der gem § 1155 ausgewiesene Briefbesitzer steht dem eingetragenen Hypothekengläubiger für die Anwendung der §§ 891–899 gleich: Für ihn gilt die Vermutung des § 891. Von ihm kann gutgläubig nach § 892 sowie nach §§ 1138, 892 erworben werden. Anders als beim gutgläubigen Erwerb nach § 932 I (s § 932 Rz 4) reicht eine bloße Besitzverschaffungsmacht des Veräußerers nicht aus: Er muss unmittelbarer oder mittelbarer Briefbesitzer sein (BGH NJW-RR 1993, 369; aM zB *Reinicke/Tiedtke* NJW 1994, 345). Auch § 893 sowie §§ 1138, 893 sind anwendbar, so dass der Eigentümer an den durch § 1155 legitimierten Briefbesitzer befreiend zahlen kann. Der Gutglaubensschutz ist – hier wie sonst – ausgeschlossen bei Kenntnis, Vorliegen eines Widerspruchs oder bei einer aus dem Brief hervorgehenden Unrichtigkeit des Grundbuchs (§§ 892 I 1, 1140). Schließlich gelten auch die §§ 894, 899: Der wahre Berechtigte hat die aus §§ 894ff folgenden Rechte; insbesondere kann er die Grundbuchberichtigung und die Eintragung eines Widerspruchs im Grundbuch verlangen, um sich gegen einen Rechtsverlust durch einen gutgläubigen Erwerber zu schützen.

§ 1156. Rechtsverhältnis zwischen Eigentümer und neuem Gläubiger

[1]Die für die Übertragung der Forderung geltenden Vorschriften der §§ 406 bis 408 finden auf das Rechtsverhältnis zwischen dem Eigentümer und dem neuen Gläubiger in Ansehung der Hypothek keine Anwendung. [2]Der neue Gläubiger muss jedoch eine dem bisherigen Gläubiger gegenüber erfolgte Kündigung des Eigentümers gegen sich gelten lassen, es sei denn, dass die Übertragung zur Zeit der Kündigung dem Eigentümer bekannt oder im Grundbuch eingetragen ist.

1 Der **Anwendungsbereich** dieser Vorschrift erfasst nur solche Einwendungen des Eigentümers gegen den Zedenten, die **nach** der Zession entstanden sind (vgl zu den sonstigen Einwendungen und Einreden des Eigentümers § 1137 Rz 3–6). Es werden „in Ansehung der Hypothek" (also nur für diese und nicht für die ihr zugrunde liegende Forderung) die §§ 406–408 ausgeschlossen. Diese Einschränkung der Akzessorietät der Hypothek soll ihre Verkehrsfähigkeit erhöhen. Insbesondere kann sich der Eigentümer bei Leistung an den bisherigen Gläubiger **hinsichtlich der Hypothek** nicht auf § 407 berufen, so dass der neue Gläubiger die Hypothek – im Unterschied zu der zugrunde liegenden Forderung – weiterhin gem § 1147 durchsetzen kann (sog forderungsentkleidete Hypothek). Alternativ kann der Zessionar aus § 816 II gegen den Zedenten vorgehen.

§ 1157. Fortbestehen der Einreden gegen die Hypothek

[1]Eine Einrede, die dem Eigentümer auf Grund eines zwischen ihm und dem bisherigen Gläubiger bestehenden Rechtsverhältnisses gegen die Hypothek zu-

steht, kann auch dem neuen Gläubiger entgegengesetzt werden. [2]Die Vorschriften der §§ 892, 894 bis 899, 1140 gelten auch für diese Einrede.

Die Vorschrift erfasst – im Unterschied zu den von § 1137 geregelten schuldnerbezogenen Einreden (vgl § 1137 Rz 3) – die sog **eigentümerbezogenen Einreden** (näher § 1137 Rz 6). Anders als § 404 (s dort Rz 1) setzt § 1157 S 1 voraus, dass die Einrede dem Eigentümer „zusteht". Daher muss der **gesamte Einredetatbestand** vor der Abtretung verwirklicht sein (BGHZ 85, 388, 391). Ebenfalls abweichend von § 404 schützt S 2 auch den gutgläubigen rechtsgeschäftlichen Erwerber. Kein Gutglaubensschutz besteht demgegenüber nach hM beim gesetzlichen Erwerb eines ablösungsberechtigten Dritten gem §§ 1150, 268 III, 1153 I, zumal § 893 von der Verweisung in S 2 ausdrücklich ausgenommen wird (BGH NJW 1997, 190). 1

§ 1158. Künftige Nebenleistungen

Soweit die Forderung auf Zinsen oder andere Nebenleistungen gerichtet ist, die nicht später als in dem Kalendervierteljahr, in welchem der Eigentümer von der Übertragung Kenntnis erlangt, oder dem folgenden Vierteljahr fällig werden, finden auf das Rechtsverhältnis zwischen dem Eigentümer und dem neuen Gläubiger die Vorschriften der §§ 406 bis 408 Anwendung; der Gläubiger kann sich gegenüber den Einwendungen, welche dem Eigentümer nach den §§ 404, 406 bis 408, 1157 zustehen, nicht auf die Vorschrift des § 892 berufen.

§ 1159. Rückständige Nebenleistungen

(1) **[1]Soweit die Forderung auf Rückstände von Zinsen oder anderen Nebenleistungen gerichtet ist, bestimmt sich die Übertragung sowie das Rechtsverhältnis zwischen dem Eigentümer und dem neuen Gläubiger nach den für die Übertragung von Forderungen geltenden allgemeinen Vorschriften. [2]Das Gleiche gilt für den Anspruch auf Erstattung von Kosten, für die das Grundstück nach § 1118 haftet.**

(2) **Die Vorschrift des § 892 findet auf die im Absatz 1 bezeichneten Ansprüche keine Anwendung.**

§ 1160. Geltendmachung der Briefhypothek

(1) **Der Geltendmachung der Hypothek kann, sofern nicht die Erteilung des Hypothekenbriefs ausgeschlossen ist, widersprochen werden, wenn der Gläubiger nicht den Brief vorlegt; ist der Gläubiger nicht im Grundbuch eingetragen, so sind auch die im § 1155 bezeichneten Urkunden vorzulegen.**

(2) **Eine dem Eigentümer gegenüber erfolgte Kündigung oder Mahnung ist unwirksam, wenn der Gläubiger die nach Absatz 1 erforderlichen Urkunden nicht vorlegt und der Eigentümer die Kündigung oder die Mahnung aus diesem Grunde unverzüglich zurückweist.**

(3) **Diese Vorschriften gelten nicht für die im § 1159 bezeichneten Ansprüche.**

§ 1161. Geltendmachung der Forderung

Ist der Eigentümer der persönliche Schuldner, so findet die Vorschrift des § 1160 auch auf die Geltendmachung der Forderung Anwendung.

§ 1162. Aufgebot des Hypothekenbriefs

Ist der Hypothekenbrief abhanden gekommen oder vernichtet, so kann er im Wege des Aufgebotsverfahrens für kraftlos erklärt werden.

§ 1163. Eigentümerhypothek

(1) [1]**Ist die Forderung, für welche die Hypothek bestellt ist, nicht zur Entstehung gelangt, so steht die Hypothek dem Eigentümer zu.** [2]**Erlischt die Forderung, so erwirbt der Eigentümer die Hypothek.**

(2) **Eine Hypothek, für welche die Erteilung des Hypothekenbriefs nicht ausgeschlossen ist, steht bis zur Übergabe des Briefes an den Gläubiger dem Eigentümer zu.**

1 **1.** Der **Zweck** der Vorschrift, die im Zusammenhang mit § 1177 zu sehen ist, besteht darin, das Aufrücken nachrangiger Grundpfandrechte zu verhindern und dem Eigentümer die Rangstelle des Grundpfandrechts zu erhalten, mit dem er weitere Kredite sichern kann. Allerdings hat der Gesetzgeber die gegenläufigen Interessen der nachrangigen Grundpfandgläubiger durch Einfügung der §§ 1179a, b, die einen gesetzlichen Löschungsanspruch gewähren, später teilweise höher bewertet und die wirtschaftliche Bedeutung des § 1163 dadurch wieder eingeschränkt.

2 **2.** Eine **vorläufige** Eigentümergrundschuld entsteht nach §§ 1163 I 1, 1177 I 1, solange die Forderung, von der Abs 1 S 1 spricht, noch zur Entstehung gelangen kann, zB durch Auszahlung des Darlehens (sog Valutierung der Hypothek). Die bis zur Valutierung gegebene vorläufige Eigentümergrundschuld ist auflösend bedingt durch die Entstehung der Forderung. Fällt die Bedingung aus, so wird die vorläufige zur endgültigen Eigentümergrundschuld (BGHZ 60, 226, 228f); tritt die Bedingung ein, so entsteht kraft Gesetzes die die Forderung sichernde Fremdhypothek. Die vorläufige Eigentümergrundschuld ist vom gesetzlichen Löschungsanspruch gem § 1179a II freigestellt und kann vom Eigentümer für Zwischenfinanzierungen genutzt werden (näher etwa *Baur/Stürner* § 37 Rz 43; *Medicus/Petersen* Rz 460, 471; *MüKo-Eickmann* Rz 44ff).

§ 1164. Übergang der Hypothek auf den Schuldner

(1) [1]**Befriedigt der persönliche Schuldner den Gläubiger, so geht die Hypothek insoweit auf ihn über, als er von dem Eigentümer oder einem Rechtsvorgänger des Eigentümers Ersatz verlangen kann.** [2]**Ist dem Schuldner nur teilweise Ersatz zu leisten, so kann der Eigentümer die Hypothek, soweit sie auf ihn übergegangen ist, nicht zum Nachteil der Hypothek des Schuldners geltend machen.**

(2) **Der Befriedigung des Gläubigers steht es gleich, wenn sich Forderung und Schuld in einer Person vereinigen.**

1 Die Vorschrift ordnet eine **gesetzliche Forderungsauswechslung** für den Fall an, dass der persönliche Schuldner für seine Zahlung vom Eigentümer Ersatz verlangen kann. Bsp: S hat dem G zur Sicherung eines Darlehens eine Hypothek bestellt. Er veräußert sein belastetes Grundstück an E, der die Darlehensschuld unter Anrechnung auf den Kaufpreis übernehmen soll. Da G die Schuldübernahme nicht genehmigt (vgl § 416), zahlt S bei Fälligkeit an G. Damit ist die Darlehensforderung erloschen; die Hypothek verwandelt sich jedoch nicht in eine Eigentümergrundschuld des E, sondern sichert gem § 1164 nunmehr den Erstattungsanspruch des S gegen E aus § 415 III.

§ 1165. Freiwerden des Schuldners

Verzichtet der Gläubiger auf die Hypothek oder hebt er sie nach § 1183 auf oder räumt er einem anderen Recht den Vorrang ein, so wird der persönliche Schuldner insoweit frei, als er ohne diese Verfügung nach § 1164 aus der Hypothek hätte Ersatz erlangen können.

§ 1166. Benachrichtigung des Schuldners

[1]Ist der persönliche Schuldner berechtigt, von dem Eigentümer Ersatz zu verlangen, falls er den Gläubiger befriedigt, so kann er, wenn der Gläubiger die Zwangsversteigerung des Grundstücks betreibt, ohne ihn unverzüglich zu benachrichtigen, die Befriedigung des Gläubigers wegen eines Ausfalls bei der Zwangsversteigerung insoweit verweigern, als er infolge der Unterlassung der Benachrichtigung einen Schaden erleidet. [2]Die Benachrichtigung darf unterbleiben, wenn sie untunlich ist.

§ 1167. Aushändigung der Berichtigungsurkunden

Erwirbt der persönliche Schuldner, falls er den Gläubiger befriedigt, die Hypothek oder hat er im Falle der Befriedigung ein sonstiges rechtliches Interesse an der Berichtigung des Grundbuchs, so stehen ihm die in den §§ 1144, 1145 bestimmten Rechte zu.

§ 1168. Verzicht auf die Hypothek

(1) Verzichtet der Gläubiger auf die Hypothek, so erwirbt sie der Eigentümer.

(2) [1]Der Verzicht ist dem Grundbuchamt oder dem Eigentümer gegenüber zu erklären und bedarf der Eintragung in das Grundbuch. [2]Die Vorschriften des § 875 Abs. 2 und der §§ 876, 878 finden entsprechende Anwendung.

(3) Verzichtet der Gläubiger für einen Teil der Forderung auf die Hypothek, so stehen dem Eigentümer die im § 1145 bestimmten Rechte zu.

§ 1169. Rechtszerstörende Einrede

Steht dem Eigentümer eine Einrede zu, durch welche die Geltendmachung der Hypothek dauernd ausgeschlossen wird, so kann er verlangen, dass der Gläubiger auf die Hypothek verzichtet.

§ 1170. Ausschluss unbekannter Gläubiger

(1) [1]Ist der Gläubiger unbekannt, so kann er im Wege des Aufgebotsverfahrens mit seinem Recht ausgeschlossen werden, wenn seit der letzten sich auf die Hypothek beziehenden Eintragung in das Grundbuch zehn Jahre verstrichen sind und das Recht des Gläubigers nicht innerhalb dieser Frist von dem Eigentümer in einer nach § 212 Abs. 1 Nr. 1 zum Neubeginn der Verjährung geeigneten Weise anerkannt worden ist. [2]Besteht für die Forderung eine nach dem Kalender bestimmte Zahlungszeit, so beginnt die Frist nicht vor dem Ablauf des Zahlungstags.

(2) [1]Mit der Rechtskraft des Ausschließungsbeschlusses erwirbt der Eigentümer die Hypothek. [2]Der dem Gläubiger erteilte Hypothekenbrief wird kraftlos.

§ 1171. Ausschluss durch Hinterlegung

(1) [1]Der unbekannte Gläubiger kann im Wege des Aufgebotsverfahrens mit seinem Recht auch dann ausgeschlossen werden, wenn der Eigentümer zur Befriedigung des Gläubigers oder zur Kündigung berechtigt ist und den Betrag der Forderung für den Gläubiger unter Verzicht auf das Recht zur Rücknahme hinterlegt. [2]Die Hinterlegung von Zinsen ist nur erforderlich, wenn der Zinssatz im Grundbuch eingetragen ist; Zinsen für eine frühere Zeit als das vierte Kalenderjahr vor der Rechtskraft des Ausschließungsbeschlusses sind nicht zu hinterlegen.

(2) [1]Mit der Rechtskraft des Ausschließungsbeschlusses gilt der Gläubiger als befriedigt, sofern nicht nach den Vorschriften über die Hinterlegung die Befrie-

digung schon vorher eingetreten ist. [2]Der dem Gläubiger erteilte Hypothekenbrief wird kraftlos.

(3) Das Recht des Gläubigers auf den hinterlegten Betrag erlischt mit dem Ablauf von 30 Jahren nach der Rechtskraft des Ausschließungsbeschlusses, wenn nicht der Gläubiger sich vorher bei der Hinterlegungsstelle meldet; der Hinterleger ist zur Rücknahme berechtigt, auch wenn er auf das Recht zur Rücknahme verzichtet hat.

§ 1172. Eigentümergesamthypothek

(1) Eine Gesamthypothek steht in den Fällen des § 1163 den Eigentümern der belasteten Grundstücke gemeinschaftlich zu.

(2) [1]Jeder Eigentümer kann, sofern nicht ein anderes vereinbart ist, verlangen, dass die Hypothek an seinem Grundstück auf den Teilbetrag, der dem Verhältnis des Wertes seines Grundstücks zu dem Werte der sämtlichen Grundstücke entspricht, nach § 1132 Abs. 2 beschränkt und in dieser Beschränkung ihm zugeteilt wird. [2]Der Wert wird unter Abzug der Belastungen berechnet, die der Gesamthypothek im Range vorgehen.

§ 1173. Befriedigung durch einen der Eigentümer

(1) [1]Befriedigt der Eigentümer eines der mit einer Gesamthypothek belasteten Grundstücke den Gläubiger, so erwirbt er die Hypothek an seinem Grundstück; die Hypothek an den übrigen Grundstücken erlischt. [2]Der Befriedigung des Gläubigers durch den Eigentümer steht es gleich, wenn das Gläubigerrecht auf den Eigentümer übertragen wird oder wenn sich Forderung und Schuld in der Person des Eigentümers vereinigen.

(2) Kann der Eigentümer, der den Gläubiger befriedigt, von dem Eigentümer eines der anderen Grundstücke oder einem Rechtsvorgänger dieses Eigentümers Ersatz verlangen, so geht in Höhe des Ersatzanspruchs auch die Hypothek an dem Grundstück dieses Eigentümers auf ihn über; sie bleibt mit der Hypothek an seinem eigenen Grundstück Gesamthypothek.

§ 1174. Befriedigung durch den persönlichen Schuldner

(1) Befriedigt der persönliche Schuldner den Gläubiger, dem eine Gesamthypothek zusteht, oder vereinigen sich bei einer Gesamthypothek Forderung und Schuld in einer Person, so geht, wenn der Schuldner nur von dem Eigentümer eines der Grundstücke oder von einem Rechtsvorgänger des Eigentümers Ersatz verlangen kann, die Hypothek an diesem Grundstück auf ihn über; die Hypothek an den übrigen Grundstücken erlischt.

(2) Ist dem Schuldner nur teilweise Ersatz zu leisten und geht deshalb die Hypothek nur zu einem Teilbetrag auf ihn über, so hat sich der Eigentümer diesen Betrag auf den ihm nach § 1172 gebührenden Teil des übrig bleibenden Betrags der Gesamthypothek anrechnen zu lassen.

§ 1175. Verzicht auf die Gesamthypothek

(1) [1]Verzichtet der Gläubiger auf die Gesamthypothek, so fällt sie den Eigentümern der belasteten Grundstücke gemeinschaftlich zu; die Vorschrift des § 1172 Abs. 2 findet Anwendung. [2]Verzichtet der Gläubiger auf die Hypothek an einem der Grundstücke, so erlischt die Hypothek an diesem.

(2) Das Gleiche gilt, wenn der Gläubiger nach § 1170 mit seinem Recht ausgeschlossen wird.

§ 1176. Eigentümerteilhypothek; Kollisionsklausel

Liegen die Voraussetzungen der §§ 1163, 1164, 1168, 1172 bis 1175 nur in Ansehung eines Teilbetrags der Hypothek vor, so kann die auf Grund dieser Vorschriften dem Eigentümer oder einem der Eigentümer oder dem persönlichen Schuldner zufallende Hypothek nicht zum Nachteil der dem Gläubiger verbleibenden Hypothek geltend gemacht werden.

§ 1177. Eigentümergrundschuld, Eigentümerhypothek

(1) [1]Vereinigt sich die Hypothek mit dem Eigentum in einer Person, ohne dass dem Eigentümer auch die Forderung zusteht, so verwandelt sich die Hypothek in eine Grundschuld. [2]In Ansehung der Verzinslichkeit, des Zinssatzes, der Zahlungszeit, der Kündigung und des Zahlungsorts bleiben die für die Forderung getroffenen Bestimmungen maßgebend.

(2) Steht dem Eigentümer auch die Forderung zu, so bestimmen sich seine Rechte aus der Hypothek, solange die Vereinigung besteht, nach den für eine Grundschuld des Eigentümers geltenden Vorschriften.

§ 1178. Hypothek für Nebenleistungen und Kosten

(1) [1]Die Hypothek für Rückstände von Zinsen und anderen Nebenleistungen sowie für Kosten, die dem Gläubiger zu erstatten sind, erlischt, wenn sie sich mit dem Eigentum in einer Person vereinigt. [2]Das Erlöschen tritt nicht ein, solange einem Dritten ein Recht an dem Anspruch auf eine solche Leistung zusteht.

(2) [1]Zum Verzicht auf die Hypothek für die im Absatz 1 bezeichneten Leistungen genügt die Erklärung des Gläubigers gegenüber dem Eigentümer. [2]Solange einem Dritten ein Recht an dem Anspruch auf eine solche Leistung zusteht, ist die Zustimmung des Dritten erforderlich. [3]Die Zustimmung ist demjenigen gegenüber zu erklären, zu dessen Gunsten sie erfolgt; sie ist unwiderruflich.

§ 1179. Löschungsvormerkung

Verpflichtet sich der Eigentümer einem anderen gegenüber, die Hypothek löschen zu lassen, wenn sie sich mit dem Eigentum in einer Person vereinigt, so kann zur Sicherung des Anspruchs auf Löschung eine Vormerkung in das Grundbuch eingetragen werden, wenn demjenigen, zu dessen Gunsten die Eintragung vorgenommen werden soll,

1. ein anderes gleichrangiges oder nachrangiges Recht als eine Hypothek, Grundschuld oder Rentenschuld am Grundstück zusteht oder
2. ein Anspruch auf Einräumung eines solchen anderen Rechts oder auf Übertragung des Eigentums am Grundstück zusteht; der Anspruch kann auch ein künftiger oder bedingter sein.

§ 1179a. Löschungsanspruch bei fremden Rechten

(1) [1]Der Gläubiger einer Hypothek kann von dem Eigentümer verlangen, dass dieser eine vorrangige oder gleichrangige Hypothek löschen lässt, wenn sie im Zeitpunkt der Eintragung der Hypothek des Gläubigers mit dem Eigentum in einer Person vereinigt ist oder eine solche Vereinigung später eintritt. [2]Ist das Eigentum nach der Eintragung der nach Satz 1 begünstigten Hypothek durch Sondernachfolge auf einen anderen übergegangen, so ist jeder Eigentümer wegen der zur Zeit seines Eigentums bestehenden Vereinigungen zur Löschung verpflichtet. [3]Der Löschungsanspruch ist in gleicher Weise gesichert, als wenn zu seiner Sicherung gleichzeitig mit der begünstigten Hypothek eine Vormerkung in das Grundbuch eingetragen worden wäre.

(2) [1]**Die Löschung einer Hypothek, die nach § 1163 Abs. 1 Satz 1 mit dem Eigentum in einer Person vereinigt ist, kann nach Absatz 1 erst verlangt werden, wenn sich ergibt, dass die zu sichernde Forderung nicht mehr entstehen wird; der Löschungsanspruch besteht von diesem Zeitpunkt ab jedoch auch wegen der vorher bestehenden Vereinigungen.** [2]**Durch die Vereinigung einer Hypothek mit dem Eigentum nach § 1163 Abs. 2 wird ein Anspruch nach Absatz 1 nicht begründet.**

(3) **Liegen bei der begünstigten Hypothek die Voraussetzungen des § 1163 vor, ohne dass das Recht für den Eigentümer oder seinen Rechtsnachfolger im Grundbuch eingetragen ist, so besteht der Löschungsanspruch für den eingetragenen Gläubiger oder seinen Rechtsnachfolger.**

(4) **Tritt eine Hypothek im Range zurück, so sind auf die Löschung der ihr infolge der Rangänderung vorgehenden oder gleichstehenden Hypothek die Absätze 1 bis 3 mit der Maßgabe entsprechend anzuwenden, dass an die Stelle des Zeitpunkts der Eintragung des zurückgetretenen Rechts der Zeitpunkt der Eintragung der Rangänderung tritt.**

(5) [1]**Als Inhalt einer Hypothek, deren Gläubiger nach den vorstehenden Vorschriften ein Anspruch auf Löschung zusteht, kann der Ausschluss dieses Anspruchs vereinbart werden; der Ausschluss kann auf einen bestimmten Fall der Vereinigung beschränkt werden.** [2]**Der Ausschluss ist unter Bezeichnung der Hypotheken, die dem Löschungsanspruch ganz oder teilweise nicht unterliegen, im Grundbuch anzugeben; ist der Ausschluss nicht für alle Fälle der Vereinigung vereinbart, so kann zur näheren Bezeichnung der erfassten Fälle auf die Eintragungsbewilligung Bezug genommen werden.** [3]**Wird der Ausschluss aufgehoben, so entstehen dadurch nicht Löschungsansprüche für Vereinigungen, die nur vor dieser Aufhebung bestanden haben.**

1 **1. Zweck.** Grundpfandgläubiger haben ein wirtschaftliches Interesse an der Löschung vor- oder gleichrangiger Belastungen, wenn sich diese – etwa durch Tilgung – mit dem Eigentum vereinigen. Vor Einfügung des § 1179a ließen sie sich daher regelmäßig einen durch Vormerkung gesicherten vertraglichen Löschungsanspruch einräumen. Um die Grundbuchämter zu entlasten, begründet die Vorschrift einen **gesetzlichen** Löschungsanspruch mit **vormerkungsgleicher Wirkung** (s Abs 1 S 3). Sie steht damit in einem gewissen Spannungsverhältnis zum Prinzip der Rangwahrung (vgl § 1163 Rz 1).

2 **2. Anwendungsbereich.** Der gesetzliche Löschungsanspruch steht nur Grundpfandgläubigern zu; andere dinglich Berechtigte (zB Nießbraucher) müssen und können sich weiterhin eine Löschungsvormerkung bewilligen lassen (s § 1179). Der Anspruch besteht ferner nicht gegenüber vorläufigen Eigentümergrundschulden (s Abs 2) sowie gegenüber rechtsgeschäftlich begründeten Eigentümergrundschulden, die noch nicht abgetreten wurden (§ 1196 III). Dadurch wird den Finanzierungsinteressen des Eigentümers Rechnung getragen.

§ 1179 b. Löschungsanspruch bei eigenem Recht

(1) **Wer als Gläubiger einer Hypothek im Grundbuch eingetragen oder nach Maßgabe des § 1155 als Gläubiger ausgewiesen ist, kann von dem Eigentümer die Löschung dieser Hypothek verlangen, wenn sie im Zeitpunkt ihrer Eintragung mit dem Eigentum in einer Person vereinigt ist oder eine solche Vereinigung später eintritt.**

(2) **§ 1179 a Abs. 1 Satz 2, 3, Abs. 2, 5 ist entsprechend anzuwenden.**

§ 1180. Auswechslung der Forderung

(1) [1]**An die Stelle der Forderung, für welche die Hypothek besteht, kann eine andere Forderung gesetzt werden.** [2]**Zu der Änderung ist die Einigung des Gläubigers und des Eigentümers sowie die Eintragung in das Grundbuch erforderlich; die Vorschriften des § 873 Abs. 2 und der §§ 876, 878 finden entsprechende Anwendung.**

(2) [1]**Steht die Forderung, die an die Stelle der bisherigen Forderung treten soll, nicht dem bisherigen Hypothekengläubiger zu, so ist dessen Zustimmung erforderlich; die Zustimmung ist dem Grundbuchamt oder demjenigen gegenüber zu erklären, zu dessen Gunsten sie erfolgt.** [2]**Die Vorschriften des § 875 Abs. 2 und des § 876 finden entsprechende Anwendung.**

§ 1181. Erlöschen durch Befriedigung aus dem Grundstück

(1) **Wird der Gläubiger aus dem Grundstück befriedigt, so erlischt die Hypothek.**

(2) **Erfolgt die Befriedigung des Gläubigers aus einem der mit einer Gesamthypothek belasteten Grundstücke, so werden auch die übrigen Grundstücke frei.**

(3) **Der Befriedigung aus dem Grundstück steht die Befriedigung aus den Gegenständen gleich, auf die sich die Hypothek erstreckt.**

§ 1182. Übergang bei Befriedigung aus der Gesamthypothek

[1]**Soweit im Falle einer Gesamthypothek der Eigentümer des Grundstücks, aus dem der Gläubiger befriedigt wird, von dem Eigentümer eines der anderen Grundstücke oder einem Rechtsvorgänger dieses Eigentümers Ersatz verlangen kann, geht die Hypothek an dem Grundstück dieses Eigentümers auf ihn über.** [2]**Die Hypothek kann jedoch, wenn der Gläubiger nur teilweise befriedigt wird, nicht zum Nachteil der dem Gläubiger verbleibenden Hypothek und, wenn das Grundstück mit einem im Range gleich- oder nachstehenden Recht belastet ist, nicht zum Nachteil dieses Rechts geltend gemacht werden.**

§ 1183. Aufhebung der Hypothek

[1]**Zur Aufhebung der Hypothek durch Rechtsgeschäft ist die Zustimmung des Eigentümers erforderlich.** [2]**Die Zustimmung ist dem Grundbuchamt oder dem Gläubiger gegenüber zu erklären; sie ist unwiderruflich.**

§ 1184. Sicherungshypothek

(1) **Eine Hypothek kann in der Weise bestellt werden, dass das Recht des Gläubigers aus der Hypothek sich nur nach der Forderung bestimmt und der Gläubiger sich zum Beweis der Forderung nicht auf die Eintragung berufen kann (Sicherungshypothek).**

(2) **Die Hypothek muss im Grundbuch als Sicherungshypothek bezeichnet werden.**

Die Sicherungshypothek ist – wie Abs 1 und § 1185 II zeigen – **streng akzessorisch:** Das Recht des Gläubigers bestimmt sich nur nach der Forderung; der gutgläubige Erwerb einer Sicherungshypothek ohne Forderung gem § 1138 ist ausgeschlossen (§ 1185 II). Der Eigentümer kann alle Einwendungen und Einreden gegenüber der Forderung auch gegen die Hypothek vorbringen. Da § 1156 nicht anwendbar ist (§ 1185 II), gelten zugunsten des Eigentümers bei Abtretung der Hypothek auch die §§ 406–408. 1

2 Durch die strenge Akzessorietät ist die **Verkehrsfähigkeit** der Sicherungshypothek stark **eingeschränkt.** Sie dient daher vor allem der Sicherung kurzfristig zu erfüllender Forderungen, so die Bauhandwerkerhypothek des § 648, die Zwangshypothek (§ 866 I ZPO) und die Arresthypothek (§ 932 ZPO).

§ 1185. Buchhypothek; unanwendbare Vorschriften

(1) **Bei der Sicherungshypothek ist die Erteilung des Hypothekenbriefs ausgeschlossen.**

(2) **Die Vorschriften der §§ 1138, 1139, 1141, 1156 finden keine Anwendung.**

§ 1186. Zulässige Umwandlungen

[1]Eine Sicherungshypothek kann in eine gewöhnliche Hypothek, eine gewöhnliche Hypothek kann in eine Sicherungshypothek umgewandelt werden. [2]Die Zustimmung der im Range gleich- oder nachstehenden Berechtigten ist nicht erforderlich.

§ 1187. Sicherungshypothek für Inhaber- und Orderpapiere

[1]Für die Forderung aus einer Schuldverschreibung auf den Inhaber, aus einem Wechsel oder aus einem anderen Papier, das durch Indossament übertragen werden kann, kann nur eine Sicherungshypothek bestellt werden. [2]Die Hypothek gilt als Sicherungshypothek, auch wenn sie im Grundbuch nicht als solche bezeichnet ist. [3]Die Vorschrift des § 1154 Abs. 3 findet keine Anwendung. [4]Ein Anspruch auf Löschung der Hypothek nach den §§ 1179a, 1179b besteht nicht.

§ 1188. Sondervorschrift für Schuldverschreibungen auf den Inhaber

(1) **Zur Bestellung einer Hypothek für die Forderung aus einer Schuldverschreibung auf den Inhaber genügt die Erklärung des Eigentümers gegenüber dem Grundbuchamt, dass er die Hypothek bestelle, und die Eintragung in das Grundbuch; die Vorschrift des § 878 findet Anwendung.**

(2) **[1]Die Ausschließung des Gläubigers mit seinem Recht nach § 1170 ist nur zulässig, wenn die im § 801 bezeichnete Vorlegungsfrist verstrichen ist. [2]Ist innerhalb der Frist die Schuldverschreibung vorgelegt oder der Anspruch aus der Urkunde gerichtlich geltend gemacht worden, so kann die Ausschließung erst erfolgen, wenn die Verjährung eingetreten ist.**

§ 1189. Bestellung eines Grundbuchvertreters

(1) **[1]Bei einer Hypothek der im § 1187 bezeichneten Art kann für den jeweiligen Gläubiger ein Vertreter mit der Befugnis bestellt werden, mit Wirkung für und gegen jeden späteren Gläubiger bestimmte Verfügungen über die Hypothek zu treffen und den Gläubiger bei der Geltendmachung der Hypothek zu vertreten. [2]Zur Bestellung des Vertreters ist die Eintragung in das Grundbuch erforderlich.**

(2) **Ist der Eigentümer berechtigt, von dem Gläubiger eine Verfügung zu verlangen, zu welcher der Vertreter befugt ist, so kann er die Vornahme der Verfügung von dem Vertreter verlangen.**

§ 1190. Höchstbetragshypothek

(1) **[1]Eine Hypothek kann in der Weise bestellt werden, dass nur der Höchstbetrag, bis zu dem das Grundstück haften soll, bestimmt, im Übrigen die Feststellung der Forderung vorbehalten wird. [2]Der Höchstbetrag muss in das Grundbuch eingetragen werden.**

(2) **Ist die Forderung verzinslich, so werden die Zinsen in den Höchstbetrag eingerechnet.**

(3) **Die Hypothek gilt als Sicherungshypothek, auch wenn sie im Grundbuch nicht als solche bezeichnet ist.**

(4) [1]**Die Forderung kann nach den für die Übertragung von Forderungen geltenden allgemeinen Vorschriften übertragen werden.** [2]**Wird sie nach diesen Vorschriften übertragen, so ist der Übergang der Hypothek ausgeschlossen.**

Titel 2. Grundschuld, Rentenschuld

Untertitel 1. Grundschuld

§ 1191. Gesetzlicher Inhalt der Grundschuld

(1) **Ein Grundstück kann in der Weise belastet werden, dass an denjenigen, zu dessen Gunsten die Belastung erfolgt, eine bestimmte Geldsumme aus dem Grundstück zu zahlen ist (Grundschuld).**

(2) **Die Belastung kann auch in der Weise erfolgen, dass Zinsen von der Geldsumme sowie andere Nebenleistungen aus dem Grundstück zu entrichten sind.**

I. Allgemeines

1. Rechtsnatur. Die **Grundschuld** ist ein **selbständiges** dingliches Verwertungs- 1
recht, dessen gesetzliche Ausgestaltung also nicht auf das Bestehen einer gesicherten Forderung ausgerichtet ist. In der fehlenden Akzessorietät liegt der wesentliche Unterschied zur Hypothek (s § 1113 Rz 2).

2. Zwei **Arten** der Grundschuld sind zu unterscheiden: 2

a) Die **Sicherungsgrundschuld** dient der Sicherung einer Forderung (s Defini- 3
tion in § 1192 Abs 1a). Ihre rechtliche Behandlung wurde – wie die des Sicherungseigentums – von der Rspr und Rechtslehre ausgeformt. Praktisch steht die Sicherungsgrundschuld unter den Grundpfandrechten ganz im Vordergrund. Sie ist – mangels Akzessorietät – unkomplizierter und in ihrem Bestand sicherer als die Hypothek, die sie im Rechtsleben weitgehend verdrängt hat (instruktive Gegenüberstellung von Hypothek und Sicherungsgrundschuld bei *Baur/Stürner,* Übersicht 20). Zu dieser Entwicklung bildet das Gesetz insofern einen Gegensatz, als es die Hypothek im einzelnen regelt, während es für die Grundschuld nur Verweisungen (in § 1192 I) und wenige Sondervorschriften (§§ 1193–1196) bereithält.

b) Die **isolierte Grundschuld,** also ein ohne zu sichernde Forderung (etwa auf 4
Grund einer Schenkung) eingeräumtes „isoliertes“ Verwertungsrecht stellt im Rechtsleben die seltene Ausnahme dar. Für die Entstehung und Abtretung der isolierten Grundschuld gelten dieselben Grundsätze wie für die Sicherungsgrundschuld, soweit nicht aus § 1192 Abs 1a besondere Regelungen für die Sicherungsgrundschuld hervorgehen.

II. Die Sicherungsgrundschuld

1. Die **Unterscheidung von drei Rechtsgeschäften** ist wesentlich. 5

a) Das **Forderungsgeschäft,** aus dem der zu sichernde Anspruch des Gläubigers 6
auf Zahlung einer Geldsumme herrührt, zB Darlehen (§ 488 I 2) oder Kaufvertrag (§ 433 II). Man spricht meist kurz von der „Forderung“.

Ob auch **Ersatzansprüche,** die bei Störungen des Forderungsgeschäfts an die Stel- 7
le des eigentlichen Anspruchs treten, durch die Grundschuld gesichert werden, entscheidet in erster Linie der Inhalt des Sicherungsvertrags; im Zweifel ist der Bereicherungsanspruch des Gläubigers bei Nichtigkeit des Darlehensvertrags als gesichert anzusehen (*MüKo-Eickmann* Rz 78).

8 **b)** Der **Sicherungsvertrag** regelt die schuldrechtlichen Pflichten zwischen Eigentümer und Grundschuldgläubiger, und er bestimmt, welche Forderung gesichert werden soll (sog Zweckerklärung). Durch den Sicherungsvertrag verpflichtet sich der Eigentümer regelmäßig dazu, die Grundschuld zu bestellen, der Gläubiger dazu, die Grundschuld nur zur Sicherung der Forderung zu verwenden und sie dem Eigentümer nach Befriedigung der Forderung zurückzuübertragen. In der Kreditpraxis wird regelmäßig vereinbart, dass die Grundschuld der Sicherung aller gegenwärtigen und künftigen Ansprüche des Gläubigers gegen den Schuldner dient. Dies wird von der Rspr nicht beanstandet, soweit der Eigentümer zugleich Schuldner der gesicherten Forderung ist, denn als Schuldner haftet der Sicherungsgeber für diese Verbindlichkeiten ohnehin mit seinem gesamten Vermögen.

9 Der Sicherungsvertrag bildet den **Rechtsgrund** (die **causa**) für die Bestellung der Grundschuld. Ist er unwirksam, so besteht ein Anspruch aus § 812 I 1 auf Rückgabe der Grundschuld.

10 Eine **Akzessorietät** der Grundschuld vermag der Sicherungsvertrag nicht zu begründen. Die Grundschuld entsteht unabhängig vom Bestand der Forderung; § 1163 I gilt nicht (s etwa *Jauernig* Rz 6).

11 **c)** Das **dingliche Geschäft,** also die **Bestellung der Grundschuld.** Sie erfordert gem § 873 Einigung, Eintragung und Einigsein im Zeitpunkt der Eintragung (s dort). Bei der Briefgrundschuld muss gem §§ 1192, 1117 I 1 die Briefübergabe hinzukommen. Ein Erwerb der Grundschuld vom Nichtberechtigten ist gem § 892 möglich (vgl dort Rz 1).

12 **2. Einwendungen** gegen den Bestand des dinglichen Rechts (s § 1137 Rz 5) können der Grundschuld (ebenso wie der Hypothek) entgegengehalten werden. Dagegen gilt für Einreden gegen die Forderung mangels Akzessorietät der Grundschuld nicht § 1137. Ist bspw die Forderung wegen fehlender Valutierung nicht zur Entstehung gelangt, so ist § 1137 nicht anwendbar; der Eigentümer kann aber infolge der Verknüpfung von Forderung und Grundschuld durch den Sicherungsvertrag die dingliche „Einrede des mangelnden Sicherungsfalles" erheben (s etwa *Medicus/Petersen* Rz 496). Die aus dem Sicherungsvertrag folgenden Einreden unterfallen dem § 1157, weil sie sich trotz ihrer schuldrechtlichen Herkunft „gegen die Grundschuld" richten, und beim Erwerb bereits entstandene Einreden können daher auch dem Erwerber (Zessionar) entgegengehalten werden. Ein gutgläubig einredefreier Erwerb nach § 1157 S 2 ist bei der Sicherungsgrundschuld für Einreden aus dem Sicherungsvertrag nach § 1192 Ia 1 ausgeschlossen, auch wenn der Erwerber nicht wusste, dass er eine Sicherungsgrundschuld erwarb. Durch diese Regelung will der Gesetzgeber den Eigentümer vor Nachteilen schützen, die sich aus der weithin verbreiteten Veräußerung ganzer Kreditportfolios an hierauf spezialisierte Fondsgesellschaften ergeben können (zu Übergangsvorschriften s Art 229 § 18 EGBGB).

13 **3.** Für die **Übertragung** der Grundschuld gilt mangels Akzessorietät nicht § 1153. Vielmehr müssen für die Grundschuld als selbständiges dingliches Recht eigene Übertragungsvoraussetzungen erfüllt werden: für die Buchgrundschuld sind dies gem §§ 1192 I, 1154 III Einigung und Eintragung (§ 873), für die Briefgrundschuld gem §§ 1192 I, 1154 I schriftliche Übertragungserklärung und Übergabe des Grundschuldbriefs. Ein gutgläubiger Erwerb vom Nichtberechtigten richtet sich bei der Buchgrundschuld nach § 892, bei der Briefgrundschuld nach § 1155.

14 Bei der Sicherungsgrundschuld wird **gemeinsam** mit der Übertragung des dinglichen Rechts regelmäßig auch die **Forderung** abgetreten; die Forderungsabtretung erfolgt ausschließlich nach §§ 398ff.

15 Grundschuld und Forderung können **getrennt** werden, etwa indem der Gläubiger nur die Grundschuld überträgt und die Forderung behält (näher zu dieser Problematik *Baur/Stürner* § 45 Rz 54ff). Zwar widerspricht eine solche getrennte Verfügung über

die Grundschuld vor Fälligkeit der Forderung regelmäßig dem obligatorischen Sicherungsvertrag (nach Fälligkeit liegt in der Übertragung eine Verwertungshandlung; der Erlös wird auf die Forderung verrechnet, die insoweit erlischt; *MüKo-Eickmann* Rz 101). Der Eigentümer ist vor der Gefahr einer doppelten Inanspruchnahme aber dadurch geschützt, dass er auch dem Erwerber die Einreden aus dem Sicherungsvertrag gem § 1157 entgegenhalten kann (vgl oben Rz 12). Bspw kann er, wenn er die Forderung bereits erfüllt hat, den Anspruch auf Rückübertragung der Grundschuld gegen den (bösgläubigen) Erwerber einredeweise geltend machen.

4. Für die **Tilgung** ist zu unterscheiden, ob auf die Forderung, auf die Grundschuld oder auf beide gezahlt wird. Hierfür ist wichtig, wer getilgt hat, der Eigentümer-Schuldner, der Nur-Eigentümer oder der Nur-Schuldner. In erster Linie entscheidet der Wille des Leistenden darüber, worauf gezahlt wird; dabei kann die Zweckbestimmung der Zahlung noch nachträglich durch Vertrag geändert werden, bspw indem die Zahlung des Eigentümer-Schuldners auf die Forderung auch die Grundschuld ablösen soll (BGH NJW 1969, 2237). Zahlt der Nur-Eigentümer, so wird man mangels konkreter gegenteiliger Anhaltspunkte nach der Interessenlage annehmen können, dass er die Grundschuld tilgen will, während der Wille des Nur-Schuldners regelmäßig auf die Tilgung der Forderung gerichtet sein wird. Im Einzelnen gilt Folgendes: 16

a) Zahlt der **Eigentümer-Schuldner nur auf die Forderung,** so erlischt diese (§ 362 I); die Grundschuld bleibt zunächst bestehen, aber der Eigentümer-Schuldner hat aus dem Sicherungsvertrag regelmäßig einen Anspruch auf Rückgewähr. Dabei hat er die Wahl zwischen drei Möglichkeiten: Rückübertragung entsprechend § 1154, Verzicht entsprechend § 1169 (mit der Folge von § 1168) oder Aufhebung nach § 875 (*Medicus/Petersen* Rz 500). 17

b) Zahlt der **Eigentümer-Schuldner auf die Grundschuld,** so erlischt nach dem Sinn und Zweck der Sicherungsabrede auch die persönliche Schuld gem § 362 I, wenn im Zeitpunkt der Tilgung der Grundschuld auch die Forderung fällig ist (BGH NJW 1980, 2198). Die Grundschuld wird kraft Gesetzes zur Eigentümergrundschuld. Dieses unstreitige Ergebnis wird teils mit einer Analogie zu § 1163 I 2 begründet, teils auch mit dem Rechtsgedanken der §§ 1168, 1171; die hM nimmt demgegenüber mit Recht an, dass die §§ 1142, 1143 den Fall erfassen (s etwa *MüKo-Eickmann* Rz 107). 18

c) Zahlt der **Nur-Eigentümer,** so geht die Grundschuld nach § 1143 als Eigentümergrundschuld auf ihn über (vgl oben b). Die Forderung bleibt unberührt (BGHZ 80, 228). Ein Forderungserwerb kraft Gesetzes (§ 1143) erfolgt nicht (BGHZ 105, 154); der Eigentümer kann vom Gläubiger nach hM aber ihre Abtretung verlangen, falls er einen Ersatzanspruch gegen den Schuldner hat. 19

d) Zahlt der **Nur-Schuldner,** so erlischt die Forderung (§ 362 I). Die Grundschuld bleibt zunächst beim Gläubiger (§ 1163 I 2 ist nach allgA unanwendbar). Jedoch ist der Rückübertragungsanspruch aus dem Sicherungsvertrag zu beachten. Ist der Schuldner Partei dieses Vertrags und der Eigentümer ihm ersatzpflichtig, so kann er die Übertragung der Grundschuld auf sich verlangen; ist der Schuldner nicht Vertragspartei, so kann der Eigentümer verpflichtet sein, ihm seinen Rückübertragungsanspruch abzutreten (s etwa *Baur/Stürner* § 45 Rz 86; *Prütting* Rz 772). 20

5. Auch wenn die Bestellung einer Grundschuld nach § 873 nicht formbedürftig ist, ergibt sich aus dem formellen Grundbuchrecht (§ 29 GBO) für die Eintragungsbewilligung des Eigentümers das Erfordernis der **öffentlichen Beglaubigung** (§ 129). In der Praxis wird die Erklärung des Eigentümers sogar regelmäßig **notariell beurkundet** (§ 128), weil der Gläubiger darauf besteht, sogleich einen Vollstreckungstitel in Gestalt einer **vollstreckbaren Urkunde** (§§ 794 I Nr 5, 800 ZPO) zu erhalten. Außerdem hat der Darlehensnehmer anlässlich der Grundschuldbestellung regelmäßig ein 21 abstraktes Schuldversprechen (§ 780) abzugeben und sich auch insoweit – dh hinsichtlich seines gesamten Vermögens – der sofortigen Zwangsvollstreckung zu unterwerfen.

§ 1192. Anwendbare Vorschriften

(1) **Auf die Grundschuld finden die Vorschriften über die Hypothek entsprechende Anwendung, soweit sich nicht daraus ein anderes ergibt, dass die Grundschuld nicht eine Forderung voraussetzt.**

(1a) [1]**Ist die Grundschuld zur Sicherung eines Anspruchs verschafft worden (Sicherungsgrundschuld), können Einreden, die dem Eigentümer auf Grund des Sicherungsvertrags mit dem bisherigen Gläubiger gegen die Grundschuld zustehen oder sich aus dem Sicherungsvertrag ergeben, auch jedem Erwerber der Grundschuld entgegengesetzt werden; § 1157 Satz 2 findet insoweit keine Anwendung.** [2]**Im Übrigen bleibt § 1157 unberührt.**

(2) **Für Zinsen der Grundschuld gelten die Vorschriften über die Zinsen einer Hypothekenforderung.**

1 **1. Unanwendbar,** weil die Grundschuld keine Forderung voraussetzt, sind: §§ 1113, 1115 I HS 2, 1137–1139, 1141 I 1, 1153, 1161, 1163 I, 1164–1166, 1173 I 2 (bzgl Vereinigung von Forderung und Schuld), 1174, 1177, 1180 I, 1184–1187 und 1190.

2 **2. Entsprechend anwendbar** sind die anderen hypothekenrechtlichen Vorschriften, wobei an die Stelle des Wortes „Forderung" ggf „Grundschuld" zu setzen ist, so zB in §§ 1115 I HS 1, 1118, 1142, 1154f.

3. Auch § 1157 ist entsprechend anwendbar. Allerdings ist ein **gutgläubig einredefreier Erwerb** nach § 1157 S 2 bei der Sicherungsgrundschuld **für Einreden aus dem Sicherungsvertrag ausgeschlossen**, wenn die Grundschuld nach dem 19. 8. 2008 erworben wurde (vgl Abs 1a iVm Art 228 § 18 II EGBGB). Dadurch wird der Eigentümer vor Nachteilen aus einer Abtretung der Grundschuld geschützt, wie sie vor Inkrafttreten der Vorschrift insbesondere im Zusammenhang mit der Veräußerung von Kreditportfolios diskutiert wurden. Für Altfälle vor dem 19. 8. 2008 schützt der BGH die Interessen des Schuldners auf prozessualer Ebene, indem er die Erteilung einer Vollstreckungsklausel an den Rechtsnachfolger daran knüpft, dass der klauselerteilenden Stelle – idR dem Notar, der die Grundschuld mit Vollstreckungsunterwerfung (§ 794 I Nr 5 ZPO) beurkundet hat – auch der Eintritt des Rechtsnachfolgers in den Sicherungsvertrag nachgewiesen ist (BGH NJW 2010, 2041).

§ 1193. Kündigung

(1) [1]**Das Kapital der Grundschuld wird erst nach vorgängiger Kündigung fällig.** [2]**Die Kündigung steht sowohl dem Eigentümer als dem Gläubiger zu.** [3]**Die Kündigungsfrist beträgt sechs Monate.**

(2) [1]**Abweichende Bestimmungen sind zulässig.** [2]**Dient die Grundschuld der Sicherung einer Geldforderung, so ist eine von Absatz 1 abweichende Bestimmung nicht zulässig.**

§ 1194. Zahlungsort

Die Zahlung des Kapitals sowie der Zinsen und anderen Nebenleistungen hat, soweit nicht ein anderes bestimmt ist, an dem Orte zu erfolgen, an dem das Grundbuchamt seinen Sitz hat.

§ 1195. Inhabergrundschuld

[1]**Eine Grundschuld kann in der Weise bestellt werden, dass der Grundschuldbrief auf den Inhaber ausgestellt wird.** [2]**Auf einen solchen Brief finden die**

Vorschriften über Schuldverschreibungen auf den Inhaber entsprechende Anwendung.

§ 1196. Eigentümergrundschuld

(1) **Eine Grundschuld kann auch für den Eigentümer bestellt werden.**

(2) **Zu der Bestellung ist die Erklärung des Eigentümers gegenüber dem Grundbuchamt, dass die Grundschuld für ihn in das Grundbuch eingetragen werden soll, und die Eintragung erforderlich; die Vorschrift des § 878 findet Anwendung.**

(3) **Ein Anspruch auf Löschung der Grundschuld nach § 1179a oder § 1179b besteht nur wegen solcher Vereinigungen der Grundschuld mit dem Eigentum in einer Person, die eintreten, nachdem die Grundschuld einem anderen als dem Eigentümer zugestanden hat.**

Merke: Die Eigentümergrundschuld ist ein gegenüber dem Eigentum **selbständiges Recht.** Wird zB ein mit einer Eigentümergrundschuld belastetes Grundstück ohne ihre ausdrückliche Abtretung übereignet, so verwandelt sie sich in eine Fremdgrundschuld des Veräußerers am Grundstück des Erwerbers. Der Veräußerer kann die Grundschuld dann allerdings nicht durchsetzen; vielmehr steht dem Erwerber nach §§ 433 I 2, 442 II ein schuldrechtlicher Aufhebungsanspruch zu (s *Baur/Stürner* § 36 Rz 120f). 1

§ 1197. Abweichungen von der Fremdgrundschuld

(1) **Ist der Eigentümer der Gläubiger, so kann er nicht die Zwangsvollstreckung zum Zwecke seiner Befriedigung betreiben.**

(2) **Zinsen gebühren dem Eigentümer nur, wenn das Grundstück auf Antrag eines anderen zum Zwecke der Zwangsverwaltung in Beschlag genommen ist, und nur für die Dauer der Zwangsverwaltung.**

§ 1198. Zulässige Umwandlungen

[1]**Eine Hypothek kann in eine Grundschuld, eine Grundschuld kann in eine Hypothek umgewandelt werden.** [2]**Die Zustimmung der im Range gleich- oder nachstehenden Berechtigten ist nicht erforderlich.**

Untertitel 2. Rentenschuld

§ 1199. Gesetzlicher Inhalt der Rentenschuld

(1) **Eine Grundschuld kann in der Weise bestellt werden, dass in regelmäßig wiederkehrenden Terminen eine bestimmte Geldsumme aus dem Grundstück zu zahlen ist (Rentenschuld).**

(2) [1]**Bei der Bestellung der Rentenschuld muss der Betrag bestimmt werden, durch dessen Zahlung die Rentenschuld abgelöst werden kann.** [2]**Die Ablösungssumme muss im Grundbuch angegeben werden.**

§ 1200. Anwendbare Vorschriften

(1) **Auf die einzelnen Leistungen finden die für Hypothekenzinsen, auf die Ablösungssumme finden die für ein Grundschuldkapital geltenden Vorschriften entsprechende Anwendung.**

(2) **Die Zahlung der Ablösungssumme an den Gläubiger hat die gleiche Wirkung wie die Zahlung des Kapitals einer Grundschuld.**

§ 1201. Ablösungsrecht

(1) **Das Recht zur Ablösung steht dem Eigentümer zu.**

(2) [1]**Dem Gläubiger kann das Recht, die Ablösung zu verlangen, nicht eingeräumt werden.** [2]**Im Falle des § 1133 Satz 2 ist der Gläubiger berechtigt, die Zahlung der Ablösungssumme aus dem Grundstück zu verlangen.**

§ 1202. Kündigung

(1) [1]**Der Eigentümer kann das Ablösungsrecht erst nach vorgängiger Kündigung ausüben.** [2]**Die Kündigungsfrist beträgt sechs Monate, wenn nicht ein anderes bestimmt ist.**

(2) **Eine Beschränkung des Kündigungsrechts ist nur soweit zulässig, dass der Eigentümer nach 30 Jahren unter Einhaltung der sechsmonatigen Frist kündigen kann.**

(3) **Hat der Eigentümer gekündigt, so kann der Gläubiger nach dem Ablauf der Kündigungsfrist die Zahlung der Ablösungssumme aus dem Grundstück verlangen.**

§ 1203. Zulässige Umwandlungen

[1]**Eine Rentenschuld kann in eine gewöhnliche Grundschuld, eine gewöhnliche Grundschuld kann in eine Rentenschuld umgewandelt werden.** [2]**Die Zustimmung der im Range gleich- oder nachstehenden Berechtigten ist nicht erforderlich.**

Abschnitt 8. Pfandrecht an beweglichen Sachen und an Rechten

Titel 1. Pfandrecht an beweglichen Sachen

§ 1204. Gesetzlicher Inhalt des Pfandrechts an beweglichen Sachen

(1) **Eine bewegliche Sache kann zur Sicherung einer Forderung in der Weise belastet werden, dass der Gläubiger berechtigt ist, Befriedigung aus der Sache zu suchen (Pfandrecht).**

(2) **Das Pfandrecht kann auch für eine künftige oder eine bedingte Forderung bestellt werden.**

1 **1. Zweck.** Das in Abs 1 definierte Pfandrecht gewährt dem Gläubiger zur Sicherung seiner Forderung ein **dingliches Verwertungsrecht.** Gegenstand des Pfandrechts können neben beweglichen Sachen auch Rechte sein (§§ 1273ff). Im Unterschied zu den Grundpfandrechten (§§ 1113, 1191, 1199) kommen Grundstücke als Belastungsobjekt nicht in Betracht. Die Befriedigung des Pfandgläubigers erfolgt aus dem Erlös des Pfandverkaufs (§ 1228).

2 **2. Rechtsnatur.** Das Pfandrecht ist **streng akzessorisch,** dh es kann ohne die Forderung, die es sichern soll, weder entstehen noch fortbestehen oder übertragen werden (§§ 1204, 1252, 1250). Als Pfand kann nur ein Einzelgegenstand oder ein bestimmtes Vermögensrecht dienen, nicht zB das gesamte bewegliche Schuldnervermögen (Grundsatz der **Spezialität,** s § 929 Rz 3). Das Pfandrecht muss nach außen (in der Regel durch Besitz) erkennbar sein (Grundsatz der **Publizität**).

3 **3. Arten.** Der Begründung nach werden unterschieden: **a) Vertragliche** Pfandrechte werden bestellt durch Rechtsgeschäft zwischen Pfandgläubiger und Verpfänder (s §§ 1205ff). Als Sicherungsmittel wird das Vertragspfandrecht im heutigen Wirt-

schaftsverkehr bei beweglichen Sachen durch das Sicherungseigentum (s § 930 Rz 7ff) und den Eigentumsvorbehalt (s § 449 Rz 1ff), bei Rechten durch die Sicherungsabtretung (s Vor § 398 Rz 14ff) weitgehend verdrängt. **b) Gesetzliche** Pfandrechte entstehen kraft Gesetzes. Dabei sind Besitzpfandrechte (Pfandrechte, die zu ihrer Entstehung Besitzerlangung erfordern, zB §§ 397, 441, 464, 475b HGB, § 647) von besitzlosen Pfandrechten („Einbringungspfandrechten", zB §§ 562, 592, 704) zu unterscheiden. Nach § 1257 finden grds die Vorschriften über das vertragliche Pfandrecht entsprechende Anwendung. **c) Pfändungspfandrechte** werden durch Pfändung (§§ 803ff ZPO), also durch eine Zwangsvollstreckungsmaßnahme begründet. Ist der hoheitliche Pfändungsakt (zB nach § 808 Abs 1 oder 2 ZPO) wirksam, so bewirkt er an der gepfändeten Sache ein öffentlichrechtliches Gewaltverhältnis, die sog Verstrickung (gesichert durch § 136 Abs 1 StGB). Str ist, ob das Pfändungspfandrecht schon allein durch die Verstrickung entsteht (öffentlichrechtliche Theorie) oder ob hierfür zusätzlich die Voraussetzungen der §§ 1204ff vorliegen müssen (gemischt privatrechtlich-öffentlichrechtliche Theorie). Das Pfändungspfandrecht gewährt ein Verwertungsrecht, dessen Reichweite ebenfalls str ist (lediglich prozessuales bzw auch materielles Verwertungsrecht), jedoch kommen beide Theorien meist zu gleichen Ergebnissen.

§ 1205. Bestellung

(1) [1]**Zur Bestellung des Pfandrechts ist erforderlich, dass der Eigentümer die Sache dem Gläubiger übergibt und beide darüber einig sind, dass dem Gläubiger das Pfandrecht zustehen soll.** [2]**Ist der Gläubiger im Besitz der Sache, so genügt die Einigung über die Entstehung des Pfandrechts.**

(2) **Die Übergabe einer im mittelbaren Besitz des Eigentümers befindlichen Sache kann dadurch ersetzt werden, dass der Eigentümer den mittelbaren Besitz auf den Pfandgläubiger überträgt und die Verpfändung dem Besitzer anzeigt.**

1. Die **Bestellung** eines vertraglichen Pfandrechts an einer beweglichen Sache er- 1
fordert neben dem Bestehen einer Forderung (s § 1204 Rz 2) ebenso wie die Übereignung **Einigung** und **Übergabe** (s § 929 Rz 1ff, 6ff): Der Eigentümer und Verpfänder muss mit dem Gläubiger darin übereinstimmen, dass dem Gläubiger zur Sicherung einer bestimmten Forderung ein Pfandrecht zustehen soll, und der Eigentümer muss seinen unmittelbaren Besitz an der Pfandsache auf den Gläubiger übertragen. Einigung genügt, wenn die Pfandsache schon im Besitz des Gläubigers ist (Abs 1 S 2). Ersetzt werden kann die Übergabe nach Abs 2 und § 1206.

2. Ist der Verpfänder nicht Eigentümer der Pfandsache und fehlt die Zustimmung 2
des Eigentümers (§ 185), so ist ein **gutgläubiger Erwerb** des Vertragspfandrechts nach § 1207 möglich. Die Vorschrift verweist auf die Erwerbstatbestände der §§ 932, 934, nicht dagegen auf § 933, da das Pfandrecht auf Grund des geltenden Publizitätsgrundsatzes nicht durch Besitzkonstitut begründet werden kann. Zu beachten ist § 366 I HGB, der gutgläubigen Pfandrechtserwerb auch bei fehlender Verfügungsbefugnis des Verpfänders ermöglicht (vgl § 932 Rz 5).

3. Mit der wirksamen Pfandbestellung entsteht zwischen Pfandgläubiger und Ver- 3
pfänder ein **gesetzliches Schuldverhältnis,** das in §§ 1215–1221, 1223–1226 geregelt ist. So trifft den Pfandgläubiger die Pflicht, das Pfand zu verwahren (§ 1215) und es bei Erlöschen des Pfandrechts zurückzugeben (§ 1223 I). Der Verpfänder ist verpflichtet, Verwendungen des Pfandgläubigers auf das Pfand nach den Grundsätzen der GoA zu ersetzen (§ 1216). Merke: Das gesetzliche Schuldverhältnis knüpft stets an die Verpfändung an, dh es besteht auch dann ausschließlich zwischen Pfandgläubiger und Verpfänder, wenn der Verpfänder nicht zugleich Eigentümer ist. In diesem Fall kann der Eigentümer aus den §§ 1215ff keine Rechte herleiten (hM; differenzierend *Staudinger-Wiegand* [2002] § 1215 Rz 5).

§ 1206. Übergabeersatz durch Einräumung des Mitbesitzes

Anstelle der Übergabe der Sache genügt die Einräumung des Mitbesitzes, wenn sich die Sache unter dem Mitverschluss des Gläubigers befindet oder, falls sie im Besitz eines Dritten ist, die Herausgabe nur an den Eigentümer und den Gläubiger gemeinschaftlich erfolgen kann.

§ 1207. Verpfändung durch Nichtberechtigten

Gehört die Sache nicht dem Verpfänder, so finden auf die Verpfändung die für den Erwerb des Eigentums geltenden Vorschriften der §§ 932, 934, 935 entsprechende Anwendung.

1 Zum gutgläubigen Ersterwerb des Vertragspfandrechts s § 1205 Rz 2. Zur Frage des gutgläubigen Erwerbs bei gesetzlichen Pfandrechten s § 1257 Rz 1.

§ 1208. Gutgläubiger Erwerb des Vorrangs

[1] Ist die Sache mit dem Recht eines Dritten belastet, so geht das Pfandrecht dem Recht vor, es sei denn, dass der Pfandgläubiger zur Zeit des Erwerbs des Pfandrechts in Ansehung des Rechts nicht in gutem Glauben ist. [2] Die Vorschriften des § 932 Abs. 1 Satz 2, des § 935 und des § 936 Abs. 3 finden entsprechende Anwendung.

§ 1209. Rang des Pfandrechts

Für den Rang des Pfandrechts ist die Zeit der Bestellung auch dann maßgebend, wenn es für eine künftige oder eine bedingte Forderung bestellt ist.

§ 1210. Umfang der Haftung des Pfandes

(1) **[1] Das Pfand haftet für die Forderung in deren jeweiligem Bestand, insbesondere auch für Zinsen und Vertragsstrafen. [2] Ist der persönliche Schuldner nicht der Eigentümer des Pfandes, so wird durch ein Rechtsgeschäft, das der Schuldner nach der Verpfändung vornimmt, die Haftung nicht erweitert.**

(2) **Das Pfand haftet für die Ansprüche des Pfandgläubigers auf Ersatz von Verwendungen, für die dem Pfandgläubiger zu ersetzenden Kosten der Kündigung und der Rechtsverfolgung sowie für die Kosten des Pfandverkaufs.**

§ 1211. Einreden des Verpfänders

(1) **[1] Der Verpfänder kann dem Pfandgläubiger gegenüber die dem persönlichen Schuldner gegen die Forderung sowie die nach § 770 einem Bürgen zustehenden Einreden geltend machen. [2] Stirbt der persönliche Schuldner, so kann sich der Verpfänder nicht darauf berufen, dass der Erbe für die Schuld nur beschränkt haftet.**

(2) **Ist der Verpfänder nicht der persönliche Schuldner, so verliert er eine Einrede nicht dadurch, dass dieser auf sie verzichtet.**

§ 1212. Erstreckung auf getrennte Erzeugnisse

Das Pfandrecht erstreckt sich auf die Erzeugnisse, die von dem Pfande getrennt werden.

§ 1213. Nutzungspfand

(1) **Das Pfandrecht kann in der Weise bestellt werden, dass der Pfandgläubiger berechtigt ist, die Nutzungen des Pfandes zu ziehen.**

(2) **Ist eine von Natur Frucht tragende Sache dem Pfandgläubiger zum Alleinbesitz übergeben, so ist im Zweifel anzunehmen, dass der Pfandgläubiger zum Fruchtbezug berechtigt sein soll.**

§ 1214. Pflichten des nutzungsberechtigten Pfandgläubigers

(1) **Steht dem Pfandgläubiger das Recht zu, die Nutzungen zu ziehen, so ist er verpflichtet, für die Gewinnung der Nutzungen zu sorgen und Rechenschaft abzulegen.**

(2) **Der Reinertrag der Nutzungen wird auf die geschuldete Leistung und, wenn Kosten und Zinsen zu entrichten sind, zunächst auf diese angerechnet.**

(3) **Abweichende Bestimmungen sind zulässig.**

§ 1215. Verwahrungspflicht

Der Pfandgläubiger ist zur Verwahrung des Pfandes verpflichtet.

§ 1216. Ersatz von Verwendungen

[1]**Macht der Pfandgläubiger Verwendungen auf das Pfand, so bestimmt sich die Ersatzpflicht des Verpfänders nach den Vorschriften über die Geschäftsführung ohne Auftrag.** [2]**Der Pfandgläubiger ist berechtigt, eine Einrichtung, mit der er das Pfand versehen hat, wegzunehmen.**

§ 1217. Rechtsverletzung durch den Pfandgläubiger

(1) **Verletzt der Pfandgläubiger die Rechte des Verpfänders in erheblichem Maße und setzt er das verletzende Verhalten ungeachtet einer Abmahnung des Verpfänders fort, so kann der Verpfänder verlangen, dass das Pfand auf Kosten des Pfandgläubigers hinterlegt oder, wenn es sich nicht zur Hinterlegung eignet, an einen gerichtlich zu bestellenden Verwahrer abgeliefert wird.**

(2) [1]**Statt der Hinterlegung oder der Ablieferung der Sache an einen Verwahrer kann der Verpfänder die Rückgabe des Pfandes gegen Befriedigung des Gläubigers verlangen.** [2]**Ist die Forderung unverzinslich und noch nicht fällig, so gebührt dem Pfandgläubiger nur die Summe, welche mit Hinzurechnung der gesetzlichen Zinsen für die Zeit von der Zahlung bis zur Fälligkeit dem Betrag der Forderung gleichkommt.**

§ 1218. Rechte des Verpfänders bei drohendem Verderb

(1) **Ist der Verderb des Pfandes oder eine wesentliche Minderung des Wertes zu besorgen, so kann der Verpfänder die Rückgabe des Pfandes gegen anderweitige Sicherheitsleistung verlangen; die Sicherheitsleistung durch Bürgen ist ausgeschlossen.**

(2) **Der Pfandgläubiger hat dem Verpfänder von dem drohenden Verderb unverzüglich Anzeige zu machen, sofern nicht die Anzeige untunlich ist.**

§ 1219. Rechte des Pfandgläubigers bei drohendem Verderb

(1) **Wird durch den drohenden Verderb des Pfandes oder durch eine zu besorgende wesentliche Minderung des Wertes die Sicherheit des Pfandgläubigers gefährdet, so kann dieser das Pfand öffentlich versteigern lassen.**

(2) [1]**Der Erlös tritt an die Stelle des Pfandes.** [2]**Auf Verlangen des Verpfänders ist der Erlös zu hinterlegen.**

§ 1220. Androhung der Versteigerung

(1) [1]**Die Versteigerung des Pfandes ist erst zulässig, nachdem sie dem Verpfänder angedroht worden ist; die Androhung darf unterbleiben, wenn das Pfand dem Verderb ausgesetzt und mit dem Aufschub der Versteigerung Gefahr verbunden ist.** [2]**Im Falle der Wertminderung ist außer der Androhung erforderlich, dass der Pfandgläubiger dem Verpfänder zur Leistung anderweitiger Sicherheit eine angemessene Frist bestimmt hat und diese verstrichen ist.**

(2) **Der Pfandgläubiger hat den Verpfänder von der Versteigerung unverzüglich zu benachrichtigen; im Falle der Unterlassung ist er zum Schadensersatz verpflichtet.**

(3) **Die Androhung, die Fristbestimmung und die Benachrichtigung dürfen unterbleiben, wenn sie untunlich sind.**

§ 1221. Freihändiger Verkauf

Hat das Pfand einen Börsen- oder Marktpreis, so kann der Pfandgläubiger den Verkauf aus freier Hand durch einen zu solchen Verkäufen öffentlich ermächtigten Handelsmäkler oder durch eine zur öffentlichen Versteigerung befugte Person zum laufenden Preis bewirken.

§ 1222. Pfandrecht an mehreren Sachen

Besteht das Pfandrecht an mehreren Sachen, so haftet jede für die ganze Forderung.

§ 1223. Rückgabepflicht; Einlösungsrecht

(1) **Der Pfandgläubiger ist verpflichtet, das Pfand nach dem Erlöschen des Pfandrechts dem Verpfänder zurückzugeben.**

(2) **Der Verpfänder kann die Rückgabe des Pfandes gegen Befriedigung des Pfandgläubigers verlangen, sobald der Schuldner zur Leistung berechtigt ist.**

§ 1224. Befriedigung durch Hinterlegung oder Aufrechnung

Die Befriedigung des Pfandgläubigers durch den Verpfänder kann auch durch Hinterlegung oder durch Aufrechnung erfolgen.

§ 1225. Forderungsübergang auf den Verpfänder

[1]**Ist der Verpfänder nicht der persönliche Schuldner, so geht, soweit er den Pfandgläubiger befriedigt, die Forderung auf ihn über.** [2]**Die für einen Bürgen geltende Vorschrift des § 774 findet entsprechende Anwendung.**

1 **1.** Die Vorschrift greift nur ein, wenn der nichtschuldende **Verpfänder** das Pfand ablöst (vgl § 1223 II); befriedigt der **Eigentümer,** der weder persönlicher Schuldner noch Verpfänder ist, den Pfandgläubiger (Vierpersonenverhältnis), so ergibt sich der Forderungsübergang aus §§ 1249, 268 III.

2 **2.** Mit der Forderung geht nach §§ 412, 401, 1250 **auch das Pfandrecht** auf den Verpfänder über; war er zugleich Eigentümer, so erlischt es gem § 1256. Zur Konkurrenz von Pfandrecht und Bürgschaft bei mehreren Sicherungsgebern s § 774 Rz 6ff.

§ 1226. Verjährung der Ersatzansprüche

[1]**Die Ersatzansprüche des Verpfänders wegen Veränderungen oder Verschlechterungen des Pfandes sowie die Ansprüche des Pfandgläubigers auf Ersatz von Verwendungen oder auf Gestattung der Wegnahme einer Einrichtung**

verjähren in sechs Monaten. ²Die Vorschrift des § 548 Abs. 1 Satz 2 und 3, Abs. 2 findet entsprechende Anwendung.

§ 1227. Schutz des Pfandrechts

Wird das Recht des Pfandgläubigers beeinträchtigt, so finden auf die Ansprüche des Pfandgläubigers die für die Ansprüche aus dem Eigentum geltenden Vorschriften entsprechende Anwendung.

1. Zugunsten des Pfandgläubigers gelten insbesondere die §§ 985, 987 ff, 1004 und 1006 entsprechend. Er kann diese Ansprüche **auch gegen den Eigentümer** geltend machen; bspw greift § 985 durch, wenn der Eigentümer die Pfandsache ohne Berechtigung (§ 986) wieder an sich nimmt. Daneben sind grds die allgemeinen Vorschriften anwendbar (vgl §§ 812, 823 I, 858 ff); allerdings gilt die Privilegierungsfunktion der §§ 987 ff auch hier (s Vor § 987 Rz 2 und 7 ff). 1

2. Bei der Ermittlung von **Inhalt und Umfang** der Ansprüche ist die von den Eigentümerrechten verschiedene Interessenlage zu beachten. Schadensersatz in Geld kann der Pfandgläubiger zB erst nach Pfandreife und nur in Höhe seines Sicherungsinteresses verlangen (vgl § 1210); vor Pfandreife steht ihm lediglich ein Anspruch auf Pfandbestellung am Schadensersatzbetrag zu. 2

§ 1228. Befriedigung durch Pfandverkauf

(1) **Die Befriedigung des Pfandgläubigers aus dem Pfande erfolgt durch Verkauf.**

(2) **¹Der Pfandgläubiger ist zum Verkauf berechtigt, sobald die Forderung ganz oder zum Teil fällig ist. ²Besteht der geschuldete Gegenstand nicht in Geld, so ist der Verkauf erst zulässig, wenn die Forderung in eine Geldforderung übergegangen ist.**

Der in den §§ 1228 I, 1233 I, 1235 geregelte **Privatverkauf** ist der gesetzliche Normalfall der Pfandverwertung. Die öffentliche Versteigerung (Begriff: § 383 III) beim Privatverkauf ist von derjenigen in der Zwangsvollstreckung (§§ 814 ff ZPO) zu unterscheiden: Beim Privatverkauf verkauft und übereignet der Auktionator die Pfandsache als **Stellvertreter des Pfandgläubigers** nach den Regeln des Privatrechts (§§ 433, 929 ff iVm § 164). Die Berechtigung des Pfandgläubigers zur Verfügung über die (fremde) Pfandsache ergibt sich dabei aus seinem dinglichen Verwertungsrecht (s § 1204 Rz 1); der Erwerber wird gem § 1242 I so gestellt, wie wenn er die Sache vom Eigentümer erworben hätte. Bei der Versteigerung einer gepfändeten Sache in der Zwangsvollstreckung wird das Eigentum dagegen durch Hoheitsakt des Gerichtsvollziehers übertragen. 1

§ 1229. Verbot der Verfallvereinbarung

Eine vor dem Eintritt der Verkaufsberechtigung getroffene Vereinbarung, nach welcher dem Pfandgläubiger, falls er nicht oder nicht rechtzeitig befriedigt wird, das Eigentum an der Sache zufallen oder übertragen werden soll, ist nichtig.

§ 1230. Auswahl unter mehreren Pfändern

¹Unter mehreren Pfändern kann der Pfandgläubiger, soweit nicht ein anderes bestimmt ist, diejenigen auswählen, welche verkauft werden sollen. ²Er kann nur so viele Pfänder zum Verkauf bringen, als zu seiner Befriedigung erforderlich sind.

§ 1231. Herausgabe des Pfandes zum Verkauf

[1]Ist der Pfandgläubiger nicht im Alleinbesitz des Pfandes, so kann er nach dem Eintritt der Verkaufsberechtigung die Herausgabe des Pfandes zum Zwecke des Verkaufs fordern. [2]Auf Verlangen des Verpfänders hat anstelle der Herausgabe die Ablieferung an einen gemeinschaftlichen Verwahrer zu erfolgen; der Verwahrer hat sich bei der Ablieferung zu verpflichten, das Pfand zum Verkauf bereitzustellen.

§ 1232. Nachstehende Pfandgläubiger

[1]Der Pfandgläubiger ist nicht verpflichtet, einem ihm im Range nachstehenden Pfandgläubiger das Pfand zum Zwecke des Verkaufs herauszugeben. [2]Ist er nicht im Besitz des Pfandes, so kann er, sofern er nicht selbst den Verkauf betreibt, dem Verkauf durch einen nachstehenden Pfandgläubiger nicht widersprechen.

§ 1233. Ausführung des Verkaufs

(1) Der Verkauf des Pfandes ist nach den Vorschriften der §§ 1234 bis 1240 zu bewirken.

(2) Hat der Pfandgläubiger für sein Recht zum Verkauf einen vollstreckbaren Titel gegen den Eigentümer erlangt, so kann er den Verkauf auch nach den für den Verkauf einer gepfändeten Sache geltenden Vorschriften bewirken lassen.

§ 1234. Verkaufsandrohung; Wartefrist

(1) [1]Der Pfandgläubiger hat dem Eigentümer den Verkauf vorher anzudrohen und dabei den Geldbetrag zu bezeichnen, wegen dessen der Verkauf stattfinden soll. [2]Die Androhung kann erst nach dem Eintritt der Verkaufsberechtigung erfolgen; sie darf unterbleiben, wenn sie untunlich ist.

(2) [1]Der Verkauf darf nicht vor dem Ablauf eines Monats nach der Androhung erfolgen. [2]Ist die Androhung untunlich, so wird der Monat von dem Eintritt der Verkaufsberechtigung an berechnet.

§ 1235. Öffentliche Versteigerung

(1) Der Verkauf des Pfandes ist im Wege öffentlicher Versteigerung zu bewirken.

(2) Hat das Pfand einen Börsen- oder Marktpreis, so findet die Vorschrift des § 1221 Anwendung.

§ 1236. Versteigerungsort

[1]Die Versteigerung hat an dem Orte zu erfolgen, an dem das Pfand aufbewahrt wird. [2]Ist von einer Versteigerung an dem Aufbewahrungsort ein angemessener Erfolg nicht zu erwarten, so ist das Pfand an einem geeigneten anderen Orte zu versteigern.

§ 1237. Öffentliche Bekanntmachung

[1]Zeit und Ort der Versteigerung sind unter allgemeiner Bezeichnung des Pfandes öffentlich bekannt zu machen. [2]Der Eigentümer und Dritte, denen Rechte an dem Pfande zustehen, sind besonders zu benachrichtigen; die Benachrichtigung darf unterbleiben, wenn sie untunlich ist.

§ 1238. Verkaufsbedingungen

(1) **Das Pfand darf nur mit der Bestimmung verkauft werden, dass der Käufer den Kaufpreis sofort bar zu entrichten hat und seiner Rechte verlustig sein soll, wenn dies nicht geschieht.**

(2) [1]**Erfolgt der Verkauf ohne diese Bestimmung, so ist der Kaufpreis als von dem Pfandgläubiger empfangen anzusehen; die Rechte des Pfandgläubigers gegen den Ersteher bleiben unberührt.** [2]**Unterbleibt die sofortige Entrichtung des Kaufpreises, so gilt das Gleiche, wenn nicht vor dem Schluss des Versteigerungstermins von dem Vorbehalt der Rechtsverwirkung Gebrauch gemacht wird.**

§ 1239. Mitbieten durch Gläubiger und Eigentümer

(1) [1]**Der Pfandgläubiger und der Eigentümer können bei der Versteigerung mitbieten.** [2]**Erhält der Pfandgläubiger den Zuschlag, so ist der Kaufpreis als von ihm empfangen anzusehen.**

(2) [1]**Das Gebot des Eigentümers darf zurückgewiesen werden, wenn nicht der Betrag bar erlegt wird.** [2]**Das Gleiche gilt von dem Gebot des Schuldners, wenn das Pfand für eine fremde Schuld haftet.**

§ 1240. Gold- und Silbersachen

(1) **Gold- und Silbersachen dürfen nicht unter dem Gold- oder Silberwert zugeschlagen werden.**

(2) **Wird ein genügendes Gebot nicht abgegeben, so kann der Verkauf durch eine zur öffentlichen Versteigerung befugte Person aus freier Hand zu einem den Gold- oder Silberwert erreichenden Preis erfolgen.**

§ 1241. Benachrichtigung des Eigentümers

Der Pfandgläubiger hat den Eigentümer von dem Verkauf des Pfandes und dem Ergebnis unverzüglich zu benachrichtigen, sofern nicht die Benachrichtigung untunlich ist.

§ 1242. Wirkungen der rechtmäßigen Veräußerung

(1) [1]**Durch die rechtmäßige Veräußerung des Pfandes erlangt der Erwerber die gleichen Rechte, wie wenn er die Sache von dem Eigentümer erworben hätte.** [2]**Dies gilt auch dann, wenn dem Pfandgläubiger der Zuschlag erteilt wird.**

(2) [1]**Pfandrechte an der Sache erlöschen, auch wenn sie dem Erwerber bekannt waren.** [2]**Das Gleiche gilt von einem Nießbrauch, es sei denn, dass er allen Pfandrechten im Range vorgeht.**

Eine **rechtmäßige Pfandveräußerung** setzt (nur) voraus, dass dem Gläubiger das 1
Pfandrecht tatsächlich zusteht und kein Verstoß gegen die in § 1243 I genannten Vorschriften vorliegt. Bei allen anderen Verhaltensgeboten (zB §§ 1234, 1237 S 2) handelt es sich um bloße Ordnungsvorschriften, deren schuldhafte Missachtung zwar Schadensersatzansprüche begründet (§ 1243 II), nicht aber die Rechtmäßigkeit der Übereignung beeinträchtigt.

§ 1243. Rechtswidrige Veräußerung

(1) **Die Veräußerung des Pfandes ist nicht rechtmäßig, wenn gegen die Vorschriften des § 1228 Abs. 2, des § 1230 Satz 2, des § 1235, des § 1237 Satz 1 oder des § 1240 verstoßen wird.**

(2) **Verletzt der Pfandgläubiger eine andere für den Verkauf geltende Vorschrift, so ist er zum Schadensersatz verpflichtet, wenn ihm ein Verschulden zur Last fällt.**

§ 1244. Gutgläubiger Erwerb

Wird eine Sache als Pfand veräußert, ohne dass dem Veräußerer ein Pfandrecht zusteht oder den Erfordernissen genügt wird, von denen die Rechtmäßigkeit der Veräußerung abhängt, so finden die Vorschriften der §§ 932 bis 934, 936 entsprechende Anwendung, wenn die Veräußerung nach § 1233 Abs. 2 erfolgt ist oder die Vorschriften des § 1235 oder des § 1240 Abs. 2 beobachtet worden sind.

1 Die Vorschrift regelt den **gutgläubigen Erwerb des Eigentums an einer unrechtmäßig verwerteten Pfandsache** (während § 1207 den gutgläubigen Erwerb des Pfandrechts selbst ermöglicht). Da § 935 nicht entsprechend anwendbar ist, kann auch an abhanden gekommenen Sachen gutgläubig Eigentum erworben werden (obwohl insofern kein gutgläubiger Pfandrechtserwerb möglich ist, vgl § 1207 iVm § 935). Dadurch will das Gesetz den Pfandverkauf für Interessenten möglichst attraktiv gestalten, um die Verwertung der Pfandsache zu erleichtern.

§ 1245. Abweichende Vereinbarungen

(1) [1]**Der Eigentümer und der Pfandgläubiger können eine von den Vorschriften der §§ 1234 bis 1240 abweichende Art des Pfandverkaufs vereinbaren.** [2]**Steht einem Dritten an dem Pfande ein Recht zu, das durch die Veräußerung erlischt, so ist die Zustimmung des Dritten erforderlich.** [3]**Die Zustimmung ist demjenigen gegenüber zu erklären, zu dessen Gunsten sie erfolgt; sie ist unwiderruflich.**

(2) **Auf die Beobachtung der Vorschriften des § 1235, des § 1237 Satz 1 und des § 1240 kann nicht vor dem Eintritt der Verkaufsberechtigung verzichtet werden.**

§ 1246. Abweichung aus Billigkeitsgründen

(1) **Entspricht eine von den Vorschriften der §§ 1235 bis 1240 abweichende Art des Pfandverkaufs nach billigem Ermessen den Interessen der Beteiligten, so kann jeder von ihnen verlangen, dass der Verkauf in dieser Art erfolgt.**

(2) **Kommt eine Einigung nicht zustande, so entscheidet das Gericht.**

§ 1247. Erlös aus dem Pfande

[1]**Soweit der Erlös aus dem Pfande dem Pfandgläubiger zu seiner Befriedigung gebührt, gilt die Forderung als von dem Eigentümer berichtigt.** [2]**Im Übrigen tritt der Erlös an die Stelle des Pfandes.**

1 **1.** Die Vorschrift regelt in **S 1** die **schuldrechtlichen Wirkungen** der Pfandverwertung. Soweit die Forderung durch den Erlös gedeckt ist und der Erlös dem Pfandgläubiger „gebührt" (dazu unten Rz 2), gilt sie als vom Eigentümer getilgt. Die Forderung erlischt, wenn der Eigentümer zugleich der persönliche Schuldner ist; andernfalls geht sie analog § 1225 (aA: analog §§ 1249, 268 III) auf den Eigentümer über.

2 **2.** Besonders wichtig ist die **dingliche Rechtslage am Erlös,** die sich zT aus **S 2,** zT schlicht aus § 929 S 1 ergibt. Entscheidend ist, ob der Erlös dem Pfandgläubiger „gebührt", dh in welchem Umfang er tatsächlich ein Verwertungsrecht hatte. Wenn der Pfandverkauf rechtmäßig war, keine vorrangigen Rechte Dritter bestanden und der Erlös die Forderung nicht übersteigt, steht er dem Pfandgläubiger in vollem Umfang zu, so dass er nach § 929 S 1 vom Ersteher Alleineigentum erwirbt. War der

Pfandverkauf dagegen unrechtmäßig (vgl § 1242 Rz 1), so „gebührt" der Erlös dem Pfandgläubiger nicht (auch wenn der Ersteher nach § 1244 Eigentum an der Pfandsache erworben hat); vielmehr setzt sich das frühere Eigentum an der Pfandsache im Wege **dinglicher Surrogation** nach S 2 am Erlös fort. Zur Entstehung von Miteigentum am Erlös kommt es, wenn die Versteigerung zwar rechtmäßig war, der Erlös aber die Höhe der Forderung übersteigt oder mit vorrangig Berechtigten geteilt werden muss (näher *MüKo-Damrau* Rz 5).

3. Der in S 2 enthaltene Rechtsgedanke der dinglichen Surrogation gilt auch für die Erlösverteilung in der **Zwangsvollstreckung** nach §§ 814ff ZPO, wenn die Sache dem Vollstreckungsschuldner nicht gehört (RGZ 156, 395, 399; seither st Rspr): Der Eigentümer der gepfändeten Sache wird automatisch Eigentümer des Erlöses, den der Gerichtsvollzieher vom Ersteher erhält. Anschließend überträgt der Gerichtsvollzieher durch Hoheitsakt das Eigentum am Erlös auf den Gläubiger (zum schuldrechtlichen Ausgleich vgl § 812 Rz 40). 3

§ 1248. Eigentumsvermutung

Bei dem Verkauf des Pfandes gilt zugunsten des Pfandgläubigers der Verpfänder als der Eigentümer, es sei denn, dass der Pfandgläubiger weiß, dass der Verpfänder nicht der Eigentümer ist.

Der wahre Eigentümer der Pfandsache muss alle Handlungen gegen sich gelten lassen, die der Pfandgläubiger während des Pfandverkaufs nicht ihm, sondern dem Verpfänder gegenüber vorgenommen hat, wenn der Pfandgläubiger hinsichtlich des fehlenden Eigentums des Verpfänders **nicht vorsätzlich** handelte (grobe Fahrlässigkeit schadet nicht). Erfasst werden zB die Mitteilungen nach §§ 1234 I 1, 1237 S 2, 1241 sowie Vereinbarungen nach § 1245f. 1

§ 1249. Ablösungsrecht

[1] **Wer durch die Veräußerung des Pfandes ein Recht an dem Pfande verlieren würde, kann den Pfandgläubiger befriedigen, sobald der Schuldner zur Leistung berechtigt ist.** [2] **Die Vorschrift des § 268 Abs. 2, 3 findet entsprechende Anwendung.**

§ 1250. Übertragung der Forderung

(1) [1] **Mit der Übertragung der Forderung geht das Pfandrecht auf den neuen Gläubiger über.** [2] **Das Pfandrecht kann nicht ohne die Forderung übertragen werden.**

(2) **Wird bei der Übertragung der Forderung der Übergang des Pfandrechts ausgeschlossen, so erlischt das Pfandrecht.**

1. Die **Übertragung** des Pfandrechts erfolgt auf Grund seiner **akzessorischen** Natur mit der Übertragung der gesicherten Forderung. Nach Abs 1 geht bei der Zession (s Vor § 398 Rz 1) das Pfandrecht als Annex der Forderung kraft Gesetzes auf den Zessionar über (s auch §§ 401 I, 412). Eine Übergabe der Pfandsache ist nicht nötig. Aber dem neuen Pfandgläubiger steht gegenüber dem bisherigen Pfandgläubiger ein Herausgabeanspruch nach § 1251 I zu. Im Gegensatz zur Hypothek (§ 1153 II) kann nach Abs 2 der Übergang vertraglich ausgeschlossen werden. 1

2. Fraglich ist, ob ein **gutgläubiger Zweiterwerb** eines in Wahrheit nicht bestehenden Pfandrechts möglich ist. Bsp: S verpfändet einen ihm nicht gehörenden Computer seinem Gläubiger G, der aber auf Grund seiner Kenntnis von der fehlenden Berechtigung des S kein Pfandrecht erwirbt (§§ 1207 iVm 932). Anschließend tritt G seine Forderung gegenüber S an den redlichen Z ab und übergibt diesem das Pfand. 2

Pfandrechtserwerb des Z? Die ganz hM lehnt einen gutgläubigen Zweiterwerb ab, da es insofern sowohl an einer ausdrücklichen gesetzlichen Regelung als auch an einem entsprechenden Vertrauenstatbestand fehle, denn die Besitzverschaffung an der Pfandsache gehöre nicht zum Übertragungstatbestand des Pfandrechts (*Westermann/Gursky* § 132; *Baur/Stürner* § 55 Rz 32).

§ 1251. Wirkung des Pfandrechtsübergangs

(1) **Der neue Pfandgläubiger kann von dem bisherigen Pfandgläubiger die Herausgabe des Pfandes verlangen.**

(2) **[1]Mit der Erlangung des Besitzes tritt der neue Pfandgläubiger anstelle des bisherigen Pfandgläubigers in die mit dem Pfandrecht verbundenen Verpflichtungen gegen den Verpfänder ein. [2]Erfüllt er die Verpflichtungen nicht, so haftet für den von ihm zu ersetzenden Schaden der bisherige Pfandgläubiger wie ein Bürge, der auf die Einrede der Vorausklage verzichtet hat. [3]Die Haftung des bisherigen Pfandgläubigers tritt nicht ein, wenn die Forderung kraft Gesetzes auf den neuen Pfandgläubiger übergeht oder ihm auf Grund einer gesetzlichen Verpflichtung abgetreten wird.**

§ 1252. Erlöschen mit der Forderung

Das Pfandrecht erlischt mit der Forderung, für die es besteht.

§ 1253. Erlöschen durch Rückgabe

(1) **[1]Das Pfandrecht erlischt, wenn der Pfandgläubiger das Pfand dem Verpfänder oder dem Eigentümer zurückgibt. [2]Der Vorbehalt der Fortdauer des Pfandrechts ist unwirksam.**

(2) **[1]Ist das Pfand im Besitz des Verpfänders oder des Eigentümers, so wird vermutet, dass das Pfand ihm von dem Pfandgläubiger zurückgegeben worden sei. [2]Diese Vermutung gilt auch dann, wenn sich das Pfand im Besitz eines Dritten befindet, der den Besitz nach der Entstehung des Pfandrechts von dem Verpfänder oder dem Eigentümer erlangt hat.**

§ 1254. Anspruch auf Rückgabe

[1]Steht dem Pfandrecht eine Einrede entgegen, durch welche die Geltendmachung des Pfandrechts dauernd ausgeschlossen wird, so kann der Verpfänder die Rückgabe des Pfandes verlangen. [2]Das gleiche Recht hat der Eigentümer.

§ 1255. Aufhebung des Pfandrechts

(1) **Zur Aufhebung des Pfandrechts durch Rechtsgeschäft genügt die Erklärung des Pfandgläubigers gegenüber dem Verpfänder oder dem Eigentümer, dass er das Pfandrecht aufgebe.**

(2) **[1]Ist das Pfandrecht mit dem Recht eines Dritten belastet, so ist die Zustimmung des Dritten erforderlich. [2]Die Zustimmung ist demjenigen gegenüber zu erklären, zu dessen Gunsten sie erfolgt; sie ist unwiderruflich.**

§ 1256. Zusammentreffen von Pfandrecht und Eigentum

(1) **[1]Das Pfandrecht erlischt, wenn es mit dem Eigentum in derselben Person zusammentrifft. [2]Das Erlöschen tritt nicht ein, solange die Forderung, für welche das Pfandrecht besteht, mit dem Recht eines Dritten belastet ist.**

(2) **Das Pfandrecht gilt als nicht erloschen, soweit der Eigentümer ein rechtliches Interesse an dem Fortbestehen des Pfandrechts hat.**

§ 1257. Gesetzliches Pfandrecht

Die Vorschriften über das durch Rechtsgeschäft bestellte Pfandrecht finden auf ein kraft Gesetzes entstandenes Pfandrecht entsprechende Anwendung.

Bsp für gesetzliche Pfandrechte s § 1204 Rz 3. Für die Entstehung sind die jeweiligen Sondervorschriften maßgeblich. Die Möglichkeit **gutgläubigen Erwerbs** (nach §§ 1257, 1207 iVm §§ 932 bzw 934) ist für besitzlose Pfandrechte nach allgM zu verneinen; für das Besitzpfandrecht des Werkunternehmers ist sie umstritten (s § 647 Rz 3ff). Für die im HGB geregelten gesetzlichen Besitzpfandrechte ermöglicht § 366 III HGB gutgläubigen Erwerb. 1

§ 1258. Pfandrecht am Anteil eines Miteigentümers

(1) **Besteht ein Pfandrecht an dem Anteil eines Miteigentümers, so übt der Pfandgläubiger die Rechte aus, die sich aus der Gemeinschaft der Miteigentümer in Ansehung der Verwaltung der Sache und der Art ihrer Benutzung ergeben.**

(2) [1]**Die Aufhebung der Gemeinschaft kann vor dem Eintritt der Verkaufsberechtigung des Pfandgläubigers nur von dem Miteigentümer und dem Pfandgläubiger gemeinschaftlich verlangt werden.** [2]**Nach dem Eintritt der Verkaufsberechtigung kann der Pfandgläubiger die Aufhebung der Gemeinschaft verlangen, ohne dass es der Zustimmung des Miteigentümers bedarf; er ist nicht an eine Vereinbarung gebunden, durch welche die Miteigentümer das Recht, die Aufhebung der Gemeinschaft zu verlangen, für immer oder auf Zeit ausgeschlossen oder eine Kündigungsfrist bestimmt haben.**

(3) **Wird die Gemeinschaft aufgehoben, so gebührt dem Pfandgläubiger das Pfandrecht an den Gegenständen, welche an die Stelle des Anteils treten.**

(4) **Das Recht des Pfandgläubigers zum Verkauf des Anteils bleibt unberührt.**

§ 1259. Verwertung des gewerblichen Pfandes

[1]**Sind Eigentümer und Pfandgläubiger Unternehmer, juristische Personen des öffentlichen Rechts oder öffentlich-rechtliche Sondervermögen, können sie für die Verwertung des Pfandes, das einen Börsen- oder Marktpreis hat, schon bei der Verpfändung vereinbaren, dass der Pfandgläubiger den Verkauf aus freier Hand zum laufenden Preis selbst oder durch Dritte vornehmen kann oder dem Pfandgläubiger das Eigentum an der Sache bei Fälligkeit der Forderung zufallen soll.** [2]**In diesem Fall gilt die Forderung in Höhe des am Tag der Fälligkeit geltenden Börsen- oder Marktpreises als von dem Eigentümer berichtigt.** [3]**Die §§ 1229 und 1233 bis 1239 finden keine Anwendung.**

§§ 1260–1272. *(weggefallen)*

Titel 2. Pfandrecht an Rechten

§ 1273. Gesetzlicher Inhalt des Pfandrechts an Rechten

(1) **Gegenstand des Pfandrechts kann auch ein Recht sein.**

(2) [1]**Auf das Pfandrecht an Rechten finden die Vorschriften über das Pfandrecht an beweglichen Sachen entsprechende Anwendung, soweit sich nicht aus den §§ 1274 bis 1296 ein anderes ergibt.** [2]**Die Anwendung der Vorschriften des § 1208 und des § 1213 Abs. 2 ist ausgeschlossen.**

§ 1274. Bestellung

(1) [1]Die Bestellung des Pfandrechts an einem Recht erfolgt nach den für die Übertragung des Rechts geltenden Vorschriften. [2]Ist zur Übertragung des Rechts die Übergabe einer Sache erforderlich, so finden die Vorschriften der §§ 1205, 1206 Anwendung.

(2) Soweit ein Recht nicht übertragbar ist, kann ein Pfandrecht an dem Recht nicht bestellt werden.

§ 1275. Pfandrecht an Recht auf Leistung

Ist ein Recht, kraft dessen eine Leistung gefordert werden kann, Gegenstand des Pfandrechts, so finden auf das Rechtsverhältnis zwischen dem Pfandgläubiger und dem Verpflichteten die Vorschriften, welche im Falle der Übertragung des Rechts für das Rechtsverhältnis zwischen dem Erwerber und dem Verpflichteten gelten, und im Falle einer nach § 1217 Abs. 1 getroffenen gerichtlichen Anordnung die Vorschrift des § 1070 Abs. 2 entsprechende Anwendung.

§ 1276. Aufhebung oder Änderung des verpfändeten Rechts

(1) [1]Ein verpfändetes Recht kann durch Rechtsgeschäft nur mit Zustimmung des Pfandgläubigers aufgehoben werden. [2]Die Zustimmung ist demjenigen gegenüber zu erklären, zu dessen Gunsten sie erfolgt; sie ist unwiderruflich. [3]Die Vorschrift des § 876 Satz 3 bleibt unberührt.

(2) Das Gleiche gilt im Falle einer Änderung des Rechts, sofern sie das Pfandrecht beeinträchtigt.

§ 1277. Befriedigung durch Zwangsvollstreckung

[1]Der Pfandgläubiger kann seine Befriedigung aus dem Recht nur auf Grund eines vollstreckbaren Titels nach den für die Zwangsvollstreckung geltenden Vorschriften suchen, sofern nicht ein anderes bestimmt ist. [2]Die Vorschriften des § 1229 und des § 1245 Abs. 2 bleiben unberührt.

§ 1278. Erlöschen durch Rückgabe

Ist ein Recht, zu dessen Verpfändung die Übergabe einer Sache erforderlich ist, Gegenstand des Pfandrechts, so findet auf das Erlöschen des Pfandrechts durch die Rückgabe der Sache die Vorschrift des § 1253 entsprechende Anwendung.

§ 1279. Pfandrecht an einer Forderung

[1]Für das Pfandrecht an einer Forderung gelten die besonderen Vorschriften der §§ 1280 bis 1290. [2]Soweit eine Forderung einen Börsen- oder Marktpreis hat, findet § 1259 entsprechende Anwendung.

§ 1280. Anzeige an den Schuldner

Die Verpfändung einer Forderung, zu deren Übertragung der Abtretungsvertrag genügt, ist nur wirksam, wenn der Gläubiger sie dem Schuldner anzeigt.

§ 1281. Leistung vor Fälligkeit

[1]Der Schuldner kann nur an den Pfandgläubiger und den Gläubiger gemeinschaftlich leisten. [2]Jeder von beiden kann verlangen, dass an sie gemeinschaftlich geleistet wird; jeder kann statt der Leistung verlangen, dass die geschuldete

Sache für beide hinterlegt oder, wenn sie sich nicht zur Hinterlegung eignet, an einen gerichtlich zu bestellenden Verwahrer abgeliefert wird.

§ 1282. Leistung nach Fälligkeit

(1) [1] **Sind die Voraussetzungen des § 1228 Abs. 2 eingetreten, so ist der Pfandgläubiger zur Einziehung der Forderung berechtigt und kann der Schuldner nur an ihn leisten.** [2] **Die Einziehung einer Geldforderung steht dem Pfandgläubiger nur insoweit zu, als sie zu seiner Befriedigung erforderlich ist.** [3] **Soweit er zur Einziehung berechtigt ist, kann er auch verlangen, dass ihm die Geldforderung an Zahlungs statt abgetreten wird.**

(2) **Zu anderen Verfügungen über die Forderung ist der Pfandgläubiger nicht berechtigt; das Recht, die Befriedigung aus der Forderung nach § 1277 zu suchen, bleibt unberührt.**

§ 1283. Kündigung

(1) **Hängt die Fälligkeit der verpfändeten Forderung von einer Kündigung ab, so bedarf der Gläubiger zur Kündigung der Zustimmung des Pfandgläubigers nur, wenn dieser berechtigt ist, die Nutzungen zu ziehen.**

(2) **Die Kündigung des Schuldners ist nur wirksam, wenn sie dem Pfandgläubiger und dem Gläubiger erklärt wird.**

(3) **Sind die Voraussetzungen des § 1228 Abs. 2 eingetreten, so ist auch der Pfandgläubiger zur Kündigung berechtigt; für die Kündigung des Schuldners genügt die Erklärung gegenüber dem Pfandgläubiger.**

§ 1284. Abweichende Vereinbarungen

Die Vorschriften der §§ 1281 bis 1283 finden keine Anwendung, soweit der Pfandgläubiger und der Gläubiger ein anderes vereinbaren.

§ 1285. Mitwirkung zur Einziehung

(1) **Hat die Leistung an den Pfandgläubiger und den Gläubiger gemeinschaftlich zu erfolgen, so sind beide einander verpflichtet, zur Einziehung mitzuwirken, wenn die Forderung fällig ist.**

(2) [1] **Soweit der Pfandgläubiger berechtigt ist, die Forderung ohne Mitwirkung des Gläubigers einzuziehen, hat er für die ordnungsmäßige Einziehung zu sorgen.** [2] **Von der Einziehung hat er den Gläubiger unverzüglich zu benachrichtigen, sofern nicht die Benachrichtigung untunlich ist.**

§ 1286. Kündigungspflicht bei Gefährdung

[1] **Hängt die Fälligkeit der verpfändeten Forderung von einer Kündigung ab, so kann der Pfandgläubiger, sofern nicht das Kündigungsrecht ihm zusteht, von dem Gläubiger die Kündigung verlangen, wenn die Einziehung der Forderung wegen Gefährdung ihrer Sicherheit nach den Regeln einer ordnungsmäßigen Vermögensverwaltung geboten ist.** [2] **Unter der gleichen Voraussetzung kann der Gläubiger von dem Pfandgläubiger die Zustimmung zur Kündigung verlangen, sofern die Zustimmung erforderlich ist.**

§ 1287. Wirkung der Leistung

[1] **Leistet der Schuldner in Gemäßheit der §§ 1281, 1282, so erwirbt mit der Leistung der Gläubiger den geleisteten Gegenstand und der Pfandgläubiger ein Pfandrecht an dem Gegenstand.** [2] **Besteht die Leistung in der Übertragung des**

Eigentums an einem Grundstück, so erwirbt der Pfandgläubiger eine Sicherungshypothek; besteht sie in der Übertragung des Eigentums an einem eingetragenen Schiff oder Schiffsbauwerk, so erwirbt der Pfandgläubiger eine Schiffshypothek.

§ 1288. Anlegung eingezogenen Geldes

(1) [1]**Wird eine Geldforderung in Gemäßheit des § 1281 eingezogen, so sind der Pfandgläubiger und der Gläubiger einander verpflichtet, dazu mitzuwirken, dass der eingezogene Betrag, soweit es ohne Beeinträchtigung des Interesses des Pfandgläubigers tunlich ist, nach den für die Anlegung von Mündelgeld geltenden Vorschriften verzinslich angelegt und gleichzeitig dem Pfandgläubiger das Pfandrecht bestellt wird.** [2]**Die Art der Anlegung bestimmt der Gläubiger.**

(2) **Erfolgt die Einziehung in Gemäßheit des § 1282, so gilt die Forderung des Pfandgläubigers, soweit ihm der eingezogene Betrag zu seiner Befriedigung gebührt, als von dem Gläubiger berichtigt.**

§ 1289. Erstreckung auf die Zinsen

[1]**Das Pfandrecht an einer Forderung erstreckt sich auf die Zinsen der Forderung.** [2]**Die Vorschriften des § 1123 Abs. 2 und der §§ 1124, 1125 finden entsprechende Anwendung; an die Stelle der Beschlagnahme tritt die Anzeige des Pfandgläubigers an den Schuldner, dass er von dem Einziehungsrecht Gebrauch mache.**

§ 1290. Einziehung bei mehrfacher Verpfändung

Bestehen mehrere Pfandrechte an einer Forderung, so ist zur Einziehung nur derjenige Pfandgläubiger berechtigt, dessen Pfandrecht den übrigen Pfandrechten vorgeht.

§ 1291. Pfandrecht an Grund- oder Rentenschuld

Die Vorschriften über das Pfandrecht an einer Forderung gelten auch für das Pfandrecht an einer Grundschuld und an einer Rentenschuld.

§ 1292. Verpfändung von Orderpapieren

Zur Verpfändung eines Wechsels oder eines anderen Papiers, das durch Indossament übertragen werden kann, genügt die Einigung des Gläubigers und des Pfandgläubigers und die Übergabe des indossierten Papiers.

§ 1293. Pfandrecht an Inhaberpapieren

Für das Pfandrecht an einem Inhaberpapier gelten die Vorschriften über das Pfandrecht an beweglichen Sachen.

§ 1294. Einziehung und Kündigung

Ist ein Wechsel, ein anderes Papier, das durch Indossament übertragen werden kann, oder ein Inhaberpapier Gegenstand des Pfandrechts, so ist, auch wenn die Voraussetzungen des § 1228 Abs. 2 noch nicht eingetreten sind, der Pfandgläubiger zur Einziehung und, falls Kündigung erforderlich ist, zur Kündigung berechtigt und kann der Schuldner nur an ihn leisten.

§ 1295. Freihändiger Verkauf von Orderpapieren

[1]**Hat ein verpfändetes Papier, das durch Indossament übertragen werden kann, einen Börsen- oder Marktpreis, so ist der Gläubiger nach dem Eintritt der**

Voraussetzungen des § 1228 Abs. 2 berechtigt, das Papier nach § 1221 verkaufen zu lassen. [2]§ 1259 findet entsprechende Anwendung.

§ 1296. Erstreckung auf Zinsscheine

[1]Das Pfandrecht an einem Wertpapier erstreckt sich auf die zu dem Papier gehörenden Zins-, Renten- oder Gewinnanteilscheine nur dann, wenn sie dem Pfandgläubiger übergeben sind. [2]Der Verpfänder kann, sofern nicht ein anderes bestimmt ist, die Herausgabe der Scheine verlangen, soweit sie vor dem Eintritt der Voraussetzungen des § 1228 Abs. 2 fällig werden.

Buch 4. Familienrecht

Abschnitt 1. Bürgerliche Ehe

Titel 1. Verlöbnis

§ 1297. Unklagbarkeit, Nichtigkeit eines Strafversprechens

(1) **Aus einem Verlöbnis kann nicht auf Eingehung der Ehe geklagt werden.**

(2) **Das Versprechen einer Strafe für den Fall, dass die Eingehung der Ehe unterbleibt, ist nichtig.**

§ 1298. Ersatzpflicht bei Rücktritt

(1) **[1]Tritt ein Verlobter von dem Verlöbnis zurück, so hat er dem anderen Verlobten und dessen Eltern sowie dritten Personen, welche anstelle der Eltern gehandelt haben, den Schaden zu ersetzen, der daraus entstanden ist, dass sie in Erwartung der Ehe Aufwendungen gemacht haben oder Verbindlichkeiten eingegangen sind. [2]Dem anderen Verlobten hat er auch den Schaden zu ersetzen, den dieser dadurch erleidet, dass er in Erwartung der Ehe sonstige sein Vermögen oder seine Erwerbsstellung berührende Maßnahmen getroffen hat.**

(2) **Der Schaden ist nur insoweit zu ersetzen, als die Aufwendungen, die Eingehung der Verbindlichkeiten und die sonstigen Maßnahmen den Umständen nach angemessen waren.**

(3) **Die Ersatzpflicht tritt nicht ein, wenn ein wichtiger Grund für den Rücktritt vorliegt.**

§ 1299. Rücktritt aus Verschulden des anderen Teils

Veranlasst ein Verlobter den Rücktritt des anderen durch ein Verschulden, das einen wichtigen Grund für den Rücktritt bildet, so ist er nach Maßgabe des § 1298 Abs. 1, 2 zum Schadensersatz verpflichtet.

§ 1300. *(weggefallen)*

§ 1301. Rückgabe der Geschenke

[1]Unterbleibt die Eheschließung, so kann jeder Verlobte von dem anderen die Herausgabe desjenigen, was er ihm geschenkt oder zum Zeichen des Verlöbnisses gegeben hat, nach den Vorschriften über die Herausgabe einer ungerechtfertigten Bereicherung fordern. [2]Im Zweifel ist anzunehmen, dass die Rückforderung ausgeschlossen sein soll, wenn das Verlöbnis durch den Tod eines der Verlobten aufgelöst wird.

§ 1302. Verjährung

Die Verjährungsfrist der in den §§ 1298 bis 1301 bestimmten Ansprüche beginnt mit der Auflösung des Verlöbnisses.

Titel 2. Eingehung der Ehe

Vor § 1303

1 **1.** Der Titel regelt im Einzelnen drei **Voraussetzungen der Eheschließung:** **(1)** Die Ehefähigkeit, dh Ehemündigkeit (Volljährigkeit, § 1303) und Geschäftsfähig-

keit (§ 1304), **(2)** das Fehlen von Eheverboten (Ehehindernissen, §§ 1306–1308) und **(3)** die Beachtung der Formvorschriften (§§ 1310–1312). Hinzu kommt für Ausländer das in § 1309 aufgestellte Erfordernis, ein Ehefähigkeitszeugnis beizubringen.

2. Bei **Fehlen einer Voraussetzung** kann nach Maßgabe der §§ 1314f eine **aufhebbare Ehe** vorliegen: Verstöße gegen die §§ 1303, 1304, 1306, 1307 und 1311 stellen nach § 1314 I einen Aufhebungsgrund dar; die Aufhebung ist allerdings ausgeschlossen, wenn die in § 1315 genannten Umstände vorliegen. Die **Nichtbeachtung von bloßen Sollvorschriften** (§§ 1303 I, 1308, 1309, 1312) berührt die Wirksamkeit der Eheschließung nicht. Fehlt die Mitwirkung des Standesbeamten (vgl § 1310) oder die Ehewillenserklärung des Partners, so ist überhaupt keine Ehe entstanden und eine sog **Nichtehe** gegeben. 2

3. Die Anwendung der **allgemeinen Vorschriften** §§ 104ff, 116ff, 119ff ist ausgeschlossen (vgl § 1314 Rz 1). 3

Untertitel 1. Ehefähigkeit

§ 1303. Ehemündigkeit

(1) **Eine Ehe soll nicht vor Eintritt der Volljährigkeit eingegangen werden.**

(2) **Das Familiengericht kann auf Antrag von dieser Vorschrift Befreiung erteilen, wenn der Antragsteller das 16. Lebensjahr vollendet hat und sein künftiger Ehegatte volljährig ist.**

(3) **Widerspricht der gesetzliche Vertreter des Antragstellers oder ein sonstiger Inhaber der Personensorge dem Antrag, so darf das Familiengericht die Befreiung nur erteilen, wenn der Widerspruch nicht auf triftigen Gründen beruht.**

(4) **Erteilt das Familiengericht die Befreiung nach Absatz 2, so bedarf der Antragsteller zur Eingehung der Ehe nicht mehr der Einwilligung des gesetzlichen Vertreters oder eines sonstigen Inhabers der Personensorge.**

1. Für **Minderjährige** kommt gemäß Abs 2 eine Eheschließung erst ab 16 Jahren und bei Volljährigkeit des Partners in Betracht, sofern das Familiengericht für den konkreten Fall eine Befreiung vom Erfordernis der Ehemündigkeit erteilt. Ein Verstoß gegen § 1303 ist nach § 1314 I ein Eheaufhebungsgrund. Allerdings kann der Mangel einer fehlenden Befreiung durch das Familiengericht unter den Voraussetzungen des § 1315 I Nr 1 durch eine nachträgliche Genehmigung des Familiengerichts oder eine Bestätigung des volljährig gewordenen Ehegatten geheilt werden. 1

2. Wesentliche **Unterschiede zum allgemeinen Recht der Geschäftsfähigkeit** (§§ 104ff) sind die Anhebung des Mindestalters auf 16 Jahre, die notwendige Mitwirkung des Staates (Familiengerichts) gemäß Abs 2 und die Einschränkung der Mitwirkungsbefugnis der Eltern, deren Einwilligung nicht erforderlich ist (Abs 4) und deren Widerspruch unter den Voraussetzungen des Abs 3 vom Familiengericht außer acht gelassen werden kann. 2

§ 1304. Geschäftsunfähigkeit

Wer geschäftsunfähig ist, kann eine Ehe nicht eingehen.

§ 1305. *(weggefallen)*

Untertitel 2. Eheverbote

§ 1306. Bestehende Ehe oder Lebenspartnerschaft

Eine Ehe darf nicht geschlossen werden, wenn zwischen einer der Personen, die die Ehe miteinander eingehen wollen, und einer dritten Person eine Ehe oder eine Lebenspartnerschaft besteht.

§ 1307. Verwandtschaft

[1]Eine Ehe darf nicht geschlossen werden zwischen Verwandten in gerader Linie sowie zwischen vollbürtigen und halbbürtigen Geschwistern. [2]Dies gilt auch, wenn das Verwandtschaftsverhältnis durch Annahme als Kind erloschen ist.

1 Die „Verwandten in gerader Linie" definiert § 1589 S 1.

§ 1308. Annahme als Kind

(1) **[1]Eine Ehe soll nicht geschlossen werden zwischen Personen, deren Verwandtschaft im Sinne des § 1307 durch Annahme als Kind begründet worden ist. [2]Dies gilt nicht, wenn das Annahmeverhältnis aufgelöst worden ist.**

(2) **[1]Das Familiengericht kann auf Antrag von dieser Vorschrift Befreiung erteilen, wenn zwischen dem Antragsteller und seinem künftigen Ehegatten durch die Annahme als Kind eine Verwandtschaft in der Seitenlinie begründet worden ist. [2]Die Befreiung soll versagt werden, wenn wichtige Gründe der Eingehung der Ehe entgegenstehen.**

Untertitel 3. Ehefähigkeitszeugnis

§ 1309. Ehefähigkeitszeugnis für Ausländer

(1) **[1]Wer hinsichtlich der Voraussetzungen der Eheschließung vorbehaltlich des Artikels 13 Abs. 2 des Einführungsgesetzes zum Bürgerlichen Gesetzbuche ausländischem Recht unterliegt, soll eine Ehe nicht eingehen, bevor er ein Zeugnis der inneren Behörde seines Heimatstaats darüber beigebracht hat, dass der Eheschließung nach dem Recht dieses Staates kein Ehehindernis entgegensteht. [2]Als Zeugnis der inneren Behörde gilt auch eine Bescheinigung, die von einer anderen Stelle nach Maßgabe eines mit dem Heimatstaat des Betroffenen geschlossenen Vertrags erteilt ist. [3]Das Zeugnis verliert seine Kraft, wenn die Ehe nicht binnen sechs Monaten seit der Ausstellung geschlossen wird; ist in dem Zeugnis eine kürzere Geltungsdauer angegeben, ist diese maßgebend.**

(2) **[1]Von dem Erfordernis nach Absatz 1 Satz 1 kann der Präsident des Oberlandesgerichts, in dessen Bezirk das Standesamt, bei dem die Eheschließung angemeldet worden ist, seinen Sitz hat, Befreiung erteilen. [2]Die Befreiung soll nur Staatenlosen mit gewöhnlichem Aufenthalt im Ausland und Angehörigen solcher Staaten erteilt werden, deren Behörden keine Ehefähigkeitszeugnisse im Sinne des Absatzes 1 ausstellen. [3]In besonderen Fällen darf sie auch Angehörigen anderer Staaten erteilt werden. [4]Die Befreiung gilt nur für die Dauer von sechs Monaten.**

Untertitel 4. Eheschließung

§ 1310. Zuständigkeit des Standesbeamten, Heilung fehlerhafter Ehen

(1) **[1]Die Ehe wird nur dadurch geschlossen, dass die Eheschließenden vor dem Standesbeamten erklären, die Ehe miteinander eingehen zu wollen. [2]Der Standesbeamte darf seine Mitwirkung an der Eheschließung nicht verweigern, wenn die Voraussetzungen der Eheschließung vorliegen; er muss seine Mitwirkung verweigern, wenn offenkundig ist, dass die Ehe nach § 1314 Abs. 2 aufhebbar wäre.**

(2) **Als Standesbeamter gilt auch, wer, ohne Standesbeamter zu sein, das Amt eines Standesbeamten öffenlich ausgeübt und die Ehe in das Eheregister eingetragen hat.**

(3) **Eine Ehe gilt auch dann als geschlossen, wenn die Ehegatten erklärt haben, die Ehe miteinander eingehen zu wollen, und**

1. der Standesbeamte die Ehe in das Eheregister eingetragen hat,
2. der Standesbeamte im Zusammenhang mit der Beurkundung der Geburt eines gemeinsamen Kindes der Ehegatten einen Hinweis auf die Eheschließung in das Geburtenregister eingetragen hat oder
3. der Standesbeamte von den Ehegatten eine familienrechtliche Erklärung, die zu ihrer Wirksamkeit eine bestehende Ehe voraussetzt, entgegengenommen hat und den Ehegatten hierüber eine in Rechtsvorschriften vorgesehene Bescheinigung erteilt worden ist

und die Ehegatten seitdem zehn Jahre oder bis zum Tode eines der Ehegatten, mindestens jedoch fünf Jahre, als Ehegatten miteinander gelebt haben.

Prinzip der obligatorischen Zivilehe. Hat die Eheschließung unter Verstoß gegen Abs 1 S 1 nicht vor einem Standesbeamten stattgefunden, so liegt eine Nichtehe vor (Begriff Vor § 1303 Rz 2). Abs 3, der vor allem in Auslandsfällen Bedeutung erlangen kann, erkennt aber eine Heilung unter den dort genannten Voraussetzungen (Vertrauensschutz!) an. Eine nur kirchliche Trauung führt nicht zu einer bürgerlichen Ehe iSd BGB. 1

§ 1311. Persönliche Erklärung

[1]Die Eheschließenden müssen die Erklärungen nach § 1310 Abs. 1 persönlich und bei gleichzeitiger Anwesenheit abgeben. [2]Die Erklärungen können nicht unter einer Bedingung oder Zeitbestimmung abgegeben werden.

Die **Eheschließung** ist ein höchstpersönliches, bedingungsfeindliches Rechtsgeschäft, das die gleichzeitige Anwesenheit der Heiratswilligen erfordert. Stellvertretung und Botenschaft sind ausgeschlossen. Fehlt es am Konsens, weil zB ein Partner die Frage verneint, mit dem anderen die Ehe eingehen zu wollen, so handelt es sich um eine Nichtehe (Begriff Vor § 1303 Rz 2). Verstöße gegen die Formerfordernisse des § 1311 führen zur Aufhebbarkeit der Ehe (§ 1314 I; s aber auch § 1315 II Nr 2). 1

§ 1312. Trauung

[1]Der Standesbeamte soll bei der Eheschließung die Eheschließenden einzeln befragen, ob sie die Ehe miteinander eingehen wollen, und, nachdem die Eheschließenden diese Frage bejaht haben, aussprechen, dass sie nunmehr kraft Gesetzes rechtsmäßig verbundene Eheleute sind. [2]Die Eheschließung kann in Gegenwart von einem oder zwei Zeugen erfolgen, sofern die Eheschließenden dies wünschen.

Titel 3. Aufhebung der Ehe

Vor § 1313

1. Im Unterschied zur praktisch ganz im Vordergrund stehenden **Scheidung,** die auf Gründen beruht, die **nach** der Eheschließung eingetreten sind (s § 1564 Rz 1), enthalten die §§ 1313ff (das Scheidungsrecht verdrängende) Sonderregelungen für **anfängliche** Ehemängel. Die Aufhebungsgründe nennt § 1314. Für die Folgen der Aufhebung gilt aber teilweise wieder das Scheidungsrecht (siehe im Einzelnen § 1318). 1

2. Verfahren über die Aufhebung einer Ehe und über die Feststellung des Bestehens oder Nichtbestehens einer Ehe zählen nach § 121 Nr 2 und 3 FamFG zu den Ehesachen. 2

§ 1313. Aufhebung durch richterliche Entscheidung

[1]Eine Ehe kann nur durch richterliche Entscheidung auf Antrag aufgehoben werden. [2]Die Ehe ist mit der Rechtskraft der Entscheidung aufgelöst. [3]Die Voraussetzungen, unter denen die Aufhebung begehrt werden kann, ergeben sich aus den folgenden Vorschriften.

§ 1314. Aufhebungsgründe

(1) **Eine Ehe kann aufgehoben werden, wenn sie entgegen den Vorschriften der §§ 1303, 1304, 1306, 1307, 1311 geschlossen worden ist.**

(2) **Eine Ehe kann ferner aufgehoben werden, wenn**

1. **ein Ehegatte sich bei der Eheschließung im Zustand der Bewusstlosigkeit oder vorübergehender Störung der Geistestätigkeit befand;**
2. **ein Ehegatte bei der Eheschließung nicht gewusst hat, dass es sich um eine Eheschließung handelt;**
3. **ein Ehegatte zur Eingehung der Ehe durch arglistige Täuschung über solche Umstände bestimmt worden ist, die ihn bei Kenntnis der Sachlage und bei richtiger Würdigung des Wesens der Ehe von der Eingehung der Ehe abgehalten hätten; dies gilt nicht, wenn die Täuschung Vermögensverhältnisse betrifft oder von einem Dritten ohne Wissen des anderen Ehegatten verübt worden ist;**
4. **ein Ehegatte zur Eingehung der Ehe widerrechtlich durch Drohung bestimmt worden ist;**
5. **beide Ehegatten sich bei der Eheschließung darüber einig waren, dass sie keine Verpflichtung gemäß § 1353 Abs. 1 begründen wollen.**

1 **1.** Die Aufhebungsgründe sind in § 1314 **erschöpfend** aufgezählt. Abs 1 betrifft Verstöße gegen die wichtigsten Vorschriften über die Eingehung der Ehe, Abs 2 Willensfehler. Der abschließende Charakter der Eheaufhebungsgründe, den auch § 1313 S 3 deutlich macht, schließt einen Rückgriff auf die allgemeinen Vorschriften über die Wirksamkeit von Rechtsgeschäften (§§ 104 ff) aus.

2 **2.** Die von Abs 2 Nr 3 erfasste **arglistige Täuschung** (vgl zum Begriff § 123 Rz 2 ff) kann auch in einem pflichtwidrigen **Verschweigen** wesentlicher Umstände liegen. Eine Offenbarungspflicht besteht nach dem Wesen der Ehe hinsichtlich solcher Umstände, die für die eheliche Gemeinschaft von grundlegender Bedeutung sind, zB Unfruchtbarkeit oder homosexuelle Veranlagung. Ein Aufhebungsgrund wird danach auch angenommen, wenn eine Frau, die in Hinblick auf eine Schwangerschaft geheiratet wird, verschweigt, dass sie in der Empfängniszeit mit einem weiteren Mann Geschlechtsverkehr hatte (BGHZ 29, 265, 268 zum früheren gleichlautenden § 33 EheG).

§ 1315. Ausschluss der Aufhebung

(1) **[1]Eine Aufhebung der Ehe ist ausgeschlossen**

1. **bei Verstoß gegen § 1303, wenn die Voraussetzungen des § 1303 Abs. 2 bei der Eheschließung vorlagen und das Familiengericht, solange der Ehegatte nicht volljährig ist, die Eheschließung genehmigt oder wenn der Ehegatte, nachdem er volljährig geworden ist, zu erkennen gegeben hat, dass er die Ehe fortsetzen will (Bestätigung),**
2. **bei Verstoß gegen § 1304, wenn der Ehegatte nach Wegfall der Geschäftsunfähigkeit zu erkennen gegeben hat, dass er die Ehe fortsetzen will (Bestätigung),**
3. **im Falle des § 1314 Abs. 2 Nr. 1, wenn der Ehegatte nach Wegfall der Bewusstlosigkeit oder der Störung der Geistestätigkeit zu erkennen gegeben hat, dass er die Ehe fortsetzen will (Bestätigung),**

4. in den Fällen des § 1314 Abs. 2 Nr. 2 bis 4, wenn der Ehegatte nach Entdeckung des Irrtums oder der Täuschung oder nach Aufhören der Zwangslage zu erkennen gegeben hat, dass er die Ehe fortsetzen will (Bestätigung),
5. in den Fällen des § 1314 Abs. 2 Nr. 5, wenn die Ehegatten nach der Eheschließung als Ehegatten miteinander gelebt haben.

[2]Die Bestätigung eines Geschäftsunfähigen ist unwirksam. [3]Die Bestätigung eines Minderjährigen bedarf bei Verstoß gegen § 1304 und im Falle des § 1314 Abs. 2 Nr. 1 der Zustimmung des gesetzlichen Vertreters; verweigert der gesetzliche Vertreter die Zustimmung ohne triftige Gründe, so kann das Familiengericht die Zustimmung auf Antrag des Minderjährigen ersetzen.

(2) Eine Aufhebung der Ehe ist ferner ausgeschlossen

1. bei Verstoß gegen § 1306, wenn vor der Schließung der neuen Ehe die Scheidung oder Aufhebung der früheren Ehe oder die Aufhebung der Lebenspartnerschaft ausgesprochen ist und dieser Ausspruch nach der Schließung der neuen Ehe rechtskräftig wird;
2. bei Verstoß gegen § 1311, wenn die Ehegatten nach der Eheschließung fünf Jahre oder, falls einer von ihnen vorher verstorben ist, bis zu dessen Tode, jedoch mindestens drei Jahre als Ehegatten miteinander gelebt haben, es sei denn, dass bei Ablauf der fünf Jahre oder zur Zeit des Todes die Aufhebung beantragt ist.

§ 1316. Antragsberechtigung

(1) Antragsberechtigt

1. sind bei Verstoß gegen die §§ 1303, 1304, 1306, 1307, 1311 sowie in den Fällen des § 1314 Abs. 2 Nr. 1 und 5 jeder Ehegatte, die zuständige Verwaltungsbehörde und in den Fällen des § 1306 auch die dritte Person. Die zuständige Verwaltungsbehörde wird durch Rechtsverordnung der Landesregierungen bestimmt. Die Landesregierungen können die Ermächtigung nach Satz 2 durch Rechtsverordnung auf die zuständigen obersten Landesbehörden übertragen;
2. ist in den Fällen des § 1314 Abs. 2 Nr. 2 bis 4 der dort genannte Ehegatte.

(2) [1]Der Antrag kann für einen geschäftsunfähigen Ehegatten nur von seinem gesetzlichen Vertreter gestellt werden. [2]In den übrigen Fällen kann ein minderjähriger Ehegatte den Antrag nur selbst stellen; er bedarf dazu nicht der Zustimmung seines gesetzlichen Vertreters.

(3) Bei Verstoß gegen die §§ 1304, 1306, 1307 sowie in den Fällen des § 1314 Abs. 2 Nr. 1 und 5 soll die zuständige Verwaltungsbehörde den Antrag stellen, wenn nicht die Aufhebung der Ehe für einen Ehegatten oder für die aus der Ehe hervorgegangenen Kinder eine so schwere Härte darstellen würde, dass die Aufrechterhaltung der Ehe ausnahmsweise geboten erscheint.

§ 1317. Antragsfrist

(1) [1]Der Antrag kann in den Fällen des § 1314 Abs. 2 Nr. 2 bis 4 nur binnen eines Jahres gestellt werden. [2]Die Frist beginnt mit der Entdeckung des Irrtums oder der Täuschung oder mit dem Aufhören der Zwangslage; für den gesetzlichen Vertreter eines geschäftsunfähigen Ehegatten beginnt die Frist jedoch nicht vor dem Zeitpunkt, in welchem ihm die den Fristbeginn begründenden Umstände bekannt werden, für einen minderjährigen Ehegatten nicht vor dem Eintritt der Volljährigkeit. [3]Auf den Lauf der Frist sind die §§ 206, 210 Abs. 1 Satz 1 entsprechend anzuwenden.

(2) **Hat der gesetzliche Vertreter eines geschäftsunfähigen Ehegatten den Antrag nicht rechtzeitig gestellt, so kann der Ehegatte selbst innerhalb von sechs Monaten nach dem Wegfall der Geschäftsunfähigkeit den Antrag stellen.**

(3) **Ist die Ehe bereits aufgelöst, so kann der Antrag nicht mehr gestellt werden.**

§ 1318. Folgen der Aufhebung

(1) **Die Folgen der Aufhebung einer Ehe bestimmen sich nur in den nachfolgend genannten Fällen nach den Vorschriften über die Scheidung.**

(2) [1]**Die §§ 1569 bis 1586 b finden entsprechende Anwendung**

1. **zugunsten eines Ehegatten, der bei Verstoß gegen die §§ 1303, 1304, 1306, 1307 oder § 1311 oder in den Fällen des § 1314 Abs. 2 Nr. 1 oder 2 die Aufhebbarkeit der Ehe bei der Eheschließung nicht gekannt hat oder der in den Fällen des § 1314 Abs. 2 Nr. 3 oder 4 von dem anderen Ehegatten oder mit dessen Wissen getäuscht oder bedroht worden ist;**
2. **zugunsten beider Ehegatten bei Verstoß gegen die §§ 1306, 1307 oder § 1311, wenn beide Ehegatten die Aufhebbarkeit kannten; dies gilt nicht bei Verstoß gegen § 1306, soweit der Anspruch eines Ehegatten auf Unterhalt einen entsprechenden Anspruch der dritten Person beeinträchtigen würde.**

[2]**Die Vorschriften über den Unterhalt wegen der Pflege oder Erziehung eines gemeinschaftlichen Kindes finden auch insoweit entsprechende Anwendung, als eine Versagung des Unterhalts im Hinblick auf die Belange des Kindes grob unbillig wäre.**

(3) **Die §§ 1363 bis 1390 und 1587 finden entsprechende Anwendung, soweit dies nicht im Hinblick auf die Umstände bei der Eheschließung oder bei Verstoß gegen § 1306 im Hinblick auf die Belange der dritten Person grob unbillig wäre.**

(4) **Die §§ 1568 a und 1568 b finden entsprechende Anwendung; dabei sind die Umstände bei der Eheschließung und bei Verstoß gegen § 1306 die Belange der dritten Person besonders zu berücksichtigen.**

(5) **§ 1931 findet zugunsten eines Ehegatten, der bei Verstoß gegen die §§ 1304, 1306, 1307 oder 1311 oder im Falle des § 1314 Abs. 2 Nr. 1 die Aufhebbarkeit der Ehe bei der Eheschließung gekannt hat, keine Anwendung.**

Titel 4. Wiederverheiratung nach Todeserklärung

§ 1319. Aufhebung der bisherigen Ehe

(1) **Geht ein Ehegatte, nachdem der andere Ehegatte für tot erklärt worden ist, eine neue Ehe ein, so kann, wenn der für tot erklärte Ehegatte noch lebt, die neue Ehe nur dann wegen Verstoßes gegen § 1306 aufgehoben werden, wenn beide Ehegatten bei der Eheschließung wussten, dass der für tot erklärte Ehegatte im Zeitpunkt der Todeserklärung noch lebte.**

(2) [1]**Mit der Schließung der neuen Ehe wird die frühere Ehe aufgelöst, es sei denn, dass beide Ehegatten der neuen Ehe bei der Eheschließung wussten, dass der für tot erklärte Ehegatte im Zeitpunkt der Todeserklärung noch lebte.** [2]**Sie bleibt auch dann aufgelöst, wenn die Todeserklärung aufgehoben wird.**

§ 1320. Aufhebung der neuen Ehe

(1) [1]**Lebt der für tot erklärte Ehegatte noch, so kann unbeschadet des § 1319 sein früherer Ehegatte die Aufhebung der neuen Ehe begehren, es sei denn, dass**

er bei der Eheschließung wusste, dass der für tot erklärte Ehegatte zum Zeitpunkt der Todeserklärung noch gelebt hat. [2]Die Aufhebung kann nur binnen eines Jahres begehrt werden. [3]Die Frist beginnt mit dem Zeitpunkt, in dem der Ehegatte aus der früheren Ehe Kenntnis davon erlangt hat, dass der für tot erklärte Ehegatte noch lebt. [4]§ 1317 Abs. 1 Satz 3, Abs. 2 gilt entsprechend.

(2) **Für die Folgen der Aufhebung gilt § 1318 entsprechend.**

§§ 1321–1352. *(weggefallen)*

Titel 5. Wirkungen der Ehe im Allgemeinen

Vor § 1353

I. Nichteheliche Lebensgemeinschaft

1. Die gesetzliche Regelung der §§ 1353ff bezieht sich auf die Wirkungen einer Ehe. Für die praktisch ebenfalls bedeutsam gewordene nichteheliche Lebensgemeinschaft gibt es **kein gesetzliches Gegenstück.** 1

2. Anwendbare Vorschriften. a) Eine analoge Anwendung der **eherechtlichen Vorschriften** wird wegen der von den Partnern gewünschten eherechtlichen Unverbindlichkeit ihrer Beziehungen und wegen Art 6 I GG (der „besondere Schutz" der Ehe darf nicht ausgehöhlt werden) von der hM abgelehnt. Es gibt in der nichtehelichen Lebensgemeinschaft deshalb bspw keine Schlüsselgewalt (§ 1357), keine gesetzliche Unterhaltspflicht (§§ 1360ff, 1569ff), keinen Anspruch auf Ausgleich des Zugewinns (§ 1378 I) und kein gesetzliches Erbrecht (§ 1931). Soweit in einzelnen Vorschriften „eheähnliche" Gemeinschaften teilweise der Ehe gleichgestellt werden (zB bei der Anrechnung von Einkommen des nichtehelichen Lebensgefährten im Sozialrecht), dient dies nicht der Aufwertung der nichtehelichen Lebensgemeinschaft, sondern vielmehr dem Schutz der Ehe, deren Partner nicht schlechter gestellt werden sollen als Unverheiratete. **b)** Stets zu beachten sind jedoch die **allgemeinen,** dh nicht an den Bestand einer Ehe anknüpfenden **Vorschriften,** die mitunter den speziellen eherechtlichen Regelungen vergleichbare Rechtsfolgen enthalten können. So kann sich ein Unterhaltsanspruch eines Partners gegen den anderen aus § 1615l ergeben. Im Verhältnis zu Dritten können etwa auf Grund von Mitbesitz beider Partner die §§ 1006, 1008 zu einer praktisch schwer zu widerlegenden Miteigentumsvermutung führen. Ein Eigentumserwerb des nach außen nicht handelnden Partners kann sich nach dem Grundsatz des Geschäfts für den, den es angeht (dazu § 164 Rz 11), ergeben; im Einzelfall mag sogar eine Anscheinsvollmacht denkbar sein (*Schwab* Rz 947). **c)** Im **Mietrecht** gibt § 553 I 1 dem Mieter das Recht, vom Vermieter die Erlaubnis zur Gebrauchsüberlassung eines Teils des gemieteten Wohnraums an den Lebensgefährten zu verlangen. Der Lebensgefährte ist Dritter iSd §§ 540, 553 (BGHZ 157, 1). Das in § 553 I 1 vorausgesetzte, nach Abschluss des Mietvertrags entstandene berechtigte Interesse ist regelmäßig zu bejahen, wenn ein auf Dauer angelegter gemeinsamer Haushalt geführt werden soll. Wer im Falle der Trennung in der gemeinsam gemieteten Wohnung verbleiben darf, ist nicht geregelt; § 1361b gilt nicht analog (*Schwab* Rz 943). Im Todesfall wird bei gemeinsamer Miete gem § 563a das Mietverhältnis mit dem überlebenden Mieter fortgesetzt. War der Verstorbene alleiniger Mieter, kann der im gemeinsamen Haushalt lebende Lebensgefährte nach § 563 II 4 in das Mietverhältnis eintreten. 2

3. Eine **rechtsgeschäftliche Regelung** ihrer Beziehungen ist den Partnern unbenommen. So können sie für den Fall ihrer Trennung im Rahmen eines sog Partnerschaftsvertrages Unterhalts- oder Ausgleichszahlungen vereinbaren, und jeder kann den 3 anderen Teil auch durch eine Schenkung oder in einem Testament (vgl für gemeinschaftliche Testamente aber § 2265 Rz 1) bedenken. Zuwendungen und andere Absprachen in einer nichtehelichen Lebensgemeinschaft, die auf Dauer angelegt und von inneren Bindungen getragen ist, sind nicht sittenwidrig (§ 138), wenn nicht besondere Umstände hinzukommen; kein solcher Umstand ist eine noch bestehende Ehe eines oder beider Partner (BGHZ 112, 259, 262f mwN). Freilich sind ausdrückliche vertragliche Absprachen eher die Ausnahme, da die Partner ihre Beziehung meist von rechtlichen Regelungen freihalten wollen. Aus diesem Grund nimmt die Rspr auch nur in Ausnahmefällen eine konkludente Abrede an. In dem Umstand, dass zwei Partner sich zu einer nichtehelichen Lebensgemeinschaft zusammenschließen, liegt jedenfalls nur ein rein tatsächlicher Vorgang und noch kein Vertragsschluss (BGH NJW 1996, 2727).

4 **4.** Die **vermögensrechtliche Abwicklung** bei Auseinandergehen der Partner kann erhebliche Schwierigkeiten bereiten, wenn trotz Fehlens entsprechender Absprachen Ausgleichsansprüche geltend gemacht werden. Grds werden bei Fehlen einer besonderen Regelung zwischen den Partnern persönliche und wirtschaftliche Leistungen nicht ausgeglichen (BGHZ 77, 55, 58f). Einigkeit besteht, dass die für den gemeinsamen **Unterhalt** erbrachten Dienst- oder Geldleistungen nicht zu erstatten sind, weil sie mit Rechtsgrund (Ermöglichung der gemeinsamen Lebensführung) erfolgt sind. Ferner erfolgt in keinem Fall eine Auseinandersetzung nach Art der Beendigung eines ehelichen Güterstandes, sondern es ist und bleibt jeder grds Inhaber seiner Vermögensrechte. Nur wenn die während der Lebensgemeinschaft erworbenen Gegenstände nach dem Willen der Partner ausnahmsweise zu **Miteigentum** erworben werden sollten, etwa weil von einem gemeinsamen Konto finanziert, findet eine Auseinandersetzung nach Gemeinschaftsrecht (§§ 749ff) statt. Wenn in Sonderfällen ein Ausgleich für eine beim Partner eingetretene Vermögensvermehrung verlangt werden kann, kommen verschiedene Anspruchsgrundlagen in Betracht, namentlich Schenkungs-, Gesellschafts- und Bereicherungsrecht (Überblick bei *Lüderitz/Dethloff* § 8 Rz 19ff; *Schwab* Rz 954ff).

5 **a)** Ansprüche aus **Schenkung** (§§ 530, 531) scheiden aus, wenn die Zuwendung der gemeinsamen Lebensführung diente (und nicht – wie Schmuck – allein dem Empfänger zugute kommen sollte). Denn dann erfolgt die Zuwendung nicht „unentgeltlich" iSd § 516, sondern in einem Gegenseitigkeitsverhältnis; es handelt sich um sog unbenannte Zuwendungen (s dazu bei Bestehen einer Ehe § 1378 Rz 7; s § 516 Rz 5).

6 **b) Gesellschaftsrechtliche Ausgleichsansprüche** (§§ 730ff) entstehen, wenn die Partner zumindest konkludent einen Gesellschaftsvertrag geschlossen haben (BGHZ 142, 137, 153; 165, 1, 10). Anders als bei Ehegatten ist nicht Voraussetzung, dass die Partner einen über die Verwirklichung der Lebensgemeinschaft hinausgehenden Zweck verfolgen. Jedoch fehlt es häufig an dem erforderlichen Rechtsbindungswillen (BGH NJW 2008, 3277).

7 **c)** Auch ein **Bereicherungsanspruch** wegen **Zweckverfehlung** (§ 812 I 2 Fall 2) ist nach neuerer Rspr denkbar, wenn der Leistung die „Zweckvereinbarung" zugrunde lag, die gemeinsame Lebensgemeinschaft damit zu verwirklichen, dieser Zweck aber durch Auflösung der Gemeinschaft verfehlt wurde. Eine solche Zweckvereinbarung ist anzunehmen, wenn der eine das Vermögen des anderen in der Erwartung vermehrt hat, an dem erworbenen Gegenstand langfristig partizipieren zu können, der andere dies erkennt und die Leistung entgegen nimmt, ohne zu widersprechen (BGH NJW 2008, 3277). Jedoch führt der Tod des Zuwendenden regelmäßig nicht zu einer Zweckverfehlung, denn der von dem Zuwendenden verfolgte Zweck, zu Lebzeiten an dem Vermögensgegenstand partizipieren zu können, ist erreicht worden (BGHZ 183, 242).

8 **d)** In Betracht kommt schließlich ein Ausgleichsanspruch wegen **Wegfalls der Geschäftsgrundlage.** Während der BGH früher § 313 mangels vertraglicher Grundlage

ablehnte, wird ein solcher Anspruch in der jüngeren Rspr bejaht, soweit der gemeinschaftsbezogenen Zuwendung die Vorstellung zugrunde lag, die Lebensgemeinschaft werde Bestand haben (BGH NJW 2008, 3277). Für einen Ausgleichsanspruch reicht jedoch nicht aus, dass die Lebensgemeinschaft durch den Tod des zuwendenden Ehepartners ein natürliches Ende findet, denn in diesem Fall ist die Lebensgemeinschaft nicht gescheitert (BGHZ 183, 242). Der Anspruch kommt insbesondere dann in Betracht, wenn weder eine gesellschaftsvertragliche Regelung noch eine Zweckvereinbarung iSd § 812 I 2 Fall 2 feststellbar ist.

5. Speziell für **Verbindlichkeiten** (zB Darlehen), die im Interesse des Zusammen- 9
lebens eingegangen und von einem Partner erfüllt werden, gilt – mangels einer gegenteiligen Absprache der Parteien – ebenfalls der Grundsatz, dass die Leistungen der Partner nicht miteinander abgerechnet, sondern ersatzlos von demjenigen erbracht werden sollen, der dazu in der Lage ist (BGH NJW 1981, 1502). Hinsichtlich solcher Leistungen, die auf das gerichtet sind, was die Gemeinschaft Tag für Tag benötigt (zB Miete für gemeinsam genutzte Wohnung oder laufender Lebensunterhalt) scheiden Ausgleichsansprüche grundsätzlich aus (BGH NJW 2010, 868). Der Durchführung eines Gesamtschuldnerausgleichs nach § 426 steht in diesen Fällen entgegen, dass die Lebenspartner durch die tatsächlichen Verhältnisse der nichtehelichen Lebensgemeinschaft eine anderweitige Bestimmung getroffen haben. Wenigstens gewährt der BGH aber einen Anspruch aus § 670 auf Ersatz der **nach** der Trennung geleisteten Ratenzahlungen für einen PKW, den nur der andere Teil beruflich nutzte (BGH NJW 1981, 1502).

II. Eingetragene Lebenspartnerschaften

1. Gleichgeschlechtliche Gemeinschaften, vom Gesetz sog **Lebenspartner-** 10
schaften, sind durch das LPartG vom 16. 2. 2001 (BGBl 2001 I 266; *Schönfelder* Nr 43) der Ehe weitgehend gleichgestellt (ausführlicher Überblick *Schwab* FamRZ 2001, 385). Darin liegt kein Verstoß gegen die in Art 6 I GG enthaltene Garantie des Instituts der Ehe, dem durch die weitgehende Gleichstellung keine Einbußen drohen (BVerfGE 105, 313). Die Gleichstellung wurde durch Gesetz zur Überarbeitung des Lebenspartnerschaftsrechts vom 15. 12. 2004 (BGBl 2004 I 3396) noch ausgebaut; dazu *Wellenhofer* NJW 2005, 705; *Stüber* FamRZ 2005, 574. Nach § 1 I LPartG begründen zwei Personen gleichen Geschlechts eine Lebenspartnerschaft, wenn sie persönlich und bei gleichzeitiger Anwesenheit gegenüber dem Standesbeamten erklären, miteinander eine Partnerschaft auf Lebenszeit führen zu wollen (Lebenspartnerinnen oder Lebenspartner). Wenn das BGB oder ein anderes Bundesgesetz vom **Lebenspartner** spricht, ist damit der in § 1 I LPartG definierte Lebenspartner gemeint.

2. Die **Wirkungen** der Lebenspartnerschaft sind in §§ 2ff LPartG in Anlehnung an 11
das Eherecht im Einzelnen geregelt.

a) Eine Verpflichtung zur **partnerschaftlichen Lebensgemeinschaft** enthält § 2 12
LPartG – parallel zu § 1353 über die eheliche Lebensgemeinschaft.

b) Die Lebenspartner können einen gemeinsamen Namen **(Lebenspartner-** 13
schaftsnamen) bestimmen. Das ist in § 3 LPartG näher ausgestaltet (wie in § 1355 für den Ehenamen).

c) Die Verpflichtung zum **Lebenspartnerschaftsunterhalt** gem § 5 LPartG ent- 14
spricht der zum Familienunterhalt in §§ 1360–1360b. Den Unterhalt bei Getrenntleben regelt § 12 LPartG. Nach § 12 S 2 LPartG gelten die §§ 1361 und 1609 entsprechend.

3. Die Lebenspartner leben gem § 6 LPartG – wie Ehegatten – im gesetzlichen **Gü-** 15
terstand der Zugewinngemeinschaft. Die einschlägigen §§ 1363 II, 1364–1390 gelten entsprechend (§ 6 S 2 LPartG). Ebenso wie Ehegatten können die Lebenspartner auch einen vertraglichen Güterstand vereinbaren und also die Gütertrennung (§ 1414) oder die (wenig gebräuchliche) Gütergemeinschaft (§§ 1415ff) wählen. Die Vereinbarung

erfolgt gem § 7 LPartG durch einen Lebenspartnerschaftsvertrag, der wie ein Ehevertrag gem § 1410 der notariellen Form bedarf.

16 An **sonstigen vermögensrechtlichen Wirkungen** sieht § 8 I LPartG eine dem § 1362 entsprechende Eigentumsvermutung vor, und § 8 II LPartG erklärt § 1357 über Geschäfte zur Deckung des Lebensbedarfs für entsprechend anwendbar. Die §§ 1365–1369 gelten – wie die anderen Vorschriften über die Zugewinngemeinschaft – bereits über § 6 LPartG. Insbesondere können Lebenspartner also nicht ohne Zustimmung des anderen Teils über ihr Vermögen im Ganzen oder über Haushaltsgegenstände verfügen (§§ 1365, 1369).

17 **4.** Die Stellung des Lebenspartners im **Mietrecht** ist stärker als die des Lebensgefährten bei einer nichtehelichen Lebensgemeinschaft (s oben Rz 2). Soll dem Lebenspartner der Mitgebrauch des Wohnraums eingeräumt werden, so bedarf es der in §§ 540, 553 vorgesehenen Erlaubnis des Vermieters nicht; da der Lebenspartner gem § 11 I LPartG als Familienangehöriger gilt, ist er nicht Dritter iSd mietrechtlichen Vorschriften. Beim Tod des Mieters gewährt § 563 I 2 dem Lebenspartner ein vorrangiges Eintrittsrecht.

18 **5.** Die in § 9 LPartG getroffenen Regelungen in Bezug auf **Kinder** eines Lebenspartners betreffen das Sorgerecht, den Namen und die Adoption. Durch § 9 I–IV LPartG erhält der Lebenspartner die gleichen sorgerechtlichen Befugnisse, die § 1687b einem Stiefelternteil einräumt. In § 9 V LPartG wird – wie bei Ehegatten in § 1618 – die Einbenennung des Kindes eines Lebenspartners ermöglicht. In § 9 VII LPartG wird die (hier rechtspolitisch umstrittene) Stiefkindadoption zugelassen.

19 **6.** Im **Erbrecht** (dazu näher *von Dickhuth-Harrach* FamRZ 2001, 1660 und 2005, 1139) ist die Lebenspartnerschaft einer Ehe durch § 10 LPartG weitgehend gleichgestellt. Das gilt für das gesetzliche Erbrecht und seinen Ausschluss (§ 10 I–III LPartG) sowie für das Pflichtteilsrecht (§ 10 VI LPartG). Haben die Partner im Güterstand der Zugewinngemeinschaft gelebt (oben Rz 15), so erhöht sich der gesetzliche Erbteil des Überlebenden nach § 1371 I, auf den § 6 S 2 LPartG verweist. Die Lebenspartner können wie Ehegatten ein gemeinschaftliches Testament nach Maßgabe der §§ 2266–2273 errichten (§ 10 IV LPartG), und auch die §§ 2346 ff über den Erbverzicht gelten entsprechend (§ 10 VII LPartG).

20 **7.** Die **Aufhebung der Lebenspartnerschaft** erfolgt gem § 15 I LPartG auf Antrag durch gerichtliches Urteil. Sie entspricht der Scheidung von Ehegatten. Die Aufhebungsgründe des § 15 LPartG sind weitgehend an die Scheidungsvoraussetzungen in §§ 1565 ff angeglichen. Nach der Aufhebung der Lebenspartnerschaft obliegt es gem § 16 LPartG jedem Lebenspartner, selbst für seinen Unterhalt zu sorgen. Ist er dazu außerstande, hat er gegen den anderen Lebenspartner einen Anspruch auf Unterhalt nur entsprechend den §§ 1570 bis 1586b und 1609 des Bürgerlichen Gesetzbuchs. Für nach dem 1. 1. 2005 begründete Lebenspartnerschaften sieht § 20 LPartG einen Versorgungsausgleich vor.

§ 1353. Eheliche Lebensgemeinschaft

(1) [1]**Die Ehe wird auf Lebenszeit geschlossen.** [2]**Die Ehegatten sind einander zur ehelichen Lebensgemeinschaft verpflichtet; sie tragen füreinander Verantwortung.**

(2) **Ein Ehegatte ist nicht verpflichtet, dem Verlangen des anderen Ehegatten nach Herstellung der Gemeinschaft Folge zu leisten, wenn sich das Verlangen als Missbrauch seines Rechts darstellt oder wenn die Ehe gescheitert ist.**

I. Pflicht zur ehelichen Lebensgemeinschaft

1 **1.** Die Vorschrift dient als Generalklausel für die Pflichten einer ehelichen Lebensgemeinschaft. Maßgebend für die einzelnen Pflichten ist in erster Linie die einver-

nehmliche Ehegestaltung durch die Ehegatten und nicht ein gesetzlich vorgegebenes Leitbild. Trotz einer sukzessiven Liberalisierung (vgl § 1356 und §§ 154, 1356 aF) finden sich vor allem in der (älteren) Rechtsprechung bestimmte Vorstellungen von der Ehe.

2. Zum **Kernbestand der ehelichen Pflichten** zählen dieser Rechtsprechung zu Folge das Leben in geistiger und körperlicher Gemeinschaft (Treue, gegenseitige Achtung, Rücksichtnahme und Beistand), die Sorge um die gemeinsamen Angelegenheiten (wie Haushaltsführung oder Kindererziehung) und grds auch die häusliche Gemeinschaft. In ihren Rahmen fällt die Pflicht, dem Partner die Mitbenutzung der Hausratsgegenstände und der Wohnung zu gewähren; es entsteht berechtigter Mitbesitz, unabhängig davon, wer Eigentümer der Hausratsgegenstände ist (BGHZ 12, 380, 399 f) oder wer die Wohnung gemietet hat; also hat auch der Partner die Besitzschutzansprüche aus § 866. 2

3. Schadensersatzansprüche gegen den Ehegatten, etwa aus § 823 wegen Verletzung eines der dort genannten Rechte, können zwischen Ehegatten wie zwischen anderen Personen entstehen (beachte aber § 1359!), jedoch kann ihre Geltendmachung nach st Rspr des BGH in Hinblick auf § 1353 I 2 Einschränkungen unterliegen. So kann eine Verpflichtung zum Stillhalten bestehen, solange sich der schuldige Ehegatte im Rahmen seiner wirtschaftlichen Möglichkeiten in einer der ehelichen Gemeinschaft angepassten Weise um anderweitigen Ausgleich des Schadens bemüht (BGH NJW 1988, 1208). 3

II. Deliktischer Schutz der Ehe

Für deliktische Rechtsgutsverletzungen haften Ehegatten grds nach den allgemeinen Vorschriften, wobei das Haftungsprivileg des § 1359 zu berücksichtigen ist. Ob Ansprüche aus der **Verletzung der Ehe** gegen den Ehegatten oder gegen einen Dritten (den Ehestörer) geltend gemacht werden können, ist umstritten. 4

1. Zwar wird die Ehe zT als absolutes Recht betrachtet, aber unter Berücksichtigung der Funktionen von absoluten Rechten (Beherrschungs- und Ausschlussfunktion) überzeugt dies nicht. Die Ehe ist geprägt von ihrer einvernehmlichen Gestaltung (s Rz 1). 5

2. Ansprüche gegen den Ehegatten. a) Ein **quasinegatorischer Unterlassungs- oder Beseitigungsanspruch** (dazu Vor § 823 Rz 3), mit dem eine Unterlassung ehewidrigen Verhaltens (zB des Ehebruchs) oder Beseitigung eines ehewidrigen Zustandes vom Ehepartner verlangt werden könnte, ist nach hM ausgeschlossen, weil sonst auf diesem Wege der fehlende Rechtszwang zur Herstellung der ehelichen Lebensgemeinschaft (Ausschluss der Vollstreckung nach § 120 III FamFG) umgangen würde. **aa)** Unterlassungs- und Beseitigungsansprüche sind jedoch grds dann zu bejahen, wenn das ehewidrige Verhalten zugleich **absolute Rechte des Partners** verletzt, so zB bei Körperverletzungen oder Verletzungen des Briefgeheimnisses. Wenn die Rechtsverletzung freilich primär als Ehewidrigkeit gewertet werden muss, der gegenüber die Verletzung des in § 823 geschützten Rechtsgutes zurücktritt (zB Ehrverletzung durch Beleidigungen in der Ehe), ist ein Anspruch hingegen ausgeschlossen. **bb)** Auch wenn die Ehe als solche nicht als absolutes Recht anerkannt werden kann, macht der BGH eine Ausnahme beim **Schutz des räumlich-gegenständlichen Bereichs der Ehe.** Gemeint ist der Bereich, der „die äußere sachliche Grundlage für das gemeinsame Ehe- und Familienleben abgibt und zugleich den einzelnen Familienmitgliedern die Entfaltung ihrer Persönlichkeit ermöglichen soll" (BGHZ 6, 360, 365). Schlicht gesagt geht es um die Gewährung eines Anspruchs auf Entfernung der Geliebten aus der Ehewohnung oder aus den eng verbundenen Geschäftsräumen (vgl BGH NJW 1952, 1136). 6

7 **b) Schadensersatzansprüche** gegen den Ehegatten aus § 823 bestehen grds bei denselben Rechtsverletzungen, bei denen auch ein Unterlassungs- oder Beseitigungsanspruch gewährt wird, also bei den (oben Rz 6) genannten Verletzungen absoluter Rechte und bei Eingriffen in den räumlich-gegenständlichen Bereich der Ehe. Beispiel (nach *Schwab* Rz 144): M, der die Geliebte in die eheliche Wohnung aufgenommen hat, muss F, die in ein Hotel ausgewichen ist, aus § 823 die Hotelkosten bezahlen. **aa)** Schadensersatzansprüche aus §§ 823ff wegen **Verletzung der persönlichen Pflichten aus der ehelichen Lebensgemeinschaft** verneint die **Rspr,** weil das Familienrecht die vermögensrechtlichen Folgen der Ehe abschließend regelt. Daher wird M kein Anspruch gegen F auf Ersatz der Kosten zugestanden, die ihm durch Anfechtung der Vaterschaft entstanden sind (BGHZ 23, 215). Anders kann es dagegen sein, wenn F dem M vor der Ehe vorspiegelte, nur er komme als Vater in Betracht; denn dann steht nicht eine (familienrechtlich abschließend geregelte) Verletzung der ehelichen Treue in Rede, sondern eine voreheliche Täuschung (BGHZ 80, 235, 238). **bb)** Manche Stimmen in der **Lit** wollen dagegen Schadensersatzansprüche gegen den Ehepartner wegen Verletzung der ehelichen Pflichten geben. Der zu ersetzende Schaden soll aber auf das sog **Abwicklungsinteresse** (Abwehrkosten, Prozesskosten) beschränkt sein, so dass die Kosten der Vaterschaftsanfechtungsklage vom Ehepartner zu ersetzen wären. Dagegen ist das sog **Bestandsinteresse** (entgehende Vorteile wegen Nichtfortführung der Ehe) nicht zu ersetzen, weil die §§ 1569ff die nachehelichen vermögensrechtlichen Beziehungen der Ehegatten insoweit abschließend regeln (näher *Gernhuber/Coester-Waltjen* § 17 Rz 26f).

8 **2. Ansprüche gegen den Dritten (Ehestörer). a)** Der quasinegatorische Unterlassungsanspruch wegen **Verletzung des räumlich-gegenständlichen Bereichs der Ehe** (oben Rz 6) besteht auch gegen die in der Wohnung aufgenommene Geliebte (BGHZ 6, 360). Ein nicht an die Voraussetzung „räumlich-gegenständlicher Beeinträchtigung" geknüpfter, allgemeiner Anspruch auf **Unterlassung ehewidriger Beziehungen** könnte aus der Anerkennung eines Rechts auf ungestörten Fortbestand der ehelichen Gemeinschaft hergeleitet werden, jedoch ist diese Rechtsfolge – ebenso wie ein entsprechender deliktischer Schadensersatzanspruch – abzulehnen (vgl sogleich Rz 9).

9 **b)** Deliktische **Schadensersatzansprüche** kommen nach der Rspr regelmäßig nicht in Betracht. Ebenso wie gegen den untreuen Ehegatten können sie gegen den Dritten nur aus der Verletzung einer nach § 823 I absolut geschützten Rechtsposition entstehen, wozu insbesondere der räumlich-gegenständliche Bereich der Ehe zählt (vgl oben Rz 7).

10 Vielfach wird als sonstiges Recht iSd § 823 I das **Recht auf ungestörten Fortbestand der ehelichen Gemeinschaft** gesehen. Indes ist schon der angeblich absolute Charakter dieses Rechts zweifelhaft, da § 1353 I 2 nur Rechte der Ehegatten gegeneinander, also von § 823 I nicht geschützte **relative** Rechte begründet. Der BGH hat das genannte Recht zwar bejaht (vgl etwa BGHZ 57, 229, 231), daraus folgende Schadensersatzansprüche (oder quasinegatorische Ansprüche) aber stets abgelehnt. Dagegen will ein Teil der Lit einen auf das Abwicklungsinteresse (oben Rz 7) begrenzten Schadensersatzanspruch gegen den Dritten gewähren (zB *Gernhuber/Coester-Waltjen* § 17 Rz 28; auch *Medicus/Petersen* Rz 616ff). Indes ist diesen Stimmen nicht zu folgen; die Auffassung der Rspr erscheint im Ergebnis überzeugend, weil die wirtschaftlichen Folgen einer gestörten ehelichen Gemeinschaft primär in die Verantwortung der Ehegatten (und damit in den Bereich der familienrechtlichen Normierung) fallen und nicht in eine deliktische Verantwortlichkeit des Dritten (*Schwab* Rz 151).

11 **c) Erstattungsansprüche** des Ehemannes und Scheinvaters gegen den Dritten außerhalb des Deliktsrechts bestehen etwa für den an das Kind gezahlten Unterhalt (Legalzession gem § 1607 III 2) und für die Kosten des Vaterschaftsanfechtungsprozesses (BGHZ 57, 229).

§ 1354. *(weggefallen)*

§ 1355. Ehename

(1) [1]**Die Ehegatten sollen einen gemeinsamen Familiennamen (Ehenamen) bestimmen.** [2]**Die Ehegatten führen den von ihnen bestimmten Ehenamen.** [3]**Bestimmen die Ehegatten keinen Ehenamen, so führen sie ihren zur Zeit der Eheschließung geführten Namen auch nach der Eheschließung.**

(2) **Zum Ehenamen können die Ehegatten durch Erklärung gegenüber dem Standesamt den Geburtsnamen oder den zur Zeit der Erklärung über die Bestimmung des Ehenamens geführten Namen der Frau oder des Mannes bestimmen.**

(3) [1]**Die Erklärung über die Bestimmung des Ehenamens soll bei der Eheschließung erfolgen.** [2]**Wird die Erklärung später abgegeben, so muss sie öffentlich beglaubigt werden.**

(4) [1]**Ein Ehegatte, dessen Name nicht Ehename wird, kann durch Erklärung gegenüber dem Standesamt dem Ehenamen seinen Geburtsnamen oder den zur Zeit der Erklärung über die Bestimmung des Ehenamens geführten Namen voranstellen oder anfügen.** [2]**Dies gilt nicht, wenn der Ehename aus mehreren Namen besteht.** [3]**Besteht der Name eines Ehegatten aus mehreren Namen, so kann nur einer dieser Namen hinzugefügt werden.** [4]**Die Erklärung kann gegenüber dem Standesamt widerrufen werden; in diesem Falle ist eine erneute Erklärung nach Satz 1 nicht zulässig.** [5]**Die Erklärung und der Widerruf müssen öffentlich beglaubigt werden.**

(5) [1]**Der verwitwete oder geschiedene Ehegatte behält den Ehenamen.** [2]**Er kann durch Erklärung gegenüber dem Standesamt seinen Geburtsnamen oder den Namen wieder annehmen, den er bis zur Bestimmung des Ehenamens geführt hat, oder dem Ehenamen seinen Geburtsnamen oder den zur Zeit der Bestimmung des Ehenamens geführten Namen voranstellen oder anfügen.** [3]**Absatz 4 gilt entsprechend.**

(6) **Geburtsname ist der Name, der in die Geburtsurkunde eines Ehegatten zum Zeitpunkt der Erklärung gegenüber dem Standesamt einzutragen ist.**

1. Begrifflich sind drei Namen zu unterscheiden: **(1)** Der **Geburtsname** wird bei der Geburt erworben. Das Kind erhält den gemeinsamen Namen der Eltern (§ 1616) bzw den eines Elternteils (§§ 1617, 1617a). Der Geburtsname kann sich später noch ändern, etwa durch nachträgliche Begründung einer gemeinsamen Sorge (§ 1617b), durch Namensänderungen bei den Eltern (§ 1617c) oder durch Einbenennung (§ 1618). Näheres s Vor § 1616. – **(2)** Der **Familienname** (der, soweit nur die Ehegatten betroffen sind, vom Gesetz auch als **Ehename** bezeichnet wird) entsteht bei der Eheschließung durch die Wahl eines Namens gemäß Abs 2. Die Entstehung eines gemeinsamen Ehenamens ist freilich nicht zwingend (s sogleich Rz 2). – **(3)** Der sog **Begleitname** nach Abs 4. Dieser voran- oder nachgestellte Name ist ein persönlicher Namenszusatz für den Ehegatten, dessen Name nicht Familienname geworden ist. Für den Familiennamen, insbesondere den der Kinder, ist der Begleitname ohne Bedeutung. 1

2. Das Gesetz überlässt es im Ergebnis der **Wahl** der Ehegatten, ob sie nach der Eheschließung einen gemeinsamen Namen führen wollen. Die Pflicht zur Bestimmung eines gemeinsamen Familiennamens ist in Abs 1 S 1 nur als Sollvorschrift normiert, und S 3 lässt eine Abweichung ausdrücklich zu. Durch diese Lösung ist das **Prinzip der Namenseinheit** zu einem letztlich unverbindlichen rechtspolitischen Ziel herabgestuft. 2

3. Zum **Ehenamen** können die Ehegatten gemäß Abs 2 den Geburtsnamen des Mannes oder der Frau oder auch den zurzeit der Eheschließung geführten (etwa durch 3 eine frühere Ehe erworbenen) Namen bestimmen. Geben die Ehegatten keine Erklärung ab, so behält jeder Partner seinen bisherigen Namen bei. Aus Ordnungsgründen ist es den Ehegatten verwehrt, aus beiden Namen einen Doppelnamen zu bilden und diesen als gemeinsamen Namen zu führen (dazu kritisch etwa *Gernhuber/Coester-Waltjen* § 16 Rz 15; *Lüderitz/Dethloff* § 4 Rz 91). Ein Ehegatte, der den Namen des anderen als Ehenamen akzeptiert, kann jedoch gemäß Abs 4 seinen bisherigen Namen als **Begleitnamen** (oben Rz 1) voranstellen oder anfügen. Ist der bisherige Name bereits ein Doppelname, so muss der Ehegatte sich für einen Namensteil als Begleitnamen entscheiden. Durch die Zurückdrängung von Doppelnamen will das Gesetz „Namensungetümen" entgegenwirken.

4 **4.** Der **verwitwete oder geschiedene Ehegatte** behält gemäß Abs 5 grds den Ehenamen. Er hat aber die in S 2 aufgeführten Möglichkeiten, seinen Namen zu verändern. Will er erneut heiraten, so bestehen die in Abs 2 genannten Wahlmöglichkeiten; insb kann – entgegen der für verfassungswidrig erklärten früheren Gesetzeslage (BVerfGE 109, 256) – auch ein „erheirateter" Name zum Ehenamen erklärt werden (vgl BT-Drucks 15/3979, 7). Eine ehevertragliche Abrede, in der sich der Ehegatte, dessen Name nicht zum Ehenamen bestimmt worden ist, verpflichtet, im Falle der Auflösung der Ehe seinen Geburtsnamen oder den von ihm bis zur Bestimmung des Ehenamens geführten Namen wieder anzunehmen, ist nicht generell sittenwidrig (BGH NJW 2008, 1528 Nr 19).

§ 1356. Haushaltsführung, Erwerbstätigkeit

(1) [1]**Die Ehegatten regeln die Haushaltsführung im gegenseitigen Einvernehmen.** [2]**Ist die Haushaltsführung einem der Ehegatten überlassen, so leitet dieser den Haushalt in eigener Verantwortung.**

(2) [1]**Beide Ehegatten sind berechtigt, erwerbstätig zu sein.** [2]**Bei der Wahl und Ausübung einer Erwerbstätigkeit haben sie auf die Belange des anderen Ehegatten und der Familie die gebotene Rücksicht zu nehmen.**

1 **1.** Das Leitbild der „Hausfrauenehe" enthält das Gesetz seit 1976 nicht mehr. Vielmehr müssen die Ehegatten die **Rollenverteilung einvernehmlich** festlegen.

2 **a) Rechtsnatur und Bindungswirkung des „gegenseitigen Einvernehmens"** sind umstritten. Für ein Rechtsgeschäft (Vertrag, Beschluss; vgl *MüKo-Wacke* Rz 7) fehlt mE in der Regel der rechtsgeschäftliche Bindungswille. Eine gewisse Bestandskraft erhält das „Einvernehmen" aber aus den allgemeinen Pflichten der ehelichen Lebensgemeinschaft (§ 1353; vgl *Schwab* Rz 122). Eine einseitige Lossagung ist jedenfalls dann nicht ehewidrig, wenn sich die Verhältnisse wesentlich geändert haben oder wenn der Partner genügend Zeit hatte, sich auf die Lossagung einzustellen.

3 **b)** Bei **fehlendem Einvernehmen** (beide Ehegatten wollen voll berufstätig sein) müssen sie sich nach § 1353 die Haushaltsführung teilen.

4 **2.** Eine gesetzliche **Pflicht zur Mitarbeit** im Betrieb des anderen Ehegatten ist nur in Ausnahmefällen zu bejahen. Sie ist dann Ausfluss der Pflicht zur ehelichen Lebensgemeinschaft des § 1353 I 2 (Beistandspflicht). Im Einzelnen kann sie sich aus § 1360 S 1 ergeben (Unterhaltsarbeit), wenn der Unterhalt aus dem Familienbetrieb bestritten wird und ohne die Mitarbeit gefährdet wäre. Sie kann aber auch aus der Pflicht zur Rücksichtnahme (§ 1356 II 2) folgen. Die gesetzlich vorgeschriebene Mitarbeit ist grds unentgeltlich. Ein **Entgelt** kann der mitarbeitende Ehegatte verlangen, wenn ein entsprechender Arbeits- oder Gesellschaftsvertrag vorliegt. Wenn keine klare Absprache getroffen wurde und die Mitarbeit über den Rahmen der gesetzlichen Verpflichtung hinausgeht, ist ein Vergütungsanspruch jedenfalls dann billig, wenn das Ehegüterrecht nicht bereits für eine hinreichende Beteiligung sorgt, zB weil der Zugewinnausgleich im Einzelfall nicht ausreichend erscheint oder – bei Gütertrennung – gar nicht in Betracht kommt.

a) Der BGH nimmt in st Rspr die Begründung einer **Ehegatteninnengesellschaft** durch schlüssiges Verhalten der Ehegatten an, wenn Eheleute durch beiderseitige Leistungen einen über den typischen Rahmen der ehelichen Lebensgemeinschaft hinausgehenden Zweck verfolgen, indem sie etwa durch Einsatz von Arbeitsleistungen und Vermögenswerten gemeinsam ein Unternehmen oder Vermögen aufbauen oder gemeinsam eine berufliche Tätigkeit ausüben (BGH FamRZ 1989, 147; BGHZ 142, 137); bei Beendigung der Innengesellschaft, namentlich im Falle der Ehescheidung, wird das Betriebsvermögen zwar nicht geteilt, aber der mitarbeitende Ehegatte erhält zum Ausgleich einen angemessenen Geldanspruch (analog §§ 730ff, 738). Ein Ausgleichsanspruch kommt nicht erst in Betracht, wenn der Zugewinnausgleich nicht zu einem angemessenen Ergebnis führt, sondern der gesellschaftliche Ausgleichsanspruch besteht neben einem Anspruch auf Zugewinnausgleich (BGHZ 155, 249, 255; 165, 1, 7f). Das Bestreben, die eheliche Lebensgemeinschaft zu verwirklichen und Voraussetzungen dafür zu schaffen, ist jedoch kein eigenständiger Zweck, dessen Verwirklichung ohne eine entsprechende **ausdrückliche** Vereinbarung die Grundlage einer Ehegatteninnengesellschaft bilden könnte (vgl BGHZ 142, 137, 153); so besteht regelmäßig keine Ehegatteninnengesellschaft durch schlüssiges Verhalten, wenn die Ehegatten durch beiderseitige Leistungen zum Erwerb oder Ausbau eines Familienheimes beitragen (BGHZ 84, 361, 366f; BGH FamRZ 1989, 147, 148). 5

b) Als **weitere Rechtsgrundlagen** für eine Vergütungspflicht werden vor allem erörtert: Wegfall der Geschäftsgrundlage (vgl BGHZ 84, 361, 366f; BGHZ 127, 48, 51), § 812 I 2 (Zweckfortfall mit Scheidung) und ein familienrechtlicher Ausgleichsanspruch aus § 1353 I 2 (indes wird meist bezweifelt, dass § 1353 I 2 eine Anspruchsgrundlage für einen solchen Geldanspruch bietet). 6

§ 1357. Geschäfte zur Deckung des Lebensbedarfs

(1) [1]**Jeder Ehegatte ist berechtigt, Geschäfte zur angemessenen Deckung des Lebensbedarfs der Familie mit Wirkung auch für den anderen Ehegatten zu besorgen.** [2]**Durch solche Geschäfte werden beide Ehegatten berechtigt und verpflichtet, es sei denn, dass sich aus den Umständen etwas anderes ergibt.**

(2) [1]**Ein Ehegatte kann die Berechtigung des anderen Ehegatten, Geschäfte mit Wirkung für ihn zu besorgen, beschränken oder ausschließen; besteht für die Beschränkung oder Ausschließung kein ausreichender Grund, so hat das Familiengericht sie auf Antrag aufzuheben.** [2]**Dritten gegenüber wirkt die Beschränkung oder Ausschließung nur nach Maßgabe des § 1412.**

(3) **Absatz 1 gilt nicht, wenn die Ehegatten getrennt leben.**

1. Der **Name „Schlüsselgewalt"**, der für diese Norm noch üblich ist, hat sich unter der früheren Fassung der Vorschrift eingebürgert; sie ging vom Modell der „Hausfrauenehe" aus und berechtigte die Frau, Geschäfte innerhalb ihres „häuslichen Wirkungskreises" mit Wirkung für den Mann zu besorgen. **a)** Heute steht die „Schlüsselgewalt" gemäß S 1 **jedem** Ehegatten zu, und sie betrifft „Geschäfte zur angemessenen Deckung des Lebensbedarfs der Familie". Statt von Schlüsselgewalt wird auch von der von § 1357 verliehenen „Rechtsmacht" oder schlicht vom Vertretungsrecht iSd § 1357 gesprochen. **b)** Die Vorschrift gilt für **Lebenspartner** gem § 8 II LPartG entsprechend. 1

2. Der gesetzgeberische **Zweck** der Vorschrift liegt darin, denjenigen Ehegatten, der die Haushaltsführung übernommen hat, für seine Aufgabe im Rahmen der ehelichen Lebens- und Wirtschaftsgemeinschaft angemessen auszurüsten. Ohne eine derartige Vorschrift wäre nämlich ein im Haushalt tätiger und selbst einkommensloser Ehegatte weitgehend von der Zustimmung seines Partners abhängig. Dass sich daneben auch die Haftung zugunsten der Gläubiger erweitert, ist Folge, nicht Zweck der 2 eheausgestaltenden Regelung (BVerfGE 81, 1, 7; krit *Gernhuber/Coester-Waltjen* § 19 Rz 36f). Die Vorschrift verstößt deshalb auch nicht gegen das Diskriminierungsverbot des Art 6 I GG; sie ist verfassungsmäßig (BVerfG aaO).

3 3. Folgende **Voraussetzungen** müssen zur Begründung der Rechtsmacht erfüllt sein:

4 a) **Wirksame Eheschließung**. Der Güterstand ist irrelevant (systematische Stellung vor § 1364ff).

5 **b) Geschäft zur angemessenen Deckung des Lebensbedarfs der Familie** (Abs 1 S 1). Die Abgrenzung im Einzelnen ist zweifelhaft (vgl dazu BGHZ 94, 1). Der Verwendung des unterhaltsrechtlichen Begriffs „Lebensbedarf" (§ 1610 II) lässt eine Auslegungshilfe durch §§ 1360, 1360a vermuten (str; so etwa *MüKo-Wacke* Rz 19). Geschäfte zur **Bedarfsdeckung** sind unstreitig solche über Nahrung, Kleidung, Heizung, Haushaltsgeräte und einzelne Einrichtungsgegenstände, auch wenn es Kreditverträge sind. Wieweit der Lebensbedarf der Familie reicht, bestimmt sich nach den Verhältnissen der Ehegatten (vgl § 1360a I). Die Kosten einer medizinisch notwendigen, unaufschiebbaren ärztlichen Behandlung sind grds erfasst (BGHZ 116, 184, 186). Zwar überschneidet sich der Lebensbedarf der **Familie** mit dem persönlichen Bedarf jedes einzelnen Mitglieds; nicht zum Bedarf der Familie zählen aber teure Hobbys des einzelnen (str) und berufsbezogene Geschäfte. – Dem Kriterium **„angemessen"** liegt die im Gesetzgebungsverfahren geäußerte Ansicht zugrunde, dass „Geschäfte größeren Umfangs, die ohne weiteres zurückgestellt werden können" (bis die Ehegatten sich verständigt haben), ausgeklammert bleiben sollen; vielmehr muss es sich um Geschäfte handeln, die wenigstens in der Regel – mit Differenzierung nach Bevölkerungskreisen – von einem Ehegatten für die Familie selbständig erledigt zu werden pflegen (BGHZ 94, 1, 8). Dazu zählt der Bauvertrag über ein Wohnhaus jedenfalls nicht (BGH FamRZ 1989, 35).

6 **c) Kein Ausschluss. aa) Entgegenstehende Umstände des Einzelfalles** (Abs 1 S 2). Die Wirkungen des § 1357 I 2 treten grds kraft Gesetzes ein. Anders als bei der Stellvertretung muss nicht im Namen des mitverpflichteten Ehegatten gehandelt werden; der Offenheitsgrundsatz (§ 164 Rz 9) gilt insoweit nicht. Der Dritte muss nicht einmal wissen, dass sein Geschäftspartner verheiratet ist oder dass das Geschäft der angemessenen Bedarfsdeckung dient. Will der handelnde Ehegatte ausnahmsweise nur sich selbst verpflichten oder will er auf Grund einer Bevollmächtigung nur seinen Ehepartner (und nicht sich selbst) vertraglich binden, muss der Ausschluss der Mitverpflichtung eindeutig offengelegt werden (BGHZ 94, 1). Wegen entgegenstehender Umstände scheidet eine Mitverpflichtung des Ehegatte zB dann aus, wenn die Kosten des Geschäfts die wirtschaftliche Leistungsfähigkeit der Familie übersteigen (BGHZ 116, 184, 188) und der Ehegatte auch unterhaltsrechtlich nicht zur Leistung verpflichtet wäre. Sowohl Voraussetzungen als auch Grenzen bestimmen sich somit nach dem Unterhaltsrecht. **bb) Kein Getrenntleben** (Abs 3); definiert in § 1567 I. **cc) Keine Beschränkung oder Ausschließung** gemäß Abs 2 iVm § 1412. Beschränkung oder Ausschließung können durch formlose Erklärung gegenüber dem Ehepartner oder dem Dritten erfolgen. Gegen Dritte entfaltet die Erklärung nur Wirkungen, wenn sie ihnen bekannt oder im Güterrechtsregister eingetragen ist.

7 4. Hinsichtlich der **Wirkungen** ausgeübter Schlüsselgewalt ist zwischen der schuldrechtlichen und der sachenrechtlichen Seite zu unterscheiden.

8 **a) Schuldrechtlich** werden die Ehegatten als Gesamtgläubiger (§ 428) berechtigt und als Gesamtschuldner (§§ 421, 426) verpflichtet. Allerdings stehen sie sich näher als gewöhnliche Gesamtschuldner nach § 425, weil die Berechtigung des Abs 1 S 1 auch im begründeten Schuldverhältnis fortwirkt. Deshalb kann jeder Ehegatte auch nach Vertragsschluss allein Willenserklärungen abgeben, die für beide verbindlich sind, zB kündigen oder einen Verbrauchervertrag gem § 355 widerrufen. Jeder Ehegatte ist auch allein zur Entgegennahme von Willenserklärungen zuständig (*MüKo-Wacke* Rz 34).

b) Sachenrechtlich äußert § 1357 keine direkten Wirkungen (BGHZ 114, 74; str). Es gelten die allgemeinen sachenrechtlichen Regeln. Eigentümer einer Sache wird also derjenige Ehegatte, der sie kauft, uU auch derjenige, „den es angeht“ (vgl § 164 Rz 11). Nach anderer Auffassung (zB *Schwab* Rz 186) wirkt die Schlüsselgewalt auch dinglich: die Ehegatten sollen kraft Gesetzes (§ 1357 I 2) Miteigentum erwerben, wobei unerheblich sei, ob ein derartiger Wille in der Einigung (§ 929) zum Ausdruck kam und ob der Geschäftspartner vom Bestehen der Ehe wusste. Hiergegen ist einzuwenden, dass das Gütertrennungsprinzip des § 1363 II auf diese Weise teilweise unterlaufen würde (BGHZ 114, 74, 77; *Gernhuber/Coester-Waltjen* § 19 Rz 56 ff). Allerdings entsteht im Ergebnis doch meist Miteigentum. Denn während es dem Veräußerer in der Regel gleichgültig ist, wer Eigentümer wird (vgl § 164 Rz 11), ist die Einigungserklärung des handelnden Ehegatten nach den Umständen häufig dahin zu verstehen, dass beide Ehegatten Miteigentümer werden sollen. So liegt es beim Erwerb von Hausrat für den gemeinsamen Haushalt, sofern nicht etwas anderes erklärt wird oder besondere Umstände dagegen sprechen; dass der Hausrat nur aus den Mitteln eines Ehegatten angeschafft wurde, begründet nicht ohne weiteres dessen Alleineigentum. Dagegen ist nach den Umständen regelmäßig Alleineigentum gewollt, wenn angeschaffte Sachen für den alleinigen Gebrauch eines Ehegatten bestimmt oder gerade ihm, etwa als Geschenk, zugedacht sind (BGHZ 114, 74, 81). 9

§ 1358. *(weggefallen)*

§ 1359. Umfang der Sorgfaltspflicht

Die Ehegatten haben bei der Erfüllung der sich aus dem ehelichen Verhältnis ergebenden Verpflichtungen einander nur für diejenige Sorgfalt einzustehen, welche sie in eigenen Angelegenheiten anzuwenden pflegen.

1. Zur **Sorgfalt in eigenen Angelegenheiten** siehe § 277. S dazu außerdem § 708 Rz 1. 1

2. Der sachliche **Anwendungsbereich** erfasst den gesamten Bereich der ehelichen Pflichten, namentlich die Unterhaltspflicht (vgl §§ 1360a III, 1613 I iVm § 286 IV). Der mildere Haftungsmaßstab gilt zwar grds auch für einen Deliktsanspruch, also etwa für Körperverletzungen im häuslichen Bereich. Nach bestrittener Rspr (hierzu § 277 Rz 2f) besteht bei Gesundheits- oder Eigentumsverletzungen im **Straßen-** (BGHZ 53, 352, 355f; 61, 101) oder **Motorschiffsverkehr** (BGH NJW 2009, 1875) kein Raum für individuelle Sorglosigkeiten. Deshalb müsse § 276 gelten wie überall, wo besondere Anforderungen an die Verkehrsteilnehmer gestellt werden. Diese Rspr führt jedenfalls zu billigen Ergebnissen, indem sowohl der geschädigte Ehegatte als auch ein Zweitschädiger, der vollen Ersatz geleistet hat, die Versicherung des schädigenden Ehegatten im auch sonst üblichen Umfang in Anspruch nehmen können. 2

3. Eine parallele Vorschrift bildet für **Lebenspartner** (s Vor § 1353 Rz 10) § 4 LPartG. 3

§ 1360. Verpflichtung zum Familienunterhalt

[1]Die Ehegatten sind einander verpflichtet, durch ihre Arbeit und mit ihrem Vermögen die Familie angemessen zu unterhalten. [2]Ist einem Ehegatten die Haushaltsführung überlassen, so erfüllt er seine Verpflichtung, durch Arbeit zum Unterhalt der Familie beizutragen, in der Regel durch die Führung des Haushalts.

1. Ein **Überblick über das Unterhaltsrecht** ist wegen seiner verstreuten Regelung schwer zu gewinnen. Es gelten: **a)** Bei **Bestehen häuslicher Gemeinschaft** §§ 1360ff. **b)** Bei **Getrenntleben** § 1361. **c)** Nach der **Scheidung** für die Ansprüche der geschiedenen Ehegatten §§ 1569ff. **d)** Zwischen **Eltern und Kindern** 1

§§ 1601 ff, die insbesondere auch für die Ansprüche der Kinder nach einer Ehescheidung gelten; für Kinder nicht miteinander verheirateter Eltern bestehen Sondervorschriften in §§ 1615 a ff.

2 **2.** Durch ihre **Arbeit,** die meist im Vordergrund steht, und mit ihrem **Vermögen** müssen die Ehegatten die Familie angemessen unterhalten, und zwar nicht etwa jeder zur Hälfte, sondern nach Maßgabe ihrer **Leistungsfähigkeit** (Arbeitskraft und Vermögen). Anders als sonstige Unterhaltsansprüche setzt der Anspruch aus § 1360 **keine Bedürftigkeit** voraus; es ist also grds unerheblich, dass eigenes Einkommen zum Unterhalt ausreichen würde (BGHZ 56, 389, 392).

§ 1360 a. Umfang der Unterhaltspflicht

(1) **Der angemessene Unterhalt der Familie umfasst alles, was nach den Verhältnissen der Ehegatten erforderlich ist, um die Kosten des Haushalts zu bestreiten und die persönlichen Bedürfnisse der Ehegatten und den Lebensbedarf der gemeinsamen unterhaltsberechtigten Kinder zu befriedigen.**

(2) [1]**Der Unterhalt ist in der Weise zu leisten, die durch die eheliche Lebensgemeinschaft geboten ist.** [2]**Die Ehegatten sind einander verpflichtet, die zum gemeinsamen Unterhalt der Familie erforderlichen Mittel für einen angemessenen Zeitraum im Voraus zur Verfügung zu stellen.**

(3) **Die für die Unterhaltspflicht der Verwandten geltenden Vorschriften der §§ 1613 bis 1615 sind entsprechend anzuwenden.**

(4) [1]**Ist ein Ehegatte nicht in der Lage, die Kosten eines Rechtsstreits zu tragen, der eine persönliche Angelegenheit betrifft, so ist der andere Ehegatte verpflichtet, ihm diese Kosten vorzuschießen, soweit dies der Billigkeit entspricht.** [2]**Das Gleiche gilt für die Kosten der Verteidigung in einem Strafverfahren, das gegen einen Ehegatten gerichtet ist.**

1 **1.** Nach Abs 1 gehört zum Unterhaltsbedarf der Familie auch der **Lebensbedarf der gemeinsamen unterhaltsberechtigten Kinder.** Zwar haben die Kinder gegen die Eltern eigene Ansprüche aus §§ 1601 ff; aber § 1360 a I ermöglicht es, dass jeder Elternteil vom andern aus eigenem Recht den Unterhalt für die gemeinsamen Kinder verlangen kann.

2 **2.** Das **Maß des Unterhalts** bestimmt sich nach der Lebensstellung beider Ehegatten und ihrem Lebensstil, der seine Grundlage in dem beiderseitigen Einkommen, vor allem dem Arbeitsverdienst, findet (so BGH FamRZ 1970, 636).

3 **3.** Für die **Art und Weise** der Unterhaltsgewährung sind gemäß Abs 2 die konkreten Verhältnisse in der ehelichen Lebensgemeinschaft entscheidend. Es kommen also nicht nur Geldzahlungen in Betracht, sondern auch andere Leistungen, wie die Haushaltsführung oder die Bereitstellung von Wohnraum (Naturalunterhalt).

4 **4.** Die **Prozesskostenvorschusspflicht** ist in Abs 4 abschließend geregelt; sie besteht deshalb nicht zwischen geschiedenen Ehegatten (BGHZ 89, 33). Bei durchsetzbarem Vorschussanspruch entfällt eine Prozesskostenhilfe nach §§ 114 ff ZPO mangels Bedürftigkeit.

5 **5.** Über die **endgültige Kostentragungspflicht** schweigt das Gesetz. Nach der Rspr richtet sich die Rückzahlungspflicht – ebenso wie die Vorschusspflicht selbst – grds nach der Billigkeit (BGHZ 56, 92; 94, 316; 110, 247). Danach ist der Vorschussempfänger jedenfalls dann sofort rückerstattungspflichtig, wenn er seinen Prozess gewinnt.

§ 1360 b. Zuvielleistung

Leistet ein Ehegatte zum Unterhalt der Familie einen höheren Beitrag als ihm obliegt, so ist im Zweifel anzunehmen, dass er nicht beabsichtigt, von dem anderen Ehegatten Ersatz zu verlangen.

§ 1361. Unterhalt bei Getrenntleben

(1) [1]Leben die Ehegatten getrennt, so kann ein Ehegatte von dem anderen den nach den Lebensverhältnissen und den Erwerbs- und Vermögensverhältnissen der Ehegatten angemessenen Unterhalt verlangen; für Aufwendungen infolge eines Körper- oder Gesundheitsschadens gilt § 1610 a. [2]Ist zwischen den getrennt lebenden Ehegatten ein Scheidungsverfahren rechtshängig, so gehören zum Unterhalt vom Eintritt der Rechtshängigkeit an auch die Kosten einer angemessenen Versicherung für den Fall des Alters sowie der verminderten Erwerbsfähigkeit.

(2) Der nicht erwerbstätige Ehegatte kann nur dann darauf verwiesen werden, seinen Unterhalt durch eine Erwerbstätigkeit selbst zu verdienen, wenn dies von ihm nach seinen persönlichen Verhältnissen, insbesondere wegen einer früheren Erwerbstätigkeit unter Berücksichtigung der Dauer der Ehe, und nach den wirtschaftlichen Verhältnissen beider Ehegatten erwartet werden kann.

(3) Die Vorschrift des § 1579 Nr. 2 bis 8 über die Beschränkung oder Versagung des Unterhalts wegen grober Unbilligkeit ist entsprechend anzuwenden.

(4) [1]Der laufende Unterhalt ist durch Zahlung einer Geldrente zu gewähren. [2]Die Rente ist monatlich im Voraus zu zahlen. [3]Der Verpflichtete schuldet den vollen Monatsbetrag auch dann, wenn der Berechtigte im Laufe des Monats stirbt. [4]§ 1360 a Abs. 3, 4 und die §§ 1360 b, 1605 sind entsprechend anzuwenden.

1. Der **Charakter** der Unterhaltspflicht bei „Getrenntleben" (dazu § 1567) ähnelt dem nach der Scheidung (§§ 1569 ff; s dort) und unterscheidet sich stark von der bei Bestehen häuslicher Gemeinschaft in § 1360 statuierten beiderseitigen Pflicht. In § 1361 wird ein einseitiger Unterhaltsanspruch zur Deckung des Lebensbedarfs des bedürftigen Ehegatten begründet. Obwohl im Gesetz nicht ausdrücklich genannt, entscheiden über den Unterhalt die Kriterien der **Bedürftigkeit** (vgl §§ 1577, 1602) und der **Leistungsfähigkeit** (vgl §§ 1578, 1603). 1

2. Geschuldet wird **angemessener Unterhalt,** bei dessen gleichmäßiger Festsetzung von zahlreichen Oberlandesgerichten entwickelte und in regelmäßigen Abständen aktualisierte Tabellen helfen, die aber als bloße Hilfsmittel nicht schematisch angewendet werden dürfen (vgl BGH NJW 1984, 1458). Am bekanntesten ist die **Düsseldorfer Tabelle** (vgl im Einzelnen *MüKo-Wacke* Rz 22 ff). 2

§ 1361 a. Verteilung der Haushaltsgegenstände bei Getrenntleben

(1) [1]Leben die Ehegatten getrennt, so kann jeder von ihnen die ihm gehörenden Haushaltsgegenstände von dem anderen Ehegatten herausverlangen. [2]Er ist jedoch verpflichtet, sie dem anderen Ehegatten zum Gebrauch zu überlassen, soweit dieser sie zur Führung eines abgesonderten Haushalts benötigt und die Überlassung nach den Umständen des Falles der Billigkeit entspricht.

(2) Haushaltsgegenstände, die den Ehegatten gemeinsam gehören, werden zwischen ihnen nach den Grundsätzen der Billigkeit verteilt.

(3) [1]Können sich die Ehegatten nicht einigen, so entscheidet das zuständige Gericht. [2]Dieses kann eine angemessene Vergütung für die Benutzung der Haushaltsgegenstände festsetzen.

(4) Die Eigentumsverhältnisse bleiben unberührt, sofern die Ehegatten nichts anderes vereinbaren.

§ 1361 b. Ehewohnung bei Getrenntleben

(1) [1]Leben die Ehegatten voneinander getrennt oder will einer von ihnen getrennt leben, so kann ein Ehegatte verlangen, dass ihm der andere die Ehewoh-

nung oder einen Teil zur alleinigen Benutzung überlässt, soweit dies auch unter Berücksichtigung der Belange des anderen Ehegatten notwendig ist, um eine unbillige Härte zu vermeiden. [2]Eine unbillige Härte kann auch dann gegeben sein, wenn das Wohl von im Haushalt lebenden Kindern beeinträchtigt ist. [3]Steht einem Ehegatten allein oder gemeinsam mit einem Dritten das Eigentum, das Erbbaurecht oder der Nießbrauch an dem Grundstück zu, auf dem sich die Ehewohnung befindet, so ist dies besonders zu berücksichtigen; Entsprechendes gilt für das Wohnungseigentum, das Dauerwohnrecht und das dingliche Wohnrecht.

(2) **[1]Hat der Ehegatte, gegen den sich der Antrag richtet, den anderen Ehegatten widerrechtlich und vorsätzlich am Körper, der Gesundheit oder der Freiheit verletzt oder mit einer solchen Verletzung oder der Verletzung des Lebens widerrechtlich gedroht, ist in der Regel die gesamte Wohnung zur alleinigen Benutzung zu überlassen. [2]Der Anspruch auf Wohnungsüberlassung ist nur dann ausgeschlossen, wenn keine weiteren Verletzungen und widerrechtlichen Drohungen zu besorgen sind, es sei denn, dass dem verletzten Ehegatten das weitere Zusammenleben mit dem anderen wegen der Schwere der Tat nicht zuzumuten ist.**

(3) **[1]Wurde einem Ehegatten die Ehewohnung ganz oder zum Teil überlassen, so hat der andere alles zu unterlassen, was geeignet ist, die Ausübung dieses Nutzungsrechts zu erschweren oder zu vereiteln. [2]Er kann von dem nutzungsberechtigten Ehegatten eine Vergütung für die Nutzung verlangen, soweit dies der Billigkeit entspricht.**

(4) **Ist nach der Trennung der Ehegatten im Sinne des § 1567 Abs. 1 ein Ehegatte aus der Ehewohnung ausgezogen und hat er binnen sechs Monaten nach seinem Auszug eine ernstliche Rückkehrabsicht dem anderen Ehegatten gegenüber nicht bekundet, so wird unwiderleglich vermutet, dass er dem in der Ehewohnung verbliebenen Ehegatten das alleinige Nutzungsrecht überlassen hat.**

§ 1362. Eigentumsvermutung

(1) **[1]Zugunsten der Gläubiger des Mannes und der Gläubiger der Frau wird vermutet, dass die im Besitz eines Ehegatten oder beider Ehegatten befindlichen beweglichen Sachen dem Schuldner gehören. [2]Diese Vermutung gilt nicht, wenn die Ehegatten getrennt leben und sich die Sachen im Besitz des Ehegatten befinden, der nicht Schuldner ist. [3]Inhaberpapiere und Orderpapiere, die mit Blankoindossament versehen sind, stehen den beweglichen Sachen gleich.**

(2) **Für die ausschließlich zum persönlichen Gebrauch eines Ehegatten bestimmten Sachen wird im Verhältnis der Ehegatten zueinander und zu den Gläubigern vermutet, dass sie dem Ehegatten gehören, für dessen Gebrauch sie bestimmt sind.**

1 **1.** Die **widerlegbare Eigentumsvermutung** des Abs 1 erleichtert – in Verbindung mit der Gewahrsamsvermutung des § 739 ZPO – die Pfändung in der ehelichen Wohnung (vgl § 808 ZPO). Der Gläubiger wird damit der Schwierigkeit enthoben, den Nachweis zu führen, dass eine bestimmte Sache seinem Schuldner und nicht dem Ehepartner gehört. Der nichtschuldende Ehegatte braucht zur Widerlegung der Vermutung nur seinen Eigentumserwerb, nicht dagegen den Fortbestand seines Eigentums zu beweisen (BGH NJW 1976, 238).

2 **2.** Für die ausschließlich zum **persönlichen Gebrauch** eines Ehegatten bestimmten Sachen gilt gemäß Abs 2 eine weitere Eigentumsvermutung, und zwar auch im Verhältnis der Ehegatten zueinander (wichtig im Falle der Scheidung). Wertvoller

Schmuck ist dann nicht ausschließlich zum persönlichen Gebrauch der Frau bestimmt, wenn er als Kapitalanlage für die Familie angeschafft ist, mag er auch von der Frau nach Belieben getragen werden (BGH NJW 1959, 142; OLG Nürnberg NJW-RR 2001, 3). Bei Erbstücken des Ehemannes muss die Frau dartun, dass der Ehemann ihr diese Schmuckstücke – über die Befugnis zum gelegentlichen Tragen hinaus – zum ausschließlichen persönlichen Gebrauch überlassen hat, damit die Vermutung des Abs 2 eingreift (vgl BGH FamRZ 1971, 24, 25).

3. Zugunsten der Gläubiger eines **Lebenspartners** gilt gem § 8 I LPartG eine dem 3
§ 1362 entsprechende Vermutung. Bei **nichtehelichen Lebensgemeinschaften** gilt die Vermutung dagegen nicht; für eine entsprechende Anwendung des § 1362 fehlt es nach der Rspr an einer planwidrigen Unvollständigkeit des Gesetzes; der Gesetzgeber habe sich bewusst dafür entschieden, § 1362 auf nichteheliche Lebensgemeinschaften nicht auszudehnen (BGHZ 170, 187 = JZ 2007, 528 krit Anm *H. Roth*).

Titel 6. Eheliches Güterrecht

Untertitel 1. Gesetzliches Güterrecht

§ 1363. Zugewinngemeinschaft

(1) **Die Ehegatten leben im Güterstand der Zugewinngemeinschaft, wenn sie nicht durch Ehevertrag etwas anderes vereinbaren.**

(2) [1]**Das Vermögen des Mannes und das Vermögen der Frau werden nicht gemeinschaftliches Vermögen der Ehegatten; dies gilt auch für Vermögen, das ein Ehegatte nach der Eheschließung erwirbt.** [2]**Der Zugewinn, den die Ehegatten in der Ehe erzielen, wird jedoch ausgeglichen, wenn die Zugewinngemeinschaft endet.**

Aus der gesetzlichen Regelung der Zugewinngemeinschaft ergeben sich im Wesent- 1
lichen **drei Charakteristika:**

1. Trennung des Vermögens von Mann und Frau (§ 1363 II 1). Der missverständ- 2
liche Ausdruck „Zugewinngemeinschaft" darf also nicht zu einer Verwechslung mit der „Errungenschaftsgemeinschaft" führen, die das ursprüngliche BGB als Wahlgüterstand vorsah und bei der das während der Ehe Hinzuerworbene grds gemeinschaftliches Vermögen (Gesamtgut) wurde (§ 1519 BGB aF).

2. Selbständige Vermögensverwaltung (§ 1364), begrenzt durch **Verfügungs-** 3
beschränkungen in §§ 1365 und 1369. Die Verfügungsbeschränkungen haben den Sinn, die wirtschaftlichen Grundlagen der Familie (bzw des Haushalts) sowie die Zugewinnausgleichsforderung (§ 1378) des anderen Ehegatten zu sichern. Sie sind ehevertraglich abdingbar (vgl § 1408 Rz 1).

3. Zugewinnausgleich bei Beendigung der Zugewinngemeinschaft (§ 1363 II 2), 4
namentlich durch Tod (§ 1371) oder Scheidung (§§ 1372ff). Die Anordnung des Zugewinnausgleichs beruht auf der Ehevorstellung einer umfassenden Lebens- und Versorgungsgemeinschaft, wobei die Erwerbstätigkeit nicht höher zu bewerten ist als die Hausarbeit. Bei dieser Sicht erscheint es konsequent, im Falle der Eheauflösung das während der Ehe erwirtschaftete Vermögen auf beide Ehegatten gleichmäßig zu verteilen.

§ 1364. Vermögensverwaltung

Jeder Ehegatte verwaltet sein Vermögen selbständig; er ist jedoch in der Verwaltung seines Vermögens nach Maßgabe der folgenden Vorschriften beschränkt.

§ 1365. Verfügung über Vermögen im Ganzen

(1) [1]Ein Ehegatte kann sich nur mit Einwilligung des anderen Ehegatten verpflichten, über sein Vermögen im Ganzen zu verfügen. [2]Hat er sich ohne Zustimmung des anderen Ehegatten verpflichtet, so kann er die Verpflichtung nur erfüllen, wenn der andere Ehegatte einwilligt.

(2) Entspricht das Rechtsgeschäft den Grundsätzen einer ordnungsmäßigen Verwaltung, so kann das Familiengericht auf Antrag des Ehegatten die Zustimmung des anderen Ehegatten ersetzen, wenn dieser sie ohne ausreichenden Grund verweigert oder durch Krankheit oder Abwesenheit an der Abgabe einer Erklärung verhindert und mit dem Aufschub Gefahr verbunden ist.

1 **1. Zweck** der Norm ist die Sicherung der wirtschaftlichen Grundlage der Familie und die Sicherung des Zugewinnausgleichsanspruchs des anderen Ehegatten.

2 **2.** Folgende **Voraussetzungen** müssen erfüllt sein:

3 **a)** § 1365 ist nur anwendbar auf **Ehegatten**, die im Güterstand der **Zugewinngemeinschaft** leben und § 1365 nicht ehevertraglich abbedungen haben (s § 1408).

4 **b) Verfügung über das Vermögen im Ganzen.**

5 **aa)** Zum **Kreis der erfassten Geschäfte** zählen primär Verpflichtungen und Übertragungen. Bereits das **Verpflichtungsgeschäft** ist zustimmungsbedürftig, weil der Ehegatte sonst bei unwirksamem Verfügungsgeschäft aus dem Verpflichtungsgeschäft schadensersatzpflichtig würde. **Verfügungsgeschäfte** bedürfen keiner Zustimmung, wenn das Verpflichtungsgeschäft bereits genehmigt ist (Umkehrschluss aus Abs 1 S 2). In der Einwilligung zu dem Verfügungsgeschäft im Falle des Abs 1 S 2 wird man zugleich eine Einwilligung in das zugrundeliegende Verpflichtungsgeschäft sehen müssen, weil andernfalls das aus der gebilligten Verfügung Erlangte sofort wieder kondiziert werden könnte (*MüKo-Koch* Rz 36). **Dingliche Belastungen** eines Grundstücks, welches das ganze Vermögen ausmacht, sind nur dann erfasst, wenn sie den Wert der Sache fast ganz ausschöpfen (verneinend für einen Nießbrauch, da dieser den Wert niemals ganz ausschöpft, BGH FamRZ 1966, 22). Die **Eingehung einer Geldschuld** (Bürgschaft, Darlehen, auch Kaufpreisschuld) ist weder eine Verfügung noch wird darin die Verpflichtung gesehen, über bestimmte das ganze oder nahezu das ganze Vermögen verkörpernde Gegenstände (etwa Geldstücke) zu verfügen; insoweit ist nach hM den Erfordernissen des reibungslosen Rechtsverkehrs bei Eingehung von Geldverbindlichkeiten der Vorrang vor familienrechtlichen Anliegen eingeräumt (BGH FamRZ 1983, 455). Auch **Verfügungen von Todes wegen** sind von § 1365 nicht erfasst. Denn die Vorschrift will die Testierfreiheit nicht beschneiden; für den überlebenden Ehegatten ist durch § 1371 gesorgt (BGH FamRZ 1969, 323, 325).

6 **bb) Vermögen im Ganzen** kann nach der herrschenden sog **Einzeltheorie** auch ein einzelner Vermögensgegenstand sein, sofern dieser wertmäßig das ganze oder „nahezu das ganze" Vermögen ausmacht (verneint für kleine Vermögen bei 15% Restquote von BGHZ 77, 293, bei größeren Vermögen bei 10% Restquote von BGH FamRZ 1991, 669); der Wert der Gegenleistung bleibt außer Betracht. Bei Geschäften über einzelne Gegenstände ist dem § 1365 im Verkehrsinteresse und wegen des Grundsatzes des § 1364 aber folgende einschränkende Voraussetzung hinzuzufügen: Der Vertragspartner muss positiv **wissen,** dass es sich um das ganze oder nahezu das ganze Vermögen des Ehegatten handelt, oder er muss zumindest die Verhältnisse kennen, aus denen sich dies ergibt (sog **subjektive Theorie;** BGHZ 43, 174; 64, 246). Der für die Kenntnis relevante **Zeitpunkt** ist im Interesse des Verkehrsschutzes der des Abschlusses des Verpflichtungs-, nicht der des Erfüllungsgeschäfts (BGHZ 106, 253). Verpflichtet sich also ein Ehegatte zur Übereignung seines Grundstücks, das im Wesentlichen sein ganzes Vermögen bildet, und ist diese Verpflichtung mangels positiver Kenntnis des Vertragspartners wirksam, so bedarf das Verfügungsgeschäft – trotz zwischenzeitlich erlangter Kenntnis des Vertragspartners – nicht der Zustimmung des anderen Ehegatten.

3. Die **Rechtsnatur** der Verfügungsbeschränkungen (des § 1365 wie des § 1369) liegt nach hM nicht in einem relativen (vgl § 135), sondern in einem **absoluten Veräußerungsverbot** (BGHZ 40, 218); denn die Verfügungsbeschränkungen dienen nicht nur dem Schutz des anderen Ehegatten, sondern der Erhaltung der wirtschaftlichen Grundlage der gesamten Familie (s § 1363 Rz 3). Deshalb ist § 135 II nicht anzuwenden: Die Gutgläubigkeit des Dritten, etwa hinsichtlich des Familienstandes (oder in § 1369 hinsichtlich der Zugehörigkeit des Gegenstandes zum Haushalt), wird nicht gem § 932 oder § 892 geschützt. Ein gutgläubiger Erwerb vom Eigentümer-Ehegatten ist grds nicht möglich; für einen gewissen Verkehrsschutz sorgt aber die subjektive Theorie innerhalb der Einzeltheorie (oben Rz 2). **7**

4. Die **Rechtsfolgen** der fehlenden Einwilligung (dazu §§ 182, 183) des anderen Ehegatten ergeben sich aus §§ 1366–1368 (die leges speciales gegenüber § 134 sind). **8**

a) Verträge sind nach Maßgabe des § 1366 schwebend unwirksam (ähnlich den §§ 108, 177). **9**

b) Einseitige Rechtsgeschäfte sind nichtig (§ 1367). **10**

c) Der übergangene Ehegatte kann die auf Grund nichtiger Verfügungen entstandenen Ansprüche seines Partners (zB gem §§ 985, 894, 812) gem § 1368 im eigenen Namen geltend machen (sog **revokatorische Klage; gesetzliche Prozessstandschaft**). Diese Ansprüche bleiben allerdings Ansprüche des Partners und gehen nicht auf den Ehegatten über. Insbesondere kann der Dritte mit Forderungen, die ihm gegenüber dem verfügenden Partner zustehen, gegen dessen Ansprüche aufrechnen, die aus der Nichtigkeit der Verfügungen folgen, da die Gegenseitigkeit der Forderungen iSd § 387 gegeben ist. Insoweit schützen die §§ 1365 ff den Ehegatten nicht vor einer Minderung des Familienvermögens (BGHZ 143, 356, 361). **11**

5. Für die **Lebenspartnerschaft** gilt § 1365 entsprechend (s Vor § 1353 Rz 16). **12**

§ 1366. Genehmigung von Verträgen

(1) **Ein Vertrag, den ein Ehegatte ohne die erforderliche Einwilligung des anderen Ehegatten schließt, ist wirksam, wenn dieser ihn genehmigt.**

(2) [1] **Bis zur Genehmigung kann der Dritte den Vertrag widerrufen.** [2] **Hat er gewusst, dass der Mann oder die Frau verheiratet ist, so kann er nur widerrufen, wenn der Mann oder die Frau wahrheitswidrig behauptet hat, der andere Ehegatte habe eingewilligt; er kann auch in diesem Falle nicht widerrufen, wenn ihm beim Abschluss des Vertrags bekannt war, dass der andere Ehegatte nicht eingewilligt hatte.**

(3) [1] **Fordert der Dritte den Ehegatten auf, die erforderliche Genehmigung des anderen Ehegatten zu beschaffen, so kann dieser sich nur dem Dritten gegenüber über die Genehmigung erklären; hat er sich bereits vor der Aufforderung seinem Ehegatten gegenüber erklärt, so wird die Erklärung unwirksam.** [2] **Die Genehmigung kann nur innerhalb von zwei Wochen seit dem Empfang der Aufforderung erklärt werden; wird sie nicht erklärt, so gilt sie als verweigert.** [3] **Ersetzt das Familiengericht die Genehmigung, so ist sein Beschluss nur wirksam, wenn der Ehegatte ihn dem Dritten innerhalb der zweiwöchigen Frist mitteilt; andernfalls gilt die Genehmigung als verweigert.**

(4) **Wird die Genehmigung verweigert, so ist der Vertrag unwirksam.**

1. Die **Genehmigung** macht den Vertrag ex tunc (§ 184 I) wirksam. Bis zu ihrer Erteilung ist er schwebend unwirksam; der vertragschließende Ehegatte ist gebunden, sein Vertragspartner kann nach Maßgabe des Abs 2 widerrufen. **1**

2. Ein **Widerruf** von Erteilung oder Verweigerung der Genehmigung ist – hier wie sonst (s § 184 Rz 2) – grds nicht möglich. Mit der Verweigerung der Genehmigung wird der Vertrag endgültig unwirksam (Abs 4), es sei denn, eine der beiden ge- **2**

setzlich vorgesehenen, an bestimmte formelle Erfordernisse gebundenen Ausnahmefälle (§ 1365 II iVm § 1366 III 3; § 1366 III 1) läge vor. Ließe man es dagegen zu, dass der zustimmungsberechtigte Ehegatte seine Verweigerung der Genehmigung jederzeit auch außerhalb des von § 1366 III 1 gesteckten Rahmens widerrufen kann, so brächte dies die Gefahr erheblicher Beweisschwierigkeiten mit sich und liefe dem Grundsatz der Rechtsklarheit und Rechtssicherheit zuwider, da weder der vertragschließende Ehegatte noch sein Vertragspartner sich auf die Endgültigkeit der Verweigerung verlassen könnten (BGHZ 125, 355, 359).

3 **3.** Eine **Konvaleszenz** des Rechtsgeschäfts durch den **Tod** (nicht: durch Scheidung) des zustimmungsberechtigten Ehegatten ist nach allg Grundsätzen möglich, wenn der Schutzzweck des § 1365 (die Erhaltung des Vermögens als wirtschaftliche Grundlage der Familie) nicht mehr besteht (näher etwa *MüKo-Koch* Rz 31 ff). Voraussetzung einer solchen Heilung des Rechtsgeschäfts ist aber, dass es im Zeitpunkt der Beendigung des Güterstandes schwebend unwirksam und nicht bereits endgültig unwirksam ist. Hatte der zustimmungsberechtigte Ehegatte seine Genehmigung bereits verweigert (mit der Folge des Abs 4), so kommt eine Konvaleszenz deshalb nur in Betracht, wenn die Vertragsparteien vor seinem Tode die schwebende Unwirksamkeit des Vertrags durch Anrufung des Vormundschaftsgerichts gem § 1365 II oder durch Aufforderung gem § 1366 III 1 wiederhergestellt hatten (BGHZ 125, 355, 361 f). Die Möglichkeit der Konvaleszenz trotz verweigerter Genehmigung wird von der Rspr im Interesse des Rechtsverkehrs also an die klar abgrenzbaren Tatbestände der §§ 1365 II, 1366 III geknüpft.

§ 1367. Einseitige Rechtsgeschäfte

Ein einseitiges Rechtsgeschäft, das ohne die erforderliche Einwilligung vorgenommen wird, ist unwirksam.

§ 1368. Geltendmachung der Unwirksamkeit

Verfügt ein Ehegatte ohne die erforderliche Zustimmung des anderen Ehegatten über sein Vermögen, so ist auch der andere Ehegatte berechtigt, die sich aus der Unwirksamkeit der Verfügung ergebenden Rechte gegen den Dritten gerichtlich geltend zu machen.

§ 1369. Verfügungen über Haushaltsgegenstände

(1) **Ein Ehegatte kann über ihm gehörende Gegenstände des ehelichen Haushalts nur verfügen und sich zu einer solchen Verfügung auch nur verpflichten, wenn der andere Ehegatte einwilligt.**

(2) **Das Familiengericht kann auf Antrag des Ehegatten die Zustimmung des anderen Ehegatten ersetzen, wenn dieser sie ohne ausreichenden Grund verweigert oder durch Krankheit oder Abwesenheit verhindert ist, eine Erklärung abzugeben.**

(3) **Die Vorschriften der §§ 1366 bis 1368 gelten entsprechend.**

1 **1. Verpflichtungs-** und **Verfügungsgeschäft** bedürfen nach Abs 1 der Einwilligung. Trotz des von § 1365 I abweichenden Wortlauts sind die Ergebnisse praktisch die gleichen; denn in der Zustimmung zum Verpflichtungsgeschäft wird man, um sinnwidrige Ergebnisse zu vermeiden, auch die Zustimmung zum Verfügungsgeschäft sehen müssen und umgekehrt (*MüKo-Koch* Rz 5).

2 **2. Gegenstände des ehelichen Haushalts** sind alle im Eigentum eines oder beider Ehegatten stehenden beweglichen Sachen (nicht Grundstücke), die dem gemeinschaftlichen Gebrauch der Ehegatten zu dienen bestimmt sind (im Unterschied zu den Sachen, die persönlichen oder beruflichen Zwecken nur eines Ehegatten dienen); also

Einrichtungsgegenstände, Fernseher, technische Haushaltsgeräte etc. Bei einem PKW ist entscheidend, ob er vorwiegend beruflich oder privat genutzt wird.

3. In § 1369 ist nur von Geschäften über die **eigenen** („ihm gehörenden") Haushaltsgegenstände die Rede. Man wird die Vorschrift aber ihrem Zweck entsprechend analog auf Haushaltsgegenstände anwenden müssen, die gemeinschaftliches Eigentum oder Alleineigentum des anderen Ehegatten sind (sehr str; vgl etwa *MüKo-Koch* Rz 12f; *Rauscher* Rz 393). Wer die Analogie ablehnt, gelangt wegen des meist bestehenden Mitbesitzes des anderen Ehegatten (so selbst für den Fall der Gütertrennung BGHZ 12, 380, 398ff) über § 935 in der Regel ebenfalls zu dem Ergebnis, dass ein gutgläubiger Erwerb des Dritten scheitert. 3

4. Bei **Getrenntleben** der Ehegatten gilt § 1369 nach seinem Wortlaut ebenfalls, und man kann darin den Sinn sehen, dass ein gegenständlicher Bereich erhalten wird, in den die Rückkehr möglich ist; die in § 1361a geregelten Gebrauchsüberlassungen stehen grds nicht entgegen, da sie nur als vorläufige Nutzungsregelungen gedacht sind. Die Schranke des § 1369 entfällt freilich für die Sachen, die einem Ehegatten gehören und gem § 1361a I 1 an ihn herausgegeben wurden (str) oder die nach Eintritt des Getrenntlebens von einem Ehegatten für den eigenen Bedarf angeschafft wurden (*Schwab* Rz 250). Auch wenn die Ehegatten den Hausrat bereits endgültig und mit dinglicher Wirkung verteilt haben, gilt § 1369 naturgemäß nicht. Eine Mindermeinung will bei Getrenntleben § 1369 wegen Zweckverfehlung überhaupt nicht anwenden, da die Vorschrift die Familie dann nicht schütze, sondern die Spannungen eher verschärfe (so *Gernhuber/Coester-Waltjen* § 35 Rz 57–59). 4

5. Rechtsnatur (absolutes Veräußerungsverbot) und **Rechtsfolgen** der Vorschrift gemäß Abs 3 gleichen denen des § 1365 (vgl dort Rz 4ff). 5

§ 1370. *(aufgehoben)*

§ 1371. Zugewinnausgleich im Todesfall

(1) **Wird der Güterstand durch den Tod eines Ehegatten beendet, so wird der Ausgleich des Zugewinns dadurch verwirklicht, dass sich der gesetzliche Erbteil des überlebenden Ehegatten um ein Viertel der Erbschaft erhöht; hierbei ist unerheblich, ob die Ehegatten im einzelnen Falle einen Zugewinn erzielt haben.**

(2) **Wird der überlebende Ehegatte nicht Erbe und steht ihm auch kein Vermächtnis zu, so kann er Ausgleich des Zugewinns nach den Vorschriften der §§ 1373 bis 1383, 1390 verlangen; der Pflichtteil des überlebenden Ehegatten oder eines anderen Pflichtteilsberechtigten bestimmt sich in diesem Falle nach dem nicht erhöhten gesetzlichen Erbteil des Ehegatten.**

(3) **Schlägt der überlebende Ehegatte die Erbschaft aus, so kann er neben dem Ausgleich des Zugewinns den Pflichtteil auch dann verlangen, wenn dieser ihm nach den erbrechtlichen Bestimmungen nicht zustünde; dies gilt nicht, wenn er durch Vertrag mit seinem Ehegatten auf sein gesetzliches Erbrecht oder sein Pflichtteilsrecht verzichtet hat.**

(4) **Sind erbberechtigte Abkömmlinge des verstorbenen Ehegatten, welche nicht aus der durch den Tod dieses Ehegatten aufgelösten Ehe stammen, vorhanden, so ist der überlebende Ehegatte verpflichtet, diesen Abkömmlingen, wenn und soweit sie dessen bedürfen, die Mittel zu einer angemessenen Ausbildung aus dem nach Absatz 1 zusätzlich gewährten Viertel zu gewähren.**

1. Die Vorschrift ist **rechtspolitisch** vor allem deshalb fragwürdig, weil sie einen „Zugewinnausgleich" durch Erhöhung des Erbteils auch dann vorsieht, wenn der Verstorbene gar nicht ausgleichspflichtig gewesen wäre, zB weil die Ehe erst kurz vor dem Tode geschlossen wurde oder weil § 1378 nur einen Ausgleichsanspruch des Verstor- 1 benen ergeben hätte. Zwar ließe sich eine generelle Aufbesserung des in § 1931 I ausgeworfenen Ehegattenerbteils durch den Gesetzgeber durchaus vertreten (vgl auch den im Jahre 1969 eingefügten § 1931 IV); aber der mit § 1371 gewählte Weg über einen fiktiven Zugewinnausgleich führt nicht immer zu einsichtigen Ergebnissen. Die wichtigsten Unterscheidungen nach § 1371 sind folgende:

2 **2.** Der überlebende Ehegatte erbt **kraft Gesetzes.** Nach Abs 1 erhöht sich sein gesetzlicher Erbteil um ein Viertel; er erbt also bei einer Ehe mit Kindern die Hälfte, bei einer Ehe ohne Kinder drei Viertel (vgl § 1931 I 1). Man spricht von der sog **erbrechtlichen Lösung** – im Unterschied zu der güterrechtlichen Lösung des Abs 2 (dazu unten Rz 4).

3 **3.** Der überlebende Ehegatte erbt auf Grund einer **Verfügung von Todes wegen.** Hier findet ein Zugewinnausgleich nicht statt und Abs 1 hat nur die Wirkung, dass sich der Pflichtteil des Ehegatten (§ 2303 II) erhöht (sog **„großer Pflichtteil"**). Wurde der Ehegatte neben seinen Kindern also bspw nur auf ein Achtel eingesetzt, so kann er gem § 2305 ein weiteres Achtel verlangen, da sein Pflichtteil (§ 2303 I 2) gem § 1931 iVm § 1371 I ein Viertel des Nachlasswertes beträgt. Ist der überlebende Ehegatte nur mit einem Vermächtnis bedacht, so kann er dies gem § 2307 I 2 bis zur Höhe des großen Pflichtteils aufstocken.

4 **4.** Der überlebende Ehegatte wird **nicht Erbe oder Vermächtnisnehmer,** sei es dass er nicht eingesetzt wurde, sei es dass er (berechnend) die Erbschaft oder das Vermächtnis ausgeschlagen hat. Hier muss es – wie Abs 2 bestätigt – bei dem güterrechtlichen Zugewinnausgleich der §§ 1373ff bleiben (sog **güterrechtliche Lösung**). Besteht gem § 1378 ein Anspruch, so richtet er sich gegen die Erben; außerdem kann der überlebende Ehegatte gemäß Abs 2 den sog **„kleinen Pflichtteil"** verlangen, und zwar gemäß Abs 3 (entgegen dem in § 2303 sonst geltenden Grundsatz) auch dann, wenn er die Erbschaft ausgeschlagen hat.

5 Das Gesetz gibt dem überlebenden Ehegatten nicht die **Wahlmöglichkeit,** auf den güterrechtlichen Zugewinnausgleich nach §§ 1373ff zu verzichten und dafür den „großen Pflichtteil" geltend zu machen. Schon der Wortlaut des Gesetzes spricht für die Deutung, dass sich die Worte „in diesem Falle" in Abs 2 HS 2 nicht auf ein erfolgtes Ausgleichsverlangen nach §§ 1373ff beziehen, sondern einfach auf den in HS 1 genannten Fall, dass der überlebende Ehegatte nicht Erbe oder Vermächtnisnehmer wird; dem Erblasser soll durch Abs 2 die Möglichkeit belassen werden, den überlebenden Ehegatten auf den güterrechtlichen Ausgleich zu verweisen, und der überlebende Ehegatte soll die erbrechtliche Lösung des Abs 1 auch nicht erzwingen können, da eine generelle Verbesserung des Ehegattenerbrechts angesichts der differenzierten Fassung des § 1371 offenbar nicht beabsichtigt war (dazu eingehend BGHZ 42, 182).

6 **5. Insgesamt** kann keiner der Ehegatten die erbrechtliche Lösung des Abs 1 erzwingen, aber beide können sie ausschalten: der Erblasser, indem er den Partner enterbt und ihm auch kein Vermächtnis zuwendet, der Überlebende, indem er die Erbschaft oder das Vermächtnis ausschlägt. Der Erblasser kann außerdem die Höhe des Pflichtteilsanspruchs beeinflussen: Gewährt er dem Ehegatten weder Erbrecht noch Vermächtnis, so gibt es nach Abs 2 den kleinen Pflichtteil; setzt er wenigstens ein kleines Vermächtnis aus, so greift, sofern das Vermächtnis nicht ausgeschlagen wird, Abs 2 nicht ein, und dem Überlebenden gebührt der „große Pflichtteil" (oben Rz 3).

§ 1372. Zugewinnausgleich in anderen Fällen

Wird der Güterstand auf andere Weise als durch den Tod eines Ehegatten beendet, so wird der Zugewinn nach den Vorschriften der §§ 1373 bis 1390 ausgeglichen.

§ 1373. Zugewinn

Zugewinn ist der Betrag, um den das Endvermögen eines Ehegatten das Anfangsvermögen übersteigt.

§ 1374. Anfangsvermögen

(1) **Anfangsvermögen ist das Vermögen, das einem Ehegatten nach Abzug der Verbindlichkeiten beim Eintritt des Güterstands gehört.**

(2) **Vermögen, das ein Ehegatte nach Eintritt des Güterstands von Todes wegen oder mit Rücksicht auf ein künftiges Erbrecht, durch Schenkung oder als Ausstattung erwirbt, wird nach Abzug der Verbindlichkeiten dem Anfangsvermögen hinzugerechnet, soweit es nicht den Umständen nach zu den Einkünften zu rechnen ist.**

(3) **Verbindlichkeiten sind über die Höhe des Vermögens hinaus abzuziehen.**

§ 1375. Endvermögen

(1) [1]**Endvermögen ist das Vermögen, das einem Ehegatten nach Abzug der Verbindlichkeiten bei der Beendigung des Güterstands gehört.** [2]**Verbindlichkeiten sind über die Höhe des Vermögens hinaus abzuziehen.**

(2) [1]**Dem Endvermögen eines Ehegatten wird der Betrag hinzugerechnet, um den dieses Vermögen dadurch vermindert ist, dass ein Ehegatte nach Eintritt des Güterstands**

1. **unentgeltliche Zuwendungen gemacht hat, durch die er nicht einer sittlichen Pflicht oder einer auf den Anstand zu nehmenden Rücksicht entsprochen hat,**
2. **Vermögen verschwendet hat oder**
3. **Handlungen in der Absicht vorgenommen hat, den anderen Ehegatten zu benachteiligen.**

[2]**Ist das Endvermögen eines Ehegatten geringer als das Vermögen, das er in der Auskunft zum Trennungszeitpunkt angegeben hat, so hat dieser Ehegatte darzulegen und zu beweisen, dass die Vermögensminderung nicht auf Handlungen im Sinne des Satzes 1 Nummer 1 bis 3 zurückzuführen ist.**

(3) **Der Betrag der Vermögensminderung wird dem Endvermögen nicht hinzugerechnet, wenn sie mindestens zehn Jahre vor Beendigung des Güterstands eingetreten ist oder wenn der andere Ehegatte mit der unentgeltlichen Zuwendung oder der Verschwendung einverstanden gewesen ist.**

§ 1376. Wertermittlung des Anfangs- und Endvermögens

(1) **Der Berechnung des Anfangsvermögens wird der Wert zugrunde gelegt, den das beim Eintritt des Güterstands vorhandene Vermögen in diesem Zeitpunkt, das dem Anfangsvermögen hinzuzurechnende Vermögen im Zeitpunkt des Erwerbs hatte.**

(2) **Der Berechnung des Endvermögens wird der Wert zugrunde gelegt, den das bei Beendigung des Güterstands vorhandene Vermögen in diesem Zeitpunkt, eine dem Endvermögen hinzuzurechnende Vermögensminderung in dem Zeitpunkt hatte, in dem sie eingetreten ist.**

(3) **Die vorstehenden Vorschriften gelten entsprechend für die Bewertung von Verbindlichkeiten.**

(4) **Ein land- oder forstwirtschaftlicher Betrieb, der bei der Berechnung des Anfangsvermögens und des Endvermögens zu berücksichtigen ist, ist mit dem Ertragswert anzusetzen, wenn der Eigentümer nach § 1378 Abs. 1 in Anspruch genommen wird und eine Weiterführung oder Wiederaufnahme des Betriebs**

durch den Eigentümer oder einen Abkömmling erwartet werden kann; die Vorschrift des § 2049 Abs. 2 ist anzuwenden.

§ 1377. Verzeichnis des Anfangsvermögens

(1) **Haben die Ehegatten den Bestand und den Wert des einem Ehegatten gehörenden Anfangsvermögens und der diesem Vermögen hinzuzurechnenden Gegenstände gemeinsam in einem Verzeichnis festgestellt, so wird im Verhältnis der Ehegatten zueinander vermutet, dass das Verzeichnis richtig ist.**

(2) [1]**Jeder Ehegatte kann verlangen, dass der andere Ehegatte bei der Aufnahme des Verzeichnisses mitwirkt.** [2]**Auf die Aufnahme des Verzeichnisses sind die für den Nießbrauch geltenden Vorschriften des § 1035 anzuwenden.** [3]**Jeder Ehegatte kann den Wert der Vermögensgegenstände und der Verbindlichkeiten auf seine Kosten durch Sachverständige feststellen lassen.**

(3) **Soweit kein Verzeichnis aufgenommen ist, wird vermutet, dass das Endvermögen eines Ehegatten seinen Zugewinn darstellt.**

§ 1378. Ausgleichsforderung

(1) **Übersteigt der Zugewinn des einen Ehegatten den Zugewinn des anderen, so steht die Hälfte des Überschusses dem anderen Ehegatten als Ausgleichsforderung zu.**

(2) [1]**Die Höhe der Ausgleichsforderung wird durch den Wert des Vermögens begrenzt, das nach Abzug der Verbindlichkeiten bei Beendigung des Güterstands vorhanden ist.** [2]**Die sich nach Satz 1 ergebende Begrenzung der Ausgleichsforderung erhöht sich in den Fällen des § 1375 Absatz 2 Satz 1 um den dem Endvermögen hinzuzurechnenden Betrag.**

(3) [1]**Die Ausgleichsforderung entsteht mit der Beendigung des Güterstands und ist von diesem Zeitpunkt an vererblich und übertragbar.** [2]**Eine Vereinbarung, die die Ehegatten während eines Verfahrens, das auf die Auflösung der Ehe gerichtet ist, für den Fall der Auflösung der Ehe über den Ausgleich des Zugewinns treffen, bedarf der notariellen Beurkundung; § 127a findet auch auf eine Vereinbarung Anwendung, die in einem Verfahren in Ehesachen vor dem Prozessgericht protokolliert wird.** [3]**Im Übrigen kann sich kein Ehegatte vor der Beendigung des Güterstands verpflichten, über die Ausgleichsforderung zu verfügen.**

1 **1. Abs 1** gewährt den schuldrechtlichen Anspruch auf Zugewinnausgleich. Der Zugewinn jedes Ehegatten ist gesondert zu berechnen. Der Ehegatte mit dem niedrigeren Zugewinn hat gegen den anderen einen Ausgleichsanspruch in Höhe der Hälfte von dessen Überschuss. **Abs 2** begrenzt die Ausgleichsforderung der Höhe nach auf das Vermögen, das bei dem ausgleichspflichtigen Ehegatten nach Abzug aller Verbindlichkeiten vorhanden ist, wobei es im Scheidungsfall auf den Zeitpunkt der Rechtshängigkeit des Scheidungsantrags ankommt (§ 1384).

2 **2.** Für die **Berechnung des Ausgleichsanspruchs** ist für jeden Ehegatten das Anfangsvermögen (§ 1374) dem Endvermögen (§ 1375) gegenüberzustellen. Bsp: Anfangsvermögen des M bei Heirat 20 000 Euro; Endvermögen bei Rechtshängigkeit des Scheidungsantrags (§ 1384) 100 000 Euro; Zugewinn (§ 1373): 80 000 Euro. Anfangsvermögen der F 2000 Euro; Endvermögen 10 000 Euro; Zugewinn: 8000 Euro. Überschuss des M 80 000 Euro – 8000 Euro = 72 000 Euro. Die Ausgleichsforderung der F beträgt die Hälfte, also 36 000 Euro.

3 **3. Hinzurechnungen** zum Anfangs- bzw Endvermögen sehen § 1374 II bzw § 1375 II vor, um bestimmte Vermögensmehrungen bzw -minderungen aus dem Zugewinnausgleich auszuklammern. Erbt also bspw ein Ehegatte von seinen Eltern, so ist

der Wert, den die Erbschaft im Zeitpunkt ihres Erwerbes hatte (§ 1376 I aE), dem Anfangsvermögen dieses Ehegatten zuzurechnen. Dem § 1374 II liegt zwar der Gedanke zugrunde, Erwerbstatbestände, die in keinem Zusammenhang mit der Tätigkeit während der Ehe stehen, vom Zugewinnausgleich auszunehmen; aber die gesetzliche Aufzählung der gemeinten Tatbestände in § 1374 II verbietet nach st Rspr eine analoge Anwendung der Vorschrift auf andere Erwerbsvorgänge, die ebenfalls nicht auf die Ehe bezogen werden können. Im Zugewinnausgleich verbleiben demgemäß etwa unbenannte Zuwendungen (BGHZ 129, 259, 263; s unten Rz 7), Lottogewinne (BGH FamRZ 1977, 124), Ansprüche auf Schmerzensgeld (BGHZ 80, 384), Abfindungen von Unfallopfern (BGHZ 82, 145) und wiederverheirateten Witwen (BGHZ 82, 149). Allenfalls bleibt in besonders gelagerten Einzelfällen die Möglichkeit einer Korrektur nach § 1381 (angedeutet in BGHZ 80, 384, 388). Verbindlichkeiten können nach § 1374 III zu einem negativen Anfangsvermögen führen.

4. Die **Geldentwertung** wird von der Rspr (außerhalb von § 1374 II oder § 1381) 4
berücksichtigt, um sog **scheinbare Zugewinne** vom Ausgleich auszunehmen. Die durch den Kaufkraftschwund des Geldes eingetretene nur nominelle Wertsteigerung des Anfangsvermögens ist kein Zugewinn. Um dem Kaufkraftschwund Rechnung zu tragen, ist anhand des vom Statistischen Bundesamt berechneten Lebenshaltungsindexes das Anfangsvermögen auf den Geldwert im Zeitpunkt der Beendigung des Güterstandes umzurechnen (BGHZ 61, 385, 393). Die dafür notwendige Formel lautet: Anfangsvermögen multipliziert mit der Indexzahl für den Zeitpunkt der Beendigung des Güterstandes dividiert durch die Indexzahl bei Beginn des Güterstandes.

5. Andere Ausgleichsansprüche neben dem Zugewinnausgleich, namentlich für 5
die Rückforderung von Zuwendungen, werden nur in sehr engen Grenzen anerkannt. Es gilt der **Vorrang des Güterrechts.**

a) Ein **Bereicherungsanspruch** des zuwendenden Ehegatten (nach § 812 I 2 Fall 1) 6
wird in aller Regel verneint, da das Fortbestehen der Ehe nicht als Rechtsgrund der Zuwendung gesehen wird und ein Ausgleich nicht über das Schuldrecht, sondern über §§ 1373ff erfolgen soll (BGHZ 65, 320, 323f; 82, 227, 231; 115, 132, 136).

b) Über das **Schenkungsrecht** (§§ 531 II, 530) kommt eine Rückforderung im 7
Regelfall ebenfalls nicht in Betracht, da es während der Ehe regelmäßig an der Einigkeit der Partner über die „Unentgeltlichkeit" fehlen wird; vielmehr ist anzunehmen, dass die Zuwendung der Verwirklichung der ehelichen Lebensgemeinschaft dienen soll. Es handelt sich um **ehebezogene (unbenannte) Zuwendungen,** auf die das Schenkungsrecht keine Anwendung findet (s § 516 Rz 5). Keine unbenannte Zuwendung sondern Schenkung sind hingegen Zuwendungen der Schwiegereltern, die um der Ehe ihres Kindes Willen an das Schwiegerkind erfolgen (BGHZ 184, 190).

c) Auch der Gesichtspunkt des **Wegfalls der Geschäftsgrundlage** kommt im 8
Allgemeinen nicht zum Tragen, da der Zugewinnausgleich (vgl § 1380) den Billigkeitserfordernissen regelmäßig genügt (anders bei Zuwendungen der Schwiegereltern, s BGHZ 184, 190). Nur wenn trotz §§ 1373ff für einen Ehegatten ausnahmsweise eine schlechthin unzumutbare Lage entstünde, kann das Rechtsinstitut des Wegfalls der Geschäftsgrundlage einen zulässigen Ausweg bieten. Vgl BGH FamRZ 1982, 778 betr Rückübertragung eines Miteigentumsanteils am Hausgrundstück, wenn die Auseinandersetzung durch Zwangsversteigerung nach § 753 unzumutbar ist; die Rückgabe hat dann Zug um Zug gegen Zahlung eines angemessenen Ausgleichs zu geschehen (BGHZ 68, 299, 306). Für bereits in der Verlobungszeit, aber ehebezogen gemachte erhebliche Aufwendungen, die einseitig dem Vermögen des Partners zugutegekommen sind, kann dem Leistenden ein den Anspruch auf Zugewinnausgleich ergänzender Ausgleichsanspruch wegen Wegfalls der Geschäftsgrundlage zustehen, wenn die Ehe später scheitert (BGHZ 115, 261: Sach- und Arbeitsleistungen zur Errichtung eines Familienheimes auf einem Grundstück, das dem anderen Verlobten gehört).

9 6. Der Vorrang des Güterrechts gilt hingegen nicht im **Verhältnis zu einem Gesamtschuldnerausgleich** zwischen den Ehegatten (BGHZ 87, 265, 273). Der gesamtschuldnerische Ausgleich führt regelmäßig zum gleichen Ergebnis wie der Zugewinnausgleich, denn die gemeinschaftliche Verbindlichkeit ist beim Endvermögen jeweils entsprechend der Quote anzusetzen, die im Innenverhältnis auf den Ehegatten entfällt.

§ 1379. Auskunftspflicht

(1) [1] **Ist der Güterstand beendet oder hat ein Ehegatte die Scheidung, die Aufhebung der Ehe, den vorzeitigen Ausgleich des Zugewinns bei vorzeitiger Aufhebung der Zugewinngemeinschaft oder die vorzeitige Aufhebung der Zugewinngemeinschaft beantragt, kann jeder Ehegatte von dem anderen Ehegatten**

1. **Auskunft über das Vermögen zum Zeitpunkt der Trennung verlangen;**
2. **Auskunft über das Vermögen verlangen, soweit es für die Berechnung des Anfangs- und Endvermögens maßgeblich ist.**

[2] **Auf Anforderung sind Belege vorzulegen.** [3] **Jeder Ehegatte kann verlangen, dass er bei der Aufnahme des ihm nach § 260 vorzulegenden Verzeichnisses zugezogen und dass der Wert der Vermögensgegenstände und der Verbindlichkeiten ermittelt wird.** [4] **Er kann auch verlangen, dass das Verzeichnis auf seine Kosten durch die zuständige Behörde oder durch einen zuständigen Beamten oder Notar aufgenommen wird.**

(2) [1] **Leben die Ehegatten getrennt, kann jeder Ehegatte von dem anderen Ehegatten Auskunft über das Vermögen zum Zeitpunkt der Trennung verlangen.** [2] **Absatz 1 Satz 2 bis 4 gilt entsprechend.**

§ 1380. Anrechnung von Vorausempfängen

(1) [1] **Auf die Ausgleichsforderung eines Ehegatten wird angerechnet, was ihm von dem anderen Ehegatten durch Rechtsgeschäft unter Lebenden mit der Bestimmung zugewendet ist, dass es auf die Ausgleichsforderung angerechnet werden soll.** [2] **Im Zweifel ist anzunehmen, dass Zuwendungen angerechnet werden sollen, wenn ihr Wert den Wert von Gelegenheitsgeschenken übersteigt, die nach den Lebensverhältnissen der Ehegatten üblich sind.**

(2) [1] **Der Wert der Zuwendung wird bei der Berechnung der Ausgleichsforderung dem Zugewinn des Ehegatten hinzugerechnet, der die Zuwendung gemacht hat.** [2] **Der Wert bestimmt sich nach dem Zeitpunkt der Zuwendung.**

§ 1381. Leistungsverweigerung wegen grober Unbilligkeit

(1) **Der Schuldner kann die Erfüllung der Ausgleichsforderung verweigern, soweit der Ausgleich des Zugewinns nach den Umständen des Falles grob unbillig wäre.**

(2) **Grobe Unbilligkeit kann insbesondere dann vorliegen, wenn der Ehegatte, der den geringeren Zugewinn erzielt hat, längere Zeit hindurch die wirtschaftlichen Verpflichtungen, die sich aus dem ehelichen Verhältnis ergeben, schuldhaft nicht erfüllt hat.**

§ 1382. Stundung

(1) [1] **Das Familiengericht stundet auf Antrag eine Ausgleichsforderung, soweit sie vom Schuldner nicht bestritten wird, wenn die sofortige Zahlung auch unter Berücksichtigung der Interessen des Gläubigers zur Unzeit erfolgen würde.** [2] **Die sofortige Zahlung würde auch dann zur Unzeit erfolgen, wenn sie die Wohn-**

verhältnisse oder sonstigen Lebensverhältnisse gemeinschaftlicher Kinder nachhaltig verschlechtern würde.

(2) Eine gestundete Forderung hat der Schuldner zu verzinsen.

(3) Das Familiengericht kann auf Antrag anordnen, dass der Schuldner für eine gestundete Forderung Sicherheit zu leisten hat.

(4) Über Höhe und Fälligkeit der Zinsen und über Art und Umfang der Sicherheitsleistung entscheidet das Familiengericht nach billigem Ermessen.

(5) Soweit über die Ausgleichsforderung ein Rechtsstreit anhängig wird, kann der Schuldner einen Antrag auf Stundung nur in diesem Verfahren stellen.

(6) Das Familiengericht kann eine rechtskräftige Entscheidung auf Antrag aufheben oder ändern, wenn sich die Verhältnisse nach der Entscheidung wesentlich geändert haben.

§ 1383. Übertragung von Vermögensgegenständen

(1) Das Familiengericht kann auf Antrag des Gläubigers anordnen, dass der Schuldner bestimmte Gegenstände seines Vermögens dem Gläubiger unter Anrechnung auf die Ausgleichsforderung zu übertragen hat, wenn dies erforderlich ist, um eine grobe Unbilligkeit für den Gläubiger zu vermeiden, und wenn dies dem Schuldner zugemutet werden kann; in der Entscheidung ist der Betrag festzusetzen, der auf die Ausgleichsforderung angerechnet wird.

(2) Der Gläubiger muss die Gegenstände, deren Übertragung er begehrt, in dem Antrag bezeichnen.

(3) § 1382 Abs. 5 gilt entsprechend.

§ 1384. Berechnungszeitpunkt des Zugewinns und Höhe der Ausgleichsforderung bei Scheidung

Wird die Ehe geschieden, so tritt für die Berechnung des Zugewinns und für die Höhe der Ausgleichsforderung an die Stelle der Beendigung des Güterstandes der Zeitpunkt der Rechtshängigkeit des Scheidungsantrags.

§ 1385. Vorzeitiger Zugewinnausgleich des ausgleichsberechtigten Ehegatten bei vorzeitiger Aufhebung der Zugewinngemeinschaft

Der ausgleichsberechtigte Ehegatte kann vorzeitigen Ausgleich des Zugewinns bei vorzeitiger Aufhebung der Zugewinngemeinschaft verlangen, wenn

1. die Ehegatten seit mindestens drei Jahren getrennt leben,
2. Handlungen der in § 1365 oder § 1375 Absatz 2 bezeichneten Art zu befürchten sind und dadurch eine erhebliche Gefährdung der Erfüllung der Ausgleichsforderung zu besorgen ist,
3. der andere Ehegatte längere Zeit hindurch die wirtschaftlichen Verpflichtungen, die sich aus dem ehelichen Verhältnis ergeben, schuldhaft nicht erfüllt hat und anzunehmen ist, dass er sie auch in Zukunft nicht erfüllen wird, oder
4. der andere Ehegatte sich ohne ausreichenden Grund beharrlich weigert oder sich ohne ausreichenden Grund bis zur Erhebung der Klage auf Auskunft beharrlich geweigert hat, ihn über den Bestand seines Vermögens zu unterrichten.

§ 1386. Vorzeitige Aufhebung der Zugewinngemeinschaft

Jeder Ehegatte kann unter entsprechender Anwendung des § 1385 die vorzeitige Aufhebung der Zugewinngemeinschaft verlangen.

§ 1387. Berechnungszeitpunkt des Zugewinns und Höhe der Ausgleichsforderung bei vorzeitigem Ausgleich oder vorzeitiger Aufhebung

In den Fällen der §§ 1385 und 1386 tritt für die Berechnung des Zugewinns und für die Höhe der Ausgleichsforderung an die Stelle der Beendigung des Güterstands der Zeitpunkt, in dem die entsprechenden Klagen erhoben sind.

§ 1388. Eintritt der Gütertrennung

Mit der Rechtskraft der Entscheidung, die die Zugewinngemeinschaft vorzeitig aufhebt, tritt Gütertrennung ein.

§ 1389. *(aufgehoben)*

§ 1390. Ansprüche des Ausgleichsberechtigten gegen Dritte

(1) [1]**Der ausgleichsberechtigte Ehegatte kann von einem Dritten Ersatz des Wertes einer unentgeltlichen Zuwendung des ausgleichspflichtigen Ehegatten an den Dritten verlangen, wenn**

1. **der ausgleichspflichtige Ehegatte die unentgeltliche Zuwendung an den Dritten in der Absicht gemacht hat, den ausgleichsberechtigten Ehegatten zu benachteiligen und**
2. **die Höhe der Ausgleichsforderung den Wert des nach Abzug der Verbindlichkeiten bei Beendigung des Güterstands vorhandenen Vermögens des ausgleichspflichtigen Ehegatten übersteigt.**

[2]**Der Ersatz des Wertes des Erlangten erfolgt nach den Vorschriften über die Herausgabe einer ungerechtfertigten Bereicherung.** [3]**Der Dritte kann die Zahlung durch Herausgabe des Erlangten abwenden.** [4]**Der ausgleichspflichtige Ehegatte und der Dritte haften als Gesamtschuldner.**

(2) **Das Gleiche gilt für andere Rechtshandlungen, wenn die Absicht, den Ehegatten zu benachteiligen, dem Dritten bekannt war.**

(3) [1]**Die Verjährungsfrist des Anspruchs beginnt mit der Beendigung des Güterstands.** [2]**Endet der Güterstand durch den Tod eines Ehegatten, so wird die Verjährung nicht dadurch gehemmt, dass der Anspruch erst geltend gemacht werden kann, wenn der Ehegatte die Erbschaft oder ein Vermächtnis ausgeschlagen hat.**

§§ 1391–1407. *(weggefallen)*

Untertitel 2. Vertragliches Güterrecht

Kapitel 1. Allgemeine Vorschriften

Vor § 1408

1 Dem gesetzlichen Güterstand der Zugewinngemeinschaft steht das vertragsmäßige Güterrecht (§§ 1408 ff) gegenüber. Die Ehegatten haben die Wahl, sich durch Ehevertrag (§ 1408) statt für die Zugewinngemeinschaft für **Gütertrennung** (§ 1414) oder für **Gütergemeinschaft** (§§ 1415 ff) zu entscheiden. Wegen des Wahlrechts werden diese Güterstände auch als **Wahlgüterstände** bezeichnet. Weitere Güterstände stellt das Gesetz nicht zur Wahl. Gewisse Modifikationen des gesetzlichen Güterstandes durch Ehevertrag sind allerdings möglich (vgl § 1408). Schließen die Ehegatten den gesetzlichen Güterstand ganz aus oder beseitigen sie durch Ehevertrag seine wesentlichen Merkmale Zugewinnausgleich oder Versorgungsausgleich, so tritt nach § 1414 Gütertrennung ein.

§ 1408. Ehevertrag, Vertragsfreiheit

(1) **Die Ehegatten können ihre güterrechtlichen Verhältnisse durch Vertrag (Ehevertrag) regeln, insbesondere auch nach der Eingehung der Ehe den Güterstand aufheben oder ändern.**

(2) **Schließen die Ehegatten in einem Ehevertrag Vereinbarungen über den Versorgungsausgleich, so sind insoweit die §§ 6 und 8 des Versorgungsausgleichsgesetzes anzuwenden.**

1. Die **Vertragsfreiheit** im Ehevertrag ist beschränkt, wobei im einzelnen vieles 1
umstritten ist (vgl etwa *MüKo-Kanzleiter* Rz 9 ff). Zulässig ist zweifelsfrei die Vereinbarung eines der Wahlgüterstände Gütertrennung oder Gütergemeinschaft, die Aufhebung eines Güterstandes (§§ 1408 I, 1414) sowie – in den von der Rspr gezogenen Grenzen (unten Rz 2) – der Ausschluss des Versorgungsausgleichs (§§ 1408 II 1, 1414 S 2) oder Zugewinnausgleichs (§ 1414 S 2). Ferner können die nicht zwingenden Einzelregeln des gesetzlichen oder vertraglichen Güterstandes ausgeschlossen oder abgeändert werden. Bspw können die Schlüsselgewalt des § 1357 und die Verfügungsbeschränkungen der §§ 1365, 1369 eingeschränkt oder abbedungen, Versorgungs- und Zugewinnausgleich nicht nur ausgeschlossen, sondern auch modifiziert werden. Dagegen ist die Vereinbarung eines sog „Mischgüterstandes", der aus den verschiedenen gesetzlichen Typen zusammengesetzt ist, oder eines „Phantasiegüterstandes" wegen des im Güterrecht herrschenden Typenzwangs (vgl § 1409) unzulässig. Die Vereinbarungen dürfen – hier wie sonst – nicht zulasten Dritter gehen, so dass bspw die Verfügungsbeschränkungen der §§ 1365 ff nicht mit dinglicher Wirkung erweitert, die Haftungsregelungen der §§ 1438 ff nicht zulasten der Gläubiger geändert werden können. Im Übrigen ist gegenüber Dritten stets das Eintragungserfordernis des § 1412 zu beachten.

2. Eine **gerichtliche Kontrolle** von Eheverträgen und Unterhaltsvereinbarungen 2
über die zivilrechtlichen Generalklauseln (§§ 138, 242) verlangt das BVerfG (NJW 2001, 957 und 2248) in Fällen gestörter Vertragsparität. Der Staat habe der Privatautonomie dort Grenzen zu setzen, wo der Vertrag nicht Ausdruck gleichberechtigter Partnerschaft sei, sondern eine auf ungleichen Verhandlungspositionen basierende einseitige Dominanz eines Ehepartners widerspiegele (zB wenn eine schwangere Frau vor die Alternative gestellt wird: entweder Heirat mit stark nachteiligem Ehevertrag oder keine Heirat). Im Anschluss an diese Vorgaben hat der BGH in einer vielbeachteten Entscheidung (BGHZ 158, 81) folgende Grundsätze zur Inhaltskontrolle von Eheverträgen aufgestellt: Eine Abdingbarkeit der gesetzlichen Regelungen über nachehelichen Unterhalt (vgl § 1585 c), Zugewinn (vgl § 1408 I) und Versorgungsausgleich (vgl §§ 1408 iVm VersAusglG) ist zwar grds anzuerkennen. Diese Disponibilität darf aber nicht dazu führen, dass der Schutzzweck der gesetzlichen Regelungen durch eine vertragliche Vereinbarung mit „evident einseitiger und durch die individuelle Gestaltung der ehelichen Lebensverhältnisse nicht gerechtfertigter Lastenverteilung" unterlaufen wird, die hinzunehmen für den belasteten Ehegatten unzumutbar erscheint. Die Belastungen des Ehegatten wiegen dabei umso schwerer, je unmittelbarer die vertragliche Abbedingung gesetzlicher Regelungen in den **Kernbereich des Scheidungsfolgenrechts** eingreift. Dabei nimmt der BGH für die Disponibilität der einzelnen Scheidungsfolgenregelungen eine Rangabstufung vor, die sich nach der Bedeutung für den Berechtigten in seiner jeweiligen Lage bemisst. Danach ist die Absicherung des laufenden Unterhalts für den Berechtigten idR bedeutsamer als etwa der Zugewinnausgleich. Innerhalb der Unterhaltstatbestände (vgl § 1569 Rz 4) kommt nach dem besonders wichtigen Betreuungsunterhalt (§ 1570) dem Unterhalt wegen Krankheit (§ 1572) und wegen Alters (§ 1571) Vorrang zu. Auf derselben Stufe wie den Altersunterhalt sieht der BGH den Versorgungsausgleich (vgl dazu auch § 8 I VersAusglG);

der Zugewinnausgleich erscheint demgegenüber der ehevertraglichen Disposition am weitesten zugänglich. Eine Inhaltskontrolle von Eheverträgen kann nicht nur zugunsten des unterhaltsbegehrenden Ehegatten veranlasst sein, sondern im Grundsatz auch zugunsten des auf Unterhalt in Anspruch genommenen Ehegatten (BGHZ 178, 322).

3 **3.** Die gerichtliche Kontrolle ist auf **zwei Stufen** möglich, nämlich als Wirksamkeitskontrolle gem § 138 und als Ausübungskontrolle gem § 242. **a)** Bei der **Wirksamkeitskontrolle nach § 138** ist zu prüfen, ob die Vereinbarung schon im Zeitpunkt ihres Zustandekommens bei einer Gesamtwürdigung der individuellen Einkommens- und Vermögensverhältnisse, des Zuschnitts der Ehe und der subjektiven Beweggründe als sittenwidrig erscheint. Dies kommt nur in Betracht, wenn Regelungen aus dem Kernbereich des Scheidungsfolgenrechts ganz oder zu erheblichen Teilen abbedungen werden, ohne dass die Nachteile durch anderweitige Vorteile gemildert werden oder der Verzicht durch den angestrebten Ehetyp sowie sonstige gewichtige Belange gerechtfertigt wird. **Folge:** Nichtigkeit der gesamten Vereinbarung gem § 138 I; an ihre Stelle tritt die gesetzliche Regelung. Für eine Teilnichtigkeit ist regelmäßig kein Raum (BGH NJW 2006, 2331). **b)** Bei der **Ausübungskontrolle nach § 242,** die vorzunehmen ist, wenn der Vertrag nicht schon an § 138 scheitert, ist zu prüfen, ob ein Ehegatte die ihm durch den Vertrag eingeräumte Rechtsmacht missbraucht, indem er sich auf die vertragliche Regelung beruft. Dafür kommt es nicht auf die Verhältnisse im Zeitpunkt des Vertragsschlusses an; entscheidend ist vielmehr, ob sich im Zeitpunkt des Scheiterns der Ehe aus der vertraglichen Regelung eine evident einseitige Lastenverteilung ergibt, die – auch bei Berücksichtigung des Vertrauens des anderen Ehegatten auf den Bestand des Vertrags – für den betroffenen Ehegatten unzumutbar ist. Zu denken ist insbesondere an den Fall, dass die tatsächliche einvernehmliche Gestaltung der ehelichen Lebensverhältnisse von der dem Vertrag zugrunde liegenden Lebensplanung grundlegend abweicht und ein Ehegatte aufgrund der Lebensplanung wirtschaftliche Risiken auf sich genommen hat, die sich nach Scheitern der Ehe als einseitige Belastung erweisen (BGH NJW 2008, 1076 Nr 32f). **Folge** eines Verstoßes gegen § 242 ist nicht ohne weiteres die Unwirksamkeit der vertraglichen Abrede und ihre Ersetzung durch die im Gesetz vorgesehene Regelung. Der Richter hat vielmehr diejenige Rechtsfolge anzuordnen, die den berechtigten Belangen beider Parteien in der nunmehr eingetretenen Lage in ausgewogener Weise Rechnung trägt; dabei hat er sich umso stärker an der gesetzlichen Regelung zu orientieren, je zentraler die Rechtsfolge im Kernbereich des Scheidungsfolgenrechts angesiedelt ist.

§ 1409. Beschränkung der Vertragsfreiheit

Der Güterstand kann nicht durch Verweisung auf nicht mehr geltendes oder ausländisches Recht bestimmt werden.

§ 1410. Form

Der Ehevertrag muss bei gleichzeitiger Anwesenheit beider Teile zur Niederschrift eines Notars geschlossen werden.

§ 1411. Eheverträge beschränkt Geschäftsfähiger und Geschäftsunfähiger

(1) [1]**Wer in der Geschäftsfähigkeit beschränkt ist, kann einen Ehevertrag nur mit Zustimmung seines gesetzlichen Vertreters schließen.** [2]**Dies gilt auch für einen Betreuten, soweit für diese Angelegenheit ein Einwilligungsvorbehalt angeordnet ist.** [3]**Ist der gesetzliche Vertreter ein Vormund, so ist außer der Zustimmung des gesetzlichen Vertreters die Genehmigung des Familiengerichts erforderlich, wenn der Ausgleich des Zugewinns ausgeschlossen oder eingeschränkt oder wenn Gütergemeinschaft vereinbart oder aufgehoben wird; ist der**

gesetzliche Vertreter ein Betreuer, ist die Genehmigung des Betreuungsgerichts erforderlich. [4]Der gesetzliche Vertreter kann für einen in der Geschäftsfähigkeit beschränkten Ehegatten oder einen geschäftsfähigen Betreuten keinen Ehevertrag schließen.

(2) **[1]Für einen geschäftsunfähigen Ehegatten schließt der gesetzliche Vertreter den Vertrag; Gütergemeinschaft kann er nicht vereinbaren oder aufheben. [2]Ist der gesetzliche Vertreter ein Vormund, so kann er den Vertrag nur mit Genehmigung des Familiengerichts schließen; ist der gesetzliche Vertreter ein Betreuer, ist die Genehmigung des Betreuungsgerichts erforderlich.**

§ 1412. Wirkung gegenüber Dritten

(1) **Haben die Ehegatten den gesetzlichen Güterstand ausgeschlossen oder geändert, so können sie hieraus einem Dritten gegenüber Einwendungen gegen ein Rechtsgeschäft, das zwischen einem von ihnen und dem Dritten vorgenommen worden ist, nur herleiten, wenn der Ehevertrag im Güterrechtsregister des zuständigen Amtsgerichts eingetragen oder dem Dritten bekannt war, als das Rechtsgeschäft vorgenommen wurde; Einwendungen gegen ein rechtskräftiges Urteil, das zwischen einem der Ehegatten und dem Dritten ergangen ist, sind nur zulässig, wenn der Ehevertrag eingetragen oder dem Dritten bekannt war, als der Rechtsstreit anhängig wurde.**

(2) **Das Gleiche gilt, wenn die Ehegatten eine im Güterrechtsregister eingetragene Regelung der güterrechtlichen Verhältnisse durch Ehevertrag aufheben oder ändern.**

1. Zum **Güterrechtsregister** siehe §§ 1558–1563. Es bezweckt, die güterrechtlichen Verhältnisse zur Erleichterung des Rechts- und Geschäftsverkehrs offenzulegen (so BGHZ 66, 203, 207). **Eintragungsfähig** sind daher alle güterrechtlichen Verhältnisse, deren Offenlegung wegen ihrer Abweichung vom gesetzlichen Normalfall im Interesse der Ehegatten oder Dritter liegt. 1

2. Die **Wirkung** der Eintragung ist nicht konstitutiv: Zwischen den Ehegatten gilt der Ehevertrag auch ohne Eintragung; allein für seine Wirkung gegenüber Dritten bedarf es nach § 1412 der Eintragung. **a)** Die Eintragung schafft **negative Publizität,** dh Dritte dürfen auf das **Schweigen** des Registers (nicht aber auf seine positiven Angaben) vertrauen. Ist zB noch Gütertrennung eingetragen, haben die Ehegatten aber inzwischen Zugewinngemeinschaft vereinbart, so müssen die Ehegatten es – trotz § 1369 – gem § 1412 II gegen sich gelten lassen, wenn der Mann ihm gehörende Haushaltsgegenstände veräußert. 2

b) Die Vorschrift beschränkt sich darauf, den **Ehegatten** Einwendungen gegen ein Geschäft abzuschneiden, gestattet es aber nicht etwa dem Dritten seinerseits, Einwendungen gegen ein Geschäft aus einer unterbliebenen Eintragung herzuleiten. Liegt unser Beispiel also umgekehrt und sind die Ehegatten von der Zugewinngemeinschaft ohne Eintragung zur Gütertrennung übergegangen, so kann bei der Hausratsveräußerung durch den Ehemann nicht etwa der Dritte Einwendungen gegen die Wirksamkeit aus § 1369 mit der Begründung erheben, die Gütertrennung sei nicht eingetragen gewesen (*Schwab* Rz 233). 3

§ 1413. Widerruf der Überlassung der Vermögensverwaltung

Überlässt ein Ehegatte sein Vermögen der Verwaltung des anderen Ehegatten, so kann das Recht, die Überlassung jederzeit zu widerrufen, nur durch Ehevertrag ausgeschlossen oder eingeschränkt werden; ein Widerruf aus wichtigem Grunde bleibt gleichwohl zulässig.

Kapitel 2. Gütertrennung

§ 1414. Eintritt der Gütertrennung

[1]Schließen die Ehegatten den gesetzlichen Güterstand aus oder heben sie ihn auf, so tritt Gütertrennung ein, falls sich nicht aus dem Ehevertrag etwas anderes ergibt. [2]Das Gleiche gilt, wenn der Ausgleich des Zugewinns ausgeschlossen oder die Gütergemeinschaft aufgehoben wird.

1 **1.** Die **Wirkungen** der Gütertrennung liegen darin, dass güterrechtliche Bindungen nicht entstehen; die §§ 1363ff gelten nicht, es gibt also keinen Zugewinnausgleich und keine Verfügungsbeschränkungen (§§ 1365ff). Das Vermögen der Ehegatten bleibt getrennt. Die „Wirkungen der Ehe im Allgemeinen" (§§ 1353ff) treten indes ein, auch wenn sie vermögensrechtlicher Natur sind, wie der aus § 1353 folgende berechtigte Mitbesitz an Hausratsgegenständen (vgl dort Rz 2), die in § 1357 eingeräumte Schlüsselgewalt oder die Unterhaltspflicht des § 1360. Für die Rückforderung von Zuwendungen gelten die in Rz 5ff zu § 1378 geschilderten Grundsätze.

2 **2.** Bemerkenswert ist, dass ein **Versorgungsausgleich** nach Scheidung (§ 1587 iVm VersAusglG) auch bei Gütertrennung durchzuführen ist, wenn er nicht ausdrücklich ausgeschlossen wurde (vgl § 1414 S 2).

Kapitel 3. Gütergemeinschaft

Unterkapitel 1. Allgemeine Vorschriften

§ 1415. Vereinbarung durch Ehevertrag

Vereinbaren die Ehegatten durch Ehevertrag Gütergemeinschaft, so gelten die nachstehenden Vorschriften.

1 Mittelpunkt der Gütergemeinschaft ist das **Gesamtgut** (§ 1416), das gem § 1416 II HS 1 durch Universalsukzession entsteht, den Ehegatten zur gesamten Hand gebührt (näher § 1419) und durch einen Ehegatten allein (§§ 1422ff) oder durch beide gemeinschaftlich (§§ 1450ff) verwaltet wird. Daneben kann es einem Ehegatten allein gehörendes Vermögen in zwei Formen geben: als **Sondergut** (§ 1417), zB ein Nießbrauch (s § 1059 S 1) oder ein nicht übertragbarer Gesellschaftsanteil (s § 719) und als **Vorbehaltsgut** (§ 1418). Ebenso wie das Vermögen sind auch die Verbindlichkeiten grds gemeinsame, für die das Gesamtgut haftet, sog Gesamtgutsverbindlichkeiten (§§ 1437ff bzw 1459ff).

§ 1416. Gesamtgut

(1) **[1]Das Vermögen des Mannes und das Vermögen der Frau werden durch die Gütergemeinschaft gemeinschaftliches Vermögen beider Ehegatten (Gesamtgut). [2]Zu dem Gesamtgut gehört auch das Vermögen, das der Mann oder die Frau während der Gütergemeinschaft erwirbt.**

(2) **Die einzelnen Gegenstände werden gemeinschaftlich; sie brauchen nicht durch Rechtsgeschäft übertragen zu werden.**

(3) **[1]Wird ein Recht gemeinschaftlich, das im Grundbuch eingetragen ist oder in das Grundbuch eingetragen werden kann, so kann jeder Ehegatte von dem anderen verlangen, dass er zur Berichtigung des Grundbuchs mitwirke. [2]Entsprechendes gilt, wenn ein Recht gemeinschaftlich wird, das im Schiffsregister oder im Schiffsbauregister eingetragen ist.**

§ 1417. Sondergut

(1) **Vom Gesamtgut ist das Sondergut ausgeschlossen.**

(2) **Sondergut sind die Gegenstände, die nicht durch Rechtsgeschäft übertragen werden können.**

(3) [1]**Jeder Ehegatte verwaltet sein Sondergut selbständig.** [2]**Er verwaltet es für Rechnung des Gesamtguts.**

§ 1418. Vorbehaltsgut

(1) **Vom Gesamtgut ist das Vorbehaltsgut ausgeschlossen.**

(2) **Vorbehaltsgut sind die Gegenstände,**

1. **die durch Ehevertrag zum Vorbehaltsgut eines Ehegatten erklärt sind,**
2. **die ein Ehegatte von Todes wegen erwirbt oder die ihm von einem Dritten unentgeltlich zugewendet werden, wenn der Erblasser durch letztwillige Verfügung, der Dritte bei der Zuwendung bestimmt hat, dass der Erwerb Vorbehaltsgut sein soll,**
3. **die ein Ehegatte auf Grund eines zu seinem Vorbehaltsgut gehörenden Rechts oder als Ersatz für die Zerstörung, Beschädigung oder Entziehung eines zum Vorbehaltsgut gehörenden Gegenstands oder durch ein Rechtsgeschäft erwirbt, das sich auf das Vorbehaltsgut bezieht.**

(3) [1]**Jeder Ehegatte verwaltet das Vorbehaltsgut selbständig.** [2]**Er verwaltet es für eigene Rechnung.**

(4) **Gehören Vermögensgegenstände zum Vorbehaltsgut, so ist dies Dritten gegenüber nur nach Maßgabe des § 1412 wirksam.**

§ 1419. Gesamthandsgemeinschaft

(1) **Ein Ehegatte kann nicht über seinen Anteil am Gesamtgut und an den einzelnen Gegenständen verfügen, die zum Gesamtgut gehören; er ist nicht berechtigt, Teilung zu verlangen.**

(2) **Gegen eine Forderung, die zum Gesamtgut gehört, kann der Schuldner nur mit einer Forderung aufrechnen, deren Berichtigung er aus dem Gesamtgut verlangen kann.**

§ 1420. Verwendung zum Unterhalt

Die Einkünfte, die in das Gesamtgut fallen, sind vor den Einkünften, die in das Vorbehaltsgut fallen, der Stamm des Gesamtguts ist vor dem Stamm des Vorbehaltsguts oder des Sonderguts für den Unterhalt der Familie zu verwenden.

§ 1421. Verwaltung des Gesamtguts

[1]**Die Ehegatten sollen in dem Ehevertrag, durch den sie die Gütergemeinschaft vereinbaren, bestimmen, ob das Gesamtgut von dem Mann oder der Frau oder von ihnen gemeinschaftlich verwaltet wird.** [2]**Enthält der Ehevertrag keine Bestimmung hierüber, so verwalten die Ehegatten das Gesamtgut gemeinschaftlich.**

Unterkapitel 2. Verwaltung des Gesamtguts durch den Mann oder die Frau

§ 1422. Inhalt des Verwaltungsrechts

[1]**Der Ehegatte, der das Gesamtgut verwaltet, ist insbesondere berechtigt, die zum Gesamtgut gehörenden Sachen in Besitz zu nehmen und über das Gesamtgut zu verfügen; er führt Rechtsstreitigkeiten, die sich auf das Gesamtgut**

beziehen, im eigenen Namen. [2]Der andere Ehegatte wird durch die Verwaltungshandlungen nicht persönlich verpflichtet.

§ 1423. Verfügung über das Gesamtgut im Ganzen

[1]Der Ehegatte, der das Gesamtgut verwaltet, kann sich nur mit Einwilligung des anderen Ehegatten verpflichten, über das Gesamtgut im Ganzen zu verfügen. [2]Hat er sich ohne Zustimmung des anderen Ehegatten verpflichtet, so kann er die Verpflichtung nur erfüllen, wenn der andere Ehegatte einwilligt.

§ 1424. Verfügung über Grundstücke, Schiffe oder Schiffsbauwerke

[1]Der Ehegatte, der das Gesamtgut verwaltet, kann nur mit Einwilligung des anderen Ehegatten über ein zum Gesamtgut gehörendes Grundstück verfügen; er kann sich zu einer solchen Verfügung auch nur mit Einwilligung seines Ehegatten verpflichten. [2]Dasselbe gilt, wenn ein eingetragenes Schiff oder Schiffsbauwerk zum Gesamtgut gehört.

§ 1425. Schenkungen

(1) **[1]Der Ehegatte, der das Gesamtgut verwaltet, kann nur mit Einwilligung des anderen Ehegatten Gegenstände aus dem Gesamtgut verschenken; hat er ohne Zustimmung des anderen Ehegatten versprochen, Gegenstände aus dem Gesamtgut zu verschenken, so kann er dieses Versprechen nur erfüllen, wenn der andere Ehegatte einwilligt. [2]Das Gleiche gilt von einem Schenkungsversprechen, das sich nicht auf das Gesamtgut bezieht.**

(2) **Ausgenommen sind Schenkungen, durch die einer sittlichen Pflicht oder einer auf den Anstand zu nehmenden Rücksicht entsprochen wird.**

§ 1426. Ersetzung der Zustimmung des anderen Ehegatten

Ist ein Rechtsgeschäft, das nach den §§ 1423, 1424 nur mit Einwilligung des anderen Ehegatten vorgenommen werden kann, zur ordnungsmäßigen Verwaltung des Gesamtguts erforderlich, so kann das Familiengericht auf Antrag die Zustimmung des anderen Ehegatten ersetzen, wenn dieser sie ohne ausreichenden Grund verweigert oder durch Krankheit oder Abwesenheit an der Abgabe einer Erklärung verhindert und mit dem Aufschub Gefahr verbunden ist.

§ 1427. Rechtsfolgen fehlender Einwilligung

(1) **Nimmt der Ehegatte, der das Gesamtgut verwaltet, ein Rechtsgeschäft ohne die erforderliche Einwilligung des anderen Ehegatten vor, so gelten die Vorschriften des § 1366 Abs. 1, 3, 4 und des § 1367 entsprechend.**

(2) **[1]Einen Vertrag kann der Dritte bis zur Genehmigung widerrufen. [2]Hat er gewusst, dass der Ehegatte in Gütergemeinschaft lebt, so kann er nur widerrufen, wenn dieser wahrheitswidrig behauptet hat, der andere Ehegatte habe eingewilligt; er kann auch in diesem Falle nicht widerrufen, wenn ihm beim Abschluss des Vertrags bekannt war, dass der andere Ehegatte nicht eingewilligt hatte.**

§ 1428. Verfügungen ohne Zustimmung

Verfügt der Ehegatte, der das Gesamtgut verwaltet, ohne die erforderliche Zustimmung des anderen Ehegatten über ein zum Gesamtgut gehörendes Recht, so kann dieser das Recht gegen Dritte gerichtlich geltend machen; der Ehegatte, der das Gesamtgut verwaltet, braucht hierzu nicht mitzuwirken.

§ 1429. Notverwaltungsrecht

[1]Ist der Ehegatte, der das Gesamtgut verwaltet, durch Krankheit oder durch Abwesenheit verhindert, ein Rechtsgeschäft vorzunehmen, das sich auf das Gesamtgut bezieht, so kann der andere Ehegatte das Rechtsgeschäft vornehmen, wenn mit dem Aufschub Gefahr verbunden ist; er kann hierbei im eigenen Namen oder im Namen des verwaltenden Ehegatten handeln. [2]Das Gleiche gilt für die Führung eines Rechtsstreits, der sich auf das Gesamtgut bezieht.

§ 1430. Ersetzung der Zustimmung des Verwalters

Verweigert der Ehegatte, der das Gesamtgut verwaltet, ohne ausreichenden Grund die Zustimmung zu einem Rechtsgeschäft, das der andere Ehegatte zur ordnungsmäßigen Besorgung seiner persönlichen Angelegenheiten vornehmen muss, aber ohne diese Zustimmung nicht mit Wirkung für das Gesamtgut vornehmen kann, so kann das Familiengericht die Zustimmung auf Antrag ersetzen.

§ 1431. Selbständiges Erwerbsgeschäft

(1) **[1]Hat der Ehegatte, der das Gesamtgut verwaltet, darin eingewilligt, dass der andere Ehegatte selbständig ein Erwerbsgeschäft betreibt, so ist seine Zustimmung zu solchen Rechtsgeschäften und Rechtsstreitigkeiten nicht erforderlich, die der Geschäftsbetrieb mit sich bringt. [2]Einseitige Rechtsgeschäfte, die sich auf das Erwerbsgeschäft beziehen, sind dem Ehegatten gegenüber vorzunehmen, der das Erwerbsgeschäft betreibt.**

(2) **Weiß der Ehegatte, der das Gesamtgut verwaltet, dass der andere Ehegatte ein Erwerbsgeschäft betreibt, und hat er hiergegen keinen Einspruch eingelegt, so steht dies einer Einwilligung gleich.**

(3) **Dritten gegenüber ist ein Einspruch und der Widerruf der Einwilligung nur nach Maßgabe des § 1412 wirksam.**

§ 1432. Annahme einer Erbschaft; Ablehnung von Vertragsantrag oder Schenkung

(1) **[1]Ist dem Ehegatten, der das Gesamtgut nicht verwaltet, eine Erbschaft oder ein Vermächtnis angefallen, so ist nur er berechtigt, die Erbschaft oder das Vermächtnis anzunehmen oder auszuschlagen; die Zustimmung des anderen Ehegatten ist nicht erforderlich. [2]Das Gleiche gilt von dem Verzicht auf den Pflichtteil oder auf den Ausgleich eines Zugewinns sowie von der Ablehnung eines Vertragsantrags oder einer Schenkung.**

(2) **Der Ehegatte, der das Gesamtgut nicht verwaltet, kann ein Inventar über eine ihm angefallene Erbschaft ohne Zustimmung des anderen Ehegatten errichten.**

§ 1433. Fortsetzung eines Rechtsstreits

Der Ehegatte, der das Gesamtgut nicht verwaltet, kann ohne Zustimmung des anderen Ehegatten einen Rechtsstreit fortsetzen, der beim Eintritt der Gütergemeinschaft anhängig war.

§ 1434. Ungerechtfertigte Bereicherung des Gesamtguts

Wird durch ein Rechtsgeschäft, das ein Ehegatte ohne die erforderliche Zustimmung des anderen Ehegatten vornimmt, das Gesamtgut bereichert, so ist die Bereicherung nach den Vorschriften über die ungerechtfertigte Bereicherung aus dem Gesamtgut herauszugeben.

§ 1435. Pflichten des Verwalters

[1]Der Ehegatte hat das Gesamtgut ordnungsmäßig zu verwalten. [2]Er hat den anderen Ehegatten über die Verwaltung zu unterrichten und ihm auf Verlangen über den Stand der Verwaltung Auskunft zu erteilen. [3]Mindert sich das Gesamtgut, so muss er zu dem Gesamtgut Ersatz leisten, wenn er den Verlust verschuldet oder durch ein Rechtsgeschäft herbeigeführt hat, das er ohne die erforderliche Zustimmung des anderen Ehegatten vorgenommen hat.

§ 1436. Verwalter unter Vormundschaft oder Betreuung

[1]Steht der Ehegatte, der das Gesamtgut verwaltet, unter Vormundschaft oder fällt die Verwaltung des Gesamtguts in den Aufgabenkreis seines Betreuers, so hat ihn der Vormund oder Betreuer in den Rechten und Pflichten zu vertreten, die sich aus der Verwaltung des Gesamtguts ergeben. [2]Dies gilt auch dann, wenn der andere Ehegatte zum Vormund oder Betreuer bestellt ist.

§ 1437. Gesamtgutsverbindlichkeiten; persönliche Haftung

(1) Aus dem Gesamtgut können die Gläubiger des Ehegatten, der das Gesamtgut verwaltet, und, soweit sich aus den §§ 1438 bis 1440 nichts anderes ergibt, auch die Gläubiger des anderen Ehegatten Befriedigung verlangen (Gesamtgutsverbindlichkeiten).

(2) [1]Der Ehegatte, der das Gesamtgut verwaltet, haftet für die Verbindlichkeiten des anderen Ehegatten, die Gesamtgutsverbindlichkeiten sind, auch persönlich als Gesamtschuldner. [2]Die Haftung erlischt mit der Beendigung der Gütergemeinschaft, wenn die Verbindlichkeiten im Verhältnis der Ehegatten zueinander dem anderen Ehegatten zur Last fallen.

§ 1438. Haftung des Gesamtguts

(1) Das Gesamtgut haftet für eine Verbindlichkeit aus einem Rechtsgeschäft, das während der Gütergemeinschaft vorgenommen wird, nur dann, wenn der Ehegatte, der das Gesamtgut verwaltet, das Rechtsgeschäft vornimmt oder wenn er ihm zustimmt oder wenn das Rechtsgeschäft ohne seine Zustimmung für das Gesamtgut wirksam ist.

(2) Für die Kosten eines Rechtsstreits haftet das Gesamtgut auch dann, wenn das Urteil dem Gesamtgut gegenüber nicht wirksam ist.

§ 1439. Keine Haftung bei Erwerb einer Erbschaft

Das Gesamtgut haftet nicht für Verbindlichkeiten, die durch den Erwerb einer Erbschaft entstehen, wenn der Ehegatte, der Erbe ist, das Gesamtgut nicht verwaltet und die Erbschaft während der Gütergemeinschaft als Vorbehaltsgut oder als Sondergut erwirbt; das Gleiche gilt beim Erwerb eines Vermächtnisses.

§ 1440. Haftung für Vorbehalts- oder Sondergut

[1]Das Gesamtgut haftet nicht für eine Verbindlichkeit, die während der Gütergemeinschaft infolge eines zum Vorbehaltsgut oder Sondergut gehörenden Rechts oder des Besitzes einer dazu gehörenden Sache in der Person des Ehegatten entsteht, der das Gesamtgut nicht verwaltet. [2]Das Gesamtgut haftet jedoch, wenn das Recht oder die Sache zu einem Erwerbsgeschäft gehört, das der Ehegatte mit Einwilligung des anderen Ehegatten selbständig betreibt, oder wenn die Verbindlichkeit zu den Lasten des Sonderguts gehört, die aus den Einkünften beglichen zu werden pflegen.

§ 1441. Haftung im Innenverhältnis

Im Verhältnis der Ehegatten zueinander fallen folgende Gesamtgutsverbindlichkeiten dem Ehegatten zur Last, in dessen Person sie entstehen:

1. die Verbindlichkeiten aus einer unerlaubten Handlung, die er nach Eintritt der Gütergemeinschaft begeht, oder aus einem Strafverfahren, das wegen einer solchen Handlung gegen ihn gerichtet wird;
2. die Verbindlichkeiten aus einem sich auf sein Vorbehaltsgut oder sein Sondergut beziehenden Rechtsverhältnis, auch wenn sie vor Eintritt der Gütergemeinschaft oder vor der Zeit entstanden sind, zu der das Gut Vorbehaltsgut oder Sondergut geworden ist;
3. die Kosten eines Rechtsstreits über eine der in den Nummern 1 und 2 bezeichneten Verbindlichkeiten.

§ 1442. Verbindlichkeiten des Sonderguts und eines Erwerbsgeschäfts

[1]Die Vorschrift des § 1441 Nr. 2, 3 gilt nicht, wenn die Verbindlichkeiten zu den Lasten des Sonderguts gehören, die aus den Einkünften beglichen zu werden pflegen. [2]Die Vorschrift gilt auch dann nicht, wenn die Verbindlichkeiten durch den Betrieb eines für Rechnung des Gesamtguts geführten Erwerbsgeschäfts oder infolge eines zu einem solchen Erwerbsgeschäft gehörenden Rechts oder des Besitzes einer dazu gehörenden Sache entstehen.

§ 1443. Prozesskosten

(1) Im Verhältnis der Ehegatten zueinander fallen die Kosten eines Rechtsstreits, den die Ehegatten miteinander führen, dem Ehegatten zur Last, der sie nach allgemeinen Vorschriften zu tragen hat.

(2) [1]Führt der Ehegatte, der das Gesamtgut nicht verwaltet, einen Rechtsstreit mit einem Dritten, so fallen die Kosten des Rechtsstreits im Verhältnis der Ehegatten zueinander diesem Ehegatten zur Last. [2]Die Kosten fallen jedoch dem Gesamtgut zur Last, wenn das Urteil dem Gesamtgut gegenüber wirksam ist oder wenn der Rechtsstreit eine persönliche Angelegenheit oder eine Gesamtgutsverbindlichkeit des Ehegatten betrifft und die Aufwendung der Kosten den Umständen nach geboten ist; § 1441 Nr. 3 und § 1442 bleiben unberührt.

§ 1444. Kosten der Ausstattung eines Kindes

(1) Verspricht oder gewährt der Ehegatte, der das Gesamtgut verwaltet, einem gemeinschaftlichen Kind aus dem Gesamtgut eine Ausstattung, so fällt ihm im Verhältnis der Ehegatten zueinander die Ausstattung zur Last, soweit sie das Maß übersteigt, das dem Gesamtgut entspricht.

(2) Verspricht oder gewährt der Ehegatte, der das Gesamtgut verwaltet, einem nicht gemeinschaftlichen Kind eine Ausstattung aus dem Gesamtgut, so fällt sie im Verhältnis der Ehegatten zueinander dem Vater oder der Mutter zur Last; für den Ehegatten, der das Gesamtgut nicht verwaltet, gilt dies jedoch nur insoweit, als er zustimmt oder die Ausstattung nicht das Maß übersteigt, das dem Gesamtgut entspricht.

§ 1445. Ausgleichung zwischen Vorbehalts-, Sonder- und Gesamtgut

(1) Verwendet der Ehegatte, der das Gesamtgut verwaltet, Gesamtgut in sein Vorbehaltsgut oder in sein Sondergut, so hat er den Wert des Verwendeten zum Gesamtgut zu ersetzen.

(2) Verwendet er Vorbehaltsgut oder Sondergut in das Gesamtgut, so kann er Ersatz aus dem Gesamtgut verlangen.

§ 1446. Fälligkeit des Ausgleichsanspruchs

(1) **Was der Ehegatte, der das Gesamtgut verwaltet, zum Gesamtgut schuldet, braucht er erst nach der Beendigung der Gütergemeinschaft zu leisten; was er aus dem Gesamtgut zu fordern hat, kann er erst nach der Beendigung der Gütergemeinschaft fordern.**

(2) **Was der Ehegatte, der das Gesamtgut nicht verwaltet, zum Gesamtgut oder was er zum Vorbehaltsgut oder Sondergut des anderen Ehegatten schuldet, braucht er erst nach der Beendigung der Gütergemeinschaft zu leisten; er hat die Schuld jedoch schon vorher zu berichtigen, soweit sein Vorbehaltsgut und sein Sondergut hierzu ausreichen.**

§ 1447. Aufhebungsklage des nicht verwaltenden Ehegatten

Der Ehegatte, der das Gesamtgut nicht verwaltet, kann auf Aufhebung der Gütergemeinschaft klagen,

1. **wenn seine Rechte für die Zukunft dadurch erheblich gefährdet werden können, dass der andere Ehegatte zur Verwaltung des Gesamtguts unfähig ist oder sein Recht, das Gesamtgut zu verwalten, missbraucht,**
2. **wenn der andere Ehegatte seine Verpflichtung, zum Familienunterhalt beizutragen, verletzt hat und für die Zukunft eine erhebliche Gefährdung des Unterhalts zu besorgen ist,**
3. **wenn das Gesamtgut durch Verbindlichkeiten, die in der Person des anderen Ehegatten entstanden sind, in solchem Maße überschuldet ist, dass ein späterer Erwerb des Ehegatten, der das Gesamtgut nicht verwaltet, erheblich gefährdet wird,**
4. **wenn die Verwaltung des Gesamtguts in den Aufgabenkreis des Betreuers des anderen Ehegatten fällt.**

§ 1448. Aufhebungsklage des Verwalters

Der Ehegatte, der das Gesamtgut verwaltet, kann auf Aufhebung der Gütergemeinschaft klagen, wenn das Gesamtgut infolge von Verbindlichkeiten des anderen Ehegatten, die diesem im Verhältnis der Ehegatten zueinander zur Last fallen, in solchem Maße überschuldet ist, dass ein späterer Erwerb erheblich gefährdet wird.

§ 1449. Wirkung der richterlichen Aufhebungsentscheidung

(1) **Mit der Rechtskraft der richterlichen Entscheidung ist die Gütergemeinschaft aufgehoben; für die Zukunft gilt Gütertrennung.**

(2) **Dritten gegenüber ist die Aufhebung der Gütergemeinschaft nur nach Maßgabe des § 1412 wirksam.**

Unterkapitel 3. Gemeinschaftliche Verwaltung des Gesamtguts durch die Ehegatten

§ 1450. Gemeinschaftliche Verwaltung durch die Ehegatten

(1) [1]**Wird das Gesamtgut von den Ehegatten gemeinschaftlich verwaltet, so sind die Ehegatten insbesondere nur gemeinschaftlich berechtigt, über das Gesamtgut zu verfügen und Rechtsstreitigkeiten zu führen, die sich auf das Gesamtgut beziehen.** [2]**Der Besitz an den zum Gesamtgut gehörenden Sachen gebührt den Ehegatten gemeinschaftlich.**

(2) **Ist eine Willenserklärung den Ehegatten gegenüber abzugeben, so genügt die Abgabe gegenüber einem Ehegatten.**

§ 1451. Mitwirkungspflicht beider Ehegatten

Jeder Ehegatte ist dem anderen gegenüber verpflichtet, zu Maßregeln mitzuwirken, die zur ordnungsmäßigen Verwaltung des Gesamtguts erforderlich sind.

§ 1452. Ersetzung der Zustimmung

(1) **Ist zur ordnungsmäßigen Verwaltung des Gesamtguts die Vornahme eines Rechtsgeschäfts oder die Führung eines Rechtsstreits erforderlich, so kann das Familiengericht auf Antrag eines Ehegatten die Zustimmung des anderen Ehegatten ersetzen, wenn dieser sie ohne ausreichenden Grund verweigert.**

(2) **Die Vorschrift des Absatzes 1 gilt auch, wenn zur ordnungsmäßigen Besorgung der persönlichen Angelegenheiten eines Ehegatten ein Rechtsgeschäft erforderlich ist, das der Ehegatte mit Wirkung für das Gesamtgut nicht ohne Zustimmung des anderen Ehegatten vornehmen kann.**

§ 1453. Verfügung ohne Einwilligung

(1) **Verfügt ein Ehegatte ohne die erforderliche Einwilligung des anderen Ehegatten über das Gesamtgut, so gelten die Vorschriften des § 1366 Abs. 1, 3, 4 und des § 1367 entsprechend.**

(2) **[1]Einen Vertrag kann der Dritte bis zur Genehmigung widerrufen. [2]Hat er gewusst, dass der Ehegatte in Gütergemeinschaft lebt, so kann er nur widerrufen, wenn dieser wahrheitswidrig behauptet hat, der andere Ehegatte habe eingewilligt; er kann auch in diesem Falle nicht widerrufen, wenn ihm beim Abschluss des Vertrags bekannt war, dass der andere Ehegatte nicht eingewilligt hatte.**

§ 1454. Notverwaltungsrecht

[1]Ist ein Ehegatte durch Krankheit oder Abwesenheit verhindert, bei einem Rechtsgeschäft mitzuwirken, das sich auf das Gesamtgut bezieht, so kann der andere Ehegatte das Rechtsgeschäft vornehmen, wenn mit dem Aufschub Gefahr verbunden ist; er kann hierbei im eigenen Namen oder im Namen beider Ehegatten handeln. [2]Das Gleiche gilt für die Führung eines Rechtsstreits, der sich auf das Gesamtgut bezieht.

§ 1455. Verwaltungshandlungen ohne Mitwirkung des anderen Ehegatten

Jeder Ehegatte kann ohne Mitwirkung des anderen Ehegatten

1. **eine ihm angefallene Erbschaft oder ein ihm angefallenes Vermächtnis annehmen oder ausschlagen,**
2. **auf seinen Pflichtteil oder auf den Ausgleich eines Zugewinns verzichten,**
3. **ein Inventar über eine ihm oder dem anderen Ehegatten angefallene Erbschaft errichten, es sei denn, dass die dem anderen Ehegatten angefallene Erbschaft zu dessen Vorbehaltsgut oder Sondergut gehört,**
4. **einen ihm gemachten Vertragsantrag oder eine ihm gemachte Schenkung ablehnen,**
5. **ein sich auf das Gesamtgut beziehendes Rechtsgeschäft gegenüber dem anderen Ehegatten vornehmen,**
6. **ein zum Gesamtgut gehörendes Recht gegen den anderen Ehegatten gerichtlich geltend machen,**
7. **einen Rechtsstreit fortsetzen, der beim Eintritt der Gütergemeinschaft anhängig war,**
8. **ein zum Gesamtgut gehörendes Recht gegen einen Dritten gerichtlich geltend machen, wenn der andere Ehegatte ohne die erforderliche Zustimmung über das Recht verfügt hat,**

9. ein Widerspruchsrecht gegenüber einer Zwangsvollstreckung in das Gesamtgut gerichtlich geltend machen,
10. die zur Erhaltung des Gesamtguts notwendigen Maßnahmen treffen, wenn mit dem Aufschub Gefahr verbunden ist.

§ 1456. Selbständiges Erwerbsgeschäft

(1) [1]Hat ein Ehegatte darin eingewilligt, dass der andere Ehegatte selbständig ein Erwerbsgeschäft betreibt, so ist seine Zustimmung zu solchen Rechtsgeschäften und Rechtsstreitigkeiten nicht erforderlich, die der Geschäftsbetrieb mit sich bringt. [2]Einseitige Rechtsgeschäfte, die sich auf das Erwerbsgeschäft beziehen, sind dem Ehegatten gegenüber vorzunehmen, der das Erwerbsgeschäft betreibt.

(2) Weiß ein Ehegatte, dass der andere ein Erwerbsgeschäft betreibt, und hat er hiergegen keinen Einspruch eingelegt, so steht dies einer Einwilligung gleich.

(3) Dritten gegenüber ist ein Einspruch und der Widerruf der Einwilligung nur nach Maßgabe des § 1412 wirksam.

§ 1457. Ungerechtfertigte Bereicherung des Gesamtguts

Wird durch ein Rechtsgeschäft, das ein Ehegatte ohne die erforderliche Zustimmung des anderen Ehegatten vornimmt, das Gesamtgut bereichert, so ist die Bereicherung nach den Vorschriften über die ungerechtfertigte Bereicherung aus dem Gesamtgut herauszugeben.

§ 1458. Vormundschaft über einen Ehegatten

Solange ein Ehegatte unter elterlicher Sorge oder unter Vormundschaft steht, verwaltet der andere Ehegatte das Gesamtgut allein; die Vorschriften der §§ 1422 bis 1449 sind anzuwenden.

§ 1459. Gesamtgutsverbindlichkeiten; persönliche Haftung

(1) Die Gläubiger des Mannes und die Gläubiger der Frau können, soweit sich aus den §§ 1460 bis 1462 nichts anderes ergibt, aus dem Gesamtgut Befriedigung verlangen (Gesamtgutsverbindlichkeiten).

(2) [1]Für die Gesamtgutsverbindlichkeiten haften die Ehegatten auch persönlich als Gesamtschuldner. [2]Fallen die Verbindlichkeiten im Verhältnis der Ehegatten zueinander einem der Ehegatten zur Last, so erlischt die Verbindlichkeit des anderen Ehegatten mit der Beendigung der Gütergemeinschaft.

§ 1460. Haftung des Gesamtguts

(1) Das Gesamtgut haftet für eine Verbindlichkeit aus einem Rechtsgeschäft, das ein Ehegatte während der Gütergemeinschaft vornimmt, nur dann, wenn der andere Ehegatte dem Rechtsgeschäft zustimmt oder wenn das Rechtsgeschäft ohne seine Zustimmung für das Gesamtgut wirksam ist.

(2) Für die Kosten eines Rechtsstreits haftet das Gesamtgut auch dann, wenn das Urteil dem Gesamtgut gegenüber nicht wirksam ist.

§ 1461. Keine Haftung bei Erwerb einer Erbschaft

Das Gesamtgut haftet nicht für Verbindlichkeiten eines Ehegatten, die durch den Erwerb einer Erbschaft oder eines Vermächtnisses entstehen, wenn der Ehegatte die Erbschaft oder das Vermächtnis während der Gütergemeinschaft als Vorbehaltsgut oder als Sondergut erwirbt.

§ 1462. Haftung für Vorbehalts- oder Sondergut

[1]Das Gesamtgut haftet nicht für eine Verbindlichkeit eines Ehegatten, die während der Gütergemeinschaft infolge eines zum Vorbehaltsgut oder zum Sondergut gehörenden Rechts oder des Besitzes einer dazu gehörenden Sache entsteht. [2]Das Gesamtgut haftet jedoch, wenn das Recht oder die Sache zu einem Erwerbsgeschäft gehört, das ein Ehegatte mit Einwilligung des anderen Ehegatten selbständig betreibt, oder wenn die Verbindlichkeit zu den Lasten des Sonderguts gehört, die aus den Einkünften beglichen zu werden pflegen.

§ 1463. Haftung im Innenverhältnis

Im Verhältnis der Ehegatten zueinander fallen folgende Gesamtgutsverbindlichkeiten dem Ehegatten zur Last, in dessen Person sie entstehen:
1. **die Verbindlichkeiten aus einer unerlaubten Handlung, die er nach Eintritt der Gütergemeinschaft begeht, oder aus einem Strafverfahren, das wegen einer solchen Handlung gegen ihn gerichtet wird,**
2. **die Verbindlichkeiten aus einem sich auf sein Vorbehaltsgut oder sein Sondergut beziehenden Rechtsverhältnis, auch wenn sie vor Eintritt der Gütergemeinschaft oder vor der Zeit entstanden sind, zu der das Gut Vorbehaltsgut oder Sondergut geworden ist,**
3. **die Kosten eines Rechtsstreits über eine der in den Nummern 1 und 2 bezeichneten Verbindlichkeiten.**

§ 1464. Verbindlichkeiten des Sonderguts und eines Erwerbsgeschäfts

[1]Die Vorschrift des § 1463 Nr. 2, 3 gilt nicht, wenn die Verbindlichkeiten zu den Lasten des Sonderguts gehören, die aus den Einkünften beglichen zu werden pflegen. [2]Die Vorschrift gilt auch dann nicht, wenn die Verbindlichkeiten durch den Betrieb eines für Rechnung des Gesamtguts geführten Erwerbsgeschäfts oder infolge eines zu einem solchen Erwerbsgeschäft gehörenden Rechts oder des Besitzes einer dazu gehörenden Sache entstehen.

§ 1465. Prozesskosten

(1) **Im Verhältnis der Ehegatten zueinander fallen die Kosten eines Rechtsstreits, den die Ehegatten miteinander führen, dem Ehegatten zur Last, der sie nach allgemeinen Vorschriften zu tragen hat.**

(2) **[1]Führt ein Ehegatte einen Rechtsstreit mit einem Dritten, so fallen die Kosten des Rechtsstreits im Verhältnis der Ehegatten zueinander dem Ehegatten zur Last, der den Rechtsstreit führt. [2]Die Kosten fallen jedoch dem Gesamtgut zur Last, wenn das Urteil dem Gesamtgut gegenüber wirksam ist oder wenn der Rechtsstreit eine persönliche Angelegenheit oder eine Gesamtgutsverbindlichkeit des Ehegatten betrifft und die Aufwendung der Kosten den Umständen nach geboten ist; § 1463 Nr. 3 und § 1464 bleiben unberührt.**

§ 1466. Kosten der Ausstattung eines nicht gemeinschaftlichen Kindes

Im Verhältnis der Ehegatten zueinander fallen die Kosten der Ausstattung eines nicht gemeinschaftlichen Kindes dem Vater oder der Mutter des Kindes zur Last.

§ 1467. Ausgleichung zwischen Vorbehalts-, Sonder- und Gesamtgut

(1) **Verwendet ein Ehegatte Gesamtgut in sein Vorbehaltsgut oder in sein Sondergut, so hat er den Wert des Verwendeten zum Gesamtgut zu ersetzen.**

(2) Verwendet ein Ehegatte Vorbehaltsgut oder Sondergut in das Gesamtgut, so kann er Ersatz aus dem Gesamtgut verlangen.

§ 1468. Fälligkeit des Ausgleichsanspruchs

Was ein Ehegatte zum Gesamtgut oder was er zum Vorbehaltsgut oder Sondergut des anderen Ehegatten schuldet, braucht er erst nach Beendigung der Gütergemeinschaft zu leisten; soweit jedoch das Vorbehaltsgut und das Sondergut des Schuldners ausreichen, hat er die Schuld schon vorher zu berichtigen.

§ 1469. Aufhebungsklage

Jeder Ehegatte kann auf Aufhebung der Gütergemeinschaft klagen,

1. wenn seine Rechte für die Zukunft dadurch erheblich gefährdet werden können, dass der andere Ehegatte ohne seine Mitwirkung Verwaltungshandlungen vornimmt, die nur gemeinschaftlich vorgenommen werden dürfen,
2. wenn der andere Ehegatte sich ohne ausreichenden Grund beharrlich weigert, zur ordnungsmäßigen Verwaltung des Gesamtguts mitzuwirken,
3. wenn der andere Ehegatte seine Verpflichtung, zum Familienunterhalt beizutragen, verletzt hat und für die Zukunft eine erhebliche Gefährdung des Unterhalts zu besorgen ist,
4. wenn das Gesamtgut durch Verbindlichkeiten, die in der Person des anderen Ehegatten entstanden sind und diesem im Verhältnis der Ehegatten zueinander zur Last fallen, in solchem Maße überschuldet ist, dass sein späterer Erwerb erheblich gefährdet wird,
5. wenn die Wahrnehmung eines Rechts des anderen Ehegatten, das sich aus der Gütergemeinschaft ergibt, vom Aufgabenkreis eines Betreuers erfasst wird.

§ 1470. Wirkung der richterlichen Aufhebungsentscheidung

(1) Mit der Rechtskraft der richterlichen Entscheidung ist die Gütergemeinschaft aufgehoben; für die Zukunft gilt Gütertrennung.

(2) Dritten gegenüber ist die Aufhebung der Gütergemeinschaft nur nach Maßgabe des § 1412 wirksam.

Unterkapitel 4. Auseinandersetzung des Gesamtguts

§ 1471. Beginn der Auseinandersetzung

(1) Nach der Beendigung der Gütergemeinschaft setzen sich die Ehegatten über das Gesamtgut auseinander.

(2) Bis zur Auseinandersetzung gilt für das Gesamtgut die Vorschrift des § 1419.

§ 1472. Gemeinschaftliche Verwaltung des Gesamtguts

(1) Bis zur Auseinandersetzung verwalten die Ehegatten das Gesamtgut gemeinschaftlich.

(2) [1]Jeder Ehegatte darf das Gesamtgut in derselben Weise wie vor der Beendigung der Gütergemeinschaft verwalten, bis er von der Beendigung Kenntnis erlangt oder sie kennen muss. [2]Ein Dritter kann sich hierauf nicht berufen, wenn er bei der Vornahme eines Rechtsgeschäfts weiß oder wissen muss, dass die Gütergemeinschaft beendet ist.

(3) Jeder Ehegatte ist dem anderen gegenüber verpflichtet, zu Maßregeln mitzuwirken, die zur ordnungsmäßigen Verwaltung des Gesamtguts erforder-

lich sind; die zur Erhaltung notwendigen Maßregeln kann jeder Ehegatte allein treffen.

(4) [1]**Endet die Gütergemeinschaft durch den Tod eines Ehegatten, so hat der überlebende Ehegatte die Geschäfte, die zur ordnungsmäßigen Verwaltung erforderlich sind und nicht ohne Gefahr aufgeschoben werden können, so lange zu führen, bis der Erbe anderweit Fürsorge treffen kann.** [2]**Diese Verpflichtung besteht nicht, wenn der verstorbene Ehegatte das Gesamtgut allein verwaltet hat.**

§ 1473. Unmittelbare Ersetzung

(1) **Was auf Grund eines zum Gesamtgut gehörenden Rechts oder als Ersatz für die Zerstörung, Beschädigung oder Entziehung eines zum Gesamgut gehörenden Gegenstands oder durch ein Rechtsgeschäft erworben wird, das sich auf das Gesamtgut bezieht, wird Gesamtgut.**

(2) **Gehört eine Forderung, die durch Rechtsgeschäft erworben ist, zum Gesamtgut, so braucht der Schuldner dies erst dann gegen sich gelten zu lassen, wenn er erfährt, dass die Forderung zum Gesamtgut gehört; die Vorschriften der §§ 406 bis 408 sind entsprechend anzuwenden.**

§ 1474. Durchführung der Auseinandersetzung

Die Ehegatten setzen sich, soweit sie nichts anderes vereinbaren, nach den §§ 1475 bis 1481 auseinander.

§ 1475. Berichtigung der Gesamtgutsverbindlichkeiten

(1) [1]**Die Ehegatten haben zunächst die Gesamtgutsverbindlichkeiten zu berichtigen.** [2]**Ist eine Verbindlichkeit noch nicht fällig oder ist sie streitig, so müssen die Ehegatten zurückbehalten, was zur Berichtigung dieser Verbindlichkeit erforderlich ist.**

(2) **Fällt eine Gesamtgutsverbindlichkeit im Verhältnis der Ehegatten zueinander einem der Ehegatten allein zur Last, so kann dieser nicht verlangen, dass die Verbindlichkeit aus dem Gesamtgut berichtigt wird.**

(3) **Das Gesamtgut ist in Geld umzusetzen, soweit dies erforderlich ist, um die Gesamtgutsverbindlichkeiten zu berichtigen.**

§ 1476. Teilung des Überschusses

(1) **Der Überschuss, der nach der Berichtigung der Gesamtgutsverbindlichkeiten verbleibt, gebührt den Ehegatten zu gleichen Teilen.**

(2) [1]**Was einer der Ehegatten zum Gesamtgut zu ersetzen hat, muss er sich auf seinen Teil anrechnen lassen.** [2]**Soweit er den Ersatz nicht auf diese Weise leistet, bleibt er dem anderen Ehegatten verpflichtet.**

§ 1477. Durchführung der Teilung

(1) **Der Überschuss wird nach den Vorschriften über die Gemeinschaft geteilt.**

(2) [1]**Jeder Ehegatte kann gegen Ersatz des Wertes die Sachen übernehmen, die ausschließlich zu seinem persönlichen Gebrauch bestimmt sind, insbesondere Kleider, Schmucksachen und Arbeitsgeräte.** [2]**Das Gleiche gilt für die Gegenstände, die ein Ehegatte in die Gütergemeinschaft eingebracht oder während der Gütergemeinschaft durch Erbfolge, durch Vermächtnis oder mit Rücksicht auf ein künftiges Erbrecht, durch Schenkung oder als Ausstattung erworben hat.**

§ 1478. Auseinandersetzung nach Scheidung

(1) Ist die Ehe geschieden, bevor die Auseinandersetzung beendet ist, so ist auf Verlangen eines Ehegatten jedem von ihnen der Wert dessen zurückzuerstatten, was er in die Gütergemeinschaft eingebracht hat; reicht hierzu der Wert des Gesamtguts nicht aus, so ist der Fehlbetrag von den Ehegatten nach dem Verhältnis des Wertes des von ihnen Eingebrachten zu tragen.

(2) Als eingebracht sind anzusehen

1. die Gegenstände, die einem Ehegatten beim Eintritt der Gütergemeinschaft gehört haben,
2. die Gegenstände, die ein Ehegatte von Todes wegen oder mit Rücksicht auf ein künftiges Erbrecht, durch Schenkung oder als Ausstattung erworben hat, es sei denn, dass der Erwerb den Umständen nach zu den Einkünften zu rechnen war,
3. die Rechte, die mit dem Tode eines Ehegatten erlöschen oder deren Erwerb durch den Tod eines Ehegatten bedingt ist.

(3) Der Wert des Eingebrachten bestimmt sich nach der Zeit der Einbringung.

§ 1479. Auseinandersetzung nach richterlicher Aufhebungsentscheidung

Wird die Gütergemeinschaft auf Grund der §§ 1447, 1448 oder des § 1469 durch richterliche Entscheidung aufgehoben, so kann der Ehegatte, der die richterliche Entscheidung erwirkt hat, verlangen, dass die Auseinandersetzung so erfolgt, wie wenn der Anspruch auf Auseinandersetzung in dem Zeitpunkt rechtshängig geworden wäre, in dem die Klage auf Aufhebung der Gütergemeinschaft erhoben ist.

§ 1480. Haftung nach der Teilung gegenüber Dritten

[1]Wird das Gesamtgut geteilt, bevor eine Gesamtgutsverbindlichkeit berichtigt ist, so haftet dem Gläubiger auch der Ehegatte persönlich als Gesamtschuldner, für den zur Zeit der Teilung eine solche Haftung nicht besteht. [2]Seine Haftung beschränkt sich auf die ihm zugeteilten Gegenstände; die für die Haftung des Erben geltenden Vorschriften der §§ 1990, 1991 sind entsprechend anzuwenden.

§ 1481. Haftung der Ehegatten untereinander

(1) Wird das Gesamtgut geteilt, bevor eine Gesamtgutsverbindlichkeit berichtigt ist, die im Verhältnis der Ehegatten zueinander dem Gesamtgut zur Last fällt, so hat der Ehegatte, der das Gesamtgut während der Gütergemeinschaft allein verwaltet hat, dem anderen Ehegatten dafür einzustehen, dass dieser weder über die Hälfte der Verbindlichkeit noch über das aus dem Gesamtgut Erlangte hinaus in Anspruch genommen wird.

(2) Haben die Ehegatten das Gesamtgut während der Gütergemeinschaft gemeinschaftlich verwaltet, so hat jeder Ehegatte dem anderen dafür einzustehen, dass dieser von dem Gläubiger nicht über die Hälfte der Verbindlichkeit hinaus in Anspruch genommen wird.

(3) Fällt die Verbindlichkeit im Verhältnis der Ehegatten zueinander einem der Ehegatten zur Last, so hat dieser dem anderen dafür einzustehen, dass der andere Ehegatte von dem Gläubiger nicht in Anspruch genommen wird.

§ 1482. Eheauflösung durch Tod

[1]Wird die Ehe durch den Tod eines Ehegatten aufgelöst, so gehört der Anteil des verstorbenen Ehegatten am Gesamtgut zum Nachlass. [2]Der verstorbene Ehegatte wird nach den allgemeinen Vorschriften beerbt.

Unterkapitel 5. Fortgesetzte Gütergemeinschaft

§ 1483. Eintritt der fortgesetzten Gütergemeinschaft

(1) [1]Die Ehegatten können durch Ehevertrag vereinbaren, dass die Gütergemeinschaft nach dem Tod eines Ehegatten zwischen dem überlebenden Ehegatten und den gemeinschaftlichen Abkömmlingen fortgesetzt wird. [2]Treffen die Ehegatten eine solche Vereinbarung, so wird die Gütergemeinschaft mit den gemeinschaftlichen Abkömmlingen fortgesetzt, die bei gesetzlicher Erbfolge als Erben berufen sind. [3]Der Anteil des verstorbenen Ehegatten am Gesamtgut gehört nicht zum Nachlass; im Übrigen wird der Ehegatte nach den allgemeinen Vorschriften beerbt.

(2) Sind neben den gemeinschaftlichen Abkömmlingen andere Abkömmlinge vorhanden, so bestimmen sich ihr Erbrecht und ihre Erbteile so, wie wenn fortgesetzte Gütergemeinschaft nicht eingetreten wäre.

§ 1484. Ablehnung der fortgesetzten Gütergemeinschaft

(1) Der überlebende Ehegatte kann die Fortsetzung der Gütergemeinschaft ablehnen.

(2) [1]Auf die Ablehnung finden die für die Ausschlagung einer Erbschaft geltenden Vorschriften der §§ 1943 bis 1947, 1950, 1952, 1954 bis 1957, 1959 entsprechende Anwendung. [2]Steht der überlebende Ehegatte unter elterlicher Sorge oder unter Vormundschaft, so ist zur Ablehnung die Genehmigung des Familiengerichts erforderlich. [3]Bei einer Ablehnung durch den Betreuer des überlebenden Ehegatten ist die Genehmigung des Betreuungsgerichts erforderlich.

(3) Lehnt der Ehegatte die Fortsetzung der Gütergemeinschaft ab, so gilt das Gleiche wie im Falle des § 1482.

§ 1485. Gesamtgut

(1) Das Gesamtgut der fortgesetzten Gütergemeinschaft besteht aus dem ehelichen Gesamtgut, soweit es nicht nach § 1483 Abs. 2 einem nicht anteilsberechtigten Abkömmling zufällt, und aus dem Vermögen, das der überlebende Ehegatte aus dem Nachlass des verstorbenen Ehegatten oder nach dem Eintritt der fortgesetzten Gütergemeinschaft erwirbt.

(2) Das Vermögen, das ein gemeinschaftlicher Abkömmling zur Zeit des Eintritts der fortgesetzten Gütergemeinschaft hat oder später erwirbt, gehört nicht zu dem Gesamtgut.

(3) Auf das Gesamtgut findet die für die eheliche Gütergemeinschaft geltende Vorschrift des § 1416 Abs. 2 und 3 entsprechende Anwendung

§ 1486. Vorbehaltsgut; Sondergut

(1) Vorbehaltsgut des überlebenden Ehegatten ist, was er bisher als Vorbehaltsgut gehabt hat oder was er nach § 1418 Abs. 2 Nr. 2, 3 als Vorbehaltsgut erwirbt.

(2) Sondergut des überlebenden Ehegatten ist, was er bisher als Sondergut gehabt hat oder was er als Sondergut erwirbt.

§ 1487. Rechtsstellung des Ehegatten und der Abkömmlinge

(1) Die Rechte und Verbindlichkeiten des überlebenden Ehegatten sowie der anteilsberechtigten Abkömmlinge in Ansehung des Gesamtguts der fortgesetzten Gütergemeinschaft bestimmen sich nach den für die eheliche Gütergemein-

schaft geltenden Vorschriften der §§ 1419, 1422 bis 1428, 1434, des § 1435 Satz 1, 3 und der §§ 1436, 1445; der überlebende Ehegatte hat die rechtliche Stellung des Ehegatten, der das Gesamtgut allein verwaltet, die anteilsberechtigten Abkömmlinge haben die rechtliche Stellung des anderen Ehegatten.

(2) **Was der überlebende Ehegatte zu dem Gesamtgut schuldet oder aus dem Gesamtgut zu fordern hat, ist erst nach der Beendigung der fortgesetzten Gütergemeinschaft zu leisten.**

§ 1488. Gesamtgutsverbindlichkeiten

Gesamtgutsverbindlichkeiten der fortgesetzten Gütergemeinschaft sind die Verbindlichkeiten des überlebenden Ehegatten sowie solche Verbindlichkeiten des verstorbenen Ehegatten, die Gesamtgutsverbindlichkeiten der ehelichen Gütergemeinschaft waren.

§ 1489. Persönliche Haftung für die Gesamtgutsverbindlichkeiten

(1) **Für die Gesamtgutsverbindlichkeiten der fortgesetzten Gütergemeinschaft haftet der überlebende Ehegatte persönlich.**

(2) **Soweit die persönliche Haftung den überlebenden Ehegatten nur infolge des Eintritts der fortgesetzten Gütergemeinschaft trifft, finden die für die Haftung des Erben für die Nachlassverbindlichkeiten geltenden Vorschriften entsprechende Anwendung; an die Stelle des Nachlasses tritt das Gesamtgut in dem Bestand, den es zur Zeit des Eintritts der fortgesetzten Gütergemeinschaft hat.**

(3) **Eine persönliche Haftung der anteilsberechtigten Abkömmlinge für die Verbindlichkeiten des verstorbenen oder des überlebenden Ehegatten wird durch die fortgesetzte Gütergemeinschaft nicht begründet.**

§ 1490. Tod eines Abkömmlings

[1] Stirbt ein anteilsberechtigter Abkömmling, so gehört sein Anteil an dem Gesamtgut nicht zu seinem Nachlass. [2] Hinterlässt er Abkömmlinge, die anteilsberechtigt sein würden, wenn er den verstorbenen Ehegatten nicht überlebt hätte, so treten die Abkömmlinge an seine Stelle. [3] Hinterlässt er solche Abkömmlinge nicht, so wächst sein Anteil den übrigen anteilsberechtigten Abkömmlingen und, wenn solche nicht vorhanden sind, dem überlebenden Ehegatten an.

§ 1491. Verzicht eines Abkömmlings

(1) **[1] Ein anteilsberechtigter Abkömmling kann auf seinen Anteil an dem Gesamtgut verzichten. [2] Der Verzicht erfolgt durch Erklärung gegenüber dem für den Nachlass des verstorbenen Ehegatten zuständigen Gericht; die Erklärung ist in öffentlich beglaubigter Form abzugeben. [3] Das Nachlassgericht soll die Erklärung dem überlebenden Ehegatten und den übrigen anteilsberechtigten Abkömmlingen mitteilen.**

(2) **[1] Der Verzicht kann auch durch Vertrag mit dem überlebenden Ehegatten und den übrigen anteilsberechtigten Abkömmlingen erfolgen. [2] Der Vertrag bedarf der notariellen Beurkundung.**

(3) **[1] Steht der Abkömmling unter elterlicher Sorge oder unter Vormundschaft, so ist zu dem Verzicht die Genehmigung des Familiengerichts erforderlich. [2] Bei einem Verzicht durch den Betreuer des Abkömmlings ist die Genehmigung des Betreuungsgerichts erforderlich.**

(4) **Der Verzicht hat die gleichen Wirkungen, wie wenn der Verzichtende zur Zeit des Verzichts ohne Hinterlassung von Abkömmlingen gestorben wäre.**

§ 1492. Aufhebung durch den überlebenden Ehegatten

(1) [1]Der überlebende Ehegatte kann die fortgesetzte Gütergemeinschaft jederzeit aufheben. [2]Die Aufhebung erfolgt durch Erklärung gegenüber dem für den Nachlass des verstorbenen Ehegatten zuständigen Gericht; die Erklärung ist in öffentlich beglaubigter Form abzugeben. [3]Das Nachlassgericht soll die Erklärung den anteilsberechtigten Abkömmlingen und, wenn der überlebende Ehegatte gesetzlicher Vertreter eines der Abkömmlinge ist, dem Familiengericht, wenn eine Betreuung besteht, dem Betreuungsgericht mitteilen.

(2) [1]Die Aufhebung kann auch durch Vertrag zwischen dem überlebenden Ehegatten und den anteilsberechtigten Abkömmlingen erfolgen. [2]Der Vertrag bedarf der notariellen Beurkundung.

(3) [1]Steht der überlebende Ehegatte unter elterlicher Sorge oder unter Vormundschaft, so ist zu der Aufhebung die Genehmigung des Familiengerichts erforderlich. [2]Bei einer Aufhebung durch den Betreuer des überlebenden Ehegatten ist die Genehmigung des Betreuungsgerichts erforderlich.

§ 1493. Wiederverheiratung oder Begründung einer Lebenspartnerschaft des überlebenden Ehegatten

(1) Die fortgesetzte Gütergemeinschaft endet, wenn der überlebende Ehegatte wieder heiratet oder eine Lebenspartnerschaft begründet.

(2) [1]Der überlebende Ehegatte hat, wenn ein anteilsberechtigter Abkömmling minderjährig ist, die Absicht der Wiederverheiratung dem Familiengericht anzuzeigen, ein Verzeichnis des Gesamtguts einzureichen, die Gütergemeinschaft aufzuheben und die Auseinandersetzung herbeizuführen. [2]Das Familiengericht kann gestatten, dass die Aufhebung der Gütergemeinschaft bis zur Eheschließung unterbleibt und dass die Auseinandersetzung erst später erfolgt. [3]Die Sätze 1 und 2 gelten auch, wenn die Sorge für das Vermögen eines anteilsberechtigten Abkömmlings zum Aufgabenkreis eines Betreuers gehört; in diesem Fall tritt an die Stelle des Familiengerichts das Betreuungsgericht.

(3) Das Standesamt, bei dem die Eheschließung angemeldet worden ist, teilt dem Familiengericht die Anmeldung mit.

§ 1494. Tod des überlebenden Ehegatten

(1) Die fortgesetzte Gütergemeinschaft endet mit dem Tode des überlebenden Ehegatten.

(2) Wird der überlebende Ehegatte für tot erklärt oder wird seine Todeszeit nach den Vorschriften des Verschollenheitsgesetzes festgestellt, so endet die fortgesetzte Gütergemeinschaft mit dem Zeitpunkt, der als Zeitpunkt des Todes gilt.

§ 1495. Aufhebungsklage eines Abkömmlings

Ein anteilsberechtigter Abkömmling kann gegen den überlebenden Ehegatten auf Aufhebung der fortgesetzten Gütergemeinschaft klagen,

1. wenn seine Rechte für die Zukunft dadurch erheblich gefährdet werden können, dass der überlebende Ehegatte zur Verwaltung des Gesamtguts unfähig ist oder sein Recht, das Gesamtgut zu verwalten, missbraucht,
2. wenn der überlebende Ehegatte seine Verpflichtung, dem Abkömmling Unterhalt zu gewähren, verletzt hat und für die Zukunft eine erhebliche Gefährdung des Unterhalts zu besorgen ist,
3. wenn die Verwaltung des Gesamtguts in den Aufgabenkreis des Betreuers des überlebenden Ehegatten fällt,

4. wenn der überlebende Ehegatte die elterliche Sorge für den Abkömmling verwirkt hat oder, falls sie ihm zugestanden hätte, verwirkt haben würde.

§ 1496. Wirkung des der richterlichen Aufhebungsentscheidung

[1]Die Aufhebung der fortgesetzten Gütergemeinschaft tritt in den Fällen des § 1495 mit der Rechtskraft der richterlichen Entscheidung ein. [2]Sie tritt für alle Abkömmlinge ein, auch wenn die richterliche Entscheidung auf die Klage eines der Abkömmlinge ergangen ist.

§ 1497. Rechtsverhältnis bis zur Auseinandersetzung

(1) Nach der Beendigung der fortgesetzten Gütergemeinschaft setzen sich der überlebende Ehegatte und die Abkömmlinge über das Gesamtgut auseinander.

(2) Bis zur Auseinandersetzung bestimmt sich ihr Rechtsverhältnis am Gesamtgut nach den §§ 1419, 1472, 1473.

§ 1498. Durchführung der Auseinandersetzung

[1]Auf die Auseinandersetzung sind die Vorschriften der §§ 1475, 1476, des § 1477 Abs. 1, der §§ 1479, 1480 und des § 1481 Abs. 1, 3 anzuwenden; an die Stelle des Ehegatten, der das Gesamtgut allein verwaltet hat, tritt der überlebende Ehegatte, an die Stelle des anderen Ehegatten treten die anteilsberechtigten Abkömmlinge. [2]Die in § 1476 Abs. 2 Satz 2 bezeichnete Verpflichtung besteht nur für den überlebenden Ehegatten.

§ 1499. Verbindlichkeiten zu Lasten des überlebenden Ehegatten

Bei der Auseinandersetzung fallen dem überlebenden Ehegatten zur Last:

1. die ihm bei dem Eintritt der fortgesetzten Gütergemeinschaft obliegenden Gesamtgutsverbindlichkeiten, für die das eheliche Gesamtgut nicht haftete oder die im Verhältnis der Ehegatten zueinander ihm zur Last fielen;
2. die nach dem Eintritt der fortgesetzten Gütergemeinschaft entstandenen Gesamtgutsverbindlichkeiten, die, wenn sie während der ehelichen Gütergemeinschaft in seiner Person entstanden wären, im Verhältnis der Ehegatten zueinander ihm zur Last gefallen sein würden;
3. eine Ausstattung, die er einem anteilsberechtigten Abkömmling über das dem Gesamtgut entsprechende Maß hinaus oder die er einem nicht anteilsberechtigten Abkömmling versprochen oder gewährt hat.

§ 1500. Verbindlichkeiten zu Lasten der Abkömmlinge

(1) Die anteilsberechtigten Abkömmlinge müssen sich Verbindlichkeiten des verstorbenen Ehegatten, die diesem im Verhältnis der Ehegatten zueinander zur Last fielen, bei der Auseinandersetzung auf ihren Anteil insoweit anrechnen lassen, als der überlebende Ehegatte nicht von dem Erben des verstorbenen Ehegatten Deckung hat erlangen können.

(2) In gleicher Weise haben sich die anteilsberechtigten Abkömmlinge anrechnen zu lassen, was der verstorbene Ehegatte zu dem Gesamtgut zu ersetzen hatte.

§ 1501. Anrechnung von Abfindungen

(1) Ist einem anteilsberechtigten Abkömmling für den Verzicht auf seinen Anteil eine Abfindung aus dem Gesamtgut gewährt worden, so wird sie bei der Auseinandersetzung in das Gesamtgut eingerechnet und auf die den Abkömmlingen gebührende Hälfte angerechnet.

(2) [1]Der überlebende Ehegatte kann mit den übrigen anteilsberechtigten Abkömmlingen schon vor der Aufhebung der fortgesetzten Gütergemeinschaft eine abweichende Vereinbarung treffen. [2]Die Vereinbarung bedarf der notariellen Beurkundung; sie ist auch denjenigen Abkömmlingen gegenüber wirksam, welche erst später in die fortgesetzte Gütergemeinschaft eintreten.

§ 1502. Übernahmerecht des überlebenden Ehegatten

(1) [1]Der überlebende Ehegatte ist berechtigt, das Gesamtgut oder einzelne dazu gehörende Gegenstände gegen Ersatz des Wertes zu übernehmen. [2]Das Recht geht nicht auf den Erben über.

(2) [1]Wird die fortgesetzte Gütergemeinschaft auf Grund des § 1495 durch Urteil aufgehoben, so steht dem überlebenden Ehegatten das im Absatz 1 bestimmte Recht nicht zu. [2]Die anteilsberechtigten Abkömmlinge können in diesem Falle diejenigen Gegenstände gegen Ersatz des Wertes übernehmen, welche der verstorbene Ehegatte nach § 1477 Abs. 2 zu übernehmen berechtigt sein würde. [3]Das Recht kann von ihnen nur gemeinschaftlich ausgeübt werden.

§ 1503. Teilung unter den Abkömmlingen

(1) Mehrere anteilsberechtigte Abkömmlinge teilen die ihnen zufallende Hälfte des Gesamtguts nach dem Verhältnis der Anteile, zu denen sie im Falle der gesetzlichen Erbfolge als Erben des verstorbenen Ehegatten berufen sein würden, wenn dieser erst zur Zeit der Beendigung der fortgesetzten Gütergemeinschaft gestorben wäre.

(2) Das Vorempfangene kommt nach den für die Ausgleichung unter Abkömmlingen geltenden Vorschriften zur Ausgleichung, soweit nicht eine solche bereits bei der Teilung des Nachlasses des verstorbenen Ehegatten erfolgt ist.

(3) Ist einem Abkömmling, der auf seinen Anteil verzichtet hat, eine Abfindung aus dem Gesamtgut gewährt worden, so fällt sie den Abkömmlingen zur Last, denen der Verzicht zustatten kommt.

§ 1504. Haftungsausgleich unter Abkömmlingen

[1]Soweit die anteilsberechtigten Abkömmlinge nach § 1480 den Gesamtgutsgläubigern haften, sind sie im Verhältnis zueinander nach der Größe ihres Anteils an dem Gesamtgut verpflichtet. [2]Die Verpflichtung beschränkt sich auf die ihnen zugeteilten Gegenstände; die für die Haftung des Erben geltenden Vorschriften der §§ 1990, 1991 finden entsprechende Anwendung.

§ 1505. Ergänzung des Anteils des Abkömmlings

Die Vorschriften über das Recht auf Ergänzung des Pflichtteils finden zugunsten eines anteilsberechtigten Abkömmlings entsprechende Anwendung; an die Stelle des Erbfalls tritt die Beendigung der fortgesetzten Gütergemeinschaft; als gesetzlicher Erbteil gilt der dem Abkömmling zur Zeit der Beendigung gebührende Anteil an dem Gesamtgut, als Pflichtteil gilt die Hälfte des Wertes dieses Anteils.

§ 1506. Anteilsunwürdigkeit

[1]Ist ein gemeinschaftlicher Abkömmling erbunwürdig, so ist er auch des Anteils an dem Gesamtgut unwürdig. [2]Die Vorschriften über die Erbunwürdigkeit finden entsprechende Anwendung.

§ 1507. Zeugnis über Fortsetzung der Gütergemeinschaft

[1]Das Nachlassgericht hat dem überlebenden Ehegatten auf Antrag ein Zeugnis über die Fortsetzung der Gütergemeinschaft zu erteilen. [2]Die Vorschriften über den Erbschein finden entsprechende Anwendung.

§ 1508. *(weggefallen)*

§ 1509. Ausschließung der fortgesetzten Gütergemeinschaft durch letztwillige Verfügung

[1]Jeder Ehegatte kann für den Fall, dass die Ehe durch seinen Tod aufgelöst wird, die Fortsetzung der Gütergemeinschaft durch letztwillige Verfügung ausschließen, wenn er berechtigt ist, dem anderen Ehegatten den Pflichtteil zu entziehen oder auf Aufhebung der Gütergemeinschaft zu klagen. [2]Das Gleiche gilt, wenn der Ehegatte berechtigt ist, die Aufhebung der Ehe zu beantragen, und den Antrag gestellt hat. [3]Auf die Ausschließung finden die Vorschriften über die Entziehung des Pflichtteils entsprechende Anwendung.

§ 1510. Wirkung der Ausschließung

Wird die Fortsetzung der Gütergemeinschaft ausgeschlossen, so gilt das Gleiche wie im Falle des § 1482.

§ 1511. Ausschließung eines Abkömmlings

(1) Jeder Ehegatte kann für den Fall, dass die Ehe durch seinen Tod aufgelöst wird, einen gemeinschaftlichen Abkömmling von der fortgesetzten Gütergemeinschaft durch letztwillige Verfügung ausschließen.

(2) [1]Der ausgeschlossene Abkömmling kann, unbeschadet seines Erbrechts, aus dem Gesamtgut der fortgesetzten Gütergemeinschaft die Zahlung des Betrags verlangen, der ihm von dem Gesamtgut der ehelichen Gütergemeinschaft als Pflichtteil gebühren würde, wenn die fortgesetzte Gütergemeinschaft nicht eingetreten wäre. [2]Die für den Pflichtteilsanspruch geltenden Vorschriften finden entsprechende Anwendung.

(3) [1]Der dem ausgeschlossenen Abkömmling gezahlte Betrag wird bei der Auseinandersetzung den anteilsberechtigten Abkömmlingen nach Maßgabe des § 1501 angerechnet. [2]Im Verhältnis der Abkömmlinge zueinander fällt er den Abkömmlingen zur Last, denen die Ausschließung zustatten kommt.

§ 1512. Herabsetzung des Anteils

Jeder Ehegatte kann für den Fall, dass mit seinem Tode die fortgesetzte Gütergemeinschaft eintritt, den einem anteilsberechtigten Abkömmling nach der Beendigung der fortgesetzten Gütergemeinschaft gebührenden Anteil an dem Gesamtgut durch letztwillige Verfügung bis auf die Hälfte herabsetzen.

§ 1513. Entziehung des Anteils

(1) [1]Jeder Ehegatte kann für den Fall, dass mit seinem Tode die fortgesetzte Gütergemeinschaft eintritt, einem anteilsberechtigten Abkömmling den diesem nach der Beendigung der fortgesetzten Gütergemeinschaft gebührenden Anteil an dem Gesamtgut durch letztwillige Verfügung entziehen, wenn er berechtigt ist, dem Abkömmling den Pflichtteil zu entziehen. [2]Die Vorschrift des § 2336 Abs. 2 und 3 findet entsprechende Anwendung.

(2) Der Ehegatte kann, wenn er nach § 2338 berechtigt ist, das Pflichtteilsrecht des Abkömmlinges zu beschränken, den Anteil des Abkömmlings am Gesamtgut einer entsprechenden Beschränkung unterwerfen.

§ 1514. Zuwendung des entzogenen Betrags

Jeder Ehegatte kann den Betrag, den er nach § 1512 oder nach § 1513 Abs. 1 einem Abkömmling entzieht, auch einem Dritten durch letztwillige Verfügung zuwenden.

§ 1515. Übernahmerecht eines Abkömmlings und des Ehegatten

(1) **Jeder Ehegatte kann für den Fall, dass mit seinem Tode die fortgesetzte Gütergemeinschaft eintritt, durch letztwillige Verfügung anordnen, dass ein anteilsberechtigter Abkömmling das Recht haben soll, bei der Teilung das Gesamtgut oder einzelne dazu gehörende Gegenstände gegen Ersatz des Wertes zu übernehmen.**

(2) [1]**Gehört zu dem Gesamtgut ein Landgut, so kann angeordnet werden, dass das Landgut mit dem Ertragswert oder mit einem Preis, der den Ertragswert mindestens erreicht, angesetzt werden soll.** [2]**Die für die Erbfolge geltende Vorschrift des § 2049 finden Anwendung.**

(3) **Das Recht, das Landgut zu dem in Absatz 2 bezeichneten Werte oder Preis zu übernehmen, kann auch dem überlebenden Ehegatten eingeräumt werden.**

§ 1516. Zustimmung des anderen Ehegatten

(1) **Zur Wirksamkeit der in den §§ 1511 bis 1515 bezeichneten Verfügungen eines Ehegatten ist die Zustimmung des anderen Ehegatten erforderlich.**

(2) [1]**Die Zustimmung kann nicht durch einen Vertreter erteilt werden.** [2]**Ist der Ehegatte in der Geschäftsfähigkeit beschränkt, so ist die Zustimmung seines gesetzlichen Vertreters nicht erforderlich.** [3]**Die Zustimmungserklärung bedarf der notariellen Beurkundung.** [4]**Die Zustimmung ist unwiderruflich.**

(3) **Die Ehegatten können die in den §§ 1511 bis 1515 bezeichneten Verfügungen auch in einem gemeinschaftlichen Testament treffen.**

§ 1517. Verzicht eines Abkömmlings auf seinen Anteil

(1) [1]**Zur Wirksamkeit eines Vertrags, durch den ein gemeinschaftlicher Abkömmling einem der Ehegatten gegenüber für den Fall, dass die Ehe durch dessen Tod aufgelöst wird, auf seinen Anteil am Gesamtgut der fortgesetzten Gütergemeinschaft verzichtet oder durch den ein solcher Verzicht aufgehoben wird, ist die Zustimmung des anderen Ehegatten erforderlich.** [2]**Für die Zustimmung gilt die Vorschrift des § 1516 Abs. 2 Satz 3, 4.**

(2) **Die für den Erbverzicht geltenden Vorschriften finden entsprechende Anwendung.**

§ 1518. Zwingendes Recht

[1]**Anordnungen, die mit den Vorschriften der §§ 1483 bis 1517 in Widerspruch stehen, können von den Ehegatten weder durch letztwillige Verfügung noch durch Vertrag getroffen werden.** [2]**Das Recht der Ehegatten, den Vertrag, durch den sie die Fortsetzung der Gütergemeinschaft vereinbart haben, durch Ehevertrag aufzuheben, bleibt unberührt.**

§§ 1519–1557. *(weggefallen)*

Untertitel 3. Güterrechtsregister

§ 1558. Zuständiges Registergericht

(1) **Die Eintragungen in das Güterrechtsregister sind bei jedem Amtsgericht zu bewirken, in dessen Bezirk auch nur einer der Ehegatten seinen gewöhnlichen Aufenthalt hat.**

(2) [1]Die Landesregierungen werden ermächtigt, durch Rechtsverordnung einem Amtsgericht für die Bezirke mehrerer Amtsgerichte die Zuständigkeit für die Führung des Registers zu übertragen. [2]Die Landesregierungen können die Ermächtigung durch Rechtsverordnung auf die Landesjustizverwaltungen übertragen.

§ 1559. Verlegung des gewöhnlichen Aufenthalts

[1]Verlegt ein Ehegatte nach der Eintragung seinen gewöhnlichen Aufenthalt in einen anderen Bezirk, so muss die Eintragung im Register dieses Bezirks wiederholt werden. [2]Die frühere Eintragung gilt als von neuem erfolgt, wenn ein Ehegatte den gewöhnlichen Aufenthalt in den früheren Bezirk zurückverlegt.

§ 1560. Antrag auf Eintragung

[1]Eine Eintragung in das Register soll nur auf Antrag und nur insoweit erfolgen, als sie beantragt ist. [2]Der Antrag ist in öffentlich beglaubigter Form zu stellen.

§ 1561. Antragserfordernisse

(1) Zur Eintragung ist der Antrag beider Ehegatten erforderlich; jeder Ehegatte ist dem anderen gegenüber zur Mitwirkung verpflichtet.

(2) Der Antrag eines Ehegatten genügt

1. zur Eintragung eines Ehevertrags oder einer auf gerichtlicher Entscheidung beruhenden Änderung der güterrechtlichen Verhältnisse der Ehegatten, wenn mit dem Antrag der Ehevertrag oder die mit dem Zeugnis der Rechtskraft versehene Entscheidung vorgelegt wird;
2. zur Wiederholung einer Eintragung in das Register eines anderen Bezirks, wenn mit dem Antrag eine nach der Aufhebung des bisherigen Wohnsitzes erteilte, öffentlich beglaubigte Abschrift der früheren Eintragung vorgelegt wird;
3. zur Eintragung des Einspruchs gegen den selbständigen Betrieb eines Erwerbsgeschäfts durch den anderen Ehegatten und zur Eintragung des Widerrufs der Einwilligung, wenn die Ehegatten in Gütergemeinschaft leben und der Ehegatte, der den Antrag stellt, das Gesamtgut allein oder mit dem anderen Ehegatten gemeinschaftlich verwaltet;
4. zur Eintragung der Beschränkung oder Ausschließung der Berechtigung des anderen Ehegatten, Geschäfte mit Wirkung für den Antragsteller zu besorgen (§ 1357 Abs. 2).

§ 1562. Öffentliche Bekanntmachung

(1) Das Amtsgericht hat die Eintragung durch das für seine Bekanntmachungen bestimmte Blatt zu veröffentlichen.

(2) Wird eine Änderung des Güterstands eingetragen, so hat sich die Bekanntmachung auf die Bezeichnung des Güterstands und, wenn dieser abweichend von dem Gesetz geregelt ist, auf eine allgemeine Bezeichnung der Abweichung zu beschränken.

§ 1563. Registereinsicht

[1]Die Einsicht des Registers ist jedem gestattet. [2]Von den Eintragungen kann eine Abschrift gefordert werden; die Abschrift ist auf Verlangen zu beglaubigen.

Titel 7. Scheidung der Ehe

Untertitel 1. Scheidungsgründe

§ 1564. Scheidung durch richterliche Entscheidung

[1]Eine Ehe kann nur durch richterliche Entscheidung auf Antrag eines oder beider Ehegatten geschieden werden. [2]Die Ehe ist mit der Rechtskraft der Entscheidung aufgelöst. [3]Die Voraussetzungen, unter denen die Scheidung begehrt werden kann, ergeben sich aus den folgenden Vorschriften.

1. Begriff. Scheidung ist gerichtliche Auflösung der Ehe aus Gründen, die **nach** der Eheschließung eingetreten sind (im Unterschied zur Eheaufhebung nach §§ 1313 ff). 1

2. Das **Verfahren** vor dem Familiengericht ist in §§ 133 ff FamFG näher geregelt. 2

3. Zerrüttungsprinzip. Einziger Scheidungsgrund ist das in § 1565 I definierte „Scheitern der Ehe". Der durch das 1. EheRG von 1976 vollzogene Schritt vom Verschuldens- zum Zerrüttungsprinzip, der einer weltweiten Tendenz entspricht, verstößt nicht gegen Art. 6 I GG (BVerfGE 53, 224, 246). 3

4. Drei **Scheidungsmöglichkeiten** sind zu unterscheiden: 4

a) Beweis des Scheiterns der Ehe (§ 1565) unter Beachtung der Härteklauseln in §§ 1565 II und 1568 I. Nach überwiegender Meinung ist die Härteklausel des § 1565 II auch dann zu beachten, wenn beide Eheleute vor Ablauf der Jahresfrist des § 1566 I die Scheidung beantragen; denn § 1565 II soll leichtfertige Scheidungen vor Ablauf der Einjahresfrist verhindern (vgl *MüKo-Wolf* § 1565 Rz 89). 5

b) Einjähriges Getrenntleben (definiert in § 1567) **und Einverständnis** beider Ehegatten (§ 1566 I) unter Beachtung der Kinderschutzklausel des § 1568 I Variante 1. Diese einverständliche Fristenscheidung, welche die fristenlose sog Konventionalscheidung ersetzt, überwiegt in der Praxis. 6

c) Dreijähriges Getrenntleben (§ 1566 II) unter Beachtung der gesamten Härteklausel des § 1568 I. 7

5. Die **Rechtsfolgen** sind in dem Titel „Scheidung der Ehe" nur zum Teil geregelt, nämlich die **Unterhaltspflicht** (§§ 1569 ff) und der **Versorgungsausgleich** (§ 1587 iVm VersAusglG). Siehe die Erläuterungen dort. Ferner sind zu erwähnen: 8

a) Der geschiedene Ehegatte behält gem § 1355 V grds seinen **Ehenamen** (siehe § 1355 Rz 4). 9

b) Die **Wirkungen der Ehe** enden, insbesondere der eheliche Güterstand. Beim gesetzlichen Güterstand hat der **Zugewinnausgleich** zu erfolgen (§ 1372), bei Gütergemeinschaft die Auseinandersetzung des Gesamtgutes (§§ 1471 ff). 10

c) Für die Übertragung der **Ehewohnung** und die Verteilung der **Haushaltsgegenstände** gelten §§ 1568 a und 1568 b. § 1568 a II gibt dem Eigentümer oder dem sonstigen dinglich Berechtigten den Vorrang bei der Nutzung der Ehewohnung. Nach § 1568 a III Nr 1 scheidet der zur Überlassung einer gemieteten Ehewohnung verpflichtete Ehegatte aus dem Mietverhältnis aus; der übernehmende Ehegatte wird alleiniger Mieter. Der Vermieter kann nach § 1568 a III 2 iVm § 563 IV außerordentlich kündigen, wenn in der Person des übernehmenden Ehegatten ein wichtiger Grund vorliegt. 11

d) Die **elterliche Sorge** für ein gemeinschaftliches Kind wird auf Antrag eines Elternteils vom Familiengericht geregelt (§ 1671). Näheres dort. 12

§ 1565. Scheitern der Ehe

(1) **[1]Eine Ehe kann geschieden werden, wenn sie gescheitert ist. [2]Die Ehe ist gescheitert, wenn die Lebensgemeinschaft der Ehegatten nicht mehr besteht und nicht erwartet werden kann, dass die Ehegatten sie wiederherstellen.**

(2) Leben die Ehegatten noch nicht ein Jahr getrennt, so kann die Ehe nur geschieden werden, wenn die Fortsetzung der Ehe für den Antragsteller aus Gründen, die in der Person des anderen Ehegatten liegen, eine unzumutbare Härte darstellen würde.

§ 1566. Vermutung für das Scheitern

(1) Es wird unwiderlegbar vermutet, dass die Ehe gescheitert ist, wenn die Ehegatten seit einem Jahr getrennt leben und beide Ehegatten die Scheidung beantragen oder der Antragsgegner der Scheidung zustimmt.

(2) Es wird unwiderlegbar vermutet, dass die Ehe gescheitert ist, wenn die Ehegatten seit drei Jahren getrennt leben.

§ 1567. Getrenntleben

(1) [1]Die Ehegatten leben getrennt, wenn zwischen ihnen keine häusliche Gemeinschaft besteht und ein Ehegatte sie erkennbar nicht herstellen will, weil er die eheliche Lebensgemeinschaft ablehnt. [2]Die häusliche Gemeinschaft besteht auch dann nicht mehr, wenn die Ehegatten innerhalb der ehelichen Wohnung getrennt leben.

(2) Ein Zusammenleben über kürzere Zeit, das der Versöhnung der Ehegatten dienen soll, unterbricht oder hemmt die in § 1566 bestimmten Fristen nicht.

§ 1568. Härteklausel

(1) Die Ehe soll nicht geschieden werden, obwohl sie gescheitert ist, wenn und solange die Aufrechterhaltung der Ehe im Interesse der aus der Ehe hervorgegangenen minderjährigen Kinder aus besonderen Gründen ausnahmsweise notwendig ist oder wenn und solange die Scheidung für den Antragsgegner, der sie ablehnt, auf Grund außergewöhnlicher Umstände eine so schwere Härte darstellen würde, dass die Aufrechterhaltung der Ehe auch unter Berücksichtigung der Belange des Antragstellers ausnahmsweise geboten erscheint.

(2) *(weggefallen)*

Untertitel 1a. Behandlung der Ehewohnung und der Haushaltsgegenstände anlässlich der Scheidung

§ 1568 a. Ehewohnung

(1) Ein Ehegatte kann verlangen, dass ihm der andere Ehegatte anlässlich der Scheidung die Ehewohnung überlässt, wenn er auf deren Nutzung unter Berücksichtigung des Wohls der im Haushalt lebenden Kinder und der Lebensverhältnisse der Ehegatten in stärkerem Maße angewiesen ist als der andere Ehegatte oder die Überlassung aus anderen Gründen der Billigkeit entspricht.

(2) [1]Ist einer der Ehegatten allein oder gemeinsam mit einem Dritten Eigentümer des Grundstücks, auf dem sich die Ehewohnung befindet, oder steht einem Ehegatten allein oder gemeinsam mit einem Dritten ein Nießbrauch, das Erbbaurecht oder ein dingliches Wohnrecht an dem Grundstück zu, so kann der andere Ehegatte die Überlassung nur verlangen, wenn dies notwendig ist, um eine unbillige Härte zu vermeiden. [2]Entsprechendes gilt für das Wohnungseigentum und das Dauerwohnrecht.

(3) [1]Der Ehegatte, dem die Wohnung überlassen wird, tritt

1. zum Zeitpunkt des Zugangs der Mitteilung der Ehegatten über die Überlassung an den Vermieter oder
2. mit Rechtskraft der Endentscheidung im Wohnungszuweisungsverfahren

an Stelle des zur Überlassung verpflichteten Ehegatten in ein von diesem eingegangenes Mietverhältnis ein oder setzt ein von beiden eingegangenes Mietverhältnis allein fort. [2]§ 563 Absatz 4 gilt entsprechend.

(4) **Ein Ehegatte kann die Begründung eines Mietverhältnisses über eine Wohnung, die die Ehegatten auf Grund eines Dienst- oder Arbeitsverhältnisses innehaben, das zwischen einem von ihnen und einem Dritten besteht, nur verlangen, wenn der Dritte einverstanden oder dies notwendig ist, um eine schwere Härte zu vermeiden.**

(5) **[1]Besteht kein Mietverhältnis über die Ehewohnung, so kann sowohl der Ehegatte, der Anspruch auf deren Überlassung hat, als auch die zur Vermietung berechtigte Person die Begründung eines Mietverhältnisses zu ortsüblichen Bedingungen verlangen. [2]Unter den Voraussetzungen des § 575 Absatz 1 oder wenn die Begründung eines unbefristeten Mietverhältnisses unter Würdigung der berechtigten Interessen des Vermieters unbillig ist, kann der Vermieter eine angemessene Befristung des Mietverhältnisses verlangen. [3]Kommt eine Einigung über die Höhe der Miete nicht zustande, kann der Vermieter eine angemessene Miete, im Zweifel die ortsübliche Vergleichsmiete, verlangen.**

(6) **In den Fällen der Absätze 3 und 5 erlischt der Anspruch auf Eintritt in ein Mietverhältnis oder auf seine Begründung ein Jahr nach Rechtskraft der Endentscheidung in der Scheidungssache, wenn er nicht vorher rechtshängig gemacht worden ist.**

§ 1568 b. Haushaltsgegenstände

(1) **Jeder Ehegatte kann verlangen, dass ihm der andere Ehegatte anlässlich der Scheidung die im gemeinsamen Eigentum stehenden Haushaltsgegenstände überlässt und übereignet, wenn er auf deren Nutzung unter Berücksichtigung des Wohls der im Haushalt lebenden Kinder und der Lebensverhältnisse der Ehegatten in stärkerem Maße angewiesen ist als der andere Ehegatte oder dies aus anderen Gründen der Billigkeit entspricht.**

(2) **Haushaltsgegenstände, die während der Ehe für den gemeinsamen Haushalt angeschafft wurden, gelten für die Verteilung als gemeinsames Eigentum der Ehegatten, es sei denn, das Alleineigentum eines Ehegatten steht fest.**

(3) **Der Ehegatte, der sein Eigentum nach Absatz 1 überträgt, kann eine angemessene Ausgleichszahlung verlangen.**

Untertitel 2. Unterhalt des geschiedenen Ehegatten

Kapitel 1. Grundsatz

§ 1569. Grundsatz der Eigenverantwortung

[1]Nach der Scheidung obliegt es jedem Ehegatten, selbst für seinen Unterhalt zu sorgen. [2]Ist er dazu außerstande, hat er gegen den anderen Ehegatten einen Anspruch auf Unterhalt nur nach den folgenden Vorschriften.

1. Ein **Überblick über das Unterhaltsrecht,** das im BGB nicht zusammenhängend geregelt ist, findet sich in Rz 1 zu § 1360. Zwischen dem Trennungsunterhalt (§ 1361) und dem Scheidungsunterhalt der §§ 1569ff besteht nach der Rspr keine Identität, so dass der Scheidungsunterhalt ohne die Möglichkeit einer Abänderungsklage (§ 238f FamFG) neu eingeklagt werden muss (BGHZ 78, 130). 1

2. Nach dem in § 1569 zum Ausdruck gekommenen **Grundsatz** hat jeder Ehegatte nach der Scheidung selbst für seinen Unterhalt aufzukommen. Aber der geschiedene Ehegatte braucht nur eine ihm **angemessene Erwerbstätigkeit** auszuüben 2

(§ 1574 I); der Zentralbegriff der angemessenen Erwerbstätigkeit ist in § 1574 II definiert. Ein **Unterhaltsverzicht** ist grds möglich (§ 1585c); zu den Grenzen s § 1408 Rz 2f.

3 **3.** Einen Unterhaltsanspruch des geschiedenen Ehegatten knüpft das Gesetz an vier **Voraussetzungen:**

4 **a)** Es muss ein **besonderer Unterhaltsgrund** bestehen. Das Gesetz nennt sechs mögliche Gründe: (1) Kinderbetreuung (§ 1570); (2) Alter (§ 1571); (3) Krankheit (§ 1572); (4) Keine oder unzureichende angemessene Erwerbstätigkeit (§ 1573; siehe zu den drei Anspruchsformen dort); (5) Ausbildung, Fortbildung oder Umschulung (§ 1575); (6) Billigkeit (§ 1576).

5 **b) Allgemeine Bedürftigkeit** des Berechtigten (§ 1577 I). Anzurechnen sind alle aus zumutbarem Einsatz der Arbeitskraft und des Vermögens zu erzielenden Einkünfte, und zwar uU auch nur fiktive Einkünfte, wenn der Berechtigte ihre zumutbare Erzielung (zB durch Erwerbstätigkeit) unterlässt (vgl sogleich Rz 6). Grds ist auch der Stamm des Vermögens anzugreifen (Ausnahme § 1577 III).

6 **c) Leistungsfähigkeit** des Verpflichteten (§ 1581). Die Leistungsfähigkeit wird durch alle erzielten und erzielbaren Einkünfte begründet. Unterlässt der Verpflichtete eine ihm zumutbare Erwerbstätigkeit, zB durch Aufgabe seines Arbeitsplatzes, so wird er in Höhe des erzielbaren Einkommens als leistungsfähig behandelt (BGH FamRZ 1981, 539, 540; 1985, 158, 159). Ihre Grenze findet die Leistungsfähigkeit am sog **Selbstbehalt,** der nach der Düsseldorfer Tabelle (zu ihr § 1361 Rz 2) ermittelt wird.

7 **d)** Es darf **keine grobe Unbilligkeit** vorliegen (§ 1579), sog negative Härteklausel.

Kapitel 2. Unterhaltsberechtigung

§ 1570. Unterhalt wegen Betreuung eines Kindes

(1) [1]**Ein geschiedener Ehegatte kann von dem anderen wegen der Pflege oder Erziehung eines gemeinschaftlichen Kindes für mindestens drei Jahre nach der Geburt Unterhalt verlangen.** [2]**Die Dauer des Unterhaltsanspruchs verlängert sich, solange und soweit dies der Billigkeit entspricht.** [3]**Dabei sind die Belange des Kindes und die bestehenden Möglichkeiten der Kinderbetreuung zu berücksichtigen.**

(2) **Die Dauer des Unterhaltsanspruchs verlängert sich darüber hinaus, wenn dies unter Berücksichtigung der Gestaltung von Kinderbetreuung und Erwerbstätigkeit in der Ehe sowie der Dauer der Ehe der Billigkeit entspricht.**

1 **1.** Der Anspruch auf Betreuungsunterhalt ist als Unterhaltsanspruch des geschiedenen **Ehegatten** ausgestaltet und daher vom Kindesunterhalt nach §§ 1601ff zu unterscheiden. Gleichwohl wird der Betreuungsunterhalt vor allem im Interesse des Kindes gewährt, um dessen Betreuung und Erziehung sicherzustellen (BT-Drucks 16/6980, 9).

2 **2.** Durch die Reform des Unterhaltsrechts zum 1. Januar 2008 hat der Gesetzgeber die Vorschrift grundlegend umgestaltet und einen **auf drei Jahre befristeten Basisunterhalt** eingeführt, der aus Billigkeitsgründen verlängert werden kann. Im Rahmen dieser Billigkeitsentscheidung sind kind- und elternbezogene Verlängerungsgründe zu berücksichtigen. Hinsichtlich der kindbezogenen Gründe ist zu prüfen, ob und in welchem Umfang die Kindesbetreuung in kindgerechten Betreuungseinrichtungen gesichert werden könnte. Ein Altersphasenmodell, das eine Verlängerung des Betreuungsunterhalts allein vom Kindesalter abhängig macht, ist nicht mehr haltbar, da der Gesetzgeber den Vorrang der persönlichen Betreuung aufgegeben hat (BGH NJW 2009, 1876).

§ 1571. Unterhalt wegen Alters

Ein geschiedener Ehegatte kann von dem anderen Unterhalt verlangen, soweit von ihm im Zeitpunkt

1. der Scheidung,
2. der Beendigung der Pflege oder Erziehung eines gemeinschaftlichen Kindes oder
3. des Wegfalls der Voraussetzungen für einen Unterhaltsanspruch nach den §§ 1572 und 1573

wegen seines Alters eine Erwerbstätigkeit nicht mehr erwartet werden kann.

§ 1572. Unterhalt wegen Krankheit oder Gebrechen

Ein geschiedener Ehegatte kann von dem anderen Unterhalt verlangen, solange und soweit von ihm vom Zeitpunkt

1. der Scheidung,
2. der Beendigung der Pflege oder Erziehung eines gemeinschaftlichen Kindes,
3. der Beendigung der Ausbildung, Fortbildung oder Umschulung oder
4. des Wegfalls der Voraussetzungen für einen Unterhaltsanspruch nach § 1573

an wegen Krankheit oder anderer Gebrechen oder Schwäche seiner körperlichen oder geistigen Kräfte eine Erwerbstätigkeit nicht erwartet werden kann.

§ 1573. Unterhalt wegen Erwerbslosigkeit und Aufstockungsunterhalt

(1) **Soweit ein geschiedener Ehegatte keinen Unterhaltsanspruch nach den §§ 1570 bis 1572 hat, kann er gleichwohl Unterhalt verlangen, solange und soweit er nach der Scheidung keine angemessene Erwerbstätigkeit zu finden vermag.**

(2) **Reichen die Einkünfte aus einer angemessenen Erwerbstätigkeit zum vollen Unterhalt (§ 1578) nicht aus, kann er, soweit er nicht bereits einen Unterhaltsanspruch nach den §§ 1570 bis 1572 hat, den Unterschiedsbetrag zwischen den Einkünften und dem vollen Unterhalt verlangen.**

(3) **Absätze 1 und 2 gelten entsprechend, wenn Unterhalt nach den §§ 1570 bis 1572, 1575 zu gewähren war, die Voraussetzungen dieser Vorschriften aber entfallen sind.**

(4) [1]**Der geschiedene Ehegatte kann auch dann Unterhalt verlangen, wenn die Einkünfte aus einer angemessenen Erwerbstätigkeit wegfallen, weil es ihm trotz seiner Bemühungen nicht gelungen war, den Unterhalt durch die Erwerbstätigkeit nach der Scheidung nachhaltig zu sichern.** [2]**War es ihm gelungen, den Unterhalt teilweise nachhaltig zu sichern, so kann er den Unterschiedsbetrag zwischen dem nachhaltig gesicherten und dem vollen Unterhalt verlangen.**

Der Unterhaltsgrund besteht in drei Formen: **1. Arbeitslosigkeit** im Zeitpunkt 1 der Scheidung (Abs 1). **2.** Sog **Aufstockungsunterhalt** nach Abs 2; er wird geschuldet, wenn die Anspruchsvoraussetzungen zurzeit der Scheidung vorgelegen haben, auch wenn er erst später geltend gemacht wird (BGHZ 163, 84, 89). **3. Nachträglicher Verlust einer angemessenen Erwerbstätigkeit** (Abs 4). Der Anspruch entsteht nicht, wenn der Ehegatte im Zeitpunkt der Scheidung eine Tätigkeit ausübt, durch die sein Unterhalt nachhaltig gesichert ist. Dabei kommt es darauf an, ob zurzeit der Beschäftigungsaufnahme aus der Sicht eines „optimalen Betrachters" von einer dauerhaften Tätigkeit auszugehen war (BGH NJW 1988, 2034, 2035); also zB kein Unterhaltsanspruch, wenn der Arbeitgeber des fest angestellten Ehegatten völlig unerwartet insolvent wird. Dagegen liegt nach den anzulegenden objektiven Maßstäben keine „nachhaltige Sicherung" vor bei Eintritt in eine krisenanfällige Branche oder bei

Fehlen notwendiger Branchenkenntnis und des erforderlichen Startkapitals (vgl BGH NJW 1986, 375).

§ 1574. Angemessene Erwerbstätigkeit

(1) **Dem geschiedenen Ehegatten obliegt es, eine angemessene Erwerbstätigkeit auszuüben.**

(2) [1]**Angemessen ist eine Erwerbstätigkeit, die der Ausbildung, den Fähigkeiten, einer früheren Erwerbstätigkeit, dem Lebensalter und dem Gesundheitszustand des geschiedenen Ehegatten entspricht, soweit eine solche Tätigkeit nicht nach den ehelichen Lebensverhältnissen unbillig wäre.** [2]**Bei den ehelichen Lebensverhältnissen sind insbesondere die Dauer der Ehe sowie die Dauer der Pflege oder Erziehung eines gemeinschaftlichen Kindes zu berücksichtigen.**

(3) **Soweit es zur Aufnahme einer angemessenen Erwerbstätigkeit erforderlich ist, obliegt es dem geschiedenen Ehegatten, sich ausbilden, fortbilden oder umschulen zu lassen, wenn ein erfolgreicher Abschluss der Ausbildung zu erwarten ist.**

§ 1575. Ausbildung, Fortbildung oder Umschulung

(1) [1]**Ein geschiedener Ehegatte, der in Erwartung der Ehe oder während der Ehe eine Schul- oder Berufsausbildung nicht aufgenommen oder abgebrochen hat, kann von dem anderen Ehegatten Unterhalt verlangen, wenn er diese oder eine entsprechende Ausbildung sobald wie möglich aufnimmt, um eine angemessene Erwerbstätigkeit, die den Unterhalt nachhaltig sichert, zu erlangen und der erfolgreiche Abschluss der Ausbildung zu erwarten ist.** [2]**Der Anspruch besteht längstens für die Zeit, in der eine solche Ausbildung im Allgemeinen abgeschlossen wird; dabei sind ehebedingte Verzögerungen der Ausbildung zu berücksichtigen.**

(2) **Entsprechendes gilt, wenn sich der geschiedene Ehegatte fortbilden oder umschulen lässt, um Nachteile auszugleichen, die durch die Ehe eingetreten sind.**

(3) **Verlangt der geschiedene Ehegatte nach Beendigung der Ausbildung, Fortbildung oder Umschulung Unterhalt nach § 1573, so bleibt bei der Bestimmung der ihm angemessenen Erwerbstätigkeit (§ 1574 Abs. 2) der erreichte höhere Ausbildungsstand außer Betracht.**

§ 1576. Unterhalt aus Billigkeitsgründen

[1]**Ein geschiedener Ehegatte kann von dem anderen Unterhalt verlangen, soweit und solange von ihm aus sonstigen schwerwiegenden Gründen eine Erwerbstätigkeit nicht erwartet werden kann und die Versagung von Unterhalt unter Berücksichtigung der Belange beider Ehegatten grob unbillig wäre.** [2]**Schwerwiegende Gründe dürfen nicht allein deswegen berücksichtigt werden, weil sie zum Scheitern der Ehe geführt haben.**

§ 1577. Bedürftigkeit

(1) **Der geschiedene Ehegatte kann den Unterhalt nach den §§ 1570 bis 1573, 1575 und 1576 nicht verlangen, solange und soweit er sich aus seinen Einkünften und seinem Vermögen selbst unterhalten kann.**

(2) [1]**Einkünfte sind nicht anzurechnen, soweit der Verpflichtete nicht den vollen Unterhalt (§§ 1578 und 1578 b) leistet.** [2]**Einkünfte, die den vollen Unterhalt übersteigen, sind insoweit anzurechnen, als dies unter Berücksichtigung der beiderseitigen wirtschaftlichen Verhältnisse der Billigkeit entspricht.**

(3) **Den Stamm des Vermögens braucht der Berechtigte nicht zu verwerten, soweit die Verwertung unwirtschaftlich oder unter Berücksichtigung der beiderseitigen wirtschaftlichen Verhältnisse unbillig wäre.**

(4) [1]**War zum Zeitpunkt der Ehescheidung zu erwarten, dass der Unterhalt des Berechtigten aus seinem Vermögen nachhaltig gesichert sein würde, fällt das Vermögen aber später weg, so besteht kein Anspruch auf Unterhalt.** [2]**Dies gilt nicht, wenn im Zeitpunkt des Vermögenswegfalls von dem Ehegatten wegen der Pflege oder Erziehung eines gemeinschaftlichen Kindes eine Erwerbstätigkeit nicht erwartet werden kann.**

§ 1578. Maß des Unterhalts

(1) [1]**Das Maß des Unterhalts bestimmt sich nach den ehelichen Lebensverhältnissen.** [2]**Der Unterhalt umfasst den gesamten Lebensbedarf.**

(2) **Zum Lebensbedarf gehören auch die Kosten einer angemessenen Versicherung für den Fall der Krankheit und der Pflegebedürftigkeit sowie die Kosten einer Schul- oder Berufsausbildung, einer Fortbildung oder einer Umschulung nach den §§ 1574, 1575.**

(3) **Hat der geschiedene Ehegatte einen Unterhaltsanspruch nach den §§ 1570 bis 1573 oder § 1576, so gehören zum Lebensbedarf auch die Kosten einer angemessenen Versicherung für den Fall des Alters sowie der verminderten Erwerbsfähigkeit.**

1. Die **ehelichen Lebensverhältnisse** sind nach Abs 1 S 1 für die Unterhaltsbemessung entscheidend. Entscheidend ist nicht nur das während der Ehe verfügbare Einkommen des erwerbstätigen Ehegatten (so noch BGH FamRZ 1986, 783, 785). Vielmehr werden die ehelichen Lebensverhältnisse durch alles geprägt, was während der Ehe für den Lebenszuschnitt der Ehegatten tatsächlich von Bedeutung ist (BGHZ 148, 105, 116). Angesichts der grundsätzlichen Gleichstellung von Haushalts- und Erwerbstätigkeit in § 1360 ist bei der Ermittlung des in der Ehe erreichten Lebensstandards daher auch der Wert der Haushaltsführung und Kinderbetreuung durch den nicht erwerbstätigen Ehepartner zu berücksichtigen (vgl *Palandt-Brudermüller* Rz 3). In einer Doppelverdienerehe sind regelmäßig die Einkünfte beider Ehegatten maßgebend. Bei Spitzenverdienern bleiben die Einkommensteile außer Betracht, die nicht zum laufenden Unterhalt, sondern zur Vermögensbildung verwendet werden (vgl *Palandt-Brudermüller* Rz 38). Die ehelichen Lebensverhältnisse dienen auch als Maßstab für den sog Aufstockungsunterhalt des § 1573 II. 1

2. Maßgebender Zeitpunkt für die Beurteilung der ehelichen Lebensverhältnisse ist grds die **Rechtskraft des Scheidungsurteils**. Schwierigkeiten bereiten die Fälle, in denen sich die Einkommensverhältnisse des Unterhaltsberechtigten oder des Unterhaltsverpflichteten nach Rechtskraft der Scheidung ändern. Solche **nachträglichen Änderungen** können nur dann berücksichtigt werden, wenn zumindest ein gewisser Bezug zu den „ehelichen Verhältnissen vorhanden ist. Dies kann bei Entwicklungen angenommen werden, die bereits in der Ehe angelegt waren (zB zu erwartende Gehaltserhöhung). Die Berücksichtigung einer nachehelichen Verringerung des verfügbaren Einkommens findet ihre Grenze in der nachehelichen Solidarität. Bei unterhaltsrechtlich leichtfertigem Verhalten des Unterhaltsschuldners ist deshalb von einem fiktiven Einkommen auszugehen (BGH NJW 2008, 1663). 2

3. Nicht berücksichtigt werden hingegen nachehelich entstandene Unterhaltspflichten gegenüber einem **neuen Ehegatten des Unterhaltspflichtigen** (sog „Dreiteilungsmethode“, so noch BGHZ 177, 356). Eine solche Berücksichtigung verstieße gegen das gesetzgeberische Konzept der „ehelichen Lebensverhältnisse“, zumal derartige nachträgliche Änderungen nicht ehebedingt, sondern scheidungsbedingt sind 3

(BVerfG NJW 2011, 836). Auch aus systematischen Erwägungen sind solche Unterhaltspflichten erst im Rahmen des § 1581 (Leistungsfähigkeit) zu berücksichtigen (BVerfG aaO).

4 **4.** Die **Bemessung** der Unterhaltsansprüche anhand des zu verteilenden Einkommens erfolgt in der Praxis – hier wie sonst – meist anhand der **Düsseldorfer Tabelle** (vgl § 1361 Rz 2).

§ 1578 a. Deckungsvermutung bei schadensbedingten Mehraufwendungen

Für Aufwendungen infolge eines Körper- oder Gesundheitsschadens gilt § 1610 a.

§ 1578 b. Herabsetzung und zeitliche Begrenzung des Unterhalts wegen Unbilligkeit

(1) [1]**Der Unterhaltsanspruch des geschiedenen Ehegatten ist auf den angemessenen Lebensbedarf herabzusetzen, wenn eine an den ehelichen Lebensverhältnissen orientierte Bemessung des Unterhaltsanspruchs auch unter Wahrung der Belange eines dem Berechtigten zur Pflege oder Erziehung anvertrauten gemeinschaftlichen Kindes unbillig wäre.** [2]**Dabei ist insbesondere zu berücksichtigen, inwieweit durch die Ehe Nachteile im Hinblick auf die Möglichkeit eingetreten sind, für den eigenen Unterhalt zu sorgen.** [3]**Solche Nachteile können sich vor allem aus der Dauer der Pflege oder Erziehung eines gemeinschaftlichen Kindes, aus der Gestaltung von Haushaltsführung und Erwerbstätigkeit während der Ehe sowie aus der Dauer der Ehe ergeben.**

(2) [1]**Der Unterhaltsanspruch des geschiedenen Ehegatten ist zeitlich zu begrenzen, wenn ein zeitlich unbegrenzter Unterhaltsanspruch auch unter Wahrung der Belange eines dem Berechtigten zur Pflege oder Erziehung anvertrauten gemeinschaftlichen Kindes unbillig wäre.** [2]**Absatz 1 Satz 2 und 3 gilt entsprechend.**

(3) **Herabsetzung und zeitliche Begrenzung des Unterhaltsanspruchs können miteinander verbunden werden.**

§ 1579. Beschränkung oder Versagung des Unterhalts wegen grober Unbilligkeit

Ein Unterhaltsanspruch ist zu versagen, herabzusetzen oder zeitlich zu begrenzen, soweit die Inanspruchnahme des Verpflichteten auch unter Wahrung der Belange eines dem Berechtigten zur Pflege oder Erziehung anvertrauten gemeinschaftlichen Kindes grob unbillig wäre, weil

1. **die Ehe von kurzer Dauer war; dabei ist die Zeit zu berücksichtigen, in welcher der Berechtigte wegen der Pflege oder Erziehung eines gemeinschaftlichen Kindes nach § 1570 Unterhalt verlangen kann,**
2. **der Berechtigte in einer verfestigten Lebensgemeinschaft lebt,**
3. **der Berechtigte sich eines Verbrechens oder eines schweren vorsätzlichen Vergehens gegen den Verpflichteten oder einen nahen Angehörigen des Verpflichteten schuldig gemacht hat,**
4. **der Berechtigte seine Bedürftigkeit mutwillig herbeigeführt hat,**
5. **der Berechtigte sich über schwerwiegende Vermögensinteressen des Verpflichteten mutwillig hinweggesetzt hat,**
6. **der Berechtigte vor der Trennung längere Zeit hindurch seine Pflicht, zum Familienunterhalt beizutragen, gröblich verletzt hat,**
7. **dem Berechtigten ein offensichtlich schwerwiegendes, eindeutig bei ihm liegendes Fehlverhalten gegen den Verpflichteten zur Last fällt oder**
8. **ein anderer Grund vorliegt, der ebenso schwer wiegt wie die in den Nummern 1 bis 7 aufgeführten Gründe.**

Die negative Härteklausel des § 1579 enthält sieben spezielle Tatbestände und eine Generalklausel in Nr 8. 1

1. Mutwilligkeit (Nr 4 und 5) meint nicht nur ein vorsätzliches, sondern auch ein – unterhaltsbezogen – leichtfertiges Verhalten des Berechtigten (BGH NJW 1981, 2805, 2806f). Leichtfertig in diesem Sinne handelt, wer seine Arbeitskraft oder sein Vermögen auf sinnlose Art aufs Spiel setzt und einbüßt (BGHZ 146, 391, 399f). 2

2. Der Tatbestand des schwerwiegenden **Fehlverhaltens** (Nr 6) berücksichtigt ausnahmsweise ein Verschuldenselement im Unterhaltsrecht. Bsp: Aufnahme einer nichtehelichen Lebensgemeinschaft aus der Ehe heraus, es sei denn, der in Anspruch genommene Ehepartner hatte selbst schon Scheidungsabsichten geäußert und sich von der Ehe bereits losgesagt (BGH NJW 1981, 1782, 1783). Das Fehlverhalten kann auch **nach** der Scheidung liegen; die Begründung einer nichtehelichen Lebensgemeinschaft ist zu diesem Zeitpunkt kein Fehlverhalten, weil die Pflicht zur ehelichen Treue dann bereits entfallen ist. Auch besteht selbstverständlich keine Pflicht zur Eheschließung mit dem neuen Partner, womit der Unterhaltsanspruch nach § 1586 I entfiele. 3

3. Die **Generalklausel** der Nr 8 betrifft im wesentlichen Sachverhalte, in denen die Unterhaltszahlung für den Verpflichteten – ohne vorwerfbares Fehlverhalten des Berechtigten – unzumutbar erscheint. Dies kann insbesondere bei eheähnlichem Zusammenleben des Berechtigten mit einem neuen Partner der Fall sein (st Rspr; s etwa BGH NJW 2002, 217, 219). Auch der Erbe des Unterhaltspflichtigen kann sich auf die Härteklausel der Nr 8 berufen, wenn nicht der Unterhaltspflichtige zuvor darauf verzichtet hatte; denn die gesetzliche Unterhaltspflicht geht nach § 1586b unverändert auf den Erben über (BGHZ 157, 395). 4

§ 1580. Auskunftspflicht

[1]Die geschiedenen Ehegatten sind einander verpflichtet, auf Verlangen über ihre Einkünfte und ihr Vermögen Auskunft zu erteilen. [2]§ 1605 ist entsprechend anzuwenden.

Kapitel 3. Leistungsfähigkeit und Rangfolge

§ 1581. Leistungsfähigkeit

[1]Ist der Verpflichtete nach seinen Erwerbs- und Vermögensverhältnissen unter Berücksichtigung seiner sonstigen Verpflichtungen außerstande, ohne Gefährdung des eigenen angemessenen Unterhalts dem Berechtigten Unterhalt zu gewähren, so braucht er nur insoweit Unterhalt zu leisten, als es mit Rücksicht auf die Bedürfnisse und die Erwerbs- und Vermögensverhältnisse der geschiedenen Ehegatten der Billigkeit entspricht. [2]Den Stamm des Vermögens braucht er nicht zu verwerten, soweit die Verwertung unwirtschaftlich oder unter Berücksichtigung der beiderseitigen wirtschaftlichen Verhältnisse unbillig wäre.

§ 1582. Rang des geschiedenen Ehegatten bei mehreren Unterhaltsberechtigten

Sind mehrere Unterhaltsberechtigte vorhanden, richtet sich der Rang des geschiedenen Ehegatten nach § 1609.

Die **Rangfolge** mehrerer Unterhaltsberechtigter richtet sich nach § 1609. 1

1. Den Unterhaltsansprüchen von minderjährigen unverheirateten **Kindern** wird der **Vorrang** vor allen anderen Unterhaltsansprüchen eingeräumt. 2

2. Gleichfalls unter dem Aspekt des Kindeswohls stehen alle Personen im **zweiten Rang** gleichberechtigt nebeneinander, die ein **Kind betreuen** und deshalb unterhaltsbedürftig sind (RegBegr BT-Drucks 16/1830, 1). Damit sind geschiedene und nachfolgende Ehegatten (Wiederheirat) im Rang nun gleichgestellt, solange sie sich einer Kinderbetreuung nach § 1609 Nr 2 widmen. 3

4 3. Der **Vorrang bedeutet,** dass dem bevorrechtigten Gläubiger der **volle** Unterhalt zu gewähren ist (und nicht etwa nur der Mindestbedarf), bevor der nachrangige Gläubiger etwas erhält (BGHZ 104, 158, 168).

§ 1583. Einfluss des Güterstands

Lebt der Verpflichtete im Falle der Wiederheirat mit seinem neuen Ehegatten im Güterstand der Gütergemeinschaft, so ist § 1604 entsprechend anzuwenden.

§ 1584. Rangverhältnisse mehrerer Unterhaltsverpflichteter

[1]Der unterhaltspflichtige geschiedene Ehegatte haftet vor den Verwandten des Berechtigten. [2]Soweit jedoch der Verpflichtete nicht leistungsfähig ist, haften die Verwandten vor dem geschiedenen Ehegatten. [3]§ 1607 Abs. 2 und 4 gilt entsprechend.

Kapitel 4. Gestaltung des Unterhaltsanspruchs

§ 1585. Art der Unterhaltsgewährung

(1) **[1]Der laufende Unterhalt ist durch Zahlung einer Geldrente zu gewähren. [2]Die Rente ist monatlich im Voraus zu entrichten. [3]Der Verpflichtete schuldet den vollen Monatsbetrag auch dann, wenn der Unterhaltsanspruch im Laufe des Monats durch Wiederheirat oder Tod des Berechtigten erlischt.**

(2) **Statt der Rente kann der Berechtigte eine Abfindung in Kapital verlangen, wenn ein wichtiger Grund vorliegt und der Verpflichtete dadurch nicht unbillig belastet wird.**

§ 1585 a. Sicherheitsleistung

(1) **[1]Der Verpflichtete hat auf Verlangen Sicherheit zu leisten. [2]Die Verpflichtung, Sicherheit zu leisten, entfällt, wenn kein Grund zu der Annahme besteht, dass die Unterhaltsleistung gefährdet ist oder wenn der Verpflichtete durch die Sicherheitsleistung unbillig belastet würde. [3]Der Betrag, für den Sicherheit zu leisten ist, soll den einfachen Jahresbetrag der Unterhaltsrente nicht übersteigen, sofern nicht nach den besonderen Umständen des Falles eine höhere Sicherheitsleistung angemessen erscheint.**

(2) **Die Art der Sicherheitsleistung bestimmt sich nach den Umständen; die Beschränkung des § 232 gilt nicht.**

§ 1585 b. Unterhalt für die Vergangenheit

(1) **Wegen eines Sonderbedarfs (§ 1613 Abs. 2) kann der Berechtigte Unterhalt für die Vergangenheit verlangen.**

(2) **Im Übrigen kann der Berechtigte für die Vergangenheit Erfüllung oder Schadensersatz wegen Nichterfüllung nur entsprechend § 1613 Abs. 1 fordern.**

(3) **Für eine mehr als ein Jahr vor der Rechtshängigkeit liegende Zeit kann Erfüllung oder Schadensersatz wegen Nichterfüllung nur verlangt werden, wenn anzunehmen ist, dass der Verpflichtete sich der Leistung absichtlich entzogen hat.**

§ 1585 c. Vereinbarungen über den Unterhalt

[1]Die Ehegatten können über die Unterhaltspflicht für die Zeit nach der Scheidung Vereinbarungen treffen. [2]Eine Vereinbarung, die vor der Rechtskraft der Scheidung getroffen wird, bedarf der notariellen Beurkundung. [3]§ 127 a findet auch auf eine Vereinbarung Anwendung, die in einem Verfahren in Ehesachen vor dem Prozessgericht protokolliert wird.

Kapitel 5. Ende des Unterhaltsanspruchs

§ 1586. Wiederverheiratung, Begründung einer Lebenspartnerschaft oder Tod des Berechtigten

(1) **Der Unterhaltsanspruch erlischt mit der Wiederheirat, der Begründung einer Lebenspartnerschaft oder dem Tode des Berechtigten.**

(2) [1]**Ansprüche auf Erfüllung oder Schadensersatz wegen Nichterfüllung für die Vergangenheit bleiben bestehen.** [2]**Das Gleiche gilt für den Anspruch auf den zur Zeit der Wiederheirat, der Begründung einer Lebenspartnerschaft oder des Todes fälligen Monatsbetrag.**

§ 1586 a. Wiederaufleben des Unterhaltsanspruchs

(1) **Geht ein geschiedener Ehegatte eine neue Ehe oder Lebenspartnerschaft ein und wird die Ehe oder Lebenspartnerschaft wieder aufgelöst, so kann er von dem früheren Ehegatten Unterhalt nach § 1570 verlangen, wenn er ein Kind aus der früheren Ehe oder Lebenspartnerschaft zu pflegen oder zu erziehen hat.**

(2) [1]**Der Ehegatte der später aufgelösten Ehe haftet vor dem Ehegatten der früher aufgelösten Ehe.** [2]**Satz 1 findet auf Lebenspartnerschaften entsprechende Anwendung.**

§ 1586 b. Kein Erlöschen bei Tod des Verpflichteten

(1) [1]**Mit dem Tode des Verpflichteten geht die Unterhaltspflicht auf den Erben als Nachlassverbindlichkeit über.** [2]**Die Beschränkungen nach § 1581 fallen weg.** [3]**Der Erbe haftet jedoch nicht über einen Betrag hinaus, der dem Pflichtteil entspricht, welcher dem Berechtigten zustände, wenn die Ehe nicht geschieden worden wäre.**

(2) **Für die Berechnung des Pflichtteils bleiben Besonderheiten auf Grund des Güterstands, in dem die geschiedenen Ehegatten gelebt haben, außer Betracht.**

Untertitel 3. Versorgungsausgleich

§ 1587. Verweis auf das Versorgungsausgleichsgesetz

Nach Maßgabe des Versorgungsausgleichsgesetzes findet zwischen den geschiedenen Ehegatten ein Ausgleich von im In- oder Ausland bestehenden Anrechten statt, insbesondere aus der gesetzlichen Rentenversicherung, aus anderen Regelsicherungssystemen wie der Beamtenversorgung oder der berufsständischen Versorgung, aus der betrieblichen Altersversorgung oder aus der privaten Alters- und Invaliditätsvorsorge.

1. Der **Grundgedanke** des Versorgungsausgleichs ist derselbe wie beim Zugewinnausgleich (vgl § 1363 Rz 4): Das **während der Ehe** Erworbene soll im Fall der Scheidung zwischen den Ehegatten gleichmäßig verteilt werden. Der Versorgungsausgleich ist vom Güterstand unabhängig und grds auch bei Gütertrennung durchzuführen. Zuständig für den Versorgungsausgleich ist das Familiengericht (§ 23b I Nr 7 GVG); der Versorgungsausgleich gehört zu den Folgesachen im Scheidungsverfahren (§ 137 II Nr 1 FamFG). 1

2. Das deutsche Recht kennt – anders als viele andere Rechtsordnungen – seit 1977 Regelungen über den Versorgungsausgleich. Das traditionelle Ausgleichssystem lief auf eine Saldierung aller Anrechte und den hälftigen Ausgleich des Saldos über die gesetzliche Rentenversicherung hinaus. Aufgrund der Defizite dieses Ausgleichssystems ist zum 1. September 2009 eine umfassende **Strukturreform** in Kraft getreten, durch die der Versorgungsausgleich nunmehr in einem Spezialgesetz außerhalb des BGB (VersAusglG, 2

Schönfelder Nr 48) geregelt ist. Die Neuregelung sieht im Scheidungsfall eine hälftige Übertragung jedes einzelnen in der Ehezeit erworbenen Anrechtes auf den anderen Ehepartner vor (Grundsatz der **internen** Teilung). Die auszugleichenden Anrechte ergeben sich aus § 2 VersAusglG.

3 **3.** Ein Versorgungsausgleich findet **nicht** statt, wenn die Ehe nur bis zu drei Jahre gedauert hat, es sei denn, ein Ehegatte beantragt gleichwohl die Durchführung des Versorgungsausgleichs (§ 3 III VersAusglG). Diesen Antrag kann auch eine nicht anwaltlich vertretene Partei stellen (§ 114 IV Nr. 7 FamFG). Darüber hinaus soll das Familiengericht den Versorgungsausgleich nicht durchführen, wenn die Differenz der Ausgleichswerte oder der Ausgleichswert einzelner Versorgungen gering ist (§ 18 I und II VersAusglG). Eine Härtefallklausel enthält § 27 VersAusglG.

4 **4. Vereinbarungen** der Ehegatten über den Versorgungsausgleich sind nach § 6 I VersAusglG zulässig und binden nach § 6 II VersAusglG auch das Familiengericht. Sie bedürfen nach § 7 I VersAusglG regelmäßig der notariellen Beurkundung (Ausnahme: Abschluss nach Rechtskraft der Entscheidung über den Wertausgleich bei der Scheidung). Ist die Vereinbarung Teil eines Ehevertrags, gilt darüber hinaus § 1410, der die gleichzeitige Anwesenheit beider Ehegatten vor dem Notar verlangt.

§§ 1587 a–1587 p. *(aufgehoben)*

Titel 8. Kirchliche Verpflichtungen

§ 1588.

Die kirchlichen Verpflichtungen in Ansehung der Ehe werden durch die Vorschriften dieses Abschnitts nicht berührt.

Abschnitt 2. Verwandtschaft

Titel 1. Allgemeine Vorschriften

§ 1589. Verwandtschaft

(1) [1]**Personen, deren eine von der anderen abstammt, sind in gerader Linie verwandt.** [2]**Personen, die nicht in gerader Linie verwandt sind, aber von derselben dritten Person abstammen, sind in der Seitenlinie verwandt.** [3]**Der Grad der Verwandtschaft bestimmt sich nach der Zahl der sie vermittelnden Geburten.**

(2) *(weggefallen)*

1 Die **Verwandtschaft** ist vor allem für das Unterhaltsrecht (§§ 1601 ff) und für das Erbrecht (§§ 1924 ff) von Bedeutung. Verwandte in gerader absteigender Linie (zB die Kinder des Vaters) bezeichnet das BGB als „Abkömmlinge" (vgl zB § 1924 I). Beispiele für die **Verwandtschaftsgrade,** auf die es im Unterhaltsrecht (vgl § 1606), nicht aber im Erbrecht (s § 1924 Rz 3) ankommt: Vater und Kind sind **in gerader Linie** im 1. Grad verwandt, Großvater und Enkel im 2. Grad; Geschwister **in der Seitenlinie** im 2. Grad, Onkel und Neffe im 3. Grad.

§ 1590. Schwägerschaft

(1) [1]**Die Verwandten eines Ehegatten sind mit dem anderen Ehegatten verschwägert.** [2]**Die Linie und der Grad der Schwägerschaft bestimmen sich nach der Linie und dem Grade der sie vermittelnden Verwandtschaft.**

(2) **Die Schwägerschaft dauert fort, auch wenn die Ehe, durch die sie begründet wurde, aufgelöst ist.**

Die **Schwägerschaft** besteht nach S 1 nur zwischen dem Verheirateten und den Verwandten seines Ehegatten, nicht aber zwischen den beiderseitigen Verwandten der Ehegatten untereinander, also zB nicht zwischen der Schwester des Ehemannes und dem Bruder der Ehefrau. Bsp: Der Ehemann ist mit der Mutter seiner Frau (seiner Schwiegermutter) in gerader Linie im 1. Grad verschwägert, mit der Schwester seiner Frau (seiner Schwägerin) in der Seitenlinie im 2. Grad. 1

Titel 2. Abstammung

Vor § 1591

1. Überblick. a) Der Titel enthält eine **einheitliche Regelung** der Abstammung **für alle Kinder.** Durch das KindRG von 1997 wurde die frühere Unterscheidung des BGB zwischen „ehelicher Abstammung" und „nichtehelicher Abstammung" aufgegeben. Soweit eine Differenzierung unvermeidlich ist, stellt das Gesetz darauf ab, ob die Eltern des Kindes miteinander verheiratet sind oder nicht. Bspw ist Vater eines Kindes der Mann, der zum Zeitpunkt der Geburt mit der Mutter verheiratet ist (§ 1592 Nr 1), während sonst (mangels einer Ehe) die Vaterschaft anerkannt oder gerichtlich festgestellt werden muss (§ 1592 Nrn 2 und 3). 1

b) Im Einzelnen lassen sich die Vorschriften dieses Titels in **fünf Gruppen** einteilen. Es regeln: (1) §§ 1591–1593, wer Mutter und wer Vater eines Kindes ist; (2) §§ 1594–1598 die Anerkennung der Vaterschaft; (3) §§ 1599–1600 c die Anfechtung der Vaterschaft; (4) § 1600 d die gerichtliche Vaterschaftsfeststellung und (5) § 1600 e die Aktiv- und Passivlegitimation sowie die Zuständigkeit des Familiengerichts für Klagen auf Feststellung oder Anfechtung der Vaterschaft. 2

2. Fortpflanzungsmedizin. Zahlreiche, bislang erst teilweise gesetzlich gelöste Rechtsprobleme sind durch die Fortschritte der modernen Reproduktionsmedizin aufgeworfen worden, durch die das Zeugen oder Austragen eines Kindes auf nicht natürlichem Weg möglich wird. Dabei ist wie folgt zu unterscheiden: 3

a) Als **künstliche Insemination** wird die außergeschlechtliche Befruchtung der Eizelle einer Frau bezeichnet. Sie heißt *homolog,* wenn der Samen des Ehemannes, *heterolog,* wenn der Samen eines anderen Mannes, auch eines nichtehelichen Lebensgefährten, verwendet wird. Dabei kann die Befruchtung „im Reagenzglas" mit nachfolgender Einpflanzung in die Gebärmutter (sog In-vitro-Fertilisation) oder im Körper der Frau vorgenommen werden. **aa)** Bei der **homologen Insemination** ist der Ehemann der Frau zugleich der genetische Vater des Kindes. Seine Vaterschaft bestimmt sich unproblematisch nach § 1592 Nr 1; auf Grund der auch genetischen Vaterschaft bliebe eine Anfechtung der Vaterschaft ohne Erfolg, so dass die homologe Insemination rechtlich einer natürlichen Zeugung in der Ehe gleichsteht. **bb)** Für die Abstammung bei **heterologer Insemination** gelten grds ebenfalls die allgemeinen Regeln der §§ 1592 ff. Bei bestehender Ehe der Mutter besteht demgemäß die Vaterschaftsvermutung des § 1592 Nr 1. Eine Anfechtung der Vaterschaft durch den Mann oder die Mutter schließt § 1600 IV ausdrücklich aus. Zur Absicherung des Samenspenders gegen unterhalts- und erbrechtliche Ansprüche des Kindes s *Taupitz/Schlüter* AcP 2005, 591. 4

b) Bei der **Ersatzmutterschaft** soll eine andere Frau das Kind austragen und es dann an die „Wunscheltern" zwecks Adoption herausgeben. Die Ersatzmutter ist sog *Tragemutter (Leihmutter),* wenn ihr das befruchtete Ei der genetischen Mutter eingepflanzt wird; bei einer sog *übernommenen Mutterschaft* erhält sie ihre eigene Eizelle nach der Befruchtung wieder eingepflanzt. Die Ersatzmutterschaft ist nach § 1 I Nr 7 Embryonenschutzgesetz (BGBl 1990 I 2746) verboten. Würde sie durchgeführt, gälte für die Mutterschaft § 1591 (die austragende Frau wäre Mutter mit allen Rechten und Pflichten), für die Vaterschaft § 1592 (zB wäre der Ehemann der Ersatzmutter gem § 1592 Nr 1 Vater). Die Wunscheltern könnten die Elternschaft lediglich durch Adop- 5 tion des Kindes erlangen; diese wäre aber insbesondere von der Einwilligung der Mutter abhängig (vgl § 1747). Eine hierauf gerichtete vertragliche Abrede der Beteiligten wäre gem § 134 nichtig, eine eventuelle Geldabsprache zudem sittenwidrig.

§ 1591. Mutterschaft

Mutter eines Kindes ist die Frau, die es geboren hat.

1 Die Vorschrift enthält nicht nur Selbstverständliches. In Hinblick auf die Möglichkeiten der modernen Fortpflanzungsmedizin (dazu Vor § 1591 Rz 2ff) legt sie fest, dass Mutter im familienrechtlichen Sinn die gebärende und nicht die genetische Mutter ist, ohne dass wie bei der Vaterschaft eine Anfechtungsmöglichkeit bestünde.

§ 1592. Vaterschaft

Vater eines Kindes ist der Mann,

1. **der zum Zeitpunkt der Geburt mit der Mutter des Kindes verheiratet ist,**
2. **der die Vaterschaft anerkannt hat oder**
3. **dessen Vaterschaft nach § 1600 d oder § 182 Abs. 1 des Gesetzes über das Verfahren in Familiensachen und in den Angelegenheiten der freiwilligen Gerichtsbarkeit gerichtlich festgestellt ist.**

1 **1.** Die Rechtsstellung als Vater erlangt **bei bestehender Ehe** der Ehemann (Nr 1), sonst bedarf es einer **Vaterschaftsanerkennung** (Nr 2) oder einer **gerichtlichen Vaterschaftsfeststellung** (Nr 3). Die Vaterschaftsanerkennung ist in §§ 1594–1598 näher geregelt, die gerichtliche Vaterschaftsfeststellung in § 1600 d. Der Ehemann und der Anerkennende können ihre Rechtsstellung als Vater durch eine Vaterschaftsanfechtung gem §§ 1599–1600 c beseitigen.

2 **2.** Der **Anwendungsbereich der Nr 1** wird in § 1593 auf Fälle erstreckt, in denen der Ehemann vor der Geburt des Kindes verstorben ist. Dagegen gilt Nr 1 nicht, wenn die Ehe vor der Geburt geschieden wird. Wird das Kind während eines Scheidungsverfahrens geboren, so ist § 1599 II zu beachten. Besteht statt einer Ehe nur eine nichteheliche Lebensgemeinschaft, ist Nr 1 nicht einschlägig, sondern es kommen allein Nrn 2 und 3 in Betracht.

§ 1593. Vaterschaft bei Auflösung der Ehe durch Tod

[1] § 1592 Nr. 1 gilt entsprechend, wenn die Ehe durch Tod aufgelöst wurde und innerhalb von 300 Tagen nach der Auflösung ein Kind geboren wird. [2] Steht fest, dass das Kind mehr als 300 Tage vor seiner Geburt empfangen wurde, so ist dieser Zeitraum maßgebend. [3] Wird von einer Frau, die eine weitere Ehe geschlossen hat, ein Kind geboren, das sowohl nach den Sätzen 1 und 2 Kind des früheren Ehemanns als auch nach § 1592 Nr. 1 Kind des neuen Ehemanns wäre, so ist es nur als Kind des neuen Ehemanns anzusehen. [4] Wird die Vaterschaft angefochten und wird rechtskräftig festgestellt, dass der neue Ehemann nicht Vater des Kindes ist, so ist es Kind des früheren Ehemanns.

§ 1594. Anerkennung der Vaterschaft

(1) **Die Rechtswirkungen der Anerkennung können, soweit sich nicht aus dem Gesetz anderes ergibt, erst von dem Zeitpunkt an geltend gemacht werden, zu dem die Anerkennung wirksam wird.**

(2) **Eine Anerkennung der Vaterschaft ist nicht wirksam, solange die Vaterschaft eines anderen Mannes besteht.**

(3) **Eine Anerkennung unter einer Bedingung oder Zeitbestimmung ist unwirksam.**

(4) **Die Anerkennung ist schon vor der Geburt des Kindes zulässig.**

1. Die **Vaterschaftsanerkennung,** die gem § 1592 Nr 2 zur Rechtsstellung als Vater führt, ist in §§ 1594–1598 im Einzelnen normiert. Die Anerkennung ist gem § 1598 I nur unwirksam, wenn sie den Erfordernissen der §§ 1594 ff nicht genügt; sie bleibt namentlich unwirksam, wenn die Mutter ihr nicht zustimmt (§ 1595 I); dem Mann steht dann nach einem Jahr ein Widerrufsrecht zu (§ 1597 III). Ob es sich bei dem anerkennenden Mann tatsächlich um den Vater des Kindes handelt, spielt zunächst keine Rolle und wird erst im Fall einer Anfechtung gerichtlich überprüft. 1

2. Da die Wirkungen der Anerkennung gemäß Abs 1 grds erst vom **Zeitpunkt ihrer Wirksamkeit,** also insbesondere nach Zustimmung der Mutter, geltend gemacht werden können, bestehen vorher keine Ansprüche. Mit Wirksamkeit der Anerkennung steht das Vater-Kind-Verhältnis jedoch vom **Zeitpunkt der Geburt** an fest. 2

§ 1595. Zustimmungsbedürftigkeit der Anerkennung

(1) **Die Anerkennung bedarf der Zustimmung der Mutter.**

(2) **Die Anerkennung bedarf auch der Zustimmung des Kindes, wenn der Mutter insoweit die elterliche Sorge nicht zusteht.**

(3) **Für die Zustimmung gilt § 1594 Abs. 3 und 4 entsprechend.**

1. Erforderlich ist gemäß Abs 1 die **Zustimmung der Mutter;** denn auch ihre Position wird von der Anerkennung berührt, etwa wegen des Umgangsrechts des Vaters (§ 1684 I). Eine gerichtliche Ersetzung der von der Mutter verweigerten Zustimmung ist nicht vorgesehen. Dem Mann bleibt die Möglichkeit einer Vaterschaftsfeststellungsklage gegen das Kind (§§ 1600 d, 1600 e). 1

2. Die **Zustimmung des Kindes** ist gemäß Abs 2 grds nicht erforderlich. Es erschien dem Gesetzgeber „als sinnloser Formalismus, von der Mutter zwei Erklärungen – Zustimmung im eigenen Namen und Zustimmung im Namen des Kindes – zu verlangen" (RegBegr BT-Drucks 13/4899, 53). Nur wenn der Mutter die elterliche Sorge nicht zusteht, zB wegen der Bestellung eines Vormundes oder wegen Volljährigkeit des Kindes, muss nach Abs 2 auch das Kind zustimmen. 2

§ 1596. Anerkennung und Zustimmung bei fehlender oder beschränkter Geschäftsfähigkeit

(1) **Wer in der Geschäftsfähigkeit beschränkt ist, kann nur selbst anerkennen. [2]Die Zustimmung des gesetzlichen Vertreters ist erforderlich. [3]Für einen Geschäftsunfähigen kann der gesetzliche Vertreter mit Genehmigung des Familiengerichts anerkennen; ist der gesetzliche Vertreter ein Betreuer, ist die Genehmigung des Betreuungsgerichts erforderlich. [4]Für die Zustimmung der Mutter gelten die Sätze 1 bis 3 entsprechend.**

(2) **[1]Für ein Kind, das geschäftsunfähig oder noch nicht 14 Jahre alt ist, kann nur der gesetzliche Vertreter der Anerkennung zustimmen. [2]Im Übrigen kann ein Kind, das in der Geschäftsfähigkeit beschränkt ist, nur selbst zustimmen; es bedarf hierzu der Zustimmung des gesetzlichen Vertreters.**

(3) **Ein geschäftsfähiger Betreuter kann nur selbst anerkennen oder zustimmen; § 1903 bleibt unberührt.**

(4) **Anerkennung und Zustimmung können nicht durch einen Bevollmächtigten erklärt werden.**

§ 1597. Formerfordernisse; Widerruf

(1) **Anerkennung und Zustimmung müssen öffentlich beurkundet werden.**

(2) **Beglaubigte Abschriften der Anerkennung und aller Erklärungen, die für die Wirksamkeit der Anerkennung bedeutsam sind, sind dem Vater, der Mutter und dem Kind sowie dem Standesamt zu übersenden.**

(3) [1]Der Mann kann die Anerkennung widerrufen, wenn sie ein Jahr nach der Beurkundung noch nicht wirksam geworden ist. [2]Für den Widerruf gelten die Absätze 1 und 2 sowie § 1594 Abs. 3 und § 1596 Abs. 1, 3 und 4 entsprechend.

§ 1598. Unwirksamkeit von Anerkennung, Zustimmung und Widerruf

(1) Anerkennung, Zustimmung und Widerruf sind nur unwirksam, wenn sie den Erfordernissen der vorstehenden Vorschriften nicht genügen.

(2) Sind seit der Eintragung in ein deutsches Personenstandsregister fünf Jahre verstrichen, so ist die Anerkennung wirksam, auch wenn sie den Erfordernissen der vorstehenden Vorschriften nicht genügt.

§ 1598a. Anspruch auf Einwilligung in eine genetische Untersuchung zur Klärung der leiblichen Abstammung

(1) [1]Zur Klärung der leiblichen Abstammung des Kindes können

1. der Vater jeweils von Mutter und Kind,
2. die Mutter jeweils von Vater und Kind und
3. das Kind jeweils von beiden Elternteilen

verlangen, dass diese in eine genetische Abstammungsuntersuchung einwilligen und die Entnahme einer für die Untersuchung geeigneten genetischen Probe dulden. [2]Die Probe muss nach den anerkannten Grundsätzen der Wissenschaft entnommen werden.

(2) Auf Antrag eines Klärungsberechtigten hat das Familiengericht eine nicht erteilte Einwilligung zu ersetzen und die Duldung einer Probeentnahme anzuordnen.

(3) Das Gericht setzt das Verfahren aus, wenn und solange die Klärung der leiblichen Abstammung eine erhebliche Beeinträchtigung des Wohls des minderjährigen Kindes begründen würde, die auch unter Berücksichtigung der Belange des Klärungsberechtigten für das Kind unzumutbar wäre.

(4) [1]Wer in eine genetische Abstammungsuntersuchung eingewilligt und eine genetische Probe abgegeben hat, kann von dem Klärungsberechtigten, der eine Abstammungsuntersuchung hat durchführen lassen, Einsicht in das Abstammungsgutachten oder Aushändigung einer Abschrift verlangen. [2]Über Streitigkeiten aus dem Anspruch nach Satz 1 entscheidet das Familiengericht.

1 Die Vorschrift beruht auf dem Gesetz zur Klärung der Vaterschaft unabhängig vom Anfechtungsverfahren vom 26. 3. 2008 (BGBl 2008 I 441). Sie ermöglicht es, die Abstammung des Kindes klären zu lassen, ohne die Vaterschaft anfechten zu müssen. Damit soll verhindert werden, dass es zu einer Zerrüttung im Verhältnis zum Kind kommt.

§ 1599. Nichtbestehen der Vaterschaft

(1) § 1592 Nr. 1 und 2 und § 1593 gelten nicht, wenn auf Grund einer Anfechtung rechtskräftig festgestellt ist, dass der Mann nicht der Vater des Kindes ist.

(2) [1]§ 1592 Nr. 1 und § 1593 gelten auch nicht, wenn das Kind nach Anhängigkeit eines Scheidungsantrags geboren wird und ein Dritter spätestens bis zum Ablauf eines Jahres nach Rechtskraft des dem Scheidungsantrag stattgebenden Urteils die Vaterschaft anerkennt; § 1594 Abs. 2 ist nicht anzuwenden. [2]Neben den nach den §§ 1595 und 1596 notwendigen Erklärungen bedarf die Anerkennung der Zustimmung des Mannes, der im Zeitpunkt der Geburt mit der Mutter des Kindes verheiratet ist; für diese Zustimmung gelten § 1594 Abs. 3 und 4, § 1596 Abs. 1 Satz 1 bis 3, Abs. 3 und 4, § 1597 Abs. 1 und 2 und

§ 1598 Abs. 1 entsprechend. [3]Die Anerkennung wird frühestens mit Rechtskraft des dem Scheidungsantrag stattgebenden Urteils wirksam.

Die **Vaterschaftsanfechtung** ist in §§ 1599–1600c für die beiden Fälle geregelt, dass entweder die Vaterschaft des Ehemannes (§§ 1592 Nr 1, 1593) angefochten wird oder die Vaterschaft des anerkennenden Mannes (§ 1592 Nr 2). 1

§ 1600. Anfechtungsberechtigte

(1) **Berechtigt, die Vaterschaft anzufechten, sind:**

1. **der Mann, dessen Vaterschaft nach § 1592 Nr. 1 und 2, § 1593 besteht,**
2. **der Mann, der an Eides statt versichert, der Mutter des Kindes während der Empfängniszeit beigewohnt zu haben,**
3. **die Mutter,**
4. **das Kind und**
5. **die zuständige Behörde (anfechtungsberechtigte Behörde) in den Fällen des § 1592 Nr. 2.**

(2) **Die Anfechtung nach Absatz 1 Nr. 2 setzt voraus, dass zwischen dem Kind und seinem Vater im Sinne von Absatz 1 Nr. 1 keine sozial-familiäre Beziehung besteht oder im Zeitpunkt seines Todes bestanden hat und dass der Anfechtende leiblicher Vater des Kindes ist.**

(3) **Die Anfechtung nach Absatz 1 Nr. 5 setzt voraus, dass zwischen dem Kind und dem Anerkennenden keine sozial-familiäre Beziehung besteht oder im Zeitpunkt der Anerkennung oder seines Todes bestanden hat und durch die Anerkennung rechtliche Voraussetzungen für die erlaubte Einreise oder den erlaubten Aufenthalt des Kindes oder eines Elternteiles geschaffen werden.**

(4) **[1]Eine sozial-familiäre Beziehung nach den Absätzen 2 und 3 besteht, wenn der Vater im Sinne von Absatz 1 Nr. 1 zum maßgeblichen Zeitpunkt für das Kind tatsächliche Verantwortung trägt oder getragen hat. [2]Eine Übernahme tatsächlicher Verantwortung liegt in der Regel vor, wenn der Vater im Sinne von Absatz 1 Nr. 1 mit der Mutter des Kindes verheiratet ist oder mit dem Kind längere Zeit in häuslicher Gemeinschaft zusammengelebt hat.**

(5) **Ist das Kind mit Einwilligung des Mannes und der Mutter durch künstliche Befruchtung mittels Samenspende eines Dritten gezeugt worden, so ist die Anfechtung der Vaterschaft durch den Mann oder die Mutter ausgeschlossen.**

(6) **[1]Die Landesregierungen werden ermächtigt, die Behörden nach Absatz 1 Nr. 5 durch Rechtsverordnung zu bestimmen. [2]Die Landesregierungen können diese Ermächtigung durch Rechtsverordnung auf die zuständigen obersten Landesbehörden übertragen. [3]Ist eine örtliche Zuständigkeit der Behörde nach diesen Vorschriften nicht begründet, so wird die Zuständigkeit durch den Sitz des Gerichts bestimmt, das für die Klage zuständig ist.**

1. Zum **Kreis der Anfechtungsberechtigten** gehört seit dem Gesetz zur Ergänzung des Rechts zur Anfechtung der Vaterschaft (BGBl 2008 I 313) die in Abs 1 Nr 5 genannte Behörde. Das Anfechtungsrecht ist an die in Abs 3 genannten Voraussetzungen geknüpft, wobei das Bestehen einer sozial-familiären Beziehung in Abs 4 konkretisiert wird. Die Bestimmung trägt einer Vorgabe des BVerfG aus dem Jahr 2007 Rechnung (BVerfG NJW 2007, 753), in der das BVerfG das Fehlen eines rechtsförmigen Verfahrens gerügt hatte, mit dem der Vater die Abstammung „seines" Kindes feststellen kann, ohne eine Statusänderung herbeizuführen. Auch die Mutter hat ein eigenes Anfechtungsrecht, weil eine erfolgreiche Anfechtung sich auf ihre Rechtsstellung mittelbar auswirkt, zB bei der Sorge. Vater und Mutter können nur selbst anfechten (§ 1600a II 1), für ein nicht volljähriges Kind kann nur der gesetzliche Vertreter an- 1 fechten (§ 1600a III), wobei die Anfechtung dem Wohl des Kindes dienen muss (§ 1600a IV). In § 1600b ist die Anfechtungsfrist detailliert geregelt; insbesondere beginnt für das Kind, das ein verfassungsrechtlich garantiertes Recht auf Kenntnis seiner eigenen Abstammung hat (BVerfGE 79, 256), nach dem Eintritt der Volljährigkeit eine eigene Frist, wenn sein gesetzlicher Vertreter die Vaterschaft nicht rechtzeitig angefochten hatte (§ 1600b III). Bei einer **heterologen Insemination** (vgl Vor § 1591 Rz 4) schließt Abs 4 die Anfechtung der Vaterschaft durch den Mann oder die Mutter (nicht aber durch das Kind) aus, wenn beide in die Durchführung der künstlichen Befruchtung eingewilligt hatten.

2 **2.** Die Vorschrift war mit Art 6 II 1 GG insoweit nicht vereinbar, als sie den **Erzeuger** ausnahmslos von der Anfechtung einer Vaterschaftsanerkennung ausschloss (BVerfGE 108, 82). Das BVerfG hatte dem Gesetzgeber aufgegeben, bis zum 30. 4. 2004 eine verfassungsgemäße Regelung zu treffen. Daraufhin wurden Abs 1 Nr 2 und die Abs 2 und 3 in die Vorschrift eingefügt (BGBl 2004 I 598).

§ 1600a. Persönliche Anfechtung; Anfechtung bei fehlender oder beschränkter Geschäftsfähigkeit

(1) **Die Anfechtung kann nicht durch einen Bevollmächtigten erfolgen.**

(2) [1]**Die Anfechtungsberechtigten im Sinne von § 1600 Abs. 1 Nr. 1 bis 3 können die Vaterschaft nur selbst anfechten.** [2]**Dies gilt auch, wenn sie in der Geschäftsfähigkeit beschränkt sind; sie bedürfen hierzu nicht der Zustimmung ihres gesetzlichen Vertreters.** [3]**Sind sie geschäftsunfähig, so kann nur ihr gesetzlicher Vertreter anfechten.**

(3) **Für ein geschäftsunfähiges oder in der Geschäftsfähigkeit beschränktes Kind kann nur der gesetzliche Vertreter anfechten.**

(4) **Die Anfechtung durch den gesetzlichen Vertreter ist nur zulässig, wenn sie dem Wohl des Vertretenen dient.**

(5) **Ein geschäftsfähiger Betreuter kann die Vaterschaft nur selbst anfechten.**

§ 1600b. Anfechtungsfristen

(1) [1]**Die Vaterschaft kann binnen zwei Jahren gerichtlich angefochten werden.** [2]**Die Frist beginnt mit dem Zeitpunkt, in dem der Berechtigte von den Umständen erfährt, die gegen die Vaterschaft sprechen; das Vorliegen einer sozial-familiären Beziehung im Sinne des § 1600 Abs. 2 erste Alternative hindert den Lauf der Frist nicht.**

(1a) [1]**Im Fall des § 1600 Abs. 1 Nr. 5 kann die Vaterschaft binnen eines Jahres gerichtlich angefochten werden.** [2]**Die Frist beginnt, wenn die anfechtungsberechtigte Behörde von den Tatsachen Kenntnis erlangt, die die Annahme rechtfertigen, dass die Voraussetzungen für ihr Anfechtungsrecht vorliegen.** [3]**Die Anfechtung ist spätestens nach Ablauf von fünf Jahren seit der Wirksamkeit der Anerkennung der Vaterschaft für ein im Bundesgebiet geborenes Kind ausgeschlossen; ansonsten spätestens fünf Jahre nach der Einreise des Kindes.**

(2) [1]**Die Frist beginnt nicht vor der Geburt des Kindes und nicht, bevor die Anerkennung wirksam geworden ist.** [2]**In den Fällen des § 1593 Satz 4 beginnt die Frist nicht vor der Rechtskraft der Entscheidung, durch die festgestellt wird, dass der neue Ehemann der Mutter nicht der Vater des Kindes ist.**

(3) [1]**Hat der gesetzliche Vertreter eines minderjährigen Kindes die Vaterschaft nicht rechtzeitig angefochten, so kann das Kind nach dem Eintritt der Volljährigkeit selbst anfechten.** [2]**In diesem Falle beginnt die Frist nicht vor Eintritt der Volljährigkeit und nicht vor dem Zeitpunkt, in dem das Kind von den Umständen erfährt, die gegen die Vaterschaft sprechen.**

(4) [1]**Hat der gesetzliche Vertreter eines Geschäftsunfähigen die Vaterschaft nicht rechtzeitig angefochten, so kann der Anfechtungsberechtigte nach dem Wegfall der Geschäftsunfähigkeit selbst anfechten.** [2]**Absatz 3 Satz 2 gilt entsprechend.**

(5) [1]**Die Frist wird durch die Einleitung eines Verfahrens nach § 1598a Abs. 2 gehemmt; § 204 Abs. 2 gilt entsprechend.** [2]**Die Frist ist auch gehemmt, solange der Anfechtungsberechtigte widerrechtlich durch Drohung an der Anfechtung gehindert wird.** [3]**Im Übrigen sind § 204 Absatz 1 Nummer 4, 8, 13, 14 und Absatz 2 sowie die §§ 206 und 210 entsprechend anzuwenden.**

(6) **Erlangt das Kind Kenntnis von Umständen, auf Grund derer die Folgen der Vaterschaft für es unzumutbar werden, so beginnt für das Kind mit diesem Zeitpunkt die Frist des Absatzes 1 Satz 1 erneut.**

§ 1600c. Vaterschaftsvermutung im Anfechtungsverfahren

(1) **In dem Verfahren auf Anfechtung der Vaterschaft wird vermutet, dass das Kind von dem Mann abstammt, dessen Vaterschaft nach § 1592 Nr. 1 und 2, § 1593 besteht.**

(2) **Die Vermutung nach Absatz 1 gilt nicht, wenn der Mann, der die Vaterschaft anerkannt hat, die Vaterschaft anficht und seine Anerkennung unter einem Willensmangel nach § 119 Abs. 1, § 123 leidet; in diesem Falle ist § 1600d Abs. 2 und 3 entsprechend anzuwenden.**

§ 1600d. Gerichtliche Feststellung der Vaterschaft

(1) **Besteht keine Vaterschaft nach § 1592 Nr. 1 und 2, § 1593, so ist die Vaterschaft gerichtlich festzustellen.**

(2) [1]**Im Verfahren auf gerichtliche Feststellung der Vaterschaft wird als Vater vermutet, wer der Mutter während der Empfängniszeit beigewohnt hat.** [2]**Die Vermutung gilt nicht, wenn schwerwiegende Zweifel an der Vaterschaft bestehen.**

(3) [1]**Als Empfängniszeit gilt die Zeit von dem 300. bis zu dem 181. Tage vor der Geburt des Kindes, mit Einschluss sowohl des 300. als auch des 181. Tages.** [2]**Steht fest, dass das Kind außerhalb des Zeitraums des Satzes 1 empfangen worden ist, so gilt dieser abweichende Zeitraum als Empfängniszeit.**

(4) **Die Rechtswirkungen der Vaterschaft können, soweit sich nicht aus dem Gesetz anderes ergibt, erst vom Zeitpunkt ihrer Feststellung an geltend gemacht werden.**

1. Der **Anwendungsbereich der gerichtlichen Vaterschaftsfeststellung** erfasst 1
die Fälle, in denen auf Grund von §§ 1592 Nrn 1 und 2, 1593 keine Vaterschaft besteht, sei es dass die Mutter nicht verheiratet war und eine Vaterschaftsanerkennung entweder nicht vorliegt oder (zB mangels Zustimmung der Mutter) nicht wirksam ist, sei es dass eine Vaterschaftsanfechtung erfolgreich war (s § 1599 I).

2. Die **Vermutung** des Abs 2 ist dann von Bedeutung, wenn – etwa wegen des 2
Fehlens von Blut- und Gewebeproben – keine hinreichenden gutachtlichen Erkenntnisse gewonnen werden können. Das Kind soll, wenn wenigstens die Beiwohnung bewiesen ist, nicht rechtlich vaterlos bleiben.

3. Dass die Wirkungen der Vaterschaft gemäß Abs 4 grds erst vom **Zeitpunkt der** 3
Feststellung an geltend gemacht werden können, entspricht der in § 1594 I für die Anerkennung getroffenen Regelung (Näheres dort).

§ 1600e. *(aufgehoben)*

Titel 3. Unterhaltspflicht

Untertitel 1. Allgemeine Vorschriften

§ 1601. Unterhaltsverpflichtete

Verwandte in gerader Linie sind verpflichtet, einander Unterhalt zu gewähren.

1 **1. Verwandte in gerader Linie** sind Personen, deren eine von der anderen abstammt (§ 1589 S 1), also namentlich Eltern und Kinder. Ihre Unterhaltspflicht ist in §§ 1601 ff geregelt. Praktisch im Vordergrund steht die Unterhaltspflicht der Eltern gegenüber ihren Kindern, namentlich nach einer Ehescheidung; für die Unterhaltspflicht gegenüber Kindern nicht miteinander verheirateter Eltern gelten Besonderheiten gemäß §§ 1615 a ff. Ferner folgt aus §§ 1601 ff eine (nach Maßgabe des § 1609 freilich nachrangige) Unterhaltspflicht der Kinder gegenüber ihren Eltern, zB bei starker Pflegebedürftigkeit oder Heimunterbringung (vgl – auch zum angemessenen Selbstbehalt der Kinder – etwa BGHZ 152, 217). Verwandte in der Seitenlinie (zB Geschwister) sind einander nicht zu Unterhaltsleistungen verpflichtet. Allgemeiner Überblick über das Unterhaltsrecht s § 1360 Rz 1.

2 **2. Voraussetzungen** der Unterhaltspflicht sind – hier wie meist im Unterhaltsrecht – **Bedürftigkeit** des Berechtigten (§ 1602) und **Leistungsfähigkeit** des Verpflichteten (§ 1603).

3 **3.** In der **Rangfolge** der Verpflichteten steht der Ehegatte des Bedürftigen grds an erster Stelle (§ 1608 S 1). Die Verwandten haften in zweiter Linie, und zwar in der von § 1606 festgelegten Reihenfolge.

§ 1602. Bedürftigkeit

(1) **Unterhaltsberechtigt ist nur, wer außerstande ist, sich selbst zu unterhalten.**

(2) **Ein minderjähriges unverheiratetes Kind kann von seinen Eltern, auch wenn es Vermögen hat, die Gewährung des Unterhalts insoweit verlangen, als die Einkünfte seines Vermögens und der Ertrag seiner Arbeit zum Unterhalt nicht ausreichen.**

1 **1.** Das Kriterium der **Bedürftigkeit** wird in Abs 1 – klarer als beim Geschiedenenunterhalt in §§ 1569 S 1, 1577 – deutlich herausgestellt. Auf die Ursachen der Bedürftigkeit kommt es grds (Ausnahme § 1611 I) nicht an (BGHZ 93, 123, 129). Entscheidend ist, ob der Anspruchsteller imstande ist, sich selbst **angemessen** (vgl § 1610 I) zu unterhalten. Insbesondere muss er einer zumutbaren Erwerbstätigkeit nachgehen.

2 **2.** Ein **Privileg des minderjährigen Kindes** schafft Abs 2, indem es – im Unterschied zu dem im Unterhaltsrecht sonst geltenden Grundsatz – den Stamm seines Vermögens nicht anzugreifen braucht.

3 **3.** Soweit ausreichende **Sozialleistungen** gezahlt werden, entfällt grds die Bedürftigkeit. Anders ist es in den Bereichen, in denen das öffentliche Recht einen Vorrang der Unterhaltspflicht vorschreibt. Dann besteht der Unterhaltsanspruch so, als würde die Sozialleistung nicht gezahlt. Wird der Unterhaltsanspruch nicht erfüllt, geht er regelmäßig kraft Gesetzes auf die leistende Behörde über.

§ 1603. Leistungsfähigkeit

(1) **Unterhaltspflichtig ist nicht, wer bei Berücksichtigung seiner sonstigen Verpflichtungen außerstande ist, ohne Gefährdung seines angemessenen Unterhalts den Unterhalt zu gewähren.**

(2) [1]**Befinden sich Eltern in dieser Lage, so sind sie ihren minderjährigen unverheirateten Kindern gegenüber verpflichtet, alle verfügbaren Mittel zu ihrem**

und der Kinder Unterhalt gleichmäßig zu verwenden. [2]Den minderjährigen unverheirateten Kindern stehen volljährige unverheiratete Kinder bis zur Vollendung des 21. Lebensjahrs gleich, solange sie im Haushalt der Eltern oder eines Elternteils leben und sich in der allgemeinen Schulausbildung befinden. [3]Diese Verpflichtung tritt nicht ein, wenn ein anderer unterhaltspflichtiger Verwandter vorhanden ist; sie tritt auch nicht ein gegenüber einem Kind, dessen Unterhalt aus dem Stamme seines Vermögens bestritten werden kann.

1. Die Vorschrift umschreibt das Kriterium der **Leistungsfähigkeit** des Verpflichteten; vgl dazu § 1569 Rz 6. Der **angemessene Unterhalt** ist in § 1610 definiert. 1

2. Gegenüber **minderjährigen unverheirateten Kindern** wird gemäß Abs 2 S 1 die Leistungsfähigkeit über die Grenze des eigenen angemessenen Unterhalts hinaus erweitert. Mit den Kindern ist – bis auf den sog notwendigen Selbstbehalt nach der Düsseldorfer Tabelle (§ 1361 Rz 2) – grds alles zu teilen. Die Vorschrift verpflichtet zu gesteigerter Ausnutzung der Arbeitskraft und zum Einsatz auch des Vermögensstammes – über § 1581 Satz 2 hinausgehend, aber nur bis zur Grenze des notwendigen Eigenbedarfs für die voraussichtliche Lebensdauer des Schuldners (BGH NJW 1989, 524: querschnittgelähmter Schuldner). 2

§ 1604. Einfluss des Güterstands

[1]Lebt der Unterhaltspflichtige in Gütergemeinschaft, bestimmt sich seine Unterhaltspflicht Verwandten gegenüber so, als ob das Gesamtgut ihm gehörte. [2]Haben beide in Gütergemeinschaft lebende Personen bedürftige Verwandte, ist der Unterhalt aus dem Gesamtgut so zu gewähren, als ob die Bedürftigen zu beiden Unterhaltspflichtigen in dem Verwandtschaftsverhältnis stünden, auf dem die Unterhaltspflicht des Verpflichteten beruht.

§ 1605. Auskunftspflicht

(1) **[1]Verwandte in gerader Linie sind einander verpflichtet, auf Verlangen über ihre Einkünfte und ihr Vermögen Auskunft zu erteilen, soweit dies zur Feststellung eines Unterhaltsanspruchs oder einer Unterhaltsverpflichtung erforderlich ist. [2]Über die Höhe der Einkünfte sind auf Verlangen Belege, insbesondere Bescheinigungen des Arbeitgebers, vorzulegen. [3]Die §§ 260, 261 sind entsprechend anzuwenden.**

(2) **Vor Ablauf von zwei Jahren kann Auskunft erneut nur verlangt werden, wenn glaubhaft gemacht wird, dass der zur Auskunft Verpflichtete später wesentlich höhere Einkünfte oder weiteres Vermögen erworben hat.**

§ 1606. Rangverhältnisse mehrerer Pflichtiger

(1) **Die Abkömmlinge sind vor den Verwandten der aufsteigenden Linie unterhaltspflichtig.**

(2) **Unter den Abkömmlingen und unter den Verwandten der aufsteigenden Linie haften die näheren vor den entfernteren.**

(3) **[1]Mehrere gleich nahe Verwandte haften anteilig nach ihren Erwerbs- und Vermögensverhältnissen. [2]Der Elternteil, der ein minderjähriges unverheiratetes Kind betreut, erfüllt seine Verpflichtung, zum Unterhalt des Kindes beizutragen, in der Regel durch die Pflege und die Erziehung des Kindes.**

Durch Abs 3 S 2 bringt das Gesetz zum Ausdruck, dass **Pflege und Erziehung** (sog **Naturalunterhalt**) und Barunterhalt grds gleichwertig sind. Die Regel gilt nicht nur für die Mutter, sondern auch für den Vater, der ein minderjähriges unverheiratetes Kind betreut. Verfügt der Elternteil, der das Kind pflegt und erzieht, über eigenes, 1 seinen Lebensbedarf übersteigendes Einkommen, so ist er wegen Abs 3 S 2 dem Kinde dennoch nicht zum Barunterhalt verpflichtet, wenn der andere Elternteil ein ähnlich hohes Einkommen hat und also leistungsfähig ist (BGH FamRZ 1980, 994: Die geschiedenen Eltern sind beide Lehrer; zahlen muss allein der Mann, da er die Kinder nicht betreut). Ausnahmen sollen nach dieser Entscheidung nur dann anzunehmen sein, wenn die Bestimmung zu einem erheblichen finanziellen Ungleichgewicht zwischen den Eltern führt.

§ 1607. Ersatzhaftung und gesetzlicher Forderungsübergang

(1) **Soweit ein Verwandter auf Grund des § 1603 nicht unterhaltspflichtig ist, hat der nach ihm haftende Verwandte den Unterhalt zu gewähren.**

(2) [1]**Das Gleiche gilt, wenn die Rechtsverfolgung gegen einen Verwandten im Inland ausgeschlossen oder erheblich erschwert ist.** [2]**Der Anspruch gegen einen solchen Verwandten geht, soweit ein anderer nach Absatz 1 verpflichteter Verwandter den Unterhalt gewährt, auf diesen über.**

(3) [1]**Der Unterhaltsanspruch eines Kindes gegen einen Elternteil geht, soweit unter den Voraussetzungen des Absatzes 2 Satz 1 anstelle des Elternteils ein anderer, nicht unterhaltspflichtiger Verwandter oder der Ehegatte des anderen Elternteils Unterhalt leistet, auf diesen über.** [2]**Satz 1 gilt entsprechend, wenn dem Kind ein Dritter als Vater Unterhalt gewährt.**

(4) **Der Übergang des Unterhaltsanspruchs kann nicht zum Nachteil des Unterhaltsberechtigten geltend gemacht werden.**

§ 1608. Haftung des Ehegatten oder Lebenspartners

(1) [1]**Der Ehegatte des Bedürftigen haftet vor dessen Verwandten.** [2]**Soweit jedoch der Ehegatte bei Berücksichtigung seiner sonstigen Verpflichtungen außerstande ist, ohne Gefährdung seines angemessenen Unterhalts den Unterhalt zu gewähren, haften die Verwandten vor dem Ehegatten.** [3]**§ 1607 Abs. 2 und 4 gilt entsprechend.** [4]**Der Lebenspartner des Bedürftigen haftet in gleicher Weise wie ein Ehegatte.**

(2) *(weggefallen)*

§ 1609. Rangfolge mehrerer Unterhaltsberechtigter

Sind mehrere Unterhaltsberechtigte vorhanden und ist der Unterhaltspflichtige außerstande, allen Unterhalt zu gewähren, gilt folgende Rangfolge:

1. **minderjährige unverheiratete Kinder und Kinder im Sinne des § 1603 Abs. 2 Satz 2,**
2. **Elternteile, die wegen der Betreuung eines Kindes unterhaltsberechtigt sind oder im Fall einer Scheidung wären, sowie Ehegatten und geschiedene Ehegatten bei einer Ehe von langer Dauer; bei der Feststellung einer Ehe von langer Dauer sind auch Nachteile im Sinne des § 1578b Abs. 1 Satz 2 und 3 zu berücksichtigen,**
3. **Ehegatten und geschiedene Ehegatten, die nicht unter Nummer 2 fallen,**
4. **Kinder, die nicht unter Nummer 1 fallen,**
5. **Enkelkinder und weitere Abkömmlinge,**
6. **Eltern,**
7. **weitere Verwandte der aufsteigenden Linie; unter ihnen gehen die Näheren den Entfernteren vor.**

1 S die Erläuterungen zu § 1582.

§ 1610. Maß des Unterhalts

(1) **Das Maß des zu gewährenden Unterhalts bestimmt sich nach der Lebensstellung des Bedürftigen (angemessener Unterhalt).**

(2) **Der Unterhalt umfasst den gesamten Lebensbedarf einschließlich der Kosten einer angemessenen Vorbildung zu einem Beruf, bei einer der Erziehung bedürftigen Person auch die Kosten der Erziehung.**

1. Die Kosten einer **angemessenen Vorbildung zu einem Beruf** gehören nach Abs 2 zum Unterhalt, und zwar auch, wenn das Kind bereits volljährig ist. Angemessen ist eine Berufsausbildung, die der Begabung und den Fähigkeiten, dem Leistungswillen und den beachtenswerten Neigungen des Kindes am besten entspricht und sich dabei in den Grenzen der wirtschaftlichen Leistungsfähigkeit der Eltern (Unterhaltspflichtigen) hält (BGHZ 69, 190, 192). Geschuldet wird aber nur eine den Eltern wirtschaftlich zumutbare Finanzierung (vgl § 1603), wobei § 1603 II auf eine über die elementare Existenzbefähigung hinausgehende kostspielige Berufsausbildung nicht anzuwenden ist (*Schwab* Rz 849). 1

2. Die Kosten für eine **Zweitausbildung** müssen die Eltern im allgemeinen nicht mehr tragen; aber es gibt Ausnahmen, wenn sich die Notwendigkeit eines Berufswechsels herausstellt, etwa aus gesundheitlichen Gründen oder weil der zunächst erlernte Beruf keine ausreichende Lebensgrundlage bietet oder weil die Begabung des Kindes völlig verkannt wurde (BGHZ 69, 190, 194). Außerdem umfasst der Unterhalt auch die Kosten eines Hochschulstudiums, wenn das Kind – wie das nicht selten geschieht – nach dem Abitur zunächst eine praktische Ausbildung (Lehre) absolviert und währenddessen Unterhalt bekommen hat, sofern das spätere Studium mit den vorangegangenen Ausbildungsabschnitten in einem engen sachlichen und zeitlichen Zusammenhang steht und die Finanzierung des Studiums den Eltern wirtschaftlich zumutbar ist; dabei genügt es, dass der Studienentschluss erst nach Abschluss der Lehre gefasst wird, weil es gerade der Eigenart des vom herkömmlichen Bild abweichenden Ausbildungsverhaltens entspricht, dass sich der Abiturient bei Aufnahme der praktischen Ausbildung vielfach noch nicht über ein anschließendes Studium schlüssig ist. Eine Übertragung dieser für die sog Abitur-Lehre-Studium-Fälle entwickelten Grundsätze auf Ausbildungsabläufe, in denen nach einem Realschulabschluss zunächst eine Lehre, dann die Fachoberschule und später die Fachhochschule absolviert wird, lehnt der BGH in st Rspr ab (BGH NJW 2006, 2984, 2985 Nr 17). In solchen Fällen sind danach die einzelnen Ausbildungsabschnitte nur dann als einheitliche, von den Eltern zu finanzierende Berufsausbildung anzusehen, wenn schon bei Beginn der praktischen Ausbildung erkennbar eine Weiterbildung einschließlich des späteren Studiums angestrebt wurde (BGHZ 107, 376). 2

§ 1610 a. Deckungsvermutung bei schadensbedingten Mehraufwendungen

Werden für Aufwendungen infolge eines Körper- oder Gesundheitsschadens Sozialleistungen in Anspruch genommen, wird bei der Feststellung eines Unterhaltsanspruchs vermutet, dass die Kosten der Aufwendungen nicht geringer sind als die Höhe dieser Sozialleistungen.

§ 1611. Beschränkung oder Wegfall der Verpflichtung

(1) [1]**Ist der Unterhaltsberechtigte durch sein sittliches Verschulden bedürftig geworden, hat er seine eigene Unterhaltspflicht gegenüber dem Unterhaltspflichtigen gröblich vernachlässigt oder sich vorsätzlich einer schweren Verfehlung gegen den Unterhaltspflichtigen oder einen nahen Angehörigen des Unterhaltspflichtigen schuldig gemacht, so braucht der Verpflichtete nur einen Beitrag zum Unterhalt in der Höhe zu leisten, die der Billigkeit entspricht.** [2]**Die**

Verpflichtung fällt ganz weg, wenn die Inanspruchnahme des Verpflichteten grob unbillig wäre.

(2) **Die Vorschriften des Absatzes 1 sind auf die Unterhaltspflicht von Eltern gegenüber ihren minderjährigen unverheirateten Kindern nicht anzuwenden.**

(3) **Der Bedürftige kann wegen einer nach diesen Vorschriften eintretenden Beschränkung seines Anspruchs nicht andere Unterhaltspflichtige in Anspruch nehmen.**

§ 1612. Art der Unterhaltsgewährung

(1) [1]**Der Unterhalt ist durch Entrichtung einer Geldrente zu gewähren.** [2]**Der Verpflichtete kann verlangen, dass ihm die Gewährung des Unterhalts in anderer Art gestattet wird, wenn besondere Gründe es rechtfertigen.**

(2) [1]**Haben Eltern einem unverheirateten Kind Unterhalt zu gewähren, können sie bestimmen, in welcher Art und für welche Zeit im Voraus der Unterhalt gewährt werden soll, sofern auf die Belange des Kindes die gebotene Rücksicht genommen wird.** [2]**Ist das Kind minderjährig, kann ein Elternteil, dem die Sorge für die Person des Kindes nicht zusteht, eine Bestimmung nur für die Zeit treffen, in der das Kind in seinen Haushalt aufgenommen ist.**

(3) [1]**Eine Geldrente ist monatlich im Voraus zu zahlen.** [2]**Der Verpflichtete schuldet den vollen Monatsbetrag auch dann, wenn der Berechtigte im Laufe des Monats stirbt.**

1 **1.** Das **elterliche Bestimmungsrecht,** das Abs 2 S 1 bei unverheirateten (auch volljährigen) Kindern vorsieht, durchbricht den Grundsatz, dass Unterhalt durch Entrichtung einer Geldrente zu gewähren ist. Die Eltern sollen durch die Möglichkeit der Naturalleistung (Wohnung, Kost etc) wirtschaftlich entlastet werden; außerdem soll ihr Einfluss auf die Lebensführung eines noch unverheirateten Kindes gestärkt werden. Ein Student kann also nicht ohne weiteres zu Hause ausziehen und von den Eltern Geld für eine bescheidene Wohnung in der Nachbarschaft verlangen.

2 **2.** Gegenüber **minderjährigen** Kindern wird das Bestimmungsrecht – wie die Personensorge (§ 1626 I 2) – grds von beiden Eltern gemeinsam ausgeübt, im Falle der Scheidung ggf vom allein sorgeberechtigten Teil (§ 1671; vgl aber auch Abs 2 S 3). Sind die Eltern eines **volljährigen** Kindes geschieden, so kann der auf Unterhalt in Anspruch genommene Teil die Bestimmung jedenfalls dann allein vornehmen, wenn schutzwürdige Belange des anderen Teils nicht berührt werden (BGHZ 104, 224).

§ 1612 a. Mindestunterhalt minderjähriger Kinder

(1) [1]**Ein minderjähriges Kind kann von einem Elternteil, mit dem es nicht in einem Haushalt lebt, den Unterhalt als Prozentsatz des jeweiligen Mindestunterhalts verlangen.** [2]**Der Mindestunterhalt richtet sich nach dem doppelten Freibetrag für das sächliche Existenzminimum eines Kindes (Kinderfreibetrag) nach § 32 Abs. 6 Satz 1 des Einkommensteuergesetzes.** [3]**Er beträgt monatlich entsprechend dem Alter des Kindes**

1. **für die Zeit bis zur Vollendung des sechsten Lebensjahrs (erste Altersstufe) 87 Prozent,**
2. **für die Zeit vom siebten bis zur Vollendung des zwölften Lebensjahrs (zweite Altersstufe) 100 Prozent und**
3. **für die Zeit vom 13. Lebensjahr an (dritte Altersstufe) 117 Prozent**

eines Zwölftels des doppelten Kinderfreibetrags.

(2) [1]**Der Prozentsatz ist auf eine Dezimalstelle zu begrenzen; jede weitere sich ergebende Dezimalstelle wird nicht berücksichtigt.** [2]**Der sich bei der Berechnung des Unterhalts ergebende Betrag ist auf volle Euro aufzurunden.**

(3) **Der Unterhalt einer höheren Altersstufe ist ab dem Beginn des Monats maßgebend, in dem das Kind das betreffende Lebensjahr vollendet.**

Für den **Kindesunterhalt** bildet § 1612a die zentrale Vorschrift. Alle Kinder, gleichgültig, ob die Eltern miteinander verheiratet sind oder nicht, können den ihnen nach §§ 1601ff zustehenden Individualunterhalt als Prozentsatz des jeweiligen Mindestunterhalts verlangen. Voraussetzung ist gemäß Abs 1, dass das Kind minderjährig ist und mit dem in Anspruch genommenen Elternteil nicht in einem Haushalt lebt. Dem Kind steht gem §§ 249ff FamFG ein **vereinfachtes Verfahren** zur Festsetzung des Unterhalts bis zur Höhe des 1,2fachen des Mindestunterhalts nach Abs 1 zur Verfügung. Weitergehende Ansprüche können im normalen Unterhaltsverfahren, also im Klagewege, geltend gemacht werden. 1

§ 1612b. Deckung des Barbedarfs durch Kindergeld

(1) [1]**Das auf das Kind entfallende Kindergeld ist zur Deckung seines Barbedarfs zu verwenden:**

1. zur Hälfte, wenn ein Elternteil seine Unterhaltspflicht durch Betreuung des Kindes erfüllt (§ 1606 Abs. 3 Satz 2);

2. in allen anderen Fällen in voller Höhe.

[2]**In diesem Umfang mindert es den Barbedarf des Kindes.**

(2) **Ist das Kindergeld wegen der Berücksichtigung eines nicht gemeinschaftlichen Kindes erhöht, ist es im Umfang der Erhöhung nicht bedarfsmindernd zu berücksichtigen.**

§ 1612c. Anrechnung anderer kindbezogener Leistungen

§ 1612b gilt entsprechend für regelmäßig wiederkehrende kindbezogene Leistungen, soweit sie den Anspruch auf Kindergeld ausschließen.

§ 1613. Unterhalt für die Vergangenheit

(1) [1]**Für die Vergangenheit kann der Berechtigte Erfüllung oder Schadensersatz wegen Nichterfüllung nur von dem Zeitpunkt an fordern, zu welchem der Verpflichtete zum Zwecke der Geltendmachung des Unterhaltsanspruchs aufgefordert worden ist, über seine Einkünfte und sein Vermögen Auskunft zu erteilen, zu welchem der Verpflichtete in Verzug gekommen oder der Unterhaltsanspruch rechtshängig geworden ist.** [2]**Der Unterhalt wird ab dem Ersten des Monats, in den die bezeichneten Ereignisse fallen, geschuldet, wenn der Unterhaltsanspruch dem Grunde nach zu diesem Zeitpunkt bestanden hat.**

(2) **Der Berechtigte kann für die Vergangenheit ohne die Einschränkung des Absatzes 1 Erfüllung verlangen**

1. wegen eines unregelmäßigen außergewöhnlich hohen Bedarfs (Sonderbedarf); nach Ablauf eines Jahres seit seiner Entstehung kann dieser Anspruch nur geltend gemacht werden, wenn vorher der Verpflichtete in Verzug gekommen oder der Anspruch rechtshängig geworden ist;

2. für den Zeitraum, in dem er

a) aus rechtlichen Gründen oder

b) aus tatsächlichen Gründen, die in den Verantwortungsbereich des Unterhaltspflichtigen fallen,

an der Geltendmachung des Unterhaltsanspruchs gehindert war.

(3) [1]**In den Fällen des Absatzes 2 Nr. 2 kann Erfüllung nicht, nur in Teilbeträgen oder erst zu einem späteren Zeitpunkt verlangt werden, soweit die volle oder die sofortige Erfüllung für den Verpflichteten eine unbillige Härte bedeu-**

ten würde. [2]Dies gilt auch, soweit ein Dritter vom Verpflichteten Ersatz verlangt, weil er anstelle des Verpflichteten Unterhalt gewährt hat.

§ 1614. Verzicht auf den Unterhaltsanspruch; Vorausleistung

(1) **Für die Zukunft kann auf den Unterhalt nicht verzichtet werden.**

(2) **Durch eine Vorausleistung wird der Verpflichtete bei erneuter Bedürftigkeit des Berechtigten nur für den im § 760 Abs. 2 bestimmten Zeitabschnitt oder, wenn er selbst den Zeitabschnitt zu bestimmen hatte, für einen den Umständen nach angemessenen Zeitabschnitt befreit.**

§ 1615. Erlöschen des Unterhaltsanspruchs

(1) **Der Unterhaltsanspruch erlischt mit dem Tode des Berechtigten oder des Verpflichteten, soweit er nicht auf Erfüllung oder Schadensersatz wegen Nichterfüllung für die Vergangenheit oder auf solche im Voraus zu bewirkende Leistungen gerichtet ist, die zur Zeit des Todes des Berechtigten oder des Verpflichteten fällig sind.**

(2) **Im Falle des Todes des Berechtigten hat der Verpflichtete die Kosten der Beerdigung zu tragen, soweit ihre Bezahlung nicht von dem Erben zu erlangen ist.**

Untertitel 2. Besondere Vorschriften für das Kind und seine nicht miteinander verheirateten Eltern

§ 1615 a. Anwendbare Vorschriften

Besteht für ein Kind keine Vaterschaft nach § 1592 Nr. 1, § 1593 und haben die Eltern das Kind auch nicht während ihrer Ehe gezeugt oder nach seiner Geburt die Ehe miteinander geschlossen, gelten die allgemeinen Vorschriften, soweit sich nichts anderes aus den folgenden Vorschriften ergibt.

§§ 1615 b–1615 k. *(weggefallen)*

§ 1615 l. Unterhaltsanspruch von Mutter und Vater aus Anlass der Geburt

(1) **[1]Der Vater hat der Mutter für die Dauer von sechs Wochen vor und acht Wochen nach der Geburt des Kindes Unterhalt zu gewähren. [2]Dies gilt auch hinsichtlich der Kosten, die infolge der Schwangerschaft oder der Entbindung außerhalb dieses Zeitraums entstehen.**

(2) **[1]Soweit die Mutter einer Erwerbstätigkeit nicht nachgeht, weil sie infolge der Schwangerschaft oder einer durch die Schwangerschaft oder die Entbindung verursachten Krankheit dazu außerstande ist, ist der Vater verpflichtet, ihr über die in Absatz 1 Satz 1 bezeichnete Zeit hinaus Unterhalt zu gewähren. [2]Das Gleiche gilt, soweit von der Mutter wegen der Pflege oder Erziehung des Kindes eine Erwerbstätigkeit nicht erwartet werden kann. [3]Die Unterhaltspflicht beginnt frühestens vier Monate vor der Geburt und besteht für mindestens drei Jahre nach der Geburt. [4]Sie verlängert sich, solange und soweit dies der Billigkeit entspricht. [5]Dabei sind insbesondere die Belange des Kindes und die bestehenden Möglichkeiten der Kinderbetreuung zu berücksichtigen.**

(3) **[1]Die Vorschriften über die Unterhaltspflicht zwischen Verwandten sind entsprechend anzuwenden. [2]Die Verpflichtung des Vaters geht der Verpflichtung der Verwandten der Mutter vor. [3]§ 1613 Abs. 2 gilt entsprechend. [4]Der Anspruch erlischt nicht mit dem Tode des Vaters.**

(4) [1]**Wenn der Vater das Kind betreut, steht ihm der Anspruch nach Absatz 2 Satz 2 gegen die Mutter zu.** [2]**In diesem Falle gilt Absatz 3 entsprechend.**

§ 1615 m. Beerdigungskosten für die Mutter

Stirbt die Mutter infolge der Schwangerschaft oder der Entbindung, so hat der Vater die Kosten der Beerdigung zu tragen, soweit ihre Bezahlung nicht von dem Erben der Mutter zu erlangen ist.

§ 1615 n. Kein Erlöschen bei Tod des Vaters oder Totgeburt

[1]**Die Ansprüche nach den §§ 1615 l, 1615 m bestehen auch dann, wenn der Vater vor der Geburt des Kindes gestorben oder wenn das Kind tot geboren ist.** [2]**Bei einer Fehlgeburt gelten die Vorschriften der §§ 1615 l, 1615 m sinngemäß.**

§ 1615 o. *(aufgehoben)*

Titel 4. Rechtsverhältnis zwischen den Eltern und dem Kind im Allgemeinen

Vor § 1616

1. Durch das KindRG von 1997 wurde auch hinsichtlich des **Kindesnamens** die Unterscheidung zwischen „ehelichen" und „nichtehelichen" Kindern aufgegeben. Die Neuregelung verdeutlicht, dass das Recht der Eltern zur Bestimmung des Kindesnamens Ausfluss der elterlichen Sorge ist. Die Inhaberschaft der Sorge wird, sofern kein Ehename besteht, zum entscheidenden Kriterium für die Namensführung des Kindes. 1

2. Im Einzelnen gilt Folgendes: **a)** Führen die Eltern des Kindes einen **Ehenamen** (§ 1355 I 1), so erhält ihn auch das Kind (§ 1616). Die Eltern brauchen im Zeitpunkt der Geburt nicht mehr miteinander verheiratet zu sein; ausreichend ist, dass sie vor der Geburt miteinander verheiratet waren und im Zeitpunkt der Geburt nach § 1355 V 1 noch den Ehenamen tragen (RegBegr BT-Drucks 13/4899, 90). **b)** Führen die Eltern dagegen **verschiedene Namen** (weil sie nicht miteinander verheiratet sind oder weil sie bei der Eheschließung gem § 1355 I 3 keinen Ehenamen bestimmt haben), so ist nach der Verteilung der elterlichen Sorge zu unterscheiden: Sofern ein **gemeinsames Sorgerecht** besteht, bestimmen die Eltern entweder den Namen des Vaters oder den der Mutter zum Geburtsnamen des Kindes (§ 1617), nicht jedoch einen aus den Namen beider Elternteile zusammengesetzten Doppelnamen (s zur Verfassungsmäßigkeit dieser der Vermeidung von Namensketten dienenden Einschränkung BVerfGE 104, 373). Die Bestimmung der Eltern gilt nach § 1617 I 3 auch für die weiteren gemeinsamen Kinder (Grundsatz der Einheitlichkeit des Geschwisternamens). Einigen sich die Eltern nicht über einen Namen für das Kind, so überträgt das Familiengericht gem § 1617 II das Bestimmungsrecht einem Elternteil. – Besteht dagegen ein **alleiniges Sorgerecht** eines Elternteils, so erhält das Kind grds kraft Gesetzes dessen Namen (§ 1617 a I). Der sorgeberechtigte Elternteil kann aber nach § 1617 a II auch den Namen des anderen Elternteils auswählen, sofern dieser einwilligt. Dagegen gestattet es das BGB nicht, dass der Vater, der mit der allein sorgeberechtigten Mutter nicht verheiratet war und nach deren Tod die Sorge für das Kind erlangt, dem Kind seinen Namen erteilt. Denn der Gesetzgeber hat in einer bewussten Wertentscheidung dem Interesse des Kindes an einer Kontinuität seiner Namensführung den Vorrang vor der Möglichkeit eingeräumt, den Wechsel im Sorgerecht durch eine entsprechende Anpassung des Namens nachzuvollziehen; eine Analogie zu § 1617 a II, der überdies eine nicht vergleichbare Normsituation betrifft, ist also nicht zulässig (BGH NJW 2005, 2

3498). **c)** Eine **nachträgliche Änderung** des Kindesnamens ist nach Maßgabe der §§ 1617b, 1617c, 1618 möglich. Die letztgenannte Vorschrift erleichtert die Integration von „Stiefkindern", indem sie die nachträgliche Erteilung des neuen Ehenamens (Einbenennung) erlaubt.

§ 1616. Geburtsname bei Eltern mit Ehenamen

Das Kind erhält den Ehenamen seiner Eltern als Geburtsnamen.

§ 1617. Geburtsname bei Eltern ohne Ehenamen und gemeinsamer Sorge

(1) [1] **Führen die Eltern keinen Ehenamen und steht ihnen die Sorge gemeinsam zu, so bestimmen sie durch Erklärung gegenüber dem Standesamt den Namen, den der Vater oder die Mutter zur Zeit der Erklärung führt, zum Geburtsnamen des Kindes.** [2] **Eine nach der Beurkundung der Geburt abgegebene Erklärung muss öffentlich beglaubigt werden.** [3] **Die Bestimmung der Eltern gilt auch für ihre weiteren Kinder.**

(2) [1] **Treffen die Eltern binnen eines Monats nach der Geburt des Kindes keine Bestimmung, überträgt das Familiengericht das Bestimmungsrecht einem Elternteil.** [2] **Absatz 1 gilt entsprechend.** [3] **Das Gericht kann dem Elternteil für die Ausübung des Bestimmungsrechts eine Frist setzen.** [4] **Ist nach Ablauf der Frist das Bestimmungsrecht nicht ausgeübt worden, so erhält das Kind den Namen des Elternteils, dem das Bestimmungsrecht übertragen ist.**

(3) **Ist ein Kind nicht im Inland geboren, so überträgt das Gericht einem Elternteil das Bestimmungsrecht nach Absatz 2 nur dann, wenn ein Elternteil oder das Kind dies beantragt oder die Eintragung des Namens des Kindes in ein deutsches Personenstandsregister oder in ein amtliches deutsches Identitätspapier erforderlich wird.**

§ 1617a. Geburtsname bei Eltern ohne Ehenamen und Alleinsorge

(1) **Führen die Eltern keinen Ehenamen und steht die elterliche Sorge nur einem Elternteil zu, so erhält das Kind den Namen, den dieser Elternteil im Zeitpunkt der Geburt des Kindes führt.**

(2) [1] **Der Elternteil, dem die elterliche Sorge für ein unverheiratetes Kind allein zusteht, kann dem Kind durch Erklärung gegenüber dem Standesamt den Namen des anderen Elternteils erteilen.** [2] **Die Erteilung des Namens bedarf der Einwilligung des anderen Elternteils und, wenn das Kind das fünfte Lebensjahr vollendet hat, auch der Einwilligung des Kindes.** [3] **Die Erklärungen müssen öffentlich beglaubigt werden.** [4] **Für die Einwilligung des Kindes gilt § 1617c Abs. 1 entsprechend.**

§ 1617b. Name bei nachträglicher gemeinsamer Sorge oder Scheinvaterschaft

(1) [1] **Wird eine gemeinsame Sorge der Eltern erst begründet, wenn das Kind bereits einen Namen führt, so kann der Name des Kindes binnen drei Monaten nach der Begründung der gemeinsamen Sorge neu bestimmt werden.** [2] **Die Frist endet, wenn ein Elternteil bei Begründung der gemeinsamen Sorge seinen gewöhnlichen Aufenthalt nicht im Inland hat, nicht vor Ablauf eines Monats nach Rückkehr in das Inland.** [3] **Hat das Kind das fünfte Lebensjahr vollendet, so ist die Bestimmung nur wirksam, wenn es sich der Bestimmung anschließt.** [4] **§ 1617 Abs. 1 und § 1617c Abs. 1 Satz 2 und 3 und Abs. 3 gelten entsprechend.**

(2) [1] **Wird rechtskräftig festgestellt, dass ein Mann, dessen Familienname Geburtsname des Kindes geworden ist, nicht der Vater des Kindes ist, so erhält das Kind auf seinen Antrag oder, wenn das Kind das fünfte Lebensjahr noch nicht**

vollendet hat, auch auf Antrag des Mannes den Namen, den die Mutter im Zeitpunkt der Geburt des Kindes führt, als Geburtsnamen. [2]Der Antrag erfolgt durch Erklärung gegenüber dem Standesamt, die öffentlich beglaubigt werden muss. [3]Für den Antrag des Kindes gilt § 1617c Abs. 1 Satz 2 und 3 entsprechend.

§ 1617c. Name bei Namensänderung der Eltern

(1) [1]Bestimmen die Eltern einen Ehenamen, nachdem das Kind das fünfte Lebensjahr vollendet hat, so erstreckt sich der Ehename auf den Geburtsnamen des Kindes nur dann, wenn es sich der Namensgebung anschließt. [2]Ein in der Geschäftsfähigkeit beschränktes Kind, welches das 14. Lebensjahr vollendet hat, kann die Erklärung nur selbst abgeben; es bedarf hierzu der Zustimmung seines gesetzlichen Vertreters. [3]Die Erklärung ist gegenüber dem Standesamt abzugeben; sie muss öffentlich beglaubigt werden.

(2) Absatz 1 gilt entsprechend,

1. wenn sich der Ehename, der Geburtsname eines Kindes geworden ist, ändert oder
2. wenn sich in den Fällen der §§ 1617, 1617a und 1617b der Familienname eines Elternteils, der Geburtsname eines Kindes geworden ist, auf andere Weise als durch Eheschließung oder Begründung einer Lebenspartnerschaft ändert.

(3) Eine Änderung des Geburtsnamens erstreckt sich auf den Ehenamen oder den Lebenspartnerschaftsnamen des Kindes nur dann, wenn sich auch der Ehegatte oder der Lebenspartner der Namensänderung anschließt; Absatz 1 Satz 3 gilt entsprechend.

§ 1618. Einbenennung

[1]Der Elternteil, dem die elterliche Sorge für ein unverheiratetes Kind allein oder gemeinsam mit dem anderen Elternteil zusteht, und sein Ehegatte, der nicht Elternteil des Kindes ist, können dem Kind, das sie in ihren gemeinsamen Haushalt aufgenommen haben, durch Erklärung gegenüber dem Standesamt ihren Ehenamen erteilen. [2]Sie können diesen Namen auch dem von dem Kind zur Zeit der Erklärung geführten Namen voranstellen oder anfügen; ein bereits zuvor nach Halbsatz 1 vorangestellter oder angefügter Ehename entfällt. [3]Die Erteilung, Voranstellung oder Anfügung des Namens bedarf der Einwilligung des anderen Elternteils, wenn ihm die elterliche Sorge gemeinsam mit dem den Namen erteilenden Elternteil zusteht oder das Kind seinen Namen führt, und, wenn das Kind das fünfte Lebensjahr vollendet hat, auch der Einwilligung des Kindes. [4]Das Familiengericht kann die Einwilligung des anderen Elternteils ersetzen, wenn die Erteilung, Voranstellung oder Anfügung des Namens zum Wohl des Kindes erforderlich ist. [5]Die Erklärungen müssen öffentlich beglaubigt werden. [6]§ 1617c gilt entsprechend.

§ 1618a. Pflicht zu Beistand und Rücksicht

Eltern und Kinder sind einander Beistand und Rücksicht schuldig.

§ 1619. Dienstleistungen in Haus und Geschäft

Das Kind ist, solange es dem elterlichen Hausstand angehört und von den Eltern erzogen oder unterhalten wird, verpflichtet, in einer seinen Kräften und seiner Lebensstellung entsprechenden Weise den Eltern in ihrem Hauswesen und Geschäft Dienste zu leisten.

§ 1620. Aufwendungen des Kindes für den elterlichen Haushalt

Macht ein dem elterlichen Hausstand angehörendes volljähriges Kind zur Bestreitung der Kosten des Haushalts aus seinem Vermögen eine Aufwendung oder überlässt es den Eltern zu diesem Zwecke etwas aus seinem Vermögen, so ist im Zweifel anzunehmen, dass die Absicht fehlt, Ersatz zu verlangen.

§§ 1621–1623. *(weggefallen)*

§ 1624. Ausstattung aus dem Elternvermögen

(1) **Was einem Kind mit Rücksicht auf seine Verheiratung oder auf die Erlangung einer selbständigen Lebensstellung zur Begründung oder zur Erhaltung der Wirtschaft oder der Lebensstellung von dem Vater oder der Mutter zugewendet wird (Ausstattung), gilt, auch wenn eine Verpflichtung nicht besteht, nur insoweit als Schenkung, als die Ausstattung das den Umständen, insbesondere den Vermögensverhältnissen des Vaters oder der Mutter, entsprechende Maß übersteigt.**

(2) **Die Verpflichtung des Ausstattenden zur Gewährleistung wegen eines Mangels im Recht oder wegen eines Fehlers der Sache bestimmt sich, auch soweit die Ausstattung nicht als Schenkung gilt, nach den für die Gewährleistungspflicht des Schenkers geltenden Vorschriften.**

§ 1625. Ausstattung aus dem Kindesvermögen

[1]Gewährt der Vater einem Kind, dessen Vermögen kraft elterlicher Sorge, Vormundschaft oder Betreuung seiner Verwaltung unterliegt, eine Ausstattung, so ist im Zweifel anzunehmen, dass er sie aus diesem Vermögen gewährt. [2]Diese Vorschrift findet auf die Mutter entsprechende Anwendung.

Titel 5. Elterliche Sorge

§ 1626. Elterliche Sorge, Grundsätze

(1) **[1]Die Eltern haben die Pflicht und das Recht, für das minderjährige Kind zu sorgen (elterliche Sorge). [2]Die elterliche Sorge umfasst die Sorge für die Person des Kindes (Personensorge) und das Vermögen des Kindes (Vermögenssorge).**

(2) **[1]Bei der Pflege und Erziehung berücksichtigen die Eltern die wachsende Fähigkeit und das wachsende Bedürfnis des Kindes zu selbständigem verantwortungsbewusstem Handeln. [2]Sie besprechen mit dem Kind, soweit es nach dessen Entwicklungsstand angezeigt ist, Fragen der elterlichen Sorge und streben Einvernehmen an.**

(3) **[1]Zum Wohl des Kindes gehört in der Regel der Umgang mit beiden Elternteilen. [2]Gleiches gilt für den Umgang mit anderen Personen, zu denen das Kind Bindungen besitzt, wenn ihre Aufrechterhaltung für seine Entwicklung förderlich ist.**

1 Abs 1 definiert die elterliche Sorge und ihre Bestandteile **Personensorge** und **Vermögenssorge.** Die Vorschrift geht stillschweigend davon aus, dass die Sorge verheirateten Eltern gemeinsam zusteht. Das Sorgerecht umfasst auch die **Vertretungsbefugnis** (§ 1629 I 1; näher dort). Wichtige Bestandteile der Personensorge werden in §§ 1631 I, 1632 I und II angesprochen. Einzelne Fragen der Vermögenssorge sind in §§ 1638–1649 geregelt.

§ 1626 a. Elterliche Sorge nicht miteinander verheirateter Eltern; Sorgeerklärungen

(1) **Sind die Eltern bei der Geburt des Kindes nicht miteinander verheiratet, so steht ihnen die elterliche Sorge dann gemeinsam zu, wenn sie**

1. erklären, dass sie die Sorge gemeinsam übernehmen wollen (Sorgeerklärungen), oder
2. einander heiraten.

(2) **Im Übrigen hat die Mutter die elterliche Sorge.**

1. Ein **gemeinsames Sorgerecht** kann nach dieser Vorschrift, die eine der grundlegenden Neuerungen des KindRG von 1997 enthält, auch den bei der Geburt des Kindes **nicht miteinander verheirateten Eltern** zustehen. Erforderlich ist entweder eine entsprechende Sorgeerklärung beider Eltern (Nr 1) oder ihre spätere Heirat (Nr 2). Die gemeinsame Sorge kann unter den Voraussetzungen des § 1671 wieder beendet werden. 1

2. Wird die **Sorgeerklärung** (Nr 1) von beiden Elternteilen übereinstimmend erklärt, ist sie an keine weiteren Voraussetzungen gebunden. Abgabe und Form regeln §§ 1626b–1626e. Aufgrund der mangelnden gerichtlichen Überprüfbarkeit einer mütterlichen Verweigerung der Sorgeerklärung am Maßstab des Kindeswohls hat das BVerfG die Regelung wegen eines unverhältnismäßigen Eingriffs in das Elternrecht des Vaters aus Art 6 II GG für **verfassungswidrig** erklärt und eine Neuregelung angeordnet (BVerfG, NJW 2010, 3008). Bis dahin kann das Familiengericht nach einer vom BVerfG getroffenen Übergangsregelung auf Antrag nur eines Elternteils das Sorgerecht ganz oder teilweise den Eltern gemeinsam übertragen, wenn dies dem **Kindeswohl** entspricht. 2

3. Gemäß Abs 2 hat die **Mutter** mangels übereinstimmender Sorgeerklärungen die elterliche Sorge allein. Ihre sorgerechtliche Stellung ist also stärker als die des Vaters. Dies verstößt nicht generell gegen das Elternrecht des nichtehelichen Vaters aus Art. 6 II GG (wohl aber der Ausschluss einer gerichtlichen Überprüfung, vgl Rz 2). Denn im Zeitpunkt der Geburt eines nichtehelichen Kindes kann angesichts der Vielzahl familiärer Konstellationen nicht generell davon ausgegangen werden, dass das Kind einen Vater hat, dem es rechtlich zugeordnet werden kann und der bereit ist, Verantwortung für das Kind zu tragen (BVerfGE NJW 2010, 3008). 3

4. Eine Alleinsorge des **Vaters** ist unter den Voraussetzungen des § 1672 I mit Zustimmung der Mutter möglich. Auch diese Vorschrift sieht bislang keine gerichtliche Überprüfbarkeit einer mütterlichen Verweigerung der Zustimmung vor, weshalb sie ebenso wie § 1626a I 1 Nr 1 verfassungswidrig ist (BVerfG NJW 2010, 3008). Gegen den Willen der Mutter ist eine Alleinsorge des Vaters nach einer Übergangsregelung des BVerfG also auch unterhalb der Schwelle des § 1666 möglich, wenn der Vater dies beantragt, eine gemeinsame elterliche Sorge nicht in Betracht kommt und dies dem Kindeswohl am besten entspricht. Im übrigen hat das Familiengericht die Sorge beim Tod der Mutter (§ 1680 II 2) oder beim Ruhen ihres Sorgerechts (§ 1678 II) dem Vater zu übertragen, wenn dies dem Kindeswohl entspricht. Hat das Familiengericht der nach Abs 2 allein sorgeberechtigten Mutter das Sorgerecht nach § 1666 entzogen und es nicht zugleich nach § 1680 II und III auf den Vater übertragen, so hat es damit auch über dessen Sorgerecht entschieden. Nach dieser Entscheidung kann der Vater das alleinige Sorgerecht weder durch Sorgeerklärung gemäß Abs 1 Nr 1 noch durch Heirat mit der Mutter gemäß Abs 1 Nr 2, sondern allein durch eine neue familiengerichtliche Entscheidung nach § 1696 erlangen (BGH NJW 2005, 2456); aus § 1696 folgt nämlich, dass familiengerichtliche Entscheidungen nur durch neue gerichtliche Entscheidungen abgeändert werden können. 4

§ 1626 b. Besondere Wirksamkeitsvoraussetzungen der Sorgeerklärung

(1) Eine Sorgeerklärung unter einer Bedingung oder einer Zeitbestimmung ist unwirksam.

(2) Die Sorgeerklärung kann schon vor der Geburt des Kindes abgegeben werden.

(3) Eine Sorgeerklärung ist unwirksam, soweit eine gerichtliche Entscheidung über die elterliche Sorge nach den §§ 1671, 1672 getroffen oder eine solche Entscheidung nach § 1696 Abs. 1 geändert wurde.

§ 1626 c. Persönliche Abgabe; beschränkt geschäftsfähiger Elternteil

(1) Die Eltern können die Sorgeerklärungen nur selbst abgeben.

(2) [1]Die Sorgeerklärung eines beschränkt geschäftsfähigen Elternteils bedarf der Zustimmung seines gesetzlichen Vertreters. [2]Die Zustimmung kann nur von diesem selbst abgegeben werden; § 1626b Abs. 1 und 2 gilt entsprechend. [3]Das Familiengericht hat die Zustimmung auf Antrag des beschränkt geschäftsfähigen Elternteils zu ersetzen, wenn die Sorgeerklärung dem Wohl dieses Elternteils nicht widerspricht.

§ 1626 d. Form; Mitteilungspflicht

(1) Sorgeerklärungen und Zustimmungen müssen öffentlich beurkundet werden.

(2) Die beurkundende Stelle teilt die Abgabe von Sorgeerklärungen und Zustimmungen unter Angabe des Geburtsdatums und des Geburtsorts der Kindes sowie des Namens, den das Kind zur Zeit der Beurkundung seiner Geburt geführt hat, dem nach § 87c Abs. 6 Satz 2 des Achten Buches Sozialgesetzbuch zuständigen Jugendamt zum Zwecke der Auskunftserteilung nach § 58a des Achten Buches Sozialgesetzbuch unverzüglich mit.

§ 1626 e. Unwirksamkeit

Sorgeerklärungen und Zustimmungen sind nur unwirksam, wenn sie den Erfordernissen der vorstehenden Vorschriften nicht genügen.

§ 1627. Ausübung der elterlichen Sorge

[1]Die Eltern haben die elterliche Sorge in eigener Verantwortung und in gegenseitigem Einvernehmen zum Wohl des Kindes auszuüben. [2]Bei Meinungsverschiedenheiten müssen sie versuchen, sich zu einigen.

§ 1628. Gerichtliche Entscheidung bei Meinungsverschiedenheiten der Eltern

[1]Können sich die Eltern in einer einzelnen Angelegenheit oder in einer bestimmten Art von Angelegenheiten der elterlichen Sorge, deren Regelung für das Kind von erheblicher Bedeutung ist, nicht einigen, so kann das Familiengericht auf Antrag eines Elternteils die Entscheidung einem Elternteil übertragen. [2]Die Übertragung kann mit Beschränkungen oder mit Auflagen verbunden werden.

§ 1629. Vertretung des Kindes

(1) [1]Die elterliche Sorge umfasst die Vertretung des Kindes. [2]Die Eltern vertreten das Kind gemeinschaftlich; ist eine Willenserklärung gegenüber dem Kind abzugeben, so genügt die Abgabe gegenüber einem Elternteil. [3]Ein Elternteil vertritt das Kind allein, soweit er die elterliche Sorge allein ausübt oder ihm die

Entscheidung nach § 1628 übertragen ist. [4]Bei Gefahr im Verzug ist jeder Elternteil dazu berechtigt, alle Rechtshandlungen vorzunehmen, die zum Wohl des Kindes notwendig sind; der andere Elternteil ist unverzüglich zu unterrichten.

(2) **[1]Der Vater und die Mutter können das Kind insoweit nicht vertreten, als nach § 1795 ein Vormund von der Vertretung des Kindes ausgeschlossen ist. [2]Steht die elterliche Sorge für ein Kind den Eltern gemeinsam zu, so kann der Elternteil, in dessen Obhut sich das Kind befindet, Unterhaltsansprüche des Kindes gegen den anderen Elternteil geltend machen. [3]Das Familiengericht kann dem Vater und der Mutter nach § 1796 die Vertretung entziehen; dies gilt nicht für die Feststellung der Vaterschaft.**

(2a) **Der Vater und die Mutter können das Kind in einem gerichtlichen Verfahren nach § 1598a Abs. 2 nicht vertreten.**

(3) **[1]Sind die Eltern des Kindes miteinander verheiratet, so kann ein Elternteil, solange die Eltern getrennt leben oder eine Ehesache zwischen ihnen anhängig ist, Unterhaltsansprüche des Kindes gegen den anderen Elternteil nur im eigenen Namen geltend machen. [2]Eine von einem Elternteil erwirkte gerichtliche Entscheidung und ein zwischen den Eltern geschlossener gerichtlicher Vergleich wirken auch für und gegen das Kind.**

1. Im **Grundsatz** vertreten die Eltern das Kind gemäß Abs 1 S 2 gemeinschaftlich **(Gesamtvertretung).** Ausnahmen bestehen namentlich bei Alleinsorge (S 3) und bei Gefahr im Verzug (S 4, sog Notvertretungsrecht); bei getrennt lebenden Eltern mit gemeinsamem Sorgerecht gibt § 1687 I 2 dem betreuenden Elternteil in Angelegenheiten des täglichen Lebens die alleinige Entscheidungsbefugnis und Vertretungsmacht. Auch sonst tritt praktisch häufig ein Elternteil allein als Vertreter des Kindes auf und ist von seinem Ehegatten dazu (meist stillschweigend) bevollmächtigt. Handelt ein Elternteil ohne eine entsprechende Vollmacht, so hängt die Wirksamkeit des Vertrags gem § 177 von der Genehmigung des anderen Elternteils ab. Als gesetzliche Vertreter handeln die Eltern jedenfalls bei Geschäften, die der Vermögensverwaltung des Kindes dienen, oder bei denen sich die Rechtsstellung des Kindes als Vertragspartner aus dem Inhalt des Vertrags ergibt, wie bei einem Lehrvertrag. Dagegen schließen die Eltern Geschäfte für den Lebensbedarf des Kindes (Kleidung, Spielzeug, Nahrung) gewöhnlich im eigenen Namen; meist sind dies Schlüsselgewaltgeschäfte nach § 1357 (*Schwab* Rz 630). 1

2. Von der **Vertretung ausgeschlossen** sind die Eltern gemäß Abs 2 S 1 iVm § 1795 insbesondere bei Rechtsgeschäften des Kindes mit einem Elternteil (§ 1795 I Nr 1) oder mit beiden Eltern (§§ 1795 II, 181). Näheres bei § 1795. 2

3. Soweit die Eltern von der Vertretung ausgeschlossen sind, muss für das Kind ein **Ergänzungspfleger** bestellt werden (§ 1909). Sind die Eltern entgegen dem Vertretungsverbot bereits tätig geworden, so kann nur der Ergänzungspfleger das Geschäft genehmigen (§§ 177 ff). 3

4. Einer **familiengerichtlichen Genehmigung** bedürfen besonders gravierende Rechtsgeschäfte nach Maßgabe des § 1643 (s dort). 4

§ 1629a. Beschränkung der Minderjährigenhaftung

(1) **[1]Die Haftung für Verbindlichkeiten, die die Eltern im Rahmen ihrer gesetzlichen Vertretungsmacht oder sonstige vertretungsberechtigte Personen im Rahmen ihrer Vertretungsmacht durch Rechtsgeschäft oder eine sonstige Handlung mit Wirkung für das Kind begründet haben, oder die auf Grund eines während der Minderjährigkeit erfolgten Erwerbs von Todes wegen entstanden sind, beschränkt sich auf den Bestand des bei Eintritt der Volljährigkeit vorhan-**

denen Vermögens des Kindes; dasselbe gilt für Verbindlichkeiten aus Rechtsgeschäften, die der Minderjährige gemäß §§ 107, 108 oder § 111 mit Zustimmung seiner Eltern vorgenommen hat oder für Verbindlichkeiten aus Rechtsgeschäften, zu denen die Eltern die Genehmigung des Familiengerichts erhalten haben. [2]Beruft sich der volljährig Gewordene auf die Beschränkung der Haftung, so finden die für die Haftung des Erben geltenden Vorschriften der §§ 1990, 1991 entsprechende Anwendung.

(2) **Absatz 1 gilt nicht für Verbindlichkeiten aus dem selbständigen Betrieb eines Erwerbsgeschäfts, soweit der Minderjährige hierzu nach § 112 ermächtigt war, und für Verbindlichkeiten aus Rechtsgeschäften, die allein der Befriedigung seiner persönlichen Bedürfnisse dienten.**

(3) **Die Rechte der Gläubiger gegen Mitschuldner und Mithaftende, sowie deren Rechte aus einer für die Forderung bestellten Sicherheit oder aus einer deren Bestellung sichernden Vormerkung werden von Absatz 1 nicht berührt.**

(4) **[1]Hat das volljährig gewordene Mitglied einer Erbengemeinschaft oder Gesellschaft nicht binnen drei Monaten nach Eintritt der Volljährigkeit die Auseinandersetzung des Nachlasses verlangt oder die Kündigung der Gesellschaft erklärt, ist im Zweifel anzunehmen, dass die aus einem solchen Verhältnis herrührende Verbindlichkeit nach dem Eintritt der Volljährigkeit entstanden ist; Entsprechendes gilt für den volljährig gewordenen Inhaber eines Handelsgeschäfts, der dieses nicht binnen drei Monaten nach Eintritt der Volljährigkeit einstellt. [2]Unter den in Satz 1 bezeichneten Voraussetzungen wird ferner vermutet, dass das gegenwärtige Vermögen des volljährig Gewordenen bereits bei Eintritt der Volljährigkeit vorhanden war.**

1 **1. Regelungszweck.** §§ 1629 I 1, 164 I 1 geben den Eltern die Möglichkeit, den Minderjährigen über den Bestand seines Vermögens hinaus zu verpflichten. Der Schutz des allgemeinen Persönlichkeitsrechts (Art. 2 I iVm 1 I GG) erfordert es aber, dass dem volljährig Gewordenen Raum bleibt, sein weiteres Leben ohne unzumutbare Belastungen zu gestalten, die er selbst nicht zu verantworten hat. Die Erstreckung auf Geschäfte auch anderer gesetzlicher Vertreter als der Eltern (s Abs 1 S 1 HS 1) dient dem Minderjährigenschutz und vermeidet Wertungswidersprüche, da es aus Sicht des Minderjährigen gleich ist, welcher gesetzliche Vertreter für ihn handelt. Die Einbeziehung zustimmungsbedürftiger Eigenverpflichtungen (Abs 1 S 1 HS 2) verhindert, dass Gläubiger die Haftungsbeschränkung dadurch umgehen, dass sie mit dem Minderjährigen selbst abschließen.

2 **2. Durchführung der Haftungsbeschränkung.** Abs 1 S 2 verweist auf § 1990 I 1 (Rechtsfolgenverweisung) und gibt damit dem volljährig Gewordenen ein Leistungsverweigerungsrecht insoweit, als der Bestand des bei Eintritt der Volljährigkeit vorhandenen Vermögens nicht zur Befriedigung des Gläubigers ausreicht. Erhebt der Volljährige diese Einrede im Prozess, führt sie entweder zur Klagabweisung (wegen Erschöpfung des Vermögens) oder zu einer Verurteilung unter Vorbehalt der Haftungsbeschränkung (§§ 786, 780 I ZPO), die dann in der Zwangsvollstreckung mit der Vollstreckungsabwehrklage geltend zu machen ist (§§ 785, 767 ZPO). Über die Verweisung auf § 1991 I, 1978 I, 662 ff haftet der volljährig Gewordene für ordnungsgemäße Verwaltung seines Vermögens (§ 662) und muss Auskunft und Rechenschaft geben (§ 666).

§ 1630. Elterliche Sorge bei Pflegerbestellung oder Familienpflege

(1) **Die elterliche Sorge erstreckt sich nicht auf Angelegenheiten des Kindes, für die ein Pfleger bestellt ist.**

(2) **Steht die Personensorge oder die Vermögenssorge einem Pfleger zu, so entscheidet das Familiengericht, falls sich die Eltern und der Pfleger in einer**

Angelegenheit nicht einigen können, die sowohl die Person als auch das Vermögen des Kindes betrifft.

(3) [1]**Geben die Eltern das Kind für längere Zeit in Familienpflege, so kann das Familiengericht auf Antrag der Eltern oder der Pflegeperson Angelegenheiten der elterlichen Sorge auf die Pflegeperson übertragen.** [2]**Für die Übertragung auf Antrag der Pflegeperson ist die Zustimmung der Eltern erforderlich.** [3]**Im Umfang der Übertragung hat die Pflegeperson die Rechte und Pflichten eines Pflegers.**

§ 1631. Inhalt und Grenzen der Personensorge

(1) **Die Personensorge umfasst insbesondere die Pflicht und das Recht, das Kind zu pflegen, zu erziehen, zu beaufsichtigen und seinen Aufenthalt zu bestimmen.**

(2) [1]**Kinder haben ein Recht auf gewaltfreie Erziehung.** [2]**Körperliche Bestrafungen, seelische Verletzungen und andere entwürdigende Maßnahmen sind unzulässig.**

(3) **Das Familiengericht hat die Eltern auf Antrag bei der Ausübung der Personensorge in geeigneten Fällen zu unterstützen.**

§ 1631 a. Ausbildung und Beruf

[1]**In Angelegenheiten der Ausbildung und des Berufs nehmen die Eltern insbesondere auf Eignung und Neigung des Kindes Rücksicht.** [2]**Bestehen Zweifel, so soll der Rat eines Lehrers oder einer anderen geeigneten Person eingeholt werden.**

§ 1631 b. Mit Freiheitsentziehung verbundene Unterbringung

[1]**Eine Unterbringung des Kindes, die mit Freiheitsentziehung verbunden ist, bedarf der Genehmigung des Familiengerichts.** [2]**Die Unterbringung ist zulässig, wenn sie zum Wohl des Kindes, insbesondere zur Abwendung einer erheblichen Selbst- oder Fremdgefährdung, erforderlich ist und der Gefahr nicht auf andere Weise, auch nicht durch andere öffentliche Hilfen, begegnet werden kann.** [3]**Ohne die Genehmigung ist die Unterbringung nur zulässig, wenn mit dem Aufschub Gefahr verbunden ist; die Genehmigung ist unverzüglich nachzuholen.**

§ 1631 c. Verbot der Sterilisation

[1]**Die Eltern können nicht in eine Sterilisation des Kindes einwilligen.** [2]**Auch das Kind selbst kann nicht in die Sterilisation einwilligen.** [3]**§ 1909 findet keine Anwendung.**

§ 1632. Herausgabe des Kindes; Bestimmung des Umgangs; Verbleibensanordnung bei Familienpflege

(1) **Die Personensorge umfasst das Recht, die Herausgabe des Kindes von jedem zu verlangen, der es den Eltern oder einem Elternteil widerrechtlich vorenthält.**

(2) **Die Personensorge umfasst ferner das Recht, den Umgang des Kindes auch mit Wirkung für und gegen Dritte zu bestimmen.**

(3) **Über Streitigkeiten, die eine Angelegenheit nach Absatz 1 oder 2 betreffen, entscheidet das Familiengericht auf Antrag eines Elternteils.**

(4) **Lebt das Kind seit längerer Zeit in Familienpflege und wollen die Eltern das Kind von der Pflegeperson wegnehmen, so kann das Familiengericht von**

Amts wegen oder auf Antrag der Pflegeperson anordnen, dass das Kind bei der Pflegeperson verbleibt, wenn und solange das Kindeswohl durch die Wegnahme gefährdet würde.

§ 1633. Personensorge für verheirateten Minderjährigen

Die Personensorge für einen Minderjährigen, der verheiratet ist oder war, beschränkt sich auf die Vertretung in den persönlichen Angelegenheiten.

§§ 1634–1637. *(weggefallen)*

§ 1638. Beschränkung der Vermögenssorge

(1) **Die Vermögenssorge erstreckt sich nicht auf das Vermögen, welches das Kind von Todes wegen erwirbt oder welches ihm unter Lebenden unentgeltlich zugewendet wird, wenn der Erblasser durch letztwillige Verfügung, der Zuwendende bei der Zuwendung bestimmt hat, dass die Eltern das Vermögen nicht verwalten sollen.**

(2) **Was das Kind auf Grund eines zu einem solchen Vermögen gehörenden Rechts oder als Ersatz für die Zerstörung, Beschädigung oder Entziehung eines zu dem Vermögen gehörenden Gegenstands oder durch ein Rechtsgeschäft erwirbt, das sich auf das Vermögen bezieht, können die Eltern gleichfalls nicht verwalten.**

(3) [1]**Ist durch letztwillige Verfügung oder bei der Zuwendung bestimmt, dass ein Elternteil das Vermögen nicht verwalten soll, so verwaltet es der andere Elternteil.** [2]**Insoweit vertritt dieser das Kind.**

§ 1639. Anordnungen des Erblassers oder Zuwendenden

(1) **Was das Kind von Todes wegen erwirbt oder was ihm unter Lebenden unentgeltlich zugewendet wird, haben die Eltern nach den Anordnungen zu verwalten, die durch letztwillige Verfügung oder bei der Zuwendung getroffen worden sind.**

(2) **Die Eltern dürfen von den Anordnungen insoweit abweichen, als es nach § 1803 Abs. 2, 3 einem Vormund gestattet ist.**

§ 1640. Vermögensverzeichnis

(1) [1]**Die Eltern haben das ihrer Verwaltung unterliegende Vermögen, welches das Kind von Todes wegen erwirbt, zu verzeichnen, das Verzeichnis mit der Versicherung der Richtigkeit und Vollständigkeit zu versehen und dem Familiengericht einzureichen.** [2]**Gleiches gilt für Vermögen, welches das Kind sonst anläßlich eines Sterbefalls erwirbt, sowie für Abfindungen, die anstelle von Unterhalt gewährt werden, und unentgeltliche Zuwendungen.** [3]**Bei Haushaltsgegenständen genügt die Angabe des Gesamtwertes.**

(2) **Absatz 1 gilt nicht,**

1. **wenn der Wert eines Vermögenserwerbes 15 000 Euro nicht übersteigt oder**
2. **soweit der Erblasser durch letztwillige Verfügung oder der Zuwendende bei der Zuwendung eine abweichende Anordnung getroffen hat.**

(3) **Reichen die Eltern entgegen Absatz 1, 2 ein Verzeichnis nicht ein oder ist das eingereichte Verzeichnis ungenügend, so kann das Familiengericht anordnen, dass das Verzeichnis durch eine zuständige Behörde oder einen zuständigen Beamten oder Notar aufgenommen wird.**

§ 1641. Schenkungsverbot

[1]**Die Eltern können nicht in Vertretung des Kindes Schenkungen machen.** [2]**Ausgenommen sind Schenkungen, durch die einer sittlichen Pflicht oder einer auf den Anstand zu nehmenden Rücksicht entsprochen wird.**

§ 1642. Anlegung von Geld

Die Eltern haben das ihrer Verwaltung unterliegende Geld des Kindes nach den Grundsätzen einer wirtschaftlichen Vermögensverwaltung anzulegen, soweit es nicht zur Bestreitung von Ausgaben bereitzuhalten ist.

§ 1643. Genehmigungspflichtige Rechtsgeschäfte

(1) **Zu Rechtsgeschäften für das Kind bedürfen die Eltern der Genehmigung des Familiengerichts in den Fällen, in denen nach § 1821 und nach § 1822 Nr. 1, 3, 5, 8 bis 11 ein Vormund der Genehmigung bedarf.**

(2) [1]**Das Gleiche gilt für die Ausschlagung einer Erbschaft oder eines Vermächtnisses sowie für den Verzicht auf einen Pflichtteil.** [2]**Tritt der Anfall an das Kind erst infolge der Ausschlagung eines Elternteils ein, der das Kind allein oder gemeinsam mit dem anderen Elternteil vertritt, so ist die Genehmigung nur erforderlich, wenn dieser neben dem Kind berufen war.**

(3) **Die Vorschriften der §§ 1825, 1828 bis 1831 sind entsprechend anzuwenden.**

1. Genehmigungsbedürftig sind gemäß Abs 1 die in § 1821 genannten Grundstücksgeschäfte sowie die in § 1822 Nr 1, 3, 5, 8–11 aufgezählten Geschäfte. Hinzu kommen die in Abs 2 genannten erbrechtlichen Geschäfte. 1

2. Die **Erteilung der Genehmigung** erfolgt gemäß Abs 3 iVm § 1828 gegenüber den vertretungsbefugten Eltern (nicht gegenüber dem Geschäftspartner). Hält das Gericht eine Genehmigung nicht für erforderlich, so teilt es dies den Eltern mit (sog Negativattest). Das Vertrauen der Beteiligten in die Richtigkeit dieses Attests wird nicht geschützt, da die Interessen des Mündels vorrangig sind und ihre Wahrung nicht geprüft wurde (BGHZ 44, 325). Wird die Genehmigung erteilt, so liegt es im Ermessen der Eltern, ob sie von ihr Gebrauch machen und das Geschäft abschließen wollen. 2

3. Die Rechtslage für einen **ohne Genehmigung geschlossenen** Vertrag ergibt sich aus §§ 1829ff. Wird die Genehmigung nachträglich erteilt, so wird der Vertrag von Anfang an (analog § 184) dadurch wirksam, dass die Eltern gem § 1829 I 2 dem Vertragspartner die Genehmigung mitteilen. Teilen die Eltern dem Vertragspartner mit, dass sie von der Genehmigung keinen Gebrauch machen wollen, so ist das Geschäft endgültig unwirksam. 3

§ 1644. Überlassung von Vermögensgegenständen an das Kind

Die Eltern können Gegenstände, die sie nur mit Genehmigung des Familiengerichts veräußern dürfen, dem Kind nicht ohne diese Genehmigung zur Erfüllung eines von dem Kind geschlossenen Vertrags oder zu freier Verfügung überlassen.

§ 1645. Neues Erwerbsgeschäft

Die Eltern sollen nicht ohne Genehmigung des Familiengerichts ein neues Erwerbsgeschäft im Namen des Kindes beginnen.

§ 1646. Erwerb mit Mitteln des Kindes

(1) [1]**Erwerben die Eltern mit Mitteln des Kindes bewegliche Sachen, so geht mit dem Erwerb das Eigentum auf das Kind über, es sei denn, dass die Eltern**

nicht für Rechnung des Kindes erwerben wollen. [2]Dies gilt insbesondere auch von Inhaberpapieren und von Orderpapieren, die mit Blankoindossament versehen sind.

(2) **Die Vorschriften des Absatzes 1 sind entsprechend anzuwenden, wenn die Eltern mit Mitteln des Kindes ein Recht an Sachen der bezeichneten Art oder ein anderes Recht erwerben, zu dessen Übertragung der Abtretungsvertrag genügt.**

§ 1647. *(weggefallen)*

§ 1648. Ersatz von Aufwendungen

Machen die Eltern bei der Ausübung der Personensorge oder der Vermögenssorge Aufwendungen, die sie den Umständen nach für erforderlich halten dürfen, so können sie von dem Kind Ersatz verlangen, sofern nicht die Aufwendungen ihnen selbst zur Last fallen.

§ 1649. Verwendung der Einkünfte des Kindesvermögens

(1) **[1]Die Einkünfte des Kindesvermögens, die zur ordnungsmäßigen Verwaltung des Vermögens nicht benötigt werden, sind für den Unterhalt des Kindes zu verwenden. [2]Soweit die Vermögenseinkünfte nicht ausreichen, können die Einkünfte verwendet werden, die das Kind durch seine Arbeit oder durch den ihm nach § 112 gestatteten selbständigen Betrieb eines Erwerbsgeschäfts erwirbt.**

(2) **[1]Die Eltern können die Einkünfte des Vermögens, die zur ordnungsmäßigen Verwaltung des Vermögens und für den Unterhalt des Kindes nicht benötigt werden, für ihren eigenen Unterhalt und für den Unterhalt der minderjährigen unverheirateten Geschwister des Kindes verwenden, soweit dies unter Berücksichtigung der Vermögens- und Erwerbsverhältnisse der Beteiligten der Billigkeit entspricht. [2]Diese Befugnis erlischt mit der Eheschließung des Kindes.**

§§ 1650–1663. *(weggefallen)*

§ 1664. Beschränkte Haftung der Eltern

(1) **Die Eltern haben bei der Ausübung der elterlichen Sorge dem Kind gegenüber nur für die Sorgfalt einzustehen, die sie in eigenen Angelegenheiten anzuwenden pflegen.**

(2) **Sind für einen Schaden beide Eltern verantwortlich, so haften sie als Gesamtschuldner.**

1 **1.** Die Vorschrift hat für die Elternhaftung eine doppelte Bedeutung: Hinsichtlich des Sorgfaltsmaßstabs enthält sie eine **Haftungserleichterung,** da auf § 277 Bezug genommen wird. Zugleich vermittelt sie dem Kind nach hM eine selbständige **Anspruchsgrundlage** für etwaige Schadensersatzansprüche. Zum Problem eines Gesamtschuldnerausgleichs s § 426 Rz 9.

2 **2.** Der sachliche **Anwendungsbereich** erfasst die Personen- und Vermögenssorge, nicht dagegen die Verletzung allgemeiner Verkehrspflichten (vgl zu einem Parallelproblem § 1359 Rz 2).

§ 1665. *(weggefallen)*

§ 1666. Gerichtliche Maßnahmen bei Gefährdung des Kindeswohls

(1) **Wird das körperliche, geistige oder seelische Wohl des Kindes oder sein Vermögen gefährdet und sind die Eltern nicht gewillt oder nicht in der Lage,**

die Gefahr abzuwenden, so hat das Familiengericht die Maßnahmen zu treffen, die zur Abwendung der Gefahr erforderlich sind.

(2) **In der Regel ist anzunehmen, dass das Vermögen des Kindes gefährdet ist, wenn der Inhaber der Vermögenssorge seine Unterhaltspflicht gegenüber dem Kind oder seine mit der Vermögenssorge verbundenen Pflichten verletzt oder Anordnungen des Gerichts, die sich auf die Vermögenssorge beziehen, nicht befolgt.**

(3) **Zu den gerichtlichen Maßnahmen nach Absatz 1 gehören insbesondere**

1. **Gebote, öffentliche Hilfen wie zum Beispiel Leistungen der Kinder- und Jugendhilfe und der Gesundheitsfürsorge in Anspruch zu nehmen,**
2. **Gebote, für die Einhaltung der Schulpflicht zu sorgen,**
3. **Verbote, vorübergehend oder auf unbestimmte Zeit die Familienwohnung oder eine andere Wohnung zu nutzen, sich in einem bestimmten Umkreis der Wohnung aufzuhalten oder zu bestimmende andere Orte aufzusuchen, an denen sich das Kind regelmäßig aufhält,**
4. **Verbote, Verbindung zum Kind aufzunehmen oder ein Zusammentreffen mit dem Kind herbeizuführen,**
5. **die Ersetzung von Erklärungen des Inhabers der elterlichen Sorge,**
6. **die teilweise oder vollständige Entziehung der elterlichen Sorge.**

(4) **In Angelegenheiten der Personensorge kann das Gericht auch Maßnahmen mit Wirkung gegen einen Dritten treffen.**

§ 1666 a. Grundsatz der Verhältnismäßigkeit; Vorrang öffentlicher Hilfen

(1) [1]**Maßnahmen, mit denen eine Trennung des Kindes von der elterlichen Familie verbunden ist, sind nur zulässig, wenn der Gefahr nicht auf andere Weise, auch nicht durch öffentliche Hilfen, begegnet werden kann.** [2]**Dies gilt auch, wenn einem Elternteil vorübergehend oder auf unbestimmte Zeit die Nutzung der Familienwohnung untersagt werden soll.** [3]**Wird einem Elternteil oder einem Dritten die Nutzung der vom Kind mitbewohnten oder einer anderen Wohnung untersagt, ist bei der Bemessung der Dauer der Maßnahme auch zu berücksichtigen, ob diesem das Eigentum, das Erbbaurecht oder der Nießbrauch an dem Grundstück zusteht, auf dem sich die Wohnung befindet; Entsprechendes gilt für das Wohnungseigentum, das Dauerwohnrecht, das dingliche Wohnrecht oder wenn der Elternteil oder Dritte Mieter der Wohnung ist.**

(2) **Die gesamte Personensorge darf nur entzogen werden, wenn andere Maßnahmen erfolglos geblieben sind oder wenn anzunehmen ist, dass sie zur Abwendung der Gefahr nicht ausreichen.**

§ 1667. Gerichtliche Maßnahmen bei Gefährdung des Kindesvermögens

(1) [1]**Das Familiengericht kann anordnen, dass die Eltern ein Verzeichnis des Vermögens des Kindes einreichen und über die Verwaltung Rechnung legen.** [2]**Die Eltern haben das Verzeichnis mit der Versicherung der Richtigkeit und Vollständigkeit zu versehen.** [3]**Ist das eingereichte Verzeichnis ungenügend, so kann das Familiengericht anordnen, dass das Verzeichnis durch eine zuständige Behörde oder durch einen zuständigen Beamten oder Notar aufgenommen wird.**

(2) [1]**Das Familiengericht kann anordnen, dass das Geld des Kindes in bestimmter Weise anzulegen und dass zur Abhebung seine Genehmigung erforderlich ist.** [2]**Gehören Wertpapiere, Kostbarkeiten oder Schuldbuchforderung gegen den Bund oder ein Land zum Vermögen des Kindes, so kann das Familiengericht dem Elternteil, der das Kind vertritt, die gleichen Verpflichtungen auferlegen, die nach §§ 1814 bis 1816, 1818 einem Vormund obliegen; die §§ 1819, 1820 sind entsprechend anzuwenden.**

(3) [1]**Das Familiengericht kann dem Elternteil, der das Vermögen des Kindes gefährdet, Sicherheitsleistung für das seiner Verwaltung unterliegende Vermögen auferlegen.** [2]**Die Art und den Umfang der Sicherheitsleistung bestimmt das Familiengericht nach seinem Ermessen.** [3]**Bei der Bestellung und Aufhebung der Sicherheit wird die Mitwirkung des Kindes durch die Anordnung des Familiengerichts ersetzt.** [4]**Die Sicherheitsleistung darf nur dadurch erzwungen werden, dass die Vermögenssorge gemäß § 1666 Abs. 1 ganz oder teilweise entzogen wird.**

(4) **Die Kosten der angeordneten Maßnahmen trägt der Elternteil, der sie veranlasst hat.**

§§ 1668 bis 1670. *(weggefallen)*

§ 1671. Getrenntleben bei gemeinsamer elterlicher Sorge

(1) **Leben Eltern, denen die elterliche Sorge gemeinsam zusteht, nicht nur vorübergehend getrennt, so kann jeder Elternteil beantragen, dass ihm das Familiengericht die elterliche Sorge oder einen Teil der elterlichen Sorge allein überträgt.**

(2) **Dem Antrag ist stattzugeben, soweit**

1. **der andere Elternteil zustimmt, es sei denn, dass das Kind das 14. Lebensjahr vollendet hat und der Übertragung widerspricht, oder**
2. **zu erwarten ist, dass die Aufhebung der gemeinsamen Sorge und die Übertragung auf den Antragsteller dem Wohl des Kindes am besten entspricht.**

(3) **Dem Antrag ist nicht stattzugeben, soweit die elterliche Sorge auf Grund anderer Vorschriften abweichend geregelt werden muss.**

1 **1.** Der **Anwendungsbereich** der Vorschrift betrifft vor allem die Ehescheidung, aber auch das Getrenntleben von Ehegatten und nicht miteinander verheirateten Eltern, denen die Sorge durch übereinstimmende Sorgeerklärungen gem § 1626a I Nr 1 gemeinsam zusteht. § 1671 kommt also auch bei der Auflösung einer nichtehelichen Lebensgemeinschaft in Betracht.

2 **2.** Nach **Scheidung der Eltern** bleibt es, solange kein Elternteil einen Antrag gemäß Abs 1 stellt, bei der gemeinsamen Sorge; den sog **Zwangsverbund** zwischen Ehescheidung und gerichtlicher Sorgerechtsregelung hat das KindRG von 1997 aufgehoben. Durch die Einführung des Antragsverfahrens liegt die Entscheidung darüber, ob der gemeinsamen Sorge der Vorzug vor der Alleinsorge zu geben ist, zunächst in der Hand der Eltern; wird ein Antrag auf Alleinsorge gestellt, so prüft das Gericht anhand der in Abs 2 genannten Voraussetzungen, ob ihm stattzugeben ist. Einen grundsätzlichen Vorrang der gemeinsamen Sorge vor der Alleinsorge eines Elternteils will das Gesetz mit dieser Regelung nicht zum Ausdruck bringen (s RegBegr BT-Drucks 13/4899, 63). Die Verfassung gebietet einen solchen Vorrang ebenfalls nicht, und es besteht auch keine Vermutung, dass die gemeinsame Sorge nach der Trennung der Eltern im Zweifel die für das Kind beste Form der Wahrnehmung der elterlichen Verantwortung ist; vielmehr setzt die gemeinsame Sorge eine tragfähige soziale Beziehung zwischen den Eltern und ein Mindestmaß an Übereinstimmung voraus (BVerfG NJW-RR 2004, 577). Der Konfliktvermeidung zwischen den Eltern, deren gemeinsame Sorge fortbesteht, dient § 1687, der in Abs 1 S 2 dem betreuenden Elternteil in Angelegenheiten des täglichen Lebens die Befugnis zur alleinigen Entscheidung gibt.

3 **3.** Gemäß Abs 1 kann der Antrag auf Übertragung der Alleinsorge auf einen **Teil der Sorge** beschränkt werden. Dies ist sinnvoll, wenn sich die Eltern nach der Trennung nur über einen bestimmten Bereich, etwa die Ausbildung des Kindes, nicht einigen können, während sie im übrigen keine Schwierigkeiten haben. Wird einem Elternteil die Allein-

sorge für einen Teilbereich, etwa in Ausbildungsfragen, übertragen, so ist er in diesem Bereich bis zur Volljährigkeit des Kindes allein entscheidungsbefugt; dagegen geht es in § 1628 nur um die Übertragung des Entscheidungsrechts für eine bestimmte Situation.

4. Der in Abs 3 ausgesprochene **Vorrang von Sorgeregelungen** auf Grund anderer Vorschriften betrifft Ausnahmefälle. Ergibt sich zB im Verfahren nach § 1671, dass den Eltern gem § 1666 die Sorge entzogen und ein Vormund bestellt werden muss, so ist entsprechend zu entscheiden; dem Antrag etwa der Mutter auf Alleinsorge kann auch dann nicht stattgegeben werden, wenn Vater und Kind diesem Antrag gemäß Abs 2 Nr 1 zugestimmt haben (RegBegr BT-Drucks 13/4899, 99f). 4

§ 1672. Getrenntleben bei elterlicher Sorge der Mutter

(1) [1]**Leben die Eltern nicht nur vorübergehend getrennt und steht die elterliche Sorge nach § 1626a Abs. 2 der Mutter zu, so kann der Vater mit Zustimmung der Mutter beantragen, dass ihm das Familiengericht die elterliche Sorge oder einen Teil der elterlichen Sorge allein überträgt.** [2]**Dem Antrag ist stattzugeben, wenn die Übertragung dem Wohl des Kindes dient.**

(2) [1]**Soweit eine Übertragung nach Absatz 1 stattgefunden hat, kann das Familiengericht auf Antrag eines Elternteils mit Zustimmung des anderen Elternteils entscheiden, dass die elterliche Sorge den Eltern gemeinsam zusteht, wenn dies dem Wohl des Kindes nicht widerspricht.** [2]**Das gilt auch, soweit die Übertragung nach Absatz 1 wieder aufgehoben wurde.** Zur Verfassungswidrigkeit des Abs 1 wegen Unvereinbarkeit mit Art 6 II GG s § 1626a Rz 4 (BVerfG NJW 2010, 3008).

§ 1673. Ruhen der elterlichen Sorge bei rechtlichem Hindernis

(1) **Die elterliche Sorge eines Elternteils ruht, wenn er geschäftsunfähig ist.**

(2) [1]**Das Gleiche gilt, wenn er in der Geschäftsfähigkeit beschränkt ist.** [2]**Die Personensorge für das Kind steht ihm neben dem gesetzlichen Vertreter des Kindes zu; zur Vertretung des Kindes ist er nicht berechtigt.** [3]**Bei einer Meinungsverschiedenheit geht die Meinung des minderjährigen Elternteils vor, wenn der gesetzliche Vertreter des Kindes ein Vormund oder Pfleger ist; andernfalls gelten § 1627 Satz 2 und § 1628.**

§ 1674. Ruhen der elterlichen Sorge bei tatsächlichem Hindernis

(1) **Die elterliche Sorge eines Elternteils ruht, wenn das Familiengericht feststellt, dass er auf längere Zeit die elterliche Sorge tatsächlich nicht ausüben kann.**

(2) **Die elterliche Sorge lebt wieder auf, wenn das Familiengericht feststellt, dass der Grund des Ruhens nicht mehr besteht.**

§ 1675. Wirkung des Ruhens

Solange die elterliche Sorge ruht, ist ein Elternteil nicht berechtigt, sie auszuüben.

§ 1676. *(weggefallen)*

§ 1677. Beendigung der Sorge durch Todeserklärung

Die elterliche Sorge eines Elternteils endet, wenn er für tot erklärt oder seine Todeszeit nach den Vorschriften des Verschollenheitsgesetzes festgestellt wird, mit dem Zeitpunkt, der als Zeitpunkt des Todes gilt.

§ 1678. Folgen der tatsächlichen Verhinderung oder des Ruhens für den anderen Elternteil

(1) **Ist ein Elternteil tatsächlich verhindert, die elterliche Sorge auszuüben, oder ruht seine elterliche Sorge, so übt der andere Teil die elterliche Sorge allein aus; dies gilt nicht, wenn die elterliche Sorge dem Elternteil nach § 1626a Abs. 2, § 1671 oder § 1672 Abs. 1 allein zustand.**

(2) **Ruht die elterliche Sorge des Elternteils, dem sie nach § 1626a Abs. 2 allein zustand, und besteht keine Aussicht, dass der Grund des Ruhens wegfallen werde, so hat das Familiengericht die elterliche Sorge dem anderen Elternteil zu übertragen, wenn dies dem Wohl des Kindes dient.**

§ 1679. *(weggefallen)*

§ 1680. Tod eines Elternteils oder Entziehung des Sorgerechts

(1) **Stand die elterliche Sorge den Eltern gemeinsam zu und ist ein Elternteil gestorben, so steht die elterliche Sorge dem überlebenden Elternteil zu.**

(2) **[1]Ist ein Elternteil, dem die elterliche Sorge gemäß § 1671 oder § 1672 Abs. 1 allein zustand, gestorben, so hat das Familiengericht die elterliche Sorge dem überlebenden Elternteil zu übertragen, wenn dies dem Wohl des Kindes nicht widerspricht. [2]Stand die elterliche Sorge der Mutter gemäß § 1626a Abs. 2 allein zu, so hat das Familiengericht die elterliche Sorge dem Vater zu übertragen, wenn dies dem Wohl des Kindes dient.**

(3) **Absatz 1 und Absatz 2 Satz 2 gelten entsprechend, soweit einem Elternteil, dem die elterliche Sorge gemeinsam mit dem anderen Elternteil oder gemäß § 1626a Abs. 2 allein zustand, die elterliche Sorge entzogen wird.**

§ 1681. Todeserklärung eines Elternteils

(1) **§ 1680 Abs. 1 und 2 gilt entsprechend, wenn die elterliche Sorge eines Elternteils endet, weil er für tot erklärt oder seine Todeszeit nach den Vorschriften des Verschollenheitsgesetzes festgestellt worden ist.**

(2) **Lebt dieser Elternteil noch, so hat ihm das Familiengericht auf Antrag die elterliche Sorge in dem Umfang zu übertragen, in dem sie ihm vor dem nach § 1677 maßgebenden Zeitpunkt zustand, wenn dies dem Wohl des Kindes nicht widerspricht.**

§ 1682. Verbleibensanordnung zugunsten von Bezugspersonen

[1]Hat das Kind seit längerer Zeit in einem Haushalt mit einem Elternteil und dessen Ehegatten gelebt und will der andere Elternteil, der nach den §§ 1678, 1680, 1681 den Aufenthalt des Kindes nunmehr allein bestimmen kann, das Kind von dem Ehegatten wegnehmen, so kann das Familiengericht von Amts wegen oder auf Antrag des Ehegatten anordnen, dass das Kind bei dem Ehegatten verbleibt, wenn und solange das Kindeswohl durch die Wegnahme gefährdet würde. [2]Satz 1 gilt entsprechend, wenn das Kind seit längerer Zeit in einem Haushalt mit einem Elternteil und dessen Lebenspartner oder einer nach § 1685 Abs. 1 umgangsberechtigten volljährigen Person gelebt hat.

§ 1683. *(aufgehoben)*

§ 1684. Umgang des Kindes mit den Eltern

(1) **Das Kind hat das Recht auf Umgang mit jedem Elternteil; jeder Elternteil ist zum Umgang mit dem Kind verpflichtet und berechtigt.**

(2) [1]**Die Eltern haben alles zu unterlassen, was das Verhältnis des Kindes zum jeweils anderen Elternteil beeinträchtigt oder die Erziehung erschwert.** [2]**Entsprechendes gilt, wenn sich das Kind in der Obhut einer anderen Person befindet.**

(3) [1]**Das Familiengericht kann über den Umfang des Umgangsrechts entscheiden und seine Ausübung, auch gegenüber Dritten, näher regeln.** [2]**Es kann die Beteiligten durch Anordnungen zur Erfüllung der in Absatz 2 geregelten Pflicht anhalten.** [3]**Wird die Pflicht nach Absatz 2 dauerhaft oder wiederholt erheblich verletzt, kann das Familiengericht auch eine Pflegschaft für die Durchführung des Umgangs anordnen (Umgangspflegschaft).** [4]**Die Umgangspflegschaft umfasst das Recht, die Herausgabe des Kindes zur Durchführung des Umgangs zu verlangen und für die Dauer des Umgangs dessen Aufenthalt zu bestimmen.** [5]**Die Anordnung ist zu befristen.** [6]**Für den Ersatz von Aufwendungen und die Vergütung des Umgangspflegers gilt § 277 des Gesetzes über das Verfahren in Familiensachen und in den Angelegenheiten der freiwilligen Gerichtsbarkeit entsprechend.**

(4) [1]**Das Familiengericht kann das Umgangsrecht oder den Vollzug früherer Entscheidungen über das Umgangsrecht einschränken oder ausschließen, soweit dies zum Wohl des Kindes erforderlich ist.** [2]**Eine Entscheidung, die das Umgangsrecht oder seinen Vollzug für längere Zeit oder auf Dauer einschränkt oder ausschließt, kann nur ergehen, wenn andernfalls das Wohl des Kindes gefährdet wäre.** [3]**Das Familiengericht kann insbesondere anordnen, dass der Umgang nur stattfinden darf, wenn ein mitwirkungsbereiter Dritter anwesend ist.** [4]**Dritter kann auch ein Träger der Jugendhilfe oder ein Verein sein; dieser bestimmt dann jeweils, welche Einzelperson die Aufgabe wahrnimmt.**

1. Das **Umgangsrecht** ist nunmehr als **Recht des Kindes** ausgestaltet, das nur 1
durch den sorgeberechtigten Elternteil oder einen Verfahrenspfleger als Vertreter im Namen des Kindes geltend gemacht werden kann. Das entspricht der am Kind orientierten Perspektive des KindRG und dem in § 1626 III 1 ausgesprochenen Grundsatz. Der Umgang wird also nicht lediglich im Interesse des umgangsberechtigten Elternteils gewährt, sondern vorrangig im Interesse des Kindes und seiner Entwicklung. Gemäß Abs 4 kann das Familiengericht das Umgangsrecht zum Wohl des Kindes einschränken oder ausschließen.

2. Pflicht und Recht zum Umgang haben **alle Eltern,** unabhängig vom Bestehen 2
eines Sorgerechts. Insbesondere ist auch der Vater, der nicht mit der Mutter verheiratet war, einbezogen. Die Ausübung des Umgangsrechts durch den leiblichen Vater hat Vorrang vor einer von der Mutter beabsichtigten „störungsfreien" Eingliederung des Kindes in eine neue Familiengemeinschaft (OLG Karlsruhe FamRZ 1999, 184). Das Familiengericht kann gemäß Abs 3 die Ausübung des Umgangsrechts näher regeln; es darf dies jedoch nur, wenn die Eltern nicht in der Lage sind, eine wirksame Vereinbarung darüber zu treffen (Vorrang der Elternvereinbarung). Auf Dauer ausschließen kann das Familiengericht das Umgangsrecht gemäß Abs 4 S 2 nur bei einer Gefährdung des Kindeswohls. Der mit der Verpflichtung eines Elternteils zum Umgang mit seinem Kind verbundene Eingriff in das Grundrecht auf Schutz der Persönlichkeit aus Art 2 I iVm Art 1 I GG ist wegen der den Eltern durch Art 6 II 1 GG auferlegten Verantwortung für ihr Kind und dessen Recht auf Pflege und Erziehung durch seine Eltern gerechtfertigt. Es ist einem Elternteil zumutbar, zum Umgang mit seinem Kind verpflichtet zu werden, wenn dies dem Kindeswohl dient; ein Umgang mit dem Kind, der nur mit Zwangsmitteln gegen seinen umgangsunwilligen Elternteil durchgesetzt

werden kann, dient allerdings in der Regel nicht dem Kindeswohl (BVerfG NJW 2008, 1287).

3 **3.** Ein Umgangsrecht von engen **Bezugspersonen** des Kindes ist in § 1685 normiert. Es besteht gemäß Abs 1 für Großeltern und Geschwister sowie gemäß Abs 2 für sonstige enge Bezugspersonen, wenn diese für das Kind tatsächliche Verantwortung tragen oder getragen haben; zu denken ist etwa an Stief- oder Pflegeeltern, ferner (seit BVerfGE 108, 82) auch an den leiblichen, aber nicht rechtlichen Vater des Kindes, wenn zwischen ihm und dem Kind eine sozial-familiäre Beziehung besteht oder bestanden hat. Die Normierung des § 1685 ist vor dem Hintergrund des § 1626 III 2 zu sehen. Eine Inkonsequenz liegt darin, dass das Kind in § 1685 wieder nur als Objekt und nicht – wie in § 1684 – auch als Subjekt des Umgangsrechts erscheint.

4 **4. Schuldrechtliche Ansprüche** bejaht BGHZ 151, 155 (krit *Schwab* FamRZ 2002, 1297), da zwischen Umgangsberechtigtem und Umgangsverpflichtetem „ein gesetzliches Rechtsverhältnis familienrechtlicher Art" bestehe; sofern der Umgangsverpflichtete die Ausübung des Umgangsrechts pflichtwidrig erschwere, könne der Umgangsberechtigte deshalb (nach §§ 280 I, 241 II) Schadensersatz für die hierdurch entstandenen Mehraufwendungen verlangen. Offen lässt der BGH, ob das Umgangsrecht ein „sonstiges Recht" iSd § 823 I ist (bejahend etwa *Erman-Michalski* Rz 5 mwN).

§ 1685. Umgang des Kindes mit anderen Bezugspersonen

(1) **Großeltern und Geschwister haben ein Recht auf Umgang mit dem Kind, wenn dieser dem Wohl des Kindes dient.**

(2) [1]**Gleiches gilt für enge Bezugspersonen des Kindes, wenn diese für das Kind tatsächliche Verantwortung tragen oder getragen haben (sozial-familiäre Beziehung).** [2]**Eine Übernahme tatsächlicher Verantwortung ist in der Regel anzunehmen, wenn die Person mit dem Kind längere Zeit in häuslicher Gemeinschaft zusammengelebt hat.**

(3) [1]**§ 1684 Abs. 2 bis 4 gilt entsprechend.** [2]**Eine Umgangspflegschaft nach § 1684 Abs. 3 Satz 3 bis 5 kann das Familiengericht nur anordnen, wenn die Voraussetzungen des § 1666 Abs. 1 erfüllt sind.**

§ 1686. Auskunft über die persönlichen Verhältnisse des Kindes

[1]**Jeder Elternteil kann vom anderen Elternteil bei berechtigtem Interesse Auskunft über die persönlichen Verhältnisse des Kindes verlangen, soweit dies dem Wohl des Kindes nicht widerspricht.** [2]**Über Streitigkeiten entscheidet das Familiengericht.**

§ 1687. Ausübung der gemeinsamen Sorge bei Getrenntleben

(1) [1]**Leben Eltern, denen die elterliche Sorge gemeinsam zusteht, nicht nur vorübergehend getrennt, so ist bei Entscheidungen in Angelegenheiten, deren Regelung für das Kind von erheblicher Bedeutung ist, ihr gegenseitiges Einvernehmen erforderlich.** [2]**Der Elternteil, bei dem sich das Kind mit Einwilligung des anderen Elternteils oder auf Grund einer gerichtlichen Entscheidung gewöhnlich aufhält, hat die Befugnis zur alleinigen Entscheidung in Angelegenheiten des täglichen Lebens.** [3]**Entscheidungen in Angelegenheiten des täglichen Lebens sind in der Regel solche, die häufig vorkommen und die keine schwer abzuändernden Auswirkungen auf die Entwicklung des Kindes haben.** [4]**Solange sich das Kind mit Einwilligung dieses Elternteils oder auf Grund einer gerichtlichen Entscheidung bei dem anderen Elternteil aufhält, hat dieser die Befugnis zur alleinigen Entscheidung in Angelegenheiten der tatsächlichen Betreuung.** [5]**§ 1629 Abs. 1 Satz 4 und § 1684 Abs. 2 Satz 1 gelten entsprechend.**

(2) **Das Familiengericht kann die Befugnisse nach Absatz 1 Satz 2 und 4 einschränken oder ausschließen, wenn dies zum Wohl des Kindes erforderlich ist.**

Die Vorschrift betrifft die Ausgestaltung der gemeinsamen Sorge von Eltern, die dauerhaft getrennt leben, namentlich von geschiedenen Eltern. Für **Grundsatzentscheidungen,** also solche in Angelegenheiten, „deren Regelung für das Kind von erheblicher Bedeutung ist“, bleibt es gemäß Abs 1 S 1 bei dem Erfordernis des gegenseitigen Einvernehmens (vgl § 1627), so etwa in der Aufenthaltsbestimmung und der schulischen oder beruflichen Weichenstellung für das Kind. Es sind die Entscheidungen, die von uneinigen Eltern gem § 1628 zum Gegenstand einer gerichtlichen Entscheidung gemacht werden können. Die sog **Alltagssorge** indes wird gemäß Abs 1 S 2 dem betreuenden Elternteil allein überlassen; die hier gemeinten „Entscheidungen in Angelegenheiten des täglichen Lebens“ sind in Abs 1 S 3 definiert. Es sind die Entscheidungen, die im Zuge der täglichen Betreuung des Kindes zu treffen sind, darunter auch solche im Rahmen seiner schulischen oder beruflichen Ausbildung oder seiner gewöhnlichen medizinischen Versorgung (RegBegr BT-Drucks 13/4899, 107). Insoweit steht dem betreuenden Elternteil mit der Entscheidungsbefugnis auch ein Alleinvertretungsrecht zu. Die Bezugnahme in S 5 stellt klar, dass auch das in § 1629 I 4 geregelte Notvertretungsrecht gilt. 1

§ 1687 a. Entscheidungsbefugnisse des nicht sorgeberechtigten Elternteils

Für jeden Elternteil, der nicht Inhaber der elterlichen Sorge ist und bei dem sich das Kind mit Einwilligung des anderen Elternteils oder eines sonstigen Inhabers der Sorge oder auf Grund einer gerichtlichen Entscheidung aufhält, gilt § 1687 Abs. 1 Satz 4 und 5 und Abs. 2 entsprechend.

§ 1687 b. Sorgerechtliche Befugnisse des Ehegatten

(1) [1]**Der Ehegatte eines allein sorgeberechtigten Elternteils, der nicht Elternteil des Kindes ist, hat im Einvernehmen mit dem sorgeberechtigten Elternteil die Befugnis zur Mitentscheidung in Angelegenheiten des täglichen Lebens des Kindes.** [2]**§ 1629 Abs. 2 Satz 1 gilt entsprechend.**

(2) **Bei Gefahr im Verzug ist der Ehegatte dazu berechtigt, alle Rechtshandlungen vorzunehmen, die zum Wohl des Kindes notwendig sind; der sorgeberechtigte Elternteil ist unverzüglich zu unterrichten.**

(3) **Das Familiengericht kann die Befugnisse nach Absatz 1 einschränken oder ausschließen, wenn dies zum Wohl des Kindes erforderlich ist.**

(4) **Die Befugnisse nach Absatz 1 bestehen nicht, wenn die Ehegatten nicht nur vorübergehend getrennt leben.**

1. Die Vorschrift gibt dem **Stiefelternteil** ein Mitentscheidungsrecht bei der sog Alltagssorge (Begriff § 1687 Rz 1). Entsprechende sorgerechtliche Befugnisse räumt § 9 LPartG dem **Lebenspartner** ein. 1

2. Bei der **Vertretung** gilt gemäß Abs 1 S 2 zur Vermeidung von Interessenkollisionen § 1629 II 1 entsprechend. Das sog Notvertretungsrecht ist in Abs 2 parallel zu § 1629 I 4 geregelt. 2

§ 1688. Entscheidungsbefugnisse der Pflegeperson

(1) [1]**Lebt ein Kind für längere Zeit in Familienpflege, so ist die Pflegeperson berechtigt, in Angelegenheiten des täglichen Lebens zu entscheiden sowie den Inhaber der elterlichen Sorge in solchen Angelegenheiten zu vertreten.** [2]**Sie ist befugt, den Arbeitsverdienst des Kindes zu verwalten sowie Unterhalts-, Versicherungs-, Versorgungs- und sonstige Sozialleistungen für das Kind geltend zu machen und zu verwalten.** [3]**§ 1629 Abs. 1 Satz 4 gilt entsprechend.**

(2) Der Pflegeperson steht eine Person gleich, die im Rahmen der Hilfe nach den §§ 34, 35 und 35 a Abs. 1 Satz 2 Nr. 3 und 4 des Achten Buches Sozialgesetzbuch die Erziehung und Betreuung eines Kindes übernommen hat.

(3) [1]Die Absätze 1 und 2 gelten nicht, wenn der Inhaber der elterlichen Sorge etwas anderes erklärt. [2]Das Familiengericht kann die Befugnisse nach den Absätzen 1 und 2 einschränken oder ausschließen, wenn dies zum Wohl des Kindes erforderlich ist.

(4) Für eine Person, bei der sich das Kind auf Grund einer gerichtlichen Entscheidung nach § 1632 Abs. 4 oder § 1682 aufhält, gelten die Absätze 1 und 3 mit der Maßgabe, dass die genannten Befugnisse nur das Familiengericht einschränken oder ausschließen kann.

§§ 1689–1692. *(weggefallen)*

§ 1693. Gerichtliche Maßnahmen bei Verhinderung der Eltern

Sind die Eltern verhindert, die elterliche Sorge auszuüben, so hat das Familiengericht die im Interesse des Kindes erforderlichen Maßregeln zu treffen.

§§ 1694, 1695. *(weggefallen)*

§ 1696. Abänderung gerichtlicher Entscheidungen und gerichtlich gebilligter Vergleiche

(1) [1]Eine Entscheidung zum Sorge- oder Umgangsrecht oder ein gerichtlich gebilligter Vergleich ist zu ändern, wenn dies aus triftigen, das Wohl des Kindes nachhaltig berührenden Gründen angezeigt ist. [2]§ 1672 Abs. 2, § 1680 Abs. 2 Satz 1 sowie § 1681 Abs. 1 und 2 bleiben unberührt.

(2) Eine Maßnahme nach den §§ 1666 bis 1667 oder einer anderen Vorschrift des Bürgerlichen Gesetzbuchs, die nur ergriffen werden darf, wenn dies zur Abwendung einer Kindeswohlgefährdung oder zum Wohl des Kindes erforderlich ist (kindesschutzrechtliche Maßnahme), ist aufzuheben, wenn eine Gefahr für das Wohl des Kindes nicht mehr besteht oder die Erforderlichkeit der Maßnahme entfallen ist.

§ 1697. *(aufgehoben)*

§ 1697 a. Kindeswohlprinzip

Soweit nichts anderes bestimmt ist, trifft das Gericht in Verfahren über die in diesem Titel geregelten Angelegenheiten diejenige Entscheidung, die unter Berücksichtigung der tatsächlichen Gegebenheiten und Möglichkeiten sowie der berechtigten Interessen der Beteiligten dem Wohl des Kindes am besten entspricht.

§ 1698. Herausgabe des Kindesvermögens; Rechnungslegung

(1) Endet oder ruht die elterliche Sorge der Eltern oder hört aus einem anderen Grunde ihre Vermögenssorge auf, so haben sie dem Kind das Vermögen herauszugeben und auf Verlangen über die Verwaltung Rechenschaft abzulegen.

(2) Über die Nutzungen des Kindesvermögens brauchen die Eltern nur insoweit Rechenschaft abzulegen, als Grund zu der Annahme besteht, dass sie die Nutzungen entgegen der Vorschrift des § 1649 verwendet haben.

§ 1698a. Fortführung der Geschäfte in Unkenntnis der Beendigung der elterlichen Sorge

(1) [1]**Die Eltern dürfen die mit der Personensorge und mit der Vermögenssorge für das Kind verbundenen Geschäfte fortführen, bis sie von der Beendigung der elterlichen Sorge Kenntnis erlangen oder sie kennen müssen.** [2]**Ein Dritter kann sich auf diese Befugnis nicht berufen, wenn er bei der Vornahme eines Rechtsgeschäfts die Beendigung kennt oder kennen muss.**

(2) **Diese Vorschriften sind entsprechend anzuwenden, wenn die elterliche Sorge ruht.**

§ 1698b. Fortführung dringender Geschäfte nach Tod des Kindes

Endet die elterliche Sorge durch den Tod des Kindes, so haben die Eltern die Geschäfte, die nicht ohne Gefahr aufgeschoben werden können, zu besorgen, bis der Erbe anderweit Fürsorge treffen kann.

§§ 1699–1711. *(weggefallen)*

Titel 6. Beistandschaft

§ 1712. Beistandschaft des Jugendamts; Aufgaben

(1) **Auf schriftlichen Antrag eines Elternteils wird das Jugendamt Beistand des Kindes für folgende Aufgaben:**

1. **die Feststellung der Vaterschaft,**
2. **die Geltendmachung von Unterhaltsansprüchen sowie die Verfügung über diese Ansprüche; ist das Kind bei einem Dritten entgeltlich in Pflege, so ist der Beistand berechtigt, aus dem vom Unterhaltspflichtigen Geleisteten den Dritten zu befriedigen.**

(2) **Der Antrag kann auf einzelne der in Absatz 1 bezeichneten Aufgaben beschränkt werden.**

Die **Beistandschaft** des Jugendamtes tritt nur auf Antrag ein. Antragsberechtigt ist 1
gemäß § 1713 I 1 jeder alleinerziehende Elternteil, also namentlich die unverheiratete Mutter gemäß § 1626a II, aber auch der geschiedene Elternteil, dem die elterliche Sorge gemäß § 1671 übertragen wurde; bei gemeinsamer elterlicher Sorge gibt § 1713 I 2 dem das Kind betreuenden Elternteil ein Antragsrecht. Die in § 1712 I Nr 1 genannte Aufgabe bezieht sich auf die außerhalb einer Ehe geborenen Kinder (vgl § 1600d), die in Nr 2 genannte Geltendmachung von Unterhaltsansprüchen kann alle Kinder betreffen. Die elterliche Sorge wird durch die Beistandschaft nicht eingeschränkt (§ 1716).

§ 1713. Antragsberechtigte

(1) [1]**Den Antrag kann ein Elternteil stellen, dem für den Aufgabenkreis der beantragten Beistandschaft die alleinige elterliche Sorge zusteht oder zustünde, wenn das Kind bereits geboren wäre.** [2]**Steht die elterliche Sorge für das Kind den Eltern gemeinsam zu, kann der Antrag von dem Elternteil gestellt werden, in dessen Obhut sich das Kind befindet.** [3]**Der Antrag kann auch von einem nach § 1776 berufenen Vormund gestellt werden.** [4]**Er kann nicht durch einen Vertreter gestellt werden.**

(2) [1]**Vor der Geburt des Kindes kann die werdende Mutter den Antrag auch dann stellen, wenn das Kind, sofern es bereits geboren wäre, unter Vormundschaft stünde.** [2]**Ist die werdende Mutter in der Geschäftsfähigkeit beschränkt, so**

kann sie den Antrag nur selbst stellen; sie bedarf hierzu nicht der Zustimmung ihres gesetzlichen Vertreters. [3]Für eine geschäftsunfähige werdende Mutter kann nur ihr gesetzlicher Vertreter den Antrag stellen.

§ 1714. Eintritt der Beistandschaft

[1]Die Beistandschaft tritt ein, sobald der Antrag dem Jugendamt zugeht. [2]Dies gilt auch, wenn der Antrag vor der Geburt des Kindes gestellt wird.

§ 1715. Beendigung der Beistandschaft

(1) **[1]Die Beistandschaft endet, wenn der Antragsteller dies schriftlich verlangt. [2]§ 1712 Abs. 2 und § 1714 gelten entsprechend.**

(2) **Die Beistandschaft endet auch, sobald der Antragsteller keine der in § 1713 genannten Voraussetzungen mehr erfüllt.**

§ 1716. Wirkungen der Beistandschaft

[1]Durch die Beistandschaft wird die elterliche Sorge nicht eingeschränkt. [2]Im Übrigen gelten die Vorschriften über die Pflegschaft mit Ausnahme derjenigen über die Aufsicht des Familiengerichts und die Rechnungslegung sinngemäß; die §§ 1791, 1791 c Abs. 3 sind nicht anzuwenden.

§ 1717. Erfordernis des gewöhnlichen Aufenthalts im Inland

[1]Die Beistandschaft tritt nur ein, wenn das Kind seinen gewöhnlichen Aufenthalt im Inland hat; sie endet, wenn das Kind seinen gewöhnlichen Aufenthalt im Ausland begründet. [2]Dies gilt für die Beistandschaft vor der Geburt des Kindes entsprechend.

§§ 1718–1740. *(weggefallen)*

Titel 7. Annahme als Kind

Untertitel 1. Annahme Minderjähriger

§ 1741. Zulässigkeit der Annahme

(1) **[1]Die Annahme als Kind ist zulässig, wenn sie dem Wohl des Kindes dient und zu erwarten ist, dass zwischen dem Annehmenden und dem Kind ein Eltern-Kind-Verhältnis entsteht. [2]Wer an einer gesetzes- oder sittenwidrigen Vermittlung oder Verbringung eines Kindes zum Zwecke der Annahme mitgewirkt oder einen Dritten hiermit beauftragt oder hierfür belohnt hat, soll ein Kind nur dann annehmen, wenn dies zum Wohl des Kindes erforderlich ist.**

(2) **[1]Wer nicht verheiratet ist, kann ein Kind nur allein annehmen. [2]Ein Ehepaar kann ein Kind nur gemeinschaftlich annehmen. [3]Ein Ehegatte kann ein Kind seines Ehegatten allein annehmen. [4]Er kann ein Kind auch dann allein annehmen, wenn der andere Ehegatte das Kind nicht annehmen kann, weil er geschäftsunfähig ist oder das 21. Lebensjahr noch nicht vollendet hat.**

§ 1742. Annahme nur als gemeinschaftliches Kind

Ein angenommenes Kind kann, solange das Annahmeverhältnis besteht, bei Lebzeiten eines Annehmenden nur von dessen Ehegatten angenommen werden.

§ 1743. Mindestalter

[1]Der Annehmende muss das 25., in den Fällen des § 1741 Abs. 2 Satz 3 das 21. Lebensjahr vollendet haben. [2]In den Fällen des § 1741 Abs. 2 Satz 2 muss ein Ehegatte das 25. Lebensjahr, der andere Ehegatte das 21. Lebensjahr vollendet haben.

§ 1744. Probezeit

Die Annahme soll in der Regel erst ausgesprochen werden, wenn der Annehmende das Kind eine angemessene Zeit in Pflege gehabt hat.

§ 1745. Verbot der Annahme

[1]Die Annahme darf nicht ausgesprochen werden, wenn ihr überwiegende Interessen der Kinder des Annehmenden oder des Anzunehmenden entgegenstehen oder wenn zu befürchten ist, dass Interessen des Anzunehmenden durch Kinder des Annehmenden gefährdet werden. [2]Vermögensrechtliche Interessen sollen nicht ausschlaggebend sein.

§ 1746. Einwilligung des Kindes

(1) [1]Zur Annahme ist die Einwilligung des Kindes erforderlich. [2]Für ein Kind, das geschäftsunfähig oder noch nicht 14 Jahre alt ist, kann nur sein gesetzlicher Vertreter die Einwilligung erteilen. [3]Im Übrigen kann das Kind die Einwilligung nur selbst erteilen; es bedarf hierzu der Zustimmung seines gesetzlichen Vertreters. [4]Die Einwilligung bedarf bei unterschiedlicher Staatsangehörigkeit des Annehmenden und des Kindes der Genehmigung des Familiengerichts; dies gilt nicht, wenn die Annahme deutschem Recht unterliegt.

(2) [1]Hat das Kind das 14. Lebensjahr vollendet und ist es nicht geschäftsunfähig, so kann es die Einwilligung bis zum Wirksamwerden des Ausspruchs der Annahme gegenüber dem Familiengericht widerrufen. [2]Der Widerruf bedarf der öffentlichen Beurkundung. [3]Eine Zustimmung des gesetzlichen Vertreters ist nicht erforderlich.

(3) Verweigert der Vormund oder Pfleger die Einwilligung oder Zustimmung ohne triftigen Grund, so kann das Familiengericht sie ersetzen; einer Erklärung nach Absatz 1 durch die Eltern bedarf es nicht, soweit diese nach den §§ 1747, 1750 unwiderruflich in die Annahme eingewilligt haben oder ihre Einwilligung nach § 1748 durch das Familiengericht ersetzt worden ist.

§ 1747. Einwilligung der Eltern des Kindes

(1) [1]Zur Annahme eines Kindes ist die Einwilligung der Eltern erforderlich. [2]Sofern kein anderer Mann nach § 1592 als Vater anzusehen ist, gilt im Sinne des Satzes 1 und des § 1748 Abs. 4 als Vater, wer die Voraussetzung des § 1600 d Abs. 2 Satz 1 glaubhaft macht.

(2) [1]Die Einwilligung kann erst erteilt werden, wenn das Kind acht Wochen alt ist. [2]Sie ist auch dann wirksam, wenn der Einwilligende die schon feststehenden Annehmenden nicht kennt.

(3) Sind die Eltern nicht miteinander verheiratet und haben sie keine Sorgeerklärungen abgegeben,

1. kann die Einwilligung des Vaters bereits vor der Geburt erteilt werden;
2. darf, wenn der Vater die Übertragung der Sorge nach § 1672 Abs. 1 beantragt hat, eine Annahme erst ausgesprochen werden, nachdem über den Antrag des Vaters entschieden worden ist;

3. kann der Vater darauf verzichten, die Übertragung der Sorge nach § 1672 Abs. 1 zu beantragen. Die Verzichtserklärung muss öffentlich beurkundet werden. § 1750 gilt sinngemäß mit Ausnahme von Absatz 4 Satz 1.

(4) Die Einwilligung eines Elternteils ist nicht erforderlich, wenn er zur Abgabe einer Erklärung dauernd außerstande oder sein Aufenthalt dauernd unbekannt ist.

§ 1748. Ersetzung der Einwilligung eines Elternteils

(1) [1]Das Familiengericht hat auf Antrag des Kindes die Einwilligung eines Elternteils zu ersetzen, wenn dieser seine Pflichten gegenüber dem Kind anhaltend gröblich verletzt hat oder durch sein Verhalten gezeigt hat, dass ihm das Kind gleichgültig ist, und wenn das Unterbleiben der Annahme dem Kind zu unverhältnismäßigem Nachteil gereichen würde. [2]Die Einwilligung kann auch ersetzt werden, wenn die Pflichtverletzung zwar nicht anhaltend, aber besonders schwer ist und das Kind voraussichtlich dauernd nicht mehr der Obhut des Elternteils anvertraut werden kann.

(2) [1]Wegen Gleichgültigkeit, die nicht zugleich eine anhaltende gröbliche Pflichtverletzung ist, darf die Einwilligung nicht ersetzt werden, bevor der Elternteil vom Jugendamt über die Möglichkeit ihrer Ersetzung belehrt und nach Maßgabe des § 51 Abs. 2 des Achten Buches Sozialgesetzbuch beraten worden ist und seit der Belehrung wenigstens drei Monate verstrichen sind; in der Belehrung ist auf die Frist hinzuweisen. [2]Der Belehrung bedarf es nicht, wenn der Elternteil seinen Aufenthaltsort ohne Hinterlassung seiner neuen Anschrift gewechselt hat und der Aufenthaltsort vom Jugendamt während eines Zeitraums von drei Monaten trotz angemessener Nachforschungen nicht ermittelt werden konnte; in diesem Falle beginnt die Frist mit der ersten auf die Belehrung und Beratung oder auf die Ermittlung des Aufenthaltsorts gerichteten Handlung des Jugendamts. [3]Die Fristen laufen frühestens fünf Monate nach der Geburt des Kindes ab.

(3) Die Einwilligung eines Elternteils kann ferner ersetzt werden, wenn er wegen einer besonders schweren psychischen Krankheit oder einer besonders schweren geistigen oder seelischen Behinderung zur Pflege und Erziehung des Kindes dauernd unfähig ist und wenn das Kind bei Unterbleiben der Annahme nicht in einer Familie aufwachsen könnte und dadurch in seiner Entwicklung schwer gefährdet wäre.

(4) In den Fällen des § 1626a Abs. 2 hat das Familiengericht die Einwilligung des Vaters zu ersetzen, wenn das Unterbleiben der Annahme dem Kind zu unverhältnismäßigem Nachteil gereichen würde.

§ 1749. Einwilligung des Ehegatten

(1) [1]Zur Annahme eines Kindes durch einen Ehegatten allein ist die Einwilligung des anderen Ehegatten erforderlich. [2]Das Familiengericht kann auf Antrag des Annehmenden die Einwilligung ersetzen. [3]Die Einwilligung darf nicht ersetzt werden, wenn berechtigte Interessen des anderen Ehegatten und der Familie der Annahme entgegenstehen.

(2) Zur Annahme eines Verheirateten ist die Einwilligung seines Ehegatten erforderlich.

(3) Die Einwilligung des Ehegatten ist nicht erforderlich, wenn er zur Abgabe der Erklärung dauernd außerstande oder sein Aufenthalt dauernd unbekannt ist.

§ 1750. Einwilligungserklärung

(1) [1]**Die Einwilligung nach §§ 1746, 1747 und 1749 ist dem Familiengericht gegenüber zu erklären.** [2]**Die Erklärung bedarf der notariellen Beurkundung.** [3]**Die Einwilligung wird in dem Zeitpunkt wirksam, in dem sie dem Familiengericht zugeht.**

(2) [1]**Die Einwilligung kann nicht unter einer Bedingung oder einer Zeitbestimmung erteilt werden.** [2]**Sie ist unwiderruflich; die Vorschrift des § 1746 Abs. 2 bleibt unberührt.**

(3) [1]**Die Einwilligung kann nicht durch einen Vertreter erteilt werden.** [2]**Ist der Einwilligende in der Geschäftsfähigkeit beschränkt, so bedarf seine Einwilligung nicht der Zustimmung seines gesetzlichen Vertreters.** [3]**Die Vorschrift des § 1746 Abs. 1 Satz 2, 3 bleibt unberührt.**

(4) [1]**Die Einwilligung verliert ihre Kraft, wenn der Antrag zurückgenommen oder die Annahme versagt wird.** [2]**Die Einwilligung eines Elternteils verliert ferner ihre Kraft, wenn das Kind nicht innerhalb von drei Jahren seit dem Wirksamwerden der Einwilligung angenommen wird.**

§ 1751. Wirkung der elterlichen Einwilligung, Verpflichtung zum Unterhalt

(1) [1]**Mit der Einwilligung eines Elternteils in die Annahme ruht die elterliche Sorge dieses Elternteils; die Befugnis zum persönlichen Umgang mit dem Kind darf nicht ausgeübt werden.** [2]**Das Jugendamt wird Vormund; dies gilt nicht, wenn der andere Elternteil die elterliche Sorge allein ausübt oder wenn bereits ein Vormund bestellt ist.** [3]**Eine bestehende Pflegschaft bleibt unberührt.** [4]**Für den Annehmenden gilt während der Zeit der Adoptionspflege § 1688 Abs. 1 und 3 entsprechend.** [5]**Hat die Mutter in die Annahme eingewilligt, so bedarf ein Antrag des Vaters nach § 1672 Abs. 1 nicht ihrer Zustimmung.**

(2) **Absatz 1 ist nicht anzuwenden auf einen Ehegatten, dessen Kind vom anderen Ehegatten angenommen wird.**

(3) **Hat die Einwilligung eines Elternteils ihre Kraft verloren, so hat das Vormundschaftsgericht die elterliche Sorge dem Elternteil zu übertragen, wenn und soweit dies dem Wohl des Kindes nicht widerspricht.**[2]

(4) [1]**Der Annehmende ist dem Kind vor den Verwandten des Kindes zur Gewährung des Unterhalts verpflichtet, sobald die Eltern des Kindes die erforderliche Einwilligung erteilt haben und das Kind in die Obhut des Annehmenden mit dem Ziel der Annahme aufgenommen ist.** [2]**Will ein Ehegatte ein Kind seines Ehegatten annehmen, so sind die Ehegatten dem Kind vor den anderen Verwandten des Kindes zur Gewährung des Unterhalts verpflichtet, sobald die erforderliche Einwilligung der Eltern des Kindes erteilt und das Kind in die Obhut der Ehegatten aufgenommen ist.**

§ 1752. Beschluss des Familiengerichts, Antrag

(1) **Die Annahme als Kind wird auf Antrag des Annehmenden vom Familiengericht ausgesprochen.**

(2) [1]**Der Antrag kann nicht unter einer Bedingung oder einer Zeitbestimmung oder durch einen Vertreter gestellt werden.** [2]**Er bedarf der notariellen Beurkundung.**

Die Adoption erfolgt nach dem Adoptionsgesetz von 1976 nicht mehr durch Vertrag **(Vertragssystem),** sondern durch Beschluss des Familiengerichts **(Dekretsystem).** Die Voraussetzungen nennen §§ 1741 ff. **1**

§ 1753. Annahme nach dem Tode

(1) **Der Ausspruch der Annahme kann nicht nach dem Tode des Kindes erfolgen.**

(2) **Nach dem Tode des Annehmenden ist der Ausspruch nur zulässig, wenn der Annehmende den Antrag beim Familiengericht eingereicht oder bei oder nach der notariellen Beurkundung des Antrags den Notar damit betraut hat, den Antrag einzureichen.**

(3) **Wird die Annahme nach dem Tode des Annehmenden ausgesprochen, so hat sie die gleiche Wirkung, wie wenn sie vor dem Tode erfolgt wäre.**

§ 1754. Wirkung der Annahme

(1) **Nimmt ein Ehepaar ein Kind an oder nimmt ein Ehegatte ein Kind des anderen Ehegatten an, so erlangt das Kind die rechtliche Stellung eines gemeinschaftlichen Kindes der Ehegatten.**

(2) **In den anderen Fällen erlangt das Kind die rechtliche Stellung eines Kindes des Annehmenden.**

(3) **Die elterliche Sorge steht in den Fällen des Absatzes 1 den Ehegatten gemeinsam, in den Fällen des Absatzes 2 dem Annehmenden zu.**

1 Zusammen mit § 1755 verwirklicht die Vorschrift den **Grundsatz der Volladoption.** Das Kind erhält die Stellung eines Kindes des oder der Annehmenden. Zu dem Annehmenden und dessen Verwandten wird ein umfassendes gesetzliches Verwandtenverhältnis begründet, so dass ua die Vorschriften über das gesetzliche Erbrecht (§§ 1924 ff) anwendbar werden. Dagegen erlöschen gem § 1755 grds die Verwandtschaftsbeziehungen zur bisherigen Familie; Ausnahmen: § 1756. – Demgegenüber sind die Wirkungen einer **Erwachsenenadoption** schwächer (s § 1770).

§ 1755. Erlöschen von Verwandtschaftsverhältnissen

(1) [1] **Mit der Annahme erlöschen das Verwandtschaftsverhältnis des Kindes und seiner Abkömmlinge zu den bisherigen Verwandten und die sich aus ihm ergebenden Rechte und Pflichten.** [2] **Ansprüche des Kindes, die bis zur Annahme entstanden sind, insbesondere auf Renten, Waisengeld und andere entsprechende wiederkehrende Leistungen, werden durch die Annahme nicht berührt; dies gilt nicht für Unterhaltsansprüche.**

(2) **Nimmt ein Ehegatte das Kind seines Ehegatten an, so tritt das Erlöschen nur im Verhältnis zu dem anderen Elternteil und dessen Verwandten ein.**

§ 1756. Bestehenbleiben von Verwandtschaftsverhältnissen

(1) **Sind die Annehmenden mit dem Kind im zweiten oder dritten Grad verwandt oder verschwägert, so erlöschen nur das Verwandtschaftsverhältnis des Kindes und seiner Abkömmlinge zu den Eltern des Kindes und die sich aus ihm ergebenden Rechte und Pflichten.**

(2) **Nimmt ein Ehegatte das Kind seines Ehegatten an, so erlischt das Verwandtschaftsverhältnis nicht im Verhältnis zu den Verwandten des anderen Elternteils, wenn dieser die elterliche Sorge hatte und verstorben ist.**

§ 1757. Name des Kindes

(1) [1] **Das Kind erhält als Geburtsnamen den Familiennamen des Annehmenden.** [2] **Als Familienname gilt nicht der dem Ehenamen oder dem Lebenspartnerschaftsnamen hinzugefügte Name (§ 1355 Abs. 4; § 3 Abs. 2 des Lebenspartnerschaftsgesetzes).**

(2) [1]Nimmt ein Ehepaar ein Kind an oder nimmt ein Ehegatte ein Kind des anderen Ehegatten an und führen die Ehegatten keinen Ehenamen, so bestimmen sie den Geburtsnamen des Kindes vor dem Ausspruch der Annahme durch Erklärung gegenüber dem Familiengericht; § 1617 Abs. 1 gilt entsprechend. [2]Hat das Kind das fünfte Lebensjahr vollendet, so ist die Bestimmung nur wirksam, wenn es sich der Bestimmung vor dem Ausspruch der Annahme durch Erklärung gegenüber dem Familiengericht anschließt; § 1617 c Abs. 1 Satz 2 gilt entsprechend.

(3) Die Änderung des Geburtsnamens erstreckt sich auf den Ehenamen des Kindes nur dann, wenn sich auch der Ehegatte der Namensänderung vor dem Ausspruch der Annahme durch Erklärung gegenüber dem Familiengericht anschließt; die Erklärung muss öffentlich beglaubigt werden.

(4) [1]Das Familiengericht kann auf Antrag des Annehmenden mit Einwilligung des Kindes mit dem Ausspruch der Annahme

1. Vornamen des Kindes ändern oder ihm einen oder mehrere neue Vornamen beigeben, wenn dies dem Wohl des Kindes entspricht;
2. dem neuen Familiennamen des Kindes den bisherigen Familiennamen voranstellen oder anfügen, wenn dies aus schwerwiegenden Gründen zum Wohl des Kindes erforderlich ist.

[2]§ 1746 Abs. 1 Satz 2, 3, Abs. 3 erster Halbsatz ist entsprechend anzuwenden.

§ 1758. Offenbarungs- und Ausforschungsverbot

(1) Tatsachen, die geeignet sind, die Annahme und ihre Umstände aufzudecken, dürfen ohne Zustimmung des Annehmenden und des Kindes nicht offenbart oder ausgeforscht werden, es sei denn, dass besondere Gründe des öffentlichen Interesses dies erfordern.

(2) [1]Absatz 1 gilt sinngemäß, wenn die nach § 1747 erforderliche Einwilligung erteilt ist. [2]Das Familiengericht kann anordnen, dass die Wirkungen des Absatzes 1 eintreten, wenn ein Antrag auf Ersetzung der Einwilligung eines Elternteils gestellt worden ist.

§ 1759. Aufhebung des Annahmeverhältnisses

Das Annahmeverhältnis kann nur in den Fällen der §§ 1760, 1763 aufgehoben werden.

§ 1760. Aufhebung wegen fehlender Erklärungen

(1) Das Annahmeverhältnis kann auf Antrag vom Familiengericht aufgehoben werden, wenn es ohne Antrag des Annehmenden, ohne die Einwilligung des Kindes oder ohne die erforderliche Einwilligung eines Elternteils begründet worden ist.

(2) Der Antrag oder eine Einwilligung ist nur dann unwirksam, wenn der Erklärende

a) zur Zeit der Erklärung sich im Zustand der Bewusstlosigkeit oder vorübergehenden Störung der Geistestätigkeit befand, wenn der Antragsteller geschäftsunfähig war oder das geschäftsunfähige oder noch nicht 14 Jahre alte Kind die Einwilligung selbst erteilt hat,
b) nicht gewusst hat, dass es sich um eine Annahme als Kind handelt, oder wenn er dies zwar gewusst hat, aber einen Annahmeantrag nicht hat stellen oder eine Einwilligung zur Annahme nicht hat abgeben wollen oder wenn sich der Annehmende in der Person des anzunehmenden Kindes oder wenn sich das anzunehmende Kind in der Person des Annehmenden geirrt hat,

c) durch arglistige Täuschung über wesentliche Umstände zur Erklärung bestimmt worden ist,
d) widerrechtlich durch Drohung zur Erklärung bestimmt worden ist,
e) die Einwilligung vor Ablauf der in § 1747 Abs. 2 Satz 1 bestimmten Frist erteilt hat.

(3) [1]Die Aufhebung ist ausgeschlossen, wenn der Erklärende nach Wegfall der Geschäftsunfähigkeit, der Bewusstlosigkeit, der Störung der Geistestätigkeit, der durch die Drohung bestimmten Zwangslage, nach der Entdeckung des Irrtums oder nach Ablauf der in § 1747 Abs. 2 Satz 1 bestimmten Frist den Antrag oder die Einwilligung nachgeholt oder sonst zu erkennen gegeben hat, dass das Annahmeverhältnis aufrechterhalten werden soll. [2]Die Vorschriften des § 1746 Abs. 1 Satz 2, 3 und des § 1750 Abs. 3 Satz 1, 2 sind entsprechend anzuwenden.

(4) Die Aufhebung wegen arglistiger Täuschung über wesentliche Umstände ist ferner ausgeschlossen, wenn über Vermögensverhältnisse des Annehmenden oder des Kindes getäuscht worden ist oder wenn die Täuschung ohne Wissen eines Antrags- oder Einwilligungsberechtigten von jemand verübt worden ist, der weder antrags- noch einwilligungsberechtigt noch zur Vermittlung der Annahme befugt war.

(5) [1]Ist beim Ausspruch der Annahme zu Unrecht angenommen worden, dass ein Elternteil zur Abgabe der Erklärung dauernd außerstande oder sein Aufenthalt dauernd unbekannt sei, so ist die Aufhebung ausgeschlossen, wenn der Elternteil die Einwilligung nachgeholt oder sonst zu erkennen gegeben hat, dass das Annahmeverhältnis aufrechterhalten werden soll. [2]Die Vorschrift des § 1750 Abs. 3 Satz 1, 2 ist entsprechend anzuwenden.

§ 1761. Aufhebungshindernisse

(1) Das Annahmeverhältnis kann nicht aufgehoben werden, weil eine erforderliche Einwilligung nicht eingeholt worden oder nach § 1760 Abs. 2 unwirksam ist, wenn die Voraussetzungen für die Ersetzung der Einwilligung beim Ausspruch der Annahme vorgelegen haben oder wenn sie zum Zeitpunkt der Entscheidung über den Aufhebungsantrag vorliegen; dabei ist es unschädlich, wenn eine Belehrung oder Beratung nach § 1748 Abs. 2 nicht erfolgt ist.

(2) Das Annahmeverhältnis darf nicht aufgehoben werden, wenn dadurch das Wohl des Kindes erheblich gefährdet würde, es sei denn, dass überwiegende Interessen des Annehmenden die Aufhebung erfordern.

§ 1762. Antragsberechtigung; Antragsfrist, Form

(1) [1]Antragsberechtigt ist nur derjenige, ohne dessen Antrag oder Einwilligung das Kind angenommen worden ist. [2]Für ein Kind, das geschäftsunfähig oder noch nicht 14 Jahre alt ist, und für den Annehmenden, der geschäftsunfähig ist, können die gesetzlichen Vertreter den Antrag stellen. [3]Im Übrigen kann der Antrag nicht durch einen Vertreter gestellt werden. [4]Ist der Antragsberechtigte in der Geschäftsfähigkeit beschränkt, so ist die Zustimmung des gesetzlichen Vertreters nicht erforderlich.

(2) [1]Der Antrag kann nur innerhalb eines Jahres gestellt werden, wenn seit der Annahme noch keine drei Jahre verstrichen sind. [2]Die Frist beginnt

a) in den Fällen des § 1760 Abs. 2 Buchstabe a mit dem Zeitpunkt, in dem der Erklärende zumindest die beschränkte Geschäftsfähigkeit erlangt hat oder in dem dem gesetzlichen Vertreter des geschäftsunfähigen Annehmenden oder des noch nicht 14 Jahre alten oder geschäftsunfähigen Kindes die Erklärung bekannt wird;

b) in den Fällen des § 1760 Abs. 2 Buchstabe b, c mit dem Zeitpunkt, in dem der Erklärende den Irrtum oder die Täuschung entdeckt;
c) in dem Falle des § 1760 Abs. 2 Buchstabe d mit dem Zeitpunkt, in dem die Zwangslage aufhört;
d) in dem Falle des § 1760 Abs. 2 Buchstabe e nach Ablauf der in § 1747 Abs. 2 Satz 1 bestimmten Frist;
e) in den Fällen des § 1760 Abs. 5 mit dem Zeitpunkt, in dem dem Elternteil bekannt wird, dass die Annahme ohne seine Einwilligung erfolgt ist.

[3]Die für die Verjährung geltenden Vorschriften der §§ 206, 210 sind entsprechend anzuwenden.

(3) Der Antrag bedarf der notariellen Beurkundung.

§ 1763. Aufhebung von Amts wegen

(1) Während der Minderjährigkeit des Kindes kann das Familiengericht das Annahmeverhältnis von Amts wegen aufheben, wenn dies aus schwerwiegenden Gründen zum Wohl des Kindes erforderlich ist.

(2) Ist das Kind von einem Ehepaar angenommen, so kann auch das zwischen dem Kind und einem Ehegatten bestehende Annahmeverhältnis aufgehoben werden.

(3) Das Annahmeverhältnis darf nur aufgehoben werden,

a) wenn in dem Falle des Absatzes 2 der andere Ehegatte oder wenn ein leiblicher Elternteil bereit ist, die Pflege und Erziehung des Kindes zu übernehmen, und wenn die Ausübung der elterlichen Sorge durch ihn dem Wohl des Kindes nicht widersprechen würde oder
b) wenn die Aufhebung eine erneute Annahme des Kindes ermöglichen soll.

§ 1764. Wirkung der Aufhebung

(1) [1]Die Aufhebung wirkt nur für die Zukunft. [2]Hebt das Familiengericht das Annahmeverhältnis nach dem Tode des Annehmenden auf dessen Antrag oder nach dem Tode des Kindes auf dessen Antrag auf, so hat dies die gleiche Wirkung, wie wenn das Annahmeverhältnis vor dem Tode aufgehoben worden wäre.

(2) Mit der Aufhebung der Annahme als Kind erlöschen das durch die Annahme begründete Verwandtschaftsverhältnis des Kindes und seiner Abkömmlinge zu den bisherigen Verwandten und die sich aus ihm ergebenden Rechte und Pflichten.

(3) Gleichzeitig leben das Verwandtschaftsverhältnis des Kindes und seiner Abkömmlinge zu den leiblichen Verwandten des Kindes und die sich aus ihm ergebenden Rechte und Pflichten, mit Ausnahme der elterlichen Sorge, wieder auf.

(4) Das Familiengericht hat den leiblichen Eltern die elterliche Sorge zurückzuübertragen, wenn und soweit dies dem Wohl des Kindes nicht widerspricht; andernfalls bestellt es einen Vormund oder Pfleger.

(5) Besteht das Annahmeverhältnis zu einem Ehepaar und erfolgt die Aufhebung nur im Verhältnis zu einem Ehegatten, so treten die Wirkungen des Absatzes 2 nur zwischen dem Kind und seinen Abkömmlingen und diesem Ehegatten und dessen Verwandten ein; die Wirkungen des Absatzes 3 treten nicht ein.

§ 1765. Name des Kindes nach der Aufhebung

(1) [1]Mit der Aufhebung der Annahme als Kind verliert das Kind das Recht, den Familiennamen des Annehmenden als Geburtsnamen zu führen. [2]Satz 1 ist

in den Fällen des § 1754 Abs. 1 nicht anzuwenden, wenn das Kind einen Geburtsnamen nach § 1757 Abs. 1 führt und das Annahmeverhältnis zu einem Ehegatten allein aufgehoben wird. [3]Ist der Geburtsname zum Ehenamen oder Lebenspartnerschaftsnamen des Kindes geworden, so bleibt dieser unberührt.

(2) **[1]Auf Antrag des Kindes kann das Familiengericht mit der Aufhebung anordnen, dass das Kind den Familiennamen behält, den es durch die Annahme erworben hat, wenn das Kind ein berechtigtes Interesse an der Führung dieses Namens hat. [2]§ 1746 Abs. 1 Satz 2, 3 ist entsprechend anzuwenden.**

(3) **Ist der durch die Annahme erworbene Name zum Ehenamen oder Lebenspartnerschaftsnamen geworden, so hat das Familiengericht auf gemeinsamen Antrag der Ehegatten oder Lebenspartner mit der Aufhebung anzuordnen, dass die Ehegatten oder Lebenspartner als Ehenamen oder Lebenspartnerschaftsnamen den Geburtsnamen führen, den das Kind vor der Annahme geführt hat.**

§ 1766. Ehe zwischen Annehmendem und Kind

[1]Schließt ein Annehmender mit dem Angenommenen oder einem seiner Abkömmlinge den eherechtlichen Vorschriften zuwider die Ehe, so wird mit der Eheschließung das durch die Annahme zwischen ihnen begründete Rechtsverhältnis aufgehoben. [2]§§ 1764, 1765 sind nicht anzuwenden.

Untertitel 2. Annahme Volljähriger

§ 1767. Zulässigkeit der Annahme, anzuwendende Vorschriften

(1) **Ein Volljähriger kann als Kind angenommen werden, wenn die Annahme sittlich gerechtfertigt ist; dies ist insbesondere anzunehmen, wenn zwischen dem Annehmenden und dem Anzunehmenden ein Eltern-Kind-Verhältnis bereits entstanden ist.**

(2) **[1]Für die Annahme Volljähriger gelten die Vorschriften über die Annahme Minderjähriger sinngemäß, soweit sich aus den folgenden Vorschriften nichts anderes ergibt. [2]§ 1757 Abs. 3 ist entsprechend anzuwenden, wenn der Angenommene eine Lebenspartnerschaft begründet hat und sein Geburtsname zum Lebenspartnerschaftsnamen bestimmt worden ist. [3]Zur Annahme einer Person, die eine Lebenspartnerschaft führt, ist die Einwilligung des Lebenspartners erforderlich.**

§ 1768. Antrag

(1) **[1]Die Annahme eines Volljährigen wird auf Antrag des Annehmenden und des Anzunehmenden vom Familiengericht ausgesprochen. [2]§§ 1742, 1744, 1745, 1746 Abs. 1, 2, § 1747 sind nicht anzuwenden.**

(2) **Für einen Anzunehmenden, der geschäftsunfähig ist, kann der Antrag nur von seinem gesetzlichen Vertreter gestellt werden.**

§ 1769. Verbot der Annahme

Die Annahme eines Volljährigen darf nicht ausgesprochen werden, wenn ihr überwiegende Interessen der Kinder des Annehmenden oder des Anzunehmenden entgegenstehen.

§ 1770. Wirkung der Annahme

(1) **[1]Die Wirkungen der Annahme eines Volljährigen erstrecken sich nicht auf die Verwandten des Annehmenden. [2]Der Ehegatte oder Lebenspartner des An-**

nehmenden wird nicht mit dem Angenommenen, dessen Ehegatte oder Lebenspartner wird nicht mit dem Annehmenden verschwägert.

(2) **Die Rechte und Pflichten aus dem Verwandtschaftsverhältnis des Angenommenen und seiner Abkömmlinge zu ihren Verwandten werden durch die Annahme nicht berührt, soweit das Gesetz nichts anderes vorschreibt.**

(3) **Der Annehmende ist dem Angenommenen und dessen Abkömmlingen vor den leiblichen Verwandten des Angenommenen zur Gewährung des Unterhalts verpflichtet.**

§ 1771. Aufhebung des Annahmeverhältnisses

[1]Das Familiengericht kann das Annahmeverhältnis, das zu einem Volljährigen begründet worden ist, auf Antrag des Annehmenden und des Angenommenen aufheben, wenn ein wichtiger Grund vorliegt. [2]Im Übrigen kann das Annahmeverhältnis nur in sinngemäßer Anwendung der Vorschrift des § 1760 Abs. 1 bis 5 aufgehoben werden. [3]An die Stelle der Einwilligung des Kindes tritt der Antrag des Anzunehmenden.

§ 1772. Annahme mit den Wirkungen der Minderjährigenannahme

(1) **[1]Das Familiengericht kann beim Ausspruch der Annahme eines Volljährigen auf Antrag des Annehmenden und des Anzunehmenden bestimmen, dass sich die Wirkungen der Annahme nach den Vorschriften über die Annahme eines Minderjährigen oder eines verwandten Minderjährigen richten (§§ 1754 bis 1756), wenn**

a) ein minderjähriger Bruder oder eine minderjährige Schwester des Anzunehmenden von dem Annehmenden als Kind angenommen worden ist oder gleichzeitig angenommen wird oder
b) der Anzunehmende bereits als Minderjähriger in die Familie des Annehmenden aufgenommen worden ist oder
c) der Annehmende das Kind seines Ehegatten annimmt oder
d) der Anzunehmende in dem Zeitpunkt, in dem der Antrag auf Annahme bei dem Familiengericht eingereicht wird, noch nicht volljährig ist.

[2]Eine solche Bestimmung darf nicht getroffen werden, wenn ihr überwiegende Interessen der Eltern des Anzunehmenden entgegenstehen.

(2) **[1]Das Annahmeverhältnis kann in den Fällen des Absatzes 1 nur in sinngemäßer Anwendung der Vorschrift des § 1760 Abs. 1 bis 5 aufgehoben werden. [2]An die Stelle der Einwilligung des Kindes tritt der Antrag des Anzunehmenden.**

Abschnitt 3. Vormundschaft, Rechtliche Betreuung, Pflegschaft

Titel 1. Vormundschaft

Untertitel 1. Begründung der Vormundschaft

§ 1773. Voraussetzungen

(1) **Ein Minderjähriger erhält einen Vormund, wenn er nicht unter elterlicher Sorge steht oder wenn die Eltern weder in den die Person noch in den das Vermögen betreffenden Angelegenheiten zur Vertretung des Minderjährigen berechtigt sind.**

(2) **Ein Minderjähriger erhält einen Vormund auch dann, wenn sein Familienstand nicht zu ermitteln ist.**

§ 1774. Anordnung von Amts wegen

[1]Das Familiengericht hat die Vormundschaft von Amts wegen anzuordnen. [2]Ist anzunehmen, dass ein Kind mit seiner Geburt eines Vormunds bedarf, so kann schon vor der Geburt des Kindes ein Vormund bestellt werden; die Bestellung wird mit der Geburt des Kindes wirksam.

§ 1775. Mehrere Vormünder

[1]Das Familiengericht kann ein Ehepaar gemeinschaftlich zu Vormündern bestellen. [2]Im Übrigen soll das Familiengericht, sofern nicht besondere Gründe für die Bestellung mehrerer Vormünder vorliegen, für den Mündel und, wenn Geschwister zu bevormunden sind, für alle Mündel nur einen Vormund bestellen.

§ 1776. Benennungsrecht der Eltern

(1) **Als Vormund ist berufen, wer von den Eltern des Mündels als Vormund benannt ist.**

(2) **Haben der Vater und die Mutter verschiedene Personen benannt, so gilt die Benennung durch den zuletzt verstorbenen Elternteil.**

§ 1777. Voraussetzungen des Benennungsrechts

(1) **Die Eltern können einen Vormund nur benennen, wenn ihnen zur Zeit ihres Todes die Sorge für die Person und das Vermögen des Kindes zusteht.**

(2) **Der Vater kann für ein Kind, das erst nach seinem Tode geboren wird, einen Vormund benennen, wenn er dazu berechtigt sein würde, falls das Kind vor seinem Tode geboren wäre.**

(3) **Der Vormund wird durch letztwillige Verfügung benannt.**

§ 1778. Übergehen des benannten Vormunds

(1) **Wer nach § 1776 als Vormund berufen ist, darf ohne seine Zustimmung nur übergangen werden,**

1. **wenn er nach den §§ 1780 bis 1784 nicht zum Vormund bestellt werden kann oder soll,**
2. **wenn er an der Übernahme der Vormundschaft verhindert ist,**
3. **wenn er die Übernahme verzögert,**
4. **wenn seine Bestellung das Wohl des Mündels gefährden würde,**
5. **wenn der Mündel, der das 14. Lebensjahr vollendet hat, der Bestellung widerspricht, es sei denn, der Mündel ist geschäftsunfähig.**

(2) **Ist der Berufene nur vorübergehend verhindert, so hat ihn das Familiengericht nach dem Wegfall des Hindernisses auf seinen Antrag anstelle des bisherigen Vormunds zum Vormund zu bestellen.**

(3) **Für einen minderjährigen Ehegatten darf der andere Ehegatte vor den nach § 1776 Berufenen zum Vormund bestellt werden.**

(4) **Neben dem Berufenen darf nur mit dessen Zustimmung ein Mitvormund bestellt werden.**

§ 1779. Auswahl durch das Familiengericht

(1) **Ist die Vormundschaft nicht einem nach § 1776 Berufenen zu übertragen, so hat das Familiengericht nach Anhörung des Jugendamts den Vormund auszuwählen.**

(2) [1]Das Familiengericht soll eine Person auswählen, die nach ihren persönlichen Verhältnissen und ihrer Vermögenslage sowie nach den sonstigen Umständen zur Führung der Vormundschaft geeignet ist. [2]Bei der Auswahl unter mehreren geeigneten Personen sind der mutmaßliche Wille der Eltern, die persönlichen Bindungen des Mündels, die Verwandtschaft oder Schwägerschaft mit dem Mündel sowie das religiöse Bekenntnis des Mündels zu berücksichtigen.

(3) [1]Das Familiengericht soll bei der Auswahl des Vormunds Verwandte oder Verschwägerte des Mündels hören, wenn dies ohne erhebliche Verzögerung und ohne unverhältnismäßige Kosten geschehen kann. [2]Die Verwandten und Verschwägerten können von dem Mündel Ersatz ihrer Auslagen verlangen; der Betrag der Auslagen wird von dem Familiengericht festgesetzt.

§ 1780. Unfähigkeit zur Vormundschaft

Zum Vormund kann nicht bestellt werden, wer geschäftsunfähig ist.

§ 1781. Untauglichkeit zur Vormundschaft

Zum Vormund soll nicht bestellt werden:

1. wer minderjährig ist,
2. derjenige, für den ein Betreuer bestellt ist.

§ 1782. Ausschluss durch die Eltern

(1) [1]Zum Vormund soll nicht bestellt werden, wer durch Anordnung der Eltern des Mündels von der Vormundschaft ausgeschlossen ist. [2]Haben die Eltern einander widersprechende Anordnungen getroffen, so gilt die Anordnung des zuletzt verstorbenen Elternteils.

(2) Auf die Ausschließung ist die Vorschrift des § 1777 anzuwenden.

§ 1783. *(weggefallen)*

§ 1784. Beamter oder Religionsdiener als Vormund

(1) Ein Beamter oder Religionsdiener, der nach den Landesgesetzen einer besonderen Erlaubnis zur Übernahme einer Vormundschaft bedarf, soll nicht ohne die vorgeschriebene Erlaubnis zum Vormund bestellt werden.

(2) Diese Erlaubnis darf nur versagt werden, wenn ein wichtiger dienstlicher Grund vorliegt.

§ 1785. Übernahmepflicht

Jeder Deutsche hat die Vormundschaft, für die er von dem Familiengericht ausgewählt wird, zu übernehmen, sofern nicht seiner Bestellung zum Vormund einer der in den §§ 1780 bis 1784 bestimmten Gründe entgegensteht.

§ 1786. Ablehnungsrecht

(1) Die Übernahme der Vormundschaft kann ablehnen:

1. ein Elternteil, welcher zwei oder mehr noch nicht schulpflichtige Kinder überwiegend betreut oder glaubhaft macht, dass die ihm obliegende Fürsorge für die Familie die Ausübung des Amts dauernd besonders erschwert,
2. wer das 60. Lebensjahr vollendet hat,
3. wem die Sorge für die Person oder das Vermögen von mehr als drei minderjährigen Kindern zusteht,
4. wer durch Krankheit oder durch Gebrechen verhindert ist, die Vormundschaft ordnungsmäßig zu führen,

5. wer wegen Entfernung seines Wohnsitzes von dem Sitz des Familiengerichts die Vormundschaft nicht ohne besondere Belästigung führen kann,
6. *(weggefallen)*
7. wer mit einem anderen zur gemeinschaftlichen Führung der Vormundschaft bestellt werden soll,
8. wer mehr als eine Vormundschaft, Betreuung oder Pflegschaft führt; die Vormundschaft oder Pflegschaft über mehrere Geschwister gilt nur als eine; die Führung von zwei Gegenvormundschaften steht der Führung einer Vormundschaft gleich.

(2) Das Ablehnungsrecht erlischt, wenn es nicht vor der Bestellung bei dem Familiengericht geltend gemacht wird.

§ 1787. Folgen der unbegründeten Ablehnung

(1) Wer die Übernahme der Vormundschaft ohne Grund ablehnt, ist, wenn ihm ein Verschulden zur Last fällt, für den Schaden verantwortlich, der dem Mündel dadurch entsteht, dass sich die Bestellung des Vormunds verzögert.

(2) Erklärt das Familiengericht die Ablehnung für unbegründet, so hat der Ablehnende, unbeschadet der ihm zustehenden Rechtsmittel, die Vormundschaft auf Erfordern des Familiengerichts vorläufig zu übernehmen.

§ 1788. Zwangsgeld

(1) Das Familiengericht kann den zum Vormund Ausgewählten durch Festsetzung von Zwangsgeld zur Übernahme der Vormundschaft anhalten.

(2) [1]Die Zwangsgelder dürfen nur in Zwischenräumen von mindestens einer Woche festgesetzt werden. [2]Mehr als drei Zwangsgelder dürfen nicht festgesetzt werden.

§ 1789. Bestellung durch das Familiengericht

[1]Der Vormund wird von dem Familiengericht durch Verpflichtung zu treuer und gewissenhafter Führung der Vormundschaft bestellt. [2]Die Verpflichtung soll mittels Handschlags an Eides statt erfolgen.

§ 1790. Bestellung unter Vorbehalt

Bei der Bestellung des Vormunds kann die Entlassung für den Fall vorbehalten werden, dass ein bestimmtes Ereignis eintritt oder nicht eintritt.

§ 1791. Bestallungsurkunde

(1) Der Vormund erhält eine Bestallung.

(2) Die Bestallung soll enthalten den Namen und die Zeit der Geburt des Mündels, die Namen des Vormunds, des Gegenvormunds und der Mitvormünder sowie im Falle der Teilung der Vormundschaft die Art der Teilung.

§ 1791 a. Vereinsvormundschaft

(1) [1]Ein rechtsfähiger Verein kann zum Vormund bestellt werden, wenn er vom Landesjugendamt hierzu für geeignet erklärt worden ist. [2]Der Verein darf nur zum Vormund bestellt werden, wenn eine als ehrenamtlicher Einzelvormund geeignete Person nicht vorhanden ist oder wenn er nach § 1776 als Vormund berufen ist; die Bestellung bedarf der Einwilligung des Vereins.

(2) Die Bestellung erfolgt durch Beschluss des Familiengerichts; die §§ 1789, 1791 sind nicht anzuwenden.

(3) [1]Der Verein bedient sich bei der Führung der Vormundschaft einzelner seiner Mitglieder oder Mitarbeiter; eine Person, die den Mündel in einem Heim des Vereins als Erzieher betreut, darf die Aufgaben des Vormunds nicht ausüben. [2]Für ein Verschulden des Mitglieds oder des Mitarbeiters ist der Verein dem Mündel in gleicher Weise verantwortlich wie für ein Verschulden eines verfassungsmäßig berufenen Vertreters.

(4) Will das Familiengericht neben dem Verein einen Mitvormund oder will es einen Gegenvormund bestellen, so soll es vor der Entscheidung den Verein hören.

§ 1791 b. Bestellte Amtsvormundschaft des Jugendamts

(1) [1]Ist eine als ehrenamtlicher Einzelvormund geeignete Person nicht vorhanden, so kann auch das Jugendamt zum Vormund bestellt werden. [2]Das Jugendamt kann von den Eltern des Mündels weder benannt noch ausgeschlossen werden.

(2) Die Bestellung erfolgt durch Beschluss des Familiengerichts; die §§ 1789, 1791 sind nicht anzuwenden.

§ 1791 c. Gesetzliche Amtsvormundschaft des Jugendamts

(1) [1]Mit der Geburt eines Kindes, dessen Eltern nicht miteinander verheiratet sind und das eines Vormunds bedarf, wird das Jugendamt Vormund, wenn das Kind seinen gewöhnlichen Aufenthalt im Geltungsbereich dieses Gesetzes hat; dies gilt nicht, wenn bereits vor der Geburt des Kindes ein Vormund bestellt ist. [2]Wurde die Vaterschaft nach § 1592 Nr. 1 oder 2 durch Anfechtung beseitigt und bedarf das Kind eines Vormunds, so wird das Jugendamt in dem Zeitpunkt Vormund, in dem die Entscheidung rechtskräftig wird.

(2) War das Jugendamt Pfleger eines Kindes, dessen Eltern nicht miteinander verheiratet sind, endet die Pflegschaft kraft Gesetzes und bedarf das Kind eines Vormunds, so wird das Jugendamt Vormund, das bisher Pfleger war.

(3) Das Familiengericht hat dem Jugendamt unverzüglich eine Bescheinigung über den Eintritt der Vormundschaft zu erteilen; § 1791 ist nicht anzuwenden.

§ 1792. Gegenvormund

(1) [1]Neben dem Vormund kann ein Gegenvormund bestellt werden. [2]Ist das Jugendamt Vormund, so kann kein Gegenvormund bestellt werden; das Jugendamt kann Gegenvormund sein.

(2) Ein Gegenvormund soll bestellt werden, wenn mit der Vormundschaft eine Vermögensverwaltung verbunden ist, es sei denn, dass die Verwaltung nicht erheblich oder dass die Vormundschaft von mehreren Vormündern gemeinschaftlich zu führen ist.

(3) Ist die Vormundschaft von mehreren Vormündern nicht gemeinschaftlich zu führen, so kann der eine Vormund zum Gegenvormund des anderen bestellt werden.

(4) Auf die Berufung und Bestellung des Gegenvormunds sind die für die Begründung der Vormundschaft geltenden Vorschriften anzuwenden.

Untertitel 2. Führung der Vormundschaft

§ 1793. Aufgaben des Vormunds, Haftung des Mündels

(1) [1]Der Vormund hat das Recht und die Pflicht, für die Person und das Vermögen des Mündels zu sorgen, insbesondere den Mündel zu vertreten. [2]§ 1626 Abs. 2 gilt entsprechend. [3]Ist der Mündel auf längere Dauer in den Haushalt des Vormunds aufgenommen, so gelten auch die §§ 1618 a, 1619, 1664 entsprechend.

(1a) [1]**Der Vormund hat mit dem Mündel persönlichen Kontakt zu halten.** [2]**Er soll den Mündel in der Regel einmal im Monat in dessen üblicher Umgebung aufsuchen, es sei denn, im Einzelfall sind kürzere oder längere Besuchsabstände oder ein anderer Ort geboten.**

(2) **Für Verbindlichkeiten, die im Rahmen der Vertretungsmacht nach Absatz 1 gegenüber dem Mündel begründet werden, haftet der Mündel entsprechend § 1629a.**

§ 1794. Beschränkung durch Pflegschaft

Das Recht und die Pflicht des Vormunds, für die Person und das Vermögen des Mündels zu sorgen, erstreckt sich nicht auf Angelegenheiten des Mündels, für die ein Pfleger bestellt ist.

§ 1795. Ausschluss der Vertretungsmacht

(1) **Der Vormund kann den Mündel nicht vertreten:**

1. **bei einem Rechtsgeschäft zwischen seinem Ehegatten, seinem Lebenspartner oder einem seiner Verwandten in gerader Linie einerseits und dem Mündel andererseits, es sei denn, dass das Rechtsgeschäft ausschließlich in der Erfüllung einer Verbindlichkeit besteht,**
2. **bei einem Rechtsgeschäft, das die Übertragung oder Belastung einer durch Pfandrecht, Hypothek, Schiffshypothek oder Bürgschaft gesicherten Forderung des Mündels gegen den Vormund oder die Aufhebung oder Minderung dieser Sicherheit zum Gegenstand hat oder die Verpflichtung des Mündels zu einer solchen Übertragung, Belastung, Aufhebung oder Minderung begründet,**
3. **bei einem Rechtsstreit zwischen den in Nummer 1 bezeichneten Personen sowie bei einem Rechtsstreit über eine Angelegenheit der in Nummer 2 bezeichneten Art.**

(2) **Die Vorschrift des § 181 bleibt unberührt.**

1 **1.** Die praktische **Bedeutung** der Vorschrift liegt vor allem darin, dass sie gem § 1629 II 1 auch für die **Vertretungsmacht der Eltern** gilt.

2 **2.** Für die Eltern besteht gem §§ 1795 II, 181 das **allgemeine Verbot des Selbstkontrahierens.** Ferner ist das elterliche Vertretungsrecht durch die besonderen, in Abs 1 genannten Tatbestände eingeschränkt, insbesondere gemäß Nr 1 bei Geschäften **eines** Elternteils mit dem Kind; in diesen Fällen ist zum Schutz der Kindesinteressen auch der andere Elternteil von der Vertretung ausgeschlossen (arg: „der Vater und die Mutter" in § 1629 II 1). Es ist ein Ergänzungspfleger (§ 1909) zu bestellen.

3 **3.** Eine **Begrenzung** der Ausschlusstatbestände Abs 1 Nr 1 und Abs 2 (§ 181) ist nach dem Gesetzeswortlaut zum einen gegeben, wenn das Rechtsgeschäft ausschließlich in der **Erfüllung einer Verbindlichkeit** besteht (zB handeln die Eltern in Erfüllung ihrer Unterhaltspflicht, wenn sie ihrem Kind Kleidung schenken). Zum anderen gelten die genannten Ausschlusstatbestände nach st Rspr nicht, wenn das Geschäft dem Vertretenen **lediglich rechtlichen Vorteil** bringt (s § 181 Rz 2). Wenn also bspw der Großvater seinem fünfjährigen Enkel (Verwandtschaft in gerader Linie, vgl § 1589) oder der Vater seinem Sohn ein unbelastetes Haus schenken will, bringt das Geschäft dem Kind lediglich rechtlichen Vorteil, und die Eltern sind nicht nach Nr 1 von der Vertretung ausgeschlossen.

§ 1796. Entziehung der Vertretungsmacht

(1) **Das Familiengericht kann dem Vormund die Vertretung für einzelne Angelegenheiten oder für einen bestimmten Kreis von Angelegenheiten entziehen.**

(2) **Die Entziehung soll nur erfolgen, wenn das Interesse des Mündels zu dem Interesse des Vormunds oder eines von diesem vertretenen Dritten oder einer der in § 1795 Nr. 1 bezeichneten Personen in erheblichem Gegensatz steht.**

§ 1797. Mehrere Vormünder

(1) [1]**Mehrere Vormünder führen die Vormundschaft gemeinschaftlich.** [2]**Bei einer Meinungsverschiedenheit entscheidet das Familiengericht, sofern nicht bei der Bestellung ein anderes bestimmt wird.**

(2) [1]**Das Familiengericht kann die Führung der Vormundschaft unter mehrere Vormünder nach bestimmten Wirkungskreisen verteilen.** [2]**Innerhalb des ihm überwiesenen Wirkungskreises führt jeder Vormund die Vormundschaft selbständig.**

(3) **Bestimmungen, die der Vater oder die Mutter für die Entscheidung von Meinungsverschiedenheiten zwischen den von ihnen benannten Vormündern und für die Verteilung der Geschäfte unter diese nach Maßgabe des § 1777 getroffen hat, sind von dem Familiengericht zu befolgen, sofern nicht ihre Befolgung das Interesse des Mündels gefährden würde.**

§ 1798. Meinungsverschiedenheiten

Steht die Sorge für die Person und die Sorge für das Vermögen des Mündels verschiedenen Vormündern zu, so entscheidet bei einer Meinungsverschiedenheit über die Vornahme einer sowohl die Person als das Vermögen des Mündels betreffenden Handlung das Familiengericht.

§ 1799. Pflichten und Rechte des Gegenvormunds

(1) [1]**Der Gegenvormund hat darauf zu achten, dass der Vormund die Vormundschaft pflichtmäßig führt.** [2]**Er hat dem Familiengericht Pflichtwidrigkeiten des Vormunds sowie jeden Fall unverzüglich anzuzeigen, in welchem das Familiengericht zum Einschreiten berufen ist, insbesondere den Tod des Vormunds oder den Eintritt eines anderen Umstands, infolgedessen das Amt des Vormunds endigt oder die Entlassung des Vormunds erforderlich wird.**

(2) **Der Vormund hat dem Gegenvormund auf Verlangen über die Führung der Vormundschaft Auskunft zu erteilen und die Einsicht der sich auf die Vormundschaft beziehenden Papiere zu gestatten.**

§ 1800. Umfang der Personensorge

[1]**Das Recht und die Pflicht des Vormunds, für die Person des Mündels zu sorgen, bestimmen sich nach §§ 1631 bis 1633.** [2]**Der Vormund hat die Pflege und Erziehung des Mündels persönlich zu fördern und zu gewährleisten.**

§ 1801. Religiöse Erziehung

(1) **Die Sorge für die religiöse Erziehung des Mündels kann dem Einzelvormund von dem Familiengericht entzogen werden, wenn der Vormund nicht dem Bekenntnis angehört, in dem der Mündel zu erziehen ist.**

(2) **Hat das Jugendamt oder ein Verein als Vormund über die Unterbringung des Mündels zu entscheiden, so ist hierbei auf das religiöse Bekenntnis oder die Weltanschauung des Mündels und seiner Familie Rücksicht zu nehmen.**

§ 1802. Vermögensverzeichnis

(1) [1]**Der Vormund hat das Vermögen, das bei der Anordnung der Vormundschaft vorhanden ist oder später dem Mündel zufällt, zu verzeichnen und das**

Verzeichnis, nachdem er es mit der Versicherung der Richtigkeit und Vollständigkeit versehen hat, dem Familiengericht einzureichen. [2]Ist ein Gegenvormund vorhanden, so hat ihn der Vormund bei der Aufnahme des Verzeichnisses zuzuziehen; das Verzeichnis ist auch von dem Gegenvormund mit der Versicherung der Richtigkeit und Vollständigkeit zu versehen.

(2) Der Vormund kann sich bei der Aufnahme des Verzeichnisses der Hilfe eines Beamten, eines Notars oder eines anderen Sachverständigen bedienen.

(3) Ist das eingereichte Verzeichnis ungenügend, so kann das Familiengericht anordnen, dass das Verzeichnis durch eine zuständige Behörde oder durch einen zuständigen Beamten oder Notar aufgenommen wird.

§ 1803. Vermögensverwaltung bei Erbschaft oder Schenkung

(1) Was der Mündel von Todes wegen erwirbt oder was ihm unter Lebenden von einem Dritten unentgeltlich zugewendet wird, hat der Vormund nach den Anordnungen des Erblassers oder des Dritten zu verwalten, wenn die Anordnungen von dem Erblasser durch letztwillige Verfügung, von dem Dritten bei der Zuwendung getroffen worden sind.

(2) Der Vormund darf mit Genehmigung des Familiengerichts von den Anordnungen abweichen, wenn ihre Befolgung das Interesse des Mündels gefährden würde.

(3) [1]Zu einer Abweichung von den Anordnungen, die ein Dritter bei einer Zuwendung unter Lebenden getroffen hat, ist, solange er lebt, seine Zustimmung erforderlich und genügend. [2]Die Zustimmung des Dritten kann durch das Familiengericht ersetzt werden, wenn der Dritte zur Abgabe einer Erklärung dauernd außerstande oder sein Aufenthalt dauernd unbekannt ist.

§ 1804. Schenkungen des Vormunds

[1]Der Vormund kann nicht in Vertretung des Mündels Schenkungen machen. [2]Ausgenommen sind Schenkungen, durch die einer sittlichen Pflicht oder einer auf den Anstand zu nehmenden Rücksicht entsprochen wird.

§ 1805. Verwendung für den Vormund

[1]Der Vormund darf Vermögen des Mündels weder für sich noch für den Gegenvormund verwenden. [2]Ist das Jugendamt Vormund oder Gegenvormund, so ist die Anlegung von Mündelgeld gemäß § 1807 auch bei der Körperschaft zulässig, bei der das Jugendamt errichtet ist.

§ 1806. Anlegung von Mündelgeld

Der Vormund hat das zum Vermögen des Mündels gehörende Geld verzinslich anzulegen, soweit es nicht zur Bestreitung von Ausgaben bereitzuhalten ist.

§ 1807. Art der Anlegung

(1) Die im § 1806 vorgeschriebene Anlegung von Mündelgeld soll nur erfolgen:

1. in Forderungen, für die eine sichere Hypothek an einem inländischen Grundstück besteht, oder in sicheren Grundschulden oder Rentenschulden an inländischen Grundstücken;
2. in verbrieften Forderungen gegen den Bund oder ein Land sowie in Forderungen, die in das Bundesschuldbuch oder in das Landesschuldbuch eines Landes eingetragen sind;

3. in verbrieften Forderungen, deren Verzinsung vom Bund oder einem Land gewährleistet ist;
4. in Wertpapieren, insbesondere Pfandbriefen, sowie in verbrieften Forderungen jeder Art gegen eine inländische kommunale Körperschaft oder die Kreditanstalt einer solchen Körperschaft, sofern die Wertpapiere oder die Forderungen von der Bundesregierung mit Zustimmung des Bundesrates zur Anlegung von Mündelgeld für geeignet erklärt sind;
5. bei einer inländischen öffentlichen Sparkasse, wenn sie von der zuständigen Behörde des Landes, in welchem sie ihren Sitz hat, zur Anlegung von Mündelgeld für geeignet erklärt ist, oder bei einem anderen Kreditinstitut, das einer für die Anlage ausreichenden Sicherungseinrichtung angehört.

(2) **Die Landesgesetze können für die innerhalb ihres Geltungsbereichs belegenen Grundstücke die Grundsätze bestimmen, nach denen die Sicherheit einer Hypothek, einer Grundschuld oder einer Rentenschuld festzustellen ist.**

§ 1808. *(weggefallen)*

§ 1809. Anlegung mit Sperrvermerk

Der Vormund soll Mündelgeld nach § 1807 Abs. 1 Nr. 5 nur mit der Bestimmung anlegen, dass zur Erhebung des Geldes die Genehmigung des Gegenvormunds oder des Familiengerichts erforderlich ist.

§ 1810. Mitwirkung von Gegenvormund oder Familiengericht

[1] **Der Vormund soll die in den §§ 1806, 1807 vorgeschriebene Anlegung nur mit Genehmigung des Gegenvormunds bewirken; die Genehmigung des Gegenvormunds wird durch die Genehmigung des Familiengerichts ersetzt.** [2] **Ist ein Gegenvormund nicht vorhanden, so soll die Anlegung nur mit Genehmigung des Familiengerichts erfolgen, sofern nicht die Vormundschaft von mehreren Vormündern gemeinschaftlich geführt wird.**

§ 1811. Andere Anlegung

[1] **Das Familiengericht kann dem Vormund eine andere Anlegung als die in § 1807 vorgeschriebene gestatten.** [2] **Die Erlaubnis soll nur verweigert werden, wenn die beabsichtigte Art der Anlegung nach Lage des Falles den Grundsätzen einer wirtschaftlichen Vermögensverwaltung zuwiderlaufen würde.**

§ 1812. Verfügungen über Forderungen und Wertpapiere

(1) [1] **Der Vormund kann über eine Forderung oder über ein anderes Recht, kraft dessen der Mündel eine Leistung verlangen kann, sowie über ein Wertpapier des Mündels nur mit Genehmigung des Gegenvormunds verfügen, sofern nicht nach den §§ 1819 bis 1822 die Genehmigung des Familiengerichts erforderlich ist.** [2] **Das Gleiche gilt von der Eingehung der Verpflichtung zu einer solchen Verfügung.**

(2) **Die Genehmigung des Gegenvormunds wird durch die Genehmigung des Familiengerichts ersetzt.**

(3) **Ist ein Gegenvormund nicht vorhanden, so tritt an die Stelle der Genehmigung des Gegenvormunds die Genehmigung des Familiengerichts, sofern nicht die Vormundschaft von mehreren Vormündern gemeinschaftlich geführt wird.**

§ 1813. Genehmigungsfreie Geschäfte

(1) **Der Vormund bedarf nicht der Genehmigung des Gegenvormunds zur Annahme einer geschuldeten Leistung:**

1. wenn der Gegenstand der Leistung nicht in Geld oder Wertpapieren besteht,
2. wenn der Anspruch nicht mehr als 3 000 Euro beträgt,
3. wenn der Anspruch das Guthaben auf einem Giro- oder Kontokorrentkonto zum Gegenstand hat oder Geld zurückgezahlt wird, das der Vormund angelegt hat,
4. wenn der Anspruch zu den Nutzungen des Mündelvermögens gehört,
5. wenn der Anspruch auf Erstattung von Kosten der Kündigung oder der Rechtsverfolgung oder auf sonstige Nebenleistungen gerichtet ist.

(2) [1]Die Befreiung nach Absatz 1 Nr. 2, 3 erstreckt sich nicht auf die Erhebung von Geld, bei dessen Anlegung ein anderes bestimmt worden ist. [2]Die Befreiung nach Absatz 1 Nr. 3 gilt auch nicht für die Erhebung von Geld, das nach § 1807 Abs. 1 Nr. 1 bis 4 angelegt ist.

§ 1814. Hinterlegung von Inhaberpapieren

[1]Der Vormund hat die zu dem Vermögen des Mündels gehörenden Inhaberpapiere nebst den Erneuerungsscheinen bei einer Hinterlegungsstelle oder bei einem der in § 1807 Abs. 1 Nr. 5 genannten Kreditinstitute mit der Bestimmung zu hinterlegen, dass die Herausgabe der Papiere nur mit Genehmigung des Familiengerichts verlangt werden kann. [2]Die Hinterlegung von Inhaberpapieren, die nach § 92 zu den verbrauchbaren Sachen gehören, sowie von Zins-, Renten- oder Gewinnanteilscheinen ist nicht erforderlich. [3]Den Inhaberpapieren stehen Orderpapiere gleich, die mit Blankoindossament versehen sind.

§ 1815. Umschreibung und Umwandlung von Inhaberpapieren

(1) [1]Der Vormund kann die Inhaberpapiere, statt sie nach § 1814 zu hinterlegen, auf den Namen des Mündels mit der Bestimmung umschreiben lassen, dass er über sie nur mit Genehmigung des Familiengerichts verfügen kann. [2]Sind die Papiere vom Bund oder einem Land ausgestellt, so kann er sie mit der gleichen Bestimmung in Schuldbuchforderungen gegen den Bund oder das Land umwandeln lassen.

(2) Sind Inhaberpapiere zu hinterlegen, die in Schuldbuchforderungen gegen den Bund oder ein Land umgewandelt werden können, so kann das Familiengericht anordnen, dass sie nach Absatz 1 in Schuldbuchforderungen umgewandelt werden.

§ 1816. Sperrung von Buchforderungen

Gehören Schuldbuchforderungen gegen den Bund oder ein Land bei der Anordnung der Vormundschaft zu dem Vermögen des Mündels oder erwirbt der Mündel später solche Forderungen, so hat der Vormund in das Schuldbuch den Vermerk eintragen zu lassen, dass er über die Forderungen nur mit Genehmigung des Familiengerichts verfügen kann.

§ 1817. Befreiung

(1) [1]Das Familiengericht kann den Vormund auf dessen Antrag von den ihm nach den §§ 1806 bis 1816 obliegenden Verpflichtungen entbinden, soweit

1. der Umfang der Vermögensverwaltung dies rechtfertigt und
2. eine Gefährdung des Vermögens nicht zu besorgen ist.

[2]Die Voraussetzungen der Nummer 1 liegen im Regelfall vor, wenn der Wert des Vermögens ohne Berücksichtigung von Grundbesitz 6000 Euro nicht übersteigt.

(2) **Das Familiengericht kann aus besonderen Gründen den Vormund von den ihm nach den §§ 1814, 1816 obliegenden Verpflichtungen auch dann entbinden, wenn die Voraussetzungen des Absatzes 1 Nr. 1 nicht vorliegen.**

§ 1818. Anordnung der Hinterlegung

Das Familiengericht kann aus besonderen Gründen anordnen, dass der Vormund auch solche zu dem Vermögen des Mündels gehörende Wertpapiere, zu deren Hinterlegung er nach § 1814 nicht verpflichtet ist, sowie Kostbarkeiten des Mündels in der in § 1814 bezeichneten Weise zu hinterlegen hat; auf Antrag des Vormunds kann die Hinterlegung von Zins-, Renten- und Gewinnanteilscheinen angeordnet werden, auch wenn ein besonderer Grund nicht vorliegt.

§ 1819. Genehmigung bei Hinterlegung

[1]**Solange die nach § 1814 oder nach § 1818 hinterlegten Wertpapiere oder Kostbarkeiten nicht zurückgenommen sind, bedarf der Vormund zu einer Verfügung über sie und, wenn Hypotheken-, Grundschuld- oder Rentenschuldbriefe hinterlegt sind, zu einer Verfügung über die Hypothekenforderung, die Grundschuld oder die Rentenschuld der Genehmigung des Familiengerichts.** [2]**Das Gleiche gilt von der Eingehung der Verpflichtung zu einer solchen Verfügung.**

§ 1820. Genehmigung nach Umschreibung und Umwandlung

(1) **Sind Inhaberpapiere nach § 1815 auf den Namen des Mündels umgeschrieben oder in Schuldbuchforderungen umgewandelt, so bedarf der Vormund auch zur Eingehung der Verpflichtung zu einer Verfügung über die sich aus der Umschreibung oder der Umwandlung ergebenden Stammforderungen der Genehmigung des Familiengerichts.**

(2) **Das Gleiche gilt, wenn bei einer Schuldbuchforderung des Mündels der im § 1816 bezeichnete Vermerk eingetragen ist.**

§ 1821. Genehmigung für Geschäfte über Grundstücke, Schiffe oder Schiffsbauwerke

(1) **Der Vormund bedarf der Genehmigung des Familiengerichts:**

1. **zur Verfügung über ein Grundstück oder über ein Recht an einem Grundstück;**
2. **zur Verfügung über eine Forderung, die auf Übertragung des Eigentums an einem Grundstück oder auf Begründung oder Übertragung eines Rechts an einem Grundstück oder auf Befreiung eines Grundstücks von einem solchen Recht gerichtet ist;**
3. **zur Verfügung über ein eingetragenes Schiff oder Schiffsbauwerk oder über eine Forderung, die auf Übertragung des Eigentums an einem eingetragenen Schiff oder Schiffsbauwerk gerichtet ist;**
4. **zur Eingehung einer Verpflichtung zu einer der in den Nummern 1 bis 3 bezeichneten Verfügungen;**
5. **zu einem Vertrag, der auf den entgeltlichen Erwerb eines Grundstücks, eines eingetragenen Schiffes oder Schiffsbauwerks oder eines Rechts an einem Grundstück gerichtet ist.**

(2) **Zu den Rechten an einem Grundstück im Sinne dieser Vorschriften gehören nicht Hypotheken, Grundschulden und Rentenschulden.**

Die Bestimmung erhält ihre Bedeutung vor allem dadurch, dass sie gem § 1643 I **1**
auch **für die Eltern** im Rahmen der elterlichen Sorge gilt. Bei ihrer Anwendung ist

zu beachten, dass gemäß Abs 2 zu den **Rechten an einem Grundstück** (Nr 1, 2, 5) nicht die Hypotheken, Grundschulden und Rentenschulden gezählt werden. Außerdem ist zu beachten, dass nicht nur die dinglichen Verfügungen, sondern gemäß Nr 4 auch die entsprechenden **Verpflichtungsgeschäfte** der Genehmigung bedürfen.

§ 1822. Genehmigung für sonstige Geschäfte

Der Vormund bedarf der Genehmigung des Familiengerichts:

1. **zu einem Rechtsgeschäft, durch das der Mündel zu einer Verfügung über sein Vermögen im Ganzen oder über eine ihm angefallene Erbschaft oder über seinen künftigen gesetzlichen Erbteil oder seinen künftigen Pflichtteil verpflichtet wird, sowie zu einer Verfügung über den Anteil des Mündels an einer Erbschaft,**
2. **zur Ausschlagung einer Erbschaft oder eines Vermächtnisses, zum Verzicht auf einen Pflichtteil sowie zu einem Erbteilungsvertrag,**
3. **zu einem Vertrag, der auf den entgeltlichen Erwerb oder die Veräußerung eines Erwerbsgeschäfts gerichtet ist, sowie zu einem Gesellschaftsvertrag, der zum Betrieb eines Erwerbsgeschäfts eingegangen wird,**
4. **zu einem Pachtvertrag über ein Landgut oder einen gewerblichen Betrieb,**
5. **zu einem Miet- oder Pachtvertrag oder einem anderen Vertrag, durch den der Mündel zu wiederkehrenden Leistungen verpflichtet wird, wenn das Vertragsverhältnis länger als ein Jahr nach dem Eintritt der Volljährigkeit des Mündels fortdauern soll,**
6. **zu einem Lehrvertrag, der für längere Zeit als ein Jahr geschlossen wird,**
7. **zu einem auf die Eingehung eines Dienst- oder Arbeitsverhältnisses gerichteten Vertrag, wenn der Mündel zu persönlichen Leistungen für längere Zeit als ein Jahr verpflichtet werden soll,**
8. **zur Aufnahme von Geld auf den Kredit des Mündels,**
9. **zur Ausstellung einer Schuldverschreibung auf den Inhaber oder zur Eingehung einer Verbindlichkeit aus einem Wechsel oder einem anderen Papier, das durch Indossament übertragen werden kann,**
10. **zur Übernahme einer fremden Verbindlichkeit, insbesondere zur Eingehung einer Bürgschaft,**
11. **zur Erteilung einer Prokura,**
12. **zu einem Vergleich oder einem Schiedsvertrag, es sei denn, dass der Gegenstand des Streites oder der Ungewissheit in Geld schätzbar ist und den Wert von 3000 Euro nicht übersteigt oder der Vergleich einem schriftlichen oder protokollierten gerichtlichen Vergleichsvorschlag entspricht,**
13. **zu einem Rechtsgeschäft, durch das die für eine Forderung des Mündels bestehende Sicherheit aufgehoben oder gemindert oder die Verpflichtung dazu begründet wird.**

1 Die auch im Rahmen der elterlichen Vertretungsmacht gem § 1643 I bedeutsame **Nr 8** betrifft vor allem das Darlehen, nicht aber den gewöhnlichen Abzahlungskauf. Demgegenüber wird der drittfinanzierte Kreditkauf als genehmigungsbedürftig angesehen; der in dem Gesamtgeschäft enthaltene Darlehensvertrag sei genehmigungspflichtig, und seine Unwirksamkeit erfasse nach § 139 das gesamte Geschäft (*MüKo-Wagenitz* Rz 53).

§ 1823. Genehmigung bei einem Erwerbsgeschäft des Mündels

Der Vormund soll nicht ohne Genehmigung des Familiengerichts ein neues Erwerbsgeschäft im Namen des Mündels beginnen oder ein bestehendes Erwerbsgeschäft des Mündels auflösen.

§ 1824. Genehmigung für die Überlassung von Gegenständen an den Mündel

Der Vormund kann Gegenstände, zu deren Veräußerung die Genehmigung des Gegenvormunds oder des Familiengerichts erforderlich ist, dem Mündel nicht ohne diese Genehmigung zur Erfüllung eines von diesem geschlossenen Vertrags oder zu freier Verfügung überlassen.

§ 1825. Allgemeine Ermächtigung

(1) Das Familiengericht kann dem Vormund zu Rechtsgeschäften, zu denen nach § 1812 die Genehmigung des Gegenvormunds erforderlich ist, sowie zu den in § 1822 Nr. 8 bis 10 bezeichneten Rechtsgeschäften eine allgemeine Ermächtigung erteilen.

(2) Die Ermächtigung soll nur erteilt werden, wenn sie zum Zwecke der Vermögensverwaltung, insbesondere zum Betrieb eines Erwerbsgeschäfts, erforderlich ist.

§ 1826. Anhörung des Gegenvormunds vor Erteilung der Genehmigung

Das Familiengericht soll vor der Entscheidung über die zu einer Handlung des Vormunds erforderliche Genehmigung den Gegenvormund hören, sofern ein solcher vorhanden und die Anhörung tunlich ist.

§ 1827. *(weggefallen)*

§ 1828. Erklärung der Genehmigung

Das Familiengericht kann die Genehmigung zu einem Rechtsgeschäft nur dem Vormund gegenüber erklären.

§ 1829. Nachträgliche Genehmigung

(1) [1]Schließt der Vormund einen Vertrag ohne die erforderliche Genehmigung des Familiengerichts, so hängt die Wirksamkeit des Vertrags von der nachträglichen Genehmigung des Familiengerichts ab. [2]Die Genehmigung sowie deren Verweigerung wird dem anderen Teil gegenüber erst wirksam, wenn sie ihm durch den Vormund mitgeteilt wird.

(2) Fordert der andere Teil den Vormund zur Mitteilung darüber auf, ob die Genehmigung erteilt sei, so kann die Mitteilung der Genehmigung nur bis zum Ablauf von vier Wochen nach dem Empfang der Aufforderung erfolgen; erfolgt sie nicht, so gilt die Genehmigung als verweigert.

(3) Ist der Mündel volljährig geworden, so tritt seine Genehmigung an die Stelle der Genehmigung des Familiengerichts.

§ 1830. Widerrufsrecht des Geschäftspartners

Hat der Vormund dem anderen Teil gegenüber der Wahrheit zuwider die Genehmigung des Familiengerichts behauptet, so ist der andere Teil bis zur Mitteilung der nachträglichen Genehmigung des Familiengerichts zum Widerruf berechtigt, es sei denn, dass ihm das Fehlen der Genehmigung bei dem Abschluss des Vertrags bekannt war.

§ 1831. Einseitiges Rechtsgeschäft ohne Genehmigung

[1]Ein einseitiges Rechtsgeschäft, das der Vormund ohne die erforderliche Genehmigung des Familiengerichts vornimmt, ist unwirksam. [2]Nimmt der Vormund mit dieser Genehmigung ein solches Rechtsgeschäft einem anderen ge-

genüber vor, so ist das Rechtsgeschäft unwirksam, wenn der Vormund die Genehmigung nicht vorlegt und der andere das Rechtsgeschäft aus diesem Grunde unverzüglich zurückweist.

§ 1832. Genehmigung des Gegenvormunds

Soweit der Vormund zu einem Rechtsgeschäft der Genehmigung des Gegenvormunds bedarf, finden die Vorschriften der §§ 1828 bis 1831 entsprechende Anwendung; abweichend von § 1829 Abs. 2 beträgt die Frist für die Mitteilung der Genehmigung des Gegenvormunds zwei Wochen.

§ 1833. Haftung des Vormunds

(1) [1]Der Vormund ist dem Mündel für den aus einer Pflichtverletzung entstehenden Schaden verantwortlich, wenn ihm ein Verschulden zur Last fällt. [2]Das Gleiche gilt von dem Gegenvormund.

(2) [1]Sind für den Schaden mehrere nebeneinander verantwortlich, so haften sie als Gesamtschuldner. [2]Ist neben dem Vormund für den von diesem verursachten Schaden der Gegenvormund oder ein Mitvormund nur wegen Verletzung seiner Aufsichtspflicht verantwortlich, so ist in ihrem Verhältnis zueinander der Vormund allein verpflichtet.

§ 1834. Verzinsungspflicht

Verwendet der Vormund Geld des Mündels für sich, so hat er es von der Zeit der Verwendung an zu verzinsen.

§ 1835. Aufwendungsersatz

(1) [1]Macht der Vormund zum Zwecke der Führung der Vormundschaft Aufwendungen, so kann er nach den für den Auftrag geltenden Vorschriften der §§ 669, 670 von dem Mündel Vorschuss oder Ersatz verlangen; für den Ersatz von Fahrtkosten gilt die in § 5 des Justizvergütungs- und -entschädigungsgesetzes für Sachverständige getroffene Regelung entsprechend. [2]Das gleiche Recht steht dem Gegenvormund zu. [3]Ersatzansprüche erlöschen, wenn sie nicht binnen 15 Monaten nach ihrer Entstehung gerichtlich geltend gemacht werden; die Geltendmachung des Anspruchs beim Familiengericht gilt dabei auch als Geltendmachung gegenüber dem Mündel.

(1a) [1]Das Familiengericht kann eine von Absatz 1 Satz 3 abweichende Frist von mindestens zwei Monaten bestimmen. [2]In der Fristbestimmung ist über die Folgen der Versäumung der Frist zu belehren. [3]Die Frist kann auf Antrag vom Familiengericht verlängert werden. [4]Der Anspruch erlischt, soweit er nicht innerhalb der Frist beziffert wird.

(2) [1]Aufwendungen sind auch die Kosten einer angemessenen Versicherung gegen Schäden, die dem Mündel durch den Vormund oder Gegenvormund zugefügt werden können oder die dem Vormund oder Gegenvormund dadurch entstehen können, dass er einem Dritten zum Ersatz eines durch die Führung der Vormundschaft verursachten Schadens verpflichtet ist; dies gilt nicht für die Kosten der Haftpflichtversicherung des Halters eines Kraftfahrzeugs. [2]Satz 1 ist nicht anzuwenden, wenn der Vormund oder Gegenvormund eine Vergütung nach § 1836 Abs. 1 Satz 2 in Verbindung mit dem Vormünder- und Betreuervergütungsgesetz erhält.

(3) Als Aufwendungen gelten auch solche Dienste des Vormunds oder des Gegenvormunds, die zu seinem Gewerbe oder seinem Beruf gehören.

(4) [1]Ist der Mündel mittellos, so kann der Vormund Vorschuss und Ersatz aus der Staatskasse verlangen. [2]Absatz 1 Satz 3 und Absatz 1a gelten entsprechend.

(5) [1]Das Jugendamt oder ein Verein kann als Vormund oder Gegenvormund für Aufwendungen keinen Vorschuss und Ersatz nur insoweit verlangen, als das einzusetzende Einkommen und Vermögen des Mündels ausreicht. [2]Allgemeine Verwaltungskosten einschließlich der Kosten nach Absatz 2 werden nicht ersetzt.

§ 1835 a. Aufwandsentschädigung

(1) [1]Zur Abgeltung seines Anspruchs auf Aufwendungsersatz kann der Vormund als Aufwandsentschädigung für jede Vormundschaft, für die ihm keine Vergütung zusteht, einen Geldbetrag verlangen, der für ein Jahr dem Neunzehnfachen dessen entspricht, was einem Zeugen als Höchstbetrag der Entschädigung für eine Stunde versäumter Arbeitszeit (§ 22 des Justizvergütungs- und -entschädigungsgesetzes) gewährt werden kann (Aufwandsentschädigung). [2]Hat der Vormund für solche Aufwendungen bereits Vorschuss oder Ersatz erhalten, so verringert sich die Aufwandsentschädigung entsprechend.

(2) Die Aufwandsentschädigung ist jährlich zu zahlen, erstmals ein Jahr nach Bestellung des Vormunds.

(3) Ist der Mündel mittellos, so kann der Vormund die Aufwandsentschädigung aus der Staatskasse verlangen; Unterhaltsansprüche des Mündels gegen den Vormund sind insoweit bei der Bestimmung des Einkommens nach § 1836c Nr. 1 nicht zu berücksichtigen.

(4) Der Anspruch auf Aufwandsentschädigung erlischt, wenn er nicht binnen drei Monaten nach Ablauf des Jahres, in dem der Anspruch entsteht, geltend gemacht wird; die Geltendmachung des Anspruchs beim Familiengericht gilt auch als Geltendmachung gegenüber dem Mündel.

(5) Dem Jugendamt oder einem Verein kann keine Aufwandsentschädigung gewährt werden.

§ 1836. Vergütung des Vormunds

(1) [1]Die Vormundschaft wird unentgeltlich geführt. [2]Sie wird ausnahmsweise entgeltlich geführt, wenn das Gericht bei der Bestellung des Vormunds feststellt, dass der Vormund die Vormundschaft berufsmäßig führt. [3]Das Nähere regelt das Vormünder- und Betreuervergütungsgesetz.

(2) Trifft das Gericht keine Feststellung nach Absatz 1 Satz 2, so kann es dem Vormund und aus besonderen Gründen auch dem Gegenvormund gleichwohl eine angemessene Vergütung bewilligen, soweit der Umfang oder die Schwierigkeit der vormundschaftlichen Geschäfte dies rechtfertigen; dies gilt nicht, wenn der Mündel mittellos ist.

(3) Dem Jugendamt oder einem Verein kann keine Vergütung bewilligt werden.

§§ 1836 a, 1836 b. *(aufgehoben)*

§ 1836 c. Einzusetzende Mittel des Mündels

Der Mündel hat einzusetzen:

1. nach Maßgabe des § 87 des Zwölften Buches Sozialgesetzbuch sein Einkommen, soweit es zusammen mit dem Einkommen seines nicht getrennt lebenden Ehegatten oder Lebenspartners die nach den §§ 82, 85 Abs. 1 und § 86

des Zwölften Buches Sozialgesetzbuch maßgebende Einkommensgrenze für die Hilfe nach dem Fünften bis Neunten Kapitel des Zwölften Buches Sozialgesetzbuch übersteigt. Wird im Einzelfall der Einsatz eines Teils des Einkommens zur Deckung eines bestimmten Bedarfs im Rahmen der Hilfe nach dem Fünften bis Neunten Kapitel des Zwölften Buches Sozialgesetzbuch zugemutet oder verlangt, darf dieser Teil des Einkommens bei der Prüfung, inwieweit der Einsatz des Einkommens zur Deckung der Kosten der Vormundschaft einzusetzen ist, nicht mehr berücksichtigt werden. Als Einkommen gelten auch Unterhaltansprüche sowie die wegen Entziehung einer solchen Forderung zu entrichtenden Renten;
2. sein Vermögen nach Maßgabe des § 90 des Zwölften Buches Sozialgesetzbuch.

§ 1836 d. Mittellosigkeit des Mündels

Der Mündel gilt als mittellos, wenn er den Aufwendungsersatz oder die Vergütung aus seinem einzusetzenden Einkommen oder Vermögen

1. nicht oder nur zum Teil oder nur in Raten oder
2. nur im Wege gerichtlicher Geltendmachung von Unterhaltsansprüchen

aufbringen kann.

§ 1836 e. Gesetzlicher Forderungsübergang

(1) [1]Soweit die Staatskasse den Vormund oder Gegenvormund befriedigt, gehen Ansprüche des Vormundes oder Gegenvormunds gegen den Mündel auf die Staatskasse über. [2]Nach dem Tode des Mündels haftet sein Erbe nur mit dem Wert des im Zeitpunkt des Erbfalls vorhandenen Nachlasses; § 102 Abs. 3 und 4 des Zwölften Buches Sozialgesetzbuch gilt entsprechend, § 1836 c findet auf den Erben keine Anwendung.

(2) Soweit Ansprüche gemäß § 1836 c Nr. 1 Satz 3 einzusetzen sind, findet zugunsten der Staatskasse § 850 b der Zivilprozessordnung keine Anwendung.

Untertitel 3. Fürsorge und Aufsicht des Vormundschaftsgerichts

§ 1837. Beratung und Aufsicht

(1) [1]Das Familiengericht berät die Vormünder. [2]Es wirkt dabei mit, sie in ihre Aufgaben einzuführen.

(2) [1]Das Familiengericht hat über die gesamte Tätigkeit des Vormunds und des Gegenvormunds die Aufsicht zu führen und gegen Pflichtwidrigkeiten durch geeignete Gebote und Verbote einzuschreiten. [2]Es hat insbesondere die Einhaltung der erforderlichen persönlichen Kontakte des Vormunds zu dem Mündel zu beaufsichtigen. [3]Es kann dem Vormund und dem Gegenvormund aufgeben, eine Versicherung gegen Schäden, die sie dem Mündel zufügen können, einzugehen.

(3) [1]Das Familiengericht kann den Vormund und den Gegenvormund zur Befolgung seiner Anordnungen durch Festsetzung von Zwangsgeld anhalten. [2]Gegen das Jugendamt oder einen Verein wird kein Zwangsgeld festgesetzt.

(4) §§ 1666, 1666 a und 1696 gelten entsprechend.

§ 1838. *(weggefallen)*

§ 1839. Auskunftspflicht des Vormunds

Der Vormund sowie der Gegenvormund hat dem Familiengericht auf Verlangen jederzeit über die Führung der Vormundschaft und über die persönlichen Verhältnisse des Mündels Auskunft zu erteilen.

§ 1840. Bericht und Rechnungslegung

(1) [1]Der Vormund hat über die persönlichen Verhältnisse des Mündels dem Familiengericht mindestens einmal jährlich zu berichten. [2]Der Bericht hat auch Angaben zu den persönlichen Kontakten des Vormunds zu dem Mündel zu enthalten.

(2) Der Vormund hat über seine Vermögensverwaltung dem Familiengericht Rechnung zu legen.

(3) [1]Die Rechnung ist jährlich zu legen. [2]Das Rechnungsjahr wird von dem Familiengericht bestimmt.

(4) Ist die Verwaltung von geringem Umfang, so kann das Familiengericht, nachdem die Rechnung für das erste Jahr gelegt worden ist, anordnen, dass die Rechnung für längere, höchstens dreijährige Zeitabschnitte zu legen ist.

§ 1841. Inhalt der Rechnungslegung

(1) Die Rechnung soll eine geordnete Zusammenstellung der Einnahmen und Ausgaben enthalten, über den Ab- und Zugang des Vermögens Auskunft geben und, soweit Belege erteilt zu werden pflegen, mit Belegen versehen sein.

(2) [1]Wird ein Erwerbsgeschäft mit kaufmännischer Buchführung betrieben, so genügt als Rechnung ein aus den Büchern gezogener Jahresabschluss. [2]Das Familiengericht kann jedoch die Vorlegung der Bücher und sonstigen Belege verlangen.

§ 1842. Mitwirkung des Gegenvormunds

[1]Ist ein Gegenvormund vorhanden oder zu bestellen, so hat ihm der Vormund die Rechnung unter Nachweisung des Vermögensbestands vorzulegen. [2]Der Gegenvormund hat die Rechnung mit den Bemerkungen zu versehen, zu denen die Prüfung ihm Anlass gibt.

§ 1843. Prüfung durch das Familiengericht

(1) Das Familiengericht hat die Rechnung rechnungsmäßig und sachlich zu prüfen und, soweit erforderlich, ihre Berichtigung und Ergänzung herbeizuführen.

(2) Ansprüche, die zwischen dem Vormund und dem Mündel streitig bleiben, können schon vor der Beendigung des Vormundschaftsverhältnisses im Rechtsweg geltend gemacht werden.

§ 1844. *(weggefallen)*

§ 1845. *(aufgehoben)*

§ 1846. Einstweilige Maßregeln des Familiengerichts

Ist ein Vormund noch nicht bestellt oder ist der Vormund an der Erfüllung seiner Pflichten verhindert, so hat das Familiengericht die im Interesse des Betroffenen erforderlichen Maßregeln zu treffen.

§ 1847. Anhörung der Angehörigen

[1]Das Familiengericht soll in wichtigen Angelegenheiten Verwandte oder Verschwägerte des Mündels hören, wenn dies ohne erhebliche Verzögerung und ohne unverhältnismäßige Kosten geschehen kann. [2]§ 1779 Abs. 3 Satz 2 gilt entsprechend.

§ 1848. *(weggefallen)*

Untertitel 4. Mitwirkung des Jugendamts

§§ 1849, 1850. *(weggefallen)*

§ 1851. Mitteilungspflichten

(1) **Das Familiengericht hat dem Jugendamt die Anordnung der Vormundschaft unter Bezeichnung des Vormunds und des Gegenvormunds sowie einen Wechsel in der Person und die Beendigung der Vormundschaft mitzuteilen.**

(2) **Wird der gewöhnliche Aufenthalt eines Mündels in den Bezirk eines anderen Jugendamts verlegt, so hat der Vormund dem Jugendamt des bisherigen gewöhnlichen Aufenthalts und dieses dem Jugendamt des neuen gewöhnlichen Aufenthalts die Verlegung mitzuteilen.**

(3) **Ist ein Verein Vormund, so sind die Absätze 1 und 2 nicht anzuwenden.**

Untertitel 5. Befreite Vormundschaft

§ 1852. Befreiung durch den Vater

(1) **Der Vater kann, wenn er einen Vormund benennt, die Bestellung eines Gegenvormunds ausschließen.**

(2) **[1]Der Vater kann anordnen, dass der von ihm benannte Vormund bei der Anlegung von Geld den in den §§ 1809, 1810 bestimmten Beschränkungen nicht unterliegen und zu den in § 1812 bezeichneten Rechtsgeschäften der Genehmigung des Gegenvormunds oder des Familiengerichts nicht bedürfen soll. [2]Diese Anordnungen sind als getroffen anzusehen, wenn der Vater die Bestellung eines Gegenvormunds ausgeschlossen hat.**

§ 1853. Befreiung von Hinterlegung und Sperrung

Der Vater kann den von ihm benannten Vormund von der Verpflichtung entbinden, Inhaber- und Orderpapiere zu hinterlegen und den in § 1816 bezeichneten Vermerk in das Bundesschuldbuch oder das Schuldbuch eines Landes eintragen zu lassen.

§ 1854. Befreiung von der Rechnungslegungspflicht

(1) **Der Vater kann den von ihm benannten Vormund von der Verpflichtung entbinden, während der Dauer seines Amtes Rechnung zu legen.**

(2) **[1]Der Vormund hat in einem solchen Falle nach dem Ablauf von je zwei Jahren eine Übersicht über den Bestand des seiner Verwaltung unterliegenden Vermögens dem Familiengericht einzureichen. [2]Das Familiengericht kann anordnen, dass die Übersicht in längeren, höchstens fünfjährigen Zwischenräumen einzureichen ist.**

(3) **[1]Ist ein Gegenvormund vorhanden oder zu bestellen, so hat ihm der Vormund die Übersicht unter Nachweisung des Vermögensbestands vorzulegen. [2]Der Gegenvormund hat die Übersicht mit den Bemerkungen zu versehen, zu denen die Prüfung ihm Anlass gibt.**

§ 1855. Befreiung durch die Mutter

Benennt die Mutter einen Vormund, so kann sie die gleichen Anordnungen treffen wie nach den §§ 1852 bis 1854 der Vater.

§ 1856. Voraussetzungen der Befreiung

[1] Auf die nach den §§ 1852 bis 1855 zulässigen Anordnungen ist die Vorschrift des § 1777 anzuwenden. [2] Haben die Eltern denselben Vormund benannt, aber einander widersprechende Anordnungen getroffen, so gelten die Anordnungen des zuletzt verstorbenen Elternteils.

§ 1857. Aufhebung der Befreiung durch das Familiengericht

Die Anordnungen des Vaters oder der Mutter können von dem Familiengericht außer Kraft gesetzt werden, wenn ihre Befolgung das Interesse des Mündels gefährden würde.

§ 1857 a. Befreiung des Jugendamts und des Vereins

Dem Jugendamt und einem Verein als Vormund stehen die nach § 1852 Abs. 2, §§ 1853, 1854 zulässigen Befreiungen zu.

§§ 1858–1881. *(weggefallen)*

Untertitel 6. Beendigung der Vormundschaft

§ 1882. Wegfall der Voraussetzungen

Die Vormundschaft endigt mit dem Wegfall der in § 1773 für die Begründung der Vormundschaft bestimmten Voraussetzungen.

§ 1883. *(weggefallen)*

§ 1884. Verschollenheit und Todeserklärung des Mündels

(1) **[1] Ist der Mündel verschollen, so endigt die Vormundschaft erst mit der Aufhebung durch das Familiengericht. [2] Das Familiengericht hat die Vormundschaft aufzuheben, wenn ihm der Tod des Mündels bekannt wird.**

(2) **Wird der Mündel für tot erklärt oder wird seine Todeszeit nach den Vorschriften des Verschollenheitsgesetzes festgestellt, so endigt die Vormundschaft mit der Rechtskraft des Beschlusses über die Todeserklärung oder die Feststellung der Todeszeit.**

§ 1885. *(weggefallen)*

§ 1886. Entlassung des Einzelvormunds

Das Familiengericht hat den Einzelvormund zu entlassen, wenn die Fortführung des Amts, insbesondere wegen pflichtwidrigen Verhaltens des Vormunds, das Interesse des Mündels gefährden würde oder wenn in der Person des Vormunds einer der in § 1781 bestimmten Gründe vorliegt.

§ 1887. Entlassung des Jugendamts oder Vereins

(1) **Das Familiengericht hat das Jugendamt oder den Verein als Vormund zu entlassen und einen anderen Vormund zu bestellen, wenn dies dem Wohl des Mündels dient und eine andere als Vormund geeignete Person vorhanden ist.**

(2) **[1] Die Entscheidung ergeht von Amts wegen oder auf Antrag. [2] Zum Antrag ist berechtigt der Mündel, der das 14. Lebensjahr vollendet hat, sowie jeder, der ein berechtigtes Interesse des Mündels geltend macht. [3] Das Jugendamt oder der**

Verein sollen den Antrag stellen, sobald sie erfahren, dass die Voraussetzungen des Absatzes 1 vorliegen.

(3) **Das Familiengericht soll vor seiner Entscheidung auch das Jugendamt oder den Verein hören.**

§ 1888. Entlassung von Beamten und Religionsdienern

Ist ein Beamter oder ein Religionsdiener zum Vormund bestellt, so hat ihn das Familiengericht zu entlassen, wenn die Erlaubnis, die nach den Landesgesetzen zur Übernahme der Vormundschaft oder zur Fortführung der vor dem Eintritt in das Amts- oder Dienstverhältnis übernommenen Vormundschaft erforderlich ist, versagt oder zurückgenommen wird oder wenn die nach den Landesgesetzen zulässige Untersagung der Fortführung der Vormundschaft erfolgt.

§ 1889. Entlassung auf eigenen Antrag

(1) **Das Familiengericht hat den Einzelvormund auf seinen Antrag zu entlassen, wenn ein wichtiger Grund vorliegt; ein wichtiger Grund ist insbesondere der Eintritt eines Umstands, der den Vormund nach § 1786 Abs. 1 Nr. 2 bis 7 berechtigen würde, die Übernahme der Vormundschaft abzulehnen.**

(2) [1] **Das Familiengericht hat das Jugendamt oder den Verein als Vormund auf seinen Antrag zu entlassen, wenn eine andere als Vormund geeignete Person vorhanden ist und das Wohl des Mündels dieser Maßnahme nicht entgegensteht.** [2] **Ein Verein ist auf seinen Antrag ferner zu entlassen, wenn ein wichtiger Grund vorliegt.**

§ 1890. Vermögensherausgabe und Rechnungslegung

[1] **Der Vormund hat nach der Beendigung seines Amts dem Mündel das verwaltete Vermögen herauszugeben und über die Verwaltung Rechenschaft abzulegen.** [2] **Soweit er dem Familiengericht Rechnung gelegt hat, genügt die Bezugnahme auf diese Rechnung.**

§ 1891. Mitwirkung des Gegenvormunds

(1) [1] **Ist ein Gegenvormund vorhanden, so hat ihm der Vormund die Rechnung vorzulegen.** [2] **Der Gegenvormund hat die Rechnung mit den Bemerkungen zu versehen, zu denen die Prüfung ihm Anlass gibt.**

(2) **Der Gegenvormund hat über die Führung der Gegenvormundschaft und, soweit er dazu imstande ist, über das von dem Vormund verwaltete Vermögen auf Verlangen Auskunft zu erteilen.**

§ 1892. Rechnungsprüfung und -anerkennung

(1) **Der Vormund hat die Rechnung, nachdem er sie dem Gegenvormund vorgelegt hat, dem Familiengericht einzureichen.**

(2) [1] **Das Familiengericht hat die Rechnung rechnungsmäßig und sachlich zu prüfen und deren Abnahme durch Verhandlung mit den Beteiligten unter Zuziehung des Gegenvormunds zu vermitteln.** [2] **Soweit die Rechnung als richtig anerkannt wird, hat das Familiengericht das Anerkenntnis zu beurkunden.**

§ 1893. Fortführung der Geschäfte nach Beendigung der Vormundschaft, Rückgabe von Urkunden

(1) **Im Falle der Beendigung der Vormundschaft oder des vormundschaftlichen Amts finden die Vorschriften der §§ 1698 a, 1698 b entsprechende Anwendung.**

(2) [1]Der Vormund hat nach Beendigung seines Amts die Bestallung dem Familiengericht zurückzugeben. [2]In den Fällen der §§ 1791 a, 1791 b ist der Beschluss des Familiengerichts, im Falle des § 1791 c die Bescheinigung über den Eintritt der Vormundschaft zurückzugeben.

§ 1894. Anzeige bei Tod des Vormunds

(1) Den Tod des Vormunds hat dessen Erbe dem Familiengericht unverzüglich anzuzeigen.

(2) Den Tod des Gegenvormunds oder eines Mitvormunds hat der Vormund unverzüglich anzuzeigen.

§ 1895. Amtsende des Gegenvormunds

Die Vorschriften der §§ 1886 bis 1889, 1893, 1894 finden auf den Gegenvormund entsprechende Anwendung.

Titel 2. Rechtliche Betreuung

§ 1896. Voraussetzungen

(1) [1]Kann ein Volljähriger auf Grund einer psychischen Krankheit oder einer körperlichen, geistigen oder seelischen Behinderung seine Angelegenheiten ganz oder teilweise nicht besorgen, so bestellt das Betreuungsgericht auf seinen Antrag oder von Amts wegen für ihn einen Betreuer. [2]Den Antrag kann auch ein Geschäftsunfähiger stellen. [3]Soweit der Volljährige auf Grund einer körperlichen Behinderung seine Angelegenheiten nicht besorgen kann, darf der Betreuer nur auf Antrag des Volljährigen bestellt werden, es sei denn, dass dieser seinen Willen nicht kundtun kann.

(1 a) Gegen den freien Willen des Volljährigen darf ein Betreuer nicht bestellt werden.

(2) [1]Ein Betreuer darf nur für Aufgabenkreise bestellt werden, in denen die Betreuung erforderlich ist. [2]Die Betreuung ist nicht erforderlich, soweit die Angelegenheiten des Volljährigen durch einen Bevollmächtigten, der nicht zu den in § 1897 Abs. 3 bezeichneten Personen gehört, oder durch andere Hilfen, bei denen kein gesetzlicher Vertreter bestellt wird, ebenso gut wie durch einen Betreuer besorgt werden können.

(3) Als Aufgabenkreis kann auch die Geltendmachung von Rechten des Betreuten gegenüber seinem Bevollmächtigten bestimmt werden.

(4) Die Entscheidung über den Fernmeldeverkehr des Betreuten und über die Entgegennahme, das Öffnen und das Anhalten seiner Post werden vom Aufgabenkreis des Betreuers nur dann erfasst, wenn das Gericht dies ausdrücklich angeordnet hat.

§ 1897. Bestellung einer natürlichen Person

(1) Zum Betreuer bestellt das Betreuungsgericht eine natürliche Person, die geeignet ist, in dem gerichtlich bestimmten Aufgabenkreis die Angelegenheiten des Betreuten rechtlich zu besorgen und ihn in dem hierfür erforderlichen Umfang persönlich zu betreuen.

(2) [1]Der Mitarbeiter eines nach § 1908 f anerkannten Betreuungsvereins, der dort ausschließlich oder teilweise als Betreuer tätig ist (Vereinsbetreuer), darf nur mit Einwilligung des Vereins bestellt werden. [2]Entsprechendes gilt für den Mitarbeiter einer in Betreuungsangelegenheiten zuständigen Behörde, der dort ausschließlich oder teilweise als Betreuer tätig ist (Behördenbetreuer).

(3) Wer zu einer Anstalt, einem Heim oder einer sonstigen Einrichtung, in welcher der Volljährige untergebracht ist oder wohnt, in einem Abhängigkeitsverhältnis oder in einer anderen engen Beziehung steht, darf nicht zum Betreuer bestellt werden.

(4) [1]Schlägt der Volljährige eine Person vor, die zum Betreuer bestellt werden kann, so ist diesem Vorschlag zu entsprechen, wenn es dem Wohl des Volljährigen nicht zuwiderläuft. [2]Schlägt er vor, eine bestimmte Person nicht zu bestellen, so soll hierauf Rücksicht genommen werden. [3]Die Sätze 1 und 2 gelten auch für Vorschläge, die der Volljährige vor dem Betreuungsverfahren gemacht hat, es sei denn, dass er an diesen Vorschlägen erkennbar nicht festhalten will.

(5) Schlägt der Volljährige niemanden vor, der zum Betreuer bestellt werden kann, so ist bei der Auswahl des Betreuers auf die verwandtschaftlichen und sonstigen persönlichen Bindungen des Volljährigen, insbesondere auf die Bindungen zu Eltern, zu Kindern, zum Ehegatten und zum Lebenspartner, sowie auf die Gefahr von Interessenkonflikten Rücksicht zu nehmen.

(6) [1]Wer Betreuungen im Rahmen seiner Berufsausübung führt, soll nur dann zum Betreuer bestellt werden, wenn keine andere geeignete Person zur Verfügung steht, die zur ehrenamtlichen Führung der Betreuung bereit ist. [2]Werden dem Betreuer Umstände bekannt, aus denen sich ergibt, dass der Volljährige durch eine oder mehrere andere geeignete Personen außerhalb einer Berufsausübung betreut werden kann, so hat er dies dem Gericht mitzuteilen.

(7) [1]Wird eine Person unter den Voraussetzungen des Absatzes 6 Satz 1 erstmals in dem Bezirk des Betreuungsgerichts zum Betreuer bestellt, soll das Gericht zuvor die zuständige Behörde zur Eignung des ausgewählten Betreuers und zu den nach § 1 Abs. 1 Satz 1 zweite Alternative des Vormünder- und Betreuervergütungsgesetzes zu treffenden Feststellungen anhören. [2]Die zuständige Behörde soll die Person auffordern, ein Führungszeugnis und eine Auskunft aus dem Schuldnerverzeichnis vorzulegen.

(8) Wird eine Person unter den Voraussetzungen des Absatzes 6 Satz 1 bestellt, hat sie sich über Zahl und Umfang der von ihr berufsmäßig geführten Betreuungen zu erklären.

§ 1898. Übernahmepflicht

(1) Der vom Betreuungsgericht Ausgewählte ist verpflichtet, die Betreuung zu übernehmen, wenn er zur Betreuung geeignet ist und ihm die Übernahme unter Berücksichtigung seiner familiären, beruflichen und sonstigen Verhältnisse zugemutet werden kann.

(2) Der Ausgewählte darf erst dann zum Betreuer bestellt werden, wenn er sich zur Übernahme der Betreuung bereit erklärt hat.

§ 1899. Mehrere Betreuer

(1) [1]Das Betreuungsgericht kann mehrere Betreuer bestellen, wenn die Angelegenheiten des Betreuten hierdurch besser besorgt werden können. [2]In diesem Falle bestimmt es, welcher Betreuer mit welchem Aufgabenkreis betraut wird. [3]Mehrere Betreuer, die eine Vergütung erhalten, werden außer in den in den Absätzen 2 und 4 sowie § 1908i Abs. 1 Satz 1 in Verbindung mit § 1792 geregelten Fällen nicht bestellt.

(2) Für die Entscheidung über die Einwilligung in eine Sterilisation des Betreuten ist stets ein besonderer Betreuer zu bestellen.

(3) Soweit mehrere Betreuer mit demselben Aufgabenkreis betraut werden, können sie die Angelegenheiten des Betreuten nur gemeinsam besorgen, es sei

denn, dass das Gericht etwas anderes bestimmt hat oder mit dem Aufschub Gefahr verbunden ist.

(4) **Das Gericht kann mehrere Betreuer auch in der Weise bestellen, dass der eine die Angelegenheiten des Betreuten nur zu besorgen hat, soweit der andere verhindert ist.**

§ 1900. Betreuung durch Verein oder Behörde

(1) [1]**Kann der Volljährige durch eine oder mehrere natürliche Personen nicht hinreichend betreut werden, so bestellt das Betreuungsgericht einen anerkannten Betreuungsverein zum Betreuer.** [2]**Die Bestellung bedarf der Einwilligung des Vereins.**

(2) [1]**Der Verein überträgt die Wahrnehmung der Betreuung einzelnen Personen.** [2]**Vorschlägen des Volljährigen hat er hierbei zu entsprechen, soweit nicht wichtige Gründe entgegenstehen.** [3]**Der Verein teilt dem Gericht alsbald mit, wem er die Wahrnehmung der Betreuung übertragen hat.**

(3) **Werden dem Verein Umstände bekannt, aus denen sich ergibt, dass der Volljährige durch eine oder mehrere natürliche Personen hinreichend betreut werden kann, so hat er dies dem Gericht mitzuteilen.**

(4) [1]**Kann der Volljährige durch eine oder mehrere natürliche Personen oder durch einen Verein nicht hinreichend betreut werden, so bestellt das Gericht die zuständige Behörde**[2] **zum Betreuer.** [2]**Die Absätze 2 und 3 gelten entsprechend.**

(5) **Vereinen oder Behörden darf die Entscheidung über die Einwilligung in eine Sterilisation des Betreuten nicht übertragen werden.**

§ 1901. Umfang der Betreuung, Pflichten des Betreuers

(1) **Die Betreuung umfasst alle Tätigkeiten, die erforderlich sind, um die Angelegenheiten des Betreuten nach Maßgabe der folgenden Vorschriften rechtlich zu besorgen.**

(2) [1]**Der Betreuer hat die Angelegenheiten des Betreuten so zu besorgen, wie es dessen Wohl entspricht.** [2]**Zum Wohl des Betreuten gehört auch die Möglichkeit, im Rahmen seiner Fähigkeiten sein Leben nach seinen eigenen Wünschen und Vorstellungen zu gestalten.**

(3) [1]**Der Betreuer hat Wünschen des Betreuten zu entsprechen, soweit dies dessen Wohl nicht zuwiderläuft und dem Betreuer zuzumuten ist.** [2]**Dies gilt auch für Wünsche, die der Betreute vor der Bestellung des Betreuers geäußert hat, es sei denn, dass er an diesen Wünschen erkennbar nicht festhalten will.** [3]**Ehe der Betreuer wichtige Angelegenheiten erledigt, bespricht er sie mit dem Betreuten, sofern dies dessen Wohl nicht zuwiderläuft.**

(4) [1]**Innerhalb seines Aufgabenkreises hat der Betreuer dazu beizutragen, dass Möglichkeiten genutzt werden, die Krankheit oder Behinderung des Betreuten zu beseitigen, zu bessern, ihre Verschlimmerung zu verhüten oder ihre Folgen zu mildern.** [2]**Wird die Betreuung berufsmäßig geführt, hat der Betreuer in geeigneten Fällen auf Anordnung des Gerichts zu Beginn der Betreuung einen Betreuungsplan zu erstellen.** [3]**In dem Betreuungsplan sind die Ziele der Betreuung und die zu ihrer Erreichung zu ergreifenden Maßnahmen darzustellen.**

(5) [1]**Werden dem Betreuer Umstände bekannt, die eine Aufhebung der Betreuung ermöglichen, so hat er dies dem Betreuungsgericht mitzuteilen.** [2]**Gleiches gilt für Umstände, die eine Einschränkung des Aufgabenkreises ermöglichen oder dessen Erweiterung, die Bestellung eines weiteren Betreuers oder die Anordnung eines Einwilligungsvorbehalts (§ 1903) erfordern.**

§ 1901 a. Patientenverfügung

(1) [1]Hat ein einwilligungsfähiger Volljähriger für den Fall seiner Einwilligungsunfähigkeit schriftlich festgelegt, ob er in bestimmte, zum Zeitpunkt der Festlegung noch nicht unmittelbar bevorstehende Untersuchungen seines Gesundheitszustands, Heilbehandlungen oder ärztliche Eingriffe einwilligt oder sie untersagt (Patientenverfügung), prüft der Betreuer, ob diese Festlegungen auf die aktuelle Lebens- und Behandlungssituation zutreffen. [2]Ist dies der Fall, hat der Betreuer dem Willen des Betreuten Ausdruck und Geltung zu verschaffen. [3]Eine Patientenverfügung kann jederzeit formlos widerrufen werden.

(2) [1]Liegt keine Patientenverfügung vor oder treffen die Festlegungen einer Patientenverfügung nicht auf die aktuelle Lebens- und Behandlungssituation zu, hat der Betreuer die Behandlungswünsche oder den mutmaßlichen Willen des Betreuten festzustellen und auf dieser Grundlage zu entscheiden, ob er in eine ärztliche Maßnahme nach Absatz 1 einwilligt oder sie untersagt. [2]Der mutmaßliche Wille ist aufgrund konkreter Anhaltspunkte zu ermitteln. [3]Zu berücksichtigen sind insbesondere frühere mündliche oder schriftliche Äußerungen, ethische oder religiöse Überzeugungen und sonstige persönliche Wertvorstellungen des Betreuten.

(3) Die Absätze 1 und 2 gelten unabhängig von Art und Stadium einer Erkrankung des Betreuten.

(4) [1]Niemand kann zur Errichtung einer Patientenverfügung verpflichtet werden. [2]Die Errichtung oder Vorlage einer Patientenverfügung darf nicht zur Bedingung eines Vertragsschlusses gemacht werden.

(5) Die Absätze 1 bis 3 gelten für Bevollmächtigte entsprechend.

§ 1901 b. Gespräch zur Feststellung des Patientenwillens

(1) [1]Der behandelnde Arzt prüft, welche ärztliche Maßnahme im Hinblick auf den Gesamtzustand und die Prognose des Patienten indiziert ist. [2]Er und der Betreuer erörtern diese Maßnahme unter Berücksichtigung des Patientenwillens als Grundlage für die nach § 1901 a zu treffende Entscheidung.

(2) Bei der Feststellung des Patientenwillens nach § 1901 a Absatz 1 oder der Behandlungswünsche oder des mutmaßlichen Willens nach § 1901 a Absatz 2 soll nahen Angehörigen und sonstigen Vertrauenspersonen des Betreuten Gelegenheit zur Äußerung gegeben werden, sofern dies ohne erhebliche Verzögerung möglich ist.

(3) Die Absätze 1 und 2 gelten für Bevollmächtigte entsprechend.

§ 1901 c. Schriftliche Betreuungswünsche, Vorsorgevollmacht

[1]Wer ein Schriftstück besitzt, in dem jemand für den Fall seiner Betreuung Vorschläge zur Auswahl des Betreuers oder Wünsche zur Wahrnehmung der Betreuung geäußert hat, hat es unverzüglich an das Betreuungsgericht abzuliefern, nachdem er von der Einleitung eines Verfahrens über die Bestellung eines Betreuers Kenntnis erlangt hat. [2]Ebenso hat der Besitzer das Betreuungsgericht über Schriftstücke, in denen der Betroffene eine andere Person mit der Wahrnehmung seiner Angelegenheiten bevollmächtigt hat, zu unterrichten. [3]Das Betreuungsgericht kann die Vorlage einer Abschrift verlangen.

§ 1902. Vertretung des Betreuten

In seinem Aufgabenkreis vertritt der Betreuer den Betreuten gerichtlich und außergerichtlich.

§ 1903. Einwilligungsvorbehalt

(1) [1]Soweit dies zur Abwendung einer erheblichen Gefahr für die Person oder das Vermögen des Betreuten erforderlich ist, ordnet das Betreuungsgericht an, dass der Betreute zu einer Willenserklärung, die den Aufgabenkreis des Betreuers betrifft, dessen Einwilligung bedarf (Einwilligungsvorbehalt). [2]Die §§ 108 bis 113, 131 Abs. 2 und § 210 gelten entsprechend.

(2) Ein Einwilligungsvorbehalt kann sich nicht erstrecken auf Willenserklärungen, die auf Eingehung einer Ehe oder Begründung einer Lebenspartnerschaft gerichtet sind, auf Verfügungen von Todes wegen und auf Willenserklärungen, zu denen ein beschränkt Geschäftsfähiger nach den Vorschriften des Buches vier und fünf nicht der Zustimmung seines gesetzlichen Vertreters bedarf.

(3) [1]Ist ein Einwilligungsvorbehalt angeordnet, so bedarf der Betreute dennoch nicht der Einwilligung seines Betreuers, wenn die Willenserklärung dem Betreuten lediglich einen rechtlichen Vorteil bringt. [2]Soweit das Gericht nichts anderes anordnet, gilt dies auch, wenn die Willenserklärung eine geringfügige Angelegenheit des täglichen Lebens betrifft.

(4) § 1901 Abs. 5 gilt entsprechend.

§ 1904. Genehmigung des Betreuungsgerichts bei ärztlichen Maßnahmen

(1) [1]Die Einwilligung des Betreuers in eine Untersuchung des Gesundheitszustands, eine Heilbehandlung oder einen ärztlichen Eingriff bedarf der Genehmigung des Betreuungsgerichts, wenn die begründete Gefahr besteht, dass der Betreute auf Grund der Maßnahme stirbt oder einen schweren und länger dauernden gesundheitlichen Schaden erleidet. [2]Ohne die Genehmigung darf die Maßnahme nur durchgeführt werden, wenn mit dem Aufschub Gefahr verbunden ist.

(2) Die Nichteinwilligung oder der Widerruf der Einwilligung des Betreuers in eine Untersuchung des Gesundheitszustands, eine Heilbehandlung oder einen ärztlichen Eingriff bedarf der Genehmigung des Betreuungsgerichts, wenn die Maßnahme medizinisch angezeigt ist und die begründete Gefahr besteht, dass der Betreute auf Grund des Unterbleibens oder des Abbruchs der Maßnahme stirbt oder einen schweren und länger dauernden gesundheitlichen Schaden erleidet.

(3) Die Genehmigung nach den Absätzen 1 und 2 ist zu erteilen, wenn die Einwilligung, die Nichteinwilligung oder der Widerruf der Einwilligung dem Willen des Betreuten entspricht.

(4) Eine Genehmigung nach den Absätzen 1 und 2 ist nicht erforderlich, wenn zwischen Betreuer und behandelndem Arzt Einvernehmen darüber besteht, dass die Erteilung, die Nichterteilung oder der Widerruf der Einwilligung dem nach § 1901a festgestellten Willen des Betreuten entspricht.

(5) [1]Die Absätze 1 bis 4 gelten auch für einen Bevollmächtigten. [2]Er kann in eine der in Absatz 1 Satz 1 oder Absatz 2 genannten Maßnahmen nur einwilligen, nicht einwilligen oder die Einwilligung widerrufen, wenn die Vollmacht diese Maßnahmen ausdrücklich umfasst und schriftlich erteilt ist.

§ 1905. Sterilisation

(1) [1]Besteht der ärztliche Eingriff in einer Sterilisation des Betreuten, in die dieser nicht einwilligen kann, so kann der Betreuer nur einwilligen, wenn

1. die Sterilisation dem Willen des Betreuten nicht widerspricht,
2. der Betreute auf Dauer einwilligungsunfähig bleiben wird,

3. anzunehmen ist, dass es ohne die Sterilisation zu einer Schwangerschaft kommen würde,
4. infolge dieser Schwangerschaft eine Gefahr für das Leben oder die Gefahr einer schwerwiegenden Beeinträchtigung des körperlichen oder seelischen Gesundheitszustands der Schwangeren zu erwarten wäre, die nicht auf zumutbare Weise abgewendet werden könnte, und
5. die Schwangerschaft nicht durch andere zumutbare Mittel verhindert werden kann.

[2] Als schwerwiegende Gefahr für den seelischen Gesundheitszustand der Schwangeren gilt auch die Gefahr eines schweren und nachhaltigen Leides, das ihr drohen würde, weil betreuungsgerichtliche Maßnahmen, die mit ihrer Trennung vom Kind verbunden wären (§§ 1666, 1666 a), gegen sie ergriffen werden müssten.

(2) [1] Die Einwilligung bedarf der Genehmigung des Betreuungsgerichts. [2] Die Sterilisation darf erst zwei Wochen nach Wirksamkeit der Genehmigung durchgeführt werden. [3] Bei der Sterilisation ist stets der Methode der Vorzug zu geben, die eine Refertilisierung zulässt.

§ 1906. Genehmigung des Betreuungsgerichts bei der Unterbringung

(1) Eine Unterbringung des Betreuten durch den Betreuer, die mit Freiheitsentziehung verbunden ist, ist nur zulässig, solange sie zum Wohl des Betreuten erforderlich ist, weil

1. auf Grund einer psychischen Krankheit oder geistigen oder seelischen Behinderung des Betreuten die Gefahr besteht, dass er sich selbst tötet oder erheblichen gesundheitlichen Schaden zufügt, oder
2. eine Untersuchung des Gesundheitszustands, eine Heilbehandlung oder ein ärztlicher Eingriff notwendig ist, ohne die Unterbringung des Betreuten nicht durchgeführt werden kann und der Betreute auf Grund einer psychischen Krankheit oder geistigen oder seelischen Behinderung die Notwendigkeit der Unterbringung nicht erkennen oder nicht nach dieser Einsicht handeln kann.

(2) [1] Die Unterbringung ist nur mit Genehmigung des Betreuungsgerichts zulässig. [2] Ohne die Genehmigung ist die Unterbringung nur zulässig, wenn mit dem Aufschub Gefahr verbunden ist; die Genehmigung ist unverzüglich nachzuholen.

(3) [1] Der Betreuer hat die Unterbringung zu beenden, wenn ihre Voraussetzungen wegfallen. [2] Er hat die Beendigung der Unterbringung dem Betreuungsgericht anzuzeigen.

(4) Die Absätze 1 bis 3 gelten entsprechend, wenn dem Betreuten, der sich in einer Anstalt, einem Heim oder einer sonstigen Einrichtung aufhält, ohne untergebracht zu sein, durch mechanische Vorrichtungen, Medikamente oder auf andere Weise über einen längeren Zeitraum oder regelmäßig die Freiheit entzogen werden soll.

(5) [1] Die Unterbringung durch einen Bevollmächtigten und die Einwilligung eines Bevollmächtigten in Maßnahmen nach Absatz 4 setzt voraus, dass die Vollmacht schriftlich erteilt ist und die in den Absätzen 1 und 4 genannten Maßnahmen ausdrücklich umfasst. [2] Im Übrigen gelten die Absätze 1 bis 4 entsprechend.

§ 1907. Genehmigung des Betreuungsgerichts bei der Aufgabe der Mietwohnung

(1) [1] Zur Kündigung eines Mietverhältnisses über Wohnraum, den der Betreute gemietet hat, bedarf der Betreuer der Genehmigung des Betreuungsgerichts.

[2]Gleiches gilt für eine Willenserklärung, die auf die Aufhebung eines solchen Mietverhältnisses gerichtet ist.

(2) [1]Treten andere Umstände ein, auf Grund derer die Beendigung des Mietverhältnisses in Betracht kommt, so hat der Betreuer dies dem Betreuungsgericht unverzüglich mitzuteilen, wenn sein Aufgabenkreis das Mietverhältnis oder die Aufenthaltsbestimmung umfasst. [2]Will der Betreuer Wohnraum des Betreuten auf andere Weise als durch Kündigung oder Aufhebung eines Mietverhältnisses aufgeben, so hat er dies gleichfalls unverzüglich mitzuteilen.

(3) Zu einem Miet- oder Pachtvertrag oder zu einem anderen Vertrag, durch den der Betreute zu wiederkehrenden Leistungen verpflichtet wird, bedarf der Betreuer der Genehmigung des Betreuungsgerichts, wenn das Vertragsverhältnis länger als vier Jahre dauern oder vom Betreuer Wohnraum vermietet werden soll.

§ 1908. Genehmigung des Betreuungsgerichts bei der Ausstattung

Der Betreuer kann eine Ausstattung aus dem Vermögen des Betreuten nur mit Genehmigung des Betreuungsgerichts versprechen oder gewähren.

§ 1908a. Vorsorgliche Betreuerbestellung und Anordnung des Einwilligungsvorbehalts für Minderjährige

[1]Maßnahmen nach den §§ 1896, 1903 können auch für einen Minderjährigen, der das 17. Lebensjahr vollendet hat, getroffen werden, wenn anzunehmen ist, dass sie bei Eintritt der Volljährigkeit erforderlich werden. [2]Die Maßnahmen werden erst mit dem Eintritt der Volljährigkeit wirksam.

§ 1908b. Entlassung des Betreuers

(1) [1]Das Betreuungsgericht hat den Betreuer zu entlassen, wenn seine Eignung, die Angelegenheiten des Betreuten zu besorgen, nicht mehr gewährleistet ist oder ein anderer wichtiger Grund für die Entlassung vorliegt. [2]Ein wichtiger Grund liegt auch vor, wenn der Betreuer eine erforderliche Abrechnung vorsätzlich falsch erteilt oder den erforderlichen persönlichen Kontakt zum Betreuten nicht gehalten hat. [3]Das Gericht soll den nach § 1897 Abs. 6 bestellten Betreuer entlassen, wenn der Betreute durch eine oder mehrere andere Personen außerhalb einer Berufsausübung betreut werden kann.

(2) Der Betreuer kann seine Entlassung verlangen, wenn nach seiner Bestellung Umstände eintreten, auf Grund derer ihm die Betreuung nicht mehr zugemutet werden kann.

(3) Das Gericht kann den Betreuer entlassen, wenn der Betreute eine gleich geeignete Person, die zur Übernahme bereit ist, als neuen Betreuer vorschlägt.

(4) [1]Der Vereinsbetreuer ist auch zu entlassen, wenn der Verein dies beantragt. [2]Ist die Entlassung nicht zum Wohl des Betreuten erforderlich, so kann das Betreuungsgericht stattdessen mit Einverständnis des Betreuers aussprechen, dass dieser die Betreuung künftig als Privatperson weiterführt. [3]Die Sätze 1 und 2 gelten für den Behördenbetreuer entsprechend.

(5) Der Verein oder die Behörde ist zu entlassen, sobald der Betreute durch eine oder mehrere natürliche Personen hinreichend betreut werden kann.

§ 1908c. Bestellung eines neuen Betreuers

Stirbt der Betreuer oder wird er entlassen, so ist ein neuer Betreuer zu bestellen.

§ 1908 d. Aufhebung oder Änderung von Betreuung und Einwilligungsvorbehalt

(1) [1]Die Betreuung ist aufzuheben, wenn ihre Voraussetzungen wegfallen. [2]Fallen diese Voraussetzungen nur für einen Teil der Aufgaben des Betreuers weg, so ist dessen Aufgabenkreis einzuschränken.

(2) [1]Ist der Betreuer auf Antrag des Betreuten bestellt, so ist die Betreuung auf dessen Antrag aufzuheben, es sei denn, dass eine Betreuung von Amts wegen erforderlich ist. [2]Den Antrag kann auch ein Geschäftsunfähiger stellen. [3]Die Sätze 1 und 2 gelten für die Einschränkung des Aufgabenkreises entsprechend.

(3) [1]Der Aufgabenkreis des Betreuers ist zu erweitern, wenn dies erforderlich wird. [2]Die Vorschriften über die Bestellung des Betreuers gelten hierfür entsprechend.

(4) Für den Einwilligungsvorbehalt gelten die Absätze 1 und 3 entsprechend.

§ 1908 e. *(aufgehoben)*

§ 1908 f. Anerkennung als Betreuungsverein

(1) Ein rechtsfähiger Verein kann als Betreuungsverein anerkannt werden, wenn er gewährleistet, dass er

1. eine ausreichende Zahl geeigneter Mitarbeiter hat und diese beaufsichtigen, weiterbilden und gegen Schäden, die diese anderen im Rahmen ihrer Tätigkeit zufügen können, angemessen versichern wird,
2. sich planmäßig um die Gewinnung ehrenamtlicher Betreuer bemüht, diese in ihre Aufgaben einführt, fortbildet und sie sowie Bevollmächtigte berät,

2a. planmäßig über Vorsorgevollmachten und Betreuungsverfügungen informiert,

3. einen Erfahrungsaustausch zwischen den Mitarbeitern ermöglicht.

(2) [1]Die Anerkennung gilt für das jeweilige Land; sie kann auf einzelne Landesteile beschränkt werden. [2]Sie ist widerruflich und kann unter Auflagen erteilt werden.

(3) [1]Das Nähere regelt das Landesrecht. [2]Es kann auch weitere Voraussetzungen für die Anerkennung vorsehen.

(4) Die anerkannten Betreuungsvereine können im Einzelfall Personen bei der Errichtung einer Vorsorgevollmacht beraten.

§ 1908 g. Behördenbetreuer

(1) Gegen einen Behördenbetreuer wird kein Zwangsgeld nach § 1837 Abs. 3 Satz 1 festgesetzt.

(2) Der Behördenbetreuer kann Geld des Betreuten gemäß § 1807 auch bei der Körperschaft anlegen, bei der er tätig ist.

§ 1908 h. *(aufgehoben)*

§ 1908 i. Entsprechend anwendbare Vorschriften

(1) [1]Im Übrigen sind auf die Betreuung § 1632 Abs. 1 bis 3, §§ 1784, 1787 Abs. 1, § 1791 a Abs. 3 Satz 1 zweiter Halbsatz und Satz 2, §§ 1792, 1795 bis 1797 Abs. 1 Satz 2, §§ 1798, 1799, 1802, 1803, 1805 bis 1821, 1822 Nr. 1 bis 4, 6 bis 13, §§ 1823 bis 1826, 1828 bis 1836, 1836 c bis 1836 e, 1837 Abs. 1 bis 3, §§ 1839 bis 1843, 1846, 1857 a, 1888, 1890 bis 1895 sinngemäß anzuwenden. [2]Durch Landesrecht kann bestimmt werden, dass Vorschriften, welche die Aufsicht des Betreuungsgerichts in vermögensrechtlicher Hinsicht sowie beim

Abschluss von Lehr- und Arbeitsverträgen betreffen, gegenüber der zuständigen Behörde außer Anwendung bleiben.

(2) [1]**§ 1804 ist sinngemäß anzuwenden, jedoch kann der Betreuer in Vertretung des Betreuten Gelegenheitsgeschenke auch dann machen, wenn dies dem Wunsch des Betreuten entspricht und nach seinen Lebensverhältnissen üblich ist.** [2]**§ 1857a ist auf die Betreuung durch den Vater, die Mutter, den Ehegatten, den Lebenspartner oder einen Abkömmling des Betreuten sowie auf den Vereinsbetreuer und den Behördenbetreuer sinngemäß anzuwenden, soweit das Betreuungsgericht nichts anderes anordnet.**

§ 1908k. *(aufgehoben)*

Titel 3. Pflegschaft

§ 1909. Ergänzungspflegschaft

(1) [1]**Wer unter elterlicher Sorge oder unter Vormundschaft steht, erhält für Angelegenheiten, an deren Besorgung die Eltern oder der Vormund verhindert sind, einen Pfleger.** [2]**Er erhält insbesondere einen Pfleger zur Verwaltung des Vermögens, das er von Todes wegen erwirbt oder das ihm unter Lebenden unentgeltlich zugewendet wird, wenn der Erblasser durch letztwillige Verfügung, der Zuwendende bei der Zuwendung bestimmt hat, dass die Eltern oder der Vormund das Vermögen nicht verwalten sollen.**

(2) **Wird eine Pflegschaft erforderlich, so haben die Eltern oder der Vormund dies dem Familiengericht unverzüglich anzuzeigen.**

(3) **Die Pflegschaft ist auch dann anzuordnen, wenn die Voraussetzungen für die Anordnung einer Vormundschaft vorliegen, ein Vormund aber noch nicht bestellt ist.**

§ 1910. *(weggefallen)*

§ 1911. Abwesenheitspflegschaft

(1) [1]**Ein abwesender Volljähriger, dessen Aufenthalt unbekannt ist, erhält für seine Vermögensangelegenheiten, soweit sie der Fürsorge bedürfen, einen Abwesenheitspfleger.** [2]**Ein solcher Pfleger ist ihm insbesondere auch dann zu bestellen, wenn er durch Erteilung eines Auftrags oder einer Vollmacht Fürsorge getroffen hat, aber Umstände eingetreten sind, die zum Widerruf des Auftrags oder der Vollmacht Anlass geben.**

(2) **Das Gleiche gilt von einem Abwesenden, dessen Aufenthalt bekannt, der aber an der Rückkehr und der Besorgung seiner Vermögensangelegenheiten verhindert ist.**

§ 1912. Pflegschaft für eine Leibesfrucht

(1) **Eine Leibesfrucht erhält zur Wahrung ihrer künftigen Rechte, soweit diese einer Fürsorge bedürfen, einen Pfleger.**

(2) **Die Fürsorge steht jedoch den Eltern insoweit zu, als ihnen die elterliche Sorge zustünde, wenn das Kind bereits geboren wäre.**

§ 1913. Pflegschaft für unbekannte Beteiligte

[1]**Ist unbekannt oder ungewiss, wer bei einer Angelegenheit der Beteiligte ist, so kann dem Beteiligten für diese Angelegenheit, soweit eine Fürsorge erforder-**

lich ist, ein Pfleger bestellt werden. [2]Insbesondere kann einem Nacherben, der noch nicht gezeugt ist oder dessen Persönlichkeit erst durch ein künftiges Ereignis bestimmt wird, für die Zeit bis zum Eintritt der Nacherbfolge ein Pfleger bestellt werden.

§ 1914. Pflegschaft für gesammeltes Vermögen

Ist durch öffentliche Sammlung Vermögen für einen vorübergehenden Zweck zusammengebracht worden, so kann zum Zwecke der Verwaltung und Verwendung des Vermögens ein Pfleger bestellt werden, wenn die zu der Verwaltung und Verwendung berufenen Personen weggefallen sind.

§ 1915. Anwendung des Vormundschaftsrechts

(1) [1]Auf die Pflegschaft finden die für die Vormundschaft geltenden Vorschriften entsprechende Anwendung, soweit sich nicht aus dem Gesetz ein anderes ergibt. [2]Abweichend von § 3 Abs. 1 bis 3 des Vormünder- und Betreuervergütungsgesetzes bestimmt sich die Höhe einer nach § 1836 Abs. 1 zu bewilligenden Vergütung nach den für die Führung der Pflegschaftsgeschäfte nutzbaren Fachkenntnissen des Pflegers sowie nach dem Umfang und der Schwierigkeit der Pflegschaftsgeschäfte, sofern der Pflegling nicht mittellos ist. [3]An die Stelle des Familiengerichts tritt das Betreuungsgericht; dies gilt nicht bei der Pflegschaft für Minderjährige oder für eine Leibesfrucht.

(2) Die Bestellung eines Gegenvormunds ist nicht erforderlich.

(3) § 1793 Abs. 2 findet auf die Pflegschaft für Volljährige keine Anwendung.

§ 1916. Berufung als Ergänzungspfleger

Für die nach § 1909 anzuordnende Pflegschaft gelten die Vorschriften über die Berufung zur Vormundschaft nicht.

§ 1917. Ernennung des Ergänzungspflegers durch Erblasser und Dritte

(1) Wird die Anordnung einer Pflegschaft nach § 1909 Abs. 1 Satz 2 erforderlich, so ist als Pfleger berufen, wer durch letztwillige Verfügung oder bei der Zuwendung benannt worden ist; die Vorschrift des § 1778 ist entsprechend anzuwenden.

(2) [1]Für den benannten Pfleger können durch letztwillige Verfügung oder bei der Zuwendung die in den §§ 1852 bis 1854 bezeichneten Befreiungen angeordnet werden. [2]Das Familiengericht kann die Anordnungen außer Kraft setzen, wenn sie das Interesse des Pfleglings gefährden.

(3) [1]Zu einer Abweichung von den Anordnungen des Zuwendenden ist, solange er lebt, seine Zustimmung erforderlich und genügend. [2]Ist er zur Abgabe einer Erklärung dauernd außerstande oder ist sein Aufenthalt dauernd unbekannt, so kann das Familiengericht die Zustimmung ersetzen.

§ 1918. Ende der Pflegschaft kraft Gesetzes

(1) Die Pflegschaft für eine unter elterlicher Sorge oder unter Vormundschaft stehende Person endigt mit der Beendigung der elterlichen Sorge oder der Vormundschaft.

(2) Die Pflegschaft für eine Leibesfrucht endigt mit der Geburt des Kindes.

(3) Die Pflegschaft zur Besorgung einer einzelnen Angelegenheit endigt mit deren Erledigung.

§ 1919. Aufhebung der Pflegschaft bei Wegfall des Grundes

Die Pflegschaft ist aufzuheben, wenn der Grund für die Anordnung der Pflegschaft weggefallen ist.

§ 1920. *(weggefallen)*

§ 1921. Aufhebung der Abwesenheitspflegschaft

(1) **Die Pflegschaft für einen Abwesenden ist aufzuheben, wenn der Abwesende an der Besorgung seiner Vermögensangelegenheiten nicht mehr verhindert ist.**

(2) [1] **Stirbt der Abwesende, so endigt die Pflegschaft erst mit der Aufhebung durch das Betreuungsgericht.** [2] **Das Betreuungsgericht hat die Pflegschaft aufzuheben, wenn ihm der Tod des Abwesenden bekannt wird.**

(3) **Wird der Abwesende für tot erklärt oder wird seine Todeszeit nach den Vorschriften des Verschollenheitsgesetzes festgestellt, so endigt die Pflegschaft mit der Rechtskraft des Beschlusses über die Todeserklärung oder die Feststellung der Todeszeit.**

Buch 5. Erbrecht

Abschnitt 1. Erbfolge

§ 1922. Gesamtrechtsnachfolge

(1) **Mit dem Tode einer Person (Erbfall) geht deren Vermögen (Erbschaft) als Ganzes auf eine oder mehrere andere Personen (Erben) über.**

(2) **Auf den Anteil eines Miterben (Erbteil) finden die sich auf die Erbschaft beziehenden Vorschriften Anwendung.**

I. Definitionen erbrechtlicher Grundbegriffe

1 Von den erbrechtlichen Grundbegriffen sind mehrere in § 1922 I definiert.

2 **1.** Der **Erbfall** tritt mit dem Tode einer Person, des sog **Erblassers,** ein. Erblasser kann nur eine natürliche (und keine juristische) Person sein.

3 **2. Erben** sind die Personen, auf die das Vermögen im Zeitpunkt des Erbfalls übergeht. Erbe kann jede rechtsfähige, also natürliche oder juristische Person sein. Besondere Fragen der **Erbfähigkeit** regelt § 1923. Die Erbenstellung kann aus **gesetzlicher Erbfolge** (§§ 1924ff) oder der vorrangigen (vgl §§ 1937, 1938) **gewillkürten Erbfolge** (Testament, § 1937; Erbvertrag, § 1941) entstehen.

4 **3.** Die **Erbschaft,** vom Gesetz auch **Nachlass** genannt, ist das Vermögen des Erblassers, und zwar das Aktiv- und das Passivvermögen (s zur Haftung für die Verbindlichkeiten §§ 1967, 2058). Vererblich sind also grds alle Rechte, Forderungen und Verbindlichkeiten. Vererbliche Rechtspositionen sind vor allem das Eigentum an beweglichen und unbeweglichen Sachen, Gestaltungsrechte, Anwartschaften, Unternehmen und Unternehmensbeteiligungen sowie der Besitz (§ 857), aber auch sonstige Rechtslagen, zB die Bindung an ein Vertragsangebot (§§ 130 II, 153). Ausnahmsweise nicht vererblich sind **höchstpersönliche** Rechte und Forderungen. Hierzu zählen insb die ideellen, nicht jedoch die vermögenswerten Bestandteile des **allgemeinen Persönlichkeitsrechts**. Ansprüche auf Schadensersatz und Schmerzensgeld aus lebzeitigen Persönlichkeitsverletzungen des Erblassers gehen demnach auf die Erben über, nicht aber Beseitigungs- und Unterlassungsansprüche (näher § 823 Rz 17 aE).

II. Prinzip der Gesamtrechtsnachfolge und Erbengemeinschaft

5 **1.** Abs 1 statuiert die Grundsätze der **Gesamtrechtsnachfolge (Universalsukzession)** und des **Vonselbsterwerbs** (dazu auch § 1942). Das Vermögen als Ganzes (einschließlich der Verbindlichkeiten, § 1967) geht von selbst, also ohne besondere rechtsgeschäftliche Übertragung und ohne die Möglichkeit gutgläubigen Erwerbs, auf den Erben über. Eine **Einzelrechtsnachfolge** in einzelne Gegenstände **(Singularsukzession)** ist grds ausgeschlossen. Der Erblasser kann auch nicht durch Verfügung von Todes wegen mit dinglicher Wirkung eine unmittelbare Nachlassaufteilung in unterschiedliche Vermögensmassen oder Einzelgüter herbeiführen. Das Vermögen des Erblassers soll im Interesse der Erben und Nachlassgläubiger zunächst als Einheit erhalten bleiben, auch wenn mehrere Erben berufen sind (*MüKo-Leipold* Rz 3). In bestimmten **Ausnahmefällen** wird eine Singularsukzession aus übergeordneten Gründen zugelassen, so insbesondere im **Personengesellschaftsrecht** beim Tod eines persönlich haftenden Gesellschafters und entsprechender Nachfolgeklausel im Gesellschaftsvertrag sowie beim Tod eines Kommanditisten einer KG (näher *Palandt-Weidlich* Rz 14ff). Die Singularsukzession führt zur Absonderung der betreffenden Vermögensteile vom übri-

gen Nachlass mit der Folge, dass zwei rechtlich selbständige Vermögensmassen entstehen; jeder Nachlassteil ist dann für sich wie ein eigener Nachlass anzusehen.

2. Mehrere Erben bilden eine **Erbengemeinschaft,** welcher der Nachass zur gesamten Hand zusteht (s § 2032). Der Erblasser kann durch letztwillige Verfügung nicht erreichen, dass **einzelne Gegenstände** mit seinem Tode unmittelbar einem bestimmten Erben zufallen; einzelne Gegenstände kann man grds nicht vererben, sondern nur als Vermächtnis zuwenden (s § 2087 Rz 1). Zwar ist eine **Teilungsanordnung** möglich, aber diese hat nur schuldrechtliche Bedeutung (s § 2048 Rz 1); auch mit einem **Vermächtnis** (definiert in § 1939) erhält der Vermächtnisnehmer den ihm zugedachten Gegenstand nicht mit dinglicher Wirkung (s § 2174 Rz 1). Vielmehr müssen Teilungsanordnungen und Vermächtnisse von den Erben erst erfüllt werden, zB durch Übereignung der vom Erblasser bezeichneten Gegenstände. 6

III. Erbteil

1. Der **Erbteil** (definiert in Abs 2) ist die Quote, mit dem der einzelne Miterbe am **gesamten** Nachlass beteiligt ist. Dagegen besitzt der Miterbe kein entsprechendes Teilrecht an den **einzelnen** Nachlassgegenständen, über das er verfügen könnte (vgl § 2033 II). 7

2. Die in Abs 2 ausgesprochene **Verweisung** auf die Vorschriften, die von der Erbschaft sprechen, hat in zahlreichen Zusammenhängen Bedeutung. So gelten auch für den Erbteil die Vorschriften über Annahme und Ausschlagung der Erbschaft (§§ 1942ff), über die Nachlasspflegschaft (§ 1960) und den Erbschaftskauf (§§ 2371ff). Dagegen ist die Übertragung des Erbteils in § 2033 I gesondert geregelt; sie kann durch eine einzige Verfügung erfolgen; demgegenüber ist eine Übertragung der ganzen Erbschaft durch einen einzigen Rechtsakt nicht möglich, sondern sie muss durch Verfügung über die einzelnen Nachlassrechte erfolgen. 8

§ 1923. Erbfähigkeit

(1) **Erbe kann nur werden, wer zur Zeit des Erbfalls lebt.**

(2) **Wer zur Zeit des Erbfalls noch nicht lebte, aber bereits gezeugt war, gilt als vor dem Erbfall geboren.**

1. Natürliche Personen müssen im Zeitpunkt des Erbfalls leben. Abs 2 bestimmt in Abweichung von diesem Grundsatz die Erbfähigkeit des nasciturus. Trotz der gesetzlichen Fiktion wird das Erbrecht erst mit der Geburt erlangt; der Erbe muss also zumindest für kurze Zeit außerhalb des Mutterleibs gelebt haben. 1

2. Juristische Personen sind aufgrund ihrer Rechtsfähigkeit ebenfalls erbfähig. Dazu müssen sie zur Zeit des Erbfalls bestehen (vgl jedoch § 84 für die Stiftung von Todes wegen). 2

3. Problematisch ist die Anwendung von Abs 2 bei **künstlichen Befruchtungen**, die der historische Gesetzgeber nicht im Blick hatte. Bei der in-vitro-Fertilisation stellt sich die Frage, ob das Kind bereits ab dem Zeitpunkt der künstlichen Befruchtung oder erst mit der Einpflanzung des Embryos in den Mutterleib erbfähig ist (str, vgl *MüKo-Leipold* Rz 16). Bei einer künstlichen Insemination nach dem Tod des Samenspenders greift Abs 2 schon deshalb nicht, weil die Vorschrift nur auf ein im Zeitpunkt des Erbfalls bereits erzeugtes Kind anwendbar ist; zudem käme es ansonsten unter Umständen zu einer unangemessen langen Phase der Ungewissheit über die erbrechtliche Lage (anders *Brox/Walker* Rz 9). 3

§ 1924. Gesetzliche Erben erster Ordnung

(1) **Gesetzliche Erben der ersten Ordnung sind die Abkömmlinge des Erblassers.**

(2) **Ein zur Zeit des Erbfalls lebender Abkömmling schließt die durch ihn mit dem Erblasser verwandten Abkömmlinge von der Erbfolge aus.**

(3) **An die Stelle eines zur Zeit des Erbfalls nicht mehr lebenden Abkömmlings treten die durch ihn mit dem Erblasser verwandten Abkömmlinge (Erbfolge nach Stämmen).**

(4) **Kinder erben zu gleichen Teilen.**

I. Erbfolge nach Ordnungen (Parentelsystem)

1 **1.** Das deutsche Erbrecht teilt die **Verwandten** (Begriff § 1589) des Erblassers in §§ 1924 ff in mehrere erbberechtigte Ordnungen ein. Dagegen gewährt das Gesetz den **Verschwägerten** (Begriff § 1590), also etwa dem Stiefsohn, kein Erbrecht.

2 **2.** Eine **Ordnung** umfasst alle Personen, die von einer Person abstammen, einschließlich dieser Person selbst. Man spricht von Parentelsystem (parentes = Eltern), weil das Gesetz auf die Abstammung von demselben Vorfahren abstellt. Damit können in einer Ordnung Personen verschiedener Generationen zusammengefasst sein, zB in der ersten Ordnung nicht nur die unmittelbaren Abkömmlinge des Erblassers, also seine Kinder, sondern auch seine Enkel und Urenkel; denn sie alle stammen vom Erblasser ab.

3 **3.** Mit der Einteilung der Verwandten in verschiedene Ordnungen hat das Gesetz sich gegen das in § 1589 S 3 umschriebene **Gradualsystem** entschieden. So ist der Erblasser zwar mit seiner Mutter und seiner Tochter gleichermaßen im ersten Grad verwandt, aber das Gesetz verweist die Tochter (und sogar die Enkel) in § 1924 I in die Erste, die Mutter dagegen in § 1925 I in die zweite Ordnung. Die niedrigere Ordnung geht der höheren vor (s § 1930). Der Nachlass soll also primär der Zukunftssicherung der jüngeren, nicht der älteren Generation dienen (*MüKo-Leipold* Rz 1). Daneben ist die Versorgung des Ehegatten vorrangig, dessen Erbrecht gem § 1931 außerhalb des nach Ordnungen geregelten Verwandtenerbrechts steht. Der Ehegatte ist also nicht etwa gesetzlicher Erbe erster Ordnung.

4 **4.** Zur ersten Ordnung zählen nach Abs 1 nur die **Abkömmlinge.** Abkömmlinge sind die Kinder, Enkel, Urenkel etc; auch **außerhalb einer Ehe geborene Kinder,** und zwar nicht nur im Verhältnis zur Mutter (Begriff: § 1591), sondern auch **im Verhältnis zum Vater** (Begriff: § 1592). Die Sondervorschriften für das Erbrecht nichtehelicher Kinder, die das BGB in §§ 1934 a–1934 e enthielt, und zwar namentlich der Erbersatzanspruch (s die Erläuterungen zu § 1934 a in der 2. Aufl) und der Anspruch auf vorzeitigen Erbausgleich (s die Erläuterungen zu § 1934 d in der 2. Aufl), wurden durch das Erbrechtsgleichstellungsgesetz zum 1. 4. 1998 aufgehoben (Übergangsvorschrift: Art. 227 EGBGB). Das „nichteheliche" Kind ist damit einem „ehelichen" erbrechtlich vollkommen gleichgestellt (vgl jüngst die Erstreckung auf vor dem 1. 7. 1949 geborene nichteheliche Kinder durch das zweite Erbrechtsgleichstellungsgesetz vom 12. 4. 2011, rückwirkend in Kraft getreten zum 29. 5. 2009). Es wird nicht länger auf einen Geldanspruch verwiesen, sondern vollberechtigtes Mitglied der Erbengemeinschaft, auch wenn es dort mit dem überlebenden Ehegatten des Erblassers oder dessen „ehelichen" Kindern zusammentrifft. – **Adoptivkinder** sind Abkömmlinge im Verhältnis zum Annehmenden (s § 1754), während das Verwandtschaftsverhältnis und damit das Erbrecht zu den leiblichen Verwandten erlischt (s § 1755).

II. Erbfolge nach Stämmen

5 In den ersten drei Ordnungen gilt die Erbfolge nach Stämmen. Einen Stamm bilden gemäß Abs 3 diejenigen Abkömmlinge, die durch denselben Abkömmling mit dem Erblasser verwandt sind. Die Stämme erben zu gleichen Teilen (vgl Abs 4).

1. Das sog **Repräsentationsprinzip** des Abs 2 hat zur Folge, dass ein noch lebendes Kind des Erblassers seine eigenen Kinder, also die Enkel des Erblassers, von der Erbfolge ausschließt. 6

2. Das sog. **Eintrittsprinzip** des Abs 3 lässt den Enkel in die erbrechtliche Position seines vorverstorbenen Elternteils eintreten. 7

3. Bsp für die Wirkungsweise von Repräsentations- und Eintrittsprinzip: Hinterlässt der verwitwete Erblasser neben seinen drei Söhnen A, B und C auch Enkel, so kommen letztere wegen des Repräsentationsprinzips nicht zum Zuge; A, B und C erben jeder ein Drittel. Ist C bereits verstorben, so treten im Stamme C dessen Kinder D und E an seine Stelle (Eintrittsprinzip) und erben jeweils ein Sechstel (vgl Abs 4), während für A und B weiterhin jeweils ein Drittel bleibt. Die Quoten folgen aus der in Abs 3 vorgeschriebenen Erbfolge nach Stämmen; diese unterscheidet sich deutlich von einer Erbfolge nach Köpfen, bei der jeder der vier Erben A, B, D und E ein Viertel erhielte. 8

§ 1925. Gesetzliche Erben zweiter Ordnung

(1) **Gesetzliche Erben der zweiten Ordnung sind die Eltern des Erblassers und deren Abkömmlinge.**

(2) **Leben zur Zeit des Erbfalls die Eltern, so erben sie allein und zu gleichen Teilen.**

(3) [1]**Lebt zur Zeit des Erbfalls der Vater oder die Mutter nicht mehr, so treten an die Stelle des Verstorbenen dessen Abkömmlinge nach den für die Beerbung in der ersten Ordnung geltenden Vorschriften.** [2]**Sind Abkömmlinge nicht vorhanden, so erbt der überlebende Teil allein.**

(4) **In den Fällen des § 1756 sind das angenommene Kind und die Abkömmlinge der leiblichen Eltern oder des anderen Elternteils des Kindes im Verhältnis zueinander nicht Erben der zweiten Ordnung.**

§ 1926. Gesetzliche Erben dritter Ordnung

(1) **Gesetzliche Erben der dritten Ordnung sind die Großeltern des Erblassers und deren Abkömmlinge.**

(2) **Leben zur Zeit des Erbfalls die Großeltern, so erben sie allein und zu gleichen Teilen.**

(3) [1]**Lebt zur Zeit des Erbfalls von einem Großelternpaar der Großvater oder die Großmutter nicht mehr, so treten an die Stelle des Verstorbenen dessen Abkömmlinge.** [2]**Sind Abkömmlinge nicht vorhanden, so fällt der Anteil des Verstorbenen dem anderen Teil des Großelternpaars und, wenn dieser nicht mehr lebt, dessen Abkömmlingen zu.**

(4) **Lebt zur Zeit des Erbfalls ein Großelternpaar nicht mehr und sind Abkömmlinge der Verstorbenen nicht vorhanden, so erben die anderen Großeltern oder ihre Abkömmlinge allein.**

(5) **Soweit Abkömmlinge an die Stelle ihrer Eltern oder ihrer Voreltern treten, finden die für die Beerbung in der ersten Ordnung geltenden Vorschriften Anwendung.**

§ 1927. Mehrere Erbteile bei mehrfacher Verwandtschaft

[1]**Wer in der ersten, der zweiten oder der dritten Ordnung verschiedenen Stämmen angehört, erhält den in jedem dieser Stämme ihm zufallenden Anteil.** [2]**Jeder Anteil gilt als besonderer Erbteil.**

§ 1928. Gesetzliche Erben vierter Ordnung

(1) **Gesetzliche Erben der vierten Ordnung sind die Urgroßeltern des Erblassers und deren Abkömmlinge.**

(2) **Leben zur Zeit des Erbfalls Urgroßeltern, so erben sie allein; mehrere erben zu gleichen Teilen, ohne Unterschied, ob sie derselben Linie oder verschiedenen Linien angehören.**

(3) **Leben zur Zeit des Erbfalls Urgroßeltern nicht mehr, so erbt von ihren Abkömmlingen derjenige, welcher mit dem Erblasser dem Grade nach am nächsten verwandt ist; mehrere gleich nahe Verwandte erben zu gleichen Teilen.**

§ 1929. Fernere Ordnungen

(1) **Gesetzliche Erben der fünften Ordnung und der ferneren Ordnungen sind die entfernteren Voreltern des Erblassers und deren Abkömmlinge.**

(2) **Die Vorschrift des § 1928 Abs. 2, 3 findet entsprechende Anwendung.**

§ 1930. Rangfolge der Ordnungen

Ein Verwandter ist nicht zur Erbfolge berufen, solange ein Verwandter einer vorhergehenden Ordnung vorhanden ist.

1 **1.** Die Bestimmung enthält die **Grundregel über die Rangfolge** der Ordnungen. Ist ein überlebender Ehegatte vorhanden, so ist sie im Zusammenhang mit § 1931 I und II zu lesen (vgl § 1924 Rz 3).

2 **2.** Das physische **„Vorhandensein“** eines Verwandten umschreibt § 1923. Rechtliche Gründe, die einen Verwandten von der Erbfolge ausschließen, sind etwa die Ausschlagung der Erbschaft (§ 1953 II), die Erbunwürdigerklärung (§ 2344) oder der Erbverzicht (§ 2346 I 2).

§ 1931. Gesetzliches Erbrecht des Ehegatten

(1) **[1]Der überlebende Ehegatte des Erblassers ist neben Verwandten der ersten Ordnung zu einem Viertel, neben Verwandten der zweiten Ordnung oder neben Großeltern zur Hälfte der Erbschaft als gesetzlicher Erbe berufen. [2]Treffen mit Großeltern Abkömmlinge von Großeltern zusammen, so erhält der Ehegatte auch von der anderen Hälfte den Anteil, der nach § 1926 den Abkömmlingen zufallen würde.**

(2) **Sind weder Verwandte der ersten oder der zweiten Ordnung noch Großeltern vorhanden, so erhält der überlebende Ehegatte die ganze Erbschaft.**

(3) **Die Vorschrift des § 1371 bleibt unberührt.**

(4) **Bestand beim Erbfall Gütertrennung und sind als gesetzliche Erben neben dem überlebenden Ehegatten ein oder zwei Kinder des Erblassers berufen, so erben der überlebende Ehegatte und jedes Kind zu gleichen Teilen; § 1924 Abs. 3 gilt auch in diesem Falle.**

1 **1.** Das **Bestehen der Ehe** wird vorausgesetzt. Das gesetzliche Erbrecht entfällt bei Nichtehe oder aufgehobener Ehe (s Vor § 1313 Rz 1 f) sowie bei Ehescheidung (zur Vorverlegung des maßgebenden Zeitpunkts s § 1933); auch für den Partner einer nichtehelichen Lebensgemeinschaft gibt es kein gesetzliches Erbrecht, wohl aber für den eingetragenen Lebenspartner (s Vor § 1353 Rz 2, 19).

2 **2.** Die Vorschrift umschreibt in Abs 1 und 2 die **erbrechtliche Grundposition** des Ehegatten. Bei ihr verbleibt es allerdings nur in seltenen Fällen (zB bei vereinbarter Gütergemeinschaft). Dagegen können der gesetzliche Güterstand der Zugewinngemeinschaft und der vertragliche der Gütertrennung zu einer Modifizierung der Erbquote führen.

3 **3.** Im Güterstand der **Zugewinngemeinschaft** ist gemäß Abs 3 der § 1371 zu beachten, nach dessen Abs 1 sich der gesetzliche Erbteil um ein Viertel erhöht. Einzelheiten zur Rechtsstellung des überlebenden Ehegatten bei Zugewinngemeinschaft s dort.

4. Bei **Gütertrennung** erhöht Abs 4 den gesetzlichen Erbteil, sofern gleichzeitig ein oder zwei (eheliche oder nichteheliche) Kinder berufen sind. Der Erbteil des Ehegatten beträgt dann die Hälfte bzw ein Drittel. Wenn keine oder mehr als zwei Kinder vorhanden sind, bleibt es bei Abs 1. Durch Abs 4 soll honoriert werden, dass auch bei Gütertrennung die unentgeltliche Mitarbeit des Ehegatten oft zum Vermögenserwerb des Verstorbenen beigetragen hat. Durch die Einbringung dieses Ausgleichsgedankens in die erbrechtliche Regelung wird freilich der Unterschied zwischen Gütertrennung und Zugewinngemeinschaft bedenklich verwischt (*Leipold* Rz 188); denn neben einem Kind erbt der Ehegatte nach Abs 4 ebenso die Hälfte wie im gesetzlichen Güterstand nach § 1931 I 1 iVm § 1371 I. 4

§ 1932. Voraus des Ehegatten

(1) [1]**Ist der überlebende Ehegatte neben Verwandten der zweiten Ordnung oder neben Großeltern gesetzlicher Erbe, so gebühren ihm außer dem Erbteil die zum ehelichen Haushalt gehörenden Gegenstände, soweit sie nicht Zubehör eines Grundstücks sind, und die Hochzeitsgeschenke als Voraus.** [2]**Ist der überlebende Ehegatte neben Verwandten der ersten Ordnung gesetzlicher Erbe, so gebühren ihm diese Gegenstände, soweit er sie zur Führung eines angemessenen Haushalts benötigt.**

(2) **Auf den Voraus sind die für Vermächtnisse geltenden Vorschriften anzuwenden.**

§ 1933. Ausschluss des Ehegattenerbrechts

[1]**Das Erbrecht des überlebenden Ehegatten sowie das Recht auf den Voraus ist ausgeschlossen, wenn zur Zeit des Todes des Erblassers die Voraussetzungen für die Scheidung der Ehe gegeben waren und der Erblasser die Scheidung beantragt oder ihr zugestimmt hatte.** [2]**Das Gleiche gilt, wenn der Erblasser berechtigt war, die Aufhebung der Ehe zu beantragen, und den Antrag gestellt hatte.** [3]**In diesen Fällen ist der Ehegatte nach Maßgabe der §§ 1569 bis 1586 b unterhaltsberechtigt.**

§ 1934. Erbrecht des verwandten Ehegatten

[1]**Gehört der überlebende Ehegatte zu den erbberechtigten Verwandten, so erbt er zugleich als Verwandter.** [2]**Der Erbteil, der ihm auf Grund der Verwandtschaft zufällt, gilt als besonderer Erbteil.**

§ 1935. Folgen der Erbteilserhöhung

Fällt ein gesetzlicher Erbe vor oder nach dem Erbfall weg und erhöht sich infolgedessen der Erbteil eines anderen gesetzlichen Erben, so gilt der Teil, um welchen sich der Erbteil erhöht, in Ansehung der Vermächtnisse und Auflagen, mit denen dieser Erbe oder der wegfallende Erbe beschwert ist, sowie in Ansehung der Ausgleichungspflicht als besonderer Erbteil.

§ 1936. Gesetzliches Erbrecht des Staates

[1]**Ist zur Zeit des Erbfalls kein Verwandter, Ehegatte oder Lebenspartner des Erblassers vorhanden, erbt das Land, in dem der Erblasser zur Zeit des Erbfalls seinen letzten Wohnsitz oder, wenn ein solcher nicht feststellbar ist, seinen gewöhnlichen Aufenthalt hatte.** [2]**Im Übrigen erbt der Bund.**

§ 1937. Erbeinsetzung durch letztwillige Verfügung

Der Erblasser kann durch einseitige Verfügung von Todes wegen (Testament, letztwillige Verfügung) den Erben bestimmen.

1 Die Vorschrift, die Ausdruck des **Prinzips der Testierfreiheit** ist, dient auch der Begriffsklärung.

2 **1. Verfügungen von Todes wegen** sind Testament (§§ 2064 ff) und Erbvertrag (§§ 1941, 2274 ff). Ersteres ist die einseitige, Letzterer die vertragliche Bestimmung einer **gewillkürten Erbfolge.**

3 **2. Testament** und **letztwillige Verfügung** werden in § 1937 als gleichbedeutend nebeneinander gestellt; das Gesetz verwendet den Ausdruck letztwillige Verfügung aber auch für die Einzelnen in einem Testament enthaltenen Anordnungen. Der Ausdruck letztwillige Verfügung soll deutlich machen, dass die Verfügung jederzeit frei widerrufen werden kann (§ 2253 I), so dass jeweils der letzte Wille gilt (*MüKo-Leipold* Rz 7). Dagegen gehört der Erbvertrag, da die in ihm getroffenen Verfügungen bindend sind, nicht zu den letztwilligen Verfügungen.

4 **3. Einschränkungen** der Testierfreiheit ergeben sich aus dem Typenzwang für Verfügungen von Todes wegen, aus dem Pflichtteilsrecht (vgl § 2303) sowie aus §§ 134, 138 I.

5 **4.** Zu der in § 1937 angesprochenen **Erbeinsetzung** s §§ 2087 ff.

§ 1938. Enterbung ohne Erbeinsetzung

Der Erblasser kann durch Testament einen Verwandten, den Ehegatten oder den Lebenspartner von der gesetzlichen Erbfolge ausschließen, ohne einen Erben einzusetzen.

§ 1939. Vermächtnis

Der Erblasser kann durch Testament einem anderen, ohne ihn als Erben einzusetzen, einen Vermögensvorteil zuwenden (Vermächtnis).

1 S vor § 2147 Rz 1.

§ 1940. Auflage

Der Erblasser kann durch Testament den Erben oder einen Vermächtnisnehmer zu einer Leistung verpflichten, ohne einem anderen ein Recht auf die Leistung zuzuwenden (Auflage).

§ 1941. Erbvertrag

(1) **Der Erblasser kann durch Vertrag einen Erben einsetzen sowie Vermächtnisse und Auflagen anordnen (Erbvertrag).**

(2) **Als Erbe (Vertragserbe) oder als Vermächtnisnehmer kann sowohl der andere Vertragschließende als ein Dritter bedacht werden.**

Abschnitt 2. Rechtliche Stellung des Erben

Titel 1. Annahme und Ausschlagung der Erbschaft, Fürsorge des Nachlassgerichts

§ 1942. Anfall und Ausschlagung der Erbschaft

(1) **Die Erbschaft geht auf den berufenen Erben unbeschadet des Rechts über, sie auszuschlagen (Anfall der Erbschaft).**

(2) **Der Fiskus kann die ihm als gesetzlichem Erben angefallene Erbschaft nicht ausschlagen.**

1 **Universalsukzession** (s § 1922 Rz 5). Es besteht ein Schwebezustand bis zur Annahme (§ 1943) oder bis zum Ablauf der Ausschlagungsfrist (§ 1944 I). Zur Rechts-

stellung des vorläufigen Erben s §§ 1958f. Zur Zwangsvollstreckung s §§ 778 II, 780 ZPO.

§ 1943. Annahme und Ausschlagung der Erbschaft

Der Erbe kann die Erbschaft nicht mehr ausschlagen, wenn er sie angenommen hat oder wenn die für die Ausschlagung vorgeschriebene Frist verstrichen ist; mit dem Ablauf der Frist gilt die Erbschaft als angenommen.

Die **Annahme** ist eine formlose, nicht empfangsbedürftige Willenserklärung. Sie **1**
kann auch durch schlüssiges Verhalten erfolgen (pro herede gestio), zB durch Stellung eines Erbscheinsantrags oder Verfügung über Nachlassgegenstände. Die Wirkung der Annahme liegt im Verlust des Ausschlagungsrechts; die vorläufige Erbenstellung wird zur endgültigen. Eine Anfechtung der Annahme bleibt aber möglich (s § 1954); sie gilt als Ausschlagung (§ 1957). Zum Irrtum über den Berufungsgrund s § 1949.

§ 1944. Ausschlagungsfrist

(1) **Die Ausschlagung kann nur binnen sechs Wochen erfolgen.**

(2) [1]**Die Frist beginnt mit dem Zeitpunkt, in welchem der Erbe von dem Anfall und dem Grunde der Berufung Kenntnis erlangt.** [2]**Ist der Erbe durch Verfügung von Todes wegen berufen, beginnt die Frist nicht vor Bekanntgabe der Verfügung von Todes wegen durch das Nachlassgericht.** [3]**Auf den Lauf der Frist finden die für die Verjährung geltenden Vorschriften der §§ 206, 210 entsprechende Anwendung.**

(3) **Die Frist beträgt sechs Monate, wenn der Erblasser seinen letzten Wohnsitz nur im Ausland gehabt hat oder wenn sich der Erbe bei dem Beginn der Frist im Ausland aufhält.**

§ 1945. Form der Ausschlagung

(1) **Die Ausschlagung erfolgt durch Erklärung gegenüber dem Nachlassgericht; die Erklärung ist zur Niederschrift des Nachlassgerichts oder in öffentlich beglaubigter Form abzugeben.**

(2) **Die Niederschrift des Nachlassgerichts wird nach den Vorschriften des Beurkundungsgesetzes errichtet.**

(3) [1]**Ein Bevollmächtigter bedarf einer öffentlich beglaubigten Vollmacht.** [2]**Die Vollmacht muss der Erklärung beigefügt oder innerhalb der Ausschlagungsfrist nachgebracht werden.**

§ 1946. Zeitpunkt für Annahme oder Ausschlagung

Der Erbe kann die Erbschaft annehmen oder ausschlagen, sobald der Erbfall eingetreten ist.

§ 1947. Bedingung und Zeitbestimmung

Die Annahme und die Ausschlagung können nicht unter einer Bedingung oder einer Zeitbestimmung erfolgen.

§ 1948. Mehrere Berufungsgründe

(1) **Wer durch Verfügung von Todes wegen als Erbe berufen ist, kann, wenn er ohne die Verfügung als gesetzlicher Erbe berufen sein würde, die Erbschaft als eingesetzter Erbe ausschlagen und als gesetzlicher Erbe annehmen.**

(2) **Wer durch Testament und durch Erbvertrag als Erbe berufen ist, kann die Erbschaft aus dem einen Berufungsgrund annehmen und aus dem anderen ausschlagen.**

§ 1949. Irrtum über den Berufungsgrund

(1) **Die Annahme gilt als nicht erfolgt, wenn der Erbe über den Berufungsgrund im Irrtum war.**

(2) **Die Ausschlagung erstreckt sich im Zweifel auf alle Berufungsgründe, die dem Erben zur Zeit der Erklärung bekannt sind.**

1 Entgegen allgemeinen Grundsätzen führt der genannte Irrtum (zB gesetzlicher Erbe hält sich für testamentarisch eingesetzt) systemwidrig **ohne Anfechtung** zur Nichtigkeit. Daher ist auch § 122 nicht anwendbar (str). Soweit ein Fall des § 1949 nicht vorliegt, richtet sich die Anfechtung nach den allgemeinen Vorschriften (s § 1954 Rz 1).

§ 1950. Teilannahme; Teilausschlagung

[1]**Die Annahme und die Ausschlagung können nicht auf einen Teil der Erbschaft beschränkt werden.** [2]**Die Annahme oder Ausschlagung eines Teils ist unwirksam.**

§ 1951. Mehrere Erbteile

(1) **Wer zu mehreren Erbteilen berufen ist, kann, wenn die Berufung auf verschiedenen Gründen beruht, den einen Erbteil annehmen und den anderen ausschlagen.**

(2) [1]**Beruht die Berufung auf demselben Grund, so gilt die Annahme oder Ausschlagung des einen Erbteils auch für den anderen, selbst wenn der andere erst später anfällt.** [2]**Die Berufung beruht auf demselben Grund auch dann, wenn sie in verschiedenen Testamenten oder vertragsmäßig in verschiedenen zwischen denselben Personen geschlossenen Erbverträgen angeordnet ist.**

(3) **Setzt der Erblasser einen Erben auf mehrere Erbteile ein, so kann er ihm durch Verfügung von Todes wegen gestatten, den einen Erbteil anzunehmen und den anderen auszuschlagen.**

§ 1952. Vererblichkeit des Ausschlagungsrechts

(1) **Das Recht des Erben, die Erbschaft auszuschlagen, ist vererblich.**

(2) **Stirbt der Erbe vor dem Ablauf der Ausschlagungsfrist, so endigt die Frist nicht vor dem Ablauf der für die Erbschaft des Erben vorgeschriebenen Ausschlagungsfrist.**

(3) **Von mehreren Erben des Erben kann jeder den seinem Erbteil entsprechenden Teil der Erbschaft ausschlagen.**

§ 1953. Wirkung der Ausschlagung

(1) **Wird die Erbschaft ausgeschlagen, so gilt der Anfall an den Ausschlagenden als nicht erfolgt.**

(2) **Die Erbschaft fällt demjenigen an, welcher berufen sein würde, wenn der Ausschlagende zur Zeit des Erbfalls nicht gelebt hätte; der Anfall gilt als mit dem Erbfall erfolgt.**

(3) [1]**Das Nachlassgericht soll die Ausschlagung demjenigen mitteilen, welchem die Erbschaft infolge der Ausschlagung angefallen ist.** [2]**Es hat die Einsicht der Erklärung jedem zu gestatten, der ein rechtliches Interesse glaubhaft macht.**

§ 1954. Anfechtungsfrist

(1) **Ist die Annahme oder die Ausschlagung anfechtbar, so kann die Anfechtung nur binnen sechs Wochen erfolgen.**

(2) [1]**Die Frist beginnt im Falle der Anfechtbarkeit wegen Drohung mit dem Zeitpunkt, in welchem die Zwangslage aufhört, in den übrigen Fällen mit dem Zeitpunkt, in welchem der Anfechtungsberechtigte von dem Anfechtungsgrund Kenntnis erlangt.** [2]**Auf den Lauf der Frist finden die für die Verjährung geltenden Vorschriften der §§ 206, 210, 211 entsprechende Anwendung.**

(3) **Die Frist beträgt sechs Monate, wenn der Erblasser seinen letzten Wohnsitz nur im Ausland gehabt hat oder wenn sich der Erbe bei dem Beginn der Frist im Ausland aufhält.**

(4) **Die Anfechtung ist ausgeschlossen, wenn seit der Annahme oder der Ausschlagung 30 Jahre verstrichen sind.**

Anfechtungsgründe sind §§ 119, 120, 123. Siehe zu den beachtlichen Irrtumsarten § 119 Rz 8ff. Ein beachtlicher Motivirrtum ist der Irrtum über die Person des Nächstberufenen, über den Wert des Nachlasses oder über den Umfang von Beschränkungen oder Beschwerungen (Ausnahme in § 2308 für den pflichtteilsberechtigten Erben). Dagegen wird ein Irrtum über die Überschuldung des Nachlasses im Allgemeinen als Irrtum über eine verkehrswesentliche Eigenschaft (§ 119 II) anerkannt. Der Wert als solcher ist zwar keine Eigenschaft, wohl aber sind es die Einzelnen wertbildenden Faktoren, so dass ein Irrtum über die Zusammensetzung des Nachlasses zur Anfechtung berechtigt (vgl etwa *MüKo-Leipold* Rz 11). Die Vorstellung des unter Beschwerungen als Alleinerbe eingesetzten Pflichtteilsberechtigten, er dürfe die Erbschaft nicht ausschlagen, um seinen Anspruch auf den Pflichtteil nicht zu verlieren, während das Gesetz in § 2306 I gerade umgekehrt in der Ausschlagung eine wesentliche Voraussetzung für das Pflichtteilsverlangen sieht, rechtfertigt die Anfechtung einer auf dieser irrigen Vorstellung beruhenden Annahme der Erbschaft (BGHZ 168, 210). 1

§ 1955. Form der Anfechtung

[1]**Die Anfechtung der Annahme oder der Ausschlagung erfolgt durch Erklärung gegenüber dem Nachlassgericht.** [2]**Für die Erklärung gelten die Vorschriften des § 1945.**

§ 1956. Anfechtung der Fristversäumung

Die Versäumung der Ausschlagungsfrist kann in gleicher Weise wie die Annahme angefochten werden.

§ 1957. Wirkung der Anfechtung

(1) **Die Anfechtung der Annahme gilt als Ausschlagung, die Anfechtung der Ausschlagung gilt als Annahme.**

(2) [1]**Das Nachlassgericht soll die Anfechtung der Ausschlagung demjenigen mitteilen, welchem die Erbschaft infolge der Ausschlagung angefallen war.** [2]**Die Vorschrift des § 1953 Abs. 3 Satz 2 findet Anwendung.**

§ 1958. Gerichtliche Geltendmachung von Ansprüchen gegen den Erben

Vor der Annahme der Erbschaft kann ein Anspruch, der sich gegen den Nachlass richtet, nicht gegen den Erben gerichtlich geltend gemacht werden.

§ 1959. Geschäftsführung vor der Ausschlagung

(1) **Besorgt der Erbe vor der Ausschlagung erbschaftliche Geschäfte, so ist er demjenigen gegenüber, welcher Erbe wird, wie ein Geschäftsführer ohne Auftrag berechtigt und verpflichtet.**

(2) **Verfügt der Erbe vor der Ausschlagung über einen Nachlassgegenstand, so wird die Wirksamkeit der Verfügung durch die Ausschlagung nicht berührt, wenn die Verfügung nicht ohne Nachteil für den Nachlass verschoben werden konnte.**

(3) **Ein Rechtsgeschäft, das gegenüber dem Erben als solchem vorgenommen werden muss, bleibt, wenn es vor der Ausschlagung dem Ausschlagenden gegenüber vorgenommen wird, auch nach der Ausschlagung wirksam.**

1 **1.** Auf das **Rechtsverhältnis zwischen vorläufigem und endgültigem Erben** erklärt **Abs 1** die Vorschriften über die GoA (§§ 677 ff) für anwendbar. Da der endgültige Erbe im Zeitpunkt der Geschäftsführung in der Regel nicht bekannt ist, kann der vorläufige Erbe sein Handeln nicht an dem wirklichen oder mutmaßlichen Willen des konkreten endgültigen Erben ausrichten; es wird vielmehr verlangt, dass das Geschäft so geführt wurde, wie es von einem verständigen Erben mit Rücksicht auf die Art des Nachlasses erwartet werden kann (*MüKo-Leipold* Rz 4). Verstößt der vorläufige Erbe schuldhaft gegen diese Pflicht aus § 677, so macht er sich nach den Grundsätzen des § 280 schadensersatzpflichtig.

2 **Weitere Ansprüche** des endgültigen gegen den vorläufigen Erben sind die dinglichen Einzelansprüche, die sich aus der Erbschaft ergeben (zB § 985). Nicht anwendbar sind hingegen die Vorschriften über den Erbschaftsbesitz (§§ 2018 ff), da der vorläufige Erbe nicht Erbschaftsbesitzer, sondern im Zeitpunkt der Inbesitznahme der Erbschaft tatsächlicher Erbe war (*MüKo-Leipold* Rz 2). Ebenfalls nicht anwendbar sind die Vorschriften zum EBV (§§ 987 ff), da der vorläufige Erbe bis zur Ausschlagung der Erbschaft berechtigter Besitzer war (*MüKo-Leipold* Rz 2). Ansprüche aus Bereicherungsrecht und Delikt sind denkbar, wenn sich das Handeln des vorläufigen Erben nicht als berechtigte GoA iSd § 683 darstellt.

3 **2.** Unaufschiebbare **Verfügungen,** zB die Veräußerung verderblicher Waren, sind nach **Abs 2** wirksam. Sonstige Verfügungen können durch Genehmigung des endgültigen Erben wirksam werden (§ 185 II 1), aber auch gutgläubiger Erwerb gem §§ 932 ff, 892 ist möglich, wenn der Erwerber den vorläufigen Erben gutgläubig für den endgültigen Eigentümer hielt. Nach hM gelangt § 935 nämlich nicht zu Gunsten des endgültigen Erben zur Anwendung, wenn der vorläufige Erbe die **tatsächliche** Sachherrschaft über den Nachlassgegenstand hatte; denn der endgültige Erbe kann dann den **fiktiven** Besitz nicht mehr rückwirkend erlangen (s etwa *MüKo-Leipold* § 1953 Rz 4; *Leipold* Rz 623).

4 **3.** Unter **Abs 3** fallen **einseitige Rechtsgeschäfte,** die den Rechtserfolg bereits durch eine empfangsbedürftige Willenserklärung an den vorläufigen Erben herbeiführen, so etwa Anfechtung, Rücktritt, Widerruf und Kündigung. Nicht unter Abs 3 zu subsumieren sind hingegen **Verpflichtungsgeschäfte,** da diese nicht „gegenüber", sondern „mit" dem vorläufigen Erben abgeschlossen werden.

§ 1960. Sicherung des Nachlasses; Nachlasspfleger

(1) [1]**Bis zur Annahme der Erbschaft hat das Nachlassgericht für die Sicherung des Nachlasses zu sorgen, soweit ein Bedürfnis besteht.** [2]**Das Gleiche gilt, wenn der Erbe unbekannt oder wenn ungewiss ist, ob er die Erbschaft angenommen hat.**

(2) **Das Nachlassgericht kann insbesondere die Anlegung von Siegeln, die Hinterlegung von Geld, Wertpapieren und Kostbarkeiten sowie die Aufnahme**

eines Nachlassverzeichnisses anordnen und für denjenigen, welcher Erbe wird, einen Pfleger (Nachlasspfleger) bestellen.

(3) **Die Vorschrift des § 1958 findet auf den Nachlasspfleger keine Anwendung.**

§ 1961. Nachlasspflegschaft auf Antrag

Das Nachlassgericht hat in den Fällen des § 1960 Abs. 1 einen Nachlasspfleger zu bestellen, wenn die Bestellung zum Zwecke der gerichtlichen Geltendmachung eines Anspruchs, der sich gegen den Nachlass richtet, von dem Berechtigten beantragt wird.

§ 1962. Zuständigkeit des Nachlassgerichts

Für die Nachlasspflegschaft tritt an die Stelle des Familiengerichts oder Betreuungsgerichts das Nachlassgericht.

§ 1963. Unterhalt der werdenden Mutter eines Erben

[1]Ist zur Zeit des Erbfalls die Geburt eines Erben zu erwarten, so kann die Mutter, falls sie außerstande ist, sich selbst zu unterhalten, bis zur Entbindung angemessenen Unterhalt aus dem Nachlass oder, wenn noch andere Personen als Erben berufen sind, aus dem Erbteil des Kindes verlangen. [2]Bei der Bemessung des Erbteils ist anzunehmen, dass nur ein Kind geboren wird.

§ 1964. Erbvermutung für den Fiskus durch Feststellung

(1) **Wird der Erbe nicht innerhalb einer den Umständen entsprechenden Frist ermittelt, so hat das Nachlassgericht festzustellen, dass ein anderer Erbe als der Fiskus nicht vorhanden ist.**

(2) **Die Feststellung begründet die Vermutung, dass der Fiskus gesetzlicher Erbe sei.**

§ 1965. Öffentliche Aufforderung zur Anmeldung der Erbrechte

(1) **[1]Der Feststellung hat eine öffentliche Aufforderung zur Anmeldung der Erbrechte unter Bestimmung einer Anmeldungsfrist vorauszugehen; die Art der Bekanntmachung und die Dauer der Anmeldungsfrist bestimmen sich nach den für das Aufgebotsverfahren geltenden Vorschriften. [2]Die Aufforderung darf unterbleiben, wenn die Kosten dem Bestand des Nachlasses gegenüber unverhältnismäßig groß sind.**

(2) **[1]Ein Erbrecht bleibt unberücksichtigt, wenn nicht dem Nachlassgericht binnen drei Monaten nach dem Ablauf der Anmeldungsfrist nachgewiesen wird, dass das Erbrecht besteht oder dass es gegen den Fiskus im Wege der Klage geltend gemacht ist. [2]Ist eine öffentliche Aufforderung nicht ergangen, so beginnt die dreimonatige Frist mit der gerichtlichen Aufforderung, das Erbrecht oder die Erhebung der Klage nachzuweisen.**

§ 1966. Rechtsstellung des Fiskus vor Feststellung

Von dem Fiskus als gesetzlichem Erben und gegen den Fiskus als gesetzlichen Erben kann ein Recht erst geltend gemacht werden, nachdem von dem Nachlassgericht festgestellt worden ist, dass ein anderer Erbe nicht vorhanden ist.

Titel 2. Haftung des Erben für die Nachlassverbindlichkeiten

Untertitel 1. Nachlassverbindlichkeiten

§ 1967. Erbenhaftung, Nachlassverbindlichkeiten

(1) **Der Erbe haftet für die Nachlassverbindlichkeiten.**

(2) **Zu den Nachlassverbindlichkeiten gehören außer den vom Erblasser herrührenden Schulden die den Erben als solchen treffenden Verbindlichkeiten, insbesondere die Verbindlichkeiten aus Pflichtteilsrechten, Vermächtnissen und Auflagen.**

1 **1.** Die als Folge der Universalsukzession eintretende **Haftung** des Erben erstreckt sich nicht nur auf den Nachlass, sondern auch auf das eigene Vermögen des Erben. Eine **Beschränkung der Haftung** des Erben auf den Nachlass, die bei dessen Überschuldung sinnvoll ist, kann etwa durch Nachlassverwaltung oder Nachlassinsolvenzverfahren herbeigeführt werden (s Vor § 1975 Rz 1). Die **Dreimonatseinrede** des § 2014 verschafft dem Erben hierfür die notwendige Bedenkzeit.

2 **2.** Drei **Arten von Nachlassverbindlichkeiten** sind zu unterscheiden:

3 **a) Erblasserschulden** sind die „vom Erblasser herrührenden Schulden", wie Abs 2 sagt; zB Steuerschulden, Mietschulden etc. Unterhaltspflichten des Erblassers erlöschen gem § 1615 I grds mit seinem Tod; Ausnahme gem § 1586b: Unterhaltspflichten gegenüber dem geschiedenen Ehegatten.

4 **b) Erbfallschulden** sind „die den Erben als solchen treffenden Verbindlichkeiten", die **mit** dem Erbfall entstehen und für die Abs 2 Beispiele nennt. Zu den Erbfallschulden kann man auch die **Nachlasskosten- und Nachlassverwaltungsschulden** zählen, die **nach** dem Erbfall entstehen, wie bspw die Beerdigungskosten (§ 1968) oder die Kosten der Nachlasssicherung (§ 1960) und der Testamentseröffnung (§ 2260). In der Lit werden diese Schulden teilweise auch als gesonderte Gruppe neben den Erbfallschulden genannt (zB *Schlüter* Rz 1060).

5 **c)** Von sog **Nachlass-Erbenschulden** (auch Nachlass-Eigenschulden genannt), die das Gesetz nicht erwähnt, spricht man, wenn der Erbe in eigenem Namen ein Geschäft zur ordnungsgemäßen Verwaltung des Nachlasses abschließt, wenn er also etwa nach einer Betriebsübernahme neue Verbindlichkeiten eingeht, ohne die Haftung erkennbar auf den Nachlass zu beschränken. Verpflichtungen aus Dauerschuldverhältnissen (wie Miete), die der Erblasser eingegangen ist, können zu Nachlass-Erbenschulden werden, wenn der Erbe von einer Kündigungsmöglichkeit keinen Gebrauch macht, sondern das Dauerschuldverhältnis fortsetzt. Die Nachlass-Erbenschulden haben – wie ihr Name ausdrückt – eine Doppelstellung als Nachlassschulden und als persönliche Schulden des Erben (vgl etwa BGHZ 32, 60, 64ff). Der Erbe kann für diese Schulden deshalb keine Haftungsbeschränkung nach §§ 1975ff herbeiführen.

6 **3.** Die sog **Eigenschulden** des Erben (auch Erbenschulden genannt) sind von den Nachlassverbindlichkeiten scharf zu trennen. Für diese Schulden haftet der Erbe immer mit seinem Eigenvermögen. Eine Enthaftung des Nachlasses können die Nachlassgläubiger durch Nachlassverwaltung erreichen (s §§ 1981 II, 1984 II).

7 **4.** Ist nicht nur ein Erbe, sondern eine **Mehrheit von Erben** berufen, so sind die in §§ 2058ff enthaltenen ergänzenden Sonderregeln über die Haftung der Erben zu beachten.

8 **5.** Der von einem Nachlassgläubiger verklagte Erbe kann in der **Zwangsvollstreckung** die nach §§ 1975ff herbeigeführte Haftungsbeschränkung nur geltend machen, wenn sie ihm im Urteil vorbehalten wurde (§ 780 ZPO).

§ 1968. Beerdigungskosten

Der Erbe trägt die Kosten der Beerdigung des Erblassers.

§ 1969. Dreißigster

(1) [1]**Der Erbe ist verpflichtet, Familienangehörigen des Erblassers, die zur Zeit des Todes des Erblassers zu dessen Hausstand gehören und von ihm Unterhalt bezogen haben, in den ersten 30 Tagen nach dem Eintritt des Erbfalls in demselben Umfang, wie der Erblasser es getan hat, Unterhalt zu gewähren und die Benutzung der Wohnung und der Haushaltsgegenstände zu gestatten.** [2]**Der Erblasser kann durch letztwillige Verfügung eine abweichende Anordnung treffen.**

(2) **Die Vorschriften über Vermächtnisse finden entsprechende Anwendung.**

Untertitel 2. Aufgebot der Nachlassgläubiger

§ 1970. Anmeldung der Forderungen

Die Nachlassgläubiger können im Wege des Aufgebotsverfahrens zur Anmeldung ihrer Forderungen aufgefordert werden.

§ 1971. Nicht betroffene Gläubiger

[1]**Pfandgläubiger und Gläubiger, die im Insolvenzverfahren den Pfandgläubigern gleichstehen, sowie Gläubiger, die bei der Zwangsvollstreckung in das unbewegliche Vermögen ein Recht auf Befriedigung aus diesem Vermögen haben, werden, soweit es sich um die Befriedigung aus den ihnen haftenden Gegenständen handelt, durch das Aufgebot nicht betroffen.** [2]**Das Gleiche gilt von Gläubigern, deren Ansprüche durch eine Vormerkung gesichert sind oder denen im Insolvenzverfahren ein Aussonderungsrecht zusteht, in Ansehung des Gegenstands ihres Rechts.**

§ 1972. Nicht betroffene Rechte

Pflichtteilsrechte, Vermächtnisse und Auflagen werden durch das Aufgebot nicht betroffen, unbeschadet der Vorschrift des § 2060 Nr. 1.

§ 1973. Ausschluss von Nachlassgläubigern

(1) [1]**Der Erbe kann die Befriedigung eines im Aufgebotsverfahren ausgeschlossenen Nachlassgläubigers insoweit verweigern, als der Nachlass durch die Befriedigung der nicht ausgeschlossenen Gläubiger erschöpft wird.** [2]**Der Erbe hat jedoch den ausgeschlossenen Gläubiger vor den Verbindlichkeiten aus Pflichtteilsrechten, Vermächtnissen und Auflagen zu befriedigen, es sei denn, dass der Gläubiger seine Forderung erst nach der Berichtigung dieser Verbindlichkeiten geltend macht.**

(2) [1]**Einen Überschuss hat der Erbe zum Zwecke der Befriedigung des Gläubigers im Wege der Zwangsvollstreckung nach den Vorschriften über die Herausgabe einer ungerechtfertigten Bereicherung herauszugeben.** [2]**Er kann die Herausgabe der noch vorhandenen Nachlassgegenstände durch Zahlung des Wertes abwenden.** [3]**Die rechtskräftige Verurteilung des Erben zur Befriedigung eines ausgeschlossenen Gläubigers wirkt einem anderen Gläubiger gegenüber wie die Befriedigung.**

§ 1974. Verschweigungseinrede

(1) [1]**Ein Nachlassgläubiger, der seine Forderung später als fünf Jahre nach dem Erbfall dem Erben gegenüber geltend macht, steht einem ausgeschlossenen**

Gläubiger gleich, es sei denn, dass die Forderung dem Erben vor dem Ablauf der fünf Jahre bekannt geworden oder im Aufgebotsverfahren angemeldet worden ist. [2]Wird der Erblasser für tot erklärt oder wird seine Todeszeit nach den Vorschriften des Verschollenheitsgesetzes festgestellt, so beginnt die Frist nicht vor dem Eintritt der Rechtskraft des Beschlusses über die Todeserklärung oder die Feststellung der Todeszeit.

(2) **Die dem Erben nach § 1973 Abs. 1 Satz 2 obliegende Verpflichtung tritt im Verhältnis von Verbindlichkeiten aus Pflichtteilsrechten, Vermächtnissen und Auflagen zueinander nur insoweit ein, als der Gläubiger im Falle des Nachlassinsolvenzverfahrens im Range vorgehen würde.**

(3) **Soweit ein Gläubiger nach § 1971 von dem Aufgebot nicht betroffen wird, finden die Vorschriften des Absatzes 1 auf ihn keine Anwendung.**

Untertitel 3. Beschränkung der Haftung des Erben

Vor § 1975

1 Es bestehen folgende Möglichkeiten, die aus § 1967 folgende **Haftung** auf den Nachlass zu **beschränken:** (1) Nachlassverwaltung (§ 1975); (2) Nachlassinsolvenzverfahren (§ 1975); (3) Dürftigkeitseinrede (§§ 1990; 1992).

§ 1975. Nachlassverwaltung; Nachlassinsolvenz

Die Haftung des Erben für die Nachlassverbindlichkeiten beschränkt sich auf den Nachlass, wenn eine Nachlasspflegschaft zum Zwecke der Befriedigung der Nachlassgläubiger (Nachlassverwaltung) angeordnet oder das Nachlassinsolvenzverfahren eröffnet ist.

§ 1976. Wirkung auf durch Vereinigung erloschene Rechtsverhältnisse

Ist die Nachlassverwaltung angeordnet oder das Nachlassinsolvenzverfahren eröffnet, so gelten die infolge des Erbfalls durch Vereinigung von Recht und Verbindlichkeit oder von Recht und Belastung erloschenen Rechtsverhältnisse als nicht erloschen.

§ 1977. Wirkung auf eine Aufrechnung

(1) **Hat ein Nachlassgläubiger vor der Anordnung der Nachlassverwaltung oder vor der Eröffnung des Nachlassinsolvenzverfahrens seine Forderung gegen eine nicht zum Nachlass gehörende Forderung des Erben ohne dessen Zustimmung aufgerechnet, so ist nach der Anordnung der Nachlassverwaltung oder der Eröffnung des Nachlassinsolvenzverfahrens die Aufrechnung als nicht erfolgt anzusehen.**

(2) **Das Gleiche gilt, wenn ein Gläubiger, der nicht Nachlassgläubiger ist, die ihm gegen den Erben zustehende Forderung gegen eine zum Nachlass gehörende Forderung aufgerechnet hat.**

§ 1978. Verantwortlichkeit des Erben für bisherige Verwaltung, Aufwendungsersatz

(1) **[1]Ist die Nachlassverwaltung angeordnet oder das Nachlassinsolvenzverfahren eröffnet, so ist der Erbe den Nachlassgläubigern für die bisherige Verwaltung des Nachlasses so verantwortlich, wie wenn er von der Annahme der Erbschaft an die Verwaltung für sie als Beauftragter zu führen gehabt hätte. [2]Auf die vor der Annahme der Erbschaft von dem Erben besorgten erbschaftlichen**

Geschäfte finden die Vorschriften über die Geschäftsführung ohne Auftrag entsprechende Anwendung.

(2) Die den Nachlassgläubigern nach Absatz 1 zustehenden Ansprüche gelten als zum Nachlass gehörend.

(3) Aufwendungen sind dem Erben aus dem Nachlass zu ersetzen, soweit er nach den Vorschriften über den Auftrag oder über die Geschäftsführung ohne Auftrag Ersatz verlangen könnte.

§ 1979. Berichtigung von Nachlassverbindlichkeiten

Die Berichtigung einer Nachlassverbindlichkeit durch den Erben müssen die Nachlassgläubiger als für Rechnung des Nachlasses erfolgt gelten lassen, wenn der Erbe den Umständen nach annehmen durfte, dass der Nachlass zur Berichtigung aller Nachlassverbindlichkeiten ausreiche.

§ 1980. Antrag auf Eröffnung des Nachlassinsolvenzverfahrens

(1) [1]Hat der Erbe von der Zahlungsunfähigkeit oder der Überschuldung des Nachlasses Kenntnis erlangt, so hat er unverzüglich die Eröffnung des Nachlassinsolvenzverfahrens zu beantragen. [2]Verletzt er diese Pflicht, so ist er den Gläubigern für den daraus entstehenden Schaden verantwortlich. [3]Bei der Bemessung der Zulänglichkeit des Nachlasses bleiben die Verbindlichkeiten aus Vermächtnissen und Auflagen außer Betracht.

(2) [1]Der Kenntnis der Zahlungsunfähigkeit oder der Überschuldung steht die auf Fahrlässigkeit beruhende Unkenntnis gleich. [2]Als Fahrlässigkeit gilt es insbesondere, wenn der Erbe das Aufgebot der Nachlassgläubiger nicht beantragt, obwohl er Grund hat, das Vorhandensein unbekannter Nachlassverbindlichkeiten anzunehmen; das Aufgebot ist nicht erforderlich, wenn die Kosten des Verfahrens dem Bestand des Nachlasses gegenüber unverhältnismäßig groß sind.

§ 1981. Anordnung der Nachlassverwaltung

(1) Die Nachlassverwaltung ist von dem Nachlassgericht anzuordnen, wenn der Erbe die Anordnung beantragt.

(2) [1]Auf Antrag eines Nachlassgläubigers ist die Nachlassverwaltung anzuordnen, wenn Grund zu der Annahme besteht, dass die Befriedigung der Nachlassgläubiger aus dem Nachlass durch das Verhalten oder die Vermögenslage des Erben gefährdet wird. [2]Der Antrag kann nicht mehr gestellt werden, wenn seit der Annahme der Erbschaft zwei Jahre verstrichen sind.

(3) Die Vorschrift des § 1785 findet keine Anwendung.

§ 1982. Ablehnung der Anordnung der Nachlassverwaltung mangels Masse

Die Anordnung der Nachlassverwaltung kann abgelehnt werden, wenn eine den Kosten entsprechende Masse nicht vorhanden ist.

§ 1983. Bekanntmachung

Das Nachlassgericht hat die Anordnung der Nachlassverwaltung durch das für seine Bekanntmachungen bestimmte Blatt zu veröffentlichen.

§ 1984. Wirkung der Anordnung

(1) [1]Mit der Anordnung der Nachlassverwaltung verliert der Erbe die Befugnis, den Nachlass zu verwalten und über ihn zu verfügen. [2]Die Vorschriften der §§ 81 und 82 der Insolvenzordnung finden entsprechende Anwendung. [3]Ein An-

spruch, der sich gegen den Nachlass richtet, kann nur gegen den Nachlassverwalter geltend gemacht werden.

(2) Zwangsvollstreckungen und Arreste in den Nachlass zugunsten eines Gläubigers, der nicht Nachlassgläubiger ist, sind ausgeschlossen.

§ 1985. Pflichten und Haftung des Nachlassverwalters

(1) Der Nachlassverwalter hat den Nachlass zu verwalten und die Nachlassverbindlichkeiten aus dem Nachlass zu berichtigen.

(2) [1]Der Nachlassverwalter ist für die Verwaltung des Nachlasses auch den Nachlassgläubigern verantwortlich. [2]Die Vorschriften des § 1978 Abs. 2 und der §§ 1979, 1980 finden entsprechende Anwendung.

§ 1986. Herausgabe des Nachlasses

(1) Der Nachlassverwalter darf den Nachlass dem Erben erst ausantworten, wenn die bekannten Nachlassverbindlichkeiten berichtigt sind.

(2) [1]Ist die Berichtigung einer Verbindlichkeit zur Zeit nicht ausführbar oder ist eine Verbindlichkeit streitig, so darf die Ausantwortung des Nachlasses nur erfolgen, wenn dem Gläubiger Sicherheit geleistet wird. [2]Für eine bedingte Forderung ist Sicherheitsleistung nicht erforderlich, wenn die Möglichkeit des Eintritts der Bedingung eine so entfernte ist, dass die Forderung einen gegenwärtigen Vermögenswert nicht hat.

§ 1987. Vergütung des Nachlassverwalters

Der Nachlassverwalter kann für die Führung seines Amts eine angemessene Vergütung verlangen.

§ 1988. Ende und Aufhebung der Nachlassverwaltung

(1) Die Nachlassverwaltung endigt mit der Eröffnung des Nachlassinsolvenzverfahrens.

(2) Die Nachlassverwaltung kann aufgehoben werden, wenn sich ergibt, dass eine den Kosten entsprechende Masse nicht vorhanden ist.

§ 1989. Erschöpfungseinrede des Erben

Ist das Nachlassinsolvenzverfahren durch Verteilung der Masse oder durch einen Insolvenzplan beendet, so findet auf die Haftung des Erben die Vorschrift des § 1973 entsprechende Anwendung.

§ 1990. Dürftigkeitseinrede des Erben

(1) [1]Ist die Anordnung der Nachlassverwaltung oder die Eröffnung des Nachlassinsolvenzverfahrens wegen Mangels einer den Kosten entsprechenden Masse nicht tunlich oder wird aus diesem Grunde die Nachlassverwaltung aufgehoben oder das Insolvenzverfahren eingestellt, so kann der Erbe die Befriedigung eines Nachlassgläubigers insoweit verweigern, als der Nachlass nicht ausreicht. [2]Der Erbe ist in diesem Falle verpflichtet, den Nachlass zum Zwecke der Befriedigung des Gläubigers im Wege der Zwangsvollstreckung herauszugeben.

(2) Das Recht des Erben wird nicht dadurch ausgeschlossen, dass der Gläubiger nach dem Eintritt des Erbfalls im Wege der Zwangsvollstreckung oder der Arrestvollziehung ein Pfandrecht oder eine Hypothek oder im Wege der einstweiligen Verfügung eine Vormerkung erlangt hat.

§ 1991. Folgen der Dürftigkeitseinrede

(1) **Macht der Erbe von dem ihm nach § 1990 zustehenden Recht Gebrauch, so finden auf seine Verantwortlichkeit und den Ersatz seiner Aufwendungen die Vorschriften der §§ 1978, 1979 Anwendung.**

(2) **Die infolge des Erbfalls durch Vereinigung von Recht und Verbindlichkeit oder von Recht und Belastung erloschenen Rechtsverhältnisse gelten im Verhältnis zwischen dem Gläubiger und dem Erben als nicht erloschen.**

(3) **Die rechtskräftige Verurteilung des Erben zur Befriedigung eines Gläubigers wirkt einem anderen Gläubiger gegenüber wie die Befriedigung.**

(4) **Die Verbindlichkeiten aus Pflichtteilsrechten, Vermächtnissen und Auflagen hat der Erbe so zu berichtigen, wie sie im Falle des Insolvenzverfahrens zur Berichtigung kommen würden.**

§ 1992. Überschuldung durch Vermächtnisse und Auflagen

[1] Beruht die Überschuldung des Nachlasses auf Vermächtnissen und Auflagen, so ist der Erbe, auch wenn die Voraussetzungen des § 1990 nicht vorliegen, berechtigt, die Berichtigung dieser Verbindlichkeiten nach den Vorschriften der §§ 1990, 1991 zu bewirken. [2] Er kann die Herausgabe der noch vorhandenen Nachlassgegenstände durch Zahlung des Wertes abwenden.

Untertitel 4. Inventarerrichtung, unbeschränkte Haftung des Erben

§ 1993. Inventarerrichtung

Der Erbe ist berechtigt, ein Verzeichnis des Nachlasses (Inventar) bei dem Nachlassgericht einzureichen (Inventarerrichtung).

Die **Inventarerrichtung** führt nicht zur Haftungsbeschränkung. Vielmehr geht umgekehrt unter bestimmten Voraussetzungen die Möglichkeit der Haftungsbeschränkung verloren (§§ 1994 I 2, 2005 I, 2006 III). Wenn das Gesetz in diesen Bestimmungen anordnet, dass der Erbe „unbeschränkt" haftet, so ist damit **endgültig** unbeschränkt (also nicht mehr beschränkbar) gemeint. Zugunsten des Erben bringt die Inventarerrichtung nur die Vermutung des § 2009. 1

§ 1994. Inventarfrist

(1) **[1] Das Nachlassgericht hat dem Erben auf Antrag eines Nachlassgläubigers zur Errichtung des Inventars eine Frist (Inventarfrist) zu bestimmen. [2] Nach dem Ablauf der Frist haftet der Erbe für die Nachlassverbindlichkeiten unbeschränkt, wenn nicht vorher das Inventar errichtet wird.**

(2) **[1] Der Antragsteller hat seine Forderung glaubhaft zu machen. [2] Auf die Wirksamkeit der Fristbestimmung ist es ohne Einfluss, wenn die Forderung nicht besteht.**

§ 1995. Dauer der Frist

(1) **[1] Die Inventarfrist soll mindestens einen Monat, höchstens drei Monate betragen. [2] Sie beginnt mit der Zustellung des Beschlusses, durch den die Frist bestimmt wird.**

(2) **Wird die Frist vor der Annahme der Erbschaft bestimmt, so beginnt sie erst mit der Annahme der Erbschaft.**

(3) **Auf Antrag des Erben kann das Nachlassgericht die Frist nach seinem Ermessen verlängern.**

§ 1996. Bestimmung einer neuen Frist

(1) War der Erbe ohne sein Verschulden verhindert, das Inventar rechtzeitig zu errichten, die nach den Umständen gerechtfertigte Verlängerung der Inventarfrist zu beantragen oder die in Absatz 2 bestimmte Frist von zwei Wochen einzuhalten, so hat ihm auf seinen Antrag das Nachlassgericht eine neue Inventarfrist zu bestimmen.

(2) Der Antrag muss binnen zwei Wochen nach der Beseitigung des Hindernisses und spätestens vor dem Ablauf eines Jahres nach dem Ende der zuerst bestimmten Frist gestellt werden.

(3) Vor der Entscheidung soll der Nachlassgläubiger, auf dessen Antrag die erste Frist bestimmt worden ist, wenn tunlich gehört werden.

§ 1997. Hemmung des Fristablaufs

Auf den Lauf der Inventarfrist und der im § 1996 Abs. 2 bestimmten Frist von zwei Wochen finden die für die Verjährung geltenden Vorschriften des § 210 entsprechende Anwendung.

§ 1998. Tod des Erben vor Fristablauf

Stirbt der Erbe vor dem Ablauf der Inventarfrist oder der in § 1996 Abs. 2 bestimmten Frist von zwei Wochen, so endigt die Frist nicht vor dem Ablauf der für die Erbschaft des Erben vorgeschriebenen Ausschlagungsfrist.

§ 1999. Mitteilung an das Gericht

[1] Steht der Erbe unter elterlicher Sorge oder unter Vormundschaft, so soll das Nachlassgericht dem Familiengericht von der Bestimmung der Inventarfrist Mitteilung machen. [2] Fällt die Nachlassangelegenheit in den Aufgabenkreis eines Betreuers des Erben, tritt an die Stelle des Familiengerichts das Betreuungsgericht.

§ 2000. Unwirksamkeit der Fristbestimmung

[1] Die Bestimmung einer Inventarfrist wird unwirksam, wenn eine Nachlassverwaltung angeordnet oder das Nachlassinsolvenzverfahren eröffnet wird. [2] Während der Dauer der Nachlassverwaltung oder des Nachlassinsolvenzverfahrens kann eine Inventarfrist nicht bestimmt werden. [3] Ist das Nachlassinsolvenzverfahren durch Verteilung der Masse oder durch einen Insolvenzplan beendet, so bedarf es zur Abwendung der unbeschränkten Haftung der Inventarerrichtung nicht.

§ 2001. Inhalt des Inventars

(1) In dem Inventar sollen die bei dem Eintritt des Erbfalls vorhandenen Nachlassgegenstände und die Nachlassverbindlichkeiten vollständig angegeben werden.

(2) Das Inventar soll außerdem eine Beschreibung der Nachlassgegenstände, soweit eine solche zur Bestimmung des Wertes erforderlich ist, und die Angabe des Wertes enthalten.

§ 2002. Aufnahme des Inventars durch den Erben

Der Erbe muss zu der Aufnahme des Inventars eine zuständige Behörde oder einen zuständigen Beamten oder Notar zuziehen.

§ 2003. Amtliche Aufnahme des Inventars

(1) [1]Auf Antrag des Erben hat das Nachlassgericht entweder das Inventar selbst aufzunehmen oder die Aufnahme einer zuständigen Behörde oder einem zuständigen Beamten oder Notar zu übertragen. [2]Durch die Stellung des Antrags wird die Inventarfrist gewahrt.

(2) Der Erbe ist verpflichtet, die zur Aufnahme des Inventars erforderliche Auskunft zu erteilen.

(3) Das Inventar ist von der Behörde, dem Beamten oder dem Notar bei dem Nachlassgericht einzureichen.

§ 2004. Bezugnahme auf ein vorhandenes Inventar

Befindet sich bei dem Nachlassgericht schon ein den Vorschriften der §§ 2002, 2003 entsprechendes Inventar, so genügt es, wenn der Erbe vor dem Ablauf der Inventarfrist dem Nachlassgericht gegenüber erklärt, dass das Inventar als von ihm eingereicht gelten soll.

§ 2005. Unbeschränkte Haftung des Erben bei Unrichtigkeit des Inventars

(1) [1]Führt der Erbe absichtlich eine erhebliche Unvollständigkeit der im Inventar enthaltenen Angabe der Nachlassgegenstände herbei oder bewirkt er in der Absicht, die Nachlassgläubiger zu benachteiligen, die Aufnahme einer nicht bestehenden Nachlassverbindlichkeit, so haftet er für die Nachlassverbindlichkeiten unbeschränkt. [2]Das Gleiche gilt, wenn er im Falle des § 2003 die Erteilung der Auskunft verweigert oder absichtlich in erheblichem Maße verzögert.

(2) Ist die Angabe der Nachlassgegenstände unvollständig, ohne dass ein Fall des Absatzes 1 vorliegt, so kann dem Erben zur Ergänzung eine neue Inventarfrist bestimmt werden.

§ 2006. Eidesstattliche Versicherung

(1) Der Erbe hat auf Verlangen eines Nachlassgläubigers zu Protokoll des Nachlassgerichts an Eides statt zu versichern, dass er nach bestem Wissen die Nachlassgegenstände so vollständig angegeben habe, als er dazu imstande sei.

(2) Der Erbe kann vor der Abgabe der eidesstattlichen Versicherung das Inventar vervollständigen.

(3) [1]Verweigert der Erbe die Abgabe der eidesstattlichen Versicherung, so haftet er dem Gläubiger, der den Antrag gestellt hat, unbeschränkt. [2]Das Gleiche gilt, wenn er weder in dem Termin noch in einem auf Antrag des Gläubigers bestimmten neuen Termin erscheint, es sei denn, dass ein Grund vorliegt, durch den das Nichterscheinen in diesem Termin genügend entschuldigt wird.

(4) Eine wiederholte Abgabe der eidesstattlichen Versicherung kann derselbe Gläubiger oder ein anderer Gläubiger nur verlangen, wenn Grund zu der Annahme besteht, dass dem Erben nach der Abgabe der eidesstattlichen Versicherung weitere Nachlassgegenstände bekannt geworden sind.

§ 2007. Haftung bei mehreren Erbteilen

[1]Ist ein Erbe zu mehreren Erbteilen berufen, so bestimmt sich seine Haftung für die Nachlassverbindlichkeiten in Ansehung eines jeden der Erbteile so, wie wenn die Erbteile verschiedenen Erben gehörten. [2]In den Fällen der Anwachsung und des § 1935 gilt dies nur dann, wenn die Erbteile verschieden beschwert sind.

§ 2008. Inventar für eine zum Gesamtgut gehörende Erbschaft

(1) [1]Ist ein in Gütergemeinschaft lebender Ehegatte Erbe und gehört die Erbschaft zum Gesamtgut, so ist die Bestimmung der Inventarfrist nur wirksam, wenn sie auch dem anderen Ehegatten gegenüber erfolgt, sofern dieser das Gesamtgut allein oder mit seinem Ehegatten gemeinschaftlich verwaltet. [2]Solange die Frist diesem gegenüber nicht verstrichen ist, endet sie auch nicht dem Ehegatten gegenüber, der Erbe ist. [3]Die Errichtung des Inventars durch den anderen Ehegatten kommt dem Ehegatten, der Erbe ist, zustatten.

(2) Die Vorschriften des Absatzes 1 gelten auch nach der Beendigung der Gütergemeinschaft.

§ 2009. Wirkung der Inventarerrichtung

Ist das Inventar rechtzeitig errichtet worden, so wird im Verhältnis zwischen dem Erben und den Nachlassgläubigern vermutet, dass zur Zeit des Erbfalls weitere Nachlassgegenstände als die angegebenen nicht vorhanden gewesen seien.

§ 2010. Einsicht des Inventars

Das Nachlassgericht hat die Einsicht des Inventars jedem zu gestatten, der ein rechtliches Interesse glaubhaft macht.

§ 2011. Keine Inventarfrist für den Fiskus als Erben

[1]Dem Fiskus als gesetzlichem Erben kann eine Inventarfrist nicht bestimmt werden. [2]Der Fiskus ist den Nachlassgläubigern gegenüber verpflichtet, über den Bestand des Nachlasses Auskunft zu erteilen.

§ 2012. Keine Inventarfrist für den Nachlasspfleger und Nachlassverwalter

(1) [1]Einem nach den §§ 1960, 1961 bestellten Nachlasspfleger kann eine Inventarfrist nicht bestimmt werden. [2]Der Nachlasspfleger ist den Nachlassgläubigern gegenüber verpflichtet, über den Bestand des Nachlasses Auskunft zu erteilen. [3]Der Nachlasspfleger kann nicht auf die Beschränkung der Haftung des Erben verzichten.

(2) Diese Vorschriften gelten auch für den Nachlassverwalter.

§ 2013. Folgen der unbeschränkten Haftung des Erben

(1) [1]Haftet der Erbe für die Nachlassverbindlichkeiten unbeschränkt, so finden die Vorschriften der §§ 1973 bis 1975, 1977 bis 1980, 1989 bis 1992 keine Anwendung; der Erbe ist nicht berechtigt, die Anordnung einer Nachlassverwaltung zu beantragen. [2]Auf eine nach § 1973 oder nach § 1974 eingetretene Beschränkung der Haftung kann sich der Erbe jedoch berufen, wenn später der Fall des § 1994 Abs. 1 Satz 2 oder des § 2005 Abs. 1 eintritt.

(2) Die Vorschriften der §§ 1977 bis 1980 und das Recht des Erben, die Anordnung einer Nachlassverwaltung zu beantragen, werden nicht dadurch ausgeschlossen, dass der Erbe einzelnen Nachlassgläubigern gegenüber unbeschränkt haftet.

Untertitel 5. Aufschiebende Einreden

§ 2014. Dreimonatseinrede

Der Erbe ist berechtigt, die Berichtigung einer Nachlassverbindlichkeit bis zum Ablauf der ersten drei Monate nach der Annahme der Erbschaft, jedoch nicht über die Errichtung des Inventars hinaus, zu verweigern.

1. Zu den verschiedenen Arten von **Nachlassverbindlichkeiten** s § 1967 Rz 2ff. 1

2. Zur **prozessualen Seite** s §§ 305, 780, 782 ZPO. 2

§ 2015. Einrede des Aufgebotsverfahrens

(1) **Hat der Erbe den Antrag auf Einleitung des Aufgebotsverfahrens der Nachlassgläubiger innerhalb eines Jahres nach der Annahme der Erbschaft gestellt und ist der Antrag zugelassen, so ist der Erbe berechtigt, die Berichtigung einer Nachlassverbindlichkeit bis zur Beendigung des Aufgebotsverfahrens zu verweigern.**

(2) *(aufgehoben)*

(3) **Wird der Ausschließungsbeschluss erlassen oder der Antrag auf Erlass des Ausschließungsbeschlusses zurückgewiesen, so ist das Aufgebotsverfahren erst dann als beendet anzusehen, wenn der Beschluss rechtskräftig ist.**

§ 2016. Ausschluss der Einreden bei unbeschränkter Erbenhaftung

(1) **Die Vorschriften der §§ 2014, 2015 finden keine Anwendung, wenn der Erbe unbeschränkt haftet.**

(2) **Das Gleiche gilt, soweit ein Gläubiger nach § 1971 von dem Aufgebot der Nachlassgläubiger nicht betroffen wird, mit der Maßgabe, dass ein erst nach dem Eintritt des Erbfalls im Wege der Zwangsvollstreckung oder der Arrestvollziehung erlangtes Recht sowie eine erst nach diesem Zeitpunkt im Wege der einstweiligen Verfügung erlangte Vormerkung außer Betracht bleibt.**

§ 2017. Fristbeginn bei Nachlasspflegschaft

Wird vor der Annahme der Erbschaft zur Verwaltung des Nachlasses ein Nachlasspfleger bestellt, so beginnen die in § 2014 und in § 2015 Abs. 1 bestimmten Fristen mit der Bestellung.

Titel 3. Erbschaftsanspruch

§ 2018. Herausgabepflicht des Erbschaftsbesitzers

Der Erbe kann von jedem, der auf Grund eines ihm in Wirklichkeit nicht zustehenden Erbrechts etwas aus der Erbschaft erlangt hat (Erbschaftsbesitzer), die Herausgabe des Erlangten verlangen.

1. Der **Sinn** des Erbschaftsanspruchs, der auf Herausgabe der Erbschaft **im Ganzen** gerichtet ist, liegt darin, es dem Erben zu erleichtern, in die ihm zustehende Rechtsposition zu gelangen (vgl im Einzelnen *Olzen* JuS 1989, 374ff). Hierzu trägt namentlich der einheitliche Gerichtsstand des § 27 ZPO bei. Der Anspruch ist je nach seinem Inhalt dinglicher Natur (so in §§ 2018, 2019, 2020) oder schuldrechtlichen Charakters (so zB in § 2021 der Wertersatz- oder in §§ 2023ff der Schadensersatzanspruch). Die **Einzelansprüche,** wie §§ 985, 861, 1007, 823, 812, bestehen neben dem Erbschaftsanspruch weiter, jedoch haftet der Erbschaftsbesitzer dann gem § 2029 in gleicher Weise; es gelten also auch gegenüber den Einzelansprüchen die §§ 2019ff. 1

2. Anspruchsgegner ist der Erbschaftsbesitzer, also derjenige, der sich ein Erbrecht (gut- oder bösgläubig) anmaßt und der auf Grund dieser Anmaßung (und nicht aus einem anderen Grunde) „etwas“ aus der Erbschaft erlangt hat. Zu denken ist etwa an einen Erbschaftsbesitzer nach erfolgreicher Testamentsanfechtung (§§ 2078ff) oder nach Erbunwürdigkeitserklärung (§§ 2339ff). Hingegen fällt der ausschlagende Erbe nicht unter § 2018; s zu seiner Rechtsstellung § 1959. Das erlangte „etwas“ kann – 2 wie in § 812 I 1 (vgl dort Rz 4ff) – jeder Vermögensvorteil sein; meist ist es der unmittelbare oder mittelbare Besitz.

§ 2019. Unmittelbare Ersetzung

(1) **Als aus der Erbschaft erlangt gilt auch, was der Erbschaftsbesitzer durch Rechtsgeschäft mit Mitteln der Erbschaft erwirbt.**

(2) **Die Zugehörigkeit einer in solcher Weise erworbenen Forderung zur Erbschaft hat der Schuldner erst dann gegen sich gelten zu lassen, wenn er von der Zugehörigkeit Kenntnis erlangt; die Vorschriften der §§ 406 bis 408 finden entsprechende Anwendung.**

1 Die in Abs 1 angeordnete **dingliche Surrogation** bewirkt, dass das Erworbene unmittelbar (ohne Zwischenerwerb des vermeintlichen Erben) Nachlassbestandteil wird. Die Verfügung des Erbschaftsbesitzers muss wirksam sein oder durch Genehmigung des Erben wirksam werden (*Brox/Walker* Rz 605); dabei wird von der hM im Herausgabeverlangen des Ersatzgutes eine Genehmigung erblickt, bedingt durch die tatsächliche Herausgabe (vgl etwa *Erman-Schlüter* Rz 1 mwN).

§ 2020. Nutzungen und Früchte

Der Erbschaftsbesitzer hat dem Erben die gezogenen Nutzungen herauszugeben; die Verpflichtung zur Herausgabe erstreckt sich auch auf Früchte, an denen er das Eigentum erworben hat.

§ 2021. Herausgabepflicht nach Bereicherungsgrundsätzen

Soweit der Erbschaftsbesitzer zur Herausgabe außerstande ist, bestimmt sich seine Verpflichtung nach den Vorschriften über die Herausgabe einer ungerechtfertigten Bereicherung.

1 Rechtsfolgenverweisung auf §§ 818, 822. Der Anspruch geht auf Wertersatz (§ 818 II), soweit der Erbschaftsbesitzer noch bereichert ist (§ 818 III). Für einen verklagten oder bösgläubigen Erbschaftsbesitzer tritt die verschärfte Haftung nach §§ 2023ff ein; statt § 818 gelten dann die §§ 987ff.

§ 2022. Ersatz von Verwendungen und Aufwendungen

(1) [1]**Der Erbschaftsbesitzer ist zur Herausgabe der zur Erbschaft gehörenden Sachen nur gegen Ersatz aller Verwendungen verpflichtet, soweit nicht die Verwendungen durch Anrechnung auf die nach § 2021 herauszugebende Bereicherung gedeckt werden.** [2]**Die für den Eigentumsanspruch geltenden Vorschriften der §§ 1000 bis 1003 finden Anwendung.**

(2) **Zu den Verwendungen gehören auch die Aufwendungen, die der Erbschaftsbesitzer zur Bestreitung von Lasten der Erbschaft oder zur Berichtigung von Nachlassverbindlichkeiten macht.**

(3) **Soweit der Erbe für Aufwendungen, die nicht auf einzelne Sachen gemacht worden sind, insbesondere für die im Absatz 2 bezeichneten Aufwendungen, nach den allgemeinen Vorschriften in weiterem Umfang Ersatz zu leisten hat, bleibt der Anspruch des Erbschaftsbesitzers unberührt.**

§ 2023. Haftung bei Rechtshängigkeit, Nutzungen und Verwendungen

(1) **Hat der Erbschaftsbesitzer zur Erbschaft gehörende Sachen herauszugeben, so bestimmt sich von dem Eintritt der Rechtshängigkeit an der Anspruch des Erben auf Schadensersatz wegen Verschlechterung, Untergangs oder einer aus einem anderen Grund eintretenden Unmöglichkeit der Herausgabe nach**

den Vorschriften, die für das Verhältnis zwischen dem Eigentümer und dem Besitzer von dem Eintritt der Rechtshängigkeit des Eigentumsanspruchs an gelten.

(2) **Das Gleiche gilt von dem Anspruch des Erben auf Herausgabe oder Vergütung von Nutzungen und von dem Anspruch des Erbschaftsbesitzers auf Ersatz von Verwendungen.**

§ 2024. Haftung bei Kenntnis

[1] **Ist der Erbschaftsbesitzer bei dem Beginn des Erbschaftsbesitzes nicht in gutem Glauben, so haftet er so, wie wenn der Anspruch des Erben zu dieser Zeit rechtshängig geworden wäre.** [2] **Erfährt der Erbschaftsbesitzer später, dass er nicht Erbe ist, so haftet er in gleicher Weise von der Erlangung der Kenntnis an.** [3] **Eine weitergehende Haftung wegen Verzugs bleibt unberührt.**

§ 2025. Haftung bei unerlaubter Handlung

[1] **Hat der Erbschaftsbesitzer einen Erbschaftsgegenstand durch eine Straftat oder eine zur Erbschaft gehörende Sache durch verbotene Eigenmacht erlangt, so haftet er nach den Vorschriften über den Schadensersatz wegen unerlaubter Handlungen.** [2] **Ein gutgläubiger Erbschaftsbesitzer haftet jedoch wegen verbotener Eigenmacht nach diesen Vorschriften nur, wenn der Erbe den Besitz der Sache bereits tatsächlich ergriffen hatte.**

§ 2026. Keine Berufung auf Ersitzung

Der Erbschaftsbesitzer kann sich dem Erben gegenüber, solange nicht der Erbschaftsanspruch verjährt ist, nicht auf die Ersitzung einer Sache berufen, die er als zur Erbschaft gehörend im Besitz hat.

§ 2027. Auskunftspflicht des Erbschaftsbesitzers

(1) **Der Erbschaftsbesitzer ist verpflichtet, dem Erben über den Bestand der Erbschaft und über den Verbleib der Erbschaftsgegenstände Auskunft zu erteilen.**

(2) **Die gleiche Verpflichtung hat, wer, ohne Erbschaftsbesitzer zu sein, eine Sache aus dem Nachlass in Besitz nimmt, bevor der Erbe den Besitz tatsächlich ergriffen hat.**

§ 2028. Auskunftspflicht des Hausgenossen

(1) **Wer sich zur Zeit des Erbfalls mit dem Erblasser in häuslicher Gemeinschaft befunden hat, ist verpflichtet, dem Erben auf Verlangen Auskunft darüber zu erteilen, welche erbschaftlichen Geschäfte er geführt hat und was ihm über den Verbleib der Erbschaftsgegenstände bekannt ist.**

(2) **Besteht Grund zu der Annahme, dass die Auskunft nicht mit der erforderlichen Sorgfalt erteilt worden ist, so hat der Verpflichtete auf Verlangen des Erben zu Protokoll an Eides statt zu versichern, dass er seine Angaben nach bestem Wissen so vollständig gemacht habe, als er dazu imstande sei.**

(3) **Die Vorschriften des § 259 Abs. 3 und des § 261 finden Anwendung.**

§ 2029. Haftung bei Einzelansprüchen des Erben

Die Haftung des Erbschaftsbesitzers bestimmt sich auch gegenüber den Ansprüchen, die dem Erben in Ansehung der einzelnen Erbschaftsgegenstände zustehen, nach den Vorschriften über den Erbschaftsanspruch.

§ 2030. Rechtsstellung des Erbschaftserwerbers

Wer die Erbschaft durch Vertrag von einem Erbschaftsbesitzer erwirbt, steht im Verhältnis zu dem Erben einem Erbschaftsbesitzer gleich.

§ 2031. Herausgabeanspruch des für tot Erklärten

(1) [1]**Überlebt eine Person, die für tot erklärt oder deren Todeszeit nach den Vorschriften des Verschollenheitsgesetzes festgestellt ist, den Zeitpunkt, der als Zeitpunkt ihres Todes gilt, so kann sie die Herausgabe ihres Vermögens nach den für den Erbschaftsanspruch geltenden Vorschriften verlangen.** [2]**Solange sie noch lebt, wird die Verjährung ihres Anspruchs nicht vor dem Ablauf eines Jahres nach dem Zeitpunkt vollendet, in welchem sie von der Todeserklärung oder der Feststellung der Todeszeit Kenntnis erlangt.**

(2) **Das Gleiche gilt, wenn der Tod einer Person ohne Todeserklärung oder Feststellung der Todeszeit mit Unrecht angenommen worden ist.**

Titel 4. Mehrheit von Erben

Untertitel 1. Rechtsverhältnis der Erben untereinander

§ 2032. Erbengemeinschaft

(1) **Hinterlässt der Erblasser mehrere Erben, so wird der Nachlass gemeinschaftliches Vermögen der Erben.**

(2) **Bis zur Auseinandersetzung gelten die Vorschriften der §§ 2033 bis 2041.**

1 Die Erbengemeinschaft ist – wie die Gesellschaft (§ 718) und die Gütergemeinschaft (§ 1416) – **Gesamthandsgemeinschaft.** Sie ist aber, anders als die GbR (s Vor § 705 Rz 5), nicht rechtsfähig, da sie nicht durch Rechtsgeschäft begründet und nur auf Auseinandersetzung gerichtet ist (BGH NJW 2002, 3389). Der Nachlass wird gemeinsam verwaltet (§ 2038), es kann nur an alle Erben gemeinsam geleistet werden (§ 2039), und über Nachlassgegenstände kann nur gemeinschaftlich (§ 2040 I), nicht einzeln (vgl § 2033 II) verfügt werden. Anders als bei den anderen genannten Gesamthandsgemeinschaften kann jeder Gesamthänder (gem § 2033 I 1) über seinen Anteil am gemeinsamen Vermögen verfügen (s § 719 Rz 2). Die Nachlassgegenstände gehen ungeteilt auf die Erbengemeinschaft über; an ihnen entstehen keine Miteigentumsanteile wie bei der Bruchteilsgemeinschaft (§§ 741 ff). Auch der Erblasser kann einzelne Gegenstände nicht mit dinglicher, sondern nur mit schuldrechtlicher Wirkung einem Miterben zuweisen – in Form einer Teilungsanordnung (§ 2048) bzw eines Vorausvermächtnisses (§ 2150).

§ 2033. Verfügungsrecht des Miterben

(1) [1]**Jeder Miterbe kann über seinen Anteil an dem Nachlass verfügen.** [2]**Der Vertrag, durch den ein Miterbe über seinen Anteil verfügt, bedarf der notariellen Beurkundung.**

(2) **Über seinen Anteil an den einzelnen Nachlassgegenständen kann ein Miterbe nicht verfügen.**

1 **1. Gegenstand der Verfügung** ist nach Abs 1 S 1 der **Anteil am Nachlass** (oder auch ein Bruchteil dieses Anteils, so dass Veräußerer und Erwerber hinsichtlich des Gesamthandanteils eine Bruchteilsgemeinschaft innerhalb der Gesamthandsgemeinschaft bilden; vgl BGH NJW 1963, 1610), nicht dagegen ein **Anteil an einzelnen Nachlassgegenständen** (Abs 2). Über den Wortlaut des Abs 2 hinausgehend ist nach

wohl überwiegender Meinung sogar anzunehmen, dass ein solcher Anteil an einzelnen Gegenständen, über den verfügt werden könnte, gar nicht besteht, sondern nur eine gesamthänderische Beteiligung am ganzen Nachlass (RGZ 61, 76, 78; *Leipold* Rz 723; *MüKo-Gergen* Rz 38); deshalb ist auch eine Genehmigung der übrigen Miterben nach § 185 II ausgeschlossen (RGZ 88, 21, 27). Selbst wenn nur (noch) ein Nachlassgegenstand vorhanden ist, zB ein Grundstück, bezieht sich die Verfügung auf den Nachlassanteil und nicht etwa auf einen Anteil an diesem Gegenstand, so dass zB die Form- und Genehmigungserfordernisse für Grundstücksgeschäfte nicht zu beachten sind.

2. Die **Verfügung** liegt in der dinglichen Übertragung (oder bspw auch in der Ver- 2
pfändung oder der Bestellung eines Nießbrauchs). Sie ist – hier wie sonst – von dem zugrunde liegenden schuldrechtlichen **Verpflichtungsgeschäft** zu trennen. Eine Verpflichtung zur Übertragung eines einzelnen Nachlassgegenstandes oder eines Bruchteils daran ist trotz Abs 2 wirksam, da die Erfüllung nach der Auseinandersetzung der Miterben möglich sein kann (str; wie hier im Ergebnis BGH WM 1967, 978, 979).

3. Die **Form** der notariellen Beurkundung gilt nach Abs 1 S 2 für das dingliche 3
Geschäft; bei einer Verpflichtung zur Anteilsveräußerung bedarf gem §§ 2371, 2385 auch das schuldrechtliche Geschäft dieser Form. Ein Formmangel des Verpflichtungsgeschäfts ist nach st Rspr nicht entsprechend § 311b I 2 heilbar, da die heilende Wirkung des Erfüllungsgeschäfts kein allgemeiner Grundsatz des BGB ist (BGH NJW 1967, 1128, 1131; aA zB *Schlüter* JuS 1969, 10).

§ 2034. Vorkaufsrecht gegenüber dem Verkäufer

(1) **Verkauft ein Miterbe seinen Anteil an einen Dritten, so sind die übrigen Miterben zum Vorkauf berechtigt.**

(2) [1] **Die Frist für die Ausübung des Vorkaufsrechts beträgt zwei Monate.** [2] **Das Vorkaufsrecht ist vererblich.**

§ 2035. Vorkaufsrecht gegenüber dem Käufer

(1) [1] **Ist der verkaufte Anteil auf den Käufer übertragen, so können die Miterben das ihnen nach § 2034 dem Verkäufer gegenüber zustehende Vorkaufsrecht dem Käufer gegenüber ausüben.** [2] **Dem Verkäufer gegenüber erlischt das Vorkaufsrecht mit der Übertragung des Anteils.**

(2) **Der Verkäufer hat die Miterben von der Übertragung unverzüglich zu benachrichtigen.**

§ 2036. Haftung des Erbteilkäufers

[1] **Mit der Übertragung des Anteils auf die Miterben wird der Käufer von der Haftung für die Nachlassverbindlichkeiten frei.** [2] **Seine Haftung bleibt jedoch bestehen, soweit er den Nachlassgläubigern nach den §§ 1978 bis 1980 verantwortlich ist; die Vorschriften der §§ 1990, 1991 finden entsprechende Anwendung.**

§ 2037. Weiterveräußerung des Erbteils

Überträgt der Käufer den Anteil auf einen anderen, so finden die Vorschriften der §§ 2033, 2035, 2036 entsprechende Anwendung.

§ 2038. Gemeinschaftliche Verwaltung des Nachlasses

(1) [1] **Die Verwaltung des Nachlasses steht den Erben gemeinschaftlich zu.** [2] **Jeder Miterbe ist den anderen gegenüber verpflichtet, zu Maßregeln mitzuwirken, die zur ordnungsmäßigen Verwaltung erforderlich sind; die zur Erhaltung notwendigen Maßregeln kann jeder Miterbe ohne Mitwirkung der anderen treffen.**

(2) [1]**Die Vorschriften der §§ 743, 745, 746, 748 finden Anwendung.** [2]**Die Teilung der Früchte erfolgt erst bei der Auseinandersetzung.** [3]**Ist die Auseinandersetzung auf längere Zeit als ein Jahr ausgeschlossen, so kann jeder Miterbe am Schluss jedes Jahres die Teilung des Reinertrags verlangen.**

1 **1.** Für das **Innenverhältnis der Miterben** untereinander und für die **Vertretungsmacht für Verpflichtungsgeschäfte** sind drei Bereiche zu unterscheiden: **(1)** Grds erfordern die Verwaltung und das Eingehen von Verpflichtungen gemäß Abs 1 S 1 **gemeinschaftliches** Handeln der Erben. **(2)** Für Maßnahmen der ordnungsgemäßen Verwaltung genügt gem §§ 2038 II 1, 745 I eine **Mehrheitsentscheidung.** Diese Mehrheitsentscheidung verleiht im Interesse der verkehrsnotwendigen Handlungsfähigkeit und in Hinblick auf § 2038 I 2 HS 1 zugleich die Vertretungsmacht für das beschlossene Verpflichtungsgeschäft (BGHZ 56, 47; *Brox/Walker* Rz 505; anders *Schlüter* Rz 678: alle müssen gemeinschaftlich handeln oder die Erklärenden bevollmächtigen). Verweigert ein Miterbe seine Pflicht zur Mitwirkung, so kann er, wenn dadurch ein vorteilhaftes Geschäft nicht zustande kam, gem §§ 280 I, 2038 I 2 zum Schadensersatz verpflichtet sein. Eine wesentliche Veränderung „des Gegenstands" darf gem § 745 III 1 aber nicht beschlossen oder verlangt werden. Ob eine Veränderung wesentlich ist, richtet sich nach dem gesamten Nachlass und nicht den einzelnen davon betroffenen Nachlassgegenständen (BGHZ 164, 181, 186f). In der bloßen Umstrukturierung des Nachlasses durch die mit dem Verkauf eines Nachlassgrundstücks verbundene Verschiebung des Verhältnisses von Grund- zu Barvermögen liegt allein noch keine wesentliche Veränderung des Gesamtnachlasses; denn da der Erlös im Wege der dinglichen Surrogation an die Stelle der Immobilie tritt (§ 2041 S 1), verändert der Verkauf nur die Zusammensetzung des Nachlasses, ohne dessen Substanzwert zu mindern, während der Zweck der §§ 2038ff, 743ff darin liegt, Wertverluste des Nachlasses bis zu dessen Teilung zu vermeiden (BGH aaO 187f). **(3) Jeder einzelne Miterbe** ist nach Abs 1 S 2 HS 2 nicht nur im Innenverhältnis befugt, die zur Erhaltung notwendigen Maßnahmen zu treffen, sondern er hat nach hM im Interesse der Effektivität der Regelung auch die Vertretungsmacht für entsprechende Verpflichtungsgeschäfte; er kann also bspw die leicht verderbliche Ware verkaufen.

2 **2.** Für **Verfügungen** über einzelne Nachlassgegenstände s § 2040.

§ 2039. Nachlassforderungen

[1]**Gehört ein Anspruch zum Nachlass, so kann der Verpflichtete nur an alle Erben gemeinschaftlich leisten und jeder Miterbe nur die Leistung an alle Erben fordern.** [2]**Jeder Miterbe kann verlangen, dass der Verpflichtete die zu leistende Sache für alle Erben hinterlegt oder, wenn sie sich nicht zur Hinterlegung eignet, an einen gerichtlich zu bestellenden Verwahrer abliefert.**

§ 2040. Verfügung über Nachlassgegenstände, Aufrechnung

(1) **Die Erben können über einen Nachlassgegenstand nur gemeinschaftlich verfügen.**

(2) **Gegen eine zum Nachlass gehörende Forderung kann der Schuldner nicht eine ihm gegen einen einzelnen Miterben zustehende Forderung aufrechnen.**

1 **1.** Im Grundsatz bedarf gemäß Abs 1 eine **Verfügung** der Mitwirkung aller Miterben, wobei nach st Rspr die spätere Genehmigung (§ 185) genügt. Es gilt der allgemeine Verfügungsbegriff (s § 185 Rz 1). Deshalb ist auch die Ausübung von Gestaltungsrechten wie die Kündigung eines Dauerschuldverhältnisses eine Verfügung; die Kündigung eines Pachtvertrags ist zwar keine Verfügung über das verpachtete Grundstück, wohl aber eine Verfügung über die Rechte aus dem Pachtvertrag, also zB über die Pachtzinsforderung (BGH NJW 2007, 150, 151).

2. Für eine zur **Erhaltung notwendige Maßregel** (zB Veräußerung verderblicher Waren) ist jeder Miterbe gem § 2038 I 2 HS 2 allein berechtigt; das praktische Bedürfnis nach schnellem Handeln verlangt es, die Regelung des § 2038 I 2 auch für die Verfügung gelten zu lassen (s etwa *Lange/Kuchinke* § 43 IV 3; *MüKo-Gergen* Rz 3). 2

3. Ob das Erfordernis der gemeinsamen Verfügung des § 2040 I auch für Maßnahmen im Rahmen der **ordnungsmäßigen Verwaltung** gilt, für die gem §§ 2038 II 1, 745 I eine Mehrheitsentscheidung ausreicht, ist str. Dies wird in der Lit überwiegend bejaht (zB *Lange/Kuchinke* § 43 III 6c), teilweise aber auch verneint (zB *Leipold* Rz 736). Der BGH bevorzugt jedenfalls für den Fall der Kündigung eines Mietverhältnisses die letztgenannte Ansicht und lässt eine Mehrheitsentscheidung unter Hinweis auf den hinreichenden schadensersatzrechtlichen Schutz der überstimmten Erben ausreichen (BGHZ 183, 131). 3

§ 2041. Unmittelbare Ersetzung

[1] Was auf Grund eines zum Nachlass gehörenden Rechts oder als Ersatz für die Zerstörung, Beschädigung oder Entziehung eines Nachlassgegenstands oder durch ein Rechtsgeschäft erworben wird, das sich auf den Nachlass bezieht, gehört zum Nachlass. [2] Auf eine durch ein solches Rechtsgeschäft erworbene Forderung findet die Vorschrift des § 2019 Abs. 2 Anwendung.

Die Vorschrift bewirkt – wie § 2019 (s dort) – einen unmittelbaren dinglichen Erwerb kraft **Surrogation,** damit der wirtschaftliche Wert des Nachlasses erhalten bleibt. Die Surrogation durch ein Rechtsgeschäft, „das sich auf den Nachlass bezieht", ist in zwei Formen möglich: **(1)** Als **Mittelsurrogation** bei einem Erwerb mit Mitteln der Erbschaft ohne Rücksicht auf den Willen des Erwerbenden – in § 2041 (anders als in §§ 2019 I, 2111 I) nicht ausdrücklich erwähnt, aber allgemein anerkannt. **(2)** Als sog **Beziehungssurrogation** bei einem Erwerb mit fremden Mitteln, wenn der subjektive Wille vorhanden ist, für den Nachlass zu erwerben, und ein objektiver Zusammenhang zum Nachlass besteht (str; wie hier zB *Palandt-Weidlich* Rz 2). 1

§ 2042. Auseinandersetzung

(1) **Jeder Miterbe kann jederzeit die Auseinandersetzung verlangen, soweit sich nicht aus den §§ 2043 bis 2045 ein anderes ergibt.**

(2) **Die Vorschriften des § 749 Abs. 2, 3 und der §§ 750 bis 758 finden Anwendung.**

§ 2043. Aufschub der Auseinandersetzung

(1) **Soweit die Erbteile wegen der zu erwartenden Geburt eines Miterben noch unbestimmt sind, ist die Auseinandersetzung bis zur Hebung der Unbestimmtheit ausgeschlossen.**

(2) **Das Gleiche gilt, soweit die Erbteile deshalb noch unbestimmt sind, weil die Entscheidung über einen Antrag auf Annahme als Kind, über die Aufhebung des Annahmeverhältnisses oder über die Anerkennung einer vom Erblasser errichteten Stiftung als rechtsfähig noch aussteht.**

§ 2044. Ausschluss der Auseinandersetzung

(1) **[1] Der Erblasser kann durch letztwillige Verfügung die Auseinandersetzung in Ansehung des Nachlasses oder einzelner Nachlassgegenstände ausschließen oder von der Einhaltung einer Kündigungsfrist abhängig machen. [2] Die Vorschriften des § 749 Abs. 2, 3, der §§ 750, 751 und des § 1010 Abs. 1 finden entsprechende Anwendung.**

(2) [1]**Die Verfügung wird unwirksam, wenn 30 Jahre seit dem Eintritt des Erbfalls verstrichen sind.** [2]**Der Erblasser kann jedoch anordnen, dass die Verfügung bis zum Eintritt eines bestimmten Ereignisses in der Person eines Miterben oder, falls er eine Nacherbfolge oder ein Vermächtnis anordnet, bis zum Eintritt der Nacherbfolge oder bis zum Anfall des Vermächtnisses gelten soll.** [3]**Ist der Miterbe, in dessen Person das Ereignis eintreten soll, eine juristische Person, so bewendet es bei der dreißigjährigen Frist.**

§ 2045. Aufschub der Auseinandersetzung

[1]**Jeder Miterbe kann verlangen, dass die Auseinandersetzung bis zur Beendigung des nach § 1970 zulässigen Aufgebotsverfahrens oder bis zum Ablauf der im § 2061 bestimmten Anmeldungsfrist aufgeschoben wird.** [2]**Ist der Antrag auf Einleitung des Aufgebotsverfahrens noch nicht gestellt oder die öffentliche Aufforderung nach § 2061 noch nicht erlassen, so kann der Aufschub nur verlangt werden, wenn unverzüglich der Antrag gestellt oder die Aufforderung erlassen wird.**

§ 2046. Berichtigung der Nachlassverbindlichkeiten

(1) [1]**Aus dem Nachlass sind zunächst die Nachlassverbindlichkeiten zu berichtigen.** [2]**Ist eine Nachlassverbindlichkeit noch nicht fällig oder ist sie streitig, so ist das zur Berichtigung Erforderliche zurückzubehalten.**

(2) **Fällt eine Nachlassverbindlichkeit nur einigen Miterben zur Last, so können diese die Berichtigung nur aus dem verlangen, was ihnen bei der Auseinandersetzung zukommt.**

(3) **Zur Berichtigung ist der Nachlass, soweit erforderlich, in Geld umzusetzen.**

§ 2047. Verteilung des Überschusses

(1) **Der nach der Berichtigung der Nachlassverbindlichkeiten verbleibende Überschuss gebührt den Erben nach dem Verhältnis der Erbteile.**

(2) **Schriftstücke, die sich auf die persönlichen Verhältnisse des Erblassers, auf dessen Familie oder auf den ganzen Nachlass beziehen, bleiben gemeinschaftlich.**

§ 2048. Teilungsanordnungen des Erblassers

[1]**Der Erblasser kann durch letztwillige Verfügung Anordnungen für die Auseinandersetzung treffen.** [2]**Er kann insbesondere anordnen, dass die Auseinandersetzung nach dem billigen Ermessen eines Dritten erfolgen soll.** [3]**Die von dem Dritten auf Grund der Anordnung getroffene Bestimmung ist für die Erben nicht verbindlich, wenn sie offenbar unbillig ist; die Bestimmung erfolgt in diesem Falle durch Urteil.**

1 **1.** Eine Teilungsanordnung hat **schuldrechtliche** Wirkung und nicht dingliche (vgl § 1922 Rz 6). Jeder Miterbe hat Anspruch auf die Durchführung der Teilungsanordnung. Die Erben können aber einverständlich eine andere Teilung vereinbaren. Für einen Testamentsvollstrecker ist die Teilungsanordnung bindend, vgl §§ 2203, 2204 II.

2 **2.** Die **Abgrenzungsfrage,** ob die vom Erblasser vorgesehene Teilung eine Teilungsanordnung iSd § 2048 darstellt oder ob ihr eine andere Bedeutung zukommt, entscheidet grds der durch Auslegung zu ermittelnde Wille des Erblassers. Es kann zum einen weniger gewollt sein als eine Teilungsanordnung – zB eine unverbindliche Empfehlung oder eine Weisung, die einem Mehrheitsbeschluss den Vorrang lässt –,

zum andern mehr, nämlich eine Auflage (vgl §§ 1940, 2192), die auch gegen den übereinstimmenden Willen aller Erben durchgesetzt werden soll; s zu den Abgrenzungsfragen *Lange/Kuchinke* § 44 III 5e; *Brox/Walker* Rz 525; *MüKo-Ann* Rz 4.

3. Für die schwierige Abgrenzung zwischen einer Teilungsanordnung und einem **Vorausvermächtnis** (§ 2150), das unabhängig von der Erbschaft ausgeschlagen werden kann (§ 2180), gilt nach der Rspr folgendes (BGH NJW 1995, 721 mwN): Ein Vorausvermächtnis ist stets anzunehmen, wenn die Auslegung ergibt, dass der bezeichnete Gegenstand dem Erben zusätzlich zum Erbteil zugewendet werden soll, also der Erbe eine Wertverschiebung gegenüber der Erbquote nicht auszugleichen braucht (wie er es bei einer bloßen Teilungsanordnung muss). Ist dagegen die Anrechnung des Mehrwerts auf die Erbquote angeordnet, so deutet dies zwar idR auf eine Teilungsanordnung hin; jedoch ist auch in diesem Fall ein Vorausvermächtnis anzunehmen, wenn die Auslegung ergibt, dass der Gegenstand einer bestimmten als Erben eingesetzten Person unbedingt zukommen soll, also auch für den Fall, dass sie nicht Erbe wird (zB infolge Erbausschlagung). **3**

§ 2049. Übernahme eines Landguts

(1) **Hat der Erblasser angeordnet, dass einer der Miterben das Recht haben soll, ein zum Nachlass gehörendes Landgut zu übernehmen, so ist im Zweifel anzunehmen, dass das Landgut zu dem Ertragswert angesetzt werden soll.**

(2) **Der Ertragswert bestimmt sich nach dem Reinertrag, den das Landgut nach seiner bisherigen wirtschaftlichen Bestimmung bei ordnungsmäßiger Bewirtschaftung nachhaltig gewähren kann.**

§ 2050. Ausgleichungspflicht für Abkömmlinge als gesetzliche Erben

(1) **Abkömmlinge, die als gesetzliche Erben zur Erbfolge gelangen, sind verpflichtet, dasjenige, was sie von dem Erblasser bei dessen Lebzeiten als Ausstattung erhalten haben, bei der Auseinandersetzung untereinander zur Ausgleichung zu bringen, soweit nicht der Erblasser bei der Zuwendung ein anderes angeordnet hat.**

(2) **Zuschüsse, die zu dem Zwecke gegeben worden sind, als Einkünfte verwendet zu werden, sowie Aufwendungen für die Vorbildung zu einem Beruf sind insoweit zur Ausgleichung zu bringen, als sie das den Vermögensverhältnissen des Erblassers entsprechende Maß überstiegen haben.**

(3) **Andere Zuwendungen unter Lebenden sind zur Ausgleichung zu bringen, wenn der Erblasser bei der Zuwendung die Ausgleichung angeordnet hat.**

1. Den Begriff der **Ausstattung** definiert § 1624 I. **1**

2. Die Ausgleichsanordnung nach Abs 3 ist nur gleichzeitig mit der Zuwendung **2**
und nur hinsichtlich der Ausgleichung unter **Abkömmlingen** möglich. In anderen Fällen kann die Ausgleichung nur durch letztwillige Verfügung, nicht aber durch Rechtsgeschäft unter Lebenden angeordnet werden (BGH FamRZ 2010, 27).

§ 2051. Ausgleichungspflicht bei Wegfall eines Abkömmlings

(1) **Fällt ein Abkömmling, der als Erbe zur Ausgleichung verpflichtet sein würde, vor oder nach dem Erbfall weg, so ist wegen der ihm gemachten Zuwendungen der an seine Stelle tretende Abkömmling zur Ausgleichung verpflichtet.**

(2) **Hat der Erblasser für den wegfallenden Abkömmling einen Ersatzerben eingesetzt, so ist im Zweifel anzunehmen, dass dieser nicht mehr erhalten soll, als der Abkömmling unter Berücksichtigung der Ausgleichungspflicht erhalten würde.**

§ 2052. Ausgleichungspflicht für Abkömmlinge als gewillkürte Erben

Hat der Erblasser die Abkömmlinge auf dasjenige als Erben eingesetzt, was sie als gesetzliche Erben erhalten würden, oder hat er ihre Erbteile so bestimmt, dass sie zueinander in demselben Verhältnis stehen wie die gesetzlichen Erbteile, so ist im Zweifel anzunehmen, dass die Abkömmlinge nach den §§ 2050, 2051 zur Ausgleichung verpflichtet sein sollen.

§ 2053. Zuwendung an entfernteren oder angenommenen Abkömmling

(1) Eine Zuwendung, die ein entfernterer Abkömmling vor dem Wegfall des ihn von der Erbfolge ausschließenden näheren Abkömmlings oder ein an die Stelle eines Abkömmlings als Ersatzerbe tretender Abkömmling von dem Erblasser erhalten hat, ist nicht zur Ausgleichung zu bringen, es sei denn, dass der Erblasser bei der Zuwendung die Ausgleichung angeordnet hat.

(2) Das Gleiche gilt, wenn ein Abkömmling, bevor er die rechtliche Stellung eines solchen erlangt hatte, eine Zuwendung von dem Erblasser erhalten hat.

§ 2054. Zuwendung aus dem Gesamtgut

(1) [1] Eine Zuwendung, die aus dem Gesamtgut der Gütergemeinschaft erfolgt, gilt als von jedem der Ehegatten zur Hälfte gemacht. [2] Die Zuwendung gilt jedoch, wenn sie an einen Abkömmling erfolgt, der nur von einem der Ehegatten abstammt, oder wenn einer der Ehegatten wegen der Zuwendung zu dem Gesamtgut Ersatz zu leisten hat, als von diesem Ehegatten gemacht.

(2) Diese Vorschriften sind auf eine Zuwendung aus dem Gesamtgut der fortgesetzten Gütergemeinschaft entsprechend anzuwenden.

§ 2055. Durchführung der Ausgleichung

(1) [1] Bei der Auseinandersetzung wird jedem Miterben der Wert der Zuwendung, die er zur Ausgleichung zu bringen hat, auf seinen Erbteil angerechnet. [2] Der Wert der sämtlichen Zuwendungen, die zur Ausgleichung zu bringen sind, wird dem Nachlass hinzugerechnet, soweit dieser den Miterben zukommt, unter denen die Ausgleichung stattfindet.

(2) Der Wert bestimmt sich nach der Zeit, zu der die Zuwendung erfolgt ist.

§ 2056. Mehrempfang

[1] Hat ein Miterbe durch die Zuwendung mehr erhalten, als ihm bei der Auseinandersetzung zukommen würde, so ist er zur Herauszahlung des Mehrbetrags nicht verpflichtet. [2] Der Nachlass wird in einem solchen Falle unter den übrigen Erben in der Weise geteilt, dass der Wert der Zuwendung und der Erbteil des Miterben außer Ansatz bleiben.

§ 2057. Auskunftspflicht

[1] Jeder Miterbe ist verpflichtet, den übrigen Erben auf Verlangen Auskunft über die Zuwendungen zu erteilen, die er nach den §§ 2050 bis 2053 zur Ausgleichung zu bringen hat. [2] Die Vorschriften der §§ 260, 261 über die Verpflichtung zur Abgabe der eidesstattlichen Versicherung finden entsprechende Anwendung.

§ 2057a. Ausgleichungspflicht bei besonderen Leistungen eines Abkömmlings

(1) [1] Ein Abkömmling, der durch Mitarbeit im Haushalt, Beruf oder Geschäft des Erblassers während längerer Zeit, durch erhebliche Geldleistungen oder in

anderer Weise in besonderem Maße dazu beigetragen hat, dass das Vermögen des Erblassers erhalten oder vermehrt wurde, kann bei der Auseinandersetzung eine Ausgleichung unter den Abkömmlingen verlangen, die mit ihm als gesetzliche Erben zur Erbfolge gelangen; § 2052 gilt entsprechend. [2]Dies gilt auch für einen Abkömmling, der den Erblasser während längerer Zeit gepflegt hat.

(2) [1]**Eine Ausgleichung kann nicht verlangt werden, wenn für die Leistungen ein angemessenes Entgelt gewährt oder vereinbart worden ist oder soweit dem Abkömmling wegen seiner Leistungen ein Anspruch aus anderem Rechtsgrund zusteht. [2]Der Ausgleichungspflicht steht es nicht entgegen, wenn die Leistungen nach den §§ 1619, 1620 erbracht worden sind.**

(3) **Die Ausgleichung ist so zu bemessen, wie es mit Rücksicht auf die Dauer und den Umfang der Leistungen und auf den Wert des Nachlasses der Billigkeit entspricht.**

(4) [1]**Bei der Auseinandersetzung wird der Ausgleichungsbetrag dem Erbteil des ausgleichungsberechtigten Miterben hinzugerechnet. [2]Sämtliche Ausgleichungsbeträge werden vom Werte des Nachlasses abgezogen, soweit dieser den Miterben zukommt, unter denen die Ausgleichung stattfindet.**

Untertitel 2. Rechtsverhältnis zwischen den Erben und den Nachlassgläubigern

Vor § 2058

Die §§ 2058–2063 ergänzen die §§ 1967–2017 über die **Haftung** des Erben für die Nachlassverbindlichkeiten um Sonderregeln **für den Fall der Erbenmehrheit.** Zu den verschiedenen Arten von Nachlassverbindlichkeiten s § 1967 Rz 2ff. 1

§ 2058. Gesamtschuldnerische Haftung

Die Erben haften für die gemeinschaftlichen Nachlassverbindlichkeiten als Gesamtschuldner.

1. Die Vorschrift eröffnet die Möglichkeit der **Gesamtschuldklage** gegen die Erben als Gesamtschuldner (§ 421). Diese Klage zielt grds auf das Eigenvermögen der Erben; freilich ist danach zu unterscheiden, ob der Nachlass bereits geteilt ist. 1

a) Bis zur Teilung kann der Miterbe gem § 2059 I 1 die Vollstreckung in sein Eigenvermögen verhindern. Nach einem entsprechenden Vorbehalt im Urteil (§ 780 ZPO) kann er gem §§ 785, 781 ZPO Vollstreckungsabwehrklage (§ 767 ZPO) erheben. Der Nachlassgläubiger kann nur in den Miterbenanteil vollstrecken (§ 859 II ZPO). Werden alle Erben mit der Gesamtschuldklage in Anspruch genommen, so ist – wie bei der Gesamthandsklage des § 2059 II – eine Vollstreckung in den ungeteilten Nachlass möglich (§ 747 ZPO). 2

b) Nach der Teilung haftet jeder Miterbe grds auch mit seinem Eigenvermögen, sofern nicht eine der Möglichkeiten der Haftungsbeschränkung (s Vor § 1975 Rz 1) für ihn erfüllt ist. 3

2. Neben der (soeben beantworteten) Frage, **womit** der Erbe haftet, stellt sich die weitere Frage, **in welcher Höhe** er haftet. Die Antwort lautet: Grds gesamtschuldnerisch in voller Höhe; nach der Teilung aber nur anteilig, sofern die Voraussetzungen des § 2060 oder des § 2061 erfüllt sind. 4

§ 2059. Haftung bis zur Teilung

(1) [1]**Bis zur Teilung des Nachlasses kann jeder Miterbe die Berichtigung der Nachlassverbindlichkeiten aus dem Vermögen, das er außer seinem Anteil an**

dem Nachlass hat, verweigern. [2]Haftet er für eine Nachlassverbindlichkeit unbeschränkt, so steht ihm dieses Recht in Ansehung des seinem Erbteil entsprechenden Teils der Verbindlichkeit nicht zu.

(2) **Das Recht der Nachlassgläubiger, die Befriedigung aus dem ungeteilten Nachlass von sämtlichen Miterben zu verlangen, bleibt unberührt.**

1 Abs 2 erwähnt die sog **Gesamthandsklage,** die nach der Teilung des Nachlasses naturgemäß nicht mehr möglich ist. Die gemeinschaftlich in Anspruch genommenen Erben sind notwendige Streitgenossen (§ 62 ZPO). Das gegen alle Erben ergangene Urteil berechtigt nach § 747 ZPO zur Zwangsvollstreckung in den ungeteilten Nachlass, also in jeden einzelnen Nachlassgegenstand. Der Gläubiger hat die Wahl, ob er die auf das Eigenvermögen des Erben zielende Gesamtschuldklage (vgl zu § 2058) oder die auf eine Vollstreckung in den Nachlass gerichtete Gesamthandsklage erhebt. Ob er sich für die Gesamtschuldklage oder für die Gesamthandsklage entschieden hat, ist im Zweifel durch Auslegung zu ermitteln (BGH NJW 1963, 1611 f).

§ 2060. Haftung nach der Teilung

Nach der Teilung des Nachlasses haftet jeder Miterbe nur für den seinem Erbteil entsprechenden Teil einer Nachlassverbindlichkeit:

1. **wenn der Gläubiger im Aufgebotsverfahren ausgeschlossen ist; das Aufgebot erstreckt sich insoweit auch auf die in § 1972 bezeichneten Gläubiger sowie auf die Gläubiger, denen der Miterbe unbeschränkt haftet;**
2. **wenn der Gläubiger seine Forderung später als fünf Jahre nach dem in § 1974 Abs. 1 bestimmten Zeitpunkt geltend macht, es sei denn, dass die Forderung vor dem Ablauf der fünf Jahre dem Miterben bekannt geworden oder im Aufgebotsverfahren angemeldet worden ist; die Vorschrift findet keine Anwendung, soweit der Gläubiger nach § 1971 von dem Aufgebot nicht betroffen wird;**
3. **wenn das Nachlassinsolvenzverfahren eröffnet und durch Verteilung der Masse oder durch einen Insolvenzplan beendigt worden ist.**

§ 2061. Aufgebot der Nachlassgläubiger

(1) **[1]Jeder Miterbe kann die Nachlassgläubiger öffentlich auffordern, ihre Forderungen binnen sechs Monaten bei ihm oder bei dem Nachlassgericht anzumelden. [2]Ist die Aufforderung erfolgt, so haftet nach der Teilung jeder Miterbe nur für den seinem Erbteil entsprechenden Teil einer Forderung, soweit nicht vor dem Ablauf der Frist die Anmeldung erfolgt oder die Forderung ihm zur Zeit der Teilung bekannt ist.**

(2) **[1]Die Aufforderung ist durch den Bundesanzeiger und durch das für die Bekanntmachungen des Nachlassgerichts bestimmte Blatt zu veröffentlichen. [2]Die Frist beginnt mit der letzten Einrückung. [3]Die Kosten fallen dem Erben zur Last, der die Aufforderung erlässt.**

§ 2062. Antrag auf Nachlassverwaltung

Die Anordnung einer Nachlassverwaltung kann von den Erben nur gemeinschaftlich beantragt werden; sie ist ausgeschlossen, wenn der Nachlass geteilt ist.

§ 2063. Errichtung eines Inventars, Haftungsbeschränkung

(1) **Die Errichtung des Inventars durch einen Miterben kommt auch den übrigen Erben zustatten, soweit nicht ihre Haftung für die Nachlassverbindlichkeiten unbeschränkt ist.**

(2) **Ein Miterbe kann sich den übrigen Erben gegenüber auf die Beschränkung seiner Haftung auch dann berufen, wenn er den anderen Nachlassgläubigern gegenüber unbeschränkt haftet.**

Abschnitt 3. Testament

Titel 1. Allgemeine Vorschriften

§ 2064. Persönliche Errichtung

Der Erblasser kann ein Testament nur persönlich errichten.

Die Vorschrift schließt aus, dass ein (gesetzlicher oder bevollmächtigter) **Vertreter** 1
das Testament errichtet. Zur Form des eigenhändigen Testaments s § 2247.

§ 2065. Bestimmung durch Dritte

(1) **Der Erblasser kann eine letztwillige Verfügung nicht in der Weise treffen, dass ein anderer zu bestimmen hat, ob sie gelten oder nicht gelten soll.**

(2) **Der Erblasser kann die Bestimmung der Person, die eine Zuwendung erhalten soll, sowie die Bestimmung des Gegenstands der Zuwendung nicht einem anderen überlassen.**

1. Allgemeines. Die Vorschrift will – dem Grundsatz des § 2064 folgend – eine 1
Vertretung des Erblassers im Willen verhindern. Der Erblasser soll seine Entscheidung nicht aus Unentschlossenheit einem Dritten überlassen. Diesem Zweck entsprechend ist die Bestimmung einschränkend zu interpretieren. Auch ist zu beachten, dass **Potestativbedingungen** (deren Eintritt allein vom Willen des Bedachten oder eines Dritten abhängt) grds zulässig sind (vgl §§ 2074, 2075). Der Erblasser kann seine Verfügung also vom Eintritt eines in die Entscheidung eines anderen gestellten **Ereignisses** abhängig machen; die Potestativbedingung darf nur nicht geradezu auf eine Vertretung im Willen hinauslaufen (*MüKo-Leipold* Rz 10).

2. Aus **Abs 1** folgt bspw, dass der Minderjährige (vgl § 2229 I, II) die Gültigkeit 2
seines Testaments nicht von der Zustimmung seines gesetzlichen Vertreters abhängig machen kann. Dagegen greift Abs 1 nach hM nicht ein, wenn nicht ein Dritter, sondern der Bedachte selbst über die Gültigkeit der Verfügung entscheiden soll (zB durch Aufnahme eines bestimmten Studiums), da der Bedachte durch die ihm vom Gesetz gewährte Möglichkeit der Ausschlagung ohnehin einen entsprechenden Entscheidungsspielraum besitzt.

3. Nach **Abs 2** ist es unzulässig, die Bestimmung des Erben oder der Erbquote der 3
völlig freien (willkürlichen) Entscheidung eines anderen zu überlassen. Dagegen ist es zulässig, dass der Erblasser es einer bestimmten Person überlässt, aus einem eng begrenzten Personenkreis nach sachlich genau festgelegten Kriterien den Erben auszuwählen. Es wird dann davon gesprochen, dem Dritten sei nicht die „Bestimmung" der Person iSd Abs 2 überlassen, sondern nur deren „Bezeichnung". Der BGH verlangt präzise Angaben in dem Testament, so dass die zu treffende „Bezeichnung" für diejenigen Personen, welche die erforderliche Sachkunde besitzen, objektiv bestimmt ist und nicht etwa „die subjektive Auffassung und Wertung" der zur Entscheidung berufenen Person den Ausschlag gibt (BGHZ 15, 199, 203; zustimmend *Schlüter* Rz 142). Dagegen forderte das RG für die Auswahl aus einem vom Erblasser eng umgrenzten Personenkreis nur eine so genaue Festlegung der Auswahlgesichtspunkte, dass für eine Willkür des Dritten kein Raum bleibt (RGZ 159, 296, 299). Diese etwas großzügigere Formulierung, die einen gewissen Wertungsspielraum belässt, verdient vor allem deshalb den Vorzug, weil sie den praktischen Bedürfnissen besser gerecht wird; man

denke etwa an das Testament eines Unternehmers, dessen Kinder noch so jung sind, dass über ihre Eignung zum Unternehmensnachfolger noch nicht entschieden werden kann (str; wie hier *Brox/Walker* Rz 97; auch *Leipold* Rz 281 ff).

§ 2066. Gesetzliche Erben des Erblassers

[1]Hat der Erblasser seine gesetzlichen Erben ohne nähere Bestimmung bedacht, so sind diejenigen, welche zur Zeit des Erbfalls seine gesetzlichen Erben sein würden, nach dem Verhältnis ihrer gesetzlichen Erbteile bedacht. [2]Ist die Zuwendung unter einer aufschiebenden Bedingung oder unter Bestimmung eines Anfangstermins gemacht und tritt die Bedingung oder der Termin erst nach dem Erbfall ein, so sind im Zweifel diejenigen als bedacht anzusehen, welche die gesetzlichen Erben sein würden, wenn der Erblasser zur Zeit des Eintritts der Bedingung oder des Termins gestorben wäre.

§ 2067. Verwandte des Erblassers

[1]Hat der Erblasser seine Verwandten oder seine nächsten Verwandten ohne nähere Bestimmung bedacht, so sind im Zweifel diejenigen Verwandten, welche zur Zeit des Erbfalls seine gesetzlichen Erben sein würden, als nach dem Verhältnis ihrer gesetzlichen Erbteile bedacht anzusehen. [2]Die Vorschrift des § 2066 Satz 2 findet Anwendung.

§ 2068. Kinder des Erblassers

Hat der Erblasser seine Kinder ohne nähere Bestimmung bedacht und ist ein Kind vor der Errichtung des Testaments mit Hinterlassung von Abkömmlingen gestorben, so ist im Zweifel anzunehmen, dass die Abkömmlinge insoweit bedacht sind, als sie bei der gesetzlichen Erbfolge an die Stelle des Kindes treten würden.

§ 2069. Abkömmlinge des Erblassers

Hat der Erblasser einen seiner Abkömmlinge bedacht und fällt dieser nach der Errichtung des Testaments weg, so ist im Zweifel anzunehmen, dass dessen Abkömmlinge insoweit bedacht sind, als sie bei der gesetzlichen Erbfolge an dessen Stelle treten würden.

§ 2070. Abkömmlinge eines Dritten

Hat der Erblasser die Abkömmlinge eines Dritten ohne nähere Bestimmung bedacht, so ist im Zweifel anzunehmen, dass diejenigen Abkömmlinge nicht bedacht sind, welche zur Zeit des Erbfalls oder, wenn die Zuwendung unter einer aufschiebenden Bedingung oder unter Bestimmung eines Anfangstermins gemacht ist und die Bedingung oder der Termin erst nach dem Erbfall eintritt, zur Zeit des Eintritts der Bedingung oder des Termins noch nicht gezeugt sind.

§ 2071. Personengruppe

Hat der Erblasser ohne nähere Bestimmung eine Klasse von Personen oder Personen bedacht, die zu ihm in einem Dienst- oder Geschäftsverhältnis stehen, so ist im Zweifel anzunehmen, dass diejenigen bedacht sind, welche zur Zeit des Erbfalls der bezeichneten Klasse angehören oder in dem bezeichneten Verhältnis stehen.

§ 2072. Die Armen

Hat der Erblasser die Armen ohne nähere Bestimmung bedacht, so ist im Zweifel anzunehmen, dass die öffentliche Armenkasse der Gemeinde, in deren

Bezirk er seinen letzten Wohnsitz gehabt hat, unter der Auflage bedacht ist, das Zugewendete unter Arme zu verteilen.

§ 2073. Mehrdeutige Bezeichnung

Hat der Erblasser den Bedachten in einer Weise bezeichnet, die auf mehrere Personen passt, und lässt sich nicht ermitteln, wer von ihnen bedacht werden sollte, so gelten sie als zu gleichen Teilen bedacht.

§ 2074. Aufschiebende Bedingung

Hat der Erblasser eine letztwillige Zuwendung unter einer aufschiebenden Bedingung gemacht, so ist im Zweifel anzunehmen, dass die Zuwendung nur gelten soll, wenn der Bedachte den Eintritt der Bedingung erlebt.

§ 2075. Auflösende Bedingung

Hat der Erblasser eine letztwillige Zuwendung unter der Bedingung gemacht, dass der Bedachte während eines Zeitraums von unbestimmter Dauer etwas unterlässt oder fortgesetzt tut, so ist, wenn das Unterlassen oder das Tun lediglich in der Willkür des Bedachten liegt, im Zweifel anzunehmen, dass die Zuwendung von der auflösenden Bedingung abhängig sein soll, dass der Bedachte die Handlung vornimmt oder das Tun unterlässt.

§ 2076. Bedingung zum Vorteil eines Dritten

Bezweckt die Bedingung, unter der eine letztwillige Zuwendung gemacht ist, den Vorteil eines Dritten, so gilt sie im Zweifel als eingetreten, wenn der Dritte die zum Eintritt der Bedingung erforderliche Mitwirkung verweigert.

§ 2077. Unwirksamkeit letztwilliger Verfügungen bei Auflösung der Ehe oder Verlobung

(1) [1]**Eine letztwillige Verfügung, durch die der Erblasser seinen Ehegatten bedacht hat, ist unwirksam, wenn die Ehe vor dem Tode des Erblassers aufgelöst worden ist.** [2]**Der Auflösung der Ehe steht es gleich, wenn zur Zeit des Todes des Erblassers die Voraussetzungen für die Scheidung der Ehe gegeben waren und der Erblasser die Scheidung beantragt oder ihr zugestimmt hatte.** [3]**Das Gleiche gilt, wenn der Erblasser zur Zeit seines Todes berechtigt war, die Aufhebung der Ehe zu beantragen, und den Antrag gestellt hatte.**

(2) **Eine letztwillige Verfügung, durch die der Erblasser seinen Verlobten bedacht hat, ist unwirksam, wenn das Verlöbnis vor dem Tode des Erblassers aufgelöst worden ist.**

(3) **Die Verfügung ist nicht unwirksam, wenn anzunehmen ist, dass der Erblasser sie auch für einen solchen Fall getroffen haben würde.**

§ 2078. Anfechtung wegen Irrtums oder Drohung

(1) **Eine letztwillige Verfügung kann angefochten werden, soweit der Erblasser über den Inhalt seiner Erklärung im Irrtum war oder eine Erklärung dieses Inhalts überhaupt nicht abgeben wollte und anzunehmen ist, dass er die Erklärung bei Kenntnis der Sachlage nicht abgegeben haben würde.**

(2) **Das Gleiche gilt, soweit der Erblasser zu der Verfügung durch die irrige Annahme oder Erwartung des Eintritts oder Nichteintritts eines Umstands oder widerrechtlich durch Drohung bestimmt worden ist.**

(3) **Die Vorschrift des § 122 findet keine Anwendung.**

1 **1. Auslegung** (s § 2084) geht der Anfechtung vor; denn sie bringt den wahren Willen des Erblassers zur Geltung, während die Anfechtung häufig nur die gesetzliche Erbfolge auslöst.

2 **2.** Die **Anfechtungsgründe** sind in §§ 2078 f **abschließend** geregelt; kein ergänzender Rückgriff auf §§ 119 ff. Die erbrechtliche Irrtumsregelung reicht vielfach weiter; denn ein Verkehrs- und Vertrauensschutz ist hier nicht erforderlich. Abs 1 entspricht § 119 I (aber es fehlt: „bei verständiger Würdigung des Falles"); Abs 2 geht über § 119 II wesentlich hinaus, indem gemäß Abs 2 **jeder Motivirrtum** beachtlich ist. Der „Umstand", von dem Abs 2 spricht, kann in der Vergangenheit, Gegenwart oder Zukunft liegen, zB Wohlverhalten des Bedachten oder spätere Heirat des Erblassers oder des Erben. Auch die Scheidung der Ehe eines Kindes des Erblassers kann zur Anfechtung der Erbeinsetzung des Schwiegerkindes führen; § 2077 ist nach BGHZ 154, 336 (= NJW 2003, 2095, 3248 krit Anm *Keim*) nicht entsprechend anwendbar, da die Erbeinsetzung des Schwiegerkindes – anders als die des Ehegatten – leicht auf anderen Motiven als dem des Fortbestandes der Ehe beruhen könne; wenn der Erblasser diese zweifelhafte Einschätzung vermeiden will, muss er die Erbeinsetzung mit einer auflösenden Bedingung für den Fall der Scheidung verknüpfen. – Damit eine Anfechtung möglich ist, muss der Erblasser sich nach der Rspr **wirklich** eine unrichtige Vorstellung gemacht haben. Ein hypothetischer Wille soll nicht genügen. Indes rechnet der BGH zu den wirklichen Vorstellungen und Erwartungen auch solche, die der Erblasser zwar nicht in sein Bewusstsein aufgenommen, aber als selbstverständlich seiner Verfügung zugrundegelegt hat, sog **unbewusste Vorstellungen** oder **selbstverständliche Erwartungen,** zB die Erwartung, es werde auch in Zukunft nicht zu Unstimmigkeiten mit dem Bedachten kommen. Das Ergebnis ist billig, aber die Annahme einer „unbewussten Vorstellung" psychologisch und rechtlich fragwürdig. Die Lit bevorzugt deshalb vielfach die Begründung, Anfechtungsgrund könne, wenn sich der Erblasser keine Gedanken über bestimmte Punkte gemacht habe, die Unkenntnis der wahren Sachlage sein, sofern der Erblasser bei ihrer Kenntnis die Verfügung nicht getroffen hätte (vgl zum Ganzen etwa *MüKo-Leipold* Rz 24 ff mwN).

3 **3. Wirkung:** Unwirksamkeit der vom Irrtum betroffenen Verfügung (§ 142 I); andere Teile des Testaments können wirksam bleiben (§ 2085).

§ 2079. Anfechtung wegen Übergehung eines Pflichtteilsberechtigten

[1]Eine letztwillige Verfügung kann angefochten werden, wenn der Erblasser einen zur Zeit des Erbfalls vorhandenen Pflichtteilsberechtigten übergangen hat, dessen Vorhandensein ihm bei der Errichtung der Verfügung nicht bekannt war oder der erst nach der Errichtung geboren oder pflichtteilsberechtigt geworden ist. [2]Die Anfechtung ist ausgeschlossen, soweit anzunehmen ist, dass der Erblasser auch bei Kenntnis der Sachlage die Verfügung getroffen haben würde.

1 Die Vorschrift regelt einen **Sonderfall der Anfechtung wegen Motivirrtums** und hat innerhalb des § 119 kein Gegenstück. Kausalität zwischen Irrtum und Verfügung wird hier vermutet. Die Anfechtung bewirkt grds die Nichtigkeit des ganzen Testaments, weil die Berücksichtigung eines weiteren Erben alle Erbteile verschieben würde.

§ 2080. Anfechtungsberechtigte

(1) **Zur Anfechtung ist derjenige berechtigt, welchem die Aufhebung der letztwilligen Verfügung unmittelbar zustatten kommen würde.**

(2) **Bezieht sich in den Fällen des § 2078 der Irrtum nur auf eine bestimmte Person und ist diese anfechtungsberechtigt oder würde sie anfechtungsberech-**

tigt sein, wenn sie zur Zeit des Erbfalls gelebt hätte, so ist ein anderer zur Anfechtung nicht berechtigt.

(3) **Im Falle des § 2079 steht das Anfechtungsrecht nur dem Pflichtteilsberechtigten zu.**

Der **Erblasser** ist **nicht anfechtungsberechtigt,** da er jederzeit frei widerrufen kann (§§ 2253 ff). Anders beim Erbvertrag (§ 2281) und beim gemeinschaftlichen Testament für den überlebenden Ehegatten (analog § 2281). 1

§ 2081. Anfechtungserklärung

(1) **Die Anfechtung einer letztwilligen Verfügung, durch die ein Erbe eingesetzt, ein gesetzlicher Erbe von der Erbfolge ausgeschlossen, ein Testamentsvollstrecker ernannt oder eine Verfügung solcher Art aufgehoben wird, erfolgt durch Erklärung gegenüber dem Nachlassgericht.**

(2) [1]**Das Nachlassgericht soll die Anfechtungserklärung demjenigen mitteilen, welchem die angefochtene Verfügung unmittelbar zustatten kommt.** [2]**Es hat die Einsicht der Erklärung jedem zu gestatten, der ein rechtliches Interesse glaubhaft macht.**

(3) **Die Vorschrift des Absatzes 1 gilt auch für die Anfechtung einer letztwilligen Verfügung, durch die ein Recht für einen anderen nicht begründet wird, insbesondere für die Anfechtung einer Auflage.**

§ 2082. Anfechtungsfrist

(1) **Die Anfechtung kann nur binnen Jahresfrist erfolgen.**

(2) [1]**Die Frist beginnt mit dem Zeitpunkt, in welchem der Anfechtungsberechtigte von dem Anfechtungsgrund Kenntnis erlangt.** [2]**Auf den Lauf der Frist finden die für die Verjährung geltenden Vorschriften der §§ 206, 210, 211 entsprechende Anwendung.**

(3) **Die Anfechtung ist ausgeschlossen, wenn seit dem Erbfall 30 Jahre verstrichen sind.**

§ 2083. Anfechtbarkeitseinrede

Ist eine letztwillige Verfügung, durch die eine Verpflichtung zu einer Leistung begründet wird, anfechtbar, so kann der Beschwerte die Leistung verweigern, auch wenn die Anfechtung nach § 2082 ausgeschlossen ist.

§ 2084. Auslegung zugunsten der Wirksamkeit

Lässt der Inhalt einer letztwilligen Verfügung verschiedene Auslegungen zu, so ist im Zweifel diejenige Auslegung vorzuziehen, bei welcher die Verfügung Erfolg haben kann.

1. Für die **Auslegung letztwilliger Verfügungen** gelten die Sonderregeln der §§ 2066–2076 und des § 2084 (Grundsatz der wohlwollenden Auslegung). Diese Vorschriften helfen aber nicht bei allen Auslegungszweifeln, und die individuelle Testamentsauslegung geht den gesetzlichen Auslegungsregeln vor, die nur „im Zweifel" eingreifen wollen (vgl etwa BGHZ 33, 60, 63). Auszugehen ist von der Grundregel des § 133 (s dort). Da es sich bei einem Testament um eine nicht empfangsbedürftige Willenserklärung handelt, kommt es entscheidend auf den subjektiven Erblasserwillen an; ein objektiver Vertrauensschutz – wie bei Verträgen (auch Erbverträgen und gemeinschaftlichen Testamenten) – ist nicht erforderlich. Der Empfängerhorizont ist deshalb grds nicht maßgebend. Bei Mehrdeutigkeit der Verfügung hat nach § 2084 diejenige Auslegung Vorrang, nach der die Verfügung Erfolg haben kann. 1

2 **2.** Wie bei anderen **formbedürftigen** Erklärungen geht die Rspr von der **Andeutungstheorie** aus (siehe § 133 Rz 5). Formnichtige Verfügungen mögen den Willen des Erblassers zwar widerspiegeln; sie bleiben aber auch dann unwirksam, wenn der Erblasserwille eindeutig feststeht (BGHZ 80, 242), und können allenfalls zur Auslegung anderer, formwirksamer Verfügungen herangezogen werden.

3 **3.** Auch eine **ergänzende Auslegung** kommt in Betracht, insbesondere wenn sich zwischen Testamentserrichtung und Erbfall Änderungen ergeben haben. Maßgebend ist der hypothetische Erblasserwille zum Zeitpunkt der Testamentserrichtung. Es ist also zu ermitteln, wie der Erblasser verfügt hätte, falls er die Regelungsbedürftigkeit eines Punktes oder die weitere Entwicklung der Verhältnisse erkannt hätte. Auch hier gilt freilich die Andeutungstheorie (s § 133 Rz 5).

§ 2085. Teilweise Unwirksamkeit

Die Unwirksamkeit einer von mehreren in einem Testament enthaltenen Verfügungen hat die Unwirksamkeit der übrigen Verfügungen nur zur Folge, wenn anzunehmen ist, dass der Erblasser diese ohne die unwirksame Verfügung nicht getroffen haben würde.

1 Die Vorschrift kehrt für den Fall der **Teilunwirksamkeit** die Vermutung des § 139 um. Voraussetzung ist das Vorliegen **mehrerer** Verfügungen. Ist nur ein Teil einer einheitlichen (aber teilbaren) Verfügung unwirksam (zB Sittenwidrigkeit einer Zuwendung ab einer bestimmten Höhe), wird man (statt auf § 139 zurückzugreifen) § 2085 wegen seines Sinnes, das Testament möglichst aufrechtzuerhalten, analog anwenden dürfen (str; wie hier etwa *Brox/Walker* Rz 264; *Leipold* Rz 414).

§ 2086. Ergänzungsvorbehalt

Ist einer letztwilligen Verfügung der Vorbehalt einer Ergänzung beigefügt, die Ergänzung aber unterblieben, so ist die Verfügung wirksam, sofern nicht anzunehmen ist, dass die Wirksamkeit von der Ergänzung abhängig sein sollte.

Titel 2. Erbeinsetzung

§ 2087. Zuwendung des Vermögens, eines Bruchteils oder einzelner Gegenstände

(1) **Hat der Erblasser sein Vermögen oder einen Bruchteil seines Vermögens dem Bedachten zugewendet, so ist die Verfügung als Erbeinsetzung anzusehen, auch wenn der Bedachte nicht als Erbe bezeichnet ist.**

(2) **Sind dem Bedachten nur einzelne Gegenstände zugewendet, so ist im Zweifel nicht anzunehmen, dass er Erbe sein soll, auch wenn er als Erbe bezeichnet ist.**

1 Nach Abs 2 gilt die **Zuwendung einzelner Vermögensgegenstände** „im Zweifel“ als Vermächtnis (§ 2147) und nicht als Erbeinsetzung. Diese Zweifelsregelung findet ausnahmsweise keine Anwendung, wenn ein anderer Wille des Erblassers festzustellen ist. Eine Erbeinsetzung kann entgegen der Auslegungsregel insbesondere dann anzunehmen sein, wenn die zugewendeten Gegenstände – oder auch nur ein einzelner (zB ein Grundstück) – nach den Vorstellungen des Erblassers bei Testamentserrichtung den Hauptwert des Nachlasses ausmachen und der Erblasser den Bedachten unmittelbar in seine wirtschaftliche Stellung einrücken lassen wollte (BGH FamRZ 1972, 561); hierfür kommt es auch darauf an, ob der Bedachte nach dem Willen des Erblassers den Nachlass zu regeln und die Nachlassverbindlichkeiten zu tilgen hat (BayObLG FamRZ 2001, 1174, 1176). Auch kann die Auslegung ergeben, dass der Erblasser nur (eine) einzelne der bedachten Personen zu Erben eingesetzt und den anderen, die nur

Gegenstände von geringerem Wert erhalten sollten, lediglich Vermächtnisse zugewendet hat (BayObLG FamRZ 1995, 835). Niemals ist eine Erbeinsetzung auf einzelne Gegenstände anzunehmen, die es im BGB nicht gibt (s § 1922 Rz 6); vielmehr ist das Zugewendete nur Wertmesser der Erbquote (s etwa *MüKo-Schlichting* Rz 7, 11). Gleichzeitig kann in der Zuwendung eine Teilungsanordnung liegen (vgl § 2048).

§ 2088. Einsetzung auf Bruchteile

(1) **Hat der Erblasser nur einen Erben eingesetzt und die Einsetzung auf einen Bruchteil der Erbschaft beschränkt, so tritt in Ansehung des übrigen Teils die gesetzliche Erbfolge ein.**

(2) **Das Gleiche gilt, wenn der Erblasser mehrere Erben unter Beschränkung eines jeden auf einen Bruchteil eingesetzt hat und die Bruchteile das Ganze nicht erschöpfen.**

§ 2089. Erhöhung der Bruchteile

Sollen die eingesetzten Erben nach dem Willen des Erblassers die alleinigen Erben sein, so tritt, wenn jeder von ihnen auf einen Bruchteil der Erbschaft eingesetzt ist und die Bruchteile das Ganze nicht erschöpfen, eine verhältnismäßige Erhöhung der Bruchteile ein.

§ 2090. Minderung der Bruchteile

Ist jeder der eingesetzten Erben auf einen Bruchteil der Erbschaft eingesetzt und übersteigen die Bruchteile das Ganze, so tritt eine verhältnismäßige Minderung der Bruchteile ein.

§ 2091. Unbestimmte Bruchteile

Sind mehrere Erben eingesetzt, ohne dass die Erbteile bestimmt sind, so sind sie zu gleichen Teilen eingesetzt, soweit sich nicht aus den §§ 2066 bis 2069 ein anderes ergibt.

§ 2092. Teilweise Einsetzung auf Bruchteile

(1) **Sind von mehreren Erben die einen auf Bruchteile, die anderen ohne Bruchteile eingesetzt, so erhalten die letzteren den freigebliebenen Teil der Erbschaft.**

(2) **Erschöpfen die bestimmten Bruchteile die Erbschaft, so tritt eine verhältnismäßige Minderung der Bruchteile in der Weise ein, dass jeder der ohne Bruchteile eingesetzten Erben so viel erhält wie der mit dem geringsten Bruchteil bedachte Erbe.**

§ 2093. Gemeinschaftlicher Erbteil

Sind einige von mehreren Erben auf einen und denselben Bruchteil der Erbschaft eingesetzt (gemeinschaftlicher Erbteil), so finden in Ansehung des gemeinschaftlichen Erbteils die Vorschriften der §§ 2089 bis 2092 entsprechende Anwendung.

§ 2094. Anwachsung

(1) [1] **Sind mehrere Erben in der Weise eingesetzt, dass sie die gesetzliche Erbfolge ausschließen, und fällt einer der Erben vor oder nach dem Eintritt des Erbfalls weg, so wächst dessen Erbteil den übrigen Erben nach dem Verhältnis ihrer Erbteile an.** [2] **Sind einige der Erben auf einen gemeinschaftlichen Erbteil eingesetzt, so tritt die Anwachsung zunächst unter ihnen ein.**

(2) **Ist durch die Erbeinsetzung nur über einen Teil der Erbschaft verfügt und findet in Ansehung des übrigen Teils die gesetzliche Erbfolge statt, so tritt die Anwachsung unter den eingesetzten Erben nur ein, soweit sie auf einen gemeinschaftlichen Erbteil eingesetzt sind.**

(3) **Der Erblasser kann die Anwachsung ausschließen.**

§ 2095. Angewachsener Erbteil

Der durch Anwachsung einem Erben anfallende Erbteil gilt in Ansehung der Vermächtnisse und Auflagen, mit denen dieser Erbe oder der wegfallende Erbe beschwert ist, sowie in Ansehung der Ausgleichungspflicht als besonderer Erbteil.

§ 2096. Ersatzerbe

Der Erblasser kann für den Fall, dass ein Erbe vor oder nach dem Eintritt des Erbfalls wegfällt, einen anderen als Erben einsetzen (Ersatzerbe).

1 **1.** Die **Ersatzerbschaft** tritt ein, wenn der Erstberufene nicht Erbe geworden ist; dagegen setzt die **Nacherbschaft** voraus, dass zunächst ein anderer (der Vorerbe) Erbe geworden ist. Der Erblasserwille entscheidet darüber, ob das eine oder andere angeordnet ist; eine Zweifelsregel enthält § 2102 II. Beachte ferner den Eintritt einer Ersatzerbschaft auf Grund der Auslegungsregel des § 2069.

2 **2. Wegfall** „vor oder nach dem Eintritte des Erbfalls" bedeutet nicht Tod **nach** dem Eintritte des Erbfalls; denn dann ist der Erstberufene bereits Erbe geworden; für eine Ersatzerbschaft ist kein Raum. Dagegen ist Vorversterben des zunächst Berufenen ebenso „Wegfall" wie Erbverzicht (§ 2346), Ausschlagung (§ 1953), Erbunwürdigkeit (§ 2344) oder Nichtigkeit bzw Widerruf der Erbeinsetzung.

3 **3.** Nach dem Erbfall, aber vor dem Wegfall des Erstberufenen steht dem Ersatzerben eine vererbliche **Anwartschaft** zu, so dass bei seinem Tode seine Erben Ersatzerben werden.

§ 2097. Auslegungsregel bei Ersatzerben

Ist jemand für den Fall, dass der zunächst berufene Erbe nicht Erbe sein kann, oder für den Fall, dass er nicht Erbe sein will, als Ersatzerbe eingesetzt, so ist im Zweifel anzunehmen, dass er für beide Fälle eingesetzt ist.

§ 2098. Wechselseitige Einsetzung als Ersatzerben

(1) **Sind die Erben gegenseitig oder sind für einen von ihnen die übrigen als Ersatzerben eingesetzt, so ist im Zweifel anzunehmen, dass sie nach dem Verhältnis ihrer Erbteile als Ersatzerben eingesetzt sind.**

(2) **Sind die Erben gegenseitig als Ersatzerben eingesetzt, so gehen Erben, die auf einen gemeinschaftlichen Erbteil eingesetzt sind, im Zweifel als Ersatzerben für diesen Erbteil den anderen vor.**

§ 2099. Ersatzerbe und Anwachsung

Das Recht des Ersatzerben geht dem Anwachsungsrecht vor.

Titel 3. Einsetzung eines Nacherben

Vor § 2100

1 **1.** Der **Nacherbe** ist – wie der Vorerbe – **Erbe des Erblassers,** nicht des Vorerben (vgl § 2139). Der Erblasser kann durch die Institution der Nacherbschaft die Weiter-

gabe seines Vermögens über mehrere Stationen bestimmen und dieses dadurch für seine Familie erhalten. Eine zeitliche Grenze setzt die Dreißigjahresfrist des § 2109. Der Nacherbe kann die Erbschaft schon vor dem Nacherbfall ausschlagen (§ 2142 I) und ggf nach § 2306 II den Pflichtteil verlangen. – Zu unterscheiden ist der Nacherbe vom **Schlusserben.** Vom Schlusserben spricht man, wenn Ehegatten, die sich gegenseitig als Vollerben einsetzen, zugleich den Erben des längerlebenden Ehegatten bestimmen (s § 2269 Rz 3).

2. Überblick über die gesetzliche Regelung: §§ 2101–2110 geben Auslegungsre- 2
geln; § 2111 verankert zur Bewahrung des Nachlasses das Surrogationsprinzip (vgl § 2041 Rz 1). Die im Nacherbfall gegen den Vorerben bestehenden Ansprüche regeln §§ 2130ff, wobei der Herausgabeanspruch des § 2130 dem Erbschaftsanspruch des § 2018 nachgebildet ist. Das **Verfügungsrecht des Vorerben** ist namentlich für Verfügungen über Grundstücke und unentgeltliche Verfügungen **eingeschränkt** (§§ 2113ff). Ein zum Nachlass gehörendes Grundstück darf der Vorerbe nur mit Zustimmung sämtlicher Nacherben veräußern. Eine ohne Zustimmung der Nacherben getroffene Verfügung wird mit Eintritt der Nacherbfolge gegenüber jedermann (absolut) unwirksam. Gem § 2113 III gilt Gutglaubensschutz (§§ 892, 932, 2366), wenn der Erwerber hinsichtlich der Anordnung der Nacherbschaft gutgläubig ist. Die Möglichkeit eines gutgläubigen Erwerbs wird jedoch dadurch erheblich verringert, dass im Grundbuch (§ 51 GBO) wie im Erbschein (§ 2363) die Tatsache der angeordneten Nacherbschaft vermerkt werden muss. Der Erblasser kann den Vorerben nach § 2136 von vielen Beschränkungen **befreien** („befreiter Vorerbe"), insbesondere hinsichtlich (entgeltlicher) Verfügungen über Grundstücke. Hingegen ist eine Befreiung von dem Verbot unentgeltlicher Verfügungen (§ 2113 II) nicht möglich, weil § 2136 nicht auf diese Vorschrift verweist.

3. Dem Nacherben steht mit dem Erbfall ein **Anwartschaftsrecht** zu, das durch 3
Rechtsgeschäft unter Lebenden übertragbar (§§ 413, 398; Form: § 2033 I 2 analog) und gem § 2108 II 1 grds vererblich ist. Der Vorerbe hat bei Übertragung an Dritte ein Vorkaufsrecht (§ 2034 analog). War ein Abkömmling des Erblassers ohne Einsetzung von Ersatznacherben als Nacherbe eingesetzt und verstirbt er nach dem Erbfall, so ist durch Auslegung zu ermitteln, ob das Anwartschaftsrecht nach § 2069 auf die Abkömmlinge übergeht oder nach § 2108 II 1 auf dessen gesetzliche oder testamentarische Erben. Keine der beiden Vorschriften hat Vorrang; für eine Anwendung des § 2069 spricht es, wenn der Erblasser durch die Nacherbschaft familienfremde Personen von der Erbschaft fernhalten wollte (vgl BGH NJW 1963, 1150 mwN). Der Erblasser kann die Vererblichkeit ebenso wie die Übertragbarkeit des Anwartschaftsrechts in seiner letztwilligen Verfügung **ausschließen** oder die Vererblichkeit und die Übertragbarkeit auf einen bestimmten Personenkreis beschränken. Übertragen sämtliche Nacherben und Ersatznacherben ihre Anwartschaft auf den Vorerben, so erlischt das Anwartschaftsrecht (Konsolidation); der Vorerbe wird damit Vollerbe.

§ 2100. Nacherbe

Der Erblasser kann einen Erben in der Weise einsetzen, dass dieser erst Erbe wird, nachdem zunächst ein anderer Erbe geworden ist (Nacherbe).

§ 2101. Noch nicht gezeugter Nacherbe

(1) [1]**Ist eine zur Zeit des Erbfalls noch nicht gezeugte Person als Erbe eingesetzt, so ist im Zweifel anzunehmen, dass sie als Nacherbe eingesetzt ist.** [2]**Entspricht es nicht dem Willen des Erblassers, dass der Eingesetzte Nacherbe werden soll, so ist die Einsetzung unwirksam.**

(2) **Das Gleiche gilt von der Einsetzung einer juristischen Person, die erst nach dem Erbfall zur Entstehung gelangt; die Vorschrift des § 84 bleibt unberührt.**

§ 2102. Nacherbe und Ersatzerbe

(1) **Die Einsetzung als Nacherbe enthält im Zweifel auch die Einsetzung als Ersatzerbe.**

(2) **Ist zweifelhaft, ob jemand als Ersatzerbe oder als Nacherbe eingesetzt ist, so gilt er als Ersatzerbe.**

§ 2103. Anordnung der Herausgabe der Erbschaft

Hat der Erblasser angeordnet, dass der Erbe mit dem Eintritt eines bestimmten Zeitpunkts oder Ereignisses die Erbschaft einem anderen herausgeben soll, so ist anzunehmen, dass der andere als Nacherbe eingesetzt ist.

§ 2104. Gesetzliche Erben als Nacherben

[1]**Hat der Erblasser angeordnet, dass der Erbe nur bis zu dem Eintritt eines bestimmten Zeitpunkts oder Ereignisses Erbe sein soll, ohne zu bestimmen, wer alsdann die Erbschaft erhalten soll, so ist anzunehmen, dass als Nacherben diejenigen eingesetzt sind, welche die gesetzlichen Erben des Erblassers sein würden, wenn er zur Zeit des Eintritts des Zeitpunkts oder des Ereignisses gestorben wäre.** [2]**Der Fiskus gehört nicht zu den gesetzlichen Erben im Sinne dieser Vorschrift.**

§ 2105. Gesetzliche Erben als Vorerben

(1) **Hat der Erblasser angeordnet, dass der eingesetzte Erbe die Erbschaft erst mit dem Eintritt eines bestimmten Zeitpunkts oder Ereignisses erhalten soll, ohne zu bestimmen, wer bis dahin Erbe sein soll, so sind die gesetzlichen Erben des Erblassers die Vorerben.**

(2) **Das Gleiche gilt, wenn die Persönlichkeit des Erben durch ein erst nach dem Erbfall eintretendes Ereignis bestimmt werden soll oder wenn die Einsetzung einer zur Zeit des Erbfalls noch nicht gezeugten Person oder einer zu dieser Zeit noch nicht entstandenen juristischen Person als Erbe nach § 2101 als Nacherbeinsetzung anzusehen ist.**

§ 2106. Eintritt der Nacherbfolge

(1) **Hat der Erblasser einen Nacherben eingesetzt, ohne den Zeitpunkt oder das Ereignis zu bestimmen, mit dem die Nacherbfolge eintreten soll, so fällt die Erbschaft dem Nacherben mit dem Tode des Vorerben an.**

(2) [1]**Ist die Einsetzung einer noch nicht gezeugten Person als Erbe nach § 2101 Abs. 1 als Nacherbeinsetzung anzusehen, so fällt die Erbschaft dem Nacherben mit dessen Geburt an.** [2]**Im Falle des § 2101 Abs. 2 tritt der Anfall mit der Entstehung der juristischen Person ein.**

§ 2107. Kinderloser Vorerbe

Hat der Erblasser einem Abkömmling, der zur Zeit der Errichtung der letztwilligen Verfügung keinen Abkömmling hat oder von dem der Erblasser zu dieser Zeit nicht weiß, dass er einen Abkömmling hat, für die Zeit nach dessen Tode einen Nacherben bestimmt, so ist anzunehmen, dass der Nacherbe nur für den Fall eingesetzt ist, dass der Abkömmling ohne Nachkommenschaft stirbt.

§ 2108. Erbfähigkeit; Vererblichkeit des Nacherbrechts

(1) **Die Vorschrift des § 1923 findet auf die Nacherbfolge entsprechende Anwendung.**

(2) [1]Stirbt der eingesetzte Nacherbe vor dem Eintritt des Falles der Nacherbfolge, aber nach dem Eintritt des Erbfalls, so geht sein Recht auf seine Erben über, sofern nicht ein anderer Wille des Erblassers anzunehmen ist. [2]Ist der Nacherbe unter einer aufschiebenden Bedingung eingesetzt, so bewendet es bei der Vorschrift des § 2074.

§ 2109. Unwirksamwerden der Nacherbschaft

(1) [1]Die Einsetzung eines Nacherben wird mit dem Ablauf von 30 Jahren nach dem Erbfall unwirksam, wenn nicht vorher der Fall der Nacherbfolge eingetreten ist. [2]Sie bleibt auch nach dieser Zeit wirksam:

1. wenn die Nacherbfolge für den Fall angeordnet ist, dass in der Person des Vorerben oder des Nacherben ein bestimmtes Ereignis eintritt, und derjenige, in dessen Person das Ereignis eintreten soll, zur Zeit des Erbfalls lebt,
2. wenn dem Vorerben oder einem Nacherben für den Fall, dass ihm ein Bruder oder eine Schwester geboren wird, der Bruder oder die Schwester als Nacherbe bestimmt ist.

(2) Ist der Vorerbe oder der Nacherbe, in dessen Person das Ereignis eintreten soll, eine juristische Person, so bewendet es bei der dreißigjährigen Frist.

§ 2110. Umfang des Nacherbrechts

(1) Das Recht des Nacherben erstreckt sich im Zweifel auf einen Erbteil, der dem Vorerben infolge des Wegfalls eines Miterben anfällt.

(2) Das Recht des Nacherben erstreckt sich im Zweifel nicht auf ein dem Vorerben zugewendetes Vorausvermächtnis.

§ 2111. Unmittelbare Ersetzung

(1) [1]Zur Erbschaft gehört, was der Vorerbe auf Grund eines zur Erbschaft gehörenden Rechts oder als Ersatz für die Zerstörung, Beschädigung oder Entziehung eines Erbschaftsgegenstands oder durch Rechtsgeschäft mit Mitteln der Erbschaft erwirbt, sofern nicht der Erwerb ihm als Nutzung gebührt. [2]Die Zugehörigkeit einer durch Rechtsgeschäft erworbenen Forderung zur Erbschaft hat der Schuldner erst dann gegen sich gelten zu lassen, wenn er von der Zugehörigkeit Kenntnis erlangt; die Vorschriften der §§ 406 bis 408 finden entsprechende Anwendung.

(2) Zur Erbschaft gehört auch, was der Vorerbe dem Inventar eines erbschaftlichen Grundstücks einverleibt.

§ 2112. Verfügungsrecht des Vorerben

Der Vorerbe kann über die zur Erbschaft gehörenden Gegenstände verfügen, soweit sich nicht aus den Vorschriften der §§ 2113 bis 2115 ein anderes ergibt.

§ 2113. Verfügungen über Grundstücke, Schiffe und Schiffsbauwerke; Schenkungen

(1) Die Verfügung des Vorerben über ein zur Erbschaft gehörendes Grundstück oder Recht an einem Grundstück oder über ein zur Erbschaft gehörendes eingetragenes Schiff oder Schiffsbauwerk ist im Falle des Eintritts der Nacherbfolge insoweit unwirksam, als sie das Recht des Nacherben vereiteln oder beeinträchtigen würde.

(2) [1]Das Gleiche gilt von der Verfügung über einen Erbschaftsgegenstand, die unentgeltlich oder zum Zwecke der Erfüllung eines von dem Vorerben erteilten

Schenkungsversprechens erfolgt. [2]Ausgenommen sind Schenkungen, durch die einer sittlichen Pflicht oder einer auf den Anstand zu nehmenden Rücksicht entsprochen wird.

(3) **Die Vorschriften zugunsten derjenigen, welche Rechte von einem Nichtberechtigten herleiten, finden entsprechende Anwendung.**

§ 2114. Verfügungen über Hypothekenforderungen, Grund- und Rentenschulden

[1]Gehört zur Erbschaft eine Hypothekenforderung, eine Grundschuld, eine Rentenschuld oder eine Schiffshypothekenforderung, so steht die Kündigung und die Einziehung dem Vorerben zu. [2]Der Vorerbe kann jedoch nur verlangen, dass das Kapital an ihn nach Beibringung der Einwilligung des Nacherben gezahlt oder dass es für ihn und den Nacherben hinterlegt wird. [3]Auf andere Verfügungen über die Hypothekenforderung, die Grundschuld, die Rentenschuld oder die Schiffshypothekenforderung findet die Vorschrift des § 2113 Anwendung.

§ 2115. Zwangsvollstreckungsverfügungen gegen Vorerben

[1]Eine Verfügung über einen Erbschaftsgegenstand, die im Wege der Zwangsvollstreckung oder der Arrestvollziehung oder durch den Insolvenzverwalter erfolgt, ist im Falle des Eintritts der Nacherbfolge insoweit unwirksam, als sie das Recht des Nacherben vereiteln oder beeinträchtigen würde. [2]Die Verfügung ist unbeschränkt wirksam, wenn der Anspruch eines Nachlassgläubigers oder ein an einem Erbschaftsgegenstand bestehendes Recht geltend gemacht wird, das im Falle des Eintritts der Nacherbfolge dem Nacherben gegenüber wirksam ist.

§ 2116. Hinterlegung von Wertpapieren

(1) **[1]Der Vorerbe hat auf Verlangen des Nacherben die zur Erbschaft gehörenden Inhaberpapiere nebst den Erneuerungsscheinen bei einer Hinterlegungsstelle mit der Bestimmung zu hinterlegen, dass die Herausgabe nur mit Zustimmung des Nacherben verlangt werden kann. [2]Die Hinterlegung von Inhaberpapieren, die nach § 92 zu den verbrauchbaren Sachen gehören, sowie von Zins-, Renten- oder Gewinnanteilscheinen kann nicht verlangt werden. [3]Den Inhaberpapieren stehen Orderpapiere gleich, die mit Blankoindossament versehen sind.**

(2) **Über die hinterlegten Papiere kann der Vorerbe nur mit Zustimmung des Nacherben verfügen.**

§ 2117. Umschreibung; Umwandlung

[1]Der Vorerbe kann die Inhaberpapiere, statt sie nach § 2116 zu hinterlegen, auf seinen Namen mit der Bestimmung umschreiben lassen, dass er über sie nur mit Zustimmung des Nacherben verfügen kann. [2]Sind die Papiere vom Bund oder von einem Land ausgestellt, so kann er sie mit der gleichen Bestimmung in Buchforderungen gegen den Bund oder das Land umwandeln lassen.

§ 2118. Sperrvermerk im Schuldbuch

Gehören zur Erbschaft Buchforderungen gegen den Bund oder ein Land, so ist der Vorerbe auf Verlangen des Nacherben verpflichtet, in das Schuldbuch den Vermerk eintragen zu lassen, dass er über die Forderungen nur mit Zustimmung des Nacherben verfügen kann.

§ 2119. Anlegung von Geld

Geld, das nach den Regeln einer ordnungsmäßigen Wirtschaft dauernd anzulegen ist, darf der Vorerbe nur nach den für die Anlegung von Mündelgeld geltenden Vorschriften anlegen.

§ 2120. Einwilligungspflicht des Nacherben

[1]Ist zur ordnungsmäßigen Verwaltung, insbesondere zur Berichtigung von Nachlassverbindlichkeiten, eine Verfügung erforderlich, die der Vorerbe nicht mit Wirkung gegen den Nacherben vornehmen kann, so ist der Nacherbe dem Vorerben gegenüber verpflichtet, seine Einwilligung zu der Verfügung zu erteilen. [2]Die Einwilligung ist auf Verlangen in öffentlich beglaubigter Form zu erklären. [3]Die Kosten der Beglaubigung fallen dem Vorerben zur Last.

§ 2121. Verzeichnis der Erbschaftsgegenstände

(1) **[1]Der Vorerbe hat dem Nacherben auf Verlangen ein Verzeichnis der zur Erbschaft gehörenden Gegenstände mitzuteilen. [2]Das Verzeichnis ist mit der Angabe des Tages der Aufnahme zu versehen und von dem Vorerben zu unterzeichnen; der Vorerbe hat auf Verlangen die Unterzeichnung öffentlich beglaubigen zu lassen.**

(2) **Der Nacherbe kann verlangen, dass er bei der Aufnahme des Verzeichnisses zugezogen wird.**

(3) **Der Vorerbe ist berechtigt und auf Verlangen des Nacherben verpflichtet, das Verzeichnis durch die zuständige Behörde oder durch einen zuständigen Beamten oder Notar aufnehmen zu lassen.**

(4) **Die Kosten der Aufnahme und der Beglaubigung fallen der Erbschaft zur Last.**

§ 2122. Feststellung des Zustands der Erbschaft

[1]Der Vorerbe kann den Zustand der zur Erbschaft gehörenden Sachen auf seine Kosten durch Sachverständige feststellen lassen. [2]Das gleiche Recht steht dem Nacherben zu.

§ 2123. Wirtschaftsplan

(1) **[1]Gehört ein Wald zur Erbschaft, so kann sowohl der Vorerbe als der Nacherbe verlangen, dass das Maß der Nutzung und die Art der wirtschaftlichen Behandlung durch einen Wirtschaftsplan festgestellt werden. [2]Tritt eine erhebliche Änderung der Umstände ein, so kann jeder Teil eine entsprechende Änderung des Wirtschaftsplans verlangen. [3]Die Kosten fallen der Erbschaft zur Last.**

(2) **Das Gleiche gilt, wenn ein Bergwerk oder eine andere auf Gewinnung von Bodenbestandteilen gerichtete Anlage zur Erbschaft gehört.**

§ 2124. Erhaltungskosten

(1) **Der Vorerbe trägt dem Nacherben gegenüber die gewöhnlichen Erhaltungskosten.**

(2) **[1]Andere Aufwendungen, die der Vorerbe zum Zwecke der Erhaltung von Erbschaftsgegenständen den Umständen nach für erforderlich halten darf, kann er aus der Erbschaft bestreiten. [2]Bestreitet er sie aus seinem Vermögen, so ist der Nacherbe im Falle des Eintritts der Nacherbfolge zum Ersatz verpflichtet.**

§ 2125. Verwendungen; Wegnahmerecht

(1) Macht der Vorerbe Verwendungen auf die Erbschaft, die nicht unter die Vorschrift des § 2124 fallen, so ist der Nacherbe im Falle des Eintritts der Nacherbfolge nach den Vorschriften über die Geschäftsführung ohne Auftrag zum Ersatz verpflichtet.

(2) Der Vorerbe ist berechtigt, eine Einrichtung, mit der er eine zur Erbschaft gehörende Sache versehen hat, wegzunehmen.

§ 2126. Außerordentliche Lasten

[1]Der Vorerbe hat im Verhältnis zu dem Nacherben nicht die außerordentlichen Lasten zu tragen, die als auf den Stammwert der Erbschaftsgegenstände gelegt anzusehen sind. [2]Auf diese Lasten findet die Vorschrift des § 2124 Abs. 2 Anwendung.

§ 2127. Auskunftsrecht des Nacherben

Der Nacherbe ist berechtigt, von dem Vorerben Auskunft über den Bestand der Erbschaft zu verlangen, wenn Grund zu der Annahme besteht, dass der Vorerbe durch seine Verwaltung die Rechte des Nacherben erheblich verletzt.

§ 2128. Sicherheitsleistung

(1) Wird durch das Verhalten des Vorerben oder durch seine ungünstige Vermögenslage die Besorgnis einer erheblichen Verletzung der Rechte des Nacherben begründet, so kann der Nacherbe Sicherheitsleistung verlangen.

(2) Die für die Verpflichtung des Nießbrauchers zur Sicherheitsleistung geltende Vorschrift des § 1052 findet entsprechende Anwendung.

§ 2129. Wirkung einer Entziehung der Verwaltung

(1) Wird dem Vorerben die Verwaltung nach der Vorschrift des § 1052 entzogen, so verliert er das Recht, über Erbschaftsgegenstände zu verfügen.

(2) [1]Die Vorschriften zugunsten derjenigen, welche Rechte von einem Nichtberechtigten herleiten, finden entsprechende Anwendung. [2]Für die zur Erbschaft gehörenden Forderungen ist die Entziehung der Verwaltung dem Schuldner gegenüber erst wirksam, wenn er von der getroffenen Anordnung Kenntnis erlangt oder wenn ihm eine Mitteilung von der Anordnung zugestellt wird. [3]Das Gleiche gilt von der Aufhebung der Entziehung.

§ 2130. Herausgabepflicht nach dem Eintritt der Nacherbfolge, Rechenschaftspflicht

(1) [1]Der Vorerbe ist nach dem Eintritt der Nacherbfolge verpflichtet, dem Nacherben die Erbschaft in dem Zustand herauszugeben, der sich bei einer bis zur Herausgabe fortgesetzten ordnungsmäßigen Verwaltung ergibt. [2]Auf die Herausgabe eines landwirtschaftlichen Grundstücks findet die Vorschrift des § 596a, auf die Herausgabe eines Landguts finden die Vorschriften der §§ 596a, 596b entsprechende Anwendung.

(2) Der Vorerbe hat auf Verlangen Rechenschaft abzulegen.

§ 2131. Umfang der Sorgfaltspflicht

Der Vorerbe hat dem Nacherben gegenüber in Ansehung der Verwaltung nur für diejenige Sorgfalt einzustehen, welche er in eigenen Angelegenheiten anzuwenden pflegt.

§ 2132. Keine Haftung für gewöhnliche Abnutzung

Veränderungen oder Verschlechterungen von Erbschaftssachen, die durch ordnungsmäßige Benutzung herbeigeführt werden, hat der Vorerbe nicht zu vertreten.

§ 2133. Ordnungswidrige oder übermäßige Fruchtziehung

Zieht der Vorerbe Früchte den Regeln einer ordnungsmäßigen Wirtschaft zuwider oder zieht er Früchte deshalb im Übermaße, weil dies infolge eines besonderen Ereignisses notwendig geworden ist, so gebührt ihm der Wert der Früchte nur insoweit, als durch den ordnungswidrigen oder den übermäßigen Fruchtbezug die ihm gebührenden Nutzungen beeinträchtigt werden und nicht der Wert der Früchte nach den Regeln einer ordnungsmäßigen Wirtschaft zur Wiederherstellung der Sache zu verwenden ist.

§ 2134. Eigennützige Verwendung

[1] Hat der Vorerbe einen Erbschaftsgegenstand für sich verwendet, so ist er nach dem Eintritt der Nacherbfolge dem Nacherben gegenüber zum Ersatz des Wertes verpflichtet. [2] Eine weitergehende Haftung wegen Verschuldens bleibt unberührt.

§ 2135. Miet- und Pachtverhältnis bei der Nacherbfolge

Hat der Vorerbe ein zur Erbschaft gehörendes Grundstück oder eingetragenes Schiff vermietet oder verpachtet, so findet, wenn das Miet- oder Pachtverhältnis bei dem Eintritt der Nacherbfolge noch besteht, die Vorschrift des § 1056 entsprechende Anwendung.

§ 2136. Befreiung des Vorerben

Der Erblasser kann den Vorerben von den Beschränkungen und Verpflichtungen des § 2113 Abs. 1 und der §§ 2114, 2116 bis 2119, 2123, 2127 bis 2131, 2133, 2134 befreien.

§ 2137. Auslegungsregel für die Befreiung

(1) Hat der Erblasser den Nacherben auf dasjenige eingesetzt, was von der Erbschaft bei dem Eintritt der Nacherbfolge übrig sein wird, so gilt die Befreiung von allen in § 2136 bezeichneten Beschränkungen und Verpflichtungen als angeordnet.

(2) Das Gleiche ist im Zweifel anzunehmen, wenn der Erblasser bestimmt hat, dass der Vorerbe zur freien Verfügung über die Erbschaft berechtigt sein soll.

§ 2138. Beschränkte Herausgabepflicht

(1) [1] Die Herausgabepflicht des Vorerben beschränkt sich in den Fällen des § 2137 auf die bei ihm noch vorhandenen Erbschaftsgegenstände. [2] Für Verwendungen auf Gegenstände, die er infolge dieser Beschränkung nicht herauszugeben hat, kann er nicht Ersatz verlangen.

(2) Hat der Vorerbe der Vorschrift des § 2113 Abs. 2 zuwider über einen Erbschaftsgegenstand verfügt oder hat er die Erbschaft in der Absicht, den Nacherben zu benachteiligen, vermindert, so ist er dem Nacherben zum Schadensersatze verpflichtet.

§ 2139. Wirkung des Eintritts der Nacherbfolge

Mit dem Eintritt des Falles der Nacherbfolge hört der Vorerbe auf, Erbe zu sein, und fällt die Erbschaft dem Nacherben an.

§ 2140. Verfügungen des Vorerben nach Eintritt der Nacherbfolge

[1]Der Vorerbe ist auch nach dem Eintritt des Falles der Nacherbfolge zur Verfügung über Nachlassgegenstände in dem gleichen Umfang wie vorher berechtigt, bis er von dem Eintritt Kenntnis erlangt oder ihn kennen muss. [2]Ein Dritter kann sich auf diese Berechtigung nicht berufen, wenn er bei der Vornahme eines Rechtsgeschäfts den Eintritt kennt oder kennen muss.

§ 2141. Unterhalt der werdenden Mutter eines Nacherben

Ist bei dem Eintritt des Falles der Nacherbfolge die Geburt eines Nacherben zu erwarten, so findet auf den Unterhaltsanspruch der Mutter die Vorschrift des § 1963 entsprechende Anwendung.

§ 2142. Ausschlagung der Nacherbschaft

(1) Der Nacherbe kann die Erbschaft ausschlagen, sobald der Erbfall eingetreten ist.

(2) Schlägt der Nacherbe die Erbschaft aus, so verbleibt sie dem Vorerben, soweit nicht der Erblasser ein anderes bestimmt hat.

§ 2143. Wiederaufleben erloschener Rechtsverhältnisse

Tritt die Nacherbfolge ein, so gelten die infolge des Erbfalls durch Vereinigung von Recht und Verbindlichkeit oder von Recht und Belastung erloschenen Rechtsverhältnisse als nicht erloschen.

§ 2144. Haftung des Nacherben für Nachlassverbindlichkeiten

(1) Die Vorschriften über die Beschränkung der Haftung des Erben für die Nachlassverbindlichkeiten gelten auch für den Nacherben; an die Stelle des Nachlasses tritt dasjenige, was der Nacherbe aus der Erbschaft erlangt, mit Einschluss der ihm gegen den Vorerben als solchen zustehenden Ansprüche.

(2) Das von dem Vorerben errichtete Inventar kommt auch dem Nacherben zustatten.

(3) Der Nacherbe kann sich dem Vorerben gegenüber auf die Beschränkung seiner Haftung auch dann berufen, wenn er den übrigen Nachlassgläubigern gegenüber unbeschränkt haftet.

§ 2145. Haftung des Vorerben für Nachlassverbindlichkeiten

(1) [1]Der Vorerbe haftet nach dem Eintritt der Nacherbfolge für die Nachlassverbindlichkeiten noch insoweit, als der Nacherbe nicht haftet. [2]Die Haftung bleibt auch für diejenigen Nachlassverbindlichkeiten bestehen, welche im Verhältnis zwischen dem Vorerben und dem Nacherben dem Vorerben zur Last fallen.

(2) [1]Der Vorerbe kann nach dem Eintritt der Nacherbfolge die Berichtigung der Nachlassverbindlichkeiten, sofern nicht seine Haftung unbeschränkt ist, insoweit verweigern, als dasjenige nicht ausreicht, was ihm von der Erbschaft gebührt. [2]Die Vorschriften der §§ 1990, 1991 finden entsprechende Anwendung.

§ 2146. Anzeigepflicht des Vorerben gegenüber Nachlassgläubigern

(1) [1]Der Vorerbe ist den Nachlassgläubigern gegenüber verpflichtet, den Eintritt der Nacherbfolge unverzüglich dem Nachlassgericht anzuzeigen. [2]Die Anzeige des Vorerben wird durch die Anzeige des Nacherben ersetzt.

(2) **Das Nachlassgericht hat die Einsicht der Anzeige jedem zu gestatten, der ein rechtliches Interesse glaubhaft macht.**

Titel 4. Vermächtnis

Vor § 2147

Eine **Definition** des Vermächtnisses enthält § 1939. Anders als der Erbe ist der Vermächtnisnehmer nicht mit dinglicher Wirkung am Nachlass beteiligt. Vielmehr erhält er gem § 2174 nur einen obligatorischen Anspruch auf den vermachten Gegenstand; sog Damnationslegat – im Unterschied zum sog Vindikationslegat, das dem deutschen Recht fremd ist. Zur Auslegungsregel des § 2087 II, wonach bei Zuwendung einzelner Gegenstände im Zweifel ein Vermächtnis und keine Erbeinsetzung anzunehmen ist, s § 2087 Rz 1. **1**

§ 2147. Beschwerter

[1]Mit einem Vermächtnis kann der Erbe oder ein Vermächtnisnehmer beschwert werden. [2]Soweit nicht der Erblasser ein anderes bestimmt hat, ist der Erbe beschwert.

§ 2148. Mehrere Beschwerte

Sind mehrere Erben oder mehrere Vermächtnisnehmer mit demselben Vermächtnis beschwert, so sind im Zweifel die Erben nach dem Verhältnis der Erbteile, die Vermächtnisnehmer nach dem Verhältnis des Wertes der Vermächtnisse beschwert.

§ 2149. Vermächtnis an die gesetzlichen Erben

[1]Hat der Erblasser bestimmt, dass dem eingesetzten Erben ein Erbschaftsgegenstand nicht zufallen soll, so gilt der Gegenstand als den gesetzlichen Erben vermacht. [2]Der Fiskus gehört nicht zu den gesetzlichen Erben im Sinne dieser Vorschrift.

§ 2150. Vorausvermächtnis

Das einem Erben zugewendete Vermächtnis (Vorausvermächtnis) gilt als Vermächtnis auch insoweit, als der Erbe selbst beschwert ist.

Zur Abgrenzung zwischen Vorausvermächtnis und Teilungsanordnung s § 2048 Rz 3. **1**

§ 2151. Bestimmungsrecht des Beschwerten oder eines Dritten bei mehreren Bedachten

(1) **Der Erblasser kann mehrere mit einem Vermächtnis in der Weise bedenken, dass der Beschwerte oder ein Dritter zu bestimmen hat, wer von den mehreren das Vermächtnis erhalten soll.**

(2) **Die Bestimmung des Beschwerten erfolgt durch Erklärung gegenüber demjenigen, welcher das Vermächtnis erhalten soll; die Bestimmung des Dritten erfolgt durch Erklärung gegenüber dem Beschwerten.**

(3) **[1]Kann der Beschwerte oder der Dritte die Bestimmung nicht treffen, so sind die Bedachten Gesamtgläubiger. [2]Das Gleiche gilt, wenn das Nachlassgericht dem Beschwerten oder dem Dritten auf Antrag eines der Beteiligten eine Frist zur Abgabe der Erklärung bestimmt hat und die Frist verstrichen ist, so-**

fern nicht vorher die Erklärung erfolgt. [3]Der Bedachte, der das Vermächtnis erhält, ist im Zweifel nicht zur Teilung verpflichtet.

§ 2152. Wahlweise Bedachte

Hat der Erblasser mehrere mit einem Vermächtnis in der Weise bedacht, dass nur der eine oder der andere das Vermächtnis erhalten soll, so ist anzunehmen, dass der Beschwerte bestimmen soll, wer von ihnen das Vermächtnis erhält.

§ 2153. Bestimmung der Anteile

(1) **[1]Der Erblasser kann mehrere mit einem Vermächtnis in der Weise bedenken, dass der Beschwerte oder ein Dritter zu bestimmen hat, was jeder von dem vermachten Gegenstand erhalten soll. [2]Die Bestimmung erfolgt nach § 2151 Abs. 2.**

(2) **[1]Kann der Beschwerte oder der Dritte die Bestimmung nicht treffen, so sind die Bedachten zu gleichen Teilen berechtigt. [2]Die Vorschrift des § 2151 Abs. 3 Satz 2 findet entsprechende Anwendung.**

§ 2154. Wahlvermächtnis

(1) **[1]Der Erblasser kann ein Vermächtnis in der Art anordnen, dass der Bedachte von mehreren Gegenständen nur den einen oder den anderen erhalten soll. [2]Ist in einem solchen Falle die Wahl einem Dritten übertragen, so erfolgt sie durch Erklärung gegenüber dem Beschwerten.**

(2) **[1]Kann der Dritte die Wahl nicht treffen, so geht das Wahlrecht auf den Beschwerten über. [2]Die Vorschrift des § 2151 Abs. 3 Satz 2 findet entsprechende Anwendung.**

§ 2155. Gattungsvermächtnis

(1) **Hat der Erblasser die vermachte Sache nur der Gattung nach bestimmt, so ist eine den Verhältnissen des Bedachten entsprechende Sache zu leisten.**

(2) **Ist die Bestimmung der Sache dem Bedachten oder einem Dritten übertragen, so finden die nach § 2154 für die Wahl des Dritten geltenden Vorschriften Anwendung.**

(3) **Entspricht die von dem Bedachten oder dem Dritten getroffene Bestimmung den Verhältnissen des Bedachten offenbar nicht, so hat der Beschwerte so zu leisten, wie wenn der Erblasser über die Bestimmung der Sache keine Anordnung getroffen hätte.**

§ 2156. Zweckvermächtnis

[1]Der Erblasser kann bei der Anordnung eines Vermächtnisses, dessen Zweck er bestimmt hat, die Bestimmung der Leistung dem billigen Ermessen des Beschwerten oder eines Dritten überlassen. [2]Auf ein solches Vermächtnis finden die Vorschriften der §§ 315 bis 319 entsprechende Anwendung.

§ 2157. Gemeinschaftliches Vermächtnis

Ist mehreren derselbe Gegenstand vermacht, so finden die Vorschriften der §§ 2089 bis 2093 entsprechende Anwendung.

§ 2158. Anwachsung

(1) **[1]Ist mehreren derselbe Gegenstand vermacht, so wächst, wenn einer von ihnen vor oder nach dem Erbfall wegfällt, dessen Anteil den übrigen Bedachten**

nach dem Verhältnis ihrer Anteile an. [2]Dies gilt auch dann, wenn der Erblasser die Anteile der Bedachten bestimmt hat. [3]Sind einige der Bedachten zu demselben Anteil berufen, so tritt die Anwachsung zunächst unter ihnen ein.

(2) **Der Erblasser kann die Anwachsung ausschließen.**

§ 2159. Selbständigkeit der Anwachsung

Der durch Anwachsung einem Vermächtnisnehmer anfallende Anteil gilt in Ansehung der Vermächtnisse und Auflagen, mit denen dieser oder der wegfallende Vermächtnisnehmer beschwert ist, als besonderes Vermächtnis.

§ 2160. Vorversterben des Bedachten

Ein Vermächtnis ist unwirksam, wenn der Bedachte zur Zeit des Erbfalls nicht mehr lebt.

§ 2161. Wegfall des Beschwerten

[1]Ein Vermächtnis bleibt, sofern nicht ein anderer Wille des Erblassers anzunehmen ist, wirksam, wenn der Beschwerte nicht Erbe oder Vermächtnisnehmer wird. [2]Beschwert ist in diesem Falle derjenige, welchem der Wegfall des zunächst Beschwerten unmittelbar zustatten kommt.

§ 2162. Dreißigjährige Frist für aufgeschobenes Vermächtnis

(1) **Ein Vermächtnis, das unter einer aufschiebenden Bedingung oder unter Bestimmung eines Anfangstermins angeordnet ist, wird mit dem Ablauf von 30 Jahren nach dem Erbfall unwirksam, wenn nicht vorher die Bedingung oder der Termin eingetreten ist.**

(2) **Ist der Bedachte zur Zeit des Erbfalls noch nicht gezeugt oder wird seine Persönlichkeit durch ein erst nach dem Erbfall eintretendes Ereignis bestimmt, so wird das Vermächtnis mit dem Ablauf von 30 Jahren nach dem Erbfall unwirksam, wenn nicht vorher der Bedachte gezeugt oder das Ereignis eingetreten ist, durch das seine Persönlichkeit bestimmt wird.**

§ 2163. Ausnahmen von der dreißigjährigen Frist

(1) **Das Vermächtnis bleibt in den Fällen des § 2162 auch nach dem Ablauf von 30 Jahren wirksam:**

1. **wenn es für den Fall angeordnet ist, dass in der Person des Beschwerten oder des Bedachten ein bestimmtes Ereignis eintritt, und derjenige, in dessen Person das Ereignis eintreten soll, zur Zeit des Erbfalls lebt,**
2. **wenn ein Erbe, ein Nacherbe oder ein Vermächtnisnehmer für den Fall, dass ihm ein Bruder oder eine Schwester geboren wird, mit einem Vermächtnis zugunsten des Bruders oder der Schwester beschwert ist.**

(2) **Ist der Beschwerte oder der Bedachte, in dessen Person das Ereignis eintreten soll, eine juristische Person, so bewendet es bei der dreißigjährigen Frist.**

§ 2164. Erstreckung auf Zubehör und Ersatzansprüche

(1) **Das Vermächtnis einer Sache erstreckt sich im Zweifel auf das zur Zeit des Erbfalls vorhandene Zubehör.**

(2) **Hat der Erblasser wegen einer nach der Anordnung des Vermächtnisses erfolgten Beschädigung der Sache einen Anspruch auf Ersatz der Minderung des Wertes, so erstreckt sich im Zweifel das Vermächtnis auf diesen Anspruch.**

§ 2165. Belastungen

(1) [1]Ist ein zur Erbschaft gehörender Gegenstand vermacht, so kann der Vermächtnisnehmer im Zweifel nicht die Beseitigung der Rechte verlangen, mit denen der Gegenstand belastet ist. [2]Steht dem Erblasser ein Anspruch auf die Beseitigung zu, so erstreckt sich im Zweifel das Vermächtnis auf diesen Anspruch.

(2) Ruht auf einem vermachten Grundstück eine Hypothek, Grundschuld oder Rentenschuld, die dem Erblasser selbst zusteht, so ist aus den Umständen zu entnehmen, ob die Hypothek, Grundschuld oder Rentenschuld als mitvermacht zu gelten hat.

§ 2166. Belastung mit einer Hypothek

(1) [1]Ist ein vermachtes Grundstück, das zur Erbschaft gehört, mit einer Hypothek für eine Schuld des Erblassers oder für eine Schuld belastet, zu deren Berichtigung der Erblasser dem Schuldner gegenüber verpflichtet ist, so ist der Vermächtnisnehmer im Zweifel dem Erben gegenüber zur rechtzeitigen Befriedigung des Gläubigers insoweit verpflichtet, als die Schuld durch den Wert des Grundstücks gedeckt wird. [2]Der Wert bestimmt sich nach der Zeit, zu welcher das Eigentum auf den Vermächtnisnehmer übergeht; er wird unter Abzug der Belastungen berechnet, die der Hypothek im Range vorgehen.

(2) Ist dem Erblasser gegenüber ein Dritter zur Berichtigung der Schuld verpflichtet, so besteht die Verpflichtung des Vermächtnisnehmers im Zweifel nur insoweit, als der Erbe die Berichtigung nicht von dem Dritten erlangen kann.

(3) Auf eine Hypothek der in § 1190 bezeichneten Art finden diese Vorschriften keine Anwendung.

§ 2167. Belastung mit einer Gesamthypothek

[1]Sind neben dem vermachten Grundstück andere zur Erbschaft gehörende Grundstücke mit der Hypothek belastet, so beschränkt sich die in § 2166 bestimmte Verpflichtung des Vermächtnisnehmers im Zweifel auf den Teil der Schuld, der dem Verhältnis des Wertes des vermachten Grundstücks zu dem Werte der sämtlichen Grundstücke entspricht. [2]Der Wert wird nach § 2166 Abs. 1 Satz 2 berechnet.

§ 2168. Belastung mit einer Gesamtgrundschuld

(1) [1]Besteht an mehreren zur Erbschaft gehörenden Grundstücken eine Gesamtgrundschuld oder eine Gesamtrentenschuld und ist eines dieser Grundstücke vermacht, so ist der Vermächtnisnehmer im Zweifel dem Erben gegenüber zur Befriedigung des Gläubigers in Höhe des Teils der Grundschuld oder der Rentenschuld verpflichtet, der dem Verhältnis des Wertes des vermachten Grundstücks zu dem Wert der sämtlichen Grundstücke entspricht. [2]Der Wert wird nach § 2166 Abs. 1 Satz 2 berechnet.

(2) Ist neben dem vermachten Grundstück ein nicht zur Erbschaft gehörendes Grundstück mit einer Gesamtgrundschuld oder einer Gesamtrentenschuld belastet, so finden, wenn der Erblasser zur Zeit des Erbfalls gegenüber dem Eigentümer des anderen Grundstücks oder einem Rechtsvorgänger des Eigentümers zur Befriedigung des Gläubigers verpflichtet ist, die Vorschriften des § 2166 Abs. 1 und des § 2167 entsprechende Anwendung.

§ 2168a. Anwendung auf Schiffe, Schiffsbauwerke und Schiffshypotheken

§ 2165 Abs. 2, §§ 2166, 2167 gelten sinngemäß für eingetragene Schiffe und Schiffsbauwerke und für Schiffshypotheken.

§ 2169. Vermächtnis fremder Gegenstände

(1) **Das Vermächtnis eines bestimmten Gegenstands ist unwirksam, soweit der Gegenstand zur Zeit des Erbfalls nicht zur Erbschaft gehört, es sei denn, dass der Gegenstand dem Bedachten auch für den Fall zugewendet sein soll, dass er nicht zur Erbschaft gehört.**

(2) **Hat der Erblasser nur den Besitz der vermachten Sache, so gilt im Zweifel der Besitz als vermacht, es sei denn, dass er dem Bedachten keinen rechtlichen Vorteil gewährt.**

(3) **Steht dem Erblasser ein Anspruch auf Leistung des vermachten Gegenstands oder, falls der Gegenstand nach der Anordnung des Vermächtnisses untergegangen oder dem Erblasser entzogen worden ist, ein Anspruch auf Ersatz des Wertes zu, so gilt im Zweifel der Anspruch als vermacht.**

(4) **Zur Erbschaft gehört im Sinne des Absatzes 1 ein Gegenstand nicht, wenn der Erblasser zu dessen Veräußerung verpflichtet ist.**

1. Abs 1 enthält eine Unwirksamkeitsvermutung, bei deren Widerlegung ein **Verschaffungsvermächtnis** gem § 2170 anzunehmen ist. 1

2. Die in **Abs 3** vorgesehene **Surrogation** schränkt die Unwirksamkeitsfolge des Abs 1 ein. Die Zweifelsregel des Abs 3 betrifft nach ihrem Wortlaut (Untergang, Entziehung) nicht Ansprüche aus freiwilliger Veräußerung des Vermächtnisgegenstandes. Es besteht auch kein allgemeines Surrogationsprinzip; freilich bleibt es möglich, im Wege der ergänzenden Testamentsauslegung den Veräußerungserlös als vermacht anzusehen (BGHZ 22, 357; 31, 13, 22). 2

§ 2170. Verschaffungsvermächtnis

(1) **Ist das Vermächtnis eines Gegenstands, der zur Zeit des Erbfalls nicht zur Erbschaft gehört, nach § 2169 Abs. 1 wirksam, so hat der Beschwerte den Gegenstand dem Bedachten zu verschaffen.**

(2) [1]**Ist der Beschwerte zur Verschaffung außerstande, so hat er den Wert zu entrichten.** [2]**Ist die Verschaffung nur mit unverhältnismäßigen Aufwendungen möglich, so kann sich der Beschwerte durch Entrichtung des Wertes befreien.**

§ 2171. Unmöglichkeit, gesetzliches Verbot

(1) **Ein Vermächtnis, das auf eine zur Zeit des Erbfalls für jedermann unmögliche Leistung gerichtet ist oder gegen ein zu dieser Zeit bestehendes gesetzliches Verbot verstößt, ist unwirksam.**

(2) **Die Unmöglichkeit der Leistung steht der Gültigkeit des Vermächtnisses nicht entgegen, wenn die Unmöglichkeit behoben werden kann und das Vermächtnis für den Fall zugewendet ist, dass die Leistung möglich wird.**

(3) **Wird ein Vermächtnis, das auf eine unmögliche Leistung gerichtet ist, unter einer anderen aufschiebenden Bedingung oder unter Bestimmung eines Anfangstermins zugewendet, so ist das Vermächtnis gültig, wenn die Unmöglichkeit vor dem Eintritt der Bedingung oder des Termins behoben wird.**

§ 2172. Verbindung, Vermischung, Vermengung der vermachten Sache

(1) **Die Leistung einer vermachten Sache gilt auch dann als unmöglich, wenn die Sache mit einer anderen Sache in solcher Weise verbunden, vermischt oder vermengt worden ist, dass nach den §§ 946 bis 948 das Eigentum an der anderen Sache sich auf sie erstreckt oder Miteigentum eingetreten ist, oder wenn sie in solcher Weise verarbeitet oder umgebildet worden ist, dass nach § 950 derjenige, welcher die neue Sache hergestellt hat, Eigentümer geworden ist.**

(2) [1]**Ist die Verbindung, Vermischung oder Vermengung durch einen anderen als den Erblasser erfolgt und hat der Erblasser dadurch Miteigentum erworben, so gilt im Zweifel das Miteigentum als vermacht; steht dem Erblasser ein Recht zur Wegnahme der verbundenen Sache zu, so gilt im Zweifel dieses Recht als vermacht.** [2]**Im Falle der Verarbeitung oder Umbildung durch einen anderen als den Erblasser bewendet es bei der Vorschrift des § 2169 Abs. 3.**

§ 2173. Forderungsvermächtnis

[1]**Hat der Erblasser eine ihm zustehende Forderung vermacht, so ist, wenn vor dem Erbfall die Leistung erfolgt und der geleistete Gegenstand noch in der Erbschaft vorhanden ist, im Zweifel anzunehmen, dass dem Bedachten dieser Gegenstand zugewendet sein soll.** [2]**War die Forderung auf die Zahlung einer Geldsumme gerichtet, so gilt im Zweifel die entsprechende Geldsumme als vermacht, auch wenn sich eine solche in der Erbschaft nicht vorfindet.**

§ 2174. Vermächtnisanspruch

Durch das Vermächtnis wird für den Bedachten das Recht begründet, von dem Beschwerten die Leistung des vermachten Gegenstands zu fordern.

1 Diese zentrale Norm des Vermächtnisrechts stellt klar, dass das Vermächtnis nur einen **schuldrechtlichen Anspruch** und keine dingliche Beteiligung begründet (s Vor § 2147 Rz 1). Die Entstehung des Anspruchs regeln §§ 2176 ff.

§ 2175. Wiederaufleben erloschener Rechtsverhältnisse

Hat der Erblasser eine ihm gegen den Erben zustehende Forderung oder hat er ein Recht vermacht, mit dem eine Sache oder ein Recht des Erben belastet ist, so gelten die infolge des Erbfalls durch Vereinigung von Recht und Verbindlichkeit oder von Recht und Belastung erloschenen Rechtsverhältnisse in Ansehung des Vermächtnisses als nicht erloschen.

§ 2176. Anfall des Vermächtnisses

Die Forderung des Vermächtnisnehmers kommt, unbeschadet des Rechts, das Vermächtnis auszuschlagen, zur Entstehung (Anfall des Vermächtnisses) mit dem Erbfall.

§ 2177. Anfall bei einer Bedingung oder Befristung

Ist das Vermächtnis unter einer aufschiebenden Bedingung oder unter Bestimmung eines Anfangstermins angeordnet und tritt die Bedingung oder der Termin erst nach dem Erbfall ein, so erfolgt der Anfall des Vermächtnisses mit dem Eintritt der Bedingung oder des Termins.

§ 2178. Anfall bei einem noch nicht gezeugten oder bestimmten Bedachten

Ist der Bedachte zur Zeit des Erbfalls noch nicht gezeugt oder wird seine Persönlichkeit durch ein erst nach dem Erbfall eintretendes Ereignis bestimmt, so erfolgt der Anfall des Vermächtnisses im ersteren Falle mit der Geburt, im letzteren Falle mit dem Eintritt des Ereignisses.

§ 2179. Schwebezeit

Für die Zeit zwischen dem Erbfall und dem Anfall des Vermächtnisses finden in den Fällen der §§ 2177, 2178 die Vorschriften Anwendung, die für den Fall gelten, dass eine Leistung unter einer aufschiebenden Bedingung geschuldet wird.

§ 2180. Annahme und Ausschlagung

(1) **Der Vermächtnisnehmer kann das Vermächtnis nicht mehr ausschlagen, wenn er es angenommen hat.**

(2) [1]**Die Annahme sowie die Ausschlagung des Vermächtnisses erfolgt durch Erklärung gegenüber dem Beschwerten.** [2]**Die Erklärung kann erst nach dem Eintritt des Erbfalls abgegeben werden; sie ist unwirksam, wenn sie unter einer Bedingung oder einer Zeitbestimmung abgegeben wird.**

(3) **Die für die Annahme und die Ausschlagung einer Erbschaft geltenden Vorschriften des § 1950, des § 1952 Abs. 1, 3 und des § 1953 Abs. 1, 2 finden entsprechende Anwendung.**

Die Ausschlagung eines Vermächtnisses ist **nicht fristgebunden.** Die Frist für die Erbausschlagung (§ 1944) gilt nicht entsprechend, da Abs 3 nur auf einzelne Vorschriften – und gerade nicht auf § 1944 – verweist (BGH NJW 2011, 1353). Will der Erbe Rechtsklarheit erreichen, muss er den Vermächtnisnehmer nach § 2307 II zur Erklärung über die Annahme des Vermächtnisses auffordern. 1

§ 2181. Fälligkeit bei Beliebigkeit

Ist die Zeit der Erfüllung eines Vermächtnisses dem freien Belieben des Beschwerten überlassen, so wird die Leistung im Zweifel mit dem Tode des Beschwerten fällig.

§ 2182. Haftung für Rechtsmängel

(1) [1]**Ist ein nur der Gattung nach bestimmter Gegenstand vermacht, so hat der Beschwerte die gleichen Verpflichtungen wie ein Verkäufer nach den Vorschriften des § 433 Abs. 1 Satz 1, der §§ 436, 452 und 453.** [2]**Er hat den Gegenstand dem Vermächtnisnehmer frei von Rechtsmängeln im Sinne des § 435 zu verschaffen.** [3]**§ 444 findet entsprechende Anwendung.**

(2) **Dasselbe gilt im Zweifel, wenn ein bestimmter nicht zur Erbschaft gehörender Gegenstand vermacht ist, unbeschadet der sich aus dem § 2170 ergebenden Beschränkung der Haftung.**

(3) **Ist ein Grundstück Gegenstand des Vermächtnisses, so haftet der Beschwerte im Zweifel nicht für die Freiheit des Grundstücks von Grunddienstbarkeiten, beschränkten persönlichen Dienstbarkeiten und Reallasten.**

§ 2183. Haftung für Sachmängel

[1]**Ist eine nur der Gattung nach bestimmte Sache vermacht, so kann der Vermächtnisnehmer, wenn die geleistete Sache mangelhaft ist, verlangen, dass ihm anstelle der mangelhaften Sache eine mangelfreie geliefert wird.** [2]**Hat der Beschwerte einen Sachmangel arglistig verschwiegen, so kann der Vermächtnisnehmer anstelle der Lieferung einer mangelfreien Sache Schadensersatz statt der Leistung verlangen, ohne dass er eine Frist zur Nacherfüllung setzen muss.** [3]**Auf diese Ansprüche finden die für die Sachmängelhaftung beim Kauf einer Sache geltenden Vorschriften entsprechende Anwendung.**

§ 2184. Früchte; Nutzungen

[1]**Ist ein bestimmter zur Erbschaft gehörender Gegenstand vermacht, so hat der Beschwerte dem Vermächtnisnehmer auch die seit dem Anfall des Vermächtnisses gezogenen Früchte sowie das sonst auf Grund des vermachten Rechts Erlangte herauszugeben.** [2]**Für Nutzungen, die nicht zu den Früchten gehören, hat der Beschwerte nicht Ersatz zu leisten.**

§ 2185. Ersatz von Verwendungen und Aufwendungen

Ist eine bestimmte zur Erbschaft gehörende Sache vermacht, so kann der Beschwerte für die nach dem Erbfall auf die Sache gemachten Verwendungen sowie für Aufwendungen, die er nach dem Erbfall zur Bestreitung von Lasten der Sache gemacht hat, Ersatz nach den Vorschriften verlangen, die für das Verhältnis zwischen dem Besitzer und dem Eigentümer gelten.

§ 2186. Fälligkeit eines Untervermächtnisses oder einer Auflage

Ist ein Vermächtnisnehmer mit einem Vermächtnis oder einer Auflage beschwert, so ist er zur Erfüllung erst dann verpflichtet, wenn er die Erfüllung des ihm zugewendeten Vermächtnisses zu verlangen berechtigt ist.

§ 2187. Haftung des Hauptvermächtnisnehmers

(1) Ein Vermächtnisnehmer, der mit einem Vermächtnis oder einer Auflage beschwert ist, kann die Erfüllung auch nach der Annahme des ihm zugewendeten Vermächtnisses insoweit verweigern, als dasjenige, was er aus dem Vermächtnis erhält, zur Erfüllung nicht ausreicht.

(2) Tritt nach § 2161 ein anderer an die Stelle des beschwerten Vermächtnisnehmers, so haftet er nicht weiter, als der Vermächtnisnehmer haften würde.

(3) Die für die Haftung des Erben geltende Vorschrift des § 1992 findet entsprechende Anwendung.

§ 2188. Kürzung der Beschwerungen

Wird die einem Vermächtnisnehmer gebührende Leistung auf Grund der Beschränkung der Haftung des Erben, wegen eines Pflichtteilsanspruchs oder in Gemäßheit des § 2187 gekürzt, so kann der Vermächtnisnehmer, sofern nicht ein anderer Wille des Erblassers anzunehmen ist, die ihm auferlegten Beschwerungen verhältnismäßig kürzen.

§ 2189. Anordnung eines Vorrangs

Der Erblasser kann für den Fall, dass die dem Erben oder einem Vermächtnisnehmer auferlegten Vermächtnisse und Auflagen auf Grund der Beschränkung der Haftung des Erben, wegen eines Pflichtteilsanspruchs oder in Gemäßheit der §§ 2187, 2188 gekürzt werden, durch Verfügung von Todes wegen anordnen, dass ein Vermächtnis oder eine Auflage den Vorrang vor den übrigen Beschwerungen haben soll.

§ 2190. Ersatzvermächtnisnehmer

Hat der Erblasser für den Fall, dass der zunächst Bedachte das Vermächtnis nicht erwirbt, den Gegenstand des Vermächtnisses einem anderen zugewendet, so finden die für die Einsetzung eines Ersatzerben geltenden Vorschriften der §§ 2097 bis 2099 entsprechende Anwendung.

§ 2191. Nachvermächtnisnehmer

(1) Hat der Erblasser den vermachten Gegenstand von einem nach dem Anfall des Vermächtnisses eintretenden bestimmten Zeitpunkt oder Ereignis an einem Dritten zugewendet, so gilt der erste Vermächtnisnehmer als beschwert.

(2) Auf das Vermächtnis finden die für die Einsetzung eines Nacherben geltenden Vorschriften des § 2102, des § 2106 Abs. 1, des § 2107 und des § 2110 Abs. 1 entsprechende Anwendung.

Titel 5. Auflage

Vor § 2192

Die in § 1940 definierte **Auflage** unterscheidet sich dadurch vom Vermächtnis, dass der **Begünstigte** keinen Anspruch auf Erfüllung besitzt; mitunter ist auch gar kein Begünstigter vorhanden (zB Versorgung eines Tieres). Die in § 2194 genannten Personen (auch Testamentsvollstrecker, vgl § 2208 II) können aber die Vollziehung verlangen. Dabei handelt es sich um einen Anspruch des Vollziehungsberechtigten auf Leistung an einen Dritten (den Begünstigten). **Gegenstand** der Auflage kann ein Tun oder Unterlassen sein, dh alles, wozu man sich schuldrechtlich verpflichten kann (Bsp: Bestattung in bestimmter Weise, Grabpflege, Fortsetzung eines Unternehmens, Nichtveräußerung eines Grundstücks). 1

§ 2192. Anzuwendende Vorschriften

Auf eine Auflage finden die für letztwillige Zuwendungen geltenden Vorschriften der §§ 2065, 2147, 2148, 2154 bis 2156, 2161, 2171, 2181 entsprechende Anwendung.

§ 2193. Bestimmung des Begünstigten, Vollziehungsfrist

(1) **Der Erblasser kann bei der Anordnung einer Auflage, deren Zweck er bestimmt hat, die Bestimmung der Person, an welche die Leistung erfolgen soll, dem Beschwerten oder einem Dritten überlassen.**

(2) **Steht die Bestimmung dem Beschwerten zu, so kann ihm, wenn er zur Vollziehung der Auflage rechtskräftig verurteilt ist, von dem Kläger eine angemessene Frist zur Vollziehung bestimmt werden; nach dem Ablauf der Frist ist der Kläger berechtigt, die Bestimmung zu treffen, wenn nicht die Vollziehung rechtzeitig erfolgt.**

(3) [1]**Steht die Bestimmung einem Dritten zu, so erfolgt sie durch Erklärung gegenüber dem Beschwerten.** [2]**Kann der Dritte die Bestimmung nicht treffen, so geht das Bestimmungsrecht auf den Beschwerten über.** [3]**Die Vorschrift des § 2151 Abs. 3 Satz 2 findet entsprechende Anwendung; zu den Beteiligten im Sinne dieser Vorschrift gehören der Beschwerte und diejenigen, welche die Vollziehung der Auflage zu verlangen berechtigt sind.**

§ 2194. Anspruch auf Vollziehung

[1]**Die Vollziehung einer Auflage können der Erbe, der Miterbe und derjenige verlangen, welchem der Wegfall des mit der Auflage zunächst Beschwerten unmittelbar zustatten kommen würde.** [2]**Liegt die Vollziehung im öffentlichen Interesse, so kann auch die zuständige Behörde die Vollziehung verlangen.**

§ 2195. Verhältnis von Auflage und Zuwendung

Die Unwirksamkeit einer Auflage hat die Unwirksamkeit der unter der Auflage gemachten Zuwendung nur zur Folge, wenn anzunehmen ist, dass der Erblasser die Zuwendung nicht ohne die Auflage gemacht haben würde.

§ 2196. Unmöglichkeit der Vollziehung

(1) **Wird die Vollziehung einer Auflage infolge eines von dem Beschwerten zu vertretenden Umstands unmöglich, so kann derjenige, welchem der Wegfall des zunächst Beschwerten unmittelbar zustatten kommen würde, die Herausgabe der Zuwendung nach den Vorschriften über die Herausgabe einer ungerechtfer-**

tigten Bereicherung insoweit fordern, als die Zuwendung zur Vollziehung der Auflage hätte verwendet werden müssen.

(2) **Das Gleiche gilt, wenn der Beschwerte zur Vollziehung einer Auflage, die nicht durch einen Dritten vollzogen werden kann, rechtskräftig verurteilt ist und die zulässigen Zwangsmittel erfolglos gegen ihn angewendet worden sind.**

Titel 6. Testamentsvollstrecker

Vor § 2197

1 **1. Arten.** Die Abwicklungsvollstreckung (§§ 2203–2207) zur Ausführung der Anordnungen des Erblassers bildet in der Praxis den Regelfall. Dauervollstreckung (§§ 2209 I 1 HS 1) führt zu einer dauerhaften Verwaltung des Nachlasses durch den Testamentsvollstrecker (Höchstdauer: § 2210).

2 **2. Befugnisse.** Der Testamentsvollstrecker ist Inhaber eines privaten Amtes. Er handelt nicht als Vertreter der Erben, sondern im eigenen Namen für fremde Rechnung (Amtstheorie, hM, BGHZ 13, 203, 205; *Leipold* Rz 799). Seiner Verfügungsmacht (§ 2205) steht eine entsprechende Verfügungsbeschränkung des Erben gegenüber (§ 2211). Zu Prozessen für und gegen den Nachlass s §§ 2212, 2213. Bei der Zwangsvollstreckung für und gegen den Testamentsvollstrecker gelten die Besonderheiten der §§ 748 ff ZPO.

3 **3. Verhältnis zum Erben.** Verpflichtung zu ordnungsgemäßer Verwaltung (§ 2216); bei schuldhafter Pflichtverletzung bietet § 2219 eine Anspruchsgrundlage für die Haftung. Zwischen dem Erben und dem Testamentsvollstrecker besteht ein gesetzliches Schuldverhältnis. Aus rechtstechnischen Gründen wird in § 2218 I weitgehend auf das Auftragsrecht verwiesen.

§ 2197. Ernennung des Testamentsvollstreckers

(1) **Der Erblasser kann durch Testament einen oder mehrere Testamentsvollstrecker ernennen.**

(2) **Der Erblasser kann für den Fall, dass der ernannte Testamentsvollstrecker vor oder nach der Annahme des Amts wegfällt, einen anderen Testamentsvollstrecker ernennen.**

§ 2198. Bestimmung des Testamentsvollstreckers durch einen Dritten

(1) [1]**Der Erblasser kann die Bestimmung der Person des Testamentsvollstreckers einem Dritten überlassen.** [2]**Die Bestimmung erfolgt durch Erklärung gegenüber dem Nachlassgericht; die Erklärung ist in öffentlich beglaubigter Form abzugeben.**

(2) **Das Bestimmungsrecht des Dritten erlischt mit dem Ablauf einer ihm auf Antrag eines der Beteiligten von dem Nachlassgericht bestimmten Frist.**

§ 2199. Ernennung eines Mitvollstreckers oder Nachfolgers

(1) **Der Erblasser kann den Testamentsvollstrecker ermächtigen, einen oder mehrere Mitvollstrecker zu ernennen.**

(2) **Der Erblasser kann den Testamentsvollstrecker ermächtigen, einen Nachfolger zu ernennen.**

(3) **Die Ernennung erfolgt nach § 2198 Abs. 1 Satz 2.**

§ 2200. Ernennung durch das Nachlassgericht

(1) **Hat der Erblasser in dem Testament das Nachlassgericht ersucht, einen Testamentsvollstrecker zu ernennen, so kann das Nachlassgericht die Ernennung vornehmen.**

(2) **Das Nachlassgericht soll vor der Ernennung die Beteiligten hören, wenn es ohne erhebliche Verzögerung und ohne unverhältnismäßige Kosten geschehen kann.**

§ 2201. Unwirksamkeit der Ernennung

Die Ernennung des Testamentsvollstreckers ist unwirksam, wenn er zu der Zeit, zu welcher er das Amt anzutreten hat, geschäftsunfähig oder in der Geschäftsfähigkeit beschränkt ist oder nach § 1896 zur Besorgung seiner Vermögensangelegenheiten einen Betreuer erhalten hat.

§ 2202. Annahme und Ablehnung des Amts

(1) **Das Amt des Testamentsvollstreckers beginnt mit dem Zeitpunkt, in welchem der Ernannte das Amt annimmt.**

(2) [1]**Die Annahme sowie die Ablehnung des Amts erfolgt durch Erklärung gegenüber dem Nachlassgericht.** [2]**Die Erklärung kann erst nach dem Eintritt des Erbfalls abgegeben werden; sie ist unwirksam, wenn sie unter einer Bedingung oder einer Zeitbestimmung abgegeben wird.**

(3) [1]**Das Nachlassgericht kann dem Ernannten auf Antrag eines der Beteiligten eine Frist zur Erklärung über die Annahme bestimmen.** [2]**Mit dem Ablauf der Frist gilt das Amt als abgelehnt, wenn nicht die Annahme vorher erklärt wird.**

§ 2203. Aufgabe des Testamentsvollstreckers

Der Testamentsvollstrecker hat die letztwilligen Verfügungen des Erblassers zur Ausführung zu bringen.

§ 2204. Auseinandersetzung unter Miterben

(1) **Der Testamentsvollstrecker hat, wenn mehrere Erben vorhanden sind, die Auseinandersetzung unter ihnen nach Maßgabe der §§ 2042 bis 2057a zu bewirken.**

(2) **Der Testamentsvollstrecker hat die Erben über den Auseinandersetzungsplan vor der Ausführung zu hören.**

§ 2205. Verwaltung des Nachlasses, Verfügungsbefugnis

[1]**Der Testamentsvollstrecker hat den Nachlass zu verwalten.** [2]**Er ist insbesondere berechtigt, den Nachlass in Besitz zu nehmen und über die Nachlassgegenstände zu verfügen.** [3]**Zu unentgeltlichen Verfügungen ist er nur berechtigt, soweit sie einer sittlichen Pflicht oder einer auf den Anstand zu nehmenden Rücksicht entsprechen.**

§ 2206. Eingehung von Verbindlichkeiten

(1) [1]**Der Testamentsvollstrecker ist berechtigt, Verbindlichkeiten für den Nachlass einzugehen, soweit die Eingehung zur ordnungsmäßigen Verwaltung erforderlich ist.** [2]**Die Verbindlichkeit zu einer Verfügung über einen Nachlassgegenstand kann der Testamentsvollstrecker für den Nachlass auch dann eingehen, wenn er zu der Verfügung berechtigt ist.**

(2) **Der Erbe ist verpflichtet, zur Eingehung solcher Verbindlichkeiten seine Einwilligung zu erteilen, unbeschadet des Rechts, die Beschränkung seiner Haftung für die Nachlassverbindlichkeiten geltend zu machen.**

§ 2207. Erweiterte Verpflichtungsbefugnis

[1]Der Erblasser kann anordnen, dass der Testamentsvollstrecker in der Eingehung von Verbindlichkeiten für den Nachlass nicht beschränkt sein soll. [2]Der Testamentsvollstrecker ist auch in einem solchen Falle zu einem Schenkungsversprechen nur nach Maßgabe des § 2205 Satz 3 berechtigt.

§ 2208. Beschränkung der Rechte des Testamentsvollstreckers, Ausführung durch den Erben

(1) [1]Der Testamentsvollstrecker hat die in den §§ 2203 bis 2206 bestimmten Rechte nicht, soweit anzunehmen ist, dass sie ihm nach dem Willen des Erblassers nicht zustehen sollen. [2]Unterliegen der Verwaltung des Testamentsvollstreckers nur einzelne Nachlassgegenstände, so stehen ihm die in § 2205 Satz 2 bestimmten Befugnisse nur in Ansehung dieser Gegenstände zu.

(2) Hat der Testamentsvollstrecker Verfügungen des Erblassers nicht selbst zur Ausführung zu bringen, so kann er die Ausführung von dem Erben verlangen, sofern nicht ein anderer Wille des Erblassers anzunehmen ist.

§ 2209. Dauervollstreckung

[1]Der Erblasser kann einem Testamentsvollstrecker die Verwaltung des Nachlasses übertragen, ohne ihm andere Aufgaben als die Verwaltung zuzuweisen; er kann auch anordnen, dass der Testamentsvollstrecker die Verwaltung nach der Erledigung der ihm sonst zugewiesenen Aufgaben fortzuführen hat. [2]Im Zweifel ist anzunehmen, dass einem solchen Testamentsvollstrecker die in § 2207 bezeichnete Ermächtigung erteilt ist.

§ 2210. Dreißigjährige Frist für die Dauervollstreckung

[1]Eine nach § 2209 getroffene Anordnung wird unwirksam, wenn seit dem Erbfall 30 Jahre verstrichen sind. [2]Der Erblasser kann jedoch anordnen, dass die Verwaltung bis zum Tode des Erben oder des Testamentsvollstreckers oder bis zum Eintritt eines anderen Ereignisses in der Person des einen oder des anderen fortdauern soll. [3]Die Vorschrift des § 2163 Abs. 2 findet entsprechende Anwendung.

§ 2211. Verfügungsbeschränkung des Erben

(1) Über einen der Verwaltung des Testamentsvollstreckers unterliegenden Nachlassgegenstand kann der Erbe nicht verfügen.

(2) Die Vorschriften zugunsten derjenigen, welche Rechte von einem Nichtberechtigten herleiten, finden entsprechende Anwendung.

§ 2212. Gerichtliche Geltendmachung von der Testamentsvollstreckung unterliegenden Rechten

Ein der Verwaltung des Testamentsvollstreckers unterliegendes Recht kann nur von dem Testamentsvollstrecker gerichtlich geltend gemacht werden.

§ 2213. Gerichtliche Geltendmachung von Ansprüchen gegen den Nachlass

(1) [1]Ein Anspruch, der sich gegen den Nachlass richtet, kann sowohl gegen den Erben als gegen den Testamentsvollstrecker gerichtlich geltend gemacht werden. [2]Steht dem Testamentsvollstrecker nicht die Verwaltung des Nachlasses zu, so ist die Geltendmachung nur gegen den Erben zulässig. [3]Ein Pflichtteilsanspruch kann, auch wenn dem Testamentsvollstrecker die Verwaltung des Nachlasses zusteht, nur gegen den Erben geltend gemacht werden.

(2) Die Vorschrift des § 1958 findet auf den Testamentsvollstrecker keine Anwendung.

(3) Ein Nachlassgläubiger, der seinen Anspruch gegen den Erben geltend macht, kann den Anspruch auch gegen den Testamentsvollstrecker dahin geltend machen, dass dieser die Zwangsvollstreckung in die seiner Verwaltung unterliegenden Nachlassgegenstände dulde.

§ 2214. Gläubiger des Erben

Gläubiger des Erben, die nicht zu den Nachlassgläubigern gehören, können sich nicht an die der Verwaltung des Testamentsvollstreckers unterliegenden Nachlassgegenstände halten.

§ 2215. Nachlassverzeichnis

(1) Der Testamentsvollstrecker hat dem Erben unverzüglich nach der Annahme des Amts ein Verzeichnis der seiner Verwaltung unterliegenden Nachlassgegenstände und der bekannten Nachlassverbindlichkeiten mitzuteilen und ihm die zur Aufnahme des Inventars sonst erforderliche Beihilfe zu leisten.

(2) Das Verzeichnis ist mit der Angabe des Tages der Aufnahme zu versehen und von dem Testamentsvollstrecker zu unterzeichnen; der Testamentsvollstrecker hat auf Verlangen die Unterzeichnung öffentlich beglaubigen zu lassen.

(3) Der Erbe kann verlangen, dass er bei der Aufnahme des Verzeichnisses zugezogen wird.

(4) Der Testamentsvollstrecker ist berechtigt und auf Verlangen des Erben verpflichtet, das Verzeichnis durch die zuständige Behörde oder durch einen zuständigen Beamten oder Notar aufnehmen zu lassen.

(5) Die Kosten der Aufnahme und der Beglaubigung fallen dem Nachlass zur Last.

§ 2216. Ordnungsmäßige Verwaltung des Nachlasses, Befolgung von Anordnungen

(1) Der Testamentsvollstrecker ist zur ordnungsmäßigen Verwaltung des Nachlasses verpflichtet.

(2) [1]Anordnungen, die der Erblasser für die Verwaltung durch letztwillige Verfügung getroffen hat, sind von dem Testamentsvollstrecker zu befolgen. [2]Sie können jedoch auf Antrag des Testamentsvollstreckers oder eines anderen Beteiligten von dem Nachlassgericht außer Kraft gesetzt werden, wenn ihre Befolgung den Nachlass erheblich gefährden würde. [3]Das Gericht soll vor der Entscheidung, soweit tunlich, die Beteiligten hören.

§ 2217. Überlassung von Nachlassgegenständen

(1) [1]Der Testamentsvollstrecker hat Nachlassgegenstände, deren er zur Erfüllung seiner Obliegenheiten offenbar nicht bedarf, dem Erben auf Verlangen zur freien Verfügung zu überlassen. [2]Mit der Überlassung erlischt sein Recht zur Verwaltung der Gegenstände.

(2) Wegen Nachlassverbindlichkeiten, die nicht auf einem Vermächtnis oder einer Auflage beruhen, sowie wegen bedingter und betagter Vermächtnisse oder Auflagen kann der Testamentsvollstrecker die Überlassung der Gegenstände nicht verweigern, wenn der Erbe für die Berichtigung der Verbindlichkeiten oder für die Vollziehung der Vermächtnisse oder Auflagen Sicherheit leistet.

§ 2218. Rechtsverhältnis zum Erben; Rechnungslegung

(1) **Auf das Rechtsverhältnis zwischen dem Testamentsvollstrecker und dem Erben finden die für den Auftrag geltenden Vorschriften der §§ 664, 666 bis 668, 670, des § 673 Satz 2 und des § 674 entsprechende Anwendung.**

(2) **Bei einer länger dauernden Verwaltung kann der Erbe jährlich Rechnungslegung verlangen.**

§ 2219. Haftung des Testamentsvollstreckers

(1) **Verletzt der Testamentsvollstrecker die ihm obliegenden Verpflichtungen, so ist er, wenn ihm ein Verschulden zur Last fällt, für den daraus entstehenden Schaden dem Erben und, soweit ein Vermächtnis zu vollziehen ist, auch dem Vermächtnisnehmer verantwortlich.**

(2) **Mehrere Testamentsvollstrecker, denen ein Verschulden zur Last fällt, haften als Gesamtschuldner.**

§ 2220. Zwingendes Recht

Der Erblasser kann den Testamentsvollstrecker nicht von den ihm nach den §§ 2215, 2216, 2218, 2219 obliegenden Verpflichtungen befreien.

§ 2221. Vergütung des Testamentsvollstreckers

Der Testamentsvollstrecker kann für die Führung seines Amts eine angemessene Vergütung verlangen, sofern nicht der Erblasser ein anderes bestimmt hat.

§ 2222. Nacherbenvollstrecker

Der Erblasser kann einen Testamentsvollstrecker auch zu dem Zwecke ernennen, dass dieser bis zu dem Eintritt einer angeordneten Nacherbfolge die Rechte des Nacherben ausübt und dessen Pflichten erfüllt.

§ 2223. Vermächtnisvollstrecker

Der Erblasser kann einen Testamentsvollstrecker auch zu dem Zwecke ernennen, dass dieser für die Ausführung der einem Vermächtnisnehmer auferlegten Beschwerungen sorgt.

§ 2224. Mehrere Testamentsvollstrecker

(1) [1]**Mehrere Testamentsvollstrecker führen das Amt gemeinschaftlich; bei einer Meinungsverschiedenheit entscheidet das Nachlassgericht.** [2]**Fällt einer von ihnen weg, so führen die übrigen das Amt allein.** [3]**Der Erblasser kann abweichende Anordnungen treffen.**

(2) **Jeder Testamentsvollstrecker ist berechtigt, ohne Zustimmung der anderen Testamentsvollstrecker diejenigen Maßregeln zu treffen, welche zur Erhaltung eines der gemeinschaftlichen Verwaltung unterliegenden Nachlassgegenstands notwendig sind.**

§ 2225. Erlöschen des Amts des Testamentsvollstreckers

Das Amt des Testamentsvollstreckers erlischt, wenn er stirbt oder wenn ein Fall eintritt, in welchem die Ernennung nach § 2201 unwirksam sein würde.

§ 2226. Kündigung durch den Testamentsvollstrecker

[1]**Der Testamentsvollstrecker kann das Amt jederzeit kündigen.** [2]**Die Kündigung erfolgt durch Erklärung gegenüber dem Nachlassgericht.** [3]**Die Vorschrift des § 671 Abs. 2, 3 findet entsprechende Anwendung.**

§ 2227. Entlassung des Testamentsvollstreckers

Das Nachlassgericht kann den Testamentsvollstrecker auf Antrag eines der Beteiligten entlassen, wenn ein wichtiger Grund vorliegt; ein solcher Grund ist insbesondere grobe Pflichtverletzung oder Unfähigkeit zur ordnungsmäßigen Geschäftsführung.

§ 2228. Akteneinsicht

Das Nachlassgericht hat die Einsicht der nach § 2198 Abs. 1 Satz 2, § 2199 Abs. 3, § 2202 Abs. 2, § 2226 Satz 2 abgegebenen Erklärungen jedem zu gestatten, der ein rechtliches Interesse glaubhaft macht.

Titel 7. Errichtung und Aufhebung eines Testaments

§ 2229. Testierfähigkeit Minderjähriger, Testierunfähigkeit

(1) **Ein Minderjähriger kann ein Testament erst errichten, wenn er das 16. Lebensjahr vollendet hat.**

(2) **Der Minderjährige bedarf zur Errichtung eines Testaments nicht der Zustimmung seines gesetzlichen Vertreters.**

(3) *(weggefallen)*

(4) **Wer wegen krankhafter Störung der Geistestätigkeit, wegen Geistesschwäche oder wegen Bewusstseinsstörung nicht in der Lage ist, die Bedeutung einer von ihm abgegebenen Willenserklärung einzusehen und nach dieser Einsicht zu handeln, kann ein Testament nicht errichten.**

§ 2230. *(weggefallen)*

§ 2231. Ordentliche Testamente

Ein Testament kann in ordentlicher Form errichtet werden

1. zur Niederschrift eines Notars,

2. durch eine vom Erblasser nach § 2247 abgegebene Erklärung.

§ 2232. Öffentliches Testament

[1] **Zur Niederschrift eines Notars wird ein Testament errichtet, indem der Erblasser dem Notar seinen letzten Willen erklärt oder ihm eine Schrift mit der Erklärung übergibt, dass die Schrift seinen letzten Willen enthalte.** [2] **Der Erblasser kann die Schrift offen oder verschlossen übergeben; sie braucht nicht von ihm geschrieben zu sein.**

§ 2233. Sonderfälle

(1) **Ist der Erblasser minderjährig, so kann er das Testament nur durch eine Erklärung gegenüber dem Notar oder durch Übergabe einer offenen Schrift errichten.**

(2) **Ist der Erblasser nach seinen Angaben oder nach der Überzeugung des Notars nicht im Stande, Geschriebenes zu lesen, so kann er das Testament nur durch eine Erklärung gegenüber dem Notar errichten.**

§§ 2234–2246. *(weggefallen)*

§ 2247. Eigenhändiges Testament

(1) **Der Erblasser kann ein Testament durch eine eigenhändig geschriebene und unterschriebene Erklärung errichten.**

(2) **Der Erblasser soll in der Erklärung angeben, zu welcher Zeit (Tag, Monat und Jahr) und an welchem Orte er sie niedergeschrieben hat.**

(3) [1]**Die Unterschrift soll den Vornamen und den Familiennamen des Erblassers enthalten.** [2]**Unterschreibt der Erblasser in anderer Weise und reicht diese Unterzeichnung zur Feststellung der Urheberschaft des Erblassers und der Ernstlichkeit seiner Erklärung aus, so steht eine solche Unterzeichnung der Gültigkeit des Testaments nicht entgegen.**

(4) **Wer minderjährig ist oder Geschriebenes nicht zu lesen vermag, kann ein Testament nicht nach obigen Vorschriften errichten.**

(5) [1]**Enthält ein nach Absatz 1 errichtetes Testament keine Angabe über die Zeit der Errichtung und ergeben sich hieraus Zweifel über seine Gültigkeit, so ist das Testament nur dann als gültig anzusehen, wenn sich die notwendigen Feststellungen über die Zeit der Errichtung anderweit treffen lassen.** [2]**Dasselbe gilt entsprechend für ein Testament, das keine Angabe über den Ort der Errichtung enthält.**

1 **1.** Das **Testament** muss nicht als solches bezeichnet sein. Es genügt, dass aus dem Schriftstück ein **ernstlicher Testierwille** hervorgeht; dies ist ggf durch Auslegung nach § 133 (nicht nach § 2084) zu ermitteln. Ein **Brief** kann ausnahmsweise als eigenhändiges Testament betrachtet werden, wenn der Erblasser in ihm nicht nur eine später zu errichtende letztwillige Verfügung in Aussicht stellen, sondern sie bereits unmittelbar treffen wollte (vgl BayObLGZ 1963, 58, 60f); da letzteres ungewöhnlich ist, sind an die Feststellung eines entsprechenden Willens strenge Anforderungen zu stellen.

2 **2.** Das Erfordernis der **Eigenhändigkeit** hat ua den Zweck, vor Fälschungen zu schützen (BGHZ 80, 242, 246). Aus diesem Grund muss das Testament die individuellen Schriftzüge des Erblassers aufweisen; ein maschinenschriftliches oder von einer anderen Person geschriebenes Testament ist ebenso nichtig (§ 125) wie ein in elektronischer Form (§ 126a) oder in Textform (§ 126b) verfasstes Testament. Das Führen der Hand eines gelähmten oder geschwächten Erblassers ist nur dann unschädlich, wenn die Schriftzüge nicht von dem Helfenden geformt, sondern noch als vom Willen des Erblassers getragen anzusehen sind (BGHZ 47, 68, 71; BGH NJW 1981, 1900, 1901).

3 **3.** Das Erfordernis der **Unterschrift** erfüllt eine Identitäts- und eine Abschlussfunktion.

4 **a)** In der **Identitätsfrage** schafft Abs 3 S 2 erhebliche Erleichterungen, so dass der bloße Vorname, Kosename oder die Familienbezeichnung („Dein Papa“) ausreicht. Auch die Initialen müssen genügen, wenn durch ihre Verwendung keine Zweifel an der Identität des Erblassers aufkommen (str; wie hier etwa *Brox/Walker* Rz 123).

5 **b)** Die **Abschlussfunktion** bedeutet, dass die Unterschrift die Urkunde räumlich abschließt (RGZ 110, 166, 168) und damit gegen spätere Zusätze schützt. Deshalb reicht es nach hM nicht aus, wenn der Erblasser, anstatt zu unterschreiben, nur im Texteingang seinen Namen erwähnt. Besteht das Testament aus mehreren erkennbar zusammengehörigen Blättern, so genügt die abschließende Unterschrift auf dem letzten Blatt. Nachträge bedürfen keiner neuen Unterschrift, wenn sie nach dem feststellbaren Willen des Erblassers von der früheren Unterschrift gedeckt sein sollen und das räumliche Erscheinungsbild der Urkunde nicht entgegensteht (BGH NJW 1974, 1083).

6 **4. Zeit** und **Ort** müssen nach Abs 2 (Sollvorschrift) nicht unbedingt angegeben werden. Zweifel über die Gültigkeit (vgl Abs 5) können sich aus dem Fehlen der Zeitangabe etwa bei mehreren sich widersprechenden Testamenten ergeben (vgl § 2258).

7 **5. Minderjährige** unter 16 Jahren können gar nicht testieren (vgl § 2229 I). Ältere Minderjährige können gem § 2247 IV nicht eigenhändig testieren, sondern nur durch öffentliches Testament gem §§ 2232f.

§ 2248. Verwahrung des eigenhändigen Testaments

Ein nach § 2247 errichtetes Testament ist auf Verlangen des Erblassers in besondere amtliche Verwahrung zu nehmen.

§ 2249. Nottestament vor dem Bürgermeister

(1) [1]**Ist zu besorgen, dass der Erblasser früher sterben werde, als die Errichtung eines Testaments vor einem Notar möglich ist, so kann er das Testament zur Niederschrift des Bürgermeisters der Gemeinde, in der er sich aufhält, errichten.** [2]**Der Bürgermeister muss zu der Beurkundung zwei Zeugen zuziehen.** [3]**Als Zeuge kann nicht zugezogen werden, wer in dem zu beurkundenden Testament bedacht oder zum Testamentsvollstrecker ernannt wird; die Vorschriften der §§ 7 und 27 des Beurkundungsgesetzes gelten entsprechend.** [4]**Für die Errichtung gelten die Vorschriften der §§ 2232, 2233 sowie die Vorschriften der §§ 2, 4, 5 Abs. 1, §§ 6 bis 10, 11 Abs. 1 Satz 2, Abs. 2, § 13 Abs. 1, 3, §§ 16, 17, 23, 24, 26 Abs. 1 Nr. 3, 4, Abs. 2, §§ 27, 28, 30, 32, 34, 35 des Beurkundungsgesetzes; der Bürgermeister tritt an die Stelle des Notars.** [5]**Die Niederschrift muss auch von den Zeugen unterschrieben werden.** [6]**Vermag der Erblasser nach seinen Angaben oder nach der Überzeugung des Bürgermeisters seinen Namen nicht zu schreiben, so wird die Unterschrift des Erblassers durch die Feststellung dieser Angabe oder Überzeugung in der Niederschrift ersetzt.**

(2) [1]**Die Besorgnis, dass die Errichtung eines Testaments vor einem Notar nicht mehr möglich sein werde, soll in der Niederschrift festgestellt werden.** [2]**Der Gültigkeit des Testaments steht nicht entgegen, dass die Besorgnis nicht begründet war.**

(3) [1]**Der Bürgermeister soll den Erblasser darauf hinweisen, dass das Testament seine Gültigkeit verliert, wenn der Erblasser den Ablauf der in § 2252 Abs. 1, 2 vorgesehenen Frist überlebt.** [2]**Er soll in der Niederschrift feststellen, dass dieser Hinweis gegeben ist.**

(4) *(aufgehoben)*

(5) [1]**Das Testament kann auch vor demjenigen errichtet werden, der nach den gesetzlichen Vorschriften zur Vertretung des Bürgermeisters befugt ist.** [2]**Der Vertreter soll in der Niederschrift angeben, worauf sich seine Vertretungsbefugnis stützt.**

(6) **Sind bei Abfassung der Niederschrift über die Errichtung des in den vorstehenden Absätzen vorgesehenen Testaments Formfehler unterlaufen, ist aber dennoch mit Sicherheit anzunehmen, dass das Testament eine zuverlässige Wiedergabe der Erklärung des Erblassers enthält, so steht der Formverstoß der Wirksamkeit der Beurkundung nicht entgegen.**

§ 2250. Nottestament vor drei Zeugen

(1) **Wer sich an einem Orte aufhält, der infolge außerordentlicher Umstände dergestalt abgesperrt ist, dass die Errichtung eines Testaments vor einem Notar nicht möglich oder erheblich erschwert ist, kann das Testament in der durch § 2249 bestimmten Form oder durch mündliche Erklärung vor drei Zeugen errichten.**

(2) **Wer sich in so naher Todesgefahr befindet, dass voraussichtlich auch die Errichtung eines Testaments nach § 2249 nicht mehr möglich ist, kann das Testament durch mündliche Erklärung vor drei Zeugen errichten.**

(3) [1]**Wird das Testament durch mündliche Erklärung vor drei Zeugen errichtet, so muss hierüber eine Niederschrift aufgenommen werden.** [2]**Auf die Zeu-**

gen sind die Vorschriften des § 6 Abs. 1 Nr. 1 bis 3, der §§ 7, 26 Abs. 2 Nr. 2 bis 5 und des § 27 des Beurkundungsgesetzes; auf die Niederschrift sind die Vorschriften der §§ 8 bis 10, 11 Abs. 1 Satz 2, Abs. 2, § 13 Abs. 1, 3 Satz 1, §§ 23, 28 des Beurkundungsgesetzes sowie die Vorschriften des § 2249 Abs. 1 Satz 5, 6, Abs. 2, 6 entsprechend anzuwenden. [3]Die Niederschrift kann außer in der deutschen auch in einer anderen Sprache aufgenommen werden. [4]Der Erblasser und die Zeugen müssen der Sprache der Niederschrift hinreichend kundig sein; dies soll in der Niederschrift festgestellt werden, wenn sie in einer anderen als der deutschen Sprache aufgenommen wird.

§ 2251. Nottestament auf See

Wer sich während einer Seereise an Bord eines deutschen Schiffes außerhalb eines inländischen Hafens befindet, kann ein Testament durch mündliche Erklärung vor drei Zeugen nach § 2250 Abs. 3 errichten.

§ 2252. Gültigkeitsdauer der Nottestamente

(1) **Ein nach § 2249, § 2250 oder § 2251 errichtetes Testament gilt als nicht errichtet, wenn seit der Errichtung drei Monate verstrichen sind und der Erblasser noch lebt.**

(2) **Beginn und Lauf der Frist sind gehemmt, solange der Erblasser außerstande ist, ein Testament vor einem Notar zu errichten.**

(3) **Tritt im Falle des § 2251 der Erblasser vor dem Ablauf der Frist eine neue Seereise an, so wird die Frist mit der Wirkung unterbrochen, dass nach Beendigung der neuen Reise die volle Frist von neuem zu laufen beginnt.**

(4) **Wird der Erblasser nach dem Ablauf der Frist für tot erklärt oder wird seine Todeszeit nach den Vorschriften des Verschollenheitsgesetzes festgestellt, so behält das Testament seine Kraft, wenn die Frist zu der Zeit, zu welcher der Erblasser nach den vorhandenen Nachrichten noch gelebt hat, noch nicht verstrichen war.**

§ 2253. Widerruf eines Testaments

Der Erblasser kann ein Testament sowie eine einzelne in einem Testament enthaltene Verfügung jederzeit widerrufen.

1 **1.** Das Recht zum **jederzeitigen Widerruf** entspringt der **Testierfreiheit** und ist unverzichtbar (§ 2302). Werden in Erwartung einer Erbeinsetzung Leistungen erbracht und wird trotz Kenntnis dieser Erwartung ein entsprechendes Testament nicht errichtet oder widerrufen, so steht dem Leistenden ein Bereicherungsanspruch nach § 812 I 2 zu (BGHZ 44, 321: stillschweigende Einigung über den bezweckten Erfolg). Das erhoffte Erbrecht kann er sich nur durch den Abschluss eines Erbvertrags sichern.

2 **2. Vier Widerrufsformen** stellt das Gesetz (abschließend) bereit. Lies §§ 2254, 2255, 2256, 2258. Während § 2254 den (seltenen) Fall der Widerrufserklärung meint, regelt § 2258 den (häufigeren) Fall der sachlichen Unvereinbarkeit.

3 **3.** Der Widerruf erfordert **Testierfähigkeit** nach § 2229, gleichgültig welche Widerrufsform gewählt wird.

§ 2254. Widerruf durch Testament

Der Widerruf erfolgt durch Testament.

§ 2255. Widerruf durch Vernichtung oder Veränderungen

[1]Ein Testament kann auch dadurch widerrufen werden, dass der Erblasser in der Absicht, es aufzuheben, die Testamentsurkunde vernichtet oder an ihr Ver-

änderungen vornimmt, durch die der Wille, eine schriftliche Willenserklärung aufzuheben, ausgedrückt zu werden pflegt. [2]Hat der Erblasser die Testamentsurkunde vernichtet oder in der bezeichneten Weise verändert, so wird vermutet, dass er die Aufhebung des Testaments beabsichtigt habe.

1. Zu den in S 1 angesprochenen **„Veränderungen“** gehören zB Durchstreichen, 1
Verbrennen, Zerreißen. Auch Ungültigkeitsvermerke (wie „ungültig“, „aufgehoben“, „annulliert“) über dem Text oder quergeschrieben zählen dazu, wenn aus ihnen zu entnehmen ist, dass das Geschriebene nicht mehr gelten soll; sie brauchen nach hM nicht unterschrieben zu werden. Der Erblasser muss die Urkunde grds persönlich vernichten, kann sich aber auch eines Dritten als unselbständigen Werkzeugs bedienen (BayObLG FamRZ 1992, 1350, 1351). Da die Handlungen **an der Testamentsurkunde selbst** vorgenommen werden müssen, reicht ein nicht unterschriebener Entwertungsvermerk auf dem Umschlag nicht aus.

2. Die **Aufhebungsabsicht** fehlt, wenn die Testamentsurkunde verlorengeht oder 2
unfreiwillig vernichtet wird (*Brox/Walker* Rz 140). Ein Kläger, der sich auf das Testament beruft, muss dann seine Existenz und seinen Inhalt beweisen; hieran werden strenge Anforderungen gestellt (BayObLG FamRZ 1990, 1162, 1163).

§ 2256. Widerruf durch Rücknahme des Testaments aus der amtlichen Verwahrung

(1) **[1]Ein vor einem Notar oder nach § 2249 errichtetes Testament gilt als widerrufen, wenn die in amtliche Verwahrung genommene Urkunde dem Erblasser zurückgegeben wird. [2]Die zurückgebende Stelle soll den Erblasser über die in Satz 1 vorgesehene Folge der Rückgabe belehren, dies auf der Urkunde vermerken und aktenkundig machen, dass beides geschehen ist.**

(2) **[1]Der Erblasser kann die Rückgabe jederzeit verlangen. [2]Das Testament darf nur an den Erblasser persönlich zurückgegeben werden.**

(3) **Die Vorschriften des Absatzes 2 gelten auch für ein nach § 2248 hinterlegtes Testament; die Rückgabe ist auf die Wirksamkeit des Testaments ohne Einfluss.**

§ 2257. Widerruf des Widerrufs

Wird der durch Testament erfolgte Widerruf einer letztwilligen Verfügung widerrufen, so ist im Zweifel die Verfügung wirksam, wie wenn sie nicht widerrufen worden wäre.

§ 2258. Widerruf durch ein späteres Testament

(1) **Durch die Errichtung eines Testaments wird ein früheres Testament insoweit aufgehoben, als das spätere Testament mit dem früheren in Widerspruch steht.**

(2) **Wird das spätere Testament widerrufen, so ist im Zweifel das frühere Testament in gleicher Weise wirksam, wie wenn es nicht aufgehoben worden wäre.**

Für den Eintritt der Rechtsfolge (Widerruf) ist **kein entsprechender Wille** erfor- 1
derlich. Die Rechtsfolge ergibt sich vielmehr aus dem Gesetz (BGH NJW 1981, 2745). Sie tritt deshalb auch dann ein, wenn der Erblasser bei Errichtung des zweiten Testaments nicht mehr an die Existenz des ersten gedacht hat.

§§ 2258a, 2258b. *(aufgehoben)*

§ 2259. Ablieferungspflicht

(1) Wer ein Testament, das nicht in besondere amtliche Verwahrung gebracht ist, im Besitz hat, ist verpflichtet, es unverzüglich, nachdem er von dem Tode des Erblassers Kenntnis erlangt hat, an das Nachlassgericht abzuliefern.

(2) [1]Befindet sich ein Testament bei einer anderen Behörde als einem Gericht in amtlicher Verwahrung, so ist es nach dem Tode des Erblassers an das Nachlassgericht abzuliefern. [2]Das Nachlassgericht hat, wenn es von dem Testament Kenntnis erlangt, die Ablieferung zu veranlassen.

§§ 2260–2262. *(aufgehoben)*

§ 2263. Nichtigkeit eines Eröffnungsverbots

Eine Anordnung des Erblassers, durch die er verbietet, das Testament alsbald nach seinem Tode zu eröffnen, ist nichtig.

§§ 2263 a, 2264. *(aufgehoben)*

Titel 8. Gemeinschaftliches Testament

§ 2265. Errichtung durch Ehegatten

Ein gemeinschaftliches Testament kann nur von Ehegatten errichtet werden.

1 Nur **Ehegatten** und Lebenspartnern (§ 10 IV 1 LPartG) steht diese Testamentsform offen. Ein gemeinschaftliches Testament anderer Personen ist nichtig; es kann aber unter den Voraussetzungen des § 140, insb bei Erfüllung der entsprechenden Formerfordernisse, in zwei Einzeltestamente umgedeutet werden. Gem § 2268 I iVm § 2077 I 1 ist das gemeinschaftliche Testament grds „seinem ganzen Inhalt nach" unwirksam (Ausnahme: § 2268 II), wenn die Ehe vor dem Tod des ersten Ehegatten geschieden wird.

§ 2266. Gemeinschaftliches Nottestament

Ein gemeinschaftliches Testament kann nach den §§ 2249, 2250 auch dann errichtet werden, wenn die dort vorgesehenen Voraussetzungen nur bei einem der Ehegatten vorliegen.

§ 2267. Gemeinschaftliches eigenhändiges Testament

[1]Zur Errichtung eines gemeinschaftlichen Testaments nach § 2247 genügt es, wenn einer der Ehegatten das Testament in der dort vorgeschriebenen Form errichtet und der andere Ehegatte die gemeinschaftliche Erklärung eigenhändig mitunterzeichnet. [2]Der mitunterzeichnende Ehegatte soll hierbei angeben, zu welcher Zeit (Tag, Monat und Jahr) und an welchem Orte er seine Unterschrift beigefügt hat.

§ 2268. Wirkung der Ehenichtigkeit oder -auflösung

(1) Ein gemeinschaftliches Testament ist in den Fällen des § 2077 seinem ganzen Inhalt nach unwirksam.

(2) Wird die Ehe vor dem Tode eines der Ehegatten aufgelöst oder liegen die Voraussetzungen des § 2077 Abs. 1 Satz 2 oder 3 vor, so bleiben die Verfügungen insoweit wirksam, als anzunehmen ist, dass sie auch für diesen Fall getroffen sein würden.

§ 2269. Gegenseitige Einsetzung

(1) **Haben die Ehegatten in einem gemeinschaftlichen Testament, durch das sie sich gegenseitig als Erben einsetzen, bestimmt, dass nach dem Tode des Überlebenden der beiderseitige Nachlass an einen Dritten fallen soll, so ist im Zweifel anzunehmen, dass der Dritte für den gesamten Nachlass als Erbe des zuletzt versterbenden Ehegatten eingesetzt ist.**

(2) **Haben die Ehegatten in einem solchen Testament ein Vermächtnis angeordnet, das nach dem Tode des Überlebenden erfüllt werden soll, so ist im Zweifel anzunehmen, dass das Vermächtnis dem Bedachten erst mit dem Tode des Überlebenden anfallen soll.**

1. Zwei **Auslegungsmöglichkeiten** sind denkbar: 1

a) Der überlebende Ehegatte wird Vorerbe. Der Dritte (meist das Kind) wird **Nacherbe** des zuerst versterbenden Elternteils (s Vor § 2100 Rz 1) und Vollerbe des später versterbenden Elternteils. Man spricht vom **Trennungsprinzip,** weil durch die Anordnung der Nacherbschaft die Vermögensmassen der Ehegatten getrennt bleiben. 2

b) Der überlebende Ehegatte wird Vollerbe. Das Kind erhält zunächst gar nichts (zum Pflichtteil s unten Rz 6), wird aber sog **Schlusserbe** des später verstorbenen Elternteils und auf diese Weise auch an dem (dann noch vorhandenen) Vermögen des zuerst Verstorbenen beteiligt. Man spricht vom **Einheitsprinzip,** weil die Vermögensmassen der Gatten zunächst in der Person des Überlebenden zu einer Einheit verschmelzen und das gesamte Vermögen später einheitlich von dem überlebenden Ehegatten auf den Schlusserben übergeht. Ein solches Testament nennt man **Berliner Testament** (näher *Leipold* Rz 461 ff). 3

2. Nach der **Auslegungsregel des Abs 1** ist „im Zweifel" das Einheitsprinzip anzunehmen. Diese Auslegungsregel beruht auf der Erwägung, dass die Eheleute im Zweifel das beiderseitige Vermögen als eine Einheit ansehen und diese über den Tod des Erstversterbenden hinaus erhalten wollen (vgl RGZ 113, 234, 240). Die gesetzliche Auslegungsregel greift aber nur ein, wenn die Auslegung des Testaments nach Prüfung aller Umstände im konkreten Fall zu keinem Ergebnis führt, wenn also nicht zu lösende Zweifel über den Erblasserwillen bestehen bleiben (BGHZ 22, 364, 366). Die vorrangige Auslegung wird idR dann zum Trennungsprinzip führen, wenn die Ehegatten in einem notariellen Testament die Begriffe Vor- und Nacherbschaft verwendet haben (vgl RGZ 160, 109); bei einem eigenhändigen Testament können wegen der Rechtsunkenntnis der Ehegatten aber trotz der Verwendung dieser Begriffe Zweifel verbleiben, ob wirklich eine Nacherbschaft iSd §§ 2100 ff und kein Berliner Testament gewollt ist (BGH NJW 1983, 277, 278 = JZ 1983, 147 Anm *Stürner*). 4

3. Zur **Rechtsstellung** des Nacherben bei der **Trennungslösung** s Vor § 2100 Rz 1 ff. Der überlebende Ehegatte als Vorerbe ist bei Verfügungen unter Lebenden über das der Nacherbfolge unterliegende Vermögen (nicht jedoch hinsichtlich seines eigenen Vermögens) nach §§ 2113 ff beschränkt, sofern und soweit der Erblasser ihm nicht nach § 2136 Befreiung erteilt hat. Verfügungen von Todes wegen kann der überlebende Ehegatte nur über sein eigenes Vermögen treffen, weil das der Nacherbfolge unterliegende Vermögen nicht zu seinem Nachlass zählt, sondern bei Eintritt des Nacherbfalls kraft Gesetzes von dem zuerst verstorbenen Elternteil auf den Nacherben übergeht. Bei der **Einheitslösung** unterliegt der überlebende Ehegatte bei Verfügungen unter Lebenden grds keiner Beschränkung, da er unbeschränkter Vollerbe ist (s aber § 2271 Rz 8). Der Schlusserbe hat nach dem ersten Erbfall zwar ein Anwartschaftsrecht (hM), das wegen § 311 b IV aber nicht unter Lebenden übertragen werden (BGHZ 37, 319, 321 ff) und das auch nicht belastet oder vererbt werden kann. 5

4. Hinsichtlich des **Pflichtteilsrechts** ist ebenfalls zwischen Trennungs- und Einheitslösung zu unterscheiden: Der pflichtteilsberechtigte **Nacherbe** (Abkömmling) 6 kann nach dem Tod des erstverstorbenen Ehegatten nur dann den Pflichtteil verlangen, wenn er die Nacherbschaft ausschlägt (§ 2306 I, II). Der pflichtteilsberechtigte **Schlusserbe** dagegen kann beim ersten Erbfall den Pflichtteil ohne Ausschlagung fordern; § 2306 I ist nicht anwendbar, da nach dem Einheitsprinzip zunächst nichts zugewendet wurde, das ausgeschlagen werden könnte. Damit nun aber ein Schlusserbe, der den Pflichtteil gefordert hat, im Endergebnis nicht besser dasteht als die anderen Schlusserben, enthält ein Berliner Testament häufig eine **Verwirkungsklausel,** nach der ein Kind, das den Pflichtteil gefordert hat, beim Tod des zuletzt verstorbenen Ehegatten auch nur den Pflichtteil bekommt.

7 **5.** Durch eine in der letztwilligen Verfügung enthaltene **Wiederverheiratungsklausel** wird die bevorzugte Stellung des überlebenden Ehegatten als Vollerbe (§ 2269) bzw Vorerbe (§§ 2100 ff) bei erneuter Heirat ganz oder teilweise beendet (Bsp: „Heiratet der Überlebende wieder, so soll er mit den Kindern gesetzliche Teilung halten."). Hatte der Längerlebende ohnehin nur die Stellung eines Vorerben **(Trennungsprinzip),** so bewirkt die Klausel lediglich, dass der Nacherbfall nicht erst beim Tod des zuletzt Versterbenden, sondern bereits bei dessen Wiederheirat eintritt. War der Längerlebende dagegen Vollerbe des Erstversterbenden **(Einheitsprinzip),** so ist der Klausel nach hM eine auflösende Bedingung der Vollerbenstellung (§§ 158 II, 2075) und gleichzeitig die aufschiebende Anordnung (§ 2074) einer Vor- und Nacherbfolge zu entnehmen. Bis zu einer Wiederheirat unterliegt der überlebende Ehegatte nach hM als bedingter Vorerbe den Beschränkungen der §§ 2113 ff; allerdings wird ihm die Stellung eines befreiten Vorerben (§ 2136) gewährt. Mit Wiederheirat steht fest, dass die Bedingung eingetreten ist und der Überlebende endgültig nur befreiter Vorerbe war; zugleich tritt der Nacherbfall ein. Die eigenen Verfügungen des wiederverheirateten Ehegatten werden analog § 2270 I von selbst unwirksam, wenn sich nicht aus dem Testament (ggf durch ergänzende Auslegung) etwas anderes ergibt (str; vgl *Leipold* Rz 481); jedenfalls kann er sie widerrufen, da der Wechselbezüglichkeit mit dem Wegfall der korrespondierenden Verfügung des erstverstorbenen Ehegatten die Grundlage entzogen ist.

§ 2270. Wechselbezügliche Verfügungen

(1) **Haben die Ehegatten in einem gemeinschaftlichen Testament Verfügungen getroffen, von denen anzunehmen ist, dass die Verfügung des einen nicht ohne die Verfügung des anderen getroffen sein würde, so hat die Nichtigkeit oder der Widerruf der einen Verfügung die Unwirksamkeit der anderen zur Folge.**

(2) **Ein solches Verhältnis der Verfügungen zueinander ist im Zweifel anzunehmen, wenn sich die Ehegatten gegenseitig bedenken oder wenn dem einen Ehegatten von dem anderen eine Zuwendung gemacht und für den Fall des Überlebens des Bedachten eine Verfügung zugunsten einer Person getroffen wird, die mit dem anderen Ehegatten verwandt ist oder ihm sonst nahe steht.**

(3) **Auf andere Verfügungen als Erbeinsetzungen, Vermächtnisse oder Auflagen findet die Vorschrift des Absatzes 1 keine Anwendung.**

1 **1. Wechselbezügliche Verfügungen** liegen nach Abs 1 vor, wenn sie so eng zusammenhängen, dass die Verfügung des einen nicht ohne die Verfügung des anderen getroffen sein würde. Mit anderen Worten: Die eine Verfügung soll mit der anderen „stehen und fallen" (RGZ 116, 149).

2 **2. Eignung** zur Wechselbezüglichkeit besitzen nur die in Abs 3 genannten Verfügungen, dagegen bspw nicht Teilungsanordnungen, eine Testamentsvollstreckerernennung oder der Verzicht auf Erb- und Pflichtteilsansprüche (BGHZ 30, 261, 265).

3 **3. Notwendiger Inhalt** eines gemeinschaftlichen Testaments sind wechselbezügliche Verfügungen **nicht.** Zwar muss ein gemeinschaftliches Testament letztwillige Verfügun-

gen beider Ehegatten enthalten (vgl § 2265), aber es können auch einseitige, in ihrer Wirksamkeit nicht verknüpfte Verfügungen sein. In der Regel indes werden in ein gemeinschaftliches Testament – zumindest teilweise – wechselbezügliche Verfügungen aufgenommen, weil mit dieser Testamentsform eine gewisse Bindung (vgl § 2271) erreicht werden soll.

4. Die **Testamentsauslegung** muss in erster Linie darüber Aufschluss geben, ob der Erblasserwille auf Wechselbezüglichkeit gerichtet war (vgl die zu § 2084 geschilderten Regeln: Andeutungstheorie, ergänzende Auslegung). Die Wechselbezüglichkeit ist für jede einzelne Verfügung gesondert zu prüfen; denn neben wechselbezüglichen Verfügungen können auch solche stehen, die von denen des anderen Ehegatten unabhängig sein sollen. 4

5. Die **Auslegungsregel des Abs 2** greift erst in zweiter Linie ein, nämlich wenn nach der Auslegung weder Wechselbezüglichkeit noch Unabhängigkeit feststeht („im Zweifel"). Beispiel für die 2. Alternative (nach *Brox/Walker* Rz 192): Die Ehegatten haben sich gegenseitig zu Erben eingesetzt und die Geschwister des Mannes zu Erben des Längstlebenden. Stirbt der Mann zuerst, so ist die Frau an die Erbeinsetzung der Geschwister gemäß Abs 2 gebunden; stirbt dagegen die Frau zuerst, so ist der Mann an die Erbeinsetzung seiner Geschwister im Zweifel nicht gebunden, da es sich nicht um Verwandte des anderen Ehegatten handelt (andere Testamentsauslegung im Einzelfall aber möglich). – Sind die gemeinschaftlichen Kinder als Erben des Längstlebenden eingesetzt, so ist der Längstlebende jedenfalls gebunden, gleichgültig, ob es der Mann oder die Frau ist; denn die Kinder sind (auch) mit dem anderen Ehegatten verwandt. – Fällt ein als Schlusserbe (s § 2269 Rz 3) eingesetztes Kind weg, so werden dessen Abkömmlinge zwar gem § 2069 Ersatzschlusserben, aber die Bindungswirkung des § 2270 II tritt nur ein, wenn sich Anhaltspunkte für einen auf ihre Einsetzung gerichteten Willen der testierenden Eheleute feststellen lassen, die Ersatzerbeinsetzung also nicht allein auf § 2069 beruht (BGHZ 149, 363; krit *Leipold* Rz 489b). 5

6. Die **Wirkung** der Wechselbezüglichkeit ist in Abs 1 aE (und in § 2271) geregelt. Worauf die angesprochene „Nichtigkeit" beruht (zB Formfehler oder Anfechtung), ist gleichgültig. 6

§ 2271. Widerruf wechselbezüglicher Verfügungen

(1) [1]**Der Widerruf einer Verfügung, die mit einer Verfügung des anderen Ehegatten in dem im § 2270 bezeichneten Verhältnis steht, erfolgt bei Lebzeiten der Ehegatten nach der für den Rücktritt von einem Erbvertrag geltenden Vorschrift des § 2296.** [2]**Durch eine neue Verfügung von Todes wegen kann ein Ehegatte bei Lebzeiten des anderen seine Verfügung nicht einseitig aufheben.**

(2) [1]**Das Recht zum Widerruf erlischt mit dem Tode des anderen Ehegatten; der Überlebende kann jedoch seine Verfügung aufheben, wenn er das ihm Zugewendete ausschlägt.** [2]**Auch nach der Annahme der Zuwendung ist der Überlebende zur Aufhebung nach Maßgabe des § 2294 und des § 2336 berechtigt.**

(3) **Ist ein pflichtteilsberechtigter Abkömmling der Ehegatten oder eines der Ehegatten bedacht, so findet die Vorschrift des § 2289 Abs. 2 entsprechende Anwendung.**

I. Rechtslage zu Lebzeiten beider Ehegatten

1. Den **einseitigen** Widerruf wechselbezüglicher Verfügungen regelt Abs 1. Er ist durch persönliche Erklärung gegenüber dem anderen Ehegatten möglich, erfordert aber notarielle Beurkundung gem § 2296 II 2. Damit soll sichergestellt werden, dass der Partner von dem Widerruf erfährt und sich seinerseits nicht mehr gebunden fühlt. Ein Rücktrittsgrund ist, anders als beim Erbvertrag, nicht erforderlich (arg: Abs 1 ver- 1 weist nur auf § 2296, nicht auf §§ 2293–2295). Das Verbot des Abs 1 S 2, eine wechselbezügliche Verfügung bei Lebzeiten des anderen Ehegatten einseitig durch eine neue Verfügung von Todes wegen aufzuheben, gilt auch für wechselseitige Verfügungen, die trotz der Scheidung der Ehe gem § 2268 II auf Grund eines entsprechenden Willens der Testierenden zurzeit der Testamentserrichtung (ausnahmsweise) als wechselseitige fortbestehen; dieser Wille ist zu achten, und dem Gesetz ist nicht zu entnehmen, dass die Rechtsfolgen der von den Testierenden gewollten fortbestehenden Wechselbezüglichkeit hier einzuschränken wären (BGHZ 160, 33). – Nicht wechselbezügliche, also nur einseitige Verfügungen sind nach §§ 2253 ff frei widerruflich.

2 **2. Geltung des § 130 II.** Die Bestimmung ist auf den einseitigen Widerruf einer wechselbezüglichen Verfügung grds anwendbar. Der Zugang des Widerrufs ist also in dem Regelfall, dass sich die (formgerechte) Willenserklärung beim Tode des Erblassers auf dem Weg zum Empfänger befindet und die Zustellung alsbald nachfolgt, auch nach dem Tode möglich. Dagegen ist ein Widerruf unwirksam, der auf besondere Weisung des Widerrufenden erst nach seinem Tode dem überlebenden Ehegatten übermittelt wird (BGHZ 9, 233). In diesem Fall muss § 130 II aus dem Sinn des § 2271 heraus eingeschränkt werden, um den anderen Ehegatten im Hinblick auf dessen eigene Verfügungen zu schützen. Es reicht auch nicht aus, dass zu Lebzeiten eine beglaubigte Abschrift der notariell beurkundeten Widerrufsverhandlung und erst Monate nach dem Tod die im Rechtsverkehr die Urschrift (das Original) vertretende Ausfertigung (vgl §§ 47, 49 BeurkG) zur Heilung des Mangels zugestellt wird (BGHZ 48, 374).

3 **3.** Die **gemeinsame Aufhebung** der wechselseitigen Verfügungen unterliegt keinen besonderen Einschränkungen. Sie können ebenso widerrufen werden wie das ganze gemeinschaftliche Testament. Vgl zu den Widerrufsformen § 2253 Rz 2 und ergänzend § 2272.

4 **4. Verfügungen unter Lebenden** bleiben uneingeschränkt zulässig, da der andere Ehegatte durch das Widerrufsrecht des Abs 1 S 1 hinreichend geschützt ist; § 2287 ist nicht anzuwenden, weil noch keine Bindung besteht (BGHZ 87, 19, 23 f); anders nach dem Tode eines Ehegatten s unten Rz 8.

II. Rechtslage nach dem Tod eines Ehegatten

5 **1.** Die **Bindungswirkung** des Abs 2 S 1 tritt für die wechselbezügliche Verfügung des Überlebenden ein, weil sonst das Vertrauen des verstorbenen Ehegatten enttäuscht würde. Die Bindung bedeutet, dass der Überlebende seine wechselbezügliche Verfügung nicht mehr aufheben oder ändern kann; bspw wäre die nachträgliche Beschwerung des Schlusserben mit einem Vermächtnis ebenso unwirksam wie die Anordnung einer Testamentsvollstreckung. Es kommt nicht darauf an, ob sich die Ehegatten bei Errichtung des gemeinschaftlichen Testaments der Bindungswirkung nach dem Tod des ersten Ehegatten bewusst waren.

6 **2.** Eine **Befreiung von der Bindungswirkung** sieht das Gesetz in Abs 2 S 1 bei Ausschlagung vor sowie in Abs 2 S 2 bei Verfehlungen des Bedachten (§ 2294) und bei Vorliegen eines Grundes zur Pflichtteilsentziehung (§ 2336). Außerdem können die Ehegatten in dem gemeinschaftlichen Testament die Bindungswirkung ganz oder teilweise abbedingen (Auslegungsfrage) – ebenso wie es ihnen freisteht, gar keine wechselbezügliche Verfügung zu treffen (arg a maiore ad minus). Mit Zustimmung des Schlusserben kann die Bindungswirkung ferner durch notariell beurkundeten Zuwendungsverzichtsvertrag (§ 2352) beseitigt werden.

7 **3.** Eine **Anfechtung** der eigenen wechselbezüglichen Verfügungen ist in Analogie zu §§ 2281 ff gem § 2078 oder § 2079 möglich. Die Analogie ist zulässig, da die Bindung beim gemeinschaftlichen Testament derjenigen beim Erbvertrag entspricht (vgl

etwa BGHZ 37, 331, 333). Einen wichtigen Anwendungsfall bildet die Wiederheirat des Überlebenden: Da der neue Ehegatte pflichtteilsberechtigt ist, entsteht das Anfechtungsrecht des § 2079. Um die Bindung gerade auch für den Fall der Wiederheirat zu erhalten, wird im gemeinschaftlichen Testament häufig ausdrücklich auf das Anfechtungsrecht des § 2079 verzichtet. Die Anfechtung führt gem § 142 I zur Nichtigkeit der angefochtenen Verfügung und damit gem § 2270 I auch zur Unwirksamkeit der korrespondierenden wechselbezüglichen Verfügung des verstorbenen Ehegatten.

4. Verfügungen unter Lebenden sind für den Überlebenden grds möglich. Die 8
für den Erbvertrag in §§ 2286–2288 getroffene Regelung gilt – ebenso wie §§ 2281 ff über die Anfechtung (vgl oben Rz 7) – wegen der gleichartigen Bindung analog. Bei einer nach dem Tod des ersten Ehegatten in Beeinträchtigungsabsicht erfolgten Schenkung stehen dem Erben bzw Vermächtnisnehmer nach dem zweiten Erbfall also die in §§ 2287 f bezeichneten Ansprüche zu. Zur Nichtigkeit aus § 138, die nur bei ganz besonderen Umständen anzunehmen ist, s § 2286 Rz 2.

§ 2272. Rücknahme aus amtlicher Verwahrung

Ein gemeinschaftliches Testament kann nach § 2256 nur von beiden Ehegatten zurückgenommen werden.

§ 2273. *(aufgehoben)*

Abschnitt 4. Erbvertrag

Vor § 2274

1. Zum **Begriff** des Erbvertrags s § 1941. **Doppelnatur:** einerseits Verfügung von 1
Todes wegen (vgl § 2279; § 2286: Verfügungen unter Lebenden bleiben möglich); andererseits „wirklicher Vertrag“ (BGHZ 26, 204, 207), durch den der Erblasser hinsichtlich seiner vertragsmäßigen Verfügungen (§ 2278) gebunden, dh in seiner Testierfreiheit beschränkt wird (vgl § 2289 I).

2. Unterscheide einseitige und zweiseitige Erbverträge. 2

a) Im **einseitigen** Erbvertrag trifft nur ein Teil vertragsmäßige Verfügungen von Todes wegen (s § 2278), der andere Teil nimmt die Erklärung an (und führt so die Bindungswirkung herbei) oder verpflichtet sich unter Lebenden (zB zur Unterhaltszahlung) oder trifft einseitige Verfügungen von Todes wegen (vgl § 2299; zur Abgrenzung von vertragsmäßigen Verfügungen s § 2278 Rz 1).

b) Im **zweiseitigen** Erbvertrag treffen beide Teile vertragsmäßige Verfügungen (s 3
§§ 2278, 2298).

3. Der Erbvertrag ist **kein schuldrechtlicher Verpflichtungsvertrag,** mag ein 4
solcher Vertrag auch gleichzeitig mit ihm abgeschlossen werden, zB indem der vertraglich Bedachte sich als Entgelt zu bestimmten Leistungen verpflichtet. Auf dieses Verpflichtungsgeschäft sind die Bestimmungen des Schuldvertragsrechts anwendbar, freilich nicht diejenigen über gegenseitige Verträge, da der Erblasser keine Verpflichtung zur Errichtung einer bestimmten Verfügung von Todes wegen übernimmt (s § 2302), sondern die Verfügung unmittelbar trifft (*Leipold* Rz 495 f). Die Verträge sind aber insofern miteinander verknüpft, als sich aus der Nichterfüllung der Pflichten des Bedachten für den Erblasser ein Grund zur Anfechtung des Erbvertrags gem §§ 2281, 2078 II oder zum Rücktritt gem § 2295 ergeben kann (dagegen grundsätzlich nicht gem §§ 323 f, außer wenn mit dem Erbvertrag ein gegenseitiger Vertrag unter Lebenden verbunden ist; BGH NJW 2011, 224). Auch können der Erbvertrag und der Verpflichtungsvertrag ein einheitliches Rechtsgeschäft iSd § 139 bilden.

§ 2274. Persönlicher Abschluss

Der Erblasser kann einen Erbvertrag nur persönlich schließen.

§ 2275. Voraussetzungen

(1) **Einen Erbvertrag kann als Erblasser nur schließen, wer unbeschränkt geschäftsfähig ist.**

(2) [1]**Ein Ehegatte kann als Erblasser mit seinem Ehegatten einen Erbvertrag schließen, auch wenn er in der Geschäftsfähigkeit beschränkt ist.** [2]**Er bedarf in diesem Falle der Zustimmung seines gesetzlichen Vertreters; ist der gesetzliche Vertreter ein Vormund, so ist auch die Genehmigung des Familiengerichts erforderlich.**

(3) **Die Vorschriften des Absatzes 2 gelten entsprechend für Verlobte, auch im Sinne des Lebenspartnerschaftsgesetzes.**

§ 2276. Form

(1) [1]**Ein Erbvertrag kann nur zur Niederschrift eines Notars bei gleichzeitiger Anwesenheit beider Teile geschlossen werden.** [2]**Die Vorschriften des § 2231 Nr. 1 und der §§ 2232, 2233 sind anzuwenden; was nach diesen Vorschriften für den Erblasser gilt, gilt für jeden der Vertragschließenden.**

(2) **Für einen Erbvertrag zwischen Ehegatten oder zwischen Verlobten, der mit einem Ehevertrag in derselben Urkunde verbunden wird, genügt die für den Ehevertrag vorgeschriebene Form.**

§ 2277. *(aufgehoben)*

§ 2278. Zulässige vertragsmäßige Verfügungen

(1) **In einem Erbvertrag kann jeder der Vertragschließenden vertragsmäßige Verfügungen von Todes wegen treffen.**

(2) **Andere Verfügungen als Erbeinsetzungen, Vermächtnisse und Auflagen können vertragsmäßig nicht getroffen werden.**

1 **Unterscheide: vertragsmäßige** Verfügungen, die nur den in Abs 2 bezeichneten Inhalt haben dürfen, und **einseitige** Verfügungen (§ 2299). Nur für die erstgenannten ist die freie Widerruflichkeit (§ 2253) ausgeschlossen, und es besteht die Bindungswirkung des § 2289 I. Ob die in Abs 2 genannten Erbeinsetzungen, Vermächtnisse und Auflagen auf vertragsmäßiger oder einseitiger Verfügung beruhen, muss ggf durch Auslegung ermittelt werden. Die Auslegung muss für jede Verfügung gesondert erfolgen (vgl auch § 2270 Rz 4). Ein wesentliches Kriterium ist, ob der Vertragspartner des Erblassers ein Interesse an dessen Bindung hatte (BGH NJW 1961, 120); dies ist bei Zuwendungen an den Vertragspartner (BGHZ 106, 359, 361) oder dessen Verwandten regelmäßig der Fall, während Verfügungen zugunsten der eigenen Verwandten des Erblassers im Zweifel nur einseitig getroffen sind (OLG Zweibrücken FamRZ 1995, 1021; s ferner etwa *Brox/Walker* Rz 150; *Schlüter* Rz 258). Eine „Vereinbarung", deren Auslegung ergibt, dass gar keine vertragsgemäße Verfügung getroffen werden sollte, also keinerlei Bindung gewollt war, stellt keinen Erbvertrag dar und kann ggf als (von einem Dritten mitunterzeichnetes) Testament gültig sein (vgl BayObLGZ 1998, 22, 25 f).

§ 2279. Vertragsmäßige Zuwendungen und Auflagen; Anwendung von § 2077

(1) **Auf vertragsmäßige Zuwendungen und Auflagen finden die für letztwillige Zuwendungen und Auflagen geltenden Vorschriften entsprechende Anwendung.**

(2) **Die Vorschrift des § 2077 gilt für einen Erbvertrag zwischen Ehegatten, Lebenspartnern oder Verlobten (auch im Sinne des Lebenspartnerschaftsgesetzes) auch insoweit, als ein Dritter bedacht ist.**

1. Abs 1 verweist namentlich auf die **Auslegungsregeln** der §§ 2066ff, 2087ff. 1

2. Im Fall der **Scheidung** werden Verfügungen zugunsten des Ehegatten gem § 2077 2
im Zweifel unwirksam. Abs 2 erweitert den Anwendungsbereich dieser Vorschrift.

§ 2280. Anwendung von § 2269

Haben Ehegatten oder Lebenspartner in einem Erbvertrag, durch den sie sich gegenseitig als Erben einsetzen, bestimmt, dass nach dem Tode des Überlebenden der beiderseitige Nachlass an einen Dritten fallen soll, oder ein Vermächtnis angeordnet, das nach dem Tode des Überlebenden zu erfüllen ist, so findet die Vorschrift des § 2269 entsprechende Anwendung.

§ 2281. Anfechtung durch den Erblasser

(1) **Der Erbvertrag kann auf Grund der §§ 2078, 2079 auch von dem Erblasser angefochten werden; zur Anfechtung auf Grund des § 2079 ist erforderlich, dass der Pflichtteilsberechtigte zur Zeit der Anfechtung vorhanden ist.**

(2) [1]**Soll nach dem Tode des anderen Vertragschließenden eine zugunsten eines Dritten getroffene Verfügung von dem Erblasser angefochten werden, so ist die Anfechtung dem Nachlassgericht gegenüber zu erklären.** [2]**Das Nachlassgericht soll die Erklärung dem Dritten mitteilen.**

1. Das **Anfechtungsrecht des Erblassers** besteht nur hinsichtlich der vertragsmä- 1
ßigen Verfügungen (§ 2278), weil sie ihn binden. Im Interesse der Testierfreiheit berechtigt den Erblasser aber auch jeder Motivirrtum gem § 2078 II zur Anfechtung. Einseitige Verfügungen kann er frei widerrufen (§§ 2299 II, 2253ff).

2. Die §§ 2281ff gelten **analog,** wenn der überlebende Ehegatte eine eigene wech- 2
selbezügliche Verfügung in einem **gemeinschaftlichen Testament** anfechten möchte (vgl § 2271 Rz 7).

3. Der **Vertragsgegner** kann, soweit er nicht selbst letztwillig verfügt hat, die eige- 3
ne Erklärung nach §§ 119, 123 vor oder nach dem Erbfall anfechten. Die Erklärung des verfügenden Vertragspartners kann er nur nach §§ 2078ff anfechten.

4. Das Anfechtungsrecht **Dritter,** denen die Aufhebung unmittelbar zustatten 4
kommt, entsteht erst mit dem Tod des Erblassers und richtet sich nach §§ 2078ff mit der Einschränkung des § 2285.

5. Die **Wirkung** der Anfechtung liegt in der Nichtigkeit der angefochtenen Verfü- 5
gung (§ 142 I). Dies macht einen zweiseitigen Erbvertrag im Zweifel zur Gänze nichtig (§ 2298 I, III), im Übrigen gilt § 2085. Eine Verpflichtung des Erblassers zum Ersatz des Vertrauensschadens nach § 122 besteht nach wohl hM nicht, da Abs 1 ohne Einschränkung auf § 2078 verweist; nach § 2078 III aber ist die Anwendung von § 122 gerade ausgeschlossen (OLG München NJW 1997, 2331; *Palandt-Weidlich* Rz 10). Nach der Gegenansicht ist der Haftungsausschluss nur für Dritte sinnvoll, die nicht für Folgen eines Erblasserirrtums haften sollen, dagegen nicht, wenn der Erblasser selbst anficht (so zB *Soergel-Wolf* Rz 6; *Staudinger-Kanzleiter* Rz 37).

§ 2282. Vertretung, Form der Anfechtung

(1) [1]**Die Anfechtung kann nicht durch einen Vertreter des Erblassers erfolgen.** [2]**Ist der Erblasser in der Geschäftsfähigkeit beschränkt, so bedarf er zur Anfechtung nicht der Zustimmung seines gesetzlichen Vertreters.**

(2) **Für einen geschäftsunfähigen Erblasser kann sein gesetzlicher Vertreter den Erbvertrag anfechten; steht der Erblasser unter elterlicher Sorge oder Vormundschaft, ist die Genehmigung des Familiengerichts erforderlich, ist der gesetzliche Vertreter ein Betreuer, die des Betreuungsgerichts.**

(3) **Die Anfechtungserklärung bedarf der notariellen Beurkundung.**

§ 2283. Anfechtungsfrist

(1) **Die Anfechtung durch den Erblasser kann nur binnen Jahresfrist erfolgen.**

(2) [1]**Die Frist beginnt im Falle der Anfechtbarkeit wegen Drohung mit dem Zeitpunkt, in welchem die Zwangslage aufhört, in den übrigen Fällen mit dem Zeitpunkt, in welchem der Erblasser von dem Anfechtungsgrund Kenntnis erlangt.** [2]**Auf den Lauf der Frist finden die für die Verjährung geltenden Vorschriften der §§ 206, 210 entsprechende Anwendung.**

(3) **Hat im Falle des § 2282 Abs. 2 der gesetzliche Vertreter den Erbvertrag nicht rechtzeitig angefochten, so kann nach dem Wegfall der Geschäftsunfähigkeit der Erblasser selbst den Erbvertrag in gleicher Weise anfechten, wie wenn er ohne gesetzlichen Vertreter gewesen wäre.**

§ 2284. Bestätigung

[1]**Die Bestätigung eines anfechtbaren Erbvertrags kann nur durch den Erblasser persönlich erfolgen.** [2]**Ist der Erblasser in der Geschäftsfähigkeit beschränkt, so ist die Bestätigung ausgeschlossen.**

§ 2285. Anfechtung durch Dritte

Die in § 2080 bezeichneten Personen können den Erbvertrag auf Grund der §§ 2078, 2079 nicht mehr anfechten, wenn das Anfechtungsrecht des Erblassers zur Zeit des Erbfalls erloschen ist.

§ 2286. Verfügungen unter Lebenden

Durch den Erbvertrag wird das Recht des Erblassers, über sein Vermögen durch Rechtsgeschäft unter Lebenden zu verfügen, nicht beschränkt.

1 **1.** Im **Grundsatz** sind **Verfügungen unter Lebenden** (zB Übereignungen, Forderungsabtretungen) trotz des Erbvertrags wirksam. Eine Nichtigkeit gem § 134 wegen Umgehung des § 2289 I 2 ist abzulehnen angesichts der klaren Abgrenzung des Gesetzes, das lebzeitige Verfügungen ausdrücklich zulässt und nur Verfügungen von Todes wegen die Wirkung versagt (BGHZ 59, 343, 346ff). Selbst bei einer Beeinträchtigungsabsicht sind die Verfügungen nicht unwirksam, sondern es treten die Rechtsfolgen der §§ 2287, 2288 ein; neben der Sonderregelung in §§ 2287, 2288 kommt § 826 nicht in Betracht (BGHZ 108, 73, 77f).

2 **2. Ausnahmsweise** kann die Verfügung **sittenwidrig** und also nach § 138 nichtig sein. Für die Annahme einer Sittenwidrigkeit reicht eine Beeinträchtigungsabsicht allerdings nicht aus, sondern es müssen weitere Momente hinzukommen, die das Rechtsgeschäft als sittlich verwerflich erscheinen lassen (BGHZ 59, 343, 348).

§ 2287. Den Vertragserben beeinträchtigende Schenkungen

(1) **Hat der Erblasser in der Absicht, den Vertragserben zu beeinträchtigen, eine Schenkung gemacht, so kann der Vertragserbe, nachdem ihm die Erbschaft angefallen ist, von dem Beschenkten die Herausgabe des Geschenks nach den Vorschriften über die Herausgabe einer ungerechtfertigten Bereicherung fordern.**

(2) **Die Verjährungsfrist des Anspruchs beginnt mit dem Erbfall.**

1. Zum **Begriff der Schenkung** s §§ 516ff. Auch die vollzogene Schenkung auf den Todesfall (§ 2301 II) gehört zu den hier gemeinten Schenkungen; dagegen ist ein Schenkungsversprechen von Todes wegen, auf das gem § 2301 I die Vorschriften über Verfügungen von Todes wegen anzuwenden sind, nach § 2289 I 2 ohnehin unwirksam. Aufgrund seines Schutzzweckes ist § 2287 im Grundsatz auch auf ehebezogene, sog unbenannte Zuwendungen (§ 1378 Rz 7) anzuwenden (BGHZ 116, 167); die Rechtsfigur der unbenannten Zuwendung betrifft also nur das Innenverhältnis der Ehegatten, nämlich die Rückabwicklung von Vermögensverschiebungen nach Scheitern der Ehe, während sie hier wie eine Schenkung zu behandeln ist. Erfolgt die Zuwendung in Erfüllung einer Unterhaltspflicht, so ist sie naturgemäß keine Schenkung. 1

2. Die Anwendung der Vorschrift setzt nicht voraus, dass die **Absicht,** dem Vertragserben die Vorteile der Erbeinsetzung zu entziehen oder zu schmälern, der eigentlich leitende Beweggrund der Schenkung war. Eine Benachteiligungsabsicht liegt nach st Rspr schon dann vor, wenn **kein lebzeitiges Eigeninteresse** des Erblassers (zB Altersversorgung) erkennbar, die Verfügung vielmehr ersichtlich darauf angelegt ist, dass anstelle des Vertragserben ein anderer sein wesentliches Vermögen ohne angemessenes Äquivalent erhält (BGHZ 59, 343, 350). 2

3. Der **Herausgabeanspruch** entsteht (erst) mit dem Anfall der Erbschaft an den Vertragserben (§ 1942 I). Schlägt der Vertragserbe die Erbschaft aus, entfällt der Anspruch rückwirkend (§ 1953 I). Der Anspruch richtet sich gegen den Beschenkten (und nicht gegen den Erblasser oder die Miterben). Er geht gemäß §§ 818–822 auf Herausgabe des Geschenks; Kenntnis oder Rechtshängigkeit verschärfen die Haftung (s § 819 Rz 1). Ist der Beschenkte ein Pflichtteilsberechtigter, so beschränkt sich der Bereicherungsanspruch auf das, was nach Begleichung des Pflichtteils übrig bleibt; denn der Vertragserbe musste bei seiner Erberwartung mit der Pflichtteilslast rechnen (BGHZ 88, 269). 3

4. Der Anspruch ist ausgeschlossen, wenn der Vertragserbe mit der Schenkung **einverstanden** war. Eine formlose Zustimmung genügt allerdings nicht; vielmehr gebietet die Nähe eines solchen Verzichts zu einem Erbverzicht (§ 2346) bzw zu einem Zuwendungsverzicht (§ 2352), auf die Einhaltung der **Form des § 2348** (notarielle Beurkundung) abzustellen (BGHZ 108, 252ff). Liegt danach eine wirksame Zustimmung des Vertragserben vor, so schließt diese auch Ansprüche von (erbvertraglich oder gemäß § 2069) ersatzberufenen Abkömmlingen aus, weil § 2352 S 3 (seit dem 1. 1. 2010) auch auf § 2349 verweist (str). 4

5. Die Vorschrift findet auch Anwendung auf bindend gewordene wechselbezügliche Verfügungen beim **gemeinschaftlichen Testament** (BGHZ 82, 274). Sie beschränkt somit nach dem Tod des ersten Ehegatten die Handlungsfreiheit des überlebenden Ehegatten und schützt die durch wechselbezügliche Verfügung eingesetzten Schlusserben vor einer Aushöhlung des Nachlasses. 5

§ 2288. Beeinträchtigung des Vermächtnisnehmers

(1) **Hat der Erblasser den Gegenstand eines vertragsmäßig angeordneten Vermächtnisses in der Absicht, den Bedachten zu beeinträchtigen, zerstört, beiseite geschafft oder beschädigt, so tritt, soweit der Erbe dadurch außerstande gesetzt ist, die Leistung zu bewirken, an die Stelle des Gegenstands der Wert.**

(2) [1]**Hat der Erblasser den Gegenstand in der Absicht, den Bedachten zu beeinträchtigen, veräußert oder belastet, so ist der Erbe verpflichtet, dem Bedachten den Gegenstand zu verschaffen oder die Belastung zu beseitigen; auf diese Verpflichtung findet die Vorschrift des § 2170 Abs. 2 entsprechende Anwendung.** [2]**Ist die Veräußerung oder die Belastung schenkweise erfolgt, so steht dem Bedachten, soweit er Ersatz nicht von dem Erben erlangen kann, der im § 2287 bestimmte Anspruch gegen den Beschenkten zu.**

§ 2289. Wirkung des Erbvertrags auf letztwillige Verfügungen; Anwendung von § 2338

(1) [1]Durch den Erbvertrag wird eine frühere letztwillige Verfügung des Erblassers aufgehoben, soweit sie das Recht des vertragsmäßig Bedachten beeinträchtigen würde. [2]In dem gleichen Umfang ist eine spätere Verfügung von Todes wegen unwirksam, unbeschadet der Vorschrift des § 2297.

(2) Ist der Bedachte ein pflichtteilsberechtigter Abkömmling des Erblassers, so kann der Erblasser durch eine spätere letztwillige Verfügung die nach § 2338 zulässigen Anordnungen treffen.

§ 2290. Aufhebung durch Vertrag

(1) [1]Ein Erbvertrag sowie eine einzelne vertragsmäßige Verfügung kann durch Vertrag von den Personen aufgehoben werden, die den Erbvertrag geschlossen haben. [2]Nach dem Tode einer dieser Personen kann die Aufhebung nicht mehr erfolgen.

(2) [1]Der Erblasser kann den Vertrag nur persönlich schließen. [2]Ist er in der Geschäftsfähigkeit beschränkt, so bedarf er nicht der Zustimmung seines gesetzlichen Vertreters.

(3) [1]Steht der andere Teil unter Vormundschaft, so ist die Genehmigung des Familiengerichts erforderlich. [2]Das Gleiche gilt, wenn er unter elterlicher Sorge steht, es sei denn, dass der Vertrag unter Ehegatten oder unter Verlobten, auch im Sinne des Lebenspartnerschaftsgesetzes, geschlossen wird. [3]Wird die Aufhebung vom Aufgabenkreis eines Betreuers erfasst, ist die Genehmigung des Betreuungsgerichts erforderlich.

(4) Der Vertrag bedarf der in § 2276 für den Erbvertrag vorgeschriebenen Form.

§ 2291. Aufhebung durch Testament

(1) [1]Eine vertragsmäßige Verfügung, durch die ein Vermächtnis oder eine Auflage angeordnet ist, kann von dem Erblasser durch Testament aufgehoben werden. [2]Zur Wirksamkeit der Aufhebung ist die Zustimmung des anderen Vertragschließenden erforderlich; die Vorschrift des § 2290 Abs. 3 findet Anwendung.

(2) Die Zustimmungserklärung bedarf der notariellen Beurkundung; die Zustimmung ist unwiderruflich.

§ 2292. Aufhebung durch gemeinschaftliches Testament

Ein zwischen Ehegatten oder Lebenspartnern geschlossener Erbvertrag kann auch durch ein gemeinschaftliches Testament der Ehegatten oder Lebenspartner aufgehoben werden; die Vorschrift des § 2290 Abs. 3 findet Anwendung.

§ 2293. Rücktritt bei Vorbehalt

Der Erblasser kann von dem Erbvertrag zurücktreten, wenn er sich den Rücktritt im Vertrag vorbehalten hat.

§ 2294. Rücktritt bei Verfehlungen des Bedachten

Der Erblasser kann von einer vertragsmäßigen Verfügung zurücktreten, wenn sich der Bedachte einer Verfehlung schuldig macht, die den Erblasser zur Entziehung des Pflichtteils berechtigt oder, falls der Bedachte nicht zu den Pflichtteilsberechtigten gehört, zu der Entziehung berechtigen würde, wenn der Bedachte ein Abkömmling des Erblassers wäre.

§ 2295. Rücktritt bei Aufhebung der Gegenverpflichtung

Der Erblasser kann von einer vertragsmäßigen Verfügung zurücktreten, wenn die Verfügung mit Rücksicht auf eine rechtsgeschäftliche Verpflichtung des Bedachten, dem Erblasser für dessen Lebenszeit wiederkehrende Leistungen zu entrichten, insbesondere Unterhalt zu gewähren, getroffen ist und die Verpflichtung vor dem Tode des Erblassers aufgehoben wird.

Die **Aufhebung der Verpflichtung** und ihr **nachträglicher Wegfall** sind gleichzusetzen; denn die Norm will der Tatsache Rechnung tragen, dass der Erblasser seine vertragsmäßige Verfügung in Hinblick auf die Gegenverpflichtung getroffen hat. Bspw kann die Verpflichtung des Bedachten durch nachträgliche Unmöglichkeit (§ 275) oder Nichtigkeit (zB infolge Anfechtung) aufgehoben sein. Dagegen sind **Nichterfüllung, Verzug oder Schlechterfüllung** durch den Bedachten für § 2295 nicht genügend, weil die Verpflichtung zur Leistung in diesen Fällen unverändert fortbesteht; vielmehr kommt eine Anfechtung der vertragsmäßigen Verfügung durch den Erblasser gem §§ 2281, 2078 in Betracht (s bereits § 2074 Rz 4; *MüKo-Musielak* Rz 5). 1

§ 2296. Vertretung, Form des Rücktritts

(1) [1]**Der Rücktritt kann nicht durch einen Vertreter erfolgen.** [2]**Ist der Erblasser in der Geschäftsfähigkeit beschränkt, so bedarf er nicht der Zustimmung seines gesetzlichen Vertreters.**

(2) [1]**Der Rücktritt erfolgt durch Erklärung gegenüber dem anderen Vertragschließenden.** [2]**Die Erklärung bedarf der notariellen Beurkundung.**

§ 2297. Rücktritt durch Testament

[1]**Soweit der Erblasser zum Rücktritt berechtigt ist, kann er nach dem Tode des anderen Vertragschließenden die vertragsmäßige Verfügung durch Testament aufheben.** [2]**In den Fällen des § 2294 findet die Vorschrift des § 2336 Abs. 2 und 3 entsprechende Anwendung.**

§ 2298. Gegenseitiger Erbvertrag

(1) **Sind in einem Erbvertrag von beiden Teilen vertragsmäßige Verfügungen getroffen, so hat die Nichtigkeit einer dieser Verfügungen die Unwirksamkeit des ganzen Vertrags zur Folge.**

(2) [1]**Ist in einem solchen Vertrag der Rücktritt vorbehalten, so wird durch den Rücktritt eines der Vertragschließenden der ganze Vertrag aufgehoben.** [2]**Das Rücktrittsrecht erlischt mit dem Tode des anderen Vertragschließenden.** [3]**Der Überlebende kann jedoch, wenn er das ihm durch den Vertrag Zugewendete ausschlägt, seine Verfügung durch Testament aufheben.**

(3) **Die Vorschriften des Absatzes 1 und des Absatzes 2 Sätze 1 und 2 finden keine Anwendung, wenn ein anderer Wille der Vertragschließenden anzunehmen ist.**

§ 2299. Einseitige Verfügungen

(1) **Jeder der Vertragschließenden kann in dem Erbvertrag einseitig jede Verfügung treffen, die durch Testament getroffen werden kann.**

(2) [1]**Für eine Verfügung dieser Art gilt das Gleiche, wie wenn sie durch Testament getroffen worden wäre.** [2]**Die Verfügung kann auch in einem Vertrag aufgehoben werden, durch den eine vertragsmäßige Verfügung aufgehoben wird.**

(3) **Wird der Erbvertrag durch Ausübung des Rücktrittsrechts oder durch Vertrag aufgehoben, so tritt die Verfügung außer Kraft, sofern nicht ein anderer Wille des Erblassers anzunehmen ist.**

§ 2300. Anwendung der §§ 2259 und 2263; Rücknahme aus der amtlichen oder notariellen Verwahrung

(1) **Die §§ 2259 und 2263 sind auf den Erbvertrag entsprechend anzuwenden.**

(2) [1]**Ein Erbvertrag, der nur Verfügungen von Todes wegen enthält, kann aus der amtlichen oder notariellen Verwahrung zurückgenommen und den Vertragsschließenden zurückgegeben werden.** [2]**Die Rückgabe kann nur an alle Vertragsschließenden gemeinschaftlich erfolgen; die Vorschrift des § 2290 Abs. 1 Satz 2, Abs. 2 und 3 findet Anwendung.** [3]**Wird ein Erbvertrag nach den Sätzen 1 und 2 zurückgenommen, gilt § 2256 Abs. 1 entsprechend.**

§ 2300 a. *(aufgehoben)*

§ 2301. Schenkungsversprechen von Todes wegen

(1) [1]**Auf ein Schenkungsversprechen, welches unter der Bedingung erteilt wird, dass der Beschenkte den Schenker überlebt, finden die Vorschriften über Verfügungen von Todes wegen Anwendung.** [2]**Das Gleiche gilt für ein schenkweise unter dieser Bedingung erteiltes Schuldversprechen oder Schuldanerkenntnis der in den §§ 780, 781 bezeichneten Art.**

(2) **Vollzieht der Schenker die Schenkung durch Leistung des zugewendeten Gegenstands, so finden die Vorschriften über Schenkungen unter Lebenden Anwendung.**

1 **1. Begrifflich** setzt eine dem § 2301 I unterfallende Schenkung von Todes wegen zweierlei voraus: **a)** Es muss ein Schenkungsversprechen vorliegen, das **durch den Tod** des Zuwendenden **befristet** ist. **b)** Es muss unter der **Bedingung** stehen, dass der Beschenkte den Schenker überlebt. Fehlt diese Bedingung, soll der Gegenstand also bei Vorversterben des Bedachten seinen Erben zukommen, so liegt eine auf den Tod befristete **Schenkung unter Lebenden** vor, für die § 2301 nicht gilt (sondern § 518). Vielfach wird die Überlebensbedingung aber auch ohne ausdrückliche Erklärung gewollt sein, so dass § 2301 anzuwenden ist (vgl BGHZ 99, 97, 100f und die hM in der Lit; dagegen nimmt BGH NJW 1988, 2731 analog § 2084 im Zweifel eine Schenkung unter Lebenden an).

2 **2. Zweck** der Vorschrift ist es, ein Unterlaufen der erbrechtlichen Formen durch Schenkungen von Todes wegen zu verhindern. Deshalb erklärt Abs 1 die Vorschriften über Verfügungen von Todes wegen für anwendbar. Nur die vollzogene Schenkung ist gemäß Abs 2 von den erbrechtlichen Formvorschriften befreit, für sie gelten §§ 516ff.

3 **3.** Die durch **Abs 1 verlangte Form** ist die eines Erbvertrags (§ 2276) oder auch – nach wohl überwiegender Auffassung – die eines Testaments (*Lange/Kuchinke* § 33 II 1; *Brox/Walker* Rz 758; *Leipold* Rz 570).

4 **4. Vollzug der Schenkung,** den Abs 2 voraussetzt, liegt nach den Gesetzgebungsmotiven vor, wenn der Schenker sein Vermögen „sofort und unmittelbar mindert". Noch der Erblasser selbst und nicht erst der Erbe muss also das Vermögensopfer bringen. Die Schenkung ist also jedenfalls dann vollzogen, wenn der dingliche Erwerbsvorgang noch zu Lebzeiten abgeschlossen wird. Dabei ist es zum einen ausreichend, dass die Vollziehung (Übereignung, Abtretung etc) unter der **auflösenden** Bedingung des Vorversterbens des Beschenkten (vgl Abs 1) steht; zum anderen genügt aber auch eine durch das Überleben des Beschenkten **aufschiebend bedingte Verfügung** (BGH FamRZ 1989, 959: aufschiebend bedingte Abtretung eines Sparbuchs genügt, auch wenn der Erblasser bei Lebzeiten selbst noch davon abheben kann). Vielfach wird der aufschiebend bedingte Vollzug deshalb als ausreichend angesehen, weil der Beschenkte bereits zu Lebzeiten des Erblassers eine geschützte **Anwartschaft** erhält (s etwa *MüKo-Musielak* Rz 19 mwN). Noch nicht vollzogen ist die Schenkung

hingegen durch die Erteilung einer unwiderruflichen Vollmacht; denn die Vollmacht allein bewirkt noch keine Änderung in der rechtlichen Zuordnung des Vermögens (BGHZ 87, 19, 25 f). **Rechtsfolge** des Vollzuges ist gem § 518 II die Heilung eines Formmangels.

5. Bedient sich der Schenker eines **Erklärungsboten** oder eines **Stellvertreters**, ist zu differenzieren. **a)** Hat der Schenker vor seinem Tod selbst oder über seine Hilfsperson ein **Schenkungsversprechen im Sinn des Abs 1** abgegeben und vollzieht diese Hilfsperson erst nach dem Tod des Schenkers die Schenkung, ist die Schenkung zum Zeitpunkt des Todes vollzogen (str, vgl im Einzelnen etwa *Brox/Walker* Rz 747 ff; *Leipold* Rz 572 ff; auch *Medicus/Petersen* Rz 392 f). Da §§ 130 II, 153 für den Erklärungsboten und § 168 für den Stellvertreter den Vollzug über den Tod hinweg ermöglichen, sollte § 2301 II grds angewandt werden, sofern der Schenker nicht bewusst durch entsprechende Weisungen den Vollzug über seinen Tod hinaus verzögerte, weil er das Vermögensopfer nicht selbst erbringen wollte (s *MüKo-Musielak* Rz 24 mwN). **b)** Anders liegt es im **Bonifatius-Fall** (RGZ 83, 223; dazu *Otte* Jura 1993, 223): Ein Pfarrer, der mit seinem baldigen Tode rechnete, hatte seinem Vikar Wertpapiere für den Bonifatius-Verein übergeben. Dieser Bote überbrachte einem Weihbischof als Vertreter des Vereins die Übereignungserklärung und die Papiere aber erst vier Tage nach dem Tod des Pfarrers. Das RG hielt die Zuwendung wegen Fehlens der in § 2301 verlangten Form für unwirksam (zustimmend etwa *Medicus/Petersen* Rz 393). § 2301 passt auf diesen besonders gelagerten Fall aber gerade nicht, weil der Bote kein Schenkungsversprechen iSd Abs 1 abgibt. Vielmehr vollzieht er mit der Übergabe der Wertpapiere eine Handschenkung; die schuldrechtliche Unentgeltlichkeitsabrede wird dinglich vollzogen. Wie §§ 130, 153 II, 168 und für das zugrunde liegende Auftragsverhältnis § 672 zeigen, handelt es sich nicht um eine erbrechtliche Konstellation, so dass eine „weitherzige Auslegung“ von § 2301 nicht in Betracht kommt (aA *Bork* JZ 1988, 1059 ff). **5** **6** **7**

6. Der **Vertrag zugunsten Dritter** auf den Todesfall wird von der Rspr und hM als Rechtsgeschäft unter Lebenden gesehen und von der Anwendung des § 2301 ausgenommen; näher zur Problematik s § 331 Rz 4. **8**

§ 2302. Unbeschränkbare Testierfreiheit

Ein Vertrag, durch den sich jemand verpflichtet, eine Verfügung von Todes wegen zu errichten oder nicht zu errichten, aufzuheben oder nicht aufzuheben, ist nichtig.

Abschnitt 5. Pflichtteil

§ 2303. Pflichtteilsberechtigte; Höhe des Pflichtteils

(1) [1]**Ist ein Abkömmling des Erblassers durch Verfügung von Todes wegen von der Erbfolge ausgeschlossen, so kann er von dem Erben den Pflichtteil verlangen.** [2]**Der Pflichtteil besteht in der Hälfte des Wertes des gesetzlichen Erbteils.**

(2) [1]**Das gleiche Recht steht den Eltern und dem Ehegatten des Erblassers zu, wenn sie durch Verfügung von Todes wegen von der Erbfolge ausgeschlossen sind.** [2]**Die Vorschrift des § 1371 bleibt unberührt.**

1. Pflichtteilsberechtigt sind nach Abs 1 die Abkömmlinge (s zum Begriff § 1924 Rz 4). Die grds unentziehbare und bedarfsunabhängige wirtschaftliche Mindestbeteiligung der Kinder des Erblassers an dessen Nachlass wird durch die Erbrechtsgarantie des Art 14 I 1 iVm Art 6 GG geschützt (BVerfGE 112, 332). Auch der Ehegatte des Erblassers ist pflichtteilsberechtigt (ebenso Lebenspartner gem § 10 VI LPartG). Für das **1**

Pflichtteilsrecht der Eltern kommt es nach § 2309 darauf an, ob der Erblasser Abkömmlinge hat oder nicht. Geschwister sind nicht pflichtteilsberechtigt.

2 **2. Ausschluss von der Erbfolge** durch Verfügung von Todes wegen meint die Enterbung (§ 1938). Eine Enterbung kann auch darin liegen, dass der Erblasser über seinen gesamten Nachlass anderweitig verfügt. Dagegen ist nicht von der Erbfolge ausgeschlossen und daher **nicht pflichtteilsberechtigt,** wer die Erbschaft ausschlägt (Ausnahmen: §§ 1371 III, 2306 I), wer einen Erbverzicht geleistet hat (§ 2346) oder für erbunwürdig erklärt ist (§ 2345 II). Nicht pflichtteilsberechtigt sind ferner Personen, denen der Pflichtteil wirksam entzogen wurde (§§ 2333 ff), und Vermächtnisnehmer, deren Vermächtnis höher als der gesetzliche Pflichtteil ist, es sei denn, sie schlagen das Vermächtnis aus (§ 2307 I).

3 Den **Zusatzpflichtteil** (§ 2305) und den **Pflichtteilsergänzungsanspruch** (§ 2325) können auch Pflichtteilsberechtigte geltend machen, die nicht von der Erbfolge ausgeschlossen sind. Das Pflichtteilsrecht setzt also nicht in jedem Fall eine Enterbung voraus.

4 **3. Inhaltlich** führt das Pflichtteilsrecht zu einem sofort fälligen **Geldanspruch gegen die Erben**, nicht jedoch zu einer dinglichen Mindestbeteiligung am Nachlass, einem sog Noterbrecht, wie es manche ausländischen Rechte kennen (vgl etwa *Lange/Kuchinke* § 37 I, II; *MüKo-Lange* Rz 1 mwN). Der Erbe kann unter den Voraussetzungen des § 2331 a Stundung verlangen. Für die Verjährung des Anspruchs gilt die dreijährige Regelverjährung (§§ 195, 199 I).

5 Für die Erfüllung des Pflichtteilsanspruchs **haften** Miterben nach außen als Gesamtschuldner (§ 2058), während im Innenverhältnis § 2320 gilt. Auch können die Erben gem § 2318 I die Pflichtteilslast auf Vermächtnisnehmer und Auflagenbegünstigte verhältnismäßig abwälzen.

6 **4.** Die **Höhe** des Pflichtteilsanspruchs beträgt gemäß Abs 1 S 2 die Hälfte des Wertes des gesetzlichen Erbteils (vgl §§ 1924 ff). Zur Feststellung des Erbteils s § 2310.

7 **a)** Der Pflichtteil des im gesetzlichen **Güterstand der Zugewinngemeinschaft** lebenden Ehegatten bestimmt sich nach §§ 1931, 1371. Aus § 1371 ergibt sich, ob der sog **große** oder der **kleine Pflichtteil** verlangt werden kann. Ist der überlebende Ehegatte Erbe oder Vermächtnisnehmer, so erhöht sich sein gesetzlicher Erbteil gem § 1371 I, und ihm steht der große Pflichtteil zu. Ist der überlebende Ehegatte dagegen weder Erbe noch Vermächtnisnehmer, so erhält er gem § 1371 II zwar den Zugewinn, daneben aber nur den kleinen Pflichtteil. Für weitere Einzelheiten s die Anm zu § 1371.

8 **b)** Auch die **Pflichtteile der Abkömmlinge** sind unterschiedlich, je nachdem, ob für den Ehegatten gem § 1371 die erbrechtliche oder die güterrechtliche Lösung eingreift (s zB *Leipold* Rz 830). Erbt der Ehegatte kraft Gesetzes oder ist er als Alleinerbe eingesetzt, so berechnen sich die Pflichtteilsansprüche der Abkömmlinge unter Berücksichtigung des nach § 1371 I erhöhten gesetzlichen Erbteils des überlebenden Ehegatten (BGHZ 37, 58).

9 **5.** Die **Entziehung des Pflichtteils** unterliegt nach § 2333 strengen Anforderungen, die im Hinblick auf die verfassungsrechtliche Gewährleistung des Pflichtteilsrechts (s Rz 1) nur eingeschränkt zur Disposition des einfachen Gesetzgebers stehen. Durch das zum 1. 1. 2010 in Kraft getretene G zur Änderung des Erb- und Verjährungsrechts v 24. 9. 2009 (BGBl I S 3142) wurden die Voraussetzungen für eine Pflichtteilsentziehung geringfügig erleichtert (vgl § 2333 I Nr 4). Die Entziehung muss durch letztwillige Verfügung erfolgen (§ 2336 I); der Grund der Entziehung muss zur Zeit der Errichtung der Verfügung bestehen und in der Verfügung selbst angegeben werden (§ 2336 II).

§ 2304. Auslegungsregel

Die Zuwendung des Pflichtteils ist im Zweifel nicht als Erbeinsetzung anzusehen.

§ 2305. Zusatzpflichtteil

[1] Ist einem Pflichtteilsberechtigten ein Erbteil hinterlassen, der geringer ist als die Hälfte des gesetzlichen Erbteils, so kann der Pflichtteilsberechtigte von den Miterben als Pflichtteil den Wert des an der Hälfte fehlenden Teils verlangen. [2] Bei der Berechnung des Wertes bleiben Beschränkungen und Beschwerungen der in § 2306 bezeichneten Art außer Betracht.

§ 2306. Beschränkungen und Beschwerungen

(1) **Ist ein als Erbe berufener Pflichtteilsberechtigter durch die Einsetzung eines Nacherben, die Ernennung eines Testamentsvollstreckers oder eine Teilungsanordnung beschränkt oder ist er mit einem Vermächtnis oder einer Auflage beschwert, so kann er den Pflichtteil verlangen, wenn er den Erbteil ausschlägt; die Ausschlagungsfrist beginnt erst, wenn der Pflichtteilsberechtigte von der Beschränkung oder der Beschwerung Kenntnis erlangt.**

(2) **Einer Beschränkung der Erbeinsetzung steht es gleich, wenn der Pflichtteilsberechtigte als Nacherbe eingesetzt ist.**

Die Vorschrift wurde durch das zum 1. 1. 2010 in Kraft getretene G zur Änderung 1
des Erb- und Verjährungsrechts v 24. 9. 2009 (BGBl I S 3142) neu gefasst. Nach der Neufassung hat jeder pflichtteilsberechtigte Erbe, der in der beschriebenen Weise beschränkt oder beschwert ist, unabhängig von der Höhe seines Erbteils ein Wahlrecht. Er kann entweder den Erbteil mit den Belastungen und Beschränkungen annehmen oder den Erbteil ausschlagen und den Pflichtteil verlangen. Der lediglich als Nacherbe eingesetzte Pflichtteilsberechtigte hat nach Abs 2 entsprechende Rechte.

§ 2307. Zuwendung eines Vermächtnisses

(1) **[1] Ist ein Pflichtteilsberechtigter mit einem Vermächtnis bedacht, so kann er den Pflichtteil verlangen, wenn er das Vermächtnis ausschlägt. [2] Schlägt er nicht aus, so steht ihm ein Recht auf den Pflichtteil nicht zu, soweit der Wert des Vermächtnisses reicht; bei der Berechnung des Wertes bleiben Beschränkungen und Beschwerungen der in § 2306 bezeichneten Art außer Betracht.**

(2) **[1] Der mit dem Vermächtnis beschwerte Erbe kann den Pflichtteilsberechtigten unter Bestimmung einer angemessenen Frist zur Erklärung über die Annahme des Vermächtnisses auffordern. [2] Mit dem Ablauf der Frist gilt das Vermächtnis als ausgeschlagen, wenn nicht vorher die Annahme erklärt wird.**

§ 2308. Anfechtung der Ausschlagung

(1) **Hat ein Pflichtteilsberechtigter, der als Erbe oder als Vermächtnisnehmer in der in § 2306 bezeichneten Art beschränkt oder beschwert ist, die Erbschaft oder das Vermächtnis ausgeschlagen, so kann er die Ausschlagung anfechten, wenn die Beschränkung oder die Beschwerung zur Zeit der Ausschlagung weggefallen und der Wegfall ihm nicht bekannt war.**

(2) **[1] Auf die Anfechtung der Ausschlagung eines Vermächtnisses finden die für die Anfechtung der Ausschlagung einer Erbschaft geltenden Vorschriften entsprechende Anwendung. [2] Die Anfechtung erfolgt durch Erklärung gegenüber dem Beschwerten.**

§ 2309. Pflichtteilsrecht der Eltern und entfernteren Abkömmlinge

Entferntere Abkömmlinge und die Eltern des Erblassers sind insoweit nicht pflichtteilsberechtigt, als ein Abkömmling, der sie im Falle der gesetzlichen Erbfolge ausschließen würde, den Pflichtteil verlangen kann oder das ihm Hinterlassene annimmt.

§ 2310. Feststellung des Erbteils für die Berechnung des Pflichtteils

[1]Bei der Feststellung des für die Berechnung des Pflichtteils maßgebenden Erbteils werden diejenigen mitgezählt, welche durch letztwillige Verfügung von der Erbfolge ausgeschlossen sind oder die Erbschaft ausgeschlagen haben oder für erbunwürdig erklärt sind. [2]Wer durch Erbverzicht von der gesetzlichen Erbfolge ausgeschlossen ist, wird nicht mitgezählt.

§ 2311. Wert des Nachlasses

(1) **[1]Der Berechnung des Pflichtteils wird der Bestand und der Wert des Nachlasses zur Zeit des Erbfalls zugrunde gelegt. [2]Bei der Berechnung des Pflichtteils eines Abkömmlings und der Eltern des Erblassers bleibt der dem überlebenden Ehegatten gebührende Voraus außer Ansatz.**

(2) **[1]Der Wert ist, soweit erforderlich, durch Schätzung zu ermitteln. [2]Eine vom Erblasser getroffene Wertbestimmung ist nicht maßgebend.**

1 Für die **Berechnung** maßgeblich ist der gemeine Wert eines Nachlassgegenstandes, den dieser allgemein in der Hand jedes Erben haben würde, dh nicht der Liebhaberwert, sondern idR der Verkaufswert. Abzuziehen sind die Erblasserschulden; ferner Erbfallschulden (s § 1967 Rz 4), sofern sie nicht dem Pflichtteilsanspruch im Rang nachgehen (§ 327 I Nr 1, 2 InsO). Vom Nachlasswert abzusetzen ist gem Abs 1 S 2 auch der Voraus, aber nur wenn seine Voraussetzungen vorliegen (§ 1932: gesetzliche Erbfolge), also nicht bei Alleinerbschaft des Ehegatten (BGHZ 73, 29, 35).

§ 2312. Wert eines Landguts

(1) **[1]Hat der Erblasser angeordnet oder ist nach § 2049 anzunehmen, dass einer von mehreren Erben das Recht haben soll, ein zum Nachlass gehörendes Landgut zu dem Ertragswert zu übernehmen, so ist, wenn von dem Recht Gebrauch gemacht wird, der Ertragswert auch für die Berechnung des Pflichtteils maßgebend. [2]Hat der Erblasser einen anderen Übernahmepreis bestimmt, so ist dieser maßgebend, wenn er den Ertragswert erreicht und den Schätzungswert nicht übersteigt.**

(2) **Hinterlässt der Erblasser nur einen Erben, so kann er anordnen, dass der Berechnung des Pflichtteils der Ertragswert oder ein nach Absatz 1 Satz 2 bestimmter Wert zugrunde gelegt werden soll.**

(3) **Diese Vorschriften finden nur Anwendung, wenn der Erbe, der das Landgut erwirbt, zu den in § 2303 bezeichneten pflichtteilsberechtigten Personen gehört.**

§ 2313. Ansatz bedingter, ungewisser oder unsicherer Rechte; Feststellungspflicht des Erben

(1) **[1]Bei der Feststellung des Wertes des Nachlasses bleiben Rechte und Verbindlichkeiten, die von einer aufschiebenden Bedingung abhängig sind, außer Ansatz. [2]Rechte und Verbindlichkeiten, die von einer auflösenden Bedingung abhängig sind, kommen als unbedingte in Ansatz. [3]Tritt die Bedingung ein, so hat die der veränderten Rechtslage entsprechende Ausgleichung zu erfolgen.**

(2) **[1]Für ungewisse oder unsichere Rechte sowie für zweifelhafte Verbindlichkeiten gilt das Gleiche wie für Rechte und Verbindlichkeiten, die von einer aufschiebenden Bedingung abhängig sind. [2]Der Erbe ist dem Pflichtteilsberechtigten gegenüber verpflichtet, für die Feststellung eines ungewissen und für die Verfolgung eines unsicheren Rechts zu sorgen, soweit es einer ordnungsmäßigen Verwaltung entspricht.**

§ 2314. Auskunftspflicht des Erben

(1) [1]Ist der Pflichtteilsberechtigte nicht Erbe, so hat ihm der Erbe auf Verlangen über den Bestand des Nachlasses Auskunft zu erteilen. [2]Der Pflichtteilsberechtigte kann verlangen, dass er bei der Aufnahme des ihm nach § 260 vorzulegenden Verzeichnisses der Nachlassgegenstände zugezogen und dass der Wert der Nachlassgegenstände ermittelt wird. [3]Er kann auch verlangen, dass das Verzeichnis durch die zuständige Behörde oder durch einen zuständigen Beamten oder Notar aufgenommen wird.

(2) Die Kosten fallen dem Nachlass zur Last.

§ 2315. Anrechnung von Zuwendungen auf den Pflichtteil

(1) Der Pflichtteilsberechtigte hat sich auf den Pflichtteil anrechnen zu lassen, was ihm von dem Erblasser durch Rechtsgeschäft unter Lebenden mit der Bestimmung zugewendet worden ist, dass es auf den Pflichtteil angerechnet werden soll.

(2) [1]Der Wert der Zuwendung wird bei der Bestimmung des Pflichtteils dem Nachlass hinzugerechnet. [2]Der Wert bestimmt sich nach der Zeit, zu welcher die Zuwendung erfolgt ist.

(3) Ist der Pflichtteilsberechtigte ein Abkömmling des Erblassers, so findet die Vorschrift des § 2051 Abs. 1 entsprechende Anwendung.

§ 2316. Ausgleichungspflicht

(1) [1]Der Pflichtteil eines Abkömmlings bestimmt sich, wenn mehrere Abkömmlinge vorhanden sind und unter ihnen im Falle der gesetzlichen Erbfolge eine Zuwendung des Erblassers oder Leistungen der in § 2057a bezeichneten Art zur Ausgleichung zu bringen sein würden, nach demjenigen, was auf den gesetzlichen Erbteil unter Berücksichtigung der Ausgleichungspflichten bei der Teilung entfallen würde. [2]Ein Abkömmling, der durch Erbverzicht von der gesetzlichen Erbfolge ausgeschlossen ist, bleibt bei der Berechnung außer Betracht.

(2) Ist der Pflichtteilsberechtigte Erbe und beträgt der Pflichtteil nach Absatz 1 mehr als der Wert des hinterlassenen Erbteils, so kann der Pflichtteilsberechtigte von den Miterben den Mehrbetrag als Pflichtteil verlangen, auch wenn der hinterlassene Erbteil die Hälfte des gesetzlichen Erbteils erreicht oder übersteigt.

(3) Eine Zuwendung der in § 2050 Abs. 1 bezeichneten Art kann der Erblasser nicht zum Nachteil eines Pflichtteilsberechtigten von der Berücksichtigung ausschließen.

(4) Ist eine nach Absatz 1 zu berücksichtigende Zuwendung zugleich nach § 2315 auf den Pflichtteil anzurechnen, so kommt sie auf diesen nur mit der Hälfte des Wertes zur Anrechnung.

§ 2317. Entstehung und Übertragbarkeit des Pflichtteilsanspruchs

(1) Der Anspruch auf den Pflichtteil entsteht mit dem Erbfall.

(2) Der Anspruch ist vererblich und übertragbar.

§ 2318. Pflichtteilslast bei Vermächtnissen und Auflagen

(1) [1]Der Erbe kann die Erfüllung eines ihm auferlegten Vermächtnisses soweit verweigern, dass die Pflichtteilslast von ihm und dem Vermächtnisnehmer verhältnismäßig getragen wird. [2]Das Gleiche gilt von einer Auflage.

(2) Einem pflichtteilsberechtigten Vermächtnisnehmer gegenüber ist die Kürzung nur soweit zulässig, dass ihm der Pflichtteil verbleibt.

(3) Ist der Erbe selbst pflichtteilsberechtigt, so kann er wegen der Pflichtteilslast das Vermächtnis und die Auflage soweit kürzen, dass ihm sein eigener Pflichtteil verbleibt.

§ 2319. Pflichtteilsberechtigter Miterbe

[1]Ist einer von mehreren Erben selbst pflichtteilsberechtigt, so kann er nach der Teilung die Befriedigung eines anderen Pflichtteilsberechtigten soweit verweigern, dass ihm sein eigener Pflichtteil verbleibt. [2]Für den Ausfall haften die übrigen Erben.

§ 2320. Pflichtteilslast des an die Stelle des Pflichtteilsberechtigten getretenen Erben

(1) Wer anstelle des Pflichtteilsberechtigten gesetzlicher Erbe wird, hat im Verhältnis zu Miterben die Pflichtteilslast und, wenn der Pflichtteilsberechtigte ein ihm zugewendetes Vermächtnis annimmt, das Vermächtnis in Höhe des erlangten Vorteils zu tragen.

(2) Das Gleiche gilt im Zweifel von demjenigen, welchem der Erblasser den Erbteil des Pflichtteilsberechtigten durch Verfügung von Todes wegen zugewendet hat.

§ 2321. Pflichtteilslast bei Vermächtnisausschlagung

Schlägt der Pflichtteilsberechtigte ein ihm zugewendetes Vermächtnis aus, so hat im Verhältnis der Erben und der Vermächtnisnehmer zueinander derjenige, welchem die Ausschlagung zustatten kommt, die Pflichtteilslast in Höhe des erlangten Vorteils zu tragen.

§ 2322. Kürzung von Vermächtnissen und Auflagen

Ist eine von dem Pflichtteilsberechtigten ausgeschlagene Erbschaft oder ein von ihm ausgeschlagenes Vermächtnis mit einem Vermächtnis oder einer Auflage beschwert, so kann derjenige, welchem die Ausschlagung zustatten kommt, das Vermächtnis oder die Auflage soweit kürzen, dass ihm der zur Deckung der Pflichtteilslast erforderliche Betrag verbleibt.

§ 2323. Nicht pflichtteilsbelasteter Erbe

Der Erbe kann die Erfüllung eines Vermächtnisses oder einer Auflage auf Grund des § 2318 Abs. 1 insoweit nicht verweigern, als er die Pflichtteilslast nach den §§ 2320 bis 2322 nicht zu tragen hat.

§ 2324. Abweichende Anordnungen des Erblassers hinsichtlich der Pflichtteilslast

Der Erblasser kann durch Verfügung von Todes wegen die Pflichtteilslast im Verhältnis der Erben zueinander einzelnen Erben auferlegen und von den Vorschriften des § 2318 Abs. 1 und der §§ 2320 bis 2323 abweichende Anordnungen treffen.

§ 2325. Pflichtteilsergänzungsanspruch bei Schenkungen

(1) Hat der Erblasser einem Dritten eine Schenkung gemacht, so kann der Pflichtteilsberechtigte als Ergänzung des Pflichtteils den Betrag verlangen, um den sich der Pflichtteil erhöht, wenn der verschenkte Gegenstand dem Nachlass hinzugerechnet wird.

(2) [1]**Eine verbrauchbare Sache kommt mit dem Werte in Ansatz, den sie zur Zeit der Schenkung hatte.** [2]**Ein anderer Gegenstand kommt mit dem Werte in Ansatz, den er zur Zeit des Erbfalls hat; hatte er zur Zeit der Schenkung einen geringeren Wert, so wird nur dieser in Ansatz gebracht.**

(3) [1]**Die Schenkung wird innerhalb des ersten Jahres vor dem Erbfall in vollem Umfang, innerhalb jedes weiteren Jahres vor dem Erbfall um jeweils ein Zehntel weniger berücksichtigt.** [2]**Sind zehn Jahre seit der Leistung des verschenkten Gegenstandes verstrichen, bleibt die Schenkung unberücksichtigt.** [3]**Ist die Schenkung an den Ehegatten erfolgt, so beginnt die Frist nicht vor der Auflösung der Ehe.**

1. Gläubiger des Anspruchs kann nur ein Pflichtteilsberechtigter sein (s zu diesem Personenkreis § 2303 Rz 1). Es wird nicht verlangt, dass er von der Erbfolge ausgeschlossen ist (§ 2303 Rz 3) und tatsächlich einen Pflichtteilsanspruch besitzt (arg § 2326); der Pflichtteilsergänzungsanspruch besteht deshalb auch bei Ausschlagung der Erbschaft (BGH NJW 1973, 995). Ob es für die Pflichtteilsberechtigung auf den Zeitpunkt der Schenkung oder des Todes ankommt, sagt die Vorschrift nicht. Entgegen einer in der Lit verbreiteten und vom Wortlaut her näher liegenden Ansicht stellt die Rspr auf den Zeitpunkt der Schenkung ab, indem sie den Sinn der Vorschrift darin erblickt, den Angehörigen Bestandsschutz zu gewähren (Schutz der Erberwartung gegenüber beeinträchtigenden Schenkungen); wer im Zeitpunkt der Schenkung noch nicht pflichtteilsberechtigt war, kann keinen Bestandsschutz erwarten (BGH NJW 1997, 2676). Danach kann zB keine Pflichtteilsergänzung verlangen, wer erst nach der Schenkung durch Eheschließung pflichtteilsberechtigt geworden ist (BGH aaO; vgl auch BGHZ 59, 210). Pflichtteilsanspruch und Pflichtteilsergänzungsanspruch sind bei dieser Auslegung also zwei selbständige Ansprüche mit unterschiedlicher rechtlicher Ausgestaltung. 1

2. Schuldner ist der Erbe. Der Beschenkte haftet nur subsidiär nach § 2329, soweit der Erbe nicht verpflichtet ist, etwa wegen beschränkter Erbenhaftung (vgl BGHZ 80, 205, 209) oder wegen § 2328. Ist der Beschenkte zugleich pflichtteilsberechtigter Erbe, so ist § 2328 für ihn analog anzuwenden (BGHZ 85, 274, 284). Nach dem Tod des Beschenkten richtet sich der Anspruch gegen dessen Erben (BGHZ 80, 205, 210). 2

3. Eine **Schenkung** iSv § 516 erfordert eine Zuwendung, die den Empfänger aus dem Vermögen des Gebers bereichert (vgl § 516 Rz 6) und bei der beide Teile über die Unentgeltlichkeit einig sind. Zu den Schenkungen zählen auch endgültige unentgeltliche Zuwendungen an Stiftungen (s §§ 80ff); sie sind für den Pflichtteilsberechtigten wirtschaftlich gleichbedeutend, und die Verfolgung gemeinnütziger ideeller Zwecke vermag eine Aushöhlung der Pflichtteilsrechte, die durch §§ 2325, 2329 verhindert werden soll, nicht zu rechtfertigen (BGHZ 157, 178 „Stiftung Dresdner Frauenkirche"). Bei einer gemischten Schenkung müssen sich die Vertragsparteien darüber einig sein, dass der nicht von der Gegenleistung abgedeckte Teil unentgeltlich sein soll. Für Unentgeltlichkeit der überschießenden Leistung spricht bei einem groben Missverhältnis zwischen Leistung und Gegenleistung eine tatsächliche Vermutung (BGHZ 59, 132, 135). 3

4. Durch das zum 1. 1. 2010 in Kraft getretene Gesetz zur Änderung des Erb- und Verjährungsrechts (BGBl I 2009, 3142) wurde die **Frist** für die Berücksichtigung von Schenkungen bei der Pflichtteilsergänzung (Abs 3) neu geregelt. Während zuvor das „Alles-oder-nichts-Prinzip" galt (volle Ergänzungspflicht bei Tod des Erblassers vor vollständigem Ablauf der Zehnjahresfrist), führt die Neuregelung eine über zehn Jahre erstreckte **Abschmelzung** pro rata temporis ein. Dies eröffnet bei Erblassern mit einer nur wenige Jahre betragenden Lebenserwartung neue Gestaltungsspielräume zur Reduzierung von Pflichtteilsansprüchen. 4

5 **5.** Von der Pflichtteilsreform unberührt bleibt der von der Rspr konkretisierte **Leistungsbegriff**, der für den Fristbeginn maßgeblich ist. Eine Leistung iSv Abs 3 S 2 liegt zur Verhinderung von Missbrauch nur vor, wenn der Erblasser durch die Schenkung bereits einen spürbaren und endgültigen Vermögensverlust erlitten hat. Dies ist nicht der Fall, wenn der Erblasser eine Sache zwar formal verschenkt, sich aber durch ein dingliches oder schuldrechtliches Recht die wirtschaftliche Nutzung weiterhin vorbehält (zB Grundstücksschenkung unter Nießbrauchsvorbehalt, §§ 1030 ff). Maßgeblich für den Fristbeginn ist im Übrigen nicht das Schenkungsversprechen, sondern dessen dinglicher Vollzug (Leistungserfolg), bei Grundstücken somit die Eintragung des Beschenkten im Grundbuch (BGHZ 102, 289).

6 **6.** Bei Schenkungen an **Ehegatten** (ebenso bei Lebenspartnern nach § 10 VI 2 LPartG, nicht aber bei der nichtehelichen Lebensgemeinschaft) ist zu beachten, dass die Frist nach Abs 3 S 3 nicht vor der Auflösung der Ehe beginnt. Ist Auflösungsgrund der Tod des Erblassers, sind somit alle Schenkungen an den anderen Ehegatten ergänzungspflichtig. Die Regelung beruht auch insoweit auf dem Gedanken, dass der Erblasser die wirtschaftlichen Folgen bei einer Schenkung an den Ehegatten (noch) nicht spürt. Nach Auflösung der Ehe durch Scheidung oder Tod des beschenkten Ehegatten bleiben die während der Ehe erfolgten Schenkungen nach Maßgabe des Abschmelzungsmodells (s oben Rz 4) gerechnet vom Zeitpunkt der Auflösung an unberücksichtigt.

§ 2326. Ergänzung über die Hälfte des gesetzlichen Erbteils

[1]Der Pflichtteilsberechtigte kann die Ergänzung des Pflichtteils auch dann verlangen, wenn ihm die Hälfte des gesetzlichen Erbteils hinterlassen ist. [2]Ist dem Pflichtteilsberechtigten mehr als die Hälfte hinterlassen, so ist der Anspruch ausgeschlossen, soweit der Wert des mehr Hinterlassenen reicht.

§ 2327. Beschenkter Pflichtteilsberechtigter

(1) **[1]Hat der Pflichtteilsberechtigte selbst ein Geschenk von dem Erblasser erhalten, so ist das Geschenk in gleicher Weise wie das dem Dritten gemachte Geschenk dem Nachlass hinzuzurechnen und zugleich dem Pflichtteilsberechtigten auf die Ergänzung anzurechnen. [2]Ein nach § 2315 anzurechnendes Geschenk ist auf den Gesamtbetrag des Pflichtteils und der Ergänzung anzurechnen.**

(2) **Ist der Pflichtteilsberechtigte ein Abkömmling des Erblassers, so findet die Vorschrift des § 2051 Abs. 1 entsprechende Anwendung.**

§ 2328. Selbst pflichtteilsberechtigter Erbe

Ist der Erbe selbst pflichtteilsberechtigt, so kann er die Ergänzung des Pflichtteils soweit verweigern, dass ihm sein eigener Pflichtteil mit Einschluss dessen verbleibt, was ihm zur Ergänzung des Pflichtteils gebühren würde.

§ 2329. Anspruch gegen den Beschenkten

(1) **[1]Soweit der Erbe zur Ergänzung des Pflichtteils nicht verpflichtet ist, kann der Pflichtteilsberechtigte von dem Beschenkten die Herausgabe des Geschenks zum Zwecke der Befriedigung wegen des fehlenden Betrags nach den Vorschriften über die Herausgabe einer ungerechtfertigten Bereicherung fordern. [2]Ist der Pflichtteilsberechtigte der alleinige Erbe, so steht ihm das gleiche Recht zu.**

(2) **Der Beschenkte kann die Herausgabe durch Zahlung des fehlenden Betrags abwenden.**

(3) **Unter mehreren Beschenkten haftet der früher Beschenkte nur insoweit, als der später Beschenkte nicht verpflichtet ist.**

§ 2330. Anstandsschenkungen

Die Vorschriften der §§ 2325 bis 2329 finden keine Anwendung auf Schenkungen, durch die einer sittlichen Pflicht oder einer auf den Anstand zu nehmenden Rücksicht entsprochen wird.

§ 2331. Zuwendungen aus dem Gesamtgut

(1) [1]Eine Zuwendung, die aus dem Gesamtgut der Gütergemeinschaft erfolgt, gilt als von jedem der Ehegatten zur Hälfte gemacht. [2]Die Zuwendung gilt jedoch, wenn sie an einen Abkömmling, der nur von einem der Ehegatten abstammt, oder an eine Person, von der nur einer der Ehegatten abstammt, erfolgt, oder wenn einer der Ehegatten wegen der Zuwendung zu dem Gesamtgut Ersatz zu leisten hat, als von diesem Ehegatten gemacht.

(2) Diese Vorschriften sind auf eine Zuwendung aus dem Gesamtgut der fortgesetzten Gütergemeinschaft entsprechend anzuwenden.

§ 2331a. Stundung

(1) [1]Der Erbe kann Stundung des Pflichtteils verlangen, wenn die sofortige Erfüllung des gesamten Anspruchs für den Erben wegen der Art der Nachlassgegenstände eine unbillige Härte wäre, insbesondere wenn sie ihn zur Aufgabe des Familienheims der zur Veräußerung eines Wirtschaftsguts zwingen würde, das für den Erben und seine Familie die wirtschaftliche Lebensgrundlage bildet. [2]Die Interessen des Pflichtteilsberechtigten sind angemessen zu berücksichtigen.

(2) [1]Für die Entscheidung über eine Stundung ist, wenn der Anspruch nicht bestritten wird, das Nachlassgericht zuständig. [2]§ 1382 Abs. 2 bis 6 gilt entsprechend; an die Stelle des Familiengerichts tritt das Nachlassgericht.

§ 2332. Verjährung

(1) Die Verjährungsfrist des dem Pflichtteilsberechtigten nach § 2329 gegen den Beschenkten zustehenden Anspruchs beginnt mit dem Erbfall.

(2) Die Verjährung des Pflichtteilsanspruchs und des Anspruchs nach § 2329 wird nicht dadurch gehemmt, dass die Ansprüche erst nach der Ausschlagung der Erbschaft oder eines Vermächtnisses geltend gemacht werden können.

§ 2333. Entziehung des Pflichtteils

(1) Der Erblasser kann einem Abkömmling den Pflichtteil entziehen, wenn der Abkömmling

1. dem Erblasser, dem Ehegatten des Erblassers, einem anderen Abkömmling oder einer dem Erblasser ähnlich nahe stehenden Person nach dem Leben trachtet,
2. sich eines Verbrechens oder eines schweren vorsätzlichen Vergehens gegen eine der in Nummer 1 bezeichneten Personen schuldig macht,
3. die ihm dem Erblasser gegenüber gesetzlich obliegende Unterhaltspflicht böswillig verletzt oder
4. wegen einer vorsätzlichen Straftat zu einer Freiheitsstrafe von mindestens einem Jahr ohne Bewährung rechtskräftig verurteilt wird und die Teilhabe des Abkömmlings am Nachlass deshalb für den Erblasser unzumutbar ist. Gleiches gilt, wenn die Unterbringung des Abkömmlings in einem psychiatrischen Krankenhaus oder in einer Entziehungsanstalt wegen einer ähnlich schwerwiegenden vorsätzlichen Tat rechtskräftig angeordnet wird.

(2) Absatz 1 gilt entsprechend für die Entziehung des Eltern- oder Ehegattenpflichtteils.

§§ 2334, 2335. *(aufgehoben)*

§ 2336. Form, Beweislast, Unwirksamwerden

(1) Die Entziehung des Pflichtteils erfolgt durch letztwillige Verfügung.

(2) [1]Der Grund der Entziehung muss zur Zeit der Errichtung bestehen und in der Verfügung angegeben werden. [2]Für eine Entziehung nach § 2333 Absatz 1 Nummer 4 muss zur Zeit der Errichtung die Tat begangen sein und der Grund für die Unzumutbarkeit vorliegen; beides muss in der Verfügung angegeben werden.

(3) Der Beweis des Grundes liegt demjenigen ob, welcher die Entziehung geltend macht.

§ 2337. Verzeihung

[1]Das Recht zur Entziehung des Pflichtteils erlischt durch Verzeihung. [2]Eine Verfügung, durch die der Erblasser die Entziehung angeordnet hat, wird durch die Verzeihung unwirksam.

§ 2338. Pflichtteilsbeschränkung

(1) [1]Hat sich ein Abkömmling in solchem Maße der Verschwendung ergeben oder ist er in solchem Maße überschuldet, dass sein späterer Erwerb erheblich gefährdet wird, so kann der Erblasser das Pflichtteilsrecht des Abkömmlings durch die Anordnung beschränken, dass nach dem Tode des Abkömmlings dessen gesetzliche Erben das ihm Hinterlassene oder den ihm gebührenden Pflichtteil als Nacherben oder als Nachvermächtnisnehmer nach dem Verhältnis ihrer gesetzlichen Erbteile erhalten sollen. [2]Der Erblasser kann auch für die Lebenszeit des Abkömmlings die Verwaltung einem Testamentsvollstrecker übertragen; der Abkömmling hat in einem solchen Falle Anspruch auf den jährlichen Reinertrag.

(2) [1]Auf Anordnungen dieser Art findet die Vorschrift des § 2336 Abs. 1 bis 3 entsprechende Anwendung. [2]Die Anordnungen sind unwirksam, wenn zur Zeit des Erbfalls der Abkömmling sich dauernd von dem verschwenderischen Leben abgewendet hat oder die den Grund der Anordnung bildende Überschuldung nicht mehr besteht.

Abschnitt 6. Erbunwürdigkeit

§ 2339. Gründe für Erbunwürdigkeit

(1) Erbunwürdig ist:

1. wer den Erblasser vorsätzlich und widerrechtlich getötet oder zu töten versucht oder in einen Zustand versetzt hat, infolge dessen der Erblasser bis zu seinem Tode unfähig war, eine Verfügung von Todes wegen zu errichten oder aufzuheben,
2. wer den Erblasser vorsätzlich und widerrechtlich verhindert hat, eine Verfügung von Todes wegen zu errichten oder aufzuheben,
3. wer den Erblasser durch arglistige Täuschung oder widerrechtlich durch Drohung bestimmt hat, eine Verfügung von Todes wegen zu errichten oder aufzuheben,
4. wer sich in Ansehung einer Verfügung des Erblassers von Todes wegen einer Straftat nach den §§ 267, 271 bis 274 des Strafgesetzbuchs schuldig gemacht hat.

(2) Die Erbunwürdigkeit tritt in den Fällen des Absatzes 1 Nr. 3, 4 nicht ein, wenn vor dem Eintritt des Erbfalls die Verfügung, zu deren Errichtung der Erblasser bestimmt oder in Ansehung deren die Straftat begangen worden ist, unwirksam geworden ist, oder die Verfügung, zu deren Aufhebung er bestimmt worden ist, unwirksam geworden sein würde.

§ 2340. Geltendmachung der Erbunwürdigkeit durch Anfechtung

(1) Die Erbunwürdigkeit wird durch Anfechtung des Erbschaftserwerbs geltend gemacht.

(2) [1]Die Anfechtung ist erst nach dem Anfall der Erbschaft zulässig. [2]Einem Nacherben gegenüber kann die Anfechtung erfolgen, sobald die Erbschaft dem Vorerben angefallen ist.

(3) Die Anfechtung kann nur innerhalb der in § 2082 bestimmten Fristen erfolgen.

§ 2341. Anfechtungsberechtigte

Anfechtungsberechtigt ist jeder, dem der Wegfall des Erbunwürdigen, sei es auch nur bei dem Wegfall eines anderen, zustatten kommt.

§ 2342. Anfechtungsklage

(1) [1]Die Anfechtung erfolgt durch Erhebung der Anfechtungsklage. [2]Die Klage ist darauf zu richten, dass der Erbe für erbunwürdig erklärt wird.

(2) Die Wirkung der Anfechtung tritt erst mit der Rechtskraft des Urteils ein.

§ 2343. Verzeihung

Die Anfechtung ist ausgeschlossen, wenn der Erblasser dem Erbunwürdigen verziehen hat.

§ 2344. Wirkung der Erbunwürdigerklärung

(1) Ist ein Erbe für erbunwürdig erklärt, so gilt der Anfall an ihn als nicht erfolgt.

(2) Die Erbschaft fällt demjenigen an, welcher berufen sein würde, wenn der Erbunwürdige zur Zeit des Erbfalls nicht gelebt hätte; der Anfall gilt als mit dem Eintritt des Erbfalls erfolgt.

§ 2345. Vermächtnisunwürdigkeit; Pflichtteilsunwürdigkeit

(1) [1]Hat sich ein Vermächtnisnehmer einer der in § 2339 Abs. 1 bezeichneten Verfehlungen schuldig gemacht, so ist der Anspruch aus dem Vermächtnis anfechtbar. [2]Die Vorschriften der §§ 2082, 2083, 2339 Abs. 2 und der §§ 2341, 2343 finden Anwendung.

(2) Das Gleiche gilt für einen Pflichtteilsanspruch, wenn der Pflichtteilsberechtigte sich einer solchen Verfehlung schuldig gemacht hat.

Abschnitt 7. Erbverzicht

§ 2346. Wirkung des Erbverzichts, Beschränkungsmöglichkeit

(1) [1]Verwandte sowie der Ehegatte des Erblassers können durch Vertrag mit dem Erblasser auf ihr gesetzliches Erbrecht verzichten. [2]Der Verzichtende ist

von der gesetzlichen Erbfolge ausgeschlossen, wie wenn er zur Zeit des Erbfalls nicht mehr lebte; er hat kein Pflichtteilsrecht.

(2) **Der Verzicht kann auf das Pflichtteilsrecht beschränkt werden.**

1 **1.** Der **Erbverzicht** ist ein abstraktes Rechtsgeschäft, keine Verfügung von Todes wegen, wie Testament und Erbvertrag. Soweit die §§ 2346 ff keine Sonderregeln enthalten, gelten die Vorschriften des AT. **a)** Der Erbverzicht **bewirkt** gemäß Abs 1 S 2 den Ausschluss von der gesetzlichen Erbfolge und von Pflichtteilsansprüchen. Seine Wirkung erstreckt sich unter den Voraussetzungen des § 2349 auch auf Abkömmlinge des Verzichtenden. Als Folge des Erbverzichts erhöht sich der Erbteil gesetzlicher Miterben (§ 1935) sowie das Pflichtteilsrecht (§ 2310 S 2). Der Erbverzicht hindert den Erblasser aber nicht, den Verzichtenden durch letztwillige Verfügung als Erben einzusetzen (BGHZ 30, 261, 267). **b)** Die **Sicherheit des Rechtsverkehrs** fordert, dass der Vertragsschluss und ggf dessen Aufhebung **zu Lebzeiten** der Parteien erfolgt. So kann, damit die mit dem Tod des Erblassers eintretende Erbfolgeregelung Bestand hat, ein Angebot auf Abschluss eines Erbverzichtsvertrags entgegen §§ 130 II, 153 nur zu Lebzeiten des Erblassers angenommen werden (st Rspr). Ausgeschlossen ist ferner eine Aufhebung des Erbverzichts nach dem Tod des Verzichtenden zwischen dessen Abkömmlingen und dem Erblasser; vielmehr kann der Erbverzicht – wie der Erbvertrag (vgl § 2290 I) – aus Gründen der Rechtsklarheit nur von den Vertragschließenden selbst zu deren Lebzeiten aufgehoben und die Wirkung des § 2310 S 1 damit wieder beseitigt werden (BGHZ 139, 116). **c)** Der bloße **Pflichtteilsverzicht** nach Abs 2 ist für den Fall einer Enterbung relevant. Er gewährt dem Erblasser unbeschränkte Testierfreiheit, lässt, wenn dieser von ihr keinen Gebrauch macht, die gesetzliche Erbfolge aber unberührt; § 2310 S 2 gilt hier nicht. Trotzdem kann auch ein solcher Vertrag nicht mehr nach dem Tod des Erblassers geschlossen werden, denn mit dem Eintritt des Erbfalls verändert sich der Geschäftsgegenstand: Aus einem wirtschaftlich noch unsicheren Pflichtteilsrecht wird ein der Höhe nach bestimmbarer Pflichtteilsanspruch (BGHZ 134, 60). **c)** Den **Zuwendungsverzicht** regelt § 2352. Er hat vor allem Bedeutung, wenn eine wechselbezügliche Verfügung im gemeinschaftlichen Testament (§ 2271 II) oder eine vertragsmäßige Verfügung im Erbvertrag (§ 2290) durch den Tod des anderen Teils unabänderlich geworden ist. Durch den Verzicht des bindend eingesetzten Dritten erlangt der überlebende Teil seine Testierfreiheit zurück.

2 **2.** Der Erbverzicht begegnet praktisch meist im Zusammenhang mit einem **Abfindungsvertrag.** Dieser ist ein schuldrechtlicher Vertrag, durch den sich der Erblasser zur Zahlung einer Abfindung an den Verzichtenden verpflichtet.

3 **3.** Schwierigkeiten bereitet die Frage, wie **Leistungsstörungen beim Abfindungsvertrag** (zB die Abfindung wird nicht gezahlt) sich auf den Erbverzicht auswirken. Ein Rücktrittsrecht – wie in § 2295 beim Erbvertrag – sieht das Gesetz nicht vor, und der Verzichtende kann auch nicht nach § 2078 anfechten, weil der Erbverzicht keine Verfügung von Todes wegen ist. Der einschlägige § 119 berechtigt in diesen Fällen regelmäßig nicht zur Anfechtung (Motivirrtum). Immerhin kann die Nichtleistung der Abfindung zur auflösenden Bedingung für den Erbverzicht erklärt werden (BGHZ 37, 319, 327); indes wird es an einer solchen Erklärung meist fehlen. Die hM hilft mit einer Anwendung des § 323, so dass gem § 346 I die Aufhebung des Erbverzichts verlangt werden kann. Zwar bilden Abfindungsversprechen und Erbverzicht keinen gegenseitigen Vertrag, weil das Abfindungsversprechen verpflichtender, der Erbverzicht verfügender Natur ist; aber die Abfindungsverpflichtung korrespondiert mit einer – häufig nicht ausdrücklich ausgesprochenen – Verpflichtung zur Abgabe des Erbverzichts, und diese beiden Verpflichtungen werden als Gegenstand eines gegenseitigen Vertrags iSd §§ 320 ff gesehen (BGHZ 134, 152; *Lange/Kuchinke* § 7 V 2 c; *Leipold* Rz 548).

§ 2347. Persönliche Anforderungen, Vertretung

(1) [1]Zu dem Erbverzicht ist, wenn der Verzichtende unter Vormundschaft steht, die Genehmigung des Familiengerichts erforderlich; steht er unter elterlicher Sorge, so gilt das Gleiche, sofern nicht der Vertrag unter Ehegatten oder unter Verlobten geschlossen wird. [2]Für den Verzicht durch den Betreuer ist die Genehmigung des Betreuungsgerichts erforderlich.

(2) [1]Der Erblasser kann den Vertrag nur persönlich schließen; ist er in der Geschäftsfähigkeit beschränkt, so bedarf er nicht der Zustimmung seines gesetzlichen Vertreters. [2]Ist der Erblasser geschäftsunfähig, so kann der Vertrag durch den gesetzlichen Vertreter geschlossen werden; die Genehmigung des Familiengerichts oder Betreuungsgerichts ist in gleichem Umfang wie nach Absatz 1 erforderlich.

§ 2348. Form

Der Erbverzichtsvertrag bedarf der notariellen Beurkundung.

§ 2349. Erstreckung auf Abkömmlinge

Verzichtet ein Abkömmling oder ein Seitenverwandter des Erblassers auf das gesetzliche Erbrecht, so erstreckt sich die Wirkung des Verzichts auf seine Abkömmlinge, sofern nicht ein anderes bestimmt wird.

§ 2350. Verzicht zugunsten eines anderen

(1) Verzichtet jemand zugunsten eines anderen auf das gesetzliche Erbrecht, so ist im Zweifel anzunehmen, dass der Verzicht nur für den Fall gelten soll, dass der andere Erbe wird.

(2) Verzichtet ein Abkömmling des Erblassers auf das gesetzliche Erbrecht, so ist im Zweifel anzunehmen, dass der Verzicht nur zugunsten der anderen Abkömmlinge und des Ehegatten des Erblassers gelten soll.

§ 2351. Aufhebung des Erbverzichts

Auf einen Vertrag, durch den ein Erbverzicht aufgehoben wird, findet die Vorschrift des § 2348 und in Ansehung des Erblassers auch die Vorschrift des § 2347 Abs. 2 Satz 1 erster Halbsatz, Satz 2 Anwendung.

§ 2352. Verzicht auf Zuwendungen

[1]Wer durch Testament als Erbe eingesetzt oder mit einem Vermächtnis bedacht ist, kann durch Vertrag mit dem Erblasser auf die Zuwendung verzichten. [2]Das Gleiche gilt für eine Zuwendung, die in einem Erbvertrag einem Dritten gemacht ist. [3]Die Vorschriften der §§ 2347 bis 2349 finden Anwendung.

Abschnitt 8. Erbschein

§ 2353. Zuständigkeit des Nachlassgerichts, Antrag

Das Nachlassgericht hat dem Erben auf Antrag ein Zeugnis über sein Erbrecht und, wenn er nur zu einem Teil der Erbschaft berufen ist, über die Größe des Erbteils zu erteilen (Erbschein).

§ 2354. Angaben des gesetzlichen Erben im Antrag

(1) Wer die Erteilung des Erbscheins als gesetzlicher Erbe beantragt, hat anzugeben:

1. die Zeit des Todes des Erblassers,
2. das Verhältnis, auf dem sein Erbrecht beruht,
3. ob und welche Personen vorhanden sind oder vorhanden waren, durch die er von der Erbfolge ausgeschlossen oder sein Erbteil gemindert werden würde,
4. ob und welche Verfügungen des Erblassers von Todes wegen vorhanden sind,
5. ob ein Rechtsstreit über sein Erbrecht anhängig ist.

(2) Ist eine Person weggefallen, durch die der Antragsteller von der Erbfolge ausgeschlossen oder sein Erbteil gemindert werden würde, so hat der Antragsteller anzugeben, in welcher Weise die Person weggefallen ist.

§ 2355. Angaben des gewillkürten Erben im Antrag

Wer die Erteilung des Erbscheins auf Grund einer Verfügung von Todes wegen beantragt, hat die Verfügung zu bezeichnen, auf der sein Erbrecht beruht, anzugeben, ob und welche sonstigen Verfügungen des Erblassers von Todes wegen vorhanden sind, und die in § 2354 Abs. 1 Nr. 1, 5, Abs. 2 vorgeschriebenen Angaben zu machen.

§ 2356. Nachweis der Richtigkeit der Angaben

(1) [1]Der Antragsteller hat die Richtigkeit der in Gemäßheit des § 2354 Abs. 1 Nr. 1 und 2, Abs. 2 gemachten Angaben durch öffentliche Urkunden nachzuweisen und im Falle des § 2355 die Urkunde vorzulegen, auf der sein Erbrecht beruht. [2]Sind die Urkunden nicht oder nur mit unverhältnismäßigen Schwierigkeiten zu beschaffen, so genügt die Angabe anderer Beweismittel.

(2) [1]Zum Nachweis, dass der Erblasser zur Zeit seines Todes im Güterstand der Zugewinngemeinschaft gelebt hat, und in Ansehung der übrigen nach den §§ 2354, 2355 erforderlichen Angaben hat der Antragsteller vor Gericht oder vor einem Notar an Eides statt zu versichern, dass ihm nichts bekannt sei, was der Richtigkeit seiner Angaben entgegensteht. [2]Das Nachlassgericht kann die Versicherung erlassen, wenn es sie für nicht erforderlich erachtet.

(3) Diese Vorschriften finden keine Anwendung, soweit die Tatsachen bei dem Nachlassgericht offenkundig sind.

§ 2357. Gemeinschaftlicher Erbschein

(1) [1]Sind mehrere Erben vorhanden, so ist auf Antrag ein gemeinschaftlicher Erbschein zu erteilen. [2]Der Antrag kann von jedem der Erben gestellt werden.

(2) In dem Antrag sind die Erben und ihre Erbteile anzugeben.

(3) [1]Wird der Antrag nicht von allen Erben gestellt, so hat er die Angabe zu enthalten, dass die übrigen Erben die Erbschaft angenommen haben. [2]Die Vorschrift des § 2356 gilt auch für die sich auf die übrigen Erben beziehenden Angaben des Antragstellers.

(4) Die Versicherung an Eides statt ist von allen Erben abzugeben, sofern nicht das Nachlassgericht die Versicherung eines oder einiger von ihnen für ausreichend erachtet.

§ 2358. Ermittlungen des Nachlassgerichts

(1) Das Nachlassgericht hat unter Benutzung der von dem Antragsteller angegebenen Beweismittel von Amts wegen die zur Feststellung der Tatsachen erforderlichen Ermittlungen zu veranstalten und die geeignet erscheinenden Beweise aufzunehmen.

(2) Das Nachlassgericht kann eine öffentliche Aufforderung zur Anmeldung der anderen Personen zustehenden Erbrechte erlassen; die Art der Bekanntma-

chung und die Dauer der Anmeldungsfrist bestimmen sich nach den für das Aufgebotsverfahren geltenden Vorschriften.

§ 2359. Voraussetzungen für die Erteilung des Erbscheins

Der Erbschein ist nur zu erteilen, wenn das Nachlassgericht die zur Begründung des Antrags erforderlichen Tatsachen für festgestellt erachtet.

§ 2360. *(aufgehoben)*

§ 2361. Einziehung oder Kraftloserklärung des unrichtigen Erbscheins

(1) [1] **Ergibt sich, dass der erteilte Erbschein unrichtig ist, so hat ihn das Nachlassgericht einzuziehen.** [2] **Mit der Einziehung wird der Erbschein kraftlos.**

(2) [1] **Kann der Erbschein nicht sofort erlangt werden, so hat ihn das Nachlassgericht durch Beschluss für kraftlos zu erklären.** [2] **Der Beschluss ist nach den für die öffentliche Zustellung einer Ladung geltenden Vorschriften der Zivilprozessordnung bekannt zu machen.** [3] **Mit dem Ablauf eines Monats nach der letzten Einrückung des Beschlusses in die öffentlichen Blätter wird die Kraftloserklärung wirksam.**

(3) **Das Nachlassgericht kann von Amts wegen über die Richtigkeit eines erteilten Erbscheins Ermittlungen veranstalten.**

§ 2362. Herausgabe- und Auskunftsanspruch des wirklichen Erben

(1) **Der wirkliche Erbe kann von dem Besitzer eines unrichtigen Erbscheins die Herausgabe an das Nachlassgericht verlangen.**

(2) **Derjenige, welchem ein unrichtiger Erbschein erteilt worden ist, hat dem wirklichen Erben über den Bestand der Erbschaft und über den Verbleib der Erbschaftsgegenstände Auskunft zu erteilen.**

§ 2363. Inhalt des Erbscheins für den Vorerben

(1) [1] **In dem Erbschein, der einem Vorerben erteilt wird, ist anzugeben, dass eine Nacherbfolge angeordnet ist, unter welchen Voraussetzungen sie eintritt und wer der Nacherbe ist.** [2] **Hat der Erblasser den Nacherben auf dasjenige eingesetzt, was von der Erbschaft bei dem Eintritt der Nacherbfolge übrig sein wird, oder hat er bestimmt, dass der Vorerbe zur freien Verfügung über die Erbschaft berechtigt sein soll, so ist auch dies anzugeben.**

(2) **Dem Nacherben steht das in § 2362 Abs. 1 bestimmte Recht zu.**

§ 2364. Angabe des Testamentsvollstreckers im Erbschein, Herausgabeanspruch des Testamentsvollstreckers

(1) **Hat der Erblasser einen Testamentsvollstrecker ernannt, so ist die Ernennung in dem Erbschein anzugeben.**

(2) **Dem Testamentsvollstrecker steht das in § 2362 Abs. 1 bestimmte Recht zu.**

§ 2365. Vermutung der Richtigkeit des Erbscheins

Es wird vermutet, dass demjenigen, welcher in dem Erbschein als Erbe bezeichnet ist, das in dem Erbschein angegebene Erbrecht zustehe und dass er nicht durch andere als die angegebenen Anordnungen beschränkt sei.

1. Die **Rechtsvermutung** bezieht sich positiv auf das angegebene Erbrecht, nega- 1
tiv auf das Fehlen nicht „angegebener Anordnungen"; als solche kommen nur Nach-

erbfolge und Testamentsvollstreckung in Betracht (§§ 2363f). Sie erfasst nicht das Fehlen anderer Beschränkungen, die nicht in den Erbschein gehören, wie Vermächtnisse, Teilungsanordnungen etc. Die Vermutung ist **widerleglich.** Wer die Angaben im Erbschein bestreitet, muss seine Unrichtigkeit darlegen und beweisen.

2 **2.** Die Vermutung gilt sowohl **zugunsten** des angegebenen Erben, zB wenn er Nachlassgegenstände herausverlangt, als auch **zu seinen Lasten,** zB wenn er für Nachlassverbindlichkeiten in Anspruch genommen wird. Im Prozess zweier **Erbprätendenten** und in einem Rechtsstreit nach § 2362 gilt § 2365 nach hM nicht, sondern jeder Teil ist unabhängig vom Erbschein für die ihm günstigen Tatsachen beweispflichtig (*Jauernig-Stürner* Rz 2; *Leipold* Rz 655). Sind zwei **sich widersprechende Erbscheine** im Umlauf, so entfällt für jeden Erbschein, soweit der Widerspruch besteht, die Vermutung seiner Richtigkeit (BGHZ 33, 314).

§ 2366. Öffentlicher Glaube des Erbscheins

Erwirbt jemand von demjenigen, welcher in einem Erbschein als Erbe bezeichnet ist, durch Rechtsgeschäft einen Erbschaftsgegenstand, ein Recht an einem solchen Gegenstand oder die Befreiung von einem zur Erbschaft gehörenden Recht, so gilt zu seinen Gunsten der Inhalt des Erbscheins, soweit die Vermutung des § 2365 reicht, als richtig, es sei denn, dass er die Unrichtigkeit kennt oder weiß, dass das Nachlassgericht die Rückgabe des Erbscheins wegen Unrichtigkeit verlangt hat.

1 **1.** Die Vorschrift beruht auf dem **Grundsatz,** den Erwerb vom Scheinerben einem Erwerb vom wahren Erben gleichzustellen. Geschützt wird der gute Glaube an das Erbrecht, nicht dagegen der gute Glaube an die Zugehörigkeit eines Gegenstandes zum Nachlass (insofern können aber §§ 932ff und §§ 892f ergänzend helfen; s unten Rz 6ff). Die hM in Rspr und Lit verlangt nicht, dass der Erwerber den Erbschein gekannt oder gar eingesehen hat – ebenso wie in der parallelen Vorschrift des § 892 Kenntnis vom Grundbuchinhalt unerheblich ist.

2 **2. Im Einzelnen** ist die Reichweite der Vorschrift folgendermaßen eingegrenzt:

a) „Erwerb durch Rechtsgeschäft" ist geschützt, dh nur Verfügungsgeschäfte unterliegen dem Gutglaubensschutz, nicht dagegen der Erwerb kraft Gesetzes oder in der Zwangsvollstreckung. Auch richtet sich der schuldrechtliche Anspruch aus einem Vertrag mit dem Scheinerben nicht etwa gem § 2366 gegen den wahren Erben.

3 **b)** Jeder **„Erbschaftsgegenstand"** kann gutgläubig erworben werden. Der gutgläubige Erwerb erstreckt sich also nicht nur – wie in §§ 932ff, 892 – auf bewegliche Sachen und Grundstücke, sondern auch auf Forderungen.

4 **c) „Soweit die Vermutung des § 2365 reicht",** geht auch der öffentliche Glaube des Erbscheins, dh er bezieht sich auf das angegebene Erbrecht sowie das Fehlen von Nacherbfolge oder Testamentsvollstreckung (den beiden beschränkenden Anordnungen iSd § 2365). Dagegen erstreckt sich der Gutglaubensschutz nicht auf Tatsachen, die der Erbschein nicht bezeugt.

5 **d)** Nur **„wer die Unrichtigkeit kennt",** ist bösgläubig; für die Kenntnis von der Anfechtbarkeit einer letztwilligen Verfügung gilt § 142 II. Maßgebender Zeitpunkt ist die Vollendung des Rechtserwerbs; § 892 II ist nicht analog anzuwenden (s etwa *Brox/Walker* Rz 618).

6 **3. Beispiele** (nach *Medicus/Petersen* Rz 569ff mit den Abkürzungen X für den Erblasser, E für den wahren Erben, SE für den im Erbschein genannten Scheinerben).

7 **a) Erwerb beweglicher Sachen:** (1) Veräußert SE ein Buch des X, so erwirbt der Käufer K nach §§ 2366, 929 Eigentum. (2) Hatte X das Buch von einem Dritten entliehen, so gehört es nicht zum Nachlass, und K erwirbt es nach §§ 932, 2366. (3) Hatte X das Buch gestohlen, so kann K es wegen § 935 nicht erwerben. In Fall 1 kommt

§ 935 trotz Abhandenkommens bei E (vgl § 857) nach allgA nicht zur Anwendung, da es sich nicht um eine Übereignung auf Grund des § 932 handelt; in Fall 2 spielt § 935 ebenfalls keine Rolle, weil § 2366 für SE die besitzrechtliche Stellung des E fingiert (s etwa *MüKo-Mayer* Rz 16, 40 mwN).

b) Erwerb unbeweglicher Sachen: (1) Veräußert SE ein Grundstück des X, ohne zuvor ins Grundbuch eingetragen worden zu sein (vgl §§ 35, 40 GBO), so erwirbt K nach §§ 2366, 873. War SE schon im Grundbuch eingetragen, so erwirbt K nach § 892, der dem § 2366 wegen seiner stärkeren Wirkung (insbesondere § 892 II) vorgeht. (2) Veräußert der noch nicht ins Grundbuch eingetragene SE ein nicht zum Nachlass gehörendes Grundstück des D, für das X als Eigentümer im Grundbuch genannt wird, so erwirbt K nach §§ 892, 2366; dabei hilft § 892 darüber hinweg, dass das Grundstück nicht zum Nachlass gehört, § 2366 überwindet die fehlende Erbenstellung des SE. Hatte D gegen die Eintragung des X aber bereits einen Widerspruch im Grundbuch eintragen lassen, so ist ein gutgläubiger Erwerb des K nicht mehr möglich, da die Voraussetzungen des § 892 I 1 wegen des Widerspruchs nicht vorliegen. 8

c) Forderungserwerb: (1) Tritt SE eine Forderung des X ab, so erwirbt K diese nach §§ 2366, 398. (2) War die Forderung bereits durch Erfüllung gegenüber X erloschen, so ist kein gutgläubiger Erwerb von SE möglich, da K die Forderung auch von E nicht mehr hätte gutgläubig erwerben können. 9

§ 2367. Leistung an Erbscheinserben

Die Vorschrift des § 2366 findet entsprechende Anwendung, wenn an denjenigen, welcher in einem Erbschein als Erbe bezeichnet ist, auf Grund eines zur Erbschaft gehörenden Rechts eine Leistung bewirkt oder wenn zwischen ihm und einem anderen in Ansehung eines solchen Rechts ein nicht unter die Vorschrift des § 2366 fallendes Rechtsgeschäft vorgenommen wird, das eine Verfügung über das Recht enthält.

1. Die Vorschrift enthält eine **Ergänzung** des § 2366. Sie schützt den gutgläubigen Dritten insofern, als er durch Leistungen an den im Erbschein genannten Scheinerben von seiner Leistungsverpflichtung befreit wird. Der Scheinerbe ist dem wahren Erben nach § 816 II zur Herausgabe verpflichtet. 1

2. Verfügungsgeschäfte iSd § 2367 Alt 2 sind zB Aufrechnung und Kündigung. Die Vorschrift wird auch auf den gutgläubigen Erwerb einer Auflassungsvormerkung (s § 893 Rz 2) an einem Nachlassgrundstück angewandt, wobei es für den guten Glauben gem § 892 II auf den Zeitpunkt ankommt, in dem der Antrag auf Eintragung der Vormerkung gestellt wird (BGHZ 57, 341). 2

§ 2368. Testamentsvollstreckerzeugnis

(1) [1]**Einem Testamentsvollstrecker hat das Nachlassgericht auf Antrag ein Zeugnis über die Ernennung zu erteilen.** [2]**Ist der Testamentsvollstrecker in der Verwaltung des Nachlasses beschränkt oder hat der Erblasser angeordnet, dass der Testamentsvollstrecker in der Eingehung von Verbindlichkeiten für den Nachlass nicht beschränkt sein soll, so ist dies in dem Zeugnis anzugeben.**

(2) *(aufgehoben)*

(3) **Die Vorschriften über den Erbschein finden auf das Zeugnis entsprechende Anwendung; mit der Beendigung des Amts des Testamentsvollstreckers wird das Zeugnis kraftlos.**

§ 2369. Gegenständlich beschränkter Erbschein

(1) **Gehören zu einer Erbschaft auch Gegenstände, die sich im Ausland befinden, kann der Antrag auf Erteilung eines Erbscheins auf die im Inland befindlichen Gegenstände beschränkt werden.**

(2) [1]Ein Gegenstand, für den von einer deutschen Behörde ein zur Eintragung des Berechtigten bestimmtes Buch oder Register geführt wird, gilt als im Inland befindlich. [2]Ein Anspruch gilt als im Inland befindlich, wenn für die Klage ein deutsches Gericht zuständig ist.

§ 2370. Öffentlicher Glaube bei Todeserklärung

(1) Hat eine Person, die für tot erklärt oder deren Todeszeit nach den Vorschriften des Verschollenheitsgesetzes festgestellt ist, den Zeitpunkt überlebt, der als Zeitpunkt ihres Todes gilt, oder ist sie vor diesem Zeitpunkt gestorben, so gilt derjenige, welcher auf Grund der Todeserklärung oder der Feststellung der Todeszeit Erbe sein würde, in Ansehung der in den §§ 2366, 2367 bezeichneten Rechtsgeschäfte zugunsten des Dritten auch ohne Erteilung eines Erbscheins als Erbe, es sei denn, dass der Dritte die Unrichtigkeit der Todeserklärung oder der Feststellung der Todeszeit kennt oder weiß, dass sie aufgehoben worden sind.

(2) [1]Ist ein Erbschein erteilt worden, so stehen demjenigen, der für tot erklärt oder dessen Todeszeit nach den Vorschriften des Verschollenheitsgesetzes festgestellt ist, wenn er noch lebt, die in § 2362 bestimmten Rechte zu. [2]Die gleichen Rechte hat eine Person, deren Tod ohne Todeserklärung oder Feststellung der Todeszeit mit Unrecht angenommen worden ist.

Abschnitt 9. Erbschaftskauf

§ 2371. Form

Ein Vertrag, durch den der Erbe die ihm angefallene Erbschaft verkauft, bedarf der notariellen Beurkundung.

§ 2372. Dem Käufer zustehende Vorteile

Die Vorteile, welche sich aus dem Wegfall eines Vermächtnisses oder einer Auflage oder aus der Ausgleichungspflicht eines Miterben ergeben, gebühren dem Käufer.

§ 2373. Dem Verkäufer verbleibende Teile

[1]Ein Erbteil, der dem Verkäufer nach dem Abschluss des Kaufs durch Nacherbfolge oder infolge des Wegfalls eines Miterben anfällt, sowie ein dem Verkäufer zugewendetes Vorausvermächtnis ist im Zweifel nicht als mitverkauft anzusehen. [2]Das Gleiche gilt von Familienpapieren und Familienbildern.

§ 2374. Herausgabepflicht

Der Verkäufer ist verpflichtet, dem Käufer die zur Zeit des Verkaufs vorhandenen Erbschaftsgegenstände mit Einschluss dessen herauszugeben, was er vor dem Verkauf auf Grund eines zur Erbschaft gehörenden Rechts oder als Ersatz für die Zerstörung, Beschädigung oder Entziehung eines Erbschaftsgegenstands oder durch ein Rechtsgeschäft erlangt hat, das sich auf die Erbschaft bezog.

§ 2375. Ersatzpflicht

(1) [1]Hat der Verkäufer vor dem Verkauf einen Erbschaftsgegenstand verbraucht, unentgeltlich veräußert oder unentgeltlich belastet, so ist er verpflichtet, dem Käufer den Wert des verbrauchten oder veräußerten Gegenstands, im Falle der Belastung die Wertminderung zu ersetzen. [2]Die Ersatzpflicht tritt

nicht ein, wenn der Käufer den Verbrauch oder die unentgeltliche Verfügung bei dem Abschluss des Kaufs kennt.

(2) **Im Übrigen kann der Käufer wegen Verschlechterung, Untergangs oder einer aus einem anderen Grunde eingetretenen Unmöglichkeit der Herausgabe eines Erbschaftsgegenstands nicht Ersatz verlangen.**

§ 2376. Haftung des Verkäufers

(1) **Die Haftung des Verkäufers für Rechtsmängel beschränkt sich darauf, dass ihm das Erbrecht zusteht, dass es nicht durch das Recht eines Nacherben oder durch die Ernennung eines Testamentsvollstreckers beschränkt ist, dass nicht Vermächtnisse, Auflagen, Pflichtteilslasten, Ausgleichungspflichten oder Teilungsanordnungen bestehen und dass nicht unbeschränkte Haftung gegenüber den Nachlassgläubigern oder einzelnen von ihnen eingetreten ist.**

(2) **Für Sachmängel eines zur Erbschaft gehörenden Gegenstands haftet der Verkäufer nicht, es sei denn, dass er einen Mangel arglistig verschwiegen oder eine Garantie für die Beschaffenheit des Gegenstands übernommen hat.**

§ 2377. Wiederaufleben erloschener Rechtsverhältnisse

[1]**Die infolge des Erbfalls durch Vereinigung von Recht und Verbindlichkeit oder von Recht und Belastung erloschenen Rechtsverhältnisse gelten im Verhältnis zwischen dem Käufer und dem Verkäufer als nicht erloschen.** [2]**Erforderlichenfalls ist ein solches Rechtsverhältnis wiederherzustellen.**

§ 2378. Nachlassverbindlichkeiten

(1) **Der Käufer ist dem Verkäufer gegenüber verpflichtet, die Nachlassverbindlichkeiten zu erfüllen, soweit nicht der Verkäufer nach § 2376 dafür haftet, dass sie nicht bestehen.**

(2) **Hat der Verkäufer vor dem Verkauf eine Nachlassverbindlichkeit erfüllt, so kann er von dem Käufer Ersatz verlangen.**

§ 2379. Nutzungen und Lasten vor Verkauf

[1]**Dem Verkäufer verbleiben die auf die Zeit vor dem Verkauf fallenden Nutzungen.** [2]**Er trägt für diese Zeit die Lasten, mit Einschluss der Zinsen der Nachlassverbindlichkeiten.** [3]**Den Käufer treffen jedoch die von der Erbschaft zu entrichtenden Abgaben sowie die außerordentlichen Lasten, welche als auf den Stammwert der Erbschaftsgegenstände gelegt anzusehen sind.**

§ 2380. Gefahrübergang, Nutzungen und Lasten nach Verkauf

[1]**Der Käufer trägt von dem Abschluss des Kaufs an die Gefahr des zufälligen Untergangs und einer zufälligen Verschlechterung der Erbschaftsgegenstände.** [2]**Von diesem Zeitpunkt an gebühren ihm die Nutzungen und trägt er die Lasten.**

§ 2381. Ersatz von Verwendungen und Aufwendungen

(1) **Der Käufer hat dem Verkäufer die notwendigen Verwendungen zu ersetzen, die der Verkäufer vor dem Verkauf auf die Erbschaft gemacht hat.**

(2) **Für andere vor dem Verkauf gemachte Aufwendungen hat der Käufer insoweit Ersatz zu leisten, als durch sie der Wert der Erbschaft zur Zeit des Verkaufs erhöht ist.**

§ 2382. Haftung des Käufers gegenüber Nachlassgläubigern

(1) [1]Der Käufer haftet von dem Abschluss des Kaufs an den Nachlassgläubigern, unbeschadet der Fortdauer der Haftung des Verkäufers. [2]Dies gilt auch von den Verbindlichkeiten, zu deren Erfüllung der Käufer dem Verkäufer gegenüber nach den §§ 2378, 2379 nicht verpflichtet ist.

(2) Die Haftung des Käufers den Gläubigern gegenüber kann nicht durch Vereinbarung zwischen dem Käufer und dem Verkäufer ausgeschlossen oder beschränkt werden.

§ 2383. Umfang der Haftung des Käufers

(1) [1]Für die Haftung des Käufers gelten die Vorschriften über die Beschränkung der Haftung des Erben. [2]Er haftet unbeschränkt, soweit der Verkäufer zur Zeit des Verkaufs unbeschränkt haftet. [3]Beschränkt sich die Haftung des Käufers auf die Erbschaft, so gelten seine Ansprüche aus dem Kauf als zur Erbschaft gehörend.

(2) Die Errichtung des Inventars durch den Verkäufer oder den Käufer kommt auch dem anderen Teil zustatten, es sei denn, dass dieser unbeschränkt haftet.

§ 2384. Anzeigepflicht des Verkäufers gegenüber Nachlassgläubigern, Einsichtsrecht

(1) [1]Der Verkäufer ist den Nachlassgläubigern gegenüber verpflichtet, den Verkauf der Erbschaft und den Namen des Käufers unverzüglich dem Nachlassgericht anzuzeigen. [2]Die Anzeige des Verkäufers wird durch die Anzeige des Käufers ersetzt.

(2) Das Nachlassgericht hat die Einsicht der Anzeige jedem zu gestatten, der ein rechtliches Interesse glaubhaft macht.

§ 2385. Anwendung auf ähnliche Verträge

(1) Die Vorschriften über den Erbschaftskauf finden entsprechende Anwendung auf den Kauf einer von dem Verkäufer durch Vertrag erworbenen Erbschaft sowie auf andere Verträge, die auf die Veräußerung einer dem Veräußerer angefallenen oder anderweit von ihm erworbenen Erbschaft gerichtet sind.

(2) [1]Im Falle einer Schenkung ist der Schenker nicht verpflichtet, für die vor der Schenkung verbrauchten oder unentgeltlich veräußerten Erbschaftsgegenstände oder für eine vor der Schenkung unentgeltlich vorgenommene Belastung dieser Gegenstände Ersatz zu leisten. [2]Die in § 2376 bestimmte Verpflichtung zur Gewährleistung wegen eines Mangels im Recht trifft den Schenker nicht; hat der Schenker den Mangel arglistig verschwiegen, so ist er verpflichtet, dem Beschenkten den daraus entstehenden Schaden zu ersetzen.

Sachverzeichnis

(zu den Erläuterungen)
Die fetten Zahlen bezeichnen die Paragraphen, die mageren Zahlen die Randzahlen